Curso de Direito do Trabalho

Direito Individual e Coletivo do Trabalho

José Cairo Jr.

Curso de Direito do Trabalho

Direito Individual e Coletivo do Trabalho

17ª Edição

revista
atualizada
ampliada

2021

EDITORA *Jus*PODIVM

www.editorajuspodivm.com.br

EDITORA
*Jus*PODIVM
www.editorajuspodivm.com.br

Rua Território Rio Branco, 87 – Pituba – CEP: 41830-530 – Salvador – Bahia
Tel: (71) 3045.9051
• Contato: https://www.editorajuspodivm.com.br/sac

Diagramação: Lupe Comunicação e Design *(lupecomunicacao@gmail.com.br)*

Capa: Ana Caquetti

C136c Cairo Jr., José
Curso de direito do trabalho / José Cairo Jr. – 17. ed. rev. e atual. – Salvador: Ed. JusPodivm, 2021.
1616 p.

Bibliografia.
ISBN 978-85-442-3341-2

1. Direito do trabalho. I. Título.

CDD 342.6

Dedico esta obra
aos meus queridos irmãos,
Bira e Nayra.

Agradeço

a Deus,
aos meus pais, aos meus filhos,
à minha esposa, Manuela Mendonça Lima,
às minhas colaboradoras Larissa Lübe, Jéssica Pires,
Emilli Dórea e Luanne Vieira.

NOTA DE ATUALIZAÇÃO À 17ª EDIÇÃO

Um dos principais motivos para a confecção desta 17ª edição foi a vigência da Lei nº 13.467/2017, conhecida como Lei da Reforma Trabalhista e suas repercussões na doutrina e na jurisprudência.

Com efeito, tratou-se da maior revolução no Direito do trabalho brasileiro desde a edição da CLT em 1943, pois além de alterar diversas regras laborais, relativizou alguns dos princípios desse ramo do direito, como o da aplicação da norma mais favorável, que passou a ser denominada de "aplicação da norma estatal mais favorável".

Outro fato importante que provocou mudanças profundas no Direito laboral, pelo menos temporariamente, foi a pandemia do coronavírus. Diversas normas jurídicas trabalhistas foram editadas com o objetivo de combater os efeitos desse fenômeno, como as Leis nºs 13.979/20, 14.010/20, 14.020/20, além de Medidas Provisórias que vigoraram durante o seu respectivo período de tramitação, mas que não foram transformadas em lei por não terem sido apreciadas pelo Congresso Nacional, a exemplo da importante MP nº 927/20.

Além disso, diversas normas trabalhistas ou de outros ramos do direito com efeitos diretos ou indiretos no Direito do trabalho entraram em vigor durante os anos de 2019 e 2020, tais como a Emenda Constitucional nº 103/19, que alterou o sistema de previdência social; a Lei nº 14.013/20, que fixou o valor do salário mínimo durante o ano de 2020; a Lei nº 14.112/20, que alterou profundamente a Lei de Falências; a Lei nº 13.999/20, que institui o Programa Nacional de Apoio às Microempresas e Empresas de Pequeno Porte – PRONAMPE; a Lei nº 13.982/20, que permitiu ao empregador deduzir da sua contribuição previdenciária os valores relativos aos 15 primeiros dias de afastamento por conta da contaminação dos seus empregados pelo novo coronavírus; a Lei nº 13.932/19, que alterou o disciplinamento do FGTS e do PIS; a Lei nº 13.903/19, que incluiu o tráfego e o controle aéreo na lista de atividades essenciais constantes da lei de greve; a Lei nº 13.877/19, que excluiu do conceito de empregados os trabalhadores que exercem função de direção e assessoria dos partidos políticos; Lei nº 13.874, apelidada de Lei da Liberdade Econômica, alterou diversos dispositivos da CLT; Lei nº 13.846/19, conhecida como Lei do "pente fino", admitiu a possibilidade de alteração contratual em virtude de processo de reabilitação do empregado; Lei nº 13.840/19, que inseriu o § 3º ao art. 429 da CLT; Lei nº 13.822/19, que definiu o regime jurídico trabalhista para os empregados dos consórcios públicos.

Observou-se também que as alterações promovidas pela MP nº 905/19, apelidada de Programa Verde e Amarelo, não se consolidaram no ordenamento jurídico nacional por conta da perda de sua eficácia, já que não foram apreciadas pelo Congresso Nacional.

Por conta dessas alterações legais, várias questões de concursos foram inseridas, suprimidas ou substituídas, para contribuir nos estudos do leitor, notadamente aquele voltado à participação em concurso público e do Exame Nacional da OAB.

Ainda na seara legislativa, a presente obra foi atualizada em decorrência da perda da eficácia da MP nº 873, de 01.03.2019, que vedou a cobrança da contribuição de negociação sindical sem a prévia e expressa autorização individual do empregado.

Também foi editado o Decreto nº 10.060/19, que disciplinou o contrato de trabalho temporário, e a Portaria nº 915/19 da Secretaria Especial de Previdência e Trabalho do Ministério da Economia, que revogou a NR nº 02.

De igual forma, o livro foi inteiramente adaptado à Lei nº 13.844/2019, que reorganizou a estrutura administrativa do Governo Federal, extinguindo o Ministério do Trabalho e repassando suas atribuições para a Secretaria Especial de Previdência e Trabalho, do Ministério da Economia.

No âmbito jurisprudencial, aguarda-se o TST efetivar as devidas adaptações em suas Súmulas e OJs de direito material do trabalho afetadas pela vigência da Lei nº 13.467/2017, nem que seja para modular os seus efeitos.

Todavia, até o fechamento desta edição, o TST ainda não havia promovido qualquer mudança na redação dos seus verbetes em decorrência da vigência da Lei nº 13.467/2017 diante das dificuldades impostas por essa norma, mais precisamente pela nova redação atribuída a alínea "f", art. 702 da CLT, objeto da ADC nº 62.

Apesar disso, foram proferidas duas importantes decisões no âmbito do TST, com efeitos vinculantes, sendo uma nos autos do incidente de assunção e competência – IAC nº 5639-31.2013.5.12.0051, que reconheceu a inexistência de estabilidade gestante em contrato temporário; e outra no incidente de resolução de demanda repetitiva – IRDR nº 239-55.2011.5.02.0319 do TST, vedando a percepção simultânea de adicional de periculosidade e de insalubridade.

No STF, foi julgada a ADI nº 5.938, cujo objeto era a nova redação do art. 394-A da CLT, vedando o trabalho da gestante e da lactante em ambientes insalubres, em qualquer grau; e a ADPF nº 324 em conjunto com o RE nº 958252, reconhecendo a legalidade da terceirização de atividade-fim mesmo antes da vigência da Lei da Reforma Trabalhista, com efeitos retroativos.

Foram inseridos neste livro os Enunciados da 2ª Jornada de Direito Material e Processual do Trabalho, realizada em Brasília depois da publicação da Lei nº 13.467/2017, e atualizados os informativos do TST até o nº 229, de novembro de 2020.

Na parte doutrinária, foi inserido um novo Capítulo XIV à Parte I, denominado de "Direito do Trabalho de Emergência", para analisar as alterações promovidas na legislação laboral e as primeiras decisões judiciais sobre essa temática.

Por fim, para ressaltar a importância dos precedentes judiciais, em linha com o que determina o CPC de 2015, foram introduzidas as Súmulas, OJs e teses jurídicas prevalecentes dos Tribunais Regionais do Trabalho.

PREFÁCIO

Rodolfo Pamplona Filho[1]

Conheço **José Cairo Júnior** há mais de quinze anos.

Ingressamos juntos na Administração Pública Federal, como servidores concursados da Justiça do Trabalho da 5ª Região, no início de 1992.

Quis o destino que fôssemos aprovados, novamente, no mesmo Concurso Público para o cargo de Juiz do Trabalho Substituto, tomando posse em 10/07/1995.

Oriundos de cidades diferentes, a transcendência universal nos reuniu, novamente, em 2004, como Juízes Titular e Auxiliar da Vara do Trabalho de Eunápolis, onde empreendemos um exaustivo trabalho de dinamização dos serviços judiciários, com o alcance de números impressionantes de volume processual e celeridade da prestação jurisdicional.

Assim sendo, não tenho a menor dúvida de que posso testemunhar pessoalmente sobre a capacidade de trabalho e dinamismo do autor na atividade profissional judicante.

Por outro lado, no âmbito acadêmico, nossos caminhos igualmente já se cruzaram em diversas oportunidades.

Tive a honra de participar da banca examinadora – composta ainda pelos Professores Doutores **Eduardo Rabenhorst Ramalho** e **Raymundo Juliano do Rego Feitosa**, da Faculdade de Direito da Universidade Federal de Pernambuco – da sua brilhante dissertação de Mestrado, *"O Acidente do Trabalho e a Responsabilidade Civil do Empregador"*, transformada em obra de sucesso, já em terceira edição.

Participei de cursos de pós-graduação sob sua coordenação, bem como de congressos científicos por ele organizados.

Fui prefaciador de dois de seus livros anteriores, um dos quais gerou a presente obra.

Assim, também na área do magistério *lato sensu*, sinto-me autorizado a depor sobre o talento do autor.

---

1. Juiz Titular da 1ª Vara do Trabalho de Salvador/BA (Tribunal Regional do Trabalho da Quinta Região). Professor Titular de Direito Civil e Direito Processual do Trabalho da UNIFACS – Universidade Salvador. Professor (licenciado) do Programa de Pós-Graduação em Direito da UCSAL – Universidade Católica de Salvador. Professor Adjunto da Faculdade de Direito da UFBA – Universidade Federal da Bahia. Professor da Pós-Graduação em Direito (Mestrado e Doutorado) da UFBA. Coordenador do Curso de Especialização em Direito e Processo do Trabalho do JusPodivm/BA. Mestre e Doutor em Direito do Trabalho pela Pontifícia Universidade Católica de São Paulo. Especialista em Direito Civil pela Fundação Faculdade de Direito da Bahia. Membro da Academia Nacional de Direito do Trabalho e da Academia de Letras Jurídicas da Bahia.

E é neste duplo enfoque de juiz e jurista que afirmo que este prezado amigo alcança, agora, o ápice da sua produção intelectual.

O presente "*Curso de Direito do Trabalho*" reúne o conteúdo de duas obras anteriores de sua lavra, a saber, os volumes I *(relações individuais de emprego e trabalho*) e II *(relações coletivas de trabalho)* da coleção *Direito do Trabalho*, devidamente ampliada, atualizada e revisada.

Trata-se de obra de fôlego, que serve tanto para o estudo do Direito do Trabalho aos alunos de graduação e pós-graduação, quanto para os concursandos do Ministério Público e Magistratura Trabalhista (uma vez que observou a Resolução Administrativa nº 907/2002 do TST e a Resolução nº 67, de 27.09.2007, do Conselho Superior do Ministério Público do Trabalho, que fixam o programa dos referidos concursos, em âmbito nacional).

O texto, porém, não foi simplesmente reunido, mas, sim, profundamente revisto e atualizado, com acréscimos significativos, seja pela inserção de novas disciplinas normativas, seja pela atualização da jurisprudência citada, com aprofundamento dos comentários feitos. Ademais, novos temas foram tratados, dando um ânimo de completude à obra, que se torna uma das mais completas do país no gênero.

Vale registrar que, em todos os temas abordados, há indicação e citação das Súmulas a eles relacionadas, tanto do Tribunal Superior do Trabalho quanto do Supremo Tribunal Federal, além de referências a decisões de outros Tribunais que compõem a organização judiciária brasileira, o que facilita a compreensão sistematizada da matéria.

Por tais predicados objetivos, bem como pelo já registrado privilégio de fazer parte da história pessoal do autor (tanto nos momentos alegres, quanto dramáticos), jamais poderia me furtar a redigir estas rápidas linhas e de indicar pessoalmente o livro, não somente aos meus alunos de graduação, pós-graduação e cursos preparatórios para a área laboral, mas também a todo e qualquer profissional que queira conhecer uma doutrina viva, escrita por alguém que, diuturnamente, a aplica com diligência e equidade.

É com este sentimento que redijo estas linhas.

Que este prefácio seja, portanto, a renovação do meu testemunho pessoal de apreço, respeito e amizade a **José Cairo Júnior**, um autor que honra a magistratura trabalhista e que consolida definitivamente o seu nome na doutrina juslaboral brasileira.

Salvador, junho de 2007.

SUMÁRIO

CAPÍTULO III

CAPÍTULO VIII
ALTERAÇÃO, SUSPENSÃO, INTERRUPÇÃO E EXTINÇÃO DO CONTRATO DE TRABALHO 835

PARTE III
ANEXOS

LISTA DE SIGLAS

ACP	Ação Civil Pública
ALCA	Área de Livre Comércio das Américas
ADI	Ação Direta de Inconstitucionalidade
AIDS	Síndrome da Imunodeficiência Adquirida
CF	Constituição Federal
CIPA	Comissão Interna de Prevenção de Acidentes
CLT	Consolidação das Leis do Trabalho
CNRT	Conselho Nacional de Relações de Trabalho
CP	Código Penal
CPC	Código de Processo Civil
CREA	Conselho Regional de Engenharia e Arquitetura
CREMEB	Conselho Regional de Medicina do Brasil
CTN	Código Tributário Nacional
DJ	Diário da Justiça
DJE	Diário da Justiça Eletrônico
DJU	Diário Judiciário da União
EC	Emenda Constitucional
ECA	Estatuto da Criança e do Adolescente
EPI	Equipamento de Proteção Individual
FAT	Fundo de Amparo ao Trabalhador
FGTS	Fundo de Garantia do Tempo de Serviço
FNT	Fórum Nacional do Trabalho
FSPS	Fundo Solidário de Promoção Sindical
FUNAI	Fundação Nacional do Índio
INSS	Instituto Nacional de Seguridade Social
LACP	Lei de Ação Civil Pública
LER/DORT	Lesões por Esforços Repetitivos/Distúrbios Osteomusculares Relacionados ao Trabalho
LIDB	Lei de Introdução ao Direito Brasileiro
MERCOSUL	Mercado Comum do Cone Sul
MP	Medida Provisória
MPT	Ministério Público do Trabalho
MTE	Ministério do Trabalho e Emprego
MTb	Ministério do Trabalho
NAFTA	Acordo do Livre Comércio da América do Norte

NCST Nova Central Sindical dos Trabalhadores
NR Norma Regulamentadora
OGMO Órgão de Gestão de Mão de Obra
OJ Orientação Jurisprudencial
OJT Orientação Jurisprudencial Transitória
OIT Organização Internacional do Trabalho
ONU Organização das Nações Unidas
PASEP Programa de Formação do Patrimônio do Servidor Público
PEC Projeto de Emenda Constitucional
PIB Produto Interno Bruto
PIS Programa de Integração Social
PL Projeto de Lei
PRL Participação nos Lucros e Resultados
RE Recurso Extraordinário
RO Recurso Ordinário
RODC Recurso Ordinário em Dissídio Coletivo
RR Recurso de Revista
SDI Secção de Dissídios Individuais
SDC Secção de Dissídios Coletivos
SRT Secretaria de Relações de Trabalho
STJ Superior Tribunal de Justiça
SSST Secretaria de Segurança e Saúde no Trabalho
STF Supremo Tribunal Federal
TJ Tribunal de Justiça
TRF Tribunal Regional Federal
TST Tribunal Superior do Trabalho
TRT Tribunal Regional do Trabalho
UGT União Geral dos Trabalhadores

Parte I

Direito Individual do Trabalho

CAPÍTULO I

INTRODUÇÃO AO DIREITO DO TRABALHO

Sumário • 1. Propedêutica: 1.1. Conceito de Direito do Trabalho; 1.2. Denominação; 1.3. Características; 1.4. Divisão: A. Direito individual do trabalho; B. Direito coletivo do trabalho; 1.5. Natureza jurídica; 1.6. Funções; 1.7. Autonomia; 1.8. Relações do direito do trabalho com os demais ramos do direito: A. Direito civil; B. Direito empresarial; C. Direito penal; D. Direito administrativo; E. Direito constitucional; F. Direito tributário; G. Direito previdenciário; H. Direito do consumidor; I. Direito processual; 1.9. Fundamentos e formação histórica do direito do trabalho: A. Europa; B. Brasil – 2. Fontes Formais do Direito do Trabalho: 2.1. Conceito; 2.2. Classificação: A. Fontes estatais ou heterônomas; B. Fontes profissionais ou autônomas; 2.3. Hierarquia móvel – 3. Interpretação: 3.1. Espécies de interpretação; 3.2. Regras aplicáveis à interpretação do Direito do Trabalho; 3.3. Hermenêutica; 3.4. Métodos básicos de exegese: A. Método literal, gramatical ou filológico; B. Método teleológico; C. Método sistemático; D. Método evolutivo; E. Método histórico – 4. Integração do Direito do Trabalho: 4.1. Jurisprudência: A. Importância; B. Formas de manifestação; 4.2. Analogia; 4.3. Usos e costumes; 4.4. Equidade e Direito Comparado: A. Equidade; B. Direito Comparado; 4.5. Princípios gerais do Direito do Trabalho; 4.6. Princípio da proteção; A. *In dubio pro operario*; B. Aplicação da norma estatal mais favorável; C. Aplicação da condição mais benéfica; 4.7. Princípio da irrenunciabilidade; 4.8. Princípio da continuidade; 4.9. Princípio da primazia da realidade; 4.10. Princípio da substituição automática das cláusulas nulas; 4.11. Princípio da razoabilidade; 4.12. Princípio da boa-fé; 4.13. Princípio da isonomia e da não discriminação; 4.14. Princípios constitucionais do Direito do Trabalho – 5. Aplicação do direito do trabalho: 5.1. Vigência das normas trabalhistas: A. No tempo; B. No espaço; 5.2. Revogação; 5.3. Irretroatividade da norma e limitação dos efeitos futuros: A. Direito individual do trabalho; B. Direito coletivo do trabalho – 6. Indisponibilidade no direito individual do trabalho; 6.1. Renúncia; 6.2. Transação no Direito do Trabalho – 7. Flexibilização: 7.1. Flexibilização legal; 7.2. Flexibilização contratual; 7.3. Doutrina; 7.4. Jurisprudência; 7.5. Reforma Trabalhista – 8. Conflitos de interesses e suas formas de solução: 8.1. Jurisdição; 8.2. Mediação; 8.3. Arbitragem; 8.4. Comissões de conciliação prévia; 8.5. Autocomposição – 9. Prescrição e decadência – 10. Quadro sinóptico – 11. Informativos do TST sobre a matéria – 12. Questões: 12.1. Questões objetivas; 12.2. Questões discursivas; 12.3. Gabarito das questões objetivas.

1. PROPEDÊUTICA

A especialização do Direito que se faz necessária para estabelecer regras incidentes sobre as relações sociais, mormente aquelas nas quais uma pessoa presta serviços em benefício de outra e sob a sua dependência, em troca de uma retribuição, recebeu a denominação de **Direito do trabalho**.

Assim, **o substrato fático desse ramo do Direito é a relação de trabalho subordinada** e, mais precisamente, do próprio trabalho. Há necessidade, portanto, de proceder à identificação e descrição de suas características.

O termo trabalho expressa uma ideia de sofrimento, já que deriva do latim *tripalium*, instrumento consistente em um tripé formado por três estacas fincadas no chão, utilizado para torturar os escravos nas sociedades primitivas. Desse modo, trabalhar (*tripaliare*) significava torturar alguém com o *tripalium*.

A própria Bíblia faz uma relação entre o trabalho e o castigo, conforme se observa da leitura do trecho que fala da expulsão de Adão do paraíso: "No suor do rosto comerás o teu pão, até que tornes à terra, pois dela foste formado; porque tu és pó e ao pó tornarás. Gênesis 3:19".

Etimologicamente, o trabalho constitui a ação humana por meio da qual há o desprendimento da energia de uma pessoa dirigida a um determinado fim.

Também o termo trabalho pode ser entendido como: aplicação da atividade; serviço; esforço; fadiga; ação ou resultado da ação de um esforço.[1]

No âmbito da filosofia, Maria Lúcia Aranha e Maria Helena Martins asseveram que:

> O trabalho humano é a ação dirigida por finalidades conscientes, a resposta aos desafios da natureza, na luta pela sobrevivência. Ao reproduzir técnicas que outros homens já usaram e ao inventar outras novas, a ação humana se torna fonte de ideias e ao mesmo tempo uma experiência propriamente dita.[2]

Historicamente, porém, o conceito de trabalho relaciona-se, intimamente, com a utilização da força do trabalhador com o objetivo de perceber uma retribuição, para prover a sua manutenção e de sua família. Quando a energia pessoal é usada sem essa finalidade, haverá simplesmente uma atividade humana e não um trabalho humano.

Conclui-se, assim, que **todo trabalho humano representa uma atividade humana, mas nem toda atividade humana pode ser considerada como trabalho**, a exemplo das atividades desportivas, recreativas etc.

1.1. Conceito de Direito do trabalho

O Direito do trabalho é o ramo do Direito composto por regras e princípios, sistematicamente ordenados, que regulam a relação de trabalho subordinada entre empregado e empregador, acompanhado de sanções para a hipótese de descumprimento dos seus comandos.

O Direito laboral, como regra de conduta, observado pelo seu aspecto objetivo, tem como meta principal a prevenção de conflitos derivados do confronto entre capital e trabalho para com isso preservar a vida em sociedade e a consequente paz social.

Amauri Mascaro Nascimento, ao apresentar uma definição mista, ou seja, subjetiva e objetiva, argumenta que:

> Direito do Trabalho é o ramo da ciência do direito que tem por objeto as normas jurídicas que disciplinam as relações de trabalho subordinado, determinam os seus sujeitos e as organizações destinadas à proteção desse trabalho, em sua estrutura e atividade.[3]

Na verdade, visto sob a teoria clássica, que deu origem ao Direito Laboral, **esse ramo preocupa-se, unicamente, com a relação de emprego subordinada**. Escapa ao seu âmbito, portanto, as demais relações de trabalho, como a prestação de serviços autônomos (desenvolvidas principalmente pelos profissionais liberais, como advogados, médicos, dentistas,

1. Novo dicionário da Língua Portuguesa. 3. ed. São Paulo: Egeria.
2. ARANHA, Maria Lúcia Arruda;e MARTINS, Maria Helena Pires. ***Filosofando: introdução à filosofia***. São Paulo: Moderna, 1992. p. 4.
3. NASCIMENTO, Amauri Mascaro. ***Curso de direito do trabalho***: história e teoria geral do direito do trabalho: relações individuais e coletivas do trabalho. 19. ed. São Paulo: Saraiva, 2004. p. 176.

engenheiros, dentre outros), relações derivadas do contrato de empreitada, de parceria agropecuária etc.

Por isso é de grande importância a delimitação dos conceitos de empregado e empregador, pois o Direito do trabalho clássico restringe-se a fixar regras de conduta para esses atores sociais.

Atualmente, cresce o movimento no sentido de ampliar o raio de atuação do Direito do trabalho, para abranger as demais relações de trabalho, ou seja, aquelas relações envolvendo algumas espécies de trabalhadores não subordinados. Isso porque, a cada dia que passa, diminui a quantidade de trabalhadores qualificados como empregados, devido ao fenômeno da globalização e, consequentemente, da flexibilização das normas trabalhistas.

Na Itália, por exemplo, uma significativa parcela da legislação laboral atinge os trabalhadores definidos como **parassubordinados**, categoria representada por aquelas pessoas que prestam serviços em favor de outra, sem o elevado grau de subordinação jurídica que caracteriza a relação empregatícia tradicional, mas não totalmente independentes.

O primeiro passo para ampliar o aludido raio de incidência do Direito laboral já foi dado, no Brasil, na seara da competência jurisdicional.

Por meio da Emenda Constitucional nº 45/2004, que alterou a redação do art. 114 da Carta Magna[4], alargou-se a competência da Justiça do Trabalho brasileira **para processar e julgar todo e qualquer litígio envolvendo a relação de trabalho** e não somente aqueles derivados da relação de emprego.

1.2. Denominação

A expressão **Direito do trabalho é a mais utilizada e consagrada pela legislação, doutrina e jurisprudência** de vários países para designar esse ramo da ciência jurídica. Na Alemanha, utiliza-se o termo *Arbeitsrecht; Diritto Del Lavoro, na Itália; Derecho del Trabajo,* na Espanha e *Droit du Travail,* França. Mas também são utilizadas outras designações como Direito Social, Direito Operário, Direito Industrial, Direito Corporativo e Direito Laboral.

Cesarino Júnior defende a utilização da denominação Direito social, dentre outros motivos, porque "a expressão 'social', pela sua amplitude, abrange todos os aspectos da proteção ao trabalhador e aos seus dependentes". O referido autor ainda leva em consideração o fato de que "universalmente se reconhece ao novo direito a finalidade de resolver a 'questão social' e por isso sempre se chamaram as suas leis de 'leis sociais'"[5].

Critica-se a designação de Direito social, tendo em vista que, em última análise, todo Direito seria social. Assim, não seria possível a utilização dessa expressão para designar um único ramo do Direito. O termo Direito social também pode ser usado para fazer referência

4. CF/88. Art. 114. Compete à Justiça do Trabalho processar e julgar: I – as ações oriundas da relação de trabalho, abrangidos os entes de direito público externo e da administração pública direta e indireta da União, dos Estados, do Distrito Federal e dos Municípios.
5. CESARINO JR., Antônio Ferreira. ***Direito Social***. São Paulo: LTr, 1980. p. 35.

a dois ramos específicos do Direito, quais sejam, o próprio Direito do trabalho e o Direito da assistência e da previdência social.

As expressões Direito operário e Direito industrial restringem, por demais, o campo de aplicação desse ramo do Direito, pois fazem referência a uma espécie de atividade econômica ou profissional exercidas, respectivamente, pelo empregado e pelo empregador.

Já a expressão Direito laboral é empregada como sinônimo de Direito do trabalho. Por fim, a designação Direito corporativo sugere a ideia de que esse ramo do Direito regularia as relações havidas nas corporações de ofício que, em remota época, eram atreladas ao Estado.

Arnaldo Süssekind demonstra apreço expresso pela denominação "Direito do trabalho", ao ressaltar a sua utilização por diversos Autores de renome internacional, inclusive, pela OIT – Organização Internacional do Trabalho e por diversas Constituições.[6]

1.3. Características

Além das características comuns aos demais ramos da ciência jurídica, o Direito do trabalho possui traços peculiares que se destacam.

Dessa forma, pode-se dizer que o Direito laboral caracteriza-se pela **proteção excessiva à pessoa do empregado, que é considerado como hipossuficiente**, com vistas a atingir os seus objetivos principais, que é a obtenção de melhores condições de trabalho e a pacificação social, seja pela via legislativa estatal, seja por intermédio das negociações individuais e coletivas de trabalho.

O Direito do trabalho confere um tratamento desigual entre os representantes do capital e do trabalho. O trabalhador é considerado elemento frágil da relação laboral e o empregador o hipersuficiente. Para compensar essa hipossuficiência no plano fático, o ordenamento jurídico laboral concede ao empregado várias prerrogativas (plano jurídico), inclusive com limitação da disposição dos seus direitos.

Conclui-se que a **hipossuficiência do empregado** na qual se funda a proteção atribuída pelo ordenamento jurídico laboral é **jurídica**, uma vez que decorre da celebração de um contrato de trabalho, regulado por lei.

Registre-se que a Lei nº 13.467/17, denominada de Lei da Reforma Trabalhista, reconheceu juridicamente a figura do **trabalhador hipersuficiente** (art. 444, parágrafo único, da CLT), ou seja, aquele que por conta do seu nível salarial (hipersuficiência econômica) e dos seus conhecimentos técnicos-científicos (hipersuficiência técnica) não necessitam do mesmo nível de proteção conferida aos trabalhadores **hipossuficientes** (hipossuficiência jurídica).

1.4. Divisão

O Direito material do trabalho é dividido em dois grandes grupos, a saber: **Direito individual do trabalho e Direito coletivo do trabalho**. Existem autores[7] que ainda decom-

6. SÜSSEKIND, Arnaldo, et all. *Instituições de direito do trabalho*. 19. ed. atual. São Paulo: LTr, 2000. p. 112-113.
7. Nesse sentido: GOMES, Orlando; GOTTSCHALK, Élson. *Curso de direito do trabalho*. 9. ed. Rio de Janeiro: Forense, 1984. p. 16.

põem o Direito do trabalho em: Direito internacional do trabalho, Direito administrativo do trabalho, Direito penal do trabalho e Direito previdenciário.

A. Direito individual do trabalho

De forma geral, o Direito regulamenta relações intersubjetivas. Por uma questão de divisão e sistematização, cada um dos seus ramos cuida de determinada espécie de relação intersubjetiva.

Existe uma relação específica que se estabelece entre o prestador de serviços e outra pessoa que dirige, assalaria e aproveita do resultado da força de trabalho do obreiro. **Essa relação é caracterizada pelo estado de subordinação jurídica** ao qual o operário fica submetido **em razão da celebração de um contrato de trabalho.** O empregado transfere para o empregador o resultado do seu esforço físico e mental. Essa relação é regulada pelo Direito individual do trabalho.

O Direito individual do trabalho é, portanto, o ramo do Direito privado formado pelo conjunto de regras e princípios que regulam **a relação entre empregado e empregador individualmente considerados, além de conter sanções para a hipótese do descumprimento de suas determinações**.

B. Direito coletivo do trabalho

Ao lado das relações individuais que se processam entre trabalhadores e empregadores, existem as relações coletivas de trabalho, que recebe essa denominação, porque o ente coletivo (geralmente o sindicato) representa os interesses de determinado grupo de pessoas, quais sejam, os empregados e os empregadores, considerados em conjunto e não individualmente.

O Direito coletivo do trabalho é, dessa forma, o ramo integrante do Direito privado que institui regras e princípios destinados **a regulamentar a atividade dos entes coletivos representativos dos empregados (sindicato da categoria profissional) e dos empregadores (sindicato da categoria econômica), com o objetivo de evitar o surgimento de conflitos e de traçar diretrizes para a fixação de normas profissionais pelos próprios interessados.**[8]

De acordo com as palavras de Cesarino Júnior, o Direito coletivo do trabalho é aquele composto por "leis sociais que consideram os empregados e empregadores coletivamente reunidos, principalmente na forma de entidades sindicais".[9]

1.5. Natureza jurídica

A questão da natureza jurídica do Direito do trabalho provoca, até hoje, calorosos debates. Observe-se que a própria dicotomia do Direito, em público e privado, já é fonte de discussões calorosas após a definição apresentada por Ulpiano, segundo a qual *publicum ius est quod ad statum rei romanae spectato, privatum quod ad singulorum itilitatem.*

---

8. A segunda parte desta obra trata, especificamente, do Direito Coletivo do Trabalho.
9. CESARINO JÚNIOR, Antônio Ferreira. *Direito social*. São Paulo: LTr, 1980. p. 52.

Por natureza jurídica do Direito do trabalho entende-se a sua inserção em um dos grupos acima mencionados. É importante salientar, contudo, que a natureza jurídica de determinado ramo do Direito varia de acordo com a época e com a organização do poder político adotado por cada Estado.

Em que pese o Direito do trabalho ser formado, em sua maioria, por normas de interesse público, tal característica não implica reconhecer o caráter público do referido ramo do Direito.[10]

A tese de reconhecer o caráter público no Direito do trabalho não resiste a uma análise mais profunda. O Direito de família, por exemplo, apesar de ser norteado por diversas regras de ordem pública, jamais perdeu o seu caráter de Direito privado.

Amauri Mascaro atribui à divisão do Direito em público e privado a um critério meramente ideológico e assevera que o Direito do Trabalho pertence a este último:

> Se admitirmos a validade metodológica da distinção entre direito público e privado, o direito do trabalho seria ramo do direito privado, porque não vincula cidadão ao Estado; regula interesses imediatos dos particulares; é pluricêntrico, emanando de fontes internacionais, estatais e não estatais; tanto a convenção coletiva do trabalho como o contrato individual do trabalho não se desvincularam do âmbito do direito privado.[11]

Na verdade, a divisão do Direito em público e privado varia de acordo com o ponto de vista do jurista. Para uns, o Direito público é aquele que cuida da relação entre particulares e o Estado investido do *ius imperii*. Para outros, o Direito público é aquele formado por normas de ordem pública.

Ao aderir à primeira teoria, é forçoso concluir que **o Direito do trabalho é ramo do Direito privado**, pois cuida da relação entre particulares, qual seja, relação entre o empregado e o empregador.

Essa é a corrente doutrinária dominante, defendida por Maurício Godinho Delgado, Gustavo Filipe Barbosa Garcia, Vólia Bomfim, Sérgio Pinto, Luciano Martinez, Amauri Mascaro, dentre outros:

> Apesar de sua natureza privada, é um direito regulamentado por lei, isto é, com cláusulas legais mínimas, porém isto não o descaracteriza como de natureza privada. Ora, alguns outros ramos do Direito também têm cláusulas mínimas estipuladas por lei, demonstrando um dirigismo estatal, uma intervenção do Estado nas relações particulares e privadas: direito do consumidor, direito de família, planos médicos, seguros etc.[12]

Saliente-se que ainda existem outras correntes que afastam a classificação tradicional do Direito, incluindo o Direito do trabalho em uma terceira categoria: direito social, direito misto ou direito unitário.

10. Miguel Reale classifica como público, o Direito do Trabalho (REALE, Miguel. Lições preliminares de direito. 22 ed. Saraiva: São Paulo, 1995. p. 345/346).
11. NASCIMENTO, Amauri Mascaro. *Curso de direito do trabalho*: história e teoria geral do direito do trabalho: relações individuais e coletivas do trabalho. 19. ed. São Paulo: Saraiva, 2004. p. 227.
12. CASSAR, Vólia Bomfim. ***Direito do trabalho.*** 2 ed. Niterói: Impetus, 2008. p. 11.

Quadro Doutrinário – Natureza jurídica do Direito do Trabalho		
Teorias	**Doutrinadores**	**Exemplo**
Direito social	**Cesarino Júnior**	Há no ordenamento jurídico normas que visam estabelecer o equilíbrio social, pela proteção aos economicamente fracos. Assim, a ideia que a expressão "Direito Social" nos evoca é a de um complexo de normas tendentes à proteção dos economicamente débeis (Cesarino Jr).*
Direito misto	**Paulo Dourado de Gusmão**	O direito é misto quando tutela interesses privado e público, ou, então, quando é constituído por normas e princípios de direito público e de direito privado ou, ainda, de direito nacional e de direito internacional. [...] Norteado pelo interesse social, apesar de se destinar a reger as relações entre patrões e empregados oriundas de contrato de trabalho, o direito do trabalho não pode ser incluído no direito privado, mas sim no direito misto (Paulo Dourado de Gusmão).**
Direito unitário	**Evaristo de Moraes Filho, Égon Gottschalk e Arnaldo Süssekind**	Embora possuindo instituições e regras de direito público e dispositivos de caráter privado, deveria ser entendido e aplicado de conformidade com a unidade emanada dos princípios doutrinários que o fundamentam e das diretrizes oriundas dos respectivos sistemas legais (Arnaldo Süssekind).***

(*) CESARINO JR., Antônio Ferreira. **Direito Social**. São Paulo: LTr, 1980. p 41.

(**) GUSMÃO, Paulo Dourado de. **Introdução ao estudo do direito**. 27 ed. Forense: Rio de Janeiro, 2000. p 193 e p. 196.

(***) SÜSSEKIND, Arnaldo, et all. **Instituições de Direito do Trabalho**. por: Arnaldo Süssekind e João de Lima Teixeira Filho. 19. ed. São Paulo: LTr, 2000. P. 126

Não se pode esquecer, por fim, que a legislação laboral é constituída por dispositivos que estabelecem **sanções de cunho administrativo**.

Assim, quando o empregador deixa de cumprir determinado comando da norma trabalhista e o órgão de fiscalização detecta essa omissão, pode aplicar uma multa que não se reverte em favor do trabalhador, mas sim para os cofres do Estado. Visto sob esse prisma, o Direito do trabalho também pode ser classificado como **ramo do Direito público**.

> **ATENÇÃO!** Embora exista esse frutífero debate doutrinário sobre qual seria a natureza jurídica do Direito do Trabalho, para efeito de concurso público tem prevalecido o entendimento no sentido de que o Direito do Trabalho possui natureza jurídica de Direito privado.

1.6. Funções

Em qualquer grupo social existem regras de conduta. Ao conjunto dessas regras atribui-se a denominação de Direito, também formado por princípios que, juntamente com as primeiras, são sistematicamente organizados.

Se o Direito constitui pressuposto para a vida em sociedade, infere-se que sua função primordial é prevenir e solucionar os conflitos entre os membros de um grupo social:

> Existe o Direito porque o homem procura ordenar a sua coexistência com outros homens pautando-a por meio de determinadas normas por ele dispostas no sentido de evitar um conflito de interesses e realizar um ideal de justiça. O Direito é um instrumento de realização da paz e da ordem social, mas também se destina a cumprir outras finalidades, entre as quais o bem individual e o progresso da humanidade.[13]

13. NASCIMENTO, Amauri Mascaro. ***Curso de direito do trabalho***: história e teoria geral do direito do trabalho: relações individuais e coletivas do trabalho. 19. ed. São Paulo: Saraiva, 2004. p. 221.

No âmbito do Direito laboral, por suas características que lhe são peculiares, observa-se que sua função primeira é **evitar ou minimizar o conflito entre os detentores do capital e os trabalhadores**. Para atingir esse objetivo é necessário proteger o trabalhador hipossuficiente, inclusive em face de sua própria vontade, quando essa lhe for prejudicial.

Denomina-se de **hipossuficiente**, porque o trabalhador encontra-se em uma posição de inferioridade, no plano fático, em face do empregador, que detém o poder de comando e direção da sua atividade.[14]

O Direito do trabalho também se aplica em relação ao trabalhador **hipersuficiente**, mas com menos intensidade, pois se admite a prevalência da sua autonomia da vontade em relação a alguns direitos trabalhistas, **principalmente aqueles previstos** no art. 611-A da CLT.

Não menos importante, entretanto, são as demais funções do Direito laboral, que estão previstas, inclusive, no preâmbulo da Constituição da Organização Internacional do Trabalho, quais sejam as de promover:

a) a paz social permanente;

b) as condições de liberdade e dignidade do trabalhador;

c) a igualdade de condições.

1.7. Autonomia

O Direito do trabalho adquiriu *status* de autonomia **após o reconhecimento e consolidação da existência de regras, princípios e institutos próprios que o diferenciava dos demais ramos do Direito**, o que ocorreu com a edição, em vários países, de códigos e consolidações do trabalho e outros diplomas legais similares.

Originou-se do Direito civil, mais precisamente da parte que regulava as locações de serviços. Após o advento da questão social, o Direito do trabalho destacou-se do Direito comum, em face da sua incompatibilidade com alguns dos princípios deste último.

O Direito civil refletia, basicamente, os princípios derivados do liberalismo, como a autonomia da vontade privada. Já as normas que regulamentavam a relação de trabalho sofriam sérias restrições no que diz respeito ao mencionado instituto quando utilizado em prejuízo do próprio trabalhador.

Por conta disso, surgiu, progressivamente, um conjunto de leis que propiciou a solidificação do Direito laboral, formado por regras, princípios e institutos peculiares. Em alguns países, esse conglomerado de normas jurídicas ensejou a codificação e, em outros, como o Brasil, uma consolidação de leis.[15]

O resumo histórico relatado revela a existência de uma **autonomia legal do Direito do trabalho**, cuja competência para legislar é privativa da União (CF/88. Art. 22, I).

14. A teoria da hipossuficiência é explicada com detalhes, no Brasil, por Cesarino Júnior. (CESARINO JÚNIOR, Antônio Ferreira. ***Direito social***. São Paulo: LTr, 1980. p. 44).
15. A Consolidação das Leis do Trabalho – CLT foi aprovada pelo Decreto-Lei nº 5.452, de 1º de maio de 1943 e entrou em vigor seis meses depois. Uma Consolidação de leis constitui o estágio intermediário entre uma compilação de leis e a codificação.

Contudo, para o reconhecimento da autonomia de um ramo do Direito é necessário a conjugação de outros fatores, como a **autonomia científica, didática e judicial**.

A autonomia científica também se encontra presente nesse ramo específico do Direito. Com efeito, vários doutrinadores preocupam-se com o estudo do Direito do trabalho e produzem obras científicas com esse conteúdo e formam, atualmente, um acervo considerável.

A autonomia didática é constatada por meio da presença de uma cadeira específica nos cursos de Graduação em Direito, exigida por meio das Diretrizes Curriculares Nacionais do Curso de Graduação em Direito instituída pela Resolução nº 5/2018 do CES/CNE do Ministério da Educação.

Por fim, a autonomia judiciária serve para confirmar a total independência do Direito do trabalho, com a existência de uma Justiça Especializada na solução dos conflitos trabalhistas, pelo menos em alguns países, como é o caso do Brasil, com a competência definida pelo art. 114 da Constituição Federal de 1988.[16]

Exemplo de questão sobre o tema

(Magistratura do Trabalho/TRT – 9ª – 2009) Assinale a opção INCORRETA:

(A) Para que uma disciplina jurídica adquira efetiva autonomia são necessárias três condições: domínio suficientemente vasto (ou campo temático vasto e específico), doutrinas homogêneas (ou teorias próprias ao mesmo ramo jurídico investigado) e método próprio (metodologia própria de construção e reprodução da estrutura e dinâmica do ramo jurídico enfocado). O Direito do Trabalho possui autonomia doutrinária, legislativa, didática e jurisdicional.

(B) Acerca da natureza jurídica do Direito do Trabalho, prepondera atualmente a sua classificação no segmento do Direito Privado.

(C) Segundo a doutrina, em sentido amplo, a área jurídica trabalhista pode ser dividida em: direito material do trabalho e direito público do trabalho. O direito material do trabalho compreende dois segmentos: o direito individual do trabalho e o direito coletivo do trabalho, enquanto o direito público do trabalho abrange: direito processual do trabalho; direito administrativo do trabalho e direito previdenciário e acidentário do trabalho. É controvertida a inclusão do direito penal do trabalho como segmento do direito público do trabalho.

(D) Destacam-se três tipologias de interpretação do Direito: segundo o critério da origem da interpretação efetuada; segundo o critério dos resultados do processo interpretativo e segundo o critério dos meios ou métodos utilizados no processo de interpretação jurídica. A tipologia segundo o critério da origem da interpretação aponta três tipos de interpretação: autêntica, jurisprudencial e doutrinária. Exemplo de interpretação autêntica é o decreto regulamentador de lei, com aptidão, inclusive, para suprimir direito adquirido.

(E) Nos sistemas jurídicos romano-germânico, principalmente nas vertentes de tradição latina, como é o caso brasileiro, há resistência teórica a se conferir teor jurígeno (criador de Direito) ao papel interpretativo desempenhado pelos Tribunais. Entretanto, a despeito disso é insustentável negar-se a dimensão criadora do direito inserida em inúmeras súmulas de jurisprudência dos tribunais superiores brasileiros, como, por exemplo, a Súmula 268 do TST, que trata da interrupção da prescrição da ação trabalhista arquivada ("A ação trabalhista, ainda que arquivada, interrompe a prescrição somente em relação aos pedidos idênticos").

Resposta: D.

16. CF/88. Art. 114. Compete à Justiça do Trabalho processar e julgar: I – as ações oriundas da relação de trabalho, abrangidos os entes de direito público externo e da administração pública direta e indireta da União, dos Estados, do Distrito Federal e dos Municípios.

1.8. Relações do direito do trabalho com os demais ramos do direito

Apesar da notória autonomia que o Direito do trabalho desfruta, não se pode negar a influência que recebe dos demais ramos, mesmo porque todos não passam de especialidades do Direito em geral.

A. *Direito civil*

O Direito civil é um dos ramos que mais se aproxima do Direito laboral. Ambos são ramos do Direito privado e toda a sua teoria geral, além de outros institutos, fazem parte do arcabouço do Direito do trabalho, mesmo porque a CLT não contém um tópico destinado à fixação de normas relativas à teoria geral do Direito do trabalho. Na verdade, esse ramo específico do Direito cuida de um contrato em particular, mais precisamente do contrato de trabalho.

Constituem pressupostos para o conhecimento e aplicação do Direito do trabalho, dentre outros, as regras e princípios relativos à pessoa, bens, fatos jurídicos *lato sensu*, obrigações, contratos etc., que são encontrados no Direito civil.

Como ressalta Pedro Romano Martinez, para o estudo do Direito do Trabalho é indispensável o conhecimento do Direito das Obrigações:

> Sendo um ramo do Direito Privado, pressupõe a aplicação de princípios e de regras de Direito Civil, sempre que não se tenham estabelecido regimes com especificidades. Não é, deste modo, concebível o estudo do Direito do Trabalho desacompanhado, em particular, do Direito das Obrigações; a visão interdisciplinar será, pois, essencial.[17]

B. *Direito empresarial*

Mesmo após a unificação legislativa do Direito dos contratos e das obrigações civis e comerciais em um único Diploma Legal, por meio do Código Civil de 2002, que revogou a parte primeira do Código Comercial (Lei nº 556/1850), o Direito empresarial ainda mantém a sua característica de ramo autônomo do direito e fornece subsídios legais e principiológicos para o Direito do trabalho.

Percebe-se essa influência, por exemplo, no conteúdo da Lei nº 11.101/05, que trata da recuperação judicial, extrajudicial e falência do empresário e da sociedade empresária.

Essa regra é de grande importância para o Direito do trabalho, mormente no que diz respeito à classificação dos créditos, com privilégio do crédito trabalhista até o limite de 150 salários mínimos[18], e a sucessão de empregadores.

C. *Direito penal*

Entre o empregado e o empregador existe uma relação de subordinação. É o empregador quem dirige a atividade do trabalhador, no exercício do seu poder diretivo, do qual deriva o

17. MARTINEZ, Pedro Romano. *Direito do trabalho*. 3. ed. Lisboa: Pedro Ferreira Editor, 1998. p. 81.
18. Lei nº 11.101, de 09.02.2005. Art. 83. A classificação dos créditos na falência obedece à seguinte ordem: I – os créditos derivados da legislação do trabalho, limitados a 150 (cento e cinquenta) salários-mínimos por credor, e os decorrentes de acidentes de trabalho.

poder disciplinar. Atos de insubordinação do empregado podem ser punidos,[19] por meio das sanções de advertência, suspensão e até mesmo despedida por justa causa.

Assim, os institutos do Direito penal são valiosos quando se pretende apurar a prática de falta grave pelo empregado, ato que enseja a ruptura do contrato de trabalho sem ônus financeiro para o empregador.

O intérprete e aplicador do Direito do trabalho podem utilizar os conceitos de autoria, materialidade, nexo de causalidade, gravidade, culpa e proporcionalidade na aplicação da pena, dentre outros.

D. Direito administrativo

O Direito administrativo e o Direito do trabalho praticamente se confundem quando tratam das relações do Estado com os seus servidores.[20] Se a referida relação deriva de um ato de inserção do servidor no âmbito da administração pública, regido por um estatuto próprio, a regulação deve ser efetivada pelo Direito administrativo. Caso contrário, se for originária de um contrato de emprego público, cabe ao Direito do trabalho estabelecer as normas de conduta, mas de forma similar àquela tratada pelo Direito administrativo.

Desse modo, existem os servidores públicos, gênero do qual são espécies o empregado público ao lado do servidor estatutário. **Em relação a este último, aplicam-se as regras contidas no Direito do administrativo e, quanto ao primeiro, segue-se a regulação do Direito do trabalho.** São comuns, entretanto, as regras relativas ao ingresso no serviço público, aos direitos básicos dos servidores públicos etc., como se pode observar dos preceitos Constitucionais abaixo transcritos:

> **Art. 37. II** – a investidura em cargo ou emprego público depende de aprovação prévia em concurso público de provas ou de provas e títulos, de acordo com a natureza e a complexidade do cargo ou emprego, na forma prevista em lei, ressalvadas as nomeações para cargo em comissão declarado em lei de livre nomeação e exoneração.
>
> **Art. 39. § 3º.** Aplica-se aos servidores ocupantes de cargo público o disposto no artigo 7º, IV, VII, VIII, IX, XII, XIII, XV, XVI, XVII, XVIII, XIX, XX, XXII e XXX, podendo a lei estabelecer requisitos diferenciados de admissão quando a natureza do cargo o exigir.

Em outras questões, o Direito administrativo auxilia, em muito, o Direito laboral. Com efeito, a lei define o conteúdo mínimo do contrato de trabalho, que se incorpora a ele em forma de cláusulas. Mas o desrespeito ao regramento estatal não gera apenas o direito subjetivo ao empregado de postular o seu implemento (efeito contratual), mas também ao próprio Estado de cobrar multas administrativas (efeito administrativo).

Assim, tais multas assumem o caráter de penalidade pecuniária, mas encontram sua previsão legal na Consolidação das Leis do Trabalho e na legislação extravagante trabalhista.

---

19. A utilização da expressão *punição* só é possível graças à aceitação da teoria institucionalista da relação de emprego.

20. CF/88. Art. 39. § 3º. Aplica-se aos servidores ocupantes de cargo público o disposto no artigo 7º, VII, VIII, IX, XII, XIII, XV, XVI, XVII, XVIII, XIX, XX, XXII e XXX, podendo a lei estabelecer requisitos diferenciados de admissão quando a natureza do cargo o exigir.

Em tais casos, a competência é da Justiça do Trabalho para processar a execução essa espécie de dívida.[21]

E. *Direito constitucional*

A partir do surgimento da constituição do México (1917) e de Weimar (1919), as constituições de diversos países, inclusive a do Brasil (1934), passaram a dedicar especial atenção ao Direito social, com a salvaguarda dos direitos básicos dos trabalhadores em capítulo próprio.

Atualmente, do Direito constitucional extraem-se as regras basilares dos demais ramos da ciência jurídica, inclusive para o Direito do trabalho, pois a Constituição Federal não se limita apenas a definir competência e atribuir poderes.

No Brasil, **o conteúdo mínimo do pacto laboral encontra-se praticamente definido pelos incisos do art. 7º, da Constituição Federal de 1988**, sem falar nas regras sobre Direito coletivo do trabalho, constantes dos seus arts. 8º a 11:

> **Art. 7º** São direitos dos trabalhadores urbanos e rurais, além de outros que visem à melhoria de sua condição social:
>
> I – relação de emprego protegida contra despedida arbitrária ou sem justa causa, nos termos de lei complementar, que preverá indenização compensatória, dentre outros direitos;
>
> II – seguro-desemprego, em caso de desemprego involuntário;
>
> III – fundo de garantia do tempo de serviço;
>
> IV – salário mínimo, fixado em lei, nacionalmente unificado, capaz de atender a suas necessidades vitais básicas e às de sua família com moradia, alimentação, educação, saúde, lazer, vestuário, higiene, transporte e previdência social, com reajustes periódicos que lhe preservem o poder aquisitivo, sendo vedada sua vinculação para qualquer fim;
>
> V – piso salarial proporcional à extensão e à complexidade do trabalho;
>
> VI – irredutibilidade do salário, salvo o disposto em convenção ou acordo coletivo;
>
> VII – garantia de salário, nunca inferior ao mínimo, para os que percebem remuneração variável;
>
> VIII – décimo terceiro salário com base na remuneração integral ou no valor da aposentadoria;
>
> IX – remuneração do trabalho noturno superior à do diurno;
>
> X – proteção do salário na forma da lei, constituindo crime sua retenção dolosa;
>
> XI – participação nos lucros, ou resultados, desvinculada da remuneração, e, excepcionalmente, participação na gestão da empresa, conforme definido em lei;
>
> XII – salário-família pago em razão do dependente do trabalhador de baixa renda nos termos da lei;
>
> XIII – duração do trabalho normal não superior a oito horas diárias e quarenta e quatro semanais, facultada a compensação de horários e a redução da jornada, mediante acordo ou convenção coletiva de trabalho;

21. CF/88. Art. 114. Compete à Justiça do Trabalho processar e julgar: VII – as ações relativas às penalidades administrativas impostas aos empregadores pelos órgãos de fiscalização das relações de trabalho.

XIV – jornada de seis horas para o trabalho realizado em turnos ininterruptos de revezamento, salvo negociação coletiva;

XV – repouso semanal remunerado, preferencialmente aos domingos;

XVI – remuneração do serviço extraordinário superior, no mínimo, em cinquenta por cento à do normal;

XVII – gozo de férias anuais remuneradas com, pelo menos, um terço a mais do que o salário normal;

XVIII – licença à gestante, sem prejuízo do emprego e do salário, com a duração de cento e vinte dias;

XIX – licença-paternidade, nos termos fixados em lei;

XX – proteção do mercado de trabalho da mulher, mediante incentivos específicos, nos termos da lei;

XXI – aviso prévio proporcional ao tempo de serviço, sendo no mínimo de trinta dias, nos termos da lei;

XXII – redução dos riscos inerentes ao trabalho, por meio de normas de saúde, higiene e segurança;

XXIII – adicional de remuneração para as atividades penosas, insalubres ou perigosas, na forma da lei;

XXIV – aposentadoria;

XXV – assistência gratuita aos filhos e dependentes desde o nascimento até 5 (cinco) anos de idade em creches e pré-escolas;

XXVI – reconhecimento das convenções e acordos coletivos de trabalho;

XXVII – proteção em face da automação, na forma da lei;

XXVIII – seguro contra acidentes de trabalho, a cargo do empregador, sem excluir a indenização a que este está obrigado, quando incorrer em dolo ou culpa;

XXIX – ação, quanto aos créditos resultantes das relações de trabalho, com prazo prescricional de cinco anos para os trabalhadores urbanos e rurais, até o limite de dois anos após a extinção do contrato de trabalho;

XXX – proibição de diferença de salários, de exercício de funções e de critério de admissão por motivo de sexo, idade, cor ou estado civil;

XXXI – proibição de qualquer discriminação no tocante a salário e critérios de admissão do trabalhador portador de deficiência;

XXXII – proibição de distinção entre trabalho manual, técnico e intelectual ou entre os profissionais respectivos;

XXXIII – proibição de trabalho noturno, perigoso ou insalubre a menores de dezoito e de qualquer trabalho a menores de dezesseis anos, salvo na condição de aprendiz, a partir de quatorze anos;

XXXIV – igualdade de direitos entre o trabalhador com vínculo empregatício permanente e o trabalhador avulso.

Parágrafo único. São assegurados à categoria dos trabalhadores domésticos os direitos previstos nos incisos IV, VI, VII, VIII, X, XIII, XV, XVI, XVII, XVIII, XIX, XXI, XXII, XXIV, XXVI, XXX, XXXI e XXXIII e, atendidas as condições estabelecidas em lei e observada a simplificação do cumprimento das obrigações tributárias, principais e acessórias, decorrentes da relação de trabalho e suas peculiaridades, os previstos nos incisos I, II, III, IX, XII, XXV e XXVIII, bem como a sua integração à previdência social.

Art. 8º É livre a associação profissional ou sindical, observado o seguinte:

I – a lei não poderá exigir autorização do Estado para a fundação de sindicato, ressalvado o registro no órgão competente, vedadas ao Poder Público a interferência e a intervenção na organização sindical;

II – é vedada a criação de mais de uma organização sindical, em qualquer grau, representativa de categoria profissional ou econômica, na mesma base territorial, que será definida pelos trabalhadores ou empregadores interessados, não podendo ser inferior à área de um Município;

III – ao sindicato cabe a defesa dos direitos e interesses coletivos ou individuais da categoria, inclusive em questões judiciais ou administrativas;

IV – a assembleia geral fixará a contribuição que, em se tratando de categoria profissional, será descontada em folha, para custeio do sistema confederativo da representação sindical respectiva, independentemente da contribuição prevista em lei;

V – ninguém será obrigado a filiar-se ou a manter-se filiado a sindicato;

VI – é obrigatória a participação dos sindicatos nas negociações coletivas de trabalho;

VII – o aposentado filiado tem direito a votar e ser votado nas organizações sindicais;

VIII – é vedada a dispensa do empregado sindicalizado a partir do registro da candidatura a cargo de direção ou representação sindical e, se eleito, ainda que suplente, até um ano após o final do mandato, salvo se cometer falta grave nos termos da lei.

Parágrafo único. As disposições deste artigo aplicam-se à organização de sindicatos rurais e de colônias de pescadores, atendidas as condições que a lei estabelecer.

Art. 9º É assegurado o direito de greve, competindo aos trabalhadores decidir sobre a oportunidade de exercê-lo e sobre os interesses que devam por meio dele defender.

§ 1º – A lei definirá os serviços ou atividades essenciais e disporá sobre o atendimento das necessidades inadiáveis da comunidade.

§ 2º – Os abusos cometidos sujeitam os responsáveis às penas da lei.

Art. 10. É assegurada a participação dos trabalhadores e empregadores nos colegiados dos órgãos públicos em que seus interesses profissionais ou previdenciários sejam objeto de discussão e deliberação.

Art. 11. Nas empresas de mais de duzentos empregados, é assegurada a eleição de um representante destes com a finalidade exclusiva de promover-lhes o entendimento direto com os empregadores.

Da mesma forma, valiosos princípios constitucionais também são utilizados pelo Direito laboral, como o princípio da dignidade da pessoa humana (art. 1º, III); dos valores sociais do trabalho (art. 1º, III, e art. 170); da igualdade (arts. 3º, IV, e 5º, I); da legalidade (art. 5º, II); da liberdade de trabalho (art. 5º, XIII); da preservação da intimidade (art. 5º, X) etc. No âmbito da relação laboral, são conhecidos como "direitos trabalhistas inespecíficos".

Exemplos de questões sobre o tema

(TRT 1 – Juiz do Trabalho Substituto 1ª região/2016) Em relação exclusivamente à Constituição Federal, no que diz respeito aos direitos dos empregados, considere:

I. jornada de seis horas para o trabalho realizado em turnos ininterruptos de revezamento.

II. proteção do mercado de trabalho da mulher.
III. adicional para exercício de atividades penosas.
IV. assistência gratuita aos dependentes de até 5 anos de idade em creche e pré-escola.
Não tem aplicação imediata o que consta APENAS em
(A) I, II e IV.
(B) III e IV.
(C) IV.
(D) II e III.
(E) III.

Resposta: D

(TRT 2 – Juiz do Trabalho Substituto 2ª região/2014) Em relação *à* Constituição de 1988, observe as proposições abaixo e responda a alternativa que contenha proposituras corretas:
I. Ficam abolidas as corporações de ofícios, juízes, escrivães e mestres.
II. Proibição de trabalho a menores de 14 anos e de trabalho noturno a menores de 16 anos.
III. O aposentado filiado a um sindicato tem direito a votar e ser votado nas eleições sindicais.
IV. É assegurada a participação dos trabalhadores e empregadores nos colegiados dos *órgãos* públicos em que seus interesses profissionais ou previdenciários sejam objeto de discussão e deliberação.
V. Para dirimir questões entre empregados e empregadores, regidas pela legislação social, fica instituída a Justiça do Trabalho.
Está correta a alternativa:
(A) III e IV.
(B) II e III.
(C) I e IV.
(D) II e V.
(E) I e V.

Resposta: A

F. Direito tributário

Algumas obrigações do empregador, derivadas do contrato de trabalho, também têm natureza de contribuição social ou tributária, como é o caso do recolhimento do **Fundo de Garantia do Tempo de Serviço – FGTS** e contribuições para o Programa de Integração Social – **PIS**.[22]

Observe-se, ainda, que **o pagamento ou crédito das parcelas de natureza salarial constitui fato gerador para o recolhimento do imposto de renda**. Desse modo, é necessário o intercâmbio de informações entre o Direito do trabalho e o Direito tributário para a definição das hipóteses e detalhes da incidência do tributo mencionado.

G. Direito previdenciário

O Direito previdenciário fazia parte do Direito do trabalho, do qual se destacou após conquistar a sua autonomia. A preocupação dos trabalhadores, logo após o surgimento e consolidação do Direito laboral, não foi só com a aquisição de melhores condições de trabalho,

22. Lei Complementar nº 7/70. Art. 10. As obrigações das empresas, decorrentes desta lei, são de caráter exclusivamente fiscal, não gerando direitos de natureza trabalhista nem incidência de qualquer contribuição previdenciária em relação a quaisquer prestações devidas, por lei ou por sentença judicial, ao empregado.

mas também com a manutenção de uma fonte de renda para o operário quando este estivesse incapacitado, temporária ou definitivamente, para o trabalho.

Formaram-se, inicialmente, as caixas de assistência, com contribuições de patrões e empregados. Com o passar dos tempos, firmaram-se seguros privados posteriormente transformados em contribuições sociais obrigatórias, o que deu ensejo ao surgimento do Direito previdenciário.

Desse modo, os operadores de ambos os ramos do Direito citados necessitam conhecer e aplicar os dispositivos e princípios que tratam, por exemplo, do acidente do trabalho, das doenças ocupacionais, das causas de incapacidade para o trabalho, bem como de noções sobre empregado, empregador, segurado, beneficiário etc.

Saliente-se que a incapacidade laboral temporária decorrente de doença ocupacional ou acidente do trabalho **provoca a suspensão especial do contrato do trabalho**, mas mantém a obrigação de o empregador continuar efetuando os depósitos do FGTS durante o período, além de conferir estabilidade ao empregado por doze meses após o retorno ao serviço.

Alguns benefícios previdenciários são pagos diretamente pelo empregador, como o salário-família e o salário-maternidade. A compensação se faz posteriormente com os valores devidos pela empresa, a título de contribuição previdenciária, por ela devida.

Além disso, a exemplo do que ocorre com o imposto de renda, a contribuição previdenciária incide sobre rendimentos pagos, devidos ou creditados a qualquer título, durante o mês, destinados a retribuir o trabalho, conforme preceitua o art. 28, I, da Lei nº 8.212/91.

H. Direito do consumidor

O Direito do consumidor tem sua essência no Direito do trabalho. Isso porque tanto o empregado quanto o consumidor são hipossuficientes, pois, no plano fático, encontram-se em posição de inferioridade em relação ao empregador e ao fornecedor, respectivamente.

A atuação do Direito do consumidor e do Direito do trabalho é no sentido de criar uma desigualdade jurídica para compensar a desigualdade fática, equilibrando, ao final, a relação. Nesse passo, vários dispositivos existentes no Código de Defesa do Consumidor (Lei nº 8.078, de 11 de setembro de 1990) são utilizados, subsidiariamente, pelo Direito do trabalho, tendo em vista aquele ser um diploma bem mais atual do que a CLT.

Até bem pouco tempo – antes da vigência do Código Civil de 2002 – o aplicador do Direito do trabalho utilizava-se dos subsídios do CDC no que se referia à desconsideração da personalidade jurídica, constante do art. 28.[23]

Já a defesa da coletividade em juízo, dentre elas a dos trabalhadores, pode ter como fundamento **os preceitos contidos no seu art. 81, parágrafo único do CDC, quando se tratar de interesses e direitos difusos, coletivos e individuais homogêneos**.

---

23. CDC. Art. 28. O juiz poderá desconsiderar a personalidade jurídica da sociedade quando, em detrimento do consumidor, houver abuso de direito, excesso de poder, infração da lei, fato ou ato ilícito ou violação dos estatutos ou contrato social. A desconsideração também será efetivada quando houver falência, estado de insolvência, encerramento ou inatividade da pessoa jurídica provocados por má administração.

I. Direito processual

O Direito material do trabalho é constituído de princípios e regras de condutas que objetivam prevenir conflitos. Contudo, se os indivíduos deixam de cumprir o comando normativo ou há uma dificuldade na sua interpretação, surge o conflito de interesses caracterizado pela pretensão resistida, ou mais precisamente, uma lide.

Dentre as diversas formas de solução dos conflitos, encontra-se a Jurisdição, que é exercida pelo Estado, por meio do direito de ação, e materializa-se por meio do processo judicial.

O Direito processual é formado, portanto, por comandos que regulam as atividades das partes, dos interessados e do próprio Estado-Juiz no processo, com vistas a dar efetividade à regra de direito material que incide sobre o caso concreto.

No caso da relação de emprego, a tutela jurisdicional é prestada pela Justiça do Trabalho, que aplica as regras do Direito processual do trabalho e, subsidiariamente e supletivamente, do Direito processual civil, Lei de Execução Fiscal, CDC etc.

1.9. Fundamentos e formação histórica do direito do trabalho

O Direito não surge abruptamente. As regras jurídicas originam-se da necessidade do ser humano viver em sociedade e reflete, no tempo e no espaço, a cultura de cada povo.

Nesse ponto reside a importância de se conhecer os fatos sociais, econômicos, políticos, religiosos etc., que provocaram o nascimento do Direito ou de uma de suas especialidades, pois facilitam a sua compreensão, interpretação e aplicação.

A. Europa

O Direito do trabalho surge com o advento da primeira revolução industrial, entre os séculos XVIII e XIX. Saliente-se, entretanto, que as relações de trabalho sempre existiram em todas as sociedades e em todas as épocas. Contudo, conforme foi comentado anteriormente, o Direito laboral tem como objeto a relação de trabalho subordinada, que apareceu concomitantemente com o referido evento histórico.

Com efeito, o escravo não era considerado sujeito de direitos, ao contrário, era tratado como objeto. Inclusive, poderia até ser comercializado pelo seu proprietário.

Já o servo devia obediência ao senhor feudal, mas não em decorrência de um contrato de trabalho, mas sim de um estado de submissão, pois, em troca da cessão de parte de sua produção agrícola ou pecuária, recebia a proteção do senhorio. A execução da prestação de serviços por parte do servo, portanto, não estava subordinada ao poder do senhor feudal.

Em um estágio posterior apareceram as corporações de ofício. Apesar da relação existente entre os mestres e os companheiros se assemelhar à relação de emprego, com ela não se confundia.

A corporação de ofício era formada pelo mestre que comandava o trabalho dos companheiros e dos aprendizes. Mas, nesse caso específico, os interesses eram convergentes. Havia uma necessidade comum de produzir mercadorias, que eram feitas pelos aprendizes, companheiros e pelo mestre, ou seja, os primeiros não conferiam ao último a propriedade do fruto do seu trabalho, como ocorre com a relação empregatícia.

Com o advento da revolução francesa (1789), passaram a prevalecer as ideias de igualdade, liberdade e fraternidade. Era reconhecida a liberdade do cidadão, frente ao Estado, o que lhe possibilitava exercer seus direitos da forma que lhe fosse mais interessante (**Estado Liberal**).

Por conta disso, o princípio da autonomia da vontade foi elevado à categoria de dogma, como aconteceu também com a máxima latina *pacta sunt servanda,* ou seja, a força obrigatória dos contratos.

A questão social surgiu, exatamente, em virtude da falta de intervenção do Estado Liberal nas relações entre patrões e empregados.

Diversos camponeses foram atraídos para trabalhar nas fábricas em volta dos centros urbanos, o que gerou um contingente de mão de obra considerável. Essas unidades fabris eram movimentadas pelas máquinas a vapor, que introduziram a produção em série de mercadorias e gerou a decadência da atividade artesanal proveniente das corporações de ofício.

Como o objetivo da burguesia, detentora do capital, era tão somente a obtenção de lucro, não havia qualquer preocupação com a remuneração e as demais condições mínimas de trabalho dos operários, que eram considerados como mais um dos fatores de produção, regulados pela lei da oferta e da procura.

O trabalhador era inserido dentro da linha de produção. Logo, não poderia sofrer qualquer paralisação na atividade fabril. Assim, eram exigidas extensas jornadas de trabalho em condições sub-humanas, que implicavam fadiga mental e muscular e aumentavam o número de acidentes do trabalho, muitos deles fatais.

Também não havia qualquer distinção entre o trabalho da criança, do adolescente ou da mulher, apesar de deterem características biológicas especiais. Muito pelo contrário, preferia-se a mão de obra dos menores de 18 anos e das mulheres por ser mais barata, o que aumentava os lucros dos empresários.

Todos esses aspectos levaram à eclosão da questão social[24], com a criação das associações e, posteriormente, dos sindicatos que defendiam a melhoria das condições de trabalho nas fábricas.

A luta foi incessante e obteve êxito com a edição de normas que estabeleceram limites ao **princípio da autonomia da vontade** e ao direito de contratar, desde que prejudicial ao trabalhador. As primeiras leis tratavam da redução da jornada de trabalho, da proibição do trabalho dos menores de 18 anos e das mulheres em locais insalubres, da fixação de um salário mínimo etc., o que, aos poucos, acabou por formar um estatuto mínimo, ou *standard* legal, que passava a aderir automaticamente a todo contrato de trabalho, transformando o direito laboral em um produto cultural do século XIX.

24. A expressão questão social não havia sido formulada antes do século XIX, quando os efeitos do capitalismo e as condições da infraestrutura social se fizeram sentir com muita intensidade, acentuando-se um amplo empobrecimento dos trabalhadores, inclusive dos artesãos, pela insuficiência competitiva em relação à indústria que florescia. (NASCIMENTO, Amauri Mascaro. ***Curso de direito do trabalho***: história e teoria geral do direito do trabalho: relações individuais e coletivas do trabalho. 19. ed. São Paulo: Saraiva, 2004. p. 9).

Essa evolução do Direito do trabalho, com a consagração progressiva do princípio protetivo, se deu de forma bastante homogênea entre os países da Europa Ocidental e de certa forma contribuiu para evitar movimentos migratórios em busca de melhores condições de trabalho.

O Estado passou, progressivamente, de liberal para social, com **intervenção progressiva na ordem econômica e social**. Os **grandes marcos** dessa modificação foram a promulgação da **Constituição Mexicana (1917) e a de Weimar (1919), na Alemanha**, quando, pela primeira vez, foram introduzidos dispositivos que tratavam da ordem social em uma Constituição. Com isso, inaugurou-se a era do constitucionalismo social, para dar maior garantia aos direitos dos trabalhadores, em face da dificuldade legislativa de modificar uma regra dessa natureza.

O **tratado de Versalhes**, assinado pela Alemanha e pelos países aliados em 1919, logo após o final da I Guerra Mundial, **foi um dos primeiros documentos históricos que asseguraram direitos específicos aos trabalhadores** ao consagrar o princípio de que o trabalho não deve ser considerado apenas como mercadoria (art. 467, 1). Além disso, o referido tratado foi responsável pela formalização da criação da Organização Internacional do Trabalho – OIT.

Em 1944, a OIT incorporou a Convenção da Filadélfia à sua Constituição, em forma de anexo, documento que serviu de inspiração para a confecção da Carta das Nações Unidas e para a Declaração Universal dos Direitos Humanos, proclamada em 10 de dezembro de 1948 pela Assembleia Geral das Nações Unidas.

Esse Diploma legal internacional consagrou e assegurou o direito ao trabalho com dignidade, conforme dispõe o seu art. 23:

> **Art. 23.** Toda a pessoa tem direito ao trabalho, à livre escolha do trabalho, a condições equitativas e satisfatórias de trabalho e à proteção contra o desemprego. 2. Todos têm direito, sem discriminação alguma, a salário igual por trabalho igual. 3. Quem trabalha tem direito a uma remuneração equitativa e satisfatória, que lhe permita e à sua família uma existência compatível com a dignidade humana, e completada, se possível, por todos os outros meios de proteção social.

Em 1988, como forma de reafirmar os princípios contidos nas Convenções Fundamentais da OIT, foi editada a Declaração da OIT sobre os Princípios e Direitos Fundamentais no Trabalho e seu Seguimento.

B. *Brasil*

O Direito do trabalho, no Brasil, não nasceu diretamente das reivindicações sociais promovidas pelas entidades representativas dos trabalhadores, em que pese ter havido a deflagração de alguns movimentos isolados, derivados da luta de classes patrocinada por alguns sindicatos.

Observe-se que esse novo ramo do Direito surgiu da concentração proletária nos grandes centros urbanos, decorrente da Revolução Industrial, que só foi deflagrada neste País, de forma contundente, no início do século XX. Essa circunstância foi responsável pelo atraso da eclosão da questão social no plano interno, mesmo porque não poderia ocorrer em um momento anterior, pois havia a utilização da mão de obra escrava.

Na década de trinta do século XX, o então presidente Getúlio Vargas antecipou-se aos movimentos dos trabalhadores e acrescentou ao frágil ordenamento jurídico trabalhista existente uma série de medidas legislativas, de caráter nitidamente populista, que contribuíram para a autonomia do Direito do Trabalho no Brasil.

Já existiam leis esparsas que regulamentavam relações de determinadas categorias profissionais e atribuíam alguns direitos aos trabalhadores, de forma geral, além de algumas Convenções da Organização Internacional do Trabalho ratificadas pelo Brasil.

O mérito de Getúlio Vargas é atribuído ao fato de sistematizar e estruturar todo esse arcabouço legislativo em um único Diploma Legal representado pela **Consolidação das Leis do Trabalho, aprovada pelo Decreto-Lei nº 5.452**, de 01 de maio de 1943 (em vigor desde o dia 01 de novembro desse mesmo ano). Inspirou-se nas diretrizes contidas na Carta Del Lavoro da Itália,[25] o documento que reunia os **princípios corporativistas** que deveriam ser observados pela referida nação.

No âmbito Constitucional, o Direito do trabalho **somente consolidou-se a partir da promulgação da Carta Magna de 1934**[26]. A primeira Constituição Federal, a de 1824, **não continha nenhum dispositivo que regulamentasse as relações sociais do trabalho**. Constata-se semelhante omissão na primeira Constituição Republicana (1891). Só havia uma menção à possibilidade de qualquer pessoa reunir-se livremente e sem armas, o que legalizou a atuação dos sindicatos no País.

As constituições posteriores, de 1937, 1946 e 1967, mantiveram, em linhas gerais, os principais direitos dos trabalhadores contidos na Carta de 1934, com pequenas modificações necessárias para atender ao seu caráter democrático ou autoritário.

Saliente-se que durante o período do regime militar, de 1964 a 1985, a implementação cada vez mais crescente de conquistas sociais trabalhistas foi estabilizada em nome da adoção de uma política econômica de caráter intervencionista, principalmente por meio do Plano de Ação Econômica do Governo (PAEG).

Promulgada a atual Carta Magna, em 05.10.88, que ampliou, sensivelmente, o leque de garantias constitucionais ao trabalhador subordinado, além de valorizar **o regramento das relações coletivas de trabalho**. Entretanto, em decorrência do fenômeno da globalização foram introduzidos alguns dispositivos tanto na CF/88 quanto na legislação infraconstitucional com vistas a flexibilizar as regras trabalhistas, principalmente a possibilidade de redução salarial e a compensação da jornada de trabalho.

25. A Carta Del Lavoro foi aprovada pelo grande conselho fascista, em 21.04.1927, e serviu de inspiração para outros sistemas políticos corporativistas.
26. O art. 121, § 1º, da CF de 1937 garantia aos trabalhadores: a) proibição de diferença de salário para um mesmo trabalho, por motivo de idade, sexo, nacionalidade ou estado civil; b) salário mínimo, capaz de satisfazer, conforme as condições de cada região, às necessidades normais do trabalhador; c) trabalho diário não excedente de oito horas, reduzíveis, mas só prorrogáveis nos casos previstos em lei; d) proibição de trabalho a menores de 14 anos; de trabalho noturno a menores de 16 e em indústrias insalubres, a menores de 18 anos e a mulheres; e) repouso hebdomadário, de preferência aos domingos; f) férias anuais remuneradas; g) indenização ao trabalhador dispensado sem justa causa; h) assistência médica e sanitária ao trabalhador e à gestante, assegurando a esta descanso antes e depois do parto, sem prejuízo do salário e do emprego, e instituição de previdência, mediante contribuição igual da União, do empregador e do empregado, a favor da velhice, da invalidez, da maternidade e nos casos de acidentes de trabalho ou de morte; i) regulamentação do exercício de todas as profissões; j) reconhecimento das convenções coletivas de trabalho.

Com essa autorização constitucional, a Lei nº 13.467/17 alterou diversos paradigmas do Direito do Trabalho, **passando a admitir a prevalência do negociado sobre o legislado**, tanto no âmbito das negociações coletivas sindicais quanto no plano individual dos contratos de trabalho celebrado com os **trabalhadores hipersuficientes**

Exemplos de questões sobre o tema

(FCC – Juiz do Trabalho/2017) Em relação à formação histórica do Direito do Trabalho, considere:

I. Nas formações socioeconômicas centrais, como no caso da Europa Ocidental, a legislação trabalhista, desde seu nascedouro, cumpriu a importante missão de generalizar ao conjunto do mercado de trabalho aquelas condutas e direitos alcançados pelos trabalhadores nos segmentos mais avançados da economia, impondo, a partir desse modelo, condições mais modernas, ágeis e civilizadas de gestão de força de trabalho.

II. O Direito do Trabalho deve ser considerado produto cultural do século XIX e das transformações e condições sociais, econômicas e políticas que colocam a relação de trabalho subordinada como núcleo do processo produtivo característico daquela sociedade e que tornaram possível o aparecimento deste ramo novo da ciência jurídica, com características próprias e autonomia doutrinária.

III. A doutrina clássica informa que o surgimento do Direito do Trabalho no Brasil se deu apenas por influências exógenas, a saber: as transformações que ocorreram na Europa, ocasionando a crescente elaboração legislativa de proteção ao trabalhador e o compromisso assumido pelo Brasil em ingressar na Organização Internacional do Trabalho, criada em 1919. Neste contexto, o Código Civil de 1916 não apresentou nenhum instituto que tenha servido de supedâneo para elaboração do Direito do Trabalho pátrio.

IV. A Constituição Federal de 1988 inovou ao trazer princípios básicos de organização sindical que não estavam presentes nas Cartas Magnas de 1937 e 1967, como a unicidade sindical compulsória por categoria profissional ou econômica e a contribuição sindical obrigatória às empresas e aos trabalhadores.

Está correto o que se afirma APENAS em

(A) III e IV.
(B) I.
(C) I e II.
(D) II e IV.
(E) III.

Resposta: C

(TRT 4 – Juiz do Trabalho Substituto 4ª região/2016) Considere as assertivas abaixo sobre a formação histórica do Direito do Trabalho.

I. Getúlio Vargas não inaugura a legislação social no Brasil, pois, antes de ele assumir o poder, já havia normas esparsas de proteção ao trabalho, mas é a partir da década de 1930 que o Direito do Trabalho passa a ser estruturado no país.

II. Com o Golpe de 1964, a evolução do Direito do Trabalho foi refreada, em benefício de medidas de economia pura, notadamente financeiras, com vistas a resultados de curto prazo.

III. A globalização da economia, cuja efetivação nos moldes atuais se dá por volta dos anos 2000, acarreta uma acentuada tendência à universalização e padronização das regras de proteção ao trabalho, com participação marcante da Organização Internacional do Trabalho.

Quais são corretas?

(A) Apenas I
(B) Apenas II
(C) Apenas III
(D) Apenas I e II
(E) I, II e III

Resposta: D

(FCC – Juiz do Trabalho Substituto 1ª região/2014) Considere as assertivas abaixo sobre a formação e a evolução histórica do Direito do Trabalho:

I. A Constituição brasileira de 1946 expressou o intervencionismo estatal com características do sistema corporativo, instituindo o sindicato único, vinculado ao Estado e proibindo a greve, vista como recurso antissocial e nocivo à economia nacional e restringindo direitos trabalhistas previstos nas constituições anteriores.

II. A transformação do Estado Liberal de plena liberdade contratual em Estado Neoliberalista com intervenção estatal na ordem econômica e social, se constitui em aspecto político importante para o surgimento de regras de proteção ao trabalho.

III. A Constituição de "Weimar" editada na Alemanha em 1919, embora tenha apresentado um texto progressista para a sua época, não representou uma grande conquista no campo dos direitos sociais e trabalhistas.

IV. O marco da inserção constitucional de normas de Direito do Trabalho ocorreu com a Constituição Federal do Brasil de 1934, culminando com a valorização do direito coletivo e introdução de regras que favorecem o caminho da normatização autônoma na Constituição de 1988.

V. A "Carta Del Lavoro", editada na Itália em 1927, foi base dos sistemas políticos corporativistas, inclusive no Brasil, representando de um lado a tutela dos assalariados por meio de ampla legislação paternalista, e de outro a inibição do desenvolvimento sindical pelo forte dirigismo exercido sobre o movimento sindical.

Está correto o que se afirma APENAS em

(A) II, IV e V.
(B) I, II e IV.
(C) I e II.
(D) I, III e IV.
(E) III e V.

Resposta: A

(Magistratura do Trabalho/ TRT – 21ª – 2010 – ADAPTADA) Leia as assertivas abaixo e assinale, em seguida, a alternativa correta:

I. "O Direito do Trabalho nasceu no final do século XIX como forma de absorver os conflitos sociais que ora se instauravam em face das tensões provocadas pela (primeira) revolução industrial [...]" (DALLEGRAVE NETO, José Affonso. 'Novos contornos da relação de emprego diante dos avanços tecnológicos'. Revista LTR Legislação do Trabalho. Ano 67, n. 05. São Paulo: LTr, maio de 2003). O surgimento do direito do trabalho se deu, portanto, numa época de flexibilidade das relações entre trabalhador e empregador, que se apoiavam numa linha de produção conforme a demanda;

Resposta: Alternativa errada

---

2. FONTES FORMAIS DO DIREITO DO TRABALHO

Fontes do Direito são todos aqueles fatores que contribuem para gerar, modificar ou extinguir as normas jurídicas, quais sejam, as regras e os princípios. A depender do ponto de vista que são analisadas, as fontes do direito são classificadas em formais e materiais.

2.1. Conceito

Entendem-se como **fontes formais do Direito as manifestações provenientes do Estado e, excepcionalmente, emanadas da própria sociedade, reconhecidas por esse mesmo Direito, que dão origem às normas e aos princípios que regulamentam a vida em sociedade.**

São denominadas de formais para se contrapor às **fontes materiais do Direito**, assim considerados os **fatos políticos, históricos** (socialismo, trabalhismo, liberalismo), **sociais, econômicos** (planos econômicos), **religiosos** (dogmas religiosos, feriados) etc., que provocam o surgimento das leis, decretos etc.

Seguindo essa linha de raciocínio, até mesmo os fatos jurídicos processuais, mais precisamente as decisões judiciais podem ser classificados como fonte material do direito no momento em que servem de inspiração para mudanças legislativas, o que revela a existência de um processo autopoiético no Direito.[27]

2.2. Classificação

Pela teoria monista, há apenas um centro de positivação da norma jurídica, ou seja, somente o Estado tem o poder de ditar normas de comportamento. A teoria pluralista nega essa exclusividade e admite que normas jurídicas podem nascer em outras searas da sociedade. Assim, o Direito do trabalho serve de exemplo para fundamentar a prevalência da teoria pluralista, pois esse micro-ordenamento jurídico é formado por normas de origem estatal e profissional, como será analisado a seguir.

As fontes formais do Direito do trabalho classificam-se em dois grandes grupos: **fontes estatais ou heterônomas e fontes profissionais, conhecidas também como autônomas**. No primeiro grupo estão incluídas a Constituição, os princípios, a lei, o decreto, a sentença normativa etc., ou seja, atos emanados do Poder Público, derivados do Poder Executivo, Legislativo ou Judiciário.

Observe-se que no âmbito do Direito do trabalho, **a competência para legislar é da União**, conforme determina o art. 22, I,[28] da Carta Maior vigente.

Lei Municipal ou Estadual versando sobre matéria trabalhista sem a devida autorização por meio de Lei Complementar (art. 22, parágrafo único da CF/88) é inconstitucional.

> **SÚMULA Nº 10 do TRT2.** LEI MUNICIPAL Nº 1.239/2007, ARTS. 1º, PARÁGRAFO ÚNICO E 2º. DECRETO MUNICIPAL Nº 512/97, ART. 19, AMBOS DA ESTÂNCIA TURÍSTICA DE IBIÚNA. INCONSTITUCIONALIDADE. São inconstitucionais os dispositivos normativos municipais que, além de matéria de competência privativa da União, reduzem ou extinguem direitos trabalhistas consolidados.

Fazem parte do segundo grupo, qual seja, das fontes formais profissionais ou autônomas, a convenção coletiva, o acordo coletivo de trabalho, o regulamento da empresa e o contrato individual de trabalho. Nesse último grupo, os próprios interessados criam a regra de conduta, mas agem dessa forma por assim estarem autorizados pelo ordenamento jurídico estatal.

A **convenção e o acordo coletivo de trabalho** possuem as mesmas características da norma estatal. São gerais e abstratas, mas **com eficácia limitada no tempo, no espaço** e em relação aos seus destinatários. Não se confunde com o contrato individual de trabalho, que tem como escopo regular uma relação intersubjetiva concreta.

---

27. Foi o que ocorreu, por exemplo, com o direito às horas *in itinere*, reconhecido inicialmente por meio da jurisprudência, depois incorporado à CLT e finalmente retirado desse Diploma Legal por meio da Lei nº 13.467/17.

28. CF/88. Art. 22: Compete privativamente à União legislar sobre: I – direito civil, comercial, penal, processual, eleitoral, agrário, marítimo, aeronáutico, espacial e do trabalho.

No **regulamento da empresa**, o empregador, no exercício do seu poder diretivo, edita regras que irão reger a relação empregatícia dos seus trabalhadores, por meio de um estatuto próprio, sistematicamente organizado.

Individualmente, empregado e empregador também podem ajustar condições de trabalho mais favoráveis ao **hipossuficiente**, que se incorporam ao contrato individual de trabalho. No caso dos **empregados hipersuficientes**, o contrato de trabalho pode fixar condições de trabalho menos favoráveis ao empregado, desde que não envolva os direitos trabalhistas previstos pela Constituição Federal.

A analogia, os usos e costumes e os princípios gerais, no ordenamento jurídico nacional, são classificados como fontes subsidiárias do direito, pois têm a função de prover a integração de uma eventual lacuna na lei.

A doutrina e a jurisprudência são formas de manifestação do intérprete do direito. Entretanto, no Direito do trabalho, **a jurisprudência assume papel de relevo. É considerada, inclusive, como fonte de integração do direito laboral** na hipótese de haver vazio legislativo, de acordo com o disposto no art. 8º da CLT.[29]

Existem autores que ainda classificam as fontes formais do direito em internas e externas, quer elas emanem do ordenamento jurídico nacional ou provenham de órgãos supranacionais. Nesse sentido leciona Paulo Dourado de Gusmão:

> Há fontes do direito que estão acima do Estado, ou seja, fontes supra-estatais do direito independentes do consentimento do Estado, como por exemplo, os costumes internacionais, e fontes dependentes desse consentimento, como os tratados e convenções internacionais.[30]

Atualmente, com o fenômeno da globalização, aliado à facilidade de comunicação, a união das nações em blocos comerciais (ALCA, NAFTA, MERCOSUL, União Europeia), bem como a atuação da ONU – Organização das Nações Unidas, cresce a importância da fonte internacional do Direito, principalmente daquelas que independem da manifestação do consentimento interno do país.

Por exemplo, as Resoluções da ONU, organismo que conta com a presença de mais de 180 países, exercem um grau muito elevado de coercibilidade. Tal circunstância decorre não pelo fato dessa normativa se sobrepor à soberania do Estado e sim porque o seu descumprimento pode significar isolamento em face aos demais países do globo e a imposição de sanções de diversas naturezas.

A. Fontes estatais ou heterônomas

A Constituição é a lei máxima de um país. Também é denominada de Carta Política, *Lex Legum*, Carta Maior, Carta Magna etc. Além de conter dispositivos que regulam a vida do

29. CLT. Art. 8º. As autoridades administrativas e a Justiça do Trabalho, na falta de disposições legais ou contratuais, decidirão, conforme o caso, pela jurisprudência, por analogia, por equidade e outros princípios e normas gerais de direito, principalmente do direito do trabalho e, ainda, de acordo com os usos e costumes, o direito comparado, mas sempre de maneira que nenhum interesse de classe ou particular prevaleça sobre o interesse público.
30. GUSMÃO, Paulo Dourado de. *Introdução ao estudo do direito*. 27. ed. rev. Rio de Janeiro: Forense, 2000. p. 133.

indivíduo em sociedade, contém regras que definem como os poderes constituídos deverão produzir as normas de grau inferior.

Na Constituição Federal em vigor, os preceitos de Direito do trabalho encontram-se incluídos, principalmente, no Capítulo II – Dos Direitos Sociais, do Título II – Dos Direitos e Garantias Fundamentais. Representou um grande avanço essa nova localização sistemática do Direito Laboral, pois, nas Constituições anteriores, os dispositivos dessa ordem estavam inseridos no Título que tratava da Ordem Econômica e Social.[31]

A previsão constitucional dos direitos individuais dos trabalhadores é bastante extensa. Abrange **34 incisos no art. 7º, da atual Carta Magna**.

Pela sua importância, transcreve-se, na integra, o conteúdo do mencionado dispositivo constitucional:

> **Art. 7º.** São direitos dos trabalhadores urbanos e rurais, além de outros que visem à melhoria de sua condição social:
>
> I – relação de emprego protegida contra despedida arbitrária ou sem justa causa, nos termos de lei complementar, que preverá indenização compensatória, dentre outros direitos;
>
> II – seguro-desemprego, em caso de desemprego involuntário;
>
> III – fundo de garantia do tempo de serviço;
>
> IV – salário mínimo, fixado em lei, nacionalmente unificado, capaz de atender a suas necessidades vitais básicas e às de sua família com moradia, alimentação, educação, saúde, lazer, vestuário, higiene, transporte e previdência social, com reajustes periódicos que lhe preservem o poder aquisitivo, sendo vedada sua vinculação para qualquer fim;
>
> V – piso salarial proporcional à extensão e à complexidade do trabalho;
>
> VI – irredutibilidade do salário, salvo o disposto em convenção ou acordo coletivo;
>
> VII – garantia de salário, nunca inferior ao mínimo, para os que percebem remuneração variável;
>
> VIII – décimo terceiro salário com base na remuneração integral ou no valor da aposentadoria;
>
> IX – remuneração do trabalho noturno superior à do diurno;
>
> X – proteção do salário na forma da lei, constituindo crime sua retenção dolosa;
>
> XI – participação nos lucros, ou resultados, desvinculada da remuneração, e, excepcionalmente, participação na gestão da empresa, conforme definido em lei;
>
> XII – salário-família pago em razão do dependente do trabalhador de baixa renda nos termos da lei;

31. Constituição Federal de 1967. TÍTULO III. Da Ordem Econômica e Social. Art. 158 – A Constituição assegura aos trabalhadores os seguintes direitos, além de outros que, nos termos da lei, visem à melhoria de sua condição social; Constituição Federal de 1946. TÍTULO V. Da Ordem Econômica e Social. Art. 157 – A legislação do trabalho e a da previdência social obedecerão nos seguintes preceitos, além de outros que visem a melhoria da condição dos trabalhadores; Constituição Federal de 1937. DA ORDEM ECONÔMICA. Art. 137 – A legislação do trabalho observará, além de outros, os seguintes preceitos; Constituição Federal de 1934. TÍTULO IV. Da Ordem Econômica e Social. Art. 121 – A lei promoverá o amparo da produção e estabelecerá as condições do trabalho, na cidade e nos campos, tendo em vista a proteção social do trabalhador e os interesses econômicos do País.

XIII – duração do trabalho normal não superior a oito horas diárias e quarenta e quatro semanais, facultada a compensação de horários e a redução da jornada, mediante acordo ou convenção coletiva de trabalho;

XIV – jornada de seis horas para o trabalho realizado em turnos ininterruptos de revezamento, salvo negociação coletiva;

XV – repouso semanal remunerado, preferencialmente aos domingos;

XVI – remuneração do serviço extraordinário superior, no mínimo, em cinquenta por cento à do normal;

XVII – gozo de férias anuais remuneradas com, pelo menos, um terço a mais do que o salário normal;

XVIII – licença à gestante, sem prejuízo do emprego e do salário, com a duração de cento e vinte dias;

XIX – licença-paternidade, nos termos fixados em lei;

XX – proteção do mercado de trabalho da mulher, mediante incentivos específicos, nos termos da lei;

XXI – aviso prévio proporcional ao tempo de serviço, sendo no mínimo de trinta dias, nos termos da lei;

XXII – redução dos riscos inerentes ao trabalho, por meio de normas de saúde, higiene e segurança;

XXIII – adicional de remuneração para as atividades penosas, insalubres ou perigosas, na forma da lei;

XXIV – aposentadoria;

XXV – assistência gratuita aos filhos e dependentes desde o nascimento até 5 (cinco) anos de idade em creches e pré-escolas;

XXVI – reconhecimento das convenções e acordos coletivos de trabalho;

XXVII – proteção em face da automação, na forma da lei;

XXVIII – seguro contra acidentes de trabalho, a cargo do empregador, sem excluir a indenização a que este está obrigado, quando incorrer em dolo ou culpa;

XXIX – ação, quanto aos créditos resultantes das relações de trabalho, com prazo prescricional de cinco anos para os trabalhadores urbanos e rurais, até o limite de dois anos após a extinção do contrato de trabalho;

XXX – proibição de diferença de salários, de exercício de funções e de critério de admissão por motivo de sexo, idade, cor ou estado civil;

XXXI – proibição de qualquer discriminação no tocante a salário e critérios de admissão do trabalhador portador de deficiência;

XXXII – proibição de distinção entre trabalho manual, técnico e intelectual ou entre os profissionais respectivos;

XXXIII – proibição de trabalho noturno, perigoso ou insalubre a menores de dezoito e de qualquer trabalho a menores de dezesseis anos, salvo na condição de aprendiz, a partir de quatorze anos;

XXXIV – igualdade de direitos entre o trabalhador com vínculo empregatício permanente e o trabalhador avulso.

> **Parágrafo único.** São assegurados à categoria dos trabalhadores domésticos os direitos previstos nos incisos IV, VI, VII, VIII, X, XIII, XV, XVI, XVII, XVIII, XIX, XXI, XXII, XXIV, XXVI, XXX, XXXI e XXXIII e, atendidas as condições estabelecidas em lei e observada a simplificação do cumprimento das obrigações tributárias, principais e acessórias, decorrentes da relação de trabalho e suas peculiaridades, os previstos nos incisos I, II, III, IX, XII, XXV e XXVIII, bem como a sua integração à previdência social.

Os artigos 8º, 9º, 10 e 11 da CF/88 tratam das **relações coletivas de trabalho**, mais precisamente da associação profissional ou sindical, do direito de greve, da participação dos trabalhadores e empregadores nos colegiados dos órgãos públicos e do representante dos empregados no âmbito da empresa.

Além desses preceitos de natureza trabalhista em sentido estrito, que fixam um estatuto legal mínimo de direitos laborais e que se transformam em obrigações do empregador no momento da formação do contrato de trabalho, a Constituição Federal de 1988 contém preceitos que orientam o legislador, na produção de normas infraconstitucionais, e o Poder Executivo, na sua execução.

Logo no preâmbulo, o legislador constituinte fez constar como um dos objetivos do Estado Brasileiro a **defesa e observância dos direitos sociais.**[32]

Já em seu artigo primeiro, a atual Carta Magna estabelece que o Brasil constitui-se como um Estado Democrático de Direito e tem como um dos seus fundamentos o **valor social do trabalho** agregado à livre iniciativa,[33] além de estabelecer como meta, em seu art. 170, o **pleno emprego com a valorização do trabalho**:

> **Art. 170.** A ordem econômica, fundada na valorização do trabalho humano e na livre iniciativa, tem por fim assegurar a todos existência digna, conforme os ditames da justiça social, observados os seguintes princípios: VIII – busca do pleno emprego.

O art. 193 da CF/88 preconiza que "a ordem social tem como base o primado do trabalho, e como objetivo o bem-estar e a justiça sociais".

Constituições flexíveis admitem sua alteração sem qualquer procedimento legislativo especial. Já as Constituições rígidas, a exemplo da brasileira, estabelecem limites e requisitos necessários para a sua modificação. Por meio do exercício do Poder constituinte derivado, representado pelas denominadas Emendas Constitucionais, pode-se alterar os comandos constitucionais, salvo em relação às cláusulas pétreas que são imutáveis.[34]

---

32. Nós, representantes do povo brasileiro, reunidos em Assembleia Nacional Constituinte para instituir um Estado Democrático, destinado a assegurar o exercício dos direitos sociais e individuais, a liberdade, a segurança, o bem-estar, o desenvolvimento, a igualdade e a justiça como valores supremos de uma sociedade fraterna, pluralista e sem preconceitos, fundada na harmonia social e comprometida, na ordem internacional, com a solução pacífica das controvérsias, promulgamos, sob a proteção de Deus, a seguinte Constituição da República Federativa do Brasil.

33. CF/88. Art. 1º. A República Federativa do Brasil, formada pela união indissolúvel dos Estados e Municípios e do Distrito Federal, constitui-se em Estado Democrático de Direito e tem como fundamentos: IV – os valores sociais do trabalho e da livre iniciativa.

34. CF/88. Art. 60. § 4º. Não será objeto de deliberação a proposta de emenda tendente a abolir: I – a forma federativa de Estado; II – o voto direto, secreto, universal e periódico; III – a separação dos Poderes; IV – os direitos e garantias individuais.

– *Lei*

Logo abaixo da Constituição Federal posicionam-se as leis na pirâmide representativa do ordenamento jurídico. O termo "lei" é aqui empregado em sentido estrito, já que também é utilizado como sinônimo de norma jurídica, o que compreenderia as figuras da Constituição, do decreto, da portaria etc.

Assim, a lei constitui uma norma de conduta escrita de caráter imperativo, geral, abstrato e permanente, derivada do exercício do Poder Estatal e dotada de coercibilidade.

As leis em espécie são classificadas em:

a) complementares;

b) ordinárias;

c) delegadas; e

d) decreto legislativo.

As medidas provisórias, previstas pelo art. 62 da Constituição Federal de 1988, enquanto não convertidas, também possuem força de lei. Todas as formas de manifestação da lei *em sentido amplo* ocupam a mesma posição hierárquica no ordenamento jurídico.

O Manual de Redação Legal define lei ordinária como:

> Um ato normativo primário contém, em regra, normas gerais e abstratas. Embora as leis sejam definidas, normalmente, pela generalidade e abstração ("lei material"), estas contêm, não raramente, normas singulares ("lei formal" ou "ato normativo de efeitos concretos").[35]

As leis complementares objetivam conferir eficácia plena aos preceitos constitucionais de eficácia limitada que, pela importância da matéria, necessitam de um *quorum* privilegiado,[36] como a Lei Complementar nº 150/15, que trata do trabalho doméstico.

As leis delegadas[37] são editadas pelo Presidente da República, com expressa autorização do Poder Legislativo, por meio de resolução do Congresso Nacional.[38]

O decreto-legislativo tem a mesma natureza jurídica da lei ordinária e difere apenas no seu conteúdo, posto ter como objeto a regulamentação das matérias de exclusiva competência do Congresso Nacional, previstas no art. 49 da atual Constituição Federal.

O estatuto básico legal do trabalhador brasileiro é denominado de Consolidação das Leis do Trabalho ou simplesmente de CLT. Esse Diploma legal formou-se a partir da reunião de diversas normas que regulamentavam as relações sociais de trabalho.

35. MENDES, Gilmar Ferreira; FORSTER JÚNIOR, Nestor José. **Manual de redação da Presidência da República.** 2. ed. rev. e atual. Brasília: Presidência da República, 2002. p. 101.
36. CF/88. Art. 69. As leis complementares serão aprovadas por maioria absoluta.
37. Na vigência da atual Carta Maior foram editadas apenas duas leis delegadas, as de nº 12, de 7 de agosto de 1992, que dispõe sobre a instituição de Gratificação de Atividade Militar para os servidores militares federais das Forças Armadas; e de nº 13, de 27 de agosto de 1992, que institui Gratificações de Atividade para os servidores civis do Poder Executivo.
38. CF/88. Art. 68. As leis delegadas serão elaboradas pelo Presidente da República, que deverá solicitar a delegação ao Congresso Nacional.

A CLT foi criada a partir do trabalho de consolidação feito por uma comissão instituída pelo então Ministro do Trabalho, Alexandre Marcondes Filho. Formavam essa comissão Arnaldo Lopes Süssekind, Segadas Viana, Dorval Lacerda e Luís Rego Monteiro, a quem coube a presidência.

Após concluir os trabalhos, foi editado o mencionado Decreto-lei nº 5.452, assinado pelo Presidente da República, Getúlio Vargas, em 01 de maio de 1943, no Estádio São Januário, Cidade do Rio de Janeiro. Todavia, o termo inicial da vigência só ocorreu em 10.11.1943.

Apesar de ser classificada como Consolidação e não como Código, diversos capítulos da CLT foram formados por dispositivos originais, ou seja, não existiam no ordenamento jurídico brasileiro até então. Na parte que trata do Direito Coletivo, esse diploma legal seguiu a ideologia do regime corporativista italiano. Daí, muitos estudiosos afirmam que a CLT **foi influenciada pela Carta Del Lavoro**.

Existem outras leis esparsas, assim representadas por aquelas normas que não estão reunidas em um mesmo diploma legal, de extrema importância para o Direito do Trabalho, como a Lei Complementar nº 150, que disciplina o trabalho doméstico; as Leis nºs: 8.036/90, que trata do Fundo de Garantia do Tempo de Serviço; 5.889/73, que regulamenta o trabalho rural; 605/49, que trata do descanso semanal remunerado; 4.090/62, que institui a gratificação de Natal, também denominada de 13º salário; 6.019/74, lei do trabalhador temporário e da terceirização; 6.615/78, do radialista; 7.102/83, que dispõe sobre o trabalho dos vigilantes; 7.783/89, que regulamenta o direito de greve; 7.998/90; sobre o programa de seguro-desemprego etc.

Exemplo de questão sobre o tema

(TRT 15 – Juiz do Trabalho Substituto 15ª região/ 2013) A CLT faz 70 (setenta) anos neste ano. Sobre este documento, que integra o patrimônio jurídico nacional, é correto dizer:

(A) trata-se do Decreto-lei n. 5.452, que, em 1943, inaugura as leis do trabalho no Brasil;

(B) dentre os membros que compunham a Comissão, criada em 1942 e que foi responsável pela elaboração da CLT, figuravam os juristas Arnaldo Lopes Süssekind, Dorval de Lacerda, José de Segadas Vianna, Délio Maranhão e Mozart. Victor Russomano;

(C) foi uma cópia da Carta dei Lavoro, a qual se editou na Itália, em 1927;

(D) regulou, desde a data de sua vigência, dentre outros direitos, a nacionalização do trabalho, a carteira de trabalho, a denominada estabilidade decenal, o 13° Salário e o descanso semanal remunerado;

(E) teve sua assinatura comemorada junto a uma multidão que lotou, em uma grande festa, o Estádio São Januário, do Club de Regatas Vasco da Gama, no 1º de maio de 1943, tendo entrado em vigor em 10 de novembro do mesmo ano.

Resposta: E

– *Convenção da Organização Internacional do Trabalho*

O Brasil é membro fundador da Organização Internacional do Trabalho – OIT, agência especializada da Organização das Nações Unidas, criada em 1919 pelo Tratado de Versalhes. Trata-se de uma entidade tripartite, formada por representantes dos empregados (um delegado), dos empregadores (um delegado) e dos respectivos governos (dois delegados) dos Estados-membros que a integram.

A Organização Internacional do Trabalho tem como escopo alcançar a paz mundial de forma permanente, baseada na justiça social, com a fixação de melhores condições de trabalho, diminuição do desemprego, proteção contra as enfermidades e acidentes do trabalho, dentre outros objetivos.

A OIT é composta por três órgãos:

a) Conselho de Administração;

b) Assembleia Geral (conferência internacional do trabalho); e

c) Oficina (Bureau) Internacional do Trabalho (secretaria).

O Conselho de Administração, gerido por um Diretor Geral, **é o órgão executivo da OIT**, responsável pela elaboração e controle de execução das suas políticas e dos seus programas. Esse conselho é constituído por 28 representantes dos governos, 14 dos trabalhadores e 14 dos empregadores, totalizando 56 integrantes.[39]

De forma indireta, a atuação da OIT, principalmente por meio da formulação de Convenções e Recomendações, contribui para a uniformização da legislação laboral em todo o mundo.

A Conferência Internacional do Trabalho é formada por quatro representantes de cada um dos Estados-membros, sendo dois representantes do Governo, um representante dos empregados e outro dos empregadores. Realiza-se, pelo menos uma vez por ano (ordinária), na cidade de Genebra e funciona nos moldes de uma assembleia geral.

Os objetivos principais da referida Conferência, são:

a) discutir temas diversos do trabalho;

b) adotar e revisar normas internacionais do trabalho;

c) aprovar as políticas gerais e o programa de trabalho e orçamento da OIT, financiado por seus Estados-Membros.

Cabe à **Oficina Internacional do Trabalho, também conhecida como *Bureau* Internacional do Trabalho**, compilar e distribuir todas as informações sobre a regulamentação das condições de vida e trabalho dos obreiros, principalmente no que diz respeito às questões que tenham que se submeter à Conferência com vistas à transformação em Convênios internacionais, bem como a realização de pesquisas especiais determinadas pela Assembleia Geral ou pelo Conselho de Administração.

É da Organização Internacional do Trabalho que emanam os principais atos normativos supranacionais relativos ao Direito do Trabalho, quando da realização das suas Conferências. **Os pronunciamentos da Organização Internacional do Trabalho formalizam-se por meio de Convenções ou Recomendações**, classificados como tratados internacionais multilaterais.

39. Dez dos postos governamentais são ocupados permanentemente pelos países de maior importância industrial (Alemanha, Brasil, China, Estados Unidos da América, França, Índia, Itália, Japão, Reino Unido e Rússia).

A OIT aprova uma Recomendação quando a discussão sobre determinada questão **ainda não está bastante amadurecida.** Assim, no plano interno, as recomendações atuam como simples sugestão legislativa.

No caso das Convenções, cada País-membro dispõe de, no máximo, **dezoito meses** para submeter o texto respectivo à autoridade competente, para que produza efeitos internamente, ou seja, para que se efetive a ratificação da Convenção. Na hipótese de não aprovação, o país-membro deverá comunicar à Organização Internacional do Trabalho o motivo que impede a sua adoção no âmbito interno.

A OIT já editou 189 Convenções, mas algumas foram suspensas por conta da aprovação posterior de outras que tratavam do mesmo tema. São 8 Convenções fundamentais (de nos 29, 87, 98, 100, 105, 111, 138 e 182), 4 prioritárias e as demais subdivididas em 16 categorias.

No Brasil, a autoridade competente para imprimir eficácia interna à Convenção ou Recomendação da Organização Internacional do Trabalho **é o Congresso Nacional, por meio de decreto legislativo**, conforme preceitua o art. 49, I, da Carta Maior:

> **Art. 49.** É da competência exclusiva do Congresso Nacional: I – resolver definitivamente sobre os tratados, acordos ou atos internacionais que acarretem encargos ou compromissos gravosos ao patrimônio nacional.

Como a ratificação **é um ato complexo, depende, para a sua plena eficácia, da promulgação**, que se opera por meio da edição de um decreto expedido pelo Chefe do Poder Executivo.

Nesse passo, as Convenções da Organização Internacional do Trabalho, ratificadas pelo Brasil, aderem ao ordenamento jurídico nacional **com caráter supralegal ou em posição equivalente a de uma emenda constitucional.**[40]

O quadro a seguir revela as principais informações sobre as Convenções da OIT ratificadas pelo Brasil:

Número de convenções ratificadas	96
Última convenção ratificada	nº 151 (Decreto legislativo nº 206/2010)
Convenção fundamental não ratificada	nº 87, que trata da liberdade sindical
Convenções Ratificadas	6, 11, 12, 14, 16, 19, 21, 22, 26, 29, 42, 45, 53, 80, 81, 88, 89, 92, 93, 94, 95, 97, 98, 99, 100, 102, 103, 104, 105, 106, 108, 109, 111, 113, 115, 116, 117, 118, 119, 120, 122, 124, 125, 126, 127, 131, 132, 133, 134, 135, 136, 137, 138, 139, 140, 141, 142, 144, 145, 146, 147, 148, 151, 152, 154, 155, 159, 160, 161, 162, 163, 164, 166, 167, 168, 169, 170, 171, 174, 176, 178, 182 e 185.
(*) As seguintes Convenções foram denunciadas pelo Brasil: 3, 4, 5, 7, 41, 52, 58, 91, 96, 101, 107, 108, 110 e 158.	

40. Dependendo do conteúdo das referidas Convenções, adquirirão *status* de emenda constitucional, diante do preceito contido no art. 5º, § 3º, da CF de 1988. "Os tratados e convenções internacionais sobre direitos humanos que forem aprovados, em cada Casa do Congresso Nacional, em dois turnos, por três quintos dos votos dos respectivos membros, serão equivalentes às emendas constitucionais".

Como o direito comparado **é considerado um meio de integração do ordenamento jurídico-trabalhista nacional**, na forma prevista pelo art. 8º da CLT, as Convenções da OIT não ratificadas pelo Brasil **podem ser utilizadas para solucionar conflitos no caso de omissão legislativa doméstica.**

Nesse sentido a OJ nº 110 da 4ª Turma do TRT9:

> **OJ4T Nº 110 do TRT9.** FONTES DO DIREITO. NORMAS INTERNACIONAIS. I – Fontes do direito do trabalho. Direito comparado. Convenções da OIT não ratificadas pelo Brasil. O Direito Comparado, segundo o art. 8º da Consolidação das Leis do Trabalho, é fonte subsidiária do Direito do Trabalho. Assim, as Convenções da Organização Internacional do Trabalho não ratificadas pelo Brasil podem ser aplicadas como fontes do direito do trabalho, caso não haja norma de direito interno pátrio regulando a matéria. II – Fontes do direito do trabalho. Direito comparado. Convenções e recomendações. O uso das normas internacionais, emanadas da Organização Internacional do Trabalho, constitui-se em importante ferramenta de efetivação do Direito Social e não se restringe à aplicação direta das Convenções não ratificadas e as Recomendações, assim como os relatórios dos seus peritos, devem servir como fonte de interpretação da lei nacional e como referência a reforçar decisões judiciais baseadas na legislação doméstica.

Sobre a eficácia das Convenções editadas pela OIT nos Países-membros, aplicam-se três institutos:

a) Reclamação;

b) Queixa; e

c) Denúncia.

A Reclamação é o instrumento por meio do qual as entidades sindicais, patronais ou profissionais, comunicam à Oficina Internacional do Trabalho que o Estado-membro ao qual pertencem não adotou as medidas necessárias para o cumprimento de uma Convenção.

Já **a Queixa** é feita por um membro, perante a Oficina Internacional do Trabalho, no sentido de informar que outro Estado não tomou as providências visando implementar satisfatoriamente uma Convenção que ambos tenham ratificado.

Por fim, **a Denúncia** consiste no ato pelo qual o Estado-membro informa à OIT que não tem mais interesse na vigência de uma Convenção anteriormente ratificada.

EFICÁCIA INTERNA DAS CONVENÇÕES DA OIT	
Prazo para submissão do texto ao Poder local	18 meses
Autoridade competente para submissão no Brasil	Congresso Nacional (art. 49, I, da CF/88)
Ratificação	Decreto Legislativo
Ratificação recusada	**Deve ser justificada**
Promulgação	Decreto do Presidente da República
Nível hierárquico	Supralegal
	Emenda constitucional, caso aprovada em dois turno e por 3/5 dos membros do Congresso Nacional

– *Regulamento estatal: Decreto e portaria*

O **Decreto** é ato normativo de competência do Chefe do Poder Executivo, que tem como escopo implementar um comando genérico contido na lei, por meio de uma regulamentação mais detalhada, na forma prevista pelo art. 84, IV, da CF de 1988.[41] Dessa forma, o decreto de natureza regulamentar deve estar sempre de acordo com a norma legal que autorizou a sua expedição, **sem apresentar inovações legislativas**.

O decreto tem por objeto tanto questões individuais, como ocorre com o decreto de nomeação, exoneração, aposentadoria etc., nesse caso considerado como decreto autônomo, quanto pode ser destinado a regulamentar a lei. Nesse último caso tem como características a generalidade e a abstratividade.

As **portarias** são instruções expedidas pelos auxiliares do Chefe do Poder Executivo, no âmbito de sua respectiva competência, destinadas a executar lei, decretos e regulamentos.

No âmbito do Direito do trabalho, as **portarias ministeriais** exercem função de elevada importância. Os artigos 155, I[42] e 200[43] da Consolidação das Leis do Trabalho autorizam órgão de âmbito nacional competente em matéria de segurança e medicina do trabalho expedir ato normativo para tratar de questões dessa natureza, assim consideradas as normas destinadas à proteção da vida e da saúde do trabalhador.

A efetivação desse comando legal operou-se por meio da Portaria MTb nº 3.214, de 08 de junho de 1978, que aprovou as **Normas Regulamentadoras**, mais conhecidas como NRs, dispondo principalmente sobre: Comissão Interna de Prevenção de Acidentes – CIPA (NR-5); Equipamentos de Proteção Individual (NR-6); Exames Médicos (NR-7); Riscos Ambientais (NR-9); Atividades e Operações Insalubres (NR-15); Atividades e Operações Perigosas (NR-16); e Ergonomia (NR-17).

– *Sentença Normativa*

No exercício do Poder normativo da Justiça do Trabalho, os Tribunais solucionam os conflitos coletivos por meio de sentenças normativas. Essa espécie de sentença, apesar de ser um ato originário do Poder Judiciário, **tem o condão de criar novas condições de trabalho**, pois é formada por um conteúdo normativo, como o próprio nome sugere.

Como a sentença normativa substitui a atuação dos sindicatos quando, por meio da negociação coletiva, não conseguem celebrar uma convenção ou acordo coletivo, **ela tem eficácia limitada no tempo (máximo de 4 anos)**, conforme determina o parágrafo único

41. CF/88. Art. 84. Compete privativamente ao Presidente da República: IV – sancionar, promulgar e fazer publicar as leis, bem como expedir decretos e regulamentos para sua fiel execução.

42. CLT. Art. 155. Incumbe ao órgão de âmbito nacional competente em matéria de segurança e medicina do trabalho: I – estabelecer, nos limites de sua competência, normas sobre a aplicação dos preceitos deste Capítulo, especialmente os referidos no artigo 200.

43. CLT. Art. 200. Cabe ao Ministério do Trabalho estabelecer disposições complementares às normas de que trata este Capítulo, tendo em vista as peculiaridades de cada atividade ou setor de trabalho, especialmente sobre: I – medidas de prevenção de acidentes e os equipamentos de proteção individual em obras de construção, demolição ou reparos.

do art. 868 da CLT: "O Tribunal fixará a data em que a decisão deve entrar em execução, bem como o prazo de sua vigência, o qual não poderá ser superior a 4 (quatro) anos".

Essa fonte do Direito do trabalho teve sua importância diminuída com a promulgação da EC nº 45/2004, que condicionou o exercício da jurisdição normativa da Justiça do Trabalho **ao comum acordo dos litigantes.**[44]

Sobre a eficácia da sentença normativa no tempo, manifesta-se o TST por meio do precedente normativo nº 120:

> **PN Nº 120.** A sentença normativa vigora, desde seu termo inicial até que sentença normativa, convenção coletiva de trabalho ou acordo coletivo de trabalho superveniente produza sua revogação, expressa ou tácita, respeitado, porém, o prazo máximo legal de quatro anos de vigência.

Frise-se, por fim, que um conflito coletivo de natureza econômica pode ser solucionado por meio da arbitragem, conforme permissivo contido no art. 114, § 2º, da Constituição Federal de 1988. A opção por via resulta em **sentença arbitral coletiva**, que tem a mesma natureza jurídica da sentença normativa.

Exemplo de questão sobre o tema

(TRT 2 – Juiz do Trabalho Substituto 2ª região/2014) A sentença normativa é um tipo de fonte formal heterônoma do Direito do Trabalho; a respeito desta fonte, aponte a alternativa correta:

(A) O Tribunal fixará data em que a decisão deve entrar em vigor, bem como o prazo de sua vigência, o qual não poderá ser superior a 4 (quatro) anos.

(B) O Tribunal não fixará prazo de vigência, que ficará a cargo dos proponentes.

(C) O Tribunal fixará data em que a decisão deverá entrar em vigor, bem como o prazo de sua vigência, o qual não poderá ser superior a 2 (dois) anos.

(D) O Tribunal fixará apenas o prazo de sua vigência, que será obrigatoriamente de 3 (três) anos.

(E) O Tribunal fixará a data em que a decisão deve entrar em vigor, bem como o prazo de sua vigência, o qual não poderá ser superior a 3 (três) anos.

Resposta: A

B. *Fontes profissionais ou autônomas*

– *Convenção e acordo coletivo de trabalho*

A convenção e o acordo coletivo de trabalho **constituem o traço característico do Direito do trabalho que o diferencia dos demais ramos do Direito.** Os próprios interessados, representantes de empregados e de empregadores, regulamentam a sua respectiva atividade profissional e econômica, por meio da instituição de regras de conduta de caráter geral e abstrato.

Esses instrumentos normativos representam o resultado da negociação coletiva, forma mais usual e recomendada para a solução dos conflitos coletivos de trabalho.

---

44. No mesmo sentido a OJT nº 6, da SDI-1, do TST: ADICIONAL DE PRODUTIVIDADE. DECISÃO NORMATIVA. VIGÊNCIA. LIMITAÇÃO. Inserida em 19.10.00. O adicional de produtividade previsto na decisão normativa, proferida nos autos do Dissídio Coletivo nº DC-TST 6/79, tem sua eficácia limitada à vigência do respectivo instrumento normativo.

Quando a negociação coletiva processa-se entre sindicatos representativos de um grupo de trabalhadores de um lado e de um grupo de empregadores, do outro, origina-se uma **convenção coletiva de trabalho**. Na hipótese do grupo de trabalhadores, representados pelo sindicato da sua categoria profissional, negociar diretamente com uma ou mais empresas, surgirá um **acordo coletivo de trabalho**.

A convenção coletiva de trabalho e o acordo coletivo de trabalho **são espécies do gênero denominado de instrumentos normativos negociados de trabalho**. São previstos e garantidos pelo art. 7º, XXVI, da CF/88: "São direitos dos trabalhadores urbanos e rurais, além de outros que visem à melhoria de sua condição social: XXVI – reconhecimento das convenções e acordos coletivos de trabalho".

Os instrumentos normativos negociados nascem da mesma forma que os contratos, por isso que, em alguns países, recebem a denominação de contratos coletivos de trabalho. Todavia, **na sua essência, possuem natureza de norma jurídica**, pela sua abstratividade e generalidade, em face do seu objetivo de criar novas condições de trabalho, salvo nas hipóteses expressamente previstas pela Constituição Federal, que permite, excepcionalmente, a flexibilização de alguns direitos trabalhistas.

Como possui vigência limitada no espaço e no tempo (**dois anos no máximo**, segundo dispõe o art. 614, § 3º, da CLT), as regras de conduta estabelecidas nos aludidos instrumentos normativos negociados **não aderem, de forma definitiva, aos contratos individuais de trabalho**.

A jurisprudência pacificou-se após a edição da OJ nº 322, da SDI-1 do TST:

> **OJ Nº 322.** ACORDO COLETIVO DE TRABALHO. CLÁUSULA DE TERMO ADITIVO PRORROGANDO O ACORDO PARA PRAZO INDETERMINADO. INVÁLIDA. DJ 09.12.2003. Nos termos do art. 614, § 3º, da CLT, é de 2 anos o prazo máximo de vigência dos acordos e das convenções coletivas. Assim sendo, é inválida, naquilo que ultrapassa o prazo total de 2 anos, a cláusula de termo aditivo que prorroga a vigência do instrumento coletivo originário por prazo indeterminado.

A título de exemplo, se em uma convenção coletiva ficou ajustado que o período de gozo de férias seria de 40 dias (direito objetivo), na data-base seguinte pode ser estipulado um prazo menor, desde que observado o mínimo fixado pela norma estatal (trinta dias).

Observe-se que a Súmula nº 277 do TST, que trata do tema, teve sua aplicação suspensa por conta de decisão cautelar proferida nos autos da ADPF nº 323, cujo relator é o Min. Gilmar Mendes:

> **SÚMULA Nº 277.** CONVENÇÃO COLETIVA DE TRABALHO OU ACORDO COLETIVO DE TRABALHO. EFICÁCIA. ULTRATIVIDADE redação alterada na sessão do Tribunal Pleno realizada em 14.09.2012) – Res. 185/2012, DEJT divulgado em 25, 26 e 27.09.2012. As cláusulas normativas dos acordos coletivos ou convenções coletivas integram os contratos individuais de trabalho e somente poderão ser modificadas ou suprimidas mediante negociação coletiva de trabalho.

O esquema a seguir contém as duas espécies de contrato coletivo de trabalho, com suas respectivas características:

Instrumentos normativos negociados	
Convenção coletiva	**Acordo coletivo**
Sindicato Sindicato	Sindicato dos empregados Empresa(s)

– *Regulamento de empresa*

Celebrado o contrato individual de trabalho, o empregador assume a obrigação principal de pagar salário e o empregado de prestar serviços sob o comando e direção do primeiro.

O empregador passa a deter o poder de comando e direção da atividade do empregado, pois representa, em última análise, um dos fatores da produção empresarial, que é toda ela dirigida pelo empregador.

Desse poder diretivo derivam o poder organizacional, regulamentar, fiscalizador e disciplinar. No exercício do seu poder regulamentar, o empregador tem a faculdade de estabelecer um estatuto geral válido para todos os seus empregados, desde que não imponha condições de trabalho mais desfavoráveis para os empregados hipossuficientes.

Ao contrário do que se verifica com os instrumentos normativos negociados de trabalho, no regulamento de empresa as condições mais favoráveis aos empregados nele estabelecidas **incorporam-se definitivamente aos contratos de trabalho em vigor**.

Posterior alteração, em prejuízo para os empregados, **só terá validade em relação aos contratos de trabalho celebrados após o início de sua vigência**,[45] salvo em relação aos empregados **hipersuficientes**.

> **TST. SÚMULA Nº 51.** I – As cláusulas regulamentares, que revoguem ou alterem vantagens deferidas anteriormente, só atingirão os trabalhadores admitidos após a revogação ou alteração do regulamento. II – Havendo a coexistência de dois regulamentos da empresa, a opção do empregado por um deles tem efeito jurídico de renúncia às regras do sistema do outro.

Maurício Godinho Delgado classifica o regulamento empresarial como **figura especial das fontes do Direito do Trabalho**. Argumenta, o referido autor, que a jurisprudência dominante (Súmulas nº 51 e 288 do TST) nega o caráter de fonte normativa autônoma ao regulamento empresarial, diante de sua origem unilateral. Assim, "os dispositivos do regulamento empresário ingressam nos contratos individuais empregatícios como se fossem cláusulas desses contratos".[46]

Não há como aderir a essa tese. Primeiro, porque o conteúdo do regulamento da empresa possui todas as características da norma, assim consideradas a abstratividade, a generalidade e a imperatividade, apesar de sua maior limitação espacial e subjetiva. Segundo, porque **todos**

45. PROMOÇÃO POR MERECIMENTO – PREVISÃO EM PCCS – REGULAMENTO POSTERIOR – SUPRESSÃO – APLICAÇÃO APENAS EM RELAÇÃO AOS NOVOS CONTRATOS DE TRABALHO – SÚMULA Nº 51 DO TST – O art. 468 da CLT, que positiva princípio ínsito à proteção do trabalhador, veda a alteração contratual prejudicial, ainda que por mútuo consentimento, mormente em se tratando de regulamento de empresa ou equivalente. RECURSO ORDINÁRIO CONHECIDO E IMPROVIDO. (TRT 07ª R. RO 146700-80.2009.5.07.0010. 1ª T. Rel. José Antônio Parente da Silva. DEJT 01.10.2010).

46. DELGADO, Maurício Godinho. *Curso de direito do trabalho.* 10 ed. São Paulo: Ltr editora, 2011. p. 165/166.

os dispositivos de qualquer norma jurídica trabalhista aderem ao contrato de trabalho em forma de cláusulas contratuais, e não apenas o regulamento empresarial.

O TST, por meio da Resolução nº 207/16, alterou a redação da Súmula nº 288. Assim, a complementação da aposentadoria passa a ser regida pelas normas vigentes na data da implementação dos requisitos para obtenção do benefício e não mais pelas regras da data da admissão. Porém, só se aplica esse entendimento após a entrada em vigor das Leis Complementares nºs 108 e 109 de 29.05.2001.

> **TST. SÚMULA Nº 288.** COMPLEMENTAÇÃO DOS PROVENTOS DA APOSENTADORIA. (nova redação para o Item I e acrescidos os itens III e IV em decorrência do julgamento do processo TST-E-ED-RR-235-20.2010.5.20.0006 pelo Tribunal Pleno em 12.04.2016). Res. 207/2016, DEJT divulgado em 18, 19 e 20.04.2016. I – A complementação dos proventos de aposentadoria, instituída, regulamentada e paga diretamente pelo empregador, sem vínculo com as entidades de previdência privada fechada, é regida pelas normas em vigor na data de admissão do empregado, ressalvadas as alterações que forem mais benéficas (art. 468 da CLT); II – Na hipótese de coexistência de dois regulamentos de planos de previdência complementar, instituídos pelo empregador ou por entidade de previdência privada, a opção do beneficiário por um deles tem efeito jurídico de renúncia às regras do outro; III – Após a entrada em vigor das Leis Complementares n.ºs 108 e 109 de 29/5/2001, reger-se-á a complementação dos proventos de aposentadoria pelas normas vigentes na data da implementação dos requisitos para obtenção do benefício, ressalvados o direito adquirido do participante que anteriormente implementara os requisitos para o benefício e o direito acumulado do empregado que até então não preenchera tais requisitos. IV – O entendimento da primeira parte do item III aplica-se aos processos em curso no Tribunal Superior do Trabalho em que, em 12/4/2016, ainda não haja sido proferida decisão de mérito por suas Turmas e Seções.

Ressalte-se, por fim, que o STF **reconheceu a incompetência da Justiça do Trabalho** para apreciar e julgar pleitos dessa natureza, em decisão proferida em sede de recurso extraordinário com repercussão geral reconhecida.

O referido Tribunal ainda **modulou os efeitos** da decisão para reconhecer a competência da Justiça do Trabalhista em relação às demandas dessa espécie que tenham sido sentenciadas até o dia 20.02.2013 (RE 586453).

– *Contrato individual de trabalho*

Tecnicamente, não se pode classificar o contrato como fonte do direito. Assim como ocorre com o ato ilícito, com o abuso de direito e com a declaração unilateral de vontade, o contrato constitui **fonte de obrigações e não de direito**. É, em sua essência, lei entre as partes que o celebram.

O contrato, contudo, **é desprovido das características de generalidade e abstratividade, pois visa regular uma futura relação entre indivíduos determinados.** Diante de uma situação concreta, o contrato de trabalho não pode contrariar os direitos mínimos estabelecidos pelas demais fontes de Direito Laboral, salvo em relação aos empregados hipersuficientes.

Kelsen, todavia, não pensava dessa forma, pois designava o contrato de norma individual:

> Num contrato as partes contratantes acordam em que devem conduzir-se de determinada maneira, uma em face da outra. Este dever-ser é o sentido subjetivo do ato jurídico-negocial.

> Mas também é o seu sentido objetivo. Quer dizer: este ato é um fato produtor de Direito se e na medida em que a ordem jurídica confere a tal fato esta qualidade; e ela confere-lhe esta qualidade tornando a prática do fato jurídico-negocial, juntamente com a conduta contrária ao negócio jurídico, pressuposto de uma sanção civil.[47]

O ordenamento jurídico pátrio prevê a existência de contratos nominados e inominados. Nominados ou típicos são aqueles ajustes que se encontram previamente delineados pela legislação, como os contratos descritos no Título VI – Das Várias Espécies de Contratos, Livro I, Parte Especial do Código Civil. Os pactos atípicos ou inominados derivam da liberdade que os indivíduos têm de contratar, conforme se observa da permissão contida no art. 425 do Código Civil: "É lícito às partes estipular contratos atípicos, observadas as normas gerais fixadas neste Código".

O contrato de trabalho **é típico**, pois a Consolidação das Leis do Trabalho (art. 442)[48] e a legislação esparsa do trabalho delimita seus requisitos, conteúdo e efeitos, além de delinear, também, contratos de trabalho especiais, como o contrato de trabalho doméstico, rural, de aprendizagem, temporário, de safra etc.

Desse modo, ainda que na sua forma atípica, por meio da qual os contratantes podem celebrar diversas espécies de ajustes, o contrato tem seus pilares definidos pela lei, o que lhe retira a qualidade de fonte direta de direitos.

A seguir, o resumo com a classificação das fontes do Direito do Trabalho:

FONTES DO DIREITO DO TRABALHO

- Fontes Matérias
  - Fatos sociais
  - Fatos religiosos
  - Fatos econômicos
  - Fatos políticos
- Fontes Formais
  - Fontes estatais
    - Constituição
    - Lei
    - Decreto
    - Sentença normativa
  - Fontes Profissionais
    - Convenção coletiva
    - Acordo coletivo
    - Regulamento
    - Contrato de trabalho

Exemplo de questão sobre o tema

(Magistratura do Trabalho/ TRT – 21ª – 2010 – ADAPTADA) Leia as assertivas abaixo e assinale, em seguida, a alternativa correta:

II. a criação do Direito, inclusive do Direito do Trabalho, advém de dois processos: o heterônomo e o autônomo, que, por sinal, correspondem, respectivamente, a dois seguimentos diversos, o do chamado Direito necessário, e o do Direito voluntário. Na heteronomia, as normas pertencem ao Direito voluntário e se situam numa esfera de liberdade na qual os que querem obrigar-se com reciprocidade podem

---

47. KELSEN, Hans. *Teoria pura do direito*. 6. ed. São Paulo: Martins Fontes, 1998. p. 284.
48. CLT. Art. 442. Contrato individual de trabalho é o acordo, tácito ou expresso, correspondente à relação de emprego.

fazê-lo livremente. O segundo processo estabelece um conjunto de preceitos obrigatórios, impostos pela vontade do Estado, independentemente de qualquer emissão volitiva dos contratantes, e se aplica indistintamente a todos os que se encontrarem na situação fática prevista em lei;

Resposta: Alternativa errada

2.3. Hierarquia móvel

Nos demais ramos do Direito a hierarquia das normas jurídicas é representada graficamente por uma pirâmide, cujo ápice é ocupado pela Constituição. Na base da referida figura representativa encontram-se os contratos e as manifestações unilaterais de vontade, para aqueles que admitem os ajustes individuais como fonte do Direito.

Segue-se uma ordem lógica de normas, conforme o ensinamento de Kelsen, a de grau inferior encontra seu fundamento de validade e eficácia na norma de grau superior:

> O fundamento de validade de uma norma apenas pode ser a validade de uma outra norma. Uma norma que representa o fundamento de validade de uma outra norma é figurativamente designada como norma superior, por confronto com uma norma que é, em relação a ela, a norma inferior.[49]

Assim, estariam dispostos em ordem decrescente de importância a Constituição Federal, as leis (complementares, ordinárias e delegadas, além das Medidas Provisórias) e os atos regulamentadores do Poder Executivo (decreto, portaria etc.).

Já no Direito do Trabalho **essa ordem pode ser desconsiderada**, pois se aplica ao caso concreto a norma **estatal** que seja **mais favorável ao empregado**, sem importar a sua posição hierárquica no ordenamento jurídico.

Não é caso de ineficácia geral da norma de grau superior. Simplesmente, a regra clássica da hierarquia das leis que compõem determinado ordenamento jurídico **deixa de incidir em determinada hipótese fática**, diante da existência de outra norma que imprima tratamento diferenciado e mais benéfico ao operário. Em última análise, representa o princípio da aplicação da **norma estatal mais favorável**, que norteia o Direito Laboral e que será estudado mais adiante.

Entretanto, não se aplica essa regra **quando se leva em consideração as convenções e os acordos coletivos de trabalho**. Isso porque a Lei nº 13.467/17 introduziu profundas modificações no ordenamento jurídico laboral, inclusive a possibilidade dos **instrumentos normativos negociados estabelecerem condições de trabalho menos benéficas para o empregado**.

Inclusive uma norma estatal pode vedar que a norma profissional estabeleça condições de trabalho mais benéficas, conforme se observa do disposto no art. 623 da CLT:

> **Art. 623.** Será nula de pleno direito disposição de Convenção ou Acordo que, direta ou indiretamente, contrarie proibição ou norma disciplinadora da política econômico-financeira do Governo ou concernente à política salarial vigente, não produzindo quaisquer efeitos perante autoridades e repartições públicas, inclusive para fins de revisão de preços e tarifas de mercadorias e serviços.

49. KELSEN, Hans. *Teoria pura do direito*. 6. ed. São Paulo: Martins Fontes, 1998. p. 215.

Parágrafo único. Na hipótese deste artigo, a nulidade será declarada, de ofício ou mediante representação, pelo Ministro do Trabalho, ou pela Justiça do Trabalho em processo submetido ao seu julgamento.[50]

3. INTERPRETAÇÃO

O Direito, considerado como regra de conduta (sentido objetivo), exterioriza-se por meio de signos, ou melhor, por um sistema de signos. A principal forma de expressão do Direito efetiva-se pela linguagem, escrita ou articulada e, em alguns casos, por outros símbolos, como os sinais de trânsito, gráficos, gestos etc.

Signo é aquilo que está no lugar de uma coisa que visa representar. A linguagem é constituída por um sistema de signos arbitrários, mas socialmente aceitos e, por conta disso, representa algo que existe no plano real. Pode ocorrer, entretanto, que o receptor da mensagem faça uma interpretação da representação diversa daquela feita pelo emissor em relação ao objeto representado.

Como o Direito exprime-se, principalmente, por meio da linguagem, ele também pode sofrer diversas interpretações, a depender dos termos que são utilizados.

A interpretação do Direito, portanto, procura solucionar essa possível ambiguidade, por meio da extração do verdadeiro sentido da regra de conduta. Assim, utilizam-se diversos métodos de exegese para delimitar o alcance da regra jurídica, pois, pela sua natureza genérica, não pode tratar de casos específicos.

Observe-se, entretanto, que o Direito não se manifesta, somente, por meio da lei em sentido lato (Constituição, leis, decretos, convenções coletivas etc.), apesar de constituir a sua principal forma de expressão. Incluem-se, assim, como espécies de expressão do Direito as decisões judiciais, as súmulas e até mesmo as normas individuais como os contratos[51] e as declarações unilaterais de vontade etc., que produzem efeitos no plano jurídico e, por conta disso, podem ser objeto de interpretação.

O Código civil, por exemplo, contém norma de interpretação dos negócios jurídicos, conforme se observa do seu art. 112: "Nas declarações de vontade se atenderá mais à intenção nelas consubstanciada do que ao sentido literal da linguagem".

3.1. Espécies de interpretação

Socorre-se da interpretação não só o magistrado (**interpretação judicial**), mas qualquer outro interessado, no sentido exato do Direito, como, por exemplo, a administração pública (**interpretação administrativa**), advogados e também os próprios indivíduos. Até mesmo o Poder Legislativo, encarregado de criar as normas estatais, pode, eventualmente, interpretá-las, pela edição de outra norma da mesma natureza. Nesse caso, a interpretação é denominada de **autêntica**.

50. TST. Súmula Nº 375. REAJUSTES SALARIAIS PREVISTOS EM NORMA COLETIVA. PREVALÊNCIA DA LEGISLAÇÃO DE POLÍTICA SALARIAL. (CONVERSÃO DA ORIENTAÇÃO JURISPRUDENCIAL Nº 69 DA SDI-1 E DA ORIENTAÇÃO JURISPRUDENCIAL Nº 40 DA SDI-2). Os reajustes salariais previstos em norma coletiva de trabalho não prevalecem frente à legislação superveniente de política salarial.

51. Código Civil. Art. 423. Quando houver no contrato de adesão cláusulas ambíguas ou contraditórias, dever-se-á adotar a interpretação mais favorável ao aderente.

Quando da utilização das técnicas de interpretação obtém-se um alcance mais abrangente do que aquele que aparentemente consta da norma, diz-se que se trata de uma **interpretação extensiva**. Caso contrário, se o alcance aparente da norma é reduzido, **a interpretação será restritiva**. Pode ocorrer, também, de o processo interpretativo não implicar ampliação ou restrição do comando gramatical da norma, o que se denomina de **interpretação declarativa**, como estabelece de forma expressa o § 2º, do art. 8º da CLT.

Assim, são interpretados restritivamente, as normas proibitivas, as normas sancionadoras e as normas penais, em face do princípio da reserva legal etc. Já de forma extensiva interpreta-se, por exemplo, a lei processual penal[52].

3.2. Regras aplicáveis à interpretação do Direito do Trabalho

Para auxiliar a tarefa do intérprete, existem normas que instituem regras de interpretação, como aquela constante do art. 6º, da Lei nº 8.069/90 (ECA):

> **Art. 6º.** Na interpretação desta Lei levar-se-ão em conta os fins sociais a que ela se dirige, as exigências do bem comum, os direitos e deveres individuais e coletivos, e a condição peculiar da criança e do adolescente como pessoas em desenvolvimento.

Na interpretação do Direito do trabalho deve-se observar, em todo o caso, o princípio protetivo, do qual deriva a regra do *in dubio pro operario*. Caso haja **dúvida sobre o verdadeiro alcance** da norma trabalhista, deve-se optar por aquela que mais beneficie o empregado.

Não existe dispositivo expresso que preveja a aplicação dessa regra, que é parte integrante do mencionado princípio basilar do Direito Laboral. Todavia, o Código de Defesa do Consumidor contém preceito que trata da interpretação das cláusulas contratuais e que pode ser utilizado, por analogia, no Direito do Trabalho, conforme preceitua o seu art. 47: "As cláusulas contratuais serão interpretadas de maneira mais favorável ao consumidor".

No âmbito dessa temática, houve inovação no sistema jurídico-laboral por meio Lei nº 13.467/17, que introduziu duas regras sobre interpretação da norma trabalhista, conforme se observa do quadro a seguir:

REFORMA TRABALHISTA – QUADRO COMPARATIVO INTERPRETAÇÃO DA NORMA TRABALHISTA	
REDAÇÃO ANTERIOR DA CLT	**REDAÇÃO ATUAL DA CLT**
Art. 8º	**Art. 8º**
§ 2º – INEXISTENTE	**§ 2º** Súmulas e outros enunciados de jurisprudência editados pelo Tribunal Superior do Trabalho e pelos Tribunais Regionais do Trabalho não poderão restringir direitos legalmente previstos nem criar obrigações que não estejam previstas em lei.
§ 3º – INEXISTENTE	**§ 3º** No exame de convenção coletiva ou acordo coletivo de trabalho, a Justiça do Trabalho analisará exclusivamente a conformidade dos elementos essenciais do negócio jurídico, respeitado o disposto no art. 104 da Lei nº 10.406, de 10 de janeiro de 2002 (Código Civil), e balizará sua atuação pelo princípio da intervenção mínima na autonomia da vontade coletiva.

52. CPP. Art. 3º: A lei processual penal admitirá interpretação extensiva e aplicação analógica, bem como o suplemento dos princípios gerais de direito.

REFORMA TRABALHISTA – QUADRO COMPARATIVO INTERPRETAÇÃO DA NORMA TRABALHISTA
DIFERENÇAS E COMENTÁRIOS

A Lei nº 13.467/17 estabeleceu duas regras sobre a interpretação das normas trabalhistas até então inexistentes.

A primeira determina que o processo interpretativo feito pelo Poder Judiciário, notadamente pelo TST e pelos Tribunais Regionais, **não poderá resultar em obrigações para os empregadores ou limitações aos direitos trabalhistas não previstas em lei.**

Apesar do § 2º do art. 8º da CLT fazer referência expressa às súmulas e outros enunciados dos Tribunais, a regra aplica-se também às demais decisões de Juízes e Tribunais, pois é a partir de tais atos judiciais que se criam os precedentes.

Nesse caso o próprio legislador impôs ao aplicador a obrigação de utilizar **a interpretação declarativa**, em detrimento da interpretação restritiva ou extensiva.

Já em relação à interpretação das normas profissionais, a inovação efetivou-se no sentido de **vedar ao juiz apreciar o seu respectivo conteúdo material relacionado com a sua natureza normativa**, no sentido de negar eficácia no âmbito dos contratos individuais de trabalho. Nesse processo o juiz deve pautar a sua atuação seguindo o **princípio da intervenção mínima** no resultado da manifestação da autonomia da vontade coletiva.

Cabe ao Judiciário apenas a análise dos elementos essenciais relacionados com a natureza contratual das convenções e acordos coletivos de trabalho, como agente capaz, objeto lícito, possível e determinado ou determinável e forma prescrita ou não defesa em lei.

Inclusive, o § 2º do art. 611-A da CLT deixa claro que a inexistência de expressa indicação de contrapartidas recíprocas **não pode ser classificada como vício que enseje a sua nulidade**. Ou seja, se em uma convenção ou acordo coletivo for ajustada a flexibilização de determinado direito trabalhista previsto em lei sem uma contrapartida expressa no sentido de majorar outro direito, não há qualquer nulidade.

Todavia, caso haja cláusula prevendo a **redução da jornada ou salário**, a validade da convenção coletiva ou do acordo coletivo depende da previsão expressa de **cláusula de contrapartida** impondo a estabilidade provisória durante o prazo de sua vigência (art. 611-A, § 3º da CLT).

O juiz está autorizado a verificar se a negociação coletiva teve como objeto direitos trabalhistas não passíveis de flexibilização, como descritos no art. 611-B da CLT:

Art. 611-B. Constituem objeto ilícito de convenção coletiva ou de acordo coletivo de trabalho, exclusivamente, a supressão ou a redução dos seguintes direitos:

I – normas de identificação profissional, inclusive as anotações na Carteira de Trabalho e Previdência Social;

II – seguro-desemprego, em caso de desemprego involuntário;

III – valor dos depósitos mensais e da indenização rescisória do Fundo de Garantia do Tempo de Serviço (FGTS);

IV – salário mínimo;

V – valor nominal do décimo terceiro salário;

VI – remuneração do trabalho noturno superior à do diurno;

VII – proteção do salário na forma da lei, constituindo crime sua retenção dolosa;

VIII – salário-família;

IX – repouso semanal remunerado;

X – remuneração do serviço extraordinário superior, no mínimo, em 50% (cinquenta por cento) à do normal;

XI – número de dias de férias devidas ao empregado;

XII – gozo de férias anuais remuneradas com, pelo menos, um terço a mais do que o salário normal;

XIII – licença-maternidade com a duração mínima de cento e vinte dias;

XIV – licença-paternidade nos termos fixados em lei;

XV – proteção do mercado de trabalho da mulher, mediante incentivos específicos, nos termos da lei;

XVI – aviso prévio proporcional ao tempo de serviço, sendo no mínimo de trinta dias, nos termos da lei;

XVII – normas de saúde, higiene e segurança do trabalho previstas em lei ou em normas regulamentadoras do Ministério do Trabalho;

REFORMA TRABALHISTA – QUADRO COMPARATIVO
INTERPRETAÇÃO DA NORMA TRABALHISTA

XVIII – adicional de remuneração para as atividades penosas, insalubres ou perigosas;

XIX – aposentadoria;

XX – seguro contra acidentes de trabalho, a cargo do empregador;

XXI – ação, quanto aos créditos resultantes das relações de trabalho, com prazo prescricional de cinco anos para os trabalhadores urbanos e rurais, até o limite de dois anos após a extinção do contrato de trabalho;

XXII – proibição de qualquer discriminação no tocante a salário e critérios de admissão do trabalhador com deficiência;

XXIII – proibição de trabalho noturno, perigoso ou insalubre a menores de dezoito anos e de qualquer trabalho a menores de dezesseis anos, salvo na condição de aprendiz, a partir de quatorze anos;

XXIV – medidas de proteção legal de crianças e adolescentes;

XXV – igualdade de direitos entre o trabalhador com vínculo empregatício permanente e o trabalhador avulso;

XXVI – liberdade de associação profissional ou sindical do trabalhador, inclusive o direito de não sofrer, sem sua expressa e prévia anuência, qualquer cobrança ou desconto salarial estabelecidos em convenção coletiva ou acordo coletivo de trabalho;

XXVII – direito de greve, competindo aos trabalhadores decidir sobre a oportunidade de exercê-lo e sobre os interesses que devam por meio dele defender;

XXVIII – definição legal sobre os serviços ou atividades essenciais e disposições legais sobre o atendimento das necessidades inadiáveis da comunidade em caso de greve;

XXIX – tributos e outros créditos de terceiros;

XXX – as disposições previstas nos arts. 373-A, 390, 392, 392-A, 394, 394-A, 395, 396 e 400 desta Consolidação.

Parágrafo único. Regras sobre duração do trabalho e intervalos não são consideradas como normas de saúde, higiene e segurança do trabalho para os fins do disposto neste artigo.

Em caso de declaração de nulidade de cláusula do instrumento normativo negociado, por não observar as limitações que foram mencionadas anteriormente, a respectiva cláusula compensatória, se houver, também deverá ser anulada, sem repetição do indébito (art. 611-A, § 4º da CLT).

Sobre anulação de **cláusula compensatória,** foi aprovado o Enunciado nº 31 na 2ª Jornada de direito Material e Processual do Trabalho, mais precisamente em seu inciso II, com a seguinte redação:

> **ENUNCIADO Nº 31. INSTRUMENTO COLETIVO E ANULAÇÃO DE CLÁUSULA COMPENSATÓRIA**
>
> I – CONTRAPARTIDAS EM SEDE DE NEGOCIAÇÃO COLETIVA. EXIGÊNCIA INERENTE À BOA-FÉ OBJETIVA. IMPOSSIBILIDADE DE SUPRESSÃO POR LEI. INCONSTITUCIONALIDADE. A DISPOSIÇÃO CONSTANTE DO ARTIGO 611-A, § 2º, DA CLT, NÃO É COMPATÍVEL COM OS ARTIGOS 7º, XXVI E 8º, VI, DA CONSTITUIÇÃO FEDERAL, E TAMPOUCO COM O ARTIGO 5º DA CONVENÇÃO 154 DA OIT.
>
> II – NEGOCIAÇÃO COLETIVA. CONVENÇÃO COLETIVA DE TRABALHO OU ACORDO COLETIVO DE TRABALHO. ANULAÇÃO DE CLÁUSULA COMPENSATÓRIA. ART. 611-A, § 4º DA CLT. HAVENDO DÚVIDA ACERCA DA EXISTÊNCIA DE CLÁUSULA COMPENSATÓRIA EM BENEFÍCIO DE OUTRA CLÁUSULA PRINCIPAL, AQUELA DEVERÁ PERMANECER NO INSTRUMENTO COLETIVO, MESMO NA HIPÓTESE DO ART. 611-A, § 4º (1ª PARTE), EM OBSERVÂNCIA AO PRINCÍPIO DA PROTEÇÃO AO TRABALHADOR (IN DUBIO PRO OPERARIO).

3.3. Hermenêutica

A hermenêutica jurídica é a ciência que tem como escopo a **extração do verdadeiro sentido do Direito.**

Para Carlos Maximiliano, a hermenêutica jurídica "tem por objeto o estudo e a sistematização dos processos aplicáveis para determinar o sentido e o alcance das expressões do Direito".[53]

De plano, verifica-se que não se confundem os conceitos de interpretação e de hermenêutica. A primeira consiste na aplicação prática da segunda. A técnica da interpretação do Direito utiliza-se dos métodos cientificamente sistematizados pela hermenêutica jurídica para retirar da norma (bem como dos demais meios por meio dos quais o Direito manifesta-se) o seu sentido, da forma mais clara possível.

3.4. Métodos básicos de exegese

Para conseguir extrair o sentido e alcance correto da norma jurídica, o intérprete utiliza diversos métodos básicos de exegese. Desse modo, o intérprete do Direito pode recorrer aos métodos **gramatical, sistemático, histórico, teleológico, evolutivo** etc.

Saliente-se, todavia, que a melhor interpretação é obtida pela conjugação dos vários métodos mencionados, o que exclui a possibilidade de determinar um método perfeito para dissecar e descobrir o sentido e o alcance de uma norma jurídica.

A. *Método literal, gramatical ou filológico*

O método de interpretação denominado de literal, gramatical ou filológico **retira da norma seu exato sentido, pela análise dos seus elementos gramaticais**, ou seja, dos seus vocábulos. Geralmente, é o primeiro método utilizado pelo intérprete para descobrir qual o real sentido da norma.

No Direito Antigo, na Grécia e em Roma, deu origem ao brocardo latino *in claris cessat interpretatio* (se a lei for clara, não há falar-se em interpretação), em face do exacerbado valor que era atribuído às palavras.

Entretanto, é praticamente unânime o reconhecimento de ser **o método mais frágil de interpretação**, pelo menos quando utilizado de forma isolada. Com efeito, o método gramatical de interpretação só revela o comando aparente da regra jurídica, sem pesquisar as suas razões primeiras. Além disso, esse método enfrenta diversas dificuldades, dentre elas, a ambiguidade dos termos gramaticais, representada pelo fato de uma mesma palavra poder ter mais de um sentido.

Apesar da constatação acima citada, determinados dispositivos legais somente admitem a interpretação literal, conforme se observa da regra contida no art. 111 do Código Tributário Nacional:

> **Art. 111. Interpreta-se literalmente** a legislação tributária que disponha sobre: I – suspensão ou exclusão do crédito tributário; II – outorga de isenção; III – dispensa do cumprimento de obrigações tributárias acessórias.

53. MAXIMILIANO, Carlos. ***Hermenêutica e aplicação do direito***. 18. ed. Rio de Janeiro: Forense, 2000. p. 1.

B. Método teleológico

Pelo método teleológico, **procura-se descobrir a verdadeira intenção da lei ou da *mens legis*** e não somente o seu comando aparente, no sentido de procurar saber o que a lei realmente deseja.

Existem Diplomas Legais que preveem, expressamente, a utilização do método de interpretação teleológica, como ocorre, por exemplo, com o art. 112 do Código Civil:

> **Art. 112.** Nas declarações de vontade se atenderá mais à intenção nelas consubstanciada do que ao sentido literal da linguagem.

Já houve época em que o objetivo era encontrar a intenção do legislador – *mens legislatoris* – e não a intenção da lei. A dificuldade prática de alcançar esse escopo é patente quando a fonte de onde emana a lei é coletiva, no caso, quando a norma provém do Poder Legislativo, constituído por diversos representantes do povo.

C. Método sistemático

Como visto, o Direito é composto de regras e princípios logicamente sistematizados. Isso quer dizer que determinada regra jurídica aplicável a um caso concreto encontra-se inserida dentro de um sistema jurídico ou de um ordenamento jurídico.

Feita essa constatação, é **dever do intérprete verificar a posição da norma de conduta dentro do sistema ou subsistema ao qual pertence, para identificar as diretrizes e princípios que norteiam o ramo ou especificação desse Direito**, procedimento que corresponde à interpretação sistemática da regra jurídica.

Nesse passo, dois dispositivos legais gramaticalmente semelhantes podem ser interpretados de forma diversa, caso estejam inseridos em Diplomas Legais distintos, como por exemplo, um dispositivo contratual inserido no Código Civil e outro semelhante constante da Consolidação das Leis do Trabalho.

O método sistemático de interpretação visa, portanto, evitar a análise isolada da regra jurídica.[54]

D. Método evolutivo

Uma das características da lei é a sua perenidade. Ordinariamente, a norma jurídica é editada e passa a vigorar até que outra a revogue. Por conta dessa característica (permanência), os efeitos da norma prolongam-se no tempo que, por sua própria natureza, opera transformações nas relações sociais, que são objeto das regras jurídicas.

---

54. RECURSO DE REVISTA. INTEGRAÇÃO DAS DIÁRIAS.BASE DE CÁLCULO DOS 50% PARA A CARACTERIZAÇÃO DA NATUREZA SALARIAL.. A jurisprudência dominante nesta Corte Superior tem entendido que a expressão salário percebido pelo empregado, constante do art. 457, § 2º, da CLT, deve ser interpretada à luz do disposto no parágrafo 1º do mesmo dispositivo, que estabelece a integração ao salário das diárias para viagens pagas pelo empregador. A partir dessa interpretação sistemática da Lei, conclui-se que, para a aferição do percentual das diárias pagas a fim de definir sua natureza salarial, deve-se levar em consideração o salário básico ou nominal do empregado, ou seja, a contraprestação do trabalhador sem acréscimo algum, e não a sua remuneração mensal. Recurso de revista provido. (TST. RR 1031/2004-012-04-41.5. Rel. Min. Mauricio Godinho Delgado. DEJT 03.12.2010).

Apesar de ser constatada alterações nas referidas relações sociais, não se faz necessário efetivar constantes mudanças na lei, pois são dotadas de caráter de generalidade, que permite sua adaptação à nova situação, mesmo porque o processo legislativo é lento e não conseguiria acompanhar a velocidade das alterações ocorridas nas referidas relações sociais.

Desse modo, **o operador do Direito deverá interpretar a norma de acordo com a realidade atual** e não com base nos fatos sociais, econômicos, políticos, religiosos etc. que deram ensejo à sua formação.

E. Método histórico

Como mencionado no item anterior, a lei origina-se de uma necessidade social, econômica, política, religiosa etc. Tais fatores constituem a **fonte material** do Direito.

Além disso, a norma, para entrar em vigor, passa por todo um processo legislativo de extrema complexidade. Por meio da utilização do método histórico, **o intérprete procura descobrir as causas primeiras da lei, bem como investigar todo o processo legislativo que a originou**, ao verificar a redação inicial do projeto de lei, as emendas apresentadas, os discursos dos parlamentares contra e a favor, e, eventualmente, a mensagem de veto do Chefe do Poder Executivo.

Exemplo de questão sobre o tema

(FCC – Juiz do Trabalho Substituto 15ª região/2015) As normas jurídicas requerem interpretação, por mais claras que pareçam, sendo que cabe ao julgador estabelecer sua exata extensão e definir a possibilidade de sua aplicação a cada caso concreto. Quando o intérprete se utiliza do método buscando estabelecer uma conexão entre os diversos textos normativos, considerando o sistema normativo como um todo e inserindo a norma estudada, para conjuntamente verificar seu sentido, trata-se da interpretação

(A) sistemática.

(B) lógica.

(C) extensiva.

(D) teleológica.

(E) restritiva.

Resposta: A

4. INTEGRAÇÃO DO DIREITO DO TRABALHO

O ordenamento jurídico positivo é constituído de forma a solucionar qualquer conflito de interesses. A norma jurídica é geral e abstrata, sob a forma de uma situação hipotética. Contudo, o legislador, no exercício de sua função legiferante, não tem condições de prever todas as hipóteses que podem se concretizar no plano fático.

Na falta de lei específica que regule a matéria objeto do conflito, o aplicador deverá utilizar das fontes integrativas do Direito, como **a analogia, os costumes, os princípios gerais do direito, a equidade, o direito comparado** etc., salvo em relação à aplicação do Direito Penal, que exige a prévia tipificação legal do crime, por meio dos princípios da reserva legal e da anterioridade (*nullum crimen sine lege*).[55] Esse procedimento é denominado de **colmatação das lacunas legais**.

Daí resulta o **princípio da completude do ordenamento jurídico**, que não comporta lacuna e veda ao Juiz deixar de decidir com fundamento na omissão legal, conforme preleciona o art. 140 do CPC.

QUADRO COMPARATIVO – PRINCÍPIO DA COMPLETUDE		
CPC DE 1973	**CPC DE 2015**	**CLT**
Art. 126. O juiz não se exime de sentenciar ou despachar alegando lacuna ou obscuridade da lei. No julgamento da lide caber-lhe-á aplicar as normas legais; não as havendo, recorrerá à analogia, aos costumes e aos princípios gerais de direito.	**Art. 140.** O juiz não se exime de decidir sob a alegação de lacuna ou obscuridade do ordenamento jurídico. Parágrafo único. O juiz só decidirá por equidade nos casos previstos em lei.	**Art. 8º.** As autoridades administrativas e a Justiça do Trabalho, na falta de disposições legais ou contratuais, decidirão, conforme o caso, pela jurisprudência, por analogia, por equidade e outros princípios e normas gerais de direito, principalmente do direito do trabalho, e, ainda, de acordo com os usos e costumes, o direito comparado, mas sempre de maneira que nenhum interesse de classe ou particular prevaleça sobre o interesse público. **Art. 852-I. § 1º** O juízo adotará em cada caso a decisão que reputar mais justa e equânime, atendendo aos fins sociais da lei e as exigências do bem comum.
Aplicabilidade do CPC ao processo do trabalho	• Aplica-se a regra contida no *caput* do art. 140 do CPC ao processo do trabalho, uma vez que não é incompatível com o preceito contido no art. 8º da CLT. • Quanto ao mandamento contido no parágrafo único, a norma celetista é mais abrangente (art. 8º e art. 852-I, § 1º), pois admite a utilização da equidade ainda que não esteja prevista em lei.	
Diferença entre o CPC de 2015 e o de 1973	O CPC de 2015: • Não menciona que o juiz não pode deixar de despachar alegando lacuna na lei. • Também não faz referência à analogia, aos costumes e aos princípios gerais do direito como método de integração. • Em compensação, permite ao juiz usar da equidade, desde que haja previsão expressa nesse sentido.	

Em caso de lacuna na norma, a Lei de Introdução às Normas do Direito Brasileiro – LINDB, art. 4º, autoriza a utilização da analogia, dos costumes e dos princípios gerais do direito para preenchê-la.[56]

A Lei nº 5.172/66, que institui o Código Tributário Nacional, elege, em seu art. 108[57], a analogia, os princípios gerais de direito tributário, os princípios gerais de direito público e a equidade, sucessivamente, como alternativas para solucionar o problema do vazio legal.

O Código de Defesa do Consumidor, Lei nº 8.078/90, art. 7º, dispõe acerca da matéria da seguinte forma:

---

55. CP. Art. 1º. Não há crime sem lei anterior que o defina. Não há pena sem prévia cominação legal. Constituição Federal de 1988. Art. 5º. XXXIX – não há crime sem lei anterior que o defina, nem pena sem prévia cominação legal.

56. Decreto-Lei nº 4.657/42. Art. 4º. Quando a lei for omissa, o juiz decidirá o caso de acordo com a analogia, os costumes e os princípios gerais de direito.

57. Lei nº 5.172/66. Art. 108. Na ausência de disposição expressa, a autoridade competente para aplicar a legislação tributária utilizará sucessivamente, na ordem indicada: I – a analogia; II – os princípios gerais de direito tributário; III – os princípios gerais de direito público; IV – a equidade.

> **Art. 7º.** Os direitos previstos neste Código não excluem outros decorrentes de tratados ou convenções internacionais de que o Brasil seja signatário, da legislação interna ordinária, de regulamentos expedidos pelas autoridades administrativas competentes, bem como dos que derivem dos princípios gerais do direito, analogia, costumes e equidade.
>
> A Consolidação das Leis do Trabalho possui regra expressa sobre a integração do Direito do Trabalho, conforme se observa do citado e transcrito art. 8º.

Observe-se que, ao contrário do que acontece com os demais ramos do Direito, na hipótese de lacuna na legislação trabalhista, a sua **integração será feita, primeiramente, pela utilização da jurisprudência**, circunstância que revela a importância desse instituto na interpretação e aplicação do Direito Laboral.

Posteriormente, se for o caso, o intérprete pode recorrer **à analogia, equidade, princípios, normas gerais de direito, usos e costumes, direito comparado e ao direito comum**, de forma sucessiva.

Por fim, persistindo a lacuna, a sua integração respectiva será feita **por meio da utilização direito comum**, ou seja, do direito civil, na forma prevista pelo § 1º, art. 8º da CLT, recentemente alterado pela Lei nº 13.467/17:

REFORMA TRABALHISTA – QUADRO COMPARATIVO INTEGRAÇÃO DO DIREITO DO TRABALHO PELO DIREITO COMUM	
REDAÇÃO ANTERIOR DA CLT	**REDAÇÃO ATUAL DA CLT**
Art. 8º	**Art. 8º**
Parágrafo único – O direito comum será fonte subsidiária do direito do trabalho, naquilo em que não for incompatível com os princípios fundamentais deste.	**§ 1º** O direito comum será fonte subsidiária do direito do trabalho.
DIFERENÇAS E COMENTÁRIOS	
Pela regra atual, verificada a omissão no ordenamento trabalhista, será possível utilizar subsidiariamente dos preceitos do direito civil. O fato da lei da reforma trabalhista ter retirado a expressão "naquilo em que não for incompatível com os princípios fundamentais deste", não significa necessariamente que os dispositivos do direito comum devam ser aplicados ao direito do trabalho sem a observância dos princípios que norteiam este último.	

O esquema a seguir contém as fontes integrativas do Direito do Trabalho, de acordo com a CLT, que sugere a utilização do método indutivo, ou seja, do mais específico para o mais genérico:

FONTES INTEGRATIVAS DO DIREITO DO TRABALHO

- Jurisprudência
- Analogia
- Equidade
- Princípios gerais do Direito do trabalho
- Princípios gerais do direito
- Usos e costumes
- Direito comparado
- Direito comum

4.1. Jurisprudência

Jurisprudência corresponde a reunião de decisões que se pronunciam em um determinado sentido. É, portanto, o resultado da atividade jurisdicional de juízes e Tribunais no sentido de interpretar e aplicar o direito aos casos concretos.

A. *Importância*

Como dito, a jurisprudência exerce um papel de grande importância no preenchimento do vazio legislativo trabalhista, para eliminar as dúvidas existentes em relação à interpretação dos dispositivos legais.

Em alguns casos, a jurisprudência inspira o legislador de forma a constituir fato propulsor da alteração legislativa para se adaptar à interpretação conferida pelos Tribunais.

Exemplo disso, na seara trabalhista, aconteceu com a criação jurisprudencial no sentido de não se considerar, no cômputo da jornada de trabalho, variações de horário de até cinco minutos por meio da Súmula nº 366 do TST.[58]

Com base nesse precedente judicial o legislador editou a Lei nº 10.243/01, que introduziu o parágrafo 1º, ao art. 58 da Consolidação das Leis do Trabalho, com a seguinte redação:

> **Art. 58. § 1º.** Não serão descontadas nem computadas como jornada extraordinária as variações de horário no registro de ponto não excedentes de cinco minutos, observado o limite máximo de dez minutos diários.

B. *Formas de manifestação*

A jurisprudência pode ser **notória, reiterativa ou dominante** quando boa parte das decisões que a compõem adota o idêntico entendimento.

Já a **súmula** representa o resumo de toda a jurisprudência de um tribunal, quando as questões muito debatidas já se encontram, de certa forma, pacificadas. Para cada assunto, o Tribunal cria um texto que representa o extrato do seu posicionamento sobre a matéria e que é denominado de enunciado ou ementa de súmula.

Com efeito, **uma das funções dos tribunais superiores é de uniformizar a sua jurisprudência ou de tribunais inferiores**, o que se perfaz principalmente por intermédio da edição de Súmulas.[59]

---

58. TST. Súmula nº 366. CARTÃO DE PONTO. REGISTRO. HORAS EXTRAS. MINUTOS QUE ANTECEDEM E SUCEDEM A JORNADA DE TRABALHO. (nova redação) – Res. 197/2015 – DEJT divulgado em 14, 15 e 18.05.2015. Não serão descontadas nem computadas como jornada extraordinária as variações de horário do registro de ponto não excedentes de cinco minutos, observado o limite máximo de dez minutos diários. Se ultrapassado esse limite, será considerada como extra a totalidade do tempo que exceder a jornada normal, pois configurado tempo à disposição do empregador, não importando as atividades desenvolvidas pelo empregado ao longo do tempo residual (troca de uniforme, lanche, higiene pessoal etc.).

59. No STF a edição, revisão e cancelamento de Súmulas encontram-se disciplinados pela Resolução nº 388/08. Dispõe em seu art. 1º: Recebendo proposta de edição, revisão ou cancelamento de súmula, vinculante ou não, a Secretaria Judiciária a registrará e autuará, publicando edital no sítio do Tribunal e no Diário da Justiça Eletrônico, para ciência e manifestação de interessados no prazo de 5 (cinco) dias, encaminhando a seguir os autos

O Tribunal Superior do Trabalho edita, ainda, as chamadas **Orientações Jurisprudenciais**, ou simplesmente OJ's, que representam o posicionamento jurídico predominante das suas Seções Especializadas em Dissídios Individuais I e II (SEDI-I e SEDI-II).

Até a promulgação da Emenda Constitucional nº 45, denominada de Emenda de Reforma do Poder Judiciário, inexistia no ordenamento jurídico pátrio o instituto da **súmula vinculante**.

A referida Emenda Constitucional nº 45 incluiu o art. 103-A na Carta Política de 1988, com a seguinte redação:

> **Art. 103-A.** O Supremo Tribunal Federal poderá, de ofício ou por provocação, mediante decisão de dois terços dos seus membros, após reiteradas decisões sobre a matéria, aprovar súmula que, a partir de sua publicação na imprensa oficial, terá efeito vinculante em relação aos demais órgãos do Poder Judiciário e à administração pública direta e indireta, nas esferas federal, estadual e municipal, bem como proceder à sua revisão ou cancelamento, na forma estabelecida em lei.

A Lei nº 11.417/06, regulamentou o aludido dispositivo constitucional e alterou a Lei nº 9.784/99, ao disciplinar a edição, a revisão e o cancelamento de enunciado de súmula vinculante pelo Supremo Tribunal Federal.

Uma vez aprovada, por no mínimo 2/3 dos integrantes do STF, **a súmula dessa natureza vincula todos os órgãos do Poder Judiciário, bem como a administração pública** direta e indireta dos três níveis (municipal, estadual e federal).

A proposta de edição, revisão ou cancelamento de Súmulas Vinculantes poderá ser feita pelos legitimados que constam do art. 3º da referida Lei nº 11.417/06, inclusive pelo Tribunal Superior do Trabalho e pelos Tribunais Regionais do Trabalho.

Os operadores do Direito do trabalho, dentre eles os advogados, juízes e membros do Ministério Público do Trabalho já utilizavam, corriqueiramente, das Súmulas do Tribunal Superior do Trabalho para fundamentar suas petições, decisões e pareceres.

Com a vigência do CPC de 2015, os acórdãos em incidente de assunção de competência – IAC ou de resolução de demandas repetitivas – IRDR e em julgamento de recursos extraordinário e especial repetitivos, passaram também a ter efeito vinculante, conforme se observa do preceito contido no art. 927, salvo em relação à administração pública:

> **Art. 927.** Os juízes e os tribunais observarão:
>
> I – as decisões do Supremo Tribunal Federal em controle concentrado de constitucionalidade;
>
> II – os enunciados de súmula vinculante;
>
> III – os acórdãos em incidente de assunção de competência ou de resolução de demandas repetitivas e em julgamento de recursos extraordinário e especial repetitivos;
>
> IV – os enunciados das súmulas do Supremo Tribunal Federal em matéria constitucional e do Superior Tribunal de Justiça em matéria infraconstitucional;
>
> V – a orientação do plenário ou do órgão especial aos quais estiverem vinculados.

à Comissão de Jurisprudência, para apreciação dos integrantes, no prazo sucessivo de 5 (cinco) dias, quanto à adequação formal da proposta.

O quadro a seguir relaciona as diversas espécies de verbetes jurisprudenciais com os Órgãos do TST dos quais se originam:

Verbete	Órgão
Súmulas	**TST**
Orientações jurisprudenciais do Pleno	Tribunal Pleno
Orientações jurisprudenciais da SDI-1	Subseção I – Especializada em Dissídios Individuais
Orientações jurisprudenciais da SDI-2	Subseção II – Especializada em Dissídios Individuais
Orientações jurisprudenciais transitórias da SDI-1	Subseção I – Especializada em Dissídios Individuais
Precedentes normativos da SDC	Seção – Especializada em Dissídios Coletivos

Abaixo, o posicionamento da doutrina no que diz respeito à classificação da jurisprudência como fonte ou como meio de integração do direito:

Amauri Mascaro do Nascimento	A jurisprudência pode ser fonte do Direito do Trabalho, se a análise for além da teoria clássica, para quem o juiz apenas é um escravo da lei, não podendo criar normas para ordenar a sociedade.*
Godinho Delgado	Essas orientações jurisprudenciais – e dezenas de outras-, embora não filiadas ao princípio estrito da reserva legal (se interpretado rigidamente esse princípio, é claro), têm inquestionável força jurídica (e jurígena). Note-se que no Direito do Trabalho
Godinho Delgado	A própria legislação já cuidou de enfatizar a jurisprudência como fonte normativa – ao menos supletiva, é verdade (art. 8, CLT). Não obstante seu papel vá além de simples fonte subsidiária do Direito, houve, de qualquer modo, neste ramo jurídico, um acolhimento expresso– ainda que parcial – de tese classificatória proposta pela vertente moderna.**
Sérgio Pinto Martins	A jurisprudência não pode ser fonte do Direito do Trabalho, visto que ela apenas indica o caminho e não vincula o magistrado.***
Roberto Leite	As súmulas no Direito do trabalho não são fontes como a lei, devido a impossibilidade de seu efeito vinculante, porém admite-se que as súmulas têm um poder de coação, próprio das normas jurídicas.****

(*) NASCIMENTO, Amauri. **Curso de Direito do Trabalho.** 24. ed. São Paulo: Saraiva, 2009.

(**) DELGADO, Maurício Godinho. **Curso de Direito do Trabalho**. 13. ed. São Paulo: Ltr, 2014.

(***) MARTINS, Sérgio Pinto. **Direito do Trabalho**. 21. ed. São Paulo: Atlas, 2004.

(****) LEITE, Roberto Basiloni. **Direito Sumular do Trabalho**. In: Curso de Direito do trabalho org. Jackson Chaves de Azevedo. São Paulo: LTr, 2001.

4.2. Analogia

A lei, em sentido amplo, tenta prever a ocorrência de fatos sociais que são considerados relevantes para o Direito, para definir como os indivíduos deverão se comportar na hipótese de sua concretização.

Seria uma tarefa árdua, senão impossível, para o legislador encaixar, na lei, todas as ocorrências futuras passíveis de acontecer no plano fático. Para atenuar os efeitos dessa dificuldade ou mesmo impossibilidade, o órgão produtor cria a norma da forma mais abrangente e abstrata possível, e confere ao intérprete e ao aplicador do Direito a tarefa de subsumir o fato concreto à norma abstrata e genérica.

Contudo, em algumas situações sequer existe uma norma genérica para ser aplicada a um caso concreto específico. Nessa hipótese de vazio legislativo específico, pode o aplicador do Direito recorrer a uma regra jurídica que trata, abstratamente, de um fato jurídico semelhante e aplicá-la à situação fática que se encontra desprovida de regramento específico.

Assim, é possível recorrer à analogia, desde que o dispositivo legal emprestado tenha se originado com a mesma razão de ser das regras que compõem sistema jurídico aplicável à hipótese carente de norma específica para sua regulação.

Desse modo, a busca por dispositivos legais que tratam de fatos semelhantes pode ser feita dentro do mesmo ramo do Direito ou pode ser requisitado de um subsistema jurídico diverso, **desde que possuam uma mesma causa formadora.**

Sabe-se, por exemplo, que o Direito do consumidor, cujo diploma legal básico é representado pelo Código de Defesa do Consumidor – CDC, teve como fato propulsor a hipossuficiência do consumidor. As normas que regulam a relação de consumo protegem o consumidor, com o objetivo de equilibrar a desigualdade existente no plano fático, da mesma forma como o Direito do trabalho protege o empregado, que se encontra submetido ao poder de direção do empregador. Por isso, em determinadas situações nas quais inexiste norma trabalhista específica, o aplicador do Direito fica autorizado a recorrer da analogia das regras existentes no CDC, por possuírem a mesma razão de ser das normas trabalhistas, com a aplicação do brocardo *ubi eadem est ratio, ibi ide ius,* ou, no vernáculo, "a mesma razão, autoriza o mesmo Direito".

Não se pode confundir, todavia, a analogia com a interpretação extensiva. Como foi visto, a interpretação da regra jurídica pode declarar, restringir ou ampliar o seu sentido aparente, o que pode resultar em uma interpretação declarativa, restritiva ou extensiva, respectivamente.

Assim, a interpretação extensiva **resulta da atividade do intérprete do Direito**, enquanto que a analogia apresenta-se como **recurso a ser utilizado de forma deliberada pelo aplicador do Direito**, quando a lei é omissa no caso particular. Assim, a interpretação extensiva é um dos possíveis resultados do processo interpretativo, enquanto a analogia é um dos meios que se utiliza para obter esse mesmo resultado.

Em regra, a utilização da analogia é vedada para dar eficácia plena a um dispositivo constitucional de eficácia contida. Nesse caso, a norma constitucional depende de uma regulamentação específica, que não pode ser feita pelo aplicador por meio do recurso a outro dispositivo constitucional que já se encontra regulamentado.

Contudo, por meio do mandado de injunção é possível preencher essa lacuna com o uso da analogia, **de acordo com os postulados da tese concretista**, a exemplo do que ocorreu com o reconhecimento do direito de greve aos servidores públicos:

> O Tribunal, por maioria, nos termos do voto do Relator, conheceu do mandado de injunção e propôs a solução para a omissão legislativa com a aplicação da Lei nº 7.783, de 28 de junho de 1989, no que couber, vencidos, parcialmente, os Senhores Ministros Ricardo Lewandowski, Joaquim Barbosa e Marco Aurélio, que limitavam a decisão à categoria representada pelo sindicato e estabeleciam condições específicas para o exercício das paralisações.[60]

60. STF. MI nº 712. Rel. Min. Eros Grau. DJU 31.10.2009.

Existem duas espécies de analogia: a analogia *iuris* e a analogia *legis*. Quando não existe dispositivo específico e o legislador recorre a uma regra que trata de um caso semelhante, haverá **analogia legal ou *legis***.

Em algumas hipóteses, contudo, o intérprete não encontra sequer um preceito legal para ser utilizado de forma análoga. Nesses casos, deve-se recorrer aos princípios gerais e razões primeiras que norteiam determinado segmento do Direito, de forma a extrair um comando legal para ser aplicado ao caso concreto, **procedimento denominado de analogia *iuris***.

Segundo Carlos Maximiliano, verifica-se a ocorrência da analogia *iuris* quando:

> Não existe regra explícita, nem caso análogo; reconstrói-se a norma pela combinação de muitas outras, que constituem visível aplicação de um princípio geral, embora não expresso, elabora-se preceito completamente novo, ou um instituto inteiro, segundo os princípios de todo o sistema em vigor.[61]

Em várias passagens legislativas permite-se, expressamente, o recurso à analogia, sempre que houver lacunas na lei, conforme se observa do art. 4º, da Lei de Introdução às normas do Direito Brasileiro – LINDB; art. 8º, da Consolidação das Leis do Trabalho; art. 108, I, do Código Tributário Nacional; e art. 7º, do Código de Defesa do Consumidor.

Exemplos de questões sobre o tema

(TRT 2 – Juiz do Trabalho Substituto 2ª região/2016) Considere as assertivas seguintes a respeito da exegese e eficácia das normas jurídicas trabalhistas e dos princípios do Direito do Trabalho e responda.

I. O sistema interpretativo teleológico propugna por uma interpretação conforme a finalidade da norma, tendo por objetivo adaptar a finalidade da norma as exigências sociais vigentes para que o intérprete procure a *ratio* do preceito para determinar o seu sentido, sendo bastante utilizada no campo do Direito do Trabalho.

II. É considerado exemplo de interpretação extensiva o que ocorre com a figura da hora de sobreaviso que prevista para o ferroviário passou a incidir para o eletricitário por força de entendimento sumulado do TST.

III. É considerada construção analógica jurisprudencial a incidência sobre os atos da autoridade do Distrito Federal do tipo legal do *factum principis* com previsão normativa contida na CLT.

IV. Conforme princípio da aderência contratual as cláusulas normativas dos acordos coletivos ou convenções coletivas de trabalho integram os contratos individuais de trabalho e somente poderão ser modificadas ou suprimidas mediante negociação coletiva de trabalho.

V. A sentença normativa proferida em dissídio coletivo vigorará a partir do dia imediato ao termo final de vigência de acordo, convenção ou sentença normativa, quando ajuizado o dissídio no prazo de 60 dias anteriores ao respectivo termo final.

Estão corretas apenas as proposições:

(A) I, II e V.
(B) I, III e IV.
(C) I, IV e V.
(D) II, III e IV.
(E) II, III e V.

Resposta: C

61. MAXIMILIANO, Carlos. *Hermenêutica e aplicação do direito*. 18. ed. Rio de Janeiro: Forense, 2000. p. 210.

(TRT 2 – Juiz do Trabalho Substituto 2ª região/2014) O processo analógico é o procedimento comparativo entre figuras ou categorias componentes de espécies distintas, objetivando o efeito normativo sobre caso concreto. Aponte a alternativa que faça a comparação correta:

(A) Entre o doméstico e o secretário particular exercendo trabalho em residência.

(B) Entre o salário do médico empregado de clínica privada e a remuneração do médico em trabalho autônomo.

(C) Entre a figura do empregado gerente em qualquer empresa e o do bancário no exercício de direção ou gerência.

(D) Entre o autônomo e o empregado avulso.

(E) Entre a hora de sobreaviso do ferroviário e a hora de sobreaviso do eletricitário.

Resposta: E

4.3. Usos e costumes

O Direito, na maioria das sociedades modernas, é eminentemente escrito. Contudo, não se pode negar o caráter normativo de regras não escritas, derivadas da prática de fatos humanos constantes, que são passadas de geração em geração, definidoras de condutas e impregnadas de coercibilidade, denominadas de costumes jurídicos.

O Direito, no mundo ocidental, quanto a sua origem, é dividido em dois grandes sistemas. O sistema filiado ao Direito europeu continental, de origem romano-germânica, e o sistema filiado ao Direito anglo-saxão. Estão incluídos, no último grupo, o Reino Unido, Estados Unidos da América e Canadá (exceto em relação a Quebec), dentre outros países, cuja base do Direito é formada pelos usos e costumes reconhecidos pelas Cortes Judiciais, também denominado de ***common law***. Os demais países do continente europeu e do mundo ocidental adotaram o ***civil law***, assim considerando aquele Direito codificado, cuja fonte principal e imediata é a lei.

Registre-se, também, que os países filiados ao *common law*, pouco a pouco, estão sistematizando as decisões reiteradas dos seus tribunais e mesmo apresentando inovações legislativas, de forma que a tradição dos costumes progressivamente vai perdendo espaço para a lei.[62] Isso sem mencionar que os usos e costumes só são reconhecidos quando passam pelo crivo do Poder Judiciário. São fontes mediatas do direito, pois dependem da manifestação dos Juízes e Tribunais, por meio de sentenças e acórdãos, respectivamente, formando os precedentes jurisprudenciais.

O Brasil, apesar de ter aderido ao sistema do *civil law*, admite os usos e costumes como fonte do Direito e progressivamente vem introduzindo institutos do *common law*, como a súmula vinculante, prevalência dos precedentes judiciais etc.

Os costumes podem ser contra *legem, secundum legem e praeter legem*. Os costumes ***contra legem*** são aqueles que contrariam as disposições legais e, por esse motivo, não são aceitos no ordenamento jurídico pátrio. ***Secundum legem*** são os costumes que acompanham as diretrizes constantes das normas estatais escritas, que lhe fazem referência expressa.

Existem disposições legais permitindo a utilização do costume *secundum legem*:

62. A Inglaterra, por exemplo, desde 1999 já possui um Código de Processo Civil.

Código Civil. Art. 569. O locatário é obrigado: II – a pagar pontualmente o aluguel nos prazos ajustados, e, em falta de ajuste, segundo o costume do lugar;

Código Civil. Art. 596. Não se tendo estipulado, nem chegado a acordo as partes, fixar-se-á por arbitramento a retribuição, segundo o costume do lugar, o tempo de serviço e sua qualidade.

Código Comercial. Art. 673. Suscitando-se dúvida sobre a inteligência de alguma ou algumas das condições e cláusulas da apólice, a sua decisão será determinada pelas regras seguintes: 3 – o costume geral observado em casos idênticos na praça onde se celebrou o contrato, prevalecerá a qualquer significação diversa que as palavras possam ter em uso vulgar.

E também regras específicas do Direito do trabalho:

Consolidação das Leis do Trabalho. Art. 8º. As autoridades administrativas e a Justiça do Trabalho, na falta de disposições legais ou contratuais, decidirão, conforme o caso, pela jurisprudência, por analogia, por equidade e outros princípios e normas gerais de direito, principalmente do direito do trabalho, e, ainda, de acordo com os **usos e costumes**, o direito comparado, mas sempre de maneira que nenhum interesse de classe ou particular prevaleça sobre o interesse público (grifou-se).

Consolidação das Leis do Trabalho. Art. 458. Além do pagamento em dinheiro, compreendem-se no salário, para todos os efeitos legais, a alimentação, habitação, vestuário ou outras prestações *in natura* que a empresa, por força do contrato ou do **costume**, fornecer habitualmente ao empregado. Em caso algum será permitido o pagamento com bebidas alcoólicas ou drogas nocivas (grifou-se).

Lei nº 5.889/73 (Lei do Trabalho Rural) Art. 5º. Em qualquer trabalho contínuo, de duração superior a seis horas, será obrigatória a concessão de um intervalo para repouso ou alimentação, observados os usos e **costumes** da região, não se computando este intervalo na duração do trabalho. Entre duas jornadas de trabalho haverá um período mínimo de onze horas consecutivas para descanso (grifou-se).

Por fim, os costumes ***praeter legem*** servem para completar as lacunas legais, uma vez que são aplicados na hipótese de vazio legislativo, assim como ocorre com a analogia e com os princípios gerais do direito.

Na prática trabalhista não se tem observado a utilização do costume *praeter legem*.[63] Mais comum é o uso do costume autorizado pela própria norma laboral (*secundum legem*).

Pode-se dizer que há pontos de contato entre o Direito do trabalho e o sistema do *common law*, em face da importância das Súmulas e das Orientações Jurisprudenciais emanadas do Tribunal Superior do Trabalho, em que pese não decorrerem da verificação dos usos e costumes diretamente pelo Juiz, mas sim da mera interpretação legal.

A lei deve ser conhecida por todos e, principalmente, por aquele encarregado de solucionar os conflitos, ou seja, o Juiz. Dessa forma, ao postular em juízo, a parte não necessita fazer prova do teor e da vigência da lei.

Tal não ocorre em relação aos costumes, **que devem ser provados pela parte a quem os aproveita**, conforme preleciona o art. 376 do CPC.

63. O dia de terça-feira de carnaval, no Brasil, é considerado feriado pelo costume ou por lei local, e não por uma norma estatal federal. Portanto, o eventual labor em tal dia deve ser remunerado em dobro.

QUADRO COMPARATIVO – PROVA DO DIREITO LOCAL		
CPC DE 1973	**CPC DE 2015**	**CLT**
Art. 337. A parte, que alegar direito municipal, estadual, estrangeiro ou consuetudinário, provar-lhe-á o teor e a vigência, se assim o determinar o juiz.	**Art. 376.** A parte que alegar direito municipal, estadual, estrangeiro ou consuetudinário provar-lhe-á o teor e a vigência, se assim o juiz determinar.	Sem similar
Aplicabilidade do CPC ao processo do trabalho	Aplica-se essa regra ao processo do trabalho diante da ausência total de preceito que regule essa matéria na CLT, além de não contrariar qualquer dos seus princípios.	
Diferença entre o CPC de 2015 e o de 1973	A redação dos dois dispositivos é quase idêntica.	

4.4. Equidade e Direito Comparado

A. Equidade

Entende-se por equidade a **disposição de agir com justiça**. É saber a justa medida de todas as coisas. Dessa forma, a equidade guarda estreita relação com o sentimento de justiça e depende de um critério subjetivo para a sua aplicação, mas que tem como escopo principal abrandar o rigor e formalismo da lei.

Em algumas situações, a utilização da equidade como forma de integrar a lacuna deixada pela lei é por ela própria determinada. Como visto no item anterior, a Consolidação das Leis do Trabalho permite que o intérprete utilize a equidade somente quando a lei for omissa e quando o recurso à jurisprudência e à analogia for ineficaz.

Sobre os Juizados Cíveis e Criminais, o art. 6º, da Lei 9.099/1995 determina que: "o Juiz adotará em cada caso a decisão que reputar mais justa e equânime, atendendo aos fins sociais da lei e às exigências do bem comum".

Regra idêntica foi introduzida na Consolidação das Leis do Trabalho, por meio da Lei do Rito Sumaríssimo (9.957/2000): "Art. 852-I. § 1º. O juízo adotará em cada caso a decisão que reputar mais justa e equânime, atendendo aos fins sociais da lei e as exigências do bem comum".

Já o CPC trata do tema no parágrafo único do seu art. 140: "O juiz só decidirá por equidade nos casos previstos em lei".

B. Direito Comparado

O aplicador do Direito Laboral encontra-se expressamente autorizado, por meio do preceito contido no art. 8º da CLT, **a recorrer ao Direito comparado**, quando a legislação pátria não oferecer solução para determinado conflito de interesses. A utilização desse procedimento pode ser muito útil, uma vez que a legislação laboral dos países ocidentais integrantes do *civil law* é bastante semelhante, principalmente na América Latina.

Ora, as relações sociais modificam-se e modernizam-se com grande velocidade, de tal forma que o processo legislativo, lento por natureza, não consegue acompanhar. Esse problema, no Brasil, ainda é maior, tendo em vista que a CLT foi aprovada em 1943 e as alterações nela introduzidas não modificaram a sua estrutura fundamental.

Assim, o recurso aos códigos do trabalho mais modernos de Países vizinhos, acompanhada da respectiva legislação esparsa, pode ser um mecanismo eficaz para encontrar a solução para dissídio que não tenha previsão no ordenamento jurídico nacional.

4.5. Princípios gerais do Direito do trabalho

O Direito é composto por regras e princípios. Por princípio entende-se tudo aquilo que orienta o operador do Direito na sua atividade **interpretativa**, além de ser classificado **como meio de integração das eventuais lacunas legais**. Serve, também, para guiar o legislador quando no exercício da sua função de legiferar, fato que leva o princípio a ser um elemento presente em todo o sistema jurídico do qual faz parte.

Em alguns casos, **o princípio jurídico assume as feições da própria regra jurídica** ao estabelecer normas de conduta a serem observadas pelas pessoas (princípio-regra). Nesse caso, em termos comparativos, o princípio seria mais abstrato e genérico do que a regra jurídica e seria considerado como **fonte primária do Direito** e não como meio de integração das lacunas legais.

Desse modo, os princípios jurídicos atuam tanto na origem formal quanto na **interpretação, integração e aplicação do direito**, circunstância que leva à conclusão de que **há uma estreita relação entre os princípios e as fontes materiais do Direito**, pois os primeiros derivam da natureza que o Direito ou cada um dos seus ramos possui.

Alguns princípios são aplicados a qualquer ramo do direito e, por conta disso, são denominados de princípios gerais do direito, como a proibição de causar prejuízo a alguém (*neminem laedere*), proibição do enriquecimento sem causa, presunção de boa fé, proibição de arguir a própria torpeza em benefício próprio, força obrigatória dos contratos etc.

Inclusive, o citado art. 8º da CLT faz referência expressa a tais princípios, que devem ser utilizados nos casos em que a regra jurídica trabalhista for omissa (função integrativa).

Para conhecer os princípios que norteiam determinada especialização do Direito é necessário proceder à análise histórica do seu surgimento.

A força motriz da criação do Direito do trabalho, que promoveu a sua separação do Direito civil, foi a questão social surgida com a revolução francesa e a revolução industrial, o que já foi analisado anteriormente.

O traço diferenciador desse novo ramo do Direito foi o tratamento desigual que dispensou ao empregado, para compensar uma desigualdade existente no plano fático.

Pela regra do Direito civil, todos são iguais perante a lei e devem ser tratados de forma igualitária por ela. Isso não ocorre no Direito laboral. Reconhece-se que não existe uma igualdade entre empregados e empregadores, em face da superioridade econômica e jurídica destes últimos em relação aos primeiros. Para equilibrar a relação havida entre os atores sociais, o Direito do trabalho procura proteger o empregado hipossuficiente contra o desejo insaciável de lucro do empresário.

Fica fácil identificar, então, o princípio basilar desse "novo" ramo do Direito. É o **princípio da proteção ao hipossuficiente** na relação fática capital *versus* trabalho, do qual derivam os demais princípios que norteiam o Direito laboral.

O quadro a seguir ilustra a logística do princípio protetivo:

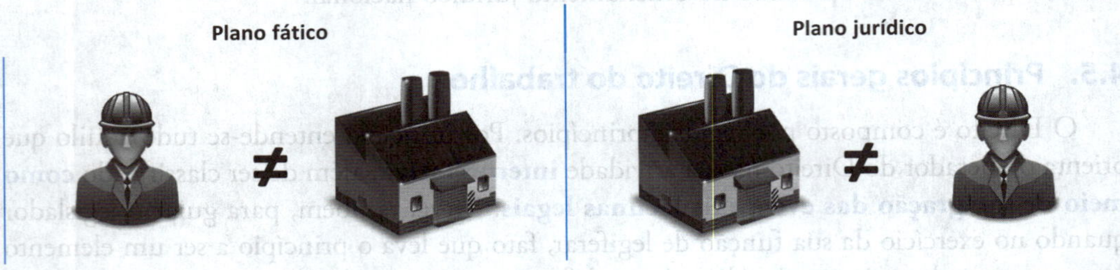

Inclusive, esse princípio também encontra-se positivado no ordenamento jurídico pátrio, conforme se observa do conteúdo do art. 444 da CLT:

> **Art. 444.** As relações contratuais de trabalho podem ser objeto de livre estipulação das partes interessadas em tudo quanto não contravenha às disposições de proteção ao trabalho, aos contratos coletivos que lhes sejam aplicáveis e às decisões das autoridades competentes.

Américo Plá Rodriguez identifica, basicamente, a existência de sete princípios que norteiam o Direito do Trabalho, a saber:

a) princípio da proteção;

b) princípio da irrenunciabilidade dos direitos;

c) princípio da continuidade da relação de emprego;

d) princípio da primazia da realidade;

e) princípio da razoabilidade;

f) princípio da boa-fé; e

g) princípio da não discriminação.

O primeiro, princípio da proteção, é aplicado por intermédio das regras: do *in dubio pro operario*, da aplicação da norma estatal mais favorável e da condição mais benéfica.[64]

A expressão mnemônica PICNIC auxilia na memorização dos princípios e regras mais relevantes para o Direito do Trabalho:

P	rotetivo
I	n *dubio pro operario*
C	ondição mais benéfica
N	orma mais favorável
I	rrenunciabilidade
C	ontinuidade

64. PLÁ RODRIGUÉS, Américo. *Princípios de direito do trabalho*. Trad. Wagner D. Giglio. 3. ed. atual. São Paulo: LTr, 2000. p. 61.

Exemplo de questão sobre o tema

(TRT 23 – Juiz do Trabalho Substituto 23ª região/ 2014) Segundo Miguel Reale, os princípios "são 'verdades fundantes', de um sistema de conhecimento, como tais admitidas, por serem evidentes ou por terem sido comprovadas, mas também por motivos de ordem prática de caráter operacional, isto é, como pressupostos exigidos pelas necessidades da pesquisa e da práxis". Acerca dos princípios, assinale a alternativa INCORRETA:

(A) Segundo Norberto Bobbio, os princípios apresentam natureza normativa, não se tratando de meros enunciados formais, tanto que se pode constatar que dos princípios são extraídas outras normas, significando que aqueles têm a mesma natureza;

(B) O sistema jurídico contém normas como um gênero, do qual são espécies os princípios e as regras. Os princípios apresentam certo grau de abstração e generalidade superior ao das regras já que servem de inspiração para estas e de sustentação para todo o sistema jurídico, ao passo que, as regras regulam os fatos e atos nela previstos;

(C) São funções dos princípios no sistema jurídico: integração do ordenamento, acolmatando lacunas; interpretação, orientando quanto ao sentido e alcance da norma e inspiração ao legislador;

(D) O princípio da proteção, no Direito do Trabalho, possui três vertentes, sendo elas: primazia da realidade sobre a forma, boa-fé objetiva e *in dúbio pro mísero*;

(E) As ações afirmativas ou discriminações positivas são meios lícitos para se alcançar a acepção substancial do princípio da igualdade.

Resposta: D

4.6. Princípio da proteção

O princípio da proteção, também denominado de tuitivo, é considerado o princípio dos princípios do Direito do trabalho. Como explicado no item anterior, havia necessidade de proteger o empregado hipossuficiente contra os atos do empregador, enquanto estivesse sob o poder de comando e direção deste último. Esse princípio constitui a própria essência do Direito laboral. Sua ausência implicaria não reconhecer a autonomia desse ramo do Direito.

O princípio em comento manifesta-se pelas regras do *in dubio pro operario*, da aplicação da norma estatal mais favorável e da condição mais benéfica.

A. *In dubio pro operario*

Como foi analisado anteriormente, o Direito manifesta-se, principalmente, por meio da linguagem que, por sua vez, não enseja uma única interpretação.

Quando da realização do processo interpretativo der ensejo a resultados divergentes em relação à mesma norma a ser aplicada a um caso concreto, será dada preferência àquela interpretação que mais favoreça ao empregado. Essa é, portanto, a regra do *in dubio pro operario* ou do *in dubio pro misero*, que representa uma adaptação à regra existente no Direito penal do *in dubio pro reu*.

O Código do Trabalho do Equador é expresso nesse sentido:

> **Art. 7º.** Aplicação favorável ao trabalhador. Em caso de dúvida sobre o alcance das disposições legais, regulamentares ou contratuais em matéria laboral, os funcionários judiciais e administrativos as aplicarão no sentido mais favorável aos trabalhadores.

Na seara do Direito não trabalhista, quando há duas normas possíveis de serem aplicadas ao mesmo caso concreto, devem ser utilizadas determinadas regras para a sua escolha, como por exemplo, a da lei mais recente, a da lei hierarquicamente superior, a da norma mais específica, procedimento esse que não pode ser confundido com a aplicação da regra do *in dubio pro misero* no Direito do trabalho.

Por fim, note-se que a regra ora examinada deve ser aplicada no âmbito do Direito material do trabalho e jamais no que se refere ao Direito processual laboral, no qual as partes devem merecer tratamento isonômico, segundo mandamento constitucional.

Se o Juiz, depois de produzida a prova processual, ainda tiver dúvidas, **deverá julgar de acordo com as regras de distribuição do ônus da prova, e não com a aplicação do *in dubio pro operario*.**

B. *Aplicação da norma estatal mais favorável*

Pelo princípio da aplicação da norma estatal mais favorável, **deve ser utilizada, no caso concreto, a norma heterônoma que atribua direitos mais vantajosos para o empregado hipossuficiente.**[65]

Dessa forma, se uma norma estatal de grau inferior contiver dispositivo que atribua direitos em maior intensidade para o empregado, esta vai ter preferência de aplicação sobre aquela de grau superior que não tenha oferecido maiores vantagens ao trabalhador.

Se a atual Constituição Federal prevê que a hora extraordinária será acrescida de um percentual equivalente a 50% sobre a hora normal e a lei ordinária eleva esse percentual para 100%, a preferência será desta última norma para ser aplicada no caso concreto.

Representa regra de aplicação universal e é preconizada pela Organização Internacional do Trabalho, na sua Constituição, art. 19, item 8:

> **Art. 19.8.** Em nenhum caso poderá considerar-se que a adoção de um convênio ou de uma recomendação pela Conferência, ou a ratificação de um convênio por qualquer Membro, prejudicará qualquer lei, sentença, costume ou acordo que garanta aos trabalhadores condições mais favoráveis que as que figurem no convênio ou na recomendação.

A inconstitucionalidade ou ilegalidade da norma estatal somente se verifica, no Direito do trabalho, quando a norma de grau inferior excluir ou diminuir os direitos sociais previstos na norma de grau superior ou quando esta última for de natureza proibitiva ou de ordem pública.

Atualmente, não se aplica a regra da norma mais favorável no âmbito dos instrumentos normativos negociados. Isso porque a Lei da Reforma Trabalhista (Lei nº 13.467/17), introduziu uma série de mudanças na CLT que vedam esse procedimento, a exemplo da alteração na redação do art. 620, conforme se observa do seguinte quadro comparativo:

65. Essa determinação assume, também, a forma de regra constitucional conforme se observa da redação do art. 7º, *caput*, da CF/88.

<table>
<tr><th colspan="2">REFORMA TRABALHISTA – QUADRO COMPARATIVO
PREVALÊNCIA DO ACORDO COLETIVO SOBRE A CONVENÇÃO COLETIVA</th></tr>
<tr><th>REDAÇÃO ANTERIOR DA CLT</th><th>REDAÇÃO ATUAL DA CLT</th></tr>
<tr><td>Art. 620. As condições estabelecidas em Convenção quando mais favoráveis, prevalecerão sobre as estipuladas em Acordo.</td><td>Art. 620. As condições estabelecidas em acordo coletivo de trabalho sempre prevalecerão sobre as estipuladas em convenção coletiva de trabalho.</td></tr>
<tr><th colspan="2">DIFERENÇAS E COMENTÁRIOS</th></tr>
<tr><td colspan="2">Entendeu o legislador que, por ser mais específico, o acordo coletivo sempre deve prevalecer sobre a convenção coletiva, independentemente de ser mais favorável ao trabalhador.
Com essa modificação, a regra da norma mais benéfica deixa de ser aplicada no âmbito das normas profissionais, não fazendo mais sentido o uso de critérios para identificar, no comparativo entre acordo e convenção coletiva, qual seria melhor para o trabalhador.
De certa forma o legislador estabeleceu uma presunção legal jure et de jure ao considerar que o acordo prevalece sobre a convenção, adotando a teoria do conglobamento e seguindo o posicionamento do TST e de alguns Tribunais Regionais.
Para a teoria do conglobamento ou da incindibilidade, as melhores condições de trabalho devem ser analisadas de forma conjunta. Durante as negociações, o sindicato da categoria profissional abre mão de determinado direito ou admite a sua redução para obter uma vantagem maior em outro setor da negociação. Tal circunstância inviabilizaria a análise isolada de cada cláusula constante do instrumento normativo negociado.</td></tr>
<tr><td colspan="2">A teoria do conglobamento deriva do princípio da autonomia da vontade das entidades sindicais, pois possibilita aos sindicatos negociarem, de forma global, novas condições de trabalho para os integrantes da categoria profissional respectiva.
Por conta disso, presume-se mais benéfico o acordo coletivo de trabalho quando comparado com a convenção coletiva de trabalho de toda a categoria:
OJ4T Nº 105 do TRT9. HIERARQUIA ENTRE CONVENÇÃO COLETIVA E ACORDO COLETIVO DE TRABALHO. PREVALÊNCIA DO ESPECÍFICO SOBRE O GERAL. Ajuste entre empresa e sindicato (acordo coletivo de trabalho), celebrado sem vícios, sob tutela sindical e inserido em um contexto de concessões recíprocas, encontra pleno respaldo jurídico nos princípios que regem a autonomia privada coletiva sob tutela sindical (teoria do conglobamento e princípio da adequação setorial negociada), nos textos legais (artigo 7º, inciso XXVI, da CF, e artigos 71, § 3º, e 611 da CLT) e jurisprudencial, prevalecendo inclusive sobre a genérica convenção coletiva de trabalho celebrada entre sindicatos, pois os atores das relações trabalhistas conhecem detalhadamente todo o contexto que envolve a prestação de serviços e a capacidade econômico-financeira do empregador, razão pela qual se presume mais benéfico para os efeitos do art. 620 da CLT, que deve ser interpretado à luz das diretrizes teleológicas dos arts. 7º e 8º da CF.
Não se mesclam cláusulas de instrumentos coletivos diferentes, devendo prevalecer o acordo coletivo como norma mais favorável, em sua totalidade (Tribunal Superior do Trabalho, RR-130000-70.2005.5.03.0013, Rel. Min. Maria de Assis Calsing, DJ-e 12.3.2010).
Foram abandonadas, portanto, a teoria da acumulação e a teoria do conglobamento orgânico ou por instituto.
Para teoria da acumulação devem ser extraídas, de cada instrumento normativo, as disposições mais favoráveis para os trabalhadores e aplicá-las ao caso concreto.
Para os defensores da teoria do conglobamento orgânico ou por instituto, a incidência da regra mais favorável efetiva-se por meio da análise de cada matéria ou cada instituto jurídico na sua integridade, no âmbito de um determinado instrumento normativo negociado. Assim, devem prevalecer todas as cláusulas que tratem de salário, jornada de trabalho, férias etc.</td></tr>
</table>

Em sentido contrário, todavia, o Enunciado nº 29 aprovado na 2ª Jornada de Direito Material e Processual do Trabalho:

> **ENUNCIADO Nº 29. NORMAS COLETIVAS: PRINCÍPIO DA NORMA MAIS BENÉFICA**
>
> I – NORMAS COLETIVAS. PRINCÍPIO DA NORMA MAIS BENÉFICA. OS ACORDOS COLETIVOS FIRMADOS NÃO PREJUDICARÃO DIREITOS GARANTIDOS PELAS CONVENÇÕES COLETIVAS DE TRABALHO, EM RESPEITO À APLICAÇÃO DO PRINCÍPIO DA NORMA MAIS FAVORÁVEL (ART. 7º, CAPUT, CF).

COM EFEITO, A NOVA REDAÇÃO DO ARTIGO 620 DA CLT, DADA PELA LEI 13.467/2017, NÃO EXCLUI A APLICAÇÃO DO PRINCÍPIO DA NORMA MAIS FAVORÁVEL, DE ORIENTAÇÃO E APLICAÇÃO NO DIREITO DO TRABALHO.

II – ADEMAIS, PREVALECE EM TODO CASO, EM RELAÇÃO À MATÉRIA NEGOCIADA, OS PRINCÍPIOS DA PROTEÇÃO, E DA INAFASTABILIDADE DA TUTELA JURISDICIONAL.

III – A AUDITORIA FISCAL DO TRABALHO POSSUI O DEVER DE EXIGIR O CUMPRIMENTO DAS NORMAS LABORAIS MAIS FAVORÁVEIS AO TRABALHADOR, O QUE INCLUI A POSSIBILIDADE DE VERIFICAÇÃO DA APLICABILIDADE OU NÃO DE CONVENÇÕES E ACORDOS COLETIVOS DE TRABALHO SOB AQUELA SISTEMÁTICA.

C. *Aplicação da condição mais benéfica*

Como regra da aplicação da condição mais benéfica, entende-se que prevalece aquela condição mais vantajosa para o empregado, **desde que esteja prevista no próprio contrato de trabalho ou decorrente da própria execução do trabalho (cláusula tácita).** Nesse último caso, verifica-se que o empregador oferece uma condição de trabalho mais proveitosa do que aquela prevista nas normas autônomas ou heterônomas, que deve prevalecer sobre essas últimas.

A Súmula nº 202 do TST agasalha esse princípio:

SÚMULA Nº 202. GRATIFICAÇÃO POR TEMPO DE SERVIÇO. COMPENSAÇÃO. Existindo, ao mesmo tempo, gratificação por tempo de serviço outorgada pelo empregador e outra da mesma natureza prevista em acordo coletivo, convenção coletiva ou sentença normativa, o empregado tem direito a receber, exclusivamente, a que lhe seja mais benéfica.

As condições de trabalho nada mais são do que as cláusulas que integram o contrato de trabalho, ou seja, aquelas relativas ao horário de trabalho, repousos, remuneração, meio ambiente de trabalho etc.

Percebe-se, portanto, que essa regra guarda profunda semelhança com aquela referente à norma mais favorável.

O resumo a seguir revela a diferença entre o princípio da aplicação da regra mais favorável e o da condição mais benéfica:

Norma estatal mais favorável	Condição mais benéfica
Conflito entre dispositivos de normas estatais abstrativamente consideradas, aplicando-se a mais favorável ao empregado (regra x regra)	Conflito entre dispositivo de norma jurídica e uma condição de trabalho, prevalecendo esta última se for mais benéfica ao empregado (regra x condição de trabalho)

ATENÇÃO! Conhecer as diferenças entre os subprincípios da "norma mais favorável" e da "condição mais benéfica" é extremamente importante para evitar equívocos tanto na prática da advocacia trabalhista, quanto em questões de concurso público.

4.7. Princípio da irrenunciabilidade

Pelo princípio da irrenunciabilidade, que adiante será estudado mais detidamente, fica tolhida a possibilidade de o **empregado hipossuficiente** despojar-se do direito subjetivo trabalhista do qual é titular e que pode ser exercido em face do empregador.

A lei presume o vício na manifestação da vontade do empregado hipossuficiente quando se manifesta no sentido de renunciar determinado direito trabalhista, **desde que isso ocorra na formação ou na execução do contrato de trabalho**.

É uma presunção *iure et de iure*, uma vez que não se admite prova em contrário. Por exemplo, se o empregado, ao ser contratado, firma um documento aceitando perceber como remuneração quantia inferior ao salário mínimo, o referido ajuste não produzirá qualquer efeito em face do princípio da irrenunciabilidade dos direitos trabalhistas, mesmo que aquela tenha sido a real intenção do operário.

Entretanto, esse paradigma foi alterado com a vigência da Lei nº 13.467/17, conhecida como Lei da Reforma Trabalhista, que introduziu um parágrafo único ao art. 444 da CLT, criando a figura jurídica do **trabalhador hipersuficiente:**

> **Art. 444. Parágrafo único.** A livre estipulação a que se refere o caput deste artigo aplica-se às hipóteses previstas no art. 611-A desta Consolidação, com a mesma eficácia legal e preponderância sobre os instrumentos coletivos, no caso de empregado portador de diploma de nível superior e que perceba salário mensal igual ou superior a duas vezes o limite máximo dos benefícios do Regime Geral de Previdência Social.

Conforme se observa da redação do mencionado dispositivo legal, os trabalhadores com faixa salarial elevada e portadores de diploma de nível superior podem negociar condições de trabalho menos benéficas quando comparadas com os direitos trabalhistas previstos na legislação, o que implica reconhecer a possibilidade da renúncia para essa categoria de empregados.

A **hipersuficiência** do trabalhador, nesse caso, é de natureza **econômica** (altos salários) e **técnica** (portador de diploma de nível superior), para contrastar com a **hipossuficiência,** que é jurídica, pois deriva da celebração de um contrato de trabalho por meio do qual o empregado se coloca sob a direção do empregador.

Note-se que o mencionado dispositivo legal faz referência ao art. 611-A da CLT, introduzido pela Lei nº 13.467/17, que apresenta uma **listagem exemplificativa** dos direitos que podem ser negociados.[66]

> **Art. 611-A.** A convenção coletiva e o acordo coletivo de trabalho têm prevalência sobre a lei quando, entre outros, dispuserem sobre:.
>
> I – pacto quanto à jornada de trabalho, observados os limites constitucionais;
>
> II – banco de horas anual;
>
> III – intervalo intrajornada, respeitado o limite mínimo de trinta minutos para jornadas superiores a seis horas;

66. A redação dada pela MP nº 808/17 que teve vigência entre 14.11.2017 e 23.04.2018, era a seguinte: "Art. 611-A. A convenção coletiva e o acordo coletivo de trabalho, observados os incisos III e VI do caput do art. 8º da Constituição, têm prevalência sobre a lei quando, entre outros, dispuserem sobre [...]:".

IV – adesão ao Programa Seguro-Emprego (PSE), de que trata a Lei nº 13.189, de 19 de novembro de 2015;

V – plano de cargos, salários e funções compatíveis com a condição pessoal do empregado, bem como identificação dos cargos que se enquadram como funções de confiança;

VI – regulamento empresarial;

VII – representante dos trabalhadores no local de trabalho;

VIII – teletrabalho, regime de sobreaviso, e trabalho intermitente;

IX – remuneração por produtividade, incluídas as gorjetas percebidas pelo empregado, e remuneração por desempenho individual;

X – modalidade de registro de jornada de trabalho;

XI – troca do dia de feriado;

XII – enquadramento do grau de insalubridade;[67]

XIII – prorrogação de jornada em ambientes insalubres, sem licença prévia das autoridades competentes do Ministério do Trabalho;

XIV – prêmios de incentivo em bens ou serviços, eventualmente concedidos em programas de incentivo;

XV – participação nos lucros ou resultados da empresa.

ATENÇÃO! O princípio da irrenunciabilidade, também denominado de princípio da indisponibilidade ou princípio da inderrogabilidade, foi positivado pelo artigo 9º da CLT, ao dispor que: "serão nulos de pleno direito os atos praticados com o objetivo de desvirtuar, impedir ou fraudar a aplicação dos preceitos contidos na presente consolidação."

4.8. Princípio da continuidade

O contrato de trabalho, ordinariamente, é celebrado por tempo indeterminado. Só em casos excepcionais admite-se o ajuste de um contrato de trabalho a termo. Por conta dessa circunstância, **presume-se que a intenção dos contratantes e principalmente do empregado é de protrair indefinidamente, no tempo, a execução do pacto laboral**.

Alie-se a isso o fato do empregado ser, em regra, o hipossuficiente da relação empregatícia, que necessita do produto do seu trabalho, fonte de renda própria e para sua família.

Daí deriva o princípio da continuidade da relação de emprego, que serve de norte para a interpretação dos dispositivos trabalhistas e da prova produzida em juízo, mormente no que diz respeito à espécie de contrato celebrado, se a termo ou por prazo indeterminado, e em relação ao motivo da sua extinção, sem ou com justa causa.

67. A redação conferida ao inciso XII desse dispositivo legal, pela MP nº 808/17, que teve vigência entre 14.11.2017 e 23.04.2018, era a seguinte: "XII – enquadramento do grau de insalubridade e prorrogação de jornada em locais insalubres, incluída a possibilidade de contratação de perícia, afastada a licença prévia das autoridades competentes do Ministério do Trabalho, desde que respeitadas, na integralidade, as normas de saúde, higiene e segurança do trabalho previstas em lei ou em normas regulamentadoras do Ministério do Trabalho". (A MP nº 808/17 havia revogado o inciso XIII expressamente).

Na Argentina, a Lei que regula o regime laboral (nº 20.744/76) consagra, expressamente, esse princípio:

> **Art. 10** – Conservação do contrato. Em caso de dúvida, as situações devem resolver-se em favor da continuidade ou subsistência do contrato.

No Brasil, a Súmula nº 212 do Tribunal Superior do Trabalho reconhece a aplicação do princípio em análise:

> **SÚMULA Nº 212.** DESPEDIMENTO. ÔNUS DA PROVA. O ônus de provar o término do contrato de trabalho, quando negados a prestação de serviço e o despedimento, é do empregador, pois o princípio da continuidade da relação de emprego constitui presunção favorável ao empregado.

Também, de forma indireta, a CF/88 agasalhou esse princípio no inciso I, do art. 7º:

> **Art. 7º** São direitos dos trabalhadores urbanos e rurais, além de outros que visem à melhoria de sua condição social: I – relação de emprego protegida contra despedida arbitrária ou sem justa causa, nos termos de lei complementar, que preverá indenização compensatória, dentre outros direitos.

Dessa forma, presume-se que o contrato de trabalho foi ajustado por prazo indeterminado sempre quando as partes não dispuserem expressamente em sentido contrário e com suporte nas exceções previstas em lei, a exemplo do contrato temporário regido pela Lei nº 6.019/74.

No mesmo diapasão, presume-se que a iniciativa do rompimento do pacto laboral é do empregador e não do operário, que depende do salário para sobreviver.

4.9. Princípio da primazia da realidade

O contrato de trabalho é classificado como contrato-realidade. Primeiro, porque ele é consensual, pois a sua eficácia não depende de qualquer formalidade, bastando apenas o consentimento das partes. Segundo, porque a solenidade só é exigida quando o contrato de trabalho for especial e assim dispuser a lei que o regula. Dessas circunstâncias deriva o princípio da primazia da realidade, no sentido de prevalecer a realidade dos fatos em detrimento do que ficou registrado nos instrumentos formais de sua constituição.

Não é raro constar determinadas obrigações no instrumento contratual de labor ou o registro de fatos em qualquer outro documento que não corresponda à realidade fática.

Em algumas situações, por exemplo, o empregado registra a sua jornada de trabalho na folha de frequência, por imposição do empregador e com receio de ser despedido no caso de recusa, enquanto que, no dia a dia, submete-se a uma jornada de trabalho diversa e superior àquela que ele próprio consignou nos controles de jornada. Nesse caso, pelo princípio da primazia da realidade, irá prevalecer a realidade fática.

Deve-se observar, entretanto, que **a prevalência da primazia da realidade sobre a formalidade depende de prova**. A simples alegação do empregado postulando em juízo, em regra, não gera presunção de veracidade do fato. Se existe documento nos autos, este deverá ser desconstituído pelos diversos meios de prova disponíveis, cujo ônus caberá, geralmente, ao empregado, na condição de autor ou réu no processo trabalhista, salvo se a lei determinar o contrário ou no caso de incidência de presunção.

Em matéria de registro de contrato de trabalho na CTPS do trabalhador, o Tribunal Superior do Trabalho já se manifestou a respeito por meio da Súmula nº 12:

> **SÚMULA Nº 12.** CARTEIRA PROFISSIONAL. As anotações apostas pelo empregador na carteira profissional do empregado não geram presunção "juris et de jure", mas apenas "juris tantum". (RA 28/1969, DO-GB 21.08.1969)

Conclui-se, por fim, que o princípio da primazia da realidade tem como função solucionar o **conflito entre uma condição fática de trabalho e a sua respectiva documentação**.

4.10. Princípio da substituição automática das cláusulas nulas

O conteúdo do contrato de trabalho é constituído por disposições legais que se incorporam a ele, implícita ou explicitamente, sob a forma de cláusulas obrigacionais determinadas, tanto para o empregado quanto para o empregador.

Quando por vontade unilateral do empregador ou mesmo com a anuência do **empregado hipossuficiente** são estabelecidas cláusulas que ofendem o estatuto mínimo de proteção ao trabalhador, estas são consideradas nulas de pleno direito (art. 9º da CLT).

Todavia, o reconhecimento da referida nulidade não implica vazio obrigacional, porque, nesse caso, **há uma substituição automática da cláusula convencional por uma cláusula equivalente prevista no ordenamento jurídico**.

Desse modo, se é ajustada, por exemplo, uma jornada de trabalho de sessenta horas semanais, a nulidade dessa cláusula impõe a substituição automática pela cláusula de jornada de trabalho semanal de quarenta e quatro horas semanais prevista na legislação laboral.

Esse princípio **é relativizado quando se tratar de empregado hipersuficiente**, admitindo-se a validade da cláusula contratual menos benéfica, desde que não ofenda os direitos trabalhistas previstos na Constituição Federal.

4.11. Princípio da razoabilidade

O princípio da razoabilidade não é exclusivo do Direito do trabalho. Na verdade, é princípio geral do Direito. Esse princípio decorre da ação direcionada pela razão, ou seja, da racionalidade. Em face do seu grande conteúdo de subjetividade, torna-se árdua a tarefa de definir os seus limites.

Contudo, serve para afastar o reconhecimento de situações fáticas extremas, absurdas e inaceitáveis pelo senso comum do homem médio. Não se pode admitir, por exemplo, que: a) em determinada empresa todos os empregados tenham pedido demissão; b) um empregado tenha ficado sem receber salário por mais de dez anos sem possuir outra fonte de renda; c) a jornada de trabalho do operário seja de 22 (vinte e duas) horas por dia etc. Tais alegações contrariam o princípio da razoabilidade.

Utiliza-se o princípio da razoabilidade, geralmente, para afastar pretensões de empregados ou empregadores que fogem dos limites da natureza humana, ou seja, quando forem inverossímeis.

4.12. Princípio da boa-fé

O princípio da boa-fé norteia não somente o Direito do Trabalho, mas todo e qualquer Direito que se dedique, principalmente, à regulação das obrigações, sejam elas derivadas dos negócios jurídicos, do ato ilícito ou do abuso de direito, como ocorre com o Direito civil, Direito empresarial e Direito administrativo etc.

Tem aplicação prática de forma mais incisiva nos contratos, no qual se exige a colaboração mútua e que conta, inclusive, com acolhimento expresso no art. 422 do Código Civil: "Os contratantes são obrigados a guardar, assim na conclusão do contrato, como em sua execução, os princípios de probidade e boa-fé".

Em qualquer caso, todavia, exige-se sempre que o indivíduo aja imbuído pela boa-fé na prática do ato jurídico, inclusive em relação ao cumprimento das obrigações contratuais.

O princípio da boa-fé (*bona fides*) tem como pressuposto a existência de uma obrigação e de um direito correlatos, dentro de uma relação jurídica, e **deriva da máxima romana *neminem laedere*, ou seja, da intenção de não lesar ninguém**.

Para Américo Plá Rodriguez, existem duas espécies de boa-fé. A **boa-fé-crença** e a **boa-fé-lealdade**. Essa última é que deve vigorar no Direito do trabalho, uma vez que se exige determinado comportamento e não apenas uma simples convicção.

O aludido Autor uruguaio afirma que a boa-fé-lealdade faz referência à:

> Conduta da pessoa que considera cumprir realmente com o seu dever. Pressupõe uma posição de honestidade e honradez no comércio jurídico, porquanto contém implícita a plena consciência de não enganar, não prejudicar, nem causar danos. Mais ainda: implica a convicção de que as transações são cumpridas normalmente, sem trapaças, sem abusos nem desvirtuamentos.[68]

Desse modo, o devedor da obrigação deve agir da mesma forma que se conduziria se estivesse ocupando a posição inversa, ou seja, a posição de credor ou de titular de um direito subjetivo.

O princípio da boa-fé objetiva (boa-fé lealdade) retira a eficácia tanto dos atos praticados com a intenção de prejudicar outra pessoa, com a utilização de meios ardis para obter vantagens indevidas, quanto daqueles atos em desacordo com o padrão do *bonus pater familiae*.

Deve-se observar, também, que os institutos relacionados com a boa-fé objetiva do Direito civil, como ***supressio, surrectio, venire contra factum proprium*** e ***tu quoque*** merecem interpretação de acordo com os princípios do Direito do trabalho, principalmente pelo fato do contrato de trabalho possuir um conteúdo mínimo legal e as condições de trabalho transformarem-se em cláusulas contratuais.

A ***supressio***, por exemplo, tem maior amplitude no âmbito do contrato de trabalho. Em caso de previsão contratual de uma obrigação objeto de inadimplemento de forma continuada ou substituída por uma condição de trabalho correlata e legítima, a cláusula escrita perde

68. PLÁ RODRIGUÉS, Américo. ***Princípios de direito do trabalho***. Tradução de Wagner D. Giglio. 3. ed. atual. São Paulo: LTr, 2000. p. 425.

sua vigência diante da aplicação do **princípio da primazia da realidade**, quando for mais favorável para o empregado.

Assim, se há previsão contratual de desconto na remuneração do empregado a título de coparticipação no vale transporte e o empregador deixa de efetivar esse desconto durante alguns meses, essa cláusula contratual perde sua eficácia.

4.13. Princípio da isonomia e da não discriminação

O trabalhador não pode sofrer qualquer tipo de discriminação subjetiva, seja em razão da cor, raça, credo, idade, sexo ou opinião, tanto no momento da sua admissão quanto durante a execução do contrato de trabalho.

O princípio da não discriminação deriva do princípio da isonomia ou da igualdade, mais amplo, que considera todos iguais perante a lei. Nesse caso específico, o princípio da não discriminação e da isonomia **dizem respeito ao reconhecimento de direitos entre os próprios empregados e não da relação destes com o empregador.**

A Constituição Federal de 1988 acolheu o princípio da isonomia e da não discriminação de forma expressa, em seu art. 7º, XXX: "proibição de diferença de salários, de exercício de funções e de critério de admissão por motivo de sexo, idade, cor ou estado civil". Recepcionou-se, também, o disposto no art. 461 da Consolidação das Leis do Trabalho (com redação dada pela Lei nº 13.467/17), que estabelece critérios objetivos para o reconhecimento de trabalho de igual valor:

> **Art. 461.** Sendo idêntica a função, a todo trabalho de igual valor, prestado ao mesmo empregador, no mesmo estabelecimento empresarial, corresponderá igual salário, sem distinção de sexo, etnia, nacionalidade ou idade.

A Carta Magna ainda destaca que a vedação a discriminação constitui objetivo da República Federativa do Brasil:

> **Art. 3º** Constituem objetivos fundamentais da República Federativa do Brasil: IV – promover o bem de todos, sem preconceitos de origem, raça, sexo, cor, idade e quaisquer outras formas de discriminação.

No plano infraconstitucional, a CLT contém regra geral que trata do fenômeno da **não discriminação**, representado pelo art. 3º, parágrafo único: "Não haverá distinções relativas à espécie de emprego e à condição de trabalhador, nem entre o trabalho intelectual, técnico e manual".

O TST manifesta-se expressamente sobre a discriminação em sua Súmula nº 443:

> **SÚMULA Nº 443.** DISPENSA DISCRIMINATÓRIA. PRESUNÇÃO. EMPREGADO PORTADOR DE DOENÇA GRAVE. ESTIGMA OU PRECONCEITO. DIREITO À REINTEGRAÇÃO – Res. 185/2012, DEJT divulgado em 25, 26 e 27.09.2012. Presume-se discriminatória a despedida de empregado portador do vírus HIV ou de outra doença grave que suscite estigma ou preconceito. Inválido o ato, o empregado tem direito à reintegração no emprego.

Existem, também, normas específicas de Direito do trabalho que visam excluir toda e qualquer forma de discriminação do trabalho da mulher[69], do trabalhador com deficiência,[70] e outras práticas discriminatórias, para efeitos admissionais ou de permanência da relação de emprego, definidas pela Lei nº 9.029/95.

> **Art. 1º** É proibida a adoção de qualquer prática discriminatória e limitativa para efeito de acesso à relação de trabalho, ou de sua manutenção, por motivo de sexo, origem, raça, cor, estado civil, situação familiar, deficiência, reabilitação profissional, idade, entre outros, ressalvadas, nesse caso, as hipóteses de proteção à criança e ao adolescente previstas no inciso XXXIII do art. 7º da Constituição Federal.
>
> **Art. 2º** Constituem crime as seguintes práticas discriminatórias:
>
> I – a exigência de teste, exame, perícia, laudo, atestado, declaração ou qualquer outro procedimento relativo à esterilização ou a estado de gravidez;
>
> II – a adoção de quaisquer medidas, de iniciativa do empregador, que configurem;
>
> a) indução ou instigamento à esterilização genética;
>
> b) promoção do controle de natalidade, assim não considerado o oferecimento de serviços e de aconselhamento ou planejamento familiar, realizados através de instituições públicas ou privadas, submetidas às normas do Sistema Único de Saúde (SUS).
>
> Pena: detenção de um a dois anos e multa.
>
> **Parágrafo único.** São sujeitos ativos dos crimes a que se refere este artigo:
>
> I – a pessoa física empregadora;
>
> II – o representante legal do empregador, como definido na legislação trabalhista;
>
> III – o dirigente, direto ou por delegação, de órgãos públicos e entidades das administrações públicas direta, indireta e fundacional de qualquer dos Poderes da União, dos Estados, do Distrito Federal e dos Municípios.
>
> **Art. 3º** Sem prejuízo do prescrito no art. 2º desta Lei e nos dispositivos legais que tipificam os crimes resultantes de preconceito de etnia, raça, cor ou deficiência, as infrações ao disposto nesta Lei são passíveis das seguintes cominações:
>
> I – multa administrativa de dez vezes o valor do maior salário pago pelo empregador, elevado em cinquenta por cento em caso de reincidência;
>
> II – proibição de obter empréstimo ou financiamento junto a instituições financeiras oficiais.
>
> **Art. 4º** O rompimento da relação de trabalho por ato discriminatório, nos moldes desta Lei, além do direito à reparação pelo dano moral, faculta ao empregado optar entre:
>
> I – a reintegração com ressarcimento integral de todo o período de afastamento, mediante pagamento das remunerações devidas, corrigidas monetariamente e acrescidas de juros legais;
>
> II – a percepção, em dobro, da remuneração do período de afastamento, corrigida monetariamente e acrescida dos juros legais.

Inclusive, a CLT foi alterada pela Lei nº 11.644/08, para acrescentar o art. 442-A, que impede o empregador de exigir do candidato ao emprego tempo de experiência prévia por período superior a **seis meses no mesmo tipo de atividade**.

69. Decreto nº 4.316, de 30.07.2002, DOU 31.07.2002 e Consolidação das Leis do Trabalho. Art. 373-A.
70. Decreto nº 3.956, de 08.10.2001, DOU 09.10.2001.

Em relação à **mulher,** a CLT dispõe de um capítulo próprio (Capítulo III – Da proteção do trabalho da mulher, do Título III) que regulamenta a relação de trabalho na qual o empregado seja do sexo feminino, por meio do qual estabelece uma proteção especial a mulher, **inclusive com normas relativas à não discriminação** (analisa-se esta matéria na Parte I, Capítulo IV, item 11 desta obra).

O TST fixou o seguinte entendimento sobre a exigência de **certidão de antecedentes criminais**, na decisão do tema repetitivo nº 1:

> DANO MORAL – EXIGÊNCIA DE CERTIDÃO NEGATIVA DE ANTECEDENTES CRIMINAIS. A exigência de Certidão de Antecedentes Criminais de candidato a emprego é legítima e não caracteriza lesão moral quando amparada em expressa previsão legal ou justificar-se em razão da natureza do ofício ou do grau especial de fidúcia exigido, a exemplo de empregados domésticos, cuidadores de menores, idosos ou deficientes (em creches, asilos ou instituições afins), motoristas rodoviários de carga, empregados que laboram no setor da agroindústria no manejo de ferramentas de trabalho perfurocortantes, bancários e afins, trabalhadores que atuam com substâncias tóxicas, entorpecentes e armas, trabalhadores que atuam com informações sigilosas.". (g.n) (IRR-RR – 243000-58.2013.5.13.0023, Redator Ministro João Oreste Dalazen, SbDI – I, DEJT 22/09/2017).

No que diz respeito à discriminação em razão da raça e cor, o art. 4º, da Lei nº 7.716/89 tipifica como crime negar ou obstar emprego em empresa privada, sujeito a pena de reclusão de dois a cinco anos.

Além disso, incorre na mesma pena quem, por motivo de discriminação de raça ou de cor ou práticas resultantes do preconceito de descendência ou origem nacional ou étnica:

> I – deixar de conceder os equipamentos necessários ao empregado em igualdade de condições com os demais trabalhadores;
>
> II – impedir a ascensão funcional do empregado ou obstar outra forma de benefício profissional;
>
> III – proporcionar ao empregado tratamento diferenciado no ambiente de trabalho, especialmente quanto ao salário.

Por fim, em relação às regras de proteção ao trabalhador com deficiência, remete-se o leitor ao item 12, Capítulo IV, Parte I, no qual é feita uma análise mais profunda dessa temática.

Exemplos de questões sobre o tema

(FCC – Juiz do Trabalho/2017) Sobre os princípios norteadores do Direito do Trabalho, considere:

I. O princípio da primazia da realidade ou do contrato realidade autoriza a descaracterização de uma pactuada relação civil de prestação de serviços, instrumentalizada em documento escrito, desde que, no cumprimento do contrato, despontem, objetivamente, todos os elementos fático-jurídicos da relação de emprego.

II. O princípio da intangibilidade salarial deve ser analisado de forma absoluta, admitindo-se exceção única quando se verificar a anuência expressa do trabalhador, por escrito, em razão da efetiva possibilidade de manutenção de seu emprego.

III. O princípio da continuidade do qual o contrato de trabalho constitui presunção favorável ao empregador em razão da segurança jurídica contratual, razão pela o ônus da prova, quanto ao término do contrato de trabalho, é do trabalhador, nas hipóteses em que são negadas a prestação dos serviços e o despedimento.

IV. Em consonância com o princípio da intangibilidade contratual objetiva, a mudança subjetiva perpetrada no sujeito empregador não se configura apta a produzir mudança no corpo do contrato, em seus direitos e obrigações.

Está correto o que se afirma APENAS em

(A) II, III e IV.
(B) I e II.
(C) II e III.
(D) I, III e IV.
(E) I e IV.

Resposta: E

(TRT 4 – Juiz do Trabalho Substituto 4ª região/2016) Considere as assertivas abaixo sobre discriminação e isonomia.

I. O princípio da não discriminação é princípio de proteção, denegatório de conduta que se considera gravemente censurável, pelo qual se proíbe introduzir diferenciações por razões não admissíveis. Já o princípio da isonomia é mais amplo que o princípio da não discriminação, na medida em que busca igualizar o tratamento jurídico a pessoas ou situações que tenham relevante ponto de contato entre si.

II. É proibida a adoção de qualquer prática discriminatória e limitativa para efeito de acesso à relação de trabalho, ou de sua manutenção, por motivo de sexo, origem, raça, cor, estado civil, situação familiar, deficiência, reabilitação profissional, idade, dentre outros, ressalvadas, nesse caso, as hipóteses de proteção à criança e ao adolescente previstas no art. 7º, inc. XXXIII, da Constituição Federal de 1988.

III. Em caso de rompimento da relação de trabalho por ato discriminatório, nos moldes da Lei nº 9.029/1995, o empregado poderá pleitear somente o direito à reparação pelo dano moral e a reintegração com ressarcimento integral de todo o período de afastamento, mediante pagamento das remunerações devidas, corrigidas monetariamente e acrescidas de juros legais.

Quais são corretas?

(A) Apenas I
(B) Apenas II
(C) Apenas III
(D) Apenas I e II
(E) I, II e III

Resposta: D

(TRT 2 – Juiz do Trabalho Substituto 2ª região/2016) Com relação à discriminação do trabalhador analise as proposições, conforme as disposições constitucionais, a legislação trabalhista antidiscriminatória e a jurisprudência sumulada do Tribunal Superior do Trabalho:

I. É garantido à empregada, durante a gravidez, sem prejuízo do salário e demais direitos, a transferência de função, quando as condições de saúde o exigir, porém, quando retornar ao trabalho deverá permanecer na função atual.

II. A dispensa de pessoa com deficiência ou de beneficiário reabilitado da Previdência Social ao final de contrato por prazo determinado de mais de 90 (noventa) dias e a dispensa imotivada em contrato por prazo indeterminado somente poderão ocorrer após a contratação de outro trabalhador com deficiência ou beneficiário reabilitado da Previdência Social.

III. É proibida a adoção de qualquer prática discriminatória e limitativa para efeito de acesso à relação de trabalho, ou de sua manutenção, por motivo de sexo, origem, raça, cor, estado civil, situação familiar, deficiência, reabilitação profissional, idade, entre outros, ressalvadas, nesse caso, as hipóteses de proteção à criança e ao adolescente previstas no inciso XXXIII do art. 7° da Constituição Federal.

IV. Permite-se a distinção entre trabalho manual, técnico e intelectual ou entre os profissionais respectivos.

V. E discriminatória, como presunção absoluta, a despedida de empregado portador do vírus HIV ou de outra doença grave que suscite estigma ou preconceito. Inválido o ato, o empregado tem direito à reintegração no emprego.

Responda:

(A) Somente as proposições I, II e III estão corretas.

(B) Somente as proposições I, IV e V estão incorretas.

(C) Somente as proposições II, III e V estão corretas.

(D) Somente as proposições II, IV e V estão incorretas,

(E) Somente as proposições II, III e IV estão corretas.

Resposta: B

4.14. Princípios constitucionais do Direito do Trabalho

A Constituição é a norma fundamental de um País. Da análise do conjunto dos dispositivos constitucionais é possível extrair os princípios que regem não só todo o ordenamento jurídico, mas aqueles que são válidos para cada um dos ramos do Direito.

Como exemplo dos princípios gerais que são aplicáveis ao Direito laboral, podem ser citados aqueles derivados dos seguintes enunciados constitucionais:

a) a dignidade da pessoa humana (art. 1º, III);

b) os valores sociais do trabalho e da livre iniciativa (art. 1º, IV);

c) a ordem econômica, fundada na valorização do trabalho humano e na livre iniciativa (art. 170);

d) todos são iguais perante a lei, sem distinção de qualquer natureza, (art. 5º, *caput*);

e) é livre o exercício de qualquer trabalho, ofício ou profissão (art. 5º, XIII);

f) é plena a liberdade de associação para fins lícitos (art. 5º, XVII); e

g) busca do pleno emprego (art. 170, VIII).

Observe-se que os princípios constitucionais que defluem dos dispositivos citados servem, antes de tudo, para orientar o legislador no desempenho de sua função primordial, qual seja, a de criar normas, bem como para o Poder Executivo, a quem cabe executá-las.

Assim, por exemplo, o legislador, quando da produção de leis, deverá observar o princípio da liberdade de associação e do exercício de qualquer profissão; o princípio da valorização do trabalho e assim por diante.

O Poder Executivo, por sua vez, no desenvolvimento de suas atividades deverá instituir e sustentar políticas de criação e manutenção do pleno emprego, atentando-se, também, para o princípio da igualdade. Note-se, porém, que a igualdade preconizada pelo art. 5º da Constituição Federal, apesar de formal, é atingida por meio da **igualdade material**, na medida em que dispensa tratamento legal diferenciado para os desiguais (empregado e empregador) em seu art. 3º, IV, dentre outros:

> **Art. 3º** Constituem objetivos fundamentais da República Federativa do Brasil: III – erradicar a pobreza e a marginalização e reduzir as desigualdades sociais e regionais.

O princípio da dignidade da pessoa humana é de vital importância para a manutenção da Justiça Social e para equilibrar os desajustes existentes na relação entre capital e trabalho.

Representa a conquista dos povos no sentido de conferir um conteúdo permanente ao Direito e descartar a possibilidade de considerá-lo, apenas, em seu aspecto formal.

Com efeito, o empregado, antes de tudo, é um ser humano e deve ser respeitado como tal, sendo que a utilização desse princípio é de grande valia para eliminar o trabalho exercido em condições degradantes, bem como em condições análogas à de escravo.

De acordo com Arnaldo Süssekind: "a dignidade do trabalhador, como ser humano, deve ter profunda ressonância na interpretação e aplicação das normas legais e das condições contratuais de trabalho".[71]

Existem, também, os princípios constitucionais específicos para o Direito do Trabalho. Além daqueles princípios que foram citados acima, que guardam estreita relação com o Direito Laboral, **a CF/88 enumera, em seu art. 7º, os direitos fundamentais do trabalhador**, donde podem ser extraídos os princípios constitucionais do Direito do Trabalho. São eles:

a) princípio da irredutibilidade salarial;

b) princípio da igualdade salarial (XXX);

c) princípio da proteção do mercado de trabalho da mulher (XX);

d) princípio da proteção do trabalho do menor (XXXII);

d) princípio da proteção à saúde do trabalhador (XXII);

e) princípio do reconhecimento das convenções e acordos coletivos de trabalho (XXVI); e

f) princípio da não discriminação (XXX).

Exemplos de questões sobre o tema

(FCC – Juiz do Trabalho Substituto 15ª região/2015) Em relação aos princípios do Direito do Trabalho, considere:

I. Após a promulgação da Constituição Federal de 1988 não há mais razão para a velha discussão sobre a posição dos princípios entre as fontes do direito, porquanto os princípios fundamentais passam a ser fontes normativas primárias do nosso sistema.

II. O art. 442 da CLT, ao estatuir que "contrato individual de trabalho é o acordo tácito ou expresso, correspondente à relação de emprego", insculpe o princípio da primazia da realidade, ao passo que o art. 7º, inciso XXX da CF, ao proibir a discriminação em matéria de salários, exercício de funções e critérios de admissão, consagra o princípio da razoabilidade.

III. De acordo com entendimento consolidado do TST, o ônus de provar o término do contrato de trabalho, quando negados a prestação de serviço e o despedimento, é do empregador, pois o princípio da continuidade da relação de emprego é consagrado pela Constituição Federal.

Está correto o que consta APENAS em

(A) I.

(B) I e II.

(C) II e III.

(D) I e III.

(E) III.

Resposta: D

71. SÜSSEKIND, Arnaldo. *Direito constitucional do trabalho*. Rio de Janeiro: Renovar, 1999. p. 58.

(TRT 3 – Juiz do Trabalho Substituto 3ª região/2014) São princípios do Direito do Trabalho, EXCETO:

(A) Princípio da razoabilidade.

(B) Princípio da irrenunciabilidade.

(C) Princípio da boa-fé.

(D) Princípio da autonomia individual da vontade.

(E) Princípio da continuidade.

Resposta: D

(Magistratura do Trabalho – TRT 23ª – 2010) Sobre os princípios inerentes ao Direito do Trabalho, assinale a alternativa incorreta.

(A) As condições mais benéficas conquistadas pelos trabalhadores, seja de modo individual ou coletivo, sempre aderem aos contratos individuais de trabalho e não podem ser suprimidas depois de implementadas.

(B) O princípio da norma mais favorável tem aplicação quando duas normas disciplinam o mesmo assunto.

(C) Em face do princípio da continuidade da relação de emprego, presume-se que o empregado não toma a iniciativa de romper o vínculo.

(D) A primazia da realidade é princípio de elevada importância quando se discute a natureza jurídica da relação de trabalho.

(E) A partir do princípio protetor o direito do trabalho procura igualar partes materialmente desiguais.

Resposta: A

5. APLICAÇÃO DO DIREITO DO TRABALHO

Em face da generalidade e abstratividade da norma, é necessário utilizar o procedimento da aplicação do Direito para adaptá-la ao caso concreto.

Inicialmente, o operário do Direito deve identificar o fato e submetê-lo à previsão legal. Para isso, utiliza o processo de interpretação para definir o sentido e o alcance do regramento jurídico e, posteriormente, procede à incidência sobre o fato ou relação social (aplicação do direito).

Para a correta aplicação, deve-se indagar sobre a capacidade da norma produzir efeitos, o que se efetiva pela verificação da sua vigência no tempo e no espaço, já que pode ter sido revogada por outra de idêntico grau hierárquico.

5.1. Vigência das normas trabalhistas

Por eficácia da norma entende-se como a sua **capacidade de produzir efeitos jurídicos**, no sentido de vincular as pessoas que se enquadrem na hipótese nela contida.

A seguir, a questão da eficácia será analisada no plano temporal e territorial.

A. No tempo

A norma trabalhista de origem estatal entra em vigor em território nacional **quarenta e cinco dias** após a data de sua publicação no diário oficial, salvo expressa disposição em sentido contrário, conforme preleciona o art. 1º, da Lei de Introdução às normas do Direito Brasileiro – LINDB.[72]

72. Decreto-Lei nº 4.657/42. Art. 1º. Salvo disposição contrária, a lei começa a vigorar em todo o país quarenta e cinco dias depois de oficialmente publicada.

O prazo da *vacatio legis* conta-se da forma definida pelo art. 8º da Lei Complementar nº 95/98:

> **Art. 8º § 1º** A contagem do prazo para entrada em vigor das leis que estabeleçam período de vacância far-se-á com a inclusão da data da publicação e do último dia do prazo, entrando em vigor no dia subsequente à sua consumação integral.

Em face do seu caráter de perenidade, em regra, **permanece em vigor até que outra lhe retire a eficácia, parcial ou total, de forma expressa ou tácita**.

Uma vez celebrado o contrato de trabalho, os direitos trabalhistas previstos na norma estatal incorporam-se definitivamente a esse pacto em forma de cláusulas contratuais.

Tal não ocorre com as convenções e os acordos coletivos de trabalho. Esses instrumentos normativos negociados **têm sua vigência limitada no tempo de dois anos no máximo**, por expressa determinação legal, conforme se observa do art. 614, § 3º da Consolidação das Leis do Trabalho.[73]

Decorrido o prazo estabelecido no próprio instrumento normativo negociado, que não poderá ser superior àquele fixado pela lei, passa a vigorar a convenção ou acordo coletivo subsequente, ato jurídico decorrente de negociação coletiva entre sindicato de empregados e de empregadores, no primeiro caso, e de sindicato da categoria profissional e empresa, na segunda hipótese.

Malogradas as tentativas de negociação, faculta-se a provocação do Poder Judiciário, **por mútuo consentimento**, que solucionará o dissídio coletivo por meio da prolação de uma sentença normativa, que possui mesma natureza de um instrumento normativo de trabalho.[74]

Feitas estas considerações, as condições de trabalho estabelecidas por meio de um instrumento normativo negociado **vigoram até que uma nova convenção ou acordo coletivo os substitua**.

Nesse sentido é a posição do Tribunal Superior do Trabalho constante de sua Súmula nº 277:

> **SÚMULA Nº 277.** CONVENÇÃO COLETIVA DE TRABALHO OU ACORDO COLETIVO DE TRABALHO. EFICÁCIA. ULTRATIVIDADE redação alterada na sessão do Tribunal Pleno realizada em 14.09.2012) – Res. 185/2012, DEJT divulgado em 25, 26 e 27.09.2012 As cláusulas normativas dos acordos coletivos ou convenções coletivas integram os contratos individuais de trabalho e somente poderão ser modificadas ou suprimidas mediante negociação coletiva de trabalho.[75]

Registre-se que o STF, por decisão monocrática do Ministro Gilmar Mendes proferida em 14.10.2016, determinou a suspensão de todas as demandas que tramitam na Justiça do

73. CLT. Art. 614. § 3º. Não será permitido estipular duração de convenção coletiva ou acordo coletivo de trabalho superior a dois anos, sendo vedada a ultratividade.

74. Após a promulgação da EC nº 45/04, a instauração do Dissídio Coletivo passou a exigir o comum acordo das partes, conforme se observa da redação do § 2º, art. 114 da CF/88. "Recusando-se qualquer das partes à negociação coletiva ou à arbitragem, é facultado às mesmas, ***de comum acordo***, ajuizar dissídio coletivo de natureza econômica, podendo a Justiça do Trabalho decidir o conflito, respeitadas as disposições mínimas legais de proteção ao trabalho, bem como as convencionadas anteriormente". (grifou-se).

75. Sobre essa exceção, consultar o item 6.2, capítulo V, parte II, desta obra.

Trabalho que tratem da **ultratividade das normas coletivas**, até que o Plenário do referido Tribunal aprecie a matéria nos autos da Medida Cautelar na Arguição de Descumprimento de Preceito Fundamental nº 323.

A referida decisão cita duas outras já proferidas (RE 590.415 e RE 895.759), que se fundamentam na necessidade de se reconhecer a eficácia dos instrumentos normativos negociados, ainda que estabeleçam condições de trabalho inferiores aquelas definidas pela legislação estatal.

Por fim, a Lei nº 13.467/17 alterou a redação do § 3º do art. 614 da CLT para vedar, expressamente, a ultratividade das normas coletivas.

B. *No espaço*

Como a competência para legislar sobre o Direito do trabalho pertence à União (art. 22, I, da CF/88), **a norma estatal trabalhista tem eficácia em todo o território nacional**. Contudo, o parágrafo único do art. 22 da CF/88 permite que essa competência seja estendida aos Estados, desde que haja autorização expressa por meio de Lei complementar.

Foi o que ocorreu, por exemplo, com a Lei Complementar nº 103/00, que autorizou os Estados e o Distrito Federal instituírem o piso salarial de que trata o art. 7º, V da CF/88.

Há leis municipais tratando de direitos trabalhistas, mas somente no âmbito dos servidores celetistas da administração pública que ainda não instituíram o regime jurídico único. Nesse caso, a lei local se assemelha mais a um regulamento empresarial.

Sobre a publicação e vigência dessa espécie de norma, trata a Súmula nº 1 doTRT7:

> **SÚMULA Nº 1 do TRT7.** LEI OU ATO NORMATIVO MUNICIPAL. PUBLICAÇÃO POR AFIXAÇÃO NO ÁTRIO DA PREFEITURA OU DA CÂMARA MUNICIPAL. AUSÊNCIA DE ÓRGÃO OFICIAL DE IMPRENSA. VALIDADE. É válida a publicação de lei ou normativo municipal por afixação no átrio da Prefeitura ou da Câmara Municipal, desde que o ente público não possua órgão oficial de imprensa.

Se a norma laboral não é de origem estatal, seu limite espacial **corresponde** à **base territorial dos sujeitos coletivos** que firmam a convenção coletiva de trabalho ou o acordo coletivo de trabalho.

No caso do regulamento da empresa, suas regras só se aplicam aos empregados que laboram no âmbito dos seus estabelecimentos.

Em regra, o local da prestação dos serviços é que define a norma a ser aplicada à relação de emprego, ou seja, segue-se o princípio da *lex loci executione contracti*, conforme dispõe o art. 198 do Código de Bustamante, ratificado pelo Brasil.[76]

Essa norma específica prevalece em detrimento do preceito genérico constante do art. 9º, da Lei de Introdução às Normas do Direito Brasileiro – LINDB.[77]

---

76. Decreto nº 18.871, de 13.08.1929. Art. 198. É territorial a legislação sobre acidentes do trabalho e proteção social do trabalhador"

77. LINDB. Art. 9º. Para qualificar e reger as obrigações, aplicar-se-á a lei do país em que se constituírem.

Contudo, a Lei nº 7.064/82, de caráter específico, regula a hipótese do trabalhador contratado no Brasil para laborar no exterior em atividades de engenharia, projetos e obras, montagens, gerenciamento e congêneres. Essa norma **garante aos trabalhadores os direitos previstos pela legislação nacional, salvo se a legislação estrangeira for mais benéfica para o empregado**.

A Lei nº 11.962/09 alterou a redação do art. 1º da citada norma, **para determinar a sua aplicação em qualquer espécie de atividade empresarial**.

> ATENÇÃO! Convém notar que as Leis nº 7.064/82 e 11.962/09 relativizaram a regra geral da *lex loci executione contracti*, haja vista possibilitarem a aplicação de lei diversa daquele vigente no país da prestação de serviços.

A incompatibilidade relativa entre o ordenamento jurídico interno e o Código de Bustamante, levou o TST a **cancelar a Súmula nº 207**, em sessão plenária ocorrida no dia 16.04.2012.

Exemplo de questão sobre o tema

(TRT 23 – Juiz do Trabalho Substituto 23ª região/ 2014) Ronaldo é cuiabano, empregado da Construtora Sem Fronteiras S/A, com sede em Cuiabá e foi contratado para prestar serviços como engenheiro no Haiti, onde permaneceu por cinco meses, findos os quais retornou para Cuiabá, vindo então a ser dispensado imotivadamente. Por entender não terem sido pagos todos os direitos no decorrer do contrato de trabalho, ingressou com ação trabalhista em Cuiabá, a qual você irá analisar. Acerca dessas informações, assinale a alternativa CORRETA, com base na jurisprudência dominante do TST:

(A) Aplica-se ao caso a lei do Haiti, ante o Princípio Lex Loci Executionis;

(B) Pode tanto ser aplicada a lei brasileira quanto a haitiana, pois atualmente tem-se adotado o Princípio da Norma Mais Favorável com aplicação da Teoria do Conglobamento por Institutos;

(C) A lei aplicável é a brasileira por se tratar de trabalhador e empregador brasileiros;

(D) Aplica-se o princípio da territorialidade, previsto no Código de Bustamante;

(E) Pode tanto ser aplicada a lei brasileira quanto a haitiana, desde que a norma seja a mais favorável, com a aplicação da Teoria da Acumulação.

Resposta: B

5.2. Revogação

Ocorre a revogação quando uma lei posterior assim o dispuser de forma expressa, quando tratar da mesma matéria de forma diversa ou quando for com ela incompatível, procedimento denominado de revogação tácita.

Cumpre registrar, contudo, que **não haverá revogação quando a lei posterior for de natureza genérica e a anterior regular a matéria de forma específica, ou vice-versa**.[78]

Quando a revogação é total, emprega-se o termo **ab-rogação**, caso contrário, se a revogação for apenas parcial, a hipótese será de **derrogação**.

78. Lei de Introdução às Normas do Direito Brasileiro. Art. 2º. § 2º. A lei nova, que estabeleça disposições gerais ou especiais a par das já existentes, não revoga nem modifica a lei anterior.

A revogação só ocorre entre normas de idêntica categoria. Se um decreto trata de forma diversa a mesma matéria da qual se dedica uma determinada lei, haverá vício de ilegalidade. Se a lei contraria dispositivos constitucionais, não produzirá qualquer efeito, diante da sua inconstitucionalidade, que poderá ser declarada incidentalmente, pelo controle difuso da constitucionalidade, ou de forma direta, por intermédio da Ação Direta de Inconstitucionalidade – ADI.

Se a lei preexistente é modificada por uma nova ordem constitucional, não se poderá falar em revogação da lei pela Constituição. Na verdade, o que ocorrerá é a **não recepção da legislação ordinária pela novel Carta Magna**.

No que se refere ao Direito do trabalho, é possível que uma norma de nível hierárquico inferior regulamente de forma distinta a matéria semelhante da qual trata uma norma hierarquicamente superior, desde que atribua melhores condições de trabalho para o empregado, com a aplicação da regra da norma mais favorável.

5.3. Irretroatividade da norma e limitação dos efeitos futuros

Ordinariamente, a lei não tem efeitos retroativos. Passa a reger as situações presentes e futuras a partir da data em que entra em vigor.

Os efeitos futuros da lei nova sobre o contrato de trabalho em curso não são absolutos, uma vez que não poderão prejudicar **o direito adquirido, o ato jurídico perfeito e a coisa julgada**.

Essa assertiva constitui princípio constitucional agasalhado pelo art. 5º, XXXVI, da CF/88, bem como pelo art. 6º da LINDB:

> **CF/88. Art. 5º, XXXVI**. A lei não prejudicará o direito adquirido, o ato jurídico perfeito e a coisa julgada.
>
> **LINDB. Art. 6º**. A lei em vigor terá efeito imediato e geral, respeitados o ato jurídico perfeito, o direito adquirido e a coisa julgada.

O Direito, no seu sentido objetivo, **compõe-se de um conjunto de normas e princípios que fixam formas de conduta intersubjetiva**. Encontra-se em estado latente, pois não regula uma situação concreta e particular, mas tem caráter genérico e abstrato.

Verificada a hipótese abstrata prevista na lei, em um caso concreto, cria no indivíduo (titular) o direito subjetivo (que incorpora ao seu patrimônio jurídico) de exigir os efeitos que constam na norma respectiva. Em outras palavras, um dever ou uma obrigação a ser observado por uma determinada pessoa, grupo de pessoas ou até todos os demais membros da comunidade (efeito *erga omnes*).

Pela regra contida no art. 6º, § 2º, da Lei de Introdução às Normas do Direito Brasileiro, consideram-se **adquiridos os direitos** "que o seu titular, ou alguém por ele, possa exercer, como aqueles cujo começo do exercício tenha termo prefixo, ou condição preestabelecida inalterável, a arbítrio de outrem".

Por isso, enquanto não se materializar todos os elementos que compõem a hipótese prevista em lei, **não se falará em direito (subjetivo) adquirido, mas em mera expectativa de direito**.

De outra sorte, se o direito (subjetivo) já se encontra incorporado ao patrimônio da pessoa, mas o seu exercício depende de um termo pré-fixado ou da condição estabelecida que não pode ser alterada pela vontade de outra pessoa, ainda assim considera-se como direito adquirido.

Por **ato jurídico perfeito** entende-se aquele em que todos os seus elementos já tenham se concretizado sob a égide da lei anterior. Existem atos jurídicos unitários, que compreendem um só fato isolado apto a produzir efeitos de forma imediata. Entretanto, há atos jurídicos complexos, assim considerados aqueles formados por uma série de fatos que produzem efeitos, apenas, após a concretização de todos eles. Nesse último caso, **a lei nova regula os efeitos do ato que não tenha se completado.**

Já a **coisa julgada** representa a decisão judicial da qual não caiba mais qualquer espécie de recurso, conforme regulação contida no art. 502 do CPC.

QUADRO COMPARATIVO – COISA JULGADA		
CPC DE 1973	**CPC DE 2015**	**CLT**
Art. 467. Denomina-se coisa julgada material a eficácia, que torna imutável e indiscutível a sentença, não mais sujeita a recurso ordinário ou extraordinário.	**Art. 502.** Denomina-se coisa julgada material a autoridade que torna imutável e indiscutível a decisão de mérito não mais sujeita a recurso.	**Art. 836.** É vedado aos órgãos da Justiça do Trabalho conhecer de questões já decididas, excetuados os casos expressamente previstos neste Título e a ação rescisória, que será admitida na forma do disposto no Capítulo IV do Título IX da Lei no 5.869, de 11 de janeiro de 1973 – Código de Processo Civil, sujeita ao depósito prévio de 20% (vinte por cento) do valor da causa, salvo prova de miserabilidade jurídica do autor.
Aplicabilidade do CPC ao processo do trabalho	As regras do CPC e da CLT se complementam por serem totalmente compatíveis entre si.	
Diferença entre o CPC de 2015 e o CPC de 1973	No CPC de 2015 utiliza-se a expressão "decisão de mérito", em substituição à expressão "sentença" que constava no art. 467 do CPC de 1973. No mais, os dois dispositivos são semelhantes.	

A exceção a essa regra fica por conta da **coisa julgada inconstitucional**, albergada pela CLT no seu art. 884, § 5º:

> **Art. 884. § 5º.** Considera-se inexigível o título judicial fundado em lei ou ato normativo declarados inconstitucionais pelo Supremo Tribunal Federal ou em aplicação ou interpretação tidas por incompatíveis com a Constituição Federal.

Admite-se a retroatividade da lei em alguns casos excepcionais, como aquele previsto pelo art. 2º, parágrafo único, do Código Penal: "A lei posterior, que de qualquer modo favorecer o agente, aplica-se aos fatos anteriores, ainda que decididos por sentença condenatória transitada em julgado".

Em matéria processual, o art. 1.046 do CPC dispõe: "Ao entrar em vigor este Código, suas disposições se aplicarão desde logo aos processos pendentes, ficando revogada a Lei nº 5.869, de 11 de janeiro de 1973".

Já as Súmulas, Orientações Judiciais e os Precedentes **tem efeito retroativo**, salvo no caso de modulação em sentido contrário, como deixa claro o verbete transcrito a seguir, do TRT18:

> **SÚMULA Nº 30 do TRT18.** SÚMULAS E ORIENTAÇÕES JURISPRUDENCIAIS. APLICAÇÃO RETROATIVA. O princípio da irretroatividade é aplicável às leis e não às

interpretações consolidadas, razão pela qual a nova súmula ou orientação jurisprudencial incide sobre os fatos ocorridos antes da sua edição, desde que no período de vigência dos dispositivos legais interpretados.

Na seara processual trabalhista o instituto da modulação está previsto no art. 896-C da CLT:

> **Art. 896-C. § 17.** Caberá revisão da decisão firmada em julgamento de recursos repetitivos quando se alterar a situação econômica, social ou jurídica, caso em que será respeitada a segurança jurídica das relações firmadas sob a égide da decisão anterior, podendo o Tribunal Superior do Trabalho modular os efeitos da decisão que a tenha alterado.

Já o CPC trata do tema no seu art. 927, § 3º:

> **Art. 927, § 3º.** Na hipótese de alteração de jurisprudência dominante do Supremo Tribunal Federal e dos tribunais superiores ou daquela oriunda de julgamento de casos repetitivos, pode haver modulação dos efeitos da alteração no interesse social e no da segurança jurídica.

A. *Direito individual do trabalho*

Não há uma unanimidade doutrinária no que diz respeito aos efeitos de uma eventual nova ordem legal sobre os contratos individuais de trabalho em curso, como ocorreu com a vigência da Lei nº 13.467/17. Tem-se assim, os fundamentos oferecidos pela teoria contratualista da relação de emprego, teoria institucionalista da relação de emprego e teoria da manutenção das cláusulas ativas do contrato de trabalho.

– *Teoria Contratualista da relação de emprego*

Os direitos trabalhistas previstos nas normas estatais incorporam-se ao contrato de trabalho como se fossem cláusulas contratuais, formando-se um **negócio jurídico perfeito.**

Diante do princípio do *pacta sunt servanda* veda-se ao empregador, em regra, alterar tais cláusulas contratuais, também denominadas de **condições de trabalho**, ainda que haja a concordância do empregado, desde que provoque prejuízos, na forma prevista pelo art. 468 da CLT:

> **Art. 468.** Nos contratos individuais de trabalho só é lícita a alteração das respectivas condições por mútuo consentimento, e ainda assim desde que não resultem, direta ou indiretamente, prejuízos ao empregado, sob pena de nulidade da cláusula infringente desta garantia.

Desse modo, uma vez em vigor a lei que estabeleça alterações nos direitos trabalhistas, **só produzirá efeitos para os contratos de trabalho celebrados a partir de então**, em respeito à cláusula pétrea constitucional de proteção ao negócio jurídico perfeito.

Nesse sentido, a Súmula nº 191, III, do TST:

> **SÚMULA Nº 191 do TST.** ADICIONAL DE PERICULOSIDADE. INCIDÊNCIA. BASE DE CÁLCULO (cancelada a parte final da antiga redação e inseridos o itens II e III) Res. 214/2016, DEJT divulgado em 30.11.2016 e 01 e 02.12.2016. III – A alteração da base de cálculo do adicional de periculosidade do eletricitário promovida pela Lei nº 12.740/2012 atinge somente contrato de trabalho firmado a partir de sua vigência, de modo que, nesse caso, o cálculo será realizado exclusivamente sobre o salário básico, conforme determina o § 1º do art. 193 da CLT.

Com a aprovação da Lei da Reforma Trabalhista (Lei nº 13.467/17), os dispositivos relacionados com o direito individual do trabalho, em regra, **não poderiam ser incorporados imediata e automaticamente aos contratos de trabalho em vigor**. Depende da manifestação de vontade expressa de empregado e empregador por meio de um aditivo contratual e, ainda assim, só seriam válidas as alterações contratuais decorrentes caso não sejam prejudiciais ao trabalhador.

Assim, pode acontecer de uma mesma empresa ter **duas categorias de trabalhadores**: aqueles contratados antes da nova lei e os demais contratados a partir de então. Essa situação não feriria o **princípio da isonomia**, uma vez que os direitos trabalhistas percebidos somente pelos integrantes da primeira categoria seriam considerados como **vantagem pessoal incorporada.**

Todavia, esse efeito retardado **não se aplica em relação** às **verbas de natureza híbrida**, assim entendidas aquelas que não tem caráter exclusivamente contratual, mas também tributárias, como ocorre com o **FGTS**. Idêntico efeito observa-se quando a nova lei **altera a natureza jurídica tributária da parcela trabalhista**, passando de salarial para indenizatória ou vice-versa.

A Comissão de Jurisprudência e Precedentes Normativos do TST apresentou as seguintes conclusões sobre a vigência no tempo da Lei nº 13.467/17, com o objetivo de alterar a redação da Súmula nº 90 que trata das *horas in itinere*:

> Parece-nos, assim, que duas conclusões podem ser extraídas sobre a eficácia da lei nova aos contratos de trabalho vigentes:
>
> 1ª) Em tese, do ponto de vista estritamente doutrinário e da evolução histórica do Direito do Trabalho, é defensável a aplicação imediata e irrestrita da Lei nº 13.467/17 a partir de sua vigência, aos contratos de trabalho então em curso, seja porque se trata de alteração do estatuto legal do contrato, seja pelo propósito de promover a igualdade dos trabalhadores quanto às condições de trabalho.
>
> 2ª) A Lei nº 13.467/17 aplica-se imediatamente aos contratos de trabalho em curso em 11/11/2017, quando passou a viger, desde que não afete o direito adquirido do empregado ou do empregador. Sem prejuízo da aplicação cumulativa da primeira conclusão, este o critério decisivo e fio condutor do intérprete, mais afinado com a Constituição Federal (art. 5º, inciso XXXVI), com a Lei de Introdução às Normas do Direito Brasileiro e com a jurisprudência consolidada do Tribunal Superior do Trabalho.
>
> Fixadas tais premissas, afigura-se-nos autorizado concluir que no caso específico sob exame, a Lei nº 13.467/17 no que suprime o direito às *horas in itinere* não se aplica aos contratos de trabalho vigentes em 11.11.2017. Há direito adquirido dos atuais empregados, expressamente assegurado em lei, de auferir ou continuar auferindo *horas in itinere* pela sistemática da lei velha. A Lei nº 13.467/17, neste passo, somente se aplica aos novos contratos de trabalho, ou seja, aos contratos findados a partir de sua vigência.
>
> Não se ignora que semelhante exegese apresente o efeito perverso de constituir um estímulo à despedida de empregados mais antigos e, portanto, mais onerosos para o empregador.
>
> Qualquer outra solução, contudo, ao que nos parece, seria flagrantemente vulnerável a questionamento sob o prisma jurídico-constitucional.

O TST também já manifestou seu entendimento no sentido de admitir a aplicação da nova lei apenas aos contratos celebrados a partir da sua vigência, , no caso que disciplinou o contrato de estágio:

> Contrato de estágio. Lei nº 11.788/2008. Não incidência aos contratos em curso firmados sob a égide da Lei nº 6.494/1977. Com base no art. 5º, XXXVI, da CF e no art. 6º da LINDB, a Lei nº 11.788/2008 não se aplica aos contratos de estágio que, embora estivessem em execução quando de sua entrada em vigor, foram firmados sob a égide da Lei nº 6.494/1977. Para que a lei retroagisse, seria necessário haver disposição expressa nesse sentido. Ocorre que, ao contrário, a nova Lei do Estágio limita sua incidência apenas à prorrogação dos contratos em curso (art. 18), mantendo-se, portanto, a aplicação da Lei nº 6.494/1977 aos ajustes entabulados durante a sua vigência. Sob esses fundamentos, a SBDI-I, por unanimidade, conheceu dos embargos, por divergência jurisprudencial, e, no mérito, deu-lhes provimento para, restabelecendo a sentença, julgar improcedente a reclamação trabalhista. TST-E-RR-40000-68.2009.5.07.0014, SBDI-I, rel. Min. Alberto Luiz Bresciani de Fontan Pereira, 5.4.2018 (TST. Info nº 175).

– *Teoria institucionalista da relação de emprego*

Entendimentos em sentido contrário, qual seja, de **aplicação imediata da nova norma aos contratos de trabalho em vigor**, fundam-se na **teoria institucionalista** da relação de emprego, na utilização da **regra de transição** contida no Código Civil ou na **natureza jurídica do contrato de trabalho.**

Ora, entendendo-se que a relação empregatícia **não decorre de um negócio jurídico**, os direitos trabalhistas perdem a sua natureza contratual e eventual inobservância por parte do empregador deixa de ser considerada como mero inadimplemento e **passa a ser classificado como ato ilícito.** Não havendo ato negocial entre a lei e a relação de emprego, qualquer alteração na fonte normativa tem efeito imediato.

Outro argumento seria utilizar, de forma subsidiária, o preceito contido no parágrafo único do art. 2.035 do Código Civil, mediante a autorização da integração do ordenamento jurídico trabalhista prevista no art. 8º da CLT:

> **Art. 2.035.** A validade dos negócios e demais atos jurídicos, constituídos antes da entrada em vigor deste Código, obedece ao disposto nas leis anteriores, referidas no art. 2.045, mas os seus efeitos, produzidos após a vigência deste Código, aos preceitos dele se subordinam, salvo se houver sido prevista pelas partes determinada forma de execução. Parágrafo único. Nenhuma convenção prevalecerá se contrariar preceitos de ordem pública, tais como os estabelecidos por este Código para assegurar a função social da propriedade e dos contratos.

Como os direitos individuais trabalhistas são considerados de ordem pública, prevaleceriam sobre as cláusulas contratuais em sentido contrário quando da vigência da nova lei.

Inclusive a CLT possui dispositivo semelhante, mas com redação bastante imprecisa. Trata-se do art. 912: "Os dispositivos de caráter imperativo terão aplicação imediata às relações iniciadas, mas não consumadas, antes da vigência desta Consolidação".

A MP nº 808/17, que alterou alguns dispositivos da Lei nº 13.467/17 e **teve vigência limitada ao período de 14.11.2017 a 23.04.2018**, adotou expressamente essa teoria em seu art. 2º: "O disposto na Lei nº 13.467, de 13 de julho de 2017, se aplica, na integralidade, aos contratos de trabalho vigentes".

Como o contrato de trabalho é de trato sucessivo, ou seja, as obrigações dos seus sujeitos renovam-se periodicamente, as condições de fato e de direito que lhe deram origem podem sofrer modificações com o decorrer do tempo, circunstância que pode autorizar o empregador alterar determinadas cláusulas contratuais, flexibilizando a cláusula ***pacta sunt servanda***.

Portanto, a presença da cláusula implícita *rebus sic stantibus* (das coisas como estão, estando assim as coisas) **nos contratos de execução continuada**, permitiria ao empregador efetivar ajustes nas condições de trabalho, inclusive quando decorrente de alteração na legislação trabalhista.

– *Teoria da manutenção das cláusulas ativas do contrato de trabalho*

Defende-se, porém, um posicionamento eclético, qual seja, **a teoria da manutenção das cláusulas ativas do contrato de trabalho**. Por essa teoria, a lei nova incidiria imediatamente sobre os contratos de trabalho em vigor, salvo em relação às **cláusulas ativas do contrato de trabalho**, também denominadas de **condições ativas da relação de emprego**.

Cláusulas ativas do contrato seriam aquelas que, de fato, estivessem sendo cumpridas ou pelo menos devidas por conta da prestação de serviços nas condições pactuadas. Já as **cláusulas inativas** seriam aquelas que constam do contrato de trabalho, por conta da incorporação dos diversos direitos trabalhistas previstos nas fontes normativas em forma de cláusulas, mas que nunca foram devidas ao empregado por ele jamais ter trabalhado nas condições previstas hipoteticamente na norma laboral.

Maurício Godinho Delgado defende tese semelhante, no sentido de que a nova norma produz efeito imediatos sobre os contratos em vigor, salvo se for ajustada uma cláusula expressa ou tácita em sentido contrário, pois nesse caso observa-se o fenômeno da aderência contratual:

> Por outro lado, a aderência contratual tende a ser apenas relativa no tocante às normas jurídicas. É que as normas não se incrustam nos contratos empregatícios de modo permanente, ao menos quando referentes a prestações de trato sucessivo. Ao contrário, tais normas produzem efeitos contratuais essencialmente apenas enquanto vigorantes na ordem jurídica. Extinta a norma, extinguem-se os seus efeitos no contexto do contrato de trabalho. Tem a norma, desse modo, o poder/atributo de revogação, com efeitos imediatos – poder/atributo esse que não se estende às cláusulas contratuais. Pelo critério da aderência contratual relativa (vide alterações da legislação salarial, por exemplo), as prestações contratuais já consolidadas não se afetam, porém as novas prestações sucessivas submetem-se à nova lei. (Curso de Direito do Trabalho. 3ª ed. LTr, p. 246).

Imagine-se a seguinte situação hipotética no caso da Lei nº 13.467/17. Há dois contratos de trabalho em curso com a mesma empresa, quando da sua vigência no dia 11.11.2017. Em um, sempre foram devidas horas *in itinere*, pelo fato do empregado usar o transporte fornecido pela empresa, cujo estabelecimento estava situado em local de difícil acesso (§ 2º, art. 58 da CLT). Já no outro, o empregado se deslocava para o trabalho usando o seu próprio veículo.

No primeiro caso, a obrigação de remunerar as horas de trajeto deve ser mantida por ser considerada uma **cláusula ativa do pacto laboral**. Na segunda hipótese, ainda que o empregado venha a utilizar o transporte fornecido pela empresa após a vigência da regra citada, não terá direito ao pagamento das horas *in itinere*, porquanto se tratar de uma cláusula inativa do contrato de trabalho.

Para demonstrar o caráter eclético da teoria da manutenção das cláusulas ativas, caso fosse adotada a teoria contratualista nos casos mencionados, seria garantido o direito às horas de trajeto, inclusive para a segunda hipótese citada. Já para teoria institucionalista, o direito às horas *in itinere* seria retirado do patrimônio do obreiro em qualquer um dos casos, com a vigência da nova lei.

Também é considerada cláusula contratual ativa aquela que foi celebrada expressamente pelas partes por meio de um instrumento individual de contrato de trabalho. Nesse caso, ainda que a lei seja alterada, como foi ajustada determinada condição de trabalho, preferencialmente por escrito, deve prevalecer até o fim do pacto laboral.

O mesmo se diga em relação a determinada cláusula de convenção ou acordo coletivo de trabalho, só que nesse caso a permanência da obrigação só se efetiva até o termo final de validade do respectivo instrumento normativo negociado.

B. Direito coletivo do trabalho

Já as regras relativas ao **direito coletivo do trabalho**, notadamente sobre convenções e acordos coletivos de trabalho, são aplicáveis aos instrumentos normativos negociados celebrados após a vigência da norma jurídica. Isso significa que as novas cláusulas normativas **poderão incorporar aos contratos individuais de trabalho imediatamente**, diante da eficácia temporal limitada no tempo da convenção ou do acordo coletivo anterior.

6. INDISPONIBILIDADE NO DIREITO INDIVIDUAL DO TRABALHO

A norma jurídica cria situações hipotéticas que podem ocorrer no plano fático. Dessa circunstância decorre a natureza de generalidade e abstratividade da norma.

Verificada no plano fático a hipótese prevista na lei, surge um titular de um direito e o titular de uma obrigação, o que dá ensejo ao denominado **direito subjetivo**. Assim, o titular de um direito subjetivo pode exigir determinada conduta positiva ou negativa do outro sujeito ao qual se encontra vinculado.

Ocorre, entretanto, que determinados direitos subjetivos não podem ser despojados pelo seu titular. Tais direitos recebem a denominação de **direitos indisponíveis**.

São indisponíveis esses direitos porque o ordenamento jurídico considera essencial para a manutenção do equilíbrio e da paz social que o titular fique impossibilitado de abdicá-los, o que revela o caráter imperativo e publicista da regra. A proteção legal visa, de forma imediata, a sociedade, e de forma mediata, o indivíduo.

6.1. Renúncia

A irrenunciabilidade é uma das características da indisponibilidade, ao lado da inalienabilidade, impenhorabilidade e intransacionabilidade. A renúncia é um ato jurídico por meio do qual o indivíduo abre mão de um direito do qual é titular. Diz-se que determinado direito é indisponível quando for irrenunciável, inalienável, impenhorável etc.

Percebe-se, facilmente, que para haver renúncia deve existir a certeza do direito. Se há mera expectativa de direito ou se o titular não tem certeza de sua existência, não há que se falar em renúncia.

A lei prevê expressamente os casos em que o direito é irrenunciável:

> **Código Civil. Art. 11.** Com exceção dos casos previstos em lei, os direitos da personalidade são intransmissíveis e irrenunciáveis, não podendo o seu exercício sofrer limitação voluntária.
>
> **Lei nº 9.610/98 (Lei do Direito Autoral). Art. 27.** Os direitos morais do autor são inalienáveis e irrenunciáveis.
>
> **Lei Complementar nº 26/75. Art. 4º** As importâncias creditadas nas contas individuais dos participantes do PIS-PASEP são inalienáveis, impenhoráveis e, ressalvado o disposto nos parágrafos deste artigo, indisponíveis por seus titulares.

Mas, em determinadas situações, a indisponibilidade do direito subjetivo decorre não de sua natureza, porém de princípios que norteiam o ramo do Direito do qual faz parte, como ocorre com o Direito de Família e o Direito do Trabalho.

A indisponibilidade pode ser absoluta ou relativa. **É absoluta a indisponibilidade** quando o titular do direito subjetivo em momento algum ou sob qualquer circunstância pode dele se despojar, como ocorre com os direitos da personalidade. Quando somente em certas situações previstas em lei o indivíduo pode dispor do direito de que é titular, a hipótese será de **indisponibilidade relativa**.

Grande parte dos direitos dos empregados hipossuficientes previstos na legislação protecionista laboral são **relativamente indisponíveis**. Isso porque existe a possibilidade do trabalhador renunciá-los, transacioná-los etc.

O Direito do trabalho tem como pilar o princípio protecionista. Nesse passo, **o empregado hipossuficiente** ocupa uma posição de superioridade no plano jurídico, em relação ao empregador, justamente para compensar uma desigualdade existente no plano fático em favor deste último.

Desse modo, a legislação laboral cria um estatuto mínimo abaixo do qual o empregado hipossuficiente fica vedado estabelecer qualquer tipo de ajuste com o empregador, salvo em situações excepcionais e com a participação do seu sindicato ou no caso de trabalhador hipersuficiente.

Há uma **presunção de vício na manifestação de vontade do empregado hipossuficiente** quando este convenciona com o patrão condições de trabalho menos benéficas do que aquelas instituídas pela norma Estatal.

Permitir que o **empregado hipossuficiente**, individualmente, possa renunciar aos direitos mínimos estabelecidos pela lei implicaria o próprio fim do Direito do trabalho, já que a admissão do empregado estaria condicionada à sua manifestação nesse sentido.

Os trabalhadores com faixa salarial elevada e portadores de diploma de nível superior, denominados **de hipersuficientes,** podem negociar condições de trabalho menos benéficas quando comparadas com os direitos trabalhistas previstos na legislação, **salvo aqueles garantidos pela Constituição Federal,** conforme se observa da redação do parágrafo único, art. 444 da CLT, introduzido pela Lei da Reforma Trabalhista (Lei nº 13.467/17).

> **Art. 444. Parágrafo único.** A livre estipulação a que se refere o caput deste artigo aplica-se às hipóteses previstas no art. 611-A desta Consolidação, com a mesma eficácia legal e preponderância sobre os instrumentos coletivos, no caso de empregado portador de diploma de

nível superior e que perceba salário mensal igual ou superior a duas vezes o limite máximo dos benefícios do Regime Geral de Previdência Social.

Feitas essas observações, conclui-se que **a renúncia não é permitida na fase de formação e de execução do contrato de trabalho**, porque nessas oportunidades o empregado hipossuficiente encontra-se submetido ao poder de comando e direção do empregador. Presume-se, portanto, vício na manifestação de vontade dessa espécie de obreiro quando aceita reduzir ou eliminar direitos mínimos garantidos pela lei.

Após a extinção do contrato de trabalho, **desaparece o estado de subordinação jurídica** do empregado hipossuficiente para com o empregador. Assim, **admite-se, a partir de então, a possibilidade de renúncia dos direitos derivados da execução e cessação do pacto laboral**.

Mesmo durante a execução de um contrato de trabalho, os direitos **trabalhistas perdem sua característica de indisponibilidade** se o empregado ajuíza uma ação e, durante o seu curso, os litigantes resolvem por fim ao conflito por meio de um acordo judicial.

Na verdade, trata-se de **transação de créditos decorrentes de direitos subjetivos já incorporados ao patrimônio do empregado**, que é admitida pelo ordenamento jurídico pátrio, e não renúncia de direitos abstratamente considerados, como o direito ao gozo de férias, direito ao 13º salário etc.

Nesse caso, o referido ajuste judicial produz os efeitos pretendidos pelas partes, uma vez que **desaparece a presunção de vício na manifestação da vontade do obreiro**, pela presença do juiz que conduz a negociação e homologa a conciliação.

Frise-se, por fim, que a questão relativa a irrenunciabilidade é afeta diretamente ao **Direito individual do trabalho** e não atinge os direitos que fazem parte do **Direito coletivo do trabalho e do Direito processual do trabalho**, nos quais o princípio protetivo é inexistente ou mitigado.

Sobre a renúncia, o TST manifesta-se por meio dos seguintes verbetes, entre outros:

> **SÚMULA Nº 51.** II – Havendo a coexistência de dois regulamentos da empresa, a opção do empregado por um deles tem efeito jurídico de renúncia às regras do sistema do outro.
>
> **SÚMULA Nº 243.** Exceto na hipótese de previsão contratual ou legal expressa, a opção do funcionário público pelo regime trabalhista implica a renúncia dos direitos inerentes ao regime estatutário.
>
> **SÚMULA Nº 276.** O direito ao aviso prévio é irrenunciável pelo empregado. O pedido de dispensa de cumprimento não exime o empregador de pagar o respectivo valor, salvo comprovação de haver o prestador dos serviços obtido novo emprego.
>
> **SÚMULA Nº 288.** II – Na hipótese de coexistência de dois regulamentos de planos de previdência complementar, instituídos pelo empregador ou por entidade de previdência privada, a opção do beneficiário por um deles tem efeito jurídico de renúncia às regras do outro.

Exemplo de questão sobre o tema

(TRT 2 – Juiz do Trabalho Substituto 2ª região/2016) No campo da indisponibilidade de direitos a renúncia e a transação são atos jurídicos que não se confundem, embora os limites que lhe são impostos evidenciam o caráter protetor do Direito do Trabalho. Nesta seara, analisando os casos propostos a renúncia NÃO será considerada válida:

(A) Isis, imediatamente após retornar de afastamento médico decorrente de acidente do trabalho sofrido, com a cessação do benefício previdenciário, pede espontaneamente sua demissão e, perante o sindicato que a representa, assina documento renunciando à estabilidade no emprego de que era detentora.

(B) Hércules, advogado trabalhista experiente, é contratado para trabalhar em caráter *intuitu personae*, de forma subordinada e não eventual no departamento jurídico da empresa Ajax Minérios S/A, recebendo remuneração mensal fixa, mas se recusa a ser registrado como empregado, afirmando que tem conhecimento suficiente para exercer sua autonomia de vontade, escolhendo o regime jurídico de sua contratação.

(C) Não havendo previsão contratual ou legal expressa, a opção de Thor, funcionário público, pelo regime trabalhista implica a renúncia dos direitos inerentes ao regime estatutário.

(D) Ulysses, presidente do sindicato profissional com base territorial em Santos, solicita ao empregador transferência para Manaus, que está fora da base territorial, situação esta que corresponde a uma renúncia tácita à estabilidade do qual era detentor.

(E) Afrodite, empregada antiga da empresa Deuses do Olimpo Construções Ltda., que possui dois regulamentos empresariais em vigência, opta por aderir ao regulamento mais novo, renunciando às regras do sistema do outro.

Resposta: B

(TRT 2 – Juiz do Trabalho Substituto 2ª região/ 2013) O princípio da proteção dos direitos trabalhistas envolve questão sobre a renúncia e transação. Observe as proposições abaixo e ao final aponte a alternativa que contenha proposituras de renúncia:

I. Desistência do cargo sindical para o qual o empregado fora eleito dirigente sindical.

II. Acordo celebrado, em fase de execução, para recebimento de quantia desejada embora crédito habilitado no juízo falimentar.

III. Pedido de demissão de empregado estável.

IV. Negociação coletiva da entidade sindical para a redução de jornada de trabalho.

V. Acordo para a rescisão do contrato mediante pagamento de uma indenização.

Está correta a alternativa:

(A) I e II.

(B) I e V.

(C) II e IV.

(D) III e V.

(E) I e III.

Resposta: E

6.2. Transação no Direito do Trabalho

Pela transação, os sujeitos de uma obrigação que se encontram propensos a entrar em conflito ou já se acham nessa situação, fazem concessões recíprocas por meio de um negócio jurídico para, no primeiro caso preveni-lo e, no segundo, para extingui-lo.

O Código Civil trata da transação em seu art. 840,[79] o que possibilita, aos interessados, a prevenção e extinção de litígios por meio de concessões mútuas.

Percebe-se que se trata de negócio jurídico bilateral e oneroso, pois traz vantagens econômicas para ambas as partes. Caso contrário, a hipótese seria de renúncia.

---

79. Código Civil. Art. 840: É lícito aos interessados prevenirem ou terminarem o litígio mediante concessões mútuas.

Pelo mesmo fundamento atribuído à impossibilidade relativa da renúncia, **não é eficaz a transação de direitos na fase de formação e durante a execução do contrato de trabalho do empregado hipossuficiente.**

Em relação ao **empregado hipersuficiente** a transação, ainda que feita durante o contrato de trabalho, é **válida desde que não seja relacionado com os direitos garantidos pela Constituição Federal**, ou seja, a transação deve se referir àqueles direitos descritos no art. 611-A da CLT.

A transação pode ser **judicial ou extrajudicial**. É judicial quando já existe processo em curso e implica sua extinção com a resolução do mérito. No processo do trabalho, manifesta-se por meio da conciliação[80] que pode, eventualmente, envolver também a renúncia.

Já a transação extrajudicial opera-se sem a intervenção do Poder Judiciário e deve especificar, expressamente, as obrigações que pretende extinguir.

Em relação ao contrato individual de trabalho, só tem validade com a intervenção das comissões de conciliação prévia, caso existente, com assistência do sindicato da categoria profissional do empregado ou mediante a homologação de acordo extrajudicial pelo Juiz do Trabalho.

Com efeito, a Lei da Reforma Trabalhista (Lei nº 13.467/17) introduziu o art. 507-B à CLT, que, de forma indireta, confere validade à transação extrajudicial **no âmbito do contrato individual do trabalho,** ainda que obtida **durante a vigência do contrato de trabalho,** desde que homologada pelo sindicato da categoria profissional do empregado:

> **Art. 507-B.** É facultado a empregados e empregadores, na vigência ou não do contrato de emprego, firmar o termo de quitação anual de obrigações trabalhistas, perante o sindicato dos empregados da categoria.
>
> **Parágrafo único.** O termo discriminará as obrigações de dar e fazer cumpridas mensalmente e dele constará a quitação anual dada pelo empregado, com eficácia liberatória das parcelas nele especificadas.

Afirma-se que a transação se efetiva de forma indireta porque esse instituto **não se confunde com a quitação,** que corresponde ao ato por meio do qual o credor declara que seu direito encontra-se satisfeito.

Sendo assim, surgindo um conflito laboral durante a relação de emprego, é possível extingui-lo por meio de uma **declaração firmada pelo empregado** conferindo **quitação em relação às parcelas trabalhistas** que expressamente constar no instrumento respectivo e não apenas em relação ao valor, desde que homologada pelo sindicato.

Incide, nesse caso, o mesmo entendimento aplicado à homologação da rescisão contratual feita pelo sindicato no que diz respeito ao alcance da quitação das parcelas consignadas no respectivo termo, constante da Súmula nº 330 do TST:

> **SÚMULA Nº 330.** QUITAÇÃO. VALIDADE (mantida) – Res. 121/2003, DJ 19, 20 e 21.11.2003. A quitação passada pelo empregado, com assistência de entidade sindical de sua

80. CLT. Art. 764. Os dissídios individuais ou coletivos submetidos à apreciação da Justiça do Trabalho serão sempre sujeitos à conciliação.

categoria, ao empregador, com observância dos requisitos exigidos nos parágrafos do art. 477 da CLT, tem eficácia liberatória em relação às parcelas expressamente consignadas no recibo, salvo se oposta ressalva expressa e especificada ao valor dado à parcela ou parcelas impugnadas. I – A quitação não abrange parcelas não consignadas no recibo de quitação e, consequentemente, seus reflexos em outras parcelas, ainda que estas constem desse recibo. II – Quanto a direitos que deveriam ter sido satisfeitos durante a vigência do contrato de trabalho, a quitação é válida em relação ao período expressamente consignado no recibo de quitação.

Em sentido contrário o Enunciado nº 58 aprovado na 2ª Jornada de Direito Material e Processual do Trabalho:

ENUNCIADO Nº 58. TERMO DE QUITAÇÃO ANUAL

I) OS PAGAMENTOS EFETUADOS POR CONTA DE TERMO DE COMPROMISSO ARBITRAL, "QUITAÇÃO ANUAL" DE OBRIGAÇÕES TRABALHISTAS, EXTINÇÃO DO CONTRATO POR "MÚTUO ACORDO" E PLANO DE DEMISSÃO VOLUNTÁRIA OU INCENTIVADA SÓ PODEM PRODUZIR EFICÁCIA LIBERATÓRIA LIMITADA AOS VALORES EFETIVAMENTE ADIMPLIDOS DAS PARCELAS DISCRIMINADAS. EM RESPEITO À GARANTIA CONSTITUCIONAL DE ACESSO À JURISDIÇÃO (ART. 5º, XXXV) E AO ARTIGO 25 DA CONVENÇÃO AMERICANA DE DIREITOS HUMANOS, MANTÉM-SE O PLENO DIREITO DE ACESSO AO JUDICIÁRIO PARA SOLUCIONAR SITUAÇÕES CONFLITUOSAS, INCLUSIVE PARA SATISFAÇÃO DE DIFERENÇAS SOBRE RUBRICAS PARCIALMENTE PAGAS.

Admite-se a licitude da cobrança para realizar esse procedimento por parte do sindicato, uma vez que não há qualquer vedação legal expressa nesse sentido.

Havia um dispositivo na CF/88, revogado pela EC nº 28/2000, que previa um procedimento semelhante, mas cuja utilização não foi observada na praxe forense.

Trata-se do art. 233, que tinha a seguinte redação:

Art. 233. Para efeito do art. 7º, XXIX, o empregador rural comprovará, de cinco em cinco anos, perante a Justiça do Trabalho, o cumprimento das suas obrigações trabalhistas para com o empregado rural, na presença deste e de seu representante sindical. § 1º Uma vez comprovado o cumprimento das obrigações mencionadas neste artigo, fica o empregador isento de qualquer ônus decorrente daquelas obrigações no período respectivo. Caso o empregado e seu representante não concordem com a comprovação do empregador, caberá à Justiça do Trabalho a solução da controvérsia.

O mencionado preceito da CLT se refere expressamente às **verbas trabalhistas** e, no seu parágrafo único, diz que a quitação se opera em relação às **obrigações de dar e fazer cumpridas mensalmente**, como é o caso do salário, horas extras, adicional noturno etc.

Sendo assim, essa espécie de quitação **não atinge as verbas trabalhistas que tenham outra periodicidade**, como 13º salário, aviso prévio, férias etc. e muito menos **direitos trabalhistas inespecíficos**, como a indenização por danos morais por exemplo.

Já a adesão do empregado a eventual Plano de Demissão Voluntária – PDV, instituído pela empresa também pode implicar **transação extrajudicial com quitação total das verbas indicadas no respectivo termo**, desde que haja autorização em convenção ou acordo coletivo de trabalho, conforme permissivo contido no art. 477-B, introduzido à CLT pela Lei nº 13.467/17:

> **Art. 477-B.** Plano de Demissão Voluntária ou Incentivada, para dispensa individual, plúrima ou coletiva, previsto em convenção coletiva ou acordo coletivo de trabalho, enseja quitação plena e irrevogável dos direitos decorrentes da relação empregatícia, salvo disposição em contrário estipulada entre as partes.

Sobre o tema manifestou-se o Tribunal Superior do Trabalho por intermédio das Orientações Jurisprudenciais nº 270 e 356, da SDI-1[81] editadas antes da vigência da Lei da Reforma Trabalhista bem como da decisão do STF proferida no RE nº 590415, **com repercussão geral declarada**, na qual restou consagrada a seguinte tese:

> A transação extrajudicial que importa rescisão do contrato de trabalho, em razão de adesão voluntária do empregado a plano de dispensa incentivada, enseja quitação ampla e irrestrita de todas as parcelas objeto do contrato de emprego, caso essa condição tenha constado expressamente do acordo coletivo que aprovou o plano, bem como dos demais instrumentos celebrados com o empregado.

Assim, o TST deve alterar a qualquer momento o texto da OJ nº 270 para adaptá-la ao entendimento do STF e aos dispositivos introduzidos na CLT pela Lei da Reforma Trabalhista.

Em relação ao PDV não há qualquer restrição à periodicidade das verbas trabalhistas, pois a quitação opera-se em relação **aos direitos decorrentes da relação empregatícia**, salvo disposição em contrário estipulada entre as partes.

Exemplo de questão sobre o tema

(Magistratura do Trabalho/ TRT – 8ª – 2011) Conforme o ordenamento jurídico-trabalhista, é CORRETO afirmar que:

(A) A renúncia, não obstante o princípio da indisponibilidade dos direitos trabalhistas, é instituto ampla e pacificamente admitido na normatividade juslaboralista.

(B) As Comissões de Conciliação Prévia, como meio alternativo à pacificação dos conflitos, têm atribuição de buscar a via conciliatória nos dissídios individuais, competindo ao trabalhador, nas localidades em que houver Comissão de Empresa e Comissão Sindical, naturalmente optar por esta última, se pertencente a sua categoria profissional.

(C) A transação é ato jurídico bilateral, ou mesmo plurilateral, através do qual as partes se dispõem a fazer concessões recíprocas quanto às questões fáticas ou jurídicas sobre as quais paire a certeza ou a dúvida.

(D) A provocação da Comissão de Conciliação Prévia por parte do trabalhador tem o efeito de interromper o fluxo do prazo prescricional da ação trabalhista, que, deste modo, reinicia inteiramente a partir da tentativa de conciliação ou após esgotado o prazo de dez dias de que dispõe a Comissão para tentar a solução.

(E) A relação de trabalho e a relação de emprego constituem espécies de relação jurídica. A relação de trabalho, no entanto, tem caráter genérico, de modo a abranger todas as relações cuja prestação essencial consubstancie-se no labor humano, tal qual ocorre na relação de emprego.

Resposta: E.

---

81. TST. OJ Nº 270. PROGRAMA DE INCENTIVO À DEMISSÃO VOLUNTÁRIA. TRANSAÇÃO EXTRAJUDICIAL. PARCELAS ORIUNDAS DO EXTINTO CONTRATO DE TRABALHO. EFEITOS. Inserida em 27.09.02. A transação extrajudicial que importa rescisão do contrato de trabalho ante a adesão do empregado a plano de demissão voluntária implica quitação exclusivamente das parcelas e valores constantes do recibo. OJ Nº 356. PROGRAMA DE INCENTIVO À DEMISSÃO VOLUNTÁRIA (PDV). CRÉDITOS TRABALHISTAS RECONHECIDOS EM JUÍZO. COMPENSAÇÃO. IMPOSSIBILIDADE. Os créditos tipicamente trabalhistas reconhecidos em juízo não são suscetíveis de compensação com a indenização paga em decorrência de adesão do trabalhador a Programa de Incentivo à Demissão Voluntária (PDV).

7. FLEXIBILIZAÇÃO

A **flexibilização** pode ser analisada sob dois prismas: **o legal e o contratual**. Em qualquer caso, entretanto, flexibilizar significa tornar menos rígidas as obrigações trabalhistas.

Identifica-se o fenômeno da **flexibilização legal** quando o legislador flexibiliza a norma trabalhista, introduzindo mudanças na legislação no sentido de restringir os direitos dos trabalhadores.

Já a **flexibilização contratual**, confere efeitos jurídicos plenos ou limitados à autonomia da vontade, por intermédio de atos praticados pelos empregados, sindicatos ou entidades similares, ajustando condições de trabalho menos benéficas se comparadas com aquelas previstas na legislação estatal.

Ressalte-se que a flexibilização não se confunde com o fenômeno denominado de **desregulamentação, que representa o afastamento total do Estado da normatização da relação de emprego**, que ficaria a cargo dos próprios interessados, ou seja, do empregado e do empregador, por meio do contrato individual de trabalho.

7.1. Flexibilização legal

No Brasil, constata-se que esse processo de flexibilização legal iniciou-se na década de sessenta com a introdução do sistema alternativo do FGTS (da Lei nº 5.107/66), em substituição ao sistema da CLT de estabilidade no emprego e, posteriormente, com a introdução da Lei nº 6.019/74 que permitiu a contratação de trabalhadores temporários, por intermédio de empresas de prestação de serviços.

Seguiram-se várias normas flexibilizadoras, dentre elas a Lei nº 8.949/94, tratando do trabalho do cooperado; Lei nº 9.601/98, que instituiu uma outra forma de contratação de empregados por prazo determinado, sem a observância dos requisitos estabelecidos pelo art. 443, § 2º, da CLT; a MP nº 2.164/2001, que disciplinou o trabalho em regime de tempo parcial, instituiu o banco de horas e o programa de qualificação profissional; e finalmente a Lei nº 13.467/17, que ficou conhecida como Lei da Reforma Trabalhista.

7.2. Flexibilização contratual

O permissivo permissivo para efetivar a **flexibilização contratual encontra-se insculpida em alguns preceitos da atual Constituição Federal,** como aquele constante do art. 7º, inciso VI: "irredutibilidade do salário, salvo o disposto em convenção ou acordo coletivo" e XIII: "duração do trabalho normal não superior a oito horas diárias e quarenta e quatro semanais, facultada a compensação de horários e a redução da jornada, mediante acordo ou convenção coletiva de trabalho".

Como se observa da redação dos referidos dispositivos constitucionais, para flexibilizar é necessário **a intervenção sindical**, resultando em um acordo ou convenção coletiva de trabalho, instrumentos normativos negociados cuja autoridade também foi ressaltada pela CF/88, em seu art. 7º, inciso XXVI: "reconhecimento das convenções e acordos coletivos de trabalho".

7.3. Doutrina

Dada a importância dessa questão, tanto no âmbito do Direito individual quanto do Direito coletivo do trabalho, alguns autores, a exemplo de Maurício Godinho Delgado, elevaram-na à condição de princípio do Direito coletivo do trabalho, com a denominação de **princípio da adequação setorial negociada**.

Em face da aplicação desse princípio, as normas oriundas da manifestação de vontade das entidades coletivas trabalhistas poderão prevalecer diante das normas estatais do Direito do Trabalho.

Para isso é necessário, na opinião do mencionado autor, que salvaguardem um padrão de direitos trabalhistas superior ao previsto na legislação heterônoma estatal; ou, no máximo, **possam flexibilizar tão somente aqueles direitos laborais de indisponibilidade relativa**, como ocorre com a compensação ou prorrogação da jornada de trabalho.

Seriam inderrogáveis, ainda que mediante instrumentos coletivos negociados, **os direitos gerados pelas normas de saúde e segurança no meio ambiente de trabalho e o dever de anotação da CTPS dos obreiros**.

7.4. Jurisprudência

Antes da vigência da Lei da Reforma Trabalhista o TST geralmente posicionava-se pela prevalência da lei, salvo nos casos expressamente admitidos pela própria Constituição Federal.

Os Tribunais Regionais também acompanhavam esse direcionamento:

> **SÚMULA Nº 25 do TRT8.** INTERVALO INTRAJORNADA. APLICAÇÃO DA SÚMULA Nº 437, II, DO C. TST (ART. 896, § 6º, DA CLT). É inválida cláusula de acordo ou convenção coletiva de trabalho contemplando a supressão ou redução do intervalo intrajornada (art. 71 da CLT e art. 7º, XXI, da CF/1988).
>
> **SÚMULA Nº 68 do TRT12.** INTERVALO INTRAJORNADA. REDUÇÃO POR NORMA COLETIVA NA VIGÊNCIA DA PORTARIA Nº 42/2007 DO MTE. INVALIDADE. É inválida cláusula de acordo ou convenção coletiva de trabalho contemplando a supressão ou redução do intervalo intrajornada porque este constitui medida de higiene, saúde e segurança do trabalho, garantido por norma de ordem pública (art. 71 da CLT e art. 7º, XXII, da CF/1988), infenso à negociação coletiva, mesmo no período de vigência da Portaria n.º 42/2007 do Ministério do Trabalho e Emprego.
>
> **SÚMULA Nº 64 do TRT15.** INTERVALO INTRAJORNADA. REDUÇÃO MEDIANTE NEGOCIAÇÃO COLETIVA. IMPOSSIBILIDADE. A despeito do reconhecimento constitucional dos ajustes coletivos de trabalho (art. 7º, XXVI), é inválida a cláusula de acordo ou convenção coletiva de trabalho contemplando a supressão ou redução do período intervalar assegurado no artigo 71, da CLT, destinado à refeição e descanso do empregado, por constituir norma de ordem pública, medida de higiene, saúde e segurança do trabalho.
>
> **SÚMULA Nº 14 do TRT1.** CONTROLE DE JORNADA. ISENÇÃO DE MARCAÇÃO PREVISTA EM NORMA COLETIVA. INEFICÁCIA DA CLÁUSULA. Tendo o empregador mais de dez empregados, a obrigatoriedade de controle da jornada de trabalho é imperativo legal (CLT, artigo 74, §§1º e 2º), sendo ineficaz, de pleno direito, a cláusula normativa que dispõe em sentido contrário.

OJ4T Nº 113 do TRT9. FLEXIBILIZAÇÃO. I – Flexibilização dos direitos sociais. Impossibilidade de desregulamentação dos direitos sociais fundamentais, por se tratar de normas contidas na cláusula de intangibilidade prevista no art. 60, § 4º, inc. IV, da Constituição da República. II – Direito do trabalho. Princípios. Eficácia. A negociação coletiva que reduz garantias dos trabalhadores asseguradas em normas constitucionais e legais ofende princípios do Direito do Trabalho. A quebra da hierarquia das fontes é válida na hipótese de o instrumento inferior ser mais vantajoso para o trabalhador.

OJ4T Nº 50 DO TRT9. XXIV – Hora noturna de 60 minutos. Previsto em norma coletiva. Invalidade. A duração da hora é de 52min30s, por expressa previsão legal (artigo 73 da CLT), restando inválida cláusula convencional que fixa duração de 60 minutos.

OJ2T Nº 04 do TRT9. ADICIONAL NOTURNO. I – Prorrogação. Quando parte significativa da jornada é cumprida em período noturno, incide o respectivo adicional também sobre as horas prorrogadas. II – Hora Noturna. Cláusula convencional que afasta a redução legal da hora noturna é inválida ainda que acompanhada de vantagem econômica.

TESE JURÍDICA PREVALECENTE Nº 16 do TRT2. INTERVALO INTRAJORNADA. IMPOSSIBILIDADE DE REDUÇÃO POR NORMA COLETIVA. Por se tratar de medida de saúde, higiene e segurança do trabalho, não se admite a redução do intervalo intrajornada por acordo ou convenção coletiva.

TESE JURÍDICA PREVALECENTE Nº 17 do TRT2. HORAS EXTRAS. MINUTOS QUE ANTECEDEM E SUCEDEM A JORNADA DE TRABALHO. É ineficaz a flexibilização do disposto no art. 58, parágrafo 1º da CLT, por norma coletiva, a partir da vigência da Lei nº 10.243/2001, que acrescentou o § 1º do artigo 58 da CLT.

O STF **posicionou-se contrariamente a essa tendência de interpretação restritiva** ao proferir decisão com repercussão geral declarada no RE nº 590415, antes mesmo da vigência da Lei da Reforma Trabalhista, com a seguinte ementa:

> DIREITO DO TRABALHO. ACORDO COLETIVO. PLANO DE DISPENSA INCENTIVADA. VALIDADE E EFEITOS. 7. Provimento do recurso extraordinário. Afirmação, em repercussão geral, da seguinte tese: "A transação extrajudicial que importa rescisão do contrato de trabalho, em razão de adesão voluntária do empregado a plano de dispensa incentivada, enseja quitação ampla e irrestrita de todas as parcelas objeto do contrato de emprego, caso essa condição tenha constado expressamente do acordo coletivo que aprovou o plano, bem como dos demais instrumentos celebrados com o empregado".

No mesmo sentido a decisão monocrática do Min. Teori Zavascki, proferida em 13.09.2016, nos autos do RE nº 895759:

> [...] O acórdão recorrido não se encontra em conformidade com a *ratio* adotada no julgamento do RE 590.415, no qual esta Corte conferiu especial relevância ao princípio da autonomia da vontade no âmbito do direito coletivo do trabalho. Ainda que o acordo coletivo de trabalho tenha afastado direito assegurado aos trabalhadores pela CLT, concedeu-lhe outras vantagens com vistas a compensar essa supressão. Ademais, a validade da votação da Assembleia Geral que deliberou pela celebração do acordo coletivo de trabalho não foi rechaçada nesta demanda, razão pela qual se deve presumir legítima a manifestação de vontade proferida pela entidade sindical. Registre-se que a própria Constituição Federal admite que as normas coletivas de trabalho disponham sobre salário (art. 7º, VI) e jornada de trabalho (art. 7º, XIII e XIV), inclusive reduzindo temporariamente remuneração e fixando jornada diversa da constitucionalmente estabelecida. Não se constata, por outro lado, que o acordo coletivo em questão tenha extrapolado os limites da razoabilidade, uma vez que, embora tenha limitado direito legalmente previsto, concedeu outras vantagens em seu lugar, por meio de manifestação de vontade válida da entidade sindical. 4. Registre-se que o requisito da

repercussão geral está atendido em face do que prescreve o art. 543-A, § 3º, do CPC/1973: "Haverá repercussão geral sempre que o recurso impugnar decisão contrária a súmula ou jurisprudência dominante do Tribunal". 5. Diante do exposto, com base no art. 557, § 1º-A, do CPC/1973, dou provimento ao recurso extraordinário para afastar a condenação da recorrente ao pagamento das horas *in itinere* e dos respectivos reflexos salariais.

7.5. Reforma Trabalhista

A Lei da Reforma Trabalhista (Lei nº 13.467/17), **flexibilizou diversos direitos laborais,** bem como conferiu uma maior **eficácia à autonomia da vontade individual do empregado e coletiva das entidades sindicais** para permitir a prevalência do convencionado sobre o legislado em certos casos, ao introduzir o art. 611-A à CLT:

> **Art. 611-A.** A convenção coletiva e o acordo coletivo de trabalho têm prevalência sobre a lei quando, entre outros, dispuserem sobre:[82]
>
> I – pacto quanto à jornada de trabalho, observados os limites constitucionais;
>
> II – banco de horas anual;
>
> III – intervalo intrajornada, respeitado o limite mínimo de trinta minutos para jornadas superiores a seis horas;
>
> IV – adesão ao Programa Seguro-Emprego (PSE), de que trata a Lei nº 13.189, de 19 de novembro de 2015;
>
> V – plano de cargos, salários e funções compatíveis com a condição pessoal do empregado, bem como identificação dos cargos que se enquadram como funções de confiança;
>
> VI – regulamento empresarial;
>
> VII – representante dos trabalhadores no local de trabalho;
>
> VIII – teletrabalho, regime de sobreaviso, e trabalho intermitente;
>
> IX – remuneração por produtividade, incluídas as gorjetas percebidas pelo empregado, e remuneração por desempenho individual;
>
> X – modalidade de registro de jornada de trabalho;
>
> XI – troca do dia de feriado;
>
> XII – enquadramento do grau de insalubridade;[83]
>
> XIII – prorrogação de jornada em ambientes insalubres, sem licença prévia das autoridades competentes do Ministério do Trabalho;
>
> XIV – prêmios de incentivo em bens ou serviços, eventualmente concedidos em programas de incentivo;

82. A redação dada ao caput desse dispositivo, pela MP nº 808/17, que teve vigência entre 14.11.2017 e 23.04.2018, era a seguinte: " Art. 611-A: A convenção coletiva e o acordo coletivo de trabalho, observados os incisos III e VI do caput do art. 8º da Constituição, têm prevalência sobre a lei quando, entre outros, dispuserem sobre [...]:

83. A redação conferida ao inciso XII desse dispositivo, dada pela MP nº 808/17, que teve vigência entre 14.11.2017 e 23.04.2018, era a seguinte: "XII – enquadramento do grau de insalubridade e prorrogação de jornada em locais insalubres, incluída a possibilidade de contratação de perícia, afastada a licença prévia das autoridades competentes do Ministério do Trabalho, desde que respeitadas, na integralidade, as normas de saúde, higiene e segurança do trabalho previstas em lei ou em normas regulamentadoras do Ministério do Trabalho". (A MP nº 808/17 havia revogado o inciso XIII expressamente).

XV – participação nos lucros ou resultados da empresa.

§ 1º No exame da convenção coletiva ou do acordo coletivo de trabalho, a Justiça do Trabalho observará o disposto no § 3º do art. 8º desta Consolidação.

§ 2º A inexistência de expressa indicação de contrapartidas recíprocas em convenção coletiva ou acordo coletivo de trabalho não ensejará sua nulidade por não caracterizar um vício do negócio jurídico.

§ 3º Se for pactuada cláusula que reduza o salário ou a jornada, a convenção coletiva ou o acordo coletivo de trabalho deverão prever a proteção dos empregados contra dispensa imotivada durante o prazo de vigência do instrumento coletivo.

§ 4º Na hipótese de procedência de ação anulatória de cláusula de convenção coletiva ou de acordo coletivo de trabalho, quando houver a cláusula compensatória, esta deverá ser igualmente anulada, sem repetição do indébito.

§ 5º Os sindicatos subscritores de convenção coletiva ou de acordo coletivo de trabalho deverão participar, como litisconsortes necessários, em ação individual ou coletiva, que tenha como objeto a anulação de cláusulas desses instrumentos.

A referente inovação legislativa **adapta-se ao entendimento do STF** citado no item anterior, que privilegia o princípio da autonomia da vontade coletiva das entidades sindicais.

O rol apresentado pelo novo preceito legal tem caráter **meramente exemplificativo**. Os direitos que não podem ser negociados coletivamente **de forma menos benéfica para os trabalhadores** encontram-se listados no art. 611-B, **de natureza taxativa** e, basicamente, correspondem aos direitos previstos no art. 7º da Constituição Federal de 1988:

Art. 611-B. Constituem objeto ilícito de convenção coletiva ou de acordo coletivo de trabalho, exclusivamente, a supressão ou a redução dos seguintes direitos:

I – normas de identificação profissional, inclusive as anotações na Carteira de Trabalho e Previdência Social;

II – seguro-desemprego, em caso de desemprego involuntário;

III – valor dos depósitos mensais e da indenização rescisória do Fundo de Garantia do Tempo de Serviço (FGTS);

IV – salário mínimo;

V – valor nominal do décimo terceiro salário;

VI – remuneração do trabalho noturno superior à do diurno;

VII – proteção do salário na forma da lei, constituindo crime sua retenção dolosa;

VIII – salário-família;

IX – repouso semanal remunerado;

X – remuneração do serviço extraordinário superior, no mínimo, em 50% (cinquenta por cento) à do normal;

XI – número de dias de férias devidas ao empregado;

XII – gozo de férias anuais remuneradas com, pelo menos, um terço a mais do que o salário normal;

XIII – licença-maternidade com a duração mínima de cento e vinte dias;

XIV – licença-paternidade nos termos fixados em lei;

XV – proteção do mercado de trabalho da mulher, mediante incentivos específicos, nos termos da lei;

XVI – aviso prévio proporcional ao tempo de serviço, sendo no mínimo de trinta dias, nos termos da lei;

XVII – normas de saúde, higiene e segurança do trabalho previstas em lei ou em normas regulamentadoras do Ministério do Trabalho;

XVIII – adicional de remuneração para as atividades penosas, insalubres ou perigosas;

XIX – aposentadoria;

XX – seguro contra acidentes de trabalho, a cargo do empregador;

XXI – ação, quanto aos créditos resultantes das relações de trabalho, com prazo prescricional de cinco anos para os trabalhadores urbanos e rurais, até o limite de dois anos após a extinção do contrato de trabalho;

XXII – proibição de qualquer discriminação no tocante a salário e critérios de admissão do trabalhador com deficiência;

XXIII – proibição de trabalho noturno, perigoso ou insalubre a menores de dezoito anos e de qualquer trabalho a menores de dezesseis anos, salvo na condição de aprendiz, a partir de quatorze anos;

XXIV – medidas de proteção legal de crianças e adolescentes;

XXV – igualdade de direitos entre o trabalhador com vínculo empregatício permanente e o trabalhador avulso;

XXVI – liberdade de associação profissional ou sindical do trabalhador, inclusive o direito de não sofrer, sem sua expressa e prévia anuência, qualquer cobrança ou desconto salarial estabelecidos em convenção coletiva ou acordo coletivo de trabalho;

XXVII – direito de greve, competindo aos trabalhadores decidir sobre a oportunidade de exercê-lo e sobre os interesses que devam por meio dele defender;

XXVIII – definição legal sobre os serviços ou atividades essenciais e disposições legais sobre o atendimento das necessidades inadiáveis da comunidade em caso de greve;

XXIX – tributos e outros créditos de terceiros;

XXX – as disposições previstas nos arts. 373-A, 390, 392, 392-A, 394, 394-A, 395, 396 e 400 desta Consolidação.

Parágrafo único. Regras sobre duração do trabalho e intervalos não são consideradas como normas de saúde, higiene e segurança do trabalho para os fins do disposto neste artigo.

Apesar da clareza do preceito contido no art. 611-A da CLT, foram aprovados diversos Enunciados na 2ª Jornada de Direito Material e Processual do Trabalho no sentido de limitar os efeitos da negociação coletiva:

ENUNCIADO Nº 27. ADEQUAÇÃO SETORIAL NEGOCIADA

I – NEGOCIAÇÃO COLETIVA. LIMITES. ADEQUAÇÃO SETORIAL NEGOCIADA. AS REGRAS AUTÔNOMAS COLETIVAS PODEM PREVALECER SOBRE O PADRÃO GERAL HETERÔNOMO TRABALHISTA, DESDE QUE IMPLEMENTEM PADRÃO SETORIAL DE DIREITOS SUPERIOR AO PADRÃO GERAL HETERÔNOMO, OU QUANDO TRANSACIONAM SETORIALMENTE PARCELAS E DIREITOS TRABALHISTAS DE INDISPONIBILIDADE APENAS RELATIVA, RESPEITADAS AS NORMAS DE INDISPONIBILIDADE ABSOLUTA.

II – A "ADEQUAÇÃO SETORIAL NEGOCIADA" NÃO AUTORIZA A SUPRESSÃO OU REDUÇÃO DE DIREITOS "TOUT COURT", CABENDO ÀS PARTES, NOS TERMOS DO ARTIGO 611-A DA CLT, COM A REDAÇÃO DADA PELA LEI 13.467/2017, JUSTIFICAR A EXCEPCIONALIDADE DA ADEQUAÇÃO E SUA TRANSITORIEDADE, BEM COMO DEFINIR AS CONTRAPARTIDAS, COM RAZOABILIDADE E DE BOA-FÉ, SENDO INCONSTITUCIONAL O DISPOSTO NO PARÁGRAFO 2º DO ART. 611-A DA CLT.

ENUNCIADO Nº 32. NEGOCIADO SOBRE LEGISLADO: GRAUS DE INSALUBRIDADE. INSTITUCIONALIDADES, INCONVENCIONALIDADES, RETROCESSO SOCIAL AS DISPOSIÇÕES DOS INCISOS XII E XIII DO ART. 611-A DA CLT (POSSIBILIDADE DE ENQUADRAMENTO DE TRABALHADORES EM GRAUS DE INSALUBRIDADE E DE PRORROGAÇÃO DE JORNADA EM AMBIENTES INSALUBRES POR MEIO DE ACORDO OU CONVENÇÃO COLETIVA DE TRABALHO) PERFAZEM RETROCESSO SOCIAL, COM PREJUÍZOS À VIDA DIGNA E À SAÚDE DO TRABALHADOR, SENDO INCOMPATÍVEIS COM OS ARTIGOS 3º, I E IV, 5º, XXIII, 6º, 7º, XXII, 170, III, 196 E 225 DA CONSTITUIÇÃO FEDERAL, COM O ART. 11, A, DA CONVENÇÃO 155 DA OIT, COM O ART. 611-B, XVII, DA CLT, E, NO CAMPO PROCESSUAL/DECISÓRIO, COM OS ARTIGOS 1º, 8º E 489, § 2º, DO CPC.

ENUNCIADO Nº 33. ENQUADRAMENTO DO GRAU DE INSALUBRIDADE: IMPOSSIBILIDADE DE REDUÇÃO CONSIDERANDO O PRINCÍPIO DA PRIMAZIA DA REALIDADE, E SENDO A SAÚDE UM DIREITO DE TODOS E DEVER DO ESTADO, E CONSIDERANDO AINDA A ILICITUDE DA SUPRESSÃO OU REDUÇÃO DOS DIREITOS PROVENIENTES DE NORMAS DE SAÚDE, HIGIENE E SEGURANÇA NO TRABALHO, PREVALECERÁ O ACORDADO SOBRE O LEGISLADO SEMPRE QUE SE TRATAR DE PAGAMENTO DE PERCENTUAL SUPERIOR ÀQUELE DETERMINADO NA NR-15, NÃO SENDO POSSÍVEL A REDUÇÃO DO REFERIDO ADICIONAL.

ENUNCIADO Nº 34. INTERVALO INTRAJORNADA COMO NORMA DE SEGURANÇA E SAÚDE PÚBLICA I – REGRAS SOBRE O INTERVALO INTRAJORNADA SÃO CONSIDERADAS COMO NORMAS DE SAÚDE, HIGIENE E SEGURANÇA DO TRABALHO E, POR CONSEQUÊNCIA, DE ORDEM PÚBLICA, APESAR DO QUE DISPÕE O ART. 611-B, PARÁGRAFO ÚNICO DA CLT (NA REDAÇÃO DA LEI 13.467/2017). II – O ESTABELECIMENTO DE INTERVALOS INTRAJORNADAS EM PATAMARES INFERIORES A UMA HORA PARA JORNADAS DE TRABALHO SUPERIORES A SEIS HORAS DIÁRIAS É INCOMPATÍVEL COM OS ARTIGOS 6º, 7º, INCISO XXII, E 196 DA CONSTITUIÇÃO.

ENUNCIADO Nº 35. PREVALÊNCIA DO NEGOCIADO SOBRE O LEGISLADO E CONTROLE DE JORNADA DE TRABALHO I – O REGISTRO DE JORNADA DE TRABALHO PERMANECE OBRIGATÓRIO, NOS TERMOS DO ART. 74 DA CONSOLIDAÇÃO DAS LEIS DO TRABALHO. II – A MERA PREVISÃO EM ACORDO OU CONVENÇÃO COLETIVA DE TRABALHO NÃO BASTA PARA A VALIDADE DO SISTEMA DE REGISTRO ELETRÔNICO DE JORNADA DE TRABALHO. NECESSIDADE DE PROVA DA INVIOLABILIDADE E VERACIDADE DOS REGISTROS E POSSIBILIDADE DE EXTRAÇÃO DE DADOS PELA FISCALIZAÇÃO DO TRABALHO.

ENUNCIADO Nº 36. NEGOCIADO SOBRE LEGISLADO E REDUÇÃO SALARIAL NEGOCIAÇÃO COLETIVA. CONTRATO INDIVIDUAL DE TRABALHO. OBJETO ILÍCITO. SALÁRIO MÍNIMO NORMATIVO. ART. 611-B, IV, DA CLT. AS CONVENÇÕES COLETIVAS, OS ACORDOS COLETIVOS DE TRABALHO E OS ACORDOS INDIVIDUAIS DE TRABALHO DEVEM RESPEITAR O SALÁRIO

MÍNIMO NORMATIVO EM QUALQUER MODALIDADE DE CONTRATAÇÃO, NOS TERMOS DO ART. 7º, INCISO IV, DA CONSTITUIÇÃO FEDERAL.

ENUNCIADO Nº 37. SAÚDE E DURAÇÃO DO TRABALHO É INCONSTITUCIONAL O PARÁGRAFO ÚNICO DO ART. 611-B DA CLT, POIS AS NORMAS E INSTITUTOS QUE REGULAM A DURAÇÃO DO TRABALHO, BEM COMO SEUS INTERVALOS, SÃO DIRETAMENTE LIGADOS ÀS TUTELAS DA SAÚDE, HIGIENE E SEGURANÇA DO TRABALHO COMO ESTABELECIDAS PELOS ARTS. 7º, XIII, XIV E XXII, 196 E 225 DA CONSTITUIÇÃO FEDERAL, PELOS ARTS. 3º, B E E, E 5º DA CONVENÇÃO 155 DA OIT, PELO ART. 7º, II, B E D, DO PIDESC (ONU), PELO ART. 7º, E, G E H, DO PROTOCOLO DE SAN SALVADOR (OEA), E PELO PRÓPRIO ART. 58 DA CLT, QUE LIMITA A JORNADA A OITO HORAS DIÁRIAS, SENDO, ASSIM, INSUSCETÍVEIS DE FLEXIBILIZAÇÃO POR CONVENÇÃO OU ACORDO COLETIVOS.

ENUNCIADO Nº 48. NEGOCIAÇÃO "IN PEJUS" E INCONVENCIONALIDADE DO ART. 611-A DA CLT NEGOCIAÇÃO "IN PEJUS". INCONVENCIONALIDADE. EFEITOS PARALISANTES. A COMISSÃO DE EXPERTOS EM APLICAÇÃO DE CONVÊNIOS E RECOMENDAÇÕES DA OIT (CEACR), NO CONTEXTO DE SUA OBSERVAÇÃO DE 2017 SOBRE A APLICAÇÃO, PELO BRASIL, DA CONVENÇÃO 98 DA OIT, REITEROU QUE O OBJETIVO GERAL DAS CONVENÇÕES 98, 151 E 154 É A PROMOÇÃO DA NEGOCIAÇÃO COLETIVA PARA ENCONTRAR ACORDO SOBRE TERMOS E CONDIÇÕES DE TRABALHO QUE SEJAM MAIS FAVORÁVEIS QUE OS PREVISTOS NA LEGISLAÇÃO. SEGUNDO A CEACR, UM DISPOSITIVO LEGAL QUE INSTITUI A DERROGABILIDADE GERAL DA LEGISLAÇÃO LABORAL POR MEIO DA NEGOCIAÇÃO COLETIVA É CONTRÁRIO AO OBJETIVO DA PROMOÇÃO DA NEGOCIAÇÃO COLETIVA LIVRE E VOLUNTÁRIA PREVISTA EM TAIS CONVENÇÕES. O ARTIGO 611-A DA CLT "REFORMADA" NÃO É VERTICALMENTE COMPATÍVEL COM A CONVENÇÃO 98 DA OIT E REMANESCE FORMALMENTE INCONVENCIONAL, CIRCUNSTÂNCIA QUE IMPEDE A SUA APLICAÇÃO, EM VIRTUDE DA EFICÁCIA PARALISANTE IRRADIADA PELAS CONVENÇÕES.

8. CONFLITOS DE INTERESSES E SUAS FORMAS DE SOLUÇÃO

A função primordial do Direito é prevenir conflitos. A norma jurídica institui uma hipótese que representa uma situação fática possível de ser concretizada e apresenta, previamente, a sua solução.

O conflito surge quando o indivíduo ignora o comando geral e abstrato contido na norma ou, em alguns casos, quando esta última não é clara e enseja interpretações divergentes entre si.

O Estado detém o "Poder" da Jurisdição, porque todos os jurisdicionados estão a ela submetidos e obrigados a cumprir suas decisões, e, ao mesmo tempo, detém também o "Dever" de prestar a tutela jurisdicional, quando provocado.

Acontece que o Estado não desempenha esse Poder/Dever de forma satisfatória. Não são fornecidas, ao Poder Judiciário, ferramentas adequadas (recursos humanos e materiais) para cumprimento efetivo da citada atividade. Talvez isso ocorra por conta do Judiciário ser o único Poder do Estado não político, uma vez que seus integrantes não são escolhidos pelo voto. Assim, não haveria interesse em prestigiar essa tão importante função pública.

Percebe-se, desse modo, que existem duas formas para a solução dos conflitos: **a autônoma e a heterônoma**. É autônoma a forma de solução dos conflitos quando ela ocorre e efetiva-se somente com a participação dos indivíduos, cujos interesses são divergentes, como **é o caso da autotutela e da autocomposição**. Já a heterocomposição acontece quando um terceiro é chamado para por fim à divergência e é representada pela **mediação**,[84] **arbitragem e jurisdição**.

No resumo a seguir, a classificação das diversas formas de solução de conflitos:

FORMAS DE SOLUÇÃO DE CONFLITOS

- Autônoma
  - Autotutela
  - Autocomposição
- Heterônima
  - Jurisdição
  - Mediação
  - Arbitragem

8.1. Jurisdição

Nas sociedades primitivas, bem como na época da justiça privada, era o próprio ofendido quem criava e defendia o seu direito.

O Estado moderno retirou do particular a possibilidade dele próprio fazer "justiça com as próprias mãos", forma de composição de conflitos denominada de autotutela, na qual prevalece a "lei do mais forte".

O Estado atraiu para si essa função que hoje é denominada de jurisdição e sub-rogou-se nos direitos do ofendido. Dessa forma, na hipótese de o indivíduo defender pessoalmente um interesse em conflito, salvo algumas exceções previstas expressamente em lei, praticará o crime de exercício arbitrário das próprias razões, tipificado pelo art. 345 do Código Penal:

> **Exercício arbitrário das próprias razões. Art. 345.** Fazer justiça pelas próprias mãos, para satisfazer pretensão, embora legítima, salvo quando a lei o permite: Pena – detenção, de 15 (quinze) dias a 1 (um) mês, ou multa, além da pena correspondente à violência.

Entretanto, como foi dito no item anterior, o Estado não está preparado para solucionar, sozinho, todos os conflitos derivados da aplicação e interpretação do Direito que impõe aos cidadãos.

Primeiro, porque a vida em sociedade, a cada dia que passa, fica mais complexa e surge, da convivência entre os indivíduos, diversas relações que necessitam ser reguladas pelo Direito. Segundo, porque com o surgimento do conflito os envolvidos relutam em recorrer a outra forma de solução que não seja o exercício da jurisdição pelo Estado.

84. Há autores, a exemplo de Bezerra Leite, que classifica a mediação como forma autônoma de solução de conflitos (Curso de direito processual do trabalho. 8. ed. São Paulo: Ltr, 2010. p. 111).

8.2. Mediação

Na mediação, os indivíduos em conflito nomeiam uma terceira pessoa, que oferece uma solução para a controvérsia. **É um método extrajudicial** de solução de desavenças destinado a acomodar os interesses intersubjetivos conflitantes.

Difere da arbitragem e da jurisdição porque as partes, cujos interesses são divergentes, **não são obrigadas a aceitar a solução oferecida**.

A mediação encontra-se disciplinada pela Lei nº 13.140/2015, que conceitua esse instituto no parágrafo único do seu art. 1º: "Considera-se mediação a atividade técnica exercida por terceiro imparcial sem poder decisório, que, escolhido ou aceito pelas partes, as auxilia e estimula a identificar ou desenvolver soluções consensuais para a controvérsia".

Na seara laboral, o ordenamento jurídico prevê a utilização da mediação como meio de solução dos conflitos coletivos do trabalho, na qual deve funcionar, ordinariamente, como mediador, o órgão do Ministério do Trabalho e Emprego.

Como esse Órgão foi extinto pela Lei nº 13.844/19, essa atribuição passa a ser da Secretaria Especial de Previdência e Trabalho, vinculada ao Ministério da Economia.

É o caso do art. 11 da Lei nº 10.192/01, que estabeleceu medidas complementares ao Plano Real:

> **Art. 11.** Frustrada a negociação entre as partes, promovida diretamente ou através de **mediador**, poderá ser ajuizada a ação de dissídio coletivo. § 1º O **mediador** será designado de comum acordo pelas partes ou, a pedido destas, pelo Ministério do Trabalho e Emprego, na forma da regulamentação de que trata o § 5º deste artigo. (grifou-se).

Também há preceito expresso na Lei nº 10.101/00, que trata da participação dos empregados nos lucros e resultados da empresa:

> **Art. 4º.** Caso a negociação visando à participação nos lucros ou resultados da empresa resulte em impasse, as partes poderão utilizar-se dos seguintes mecanismos de solução do litígio: I – **mediação**. (grifou-se).

E, mais especificamente, o Decreto nº 1.572/95, que dispõe sobre mediação nas negociações coletivas de trabalho, devidamente regulamentado pela Portaria nº 817/95 do extinto Ministério do Trabalho e Emprego.

Nos dissídios individuais do trabalho a mediação é admitida desde que seja feita por meio das comissões de conciliação prévia, nos casos dos trabalhadores hipersuficientes em relação aos direitos previstos no art. 611-A da CLT e, nos demais casos, desde que a transação respectiva seja homologada pelo juiz do trabalho.

8.3. Arbitragem

Por intermédio da arbitragem, os interessados elegem uma terceira pessoa para apresentar uma **solução de cumprimento obrigatório ao conflito,** ainda que seja instaurada em demanda judicial em curso.

Existia previsão legal da arbitragem no Código Civil de 1916, nos artigos 1.037 a 1.048, e no CPC de 1973, artigos 1.072 a 1.102. Contudo, somente com o advento da Lei nº 9.307/96, posteriormente alterada pela Lei nº 13.129/15, foi que houve publicidade e incentivo à sua adoção, quando então foi remodelado o aludido instituto, com a introdução de inovações no seu procedimento, retirada formalidades inúteis que imprimiu à sentença arbitral eficácia de coisa julgada, independentemente de homologação pelo Juiz.

Observe-se, entretanto, que a possibilidade de escolha dessa via alternativa de composição de conflitos encontra-se limitada de forma subjetiva e objetiva. Só podem recorrer à arbitragem as pessoas maiores e capazes (aspecto subjetivo). Objetivamente, pode-se dizer **que a matéria posta à apreciação do árbitro deve versar sobre direitos patrimoniais disponíveis**.

Encontram-se fora do raio de atuação da arbitragem os conflitos que tratam de direitos absolutamente indisponíveis, como as questões de Direito de família e outros da mesma natureza.

Assim, constituem vantagens decorrentes da utilização da arbitragem: **rapidez**, em face da ausência de acúmulo de serviço, tão comum no Poder Judiciário; **a especialização dos** árbitros, que, na maioria das vezes, compõem as denominadas câmaras de arbitragem; **irrecorribilidade** das decisões, nos casos em que as partes assim ajustarem; e **constituição de um título executivo** que legitima a propositura de processo de execução.

O CPC atribui **natureza judicial** a esse título executivo, conforme se observa do preceito contido no art. 515, VI, apesar de não haver qualquer interferência do Poder Judiciário para a sua validade.

As desvantagens não são muitas, mas devem ser levadas em consideração. A principal delas é a **ausência de garantias quanto à imparcialidade dos árbitros**, visto que não gozam eles das prerrogativas conferidas aos magistrados, como irredutibilidade salarial, inamovibilidade e vitaliciedade.

A arbitragem pode ser **judicial ou extrajudicial**. Ocorre a primeira quando, no curso de demanda judicial, resolvem os litigantes escolher essa forma de solução do conflito. É extrajudicial a arbitragem quando inexiste ação proposta perante a Justiça.

Nesse caso, pode ser pactuada de forma prévia ou incidental, ou seja, antes ou depois de surgir o conflito, na forma de **cláusula compromissória**, inserida no corpo do contrato, e na forma de **compromisso arbitral**, respectivamente. Na verdade, é equivocada a utilização da denominação "arbitragem judicial", uma vez que a arbitragem é, justamente, um meio **extrajudicial** de solução de conflitos.

Quando o árbitro escolhido é um servidor ou órgão da administração pública, a arbitragem será **pública**. Caso contrário, quando as partes conflitantes elegem uma pessoa física ou jurídica de direito privado, a arbitragem será **privada**.

O Código de Defesa do Consumidor, em seu artigo 51, inciso VII, diz que são nulas de pleno direito as cláusulas contratuais relativas ao fornecimento de produtos e serviços que instituam a arbitragem obrigatória.

Há dúvida sobre a possibilidade de opção pela arbitragem quando se tratar de litígio decorrente da relação de emprego hipossuficiente (dissídios individuais), tendo em vista a determinação contida no art. 1º, da Lei nº 9.307: "As pessoas capazes de contratar poderão valer se da arbitragem para dirimir litígios relativos a direitos patrimoniais disponíveis".

Muitos autores defendem o caráter irrenunciável dos direitos trabalhistas. Todavia, a doutrina tradicional posiciona-se no sentido de conferir esse privilégio às verbas devidas ao empregado **no momento da formação e durante o contrato de trabalho**. Uma vez extinto o contrato de trabalho não estaria mais o trabalhador submetido ao poder do seu patrão.

A Lei da Reforma Trabalhista (Lei nº 13.467/17), introduziu o art. 507-A à CLT para admitir a arbitragem quando se tratar de **empregado economicamente hipersuficiente**, ainda que mediante a inserção de cláusula compromissória:

> **Art. 507-A.** Nos contratos individuais de trabalho cuja remuneração seja superior a duas vezes o limite máximo estabelecido para os benefícios do Regime Geral de Previdência Social, poderá ser pactuada cláusula compromissória de arbitragem, desde que por iniciativa do empregado ou mediante a sua concordância expressa, nos termos previstos na Lei nº 9.307, de 23 de setembro de 1996.

Observe-se que o parágrafo único do art. 444 da CLT também trata do **empregado hipersuficiente**, não somente no aspecto econômico, mas também **sob o ponto de vista técnico**, uma vez que exige que o empregado seja portador de diploma de nível superior:

> **Art. 444. Parágrafo único.** A livre estipulação a que se refere o *caput* deste artigo aplica-se às hipóteses previstas no art. 611-A desta Consolidação, com a mesma eficácia legal e preponderância sobre os instrumentos coletivos, no caso de empregado portador de diploma de nível superior e que perceba salário mensal igual ou superior a duas vezes o limite máximo dos benefícios do Regime Geral de Previdência Social.

Ainda assim, persiste tese inadmitindo a arbitragem para resolver litígios laborais, como aquela que consta do Enunciado nº 56 aprovado na 2ª Jornada de Direito Material e Processual do Trabalho:

> **ENUNCIADO Nº 56. CLÁUSULA COMPROMISSÓRIA DE ARBITRAGEM NAS RELAÇÕES DE TRABALHO**
>
> CLÁUSULA COMPROMISSÓRIA DE ARBITRAGEM. ART. 507-A DA CLT. IMPOSSIBILIDADE DE SER INSTITUÍDA EM SE TRATANDO DE CRÉDITOS DECORRENTES DA RELAÇÃO DE TRABALHO, À LUZ DO ARTIGO 1º DA LEI 9.307/96, ART. 100 DA CF/88, ART. 1707 DO CC E ART. 844, § 4º, II DA CLT. CARÁTER ALIMENTAR DO CRÉDITO TRABALHISTA. INDISPONIBILIDADE E INDERROGABILIDADE DOS DIREITOS TRABALHISTAS.

Note-se, também, que a nova regra omite-se em relação ao uso da arbitragem como forma de solução de conflitos trabalhistas gerados **após a extinção do contrato de trabalho**, quando não mais existe a subordinação do empregado.

A jurisprudência ainda não se consolidou no que diz respeito a essa questão quando se trata de **empregado hipossuficiente**.

A decisão a seguir transcrita do TST e o precedente judicial do TRT15 concluem pela possibilidade do recurso à arbitragem para solucionar os conflitos individuais do trabalho:

> AGRAVO DE INSTRUMENTO EM RECURSO DE REVISTA. JUÍZO ARBITRAL. COISA JULGADA. LEI Nº 9.307/96. CONSTITUCIONALIDADE. O art. 5º, XXXV, da Constituição Federal dispõe sobre a garantia constitucional da universalidade da jurisdição,

a qual, por definir que nenhuma lesão ou ameaça a direito pode ser excluída da apreciação do Poder Judiciário, não se incompatibiliza com o compromisso arbitral e os efeitos de coisa julgada de que trata a Lei nº 9.307/96. É que a arbitragem se caracteriza como forma alternativa de prevenção ou solução de conflitos à qual as partes aderem, por força de suas próprias vontades, e o inciso XXXV do art. 5º da Constituição Federal não impõe o direito à ação como um dever, no sentido de que todo e qualquer litígio deve ser submetido ao Poder Judiciário. Dessa forma, as partes, ao adotarem a arbitragem, tão-só por isso, não praticam ato de lesão ou ameaça à direito. Assim, reconhecido pela Corte Regional que a sentença arbitral foi proferida nos termos da lei e que não há vício na decisão proferida pelo juízo arbitral, não se há de falar em afronta ao mencionado dispositivo constitucional ou em inconstitucionalidade da Lei nº 9.307/96. Despicienda a discussão em torno dos arts. 940 do Código Civil e 477 da CLT ou de que o termo de arbitragem não é válido por falta de juntada de documentos, haja vista que reconhecido pelo Tribunal Regional que a sentença arbitral observou os termos da Lei nº 9.307/96 – a qual não exige a observação daqueles dispositivos legais e não tratou da necessidade de apresentação de documentos (aplicação das Súmulas nºs 126 e 422 do TST). Os arestos apresentados para confronto de teses são inservíveis, a teor da alínea a do artigo 896 da CLT e da Súmula nº 296 desta Corte. Agravo de instrumento a que se nega provimento.[85]

OJ SDC Nº 08 do TRT15. PLR. ARBITRAGEM PELA JUSTIÇA DO TRABALHO. POSSIBILIDADE. Havendo o comum acordo, o artigo 4º da Lei nº 10.101 de 2000 possibilita a arbitragem de ofertas finais pela Justiça do Trabalho.

Em sentido contrário:

RECURSO DE REVISTA DA RECLAMANTE. ARBITRAGEM. TRANSAÇÃO. ALCANCE NO DIREITO INDIVIDUAL DO TRABALHO. Esta Corte vem firmando posicionamento no sentido de que a solução de conflitos oriundos da relação de trabalho efetivada perante o juízo arbitral não é compatível com o Direito Individual do Trabalho, considerando-se a significativa gama de direitos indisponíveis e irrenunciáveis e o desequilíbrio entre as partes decorrente da hipossuficiência típica da relação de emprego. Recurso de revista conhecido e provido.[86]

A doutrina também não é pacífica quando se trata dessa matéria:

Quadro Doutrinário – Arbitragem e conflitos individuais trabalhistas		
Posicionamento	**Doutrinadores**	**Exemplo**
A favor	Amauri Mascaro Nascimento	[...] o que mostra que sua finalidade não é trabalhista, porque visa atender a questões de comércio, especialmente tendo em vista o Mercosul. Nada impede, no entanto, a sua aplicação nas relações de trabalho (Amauri Mascaro Nascimento).*
Contra	Bezerra Leite, Alice Monteiro de Barros e Maurício Godinho Delgado	Há forte resistência quanto à compatibilidade da arbitragem com o Direito Individual do Trabalho. Afinal, neste ramo prevalece a noção de indisponibilidade de direitos trabalhistas, não se compreendendo como poderia ter validade certa decisão de árbitro particular que suprimisse direitos indisponíveis do trabalhador (Maurício Godinho Delgado).**
(*) NASCIMENTO. Amauri Mascaro. **Curso de direito processual do trabalho.** ed. São Paulo: Saraiva, 2002.. 18. (**) DELGADO, Maurício Godinho. **Curso de direito do trabalho**. 10 ed. Ltr: São Paulo, 2011. p. 165.		

85. TST. AIRR 1475/2002-193-05-00. 7ª T. Rel. Min. Pedro Paulo Manus. DJU 17.10.2008.
86. TST. RR-171400-67.2008.5.03.0075. 8ªT. Rel. Min. Dora Maria da Costa. DJET 07.12.2010.

Conclui-se, dessa forma, que a jurisprudência e a doutrina ainda não se consolidaram acerca **da utilização da arbitragem como meio eficaz para solucionar os conflitos individuais de trabalho** após a extinção do contrato de trabalho, notadamente em se tratando de empregado hipossuficiente.

8.4. Comissões de conciliação prévia

Qualquer demanda de natureza trabalhista será submetida à Comissão de conciliação prévia – CCP se, na localidade da prestação de serviços, houver sido instituída a Comissão no âmbito da empresa ou do sindicato da categoria (art. 625-D da CLT).

A exigência constante do dispositivo legal transcrito constitui requisito para ajuizamento de uma ação na Justiça do Trabalho ou seria apenas uma faculdade do empregado ou do empregador?

O princípio da inafastabilidade encontra-se previsto na atual Constituição Federal em seu art. 5º, inciso XXXV, com a seguinte redação: "A lei não excluirá da apreciação do Poder Judiciário lesão ou ameaça a direito".

Assim, qualquer lei ordinária que impeça ou limite o exercício do direito de ação não terá qualquer eficácia, em face do que determina o comando constitucional acima transcrito.

O STF, em decisão final Plenária proferida nos autos da ADI nº 2139 (1º.08.2018), conferiu ao art. 625-D da CLT, **interpretação conforme a Constituição Federal, para declarar o caráter facultativo da passagem prévia dos litígios trabalhistas pelas referidas comissões.**

Em caso análogo, manifestou-se o TST pela inexigibilidade de submissão prévia de litígios trabalhistas portuários à comissão paritária instituída pela Lei nº 8.630/93.

> **SDI-1. OJ Nº 391.** PORTUÁRIOS. SUBMISSÃO PRÉVIA DE DEMANDA A COMISSÃO PARITÁRIA. LEI Nº 8.630, DE 25.02.1993. INEXIGIBILIDADE. A submissão prévia de demanda a comissão paritária, constituída nos termos do art. 23 da Lei nº 8.630, de 25.02.1993 (Lei dos Portos), não é pressuposto de constituição e desenvolvimento válido e regular do processo, ante a ausência de previsão em lei.[87]

Analisada sob outro ângulo, as comissões de conciliação prévia, cuja instalação também tem caráter facultativo, podem ser de duas espécies, **sindical ou empresarial**.

O disciplinamento relativo à composição e ao funcionamento da **comissão sindical** é feito sempre pela via da negociação coletiva.

Já a **comissão empresarial** não tem essa mesma flexibilidade, uma vez que será composta por **no mínimo dois e no máximo dez integrantes**, com observação das seguintes regras estabelecidas pelo art. 625-B da CLT: metade dos membros **é indicada pelo empregador** e a outra metade **eleita pelos empregados**, em escrutínio secreto, fiscalizado pelo sindicato da categoria profissional;[88] quantidade de suplentes idêntica ao número de titulares; e **mandato de um ano, permitida uma recondução**.

---

87. A Lei nº 8.630 foi revogada expressamente pela Lei nº 12.815/13.
88. É vedada a dispensa dos representantes dos empregados membros da Comissão de Conciliação Prévia, titulares e suplentes, até um ano após o final do mandato, salvo se cometeram falta grave, nos termos da lei.

Na hipótese de na mesma localidade existir uma comissão empresarial e outra sindical, **o interessado poderá fazer a opção por qualquer uma delas**, com prevenção daquela que primeiro conhecer do pedido.

O interessado, empregado ou empregador, deve submeter o eventual conflito de interesses à Comissão de conciliação prévia, por escrito ou verbalmente, que deverá ser apreciado no prazo máximo de **dez dias**.[89]

No caso de acordo, será lavrado um termo assinado pelo empregado e pelo empregador, que valerá como **título executivo extrajudicial e com eficácia liberatória geral, exceto quanto às parcelas expressamente ressalvadas**.[90]

No caso de tentativa frustrada de acordo, a comissão deverá fornecer aos interessados uma declaração nesse sentido, com descrição do seu objeto.

Resumem-se, a seguir, as principais características da comissão de conciliação prévia e do procedimento das demandas a ela submetidas:

Comissão de Conciliação Prévia	**Espécies**		Empresarial e sindical
	Composição		Entre 2 e 10 membros (metade indicada pelo empregador e metade eleita pelos empregados)
			Para cada titular haverá um suplente
	Mandato		1 ano, permitida uma recondução
	Estabilidade		Durante o período do exercício do mandato até um ano após a sua extinção, salvo cometimento de falta grave.
	Ausência do serviço		Os períodos de exercício da atividade na CCP serão contados como tempo de serviço
Procedimento da demanda	**Forma**		Escrita ou oral
	Conciliação	**Sem êxito**	Expedição de declaração da tentativa conciliatória frustrada com a descrição de seu objeto
		Com êxito	Expedição de título executivo extrajudicial e terá eficácia liberatória geral, exceto quanto às parcelas expressamente ressalvadas
	Prazo		Dez dias para a realização da sessão de tentativa de conciliação a partir da provocação do interessado
	Prescrição		Suspensão do prazo prescricional a partir da provocação da Comissão de Conciliação Prévia
	Obrigatoriedade		A sujeição da demanda à CCP é facultativa

89. O prazo compreendido entre a provocação da comissão e a assinatura do acordo ou da tentativa frustrada de conciliação é considerado como de suspensão da prescrição, de acordo com o que determina o art. 625-G da CLT.

90. TERMO DE CONCILIAÇÃO FIRMADO PERANTE A COMISSÃO DE CONCILIAÇÃO PRÉVIA. AUSÊNCIA DE RESSALVAS. EFEITOS. QUITAÇÃO GERAL DO CONTRATO DE TRABALHO. A SBDI-1 do TST pacificou entendimento quanto ao caráter geral da quitação dada nas Comissões de Conciliação Prévia. Para a SBDI-1, nos termos do parágrafo único do art. 625-E da CLT, – o termo de conciliação é título executivo extrajudicial e terá eficácia liberatória geral, exceto quanto às parcelas expressamente ressalvadas. Sendo evidenciada a existência de norma especial, não há de se aplicar o art. 477, § 2º, consolidado ou mesmo a Súmula nº 330 desta Corte, de forma a se conferir eficácia apenas às parcelas constantes do termo de conciliação e desde que inexistente ressalva. Assim, ausente ressalva expressa no termo de conciliação firmado perante a Comissão de Conciliação Prévia, o título em questão possui eficácia liberatória geral, com quitação ampla do extinto contrato de trabalho. Ressalva-se o entendimento deste Relator, mas confere-se efetividade à jurisprudência dominante da Corte (TST. RR-106400-24.2007.5.23.0003. 6ª T. Min. Rel. Maurício Godinho Delgado. DEJT 07.10.2011).

8.5. Autocomposição

Diante da aplicação do princípio da proteção e da irrenunciabilidade, não se reconhece a eficácia jurídica plena para a solução dos conflitos individuais do trabalho por meio da autocomposição,[91] **salvo no caso de homologação de quitação anual pelo sindicato profissional (art. 507-B da CLT) e na hipótese de empregado hipersuficiente**.

O **caráter autárquico** do Direito do Trabalho equivale à sua natureza de ordem pública (cogente). Assim, há de se reconhecer a limitação da autocomposição como forma de solução de conflitos trabalhistas envolvendo **empregados hipossuficientes**, pois ela exige como requisito objetivo a disponibilidade do direito.

A autocomposição pode implicar **transação de direitos trabalhistas**, tema que foi analisado no item 6.2 deste Capítulo.

Além dessa hipótese, o **acordo extrajudicial** pode ser celebrado entre empregado e empregador, mas só produz os efeitos pretendidos pelas partes se **for homologado pela Justiça do Trabalho**, no exercício de jurisdição voluntária, conforme permissivo contido no art. 855-B da CLT:

> **Art. 855-B**. O processo de homologação de acordo extrajudicial terá início por petição conjunta, sendo obrigatória a representação das partes por advogado. § 1º As partes não poderão ser representadas por advogado comum. § 2º Faculta-se ao trabalhador ser assistido pelo advogado do sindicato de sua categoria.

Inclusive, é possível celebrar esse acordo **durante a relação de emprego** para obter a **segurança jurídica** necessária e esperada pelos contratantes (empregado e empregador), notadamente em eventuais **alterações contratuais.**

Note-se, porém, que como o acordo é submetido à apreciação do juiz, que pode inclusive não homologá-lo, deixa de ser um caso de autocomposição e passa a ser **jurisdição voluntária**

Em relação ao **trabalhador hipersuficiente**, apesar da omissão específica da CLT mesmo após a implementação da reforma trabalhista, **admite-se a autocomposição desde que não implique renúncia ou transação aos direitos descritos no art. 611-B da CLT**, que basicamente são aqueles listados no art. 7º da Constituição Federal de 1988.

Exemplo de questão sobre o tema

(Magistratura do Trabalho – TRT 1ª R – 2010) No que diz respeito às comissões de conciliação prévia, assinale a opção correta.

(A) A comissão de conciliação prévia pode ser criada no âmbito empresarial se tiver, no mínimo, quatro membros e, no máximo, doze.

(B) Todos os membros das comissões são detentores de estabilidade provisória.

(C) Os integrantes das comissões que representarem os empregados ficam afastados das suas atividades na empresa e devem ser remunerados, durante o período em que exercerem atividades nessas comissões, pela comissão que integrem.

(D) Estão legitimados para constituir as comissões uma ou mais empresas e um ou mais sindicatos.

91. Sobre a autocomposição, consultar o item 6 (Indisponibilidade no Direito do Trabalho) deste capítulo.

(E) O prazo prescricional será interrompido a partir da provocação da comissão e recomeçará a fluir a partir da tentativa frustrada de conciliação ou do esgotamento do prazo de dez dias da sessão de tentativa de conciliação a partir da provocação do interessado

Resposta: D

9. PRESCRIÇÃO E DECADÊNCIA

A **prescrição** nada mais é do que a **perda do exercício da pretensão** pelo titular de um direito subjetivo violado, em razão do decurso do tempo (art. 189 do Código Civil).[92]

Entretanto, se a pretensão do titular do direito limita-se a declaração de existência ou inexistência de uma relação jurídica, nos termos do art. 19, I, do CPC,[93] não haverá que se falar em incidência da prescrição.

Nessa categoria (imprescritível) inclui-se a reclamação trabalhista que objetive reconhecer a existência da relação de emprego, para fins de contagem do tempo de serviço, conforme dispõe o § 1º, art. 11 da CLT: "O disposto neste artigo não se aplica às ações que tenham por objeto anotações para fins de prova junto à Previdência Social."

Preconiza a Constituição Federal de 1988, em seu art. 7º, inciso XXIX, que **o prazo prescricional será de cinco anos, até o limite de dois anos após a extinção do contrato de trabalho.**[94]

A CLT repete essa regra no *caput* do art. 11, com redação definida pela Lei nº 13.467/17:

> **Art. 11.** A pretensão quanto a créditos resultantes das relações de trabalho prescreve em cinco anos para os trabalhadores urbanos e rurais, até o limite de dois anos após a extinção do contrato de trabalho.

Sobre a concorrência do prazo de prescrição quinquenal e bienal, o TST posiciona-se por intermédio da Súmula nº 308:

> **SÚMULA Nº 308.** PRESCRIÇÃO QUINQUENAL (incorporada a Orientação Jurisprudencial nº 204 da SDI-1) – Res. 129/2005 – DJ 20.04.2005 I. Respeitado o biênio subsequente à cessação contratual, a prescrição da ação trabalhista concerne às pretensões imediatamente anteriores a cinco anos, contados da data do ajuizamento da reclamação e, não, às anteriores ao quinquênio da data da extinção do contrato. (ex-OJ nº 204 – Inserida em 08.11.2000) II. A norma constitucional que ampliou o prazo de prescrição da ação trabalhista para 5 (cinco) anos é de aplicação imediata e não atinge pretensões já alcançadas pela prescrição bienal quando da promulgação da CF/1988. (ex-Súmula nº 308 – Res. 6/1992, DJ 05.11.1992)

Na decadência perde-se, pelo decurso do tempo, o próprio direito. **Ocorre quando, para o exercício de um direito, exige-se a intervenção do Poder Judiciário**. Em outras

92. Código Civil. Art. 189. Violado o direito, nasce para o titular a pretensão, a qual se extingue, pela prescrição, nos prazos a que aludem os arts. 205 e 206.
93. CPC. Art. 19. O interesse do autor pode limitar-se à declaração: I – da existência, da inexistência ou do modo de ser de uma relação jurídica.
94. A redação original foi alterada pela Emenda Constitucional nº 28, de 25.05.2000 que unificou os prazos prescricionais dos trabalhadores urbanos e rurais.

palavras, o ajuizamento de determinada ação constitui formalidade do ato jurídico que deve ser praticado pelo interessado.

Os prazos de decadência são típicos de ações constitutivas. Desse modo, no âmbito do Direito do trabalho, faculta-se ao empregador suspender o empregado estável para apuração de falta grave.

Se o empregador optar por suspender o empregado estável, **terá o prazo de trinta dias** para ajuizar o competente inquérito para apuração de falta grave, sob pena de **decair o seu direito**.[95] É o único prazo de decadência que se tem conhecimento do Direito do Trabalho, conforme se observa da Súmula nº 403, do STF: "É de decadência o prazo de trinta dias para instauração do inquérito judicial, a contar da suspensão, por falta grave, do empregado estável".[96]

Destaca-se que durante o período da pandemia do coronavírus, mais precisamente de 12.06.2020 a 31.10.2020, os prazos de prescrição e de decadência foram impedidos ou suspensos, na forma estabelecida pelo art. 3º, da Lei nº 14.010/20:

> **Art. 3º** Os prazos prescricionais consideram-se impedidos ou suspensos, conforme o caso, a partir da entrada em vigor desta Lei até 30 de outubro de 2020. § 1º Este artigo não se aplica enquanto perdurarem as hipóteses específicas de impedimento, suspensão e interrupção dos prazos prescricionais previstas no ordenamento jurídico nacional. § 2º Este artigo aplica-se à decadência, conforme ressalva prevista no art. 207 da Lei nº 10.406, de 10 de janeiro de 2002 (Código Civil).

As demais questões relativas à prescrição e à decadência são tratadas no Capítulo VIII, item 4.8, Parte I, desta obra.

10. QUADRO SINÓPTICO

Capítulo I – Introdução ao Direito do trabalho		
Instituto	**Conteúdo**	**Item**
Conceito	O Direito do trabalho é o ramo do Direito composto por regras e princípios, sistematicamente ordenados, que regulam a relação de trabalho subordinada entre empregado e empregador, acompanhado de sanções para a hipótese de descumprimento dos seus comandos.	1.1
Denominações	Direito do trabalho, Direito social, Direito operário, Direito industrial, Direito corporativo e Direito laboral.	1.2
Características	Proteção excessiva à pessoa do empregado ao conferir um tratamento desigual entre os representantes do capital e do trabalho. O trabalhador é considerado elemento frágil da relação laboral (plano fático ou plano material). Para compensar essa hipossuficiência, a Lei concede ao empregado várias prerrogativas (plano jurídico), além de limitar o poder de disposição dos seus direitos. A Lei nº 13.467/17 reconheceu juridicamente a figura do trabalhador hipersuficiente (art. 444, parágrafo único, da CLT), ou seja, aquele que por conta do seu nível salarial e dos seus conhecimentos técnicos-científicos não necessitam do mesmo nível de proteção conferida aos trabalhadores hipossuficientes.	1.3

95. TST. Súmula nº 62. ABANDONO DE EMPREGO. O prazo de decadência do direito do empregador de ajuizar inquérito em face do empregado que incorre em abandono de emprego é contado a partir do momento em que o empregado pretendeu seu retorno ao serviço.

96. O prazo para ajuizamento da ação rescisória, no processo do trabalho, também é decadencial.

<table>
<tr><td rowspan="2">Divisão</td><td>Direito individual do trabalho</td><td>Conjunto de regras e princípios que regulam a relação entre empregado e empregador individualmente considerados.</td><td rowspan="2">1.4</td></tr>
<tr><td>Direito coletivo do trabalho</td><td>Conjunto de regras e princípios destinados a regulamentar a atividade dos entes coletivos representativos dos empregados (sindicato da categoria profissional) e empregadores (sindicato da categoria econômica). Tem como objetivo evitar o surgimento de conflito, além de traçar diretrizes para a fixação de normas profissionais pelos próprios interessados.</td></tr>
<tr><td>Natureza jurídica</td><td colspan="2">Ramo integrante do Direito privado (há divergência na doutrina sobre o tema).</td><td>1.5</td></tr>
<tr><td>Funções</td><td colspan="2">Evitar os conflitos entre os detentores do capital e os trabalhadores; estabelecer, em regra, melhores condições de trabalho para os empregados hipossuficientes, eliminar ou reduzir a exploração desumana do trabalhador; promover a paz social, a liberdade e a dignidade do trabalhador. O Direito do trabalho também se aplica em relação ao trabalhador hipersuficiente, mas com uma intensidade menor, pois se admite, em certos casos, a prevalência da sua autonomia da vontade em relação a alguns direitos trabalhistas, principalmente aqueles previstos no art. 611-A da CLT.</td><td>1.6</td></tr>
<tr><td colspan="4">Fontes do Direito do Trabalho</td></tr>
<tr><td>Conceito</td><td colspan="2">Fontes formais do Direito correspondem às manifestações provenientes do Estado e, excepcionalmente, aquelas emanadas da própria sociedade, reconhecidas por esse mesmo Direito, que dão origem às normas e aos princípios que regulamentam a vida em sociedade.</td><td>2.1</td></tr>
<tr><td rowspan="2">Classificação</td><td>Fontes estatais ou heterônomas</td><td>Constituição, lei, decreto e sentença normativa.</td><td rowspan="2">2.2</td></tr>
<tr><td>Fontes profissionais ou autônomas</td><td>Convenção coletiva de trabalho, acordo coletivo de trabalho, regulamento da empresa.</td></tr>
<tr><td>Hierarquia</td><td colspan="2">A regra clássica da hierarquia das leis, que compõem determinado ordenamento jurídico, deixa de incidir em determinada hipótese fática, por conta da existência de outra norma que imprima tratamento diferenciado e mais benéfico ao operário. Representa o princípio da aplicação da regra estatal mais favorável que norteia o Direito laboral. Não se aplica essa regra quando se leva em consideração as convenções e os acordos coletivos de trabalho. Isso porque a Lei nº 13.467/17 introduziu profundas modificações no ordenamento jurídico laboral, inclusive a possibilidade dos instrumentos normativos negociados estabelecerem condições de trabalho menos benéficas para o empregado.</td><td>2.3</td></tr>
<tr><td colspan="4">Interpretação do Direito do trabalho</td></tr>
<tr><td>Conceito</td><td colspan="2">Técnica pela qual se elimina uma possível ambiguidade existente na norma jurídica para extrair o seu verdadeiro sentido com o uso de diversos métodos de exegese.</td><td>3</td></tr>
<tr><td>Característica da interpretação no Direito do trabalho</td><td colspan="2">Na interpretação do Direito do trabalho deve-se observar o princípio protetivo, do qual deriva a regra do in dubio pro operario. Em caso de dúvida sobre o verdadeiro alcance da norma trabalhista, deve-se optar por aquela que mais beneficie o empregado.</td><td>3</td></tr>
<tr><td rowspan="2">Espécies de interpretação</td><td>Quanto ao resultado</td><td>Extensiva, restritiva e declarativa.</td><td rowspan="2">3.1</td></tr>
<tr><td>Quanto à fonte</td><td>Autêntica, jurisprudencial e doutrinária.</td></tr>
<tr><td>Regras aplicáveis à interpretação do Direito do trabalho</td><td colspan="2">A Lei nº 13.467/17 estabeleceu duas regras sobre a interpretação das normas trabalhista até então inexistentes:
1º) determina que o resultado do processo interpretativo feito pelo Poder Judiciário, notadamente pelo TST e pelos Tribunais Regionais, não poderá resultar obrigações para os empregadores ou limitações aos direitos trabalhistas não previstas em lei. (art. 8º, § 2º, da CLT);</td><td>3.2</td></tr>
</table>

Regras aplicáveis à interpretação do Direito do trabalho		2º) Em relação à interpretação das normas profissionais, a inovação efetivou-se no sentido de vedar ao juiz apreciar o seu respectivo conteúdo material relacionado com a sua natureza normativa e de negar eficácia no âmbito dos contratos individuais de trabalho. Nesse processo o juiz deve pautar a sua atuação seguindo o princípio da intervenção mínima no resultado da manifestação da autonomia da vontade coletiva. (art. 8º, § 3º, da CLT).	3.2
Métodos de exegese		Literal, gramatical ou filológico; teleológico, sistemático, evolutivo e histórico.	3.4
Integração do Direito do trabalho			
Conceito		Técnica destinada a eliminar as lacunas existentes no ordenamento jurídico, para atender ao princípio da completude.	4
Subsidiariedade		Pela regra atual, verificada a omissão no ordenamento trabalhista, será possível utilizar subsidiariamente dos preceitos do direito civil.	
Meios de integração		Jurisprudência, analogia, equidade e outros princípios e normas gerais de direito, principalmente do Direito do trabalho e, ainda, de acordo com os usos e costumes, o Direito comparado, mas sempre de maneira que nenhum interesse de classe ou particular prevaleça sobre o interesse público (art. 8º da CLT).	4.1
Princípios e regras	**Proteção**	Princípio dos princípios do Direito do trabalho, diz respeito à necessidade de proteger o empregado hipossuficiente contra os atos do empregador, enquanto estiver sob o poder de comando e direção deste último.	4.6
	In dubio pro operario	Quando existirem interpretações divergentes em relação à mesma norma jurídica a ser aplicada a determinado caso concreto, será dada preferência àquela interpretação que mais favoreça ao empregado.	
	Norma estatal mais favorável	Quando coexistirem duas ou mais normas estatais tratando da mesma questão de forma diversa, será aplicada, no caso concreto, aquela que seja mais favorável ao empregado hipossuficiente. Atualmente, não se aplica a regra da norma mais favorável no âmbito dos instrumentos normativos negociados. Isso porque a Lei da Reforma Trabalhista (Lei nº 13.467/17), introduziu uma série de mudanças na CLT que vedam esse procedimento, a exemplo da alteração na redação do art. 620.	
	Condição mais benéfica	Do conflito entre uma condição de trabalho derivada da relação de emprego e a norma jurídica, prevalece a primeira quando for considerada mais vantajosa para o empregado.	
	Irrenunciabilidade	Veda-se a possibilidade do empregado hipossuficiente despojar-se do direito subjetivo trabalhista de que é titular, em face da presunção de vício na sua manifestação de vontade quando ela é direcionada no sentido de renunciar determinado direito trabalhista. Os trabalhadores com faixa salarial elevada e portadores de diploma de nível superior, denominados de hipersuficientes, podem negociar algumas condições de trabalho menos benéficas quando comparadas com os direitos trabalhistas previstos na legislação, o que implica reconhecer a possibilidade da renúncia para essa categoria de empregados.	4.7

Princípios e regras	**Continuidade**	Presume-se que a intenção dos contratantes e principalmente do empregado é de protrair indefinidamente, no tempo, a execução do pacto laboral.	4.8
	Primazia da realidade	Prevalece a realidade dos fatos em detrimento ao que ficou registrado nos instrumentos formais de sua constituição.	4.9
	Substituição automática das cláusulas nulas	Quando, por vontade unilateral do empregador ou mesmo por acordo de vontades, estabelecem-se cláusulas que ofendem o estatuto mínimo de proteção ao trabalhador hipossuficiente, estas são consideradas nulas de pleno direito. Assim, há uma substituição automática da cláusula convencional por uma cláusula equivalente prevista no ordenamento jurídico. Esse princípio é relativizado quando se tratar de empregado hipersuficiente, admitindo-se a validade da cláusula contratual menos benéfica, desde que não ofenda os direitos trabalhistas previstos na Constituição Federal.	4.10
	Razoabilidade	Representa a aplicação da racionalidade no Direito com vistas a afastar o reconhecimento de situações fáticas extremas, absurdas e inaceitáveis pelo senso comum do homem médio.	4.11
	Boa-fé	Deriva da máxima romana *neminem laedere*, ou seja, da intenção de não lesar ninguém. Impõe ao devedor da obrigação o dever de agir da mesma forma que se conduziria se estivesse ocupando a posição inversa, ou seja, a posição de credor ou de titular de um direito subjetivo.	4.12
	Não discriminação	Deriva do princípio geral do direito da igualdade, que considera todos iguais perante a lei. A orientação é no sentido de que o trabalhador não pode sofrer qualquer tipo de discriminação, seja em razão da cor, raça, credo, idade, sexo ou opinião, tanto no momento da sua admissão quanto durante a execução do contrato de trabalho.	4.13
	Princípios constitucionais	Dignidade da pessoa humana; valores sociais do trabalho e da livre iniciativa; ordem econômica, fundada na valorização do trabalho humano e na livre iniciativa; igualdade, sem distinção de qualquer natureza; liberdade de trabalho, ofício, profissão e associação para fins lícitos; busca do pleno emprego.	4.14
Aplicação do Direito do Trabalho			
Vigência: conceito	É a capacidade da norma de produzir efeitos jurídicos, no sentido de vincular as pessoas que se enquadrem na hipótese nela contida.		
Espécies	**No tempo**	A norma trabalhista estatal, em face do seu caráter de perenidade, em regra, permanece em vigor até que outra lhe retire a eficácia, parcial ou total, de forma expressa ou tácita. Já os instrumentos normativos negociados têm sua eficácia limitada no tempo, sendo no máximo de dois anos, enquanto que a sentença normativa esse prazo pode ser estendido por até quatro anos.	5.1
	No espaço	A norma estatal trabalhista é válida em todo o território nacional. Se a norma laboral é de origem não estatal, os seus limites espaciais circunscrevem aos integrantes da categoria econômica (empregadores) e profissional (empregados) que celebraram a convenção coletiva de trabalho ou o acordo coletivo de trabalho e dentro da base territorial do sindicato. No caso do regulamento da empresa, suas regras só se aplicam aos empregados que laboram no âmbito dos seus estabelecimentos.	
Revogação	Ocorre a revogação quando uma lei posterior assim o dispuser de forma expressa, quando tratar da mesma matéria de forma diversa ou for com ela incompatível (revogação tácita).		5.2

Irretroatividade	A lei não tem efeitos retroativos. Passa a reger as situações presentes e futuras a partir da data em que entra em vigor. A nova lei não poderá prejudicar o direito adquirido, o ato jurídico perfeito e a coisa julgada. Já as regras relativas ao direito coletivo do trabalho, notadamente sobre convenções e acordos coletivos de trabalho, são aplicáveis aos instrumentos normativos negociados celebrados após a vigência da norma jurídica. Isso significa que as novas cláusulas normativas poderão incorporar aos contratos individuais de trabalho imediatamente, diante da eficácia temporal limitada no tempo da convenção ou do acordo coletivo anterior.	5.3
Indisponibilidade no Direito do Trabalho		
Características	Inalienabilidade, impenhorabilidade, intransacionabilidade e irrenunciabilidade.	6.1
Irrenunciabilidade	Grande parte dos direitos subjetivos dos empregados hipossuficientes são relativamente indisponíveis. Isso porque existe a possibilidade do trabalhador renunciá-los em determinadas situações. Assim, a renúncia não é permitida na fase de formação e de execução do contrato de trabalho, porque nessas oportunidades o empregado hipossuficiente encontra-se submetido ao poder de comando e direção do empregador. Desse modo, presume-se viciada a sua manifestação de vontade quando aceita reduzir ou eliminar direitos mínimos garantidos pela lei. Os trabalhadores com faixa salarial elevada e portadores de diploma de nível superior, denominados de hipersuficientes, podem negociar algumas condições de trabalho menos benéficas quando comparadas com os direitos trabalhistas previstos na legislação, salvo aqueles garantidos pela Constituição Federal.	6.1
Transação	A transação é um negócio jurídico bilateral e oneroso. Pelo mesmo fundamento atribuído à impossibilidade relativa da renúncia, não se admite, no Direito do Trabalho, a transação de direitos na fase de formação e durante a execução do contrato de trabalho do empregado hipossuficiente. Entretanto, ao contrário da renúncia, inexiste na transação a certeza do direito por parte do seu pretenso titular. A transação em juízo, durante a execução do contrato de trabalho, é aceita, desde que se trate de créditos e não de direitos abstratamente considerados. Em relação ao empregado hipersuficiente a transação, ainda que feita durante o contrato de trabalho, é válida desde que não seja relacionada com os direitos garantidos pela Constituição Federal, ou seja, a transação deve se referir àqueles direitos descritos no art. 611-A da CLT.	6.2
Transação	Já a adesão do empregado a eventual Plano de Demissão Voluntária instituído pela empresa também pode implicar transação extrajudicial com quitação total das verbas indicadas no respectivo termo, desde que haja autorização em convenção ou acordo coletivo de trabalho, conforme permissivo contido no art. 477-B, introduzido à CLT pela Lei nº 13.467/17.	6.2
Flexibilização		
Conceito	Flexibilização legal. Ocorre quando o legislador flexibiliza a norma trabalhista, introduzindo mudanças na legislação no sentido de restringir os direitos dos trabalhadores. **Flexibilização contratual.** Confere efeitos jurídicos plenos ou limitados à autonomia da vontade, por intermédio de atos praticados pelos empregados ou pelos sindicatos ou entidades similares, ajustando condições de trabalho menos benéficas se comparadas com aquelas previstas na legislação estatal.	7
Reforma Trabalhista	A Lei da reforma trabalhista (Lei nº 13.467/17), flexibilizou diversos direitos laborais bem como conferiu eficácia limitada à autonomia da vontade individual do empregado e coletiva das entidades sindicais para permitir a prevalência do convencionado sobre o legislado, em certos casos.	7.5
Formas de solução dos conflitos		
Autônoma	Forma de solução dos conflitos quando ela ocorre e efetiva-se somente com a participação dos indivíduos, cujos interesses são divergentes, como é o caso da autotutela e da autocomposição.	8

Heterônoma	Acontece quando um terceiro é chamado para por fim à divergência. São suas espécies a mediação, a arbitragem e a jurisdição.	8
Prescrição e Decadência		
Prescrição	Perda do exercício da pretensão do titular de um direito subjetivo violado, em razão do decurso do tempo. O prazo prescricional será de cinco anos, até o limite de dois anos após a extinção do contrato de trabalho.	9
Decadência	Perda do próprio direito pelo decurso do tempo. Ocorre quando, para o exercício de um direito, exige-se a intervenção do Poder Judiciário. Se o empregador optar por suspender o empregado estável, terá o prazo de trinta dias para ajuizar o competente inquérito para apuração de falta grave, sob pena de decair o seu direito.	9

11. INFORMATIVOS DO TST SOBRE A MATÉRIA

Questão de ordem. Validade de norma coletiva de trabalho que limita ou restringe direito trabalhista não assegurado constitucionalmente. Tema 1.046 da repercussão geral. Suspensão nacional. Alcance.

A SBDI-I, em sua composição plena, ao analisar questão de ordem, decidiu, por maioria, que a suspensão nacional determinada no bojo dos autos em que analisado o Tema 1.046 da repercussão geral (STF-ARE-1121633) abarca todos os processos que versam sobre idêntica matéria para a qual foi reconhecida a repercussão geral, qual seja, a validade de norma coletiva que limita ou restringe direito trabalhista não garantido na Constituição Federal. Não está delimitada, portanto, às matérias compreendidas nos Temas 357 e 762 da repercussão geral, mas, ao contrário, é mais abrangente e representará a revisão do anterior entendimento de ausência de repercussão geral dos aludidos temas. De outra sorte, decidiu-se que a matéria abarcada pelo Tema 1.046, por sua própria abrangência expressa, não envolve situações em que a Justiça do Trabalho, em aplicação da norma coletiva analisada, e considerando-a válida, afasta determinado direito, em virtude da interpretação dada à cláusula de acordo ou convenção coletiva. Em virtude do julgamento da questão de ordem, a Subseção suspendeu o julgamento do caso concreto e determinou a permanência dos autos na Secretaria da SBDI-I até ulterior determinação do STF. Vencidos os Ministros Cláudio Mascarenhas Brandão, Walmir Oliveira da Costa, José Roberto Freire Pimenta, Hugo Carlos Scheuermann, Lelio Bentes Corrêa e Luiz Philippe Vieira de Mello Filho. TST-E-RR-819-71.2017.5.10.0022, SBDI-I, rel. Min. Alberto Luiz Bresciani de Fontan Pereira, 10.10.2019 (TST. Info nº 208).

Lei nº 13.467/2017. Cláusula de norma coletiva que prevê jornada de 7h20min. Validade. Necessidade de concessão do intervalo intrajornada mínimo de trinta minutos para jornadas superiores a seis horas. Art. 611-A, III, da CLT.

É válida, independentemente de indicação expressa de contrapartidas recíprocas, cláusula de instrumento coletivo firmado após a vigência da Lei nº 13.467/2017 que flexibilize normas trabalhistas concernentes à jornada e ao intervalo intrajornada, desde que, neste último caso, seja respeitado o limite mínimo de trinta minutos para jornadas superiores a seis horas (art. 611-A, III, da CLT). Ao dispor sobre direitos insuscetíveis de supressão ou redução por norma coletiva, o art. 611-B, parágrafo único, da CLT excluiu expressamente as regras sobre duração do trabalho e intervalos, as quais não são consideradas como normas de saúde, higiene e segurança do trabalho, para os fins do referido artigo. Ademais, à espécie não se aplica a Súmula nº 437 do TST, visto que suas disposições regem situações anteriores à vigência da Lei nº 13.467/2017. No caso, o TRT de origem, considerando a petição informando a existência de negociação direta entre as partes, homologou o acordo firmado, com ressalvas do Ministério Público que, no recurso ordinário, pleiteou a exclusão da cláusula que admite a adoção de "(...) jornada de trabalho ininterrupta de 07h20min diários, sem redução e sem acréscimo salarial e/ou gratificação de hora extraordinária". Assim, verificando que a cláusula impugnada, embora preveja jornada de trabalho válida, não assegurou o intervalo intrajornada mínimo previsto em lei, a SDC, por unanimidade, conheceu do recurso ordinário do MPT e, no mérito, deu-lhe provimento parcial para adequar a redação da cláusula e incluir a concessão do intervalo intrajornada de trinta minutos a que se refere o art. 611-A, III, da CLT. TST-RO-22003-83.2018.5.04.0000, SDC, rel. Min. Ives Gandra da Silva Martins Filho, 14.10.2019 (TST. Info nº 208).

Ação anulatória. Norma coletiva com vigência anterior à Lei nº 13.467/2017. Supressão das horas in itinere. Comprovada concessão de outras vantagens. Incidência do entendimento adotado nos processos STF-RE 590.415/SC e STF-RE 895.759/PE. Ausência de distinguishing. Validade da cláusula.

O Supremo Tribunal Federal, no exame dos processos RE 590415/SC (com repercussão geral reconhecida) e RE 895759/PE, admitiu a validade de acordos coletivos que embora tenham afastado direito assegurado aos trabalhadores pela legislação vigente, concedeu-lhes vantagens compensatórias, ante o princípio da autonomia da vontade coletiva previsto no art. 7º, XXVI, da CF. Assim, é válida cláusula de convenção coletiva que retira o direito às horas in itinere, em razão da comprovada concessão de outras vantagens econômicas e socais não previstas em lei, registradas em diversas cláusulas do mesmo instrumento normativo (indenização na aposentadoria, auxílio escolar, indenização especial de despedida, entre outras), não havendo qualquer distinguishing que autorize a não incidência do entendimento adotado pela Suprema Corte ao caso concreto. Sob esses fundamentos, a SDC, por unanimidade, conheceu dos recursos ordinários, e, por maioria, deu-lhes provimento para julgar improcedente a pretensão. Vencidos os Ministros Mauricio Godinho Delgado, Katia Magalhães Arruda, Renato de Lacerda Paiva e Lelio Bentes Corrêa. TST-RO-22201-91.2016.5.04.0000, SDC, rel. Min. Aloysio Corrêa da Veiga, 19.2.2019 (TST. Info nº 192).

CEF. Bancário. Gerente-geral de agência. Pleito de horas extras amparado em norma regulamentar. 7ª e 8ª horas diárias. OC DIRHU 009/88. Prescrição parcial. Descumprimento de regulamento interno. Lesão que se renova mês a mês. Matéria de mérito pacificada na SBDI-I. Aplicação da teoria da causa madura. Princípios da celeridade e economia processuais. Improcedência dos pedidos. Proposta de instauração de Incidente de Recurso Repetitivo. Rejeição.

Incide a prescrição parcial à pretensão de empregado da Caixa Econômica Federal (CEF) ocupante de cargo gerencial (gerente-geral de agência) ao pagamento das 7ª e 8ª horas, como extras, amparada tão somente em norma regulamentar (OC DIRHU 009/88), visto que não se trata de alteração contratual lesiva decorrente de ato único do empregador, mas de descumprimento de regulamento interno (PCS/89), cuja lesão se renova mês a mês. Sob esse entendimento, e reafirmando a jurisprudência da Corte, a SBDI-I, em sua composição plena, por unanimidade, conheceu do recurso de embargos no tópico, por divergência jurisprudencial, e, no mérito, por maioria, deu-lhe provimento para restabelecer o acórdão do Tribunal Regional que declarou a incidência da prescrição parcial quanto ao pedido de pagamento das 7ª e 8ª horas como extras. Vencidos os Ministros Breno Medeiros, Alexandre Luiz Ramos, Maria Cristina Irigoyen Peduzzi e Renato de Lacerda Paiva. De outra sorte, verificado que a matéria de mérito – 7ª e 8ª horas como extras ao detentor do cargo de gerente-geral de agência da CEF, com base na norma interna OC DIRHU/88 – encontra-se pacificada na Subseção, e em observância à Teoria da Causa Madura e aos princípios da celeridade e economia processuais, a Subseção deixou de determinar o retorno dos autos à Turma e, à unanimidade, apreciando o mérito do recurso, julgou improcedentes os pedidos de pagamento das 7ª e 8ª horas extras e do respectivo pagamento do intervalo intrajornada. Registre-se ainda que na sessão do dia 4.6.2019, a SBDI-I, também em sua composição plena, por maioria, rejeitou a proposta de instauração de Incidente de Recurso Repetitivo sobre a interpretação e aplicação da prescrição tratada na Súmula nº 294 do TST suscitada pelo Ministro Cláudio Mascarenhas Brandão. Vencidos, neste ponto, os Ministros Cláudio Mascarenhas Brandão, relator, Alexandre Luiz Ramos, Maria Cristina Irigoyen Peduzzi, Renato de Lacerda Paiva, Márcio Eurico Vitral Amaro e João Batista Brito Pereira. TST-E-ED-RR-1277-46.2010.5.04.0331, SBDI-I, rel. Min. Cláudio Mascarenhas Brandão, 10.10.2019 (TST. Info nº 208).

Dano moral. Doença profissional. Exposição à amianto. Ciência inequívoca da incapacidade em momento posterior ao término do contrato de trabalho. Prescrição bienal.

Na hipótese em que a ciência inequívoca da incapacidade para o trabalho resultante da exposição permanente do empregado a amianto ocorreu após a extinção do contrato de trabalho, a pretensão ao pagamento de indenização por danos morais submete-se à prescrição bienal. No caso, restou consignado nos autos que o contrato foi extinto em 1991, a ciência da doença profissional ocorreu em 22.11.2008, data da emissão da Comunicação de Acidente de Trabalho (CAT), e a reclamação trabalhista foi ajuizada apenas em março de

2011, ou seja, após o transcurso do prazo prescricional. Sob esse entendimento, a SBDI-I, por unanimidade, conheceu dos embargos, por divergência jurisprudencial, e, no mérito, por maioria, deu-lhes provimento para pronunciar a prescrição bienal e julgar extinto o processo, com resolução de mérito. Vencidos os Ministros Aloysio Corrêa da Veiga, relator, Alberto Luiz Bresciani de Fontan Pereira, Walmir Oliveira da Costa, José Roberto Freire Pimenta e Hugo Carlos Scheuermann, os quais aplicavam a prescrição quinquenal. TST-E-ED-ED-RR-315-98.2011.5.06.0018, SBDI-I, rel. Min. Aloysio Corrêa da Veiga, red. p/ acórdão Min. Cláudio Mascarenhas Brandão, 27.6.2019 (TST. Info nº 200).

BESC. Programa de Demissão Incentivada (PDI/2001). Negociação coletiva. Cláusula de quitação geral do contrato de emprego. Inclusão da indenização por danos morais.

A adesão voluntária do empregado ao Programa de Demissão Incentivada (PDI/2001), instituído pelo Banco do Estado de Santa Catarina – BESC, implica o reconhecimento da quitação ampla e irrestrita de todas as parcelas objeto do contrato de emprego (conforme previsto no acordo coletivo que aprovou o plano), incluindo o pedido de indenização por danos morais. No caso, entendeu-se que o referido pedido, decorrente do transporte irregular de valores, está vinculado ao extinto contrato de emprego, pois tem como causa de pedir suposto ato ilícito praticado pelo empregador, sujeitando-se, portanto, à ampla quitação decorrente da adesão ao PDI. Sob esse fundamento, a SBDI-I, à unanimidade, conheceu do recurso de embargos interpostos pelo reclamante, por divergência jurisprudencial, e, no mérito, negou-lhe provimento, mantendo a decisão turmária mediante a qual se julgara improcedentes os pedidos formulados na reclamação trabalhista. TST-E-RR-446485-88.2007.5.12.0001, SBDI-I, rel. Min. Hugo Carlos Scheuermann, 13.12.2018 (TST. Info nº 189).

Administração dos Portos de Paranaguá e Antonina (APPA). Norma Coletiva. Plano de dispensa incentivada (PDI). Cláusula de quitação geral do contrato de trabalho. Validade. Ineficácia das ressalvas opostas no termo de rescisão contratual quanto às ações judiciais ajuizadas até 31.7.2014. Aplicação da tese fixada pelo STF no RE 590.415/SC.

Não tem eficácia a ressalva oposta em termo de rescisão contratual, na hipótese em que havia ajuste coletivo prevendo a quitação ampla e geral do contrato de trabalho em caso de adesão de empregado da Administração dos Portos de Paranaguá e Antonina (APPA) a plano de dispensa incentivada. Aplica-se ao caso a tese fixada pelo STF no RE 590.415/SC. Na espécie, registrou-se que o empregado concordou com o disposto em item do regulamento do PDI que não permitia ressalvas, além de ter assinado formulário de ratificação da adesão dando plena quitação ao contrato de trabalho. Ademais, o ajuste coletivo foi fruto de amplo debate entre as partes convenentes, devendo prevalecer sobre o ato unilateral firmado pelo reclamante quando da homologação do termo de rescisão, que ressalvou da quitação os direitos postulados nas ações judiciais trabalhistas ajuizadas até 31.7.2014. Sob esses fundamentos, a SBDI-I, em sua composição plena, decidiu, por unanimidade, conhecer dos embargos, por divergência jurisprudencial, e, no mérito, por maioria, negar-lhes provimento. Vencidos os Ministros Luiz Philippe Vieira de Mello Filho, Renato de Lacerda Paiva, Lelio Bentes Corrêa, José Roberto Freire Pimenta e Brito Pereira, os quais proviam os embargos sob o entendimento de que a existência de ressalva no termo de rescisão contratual estabelece os limites da quitação traçada no PDI, de modo que se fosse de interesse da reclamada incluir na quitação as ações judiciais em curso, deveria ter feito tal registro de forma expressa ou não ter acatado o pedido de adesão do empregado ao plano de dispensa. TST-E-RR-920-84.2012.5.09.0322, SBDI-I, rel. Min. Hugo Carlos Scheuermann, 12.11.2018 (TST. Info nº 187).

Empregada doméstica acometida de neoplasia maligna. Dispensa coincidente com o término do benefício previdenciário. Ausência de discriminação. Súmula nº 443 do TST. Não incidência.

A SBDI-I, por unanimidade, conheceu de embargos, por divergência jurisprudencial e, no mérito, deu-lhes provimento para restabelecer o acórdão do Tribunal Regional que julgara improcedente o pedido de reconhecimento de dispensa discriminatória, afastando-se, portanto, a aplicação da presunção a que se refere a Súmula nº 443 do TST. Na espécie, embora reconhecido que a neoplasia maligna (câncer) enquadra-se no conceito de doença estigmatizante, registrou-se que a reclamante foi demitida apenas no dia do término do benefício previdenciário (e não no curso da enfermidade), não havendo provas de que ela ainda estivesse em tratamento médico ou tenha restado alguma incapacidade para o trabalho. Ademais, consignou-se que os reclamados não se recusaram a dar o apoio necessário ao diagnóstico e ao tratamento da doença e já haviam admitido outra empregada na residência, não existindo obrigação legal de permanecer com duas empregadas ou de despedir a segunda trabalhadora para dar sequência ao contrato de trabalho que se encontrava suspenso. TST-E-RR-465-58.2015.5.09.0664, SBDI-I, rel. Min. Cláudio Mascarenhas Brandão, 18.10.2018 (TST. Info nº 185).

Pagamento de salário após o quinto dia útil. Previsão em norma coletiva. Invalidade. Afronta ao art. 459, §1º, da CLT. Multa devida.

A cláusula de convenção coletiva que autoriza o pagamento dos salários até o dia dez do mês seguinte ao trabalhado viola frontalmente o art. 459, § 1º, da CLT. A vontade negocial das partes não é absoluta, uma vez que deve se submeter ao princípio da reserva legal. Assim, não se pode conferir validade à cláusula que autoriza o pagamento de salários em data posterior àquela expressamente prevista em lei. Sob esse fundamento, a SBDI-I, por unanimidade, conheceu dos embargos, por divergência jurisprudencial, e, no mérito, por maioria, deu-lhes provimento para restabelecer a condenação em multa por atraso no pagamento dos salários, conforme determinado em sentença e mantido pelo TRT. Vencidos os Ministros Guilherme Augusto Caputo Bastos, Breno Medeiros, Maria Cristina Irigoyen Peduzzi e Brito Pereira. TST-E-ED-RR-86400-85.2008.5.15.0101, SBDI-I, rel. Min. Alberto Luiz Bresciani de Fontan Pereira, 23.8.2018 (TST. Info nº 182).

Adicional de transferência. Período imprescrito. Única transferência. Caráter definitivo. Adicional indevido.

O exame da sucessividade das transferências, para efeito de aferição do direito à percepção do adicional respectivo, não deve levar em consideração aquelas efetuadas no período prescrito, sob pena de os efeitos jurídicos de uma transferência já abarcada pela prescrição repercutirem na pretensão relativa ao adicional correspondente às transferências do período não prescrito. No caso, o reclamante foi submetido a cinco transferências, das quais quatro ocorreram no período prescrito. A única transferência realizada no período imprescrito se deu em caráter definitivo, na medida em que o reclamante continuou trabalhando no local para o qual foi transferido por mais de cinco anos até o final da contratação. Assim, não se reputando provisória a transferência ocorrida no período imprescrito, a SBDI-I, por maioria, negou provimento aos embargos, mantendo a decisão turmária que excluíra da condenação o pagamento do adicional de transferência. Vencidos os Ministros Augusto César Leite de Carvalho, Luiz Philippe Vieira de Mello Filho, José Roberto Freire Pimenta e Hugo Carlos Scheuermann. TST-E-ED-RR-3767900-20.2008.5.09.0011, SBDI-I, rel. Min. Augusto César Leite de Carvalho, red. p/ acórdão Min. Renato de Lacerda Paiva, 28.6.2018 (TST. Info nº 181).

Indenização por dano moral e material. Morte do trabalhador em razão de suposta moléstia profissional. Ação ajuizada pelos sucessores em nome próprio. Direito personalíssimo e autônomo. Natureza cível. Prescrição do Código Civil.

A ação em que viúva e filhos de empregado falecido pleiteiam, em nome próprio, o pagamento de indenização por danos morais e materiais decorrentes da morte de seu ente familiar por suposta doença ocupacional adquirida no curso do contrato de emprego se submete à prescrição prevista no art. 206, § 3º, do Código Civil. Ainda que a competência para o julgamento da ação seja da Justiça do Trabalho, nos termos do art. 114, VI, da CF e da Súmula nº 392 do TST, trata-se de direito personalíssimo e autônomo dos familiares da vítima, de natureza eminentemente civil, e que se distingue do dano sofrido pelo próprio trabalhador. Sob esse entendimento, a SBDI-I, por unanimidade, conheceu dos embargos da reclamada, por divergência jurisprudencial, e, no mérito, negou-lhes provimento para manter a decisão turmária que conhecera do recurso de revista por violação do art. 206, § 3º, do Código Civil para dar-lhe provimento e afastar a prescrição declarada pelo TRT. TST-E-RR-10248-50.2016.5.03.0165, SBDI-I, rel. Min. Luiz Philippe Vieira de Mello Filho, 7.6.2018 (TST. Info nº 180).

Ação anulatória. Cláusula convencional que proíbe os condomínios de contratarem empregados terceirizados. Validade. Princípio da adequação setorial negociada.

São válidas cláusulas de termo aditivo de convenção coletiva de trabalho que proíbem aos condomínios residenciais e comerciais a contratação de mão de obra terceirizada para a execução de serviços definidos pelas partes como atividade fim (zelador, garagista, porteiro, trabalhador de serviços gerais e faxineiro). Na espécie, registrou-se que as normas firmadas pelos convenentes apenas vedam a utilização de empresas interpostas nos serviços de limpeza, portaria, etc, sem adentrar na questão da validade ou não da terceirização das referidas atividades. Ademais, pelo princípio da adequação setorial negociada, as normas autônomas, oriundas de negociações entre as categorias profissional e patronal, prevalecem sobre as regras estatais de proteção ao trabalho, desde que não avancem sobre direitos de indisponibilidade absoluta. De outra sorte, não há falar em ofensa ao princípio constitucional da livre iniciativa, pois a opção dos convenentes tem aplicação restrita às categorias representadas, sem imposição direta a terceiros. Sob esses fundamentos, a SDC, por maioria, conheceu dos recursos ordinários e, no mérito, negou-lhes provimento para manter a decisão do Tribunal Regional que julgara improcedente a ação anulatória. Vencidos os Ministros Emmanoel Pereira, Aloysio Corrêa da Veiga, Ives Gandra Martins Filho e Dora Maria da Costa. TST-RO-332-46.2012.5.10.0000, SDC, rel. Min. Kátia Magalhães Arruda, 11.6.2018. (*Cf., em sentido contrário, Informativo TST nº 174). (TST. Info nº 180).

Adicional de insalubridade. Estipulação de base de cálculo mais benéfica que o salário mínimo. Adoção do salário básico por liberalidade da empresa. Direito adquirido dos empregados.

A estipulação, por mera liberalidade da empresa, de base de cálculo mais vantajosa que o salário mínimo para o pagamento do adicional de insalubridade configura direito adquirido dos empregados. Assim, não pode a empregadora, a pretexto de ajustar-se ao entendimento fixado pelo Supremo Tribunal Federal na Súmula Vinculante 4, passar a utilizar o salário mínimo como base de cálculo do adicional de insalubridade, em detrimento do salário básico anteriormente adotado, sob pena de haver alteração contratual lesiva, a que se refere o art. 468 da CLT, e afronta ao princípio da irredutibilidade salarial. Sob esses fundamentos, a SBDI-I, por unanimidade, conheceu dos embargos, por divergência jurisprudencial, e, no mérito, por maioria, deu-lhes provimento para restabelecer o acórdão do Tribunal Regional, que determinara o cálculo do adicional de insalubridade sobre o salário básico e o pagamento das diferenças salariais advindas do pagamento da referida parcela sobre o salário mínimo. Vencidos os Ministros Guilherme Augusto Caputo Bastos, relator, Alberto Luiz Bresciani de Fontan Pereira e Márcio Eurico Vitral Amaro. TST-E-ARR-11693-79.2015.5.18.0017, SBDI-I, rel. Min. Guilherme Augusto Caputo Bastos, red. p/ acórdão Min. Hugo Carlos Scheuermann, 7.6.2018 (TST. Info nº 180).

Ação anulatória. Acordo coletivo de trabalho. Regularização da jornada em turnos ininterruptos de revezamento. Quitação extrajudicial de horas extras pretéritas. Transação coletiva sindical. Validade.

A SDC, por unanimidade, conheceu de recurso ordinário e, no mérito, negou-lhe provimento para manter a decisão do Tribunal Regional que considerou válida as cláusulas de termo aditivo em acordo coletivo de trabalho por meio das quais se formalizou expressamente a jornada de 8 horas em regime de trabalho em turnos ininterruptos de revezamento e, concomitantemente, se estabeleceu transação extrajudicial para a quitação das 7ª e 8ª horas como extras relativas ao período pretérito, no qual o regime de turnos ininterruptos era adotado pela Companhia de Saneamento Básico do Estado de São Paulo – Sabesp sem respaldo em norma coletiva. Na espécie, registrou-se que embora os empregados tenham consentido com a satisfação apenas parcial do direito ao pagamento de eventuais horas extras trabalhadas, por outro lado, a norma coletiva assegurou benefícios importantes para a categoria, a revelar a ocorrência de despojamento bilateral e reciprocidade entre os sujeitos coletivos. Houve, portanto, efetiva transação coletiva sindical que redundou na concretização de uma das principais funções do Direito Coletivo do Trabalho, qual seja, a pacificação de conflitos de natureza sociocoletiva, na medida em que o instrumento firmado impediu a exacerbação da litigiosidade e trouxe segurança jurídica em relação à escala de 4x2x4 historicamente desempenhada pela categoria profissional. TST-RO-1000351-52.2015.5.02.0000, SDC, rel. Min. Mauricio Godinho Delgado, 14.5.2018 (TST. Info nº 178).

Ação anulatória. Acordo coletivo de trabalho. Cláusula que fixa percentual máximo de 50% do salário base para desconto em folha de pagamento. Validade.

A Lei nº 10.820/2003, que dispõe sobre a consignação em folha nos casos de prestações decorrentes de operações financeiras, não fixa limites mínimo ou máximo para o desconto salarial. O percentual de 35% determinado no art. 1º, § 1º, da referida lei alude apenas ao limite de comprometimento das verbas rescisórias e não ao limite de desconto nos salários. No caso, a norma coletiva fixou o percentual máximo de desconto de 50% sobre o salário base em folha de pagamento, em consonância, portanto, com a Orientação Jurisprudencial nº 18 da SDC, que delimita os descontos salariais autorizados por meio de norma coletiva a 70% do salário base. Sob esse fundamento, a SDC, por unanimidade, conheceu do recurso ordinário interposto pelo Ministério Público do Trabalho e, no mérito, negou-lhe provimento, mantendo, portanto, a decisão do Tribunal Regional que julgara improcedente a ação anulatória, ante a validade da cláusula em questão. TST--RO-560-36.2016.5.08.0000, SDC, rel. Min. Aloysio Corrêa da Veiga, 14.5.2018 (TST. Info nº 178).

Adicional noturno. Jornada mista. Trabalho em período noturno. Prorrogação em horário diurno. Limitação do adicional por norma coletiva. Validade.

É válida a cláusula de convenção coletiva de trabalho que considera noturno apenas o trabalho executado entre às 22 horas de um dia e às 5 horas do dia seguinte, mesmo quando prorrogada a jornada após às 5 horas. Os sindicatos possuem parcial autonomia privada coletiva para a negociação dos direitos das respectivas categorias profissionais, podendo, inclusive, firmar acordos ou convenções prevendo redução salarial, nos termos art. 7º, VI e XXVI, da CF. Assim, se o salário pode, excepcionalmente, ser reduzido mediante negociação coletiva, também é lícito aos agentes sociais convencionarem a exclusão do pagamento do adicional em questão quanto ao período não definido como noturno pela legislação. Dessa forma, a negociação coletiva e o princípio do conglobamento em matéria salarial afastam a incidência da Súmula nº 60, II, do TST. Sob esses fundamentos, a SBDI-I, por unanimidade, conheceu dos embargos, por divergência jurisprudencial, e, no mérito, por maioria, deu-lhes provimento para restabelecer o acórdão do Regional no tocante à declaração de improcedência do pedido de pagamento de adicional noturno em relação às horas prorrogadas a partir das cinco horas da manhã. Vencidos os Ministros José Roberto Freire Pimenta, Brito Pereira, Alberto Luiz Bresciani de Fontan Pereira, Augusto César Leite de Carvalho e Hugo Carlos Scheuermann, TST-E--RR-142600-55.2009.5.05.0037, SBDI-I, rel. Min. João Oreste Dalazen, 14.12.2017 (TST. Info nº 170).

BESC. Plano de demissão incentivada. Negociação coletiva. Cláusula de quitação ampla do contrato de emprego. Fato incontroverso. Ausência de contrariedade à Súmula nº 126 do TST.

Não contraria a Súmula nº 126 do TST, decisão turmária que, fundada em fato incontroverso, conclui pela existência de acordo coletivo a fim de validar o plano de demissão incentivada do BESC. Na hipótese, considerou-se fato incontroverso que o plano em questão foi firmado mediante negociação coletiva com o sindicato representativo da categoria profissional e, ainda, acordada a quitação de toda e qualquer parcela decorrente da relação de emprego, visto que afirmado pelo reclamado na contestação, nas contrarrazões ao recurso ordinário e no recurso de revista adesivo e, não negado pelo autor. Destacou-se, ademais, que, no caso, se discute idêntico programa de demissão e norma coletiva a que se referiu o Supremo Tribunal Federal, nos autos do RE 590.415/SC, com repercussão geral, razão pela qual não há falar em revolvimento de fatos e provas ou contrariedade à Súmula nº 126 do TST. Sob esse fundamento, a SBDI-I, por maioria, não conheceu dos embargos interpostos pelo reclamante. Vencido o Ministro João Oreste Dalazen. TST E– ED--RR-115300-41.2009.5.12.0032 , SBDI-I, rel. Min. Aloysio Corrêa da Veiga, 14.9.2017 (TST. Info nº 164).

Incidente de Recursos de Revista Repetitivos. "Tema nº 0012 – Serpro. Prêmio de produtividade. Supressão. Prescrição".

A SBDI-I, por maioria, definiu as seguintes teses jurídicas para o Tema Repetitivo nº 0012 – SERPRO. PRÊMIO DE PRODUTIVIDADE. SUPRESSÃO. PRESCRIÇÃO: I) As leis estaduais e municipais referentes às relações trabalhistas no âmbito das empresas são equiparadas a regulamentos de empresas, em face da competência privativa da União para legislar sobre Direito do Trabalho. O mesmo ocorre com leis federais de efeitos concretos referentes à administração pública federal indireta. Por conseguinte, a pretensão originada em alterações nelas promovidas consistentes em supressão de parcelas devidas a empregados são sujeitas à prescrição total, nos termos da Súmula nº 294 deste Tribunal; II) A Lei nº 5.615/1970, em virtude de dispor sobre o Serviço Federal de Processamento de Dados (SERPRO), possui efeitos concretos; III) Sobre a pretensão ao recebimento do prêmio de produtividade previsto no art. 12 da Lei nº 5.615/1970 incide a prescrição parcial a que alude a ressalva constante da parte final da Súmula nº 294 desta Corte até 11/9/1997, dia anterior à vigência da Medida Provisória 1.549-34 (sucessivamente reeditada até a sua conversão na Lei nº 9.649/1998). Após a vigência dessa Medida Provisória, mediante a qual foi extinta a parcela e, portanto, extinto o direito, tem incidência a prescrição total, tendo em vista que, após essa data, o direito ao benefício deixou de ser previsto em lei de efeitos concretos, sendo irrelevante a circunstância de o empregado já ter recebido a parcela na vigência da norma anterior. Vencidos os Ministros Augusto César Leite de Carvalho, José Roberto Freire Pimenta e Hugo Carlos Scheuermann. TST-E-RR-21703-30.2014.5.04.0011, SBDI-I, rel. Min. Brito Pereira, 22.3.2018 (TST. Info nº 174).

Comissão de Conciliação Prévia. Suspensão do prazo prescricional. Não limitação ao período de dez dias previsto no art. 625-F da CLT.

O prazo de dez dias previsto no art. 625-F da CLT é direcionado à Comissão de Conciliação Prévia – CCP, a fim de dar maior celeridade à tentativa de conciliação, e não à parte que a provocou. Assim, elastecido o período entre a submissão da demanda à CCP e a data em que lavrado o termo de conciliação frustrada, todo esse tempo deve ser computado para efeito de suspensão do prazo prescricional a que alude o art. 625-G da CLT, sob pena de prejudicar a parte que optou em buscar a conciliação. Sob esses fundamentos, a SBDI-I, por unanimidade, conheceu do recurso de embargos do reclamante, por divergência jurisprudencial, e, no mérito, deu-lhe provimento para restabelecer a sentença. TST-E-ED-ARR-1929-04.2011.5.03.0025 , SBDI-I, rel. Min. Aloysio Corrêa da Veiga, 14.9.2017 (TST. Info nº 164).

Promoções asseguradas em regulamento empresarial. Não concessão. Prescrição parcial. Possibilidade de reconhecimento do direito *às* promoções em período prescrito. Restrição dos efeitos financeiros ao período não prescrito.

Nos termos da Súmula nº 452 do TST, é parcial a prescrição incidente sobre a pretensão de diferenças salariais decorrentes da não concessão pelo empregador de promoções asseguradas em regulamento empresarial, pois se trata de descumprimento contínuo e periódico de obrigação imposta por norma regulamentar. A aplicação da prescrição parcial, todavia, não impede o reconhecimento do direito às promoções em período prescrito (fundo do direito), atingindo tão somente os efeitos financeiros decorrentes das diferenças salariais anteriores ao quinquênio. Sob esse fundamento, a SBDI-I, por unanimidade, conheceu dos embargos, por divergência jurisprudencial, e, no mérito, por maioria, negou-lhes provimento. Vencidos os Ministros Brito Pereira, relator, Ives Gandra da Silva Martins Filho, Guilherme Augusto Caputo Bastos e Márcio Eurico Vitral Amaro. TST-E-ED-RR-900-31.2012.5.18.0003, SBDI-I, rel. Min. Brito Pereira, red. p/ acórdão Min. João Oreste Dalazen, 17.8.2017 (TST. Info nº 162).

Horas extras. Norma coletiva. Base de cálculo. Salário-base. Contrapartida. Adicional fixado em percentual superior ao legal. Validade.

É válida norma coletiva que estabelece o salário-base do empregado como a base de cálculo das horas extraordinárias, e, em contrapartida, fixa o respectivo adicional em percentual superior ao previsto em lei, in casu, de 70%. Prevalência das condições pactuadas no instrumento normativo, sob pena de ofensa ao art. 7º, XXVI, da CF. Com esse entendimento, a SBDI-I, à unanimidade, conheceu dos embargos, por divergência jurisprudencial e, no mérito, negou-lhes provimento. TST-E-RR-1415-47.2014.5.09.0003, SBDI-I, rel. Min. Aloysio Corrêa da Veiga, 1º.6.2017 (TST. Info nº 160).

Ação anulatória. Gestante. Garantia de emprego. Ampliação do prazo. Cláusula restrita às empregadas contratadas por prazo indeterminado. Validade. Inexistência de afronta ao princípio da isonomia.

É válida cláusula de acordo coletivo de trabalho que aumenta, de 180 para 210 dias, o prazo da estabilidade provisória das empregadas gestantes admitidas por prazo indeterminado. O tratamento diferenciado em relação às empregadas contratadas por prazo determinado não ofende o princípio da isonomia, pois a natureza do vínculo de trabalho, nas duas situações, é distinta. Ademais, a norma em questão é resultado da negociação entre os atores sociais e contou com a aprovação inequívoca da categoria profissional. Sob esses fundamentos, a SDC, por maioria, deu provimento ao recurso ordinário para julgar improcedente o pedido de nulidade da Cláusula Vigésima Sexta – Garantia de Emprego ou Indenização Gestantes, constante do acordo coletivo de trabalho firmado entre a Souza Cruz S.A. e o Sindicato dos Empregados Vendedores e Viajantes do Comércio no Estado do Pará. Vencido o Ministro Mauricio Godinho Delgado. TST-RO-422-69.2016.5.08.0000, SDC, rel. Min. Maria de Assis Calsing, 5.6.2017 (TST. Info nº 160).

Protesto judicial. Prescrição bienal e quinquenal. Interrupção. Marco inicial. Orientação Jurisprudencial nº 392 da SBDI-I.

O efeito interruptivo do prazo prescricional mediante o ajuizamento de protesto judicial não se restringe à prescrição bienal, alcançando também a quinquenal. Todavia, o marco inicial para o reinício do cômputo da prescrição extintiva é a data do trânsito em julgado da decisão proferida na primeira ação, ou seja, do protesto judicial, enquanto que a contagem da prescrição quinquenal se reinicia na data do ajuizamento do referido protesto. Na hipótese dos autos, é incontroverso que o protesto judicial ocorreu em 18.8.1998, o contrato de emprego foi extinto em 17.3.2005 e a demanda ajuizada em 4.5.2005, ou seja, mais de cinco anos após a interrupção da prescrição. Assim, a SBDI-I, por unanimidade, conheceu dos embargos por contrariedade à Orientação Jurisprudencial nº 392 da SDBI-I e, no mérito, deu-lhes provimento para pronunciar a prescrição da pretensão referente às parcelas anteriores a 4.5.2000, reformando, portanto, a decisão turmária que não conheceu integralmente do recurso de revista e manteve a interrupção da prescrição quinquenal pelo protesto judicial. TST-E-ED-RR-92600-76.2005.5.05.0462, SBDI-I, rel. Min. José Roberto Freire Pimenta, 1º.6.2017 (TST. Info nº 160).

Dispensa discriminatória. Presunção. Empregado portador de tuberculose. Súmula nº 443 do TST.

A SBDI-I, por maioria, conheceu dos embargos, por contrariedade à Súmula nº 443 do TST e, no mérito, por unanimidade, deu-lhes provimento para reconhecer o caráter discriminatório da dispensa sem justa causa de empregada portadora de tuberculose. Na hipótese, a Subseção reformou decisão turmária que não conhecera do recurso de revista sob o fundamento de que a presunção prevista na Súmula nº 443 do TST não se aplica ao caso em que o vínculo foi mantido por mais de seis anos após a empresa ter ciência da doença, não houve afastamento do trabalho para tratamento de saúde, nem a percepção de benefício previdenciário, não havia incapacidade de ordem psiquiátrica ao tempo da dispensa e muito menos nexo causal com as condições laborais. Prevaleceu o entendimento de que, sendo incontroverso que a reclamada sabia que a reclamante era portadora de tuberculose, não há base legal para se exigir, como requisitos para a comprovação da dispensa discriminatória, a imediatidade da despedida, a redução da capacidade laboral, o afastamento para tratamento de saúde, a concessão de auxílio-doença ou o nexo causal entre a enfermidade e o trabalho realizado. Ademais, a fundamentação da Corte regional, endossada pela Turma do TST, adotou posicionamento diametralmente oposto aos termos da Súmula nº 443 do TST, pois reputou à reclamante o ônus de comprovar a discriminação alegada. Vencidos os Ministros João Oreste Dalazen, Ives Gandra Martins Filho, Aloysio Corrêa da Veiga, Márcio Eurico Vitral Amaro e Cláudio Mascarenhas Brandão. TST-E-ED-RR-65800-46.2009.5.02.0044, SBDI-I, rel. Min. Walmir Oliveira da Costa, 9.3.2017 (TST. Info nº 154).

Ação anulatória. Convenção coletiva de trabalho. Atividade de segurança privada. Restrição da base de cálculo da reserva legal de vagas para portadores de deficiência. Art. 93 da lei nº 8.213/91. Possibilidade. Validade da cláusula.

É válida cláusula de convenção coletiva, firmada entre o Sindicato dos Trabalhadores do Estado de Tocantins – Sintvisto e o Sindicato das Empresas de Segurança Privada, de Transporte de Valores, de Cursos de Formação e de Segurança Eletrônica do Estado de Tocantins – Sindestp/TO, que restringe a base de cálculo da reserva legal de vagas para pessoas com deficiência (art. 93 da Lei nº 8.213/91) aos cargos de natureza administrativa. As atividades de segurança privada exigem a utilização de armas de fogo e elevado grau de aptidão física e mental, de modo que o desempenho desta função por pessoa com deficiência pode resultar em riscos à sua própria integridade física. Sob esse entendimento, a SDC, por unanimidade, conheceu do recurso ordinário em ação anulatória e, no mérito, por maioria, negou-lhe provimento para manter a integralidade da Cláusula 16ª – Contratação de portador de deficiência física habilitado ou reabilitado. Vencidos os Ministros Mauricio Godinho Delgado e Kátia Magalhães Arruda. TST-RO-76-64.2016.5.10.0000, SDC, rel. Min. Maria Cristina Irigoyen Peduzzi, 13.3.17 (TST. Info nº 154).

Prescrição quinquenal. Art. 7º, XXIX, da CF. Aplicabilidade imediata. Desnecessidade de regulamentação do art. 7º, I, da CF.

O art. 7º, XXIX, da Constituição Federal é norma de aplicação imediata, razão pela qual não prospera a tese de que a prescrição quinquenal nele prevista é inaplicável enquanto não regulamentada a estabilidade no emprego de que trata o art. 7º, I, da CF. Sob esse entendimento, a SBDI-II, por unanimidade, conheceu do recurso ordinário e, no mérito, negou-lhe provimento, mantendo, portanto, a decisão que julgara procedente a pretensão de corte rescisório dirigida à sentença em que se deixou de declarar a prescrição quinquenal ao fundamento de que, enquanto não assegurada a plena eficácia do sistema de garantia contra a despedida arbitrária, a vigência do contrato de emprego constituiu óbice ao fluxo do prazo prescricional. TST-RO-10012-64.2013.5.12.0000, SBDI-II, rel. Min. Luiz Philippe Vieira de Mello Filho, 21.2.2017 (TST. Info nº 153).

Redução salarial. Diferenças. Violação do art. 7º, VI, da CF e dos arts. 444 e 468 da CLT. Prescrição Parcial. Parte final da Súmula nº 294 do TST.

Aplica-se a prescrição parcial à pretensão de diferenças salariais na hipótese em que o reclamante, ao retornar ao trabalho após afastamento por auxílio-doença, teve seu salário reduzido sob o argumento de que não teria mais condições físicas para exercer sua antiga função. A proteção ao salário está consagrada no art. 7º, VI, da CF e também nos arts. 444 e 468 da CLT, referentes à irredutibilidade salarial e à inalterabilidade contratual lesiva. Assim, incide a parte final da Súmula nº 294 do TST, pois a cada mês se renova a violação da norma constitucional e da CLT. Sob esses fundamentos, a SBDI-I, por maioria, conheceu dos embargos por divergência jurisprudencial, e, no mérito, deu-lhes provimento para aplicar a prescrição parcial à pretensão de diferenças salariais decorrentes da redução salarial e determinar o retorno dos autos à Vara do Trabalho de origem para que analise esse pedido, como entender de direito. Vencidos os Ministros João Oreste Dalazen, Brito Pereira, Renato de Lacerda Paiva, Márcio Eurico Vitral Amaro e Walmir Oliveira da Costa. TST-E-ED-RR-44500-65.2005.5.10.0005, SBDI-I, rel. Min. José Roberto Freire Pimenta, 9.2.2017 (TST. Info nº 152).

Vendedor-propagandista. Aplicação das normas coletivas firmadas no local da prestação dos serviços. Principio da territorialidade. Inaplicabilidade da Súmula nº 374 do TST.

O âmbito de eficácia da norma coletiva é definido de acordo com o local da prestação dos serviços pelo empregado e não da sede da empresa. No caso, verificou-se que o autor foi admitido como vendedor-propagandista no Estado de São Paulo, mas prestou serviços no Estado do Rio Grande do Sul, onde, inclusive, foi homologada a sua rescisão contratual. Assim, com base no princípio da territorialidade, são aplicáveis ao empregado as normas coletivas negociadas pelos sindicatos da categoria profissional e econômica do Estado do Rio Grande do Sul, não incidindo, portanto, o entendimento contido na Súmula nº 374 do TST. Sob esse fundamento, a SBDI-I, por maioria, conheceu do recurso de embargos por divergência jurisprudencial e por má-aplicação da Súmula nº 374 do TST e, no mérito, deu-lhe provimento para restabelecer o acórdão do Regional, no qual se determinou a incidência das normas coletivas firmadas no local da prestação dos serviços. Vencidos os Ministros Márcio Eurico Vitral Amaro, relator, João Oreste Dalazen, Ives Gandra Martins Filho, Brito Pereira, Guilherme Augusto Caputo Bastos e Alexandre Agra Belmonte. Ainda por maioria, a Subseção rejeitou a proposta de afetação da questão jurídica ao rito dos recursos repetitivos, vencidos os Ministros Guilherme Augusto Caputo Bastos, proponente, João Oreste Dalazen, Brito Pereira, Renato de Lacerda Paiva, Walmir Oliveira da Costa e Alexandre Agra Belmonte. TST-E-ED-RR-96900-23.2007.5.04.0015, SBDI-I, rel. Min. Márcio Eurico Vitral Amaro, red. p/ acórdão Min. José Roberto Freire Pimenta, 9.2.2017 (TST. Info nº 152).

Trabalhador portuário avulso. Prescrição bienal e quinquenal. Cancelamento da Orientação Jurisprudencial nº 384 da SBDI-I. Lei nº 12.815/2013.

Para o trabalhador portuário avulso, o prazo prescricional bienal conta-se a partir do cancelamento do registro ou do cadastro junto ao Órgão Gestor de Mão de Obra – OGMO, não mais se aplicando o entendimento contido na cancelada Orientação Jurisprudencial nº 384 da SBDI-I, no sentido de que a prescrição bienal conta-se da data do término de cada prestação de serviço (engajamento). Na vigência do credenciamento permanece a incidência da prescrição quinquenal, pois os trabalhadores portuários avulsos cadastrados estão ligados ao OGMO de forma direta, sucessiva e contínua, cabendo a ele atuar como intermediário entre os trabalhadores e os tomadores de serviços. Corrobora esse entendimento o art. 37, § 4º, da Lei nº 12.815, de 2013, segundo o qual "as ações relativas aos créditos decorrentes da relação de trabalho avulso prescrevem em 5 (cinco) anos até o limite de 2 (dois) anos após o cancelamento do registro ou do cadastro no órgão gestor de mão de obra". Sob esses fundamentos, a SBDI-I, por maioria, não conheceu dos embargos interpostos pelas reclamadas, mantendo a decisão turmária que declarara que a prescrição incidente ao caso é a quinquenal. Vencidos os Ministros Ives Gandra da Silva Martins Filho, João Oreste Dalazen, Renato de Lacerda Paiva, Guilherme Augusto Caputo Bastos e Walmir Oliveira da Costa. TST-E-ED-RR-183000-24.2007.5.05.0121, SBDI-I, rel. Min. José Roberto Freire Pimenta, 4.8.2016 (TST. Info nº 141).

Norma coletiva. Hora noturna. Não observância da redução ficta legal (art. 73, § 1º, da CLT). Possibilidade. Teoria do conglobamento.

A norma coletiva pode estipular a exclusão da redução ficta da hora noturna, prevista no art. 73, § 1º, da CLT, desde que haja a concessão de outras vantagens que, sob a ótica da teoria do conglobamento, sejam mais benéficas ao trabalhador que aquelas asseguradas na legislação trabalhista. No caso vertente, o acordo coletivo fixou, para trabalhador submetido ao regime de jornada 12x36, hora noturna de sessenta minutos, porém com o pagamento de adicional de 40%, o dobro do previsto em lei. Sob esse fundamento, a SBDI-I, por unanimidade, conheceu do recurso de embargos, no tópico, por divergência jurisprudencial e, no mérito, por maioria, deu-lhe provimento para, reconhecendo válida a norma coletiva em apreço, excluir da condenação o pagamento das horas extras. Vencidos os Ministros Alexandre Agra Belmonte e José Roberto Freire Pimenta. TST-EEDEDRR-72700-67.2008.5.17.0010, SBDI-I, rel. Min. Augusto César Leite de Carvalho, 23.6.2016 (TST. Info nº 139).

Banco do Estado do Espírito Santo – Banestes. Plano Antecipado de Afastamento Voluntário. Discriminação em razão da idade. Configuração.

A rescisão do contrato de trabalho com fundamento nas Resoluções nº 696/2008 e 697/2008 do Banco do Estado do Espírito Santo – Banestes é nula, pois revela discriminação fundada na idade do trabalhador, atraindo os efeitos da Lei nº 9.029/1995. Na espécie, conquanto as referidas resoluções não mencionem expressamente a idade do empregado, a política de desligamento e enquadramento no Plano Antecipado de Afastamento Voluntário adotou critérios de elegibilidade relacionados ao tempo de serviço (trinta anos ou mais) e ao direito à aposentadoria integral pela Previdência oficial, atingindo, portanto, os empregados de maior idade e que dedicaram toda a vida profissional à empresa. Ademais, a indenização prevista não teve o condão de compensar a dispensa, pois correspondeu estritamente ao pagamento de verbas trabalhistas devidas se o vínculo de emprego estivesse mantido, considerando os meses faltantes para os marcos temporários definidos nas resoluções em questão, não visando, portanto, compensar o empregado pela despedida precoce. Sob tais fundamentos, a SBDI-I, por unanimidade, conheceu dos embargos, por divergência jurisprudencial, e, no mérito, por maioria, negou-lhe provimento, mantendo a decisão turmária que reconhecera a ocorrência de dispensa discriminatória por idade. Vencidos os Ministros Aloysio Corrêa da Veiga, Renato de Lacerda Paiva e Guilherme Augusto Caputo Bastos. TST-E-RR-41700-02.2010.5.17.0003, SBDI-I, rel. Min. Márcio Eurico Vitral Amaro, 17.3.2016 (TST. Info nº 130).

Prescrição. Indenização por dano moral e material. Exclusão do empregado e dependentes do quadro de beneficiários do plano de saúde (CASSI) e da entidade de previdência privada (PREVI). Fluência do prazo prescricional. Ajuizamento de protesto judicial e gozo de auxílio doença e posterior aposentadoria por invalidez.

Incide a prescrição total do direito de ação para postular indenização por dano moral e material supostamente infligido ao empregado e a seus dependentes, a partir da supressão de benefícios de plano de saúde (CASSI) e de previdência complementar (PREVI), no curso de inquérito administrativo interno. No caso, o reclamante postulou o pagamento de indenização por dano moral e material por haver sido desligado compulsoriamente, desde 1/11/2002, do rol de beneficiários da entidade de previdência privada PREVI, bem como da sua exclusão e de seus dependentes, na mesma data, dos benefícios assegurados pela CASSI (consultas e/ou reembolso de medicamentos e internações). O marco inicial do prazo prescricional é a data da supressão dos benefícios, 1/11/2002, anteriormente, portanto, da entrada em vigor da Emenda Constitucional nº 45/2004. No caso, a norma de regência do prazo prescricional é o Código Civil de 2002. Decorridos menos de 10 anos entre a ciência inequívoca da lesão, em 2002, e a data da entrada em vigor do Código Civil de 2002 (11/1/2003), incide a regra de transição insculpida no artigo 2.028 do novo Código. Assim, a partir da entrada em vigor do Código Civil de 2002, dispunha o Autor de três anos, até 11/1/2006, para ajuizar, perante a Justiça do Trabalho, ação de reparação por dano moral e material decorrente da supressão de plano de saúde e de benefícios previdenciários relacionados ao contrato de trabalho, não impedindo a fluência do prazo prescricional a concessão da aposentadoria por invalidez, em 20/12/2004, ou o cancelamento da demissão do reclamante, ou, ainda, os anteriores e sucessivos afastamentos por gozo de auxílio-doença. O fato de a Orientação Jurisprudencial nº 375 da SBDI-1 aludir à prescrição quinquenal trabalhista não impede a adoção do mesmo raciocínio para os casos em que se aplica a prescrição trienal cível, prevista no artigo 206, § 3º, V, do Código Civil de 2002. Sob esses fundamentos, a SBDI-1, por unanimidade, não conheceu dos embargos interpostos pelo reclamante. TST-E-ED-RR-63440-83.2008.5.03.0097, SBDI-I, rel. Min. João Oreste Dalazen, 20.8.2015 (TST. Info nº 114).

Prescrição. Ação de reparação de danos materiais. Demanda proposta por empregador em face de ex--empregado. Lesão ocorrida antes da vigência da Emenda Constitucional nº 45, de 30 de dezembro de 2004. Prazo aplicável.

Ainda que a lesão tenha ocorrido em 1999, antes da entrada em vigor da Emenda Constitucional nº 45/2004, aplica-se o prazo prescricional trabalhista, previsto no artigo 7º, XXIX, da Constituição Federal. Isso porque se trata de lide não relacionada à indenização por danos morais ou materiais decorrentes de acidente do trabalho ou doença ocupacional. Nessas hipóteses, tem-se por irrelevante a data da publicação da Emenda Constitucional nº 45/04, pois há muito se fazia firme a jurisprudência desta Corte e do Supremo Tribunal Federal a respeito da competência da Justiça do Trabalho. No caso, a ação de reparação do indébito foi ajuizada no ano de 2006 pelo empregador em face de ex-empregado em virtude de supostas irregularidades apuradas em Procedimento Administrativo realizado no ano de 1999. Transcorrido, portanto, o prazo prescricional trabalhista para o ajuizamento da ação, que é o mesmo tanto para empregado quanto para empregador. Sob esses fundamentos, a SBDI-1, por unanimidade, conheceu do recurso de embargos da reclamada, por divergência jurisprudencial, e, no mérito, por maioria, negou-lhe provimento, vencidos os Ministros Renato de Lacerda Paiva, relator, Aloysio Corrêa da Veiga, Augusto César Leite de Carvalho e Cláudio Mascarenhas Brandão. TST– EEDRR 1500-41.2006.5.07.0012, SBDI-I, red. Min. Márcio Eurico Vitral Amaro, 25.6.2015 (TST. Info nº 112).

Prescrição. Actio nata. Indenização por danos morais e materiais. Ação criminal proposta pelo empregador após a dispensa por justa causa. Falsificação de atestado médico. Absolvição criminal superveniente. Art. 200 do Código Civil.

Nos termos do art. 200 do Código Civil, conta-se a prescrição da pretensão relativa à indenização por danos morais e materiais decorrentes de falsa imputação de crime efetuada por ex-empregador a partir do trânsito em julgado da sentença penal definitiva. No caso, entendeu-se que a causa de pedir da reclamação trabalhista não estava alicerçada na reversão da justa causa aplicada, mas sim na má-fé da empresa em falsificar o atestado médico e imputá-lo à reclamante, de modo que a ciência inequívoca da responsabilidade pelo dano somente ocorreria com o trânsito em julgado da sentença penal absolutória. Assim, verificado o trânsito em julgado da ação penal em 16/01/2007, a qual atribuiu à própria empresa a autoria e a materialidade da adulteração do atestado médico, e o ajuizamento da reclamação em 14/08/2008, antes de esgotado o prazo prescricional bienal, não há prescrição a ser declarada. Sob esse entendimento, a SBDI-I, por unanimidade, conheceu do recurso de embargos por divergência jurisprudencial, e, no mérito, por maioria, deu-lhe provimento para, afastada a prescrição total, determinar o retorno dos autos ao Tribunal Regional do Trabalho da 2ª Região, a fim de que prossiga no julgamento do recurso ordinário da reclamada, como entender de direito. Vencidos os Ministros Renato de Lacerda Paiva, relator, Aloysio Corrêa da Veiga, Luiz Philippe Vieira de Mello Filho e Guilherme Augusto Caputo Bastos. TST-E-RR-201300-40.2008.5.02.0361, SBDI-I, red. Min. Alexandre de Souza Agra Belmonte, 28.5.2015 (TST. Info nº 109).

Prescrição. Interrupção do prazo pelo ajuizamento de ação pretérita. Identidade formal dos pedidos. Má aplicação da Súmula nº 268 do TST. Singularidade das pretensões deduzidas em juízo. Ausência de identidade substancial.

A ausência de identidade substancial dos pedidos – no sentido amplo da palavra, abrangida também a causa de pedir –, não tem o condão de interromper o curso dos prazos prescricionais à luz da Súmula nº 268 do TST. Não basta a mera identidade formal dos pedidos para interrupção da prescrição, devendo configurar-se a identidade substancial, de modo a alcançar a própria causa de pedir, verdadeira gênese da pretensão jurídica de direito material que se busca alcançar mediante o exercício do direito de ação. Por tais fundamentos, a SBDI-I, por unanimidade, conheceu dos embargos interpostos pela reclamada por contrariedade à Súmula nº 268 do TST (má aplicação), e, no mérito, deu-lhes provimento para restabelecer, por fundamento diverso, a prescrição total declarada no acórdão do Regional apenas quanto ao pleito de indenização por dano moral e material decorrente de doença profissional (LER/DORT) e, no tópico, julgar extinto o processo, com resolução do mérito, nos termos do art. 269, IV, do CPC. Na espécie, o reclamante ajuizou ação perante a Justiça comum, em 4.2.2005, na qual postulou a indenização por dano moral e pensão mensal em face do desenvolvimento de transtornos psíquicos (neurose das telefonistas e síndrome do pânico) no exercício da atividade de atendente de telecomunicações. Em uma segunda ação, proposta em 2.3.2006, perante a Justiça do Trabalho, pleiteou o pagamento de pensão mensal vitalícia e indenização por dano moral em razão do desenvolvimento de LER/DORT também decorrente da atividade de atendente de telecomunicações. Após fixada a competência material da Justiça do Trabalho para julgar causas relativas a acidente do trabalho, as duas ações foram reunidas, sendo pronunciada a prescrição total em ambas pelas instâncias ordinárias, com aplicação da regra prevista no art. 7º, XXIX, da CF. Em sede de recurso de revista, porém, a Segunda Turma deu provimento ao recurso para afastar a prescrição total e determinar o retorno dos autos à Corte Regional para apreciação dos pedidos de indenização, considerando, para tanto, ter havido a interrupção da prescrição com a proposição da primeira ação nos termos da Súmula nº 268 do TST. Reformando tal decisão, entendeu a SBDI-I que ainda que as ações derivem de uma origem comum, qual seja, o contrato de trabalho celebrado para o exercício da função de atendente de telecomunicações, os pedidos são distintos, com causas de pedir diversas. Se na primeira ação a indenização por dano moral e o pedido de pensão se originam do desenvolvimento de transtornos psíquicos, na segunda a indenização é decorrente do acometimento de LER/DORT, o que impede, portanto, a interrupção do prazo prescricional. Não obstante esse posicionamento, a Subseção manteve a prescrição pronunciada na segunda ação, pois a *actio nata*, data da concessão da aposentadoria por invalidez, ocorreu em 2002, ou seja, em data anterior a vigência da Emenda Constitucional nº 45/04, a atrair o prazo do Código Civil. Assim, decorridos menos de 10 anos entre a ciência inequívoca da lesão e a data de entrada em vigor do Código Civil de 2002, incide a regra de transição prevista no art. 2.028 do CC e, por conseguinte, a prescrição trienal (o inciso V do § 3º do art. 206 do CC), de modo que o reclamante dispunha até 11.1.2006 para ajuizar a segunda ação, o que, todavia, só ocorreu em 2.3.2006. TST-E-ED-RR-102600-22.2005.5.10.0002, SBDI-I, rel. Min. João Oreste Dalazen, 23.4.2015 (TST. Info nº 104).

CEF. Greve. Dias não trabalhados. Descontos salariais. Norma regulamentar autorizadora. Termos aditivos ao acordo e à convenção coletiva que vedaram os descontos. Prevalência. Nulidade da norma regulamentar.

Os termos aditivos ao Acordo Coletivo de Trabalho 2008/2009 e à Convenção Coletiva de Trabalho 2008/2009, mediante os quais a Caixa Econômica Federal – CEF se comprometeu a não efetuar descontos salariais em virtude de paralisação das atividades laborais por motivo de greve, inclusive em relação aos dias não compensados após o exaurimento do calendário de reposição, devem prevalecer sobre a norma interna CI SUAPE/SURSE nº 107/2008, editada à época da celebração dos instrumentos coletivos originários, a qual, ao também disciplinar a compensação dos dias parados referentes ao mesmo movimento paredista, expressamente autorizou os descontos em folha de pagamento no caso de saldo de horas remanescentes não compensadas até a data limite acordada. Na espécie, prevaleceu o entendimento de que a CEF, ao invocar a disposição regulamentar para efetuar o desconto dos dias parados, extrapolou seu poder diretivo, ignorando o compromisso posteriormente assumido com a categoria profissional mediante a assinatura dos termos aditivos, o que constitui afronta ao disposto no art. 7º, XXVI, da CF e ao princípio da boa-fé. Com esse entendimento, a SBDI-I, por unanimidade, conheceu dos embargos interpostos pela reclamada, por divergência jurisprudencial, e, no mérito, negou-lhes provimento, mantendo, assim, a declaração de nulidade do dispositivo da norma regulamentar autorizadora dos descontos. TST-E-ED-RR-458 – 13.2010.5.12.0000, SBDI-I, rel. Min. João Oreste Dalazen, 16.10.2014 (TST. Info nº 92).

Ação rescisória. Professor universitário. Rescisão do contrato, sem justa causa, ao completar 70 anos de idade. Previsão em cláusula de acordo coletivo. Despedida não discriminatória.

Não implica conduta discriminatória a dispensa de professor universitário, sem justa causa, ao completar 70 anos de idade, na hipótese em que a dispensa decorreu do poder potestativo do empregador, realizado nos limites da legalidade e sem abuso de direito, porque fundamentada em cláusula de acordo coletivo. Assim, reputa-se não violado o art. 1º da Lei 9.029/95 no caso em que cláusula normativa estabelece a possibilidade de dispensa por idade, pois trata-se de critério genérico de afastamento de pessoa do trabalho firmado com base em negociação coletiva e, portanto, oriunda da vontade da categoria profissional. Com esse posicionamento, a SBDI-II, por maioria, deu provimento ao recurso ordinário e julgou improcedente a pretensão rescisória, vencidos os Ministros Hugo Carlos Scheuermann, relator, e Emmanoel Pereira, que entendiam discriminatória a dispensa. TST-RO-27-40.2012.5.18.0000, SBDI-II, rel. Min. Hugo Carlos Scheuermann, red. p/ acórdão Min. Cláudio Mascarenhas Brandão, 6.5.2014 (TST. Info nº 81).

Hospital Nossa Senhora da Conceição. Entidade filantrópica. Salários. Elastecimento da data de pagamento para além do prazo fixado na CLT. Acordo coletivo. Validade.

É válido o instrumento coletivo que possibilita ao empregador efetuar o pagamento do salário dos empregados até o dia 16 do mês subsequente ao mês trabalhado. Não se tratando de direito trabalhista de caráter indisponível, mostra-se imprescindível a valorização da negociação coletiva de que trata o art. 7º, XXVI, da CF, não obstante o art. 459, § 1º, da CLT estipular o pagamento mensal até o quinto dia útil do mês subsequente ao vencido. Ressalte-se, ademais, que, no caso concreto, o empregador é o Hospital Nossa Senhora da Conceição, entidade filantrópica sem fins lucrativos, que não se equipara ao empregador privado, e que, conforme consta da própria cláusula estipulada, sofre problemas no repasse das verbas pelo Sistema Único de Saúde – SUS, razão pela qual se justifica o elastecimento da data de pagamento dos salários, até mesmo como forma de garantir o referido pagamento aos empregados. Com esse posicionamento, a SBDI-I, à unanimidade, conheceu dos embargos interpostos pelo reclamado, por divergência jurisprudencial, e, no mérito, pelo voto prevalente da Presidência, deu-lhes provimento para reconhecer como válidos os instrumentos coletivos que estabeleceram como prazo para o pagamento dos salários o dia 16 do mês subsequente ao trabalhado, excluindo-se da condenação o pagamento de diferenças a título de correção monetária em razão do desrespeito ao prazo previsto no art. 459, § 1º, da CLT. Vencidos os Ministros João Oreste Dalazen, Lelio Bentes Corrêa, Augusto César Leite de Carvalho, José Roberto Freire Pimenta, Delaíde Miranda Arantes e Alexandre de Souza Agra Belmonte. TST-E-RR-187600-55.2005.5.12.0027, SBDI-I, rel. Min. Renato de Lacerda Paiva, 20.3.2014 (TST. Info nº 76).

Radialista. Registro na Delegacia Regional do Trabalho (Lei 6.615/78). Desnecessidade. Aplicação do princípio da primazia da realidade.

Evidenciado pela prova que a empregada exercia as funções de radialista, afasta-se a exigência formal de registro prévio junto à Delegacia Regional do Trabalho (Lei nº 6.615/78) para o reconhecimento do exercício da profissão, em prestígio ao princípio da primazia da realidade. Com esses fundamentos, a SBDI-I, por unanimidade, conheceu do recurso de embargos da reclamante, por divergência jurisprudencial, e, no mérito, deu-lhe provimento para restabelecer o acórdão do Regional que enquadrara a empregada como radialista e determinado o pagamento de horas extras em razão da jornada especial aplicável à categoria. TST-E-ED-RR-54700-90.2006.5.04.0029, SBDI-I, rel. Min. Delaíde Miranda Arantes, 21.11.2013 (TST. Info nº 67).

CEF. Novo plano de cargos e salários. Adesão condicionada à desistência de ações judiciais. Invalidade. Afronta ao princípio da inafastabilidade da jurisdição. Art. 5º, XXXV, da CF.

Fere o princípio da inafastabilidade da jurisdição, insculpido no art. 5º, XXXV, da CF, cláusula de norma interna da Caixa Econômica Federal – CEF que condiciona a validade da adesão a novo plano de cargos e salários à desistência das ações judiciais, impondo ao empregado a quitação genérica dos planos anteriores. Com esse entendimento, a SBDI-I, à unanimidade, conheceu do recurso de embargos do reclamante, por divergência jurisprudencial, no tópico, e, no mérito, por maioria, deu-lhe provimento para, declarando a nulidade da aludida cláusula, assegurar o direito de opção do empregado ao novo plano de cargos e salários da CEF, observando os demais termos da norma. Vencidos os Ministros Maria Cristina Irigoyen Peduzzi, Ives Gandra da Silva Martins Filho, Renato de Lacerda Paiva, João Oreste Dalazen e Carlos Alberto Reis de Paula. TST-E-RR-3070300-42.2008.5.09.0013, SBDI-I, rel. Min. Brito Pereira, 24.10.2013 (TST. Info nº 64).

CEF. Adesão a novo plano (REB). Diferenças de saldamento do plano anterior (REG/REPLAN). Inclusão da CTVA na base de cálculo do salário de contribuição. Possibilidade de recálculo. Súmula nº 51, II do TST. Não incidência.

O fato de a reclamante, empregada da Caixa Econômica Federal – CEF, ter aderido ao novo plano de benefícios (REB) não a impede de discutir diferenças do saldamento do plano anterior (REG/REPLAN), com a finalidade de incluir a parcela CTVA no cálculo das contribuições para a Funcef, referentes ao período que antecedeu o mencionado saldamento. No caso, não há falar em aplicação da Súmula nº 51, II, do TST, pois não se trata do pinçamento de benefícios de ambos os planos, mas apenas de pretensão relativa à aplicação das regras referentes ao salário de participação vigente à época, ao cálculo do saldamento do plano REG/REPLAN. Com esses fundamentos, a SDBI-I, por unanimidade, conheceu dos embargos da reclamante, por divergência jurisprudencial, e, no mérito, por maioria, deu-lhes provimento para restabelecer o acórdão do Regional, que manteve a sentença quanto à determinação de integração da CTVA no salário de participação da autora, bem como quanto à integralização da conta do participante. Vencidos os Ministros Brito Pereira e Dora Maria da Costa. TST-E-ED-RR-139700-71.2008.5.04.0002, SBDI-I, rel. Min. Aloysio Corrêa da Veiga.17.10.2013 (TST. Info nº 63).

Dissídio coletivo. Uniões estáveis homoafetivas e heteroafetivas. Paridade de tratamento. Reconhecimento. ADI 4277.

Ante os princípios da dignidade humana (art. 1º, III, da CF) e da igualdade (art. 5º, caput e I, da CF) e o entendimento exarado pelo Supremo Tribunal Federal no julgamento da ADI 4277, que reconheceu às uniões homoafetivas o status de entidade familiar, estendendo a essas relações a mesma proteção jurídica destinada à união estável entre homem e mulher conferida pelos arts. 226, § 3º, da CF e 1.723 do CC, a SDC, à unanimidade, deu provimento ao recurso ordinário do Sindicato dos Aeroviários de Porto Alegre para, no particular, reformar a decisão do TRT, que entendeu ser a matéria própria para acordo entre as partes, e deferir a cláusula postulada com a seguinte redação: "Cláusula 48 – Parceiro (a) do mesmo sexo: Quando concedido pela empresa benefício ao companheiro(a) do(a) empregado(a), reconhece-se a paridade de tratamento entre as uniões estáveis homoafetivas e heteroafetivas, desde que observados os requisitos previstos no art. 1.723 do CC". Ressalvou a fundamentação o Ministro Ives Gandra Martins Filho. TST-RO-20424-81.2010.5.04.0000, SDC, rel. Min. Walmir Oliveira da Costa, 9.9.2013 (TST. Info nº 58).

Banespa. Instituição bancária com quadro de pessoal organizado em nível nacional. Prevalência de acordo coletivo de trabalho de âmbito nacional sobre convenção coletiva de trabalho de âmbito regional. Princípio do conglobamento. Representatividade da Contec.

Na hipótese de conflito entre convenção coletiva de trabalho de âmbito regional, firmada pelo Sindicato dos Bancários de Belo Horizonte e a Federação Nacional dos Bancos – Fenaban, e acordo coletivo de trabalho de âmbito nacional, celebrado entre o Banespa e a Confederação Nacional dos Trabalhadores nas Empresas de Crédito – Contec, deve prevalecer o acordo de abrangência nacional, por ser o empregador instituição bancária com quadro de pessoal organizado em nível nacional, e por ser mais benéfico à categoria profissional como um todo, em face do princípio do conglobamento. Ademais, não obstante a Orientação Jurisprudencial Transitória nº 68 da SBDI – I se refira a período diverso daquele abrangido pelos instrumentos coletivos questionados, extrai-se do verbete a autoridade da Contec para representar os interesses dos empregados do Banespa em negociações coletivas. In casu, pleiteou-se o pagamento de diferenças de complementação de aposentadoria decorrentes da inobservância de cláusula de reajuste salarial de 8,5% prevista na CCT 2004/2005 firmado pelo Sindicato local e a Fenaban no período em que os empregados do Banco Banespa encontravam-se jungidos pelo ACT 2004/2006 celebrado com a Contec. Com esse entendimento, a SBDI-I decidiu, por maioria, vencidos os Ministros Renato de Lacerda Paiva, Lelio Bentes Corrêa, Luiz Philippe Vieira de Mello Filho e José Roberto Freire Pimenta, conhecer dos embargos do banco reclamado, por divergência jurisprudencial, e, no mérito, ainda por maioria, vencidos os Ministros Augusto César Leite de Carvalho, Renato de Lacerda Paiva, Lelio Bentes Corrêa, Luiz Philippe Vieira de Mello Filho e José Roberto Freire Pimenta, dar-lhes provimento para julgar improcedente a demanda. TST-E-RR-125300-63.2005.5.03.0009, SBDI-I, rel. Min. Delaíde Miranda Arantes, 29.8.2013 (TST. Info nº 57).

Adesão a novo plano de benefício previdenciário. Efeitos. Renúncia às regras do plano anterior. Incidência da Súmula nº 51, II, do TST.

Aplica-se o item II da Súmula nº 51 do TST aos casos em que se discute os efeitos da adesão a novo plano de benefício previdenciário oferecido por entidade de previdência privada, pois a finalidade última do referido verbete é resguardar o ato jurídico perfeito que se aperfeiçoa com a livre adesão às vantagens de um plano mediante a renúncia ao regulamento de complementação de aposentadoria anterior, sendo indiferente o fato de a opção referir-se a plano de previdência privada ou a regulamento de empresa. Com esses fundamentos, a SBDI-I, em sua composição plena, conheceu dos embargos da reclamante, por divergência jurisprudencial, e, no mérito, por maioria, negou-lhes provimento, mantendo o entendimento adotado pela Turma no sentido de que a opção da empregada pelo BRTPREV/2002 implicou renúncia às regras do plano anterior. Vencidos os Ministros José Roberto Freire Pimenta, João Oreste Dalazen, Renato de Lacerda Paiva e Delaíde Miranda Arantes. TST-E-RR-140500-24.2008.5.04.0027, SBDI-I, rel. Min. Aloysio Corrêa da Veiga, 18.4.2013 (TST. Info nº 43).

Atividade Docente. Instrutora de informática. Curso profissionalizante. Reconhecimento da condição de professora. Princípio da primazia da realidade.

Tendo em conta o princípio da primazia da realidade que rege as normas de Direito do Trabalho, a empregada contratada para o exercício da atividade de instrutora de informática, em estabelecimento que oferece cursos profissionalizantes, tem direito ao reconhecimento da condição de professora e à percepção das parcelas trabalhistas próprias dessa categoria. As exigências formais previstas no art. 317 da CLT são dirigidas aos estabelecimentos particulares de ensino. Assim, a SBDI-I, por unanimidade, conheceu dos embargos, por divergência jurisprudencial, e, mérito, negou-lhes provimento. TST-E-ED-RR-6800-19.2007.5.04.0016, SBDI--I, rel. Min. João Oreste Dalazen, 11.4.2013 (TST. Info nº 42).

Radialista. Enquadramento. Lei nº 6.615/78. Registro. Ausência. Princípio da primazia da realidade.

A ausência de registro perante a Delegacia Regional do Trabalho não é óbice para o enquadramento do empregado na condição de radialista, desde que preenchidos os requisitos essenciais previsto na Lei nº 6.615/78, quais sejam, a prestação de serviço à empresa equiparada à de radiodifusão (art. 3º) e o exercício de uma das funções em que se desdobram as atividades mencionadas no art. 4º da referida lei. No caso, prevaleceu a tese de que a inobservância de exigência meramente formal não afasta o enquadramento pretendido, em atenção ao princípio da primazia da realidade e à não recepção da norma limitativa da liberdade de expressão pela Constituição Federal de 1988, na esteira da jurisprudência do STF quanto à exigência de diploma de jornalista. Assim, a SBDI-I, por unanimidade, no tópico, conheceu dos embargos do reclamante, por divergência jurisprudencial e, no mérito, deu-lhes provimento para restabelecer a decisão do Regional, que enquadrou o empregado como radialista. TST-E-ED-RR-2983500-63.1998.5.09.0012, SBDI-I, rel. Min. José Roberto Freire Pimenta, 7.3.2013 (TST. Info nº 39).

12. QUESTÕES

12.1. Questões objetivas

1. (TRT 9ª R. Analista/2010) De acordo com a Consolidação das Leis do Trabalho, as Comissões de Conciliação Prévia:

(A) instituídas no âmbito da empresa terão 1/3 de seus membros indicados pelo empregador, em escrutínio, secreto, fiscalizado pelo sindicato da categoria profissional.

(B) instituídas no âmbito da empresa serão compostas de, no mínimo, dois e, no máximo, dez membros, com mandato de um ano, permitida uma recondução.

(C) têm prazo de quinze dias para a realização da sessão de tentativa de conciliação, a partir da provocação do interessado.

(D) devem possuir caráter intersindical, sendo vedada a constituição por grupos de empresas.

(E) são órgãos administrativos cujo objetivo é a tentativa de conciliação entre empregados e empregadores, sendo que o seu termo de conciliação não possui caráter de título executivo extrajudicial.

2. (TRT 2 – Juiz do Trabalho Substituto 2ª região/2012) Analise as proposições sobre a interpretação e a eficácia das normas trabalhistas no tempo e no espaço e ao final responda.

I. Segundo o princípio da irretroatividade, a lei nova não se aplica aos contratos de trabalho já terminados, nem mesmo aos atos jurídicos já praticados nos contratos de trabalho em curso no dia do início da sua vigência.

II. De acordo com o princípio do efeito imediato, quando um ato jurídico, num contrato em curso, não tiver sido praticado, o será segundo as regras da lei nova.

III. Em razão do princípio da territorialidade ao estrangeiro contratado por empresa multinacional em seu país e que preste serviços no Brasil, será aplicável a legislação do seu país de origem ou a legislação do Brasil, cabendo a escolha ao empregador.

IV. No ramo justrabalhista prevalece à técnica de interpretação teleológica que estabelece uma conexão entre os diferentes textos legais, onde o intérprete busca o significado, a coerência e harmonia do texto legal, socorrendo-se de técnicas da lógica formal.

V. O direito do trabalho tem marcada função social, o que influi na interpretação, bem como na aplicação das normas, de modo que a utilização do princípio da norma mais favorável ao trabalhador prevalece sobre a teoria de Kelsen sobre a hierarquia das normas.

Estão corretas apenas as proposituras:

(A) I, II e V.

(B) II e IV.

(C) III e V.

(D) I, II e III.

(E) IV e V.

3. (TRT 8ª R. Analista Judiciário/Área Adm/2013) São direitos expressamente garantidos pela CF aos trabalhadores urbanos e rurais:

(A) distinção entre o trabalho técnico, manual e intelectual, aposentadoria e repouso semanal remunerado, preferencialmente aos domingos.

(B) seguro-desemprego, irredutibilidade do salário, salvo exceção prevista em convenção ou acordo coletivo, e anotação do contrato de emprego na CTPS.

(C) fundo de garantia do tempo de serviço, intervalo mínimo de uma hora para repouso durante a jornada de trabalho e décimo terceiro salário.

(D) salário mínimo fixado em lei e nacionalmente unificado, licença-paternidade e coincidência do período de férias no trabalho com as férias escolares, se o trabalhador tiver menos de dezoito anos de idade.

(E) proteção em face da automação, aviso prévio proporcional ao tempo de serviço e licença à gestante, sem prejuízo do emprego e do salário.

4. (TRT 9ª R. Analista Judiciário/Área Adm/2010) De acordo com o artigo 10 da Consolidação das Leis do Trabalho, "qualquer alteração na estrutura jurídica da empresa não afetará os direitos adquiridos por seus empregados". Entende-se por direito adquirido aquele que

(A) o beneficiário ainda não reuniu todas as condições para adquirir o direito, mas faz parte do seu patrimônio econômico, aguardando a implementação apenas de uma determinada condição econômica.

(B) entrou no patrimônio econômico de uma pessoa, por ter implementado todos os requisitos para este fim, podendo ser exercido a qualquer momento.

(C) entrou no patrimônio econômico de uma pessoa, por ter implementado todos os requisitos para este fim, mas não pode ser exercido no momento da demissão.

(D) o beneficiário ainda não reuniu todas as condições para adquirir o direito, mas faz parte do seu patrimônio jurídico, aguardando a implementação apenas de uma determinada condição legal.

(E) entrou no patrimônio jurídico de uma pessoa, por ter implementado todos os requisitos para este fim, podendo ser exercido a qualquer momento.

5. (TRT 21ª R. Analista/Execução de mandados/2010) Acerca dos princípios que regem o direito do trabalho, julgue o próximo item.

– Os contratos por prazo determinado, bem como o contrato de trabalho temporário, são exceções ao princípio da continuidade da relação de emprego.

6. (Instituto de Pesquisas Tecnológicas – Advogado/2011) Segundo a Consolidação das Leis do Trabalho, as autoridades administrativas e a Justiça do Trabalho, na falta de disposições legais ou contratuais, decidirão, conforme o caso, pela

(A) equidade e outros princípios do Direito Civil e, ainda, de acordo com os usos e costumes, o direito da OIT, com prioridade ao interesse de classe com discussão tripartite.

(B) analogia e outros princípios do Direito Civil, e, ainda, de acordo com os usos e costumes, o Direito Comparado, mas sempre de maneira que nenhum interesse de classe ou particular prevalecerá sobre o interesse público.

(C) jurisprudência, por analogia, por equidade e outros princípios e normas gerais de Direito, principalmente do Direito do Trabalho, e, ainda, de acordo com os usos e costumes, o Direito Comparado, mas sempre de maneira que nenhum interesse de classe ou particular prevaleça sobre o interesse público.

(D) equidade e outros princípios e normas gerais de Direito Civil e, ainda, do Direito Constitucional.

(E) igualdade de direitos, pelas normas gerais do Direito e pelas regras do Direito Civil.

7. (PGE/RO – Procurador do Estado Substituto/2011) Em relação aos princípios do Direito do Trabalho, é INCORRETO afirmar:

(A) O princípio da aplicação da norma mais favorável aplica-se da seguinte forma: havendo normas válidas incidentes sobre a relação de emprego, deve-se aplicar aquela mais benéfica ao trabalhador.

(B) O princípio da continuidade da relação de emprego tem como finalidade a preservação do contrato de trabalho, de modo que haja presunção de que este seja por prazo indeterminado, permitindo-se a contratação por prazo certo apenas como exceção.

(C) O princípio da primazia da realidade indica que os fatos reais devem prevalecer sobre os documentos assinados pelo empregado.

(D) O princípio da irrenunciabilidade significa a não admissão, em tese, que o empregado abra mão de seus direitos trabalhistas, em grande parte imantados de indisponibilidade absoluta.

(E) O princípio protetor é representado pela tríplice vertente: *in dubio pro societate*, a aplicação da norma mais favorável e a condição mais benéfica.

8. (TRT 2 – Juiz do Trabalho Substituto 2ª região/2012) O artigo 8 da CLT dispõe que: “As autoridades administrativas e a Justiça do Trabalho, na falta de disposições legais ou contratuais, decidirão, conforme o caso, pela jurisprudência, por analogia, por equidade e outros princípios e normas gerais de direito, principalmente do direito do trabalho, e, ainda, de acordo com os usos e costumes, o direito comparado, mas sempre de maneira que nenhum interesse de classe ou particular prevaleça sobre o interesse público”. A análise literal da previsão legal contida no dispositivo implica em:

(A) utilização dos princípios do direito do trabalho como modo de evitar e retificar os efeitos não desejáveis da legislação trabalhista;

(B) enumeração taxativa das fontes formais do direito do trabalho;

(C) atribuição de função integrativa do direito positivo para os princípios gerais do direito do trabalho, que serão aplicáveis pelo julgador diante das lacunas da lei;

(D) utilização da jurisprudência como fonte formal prevalente sobre as demais enumeradas no artigo;

(E) prevalência da analogia e da equidade sobre as demais fontes formais previstas no diploma legal.

9. (FCC – Analista Judiciário – TRT 11/2012) O Juiz do Trabalho pode privilegiar a situação de fato que ocorre na prática, devidamente comprovada, em detrimento dos documentos ou do rótulo conferido à relação de direito material. Tal assertiva, no Direito do Trabalho, refere-se ao princípio da

(A) irrenunciabilidade.

(B) intangibilidade salarial.

(C) continuidade.

(D) primazia da realidade.

(E) proteção.

10. (TRT 23ª R. JUIZ DO TRABALHO/2012) Analise as proposições abaixo e assinale a alternativa correta:

I. Pela teoria monista, as fontes jurídicas formais do Direito derivam de um único centro de positivação, enquanto que a teoria pluralista sustenta a existência de distintos centros de positivação jurídica ao longo da sociedade civil.

II. As regras negociadas e construídas coletivamente são regras heterônomas onde as partes interessadas autodisciplinam as condições de vida e trabalho.

III. Constituiram típicas fontes materiais, sob o prisma filosófico, o socialismo, nos séculos XIX e XX, e correntes político-filosóficos afins, como o trabalhismo, o socialismo-cristão.

IV. Equidade corresponde ao processo de adequação e atenuação da norma, que é ampla e abstrata, em face das particularidades inerentes ao caso concreto, de forma que, como mecanismo adequador da generalidade, abstração e impessoalidade da norma ao caso concreto, a equidade auxiliará o julgador a atuar com sensatez e equilíbrio.

V. O contrato individual de trabalho é fonte formal do Direito porque se constitui de cláusulas concretas, específicas e pessoais envolvendo os contratantes.

(A) Apenas as proposições I e V estão corretas e as demais estão incorretas.
(B) Apenas a proposição V está correta e as demais estão incorretas.
(C) As proposições II, III, IV e V estão corretas e as demais estão incorretas.
(D) Apenas as proposições I, III e V estão corretas e as demais estão incorretas.
(E) Todas as proposições estão corretas.

---

11. (FCC – Analista Judiciário – Oficial de Justiça Avaliador – TRT 4/2015) A sentença normativa é a decisão proferida por um Tribunal do Trabalho em um dissídio coletivo, estabelecendo uma regra geral, abstrata e impessoal que vai reger às relações entre trabalhadores e empregadores de uma determinada categoria, sendo classificada no Direito do Trabalho como

(A) fonte material heterônoma.
(B) fonte formal autônoma.
(C) regra de hermenêutica e não fonte do direito.
(D) fonte formal heterônoma.
(E) fonte material profissional.

---

12. (FCC – Técnico Judiciário – Área Administrativa – TRT 3/2015) De acordo com a Constituição Federal de 1988, dentre os direitos sociais assegurados ao trabalhador, NÃO está a

(A) introdução do terço constitucional sobre as férias.
(B) proteção em face de automação, na forma da lei.
(C) criação dos turnos ininterruptos de revezamento com jornada especial de 6 horas diárias.
(D) criação de licença paternidade, de cinco dias.
(E) irredutibilidade do salário, independentemente de disposição em convenção ou acordo coletivo, salvo em caso de força maior ou prejuízos devidamente comprovados.

---

13. (FCC – Analista Judiciário – Área Judiciária – TRT 4/2015) A Constituição Federal do Brasil de 1988 inovou ao apresentar um rol de direitos constitucionais dos trabalhadores, inserindo no seu artigo 7º, dentre outros,

(A) o auxílio alimentação e a cesta básica.
(B) o piso salarial proporcional à extensão e complexidade do trabalho.
(C) o habeas data para conhecimento de informações constantes de registros públicos do trabalhador.
(D) a pensão por morte e o seguro de vida.
(E) o direito exclusivo de utilização, publicação e exploração econômica de invenções do trabalhador.

---

14. (FCC – Analista Judiciário – Área Administrativa – TRT 4/2015) A Comissão de Conciliação Prévia instituída no âmbito de empresa

(A) terá 2/3 de seus membros eleitos pelos empregados, em escrutínio, secreto, fiscalizado pelo sindicato de categoria profissional.
(B) terá 2/3 de seus membros indicados pelo empregador.
(C) será composta de, no mínimo, 2 e, no máximo, 10 membros.
(D) haverá 2 suplentes para cada representante titular.
(E) será composta de, no mínimo, 3 e, no máximo, 7 membros.

15. (FCC – Analista Judiciário – Oficial de Justiça Avaliador – TRT 4/2015) Os princípios atuam na ciência jurídica na fase de construção da regra jurídica, em sua interpretação ou na integração de normas jurídicas. Em relação aos princípios peculiares do Direito do trabalho,

(A) a razoabilidade é um princípio que confere segurança jurídica aos atos jurídicos ao dispor que o formalismo documental deve prevalecer sobre a realidade dos fatos.

(B) é possível ao trabalhador renunciar direitos trabalhistas previstos em legislação própria, como por exemplo, o intervalo intrajornada para refeição e descanso, objetivando a manutenção do emprego.

(C) em decorrência do princípio tutelar é autorizada a aplicação da norma mais favorável ao trabalhador independentemente de sua posição na escala hierárquica das normas jurídicas.

(D) o encargo de provar o término do contrato de trabalho é do trabalhador, mesmo que tenha sido negada a prestação dos serviços e o despedimento, em razão do princípio da continuidade da relação de emprego.

(E) o princípio da irredutibilidade salarial é absoluto, portanto não comporta exceções, ainda que sob a tutela de entidade sindical profissional.

16. (FCC – Analista Judiciário – Área Judiciária – TRT 4/2015) Em sentido genérico, 'fontes do direito' consubstancia a expressão metafórica para designar a origem das normas jurídicas. Na Teoria Geral do Direito do Trabalho, são consideradas fontes formais autônomas:

(A) fatores econômicos e geopolíticos.

(B) fatores sociais e religiosos.

(C) Constituição Federal e leis complementares.

(D) medidas provisórias e jurisprudência.

(E) acordo coletivo de trabalho e convenção coletiva de trabalho.

17. (Cespe – Analista Judiciário – Área Administrativa – TRT 8/2016) Em relação aos princípios e às fontes do direito do trabalho, assinale a opção correta.

(A) Em virtude do princípio da boa-fé, via de regra, o trabalhador pode renunciar a seu direito de férias, se assim preferir.

(B) Na falta de disposições legais ou contratuais, a justiça do trabalho ou as autoridades administrativas poderão decidir o caso de acordo com os usos e costumes, que são fontes do direito do trabalho.

(C) Por conter regras específicas acerca da maioria dos institutos trabalhistas, na análise de um caso concreto, a Consolidação das Leis do Trabalho pode se sobrepor aos dispositivos constantes da Constituição Federal de 1988 (CF).

(D) A sentença normativa é fonte do direito do trabalho, mas não o são os atos normativos do Poder Executivo.

(E) Os princípios gerais de direito não são aplicados na interpretação das normas do direito do trabalho, ainda que subsidiariamente.

18. (Cespe – Analista Judiciário – Área Administrativa – TRT 8/2016) Assinale a opção correta de acordo com a CF.

(A) O seguro contra acidentes de trabalho a cargo do empregador rural somente será devido ao empregado nos casos em que o empregador estiver obrigado ao pagamento de indenização por ter incorrido em dolo ou culpa.

(B) Por meio de negociação coletiva pode-se alterar a jornada de seis horas para o trabalho realizado em turnos ininterruptos de revezamento.

(C) É proibido o trabalho noturno, perigoso ou insalubre a menores de dezoito anos de idade e de qualquer trabalho a menores de dezessete anos de idade, salvo na condição de aprendiz, a partir de dezesseis anos de idade.

(D) Em virtude da complexidade, o trabalho intelectual necessariamente possui maior valor que o manual.

(E) Conforme norma expressa na CF, os direitos dos trabalhadores com vínculo empregatício permanente e os dos trabalhadores avulsos são diferentes em virtude da situação peculiar de cada um.

19. (Cespe – Técnico Judiciário – Área Administrativa – TRT 8/2016) Acerca das comissões de conciliação prévia, assinale a opção correta.

(A) Membro suplente dos empregados de comissão de conciliação prévia não possui estabilidade.

(B) Qualquer demanda trabalhista pode ser objeto de discussão em comissão de conciliação prévia.

(C) Será descontado da sua folha de pagamento o valor equivalente ao período em que empregado designado a atuar como conciliador em data de expediente esteve ausente do trabalho.

(D) As comissões de conciliação prévia são necessariamente compostas pelo sindicato dos empregados e pelo sindicato dos empregadores.

(E) O mandato dos membros das comissões de conciliação prévia é de dois anos, vedada a recondução.

20. (Cespe – Técnico Judiciário – Área Administrativa – TRT 8/2016) Acerca dos princípios e das fontes do direito do trabalho, assinale a opção correta.

(A) A aplicação do *in dubio pro operario* decorre do princípio da proteção.

(B) As fontes formais correspondem aos fatores sociais que levam o legislador a codificar expressamente as normas jurídicas.

(C) Dado o princípio da realidade expressa, deve-se reconhecer apenas o que está demonstrado documentalmente nos autos processuais.

(D) Em decorrência do princípio da irrenunciabilidade dos direitos trabalhistas, o empregador não pode interferir nos direitos dos seus empregados, salvo se expressamente acordado entre as partes.

(E) O princípio da razoabilidade não se aplica ao direito do trabalho.

21. (Cespe – Técnico Judiciário – Área Administrativa – TRT 8/2016) Com base no disposto na CF, assinale a opção correta em relação aos direitos trabalhistas.

(A) Admite-se o trabalho formal de menores de dezesseis anos de idade na condição de aprendiz.

(B) Depende de previsão em convenção ou acordo coletivo de trabalho a remuneração do trabalho noturno superior ao diurno.

(C) É assegurado ao empregado o repouso semanal remunerado, obrigatoriamente aos domingos.

(D) O período do aviso prévio é sempre de trinta dias, cessando-se no dia do comparecimento do empregado ao seu respectivo sindicato.

(E) O trabalhador rural não pode ser beneficiário do seguro-desemprego.

22. (TRT 24ª R. 2006) Constitui direito dos trabalhadores urbanos e rurais, previsto na Constituição Federal:

(A) repouso semanal remunerado, exclusivamente aos domingos.

(B) adicional de remuneração para as atividades insalubres ou perigosas, excetuadas as penosas, na forma da lei.

(C) seguro-desemprego, em caso de pedido de dispensa ou desemprego involuntário.

(D) redução dos riscos inerentes ao trabalho, por meio de normas de saúde, higiene e segurança.

(E) jornada suplementar com adicional mínimo de 25%.

23. (FCC – Procurador do Estado – AM / 2010) É direito dos trabalhadores urbanos e rurais, além de outros que visem à melhoria de sua condição social:

(A) a irredutibilidade do salário, salvo o disposto em convenção ou acordo coletivo.

(B) o seguro-desemprego, em todas as hipóteses de extinção do contrato de trabalho.

(C) o décimo terceiro salário com base na remuneração proporcional ou no valor da aposentadoria.

(D) a licença à gestante, sem prejuízo do emprego e do salário, com a duração de cento e cinquenta dias.

(E) o repouso semanal remunerado, preferencialmente aos domingos e feriados.

24. (QUESTÃO SOBRE A REFORMA TRABALHISTA ELABORADA PELO AUTOR). A Lei nº 13.467/17 criou a figura do empregado hipersuficiente, possibilitando negociar diretamente com o empregador alguns direitos trabalhistas, inclusive em condições menos benéficas.

25. (QUESTÃO SOBRE A REFORMA TRABALHISTA ELABORADA PELO AUTOR). Se uma convenção coletiva e um acordo coletivo de trabalho tratam de um mesmo tema trabalhista de forma diversa, deve prevalecer, em qualquer situação, a primeira.

26. (FCC – Analista Judiciário – Contabilidade – TRT 2/2018) A respeito das Comissões de Conciliação Prévia, de acordo com a legislação vigente,

A) a Comissão instituída no âmbito da empresa será composta de, no mínimo, 2 e, no máximo, 12 membros, sendo que a metade de seus membros será indicada pelo empregador e outra metade eleita pelos empregados, em escrutínio secreto, fiscalizado pelo sindicato de categoria profissional.

B) é vedada a dispensa dos representantes dos empregados membros da Comissão de Conciliação Prévia, titulares e suplentes, até um ano após o final do mandato, salvo se cometerem falta grave, nos termos da lei.

C) somente as empresas e nunca os sindicatos podem instituir Comissões de Conciliação Prévia, de composição paritária, com representante dos empregados e dos empregadores, com a atribuição de tentar conciliar os conflitos individuais do trabalho.

D) o representante dos empregados permanecerá afastado do seu trabalho normal na empresa durante todo o período em que perdurar o seu mandato, sendo, no entanto, esse período, computado como tempo de trabalho efetivo.

E) as Comissões de Conciliação Prévia têm prazo de 15 dias para a realização da sessão de tentativa de conciliação a partir da provocação do interessado.

27. (FCC – Técnico Judiciário – TI – TRT 2/2018) Camila e Soraya são estudantes, trabalham em sindicatos e são muito interessadas na legislação trabalhista. Vizinhas, frequentemente se reúnem para tomar um café e colocar a conversa em dia. No último encontro, as amigas começaram a discutir sobre as recentes mudanças ocorridas na Consolidação das Leis do Trabalho e sobre as Comissões de Conciliação Prévia. Camila afirmou corretamente para Soraya que as recentes mudanças ocorridas na Consolidação da Leis do Trabalho

A) não alteraram as disposições legais referentes à Comissão de Conciliação Prévia e o mandato dos seus membros, titulares e suplentes continua sendo de dois anos, vedada a recondução.

B) não alteraram as disposições legais referentes à Comissão de Conciliação Prévia, que é instituída no âmbito da empresa sendo composta de, no mínimo, dois e, no máximo, dez membros.

C) alteraram as disposições legais referentes à Comissão de Conciliação Prévia e o mandato dos seus membros, titulares e suplentes passou a ser de dois anos, permitida uma única recondução.

D) alteraram as disposições legais referentes à Comissão de Conciliação Prévia, sendo vedada a dispensa dos representantes dos empregados membros da Comissão, titulares e suplentes, até três meses após o final do mandato, salvo se cometerem falta grave.

E) não alteraram as disposições legais referentes à Comissão de Conciliação Prévia sendo que haverá na Comissão dois suplentes para cada representante titular.

28. (Cespe – Analista – EMAP/2018) Conforme as disposições da Consolidação das Leis do Trabalho (CLT), julgue o seguinte item.

A convenção coletiva de trabalho que dispuser sobre banco de horas anual, enquadramento de grau de insalubridade e modalidade de registro de jornada de trabalho terá prevalência sobre a lei.

( ) Certo

( ) Errado

29. (Cespe – Analista – EMAP/2018) Carla Lopes ajuizou reclamação trabalhista contra sua ex-empregadora, Supermercados Onofre, que, há seis meses, demitiu três de seus dezoito empregados, entre eles, Carla. Em sua petição inicial, ela requereu valores devidos em razão de verbas rescisórias pagas a menor, adicional de insalubridade nunca pago ao longo do contrato de trabalho e danos morais decorrentes de assédio moral. Nessa reclamatória, foi atribuído como valor da causa o importe de cinquenta mil reais. Acerca dessa situação hipotética, julgue o item que segue.

Caso exista comissão de conciliação prévia instituída na empresa Supermercados Onofre — fundada em acordo coletivo de trabalho e dotada de composição paritária entre representantes dos empregados e do empregador —, a submissão da demanda de Carla a esse colegiado não seria pressuposto necessário ao ajuizamento da reclamação trabalhista.

( ) Certo

( ) Errado

30. (AOCP – Analista Judiciário – Área Judiciária – TRT 1/2018) Um sindicato patronal e um sindicato obreiro do Rio de Janeiro resolveram discutir as disposições de convenção coletiva para uma determinada categoria, estipulando que a vigência se daria no ano seguinte à discussão. As cláusulas convencionais foram pactuadas nos seguintes termos: haverá supressão do valor nominal do décimo terceiro salário; o prazo máximo para o gozo de licença-maternidade será de cem dias; as férias anuais remuneradas serão acrescidas de metade do salário normal; haverá o aumento de cem reais ao adicional para atividades perigosas.

Quanto à Convenção e licitude/ilicitude das cláusulas, assinale a alternativa correta.

A) A convenção é nula de pleno direito, já que as cláusulas ora apresentadas constituem objeto ilícito.

B) A convenção é parcialmente válida, pois, dentre as cláusulas, constitui objeto lícito aquelas quanto às férias serem acrescidas de metade do salário normal e quanto ao aumento referente ao adicional para atividades perigosas.

C) A convenção é parcialmente válida, pois, dentre as cláusulas, constituem objetos ilícitos a vigência do prazo para o gozo de licença maternidade e as férias serem acrescidas de metade do salário normal.

D) A convenção deverá subsistir por ser válida e por se tratar de condição benéfica ao empregado, bem como por estar em observância ao princípio do *Pacta Sunt Servanda.*

E) A convenção é válida, pois apresenta concessões mútuas de ambas as partes, não constituindo objeto ilícito as cláusulas que tratam acerca do valor nominal do décimo terceiro salário e do prazo para o gozo de licença-maternidade.

31. (AOCP – Técnico Judiciário – Área Administrativa – TRT 1/2018) Informe se é verdadeiro (V) ou falso (F) o que se afirma a seguir e assinale a alternativa com a sequência correta.

( ) É direito dos trabalhadores urbanos e rurais, além de outros que visem à melhoria de sua condição social, seguro-desemprego, em caso de desemprego, ainda que voluntário.

( ) São direitos sociais: a educação, a saúde, a alimentação, o trabalho, a moradia, o transporte, o lazer, a segurança, a previdência social, a proteção à maternidade e à infância, a assistência aos desamparados, na forma da Constituição.

( ) Um dos direitos sociais garantidos no texto constitucional é a igualdade de direitos entre o trabalhador com vínculo empregatício permanente e o trabalhador avulso.

( ) De acordo com a Constituição Federal, é direito dos trabalhadores, urbanos e rurais, jornada de oito horas para o trabalho realizado em turnos ininterruptos de revezamento, salvo negociação coletiva.

A) F – V – F – V.

B) F – F – V – V.

C) F – V – F – F.

D) V – F – V – F.

E) F – V – V – F.

32. (AOCP – Técnico Judiciário – Área Administrativa – TRT 1/2018) Simão, há um mês, completou 16 anos de idade e intenciona ingressar no mercado de trabalho para auxiliar seus pais com as despesas da residência, considerando estar difícil a situação financeira da família. O pai de Simão trabalha como frentista em um Posto de Combustíveis, sendo que sua função é exercida em contato direto com as bombas de combustíveis. O pai de Simão tomou conhecimento que seu empregador está contratando novos funcionários para exercerem a mesma função que a sua, ocasião em que o pai de Simão indicou o filho para o trabalho. Por todo o exposto, é correto afirmar que Simão

A) pode iniciar na empresa como aprendiz de seu pai na função de frentista, para, assim, adquirir experiência no abastecimento dos veículos, dentre outras peculiaridades do serviço.
B) pode iniciar o trabalho na mesma função que seu pai, pois já completou 16 anos de idade.
C) não pode iniciar qualquer atividade laboral, pois somente poderá fazê-lo quando completar 18 anos de idade.
D) não pode trabalhar na empresa na mesma função que seu pai, pois a atividade de frentista, em contato direto com combustíveis, é proibida a menores de 18 anos de idade.
E) pode iniciar seu trabalho na empresa na mesma função que seu pai, desde que concilie o trabalho com os estudos.

33. (AOCP – Analista Judiciário – Área Administrativa – TRT 1/2018) A data-base da categoria dos empregados das empresas do setor de confecção na cidade de Cerro Azul é 1 de junho e, assim, iniciaram-se as negociações entre as entidades patronal e obreira para que seja firmada a convenção coletiva da categoria, a viger a partir de 1 de jun. de 2018. Poderão ser firmados, ainda, eventuais acordos coletivos de trabalho entre a entidade sindical dos trabalhadores e determinadas empresas. As partes envolvidas em tais negociações deverão ter ciência de que a convenção coletiva e o acordo coletivo de trabalho têm prevalência sobre a lei em caso de

A) regime de sobreaviso; adicional por remuneração para as atividades penosas, insalubres ou perigosas; repouso semanal remunerado.
B) troca do dia de feriado; remuneração por produtividade; prorrogação de jornada em ambientes insalubres, sem licença prévia das autoridades competentes do Ministério do Trabalho.
C) número de dias de férias devidos ao empregado; participação nos lucros ou resultados da empresa; banco de horas anual.
D) remuneração do serviço extraordinário superior, no mínimo, em 50% (cinquenta por cento) à do normal; pacto quanto à jornada de trabalho, observados os limites constitucionais; plano de cargos, salários e funções compatíveis com a condição pessoal do empregado.
E) teletrabalho; trabalho intermitente; seguro contra acidente de trabalho, a cargo do empregador.

34. (AOCP – Analista Judiciário – Área Administrativa – TRT 1/2018) No que se refere à licença paternidade, assinale a alternativa correta.

A) Ao empregado é garantido o direito de ausentar-se do trabalho por 3 dias consecutivos quando do nascimento do filho, no decorrer da primeira semana, sendo o período de licença irredutível. Tal direito é indisponível, não podendo ser alterado por legislação infraconstitucional, tampouco negociado pelas partes, individualmente ou através de acordos ou convenções coletivas de trabalho.
B) O empregado tem direito de ausentar-se do trabalho por 5 dias úteis, alternados ou corridos, à sua escolha, no decorrer do primeiro mês de nascimento do filho. Tal direito é indisponível e a quantidade de dias de licença é irredutível.
C) O empregado poderá deixar de comparecer ao serviço por 5 dias consecutivos em caso de nascimento do filho, no decorrer da primeira semana. Contudo, tal direito pode ser reduzido ou até suprimido totalmente por acordos ou convenções coletivas de trabalho.
D) É garantido ao empregado o direito de ausentar-se do trabalho por 5 dias consecutivos quando do nascimento do filho, no decorrer da primeira semana, sendo o período de licença irredutível. Tal direito é indisponível, não podendo ser alterado por legislação infraconstitucional, tampouco negociado pelas partes, individualmente ou através de acordos ou convenções coletivas de trabalho.
E) Ao empregado é garantido o direito de ausentar-se do trabalho por 5 dias quando do nascimento do filho, no decorrer da primeira semana, sendo o período de licença irredutível. Todavia, o empregador poderá descontar do salário do trabalhador os dias correspondentes à licença, que serão equiparados a faltas injustificadas.

35. (Vunesp – Procurador – Fapesp/2018) Nos termos da Consolidação das Leis do Trabalho, a convenção e o acordo coletivo de trabalho tem prevalência sobre a lei quando dispuserem sobre

A) normas de identificação profissional e banco de horas anual.

B) seguro-desemprego e intervalo intrajornada, respeitado o limite mínimo de trinta minutos para jornadas superiores a seis horas.

C) remuneração do trabalho noturno superior à do diurno e regulamento empresarial.

D) número de dias de férias ao empregado e plano de cargos e salários.

E) adesão ao Programa Seguro-Emprego e modalidade de registro de jornada de trabalho.

36. (FCC – Analista Judiciário – Oficial de Justiça Avaliador – TRT 6/2018) A convenção coletiva e o acordo coletivo de trabalho têm prevalência sobre o disposto em lei, de acordo com a recente alteração da CLT promovida pela Lei nº 13.467/2017 e Medida Provisória nº 808/2017. Constitui objeto lícito da convenção coletiva ou do acordo coletivo a

A) redução do intervalo intrajornada, desde que observe o intervalo mínimo de 15 minutos para jornada superior a 6 horas.

B) definição da modalidade de registro da jornada de trabalho.

C) redução temporária, limitada a 6 meses, do percentual de depósito do FGTS.

D) redução do prazo do aviso prévio, podendo ser inferior a 30 dias, com no mínimo 23 dias.

E) diminuição do número de dias de férias, podendo ser inferior a 30 dias, com no mínimo 15 dias.

37. (FCC – Técnico Judiciário – Área Administrativa – TRT 6/2018) O artigo 8º da Consolidação das Leis do Trabalho elenca algumas fontes subsidiárias ou supletivas do Direito do trabalho, NÃO se incluindo

A) direito comparado.

B) jurisprudência.

C) analogia.

D) usos e costumes.

E) convenção coletiva de trabalho.

38. (Cesgranrio – Advogado – Transpetro/2018) De acordo com a Consolidação das Leis do Trabalho, Súmulas e outros enunciados de jurisprudência editados pelo Tribunal Superior do Trabalho e pelos Tribunais Regionais do Trabalho **NÃO** poderão

A) analisar a essencialidade do negócio jurídico convencional.

B) aplicar direitos previstos constitucionalmente.

C) criar obrigações que não estejam previstas em lei.

D) estabelecer intervenção mínima no acordo coletivo.

E) interpretar benefícios constantes em Convenções Coletivas.

39. (Cespe – Procurador do Estado – PE/2018) De acordo com a legislação trabalhista em vigor, quando determinada categoria econômica, na fase de negociação coletiva, estiver debatendo as cláusulas da convenção coletiva, será vedado às partes negociarem acerca da supressão ou redução

A) do enquadramento do grau de insalubridade e da prorrogação de jornada em locais insalubres.

B) da participação nos lucros da empresa.

C) do intervalo intrajornada, respeitado o limite de trinta minutos para jornadas superiores a seis horas.

D) do percentual mínimo de acréscimo de 50% à hora normal para remunerar o serviço extraordinário.

E) da troca do dia de feriado.

40. (IADES – Advogado – CFM/2018) De acordo com a Consolidação das Leis Trabalhistas (CLT), existe a possibilidade de que a convenção coletiva e o acordo coletivo de trabalho tenham prevalência sobre a lei em casos específicos.

Com base nessa informação, é correto afirmar que tal possibilidade somente ocorre quando a convenção coletiva e o acordo coletivo de trabalho dispuserem a respeito de

A) participação nos lucros ou resultados da empresa.

B) pacto quanto à jornada de trabalho, com ampla e irrestrita flexibilidade.

C) banco de horas semestral.

D) plano de cargos, salários e funções, mesmo que incompatíveis com a condição pessoal do empregado.

E) situação, no caso de intervalo intrajornada, em que seja respeitado o limite mínimo de 45 minutos para jornadas superiores a seis horas.

41. (Cesgranrio – Advogado – Petrobrás/2018) No exame de acordo coletivo de trabalho, a Justiça do Trabalho balizará sua atuação pelo princípio da intervenção na autonomia da vontade coletiva

A) efetiva
B) positiva
C) contributiva
D) mínima
E) protetiva

42. (FCC – Procurador do Estado – TO/2018) Os princípios exercem um papel constitutivo da ordem jurídica, cuja interpretação leva em consideração os valores que os compõem. Nesse sentido, o entendimento jurisprudencial adotado pelo Tribunal Superior do Trabalho de que o encargo de provar o término do contrato de trabalho, quando negados a prestação de serviço e o despedimento é do empregador está embasado no princípio

A) protetor.
B) da primazia da realidade.
C) da irrenunciabilidade.
D) da continuidade da relação de emprego.
E) da boa-fé contratual subjetiva.

43. (Fepese – Advogado – Celesc/2018) Observados os limites constitucionais, a convenção coletiva ou o acordo coletivo terão prevalência sobre a lei quando dispuserem sobre:

A) participação nos lucros ou resultados da empresa, modalidade de registro de jornada de trabalho e seguro-desemprego, em caso de desemprego involuntário.
B) banco de horas anual, modalidade de registro de jornada de trabalho e participação nos lucros ou resultados da empresa.
C) banco de horas anual, modalidade de registro de jornada de trabalho e número de dias de férias devidas ao empregado.
D) participação nos lucros ou resultados da empresa, repouso semanal remunerado e salário mínimo.
E) modalidade de registro de jornada de trabalho, participação nos lucros ou resultados da empresa e seguro-desemprego, em caso de desemprego involuntário.

44. (Vunesp – Procurador – IPSM/2018) Nos termos da Consolidação das Leis do Trabalho, súmulas e outros enunciados de jurisprudência do Tribunal Superior do Trabalho

A) não poderão criar obrigações que não estejam previstas em lei.
B) poderão criar obrigações que não estejam previstas em lei.
C) poderão criar obrigações desde que não haja violação das normas de ordem pública.
D) poderão restringir direitos legalmente previstos, desde que haja contrapartida em favor do trabalhador.
E) poderão criar obrigações que não estejam previstas em lei, desde que fiquem excepcionadas as empresas em recuperação judicial.

45. (Vunesp – Procurador – IPSM/2018) Determinada empresa celebrou acordo coletivo de trabalho com o sindicato da categoria profissional, objetivando a redução do intervalo intrajornada de seus empregados para 30 (trinta) minutos. Diante da situação proposta, assinale a alternativa correta, considerando a legislação atual.

A) O acordo coletivo de trabalho é ilegal, pois a redução do intervalo depende de autorização do Ministério do Trabalho e Previdência Social.
B) O acordo coletivo de trabalho é ilegal, pois não está em conformidade com o entendimento sumulado do Supremo Tribunal Federal.
C) Não há óbice legal à mencionada redução do intervalo por meio de acordo coletivo de trabalho.

D) O acordo coletivo de trabalho é ilegal, mas o empregador ficará obrigado apenas a remunerar o período remanescente do intervalo não usufruído regularmente.

E) O acordo coletivo de trabalho é legal, mas depende de homologação judicial.

46. (Vunesp – Procurador – IPSM/2018) Quando devidamente pactuada, a arbitragem é forma de solução de conflitos de trabalho

A) exclusivamente coletivos.

B) individuais e coletivos, sem restrições.

C) individuais e coletivos, desde que haja previsão em convenção coletiva de trabalho.

D) advindos da rescisão do contrato de trabalho, desde que o trabalhador esteja assistido pelo sindicato da categoria profissional.

E) individuais, quando a remuneração do empregado for superior a duas vezes o limite máximo estabelecido para os benefícios da Previdência Social.

47. (AOCP – Analista Judiciário – Área Judiciária – TRT 1/2018) Os princípios estão situados no ordenamento jurídico cumprindo uma função integrativa de lacunas, partindo das leis para atingir as regras gerais que delas derivam. Com base nessa premissa, assinale a alternativa correta.

A) O princípio da proteção, que busca conferir ao trabalhador uma equidade processual, subdivide-se em 3 (três) outros princípios: *in dubio pro societa*, da aplicação da norma mais favorável e da condição mais benéfica.

B) Segundo o princípio da primazia da realidade no Direito do Trabalho, predomina a verdade real em face da verdade formal, ou seja, predomina a verdade da forma em face da verdade dos fatos.

C) Em relação ao princípio da aplicação da norma mais favorável, a Teoria do Conglobamento defende que através da comparação das diversas regras sobre cada instituto ou matéria, respeitando-se o critério da especialização, deve ser buscada a norma mais favorável ao caso.

D) O princípio da inalterabilidade contratual veda a possibilidade de alterações no contrato de trabalho, lesivas ou benéficas ao trabalhador.

E) O princípio da vedação à redução Salarial não sofre qualquer tipo de mitigação, não podendo Acordo Coletivo de Trabalho ou Convenção Coletiva de Trabalho dispor sobre redução salarial.

48. (Inaz do Pará – Advogado – CRF – PE/2018) Sobre o Direito do Trabalho, qual alternativa apresenta uma proposição **incorreta**?

A) O Direito do Trabalho é um ramo do Direito Público.

B) São fontes do Direito do Trabalho a Constituição Federal, as leis, os decretos e regulamentos, as portarias, acordos coletivos, convenção coletiva, sentença normativa, os regulamentos das empresas, os costumes e os contratos de trabalho.

C) Entende-se por acordo coletivo o pacto celebrado entre uma ou mais empresas com o sindicato dos empregados.

D) O contrato de trabalho é o acordo correspondente à relação de emprego.

E) A ideia de aplicação do que for mais benéfico para o trabalhador a partir da norma mais favorável identifica o princípio do *in dubio* pro operário.

49. (Vunesp – Procurador Jurídico – Pref. de Cerquilho – SP/2019) A empresa Terceirização Total Ltda. firmou acordo coletivo de trabalho com o sindicato profissional para estabelecer regras relativas à jornada de trabalho, estabelecendo percentual de 40% na hipótese de pagamento de horas extraordinárias e banco de horas bienal e flexibilização do intervalo intrajornada. Considerando tais condições, é correto afirmar que

A) as cláusulas coletivas relativas ao percentual de horas extraordinárias e banco de horas são inválidas, e a relativa à flexibilização do intervalo intrajornada é válida desde que respeite o limite de 30 (trinta) minutos para as jornadas superiores a 6 (seis) horas.

B) as cláusulas coletivas relativas ao percentual de horas extraordinárias e banco de horas são válidas, e a relativa à flexibilização do intervalo intrajornada é inválida, posto que não é permitida a referida flexibilização.

C) as cláusulas coletivas relativas ao percentual de horas extraordinárias e intervalo intrajornada são válidas, enquanto a relativa ao banco de horas é inválida.
D) as cláusulas coletivas relativas ao percentual de horas extraordinárias e banco de horas são inválidas, e a relativa à flexibilização do intervalo intrajornada é válida desde que respeite o limite de 15 (quinze) minutos para as jornadas superiores a 6 (seis) horas.
E) as cláusulas coletivas relativas ao percentual de horas extraordinárias é válida, enquanto as relativas ao banco de horas e flexibilização do intervalo intrajornada são inválidas.

50. (IADES – Advogado – CRN 3/2019) Em uma ação trabalhista, o reclamante afirma que diariamente prestava duas horas de jornada extraordinária sem, entretanto, receber os valores destas e os respectivos reflexos. Em sede contestatória, a empresa negou tal fato e apresentou cartões de ponto que demonstravam horários de entrada e saída uniformes (ponto britânico); por sua vez, o reclamante fez provas testemunhais que comprovavam o alegado na peça exordial. Ao analisar a lide, o juiz condenou a empresa ao pagamento das horas extras e dos respectivos reflexos.

Tendo por base o caso hipotético apresentado, assinale a alternativa que corresponde ao princípio do direito do trabalho aplicado em sentença.
A) Indisponibilidade de direitos
B) Continuidade da relação de emprego
C) Primazia da realidade
D) Imperatividade das normas trabalhistas
E) Intangibilidade salarial

51. (UFPR – Procurador – Pref. de Curitiba – PR/2019) A autonomia do direito do trabalho caracteriza-se pela extensão de sua matéria, métodos e princípios próprios. Por isso, para dominar tal ramo das ciências jurídicas e sociais, é preciso bem compreender os seus princípios, principalmente aqueles consagrados internacionalmente. A respeito do assunto, considere as seguintes afirmativas:

1. O princípio da irrenunciabilidade está relativizado na atualidade nacional ante a equiparação legal de trabalhador e empregador na manifestação de vontades por ocasião da contratação.
2. O princípio da norma mais favorável serve para dirimir conflitos de normas no espaço, prevalecendo a mais favorável ao trabalhador, salvo se a interpretação levar a conclusão que desconsidere a hierarquia das normas.
3. O princípio *in dubio pro operario* autoriza a conclusão de que na Justiça do Trabalho o empregado preferencialmente sai ganhando.
4. O princípio da primazia da realidade significa que, em caso de discordância entre o que ocorre na prática e o que emerge de documentos ou acordos, deve prevalecer o que sucede no terreno dos fatos.

Assinale a alternativa correta.
A) Somente a afirmativa 4 é verdadeira.
B) Somente as afirmativas 1 e 2 são verdadeiras.
C) Somente as afirmativas 3 e 4 são verdadeiras.
D) Somente as afirmativas 1, 2 e 3 são verdadeiras.
E) As afirmativas 1, 2, 3 e 4 são verdadeiras.

12.2. Questões discursivas

1. (PGE – SP 2012) Para compensar a inferioridade do empregado em relação ao empregador, o Direito do Trabalho é orientado pelo princípio protetor (tutelar ou da proteção), que prevê que o empregado deve receber um tratamento jurídico superior ao conferido ao empregador. Ao abordar o princípio protetor, a doutrina trabalhista costuma dividi-lo em três vertentes (ou subprincípios): aplicação da norma mais favorável, observância da condição mais benéfica e *in dubio pro operário*.

No que diz respeito à identificação da norma mais favorável, indique três teorias existentes sobre o assunto, especificando suas características.

2. (TRT 21ª REGIÃO – 2010). Fato determinante que reclama o princípio da proteção é a natureza conflituosa da relação capital x trabalho, enquanto persistente a desigualdade entre os protagonistas desse vínculo. A propósito da flexibilização do Direito do Trabalho, quais os limites jurídicos aplicáveis a esse fenômeno de modo a não abalar as estruturas do princípio protetor?

3. (TRT 4ª REGIÃO – 2016) Setembrino, brasileiro, foi contratado em março de 2014, em Porto Alegre, por empresa brasileira para prestar serviços em Sidney/Austrália, onde permaneceu até abril de 2016. Realizou treinamento em São Paulo e embarcou no Rio de Janeiro. A empresa na qual o trabalhador presta serviços é estrangeira e pertencente ao mesmo grupo econômico da contratante. Responda, justificadamente, ao questionamento:

a) Que legislação se aplica ao contrato de trabalho?

12.3. Gabarito das questões objetivas

Gab.		Fundamentação legal e jurisprudencial	Onde encontro no livro?	Observação eventual
		a) CLT. Art. 625-B, I	a) Item 8.4	–
		b) CLT. Art. 625-B, caput	b) Item 8.4	–
1	B	c) CLT. Art. 625-F	c) Item 8.4	10 dias
		d) CLT. Art. 625-B e 625-C	d) item 8.4	
		e) CLT. Art. 625-E, parágrafo único	e) item 8.4	–
		I) CF. Art. 5º, XXXVI	I) Item 5.3	–
		II) Doutrina	II) Item 5.3	
2	A	III) Código de Bustamante. Art. 198	III) Item 5.1, alínea "b"	
		IV) Doutrina	IV) Item 3	
		V) Doutrina	V) Item 4.5	
		a) CF/88. Art. 7º, XXXII	a) Item 2.2, alínea "a"	
		b) CLT. Art. 29, caput	b) Parte I, Capítulo II, Item 3.1, alínea "b"	
3	E	c) CLT. Art. 71, caput	c) Parte I, Capítulo VII, Item 8.1	
		d) Decreto nº 5.598/05. Art. 25	d) Parte I, Capítulo IV, Item 4.4	
		e) CF/88. Art. 7º, XXVII, XXI e XVIII	e) Item 2.2, alínea "a"	
		a) LINDB. Art. 6º, § 2º	a) Item 5.4	–
		b) LINDB. Art. 6º, § 2º	b) Item 5.4	
		c) LINDB. Art. 6º, § 2º	c) Item 5.4	
4	E	d) LINDB. Art. 6º, § 2º	d) Item 5.4	–
		e) LINDB. Art. 6º, § 2º	e) Item 5.4	
5	C	A regra é da contratação por prazo indeterminado.	Item 4.8	Princípio da Continuidade
		a) CLT. Art. 8º, caput	a) Item 4	–
		b) CLT. Art. 8º, caput	b) Item 4	
6	C	c) CLT. Art. 8º, caput	c) Item 4	
		d) CLT. Art. 8º, caput	d) Item 4	
		e) CLT. Art. 8º, caput	e) Item 4	

Gab.		Fundamentação legal e jurisprudencial	Onde encontro no livro?	Observação eventual
7	E	a) Doutrina	a) Item 4.6	–
		b) TST. Súmula nº 212	b) Item 4.8	
		c) Jurisprudência	c) Item 4.9	
		d) CLT. Art. 9º	d) Item 4.7	
		e) Doutrina	e) Item 4.6	
8	C	CLT. Art. 8º	Item 4	–
9	D	Jurisprudência	Item 4.9	–
10	D	I) Doutrina	I) Item 2.2	–
		II) Doutrina	II) Item 2.2, alínea "a"	
		III) Doutrina	III) Item 2.1	
		IV) CLT. Art. 852-I, § 1º	IV) Item 4.4	
		V) Código Civil. Art. 425	V) Item 2.2, alínea "b"	
11	D	Doutrina	a) Item 2.2	–
			b) Item 2.2	
			c) Item 2.2	
			d) Item 2.2	
			e) Item 2.2	
12	E	CF/88. Art. 7º	a) Item 2.2, alínea "a"	–
			b) Item 2.2, alínea "a"	
			c) Item 2.2, alínea "a"	
			d) Item 2.2, alínea "a"	
			e) Item 2.2, alínea "a"	
13	B	CF/88. Art. 7º	a) Item 2.2, alínea "a"	–
			b) Item 2.2, alínea "a"	
			c) Item 2.2, alínea "a"	
			d) Item 2.2, alínea "a"	
			e) Item 2.2, alínea "a"	
14	C	CLT. Art. 625-B	a) Item 8.4	–
			b) Item 8.4	
			c) Item 8.4	
			d) Item 8.4	
			e) Item 8.4	
15	C	Doutrina	a) Item 4.11	O art. 611-A, III, da CLT, incluído pela Lei da Reforma Trabalhista, aduz um limite mínimo de 30 minutos de intervalo intrajornada para jornadas superiores a 6 (seis) horas. Resta evidente, portanto, a disposição limitada desse direito. Logo, ainda que seja um emprega-do hipersuficiente esse direito não está disponível.
			b) Item 2.2, alínea "b"	
			c) Item 4.6	
			d) Item 4.8	
			e) Item 2.2, alínea "a"	

Gab.		Fundamentação legal e jurisprudencial	Onde encontro no livro?	Observação eventual
16	E	Doutrina	a) Item 2.2, alínea "b"	–
			b) Item 2.2, alínea "b"	
			c) Item 2.2, alínea "b"	
			d) Item 2.2, alínea "b"	
			e) Item 2.2, alínea "b"	
17	B	a) Convenção nº 132. Art. 12	a) Parte I, Capítulo VII, Item 9	O art. 611-B, XII, incluído pela Reforma Trabalhista, aduz ser objeto ilícito a supressão ou redução do gozo de férias anuais remuneradas com pelo menos um terço a mais que o salário normal. Assim, ainda que seja um empregado hipersuficiente esse direito não está disponível.
		b) CLT. Art. 8º, caput	b) Item 4.3	
		c) Doutrina	c) Item 2.3	
		d) Doutrina	d) Item 2.2, alínea "a"	
		e) CLT. Art. 8º, caput	e) Item 4	
18	B	a) CF. Art. 7º, XXVIII	a) Item 2.2, alínea "a"	–
		b) CF. Art. 7º, XIV	b) Item 2.2, alínea "a"	
		c) CF. Art. 7º, XXXIII	c) Item 2.2, alínea "a"	
		d) CF. Art. 7º, V	d) Item 2.2, alínea "a"	
		e) CF. Art. 7º, XXXIV	e) Item 2.2, alínea "a"	
19	B	a) CLT. Art. 625-B, § 1º	a) Item 8.4	–
		b) CLT. Art. 625-D, caput	b) Item 8.4	
		c) CLT. Art. 625-B, § 2º	c) Item 8.4	
		d) CLT. Art. 625-A, parágrafo único	d) Item 8.4	
		e) CLT. Art. 625-B, III	e) Item 8.4	
20	A	a) Doutrina	a) Item 4.6	–
		b) Doutrina	b) Item 2.1	
		c) Doutrina	c) Item 4.9	
		d) CLT. Art. 9º	d) Item 4.7	
		e) Doutrina	e) Item 4.11	
21	A	a) CF. Art. 7º, XXXIII	a) Item 2.2, alínea "a"	–
		b) CF. Art. 7º, IX	b) Item 2.2, alínea "a"	
		c) CF. Art. 7º, XV	c) Item 2.2, alínea "a"	
		d) CF. Art. 7º, XXI	d) Item 2.2, alínea "a"	
		e) CF. Art. 7º, caput e II	e) Item 2.2, alínea "a"	

<table>
<tr><th colspan="2">Gab.</th><th>Fundamentação legal e jurisprudencial</th><th>Onde encontro no livro?</th><th>Observação eventual</th></tr>
<tr><td rowspan="5">22</td><td rowspan="5">D</td><td>a) CF/88, art. 7º, XV</td><td>a) Item 2.2, alínea “a”</td><td rowspan="5"></td></tr>
<tr><td>b) CF/88, art. 7º, XXIII</td><td>b) Item 2.2, alínea “a”</td></tr>
<tr><td>c) CF/88, art. 7º, II</td><td>c) Item 2.2, alínea “a”</td></tr>
<tr><td>d) CF/88, art. 7º, XXII</td><td>d) Item 2.2, alínea “a”</td></tr>
<tr><td>e) CF/88, art. 7º, XVI</td><td>e) Item 2.2, alínea “a”</td></tr>
<tr><td rowspan="5">23</td><td rowspan="5">A</td><td>a) CF/88. Art. 7º, VI</td><td>a) Item 2.2, alínea “a”</td><td rowspan="5"></td></tr>
<tr><td>b) CF/88. Art. 7º, II</td><td>b) Item 2.2, alínea “a”</td></tr>
<tr><td>c) CF/88. Art. 7º, VIII</td><td>c) Item 2.2, alínea “a”</td></tr>
<tr><td>d) CF/88. Art. 7º, XVIII</td><td>d) Item 2.2, alínea “a”</td></tr>
<tr><td>e) CF/88. Art. 7º, XV</td><td>e) Item 2.2, alínea “a”</td></tr>
<tr><td>24</td><td>C</td><td>CLT. Art. 444, parágrafo único.</td><td>Item 1.3</td><td></td></tr>
<tr><td>25</td><td>E</td><td>CLT. Art. 620.</td><td>Item 2.3</td><td></td></tr>
<tr><td>26</td><td>B</td><td>a) CLT. Art. 625-A, caput e 625-B
b) CLT. Art. 625-B, §1º
c) CLT. Art. 625-A, parágrafo único
d) CLT. Art. 625-B, §2º
e) CLT. Art. 625-F</td><td>Item 8.4</td><td></td></tr>
<tr><td>27</td><td>B</td><td>a) CLT. Art. 625-B III
b) CLT. Art. 625-B
c) CLT. Art. 625-B III
d) CLT. Art. 625-B §1º
e) CLT. Art. 625-B II</td><td>Item 8.4</td><td></td></tr>
<tr><td>28</td><td>C</td><td>CLT. Art. 611-A, II, X e XII</td><td>Item 7.5</td><td></td></tr>
<tr><td>29</td><td>C</td><td>Jurisprudência</td><td>Item 8.4</td><td></td></tr>
<tr><td>30</td><td>B</td><td>CLT. Art. 611-B, incisos V, XII e XIII</td><td>Item 7.5</td><td></td></tr>
<tr><td rowspan="4">31</td><td rowspan="4">E</td><td>I – CF/ 88. Art. 7º, II</td><td>Item 2.2, alínea “a”</td><td rowspan="4"></td></tr>
<tr><td>II – CF/88. Art. 6º</td><td>Parte I. Capítulo IV. 11.1 “b”</td></tr>
<tr><td>III – CF/88. Art. 7º, XXXIV</td><td>Item 2.2, alínea “a”</td></tr>
<tr><td>IV – CF/88. Art. 7º, XIV</td><td>Item 2.2, alínea “a”</td></tr>
<tr><td>32</td><td>D</td><td>CF/88. Art. 7º, XXXIII</td><td>Item 2.2, alínea “a”</td><td></td></tr>
<tr><td>33</td><td>B</td><td>CLT. Arts. 611-A e 611– B</td><td>Item 7.5</td><td></td></tr>
<tr><td>34</td><td>C</td><td>CLT. Art. 611-B, XIV</td><td>Item 7.5</td><td></td></tr>
<tr><td>35</td><td>E</td><td>CLT. Arts. 611-A e 611-B</td><td>Item 7.5</td><td></td></tr>
</table>

Gab.		Fundamentação legal e jurisprudencial	Onde encontro no livro?	Observação eventual
36	B	a) CLT. Art. 611-A, III b) CLT. Art. 611-A, inciso X c) CLT. Art. 611-B, III d) CLT. Art. 611-B, XVI e) CLT. Art. 611-B, XI	Item 7.5	
37	E	CLT. Art. 8º	Item 4	
38	C	CLT. Art. 8º, §2º	Item 4	
39	D	a) CLT. Art. 611-A, XII b) CLT. Art. 611-A, XV c) CLT. Art. 611-A, III d) CLT. Art. 611-B, X e) CLT. Art. 611-A, XI	Item 7.5	
40	A	a) CLT. Art. 611-A, XV b) CLT. Art. 611-A, I c) Art. 611-A, II d) Art. 611-A, V e) Art. 611-A, III	Item 7.5	
41	D	CLT. Art. 8º, §3º	Item 7.4	
42	D	TST. SÚMULA nº 212	Item 4.8	
43	B	Art. 611-A	Item 7.5	
44	A	CLT. Art. 8º,§2º	Item 4.	
45	C	CLT. Art. 611-A, inciso III	Item 7.5	
46	E	CLT. Art. 507-A	Item 8.3	
47	C	a) Doutrina	Item 4.6	
		b) Doutrina	Item 4.9	
		c) Doutrina	Item 4.6	
		d) Doutrina	Item 4.5	
		e) CF/88. Art. 7º, VI	Item 2.2, alínea "a"	
48	A	a) Doutrina	Item 1.5	
		b) Doutrina	Item 2	
		c) Doutrina	Item 2, alínea "b"	
		d) Doutrina	Item 2, alínea "b"	
		e) Doutrina	Item 4.6	
49	A	CLT. Arts. 611-A, II e III e 611-B, X	Item 7.5	
50	C	Doutrina	Item 4.9	
51	A	Doutrina	Item 4.5	

12.4. Gabarito das questões discursivas

Item	Fundamentação legal, jurisprudencial ou doutrinária	Onde encontro no livro
1	As principais teorias que definem qual seria a norma mais favorável são: teoria do conglobamento, teoria da acumulação, e teoria do conglobamento orgânico ou por instituto. Para os adeptos da teoria do conglobamento, a norma mais favorável deve ser assim considerada aquela que confere ao empregado melhor tratamento jurídico em seu conjunto. Só é possível chegar a essa conclusão analisando toda a norma e não apenas alguns dos seus dispositivos ou cláusulas. Atualmente, essa é a tese adotada pelo Tribunal Superior do Trabalho. Já para teoria da acumulação, deve-se pinçar de cada uma das normas jurídicas postas em comparação, os dispositivos ou cláusulas que conferem melhores condições de trabalho para os empregados. Para os adeptos da teoria do conglobamento por instituto ou orgânico, a verificação da norma mais favorável deve ser feita não por cada preceito ou globalmente, mas sim por cada tema. Ou seja, o aplicador vai analisar em cada norma qual o instituto jurídico-trabalhista recebeu melhor tratamento em relação ao empregado. Por exemplo, identifica-se os preceitos que tratam da jornada de trabalho e, no seu conjunto, verifica qual a norma mais favorável para ser aplicado ao caso concreto. Registre, por fim, que com a nova redação dada pela Lei nº 13.467/17 ao art. 620 da CLT, o acordo sempre prevalece sobre as condições de trabalho estabelecidas pela convenção coletiva.	Item 4.5, "a"
2	Primeiramente e sob o prisma individual e antes da vigência da Lei nº 13.467/17, não se admitia a flexibilização do Direito do Trabalho obtida por meio da manifestação da vontade individual do empregado, pois implicaria ofensa ao princípio da indisponibilidade dos direitos trabalhistas. A partir da vigência da referida Lei da Reforma Trabalhista, com a introdução de um parágrafo único ao art. 444 da CLT, permitiu-se a livre negociação direta entre o empregador e o empregado hipersuficiente. Sob o ponto de vista coletivo, seria admitida a flexibilização de certos direitos individuais trabalhistas, desde que autorizado por convenção ou acordo coletivo de trabalho. Existem duas correntes de ideias quanto a esse tema. A primeira, mais ampla, parte do pressuposto de que se a Constituição Federal admite a redução salarial, que em tese seria a principal obrigação do empregador, implicitamente estaria autorizando a flexibilização de todos os demais direitos, desde que obtida mediante a chancela sindical. A segunda corrente, mais restritiva e a qual se filia o TST, se posiciona no sentido de interpretar os dispositivos da Constituição Federal de forma restrita. Isso porque, como se trata de regra de exceção, não pode ser interpretada ampliativamente, seguindo a regra clássica da hermenêutica. Portanto, se a CF/88 admite apenas a flexibilização do salário e da jornada de trabalho, a negociação coletiva e, consequentemente, o instrumento normativo negociado não pode estabelecer limites inferiores àqueles estabelecidos pela norma jurídica estatal em relação a outros direitos não citados na Carta Magna, notadamente se for o caso de regras de segurança, medicina e higiene do trabalho. Prevaleceu a primeira corrente que serviu de inspiração para o legislador autorizar a flexibilização de alguns direitos trabalhistas, cujo rol exemplificativo encontra-se no art. 611-A da CLT.	Item 7

Item	Fundamentação legal, jurisprudencial ou doutrinária	Onde encontro no livro
3	Em regra, o local da prestação dos serviços é que define a norma a ser aplicada à relação de emprego, ou seja, segue-se o princípio da *lex loci executione contracti,* conforme dispõe o art. 198 do Código de Bustamante, ratificado pelo Brasil. Essa norma específica prevalece em detrimento do preceito genérico constante do art. 9º, da Lei de Introdução às normas do Direito Brasileiro. Sendo assim, a Lei nº 7.064/82, de caráter específico, regula a hipótese do trabalhador contratado no Brasil para laborar no exterior em atividades de engenharia, projetos e obras, montagens, gerenciamento e congêneres. Essa norma garante aos trabalhadores os direitos previstos pela legislação nacional, salvo se a legislação estrangeira for mais benéfica para o empregado. A Lei nº 11.962/09 alterou a redação do art. 1º da citada norma para determinar a sua aplicação em qualquer espécie de atividade empresarial. Portanto, respondendo a pergunta, a legislação a ser aplicável será do Brasil ou da Austrália a depender da análise de qual seja mais benéfica para o empregado. Deve-se destacar a incidência dessa norma jurídica, ainda que se trate de empresas distintas, pois fazem parte de um mesmo grupo econômico, seguindo a tese do empregador único.	Item 5.1. "b"

CAPÍTULO II

RELAÇÃO DE TRABALHO E DE EMPREGO

1. ESTRUTURA DA RELAÇÃO EMPREGATÍCIA

A relação capital *versus* trabalho originou a denominada questão social, mola propulsora para o surgimento do Direito do trabalho como ramo autônomo do Direito, que se destacou do Direito civil comum, em face das suas peculiaridades próprias.

A relação que une o trabalhador ao empregador denomina-se de relação empregatícia ou vínculo empregatício e é o objeto principal da proteção que lhe confere o Direito Laboral.

1.1. Elementos Componentes

A relação empregatícia é formada por elementos que a caracterizam e a distinguem das demais relações de trabalho *lato sensu*. Nesse passo, essa espécie de relação de trabalho deve ser **não eventual, onerosa, pessoal e subordinada**, de acordo com a definição legal estabelecida pelo art. 3º da Consolidação das Leis do Trabalho.[1]

Em que pese o conceito legal ser omisso, deve-se ressaltar que só há relação empregatícia quando o trabalho prestado tem **caráter voluntário**, o que exclui as relações de servidão,

1. CLT. Art. 3º. Considera-se empregado toda pessoa física que prestar serviços de natureza não eventual a empregador, sob a dependência deste e mediante salário.

escravidão e de trabalho forçado a título de pena, que no Brasil é vedado por disposição constitucional expressa.[2]

Outro aspecto importante a ser ressaltado, em que pese a omissão da norma, é que a relação de emprego só se firma quando o prestador de serviços for **pessoa física**, objeção que não se aplica à figura do empregador ou empresário.

O empregado mantém uma **relação de subordinação** em face do seu empregador, que detém o poder diretivo da relação empregatícia. Por intermédio de ordens genéricas ou específicas, o empregador dirige a prestação de serviços do trabalhador, que, por conta disso, perde parte da sua liberdade de conduzir a sua atividade.

Como retribuição pelos serviços prestados com o caráter de subordinação, o empregado percebe uma contraprestação paga pelo empregador, denominada de salário, principal e, muitas vezes, única fonte de renda para o sustento próprio e de sua família, o que revela o **caráter oneroso** desse tipo de relação jurídica.

A prestação de serviços de natureza **não eventual** também constitui traço característico da relação de emprego. Isso não quer dizer que o empregado deva comparecer diariamente ao local de trabalho de forma que se estabeleça uma continuidade.

A não eventualidade, segundo a teoria dos fins do empreendimento,[3] **diz respeito à atividade desenvolvida pela empresa e não à quantidade de tempo em que o empregado fica à disposição do empregador**. Por conta disso, o trabalho subordinado deve ter afinidade com o objeto social da empresa ou, se for relacionado à atividade-meio, que tenha caráter de permanência.

A aludida **teoria dos fins** foi, inclusive, utilizada pela legislação previdenciária, como se pode vê da redação do art. 9º, § 4º do Decreto nº 3.048/99: "Entende-se por serviço prestado em caráter não eventual aquele relacionado direta ou indiretamente com as atividades normais da empresa".[4]

Note-se, porém, que alguns autores também utilizam a expressão "habitualidade" em substituição ao requisito legal da eventualidade.

A relação de emprego tem como pressuposto a atividade laboral de um trabalhador cuja qualificação pessoal é condição *sine qua non* para a sua manutenção.

Desse modo, o vínculo empregatício é ***intuitu personae* somente em relação à figura do empregado**, salvo se o empregador for uma pessoa física que desenvolva uma atividade econômica personalíssima.

2. CF/88. Art. 5º, XLVII – não haverá penas: c) de trabalhos forçados. Todavia, o trabalho do preso diminui o tempo de execução da pena, à razão de um dia de pena para cada três trabalhados (art. 126 da Lei nº 7.210/84 – Lei de Execução Penal).
3. Existem outras teorias explicativas do trabalho eventual, como a teoria do evento, a teoria da fixação e a teoria da descontinuidade. Sobre o tema, consultar o item 2.3, capítulo IV, parte I, desta obra.
4. Esse tema é analisado com mais profundidade na parte I, capítulo IV, item 2.3.

Alguns autores enumeram, ainda, a **alteridade** como traço diferenciador da relação de emprego. Por alteridade entende-se a circunstância de o empregado transferir a propriedade do seu trabalho ao empregador e, consequentemente, os riscos dessa atividade.

A seguir, o resumo com os elementos integrativos da relação de emprego:

ELEMENTOS DA RELAÇÃO DE EMPREGO

- **V**oluntariedade
- **A**lteridade
- **S**ubordinação
- **P**essoalidade
- **O**nerosidade
- **N**ão eventualidade

Exemplos de questões sobre o tema

(FCC – Juiz do Trabalho Substituto 24ª região/2014) Ticio Neves alega que foi admitido pela Empresa de Odontologia W para exercer a função de cirurgião-dentista, em 01/06/2011, percebendo remuneração de R$ 18.000,00, sendo dispensado, sem justo motivo, em 06/07/2013, não havendo até então a devida anotação do contrato de trabalho em sua CTPS. Informou que nos meses anteriores à contratação foi convidado pelos sócios da reclamada a ingressar na empresa na condição de sócio minoritário, com participação de dois por cento no capital social, contribuindo, especialmente, com seu trabalho em função de sua especialização técnica.

A reclamada, por seu turno, contestou as alegações de Tício, sob o argumento de que o autor integrava o quadro societário da empresa e que o reclamante jamais se ativou na condição de empregado, não mantendo qualquer relação empregatícia com a empresa.

A reclamada juntou aos autos contrato de prestação de serviços, em que constava expressamente de cláusula que consignava: "a administração da sociedade será compartilhada entre os sócios, ficando ainda estabelecido que a responsabilidade técnica e clínica dos serviços prestados pela sociedade, sempre em atenção ao objeto social, prestados pela sociedade, poderá ser exercida por qualquer dos sócios constantes do contrato social, nomeado por deliberação própria o sócio Tício Neves para o exercício desse cargo, para o que terá direito a uma retirada fixa, a título de pro labore, assim como qualquer outro sócio ocupante deste cargo".

Além disso, a reclamada indicou uma testemunha que confirmou ao magistrado *a quo* que "o reclamante podia admitir e demitir funcionários diretamente".

Restou, ainda, evidenciado que o autor ausentava-se do trabalho regularmente, por mais de quinze dias, em viagem pessoal ou de interesse da empresa, conforme confissão do próprio reclamante, demonstrando, inequivocamente, que viajava para tratar de assuntos relacionados também ao desenvolvimento do empreendimento.

Com base no conjunto probatório e com fulcro nos artigos 2º e 3º da CLT, o magistrado *a quo* julgou improcedente o pleito de Tício Neves, em relação ao reconhecimento do vínculo de emprego, e, em consequência a todos os pedidos da ação.

Com fulcro em todo o exposto, é correto afirmar que o magistrado *a quo*

(A) agiu mal, na medida em que presentes a pessoalidade e a subordinação jurídica de Tício Neves.

(B) deveria ter julgado extinto o processo, sem julgamento do mérito, pois o contrato de prestação de serviços não se submete à Consolidação das Leis do Trabalho – CLT.

(C) agiu com acerto, uma vez que não restaram presentes os elementos fático-jurídicos componentes da relação de emprego.

(D) não agiu com acerto, pois deveria ter remetido a ação trabalhista para a Justiça Comum.

(E) não agiu com acerto, pois com fulcro na teoria da instituição, a simples adesão de Tício Neves à empresa, já configuraria sua relação de emprego.

***Resposta:* C**

(TRT 2 – Juiz do Trabalho Substituto 2ª região/2014) Quanto à relação de emprego, aponte a alternativa correta:

(A) Pessoa física que exerce o trabalho pessoalmente com subordinação, mediante salário e com habitualidade.

(B) Pessoa física que exerce o trabalho pessoalmente de forma eventual, com subordinação, mediante paga remuneratória.

(C) Pessoa física ou jurídica que exerce atividade com habitualidade e mediante paga remuneratória.

(D) Pessoa física que exerce labor com total autonomia, mediante paga remuneratória mensal.

(E) Pessoa física que exerce o trabalho com pessoalidade, subordinação, habitualidade e de forma voluntária.

Resposta: A

(TRT 2 – Juiz do Trabalho Substituto 2ª região/2014) Quanto à relação individual de emprego, observe as proposições abaixo e responda a alternativa que contenha proposituras corretas:

I. A natureza sinalagmática do contrato de trabalho significa que a cada dever do empregado corresponde um dever do empregador, tanto jurídico quanto econômico.

II. O caráter intuito persona e (personalíssimo) do contrato de trabalho diz respeito ao fato de que é prestado pela pessoa física de empregado que foi contratado para determinada função ou atividade.

III. A alteridade presente em todo contrato de trabalho significa que o empregado presta serviços que reverterão a favor de outro, o empregador.

IV. São dimensões presentes nas relações subordinadas a sujeição do trabalhador ao poder diretivo do empregador, a integração do serviço prestado pelo trabalhador nos objetivos empresariais e a integração do trabalhador na organização operacional da empresa tomadora.

V. A onerosidade do contrato é definida tanto pelo aspecto objetivo, relativo ao pagamento efetuado pelo empregador em virtude do serviço realizado, quanto pelo aspecto subjetivo, que é a intenção do empregado em obter contraprestação econômica em face do serviço prestado.

Está correta a alternativa:

(A) I, II e IV.

(B) I, III e V.

(C) II, IV e V.

(D) III, IV e V.

(E) I, II e III.

Resposta: D

1.2. Natureza jurídica

Várias teorias tentam explicar a natureza jurídica da relação empregatícia e, principalmente, qual a origem desse vínculo jurídico. Pela sua importância, duas destacam-se das demais. São elas a teoria contratualista e a teoria anticontratualista ou institucionalista do vínculo empregatício.

Os adeptos da **teoria contratualista** consideram que a relação de emprego deriva de um pacto entre empregado e empregador.

À época da revolução industrial, os doutrinadores adeptos da teoria contratualista tentaram classificar o pacto laboral de acordo com os contratos clássicos já existentes, ao afirmarem que ora se tratava de um contrato de compra e venda, ora de locação, ora de mandato, ora de gestão de negócios etc.

Modernamente, todos admitem que o contrato de labor é um contrato *sui generis*, com características próprias que o diferencia dos demais ajustes de vontade que tenham como objeto a prestação de serviços.

Já os integrantes da corrente **institucionalista ou anticontratualista** consideram que a relação de emprego deriva da inserção do empregado na empresa e sem qualquer conteúdo que derive da sua manifestação da vontade.

Amauri Mascaro Nascimento afirma que duas correntes fazem parte da teoria do anticontratualismo, quais sejam, a **teoria da relação de emprego e a teoria institucionalista.**

Assevera o referido autor que:

> A primeira, nascida sob o signo do nacional-socialismo, sustenta que a empresa é uma comunidade de trabalho na qual o trabalhador incorpora-se para cumprir os fins objetivados pela produção nacional... sem margens para a autonomia da vontade e constituída pela simples ocupação do trabalho humano pelo empregador. A segunda sustenta que a empresa é uma instituição, na qual há uma situação estatutária e não contratual. O estatuto prevê as condições de trabalho, que são prestados sob a autoridade do empregador, que é detentor do poder disciplinar. O vínculo jurídico inicia-se pelo engajamento do trabalhador na empresa e não por uma livre discussão de cláusulas contratuais.[5]

Em que pese o conteúdo da relação de emprego estar quase que totalmente definido por normas estatais, como acontece no Brasil, não há como negar a natureza contratual da relação empregatícia.

Isso porque, para a formação inicial desse vínculo que une trabalhador e empregador, necessária se faz a manifestação livre da vontade dos contratantes, ainda que se deixe pouco espaço para o ajuste das demais cláusulas contratuais.

Além disso, a lei prevê um conteúdo mínimo do contrato de trabalho. **Nada impede que empregado e empregador fixem condições mais benéficas para o primeiro ou até mesmo menos benéficas, quando se tratar de empregado hipersuficiente.**

Não se pode querer explicar a natureza jurídica de um instituto por meio do que acontece com frequência no plano fático. Se, em tese, o trabalhador pode discutir com o empregador as futuras condições de trabalho, o vínculo que surgir desse ajuste terá natureza contratual.

Não raro, tal circunstância ocorre com os denominados altos empregados (hipersuficientes) que detém um maior poder de barganha em face do empregador e negociam as cláusulas que irão reger o contrato de trabalho, que deixa de ser um simples contrato de adesão.

O reconhecimento da natureza institucional do vínculo empregatício obstaria o estabelecimento de condições de trabalho diversas daquelas que constassem no estatuto da empresa. Tal ocorre com o servidor público que ocupa um cargo público. No ato de nomeação, essa espécie de trabalhador não pode, ainda que em tese, postular que os seus serviços sejam executados sob condições que lhe sejam mais favoráveis. Deve-se obedecer ao que determina o estatuto sem qualquer margem de ajuste individual.

O ordenamento jurídico pátrio, principalmente a Consolidação das Leis do Trabalho, **adotou ambas as teorias**. Esse Diploma Legal reservou o Título IV para cuidar do "**Contrato Individual do Trabalho**", que trata, especificamente, sobre sua formação, alteração, suspensão,

5. NASCIMENTO. Amauri Mascado. ***Iniciação ao direito do trabalho.*** 27. ed. rev. e atual. São Paulo: LTr, 2001. p. 148-149.

interrupção e extinção, circunstância que revela a sua adesão à teoria contratualista da relação empregatícia.

Entretanto, em outros dispositivos, faz crer que aderiu à teoria anticontratualista, como ocorre, por exemplo, com a estipulação das figuras típicas de "**justa causa**", definidas em seu art. 482; quando, para proteger o empregado, personifica a empresa (art. 2º); quando utiliza a expressão desligamento para fazer referência à retirada do empregado da empresa (art. 480)[6], etc.

Isso ocorreu porque a CLT se formou pela agregação de diversas leis espaças, sendo algumas contratualistas e outras anticontratualistas.

> **ATENÇÃO!** Em que pese ser confusa a redação da legislação consolidada, que, ao tratar da relação de emprego, por vezes parece aderir à teoria contratualista (também denominada de neocontratualista) e, em outras oportunidades, parece filiar-se à teoria institucionalista, deixa-se claro que, para efeito de prova objetiva em concurso público, a opção deve ser pelo reconhecimento do caráter contratual dessa relação.

2. RELAÇÕES DE TRABALHO

A relação de trabalho (*lato sensu*), constitui o gênero da prestação de serviços, do qual se originam várias espécies. Sempre que o trabalho for prestado por uma pessoa em proveito de outra, seja como meio ou resultado, haverá uma espécie de relação de trabalho.

Quando a prestação de serviços de um trabalhador é conduzida por outra pessoa, que lhe dá ordens e lhe remunera, a denominação passa a ser de relação de emprego subordinada.

O Direito do trabalho clássico protege somente o trabalhador que mantém, com o empresário, relação de emprego. Encontram-se excluídas dessa proteção as demais espécies de relações de trabalho.

Daí a importância que se confere aos elementos caracterizadores da relação empregatícia e que servem para distingui-la das demais relações de trabalho, como acontece com as relações derivadas da representação comercial, do trabalho eventual, do contrato de estágio, do cooperativismo etc. (relações de trabalho em sentido estrito).

Se existe a prestação de serviço em favor de outra pessoa, **a presunção (*hominis*) é de que se trata de uma relação empregatícia,** conclusão a que se chega por força da aplicação dos princípios norteadores do Direito do trabalho, uma vez que não há, na legislação trabalhista pátria, norma expressa nesse sentido.

Assim, a conclusão a que se chega é de que toda relação de emprego (espécie) é uma relação de trabalho (gênero). Mas, nem toda relação de trabalho (gênero) é uma relação de emprego (espécie):

---

6. CLT. Art. 480. Havendo termo estipulado, o empregado não se poderá ***desligar*** do contrato, sem justa causa, sob pena de ser obrigado a indenizar o empregador dos prejuízos que desse fato lhe resultarem. (grifou-se).

RELAÇÃO DE TRABALHO *LATO SENSU*

- **Relação de emprego**
  - Temporário
  - Prazo determinado
  - Prazo indeterminado
- **Relação de trabalho *stricto sensu***
  - Autônomo
  - Voluntário
  - Cooperativas de trabalho
  - Eventual

2.1. Competência da Justiça do Trabalho

A Justiça do Trabalho foi criada com o escopo de conferir maior efetividade aos denominados "*direitos trabalhistas*" dos empregados. Por conta dessa circunstância, durante muito tempo a sua competência foi definida com base nos conflitos existentes entre empregado e empregador, conforme se depreende da redação anterior do art. 114 da Constituição Federal de 1988:

> **Art. 114.** Compete à Justiça do Trabalho conciliar e julgar os dissídios individuais e coletivos entre trabalhadores e empregadores, abrangidos os entes de direito público externo e da administração pública direta e indireta dos Municípios, do Distrito Federal, dos Estados e da União, e, na forma da lei, outras controvérsias decorrentes da relação de trabalho, bem como os litígios que tenham origem no cumprimento de suas próprias sentenças, inclusive coletivas.

Ao perceber que a realidade social foi bastante alterada, o legislador constituinte derivado ampliou a competência da Justiça do Trabalho[7] para **dirimir conflitos decorrentes de qualquer relação de trabalho e não apenas da relação empregatícia.**

Desse modo, esse ramo do Poder Judiciário passou a justificar a sua denominação, tendo em vista que antes poderia ser chamada de Justiça do Emprego, ou melhor, Justiça dos Desempregados.

Atualmente, a Justiça do Trabalho é verdadeiramente uma Justiça do trabalhador e não apenas uma Justiça do emprego, ou melhor, uma Justiça para os desempregados, como foi dito anteriormente.

Note-se, entretanto, que se a prestação de serviços for dirigida a uma pessoa física ou jurídica como **destinatário final**, essa relação será **preponderantemente de consumo** e sujeita às normas do Código de Defesa de Consumidor e à jurisdição da **Justiça Comum**, salvo disposição legal específica e expressa em sentido contrário (ex: empreiteiro quando considerado operário ou artífice, segundo o art. 652, "a", III da CLT).

Quando a relação de trabalho se estabelecer entre o prestador de serviço e uma pessoa física ou jurídica, **não considerada como destinatário final**, a relação será preponderantemente

---

7. CF/88. Art. 114. Compete à Justiça do Trabalho processar e julgar: I – as ações oriundas da ***relação de trabalho,*** abrangidos os entes de direito público externo e da administração pública direta e indireta da União, dos Estados, do Distrito Federal e dos Municípios, exceto os servidores ocupantes de cargos criados por lei, de provimento efetivo ou em comissão, incluídas as autarquias e fundações públicas dos referidos entes da federação. (grifou-se).

de trabalho e a competência da Justiça Laboral Especializada, salvo disposição legal expressa em sentido contrário, como ocorre com o representante comercial (Lei nº 4.886/65. Art. 39. Para julgamento das controvérsias que surgirem entre representante e representado é competente a Justiça Comum e o foro do domicílio do representante, aplicando-se o procedimento sumaríssimo previsto no art. 275 do Código de Processo Civil, ressalvada a competência do Juizado de Pequenas Causas. STF RE nº 606003).

2.2. Trabalho autônomo

A prestação de serviços autônomos é aquela que é **executada por conta e risco da pessoa do trabalhador**, ou simplesmente **trabalho por conta própria.** Representa uma das espécies do gênero relação de trabalho *lato sensu*, da qual faz parte, também, as relações derivadas do contrato de empreitada, do contrato de representação comercial, da prestação de serviços dos profissionais liberais, como advogados, médicos, dentistas, engenheiros, arquitetos, economistas etc., desde que não haja subordinação.

A definição legal do autônomo encontra-se inserida no art. 12, V, "h", da Lei nº 8.212/91: "**a pessoa física que exerce, por conta própria, atividade econômica de natureza urbana, com fins lucrativos ou não**".

Para Sérgio Pinto Martins, trabalhador autônomo é "a pessoa física que presta serviços habitualmente por conta própria a uma ou mais de uma pessoa, assumindo os riscos de sua atividade econômica".[8]

Nesse tipo de relação de trabalho encontra-se **ausente a subordinação jurídica**, ou seja, quem dirige a atividade laboral é o próprio trabalhador, que repassa o produto final do seu trabalho ou a sua utilidade respectiva para o outro contratante.

Ainda que presentes a **continuidade e a exclusividade**, não há que se falar em relação de emprego, pois tais elementos **não são requisitos para a sua configuração.**

Inclusive o art. 442-B da CLT, introduzido pela Lei nº 13.467/17, afasta qualquer dúvida sobre a possibilidade de ser reconhecida a relação de emprego com o trabalhador autônomo, ainda que contratado esteja presente a **continuidade e a exclusividade**, desde que preenchidos os requisitos legais, ou seja, observadas as regras contidas nas normas não laborais, como o Código Civil, a Lei do representante comercial (Lei nº 4.886/65) etc.

> **Art. 442-B.** A contratação do autônomo, cumpridas por este todas as formalidades legais, **com ou sem exclusividade, de forma contínua ou não**, afasta a qualidade de empregado prevista no art. 3º desta Consolidação (Redação da Lei nº 13.467/17).

Essa nova categoria de trabalhador passou a ser conhecida como "autônomo exclusivo" e sua regulamentação foi feita por meio da Portaria nº 349/18 do extinto MTE (após o fim da vigência da MP nº 808/17), que salienta a possibilidade do prestador de serviços **ter um único destinatário** (§§ 1º e 2º do art. 1º), sem que essa característica, por si só, o qualifique como **empregado**:

8. MARTINS, Sérgio Pinto. ***Direito individual do trabalho***. 21. ed. São Paulo: Atlas, 2005. p. 186.

> **Art. 1º.** § 1º Não caracteriza a qualidade de empregado prevista no art. 3º da Consolidação das Leis do Trabalho o fato de o autônomo prestar serviços a apenas um tomador de serviços;
>
> § 2º O autônomo poderá prestar serviços de qualquer natureza a outros tomadores de serviços que exerçam ou não a mesma atividade econômica, sob qualquer modalidade de contrato de trabalho, inclusive como autônomo.

Porém, na verificação de cada caso, deverá ser utilizado o **princípio da primazia da realidade**, sendo que as formalidades legais gozam de presunção relativa e não absoluta, como deixa claro o § 5º, art. 1º da Portaria nº 349/18 do extinto MTE: "Presente a subordinação jurídica, será reconhecido o vínculo empregatício".

Inclusive, como é autônomo, **não é obrigado a seguir as orientações ou determinações do contratante**, como destaca o § 3º do citado dispositivo legal: "Fica garantida ao autônomo a possibilidade de recusa de realizar atividade demandada pelo contratante, garantida a aplicação de cláusula de penalidade prevista em contrato".

De forma exemplificativa o § 4º, art. 1º da Portaria nº 349/18 cita quais os profissionais podem ser contratados como autônomos, sem a incidência da proteção do Direito Laboral:

> **Art. 1º.** § 4º Motoristas, representantes comerciais, corretores de imóveis, parceiros, e trabalhadores de outras categorias profissionais reguladas por leis específicas relacionadas a atividades compatíveis com o contrato autônomo, desde que cumpridos os requisitos do caput, não possuirão a qualidade de empregado prevista o art. 3º da Consolidação das Leis do Trabalho".

Sobre essa temática, foram aprovados os seguintes Enunciados na 2ª Jornada de Direito Material e Processual do Trabalho:

> **ENUNCIADO Nº 51. TRABALHADOR AUTÔNOMO EXCLUSIVO E ART. 9º DA CLT**
>
> TRABALHADOR AUTÔNOMO EXCLUSIVO. RECONHECIMENTO DA RELAÇÃO DE EMPREGO. A NORMA DO ARTIGO 442-B DA CLT NÃO IMPEDE O RECONHECIMENTO DA RELAÇÃO DE EMPREGO, QUANDO PRESENTES OS PRESSUPOSTOS DOS ARTIGOS 2º E 3º DA CLT E CONFIGURADO O DESVIRTUAMENTO DO TRABALHO AUTÔNOMO, COM FRAUDE À RELAÇÃO DE EMPREGO, À LUZ DO ART. 9º DA CLT.
>
> **ENUNCIADO Nº 52. TRABALHADOR AUTÔNOMO EXCLUSIVO E PRIMAZIA DA REALIDADE**
>
> PRIMAZIA DA REALIDADE SOBRE A FORMA. É A PRIMAZIA DA REALIDADE, E NÃO A FORMALIDADE EXTERIORIZADA DE ATOS E NEGÓCIOS JURÍDICOS, QUE DEVE SER CONSIDERADA PARA O RECONHECIMENTO DO VÍNCULO DE EMPREGO (ARTS. 2º E 3º DA CLT) OU DE TRABALHO AUTÔNOMO (ART. 442-B DA CLT).
>
> **ENUNCIADO Nº 53. TRABALHO AUTÔNOMO CONTÍNUO E EXCLUSIVO. LIMITES E INTERPRETAÇÃO CONFORME: INTELIGÊNCIA DO ART. 442-B DA CLT À LUZ DA CONSTITUIÇÃO FEDERAL.**
>
> PRESUME-SE O VÍNCULO EMPREGATÍCIO DIANTE DA PRESTAÇÃO DE SERVIÇOS CONTÍNUA E EXCLUSIVA, UMA VEZ QUE A RELAÇÃO DE EMPREGO É DIREITO FUNDAMENTAL (ARTS. 1º, III E IV, 5º, *CAPUT* E 7º DA CF/1988), DEVENDO O ART. 442-B DA CLT SER INTERPRETADO CONFORME A CONSTITUIÇÃO FEDERAL PARA AFASTAR A CARACTERIZAÇÃO DO TRABALHO

AUTÔNOMO SEMPRE QUE O TRABALHADOR, NÃO ORGANIZANDO A PRÓPRIA ATIVIDADE, TENHA SEU LABOR UTILIZADO NA ESTRUTURA DO EMPREENDIMENTO E INTEGRADO À SUA DINÂMICA.

ENUNCIADO Nº 54. TRABALHADOR AUTÔNOMO EXCLUSIVO E FORMAS JURÍDICAS IRREAIS

O ARTIGO 442-B DA CLT NÃO PERMITE A CONTRATAÇÃO DE TRABALHADOR CONSTITUÍDO SOB A FORMA DE PESSOA JURÍDICA, DE MICROEMPREENDEDOR INDIVIDUAL (MEI) E DE EMPRESA INDIVIDUAL DE RESPONSABILIDADE LIMITADA (EIRELI), ENTRE OUTRAS, QUANDO PRESENTES OS PRESSUPOSTOS PARA O RECONHECIMENTO DA RELAÇÃO DE EMPREGO (ARTS. 2º E 3º DA CLT).

Sobre a atividade do corretor de seguros na condição de trabalhador autônomo, manifesta-se o TRT9 por meio de sua OJ nº 19, da 4ª Turma:

> **OJ4T Nº 19 do TRT9.** CORRETOR DE SEGUROS. LEI Nº 4.594/64 (ARTIGO 17). PROFISSIONAL AUTÔNOMO. VÍNCULO DE EMPREGO INEXISTENTE. Vislumbra-se incompatível com a atividade de corretor de seguros o reconhecimento de vínculo empregatício, já que o exercício da profissão pressupõe, por força da Lei nº 4.594/64, a inscrição junto ao SUSEP "(Superintendência de Seguros Privados, autarquia vinculada ao Ministério da Fazenda, responsável pelo controle e fiscalização dos mercados de seguro), exige a apresentação de declaração, assinada pelo habilitante, com firma reconhecida, de que não mantém relação de emprego ou de direção com sociedade seguradora." Logo, para inferência em sentido oposto, mister far-se-ia produção de prova incontestável de que tal formalidade cumpriu-se com o fito de desvirtuar a legislação trabalhista.

ATENÇÃO! Autonomia e subordinação são antíteses. O trabalhador autônomo presta serviços por conta própria. Já o típico empregado, por ser subordinado, presta serviços por conta alheia, ou seja, por conta e risco do empregador.

2.3. Trabalho eventual

Como já foi exposto, a não eventualidade na prestação de serviços constitui elemento caracterizador da relação empregatícia. Se o empresário necessita por em marcha uma atividade eventual, qual seja, que não tenha caráter de permanência, no que se refere ao objeto do seu empreendimento (segundo a teoria dos fins) e necessita de trabalhadores para executar as tarefas ligadas a essa atividade, **não haverá relação empregatícia**, mas sim uma outra espécie de relação de trabalho e os trabalhadores serão denominados de eventuais.

Exemplo clássico dessa forma de relação de trabalho se dá quando o empresário necessita realizar obras de construção civil de caráter originário ou a título de reforma. Se essa atividade não for objeto do seu contrato social, a prestação de serviços daí decorrente será do tipo eventual, sem gerar qualquer direito de natureza empregatícia para os respectivos trabalhadores.

Observe-se que **o requisito da não eventualidade é aferido pela atividade desenvolvida pela empresa e não pela quantidade de dias que o empregado presta serviços**. Nesse passo, por exemplo, o garçom que trabalha dois dias por semana em um restaurante deve ser considerado empregado, pois o seu serviço encontra-se relacionado com a atividade permanente da empresa.

Délio Maranhão esclarece essa distinção:

> O tempo de duração da prestação não importa: pela própria natureza da atividade do empregador, o serviço pode ser prestado apenas durante poucas horas diariamente, como no caso das bilheterias de cinema. Desde que o serviço não seja excepcional ou transitório em relação à atividade do estabelecimento, não há falar em trabalho eventual.[9]

Nesse sentido também é a conceituação legal contida no Decreto nº 3.048/99, art. 9º, § 4º: "Entende-se por serviço prestado em caráter não eventual aquele relacionado direta ou indiretamente com as atividades normais da empresa".

A continuidade só é requisito para configuração de uma relação de emprego doméstica, por expressa disposição legal contida no art. 1º da Lei Complementar nº 150:

> **Art. 1º.** Ao empregado doméstico, assim considerado aquele que presta serviços de forma **contínua**, subordinada, onerosa e pessoal e de finalidade não lucrativa à pessoa ou à família, no âmbito residencial destas, por mais de 2 (dois) dias por semana, aplica-se o disposto nesta Lei (grifou-se).

Se o empregado doméstico presta serviços de natureza descontínua por até duas vezes por semana, é considerado **diarista e, consequentemente, sem direitos trabalhistas típicos.**[10]

2.4. Trabalho avulso

O trabalho avulso é aquele prestado a vários tomadores de serviços, por intermédio de uma terceira pessoa, circunstância que revela sua característica de **relação triangular.**

Para a legislação previdenciária, trabalhador avulso é aquele que presta, a diversas empresas, sem vínculo empregatício, serviços de natureza urbana ou rural (Lei nº 8.212/91, art. 12, VI).

Entretanto, **a Constituição Federal de 1988 estendeu, expressamente, aos trabalhadores avulsos toda a proteção legal que é dispensada aos empregados,** conforme se observa do disposto no art. 7º, XXXIV: "igualdade de direitos entre o trabalhador com vínculo empregatício permanente e o trabalhador avulso". Essa isonomia abarca, inclusive, o direito ao vale-transporte, como deixa claro a Súmula nº 8 do TRT1:

> **SÚMULA Nº 08 do TRT1.** TRABALHADOR PORTUÁRIO AVULSO. VALE-TRANSPORTE. É assegurado ao trabalhador portuário avulso o direito aos vales-transporte relativos aos dias efetivamente laborados.

A **isonomia, como regra**, além algumas **singularidades** do trabalho do avulso são destacadas na Súmula nº 101 do TRT12 e na OJ nº 54, da 4ª Turma do TRT9:

> **SÚMULA Nº 101 do TRT12.** TRABALHADOR PORTUÁRIO AVULSO. HORAS EXTRAS. INTERVALOS INTRAJORNADA E INTERJORNADAS. Salvo disposição em norma coletiva em contrário, diante das peculiaridades da atividade do trabalhador portuário avulso, é indevido o pagamento de horas extras decorrentes da "dupla pegada", inclusive aquelas suprimidas dos intervalos intrajornada e interjornadas.

---

9. SÜSSEKIND, Arnaldo *et all.* ***Instituições de direito do trabalho.*** 19. ed. atual. por Arnaldo Süssekind e João Lima Teixeira Filho. São Paulo: LTr, 2000. p. 314.

10. Sobre o tema, ver o item 5, capítulo IV, parte I desta obra que trata do empregado doméstico.

> **OJ4T Nº 54 do TRT9.** PORTUÁRIOS. OGMO. AVULSOS. I – Adicionais de risco e produtividade. Os adicionais de produtividade e de risco não integram a base de cálculo das horas extras do trabalhador portuário, salvo se comprovada a existência de ajuste prevendo a integração ou se demonstrado que tais parcelas compõem de forma habitual o cálculo das horas extras pagas pelo empregador. A GIP, gratificação individual de produtividade, instituída pelo art. 69 do Regulamento da APPA (Decreto Estadual nº 7.447/90) ao ser incorporado ao salário-base dos empregados não resultou alteração em prejuízo econômico. II – O adicional noturno é incluído na base de cálculo das noturnas. III – Aposentadoria. Cadastro no OGMO. A aposentadoria do trabalhador avulso não extingue, por si, o cadastro mantido no Órgão Gestor de Mão de Obra. IV – Vale Transporte. É devido vale transporte ao trabalhador avulso. V – Configurando-se relação de trabalho de trato sucessivo e não contrato de trabalho com o órgão gestor de mão-de-obra instituída pela Lei n 8.603/93, na forma de seus artigos 27 e 28, é aplicável apenas a prescrição quinquenal ao trabalhador avulso, incidindo a prescrição bienal, excepcionalmente, quando houver descredenciamento ou a morte do trabalhador. VI – Incumbe à parte autora individualizar em face de quem lhe interessa demandar, mas de toda sorte, o tomador dos serviços, se indicado na petição inicial, detém legitimidade passiva ad causam porque beneficiário do trabalho avulso, para fins de reconhecimento de eventual responsabilidade, e a OGMO detém legitimidade para figurar no polo passivo ad causam, porque solidariamente responsável pelos créditos trabalhistas inadimplidos ao trabalhador. VII – O adicional de risco previsto no art. 14 da Lei nº 4.860/65 (40%) – lei específica é garantido exclusivamente aos demais trabalhadores que mantém relação de emprego com a Administração dos Portos, direito não extensível ao trabalhador avulso, sem que suscite quebra à igualdade de direitos trabalhistas gerais assegurada pelo art. 7º, inciso XXXIV, da Constituição Federal. VIII – As férias do trabalhador avulso são idênticas ao do trabalhador com vínculo empregatício, fazendo jus ao pagamento em dobro de férias vencidas e não gozadas. IX – Não se reconhece como tempo à disposição do empregador o lapso temporal superior a duas horas (intervalo intrajornada), ao trabalhador avulso que após seu turno, convencionalmente instituído, retoma suas atividades no mesmo dia, porquanto não se encontra previamente obrigado à continuidade da jornada de modo a caracterizar o tempo de intervalo superior ao legal como efetivo tempo à disposição. X – artigos 66 e 67 da CLT – horas laboradas em violação ao intervalo de 11 horas entre duas jornadas, ou de 35 horas – São devidas horas extras quando intercalado com o repouso semanal, desde que o desrespeito ao intervalo seja para um mesmo operador portuário (tomador de serviços) e desde que os turnos laborados ocorram em dias distintos.

Em relação às férias, a 7ª Turma do TST divergiu do entendimento do TRT9 ao considerar ser necessário observar as condições de trabalho previstas em convenção ou acordo coletivo de trabalho, na forma prevista pelo art. 43 da Lei nº 12.815/13, **indeferindo o pleito de pagamento de férias em dobro** (RR-345000-63.2007.5.09.0022).

Maurício Godinho Delgado afirma que o trabalhador avulso assemelha-se ao trabalhador eventual "que oferta sua força de trabalho, por curtos períodos de tempo, a distintos tomadores, sem se fixar especificamente a qualquer deles", com a particularidade de que, no primeiro caso, existe uma entidade que faz a intermediação da mão de obra.[11]

Ressalte-se que o fato de a Constituição conferir ao avulso todos os direitos dos empregados em geral não transforma a natureza jurídica da relação existente entre o trabalhador e o órgão gestor de mão de obra, no trabalho portuário, ou o sindicato, no trabalho não-portuário. Ou seja, apesar de ter os mesmos direitos, os **avulsos não são empregados.**

11. DELGADO, Maurício Godinho. ***Curso de direito do trabalho***. 10. ed. São Paulo: LTr, 2011. p. 338.

Isso porque a subordinação só existe no momento em que o avulso, por vontade própria, é convocado ou se apresenta para tal, e passa a prestar serviços. Durante os períodos nos quais o avulso não se encontra engajado, não há que se falar em subordinação, permitindo-lhe, inclusive, prestar serviços para outros destinatários.

Portanto, não se aplicam indiscriminadamente os princípios do Direito do Trabalho aos trabalhadores avulsos, justamente por conta da singularidade dessa relação jurídica.

Da análise das situações fáticas, encontram-se delineados três espécies de trabalhadores: o avulso portuário, o avulso não portuário e o "chapa".

O avulso portuário trabalha, geralmente, na prática de **serviços de capatazia, estiva, conferência de carga, conserto de carga, bloco e vigilância** de embarcações em navios e encontram-se regidos pelos preceitos contidos na Lei nº 12.815/13 e na Lei nº 9.719/98.

O avulso não portuário desenvolve atividades de **movimentação de mercadorias** em áreas urbanas ou rurais, sem vínculo empregatício, e com intermediação do sindicato por meio de acordo ou convenção coletiva de trabalho.

Nas descargas efetuadas em meios de transportes terrestres, sem intermediação do sindicato, os trabalhadores **são denominados de "*chapas*"**, e não recebem a proteção do Direito laboral, tendo em vista não serem considerados legalmente como trabalhadores avulsos.

Conclui-se, portanto, que não há relação de emprego quando se trata de trabalhador avulso por faltar-lhe, principalmente, a **pessoalidade** na prestação de serviços (*intuitu personae*), já que o tomador do serviço não se importa que o trabalho seja efetivado por um obreiro determinado.

Note-se, contudo, que **há pessoalidade** na relação travada entre o trabalhador e o OGMO, no caso de avulso portuário, ou o sindicato, no caso do avulso não-portuário.

Ao analisar a relação de trabalho do avulso percebe-se que existe uma grande semelhança com a relação de emprego. O OGMO tem prerrogativas semelhantes aquelas atribuídas ao empregador. Tanto que pode aplicar sanções aos trabalhadores faltosos, conforme disposto no art. 33 da Lei nº 12.815/13:

> **Art. 33.** Compete ao órgão de gestão de mão de obra do trabalho portuário avulso:
>
> I – aplicar, quando couber, normas disciplinares previstas em lei, contrato, convenção ou acordo coletivo de trabalho, no caso de transgressão disciplinar, as seguintes penalidades:
>
> a) repreensão verbal ou por escrito;
>
> b) suspensão do registro pelo período de dez a trinta dias; ou
>
> c) cancelamento do registro.

Ainda assim, com "***poderes***" análogos ao do empregador, o vínculo existente entre o OGMO e o trabalhador portuário avulso **não pode ser classificado como relação de emprego**, por expressa disposição contida no art. 34 da citada Lei nº 12.815/13.[12]

12. Lei nº 12.815/13. Art. 34. O exercício das atribuições previstas nos arts. 32 e 33 pelo órgão de gestão de mão de obra do trabalho portuário avulso não implica vínculo empregatício com trabalhador portuário avulso.

2.5. Trabalhador avulso portuário e não portuário

O trabalhador avulso portuário é aquele que exerce funções de capatazia (gerência), estiva (carga e descarga), conferência, conserto e vigilância de cargas **nos portos organizados.**

A Lei nº 12.815/13 confirmou o regime jurídico de exploração dos portos organizados e das instalações portuárias estabelecido pela Lei nº 8.630/93, que também instituiu o **Órgão Gestor de Mão de Obra – OGMO**, encarregado de organizar a prestação de serviços de carga e descarga dos empregados e dos trabalhadores avulsos nos portos nacionais, cumprindo com o disposto na Convenção nº 137 da Organização Internacional do Trabalho.

> **Lei nº 12.815/13. Art. 32.** Os operadores portuários devem constituir em cada porto organizado um órgão de gestão de mão de obra do trabalho portuário, destinado a:
>
> I – administrar o fornecimento da mão de obra do trabalhador portuário e do trabalhador portuário avulso;
>
> II – manter, com exclusividade, o cadastro do trabalhador portuário e o registro do trabalhador portuário avulso;
>
> III – treinar e habilitar profissionalmente o trabalhador portuário, inscrevendo-o no cadastro;
>
> IV – selecionar e registrar o trabalhador portuário avulso;
>
> V – estabelecer o número de vagas, a forma e a periodicidade para acesso ao registro do trabalhador portuário avulso;
>
> VI – expedir os documentos de identificação do trabalhador portuário; e
>
> VII – arrecadar e repassar aos beneficiários os valores devidos pelos operadores portuários relativos à remuneração do trabalhador portuário avulso e aos correspondentes encargos fiscais, sociais e previdenciários.
>
> **Parágrafo único.** Caso celebrado contrato, acordo ou convenção coletiva de trabalho entre trabalhadores e tomadores de serviços, o disposto no instrumento precederá o órgão gestor e dispensará sua intervenção nas relações entre capital e trabalho no porto.

Antes da edição da referida Lei nº 8.630/93, **a intermediação e administração da mão de obra nos portos era feita pelos sindicatos**, que desempenhavam uma função anômala, tendo em vista que essa entidade sempre teve como objetivo a defesa dos direitos e interesses dos trabalhadores.

O OGMO pode manter em seu cadastro tanto trabalhadores avulsos quanto empregados, e o operador portuário é obrigado a requisitar trabalhadores somente a esta entidade, **salvo se o porto for particular**. Inclusive, o OGMO **pode** ceder trabalhador portuário avulso, em caráter permanente, ao operador portuário (art. 35 da Lei nº 12.815/13).

O **operador portuário** deve repassar, ao órgão gestor de mão de obra, os valores referentes à **retribuição pela prestação efetiva de trabalho**, observada a quantidade e a qualidade do serviço, bem como os percentuais das seguintes verbas (art. 2º, I, da Lei nº 9.719/98):

- décimo terceiro salário;
- férias;
- Fundo de Garantia do Tempo de Serviço – FGTS; e
- encargos fiscais e previdenciários.

Segundo dispõe o art. 33, §§ 1º e 2º da Lei nº 12.815/13, o OGMO **não responde por prejuízos causados pelos trabalhadores portuários avulsos** aos tomadores dos seus serviços ou a terceiros, mas responde, **solidariamente, com os operadores portuários** pela remuneração devida ao trabalhador portuário avulso e pelas indenizações decorrentes de acidente de trabalho.

O trabalhador avulso, na hipótese de litígio com o OGMO, deverá ajuizar a respectiva demanda perante **a Justiça do Trabalho,** por se tratar de uma espécie de relação de trabalho.

Exemplos de questões sobre o tema

(FCC – Juiz do Trabalho/2017) A Lei no 12.815/2013 trouxe algumas alterações para o trabalho portuário, considerado pela doutrina como uma relação de trabalho lato sensu. Nessa modalidade, conforme legislação aplicável,

(A) caso celebrado contrato, acordo ou convenção coletiva de trabalho entre trabalhadores e tomadores de serviços, o disposto no instrumento precederá o órgão gestor e dispensará sua intervenção nas relações entre capital e trabalho no porto.

(B) o trabalho portuário exercido pelas categorias previstas em lei não detém o enquadramento jurídico coletivo denominado categoria profissional diferenciada, em razão da ausência de dispositivo legal neste sentido.

(C) o porto organizado poderá contratar trabalhadores portuários avulsos ou com vínculo empregatício, sendo que, neste último caso, não há óbice legal para seleção de pessoal que não esteja registrado no Órgão Gestor de Mão de Obra – OGMO como avulso.

(D) o operador portuário poderá locar ou tomar mão de obra sob o regime de trabalho temporário de que trata a Lei no 6.019/1974 nas atividades de bloco ou vigilância de embarcações, mas não poderá fazê-lo nas atividades de capatazia, estiva, conferência de carga e conserto de carga.

(E) o Órgão Gestor de Mão de Obra – OGMO responde solidariamente com os operadores portuários pela remuneração devida ao trabalhador portuário avulso, pelas contribuições e impostos não recolhidos, mas não por indenizações decorrentes de acidente de trabalho.

Resposta: A

(TRT 2 – Juiz do Trabalho Substituto 2ª região/2016) Em se tratando de relações de trabalho lato sensu é INCORRETO afirmar:

(A) Fica vedado ao órgão de gestão de mão de obra ceder trabalhador portuário avulso, em caráter permanente, ao operador portuário.

(B) O órgão gestor de mão de obra do trabalho portuário avulso responde, solidariamente com os operadores portuários, pela remuneração devida ao trabalhador portuário avulso e pelas indenizações decorrentes de acidente de trabalho.

(C) A Cooperativa de Trabalho não pode ser utilizada para intermediação de mão de obra subordinada e deve garantir aos sócios um adicional sobre a retirada para as atividades insalubres ou perigosas e retirada para o trabalho noturno superior à do diurno.

(D) O estágio relativo a cursos que alternam teoria e prática, nos períodos em que não estão programadas aulas presenciais, poderá ter jornada de até quarenta horas semanais, desde que isso esteja previsto no projeto pedagógico do curso e da instituição de ensino.

(E) Nos estágios com duração igual ou superior a um ano, é assegurado ao estagiário período de recesso de trinta dias, a ser gozado preferencialmente durante suas férias escolares, sendo concedido de maneira proporcional, nos casos de o estágio com duração inferior a um ano.

Resposta: A

(TRT 1 – Juiz do Trabalho Substituto 1ª região/2016) Em relação ao trabalho portuário e a organização dos portos, com base na Lei no 12.815/2013, é correto afirmar:

(A) À autoridade portuária, assim entendida aquela a quem incumbe a administração do porto organizado, compete diretamente selecionar e registrar o trabalhador portuário avulso.

(B) O operador portuário responde de maneira subsidiária pelos débitos do órgão de gestão de mão de obra do trabalho portuário avulso ao trabalhador portuário avulso.
(C) O crédito decorrente da relação de trabalho avulso prescreve em 5 anos, até o limite de 2 anos após a última atividade laborativa.
(D) Ao órgão de gestão de mão de obra avulsa compete elaborar e divulgar norma que regule a seleção e o registro do trabalhador portuário avulso, remetendo ao sindicato dos trabalhadores avulsos o inteiro teor da norma.
(E) É facultado ao órgão de gestão de mão de obra ceder trabalhador portuário avulso, em caráter permanente, ao operador portuário.

Resposta: E

(FCC – Juiz do Trabalho Substituto 15ª região/2015) No tocante ao trabalho portuário, considere:

I. Os operadores portuários devem constituir em cada porto organizado um órgão de gestão de mão de obra destinado a, entre outras atribuições, arrecadar e repassar aos beneficiários os valores devidos pelos operadores portuários relativos à remuneração do trabalhador portuário avulso e aos correspondentes encargos fiscais, sociais e previdenciários.
II. No caso de celebração de contrato, acordo ou convenção coletiva de trabalho, entre trabalhadores e tomadores de serviços, estes instrumentos terão preferência ao estipulado pelo órgão gestor e dispensará sua intervenção, privilegiando a negociação direta ou coletiva.
III. Compete ao órgão de gestão de mão de obra do trabalho portuário avulso, no caso de transgressões disciplinares, aplicar as normas disciplinares pertinentes, sendo vedada, entretanto, a cessão de trabalhador portuário avulso, em caráter permanente, ao operador portuário.

Está correto o que consta em

(A) II e III, apenas.
(B) I e III, apenas.
(C) I, II e III.
(D) I e II, apenas.
(E) I, apenas.

Resposta: D

(TRT 2 – Juiz do Trabalho Substituto 2ª região/ 2013) Em relação ao trabalho portuário observe as proposições abaixo e ao final aponte a alternativa que contenha as proposituras corretas:

I. Trabalhador avulso é aquele que presta serviços a vários tomadores por intermédio de uma entidade incumbida de administrar a mão de obra previamente habilitada.
II. O trabalhador eventual é aquele presta serviços descontínuos a vários tomadores de serviços.
III. Trabalhador avulso portuário é aquele que deve ser requisitado junto aos operadores portuários.
IV. O OGMO responde pelos prejuízos causados pelos trabalhadores portuários avulsos aos tomadores de serviços ou a terceiros.
V. O ingresso no registro do trabalhador portuário avulso depende de prévia seleção e respectiva inscrição no cadastro.

Está correta a alternativa:

(A) I e III.
(B) II e III.
(C) I, II e IV.
(D) III, IV e V.
(E) I, II e V.

Resposta: E

A prestação de serviço na modalidade de avulso não se limita às hipóteses de trabalho na zona portuária, apesar dessa espécie ser considerada a mais importante, pelo menos no cenário nacional.

O Decreto nº 3.048/00, art. 9º, VI, apresenta a definição de **trabalhador avulso não portuário**:

> **Art. 9º. VI.** Aquele que, sindicalizado ou não, presta serviço de natureza urbana ou rural, a diversas empresas, sem vínculo empregatício, com a intermediação obrigatória do órgão gestor de mão-de-obra, nos termos da Lei nº 8.630, de 25 de fevereiro de 1993, ou do sindicato da categoria, assim considerados:
>
> a) o trabalhador que exerce atividade portuária de capatazia, estiva, conferência e conserto de carga, vigilância de embarcação e bloco;
>
> b) o trabalhador de estiva de mercadorias de qualquer natureza, inclusive carvão e minério;
>
> c) o trabalhador em alvarenga (embarcação para carga e descarga de navios);
>
> d) o amarrador de embarcação;
>
> e) o ensacador de café, cacau, sal e similares;
>
> f) o trabalhador na indústria de extração de sal;
>
> g) o carregador de bagagem em porto;
>
> h) o prático de barra em porto;
>
> i) o guindasteiro; e
>
> j) o classificador, o movimentador e o empacotador de mercadorias em portos.

A Lei nº 12.023/09 regulamentou o exercício da atividade de movimentação de mercadorias[13] em **zonas não portuárias** desenvolvidas em áreas urbanas ou rurais, sem vínculo empregatício.

Nesse caso, é necessária a intermediação obrigatória do sindicato da categoria profissional, por meio de acordo ou convenção coletiva de trabalho para execução de tais atividades.

São deveres do tomador de serviço (art. 6º, incisos I a III, da Lei nº 12.023/09):

- pagar ao sindicato os valores devidos pelos serviços prestados ou dias trabalhados, acrescidos dos percentuais relativos a repouso remunerado, 13º salário e férias acrescidas de 1/3 (um terço), para viabilizar o pagamento do trabalhador avulso, bem como os percentuais referentes aos adicionais extraordinários e noturnos;
- efetuar o pagamento a que se refere o inciso I, no prazo máximo de 72 (setenta e duas) horas úteis, contadas a partir do encerramento do trabalho requisitado;
- recolher os valores devidos ao Fundo de Garantia por Tempo de Serviço, acrescido dos percentuais relativos ao 13º salário, férias, encargos fiscais, sociais e previdenciários, observando o prazo legal.

13. São consideradas atividades de movimentação de mercadorias, segundo o art. 2º da referida lei: I – cargas e descargas de mercadorias a granel e ensacados, costura, pesagem, embalagem, enlonamento, ensaque, arrasto, posicionamento, acomodação, reordenamento, reparação da carga, amostragem, arrumação, remoção, classificação, empilhamento, transporte com empilhadeiras, paletização, ova e desova de vagões, carga e descarga em feiras livres e abastecimento de lenha em secadores e caldeiras; II – operações de equipamentos de carga e descarga; III – pré-limpeza e limpeza em locais necessários à viabilidade das operações ou à sua continuidade.

As empresas tomadoras do trabalho avulso **respondem solidariamente** pela efetiva remuneração do trabalho contratado e são responsáveis diretas pelo recolhimento dos encargos fiscais e sociais, bem como das contribuições ou de outras importâncias devidas à Seguridade Social, no limite do uso que fizerem do trabalho avulso intermediado pelo sindicato (Lei nº 12.023/09, art. 8º).

Exemplos de questões sobre o tema

(TRT 4 – Juiz do Trabalho Substituto 4ª região/2016) Considere as assertivas abaixo sobre trabalho portuário.

I. Trabalhos de capatazia, estiva, conferência de carga, conserto de carga, bloco e vigilância de embarcações, nos portos organizados, serão realizados por trabalhadores portuários com vínculo empregatício por prazo determinado e por trabalhadores portuários avulsos.

II. O órgão de gestão de mão de obra de trabalho portuário avulso responde solidariamente com os operadores portuários pela remuneração devida ao trabalhador portuário avulso e pelas indenizações decorrentes de acidente de trabalho.

III. Não há relação jurídica de emprego entre o trabalhador portuário avulso e o órgão de gestão de mão de obra de trabalho portuário avulso, em que pese o órgão poder aplicar aos referidos trabalhadores as penalidades de repreensão verbal ou por escrito, suspensão do registro pelo período de 10 (dez) a 30 (trinta) dias ou cancelamento do registro.

Quais são corretas?

(A) Apenas I

(B) Apenas II

(C) Apenas III

(D) Apenas II e III

(E) I, II e III

Resposta: D

(TRT 23 – Juiz do Trabalho Substituto 23ª região/ 2014) Como se sabe, Mato Grosso é uma região rica em produção de grãos e com isso se torna muito comum a utilização de mão de obra dos trabalhadores avulsos. Acerca dessa relação de trabalho, analise as proposições abaixo e ao final assinale a alternativa CORRETA, segundo a Lei que regulamenta especificamente o assunto (Lei 12.023/2009):

I. As atividades de movimentação de mercadorias em geral, exercidas por trabalhadores avulsos, são aquelas desenvolvidas em áreas urbanas ou rurais, sem vínculo empregatício, obrigatoriamente intermediadas pelo sindicato da categoria (por meio de acordo ou convenção coletiva) ou pelo órgão gestor de mão de obra (OGMO);

II. As mesmas atividades poderão ser exercidas tanto por trabalhadores com vínculo empregatício quanto por trabalhadores avulsos nas empresas tomadoras do serviço;

III. O sindicato da categoria profissional realizará a intermediação apenas dos trabalhadores avulsos sindicalizados, já que a regulação da atividade se dará mediante negociação coletiva com a empresa tomadora;

IV. O tomador do serviço deve pagar à entidade intermediadora os valores devidos pelos serviços prestados pelos trabalhadores avulsos, acrescidos dos percentuais referentes ao repouso remunerado, 13° salário e férias mais 1/3, adicionais de hora extra e trabalho noturno, no prazo de até 48 horas úteis contadas do término da prestação dos serviços;

V. As empresas tomadoras dos serviços avulsos respondem solidariamente pela efetiva remuneração do trabalho contratado, sendo responsáveis, ainda, pelo recolhimento dos encargos fiscais e sociais, fornecimento de equipamentos de proteção individual e por zelar pelo cumprimento das normas de segurança do trabalho.

(A) Se I, II e III estiverem corretas;

(B) Se I, III e IV estiverem falsas;

(C) Se II, IV e V estiverem corretas;

(D) Se IV e V estiverem corretas;

(E) Se III e V estiverem corretas.

Resposta: B

2.6. Estágio

A. Conceito de estágio

Segundo dispõe o art. 1º da Lei nº 11.788/08, a relação de estágio **é ato educativo escolar supervisionado, desenvolvido no ambiente de trabalho,** que visa à preparação para o trabalho produtivo de educandos que estejam frequentando o ensino regular em instituições de educação superior, de educação profissional, de ensino médio, da educação especial e dos anos finais do ensino fundamental, na modalidade profissional da educação de jovens e adultos.

Como se trata de contrato de **caráter educacional**, não há que se falar em relação de trabalho, o que **afasta a competência da Justiça do Trabalho** para apreciar eventual litígio dessa natureza, apesar dessa questão ainda permanecer controvertida na doutrina e na jurisprudência.

Todavia, se a alegação é de inobservância da legislação e do contrato de estágio, a competência da Justiça do Trabalho é pacífica, quando a pretensão é de reconhecimento da relação de emprego.

B. Espécies de estágio

Como dito no item anterior, o estágio representa, em primeiro lugar, um ato educativo. Desse modo, a depender dos preceitos contidos no projeto pedagógico do curso, o estágio poderá ser obrigatório ou não obrigatório.

Quando o projeto pedagógico exige a realização de estágio, inclusive com carga horária específica que deve ser cumprida para efeito de aprovação no curso, será classificado como **obrigatório.** Caso contrário, se for facultativo, quando acrescenta o período respectivo à carga horária regular e obrigatória, será considerado como **não obrigatório.**

C. Requisitos de validade do contrato de estágio

O contrato de estágio é **formal** e deve ser celebrado **por escrito**. Além disso, para sua validade e para que não seja reconhecida a relação de emprego[14] é necessário que sejam observados os seguintes requisitos:

- **matrícula e frequência regular** do educando em curso de educação superior, de educação profissional, de ensino médio, da educação especial e nos anos finais do ensino fundamental, na modalidade profissional da educação de jovens e adultos e atestados pela instituição de ensino;

---

14. Entretanto, a eventual concessão de benefícios relacionados com transporte, alimentação e saúde, entre outros, não caracteriza vínculo empregatício.

- **celebração de termo de compromisso** entre o educando, a parte concedente do estágio e a instituição de ensino;
- **compatibilidade entre as atividades desenvolvidas no estágio e aquelas previstas no termo de compromisso**;
- **acompanhamento efetivo pelo professor orientador da instituição de ensino e por supervisor da parte concedente**, comprovado por vistos nos relatórios.

D. *Principais obrigações*

Listam-se as principais obrigações e restrições instituídas pela Lei nº 11.788/08, principalmente para a parte concedente:

- **limitação do número de estagiários por estabelecimento, salvo no caso de estudantes de nível superior e de nível médio profissional**;
- **prazo máximo de dois anos**, na mesma parte concedente, salvo quando se tratar de estagiário com deficiência;
- **proibição da parte concedente de receber estagiários por dois anos** em caso de reincidência;
- reserva de **10% das vagas de estágio para os estudantes portadores de necessidades especiais**;
- Implementação da legislação trabalhista na parte da **saúde e segurança do trabalho;**
- obrigações específicas para a parte concedente, como por exemplo: **a indicação de empregado** de seu quadro de pessoal, com formação ou experiência profissional na área de conhecimento desenvolvida no curso do estagiário, **para orientar e supervisionar até dez estagiários simultaneamente**; e o envio à instituição de ensino, **com periodicidade mínima de 6 meses**, relatório de atividades, com vista obrigatória ao estagiário.

E. *Principais características do contrato de estágio*

O quadro a seguir destaca as principais características do contrato de estágio:

	Lei nº 11.788/08
Partes Concedentes	As pessoas jurídicas de direito privado e os órgãos da administração pública direta, autárquica e fundacional, bem como profissionais liberais de nível superior, devidamente registrados em seus respectivos conselhos de fiscalização profissional.
Jornada de atividade	a) 4 horas diárias e 20 horas semanais, no caso de estudantes de educação especial e dos anos finais do ensino fundamental, na modalidade profissional de educação de jovens e adultos; b)6 horas diárias e 30 horas semanais, no caso de estudantes do ensino superior, da educação profissional de nível médio e do ensino médio regular. c) O estágio relativo a cursos que alternam teoria e prática, nos períodos em que não estão programadas aulas presenciais, poderá ter jornada de até 40 (quarenta) horas semanais, desde que isso esteja previsto no projeto pedagógico do curso e da instituição de ensino. d) Se a instituição de ensino adotar verificações de aprendizagem periódicas ou finais, nos períodos de avaliação, a carga horária do estágio será reduzida pelo menos à metade, segundo estipulado no termo de compromisso, para garantir o bom desempenho do estudante.

<table>
<tr><td>Duração do estágio</td><td colspan="2">Dois anos, salvo para os portadores de necessidades especiais.</td></tr>
<tr><td>Bolsa</td><td colspan="2">É obrigatória a concessão de bolsa ou qualquer outra forma de contraprestação nos estágios não obrigatórios. Entretanto, não foi fixado um limite mínimo para essa contraprestação.</td></tr>
<tr><td>Férias (recesso)</td><td colspan="2">Assegura-se o direito a trinta dias de férias (recesso), a serem gozadas preferencialmente durante as férias escolares, para os estágios com duração igual ou superior a um ano.
As férias (recesso) serão remuneradas no caso do estagiário perceber bolsa ou qualquer outro tipo de contraprestação.
Caso o estágio tenha duração inferior a um ano, as férias (recesso) serão concedidas proporcionalmente.</td></tr>
<tr><td>Normas de saúde e segurança no trabalho</td><td colspan="2">Aplicam-se aos estagiários as mesmas regras de segurança e saúde no trabalho que incidem sobre a relação de emprego.</td></tr>
<tr><td>Número de estagiários de nível médio por estabelecimento</td><td>Nº de empregados
1 a 5
6 a 10
11 a 25
Acima de 25</td><td>Nº de estagiários
1
2
5
Até 20%</td></tr>
</table>

Foram conferidos ao estagiário alguns **direitos específicos**, tais como recesso, jornada de atividade, bolsa etc. Entretanto, como qualquer ser humano, o estagiário tem seus **direitos personalíssimos** garantidos pela Constituição Federal e legislação infraconstitucional que devem ser observados pela empresa, como por exemplo a intimidade, a honra, dignidade. Eventual inobservância desses direitos pode implicar **responsabilidade civil e pagamento de indenização por danos morais** pela parte concedente.

F. Sujeitos

A relação jurídica travada entre os participantes do contrato de estágio **é triangular**, formada pela empresa, órgão público ou profissional liberal, denominada de parte concedente; pelo estudante e pela instituição de ensino, mediante o ajuste de termo de compromisso.[15]

Existe, ainda, a figura dos **agentes de integração** (é o caso do Centro de Integração Empresa Escola – CIEE), disciplinados pelo art. 5º da Lei do Estágio, que atuam com o propósito de intermediar a inserção dos estudantes nos estágios oferecidos pelas partes concedentes.

> **Art. 5º** As instituições de ensino e as partes cedentes de estágio podem, a seu critério, recorrer a serviços de agentes de integração públicos e privados, mediante condições acordadas em instrumento jurídico apropriado, devendo ser observada, no caso de contratação com recursos públicos, a legislação que estabelece as normas gerais de licitação.
>
> **§ 1º** Cabe aos agentes de integração, como auxiliares no processo de aperfeiçoamento do instituto do estágio:
>
> I – identificar oportunidades de estágio;
>
> II – ajustar suas condições de realização;

15. O termo de compromisso deverá ser firmado pelo estagiário ou com seu representante ou assistente legal e pelos representantes legais da parte concedente e da instituição de ensino, vedada a atuação dos agentes de integração como representante de qualquer das partes.

III – fazer o acompanhamento administrativo;

IV – encaminhar negociação de seguros contra acidentes pessoais;

V – cadastrar os estudantes.

§ 2º É vedada a cobrança de qualquer valor dos estudantes, a título de remuneração pelos serviços referidos nos incisos deste artigo.

§ 3º Os agentes de integração serão responsabilizados civilmente se indicarem estagiários para a realização de atividades não compatíveis com a programação curricular estabelecida para cada curso, assim como estagiários matriculados em cursos ou instituições para as quais não há previsão de estágio curricular.

G. Nulidade do contrato de estágio

Ressalte-se que, **uma vez demonstrado o desvirtuamento dos objetivos do contrato de estágio, autoriza-se o reconhecimento da relação de emprego**, com o uso do **princípio da primazia da realidade.**

Contudo, no serviço público, ainda que seja declarada a nulidade do contrato de estágio, não há como reconhecer a validade do vínculo empregatício, diante da inobservância do princípio da legalidade **representada pela ausência de aprovação em concurso público** (art. 37, II, da CF/88).

Em tais situações, como foi dito, a competência para apreciar eventual litígio é da Justiça do Trabalho.

Exemplos de questões sobre o tema

(TRT 4 – Juiz do Trabalho Substituto 4ª região/2016) Considere as assertivas abaixo sobre contrato de estágio.

I. Entidades concedentes de estágio que possuam 6 (seis) empregados em seu quadro de pessoal poderão contratar no máximo 2 (dois) estagiários, limite que não se aplica aos estágios de nível superior e de nível médio profissional.

II. As pessoas portadoras de deficiência têm assegurado o percentual de 5% (cinco por cento) das vagas oferecidas pela parte concedente do estágio.

III. A jornada de atividade em estágio deve constar do termo de compromisso, ser compatível com as atividades escolares e não ultrapassar 6 (seis) horas diárias e 36 (trinta e seis) horas semanais no caso de estudantes do ensino superior, da educação profissional de nível médio e do ensino médio regular.

Quais são corretas?

(A) Apenas I

(B) Apenas II

(C) Apenas III

(D) Apenas I e II

(E) I, II e III

Resposta: A

(TRT 1 – Juiz do Trabalho Substituto 1ª região/2016) Considere a Lei no 11.788/2008 que regula o estágio:

I. A carga horária da atividade do estagiário nunca pode ultrapassar a 20 horas semanais, sendo 4 horas diárias, sempre compatíveis com as atividades escolares.

II. A duração do estágio para a mesma parte concedente, exceto para os portadores de deficiência, é de, no máximo, 2 anos.

III. Na hipótese de estágio não obrigatório, a atividade do estagiário deve necessariamente ser remunerada, com a concessão de, pelo menos, bolsa e auxílio-transporte.

IV. Nos estágios com duração superior a um ano, o estagiário tem direito a recesso por período de 30 dias, preferencialmente coincidente com as férias escolares, sendo a bolsa devida neste período acrescida de um terço.

Está correto o que se afirma em

(A) II e IV, apenas.
(B) II e III, apenas.
(C) I e III, apenas.
(D) I e IV, apenas.
(E) I, II, III e IV.

Resposta: B

(FCC – Juiz do Trabalho Substituto 24ª região/2014) NÃO *é* considerado como direito do estagiário, após o advento da Lei no 11.788/2008:

(A) Bolsa ou qualquer contraprestação para o estágio não obrigatório.
(B) Auxílio-transporte.
(C) Recesso de 30 dias, a ser gozado preferencialmente durante suas férias escolares, desde que o período de estágio seja igual ou superior a seis meses.
(D) Seguro contra acidentes pessoais.
(E) Termo de realização do estágio com indicação resumida das atividades desenvolvidas, dos períodos e de avaliação de desempenho, devidos pela parte concedente, quando do desligamento do estagiário.

Resposta: C

(FCC – Juiz do Trabalho Substituto 1ª região/2015) No que se refere à carga horária do estagiário, de acordo com a Lei nº 11.788/2008, é INCORRETO afirmar que a jornada de atividade em estágio

(A) não deverá ultrapassar 4 horas diárias e 20 horas semanais, no caso de estudantes de educação especial e dos anos finais do ensino fundamental, na modalidade profissional de educação de jovens e adultos.
(B) não deverá ultrapassar 6 horas diárias e 30 horas semanais, no caso de estudantes do ensino superior, da educação profissional de nível médio e do ensino médio regular.
(C) não deverá ultrapassar 8 horas diárias e 40 horas semanais, no caso de estudantes do ensino técnico, desde que compatíveis com as atividades escolares.
(D) poderá ser de até 40 horas semanais para cursos que alternam teoria e prática, nos períodos em que não estão programadas aulas presenciais, desde que isso esteja previsto no projeto pedagógico do curso e da instituição de ensino.
(E) será reduzida pelo menos à metade, se a instituição de ensino adotar verificações de aprendizagem periódicas ou finais, nos períodos de avaliação, segundo estipulado no termo de compromisso, para garantir o bom desempenho do estudante.

Resposta: C

(FCC – Juiz do Trabalho Substituto 18ª região/2014) O estágio é definido por lei como o ato educativo escolar supervisionado, desenvolvido no ambiente de trabalho, que visa à preparação para o trabalho produtivo de educandos que estejam frequentando o ensino regular em instituições de educação superior, de educação profissional, de ensino médio, da educação especial e dos anos finais do ensino fundamental, na modalidade profissional da educação de jovens e adultos. Nesse contexto, analise as seguintes proposições:

I. Das vagas de estágio oferecidas pela parte concedente, 10% são asseguradas às pessoas portadoras de deficiência.

II. As atividades de extensão, de monitorias e de iniciação científica na educação superior, desenvolvidas pelo estudante, não poderão ser equiparadas ao estágio.

III. O estágio do portador de deficiência não poderá, em relação à mesma parte concedente, ter duração superior a 2 anos.

IV. O estágio com duração igual ou superior a 1 ano dá direito a um recesso não remunerado de 30 dias.

V. O limite da duração da jornada de estagiário dos anos finais do ensino fundamental, na modalidade de educação de jovens e adultos, é de quatro horas diárias e vinte horas semanais.

Está correto o que se afirma APENAS em

(A) I, II e IV.

(B) II, III e IV.

(C) I, IV e V.

(D) I e V.

(E) IV e V.

Resposta: D

(Magistratura do Trabalho – TRT 23ª – 2010) De acordo com a atual legislação que regulamenta o contrato de estágio, assinale a alternativa incorreta.

(A) Estágio é ato educativo escolar supervisionado, desenvolvido no ambiente de trabalho, que visa à preparação para o trabalho produtivo de educandos que estejam frequentando o ensino regular em instituições de educação superior, de educação profissional, de ensino médio, da educação especial e dos anos finais do ensino fundamental, na modalidade profissional da educação de jovens e adultos.

(B) A definição da jornada em estágio é de responsabilidade exclusiva da instituição de ensino e da parte concedente, pois são as únicas com condições de estabelecer um tempo máximo de trabalho que não comprometa os estudos do estagiário.

(C) Se a instituição de ensino adotar verificações de aprendizagem periódicas ou finais, nos períodos de avaliação, a carga horária do estágio será reduzida pelo menos à metade, segundo estipulado no termo de compromisso, para garantir o bom desempenho do estudante.

(D) O estágio não poderá exceder dois anos, exceto quando se tratar de estagiário portador de deficiência.

(E) O estagiário poderá receber bolsa ou outra forma de contraprestação que venha a ser acordada, sendo compulsória a sua concessão, bem como a do auxílio-transporte, na hipótese de estágio não obrigatório.

Resposta: B

H. Estágio jurídico

O art. 12 da Lei nº 11.788/08 determina o pagamento de bolsa-auxílio ao estudante, **sempre que o estágio não for obrigatório.** O Conselho Nacional de Educação, que instituiu as Diretrizes Curriculares Nacionais do Curso de Graduação em Direito, impôs a necessidade de o estudante desse Curso ser submetido ao Estágio Supervisionado, componente curricular obrigatório, oferecido por intermédio do Núcleo de Prática Jurídica – NPJ.

Em conjunto com o NPJ, é possível estabelecer convênios com outras entidades ou instituições, escritórios de advocacia, serviços de assistência judiciária ou departamentos jurídicos oficiais, sempre com supervisão de um responsável e com envio de relatórios à instituição de ensino.

Essa espécie é classificada como estágio curricular obrigatório e, por conta disso, é possível convalidar as horas de estágio com parte da carga horária do NPJ e, consequentemente, da disciplina Estágio Supervisionado.

Assim, se o estudante é contratado simplesmente com base na Lei nº 11.788/08, **ele tem direito a uma bolsa** (auxílio pecuniário), bem como aos demais direitos previstos na referida norma, como recesso (férias), seguro de acidente do trabalho etc., devidamente formalizado por escrito com a instituição concedente, instituição de ensino e aluno.

Somente a existência de estágio acadêmico obrigatório exime o tomador dos serviços do pagamento da bolsa-auxílio, mediante convênio firmado entre a instituição de ensino e a entidade concedente, sem incluir nesse rol, por exemplo, os estágios nos órgãos do Poder Judiciário e demais entidades, públicas ou privadas, que não ofereçam serviço de patrocínio de demandas judiciais.

2.7. Cooperativas de mão de obra

A instituição das cooperativas de trabalho, pela legislação nacional, que acompanhou a orientação alienígena, teve como finalidade eliminar a luta histórica entre o capital e o trabalho.

Por intermédio da reunião dos trabalhadores com atividade semelhante ou similar, a prestação de serviço efetiva-se diretamente em favor do beneficiário, ou seja, sem a intermediação do empregador, procedimento que fez melhorar a renda, as condições de trabalho e a capacitação do trabalhador.

Visto sob esse prisma, o verdadeiro cooperativismo deve ser estimulado e, na hipótese de cooperativismo de trabalho, mais ainda, pois constitui agente propulsor da diminuição das desigualdades sociais.

A. Previsão legal

No plano internacional, a Recomendação nº 127 da OIT estabelece que a cooperativa é:

> Uma associação de pessoas que se agrupam voluntariamente, para alcançar um objetivo comum mediante a formação de uma empresa controlada democraticamente; que contribuem com uma cota equitativa do capital que se requer, assumem uma justa parte nos lucros e benefícios; em cujo funcionamento sócios participam ativamente.

No ordenamento jurídico interno, a Constituição Federal de 1988 dispõe sobre as cooperativas em seus artigos 5º, XVIII e 174, § 2º, enquanto que a regulamentação pela via ordinária ficou, inicialmente, por conta da Lei nº 5.764/71, que define a política nacional de cooperativismo e institui uma série de requisitos para o reconhecimento legal das cooperativas.

Já a Lei nº 12.690/12 foi editada com o objetivo exclusivo de regulamentar o funcionamento das cooperativas de trabalho.

Todavia, manteve-se a vigência das regras contidas no disciplinamento geral do cooperativismo feito por meio da citada Lei nº 5.764, pelo Código Civil, naquilo em que não colidir com a regulamentação específica e ainda pelo parágrafo único do art. 442 da CLT, uma vez que o art. 30 da mencionada Lei foi vetado pela Presidência da República.[16]

De forma expressa, a Lei nº 12.690/12 excluiu do âmbito de sua incidência:

> I – as cooperativas de assistência à saúde na forma da legislação de saúde suplementar;

16. Eis a razão do veto: "O dispositivo da CLT que se pretende revogar disciplina a matéria de forma ampla e suficiente, sendo desnecessária regra específica para as cooperativas de trabalho."

> II – as cooperativas que atuam no setor de transporte regulamentado pelo poder público e que detenham, por si ou por seus sócios, a qualquer título, os meios de trabalho;
>
> III – as cooperativas de profissionais liberais cujos sócios exerçam as atividades em seus próprios estabelecimentos; e
>
> IV – as cooperativas de médicos cujos honorários sejam pagos por procedimento.

As cooperativas assumem a forma de **sociedade de pessoas, com responsabilidade limitada ou ilimitada dos sócios**, conforme preceitua o art. 1.093 do Código Civil, com características definidas pelo art. 1.094, que em muito se assemelha ao art. 4º da citada Lei nº 5.764/71:

> **Art. 1.094.** São características da sociedade cooperativa:
>
> I – variabilidade, ou dispensa do capital social;
>
> II – concurso de sócios em número mínimo necessário a compor a administração da sociedade, sem limitação de número máximo;
>
> III – limitação do valor da soma de quotas do capital social que cada sócio poderá tomar;
>
> IV – intransferibilidade das quotas do capital a terceiros estranhos à sociedade, ainda que por herança;
>
> V – quorum, para a assembleia geral funcionar e deliberar, fundado no número de sócios presentes à reunião, e não no capital social representado;
>
> VI – direito de cada sócio a um só voto nas deliberações, tenha ou não capital a sociedade, e qualquer que seja o valor de sua participação;
>
> VII – distribuição dos resultados, proporcionalmente ao valor das operações efetuadas pelo sócio com a sociedade, podendo ser atribuído juro fixo ao capital realizado;
>
> VIII – indivisibilidade do fundo de reserva entre os sócios, ainda que em caso de dissolução da sociedade.

B. Conceito, características e espécies

Cooperativa de trabalho é uma sociedade constituída por, no mínimo, sete trabalhadores para o exercício de suas atividades laborativas ou profissionais com proveito comum, autonomia e autogestão para obter melhor qualificação, renda, situação socioeconômica e condições gerais de trabalho.

A cooperativa nasce por meio do esforço conjunto de um grupo de pessoas, que se reúnem e contribuem com bens e serviços para a criação dessa espécie de sociedade, para o exercício de uma atividade econômica e proveito comum, sem objetivo de lucro. **É, também, uma sociedade de pessoas, de natureza civil, e não se encontra sujeita à falência ou a processo de recuperação judicial ou extrajudicial.**

A **autonomia** deve ser exercida de forma coletiva e coordenada, mediante a fixação, em assembleia geral, das regras de funcionamento da cooperativa e da forma de execução dos trabalhos.

A **autogestão** é o processo democrático por meio do qual a assembleia geral define as diretrizes para o funcionamento e as operações da cooperativa, e os sócios decidem sobre a forma de execução dos trabalhos.

Essas sociedades especiais podem ser de crédito, produção, consumo, trabalho ou uma cooperativa mista, quando tiver mais de um objeto social.

A **cooperativa de serviço** é constituída por sócios para a prestação de serviços especializados a terceiros, sem qualquer espécie de subordinação. Já na **cooperativa de produção** os sócios contribuem com trabalho para a produção em comum de bens e a cooperativa detém, a qualquer título, os meios de produção.

C. *Princípios e valores que regem a cooperativa*

Maurício Godinho Delgado afirma que, para efetiva existência da cooperativa, é necessário que essa sociedade observe os princípios da **dupla qualidade e da retribuição pessoal diferenciada.**

Pelo primeiro, o filiado deve assumir a condição simultânea de **cooperado e cliente**, no sentido de prestar serviços a terceiros e usufruir, como associado, dos benefícios oferecidos pela cooperativa.

Já o segundo princípio representa a "diretriz jurídica que assegura ao cooperado um complexo de vantagens comparativas de natureza diversa muito superior ao patamar que obteria caso atuando destituído da proteção cooperativista", [17]na forma prevista pelo art. 7º, da Lei nº 12.690/12:

- retiradas não inferiores ao **piso da categoria profissional** e, na ausência deste, **não inferiores ao salário mínimo**, calculadas de forma proporcional às horas trabalhadas ou às atividades desenvolvidas;
- **duração do trabalho** normal não superior a **8 (oito) horas** diárias e **44 (quarenta e quatro) horas semanais**, exceto quando a atividade, por sua natureza, demandar a prestação de trabalho por meio de plantões ou escalas, facultada a compensação de horários;
- **repouso semanal remunerado**, preferencialmente aos domingos;
- **férias remuneradas** (repouso anual remunerado);
- **adicional noturno** (retirada para o trabalho noturno superior à do diurno);
- **adicional de insalubridade e periculosidade** (adicional sobre a retirada para as atividades insalubres ou perigosas;
- seguro de acidente de trabalho.

A garantia desse núcleo de direitos confirma a aplicação do princípio do referido princípio da **retribuição pessoal diferenciada.** Isso quer dizer que o cooperado deve receber uma retribuição global pelo seu trabalho superior ao valor recebido por um empregado que exerça a mesma atividade, além de ter direito ao meio ambiente de trabalho saudável.

17. DELGADO, Maurício Godinho. ***Curso de direito do trabalho.*** 10 ed. LTr: São Paulo, 2005. p. 328/329.

Além disso, o art. 9º da referida norma estabeleceu a **solidariedade entre a cooperativa e o seu contratante**, quanto ao cumprimento das normas relativas à saúde e segurança do trabalho quando os serviços forem prestados no seu estabelecimento ou em local por ele determinado.

Por fim, a Lei nº 12.690/12, art. 3º, define como **princípios e valores da cooperativa**:

- adesão voluntária e livre;
- gestão democrática;
- participação econômica dos membros;
- autonomia e independência;
- educação, formação e informação;
- intercooperação;
- interesse pela comunidade;
- preservação dos direitos sociais, do valor social do trabalho e da livre iniciativa;
- não precarização do trabalho;
- respeito às decisões de assembleia;
- participação na gestão em todos os níveis de decisão de acordo com o previsto em lei e no Estatuto Social.

D. Princípio da primazia da realidade

O ordenamento jurídico trabalhista, de natureza protecionista, agasalhou o princípio da primazia da realidade. Por esse princípio, como já foi dito em outras oportunidades, prevalece a realidade fática em detrimento de formalidades instrumentalizadas por meio de documentos, mesmo em caso de disposição expressa em sentido contrário, como ocorre com o preceito contido no art. 442, parágrafo único da CLT:

> **Art. 442. Parágrafo único.** Qualquer que seja o ramo de atividade da sociedade cooperativa, não existe vínculo empregatício entre ela e seus associados, nem entre estes e os tomadores de serviços daquela.

Se em um determinado caso concreto o cooperado não muda seu *status* social e permanece subordinado ao poder diretivo do tomador dos serviços, **não há que se falar em verdadeiro cooperativismo**. Idem se o trabalhador continua explorado pelos detentores de capital, pela via da intermediação de mão de obra.

Nesse sentido as Súmulas nº 1 do TRT1 e nº 55 do TRT12:

> **SÚMULA Nº 1 do TRT1.** COOPERATIVA. FRAUDE. VÍNCULO DE EMPREGO. RESPONSABILIDADE SUBSIDIÁRIA DA ADMINISTRAÇÃO PÚBLICA. Quando arregimenta, de forma fraudulenta, associados para prestar serviços a terceiros, a cooperativa distancia-se de seu escopo, transmutando a relação jurídica mantida com o pseudocooperado em autêntico contrato de emprego, implicando a responsabilidade subsidiária da

Administração Pública, beneficiária direta pela prestação laboral do trabalhador, ainda que a contratação haja ocorrido com base na Lei de Licitações.

SÚMULA Nº 55 do TRT12. COOPERATIVA. INTERMEDIAÇÃO FRAUDULENTA DE MÃO DE OBRA. A existência de subordinação jurídica em relação ao tomador dos serviços enseja o reconhecimento do vínculo de emprego diretamente com este.

O cooperado é um dos **sócios da sociedade cooperativa**. E, nesse sentido, deve estar presente na relação existente entre os sócios **o *affectio societatis***. O cooperado é um trabalhador autônomo e, por conta disso, não pode ter a sua atividade dirigida por outra pessoa, seja o diretor da cooperativa, seja o responsável da empresa tomadora dos serviços oferecidos por essa entidade.

Saliente-se, que a sociedade cooperativa, mesmo de trabalho, **pode ter empregados**, conforme permissivo contido no art. 91 da Lei nº 5.764/71.[18] Todavia, a cooperativa **não pode ser utilizada para intermediar mão de obra subordinada** (art. 5º da Lei nº 12.690/12).

Exemplos de questões sobre o tema

(TRT 1 – Juiz do Trabalho Substituto 1ª região/2016) De acordo com a Lei no 12.690/2012, as cooperativas de trabalho devem garantir aos seus sócios, no mínimo:

I. Duração normal do trabalho de 8 horas diárias, ressalvada a necessidade de trabalho por meio de plantão ou escala.
II. Assistência médica por meio de serviço próprio ou convênio.
III. Retirada para o trabalho noturno superior à daquele diurno.
IV. Adicional sobre a retirada para as atividades insalubres, perigosas ou penosas.

Está correto o que se afirma em

(A) II e IV, apenas.
(B) II e III, apenas.
(C) I e III, apenas.
(D) I e IV, apenas.
(E) I, II, III e IV.

Resposta: C

(TRT 23 – Juiz do Trabalho Substituto 23ª região/ 2014) Sobre as cooperativas de trabalho, assinale a alternativa INCORRETA, *à* luz da Lei que trata especificamente do assunto (Lei 12.690/2012):

(A) A cooperativa de trabalho poderá ser: de assistência *à* saúde; a que atue no setor de transporte regulamentado pelo poder público e que detenham, por si ou por seus sócios, a qualquer título, os meios de trabalho; as cooperativas de médicos cujos honorários sejam pagos por procedimento;
(B) A cooperativa de trabalho rege-se pelos seguintes princípios, dentre outros: adesão voluntária e livre, gestão democrática, participação econômica dos membros;
(C) A cooperativa de trabalho não pode intermediar mão de obra subordinada;
(D) São garantidos aos sócios da cooperativa de trabalho os seguintes direitos, dentre outros: retiradas não inferiores ao piso da categoria profissional e, na ausência deste, não inferior ao salário mínimo; duração do trabalho normal não superior a 8 (oito) horas diárias e 44 (quarenta e quatro) semanais, exceto nos casos de plantões ou escalas, facultada a compensação de hor*á*rios, repouso anual remunerado;

18. Lei nº 5.764/71. Art. 91. As cooperativas igualam-se às demais empresas em relação aos seus empregados para os fins da legislação trabalhista e previdenciária.

(E) O contratante da cooperativa de trabalho responde solidariamente pelo cumprimento das normas de saúde e segurança do trabalho quando os serviços forem prestados no seu estabelecimento ou em local por ele determinado.

Resposta: A

(TRT 22 – Juiz do Trabalho Substituto 22ª região/ 2013) Sobre cooperativas de trabalho, é INCORRETO afirmar:

(A) podem ser de produção, quando constituídas por sócios que contribuem com trabalho para a produção em comum de bens e a cooperativa detém, a qualquer título, os meios de produção;

(B) médicos cujos honorários sejam pagos por procedimento não podem se organizar em cooperativa de trabalho;

(C) podem ser de serviço quando constituídas por sócios para a prestação de serviços especializados a terceiros, sem a presença dos pressupostos da relação de emprego;

(D) não podem ser utilizadas para a intermediação de mão de obra subordinada;

(E) podem ser constituídas com número mínimo de 12 (doze) sócios;

Resposta: E

(Magistratura do Trabalho – TRT 23ª – 2010) Com relação aos contratos de trabalho (gênero) analise as seguintes proposições e com base na legislação, jurisprudência pacificada e doutrina predominante aponte a alternativa correta.

I. O trabalhador eventual presta serviços de modo subordinado ao tomador.

II. A pequena empreitada pressupõe autonomia do empreiteiro perante o dono da obra, ou seja, neste contrato não há subordinação.

III. Para uma cooperativa de trabalho ser considerada válida é necessário que o trabalhador consiga obter um resultado melhor trabalhando como associado da cooperativa do que obteria trabalhando fora da cooperativa.

IV. O contrato de prestação de serviços invariavelmente conduz à uma relação de emprego, uma vez que é subordinado, assalariado, não eventual e pessoal em relação ao trabalhador.

(A) As proposições I e II estão corretas e as proposições III e IV incorretas.

(B) As proposições II, e III e IV estão corretas e a proposição I está incorreta;

(C) As proposições III e IV estão corretas e as proposições I e II incorretas;

(D) As proposições I e IV estão corretas e as proposições II e III incorretas.

(E) As proposições I, II e III estão corretas e a proposição IV incorreta.

Resposta: E

2.8. Trabalho voluntário

A **onerosidade** constitui elemento essencial para o reconhecimento da relação de emprego. Quando o trabalhador presta serviços para entidades públicas ou sem fins lucrativos e sem a intenção de receber algo em troca, estará executando trabalho voluntário.

A expressão ***voluntário*** aqui utilizada serve para evidenciar que **o prestador de serviço não deseja a retribuição que seria devida nas hipóteses de contratos de atividade de natureza onerosa.** Sendo assim, não se confunde com o caráter de voluntariedade necessário para a formação da relação de emprego, segundo a teoria contratualista.

A Lei nº 9.608/98, disciplina o exercício do trabalho voluntário, conceituando-o em seu art. 1º, com redação dada pela Lei nº 13.297/16:

> **Art. 1º.** Considera-se serviço voluntário, para os fins desta Lei, a atividade não remunerada prestada por pessoa física a entidade pública de qualquer natureza ou a instituição privada de fins não lucrativos que tenha objetivos cívicos, culturais, educacionais, científicos, recreativos ou de assistência à pessoa.

Trata-se de **contrato formal** efetivado **por instrumento escrito,** denominado pela lei de ***termo de adesão***, entre a entidade e o prestador do serviço voluntário, com o registro do objeto e as condições de seu exercício.

A entidade que se beneficia do serviço voluntário fica obrigada a ressarcir o trabalhador pelas despesas necessárias à sua consecução, desde que haja comprovação do desembolso respectivo, conforme preceitua o art. 3º da aludida Lei nº 9.608/98.

> **Art. 3º** O prestador do serviço voluntário poderá ser ressarcido pelas despesas que comprovadamente realizar no desempenho das atividades voluntárias. Parágrafo único. As despesas a serem ressarcidas deverão estar expressamente autorizadas pela entidade a que for prestado o serviço voluntário.

Tal obrigação não desnatura o contrato de prestação de serviços voluntário, uma vez que o valor devido não se destina a retribuir o trabalho, pois **tem caráter meramente indenizatório.**

Preenchidos os requisitos previstos na citada Lei nº 9.608/98, não há como reconhecer a existência de vínculo empregatício e, consequentemente, obrigações trabalhistas, previdenciárias ou afins (art. 1º, parágrafo único).

> **ATENÇÃO!** O trabalho voluntário é admitido em entidades privadas, desde que não possuam fins lucrativos e tenham objetivos cívicos, culturais, educacionais, científicos, recreativos ou de assistência social, inclusive mutualidade.

Exemplos de questões sobre o tema

(TRT 4 – Juiz do Trabalho Substituto 4ª região/2016) Considere as assertivas abaixo sobre relação de emprego.

I. Apesar da similaridade à relação empregatícia, não há falar em vínculo de emprego entre pastor e igreja, quando verificada a natureza vocacional e religiosa da prestação de serviços que se destina à assistência espiritual e à propagação da fé, e não à contraprestação porventura recebida.

II. A prestação de alguns serviços de pessoa integrada a grupo familiar caracteriza a existência de relação empregatícia, quando verificados esforços em conjunto na atividade econômica exercida pela entidade familiar, ainda que em regime de colaboração mútua.

III. O serviço voluntário revela espírito de cooperação e colaboração de quem o exerce, embasado em motivações pessoais, e que busca desenvolver atividades das quais detém conhecimentos, habilidades e experiência, contribuindo, assim, com a instituição em que atua, razão pela qual não admite qualquer tipo de remuneração ou de ressarcimento.

Quais são corretas?

(A) Apenas I

(B) Apenas II

(C) Apenas III

(D) Apenas I e III

(E) I, II e III

***Resposta:* A**

(FCC – Juiz do Trabalho Substituto 1ª região/2015) Referente ao trabalho voluntário, considere:

I. De acordo com a Lei nº 9.608/1998, considera-se serviço voluntário, a atividade não remunerada, prestada por pessoa física à organização da sociedade civil de interesse público, ou à instituição privada de fins não lucrativos, que tenha objetivos cívicos, culturais, educacionais, científicos, recreativos ou de assistência social, inclusive mutualidade.

II. Serviço voluntário não gera vínculo empregatício, nem obrigação de natureza trabalhista, previdenciária ou afim.

III. O serviço voluntário será exercido mediante a celebração de termo de adesão entre a entidade, pública ou privada, e o prestador do serviço voluntário, dele devendo constar o objeto e as condições de seu exercício.

IV. O prestador do serviço voluntário deverá ser ressarcido pelas despesas que comprovadamente realizar no desempenho das atividades voluntárias.

Está correto o que se afirma APENAS em

(A) I, II e III.

(B) I, II e IV.

(C) II e III.

(D) III e IV.

(E) I e IV.

Resposta: C

(TRT 3 – Juiz do Trabalho Substituto 3ª região/ 2013) Relativamente às relações de trabalho, em sentido amplo, é correto afirmar:

(A) A Lei n° 9.608, de 18 de fevereiro de 1998, que dispõe sobre o serviço voluntário, não condiciona o ressarcimento das despesas feitas pelo prestador de serviços voluntários à autorização expressa dada pela entidade a que for prestado o serviço voluntário.

(B) Nos moldes da Lei n° 12.023, de 27 de agosto de 2009, são deveres do tomador de serviços: pagar ao sindicato os valores devidos pelos serviços prestados ou dias trabalhados, acrescidos dos percentuais relativos a repouso remunerado, 13º salário e férias acrescidas de 1/3 (um terço), para viabilizar o pagamento do trabalhador avulso, bem como os percentuais referentes aos adicionais extraordinários e noturnos, no prazo máximo de 72 (setenta e duas) horas úteis, contadas a partir do encerramento do trabalho requisitado; e recolher os valores devidos ao Fundo de Garantia por Tempo de Serviço, acrescido dos percentuais relativos ao 13º salário, férias, encargos fiscais, sociais e previdenciários, observando o prazo legal.

(C) Nos moldes da Lei n° 12.023, de 27 de agosto de 2009, as empresas tomadoras do trabalho avulso respondem subsidiariamente pela efetiva remuneração do trabalho contratado e são responsáveis pelo recolhimento dos encargos fiscais e sociais, bem como das contribuições ou de outras importâncias devidas à Seguridade Social, no limite do uso que fizerem do trabalho avulso intermediado pelo sindicato.

(D) A realização de estágios, nos termos a Lei n° 11.788, de 25 de setembro de 2008, aplica-se aos estudantes estrangeiros regularmente matriculados em cursos superiores ou de nível médio no País, autorizados ou reconhecidos, observado o prazo do visto temporário de estudante, na forma da legislação aplicável.

(E) Conforme dispõe a Lei n° 11.788, de 25 de setembro de 2008, a jornada de atividade em estágio será definida de comum acordo entre a instituição de ensino, a parte concedente e o aluno estagiário ou seu representante legal, devendo constar do termo de compromisso ser compatível com as atividades escolares e não ultrapassar, em qualquer hipótese, 6 horas diárias e 30 horas semanais.

Resposta: B

2.9. Médico-residente

A figura do médico-residente, instituída pelo Decreto nº 80.281/77 e alterada pelas Leis nºs 6.932/81 e 12.514/11, é, na verdade, uma **modalidade de ensino de pós-graduação**, destinada a médicos, sob a forma de curso de especialização.

Entretanto, há um híbrido de atividade de ensino/aprendizagem com prestação de serviços, uma vez que o médico **exerce simultaneamente uma atividade profissional** no mesmo estabelecimento hospitalar ao qual fica sujeito à orientação técnica e metodológica de médicos qualificados. Nessa situação é impossível identificar quando o médico desempenha as atividades discentes ou quando está trabalhando.

Todavia, preenchidos os requisitos previstos na Lei nº 6.932/81, mesmo que esteja embutida certa carga de atividade laboral, a função desempenhada pelo médico-residente **será considerada como educacional,** sendo da Justiça Comum a competência para apreciar eventual litígio.

DIREITOS DO MÉDICO-RESIDENTE

- bolsa mensal;
- inscrição no sistema de previdência como contribuinte individual;
- licença-maternidade de 120 dias, podendo ser prorrogado por mais 60 dias a critério da instituição de saúde responsável pelo programa de residência e mediante requerimento da médica-residente;
- licença paternidade de cinco dias;
- regime especial de treinamento em serviço de sessenta horas semanais, nelas incluídas um máximo de vinte e quatro horas de plantão;
- um dia de folga semanal;
- trinta dias consecutivos de repouso por ano de atividade.

Como ocorre com as demais espécies relações de trabalho, a atividade rotulada de residência médica pode servir para **dissimular um contrato de trabalho.** Aplica-se, nessa hipótese, **o princípio da primazia da realidade.**

2.10. Profissionais de salão de beleza

Os profissionais que trabalham em salões de beleza, tais como cabeleireiro, manicure, pedicure, esteticista, depilador, maquiador etc., podem prestar serviços sob a modalidade subordinada ou autônoma, ainda que no interior do respectivo empreendimento empresarial.

Para conferir maior segurança jurídica à contratação autônoma dos mencionados profissionais, foi editada a Lei nº 13.352/16, apelidada de "Lei do Salão Parceiro".

A referida norma jurídica alterou dispositivos da já existente Lei nº 12.592/12, passando a admitir a celebração de contrato parceria e, consequentemente, sem vínculo empregatício.

A. *Requisitos de validade do contrato e cláusulas obrigatórias*

Para validade do **contrato de parceria** é necessário o preenchimento dos seguintes requisitos e cláusulas obrigatórias:

a) celebração por escrito;

b) homologação pelo sindicato da categoria profissional ou, na sua ausência, pelo órgão competente do Ministério da Economia, que substitui o extinto Ministério do Trabalho e Emprego, com a assinatura de duas testemunhas;

c) cláusula estabelecendo o percentual da cota-parte que caberá a cada um dos contratantes;

d) cláusula prevendo a obrigação, por parte do salão-parceiro, de retenção e de recolhimento dos tributos e contribuições sociais e previdenciárias devidos pelo profissional-parceiro em decorrência da atividade deste na parceria;

e) condições e periodicidade do pagamento do profissional-parceiro, por tipo de serviço oferecido;

f) direitos do profissional-parceiro quanto ao uso de bens materiais necessários ao desempenho das atividades profissionais, bem como sobre o acesso e circulação nas dependências do estabelecimento;

g) possibilidade de rescisão unilateral do contrato, no caso de não subsistir interesse na sua continuidade, mediante aviso prévio de, no mínimo, trinta dias;

h) responsabilidades de ambas as partes com a manutenção e higiene de materiais e equipamentos, das condições de funcionamento do negócio e do bom atendimento dos clientes;

i) obrigação, por parte do profissional-parceiro, de manutenção da regularidade de sua inscrição perante as autoridades fazendárias.

B. *Características do contrato*

A cota-parte do **salão-parceiro** tem como objetivo remunerar o aluguel dos bens móveis e de utensílios para o desempenho das atividades do **profissional-parceiro** e/ou a título de serviços de gestão, de apoio administrativo, de escritório, de cobrança e de recebimento de valores transitórios recebidos de clientes.

Essa espécie de contrato admite que o salão-parceiro promova:

a) a centralização dos recebimentos e pagamentos dos clientes;

b) a retenção de sua cota-parte percentual;

c) a retenção de valores de recolhimento de tributos e contribuições previdenciárias devidos pelo profissional-parceiro incidentes sobre a cota-parte que a este couber na parceria.

O profissional-parceiro pode ser qualificado perante as autoridades fazendárias como pequeno empresário, microempresário ou microempreendedor individual, e sempre será assistido pelo sindicato da categoria profissional, ainda que se estabeleça por meio de pessoa jurídica.

C. *Vedações*

Veda-se nessa espécie de ajuste:

a) a cota-parte do profissional-parceiro não pode ser levada em consideração para o cômputo da receita bruta do salão-parceiro;

b) O profissional-parceiro não poderá assumir as responsabilidades e obrigações decorrentes da administração da pessoa jurídica do salão-parceiro, seja de ordem contábil, fiscal, trabalhista, previdenciária ou de quaisquer outras relativas ao funcionamento do negócio.

D. Aplicação do princípio da primazia da realidade

Note-se que ainda prevalece, nesse caso, o **princípio da primazia da realidade** que pode ser utilizado para configurar a relação de emprego, além das hipóteses previstas pela referida Lei nº 12.592/12, no seu art. 1-C, quais sejam: "não existir contrato de parceria formalizado na forma descrita nesta Lei; e o profissional-parceiro desempenhar funções diferentes das descritas no contrato de parceria."

3. ADMISSÃO E REGISTRO DO EMPREGADO

Admissão deriva do verbo transitivo direto admitir, que significa: "aceitar ou reconhecer como bom, verdadeiro ou legítimo; aceitar".

Ora, de acordo com esse significado, deve-se reconhecer que a admissão constitui o ato do empregador que aceita e engaja o empregado no âmbito da estrutura organizacional da empresa. Revela-se, nesse particular, **a aderência da legislação laboral pátria à teoria institucionalista** da relação de emprego.

A formalização desse engajamento efetiva-se por determinados atos do empregador, previstos nos arts. 13 e seguintes da CLT (Capítulo I "Identificação Profissional" – Título I "Das Normas Gerais de Tutela do Trabalho").

A inobservância de tais regras **não implica inexistência da relação de emprego**, uma vez que a prova do contrato de trabalho pode ser feita por qualquer outro meio em direito admitido, inclusive o testemunhal. Entretanto, o empregador omisso pode sofrer sanções de natureza administrativa, uma vez constatadas irregularidades no registro do trabalho pelos órgãos de fiscalização.

Essas normas **não podem ser objeto de acordo ou convenção coletiva de trabalho,** no sentido de suprimir ou reduzir os direitos dos trabalhadores, conforme previsão expressa contida no art. 611-B, I, da CLT, introduzido por meio da Lei nº 13.467/17:

> **Art. 611-B.** Constituem objeto ilícito de convenção coletiva ou de acordo coletivo de trabalho, exclusivamente, a supressão ou a redução dos seguintes direitos: I – normas de identificação profissional, inclusive as anotações na Carteira de Trabalho e Previdência Social.

3.1. CTPS

Diante da importância da circunstância, inicia-se a análise do tema CTPS informando que é vedada a contratação de empregado que não tenha carteira de trabalho, física ou eletrônica.

Em **situações excepcionais**, a CTPS física pode ser emitida pelos órgãos descentralizados do Ministério da Economia previamente habilitados; mediante convênio por órgãos da administração pública direta ou indireta da União, Estados e Municípios; ou por serviços notariais e de registro, também por convênio (art. 14 da CLT, com redação dada pela Lei nº 13.874/19).

Constitui obrigação do empregador cadastrar na CTPS as informações relativas ao contrato de trabalho daqueles empregados que contratar, bem como das condições especiais de trabalho.

Por conta disso, para a maioria dos trabalhadores, principalmente aqueles de baixa renda, os registros contidos na CTPS acabam funcionando como verdadeiro currículo comprovado.

A Carteira de Trabalho surgiu antes mesmo da aprovação da CLT, por intermédio do Decreto nº 21.175/32 (regulamentado pelo Decreto nº 22.035/32), à época sob a designação de Carteira Profissional.

Recebeu a denominação atual de Carteira de Trabalho e Previdência Social a partir de 10.10.1969, com a edição do Decreto-Lei nº 926/69, e substituiu, também, a Carteira de Trabalho do Menor e a Carteira Profissional do Trabalhador Rural.

Com a edição da Lei nº 13.874/19, conhecida como Lei da Liberdade Econômica, a CTPS passou a ser emitida **preferencialmente no formato eletrônico**, tendo como número de identificação o mesmo atribuído ao CPF do trabalho (art. 16 da CLT).

Nesse caso, os registros são feitos pelo empregador diretamente no sistema desenvolvido pela DATAPREV e o empregado pode ter acesso ao seu conteúdo por meio de um aplicativo ou diretamente acessando o site do governo federal.

Na verdade, segundo determina a Portaria nº 1.065, de 23.09.2019, da Secretaria Especial de Previdência e Trabalho do Ministério da Economia a CTPS digital está **previamente emitida** para todos os portadores de CPF, sendo necessária apenas a respectiva **habilitação**.

Na prática, com a versão digital, a carteira de trabalho deixa de existir e é substituída por um **banco de dados** que é alimentado pelo próprio empregador, sendo que as informações respectivas ficam acessíveis ao trabalhador, que poderá solicitar a retificação em caso de divergências, erros e inconsistências.

Tal é a importância desse aspecto da relação de emprego que, de acordo com o art. 611-B, I, da CLT, não é possível negociar, coletiva ou individualmente, direitos relativos aos registros na CTPS.

A. Conteúdo

Além do registro do próprio contrato de trabalho, com informação sobre as datas de início e de fim da prestação de serviços, o empregador também deverá fazer constar na CTPS do empregado:

a) valor da remuneração, incluindo o valor das utilidades e a estimativa da gorjeta;

b) reajustes salariais, principalmente aqueles decorrentes da data-base;

c) alterações contratuais;

d) condições especiais de trabalho, caso existentes;

e) afastamentos;

f) períodos de aquisição e gozo de férias; e

g) contribuições sindicais.

Para os empregadores que têm a obrigação de uso do Sistema de Escrituração Digital das Obrigações Fiscais, Previdenciárias e Trabalhistas – eSocial, os registros eletrônicos gerados pelo empregador nos sistemas informatizados da Carteira de Trabalho em meio digital **equivalem às essas anotações** (art. 5º, II da Portaria nº 1.065/19 da Secretaria Especial de Previdência e Trabalho).

São vedados quaisquer registros que **desabonem a conduta do trabalhador, que provoquem danos à sua imagem ou que tenham conteúdo discriminatório,** assim considerados aqueles relativos: à prática de faltas (suspensão, advertência etc.); desqualificações pessoais e profissionais; opções religiosas, sexuais, políticas etc.; origem, raça, cor, estado civil, situação familiar, idade e saúde.

O descumprimento da obrigação mencionada implica pagamento de multa de natureza administrativa, além de poder ensejar, conforme o caso, condenação ao pagamento de indenização por danos morais.

Proíbe-se, também, que o empregador faça a exigência de quaisquer documentos **discriminatórios** ou obstativos para a contratação, especialmente certidão negativa de reclamatória trabalhista, teste, exame, perícia, laudo, atestado ou declaração relativos à esterilização ou a estado de gravidez.

B. Prazo para formalização

O registro da contratação deve ser feito **no prazo de 5 dias úteis contados a partir da admissão do empregado** (art. 29 da CLT), com redação dada pela Lei nº 13.874/19, independentemente do período ou da espécie de contrato de trabalho celebrado, inclusive o temporário, por prazo determinado, de experiência, doméstico, de aprendizagem, por obra certa, do menor de 18 anos etc.

Caso o empregado não apresente a sua CTPS física ao empregador é possível efetivar o registro do contrato de trabalho e demais informações por meio do fornecimento do CPF, permitindo o acesso ao banco de dados profissional digital.

Em caso de retenção, por prazo superior ao informado, extravio ou inutilização da CTPS física, o empregador ficará sujeito ao pagamento de multa de natureza administrativa.

C. Prova

Os registros feitos pelo empregador **fazem prova relativa do seu conteúdo**, inclusive no que se refere à existência da relação de emprego, conforme o entendimento constante da Súmula nº 12 do TST: "CARTEIRA PROFISSIONAL. As anotações apostas pelo empregador na carteira profissional do empregado não geram presunção *iuris et de iure*, mas apenas *iuris tantum*".

O valor probante das aludidas anotações serve, também, para efeito do cálculo de indenização por acidente do trabalho ou doença ocupacional (art. 40, III da CLT).

Com a alteração da redação do art. 40 da CLT pela Lei nº 13.874/19, a CTPS deixou de ostentar ***status* de documento oficial de identidade**.

D. Omissão do empregador

Detectada a omissão do empregador pelo Auditor Fiscal do Trabalho, no sentido de deixar de efetivar os devidos registros na CTPS do obreiro, deverá ser **lavrado o respectivo auto de infração** e, de ofício, lançar as anotações no sistema eletrônico, na forma prevista pelo § 3º, art. 29 da CLT:

> **Art. 29.** § 3º. A falta de cumprimento pelo empregador do disposto neste artigo acarretará a lavratura do auto de infração, pelo Fiscal do Trabalho, que deverá, de ofício, comunicar a falta de anotação ao órgão competente, para o fim de instaurar o processo de anotação.

Lavrado o termo de reclamação, o empregador será notificado para prestar esclarecimentos. No caso de persistência da recusa e diante da constatação de que as alegações do empregador dizem respeito à inexistência da relação de emprego, será sobrestado o auto de infração, se houver sido lavrado, e o **processo respectivo encaminhado à Justiça do Trabalho.**

Na hipótese de ser reconhecida a existência da relação de emprego, o Juiz do Trabalho determinará que a Secretaria da Vara do Trabalho faça as devidas anotações na CTPS e faça a comunicação à autoridade competente para aplicação da multa administrativa (§ 1º, art. 39 da CLT).

A omissão do empregador também pode ensejar a sua responsabilidade civil e consequente pagamento de indenização por danos morais.

Ressalte-se que, de acordo com o disposto no art. 11, § 1º, da CLT, **não se aplica o prazo prescricional** de cinco anos, durante a execução do contrato de trabalho, ou de dois anos, após a sua extinção, nas ações que tenham por objeto anotações para fins de prova perante a Previdência Social, uma vez que são imprescritíveis.

Sobre esse tema manifesta-se o TRT18 por sua Súmula nº 57:

> **SÚMULA Nº 57 do TRT18.** PRESCRIÇÃO. UNICIDADE CONTRATUAL. ANOTAÇÃO DA CTPS. NATUREZA DA PRETENSÃO (ART. 11, § 1º, DA CLT). O reconhecimento de vínculo empregatício e a consequente anotação de CTPS, dada a natureza declaratória, não estão sujeitos ao corte prescricional (art. 11, § 1º, da CLT).

Por fim, na órbita penal, a omissão do empregador constitui crime tipificado pelo art. 297, § 4º, do Código Penal, dispositivo inserido por intermédio da Lei nº 9.983/2000.[19]

E. Contrato a prazo de trabalhador rural

A Lei nº 11.718 acrescentou o art. 14-A à Lei nº 5.889/73 e, no seu § 3º, dispõe que:

> O contrato de trabalho por pequeno prazo deverá ser formalizado mediante a inclusão do trabalhador na GFIP, na forma do disposto no § 2º deste artigo, e: I – mediante a anotação na Carteira de Trabalho e Previdência Social e em Livro ou Ficha de Registro de Empregados; ou II – mediante contrato escrito, em 2 (duas) vias, uma para cada parte, onde conste, no mínimo: a) expressa autorização em acordo coletivo ou convenção coletiva; b) identificação do produtor rural e do imóvel rural onde o trabalho será realizado e indicação da respectiva

19. STJ. Súmula nº 62. Compete à Justiça Estadual processar e julgar o crime de falsa anotação na Carteira de Trabalho e Previdência Social, atribuído à empresa privada.

matrícula; c) identificação do trabalhador, com indicação do respectivo Número de Inscrição do Trabalhador – NIT.

A intenção do legislador foi simplificar o processo de contratação de trabalhadores rurais por curto período de tempo, principalmente aquele vinculado ao **período de safra**, assim entendido o que não ultrapassar o período de **dois meses.**

Da leitura do referido dispositivo legal conclui-se que **constitui faculdade do empregador registrar o contrato de pequeno prazo na CTPS** do trabalhador rural.

Nesse caso, a formalidade da contratação pelo empregador rural pessoa física fica limitada à inclusão do nome do empregado rural na GFIP – Guia de Recolhimento do Fundo de Garantia do Tempo de Serviço e Informações à Previdência Social, bem como a utilização da forma escrita com algumas cláusulas obrigatórias.

F. *Crime de falsidade ideológica*

Segundo o disposto no art. 299 do Código Penal, constitui crime de falsidade ideológica omitir, em documento público ou particular, declaração que dele devia constar, ou nele inserir ou fazer inserir declaração falsa ou diversa da que devia ser escrita, com o fim de prejudicar direito, criar obrigação ou alterar a verdade sobre fato juridicamente relevante

De forma mais específica na seara trabalhista, o art. 49 da CLT tipifica como crime de falsidade ideológica:

- fazer, no todo ou em parte, qualquer documento falso ou alterar o verdadeiro;
- afirmar falsamente a sua própria identidade, filiação, lugar de nascimento, residência, profissão ou estado civil e beneficiários, ou atestar os de outra pessoa;
- servir-se de documentos, por qualquer forma falsificados;
- falsificar, fabricando ou alterando, ou vender, usar ou possuir Carteiras de Trabalho e Previdência Social assim alteradas; e
- anotar dolosamente em Carteira de Trabalho e Previdência Social ou registro de empregado, ou confessar ou declarar em juízo ou fora dele, data de admissão em emprego diversa da verdadeira.

No quadro a seguir estão consignadas as principais regras relativas à CTPS:

Registros obrigatórios	• Data de admissão • Remuneração • Condições especiais
Época para o registro	• Data da contratação • Data da extinção do contrato • Data-base • A qualquer tempo, por solicitação do trabalhador • Necessidade de comprovação perante a Previdência Social
Prazo para anotação	• 5 dias úteis

Remuneração	• Valor do salário • Forma (*in natura* e/ou em espécie) • Estimativa da gorjeta
Vedações	• Anotações desabonadoras à conduta do empregado
Prova	• *Iuris tantum* do seu conteúdo (Súmula nº 12 do TST)

3.2. Registro de empregado

Além da CTPS o empregador deve proceder ao **registro do empregado em livros, fichas ou sistema eletrônico**.

Contudo, a Portaria nº 1.195/19 da Secretaria Especial de Previdência e Trabalho do Ministério da Economia **substituiu essa obrigação** pelo procedimento de prestar informações ao Sistema de Escrituração Digital das Obrigações Fiscais, Previdenciárias e Trabalhistas – eSocial, instituído pelo Decreto nº 8.373, de 11 de dezembro de 2014.

São diversas informações que devem alimentar o eSocial, como por exemplo aquelas relativas aos dados pessoais e profissionais do empregado, data de admissão, valor do salário, tipo de contrato de trabalho, horário de trabalho, dependentes, local de trabalho, férias, afastamentos etc.

Em situações excepcionais a empresa pode continuar a manter o livro de empregados. Nesse caso, deverá anotar, nos mesmos prazos, as informações que deveria inserir no E-social em livro ou ficha de registro, que deverá permanecer no estabelecimento ao qual o trabalhador estiver vinculado (art. 5º, da citada Portaria nº 1.195/19).

4. TRABALHO ESCRAVO E DEGRADANTE

Quando se trata de trabalho escravo, surge logo a ideia do ser humano destituído de qualquer liberdade, encontrado nas sociedades primitivas, seja antiga ou contemporânea, nas quais se admite a possibilidade da pessoa não ser sujeito de direitos e obrigações.

A prática inadmissível de escravizar o ser humano, apesar de não ter desaparecido completamente, passou a ser vista na atualidade sob outro prisma.

Como a maioria das sociedades evoluiu no sentido de banir a escravidão clássica, como fez o Brasil com a Lei Áurea em 1888, a exploração da mão de obra passou a assumir novos contornos.

A análise de situações concretas de algumas relações de trabalho, principalmente no meio rural e no trabalho urbano ilegal de estrangeiros, revelou a utilização de certos procedimentos que igualava o obreiro à mesma condição a que estava submetido o escravo, só que de forma velada e dissimulada.

Entretanto, há que se diferenciar o **trabalho degradante** do **trabalho escravo**. Na verdade, trata-se de uma relação de gênero e espécie. No primeiro caso, o trabalhador exerce suas atividades em condições de trabalho subumanas, em um meio ambiente de trabalho altamente insalubre. Já o trabalho escravo consiste no **trabalho degradante agravado pela ausência de liberdade do trabalhador, no sentido de obstar o rompimento do contrato de trabalho enquanto não pagar suas dívidas.**

Assim, pode-se afirmar que todo trabalho escravo é degradante, mas nem todo trabalho degradante é considerado como trabalho escravo.

Entretanto, a legislação confere um mesmo tratamento para o trabalho escravo e o trabalho degradante.

4.1. Conceito e denominações

O trabalho análogo à condição de escravo identifica-se com a situação por meio da qual um trabalhador, ou grupo de trabalhadores, são aliciados para prestar serviços fora do seu domicílio. Assumem, também, o compromisso de pagar as despesas decorrentes de transporte, habitação e moradia, de forma que o valor percebido a título de salário jamais consegue saldar as referidas dívidas, que vão se acumulando em razão da execução do contrato de trabalho.

O trabalho prestado nessas condições recebe várias denominações conferidas por aqueles que se dedicam ao seu estudo. A principal delas **é trabalho análogo à condição de escravo**, expressão adotada pela OIT nos documentos brasileiros que tratam da questão. Entretanto, existem outras, tais como: **trabalho forçado, escravidão branca, semiescravidão** etc.

A Convenção nº 29 da OIT, em seu art. 1º, ratificada pelo Brasil, considera como trabalho forçado ou obrigatório **todo aquele exigido de uma pessoa sob a ameaça de sanção e para o qual não se tenha oferecido espontaneamente.**

E, ao mesmo tempo, afasta essa classificação nos seguintes casos, segundo o seu art. 2º:

a) qualquer trabalho ou serviço exigido em virtude de leis do serviço militar obrigatório com referência a trabalhos de natureza puramente militar;

b) qualquer trabalho ou serviço que faça parte das obrigações cívicas comuns de cidadãos de um país soberano;

c) qualquer trabalho ou serviço exigido de uma pessoa em decorrência de condenação judiciária, contanto que o mesmo trabalho ou serviço seja executado sob fiscalização e o controle de uma autoridade pública e que a pessoa não seja contratada por particulares, por empresas ou associações, ou posta à sua disposição;

d) qualquer trabalho ou serviço exigido em situações de emergência, ou seja, em caso de guerra ou de calamidade ou de ameaça de calamidade, como incêndio, inundação, fome, tremor de terra, doenças epidêmicas ou epizoóticas, invasões de animais, insetos ou de pragas vegetais, e em qualquer circunstância, em geral, que ponha em risco a vida ou o bem-estar de toda ou parte da população;

e) pequenos serviços comunitários que, por serem executados por membros da comunidade, no seu interesse direto, podem ser, por isso, considerados como obrigações cívicas comuns de seus membros, desde que esses membros ou seus representantes diretos tenham o direito de ser consultados com referência à necessidade desses serviços.

4.2. Características

De plano, verifica-se que, para o reconhecimento do trabalho escravo, devem estar presentes as seguintes características:

a) **recrutamento de trabalhadores em local diverso daquele onde o serviço será prestado;**

b) **cobrança das despesas referentes a adiantamento, transporte, alimentação e habitação no trabalho;**

c) **proibição de o empregado pedir demissão** enquanto não quitar sua dívida, implicando ausência de liberdade de ir e vir.

Percebe-se, portanto, que o empregado não é forçado a iniciar a prestação de serviço. Pelo contrário, diante de uma proposta tentadora de trabalho feita pelo aliciador, também denominado de *gato*, ele deixa sua família na localidade onde reside e passa a trabalhar em outra região. Só após o vencimento da obrigação de pagar salário é que o empregado percebe que as suas dívidas vão aumentando a cada dia que passa e que a sua remuneração não é suficiente para saldá-las.

O obreiro aceita o convite para trabalhar porque se encontra desempregado em uma região onde, geralmente, não se constata oferta de emprego para pessoas sem qualificação profissional. Por conta disso, os proprietários rurais e seus arregimentadores elegem essas áreas para proceder ao aliciamento, formando rapidamente uma equipe de trabalho e transportando seus integrantes por meio de veículos em péssimas condições de conservação.

Uma vez iniciada a prestação de serviços, são recolhidos todos os documentos do trabalhador, para dificultar a sua saída do local de trabalho antes do pagamento da sua dívida, que inclui os valores pagos antes da viagem destinados à subsistência da família e aqueles referentes aos instrumentos de trabalho.

ATENÇÃO! É importante frisar que, para a configuração do trabalho prestado em condições análogas à de escravo, NÃO se pressupõe a existência de trabalho forçado.

4.3. O combate ao trabalho escravo

A. No plano internacional

A Declaração Universal dos Direitos Humanos estabelece, no art. 23.1, que “toda a pessoa tem direito ao trabalho, à livre escolha do trabalho, a condições equitativas e satisfatórias de trabalho”.

De forma específica, a Convenção nº 105 (Convenção sobre a abolição do trabalho forçado) da OIT, também ratificada pelo Brasil, preconiza em seu art. 1º:

> Todo País-membro da Organização Internacional do Trabalho que ratificar esta Convenção compromete-se a abolir toda forma de trabalho forçado ou obrigatório e dele não fazer uso: a) como medida de coerção ou de educação política ou como punição por ter ou expressar opiniões políticas ou pontos de vista ideologicamente opostos ao sistema político, social e econômico vigente; b) como método de mobilização e de utilização da mão-de-obra para fins de desenvolvimento econômico; c) como meio de disciplinar a mão-de-obra; d) como punição por participação em greves; e) como medida de discriminação racial, social, nacional ou religiosa.

B. No âmbito interno

O Brasil, a partir de 1995, adotou, progressivamente, medidas efetivas para a eliminação ou diminuição do trabalho escravo, por intermédio da criação de entidades especializadas e de ações governamentais específicas.

O primeiro organismo criado com a finalidade de coordenar e implementar as providências necessárias à repressão ao trabalho forçado foi o **Grupo Executivo de Repressão ao Trabalho Forçado – GERTRAF**, pelo Decreto nº 1.538/95.

Logo em seguida, para dar efetividade as ações do GERTRAF foram instituídos os Grupos Especiais de Fiscalização Móvel – **GEFM**, pela Portaria nº 550/95, compostos por Auditores Fiscais do Trabalho, vinculados à Secretaria de Inspeção do Trabalho.

O GERTRAF foi extinto em 2003 e em seu lugar, mas com as mesmas finalidades, surgiu a Comissão Nacional para Erradicação do Trabalho Escravo – **CONATRAE** (Decreto s/nº de 31.07.2003), órgão colegiado vinculado à Secretaria Especial dos Direitos Humanos da Presidência da República, também auxiliado pelo GEFM.

Quanto às ações governamentais, uma de suas principais representantes foi o 1º Plano Nacional para Erradicação do Trabalho Escravo elaborado pela Comissão Especial do Conselho de Defesa dos Direitos da Pessoa Humana – CDDPH (2003). Esse Plano continha um conjunto de medidas gerais e específicas a serem cumpridas por diversos órgãos dos Poderes Executivo, Legislativo e Judiciário, Ministério Público e entidades da sociedade civil brasileira.

Fez parte do mencionado plano, e foi efetivamente implementada, a criação **do cadastro de empregadores que tenham mantido trabalhadores em condições análogas à de escravo**, conhecida como ***lista suja do trabalho escravo***.

A referida lista é atualizada a cada **seis meses** com a inclusão dos nomes dos infratores cujos autos de infração não caibam mais recursos no âmbito administrativo e com a exclusão daqueles que, durante os dois anos contados do início da sua inclusão, sanaram as irregularidades detectadas pelas autoridades competentes.

Sobre a constitucionalidade desse ato administrativo, pronunciou-se o Poder Judiciário:

> CADASTRO DE EMPREGADORES QUE TENHAM MANTIDO TRABALHADORES EM CONDIÇÕES ANÁLOGAS À DE ESCRAVO. PORTARIA MINISTERIAL Nº 540/2004 DO MINISTÉRIO DO TRABALHO E EMPREGO. CONSTITUCIONALIDADE E LEGALIDADE. O trabalho em condições análogas à de escravo é execrável no atual estágio histórico-social da humanidade, sendo certo que as condutas estatais no sentido de coibir tal prática vão ao encontro da efetivação dos princípios constitucionais de valorização do trabalho, de dignidade da pessoa humana, de livre iniciativa, da função social da propriedade, da busca do pleno emprego, almejando, enfim, a realização dos direitos fundamentais do homem (art. 1º, II e IV; art. 3º, I, III e IV; art. 5º, I, III e XLI; art. 6º; art. 7º, X; art. 170, VIII; art. 186 e art. 193 todos da CF). Diante disso, a Portaria nº 540/2004 do MTE, editada com base no art. 87 da CF, é constitucional e legal, porquanto apenas regulamentou normas constitucionais e infraconstitucionais, as quais repudiavam qualquer condição de trabalho similar à de escravo. Logo, a mera inclusão do nome do empregador, que manteve trabalhadores naquelas condições, no cadastro daquela portaria e a comunicação pertinente aos demais órgãos da Administração Pública não se constituem em ato ilegal da

> autoridade pública. Não demonstrada a incorreção da inscrição no cadastro de empregadores, há de ser mantido o nome do empregador na lista preceituada pela Portaria Ministerial nº 540/2004. Recurso Provido.[20]

A Instrução Normativa SIT nº 76/09 dispõe sobre os procedimentos para a fiscalização do trabalho rural, estabelece ações para erradicação do trabalho degradante e/ou análogo ao de escravo, coordenadas diretamente pela Secretaria de Inspeção do Trabalho que poderá realizá-las diretamente, por intermédio dos grupos móveis nacionais, ou por intermédio de grupos especiais de fiscalização rural, organizados no âmbito das DRT.

Como o transporte de trabalhadores constitui uma das principais características do trabalho escravo, a legislação nacional estabelece condições para a realização desse procedimento. Exige-se, principalmente, a expedição de Certidão Liberatória pelas Delegacias Regionais do Trabalho e Emprego ou respectivas Subdelegacias (art. 23, da IN/SIT nº 76/09).

É necessária, também, a comprovação da contratação regular dos trabalhadores, por meio da apresentação das Carteiras de Trabalho devidamente anotadas, dos atestados médicos admissionais e dos contratos escritos que disciplinem a duração do trabalho, o salário, condições de alojamento, alimentação e de retorno à localidade de origem do trabalhador.

Em 10.09.2008 foi lançado pelo CONATRAE o 2º Plano Nacional de Erradicação do Trabalho Escravo. É formado por 66 medidas relacionadas não só com a repressão, mas também com a prevenção dessa forma de trabalho, com ênfase para atuação das ações perante o Poder Legislativo, principalmente no que diz respeito à aprovação de projetos de lei e de emenda constitucional tratando da matéria.

4.4. Efeitos da constatação do trabalho escravo

Os efeitos da constatação do trabalho escravo podem ser classificados em penais, trabalhistas e civis.

A. *Órbita penal*

A conduta do empregador e dos seus prepostos pode ser enquadrada na tipificação constante dos arts. 149, 197, 203 e 207 do Código Penal:

> **Art. 149.** Reduzir alguém a condição análoga à de escravo, quer submetendo-o a trabalhos forçados ou a jornada exaustiva, quer sujeitando-o a condições degradantes de trabalho, quer restringindo, por qualquer meio, sua locomoção em razão de dívida contraída com o empregador ou preposto: Pena – reclusão, de dois a oito anos, e multa, além da pena correspondente à violência. § 1º Nas mesmas penas incorre quem: I – cerceia o uso de qualquer meio de transporte por parte do trabalhador, com o fim de retê-lo no local de trabalho; II – mantém vigilância ostensiva no local de trabalho ou se apodera de documentos ou objetos pessoais do trabalhador, com o fim de retê-lo no local de trabalho.
>
> **Art. 197.** Constranger alguém, mediante violência ou grave ameaça: I – a exercer ou não exercer arte, ofício, profissão ou indústria, ou a trabalhar ou não trabalhar durante certo período ou em determinados dias: Pena – detenção, de 1 (um) mês a 1 (um) ano, e multa, além da pena correspondente à violência.

20. TRT 10ª R. RO 00310-2006-811-10-00-2. 2ª T. Relª Juíza Heloisa Pinto Marques. DJU 23.03.2007.

> **Art. 203.** Frustrar, mediante fraude ou violência, direito assegurado pela legislação do trabalho: Pena – detenção de um ano a dois anos, e multa, além da pena correspondente à violência. § 1º. Na mesma pena incorre quem: I – obriga ou coage alguém a usar mercadorias de determinado estabelecimento, para impossibilitar o desligamento do serviço em virtude de dívida; II – impede alguém de se desligar de serviços de qualquer natureza, mediante coação ou por meio da retenção de seus documentos pessoais ou contratuais.
>
> **Art. 207.** Aliciar trabalhadores, com o fim de levá-los de uma para outra localidade do território nacional: Pena – detenção de um a três anos, e multa. § 1º. Incorre na mesma pena quem recrutar trabalhadores fora da localidade de execução do trabalho, dentro do território nacional, mediante fraude ou cobrança de qualquer quantia do trabalhador, ou, ainda, não assegurar condições do seu retorno ao local de origem.

Assim, na análise de cada caso concreto será necessário verificar a quantidade de trabalhadores envolvidos e a repercussão social do procedimento. **Atrai-se a competência da Justiça Federal** quando deixa de ser uma violação à liberdade individual do trabalhador e passa-se a ser considerada uma grave ofensa às instituições trabalhistas coletivamente consideradas.

Nesse sentido é a posição do STF:

> DIREITO PENAL E PROCESSUAL PENAL. Art. 149 DO CÓDIGO PENAL. REDUÇÃO À CONDIÇÃO ANÁLOGA À DE ESCRAVO. TRABALHO ESCRAVO. DIGNIDADE DA PESSOA HUMANA. DIREITOS FUNDAMENTAIS. CRIME CONTRA A COLETIVIDADE DOS TRABALHADORES. Art. 109, VI DA CONSTITUIÇÃO FEDERAL. COMPETÊNCIA. JUSTIÇA FEDERAL. RECURSO EXTRAORDINÁRIO PROVIDO. A Constituição de 1988 traz um robusto conjunto normativo que visa à proteção e efetivação dos direitos fundamentais do ser humano. A existência de trabalhadores a laborar sob escolta, alguns acorrentados, em situação de total violação da liberdade e da autodeterminação de cada um, configura crime contra a organização do trabalho. Quaisquer condutas que possam ser tidas como violadoras não somente do sistema de órgãos e instituições com atribuições para proteger os direitos e deveres dos trabalhadores, mas também dos próprios trabalhadores, atingindo-os em esferas que lhes são mais caras, em que a Constituição lhes confere proteção máxima, são enquadráveis na categoria dos crimes contra a organização do trabalho, se praticadas no contexto das relações de trabalho. Nesses casos, a prática do crime prevista no art. 149 do Código Penal (Redução à condição análoga a de escravo) se caracteriza como crime contra a organização do trabalho, de modo a atrair a competência da Justiça federal (art. 109, VI da Constituição) para processá-lo e julgá-lo.[21]

B. *Órbita trabalhista*

Na esfera trabalhista, a repercussão mais comum do trabalho escravo é, primeiramente, a necessidade de adimplir as cláusulas implícitas legais de todo o contrato de trabalho e seus reflexos previdenciários. Isso significa pagar o equivalente monetário às verbas trabalhistas e as demais obrigações de fazer, como por exemplo, registro na CTPS e recolhimento do FGTS, INSS etc.

Trata-se de hipótese de **rescisão indireta do contrato de trabalho** com direito, inclusive, **ao benefício do seguro desemprego**, equivalente a **três parcelas** de um salário mínimo cada (art. 2º-C da Lei nº 7.998/90).

---

21. STF. RE 398041. 2ª T. Rel. Min. Joaquim Barbosa. DJU 19.12.2008.

Na maioria dos casos, a conduta do explorador da mão de obra escrava atinge o patrimônio ideal do trabalhador, sendo necessária a fixação de uma indenização para compensar os danos morais sofridos.

O reconhecimento do **dano moral individual**, em tais situações, é praticamente pacífico na jurisprudência pátria, como deixa clara a Súmula nº 36 do TRT8:

> **SÚMULA Nº 36 do TRT8**. TRABALHO FORÇADO, DEGRADANTE OU EM CONDIÇÕES ANÁLOGAS À DE ESCRAVO. RESPONSABILIDADE CIVIL. DANO MORAL *IN RE IPSA*. I – Entende-se por trabalho forçado aquele executado por uma pessoa sob ameaça de punição de qualquer natureza e para a qual essa pessoa não se ofereça voluntariamente (art. 2º, 1, da Convenção n. 29 da OIT). O trabalho degradante é aquele executado em condições inteiramente inadequadas ao trabalho, sem observância de quaisquer normas de segurança, medicina, saúde e higiene do trabalho. Considera-se trabalho em condições análogas à de escravo o que submete o trabalhador a trabalho forçado, jornada extenuante, condições degradantes, restrições de locomoção, privação de seus documentos (art. 149 do Código Penal). II – Em ficando demonstrada a ocorrência de qualquer das três hipóteses, considera-se caracterizada a violação ao princípio da dignidade humana e a ofensa aos direitos mínimos dos trabalhadores, cabendo a responsabilização do empregador por danos morais, independentemente de outras provas, porque ocorrem *in re ipsa*. III – Para fixação do valor da indenização devem ser levados em conta, dentre outros, os seguintes fatores: gravidade e extensão do dano, condição financeira do ofensor e do ofendido, e finalidade pedagógica da punição para evitar a reincidência da prática delituosa.

Já o ressarcimento do **dano moral coletivo** é buscado, principalmente, por meio do ajuizamento de ações civis públicas, propostas pelo Ministério Público do Trabalho e instruídas pelos relatórios produzidos pelo GEFM, nos casos em que os empregadores recusam-se a assinar um termo de ajuste de conduta.

C. *Órbita administrativa*

Como resultado das fiscalizações realizadas pelos órgãos competentes, o empregador pode sofrer as seguintes consequências na órbita administrativa:

a) ter seu nome incluído no Cadastro nacional de empregadores que tenham mantido trabalhadores em condições análogas à de escravo;

b) imposição de restrição para obter crédito agrícola; e

c) pagamento das multas de natureza administrativa.

A Portaria do extinto MTE de nº 04/2016 em seu art. 2º, § 1º, assegura que **a inclusão do nome do infrator** no referido cadastro, conhecido como lista suja do trabalho escravo, somente ocorrerá após decisão administrativa final relativa ao auto de infração lavrado em decorrência de ação fiscal em que tenha havido a identificação de trabalhadores submetidos àquelas condições.

A exclusão do nome do empregador do Cadastro é condicionada ao pagamento das multas resultantes da ação fiscal, bem como da comprovação da quitação de eventuais débitos trabalhistas e previdenciários.

A Instrução Normativa SIT nº 76/09, em seu art. 21, §§ 2º 3º, estabelece que:

> Quando for detectada a existência de trabalho análogo ao de escravo, haverá a rescisão indireta dos contratos de trabalho. O coordenador da equipe determinará ao empregador que providencie a imediata paralisação das atividades, a regularização dos contratos e a anotação nas CTPS, as rescisões contratuais e o consequente pagamento dos créditos trabalhistas e do FGTS, bem como as providências para retorno dos trabalhadores aos locais de origem, além de proceder às necessárias autuações e notificações.

Qualquer demanda judicial, com base na atuação da administração pública nessas situações, atrai a **competência da Justiça do Trabalho**, na forma prevista pelo art. 114, reconhecida pelas decisões dos tribunais pátrios:

> CONSTITUCIONAL. PROCESSUAL CIVIL. FIGURAÇÃO NA LISTA SUJA DO MINISTÉRIO DO TRABALHO. AUTUAÇÃO ADMINISTRATIVA POR UTILIZAÇÃO DE PESSOAS REDUZIDAS A CONDIÇÃO ANÁLOGA À DE ESCRAVO. QUESTÃO TRABALHISTA. EC 45/2004. INAPLICABILIDADE DE ENTENDIMENTO FIRMADO NA ADIN 3684. MATÉRIA DE NATUREZA ADMINSTRATIVA. DESPROVIMENTO DO AGRAVO. 1. A inscrição na lista de utilizador de trabalhadores mantidos em condições análogas às de escravos é matéria de cunho eminentemente administrativo que tem como finalidade obstar a concessão de empréstimos a empresários que não observem a legislação do trabalho. 2. A eventual consequência criminal da autuação não interfere na ação administrativa de imposição de restrições à obtenção de créditos provenientes de instituições públicas. 3. Após a Emenda 45/2004, compete à Justiça do Trabalho a observância à relação de trabalho, bem como a solução dos litígios oriundos da mesma, excluídos os procedimentos criminais derivados das condutas apuradas, que o Supremo Tribunal Federal decidiu permanecer sob a competência da Justiça Comum, quer Estadual, quer Federal, segundo o caso, mesmo com a nova redação do artigo 114 da CF determinada pela emenda. 4. A competência para o exame da legalidade da inscrição é da Justiça do Trabalho, em conformidade com o que consta na decisão agravada e, que vem sendo acatado pela Justiça Especializada, como comprovam julgados citados no voto. 5. Agravo regimental improvido.[22]

O STF declarou a constitucionalidade da "lista suja do trabalho escravo" por meio do julgamento da ADPF nº 509, ajuizada pela Associação Brasileira de Incorporadoras Imobiliárias – ABRAINC, na sessão virtual encerrada em 14.09.2020.

A Emenda Constitucional nº 81/14, conferiu nova redação ao art. 243 da Constituição Federal de 1988, para abranger o confisco de imóveis rurais e urbanos, com sua destinação à reforma agrária e a programas de habitação popular, quando verificada a prática da exploração do trabalho escravo:

> **Art. 243.** As propriedades rurais e urbanas de qualquer região do País onde forem localizadas culturas ilegais de plantas psicotrópicas ou a exploração de trabalho escravo na forma da lei serão expropriadas e destinadas à reforma agrária e a programas de habitação popular, sem qualquer indenização ao proprietário e sem prejuízo de outras sanções previstas em lei, observado, no que couber, o disposto no art. 5º.
>
> **Parágrafo único.** Todo e qualquer bem de valor econômico apreendido em decorrência do tráfico ilícito de entorpecentes e drogas afins e da exploração de trabalho escravo será confiscado e reverterá a fundo especial com destinação específica, na forma da lei.

O referido dispositivo constitucional ainda depende de regulamentação para que tenha plena eficácia.

22. TRF 1ª R.AGA 2006.01.00.035938-5. 5ª. T. Relª Desª Fed. Selene Maria de Almeida. DJ 09.04. 2007.

Exemplo de questão sobre o tema

(TRT 15 – Juiz do Trabalho Substituto 15ª região/ 2013) A respeito do tratamento jurídico do tema relativo ao trabalho escravo contemporâneo, é incorreto afirmar:

(A) a legislação penal brasileira expressa que é crime submeter alguém a trabalhos forçados ou a jornada exaustiva, sujeitando-o a condições degradantes de trabalho, restringindo, por qualquer meio, sua locomoção em razão de dívida contraída com o empregador ou preposto;

(B) o Brasil ratificou duas Convenções da OIT, ns. 29 e 105, a primeira que dispõe sobre a supressão do trabalho forçado ou obrigatório e a segunda que, tratando do mesmo tema, especifica formas em que o recurso ao trabalho obrigatório não pode ser admitido, dentre elas a sua utilização como método de mobilização e de utilização da mão de obra, para fins de desenvolvimento econômico e como punição por participação em greves;

(C) a propriedade rural cumpre sua função social quando atende, simultaneamente, alguns requisitos, fixados constitucionalmente, dentre os quais o de observar as disposições que regulam as relações de trabalho e o de promover uma exploração da terra que favoreça o bem-estar dos proprietários e dos trabalhadores;

(D) o consentimento expresso dos trabalhadores com o eventual deslocamento de sua região para aquela na qual o trabalho foi executado em condições degradantes, conforme definido em lei, extingue a tipificação penal;

(E) a jurisprudência trabalhista reconhece, para a hipótese, cabimento em tese de indenização por danos morais coletivos, sem prejuízo das indenizações pelos danos pessoais.

Resposta: D

5. QUADRO SINÓPTICO

<table>
<tr><th colspan="4">Capítulo II – Relação de trabalho e de emprego</th></tr>
<tr><th>Instituto</th><th colspan="2">Conteúdo</th><th>Item</th></tr>
<tr><th colspan="4">Estrutura da relação empregatícia</th></tr>
<tr><td>Elementos componentes</td><td colspan="2">Não eventualidade, onerosidade, pessoalidade e subordinação (art. 3º da CLT).</td><td>1.1</td></tr>
<tr><td rowspan="2">Natureza jurídica</td><td>Teoria contratualista</td><td>A relação de emprego deriva de um pacto entre empregado e empregador, ou seja, tem natureza contratual.</td><td rowspan="2">1.2</td></tr>
<tr><td>Teoria anticontratualista</td><td>A relação de emprego deriva da inserção do empregado na empresa, o que retira todo e qualquer conteúdo que derive da sua manifestação da vontade.</td></tr>
<tr><th colspan="4">Relações de trabalho lato sensu</th></tr>
<tr><td>Conceito</td><td colspan="2">Sempre que o trabalho for prestado por uma pessoa em proveito de outra, sendo esse trabalho de meio ou de resultado, haverá uma relação de trabalho em sentido amplo.</td><td>2</td></tr>
<tr><td>Competência: Justiça Comum X Justiça do Trabalho</td><td colspan="2">Sempre que a prestação de serviços feita por um trabalhador for dirigida a uma pessoa física ou jurídica como destinatário final, essa relação será preponderantemente de consumo e sujeita às normas do Código de Defesa de Consumidor e à jurisdição da Justiça Comum, salvo disposição legal específica e expressa em sentido contrário.
Quando a relação de trabalho se estabelecer entre o prestador de serviço e uma pessoa física ou jurídica, não considerada como destinatário final, a relação será preponderantemente de trabalho e a competência da Justiça Laboral Especializada.</td><td>2.1</td></tr>
<tr><td>Trabalho autônomo</td><td colspan="2">A prestação de serviços autônomos é aquela que é executada por conta e risco da pessoa do trabalhador, ou simplesmente trabalho por conta própria. O art. 442-B da CLT, introduzido pela Lei nº 13.467/17, afasta qualquer dúvida sobre a possibilidade de ser reconhecida a relação de emprego com o trabalhador autônomo, ainda que contratado de forma contínua, com ou sem exclusividade, desde que preenchidos os requisitos legais.</td><td>2.2</td></tr>
</table>

Capítulo II – Relação de trabalho e de emprego			
Instituto		**Conteúdo**	**Item**
Trabalho eventual		Trabalho eventual é aquele que não se engaja dentre as atividades normalmente desenvolvidas pela empresa, seja ela atividade-meio ou atividade-fim.	2.3
Trabalho avulso	**Proteção constitucional**	A Constituição Federal de 1988 estendeu, expressamente, aos trabalhadores avulsos toda a proteção legal que é dispensada aos empregados.	2.4
	Avulso portuário	Trabalha, geralmente, na prática de serviços de capatazia, estiva, conferência de carga, conserto de carga, bloco e vigilância de embarcações em navios e encontram-se regidos pelos preceitos contidos na Lei nº 12.815/13.	2.5
	Avulso não portuário	Desenvolve atividades de movimentação de mercadorias em áreas urbanas ou rurais, sem vínculo empregatício, e com intermediação do sindicato por meio de acordo ou convenção coletiva de trabalho.	
Estágio		É uma relação de trabalho triangular, com a participação da empresa, do órgão público ou do profissional liberal, denominada de parte concedente; do estudante e da instituição de ensino, mediante o ajuste de termo de compromisso.	2.6
Trabalho do cooperado		• O cooperado é um dos sócios da sociedade cooperativa. • Deve estar presente na relação existente entre os sócios o *affectio societatis*. • O cooperado é um trabalhador autônomo e, por conta disso, não pode ter a sua atividade dirigida por outra pessoa, seja o diretor da cooperativa, seja o responsável da empresa tomadora dos serviços oferecidos por essa entidade.	2.7
Trabalho voluntário		É aquele que se verifica quando o trabalhador presta serviços para entidades públicas ou sem fins lucrativos e sem a intenção de receber algo em troca, sendo regulado pela Lei n° 9.608/98.	2.8
Médico-residente		A relação de trabalho existente entre o médico-residente e o hospital representa uma modalidade de ensino de pós-graduação, sob a forma de curso de especialização, sendo disciplinada pela Lei n° 6.932/81.	2.9
Profissionais de salão de beleza		Os profissionais que trabalham em salões de beleza, tais como Cabeleireiro, Manicure, Pedicure, Esteticista, Depilador, Maquiador etc., podem prestar serviços sob a modalidade subordinada ou autônoma, ainda que no interior do respectivo empreendimento empresarial.	2.10
Admissão e registro de empregados			
CTPS	**Conceito**	• A CTPS, física ou digital, é considerada o principal documento do trabalhador brasileiro. • O empregador é obrigado a fazer o registro do contrato de trabalho daqueles empregados que contratar, bem como das condições especiais de trabalho	3.1
	Conteúdo das anotações	• Datas do início e do final da prestação de serviços; • Valor da remuneração, incluindo o valor das utilidades e a estimativa da gorjeta; • Reajustes salariais, principalmente aqueles decorrentes da data-base; • Alterações contratuais; • Condições especiais de trabalho, caso existentes; • Afastamentos; • Períodos de aquisição e gozo de férias; • Contribuições sindicais.	

Capítulo II – Relação de trabalho e de emprego			
Instituto	**Conteúdo**		**Item**
CTPS	**Rural**	O contrato de trabalhador rural por pequeno prazo não necessita ser registrado na CTPS ou em Livro ou Ficha de Registro de Empregados. Mas, se não houver outro registro documental é obrigatória a existência de contrato escrito com o fim específico de comprovação para a fiscalização trabalhista da situação do trabalhador.	3.1
	Prazo	O registro da contratação deve ser feito no prazo de cinco dias úteis da admissão do empregado.	
	Prova	As anotações inseridas pelo empregador na carteira profissional do empregado não geram presunção absoluta, mas apenas relativa.	
Livro de registro de empregados	A Portaria nº 1.195/19 da Secretaria Especial de Previdência e Trabalho do Ministério da Economia substituiu a obrigação do empregador de efetivar o registro do empregado no livro próprio pelo procedimento de prestar informações ao Sistema de Escrituração Digital das Obrigações Fiscais, Previdenciárias e Trabalhistas – eSocial, instituído pelo Decreto nº 8.373, de 11 de dezembro de 2014.		3.2
Trabalho escravo e degradante			
Conceito de trabalho escravo	Situação por meio da qual um trabalhador ou grupo de trabalhadores são aliciados para prestar serviços fora do seu domicílio. Assumem, desde então, o compromisso de pagar as despesas decorrentes de transporte, habitação e moradia, de forma que o valor percebido a título de salário jamais consegue saldar as referidas dívidas, que se acumulam em razão da execução do contrato de trabalho.		4.1
Características	• Recrutamento de trabalhadores em local diverso daquele onde o serviço será prestado; • Cobrança das despesas referentes a adiantamento, transporte, alimentação e habitação no trabalho; e • Proibição de o empregado pedir demissão enquanto não quitar sua dívida, implicando ausência de liberdade de ir e vir.		4.2
Combate ao trabalho escravo	**Internamente**	• Grupos Especiais de Fiscalização Móvel – GEFM; • Comissão Nacional para Erradicação do Trabalho Escravo – CONATRAE; • Plano Nacional para Erradicação do Trabalho Escravo elaborado pela Comissão Especial do Conselho de Defesa dos Direitos da Pessoa Humana – CDDPH; • Cadastro de empregadores que tenham mantido trabalhadores em condições análogas à de escravo, conhecida como lista suja do trabalho escravo.	4.3
	Externamente	Convenção nº 105 da OIT que trata da abolição do trabalho forçado.	
Efeitos	**Penais**	A conduta do empregador e dos seus prepostos pode ser enquadrada na tipificação constante dos arts. 149, 197, 203 e 207 do Código Penal.	4.4
	Trabalhistas	• Obrigações trabalhistas típicas (férias, 13º salário, FGTS, etc.); • Concessão do seguro-desemprego • Dano moral individual; e • Dano moral coletivo;	

Capítulo II – Relação de trabalho e de emprego			
Instituto		**Conteúdo**	**Item**
Efeitos	**Administrativos**	• Inclusão do nome do empregador no Cadastro nacional de empregadores que tenham mantido trabalhadores em condições análogas à de escravo; • Imposição de restrição para obter crédito agrícola; • Pagamento das multas de natureza administrativa; e • Confisco de imóveis urbanos e rurais nos quais forem constatados a prática do trabalho escravo para destinação à programas de habituação popular e reforma agrária.	4.4

6. INFORMATIVOS DO TST SOBRE A MATÉRIA

Trabalhador portuário. Adicional noturno. Integração na base de cálculo das horas extras. Aplicação da Orientação Jurisprudencial nº 97 da SBDI-I.

É inegável o maior desgaste a que submetido o trabalhador durante o período noturno, razão pela qual a Constituição Federal consagrou, como direito dos trabalhadores urbanos e rurais, remuneração do trabalho noturno superior à do diurno (art. 7º, IX, da CF). Tal preceito não exclui o trabalhador portuário, razão pela qual o adicional noturno deve integrar a base de cálculo das horas extraordinárias prestadas por ele. Prevalência do disposto na Orientação Jurisprudencial nº 97 da SBDI-I e não incidência do item II da Orientação Jurisprudencial nº 60 da SBDI-I. Sob esse fundamento, a SBDI-I, por unanimidade, conheceu do recurso de embargos, por divergência jurisprudencial, e, no mérito, por maioria, negou-lhe provimento. Vencidos os Ministros Renato de Lacerda Paiva, Ives Gandra Martins Filho, Brito Pereira e Aloysio Corrêa da Veiga. TST-E--RR-1260-79.2011.5.08.0002, SBDI-I, rel. Min Hugo Carlos Scheuermann, 31.3.2016 (TST. Info nº 131).

Mandado de segurança. Ação civil pública ajuizada pelo Ministério Público do Trabalho. Antecipação de tutela. Ato coator que proíbe o sindicato de qualquer intermediação de mão de obra entre avulsos e tomadores de serviço. Ofensa aos arts. 4º e 5º da Lei nº 12.023/2009. Provimento parcial.

A concessão de tutela antecipada, pleiteada em ação civil pública, para que o ente sindical impetrante se abstenha de exercer uma de suas funções previstas em lei (intermediação de mão de obra entre avulsos e tomadores de serviço), contraria os arts. 4° e 5° da Lei n° 12.023/2009. No caso, não obstante a pretensão legítima do Ministério Público do Trabalho, no sentido de prevenir irregularidades na intermediação de mão de obra, consignou-se que a administração da escala de trabalho verdadeiramente avulso não poderia ser proibida ao ente sindical, visto que lhe fora exclusivamente atribuída por força de lei. Sob esse fundamento, a SBDI-II, por unanimidade, conheceu do recurso ordinário interposto pelo MPT e, no mérito, deu-lhe provimento parcial para limitar a tutela antecipada à abstenção do sindicato de fornecer mão de obra em caráter não eventual, como requerido subsidiariamente pelo parquet. TST-RO-6510-36.2013.5.15.0000, SBDI-II, rel. Min. Alberto Luiz Bresciani de Fontan Pereira, 17.11.2015 (TST. Info nº 124).

Carteira de Trabalho e Previdência Social. Inclusão da informação de que se trata de cumprimento de decisão judicial.

Configura lesão moral a referência, na Carteira de Trabalho e Previdência Social do empregado, de que algum registro ali constante decorreu de determinação judicial, constituindo anotação desnecessária e desabonadora, nos termos do art. 29, § 4º, da CLT. Tal registro dificulta a obtenção de novo emprego e acarreta ofensa a direito da personalidade do trabalhador. Sob esse fundamento, a SBDI-1, à unanimidade, não conheceu do recurso de embargos da reclamada, com ressalva de entendimento dos Ministros Antonio José de Barros Levenhagen, João Oreste Dalazen, Ives Gandra Martins Filho, Renato de Lacerda Paiva e Guilherme Augusto Caputo Bastos. TST-EEDRR-148100-34.2009.5.03.0110, SBDI-I, rel. Min. Hugo Carlos Scheuermann, 18.6.2015 (TST. Info nº 111).

Contrato de estágio. Natureza jurídica trabalhista. Prescrição. Incidência do inciso XXIX do art. 7º da CF.

É imprópria a aplicação da prescrição decenal do art. 205 do CC ao contrato de estágio regulado pela Lei nº 11.788/2008, pois ainda que não se trate de típica relação de emprego, ostenta natureza de relação de trabalho a atrair a incidência da prescrição de que trata o inciso XXIX do art. 7º da CF. Com esse fundamento, a SBDI-I, por unanimidade, conheceu dos embargos interpostos pelo reclamado, por divergência jurisprudencial, e, por maioria, deu-lhes provimento para restabelecer a sentença, que decretou a incidência da prescrição total e extinguiu o feito, com julgamento de mérito, nos termos do art. 269, IV, do CPC. Vencidos os Ministros Renato de Lacerda Paiva e José Roberto Freire Pimenta. TST-E-RR-201-90.2012.5.04.0662, SBDI--I, rel. Min. Luiz Philippe Vieira de Mello Filho, 5.6.2014 (TST. Info nº 85).

Vale-transporte. Trabalhador portuário avulso. Comparecimento para concorrer à escala. Direito ao pagamento, independente do efetivo trabalho. Aplicação do art. 7º, XXXIV, da CF.

Tendo em conta que, nos termos do art. 6º da Lei nº 9.719/98, o trabalhador avulso deverá comparecer ao local da prestação dos serviços para poder concorrer à escala de trabalho, o pagamento do vale-transporte não pode se restringir aos dias em que ocorrer o efetivo engajamento. Inteligência do art. 7º, XXXIV, da CF, que prevê a igualdade de direitos entre os trabalhadores com vínculo de emprego e os avulsos. Com esse entendimento, a SBDI-I, por unanimidade, conheceu dos embargos da reclamada, por divergência jurisprudencial, e, no mérito, negou-lhes provimento, mantendo a decisão turmária que condenou os reclamados ao pagamento de indenização substitutiva pelo não fornecimento dos vales-transportes correspondentes aos dias em que o reclamante compareceu para concorrer à escala de trabalho, observado o desconto de que trata o parágrafo único do art. 4º da Lei nº 7.418/85. TST-E-ED-RR-14800-02.2008.5.02.0251, SBDI-I, rel. Min. Dora Maria da Costa, 3.10.2013 (TST. Info nº 61).

Sindicato e organização de cooperativas. Não vinculação a determinada atividade econômica. Legitimidade *ad processum*. Orientação Jurisprudencial nº 15 da SDC.

Nos termos da Orientação Jurisprudencial nº 15 da SDC, a comprovação da legitimidade ad processum da entidade sindical se faz por seu registro no órgão competente do Ministério do Trabalho e Emprego e, sendo incontroverso que o Sindicato e Organização das Cooperativas do Estado do Rio Grande do Sul – OCERGS atende à referida diretriz, válida é a convenção coletiva firmada por ele com sindicato profissional. Ademais, as cooperativas, em virtude de sua natureza peculiar e, sobretudo, em razão da ausência de fins lucrativos, que as diferem de outros setores econômicos, envolvem interesses comuns que justificam associação específica, não havendo falar em ilegitimidade da OCERGS simplesmente pelo fato de englobar as cooperativas em geral, validamente existentes em sua base territorial, sem representação vinculada a uma atividade econômica específica. Com esses fundamentos, a SDC, por maioria, conheceu e negou provimento a recurso ordinário interposto por sindicato patronal que pedia o reconhecimento da ilegitimidade passiva ad causam da OCERGS, vencidos os Ministros Márcio Eurico Vitral Amaro, Mauricio Godinho Delgado e Kátia Magalhães Arruda. TST-RO-12542-68.2010.5.04.0000, SDC, rel. Min. Maria de Assis Calsing, 10.6.2013 (TST – Info nº 50).

Honorários advocatícios. Ação de cobrança. Natureza civil. Incompetência da Justiça do Trabalho.

A Justiça do Trabalho não é competente para julgar ação de cobrança de honorários advocatícios, pois se refere a contrato de prestação de serviços, relação de índole eminentemente civil, não guardando nenhuma pertinência com a relação de trabalho de que trata o art. 114, I, da CF. Com esse entendimento, a SBDI-I, por unanimidade, conheceu dos embargos por divergência jurisprudencial e, no mérito, por maioria, deu--lhes provimento para restabelecer a decisão proferida pelo TRT, mediante a qual se acolhera a preliminar de incompetência material desta Justiça do Trabalho, e, anulando os atos decisórios praticados no processo, determinar a remessa dos autos à Justiça Comum Estadual, para que prossiga no feito como entender de direito. Na espécie, ressaltou o Ministro relator ser razoável "cometer a Justiça comum a tarefa de dirimir controvérsia relativa à prestação de serviços levada a cabo por profissional autônomo que, senhor dos meios e das condições da prestação contratada, coloca-se em patamar de igualdade (senão de vantagem) em relação àquele que o contrata. Tal seria o caso típico dos profissionais da engenharia, advocacia, arquitetura e medicina que exercem seus misteres de forma autônoma, mediante utilização de meios próprios e em seu próprio favor." Vencidos os Ministros Ives Gandra Martins Filho e Delaíde Miranda Arantes. TST-E--RR-48900-38.2008.5.15.0051, SBDI-I, rel. Min. Lelio Bentes Corrêa, 30.8.2012 (TST. Info nº 20).

7. QUESTÕES

7.1. Questões objetivas

1. (Procurador do MP junto ao TSE – SC/ 2010) Identifique as proposições verdadeiras (V) e as falsas (F).

( ) Em toda relação de trabalho sempre há relação de emprego.

( ) Em toda relação de emprego sempre há relação de trabalho.

( ) Relação de emprego e relação de trabalho são sinônimos.

( ) O requisito da exclusividade na prestação do serviço é indispensável para o reconhecimento do vínculo empregatício.

( ) A CLT permite que o empregador, em casos excepcionais, altere unilateralmente as condições de trabalho de seu empregado.

Assinale a sequência CORRETA:

(A) V, V, F, V, F.

(B) V, F, V, F, V.

(C) V, F, F, V, V.

(D) F, V, F, F, V.

(E) F, V, F, F, F.

2. (CEF/Advogado/2010) Para ser configurada a relação de emprego, faz-se necessário o preenchimento simultâneo dos requisitos: pessoa física, subordinação, não eventualidade, onerosidade e pessoalidade. A respeito desse tema, assinale a opção correta.

(A) O trabalhador em domicílio equipara-se ao autônomo, uma vez que deixa de preencher o requisito subordinação, pertencente à configuração do vínculo empregatício.

(B) O autônomo e o eventual não são considerados empregados para o direito do trabalho, uma vez que, apesar de prestarem serviços de natureza contínua, não possuem a pessoalidade como caracterizadora do vínculo de emprego.

(C) O trabalhador avulso, aquele contratado com intervenção obrigatória do sindicato ou do órgão gestor de mão de obra, equipara-se ao trabalhador com vínculo empregatício, configurando exceção, pois possui todos os direitos trabalhistas inerentes à relação de emprego.

(D) O terceirizado é o trabalhador que presta serviço a uma empresa denominada cliente, possuindo subordinação direta na prestação do serviço, estando ausente, no entanto, a pessoalidade.

(E) O trabalhador voluntário presta serviço de natureza contínua, mas deixa de preencher o requisito pessoalidade, pois poderá ser substituído a qualquer momento por outra pessoa, sem rescisão.

3. (TRT 2 – Juiz do Trabalho Substituto 2ª região/ 2012) Ainda sobre as relações de trabalho *"lato sensu"*, com base na legislação que regulamenta o estágio e o portuário, analise as assertivas.

I. A celebração de termo de compromisso entre o educando, a parte concedente do estágio e a instituição de ensino e a compatibilidade entre as atividades desenvolvidas no estágio e aquelas previstas no termo de compromisso são os únicos requisitos legais para que não se configure o vínculo empregatício de qualquer natureza.

II. É assegurado ao estagiário, sempre que o estágio tenha duração igual ou superior a 1 (um) ano, período de recesso de 30 (trinta) dias, a ser gozado preferencialmente durante suas férias escolares.

III. A jornada de atividade em estágio deverá ser compatível com as atividades escolares e não poderá ultrapassar 4 (quatro) horas diárias e 20 (vinte) horas semanais, no caso de estudantes do ensino superior, da educação profissional de nível médio e do ensino médio regular.

IV. O órgão gestor de mão de obra do trabalho portuário responde, de forma subsidiária, com os operadores portuários, pela remuneração devida ao trabalhador portuário avulso.

V. No caso de vir a ser celebrado contrato, acordo, ou convenção coletiva de trabalho entre trabalhadores e tomadores de serviços, este precederá o órgão gestor de mão de obra do trabalho portuário e dispensará a sua intervenção nas relações entre capital e trabalho no porto.

Estão corretas apenas as assertivas:

(A) I e III.

(B) II e V.

(C) III e IV.

(D) I e V.

(E) II e IV.

4. (CISMEPAR/PR – Advogado/2011) O Princípio do Direito do Trabalho que determina que os riscos da atividade econômica pertencem única e exclusivamente ao empregador, denomina-se

(A) Princípio da Alteridade.

(B) Princípio da Onerosidade.

(C) Princípio da Subordinação.

(D) Princípio da Pessoalidade.

(E) Princípio da Não eventualidade.

5. (TRT 24 – Técnico Judiciário – Área Administrativa/2011) Para a configuração da relação de emprego

(A) não é necessário o recebimento de salário, uma vez que há relação de emprego configurada mediante trabalho voluntário.

(B) é necessária a existência de prestação de contas, requisito inerente à subordinação existente.

(C) é preciso que o empregado seja uma pessoa física ou jurídica que preste serviços com habitualidade, onerosidade, subordinação e pessoalidade.

(D) não é necessária a exclusividade da prestação de serviços pelo empregado.

(E) é necessária a existência de prestação de trabalho intelectual, técnico ou manual, de natureza não eventual, por pessoa física, jurídica ou grupo de empresas, sem alteridade e com subordinação jurídica.

6. (FCC – Analista Judiciário – Área Judiciária – TRT 4/2015) A relação de trabalho é o gênero do qual a relação de emprego é uma espécie. Dentre os requisitos legais previstos na Consolidação das Leis do Trabalho que caracterizam a relação empregatícia, NÃO está inserida a

(A) subordinação jurídica do trabalhador ao empregador.

(B) infungibilidade em relação ao obreiro.

(C) eventualidade dos serviços prestados.

(D) onerosidade da relação contratual.

(E) prestação dos serviços por pessoa física ou natural.

7. (FCC – Analista Judiciário – Oficial de Justiça Avaliador – TRT 3/2015) Anacleto, policial militar, trabalhou para a empresa Indústria Mundo Novo Ltda. como agente de segurança, nos horários em que não estava a serviço da corporação militar. Na referida empresa, Anacleto cumpria expressamente as ordens emanadas da direção, recebia um salário mensal, e trabalhava de forma contínua e ininterrupta, todas as vezes que não estava escalado na corporação. Considerando a situação apresentada,

(A) estando presentes as características da relação de emprego, existe vínculo empregatício entre a empresa Indústria Mundo Novo Ltda. e Anacleto, porém a situação de militar de Anacleto impede o reconhecimento desse vínculo.

(B) não existe vínculo empregatício entre a empresa Indústria Mundo Novo Ltda. e Anacleto, já que o trabalho prestado por Anacleto para essa empresa ocorria apenas nas ocasiões em que Anacleto não estava escalado na corporação, caracterizando, portanto, trabalho eventual.

(C) não existe vínculo empregatício entre a empresa Indústria Mundo Novo Ltda. e Anacleto, já que o trabalho prestado por Anacleto para essa empresa constitui trabalho autônomo.

(D) o vínculo de emprego entre a empresa Indústria Mundo Novo Ltda. e Anacleto somente pode ser reconhecido nos períodos em que Anacleto não estava escalado na corporação e em que houve trabalho efetivo em favor da empresa Indústria Mundo Novo Ltda.

(E) estando presentes as características da relação de emprego, é legítimo o reconhecimento do vínculo de emprego entre a empresa Indústria Mundo Novo Ltda. e Anacleto, independentemente do eventual cabimento de penalidade disciplinar prevista no estatuto do policial militar.

8. (Fundatec – Procurador do Estado – RS/2015) Para se distinguir entre as diversas relações de trabalho, a relação de emprego deverá apresentar as seguintes características: pessoalidade, onerosidade, não eventualidade e subordinação. Quanto a essas características, analise as assertivas abaixo:

I. A relação de emprego é sempre *intuitu personae*, tanto em relação ao empregado quanto ao empregador.

II. Como corolário da pessoalidade, é possível afirmar que a relação de emprego encerra obrigação infungível, personalíssima e intransferível quanto ao empregado, não podendo ser efetuada, na mesma relação jurídica, por pessoa diferente daquela que a contraiu.

III. A não eventualidade manifesta-se pela relação do serviço prestado pelo trabalhador e a atividade empreendida pelo tomador dos serviços. Em outras palavras, serviço não eventual é o serviço essencial para o empregador, pois, sem ele, este não conseguiria desenvolver o seu fim empresarial.

Quais estão corretas?

A) Apenas I.

B) Apenas III.

C) Apenas I e II.

D) Apenas I e III.

E) Apenas II e III.

9. (FCC – Analista Judiciário – Área Judiciária – TRT 3/2015) Maria, durante três anos, prestou serviços ao Clube de Mães Madalena Arraes, que é uma entidade sem fins lucrativos instituída para desenvolver atividades culturais e filantrópicas com a comunidade carente. Cumpria jornada de trabalho diário das 8 às 17 horas, com uma hora de intervalo para repouso e alimentação, devidamente controlada, e, enquanto estava trabalhando era obrigada a usar uniforme. Entregava relatórios semanais sobre as suas atividades e os resultados obtidos com as crianças e recebia mensalmente um valor fixo pelo trabalho prestado. Em relação à situação descrita,

(A) presentes as características da relação de emprego na relação mantida entre Maria e o Clube de Mães, deve ser reconhecido o vínculo de emprego entre as partes, não sendo óbice para tal reconhecimento o fato de o Clube de Mães ser entidade filantrópica sem finalidade lucrativa.

(B) embora presentes as características da relação de emprego, o fato de o Clube de Mães ser entidade filantrópica sem finalidade lucrativa impede o reconhecimento do vínculo de emprego entre as partes.

(C) somente seria possível o reconhecimento do vínculo de emprego entre as partes se presente a subordinação de Maria em relação ao Clube de Mães, o que não se verifica no presente caso.

(D) os serviços prestados à entidade sem fins lucrativos, desde que instituída para desenvolver atividades culturais e filantrópicas, não caracteriza vínculo de emprego, mas sim trabalho voluntário, sendo irrelevante estarem presentes as características da relação de emprego.

(E) a finalidade lucrativa do empregador e o recebimento de participação do trabalhador nesse lucro é essencial para a caracterização do vínculo de emprego.

10. (Cespe – Analista Judiciário – Área Administrativa – TRT 8/2016) No que se refere à relação de trabalho e à relação de emprego, assinale a opção correta.

A) A relação de emprego é espécie da relação de trabalho, gênero que engloba a prestação de serviços do funcionário público, do empregado, do avulso, do autônomo, do eventual, do empresário.

B) Nos termos da CLT, considera-se empregado toda pessoa física ou jurídica que prestar serviços de natureza não eventual a empregador, sob a dependência deste e mediante pagamento de valor mensal.

C) Dado o poder de controle e fiscalização do empregador, pode ele realizar revista íntima em suas empregadas.

D) O contrato de trabalho somente será válido se realizado de forma expressa e por escrito.

E) A alteridade, a pessoalidade, a subordinação e a exclusividade são requisitos do contrato de trabalho.

11. (QUESTÃO SOBRE A REFORMA TRABALHISTA ELABORADA PELO AUTOR). A contratação de trabalhador autônomo, com exclusividade e continuidade implica reconhecimento da relação de emprego.

12. (QUESTÃO SOBRE A REFORMA TRABALHISTA ELABORADA PELO AUTOR). As normas de identificação profissional, inclusive as anotações na Carteira de Trabalho e Previdência Social podem ser negociadas coletivamente para constituir objeto lícito de convenção coletiva ou acordo coletivo de trabalho.

13. (AOCP – Técnico Judiciário – Área Administrativa – TRT 1/2018) Joaquim foi contratado para trabalhar na Instituição de Beneficência "Rede de Combate ao Câncer em Jovens" na função de psicólogo, realizando acompanhamento psíquico e emocional aos enfermos cadastrados no programa, que é de cunho gratuito aos seus usuários. A instituição em questão vive de doações para a manutenção do local. Em relação às peculiaridades da relação de trabalho e emprego e os sujeitos no contrato de trabalho, assinale a alternativa correta.

A) A "Rede de Combate ao Câncer em Jovens", por ser uma instituição beneficente, não pode figurar como empregadora de Joaquim.

B) Poderá haver uma relação de emprego entre a "Rede de Combate ao Câncer em Jovens" e Joaquim, desde que estejam presentes os elementos caracterizadores: pessoalidade, gratuidade e subordinação de caráter não eventual.

C) Caso Joaquim opte pela abertura de uma empresa individual para a prestação de seus serviços como psicólogo, poderá ser contratado como empregado na "Rede de Combate ao Câncer em Jovens".

D) Joaquim poderá ser contratado como empregado na Instituição de Beneficência, ora mencionada, desde que estejam presentes os elementos caracterizadores: pessoalidade, pessoa física, onerosidade, subordinação e não eventualidade.

E) Joaquim, obrigatoriamente, será um trabalhador voluntário na "Rede de Combate ao Câncer em Jovens", pois a instituição se mantém com doações e, portanto, recebe importâncias financeiras variáveis mensalmente.

14. (Vunesp – Procurador – Fapesp/2018) Considera-se trabalhador avulso aquele que, sindicalizado ou não, presta serviços

A) eventuais para uma empresa, sem a intermediação do sindicato da categoria profissional.

B) eventuais ou temporários para uma ou mais empresas, com intermediação da empresa prestadora de serviços.

C) de natureza urbana ou rural, a diversas empresas, sem vínculo empregatício, com intermediação obrigatória do órgão de gestão de mão de obra ou do sindicato da categoria profissional.

D) na condição de trabalhador intermitente ou terceirizado, com registro em carteira de trabalho e previdência social.

E) de natureza exclusivamente urbana, a diversas empresas, sem vínculo empregatício, com intermediação obrigatória do sindicato da categoria profissional.

15. (Cesgranrio – Assistente Administrativo – Liquigás/2018) A relação de emprego somente ocorre se estão presentes os elementos que a caracterizam; sem eles, não se pode configurá-la como tal.

Assim, os elementos que caracterizam o vínculo empregatício estabelecido por essa relação, são o(a)

A) Fundo de Garantia por Tempo de Serviço; as férias; o 13º salário; o seguro-desemprego; o salário-família

B) contrato de trabalho; a pessoa jurídica; a convenção coletiva de trabalho; a habitualidade; a pessoalidade

C) salário; a remuneração; o adicional noturno; a convenção coletiva de trabalho; o aviso-prévio

D) pessoa física; a continuidade; a subordinação; a onerosidade; a pessoalidade

E) pessoa jurídica; o empregado; a impessoalidade; a descontinuidade; a onerosidade

16. (Cesgranrio – Assistente Administrativo – Liquigás/2018) A Carteira de Trabalho e Previdência Social (CTPS) será obrigatoriamente apresentada, contra recibo, pelo trabalhador ao empregador que o admitir, para que nela se anotem, especificamente, a data de admissão, a remuneração e, caso existam, as condições especiais de trabalho.

Há, ainda, outras anotações necessárias que devem ser feitas

A) a qualquer tempo, por decisão do empregador, para efetuar quaisquer anotações desabonadoras à conduta do empregado que tiverem sido objeto de sanção disciplinar.

B) por ordem da Justiça do Trabalho, para efetuar anotações das sanções disciplinares que recebe o empregado quando infringe as normas internas da empresa.

C) nas datas de suspensão do contrato de trabalho, a cada convenção coletiva de trabalho, para registro dos direitos garantidos pelas cláusulas sociais e no caso de rescisão contratual.

D) anualmente, por ordem do Ministério do Trabalho, para registro dos exames periódicos, férias e promoções, nas datas de dissídio e nos acordos coletivos de trabalho.

E) na data-base, a qualquer tempo, por solicitação do trabalhador, no caso de rescisão contratual ou necessidade de comprovação perante a Previdência Social.

---

17. (FCC – Técnico Judiciário – Área Administrativa – TRT 6/2018) O requisito essencial previsto em lei para caracterizar uma relação como sendo de emprego e que não precisa se verificar em qualquer relação de trabalho é a

A) exclusividade.

B) ausência de onerosidade.

C) subordinação jurídica.

D) boa-fé contratual objetiva.

E) autonomia privada coletiva.

---

18. (Vunesp – Procurador Autárquico – PauliPrev – SP/2018) Assinale a alternativa que define corretamente o contrato de trabalho.

A) Ato jurídico negocial em que o empregado, pessoa natural ou jurídica, presta serviços de forma pessoal, subordinada e não eventual ao empregador, recebendo, como contraprestação, sua remuneração.

B) Negócio jurídico bilateral em que o empregado, pessoa natural, presta serviços de forma impessoal, subordinada e eventual ao empregador, recebendo, como contraprestação, sua remuneração.

C) Negócio jurídico em que o empregado, pessoa natural, presta serviços de forma pessoal, subordinada e não eventual ao empregador, recebendo, como contraprestação, sua remuneração.

D) Ato jurídico negocial bilateral em que o empregado, pessoa natural, presta serviços de forma pessoal, insubordinada e eventual ao empregador, recebendo, como contraprestação, sua remuneração.

E) Negócio jurídico em que o empregado, pessoa natural, presta serviços de forma pessoal, subordinada e não eventual ao empregador, dispensada a contraprestação, sua remuneração.

---

19. (Consulpan – Procurador – Câmara de BH – MG/2018) A relação de emprego tem como principal característica a presença do empregado, parte mais fraca da relação jurídica. O direito do trabalho foi pensado e criado exatamente para proteger a figura desse trabalhador. Portanto, é imprescindível que o operador do direito do trabalho (advogado, professor, procurador, juiz do trabalho, candidatos a cargos públicos etc.) saiba diferenciar o trabalhador em sentido amplo e o trabalhador com vínculo empregatício. Sobre o tema, assinale a alternativa correta.

A) O empregado é contratado em razão de suas qualidades pessoais (eficiência, lealdade, conhecimentos técnicos, moral etc.). Diante disso, não se pode fazer substituir por um terceiro.

B) O empregado é pessoa física ou jurídica (empresa, associação, cooperativa etc.). A lei trabalhista foi criada para protegê-lo. Assim, excluem-se da figura do empregado a prestação de serviços por animais.

C) A subordinação do empregado decorre de lei, alcança a vida pessoal do trabalhador. O empregado fica sujeito às orientações dadas pelo empregador, como horário de trabalho, utilização de maquinário etc.

D) Presentes os quatro requisitos (pessoalidade, onerosidade, eventualidade e subordinação) será declarado o vínculo, independentemente da nomenclatura que seja utilizada para identificar o trabalhador (funcionário, colaborador, ajudante etc.).

20. (Consulpan – Procurador – Câmara de BH – MG/2018) Para identificar uma relação de emprego é formado o contrato de emprego. A expressão, entretanto, consagrada na prática e nos concursos públicos, é o contrato de trabalho (sinônimos: contrato de trabalho *stricto senso*, vínculo empregatício e relação de emprego). São características do contrato de trabalho, EXCETO:

A) Oneroso.

B) Consensual.

C) Especialidade.

D) Trato sucessivo.

21. (Fundep – Analista Pessoal – Codemig/2018) Com relação aos períodos de descanso e ao trabalho noturno, considerando os preceitos do Decreto-Lei Nº 5.452/1943, assinale a alternativa **INCORRETA**.

A) Em trabalhos contínuos, cuja duração exceda seis horas, é obrigatória a concessão de um intervalo para repouso ou alimentação, o qual deve ser, no mínimo, de uma hora e, salvo acordo escrito ou contrato coletivo em contrário, não pode exceder de duas horas.

B) Quando o intervalo para repouso e alimentação não for concedido pelo empregador, este fica obrigado a remunerar o período correspondente com um acréscimo de no mínimo 50% (cinquenta por cento) sobre o valor da remuneração da hora normal de trabalho.

C) Salvo nos casos de revezamento diário, semanal ou quinzenal da jornada, o trabalho noturno tem remuneração superior à do diurno e, para esse efeito, sua remuneração tem um adicional máximo de 20% (vinte por cento) sobre o valor recebido pela hora diurna.

D) A hora do trabalho noturno é computada como de 52 minutos e 30 segundos. O trabalho noturno é aquele executado entre as 22 horas de um dia e as 5 horas do dia seguinte. Os intervalos de descanso não são computados na duração do trabalho noturno.

22. (Vunesp – Procurador Municipal – Pref. de São José do Rio Preto – SP/2019) Com o intuito de contribuir para o aprendizado dos alunos de uma escola da rede pública municipal, Sherazade oferece, gratuitamente, seus serviços como “contadora de histórias para crianças”. A Diretora da escola aceita a proposta, especificando os dias da semana em que o trabalho deverá ser desenvolvido, bem como algumas diretrizes a serem observadas pela ofertante.

Depois de cinco anos atuando como “contadora de histórias” na escola municipal, Sherazade propõe reclamação trabalhista em face do Município, solicitando o reconhecimento de vínculo empregatício. O Procurador Municipal incumbido de elaborar a respectiva contestação deverá sustentar que a alegada relação de trabalho jamais existiu porque não caracterizados os seguintes elementos indispensáveis à configuração do vínculo empregatício:

A) pessoalidade e não eventualidade.

B) subordinação e pessoalidade.

C) onerosidade e subordinação.

D) não eventualidade e instrumento contratual.

E) instrumento contratual e subordinação.

7.2. Questões discursivas

1. (TRT/2R/Juiz/2010) Lucas foi estagiário de engenharia no setor de usinagem de uma empresa metalúrgica. Ao término do estágio, cujo contrato seguiu fielmente as formalidades legais, ajuizou reclamação trabalhista – não para caracterização do vínculo – mas, apenas, para pleitear o pagamento de adicional de insalubridade que entende devido. Discorra sobre a viabilidade de sucesso desta demanda à luz da legislação vigente abordando, inclusive, a competência da Justiça do Trabalho para dirimir este conflito.

2. (TRT/23R/Juiz/2012) As relações de trabalho sofreram sensíveis transformações, influenciadas pela reestruturação produtiva do capitalismo, pela redução de custos e descentralização da produção, não havendo, em muitos casos, o controle efetivo e direto do ambiente de trabalho. Nesse contexto, analise a subordinação como elemento fático-jurídico fundamental do vínculo de emprego.

7.3. Gabarito das questões objetivas

Gab.		Fundamentação legal e jurisprudencial	Onde encontro no livro?	Observação eventual
1	D	I) Doutrina	I) Item 2	
		II) Doutrina	II) Item 2	
		III) Doutrina	III) Item 2	
		IV) CLT. Art. 3º, caput	IV) Item 1.1	
		V) Doutrina	V) Parte I, Capítulo VIII, Item 1.1, alínea "c"	
2	C	a) CLT. Art. 6º, parágrafo único	a) Parte I, capítulo IV, item 6	–
		b) Lei nº 8.212/91. Art. 12, V, "h" e CLT. Art. 3º	b) Itens 2.2 e 2.3	
		c) CF. Art. 7º, XXXIV	c) Item 2.5	
		d) CLT. Art. 2º	d) Parte I, Capítulo V, Item 10	
		e) Lei nº 9.608/98. Art. 1º	e) Item 2.8	
3	B	I) Lei nº 11.788/08. Art. 3º	I) Item 2.6, alínea "c"	–
		II) Lei nº 11.788/08. Art. 13	II) Item 2.6, alínea "e"	
		III) Lei nº 11.788/08. Art. 10, I	III) Item 2.6, alínea "e"	
		IV) Lei nº 12.815/13. Art. 33, §2º	IV) Item 2.5, alínea "a"	
		V) Lei nº 12.815/13. Art. 32, parágrafo único	V) Item 2.5, alínea "a"	
4	A	CLT. Art. 2º	Item 1.1	–
5	D	a) CLT. Art. 3º, caput	a) Item 1.1	–
		b) CLT. Art. 2º	b) Item 1.1	
		c) CLT. Art. 3º, caput	c) Item 1.1	
		d) CLT. Art.3º, caput	d) Item 1.1	
		e) CLT. Art.3º, caput e parágrafo único	e) Item 1.1	
6	C	a) CLT. Art. 3º, caput	a) Item 1.1	–
		b) CLT. Art. 3º, caput	b) Item 1.1	
		c) CLT. Art. 3º, caput	c) Item 1.1	
		d) CLT. Art. 3º, caput	d) Item 1.1	
		e) CLT. Art. 3º, caput	e) Item 1.1	
7	E	a) CLT. Art. 3º, caput	a) Item 1.1	–
		b) CLT. Art. 3º, caput	b) Item 1.1	
		c) CLT. Art. 3º, caput	c) Item 1.1	
		d) CLT. Art. 3º, caput	d) Item 1.1	
		e) CLT. Art. 3º, caput	e) Item 1.1	

Gab.		Fundamentação legal e jurisprudencial	Onde encontro no livro?	Observação eventual
8	E	I) Doutrina	I) Item 1.1	–
		II) Doutrina	II) Item 1.1	
		III) CLT. Art. 3º, caput	III) Item 1.1	
9	A	a) CLT. Art. 3º, caput	a) Item 1.1	–
		b) CLT. Art. 3º, caput	b) Item 1.1	
		c) CLT. Art. 3º, caput	c) Item 1.1	
		d) CLT. Art. 3º, caput	d) Item 1.1	
		e) CLT. Art. 3º, caput	e) Item 1.1	
10	A	a) Doutrina	a) Item 2	–
		b) CLT. Art. 3º, caput	b) Item 1.1	
		c) Lei nº 13.271/2016. Art. 1º	c) Parte I, Capítulo XI, Item 8.3	
		d) CLT. Art. 442	d) Parte I, Capítulo III, Item 2	
		e) CLT. Art. 3º, caput	e) Item 1.1	
11	E	CLT. Art. 442-B	Item 2.2	
12	E	CLT. Art. 611-B, I	Item 3	
13	D	CLT. Art. 2º,§1º e Art. 3º	Item 1.1	
14	C	Lei no 8.212/91. Art. 12, VI	Item 2.4	
15	D	CLT. Art. 3º	Item 1.1	
16	E	a) CLT. Art. 29, §4º b) CLT. Art. 29, §2º c) CLT. Art. 29, §2º d) CLT. Art. 29, §2º e) CLT. Art. 29, §2º	Item 3.1	
17	C	CLT. Art. 3º, caput	Item 1.1	
18	C	CLT. Art. 3º	Item 1.1	
19	A	CLT. Art. 3º	Item 1.1	
20	C	Doutrina	Item 1.1	
21	C	a) CLT. Art. 71	Item 8.1	
		b) CLT. Art. 71, §4º	Item 8.4	
		c) CLT. Art. 73	Item 7.1	
		d) CLT. Art. 73, §§1º e 2º	Item 7	
22	C	CLT. Art. 3º, caput	Item 1.1	

7.4. Gabarito das questões discursivas

Item	Fundamentação legal, jurisprudencial ou doutrinária	Onde encontro no livro
1	A primeira questão a ser discutida nesse caso é a competência para apreciar o litígio entre o estágio e a entidade concedente. Segundo o art. 1º da Lei nº 11.788/12 o estágio é um ato educativo escolar. Ora, utilizando uma interpretação literal com resultados restritivos, o estagiário é um considerado um estudante e não um trabalhador, o que afastaria a competência da Justiça do Trabalho, diante da limitação estabelecida no art. 114 da Constituição Federal de 1988. Como na questão há referência expressa de cumprimento da legislação de estágio, em tese, a competência seria da Justiça Comum, pois não haveria relação de trabalho entre o estudante e a entidade concedente. Caso contrário, quando a pretensão deduzida em juízo é de inadimplemento das obrigações contratuais decorrentes do exercício do estágio, pode-se, inclusive, pleitear o reconhecimento da relação de emprego e a competência seria, sem dúvida, da Justiça do Trabalho. Uma vez ultrapassada essa questão preliminar, o resultado do mérito seria pela improcedência, pois a Lei n. 11.788/12 não estabelece a obrigação de pagamento de adicional de periculosidade para o estagiário, apesar de haver a previsão de aplicação da legislação trabalhista sobre segurança e saúde no trabalho.	Item 2.6 "a"
2	A relação de emprego é caracterizada pela pessoalidade, não eventualidade, onerosidade e subordinação. Não resta dúvida, que o principal elemento dessa relação que a destaca das demais espécies de relação de trabalho é a subordinação. Os teóricos do direito do trabalho debateram qual seria a natureza jurídica dessa subordinação, se técnica, econômica ou jurídica e, praticamente, firmaram posição majoritária em torno desta última. Ou seja, a subordinação que caracteriza o trabalho do obreiro, decorre da celebração de um contrato, por meio do qual o trabalhador coloca à disposição do empregador a direção de sua atividade, em troca de salário. Durante muito tempo essa teoria facilmente aceita e aplicada nas diversas relações de trabalho para classificá-la ou não como relação de emprego. Todavia, o modelo tradicional de produção econômica vem sofrendo mudanças. O sistema clássico do exercício do poder diretivo do empregador está sendo flexibilizado. Isso significa que nem sempre é possível identificar, em determinadas relações de emprego, o estado efetivo de subordinação do obreiro, com a visualização de ordens de serviço, fiscalização do cumprimento dessas diretivas e, consequentemente, a aplicação de punição, que só se verifica quando o empregado, de fato, não cumpre suas obrigações laborais. Então, nessas situações, torna-se inviável a adoção da subordinação jurídica como meio de reconhecer a existência da relação empregatícia. Dai é que começa a se destacar uma teoria mais moderna que tenta explicar a subordinação por outro viés. Assim, a subordinação deixa de ser avaliada apenas pela existência da submissão fática do empregado às ordens do empregador ou de seus prepostos (subordinação subjetiva) e passa a ser considerada, também, pela circunstância da inserção do trabalhador na estrutura empresarial, em estado permanente de subordinação potencial (subordinação estrutural ou objetiva). A própria organização da empresa, em muitos casos estruturada de forma horizontal, fica encarregada de revelar para o empregado quais as suas funções e as respectivas tarefas, o que afasta a necessidade da existência efetiva de ordens diretas dos superiores hierárquicos.	Item 1.1 e item 2.4, "c", do Capítulo IV

CAPÍTULO III

CONTRATO DE EMPREGO

1. DENOMINAÇÃO

Ao encontro de vontades do qual deriva a relação de emprego denomina-se contrato de trabalho. **Essa é a designação consagrada pela jurisprudência, doutrina, legislação nacional e alienígena, mas que não representa, com exatidão, o seu objeto.**

Com efeito, o trabalho corresponde a qualquer esforço físico ou mental humano, que pode ser efetivado por conta própria ou por conta alheia, com o objetivo de receber uma retribuição.

Desse modo, a designação contrato de emprego é mais específica, pois descreve a realização de um pacto por meio do qual o trabalho subordinado constitui a principal obrigação de uma das partes, qual seja, o empregado.

Também são utilizadas as expressões ***contrato de labor, pacto laboral***, etc., como sinônimas de contrato de trabalho. Contudo, devido à influência marcante das correntes anticontratualistas, vários doutrinadores, e a própria Consolidação das Leis do Trabalho, ainda utilizam em seus textos as denominações ***relação de emprego e vínculo empregatício***, em substituição ao ***contrato de trabalho***.

2. CONCEITO

Pela conceituação clássica, contrato, de modo geral, representa o negócio jurídico por meio do qual os contratantes se obrigam a adquirir, modificar ou extinguir direitos, além de regular os efeitos respectivos do ajuste.

Já o contrato de trabalho **é o pacto, expresso ou tácito, verbal ou escrito, pelo qual o empregado, pessoa física, compromete-se a prestar serviços não eventuais e subordinados e o empregador a pagar a retribuição respectiva, seja esta convencionada ou imposta pela lei.**

A CLT, em seu art. 442, apresenta um conceito bastante criticado pela doutrina: "Contrato individual de trabalho é o acordo, tácito ou expresso, correspondente à relação de emprego".

O citado conceito nada define, pois cria uma referência circular ao dizer que o contrato individual de trabalho corresponde à relação de emprego e vice-versa.

Por conta disso, o conceito legal de contrato de trabalho é extraído por meio da **interpretação dos arts. 2º e 3º da CLT que estabelecem, respectivamente, o conceito de empregador e de empregado.**

Pelo contrato de trabalho, o empregado transfere ao empregador a propriedade do produto do seu trabalho (alteridade). Durante a execução do pacto laboral, o empregador é quem dirige a prestação de serviço (subordinação jurídica) e assume os riscos de sua atividade econômica.

A teoria geral dos contratos clássica encontra-se intimamente relacionada ao princípio da autonomia da vontade, que atingiu o seu ápice com o advento do liberalismo pós-revolução francesa.

Atualmente, entretanto, o referido princípio é aplicado com limitações, não só no âmbito do Direito do trabalho, mas nos demais ramos do Direito privado, sempre quando um dos contratantes não tende a manifestar, livremente, a sua vontade, geralmente devido à coação econômica.

Por conta disso, não prevalece no Direito laboral o aludido princípio da autonomia da vontade, **salvo se for utilizada para estabelecer melhores condições de trabalho ou no caso de empregados hipersuficientes**, observadas as limitações impostas pelo art. 611-B da CLT, introduzido pela Lei nº 13.467/17.

O empregado **hipossuficiente** é tratado como se fosse uma pessoa relativamente incapaz e, em algumas situações, até mesmo como **absolutamente incapaz**.

Nesse sentido, o art. 444 da CLT:

> **Art. 444.** As relações contratuais de trabalho podem ser objeto de livre estipulação das partes interessadas em tudo quanto não contravenha às disposições de proteção ao trabalho, aos contratos coletivos que lhes sejam aplicáveis e às decisões das autoridades competentes.

Percebeu-se, inicialmente, que o **empregado hipossuficiente** não manifestava livremente sua vontade, pois se encontrava sujeito às pressões econômicas, derivadas do desemprego e da necessidade de sustento próprio e de sua família.

Já o **empregado hipersuficiente**, espécie de trabalhador institucionalizado pela lei nº 13.467/17, tem maior poder de barganha para ajustar condições de trabalho com o empregador, inclusive em patamares inferiores ao previsto na legislação laboral, na forma prevista pelo parágrafo único do art. 444 da CLT:

> **Art. 444. Parágrafo único.** A livre estipulação a que se refere o caput deste artigo aplica-se às hipóteses previstas no art. 611-A desta Consolidação, com a mesma eficácia legal e preponderância sobre os instrumentos coletivos, no caso de empregado portador de diploma de nível superior e que perceba salário mensal igual ou superior a duas vezes o limite máximo dos benefícios do Regime Geral de Previdência Social.

3. MODALIDADES DE CONTRATO DE TRABALHO

O contrato de trabalho pode assumir várias feições. Nesse passo, o referido pacto poderá ser celebrado de forma **expressa ou tácita; verbal ou por escrito; por tempo determinado ou por tempo indeterminado; solene ou informal; individual ou por equipe.**

A Consolidação das Leis do Trabalho ainda apresenta duas modalidades de contrato de trabalho, quais sejam, o contrato individual de trabalho e o contrato coletivo de trabalho. Modernamente, entretanto, a última denominação foi substituída por convenção ou acordo coletivo de trabalho, que adiante serão analisados mais detidamente.

A seguir, o esquema contendo a classificação das espécies de contrato de trabalho quanto à forma:

CONTRATO DE TRABALHO
- Expresso
  - Verbal
  - Escrito
- Tácito

3.1. Contrato de trabalho expresso e tácito

A primeira classificação que ora se apresenta, contrato de trabalho expresso ou tácito, encontra-se inserida no bojo do art. 442 da CLT.

A. Contrato de trabalho expresso

Nessa modalidade de ajuste, os contratantes, de forma **expressa**, seja verbalmente ou por escrito, comprometem-se mutuamente: um, o empregado, a prestar serviços; e o outro, o empregador, a pagar salário.

Ainda que celebrado de forma verbal, **todas as disposições normativas que regulamentam a relação de emprego incorporam-se ao contrato de trabalho como se fossem cláusulas obrigatórias** (cláusulas legais).

Entendem-se como disposições normativas aquelas derivadas de todas as fontes formais do Direito do Trabalho, como a lei, a convenção e o acordo coletivo de trabalho, a sentença normativa e o regulamento de empresa.

Para validade do contrato de emprego, **não é necessário que ele seja escrito ou que seja registrado na carteira de trabalho.** Alguns contratos de trabalho especiais, contudo, exigem essa formalidade, como ocorre com o contrato de aprendizagem, contrato de trabalho temporário, contrato de trabalho por tempo determinado regido pela Lei nº 9.601/98, contrato de trabalho de atleta profissional, etc.

B. Contrato de trabalho tácito

O contrato de trabalho tácito nasce da prática de atos inequívocos que implicam, necessariamente, existência de uma pactuação, sem que os contratantes tenham se preocupado em fixar o ajuste e as próprias cláusulas de forma expressa. Constitui, assim, uma decorrência lógica da execução de serviços subordinados com a intenção de percepção de remuneração.

Para efeito de prova em juízo, além das anotações constantes na Carteira de Trabalho, são utilizados todos os demais meios permitidos (art. 456 da CLT),[1] mormente a prova testemunhal, em face do princípio da primazia da realidade que rege o Direito laboral.

ATENÇÃO! Menciona-se como exemplo de contrato de trabalho tácito a situação em que o filho de um empregado que reside na propriedade rural do empregador em determinado momento começa a prestar serviços sem qualquer ajuste prévio, mas em benefício da atividade agrícola. Nesse caso, configura-se o contrato de trabalho formado tacitamente, desde que o patrão tenha conhecimento da efetiva execução dos serviços e não demonstre qualquer oposição a esse fato.

3.2. Por tempo indeterminado

O contrato de trabalho, ordinariamente, é celebrado por tempo indeterminado. Dessa forma, se nada foi ajustado em sentido contrário, com o devido respaldo legal, presume-se (presunção *hominis)* que o pacto laboral foi concretizado sem termo final definido para a sua extinção normal. **Tal presunção decorre do princípio da continuidade da relação empregatícia** que norteia o Direito laboral.

Sempre que não forem observadas as regras legais para celebração de contrato de emprego por tempo determinado, processa-se, automaticamente, **uma transformação para um contrato de trabalho por tempo indeterminado**.

Nessa hipótese, a nulidade ou anulabilidade da cláusula de termo final não atinge o negócio jurídico em sua essência, mas apenas esta cláusula específica, que é substituída pela cláusula de prazo indeterminado.

Quando não há um termo estipulado para o final do contrato de trabalho, é comum que aconteçam vicissitudes que alterem o seu curso normal ou até que impliquem sua extinção. Nessa linha de raciocínio é que, mais adiante, serão examinadas as questões que envolvem a suspensão, interrupção, alteração e extinção do contrato de trabalho.

1. CLT. Art. 456. A prova do contrato individual do trabalho será feita pelas anotações constantes da Carteira de Trabalho e Previdência Social, ou por instrumento escrito e suprida por todos os meios permitidos em direito.

ATENÇÃO! Não esquecer que o contrato de trabalho por tempo indeterminado constitui regra no Direito do Trabalho, em face da aplicação do princípio da continuidade da relação de emprego.

3.3. Por tempo determinado

A lei pode sujeitar a eficácia de um negócio jurídico, mais especificamente de um contrato de trabalho, a um evento futuro e certo, denominado de termo.

No Direito do trabalho, admite-se a existência de termo inicial e do termo final como elementos acidentais do pacto laboral, circunstâncias que o caracterizam como contrato por prazo determinado.

Contudo, a contratação de trabalho por tempo determinado é **excepcional**. Há uma presunção *iuris tantum* de que o contrato foi celebrado por prazo indeterminado.

– *Forma*

A forma escrita não é requisito de validade do negócio jurídico em comento. Inclusive, esse é o entendimento dominante na doutrina (Maurício Godinho, Vólia Bomfim, Alice Monteiro de Barros, Luciano Martinez etc.).

A dificuldade de provar a existência de um contrato de trabalho por tempo determinado, com o uso de outros meios que não o documental, não tem o condão de criar um requisito formal para sua validade.

Chega-se a essa conclusão quando se admite a validade da confissão do empregado obtida em juízo para reconhecimento da existência do contrato por prazo certo. Se a forma escrita constituísse formalidade *ad substantiam* do negócio jurídico, nem mesmo a confissão supriria o defeito.

Conclui-se, assim, que a forma escrita **é apenas uma formalidade** *ad probationem* do contrato de trabalho por tempo certo.

ATENÇÃO! Como se viu, existe divergência doutrinária sobre a forma do contrato de trabalho por tempo determinado, ou seja, se deve ser observada a forma escrita ou não. Diante dessa circunstância, é aconselhável que o empregador ajuste as condições ou cláusulas contratuais por escrito, pois tal conduta facilita a prova de suas alegações em juízo, na hipótese de demanda envolvendo essa questão.

– *Características*

A principal característica do contrato por tempo determinado, denominado equivocadamente pela CLT de contrato por prazo determinado, é **a dispensa do instituto do aviso-prévio para findar a relação de emprego.** Tal circunstância constitui consequência lógica da definição prévia do termo final do contrato de emprego.

Acrescente-se também outra característica, que é a **dispensa do pagamento da multa de 40% incidentes sobre os depósitos do FGTS,** que o empregador efetua mensalmente na conta vinculada do empregado, quando da extinção do contrato de trabalho.

Entretanto, ainda que por tempo certo, deve o empregador, ao final do contrato, pagar ao empregado **o valor equivalente ao 13º salário proporcional e às férias proporcionais acrescidas de 1/3.**

– *Prazo*

O período do contrato de trabalho a termo não poderá ser superior a **dois anos**, conforme previsão contida no art. 445 da CLT.[2] A Lei não fixa **o prazo mínimo para o contrato de emprego por tempo determinado**. Assim, teoricamente, a contratação pode ser feita até pelo prazo de um dia.

Há exceções representadas por alguns contratos de trabalho especiais, como o do atleta profissional, regido pela Lei nº 9.615/98, que fixa o período **mínimo de três meses e máximo de cinco anos em seu art. 30:** "O contrato de trabalho do atleta profissional terá prazo determinado, com vigência nunca inferior a três meses nem superior a cinco anos".

– *Prorrogação*

Só se admite que se faça **uma única prorrogação no contrato de trabalho** por tempo determinado,[3] **desde que se observe o prazo máximo de dois anos**, na forma do quanto preceituado pelo art. 451 da CLT: "O contrato de trabalho por prazo determinado que, tácita ou expressamente, for prorrogado mais de uma vez, passará a vigorar sem determinação de prazo".

– *Renovação*

A renovação consiste na celebração de um novo contrato de trabalho por tempo determinado, após a expiração de outro pré-existente.

Deve haver um intervalo mínimo **de seis meses entre o segundo e o primeiro contrato,** sob pena de nulidade da cláusula de termo final, salvo se a expiração do primeiro depender "da execução de serviços especializados ou da realização de certos acontecimentos." (art. 452, parte final, da CLT).

A exceção apontada pelo citado preceito celetista nada mais é do que a extinção de um contrato motivado por uma condição resolutiva.

– *Extinção antecipada*

Se o empregador extingue o contrato de trabalho antes do seu termo final, sem apresentar uma causa justa, deve pagar uma indenização ao trabalhador, equivalente à **metade**

2. CLT. Art. 445. O contrato de trabalho por prazo determinado não poderá ser estipulado por mais de 2 (dois) anos, observada a regra do artigo 451.
3. Até mesmo o contrato de experiência admite prorrogação, conforme se observa da Súmula nº 188, do TST. "CONTRATO DE TRABALHO. EXPERIÊNCIA. PRORROGAÇÃO. O contrato de experiência pode ser prorrogado, respeitado o limite máximo de 90 (noventa) dias".

da remuneração que seria devida até o final do contrato de labor, conforme preceitua o art. 479 da Consolidação das Leis do Trabalho:

> **Art. 479.** Nos contratos que tenham termo estipulado, o empregador que, sem justa causa, despedir o empregado, será obrigado a pagar-lhe, a título de indenização, e por metade, a remuneração a que teria direito até o termo do contrato.

A expressão **remuneração** é interpretada extensivamente, para incluir não só o salário *stricto sensu*, mas também os demais direitos devidos em decorrência da execução do contrato de emprego como 13º salário, FGTS[4], férias indenizadas acrescidas de 1/3, adicionais, etc.

O empregado não poderá se demitir antes do prazo pré-estabelecido, sob pena de ter que pagar uma indenização pelos prejuízos causados, **que não será superior à indenização que teria direito se a iniciativa do rompimento fosse do empregador (art. 480, § 1º, da CLT).**

O Decreto nº 99.684/90 possui dispositivo que trata da rescisão antecipada do contrato de trabalho por tempo determinado, mais precisamente o art. 14, que tem a seguinte redação: "No caso de contrato a termo, a rescisão antecipada, sem justa causa ou com culpa recíproca, equipara-se às hipóteses previstas nos §§ 1° e 2° do art. 9°, respectivamente, sem prejuízo do disposto no art. 479 da CLT".

Entretanto, esse regulamento, diferentemente do anterior de nº 59.820/66, que foi objeto de análise pela Súmula n° 125 do TST, **violou o princípio da legalidade** ao prever o direito não só dos depósitos do FGTS, mas também à indenização de 40%, quando faz referência aos casos previstos nos §§ 1° e 2° do art. 9°.

Ora, essa indenização de 40% tem a mesma natureza daquela prevista pelo art. 479 da CLT e por conta disso **são incompatíveis entre si**, caso aplicada, configura um ***bis in idem***.

Observe-se que o art. 481 da CLT diz, de forma expressa, que se existir cláusula assecuratória de direito recíproco de rescisão antecipada e ele for exercido, o contrato a termo passa a ser regido pelos princípios do contrato por prazo indeterminado. Consequentemente, não será devida a multa prevista pelo art. 479, mas sim a multa de 40% do FGTS e seus respectivos depósitos.

Alerta-se, contudo, para o fato dessa questão ser controvertida tanto na doutrina quanto na jurisprudência.

Exemplos de questões sobre o tema

(TRT 2 – Juiz do Trabalho Substituto 2ª região/2014) Em relação à rescisão antecipada do contrato de trabalho por prazo determinado, aponte a alternativa correta:

(A) Empregado não poderá rescindir o contrato, sem justa causa, sob pena de ser obrigado a indenizar o empregador dos prejuízos que desse fato lhe resultarem.

4. Decreto nº 99.684/90. Art. 14. No caso de contrato a termo, a rescisão antecipada, sem justa causa ou com culpa recíproca, equipara-se às hipóteses previstas nos §§ 1º e 2º do art. 9º, respectivamente, sem prejuízo do disposto no art. 479 da CLT (Decreto nº 99. 684/90. Art. 9º § 1º No caso de despedida sem justa causa, ainda que indireta, o empregador depositará, na conta vinculada do trabalhador no FGTS, importância igual a quarenta por cento do montante de todos os depósitos realizados na conta vinculada durante a vigência do contrato de trabalho, atualizados monetariamente e acrescido dos respectivos juros, não sendo permitida, para este fim, a dedução dos saques ocorridos. § 2º Ocorrendo despedida por culpa recíproca ou força maior, reconhecida pela Justiça do Trabalho, o percentual de que trata o parágrafo precedente será de vinte por cento).

(B) Empregador que, mesmo na hipótese de justa causa, despedir o empregado será obrigado a pagar-lhe, a título de indenização, e por metade, a remuneração a que teria direito até o termo do contrato.

(C) Havendo cláusula assecuratória do direito recíproco de rescisão, o empregado não poderá rescindir o contrato, sob pena de ser obrigado a indenizar o empregador dos prejuízos que desse fato lhe resultarem, até o limite de seu salário.

(D) A indenização devida pelo empregado ao empregador não poderá exceder àquela a que este teria direito em idênticas condições, salvo se o empregado praticou alguma das faltas graves previstas no art. 482 da CLT.

(E) Empregado que rescindir o contrato de trabalho por falta grave praticada pelo empregador terá o direito de receber as verbas rescisórias devidas em caso de pedido de demissão.

Resposta: A

– *Estabilidade*

Em face das características do contrato de trabalho por tempo determinado, analisadas em confronto com o instituto da estabilidade, entende-se que o empregado contratado nessas condições **pode ser despedido a qualquer momento,** por meio do exercício do direito potestativo do empregador, sem adquirir o direito à estabilidade.

Contudo, o TST alterou a sua jurisprudência sumulada **para admitir a aquisição de estabilidade gestante** e aquela decorrente de **acidente do trabalho** nas hipóteses de **trabalhadores contratados por tempo determinado**, inclusive de experiência, conforme se observa do teor do item III das Súmulas nºs 244 e 378:

> **SÚMULA Nº 244.** GESTANTE. ESTABILIDADE PROVISÓRIA (redação do item III alterada na sessão do Tribunal Pleno realizada em 14.09.2012). III – A empregada gestante tem direito à estabilidade provisória prevista no art. 10, inciso II, alínea b, do ADCT, mesmo na hipótese de admissão mediante contrato por tempo determinado.

> **SÚMULA Nº 378.** ESTABILIDADE PROVISÓRIA. ACIDENTE DO TRABALHO. Art. 118 DA LEI Nº 8.213/1991. CONSTITUCIONALIDADE. PRESSUPOSTOS (inserido o item III). – Res. 185/2012, DEJT divulgado em 25, 26 e 27.09.2012 III – O empregado submetido a contrato de trabalho por tempo determinado goza da garantia provisória de emprego, decorrente de acidente de trabalho, prevista no art. 118 da Lei no 8.213/1991.

– *Efeitos*

Ultrapassado o prazo mencionado de dois anos, ainda que por um dia; mais de uma prorrogação do prazo estipulado inicialmente; ou recontratação antes de seis meses, **o contrato de emprego passa a ser considerado por tempo indeterminado.**

Exemplo de questão sobre o tema

(TRT 2 – Juiz do Trabalho Substituto 2ª região/2016) Posseidon firmou contrato de experiência com a empresa Cavalo de Troia Produtora de Eventos, inicialmente por trinta dias, prorrogado por mais dois períodos de 30 dias cada um, totalizando 90 dias. Ao término do contrato a empresa dispensou o empregado sem justa causa. Nessa hipótese:

A) Não será devida a prévia comunicação do aviso prévio por se tratar de contrato a termo.

B) Será devido aviso prévio proporcional ao período de 90 dias, que será de 08 dias, visto que para contratos de 12 meses o período é de 30 dias, conforme Lei 12.506/2011.

C) Será devido o aviso prévio de 30 dias, somente se foi ajustado em contrato pelas partes, não cabendo reconsideração da parte notificante.

D) Será devido o aviso prévio de 30 dias, porque o contrato passou a viger por prazo indeterminado.

E) Não será devido aviso prévio porque não foi estipulada cláusula assecuratória do direito recíproco de rescisão antes de expirado o termo ajustado, nos termos do art. 481 da CLT.

Resposta: D

(TRT 1 – Juiz do Trabalho Substituto 1ª região/2016) Em relação aos contratos de trabalho por prazo determinado, de acordo com o previsto na Constituição Federal, e no entendimento sumulado pelo TST, é correto afirmar:

(A) Rescindido, antecipada e imotivadamente, o contrato de experiência pelo empregador é direito do empregado receber o valor equivalente ao aviso prévio.

(B) Respeitado o prazo máximo de 90 dias, o contrato de experiência pode ser renovado uma vez, desde que nenhum dos períodos seja inferior a 30 dias.

(C) A empregada gestante, mesmo contratada por tempo determinado, possuirá necessariamente garantia provisória de emprego da confirmação da gravidez até 5 meses após o parto.

(D) Ressalvada a hipótese do contrato de experiência, o empregado submetido a contrato a prazo determinado que, afastado por, pelo menos, 16 dias tenha percebido auxílio-doença acidentário, possui garantia provisória de emprego de doze meses, contados após a cessão do auxílio.

(E) Dada a excepcionalidade desta modalidade contratual, a prorrogação de contrato por prazo determinado deve ser feita por escrito.

Resposta: C

A. *Contrato a prazo conforme a CLT*

A Consolidação das Leis do Trabalho descreve, exaustivamente, as hipóteses em que se pode celebrar um contrato de trabalho por tempo determinado, conforme se observa do seu art. 443, § 2º:

> **Art. 443. § 2º.** O contrato por prazo determinado só será válido em se tratando: a) de serviço cuja natureza ou transitoriedade justifique a predeterminação do prazo; b) de atividades empresariais de caráter transitório; c) de contrato de experiência.

Na hipótese prevista pela alínea "*a*", qual seja, **serviço cuja natureza ou transitoriedade justifique a predeterminação do prazo,** diz respeito às atividades da empresa.

Note-se que atividade desenvolvida pela empresa de caráter não permanente justificaria a contratação de trabalhador sem vínculo empregatício, por faltar o elemento não eventualidade.

A existência dessa situação permite que o empresário contrate um trabalhador eventual ou celebre um contrato por tempo determinado com um empregado para, *por exemplo,* substituir um empregado afastado do serviço temporariamente, por qualquer motivo, ou para trabalhar durante determinado período no qual exista uma maior demanda de serviços por parte da empresa.

A predeterminação do prazo em um contrato de trabalho também é admitida quando **a própria natureza da atividade desenvolvida pela empresa é transitória** (alínea "b" do art. 443 da CLT). É comum, na construção civil, constituírem-se empresas ou estabelecerem-se consórcios com o escopo único de executar uma ou algumas obras. Nesse caso, o empregado pode ser admitido por prazo certo.

Por fim, a contratação por período certo pode ser feita a título de experiência, espécie que será objeto do próximo item.

B. Contrato de experiência e período de experiência

O contrato de trabalho a título de experiência, também denominado de **contrato de prova**, tem como objetivo avaliar a capacidade profissional do empregado, bem como a sua adaptação à atividade desenvolvida pela empresa.

O referido pacto representa um exemplo clássico de contrato de trabalho por tempo determinado. **O prazo máximo é de 90 dias**, segundo dispõe o art. 445, parágrafo único da Consolidação das Leis do Trabalho e **pode ser prorrogado por uma única vez, desde que se observe esse limite.**[5]

Esse tipo de contratação deve ser efetivada de forma autônoma, ou seja, por meio de um instrumento de contrato de trabalho a título de experiência.

Não há como admitir a existência de uma cláusula resolutiva de um contrato de trabalho por tempo indeterminado, sujeitando a eficácia do negócio jurídico a um evento futuro e incerto – condição – dependente do arbítrio de uma das partes, qual seja a aprovação do empregador das qualificações profissionais e contratuais do empregado.

Trata-se de condição ilícita prevista pelo art. 122 do Código Civil:

> **Art. 122.** São lícitas, em geral, todas as condições não contrárias à lei, à ordem pública ou aos bons costumes; entre as condições defesas se incluem as que privarem de todo efeito o negócio jurídico, ou o sujeitarem ao puro arbítrio de uma das partes.

Corriqueiramente, os empresários utilizam o contrato de trabalho a título de experiência, pois **não precisam justificar a contratação por prazo determinado**.

Entretanto, constitui fraude à legislação trabalhista contratar novamente o mesmo empregado, ainda que depois de decorridos seis meses da última contratação (art. 452 da CLT).

Nesse caso, o empregador já tem ciência da capacidade do empregado, o que dispensa o período de prova. Excepcionam-se os casos em que essa recontratação por experiência destina-se ao exercício de **funções diversas** daquelas que derivaram da primeira contratação.

Exemplo de questão sobre o tema

(TRT 4 – Juiz do Trabalho Substituto 4ª região/2016) Considere as assertivas abaixo sobre contrato de experiência.

I. O contrato de experiência, por ser uma espécie excepcional de contrato, deve ser formalizado mediante contrato por escrito ou, ao menos, com o devido registro de tal condição na carteira de trabalho do empregado. Dessa forma, não se admite, em regra, a existência de contrato de experiência verbal, devendo haver prova de que a pactuação ocorreu por prazo determinado.

II. É lícita a previsão de prorrogação automática do contrato de experiência, desde que não ultrapassado o limite de 90 (noventa) dias.

III. No caso de rescisão antecipada do contrato de experiência, não se aplica o prazo de 10 (dez) dias para o pagamento de verbas rescisórias, independentemente da data de homologação da rescisão.

Quais são corretas?

(A) Apenas I

---

5. TST. Súmula nº 188. CONTRATO DE TRABALHO. EXPERIÊNCIA. PRORROGAÇÃO. O contrato de experiência pode ser prorrogado, respeitado o limite máximo de 90 (noventa) dias.

(B) Apenas II
(C) Apenas III
(D) Apenas I e II
(E) I, II e III

Resposta: D

(TRT 2 – Juiz do Trabalho Substituto 2ª região/ 2013) O contrato por prazo determinado só será válido, segundo a norma legal, em se tratando:

(A) De serviço cuja natureza ou transitoriedade justifique a predeterminação do prazo, de atividades empresariais de caráter transitório ou de contrato de experiência.
(B) De serviço cuja natureza não esteja vinculada à atividade-fim do empregado.
(C) De serviço que diga respeito a certo acontecimento, ainda que suscetível de previsão aproximada.
(D) De contrato individual em cujo bojo haja estipulação de prazo.
(E) Nenhuma das alternativas anteriores.

Resposta: A

C. *Contrato por obra certa*

O contrato de trabalho por obra certa adequa-se à previsão contida no art. 443, § 1º, parte final, da Consolidação das Leis do Trabalho:

> **Art. 443. § 1º**. Considera-se como de prazo determinado o contrato de trabalho cuja vigência dependa de termo prefixado ou da execução de serviços especificados ou ainda da realização de certo acontecimento suscetível de previsão aproximada.

A **Lei nº 2.959/56**, que dispõe sobre os contratos por obra ou serviço certo, preconiza que o empregador deve exercer a atividade de construtor em caráter permanente. Portanto, essa espécie de contrato de trabalho tem a sua celebração limitada ao âmbito **da construção civil.**

Isso porque, em qualquer outra atividade econômica, a inserção de um trabalhador nesse tipo de negócio não implicará reconhecimento da relação empregatícia, pois irá faltar requisito essencial para sua configuração, qual seja, a **não eventualidade**.

Por se tratar de espécie de contrato por tempo determinado, a lei não exige a forma escrita para validade do ato.[6]

Mais uma vez indaga-se: e se, durante a instrução processual, o empregado **confessa** que, quando contratado, ficou acertado que a prestação de serviço se extinguiria concomitantemente com o encerramento da obra? A confissão, nesse caso, supre a ausência da forma escrita? Sem dúvida que a resposta é positiva. Consequentemente, não há que se falar em exigência de ajuste por escrito, **pois a formalidade não é da essência do negócio jurídico.**

Essa, também, é a opinião de Sérgio Pinto Martins:

> Recomenda-se que o contrato de obra certa seja feito por escrito, visando evitar qualquer dúvida sobre a forma como o empregado foi contratado. É possível que o contrato de obra certa seja celebrado verbalmente, como ocorre com qualquer contrato de trabalho (art. 443 da CLT) ou outro tipo de contrato.[7]

6. Há decisões e entendimentos doutrinários, entretanto, que não acompanham esse raciocínio.
7. MARTINS, Sérgio Pinto. Direito individual do trabalho. 21. ed. São Paulo: Atlas, 2005. p. 150.

D. Contrato com cláusula de rescisão antecipada

O contrato de trabalho por tempo determinado não pode ser extinto antes do termo final previamente ajustado, salvo se o empregado praticar falta reconhecida como justa causa.

Nesse caso, o elemento acidental do negócio jurídico, qual seja, o termo, representa uma cláusula essencial. A sua inobservância implica inadimplemento contratual e, por conseguinte, resolução contratual.

Entretanto, se as partes ajustam a possibilidade de extinção antecipada do contrato de trabalho, na hipótese desse direito ser exercido por um dos contratantes, **serão aplicados os princípios que regem o contrato por prazo indeterminado**, conforme determina o art. 481 da Consolidação das Leis do Trabalho:

> **Art. 481.** Aos contratos por prazo determinado, que contiverem cláusula assecuratória do direito recíproco de rescisão antes de expirado o termo ajustado, aplicam-se, caso seja exercido tal direito por qualquer das partes, os princípios que regem a rescisão dos contratos por prazo indeterminado.

Se a iniciativa for do empregador, o empregado terá direito às verbas de 40% sobre o FGTS, aviso-prévio trabalhado ou indenizado, etc.

E. Contrato de trabalho da Lei nº 9.601/98

A Lei nº 9.601/98, instituiu uma outra forma de contratação de empregados por tempo determinado, sem a observância dos requisitos estabelecidos pelo art. 443, § 2º, da Consolidação das Leis do Trabalho.

Seguindo o procedimento dessa regra jurídica, **o empresário não necessita justificar, expressamente, o ato de contratação**. Em compensação, necessita de autorização do sindicato da categoria profissional, obtida por acordo ou convenção coletiva de trabalho e a mão de obra contratada **deve aumentar, e jamais substituir o efetivo de pessoal da empresa.**

É um contrato **estritamente formal**, com vários requisitos de validade estabelecidos pela supracitada Lei nº 9.601/98 inclusive **celebração por escrito** (art. 4º, II).

O prazo para contratação **não poderá superar dois anos**, de acordo com a regra geral dos contratos por prazo determinado. Contudo, **poderá ser prorrogado por mais de uma vez,** desde que observado o prazo limite mencionado, em face da exclusão expressa prevista no art. 1º, § 2º, da Lei nº 9.601/98.[8]

A indenização devida, em caso de rescisão antecipada dessa espécie de contrato de trabalho a termo, **deve constar do instrumento normativo negociado** que autorizou a contratação extraordinária.

Em resumo, essa espécie de contrato por prazo determinado possui as seguintes características:

- Autorização por meio de acordo ou convenção coletiva de trabalho;

8. Lei nº 9.601/98. Art. 1º. § 2º. Não se aplica ao contrato de trabalho previsto neste artigo o disposto no artigo 451 da CLT.

- Desnecessidade de justificar o motivo da contratação;
- Não pode substituir a mão de obra já contratada por prazo indeterminado;
- Deve ser celebrado por escrito;
- Prazo máximo de dois anos;
- Admite-se mais de uma prorrogação, observando o prazo máximo de 2 anos;
- Indenização devida por rescisão antecipada fixada em acordo ou convenção coletiva.

Exemplos de questões *sobre o tema*

(FCC – Juiz do Trabalho/2017) Heráclito foi contratado pela empresa X, por contrato de prazo determinado de dezoito meses, com termo prefixado, para execução de serviço de natureza transitória, com remuneração mensal de R$ 2.000,00 (dois mil reais). Nesse caso,

(A) Heráclito não poderá se desligar do contrato a termo prefixado, sem cláusula assecuratória do direito recíproco de rescisão antecipada, mesmo no caso de ter sido tratado por seu coordenador com rigor excessivo, sem indenizar o empregador dos prejuízos que resultarem desse fato, limitado ao maior salário que tiver recebido.

(B) Heráclito, após o término do contrato de dezoito meses, poderá ser novamente contratado por novo contrato a prazo determinado, com fundamento em atividade empresarial transitória, mesmo antes do prazo de seis meses, pois o término do primeiro contrato ocorreu por expiração do termo prefixado.

(C) se Heráclito desligar-se imotivadamente do contrato por prazo determinado, com ou sem cláusula assecuratória do direito recíproco de rescisão antecipada, deverá indenizar o empregador do valor correspondente à remuneração a que teria direito até o termo do contrato.

(D) se no contrato por prazo determinado houve cláusula assecuratória do direito recíproco de rescisão antecipada, o empregador que resolver desligar o empregado deverá conceder aviso-prévio, observada a proporcionalidade com o tempo de serviço, mas se o desligamento partir do empregado, deverá indenizar o empregador dos prejuízos que resultarem deste fato, que não poderá exceder ao valor do aviso-prévio que teria direito.

(E) se o desligamento imotivado feito por Heráclito no contrato a termo e sem cláusula assecuratória do direito recíproco de rescisão antecipada, após cinco meses de prestação de trabalho, resultou prejuízos para o empregador na ordem de R$ 26.000,00 (vinte e seis mil reais), deverá indenizá-lo no valor de R$ 13.000,00 (treze mil reais).

Resposta: E

(TRT 2 – Juiz do Trabalho Substituto 2ª região/2014) Quanto ao contrato de trabalho por prazo determinado e indeterminado, aponte a alternativa correta:

(A) O contrato só será válido em se tratando de serviço cuja natureza ou transitoriedade justifique a predeterminação do prazo, inexistente quaisquer outras hipóteses de predeterminação do prazo.

(B) Os contratos por prazo determinado, instituídos por convenções e acordos coletivos de trabalho, que, tácita ou expressamente, forem prorrogados mais de uma vez, passarão a vigorar sem determinação de prazo.

(C) O contrato de trabalho para obra certa, ou de prazo determinado, transforma-se em contrato por prazo indeterminado quando prorrogado mais de uma vez dentro do prazo de dois anos.

(D) É válido o contrato de experiência, por seu caráter legal e por sua natureza transitória, não sendo suspenso nem interrompido no caso de empregada gestante ou acidente do trabalho ocorrido durante sua vigência.

(E) Pode ser instituído por acordo ou convenção coletiva, em qualquer atividade desenvolvida pela empresa ou estabelecimento, pelo prazo máximo de dois anos, para admissões que representem acréscimo no número de empregados.

Resposta: E

F. Contrato de trabalho temporário

Contrato de trabalho temporário é aquele que tem por objeto a prestação de serviços por **pessoa física** contratada por uma **empresa de trabalho temporário** que a coloca à disposição de uma **empresa tomadora de serviços**, para atender à necessidade de substituição transitória de pessoal permanente ou à demanda complementar de serviços.

O referido contrato encontra-se disciplinado pela Lei nº 6.019/74 e pelo Decreto nº 10.060/19. A partir da edição da Lei nº 13.429/17, a mencionada Lei nº 6.019/74 também **passou a regular o instituto da terceirização** em caráter geral nos artigos 4º-A, 4º-B, 4º-C 5º-A, 5º-B, 5º-C e 5º-D, denominada legalmente de prestação de serviços a terceiros.

Observe-se que no contrato de trabalho por **tempo determinado** previsto no art. 443, § 1º, da CLT, a relação de emprego **é do tipo linear**, pois representa um vínculo entre empregado e empregador, na sua forma clássica.

Contudo, o empregador pode optar em contratar uma empresa de **trabalho temporário** para lhe fornecer mão de obra por tempo determinado. Nesse caso, a relação não é mais linear, e sim **triangular**, pois representa uma hipótese lícita de terceirização.

Ocupam os vértices da referida figura geométrica:

- **Empresa tomadora de serviços ou cliente**: pessoa jurídica ou entidade a ela equiparada que celebra contrato de prestação de trabalho temporário com a empresa de trabalho temporário (art. 5º);
- **Empresa de trabalho temporário**: pessoa jurídica, devidamente registrada no Ministério do Trabalho, responsável pela colocação de trabalhadores à disposição de outras empresas temporariamente (art. 4º – com a extinção do MTE a competência passa a ser da Secretaria Especial de Previdência e Trabalho do Ministério da Economia);
- **Trabalhador temporário**: pessoa física contratada pela empresa de trabalho temporário e colocado à disposição da empresa tomadora dos serviços.

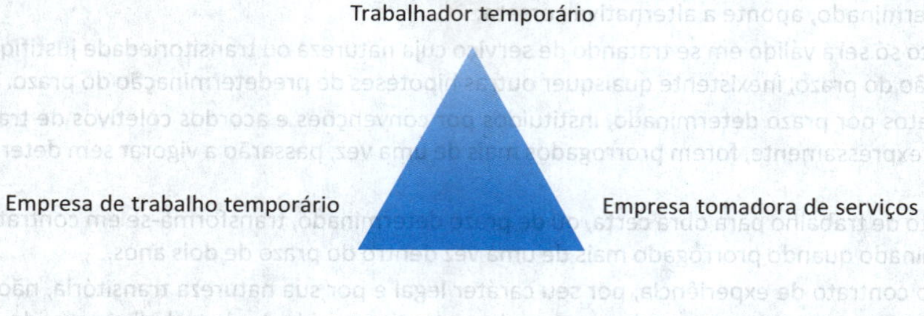

– Justificativas para contratação de trabalhador temporário

A empresa tomadora de serviços só poderá utilizar dessa prática legal para atender à **necessidade de substituição transitória de pessoal permanente ou** à **demanda complementar de serviços**, assim considerada aquela que seja oriunda de **fatores imprevisíveis** ou, quando decorrente de **fatores previsíveis, tenha natureza intermitente, periódica ou sazonal**, ainda que relacionados com a sua atividade-fim.[9]

Veda-se, contudo, o uso desse contrato **para substituir empregados em greve,** salvo nos casos expressamente previstos nos artigos 9º e 14 da Lei nº 7.783/89:

> **Art. 9º** Durante a greve, o sindicato ou a comissão de negociação, mediante acordo com a entidade patronal ou diretamente com o empregador, manterá em atividade equipes de empregados com o propósito de assegurar os serviços cuja paralisação resultem em prejuízo irreparável, pela deterioração irreversível de bens, máquinas e equipamentos, bem como a manutenção daqueles essenciais à retomada das atividades da empresa quando da cessação do movimento.
>
> **Art. 14** Constitui abuso do direito de greve a inobservância das normas contidas na presente Lei, bem como a manutenção da paralisação após a celebração de acordo, convenção ou decisão da Justiça do Trabalho.

O esquema a seguir ressalta as justificativas para a contratação temporária:

REQUISITOS DO TRABALHO TEMPORÁRIO
- Substituição transitória de pessoal permanente
- Demanda complementar de serviços

– *Formalização do contrato temporário*

A referida Lei nº 6.019/74 e o Decreto nº 10.060/19 instituem uma série de requisitos para contratação de mão de obra temporária.

O contrato entre a **empresa tomadora e a empresa de trabalho temporário** deverá ser celebrado **por escrito** e ficará à disposição da autoridade fiscalizadora no estabelecimento da tomadora de serviços.

Constitui conteúdo obrigatório do referido contrato:

- qualificação das partes;
- **motivo justificador** da demanda de trabalho temporário;
- prazo da prestação de serviços;
- valor da prestação de serviços;
- disposições sobre a segurança e a saúde do trabalhador, independentemente do local de realização do trabalho.

Já o contrato firmado entre a empresa de trabalho temporário e seu respectivo empregado, além de se revestir da **forma escrita** deverá constar, expressamente, os direitos conferidos aos trabalhadores temporários pela Lei nº 6.019/74 sendo que a eventual **cláusula de reserva**

9. Lei nº 6.019/74. Art. 9º § 3º: "O contrato de trabalho temporário pode versar sobre o desenvolvimento de atividades-meio e atividades-fim a serem executadas na empresa tomadora de serviços".

(proibição de contratação do trabalhador pela empresa tomadora ao fim do prazo do trabalho temporário) **será considerada nula** (parágrafo único, art. 11 da Lei nº 6.019/74).

Por fim, para o registro e funcionamento da empresa de trabalho temporário perante o órgão competente é exigida a prova:

- de inscrição no Cadastro Nacional da Pessoa Jurídica (CNPJ), do Ministério da Fazenda;
- do competente registro na Junta Comercial da localidade em que tenha sede;
- de possuir capital social de, no mínimo, R$ 100.000,00 (cem mil reais).

– *Responsabilidades da empresa tomadora de serviços*

Em decorrência da contratação temporária, sob a égide da Lei nº 6.019/74, a empresa tomadora dos serviços assume as seguintes responsabilidades legais:

- garantir as condições de segurança, higiene e salubridade dos trabalhadores, quando o trabalho for realizado em suas dependências ou em local por ela designado;
- extensão, ao trabalhador da empresa de trabalho temporário, do mesmo atendimento médico, ambulatorial e de refeição destinado aos seus empregados, existente nas dependências da contratante, ou local por ela designado;
- responsável, **de forma subsidiária**, pelas obrigações trabalhistas referentes ao período em que ocorrer o trabalho temporário;
- comunicar à empresa de trabalho temporário a ocorrência de todo acidente cuja vítima seja um assalariado posto à sua disposição, considerando-se local de trabalho, para efeito da legislação específica, tanto aquele onde se efetua a prestação do trabalho, quanto a sede da empresa de trabalho temporário;
- **solidariamente responsável** pelo recolhimento das contribuições previdenciárias, na hipótese de **falência da empresa de trabalho temporário**, no tocante ao tempo em que o trabalhador esteve sob suas ordens, assim como em referência ao mesmo período, pela remuneração e indenização previstas na Lei nº 6.019/74.

– *Prazo e prorrogação*

O contrato de trabalho temporário, com relação ao mesmo empregador, não poderá exceder o prazo de **cento e oitenta dias**, consecutivos ou não.

Pode ser prorrogado por até **noventa dias**, consecutivos ou não, quando comprovada a manutenção das condições que o ensejaram, **sem necessidade de autorização** do órgão da Secretaria Especial de Previdência e Trabalho ou do sindicato da categoria profissional do obreiro.

Observe-se que esses 90 dias somam-se aos 180 dias, alcançando **270 dias**. Já no contrato de trabalho por tempo determinado previsto na CLT a prorrogação **deve observar o prazo**

máximo de dois anos. Isso significa que se esse contrato for estipulado pelo prazo inicial de dois anos, não poderá ser prorrogado.

Entretanto, um novo contrato temporário com a mesma tomadora de serviços somente pode ser celebrado após **noventa dias** do término do contrato anterior, sob pena de configurar a relação de emprego com a tomadora.

– *Direitos trabalhistas*

Além da garantia de todos direitos trabalhistas conferidos a qualquer empregado, **não pode haver distinção salarial** entre o trabalhador temporário e o empregado da empresa tomadora dos serviços que desempenha a mesma função ou pertença à mesma categoria (art. 12 da Lei do trabalho temporário).[10]

Observe-se, porém, que o término do contrato de trabalho temporário antes do termo final fixado no contrato **não confere ao empregado o direito** à **indenização prevista pelo art. 479 da CLT** (equivalente à metade do que seria devido ao empregado até o final do contrato), pois o empregado temporário é regido por Lei nº 6.019/74, a qual prevê em seu art. 12, alínea "f" o direito a: "indenização por dispensa sem justa causa ou término normal do contrato, correspondente a 1/12 (um doze avos) do pagamento recebido".

Por fim, o TST **reconheceu a impossibilidade de empregado temporário adquirir a estabilidade**, conforme se observa da decisão proferida nos autos do Incidente de Assunção de Competência – IAC de nº 5639-31.2012.5.12.051, na qual fixou-se a seguinte tese jurídica: "é inaplicável ao regime de trabalho temporário, disciplinado pela Lei n.º 6.019/74, a garantia de estabilidade provisória à empregada gestante, prevista no art. 10, II, b, do Ato das Disposições Constitucionais Transitórias".

– *Características*

A seguir, as principais características da relação de emprego temporária:

- Contratação por escrito;
- Participação de três sujeitos (empresa tomadora, empresa prestadora e empregado);
- Espécie de terceirização lícita;
- Necessidade de justificação para contratação temporária;
- Prazo máximo de 180 dias prorrogáveis por mais 90 dias;
- Isonomia salarial entre empregado temporário e empregado da empresa tomadora que exerçam a mesma função;

10. TST. SDI-1. OJ nº 383. TERCEIRIZAÇÃO. EMPREGADOS DA EMPRESA PRESTADORA DE SERVIÇOS E DA TOMADORA. ISONOMIA. Art. 12, "A", DA LEI Nº 6.019, DE 03.01.1974 (DEJT divulgado em 19, 20 e 22.04.2010). A contratação irregular de trabalhador, mediante empresa interposta, não gera vínculo de emprego com ente da Administração Pública, não afastando, contudo, pelo princípio da isonomia, o direito dos empregados terceirizados às mesmas verbas trabalhistas legais e normativas asseguradas àqueles contratados pelo tomador dos serviços, desde que presente a igualdade de funções. Aplicação analógica do art. 12, "a", da Lei nº 6.019, de 03.01.1974.

- Responsabilidade subsidiária da tomadora em caso de inadimplência da empresa de trabalho temporário;
- Responsabilidade solidária da tomadora em caso de falência.

– *Vedações*

As empresas de trabalho temporário são legalmente proibidas de:

- Contratar estrangeiros com visto provisório de permanência no País (art. 17 da Lei nº 6.019/74);
- Cobrar do trabalhador qualquer importância, mesmo a título de mediação, podendo apenas efetuar os descontos previstos em Lei (art. 18 da Lei nº 6.019/74);
- Contratar seus empregados a título de experiência, na forma prevista pelo art. 445 da CLT (art. 10, § 4º da Lei nº 6.019/74);
- Colocar à disposição da tomadora o mesmo empregado que tenha cumprido o prazo de 180 dias e eventual prorrogação, antes de completar o período mínimo de noventa dias do fim do primeiro contrato.

– *Principais alterações promovidas na Lei do Trabalho Temporário por conta da edição da Lei nº 13.429/17*

a) A **pessoa física** não pode mais ser empresa prestadora de serviços, **somente a pessoa jurídica** (art. 4º.);

b) Fica autorizada a contratação temporária de **trabalhador rural**, o que era vedado pela redação anterior da Lei nº 6.019 (art. 4º);

c) A empresa tomadora passa a ser responsável pelo cumprimento das **normas de segurança, higiene e medicina do trabalho** em relação aos empregados temporários que prestem serviços em suas dependências ou em local por ela designados (art. 9º, § 1º), além de ter que estender o mesmo atendimento médico, ambulatorial e de refeição destinado aos seus empregados diretos (art. 9º, § 2º);

d) O prazo do contrato temporário que era de três meses passa a ser de **180 dias, podendo ser prorrogado por mais 90 dias**, consecutivos ou não, sem a necessidade de autorização do órgão competente da Secretaria Especial de Previdência e Trabalho;

e) A nova redação da Lei nº 6.019/74 estabelece uma espécie de **quarentena**, uma vez que o mesmo empregado só poderá prestar serviços para a mesma tomadora depois de **noventa dias** do término do primeiro contrato (art. 10, § 5º, da nova redação), **sob pena de restar caracterizado o vínculo de emprego diretamente com o tomador**;

f) O capital mínimo que era de 500 salários mínimos (art. 6º, "b" da antiga redação) para o registro da empresa de trabalho temporário passa a ser de R$100.000,00 (art. 6º, III da nova redação);

g) Não é mais exigida a entrega da relação de empregados para o registro da empresa de trabalho temporário (art. 6º, "c" da antiga redação);

h) Caso a empresa tomadora dos serviços queira contratar o empregado temporário de forma direta, não poderá celebrar contrato de trabalho por prazo determinado previsto na CLT (art. 10, § 4º). Isso significa que o contrato deverá ser feito **por prazo indeterminado**.

G. Outros contratos de trabalho por tempo determinado

Existem outros contratos especiais de trabalho que devem ser celebrados, necessariamente, por prazo determinado. É o caso, por exemplo, do contrato de trabalho **dos artistas e técnicos em espetáculos de diversões**, cuja profissão encontra-se regulamentada pela Lei nº 6.533/78.

O art. 10, inciso II, dessa lei, determina que conste do contrato de trabalho o prazo de vigência, todavia, não informa qual seria o prazo máximo ou mínimo.

De forma semelhante, o **atleta profissional**, cujo prazo não pode ser inferior a três meses nem superior a cinco anos, conforme preceitua o art. 30 da Lei nº 9.615/98 (Lei Pelé),[11] e os técnicos estrangeiros, regidos pelo Decreto-Lei 691/69:

> **Art. 1º.** Os contratos de técnicos estrangeiros domiciliados ou residentes no exterior, para execução, no Brasil, de serviços especializados e, em caráter provisório, com estipulação de salários em moeda estrangeira, serão, obrigatoriamente, celebrados por prazo determinado e prorrogáveis sempre a termo certo, ficando excluídos da aplicação do disposto nos artigos nºs 451, 453, do Capítulo VII do Título IV da Consolidação das Leis do Trabalho e na Lei nº 5.107 de 13 de setembro de 1966, com as alterações do Decreto-Lei nº 20, de 14 de setembro de 1966, e legislação subsequente.

O contrato de aprendizagem também é modalidade de contrato por prazo determinado, **dois anos no máximo**, conforme preceitua o § 3º, art. 428 da Consolidação das Leis do Trabalho, salvo se o aprendiz for deficiente:

> **Art. 428. § 3º** O contrato de aprendizagem não poderá ser estipulado por mais de 2 (dois) anos, exceto quando se tratar de aprendiz portador de deficiência.

Por fim, **o contrato de safra**, previsto pelo art. 14, parágrafo único, da Lei nº 5.889/73, condiciona a vigência do contrato de trabalho, no tempo, ao período que compreende o preparo do solo para o cultivo e a colheita de produtos agrícolas sujeitos às variações estacionais.[12]

A seguir, apresenta-se o quadro com as principais características dos diversos contratos por tempo determinado:

---

11. Lei nº 9.615/98. Art. 30. O contrato de trabalho do atleta profissional terá prazo determinado, com vigência nunca inferior a três meses nem superior a cinco anos. Parágrafo único. Não se aplica ao contrato especial de trabalho desportivo do atleta profissional o disposto nos arts. 445 e 451 da Consolidação das Leis do Trabalho – CLT, aprovada pelo Decreto-Lei nº 5.452, de 1º de maio de 1943.
12. Essa espécie de contrato também será analisada no Capítulo V, item 8.7, desta obra.

	CLT	Lei nº 9.601	Temporário	Experiência
Prazo máximo	2 anos	2 anos	180 dias	90 dias
Justificativas	Serviços cuja natureza ou transitoriedade justifique a predeterminação;	Não é necessário justificar a contratação, salvo disposição em sentido contrário em contrato coletivo de trabalho.	Atender à necessidade de substituição transitória de pessoal permanente	Não é necessário justificar a contratação.
	Atividades empresariais de caráter transitório.		Demanda complementar de serviços.	
Natureza da relação	Direta entre empregado e empregador	Direta entre empregado e empregador	Por meio de empresa de trabalho temporário	Direta entre empregado e empregador
Prorrogação	Uma prorrogação, desde que não ultrapasse 2 anos no total	Mais de uma prorrogação, desde que observado o limite de 2 anos	Uma prorrogação por até noventa dias	Uma prorrogação, desde que não ultrapasse 90 dias no total
Formalidade	Nenhuma	Escrito	Escrito	Nenhuma

3.4. Contrato de trabalho por equipe

Ordinariamente, o contrato de trabalho é celebrado com um único empregado e com um único empregador. Todavia, algumas tarefas só podem ser executadas com a participação de um grupo de empregados que trabalham em conjunto para um determinado empregador.

O trabalho em conjunto constitui condição *indispensável* para o desenvolvimento do objetivo social da empresa. **Trata-se, nesse caso, do contrato de equipe**.

Não é um contrato coletivo e não existe previsão legal no ordenamento jurídico pátrio, salvo uma breve referência no Estatuto do Índio (Lei nº 6.001/73), em seu art. 16, § 1º: "será estimulada a realização de contratos por equipe, ou a domicílio, sob a orientação do órgão competente, de modo a favorecer a continuidade da vida comunitária".

Délio Maranhão delineia as características do contrato de equipe:

> O grupo não possui personalidade jurídica e existe, menos em função do contrato do que da obtenção do resultado pretendido, que exige um esforço comum de vários empregados: cada um deles, assim, realiza a sua prestação, por força de um contrato autônomo. Pressupondo o contrato de equipe a organização espontânea do grupo, que se propõe, como tal, a prestar um trabalho comum, não há confundir esse contrato com a hipótese em que o empregador atribui um trabalho comum a seus empregados.[13]

Na verdade, o contrato por equipe enfeixa uma série de contratos individuais e o exemplo clássico é a contratação dos músicos que compõem uma orquestra sinfônica.

> **ATENÇÃO!** Embora o contrato em estudo seja denominado de "contrato de equipe", as relações jurídicas de trabalho são estabelecidas individualmente entre cada trabalhador e o empregador. Portanto, cada empregado possui a faculdade de pleitear seus direitos trabalhistas perante o Poder Judiciário Laboral, independentemente da vontade dos demais.

13. SÜSSEKIND, Arnaldo et all. ***Instituições de direito do trabalho***. Atualizado por Arnaldo Süssekind e João de Lima Teixeira Filho. 19. ed. São Paulo: LTr, 2000. p. 274.

3.5. Contrato de emprego e contratos afins

O contrato de emprego é uma espécie de contrato de trabalho, que por sua vez é uma modalidade de contrato de atividade. A prestação de serviços de caráter pessoal pode ser efetivada por meio de várias espécies de contratos, como a locação de serviços, a empreitada, a representação comercial, o mandato, a parceria, etc., todos esses classificados como contrato de atividade.

É necessário diferenciar o contrato de emprego dos demais contratos de prestação de serviço, pois o Direito do trabalho **só protege o trabalhador que detenha a prerrogativa de empregado**. De qualquer forma, presume-se que a prestação de serviços foi feita de forma subordinada. Caberá à pessoa que se beneficiou do serviço demonstrar o contrário.

Assim, não resta dúvida de que o elemento fundamental para separar o contrato de labor dos demais **é a subordinação**, assim considerada o estado de dependência em que o empregado se encontra, por força do contrato de trabalho, em face do empregador.

Com a promulgação de parte da denominada *"reforma do Poder Judiciário"*, pela Emenda Constitucional nº 45/04, a Justiça do Trabalho passou a ser competente para dirimir os conflitos oriundos das relações de trabalho, e não somente das relações de emprego, o que envolveria qualquer prestação de serviços executada por pessoa física, salvo expressa determinação legal em sentido contrário.

O Código Civil define os requisitos e contornos de alguns contratos que podem originar uma relação de trabalho. O mais importante deles, por sua generalidade, é o contrato de **prestação de serviços** (art. 593 e seguintes), outrora definido como contrato de locação de serviços, que pressupõe a execução de um serviço por uma pessoa em favor de outrem sem subordinação jurídica.

Os demais contratos são de **empreitada** (art. 610 e seguintes); **depósito** (art. 627 e seguintes); **mandato** (art. 653 e seguintes); **comissão** (art. 693 e seguintes); **agência e distribuição** (art. 710 e seguintes); **corretagem** (art. 722 e seguintes); **transportes** (art. 730 e seguintes); e **administração** (art. 1.010 e seguintes).

Como já foi dito anteriormente, existem leis extravagantes que regulamentam outras espécies de contratos nos quais há obrigação de fazer por parte do trabalhador, a exemplo da prestação de serviço dos cooperados em face da sociedade cooperativa de serviços (Lei nº 12.690/12).

A relação de trabalho derivada de tais ajustes é caracterizada pela parassubordinação, definida pela doutrina italiana como relação com continuidade, coordenação e de subordinação atenuada, que se aproximam bastante da própria relação de emprego.

Todas as vezes em que o prestador de serviços, na forma dos contratos mencionados, for uma pessoa física, haverá relação de trabalho.

No que se refere ao contrato de prestação de serviços, Caio Mário define o seu objeto: "A prestação da atividade, resultante da energia humana aproveitada por outrem, e tanto pode ser intelectual como material ou física".[14]

14. PEREIRA, Caio Mário da Silva. ***Instituições de direito civil***. Rio de Janeiro: Forense, 1963. v. III. p. 254.

A. Locação de serviços – prestação de serviços

Na sistemática do Código Civil de 1916 (art. 1.216),[15] existia a previsão legal do contrato de locação de serviços. Antes do advento da Consolidação das Leis do Trabalho, essas eram as únicas normas que regulamentavam o contrato de trabalho.

Da leitura dos artigos 1.216 e seguintes do Código Civil anterior, depreende-se que não havia qualquer preocupação com o estado de hipossuficiência do empregado. Entretanto, alguns preceitos serviram de inspiração para o legislador celetista, como por exemplo, o art. 1.226 que tratava da figura da justa causa.[16]

O Código Civil atual substituiu a expressão citada por contrato de prestação de serviços, conforme se vê do seu art. 594: "Toda a espécie de serviço ou trabalho lícito, material ou imaterial, pode ser contratada mediante retribuição".

Na sistemática legal atual, a regulamentação efetiva-se por exclusão.[17] Qualquer prestação de serviços que não esteja prevista na Consolidação das Leis do Trabalho ou em qualquer outra norma específica fica sujeita aos preceitos contidos nos art. 593 e seguintes do Código Civil.

Esse tipo de contrato não poderá ser firmado com prazo superior a quatro anos (art. 598 do CC). A retribuição devida ao trabalhador, se não ajustada expressamente, deverá observar os costumes do lugar, o tempo de serviço e sua qualidade.

Em tais situações, o trabalhador só tem direito à remuneração pelo efetivo trabalho prestado ou pela conclusão do objeto que ficou definido no contrato, sem qualquer direito previsto na legislação trabalhista, **salvo o aviso-prévio** que é devido se o contrato for estipulado por prazo indeterminado, conforme determina o art. 599 do Código Civil:

> **Art. 599.** Não havendo prazo estipulado, nem se podendo inferir da natureza do contrato, ou do costume do lugar, qualquer das partes, a seu arbítrio, mediante prévio aviso, pode resolver o contrato. Parágrafo único. Dar-se-á o aviso: I – com antecedência de oito dias, se o salário se houver fixado por tempo de um mês, ou mais; II – com antecipação de quatro dias, se o salário se tiver ajustado por semana, ou quinzena; III – de véspera, quando se tenha contratado por menos de sete dias.

Todos os contratos referidos podem **ser utilizados para dissimular** um contrato de emprego. O interessado, entretanto, pode postular em juízo a declaração da nulidade do ato praticado em fraude à legislação trabalhista e, consequentemente, o reconhecimento da relação empregatícia, por conta da aplicação do princípio da primazia da realidade.

---

15. Código Civil de 1916. Art. 1216. Toda a espécie de serviço ou trabalho lícito, material ou imaterial, pode ser contratada mediante retribuição.
16. Código Civil de 1916. Art. 1226. São justas causas para dar o locador por findo o contrato: I – Ter de exercer funções públicas, ou desempenhar obrigações legais, incompatíveis estas ou aquelas com a continuação do serviço; II – Achar-se inabilitado, por força maior, para cumprir o contrato; III – Exigir dele o locatário serviços superiores às suas forças, defesos por lei, contrários aos bons costumes, ou alheios ao contrato; IV – Tratá-lo o locatário com rigor excessivo, ou não lhe dar a alimentação conveniente; V – Correr perigo manifesto de dano ou mal considerável; VI – Não cumprir o locatário as obrigações do contrato; VII – Ofendê-lo o locatário ou tentar ofendê-lo na honra de pessoa de sua família; VIII – Morrer o locatário.
17. Código Civil de 2002. Art. 593. A prestação de serviço, que não estiver sujeita às leis trabalhistas ou a lei especial, reger-se-á pelas disposições deste Capítulo.

B. Empreitada

No contrato de empreitada, o empreiteiro compromete-se a realizar uma obra, ou parte dela. Já a participação do empreiteiro pode se resumir apenas ao seu trabalho ou pode vir acompanhada do fornecimento de materiais.

A diferença básica existente entre o contrato de empreitada e o contrato de emprego é, justamente, o resultado do trabalho. No primeiro, o que interessa para o beneficiário do serviço é a obra pronta e acabada. No caso do contrato de emprego, o empregador é quem determina ao empregado como deve ser executado o serviço.

Orlando Gomes explica essa diferenciação:

> Segundo esse critério, se os contraentes celebram convenção visando ao resultado do trabalho, como obra pronta, o contrato é de empreitada. Se, ao contrário, o contrato tem por fim prestações de trabalho determinadas somente no gênero, tem-se, conforme o caso, um contrato de prestação livre de serviço ou um contrato de trabalho.[18]

O empreiteiro trabalha com autonomia e o resultado do seu trabalho vai ser transferido para o beneficiário do serviço ao final do prazo estipulado no contrato. Corre por conta do empreiteiro qualquer risco até esse referido momento.

Ressalte-se, entretanto, que esse critério não é decisivo na distinção entre contrato de empreitada e de trabalho. Isso porque, excepcionalmente, admite-se no contrato de emprego ajustes de resultados sucessivos do trabalho prestado pelo empregado. Mais uma vez, a subordinação desponta como traço característico e único do pacto laboral.

Mesmo antes da reforma do Poder Judiciário, **a Justiça do Trabalho já era competente para dirimir conflitos quando fosse empreiteiro o operário ou artífice**, ou seja, nos casos de pequena empreitada, conforme determina o art. 652, III da Consolidação das Leis do Trabalho.[19]

ATENÇÃO! Além do contrato de empreitada, existe o contrato de subempreitada, que ocorre quando a empresa contratada repassa total ou parcialmente os serviços para outra empresa, geralmente de menor porte, denominada de subempreiteira. O art. 455 da CLT regula os efeitos trabalhistas do contrato de subempreitada. O TST tem entendido que o referido dispositivo legal estabelece uma RESPONSABILIDADE SOLIDÁRIA entre a empreiteira e a subempreiteira pelos créditos trabalhistas porventura inadimplidos. Esse detalhe tem sido cobrado em concursos públicos.

C. Representação comercial

Por meio do contrato de representação comercial, o representante compromete-se a prestar serviços de natureza autônoma à empresa que deseja comercializar produtos e/ou serviços a clientes fora do seu estabelecimento.

---

18. GOMES, Orlando; GOTTSCHALK, Élson. ***Curso de direito do trabalho***. 9. ed. Rio de Janeiro: Forense, 1984. v. 1, p. 180.

19. CLT. Art. 652. Compete às Varas do Trabalho: III – os dissídios resultantes de contratos de empreitadas em que o empreiteiro seja operário ou artífice.

O conceito legal de representante comercial encontra-se inserto no art. 1º da Lei nº 4.886/65:

> **Art. 1º.** Exerce a representação comercial autônoma a pessoa jurídica ou a pessoa física, sem relação de emprego, que desempenha, em caráter não eventual por conta de uma ou mais pessoas, a mediação para a realização de negócios mercantis, agenciando propostas ou pedidos, para transmiti-los aos representados, praticando ou não atos relacionados com a execução dos negócios.

É um contrato formal, que deve observar os requisitos estabelecidos pela supramencionada Lei nº 4.886/65 (alterada pelas Leis nºs 8.420/92 e 12.246/10).

Se a representação comercial for feita por pessoa física, **o representante deve ter registro no CORE** – Conselho Regional de Representantes.[20]

Em muitos aspectos, assemelha-se com o contrato de trabalho, pois a prestação de serviços deve ser não eventual, onerosa e por conta alheia. Inclusive, a cláusula de exclusividade pode ser ajustada entre os contratantes para proibir que o representante promova a intermediação de negócios de outra empresa.

Existe, também, certo grau de subordinação do representante para com a empresa, circunstância que dificulta a diferenciação entre os dois contratos, de representação comercial e de trabalho. Verifica-se a existência dessa pequena dose de subordinação quando se analisam alguns dos preceitos da supracitada Lei nº 4.886/65.

Por exemplo, no art. 28 exige-se que o representante informe à empresa o andamento dos negócios sob sua responsabilidade. Ainda há previsão legal de indenização por denúncia injustificada do contrato de representação e motivos que autorizam a resolução contratual por justa causa, circunstância que contribui para aumentar o grau de semelhança entre esses dois contratos de atividade.

Somente a avaliação de cada caso é que permite revelar qual a natureza jurídica da respectiva relação.

O quadro a seguir mostra a posição da doutrina brasileira sobre a subordinação no contrato de representação comercial:

RELAÇÃO DO REPRESENTANTE COMERCIAL E O VINCULO EMPREGATÍCIO	
Divergência quanto à Subordinação	
Amauri Mascaro Nascimento*	O representante comercial é autônomo, trabalha por conta própria, sem subordinação. Mas há vendedores empregados que também fazem mediação para realização de negócios. A diferença está no poder de direção sobre a atividade exercida pelo vendedor, inexistente em se tratando de representante comercial autônomo.
Maurício Godinho Delgado**	Obviamente que a realidade concreta pode evidenciar a utilização simulatória da roupagem da pessoa jurídica para encobrir prestação efetiva de serviços por uma específica pessoa física, celebrando-se uma relação jurídica sem indeterminação de caráter individual que tende a caracterizar a atuação de qualquer pessoa jurídica. Demonstrado, pelo exame concreto da situação examinada, que o serviço diz respeito apenas e tão somente a uma pessoa física, surge o primeiro elemento fático-jurídico da relação empregatícia.

20. Lei nº 4.886/65. Art. 2º É obrigatório o registro dos que exerçam a representação comercial autônoma nos Conselhos Regionais criados pelo artigo 6º desta Lei.

RELAÇÃO DO REPRESENTANTE COMERCIAL E O VINCULO EMPREGATÍCIO	
Divergência quanto à Subordinação	
Rubens Edmundo Requião* **	A representação comercial deriva do instituto geral da representação nos negócios jurídicos, pela qual uma pessoa age em lugar e no interesse de outra, sem ser atingida pelo ato que pratica. O representante comercial é, assim, um colaborador jurídico, que, através da mediação, leva as partes a entabular e concluir negócios.
(*) NASCIMENTO, Amauri Mascaro. **Iniciação ao direito do trabalho.** 31. ed. São Paulo: Ltr, 2005. (**) DELGADO, Maurício Godinho. **Curso de direito do trabalho.** 3. ed. São Paulo: Ltr, 2004. (***) REQUIÃO, Rubens Edmundo. **Nova regulamentação da representação comercial autônoma.** 3. ed. São Paulo: Saraiva, 2007.	

De qualquer forma, o STF decidiu que no caso específico da representação comercial, a competência para analisar eventual litígio é da Justiça Comum, apesar de ser uma autêntica relação de trabalho.

A tese de repercussão geral fixada no referido julgamento ocorrido no RE nº 606003 (Tema 550) foi a seguinte: "Preenchidos os requisitos dispostos na Lei 4.886/65, compete à Justiça Comum o julgamento de processos envolvendo relação jurídica entre representante e representada comerciais, uma vez que não há relação de trabalho entre as partes".

D. Mandato

No contrato de mandato, o mandante outorga poderes ao mandatário, pessoa física ou jurídica, para a prática de atos jurídicos em seu nome ou para administrar seus interesses.

O contrato de mandato materializa-se por meio da procuração e tem o seu regramento estabelecido pelo artigo 653 e seguintes do Código Civil: "Opera-se o mandato quando alguém recebe de outrem poderes para, em seu nome, praticar atos ou administrar interesses. A procuração é o instrumento do mandato".

Diversamente do que ocorre com o contrato de emprego, **presume-se ser gratuito o contrato de mandato, salvo disposição expressa em sentido contrário.**[21]

Na sua modalidade onerosa e quando o mandatário é pessoa física, assemelha-se ao contrato de trabalho. Nesse caso, recorre-se ao requisito da subordinação para definir a espécie da relação jurídica, se mandato ou contrato de emprego.

Existem outros critérios defendidos pela doutrina para distinção entre essas duas espécies contratuais, mas que não resistem a uma mínima análise. Pela teoria da representação, o mandatário pratica atos em nome do mandante. O mandatário é um representante constituído **por um instrumento particular ou público.**

Entretanto, em vários casos, o empregado assume a condição de representante do empregador, como acontece com aqueles que exercem função de alta confiança, circunstância que dificulta a identificação do contrato por esse critério.

21. Código Civil. Art. 658. O mandato presume-se gratuito quando não houver sido estipulada retribuição, exceto se o seu objeto corresponder ao daqueles que o mandatário trata por ofício ou profissão lucrativa.

O local da prática dos atos, aliado a outros requisitos, serve para determinar a natureza do contrato celebrado. Com efeito, não se admite o ajuste de um contrato de mandato para que o mandatário pratique atos dentro do próprio estabelecimento da empresa. Ao contrário, é relativamente comum o exercício das atividades laborais do empregado fora do âmbito da unidade empresarial, como acontece com os vendedores viajantes e o trabalho em domicílio.

E. Sociedade

Quando duas ou mais pessoas associam-se para contribuir com bens e/ou serviços na exploração de uma atividade econômica, com escopo de repartição dos lucros, celebram um contrato de sociedade, na forma prevista pelo o art. 981 do Código Civil.

O que caracteriza o contrato de sociedade é, justamente, a *affectio societatis*, assim considerado o desejo convergente dos contratantes de unirem-se com objetivos comuns. Tal não ocorre no contrato de trabalho, por meio do qual **o empregador assume o risco da atividade econômica** e o empregado percebe sua remuneração independentemente da obtenção de lucro pela empresa.

Obviamente que não se pode chegar ao exagero de dizer que são opostos os interesses do empregado e do empregador. Mas esse vínculo que os une é apenas de colaboração, visto que é interesse do empregado, também, que o empreendimento obtenha lucro, para, com isso, manter o seu posto de trabalho.

Apesar de haver possibilidade de o empregado participar dos lucros e dos resultados da empresa, isso não desnatura o contrato de trabalho, **pois essa forma de retribuição do empregador não pode representar a totalidade do salário.**[22]

Com efeito, diante do seu caráter comutativo, o contrato de trabalho não pode fixar um salário aleatório, ou seja, de acordo com a obtenção ou não de lucro pela empresa. Mesmo no caso de prejuízo, é devido o salário ao empregado.

F. Parceria

A parceria rural constitui forma especial de contrato de sociedade, que pode ocorrer tanto na agricultura quanto na pecuária.

O conceito legal de contrato de parceria rural encontra-se inserido no art. 4º, do Decreto nº 59.566, de 14.11.1966, que regulamentou o Estatuto da Terra:

> **Art. 4º.** Parceria rural é o contrato agrário pelo qual uma pessoa se obriga a ceder à outra, por tempo determinado ou não, o uso especifico de imóvel rural, de parte ou partes do mesmo, incluindo, ou não, benfeitorias, outros bens e ou facilidades, com o objetivo de nele ser exercida atividade de exploração agrícola, pecuária, agro-industrial, extrativa vegetal ou mista; e ou lhe entrega animais para cria, recria, invernagem, engorda ou extração de matérias primas de origem animal, mediante partilha de riscos do caso fortuito e da força

22. Lei nº 10.101/00. Art. 3º A participação de que trata o artigo 2º não substitui ou complementa a remuneração devida a qualquer empregado, nem constitui base de incidência de qualquer encargo trabalhista, não se lhe aplicando o princípio da habitualidade.

> maior do empreendimento rural, e dos frutos, produtos ou lucros havidos nas proporções que estipularem, observados os limites percentuais da lei.

Como espécie do contrato de sociedade, na parceria agrícola ou na pecuária, os contratantes dividem os lucros e suportam os prejuízos, com assunção dos riscos da atividade econômica.

Ausente a *affectio societatis* e presente a subordinação jurídica de um parceiro em relação ao outro, **o vínculo será de emprego e não de sociedade.**

Orlando Gomes destaca essa característica:

> A inexistência do vínculo de subordinação basta para diferençar a parceria do contrato de trabalho. A exploração econômica do prédio rústico é dirigida pelo parceiro-cessionário, sem a intervenção do cedente, que, deste modo, não tem o poder hierárquico inerente ao exercício da função de empregador.[23]

Exemplo de questão sobre o tema

(Magistratura do Trabalho – TRT 23ª – 2010) Com relação aos contratos de trabalho (gênero) analise as seguintes proposições e com base na legislação, jurisprudência pacificada e doutrina predominante aponte a alternativa correta.

I. O trabalhador eventual presta serviços de modo subordinado ao tomador.

II. A pequena empreitada pressupõe autonomia do empreiteiro perante o dono da obra, ou seja, neste contrato não há subordinação.

III. Para uma cooperativa de trabalho ser considerada válida é necessário que o trabalhador consiga obter um resultado melhor trabalhando como associado da cooperativa do que obteria trabalhando fora da cooperativa.

IV. O contrato de prestação de serviços invariavelmente conduz à uma relação de emprego, uma vez que é subordinado, assalariado, não eventual e pessoal em relação ao trabalhador.

(A) As proposições I e II estão corretas e as proposições III e IV incorretas.

(B) As proposições II, e III e IV estão corretas e a proposição I está incorreta;

(C) As proposições III e IV estão corretas e as proposições I e II incorretas;

(D) As proposições I e IV estão corretas e as proposições II e III incorretas.

(E) As proposições I, II e III estão corretas e a proposição IV incorreta.

Resposta: E

3.6. Pré-contratações

Para parte da doutrina laboral, o contrato de trabalho é do tipo **contrato-realidade**. Nesse passo, é reconhecida a sua existência somente a partir do momento em que se verifica a efetiva prestação de serviços com os seus elementos característicos, quais sejam, onerosidade, pessoalidade, não eventualidade e subordinação jurídica. Essa característica afasta a possibilidade de ser reconhecida a fase pré-contratual.

Para a teoria contratualista da relação empregatícia, **a pré-contratação corresponde à fase anterior ao início da execução do contrato** de emprego, representando o momento que antecede a formação contratual, quando há uma proposta feita por parte do trabalhador ou do empresário, com ou sem uma discussão sobre as cláusulas do futuro contrato.

23. GOMES, Orlando; GOTTSCHALK, Élson. ***Curso de direito do trabalho***. 9. ed. Rio de Janeiro: Forense, 1984. v. 1, p. 190.

A Consolidação das Leis do Trabalho não contém preceito que disponha sobre esta matéria. Necessário se faz, portanto, recorrer aos subsídios legais apresentados pelo Código Civil em seu art. 427 e seguintes, que regulam as questões relativas à formação dos contratos, adaptados à influência dos princípios do Direito Laboral.

Nesse passo, a formação do contrato de trabalho inicia-se com a **proposta (também denominada de oferta ou policitação)**, que pode ser escrita, verbal ou tácita, feita pelo possível futuro empregador ou empregado (proponente), e conclui-se com a aceitação da parte contrária.

A. Requisitos para configuração

Inicialmente, cumpre registrar que para validade do pré-contrato exigem-se os mesmos requisitos do contrato, na forma prevista pelo art. 462 do Código Civil, salvo em relação à forma: "O contrato preliminar, exceto quanto à forma, deve conter todos os requisitos essenciais ao contrato a ser celebrado".

A proposta de emprego pode ser feita de diversas formas: pessoalmente, por telefone, por *e-mail,* por carta, mensagens de texto etc. Mas **o contrato considera-se celebrado no local onde foi feita a proposta**, de acordo com o conteúdo do art. 435 do Código Civil.[24]

A proposta feita ao público em geral, com a utilização dos meios de comunicação, individual ou em massa, recebe a denominação especial de **oferta ao público.**

Em relação ao tempo, **a proposta pode ser com ou sem prazo determinado.** A proposta também pode ser feita a pessoas presentes ou ausentes.

Quando feita pelo empregador, a proposta deverá observar os limites impostos pelo princípio da não discriminação, que foi estudado no item 4.5, "h", capítulo I, parte I, desta obra, mormente a não exigência de tempo de experiência superior a seis meses na mesma atividade, segundo determina o art. 442-A da CLT.

B. Efeitos

Para cada uma das espécies citadas, produz-se um efeito diverso. Feita a proposta sem prazo certo ao trabalhador presente, este deve aceitá-la imediatamente, sob pena de não obrigar o proponente no futuro.

Saliente-se, entretanto, que **se considera presente a pessoa que for contatada por qualquer meio de comunicação *on line*, como telefone, computador**, etc. Caso o candidato esteja ausente, deve-se levar em consideração um prazo razoável, findo o qual deixa de ser obrigatória a proposta. Se houve fixação de prazo para o trabalhador ausente, a falta de resposta tempestiva desobriga o proponente.

Também não obriga o futuro empregador, a proposta cuja retratação for recebida, em primeiro lugar ou simultaneamente pelo empregado.

24. Código Civil. Art. 435. Reputar-se-á celebrado o contrato no lugar em que foi proposto.

No Direito comum, expedida a aceitação, entre ausentes, entende-se concluído o negócio jurídico, exceto se ocorrerem as causas constantes do art. 434 do Código Civil:

> **Art. 434.** Os contratos entre ausentes tornam-se perfeitos desde que a aceitação é expedida, exceto: I – no caso do artigo antecedente;[25] II – se o proponente se houver comprometido a esperar resposta; III – se ela não chegar no prazo convencionado.

Observa-se, desse modo, que o Direito pátrio adotou, ordinariamente, a **teoria da expedição**, pois uma vez expedida a aceitação, considera-se celebrado o contrato respectivo.

Ressalte-se, por fim, que a proposta feita pela empresa cria obrigação não só em relação à conclusão do negócio jurídico, mas também no que diz respeito às condições de trabalho oferecidas, principalmente aquelas de natureza salarial.

C. Direitos decorrentes

Como dito, **a proposta de emprego obriga o futuro empregador e o futuro empregado a concluírem o negócio jurídico**, mais precisamente, o contrato de trabalho. A exceção fica por conta da existência de disposição expressa em sentido contrário ou das circunstâncias de cada caso.

Além da conclusão do negócio jurídico em si, a proposta e sua respectiva aceitação implicam obrigação de incluir cláusulas contratuais na forma como foram propostas no ajuste preliminar. Evidentemente que, no caso do contrato de trabalho, essas cláusulas pré-contratuais não poderão ir de encontro ao estatuto mínimo de conteúdo obrigatório fixado pelas normas protecionistas.

D. Hipótese de perdas e danos

O proponente que não cumpre sua promessa responde por perdas e danos, desde que presentes os elementos caracterizadores da responsabilidade civil subjetiva. Nesse caso, o trabalhador terá direito a uma indenização pelos danos sofridos em decorrência da não conclusão do negócio jurídico que havia sido proposto.

Ao comentar essa questão, Délio Maranhão assevera que:

> Tais conversações, porém, se não obrigam a concluir o contrato, nem por esse motivo deixam de produzir, em alguns casos, efeitos jurídicos. Assim é que, se os entendimentos preliminares chegaram a um ponto que faça prever a conclusão do contrato e uma das partes os rompe sem um motivo justo e razoável (culpa in contrahendo), a outra terá o direito ao ressarcimento do dano causado por esse rompimento (interesse contratual negativo), quando possa provar que, confiando na previsível conclusão do contrato, fez despesas em virtude de tais entendimentos, ou deixou de aceitar outra oferta tanto ou mais vantajosa.[26]

O problema surge com a indenização devida ao trabalhador que não foi contratado pela empresa. Se a promessa feita pelo empresário provoca o pedido de demissão do obreiro no

---

25. Código Civil. Art. 433. Considera-se inexistente a aceitação, se antes dela ou com ela chegar ao proponente a retratação do aceitante.
26. SÜSSEKIND, Arnaldo *et all.* ***Instituições de direito do trabalho***. Atualizado por Arnaldo Süssekind e João de Lima Teixeira Filho. 19. ed. São Paulo: LTr, 2000. p. 252.

âmbito de um contrato de trabalho já em vigor com outro empregador, a dificuldade ainda persiste, vez que não se tem ideia de quanto tempo ainda perduraria aquela relação empregatícia para, consequentemente, fixar-se o valor do lucro cessante.

Soluções alternativas podem ser sugeridas, como a condenação da empresa no pagamento de um valor equivalente às cotas do seguro-desemprego.

Considerando que a aceitação não faz nascer, imediatamente, o contrato de trabalho, o empregado que concordou com a proposta, e não inicia a prestação de serviços, também responde por perdas e danos.

A indenização devida pelo proponente **não terá por base as eventuais verbas decorrentes de uma relação de emprego futura**. Isso porque não há como prever qual seria a duração do vínculo empregatício, a partir do qual se fixaria o valor da reparação.

O dano efetiva-se pelo **lucro cessante e/ou pelo dano emergente**, que, nesse caso, pode ser representado pelas despesas efetuadas pelo trabalhador em decorrência da proposta ou da sua aceitação, bem como aquilo que deixou de ganhar na expectativa de que o contrato seria concluído etc.

Na verdade, as situações hipotéticas acima mencionadas amoldam-se mais à teoria da **perda da chance**, que tem critérios próprios para definição da indenização devida àquele que se sentir lesado. Assim, o que deve ser indenizado é pura e simplesmente a perda da chance séria, e não aquilo que a pessoa poderia ter auferido se não fosse a intervenção do ofensor.

A competência em razão da matéria para solucionar demanda contendo postulação da referida indenização seria da Justiça do Trabalho. Com efeito, a Justiça do Trabalho, antes da promulgação da reforma do Poder Judiciário, já tinha competência para solucionar os litígios entre empregados e empregadores e as demais relações de trabalho, por expressa previsão legal.

O fato de o contrato de trabalho só se formar com o efetivo trabalho (pela teoria do contrato-realidade), a não conclusão do negócio jurídico não implica, necessariamente, o afastamento da competência da Justiça Especial Laboral.

Com efeito, em face da inexistência de um mecanismo que assegure a estabilidade no emprego no Brasil, a maioria das reclamações trabalhistas são propostas, justamente, após a extinção do vínculo empregatício, sem nenhum questionamento quanto à competência da Justiça do Trabalho nesses casos.

Ora, se a Justiça Laboral é competente para analisar um conflito após a extinção do liame que lhe deu causa, também o é quando o litígio surge antes mesmo da referida relação ser criada.

Contudo, é necessário ressaltar que o STF entendeu de forma diversa, pelo menos quando se tratar de lides envolvendo empresas estatais. Com efeito, foi fixada a seguinte tese, nos autos do RE nº 960429, com repercussão geral declarada (Tema 992 da sistemática da repercussão geral):

> Compete à Justiça comum processar e julgar controvérsias relacionadas à fase pré-contratual de seleção e de admissão de pessoal e eventual nulidade do certame em face da Administração Pública, direta e indireta, nas hipóteses em que adotado o regime celetista de contratação de pessoal.

Exemplos de questões sobre o tema

(FCC – Juiz do Trabalho Substituto 18ª região/2014) Cordula foi aprovada em processo seletivo para ocupar vaga de Coordenadora Administrativa na empresa MDMV Comércio Ltda., vaga esta disponível e publicada em diversos sites. Em razão da aprovação no processo seletivo, enviou para a empresa os documentos solicitados, fez exame médico admissional e trocou inúmeros e-mails com o RH da empresa sobre dúvidas que tinha sobre a contratação. Com a confirmação da aprovação no referido processo seletivo, Cordula formalizou seu pedido de demissão na empresa Universal Comércio Ltda., onde até então era empregada. Ocorre, porém, que, um dia após ter pedido demissão na empresa Universal, Cordula recebeu um e-mail da empresa MDMV informando que não havia mais interesse na sua contratação e que tudo supostamente não havia passado de um equívoco. Em relação a esta situação,

(A) as tratativas prévias ao contrato de trabalho não geram obrigatoriedade em relação à celebração do referido contrato e não produzem qualquer efeito jurídico em relação às partes que estavam envolvidas nas conversações prévias.

(B) Cordula pode exigir ressarcimento pelo dano causado, tendo em vista que, confiando na previsível conclusão do contrato, pediu demissão do emprego e, portanto, deixou de receber os salários que até então vinha recebendo.

(C) somente a inobservância do princípio da boa-fé pode ser considerada como elemento genérico da responsabilidade pré-contratual.

(D) Cordula não pode exigir ressarcimento por qualquer dano sofrido, tendo em vista que somente com a efetiva assinatura do contrato de trabalho com a empresa MDMV estaria caracterizado o consentimento e, portanto, somente a partir desse momento ela poderia pedir demissão da empresa Universal.

(E) o fato de a empresa MDMV ter alegado que tudo não passou de um equívoco afasta a enganosidade da informação como elemento específico exigido para a caracterização da responsabilidade pré-contratual.

Resposta: B

(TRT 15 – Juiz do Trabalho Substituto 15ª região/ 2013) Uma empresa foi condenada a pagar indenização por danos materiais e morais a um trabalhador por ter interrompido imotivadamente um processo seletivo, mesmo após o trabalhador ter sido aprovado para sua fase final, que seria meramente burocrática, quando já havia, inclusive, alterado sua residência para a cidade em que se executariam os serviços do novo emprego e ter pedido demissão do emprego anterior. Qual conjunto de fundamentos, dentre os abaixo relacionados, justificam, com maior acerto, o resultado jurídico mencionado?

(A) "pacta sunt servanda" e condição resolutiva;

(B) "exceptio non adimpleti contraetus" e princípio da reserva legal;

(C) posse de má-fé e negligência;

(D) frustração de expectativa e perda de uma chance;

(E) boa-fé objetiva e continuidade da relação de emprego.

Resposta: D

4. CARACTERIZAÇÃO E CLASSIFICAÇÃO DO CONTRATO DE EMPREGO

O contrato do trabalho, dentro da classificação proposta pela teoria geral dos contratos, possui características que o diferencia dos demais contratos. Nesse passo, o contrato de trabalho é típico, de trato sucessivo, comutativo, oneroso, informal e *intuitu personae.*

4.1. Típico

Segundo Caio Mário, um contrato é típico quando "as suas regras disciplinares são deduzidas de maneira precisa nos Códigos ou nas Leis".[27] Assim, o contrato de trabalho é típico,

27. PEREIRA, Caio Mário da Silva. ***Instituições de direito civil***: fonte das obrigações. Rio de Janeiro: Forense, 1963. v. III, p. 41-42.

pois a norma, mais precisamente a CLT[28] (e outras leis esparsas), trata, especificamente, do contrato de trabalho geral ou especial.

4.2. Execução sucessiva

Também é um contrato de trato sucessivo, pois **o contrato de trabalho não se exaure no cumprimento de uma única obrigação**, característica do contrato instantâneo ou de execução imediata, como acontece no contrato de compra e venda à vista.

Ao contrário, as obrigações de ambos os contratantes, empregado e empregador, são renovadas em períodos consecutivos, como ocorrem com aquelas relativas ao empregador de pagar salário, realizar depósitos na conta vinculada do empregado, fornecer vale-transporte, etc. De igual forma, a obrigação principal do empregado de prestar serviços renova-se continuamente, de acordo com a necessidade da empresa.

4.3. Comutativo

O pacto laboral é comutativo, pois gera obrigações bilaterais com certa equivalência prévia entre si. Assim, empregado e empregador são ao mesmo tempo credor e devedor, a depender da espécie de obrigação derivada do contrato de trabalho.

Por conta da comutatividade, o empregado já sabe, mesmo antes de executar o serviço, que terá direito a uma retribuição paga pelo empregador, independentemente da obtenção de lucro, circunstância que **revela o caráter *forfetário* do salário**.

Assim, exclui-se a possibilidade de contrato de trabalho aleatório, sujeitando a percepção do salário, por exemplo, à obtenção de lucro pela empresa, pois esta última é quem deve suportar os riscos da sua atividade econômica.

Deve-se frisar, todavia, **que essa comutatividade não é perfeita**, ou seja, há casos em que não há trabalho e, ainda assim, o empregador fica obrigado a pagar salários. É o que acontece nos casos de interrupção contratual, como férias, licença médica até o 15º dia, repouso semanal remunerado, etc.

Sobre essa particularidade, manifesta Maurício Godinho Delgado:

> No âmbito empregatício, ele seria aferido tomando-se o conjunto do contrato e não apenas o contraponto de suas obrigações específicas (trabalho versus salário, por exemplo). É que o instituto da interrupção contratual (pelo qual o obreiro não presta serviços, mas recebe as verbas integrais do contrato, como férias, ilustrativamente) eliminaria, por exemplo, o caráter sinalagmático do pacto empregatício, caso a comparação fosse tópica, parcela contra parcela (o mesmo efeito seria produzido pelo art. 4º, da CLT, que admite a existência de obrigações contratuais empregatícias mesmo sem efetiva prestação de serviços). Aferindo-se tal característica pelo conjunto contratual, preserva-se a validade da característica sinalagmática do contrato empregatício.[29]

28. Consolidação das Leis do Trabalho. TÍTULO IV – DO CONTRATO INDIVIDUAL DE TRABALHO.
29. DELGADO, Maurício Godinho. ***Curso de direito do trabalho***. 10. ed. São Paulo: LTr, 2011. p. 487.

Pode-se argumentar, também, que a obrigação de pagar salário tem relação direta não com a prestação de serviços, mas sim com o simples fato do empregado ficar à disposição do empregador, conforme preceitua o art. 4º da CLT.[30]

4.4. Oneroso

De forma geral, os contratos podem ser onerosos ou gratuitos. Quando um contrato é gratuito, apenas um contratante leva proveito de uma ou algumas obrigações, como acontece com o contrato de doação sem encargo. No contrato a título oneroso, ambos os contratantes levam vantagens nas obrigações recíprocas que assumem.

O contrato de trabalho é oneroso porque cria obrigações para ambos os contratantes e as vantagens dele decorrentes compensam-se reciprocamente. O trabalhador despende sua força física, ou executa um trabalho intelectual, e recebe em troca uma retribuição equivalente.

Desse modo, em um contrato de trabalho, mesmo naqueles nos quais não há subordinação, a presunção é de que foi celebrado a título oneroso. Cabe à parte a quem aproveita, o ônus da prova da prestação de serviços sem retribuição ou quando a própria natureza da atividade assim o induz.

4.5. Informal

Outra classificação consagrada pela doutrina é aquela que divide os contratos em consensuais/não solenes e formais. Contrato formal é aquele que, para sua validade, exige o preenchimento de certos requisitos estabelecidos por lei, e também são denominados de contratos solenes. Contratos não solenes são aqueles que independem de forma específica para sua validade, produzindo efeitos com a mera demonstração de vontade dos contratantes.

O contrato de trabalho é, em regra, não solene (informal) porque não exige nenhuma formalidade para sua validade. **Aperfeiçoa-se pela simples manifestação de vontade dos contratantes**, ainda que essa vontade se limite à aceitação do emprego ofertado pelo empregador.

Apesar de prevalecer essa teoria, há autores que defendem o caráter de **contrato-realidade**, segundo o qual o contrato só se aperfeiçoa com a efetiva prestação de serviço. Assim, só haveria contrato a partir do efetivo trabalho do empregado.

4.6. Personalíssimo

Por fim, **o contrato de trabalho é celebrado *intuitu personae* em relação ao empregado.** A pessoalidade é característica do contrato de trabalho, pois, ao celebrá-lo, estabelece-se uma relação de confiança entre o empregado e o empregador, pois este último é quem vai dirigir e direcionar a atividade do primeiro.

30. CLT. Art. 4º. Considera-se como de serviço efetivo o período em que o empregado esteja à disposição do empregador, aguardando ou executando ordens, salvo disposição especial expressamente consignada.

Por conta disso, desnatura-se o pacto laboral se a pessoa do trabalhador pode ser, a qualquer momento, substituída na prestação de serviços, sem a necessidade de autorização do destinatário da atividade laboral.

Tal situação não chega a configurar estado de sujeição do empregado em face do empregador, como explica Délio Maranhão:

> Um contrato concluído *intuitu personae* em relação à pessoa do empregado. É uma consequência lógica do caráter fiduciário, que lhe é próprio. Daí não se segue, porém, como pretendem alguns, que se estabeleça entre os contratantes um vínculo de natureza 'pessoal', porque esse vínculo pressupõe um estado de poder sobre a pessoa. O trabalhador é livre, e esta liberdade nunca é demais acentuar.[31]

Todavia, tal não acontece com relação ao empregador, pois a lei é clara ao permitir a sucessão de empresas sem que ocorra a cessação do contrato de trabalho (art. 10 e 448 da Consolidação das Leis do Trabalho). Excepciona-se apenas a hipótese em que o empregador é pessoa física que desenvolva uma atividade econômica infungível.

Abaixo, o esquema com as características do contrato de trabalho, ressaltando a expressão mnemônica **POCITE:**

P	ersonalíssimo
O	neroso
C	omutativo
I	nformal
T	ítpico
E	xecução sucessiva

Exemplo de questão sobre o tema:

(TRT 2 – Juiz do Trabalho Substituto 2ª região/2016) Sobre contrato de trabalho e relação empregatícia é INCORRETO afirmar que:

A) A subordinação é a concepção jurídica da dependência do empregado em relação ao empregador, atribuindo a este os poderes de direção, controle e disciplinar, não sendo necessária a supervisão técnica, mas sim a possibilidade do empregador intervir nas atividades do empregado.

B) Desde que presentes os requisitos da relação de emprego o texto consolidado trabalhista não distingue entre o trabalho realizado no estabelecimento empresarial e o executado no domicílio do empregado ou à distância.

C) Em razão de ser o contrato de trabalho de trato sucessivo e da sua continuidade inerente, resulta a consequência de que a indeterminação do prazo se presume, cabendo a quem alega o contrário o encargo de provar a celebração de contrato a termo.

D) O contrato de trabalho é bilateral e não sinalagmático ou comutativo, visto que as obrigações das partes nem sempre se equivalem, ficando a alteridade a cargo do empregador e não pode ser ajustado de forma tácita porque é indispensável a sua anotação em Carteira de Trabalho,

E) O pacto laboral atribuiu ao empregado uma obrigação de fazer infungível e intransmissível, razão pela qual a morte do empregado dissolve, ipso facto, o contrato de trabalho.

Resposta: D

31. SÜSSEKIND, Arnaldo *et all*. **Instituições de direito do trabalho**. Atualizado por Arnaldo Süssekind e João de Lima Teixeira Filho. 19. ed. São Paulo: LTr, 2000. p. 245.

5. CONTEÚDO DO CONTRATO DE EMPREGO

O objeto do contrato de trabalho é de livre estipulação, desde que não contrarie as normas de ordem pública que formam o Direito do Trabalho.[32] Na verdade, o objeto do contrato nada mais é do que o conjunto de suas obrigações.

Já o objeto das obrigações é que constitui a prestação, que no caso do contrato de emprego é, basicamente, o pagamento de salário por parte do empregador e a prestação de serviços por parte do empregado.

Pelo **princípio da aplicação da substituição automática das cláusulas nulas**, mesmo pactuadas cláusulas que impliquem redução de direitos dos trabalhadores fixados na lei, norma coletiva ou sentença normativa, prevalecerão estas últimas em detrimento ao ajuste feito entre empregado e empregador, **salvo no caso dos empregados hipersuficientes**.

Em relação ao tipo de serviço contratado e diante da inexistência de cláusula expressa nesse sentido, presume-se que o empregado obrigou-se a executar qualquer tipo de serviço compatível com sua condição pessoal (art. 456, parágrafo único da CLT).

Percebe-se, assim, que o contrato de trabalho é formado por três espécies de cláusulas: **convencionais, normativas e tácitas,** que serão analisadas individualmente nos próximos tópicos.

5.1. Cláusulas convencionais

As cláusulas derivadas do ajuste expresso entre as partes ou da imposição do empregador no momento da contratação são denominadas de cláusulas convencionais.

O princípio da autonomia da vontade tem aplicabilidade limitada no âmbito do pacto laboral, em face da necessidade de se proteger o hipossuficiente diante do poder diretivo do empregador.

Por conta disso, as cláusulas convencionais só produzem efeitos legais quando estabelecerem condições de trabalho mais vantajosas para o trabalhador.

Caso contrário, são nulas de pleno direito, **excepcionando as cláusulas do contrato do empregado hipersuficiente**, uma vez que o ordenamento jurídico lhe permite estabelecer condições de trabalho diretamente com o empregador, ainda que sejam menos benéficas do que aquelas impostas pela legislação, na forma prevista pelo parágrafo único do art. 444 da CLT:

> **Art. 444. Parágrafo único.** A livre estipulação a que se refere o caput deste artigo aplica-se às hipóteses previstas no art. 611-A desta Consolidação, com a mesma eficácia legal e preponderância sobre os instrumentos coletivos, no caso de empregado portador de diploma de nível superior e que perceba salário mensal igual ou superior a duas vezes o limite máximo dos benefícios do Regime Geral de Previdência Social.

32. CLT. Art. 444: As relações contratuais de trabalho podem ser objeto de livre estipulação das partes interessadas em tudo quanto não contravenha às disposições de proteção ao trabalho, às convenções coletivas que lhes sejam aplicáveis e às decisões das autoridades competentes.

5.2. Cláusulas normativas

As cláusulas inseridas no contrato de trabalho por força da incidência da fonte normativa trabalhista autônoma e heterônoma são conhecidas como cláusulas normativas.

Ainda que nenhuma cláusula seja convencionada expressamente, por escrito ou de forma verbal, o contrato de trabalho, uma vez celebrado, passa a ser formado por um feixe de cláusulas que são derivadas da aplicação do estatuto mínimo estabelecido pelas fontes formais do direito laboral.

Portanto, todo contrato de trabalho possui cláusulas que tratam, por exemplo, da remuneração mínima, da jornada de trabalho, dos períodos de descanso, da proteção à saúde do trabalhador.

5.3. Cláusulas tácitas

As cláusulas do contrato de trabalho também podem ser derivadas das próprias condições em que o serviço é prestado, desde que habituais.

São denominadas de cláusulas tácitas porque não derivam da manifestação expressa de vontade dos sujeitos do contrato de trabalho nem da aderência da normativa trabalhista ao pacto laboral, seja ela autônoma ou heterônoma.

Por exemplo, se o empregado inicia a prestação de serviço com jornada habitual de seis horas por dia, tal condição de trabalho mais benéfica incorpora ao seu contrato definitivamente como se fosse uma cláusula. A majoração dessa jornada reduzida, posteriormente, seria considerada como alteração contratual ilícita e conferiria ao empregado o direito de resistência ou de exigir o pagamento pelas horas extras laboradas a partir da sexta diária.

Assim como ocorre com as cláusulas convencionais, as cláusulas tácitas só produzem efeitos quando não contrariam as disposições contidas na legislação trabalhista, nos instrumentos normativos negociados, na sentença normativa ou no regulamento da empresa, **salvo nos casos de empregados hipersuficientes**.

Nesse sentido é a determinação contida no art. 447 da CLT, com redação bastante confusa:

> **Art. 447.** Na falta de acordo ou prova sobre condição essencial ao contrato verbal, esta se presume existente, como se a tivessem estatuído os interessados na conformidade dos preceitos jurídicos adequados à sua legitimidade.

Por fim, a cláusula tácita **não adere ao contrato de trabalho dos empregados públicos** por conta da incidência do **princípio da legalidade estrita** que rege a Administração Pública.

5.4. Cláusula de não concorrência

Cabe analisar a legalidade de cláusula contratual ajustada entre os contratantes ou imposta pelo empregador, que impede o trabalhador de prestar serviços **para outra empresa concorrente**, durante ou após o contrato de trabalho.

Como dito, a **exclusividade não é requisito da relação de emprego**, apesar de o trabalho subordinado para mais de uma empresa dificultar e até mesmo, em alguns casos, obstar a aplicação de diversos institutos do Direito do Trabalho, como as férias, por exemplo.

Por outro lado, o art. 482, "c", da CLT, considera como justa causa a negociação habitual quando constituir ato de concorrência à empresa para qual trabalha o empregado. Nesse aspecto, é forçoso concluir que o ordenamento jurídico admite a inserção da **cláusula de não concorrência ou até mesmo de exclusividade** para produzir efeitos durante a execução do contrato de trabalho.

A dificuldade surge quando essa cláusula contratual pretende produzir efeitos após a extinção do pacto laboral, por determinado período de tempo, diante da omissão da legislação trabalhista nesse particular.

Por um lado, pode-se invocar o princípio constitucional da **liberdade do trabalho** (art. 5º, XIII) e o princípio da irrenunciabilidade, aplicável durante a formação do contrato de trabalho para afastar a licitude da cláusula de não concorrência. Por outro lado, o empregador possui segredos indispensáveis à realização de seu negócio e que merecem proteção em face da **concorrência das demais empresas.**

No serviço público, a matéria é disciplinada por meio da MP nº 2.225-45 (regulamentada pelo Decreto nº 4.187/02), principalmente pelo art. 6º, que vedam os ocupantes de alguns cargos públicos de exercer atividades ou prestar qualquer serviço no setor de sua atuação, por um período de quatro meses, contados da exoneração. Nesse período, **fica garantido o pagamento de remuneração compensatória**.

Diante da lacuna da lei, é possível que a possibilidade e os parâmetros da cláusula de não concorrência **sejam estabelecidos por meio de acordo ou convenção coletiva de trabalho**. Também, pode-se recorrer ao **Direito comparado**, diante do permissivo contido no art. 8º da CLT, uma vez que diversos ordenamentos jurídicos alienígenas (Espanha, Portugal etc.) tratam dessa questão e fixam requisitos comuns.

Assim, para que a cláusula de não concorrência produza efeitos após a extinção do contrato de trabalho devem ser observados os seguintes requisitos: ajuste de **forma expressa**, preferencialmente por meio de acordo escrito; fixação do **período de vigência** (máximo de dois anos); e pagamento de **indenização equivalente ao período de inatividade** do obreiro.

6. ELEMENTOS ESSENCIAIS DO CONTRATO DE TRABALHO

Como negócio jurídico que é, o contrato de trabalho exige, para sua validade,[33] agente capaz, objeto lícito, possível, determinado ou determinável e forma prescrita ou não defesa em lei, conforme disposto no art. 104 do Código Civil. Tratam-se, portanto, dos elementos essenciais do contrato.

6.1. Agente capaz

O contrato de trabalho é formado, de um lado, pela pessoa do trabalhador, que após a celebração desse negócio jurídico passa a ser denominado de empregado, e do outro lado pela pessoa do empregador.

---

33. Lei 10.406/02. Código Civil. Art. 104: A validade do negócio jurídico requer: I – agente capaz; II – objeto lícito, possível, determinado ou determinável; III – forma prescrita ou não defesa em lei. (art. 82 do Código Civil de 1916).

Para que esse negócio jurídico seja válido, é necessário que os pretensos contratantes expressem validamente as suas vontades convergentes, o que só é possível se possuírem capacidade jurídica, assim considerada a aptidão de praticar atos que impliquem contrair obrigações ou adquirir direitos.

A. *Capacidade do trabalhador*

Ao completar **dezesseis anos**, a pessoa já pode prestar serviços como empregado, conforme determina o art. 7º, XXXIII da CF/88.[34] A Consolidação das Leis do Trabalho **considera menor o trabalhador de 14 a 18 anos**, conforme preceitua o seu art. 402, e proíbe o trabalho aos menores de dezesseis anos, salvo na condição de aprendiz (art. 403),[35] a partir dos 14 anos.

Por intermédio do Decreto nº 4.134/02, o Brasil promulgou a Convenção nº 138 e a Recomendação nº 146, ambas da Organização Internacional do Trabalho,[36] que tratam da idade mínima de admissão ao emprego.

Portanto, para validade do contrato de trabalho exige-se a capacidade plena do empregado que ocorre aos **18 anos** ou por meio da emancipação.

Entre **16 e 18 anos**, o empregado deve ser assistido por seus responsáveis legais para que celebre um contrato de trabalho válido, pois nesse período é considerado como relativamente capaz. **É presumida essa assistência quando os responsáveis legais do menor autorizam a expedição da sua CTPS.**

Entre 14 e 16 anos, o trabalho **só é permitido na condição de aprendiz**, desde que devidamente representado por seus responsáveis.

Uma vez iniciada a execução do pacto laboral por um trabalhador relativamente capaz, **não se exige a assistência do seu responsável legal para firmar quitação no que diz respeito aos salários**.

Contudo, para que a quitação produza todos os efeitos legais em relação às verbas devidas em decorrência da extinção do contrato de trabalho (verbas rescisórias), **é necessária a assistência dos responsáveis legais do menor**, de acordo com o que determina o art. 439 da Consolidação das Leis do Trabalho:

> **Art. 439.** É lícito ao menor firmar recibo pelo pagamento dos salários. Tratando-se, porém, de rescisão do contrato de trabalho, é vedado ao menor de 18 anos dar, sem assistência dos seus responsáveis legais, quitação ao empregador pelo recebimento da indenização que lhe for devida.

Se o responsável legal do empregado relativamente capaz entender que o contrato de trabalho lhe causa prejuízo, seja de natureza física ou moral, **poderá postular a sua extinção**, conforme preceitua o art. 408 da Consolidação das Leis do Trabalho.[37]

---

34. CF/88. Art. 7º. XXXIII – proibição de trabalho noturno, perigoso ou insalubre a menores de dezoito e de qualquer trabalho a menores de dezesseis anos, salvo na condição de aprendiz, a partir de quatorze anos.
35. CLT. Art. 402. Considera-se menor para os efeitos desta Consolidação o trabalhador de quatorze até dezoito anos. Art. 403. É proibido qualquer trabalho a menores de dezesseis anos de idade, salvo na condição de aprendiz, a partir dos quatorze anos.
36. O texto da referida Convenção e da Recomendação da Organização Internacional do Trabalho já havia sido aprovado pelo Congresso Nacional por meio do Decreto Legislativo nº 179, de 14 de dezembro de 1999.
37. CLT. Art. 408. Ao responsável legal do menor é facultado pleitear a extinção do contrato de trabalho, desde que o serviço possa acarretar para ele prejuízo de ordem física ou moral.

B. *Capacidade do empregador*

No que se refere à capacidade de ser empregador, em face da omissão da legislação trabalhista, deve-se observar as regras gerais do Direito comum. Nesse passo, pode ser empregador o maior de dezoito anos.

A menoridade pode cessar, contudo, nas hipóteses previstas pelo art. 5º, parágrafo único, do Código Civil:

> I – pela concessão dos pais, ou de um deles na falta do outro, mediante instrumento público, independentemente de homologação judicial, ou por sentença do juiz, ouvido o tutor, se o menor tiver dezesseis anos completos; II – pelo casamento; III – pelo exercício de emprego público efetivo; IV – pela colação de grau em curso de ensino superior; V – pelo estabelecimento civil ou comercial, ou pela existência de relação de emprego, desde que, em função deles, o menor com dezesseis anos completos tenha economia própria.

C. *Capacidade e legitimidade do empregado imigrante*

A Lei nº 13.445/17, que revogou expressamente a Lei nº 6.815/80, disciplina a situação jurídica do estrangeiro no Brasil, inclusive para exercer o trabalho de forma legal, mediante a concessão dos seguintes vistos:

- **Para pesquisa, ensino ou extensão acadêmica**: concedido ao imigrante com ou sem vínculo empregatício com a instituição de pesquisa ou de ensino brasileira, exigida, na hipótese de vínculo, a comprovação de formação superior compatível ou equivalente reconhecimento científico (art. 14, § 1º);
- **Para o trabalho:** concedido ao imigrante que venha exercer atividade laboral, com ou sem vínculo empregatício no Brasil, desde que comprove oferta de trabalho formalizada por pessoa jurídica em atividade no País, dispensada esta exigência se o imigrante comprovar titulação em curso de ensino superior ou equivalente (art. 14, § 5º);
- **Para férias-trabalho:** concedido ao imigrante maior de 16 (dezesseis) anos que seja nacional de país que conceda idêntico benefício ao nacional brasileiro, em termos definidos por comunicação diplomática (art. 14, § 6º).

A CLT, em seu art. 359 impede que o empregador admita imigrante **que não seja portador de carteira de identidade de estrangeiro**:

> **Art. 359.** Nenhuma empresa poderá admitir a seu serviço empregado estrangeiro sem que este exiba a carteira de identidade de estrangeiro devidamente anotada. Parágrafo único – A empresa é obrigada a assentar no registro de empregados os dados referentes à nacionalidade de qualquer empregado estrangeiro e o número da respectiva carteira de identidade.

Já dispositivos da Seção I "Da proporcionalidade de empregados brasileiros", do Capítulo II "Da Nacionalização do Trabalho" da CLT **não foram recepcionados** pela atual Carta Maior, uma vez que o seu art. 5º, *caput*, obsta a discriminação entre brasileiros e estrangeiros residentes no País.

As limitações para o exercício do trabalho pelo estrangeiro são de natureza formal, cuja inobservância **faz acarretar aplicação de sanção administrativa ao empregador** que admitir trabalhadores em tais condições (multa prevista pelo art. 364 da CLT), pela inobservância das prescrições legais, principalmente aquela contida no art. 359 da CLT: "Nenhuma empresa poderá admitir a seu serviço empregado estrangeiro sem que este exiba a carteira de identidade de estrangeiro devidamente anotada".

Por conta disso, **ainda que o imigrante não tenha autorização para trabalhar no Brasil, mas preste serviços subordinados**, terá celebrado um contrato de trabalho que produzirá os efeitos pretendidos, em face da sua característica de consensualidade.

Todavia, é necessário registrar a existência de entendimento doutrinário e jurisprudencial por meio do qual se defende, em tais situações, a **falta de legitimidade ou capacidade especial ao imigrante** para ser sujeito de direitos e obrigações no âmbito do ordenamento jurídico pátrio. Nessas situações, adotam-se os institutos do Direito civil sem observar os princípios do Direito laboral.

Alice Monteiro de Barros salienta que a hipótese não é de incapacidade do trabalhador imigrante em situação irregular no País, mas sim de uma "impossibilidade circunstancial para agir, tendo-se em vista a situação em que se encontra determinada pessoa em relação a um tipo de contrato de trabalho".[38]

Conclui-se, assim, que o imigrante em situação irregular no Brasil **tem plena capacidade** de contrair obrigações e ser titular de direitos decorrentes da execução e extinção do contrato de trabalho.

6.2. Objeto lícito, possível, determinado ou determinável

Do contrato de trabalho originam-se duas obrigações principais e equivalentes entre si, resultado do seu caráter oneroso e comutativo. O empregador é devedor do salário e o empregado tem a obrigação de prestar serviços subordinados. É sob esse prisma que se deve analisar a questão relativa ao objeto da obrigação que deriva desse negócio jurídico específico.

O objeto do contrato de trabalho, ou mais precisamente, das obrigações dele decorrentes deve ser lícito, ou seja, **não pode contrariar a lei, a moral e os bons costumes**. Assim, o trabalho desenvolvido pelo empregado deve ser admitido como lícito pelo ordenamento jurídico pátrio.

Nesse passo, é ilícito o trabalho prestado em benefício do "jogo do bicho" (art. 58 da Lei de Contravenções Penais)[39], nas rinhas de galo etc.

O Tribunal Superior do Trabalho já se pronunciou expressamente sobre essa espécie de trabalho, por intermédio da Orientação Jurisprudencial nº 199 da SDI-1:

> **OJ Nº 199.** JOGO DO BICHO. CONTRATO DE TRABALHO. NULIDADE. OBJETO ILÍCITO (título alterado e inserido dispositivo) – DEJT divulgado em 16, 17 e 18.11.2010. É nulo o contrato de trabalho celebrado para o desempenho de atividade inerente à prática

---

38. BARROS, Alice Monteiro. ***Direito do Trabalho***. 7. ed. São Paulo: LTr, 2011. p. 199.

39. Decreto-Lei nº 3.688/41. Lei das Contravenções Penais. Jogo do bicho. Art. 58. Explorar ou realizar a loteria denominada jogo do bicho, ou praticar qualquer ato relativo à sua realização ou exploração: Pena – prisão simples, de 4 (quatro) meses a 1 (um) ano, e multa.

do jogo do bicho, ante a ilicitude de seu objeto, o que subtrai o requisito de validade para a formação do ato jurídico.

De igual forma, o trabalho não pode ir de encontro às regras da moral e dos bons costumes, como acontece, por exemplo, com o trabalho do profissional do sexo, conhecido popularmente como prostituta.

Quando não exercido de forma autônoma, ou seja, quando o profissional do sexo presta serviços para casa de prostituição, também denominada de bordel, a hipótese é de crime previsto pelo art. 229 do Código Penal ou do art. 218-B do mesmo Diploma legal em caso de exploração de criança ou adolescente:

> **Casa de prostituição**
>
> **Art. 229.** Manter, por conta própria ou de terceiro, estabelecimento em que ocorra exploração sexual, haja, ou não, intuito de lucro ou mediação direta do proprietário ou gerente: Pena – reclusão, de dois a cinco anos, e multa.
>
> **Favorecimento da prostituição ou de outra forma de exploração sexual de criança ou adolescente ou de vulnerável.**
>
> **Art. 218-B.** Submeter, induzir ou atrair à prostituição ou outra forma de exploração sexual alguém menor de 18 (dezoito) anos ou que, por enfermidade ou deficiência mental, não tem o necessário discernimento para a prática do ato, facilitá-la, impedir ou dificultar que a abandone: Pena – reclusão, de 4 (quatro) a 10 (dez) anos. § 1º Se o crime é praticado com o fim de obter vantagem econômica, aplica-se também multa. § 2º Incorre nas mesmas pena: I – quem pratica conjunção carnal ou outro ato libidinoso com alguém menor de 18 (dezoito) e maior de 14 (catorze) anos na situação descrita no *caput* deste artigo. II – o proprietário, o gerente ou o responsável pelo local em que se verifiquem as práticas referidas no *caput* deste artigo.§ 3º Na hipótese do inciso II do § 2º, constitui efeito obrigatório da condenação a cassação da licença de localização e de funcionamento do estabelecimento.

Entretanto, o trabalho só é considerado contrário à lei, à moral e aos bons costumes, nos casos apontados, quando estiver diretamente relacionado às atividades ilícitas ou contrárias à moral e aos bons costumes, desde que seja adotada a teoria restritiva da ilicitude do objeto, que seguem a teoria restritiva da ilicitude do objeto.

Se uma pessoa trabalha na casa de prostituição como cozinheira, o seu contrato não pode ser considerado nulo, pois as suas tarefas, isoladamente consideradas, não contrariam a moral e os bons costumes, **em que pese esse não ser um entendimento pacífico na doutrina e na jurisprudência.**

Em alguns ordenamentos jurídicos, a exploração do comércio carnal é considerada como atividade lícita, a exemplo do que ocorre na Holanda. No Brasil, país que sofreu grande influência da religião católica, o processo de legalização expressa da prostituição autônoma é lento, apesar dessa prática ser amplamente tolerada pela sociedade. Entretanto, o extinto Ministério do Trabalho e Emprego já havia incluído os profissionais do sexo na Classificação Brasileira de Ocupações – CBO, sob o número 5198-05.

Por fim, a possibilidade física não influencia na validade do pacto laboral. Isso porque essa espécie de contrato só se considera formado no momento em que se inicia a prestação de serviço **(pela teoria do contrato-realidade)**, o que não ocorreria se houvesse impossibilidade física do objeto.

6.3. Forma prescrita ou não defesa em lei

O contrato de emprego é, ordinariamente, consensual, ou seja, independe de qualquer formalidade para sua validade. Basta, apenas, o ajuste de vontades, seguindo a regra constante do Direito Civil (art. 107 do Código Civil).[40]

Todavia, determinadas espécies de contratos de trabalho exigem a forma escrita e/ou outras solenidades para a sua validade.

A. *Contrato escrito*

Para o **contrato de aprendizagem**, por exemplo, exige-se a forma escrita, além de não poder ser celebrado por prazo superior a **dois anos,** de acordo com o art. 428 da Consolidação das Leis do Trabalho:

> **Art. 428.** Contrato de aprendizagem é o contrato de trabalho especial, ajustado por escrito e por prazo determinado, em que o empregador se compromete a assegurar ao maior de quatorze e menor de vinte e quatro anos, inscrito em programa de aprendizagem, formação técnico-profissional metódica, compatível com o seu desenvolvimento físico, moral e psicológico, e o aprendiz, a executar, com zelo e diligência, as tarefas necessárias a essa formação.

O **contrato de trabalho temporário**, regido pela Lei nº 6.019/74 também exige a forma escrita:

> **Art. 11.** O contrato de trabalho celebrado entre empresa de trabalho temporário e cada um dos assalariados colocados à disposição de uma empresa tomadora ou cliente, será obrigatoriamente escrito e dele deverão constar, expressamente, os direitos conferidos aos trabalhadores por esta lei.

B. *Concurso público e processo seletivo*

Para a validade do **contrato de trabalho celebrado com a administração pública** direta e indireta, exige-se que a contratação seja precedida de prévia aprovação em concurso público, de acordo com o disposto no art. 37, inciso II, da Constituição Federal:

> **Art. 37, II.** A investidura em cargo ou emprego público depende de aprovação prévia em concurso público de provas ou de provas e títulos, ressalvadas as nomeações para cargo em comissão declarado em lei de livre nomeação e exoneração.

Esse dispositivo constitucional é de **ordem pública** e instituiu uma forma especial para o contrato de trabalho celebrado pela Administração Pública Direta e Indireta, que não pode ser afastado pela vontade das partes e nem substituído por processo seletivo simplificado:

> **OJ4T Nº 76 do TRT9.** ADMINISTRAÇÃO PÚBLICA. CONTRATAÇÃO SEM CONCURSO PÚBLICO. I – Teste seletivo. A realização de teste seletivo simplificado não atende ao requisito constitucional do concurso público, pois a Administração Pública deve se pautar pela estrita legalidade. II – Professor. Contratação temporária. Competência. A atividade do professor decorre de necessidade permanente da Administração Pública, não sendo viável sua contratação temporária, competindo à Justiça do Trabalho declarar a nulidade.

40. Código Civil. Art. 107. A validade da declaração de vontade não dependerá de forma especial, senão quando a lei expressamente a exigir.

Assim, mesmo na hipótese de contratação de empregados por empresas públicas e de economia mista, exige-se a observância da mencionada solenidade, pois tais entidades fazem parte da administração pública indireta.

O STJ reconheceu, **excepcionalmente**, que o transcurso de vários anos após a contratação de servidor público sem a prévia aprovação em concurso público, convalida os efeitos da nulidade, em face do princípio da segurança jurídica, conforme se observa do trecho da ementa do acórdão a seguir transcrito:

> Os atos que efetivaram os ora recorrentes no serviço público da Assembleia Legislativa da Paraíba, sem a prévia aprovação em concurso público e após a vigência da norma prevista no art. 37, II da Constituição Federal, é induvidosamente ilegal, no entanto, o transcurso de quase vinte anos tornou a situação irreversível, convalidando os seus efeitos, em apreço ao postulado da segurança jurídica, máxime se considerando, como neste caso, que alguns dos nomeados até já se aposentaram (4), tendo sido os atos respectivos aprovados pela Corte de Contas paraibana.[41]

Note-se que os **agentes comunitários de saúde e os agentes de combate às endemias**, admitidos pelos gestores locais do SUS e pela Fundação Nacional de Saúde – FUNASA podem ser contratados **por meio de processo seletivo público simplificado**, de acordo com a permissão contida no art. 198, § 4º da CF/88, regulamentado pela Lei nº 11.350/06, sob pena de nulidade, como deixa claro a Súmula nº 46 do TRT8:

> **SÚMULA Nº 46 do TRT8.** RELAÇÃO DE EMPREGO RECONHECIDA ENTRE OS AGENTES DE ENDEMIAS E O MUNICÍPIO DE SANTANA. DIREITOS DECORRENTES. A contratação dos agentes de endemias feita pelo Município de Santana, no Estado do Amapá, sob o regime celetista, sem concurso público ou processo seletivo público, é nula, conferindo ao trabalhador apenas o direito ao pagamento da contraprestação pactuada, em relação ao número de horas trabalhadas, respeitado o valor da hora do salário mínimo, e dos valores referentes aos depósitos do FGTS.

Ressalte-se que o posicionamento do STF é no sentido de que **as entidades do sistema "S" não estão sujeitas à regra constante do art. 37, II, da CF/88**, diante do seu caráter privado, apesar de atuar em colaboração com o Estado (RE nº 789874).

Já os **Conselhos profissionais** têm natureza jurídica de autarquia especial (ADI nº 1.717). Seus empregados são regidos pela legislação trabalhista, conforme previsão contida na Lei nº 9.649/98, art. 58, § 3º, mas só podem ser admitidos após a prévia aprovação em concurso público.

> **Art. 58, § 3º.** Os empregados dos conselhos de fiscalização de profissões regulamentadas **são regidos pela legislação trabalhista**, sendo vedada qualquer forma de transposição, transferência ou deslocamento para o quadro da Administração Pública direta ou indireta (grifou-se).

Por fim, os empregados da OAB **não necessitam ser aprovados previamente em concurso público prévio para serem contratados.** Isso porque essa entidade foi reconhecida como um serviço público independente, conforme decisão proferida na ADI nº 3.026.

41. STJ. RMS nº 25.652-PB (2007/0268880-8). Rel. Min. Napoleão Nunes Maia Filho. DJU 13.10.2008.

7. ELEMENTOS ACIDENTAIS DO CONTRATO DE EMPREGO

Além dos elementos essenciais, o negócio jurídico pode conter elementos acidentais, como o termo, a condição e o encargo. A seguir serão analisados, individualmente, cada um desses elementos acidentais e sua repercussão no âmbito do contrato de emprego.

7.1. Termo

O termo representa o elemento acidental do negócio jurídico que condiciona a sua eficácia a evento futuro e certo. O termo pode ser inicial ou final. Segundo o art. 131 do Código Civil, o termo inicial suspende o exercício, mas não a aquisição do direito.

Para os defensores da **teoria do contrato-realidade**, o pacto laboral não poderia sujeitar a sua eficácia a um termo inicial justamente porque só se forma, totalmente, com o início da prestação de serviços por parte do empregado. Contudo, para os defensores da teoria contratualista, a presença desse elemento acidental é perfeitamente cabível.

Já o termo final diz respeito a um evento futuro e certo (o tempo), que extingue o negócio jurídico. **Perfeitamente aplicável ao pacto laboral na forma de contrato por tempo determinado**, desde que observados os requisitos legais, visto que a regra é de contratação de empregados por tempo indeterminado.

Observe-se que em determinadas situações o termo final é certo, mas não se tem certeza de quando ocorrerá (*dies certus an incertus quando*).

7.2. Condição

A condição corresponde a uma cláusula que subordina a eficácia de um negócio jurídico a um evento futuro e incerto, derivado da vontade das partes.

A condição poderá ser suspensiva ou resolutiva. No primeiro caso, enquanto não for verificada, o negócio jurídico não produz qualquer efeito. Na hipótese da condição ser resolutiva, o seu advento implica a extinção do negócio jurídico.

Para os adeptos da teoria do contrato-realidade, a condição suspensiva não poderia ser cláusula do pacto laboral pelos mesmos motivos que impedem a inserção do termo inicial no pacto laboral. Já para os contratualistas, não há qualquer óbice para a inserção dessa cláusula do contrato de emprego.

Entretanto, os contratantes podem, validamente, **sujeitar a eficácia do contrato de trabalho a um evento futuro e incerto que implique sua extinção.**

É o caso do trabalhador admitido para substituir empregado afastado por incapacidade decorrente de doença ou acidente do trabalho. Como o contrato de trabalho desse empregado fica suspenso, a pessoa que é contratada para substituí-lo, com plena ciência desse estado precário, tem o seu contrato de trabalho resolvido a partir do momento em que o primeiro recupera a sua capacidade de labor, conforme preceitua o art. 475, § 2º, da Consolidação das Leis do Trabalho.[42]

De qualquer forma, ainda que esteja sujeito a uma condição resolutiva, **o prazo máximo que essa situação pode durar é dois anos.**

7.3. Encargo

O encargo constitui elemento acidental do negócio jurídico, mais precisamente nos contratos gratuitos.

Corresponde a uma incumbência que um dos contratantes tem em decorrência de receber uma prestação vantajosa da parte contrária, sem ter que oferecer qualquer contraprestação. Em caso de descumprimento do encargo, o negócio jurídico pode ser revogado, a exemplo do que acontece com a doação, conforme prescrição contida no art. 555 do Código Civil: "A doação pode ser revogada por ingratidão do donatário, ou por inexecução do encargo".

Como o contrato de trabalho é oneroso e comutativo, **não há como exigir um encargo de qualquer dos contratantes, pois as obrigações são equivalentes, o que torna esse elemento acidental incabível.**

8. FORMAS DE INVALIDADE DO CONTRATO DE EMPREGO

Para validade do negócio jurídico, exige-se a presença de seus elementos essenciais. A falta desses elementos provoca a nulidade do contrato de trabalho, tema bastante discutido e de grande importância no Direito laboral, por suas peculiaridades em relação à teoria das nulidades prevista no Direito civil.

A nulidade do contrato de trabalho poderá ser arguida por qualquer interessado, pelo representante do Ministério Público do Trabalho ou de ofício pelo Juiz, em qualquer tempo ou grau de jurisdição (art. 168, parágrafo único, do Código Civil).

Por ser absoluta, não há possibilidade das partes, por iniciativa própria ou por determinação do juiz, suprir as irregularidades encontradas no contrato de trabalho que deram ensejo a sua nulidade. Nesse caso, não há que se falar em incidência de prazo prescricional.

8.1. Nulidade total do contrato de trabalho

O negócio jurídico, e, consequentemente, o contrato de trabalho, é formado por elementos essenciais que foram detalhadamente estudados anteriormente. A inobservância dos requisitos legais estabelecidos para validade desses elementos nos negócios jurídicos implica nulidade.

Nesse passo, **o contrato de trabalho é nulo quando**: for celebrado por trabalhador incapaz; seu objeto for ilícito ou juridicamente impossível; não revestir a forma prescrita em

42. CLT. Art. 475. § 2º. Se o empregador houver admitido substituto para o aposentado, poderá rescindir, com este, o respectivo contrato de trabalho sem indenização, desde que tenha havido ciência inequívoca da interinidade ao ser celebrado o contrato.

lei, para os contratos especiais; ou quando a lei taxativamente o declarar nulo, ou proibir-lhe a prática, sem cominar sanção (Código Civil art. 166).[43]

O contrato de trabalho deve ser considerado nulo toda vez em que não forem observadas as prescrições contidas no art. 166 do Código Civil, aplicável a toda espécie de negócio jurídico. As divergências surgem no momento de classificar a espécie de nulidade detectada, bem como em relação aos seus efeitos.

Nos contratos instantâneos, que originam uma obrigação de dar, a solução é relativamente simples: declarada a nulidade, as partes devem retornar ao *status quo ante.* Por exemplo, no caso de um contrato de compra e venda que se declara a nulidade, devolve-se o preço pago ao comprador e o objeto ao vendedor.

A dificuldade surge nos contratos de trato sucessivo que contenha a obrigação de fazer por uma das partes, que se renova periodicamente, característica do contrato de emprego.

8.2. Nulidade parcial do contrato de trabalho

A nulidade, quando diz respeito aos elementos do contrato de trabalho, atinge o cerne da relação jurídica. Quando a nulidade alcança apenas uma ou algumas cláusulas do contrato de trabalho, **ela é eliminada do negócio jurídico e substituída, automaticamente, pela cláusula normativa.**

Essa cláusula é representada pelos ditames que fazem parte do estatuto mínimo do trabalhador hipossuficiente ou por outra fonte normativa laboral, como a convenção coletiva, acordo coletivo, sentença normativa ou regulamento de empresa (aplicação do princípio da substituição automática das cláusulas nulas).

Se, por exemplo, for pactuado o pagamento de horas extras com um percentual de 20%, essa cláusula é automaticamente substituída pelo padrão estabelecido pela norma estatal, qual seja, por uma cláusula que determina a obrigação do empregador de pagar as horas extraordinárias acrescidas de 50%, ou outra mais benéfica existente em norma profissional.

Também é parcial a nulidade quando ocorre uma alteração contratual ilícita durante a execução do contrato de trabalho, de acordo com as regras do art. 468 da CLT.[44]

8.3. Dissimulação de contrato de emprego

Na vigência do Código Civil de 1916, a simulação poderia implicar anulabilidade do ato jurídico.[45] O Código Civil de 2002 sanciona com nulidade o negócio jurídico simulado, salvo se o que se dissimulou for válido na forma e na substância.[46]

43. Lei 10.406/2002. Código Civil. Art. 166. (art. 145 do Código Civil de 1916).
44. CLT. Art. 468. Nos contratos individuais de trabalho só é lícita a alteração das respectivas condições por mútuo consentimento, e, ainda assim, desde que não resultem, direta ou indiretamente, prejuízos ao empregado, sob pena de nulidade da cláusula infringente desta garantia.
45. Código Civil de 1916. Art. 105. Poderão demandar a nulidade dos atos simulados os terceiros lesados pela simulação, ou os representantes do poder público, a bem da lei, ou da fazenda.
46. Código Civil de 2002. Art. 167. É nulo o negócio jurídico simulado, mas subsistirá o que se dissimulou, se válido for na substância e na forma.

Por simulação, entende-se a prática por meio da qual se pretende fazer crer que um negócio jurídico possui natureza jurídica diversa da que lhe é própria. Na dissimulação ocorre exatamente o contrário, mas recebe o mesmo tratamento legal da simulação.

O contrato de trabalho gera um grande número de obrigações para o empregador, além da principal, que é o pagamento de salário. São também denominadas de *encargos sociais*. Não raro, alguns empregadores tentam dissimular o contrato de trabalho para se livrar da incidência das normas trabalhistas, fiscais e previdenciárias, que aumentam o custo da mão--de-obra e, por conseguinte, reduzem o lucro.

A dissimulação é feita por meio da utilização dos demais contratos de prestação de serviço, nos quais o trabalhador é considerado como um autônomo (empreitada, representação comercial, mandato, etc.).

A dissimulação pode ocorrer, também, por meio da celebração de um contrato de sociedade ou de cooperativa, no qual um dos sócios ou cooperado assume, na verdade, a execução de trabalhos subordinados.

Nesses casos, conforme art. 167 do Código Civil, anula-se o negócio jurídico simulado (no caso do exemplo supra, os contratos de prestação de serviço, contrato de sociedade ou contrato de cooperativa), **mas subsiste o negócio jurídico dissimulado**, ou seja, o contrato de emprego, desde que se encontrem presentes seus requisitos de validade.

8.4. Efeitos da declaração de nulidade

Ao ser declarada a nulidade de um contrato de trabalho, torna-se impossível a devolução da força de trabalho despendida pelo obreiro, pois se trata de um contrato de execução continuada, que origina obrigações de fazer.

Deve-se observar, dessa forma, a parte final do disposto no art. 182 do Código Civil:

> **Art. 182.** Anulado o negócio jurídico, restituir-se-ão as partes ao estado em que antes dele se achavam, e, não sendo possível restituí-las, **serão indenizadas com o equivalente.** (grifou-se).

A dificuldade consiste em determinar o que representaria a indenização equivalente.

Três posicionamentos distintos surgiram, na doutrina e na jurisprudência, para explicar essa questão. Um grupo defende ser devida uma indenização de valor equivalente a todas as parcelas a que o empregado teria direito se o contrato fosse válido. Nessa hipótese, a nulidade **só produziria efeitos *ex nunc*,** ou seja, apenas a partir do momento de sua declaração.

Há uma corrente mais radical que entende ser o contrato nulo e, por conta disso, não gera efeito algum. Consequentemente, inexistiria qualquer valor devido ao trabalhador. Os seguidores dessa tese adotam a teoria geral das nulidades preconizada pelo Direito Civil clássico, **com efeitos *ex tunc*,** que retroage à data da celebração do negócio jurídico nulo.

Em uma posição intermediária, encontra-se a corrente que entende ser devida ao obreiro uma indenização equivalente ao salário pactuado e/ou pago.

A. *Efeitos da nulidade quanto à forma*

Atualmente, a jurisprudência, capitaneada pelo Tribunal Superior do Trabalho, reconhece que, em caso de contrato nulo em razão de inobservância do preceito contido no art. 37, II, da Constituição Federal de 1988, a indenização reparatória **deve ser equivalente aos salários ajustados e/ou pagos.**

Esse posicionamento constou, inclusive, da primeira redação da Súmula nº 363:

> **SÚMULA Nº 363.** A contratação de servidor público, após a Constituição Federal de 1988, sem prévia aprovação em concurso público, encontra óbice em seu art. 37, II, e no § 2º, somente conferindo-lhe direito ao pagamento dos dias efetivamente trabalhados segundo a contraprestação pactuada.

Posteriormente, houve alteração na referida Súmula para incluir, expressamente, o **direito às horas extras**. A modificação foi feita apenas para esclarecer quais os direitos devidos ao trabalhador submetido àquelas condições, pois horas extras são, na verdade, salário *stricto sensu*, que não podem ser confundidas com o adicional de horas extras, que é uma verba de complemento salarial.

> **SÚMULA Nº 363.** CONTRATO NULO. EFEITOS. A contratação de servidor público, após a Constituição de 1988, sem prévia aprovação em concurso público, encontra óbice no seu art. 37, II, e § 2º, somente conferindo-lhe direito ao pagamento da contraprestação pactuada, em relação ao número de horas trabalhadas, respeitado o salário mínimo/hora.

Por intermédio da Medida Provisória nº 2.164-41/01, em vigor conforme o art. 2º da EC nº 32/2001, foi acrescido o art. 19-A à Lei nº 8.036/90,[47] **para conferir direito ao FGTS** ao empregado público contratado sem a prévia aprovação em concurso público.

Após isso, a mencionada Súmula nº 363 foi novamente modificada para incluir esse direito sobre a indenização devida ao trabalhador contratado sem concurso público.

> **SÚMULA Nº 363.** CONTRATO NULO. EFEITOS – NOVA REDAÇÃO. A contratação de servidor público, após a CF/1988, sem prévia aprovação em concurso público, encontra óbice no respectivo art. 37, II e § 2º, somente lhe conferindo direito ao pagamento da contraprestação pactuada, em relação ao número de horas trabalhadas, respeitado o valor da hora do salário mínimo, e dos valores referentes aos depósitos do FGTS.

Inclusive, em 28.08.2014 o STF confirmou esse entendimento do TST quando julgou o RE nº 705140, com repercussão geral reconhecida e serviu de fundamento para a edição da Súmula nº 85 do TRT4:

> **SÚMULA Nº 85 do TRT4.** CONTRATO NULO. ADMINISTRAÇÃO PÚBLICA. EFEITOS. A contratação para emprego público, sem prévia aprovação em concurso público, é vedada pelo art. 37, II e § 2º, da Constituição Federal, somente conferindo ao trabalhador o direito ao pagamento da contraprestação pactuada em relação ao número de horas trabalhadas, respeitado o valor da hora do salário mínimo e dos valores referentes aos depósitos do FGTS, conforme definido pelo STF no julgamento do RE 705140/RS, ocorrido em 28.08.2014, com repercussão geral.

Considerando que a Constituição Federal de 1988, em seu art. 6º,[48] **dispensa especial e expressa proteção** à **maternidade**, ao lado do próprio trabalho, não há como deixar de

47. Lei nº 8.036/90. Art. 19-A. É devido o depósito do FGTS na conta vinculada do trabalhador cujo contrato de trabalho seja declarado nulo nas hipóteses previstas no art. 37, § 2º, da Constituição Federal, quando mantido o direito ao salário.
48. CF/88. Art. 6º São direitos sociais a educação, a saúde, a alimentação, o trabalho, a moradia, o lazer, a segurança, a previdência social, a proteção à maternidade e à infância, a assistência aos desamparados, na forma desta Constituição (grifou-se).

conferir o direito à licença maternidade à trabalhadora que presta serviços à administração pública, ainda que tenha sido contratada sem concurso público.

Já existem decisões acolhendo essa tese:

> ESTABILIDADE PROVISÓRIA DA GESTANTE. CONTRATAÇÃO SEM PRÉVIA APROVAÇÃO EM CONCURSO PÚBLICO. CONTRATO NULO. DIREITO À MANUTENÇÃO DO EMPREGO QUE SE RECONHECE. As servidoras públicas e empregadas gestantes, inclusive as contratadas a título precário, independentemente do regime jurídico de trabalho, têm direito à licença-maternidade de cento e vinte dias e à estabilidade provisória desde a confirmação da gravidez até cinco meses após o parto, nos termos do art. 7º, XVIII, da Constituição Federal e do art. 10, II, 'b', do ADCT.[49]

Mas a matéria é polêmica, conforme se observa da decisão do TST a seguir transcrita em sentido contrário:

> MATÉRIA AFETADA AO TRIBUNAL PLENO. GESTANTE. CONTRATO NULO. AUSÊNCIA DE PRÉVIA APROVAÇÃO EM CONCURSO PÚBLICO. ESTABILIDADE PROVISÓRIA. INDEVIDA. INCIDÊNCIA DA SÚMULA Nº 363 DO TST. Não é possível estender a garantia provisória de emprego à empregada gestante dispensada em razão do reconhecimento da nulidade do contrato firmado com ente público, sem prévia aprovação em concurso público. Incidência dos estritos termos da Súmula nº 363 do TST que, diante da invalidade da contratação, assegura apenas o pagamento das horas trabalhadas e das contribuições ao FGTS, por expressa previsão de lei. Ao caso concreto não se aplica a Convenção nº 103 da OIT, que consagra o direito das empregadas gestantes à licença-maternidade e veda a dispensa nesse período, nem a jurisprudência do Supremo Tribunal Federal no que concerne ao alcance da estabilidade prevista no art. 10, II, "b", do ADCT, pois ambas as situações pressupõem a validade da relação jurídica estabelecida entre as partes, condição não verificada na hipótese. Sob esse entendimento, o Tribunal Pleno, por maioria, conheceu do recurso de embargos, por divergência jurisprudencial, vencidos os Ministros Hugo Carlos Scheuermann, Cláudio Mascarenhas Brandão, Alberto Luiz Bresciani de Fontan Pereira, Maria de Assis Calsing, Márcio Eurico Vitral Amaro e Kátia Magalhães Arruda. No mérito, ainda por maioria, decidiu-se negar provimento ao recurso, vencidos os Ministros Delaíde Miranda Arantes, relatora, Lelio Bentes Corrêa, Mauricio Godinho Delgado e Augusto César Leite de Carvalho. TST-E-ED-RR-175700-88.2007.5.04.0751, Tribunal Pleno, rel. Min. Delaíde Miranda Arantes, red. p/ acórdão Min. Aloysio Corrêa da Veiga, 17.4.2017.

A Súmula nº 430 e a OJ nº 362 da SDI-1, do TST, tratam da mesma temática da nulidade contratual, observadas determinadas circunstâncias específicas:

> **SÚMULA Nº 430.** ADMINISTRAÇÃO PÚBLICA INDIRETA. CONTRATAÇÃO. AUSÊNCIA DE CONCURSO PÚBLICO. NULIDADE. ULTERIOR PRIVATIZAÇÃO. CONVALIDAÇÃO. INSUBSISTÊNCIA DO VÍCIO. Convalidam-se os efeitos do contrato de trabalho que, considerado nulo por ausência de concurso público, quando celebrado originalmente com ente da Administração Pública Indireta, continua a existir após a sua privatização.

> **OJ Nº 362.** CONTRATO NULO. EFEITOS. FGTS. MEDIDA PROVISÓRIA 2.164-41, DE 24.08.2001, E Art. 19-A DA LEI Nº 8.036, DE 11.05.1990. IRRETROATIVIDADE. Não afronta o princípio da irretroatividade da lei a aplicação do art. 19-A da Lei nº 8.036, de 11.05.1990, aos contratos declarados nulos celebrados antes da vigência da Medida Provisória nº 2.164-41, de 24.08.2001.

49. TRT 18ª R. 0001477-16.2011.5.18.0012 RO. 3ª T. Rel. Juiz Elvecio Moura dos Santos. DEJT 26.01.2012.

É necessário destacar que a tese adotada pelo Tribunal Superior do Trabalho contraria os princípios basilares do Direito do trabalho, mormente o princípio da irretroatividade das nulidades e o princípio protetivo, em face do caráter de trato sucessivo do contrato de labor e da impossibilidade de devolver a energia despendida pelo trabalhador, bem como o princípio constitucional da dignidade da pessoa humana.[50]

Se a indenização deve ser equivalente ao prejuízo total sofrido pelo contratante, como preconiza o supracitado art. 182 do Código Civil, ela jamais poderia ficar adstrita ao salário, com exclusão das demais verbas devidas ao trabalhador, como o 13º salário, férias acrescidas de 1/3, FGTS acrescido de 40%, adicionais legais, etc., tendo em vista que, se o contrato fosse válido, teria direito a todas essas parcelas.

Inclusive, sob a égide do princípio do *no olet* (art. 118, I, do CTN), a contribuição previdenciária seria devida em tais situações, **apesar desse não ser o entendimento do TST**, conforme se observa da decisão a seguir transcrita:

> RECURSO DE EMBARGOS EM RECURSO DE REVISTA. ACÓRDÃO EMBARGADO PUBLICADO ANTES DA ENTRADA EM VIGOR DA LEI 11.496/2007. CONTRATO NULO. SALDO DE SALÁRIOS. CONTRIBUIÇÕES PREVIDENCIÁRIAS. À luz da jurisprudência sedimentada nesta Corte, inquinada de nulidade pleno jure a contratação de trabalhador por ente público sem a prévia aprovação em concurso público, em obediência ao art. 37, II, e § 2º, da Lei Maior, de sorte que, dada a irreversibilidade do labor prestado, apenas há direito à contraprestação das horas trabalhadas e não pagas e aos depósitos do FGTS. Indevido o recolhimento de contribuições previdenciárias.[51]

Na verdade, a concessão apenas do salário, nesses casos, atende mais ao critério de equidade do que a um critério legal, posto não haver possibilidade de declarar uma meia-nulidade. Ou o contrato é nulo, ou não é.

A hipótese de nulidade derivada da não observância do conteúdo do art. 37, II, da Carta Magna de 1988, parece ter contornos diversos das demais espécies de nulidades. Isso porque existe uma norma de ordem pública que não foi observada pelo gestor público, quando da contratação de servidores.

De certa forma, houve prejuízo por parte dos demais trabalhadores, em muitos casos, com maior capacidade e qualificação profissional, que foram preteridos no momento em que deixou de realizar-se um concurso público. Além do mais, os próprios beneficiados com o emprego público têm ciência dessa irregularidade e muitos deles são, na verdade, apadrinhados políticos que obtêm o posto público por meio de uma indicação.

A quantidade de contratações dessa espécie reduziria muito se o gestor público fosse responsabilizado pelo pagamento de indenização ao trabalhador prejudicado.

Já há algumas decisões nesse sentido:

> EMENTA: ADMINISTRAÇÃO PÚBLICA. CONTRATAÇÃO DE PESSOAL SEM CONCURSO PÚBLICO. RESPONSABILIDADE DO SECRETÁRIO DE DEFESA

50. Sobre a ofensa ao princípio da dignidade da pessoa humana consultar: COUTO, Gislianne de Souza. A dignidade do trabalho em confronto com a estrita legalidade da administração pública. ***Revista RDT. 13-01.*** Brasília: Consulex, 31.01.2007. p. 03-05.
51. TST. SDI-1. E-RR 982/2006-007-18-00. Rel. Min. Rosa Maria Weber Candiota da Rosa. DJ 20.03.2009.

SOCIAL E DO DIRETOR DE SUBSECRETARIA DE ADMINISTRAÇÃO PENITENCIÁRIA RESPONSÁVEIS PELA CONTRATAÇÃO DO RECLAMANTE. A CF, no art. 37, parágrafo 5º, determinou o seguinte: "A lei estabelecerá os prazos de prescrição para ilícitos praticados por qualquer agente, servidor ou não, que causem prejuízos ao erário, ressalvadas as respectivas ações de ressarcimento." Portanto, está claramente posto: qualquer agente que praticar ato ilícito com prejuízo ao erário será passível de ação de ressarcimento. O ato do administrador público estadual causou prejuízo. Tanto que haverá necessariamente condenação em salário pelo tempo da relação empregatícia, bem como recolhimento do FGTS. Se houve um contrato irregular e prejuízo ao erário, cumpre responsabilizar quem o firmou, e é exatamente isto que a Lei 4717/65 impôs. A citação de quem praticou o ato irregular é, portanto, uma exigência legal neste caso e em todos os que se anularem contratos de trabalho irregulares com a administração pública. Além do devido processo legal, que garante a qualquer um o direito de defesa, é necessário a fixação da responsabilidade, não só da Administração Pública, mas também do ilícito.[52]

SERVIÇO PÚBLICO – ADMISSÃO – EXIGÊNCIA DE CONCURSO – INOBSERVÂNCIA – NULIDADE DO ATO – EFEITOS – DENUNCIAÇÃO DA LIDE – RESPONSABILIDADE DO EX-GESTOR MUNICIPAL – NÃO CABIMENTO – A contratação por ente público sem o prévio certame exigido pela Constituição Federal torna írrito o contrato de trabalho, por preterição de forma essencial à sua validade. Na orbe trabalhista, a mácula contratual, conquanto preexistente, não retroage, pois prepondera a prestação do trabalho como realidade fática, com as características da sucessividade e comutatividade, o que impede se reconheçam os efeitos jurídico-trabalhistas desta relação, até que alijada do mundo jurídico. Quanto à responsabilidade do ex-administrador público, deve incidir o mandamento inscrito no § 2º do art. 37 da CF/88, mediante ação própria a ser intentada pelo Ministério Público Estadual, a fim de se apurar a responsabilidade criminal do ex-prefeito. Relativamente às parcelas deferidas, responde à demanda o Município que, *in casu*, é efetivamente a parte empregadora, cabendo este, mediante ação regressiva, cobrá-las do mau administrador. Razão porque cabe ao Município o pagamento do FGTS. Quanto às demais verbas, tendo a sentença admitido a denunciação da lide, à míngua de recurso do ex-gestor a esta instância, não há como exclui-las da condenação quanto ao denunciado.[53]

Inclusive, essa prática de contratação de servidor sem a prévia aprovação em concurso público **é tipificada como improbidade administrativa**, de acordo com o art. 11, "V", da Lei nº 8.429/92:

Art. 11. Constitui ato de improbidade administrativa que atenta contra os princípios da administração pública qualquer ação ou omissão que viole os deveres de honestidade, imparcialidade, legalidade e lealdade às instituições, e notadamente: V – frustrar a licitude de concurso público.

Saliente-se, por fim, que a nulidade do contrato de trabalho **não interfere nas consequências jurídicas das lesões morais do trabalhador**. Assim, se o empregado sofreu dano moral durante a relação de trabalho e estão presentes os demais elementos da responsabilidade civil, é devida a respectiva indenização:

CONTRATO NULO. INDENIZAÇÃO POR DANOS MORAIS. O fato de ter-se reconhecido a nulidade da contratação por ausência de concurso público, diante da comprovada afronta ao artigo 37, II, da Constituição da República, não exime o ente público da responsabilidade por eventuais lesões ocasionadas ao reclamante. Ao causar prejuízos morais ou materiais ao trabalhador pela prática de ato ilícito, o reclamado, beneficiário dos serviços no

52. TRT 3ª R. RO 00519-2007-096-03-00-0. 4ª T. Rel. Des. Antônio Álvares da Silva. DJU 12.07.2008.

53. TRT 22ª R. RO 00398-2006-103-22-00-5. Rel. Des. Fausto Lustosa Neto. DJ 21.06.2007.

curso do contrato nulo, deve indenizá-lo, independentemente da validade da relação jurídica firmada entre as partes. Embora o entendimento consagrado na Súmula nº 363 deste Tribunal Superior oriente-se no sentido de negar à contratação nula os efeitos próprios do contrato de trabalho, deve-se resguardar aqueles direitos que extrapolem a esfera tipicamente trabalhista, conquanto advenham do vínculo laboral nulo. Não há falar, portanto, em nulidade da condenação ao pagamento de indenização por danos morais, mesmo quando reputado nulo o contrato de emprego.[54]

Na questão relativa aos efeitos da nulidade do contrato de trabalho do servidor público, a doutrina não é pacífica:

Quadro Doutrinário – Efeitos da contratação sem concurso público		
Teorias	**Doutrinadores**	**Exemplo**
Teoria restritiva dos direitos do trabalhador	Vólia Bomfim, Alice Monteiro de Barros e Sérgio Pinto	[...] como a energia de trabalho não pode ser restituída, pois o tomador público dela já se apoderou, o obreiro terá direito apenas aos salários não pagos pelo serviço executado. Nenhum outro direito poderá ser concedido, sob pena de se estimular a prática da contratação irregular, muitas vezes em fraude ao concurso público ou para beneficiar parentes (Vólia Bomfim Cassar).*
Teoria ampliativa dos direitos do trabalhador	Gustavo Filipe Garcia e Maurício Godinho Delgado	[...] a única leitura hábil a conferir eficácia e coerência ao conjunto dos textos constitucionais [...] é aplicar-se a teoria justrabalhista das nulidades quanto ao período da efetiva prestação de serviços, tendo-se, porém, como anulado o pacto em virtude da inobservância à formalidade essencial do concurso (Maurício Godinho Delgado).**
(*) CASSAR, Vólia Bomfim. **Direito do trabalho**. 2 ed. Niterói: Impetus, 2008. p. 556. (**) DELGADO, Maurício Godinho. **Curso de direito do trabalho**. 10. ed. São Paulo: LTr, 2011. p. 503.		

A seguir, o resumo com os direitos dos contratados sem concurso público:

DIREITOS DOS SERVIDORES SEM CONCURSO

- Salário pactuado, respeitado o salário-mínimo
- Horas extras, sem o adicional legal
- FGTS, sem a multa de 40%

Exemplos de questões sobre o tema

(FCC – Juiz do Trabalho/2017) A respeito das formas de invalidade do contrato de emprego, a doutrina e a jurisprudência prevalentes estabelecem que

(A) o reconhecimento de relação empregatícia do apontador de jogo do bicho é possível, uma vez que não se trata de objeto ilícito, mas sim de um vício que gera nulidade relativa.

(B) a contratação do serviço suplementar do trabalhador bancário, seja na admissão ou no curso do contrato, não é considerada nula, logo, não gera efeito pecuniário em razão do princípio da livre autonomia da vontade contratual que determina que as relações contratuais de trabalho podem ser objeto de livre estipulação das partes interessadas.

(C) se convalidam os efeitos do contrato de trabalho que, considerado nulo por ausência de concurso público, quando celebrado originalmente com ente da Administração pública indireta, continua a existir após a sua privatização.

54. TST. RR 230/2006.761.04.40.2. 1ª T. Rel. Min. Lélio Bentes. DEJT 25.09.2009.

(D) a contratação de servidor público, sem prévia aprovação em concurso público, encontra óbice no art. 37, II e § 2º, da Constituição Federal, sendo afastada a teoria trabalhista das nulidades e restando negada qualquer repercussão justrabalhista, porque o valor protegido é a realização da ordem pública.

(E) o reconhecimento de relação de emprego entre policial militar e empresa privada não é legítimo, mesmo que presentes os requisitos previstos em lei trabalhista, em razão de exercício de trabalho ilícito por expressa vedação legal, cabendo penalidade disciplinar prevista no estatuto administrativo da corporação militar.

Resposta: C

(TRT 2 – Juiz do Trabalho Substituto 2ª região/2016) Conforme entendimento doutrinário e jurisprudencial dominante em relação às formas de invalidade do contrato de emprego é correto afirmar que:

A) Não é legítimo o reconhecimento de relação de emprego entre policial militar e empresa privada, ainda que preenchidos os requisitos da CLT, em razão de exercício de trabalho ilícito por expressa vedação legal, cabendo penalidade disciplinar prevista no Estatuto do Policial Militar.

B) É possível o reconhecimento de relação de emprego de "apontador de jogo do bicho" uma vez que não se trata de objeto ilícito, mas sim um vício que gera nulidade relativa.

C) A contratação de servidor público, sem prévia aprovação em concurso público, encontra óbice no respectivo art. 37, II e § 2º da CF, sendo afastada a teoria trabalhista das nulidades e restando negada qualquer repercussão justrabalhista, porque o valor protegido é a realização da ordem pública.

D) A contratação do serviço suplementar, tanto na admissão quanto no curso do contrato do trabalhador bancário, não é considerada nula, por consequência, não gera efeito pecuniário em razão do princípio da livre autonomia da vontade contratual que determina que as relações contratuais de trabalho podem ser objeto de livre estipulação das partes interessadas.

E) Convalidam-se os efeitos do contrato de trabalho que, considerado nulo por ausência de concurso público, quando celebrado originalmente com ente da Administração Pública Indireta, continua a existir após a sua privatização.

Resposta: E

(FCC – Juiz do Trabalho Substituto 23ª região/2015) Jurandir foi contratado pelo Município de Cuiabá para exercer a função de vigia noturno nos quadros da Administração pública municipal, sem se submeter a concurso público. Trabalhou por dois anos e meio, com jornada de 2ª a 6ª feira das 18 horas até às 6 horas do dia seguinte e também dois sábados e dois domingos por mês, no mesmo horário. Dispensado sem justa causa, pretende o recebimento de verbas rescisórias, de FGTS, de férias acrescidas da gratificação de 1/3, de 13º salários, das horas laboradas além da jornada normal, de adicional noturno e de indenização por danos morais em razão da ilicitude da contratação. Nesse contexto, Jurandir

(A) tem direito ao recebimento dos direitos pretendidos, tendo em vista que o contrato de trabalho, por ter vigorado por mais de dois anos, tornou-se válido, não importando o fato de não ter havido prévia aprovação em concurso público.

(B) tem direito ao recebimento apenas de FGTS, das férias vencidas, acrescidas da gratificação de 1/3, das horas laboradas além da jornada normal e do adicional noturno, tendo em vista que o contrato de trabalho é nulo em razão da contratação sem a prévia aprovação em concurso público.

(C) tem direito de receber apenas o FGTS e todas as horas laboradas além da jornada normal, tendo em vista que o contrato de trabalho é nulo em razão da contratação sem a prévia aprovação em concurso público.

(D) não tem direito de receber qualquer verba trabalhista, tendo em vista a nulidade do contrato de trabalho decorrente da contratação sem a prévia aprovação em concurso público, nem tampouco a indenização por dano moral pretendida.

(E) não tem direito de receber qualquer verba trabalhista, tendo em vista a nulidade do contrato de trabalho decorrente da contratação sem a prévia aprovação em concurso público, mas tem direito à indenização por dano moral pretendida.

Resposta: C

B. Efeitos da nulidade quanto ao objeto

Aqui os efeitos da nulidade podem seguir dois rumos distintos, a depender do fato da atividade desenvolvida pelo obreiro ter relação direta ou não com a atividade empresarial ilícita ou contrária à moral e aos bons costumes.

No primeiro caso, o contrato de trabalho é considerado nulo e produz efeitos *ex tunc* e **não devida qualquer indenização ao obreiro**, como acontece com o serviço prestado pelo vendedor de drogas ao traficante ou no caso do *cambista* do *jogo do bicho*.

Contudo, se a atividade desenvolvida pela empresa é ilícita ou contrária à moral e os bons costumes, mas o trabalho executado pelo empregado não ostenta essa qualidade, a nulidade produzirá efeitos *ex nunc*. Nessa situação, **seria devida uma indenização equivalente a todos os direitos trabalhistas dos empregados** quando o contrato de trabalho é considerado lícito.

É o que ocorre, por exemplo, com um segurança que presta serviços a um prostíbulo. Ressalte-se, todavia, que esse posicionamento não é pacífico, tanto na doutrina, quanto na jurisprudência.

C. Efeitos da nulidade quanto à capacidade do sujeito

Quando anula-se o contrato de trabalho em razão da incapacidade do trabalhador, a consequência não pode ser prejudicial para o incapaz, tendo em vista a aplicação do princípio protetivo que norteia o Direito Laboral.

Saliente-se que, nessa hipótese, o trabalhador, por ser incapaz, não poderia manifestar a sua vontade para produzir os efeitos pretendidos. Dessa forma, **a indenização deve corresponder ao valor total de todas as parcelas que seriam devidas em razão da execução de um contrato de trabalho como se válido fosse.**

Nesse sentido a OJ nº 115 da 4ª Turma do TRT9:

> **OJ4T Nº 115 do TRT9.** TRABALHO DO MENOR. DIREITOS ASSEGURADOS SEM PREJUÍZO DE INDENIZAÇÃO SUPLEMENTAR. A proibição de trabalho ao menor visa protege-lo e não prejudica-lo (exegese CF, art. 7º, caput e XXXIII e art. 227). De tal sorte, a Justiça do Trabalho, apreciando a prestação de labor pretérito, deve contemplá-lo com todos os direitos como se o contrato proibido não fosse, sem prejuízo de indenização suplementar que considere as peculiaridades do caso.

8.5. Trabalho ilícito e trabalho proibido

O trabalho ilícito distingue-se do que se conhece por trabalho proibido. O **trabalho ilícito** é aquele decorrente de uma **atividade ilícita**, assim considerada aquela atividade empresarial cuja execução é considerada como crime ou contravenção penal pelo ordenamento jurídico.

Quando o empregado passa a prestar serviços no âmbito dessa atividade ilícita, o seu trabalho é considerado nulo.

Já o **trabalho proibido** representa o fato da pessoa prestar serviços subordinados em certa atividade, cujo exercício é proibido apenas para determinada categoria de trabalhadores. Ao menor de 18 anos, por exemplo, é vedado (proibido) o trabalho em atividades consideradas insalubres ou durante o período noturno.[55]

Percebe-se, facilmente, a diferença entre as duas hipóteses mencionadas, visto que o trabalho só é proibido para determinadas espécies de empregados, como o menor, a mulher, etc. Em tais casos, a atividade empresarial, em si mesmo considerada, é lícita.

O trabalho proibido **não gera a nulidade do pacto laboral**, mas produz efeitos no âmbito do Direito Administrativo do Trabalho, com aplicação de multa e outras sanções administrativas, além da possibilidade de rescisão do contrato respectivo.

9. EFEITOS DO CONTRATO DE EMPREGO: DIRETOS E CONEXOS

O contrato de trabalho, como os contratos de forma geral, constitui fonte de obrigações. A cada obrigação de uma das partes, corresponde o direito do outro contratante de exigir o seu cumprimento, que deverá ser executada de acordo com o **princípio da boa fé**, que norteia os contratos em geral.

Além disso, deve-se interpretar o conteúdo do contrato de trabalho mais pela vontade real dos contratantes do que pelo que restou consignado de forma expressa nos respectivos instrumentos.

Do contrato de trabalho derivam uma série de direitos e obrigações, tanto para o empregador, quanto para o empregado, que serão analisados a seguir, além de deveres impostos pelo ordenamento jurídico.

As determinações legais, contidas na normativa protetiva laboral, incorporam-se aos contratos de trabalho sob a forma de cláusulas contratuais. Cada uma dessas cláusulas estabelecem obrigações para um dos contratantes, que podem ser classificadas em dar, fazer ou não fazer, e em conjunto foram o conteúdo mínimo do contrato de trabalho.

9.1. Direitos, deveres e obrigações do empregador

O direito subjetivo nada mais é do que a faculdade que tem uma pessoa de praticar determinado ato, devidamente autorizado pela lei ou por um negócio jurídico qualquer e, consequentemente, exigir de outra pessoa uma conduta pré-estabelecida na norma, contrato ou declaração unilateral de vontade.

Já o dever jurídico corresponde à "sujeição jurídica de uma pessoa (devedor) a outra (titular), que obriga aquela a uma prestação em favor desta, que pode exigi-la perante o judiciário".[56]

55. CLT. Art. 404. Ao menor de 18 anos é vedado o trabalho noturno, considerado este o que for executado no período compreendido entre as 22 (vinte e duas) e as 5 (cinco) horas. Art. 405. Ao menor não será permitido o trabalho: I – nos locais e serviços perigosos ou insalubres, constantes de quadro para esse fim aprovado pela Secretaria de Segurança e Saúde no Trabalho.

56. GUSMÃO, Paulo Dourado de. ***Introdução ao Estudo do Direito***. 27. ed. rev. Rio de Janeiro: Forense, 2000. 268.

Por fim, a obrigação decorre de um liame entre duas ou mais pessoas, com as respectivas manifestações de suas vontades ou de apenas uma delas, estabelecendo-se o cumprimento de uma atividade, dar alguma coisa ou deixar de praticar certo ato.

A. Obrigações do empregador

A principal obrigação que deriva do contrato de trabalho para o empregador **é o pagamento do salário**. Trata-se de uma obrigação de dar. Se o empregador retribui o trabalho do empregado com uma quantia equivalente ao salário-mínimo, 30% (trinta por cento), pelo menos, desse valor deve ser representado por uma prestação pecuniária. Pode ser convencionado, ainda, o pagamento de salário em utilidades (*in natura*), ou seja, tudo aquilo que não é dinheiro.

O empregador é devedor do salário, que possui vários elementos. O salário-base ou salário *stricto sensu* possui estreita relação com a quantidade de trabalho despendida pelo obreiro, ou simplesmente pelo fato de o empregado encontrar-se à disposição do empregador.

Além dessa prestação específica, o empregador pode assumir a obrigação de pagar as demais verbas de natureza salarial, também denominadas de complementos salariais, como os adicionais, gratificações, FGTS etc., que têm origem na lei, nos instrumentos normativos ou no próprio contrato individual de trabalho.

Ao lado da obrigação principal de pagar salário, o empregador assume obrigações acessórias, porém de grande importância. São obrigações de fazer e de não fazer, representadas, principalmente, pelas medidas preventivas de medicina, higiene e segurança do trabalho, concessão do gozo de férias, etc.

B. Deveres do empregador

Considerando a condição pessoal de todo trabalhador, o empregador **deve observar, também, as normas jurídicas que protegem a dignidade e intimidade de qualquer ser humano**. Desse modo, obsta-se o tratamento com rigor excessivo ou a prática de atos lesivos à honra ou boa fama, ou seja, sem observar os direitos personalíssimos do empregado.

Assim, a situação já passa a ser de um dever do empregador, pois essa conduta é imposta pelo ordenamento jurídico, independentemente de ser convencionada ou reforçada por meio de um negócio jurídico unilateral ou bilateral.

Nesse mesmo diapasão, o empregador não pode, por exemplo, exigir do empregado serviços superiores às suas forças, defesos por lei, contrários aos bons costumes, ou alheios ao contrato. A inobservância dessas obrigações ou desses deveres, como entende a teoria anticontratualista do vínculo empregatício, implica extinção do contrato pela despedida indireta, devidamente regulamentada pelo art. 483 celetista.

Existem, também, os deveres do empregador para com o Estado, derivados do mesmo fato jurídico, qual seja, do contrato de trabalho. Dessa forma, a empresa está obrigada a recolher, mensalmente, a sua contribuição previdenciária; efetuar, mensalmente, o depósito fundiário da conta vinculada dos seus empregados etc.

Acrescente-se, por fim, o dever de proteção do empregador, no sentido de observar as regras relacionadas com a medicina, higiene e segurança ocupacional, de forma a preservar a incolumidade física e psicológica do empregado.

C. *Direitos do empregador*

Correlato à obrigação de pagar salário e às demais obrigações de dar, de fazer e de não fazer, o empregador tem o direito de exigir a prestação de serviço.

Esse direito subjetivo, decorrente de um negócio jurídico, gera para o empregador a faculdade de exigir o cumprimento da obrigação na forma como convencionada, desde que se observe a quantidade e qualidade ajustada pelas partes ou de acordo com o estatuto mínimo fixado pela legislação laboral.

9.2. Direitos, deveres e obrigações do empregado

A. *Obrigações do empregado*

Decorre do contrato de trabalho a **obrigação principal para o empregado de prestar serviços.** É uma obrigação de fazer de meio, pois não se cogita do resultado final da obrigação, característica, por exemplo, do contrato de empreitada.

Ao analisar a relação de emprego sob o ponto de vista da teoria contratual, conclui-se que o empregado é o devedor da prestação de fazer, mais precisamente de prestar serviços sob o comando do empregador. Por intermédio do contrato de emprego, o trabalhador transfere para o empregador a condução da sua própria atividade, bem como a propriedade do resultado do seu trabalho.

Nesse passo, a obrigação de trabalhar deve ser executada quantitativa e qualitativamente da forma como ficou convencionada, ou em caso de omissão, como prevê a norma estatal. A quantidade de trabalho tem um limite fixado pela legislação. A jornada normal de trabalho, atualmente, é de oito horas diárias ou quarenta e quatro horas semanais.

Além da quantidade, o empregado é devedor da prestação de serviços conforme sua qualificação contratual, que pode coincidir ou não com a sua qualificação profissional e/ou pessoal.

B. *Deveres do empregado*

De igual forma como acontece com o empregador, o obreiro **tem o dever de respeitar** a **condição pessoal dos seus superiores hierárquicos, colegas de trabalho e outras pessoas que estejam no interior do centro de trabalho**, no sentido de abster-se da prática de atos que lhes ofendam a honra e a incolumidade física dessas.

A inobservância desses deveres pode acarretar a despedida do empregado por justa causa, conforme preceitua o art. 482 da CLT.

Sob o ponto de vista da teoria institucional da relação de emprego, o trabalhador tem que observar os deveres de fidelidade, diligência e colaboração.

O dever de fidelidade, também denominado de lealdade, **deriva do elemento confiança** que permeia toda relação empregatícia, de forma que é vedado ao obreiro, por exemplo, divulgar segredos sobre informações confidenciais da empresa, manter negócio próprio ou se vincular por meio de outro contrato de trabalho que implique concorrência com o empregador.

Em decorrência do **dever de diligência**, o empregado deve executar suas tarefas com zelo, de acordo com as qualificações por meio das quais foi admitido, bem como a quantidade de trabalho necessária ao cumprimento dessas atividades.

O parâmetro para aferir esse dever é do *bonus pater familias* ou, adaptada a expressão para as relações laborais, "bom trabalhador", relativizadas pelas condições pessoais e pela natureza de cada tarefa. Em resumo, a diligência diz respeito ao rendimento que se espera do trabalhador, no aspecto qualitativo e quantitativo.

O dever de colaboração obriga que o trabalhador preste serviços de acordo com as características do objeto do empreendimento, já que se encontra integrado ao sistema produtivo no qual lhe são confiados, pelo empregador, os meios materiais necessários para alcançar, em colaboração com o empregador e demais empregados, o referido fim.

A CLT não trata diretamente desses deveres.[57] Todavia, extrai-se a sua previsão legal indireta da análise dos dispositivos que disciplinam a despedida por justa causa, pois são faltas tipificadas pela inobservância dos mencionados deveres.

Assim, constata-se a presença do dever de diligência da figura da desídia (art. 482, "e" da CLT); do dever de fidelidade na negociação habitual, concorrência (art. 482, "c" da CLT) e improbidade (art. 482, "a" da CLT); e do dever de colaboração nas faltas denominadas de indisciplina e insubordinação (art. 482, "h" da CLT).

C. Direitos do empregado

Os direitos dos empregados correspondem, em regra, à contraprestação pelos serviços prestados.

Observe-se, contudo, que essa contraprestação não é absoluta e direta, uma vez que que a remuneração deve ser paga ao empregado, pelo simples fato deste encontrar-se à disposição do empregador, bem como nos casos em que persiste o direito de percepção do salário, mesmo sem haver trabalho, ou seja, nas hipóteses de interrupção do contrato de trabalho.

D. Direitos conexos do contrato de trabalho: invenção do empregado

Como restou esclarecido anteriormente, o empregado transfere a propriedade do fruto do seu trabalho ao empregador, em razão de um contrato de trabalho. Desse modo, em regra, todo o resultado da atividade laboral não ingressa no patrimônio do empregado, pois pertence ao empregador.

57. Há uma referência expressa desse dever no contrato de aprendizagem: CLT. Art. 428. Contrato de aprendizagem é o contrato de trabalho especial, ajustado por escrito e por prazo determinado, em que o empregador se compromete a assegurar ao maior de 14 (quatorze) e menor de 24 (vinte e quatro) anos inscrito em programa de aprendizagem formação técnico-profissional metódica, compatível com o seu desenvolvimento físico, moral e psicológico, e o aprendiz, a executar **com zelo e diligência** as tarefas necessárias a essa formação (grifou-se).

Pode acontecer, entretanto, que dessa atividade humana resulte algum produto ou serviço anteriormente inexistente, que é considerado pela legislação como **invento ou modelo de utilidade.**

A Lei nº 9.279/96 regula os direitos e as obrigações relativos à propriedade industrial, inclusive com tratamento específico sobre os referidos inventos e modelos de utilidades[58], produzidos pelo empregado, que, pela sua importância, destaca-se dos demais direitos dos obreiros.

A **invenção** e o **modelo de utilidade são de propriedade exclusiva do empregador**, quando a sua atividade tenha por objeto a pesquisa e a invenção, ou quando o empregado tenha sido contratado para esse fim específico.[59]

Em tais situações, o salário ajustado servirá para remunerar o resultado da atividade inventiva do obreiro, salvo estipulação expressa em sentido contrário.

Ainda que a titularidade da invenção pertença ao empregador, poderá ser ajustado o pagamento de uma participação financeira ao empregado, derivada do ganho econômico resultante da exploração de patente, **sem incorporação ao salário**, a qualquer título.

Se o empregado desenvolve uma atividade desvinculada do contrato de trabalho e sem a utilização de recursos financeiros ou materiais da empresa, **a propriedade do invento ou do modelo de utilidade daí resultante lhe pertencerá.**

A titularidade da patente será comum nas hipóteses de incidência do quanto preceituado no art. 91, da citada Lei nº 9.279/96:

> **LEI 9.279/96**
>
> **CAPÍTULO XIV – DA INVENÇÃO E DO MODELO DE UTILIDADE REALIZADO POR EMPREGADO OU PRESTADOR DE SERVIÇO**
>
> **Art. 88.** A invenção e o modelo de utilidade pertencem exclusivamente ao empregador quando decorrerem de contrato de trabalho cuja execução ocorra no Brasil e que tenha por objeto a pesquisa ou a atividade inventiva, ou resulte esta da natureza dos serviços para os quais foi o empregado contratado.
>
> § 1º Salvo expressa disposição contratual em contrário, a retribuição pelo trabalho a que se refere este artigo limita-se ao salário ajustado.
>
> § 2º Salvo prova em contrário, consideram-se desenvolvidos na vigência do contrato a invenção ou o modelo de utilidade, cuja patente seja requerida pelo empregado até 1 (um) ano após a extinção do vínculo empregatício.
>
> **Art. 89.** O empregador, titular da patente, poderá conceder ao empregado, autor de invento ou aperfeiçoamento, participação nos ganhos econômicos resultantes da exploração da patente, mediante negociação com o interessado ou conforme disposto em norma da empresa.

58. Lei nº 9.279/96. Art. 8º. É patenteável a invenção que atenda aos requisitos de novidade, atividade inventiva e aplicação industrial. Art. 9º. É patenteável como modelo de utilidade o objeto de uso prático, ou parte deste, suscetível de aplicação industrial, que apresente nova forma ou disposição, envolvendo ato inventivo, que resulte em melhoria funcional no seu uso ou em sua fabricação.

59. Lei nº 9.279/96. Art. 88. A invenção e o modelo de utilidade pertencem exclusivamente ao empregador quando decorrerem de contrato de trabalho cuja execução ocorra no Brasil e que tenha por objeto a pesquisa ou a atividade inventiva, ou resulte esta da natureza dos serviços para os quais foi o empregado contratado.

Parágrafo único. A participação referida neste artigo não se incorpora, a qualquer título, ao salário do empregado.

Art. 90. Pertencerá exclusivamente ao empregado a invenção ou o modelo de utilidade por ele desenvolvido, desde que desvinculado do contrato de trabalho e não decorrente da utilização de recursos, meios, dados, materiais, instalações ou equipamentos do empregador.

Art. 91. A propriedade de invenção ou de modelo de utilidade será comum, em partes iguais, quando resultar da contribuição pessoal do empregado e de recursos, dados, meios, materiais, instalações ou equipamentos do empregador, ressalvada expressa disposição contratual em contrário.

§ 1º Sendo mais de um empregado, a parte que lhes couber será dividida igualmente entre todos, salvo ajuste em contrário.

§ 2º É garantido ao empregador o direito exclusivo de licença de exploração e assegurada ao empregado a justa remuneração.

§ 3º A exploração do objeto da patente, na falta de acordo, deverá ser iniciada pelo empregador dentro do prazo de 1 (um) ano, contado da data de sua concessão, sob pena de passar à exclusiva propriedade do empregado a titularidade da patente, ressalvadas as hipóteses de falta de exploração por razões legítimas.

§ 4º No caso de cessão, qualquer dos co-titulares, em igualdade de condições, poderá exercer o direito de preferência.

Art. 92. O disposto nos artigos anteriores aplica-se, no que couber, às relações entre o trabalhador autônomo ou o estagiário e a empresa contratante e entre empresas contratantes e contratadas.

Art. 93. Aplica-se o disposto neste Capítulo, no que couber, às entidades da Administração Pública, direta, indireta e fundacional, federal, estadual ou municipal.

Parágrafo único. Na hipótese do art. 88, será assegurada ao inventor, na forma e condições previstas no estatuto ou regimento interno da entidade a que se refere este artigo, premiação de parcela no valor das vantagens auferidas com o pedido ou com a patente, a título de incentivo.

Exemplos de questões sobre o tema

(TRT 4 – Juiz do Trabalho Substituto 4ª região/2016) Considere as assertivas abaixo sobre efeitos conexos do contrato de trabalho.

I. Pertencerá exclusivamente ao empregado a invenção ou o modelo de utilidade por ele desenvolvido com utilização das instalações do empregador, desde que desvinculado do contrato de trabalho.

II. Salvo prova em contrário, consideram-se desenvolvidos na vigência do contrato a invenção ou o modelo de utilidade, cuja patente seja requerida pelo empregado até 6 (seis) meses após a extinção do vínculo empregatício.

III. O empregador, titular da patente, poderá conceder ao empregado, autor de invento ou aperfeiçoamento, participação nos ganhos econômicos resultantes da exploração da patente, mediante negociação com o interessado ou conforme disposto em norma da empresa, o que não será incorporado ao salário.

Quais são corretas?

(A) Apenas I
(B) Apenas II
(C) Apenas III
(D) Apenas I e III
(E) I, II e III

Resposta: C

(FCC – Juiz do Trabalho Substituto 15ª região/2015) Paulo foi contratado como empregado para criar e desenvolver programas de software, ficando pactuado entre as partes que ele deveria aprimorar o sistema da empresa com novas soluções para as demandas dos clientes. Durante sua jornada de trabalho, e em decorrência de sua atividade normal de trabalho, Paulo criou um programa original, inovando o sistema de entregas e logística da empresa, possibilitando maior agilidade e rapidez e, consequentemente, gerando aumento da lucratividade do empregador.

Diante da situação retratada,

(A) Paulo terá direito a uma parcela maior quando da celebração do Plano de Participação nos Lucros e Resultados da empresa, pelo invento que criou.

(B) Paulo terá direito, conforme a Lei, a uma participação sobre o lucro obtido com o aumento das vendas.

(C) todo o lucro obtido com o aumento das vendas será de Paulo.

(D) a Lei é omissa a este respeito, cabendo ao Poder Judiciário dirimir tal questão.

(E) Paulo terá direito apenas ao seu salário normal, exceto se o seu contrato de trabalho tiver previsão de participação no lucro do seu invento.

Resposta: E

(TRT 8 – Juiz do Trabalho Substituto 8ª região/2015) Em se tratando de direitos intelectuais sobre o trabalho do empregado, assinale a alternativa CORRETA:

a) Os trabalhos intelectuais produzidos fora da previsão funcional do contrato de trabalho, mas com o concurso de instrumentos fornecidos pelo empregador, pertencem a ambas as partes da relação de emprego, em frações equivalentes, garantido ao empregador, preferencialmente, o direito de licença de exploração do bem imaterial.

b) O trabalho intelectual decorrente do cumprimento do objeto do contrato de trabalho executado no Brasil *é* de titularidade do empregador, devendo este conceder parte dos ganhos obtidos na exploração do invento ao empregado. Esse pagamento devido ao empregado constitui salário para todos os fins.

c) A exploração do objeto da patente, na falta de acordo, deverá ser iniciada pelo empregador dentro do prazo de 2 (dois) anos, contado da data de sua concessão, sob pena de passar à exclusiva propriedade do empregado a titularidade da patente, ressalvadas as hipóteses de falta de exploração por razões legítimas.

d) A invenção e o modelo de utilidade pertencem exclusivamente ao empregador quando decorrerem de contrato de trabalho cuja execução ocorra no Brasil e que tenha por objeto a pesquisa ou a atividade inventiva, ou resulte esta da natureza dos serviços para os quais foi o empregado contratado. Salvo expressa disposição contratual em contrário, a retribuição por tal espécie de trabalho limita-se ao salário ajustado. Consideram-se desenvolvidos na vigência do contrato a invenção ou o modelo de utilidade, cuja patente seja requerida pelo empregado até 1 (um) ano após a extinção do vínculo empregatício, salvo prova em contrário.

e) A propriedade de invenção ou de modelo de utilidade será comum, em partes iguais, quando resultar da contribuição pessoal do empregado e de recursos, dados, meios, materiais, instalações ou equipamentos do empregador, ressalvada expressa disposição contratual em contrário. Sendo mais de um empregado, a parte que lhes couber será sempre dividida igualmente entre todos, independente de ajuste.

Resposta: D

(FCC – Juiz do Trabalho Substituto 18ª região/2014) Entre os diversos efeitos conexos que o contrato de trabalho pode ter estão os direitos intelectuais devidos ao empregado em razão de invenção ou da execução de obra intelectual. Nesse contexto, e nos termos da legislação aplicável,

(A) o empregador, titular da patente, poderá conceder ao empregado, autor de invento, participação nos ganhos econômicos resultantes da exploração da patente, limitada a 10% do referido valor.

(B) a invenção decorrente do contrato de trabalho pertence exclusivamente ao empregador, tendo o empregado direito ao recebimento de parcela salarial denominada "propriedade intelectual", sobre a qual incidem todos os direitos trabalhistas.

(C) a propriedade da invenção desenvolvida será comum, em partes iguais, quando resultar da contribuição pessoal do empregado e de recursos, meios, dados, materiais, instalações ou equipamentos do empregador, ressalvada expressa disposição contratual em contrário.

(D) considera-se invenção desenvolvida na vigência do contrato de trabalho aquela cuja patente seja requerida pelo empregado até dois anos após a extinção do vínculo empregatício.

(E) a exploração do objeto da patente, na falta de acordo, deverá ser iniciada pelo empregador dentro do prazo de dois anos contado da data de sua concessão, sob pena de passar à exclusiva propriedade do empregado a titularidade da patente.

Resposta: C

9.3. Os poderes do empregador

Seguindo a teoria que considera o vínculo empregatício como derivado de um ajuste de vontades (teoria contratualista), mais precisamente de um contrato de trabalho, não há como aceitar a tese de que dessa vinculação origine-se um estado de poder do empregador sobre o empregado.

A tradição do Direito do trabalho, contudo, não segue essa linha de raciocínio, que tem como fundamento a teoria institucional da relação de emprego (teoria anticontratualista).

As relações de poder e de dever nascem de um estado de sujeição de uma pessoa em relação à outra, como ocorre com o pátrio poder, que atualmente é denominado de poder familiar, pois pode ser exercido tanto pelo homem, quanto pela mulher.

Se determinado ordenamento jurídico considera que o vínculo empregatício origina-se de uma inserção do empregado no âmbito empresarial, sem que ele possa discutir as condições sob as quais o trabalho será executado (teoria anticontratualista), o poder empresarial é facilmente explicado.

O poder do empregador seria necessário para a consecução de seu objetivo principal, qual seja o lucro. Por conta disso, **cabe ao empresário organizar em todos os aspectos o seu empreendimento, inclusive a prestação de serviços do empregado.**

É fácil perceber que a legislação pátria, apesar de reconhecer o caráter obrigacional do contrato de trabalho, adotou, também, a teoria institucionalista da relação de emprego. A doutrina e a jurisprudência nacional acompanharam, igualmente, a tendência indicada pelo legislador.

As seguintes expressões *demissão, despedida, desligamento, falta grave, justa causa*, utilizadas pela Consolidação das Leis do Trabalho, demonstram a adesão do legislador à teoria supramencionada.

Do poder empresarial emanam-se determinações genéricas e ordens de serviços específicas que devem ser obedecidas pelo empregado. Assim, o empregador dirige serviços prestados pelo trabalhador, por meio da expedição de ordens que conduzem a sua atividade.

Nesse ponto, o empregado cede determinada parcela de sua liberdade de dirigir o seu trabalho e, em troca, recebe o salário, característica essa insculpida no preceito legal (art. 2º da Consolidação das Leis do Trabalho) que define o conceito de empregador: "Considera-se empregador a empresa, individual ou coletiva, que, assumindo os riscos da atividade econômica, admite, assalaria e **dirige** a prestação pessoal de serviços" (grifou-se).

O poder de direção do empregador **encontra seus limites nas fontes normativas do Direito do trabalho**; no princípio do *pacta sunt servanda* (força obrigatória dos contratos); e no *ius resistentiae* do empregado, institutos que serão analisados com mais detalhes no capítulo que trata das alterações no contrato de trabalho.

O **poder diretivo** do empregador é assim dividido **em poder organizacional e regulamentar, poder de controle ou fiscalizatório e poder disciplinar** e serão analisados individualmente a seguir.

A. Poder de organização e regulamentação

O **poder de organização** autoriza o empregador ou seus prepostos a emanarem ordens diretas para um, alguns ou todos os empregados da empresa. Observa-se, desse modo, que o poder de organização é indispensável ao bom desempenho da atividade empresarial, tendo em vista que os empregados devem se adequar aos fins pré-estabelecidos pelo empregador.

O poder diretivo do empregador pode ser representado, também, pela edição de normas de certa forma genéricas e aplicáveis a todos os seus empregados, denominado de poder regulamentar.

As cláusulas dessa norma particular aderem automaticamente aos contratos de trabalho, como as demais normas de origem estatal e profissional, e produzem efeitos desde que, como dito acima, concedam mais vantagens aos empregados com relação ao estatuto básico legal do trabalhador.

Ao contrário do que se verifica com os instrumentos normativos negociados de trabalho, no regulamento de empresa as condições mais favoráveis aos empregados nele estabelecidas **incorporam-se definitivamente aos contratos de trabalho em vigor.**

Posterior alteração, em prejuízo para os empregados, **só terá validade em relação aos contratos de trabalho celebrados após o início de sua vigência.**[60]

> **TST. SÚMULA Nº 51.** NORMA REGULAMENTAR. VANTAGENS E OPÇÃO PELO NOVO REGULAMENTO. Art. 468 DA CLT. (incorporada a Orientação Jurisprudencial nº 163 da SDI-1) – Res. 129/2005 – DJ 20.04.2005. I – As cláusulas regulamentares, que revoguem ou alterem vantagens deferidas anteriormente, só atingirão os trabalhadores admitidos após a revogação ou alteração do regulamento. (ex-Súmula nº 51 – RA 41/73, DJ 14.06.1973). II – Havendo a coexistência de dois regulamentos da empresa, a opção do empregado por um deles tem efeito jurídico de renúncia às regras do sistema do outro. (ex-OJ nº 163 – Inserida em 26.03.1999).

> **TST. SÚMULA Nº 288.** COMPLEMENTAÇÃO DOS PROVENTOS DA APOSENTADORIA. I – A complementação dos proventos da aposentadoria é regida pelas normas em vigor na data da admissão do empregado, observando-se as alterações posteriores desde

60. PROMOÇÃO POR MERECIMENTO. PREVISÃO EM PCCS. REGULAMENTO POSTERIOR. SUPRESSÃO. APLICAÇÃO APENAS EM RELAÇÃO AOS NOVOS CONTRATOS DE TRABALHO. SÚMULA Nº 51 DO TST. O art. 468 da CLT, que positiva princípio ínsito à proteção do trabalhador, veda a alteração contratual prejudicial, ainda que por mútuo consentimento, mormente em se tratando de regulamento de empresa ou equivalente. RECURSO ORDINÁRIO CONHECIDO E IMPROVIDO. (TRT 07ª R. RO 146700-80.2009.5.07.0010. 1ª T. Rel. José Antonio Parente da Silva. DEJT 01.10.2010).

que mais favoráveis ao beneficiário do direito. II – Na hipótese de coexistência de dois regulamentos de planos de previdência complementar, instituídos pelo empregador ou por entidade de previdência privada, a opção do beneficiário por um deles tem efeito jurídico de renúncia às regras do outro.

Exemplo de questão sobre o tema

(FCC – Juiz do Trabalho Substituto 18ª região/2014) Em relação aos poderes do empregador, considere:

I. O regulamento de empresa caracteriza-se como forma de exteriorização do poder de fiscalização ou de controle do empregador.

II. As cláusulas regulamentares que revoguem ou alterem vantagens deferidas anteriormente só atingirão os trabalhadores admitidos após a revogação ou alteração do regulamento.

III. A licença-prêmio, na vigência do contrato de trabalho, não pode ser convertida em pecúnia, mesmo que admitida a conversão no regulamento da empresa.

IV. Nula é a punição de empregado se não precedida de inquérito ou sindicância internos a que se obrigou a empresa por norma regulamentar.

V. Havendo a coexistência de dois regulamentos da empresa, o empregado terá direito às regras mais benéficas de cada um deles.

Está correto o que se afirma APENAS em

(A) II e IV.
(B) I, II e III.
(C) I, III e V.
(D) I e III.
(E) II, III e V.

Resposta: A

B. Poder de controle ou de fiscalização

Como foi visto, o poder de organização confere ao empregador a prerrogativa de conduzir a sua atividade empresarial e, consequentemente, a dos seus empregados, por meio de emissão de ordens específicas ou genéricas.

Já o **poder de controle**, também denominado de **poder de fiscalização**, constitui decorrência lógica do poder de direção, tendo em vista que **possibilita ao empresário verificar se há ou não o cumprimento das referidas diretivas.**

As normas unilaterais acima citadas, aliadas às demais regras de origem estatal ou profissional, que se incorporam ao contrato de trabalho na forma de cláusulas contratuais, geram obrigações para os empregados, que devem cumpri-las.

O poder de controle ou de fiscalização **tem seus limites estabelecidos no exercício dos direitos personalíssimos do empregado**. Assim, qualquer ato do empregador que invada a intimidade, a honra, a privacidade e a imagem do trabalhador não encontra guarida no ordenamento jurídico pátrio.

Nesses casos, pode-se exercer o **direito de resistência** e em caso de dano, o obreiro encontra-se legitimado a postular a sua reparação mediante o pagamento de uma indenização por danos morais.

C. Poder disciplinar

O não cumprimento dos deveres decorrentes do exercício do poder organizacional do empregador, constatados por meio do poder de fiscalização ou de controle, permite que o empregador aplique certas sanções ao empregado.

Essas sanções comportam vários níveis, a depender da gravidade da falta cometida pelo empregado. As faltas leves são punidas com **advertência escrita ou verbal**. Já as faltas de grau médio são repreendidas por meio das **suspensões**, que variam entre um e trinta dias no máximo. Por fim, os ilícitos trabalhistas graves são sancionados com a **despedida por justa causa,** que representa a maior penalidade no âmbito da relação de emprego.

A **legislação trabalhista proíbe a aplicação da pena de multa**, pois significaria a possibilidade de trabalho sem remuneração, situação que se assemelha ao do escravo.[61]

Apesar de a legislação trabalhista nacional ser omissa, circunstância que reflete na manifestação doutrinária e jurisprudencial, entende-se que para aplicação das mencionadas penalidades pelo empregador **deve existir, previamente, a possibilidade de o empregado exercitar o contraditório e sua ampla defesa**, conforme mandamento constitucional contido no art. 5º, LV: "aos litigantes, em processo judicial ou administrativo, e aos acusados em geral são assegurados o contraditório e ampla defesa, com os meios e recursos a ela inerentes".[62]

Trata-se de norma constitucional que obriga tanto o Estado quanto os particulares, ainda mais nas relações caracterizadas pela subordinação, traduzindo-se na **teoria da eficácia imediata e horizontal dos direitos e fundamentais**, que deve ser aplicada também nas relações laborais e no Direito do trabalho.

A Consolidação das Leis do Trabalho tipifica as figuras da justa causa em seu art. 482, como o ato de improbidade, mau procedimento, incontinência de conduta, ofensas físicas, abandono de emprego etc.

Dessa forma, caracteriza-se como justa causa, que autoriza a extinção do contrato de trabalho sem ônus financeiro para o empregador, de uma forma muito resumida, o descumprimento das cláusulas contratuais ou dos deveres derivados do poder diretivo.

Observe-se que é o próprio empregador quem faz o enquadramento do ato faltoso do empregado e aplica a penalidade cabível, segundo seu próprio critério.

Ao empregado cabe recorrer à Justiça do Trabalho para que a legalidade da aplicação da pena seja apreciada pelo Poder Judiciário. Isso porque o poder disciplinar, assim como o poder diretivo, não é ilimitado. Se for detentor de estabilidade, o rompimento do vínculo empregatício só se efetiva após a sentença transitada em julgado em processo de inquérito para apuração de falta grave, quando a lei assim o exigir.

Se, por exemplo, o empregado deixa de prestar serviços sob a quantidade que foi contratada, a sua atitude pode ser enquadrada como desídia ou abandono de emprego, faltas previstas no art. 482, "*e*" e "*i*", respectivamente, da Consolidação das Leis do Trabalho.[63]

61. O art. 15, § 1º da Lei nº 6.354/76 possibilitava a aplicação de penalidade pecuniária não superior a 40% do salário do atleta profissional de futebol. A referida norma foi revogada expressamente pela Lei nº 12.395/11.

62. Sobre esse tema consultar o item 3.11, capítulo VIII, parte I, desta obra.

63. CLT. Art. 482. Constituem justa causa para rescisão do contrato de trabalho pelo empregador: e) desídia no desempenho das respectivas funções; i) abandono de emprego.

A inobservância do poder organizacional implica prática dos atos de indisciplina ou insubordinação, também previsto na alínea "h" do supracitado dispositivo Celetista.

Exemplos de questões sobre o tema

(TRT 3 – Juiz do Trabalho Substituto 3ª região/2014) Sobre o poder disciplinar do empregador é correto afirmar:

(A) Esse poder constitui um conjunto de prerrogativas atribuídas ao empregador que visam também à fiscalização de horários e das frequências por parte do empregado.

(B) Esse poder é autônomo perante todos os empregados e tem como objetivo a pedagogia.

(C) Este poder é limitado, de forma expressa, pela legislação trabalhista brasileira, sendo ele um corolário do poder de direção.

(D) Esse poder está direcionado à organização da empresa e à regulamentação unilateral das condições de trabalho pelo empregador.

(E) Esse poder produz, assim como o poder regulamentar, verdadeiras normas jurídicas autônomas.

Resposta: C

(TRT 2 – Juiz do Trabalho Substituto 2ª região/ 2013) Poder diretivo, uma das faces do poder empregatício segundo construção doutrinária, consiste:

(A) No conjunto de prerrogativas tendencialmente concentradas do poder do empregador dirigidas à organização da estrutura e espaço empresariais internos, inclusive o processo de trabalho adotado no estabelecimento e na empresa, com a especificação e orientação cotidianas no que tange à prestação de serviços.

(B) No conjunto de prerrogativas tendencialmente concentradas no empregador dirigidas à fixação de regras gerais as serrem observadas no âmbito do estabelecimento e da empresa.

(C) No conjunto de prerrogativas concentradas no empregador dirigidas a propiciar a imposição de sanções aos empregados em face do descumprimento por esses de suas obrigações contratuais.

(D) No conjunto de prerrogativas dirigidas a propiciar o acompanhamento contínuo da prestação de trabalho e a própria vigilância efetivada ao longo do espaço empresarial interno.

(E) Nenhuma das assertivas anteriores.

Resposta: A

10. QUADRO SINÓPTICO

Capítulo III – Contrato de emprego		
Instituto	**Conteúdo**	**Item**
Denominações	Contrato de trabalho, contrato de emprego, contrato de labor e pacto laboral.	1
Conceito	É o pacto, expresso ou tácito, verbal ou escrito, por meio do qual o empregado, pessoa física, compromete-se a prestar serviços não eventuais e subordinados e o empregador a pagar a retribuição respectiva.	2
Modalidades do Contrato de Trabalho		
Contrato de trabalho expresso	Os contratantes, expressamente, ou seja, de forma inequívoca, verbalmente ou por escrito, comprometem-se mutuamente: um, o empregado, a prestar serviços; e o outro, o empregador, a pagar salário.	3.1
Contrato de trabalho tácito	O contrato de trabalho tácito nasce da prática de atos inequívocos que implicam, necessariamente, existência de uma pactuação, sem que os contratantes tenham se preocupado em fixar o ajuste e as próprias cláusulas de forma expressa.	

<table>
<tr><th colspan="4">Capítulo III – Contrato de emprego</th></tr>
<tr><td>Contrato por tempo indeterminado</td><td colspan="2">O contrato de trabalho, ordinariamente, é celebrado por tempo indeterminado. Dessa forma, se nada foi ajustado em sentido contrário, com o devido respaldo legal, presume-se que o pacto laboral foi concretizado sem prazo certo para a sua extinção normal. Tal presunção relativa decorre do princípio da continuidade da relação empregatícia que norteia o Direito laboral.</td><td>3.2</td></tr>
<tr><td>Contrato por tempo determinado</td><td colspan="2">Contrato de trabalho por tempo determinado é aquele cuja eficácia está sujeita a um evento futuro e certo, denominado de termo final. É, portanto, um contrato de trabalho, excepcionalmente admitido pela lei, por meio do qual se estabelece, de forma prévia, um prazo para a sua eficácia.</td><td>3.3</td></tr>
<tr><td>Contrato de trabalho por equipe</td><td colspan="2">O contrato por equipe enfeixa uma série de contratos individuais de trabalho. Constitui condição sine qua non para o desenvolvimento de determinada atividade da empresa, que só pode ser executada com a participação de um grupo de empregados trabalhando em conjunto.</td><td>3.4</td></tr>
<tr><td rowspan="7">Espécies de contrato de trabalho por tempo determinado</td><td>Regido pelo art. 443, § 2º, da CLT</td><td>Contrato por tempo determinado que só tem validade em caso de:
• serviço cuja natureza ou transitoriedade justifique a predeterminação do prazo; e
• atividades empresariais de caráter transitório.</td><td rowspan="7">3.3</td></tr>
<tr><td>Contrato de experiência</td><td>Contrato de trabalho que tem como objetivo avaliar a capacidade profissional do empregado, bem como a sua adaptação à atividade desenvolvida pela empresa. Não pode ultrapassar o prazo máximo de noventa dias.</td></tr>
<tr><td>Contrato por obra certa</td><td>Contrato de trabalho cuja eficácia está condicionada ao término de uma obra de construção civil ou mesmo de parte dela.</td></tr>
<tr><td>Contrato por tempo determinado com cláusula de rescisão antecipada</td><td>Contrato de trabalho por tempo determinado que prevê a possibilidade de sua extinção de forma antecipada, seja pelo empregado, seja pelo empregador. Em caso de rescisão antecipada, aplica-se os princípios que regem o contrato por prazo indeterminado.</td></tr>
<tr><td>Regido pela Lei nº 9.601/98</td><td>Essa lei permite o ajuste de contrato de trabalho por tempo determinado (máximo de dois anos, mas podendo ser prorrogado por mais de uma vez), sem a observância dos requisitos estabelecidos pela CLT. Contudo, devem ser observados os seguintes requisitos
• forma escrita;
• autorização em acordo ou convenção coletiva de trabalho; e
• tenha como objetivo aumentar e jamais substituir o efetivo de pessoal da empresa.</td></tr>
<tr><td>Contrato de trabalho temporário</td><td>Contrato de trabalho disciplinado pela Lei nº 6.019/74, com prazo máximo de 180 dias, prorrogáveis por mais noventa (podendo totalizar 270 dias). Forma-se uma relação tríplice entre a empresa tomadora de serviços, a empresa de trabalho temporário e o empregado.</td></tr>
<tr><td>Outros contratos por prazo determinado</td><td>• Artistas e técnicos em espetáculos de diversões;
• Atleta profissional (três meses a cinco anos); e
• Contrato de aprendizagem.</td></tr>
<tr><td>Contrato de emprego e contratos fins</td><td colspan="2">O contrato de trabalho é uma espécie de contrato de atividade, assim como ocorre com os contratos de: locação de serviços (prestação de serviços), representação comercial, mandato, sociedade e parceria, empreitada, agência e distribuição, corretagem, transporte, administração, etc.</td><td>3.5</td></tr>
</table>

Capítulo III – Contrato de emprego		
Pré-contratação	A pré-contratação corresponde à fase anterior ao início da execução do contrato de emprego, ou seja, ao momento que antecede a formação contratual, quando há uma proposta feita por parte do trabalhador ou do empresário, com ou sem uma discussão sobre as cláusulas do futuro contrato. O proponente que não cumpre com sua promessa, responde por perdas e danos, desde que presentes os elementos caracterizadores da responsabilidade civil subjetiva. Nesse caso, o trabalhador fará jus a uma indenização pelos danos sofridos em decorrência da não conclusão do negócio jurídico que havia sido proposto.	3.6
Caracterização e classificação do contrato de emprego		
Típico	O contrato de trabalho é típico, pois a norma, mais precisamente a Consolidação das Leis do Trabalho (e outras leis esparsas), trata, especificamente, do contrato de trabalho geral ou especial.	4.1
Execução sucessiva	O contrato de trabalho não se exaure no cumprimento de uma única obrigação, característica do contrato instantâneo ou de execução imediata. Ao contrário, as obrigações de ambos os contratantes, empregado e empregador, são renovadas periodicamente.	4.2
Comutativo	O pacto laboral é comutativo, pois gera obrigações bilaterais com certa equivalência entre si. Assim, empregado e empregador são ao mesmo tempo credor e devedor, a depender da espécie de obrigação derivada do contrato de trabalho.	4.3
Oneroso	O contrato de trabalho é oneroso porque cria obrigações para ambos os contratantes que se compensam reciprocamente. O trabalhador despende sua força física ou executa um trabalho intelectual e recebe em troca uma retribuição equivalente, que é devida pelo empregador.	4.4
Informal	O contrato de trabalho é, em regra, não solene porque não exige nenhuma formalidade para sua validade. Aperfeiçoa-se pela simples manifestação de vontade dos contratantes, ainda que essa vontade limite-se à aceitação do emprego ofertado pelo empregador. Para os defensores da teoria do contrato-realidade, o pacto laboral só se aperfeiçoa com a efetiva prestação de serviços.	4.5
Personalíssimo	A pessoalidade é característica do contrato de trabalho, no que diz respeito à pessoa do obreiro, pois, ao celebrá-lo, estabelece-se uma relação de confiança entre o empregado e o empregador, tendo em vista que este último é quem vai dirigir e direcionar a atividade do primeiro.	4.6
Conteúdo do contrato de emprego		
Princípio da substituição automática das cláusulas nulas	De acordo com esse princípio, mesmo pactuadas cláusulas que impliquem redução de direitos dos trabalhadores fixados na lei, norma coletiva ou sentença normativa, prevalecerão estas últimas em detrimento ao ajuste feito entre empregado e empregador, salvo no caso dos empregados hipersuficientes.	5
Cláusulas convencionais	As cláusulas convencionais só produzem efeitos legais quando estabelecerem condições de trabalho mais vantajosas para o trabalhador. Caso contrário, são nulas de pleno direito, excetuadas as cláusulas do contrato do empregado hipersuficiente, uma vez que o ordenamento jurídico lhe permite estabelecer condições de trabalho diretamente com o empregador, ainda que sejam menos benéficas do que aquelas impostas pela legislação, salvo aquelas previstas pelo art. 611-B da CLT.	5.1
Cláusulas normativas	Ainda que nenhuma cláusula seja convencionada expressamente, por escrito ou de forma verbal, o contrato de trabalho, uma vez celebrado, passa a ser formado por um feixe de cláusulas que são derivadas da aplicação do estatuto mínimo estabelecido pelas fontes formais do direito laboral.	5.2
Cláusulas tácitas	Assim como ocorre com as cláusulas convencionais, as cláusulas tácitas só produzem efeitos quando não contrariam as disposições contidas na legislação trabalhista, nos instrumentos normativos negociados, na sentença normativa ou no regulamento da empresa, salvo nos casos de empregados hipersuficientes.	5.3

<table>
<tr><th colspan="4">Capítulo III – Contrato de emprego</th></tr>
<tr><td>Cláusula de não concorrência</td><td colspan="2">Impede o trabalhador de prestar serviços para outra empresa concorrente, durante ou após o contrato de trabalho. E, como o art. 482, "c", da CLT, considera como justa causa a negociação habitual quando constituir ato de concorrência à empresa para qual trabalha o empregado, fácil concluir que o ordenamento jurídico admite a inserção dessa cláusula.</td><td>5.4</td></tr>
<tr><th colspan="4">Elementos essenciais do contrato de emprego</th></tr>
<tr><td>Agente capaz</td><td colspan="2">Ao completar dezesseis anos, a pessoa já pode, licitamente, prestar serviços como empregado, conforme determina o art. 7º, XXXIII, da Constituição Federal. Como aprendiz é possível prestar serviços, legalmente, a partir dos 14 anos. No que se refere à capacidade de ser empregador, em face da omissão da legislação trabalhista, deve-se observar as regras gerais do Direito Comum.</td><td>6.1</td></tr>
<tr><td>Imigrante</td><td colspan="2">A Lei nº 13.445/17, que revogou expressamente a Lei nº 6.815/80, disciplina a situação jurídica do estrangeiro no Brasil, inclusive para exercer o trabalho de forma legal, mediante a concessão dos seguintes vistos: Para pesquisa, ensino ou extensão acadêmica; Para trabalho; Para férias-trabalho.
A CLT exige, ainda, que seja portador de uma carteira de identidade de estrangeiro para ser admitido. Contudo, ainda que o imigrante não tenha autorização para trabalhar no Brasil, mas preste serviços subordinados, terá celebrado um contrato de trabalho.</td><td>6.1"c"</td></tr>
<tr><td>Objeto lícito, possível, determinado ou determinável</td><td colspan="2">O objeto do contrato de trabalho não pode contrariar a lei, a moral e os bons costumes. Assim, o trabalho desenvolvido pelo empregado deve ser admitido como lícito pelo ordenamento jurídico.</td><td>6.2</td></tr>
<tr><td>Forma</td><td colspan="2">O contrato de emprego é, ordinariamente, consensual, pois independe de qualquer formalidade para sua validade. Basta apenas o ajuste de vontades, conforme regra constante do Direito Civil (art. 107 do Código Civil).</td><td>6.3</td></tr>
<tr><th colspan="4">Elementos acidentais do contrato de emprego</th></tr>
<tr><td rowspan="2">Termo</td><td>Termo inicial</td><td>Para os defensores da teoria do contrato-realidade, o pacto laboral não poderia sujeitar a sua eficácia a um termo inicial justamente porque só se forma, totalmente, com o início da prestação de serviços por parte do empregado. Contudo, para os defensores da teoria contratualista, a presença desse elemento acidental é perfeitamente cabível.</td><td rowspan="2">7.1</td></tr>
<tr><td>Termo final</td><td>O termo final diz respeito a um evento futuro e certo (o tempo), que extingue o negócio jurídico. Perfeitamente aplicável ao pacto laboral na forma de contrato por tempo determinado, desde que observados os requisitos legais, visto que a regra é de contratação de empregados por tempo indeterminado.</td></tr>
<tr><td rowspan="2">Condição</td><td>Suspensiva</td><td>Para os adeptos da teoria do contrato-realidade, a condição suspensiva não poderia ser cláusula do pacto laboral, porque este só aperfeiçoa com o início da prestação de serviços por parte do empregado. Já para os contratualistas, não há qualquer óbice para a inserção dessa cláusula do contrato de emprego.</td><td rowspan="2">7.2</td></tr>
<tr><td>Resolutiva</td><td>A condição resolutiva corresponde a uma cláusula que subordina a eficácia de um negócio jurídico a um evento futuro e incerto, derivado da vontade das partes, que, uma vez implementada, implica extinção do contrato de trabalho, como ocorre com o trabalhador que é admitido para substituir empregado afastado por incapacidade decorrente de doença ou acidente do trabalho.</td></tr>
<tr><td>Encargo</td><td colspan="2">O encargo corresponde a uma incumbência que um dos contratantes tem em decorrência de receber uma prestação vantajosa da parte contrária, sem ter que oferecer qualquer contraprestação. Como o contrato de trabalho é oneroso e comutativo, não há como exigir um encargo de qualquer dos contratantes, pois as obrigações são equivalentes, o que torna esse elemento acidental incabível.</td><td>7.3</td></tr>
</table>

Capítulo III – Contrato de emprego			
Formas de invalidade do contrato de emprego			
Nulidade total	O contrato de trabalho é nulo quando: • for celebrado por trabalhador menor de 16 anos, salvo na condição de aprendiz; • seu objeto for ilícito ou juridicamente impossível; • não revestir a forma prescrita em lei, para os contratos especiais; ou • quando a lei taxativamente o declarar nulo, ou proibir-lhe a prática, sem cominar sanção.		8.1
Nulidade parcial	Quando a nulidade alcança apenas uma ou algumas das cláusulas do contrato de trabalho, ela é eliminada do negócio jurídico e substituída, automaticamente, pela cláusula legal, ou seja, pelos ditames que fazem parte do estatuto mínimo do trabalhador ou por outra fonte normativa laboral, como a convenção coletiva, acordo coletivo, sentença normativa ou regulamento de empresa (aplicação do princípio da substituição automática das cláusulas nulas).		8.2
Dissimulação	A dissimulação do pacto laboral é feita com o uso dos demais contratos de prestação de serviço por meio dos quais o trabalhador é considerado como um autônomo (empreitada, representação comercial, mandato, etc.).		8.3
Efeitos da declaração de nulidade	**Quanto à forma**	Em caso de contrato nulo em razão de inobservância do preceito contido no art. 37, II da Constituição Federal de 1988, a indenização reparatória deve ser equivalente aos salários, ajustados e/ou pagos; horas extras, sem o respectivo adicional; e FGTS, também sem o acréscimo de 40% (Súmula nº 363 do TST).	8.4
	Quanto ao objeto	Quando a atividade da empresa e o serviço executado pelo trabalhador são considerados como atos antijurídicos, o contrato respectivo é nulo e produz efeitos *ex tunc*. Nesse caso não é devida qualquer indenização ao obreiro. Caso contrário, se a atividade desenvolvida pela empresa é ilícita ou contrária à moral e aos bons costumes, mas o trabalho executado pelo empregado não ostenta essa qualidade, a nulidade produzirá efeitos *ex nunc*.	
	Quanto à capacidade	Anulado o contrato de trabalho em razão da incapacidade do trabalhador, a consequência não pode ser prejudicial ao menor, tendo em vista a aplicação do princípio protetivo que norteia o Direito laboral. Nesse caso, a nulidade também produz efeitos *ex nunc*.	
Trabalho ilícito e proibido	**Trabalho ilícito**	O trabalho ilícito é aquele decorrente de uma atividade ilícita, assim considerada aquela atividade empresarial cuja execução é considerada como crime ou contravenção penal pelo ordenamento jurídico.	8.5
	Trabalho proibido	Trabalho proibido representa o fato de a pessoa prestar serviços subordinados em certa atividade, cujo exercício é proibido apenas para determinada categoria de trabalhadores.	
Efeitos do contrato de emprego			
Para o empregador	**Obrigações**	A principal obrigação que deriva do contrato de trabalho para o empregador é o pagamento do salário. Ao lado dessa obrigação, o empregador assume outras de natureza acessória, de fazer e não fazer, representadas pelas medidas preventivas de medicina, higiene e segurança do trabalho, concessão do gozo de férias, etc.	9.1
	Deveres	Os deveres do empregador decorrem da aplicação das normas jurídicas que protegem a dignidade e intimidade de qualquer ser humano, sendo defeso o tratamento com rigor excessivo ou a prática de atos lesivos à honra ou boa fama, sem a observância dos direitos personalíssimos do empregado.	9.1
	Direitos	O empregador tem o direito de exigir a prestação de serviço na forma como convencionada, com observância da quantidade e da qualidade ajustada pelas partes ou de acordo com o estatuto mínimo fixado pela legislação laboral.	

<table>
<tr><th colspan="4">Capítulo III – Contrato de emprego</th></tr>
<tr><td rowspan="4">Para o empregado</td><td>Obrigações</td><td>Decorre do contrato de trabalho a obrigação principal para o empregado de prestar serviços, sob o comando do empregador. É uma obrigação de fazer de meio, pois não se cogita do resultado final da obrigação.</td><td rowspan="4">9.2</td></tr>
<tr><td>Deveres</td><td>O obreiro tem o dever de respeitar a condição pessoal dos seus superiores hierárquicos, colegas de trabalho e outras pessoas que estejam no interior do centro de trabalho. Deve abster-se da prática de atos que ofendam a honra e a incolumidade física dessas pessoas. Além disso, a doutrina cita os deveres de fidelidade, diligência e colaboração.</td></tr>
<tr><td>Direitos</td><td>O empregado tem direito à contraprestação pelos serviços prestados. Contudo, essa contraprestação não é absoluta e direta, tendo em vista que o salário deve ser pago ao empregado pelo simples fato deste encontrar-se à disposição do empregador, bem como nos casos em que persiste o direito de percepção do salário, mesmo sem haver trabalho, ou seja, nas hipóteses de interrupção do contrato de trabalho.</td></tr>
<tr><td>Invenções</td><td>A invenção e o modelo de utilidade pertencem exclusivamente ao empregador, quando o contrato de trabalho tenha por objeto a pesquisa ou atividade inventiva, ou resulte esta da natureza dos serviços para os quais o empregado foi contratado.</td></tr>
<tr><td rowspan="4">Poderes do empregador</td><td>Diretivo</td><td>Do poder empresarial emanam-se determinações genéricas e ordens de serviços específicas que devem ser obedecidas pelo empregado. Assim, o empregador dirige serviços prestados pelo trabalhador, por meio da expedição de ordens que conduzem a sua atividade.</td><td rowspan="4">9.3</td></tr>
<tr><td>De organização</td><td>O poder de organização autoriza o empregador ou seus prepostos a emanarem ordens diretas para um, alguns ou todos os empregados da empresa. Esse poder de organização é indispensável ao bom desempenho da atividade empresarial, tendo em vista que os empregados devem adequar-se aos fins pré-estabelecidos pelo empregador.</td></tr>
<tr><td>De controle ou de fiscalização</td><td>O poder de controle constitui uma consequência lógica do poder de direção, tendo em vista que possibilita ao empresário verificar se está havendo ou não o cumprimento das referidas diretivas.</td></tr>
<tr><td>Disciplinar</td><td>O não cumprimento dos deveres decorrentes do exercício do poder organizacional do empregador, constatado por meio do poder de fiscalização e controle, permite que o empregador aplique certas sanções ao empregado, representando o poder disciplinar.</td></tr>
</table>

11. INFORMATIVOS DO TST SOBRE A MATÉRIA

Petrobras. Curso de formação. Vínculo de emprego. Caracterização. Cômputo como tempo de serviço. Art. 14, § 2º, da Lei nº 9.624/98. Aplicação analógica.

Ainda que o edital do concurso para ingresso no cargo de "Operador I" da Petrobras não permita a integração do período relativo ao denominado Curso de Formação Educacional Complementar no contrato de trabalho, não há como afastar a caracterização do vínculo empregatício nesse período, uma vez que o referido curso não estava voltado para simples formação educacional ordinária, mas detinha finalidade específica de qualificação para o desempenho do cargo, além de ostentar cunho obrigatório, presentes a subordinação, a não eventualidade, a pessoalidade e a onerosidade (bolsa), próprias da relação de emprego, nos termos dos arts. 2º e 3º da CLT. Aplicação analógica do art. 14, § 2º, da Lei nº 9.624/98, para fins de cômputo do período do curso de formação como tempo de serviço. Sob esse entendimento, a SBDI-I, por unanimidade, conheceu dos embargos, por divergência jurisprudencial, e, no mérito, por maioria, negou-lhes provimento mantendo a decisão turmária que restabeleceu a sentença proferida em sede de ação civil pública, a qual condenara a Petrobras na obrigação de retificar as carteiras de trabalho dos empregados nominados na petição inicial, relativamente à data de admissão. Vencidos os Ministros João Oreste Dalazen, relator, Ives Gandra Martins Filho, Brito Pereira e Márcio Eurico Vitral Amaro. TST-E-ED-RR-213000-10.2004.5.01.0481, SBDI-I, rel. Min. João Oreste Dalazen, red. p/ acórdão Min. Aloysio Corrêa da Veiga, 2.6.2016 (TST. Info nº 138).

Matéria afetada ao Tribunal Pleno. Servidor público celetista. Administração pública direta, autárquica e fundacional. Concurso público. Contrato de experiência. Dispensa imotivada. Impossibilidade. Observância dos princípios constitucionais da impessoalidade e da motivação.

A despedida de servidor público celetista da administração pública direta, autárquica e fundacional, admitido por concurso público e em contrato de experiência, deve ser motivada. A observância do princípio constitucional da motivação visa a resguardar o empregado de possível quebra do postulado da impessoalidade por parte do agente estatal investido no poder de dispensar. Sob esse fundamento, o Tribunal Pleno, por unanimidade, conheceu do recurso de embargos, por divergência jurisprudencial, e, no mérito, deu-lhe provimento, para julgar procedentes os pedidos da reclamante de restauração da relação de emprego e de pagamento dos salários e demais vantagens do período compreendido entre a dispensa e a efetiva reintegração. TST-E-ED-RR 64200-46.2006.5.02.0027, Tribunal Pleno, rel. Ministro Alberto Luiz Bresciani de Fontan Pereira, 29.9.2015 (TST. Info nº 119).

Conselhos de Fiscalização Profissional. Natureza jurídica de autarquia especial. Aplicabilidade dos privilégios concedidos à Fazenda Pública pelo Decreto–Lei nº 779/1969.

Os conselhos de fiscalização profissional, a partir do julgamento da ADI 1.717-6/DF pelo Supremo Tribunal Federal, passaram a ser considerados entidades autárquicas especiais e tiveram reconhecida a sua natureza paraestatal. Por conseguinte, foram beneficiados com as mesmas prerrogativas processuais concedidas à Fazenda Pública, como a dispensa de depósitos recursais e o pagamento de custas somente ao final do processo, nos termos do Decreto-Lei nº 779/69. Sob esse entendimento, a SBDI-1, à unanimidade, conheceu do recurso de embargos do reclamado, por divergência jurisprudencial, e, no mérito, deu-lhe provimento para determinar o retorno do feito à 6ª Turma desta Corte a fim de que, afastada a deserção do recurso de revista, prossiga no exame do agravo de instrumento, como entender de direito. TST– E-Ag-AIRR 244200-80.2007.5.02.0035, SBDI-1, relator Ministro Cláudio Mascarenhas Brandão, 17.09.2015 (TST. Info nº 118).

Dispensa imotivada. Decreto estadual nº 21.325/91. Sucessão do BEC – Banco do Estado do Ceará S/A pelo Banco Bradesco S/A. Dever de motivação. Ilegalidade. Reintegração indevida.

O Banco Bradesco S/A não tem obrigação de motivar a dispensa de ex-empregada admitida pelo extinto BEC – Banco do Estado do Ceará S/A antes da privatização. No caso, a empregada foi admitida antes da sucessão do extinto BEC pelo Banco Bradesco S/A, e dispensada imotivadamente, inobservando o quanto disposto no Decreto estadual nº 21.325/91 – que estendia aos entes da Administração Pública indireta estadual o dever de motivar o ato de dispensa de seus empregados. Referido decreto afigura-se ilegal, pois não poderia o Estado do Ceará, unilateralmente, exorbitando da condição de acionista controlador, ao arrepio da Lei nº 6.404/76, sobrepor-se aos órgãos de administração da Sociedade Anônima e criar, mediante decreto, obrigação para a Companhia, que detém personalidade jurídica própria. De outro lado, ainda que se desconsiderasse a manifesta ilegalidade, o decreto cuidava de regra de Direito Administrativo por que deveria pautar-se "órgão administrativo" que praticasse, como tal, "atos administrativos", não havendo como transpor para o banco privado sucessor obrigações decorrentes de tal regra. Ademais, todas as obrigações de índole trabalhista impostas ao ente público sucedido, nesta qualidade, mediante fonte heterônoma, mesmo impostas por lei, não se transmitem pela sucessão do empregador. Consumada a sucessão, dada a distinta natureza da personalidade jurídica do sucessor, rigorosamente o regime jurídico híbrido desaparece e sobrevém um empregador submetido a regime jurídico puramente privado. Sob esse entendimento, decidiu o Tribunal Pleno, por unanimidade, conhecer do recurso de embargos, por divergência jurisprudencial, e, no mérito, por maioria, dar-lhe provimento para restabelecer o acórdão regional que rejeitou o pedido de reintegração no emprego. Vencidos os Ministros Hugo Carlos Scheuermann, relator, Maria Helena Mallmann, Maurício Godinho Delgado, Kátia Magalhães Arruda, Augusto César Leite de Carvalho, José Roberto Freire Pimenta, Delaíde Alves Miranda Arantes e Ives Gandra da Silva Martins Filho. TST-E-RR-44600-87.2008.5.07.0008, Tribunal Pleno, rel. Hugo Carlos Scheuermann, red. p/acórdão Min. João Oreste Dalazen, 25.8.2015 (TST. Info nº 115).

Competência da justiça do trabalho. Estado do Piauí. Empregada admitida antes da Constituição de 1988. Transposição automática do regime celetista para o estatutário. Impossibilidade. Ausência de concurso público.

A Justiça do Trabalho é competente para examinar pedido de empregado público admitido antes da promulgação da Constituição de 1988, sob regime celetista, e sem concurso público, não obstante a superveniência de legislação estadual que institui regime jurídico único. Na hipótese, consoante entendimento já consagrado pelo Supremo Tribunal Federal no julgamento da ADI 1.150-2, entendeu-se que o fato de o Estado do Piauí instituir regime jurídico único, por meio da Lei Complementar Estadual nº 13, de 3.1.1994, não convola em vínculo estatutário, de forma automática, o contrato trabalhista anterior, sobretudo em decorrência da ausência de concurso público, na forma do art. 37, II, § 2º, da Constituição. Desse modo, tem-se que a reclamante permaneceu na condição de empregada, mesmo após a edição da norma estadual, porque embora estável, nos termos do art. 19 do ADCT, não se submeteu a concurso público. Sob esse fundamento, a SBDI-I, à unanimidade, conheceu dos embargos interpostos pelo reclamado, por divergência jurisprudencial, e, no mérito, por maioria, negou-lhes provimento, vencido os Ministros Luiz Philippe Vieira de Mello Filho, Walmir Oliveira da Costa, José Roberto Freire Pimenta e Hugo Carlos Scheuermann. TST-E-RR-846-13.2010.5.22.0104, SBDI-I, rel. Min. Augusto César Leite e Carvalho, 18.6.2015 (TST. Info nº 111).

Contrato temporário. Lei nº 6.019/74. Rescisão antecipada. Indenização prevista no art. 479 da CLT. Inaplicabilidade.

A rescisão antecipada do contrato de trabalho temporário disciplinado pela Lei nº 6.019/74 não enseja o pagamento da indenização prevista no art. 479 da CLT. Trata-se de forma específica de contratação, regulada por legislação especial e não pelas disposições da CLT. Sob esse entendimento, a SBDI-I, por unanimidade, conheceu do recurso de embargos da reclamante, por divergência jurisprudencial, e, no mérito, por maioria, negou-lhe provimento. Vencidos os Ministros Lelio Bentes Corrêa, relator, João Oreste Dalazen, Ives Gandra Martins Filho e Hugo Carlos Scheuermann, que entendiam ser aplicável a indenização prevista no art. 479 da CLT também aos trabalhadores regidos pela Lei n.º 6.019/74, por se tratar de espécie de contrato a termo. Registrou ressalva de fundamentação o Ministro José Roberto Freire Pimenta. TST-RR-1342-91.2010.5.02.0203, SBDI-I, rel. Min. Lelio Bentes Corrêa, red. p/ acórdão Min. Renato de Lacerda Paiva, 30.4.2015 (TST. Info nº 105).

Adicional de periculosidade. Lei Complementar nº 315/83 do Estado de São Paulo. Concessão aos servidores da administração pública centralizada. Impossibilidade de extensão aos empregados da Funap. Fundação pública estadual dotada de personalidade jurídica própria. Administração indireta.

O art. 1º da Lei Complementar nº 315/83 do Estado de São Paulo prevê a concessão de adicional de periculosidade apenas para o servidor (estatutário ou celetista) da administração pública centralizada que exerça as suas atividades, de forma permanente, em estabelecimentos penitenciários. Excluem-se do alcance do referido dispositivo legal, portanto, os empregados da Fundação Professor Doutor Manoel Pedro Pimentel – Funap, porque se trata de fundação pública estadual, detentora de personalidade jurídica própria, integrante da administração indireta do estado. Com esse entendimento, a SBDI-I, por unanimidade, conheceu dos embargos interpostos pelo reclamante, por divergência jurisprudencial, e, no mérito, por maioria, negou-lhes provimento. Vencidos os Ministros Guilherme Augusto Caputo Bastos, Rosa Maria Weber, Maria de Assis Calsing, Augusto César de Carvalho e Delaíde Miranda Arantes. TST-E-RR-35200-69.2006.5.02.0069, SBDI-I, rel. Min. Horácio Raymundo de Senna Pires, 3.4.2014 (TST. Info nº 78).

Empresa pública e sociedade de economia mista. Admissão sem prévia aprovação em concurso público após a promulgação da Constituição Federal de 1988. Decisão do STF no MS nº 21322/DF. Marco para declaração de nulidade da contratação. Inaplicabilidade da Súmula nº 363 do TST.

A decisão proferida pelo STF no MS nº 21322/DF, publicada em 23.4.1993, deve ser tomada como marco para a declaração de nulidade dos contratos de trabalho firmados com empresa pública ou sociedade de economia mista sem prévia aprovação em concurso público, após a promulgação da Constituição Federal de 1988, de modo que o disposto no art. 37, § 2º, da CF apenas alcança os contratos de trabalho celebrados após essa data. Com esse entendimento, a SBDI-I, em sua composição plena, decidiu, à unanimidade, conhecer dos embargos, por divergência jurisprudencial, e, no mérito, dar-lhes provimento para, afastando a incidência da Súmula nº 363 do TST e a nulidade do contrato de trabalho firmado com a Radiobrás, em 07.01.93, sem concurso público, restabelecer a decisão do Regional, determinando o retorno dos autos à Turma de origem para apreciar os demais temas recursais como entender de direito. TST-E-ED-RR-4800-05.2007.5.10.0008, SBDI-I, rel. Min. Aloysio Corrêa da Veiga, 23.5.2013 (TST. Info nº 48).

Cesta básica. Exclusão de empregados em contrato de experiência. Impossibilidade.

A exclusão dos trabalhadores em contrato de experiência do pagamento de cesta básica não se coaduna com o princípio consagrado pelo art. 3º, IV, parte final, da Constituição da República, que veda qualquer forma de discriminação na promoção do bem de todos. Com base nesse entendimento, a SDC, por unanimidade, deu parcial provimento ao recurso ordinário do sindicato da categoria profissional, suscitante do dissídio de natureza econômica, para deferir a "Cláusula Oitava – Cesta básica" conforme a redação proposta pelo sindicato suscitado, porém incluindo os empregados em contrato de experiência. TST-RO-20260-19.2010.5.04.0000, SDC, Min. Kátia Magalhães Arruda, 9.10.2012 (TST. Info nº 25).

Empregado de cartório extrajudicial admitido antes da edição da Lei nº 8.935/94. Relação laboral submetida às normas da CLT. Autoaplicabilidade do art. 236 da CF.

A relação jurídica havida entre os serventuários e o cartório extrajudicial está sujeita ao regime jurídico da CLT, ainda que contratados em período anterior à vigência da Lei nº 8.935/94, pois o art. 236 da CF já previa o caráter privado dos serviços notariais e de registro, sendo norma constitucional autoaplicável. Nos termos do mencionado preceito constitucional, os serviços notariais e de registro são exercidos em caráter privado, por delegação do Poder Público, o que evidencia que os empregados contratados para prestar serviços em cartórios são submetidos ao regime jurídico celetista, na medida em que mantêm vínculo profissional com o titular do cartório e não com o Estado. Na hipótese dos autos, extraiu-se do acórdão do Regional que o reclamante era serventuário de cartório extrajudicial quando do advento da Constituição de 1988. Assim, concluindo pela má-aplicação da Súmula nº 126 do TST pela Turma, a SBDI-I, à unanimidade, conheceu dos embargos interpostos antes da Lei nº 11.496/2007, por violação dos arts. 896 da CLT e 236 da CF, e, no mérito, deu-lhes provimento para reconhecer o vínculo de natureza trabalhista entre as partes a partir de 5.10.1988 e determinar o retorno dos autos à Vara do Trabalho de origem, a fim de que prossiga no exame da pretensão deduzida pelo espólio, como entender de direito. TSTE-RR-493331-32.1998.5.02.0078, SBDI-I, rel. Min. Lelio Bentes Corrêa, 31.5.2012 (TST. Info nº 11).

12. QUESTÕES

12.1. Questões objetivas

01. (Fundação Casa – Analista Administrativo/Advogado/2011) Nos termos da Consolidação das Leis do Trabalho e no que tange ao contrato de trabalho, é correto afirmar que

(A) o contrato de experiência terá duração máxima de noventa dias, admitindo uma única prorrogação, por mais noventa dias.

(B) considera-se por prazo indeterminado todo contrato que suceder, dentro de seis meses, a outro contrato por prazo determinado, salvo se a expiração deste dependeu da execução de serviços especializados ou da realização de certos acontecimentos.

(C) no tempo de serviço do empregado, quando readmitido, sempre serão computados os períodos, ainda que não contínuos, em que tiver trabalhado anteriormente na empresa.

(D) para fins de contratação, o empregador não exigirá do candidato a emprego comprovação de experiência prévia por tempo superior a três meses no mesmo tipo de atividade.

(E) não se admite a celebração de contrato de trabalho por prazo determinado quando sua vigência depender da execução de serviços especificados.

02. (AL/SP/Procurador/2010) Em regra, o Contrato Individual de Trabalho por prazo determinado:

(A) pode ser prorrogado quantas vezes for necessário, desde que respeite o limite máximo de um ano.

(B) não pode ser fixado por mais de dois anos, vedada qualquer prorrogação.

(C) não pode ser fixado por mais de três anos, permitida uma única prorrogação dentro deste período.

(D) pode ser prorrogado quantas vezes for necessário, desde que respeite o limite máximo de dois anos.

(E) não pode ser fixado por mais de dois anos, permitida uma única prorrogação dentro deste período.

03. (TRT 21ª R. Técnico/2010/adaptada) Acerca do direito do trabalho, julgue o item a seguir. Contrato de experiência é o negócio jurídico por meio do qual empregado e empregador, no âmbito privado, aferem reciprocamente suas condutas visando a uma futura, porém incerta, efetivação do ajuste precário em contrato por tempo indeterminado. O referido contrato pode ser celebrado por prazo não superior a três meses, sob pena de passar a vigorar sem determinação de prazo.

04. (TRT 9ª R – Analista/2010) João celebrou contrato de experiência de 60 dias com a empresa SOL sem cláusula assecuratória do direito recíproco de rescisão. Durante o referido contrato, João, insatisfeito com suas tarefas diárias, requereu a rescisão antecipada deste contrato. Neste caso, considerando que não há justa causa presente na rescisão, de acordo com a Consolidação das Leis do Trabalho, João

(A) será obrigado a indenizar a empresa SOL dos prejuízos decorrentes desta rescisão, limitados a 80% da remuneração que João teria direito até o termino do contrato.

(B) será obrigado a indenizar a empresa SOL dos prejuízos decorrentes desta rescisão, limitados à remuneração total a que João teria direito até o término do contrato.

(C) não terá que indenizar a empresa SOL, tendo em vista que a rescisão antecipada a requerimento do empregado é permitida pela legislação competente.

(D) será obrigado a indenizar a empresa SOL no montante fixo e estipulado pela Consolidação das Leis do Trabalho de três salários mínimos vigentes na data da rescisão.

(E) será obrigado a indenizar a empresa SOL dos prejuízos decorrentes desta rescisão, limitados à metade da remuneração a que João teria direito até o término do contrato.

05. (Procurador do Município de Londrina/PR/2011) A respeito do contrato de trabalho, assinale a afirmativa INCORRETA:

(A) Haverá contrato de trabalho sempre que uma pessoa física se obrigar a realizar atos, executar obras ou prestar serviços para outra e sob dependência desta, durante um período determinado ou indeterminado de tempo, mediante o pagamento de uma remuneração.

(B) Contrato de trabalho é contrato de direito privado, consensual, sinalagmático, comutativo, de trato sucessivo, oneroso e, regra geral, do tipo dos contratos de adesão.

(C) O contrato de trabalho é permitido aos maiores de 14 anos; os maiores de 12 anos podem celebrar contratos na condição de aprendizes.

(D) O maior de 14 anos e menor de 18 anos já não depende de autorização do pai, mãe ou responsável legal, para trabalhar.

(E) Se os entendimentos preliminares chegaram a um ponto que faça prever a conclusão do contrato e uma das partes os rompe sem um motivo justo e razoável, deverá ressarcir a outra do dano, se houver comprovação de despesas relativas a ele ou se deixou de aceitar outra oferta igual ou mais vantajosa.

06. (ECT – Analista de Correios – Advogado/ 2011) A duração máxima do contrato por prazo determinado, destinado a serviço cuja natureza ou transitoriedade justifique a predeterminação do prazo, é de noventa dias.

07. (TRT 15R – 2011 – TRT – 15ª Região – Juiz do Trabalho) Assinale a alternativa incorreta:

(A) o contrato de experiência é uma espécie de contrato por prazo determinado e pode ser prorrogado, desde que respeitado o tempo máximo de 90 (noventa) dias;

(B) o contrato que suceder, dentro de 6 (seis) meses, a outro contrato por tempo determinado, deve ser considerado como contrato por tempo indeterminado, salvo se a expiração deste dependeu da execução de serviços especializados ou da realização de certos acontecimentos;

(C) os contratos de técnicos estrangeiros, domiciliados no exterior, para a realização de serviços especializados no Brasil, em caráter provisório e com estipulação de salários em moeda estrangeira, podem ser realizados por prazo indeterminado;

(D) as atividades empresariais de caráter transitório justificam a contratação de trabalhadores por prazo determinado;

(E) aplica-se ao trabalhador optante pelo regime jurídico do FGTS admitido mediante contrato por prazo determinado, quando dispensado antes de seu termo, a indenização prevista no art. 479, da CLT, ou seja, a metade da remuneração que seria devida até o final do contrato.

08. (CESGRANRIO – 2012 – LIQUIGAS – Profissional Júnior – Direito) De acordo com as normas que regem o contrato individual de trabalho, verifica-se que a(o)

(A) exclusividade é um requisito do contrato de trabalho.

(B) vontade das partes é suficiente para que seja firmado um contrato de trabalho por prazo determinado.

(C) regra geral é que os contratos de trabalho devem ser firmados por prazo indeterminado.

(D) contrato individual de trabalho deve ser necessariamente celebrado por escrito.

(E) contrato de trabalho pode conter cláusula restritiva de direito previsto em lei, tendo em vista que as relações contratuais de trabalho podem ser objeto de livre estipulação das partes.

09. (FCC – 2012 – TST – Analista Judiciário – Área Judiciária) Considere as assertivas seguintes sobre o contrato individual de trabalho:

I. O contrato individual de trabalho somente poderá ser acordado de forma expressa e por escrito.

II. A lei prevê como regra a indeterminação do prazo e como exceção a prefixação de prazo para os contratos individuais de trabalho.

III. O contrato por prazo determinado de experiência não poderá ser feito por prazo superior a 90 dias.

IV. O contrato de trabalho por prazo determinado que for prorrogado mais de uma vez passará a vigorar sem determinação de prazo.

V. Considera-se por prazo indeterminado todo contrato que suceder, dentro de 6 meses, a outro contrato por prazo determinado, em qualquer situação.

Está correto o que se afirma APENAS em

(A) I, II e III.

(B) I, III e IV.

(C) II, IV e V.

(D) III, IV e V.

(E) II, III e IV.

10. (TRT 23R (MT) – 2012 – TRT – 23ª REGIÃO (MT) – Juiz do Trabalho) Analise as proposições abaixo e indique a alternativa correta:

I. O caráter sinalagmático do contrato de emprego formado entre empregado e empregador significa dizer que, através desse vinculo, surgem obrigações contrapostas ou contrárias entre os contratantes, de modo que, sob aspecto formal, há equilíbrio entre as prestações onerosas de cada parte, não obstante seja a subordinação um dos elementos fático-jurídicos componentes da relação empregatícia.

II. O chamado contrato de estágio ocupa situação peculiar dentro do ordenamento jurídico pátrio já que, não obstante possa reunir os pressupostos de existência da relação empregatícia, se for oneroso, contudo, não o considerado legalmente enquanto modalidade de contrato de emprego em virtude dos objetivos educacionais do pacto.

III. O trabalho eventual é compreendido no cenário jurídico pátrio através de quatro teorias principais, a saber, a teoria do evento, da descontinuidade, dos fins do empreendimento (ou fins da empresa) e da fixação jurídica ao tomador de serviços. Longe de se excluírem, na verdade, preconiza-se em doutrina e jurisprudência a necessidade de utilização, concomitante, de várias, ou mesmo, de todas essas teorias para a caracterização do trabalho eventual.

IV. O trabalho voluntário é aquele prestado para causas benevolentes cuja caracterização se dá, de plano, pela prestação de serviços, a título oneroso ou gratuito, a um tomador de serviços que exerça sua atividade com objetivos cívicos, culturais, educacionais, científicos, recreativos ou de assistência social.

V. Segundo a doutrina trabalhista pátria, a chamada "teoria trabalhista de nulidades" enseja o reconhecimento da produção de efeitos jurídicos válidos em contratos de emprego que contenham nulidade em seu bojo, isso, em benefício do trabalhador, cuja força de trabalho já empreendida é irrecuperável. Fato e que, contudo, na hipótese do chamado "contrato de trabalho proibido" ou "contrato de emprego proibido", não se aplica essa teoria, visto que se trata de hipótese de nulidade contratual absoluta pelo vício do objeto, que é, no caso, proibido por Lei, com o que não se produzirá desse contrato qualquer efeito jurídico válido.

(A) Apenas as proposições I, II, III e IV estão corretas e as demais estão incorretas.
(B) Apenas as proposições I e II estão corretas e as demais estão incorretas.
(C) Apenas as proposições II, III e IV estão corretas e as demais estão incorretas.
(D) Apenas as proposições I, II e III estão corretas e as demais estão incorretas.
(E) Apenas as proposições II e III estão corretas e as demais estão incorretas.

---

11. (TRT 23R (MT) – 2012 – TRT – 23ª REGIÃO (MT) – Juiz do Trabalho) Analise as proposições abaixo e assinale a alternativa correta:

I. Os contratos de trabalho por prazo determinado não poderão ser estipulados com vigência de mais de 2 (dois) anos, salvo no caso do contrato de experiência onde esse prazo máximo não poderá exceder de 3 (três) meses.

II. Na falta de acordo ou prova sobre condição ou cláusula, ainda que acessória, do contrato de trabalho verbal, esta se presume existente, independentemente de ajuste das partes interessadas, desde que em conformidade aos preceitos Jurídicos adequados à sua legitimidade e for mais favorável ao empregado.

III. O contrato de trabalho por prazo determinado que, tácita ou expressamente, for prorrogado mais de uma vez passará a vigorar sem determinação de prazo a partir dessa segunda prorrogação, isso quer dizer que se considera, então, como sendo período do contrato a prazo determinado o lapso contratual anterior à segunda prorrogação contratual, em respeito ao ato jurídico perfeito, com o que, tal lapso de tempo não será computado para fins de quantificação dos valores devidos ao empregado em caso de eventual rescisão contratual ulterior.

IV. Na vigência do contrato de trabalho, as invenções do empregado, quando decorrentes de sua contribuição pessoal e da instalação ou equipamento fornecidos pelo empregador, serão de propriedade do empregador, independentemente do contrato ter por objeto, implícita ou explicitamente, a pesquisa científica, como consequência da subordinação do trabalhados que, todavia, não corre os riscos do empreendimento econômico em que se insere.

V. Contrato individual de trabalho é o acordo tácito ou expresso, correspondente à relação de emprego. A prova do contrato individual do trabalho será feita pelas anotações constantes da carteira profissional ou por instrumento escrito e suprida por todos os meios permitidos em direito.

(A) Apenas as proposições I e V estão corretas e as demais estão incorretas.
(B) Apenas a proposição V está correta e as demais estão incorretas.
(C) As proposições II, III, IV e V estão corretas e a proposição I está incorreta.
(D) Apenas as proposições IV e V estão corretas e as demais estão incorretas.
(E) Todas as proposições estão incorretas.

---

12. (FCC – 2012 – TRT – 11ª Região (AM) – Juiz do Trabalho) O contrato de emprego

(A) tem por característica o sinalagma, aferido em comparação tópica.
(B) tem por característica o sinalagma, aferido tomando – se parcela contra parcela.
(C) não tem por característica a presença do sinalagma.
(D) tem por característica o sinalagma, aferido tomando – se o conjunto do contrato.
(E) tem por característica o sinalagma, aferido tomando – se exclusivamente o contraponto de suas obrigações específicas.

---

13. (FCC – 2012 – TRT – 11ª Região (AM) – Juiz do Trabalho) Sobre a validade do contrato de trabalho, considere:

I. Se o trabalho prestado se enquadra em um tipo legal criminal, a ordem justrabalhista, como regra geral, rejeita reconhecimento jurídico à relação socioeconômica formada, negando-lhe repercussão de caráter trabalhista.

II. Trabalho ilícito é aquele que compõe um tipo legal penal ou concorre diretamente para ele, e trabalho irregular é aquele que se realiza em desrespeito à norma imperativa vedatória de labor em determinadas situações.

III. O trabalho irregular importa em afronta às normas proibitivas expressas do Estado a respeito.

IV. O trabalho executado por estrangeiro sem autorização administrativa para prestação de serviços é exemplo de trabalho irregular.

V O trabalho executado por menores em período noturno é exemplo de trabalho irregular ou proibido.

Está correto o que se afirma em

(A) I, II, III e V, apenas.

(B) I, II, III, IV e V.

(C) II, III, IV e V, apenas.

(D) I, II, IV e V, apenas.

(E) I, III, IV e V, apenas.

---

14. (FCC – 2012 – TRT – 11ª Região (AM) – Juiz do Trabalho) No que se refere ao contrato de trabalho e seus contratos afins, é INCORRETO afirmar:

(A) A contraposição de interesses jurídicos não marca as obrigações decorrentes do contrato de trabalho, mas a convergência de interesses jurídicos em função da ideia e realidade da sociedade é a marca central das obrigações decorrentes do contrato societário.

(B) O objetivo do contrato de representação mercantil, ao contrário do pacto de prestação de serviços, é o resultado útil do trabalho e não o serviço como um valor em si.

(C) Na empreitada enfatiza-se a obra concretizada pelo serviço, ao passo que na relação de emprego há, em regra, relativa indeterminação no que toca ao resultado do serviço contratado.

(D) Tanto o contrato de emprego como o contrato de mandato são considerados contratos de atividade.

(E) Evidenciando-se traços de direcionamento do tomador sobre o efetivo cumprimento da parceria pelo obreiro, desfaz-se o envoltório agrário-civil, enquadrando-se a relação jurídica como contrato empregatício rural.

---

15. (MPT – Procurador do Trabalho. 14º Concurso – 2008) Complete com a opção CORRETA.

O contrato de trabalho do jogador de futebol é de prazo determinado, com vigência nunca inferior a ______ meses e nem superior a ______ anos.

(A) 3; 2;

(B) 3; 5;

(C) 6; 3;

(D) 12; 5;

(E) não respondida

---

16. (FCC – Analista Judiciário – Área Judiciária – TRT 3/2015) O contrato de trabalho é:

I. um contrato de direito público, devido à forte limitação sofrida pela autonomia da vontade na estipulação de seu conteúdo.

II. concluído, como regra, intuito personae em relação à pessoa do empregador.

III. um contrato sinalagmático.

IV. um contrato sucessivo. A relação jurídica de emprego é uma "relação de débito permanente", em que entra como elemento típico a continuidade, a duração.

V. um contrato consensual. A lei, via de regra, não exige forma especial para sua validade.

Considerando as proposições acima, está correto o que consta APENAS em

(A) III, IV e V.

(B) III e V.

(C) I, II e V.

(D) I, III e IV.

(E) I, II e IV.

17. (Vunesp – PGM – São Paulo – SP/2015) Relação de emprego: empregado e empregador. Modalidades de contratação do empregado. Sucessão de empresas.

É correto dizer que:

(A) a não eventualidade é requisito para caracterização do vínculo de emprego, assim como a pessoalidade, a subordinação e a exclusividade.

(B) é empregador, a empresa individual ou coletiva que, assumindo os riscos da atividade econômica, admite a prestação de serviços, mesmo que por meio de interposta pessoa.

(C) trabalho temporário é aquele prestado por pessoa física a uma empresa, para atender à necessidade transitória de substituição de seu pessoal regular e permanente ou a acréscimo extraordinário de serviços.

(D) na sucessão de empresas, sucedido e sucessor respondem solidariamente pelos créditos trabalhistas dos empregados dos contratos em curso que não sofreram interrupção na prestação de serviços.

(E) os profissionais liberais, as instituições de beneficência, as associações recreativas ou outras instituições sem fins lucrativos, que admitirem trabalhadores como empregados, equiparam-se ao empregador para todos os fins de direito.

18. (FCC – Analista Judiciário – Oficial de Justiça Avaliador – TRT 3/2015) No que tange ao contrato de experiência,

(A) trata-se de um período inicial do contrato por prazo indeterminado, havendo, contudo, regras especiais aplicáveis em razão da precariedade da relação laboral no aludido período.

(B) não se concebe hipótese de prorrogação do seu prazo, já que, em tal caso, o contrato se descaracterizaria.

(C) o seu prazo máximo de duração é de 60 dias, prorrogável uma única vez.

(D) pode ser prorrogado uma única vez, desde que respeitado o limite máximo de duração de 90 dias.

(E) somente pode ser celebrado excepcionalmente, nas hipóteses em que o empregado vai ocupar cargo de confiança, sendo necessária uma avaliação prévia de sua conduta pelo empregador.

19. (PUC – Procurador do Estado – PR/2015) Em relação aos contratos de trabalho celebrados com a Administração Pública sem concurso público após a Constituição Federal de 1988, é CORRETO afirmar:

A) Considerando o princípio da primazia da realidade, o contrato de trabalho, inclusive os celebrados para empregos em comissão, é válido para todos os efeitos jurídicos, independentemente da responsabilidade do administrador público.

B) O contrato é nulo, sem que se possa reconhecer qualquer direito ao trabalhador.

C) O contrato é anulável, sendo devidos todos os direitos ao trabalhador até o trânsito em julgado da decisão que reconhecer a irregularidade.

D) Considerando as Convenções da OIT ratificadas pelo Brasil, o contrato de trabalho é válido e é garantido ao trabalhador o rol de direitos elencados na Constituição Federal.

E) O contrato de trabalho é nulo, somente conferindo ao trabalhador direito ao pagamento da contraprestação pactuada, em relação ao número de horas trabalhadas, respeitado o valor da hora do salário-mínimo, e dos valores referentes aos depósitos do FGTS.

20. (QUESTÃO SOBRE A REFORMA TRABALHISTA ELABORADA PELO AUTOR). São dois os elementos que caracterizam o empregado hipersuficiente: a) ser portador de diploma de nível superior; b) perceber salário mensal igual ou superior a duas vezes o limite máximo dos benefícios do Regime Geral de Previdência Social.

21. (Cespe – Analista – EMAP/2018) Conforme as disposições da Consolidação das Leis do Trabalho (CLT), julgue o seguinte item.

O contrato individual de trabalho poderá ser celebrado de forma tácita ou expressa, verbal ou escrita; poderá ter prazo indeterminado ou determinado; e poderá destinar-se à prestação de trabalho intermitente.

( ) Certo

( ) Errado

22. (FUMARC – Psicólogo – Copasa/2018) A legislação trabalhista permite aos empregadores contratar empregados por dois períodos de experiência. Nesse contexto, pode-se concluir, **EXCETO** que:

A) Ao término de cada contrato de experiência, a chefia imediata deverá fazer a avaliação do empregado.

B) Após a data do término do contrato de experiência, se houver continuidade da prestação serviço, o contrato de trabalho será automaticamente levado à categoria de contrato por prazo indeterminado.

C) O contrato de experiência poderá ser prorrogado por uma única vez, desde que não ultrapasse o prazo de 90 dias.

D) O trabalhador em contrato por prazo determinado, mesmo em contrato de experiência, tem direito apenas aos seguintes benefícios: adicional noturno e gratificações.

23. (Vunesp – Procurador – Fapesp/2018) O contrato de trabalho nulo, por ausência de concurso público, celebrado com ente da Administração Pública indireta,

A) se extingue se houver a privatização.

B) tem os efeitos convalidados se continuar a existir após eventual privatização.

C) tem os efeitos convalidados no prazo de cinco anos.

D) assegura todos os direitos ao empregado, tendo em vista o princípio da primazia da realidade.

E) assegura ao empregado apenas os salários, depósito do fundo de garantia do tempo de serviço e estabilidade após três anos de serviço.

24. (Cesgranrio – Profissional Júnior – Administração – Liquigás/2018) Nos termos da Lei no 13.429/2017, o contrato de trabalho temporário pode versar sobre o desenvolvimento de atividades meio e outras, a serem executadas na empresa tomadora de serviços, pertinentes às atividades

A) intermediárias

B) fim

C) gerenciais

D) acessórias

E) parciais

25. (Cespe – Procurador Municipal – Manaus – AM/2018) Considerando a jurisprudência do TST a respeito da rescisão do contrato de trabalho, julgue o item seguinte.

Se uma empresa contratar empregado mediante contrato de experiência pelo prazo de quarenta e cinco dias, sem cláusula quanto à possibilidade de prorrogação automática do contrato, e, após dois meses de trabalho, o empregado for demitido, caberá à empresa pagar todas as verbas rescisórias como se o contrato tivesse sido celebrado por tempo indeterminado.

( ) Certo

( ) Errado

26. (FCC – Técnico Judiciário – Área Administrativa – TRT 6/2018) Em consonância com o regramento contido na Consolidação das Leis do Trabalho,

A) categoria econômica é aquela constituída da similitude de condições de vida oriunda da profissão ou trabalho em comum, em situação de emprego na mesma atividade econômica ou em atividades econômicas similares ou conexas.

B) constitui objeto ilícito de convenção coletiva ou de acordo coletivo de trabalho, exclusivamente, a supressão ou a redução ao direito de igualdade jurídica entre o trabalhador com vínculo empregatício permanente e o trabalhador avulso.

C) categoria profissional diferenciada é aquela que se forma da solidariedade de interesses econômicos dos que empreendem atividades idênticas, similares ou conexas.

D) a contribuição sindical é devida por todos aqueles que participarem de uma determinada categoria econômica ou profissional, ou de uma profissão liberal, em favor do Sindicato representativo da mesma categoria ou profissão.

E) as condições estabelecidas em convenção coletiva de trabalho, quando mais favoráveis, prevalecerão sobre as estipuladas em acordo coletivo de trabalho.

27. (FCC – Técnico Judiciário – Área Administrativa – TRT 6/2018) O liame que se estabelece entre o empregador e seu empregado possui natureza jurídica contratual. Conforme previsões contidas na Consolidação das Leis do Trabalho sobre o contrato individual de trabalho e os sujeitos que o compõem,

A) considera-se empregado toda pessoa física ou jurídica que prestar serviços de natureza não eventual a empregador, sob a dependência deste e mediante pagamento de valor fixo mensal.

B) diante do princípio da tutela ao trabalhador a lei prevê que o contrato somente será válido se for acordado expressamente e por escrito.

C) para configuração do contrato de trabalho distingue-se entre o trabalho realizado no estabelecimento do empregador e o executado no domicílio do empregado, ainda que presentes os pressupostos da relação de emprego.

D) para fins de contratação, o empregador não exigirá do candidato a emprego comprovação de experiência prévia por tempo superior a seis meses no mesmo tipo de atividade.

E) o contrato de trabalho por prazo determinado não poderá ser estipulado por mais de um ano, admitindo-se, dentro deste prazo, até duas prorrogações, sob pena de passar a vigorar sem determinação de prazo.

28. (FCC – Procurador do Estado – TO/2018) Conforme regras previstas na Consolidação das Leis do Trabalho sobre o contrato individual de trabalho,

A) no tempo de serviço do empregado, quando readmitido, serão computados os períodos, ainda que não contínuos, em que tiver trabalhado anteriormente na empresa, mesmo que houver sido despedido por falta grave ou aposentado espontaneamente.

B) para fins de contratação, o empregador não exigirá do candidato a emprego comprovação de experiência prévia por tempo superior a 6 meses no mesmo tipo de atividade.

C) o contrato de trabalho intermitente poderá ser celebrado verbalmente, sem a necessidade de ser registrado na CTPS, quando for previsto em acordo ou convenção coletiva de trabalho.

D) os contratos por prazo determinado terão prazo mínimo de 30 dias e máximo de um ano, exceto o contrato de trabalho intermitente, cujo prazo máximo será de 3 anos.

E) o contrato de experiência não poderá exceder de 120 dias, permitidos duas prorrogações durante esse período.

29. (Fepese – Advogado – Celesc/2018) É **correto** afirmar acerca do contrato de trabalho:

A) O contrato de experiência não poderá exceder 180 dias.

B) O contrato de trabalho verbal não poderá ser estipulado por mais de dois anos.

C) O contrato por prazo determinado somente será válido se suceder, dentro de seis meses, a outro contrato por prazo determinado.

D) O somatório de prorrogações do contrato de trabalho temporário não poderá exceder a dois anos.

E) O contrato de trabalho por prazo determinado que, tácita ou expressamente, for prorrogado mais de uma vez passará a vigorar sem determinação de prazo.

30. (Consulpan – Procurador – Câmara de BH – MG/2018) Em relação ao término do contrato por prazo determinado no Direito do Trabalho, analise as afirmativas a seguir.

I. Aos contratos por prazo determinado, que contiverem cláusula assecuratória do direito recíproco de rescisão antes de expirado o termo ajustado, aplicam-se, caso seja exercido tal direito por qualquer das partes, os princípios que regem a rescisão dos contratos por prazo indeterminado.

II. Se o empregado der causa ao término do contrato, antes do prazo fixado, deverá pagar indenização ao empregador, pelos prejuízos que esse desligamento antecipado causar à empresa.

III. Havendo termo estipulado, o empregado não poderá se desligar do contrato, sem justa causa, sob pena de ser obrigado a indenizar o empregador dos prejuízos que desse fato lhe resultarem.

Estão corretas as afirmativas

A) I, II e III.

B) I e II, apenas.

C) I e III, apenas.
D) II e III, apenas.

31. (FCC – Analista Judiciário – Área Judiciária – TRT 6/2018) Visando apurar desvios que estão ocorrendo no setor de compras da empresa, o Gerente responsável contrata empresa de auditoria e a autoriza a utilizar um polígrafo (detector de mentiras) para apurar quais empregados estavam prestando informações erradas à investigação. A situação concreta apontada

A) inclui-se no poder de direção do empregador, mais especificamente no poder de controle, sendo autorizada pelo ordenamento jurídico, desde que não exponha os empregados a situação vexatória.
B) inclui-se no poder de direção do empregador, mais especificamente no poder disciplinar, sendo autorizada pelo ordenamento jurídico de forma ampla.
C) inclui-se no poder de direção do empregador, mais especificamente no poder de organização, mas somente terá validade se os questionamentos realizados por meio do polígrafo restringirem-se a questões de trabalho, não abrangendo questionamentos sobre a vida privada dos empregados.
D) viola a intimidade e a vida privada dos empregados, tendo em vista que a utilização do polígrafo está sendo feita por terceiro, alheio à relação de emprego, a quem não é atribuído o poder de direção, que é inerente à figura do empregador.
E) viola a intimidade e a vida privada dos empregados, causando danos à sua honra e à sua imagem, uma vez que a utilização do polígrafo extrapola o exercício do poder diretivo do empregador, por não ser reconhecido pelo ordenamento jurídico brasileiro como forma de controle de empregados.

32 (UFPR – Analista – Direito – Itaipú Binacional/2019) Sobre direito individual do trabalho, assinale a alternativa correta.

A) Nos contratos individuais de trabalho cuja remuneração seja superior ao limite máximo estabelecido para os benefícios do Regime Geral de Previdência Social, poderá ser pactuada cláusula compromissória de arbitragem.
B) O contrato de trabalho poderá ser extinto por acordo entre empregado e empregador, caso em que será devido por um terço o aviso prévio, se indenizado.
C) É facultado a empregados e empregadores, na vigência ou não do contrato de emprego, firmar o termo de quitação anual de obrigações trabalhistas, perante o sindicato dos empregadores da categoria.
D) Somente passará a vigorar sem determinação de prazo o contrato de trabalho por prazo determinado que expressamente for prorrogado mais de uma vez.
E) O contrato de trabalho intermitente deve ser celebrado por escrito e deve conter especificamente o valor da hora de trabalho, que não pode ser inferior ao valor horário do salário mínimo ou àquele devido aos demais empregados do estabelecimento que exerçam a mesma função em contrato intermitente ou não.

12.2. Questões discursivas

1. (TRT 3ª REGIÃO – JUIZ – 2010) Qual o fundamento jurídico do reconhecimento do direito aos salários do período trabalhado nos casos de contratação de empregado público sem concurso? E do direito ao FGTS?

2. (TRT 2ª REGIÃO – JUIZ –2011) Discorra acerca da validade ou não da cláusula de não concorrência no contrato de trabalho, com vigência após a extinção do mesmo contrato. Responda a questão abordando os seguintes aspectos: (a) violação do art. 5º, inciso XIII, da CF, (b) requisitos de validade da cláusula de não concorrência pós-contratual segundo a doutrina e jurisprudência brasileira, (c) momentos em que pode ser pactuada.

3. (TRT 1ª REGIÃO – JUIZ – 2016). Quanto ao trabalho sexual de prostitutos (as): discorra sobre o tratamento e os efeitos que a nossa ordem jurídica lhe confere, abordando inclusive a situação de crianças e adolescente que o exercem.

12.3. Gabarito das questões objetivas

Gab		Fundamentação legal e jurisprudencial	Onde encontro no livro?	Observação eventual
1	B	a) CLT. Art. 445, parágrafo único	a) Item 3.3, alínea "b"	–
		b) CLT. Art. 452	b) Item 3.3	
1	B	c) CLT. Art. 453	c) Parte I, Capítulo VIII, Item 3.3, alínea "d"	–
		d) CLT. Art. 442-A	d) Item 3.6, alínea "a"	
		e) CLT. Art. 443, § 1º	e) Item 3.3, alínea "c"	
2	E	a) CLT. Art. 445 e 451	a) Item 3.3	–
		b) CLT. Art. 445 e 451	b) Item 3.3	
		c) CLT. Art. 445 e 451	c) Item 3.3	
		d) CLT. Art. 445 e 451	d) Item 3.3	
		e) CLT. Art. 445 e 451	e) Item 3.3	
3	E	CLT. Art. 445, parágrafo único	Item 3.3, alínea "b"	O prazo máximo é de noventa dias
4	E	a) CLT. Art. 480	a) Item 3.3	–
		b) CLT. Art. 480	b) Item 3.3	
		c) CLT. Art. 480	c) Item 3.3	
		d) CLT. Art. 480	d) Item 3.3	
		e) CLT. Art. 480	e) Item 3.3	
5	C	a) CLT. Art. 2º e 3º	a) Item 2	–
		b) Doutrina	b) Item 4	
		c) CF/88. Art. 7º, inciso XXXIII	c) Item 6.1, alínea "a"	–
		d) CF/88. Art. 7º, inciso XXXIII	d) Item 6.1, alínea "a"	
		e) Doutrina	e) Item 3.6, alínea "d"	
6	E	CLT. Art. 445, caput	Item 3.3	Esse prazo de 90 dias é para o contrato de experiência
7	C	a) CLT. Art. 445, parágrafo único	a) Item 3.3, alínea "b"	–
		b) CLT. Art. 452	b) Item 3.3	
		c) Decreto-Lei nº 691/69. Art. 1º, *caput*	c) Item 3.3, alínea "g"	
		d) CLT. Art. 443, § 2º	d) Item 3.3, alínea "a"	
		e) CLT. Art. 479, caput	e) Item 3.3	
8	C	a) CLT. Art. 3º	a) Parte I, Capítulo IV, Item 2.5, alínea "b"	–
		b) CLT. Art. 443, § 2º, "a" a "c"	b) Item 3.3, alínea "a"	
		c) Doutrina	c) Item 3.2	Princípio da Continuidade
		d) CLT. Art. 443, caput	d) Item 3	
		e) CLT. Art. 444	e) Item 5	

9	E	I – CLT. Art. 443, caput	I – Item 3	
		II – Doutrina	II – Item 3.2	
		III – CLT. Art. 445, parágrafo único	III – Item 3.3, alínea "b"	–
		IV – CLT. Art. 451	IV – Item 3.3	
		IV – CLT. Art. 452	IV – Item 3.3	
10	D	I – Doutrina	I – Item 4	
		II – Doutrina	II – Parte, I, Capítulo II, Item 2.6, alínea "a"	
		III – Doutrina	III – Parte, I, Capítulo II, Item 2.3	–
		IV – Lei nº 9.608/98. Art. 1º	IV – Parte, I, cap. II, item 2.8	
		V – Doutrina	V – Item 8.5	
11	B	I – CLT. Art. 445, parágrafo único	I – Item 3.3, alínea "b"	
		II – CLT. Art. 447	II – Item 5.3	
		III – CLT. Art. 451	III – Item 3.3	–
		IV – Lei nº 9.279/96. Art. 88, caput	IV – Item 9.2, alínea "d"	
		V – CLT. Arts. 442 e 456	V – Itens 2 e 3.1	
12	D	Doutrina	Item 4	–
13	B	I – Código Civil. Art. 166, II	I – Item 8.5	
		II – Código Civil. Art. 166, II; Doutrina	II – Item 8.5	
		III – Doutrina	III – Item 8.5	–
		IV – Doutrina	IV – Item 8.5	
		V – CLT. Art. 404	V – Item 8.5	
14	A	a) Doutrina	b) Item 4.3	
		b) Lei nº 4.886/65. Art. 1º, caput	b) Item 3.5, alínea "c"	–
		c) Doutrina	c) Item 3.5, alínea "b"	
		d) Doutrina	d) Item 3.5	
		e) Doutrina	e) Item 3.5, alínea "f"	
15	B	Lei nº 9.615/98. Art. 30	Item 3.3, alínea "g"	–
16	A	I. CLT. Art. 444	I. Item 2	
		II. Doutrina	II. Item 4.6	
		III. Doutrina	III. Item 4.3	
		IV. Doutrina	IV. Item 4.2	
		V. CLT. Art. 442	V. Item 4.5	
17	C	a) CLT. Art. 3º	a) Item 3.3, alínea "f"	
		b) CLT. Art. 2º	b) Parte 1, Capítulo 5, Item 1	
		c) Lei nº 6.019/74. Art. 2º	c) Item 3.3, alínea "f"	
		d) OJ nº 261 da SDI-1	d) Parte 1, Capítulo 5, Item 6.1	
		e) CLT. Art. 2º, parágrafo 1º	e) Parte 1, Capítulo 5, Item 2	

18	**D**	a) CLT. Art. 443, § 2º, alínea c	a) Item 3.3 "b"
		b) TST. Súmula nº 188	b) Item 3.3 "b"
		c) CLT. Art. 445, parágrafo único	c) Item 3.3 "b"
		d) TST. Súmula nº 188	d) Item 3.3 "b"
		e) CLT. Art. 445, parágrafo único	e) Item 3.3 "b"
19	**E**	a) TST. Súmula nº 363	a) Item 8.4 "a"
		b) TST. Súmula nº 363	b) Item 8.4 "a"
		c) TST. Súmula nº 363	c) Item 8.4 "a"
		d) TST. Súmula nº 363	d) Item 8.4 "a"
		e) TST. Súmula nº 363	e) Item 8.4 "a"
20	**C**	CLT. Art. 444, parágrafo único	Item 2
21	**C**	CLT.Art. 443, caput	Item 3
22	**D**	a) Doutrina. b) CLT. Art. 451 c) TST. Súmula 188 d) CLT. Art. 479	Item 3.3 "b"
23	**B**	a) CLT. Art. 448	Item 8.4
		b) TST. Súmula nº 430	Item 8.4 "a"
		c) Jurisprudência	Item 8.4
		d) TST. Súmula nº 363	Item 8.4 "a"
		e) Jurisprudência	Item 8.4
24	**B**	CLT. Art. 9º, §3º	Item 3.3 "f"
25	**C**	Jurisprudência	Item 3.3 "b"
26	**B**	a) CLT. Art. 511, §2º	Item 4
		b) CLT. Art. 611-B, caput	Parte I. Capítulo I. Item 7.5
		c) CLT. Art. 511, §§2º e 3º	Item 4
		d) CLT. Art. 579. Parte II	Capítulo II. Item 13.3 "a"
		e) CLT. Art. 620. Parte I	Capítulo I. Item 4.6 "b"
27	**D**	a) CLT. Art. 3º, caput	Parte I. Capítulo II. Item 1.1
		b) CLT. Art. 443, caput	Item 3
27	**D**	c) Art. 6º	Parte I. Capítulo IV. Item 6
		d) CLT. Art. 442-A	Item 3.6, alínea "a"
		e) CLT. Art. 445	Item 3.3 "b"
28	**B**	a) CLT. Art. 453, caput	Parte I, Capítulo VIII, Item 3.3, alínea "d"
		b) CLT. Art. 442-A	Item 3.6, alínea "a"
		c) CLT. Art. 452-A	Parte I, Capítulo IV Item 14
		d) CLT. Art. 445	Item 3.3.
		e) CLT. Art. 445, parágrafo único	Item 3.3, alínea "b"

29	E	a) CLT. Art. 445, parágrafo único	Item 3.3 "b"
		b) CLT. Art. 445	Item 3.3
		c) CLT. Art. 452	Item 3.3
		d) CLT. Art. 451	Item 3.3
		e) CLT. Art. 451	Item 3.3
30	C	I– CLT. Art. 481	Item 3.3 "d"
		II– CLT. Art. Art. 480	Item 3.3
		III– CLT. Art. 480	Item 3.3
31	E	Jurisprudência	Item 9.3
32	E	Art. 452-A, caput Parte I, Capítulo IV	Item 14

12.4. Gabarito das questões discursivas

Item	Fundamentação legal, jurisprudencial ou doutrinária	Onde encontro no livro
1	O fundamento da indenização devida ao empregado em caso de declaração da nulidade do contrato de trabalho encontra-se na impossibilidade de retorno ao *status quo ante*, uma vez que a força de trabalho do obreiro não lhe pode ser devolvida. Assim, em tais casos, utiliza-se da alternativa oferecida pelo art. 182 do Código Civil, que determina seja o contratante indenizado com o valor equivalente, quando não for possível restituir o estado anterior. Diante da nulidade do contrato de trabalho a indenização equivalente não deve levar em consideração a totalidade das verbas trabalhistas previstas pela legislação, mas apenas a retribuição ajustada em relação ao número de horas trabalhadas, na forma do entendimento do TST constante da Súmula nº 363. O direito ao FGTS para os trabalhadores contratados sem concurso público foi decorrente do acréscimo do art. 19-A à Lei nº 8.036/90 por meio da Medida Provisória nº 2.164-41/2001. Portanto, nesse caso específico, o fundamento jurídico corresponde à vontade do legislador que mudou a Lei que disciplina o Fundo de Garantia Por tempo de Serviço.	Item 8.4
2	A legislação trabalhista brasileira é omissa no que diz respeito à possibilidade de se inserir no contrato de trabalho uma cláusula de não concorrência após a sua extinção. Entretanto, o art. 482, "c" da CLT estabelece uma espécie de justa causa que corresponde ao fato de o empregado ter uma atividade autônoma ou subordinada paralela à relação de emprego, quando implicar ato de concorrência. A proibição de prestar serviços para outra empresa da mesma atividade econômica ou similar poderia constituir ato violador de uma liberdade individual específica, protegida pelo art. 5º, XIII da CF/88, que diz respeito à liberdade de trabalho. Por outro lado a empresa pode possuir segredos essenciais ao desenvolvimento de sua atividade e o seu conhecimento de tais questões pela concorrência pode lhe causar graves prejuízos. A simples inserção de uma cláusula de exclusividade no contrato de trabalho a ser respeitada após a sua extinção não serve para solucionar o problema, uma vez que o princípio da autonomia da vontade do empregado é limitado no âmbito contratual trabalhista, em face da incidência do princípio da irrenunciabilidade.	Item 5.4

Item	Fundamentação legal, jurisprudencial ou doutrinária	Onde encontro no livro
2	Diante dessa omissão específica no direito pátrio, o art. 8º da CLT admite a utilização do direito alienígena para suprir a respectiva lacuna. Em todos os países que há regulamentação da cláusula de não concorrência, a sua inserção no contrato de trabalho é admitida, mas desde que sejam observados alguns requisitos cuja intensidade varia de país para país. Basicamente, os requisitos seriam: ajuste expresso, preferencialmente por escrito; fixação de um período de vigência e o pagamento de uma indenização reparatória durante o respectivo período de vigência ao trabalhador.	Item 5.4
3	Sobre o tratamento legal e seus efeitos, a questão pode ser abordada sob a ótica da teoria contratualista ou anticontratualista. Pela teoria institucionalista a questão não geraria grandes polêmicas, uma vez que, para caracterização da relação de emprego, bastaria a pessoalidade, a não eventualidade, a subordinação e a onerosidade. Tal não ocorre quando se utiliza a teoria contratualista. Nesse caso, a análise deve centrar-se no objeto do contrato de trabalho, pois, para a validade desse negócio jurídico, é necessário que seja lícito, de acordo com o preceito contido no art. 104 do Código Civil. Assim, haveria três modalidades de prestação de serviço pelos profissionais do sexo: A) um autônomo, por meio do qual o cliente seria captado diretamente pelo fornecedor de serviço, caracterizando um contrato/relação de consumo de serviço, uma vez que consumidor seria o destinatário final dessa atividade específica. Essa variedade teria sua validade analisada sob a ótica do direito do consumidor, mas adianta-se que no Brasil a prostituição, por si só, não é considerada como atividade criminosa, mas sim a sua exploração, na forma tipificada pelo art. 229 do Código Penal pátrio. B) uma segunda possibilidade seria a contratação do profissional do sexo por uma empresa destinada à exploração dessa atividade, conhecida casa de prostituição ou bordel, dentre outras denominações. Nessa situação, a consequência seria a declaração de invalidade do contrato de trabalho, pela ilicitude do objeto, uma vez que a manutenção de casa de prostituição é crime. C) não se pode descartar, por fim, a improvável hipótese de contratação de um empregado para a exclusiva ou concomitante prestação de serviço sexual pelo próprio empregador. Aqui também o contrato não teria validade, por ilicitude do objeto, mas em decorrência dele contrariar a moral e os bons costumes. Deve-se destacar, contudo, a consequência da declaração de invalidade do contrato de trabalho, que varia conforme ela seja decorrente de questões relativas ao sujeito, ao objeto ou a forma. Quando a nulidade decorre da ilicitude do objeto, a doutrina e jurisprudência majoritária atribuem efeitos *ex tunc*, ou seja, a nulidade retroage à data de celebração do negócio jurídico, de forma que nenhum efeito jurídico pode ser atribuído ao respectivo contrato. Quando o sujeito que presta o serviço é uma criança ou adolescente, além dos efeitos já mencionados, inclusive uma tipificação criminal especifica definida pelo art. 218-B do Código Penal, com penas mais elevadas, o trabalho em si seria classificado como proibido. Nessa situação haveria uma nulidade contratual cumulada com a proibição do trabalho nessas condições.	6.2 e 8.4 "b"

CAPÍTULO IV

EMPREGADO

Sumário • 1. Conceito e Denominações – 2. Caracterização: 2.1. Pessoalidade; 2.2. Onerosidade; 2.3. Não eventualidade; 2.4. Subordinação; A. Conceito; B. Natureza jurídica; C. Espécies; 2.5. Sistema de indícios: A. Alteridade; B. Dependência tecnológica; C. Continuidade – 3. Empregados Diferenciados: 3.1. Altos empregados; 3.2. Trabalhador hipersuficiente; 3.3. Empregado de confiança; 3.4. Diretores e sócios – 4. Aprendiz: 4.1. Conceito; 4.2. Características; 4.3. Obrigatoriedade de contratação; 4.4. Direitos trabalhistas; 4.5. Extinção do contrato de aprendizagem – 5. Empregado Doméstico: 5.1. Caracterização; 5.2. Empregado doméstico e diarista; 5.3. Aplicabilidade da CLT e direitos trabalhistas; 5.4. Contrato por prazo determinado; 5.5. Carteira de Trabalho e Previdência Social – CTPS; 5.6. Jornada de trabalho; 5.7. Repouso semanal remunerado; 5.8. Férias; 5.9. Descontos salariais; 5.10. Vale-transporte; 5.11. Licença e estabilidade gestante; 5.12. FGTS; 5.13. Aviso prévio; 5.14. Seguro-desemprego; 5.15. Justa causa e rescisão indireta do contrato de trabalho; 5.16. Salário-família; 5.17. Prescrição; 5.18. Simples doméstico; 5.19. Fiscalização e autuação; 5.20. Incentivo à formalização do contrato de trabalho doméstico; 5.21. Resumo dos direitos trabalhistas dos domésticos – 6. Trabalho em Domicílio – 7. Mãe social – 8. Empregado Público: 8.1. Conceito; 8.2. Formalidade para contratação; concurso público: A. Conselhos profissionais; B. Empresas públicas e sociedades de economia mista; 8.3. Regime celetista e regime estatutário: A. Conversão do regime celetista para o estatutário; B. Agentes comunitários de saúde; C. Consórcios públicos – 8.4. Direitos e deveres dos empregados públicos: A. Isonomia salarial; B. Alteração contratual; C. Teto remuneratório; D. Proibição de acumulação de empregos públicos; 8.5. Estabilidade do empregado da administração pública direta, autárquica e fundacional; 8.6. Empregado de empresa pública ou de sociedade de economia mista – 9. Trabalho do Indígena: 9.1. A capacidade do indígena; 9.2. Validade do contrato de trabalho celebrado com o indígena – 10. Trabalho da Criança e do Adolescente: 10.1. Proteção no plano internacional; Trabalho Infantil; 10.2. Proteção no plano interno: A. Trabalho proibido para a criança e para o adolescente; B. Consequências do trabalho proibido; C. Autorização especial para o trabalho; D. Direitos e peculiaridades do trabalhador adolescente – 11. Mulher Empregada: 11.1. Proteção legal: A. Proteção à mulher; B. Proteção à maternidade; 11.2. Discriminação – 12. Trabalhador com deficiência: 12.1. Conceito; 12.2. Sistema de cotas para trabalhadores deficientes; 12.3. Contrato de aprendizagem com trabalhadores deficientes – 13. Teletrabalhador: 13.1. Disciplinamento legal; 13.2. Conceito e denominações de teletrabalho; 13.3. Natureza jurídica da relação de teletrabalho; 13.4. Elementos do teletrabalho: A. Utilização das novas tecnologias; B. Local da prestação de serviços; 13.5. Requisitos formais – 14. Empregado Intermitente: 14.1. Conceito; 14.2. Formalidades; 14.3. Isonomia salarial horária. 14.4. Convocação; 14.5. Direitos trabalhistas – 15. Profissões Regulamentadas: 15.1. Atleta profissional: A. Requisitos do contrato de trabalho; B. Cláusula penal; cláusula indenizatória desportiva; C. Direito de arena; D. Atleta profissional de futebol; 15.2. Professor: A. Remuneração; B. Jornada de trabalho; C. Repouso semanal remunerado; D. Férias indenizadas e aviso prévio; 15.3. Músico: A. Contrato de trabalho e nota contratual; B. Jornada normal de trabalho; C. Horas extras; 15.4. Petroleiro; 15.5. Aeronauta; 15.6. Portuário: A. Jornada de trabalho; B. Adicional de risco; 15.7. Jornalista; 15.8. Vendedor viajante; 15.9. Motorista; 15.10. Outras profissões regulamentadas – 16. Empregado verde e amarelo: 16.1. Contrato Verde e Amarelo; 16.2. Restrições quanto à contratação: A. Quantidade de empregados; B. Substituição da forma de contratação; C. Limite salarial; D. Trabalhadores submetidos a legislação especial; 16.3. Prazo; 16.4. Pagamentos antecipados ao empregado; 16.5. Jornada de trabalho, compensação e banco de horas; 16.6. Isenções tributárias; 16.7. Rescisão contratual; 16.8. Prioridade em ações de qualificação profissional; 16.9. Quitação de obrigações para reduzir litígios; 16.10. Seguro por exposição a perigo previsto em lei – 17. Quadro Sinóptico – 18. Informativos do TST sobre a matéria – 18. Questões: 18.1. Questões objetivas; 18.2. Questões discursivas; 18.3. Gabarito das questões objetivas.

1. CONCEITO E DENOMINAÇÕES

Participam da relação de emprego, que deriva da celebração de um contrato de trabalho, dois pactuantes, denominados de empregado e de empregador ou, neste último caso, a empresa.[1]

1. Além da empresa, são empregadores as entidades sem fins lucrativos, os profissionais liberais e a família (relação de emprego doméstica).

O empregado representa, assim, o contratante que assume uma obrigação principal de fazer, mais precisamente de prestar serviços, qualificados pela pessoalidade, não eventualidade, por conta alheia e mediante remuneração.

A CLT conceitua empregado em seu art. 3º: "Considera-se empregado toda pessoa física que prestar serviços de natureza não eventual a empregador, sob a dependência deste e mediante salário".

Ao analisar os requisitos estabelecidos pelo mencionado preceito legal, é possível diferenciar o empregado dos demais trabalhadores. Pelo contrato de trabalho, **o empregado transfere a propriedade do resultado do seu labor para o empregador**, pessoa que dirige a sua atividade e o assalaria, evidenciando o trabalho por conta alheia (**alteridade**).

Assemelham-se ao empregado: o cooperado, o mandatário, o representante comercial, o parceiro, o estagiário, o sócio e outros trabalhadores não subordinados. Em certos casos, com intuito de fraudar a legislação laboral, o empregador pode rotular o trabalhador com as denominações citadas.

Contudo, atendendo ao princípio da **primazia da realidade**, o prejudicado pode postular em juízo a declaração de nulidade do ato[2] e requer o reconhecimento da relação empregatícia acompanhada do pagamento das verbas devidas em decorrência da execução e extinção do contrato de trabalho.

Quanto à denominação, a expressão mais utilizada pela legislação, doutrina e jurisprudência, para identificar a pessoa que presta serviços de natureza subordinada e sob a direção de outrem, é ***empregado***. Usam-se, também, com certa frequência, expressões sinônimas, como: **trabalhador, operário, proletário, obreiro, funcionário, colaborador** etc.

2. CARACTERIZAÇÃO

De acordo com a qualificação legal, é considerado empregado todo o trabalhador que presta serviços voluntários, de natureza pessoal, onerosa, não eventual, subordinada e por conta alheia (elementos componentes da relação de emprego que foram analisados no capítulo II, item 1.1).

A inexistência de quaisquer desses requisitos descaracteriza a figura do empregado e, consequentemente, da relação de emprego.

Frise-se que **a exclusividade não constitui requisito para o reconhecimento da condição de empregado**. O trabalhador pode ter mais de um emprego, **desde que haja compatibilidade de horários**. Nesse caso, o que existe é a dificuldade de harmonizar diversos institutos do Direito do Trabalho que foram criados para proteger o empregado, mormente sua saúde, como as férias, jornada de trabalho máxima, etc.

2. CLT. Art. 9º. Serão nulos de pleno direito os atos praticados com o objetivo de desvirtuar, impedir ou fraudar a aplicação dos preceitos contidos na presente Consolidação.

2.1. Pessoalidade

O contrato de trabalho é celebrado *intuitu personae* em relação ao empregado. É um contrato personalíssimo e, por conta disso, além de não se admitir que o empregado seja pessoa jurídica, **a prestação de serviço deverá ser executada pessoalmente**, vedada a substituição por outra pessoa.

A impossibilidade de substituição do trabalhador constitui condição *sine qua non* para configuração da relação empregatícia.

Na hipótese em que ocorra a substituição, desde que haja o consentimento do empregador, **se formará uma nova relação de trabalho com o substituído**, que poderá ser classificada como empregatícia, a depender da presença de seus demais elementos.

Se não existe essa autorização expressa, **há presunção relativa de que o empregador pretende o resultado do serviço**, o que afasta o reconhecimento da relação de emprego com o substituído ou substituto.

2.2. Onerosidade

O empregado labora mediante o pagamento de uma retribuição denominada de salário, em decorrência do caráter bilateral e oneroso do próprio contrato de trabalho. Por conta disso, inexiste a figura do empregado que presta serviços por mera benevolência ou por qualquer sentimento altruístico.

Observe-se que o critério da onerosidade não é aferido pela efetiva percepção do salário (critério objetivo), mas pelo *animus* do trabalhador em percebê-lo (critério subjetivo).

Entretanto, um longo período de tempo sem receber salário faz presumir *(iuris tantum)* a inexistência da relação empregatícia, tendo em vista que a remuneração, na maioria dos casos, é a única fonte de subsistência do trabalhador e de sua família.

De qualquer forma, cada caso deverá ser analisado individualmente para verificação da existência desse requisito caracterizador da prestação de serviços do empregado.

2.3. Não eventualidade

O empresário desenvolve uma atividade que tem como finalidade a obtenção de lucro. Tais atividades, além de essenciais ou necessárias, são de natureza permanente. Em determinadas ocasiões, contudo, a empresa precisa desenvolver uma atividade temporária, que não é considerada como atividade-fim ou atividade-meio.

Quando o trabalhador é contratado para prestar serviços que não se enquadram entre aqueles permanentemente desenvolvidos pela empresa, ele será denominado de trabalhador eventual.

Portanto, **a eventualidade não é medida pelo tempo em que o trabalhador presta serviços ou fica à disposição do empregador,** mas sim pela relação que mantém com o processo produtivo ou de serviços da empresa.

Filia-se, desse modo, à **teoria dos fins do empreendimento** (seja na atividade-fim, seja na atividade-meio), que tem sido aquela mais aceita pela doutrina e pela jurisprudência, por não deixar margem ao subjetivismo de cada intérprete.

A referida teoria foi, inclusive, utilizada pela legislação previdenciária, como se pode ver da redação do art. 9º, § 4º do Decreto nº 3.048/99: "Entende-se por serviço prestado em caráter não eventual **aquele relacionado direta ou indiretamente com as atividades normais da empresa".**

Nesse passo, pode ser empregado aquele trabalhador que, por exemplo, comparece para prestar serviços uma vez por semana, desde que esses serviços estejam relacionados com uma atividade permanente da empresa.

Luciano Martinez também acompanha esse raciocínio:

> Atente-se, porém, para o fato de que a realização dos serviços em alguns dias (predeterminados) da semana não indica a existência de eventualidade. Assevera-se isso porque nessa situação tanto o tomador quanto o prestador de serviços sabem que a atividade laboral se repetirá, revelando, portanto, como não eventual.[3]

ATENÇÃO! Alguns doutrinadores utilizam a terminologia HABITUALIDADE para referir-se à NÃO EVENTUALIDADE. Todavia, importa registrar que a terminologia NÃO EVENTUALIDADE é a mais correta do ponto de vista técnico, além de ser expressamente albergada pela CLT.

O quadro a seguir sintetiza os comentários de Maurício Godinho Delgado sobre as principais teorias explicativas do critério da não eventualidade, completando-se com os seus principais seguidores:[4]

Teoria do(a)	Fundamento	Seguidores
Evento	Considera como eventual o trabalhador admitido na empresa em virtude de um determinado e específico fato, acontecimento ou evento, ensejador de certa obra ou serviço. Seu trabalho para o tomador terá a duração do evento esporádico ocorrido.	Luciano Martinez
Descontinuidade	Informa que eventual seria o trabalho descontínuo e interrupto com relação ao tomador enfocado – portanto, um trabalho que se fracione no tempo, perdendo o caráter de fluidez temporal sistemática.	Sérgio Pinto
Fins da empresa	É talvez a formulação teórica mais prestigiada entre as quatro aqui enfocadas. Informa a tal teorização que eventual será o trabalhador chamado a realizar tarefa não inserida nos fins normais da empresa – tarefas que, por essa mesma razão, serão esporádicas e de estreita duração.	Délio Maranhão, Alice Monteiro de Barros, Vólia Bomfim e Marcelo Moura.
Fixação jurídica	Eventual é o trabalhador que não se fixa numa fonte de trabalho. Eventual não é fixo. Empregado é fixo. A fixação é jurídica.*	Amauri Mascaro Nascimento
(*) Aqui, Maurício Godinho Delgado cita trecho da obra de Amauri Mascaro Nascimento.		

3. MARTINEZ, Luciano. ***Curso de direito do trabalho***. São Paulo: Saraiva, 2010. p. 114.
4. O autor acaba por adotar uma posição mista envolvendo os conceitos de todas as teorias, salvo a da descontinuidade (DELGADO, Maurício Godinho. ***Curso de direito do trabalho.*** 10 ed. São Paulo, 2011: Ltr. p. 284/286).

A **teoria da descontinuidade** não subsiste a uma mínima análise crítica, pois condiciona o reconhecimento da relação de emprego com a quantidade de dias trabalhados, ao passo que essa é característica, apenas, da relação de emprego doméstica.

A **teoria do evento** relaciona-se intimamente com a teoria dos fins do empreendimento, pois sempre que houver uma contratação para um evento episódico, este não será classificado como fins normais da empresa.

A **teoria dos fins** da empresa prevalece sobre a teoria da fixação jurídica, diante da segurança jurídica que a primeira oferece.

É preciso ressaltar que em determinados casos **a própria lei, de forma expressa, exclui a existência da relação de emprego,** apesar da presença do elemento não eventualidade.

Isso ocorre, por exemplo, com as pessoas contratadas para trabalhar nas **campanhas eleitorais**, diante da vedação contida no art. 100 da Lei Eleitoral (Lei nº 9.504/97): "A contratação de pessoal para prestação de serviços nas campanhas eleitorais não gera vínculo empregatício com o candidato ou partido contratantes". De igual forma, a alínea "f" do art. 7º da CLT, introduzida pela Lei nº 13.877/19, **exclui** da categoria de empregados os trabalhadores que **exercem as funções de direção e assessoramento nos** órgãos, **institutos e fundações dos partidos políticos.**

Observe-se que, apesar de não se adotar as demais teorias, **a prestação de serviços de forma habitual ou contínua faz presumir a existência da não eventualidade.** Trata-se de presunção relativa, cabendo à empresa demonstrar que aquela atividade por ela desenvolvida é eventual.

Exemplo de questão sobre o tema

(Magistratura do Trabalho – TRT 23ª – 2010) Analise as seguintes proposições concernentes às teorias que buscam caracterizar o trabalho eventual, e com base na legislação, jurisprudência pacificada e doutrina predominantes aponte a alternativa correta.

I. Para a teoria do evento, eventual é aquele trabalhador admitido na empresa em face de determinado acontecimento, o qual, ultrapassado, extingue a relação automaticamente.

II. Para a teoria dos fins, eventualidade prende-se à ideia de que esta modalidade de prestação de serviços vincula-se a atividades que não se inserem nos fins normais do empreendimento econômico, logo, têm sua duração limitada no tempo.

III. Os adeptos da teoria da descontinuidade entendem que eventual seria o trabalhador ocasional, sem permanência.

IV. Para a teoria da fixação jurídica, a eventualidade advém do fato de que este tipo de trabalhador não se fixa a uma fonte de trabalho, pois os beneficiários da sua prestação de serviços variam continuamente no tempo.

(A) As proposições I e II estão corretas e as proposições III e IV incorretas.

(B) As proposições II, e III e IV estão corretas e a proposição I está incorreta;

(C) As proposições I, II, III e IV estão corretas;

(D) As proposições III e IV estão corretas e as proposições I e II incorretas;

(E) As proposições I e IV estão corretas e as proposições II e III incorretas.

Resposta: C

2.4. Subordinação

A. Conceito

O empregado exerce suas tarefas sob o comando do empregador. A sua atividade é permanentemente dirigida durante a sua execução, e não somente em relação ao resultado obtido.

Observe-se que não é a pessoa do empregado que se subordina ao empregador, mas sim a forma pela qual o trabalho é realizado.

A subordinação verifica-se quando há cumprimento de ordens gerais ou específicas, diretas ou indiretas. Também pela aplicação de *punições* ao trabalhador pelas *faltas* cometidas, quais sejam, advertência verbal, advertência escrita, suspensão e despedida por justa causa.

O estado de dependência do trabalhador para com o empregador constitui a nota diferenciadora da relação de emprego. A prestação de serviços pode ser por conta alheia, onerosa, não eventual e pessoal, mas, se não houver subordinação, não será considerada como relação derivada de um contrato de trabalho.

B. Natureza jurídica

Discute-se se a natureza jurídica dessa subordinação é **técnica, econômica ou jurídica**. Excluem-se, de plano, as duas primeiras teorias, tendo em vista que há possibilidade, em tese, de o empregado possuir melhor qualificação técnica ou de ser detentor de maior capacidade econômica em relação ao empregador.

Daí resulta que **a subordinação só pode ser explicada pelo seu caráter jurídico**, pois tem origem em um contrato de trabalho, por meio do qual o empregado despoja-se de sua liberdade de execução dos serviços e transfere para o empregador a propriedade do seu resultado.

Inclusive, o parágrafo único do art. 6º da CLT, introduzido pela Lei nº 12.511/11 faz referência expressa à subordinação jurídica, circunstância que contribui para consolidar a tese que defende essa natureza jurídica.[5]

> **ATENÇÃO!** Observou-se que, em algumas provas de concursos públicos, há alternativas afirmando que a subordinação do empregado em relação ao empregador é de natureza econômica, pois necessita do salário para subsistência própria e de sua família. Essa afirmação não se amolda à melhor doutrina do Direito laboral, mesmo porque, em determinadas situações concretas, pode o trabalhador ser mais abastado financeiramente do que o empregador. Resumindo, a única subordinação que existe na relação de emprego é a JURÍDICA.

C. Espécies

O Direito do trabalho foi forjado juntamente com o aparecimento da revolução industrial. Com o passar do tempo, a realidade do exercício do trabalho e das atividades empresariais foi completamente modificada.

5. CLT. Art. 6º. Parágrafo único. Os meios telemáticos e informatizados de comando, controle e supervisão se equiparam, para fins de subordinação jurídica, aos meios pessoais e diretos de comando, controle e supervisão do trabalho alheio.

Atualmente, não há como entender a subordinação apenas como decorrente do exercício direto e efetivo do poder de comando do empregador em relação aos seus empregados, **conhecida como subordinação clássica.**

A manutenção desse entendimento pode, simplesmente, fazer desaparecer o próprio Direito do trabalho pela falta de destinatários, em decorrência das alterações promovidas nos sistemas produtivos, que elimina o tradicional sistema de hierarquia de cargos e funções.

Diante desse fenômeno, tornou-se necessário descortinar outras dimensões da subordinação jurídica, principal elemento caracterizador da relação de emprego, para ampliar o raio de aplicação subjetiva e objetiva do Direito laboral.

Assim, a subordinação deixa de ser avaliada apenas pela existência da submissão fática do empregado às ordens do empregador ou de seus prepostos – **subordinação subjetiva** – e passa a ser considerada, também, pela circunstância da inserção do trabalhador na estrutura empresarial, em estado permanente de subordinação potencial, denominada de **subordinação estrutural ou objetiva.**

A própria organização da empresa, em muitos casos estruturada de forma horizontal, fica encarregada de revelar para o empregado quais as suas funções e as respectivas tarefas, o que afasta a necessidade da existência efetiva de ordens diretas dos superiores hierárquicos.

Mais uma vez, utilizam-se das palavras de Maurício Godinho Delgado para apresentar um quadro contendo as várias dimensões da subordinação:

Dimensão	Conteúdo
Clássica	Consistente na situação jurídica derivada do contrato de trabalho, pela qual o trabalhador compromete-se a acolher o poder de direção empresarial no tocante ao modo de realização de sua prestação laborativa. Manifesta-se pela intensidade de ordens do tomador de serviços sobre o respectivo trabalhador. [...] Continua, hoje, como a mais comum e recorrente modalidade de subordinação, ainda bastante destacada nas relações socioeconômicas empregatícias.
Objetiva	É a subordinação que se manifesta pela integração do trabalhador nos fins e objetivos do empreendimento do tomador de serviços, ainda que afrouxadas "...as amarras do vínculo empregatício".*
Estrutural	É a subordinação que se expressa pela inserção do trabalhador na dinâmica do tomador de seus serviços, independentemente de receber (ou não) suas ordens diretas, mas acolhendo, estruturalmente, sua dinâmica de organização e funcionamento.
(*) Nesse trecho, Maurício Godinho Delgado também cita Paulo Emílio Ribeiro de Vilhena.	

José Eduardo Chaves e Marcus Mendes analisam os aspectos e efeitos da **subordinação estrutural-reticular:**

> Contudo, discordamos dos que entendem não haver subordinação nas hipóteses de trabalhadores "autônomos-dependentes". A "subordinação" nesse contexto subsiste, ainda que difusa, latente e diferida, justificando, dessa forma, a extensão a eles dos direitos celetistas. O trabalhador supostamente autônomo, mas habitualmente inserido na atividade produtiva alheia, a despeito de ter controle relativo sobre o próprio trabalho, não detém nenhum controle sobre a atividade econômica. Exemplo disso, podemos citar a hipótese do motorista agregado, que

é proprietário do caminhão em que trabalha (meio de produção) e ainda que tenha liberdade relativa sobre a execução do trabalho, nada delibera sobre os dois fatores determinantes da legítima autonomia, como, por exemplo, para quem e quando será prestado o serviço.[6]

Exemplos de questões sobre o tema

(TRT 4 – Juiz do Trabalho Substituto 4ª região/2016) Hugo Sinzheimer advertia, em 1927, que "A relação que liga o trabalhador ao seu empregador não é somente uma relação obrigacional. É, antes de tudo, uma relação de poder". Conforme a doutrina atual, qual o fundamento do poder empregatício?

(A) Direito de propriedade

(B) Contrato

(C) Delegação do poder público

(D) Interesse social da empresa

(E) Livre iniciativa

Resposta: B

(TRT 4 – Juiz do Trabalho Substituto 4ª região/2016) Considere as assertivas abaixo sobre relação de emprego.

I. A mera expectativa do trabalhador de perceber um ganho econômico pelo trabalho ofertado é suficiente para caracterizar a onerosidade.

II. Os serviços de natureza não eventual são aqueles imprescindíveis à consecução dos fins da empresa, do que decorre a necessidade contínua e habitual do trabalho prestado.

III. A substituição de um trabalhador por outro afasta a pessoalidade, independentemente da frequência e da forma como isso ocorreu.

Quais são corretas?

(A) Apenas I

(B) Apenas II

(C) Apenas III

(D) Apenas I e II

(E) I, II e III

Resposta: D

(TRT 2 – Juiz do Trabalho Substituto 2ª região/2013) Quanto *à* subordinação, elemento essencial *à* configuração do contrato de trabalho, considerando sua dimensão estrutural, segundo a doutrina, *é* incorreto dizer que:

I. Expressa-se pela inserção do trabalhador na dinâmica do tomador de seus serviços, independentemente de receber (ou não) suas ordens diretas, mas acolhendo estruturalmente, sua dinâmica de organização e funcionamento.

II. Nesta dimensão da subordinação, é relevante que o trabalhador se harmonize (ou não) aos objetivos do empreendimento, nem que receba ordens diretas das específicas chefias deste: o fundamental é que esteja estruturalmente vinculado à dinâmica operativa da atividade do tomador de serviços.

III. A lei n° 12.551/2011, que conferiu nova redação ao caput do art. 6º da CLT, agregando-lhe novo parágrafo único, incorporou, implicitamente, os conceitos de subordinação objetiva e de subordinação estrutural.

IV. A subordinação estrutural desponta da inserção do obreiro na organização e modus operandi de seu tomador de serviços, incorporando sua cultura e diretrizes, independentemente das funções específicas que exerça.

---

6. CHAVES JÚNIOR, José Eduardo de Rezende; e MENDES, Marcus Menezes Barberino. ***Subordinação estrutural-reticular:*** uma perspectiva sobre a segurança jurídica. Disponível em <http://www.TRT3.jus.br/escola/download/revista/rev_76/Marcus_Jose.pdf>. Acesso em 18.02.2012.

V. A subordinação estrutural ocorre pela harmonização entre a atividade do trabalhador e os fins do empreendimento a que se vincula.

Estão incorretas as proposições constantes da alternativa:

(A) II e III.

(B) II e V.

(C) III e V.

(D) I, III e IV.

(E) Nenhuma das anteriores.

Resposta: B

(TRT 15 – Juiz do Trabalho Substituto 15ª região/ 2013) A relação de emprego é o vínculo jurídico básico sobre o qual incide o Direito do Trabalho. A respeito desta relação jurídica, é incorreto dizer:

(A) não integra o conceito jurisprudencial e legal da não eventualidade, para efeito da identificação da relação de emprego, o requisito de que o trabalho se insira na ordem normal ou na finalidade própria das atividades do empregador, tanto que, na primeira situação, havendo pessoalidade e subordinação direta entre o trabalhador terceirizado e o tomador de serviço, forma-se a relação de emprego entre estes, nos termos do inciso III da Súmula 331 do TST; e, no segundo caso, permite-se ao empregador efetuar contratação por prazo determinado, nos termos do art. 443 da CLT;

(B) para fins de identificação da subordinação jurídica, os meios telemáticos e informatizados de comando, controle e supervisão se equiparam aos meios pessoais e diretos de comando, controle e supervisão;

(C) sendo a subordinação um conceito dinâmico e tendo em vista as alterações do modo de produção, ganharam força, presentemente, os conceitos objetivos da subordinação, como a inserção estrutural do trabalhador na dinâmica do tomador de seus serviços, ou como a participação integrativa da atividade do trabalhador na atividade do credor do trabalho. Afastada, assim, a característica do recebimento de ordens diretas pelo trabalhador como elemento necessário da identificação da subordinação;

(D) o conceito de subordinação reticular está ligado aos modelos de produção em rede, para imputação da condição de empregador a todos os integrantes da rede produtiva, como forma de efetivação do princípio da proteção e a consequente aplicação das normas trabalhistas;

(E) dentre outros elementos, a relação de emprego se caracteriza pela onerosidade, a qual se identifica pelo efetivo recebimento de salário por parte do trabalhador.

Resposta: E

2.5. Sistema de indícios

O sistema de indícios constitui uma série de características que não servem para afastar a existência da relação de emprego, mas, se presentes simultaneamente, podem revelar a sua presença, desde que avaliados em cada caso concreto.

Visto sob esse prisma, o sistema de indícios representa o conjunto dos elementos acessórios ou eventuais da relação de emprego, como a alteridade, a dependência tecnológica e a continuidade.

A. Alteridade

Entende-se por alteridade o fenômeno por meio do qual a pessoa que realiza uma atividade, qual seja, o trabalhador, não se torna proprietário do seu resultado (bens materiais e imateriais ou serviços), mas sim aquela pessoa a quem é destinada o produto respectivo, no caso, o empregador (beneficiário).

Em compensação, **o patrão assume os riscos de sua atividade econômica** e oferece ao mercado de consumo o resultado da atividade laboral dos seus empregados.

A CLT não se reporta, expressamente, ao trabalho por conta alheia, como forma de caracterizar o contrato de trabalho, ao contrário do que acontece com a legislação da maioria dos países da América Latina e da Europa Ocidental.

Antonio Martin Valverde explica essa característica da relação de emprego, sob a incidência da legislação espanhola:

> Transmissão automática dos frutos do trabalho ou de sua utilidade econômica, para quem recebe a prestação dos serviços (alteridade nos frutos, que implica apropriação direta ou aproveitamento imediato do produto, seja para uso ou consumo próprio, ou seja para sua difusão, exploração ou venda ao mercado), e como atribuição dos riscos econômicos ou de exploração a quem se apropria do produto.[7]

Mesmo omissa a legislação pátria, as decisões dos Tribunais frequentemente fazem referência ao trabalho por conta alheia para caracterizar o pacto laboral:

> DO VÍNCULO DE EMPREGO. COOPERATIVA. Hipótese em que a relação mantida entre a autora e a Cooperativa revestiu-se de características que não se coadunam com o conceito de associação de pessoas que se obrigam reciprocamente a contribuir para o exercício de uma atividade econômica, em proveito comum, adequando-se à hipótese de prestação de **trabalho por conta alheia** prevista no artigo 3º da CLT. Provimento negado (grifou-se).[8]

> RELAÇÃO DE EMPREGO. COOPERATIVA. ADESÃO À COOPERATIVA POSTERIOR AO INÍCIO DO TRABALHO. Prestação de serviços que não decorre da comunhão de interesses para exploração de atividade econômica, própria do cooperativismo Recebimento de verbas próprias do contrato de emprego. **Trabalho por conta alheia,** de forma subordinada, durante todo o período de prestação de serviços. Vínculo de emprego com a tomadora (grifou-se).[9]

B. *Dependência tecnológica*

O fornecimento dos meios de produção, representado pelo instrumental necessário para o desenvolvimento da atividade produtiva, pode contribuir para desconsiderar a possível existência de uma relação de trabalho totalmente autônoma e o consequente reconhecimento de um vínculo empregatício, em face da dependência tecnológica que se estabelece entre o trabalhador e aquele que se beneficia do seu trabalho.

As relações laborais nascidas em decorrência da evolução da tecnologia da informática e das telecomunicações são cada vez mais desprovidas da dependência jurídica, assim considerada aquela dependência referida pela norma trabalhista como característica do contrato de trabalho.

Isso também ocorre nos casos em que o trabalhador desempenha funções de elevado nível de confiança dentro da empresa ou quando possui elevado nível intelectual, incluídos na categoria dos altos empregados.

7. VALVERDE, Antonio Martín *et all*. ***Derecho del trabajo***. 12. ed. Madrid: Tecnos, 2003. p. 171.
8. TRT 4ª R. RO 0124900-61.2009.5.04.0662. 1ª T. Relª Desª Ana Luiza Heineck Kruse. DEJT 24.01.2011.
9. TRT 2ª R. RO-RS 00509-2009-054-02-00-0. 6ª T. Rel. Juiz Fed. Rafael E. Pugliese Ribeiro. DEJT 09.06.2010.

Em tais casos, a presença da dependência tecnológica, corroborada por outros fatores de indícios aqui analisados, passa a ser um elemento que pode diferenciar uma relação de trabalho autônomo da relação de trabalho protegida pelo Direito Laboral.

C. *Continuidade*

Como foi visto anteriormente, a continuidade não é considerada pelo ordenamento jurídico nacional como elemento caracterizador do contrato de trabalho, pois a CLT, em seu art. 3º, considera como empregado a pessoa física que presta serviços de forma não eventual.

A exceção fica por conta da **relação de emprego doméstica**, tendo em vista que a Lei Complementar nº 150/2015 utiliza, em seu art. 1º, a expressão serviços **de forma contínua**. Desse modo, para ser considerado empregado doméstico, o trabalhador deve exercer a sua atividade diariamente e sem solução de continuidade (no mínimo três dias por semana).

A não eventualidade diz respeito à atividade desenvolvida pela empresa e não deve ser aferida tomando como referência a ausência de interrupção de serviços por parte do trabalhador **(teoria dos fins do empreendimento).**

Contudo, a prestação de serviços em todos os dias da semana e durante um período razoável de tempo **faz presumir** a existência do pacto laboral, desde que estejam presentes os demais requisitos previstos pela norma estatal.

Exemplo de questão sobre o tema

(TRT 2 – Juiz do Trabalho Substituto 2ª região/2013) Segundo entendimento jurisprudencial dominante no Tribunal Superior do Trabalho, o reconhecimento de vínculo empregatício entre policial militar e empresa privada:

(A) É legítimo, dependendo do que prevê o Estatuto do Policial Militar.

(B) É ilegítimo, porque vedado pelo Estatuto do Policial Militar.

(C) É legítimo, mas requer ciência à autoridade competente, para fins de penalidade disciplinar, à vista do que dispõe o Estatuto do Policial Militar.

(D) É legítimo, independentemente do eventual cabimento de penalidade disciplinar prevista no Estatuto do Policial Militar.

(E) Nenhuma das alternativas anteriores.

Resposta: D

3. EMPREGADOS DIFERENCIADOS

O Direito laboral protege todos os trabalhadores que estejam enquadrados na definição legal de empregado, independentemente da natureza do trabalho executado ou do nível remuneratório.[10]

Contudo, **há um tratamento diferenciado dispensado aos trabalhadores que possuem poderes de mando e gestão**, no sentido de excluir alguns direitos trabalhistas, como por

10. CLT. Art. 3º. Parágrafo único. Não haverá distinções relativas à espécie de emprego e à condição de trabalhador, nem entre o trabalho intelectual, técnico e manual.

exemplo, a remuneração por jornada extraordinária, bem como em relação aos empregados hipersuficientes e aqueles que desempenham funções de confiança.

3.1. Altos empregados

Altos empregados são todos aqueles trabalhadores que, por algum motivo, desfrutam de um maior nível de confiança por parte do empregador e, por conta disso, detentores de poderes de mando e gestão.

Alice Monteiro de Barros conceitua altos empregados como sendo aqueles:

> Ocupantes de cargo de confiança, investidos de mandato que lhes confere poderes de administração para agir em nome do empregador. Situam-se entre eles os diretores gerais, administradores, superintendentes, gerentes com amplos poderes e, em síntese, todos os que exercem função diretiva e ocupam um posto de destaque.[11]

Ernesto Krotoschin assevera que para o reconhecimento da categoria dos altos empregados:

> Tem-se em conta a função exercida quando implica algum elemento de mando, de representação ou simplesmente de confiança, o qual, normalmente, se traduz em uma dedicação exclusiva, sem limites temporais estritos ou, de todo modo, com limites mais flexíveis, e com um maior grau de responsabilidade.[12]

3.2. Trabalhador hipersuficiente

O empregado intelectual é aquele dotado de inteligência ou habilidades superiores à média dos demais trabalhadores e, por esse motivo, desempenha atividades predominantemente de caráter não manual ou técnico no âmbito da empresa.

Em face da sua capacitação pessoal e profissional, sobressai-se no mercado de trabalho e tem condições de discutir, com maior liberdade, as cláusulas que constarão do seu contrato de trabalho, inclusive pactuando salários bem superiores à média.

Essa característica impõe uma interpretação e aplicação diferenciada das normas trabalhistas, quando comparada com sua aplicação em relação às demais espécies de empregados.

A intelectualidade do empregado faz com que a subordinação jurídica torne-se **mais tênue**, mas não com a intensidade necessária para eliminar esse requisito essencial para a configuração da relação empregatícia. Isso porque, para que reste caracterizada, não é necessário que a subordinação se manifeste de forma efetiva, basta que seja potencial.

A Lei nº 13.467/17, conhecida como Lei da Reforma Trabalhista, introduziu um parágrafo único ao art. 444 da CLT, positivou essa tese, criando a figura jurídica do **trabalhador hipersuficiente**:

> **Art. 444. Parágrafo único.** A livre estipulação a que se refere o *caput* deste artigo aplica-se às hipóteses previstas no art. 611-A desta Consolidação, com a mesma eficácia legal e preponderância sobre os instrumentos coletivos, no caso de empregado portador de diploma de

11. BARROS, Alice Monteiro. ***Curso de Direito do Trabalho.*** 7. ed. São Paulo: LTr, 2011. p. 213/214.
12. KROTOSCHIN, Ernesto. ***Tratado práctico de derecho del trabajo.*** 3. ed. Buenos Aires: Delpalma, 1978. v.II. p. 119.

nível superior e que perceba salário mensal igual ou superior a duas vezes o limite máximo dos benefícios do Regime Geral de Previdência Social.

Conforme se observa da redação do mencionado dispositivo legal, os trabalhadores **com faixa salarial elevada** (salário mensal igual ou superior a duas vezes o limite máximo dos benefícios) e portadores de **diploma de nível superior** podem negociar condições de trabalho menos benéficas quando comparadas com os direitos trabalhistas previstos na legislação, salvo aqueles garantidos pela Constituição Federal.

A hipersuficiência do trabalhador, nesse caso, é de **natureza econômica** (altos salários) e **técnica** (portador de diploma de nível superior), para contrastar com a hipossuficiência, que é jurídica, pois deriva da celebração de um contrato de trabalho por meio do qual o empregado se coloca sob a direção do empregador.

Note-se que o mencionado dispositivo legal faz referência ao art. 611-A da CLT:

> **Art. 611-A.** A convenção coletiva e o acordo coletivo de trabalho têm prevalência sobre a lei quando, entre outros, dispuserem sobre:
>
> I – pacto quanto à jornada de trabalho, observados os limites constitucionais;
>
> II – banco de horas anual;
>
> III – intervalo intrajornada, respeitado o limite mínimo de trinta minutos para jornadas superiores a seis horas;
>
> IV – adesão ao Programa Seguro-Emprego (PSE), de que trata a Lei nº 13.189, de 19 de novembro de 2015;
>
> V – plano de cargos, salários e funções compatíveis com a condição pessoal do empregado, bem como identificação dos cargos que se enquadram como funções de confiança;
>
> VI – regulamento empresarial;
>
> VII – representante dos trabalhadores no local de trabalho;
>
> VIII – teletrabalho, regime de sobreaviso, e trabalho intermitente;
>
> IX – remuneração por produtividade, incluídas as gorjetas percebidas pelo empregado, e remuneração por desempenho individual;
>
> X – modalidade de registro de jornada de trabalho;
>
> XI – troca do dia de feriado;
>
> XII – enquadramento do grau de insalubridade;
>
> XIII – prorrogação de jornada em ambientes insalubres, sem licença prévia das autoridades competentes do Ministério do Trabalho;
>
> XIV – prêmios de incentivo em bens ou serviços, eventualmente concedidos em programas de incentivo;
>
> XV – participação nos lucros ou resultados da empresa.

Os Enunciados nºs 49 e 55 defendem tese impondo limitações à autonomia da vontade atribuída pela Lei nº 13.467/17 aos empregados hipersuficientes:

> **ENUNCIADO Nº 49. TRABALHADOR HIPERSUFICIENTE. ART. 444, PARÁGRAFO ÚNICO DA CLT**

I – O PARÁGRAFO ÚNICO DO ART. 444 DA CLT, ACRESCIDO PELA LEI 13.467/2017, CONTRARIA OS PRINCÍPIOS DO DIREITO DO TRABALHO, AFRONTA A CONSTITUIÇÃO FEDERAL (ARTS. 5º, CAPUT, E 7º, XXXII, ALÉM DE OUTROS) E O SISTEMA INTERNACIONAL DE PROTEÇÃO AO TRABALHO, ESPECIALMENTE A CONVENÇÃO 111 DA OIT.

II – A NEGOCIAÇÃO INDIVIDUAL SOMENTE PODE PREVALECER SOBRE O INSTRUMENTO COLETIVO SE MAIS FAVORÁVEL AO TRABALHADOR E DESDE QUE NÃO CONTRAVENHA AS DISPOSIÇÕES FUNDAMENTAIS DE PROTEÇÃO AO TRABALHO, SOB PENA DE NULIDADE E DE AFRONTA AO PRINCÍPIO DA PROTEÇÃO (ARTIGO 9º DA CLT C/C O ARTIGO 166, VI, DO CÓDIGO CIVIL).

ENUNCIADO Nº 55. TRABALHADORA GESTANTE E IRRENUNCIABILIDADE DE DIREITOS DO NASCITURO. IMPOSSIBILIDADE DE NEGOCIAÇÃO DO ENQUADRAMENTO DA INSALUBRIDADE E PRORROGAÇÃO DE JORNADA EM CONDIÇÕES INSALUBRES. INTERPRETAÇÃO RESTRITIVA DO ARTIGO 444, PARÁGRAFO ÚNICO, DA CLT.

COM O INTUITO DE PROTEGER A VIDA DO NASCITURO, NÃO PODERÃO SER OBJETO DE LIVRE ESTIPULAÇÃO, NO CONTRATO DE TRABALHO, DIREITOS ESTABELECIDOS NA CONSTITUIÇÃO FEDERAL QUE AFETEM SUA INTEGRIDADE, SENDO PROIBIDA A NEGOCIAÇÃO PELA TRABALHADORA GESTANTE, AINDA QUE “HIPERSUFICIENTE”, DO ENQUADRAMENTO DA INSALUBRIDADE EM GRAU INFERIOR OU DA PRORROGAÇÃO DE JORNADA SOB CONDIÇÕES INSALUBRES.

Note-se, entretanto, que quando a CLT trata da possibilidade do recurso à arbitragem, em seu art. 507-A, a hipersuficiência **é apenas de natureza econômica**:

> **Art. 507-A.** Nos contratos individuais de trabalho cuja remuneração seja superior a duas vezes o limite máximo estabelecido para os benefícios do Regime Geral de Previdência Social, poderá ser pactuada cláusula compromissória de arbitragem, desde que por iniciativa do empregado ou mediante a sua concordância expressa, nos termos previstos na Lei nº 9.307, de 23 de setembro de 1996.

3.3. Empregado de confiança

A confiança constitui elemento essencial do contrato de trabalho. É derivada do princípio da boa-fé que norteia o pacto laboral e o próprio Direito do trabalho.

Qualquer ato praticado pelo empregado, que implique perda desse vínculo de fidúcia, autoriza o empregador a resolver o contrato de trabalho sem ônus financeiro para ele (justa causa).

Se o inadimplemento contratual é atribuído ao empregador, faculta-se ao empregado resolver o pacto de labor, procedimento denominado pela CLT de rescisão indireta do contrato de trabalho.

Entretanto, para o exercício de determinadas funções dentro da empresa, exige-se um grau de confiança superior àquele necessário para estabelecer e manter uma relação empregatícia. Nesses casos, diz-se que o empregado desempenha uma função de confiança.

Determinados empregados ocupam uma posição de destaque dentro da empresa, com poderes de mando e gestão, que se chega a confundi-los com os seus detentores, ou seja, com o próprio empregador.

Ainda que conte com a proteção da legislação laboral, **não são aplicados todos os dispositivos constantes da Consolidação das Leis do Trabalho à referida categoria de empregados**, como por exemplo, o Capítulo II (Título II – Das Normas Gerais de Tutela do Trabalho), que trata da jornada de trabalho.[13]

Como o empregador detém o poder/direito de dirigir sua atividade econômica, evidentemente que poderá rotular as funções inerentes ao quadro de pessoal da forma que achar conveniente. Desse modo, pode acontecer de algum empregado não exercer uma função de alta confiança com poderes de mando e gestão e ser denominado de gerente, diretor ou de outra designação similar.

Predomina, entretanto, em face do **princípio da primazia da realidade**, o que de fato acontecia, em detrimento da formalidade utilizada pelo empregador.

3.4. Diretores e sócios

Não há impedimento legal para que o empregado seja eleito diretor de sociedade anônima, conforme se depreende da leitura da Lei nº 6.404/76. Se isso ocorrer, **o contrato de trabalho ficará suspenso**, com a cessação temporária da prestação de serviços subordinados, bem como a obrigação do empregador de pagar salário.

Com efeito, há **evidente incompatibilidade entre a figura do diretor e a do empregado**. Uma única pessoa não pode desempenhar, simultaneamente, as funções inerentes ao cargo de diretor, que é um órgão representativo da sociedade anônima, e as funções exercidas pelo empregado.

No período em que o empregado exerce o cargo de diretor de S/A, não se conta o tempo de serviço, tampouco há pagamento de salário (suspensão do contrato de trabalho).

Entretanto, a Lei nº 8.036/90, art. 16, faculta às empresas **equiparar** seus diretores não empregados aos demais trabalhadores **para efeito de recolhimento do FGTS**.[14] O término do mandato do diretor que não seja reconduzido possibilita a movimentação da conta vinculada do trabalhador respectivo (art. 16 do Decreto nº 99.684/90).

O Tribunal Superior do Trabalho tem entendimento pacificado em relação a essa matéria, por meio da Súmula nº 269:

> **SÚMULA Nº 269.** DIRETOR ELEITO. CÔMPUTO DO PERÍODO COMO TEMPO DE SERVIÇO. O empregado eleito para ocupar cargo de diretor tem o respectivo contrato

13. CLT. Art. 62. Não são abrangidos pelo regime previsto neste Capítulo: II – os gerentes, assim considerados os exercentes de cargos de gestão, aos quais se equiparam, para efeito do disposto neste artigo, os diretores e chefes de departamento ou filial.
14. Lei nº 8.036/90. Art. 16. Para efeito desta Lei, as empresas sujeitas ao regime da legislação trabalhista poderão equiparar seus diretores não empregados aos demais trabalhadores sujeitos ao regime do FGTS. Considera-se diretor aquele que exerça cargo de administração previsto em lei, estatuto ou contrato social, independente da denominação do cargo.

de trabalho suspenso, não se computando o tempo de serviço desse período, salvo se permanecer a subordinação jurídica inerente à relação de emprego.

Em relação ao sócio da sociedade de responsabilidade limitada,[15] **a incompatibilidade é total quando se verifica o exercício de funções de gestão**. Nesse caso, a hipótese não é de suspensão do contrato de trabalho, mas sim de extinção do pacto laboral.

Se o sócio não tem poderes de mando e gestão dentro da sociedade, não existe impedimento no sentido de tornar-se seu empregado, mesmo porque o sócio e a sociedade possuem personalidades jurídicas distintas.

Todavia, cada caso deve ser analisado individualmente para que se verifique a existência ou não dos elementos caracterizadores da relação empregatícia ou para constatar se o sócio não foi assim rotulado com o objetivo único de dissimular um contrato de trabalho.

Já na sociedade em nome coletivo, todos os sócios respondem de forma solidária e ilimitada pelas obrigações sociais, conforme preceitua o art. 1.039 do Código Civil.[16]

Dessa forma, tanto na sociedade em nome coletivo, quanto na sociedade de fato ou em qualquer outra na qual há confusão patrimonial decorrente da responsabilidade ilimitada dos sócios, não há que se falar na possibilidade de um deles ostentar, também, o *status* de empregado.

4. APRENDIZ

A atual Carta Política, em seu art. 7º, inciso XXXIII (com alteração decorrente da promulgação da Emenda Constitucional nº 20/98), fixa em **16 anos** a idade mínima para o trabalhador celebrar um contrato de trabalho válido, **salvo na condição de aprendiz a partir de 14 anos.**

O Estatuto da Criança e do Adolescente – ECA possui determinação semelhante, em seu art. 60: "É proibido qualquer trabalho a menores de quatorze anos de idade, salvo na condição de aprendiz".

Assim, esse dispositivo deve ser interpretado em conjunto com a alteração constitucional mencionada, que elevou a idade mínima para 16 anos.

4.1. Conceito

O aprendiz é um empregado especial regularmente matriculado em um **programa de aprendizagem** no qual lhe é proporcionada formação técnico-profissional metódica, devendo executar as tarefas respectivas necessárias a essa formação com zelo e eficiência.

15. Código Civil. Art. 1052. Na sociedade limitada, a responsabilidade de cada sócio é restrita ao valor de suas quotas, mas todos respondem solidariamente pela integralização do capital social.
16. Código Civil. Art. 1039. Somente pessoas físicas podem tomar parte na sociedade em nome coletivo, respondendo todos os sócios, solidária e ilimitadamente, pelas obrigações sociais.

A referida formação técnico-profissional metódica[17] compreende as atividades teóricas e práticas, sistematicamente organizadas em tarefas de complexidade progressiva desenvolvidas no ambiente de trabalho.

Antes da promulgação da atual Carta Maior, era possível pagar ao menor aprendiz até metade do salário mínimo, conforme determinação contida no art. 80 da CLT, que foi expressamente revogado pela Lei nº 10.097/00.

4.2. Características

O Decreto nº 5.598/05[18], que regulamentou as disposições contidas na CLT e no ECA acerca do contrato de aprendizagem, define, em seu art. 3º, essa espécie de pacto:

> **Art. 3º.** Contrato de aprendizagem é o contrato de trabalho especial, ajustado por escrito e por prazo determinado não superior a dois anos, em que o empregador se compromete a assegurar ao aprendiz, inscrito em programa de aprendizagem, formação técnico-profissional metódica compatível com o seu desenvolvimento físico, moral e psicológico, e o aprendiz se compromete a executar com zelo e diligência as tarefas necessárias a essa formação.

Por ser contrato especial, **deve ser celebrado por escrito** e com anotação na Carteira de Trabalho, conforme dispõe o art. 428, § 1º, da Consolidação das Leis do Trabalho,[19] além de **não poder ultrapassar o prazo máximo de dois anos**, **salvo se o aprendiz for deficiente.**

O aprendiz ainda deve estar **matriculado no curso de formação metódica e na escola** com a respectiva frequência, caso não tenha concluído o ensino médio.

Para o aprendiz com deficiência e com mais de 18 anos **não** é **necessária a matrícula na escola**, de acordo com o preceito contido no § 8º, do aludido art. 428 da CLT.[20]

A Lei nº 11.180/05, alterou o art. 428 da Consolidação das Leis do Trabalho, no sentido de admitir a contratação de trabalhador-aprendiz com até **24 anos de idade**, salvo nos casos em que o aprendiz portar alguma necessidade especial (aprendiz-deficiente), **quando não há limite de idade (art. 428, § 5º da CLT).**

A redação que se encontra em vigor é a seguinte:

> **Art. 428.** Contrato de aprendizagem é o contrato de trabalho especial, ajustado por escrito e por prazo determinado, em que o empregador se compromete a assegurar ao maior de quatorze e menor de vinte e quatro anos, inscrito em programa de aprendizagem, formação

---

17. ECA. Art. 63. A formação técnico-profissional obedecerá aos seguintes princípios: I – garantia de acesso e frequência obrigatória ao ensino regular; II – atividade compatível com o desenvolvimento do adolescente; III – horário especial para o exercício das atividades.

18. A Instrução Normativa nº 75/2009, da Secretaria de Inspeção do Trabalho, disciplina a fiscalização das condições de trabalho no âmbito dos programas de aprendizagem.

19. CLT. Art. 428. § 1º. A validade do contrato de aprendizagem pressupõe anotação na Carteira de Trabalho e Previdência Social, matrícula e frequência do aprendiz na escola, caso não haja concluído o ensino médio, e inscrição em programa de aprendizagem desenvolvido sob orientação de entidade qualificada em formação técnico-profissional metódica.

20. CLT. Art. 428. § 8º. Para o aprendiz com deficiência com 18 (dezoito) anos ou mais, a validade do contrato de aprendizagem pressupõe anotação na CTPS e matrícula e frequência em programa de aprendizagem desenvolvido sob orientação de entidade qualificada em formação técnico-profissional metódica.

técnico-profissional metódica, compatível com o seu desenvolvimento físico, moral e psicológico, e o aprendiz, a executar com zelo e diligência, as tarefas necessárias a essa formação.

Os programas de aprendizagem, a que faz referência o mencionado dispositivo legal, são aqueles oferecidos pelo Serviço Nacional de Aprendizagem Comercial – SENAC,[21] Serviço Nacional de Aprendizagem Industrial – SENAI,[22] Serviço Nacional de Aprendizagem do Transporte – SENAT,[23] Aprendizagem Rural – SENAR[24] e Serviço Nacional de Aprendizagem do Cooperativismo – SESCOOP,[25] dentre outros autorizados por lei.

Na hipótese de os Serviços Nacionais de Aprendizagem não oferecerem cursos ou vagas suficientes para atender à demanda dos estabelecimentos, esta poderá ser suprida pelas seguintes entidades qualificadas em formação técnico-profissional metódica (art. 430 da CLT), que poderão firmar parcerias entre si para o desenvolvimento dos programas de aprendizagem:

- Escolas Técnicas de Educação;
- Entidades sem fins lucrativos, que tenham por objetivo a assistência ao adolescente e à educação profissional, registradas no Conselho Municipal dos Direitos da Criança e do Adolescente;
- Entidades de prática desportiva das diversas modalidades filiadas ao Sistema Nacional do Desporto e aos Sistemas de Desporto dos Estados, do Distrito Federal e dos Municípios (incluída pela Lei nº 13.420/2017).

A Secretaria Especial de Previdência e Trabalho do Ministério da Economia fixará normas para avaliação da competência das entidades sem fins lucrativos ou de prática desportivas, que deverão cadastrar seus cursos, turmas e aprendizes matriculados nesse Órgão.

A contratação do aprendiz poderá ser efetivada pela empresa na qual se realizará a aprendizagem ou pelas entidades sem fins lucrativos ou de prática desportivas, caso em que não gera vínculo de emprego com a empresa tomadora dos serviços.

4.3. Obrigatoriedade de contratação

Os estabelecimentos encontram-se obrigados a contratar aprendizes em percentual que varia entre **5 e 15%** do total de seus empregados, **desde que as funções exijam formação profissional**.

Excepcionam-se dessa regra as microempresas e pequenas empresas, por força da dispensa autorizada pela Lei Complementar nº 123/06, art. 51, III,[26] bem como as entidades sem fins lucrativos que tenham por objetivo a educação profissional (§ 1º, art. 429 da CLT).

21. O SENAC foi criado através do Decreto-Lei nº 8.622/46 e é organizado e administrado pela Confederação Nacional do Comércio.
22. A aprendizagem dos industriários foi instituída por intermédio do Decreto-Lei nº 4.481/42.
23. O SENAT foi criado pela Lei nº 8.706/93 e é administrada pela Confederação Nacional do Transporte (CNT).
24. O SENAR foi criado pela Lei 8.315/91.
25. O SESCOOP foi criado pela MP nº 1.781-7/99 e regulamentado pelo Decreto nº 3.017/99.
26. Lei Complementar nº 123/06. Art. 51. As microempresas e as empresas de pequeno porte são dispensadas: III – de empregar e matricular seus aprendizes nos cursos dos Serviços Nacionais de Aprendizagem.

É obrigatória a oferta de vagas para adolescentes usuários do **Sistema Nacional de Atendimento Socioeducativo – SINASE** nas condições a serem dispostas em instrumentos de cooperação celebrados entre os estabelecimentos e os gestores dos Sistemas de Atendimento Socioeducativo locais (§ 2º, art. 429 da CLT).

Já a oferta de vagas para os adolescentes usuários do Sistema Nacional de Políticas Públicas sobre Drogas – SISNAD **é facultativa**, como deixa claro o § 3º, art. 429 da CLT, inserido pela Lei nº 13.840/2019:

> **Art. 429.** § 3º Os estabelecimentos de que trata o caput poderão ofertar vagas de aprendizes a adolescentes usuários do Sistema Nacional de Políticas Públicas sobre Drogas – SISNAD nas condições a serem dispostas em instrumentos de cooperação celebrados entre os estabelecimentos e os gestores locais responsáveis pela prevenção do uso indevido, atenção e reinserção social de usuários e dependentes de drogas.

Até 10% da cota de aprendiz pode ser destinada à formação técnico-profissional metódica em áreas relacionadas a práticas de **atividades desportivas**, à prestação de serviços relacionados à infraestrutura, incluindo as atividades de construção, ampliação, recuperação e manutenção de instalações esportivas e à organização e promoção de eventos esportivos (§ 1º-B, art. 429 da CLT).

Para a identificação das funções que necessitem de formação profissional, **deverá ser considerada a Classificação Brasileira de Ocupações – CBO**, elaborada pelo Secretaria Especial de Previdência e Trabalho do Ministério da Economia, mais especificamente o campo "formação e experiência" que se encontra inserido na temática "características do trabalho".

4.4. Direitos trabalhistas

São direitos dos aprendizes:

a) remuneração não inferior ao salário mínimo/hora, salvo condição mais favorável (art. 428, § 2º da CLT, com redação dada pela Lei nº 13.420/17);

b) recolhimento do FGTS, **com alíquota de 2%** (Lei nº 8.036/90, art. 15, § 7º);

c) jornada máxima de seis horas, salvo se o aprendiz tiver completado o ensino fundamental e forem incluídas as horas destinadas a aprendizagem teórica, totalizando oito horas;

d) demais direitos trabalhistas, inclusive gozo de férias, que **deverá coincidir, preferencialmente, com as férias escolares**, caso o aprendiz tenha menos de 18 anos.

4.5. Extinção do contrato de aprendizagem

O contrato de aprendizagem extingue-se com o **advento do seu termo final**, bem como:

a) quando o empregado atinge o limite de idade previsto em lei;

b) por desempenho insuficiente ou inadaptação do aprendiz, salvo para o aprendiz com deficiência quando desprovido de recursos de acessibilidade, de tecnologias assistivas e de apoio necessário ao desempenho de suas atividades;

c) falta disciplinar grave;

d) ausência injustificada à escola que implique perda do ano letivo;

e) a pedido do aprendiz.[27]

Nesses casos elencados, **não haverá a obrigação do empregador ou do empregado indenizar** a parte contrária pelo ato da rescisão antecipada.

Ao final do contrato e desde que haja aproveitamento, o aprendiz tem direito de receber um certificado de qualificação profissional (art. 430, § 2º da CLT).

No quadro a seguir, apresentam-se as principais características do contrato de aprendizagem e dos requisitos para ser aprendiz:

Formalidades	• Contrato celebrado por escrito; • Anotações do contrato na CTPS; • Matrícula e frequência na escola, caso não haja concluído o ensino médio (salvo em relação ao deficiente no que diz respeito à escola); e • Inscrição em programa de aprendizagem desenvolvido sob orientação de entidade qualificada em formação técnico-profissional metódica.
Prazo	Determinado de dois anos, salvo para pessoa com deficiência (sem limite).
Idade	14 a 24 anos, salvo para pessoa com deficiência (sem limite máximo de idade)
Obrigações	• **Empregador** – formação técnico-profissional metódica, compatível com o desenvolvimento físico, moral e psicológico do aprendiz • **Empregado** – executar com zelo e diligência as tarefas necessárias à sua formação
Curso	Programas de aprendizagem oferecidos pelos serviços nacionais de aprendizagem (SENAC, SENAI, SENAT, SENAR, SESCOOP etc.) Na ausência dos referidos programas: • por escolas técnicas de educação; • entidades sem fins lucrativos que tenham por objetivo a assistência ao adolescente a à educação profissional; • Entidades de prática desportiva.
Cotas	Contratação de 5 a 15% dos empregados como aprendiz para exercer as funções que demandam formação profissional (exceto as entidades educacionais de natureza profissional e sem fins lucrativos, bem como as microempresas e as empresas de pequeno porte).
Direitos	• remuneração não inferior ao salário mínimo/hora, salvo condição mais favorável (art. 428, § 2º da CLT, com redação dada pela Lei nº 13.420/17); • recolhimento do FGTS, com alíquota de 2% (Lei nº 8.036/90, art. 15, § 7º); • jornada máxima de seis horas, salvo se o aprendiz tiver completado o ensino fundamental e forem incluídas as horas destinadas a aprendizagem teoria, totalizando oito horas; • demais direitos trabalhistas, inclusive gozo de férias, que deverá coincidir, preferencialmente, com as férias escolares.
Extinção	• Com o termo final; • Quando o aprendiz completar 24 anos de idade, salvo deficiente; • Desempenho insuficiente; • Inadaptação do aprendiz; • Falta disciplinar grave; • Ausência injustificada à escola que implique perda do ano letivo; e • A pedido do aprendiz

27. Art. 433 da CLT.

Exemplos de questões sobre o tema

(FCC – Juiz do Trabalho Substituto 24ª região/2014) Em relação ao contrato de trabalho do aprendiz, considere:

I. Contrato de aprendizagem é o contrato de trabalho especial, ajustado por escrito e por prazo determinado, em que o empregador se compromete a assegurar ao maior de 14 e menor de 24 anos inscrito em programa de aprendizagem formação técnico-profissional metódica, compatível com o seu desenvolvimento físico, moral e psicológico, e o aprendiz, a executar com zelo e diligência as tarefas necessárias a essa formação.

II. A validade do contrato de aprendizagem pressupõe anotação na Carteira de Trabalho e Previdência Social, matrícula e frequência do aprendiz na escola, caso não haja concluído o ensino médio, e inscrição em programa de aprendizagem desenvolvido sob orientação de entidade qualificada em formação técnico-profissional metódica.

III. O contrato de aprendizagem não poderá ser estipulado por mais de dois anos, exceto quando se tratar de aprendiz portador de deficiência.

IV. Os estabelecimentos de qualquer natureza são obrigados a empregar e matricular nos cursos dos Serviços Nacionais de Aprendizagem número de aprendizes equivalente a cinco por cento, no mínimo, e quinze por cento, no máximo, dos trabalhadores existentes em cada estabelecimento, cujas funções demandem formação profissional.

V. O limite de cinco por cento, no mínimo, e quinze por cento, no máximo, dos trabalhadores existentes em cada estabelecimento, cujas funções demandem formação profissional não se aplica quando o empregador for entidade sem fins lucrativos.

Está correto o que se afirma APENAS em

(A) I e II.
(B) II e III.
(C) III, IV e V.
(D) IV e V.
(E) I, II, III e IV.

Resposta: E

(TRT 14 – Juiz do Trabalho Substituto 14ª região/ 2013) Analise as proposições abaixo e após marque a alternativa INCORRETA:

(A) Contrato de aprendizagem é o contrato de trabalho especial em que o empregador se compromete a assegurar ao maior de quatorze e menor de vinte e quatro anos, inscrito em programa de aprendizagem, formação técnico-profissional metódica, compatível com o seu desenvolvimento físico, moral e psicológico, e o aprendiz, a executar com zelo e diligência as tarefas necessárias a essa formação.

(B) Caso o aprendiz seja pessoa com deficiência, não haverá limite máximo de idade para a contratação.

(C) A jornada de trabalho do aprendiz pode chegar ao limite de 8 horas, desde que tenha completado o ensino fundamental, e se nelas forem computadas as horas destinadas à aprendizagem teórica.

(D) Ao aprendiz que tiver concluído, com aproveitamento, o curso de aprendizagem, será concedido, obrigatoriamente, certificado de qualificação profissional.

(E) O empregador pode formalizar novo contrato de aprendizagem com o mesmo aprendiz após o término do anterior, desde que o prazo do primeiro contrato tenha sido inferior a dois anos.

Resposta: E

(TRT 22 – Juiz do Trabalho Substituto 22ª região/2013) Leia as assertivas sobre contrato de aprendizagem:

I. Ao aprendiz é vedado, em qualquer hipótese, o trabalho noturno, insalubre, perigoso, prejudicial à sua moralidade e/ou penoso;

II. A alíquota do FGTS do aprendiz é de 2%;

III. É pressuposto de validade do contrato de aprendizagem a matrícula e frequência do aprendiz na escola, salvo se ele já tenha concluído o ensino fundamental;

IV. É possível que o aprendiz receba menos do que o salário mínimo mensal, mas a ele é assegurado o salário mínimo horário;

V. Pessoas com deficiência poderão ser aprendizes, com contratos que poderão ser estipulados por prazos superiores a dois anos, mesmo que tenham mais de 24 anos de idade.

É CORRETO afirmar que:

(A) as proposições I, II, III, IV e V são verdadeiras;
(B) somente as proposições I, II, IV e V são verdadeiras;
(C) somente as proposições II, III e IV são verdadeiras;
(D) somente as proposições I, IV e V são verdadeiras;
(E) somente as proposições II, IV e V são verdadeiras.

Resposta: E

5. EMPREGADO DOMÉSTICO

A relação de emprego doméstica recebe um tratamento legal diferenciado por parte da maioria dos ordenamentos jurídicos.

Justifica-se essa distinção, pois o trabalhador doméstico executa as suas atividades no **âmbito residencial**, asilo inviolável segundo o art. 5º, XI, da Constituição Federal brasileira,[28] e não inserida no conceito de estabelecimento empresarial.

A Lei Complementar nº 150/15 define empregado doméstico da seguinte forma:

> **Art. 1º.** Ao empregado doméstico, assim considerado aquele que presta serviços de forma contínua, subordinada, onerosa e pessoal e de finalidade não lucrativa à pessoa ou à família, no âmbito residencial destas, por mais de 2 (dois) dias por semana, aplica-se o disposto nesta Lei.

A Convenção nº 189/2011 da OIT, que trata do trabalho decente para os trabalhadores domésticos, preconiza que todos os Estados-membros deverão adotar medidas no sentido de igualar os direitos trabalhistas entre domésticos e não domésticos, **mas ainda não foi ratificada pelo Brasil.**

5.1. Caracterização

A diferença básica que existe entre o empregado doméstico e o empregado de forma geral diz respeito à:

a) **finalidade não lucrativa** daquele que dirige a prestação dos serviços;

b) **continuidade** da prestação de serviços **(mais de dois dias por semana);**

c) prestação de serviços em favor de uma **pessoa ou família.**

Percebe-se, assim, que o empregador, na relação de emprego doméstico, deixa de ser a empresa (art. 2º da CLT) e passa a ser uma pessoa ou uma família de qualquer espécie.

28. CF/88. Art. 5º. XI – a casa é asilo inviolável do indivíduo, ninguém nela podendo penetrar sem consentimento do morador, salvo em caso de flagrante delito ou desastre, ou para prestar socorro, ou, durante o dia, por determinação judicial.

Estabelece-se uma **solidariedade entre todos os integrantes da família**, em relação ao cumprimento das obrigações trabalhistas.

Note-se que o Decreto nº 6.481/08 regulamentou os arts. 3º, "d" e 4º da Convenção nº 182 da OIT e incluiu as atividades domésticas no rol das piores formas de trabalho infantil, **proibindo o trabalho do menor de 18 anos em tais condições,** salvo se forem observadas as prescrições contidas no seu art. 2º, § 1º:

> I – na hipótese de ser o emprego ou trabalho, a partir da idade de dezesseis anos, autorizado pelo Ministério do Trabalho e Emprego, após consulta às organizações de empregadores e de trabalhadores interessadas, desde que fiquem plenamente garantidas a saúde, a segurança e a moral dos adolescentes; e
>
> II – na hipótese de aceitação de parecer técnico circunstanciado, assinado por profissional legalmente habilitado em segurança e saúde no trabalho, que ateste a não exposição a riscos que possam comprometer a saúde, a segurança e a moral dos adolescentes, depositado na unidade descentralizada do Ministério do Trabalho e Emprego da circunscrição onde ocorrerem as referidas atividades.

A Lei Complementar nº 150/15 ratificou essa **proibição** por meio do preceito contido no parágrafo único do seu art. 1º:

> **Art. 1º. Parágrafo único.** É vedada a contratação de menor de 18 (dezoito) anos para desempenho de trabalho doméstico, de acordo com a Convenção no 182, de 1999, da Organização Internacional do Trabalho (OIT) e com o Decreto no 6.481, de 12 de junho de 2008.

5.2. Empregado doméstico e diarista

O elemento componente da relação de emprego doméstico denominado de **continuidade** difere da **não eventualidade**, uma vez que, no primeiro caso, exige-se o labor em todos os dias da semana (salvo o repouso semanal remunerado), durante um lapso razoável de tempo e com certa habitualidade.

A prestação de serviços **descontínua** afasta a existência de relação de emprego doméstica e enseja o surgimento do trabalhador denominado de **diarista.**

O citado art. 1º da LC nº 150/15 afirma que só será considerado como empregado doméstico quem presta serviços por mais de **dois dias por semana**, acolhendo tese consagrada pelo Tribunal Superior do Trabalho sobre o tema.

Abaixo desse limite, o trabalhador não será considerado empregado, mas sim um autônomo prestador de serviços domésticos, conhecido como "diarista" e **sem receber a proteção da Lei Complementar nº 150/15 e das demais regras do Direito Laboral.**

QUADRO COMPARATIVO SOBRE O TEMA		
Lei nº 5.859/72	**Lei Complementar nº 150/2015**	**CLT**
Art. 1º Ao empregado doméstico, assim considerado aquele que presta serviços de natureza **contínua** e de finalidade não lucrativa à pessoa ou à família no âmbito residencial destas.	Art. 1º Ao empregado doméstico, assim considerado aquele que presta serviços de forma contínua, subordinada, onerosa e pessoal e de finalidade não lucrativa à pessoa ou à família, no âmbito residencial destas, por mais de **2 (dois) dias por semana**, aplica-se o disposto nesta Lei.	Art. 3º Considera-se empregado toda pessoa física que prestar serviços de natureza **não eventual** a empregador, sob a dependência deste e mediante salário.

5.3. Aplicabilidade da CLT e direitos trabalhistas

Na vigência da Lei nº 5.859/72, a Consolidação das Leis do Trabalho **não se aplicava, em regra, aos empregados domésticos**.

A LC nº 150/15 pôs fim à discussão doutrinária e jurisprudencial até então existente, determinando **a aplicação subsidiária da CLT** para disciplinar a relação de emprego doméstica em caso de omissão em seus dispositivos.[29]

Além disso, há referência expressa para aplicação de leis específicas que tratam do: repouso semanal remunerado, 13º salário, vale-transporte e seguro-desemprego. Assim, **houve revogação tácita** do art. 7º, alínea "a" da CLT.

Entende-se, também, que a EC nº 72/2013 **não promoveu a igualdade de direitos entre domésticos e não domésticos**. Houve apenas uma diminuição da diferença de tratamento legal dispensada a essas duas categorias profissionais.

Se a intenção do legislador constituinte derivado fosse a de estabelecer uma isonomia, **a alteração teria que ocorrer no *caput* do art. 7º da CF/88, com a extinção do seu parágrafo único**, com a seguinte redação sugerida: "São direitos dos trabalhadores urbanos, rurais e domésticos além de outros que visem à melhoria de sua condição social".

> **ATENÇÃO!** A relação de emprego regida pela CLT possui tradicionalmente os requisitos da ONEROSIDADE, SUBORDINAÇÃO JURÍDICA, PESSOALIDADE e NÃO EVENTUALIDADE. Já na relação de emprego doméstico o requisito da NÃO EVENTUALIDADE é substituído pelo requisito da CONTINUIDADE.

5.4. Contrato por tempo determinado

A regulamentação do contrato por tempo determinado na relação de emprego doméstico é bastante semelhante àquela que se encontra em vigor para os demais empregados, disciplinada pelos parágrafos do art. 443 da CLT.

Além do contrato de experiência, o empregado doméstico poderá ser contratado por tempo determinado para substituir temporariamente outro trabalhador, cujo contrato esteja **suspenso ou interrompido e na hipótese de necessidade familiar transitória**. Nesses dois últimos casos o período da contratação por prazo determinado fica vinculado ao evento que o motivou, com limitação de **dois anos**.

Ficam mantidas as características gerais do contrato por prazo determinado, como:

- prazo de **noventa dias** para o contrato de experiência, admitindo-se **uma prorrogação**, desde que não ultrapasse esse prazo, sob pena de ser convertido em contrato por prazo indeterminado;
- indenização diferenciada em caso de extinção antecipada, tanto pelo empregado quando pelo empregador;
- desnecessidade de aviso prévio quando do advento do termo final do contrato.

29. Art. 19. Observadas as peculiaridades do trabalho doméstico, a ele também se aplicam as Leis nº 605, de 5 de janeiro de 1949, no 4.090, de 13 de julho de 1962, no 4.749, de 12 de agosto de 1965, e no 7.418, de 16 de dezembro de 1985, e, subsidiariamente, a Consolidação das Leis do Trabalho (CLT), aprovada pelo Decreto-Lei nº 5.452, de 1º de maio de 1943.

A LC nº 150/15 é omissa em relação **ao tempo mínimo necessário para recontratação por prazo determinado do mesmo empregado**. Para os empregados não domésticos esse prazo é de seis meses, conforme previsão contida no art. 452 da CLT, dispositivo que deve ser utilizado **subsidiariamente** para os empregados domésticos.

QUADRO COMPARATIVO SOBRE O TEMA		
Lei nº 5.859/72	**Lei Complementar nº 150/2015**	**CLT**
Sem similar	**Art. 4º** É facultada a contratação, por prazo determinado, do empregado doméstico: I – mediante contrato de experiência; II – para atender necessidades familiares de natureza transitória e para substituição temporária de empregado doméstico com contrato de trabalho interrompido ou suspenso. Parágrafo único. No caso do inciso II deste artigo, a duração do contrato de trabalho é limitada ao término do evento que motivou a contratação, obedecido o limite máximo de 2 (dois) anos. **Art. 5º** O contrato de experiência não poderá exceder 90 (noventa) dias. § 1º O contrato de experiência poderá ser prorrogado 1 (uma) vez, desde que a soma dos 2 (dois) períodos não ultrapasse 90 (noventa) dias. § 2º O contrato de experiência que, havendo continuidade do serviço, não for prorrogado após o decurso de seu prazo previamente estabelecido ou que ultrapassar o período de 90 (noventa) dias passará a vigorar como contrato de trabalho por prazo indeterminado. **Art. 6º** Durante a vigência dos contratos previstos nos incisos I e II do art. 4º, o empregador que, sem justa causa, despedir o empregado é obrigado a pagar-lhe, a título de indenização, metade da remuneração a que teria direito até o termo do contrato. **Art. 7º** Durante a vigência dos contratos previstos nos incisos I e II do art. 4º, o empregado não poderá se desligar do contrato sem justa causa, sob pena de ser obrigado a indenizar o empregador dos prejuízos que desse fato lhe resultarem. Parágrafo único. A indenização não poderá exceder aquela a que teria direito o empregado em idênticas condições. **Art. 8º** Durante a vigência dos contratos previstos nos incisos I e II do art. 4º, não será exigido aviso prévio.	**Art. 443.** § 1º. Considera-se como de prazo determinado o contrato de trabalho cuja vigência dependa de termo prefixado ou da execução de serviços especificados ou ainda da realização de certo acontecimento suscetível de previsão aproximada. § 2º. O contrato por prazo determinado só será válido em se tratando: a) de serviço cuja natureza ou transitoriedade justifique a predeterminação do prazo; b) de atividades empresariais de caráter transitório; c) de contrato de experiência. **Art. 445.** O contrato de trabalho por prazo determinado não poderá ser estipulado por mais de 2 (dois) anos, observada a regra do art. 451. Parágrafo único. O contrato de experiência não poderá exceder de 90 (noventa) dias. **Art. 451.** O contrato de trabalho por prazo determinado que, tácita ou expressamente, for prorrogado mais de uma vez passará a vigorar sem determinação de prazo.

5.5. Carteira de Trabalho e Previdência Social – CTPS

O empregador doméstico tem um prazo de **48 horas para fazer o registro do contrato de trabalho da CTPS** do empregado doméstico. As principais anotações que deverão ser feitas dizem respeito à data de admissão, à remuneração e à eventual contratação por prazo determinado.

Na lei nº 5.859/72 exigia-se apenas a apresentação da carteira de trabalho para possibilitar a prestação de serviços, mas não havia fixação de prazo para registrar o contrato de trabalho.

Note-se que a Lei nº 13.874/19, conhecida como Lei da Liberdade Econômica, alterou o prazo para o empregador anotar a CTPS do empregado não doméstico de 48 horas para **5 dias úteis**.

Como não houve mudança na Lei do Doméstico, permanece, nessa relação específica, o prazo de **48 horas**.

QUADRO COMPARATIVO SOBRE O TEMA		
Lei nº 5.859/72	**Lei Complementar nº 150/2015**	**CLT**
Art. 2º Para admissão ao emprego deverá o empregado doméstico apresentar: I – Carteira de Trabalho e Previdência Social.	**Art. 9º** A Carteira de Trabalho e Previdência Social será obrigatoriamente apresentada, contra recibo, pelo trabalhador ao empregador que o admitir, o qual terá o prazo de **48 (quarenta e oito) horas** para nela anotar, especificamente, a data de admissão, a remuneração e, quando for o caso, os contratos previstos nos incisos I e II do art. 4º.	**Art. 29** O empregador terá o prazo de 5 (cinco) dias úteis para anotar na CTPS, em relação aos trabalhadores que admitir, a data de admissão, a remuneração e as condições especiais, se houver, facultada a adoção de sistema manual, mecânico ou eletrônico, conforme instruções a serem expedidas pelo Ministério da Economia (Redação dada pela Lei nº 13.874, de 2019)

5.6. Jornada de trabalho

Há paridade entre a jornada de trabalho dos domésticos e dos não domésticos, qual seja, **oito horas de trabalho diárias ou quarenta e quatro horas semanais**, com a adoção do divisor-hora mensal de 220, salvo se a jornada for inferior a esse limite.

Admite também a jornada de 12 x 36, desde que estabelecida por **acordo individual de trabalho escrito.** Nesse caso, o intervalo de trinta e seis horas entre cada jornada de trabalho engloba o **intervalo interjornada, o repouso semanal remunerado em domingos e os feriados.**

QUADRO COMPARATIVO SOBRE O TEMA		
Lei nº 5.859/72	**Lei Complementar nº 150/2015**	**CLT**
Sem similar	**Art. 2º** A duração normal do trabalho doméstico não excederá **8 (oito) horas diárias e 44 (quarenta e quatro) semanais**, observado o disposto nesta Lei. § 2º O salário-hora normal, no caso de empregado mensalista, será obtido dividindo-se o salário mensal por **220 (duzentas e vinte) horas**, salvo se o contrato estipular jornada mensal inferior, que resulte em divisor diverso. **Art. 10.** É facultado às partes, mediante acordo escrito entre essas, estabelecer horário de trabalho de **12 (doze) horas seguidas por 36 (trinta e seis) horas** ininterruptas de descanso, observados ou indenizados os intervalos para repouso e alimentação. § 1º A remuneração mensal pactuada pelo horário previsto no *caput* deste artigo **abrange os pagamentos devidos pelo descanso semanal remunerado e pelo descanso em feriados, e serão considerados compensados os feriados e as prorrogações de trabalho noturno**, quando houver, de que tratam o art. 70 e o § 5º do art. 73 da Consolidação das Leis do Trabalho (CLT), aprovada pelo Decreto-Lei nº 5.452, de 1º de maio de 1943, e o art. 9º da Lei no 605, de 5 de janeiro de 1949.	**Art. 58.** A duração normal do trabalho, para os empregados em qualquer atividade privada, não excederá de **8 (oito) horas diárias**, desde que não seja fixado expressamente outro limite. **Art. 59-A.** Em exceção ao disposto no art. 59 desta Consolidação, é facultado às partes, mediante **acordo individual escrito, convenção coletiva ou acordo coletivo de trabalho,** estabelecer horário de trabalho de **doze horas seguidas por trinta e seis horas ininterruptas de descanso**, observados ou indenizados os intervalos para repouso e alimentação. Parágrafo único. A remuneração mensal pactuada pelo horário previsto no caput deste artigo **abrange os pagamentos devidos pelo descanso semanal remunerado e pelo descanso em feriados, e serão considerados compensados os feriados e as prorrogações de trabalho noturno**, quando houver, de que tratam o art. 70 e o § 5º do art. 73 desta Consolidação.34

a) Jornada de trabalho para acompanhamento em viagens[30]

A LC nº 150/2015 inovou ao regulamentar o direito ao cômputo, na jornada de trabalho do doméstico, do período no qual há, de fato, prestação de serviços durante viagens promovidas pelo empregador.

Portanto, **não** é **possível considerar todo o período da viagem como tempo** à **disposição do empregador**, mas somente aqueles períodos nos quais o empregado estiver, efetivamente, trabalhando.

Inclusive, há previsão expressa no sentido de admitir a compensação de jornada extra em outros dias. Mas, essa prática do acompanhamento em viagem só é possível **mediante o ajuste escrito entre empregado e empregador.**

QUADRO COMPARATIVO SOBRE O TEMA		
Lei nº 5.859/72	**Lei Complementar nº 150/2015**	**CLT**
Sem similar	**Art. 11.** Em relação ao empregado responsável por acompanhar o empregador prestando serviços em viagem, serão consideradas apenas as horas efetivamente trabalhadas no período, podendo ser compensadas as horas extraordinárias em outro dia, observado o art. 2º. § 1º O acompanhamento do empregador pelo empregado em viagem será condicionado à prévia existência de acordo escrito entre as partes.	Sem similar

b) Jornada de trabalho por tempo parcial

A contratação do empregado doméstico pode ser feita **por tempo parcial**, ou seja, por meio de jornada de trabalho semanal que não ultrapasse **25 horas**. Nesse caso, o valor da remuneração deverá ser **proporcional** ao trabalhador por tempo integral.

Observe-se que para os empregados **não domésticos** existem dois limites: 26 horas, admitindo-se 6 horas extras; ou 30 horas semanais, sem possibilidade de prorrogação.

É possível estabelecer, por meio de acordo individual escrito, **jornada extraordinária** nesse regime de trabalho, desde que não exceda **uma hora por dia**, com o limite máximo de seis horas diárias.

30. A redação desse dispositivo, conferida pela MP nº 808/17 (vigente entre 14.11.2017 e 23.04.2018) era a seguinte: "Em exceção ao disposto no art. 59 e em leis específicas, é facultado às partes, por meio de convenção coletiva ou acordo coletivo de trabalho, estabelecer horário de trabalho de doze horas seguidas por trinta e seis horas ininterruptas de descanso, observados ou indenizados os intervalos para repouso e alimentação. § 1º A remuneração mensal pactuada pelo horário previsto no *caput* abrange os pagamentos devidos pelo descanso semanal remunerado e pelo descanso em feriados e serão considerados compensados os feriados e as prorrogações de trabalho noturno, quando houver, de que tratam o art. 70 e o § 5º do art. 73. § 2º É facultado às entidades atuantes no setor de saúde estabelecer, por meio de acordo individual escrito, convenção coletiva ou acordo coletivo de trabalho, horário de trabalho de doze horas seguidas por trinta e seis horas ininterruptas de descanso, observados ou indenizados os intervalos para repouso e alimentação.

QUADRO COMPARATIVO SOBRE O TEMA		
Lei nº 5.859/72	**Lei Complementar nº 150/2015**	**CLT**
Sem similar	**Art. 3º** Considera-se trabalho em regime de tempo parcial aquele cuja duração não exceda a **25 (vinte e cinco) horas semanais.** § 1º O salário a ser pago aos empregados sob o regime de tempo parcial será proporcional a sua jornada, em relação ao empregado que cumpre, nas mesmas funções, tempo integral. § 2º A duração normal do trabalho do empregado em regime de tempo parcial poderá ser acrescida de horas suplementares, em número não excedente a 1 (uma) hora diária, mediante acordo escrito entre empregador e empregado, aplicando-se-lhes, ainda, o disposto nos §§ 2º e 3º do art. 2º, com o limite máximo de 6 (seis) horas diárias.	**Art. 58-A.** Considera-se trabalho em regime de tempo parcial aquele cuja duração não exceda a **trinta horas semanais**, sem a possibilidade de horas suplementares semanais, ou, ainda, aquele cuja duração não exceda a **vinte e seis horas semanais, com a possibilidade de acréscimo de até seis horas suplementares semanais.**

c) Horas extras, banco de horas e adicional por deslocamento

A LC nº 150/2015 é omissa em relação à classificação das horas extras, pois não faz qualquer distinção entre **horas extras ajustadas e horas extras necessárias**, muito menos exige-se qualquer formalização por escrito para a validade da contratação da jornada extraordinária.

Permite a instituição de um **banco de horas**, por meio de **acordo escrito entre empregado e empregador**. Todavia, a referida compensação só poderá ser feita **após a prestação de quarenta horas extras mensais**. Essas primeiras horas extras, no mês, não poderão ser compensadas e terão que ser pagas pelo empregador com o acréscimo de 50%.

Nessas quarenta horas extras mensais, o empregador poderá abater as horas normais não trabalhadas durante o dia ou mesmo a jornada integral dos dias úteis não laborados, **o que acaba sendo uma forma de compensação e torna o dispositivo contraditório**. O saldo final de horas extras poderá ser compensado no prazo máximo de um ano no âmbito do banco de horas.

Em caso de rescisão, as horas não compensadas serão pagas com acréscimo de 50%.

Já na hipótese de acompanhamento de viagem, o empregado terá direito a um **adicional de 25% sobre as horas trabalhadas** nesse regime, que também poderão ser convertidas em acréscimos ao banco de horas, **desde que ajustado mediante acordo escrito**.

Note-se que não se trata de um adicional de horas extras, mas sim de uma espécie de **adicional por deslocamento**.

QUADRO COMPARATIVO SOBRE O TEMA		
Lei nº 5.859/72	**Lei Complementar nº 150/2015**	**CLT**
Sem similar	**Art. 2º § 1º** A remuneração da hora extraordinária será, no mínimo, 50% (cinquenta por cento) superior ao valor da hora normal. § 4º Poderá ser dispensado o acréscimo de salário e instituído regime de compensação de horas, mediante acordo escrito entre empregador e empregado, se o excesso de horas de um dia for compensado em outro dia.	**Art. 59.** A duração diária do trabalho poderá ser acrescida de horas extras, em número não excedente de duas, por acordo individual, convenção coletiva ou acordo coletivo de trabalho. § 1º A remuneração da hora extra será, pelo menos, 50% (cinquenta por cento) superior à da hora normal.

QUADRO COMPARATIVO SOBRE O TEMA		
Lei nº 5.859/72	**Lei Complementar nº 150/2015**	**CLT**
	§ 5º No regime de compensação previsto no § 4º: I – será devido o pagamento, como horas extras, na forma do § 1º, das primeiras 40 (quarenta) horas mensais excedentes ao horário normal de trabalho; II – das 40 (quarenta) horas referidas no inciso I, poderão ser deduzidas, sem o correspondente pagamento, as horas não trabalhadas, em função de redução do horário normal de trabalho ou de dia útil não trabalhado, durante o mês; III – o saldo de horas que excederem as 40 (quarenta) primeiras horas mensais de que trata o inciso I, com a dedução prevista no inciso II, quando for o caso, será compensado no período máximo de 1 (um) ano. § 6º Na hipótese de rescisão do contrato de trabalho sem que tenha havido a compensação integral da jornada extraordinária, na forma do § 5º, o empregado fará jus ao pagamento das horas extras não compensadas, calculadas sobre o valor da remuneração na data de rescisão. **Art. 11. § 2º** A remuneração-hora do serviço em viagem será, no mínimo, 25% (vinte e cinco por cento) superior ao valor do salário-hora normal. § 3º O disposto no § 2º deste artigo poderá ser, mediante acordo, convertido em acréscimo no banco de horas, a ser utilizado a critério do empregado.	§ 2º Poderá ser dispensado o acréscimo de salário se, por força de acordo ou convenção coletiva de trabalho, o excesso de horas em um dia for compensado pela correspondente diminuição em outro dia, de maneira que não exceda, no período máximo de um ano, à soma das jornadas semanais de trabalho previstas, nem seja ultrapassado o limite máximo de dez horas diárias. § 3º Na hipótese de rescisão do contrato de trabalho sem que tenha havido a compensação integral da jornada extraordinária, na forma dos §§ 2º e 5º deste artigo, o trabalhador terá direito ao pagamento das horas extras não compensadas, calculadas sobre o valor da remuneração na data da rescisão. § 4º (Revogado). § 5º O banco de horas de que trata o § 2º deste artigo poderá ser pactuado por acordo individual escrito, desde que a compensação ocorra no período máximo de seis meses. § 6º É lícito o regime de compensação de jornada estabelecido por acordo individual, tácito ou escrito, **para a compensação no mesmo mês.**

d) Registro da jornada de trabalho

O registro da jornada de trabalho do empregado doméstico **é obrigatório** e poderá ser feito manual (folhas de ponto), mecânica (relógio de ponto) ou eletronicamente.

Diante disso, conclui-se que, em uma eventual demanda trabalhista, caberá ao empregador doméstico juntar o referido controle de frequência aos autos, sob pena de inversão do ônus da prova em relação à jornada de trabalho.

Idêntico efeito ocorrerá quando forem registrados horários invariáveis de início e fim da jornada de trabalho, na forma do entendimento constante da Súmula nº 338 do TST.

É muito importante notar que, para os empregados não domésticos, a exigência do registro de jornada é só para as empresas cujo estabelecimento possua **mais de 20 empregados**.

QUADRO COMPARATIVO SOBRE O TEMA		
Lei nº 5.859/72	**Lei Complementar nº 150/2015**	**CLT**
Sem similar	**Art. 12.** É obrigatório o registro do horário de trabalho do empregado doméstico por qualquer meio manual, mecânico ou eletrônico, desde que idôneo.	**Art. 74. § 2º.** Para os estabelecimentos com mais de 20 (vinte) trabalhadores será obrigatória a anotação da hora de entrada e de saída, em registro manual, mecânico ou eletrônico, conforme instruções expedidas pela Secretaria Especial de Previdência e Trabalho do Ministério da Economia, permitida a pré-assinalação do período de repouso (redação dada pela Lei nº 13.874/19).

e) Intervalo intrajornada

Há **dois sistemas de intervalo intrajornada**: um para o empregado que reside no local de trabalho e outro para o trabalhador doméstico que tem sua própria residência.

Para os empregados que **não residem** no local de trabalho, o intervalo intrajornada ordinário será de uma hora no mínimo e duas horas no máximo, **independente da jornada de trabalho ser de seis ou oito horas diárias.** Admite-se a **redução do mínimo para até 30 minutos**, desde que **convencionada por escrito entre os contratantes.**

Para os empregados que **residem no local de trabalho**, será possível **dividir o intervalo intrajornada em dois períodos**, com limite mínimo de **uma hora cada um**, sendo que os dois, somados, deverão observar o limite de **quatro horas.** Assim, por exemplo, o empregador poderá conceder dois intervalos de duas horas; ou o primeiro de uma e o segundo de três horas etc. Caso o intervalo intrajornada seja modificado, será necessário anotá-los nos controles de frequência.

Percebe-se, portanto, que há uma regulamentação bastante distinta nesse aspecto, levando-se em consideração as condições especiais em que o serviço doméstico é prestado.

QUADRO COMPARATIVO SOBRE O TEMA		
Lei nº 5.859/72	**Lei Complementar nº 150/2015**	**CLT**
Sem similar	**Art. 13.** É obrigatória a concessão de intervalo para repouso ou alimentação pelo período de, no mínimo, 1 (uma) hora e, no máximo, 2 (duas) horas, admitindo-se, mediante prévio acordo escrito entre empregador e empregado, sua redução a 30 (trinta) minutos. § 1º Caso o empregado resida no local de trabalho, o período de intervalo poderá ser desmembrado em 2 (dois) períodos, desde que cada um deles tenha, no mínimo, 1 (uma) hora, até o limite de 4 (quatro) horas ao dia. § 2º Em caso de modificação do intervalo, na forma do § 1º, é obrigatória a sua anotação no registro diário de horário, vedada sua prenotação.	**Art. 71.** Em qualquer trabalho contínuo, cuja duração exceda de 6 (seis) horas, é obrigatória a concessão de um intervalo para repouso ou alimentação, o qual será, no mínimo, de 1 (uma) hora e, salvo acordo escrito ou contrato coletivo em contrário, não poderá exceder de 2 (duas) horas. § 1º Não excedendo de 6 (seis) horas o trabalho, será, entretanto, obrigatório um intervalo de 15 (quinze) minutos quando a duração ultrapassar 4 (quatro) horas.§ 2º Os intervalos de descanso não serão computados na duração do trabalho. § 3º O limite mínimo de uma hora para repouso ou refeição poderá ser reduzido por ato do Ministro do Trabalho, Indústria e Comércio, quando ouvido o Serviço de Alimentação de Previdência Social, se verificar que o estabelecimento atende integralmente às exigências concernentes à organização dos refeitórios, e quando os respectivos empregados não estiverem sob regime de trabalho prorrogado a horas suplementares. § 4º A não concessão ou a concessão parcial do intervalo intrajornada mínimo, para repouso e alimentação, a empregados urbanos e rurais, implica o pagamento, de natureza indenizatória, apenas do período suprimido, com acréscimo de 50% (cinquenta por cento) sobre o valor da remuneração da hora normal de trabalho.

f) Intervalo interjornada

Nesse aspecto **há isonomia** entre o trabalho doméstico e não doméstico, ao se estabelecer o intervalo interjornada em **11 horas**.

QUADRO COMPARATIVO SOBRE O TEMA		
Lei nº 5.859/72	**Lei Complementar nº 150/2015**	**CLT**
Sem similar	**Art. 15.** Entre 2 (duas) jornadas de trabalho deve haver período mínimo de 11 (onze) horas consecutivas para descanso.	**Art. 66.** Entre 2 (duas) jornadas de trabalho haverá um período mínimo de 11 (onze) horas consecutivas para descanso.

g) Jornada noturna

Em relação ao trabalho noturno, não há diferença em relação a regra contida na CLT, considerando como tal aquele que ocorre entre as 22 horas de um dia e 5 horas do dia seguinte, estabelecendo-se a **hora ficta noturna de cinquenta e dois minutos e trinta segundos** e o direito ao adicional respectivo de **20%**.

QUADRO COMPARATIVO SOBRE O TEMA		
Lei nº 5.859/72	**Lei Complementar nº 150/2015**	**CLT**
Sem similar	**Art. 14.** Considera-se noturno, para os efeitos desta Lei, o trabalho executado entre as 22 horas de um dia e as 5 horas do dia seguinte. § 1º A hora de trabalho noturno terá duração de 52 (cinquenta e dois) minutos e 30 (trinta) segundos. § 2º A remuneração do trabalho noturno deve ter acréscimo de, no mínimo, 20% (vinte por cento) sobre o valor da hora diurna. § 3º Em caso de contratação, pelo empregador, de empregado exclusivamente para desempenhar trabalho noturno, o acréscimo será calculado sobre o salário anotado na Carteira de Trabalho e Previdência Social. § 4º Nos horários mistos, assim entendidos os que abrangem períodos diurnos e noturnos, aplica-se às horas de trabalho noturno o disposto neste artigo e seus parágrafos.	**Art. 73.** Salvo nos casos de revezamento semanal ou quinzenal, o trabalho noturno terá remuneração superior à do diurno e, para esse efeito, sua remuneração terá um acréscimo de 20% (vinte por cento), pelo menos, sobre a hora diurna. (Redação dada pelo Decreto-lei nº 9.666, 28.8.1946) § 1º – A hora do trabalho noturno será computada como de 52 (cinquenta e dois) minutos e 30 (trinta) segundos. (Redação dada pelo Decreto-lei nº 9.666, 28.8.1946) § 2º – Considera-se noturno, para os efeitos deste artigo, o trabalho executado entre as 22 (vinte e duas) horas de um dia e as 5 (cinco) horas do dia seguinte. § 3º – O acréscimo a que se refere o presente artigo, em se tratando de empresas que não mantêm, pela natureza de suas atividades, trabalho noturno habitual, será feito tendo em vista os quantitativos pagos por trabalhos diurnos de natureza semelhante. Em relação às empresas cujo trabalho noturno decorra da natureza de suas atividades, o aumento será calculado sobre o salário mínimo geral vigente na região, não sendo devido quando exceder desse limite, já acrescido da percentagem. § 4º – Nos horários mistos, assim entendidos os que abrangem períodos diurnos e noturnos, aplica-se às horas de trabalho noturno o disposto neste artigo e seus parágrafos. § 5º – Às prorrogações do trabalho noturno aplica-se o disposto neste Capítulo.

5.7. Repouso semanal remunerado

O repouso do empregado doméstico é de **vinte quatro horas consecutivas**, preferencialmente aos domingos.

A LC nº 150/2015 inclui, expressamente, o feriado no conceito de descanso remunerado, o que não se verifica no art. 67 da CLT que tem redação semelhante.

QUADRO COMPARATIVO SOBRE O TEMA		
Lei nº 5.859/72	**Lei Complementar nº 150/2015**	**CLT**
Sem similar	**Art. 2º § 3º** O salário-dia normal, no caso de empregado mensalista, será obtido dividindo-se o salário mensal por 30 (trinta) e servirá de base para pagamento do repouso remunerado e dos feriados trabalhados. **Art. 16.** É devido ao empregado doméstico o descanso semanal remunerado de, ao menos, 24 (vinte e quatro) horas consecutivas, preferencialmente aos domingos, além do descanso remunerado em feriados.	**Art. 67.** Será assegurado a todo empregado um descanso semanal de 24 (vinte e quatro) horas consecutivas, o qual, salvo motivo de conveniência pública ou necessidade imperiosa do serviço, deverá coincidir com o domingo, no todo ou em parte.

5.8. Férias

As férias do doméstico seguem a regra geral de 30 dias corridos. Já o fracionamento desse período de gozo pode ser feito em **dois períodos**, desde que um deles não seja **inferior a 14 dias corridos**. Já para os trabalhadores **não domésticos**, o período de gozo de férias pode ser dividido em até **três vezes**.

Outro aspecto relevante diz respeito à possibilidade de o empregado doméstico que reside no local de trabalho **nele permanecer durante as férias**.

No mais, o tratamento é semelhante ao dispensado aos não domésticos, como o direito às férias proporcionais, conversão de 1/3 do período de gozo em pecúnia; período aquisitivo, concessivo e de gozo etc.

QUADRO COMPARATIVO SOBRE O TEMA		
Lei nº 5.859/72	**Lei Complementar nº 150/2015**	**CLT**
Art. 3º O empregado doméstico terá direito a férias anuais remuneradas de 30 (trinta) dias com, pelo menos, 1/3 (um terço) a mais que o salário normal, após cada período de 12 (doze) meses de trabalho, prestado à mesma pessoa ou família.	**Art. 17.** O empregado doméstico terá direito a férias anuais remuneradas de 30 (trinta) dias, salvo o disposto no § 3º do art. 3º, com acréscimo de, pelo menos, um terço do salário normal, após cada período de 12 (doze) meses de trabalho prestado à mesma pessoa ou família. § 1º Na cessação do contrato de trabalho, o empregado, desde que não tenha sido demitido por justa causa, terá direito à remuneração relativa ao período incompleto de férias, na proporção de um doze avos por mês de serviço ou fração superior a 14 (quatorze) dias. § 2º O período de férias poderá, a critério do empregador, ser fracionado em até 2 (dois) períodos, sendo 1 (um) deles de, no mínimo, 14 (quatorze) dias corridos. § 3º É facultado ao empregado doméstico converter um terço do período de férias a que tiver direito em abono pecuniário, no valor da remuneração que lhe seria devida nos dias correspondentes. § 4º O abono de férias deverá ser requerido até 30 (trinta) dias antes do término do período aquisitivo. § 5º É lícito ao empregado que reside no local de trabalho nele permanecer durante as férias. § 6º As férias serão concedidas pelo empregador nos 12 (doze) meses subsequentes à data em que o empregado tiver adquirido o direito.	**Art. 130.** Após cada período de 12 (doze) meses de vigência do contrato de trabalho, o empregado terá direito a férias, na seguinte proporção: I – 30 (trinta) dias corridos, quando não houver faltado ao serviço mais de 5 (cinco) vezes; II – 24 (vinte e quatro) dias corridos, quando houver tido de 6 (seis) a 14 (quatorze) faltas; III – 18 (dezoito) dias corridos, quando houver tido de 15 (quinze) a 23 (vinte e três) faltas; IV – 12 (doze) dias corridos, quando houver tido de 24 (vinte e quatro) a 32 (trinta e duas) faltas. § 1º – É vedado descontar, do período de férias, as faltas do empregado ao serviço. § 2º – O período das férias será computado, para todos os efeitos, como tempo de serviço.

No regime de trabalho **por tempo parcial**, a Lei Complementar 150/15 estabeleceu uma proporção entre a jornada semanal e o número de dias de gozo de férias, mais precisamente no § 3º, art. 3º:

> **Art. 3º. § 3º** Na modalidade do regime de tempo parcial, após cada período de 12 (doze) meses de vigência do contrato de trabalho, o empregado terá direito a férias, na seguinte proporção:
>
> I – 18 (dezoito) dias, para a duração do trabalho semanal superior a 22 (vinte e duas) horas, até 25 (vinte e cinco) horas;
>
> II – 16 (dezesseis) dias, para a duração do trabalho semanal superior a 20 (vinte) horas, até 22 (vinte e duas) horas;
>
> III – 14 (quatorze) dias, para a duração do trabalho semanal superior a 15 (quinze) horas, até 20 (vinte) horas;
>
> IV – 12 (doze) dias, para a duração do trabalho semanal superior a 10 (dez) horas, até 15 (quinze) horas;
>
> V – 10 (dez) dias, para a duração do trabalho semanal superior a 5 (cinco) horas, até 10 (dez) horas;
>
> VI – 8 (oito) dias, para a duração do trabalho semanal igual ou inferior a 5 (cinco) horas

A CLT possuía dispositivo semelhante (art. 130-A), mas **foi expressamente revogado pela Lei nº 13.467/17.**

Frise-se, também, que não há dispositivo prevendo a perda do direito de férias a partir de determinado número de faltas injustificadas. Nesse caso, é possível utilizar de forma subsidiária as regras da CLT diante do permissivo contido no art. 19 da mencionada lei do doméstico.

5.9. Descontos salariais

O desconto salarial e a sua incorporação à remuneração referente à alimentação, vestuário, higiene ou moradia **já era proibido pela Lei nº 5.859/72 e foi mantido pela LC nº 150/15**.

A atual regulamentação do trabalho doméstico acrescenta ainda a vedação de desconto relativo às **despesas com transporte e hospedagem no caso de acompanhamento em viagem**. Além disso, deixa claro que poderão ser feitos descontos nos casos de adiantamento salarial, plano de saúde, seguro, previdência privada, desde que expressamente autorizados pelo empregado e no percentual máximo de 20%, nos mesmos moldes estabelecidos pelo art. 462 da CLT.

Por fim, há um dispositivo que afasta a possibilidade de o empregado doméstico **adquirir a posse ou a propriedade na qual reside por conta do exercício de suas atividades laborais**.

QUADRO COMPARATIVO SOBRE O TEMA		
Lei nº 5.859/72	**Lei Complementar nº 150/2015**	**CLT**
Art. 2º-A. É vedado ao empregador doméstico efetuar descontos no salário do empregado por fornecimento de alimentação, vestuário, higiene ou moradia.	**Art. 18.** É vedado ao empregador doméstico efetuar descontos no salário do empregado por fornecimento de alimentação, vestuário, higiene ou moradia, bem como por despesas com transporte, hospedagem e alimentação em caso de acompanhamento em viagem.	**Art. 462.** Ao empregador é vedado efetuar qualquer desconto nos salários do empregado, salvo quando este resultar de adiantamentos, de dispositivos de lei ou de contrato coletivo.

QUADRO COMPARATIVO SOBRE O TEMA		
Lei nº 5.859/72	**Lei Complementar nº 150/2015**	**CLT**
§ 1º Poderão ser descontadas as despesas com moradia de que trata o *caput* deste artigo quando essa se referir a local diverso da residência em que ocorrer a prestação de serviço, e desde que essa possibilidade tenha sido expressamente acordada entre as partes. § 2º As despesas referidas no *caput* deste artigo não têm natureza salarial nem se incorporam à remuneração para quaisquer efeitos.	§ 1º É facultado ao empregador efetuar descontos no salário do empregado em caso de adiantamento salarial e, mediante acordo escrito entre as partes, para a inclusão do empregado em planos de assistência médico-hospitalar e odontológica, de seguro e de previdência privada, não podendo a dedução ultrapassar 20% (vinte por cento) do salário. § 2º Poderão ser descontadas as despesas com moradia de que trata o *caput* deste artigo quando essa se referir a local diverso da residência em que ocorrer a prestação de serviço, desde que essa possibilidade tenha sido expressamente acordada entre as partes. § 3º As despesas referidas no *caput* deste artigo não têm natureza salarial nem se incorporam à remuneração para quaisquer efeitos. § 4º O fornecimento de moradia ao empregado doméstico na própria residência ou em morada anexa, de qualquer natureza, não gera ao empregado qualquer direito de posse ou de propriedade sobre a referida moradia.	§ 1º Em caso de dano causado pelo empregado, o desconto será lícito, desde de que esta possibilidade tenha sido acordada ou na ocorrência de dolo do empregado. § 2º É vedado à empresa que mantiver armazém para venda de mercadorias aos empregados ou serviços estimados a proporcionar-lhes prestações "in natura" exercer qualquer coação ou induzimento no sentido de que os empregados se utilizem do armazém ou dos serviços. § 3º Sempre que não for possível o acesso dos empregados a armazéns ou serviços não mantidos pela Empresa, é lícito à autoridade competente determinar a adoção de medidas adequadas, visando a que as mercadorias sejam vendidas e os serviços prestados a preços razoáveis, sem intuito de lucro e sempre em benefício das empregados. § 4º Observado o disposto neste Capítulo, é vedado às empresas limitar, por qualquer forma, a liberdade dos empregados de dispor do seu salário.

5.10. Vale-transporte

Em relação ao vale-transporte, permite-se que o empregador **faça o pagamento desse benefício em dinheiro**, o que é vedado pela legislação aplicável aos empregados não domésticos.

QUADRO COMPARATIVO SOBRE O TEMA		
Lei nº 5.859/72	**Lei Complementar nº 150/2015**	**Lei nº 7.418/85**
Sem similar	**Art. 19. Parágrafo único.** A obrigação prevista no art. 4º da Lei nº 7.418, de 16 de dezembro de 1985, poderá ser substituída, a critério do empregador, pela concessão, mediante recibo, dos valores para a aquisição das passagens necessárias ao custeio das despesas decorrentes do deslocamento residência-trabalho e vice-versa.	**Art. 5°** É vedado ao empregador substituir o Vale-Transporte por antecipação em dinheiro ou qualquer outra forma de pagamento, ressalvado o disposto no parágrafo único deste artigo. Parágrafo único. No caso de falta ou insuficiência de estoque de Vale-Transporte, necessário ao atendimento da demanda e ao funcionamento do sistema, o beneficiário será ressarcido pelo empregador, na folha de pagamento imediata, da parcela correspondente, quando tiver efetuado, por conta própria, a despesa para seu deslocamento.

5.11. Licença e estabilidade gestante

Nesse aspecto, tanto a estabilidade quanto a licença gestante para a empregada doméstica já eram previstas no ordenamento jurídico-laboral vigente.

Na LC nº 150/15 há um dispositivo que deixa clara a incidência da estabilidade **mesmo quando a confirmação da gravidez tenha ocorrido durante o período do aviso prévio**, trabalhado ou indenizado, com conteúdo idêntico ao do art. 391-A da CLT.

QUADRO COMPARATIVO SOBRE O TEMA		
Lei nº 5.859/72	**Lei Complementar nº 150/2015**	**CLT**
Art. 4º-A. É vedada a dispensa arbitrária ou sem justa causa da empregada doméstica gestante desde a confirmação da gravidez até 5 (cinco) meses após o parto.	**Art. 25.** A empregada doméstica gestante tem direito a licença-maternidade de 120 (cento e vinte) dias, sem prejuízo do emprego e do salário, nos termos da Seção V do Capítulo III do Título III da Consolidação das Leis do Trabalho (CLT), aprovada pelo Decreto-Lei no 5.452, de 1º de maio de 1943. Parágrafo único. A confirmação do estado de gravidez durante o curso do contrato de trabalho, ainda que durante o prazo do aviso prévio trabalhado ou indenizado, garante à empregada gestante a estabilidade provisória prevista na alínea "b" do inciso II do art. 10 do Ato das Disposições Constitucionais Transitórias.	**Art. 391-A.** A confirmação do estado de gravidez advindo no curso do contrato de trabalho, ainda que durante o prazo do aviso prévio trabalhado ou indenizado, garante à empregada gestante a estabilidade provisória prevista na alínea b do inciso II do art. 10 do Ato das Disposições Constitucionais Transitórias. **Art. 392.** A empregada gestante tem direito à licença-maternidade de 120 (cento e vinte) dias, sem prejuízo do emprego e do salário.

5.12. FGTS

Além dos 8% devido sobre a remuneração mensal do doméstico, o empregador deve depositar uma quantia equivalente a 3,2% do salário para ser destinada ao pagamento da multa pela despedida sem justa causa ou por culpa do empregador.

Esses 3,2% equivalem a 40% do valor mensal depositado pelo empregador a título de FGTS, ou seja, da multa pela despedida sem justa causa paga pelo empregador não doméstico.

Se o rompimento se efetivar por outros motivos, como demissão ou despedida por justa causa, **será devolvido ao empregador os valores depositados a esse título**.

Na hipótese de extinção contratual por culpa recíproca, a multa será devida **pela metade**.

QUADRO COMPARATIVO SOBRE O TEMA		
Lei nº 5.859/72	**Lei Complementar nº 150/2015**	**Lei nº 8.036/90**
Art. 3º-A. É facultada a inclusão do empregado doméstico no Fundo de Garantia do Tempo de Serviço – FGTS, de que trata a Lei nº 8.036, de 11 de maio de 1990, mediante requerimento do empregador, na forma do regulamento.	**Art. 21.** É devida a inclusão do empregado doméstico no Fundo de Garantia do Tempo de Serviço (FGTS), na forma do regulamento a ser editado pelo Conselho Curador e pelo agente operador do FGTS, no âmbito de suas competências, conforme disposto nos arts. 5º e 7º da Lei no 8.036, de 11 de maio de 1990, inclusive no que tange aos aspectos técnicos de depósitos, saques, devolução de valores e emissão de extratos, entre outros determinados na forma da lei. Parágrafo único. O empregador doméstico somente passará a ter obrigação de promover a inscrição e de efetuar os recolhimentos referentes a seu empregado após a entrada em vigor do regulamento referido no caput.	**Art. 15.** Para os fins previstos nesta lei, todos os empregadores ficam obrigados a depositar, até o dia 7 (sete) de cada mês, em conta bancária vinculada, a importância correspondente a 8 (oito) por cento da remuneração paga ou devida, no mês anterior, a cada trabalhador, incluídas na remuneração as parcelas de que tratam os arts. 457 e 458 da CLT e a gratificação de Natal a que se refere a Lei nº 4.090, de 13 de julho de 1962, com as modificações da Lei nº 4.749, de 12 de agosto de 1965.

QUADRO COMPARATIVO SOBRE O TEMA		
Lei nº 5.859/72	**Lei Complementar nº 150/2015**	**Lei nº 8.036/90**
	Art. 22. O empregador doméstico depositará a importância de 3,2% (três inteiros e dois décimos por cento) sobre a remuneração devida, no mês anterior, a cada empregado, destinada ao pagamento da indenização compensatória da perda do emprego, sem justa causa ou por culpa do empregador, não se aplicando ao empregado doméstico o disposto nos §§ 1º a 3º do art. 18 da Lei no 8.036, de 11 de maio de 1990. § 1º Nas hipóteses de dispensa por justa causa ou a pedido, de término do contrato de trabalho por prazo determinado, de aposentadoria e de falecimento do empregado doméstico, os valores previstos no *caput* serão movimentados pelo empregador. § 2º Na hipótese de culpa recíproca, metade dos valores previstos no *caput* será movimentada pelo empregado, enquanto a outra metade será movimentada pelo empregador. § 3º Os valores previstos no *caput* serão depositados na conta vinculada do empregado, em variação distinta daquela em que se encontrarem os valores oriundos dos depósitos de que trata o inciso IV do art. 34 desta Lei, e somente poderão ser movimentados por ocasião da rescisão contratual. § 4º À importância monetária de que trata o *caput*, aplicam-se as disposições da Lei no 8.036, de 11 de maio de 1990, e da Lei no 8.844, de 20 de janeiro de 1994, inclusive quanto a sujeição passiva e equiparações, prazo de recolhimento, administração, fiscalização, lançamento, consulta, cobrança, garantias, processo administrativo de determinação e exigência de créditos tributários federais.	**Art. 18.** Ocorrendo rescisão do contrato de trabalho, por parte do empregador, ficará este obrigado a depositar na conta vinculada do trabalhador no FGTS os valores relativos aos depósitos referentes ao mês da rescisão e ao imediatamente anterior, que ainda não houver sido recolhido, sem prejuízo das cominações legais. § 1º Na hipótese de despedida pelo empregador sem justa causa, depositará este, na conta vinculada do trabalhador no FGTS, importância igual a quarenta por cento do montante de todos os depósitos realizados na conta vinculada durante a vigência do contrato de trabalho, atualizados monetariamente e acrescidos dos respectivos juros. § 2º Quando ocorrer despedida por culpa recíproca ou força maior, reconhecida pela Justiça do Trabalho, o percentual de que trata o § 1º será de 20 (vinte) por cento.

5.13. Aviso prévio

A regulamentação do aviso prévio é semelhante ao do empregado não doméstico, inclusive em relação à proporcionalidade estabelecida pela Lei nº 12.506/11.

Há, ainda, referência expressa aos seguintes aspectos:

- integração do período do aviso-prévio ao tempo de serviço, inclusive indenizado;
- desconto nos direitos trabalhistas do empregado referente ao período não trabalhado durante o aviso-prévio em caso de pedido de demissão;
- incorporação das horas extras habituais ao valor do aviso-prévio; e
- redução da jornada de trabalho durante o período do aviso-prévio trabalhado.

QUADRO COMPARATIVO SOBRE O TEMA		
Lei nº 5.859/72	**Lei Complementar nº 150/2015**	**CLT**
Sem similar	**Art. 23.** Não havendo prazo estipulado no contrato, a parte que, sem justo motivo, quiser rescindi-lo deverá avisar a outra de sua intenção. § 1º O aviso prévio será concedido na proporção de 30 (trinta) dias ao empregado que conte com até 1 (um) ano de serviço para o mesmo empregador. § 2º Ao aviso prévio previsto neste artigo, devido ao empregado, serão acrescidos 3 (três) dias por ano de serviço prestado para o mesmo empregador, até o máximo de 60 (sessenta) dias, perfazendo um total de até 90 (noventa) dias. § 3º A falta de aviso prévio por parte do empregador dá ao empregado o direito aos salários correspondentes ao prazo do aviso, garantida sempre a integração desse período ao seu tempo de serviço. § 4º A falta de aviso prévio por parte do empregado dá ao empregador o direito de descontar os salários correspondentes ao prazo respectivo. § 5º O valor das horas extraordinárias habituais integra o aviso prévio indenizado.	**Art. 487.** Não havendo prazo estipulado, a parte que, sem justo motivo, quiser rescindir o contrato deverá avisar a outra da sua resolução com a antecedência mínima de: I – oito dias, se o pagamento for efetuado por semana ou tempo inferior; II – trinta dias aos que perceberem por quinzena ou mês, ou que tenham mais de 12 (doze) meses de serviço na empresa. § 1º A falta do aviso prévio por parte do empregador dá ao empregado o direito aos salários correspondentes ao prazo do aviso, garantida sempre a integração desse período no seu tempo de serviço. § 2º A falta de aviso prévio por parte do empregado dá ao empregador o direito de descontar os salários correspondentes ao prazo respectivo. § 3º – Em se tratando de salário pago na base de tarefa, o cálculo, para os efeitos dos parágrafos anteriores, será feito de acordo com a média dos últimos 12 (doze) meses de serviço. § 4º É devido o aviso prévio na despedida indireta. (Parágrafo incluído pela Lei nº 7.108, de 5.7.1983) § 5º O valor das horas extraordinárias habituais integra o aviso prévio indenizado. § 6º O reajustamento salarial coletivo, determinado no curso do aviso prévio, beneficia o empregado pré-avisado da despedida, mesmo que tenha recebido antecipadamente os salários correspondentes ao período do aviso, que integra seu tempo de serviço para todos os efeitos legais. **Art. 488.** O horário normal de trabalho do empregado, durante o prazo do aviso, e se a rescisão tiver sido promovida pelo empregador, será reduzido de 2 (duas) horas diárias, sem prejuízo do salário integral. Parágrafo único – É facultado ao empregado trabalhar sem a redução das 2 (duas) horas diárias previstas neste artigo, caso em que poderá faltar ao serviço, sem prejuízo do salário integral, por 1 (um) dia, na hipótese do inciso I, e por 7 (sete) dias corridos, na hipótese do inciso II do art. 487 desta Consolidação.

5.14. Seguro-desemprego

Nesse aspecto, a normativa atual assemelha-se mais à Lei nº 5.859/72 do que à Lei nº 7.998/90, que disciplina a concessão do benefício do seguro-desemprego aos empregados não domésticos, pois mantém a limitação do seu valor em **um salário mínimo e durante o período máximo de três meses**. Entretanto, as hipóteses de cancelamentos foram inspiradas na Lei nº 7.998/90.

QUADRO COMPARATIVO SOBRE O TEMA		
Lei nº 5.859/72	**Lei Complementar nº 150/2015**	**Lei nº 7.998/90**
Art. 6º-A. O empregado doméstico que for dispensado sem justa causa fará jus ao benefício do seguro-desemprego, de que trata a Lei nº 7.998, de 11 de janeiro de 1990, no valor de um salário mínimo, por um período máximo de três meses, de forma contínua ou alternada. § 1º O benefício será concedido ao empregado inscrito no FGTS que tiver trabalhado como doméstico por um período mínimo de quinze meses nos últimos vinte e quatro meses contados da dispensa sem justa causa. § 2º Considera-se justa causa para os efeitos desta Lei as hipóteses previstas no art. 482, com exceção das alíneas "c" e "g" e do seu parágrafo único, da Consolidação das Leis do Trabalho.	**Art. 26.** O empregado doméstico que for dispensado sem justa causa fará jus ao benefício do seguro-desemprego, na forma da Lei no 7.998, de 11 de janeiro de 1990, no valor de 1 (um) salário-mínimo, por período máximo de 3 (três) meses, de forma contínua ou alternada. § 1º O benefício de que trata o *caput* será concedido ao empregado nos termos do regulamento do Conselho Deliberativo do Fundo de Amparo ao Trabalhador (Codefat). § 2º O benefício do seguro-desemprego será cancelado, sem prejuízo das demais sanções cíveis e penais cabíveis: I – pela recusa, por parte do trabalhador desempregado, de outro emprego condizente com sua qualificação registrada ou declarada e com sua remuneração anterior; II – por comprovação de falsidade na prestação das informações necessárias à habilitação; III – por comprovação de fraude visando à percepção indevida do benefício do seguro-desemprego; ou IV – por morte do segurado. **Art. 28.** Para se habilitar ao benefício do seguro-desemprego, o trabalhador doméstico deverá apresentar ao órgão competente do Ministério do Trabalho e Emprego: I – Carteira de Trabalho e Previdência Social, na qual deverão constar a anotação do contrato de trabalho doméstico e a data de dispensa, de modo a comprovar o vínculo empregatício, como empregado doméstico, durante pelo menos 15 (quinze) meses nos últimos 24 (vinte e quatro) meses; II – termo de rescisão do contrato de trabalho; III – declaração de que não está em gozo de benefício de prestação continuada da Previdência Social, exceto auxílio-acidente e pensão por morte; e IV – declaração de que não possui renda própria de qualquer natureza suficiente à sua manutenção e de sua família. **Art. 29.** O seguro-desemprego deverá ser requerido de 7 (sete) a 90 (noventa) dias contados da data de dispensa. **Art. 30.** Novo seguro-desemprego só poderá ser requerido após o cumprimento de novo período aquisitivo, cuja duração será definida pelo Codefat.	**Art. 3º** Terá direito à percepção do seguro-desemprego o trabalhador dispensado sem justa causa que comprove: I – ter recebido salários de pessoa jurídica ou de pessoa física a ela equiparada, relativos a: a) pelo menos 12 (doze) meses nos últimos 18 (dezoito) meses imediatamente anteriores à data de dispensa, quando da primeira solicitação; b) pelo menos 9 (nove) meses nos últimos 12 (doze) meses imediatamente anteriores à data de dispensa, quando da segunda solicitação; e c) cada um dos 6 (seis) meses imediatamente anteriores à data de dispensa, quando das demais solicitações; III – não estar em gozo de qualquer benefício previdenciário de prestação continuada, previsto no Regulamento dos Benefícios da Previdência Social, excetuado o auxílio-acidente e o auxílio suplementar previstos na Lei nº 6.367, de 19 de outubro de 1976, bem como o abono de permanência em serviço previsto na Lei nº 5.890, de 8 de junho de 1973; IV – não estar em gozo do auxílio-desemprego; e V – não possuir renda própria de qualquer natureza suficiente à sua manutenção e de sua família. **Art. 4º** O benefício do seguro-desemprego será concedido ao trabalhador desempregado, por período máximo variável de 3 (três) a 5 (cinco) meses, de forma contínua ou alternada, a cada período aquisitivo, contados da data de dispensa que deu origem à última habilitação, cuja duração será definida pelo Conselho Deliberativo do Fundo de Amparo ao Trabalhador (Codefat). **Art. 7º** O pagamento do benefício do seguro-desemprego será suspenso nas seguintes situações: I – admissão do trabalhador em novo emprego; II – início de percepção de benefício de prestação continuada da Previdência Social, exceto o auxílio-acidente, o auxílio suplementar e o abono de permanência em serviço; III – início de percepção de auxílio-desemprego. IV – recusa injustificada por parte do trabalhador desempregado em participar de ações de recolocação de emprego, conforme regulamentação do Codefat.

A Resolução do CODEFAT nº 754/15, que regulamentou a concessão do seguro-desemprego para o empregado doméstico, estabeleceu que esse direito pode ser renovado a cada período aquisitivo de **dezesseis meses**, contados da data da dispensa que originou habilitação anterior.

O art. 3º da referida Resolução ainda estabelece:

> **Art. 3º.** Terá direito a perceber o Seguro-Desemprego o empregado doméstico dispensado sem justa causa ou de forma indireta, que comprove: I – ter sido empregado doméstico, por pelo menos quinze meses nos últimos vinte e quatro meses que antecedem à data da dispensa que deu origem ao requerimento do Seguro-Desemprego; II – não estar em gozo de qualquer benefício previdenciário de prestação continuada da previdência social, exceto auxílio-acidente e pensão por morte; III – não possuir renda própria de qualquer natureza, suficiente à sua manutenção e de sua família.

5.15. Justa causa e rescisão indireta do contrato de trabalho

Em relação às hipóteses de justa causa, a Lei Complementar nº 150/15 praticamente repetiu a disposição contida no art. 6º-A, § 2º, da Lei nº 5.859/72. Só que, ao invés de fazer referência ao art. 482 da CLT, repetiu o texto das alíneas desse dispositivo legal, salvo em relação a alínea "m", uma vez que foi introduzida com a edição da Lei nº 13.467/17.

Note-se, contudo, a previsão expressa de um ilícito trabalhista específico, que poderia ser enquadrado no tipo genérico que faz referência às ofensas físicas. Trata-se da **prática de submeter o idoso, enfermo, pessoa com deficiência ou criança sob cuidado direto ou indireto do empregado a maus-tratos**.

Quanto aos casos de rescisão indireta, repetiram-se os textos das alíneas do art. 483 da CLT, acrescentando-se mais um novo tipo, qual seja, **prática de qualquer das formas de violência doméstica ou familiar contra mulheres** de que trata o art. 5º da Lei nº 11.340, de 7 de agosto de 2006.

QUADRO COMPARATIVO SOBRE O TEMA		
Lei nº 5.859/72	**Lei Complementar nº 150/2015**	**CLT**
Art. 6º-A. § 2º Considera-se justa causa para os efeitos desta Lei as hipóteses previstas no art. 482, com exceção das alíneas "c" e "g" e do seu parágrafo único, da Consolidação das Leis do Trabalho.	**Art. 27.** Considera-se justa causa para os efeitos desta Lei: I – submissão a maus tratos de idoso, de enfermo, de pessoa com deficiência ou de criança sob cuidado direto ou indireto do empregado; II – prática de ato de improbidade; III – incontinência de conduta ou mau procedimento; IV – condenação criminal do empregado transitada em julgado, caso não tenha havido suspensão da execução da pena; V – desídia no desempenho das respectivas funções; VI – embriaguez habitual ou em serviço; VII – (VETADO); VIII – ato de indisciplina ou de insubordinação; IX – abandono de emprego, assim considerada a ausência injustificada ao serviço por, pelo menos, 30 (trinta) dias corridos;	**Art. 482.** Constituem justa causa para rescisão do contrato de trabalho pelo empregador: a) ato de improbidade; b) incontinência de conduta ou mau procedimento; c) negociação habitual por conta própria ou alheia sem permissão do empregador, e quando constituir ato de concorrência à empresa para a qual trabalha o empregado, ou for prejudicial ao serviço; d) condenação criminal do empregado, passada em julgado, caso não tenha havido suspensão da execução da pena; e) desídia no desempenho das respectivas funções; f) embriaguez habitual ou em serviço; g) violação de segredo da empresa; h) ato de indisciplina ou de insubordinação; i) abandono de emprego; j) ato lesivo da honra ou da boa fama praticado

QUADRO COMPARATIVO SOBRE O TEMA		
Lei nº 5.859/72	**Lei Complementar nº 150/2015**	**CLT**
	X – ato lesivo à honra ou à boa fama ou ofensas físicas praticadas em serviço contra qualquer pessoa, salvo em caso de legítima defesa, própria ou de outrem; XI – ato lesivo à honra ou à boa fama ou ofensas físicas praticadas contra o empregador doméstico ou sua família, salvo em caso de legítima defesa, própria ou de outrem; XII – prática constante de jogos de azar. Parágrafo único. O contrato de trabalho poderá ser rescindido por culpa do empregador quando: I – o empregador exigir serviços superiores às forças do empregado doméstico, defesos por lei, contrários aos bons costumes ou alheios ao contrato; II – o empregado doméstico for tratado pelo empregador ou por sua família com rigor excessivo ou de forma degradante; III – o empregado doméstico correr perigo manifesto de mal considerável; IV – o empregador não cumprir as obrigações do contrato; V – o empregador ou sua família praticar, contra o empregado doméstico ou pessoas de sua família, ato lesivo à honra e à boa fama; VI – o empregador ou sua família ofender o empregado doméstico ou sua família fisicamente, salvo em caso de legítima defesa, própria ou de outrem; VII – o empregador praticar qualquer das formas de violência doméstica ou familiar contra mulheres de que trata o art. 5º da Lei no 11.340, de 7 de agosto de 2006.	no serviço contra qualquer pessoa, ou ofensas físicas, nas mesmas condições, salvo em caso de legítima defesa, própria ou de outrem; k) ato lesivo da honra ou da boa fama ou ofensas físicas praticadas contra o empregador e superiores hierárquicos, salvo em caso de legítima defesa, própria ou de outrem; l) prática constante de jogos de azar; m) perda da habilitação ou dos requisitos estabelecidos em lei para o exercício da profissão, em decorrência de conduta dolosa do empregado. **Art. 483.** O empregado poderá considerar rescindido o contrato e pleitear a devida indenização quando: a) forem exigidos serviços superiores às suas forças, defesos por lei, contrários aos bons costumes, ou alheios ao contrato; b) for tratado pelo empregador ou por seus superiores hierárquicos com rigor excessivo; c) correr perigo manifesto de mal considerável; d) não cumprir o empregador as obrigações do contrato; e) praticar o empregador ou seus prepostos, contra ele ou pessoas de sua família, ato lesivo da honra e boa fama; f) o empregador ou seus prepostos ofenderem-no fisicamente, salvo em caso de legítima defesa, própria ou de outrem; g) o empregador reduzir o seu trabalho, sendo este por peça ou tarefa, de forma a afetar sensivelmente a importância dos salários.

5.16. Salário-família

O empregado doméstico também tem direito ao salário-família em igualdade de condições com o empregado não doméstico, inclusive com obrigação do empregador de efetuar o pagamento e, posteriormente, deduzir a quantia respectiva do valor por ele devido a título de contribuição previdenciária.

Para receber o benefício, bastará que o empregado doméstico entregue a certidão de nascimento do seu filho menor de quatorze anos ao seu empregador:

> **Lei nº 8.213/91. Art. 65.** O salário-família será devido, mensalmente, ao segurado empregado, inclusive o doméstico, e ao segurado trabalhador avulso, na proporção do respectivo número de filhos ou equiparados nos termos do § 2º do art. 16 desta Lei, observado o disposto no art. 66.
>
> **Art. 67.** [...] O empregado doméstico deve apresentar apenas a certidão de nascimento referida no *caput*.

Art. 68. As cotas do salário-família serão pagas pela empresa ou pelo empregador doméstico, mensalmente, junto com o salário, efetivando-se a compensação quando do recolhimento das contribuições, conforme dispuser o Regulamento.

§ 1º A empresa ou o empregador doméstico conservarão durante 10 (dez) anos os comprovantes dos pagamentos e as cópias das certidões correspondentes, para exame pela fiscalização da Previdência Social.

5.17. Prescrição

Igualou-se, também, o prazo prescricional do trabalhador doméstico com o não doméstico, fixando-o em **5 anos**, durante o contrato de trabalho, e de **2 anos** após a sua extinção, na forma prevista pelo art. 43 da LC nº 150: "O direito de ação quanto a créditos resultantes das relações de trabalho prescreve em 5 (cinco) anos até o limite de 2 (dois) anos após a extinção do contrato de trabalho".

5.18. Simples doméstico

Estabeleceu-se o denominado **regime unificado de pagamento de tributos**, contribuições e demais encargos do empregador doméstico, conhecido como **Simples Doméstico**.

Trata-se da simplificação do procedimento atribuído ao empregador relativo ao cumprimento das suas obrigações trabalhistas, previdenciárias e fiscais, bem como sobre o cálculo e o recolhimento dos tributos e encargos trabalhistas.

Por meio de um documento único de arrecadação, emitido após o cadastro feito no *site* www.esocial.gov.br, o empregador deverá recolher:

- De 8 a 11% de Contribuição Previdenciária, a cargo do segurado empregado doméstico;
- 8% de Contribuição Patronal Previdenciária (CPP) para a Seguridade Social, a cargo do empregador doméstico;
- 0,8% de Contribuição Social para financiamento do seguro contra acidentes do trabalho;
- 8% de recolhimento para o FGTS;
- 3,2%, a título de eventual multa do FGTS pela despedida injusta; e
- imposto sobre a renda retido na fonte, se incidente.

O empregador, mensalmente, fica obrigado a fornecer ao empregado doméstico cópia dos comprovantes de recolhimento dos referidos tributos e encargos trabalhistas.

5.19. Fiscalização e autuação

A fiscalização do cumprimento das obrigações trabalhistas é feita de forma diferenciada na relação de emprego doméstico, pois a casa do indivíduo representa asilo inviolável, segundo o art. 5º, XI, da CF/88. Assim, essa fiscalização deve ter natureza **prioritariamente**

orientadora e mediante **procedimento indireto** (Instrução Normativa da Secretaria de Inspeção do Trabalho nº 110/2014).

Desse modo, para efetuar a inspeção, o Auditor-Fiscal do Trabalho **deverá negociar e agendar com o empregador a visita ao local de trabalho**.

Para a lavratura do auto de infração, assim como ocorre com a relação de emprego não doméstica, deverá ser observado o critério da **dupla visita**, salvo quando for constatada infração por falta de anotação na CTPS ou, ainda, na ocorrência de reincidência, fraude, resistência ou embaraço à fiscalização.

Nesse sentido o art. 11-A da Lei nº 10.593/02:

> **Art. 11-A.** A verificação, pelo Auditor-Fiscal do Trabalho, do cumprimento das normas que regem o trabalho do empregado doméstico, no âmbito do domicílio do empregador, dependerá de agendamento e de entendimento prévios entre a fiscalização e o empregador.
>
> § 1º A fiscalização deverá ter natureza prioritariamente orientadora.
>
> § 2º Será observado o critério de dupla visita para lavratura de auto de infração, salvo quando for constatada infração por falta de anotação na Carteira de Trabalho e Previdência Social ou, ainda, na ocorrência de reincidência, fraude, resistência ou embaraço à fiscalização.
>
> § 3º Durante a inspeção do trabalho referida no caput, o Auditor-Fiscal do Trabalho far-se-á acompanhar pelo empregador ou por alguém de sua família por este designado.

5.20. Incentivo à formalização do contrato de trabalho doméstico

Devido às características especiais que envolvem a relação de emprego doméstica, a sua formalização, com o registro do contrato de trabalho na carteira de trabalho e o respectivo recolhimento das contribuições previdenciárias, não são efetivadas de maneira generalizada.

A informalidade da contratação de empregados domésticos é maior do que os contratos de trabalho de outra espécie, pois, no primeiro caso, há dificuldade de se exercer a fiscalização pela Secretaria Especial de Previdência e Trabalho. Isso ocorre porque o serviço é prestado no interior da residência familiar, como dito, asilo inviolável segundo o art. 5º, XI, da Constituição Federal de 1988.[31]

Com o objetivo de incentivar a formalização do contrato de trabalho doméstico, foi editada a Lei nº 11.324/06, que alterou alguns dispositivos da Lei nº 9.250/95. A estratégia utilizada foi de permitir o abatimento das contribuições sociais patronais no valor do imposto de renda devido pelo empregador doméstico incidente sobre o valor da remuneração do empregado.

A referida Lei 11.324/06 também estabeleceu alguns limites:

a) o empregador doméstico só poderá utilizar desse procedimento **com relação a um único empregado;**

31. CF/88. Art. 5º. XI. A casa é asilo inviolável do indivíduo, ninguém nela podendo penetrar sem consentimento do morador, salvo em caso de flagrante delito ou desastre, ou para prestar socorro, ou, durante o dia, por determinação judicial.

b) deverá optar em declarar seus rendimentos de forma analítica, ou seja, utilizando o **modelo completo de declaração de ajuste anual**;

c) não poderá exceder ao valor da contribuição patronal **calculada sobre um salário mínimo mensal**.

Entretanto, o referido benefício **encerrou-se no exercício de 2019**, ano-calendário 2018, segundo a Lei nº 13.097/2015, que alterou a redação do inciso VII, art. 12 da Lei nº 9.250/95.

Há alguns projetos de lei tramitando no Congresso Nacional para a retomada do incentivo, mas ainda pendente de aprovação.

5.21. Resumo dos direitos trabalhistas dos domésticos

Com a promulgação da EC nº 72/2013 e regulamentação feita pela Lei Complementar nº 150/15 foram conferidos aos empregados domésticos os seguintes direitos trabalhistas:

- jornada de trabalho de 8 horas diárias ou 44 horas semanais;
- adicional de 50% sobre as horas extras;
- redução dos riscos inerentes ao trabalho;
- reconhecimento das convenções e acordos coletivos de trabalho;
- isonomia salarial;
- proibição de qualquer discriminação no tocante a salário e critérios de admissão do trabalhador com deficiência;
- proibição de trabalho noturno, perigoso ou insalubre a menores de dezoito e de qualquer trabalho a menores de dezesseis anos, salvo na condição de aprendiz, a partir de quatorze anos;
- garantia de salário, nunca inferior ao mínimo, para os que percebem remuneração variável;
- proteção do salário, constituindo crime sua retenção dolosa;
- FGTS e seguro-desemprego de natureza obrigatória;
- adicional noturno;
- salário-família;
- relação de emprego protegida contra despedida arbitrária ou sem justa causa;
- assistência creches e pré-escolas; e
- seguro contra acidentes do trabalho.

Ressalte-se que mesmo com a alteração na CF/88, **não foram estendidos aos empregados domésticos os seguintes direitos** previstos no art. 7º, grande parte deles por conta da sua incompatibilidade com o exercício da referida atividade:

a) piso salarial proporcional à extensão e à complexidade do trabalho;

b) participação nos lucros, ou resultados, desvinculada da remuneração, e, excepcionalmente, participação na gestão da empresa, conforme definido em lei;

c) jornada de seis horas para o trabalho realizado em turnos ininterruptos de revezamento, salvo negociação coletiva;

d) proteção do mercado de trabalho da mulher, mediante incentivos específicos, nos termos da lei;

e) adicional de remuneração para as atividades penosas, insalubres ou perigosas, na forma da lei;

f) proteção em face da automação, na forma da lei;

g) ação, quanto aos créditos resultantes das relações de trabalho, com prazo prescricional de cinco anos para os trabalhadores urbanos e rurais, até o limite de dois anos após a extinção do contrato de trabalho;

h) proibição de distinção entre trabalho manual, técnico e intelectual ou entre os profissionais respectivos;

i) igualdade de direitos entre o trabalhador com vínculo empregatício permanente e o trabalhador avulso.

Exemplos de questões sobre o tema:

(FCC – Juiz do Trabalho/2017) Vulcano trabalhou na residência de Medusa, na guarita instalada na parte interna da casa, desde janeiro de 2000. Em outubro de 2016, a sua esposa Atena foi contratada para as funções de cuidadora da mãe de Medusa pelo regime de tempo parcial. Vulcano trabalhava oito horas ao dia, com duas folgas semanais, e Atena laborava no módulo semanal de vinte horas. Eram fornecidas refeições, moradia e plano de assistência médica, sendo efetuados os respectivos descontos no salário dos empregados. Medusa recolhia apenas o FGTS de Atena, não depositando o de Vulcano, mesmo depois de outubro de 2015, porque ele não estava incluído no sistema desde o início da contratação. Por ocasião do nascimento do seu filho, Vulcano deixou de trabalhar por cinco dias. Considere a situação hipotética e as assertivas a seguir apresentadas, à luz da legislação aplicável:

I. Atena, ainda que contratada pelo regime de tempo parcial, poderia laborar uma hora extra diária, mediante acordo escrito firmado com sua empregadora Medusa, e teria direito a férias anuais remuneradas na proporção de quatorze dias corridos.

II. A ausência de recolhimento do FGTS sobre o salário de Vulcano, após outubro de 2015, não se constitui em infração trabalhista, visto que a Lei Complementar no 150/2015 tornou obrigatório o FGTS apenas para empregados admitidos após a sua vigência e, antes disso, dependia da opção do empregador.

III. A ausência de Vulcano pelo nascimento do filho pode ser considerada falta injustificada, porque o trabalhador doméstico não faz jus à licença paternidade, sendo devida apenas a licença maternidade à empregada doméstica.

IV. O desconto com moradia seria possível, caso se referisse a local diverso da residência em que ocorria a prestação de serviço, desde que expressamente acordado entre as partes. O desconto com plano de assistência médica seria possível, caso houvesse acordo escrito e não ultrapassasse 20% do salário.

Está correto o que se afirma APENAS em

(A) I, III e IV.

(B) I e II.

(C) I e IV.

(D) II, III e IV.

(E) III e IV.

Resposta: C

(TRT 1 – Juiz do Trabalho Substituto 1ª região/2016) Em relação ao contrato de trabalho doméstico, é correto afirmar:

(A) O intervalo para alimentação e repouso do empregado que não resida no local de trabalho pode, desde que previamente e por escrito ajustado, ser de 30 minutos.

(B) Acordo escrito pode estabelecer regime de 12x36 (horas de trabalho por horas ininterruptas de descanso) com a supressão do intervalo para alimentação e repouso, desde que este seja remunerado com 50% de acréscimo.

(C) Ressalvada a hipótese de regime de tempo parcial, o empregado tem direito a 30 dias de férias anuais, podendo, a seu critério, fracionar em dois períodos, desde que nenhum deles seja inferior a 14 dias.

(D) O contrato de experiência doméstico não pode ultrapassar a 90 dias, mas, diferente da regra prevista na CLT, mesmo que estipulado em prazo inferior, não admite qualquer prorrogação.

(E) Configura-se como requisito de validade do contrato de trabalho em regime de tempo parcial que o empregador não exija mais que 4 dias de efetivo trabalho do empregado, a cada semana.

Resposta: A

6. TRABALHO EM DOMICÍLIO

Tradicionalmente, a prestação de serviços do empregado efetiva-se no âmbito do estabelecimento da empresa. Contudo, o labor executado pelo trabalhador em sua residência não desnatura a relação de emprego, desde que presentes seus elementos caracterizadores.

A Consolidação das Leis do Trabalho tem dois dispositivos expressos que tratam dessa matéria:

> **Art. 6º.** Não se distingue entre o trabalho realizado no estabelecimento do empregador, o executado no domicílio do empregado e o realizado a distância, desde que estejam caracterizados os pressupostos da relação de emprego. Parágrafo único. Os meios telemáticos e informatizados de comando, controle e supervisão se equiparam, para fins de subordinação jurídica, aos meios pessoais e diretos de comando, controle e supervisão do trabalho alheio.[32]
>
> **Art. 83.** É devido o salário mínimo ao trabalhador em domicílio, considerado este como o executado na habitação do empregado ou em oficina de família por conta de empregador que o remunere.

Obviamente que, no caso de trabalho em domicílio, o *poder* diretivo do empregador não é exercido com ênfase plena e, na maioria dos casos, impossibilita o controle da jornada de trabalho do empregado.

Atualmente, entretanto, com a tecnologia da comunicação em conjunto com a informática (telemática), o empregador já possui ferramentas que permitem dirigir, controlar e fiscalizar, com mais eficiência, a execução de serviços dos seus empregados que estejam fora do alcance da sua visão física ou no âmbito do seu estabelecimento.

Trata-se do teletrabalho que será objeto de estudo analítico no item 13 deste capítulo.

Exemplo de questão sobre o tema

(Magistratura do Trabalho – TRT 3ª – 2012) Nos termos da lei, não há distinção entre os seguintes tipos de trabalho, exceto:

(A) o trabalho realizado no estabelecimento do empregador;

32. A Lei nº 12.551/11, alterou a redação do *caput* do art. 6º da CLT e acrescentou o parágrafo único ao referido dispositivo legal.

(B) o trabalho executado no domicílio do empregado;

(C) o trabalho realizado à distância;

(D) o trabalho voluntário;

(E) o trabalho intelectual.

Resposta: D

7. MÃE SOCIAL

Os serviços relativos à assistência social constituem dever do Estado, mas podem ser executados por meio da participação das entidades sem fins lucrativos, filantrópicas etc.

Inclui-se nessas atividades aquela que diz respeito à assistência do menor abandonado, assim considerado aquele que se encontra em situação irregular, que pode ocorrer no estabelecimento-sede da entidade privada ou no âmbito de unidades autônomas e independentes, reunidas ou não em forma de aldeia assistencial.

Esse sistema é conhecido como casas-lares, nas quais as crianças, em número não superior a dez, ficam sob a responsabilidade da *"mãe social"*.

A mãe social é uma empregada especial, pois o contrato de trabalho que lhe confere essa condição também é especial. O empregador da mãe social é a entidade sem fins lucrativos ou filantrópica e as atribuições dessa espécie de empregada encontram-se definidas no art. 4º, da Lei nº 7.644/87:

> **Art. 4º.** São Atribuições da mãe social: I – propiciar o surgimento de condições própria de uma família, orientando e assistindo os menores colocados sob seus cuidados; II – administrar o lar, realizando e organizando as tarefas a ele pertinentes; III – dedicar-se, com exclusividade, aos menores e à casa-lar que lhes forem confiadas.

A mãe social encontra-se sujeita à aplicação de penalidades de advertência, suspensão e demissão. Com a extinção do contrato de trabalho, a mãe social **deverá se retirar da casa-lar que ocupa em razão do exercício de suas funções**.

Já a denominada **mãe crecheira**, também conhecida como **mãe substituta**, não pode ser reconhecida como empregada. Nesse caso, é a própria comunidade que se reúne para formar núcleos onde os filhos dos trabalhadores são deixados durante o horário de trabalho, sob os cuidados de uma pessoa que presta serviços sem o *animus* de perceber uma retribuição pecuniária, pois se encontra movida por objetivos altruísticos.

> **Lei nº 7.644, de 18 de dezembro de 1987:**
>
> Art. 1º – As instituições sem finalidade lucrativa, ou de utilidade pública de assistência ao menor abandonado, e que funcionem pelo sistema de casas-lares, utilizarão mães sociais visando a propiciar ao menor as condições familiares ideais ao seu desenvolvimento e reintegração social.
>
> Art. 2º – Considera-se mãe social, para efeito desta Lei, aquela que, dedicando-se à assistência ao menor abandonado, exerça o encargo em nível social, dentro do sistema de casas-lares.
>
> Art. 3º – Entende-se como casa-lar a unidade residencial sob responsabilidade de mãe social, que abrigue até 10 (dez) menores.

§ 1º – As casas-lares serão isoladas, formando, quando agrupadas, uma aldeia assistencial ou vila de menores.

§ 2º – A instituição fixará os limites de idade em que os menores ficarão sujeitos às casas-lares.

§ 3º – Para os efeitos dos benefícios previdenciários, os menores residentes nas casas-lares e nas Casas da Juventude são considerados dependentes da mãe social a que foram confiados pela instituição empregadora.

Art. 4º – São atribuições da mãe social:

I – propiciar o surgimento de condições próprias de uma família, orientando e assistindo os menores colocados sob seus cuidados;

II – administrar o lar, realizando e organizando as tarefas a ele pertinentes;

III – dedicar-se, com exclusividade, aos menores e à casa-lar que lhes forem confiados.

Parágrafo único. A mãe social, enquanto no desempenho de suas atribuições, deverá residir, juntamente com os menores que lhe forem confiados, na casa-lar que lhe for destinada.

Art. 5º – À mãe social ficam assegurados os seguintes direitos:

I – anotação na Carteira de Trabalho e Previdência Social;

II – remuneração, em valor não inferior ao salário mínimo;

III – repouso semanal remunerado de 24 (vinte e quatro) horas consecutivas;

IV – apoio técnico, administrativo e financeiro no desempenho de suas funções;

V – 30 (trinta) dias de férias anuais remuneradas nos termos do que dispõe o capítulo IV, da Consolidação das Leis do Trabalho;

VI – benefícios e serviços previdenciários, inclusive, em caso de acidente do trabalho, na qualidade de segurada obrigatória;

VII – gratificação de Natal (13º salário);

VIII – Fundo de Garantia do Tempo de Serviço ou indenização, nos termos da legislação pertinente.

Art. 6º – O trabalho desenvolvido pela mãe social é de caráter intermitente, realizando-se pelo tempo necessário ao desempenho de suas tarefas.

Art. 7º – Os salários devidos à mãe social serão reajustados de acordo com as disposições legais aplicáveis, deduzido o percentual de alimentação fornecida pelo empregador.

Art. 8º – A candidata ao exercício da profissão de mãe social deverá submeter-se a seleção e treinamento específicos, a cujo término será verificada sua habilitação.

§ 1º – O treinamento será composto de um conteúdo teórico e de uma aplicação prática, esta sob forma de estágio.

§ 2º – O treinamento e estágio a que se refere o parágrafo anterior não excederão de 60 (sessenta) dias, nem criarão vínculo empregatício de qualquer natureza.

§ 3º – A estagiária deverá estar segurada contra acidentes pessoais e receberá alimentação, habitação e bolsa de ajuda para vestuário e despesas pessoais.

§ 4º – O Ministério da Previdência e Assistência Social assegurará assistência médica e hospitalar à estagiária.

Art. 9º – São condições para admissão como mãe social:

a) idade mínima de 25 (vinte e cinco) anos;

b) boa sanidade física e mental;

c) curso de primeiro grau, ou equivalente;

d) ter sido aprovada em treinamento e estágio exigidos por esta Lei;

e) boa conduta social;

f) aprovação em teste psicológico específico.

Art. 10 – A instituição manterá mães sociais para substituir as efetivas durante seus períodos de afastamento do serviço.

§ 1º – A mãe social substituta, quando não estiver em efetivo serviço de substituição, deverá residir na aldeia assistencial e cumprir tarefas determinadas pelo empregador.

§ 2º – A mãe social, quando no exercício da substituição, terá direito à retribuição percebida pela titular e ficará sujeita ao mesmo horário de trabalho.

Art. 11 – As instituições que funcionam pelo sistema de casas-lares manterão, além destas, Casas de Juventude, para jovens com mais de 13 (treze) anos de idade, os quais encaminharão ao ensino profissionalizante.

Parágrafo único. O ensino a que se refere o caput deste artigo poderá ser ministrado em comum, em cada aldeia assistencial ou em várias dessas aldeias assistenciais reunidas, ou, ainda, em outros estabelecimentos de ensino, públicos ou privados, conforme julgar conveniente a instituição.

Art. 12 – Caberá à administração de cada aldeia assistencial providenciar a colocação dos menores no mercado de trabalho, como estagiários, aprendizes ou como empregados, em estabelecimentos públicos ou privados.

Parágrafo único. As retribuições percebidas pelos menores nas condições mencionadas no caput deste artigo serão assim distribuídas e destinadas:

I – até 40% (quarenta por cento) para a casa-lar a que estiverem vinculados, revertidos no custeio de despesas com manutenção do próprio menor;

II – 40% (quarenta por cento) para o menor destinados a despesas pessoais;

III – até 30% (trinta por cento) para depósito em caderneta de poupança ou equivalente, em nome do menor, com assistência da instituição mantenedora, e que poderá ser levantado pelo menor a partir dos 18 (dezoito) anos de idade.

Art. 13 – Extinto o contrato de trabalho, a mãe social deverá retirar-se da casa-lar que ocupava, cabendo à entidade empregadora providenciar a imediata substituição.

Art. 14 – As mães sociais ficam sujeitas às seguintes penalidades aplicáveis pela entidade empregadora:

I – advertência;

II – suspensão;

III – demissão.

Parágrafo único. Em caso de demissão sem justa causa, a mãe social será indenizada, na forma da legislação vigente, ou levantará os depósitos do Fundo de Garantia por Tempo de Serviço, com os acréscimos previstos em lei.

Art. 15 – As casas-lares e as aldeias assistenciais serão mantidas exclusivamente com rendas próprias, doações, legados, contribuições e subvenções de entidades públicas ou privadas, vedada a aplicação em outras atividades que não sejam de seus objetivos.

Art. 16 – Fica facultado a qualquer entidade manter casas-lares, desde que cumprido o disposto nesta Lei.

Art. 17 – Por menor abandonado entende-se, para os efeitos desta Lei, o "menor em situação irregular" pela morte ou abandono dos pais, ou, ainda, pela incapacidade destes.

Art. 18 – As instituições que mantenham ou coordenem o sistema de casas-lares para o atendimento gratuito de menores abandonados, registradas como tais no Conselho Nacional do Serviço Social, ficam isentas do recolhimento dos encargos patronais à previdência social.

Art. 19 – Às relações do trabalho previstas nesta Lei, no que couber, aplica-se o disposto nos capítulos I e IV do Título II, Seções IV, V e VI do Capítulo IV do Título III e nos Títulos IV e VII, todos da Consolidação das Leis do Trabalho – CLT.

Art. 20 – Incumbe às autoridades competentes do Ministério do Trabalho e do Ministério da Previdência e Assistência Social, observadas as áreas de atuação, a fiscalização do disposto nesta Lei, competindo à Justiça do Trabalho dirimir as controvérsias entre empregado e empregador.

Art. 21 – Esta Lei entra em vigor na data de sua publicação.

Art. 22 – Revogam-se as disposições em contrário.

Exemplos de questões sobre o tema

(TRT 4 – Juiz do Trabalho Substituto 4ª região/2016) Considere as assertivas abaixo sobre mãe social.

I. As instituições sem finalidade lucrativa, ou de utilidade pública de assistência ao menor abandonado, e que funcionem pelo sistema de casas-lares, utilizarão mães sociais, existindo entre a instituição e a mãe social efetivo vínculo de emprego, e não serviço voluntário benevolente.

II. Os salários devidos à mãe social serão reajustados de acordo com as disposições legais aplicáveis, deduzido o percentual de alimentação fornecida pelo empregador.

III. É uma das atribuições da mãe social propiciar o surgimento de condições próprias de uma família, orientando e assistindo os menores colocados sob seus cuidados.

Quais são corretas?

(A) Apenas I

(B) Apenas II

(C) Apenas III

(D) Apenas I e II

(E) I, II e III

Resposta: E

(TRT 1 – Juiz do Trabalho Substituto 1ª região/2016) Janaína Souza ajuíza reclamação trabalhista em face de Menor Feliz – instituição privada sem fins lucrativos, que tem como objeto a assistência a menores abandonados –, dizendo-se admitida em 01/08/2014, para exercer a função de Mãe Social, na forma da Lei nº 7.644/87, em casa-lar que abrigava 8 menores de 12 anos. Afirma, ainda, que trabalhava de segunda-feira a sábado, das 7 às 21 horas, com intervalo de uma hora para alimentação e descanso e que, duas vezes por mês, trabalhava também aos domingos. Sustenta jamais haver recebido qualquer hora-extra. Alega, também, que, sem ter gozado férias, em 05/12/2015, comunicou à instituição que, por necessidade familiar, desde a véspera, não mais residia na casa-lar, mas sim em sua residência particular (tendo informado, no entanto, que estaria presente à casa-lar sempre a tempo de providenciar a primeira refeição dos menores). Em função deste fato, prossegue narrando, foi dispensada motivadamente (por justa causa) – o que entende abusivo. Conclui pleiteando, entre outras, as seguintes parcelas:

I. Horas extras.

II. Repouso remunerado (duas vezes ao mês).

III. Aviso prévio.

IV. Férias de 30 dias.

Admita que, tendo sido corretamente citada, a Instituição Menor Feliz não compareceu à audiência designada, na qual deveria apresentar defesa, e que nenhum outro incidente ocorreu, tendo a instrução sido encerrada. Em relação aos itens acima especificados, deve ser julgado procedente o que consta em

(A) I, II e IV, apenas.
(B) I, II, III e IV.
(C) III e IV, apenas.
(D) II e IV, apenas.
(E) I, II e III, apenas.

Resposta: D

(FCC – Juiz do Trabalho Substituto 15ª região/2015) Silvia, nascida em 1989, presta serviços de cunho social para uma institui*ção* sem finalidade lucrativa, dedicando-se exclusivamente *à* assistência ao menor abandonado, residindo no local de trabalho, também chamado de casa– lar. Com base em tais informações, Silvia

(A) tem direito a anotação em CTPS, salário mínimo, DSR, férias acrescidas de um terço, entre outros, tendo em vista que por sua habitualidade, na qualidade de trabalhadora autônoma, passa a ser empregada doméstica.
(B) tem direito a anotação em CTPS, salário mínimo, DSR, férias acrescidas de um terço, entre outros, tendo em vista sua condição de empregada doméstica.
(C) tem direito a anotação em CTPS, salário mínimo, DSR e férias remuneradas, entre outros, tendo em vista sua condição de Mãe Social.
(D) não possui direitos trabalhistas, pois a sua prestação de serviços não desnatura sua condição de trabalhadora autônoma.
(E) não possui direitos trabalhistas, pois a sua prestação de serviços não desnatura sua condição de trabalhadora eventual.

Resposta: C

(TRT 8 – Juiz do Trabalho Substituto 8ª região/2015) Quanto a contrato de estágio, contrato de aprendizagem e mãe social, assinale a alternativa CORRETA:

a) A mãe social deverá receber meio salário mínimo por criança que esteja sob seus cuidados.
b) Devido ao tipo de atividade por ela exercida, a mãe social não tem direito a férias de trinta dias.
c) À mãe social ficam assegurados benefícios e serviços previdenciários, inclusive, em caso de acidente do trabalho, na qualidade de segurada obrigatória.
d) A duração do trabalho do aprendiz não excederá, em qualquer hipótese, 6 (seis) horas diárias, sendo vedada a prorrogação e a compensação de jornada.
e) A jornada de atividade em estágio deverá ser compatível com as atividades escolares e não poderá ultrapassar 4 (quatro) horas diárias e 20 (vinte) horas semanais, no caso de estudantes de ensino superior, da educação profissional de nível médio e do ensino médio regular.

Resposta: C

(Magistratura do Trabalho – TRT 1ª – 2010) Assinale a opção correta a respeito da figura do empregado e das figuras afins.

(A) A mãe social responsável por uma casa lar onde são abrigadas, no máximo, cinco crianças, deve residir juntamente com os menores que lhe forem confiados e propiciar-lhes condições próprias de uma família.
(B) Entre os direitos trabalhistas das mães sociais, inclui-se o direito a férias, as quais, em decorrência da peculiaridade da atividade por elas exercida, devem ser gozadas em companhia das crianças sob sua responsabilidade na casa lar.
(C) A mãe social deve ter, no mínimo, dezoito anos de idade.
(D) Desde a promulgação da CF, os empregados domésticos têm assegurado o gozo de folga nos feriados.

(E) Considere que um arquiteto tenha sido contratado, em 1995, para trabalhar em uma grande empresa e que, no dia 15/5/2009, ele tenha sido eleito diretor, razão pela qual, durante o exercício do cargo, não esteve sujeito a subordinação jurídica. Nesse caso, é correto afirmar que o seu contrato de trabalho como arquiteto esteve suspenso enquanto exerceu o cargo de diretor e que o tempo de serviço relativo a esse período não foi computado para os fins desse contrato.

Resposta: E

8. EMPREGADO PÚBLICO

8.1. Conceito

Empregado público é o trabalhador que presta serviços para a administração pública direta e indireta regido pelo sistema da Consolidação das Leis do Trabalho.

Ao lado do empregado público, servidor público em sentido amplo, existe o servidor público *stricto sensu*, também denominado de funcionário público ou mesmo de servidor estatutário, ocupante de cargo ou função pública, que mantém uma relação estatutária com a administração pública direta, autárquica ou fundacional.

8.2. Formalidade para contratação – concurso público

Para a investidura em cargo ou emprego público, exige-se a prévia aprovação em concurso público, na forma prevista pelo art. 37, II, da Constituição Federal de 1988:

> **Art. 37. II** – a investidura em cargo ou emprego público depende de aprovação prévia em concurso público de provas ou de provas e títulos, de acordo com a natureza e a complexidade do cargo ou emprego, na forma prevista em lei, ressalvadas as nomeações para cargo em comissão declarado em lei de livre nomeação e exoneração.

Na vigência da ordem constitucional anterior não se exigia esse requisito como validade do contrato de trabalho com a administração pública, como deixa claro a Súmula nº 1 do TRT13 e a Súmula nº 4 do TRT22:

> **SÚMULA Nº 01 do TRT13.** EMPREGADO PÚBLICO ADMITIDO SEM CONCURSO. CONTRATO DE TRABALHO CELEBRADO SOB O PÁLIO DA CONSTITUIÇÃO DE 1967/1969. VALIDADE. A contratação de empregado celetista durante a vigência da Constituição Federal de 1967/1969, sem prévia submissão a concurso público, só por isso não invalida o contrato de trabalho celebrado entre as partes, porque não perpetrada afronta à Carta Política retromencionada.
>
> **SÚMULA Nº 04 do TRT22.** ADMINISTRAÇÃO PÚBLICA. ADMISSÃO ANTERIOR À CF/88 SEM PRÉVIA APROVAÇÃO EM CONCURSO PÚBLICO. É válido o contrato de emprego celebrado sem prévia aprovação em concurso público na administração pública anteriormente à vigência da CF/88, sendo nulo o ato de dispensa imotivada, impondo-se, em consequência, a reintegração do empregado dispensado sem motivação e consectários legais ou o pagamento das verbas rescisórias decorrentes da dispensa sem justa causa.

Para ocupar os cargos de provimento em comissão **não é necessária a prévia aprovação em concurso público**, pois são cargos de livre nomeação e exoneração, desde que assim disponha, de forma expressa, a lei que os criou. Nesse caso, todavia, a relação teria natureza **estatutária**.

A inobservância do mandamento constitucional mencionado implica, também, **improbidade administrativa**, de acordo com a tipificação contida no art. 11, V, da Lei nº 8.429/92, conforme reconhecimento jurisprudencial:

> 1. A lesão a princípios administrativos contida no art. 11 da Lei nº 8.429/92, em princípio, não exige dolo ou culpa na conduta do agente nem prova da lesão ao erário público. Basta a simples ilicitude ou imoralidade administrativa para restar configurado o ato de improbidade. Caso reste demonstrada a lesão, o inciso III do art. 12 da Lei nº 8.429/92 autoriza seja o agente público condenado a ressarcir o erário. 2. A conduta do recorrente de contratar e manter servidores sem concurso público na Administração amolda-se ao *caput* do art. 11 da Lei nº 8.429/92, ainda que o serviço público tenha sido devidamente prestado. 3. Não havendo prova de dano ao erário, não há que se falar em ressarcimento, nos termos da primeira parte do inciso III do art. 12 da Lei 8.429/92. As demais penalidades, inclusive a multa civil, que não ostenta feição indenizatória, são perfeitamente compatíveis com os atos de improbidade tipificados no art. 11 da Lei 8.429/92 (lesão aos princípios administrativos). 4. Acórdão reformado para excluir a condenação ao ressarcimento de danos e reduzir a multa civil de dez para três vezes o valor da última remuneração recebida no último ano de mandato em face da ausência de prejuízo ao erário. 5. Recurso especial provido em parte.[33]

A. *Conselhos profissionais*

Os Conselhos profissionais têm natureza jurídica de **autarquia especial** (ADI nº 1.717). Seus empregados também são regidos pela legislação trabalhista, conforme previsão contida na Lei nº 9.649/98, art. 58, § 3º:

> **Art. 58, § 3º.** Os empregados dos conselhos de fiscalização de profissões regulamentadas **são regidos pela legislação trabalhista**, sendo vedada qualquer forma de transposição, transferência ou deslocamento para o quadro da Administração Pública direta ou indireta (grifou-se).

Exige-se, assim, a prévia aprovação em concurso público para admissão de pessoal como se vê da decisão a seguir:

> CONSTITUCIONAL. ADMINISTRATIVO. ENTIDADES FISCALIZADORAS DO EXERCÍCIO PROFISSIONAL. CONSELHO FEDERAL DE ODONTOLOGIA: NATUREZA AUTÁRQUICA. Lei 4.234, de 1964, art. 2º. FISCALIZAÇÃO POR PARTE DO TRIBUNAL DE CONTAS DA UNIÃO. III. – Os servidores do Conselho Federal de Odontologia deverão se submeter ao regime único da Lei 8.112, de 1990: votos vencidos do Relator e dos Ministros Francisco Rezek e Maurício Corrêa.[34]

Todavia, os empregados da OAB estão dispensados dessa formalidade, em face da natureza jurídica de **autarquia** *sui generis* dessa entidade, caracterizada pela autonomia e independência:

> EMENTA. [...] INEXIGÊNCIA DE CONCURSO PÚBLICO PARA A ADMISSÃO DOS CONTRATADOS PELA OAB. AUTARQUIAS ESPECIAIS E AGÊNCIAS. CARÁTER JURÍDICO DA OAB. ENTIDADE PRESTADORA DE SERVIÇO PÚBLICO INDEPENDENTE. CATEGORIA ÍMPAR NO ELENCO DAS PERSONALIDADES JURÍDICAS EXISTENTES NO DIREITO BRASILEIRO. AUTONOMIA E INDEPENDÊNCIA DA ENTIDADE. [...] 10. Incabível a exigência de concurso público para admissão dos contratados sob o regime trabalhista pela OAB.[35]

33. STJ. RE 737.279-PR (2005/0044982-0). 2ª T. Rel. Min. Castro Meira. DJ 25.08.2008.
34. STF. MS 21797. Rel. Min. Carlos Velloso. DJU 19.05.2001.
35. STF. ADI 2026. Rel. Min. Eros Grau. DJU 29.09.2006.

B. Empresas públicas e sociedades de economia mista

Em relação às **empresas públicas e sociedades de economia mista** deve-se observar o marco inicial da exigência da prévia aprovação em concurso público, fixada na decisão do STF proferida no MS nº 21322/DF, publicada em 23.04.1993:

> EMPRESA PÚBLICA E SOCIEDADE DE ECONOMIA MISTA. ADMISSÃO SEM PRÉVIA APROVAÇÃO EM CONCURSO PÚBLICO APÓS A PROMULGAÇÃO DA CONSTITUIÇÃO FEDERAL DE 1988. DECISÃO DO STF NO MS Nº 21322/DF. MARCO PARA DECLARAÇÃO DE NULIDADE DA CONTRATAÇÃO. INAPLICABILIDADE DA SÚMULA Nº 363 DO TST. A decisão proferida pelo STF no MS nº 21322/DF, publicada em 23.4.1993, deve ser tomada como marco para a declaração de nulidade dos contratos de trabalho firmados com empresa pública ou sociedade de economia mista sem prévia aprovação em concurso público, após a promulgação da Constituição Federal de 1988, de modo que o disposto no art. 37, § 2º, da CF apenas alcança os contratos de trabalho celebrados após essa data. Com esse entendimento, a SBDI-I, em sua composição plena, decidiu, à unanimidade, conhecer dos embargos, por divergência jurisprudencial, e, no mérito, dar-lhes provimento para, afastando a incidência da Súmula nº 363 do TST e a nulidade do contrato de trabalho firmado com a Radiobrás, em 07.01.93, sem concurso público, restabelecer a decisão do Regional, determinando o retorno dos autos à Turma de origem para apreciar os demais temas recursais como entender de direito.[36]

8.3. Regime celetista e regime estatutário

Até a edição da Emenda Constitucional nº 19/98[37] a atual Carta Magna exigia que cada Ente Federado instituísse um **regime jurídico único** e eliminasse a eventual dualidade entre o regime estatutário e o regime celetista.

A União, por meio da Lei nº 8.112/90, instituiu o regime estatutário para reger as relações com os seus servidores. O Estado da Bahia, por exemplo, procedeu da mesma forma, com a edição da Lei Estadual nº 6.677/94. Alguns Municípios, todavia, elegeram o regime celetista, que gera uma relação contratual com todos os seus servidores.

A. Conversão do regime celetista para o estatutário

A transformação dos vínculos individuais de trabalho do regime celetista para o estatutário, desde que haja a prévia aprovação em concurso público, é automática e se completa com a vigência da Lei que instituiu o regime jurídico único para os servidores de cada Ente da Administração.

---

36. TST-E-ED-RR-4800-05.2007.5.10.0008, SBDI-I, rel. Min. Aloysio Corrêa da Veiga, 23.5.2013.

37. Após a vigência da referida EC nº 19/98, os Entes Federados podem manter regimes distintos para seus servidores públicos. A Lei nº 9.962/00, disciplina o regime de emprego público do pessoal da Administração federal direta, autárquica e fundacional, e dá outras providências. Dispõe em seu art. 1º: O pessoal admitido para emprego público na Administração federal direta, autárquica e fundacional terá sua relação de trabalho regida pela Consolidação das Leis do Trabalho, aprovada pelo Decreto-Lei nº 5.452/43, e legislação trabalhista correlata, naquilo que a lei não dispuser em contrário. Como o STF suspendeu a eficácia do art. 39, da CF/88, com redação dada pela mencionada EC (ADI nº 2135-4, em sede de medida cautelar), retoma-se a redação original desse dispositivo constitucional, não sendo mais possível a coexistência de dois regimes jurídicos no âmbito de um mesmo Ente Federado.

Todavia, **não é possível efetivar essa conversão** quando o servidor público **não tenha se submetido à prévia aprovação em concurso público** ou esteja enquadrado na exceção constante do art. 19, da ADCT, da CF/88.

Com a conversão do regime celetista para o estatutário, opera-se a extinção do contrato de trabalho, o que implica **conferir ao empregado prazo prescricional de dois anos para ajuizar ação trabalhista** com fundamento na extinta relação de emprego.

Sobre o tema, a Súmula nº 382 do TST:

> **SÚMULA Nº 382.** MUDANÇA DE REGIME CELETISTA PARA ESTATUTÁRIO. EXTINÇÃO DO CONTRATO. PRESCRIÇÃO BIENAL. (CONVERSÃO DA ORIENTAÇÃO JURISPRUDENCIAL Nº 128 DA SDI-1). A transferência do regime jurídico de celetista para estatutário implica extinção do contrato de trabalho, fluindo o prazo da prescrição bienal a partir da mudança de regime.

B. Agentes comunitários de saúde

Os agentes comunitários de saúde e os agentes de combate às endemias, admitidos pelos gestores locais do SUS e pela Fundação Nacional de Saúde – FUNASA **encontram-se submetidos ao regime da CLT**, salvo se, no caso dos Estados, do Distrito Federal e dos Municípios, norma local **dispuser de forma diversa**, conforme preceitua o art. 8º, da Lei nº 11.350/06, que regulamentou a EC nº 51 (art. 198, § 5º, da CF/88).[38]

C. Consórcios públicos

Os servidores dos consórcios públicos, instituídos pela União, Estados, Distrito Federal ou Municípios, na forma prevista pela Lei nº 11.107/2005, **seja na forma de associação pública ou de pessoa jurídica de direito privado**, são regidos pela Consolidação das Leis do Trabalho, conforme disposição expressa contida no § 2º, art. 6º da referida norma legal, com redação dada pela Lei nº 13.822/19:

> **Art. 6º. § 2º.** O consórcio público, com personalidade jurídica de direito público ou privado, observará as normas de direito público no que concerne à realização de licitação, à celebração de contratos, à prestação de contas e à admissão de pessoal, que será regido pela Consolidação das Leis do Trabalho (CLT), aprovada pelo Decreto-Lei nº 5.452, de 1º de maio de 1943.

8.4. Direitos e deveres dos empregados públicos

Os empregados públicos desfrutam de idênticos direitos que gozam os empregados da iniciativa privada, com algumas exceções.[39] Apesar de ser admitida a sindicalização dos

38. A redação do § 5º, art. 198, da CF/88 foi alterada por força da promulgação da EC nº 62/2010: § 5º Lei federal disporá sobre o regime jurídico, o piso salarial profissional nacional, as diretrizes para os Planos de Carreira e a regulamentação das atividades de agente comunitário de saúde e agente de combate às endemias, competindo à União, nos termos da lei, prestar assistência financeira complementar aos Estados, ao Distrito Federal e aos Municípios, para o cumprimento do referido piso salarial.
39. A Constituição Federal de 1988 estende aos servidores públicos, alguns direitos previstos para o empregado das empresas privadas: Art. 39. § 3º. Aplica-se aos servidores ocupantes de cargo público o disposto no artigo 7º, IV, VII, VIII, IX, XII, XIII, XV, XVI, XVII, XVIII, XIX, XX, XXII e XXX, podendo a lei estabelecer requisitos diferenciados de admissão quando a natureza do cargo o exigir. TST. Súmula nº 50 – GRATIFICAÇÃO NATALINA. A gratificação

servidores públicos civis, sejam estatutários ou celetistas, **não foi estendido a essa espécie de empregado o reconhecimento dos acordos e convenções coletivas de trabalho**.

A razão é simples: só é possível efetivar melhorias nas condições de trabalho dos servidores públicos por meio de lei, conforme art. 169, parágrafo 1º, I e II, da Carta Magna de 1988,[40] fato que obsta a pretensão dos trabalhadores pela via do acordo ou da convenção coletiva.

Contudo, o Tribunal Superior do Trabalho entende que, se não há previsão de acréscimo de despesas, é válido o instrumento normativo negociado no âmbito da administração pública

> REGIME 12X36. NORMA COLETIVA. EXIGIBILIDADE. ENTE PÚBLICO. CLÁUSULA SOCIAL. Segundo jurisprudência dessa colenda Corte Superior, a adoção do regime 12x36, desde que mediante norma coletiva, é plenamente válida, uma vez que observa a faculdade de flexibilização de normas trabalhistas mediante instrumentos coletivos, consoante previsão no artigo 7º, XXVI, da Constituição Federal. Precedentes da SBDI – 1. Outrossim, este colendo Tribunal Superior do Trabalho tem entendido que o reconhecimento de convenções e acordos coletivos relativamente a servidores públicos celetistas não é possível apenas nas hipóteses em que as condições de trabalho negociadas importem em acréscimo de despesas para o ente público, hipótese em que apenas através de lei poderia o assunto ser regulado (artigo 169, § 1º, I e II, da Constituição Federal). Desse modo, a autorização do regime de trabalho em jornada 12x36, por não importar qualquer acréscimo de despesas, mas unicamente em flexibilização de jornada, exige previsão normativa autônoma ou heterônoma, sob pena de invalidade, nos termos do artigo 7º, XIII, da Constituição Federal. Tratam-se das chamadas cláusulas sociais, que não geram impacto financeiro ao ente público – RODC 202700-18.2007.5.02.0000. Exegese dos artigos 39, § 3º, 169, § 1º, I e II, e 7º, XIII, da Constituição Federal.[41]

Apesar de não serem considerados empregados, são garantidos aos **servidores públicos estatutários** os seguintes direitos tipicamente trabalhistas além daqueles previstos pela lei de cada Ente da federação:

- Salário mínimo, inclusive para quem recebe remuneração variável;
- 13º salário;
- Adicional noturno;
- Salário-família;
- Repouso semanal remunerado;
- Adicional de horas extras de, no mínimo, em 50%;
- Férias acrescidas de 1/3;

natalina, instituída pela Lei nº 4.090, de 13.07.1962, é devida pela empresa cessionária ao servidor público cedido enquanto durar a cessão.

40. CF/88. Art. 169. A despesa com pessoal ativo e inativo da União, dos Estados, do Distrito Federal e dos Municípios não poderá exceder os limites estabelecidos em lei complementar. § 1º. A concessão de qualquer vantagem ou aumento de remuneração, a criação de cargos, empregos e funções ou alteração de estrutura de carreiras, bem como a admissão ou contratação de pessoal, a qualquer título, pelos órgãos e entidades da administração direta ou indireta, inclusive fundações instituídas e mantidas pelo poder público, só poderão ser feitas: I – se houver prévia dotação orçamentária suficiente para atender às projeções de despesa de pessoal e aos acréscimos dela decorrentes; II – se houver autorização específica na lei de diretrizes orçamentárias, ressalvadas as empresas públicas e as sociedades de economia mista.

41. TST. RR 39300-08.2006.5.04.0103. Rel. Min. Caputo Bastos. DEJT 09.09.2011.

- Licença à gestante;
- Licença-paternidade;
- Proteção do mercado de trabalho da mulher;
- Redução dos riscos inerentes ao trabalho;
- Isonomia salarial.

Há algumas restrições quanto aos direitos trabalhistas dos empregados públicos (celetistas), impostas por conta do **princípio da legalidade estrita** que rege a administração pública, que serão analisadas a seguir.

A. *Isonomia salarial*

A regra da isonomia salarial **não se aplica aos empregados públicos da administração pública direta, autárquica e fundacional**, diante da vedação expressa imposta pelo art. 37, XIII da CF/88: "é vedada a vinculação ou equiparação de quaisquer espécies remuneratórias para o efeito de remuneração de pessoal do serviço público; (Redação dada pela Emenda Constitucional nº 19/98)".

O entendimento do TST trilha esse caminho:

> **SDI-1. OJ Nº 297.** EQUIPARAÇÃO SALARIAL. SERVIDOR PÚBLICO DA ADMINISTRAÇÃO DIRETA, AUTÁRQUICA E FUNDACIONAL. ART. 37, XIII, DA CF/88. O art. 37, inciso XIII, da CF/88 veda a equiparação de qualquer natureza para o efeito de remuneração do pessoal do serviço público, sendo juridicamente impossível a aplicação da norma infraconstitucional prevista no art. 461 da CLT quando se pleiteia equiparação salarial entre servidores públicos, independentemente de terem sido contratados pela CLT.

Todavia, como a empresa pública e a sociedade de economia mista encontram-se regidas pelas regras da atividade empresarial privada (art. 173, § 1º, II, da CF/88), não estão sujeitas à proibição contida no referido dispositivo constitucional.

Nesse sentido, a Súmula nº 455 do TST:

> **SÚMULA Nº 455.** EQUIPARAÇÃO SALARIAL. SOCIEDADE DE ECONOMIA MISTA. ART. 37, XIII, DA CF/1988. POSSIBILIDADE. (conversão da Orientação Jurisprudencial nº 353 da SBDI-1 com nova redação). À sociedade de economia mista não se aplica a vedação à equiparação prevista no art. 37, XIII, da CF/1988, pois, ao admitir empregados sob o regime da CLT, equipara-se a empregador privado, conforme disposto no art. 173, § 1º, II, da CF/1988.

B. *Alteração contratual*

As alterações contratuais efetivadas no âmbito do contrato de trabalho dos servidores públicos celetistas devem ser interpretadas não só de acordo com os princípios trabalhistas, mas também **com a incidência dos princípios norteadores da administração pública, notadamente o da legalidade.**

Tal procedimento implica relativizar o *ius resistentiae* dessa espécie de trabalhador, para reconhecer a licitude de certas alterações contratuais, como ocorre, por exemplo, com a decisão que determina o retorno do servidor à jornada de trabalho inicialmente pactuada:

> **TST. SDI-1. OJ Nº 308.** JORNADA DE TRABALHO. ALTERAÇÃO. RETORNO À JORNADA INICIALMENTE CONTRATADA. SERVIDOR PÚBLICO. O retorno do servidor público (administração direta, autárquica e fundacional) à jornada inicialmente contratada não se insere nas vedações do art. 468 da CLT, sendo a sua jornada definida em lei e no contrato de trabalho firmado entre as partes.

De igual forma, se a Administração Pública reajusta o salário do servidor e faz o respectivo pagamento durante determinado período de tempo, a reversão à situação pretérita é possível desde que o referido aumento não tenha observado as prescrições legais, o que não ocorreria nas relações trabalhistas estritamente privadas.

C. Teto remuneratório

Nenhum empregado público, da administração direta, autárquica ou fundacional, poderá perceber remuneração superior ao valor do subsídio mensal pago aos Ministros do Supremo Tribunal Federal, inclusas as vantagens de caráter pessoal, conforme determinação contida no art. 37, XI, da Constituição Federal de 1988.

Essa limitação também foi estendida para os empregados das empresas públicas e das sociedades de economia mista, por meio da EC nº 19/98, que acrescentou o parágrafo 9º ao art. 37 da CF/88.

O TST manifesta-se sobre essa matéria por intermédio da OJ nº 339, da SDI-1:

> **OJ Nº 339.** TETO REMUNERATÓRIO. EMPRESA PÚBLICA E SOCIEDADE DE ECONOMIA MISTA. ART. 37, XI, DA CF/1988 (ANTERIOR À EMENDA CONSTITUCIONAL Nº 19/1998). DJU 04.05.04 (nova redação). As empresas públicas e as sociedades de economia mista estão submetidas à observância do teto remuneratório previsto no inciso XI do art. 37 da CF/1988, sendo aplicável, inclusive, ao período anterior à alteração introduzida pela Emenda Constitucional nº 19/1998.

Nos Municípios, o teto salarial dos servidores públicos é o valor pago a título de subsídio ao Prefeito. Nos Estados e no Distrito Federal, o valor máximo da remuneração encontra seu limite, no âmbito do Poder Executivo, no subsídio pago ao Governador; no Poder Legislativo, o subsídio dos Deputados Estaduais e Distritais; e no Poder Judiciário, no subsídio pago aos Desembargadores do Tribunal de Justiça, limitado a 90,25% do subsídio mensal, em espécie, dos Ministros do STF.

Esse subteto salarial para a magistratura estadual foi estabelecido pelas EC's nºs 41/2003 e 47/2005 e regulamentado por resoluções do Conselho Nacional de Justiça – CNJ.

Todavia, o STF julgou procedentes as ADIs de nºs 3854 e 4014 para declarar que o estabelecimento de um subteto para juízes estaduais diferente do teto remuneratório da magistratura federal viola o caráter nacional da estrutura judiciária brasileira previsto na Constituição Federal.

D. Proibição de acumulação de empregos públicos

A Constituição Federal em seu art. 37, § 10 veda a percepção simultânea de proventos de aposentadoria com a remuneração do emprego público, salvo nos casos permitidos expressamente pela Carta Magna (art. 37, XVI).

Assim, de acordo com a Constituição, o empregado que se aposenta pelo regime geral da previdência ou regime próprio, não poderia mais receber o salário do exercício de suas funções na Administração Pública, o que significaria rompimento do contrato de trabalho, ao contrário do que ocorre no setor privado.

Inclusive esse foi um dos fundamentos que levou o STF a declarar a inconstitucionalidade do § 1º, art. 453 da CLT, nos autos da ADI nº 1770:

> AÇÃO DIRETA DE INCONSTITUCIONALIDADE. READMISSÃO DE EMPREGADOS DE EMPRESAS PÚBLICAS E SOCIEDADES DE ECONOMIA MISTA. ACUMULAÇÃO DE PROVENTOS E VENCIMENTOS. EXTINÇÃO DO VÍNCULO EMPREGATÍCIO POR APOSENTADORIA ESPONTÂNEA. NÃO-CONHECIMENTO. INCONSTITUCIONALIDADE. Lei 9.528/1997, que dá nova redação ao § 1º do art. 453 da Consolidação das Leis do Trabalho – CLT –, prevendo a possibilidade de readmissão de empregado de empresa pública e sociedade de economia mista aposentado espontaneamente. Art. 11 da mesma lei, que estabelece regra de transição. Não se conhece de ação direta de inconstitucionalidade na parte que impugna dispositivos cujos efeitos já se exauriram no tempo, no caso, o art. 11 e parágrafos. É inconstitucional o § 1º do art. 453 da CLT, com a redação dada pela Lei 9.528/1997, quer porque permite, como regra, a acumulação de proventos e vencimentos – vedada pela jurisprudência do Supremo Tribunal Federal –, quer porque se funda na ideia de que a aposentadoria espontânea rompe o vínculo empregatício. Pedido não conhecido quanto ao art. 11, e parágrafos, da Lei nº 9.528/1997. Ação conhecida quanto ao § 1º do art. 453 da Consolidação das Leis do Trabalho, na redação dada pelo art. 3º da mesma Lei 9.528/1997, para declarar sua inconstitucionalidade (grifou-se).

Em sentido contrário a Súmula nº 29 do TRT12:

> **SÚMULA Nº 29 do TRT12.** EMPREGADO PÚBLICO. CUMULAÇÃO DE PROVENTOS DE APOSENTADORIA COM O SALÁRIO. LEGALIDADE. Ao empregado público é permitida a cumulação de proventos de aposentadoria pelo regime geral da Previdência Social com o salário percebido.

A controvérsia que existia sobre a possibilidade do empregado público, filiado ao regime geral da previdência social – RGPS, se aposentar e continuar trabalhando para o Ente Público foi sepultada com a promulgação da EC nº 103/2019, que vedou expressamente essa prática, conforme se observa do § 14 por ela introduzido ao art. 37 da CF/88:

> **Art. 37. § 14.** A aposentadoria concedida com a utilização de tempo de contribuição decorrente de cargo, emprego ou função pública, inclusive do Regime Geral de Previdência Social, acarretará o rompimento do vínculo que gerou o referido tempo de contribuição.

8.5. Estabilidade do empregado da administração pública direta, autárquica e fundacional

Após ultrapassar a fase do estágio probatório, **o empregado público adquiria estabilidade no emprego**, de acordo com a interpretação do art. 41 da Constituição Federal **em sua redação original**, que não fazia distinção entre servidor estatutário ou celetista: "São estáveis, após dois anos de efetivo exercício, os servidores nomeados em virtude de concurso público".

A despedida ficaria condicionada a prática de justa causa apurada em processo administrativo com contraditório e ampla defesa assegurados ou por meio de sentença judicial (art. 41, § 1º da CF/88), como ressalta a Súmula nº 6 do TRT22:

SÚMULA Nº 6 do TRT22. DEVIDO PROCESSO LEGAL. JUSTA CAUSA COMO MOTIVO DE DESPEDIDA NA ADMINISTRAÇÃO PÚBLICA DIRETA E INDIRETA. A despedida de empregado por órgão da administração pública direta e indireta por justa causa requer a prévia apuração da falta funcional mediante processo administrativo na forma legal, em que seja assegurado ao investigado a ampla defesa e o contraditório, sob pena de nulidade do ato de dispensa.

Durante muito tempo discutiu-se sobre a possibilidade do **empregado público** adquirir a estabilidade, vez que já estaria protegido, indiretamente, pelo sistema do FGTS que não é extensivo ao servidor público estatutário.

O Tribunal Superior do Trabalho posicionou-se pelo direito da estabilidade, por intermédio da Súmula nº 390, inciso I:

SÚMULA Nº 390. ESTABILIDADE. ART. 41 DA CF/1988. CELETISTA. ADMINISTRAÇÃO DIRETA, AUTÁRQUICA OU FUNDACIONAL. APLICABILIDADE. EMPREGADO DE EMPRESA PÚBLICA E SOCIEDADE DE ECONOMIA MISTA. INAPLICÁVEL. (conversão das Orientações Jurisprudenciais nº 229 e 265 da SDI-1 e da Orientação Jurisprudencial nº 22 da SDI-2) – Res. 129/2005 – DJ 20.04.2005. I – O servidor público celetista da administração direta, autárquica ou fundacional é beneficiário da estabilidade prevista no art. 41 da CF/1988. (ex-OJ nº 265 da SDI-1 – Inserida em 27.09.2002 e ex-OJ nº 22 da SDI-2 – Inserida em 20.09.00). II – Ao empregado de empresa pública ou de sociedade de economia mista, ainda que admitido mediante aprovação em concurso público, não é garantida a estabilidade prevista no art. 41 da CF/1988. (ex-OJ nº 229 – Inserida em 20.06.2001).

No mesmo sentido a Súmula nº 5 do TRT22:

SÚMULA Nº 05 do TRT22. ADMINISTRAÇÃO PÚBLICA DIRETA. EMPREGADO CONCURSADO. DISPENSA IMOTIVADA. É nulo o ato de dispensa imotivada de empregado investido na administração pública direta mediante aprovação em concurso público válido, sendo devidos ao empregado dispensado sem motivação a reintegração e consectários legais ou o pagamento das verbas rescisórias decorrentes da dispensa sem justa causa.

Contudo, a EC nº 19/98 **alterou a redação do referido preceito constitucional** para deixar claro que a estabilidade só se aplica ao servidor **ocupante de cargo público**, o que excluiria os empregados públicos: "Art. 41. São estáveis após três anos de efetivo exercício os servidores nomeados para cargo de provimento efetivo em virtude de concurso público". Apesar disso, o TST não alterou o seu entendimento inicial, mantendo a redação da Súmula nº 390.

Segundo a jurisprudência do STF, é **necessário o prévio processo administrativo para dispensa do empregado público, mesmo durante o período do estágio probatório**, conforme se observa do teor da Súmula nº 21 daquele Tribunal: "Funcionário em estágio probatório não pode ser exonerado nem demitido sem inquérito ou sem as formalidades legais de apuração de sua capacidade".

Inclusive o TST já admitiu a aplicabilidade da jurisprudência do STF que é contrário àquele constante da Súmula nº 390:

AÇÃO RESCISÓRIA. SERVIDOR PÚBLICO MUNICIPAL CELETISTA SUBMETIDO A CONCURSO PÚBLICO. DISPENSA COM FUNDAMENTO NO ART. 21, PARÁGRAFO ÚNICO, DA LRF. INEXISTÊNCIA DE PROCEDIMENTO ADMINISTRATIVO EM QUE ASSEGURADO O DEVIDO PROCESSO LEGAL E O DIREITO À

AMPLA DEFESA. RETORNO AO TRABALHO. APLICAÇÃO DOS ARTS. 169 E 182 DO CÓDIGO CIVIL. Conforme precedentes do Supremo Tribunal Federal, o servidor público celetista da administração direta, autárquica ou fundacional ou o empregado de empresa pública ou de sociedade de economia mista, ainda que admitidos por meio de aprovação em concurso público, não têm direito à estabilidade do art. 41 da CF, a não ser que a contratação tenha se dado anteriormente à Emenda Constitucional nº 19/1998. Todavia, também de acordo com o entendimento consolidado pela Suprema Corte, viola o art. 5º, LV, da CF a dispensa de servidor municipal nomeado após aprovação em concurso público, ainda que em estágio probatório, com fundamento no art. 21, parágrafo único, da Lei de Responsabilidade Fiscal, quando não assegurado o contraditório e a ampla defesa em procedimento administrativo. Sob esses fundamentos, a SBDI-II, por unanimidade, conheceu do recurso ordinário em ação rescisória e, no mérito, negou-lhe provimento, assentando que, a despeito de não se tratar de servidor público estável, na forma do art. 41 da CF, a dispensa, sem o precedente procedimento administrativo, é nula, razão pela qual se determina o retorno ao trabalho, com pagamento dos salários vencidos e vincendos desde a data da dispensa, nos termos dos arts. 169 e 185 do Código Civil, ficando, no entanto, assegurado ao Município empregador o direito de renovar o despedimento, desde que observe a exigência do prévio procedimento administrativo em que assegurado o devido processo legal e o direito à ampla defesa. Vencidos os Ministros Luiz Philippe Vieira de Mello Filho e Ives Gandra Martins Filho. TST-RO-5904-64.2012.5.07.0000, SBDI-II, rel. Min. Douglas Alencar Rodrigues, 21.3.2017 (TST. Info nº 155).

Também goza de estabilidade de forma excepcional o empregado público admitido pela administração direta, autárquica e fundacional, **sem se submeter a prévio concurso público**, desde que, quando da promulgação da atual CF (05.10.1988) contasse com mais de **cinco anos de efetivo exercício**, na forma prevista pelo art. 19 do ADCT:

Art. 19. Os servidores públicos civis da União, dos Estados, do Distrito Federal e dos Municípios, da administração direta, autárquica e das fundações públicas, em exercício na data da promulgação da Constituição, há pelo menos cinco anos continuados, e que não tenham sido admitidos na forma regulada no art. 37, da Constituição, são considerados estáveis no serviço público.

Todavia, esse preceito não se aplica às **entidades públicas de direito privado**, conforme decisão proferida pelo STF nos autos do RE nº 716378, com repercussão geral reconhecida, tendo sido aprovada a seguinte tese:

A qualificação de uma fundação instituída pelo Estado como sujeita ao regime público ou privado depende (i) do estatuto de sua criação ou autorização e (ii) das atividades por ela prestadas. As atividades de conteúdo econômico e as passíveis de delegação, quando definidas como objetos de dada fundação, ainda que essa seja instituída ou mantida pelo Poder público, podem-se submeter ao regime jurídico de direito privado. 2. A estabilidade especial do art. 19 do ADCT não se estende aos empregados das fundações públicas de direito privado, aplicando-se tão somente aos servidores das pessoas jurídicas de direito público", vencidos, parcialmente, o Ministro Ricardo Lewandowski e, na integralidade, o Ministro Marco Aurélio. Ausente, justificadamente, o Ministro Celso de Mello. Plenário, 07.08.2019.

8.6. Empregado de empresa pública ou de sociedade de economia mista

Os empregados de empresa pública ou sociedade de economia mista que explorem atividade econômica, Entes integrantes da administração pública indireta, não são considerados como empregados públicos *stricto sensu*, por força do que dispõe o art. 173, § 1º, II, da Carta Maior de 1988.[42]

Apesar de não adquirir a estabilidade, **é necessária a motivação do ato administrativo que opte pela despedida sem justa causa do empregado da empresa pública ou da sociedade de economia mista**, conforme posicionamento adotado pelo TST, por meio do acórdão em recurso de revista de nº 815-29.2012.5.03.0014.[43]

> TST. RECURSO DE REVISTA. EMPRESA PÚBLICA. MOTIVAÇÃO DA DISPENSA. REINTEGRAÇÃO NO EMPREGO. O campo da despedida das empresas públicas e das sociedades de economia mista não é irrestritamente livre, sendo imprescindível que haja motivação justa, sob pena do ato encerrar arbitrariedade. Ora, se nos moldes preconizados pelo "caput" do artigo 37 da Carta Magna, a Administração Pública Direta e Indireta, de qualquer dos Poderes da União, dos Estados, do Distrito Federal e dos Municípios, sujeita-se aos princípios da legalidade, da impessoalidade, da moralidade, da publicidade e da eficiência, exigindo a investidura em cargo ou emprego público apenas mediante prévia aprovação em concurso público de provas e títulos (inciso II do artigo 37/CF), excetuando-se os cargos em comissão, evidente que tal tratamento deve estar presente também no ato da dispensa, sob pena de se fazer "letra morta" do Texto Constitucional, que visou a moralização das contratações e dispensas no setor. E, ao contrário do entendimento estampado através do acórdão regional, o Constituinte visou assegurar não apenas direitos de estatutários, mas também de empregados celetistas como a reclamante, pelo que competia à reclamada, antes de dispensar a empregada, proceder à devida motivação do ato. Imprescindível, portanto, que haja motivação justa, sob pena do ato encerrar arbitrariedade, que resulta nulo, acarretando, portanto, ao empregado a reintegração no emprego, com os demais direitos daí defluentes. Nesse sentido, o Plenário do Supremo Tribunal Federal julgou no dia 20 de março de 2013 o recurso extraordinário 589.998 e decidiu que é obrigatória a motivação para a prática legítima do ato de rescisão unilateral do contrato de trabalho de empregados de empresas estatais. Recurso de revista de que se conhece e a que se dá provimento.[44]

No mesmo sentido, a jurisprudência dos Tribunais Regionais do Trabalho:

> **SÚMULA Nº 57 do TRT3.** EMPREGADO PÚBLICO DA MGS. EMPRESA INTEGRANTE DA ADMINISTRAÇÃO PÚBLICA INDIRETA DO ESTADO DE MINAS GERAIS. DISPENSA. I – É obrigatória a motivação do ato de dispensa de empregado público da MGS, observado o devido procedimento administrativo. II – Incumbe à MGS o ônus de provar os motivos alegados para a dispensa, inclusive a extinção de posto de trabalho e a impossibilidade de recolocação profissional, sob pena de nulidade do ato administrativo.

> **SÚMULA Nº 3 do TRT9.** Administração indireta (empresas públicas e sociedades de economia mista) subordina-se às normas de direito público (art. 37, da CF/88), vinculada à motivação da dispensa de empregado público.

> **SÚMULA Nº 44 DO TRT5:** SOCIEDADE DE ECONOMIA MISTA. EMPRESA PÚBLICA. DESPEDIDA MOTIVADA DE EMPREGADO PÚBLICO. Deve ser devidamente motivada a despedida de empregado público de Sociedade de Economia Mista e de Empresa Pública, admitido mediante aprovação prévia em concurso público, ainda que a dispensa tenha ocorrido antes da decisão exarada pelo Supremo Tribunal Federal, no RE 589.998/

42. CF/88. Art. 173. § 1º. A lei estabelecerá o estatuto jurídico da empresa pública, da sociedade de economia mista e de suas subsidiárias que explorem atividade econômica de produção ou comercialização de bens ou de prestação de serviços, dispondo sobre: II – a sujeição ao regime jurídico próprio das empresas privadas, inclusive quanto aos direitos e obrigações civis, comerciais, trabalhistas e tributários.
43. Esse tema será abordado com mais profundidade no item 4 do capítulo seguinte, que trata do Empregador.
44. TST. AI 815-29.2012.5.03.0014. 7ª T. Rel. Juiz Convocado Valdir Florindo. DEJT 01.07.2013.

PI. Inaplicável o item I da OJ 247 da SDI-I/TST, cuja redação encontra-se contrária ao posicionamento do e. STF.

TESE JURÍDICA PREVALECENTE Nº 25 do TRT2. EMPRESA PÚBLICA E SOCIEDADE DE ECONOMIA MISTA. DISPENSA IMOTIVADA. IMPOSSIBILIDADE. NECESSIDADE DE MOTIVAÇÃO. Há necessidade de motivação do ato de dispensa de empregado de empresa pública e de sociedade de economia mista.

Todavia, em sede de julgamento de embargos de declaração no RE nº 598998 (10.10.2018), o STF decidiu não estender esse entendimento a todas as empresas públicas e sociedade de economia mista, optando por firmar uma tese minimalista só aplicável à ECT, **mas admitindo essa possibilidade mediante provocação específica de cada uma dessas Entidades.** Ficou claro, também, não ser necessário a instauração de um processo administrativo, mas apenas a motivação do ato.

A tese aprovada foi a seguinte: "A Empresa Brasileira de Correios e Telégrafos (ECT) tem o dever jurídico de motivar, em ato formal, a demissão de seus empregados".

Quanto aos **agentes comunitários de saúde**, há previsão expressa no que diz respeito aos motivos que podem ensejar a extinção unilateral do seu contrato de trabalho, mais precisamente o art. 10, da Lei nº 11.350/06:

Art. 10. A administração pública somente poderá rescindir unilateralmente o contrato do Agente Comunitário de Saúde ou do Agente de Combate às Endemias, de acordo com o regime jurídico de trabalho adotado, na ocorrência de uma das seguintes hipóteses: I – prática de falta grave, dentre as enumeradas no art. 482 da Consolidação das Leis do Trabalho – CLT; II – acumulação ilegal de cargos, empregos ou funções públicas; III – necessidade de redução de quadro de pessoal, por excesso de despesa, nos termos da Lei no 9.801, de 14 de junho de 1999; ou IV – insuficiência de desempenho, apurada em procedimento no qual se assegurem pelo menos um recurso hierárquico dotado de efeito suspensivo, que será apreciado em trinta dias, e o prévio conhecimento dos padrões mínimos exigidos para a continuidade da relação de emprego, obrigatoriamente estabelecidos de acordo com as peculiaridades das atividades exercidas.

Exemplo de questão sobre o tema

(TRT 14 – Juiz do Trabalho Substituto 14ª região/ 2013) Analise as proposições abaixo e após marque a alternativa correta:

I. Os Agentes Comunitários de Saúde e os Agentes de Combate às Endemias admitidos pelos gestores locais do SUS e pela Fundação Nacional de Saúde – FUNASA submetem-se ao regime jurídico estabelecido pela CLT, salvo se, no caso dos Estados, do Distrito Federal e dos Municípios, lei local dispuser de forma diversa.

II. A contratação de Agentes Comunitários de Saúde e de Agentes de Combate às Endemias deverá ser precedida de processo seletivo público de provas ou de provas e títulos, de acordo com a natureza e a complexidade de suas atribuições e requisitos específicos para o exercício das atividades, que atenda aos princípios de legalidade, impessoalidade, moralidade, publicidade e eficiência, salvo nas hipóteses de submissão ao regime da CLT.

III. A prática de falta grave, dentre as enumeradas no art. 482 da CLT, é uma das hipóteses em que a administração pública poderá rescindir unilateralmente o contrato do Agente Comunitário de Saúde ou do Agente de Combate às Endemias.

(A) Apenas o item I é falso.

(B) Apenas o item II é falso.

(C) Apenas o item III é falso.

(D) Todos os itens são falsos.

(E) Todos os itens são verdadeiros.

Resposta: B

9. TRABALHO DO INDÍGENA

A Carta Política de 1988 (art. 231) reconheceu a organização social dos índios, bem como seus costumes, crenças, tradições.

A nova ordem constitucional dispensou atenção especial às comunidades indígenas, principalmente, no que diz respeito às suas terras, já que lhe pertencem mesmo antes do "*descobrimento*" deste país.

9.1. A capacidade do indígena

Pela sistemática do Código Civil de 1916 (art. 6º), o índio era classificado como silvícola – pessoa que vive na selva – considerado como absolutamente incapaz.

Já o Código Civil em vigor, em seu art. 4º, parágrafo único, remete para a legislação especial a regulação sobre a capacidade dos indígenas, representada pela Lei nº 6.001, de 19.12.73, que instituiu o Estatuto do Índio.

Preconiza a referida norma legal que o indígena, que ainda não estiver integrado à comunidade nacional, estará sujeito a um regime tutelar prestado pela União/ FUNAI, o que revela a **incapacidade absoluta** desse indivíduo.

A plena capacidade poderá ser requerida desde que o indígena preencha os requisitos estabelecidos pela mencionada Lei nº 6.001/73 (art. 9º), quais sejam: idade mínima de 21 anos; conhecimento da língua portuguesa; habilitação para o exercício de atividade útil, na comunhão nacional; razoável compreensão dos usos e costumes da comunhão nacional.

9.2. Validade do contrato de trabalho celebrado com o indígena

Desde que o índio esteja integrado à comunidade nacional, não há qualquer óbice que o impeça de assumir as obrigações derivadas de um contrato de trabalho, que será considerado plenamente válido.

Se o pacto laboral for celebrado com indígena isolado da comunidade nacional, **é nulo de pleno direito** pela ausência de capacidade do sujeito. Nessa hipótese, não correrá o prazo de prescrição para a propositura de reclamação trabalhista, em face da sua incapacidade.[45]

Se a integração do índio ou de habitantes de parques ou colônias agrícolas estiver em vias de se efetivar, **haverá necessidade de autorização do órgão competente** para que o contrato de trabalho se torne válido.

45. Neste sentido a decisão do TST. SDI-II. ROAR 205/2004-000-24-00.6. Rel. Ministro Simpliciano Fernandes. 10.04.2007.

Exemplo de questão sobre o tema

(TRT 4 – Juiz do Trabalho Substituto 4ª região/2016) Considere as assertivas abaixo sobre empregado índio.

I. Será nulo o contrato de trabalho realizado com índios em vias de integração.

II. No caso de prestação de serviços por indígenas integrados, o órgão de proteção ao índio exercerá permanente fiscalização das condições de trabalho, denunciando os abusos e providenciando a aplicação das sanções cabíveis.

III. Os contratos de trabalho pactuados com indígenas habitantes de parques ou colônias agrícolas dependerão de prévia aprovação do órgão de proteção ao índio, obedecendo, quando necessário, a normas próprias.

Quais são corretas?

(A) Apenas I

(B) Apenas II

(C) Apenas III

(D) Apenas I e II

(E) I, II e III

Resposta: C

10. TRABALHO DA CRIANÇA E DO ADOLESCENTE

Para efeitos legais, considera-se criança a pessoa de até **doze anos** de idade e, adolescente, aquela entre **doze e dezoito anos**, segundo preceitua o art. 2º da Lei nº 8.069/90 (ECA).[46]

Antes do surgimento e consolidação do Direito do trabalho como ramo autônomo do Direito, a mão de obra das crianças e dos adolescentes era utilizada sem qualquer restrição pelos empregadores, principalmente na indústria, quando lhe eram exigidas extensas jornadas de labor e trabalho físico bem superior às suas forças, fato que contribuiu com a eclosão da questão social.

Os menores[47] eram sempre requisitados para prestar serviços nas fábricas, porque o valor do seu trabalho era bem inferior ao do empregado adulto. Havia, inclusive, o incentivo da própria família que, por razões de estado de pobreza extrema, necessitava daquela ajuda financeira proveniente do trabalho dos filhos.

Por conta dessa dívida histórica, sempre foi preocupação das sociedades organizadas, a partir de então, a proteção ao trabalho das crianças e dos adolescentes, ou seja, daquela pessoa que ainda não adquiriu plena capacidade para praticar por si só os atos da vida civil.

O cuidado com essa forma de relação de emprego revela-se por um tratamento especial conferido pela norma jurídica com vistas a propiciar um completo desenvolvimento físico, mental, moral e social à criança e ao adolescente, com acesso à educação e ao convívio familiar e social condescendente com sua idade.

46. A Convenção nº 182 da OIT, ratificada pelo Brasil, considera criança toda pessoa menor de 18 anos.
47. Denominação ultrapassada, mas ainda utilizada pela CLT para fazer referência aos trabalhadores com menos de 18 anos.

10.1. Proteção no plano internacional – Trabalho Infantil

No plano internacional, a Convenção nº 182 da OIT, aprovada no Brasil pelo Decreto-legislativo nº 178/99 e promulgada pelo Decreto nº 3.597/2000, proíbe as piores formas de trabalho infantil e estabelece a ação imediata para a sua eliminação.

É uma norma que impõe diretrizes a serem seguidas pelas autoridades internas quando da criação de regras que irão reger as relações individuais de trabalho nas quais a criança e o adolescente prestem serviços.

Cobra-se, da mesma forma, ação efetiva dos governos locais no sentido de adotar programas que erradiquem o trabalho do menor sob as condições acima citadas.

O governo brasileiro promove alguns programas com o objetivo de atender à exigência constante da Convenção nº 182 da OIT. O principal deles é o **PETI – Programa de Erradicação do Trabalho Infantil,** criado em 1996, sob a responsabilidade do Ministério de Desenvolvimento Social e Combate à Fome, auxiliado pelo programa Bolsa Família, pelo qual o governo federal concede determinada quantia aos pais ou responsáveis pelas crianças carentes.

A aludida Convenção da OIT preconiza a proibição de:

a) todas as formas de escravidão ou práticas análogas à escravidão, tais como a venda e tráfico de crianças, a servidão por dívidas e a condição de servo, e o trabalho forçado ou obrigatório, inclusive o recrutamento forçado ou obrigatório de crianças para serem utilizadas em conflitos armados;

b) a utilização, o recrutamento ou a oferta de crianças para a prostituição, a produção de pornografia ou atuações pornográficas;

c) a utilização, recrutamento ou a oferta de crianças para a realização para a realização de atividades ilícitas, em particular a produção e o tráfico de entorpecentes, tais com definidos nos tratados internacionais pertinentes; e,

d) o trabalho que, por sua natureza ou pelas condições em que é realizado, é suscetível de prejudicar a saúde, a segurança ou a moral das crianças.[48]

10.2. Proteção no plano interno

A atual Carta Maior possui vários dispositivos que tratam especificamente da criança e do adolescente, a exemplo do art. 227:

> **Art. 227.** É dever da família, da sociedade e do Estado assegurar à criança e ao adolescente, com absoluta prioridade, o direito à vida, à saúde, à alimentação, à educação, ao lazer, à profissionalização, à cultura, à dignidade, ao respeito, à liberdade e à convivência familiar e comunitária, além de colocá-los a salvo de toda forma de negligência, discriminação, exploração, violência, crueldade e opressão.

48. O Decreto nº 6.481/08 regulamenta os artigos 3º, alínea "d", e 4º da Convenção 182 da OIT e veda o trabalho do menor de dezoito anos nas atividades descritas na Lista denominada de TIP – Lista das Piores Formas de Trabalho Infantil, ressalvadas as hipóteses previstas no próprio decreto. Essa lista TIP é periodicamente examinada e revisada, se necessário, em consulta com as organizações de empregadores e de trabalhadores interessadas.

Já a CLT dedica todo o Capítulo IV, do Título III, para regulamentar a relação de emprego com o adolescente, que denomina genericamente de *menor*.

O trabalhador adquire plena capacidade para celebrar um contrato de emprego quando atinge 18 anos. Entretanto, a legislação pátria permite que haja vínculo empregatício **a partir dos 16 anos**, **ou com 14 anos na condição de aprendiz**.

Assim considerado, o adolescente que pode celebrar contrato de trabalho é aquele empregado cuja idade varia entre 14 e 18 anos, **desde que haja autorização dos responsáveis legais,**[49] salvo para os domésticos, diante da vedação contida no parágrafo único, art. 1º, da Lei Complementar nº 150/15.

A. Trabalho proibido para a criança e para o adolescente

A proibição do trabalho do menor de 18 anos pode ser **total ou parcial**. No primeiro caso, encontra-se o trabalho proibido do menor de 16 anos, salvo na condição de aprendiz a partir dos 14 anos.

Já a **proibição parcial** diz respeito a determinadas circunstâncias em que o trabalho é prestado pelo adolescente:

a) condições que prejudique a sua formação e o seu desenvolvimento físico, psíquico, moral e social;

b) horários e locais que não permitam a frequência à escola;

c) ambientes insalubres e perigosos;

d) jornada extraordinária;

e) trabalho noturno (22 às 5:00h).

A jornada extraordinária só será permitida **desde que haja convenção ou acordo coletivo de trabalho.** Nesse caso, deve haver compensação de jornada, com observância do limite de 44 horas semanais.

Dispensa-se a previsão em instrumentos normativos negociados se a necessidade de horas extraordinárias **decorrer de força maior**, no limite diário de **12 horas** e desde que o trabalho do adolescente seja imprescindível ao funcionamento do estabelecimento.

O Estatuto da Criança e do Adolescente reforça os óbices instituídos pela CLT, em seu art. 67:

> **Art. 67.** Ao adolescente empregado, aprendiz, em regime familiar de trabalho, aluno de escola técnica, assistido em entidade governamental ou não governamental, é vedado trabalho: I – noturno, realizado entre as vinte e duas horas de um dia e as cinco horas do dia seguinte; II – perigoso, insalubre ou penoso; III – realizado em locais prejudiciais à sua formação e ao seu desenvolvimento físico, psíquico, moral e social; IV – realizado em horários e locais que não permitam a frequência à escola.

49. A Lei nº 11.180/05, alterou o art. 428 da Consolidação das Leis do Trabalho no sentido de admitir a contratação de trabalhador-aprendiz com até 24 anos, salvo se for portador de deficiência, quando não haverá limite de idade.

É considerado, em regra, prejudicial à moralidade do menor, o trabalho (art. 405 da CLT):

a) prestado de qualquer modo, em teatros de revista, cinemas, boates, cassinos, cabarés, dancings e estabelecimentos análogos;

b) em empresas circenses, em funções de acróbata, saltimbanco, ginasta e outras semelhantes;

c) de produção, composição, entrega ou venda de escritos, impressos, cartazes, desenhos, gravuras, pinturas, emblemas, imagens e quaisquer outros objetos que possam, a juízo da autoridade competente, prejudicar sua formação moral;

d) consistente na venda, a varejo, de bebidas alcoólicas.

B. Consequências do trabalho proibido

Ainda que seja a hipótese de **proibição total,** a prestação de serviços efetivada pelo menor de 16 anos confere ao obreiro todos os direitos trabalhistas, como ressalta a OJ nº 115 da 4ª Turma do TRT9, além de eventual multa administrativa e indenização por danos morais:

> **OJ4T Nº 115 do TRT9**. TRABALHO DO MENOR. DIREITOS ASSEGURADOS SEM PREJUÍZO DE INDENIZAÇÃO SUPLEMENTAR. A proibição de trabalho ao menor visa protegê-lo e não prejudicá-lo (exegese CF, art. 7º, caput e XXXIII e art. 227). De tal sorte, a Justiça do Trabalho, apreciando a prestação de labor pretérito, deve contemplá-lo com todos os direitos como se o contrato proibido não fosse, sem prejuízo de indenização suplementar que considere as peculiaridades do caso.

No caso de **trabalho parcialmente proibido**, a hipótese será de irregularidade administrativa, com aplicação de multa administrativa ao empregador na forma e valores instituídos pela norma laboral. Inclusive, a autoridade judiciária pode determinar a extinção do contrato de trabalho (arts. 407 e 408 da CLT).

Constatado o labor parcialmente proibido do adolescente, **o empregador ficará obrigado a proceder às devidas alterações de função**, sob pena de provocar o imediato rompimento do vínculo empregatício, na modalidade de rescisão indireta do contrato de trabalho, previsto no art. 483 da CLT.

C. Autorização especial para o trabalho

O Juiz **poderá autorizar o trabalho do adolescente** em condições adversas, desde que:

a) a representação tenha fim educativo ou a peça de que participe não possa ser prejudicial à sua formação moral;

b) quando se certifique ser a ocupação do menor indispensável à própria subsistência ou à de seus pais, avós ou irmãos e não advir nenhum prejuízo à sua formação moral (art. 406 da CLT).

Todavia, em nenhuma hipótese a permissão judicial será conferida quando as atividades envolverem:

a) produção, composição, entrega ou venda de escritos, impressos, cartazes, desenhos, gravuras, pinturas, emblemas, imagens e quaisquer outros objetos que possam, a juízo da autoridade competente, prejudicar sua formação moral;

b) na venda, a varejo, de bebidas alcoólicas.

Observa-se que, em nenhuma hipótese, a autoridade judiciária competente poderá autorizar o trabalho do menor de 14 anos, sob pena de violação da própria Constituição Federal. Portanto, os casos acima mencionados só se aplicam aos adolescentes entre 16 e 18 anos, salvo na condição de aprendiz a partir dos 14, apesar da doutrina divergir nesse particular.

Tradicionalmente essa função era exercida pelo Juiz da Vara da Infância e da Juventude. Contudo, já há decisões que reconhecem a competência do Juiz do Trabalho para desempenhar esse *munus*, a exemplo daquela proferida nos autos do processo de nº 001754-49.2013.5.02.0063, do TRT da 2ª Região.

Exemplo de questão sobre o tema

(FCC – Juiz do Trabalho Substituto 15ª região/2015) Considere a seguinte notícia publicada recentemente:

O ator e diretor Carlos protestou na noite de 13/07/15, em São Paulo, antes da sessão para convidados de um musical, contra a decisão judicial que vetou dois atores de 13 e 10 anos, respectivamente, na estreia da produção. (...) O argumento para a proibição, segundo a produção, foi a presença de suposta linguagem inadequada, que poderia prejudicar o desenvolvimento psíquico dos jovens atores (...).

(Adaptado de: Jornal Folha de S. Paulo, Caderno Ilustrada, 14/07/2015)

Com base nas disposições legais é INCORRETO afirmar que

(A) o Juiz da Infância e da Juventude poderá autorizar ao menor o trabalho em teatros de revista, cinemas, boates, cassinos, cabarés, dancings e estabelecimentos análogos, desde que a representação tenha fim educativo ou que a peça não prejudique sua formação moral e que seja essencial à sua subsistência ou à de seus pais, avós ou irmãos.

(B) segundo a CLT, ao menor nunca será permitido o trabalho prestado de qualquer modo em teatros de revista, cinemas, boates, cassinos, cabarés, dancings e estabelecimentos análogos, por serem considerados prejudiciais à sua moralidade.

(C) os adolescentes no Brasil têm direito à profissionalização e à proteção no trabalho, observados o respeito à condição peculiar de pessoa em desenvolvimento e a capacitação profissional adequada ao mercado de trabalho, considerando-se adolescente aquele entre doze e dezoito anos de idade.

(D) o Conselho Tutelar é órgão não jurisdicional, encarregado pela sociedade de zelar pelo cumprimento dos direitos da criança e do adolescente, e será composto por membros de reconhecida idoneidade moral, com idade superior a vinte e um anos e que residam no município em que será implantado o Conselho.

(E) verificado pela autoridade competente que o trabalho executado pelo menor é prejudicial à sua saúde, ao seu desenvolvimento físico ou à sua moralidade, poderá obrigá-lo a abandonar o serviço.

Resposta: B

D. *Direitos e peculiaridades do trabalhador adolescente*

Além da sistematização legal específica, há tratamento diferenciado para o trabalho do menor de 18 anos em relação aos seguintes aspectos:

a) imposição da concessão das férias na mesma época das férias escolares (art. 136, § 2º, da CLT);

b) necessidade de conceder o tempo necessário para a frequência às aulas.

O trabalhador menor poderá firmar recibo de quitação e não poderá perceber remuneração inferior ao salário mínimo. Entretanto, **o recibo de rescisão contratual de trabalho só produz efeitos com a assistência dos responsáveis legais do menor** (art. 439 da CLT).

O quadro a seguir destaca as principais peculiaridades do trabalho do adolescente, sendo que inexiste qualquer restrição específica quanto ao labor em domingos e feriados, devendo ser seguidas as regras gerais:

Local de trabalho	Proibido o trabalho em locais insalubres, perigosos e contrários à moralidade. Nas vias públicas, depende de autorização do Juiz
Horário	O trabalho do adolescente não poderá ser realizado em horários que não permitam a frequência à escola
Horas extras	– Proibida a prorrogação da jornada de trabalho, salvo em regime de compensação semanal, desde que haja previsão em contrato coletivo de trabalho e não ultrapasse duas horas extras por dia; e nos casos de força maior, observado o limite diário de 12 horas. – Quando trabalhar em mais de um estabelecimento, as horas de trabalho em cada um serão totalizadas.
Trabalho noturno	Proibido
Férias	Coincidência com o período das férias escolares
CTPS	Só pode ser emitida com a autorização dos representantes legais
Extinção do contrato	Por decisão da autoridade judicial ou pelo responsável do adolescente nos casos em que o trabalho prejudique a sua formação física ou moral ou diminuam consideravelmente o tempo de estudo

Exemplos de questões sobre o tema

(MPT – Procurador do Trabalho/2013) Sobre o trabalho da criança ou adolescente, é INCORRETO afirmar que:

(A) A emancipação civil do adolescente entre 16 e 18 anos de idade não elide as normas de proteção ao trabalho do adolescente, como a vedação do trabalho noturno.

(B) As férias não podem ser fracionadas e, no caso do estudante menor de 18 anos, devem coincidir com as férias escolares.

(C) O prazo máximo do contrato de aprendizagem não pode exceder dois anos, exceto no caso do aprendiz com deficiência, desde que não ultrapassada a idade máxima de 24 anos de idade.

(D) A menoridade para fins trabalhistas é fator impeditivo da prescrição.

(E) Não respondida.

Resposta: C

(TRT 22 – Juiz do Trabalho Substituto 22ª região/2013) Sobre a duração do trabalho do adolescente, assinale a proposição VERDADEIRA:

(A) em caso de prorrogação do horário normal, será obrigatório um descanso de 15 (quinze) minutos no mínimo, antes do início do período extraordinário do trabalho;

(B) excepcionalmente, por acordo individual escrito, é possível prorrogar a jornada por até duas horas diárias, desde que o excesso de horas em um dia seja compensado pela diminuição em outro, de modo a ser observado o limite máximo de 44 (quarenta e quatro) horas semanais ou outro inferior legalmente fixado;

(C) em caso de força maior, se o trabalho do adolescente for imprescindível ao funcionamento do estabelecimento, poderá haver prorrogação da jornada por mais quatro horas (até o limite de doze), hipótese em que não haverá acréscimo salarial;

(D) ao adolescente é vedado trabalhar em mais de um estabelecimento, em razão da limitação da jornada;

(E) o adicional noturno será de 25% sobre o salário base.

Resposta: A

11. MULHER EMPREGADA

A motivação que propiciou a proteção do trabalho da mulher é semelhante àquela que foi narrada no item anterior, em relação ao trabalho infanto-juvenil. A mão de obra da mulher também era mais barata, se comparada com a masculina, e, por esse motivo, era muito explorada à época da revolução industrial.

Esse tratamento diferenciado dispensado pela lei ao trabalho da mulher justifica-se não só pela sua constituição física, mas também pelo fato da possibilidade de haver uma gestação durante a execução do contrato de trabalho.

11.1. Proteção legal

A CLT reserva o Capítulo III, do Título III, para tratar das normas de proteção do trabalho da mulher e da maternidade, observadas as peculiaridades já referidas.

Além de gozar dos direitos dos trabalhadores em geral, às empregadas são asseguradas condições de trabalho que se adaptem à sua constituição física e mental, bem como às necessidades inerentes à gestação, como a amamentação e os cuidados com o recém-nascido.

A. Proteção à mulher

A Constituição Federal diz, em seu art. 5º, que todos são iguais perante a lei e que homens e mulheres são iguais em direitos e obrigações.

Contudo, por razões culturais, sociais e históricas, essa mesma Constituição confere tratamento diferenciado à mulher. Estabelece uma espécie de **discriminação positiva**, que deve ser observada pelo legislador ordinário e por todas as pessoas.

Ou seja, a própria ordem constitucional estabelece tratamento diferenciado entre homem e mulher, diante da constatação inequívoca de que existe uma desigualdade entre ambos no plano fático.

Citam-se como exemplos na Constituição Federal de 1988: art. 7º, XX, que impõe a "proteção do mercado de trabalho da mulher, mediante incentivos específicos, nos termos da lei"; art. 40, III, "a" e art. 201, § 7º, I, que estabelece a idade de 62 anos para aposentadoria da mulher, enquanto o homem deve contar com 65; e art. 143, § 2º, que isenta a mulher do serviço militar obrigatório em tempos de paz.

A legislação infraconstitucional, representada principalmente pela CLT, estabelece uma série de direitos às mulheres que não são previstos para o trabalhador do sexo masculino, ou amplia os que já são atribuídos a este último.[50]

50. CLT. Art. 390-B. As vagas dos cursos de formação de mão-de-obra, ministrados por instituições governamentais, pelos próprios empregadores ou por qualquer órgão de ensino profissionalizante, serão oferecidas aos empregados de ambos os sexos. Art. 390-C. As empresas com mais de cem empregados, de ambos os sexos, deverão manter programas especiais de incentivos e aperfeiçoamento profissional da mão-de-obra. Art. 390-E. A pessoa jurídica poderá associar-se a entidade de formação profissional, sociedades civis, sociedades cooperativas, órgãos e entidades públicas ou entidades sindicais, bem como firmar convênios para o desenvolvimento de ações conjuntas, visando à execução de projetos relativos ao incentivo ao trabalho da mulher.

A importância da questão resume-se em saber se esse tratamento diferenciado encontra guarida na Constituição Federal ou fere os seus princípios. Entende-se que as melhores condições de trabalho estabelecidas pela legislação laboral são compatíveis com o texto constitucional sempre que estiver relacionada, direta ou indiretamente, com questões biológicas, como a maternidade, por exemplo.

Fora desse círculo de proteção, os dispositivos que conferem mais direitos às mulheres devem ser considerados inconstitucionais ou estendidos para o homem. A avaliação deve ser feita caso a caso.

– *Intervalo especial para iniciar jornada extraordinária*

Enquanto vigente, o art. 384 da CLT fixava um intervalo especial de 15 minutos para a hipótese de prorrogação da jornada normal de labor da mulher.

Caso o empregador deixasse de conceder esse intervalo especial, deveria arcar com o pagamento de uma quantia equivalente a 15 minutos de trabalho, acrescidos de 50%.

Inclusive o TST, em sua composição plena, havia reconhecido que o referido dispositivo celetista havia sido recepcionado pela atual Carta Magna (IIN-RR 01540/2005-046-12-00).

Entretanto, a Lei nº 13.467/17 **revogou expressamente o art. 384 da CLT,** que tinha a seguinte redação: "Em caso de prorrogação do horário normal, será obrigatório um descanso de 15 (quinze) minutos no mínimo, antes do início do período extraordinário do trabalho".

– *Repouso semanal remunerado*

Na atividade econômica comercial, o repouso semanal remunerado do homem deve coincidir com o domingo pelo menos no período máximo de três semanas, na forma prevista pelo art. 6º da Lei nº 10.101/00:

> **Art. 6º.** Fica autorizado o trabalho aos domingos nas atividades do comércio em geral, observada a legislação municipal, nos termos do art. 30, inciso I, da Constituição. Parágrafo único. O repouso semanal remunerado deverá coincidir, pelo menos uma vez no período máximo de três semanas, com o domingo, respeitadas as demais normas de proteção ao trabalho e outras a serem estipuladas em negociação coletiva.

A CLT tem dispositivo específico que disciplina a matéria em relação ao trabalho da mulher. Trata-se do art. 386 do referido Diploma Legal que impõe a coincidência do repouso aos domingos a cada quinze dias: "Havendo trabalho aos domingos, será organizada uma escala de revezamento quinzenal, que favoreça o repouso dominical".

Não se observa qualquer fundamento biológico para justificar essa discriminação. Portanto, ou defende-se a inconstitucionalidade do art. 386 da CLT ou a sua aplicação ao empregado do sexo masculino.

– *Métodos e local de trabalho*

No que se refere aos métodos e local de trabalho, existe determinação no sentido da empresa (art. 389 da CLT):

> I – a prover os estabelecimentos de medidas concernentes à higienização dos métodos e locais de trabalho, tais como ventilação e iluminação e outros que se fizerem necessários à segurança e ao conforto das mulheres, a critério da autoridade competente;
>
> II – a instalar bebedouros, lavatórios, aparelhos sanitários; dispor de cadeiras ou bancos, em número suficiente, que permitam às mulheres trabalhar sem grande esgotamento físico;
>
> III – a instalar vestiários com armários individuais privativos das mulheres, exceto os estabelecimentos comerciais, escritórios, bancos e atividades afins, em que não seja exigida a troca de roupa e outros, a critério da autoridade competente em matéria de segurança e higiene do trabalho, admitindo-se como suficientes as gavetas ou escaninhos, onde possam as empregadas guardar seus pertences;
>
> IV – a fornecer, gratuitamente, a juízo da autoridade competente, os recursos de proteção individual, tais como óculos, máscaras, luvas e roupas especiais, para a defesa dos olhos, do aparelho respiratório e da pele, de acordo com a natureza do trabalho.

– *Esforço físico*

Não poderão ser exigidos serviços superiores às forças musculares da mulher, assim considerados aqueles que exijam movimento de objetos com peso acima de **vinte quilos,** para o trabalho contínuo, ou de **vinte e cinco quilos** para o trabalho ocasional (CLT, art. 390).

Excepcionam-se os casos em que a remoção do material é feita por impulsão ou tração de vagonetes sobre trilhos, de carros de mão ou quaisquer aparelhos mecânicos.

Para o homem esse limite é de 60 (sessenta) quilos, conforme dispõe o art. 198 da CLT.

– *Matrimônio e gravidez*

Em nenhuma hipótese, o matrimônio ou a gravidez podem constituir justa causa para rompimento do vínculo empregatício, conforme determina o art. 391 da CLT.

Sequer seria necessário haver previsão legal nesse sentido, uma vez que tais circunstâncias não se encontram descritas pelo art. 482 da CLT, além de não importarem em inadimplemento contratual.

B. Proteção à maternidade

A proteção à maternidade, por sua importância, foi elevada à categoria de direito social, constitucionalmente garantido pelo art. 6º da CF/88:

> **Art. 6º.** São direitos sociais a educação, a saúde, o trabalho, a moradia, o lazer, a segurança, a previdência social, a proteção à maternidade e à infância, a assistência aos desamparados, na forma desta Constituição.

A necessidade de oferecer cuidados especiais para a gestante, bem como para a mãe no sentido de prestar assistência ao filho recém-nascido e nos primeiros meses de vida, foi o fator determinante para a imposição de condições de trabalho especiais para as mulheres.

Inclusive a Constituição Federal de 1988 (art. 7º, XXV) garante a todo o trabalhador o direito a assistência gratuita aos filhos e dependentes desde o nascimento até cinco anos de idade em creches e pré-escolas.

De igual forma, assegura-se a **estabilidade provisória à empregada gestante a partir da concepção**[51] **até cinco meses após o parto**, além do direito a uma licença maternidade de, no mínimo, **120 dias**, cujos requisitos e características serão estudados adiante, com a percepção do benefício previdenciário (salário-maternidade) durante esse período (art. 71, da Lei nº 8.213/91).[52]

Segundo a Instrução Normativa nº 45/2010 do INSS, o salário-maternidade de 120 dias **é devido mesmo no caso de parto de natimorto**, conforme se observa da redação do art. 294, §§ 3º, 4º e 5º; e de **duas semanas, no caso de aborto não criminoso**:

> **Art. 294. § 3º** Para fins de concessão do salário-maternidade, considera-se parto o evento ocorrido a partir da vigésima terceira semana (sexto mês) de gestação, inclusive em caso de natimorto.
>
> **§ 4º** Em caso de aborto não criminoso, comprovado mediante atestado médico com informação do CID específico, a segurada terá direito ao salário-maternidade correspondente a duas semanas.
>
> **§ 5º** Tratando-se de parto antecipado ou não, ainda que ocorra parto de natimorto, este último comprovado mediante certidão de óbito, a segurada terá direito aos cento e vinte dias previstos em lei, sem necessidade de avaliação médico-pericial pelo INSS.

Durante o afastamento, a empregada recebe o benefício previdenciário do salário-maternidade, por meio de adiantamentos feitos pelo empregador, salvo no caso da empregada doméstica, que recebe diretamente do INSS.

O salário-maternidade, ao contrário dos demais benefícios que substituem a renda mensal do trabalhador, não está limitado ao valor do teto dos benefícios previdenciários, mas deve observar o valor do subsídio do Ministro do STF.

Apesar de o respectivo período ser considerado de **suspensão do contrato de trabalho, conta-se o tempo de serviço para todos os efeitos, inclusive férias.**[53]

Por meio de autorização legal, conferida pela Lei nº 11.770/08, regulamentada pelo Decreto nº 7.052/09, **faculta-se ao empregador que tenha aderido ao Programa Empresa Cidadã, prorrogar a referida licença por 60 dias**, desde que a empregada faça o requerimento até o final do primeiro mês após o parto.

Durante esse período, entretanto, a empregada não poderá exercer qualquer atividade remunerada e a criança não poderá ser mantida em creche ou organização similar, sob pena de perder o direito à prorrogação.

Excepcionalmente o § 3º, do art. 18 da Lei nº 13.301/16, aumentou para 180 dias o prazo da licença maternidade nos casos de mães de crianças acometidas por sequelas neurológicas transmitidas pelo *Aedes aegypti*:

---

51. O art. 10, I, "b" do ADCT da CF/88 textualmente diz que a estabilidade ***inicia-se com a confirmação da gravidez.***
52. Mais detalhes sobre esse assunto podem ser vistos na parte I, capítulo VIII, item 2.6, "f" desta obra.
53. CLT. Art. 131. Não será considerada falta ao serviço, para os efeitos do artigo anterior, a ausência do empregado: II – durante o licenciamento compulsório da empregada por motivo de maternidade ou aborto, observados os requisitos para percepção do salário-maternidade custeado pela Previdência Social.

> **Art. 18. § 3º.** A licença-maternidade prevista no art. 392 da Consolidação das Leis do Trabalho – CLT, aprovada pelo Decreto-Lei nº 5.452, de 1º de maio de 1943, será de cento e oitenta dias no caso das mães de crianças acometidas por sequelas neurológicas decorrentes de doenças transmitidas pelo *Aedes aegypti*, assegurado, nesse período, o recebimento de salário-maternidade previsto no art. 71 da Lei nº 8.213, de 24 de julho de 1991.

– *Condições de trabalho especiais antes do parto*

A depender do seu estado de saúde, devidamente comprovado por atestado médico, a gestante **deverá ser transferida de função se esta lhe for prejudicial.**

Para realização de consultas (**seis, no mínimo**) e os respectivos exames relativos ao programa pré-natal, garante-se a ausência ao trabalho da gestante **pelo tempo que for necessário.**

A mulher grávida **deve ser afastada do labor em locais insalubres enquanto durar a gestação**. Observe-se que o STF, nos autos da ADI nº 5.938 **declarou inconstitucional** a seguinte expressão contida nos incisos II e III, do art. 394-A da CLT: "**quando apresentar atestado de saúde, emitido por médico de confiança da mulher, que recomende o afastamento**".

Dessa forma, com a decisão do STF a empregada gestante, **assim como a lactante**, deve ser afastada do meio ambiente insalubre, independente do seu grau e sem a necessidade de apresentação de atestado médico recomendando esse procedimento.

Após a decisão do STF, o referido art. 394-A da CLT passou a ter a seguinte redação:

> **Art. 394-A.** Sem prejuízo de sua remuneração, nesta incluído o valor do adicional de insalubridade, a empregada deverá ser afastada de: I – atividades consideradas insalubres em grau máximo, enquanto durar a gestação; II – atividades consideradas insalubres em grau médio ou mínimo, durante a gestação; III – atividades consideradas insalubres em qualquer grau, durante a lactação.

– *Condições especiais de trabalho após o parto*

Em caso de **aborto não criminoso**, comprovado por atestado médico oficial, a mulher terá um repouso remunerado de **duas semanas**, assegurado o direito de retornar à função que ocupava antes de seu afastamento.

Já na fase de amamentação, deverão ser concedidos à mãe empregada **dois intervalos intrajornada extraordinários, de meia hora cada um,** nos primeiros seis meses de vida de seu filho, ainda que advindo de adoção, período esse que poderá ser majorado a critério da autoridade competente, se o seu estado de saúde assim recomendar (art. 396 da CLT, com redação dada pela Lei nº 13.509/17).

A definição do momento para concessão desses intervalos **deve ser objeto de ajuste direto entre empresa e empregada,** por meio de acordo individual escrito, na forma prevista pelo § 2º, art. 396 da CLT, dispositivo introduzido por meio da Lei nº 13.467/17.

Como visto, assim como a **gestante**, a **empregada lactante** também tem o direito de afastamento de locais insalubres durante a lactação, **independentemente de apresentação de atestado emitido por médico de sua confiança**.

Estabelecimentos que tenham mais de 30 empregadas com mais de 16 anos deverão manter **local apropriado destinado à guarda dos filhos que estejam sendo amamentados** (art. 389, §§ 1º e 2º da CLT), salvo se houver creches distritais mantidas diretamente pela empresa ou mediante convênio celebrado com outras entidades.

Essas unidades deverão possuir, no mínimo, um berçário, uma saleta de amamentação, uma cozinha dietética e uma instalação sanitária (art. 400 da CLT).

De acordo com o disposto na Portaria nº 3.296/86, do extinto MTE, a empresa também poderá reembolsar os valores gastos pelo empregado com o pagamento de creches, sistema denominado de reembolso-creche. Nesse caso, a verba paga **não possui natureza salarial.**

A seguir, o resumo contendo os principais direitos da mulher trabalhadora:

<table>
<tr><td rowspan="9">Proteção à mulher</td><td rowspan="2">Instalações especiais</td><td>Vestiários com armários individuais privativos das mulheres, exceto os estabelecimentos comerciais, escritórios, bancos e atividades afins, em que não seja exigida a troca de roupa.</td></tr>
<tr><td>Local apropriado para deixar os filhos no período de amamentação. Admite-se convênio com creches (para empresas com 30 ou mais empregadas maiores de 16 anos)</td></tr>
<tr><td>Proteção contra fadiga</td><td>Proibição de trabalho de força muscular superior a 20 quilos, para o trabalho contínuo, ou 25 quilos, para o trabalho ocasional</td></tr>
<tr><td>Licença maternidade</td><td>De 120 dias. Pode ser prorrogada por mais 60 dias, no caso de adesão ao programa empresa cidadã</td></tr>
<tr><td>Licença aborto</td><td>Em caso de aborto não criminoso, comprovado por atestado médico oficial, a mulher terá um repouso remunerado de duas semanas, assegurado o direito de retornar à função que ocupava antes de seu afastamento</td></tr>
<tr><td>Limitação de funções</td><td>Assegura-se a transferência de função, quando as condições de saúde o exigirem, com a garantida de retomada da função anteriormente exercida, logo após o retorno ao trabalho por ocasião do parto</td></tr>
<tr><td>Extinção do contrato</td><td>Mediante atestado médico, à mulher grávida é facultado romper o compromisso resultante de qualquer contrato de trabalho, desde que este seja prejudicial à gestação</td></tr>
<tr><td>Pré-natal</td><td>Garante-se, durante a gravidez, a dispensa do horário de trabalho pelo tempo necessário para a realização de, no mínimo, seis consultas médicas e demais exames complementares</td></tr>
<tr><td>Intervalo especial</td><td>Para amamentar o próprio filho, até que este complete 6 (seis) meses de idade, a mulher terá direito, durante a jornada de trabalho, a dois descansos especiais, de meia hora cada um</td></tr>
<tr><td rowspan="2">Proteção à maternidade</td><td>Instalações</td><td>Os locais destinados à guarda dos filhos das operárias, durante o período da amamentação, deverão possuir, no mínimo, um berçário, uma saleta de amamentação, uma cozinha dietética e uma instalação sanitária</td></tr>
<tr><td>Afastamento de ambientes insalubres</td><td>Durante a gestação e a lactação</td></tr>
</table>

Exemplos de questões sobre o tema

(TRT 1 – Juiz do Trabalho Substituto 1ª região/2016) Considere as seguintes hipóteses:

I. trabalho de mulher que demande, em qualquer hipótese, força muscular superior a 25 quilos.

II. trabalho do menor em horário compreendido entre 22 e as 5 horas.

III. trabalho do menor como vendedor de drogas ilícitas.

IV. trabalho de mulher a partir da semana que anteceder ao parto marcado por médico, desde que comprovado pelo respectivo atestado.

V. trabalho do menor em atividades penosas.

Segundo expressa disposição contida na legislação trabalhista, são proibidos os trabalhos mencionados APENAS em

(A) I, II e III

(B) II e IV.

(C) I, IV e V.

(D) I, III e V.

(E) I e II.

Resposta: E

(FCC – Juiz do Trabalho Substituto 1ª região/2015) Em relação *à* proteção *à* maternidade nas relações de trabalho, *é* INCORRETO afirmar:

(A) A confirmação do estado de gravidez advindo no curso do contrato de trabalho, ainda que durante o prazo do aviso prévio trabalhado ou indenizado, garante *à* empregada gestante a estabilidade provisória prevista na alínea b do inciso II do art. 10 do Ato das Disposições Constitucionais Transitórias.

(B) Em caso de morte da genitora, *é* assegurado ao cônjuge ou companheiro empregado o gozo de licença por todo o período da licença-maternidade ou pelo tempo restante a que teria direito a mãe, exceto no caso de falecimento do filho ou de seu abandono.

(C) À empregada que adotar ou obtiver guarda judicial para fins de adoção de criança será concedida licença-maternidade de 150 dias, sem prejuízo do emprego e do salário.

(D) Durante o período a que se refere o artigo 392 da CLT, a mulher terá direito ao salário integral e, quando variável, calculado de acordo com a média dos 6 *últimos* meses de trabalho, bem como os direitos e vantagens adquiridos, sendo-lhe ainda facultado reverter *à* função que anteriormente ocupava.

(E) A licença-maternidade só será concedida mediante apresentação do termo judicial de guarda *à* adotante ou guardiã.

Resposta: C

(TRT 2 – Juiz do Trabalho Substituto 2ª região/2014) Quanto aos direitos especificamente assegurados à mulher trabalhadora, tendo em vista a proteção por diferença de gênero, aponte a alternativa correta:

A) Terá direito ao intervalo de 12 (doze) horas consecutivas, no mínimo, destinado ao repouso, entre 2 (duas) jornadas de trabalho.

B) Em caso de prorrogação do horário normal, será obrigatório um descanso de 10 (dez) minutos, no mínimo, após o início do período extraordinário de trabalho.

C) Havendo trabalho aos domingos, será organizada uma escala de revezamento quinzenal, que favoreça o repouso dominical.

D) Em caso de prorrogação do horário normal, será obrigatório descanso de 30 (trinta) minutos, no mínimo, antes do início do período extraordinário de trabalho.

E) Descanso semanal remunerado de 35 (trinta cinco) horas consecutivas que deverá coincidir, no todo ou em parte com o domingo.

Resposta: C

(MPT – Procurador do Trabalho/2013) Em relação ao trabalho da mulher, analise os itens abaixo:

I. A Lei Maria da Penha assegura *à* mulher vítima de abuso, mediante provimento judicial, a manutenção do vínculo de emprego, quando necessário o afastamento do local de trabalho, por até seis meses.

II. Consoante jurisprudência sumulada do TST a empregada gestante em contrato de experiência tem direito *à* estabilidade.

III. Pelo texto da legislação trabalhista consolidada o aborto, criminoso ou não, dá *à* empregada direito a duas semanas de repouso remuneradas.

IV. A empregada que oportunamente requer a licença maternidade de 180 dias, tendo a empresa aderido ao Programa Empresa Cidadã, não pode exercer atividade remunerada no período de prorrogação, a não ser em contrato de trabalho anteriormente firmado, sob pena de perda do direito *à* prorrogação.

Marque a alternativa CORRETA:

(A) todas as assertivas estão corretas;

(B) apenas as assertivas II, III e IV estão corretas;

(C) apenas as assertivas I, II e III estão corretas;

(D) apenas as assertivas I, II e IV estão corretas;

(E) não respondida.

Resposta: D

(TRT 2 – Juiz do Trabalho Substituto 2ª região/ 2013) Em se tratando de trabalho exercido por empregada do sexo feminino, é correto afirmar que:

(A) Havendo trabalho aos domingos, a mulher terá direito ao descanso em 2 (dois) domingos mensais, conforme escala de revezamento quinzenal que a favoreça.

(B) Não será permitido o trabalho nos locais e serviços perigosos ou insalubres.

(C) É garantida por lei a dispensa do horário de trabalho pelo tempo necessário para a realização de 4 (quatro) consultas médicas e exames complementares dos filhos menores de 5 (cinco) anos.

(D) O trabalho noturno das mulheres terá salário superior ao diurno, sendo devido, no mínimo, o adicional de 25% (vinte e cinco por cento) por hora trabalhada.

(E) A mulher terá direito a dois descansos de meia hora cada um para amamentar o filho até que este complete um ano de idade.

Resposta: A

(TRT 3 – Juiz do Trabalho Substituto 3ª região/ 2013) Relativamente à proteção à maternidade, é incorreto afirmar, com base na CLT, que:

(A) Durante o período de licença maternidade de 120 dias, a mulher terá direito ao salário integral e, quando variável, calculado de acordo com a média dos 12 (doze) últimos meses de trabalho, bem como os direitos e vantagens adquiridos, sendo-lhe ainda facultado reverter à função que anteriormente ocupava.

(B) Em caso de parto antecipado, a mulher terá direito a 120 (cento e vinte) dias de licença maternidade.

(C) É assegurado à empregada, durante a gravidez, sem prejuízo do salário e demais direitos, a transferência de função, quando as condições de saúde o exigirem, assegurada a retomada da função anteriormente exercida, logo após o retorno ao trabalho.

(D) Durante a gravidez, a empregada tem direito à dispensa do horário de trabalho pelo tempo necessário para a realização de, no mínimo, seis consultas médicas e demais exames complementares.

(E) À empregada que adotar ou obtiver guarda judicial para fins de adoção de criança também será concedida a licença-maternidade de 120 dias.

Resposta: A

(TRT 15 – Juiz do Trabalho Substituto 15ª região/ 2013) Pensando, juridicamente, a maternidade a partir do poema de Eduardo de Paula Barreto, "Que a única dor da maternidade se restrinja à do parto", à luz da jurisprudência dominante, é incorreto dizer:

(A) à mulher grávida é facultado, mediante atestado médico, romper o compromisso resultante de qualquer contrato de trabalho, desde que este seja prejudicial à gestação;

(B) em caso de aborto não criminoso, comprovado por atestado médico específico, a empregada tem direito a duas semanas de salário-maternidade;

(C) a Declaração Universal dos Direitos Humanos preconiza que a maternidade e a infância têm direito à ajuda e à assistência especiais, estabelecendo que todas as crianças, nascidas dentro ou fora do matrimônio, gozam da mesma proteção social;

(D) é objetiva a responsabilidade do empregador no que se refere à estabilidade da empregada gestante, prevista no ADCT, da Constituição Federal;

(E) a empregada gestante tem direito à estabilidade provisória prevista no artigo 10, inciso II, alínea "b", do ADCT, salvo na hipótese de admissão mediante contrato por tempo determinado.

Resposta: E

11.2. Discriminação

A tônica do Direito do trabalho é o amparo excessivo ao empregado hipossuficiente, por intermédio da criação de uma desigualdade jurídica para compensar uma desigualdade fática. **Quando o trabalhador é do sexo feminino eleva-se o grau dessa proteção.**

No plano internacional, **a Convenção nº 111 da OIT**[54] trata da questão relativa à discriminação no emprego e na profissão. Em seu art. 1º apresenta o conceito de discriminação:

> a) toda distinção, exclusão ou preferência fundada na raça, cor, sexo, religião, opinião política, ascendência nacional ou origem social, que tenha por efeito destruir ou alterar a igualdade de oportunidade ou de tratamento em matéria de emprego ou profissão; b) qualquer outra distinção, exclusão ou preferência que tenha por efeito destruir ou alterar a igualdade de oportunidades ou tratamento em matéria de emprego ou profissão que poderá ser especificada pelo Membro interessado depois de consultadas as organizações representativas de empregadores e trabalhadores, quando estas existam, e outros organismos adequados.

O legislador nacional instituiu algumas regras com o objetivo de obstar práticas de discriminação por parte dos empregadores, no que diz respeito ao acesso e manutenção das mulheres no mercado de trabalho.

As principais medidas encontram-se concentradas no art. 373-A da CLT:

> **Art. 373-A.** Ressalvadas as disposições legais destinadas a corrigir as distorções que afetam o acesso da mulher ao mercado de trabalho e certas especificidades estabelecidas nos acordos trabalhistas, é vedado: I – publicar ou fazer publicar anúncio de emprego no qual haja referência ao sexo, à idade, à cor ou situação familiar, salvo quando a natureza da atividade a ser exercida, pública e notoriamente, assim o exigir; II – recusar emprego, promoção ou motivar a dispensa do trabalho em razão de sexo, idade, cor, situação familiar ou estado de gravidez, salvo quando a natureza da atividade seja notória e publicamente incompatível; III – considerar o sexo, a idade, a cor ou situação familiar como variável determinante para fins de remuneração, formação profissional e oportunidades de ascensão profissional; IV – exigir atestado ou exame, de qualquer natureza, para comprovação de esterilidade ou gravidez, na admissão ou permanência no emprego; V – impedir o acesso ou adotar critérios subjetivos para deferimento de inscrição ou aprovação em concursos, em empresas privadas, em razão de sexo, idade, cor, situação familiar ou estado de gravidez; VI – proceder o empregador ou preposto a revistas íntimas nas empregadas ou funcionárias.

A Lei nº 9.029/95 também veda a discriminação como forma de obstar o acesso ou a manutenção no emprego, inclusive em relação ao critério do gênero, conforme se observa do seu art. 1º:

> **Art. 1º.** É proibida a adoção de qualquer prática discriminatória e limitativa para efeito de acesso à relação de trabalho, ou de sua manutenção, por motivo de sexo, origem, raça, cor, estado civil, situação familiar, deficiência, reabilitação profissional, idade, entre outros, ressalvadas, nesse caso, as hipóteses de proteção à criança e ao adolescente previstas no inciso XXXIII do art. 7º da Constituição Federal.

54. Aprovada pelo Decreto Legislativo n. 104, de 24.11.64 e promulgada pelo Decreto nº62.150, de 19.1.68.

O Estatuto da igualdade racial, Lei nº 12.288/10, estabelece diretrizes que devem ser observadas no sentido de **eliminar ou diminuir a discriminação dos trabalhadores de raça negra,** principalmente em seu art. 39:

> **Art. 39.** O poder público promoverá ações que assegurem a igualdade de oportunidades no mercado de trabalho para a população negra, inclusive mediante a implementação de medidas visando à promoção da igualdade nas contratações do setor público e o incentivo à adoção de medidas similares nas empresas e organizações privadas. § 1º A igualdade de oportunidades será lograda mediante a adoção de políticas e programas de formação profissional, de emprego e de geração de renda voltados para a população negra. § 2º As ações visando a promover a igualdade de oportunidades na esfera da administração pública far-se-ão por meio de normas estabelecidas ou a serem estabelecidas em legislação específica e em seus regulamentos. § 3º O poder público estimulará, por meio de incentivos, a adoção de iguais medidas pelo setor privado. § 4º As ações de que trata o caput deste artigo assegurarão o princípio da proporcionalidade de gênero entre os beneficiários. § 5º Será assegurado o acesso ao crédito para a pequena produção, nos meios rural e urbano, com ações afirmativas para mulheres negras. § 6º O poder público promoverá campanhas de sensibilização contra a marginalização da mulher negra no trabalho artístico e cultural. § 7º O poder público promoverá ações com o objetivo de elevar a escolaridade e a qualificação profissional nos setores da economia que contem com alto índice de ocupação por trabalhadores negros de baixa escolarização.

Exemplos de questões sobre o tema

(FCC – Juiz do Trabalho Substituto 1ª região/2015) Em relação a normas de proteção destinadas a corrigir as distorções que afetam o acesso da mulher ao mercado de trabalho, é VEDADO

I. publicar ou fazer publicar anúncio de emprego no qual haja referência ao sexo, à idade, à cor ou situação familiar, salvo quando a natureza da atividade a ser exercida, pública e notoriamente, assim o exigir.

II. recusar emprego, promoção ou motivar a dispensa do trabalho em razão de sexo, idade, cor, situação familiar ou estado de gravidez, salvo quando a natureza da atividade seja notória e publicamente incompatível.

III. considerar o sexo, a idade, a cor ou situação familiar como variável determinante para fins de remuneração, formação profissional e oportunidades de ascensão profissional.

IV. impedir o acesso ou adotar critérios subjetivos para deferimento de inscrição ou aprovação em concursos, em empresas privadas, em razão de sexo, idade, cor, situação familiar ou estado de gravidez.

Está correto o que se afirma em

(A) I, II e IV, apenas.
(B) I, II, III e IV.
(C) II, III e IV, apenas.
(D) I, II e III, apenas.
(E) I, III e IV, apenas.

Resposta: B

(TRT 2 – Juiz do Trabalho Substituto 2ª região/2014) Assinale a alternativa CORRETA:

(A) a ordem jurídica define com precisão as condutas que podem ser consideradas práticas discriminatórias nas relações do trabalho;

(B) a Convenção n° 111 da OIT *é* a principal norma internacional ratificada pelo Brasil sobre proibição de diferenciação salarial entre homens e mulheres;

(C) a Consolidação das Leis do Trabalho proíbe expressamente a prática de revistas *íntimas* em empregadas ou funcionárias;

(D) a Constituição Federal de 1988 não veda a discriminação do trabalhador idoso quanto ao exercício de funções;

(E) a Consolidação das Leis do Trabalho não faz qualquer menção *à* proibição de diferenciação de salários por motivo de sexo, proibição que somente foi positivada com a Constituição Federal de 1988.

Resposta: C

12. TRABALHADOR COM DEFICIÊNCIA

Mais uma vez, a exemplo do que foi feito em relação às mulheres e aos adolescentes, o Direito Laboral confere proteção extra aos trabalhadores deficientes, ao criar um sistema de cotas de postos de trabalho.

12.1. Conceito

Pelo teor do disposto no art. 1.1 da Convenção nº 159 da OIT, promulgada pelo Decreto nº 129/91, pessoa deficiente é aquela:

> Cujas possibilidades de obter e conservar um emprego adequado e de progredir no mesmo fiquem substancialmente reduzidas devido a uma deficiência de caráter físico ou mental devidamente comprovada.

A Organização Mundial de Saúde – OMS enquadra as diversas espécies de deficiência nas seguintes categorias: a) física; b) sensorial (visual e auditiva); c) mental; e d) múltipla.

Já no plano interno, o art. 4º do Decreto nº 3.298/99, com redação dada pelo Decreto nº 5.296/04 conceitua:

> I – **deficiência física** – alteração completa ou parcial de um ou mais segmentos do corpo humano, acarretando o comprometimento da função física, apresentando-se sob a forma de paraplegia, paraparesia, monoplegia, monoparesia, tetraplegia, tetraparesia, triplegia, triparesia, hemiplegia, hemiparesia, ostomia, amputação ou ausência de membro, paralisia cerebral, nanismo, membros com deformidade congênita ou adquirida, exceto as deformidades estéticas e as que não produzam dificuldades para o desempenho de funções;
>
> II – **deficiência auditiva** – perda bilateral, parcial ou total, de quarenta e um decibéis (dB) ou mais, aferida por audiograma nas frequências de 500HZ, 1.000HZ, 2.000Hz e 3.000Hz;
>
> III – **deficiência visual** – cegueira, na qual a acuidade visual é igual ou menor que 0,05 no melhor olho, com a melhor correção óptica; a baixa visão, que significa acuidade visual entre 0,3 e 0,05 no melhor olho, com a melhor correção óptica; os casos nos quais a somatória da medida do campo visual em ambos os olhos for igual ou menor que 60º; ou a ocorrência simultânea de quaisquer das condições anteriores;
>
> IV – **deficiência mental** – funcionamento intelectual significativamente inferior à média, com manifestação antes dos dezoito anos e limitações associadas a duas ou mais áreas de habilidades adaptativas, tais como: a) comunicação; b) cuidado pessoal; c) habilidades sociais; d) utilização dos recursos da comunidade;
>
> V – **deficiência múltipla** – associação de duas ou mais deficiências.

12.2. Sistema de cotas para trabalhadores deficientes

A garantia de postos de trabalho, por meio de fixação de um **sistema de cotas**, às pessoas deficientes efetiva-se por meio do preceito contido no art. 93, da Lei nº 8.213/91:

> **Art. 93.** A empresa com 100 (cem) ou mais empregados está obrigada a preencher de 2% (dois por cento) a 5% (cinco por cento) dos seus cargos com beneficiários reabilitados ou pessoas portadoras de deficiência, habilitadas, na seguinte proporção: I – até 200 empregados, 2%; II – de 201 a 500, 3%"; III – de 501 a 1.000, 4% IV – de 1.001 em diante, 5%.

A legislação reserva, desse modo, um percentual da quantidade total de cargos existentes em uma empresa **com mais de cem empregados** para os deficientes. Abaixo desse número, a obrigação de contratar tal espécie de trabalhador **só será exigida por força de convenção ou acordo coletivo de trabalho.**

Apesar do mencionado dispositivo legal fazer referência expressa a "empresa", a regra é aplicada a qualquer entidade que mantenha mais de cem empregados no seu quadro de pessoal, inclusive associações sem fins lucrativos.

Esse sistema de reservas de vagas **não é considerado discriminatório**. Muito pelo contrário, por meio dele pretende-se conferir igualdade de condições àquelas pessoas que são discriminadas no acesso ao mercado de trabalho por serem deficientes (**discriminação positiva**).

Inclusive, a citada Convenção nº 159 da OIT possui dispositivo nesse sentido:

> [...] As medidas positivas especiais com a finalidade de atingir a igualdade efetiva de oportunidades e de tratamento entre os trabalhadores deficientes e os demais trabalhadores, não devem ser vistas como discriminatórias em relação a estes últimos.

Já a conduta do empregador que deixa de admitir trabalhador deficiente, justamente por essa circunstância e sem qualquer critério objetivo, contraria o quanto disposto no art. 7º, XXXI, da CF/88[55] e é tipificada como crime previsto pelo art. 8º, da Lei 7.853/89:

> **Art. 8º.** Constitui crime punível com reclusão de 2 (dois) a 5 (cinco) anos e multa: (Redação dada pela Lei nº 13.146, de 2015). III – negar ou obstar emprego, trabalho ou promoção à pessoa em razão de sua deficiência.

Apesar de inexistir estabilidade direta no emprego para o trabalhador deficiente, a legislação garante que a despedida só possa ocorrer após a contratação de outro trabalhador deficiente, salvo se a empresa já tenha um percentual de empregados deficientes superior ao legal:

> **Lei 8.213/91. Art. 93. § 1º** A dispensa de pessoa com deficiência ou de beneficiário reabilitado da Previdência Social ao final de contrato por prazo determinado de mais de 90 (noventa) dias e a dispensa imotivada em contrato por prazo indeterminado somente poderão ocorrer após a contratação de outro trabalhador com deficiência ou beneficiário reabilitado da Previdência Social.

Nesse sentido a Súmula nº 95 do TRT15:

> **SÚMULA Nº 95 do TRT15.** EMPREGADO COM DEFICIÊNCIA. DISPENSA CONDICIONADA À CONTRATAÇÃO DE SUBSTITUTO EM CONDIÇÃO SEMELHANTE. ART. 93, §1º DA LEI 8.213/1991. A dispensa de empregado com deficiência condiciona-se à contratação de trabalhador em situação semelhante, exceto quando exista na empresa quantitativo de empregados em percentual superior ao mínimo legal.

55. CF/88. Art. 7º. XXXI. Proibição de qualquer discriminação no tocante a salário e critérios de admissão do trabalhador portador de deficiência.

12.3. Contrato de aprendizagem com trabalhadores deficientes

Como já foi dito, o contrato de aprendizagem celebrado com empregados deficientes têm algumas características próprias:

- Em relação a idade do trabalhador, não há qualquer limitação, como ocorre com os demais empregados cuja idade máxima é de 24 anos;
- O prazo máximo de duração do contrato de dois anos não é observado quando o aprendiz possui tais limitações.

Além disso, a Lei nº 13.146/15 mudou a redação dos parágrafos § 6º e 8º do art. 428 da CLT, que tratam especificamente da relação de emprego de aprendizagem com trabalhadores deficientes:

> **Art. 428.** Contrato de aprendizagem é o contrato de trabalho especial, ajustado por escrito e por prazo determinado, em que o empregador se compromete a assegurar ao maior de 14 (quatorze) e menor de 24 (vinte e quatro) anos inscrito em programa de aprendizagem formação técnico-profissional metódica, compatível com o seu desenvolvimento físico, moral e psicológico, e o aprendiz, a executar com zelo e diligência as tarefas necessárias a essa formação.
>
> **§ 6º** Para os fins do contrato de aprendizagem, a comprovação da escolaridade de aprendiz com deficiência deve considerar, sobretudo, as habilidades e competências relacionadas com a profissionalização.
>
> **§ 8º** Para o aprendiz com deficiência com 18 (dezoito) anos ou mais, a validade do contrato de aprendizagem pressupõe anotação na CTPS e matrícula e frequência em programa de aprendizagem desenvolvido sob orientação de entidade qualificada em formação técnico-profissional metódica.

Da mesma forma, foi alterada a redação do inciso I, art. 433 da CLT, que listam as hipóteses de rescisão do contrato de trabalho de aprendizagem por justa causa.

> **Art. 433.** O contrato de aprendizagem extinguir-se-á no seu termo ou quando o aprendiz completar 24 (vinte e quatro) anos, ressalvada a hipótese prevista no § 5º do art. 428 desta Consolidação, ou ainda antecipadamente nas seguintes hipóteses:
>
> I – desempenho insuficiente ou inadaptação do aprendiz, salvo para o aprendiz com deficiência quando desprovido de recursos de acessibilidade, de tecnologias assistivas e de apoio necessário ao desempenho de suas atividades

Exemplos de questão sobre o tema

(FCC – Juiz do Trabalho Substituto 1ª região/2015) Determinada associação filantrópica, sem fins lucrativos, reconhecida como de utilidade pública municipal, estadual e federal, tem em seu objeto social o atendimento de crianças, adolescentes e adultos com deficiência mental, possuindo mais de setecentos alunos, oferecendo atendimento especializado, com equipe de profissionais e estrutura física apropriada, por meio de cem empregados.

Nesta situação,

(A) embora inserida no contexto do exercício de uma função social relevante, a legislação nacional a obriga, da mesma forma que qualquer outro empreendimento comercial, industrial, agrário ou do terceiro setor, às exigências legais de cumprimento da cota legal de empregados com deficiência (art. 93 da Lei no 8.213/1991).

(B) não se sujeita ao cumprimento da cota legal de contratação de portadores de deficiência, estabelecida no art. 93 da Lei no 8.213/1991.

(C) pode, querendo, e de forma voluntária, contratar portadores de deficiência com o fito de aumentar o seu prestígio social junto à comunidade.

(D) deve, querendo, admitir, em seu quadro, empregados com deficiência, e mostrar à sociedade, por meio de seu exemplo, a necessidade imperiosa de cumprir o princípio da igualdade de oportunidade a tais trabalhadores.

(E) em virtude das características especiais de seu objeto social deve cumprir apenas a metade da cota legal de contratação de deficientes, tendo em vista que o Brasil ratificou a Convenção no 159 da OIT (Convênio sobre Readaptação Profissional e o Emprego de Pessoas Inválidas), a Declaração de Direitos do Retardado (Ag. 26/2856, de 20 de dezembro de 1971), a Declaração das Nações Unidas dos Direitos das Pessoas Portadoras de Deficiência (Resolução no 3.447/1973), entre outros instrumentos jurídicos internacionais.

Resposta: A

(TRT 15 – Juiz do Trabalho Substituto 15ª região/ 2013) O tema das ações afirmativas tem alcançado a maior relevância na realidade nacional. Decisão recente, proferida no âmbito do TRT da 15ª. Região, condenou empresa a pagar indenização por dano moral coletivo por ter utilizado meio fraudulento para cumprir uma determinação legal de natureza afirmativa.

Dentre as alternativas abaixo, qual não constitui ação afirmativa, no Direito do Trabalho, prevista legalmente?

(A) a obrigação para que as empresas com 100 (cem) ou mais empregados efetuem a contratação de pessoas com deficiências habilitadas, ou reabilitadas, no percentual de 2% (dois por cento) a 5% (cinco por cento) do número total de seus cargos, conforme escala fixada na lei;

(B) a determinação de que a dispensa de trabalhador reabilitado ou de deficiente habilitado ao final de contrato por prazo determinado de mais de 90 (noventa) dias, e a imotivada, no contrato por prazo indeterminado, só poderá ocorrer após a contratação de substituto de condição semelhante;

(C) a garantia de que se reserve às pessoas com deficiência o percentual de 10% (dez por cento) das vagas oferecidas pela concedente no estágio;

(D) a permissão, excepcional, de que o contrato de aprendizagem poderá ser estipulado por mais de 2 (dois) anos quando se tratar de aprendiz com deficiência;

(E) a determinação de que empresas que exercem atividade agroeconômica reservem 5% (cinco por cento) de suas vagas em cotas para indígenas.

Resposta: E

---

13. TELETRABALHADOR

O trabalho assalariado e por conta alheia desenvolvia-se, tradicionalmente, dentro do estabelecimento empresarial criado e mantido pelo empregador, em uma estrutura rígida de organização e divisão do trabalho.

Inicialmente, a prestação efetivada além dos limites da vigilância direta do empresário se restringia ao trabalho em domicílio e à prestação de serviços dos vendedores, agentes etc.

O teletrabalho surgiu com a alteração da aludida forma de organização clássica do trabalho, ao aproveitar-se das facilidades de trabalho à distância oferecidas pelo uso das novas tecnologias, bem como da interferência do processo de globalização da economia, que exigia estruturas mais flexíveis de trabalho.

O teletrabalho é utilizado em grande escala nos países desenvolvidos e em desenvolvimento. A depender da região onde seja observado, o teletrabalho pode assumir caracteres diversos, influenciado, também, pela natureza dos novos instrumentos utilizados, tanto para a execução do trabalho em si, quanto para a comunicação permanente ou eventual com o empregador.

Por conta disso, o teletrabalho é usado com maior frequência em determinadas atividades profissionais que não exigem a presença física do trabalhador dentro do estabelecimento empresarial, principalmente naquelas de natureza intelectual.

Quando comparado com o trabalho tradicional, o teletrabalho apresenta diversas vantagens, dentre elas destaca-se a desnecessidade de utilização de meios de transportes públicos ou particulares para o percurso residência-trabalho-residência.

13.1. Disciplinamento legal

Apesar de o teletrabalho ser uma realidade cada dia mais presente no mercado de trabalho nacional há alguns anos, inclusive na área jurídica, o seu disciplinamento legal só ocorreu com o advento da Lei nº 13.467/17, que introduziu o Capítulo II-A, ao Título II da CLT.

Anteriormente, a Lei nº 12.551/11 havia alterado a redação do art. 6º da CLT, além de incluir um parágrafo único a esse dispositivo legal com a seguinte redação:

> **Art. 6º.** Não se distingue entre o trabalho realizado no estabelecimento do empregador, o executado no domicílio do empregado e o realizado a distância, desde que estejam caracterizados os pressupostos da relação de emprego.
>
> Parágrafo único. Os meios telemáticos e informatizados de comando, controle e supervisão se equiparam, para fins de subordinação jurídica, aos meios pessoais e diretos de comando, controle e supervisão do trabalho alheio.

Esse preceito legal garante idêntico tratamento para aquelas pessoas que trabalham em suas residências ou quaisquer outros lugares que não sejam considerados como unidades empresariais.

Portanto, o uso da tecnologia, incluindo *softwares* de comunicação *online* ou *offline*, *internet*, rede sociais etc., permite concluir pela prestação de serviços de natureza subordinada.

13.2. Conceito e denominações de teletrabalho

Etimologicamente, *tele* significa à distância, e trabalho expressa a ideia de prestação de serviço por uma pessoa com um objetivo determinado. Assim, teletrabalho nada mais é do que **uma forma de prestação de serviço à distância ou, de forma sintética, trabalho à distância.**

Conceitua-se teletrabalho como uma espécie de trabalho à distância (executado fora do centro de trabalho tradicional), concebido como forma flexível de organização do trabalho e com utilização das ferramentas fornecidas pelas novas tecnologias da informática e das telecomunicações.

Para Manuel Martín Pino teletrabalho é:

> Forma de trabalho na qual são usadas ferramentas antigas e novas de comunicação e telecomunicação, incluindo a internet, podendo ser uma alternativa para tentar resolver os

> congestionamentos nas grandes cidades, minimizando os danos ambientais, evitando mais acidentes, consequentemente, menos mortes.[56]

O conceito legal de teletrabalho encontra-se inserido no art. 75-B da CLT:

> **Art. 75-B.** Considera-se teletrabalho a prestação de serviços preponderantemente fora das dependências do empregador, com a utilização de tecnologias de informação e de comunicação que, por sua natureza, não se constituam como trabalho externo.

Essa forma de prestação de serviços também é denominada de trabalho remoto, trabalho periférico, trabalho flexível, *cyber*-trabalho, telelabor, telecomutação, teledeslocamento, novo trabalho em domicílio, etc.

A depender do país ou da língua falada, são encontradas as expressões: *telework* (inglês--Inglaterra), *telecommuting* (inglês-EUA), *télétravail* (francês), *telelavoro* (Italiano), teletrabajo (espanhol), *telearbeit* (alemão).

13.3. Natureza jurídica da relação de teletrabalho

Quando o teletrabalho é prestado por uma pessoa que se compromete a executar um serviço intelectual, sem alteridade e subordinação, com a transmissão do resultado respectivo à empresa contratante por meios de comunicação eletrônica, **incidirá sobre o pacto respectivo as normas do Direito civil.**

Todavia, se o teletrabalho é prestado a um tomador do serviço, que, assumindo o risco da atividade econômica, dirige e assalaria a atividade do trabalhador, **a natureza jurídica será de um contrato de trabalho regido pelas leis laborais.**

A subordinação jurídica, elemento mais importante da relação laboral, está sempre presente quando o obreiro executa suas tarefas sem autonomia, entregando a direção dessa atividade a outra pessoa, em troca de uma remuneração.

Em determinadas situações, é extremamente difícil demonstrar a existência dessa subordinação, principalmente quando o trabalhador desenvolve atividades intelectuais ou que necessitam de conhecimentos técnicos específicos.

Contudo, nesses casos, **a simples possibilidade do exercício do poder de direção (subordinação em potencial)** e, consequentemente, de sujeição do obreiro às ordens patronais já deixa patente o caráter de subordinação da relação de trabalho.

A restrição que se pode fazer diz respeito **à jornada de trabalho**, uma vez que, em determinadas espécies de teletrabalho, o poder fiscalizador do empregador fica rarefeito, fato que poderia impossibilitar o seu controle direto, afastando a incidência da norma protetiva nesse particular.

Por conta disso, o próprio legislador, por meio da Lei nº 13.467/17, **excluiu o teletrabalhador da proteção conferida pelo Capítulo da CLT que trata da duração do trabalho**, incluindo o direito às horas extraordinárias, ao inserir o inciso III ao seu art. 62.

---

56. ESTRADA, Manuel Martín Pino. Os mundos virtuais e o teletrabalho nos tribunais brasileiros. ***Revista RDT 16-05/11.*** 31.05.2010.

Contudo, o intérprete poderá utilizar do preceito contido no já citado parágrafo único do art. 6º da CLT para afastar a incidência do art. 62, III consolidado, quando pelos meios telemáticos a jornada de trabalho do teletrabalhador **for efetivamente controlada** pelo empregador. Nessa situação, caberá ao empregado o ônus da prova dessa fiscalização.

13.4. Elementos do teletrabalho

Ao lado dos **elementos clássicos** da relação de emprego previstos pelo art. 3º da CLT, devem estar presentes, também, os **elementos específicos** e indispensáveis à configuração do teletrabalho, como **o local da prestação de serviços e o uso de forma intensiva dos meios oferecidos pela telemática** para transferência do resultado do labor.

A ausência de apenas um dos elementos essenciais do teletrabalho implica na desconfiguração dessa forma de prestação de serviços. Portanto, se o trabalhador faz uso das ferramentas fornecidas pelas novas tecnologias relativas à informática e às telecomunicações, mas exerce o seu mister preponderantemente no interior da unidade empresarial, não se tratará de teletrabalho.

A. *Utilização das novas tecnologias*

Os meios fornecidos pelas novas tecnologias, que facilitam a produção da informação e a comunicação entre o empregador e o empregado, seriam, dentre outros, a microeletrônica informática (microcomputador), telefone fixo ou móvel, fax, vídeo-terminal, videoconferência etc.

Destaca-se que, em algumas espécies de teletrabalho, a tecnologia utilizada diz respeito apenas aos veículos de comunicação, que possibilitam a transmissão de dados, e em outras se usa esse instrumento unido com as inovações tecnológicas da informática.

O uso isolado da tecnologia informática também pode ensejar o reconhecimento do teletrabalho, na categoria *off-line*. Nesse caso, para o envio do resultado da atividade do obreiro, são empregados meios convencionais de comunicação.

O empregador deverá instruir o teletrabalhador, de forma expressa e ostensiva, quanto ao uso correto dos equipamentos, adoção de regras posturais, quantidade de trabalho contínuo etc., **com o objetivo de evitar doenças ocupacionais e acidente do trabalho** (art. 75-E da CLT).

Como forma de resguardar a responsabilidade do empregador, o teletrabalhador deverá assinar **termo de compromisso comprometendo-se a seguir as orientações sobre medidas de segurança e saúde no trabalho**, desde que, obviamente, as tenha recebido (art. 75-E, parágrafo único, da CLT).

O Enunciado nº 83 contém tese defendendo a necessidade de o empregador adequar e fiscalizar o local de trabalho no qual o teletrabalhador executa suas atividades:

> **ENUNCIADO Nº 83. TELETRABALHO: CONTROLE DOS RISCOS LABOR-AMBIENTAIS.** O REGIME DE TELETRABALHO NÃO EXIME O EMPREGADOR DE ADEQUAR O AMBIENTE DE TRABALHO ÀS REGRAS DA NR-7 (PCMSO), DA NR-9 (PPRA) E DO ARTIGO 58, § 1º, DA LEI 8.213/91 (LTCAT), NEM DE

FISCALIZAR O AMBIENTE DE TRABALHO, INCLUSIVE COM A REALIZAÇÃO DE TREINAMENTOS. EXIGÊNCIA DOS ARTIGOS 16 A 19 DA CONVENÇÃO 155 DA OIT.

Já o Enunciado de nº 72 destaca que o empregador responde por eventuais danos relacionados com a prestação de serviços do teletrabalhador, independentemente do termo de responsabilidade por ele assinado:

ENUNCIADO Nº 72. TELETRABALHO: RESPONSABILIDADE CIVIL DO EMPREGADOR POR DANOS A MERA SUBSCRIÇÃO, PELO TRABALHADOR, DE TERMO DE RESPONSABILIDADE EM QUE SE COMPROMETE A SEGUIR AS INSTRUÇÕES FORNECIDAS PELO EMPREGADOR, PREVISTO NO ART. 75-E, PARÁGRAFO ÚNICO, DA CLT, NÃO EXIME O EMPREGADOR DE EVENTUAL RESPONSABILIDADE POR DANOS DECORRENTES DOS RISCOS AMBIENTAIS DO TELETRABALHO. APLICAÇÃO DO ART. 7º, XXII DA CONSTITUIÇÃO C/C ART. 927, PARÁGRAFO ÚNICO, DO CÓDIGO CIVIL.

B. *Local da prestação de serviços*

A alteração nos métodos de organização da produção e do trabalho, imprescindíveis em face dos efeitos da globalização, mormente da volatilização do mercado consumidor, permitiu a execução de tarefas fora do âmbito do centro de trabalho.

A implantação desse novo modelo organizacional justificou a proliferação dos trabalhadores externos, ou seja, daqueles que exerciam suas funções fora da sede do empreendimento.

Inicialmente, essa atividade laboral externa era desenvolvida com o auxílio de tecnologias rudimentares, representada por ferramentas encontradas no domicílio do próprio trabalhador ou fornecidas pelo empregador, o que, de certa forma, diminuía o nível de vigilância direta exercida por este último.

Portanto, a prestação de serviço fora dos limites geográficos das instalações empresariais **constitui o elemento topográfico ou espacial** da relação de emprego especial denominada de teletrabalho.

Note-se, que o fato de o teletrabalhador comparecer no estabelecimento empresarial para executar determinadas atividades específicas que exigem a sua presença física não descaracteriza o teletrabalho, como deixa claro o parágrafo único do art. 75-B da CLT:

> **Art. 75-B. Parágrafo único.** O comparecimento às dependências do empregador para a realização de atividades específicas que exijam a presença do empregado no estabelecimento não descaracteriza o regime de teletrabalho.

13.5. Requisitos formais

O contrato de teletrabalho deve ser **celebrado por escrito** no qual constará todas as atividades que serão executados pelo empregado.

É possível que essa forma de trabalho seja ajustada após a celebração de um contrato ordinário de trabalho. No caso dessa decisão decorrer da manifestação de vontade tanto do empregado quanto do empregador, **deverá ser instrumentalizada mediante aditivo contratual,** conforme determina o § 1º, art. 75-C da CLT:

> **Art. 75-C. § 1º** Poderá ser realizada a alteração entre regime presencial e de teletrabalho desde que haja mútuo acordo entre as partes, registrado em aditivo contratual.

Já a conversão no sentido contrário, qual seja, **do regime de teletrabalho para o regime presencial** pode ocorrer por **determinação unilateral do empregador**. Nessa hipótese, é necessário observar o prazo de **15 dias entre o regime presencial e o de teletrabalho** (art. 75-C, § 2º).

Nesse contrato escrito poderá constar cláusula expressa sobre o material e a infraestrutura necessária para desenvolvimento das atividades do teletrabalhador, na forma prevista pelo art. 75-D da CLT:

> **Art. 75-D.** As disposições relativas à responsabilidade pela aquisição, manutenção ou fornecimento dos equipamentos tecnológicos e da infraestrutura necessária e adequada à prestação do trabalho remoto, bem como ao reembolso de despesas arcadas pelo empregado, serão previstas em contrato escrito.

Ainda que fique ajustado no contrato escrito que será do empregador a responsabilidade pelo fornecimento de equipamentos, pelo material de consumo e pela manutenção, tais utilidades **não se incorporam ao salário para qualquer efeito** (art. 75-D, parágrafo único, da CLT).

De acordo com a tese contida no Enunciado nº 70 aprovado na 2ª Jornada de Direito Material e Processual do Trabalho, o custo desses equipamentos e da respectiva infraestrutura não pode ser de responsabilidade do teletrabalhador:

> **ENUNCIADO Nº 70. TELETRABALHO: CUSTEIO DE EQUIPAMENTOS.** O CONTRATO DE TRABALHO DEVE DISPOR SOBRE A ESTRUTURA E SOBRE A FORMA DE REEMBOLSO DE DESPESAS DO TELETRABALHO, MAS NÃO PODE TRANSFERIR PARA O EMPREGADO SEUS CUSTOS, QUE DEVEM SER SUPORTADOS EXCLUSIVAMENTE PELO EMPREGADOR. INTERPRETAÇÃO SISTEMÁTICA DOS ARTIGOS 75-D E 2º DA CLT À LUZ DOS ARTIGOS 1º, IV, 5º, XIII E 170 DA CONSTITUIÇÃO DA REPÚBLICA E DO ARTIGO 21 DA CONVENÇÃO 155 DA OIT.

14. EMPREGADO INTERMITENTE

A figura do trabalhador intermitente já existia de fato, mas foi regulamentada pela Lei nº 13.467/17, ao introduzir o art. 452-A à CLT, alterar a redação do *caput* do art. 443 e inserir o parágrafo 3º a esse dispositivo legal.

Com o fim da vigência da MP nº 808/17, o extinto Ministério do Trabalho e Emprego editou a Portaria nº 349/18 também para disciplinar essa nova modalidade de prestação de serviços subordinados.

Trata-se de mais uma espécie de empregado adaptado à nova realidade de **prestação de serviços sob demanda (*on demand*)**, por meio da qual o engajamento do empregado ao serviço ocorre apenas quando há necessidade, sem que no período de inatividade haja o rompimento do vínculo empregatício.

14.1. Conceito

Trabalho intermitente **é aquele que sofre solução de continuidade**, ou seja, é um trabalho descontínuo. Sendo assim, o empregado intermitente seria aquele que presta seus serviços **sem continuidade**, mas de natureza não eventual e pessoal, sob a direção do empregador e mediante pagamento de salário.

O contrato intermitente é caracterizado por momentos de plena atividade e de suspensão, não sendo considerado, nesse último caso, tempo à disposição do empregador.

Considera-se **período de inatividade** o intervalo temporal distinto daquele para o qual o empregado intermitente tenha sido convocado e tenha prestado serviços (art. 4º da Portaria nº 349/18 do extinto MTE).

Inclusive, é possível que a prestação de serviços do obreiro se dirija a outros contratantes, ainda que seja na modalidade empregatícia, como deixa claro o § 5º do art. 452-A da CLT e o § 1º, do art. 4º da Portaria nº 349/18 do extinto MTE:

> **Art. 452-A.** § 5º O período de inatividade não será considerado tempo à disposição do empregador, podendo o trabalhador prestar serviços a outros contratantes.
>
> **Art. 4º.** § 1º Durante o período de inatividade, o empregado poderá prestar serviços de qualquer natureza a outros tomadores de serviço, que exerçam ou não a mesma atividade econômica, utilizando contrato de trabalho intermitente ou outra modalidade de contrato de trabalho.

Considerando que é permitido ao intermitente firmar contrato de trabalho simultâneo com outras empresas, inclusive concorrentes, não se aplica a essa espécie de relação de emprego a hipótese de justa causa prevista na alínea "c", art. 482 da CLT: "Negociação habitual por conta própria ou alheia sem permissão do empregador, e quando constituir ato de concorrência à empresa para a qual trabalha o empregado, ou for prejudicial ao serviço".

Os períodos de inatividade não são considerados como tempo à disposição do empregador. Logo, não deve ser remunerado. Caso seja remunerado, restará descaracterizado o contrato como intermitente (§ 2º, do art. 4º da Portaria nº 349/18 do extinto MTE).

O conceito legal de empregado intermitente encontra-se inserido no § 3º, art. 443 da CLT:

> **Art. 443. § 3º** Considera-se como intermitente o contrato de trabalho no qual a prestação de serviços, com subordinação, não é contínua, ocorrendo com alternância de períodos de prestação de serviços e de inatividade, determinados em horas, dias ou meses, independentemente do tipo de atividade do empregado e do empregador, exceto para os aeronautas, regidos por legislação própria.

Saliente-se que a **continuidade** não constitui elemento da relação de emprego **não doméstica.** Logo, a descontinuidade ou intermitência não seriam fatores hábeis para afastar a existência do contrato de trabalho.

Então o que caracteriza essa espécie de relação de emprego é o fato da **descontinuidade não estar relacionada com o fator tempo, mas sim com a demanda da atividade empresarial**. Em outras palavras, a convocação do obreiro não depende de um termo, mas sim de uma condição, qual seja, **o aumento da demanda da empresa**.

A lei não estabelece quais seriam os intervalos mínimo e máximo da inatividade ou da atividade, de forma que essa lacuna **pode ser preenchida pelo ajuste entre os contratantes**.

Essa espécie de contratação é mais comum em determinadas atividades empresariais, como restaurantes, empresas de eventos etc., sendo conhecido informalmente como "bico" ou "contrato-zero hora", uma vez que o empregador **não garante uma jornada mínima de trabalho por semana ou por mês**.

Diante de suas características, notadamente a possibilidade de recusa lícita do empregado à convocação para o trabalho, a empresa mantém um cadastro de empregados intermitentes, contendo um número de trabalhadores superior às suas necessidades habituais.

O trabalhador intermitente, por sua vez, engaja-se a várias empresas que necessitam do trabalho intermitente, de forma a manter uma regularidade de convocações.

14.2. Formalidades

Apesar da divergência entres os preceitos contidos nos arts. 443 e 452-A da CLT, entende-se prevalecer a determinação contida nesse último, por constituir situação excepcional, merece tratamento legal da mesma natureza.

Assim, o contrato de trabalho intermitente **deve ser celebrado por escrito** e com um conteúdo obrigatório, definido pelo citado art. 452-A da CLT e pelo art. 2º da Portaria nº 349/18 do extinto MTE :

> **Art. 452-A.** O contrato de trabalho intermitente deve ser celebrado por escrito e deve conter especificamente o valor da hora de trabalho, que não pode ser inferior ao valor horário do salário mínimo ou àquele devido aos demais empregados do estabelecimento que exerçam a mesma função em contrato intermitente ou não.
>
> **Art. 2º** O contrato de trabalho intermitente será celebrado por escrito e registrado na Carteira de Trabalho e Previdência Social, ainda que previsto em acordo coletivo de trabalho ou convenção coletiva, e conterá:
>
> I – identificação, assinatura e domicílio ou sede das partes;
>
> II – valor da hora ou do dia de trabalho, que não poderá ser inferior ao valor horário ou diário do salário mínimo, nem inferior àquele devido aos demais empregados do estabelecimento que exerçam a mesma função, assegurada a remuneração do trabalho noturno superior à do diurno; e
>
> III – o local e o prazo para o pagamento da remuneração.

Além disso, as partes podem convencionar no respectivo instrumento contratual, por sugestão contida no art. 3º da citada Portaria nº 349/18:

> I – locais de prestação de serviços;
>
> II – turnos para os quais o empregado será convocado para prestar serviços; e
>
> III – formas e instrumentos de convocação e de resposta para a prestação de serviços

14.3. Isonomia salarial horária

Além da necessidade de constar o valor da hora de trabalho, o dispositivo legal transcrito no item anterior impõe uma regra de isonomia especial, ao determinar que o valor do salário-hora **não pode ser inferior** àquele devido os empregados que exerçam a mesma função e sempre observando o valor horário do **salário mínimo**.

Na regulamentação feita pelo extinto Ministério do Trabalho e Emprego, por meio da Portaria nº 349/18, fica claro que é possível, inclusive, **pagar um valor maior** para a hora de trabalho do intermitente:

> **Art. 2º**, § 3º. Dadas as características especiais do contrato de trabalho intermitente, não constitui descumprimento do inciso II do caput ou discriminação salarial pagar ao trabalhador intermitente remuneração horária ou diária superior à paga aos demais trabalhadores da empresa contratados a prazo indeterminado.

14.4. Convocação

No contrato de trabalho intermitente, a efetiva prestação de serviços fica condicionada à convocação pelo empregador.

Essa convocação pode ser pessoal, por telefone, *email*, mensagem de texto ou qualquer outro meio idôneo, desde que seja feita com antecedência mínima de **três dias corridos** e com informação sobre a respectiva jornada de trabalho (art. 452-A, § 1º, da CLT).

Uma vez recebida a convocação, o empregado tem o prazo de **um dia útil** para aceitá-la ou não. Em caso de silêncio, a lei estabelece uma **presunção absoluta de recusa** (art. 452-A, § 2º, da CLT).

Constatada a prestação dos serviços pelo empregado, estarão satisfeitos os prazos previstos nos §§ 1º e 2º do art. 452-A da Consolidação das Leis do Trabalho (§ 4º do art. 2º da Portaria nº 349/18 do extinto MTE).

Como a convocação **não vincula o empregado intermitente**, a sua recusa **não pode ser classificada como ato de insubordinação,** muito menos descaracterizar a subordinação como elemento da relação de emprego (art. 452-A, § 3º, da CLT).

Uma vez aceita a convocação, reativam-se as obrigações decorrentes do contrato de trabalho que estavam momentaneamente suspensas.

Sendo assim, a ausência do empregado para prestar serviços ou a inexistência da oferta de trabalho por parte da empresa para evitar o pagamento de salário implica pagamento da multa de 50% do que seria devido, conforme preceitua o § 4º, art. 452 da CLT:

> **Art. 452-A.** § 4º Aceita a oferta para o comparecimento ao trabalho, a parte que descumprir, sem justo motivo, pagará à outra parte, no prazo de trinta dias, multa de 50% (cinquenta por cento) da remuneração que seria devida, permitida a compensação em igual prazo.

Como se trata de uma penalidade, uma vez aplicada ao empregado que deixa de atender a convocação já por ele aceita, não há como reconhecer que esse mesmo fato fundamente eventual despedida por justa causa, sob pena de configurar *bis in idem*.

14.5. Direitos trabalhistas

O empregado intermitente tem direito a **todas as verbas trabalhistas** que são conferidas aos trabalhadores em geral, mas **proporcional** ao tempo de serviço prestado.

De forma exemplificativa, o § 6º do art. 452-A da CLT lista quais seriam esses direitos devidos no final de cada período de prestação de serviços:

I – remuneração;

II – férias proporcionais com acréscimo de um terço;

III – décimo terceiro salário proporcional;

IV – repouso semanal remunerado; e

V – adicionais legais.

Caso o período de convocação **exceda um mês**, o pagamento dessas parcelas não poderá ser estipulado por período superior a um mês, devendo ser pagas até o quinto dia útil do mês seguinte ao trabalhado (§ 2º, art. 2º, da Portaria nº 349/18 do extinto MTE).

O empregador é obrigado a recolher o FGTS e as contribuições previdenciárias, **com base nos valores pagos durante todo o mês**, fornecendo ao empregado o respectivo comprovante (art. 6º da Portaria nº 349/18 do extinto MTE).

Assim, se o empregado intermitente é convocado para trabalhar oito horas em um determinado dia e seu colega de trabalho regular percebe salário mensal de R$2.200,00, ao final da jornada o empregador deverá lhe pagar:

- R$80,00 de salário (R$2.200,00 / 220 x 8);
- R$13,34 a título de repouso semanal remunerado (16,67%, considerando a média de quatro domingos e um feriado por mês – 1/6);
- R$6,67 correspondente ao 13º salário proporcional (1/12);
- R$8,89 de férias acrescidas de 1/3 (1/12);
- Total = R$108,90, acrescido de 8% a ser depositado na conta vinculada do FGTS, levando-se em consideração todas as convocações feitas durante o mês (R$8,71).

Para conferir os efeitos regulares da quitação, o recibo de pagamento deve **discriminar os valores de cada uma dessas parcelas,** na forma como foi exemplificado, com a entrega de uma cópia para o empregado.

Quanto às férias, o art. 452-A, § 9º da CLT estabelece o direito ao período de gozo de **um mês** a cada doze trabalhados, diferentemente do que é previsto para os demais trabalhadores, que é de 30 dias. Entretanto, é possível dividir em três períodos, utilizando as mesmas regras do empregado não intermitente, como deixa claro o § 1º, art. 2º, da Portaria nº 349/18 do extinto MTE.

Durante o gozo de férias o empregado intermitente **não pode ser convocado pelo mesmo empregador**. Contudo, não haverá pagamento de salário nesse período, uma vez que o valor correspondente já terá sido adiantado quando do final da convocação.

No caso de **despedida**, as verbas rescisórias e o aviso prévio serão calculados com base na média dos valores recebidos pelo empregado no curso do contrato de trabalho intermitente, sendo considerados apenas os meses durante os quais o empregado tenha recebido parcelas remuneratórias no intervalo dos últimos doze meses ou o período de vigência do contrato de trabalho intermitente, se este for inferior (art. 5º da Portaria nº 349/18 do extinto MTE).

Tramita no STF três Ações Diretas de Inconstitucionalidade (5826, 5829 e 6154), que questionam os dispositivos legais que instituíram o contrato de trabalho intermitente no ordenamento jurídico pátrio. Até o momento (15.12.2020), foram proferidos três votos: do ministro Edson Fachin, relator, que votou pela inconstitucionalidade da norma; Min. Nunes Marques e Alexandre de Moraes, que votaram pela sua constitucionalidade. Após o pedido de vistas da Min. Rosa Weber, o julgamento foi adiado.

Diversos Enunciados foram aprovados na 2ª Jornada de Direito Material e Processual do Trabalho cujo conteúdo foi o trabalho intermitente:

> **ENUNCIADO Nº 73. CONTRATO DE TRABALHO INTERMITENTE: INCONSTITUCIONALIDADE.** É INCONSTITUCIONAL O REGIME DE TRABALHO INTERMITENTE PREVISTO NO ART. 443, § 3º, E ART. 452-A DA CLT, POR VIOLAÇÃO DO ART. 7º, I E VII DA CONSTITUIÇÃO DA REPÚBLICA E POR AFRONTAR O DIREITO FUNDAMENTAL DO TRABALHADOR AOS LIMITES DE DURAÇÃO DO TRABALHO, AO DÉCIMO TERCEIRO SALÁRIO E ÀS FÉRIAS REMUNERADAS.
>
> **ENUNCIADO Nº 74. CONTRATO DE TRABALHO INTERMITENTE: SALÁRIO MÍNIMO.** A PROTEÇÃO JURÍDICA DO SALÁRIO MÍNIMO, CONSAGRADA NO ART. 7º, VII, DA CONSTITUIÇÃO DA REPÚBLICA, ALCANÇA OS TRABALHADORES EM REGIME DE TRABALHO INTERMITENTE, PREVISTO NOS ARTS. 443, § 3º, E 452-A DA CLT, AOS QUAIS É TAMBÉM ASSEGURADO O DIREITO À RETRIBUIÇÃO MÍNIMA MENSAL, INDEPENDENTEMENTE DA QUANTIDADE DE DIAS EM QUE FOR CONVOCADO PARA TRABALHAR, RESPEITADO O SALÁRIO MÍNIMO PROFISSIONAL, O SALÁRIO NORMATIVO, O SALÁRIO CONVENCIONAL OU O PISO REGIONAL.
>
> **ENUNCIADO Nº 84. CONTRATO DE TRABALHO INTERMITENTE: CARGA HORÁRIA.** COMO O CONTRATO DE TRABALHO INTERMITENTE DEVE SER CELEBRADO POR ESCRITO, DO INSTRUMENTO CONTRATUAL DEVERÃO CONSTAR OS PERÍODOS DE PRESTAÇÃO DE SERVIÇOS OU A ESTIMATIVA DE SERVIÇOS A EXECUTAR, A RESPEITO DOS QUAIS SE OBRIGA O EMPREGADOR.
>
> **ENUNCIADO Nº 85. O CONTRATO DE TRABALHO INTERMITENTE NO BRASIL NÃO CORRESPONDE AO ZERO-HOURS CONTRACT BRITÂNICO.** NOS CONTRATOS DE TRABALHO INTERMITENTE, É OBRIGATÓRIO INDICAR A QUANTIDADE MÍNIMA DE HORAS DE EFETIVA PRESTAÇÃO DE SERVIÇOS, POIS NÃO SE ADMITE CONTRATO DE TRABALHO COM OBJETO INDETERMINADO OU SUJEITO A CONDIÇÃO PURAMENTE POTESTATIVA, CONSOANTE ARTIGOS 104, II, 166 II E 122 DO CÓDIGO CIVIL, APLICÁVEIS SUBSIDIARIAMENTE À MATÉRIA, NOS TERMOS DO ART. 8º, PARÁGRAFO ÚNICO, DA CLT.
>
> **ENUNCIADO Nº 86. FÉRIAS E TRABALHO INTERMITENTE.** FÉRIAS. TRABALHO INTERMITENTE. DIANTE DA EXISTÊNCIA DE ANTINOMIA JURÍDICA ENTRE O DISPOSTO NO § 6º DO ART. 452-A DA CLT E O DISPOSTO NO § 9º DO MESMO ART. 452-A DA CLT, DEVE-SE INTERPRETAR O ORDENAMENTO JURÍDICO DE FORMA SISTEMÁTICA E UTILIZAR O CRITÉRIO HIERÁRQUICO PARA SOLUÇÃO DO CONFLITO DE NORMAS. ASSIM, TENDO EM VISTA O ART. 7º, XVII, DA CF/88, QUE DISPÕE SOBRE O DIREITO ÀS FÉRIAS ANUAIS REMUNERADAS, OU SEJA, PAGAS NO MOMENTO DO GOZO DO PERÍODO DE DESCANSO (CONFORME TAMBÉM DISPOSTO NO ART. 452-A, §9º, CLT),

O PAGAMENTO DE FÉRIAS PROPORCIONAIS APÓS A PRESTAÇÃO DE SERVIÇOS (ART. 452-A, § 6º, II, CLT) NÃO ENCONTRA APLICABILIDADE. ASSIM, NO TRABALHO INTERMITENTE, AS FÉRIAS DEVEM SER REMUNERADAS QUANDO DA SUA FRUIÇÃO.

ENUNCIADO Nº 87. CONTRATO DE TRABALHO INTERMITENTE. SALÁRIO MÍNIMO E PISO PROFISSIONAL. MULTA. INCONSTITUCIONALIDADE. A MULTA PREVISTA NO ART. 452-A, § 4º, DA CLT, IMPOSTA AO TRABALHADOR QUE DESCUMPRIR CONVOCAÇÃO ANTERIORMENTE ATENDIDA, NÃO É COMPATÍVEL COM OS PRINCÍPIOS CONSTITUCIONAIS DA DIGNIDADE HUMANA, DO VALOR SOCIAL DO TRABALHO, DA ISONOMIA, DA PROTEÇÃO DO TRABALHADOR E DA FUNÇÃO SOCIAL DA EMPRESA.

ENUNCIADO Nº 88. TRABALHO INTERMITENTE E RISCO PARA TERCEIROS. O TRABALHO INTERMITENTE NÃO PODERÁ SER EXERCIDO EM ATIVIDADES QUE POSSAM COLOCAR EM RISCO A VIDA, A SAÚDE E A SEGURANÇA DOS PRÓPRIOS TRABALHADORES E/OU DE TERCEIROS.

ENUNCIADO Nº 89. CONTRATO DE TRABALHO INTERMITENTE. PERMANÊNCIA DO TRABALHADOR DENTRO OU FORA DO ESTABELECIMENTO DO EMPREGADOR POR CONVENIÊNCIA DESTE ÚLTIMO. CÔMPUTO COMO TEMPO DE SERVIÇO. CONTRATO DE TRABALHO INTERMITENTE. PERMANÊNCIA DO TRABALHADOR DENTRO OU FORA DO ESTABELECIMENTO DO EMPREGADOR POR CONVENIÊNCIA DESTE ÚLTIMO. CÔMPUTO COMO TEMPO DE SERVIÇO. NO CONTRATO DE TRABALHO INTERMITENTE, A TEOR DO ARTIGO 452-A, § 5º, DA CLT, OS PERÍODOS EM QUE O TRABALHADOR PERMANECER DENTRO OU FORA DO ESTABELECIMENTO DO EMPREGADOR PARA ATENDER A INTERESSES, CONVENIÊNCIAS OU NO AGUARDO DE INSTRUÇÕES DESTE ÚLTIMO SERÃO COMPUTADOS COMO HORAS OU FRAÇÕES EFETIVAMENTE TRABALHADAS.

ENUNCIADO Nº 90. CONTRATO DE TRABALHO INTERMITENTE E DEMANDAS PERMANENTES. 1. É ILÍCITA A CONTRATAÇÃO SOB A FORMA DE TRABALHO INTERMITENTE PARA O ATENDIMENTO DE DEMANDA PERMANENTE, CONTÍNUA OU REGULAR DE TRABALHO, DENTRO DO VOLUME NORMAL DE ATIVIDADE DA EMPRESA.

2. É ILEGAL A SUBSTITUIÇÃO DE POSTO DE TRABALHO REGULAR OU PERMANENTE PELA CONTRATAÇÃO SOB A FORMA DE TRABALHO INTERMITENTE.

3. O EMPREGADOR NÃO PODE OPTAR PELO CONTRATO DE TRABALHO INTERMITENTE PARA, SOB ESSE REGIME JURÍDICO, ADOTAR A ESCALA MÓVEL E VARIÁVEL DA JORNADA.

4. PRESENTE A NECESSIDADE DE TRABALHO INTERMITENTE, O EMPREGADO CONTRATADO NA FORMA DO ART. 443, § 3º, DA CLT TEM DIREITO SUBJETIVO À CONVOCAÇÃO, SENDO ILÍCITA SUA PRETERIÇÃO OU A OMISSÃO DO EMPREGADOR.

ENUNCIADO Nº 91. DIA E HORA INCERTOS PARA LABOR E RISCO EXCLUSIVO DO EMPREGADOR. TEMPO À DISPOSIÇÃO É DE EFETIVO SERVIÇO. NO CONTRATO DE TRABALHO INTERMITENTE, O PERÍODO SEM CONVOCAÇÃO PELO EMPREGADOR É DE TEMPO À SUA DISPOSIÇÃO E DEVE SER REMUNERADO COMO DE EFETIVO SERVIÇO. ÔNUS DAS VARIAÇÕES DE DEMANDA DO EMPREENDIMENTO SÃO EXCLUSIVOS DO EMPREGADOR.

15. PROFISSÕES REGULAMENTADAS

15.1. Atleta profissional

A relação de emprego do atleta profissional é marcada por certas características que lhe são peculiares e que foram incorporadas à regulamentação feita por meio da Lei nº 9.615/98, conhecida como Lei Pelé. Assim, a CLT é aplicada, apenas, subsidiariamente a esses empregados.

Observe-se que o contrato de trabalho do atleta profissional cria duas relações jurídicas, uma de cunho trabalhista, considerada como principal, e outra de caráter desportivo, considerada como acessória.

A. *Requisitos do contrato de trabalho*

A atividade desenvolvida pelo trabalhador/atleta é classificada como **desporto rendimento profissional**, que é caracterizada pela remuneração pactuada em contrato formal de trabalho celebrado entre o atleta e a entidade de prática desportiva, **com prazo mínimo de três meses e máximo de cinco anos.**

B. *Cláusula penal – cláusula indenizatória desportiva*

No contrato de trabalho **escrito** do atleta profissional, seja qual for a modalidade desportiva, deverá constar, além do valor da remuneração ajustada, **a cláusula penal para o caso de transferência antecipada para outra entidade**, observada a liberdade de contratação e o limite máximo de **2.000 vezes** o valor médio do salário contratual, nos casos de transferências nacionais e, **sem qualquer limite, na hipótese de transferência internacional.**

Essa cláusula penal, segundo a jurisprudência dominante, é devida apenas pelo empregado:

> RECURSO DE EMBARGOS INTERPOSTO NA VIGÊNCIA DA LEI Nº 11.496/2007. ATLETA PROFISSIONAL. CLÁUSULA PENAL. LEI Nº 9.615/98 LEI PELÉ. RESPONSABILIDADE PELA SUA SATISFAÇÃO. OBRIGAÇÃO DIRIGIDA APENAS AO ATLETA. NÃO PROVIMENTO. Responderá apenas o atleta profissional, e não a entidade desportiva, pela obrigação inserta no art. 28 da Lei nº 9.615/98 a chamada Lei Pelé referente à cláusula penal, naqueles casos em que rompido o contrato de trabalho por sua iniciativa. No caso de ser o clube o motivador do rompimento contratual, não haveria que se falar em pagamento de cláusula penal, sendo garantidos ao atleta, nestes casos, os direitos previstos na legislação comum trabalhista, segundo disposição do § 1º daquele permissivo legal, notadamente a multa rescisória prevista no art. 479 da CLT, conforme disciplina do art. 31 da Lei Pelé. Embargos conhecidos e desprovidos[57].

A Lei nº 12.395/11 alterou a denominação da mencionada cláusula, que passou a ser chamada de **cláusula indenizatória desportiva**. Quando não fixada em contrato, essa indenização tem limite de 2.000 vezes o valor do salário mensal, para os casos de transferências nacionais, e sem limite, para as transferências internacionais (art. 28, § 1º, I).

São **solidariamente responsáveis** pelo pagamento dessa cláusula indenizatória o atleta e a nova entidade de prática desportiva empregadora.

57. TST. E-RR 01077/2004.054.02.00-0. SDI-1. Re. Min. Maria de Assis Calsing. DJU 14.11.2008.

Institui, também, a **cláusula compensatória desportiva**, devida pela entidade de prática desportiva ao atleta nos casos de rescisão por inadimplemento salarial, rescisão indireta e dispensa imotivada (art. 28, II, da Lei nº 9.615/98).

O valor da cláusula compensatória desportiva será livremente pactuado entre as partes e formalizado no contrato especial de trabalho desportivo, observado o **limite máximo de 400 vezes** o valor do salário mensal no momento da rescisão e, como **limite mínimo, o valor total de salários mensais a que teria direito o atleta até o término do referido contrato.**

C. Direito de arena

O direito de arena[58] dos atletas profissionais também foi garantido pela Lei nº 9.615/98, ao estabelecer que, salvo convenção coletiva de trabalho em contrário, **5% da receita proveniente da exploração de direitos desportivos audiovisuais** devem ser repassados aos sindicatos de atletas profissionais, e estes distribuirão, em partes iguais, aos atletas profissionais participantes do espetáculo, como **parcela de natureza civil** (art. 42).

A jurisprudência, apesar de vacilante, inclinava-se pelo reconhecimento do caráter remuneratório do direito de arena, antes mesmo da edição da Lei nº 12.395/11:[59]

> DIREITO DE ARENA – O direito de arena previsto no art. 42, § 1º, da Lei nº 9.615/1998 possui nítida natureza salarial, pois decorre de participação do atleta nos valores obtidos pela entidade esportiva com a venda da transmissão ou retransmissão dos jogos por ele protagonizados, seja como titular ou reserva, estando inserido no contrato de trabalho por força de lei.[60]

A alteração legislativa deixou claro que essa verba tem natureza civil e por conta disso não se incorpora à remuneração dos atletas.

D. Atleta profissional de futebol

Ao atleta profissional de futebol aplicam-se as regras que foram analisadas, uma vez que a Lei nº 12.395/11 revogou, expressamente, a Lei nº 6.354/76.

O denominado ***passe,*** que consistia na quantia devida ao empregador cessionário em razão da transferência do atleta feita pelo empregador cedente, de acordo com os limites e as condições estabelecidas pelo Conselho Nacional de Desportos, **foi extinto pela Lei Pelé**.

Na verdade, o *passe* representava a mercantilização do trabalhado, cujo lucro incorporava-se ao clube de futebol, já que, em muitos casos, a sua valorização se produzia por mérito único e exclusivo da qualidade do atleta profissional, ao qual só era reservado 15% da respectiva quantia paga ao clube de futebol.

---

58. O direito de arena não se confunde com o direito de imagem. A primeira hipótese trata-se do direito que a entidade desportiva tem de transmitir o espetáculo com a participação de todos os atletas. Já o direito de imagem é personalíssimo e pertence a cada desportista.
59. ATLETA PROFISSIONAL DE FUTEBOL. DESVIO DE FINALIDADE CONTRATUAL. PARCELA REMUNERATÓRIA. DIREITO DE CESSÃO DE USO DA IMAGEM E DE ARENA PAGOS EM VALORES FIXOS MENSAIS, SEM FATO GERADOR. A natureza é salarial. O inadimplemento autoriza a rescisão contratual e a liberação do atleta. (TRT 5ª R. 00921-2007-033-05-00-0. 4ª T. Rel. Des. Roberto Pessoa. DJ de 06.11.2009).
60. TRT 4ª R. RO 01340-2003-023-04-00-0. 3ª T. Relª Juíza Beatriz Renck. DJRS 19.03.2007.

A extinção veio, portanto, em boa hora, para atender ao **princípio da dignidade da pessoa humana**, preservado pelo art. 1º, III, da atual Carta Magna.

Para finalizar, é importante registrar que, por determinação legal, o **árbitro de futebol** não mantém vínculo empregatício com as entidades desportivas, pois é considerando trabalhador autônomo, na forma prevista pelo art. 88, parágrafo único, da Lei nº 9.615/88:

> **Art. 88. Parágrafo único.** Independentemente da constituição de sociedade ou entidades, os árbitros seus auxiliares não terão qualquer vínculo empregatício com as entidades desportivas diretivas onde atuarem, e sua remuneração como autônomos exonera tais entidades de quaisquer outras responsabilidades trabalhistas, securitárias e previdenciárias.

As decisões do TST confirmam essa interpretação, a exemplo da que abaixo segue transcrita:

> RECURSO DE REVISTA. VÍNCULO DE EMPREGO ÁRBITRO DE FUTEBOL. NÃO CARACTERIZAÇÃO. É sabido que a atividade desempenhada pelo árbitro de futebol, em face da própria natureza do serviço, adquire cunho, eminentemente, autônomo, por não exercer a federação qualquer direção, controle ou aplicação de penas disciplinares na execução do trabalho, tão-somente o administra. O árbitro, no campo de futebol, é autoridade máxima no comando da partida de futebol, não recebendo ordens superiores da entidade desportiva, apenas devendo observar e fazer cumprir as regras do jogo, daí a conclusão pelo exercício da atividade com autonomia plena. Nesse contexto, torna-se inviável a constatação dos elementos fático-jurídicos caracterizadores da relação de emprego, sobretudo a subordinação jurídica, o que diferencia a figura do trabalhador autônomo do empregado.[61]

Exemplos de questão sobre o tema

(FCC – Juiz do Trabalho Substituto 1ª região/2015) Pablo de Tal, jogador profissional de futebol, celebrou, em 01/10/2013, contrato especial de trabalho desportivo com Gato Futebol Clube, sediado no Rio de Janeiro, pelo prazo de 3 anos, para receber salário de R$ 150.000,00 por mês. Em 01/02/2015, quando percebia o mesmo salário, Pablo, por sua iniciativa, se transfere para Show Futebol Clube, sediado em Minas Gerais, firmando contrato pelo período de 2 anos, para perceber salários mensais de R$ 200.000,00.

A respeito da cláusula indenizatória que obrigatoriamente consta do contrato entre Pablo e Gato Futebol Clube, tem-se que o

I. valor, para este tipo de transferência, é livre e ilimitadamente fixado pelas partes, quando da assinatura do contrato.

II. valor devido por Pablo, se as partes tiverem adotado a maior indenização possível para este tipo de transferência, é de R$ 300.000.000,00.

III. limite da indenização devida por Pablo, neste tipo de transferência, não pode ser inferior a R$ 2.400.000,00.

IV. Show Futebol Clube é solidariamente responsável pelo pagamento do valor da indenização.

Está correto o que se afirma APENAS em

(A) I.

(B) II e III.

(C) II e IV.

(D) I, II e III.

(E) II, III e IV.

Resposta: C

61. TST. RR 1183/1997-014-02-40. 3ª T. Rel. Min. Vieira de Melo Filho. DJ 06.10.2008.

(TRT 14 – Juiz do Trabalho Substituto 14ª região/ 2013) Acerca do atleta profissional, analise as proposições abaixo e após marque a alternativa correta:

I. A idade mínima estabelecida é de 18 anos para os contratos de emprego, todavia, a partir dos 14 anos duas possibilidades estão juridicamente previstas, quais sejam, de auferimento de rendimentos através de um contrato civil, caracterizando o atleta como trabalhador autônomo, ou, dentro de condições preestabelecidas, como empregado por contrato especial de trabalho, caso a entidade seja formadora do atleta.

II. O contrato de trabalho do atleta profissional terá prazo determinado, com vigência nunca inferior a três meses nem superior a cinco anos, sendo certo que, nos termos do entendimento jurisprudencial dominante, tem-se que as prorrogações por indefinidas vezes desnaturam o contrato por prazo determinado.

III. O termo "luvas" se refere à prerrogativa exclusiva de autorização sobre a transmissão, utilização e fixação de imagens nos eventos esportivos, sendo atualmente fixado o repasse em 5% e, em termos remuneratórios, tem caráter indenizatório.

(A) Apenas o item I é verdadeiro.
(B) Apenas o item II é verdadeiro.
(C) Apenas o item III é verdadeiro.
(D) Todos os itens são falsos.
(E) Todos os itens são verdadeiros.

Resposta: D

15.2. Professor

As condições especiais de trabalho dos professores são disciplinadas pelos arts. 317 a 324 da CLT, que exige, como condição formal para ser titular dos direitos estabelecidos pelos referidos dispositivos legais, **a habilitação legal e o registro no Ministério da Educação**.

As principais obrigações do docente, derivadas da celebração do contrato de trabalho com a empresa de ensino, são representadas pela regência de classe e pela preparação, aplicação e correção das avaliações.

A. *Remuneração*

A remuneração do professor[62] é aferida por mês e **com base no número de aulas ministradas por semana, multiplicando-se por 4,5** (quatro inteiros e cinco décimos, que representa o número de semanas por mês, segundo a ficção criada pelo art. 320, § 1º, da CLT). Essa remuneração é devida, inclusive, durante as férias e exames escolares.

B. *Jornada de trabalho*

A redação anterior do art. 318 da CLT proibia que o professor ministrasse mais de quatro aulas consecutivas ou seis aulas intercaladas por dia. Com a nova redação estabelecida por meio da Lei nº 13.415/17, **a referida limitação foi excluída**, conforme se observa a seguir:

> **Art. 318.** O professor poderá lecionar em um mesmo estabelecimento por mais de um turno, desde que não ultrapasse a jornada de trabalho semanal estabelecida legalmente, assegurado e não computado o intervalo para refeição.

62. TST. SDI-1. OJ Nº 393. PROFESSOR. JORNADA DE TRABALHO ESPECIAL. Art. 318 DA CLT. SALÁRIO MÍNIMO. PROPORCIONALIDADE. A contraprestação mensal devida ao professor, que trabalha no limite máximo da jornada prevista no art. 318 da CLT, é de um salário mínimo integral, não se cogitando do pagamento proporcional em relação à jornada prevista no art. 7º, XIII, da Constituição Federal.

Atualmente, o professor só terá direito ao pagamento do valor da hora-aula acrescido de 50% se laborar por mais de 44 horas semanais na mesma empresa.

A novidade legislativa deve promover a modificação do posicionamento do TST constante da OJ nº 206 da SDI-1:

> **OJ Nº 206.** "PROFESSOR". HORAS EXTRAS. ADICIONAL DE 50%. Inserida em 08.11.00. Excedida a jornada máxima (art. 318 da CLT), as horas excedentes devem ser remuneradas com o adicional de, no mínimo, 50% (art. 7º, XVI, CF/1988).

É possível, também, reduzir a carga horária do professor, **desde que isso decorra da diminuição da demanda da instituição de ensino** e não por conta de algum critério subjetivo do empregador.

Esse é o entendimento constante da OJ nº 244 da SDI-1 do TST e OJ nº 21 da 4ª Turma do TRT9:

> **OJ Nº 244.** PROFESSOR. REDUÇÃO DA CARGA HORÁRIA. POSSIBILIDADE. Inserida em 20.06.01. A redução da carga horária do professor, em virtude da diminuição do número de alunos, não constitui alteração contratual, uma vez que não implica redução do valor da hora-aula.

> **OJ4T Nº 21 do TRT9.** PROFESSOR. ALTERAÇÃO DA CARGA HORÁRIA. POSSIBILIDADE. REDUÇÃO SALARIAL INOCORRENTE. OJ/SDI.1/TST Nº 244. Não se visualiza ilegalidade na Variação salarial decorrente da redução da carga horária do professor "em razão da justificada alteração do número de aulas ministradas, fato que é da essência do próprio contrato de trabalho da categoria. O que não pode ser alterado é o valor da remuneração da hora-aula, porque isso sim, implicaria redução salarial ilícita, nos termos da Constituição Federal." Inteligência da OJ/SDI.1/TST nº 244.

Para o professor do magistério público do ensino fundamental há uma regra específica (§ 4º, art. 2º da Lei nº 11.738/2008) que fixa o limite de **2/3 da carga horária para o trabalho direto com os alunos**, sendo o restante (1/3) dedicado a atividades extraclasse.

Nesse sentido a Tese Jurídica Prevalecente nº 8 do TRT3 e Súmula nº 93 do TRT15:

> **TESE JURÍDICA PREVALECENTE Nº 08 do TRT3.** PROFESSOR DE MAGISTÉRIO PÚBLICO DA EDUCAÇÃO BÁSICA. INOBSERVÂNCIA AOS LIMITES DE JORNADA PREVISTOS NO § 4º DO ART. 2º DA LEI N. 11.738/2008. ATIVIDADES EXTRACLASSE. HORAS EXTRAORDINÁRIAS DEVIDAS. I – A extrapolação do limite máximo de 2/3 da jornada de trabalho em atividades de interação com os educandos (descumprimento da bifurcação prevista no § 4º do art. 2º da Lei n. 11.738/08) enseja o pagamento de horas extraordinárias correspondentes ao terço remanescente em atividades extraclasse, a partir de 27/4/2011 (ADI n. 4167/DF, que modulou os efeitos quanto à eficácia da referida lei). II – É cabível a dedução de valores relativos a adicional porventura recebido pelo exercício de atividades extraclasse, porquanto se destinam à mesma finalidade.

> **SÚMULA Nº 93 do TRT15.** PROFESSOR DE EDUCAÇÃO BÁSICA. MAGISTÉRIO PÚBLICO. CARGA HORÁRIA. PROPORCIONALIDADE ENTRE O TEMPO EM SALA DE AULA E A ATIVIDADE EXTRACLASSE. ART. 2º, § 4º, DA LEI 11738/2008. A Lei nº 11.738/2008 dispõe, em seu art. 2º, § 4º, sobre a proporcionalidade da distribuição da carga horária dos profissionais do magistério público da educação básica, de modo a abranger as atividades de interação com os educandos e as atividades extraclasse. Há, na referida lei, a presunção legal (absoluta) de que 1/3 da jornada contratada se destinará às horas de atividade, de sorte que o desrespeito ao limite de 2/3 da jornada, estabelecido para as atividades de interação com os alunos, provoca o natural excesso à carga de trabalho

integral do empregado e, assim, gera-lhe o direito às horas extras respectivas, acrescidas do adicional. Entendimento aplicável para o trabalho prestado após 27/04/2011, nos termos da decisão proferida pelo E. STF na ADI/4167.

Caso as aulas sejam ministradas durante o período noturno, deverá ser observado o que determina a Portaria nº 204/45 do MEC, que estabelece como hora-aula 45 minutos.

Esse é o entendimento do TRT9 exposto por meio da OJ nº 43 da 4ª Turma:

> **OJ4T Nº 43 do TRT9.** AULA NOTURNA. DURAÇÃO. A duração da hora-aula noturna é de 45 minutos, à luz da Portaria 204/45 do MEC.

C. *Repouso semanal remunerado*

Apesar da CLT ser omissa nesse aspecto, aplica-se ao professor a regra relativa ao repouso semanal remunerado, que deve ser concedido após seis dias de trabalho, de acordo com a regulamentação genérica estabelecida pela Lei nº 605/49.

Além do direito ao descanso, o professor também deverá receber a remuneração desse dia não trabalhado **de forma destacada**, caso o salário tenha por base o número de aulas ministradas.

A Súmula nº 351 do TST trata justamente dessa matéria:

> **SÚMULA Nº 351.** PROFESSOR. REPOUSO SEMANAL REMUNERADO. ART. 7º, § 2º, DA LEI Nº 605, DE 05.01.1949 E ART. 320 DA CLT (mantida) – Res. 121/2003, DJ 19, 20 e 21.11.2003. O professor que recebe salário mensal à base de hora-aula tem direito ao acréscimo de 1/6 a título de repouso semanal remunerado, considerando-se para esse fim o mês de quatro semanas e meia.

Ainda nessa seara, destaca-se o direito do professor de **faltar até nove dias ao serviço, sem perder a remuneração,** nos casos de casamento ou morte do pai, da mãe ou de filho (art. 320, § 3º, da CLT).[63]

D. *Férias indenizadas e aviso prévio*

Caso a rescisão contratual ocorra antes do fim do ano letivo ou no curso das férias escolares, ao professor **será devida a indenização relativa às férias** e ao aviso prévio nos termos do quanto previsto pelo art. 322, § 3º, da CLT e Súmula nº 10 do TST:

> **Art. 322.** No período de exames e no de férias escolares, é assegurado aos professores o pagamento, na mesma periodicidade contratual, da remuneração por eles percebida, na conformidade dos horários, durante o período de aulas. (Redação dada pela Lei nº 9.013, de 30.3.1995)
>
> **§ 3º** Na hipótese de dispensa sem justa causa, ao término do ano letivo ou no curso das férias escolares, é assegurado ao professor o pagamento a que se refere o *caput* deste artigo.
>
> **SÚMULA Nº 10.** DISPENSA SEM JUSTA CAUSA. TÉRMINO DO ANO LETIVO OU NO CURSO DE FÉRIAS ESCOLARES. AVISO PRÉVIO (redação alterada em sessão do Tribunal Pleno realizada em 14.09.2012). O direito aos salários assegurados (artigo 322, caput e parágrafo 3º da CLT) não exclui o direito também ao aviso prévio, na hipótese de dispensa sem justa causa ao término do ano letivo ou no curso das férias escolares.

63. A regra geral estabelecida pelo art. 473 da CLT é de 3 dias por conta de casamento e 2 dias em virtude de falecimento.

15.3. Músico

O exercício da profissão de músico é regulado pela Lei nº 3.857/60, que criou a Ordem dos Músicos do Brasil.

Segundo o art. 29 da referida lei, classificam-se como músicos: compositores de música erudita ou popular; regentes de orquestras sinfônicas, óperas, bailados, operetas, orquestras mistas, de salão, ciganas, jazz, jazz-sinfônico, conjuntos corais e bandas de música; diretores de orquestras ou conjuntos populares; instrumentais de todos os gêneros e especialidades; cantores de todos os gêneros e especialidades; professores particulares de música; diretores de cena lírica; arranjadores e orquestradores; copistas de música.

O STF decidiu que não é necessário o registro do músico no respectivo conselho para o exercício da profissão:

> DIREITO CONSTITUCIONAL. EXERCÍCIO PROFISSIONAL E LIBERDADE DE EXPRESSÃO. EXIGÊNCIA DE INSCRIÇÃO EM CONSELHO PROFISSIONAL. EXCEPCIONALIDADE. ARTS. 5º, IX e XIII, DA CONSTITUIÇÃO. Nem todos os ofícios ou profissões podem ser condicionadas ao cumprimento de condições legais para o seu exercício. A regra é a liberdade. Apenas quando houver potencial lesivo na atividade é que pode ser exigida inscrição em conselho de fiscalização profissional. A atividade de músico prescinde de controle. Constitui, ademais, manifestação artística protegida pela garantia da liberdade de expressão.[64]

Exemplo de questão sobre o tema

(TRT 2 – Juiz do Trabalho Substituto 2ª região/ 2013) No que concerne à caracterização da relação de emprego, a CLT traz os requisitos dispostos nos artigos 2º e 3º, que se tem por diversos dos requisitos para a relação de trabalho. Aponte a alternativa que contenha uma hipótese em virtude de seu regime legal, de relação de emprego:

(A) empreitada, estágio.

(B) transporte autônomo, atleta de futebol.

(C) músico profissional, prestação diária de serviços em casa de família

(D) representação comercial, jornalista "freelance".

(E) médico de cooperativa, eletricista autônomo.

Resposta: C

A. Contrato de trabalho e nota contratual

A Portaria do extinto MTE nº 656/18, que revogou a Portaria nº 3.347/86, disciplina a contratação do músico a título empregatício e de forma eventual. Nesse segundo caso, é necessário que o empregado preencha um documento intitulado de "nota contratual", que supre o registro previsto pelo art. 41 da CLT.

Para ser considerada prestação de serviços **de natureza eventual, deverá observar o máximo de sete dias consecutivos**. A legislação também veda o uso dessa espécie de contratação, pelas mesmas partes, nos 60 dias subsequentes ao término da apresentação anterior.

64. STF. RE 414426. 2ª T. Rel. Min. Ellen Gracie. DJ 10.10.2011.

Ultrapassados os limites mencionados, o contrato será considerado como de emprego e devido ao músico todas as verbas decorrentes da execução e da extinção do pacto laboral, inclusive anotações na CTPS e registro em livro próprio ou outro meio equivalente.

B. *Jornada normal de trabalho*

A jornada normal de trabalho dos músicos é de **cinco horas**, incluído o tempo destinado aos ensaios. **O intervalo intrajornada é de, no mínimo, uma hora**, sem computar na jornada. Os demais que forem concedidos durante o dia, incorporam-se à jornada de trabalho.

Já o intervalo interjornada é de, no mínimo, **onze horas**, com direito a um **repouso semanal remunerado de 24 horas** a cada seis dias laborados.

C. *Horas extras*

Poderá haver prorrogação da jornada do músico, **em mais uma hora**, nos estabelecimentos de diversões públicas, tais como – cabarés, *boates, dancings, táxi-dancings*, salões de danças e congêneres, onde atuam dois ou mais conjuntos; e, excepcionalmente, em até **duas horas**, nos casos de força maior, ou festejos populares e serviço reclamado pelo interesse nacional.

Na última hipótese citada, a hora extra será remunerada com um **adicional de 100%** e o músico terá direito a intervalo intrajornada extra de trinta minutos. Se o prolongamento extraordinário da jornada ocorrer por até uma hora, incide a regra geral que fixa o adicional de horas extras em 50%.

15.4. Petroleiro

O petroleiro é o trabalhador que presta serviços subordinados nas atividades de exploração, perfuração, produção e refinação de petróleo, industrialização do xisto, indústria petroquímica e transporte de petróleo e seus derivados por meio de dutos.

Essa espécie de empregado recebe uma proteção especial do ordenamento jurídico-laboral, por intermédio da Lei nº 5.811/72.

Há, inclusive, Súmulas do TST e dos TRTs manifestando o posicionamento desses Tribunais acerca dessa relação específica de emprego, circunstância que revela a importância dessa categoria profissional:

> **SÚMULA Nº 112.** TRABALHO NOTURNO. PETRÓLEO (mantida) – Res. 121/2003, DJ 19, 20 e 21.11.2003. O trabalho noturno dos empregados nas atividades de exploração, perfuração, produção e refinação do petróleo, industrialização do xisto, indústria petroquímica e transporte de petróleo e seus derivados, por meio de dutos, é regulado pela Lei nº 5.811, de 11.10.1972, não se lhe aplicando a hora reduzida de 52 minutos e 30 segundos prevista no art. 73, § 2º, da CLT.
>
> **SÚMULA Nº 391.** PETROLEIROS. LEI Nº 5.811/1972. TURNO ININTERRUPTO DE REVEZAMENTO. HORAS EXTRAS E ALTERAÇÃO DA JORNADA PARA HORÁRIO FIXO (conversão das Orientações Jurisprudenciais nºs 240 e 333 da SBDI-1) – Res. 129/2005, DJ 20, 22 e 25.04.2005. I – A Lei nº 5.811/1972 foi recepcionada pela CF/88 no que se refere à duração da jornada de trabalho em regime de revezamento dos petroleiros. (ex-OJ nº 240 da SBDI-1 – inserida em 20.06.2001). II – A previsão contida no art. 10 da

Lei nº 5.811/1972, possibilitando a mudança do regime de revezamento para horário fixo, constitui alteração lícita, não violando os arts. 468 da CLT e 7º, VI, da CF/1988. (ex-OJ nº 333 da SBDI-1 – DJ 09.12.2003).

SÚMULA Nº 19 do TRT11. LEI Nº 5.811/72. REFLEXOS DE HORAS EXTRAS HABITUALMENTE PRESTADAS. INCIDÊNCIA. Os descansos previstos na Lei nº 5.811/72 equiparam-se, para todos os efeitos, conforme o art. 7º do mencionado diploma legal, ao repouso semanal remunerado de que trata a Lei nº 605/49, inclusive no tocante à incidência dos reflexos das horas extras habitualmente prestadas.

SÚMULA Nº 37 do TRT17. PETROLEIRO. REFLEXOS DAS HORAS EXTRAS HABITUAIS NO REPOUSO PREVISTO NA LEI N.º 5.811/1972. O repouso de 24 (vinte e quatro) horas consecutivas previsto nos artigos 3°, inciso V, 4° inciso II, e 6°, inciso I, da Lei nº 5.811/1972, objetiva compensar os regimes especiais de trabalho no setor petroleiro, não se confundindo com o repouso semanal remunerado previsto na Lei n° 605/1949. Logo, não há falar em reflexos das horas extras habitualmente trabalhadas na mencionada folga compensatória.

Além do estabelecimento de regras para o labor em regime de revezamento, que será objeto de análise na parte I, capítulo VII, item 3.9, "c", a mencionada lei institui condições especiais de trabalho para os petroleiros, como o direito a:

a) **alimentação gratuita**, no posto de trabalho, durante o turno em que estiver em serviço (turno de oito horas);

b) **transporte gratuito para o local de trabalho** (turno de oito horas);

c) **alojamento coletivo gratuito** e adequado ao seu descanso e higiene (turno de doze horas).

15.5. Aeronauta

O aeronauta (piloto, mecânico e comissário) é o empregado, profissionalmente habilitado pelo Ministério da Aeronáutica, que exerce sua atividade a bordo de aeronave civil nacional, regido de forma específica pela Lei nº 13.475/17, que revogou expressamente a Lei nº 7.183/84.

Não pode ser confundido com o aeroviário, profissional que trabalha para uma empresa de transporte aéreo, mas em solo e não a bordo da aeronave.

O piloto e o mecânico, no exercício de sua função no interior da aeronave, têm a designação de **tripulante** de voo, enquanto que o comissário recebe a denominação de **tripulante de cabine.** Caso se desloquem no interior da aeronave a serviço do empregador, mas sem exercer as respectivas funções, passam a ser chamados de **tripulante extra a serviço.**

O tripulante **não poderá exercer, simultaneamente, mais de uma função** a bordo de aeronave, mesmo que seja titular de licenças correspondentes (art. 10).

O contrato de trabalho de trabalho deve ser celebrado **por escrito** (art. 20, § 2º).

A terceirização é admitida, desde que o serviço aéreo não seja a atividade-fim da empresa tomadora, ainda assim pelo prazo máximo de 30 dias consecutivos e apenas uma vez por ano (art. 20, § 1º). Já a empresa aérea pode contratar tripulantes instrutores terceirizados, quando em seu quadro de tripulantes não existirem instrutores habilitados no equipamento em que pretende operar (art. 21)

A jornada de trabalho do tripulante é definida, em regra, por meio de **escalas** de periodicidade mínima mensal, divulgada com antecedência mínima de 5 dias, que deverá conter:

a) horários de início e término de voos;

b) serviços de reserva;

c) sobreavisos; e

d) folgas.

15.6. Portuário

A relação de emprego do portuário é regida por uma norma específica, mais precisamente pela Lei nº 4.860/65.

Considera-se portuário o trabalhador que presta serviços na área do porto organizado, assim considerada a parte terrestre e marítima, contínua e descontínua, das instalações portuárias.

Portanto, exclui-se da sua incidência o trabalho prestado em portos privativos:

> **SDI-1. OJ Nº 402.** ADICIONAL DE RISCO. PORTUÁRIO. TERMINAL PRIVATIVO. ARTS. 14 E 19 DA LEI Nº 4.860, DE 26.11.1965. INDEVIDO. (DEJT Divulgado em 16, 17 e 20.09.2010). O adicional de risco previsto no artigo 14 da Lei nº 4.860, de 26.11.1965, aplica-se somente aos portuários que trabalham em portos organizados, não podendo ser conferido aos que operam terminal privativo.

Destacam-se algumas peculiaridades no disciplinamento legal da relação de emprego portuária, que serão examinadas a seguir.

A. *Jornada de trabalho*

A jornada de trabalho do portuário poderá ser estendida, **sem a necessidade de acordo individual ou coletivo**, conforme preceitua o art. 7º, § 2º da referida Lei nº 4.860/65: "Além das horas ordinárias a que está obrigado, o pessoal prestará serviço extraordinário nas horas destinadas à refeição e descanso, e nas prorrogações, **quando for determinado**" (grifou-se).

As horas extras serão remuneradas com acréscimo de 50%, **salvo aquelas prestadas durante o período destinado à refeição, que deverão ser majoradas em 100%.** Idêntico percentual é aplicado para remunerar o trabalho prestado durante os feriados (art. 7º, § 7º, Lei nº 4.860/65).

Considera-se jornada noturna **aquela compreendida entre as 19 e 07 horas**, **sem levar em consideração a redução ficta prevista pela CLT**:

> **TST. SDI-1. OJ Nº 60.** PORTUÁRIOS. HORA NOTURNA. HORAS EXTRAS. (LEI Nº 4.860/65, ARTS. 4º E 7º, § 5º). (nova redação em decorrência da incorporação da Orientação Jurisprudencial nº 61 da SBDI-1, DJ 20.04.2005). I – A hora noturna no regime de trabalho no porto, compreendida entre dezenove horas e sete horas do dia seguinte,

é de sessenta minutos. II – Para o cálculo das horas extras prestadas pelos trabalhadores portuários, observar-se-á somente o salário básico percebido, excluídos os adicionais de risco e produtividade. (ex-OJ nº 61 da SBDI-1 – inserida em 14.03.94).

B. *Adicional de risco*

Os portuários têm direito a um **adicional de risco de 40% sobre o salário-base**, destinados a compensar o trabalho prestado em condições de insalubridade, periculosidade e outros, conforme determinação contida no art. 14 da Lei nº 4.860/65:

> **Art. 14.** A fim de remunerar os riscos relativos à insalubridade, periculosidade e outros porventura existentes, fica instituído o "adicional de riscos" de 40% (quarenta por cento) que incidirá sobre o valor do salário-hora ordinário do período diurno e substituirá todos aqueles que, com sentido ou caráter idêntico, vinham sendo pagos.

Esse adicional possui as seguintes características:

a) devido proporcionalmente ao tempo de exposição ao risco;

b) exclui o pagamento de qualquer outro adicional, como de insalubridade e periculosidade;

c) devido uma única vez, ainda que exista mais de um fator de risco no meio ambiente de trabalho.

A jurisprudência confirma essas singularidades:

> **OJ Nº 316. SDI-1. TST** PORTUÁRIOS. ADICIONAL DE RISCO. LEI Nº 4.860/65. DJ 11.08.03. O adicional de risco dos portuários, previsto no art. 14 da Lei nº 4.860/65, deve ser proporcional ao tempo efetivo no serviço considerado sob risco e apenas concedido àqueles que prestam serviços na área portuária.

> **SÚMULA Nº 54 do TRT2.** PORTUÁRIO. ADICIONAL DE RISCO. Adicional de risco portuário previsto no artigo 14 da Lei 4.860/65 é devido somente aos trabalhadores portuários que mantêm vínculo empregatício com a Administração do Porto, não beneficiando o trabalhador avulso.

> **SÚMULA Nº 20 do TRT8.** PORTUÁRIOS. HORAS EXTRAORDINÁRIAS. ADICIONAL NOTURNO E ADICIONAL DE RISCO. LEI Nº 4.860/1965, ART. 7º, §5º. Para o cálculo das horas extraordinárias prestadas pelos trabalhadores portuários, observar-se-á somente o salário básico percebido, excluídos o adicional noturno e o adicional de risco, ressalvada norma coletiva mais favorável.

15.7. Jornalista

O jornalista é o trabalhador intelectual cuja função se estende desde a busca de informações até a redação de notícias e artigos, e a organização, orientação e direção desse trabalho (art. 302, § 1º da CLT).[65]

65. Paralelo ao trabalho do jornalista, o colaborador desenvolve atividade similar, mas sem relação de emprego. Segundo dispõe o art. 5º, I, do Decreto-Lei nº 83.284/79: "colaborador, assim entendido aquele que, mediante remuneração e sem relação de emprego, produz trabalho de natureza técnica, científica ou cultural, relacionado com a sua especialização, para ser divulgado com o nome e qualificação do autor".

Trata-se de categoria profissional diferenciada e, por conta disso, **a proteção legal específica se estende aos jornalistas que prestam serviços a empresa não jornalística.**

Nesse sentido é o posicionamento do TST, revelado por meio da OJ nº 407 da SDI-1:

> **OJ Nº 407.** JORNALISTA. EMPRESA NÃO JORNALÍSTICA. JORNADA DE TRABALHO REDUZIDA. ARTS. 302 E 303 DA CLT. (DEJT divulgado em 22, 25 e 26.10.2010). O jornalista que exerce funções típicas de sua profissão, independentemente do ramo de atividade do empregador, tem direito à jornada reduzida prevista no artigo 303 da CLT.

Além dos dispositivos inseridos na CLT (arts. 302 a 316), a profissão de jornalista encontra-se disciplinada pelo Decreto-Lei nº 972/69 (regulamentado pelo Decreto nº 83.284/79), que estabelece, em seu art. 4º, V, a necessidade de o trabalhador ser graduado em jornalismo.

Contudo, **o STF decidiu que o mencionado preceito legal não foi recepcionado pela CF/88 e declarou a sua inconstitucionalidade** no julgamento do recurso extraordinário nº 511961, além de contrariar o artigo 13 do Pacto de *San Jose da Costa Rica* (publicado do DJE de 13.11.2009).

No mesmo sentido a OJ nº 75, da 4ª Turma do TRT9:

> **OJ4T Nº 75 do TRT9.** JORNALISTA. DIPLOMA. REGISTRO. Comprovado o exercício de atividades privativas de jornalista, impõe-se o enquadramento do trabalhador nessa categoria, ainda que não possua diploma de jornalismo ou não esteja registrado no Ministério do Trabalho e Emprego.

A remuneração dos jornalistas **deve ser paga pontualmente, sob pena de suspensão do funcionamento da empresa jornalística**, sanção que é estendida aos casos de inadimplemento das contribuições previdenciárias.

> **CLT. Art. 316.** A empresa jornalística que deixar de pagar pontualmente, e na forma acordada, os salários devidos a seus empregados, terá suspenso o seu funcionamento, até que se efetue o pagamento devido. Parágrafo único. Para os efeitos do cumprimento deste artigo deverão os prejudicados reclamar contra a falta de pagamento perante a autoridade competente e, proferida a condenação, desde que a empresa não a cumpra, ou, em caso de recurso, não deposite o valor da indenização, a autoridade que proferir a condenação oficiará à autoridade competente, para a suspensão da circulação do jornal. Em igual pena de suspensão incorrerá a empresa que deixar de recolher as contribuições devidas às instituições de previdência social.

A jornada de trabalho é de **5 horas por dia**, o que gera um divisor/hora mensal de 150 horas de trabalho. Pode ser acrescida em **até duas horas**, desde que decorrente do acordo escrito[66] entre empregado e empregador e seja concedido **um intervalo para descanso.**

Além do repouso semanal remunerado, o jornalista tem direito ao **intervalo interjornada de 10 horas.**[67]

15.8. Vendedor viajante

O vendedor viajante, também denominado de pracista, é o trabalhador que executa atividades de comercialização de produtos ou serviços fora do estabelecimento empresarial.

66. Para atender a motivos de força maior, poderá o empregado prestar serviços por mais tempo. Nesse caso, a empresa deve cientificar a agência local da Secretaria Especial de Previdência e Trabalho.
67. O intervalo interjornada genérico estabelecido pela CLT é de 11 horas.

Essa profissão encontra-se regulamentada por meio da Lei nº 3.207/57 e estabelece o direito à remuneração variável à base de comissões sobre os negócios que intermediar.

Se lhe for destinada uma zona geográfica com exclusividade, **terá direito às comissões das vendas realizadas por qualquer preposto da empresa nessa área** (art. 2º, § 2º).

Em caso de transferência de zona de trabalho, assegura-se ao empregado **uma remuneração mínima equivalente à média dos 12 últimos meses anteriores à transferência.**

Nos negócios realizados com pagamento parcelado, a quitação das comissões **somente será exigível de acordo com a ordem de recebimento de cada uma delas** (art. 5º). Inclusive, em caso de insolvência do comprador (**e não simples inadimplemento**), o empregador pode **estornar** a comissão que já tenha sido paga.

Se, além de comercializar produtos ou serviços, o empregado que **acumula funções de inspeção e fiscalização, terá direito a um adicional de 10% sobre o salário**, na forma prevista pelo art. 8º da Lei nº 3.207/57.

O período máximo de cada viagem não pode ultrapassar **seis meses**. Após o término de cada viagem, o vendedor tem direito a um descanso de 03 **dias por cada mês de viagem realizada, até o máximo de 15 dias** (art. 9º).

Lei nº 3.207, de 18 de julho de 1957:

Art. 1º As atividades dos empregados vendedores, viajantes ou pracistas serão reguladas pelos preceitos desta lei, sem prejuízo das normas estabelecidas na Consolidação das Leis do Trabalho – Decreto-lei número 5.452, de 1 de maio de 1943 – no que lhes for aplicável.

Art. 2º O empregado vendedor terá direito à comissão avençada sobre as vendas que realizar. No caso de lhe ter sido reservada expressamente, com exclusividade, uma zona de trabalho, terá esse direito sobre as vendas ali realizadas diretamente pela empresa ou por um preposto desta.

§ 1º A zona de trabalho do empregado vendedor poderá ser ampliada ou restringida de acordo com a necessidade da empresa, respeitados os dispositivos desta lei quanto à irredutibilidade da remuneração.

§ 2º Sempre que, por conveniência da empresa empregadora, for o empregado viajante transferido da zona de trabalho, com redução de vantagens, ser-lhe-á assegurado, como mínimo de remuneração, um salário correspondente à média dos 12 (doze) últimos meses, anteriores à transferência.

Art. 3º A transação será considerada aceita se o empregador não a recusar por escrito, dentro de 10 (dez) dias, contados da data da proposta. Tratando-se de transação a ser concluída com comerciante ou empresa estabelecida noutro Estado ou no estrangeiro, o prazo para aceitação ou recusa da proposta de venda será de 90 (noventa) dias podendo, ainda, ser prorrogado, por tempo determinado, mediante comunicação escrita feita ao empregado.

Art. 4º O pagamento de comissões e percentagem deverá ser feito mensalmente, expedindo a empresa, no fim de cada mês, a conta respectiva com as cópias das faturas correspondentes aos negócios concluídos.

Parágrafo único. Ressalva-se às partes interessadas fixar outra época para o pagamento de comissões e percentagens, o que, no entanto, não poderá exceder a um trimestre, contado da aceitação do negócio, sendo sempre obrigatória a expedição, pela empresa, da conta referida neste artigo.

Art. 5º Nas transações em que a empresa se obrigar por prestações sucessivas, o pagamento das comissões e percentagens será exigível de acordo com a ordem de recebimento das mesmas.

Art. 6º A cessação das relações de trabalho, ou a inexecução voluntária do negócio pelo empregador, não prejudicará a percepção das comissões e percentagens devidas.

Art. 7º Verificada a insolvência do comprador, cabe ao empregador o direito de estornar a comissão que houver pago.

Art. 8º Quando for prestado serviço de inspeção e fiscalização pelo empregado vendedor, ficará a empresa vendedora obrigada ao pagamento adicional de 1/10 (um décimo) da remuneração atribuída ao mesmo.

Art. 9º O empregado vendedor viajante não poderá permanecer em viagem por tempo superior a 6 (seis) meses consecutivos. Em seguida a cada viagem haverá um intervalo para descanso, calculado na base de 3 (três) dias por mês da viagem realizada, não podendo, porém, ultrapassar o limite de 15 (quinze) dias.

Art. 10. Caracterizada a relação de emprego, aplicam-se os preceitos desta lei a quantos exercerem funções iguais, semelhantes ou equivalentes aos empregados-viajantes, embora sob outras designações.

Art. 11. Esta lei entrará em vigor na data de sua publicação, revogadas as disposições em contrário.

15.9. Motorista

A profissão de motorista foi regulamentada pela Lei nº 12.619/12, alterada pela Lei nº 13.103/15, que disciplinou as obrigações e os direitos específicos para os integrantes dessa categoria profissional, principalmente os aspectos relacionados com a jornada de trabalho, que será tratada na parte I, capítulo VII, item 6.5, desta obra.

O art. 2º, V, da referida Lei nº 13.103/15 estabelece os seguintes direitos específicos para os motoristas empregados de empresas de transporte rodoviário de cargas ou passageiros:

a) não responder perante o empregador por prejuízo patrimonial decorrente da ação de terceiro, ressalvado o dolo ou a desídia do motorista, nesses casos mediante comprovação, no cumprimento de suas funções;

b) ter jornada de trabalho controlada e registrada de maneira fidedigna mediante anotação em diário de bordo, papeleta ou ficha de trabalho externo, ou sistema e meios eletrônicos instalados nos veículos, a critério do empregador; e

c) ter benefício de seguro de contratação obrigatória assegurado e custeado pelo empregador, destinado à cobertura de morte natural, morte por acidente, invalidez total ou parcial decorrente de acidente, traslado e auxílio para funeral referentes às suas atividades, no valor mínimo correspondente a 10 (dez) vezes o piso salarial de sua categoria ou valor superior fixado em convenção ou acordo coletivo de trabalho.

Paralelo à fixação de direitos, as mencionadas normas jurídicas alteraram a CLT para fixar deveres específicos (art. 235-B):

- estar atento às condições de segurança do veículo;
- conduzir o veículo com perícia, prudência, zelo e com observância aos princípios de direção defensiva;

- respeitar a legislação de trânsito e, em especial, as normas relativas ao tempo de direção e de descanso controlado e registrado na forma do previsto no art. 67-E da Lei no 9.503, de 23 de setembro de 1997 – Código de Trânsito Brasileiro;
- zelar pela carga transportada e pelo veículo;
- colocar-se à disposição dos órgãos públicos de fiscalização na via pública;
- submeter-se a exames toxicológicos com janela de detecção mínima de noventa dias e a programa de controle de uso de droga e de bebida alcoólica, instituído pelo empregador, com sua ampla ciência, pelo menos uma vez a cada dois anos e seis meses, podendo ser utilizado para esse fim o exame obrigatório previsto na Lei no 9.503, de 23 de setembro de 1997 – Código de Trânsito Brasileiro, desde que realizado nos últimos sessenta dias.

15.10. Outras profissões regulamentadas

A CLT, em seu Título III (Das normas especiais de tutela do trabalho), disciplina a atividade de empregados que exercem determinadas profissões, principalmente no que diz respeito à jornada de trabalho e a definição de algumas condições especiais de labor.

A seguir, o quadro contendo as principais características dessas atividades profissionais regulamentadas pela CLT:

Atividade	Art. CLT	Jornada/horas	Condições especiais
Bancário	224-226	6	Essa jornada não se aplica aos que exercem funções de direção, gerência, fiscalização e chefia
Telefonista	227-231	6	O horário de almoço deve estar compreendido entre 10 e 13 h. e do jantar entre 16 e 19:30 h.
Músico	232-233	5	Somente jornada de trabalho
Operador de cinema	234-235	6	Intervalo interjornada mínimo de 12 horas
Ferroviário	236-247	8	Horas de sobreaviso e de prontidão Adicional de 75% a partir da 5ª hora extra
Marinheiro	248-252	8 (contínuas ou intermitentes)	Qualquer tripulante que se julgue prejudicado por ordem de superior hierárquico poderá interpor recurso perante o MTE, atual Secretaria Especial de Previdência e Trabalho
Frigoríficos	253	8	Intervalo intrajornada de 20 minutos a cada 1:40 de trabalho, computado na jornada
Mineiro	293-301	6	Direito a alimentação durante o trabalho no subsolo Intervalo intrajornada de 15 minutos a cada 3 horas de trabalho, computado na jornada
Jornalista	302-316	5	A empresa jornalística que deixar de pagar pontualmente os salários terá suspenso o seu funcionamento, até que se efetue o pagamento devido
Professor	317-323	4	Garante-se o pagamento do salário referente ao período de férias escolares mesmo para os professores despedidos sem justa causa antes do fim do período letivo
Químico	325-350	–	A CLT não regula as condições de trabalho dos químicos, mas estabelece regras para o exercício da profissão

Exemplo de questão sobre o tema

(TRT 2 – Juiz do Trabalho Substituto 2ª região/2016) A respeito das profissões regulamentadas, conforme legislação aplicável e o entendimento sumulado do TST é correto afirmar que

A) Ao aeronauta é assegurado em lei o direito à conversão de parte de suas férias em abono pecuniário durante a vigência do pacto laboral e não apenas em caso de rescisão do contrato.

B) O trabalho para empregados em minas de subsolo somente será permitido a homens, com idade compreendida entre 18 (dezoito) e 50 (cinquenta) anos, assegurada a transferência para a superfície por motivo de saúde, nos termos da lei.

C) A duração normal do trabalho dos músicos não poderá exceder de 5 (cinco) horas, excetuados os casos previstos na Lei, e o tempo destinado aos ensaios dos músicos não é computado como de serviço efetivo.

D) A permanência do tripulante a bordo do navio, no período de repouso, além da jornada, importa presunção de que esteja à disposição do empregador ou em regime de prorrogação de horário.

E) Para os empregados ferroviários de estações do interior assim classificadas por autoridade competente, cujo serviço for de natureza intermitente ou de pouca intensidade, não se aplicam os preceitos gerais sobre duração do trabalho, não sendo devidas horas extras.

Resposta: E

16. EMPREGADO VERDE E AMARELO

16.1. Contrato Verde e Amarelo

A modalidade de contratação denominada de "Verde e Amarelo" foi introduzida no ordenamento jurídico pátrio por meio da MP nº 905/19, com o objetivo de **criar novos postos de trabalho para pessoas entre 18 e 29 anos**, com vistas a obtenção do primeiro emprego formal.

Entretanto, a referida MP teve sua vigência limitada ao período compreendido entre 12.11.2019 e 20.04.2020, uma vez que não foi apreciada pelo Congresso Nacional, além de ter sido revogada pela MP nº 955.

Para caracterização como **primeiro emprego**, não eram considerados os seguintes vínculos:

a) menor aprendiz;

b) contrato de experiência;

c) trabalho intermitente; e

d) trabalho avulso.

16.2. Restrições quanto à contratação

A. Quantidade de empregados

A contração de trabalhadores por essa modalidade objetivou aumentar o quadro de pessoal em **no máximo 20%** e teve como referência a média do total de empregados registrados entre 1º de janeiro e 31 de outubro de 2019.

Para as empresas de até 10 empregados, era possível contratar **dois empregados** na modalidade Contrato de Trabalho Verde e Amarelo.

Caso fosse constatada qualquer infração a esses limites, o contrato de trabalho na modalidade Contrato de Trabalho Verde e Amarelo seria transformado automaticamente em contrato de trabalho por prazo indeterminado.

B. Substituição da forma de contratação

Vedava-se a empresa despedir o empregado contratado pela modalidade clássica e recontratá-lo como "verde amarelo" antes de completar a **quarentena de 180 dias** contados da data da dispensa.

C. Limite salarial

Outra limitação que foi estabelecida para a contratação na modalidade Contrato de Trabalho Verde e Amarelo, dizia respeito à remuneração a ser paga aos respectivos trabalhadores. Nesse caso, o salário do empregado não poderia ser superior a **um salário-mínimo e meio nacional.**

D. Trabalhadores submetidos a legislação especial

Não era possível contratar novos empregados sob a modalidade verde amarelo que estivessem **submetidos à legislação especial**, como os domésticos, por exemplo.

16.3. Prazo

O contrato de trabalho verde e amarelo teria que ser celebrado **por tempo determinado de até vinte e quatro meses**, a critério do empregador, independentemente do tipo de atividade da empresa.

Ultrapassado esse prazo, convertia-se automaticamente em **contrato de trabalho por tempo indeterminado.**

Todavia, ultrapassado esse prazo, as regras especiais do contrato verde amarelo só deixavam de ser aplicadas **a partir do momento em que o contrato completasse os dois anos**, ao contrário da regra contida no art. 451 da CLT que manda considerar todo o tempo da prestação de serviços: "O contrato de trabalho por prazo determinado que, tácita ou expressamente, for prorrogado mais de uma vez passará a vigorar sem determinação de prazo".

16.4. Pagamentos antecipados ao empregado

Ao final de cada mês, ou de outro período de trabalho, caso acordado entre as partes, desde que inferior a um mês, o empregado receberia o pagamento imediato das seguintes parcelas:

I – remuneração;

II – décimo terceiro salário proporcional; e

III – férias proporcionais com acréscimo de um terço.

A alíquota do FGTS, no contrato Verde e Amarelo, ficava reduzida de 8% para 2%. Já a multa sobre os depósitos do FGTS, devida em razão da despedida sem justa causa, **poderia ser paga antecipadamente no percentual de 20%**, por acordo entre empregado e empregador, mensalmente, ou em outro período de trabalho previamente ajustado, desde que inferior a um mês.

Ao final do contrato, independente do seu motivo, ainda que por justa causa, não ensejava **o dever de devolução dos valores** pagos durante a execução do contrato de trabalho.

16.5. Jornada de trabalho, compensação e banco de horas

A duração da jornada diária de trabalho poderia ser acrescida de **horas extras**, em número não excedente de **duas**, desde que estabelecido **por acordo individual, convenção coletiva ou acordo coletivo de trabalho**.

Sobre o valor da hora normal de trabalho, deveria ser acrescido o percentual de **cinquenta por cento**, permitida a adoção de **regime de compensação de jornada** por meio de acordo individual, tácito ou escrito, para a compensação no **mesmo mês.**

O **banco de horas** também poderia ser pactuado por **acordo individual escrito**, desde que a compensação ocorresse no período máximo de **seis meses**.

Na hipótese de rescisão do Contrato de Trabalho Verde e Amarelo sem que houvesse a compensação integral da jornada extraordinária, o trabalhador teria direito ao **pagamento das horas extras não compensadas**, calculadas sobre o valor da remuneração a que faça jus na data da rescisão.

16.6. Isenções tributárias

As empresas que contrataram sob a nova modalidade ficaram isentas do recolhimento dos seguintes tributos:

I – contribuição previdenciária patronal

II – salário-educação; e

III – contribuição social destinada aos terceiros – "Sistema S" (Sesi, Sesc, Sest, Senai, Senac, Senat, Sebrae, Incra, Senar e Sescoop).

16.7. Rescisão contratual

Na hipótese de extinção do Contrato de Trabalho Verde e Amarelo, seriam devidos as seguintes verbas calculadas com base na média mensal salarial:

a) Multa sobre o saldo do FGTS (20%), caso não tenha sido paga antecipadamente;

b) as demais verbas trabalhistas que lhe forem devidas.

Não se aplicava ao Contrato de Trabalho Verde e Amarelo a indenização prevista no art. 479 da CLT que estabelece o direito de perceber metade dos salários devidos até o final do contrato.

Isso porque aplicava-se automaticamente a todos os contratos a cláusula assecuratória do direito recíproco de rescisão prevista no art. 481 da CLT.

O empregado "verde e amarelo" tinha direito ao seguro-desemprego desde que preenchesse os requisitos legais.

16.8. Prioridade em ações de qualificação profissional

Os trabalhadores verde-amarelo recebiam prioritariamente ações de qualificação profissional, conforme disposto em ato do Ministério da Economia.

16.9. Quitação de obrigações para reduzir litígios

Era facultado ao empregador comprovar, perante a Justiça do Trabalho, acordo extrajudicial de reconhecimento de cumprimento das suas obrigações trabalhistas para com o trabalhador, nos termos do disposto no art. 855-B da CLT, que disciplina a homologação de acordo extrajudicial.

16.10. Seguro por exposição a perigo previsto em lei

O empregador poderia contratar **seguro privado de acidentes pessoais** para empregados que viessem a sofrer o infortúnio, no exercício de suas atividades, em face da exposição ao perigo previsto em lei, desde que celebrasse acordo individual escrito com o trabalhador e sem excluir a indenização a que o empregador estaria obrigado quando incorrer em dolo ou culpa.

Esse seguro teria cobertura para morte acidental, danos corporais, danos estéticos, e danos morais.

Em compensação o adicional de periculosidade, nesses casos, era reduzido de 30% para 5% do salário base do empregado e somente seria devido quando houvesse exposição permanente do trabalhador, caracterizada pelo efetivo trabalho em condição de periculosidade por, no mínimo, cinquenta por cento de sua jornada normal de trabalho.

17. QUADRO SINÓPTICO

Capítulo IV – Empregado		
Instituto	**Conteúdo**	**Item**
Conceito	Considera-se empregado toda pessoa física que prestar serviços de natureza não eventual a empregador, sob a dependência deste e mediante salário (art. 3º da CLT). O empregado representa, assim, o contratante que assume uma obrigação principal de fazer, mais precisamente de prestar serviços, qualificados pela pessoalidade, não eventualidade, por conta alheia e mediante remuneração.	1
Denominações	Empregado, trabalhador, operário, proletário, obreiro etc.	
Caracterização do empregado		
Pessoalidade	O contrato de trabalho é celebrado *intuitu personae* em relação à pessoa do empregado. É um contrato personalíssimo e, por conta disso, além de não se admitir que o empregado seja pessoa jurídica, a prestação de serviço deverá ser executada pessoalmente, vedada a substituição por outra pessoa.	2.1

Capítulo IV – Empregado			
Onerosidade		O empregado labora mediante o pagamento de uma retribuição denominada de salário, em decorrência do caráter bilateral e oneroso do próprio contrato de trabalho. Por conta disso, inexiste a figura do empregado que presta serviços por mera benevolência ou por qualquer sentimento altruístico.	2.2
Não eventualidade		Quando o trabalhador é contratado para prestar serviços que não se enquadram entre as atividades permanentemente desenvolvidas pela empresa, seja ela fim ou meio, ele será denominado de trabalhador eventual. A eventualidade não é medida pelo tempo em que o trabalhador presta serviços ou fica à disposição do empregador, mas sim pela relação que mantém com o processo produtivo ou de serviços da empresa (alguns autores denominam essa característica de habitualidade).	2.3
Subordinação	**Conceito**	A subordinação corresponde ao estado de submissão que o empregado encontra-se em face do empregador no cumprimento de ordens gerais ou específicas, diretas ou indiretas. Constitui a nota diferenciadora da relação de emprego das relações derivadas dos demais contratos de atividade.	2.4
	Natureza jurídica	A subordinação do empregado pode ser explicada pelo seu caráter jurídico, pois tem origem em um contrato de trabalho, por meio do qual o obreiro despoja-se de sua liberdade de execução dos serviços e transfere para o empregador a propriedade do seu resultado. Atualmente, parte da doutrina também defende a natureza reticular/estrutural da subordinação.	
Sistema de indícios	**Conceito**	O sistema de indícios constitui uma série de características que não servem para afastar a existência da relação de emprego, mas, se presentes e em conjunto, podem revelar a sua presença, desde que avaliados em cada caso concreto.	2.5
	Alteridade	Entende-se por alteridade o fenômeno por meio do qual a pessoa que realiza uma atividade, qual seja, o trabalhador, não se torna proprietário do seu resultado (bens materiais e imateriais ou serviços), mas sim aquela pessoa a quem é destinada o produto respectivo, no caso, o empregador (beneficiário).	2.5 A
	Exclusividade	A exclusividade não é característica da relação empregatícia, pois o empregado poderá celebrar mais de um contrato de trabalho, simultaneamente, desde que o horário de labor seja compatível. É certo, porém, que a convivência de dois ou mais pactos laborais dificultaria e, até mesmo, impossibilitaria o cumprimento de determinados objetivos previstos pela norma trabalhista, principalmente no que diz respeito à necessidade de intervalos interjornadas, repousos semanal e anual remunerados.	2.5 B
	Dependência tecnológica	O fornecimento dos meios de produção, ou seja, do instrumental necessário para o desenvolvimento da atividade produtiva, pode contribuir para desconsiderar a possível existência de uma relação de trabalho totalmente autônoma e o consequente reconhecimento de um vínculo empregatício, em face da dependência tecnológica que se estabelece entre o trabalhador e aquele que se beneficia do seu trabalho.	2.5 C
	Continuidade	A prestação de serviços em todos os dias da semana e durante um período razoável de tempo faz presumir a existência do pacto laboral, desde que estejam presentes os demais requisitos previstos pela norma estatal.	2.5 D
Empregados diferenciados			
Altos empregados		Altos empregados são todos aqueles trabalhadores que, por algum motivo, desfrutam de um maior nível de confiança por parte do empregador.	3.1

Capítulo IV – Empregado		
Trabalhador hipersuficiente	São os trabalhadores com faixa salarial elevada e portadores de diploma de nível superior podem negociar condições de trabalho menos benéficas quando comparadas com os direitos trabalhistas previstos na legislação, salvo aqueles garantidos pela Constituição Federal.	3.2
Empregado de confiança	Para o exercício de determinadas funções dentro da empresa, exige-se um grau de confiança superior àquele necessário para se estabelecer e manter uma relação empregatícia. Nesses casos, diz-se que o empregado desempenha uma função de confiança.	3.3
Diretores e sócios	Há evidente incompatibilidade entre a figura do diretor e do empregado. No período em que o empregado exerce o cargo de diretor de S/A, não se conta o tempo de serviço tampouco há pagamento de salário. Trata-se de uma espécie de suspensão do contrato de trabalho.	3.4
Aprendiz		
Conceito	O aprendiz é um empregado especial regularmente matriculado em um programa de aprendizagem no qual lhe é proporcionada formação técnico-profissional metódica, devendo executar as tarefas respectivas necessárias a essa formação com zelo e eficiência.	4.1
Características	• Deve ser celebrado por escrito e com anotação na carteira de trabalho; • Idade de 14 a 24 anos (salvo para o deficiente); • Jornada máxima diária de seis horas; • Garantia do salário-mínimo hora.	4.2
Extinção	O contrato de aprendizagem extingue-se normalmente pela sua execução e consequente término do contrato a prazo (máximo de dois anos, salvo se for deficiente), quando o empregado atinge o limite de idade previsto em lei ou nas hipóteses de: desempenho insuficiente ou inaptidão do aprendiz; falta disciplinar grave; ausência injustificada à escola que implique perda do ano letivo; ou a pedido do aprendiz.	4.5
Empregado doméstico		
Caracterização	A diferença básica que existe entre o empregado doméstico e os demais diz respeito à finalidade não lucrativa daquele que dirige a prestação dos serviços, que deve ser uma pessoa física ou família. Também não existe o elemento não eventualidade, que, na relação de emprego doméstica, é substituído pela continuidade.	5.1
Diarista	O elemento continuidade difere da não eventualidade, tendo em vista que, no primeiro caso, exige-se o labor durante um lapso razoável de tempo e com certa habitualidade, fato que afasta a existência de relação de emprego doméstica, dando ensejo ao surgimento da figura do denominado "diarista". De acordo com o art. 1º, da Lei Complementar nº 150/15, para ser empregado doméstico o trabalhador deve prestar serviços mais de duas vezes por semana.	5.2
Aplicabilidade da CLT	Na vigência da Lei nº 5.859/72, a Consolidação das Leis do Trabalho não se aplicava, em regra, aos empregados domésticos. A LC nº 150/15 acaba com a discussão doutrinária e jurisprudencial e passa a determinar a aplicação subsidiária da CLT para disciplinar a relação de emprego doméstica em caso de omissão em seus dispositivos. Todavia, a EC nº 72/2013 não promoveu a igualdade de direitos entre domésticos e não domésticos. Houve apenas uma diminuição da diferença de tratamento legal dispensada a essas duas categorias profissionais.	5.3
Contrato por tempo determinado	Além do contrato de experiência, o empregado doméstico poderá ser contratado por tempo determinado para substituir temporariamente outro trabalhador, cujo contrato esteja suspenso ou interrompido, e nos casos de necessidade familiar transitória. Nesses dois últimos casos o período da contratação por prazo determinado fica vinculado ao evento que o motivou, com limitação de dois anos.	5.4

Capítulo IV – Empregado		
Resumo dos direitos trabalhistas	• jornada de trabalho de 8 horas diárias ou 44 horas semanais; • adicional de 50% sobre as horas extras; • redução dos riscos inerentes ao trabalho; • reconhecimento das convenções e acordos coletivos de trabalho; • isonomia salarial; • proibição de qualquer discriminação no tocante a salário e critérios de admissão do trabalhador com deficiência; • proibição de trabalho noturno, perigoso ou insalubre a menores de dezoito e de qualquer trabalho a menores de dezesseis anos, salvo na condição de aprendiz, a partir de quatorze anos. • garantia de salário, nunca inferior ao mínimo, para os que percebem remuneração variável; • proteção do salário, constituindo crime sua retenção dolosa. • FGTS e seguro-desemprego de natureza obrigatória; • adicional noturno; • salário-família; • relação de emprego protegida contra despedida arbitrária ou sem justa causa; • assistência creches e pré-escolas; e • seguro contra acidentes do trabalho.	5.21
Trabalho em domicílio		
Conceito	Trabalho em domicílio corresponde ao labor executado pelo trabalhador em sua residência, não desnaturando a relação de emprego, desde que presentes seus elementos caracterizadores.	6
Previsão legal	CLT. Art. 6º. Não se distingue entre o trabalho realizado no estabelecimento do empregador, o executado no domicílio do empregado e o realizado a distância, desde que estejam caracterizados os pressupostos da relação de emprego. Parágrafo único. Os meios telemáticos e informatizados de comando, controle e supervisão se equiparam, para fins de subordinação jurídica, aos meios pessoais e diretos de comando, controle e supervisão do trabalho alheio. Art. 83. É devido o salário mínimo ao trabalhador em domicílio, considerado este como o executado na habitação do empregado ou em oficina de família por conta de empregador que o remunere.	
Mãe social		
Conceito	A mãe social é uma empregada especial, pois o contrato de trabalho que lhe confere essa condição também é especial. O empregador da mãe social é a entidade sem fins lucrativos ou filantrópica e as atribuições dessa empregada especial encontram-se definidas no art. 4º, da Lei nº 7.644/87.	7
Direitos	Garante-se, a esta espécie de empregada, o direito a: remuneração não inferior ao mínimo legal; anotações na CTPS; repouso semanal remunerado; férias anuais de 30 dias; benefícios previdenciários na qualidade de segurada obrigatória; 13º salário e FGTS.	
Empregado público		
Conceito	Empregado público é o trabalhador que presta serviços para a administração pública direta, autárquica ou fundacional e é regido pelo sistema da Consolidação das Leis do Trabalho.	8.1
Formalidade	Para admissão no serviço público exige-se do candidato a prévia aprovação em concurso público, conforme dispõe o art. 37, II, da Constituição Federal de 1988.	8.2
Estabilidade	Após ultrapassar a fase do estágio probatório, o empregado público adquire estabilidade no emprego, conforme entendimento constante da Súmula nº 390, I, do TST. A estabilidade não atinge os empregados das empresas públicas e das sociedades de economia mista, mas o ato de dispensa deve ser motivado.	8.5
Trabalho do indígena		

Capítulo IV – Empregado		
Capacidade do indígena	O indígena que ainda não estiver integrado à comunidade nacional estará sujeito a um regime tutelar prestado pela União, atualmente por intermédio da FUNAI, circunstância que revela a incapacidade absoluta desse indivíduo. A plena capacidade poderá ser requerida, desde que o indígena preencha os requisitos estabelecidos pela mencionada Lei nº 6.001/73 (art. 9º), quais sejam: idade mínima de 21 anos; conhecimento da língua portuguesa; habilitação para o exercício de atividade útil, na comunhão nacional; razoável compreensão dos usos e costumes da comunhão nacional.	9.1
Validade do contrato de trabalho	O pacto laboral celebrado com indígena isolado da comunidade nacional é nulo de pleno direito, pela ausência de capacidade do sujeito. Se a integração do índio estiver em vias de efetivar-se, haverá necessidade de autorização do órgão competente para que o contrato de trabalho torne-se válido.	9.2
Trabalhador da criança e do adolescente		
Proibição do trabalho da criança e do adolescente	• Em condições que prejudique a sua formação, o seu desenvolvimento físico, psíquico, moral e social; em horários e locais que não permitam a frequência à escola ou insalubres; • Realizado entre 22:00 e 05:00 horas; • Perigoso, insalubre ou penoso; e • Em jornada extraordinária, salvo permissão em convenção ou acordo coletivo e por motivo de força maior.	10.2
Características especiais	• Coincidência da concessão do período de gozo com a época das férias escolares; • O recibo de rescisão contratual de trabalho só produzirá efeitos se contar com a assistência dos responsáveis legais do menor.	
Mulher empregada		
Condições de trabalho especiais para as mulheres	• Manutenção de vestiários com armários exclusivos para as mulheres, desde que seja exigida a troca de roupa para utilização de uniformes;	11.1
	• Havendo trabalho aos domingos, será organizada uma escala de revezamento quinzenal, que favoreça o repouso dominical • Não poderão ser exigidos serviços superiores às forças musculares da mulher, assim considerado aquele que seja superior a vinte quilos para o trabalho contínuo ou vinte e cinco quilos para o trabalho ocasional; e • O matrimônio ou a gravidez não podem constituir justa causa para rompimento do vínculo empregatício.	11.1
Proteção à maternidade	• Local apropriado destinado à guarda dos filhos que estejam sendo amamentados, para os estabelecimentos com mais de trinta empregadas; • Ausência remunerada da gestante ao trabalho, pelo tempo que for necessário para realização de consultas e exames relativos ao programa pré-natal; • Estabilidade provisória no emprego da empregada gestante, a partir da concepção até cinco meses após o parto, além do direito a uma licença maternidade de, no mínimo, 120 dias (podendo ser acrescida em mais 60 dias, nos casos de adesão ao programa empresa cidadã); e • Concessão, à mãe empregada, de dois intervalos intrajornada extraordinários, de meia hora cada um, nos primeiros seis meses de vida de seu filho, destinados à amamentação. • Afastamento do trabalho em locais insalubres durante a gestação e lactação.	11.1
Trabalhador deficiente		
Conceito	São pessoas cujas possibilidades de obter e conservar um emprego adequado e de nele progredir fiquem substancialmente reduzidas devido a uma deficiência de caráter físico ou mental devidamente comprovada.	12.1
Sistema de cotas	A empresa com 100 (cem) ou mais empregados está obrigada a preencher de 2% (dois por cento) a 5% (cinco por cento) dos seus cargos com beneficiários reabilitados ou pessoas deficientes, habilitadas, na seguinte proporção: I – até 200 empregados, 2%; II – de 201 a 500, 3%¨; III – de 501 a 1.000, 4% IV – de 1.001 em diante, 5%.	12.2

<table>
<tr><th colspan="4">Capítulo IV – Empregado</th></tr>
<tr><th colspan="4">Teletrabalhador</th></tr>
<tr><td>Conceito</td><td colspan="2">Espécie de trabalho à distância (executado fora do centro de trabalho tradicional), concebido como forma flexível de organização do trabalho e com utilização das ferramentas fornecidas pelas novas tecnologias da informática e das telecomunicações.</td><td>13.2</td></tr>
<tr><td rowspan="2">Natureza jurídica</td><td>Relação de emprego</td><td>Execução de um serviço intelectual, sem alteridade e subordinação, com a transmissão do resultado respectivo à empresa contratante por meios de comunicação eletrônica, incidirá sobre o pacto respectivo as normas do Direito Civil.</td><td rowspan="2">13.3</td></tr>
<tr><td>Relação de trabalho</td><td>Quando o tomador do serviço, que, assumindo o risco da atividade econômica, dirige e assalaria a atividade do trabalhador, será regido pelas leis laborais.</td></tr>
<tr><td>Jornada de trabalho</td><td colspan="2">Excluído da proteção conferida pela CLT a respeito da duração do labor, mas pertinente o direito a horas extraordinárias.</td><td></td></tr>
<tr><td rowspan="2">Elementos</td><td>Utilização de novas tecnologias</td><td>O trabalho com o uso da microeletrônica informática (microcomputador), telefone fixo ou móvel, fax, vídeo-terminal, videoconferência, etc. Inclusive esses equipamentos podem ser de propriedade do teletrabalhador sem que se desnature a relação de emprego.</td><td rowspan="2">13.4</td></tr>
<tr><td>Local da prestação de serviços</td><td>Fora dos limites geográficos das instalações empresariais. No entanto, o comparecimento ao estabelecimento empresarial para executar determinadas atividades que exigem a sua presença física não descaracteriza o teletrabalho.</td></tr>
<tr><td>Requisito</td><td colspan="2">O contrato de teletrabalho deve ser celebrado por escrito no qual constará todas as atividades que serão executados pelo empregado.</td><td>13.5</td></tr>
<tr><th colspan="4">Atleta profissional</th></tr>
<tr><td>Requisitos do contrato de trabalho</td><td colspan="2">Contrato de trabalho escrito com prazo mínimo de três meses e máximo de cinco anos.</td><td>14.1</td></tr>
<tr><td>Cláusula indenizatória desportiva</td><td colspan="2">A cláusula penal deverá constar no contrato de trabalho para o caso de rompimento ou rescisão unilateral antecipada, sendo livremente estabelecida pelos contratantes, até o limite máximo de duas mil vezes o montante da remuneração anual pactuada.</td><td>14.1</td></tr>
<tr><td>Direito de arena</td><td colspan="2">Trata-se do direito que a entidade desportiva tem de transmitir o espetáculo com a participação de todos os atletas. 5% da receita proveniente da exploração de direitos desportivos audiovisuais devem ser repassados aos sindicatos de atletas profissionais, e estes distribuirão, em partes iguais, aos atletas profissionais participantes do espetáculo, como parcela de natureza civil</td><td></td></tr>
<tr><th colspan="4">Professor</th></tr>
<tr><td>Remuneração</td><td colspan="2">Aferida por mês e com base no número de aulas ministradas por semana multiplicado por 4,5. Deve-se descontar as faltas injustificadas e é devida, inclusive, durante o período de férias escolares e dos exames.</td><td>15.2 “a”</td></tr>
<tr><td>Jornada de trabalho</td><td colspan="2">O professor poderá lecionar em um mesmo estabelecimento por mais de um turno, desde que não ultrapasse a jornada de trabalho semanal estabelecida legalmente, assegurado e não computado o intervalo para refeição.</td><td>15.2 “b”</td></tr>
<tr><td>Repouso semanal</td><td colspan="2">O professor que recebe salário mensal à base de hora-aula tem direito ao acréscimo de 1/6 a título de repouso semanal remunerado. Considera-se para esse fim o mês de quatro semanas e meia (Súmula nº 351 do TST).</td><td>15.2 “c”</td></tr>
<tr><td>Férias</td><td colspan="2">Caso a rescisão contratual ocorra antes do fim do ano letivo, ao professor será devida a remuneração relativa às férias escolares (CLT. Art. 322, § 3º. Súmula nº 10 do TST).</td><td>15.2 “d”</td></tr>
</table>

<table>
<tr><th colspan="4">Capítulo IV – Empregado</th></tr>
<tr><td>Aviso prévio</td><td colspan="2">O direito aos salários do período de férias escolares assegurado aos professores (art. 322, caput e § 3º, da CLT) não exclui o direito ao aviso prévio, na hipótese de dispensa sem justa causa ao término do ano letivo ou no curso das férias escolares. (TST. Súm. nº 10)</td><td>15.2
"d"</td></tr>
<tr><th colspan="4">Músico</th></tr>
<tr><td rowspan="3">Nota contratual</td><td>Conceito</td><td>Documento necessário para contratação do músico de forma eventual e sem relação de emprego.</td><td rowspan="9">15.3</td></tr>
<tr><td rowspan="2">Requisitos de validade</td><td>Máximo de dez apresentações (temporada cultural), consecutivas ou não;</td></tr>
<tr><td>Não utilização dessa espécie de contratação, pelas mesmas partes, nos cinco dias subsequentes ao término de uma temporada cultural.</td></tr>
<tr><td rowspan="6">Jornada e intervalos</td><td>Jornada normal</td><td>Cinco horas. Computa-se, inclusive, o tempo destinado aos ensaios.</td></tr>
<tr><td rowspan="2">Intervalo intrajornada</td><td>No mínimo de uma hora, sem computar na jornada.</td></tr>
<tr><td>No mínimo, onze horas, com direito a um repouso semanal remunerado de 24 horas a cada seis dias laborados.</td></tr>
<tr><td rowspan="2">Horas extras</td><td>Uma hora extra, nos estabelecimentos de diversões públicas, tais como – cabarés, boates, dancings, táxi-dancings, salões de danças e congêneres, onde atuem dois ou mais conjuntos.</td></tr>
<tr><td>Duas horas, nos casos de força maior, ou festejos populares e serviço reclamado pelo interesse nacional.</td></tr>
<tr><th colspan="3">Petroleiros</th></tr>
<tr><td>Conceito</td><td colspan="2">Trabalhador que presta serviços subordinados nas atividades de exploração, perfuração, produção e refinação de petróleo, industrialização do xisto, indústria petroquímica e transporte de petróleo e seus derivados por meio de dutos.</td><td rowspan="2">15.4</td></tr>
<tr><td>Condições especiais de trabalho</td><td colspan="2">• Alimentação gratuita, no posto de trabalho, durante o turno em que estiver em serviço (turno de oito horas);
• Transporte gratuito para o local de trabalho (turno de oito horas); e
• Alojamento coletivo gratuito e adequado ao seu descanso e higiene (turno de doze horas).</td></tr>
<tr><th colspan="4">Aeronauta</th></tr>
<tr><td>Conceito</td><td colspan="2">O aeronauta (piloto, mecânico e comissário) é o empregado, profissionalmente habilitado pelo Ministério da Aeronáutica, que exerce sua atividade a bordo de aeronave civil nacional, regido de forma específica pela Lei nº 13.475/17, que revogou expressamente a Lei nº 7.183/84. Não pode ser confundido com o aeroviário, profissional que trabalha para uma empresa de transporte aéreo, mas em solo e não a bordo da aeronave.</td><td>15.5</td></tr>
<tr><td>Terceirização</td><td colspan="2">A terceirização é admitida, desde que o serviço aéreo não seja a atividade-fim da empresa tomadora, ainda assim pelo prazo máximo de 30 dias consecutivos e apenas uma vez por ano (art. 20, § 1º). Já a empresa aérea pode contratar tripulantes instrutores terceirizados, quando em seu quadro de tripulantes não existirem instrutores habilitados no equipamento em que pretende operar (art. 21).</td><td rowspan="2">15.5</td></tr>
<tr><td>Condições especiais de trabalho</td><td colspan="2">• O tripulante não poderá exercer, simultaneamente, mais de uma função a bordo de aeronave, mesmo que seja titular de licenças correspondentes (art. 10).
• A jornada de trabalho do tripulante é definida, em regra, por meio de escalas de periodicidade mínima mensal, divulgada com antecedência mínima de 5 dias, que deverá conter:
• horários de início e término de voos;
• serviços de reserva;
• sobreavisos; e
• folgas.</td></tr>
</table>

<table>
<tr><th colspan="3">Capítulo IV – Empregado</th></tr>
<tr><th colspan="3">Portuário</th></tr>
<tr><td>Jornada de trabalho</td><td>• A jornada de trabalho do portuário poderá ser estendida sem a necessidade a acordo individual ou coletivo;
• As horas extras serão remuneradas com acréscimo de 50%, salvo aquelas prestadas durante o período destinado à refeição, que deverão ser majoradas em 100%; e
• Considera-se jornada noturna aquela compreendida entre as 19 e 07 horas sem levar em consideração a redução ficta prevista pela CLT.</td><td rowspan="2">15.6</td></tr>
<tr><td>Características do adicional de risco</td><td>• No percentual de 40% sobre o salário-base;
• Devido proporcionalmente ao tempo de exposição ao risco;
• Exclui o pagamento de qualquer outro adicional, como de insalubridade e periculosidade; e
• Devido uma única vez, ainda que exista mais de um fator de risco no meio ambiente de trabalho.</td></tr>
<tr><th colspan="3">Jornalista</th></tr>
<tr><td>Principais características</td><td>• Jornada diária de 5 horas;
• Intervalo interjornada de 10 horas;
• A remuneração deve ser paga pontualmente, sob pena de suspensão de funcionamento da empresa jornalística; e
• Não é necessária a formação em jornalismo para o exercício da profissão, conforme decidiu o STF.</td><td>15.7</td></tr>
<tr><th colspan="3">Vendedor</th></tr>
<tr><td>Principais características</td><td>• Remuneração paga por meio de comissões;
• Em caso de transferência de zona de trabalho, assegura-se ao empregado uma remuneração mínima equivalente à média dos 12 últimos meses anteriores à transferência;
• Nos negócios realizados com pagamento parcelado, a quitação das comissões somente será exigível de acordo com a ordem de recebimento de cada uma delas;
• Direito a um adicional de 10% sobre o salário quando acumular as funções de inspeção e fiscalização;</td><td>15.8</td></tr>
<tr><th colspan="3">Motorista</th></tr>
<tr><td>Direitos específicos</td><td>• Não responder perante o empregador por prejuízo patrimonial decorrente da ação de terceiro, ressalvado o dolo ou a desídia do motorista, nesses casos mediante comprovação, no cumprimento de suas funções;
• Ter jornada de trabalho controlada e registrada de maneira fidedigna mediante anotação em diário de bordo, papeleta ou ficha de trabalho externo, ou sistema e meios eletrônicos instalados nos veículos, a critério do empregador; e
• Ter benefício de seguro de contratação obrigatória assegurado e custeado pelo empregador, destinado à cobertura de morte natural, morte por acidente, invalidez total ou parcial decorrente de acidente, traslado e auxílio para funeral referentes às suas atividades, no valor mínimo correspondente a 10 (dez) vezes o piso salarial de sua categoria ou valor superior fixado em convenção ou acordo coletivo de trabalho.
• estar atento às condições de segurança do veículo;
• conduzir o veículo com perícia, prudência, zelo e com observância aos princípios de direção defensiva;
• respeitar a legislação de trânsito e, em especial, as normas relativas ao tempo de direção e de descanso controlado e registrado na forma do previsto no art. 67-E da Lei no 9.503, de 23 de setembro de 1997 – Código de Trânsito Brasileiro;
• zelar pela carga transportada e pelo veículo;
• colocar-se à disposição dos órgãos públicos de fiscalização na via pública; e
• submeter-se a exames toxicológicos com janela de detecção mínima de noventa dias e a programa de controle de uso de droga e de bebida alcoólica, instituído pelo empregador, com sua ampla ciência, pelo menos uma vez a cada dois anos e seis meses, podendo ser utilizado para esse fim o exame obrigatório previsto na Lei no 9.503, de 23 de setembro de 1997 – Código de Trânsito Brasileiro, desde que realizado nos últimos sessenta dias.</td><td>15.9</td></tr>
</table>

Capítulo IV – Empregado			
Empregado intermitente			
Conceito		É aquele que sofre solução de continuidade, ou seja, é um trabalho descontínuo. Sendo assim, o empregado intermitente seria aquele que presta seus serviços sem continuidade, mas de natureza não eventual e pessoal, sob a direção do empregador e mediante pagamento de salário.	14.1
Descontinuidade		Não está relacionada com o fator tempo, mas sim com a demanda da atividade empresarial. Em outras palavras, a convocação do obreiro não depende de um termo, mas sim de uma condição, qual seja, o aumento da demanda da empresa.	
Formalidades		Deve ser celebrado por escrito e deve conter especificamente o valor da hora de trabalho, que não pode ser inferior ao valor horário do salário mínimo ou àquele devido aos demais empregados do estabelecimento que exerçam a mesma função em contrato intermitente ou não.	14.2
Isonomia salarial horária		O valor da hora de labor não pode ser inferior ao valor horário do salário mínimo ou àquele devido aos demais empregados do estabelecimento que exerçam a mesma função em contrato intermitente ou não.	14.3
Convocação	**Procedimento**	Pode ser feita por qualquer meio de comunicação eficaz, desde que seja feita com antecedência mínima de três dias corridos e com informação sobre a respectiva jornada de trabalho.	14.4
	Resposta	Deve ser no prazo de um dia útil, para aceitá-la ou não. Caso permaneça silente presume-se a recusa.	
	Recusa	Como a convocação não vincula o empregado intermitente, a sua recusa não pode ser classificada como ato de insubordinação muito menos descaracterizar a subordinação como elemento da relação de emprego (art. 452-A, § 3º, da CLT). Entretanto, aceita a oferta para o comparecimento ao trabalho, a parte que descumprir, sem justo motivo, pagará à outra parte, no prazo de trinta dias, multa de 50% (cinquenta por cento) da remuneração que seria devida, permitida a compensação em igual prazo.	14.4
Direitos trabalhistas		Ao final de cada período de prestação de serviço, o empregado receberá o pagamento imediato das seguintes parcelas: • remuneração; • férias proporcionais com acréscimo de um terço; • décimo terceiro salário proporcional; • repouso semanal remunerado; e • adicionais legais.	14.5

18. INFORMATIVOS DO TST SOBRE A MATÉRIA

Questão controvertida remetida ao Tribunal Pleno. Art. 72 do RITST. Magistério público da educação básica. Carga horária semanal. Distribuição. Tempo em sala de aula e em atividades extraclasse. Limites estabelecidos no art. 2º, § 4º da Lei nº 11.738/2008. Não observância. Adicional de horas extras. Devido.

Aos profissionais do magistério público da educação básica é devido o pagamento do adicional de 50% para as horas trabalhadas em sala de aula além do limite de jornada previsto no art. 2º, § 4º, da Lei nº 11.738/2008, quando não extrapolado o limite semanal de duração da jornada de trabalho. O referido dispositivo fixou o limite máximo de 2/3 (dois terços) da carga horária para o desempenho das atividades de interação com os educandos, destinando o 1/3 (um terço) restante para as demais atividades extraclasse, e teve sua constitucionalidade reconhecida no julgamento do processo nº STF-ADI-4167/DF, cujos efeitos foram modulados e restritos ao trabalho prestado a partir de 27.4.20011. Ademais, não há falar em conflito entre o § 4º do art. 2º da Lei nº 11.738/2008 e o art. 320, caput, da CLT, pois este se limita a tratar do critério de remuneração dos professores a partir do número de aulas semanais, abrangendo as horas extraclasse, ao passo que o art. 2º, § 4º, da Lei nº 11.738/2008 apenas disciplina a distribuição das duas atividades (classe e extraclasse) dentro da jornada de trabalho. Sob esse entendimento, o Tribunal Pleno, por unanimidade, conheceu do recurso de embargos, por divergência jurisprudencial, e, no mérito, por maioria, negou-lhes provimento, mantendo, portanto, a condenação ao pagamento do adicional de horas extraordinárias ante a não observância da proporcionalidade entre as atividades em sala de aula e o tempo destinado às atividades extraclasse. Vencidos os Ministros Ives Gandra da Silva Martins Filho, Maria Cristina Irigoyen Peduzzi, Dora Maria da Costa, Guilherme Augusto Caputo Bastos, Márcio Eurico Vitral Amaro, Douglas Alencar Rodrigues, Breno Medeiros e Evandro Valadão. TST-E-RR-10314-74.2015.5.15.0086, Tribunal Pleno, rel. Min. Luiz Philippe Vieira de Mello Filho, 16.9.2019 (TST. Info nº 205).

Advogado empregado. Regime de dedicação exclusiva. Art. 20 da Lei nº 8.906/1994. Configuração. Previsão em edital do concurso público.

O edital de concurso público contendo a previsão de que o candidato aprovado no cargo de advogado será contratado para trabalhar oito horas diárias equivale a ajuste contratual expresso do regime de dedicação exclusiva a que se refere o art. 20 da Lei nº 8.906/1994 e o art. 12 do Regulamento Geral da OAB. Segundo o princípio da vinculação ao edital do concurso público, o contrato de trabalho firmado pelas partes é regido pelas normas constantes do edital do certame a que submetido o advogado, de modo que, no caso, prevalece a jornada de trabalho de oito horas. Sob esse entendimento, a SBDI-I, por unanimidade, conheceu dos embargos, por divergência jurisprudencial, e, no mérito, por maioria, negou-lhes provimento, mantendo, portanto, a decisão turmária que considerou válida a jornada prevista no edital do concurso público e reconheceu ser indevido o pagamento de horas extras excedentes à quarta diária a advogado empregado contratado após a vigência da Lei nº 8.906/1994. Vencidos os Ministros Luiz Philippe Vieira de Mello Filho, Cláudio Mascarenhas Brandão, Alberto Luiz Bresciani de Fontan Pereira, José Roberto Freite Pimenta e Brito Pereira. TST-E-RR-2408-70.2013.5.22.0001, SBDI-I, rel. Min. Hugo Carlos Scheuermann, 27.6.2019 (TST. Info nº 200).

CEF. Advogado empregado. Contratação anterior à Lei nº 8.906/94. Jornada de 6 horas. Regime de dedicação exclusiva. Configuração. Indevidas as horas extras após a quarta diária.

Na hipótese em que o empregado advogado foi contratado para uma jornada de seis horas, antes da Lei nº 8.906/94, e sempre laborou nessa jornada, considera-se ter havido adoção tácita do regime de dedicação exclusiva, visto que a jornada legal do empregado bancário à época era de seis horas, e não se exigia o ajuste expresso em cláusula de contrato de trabalho para a configuração de dedicação exclusiva. Ademais, no caso concreto, não obstante o acórdão turmário tenha reconhecido a jornada de seis horas apenas no período em que realizados acordos entre a Caixa Econômica Federal e associações de advogados, prevaleceu o entendimento de que tais avenças, ao invés de afastar a dedicação exclusiva, a confirmaram, pois apenas ratificaram a jornada de trabalho de seis horas praticada pelo advogado empregado desde a contratação. Com esses fundamentos, a SBDI-I, por unanimidade, conheceu dos embargos por divergência jurisprudencial, e, no mérito, por maioria, deu-lhes provimento para restabelecer o acórdão do Tribunal Regional que não reconheceu o direito às horas extraordinárias após a quarta hora diária diante do confessado regime de dedicação exclusiva do advogado bancário, não havendo falar na aplicação do art. 20, caput, da Lei nº 8.906/94. Vencidos os Ministros José Roberto Freire Pimenta, Alberto Luiz Bresciani de Fontan Pereira, Augusto César Leite de Carvalho e Hugo Carlos Scheuermann. TST-E-ED-ED-RR-69700-19.2000.5.18.0008, SBDI-I, rel. Aloysio Corrêa da Veiga, 30.5.2019 (TST. Info nº 197).

Sociedade de economia mista. Empregado público. Contratação sem concurso público sob o regime da CLT. Cargo em comissão de livre nomeação e exoneração. Verbas rescisórias decorrentes da dispensa imotivada. Indevidas.

Conforme a jurisprudência pacífica da SBDI-I e das Turmas do TST, os empregados públicos contratados sem concurso público, sob o regime da CLT, para o exercício de cargo em comissão, de livre nomeação e exoneração, não têm direito ao pagamento das verbas rescisórias decorrentes da dispensa imotivada. Sob esse entendimento, a SBDI-I, em sua composição plena, por maioria, não conheceu do recurso de embargos em que empregada da Companhia Paulista de Trens Metropolitanos – CPTM, sociedade de economia mista, admitida para o exercício de cargo em comissão, sem concurso, pleiteava o recebimento da indenização de 40% do FGTS e do aviso-prévio indenizado em decorrência de sua demissão sem justa causa. Vencidos os Ministros Luiz Philippe de Mello Filho, relator, Walmir Oliveira da Costa, Augusto César Leite de Carvalho e José Roberto Freire Pimenta, os quais conheciam e davam provimento ao recurso para restabelecer a decisão do TRT que mantivera a sentença quanto ao direito da reclamante ao pagamento das verbas rescisórias pleiteadas, visto que os empregados em comissão das estatais são regidos pela CLT (art. 173, § 1º, II, da CF) e não houve derrogação expressa ou implícita dos direitos trabalhistas mínimos ali previstos. TST-E--ARR-1642-58.2015.5.02.0080, SBDI-I, rel. Min. Luiz Philippe Vieira de Mello Filho, red. p/ acórdão Min. Maria Cristina Irigoyen Peduzzi, 21.2.2019 (TST. Info nº 192).

Ação rescisória. Violação do art. 37, II, da CF. Configuração. Sociedade de economia mista. Emprego público em comissão. Direito ao pagamento de férias proporcionais e décimo terceiro salário proporcional. Inaplicabilidade da Súmula nº 363 do TST.

Afronta o art. 37, II, da CF a decisão que confere à demissão de empregada contratada para ocupar emprego em comissão em sociedade de economia mista idêntica consequência jurídica aplicável ao contrato nulo (Súmula nº 363 do TST), pois não se trata de contratação irregular. Assim, embora não se possa cogitar do pagamento de aviso prévio e de indenização de 40% do FGTS, ante a precariedade do vínculo existente entre as partes, à trabalhadora é devido o décimo terceiro salário proporcional e as férias proporcionais (art. 7º, VIII e XVII, da CF). Sob esse fundamento, a SBDI-II, por unanimidade, conheceu do recurso ordinário e, no mérito, por maioria, deu-lhe parcial provimento para julgar parcialmente procedente o pedido de corte rescisório, por violação do art. 37, II, da CF, a fim de rescindir o acórdão do Regional e condenar a ré ao pagamento de férias proporcionais e décimo terceiro salário proporcional. Vencido o Ministro Renato de Lacerda Paiva. TST-RO-9477-85.2011.5.02.0000, SBDI-II, rel. Min. Douglas Alencar Rodrigues, 28.8.2018 (TST. Info nº 183).

Servidor público. Reajuste geral anual. Art. 37, X, da CF. Concessão em abonos fixos. Deferimento de diferenças salariais correspondentes à distorção apurada. Impossibilidade. Súmula Vinculante 37.

Conforme atual entendimento do Supremo Tribunal Federal, o deferimento de diferenças salariais correspondentes à distorção apurada em razão da concessão de reajuste geral anual realizado por meio de pagamento de abonos em valores fixos, fundado na inobservância do art. 37, X, parte final, da CF, esbarra no óbice previsto na Súmula Vinculante 37, segundo a qual "não cabe ao Poder Judiciário, que não tem função legislativa, aumentar vencimentos de servidores públicos sob o fundamento de isonomia". Sob esse fundamento, a SBDI-I, por unanimidade, conheceu dos embargos por contrariedade à Súmula Vinculante 37 e, no mérito, deu-lhes provimento para excluir da condenação o pagamento de diferenças salariais decorrentes da inobservância do art. 37, X, da CF concedidas aos servidores do Município de Mococa/SP. TST-E-RR-10673-87.2014.5.15.0141, SBDI-I, rel. Min. Márcio Eurico Vitral Amaro, 7.6.2018 (TST. Info nº 180).

Ação anulatória. Acordo coletivo de trabalho. Regularização da jornada em turnos ininterruptos de revezamento. Quitação extrajudicial de horas extras pretéritas. Transação coletiva sindical. Validade.

A SDC, por unanimidade, conheceu de recurso ordinário e, no mérito, negou-lhe provimento para manter a decisão do Tribunal Regional que considerou válida as cláusulas de termo aditivo em acordo coletivo de trabalho por meio das quais se formalizou expressamente a jornada de 8 horas em regime de trabalho em turnos ininterruptos de revezamento e, concomitantemente, se estabeleceu transação extrajudicial para a quitação das 7ª e 8ª horas como extras relativas ao período pretérito, no qual o regime de turnos ininterruptos era adotado pela Companhia de Saneamento Básico do Estado de São Paulo – Sabesp sem respaldo em norma coletiva. Na espécie, registrou-se que embora os empregados tenham consentido com a satisfação apenas parcial do direito ao pagamento de eventuais horas extras trabalhadas, por outro lado, a norma coletiva assegurou benefícios importantes para a categoria, a revelar a ocorrência de despojamento bilateral e reciprocidade entre os sujeitos coletivos. Houve, portanto, efetiva transação coletiva sindical que redundou na concretização de uma das principais funções do Direito Coletivo do Trabalho, qual seja, a pacificação de conflitos de natureza sociocoletiva, na medida em que o instrumento firmado impediu a exacerbação da litigiosidade e trouxe segurança jurídica em relação à escala de 4x2x4 historicamente desempenhada pela categoria profissional. TST-RO-1000351-52.2015.5.02.0000, SDC, rel. Min. Mauricio Godinho Delgado, 14.5.2018 (TST. Info nº 178).

Ação anulatória. Acordo coletivo de trabalho. Cláusula que fixa percentual máximo de 50% do salário base para desconto em folha de pagamento. Validade.

A Lei nº 10.820/2003, que dispõe sobre a consignação em folha nos casos de prestações decorrentes de operações financeiras, não fixa limites mínimo ou máximo para o desconto salarial. O percentual de 35% determinado no art. 1º, § 1º, da referida lei alude apenas ao limite de comprometimento das verbas rescisórias e não ao limite de desconto nos salários. No caso, a norma coletiva fixou o percentual máximo de desconto de 50% sobre o salário base em folha de pagamento, em consonância, portanto, com a Orientação Jurisprudencial nº 18 da SDC, que delimita os descontos salariais autorizados por meio de norma coletiva a 70% do salário base. Sob esse fundamento, a SDC, por unanimidade, conheceu do recurso ordinário interposto pelo Ministério Público do Trabalho e, no mérito, negou-lhe provimento, mantendo, portanto, a decisão do Tribunal Regional que julgara improcedente a ação anulatória, ante a validade da cláusula em questão. TST-RO-560-36.2016.5.08.0000, SDC, rel. Min. Aloysio Corrêa da Veiga, 14.5.2018 (TST. Info nº 178).

Plano de saúde. Suspensão após 180 dias de afastamento por auxílio-doença ou acidente de trabalho. Norma coletiva. Invalidade.

Não é válida norma coletiva que estabelece a suspensão do plano de saúde pago pela empresa após 180 dias de afastamento do empregado em decorrência de auxílio-doença ou de acidente de trabalho. Embora a suspensão do contrato, a que se refere o art. 475 da CLT, importe na sustação temporária dos principais efeitos do pacto laboral, preserva-se o vínculo de emprego e o dever de cumprir as obrigações não vinculadas diretamente à prestação de serviços, a exemplo do plano de saúde, nos termos da Súmula nº 440 do TST. Ademais, embora se deva observar o princípio da autonomia das vontades coletivas (art. 7º, XXVI, da CF), este não pode prevalecer se violar o princípio da igualdade (art. 5º, II, da CF) e causar prejuízo ao trabalhador afastado, como ocorreu no caso em apreço, em que o empregado foi excluído do plano de saúde justamente no momento em que se encontrava incapacitado para o trabalho, em gozo de aposentadoria por invalidez decorrente de acidente de trabalho. Sob esses fundamentos, a SBDI-I, por unanimidade, conheceu do recurso de embargos, por divergência jurisprudencial, e, no mérito, por maioria, deu-lhe provimento para restabelecer o acórdão do TRT. Vencidos os Ministros Renato de Lacerda Paiva e Márcio Eurico Vitral Amaro. TST-E-ARR-1513-39.2012.5.02.0442, SBDI-I, rel. Min. Hugo Carlos Scheuermann, 8.3.2018 (TST. Info nº 173).

Ação anulatória. Substituição não eventual. Salário do substituto. Limitação temporal. Cláusula inválida. Súmula nº 159, I, do TST.

A partir da interpretação sistemática dos arts. 450 e 461 da CLT, esta Corte, por meio do item I da Súmula nº 159, consolidou o entendimento de que é garantido ao trabalhador substituto o pagamento do mesmo salário contratual do substituído, enquanto durar a substituição não eventual. Deste modo, é inválida a cláusula de convenção coletiva que estabelece o não recebimento pelo trabalhador substituto do salário equivalente ao do substituído se a substituição for inferior a 30 dias. Sob esse fundamento, a SDC, nos termos do art. 140, § 1º, do RITST, negou provimento ao recurso ordinário para manter a decisão recorrida que declarara a nulidade da "Cláusula sexta – salário do substituto" da convenção coletiva de trabalho firmada entre o Sindicato da Indústria da Construção do Estado do Pará – Sinduscon e o Sindicato dos Trabalhadores nas Indústrias de Artefato de Cimento Armado, Oficiais Eletricistas e Trabalhadores nas Indústrias de Instalações Elétricas, de Gás, Hidráulicas e Sanitárias, Olarias, Construção Civil Leve e Pesada, Mármores e Granitos, Cimento, Estrada, Barragem, Pavimentação, Terraplanagem, Portos e Aeroportos, Canais, Engenharia Consultiva e Obras em Geral do Município de Ananindeua. Vencidos os Ministros Maria Cristina Irigoyen Peduzzi, Renato de Lacerda Paiva, Dora Maria da Costa e Ives Gandra Martins Filho TST-RO-47-68.2016.5.08.0000, SDC, rel. Min. Kátia Magalhães Arruda, 19.2.2018 (TST. Info nº 172).

Adicional noturno. Jornada mista. Trabalho em período noturno. Prorrogação em horário diurno. Limitação do adicional por norma coletiva. Validade.

É válida a cláusula de convenção coletiva de trabalho que considera noturno apenas o trabalho executado entre às 22 horas de um dia e às 5 horas do dia seguinte, mesmo quando prorrogada a jornada após às 5 horas. Os sindicatos possuem parcial autonomia privada coletiva para a negociação dos direitos das respectivas categorias profissionais, podendo, inclusive, firmar acordos ou convenções prevendo redução salarial, nos termos art. 7º, VI e XXVI, da CF. Assim, se o salário pode, excepcionalmente, ser reduzido mediante negociação coletiva, também é lícito aos agentes sociais convencionarem a exclusão do pagamento do adicional em questão quanto ao período não definido como noturno pela legislação. Dessa forma, a negociação coletiva e o princípio do conglobamento em matéria salarial afastam a incidência da Súmula nº 60, II, do TST. Sob esses fundamentos, a SBDI-I, por unanimidade, conheceu dos embargos, por divergência jurisprudencial, e, no mérito, por maioria, deu-lhes provimento para restabelecer o acórdão do Regional no tocante à declaração de improcedência do pedido de pagamento de adicional noturno em relação às horas prorrogadas a partir das cinco horas da manhã. Vencidos os Ministros José Roberto Freire Pimenta, Brito Pereira, Alberto Luiz Bresciani de Fontan Pereira, Augusto César Leite de Carvalho e Hugo Carlos Scheuermann, TST-E-RR-142600-55.2009.5.05.0037, SBDI-I, rel. Min. João Oreste Dalazen, 14.12.2017 (TST. Info nº 170).

Advogado empregado. Jornada de trabalho. Art. 20 da Lei nº 8.906/1994. Regime de dedicação exclusiva. Exigência de previsão contratual expressa. Art. 12 do Regulamento Geral do Estatuto da Advocacia e da OAB.

A Lei nº 8.906/94, em seu art. 20, fixa o limite de 4 horas contínuas diárias e 20 horas semanais para a jornada de trabalho do advogado empregado, admitindo exceção por meio de ajuste coletivo ou no caso de dedicação exclusiva. O art. 12 do Regulamento Geral do Estatuto da Advocacia e da OAB, por sua vez, dispõe que, para os efeitos do art. 20 da Lei nº 8.906/94, o regime de dedicação exclusiva deve estar expressamente previsto no contrato individual de trabalho. Assim, diante da imprescindibilidade de previsão contratual, não há como presumir a dedicação exclusiva, sendo devidas as horas extras excedentes à quarta diária e à vigésima semanal, com o adicional de 100% previsto no art. 20 da Lei nº 8.906/94, e os reflexos legais. Sob esses fundamentos, a SBDI-I, por maioria, conheceu do recurso de embargos da reclamada, por divergência jurisprudencial, vencidos os Ministros Cláudio Mascarenhas Brandão, Brito Pereira, Augusto César Leite de Carvalho, José Roberto Freire Pimenta e Hugo Carlos Scheuermann. No mérito, ainda por maioria, a Subseção negou provimento ao recurso, vencidos os Ministros Alexandre Agra Belmonte, relator, Aloysio Corrêa da Veiga, Guilherme Augusto Caputo Bastos e Ives Gandra Martins Filho, os quais admitiam a configuração de dedicação exclusiva com base no contrato realidade. TST-E-RR-1606–53.2011.5.15.0093 , SBDI-I, rel. Min. Alexandre Agra Belmonte, red. p/ acórdão Min. João Oreste Dalazen, 28.9.2017 (TST. Info nº 166).

BESC. Plano de demissão incentivada. Negociação coletiva. Cláusula de quitação ampla do contrato de emprego. Fato incontroverso. Ausência de contrariedade à Súmula nº 126 do TST.

Não contraria a Súmula nº 126 do TST, decisão turmária que, fundada em fato incontroverso, conclui pela existência de acordo coletivo a fim de validar o plano de demissão incentivada do BESC. Na hipótese, considerou-se fato incontroverso que o plano em questão foi firmado mediante negociação coletiva com o sindicato representativo da categoria profissional e, ainda, acordada a quitação de toda e qualquer parcela decorrente da relação de emprego, visto que afirmado pelo reclamado na contestação, nas contrarrazões ao recurso ordinário e no recurso de revista adesivo e, não negado pelo autor. Destacou-se, ademais, que, no caso, se discute idêntico programa de demissão e norma coletiva a que se referiu o Supremo Tribunal Federal, nos autos do RE 590.415/SC, com repercussão geral, razão pela qual não há falar em revolvimento de fatos e provas ou contrariedade à Súmula nº 126 do TST. Sob esse fundamento, a SBDI-I, por maioria, não conheceu dos embargos interpostos pelo reclamante. Vencido o Ministro João Oreste Dalazen. TST E– ED-RR-115300-41.2009.5.12.0032 , SBDI-I, rel. Min. Aloysio Corrêa da Veiga, 14.9.2017 (TST. Info nº 164).

Despachante aduaneiro. Empregado. Contratação de salário fixo. Honorários profissionais. Indevidos.

O art. 5º, § 2º, do Decreto-Lei nº 2.472/1988 assegura ao despachante aduaneiro o direito de contratar livremente seus honorários profissionais, não havendo qualquer distinção entre o empregado de empresas que ofereçam o serviço de desembaraço e despacho de mercadorias e o trabalhador autônomo. Todavia, na hipótese em que a livre contratação entre a empregadora e o despachante aduaneiro resultou no estabelecimento de salário fixo, não é possível exigir da reclamada o repasse dos honorários profissionais. Sob esse fundamento, a SBDI-I, por unanimidade, conheceu dos embargos, por divergência jurisprudencial, e, no mérito, negou-lhes provimento. TST-E-RR-980-31.2011.5.15.0094, SBDI-I, rel. Min. Márcio Eurico Vitral Amaro, 29.6.2017 (TST. Info nº 161).

Engenheiro. Salário profissional. Lei nº 4.950-A/66. Servidor público contratado sob o regime da CLT. Inaplicabilidade.

O salário profissional de engenheiro previsto na Lei nº 4.950-A/66 não se aplica ao servidor público de fundação pública estadual, contratado sob o regime da CLT, porquanto sua remuneração deve observar os arts. 37, X, e 169, § 1º, da Constituição, que preveem a necessidade de prévia dotação orçamentária e autorização em lei específica para a concessão de vantagem ou aumento de remuneração. Sob esses fundamentos, a SBDI-I, por unanimidade, conheceu dos embargos, por divergência jurisprudencial, e, no mérito, por maioria, negou-lhes provimento, mantendo a decisão turmária que excluíra da condenação o pagamento das diferenças salariais deferidas com base na Lei nº 4.950-A/66 e reflexos. Vencidos os Ministros Alexandre Agra Belmonte, relator, Emmanoel Pereira, Aloysio Corrêa da Veiga, Augusto César Leite de Carvalho, José Roberto Freire Pimenta e Cláudio Mascarenhas Brandão. TST-E-RR-872-97.2010.5.04.0011, SBDI-I, rel. Min. Alexandre Agra Belmonte, red. p/ acórdão Min. Márcio Eurico Vitral Amaro, 4.5.2017 (TST. Info nº 158).

Trabalhador com deficiência. Dispensa sem justa causa. Manutenção pela empresa do percentual previsto no art. 93 da Lei nº 8.213/1991. Reintegração indevida.

A dispensa sem justa causa de trabalhador com deficiência ou beneficiário reabilitado, sem a correspondente contratação de outro empregado nas mesmas condições, é possível desde que a empresa mantenha o percentual de cargos preenchidos por esses trabalhadores dentro dos limites estipulados pelo art. 93 da Lei nº 8.213/91. Sob esse fundamento, a SBDI-I, por unanimidade, conheceu dos embargos, por divergência jurisprudencial, e, no mérito, por maioria, deu-lhes provimento para restabelecer o acórdão do Regional que, diante da manutenção do percentual legalmente estabelecido para a contratação de pessoas com deficiência pela empresa reclamada, indeferiu o pedido de reintegração do reclamante. Vencidos os Ministros Cláudio Mascarenhas Brandão e Alexandre Agra Belmonte. TST-E-ED-ED-RR-10740-12.2005.5.17.0012, SBDI-I, rel. Min. Renato de Lacerda Paiva, 4.5.2017 (TST. Info nº 158).

Trabalhador rural. Intervalo intrajornada. Fracionamento. Possibilidade. Art. 5º da Lei nº 5.889/73. Usos e costumes regionais.

Não há vedação para a concessão, de forma fracionada, do intervalo intrajornada estabelecido no art. 5º da Lei nº 5.889/73, pois o referido dispositivo de lei estabelece que a concessão do período destinado ao repouso e à alimentação do trabalhador rural observará os usos e os costumes da região. Assim, na hipótese em que a reclamada concedia ao reclamante um intervalo para o almoço e outro, de 30 minutos, para o café, em consonância com o costume do meio rural, não há falar em cômputo deste último intervalo na jornada de trabalho. Sob esses fundamentos, a SBDI-I, por unanimidade, conheceu do recurso de embargos, por divergência jurisprudencial, e, no mérito, deu-lhe provimento para excluir da condenação a determinação de que o intervalo de 30 minutos para café seja computado na jornada de trabalho do reclamante, e, consequentemente, as horas extras e reflexos legais deferidos a esse título. TST-E-RR-932-60.2010.5.09.0325, SBDI-I, rel. Min. Renato de Lacerda Paiva, 4.5.2017 (TST. Info nº 158).

Licença-maternidade. Prorrogação para 180 dias. Lei estadual. Concessão do benefício somente às servidoras gestantes submetidas ao regime estatutário. Extensão do direito às servidoras celetistas. Impossibilidade.

A prorrogação da licença-maternidade para 180 dias, concedida por lei estadual às servidoras públicas estatutárias do Estado de São Paulo, não se estende às servidoras públicas celetistas, porquanto submetidas a regimes jurídicos distintos e consequentes direitos diversos. Assim, se a lei estadual estabelece a prorrogação da licença-maternidade às servidoras da Administração direta e das autarquias submetidas ao regime estatutário, inviável impor ao estado empregador a extensão do benefício à servidora submetida ao regime da CLT com base no princípio da isonomia. Sob esses fundamentos, a SBDI-I, por unanimidade, conheceu dos embargos, por divergência jurisprudencial, e, no mérito, por maioria, deu-lhes provimento para restabelecer o acordão prolatado pelo Tribunal Regional, que julgara improcedente o pedido de prorrogação da licença-maternidade para 180 dias. Vencidos os Ministros Aloysio Corrêa da Veiga, Walmir Oliveira da Costa, Augusto César Leite de Carvalho e José Roberto Freire Pimenta. TST-E-ED-RR-71-08.2013.5.02.0085, SBDI-I, rel. Min. Márcio Eurico Vitral Amaro, 6.4.2017 (TST. Info nº 156).

Radialista. Acúmulo de funções dentro do mesmo setor. Direito a um adicional para cada função exercida. Inteligência do art. 13 da Lei nº 6.615/78. Princípio da isonomia e da proteção ao trabalhador.

O empregado radialista que exerce diferentes funções dentro de um mesmo setor tem direito a um adicional por cada função acumulada. O pagamento de somente um adicional importaria em flagrante ofensa ao princípio da isonomia, pois o trabalhador que acumulasse mais de duas funções e, consequentemente, trabalhasse mais, receberia a mesma quantia daquele que acumulasse apenas duas funções. Ademais, o art. 13 da Lei nº 6.615/78, ao prever o pagamento de adicional mínimo pela função acumulada, deve ser interpretado no sentido de que seu objetivo foi garantir ao radialista remuneração proporcional ao aumento da responsabilidade e do trabalho decorrente do acúmulo de funções, em respeito ao princípio da proteção ao trabalhador. Sob esses fundamentos, a SBDI-I, por unanimidade, conheceu dos embargos quanto ao tema, por divergência jurisprudencial e, no mérito, por maioria, negou-lhes provimento. Vencidos os Ministros João Oreste Dalazen e Márcio Eurico Vitral Amaro. TST-E-ED-RR-2983500-63.1998.5.09.0012, SBDI-I, rel. Min. José Roberto Freire Pimenta, 9.3.2017 (TST. Info nº 154).

Trabalho doméstico. Serviços prestados sob a égide da Lei nº 5.854/72. Labor três vezes por semana, durante quase três anos. Requisito da continuidade configurado. Vínculo de emprego reconhecido.

Na hipótese em que o trabalho doméstico, regido pela Lei nº 5.859/72, foi prestado três vezes por semana por quase três anos, resta configurada a continuidade da prestação de serviços para efeito de reconhecimento do vínculo de emprego. Sob esse entendimento, a SBDI-I, por unanimidade, conheceu dos embargos, por divergência jurisprudencial, e, no mérito, por maioria, negou-lhes provimento. Vencidos os Ministros Aloysio Corrêa da Veiga, Márcio Eurico Vitral Amaro, Alexandre Agra Belmonte e Cláudio Mascarenhas Brandão. TST-E-RR-10933-98.2014.5.03.0077, SBDI-I, rel. Min. Hugo Carlos Scheuermann, 2.2.2017 (TST. Info nº 151).

Aprendiz. Cota mínima para contratação. Base de cálculo. Inclusão de motoristas e cobradores de ônibus. Art. 10, § 2º, do Decreto nº 5.598/2005.

As funções de motorista e cobrador de ônibus devem integrar a base de cálculo para a definição da cota mínima de aprendizes a serem contratados (art. 429 da CLT), pois o art. 10, § 2º, do Decreto nº 5.598/2005 determina a inclusão de todas as funções que demandem formação profissional, ainda que proibidas para menores de 18 anos. Nos termos do art. 10, § 1º, do aludido Decreto, somente são excluídos os cargos que exigem habilitação técnica de nível superior e cargos de direção. Sob esses fundamentos, a SBDI-I, por unanimidade, conheceu dos embargos, por divergência jurisprudencial, e, no mérito, por maioria, negou-lhes provimento. Vencidos os Ministros Cláudio Mascarenhas Brandão e Walmir Oliveira da Costa. TST-E-ED-RR-2220-02.2013.5.03.0003, SBDI-I, rel. Min. José Roberto Freire Pimenta, 1º.9.2016 (TST. Info nº 143).

Petrobras. Curso de formação. Vínculo de emprego. Caracterização. Cômputo como tempo de serviço. Art. 14, § 2º, da Lei nº 9.624/98. Aplicação analógica.

Ainda que o edital do concurso para ingresso no cargo de "Operador I" da Petrobras não permita a integração do período relativo ao denominado Curso de Formação Educacional Complementar no contrato de trabalho, não há como afastar a caracterização do vínculo empregatício nesse período, uma vez que o referido curso não estava voltado para simples formação educacional ordinária, mas detinha finalidade específica de qualificação para o desempenho do cargo, além de ostentar cunho obrigatório, presentes a subordinação, a não eventualidade, a pessoalidade e a onerosidade (bolsa), próprias da relação de emprego, nos termos dos arts. 2º e 3º da CLT. Aplicação analógica do art. 14, § 2º, da Lei nº 9.624/98, para fins de cômputo do período do curso de formação como tempo de serviço. Sob esse entendimento, a SBDI-I, por unanimidade, conheceu dos embargos, por divergência jurisprudencial, e, no mérito, por maioria, negou-lhes provimento mantendo a decisão turmária que restabeleceu a sentença proferida em sede de ação civil pública, a qual condenara a Petrobras na obrigação de retificar as carteiras de trabalho dos empregados nominados na petição inicial, relativamente à data de admissão. Vencidos os Ministros João Oreste Dalazen, relator, Ives Gandra Martins Filho, Brito Pereira e Márcio Eurico Vitral Amaro. TST-E-ED-RR-213000-10.2004.5.01.0481, SBDI-I, rel. Min. João Oreste Dalazen, red. p/ acórdão Min. Aloysio Corrêa da Veiga, 2.6.2016 (TST. Info nº 138).

Atleta profissional. Lei nº 9.615/98 (Lei Pelé). Contratos sucessivos. Unicidade. Impossibilidade. Prescrição bienal contada a partir da extinção de cada contrato.

Contratos sucessivos firmados com atleta profissional, por tempo determinado, não caracterizam a unicidade contratual, salvo se comprovada a fraude. A Lei nº 9.615/98 (Lei Pelé) regula expressamente a forma de renovação ou prorrogação do contrato por prazo determinado, sem que isso implique na conversão em contrato por prazo indeterminado, pois o objetivo do legislador foi preservar a liberdade na carreira, não ficando o atleta restrito a um único clube. Assim, não se aplica o art. 453 da CLT, devendo a prescrição bienal incidir a partir da data de extinção de cada contrato. Sob esses fundamentos, a SBDI-I, por unanimidade, conheceu dos embargos, por divergência jurisprudencial e, no mérito, por maioria, deu-lhes provimento para restabelecer a decisão do Regional que declarou a prescrição do primeiro contrato do atleta e determinar o retorno dos autos à turma para julgamento dos temas e recursos julgados prejudicados. Vencidos os Ministros José Roberto Freire Pimenta, Augusto César Leite de Carvalho, Hugo Carlos Scheuermann e Cláudio Mascarenhas Brandão. TST-E-ED-ARR-452-36.2012.5.03.0113, SBDI-I, rel. Min. Aloysio Corrêa da Veiga, 19.5.2016 (TST. Info nº 137).

Ocupante de cargo em comissão de livre nomeação e exoneração regido pela CLT. Exoneração. Pagamento das verbas rescisórias. Impossibilidade. Devidos apenas os depósitos do FGTS.

O empregado contratado para ocupar cargo em comissão de livre nomeação e exoneração, sob o regime da CLT, não tem direito à multa de 40% sobre o FGTS, ao aviso prévio, ao seguro desemprego e à multa do art. 477 da CLT. No caso, o reclamante exerceu cargo em comissão no Conselho Regional de Engenharia e Agronomia de Santa Catarina – CREA/SC, razão pela qual postulou o pagamento de verbas rescisórias. Todavia, o empregado ocupante de cargo em comissão admitido sem concurso público e sujeito à dispensa *ad nutum* não tem direito ao pagamento das verbas rescisórias advindas da relação trabalhista com a Administração Pública, sendo-lhe devidos apenas os depósitos do FGTS. Sob esse fundamento, a SBDI-I, por unanimidade, conheceu do recurso de embargos, por divergência jurisprudencial, e, no mérito, por maioria, deu-lhe provimento para julgar improcedente a pretensão deduzida, restabelecendo o acórdão do Regional, no tópico. Vencidos os Ministros Augusto César Leite de Carvalho e Cláudio Mascarenhas Brandão. TST-E-ED-RR-300-42.2013.5.12.0035, SBDI-I, rel. Min. Aloysio Corrêa da Veiga, 12.5.2016 (TST. Info nº 136).

Petroleiros. Turnos ininterruptos de revezamento. Repouso estabelecido no art. 3º, V, da Lei nº 5.811/1972. Reflexos das horas extras. Impossibilidade. Súmula nº 172 do TST. Inaplicabilidade.

Os repousos previstos no art. 3º, V, da Lei nº 5.811/72 para os petroleiros submetidos a regimes de turnos de revezamento correspondem a folgas compensatórias concedidas em face das peculiaridades da jornada de trabalho. De outro lado, o repouso semanal remunerado constitui direito relacionado à saúde do trabalhador e que se vincula à frequência regular do empregado na semana anterior e cumprimento do horário de trabalho, conforme requisitos estabelecidos no art. 6º da Lei nº 605/49. Assim, tratando-se de institutos diversos, não se pode equipará-los com o intuito de fazer repercutir as horas extras no pagamento das referidas folgas. Ademais, a Lei nº 5.811/72 não tratou as folgas compensatórias especificamente como repouso remunerado, razão pela qual não se aplica a Súmula nº 172 do TST. Sob esses fundamentos, a SBDI-I, por unanimidade, conheceu dos embargos, por divergência jurisprudencial e, no mérito, por maioria, negou-lhes provimento, mantendo a decisão turmária que julgara improcedente o pedido de repercussão de horas extras habituais nas folgas compensatórias previstas na Lei nº 5.811/72. Vencido o Ministro José Roberto Freire Pimenta. TST-E-RR-1069-65.2012.5.11.0018, SBDI-I, rel. Min. Augusto César Leite de Carvalho, 5.5.2016 (TST. Info nº 135).

Profissional de futebol. Contrato de trabalho com duração integral na vigência da Lei nº 9.615/98 (Lei Pelé), antes das alterações promovidas pela Lei nº 12.395/2011. Direito de arena. Redução do percentual mínimo legal. Impossibilidade.

Quer se trate de acordo judicial cível, quer se trate de negociação coletiva, o percentual a título de direito de arena não comporta redução na hipótese em que o contrato de trabalho perdurou na vigência da Lei nº 9.615/98 (Lei Pelé), ou seja, antes das alterações introduzidas pela Lei nº 12.395/2011. O art. 5º, XXVIII, "a", da CF, destinado à proteção dos direitos fundamentais, engloba o direito de arena, de modo que a expressão "salvo convenção em contrário", contida no art. 42, § 1º, da Lei Pelé, em sua redação original, não configura permissão para a redução do percentual mínimo estipulado. No caso, registrou o TRT a existência de acordo judicial, perante o juízo cível, autorizando a redução de 20% para 5% do montante devido aos profissionais de futebol participantes dos eventos desportivos. Sob esses fundamentos, a SBDI-I, por unanimidade, conheceu do recurso de embargos, por divergência jurisprudencial, e, no mérito, por maioria, negou-lhe provimento. Vencidos os Ministros Aloysio Corrêa da Veiga, Ives Gandra Martins Filho, Brito Pereira, Guilherme Augusto Caputo Bastos e Walmir Oliveira da Costa. TST-E-ED-RR-173200-94.2009.5.03.0108, SBDI-I, rel. Min. Márcio Eurico Vitral Amaro, 10.12.2015 (TST. Info nº 126).

Matéria afetada ao Tribunal Pleno. Empregado da Empresa Brasileira de Correios e Telégrafos – ECT. Atuação no Banco Postal. Enquadramento como bancário. Impossibilidade.

Empregado da Empresa Brasileira de Correios e Telégrafos – ECT atuante no Banco Postal, conquanto exerça certas atividades peculiares de bancário, não pode ser enquadrado como tal. Logo, não tem direito às normas coletivas da aludida categoria profissional nem à jornada de trabalho reduzida de seis horas prevista no art. 224 da CLT. Na espécie, consignou-se que a atividade econômica predominante do empregador, qual seja, a prestação de serviços postais, deve prevalecer para fins de enquadramento sindical dos empregados do Banco Postal. Ademais, conforme se extrai da Resolução n.º 3.954/2011 do Conselho Monetário Nacional e da Portaria n.º 588/2000 do Ministério das Comunicações, nos bancos postais são realizadas apenas atividades acessórias e não atividades tipicamente bancárias, não havendo, portanto, identidade substancial entre as condições de trabalho específicas dos bancários, em tese, mais desgastantes, e aquelas a que submetidos os empregados do Banco Postal. De outra sorte, por ter o escopo de democratizar o acesso à atividade bancária e dar efetividade ao disposto no caput do art. 192 da CF, o Banco Postal é uma entidade de interesse público, o que atrai a aplicação do art. 8° da CLT no que tange à vedação de que o interesse particular ou de classe prevaleça. Assim, a ECT não pode ser equiparada a estabelecimento bancário ou financeiro, sendo a ela inaplicável a diretriz da Súmula n° 55 do TST e as disposições contidas na Lei n° 4.595/64. Sob esses fundamentos, o Tribunal Pleno decidiu, por maioria, conhecer do recurso de embargos, por divergência jurisprudencial, vencidos os Ministros Luiz Philippe Vieira de Mello Filho, Augusto César Leite de Carvalho, José Roberto Freire Pimenta, Delaíde Miranda Arantes, Alexandre de Souza Agra Belmonte, Cláudio Mascarenhas Brandão, Douglas Alencar Rodrigues, Renato de Lacerda Paiva e Aloysio Corrêa da Veiga. No mérito, também por maioria, o Tribunal deu provimento aos embargos para afastar o enquadramento do reclamante como bancário e julgar totalmente improcedente a reclamação trabalhista, vencidos os Ministros Augusto César Leite de Carvalho, José Roberto Freire Pimenta, Delaíde Miranda Arantes, Hugo Carlos Scheuermann, Alexandre de Souza Agra Belmonte, Cláudio Mascarenhas Brandão, Douglas Alencar Rodrigues, Maria Helena Mallmann, Renato de Lacerda Paiva e Luiz Philippe Vieira de Mello Filho. TST-E-RR-210300-34.2007.5.18.0012, Tribunal Pleno, rel. Min. Dora Maria da Costa, 24.11.2015 (TST. Info nº 125).

Aprendiz. Cota mínima para contratação. Base de cálculo. Inclusão de motoristas e cobradores de ônibus. Art. 10, § 2º, do Decreto nº 5.598/2005.

As funções de motorista e cobrador de ônibus devem integrar a base de cálculo para a definição da cota mínima de aprendizes a serem contratados (art. 429 da CLT), pois o art. 10, § 2º, do Decreto nº 5.598/2005 determina a inclusão de todas as funções que demandem formação profissional, ainda que proibidas para menores de 18 anos. Nos termos do art. 10, § 1º, do aludido Decreto, somente são excluídos os cargos que exigem habilitação técnica de nível superior e cargos de direção. Sob esses fundamentos, a SBDI-I, por unanimidade, conheceu dos embargos, por divergência jurisprudencial, e, no mérito, por maioria, negou-lhes provimento. Vencidos os Ministros Cláudio Mascarenhas Brandão e Walmir Oliveira da Costa. TST-E-ED-RR-2220-02.2013.5.03.0003, SBDI-I, rel. Min. José Roberto Freire Pimenta, 1º.9.2016 (TST. Info nº 143).

Matéria afetada ao Tribunal Pleno. Servidor público celetista. Administração pública direta, autárquica e fundacional. Concurso público. Contrato de experiência. Dispensa imotivada. Impossibilidade. Observância dos princípios constitucionais da impessoalidade e da motivação.

A despedida de servidor público celetista da administração pública direta, autárquica e fundacional, admitido por concurso público e em contrato de experiência, deve ser motivada. A observância do princípio constitucional da motivação visa a resguardar o empregado de possível quebra do postulado da impessoalidade por parte do agente estatal investido no poder de dispensar. Sob esse fundamento, o Tribunal Pleno, por unanimidade, conheceu do recurso de embargos, por divergência jurisprudencial, e, no mérito, deu-lhe provimento, para julgar procedentes os pedidos da reclamante de restauração da relação de emprego e de pagamento dos salários e demais vantagens do período compreendido entre a dispensa e a efetiva reintegração. TST-E-ED-RR 64200-46.2006.5.02.0027, Tribunal Pleno, rel. Ministro Alberto Luiz Bresciani de Fontan Pereira, 29.9.2015 (TST. Info nº 119).

Conselhos de Fiscalização Profissional. Natureza jurídica de autarquia especial. Aplicabilidade dos privilégios concedidos à Fazenda Pública pelo Decreto–Lei nº 779/1969.

Os conselhos de fiscalização profissional, a partir do julgamento da ADI 1.717-6/DF pelo Supremo Tribunal Federal, passaram a ser considerados entidades autárquicas especiais e tiveram reconhecida a sua natureza paraestatal. Por conseguinte, foram beneficiados com as mesmas prerrogativas processuais concedidas à Fazenda Pública, como a dispensa de depósitos recursais e o pagamento de custas somente ao final do processo, nos termos do Decreto-Lei nº 779/69. Sob esse entendimento, a SBDI-1, à unanimidade, conheceu do recurso de embargos do reclamado, por divergência jurisprudencial, e, no mérito, deu-lhe provimento para determinar o retorno do feito à 6ª Turma desta Corte a fim de que, afastada a deserção do recurso de revista, prossiga no exame do agravo de instrumento, como entender de direito. TST– E-Ag-AIRR 244200-80.2007.5.02.0035, SBDI-1, relator Ministro Cláudio Mascarenhas Brandão, 17.09.2015 (TST. Info nº 118).

Dispensa imotivada. Decreto estadual n° 21.325/91. Sucessão do BEC – Banco do Estado do Ceará S/A pelo Banco Bradesco S/A. Dever de motivação. Ilegalidade. Reintegração indevida.

O Banco Bradesco S/A não tem obrigação de motivar a dispensa de ex-empregada admitida pelo extinto BEC – Banco do Estado do Ceará S/A antes da privatização. No caso, a empregada foi admitida antes da sucessão do extinto BEC pelo Banco Bradesco S/A, e dispensada imotivadamente, inobservando o quanto disposto no Decreto estadual nº 21.325/91 – que estendia aos entes da Administração Pública indireta estadual o dever de motivar o ato de dispensa de seus empregados. Referido decreto afigura-se ilegal, pois não poderia o Estado do Ceará, unilateralmente, exorbitando da condição de acionista controlador, ao arrepio da Lei nº 6.404/76, sobrepor-se aos órgãos de administração da Sociedade Anônima e criar, mediante decreto, obrigação para a Companhia, que detém personalidade jurídica própria. De outro lado, ainda que se desconsiderasse a manifesta ilegalidade, o decreto cuidava de regra de Direito Administrativo por que deveria pautar-se "órgão administrativo" que praticasse, como tal, "atos administrativos", não havendo como transpor para o banco privado sucessor obrigações decorrentes de tal regra. Ademais, todas as obrigações de índole trabalhista impostas ao ente público sucedido, nesta qualidade, mediante fonte heterônoma, mesmo impostas por lei, não se transmitem pela sucessão do empregador. Consumada a sucessão, dada a distinta natureza da personalidade jurídica do sucessor, rigorosamente o regime jurídico híbrido desaparece e sobrevém um empregador submetido a regime jurídico puramente privado. Sob esse entendimento, decidiu o Tribunal Pleno, por unanimidade, conhecer do recurso de embargos, por divergência jurisprudencial, e, no mérito, por maioria, dar-lhe provimento para restabelecer o acórdão regional que rejeitou o pedido de reintegração no emprego. Vencidos os Ministros Hugo Carlos Scheuermann, relator, Maria Helena Mallmann, Maurício Godinho Delgado, Kátia Magalhães Arruda, Augusto César Leite de Carvalho, José Roberto Freire Pimenta, Delaíde Alves Miranda Arantes e Ives Gandra da Silva Martins Filho. TST-E-RR-44600-87.2008.5.07.0008, Tribunal Pleno, rel. Hugo Carlos Scheuermann, red. p/acórdão Min. João Oreste Dalazen, 25.8.2015 (TST. Info nº 115).

Professor. Intervalo para recreio. Tempo à disposição do empregador.

O intervalo entre as aulas, conhecido como recreio, é considerado tempo à disposição do empregador, nos termos do art. 4º da CLT, pois o professor permanece no estabelecimento de ensino, aguardando ou executando ordens. Com esse entendimento, a SBDI-I, à unanimidade, conheceu dos embargos da reclamante, por divergência jurisprudencial, e, no mérito, deu-lhes provimento para julgar procedente o item "g" da petição inicial, respeitadas as aulas efetivamente ministradas e a prescrição quinquenal pronunciada na sentença. Ressalvou a fundamentação o Ministro Alexandre Agra Belmonte. TST-E-ED-RR-49900-47.2006.5.09.0007, SBDI-I, rel. Min. Márcio Eurico Vitral Amaro, 4.9.2014 (TST. Info nº 88).

Empregado público admitido antes da Constituição Federal de 1988. Ausência de submissão a concurso público. Lei municipal instituidora de Regime Jurídico Único. Impossibilidade de alteração automática do regime celetista para o estatutário. Art. 37, II, da CF. Violação. Competência material da Justiça do Trabalho.

A existência de lei municipal instituidora de Regime Jurídico Único, de natureza administrativa, por si só, não transmuda automaticamente o vínculo jurídico estabelecido entre as partes, de celetista para estatutário, na hipótese de o empregado, admitido antes do advento da Constituição Federal de 1988, não ter se submetido a concurso público. Entendimento em sentido contrário afronta o disposto no art. 37, II, da CF. Com esses fundamentos, e citando a jurisprudência da Corte e do STF, a SBDI-I, à unanimidade, conheceu dos embargos do reclamado, por divergência jurisprudencial e, no mérito, negou-lhes provimento, mantendo a decisão turmária que conheceu do recurso de revista da reclamante por violação do inciso II do art. 37 da Constituição e, no mérito, deu-lhe provimento para, em razão da permanência da reclamante no regime da CLT, reconhecer a competência material da Justiça do Trabalho para julgar o feito e determinar o retorno dos autos ao Regional a fim de que julgue o recurso ordinário do reclamado como entender de direito. TST-E-RR-300-25.2010.5.13.0001, SBDI-I, rel. Min. João Oreste Dalazen, 28.11.2013 (TST. Info nº 68).

Ação rescisória. Sociedade de economia mista. Demissão imotivada. Impossibilidade. Reintegração do empregado. Submissão aos princípios previstos no art. 37, caput, da CF. Regulamento interno. Necessidade de motivação. Adesão ao contrato de trabalho. Súmula nº 51 do TST.

O STF, nos autos do RE nº 589998, estabeleceu que os empregados de sociedades de economia mista e de empresas públicas admitidos por concurso público somente poderão ser demitidos mediante a motivação do ato de dispensa, porquanto necessária a observação dos princípios constitucionais que regem a administração pública direta e indireta, previstos no art. 37, caput, da CF. Ademais, verificada, no caso, a existência de dispositivo de norma interna do Banestado prevendo a obrigatoriedade da motivação para dispensa de empregados, tal cláusula adere ao contrato de trabalho, impossibilitando a dispensa imotivada a teor do preconizado pela Súmula nº 51 do TST. Com esses fundamentos, e não vislumbrando violação ao art. 173, § 1º, da CF, a SBDI-II, à unanimidade, negou provimento ao recurso ordinário por meio do qual se buscava reformar a decisão do TRT da 9ª Região que, ao julgar improcedente a ação rescisória, manteve o acórdão que determinou a reintegração do empregado do Banestado demitido imotivadamente. TST-RO-219-22.2012.5.09.0000, SBDI-II, rel. Min. Cláudio Mascarenhas Brandão, 15.10.2013 (TST. Info nº 63).

Instrutora de idiomas. Atividade docente. Enquadramento na categoria profissional dos professores, ainda que ausentes as formalidades do art. 317 da CLT. Possibilidade.

Sendo incontroverso o desempenho de atividade docente na condição de instrutora de inglês em curso de idiomas, não há como afastar o enquadramento da reclamante na categoria dos professores, ainda que ausentes as formalidades a que se refere o art. 317 da CLT. Assim, por maioria, a SBDI-I, em sua composição plena, conheceu dos embargos interpostos antes da vigência da Lei nº 11.496/2007, por violação do art. 317 da CLT, vencidos os Ministros Renato de Lacerda Paiva, relator, Dora Maria da Costa, João Oreste Dalazen, Antônio José de Barros Levenhagen, Brito Pereira e Carlos Alberto Reis de Paula, e, no mérito, também por maioria, deu-lhes provimento para declarar aplicáveis à reclamante as normas coletivas da categoria dos professores e determinar o retorno dos autos à vara de origem para que analise o restante do mérito, como entender de direito. Vencido o Ministro Ives Gandra Martins Filho que conhecia do recurso, por divergência jurisprudencial, e, no mérito, negava-lhe provimento. TST-E-RR-8000-71.2003.5.10.0004, SBDI-I, rel. Min. Renato de Lacerda Paiva, red. p/ acórdão Min. José Roberto Freire Pimenta, 23.5.2013 (TST. Info nº 48).

Empresa pública e sociedade de economia mista. Admissão sem prévia aprovação em concurso público após a promulgação da Constituição Federal de 1988. Decisão do STF no MS nº 21322/DF. Marco para declaração de nulidade da contratação. Inaplicabilidade da Súmula nº 363 do TST.

A decisão proferida pelo STF no MS nº 21322/DF, publicada em 23.4.1993, deve ser tomada como marco para a declaração de nulidade dos contratos de trabalho firmados com empresa pública ou sociedade de economia mista sem prévia aprovação em concurso público, após a promulgação da Constituição Federal de 1988, de modo que o disposto no art. 37, § 2º, da CF apenas alcança os contratos de trabalho celebrados após essa data. Com esse entendimento, a SBDI-I, em sua composição plena, decidiu, à unanimidade, conhecer dos embargos, por divergência jurisprudencial, e, no mérito, dar-lhes provimento para, afastando a incidência da Súmula nº 363 do TST e a nulidade do contrato de trabalho firmado com a Radiobrás, em 07.01.93, sem concurso público, restabelecer a decisão do Regional, determinando o retorno dos autos à Turma de origem para apreciar os demais temas recursais como entender de direito. TST-E-ED-RR-4800-05.2007.5.10.0008, SBDI-I, rel. Min. Aloysio Corrêa da Veiga, 23.5.2013 (TST. Info nº 48).

18. QUESTÕES

18.1. Questões objetivas

01. (ECT – Analista de Correios – Advogado/2011) Menor com dezesseis anos de idade que trabalhe, por exemplo, como balconista em uma panificadora pode firmar recibo de pagamento mensal. Entretanto, em caso de extinção de seu contrato, se ele ainda for menor de idade, não poderá dar quitação das verbas rescisórias sem assistência de seu responsável legal.

02. (TRT 12ª R. 2010/Analista) Ao término de sua licença maternidade, Joana retornou ao seu emprego. Considerando que seu filho tem cinco meses de idade e que está sendo amamentado, de acordo com a Consolidação das Leis do Trabalho, em regra, Joana terá direito, durante a jornada de trabalho, a

(A) dois descansos especiais, de quarenta e cinco minutos cada um, até que seu filho complete seis meses de idade.

(B) um descanso especial, de quarenta e cinco minutos, até que seu filho complete seis meses de idade.

(C) dois descansos especiais, de meia hora cada um, até que seu filho complete doze meses de idade.

(D) um descanso especial, de quarenta e cinco minutos, até que seu filho complete doze meses de idade.

(E) dois descansos especiais, de meia hora cada um, até que seu filho complete seis meses de idade.

03. (Defensoria Pública da União/2010 – ADAPTADA) Ao empregador é vedado empregar mulheres em serviço que demande o emprego de força muscular superior a 20 quilos, ainda que o trabalho seja ocasional, não estando compreendida, em tal vedação, a remoção de material feita por impulsão ou tração de vagonetes sobre trilhos, de carros de mão ou por quaisquer aparelhos mecânicos.

04. (PGE/ES/Procurador/2008) A respeito dos direitos trabalhistas conferidos ao empregado doméstico, analise as seguintes assertivas.

I. Considera-se empregado doméstico aquele que presta serviços de natureza contínua e de finalidade não lucrativa á pessoa ou á família no âmbito residencial destas, estando excluídos do conceito os que, nas mesmas condições, exercem funções que dependem de qualificação, como, por exemplo, o técnico em enfermagem.

II. O empregador doméstico poderá descontar as despesas com moradia quando essa se referir a local diverso da residência em que ocorrer a prestação de serviço, e desde que essa possibilidade tenha sido expressamente acordada entre as partes.

III. O empregado doméstico terá direito a férias anuais remuneradas de 30 (trinta) dias com, pelo menos, 1/3 (um terço) a mais que o salário normal, após cada período de 12 (doze) meses de trabalho, prestado à mesma pessoa ou família.

IV. É vedada a dispensa arbitrária ou sem justa causa da empregada doméstica gestante desde a confirmação da gravidez até 5 (cinco) meses após o parto.

V. Aplicam-se ao trabalho doméstico todas as hipóteses de rescisão por justa causa, cometidas pelo empregado, previstas na Consolidação das Leis do Trabalho.

Agora responda:

(A) a assertiva I está correta;

(B) a assertiva II está incorreta;

(C) apenas as assertivas I e III estão corretas;

(D) apenas a assertiva V está correta;

(E) as assertivas II, III e IV estão corretas.

05. (PGE/RO – Procurador do Estado Substituto/2011) Em relação às disposições legais trabalhistas sobre o trabalho da mulher é INCORRETO afirmar:

(A) Para amamentar o próprio filho, até que este complete 6 (seis) meses de idade, a mulher terá direito, durante a jornada de trabalho, a dois descansos especiais, de meia hora cada um.

(B) As empresas com mais de cem empregados, de ambos os sexos, deverão manter programas especiais de incentivos e aperfeiçoamento profissional de mão de obra.
(C) Em caso de aborto não criminoso, comprovado por atestado médico oficial, a mulher terá um repouso remunerado de 2 (duas) semanas, ficando-lhe assegurado o direito de retornar à função que ocupava antes de seu afastamento.
(D) Ao empregador é vedado empregar a mulher em serviço que demande o emprego de força muscular superior a 25 (vinte e cinco) quilos, para o trabalho contínuo, ou 20 (vinte) quilos, para o trabalho ocasional.
(E) A pessoa jurídica poderá associar-se a entidade de formação profissional, sociedades civis, sociedades cooperativas, órgãos e entidades públicas ou entidades sindicais, bem como firmar convênios para o desenvolvimento de ações conjuntas, visando à execução de projetos relativos de incentivo ao trabalho da mulher.

06. (Procurador Federal/2010 – Adaptada) No que se refere ao contrato de aprendizagem, julgue o item que se segue. Não são aplicadas ao trabalhador portador de necessidades especiais as restrições típicas do contrato de aprendizagem inerentes à idade máxima de vinte e quatro anos, tampouco a limitação de prazo contratual de dois anos.

07. (FCC – 2012 – TRT – 11ª Região (AM) Juiz do Trabalho) Nos termos da legislação que regula a atividade do trabalhador doméstico, não será considerada como empregado doméstico:
(A) o motorista particular que atua no deslocamento de empresário e de toda a sua família para diversos locais por eles determinados, recebendo remuneração fixa mensal.
(B) o vigia que atua em guarita instalada no interior da residência e que recebe semanalmente.
(C) a dama de companhia de uma senhora idosa que presta serviços na residência desta pessoa, com continuidade e remuneração.
(D) o caseiro de uma chácara destinada à locação para eventos corporativos, que reside no local e recebe percentual sobre as locações.
(E) a cozinheira de uma república de estudantes universitários, que recebe destes por quinzena.

08. (TRT 23ª R. JUIZ /2011) A respeito dos direitos do empregado aprendiz, assinale a alternativa CORRETA:
(A) a duração do trabalho do aprendiz não excederá de 6 (seis) horas diárias, salvo se já houver concluído o ensino fundamental, caso em que o limite pode ser de até 8 (oito) horas, já computadas as horas destinadas à aprendizagem teórica e sendo vedadas a prorrogação e a compensação da jornada;
(B) a alíquota do FGTS do aprendiz corresponde a 8% (oito por cento) sobre o salário recebido no mês anterior;
(C) o aprendiz tem direito à percepção do salário mínimo mensal, salvo disposição mais favorável em norma coletiva, independentemente de sua jornada de trabalho;
(D) o prazo prescricional não corre contra o empregado aprendiz, independentemente de sua idade;
(E) não é lícito ao adolescente aprendiz firmar recibo pelo pagamento dos salários, nem rescisão do contrato de trabalho sem a representação ou assistência dos seus responsáveis legais.

9. (INVESTE RIO – Advogado/2011) De forma a garantir a igualdade substancial, a Constituição e a legislação trabalhista possuem diversos dispositivos sobre a proteção da maternidade e da mulher. Acerca do tema, é correto afirmar que:
(A) não será considerada falta ao serviço, para fins de concessão de férias, a ausência da empregada durante o licenciamento compulsório por motivo de maternidade ou aborto;
(B) a mulher terá direito à licença-maternidade, sem prejuízo do emprego e do salário, com a duração de 180 (cento e oitenta) dias;
(C) o empregador deve prestar assistência gratuita aos filhos e dependentes dos empregados desde o nascimento até 3 (três) anos de idade em creches e pré-escolas;
(D) o benefício da licença-maternidade aplica-se à mulher que adota menor, mas não àquela que obtém a guarda judicial para fins de adoção;
(E) é garantida à empregada, durante a gravidez, sem prejuízo do salário e demais direitos, a transferência de função, de forma definitiva, quando as condições de saúde o exigirem.

10. (FCC – Analista Judiciário – Área Judiciária – TRT 4/2015) Considerando as normas especiais de proteção ao trabalho da mulher e do menor contida na Consolidação das Leis do Trabalho é INCORRETO afirmar que:

(A) a empregada que adotar ou obtiver guarda judicial para fins de adoção de criança será concedida licença-maternidade condicionada à apresentação do termo judicial de guarda à adotante ou guardiã.

(B) em caso de aborto não criminoso, comprovado por atestado médico oficial, a mulher terá um repouso remunerado de 4 semanas, ficando-lhe assegurado o direito de retornar à função que ocupava antes do afastamento.

(C) os locais destinados à guarda dos filhos das operárias durante o período de amamentação deverão possuir, no mínimo, um berçário, uma saleta de amamentamento, uma cozinha dietética e uma instalação sanitária.

(D) as horas de trabalho em cada estabelecimento serão totalizadas, quando o menor de 18 anos for empregado em mais de um estabelecimento.

(E) é permitido ao menor firmar recibo pelo pagamento dos salários, mas em caso de rescisão contratual é vedado ao menor de 18 anos dar quitação ao empregador pelo recebimento da indenização que lhe for devida, sem a assistência dos seus responsáveis legais.

11. (Cespe – Defensor Público – DPU/ 2015 – ADAPTADA) Julgue o próximo item, referente ao trabalho doméstico.

Caso uma empregada doméstica na função de babá cuide de um recém-nascido todas as noites da semana e pretenda requerer judicialmente valor referente à remuneração do serviço extraordinário e ao adicional noturno, tal pretensão será legalmente correta, pois, segundo a CF, referidos direitos não dependem de regulamentação legal.

12. (FCC – Analista Judiciário – Área Administrativa – TRF 3/2016) Adonis trabalha como soldado da Polícia Militar, em escala 12x36, das 6h00 às 18h00. Em todas as suas folgas, prestava serviços de forma pessoal e subordinada para uma empresa de segurança, fazendo a escolta de caminhões de carga, mediante o pagamento de salário mensal, sem registro em sua CTPS. Após dois anos de trabalho para a empresa de segurança, Adonis foi dispensado sem o recebimento das verbas rescisórias. Por esta razão, pleiteou o reconhecimento do vínculo empregatício e o pagamento das verbas salariais e rescisórias devidas durante a prestação de serviços.

Segundo o entendimento sumulado pelo TST, o reconhecimento do vínculo empregatício entre o policial militar e a empresa de segurança

(A) não é devido, porque o policial militar está proibido de trabalhar para empresas privadas, em suas horas vagas.

(B) não é devido, porque o policial militar trabalhava apenas em dias alternados, não havendo habitualidade.

(C) não é devido, pois Adonis, por ser policial militar, não estava sujeito às ordens da empresa de segurança, nem poderia ser punido com advertência ou suspensão.

(D) é devido, tendo em vista que preenchidas as características da relação de emprego, independentemente do eventual cabimento de penalidade disciplinar prevista no Estatuto do Policial Militar.

(E) é devido, pois a prestação de serviços foi pessoal, habitual, subordinada e onerosa, porém, é vedada a aplicação de qualquer tipo de penalidade disciplinar pela corporação ao policial militar, bem como o registro em sua CTPS.

13. (QUESTÃO SOBRE A REFORMA TRABALHISTA ELABORADA PELO AUTOR). Em caso de prorrogação do horário normal da mulher, será obrigatório um descanso de 15 (quinze) minutos no mínimo, antes do início do período extraordinário do trabalho.

14. (QUESTÃO SOBRE A REFORMA TRABALHISTA ELABORADA PELO AUTOR). As regras relativas ao trabalho da gestante em locais insalubres também se aplicam à empregada lactante

15. (FCC – Analista Judiciário – Oficial de Justiça Avaliador – TRT 15/2018) Gerson foi contratado em 19/02/2018 pela empresa Oba Oba Festas e Eventos Ltda., na modalidade de trabalho intermitente. Por se tratar de forma nova de contratação, Gerson tem dúvidas em relação às consequências caso recuse a oferta de trabalho pelo empregador. Considerando o que prevê a Lei no 13.467/2017, a

A) recusa da oferta não descaracteriza a subordinação para fins do contrato de trabalho intermitente.

B) possibilidade de recusa da oferta demonstra inexistir subordinação em tal modalidade de contrato, razão pela qual Gerson não é considerado empregado, mas sim mero trabalhador intermitente.

C) recusa da oferta de trabalho não é permitida pelo legislador, restando descaracterizado o contrato de trabalho intermitente caso isso ocorra.

D) recusa da oferta representa modalidade de justa causa específica para o contrato de trabalho intermitente.

E) recusa da oferta de trabalho deve ser motivada por Gerson, pois o empregador, ao celebrar o contrato de trabalho intermitente, conta com o trabalho do empregado sempre que precisar, somente sendo possível, portanto, a recusa nas hipóteses expressamente autorizadas por lei.

16. (FGV – Analista de Gestão – COMPESA/2018) Conforme a legislação trabalhista brasileira, o repouso semanal remunerado é:

A) obrigatório desde que previsto no contrato.

B) obrigatório e compulsoriamente aos domingos.

C) opcional e exclusivamente aos domingos.

D) opcional e preferencialmente nos finais de semana.

E) obrigatório e preferencialmente aos domingos.

17. (FCC – Analista Judiciário – Área Administrativa – TRT 2/2018) Rosana e Marcela são empregadas da empresa "D". Apesar de trabalharem na mesma empresa, elas laboram em atividades consideradas insalubres, respectivamente, em grau médio e mínimo. No começo deste ano, Rosana e Marcela deram à luz seus filhos, Bernardo e Frederico, respectivamente, sendo que, coincidentemente, as empregadas devem retornar ao trabalho na próxima segunda-feira. Considerando que ambas estão amamentando seus filhos, de acordo com a Consolidação das Leis do Trabalho, sem prejuízo de sua remuneração, nessa situação:

A) Incluído o valor do adicional de insalubridade, ambas as empregadas deverão afastar-se das atividades consideradas insalubres que exerciam quando apresentarem atestado de saúde, emitido por médico de confiança delas, recomendando o afastamento.

B) Não incluso o valor do adicional de insalubridade, ambas as empregadas deverão afastar-se das atividades consideradas insalubres que exerciam quando apresentarem atestado de saúde, emitido por médico de confiança delas, recomendando o afastamento.

C) Incluído o valor do adicional de insalubridade, ambas as empregadas deverão afastar-se das atividades consideradas insalubres que exerciam independentemente de apresentarem qualquer atestado de saúde, tratando-se de um direito constitucionalmente garantido.

D) Não incluso o valor do adicional de insalubridade, somente Rosana deverá afastar-se das atividades consideradas insalubres que exercia quando apresentar atestado de saúde, emitido por médico de sua confiança, recomendando o afastamento.

E) Incluído o valor do adicional de insalubridade, somente Rosana deverá afastar-se das atividades consideradas insalubres que exercia independentemente de apresentar qualquer atestado de saúde, tratando-se de um direito constitucionalmente garantido.

18. (Vunesp – Procurador Jurídico – Câmara de Campo Limpo Paulista – SP/2018) De acordo com o que dispõe a Consolidação das Leis do Trabalho (CLT), em relação ao trabalho da mulher, é vedado

A) exigir atestado ou exame, de qualquer natureza, para comprovação de esterilidade ou gravidez, na admissão ou permanência no emprego e na demissão.

B) publicar ou fazer publicar anúncio de emprego no qual haja referência ao sexo, à idade, à cor ou situação familiar, ainda que a natureza da atividade a ser exercida, pública e notoriamente, assim o exigir.

C) recusar emprego, promoção ou motivar a dispensa do trabalho em razão de sexo, idade, cor, situação familiar ou estado de gravidez, independentemente do fato de que a natureza da atividade seja notória e publicamente incompatível.

D) considerar o sexo, a idade, a cor ou situação familiar como variável determinante para fins de remuneração, formação profissional e oportunidades de ascensão profissional, salvo condição ajustada no contrato de trabalho.

E) impedir o acesso ou adotar critérios subjetivos para deferimento de inscrição ou aprovação em concursos, em empresas privadas, em razão de sexo, idade, cor, situação familiar ou estado de gravidez.

19. (Vunesp – Procurador Jurídico – Câmara de Campo Limpo Paulista – SP/2018) No que tange aos direitos fundamentais ao direito do trabalho do menor, assinale a alternativa correta.

A) O adolescente, até completar 16 anos, não poderá realizar trabalho considerado perigoso ou insalubre.

B) O adolescente, a partir dos 13 anos, pode trabalhar como aprendiz, desde que preservado o direito à educação e o horário de trabalho seja compatível com a frequência escolar.

C) Ao adolescente que exerce trabalho na condição de aprendiz são obrigatoriamente assegurados os direitos trabalhistas e previdenciários.

D) É permitido qualquer trabalho, salvo na condição de aprendiz, em que lhe é assegurada a bolsa de aprendizagem.

E) O adolescente, que exerce trabalho na condição de aprendiz, fica dispensado da frequência ao ensino regular, se incompatível com horário de serviço.

20. (Cespe – Analista – EMAP/2018) Julgue o item que segue de acordo com a legislação e a jurisprudência trabalhista.

Conforme entendimento pacífico do Tribunal Superior do Trabalho, será considerado como uma hora noturna qualquer período de sessenta minutos de trabalho que for realizado pelo portuário no horário de dezenove horas de um dia a sete horas do dia seguinte.

( ) Certo

( ) Errado

21. (FUMARC – Psicólogo – Copasa/2018) Lúcia é funcionária da empresa Celemi Ltda. há 5 anos. Na última semana, descobriu que está grávida. Imediatamente ela procurou uma advogada que lhe informou sobre os direitos previstos na Consolidação das Leis Trabalhistas.

São direitos da funcionária, **EXCETO**:

a) Ela poderá se ausentar do trabalho sem necessidade de justificativa para consultas médicas e demais exames complementares (em número de seis consultas) como o pré-natal, apresentando o atestado médico posteriormente.

b) Ela tem estabilidade no emprego, o que significa que, do momento da confirmação da gravidez até cento e oitenta dias após o parto, a gestante não poderá ser demitida sem justa causa.

c) Ela terá direito a cento e vinte dias de repouso, sem prejuízo do emprego e do salário.

d) Se a atividade desempenhada pela mulher grávida ou lactante oferecer riscos a sua saúde ou à do bebê, ela pode pedir a mudança de cargo ou transferência de setor a qualquer momento.

22. (Vunesp – Procurador – Fapesp/2018) O contrato de trabalho intermitente

a) não se aplica aos aeronautas, pois são regidos por legislação própria.

b) se aplica indistintamente a qualquer atividade, não havendo restrições, desde que devidamente pactuado entre empregado e empregador.

c) pressupõe o trabalho subordinado, contínuo e remunerado, mediante acordo ou convenção coletiva de trabalho.

d) não pode ser pactuado por prazo indeterminado, sendo indispensável a forma escrita.

e) pressupõe a não alternância de períodos de prestação de serviços e de inatividade, determinados em dias ou meses.

23. (Cespe – Procurador Municipal – Manaus – AM/2018) No que se refere a atividades insalubres e perigosas, contrato individual de trabalho e FGTS, julgue o item subsequente.

Um policial militar que, nos dias de folga do serviço em sua corporação, prestar serviços de escolta armada a uma empresa de segurança não fará jus a qualquer indenização, ainda que sofra acidentes em serviço, devido ao fato de a sua condição de policial militar inviabilizar a existência de vínculo empregatício.

( ) Certo

( ) Errado

24. (FCC – Analista Judiciário – Área Judiciária – TRT 6/2018) Em relação ao teletrabalho,

a) a responsabilidade pela aquisição, manutenção ou fornecimento dos equipamentos tecnológicos e da infraestrutura necessária e adequada à prestação do trabalho remoto, bem como ao reembolso de despesas arcadas pelo empregado, serão acordadas entre empregado e empregador, através de previsão em contrato escrito.

b) o comparecimento do empregado às dependências do empregador para a realização de atividades específicas descaracteriza o regime de teletrabalho.

c) o fato de o empregador instruir os empregados, de maneira expressa e ostensiva, quanto às precauções a tomar a fim de evitar doenças e acidentes do trabalho, impede a responsabilização do mesmo em caso de infortúnio com o teletrabalhador.

d) a alteração do regime de teletrabalho para o presencial depende da concordância do empregado sob pena de nulidade.

e) é considerada como teletrabalho a prestação de serviços fora das dependências do empregador, com a utilização de tecnologias de informação e de comunicação de propriedade do empregado, que também tem a responsabilidade em relação à sua conservação e manutenção.

25. (FCC – Analista Judiciário – Oficial de Justiça Avaliador – TRT 6/2018) Considere as afirmativas abaixo a respeito da modalidade de teletrabalho, introduzida no ordenamento jurídico trabalhista pela Lei n° 13.467/2017.

I. Considera-se teletrabalho a prestação de serviços exclusivamente fora das dependências do empregador, com a utilização de tecnologias de informação e de comunicação que, por sua natureza, não se constituam como trabalho externo.

II. Poderá ser realizada a alteração do regime de teletrabalho para o presencial por determinação do empregador, independente da concordância do empregado, desde que garantido prazo de transição mínimo de quinze dias, não sendo necessário aditivo contratual.

III. O comparecimento do empregado às dependências do empregador para a realização de atividades específicas que exijam a presença do empregado no estabelecimento não descaracteriza o regime de teletrabalho.

IV. As disposições relativas à responsabilidade pela aquisição, manutenção ou fornecimento dos equipamentos tecnológicos e da infraestrutura necessária e adequada à prestação do trabalho remoto, bem como ao reembolso de despesas arcadas pelo empregado, serão previstas em contrato escrito.

Está correto o que se afirma APENAS em

A) I, III e IV.

B) I, II e III.

C) III e IV.

D) II, III e IV.

E) I e II.

26. (FCC – Analista Judiciário – Oficial de Justiça Avaliador – TRT 6/2018) Com relação à jornada de trabalho do Jornalista Profissional, conforme previsão da Consolidação das Leis do Trabalho,

A) o intervalo mínimo entre duas jornadas de trabalho será de 10 horas.

B) a duração normal do trabalho não deverá exceder de 5 horas, desde que em período noturno.

C) a duração normal do trabalho não deverá exceder de 4 horas, tanto em período noturno, como diurno.

D) o intervalo mínimo entre duas jornadas de trabalho será de 11 horas.

E) a duração normal do trabalho poderá ser elevada a 8 horas, mediante acordo escrito.

27. (Fundatec – Procurador – AL – RS/2018) Nos termos da Consolidação das Leis do Trabalho, assinale a alternativa INCORRETA.

A) Considera-se teletrabalho a prestação de serviços preponderantemente fora das dependências do empregador, com a utilização de tecnologias de informação e de comunicação que, por sua natureza, não se constituam como trabalho externo.

B) O comparecimento às dependências do empregador para a realização de atividades específicas que exijam a presença do empregado no estabelecimento não descaracteriza o regime de teletrabalho.

C) Poderá ser realizada a alteração do regime de teletrabalho para o presencial por determinação do empregador, garantido prazo de transição mínimo de trinta dias, com correspondente registro em aditivo contratual.

D) No regime de teletrabalho, o empregador deverá instruir os empregados, de maneira expressa e ostensiva, quanto às precauções a tomar a fim de evitar doenças e acidentes de trabalho.

E) Poderá ser realizada a alteração entre regime presencial e de teletrabalho desde que haja mútuo acordo entre as partes, registrado em aditivo contratual.

28. (Vunesp – Procurador Autárquico – PauliPrev – SP/2018) De acordo com as normas veiculadas na Consolidação das Leis do Trabalho, é correto afirmar, em relação à contratação do empregado aprendiz:

A) o contrato de trabalho do aprendiz dispensa anotação na Carteira de Trabalho e Previdência Social.

B) o contrato de trabalho pode ser por prazo indeterminado.

C) a idade máxima prevista para o trabalhador aprendiz é a mesma em caso de trabalhador com ou sem deficiência.

D) nas localidades em que não houver oferta de ensino médio, para a validade do contrato de aprendizagem, a contratação do aprendiz poderá ocorrer sem a frequência à escola, desde que ele já tenha concluído o ensino fundamental.

E) a contratação do aprendiz gera vínculo de emprego com a empresa tomadora do serviço.

29. (Fundep – Analista Pessoal – Codemig/2018) De acordo com a Lei Nº 7.998/1990, tem direito à percepção do seguro-desemprego o trabalhador dispensado sem justa causa que comprove:

A) ter recebido salários de pessoa jurídica relativos a pelo menos 12 (doze) meses nos últimos 18 (dezoito) meses imediatamente anteriores à data de dispensa, quando da primeira solicitação.

B) não estar em gozo do auxílio-desemprego nos 12 (doze) meses imediatamente anteriores à data de dispensa, bem como não possuir renda própria de qualquer natureza suficiente à sua manutenção e de sua família.

C) ter recebido salários de pessoa jurídica, relativos a pelo menos 9 (nove) meses nos últimos 18 (dezoito) meses imediatamente anteriores à data de dispensa, quando da primeira solicitação.

D) não estar em gozo de qualquer benefício previdenciário de prestação continuada, nem mesmo o auxílio-acidente e o auxílio suplementar, previstos na Lei Nº 6.367/1976, e nem o abono de permanência em serviço previsto na Lei Nº 5.890/1973.

30. (FCC – Procurador Jurídico – SANASA – Campinas/2019) À luz das previsões da Consolidação das Leis do Trabalho,

A) poderá ser realizada a alteração do regime de teletrabalho para o presencial por determinação do empregador, garantido prazo de transição mínimo de quinze dias, por mero acordo verbal.

B) poderá ser realizada a alteração do regime de teletrabalho para o presencial por determinação do empregador, garantido prazo de transição mínimo de quinze dias, com correspondente registro em aditivo contratual.

C) na hipótese de ausência do reclamante, este será condenado ao pagamento das custas processuais, ainda que beneficiário da justiça gratuita, salvo se comprovar, no prazo de quinze dias, que a ausência ocorreu por motivo justificável a critério do Juiz.

D) poderá ser realizada a alteração do regime de teletrabalho para o presencial por determinação do empregador, garantido prazo de transição mínimo de trinta dias, com correspondente registro em aditivo contratual.

E) a decisão judicial transitada em julgado somente poderá ser levada a protesto, depois de transcorrido o prazo de trinta dias a contar da citação do executado, se não houver garantia do juízo.

---

31. (UPENET – Advogado – UPE/2019) De acordo com a Consolidação pós-reforma trabalhista, sobre o contrato intermitente, assinale a alternativa CORRETA.

A) Deve ser celebrado por escrito e deve conter especificamente o valor da hora de trabalho, que não pode ser inferior ao valor horário do salário mínimo ou àquele devido aos demais empregados do estabelecimento que exerçam a mesma função em contrato intermitente ou não.

B) O empregador convocará, por qualquer meio de comunicação eficaz, para a prestação de serviços, informando qual será a jornada, com, pelo menos, dois dias corridos de antecedência.

C) A recusa da oferta descaracteriza a subordinação para fins do contrato de trabalho intermitente.

D) Aceita a oferta para o comparecimento ao trabalho a parte que descumprir, sem justo motivo, pagará à outra parte, no prazo de dez dias, multa de 50% (cinquenta por cento) da remuneração que seria devida, permitida a compensação em igual prazo.

E) O período de inatividade será considerado tempo à disposição do empregador, podendo o trabalhador prestar serviços a outros contratantes.

---

32. (Vunesp – Advogado – Pref. de Arujá – SP/2019) João da Silva foi contratado como Assistente de Suporte de Vendas da empresa Cosméticos Luxo Ltda., e trabalha em regime de teletrabalho. Com relação ao seu contrato de trabalho, é correto afirmar que

A) deve conter cláusula específica sobre o regime de teletrabalho, especificando as atividades que devem ser realizadas pelo empregado.

B) pode ser verbal e não há cláusulas específicas obrigatórias.

C) deve conter cláusula específica abordando que não faz jus ao recebimento de horas extraordinárias.

D) pode ser escrito ou verbal, desde que haja anotação expressa da modalidade na carteira profissional.

E) deve ser escrito, mas a anotação do regime de teletrabalho não precisa constar no contrato, mas sim na carteira profissional.

18.2. Questões discursivas

---

1. (TRT-SP-2010) Há idade mínima para o trabalho doméstico? Em caso positivo, qual? Fundamente a resposta.

---

2. (AGU PGF – 2007) Redija, de forma fundamentada, texto dissertativo acerca da contratação de empregados pela administração pública direta federal. Em seu texto, aborde, necessariamente, os seguintes aspectos:

a) possibilidade jurídica da referida contratação;

b) requisitos constitucionais para a validade da contratação e consequências da não observância desses requisitos;

c) garantias contra a dispensa e existência de estabilidade;

e) competência para apreciar as controvérsias decorrentes desse contrato de trabalho.

18.3. Gabarito das questões objetivas

Gab		Fundamentação legal e jurisprudencial	Onde encontro no livro?	Observação eventual
1	C	CLT. Art. 439	Item 10.2, alínea "d"	
2	E	CLT. Art. 396, *caput*	Item 11.1, alínea "b"	
3	E	CLT. Art. 390, *caput*	Item 11.1, alínea "a"	20 quilos para o trabalho contínuo e 25 quilos para o trabalho ocasional

Gab		Fundamentação legal e jurisprudencial	Onde encontro no livro?	Observação eventual
4	E	I – Lei Complementar nº 150/15. Art. 1º, *caput*	I – Item 5.1	A não eventualidade diz respeito à atividade empresarial e não à prestação de serviços do obreiro. Logo, não se confunde com a continuidade, que exige o trabalho diário e habitual, requisito, apenas, na relação de emprego doméstica.
4	E	II – Lei Complementar nº 150/15. Art. 18, §2º	II – Item 5.9	
		III – Lei Complementar nº 150/15. Art. 17, *caput*	III – Item 5.8	
		IV – Lei Complementar nº 150/15. Art. 25, *caput* e parágrafo único	IV – Item 5.11	
		V – Lei Complementar nº 150/15. Art. 27, I ao XII	V – Item 5.15	
5	D	a) CLT. Art. 396, *caput*	a) Item 11.1, alínea "b"	
		b) CLT. Art. 390-C	b) Item 11.1, alínea "a"	
		c) CLT. Art. 395	c) Item 11.1, alínea "b	
		d) CLT. Art. 390, *caput*	d) Item 11.1, alínea "a"	
		e) CLT. Art. 390-E	e) Item 11.1, alínea "a"	
6	C	CLT. Art. 428, *caput* e §§ 3º e 5º	Item 4.2	
7	D	Lei Complementar 150/15. Art. 1º	Item 5	
8	A	a) Decreto nº 5.598/05. Art. 18, *caput* e § 1º, e Art. 19; CLT. Art. 432, *caput* e § 1º	a) Item 4.1 e Parte I, Capítulo VII, Item 3.3	
		b) Lei nº 8.036/90. Art. 15, § 7º	b) Item 4.2	
		c) CLT. Art. 428, § 2º	c) Item 4.2	
		d) CLT. Art. 440	d) Parte I, Capítulo VIII, Item 4.8, alínea "g"	
		e) CLT. Art. 439	e) Item 10.2, alínea "d"	
9	A	a) CLT. Art. 131, II	a) Item 11.1, alínea "b"	
		b) CLT. Art. 392, *caput*	b) Item 11.1, alínea "b"	
		c) CF/88. Art. 7º, XXV	c) Item 11.1, alínea "b"	
		d) CLT. Art. 392-A	d) Parte I, Capítulo VIII, Item 2.5, alínea "f"	
		e) CLT. Art. 392, § 4º, I	e) Item 11.1, alínea "b"	
10	B	a) CLT. Art. 392-A, § 4 º	a) Parte I, Capítulo VIII, Item 2.6 "f"	–
		b) Instrução Normativa do INSS nº 45/2010. Art. 245, § 4º; e no Art. 395 da CLT	b) Item 11 "b"	
		c) CLT. Art. 389, §§ 1º e 2º	c) Item 11.1 "b"	
		d) CLT. Art. 414	d) Item 10.2 "d"	
		e) CLT. Art. 439	e) Item 10.2 "d"	

Gab		Fundamentação legal e jurisprudencial	Onde encontro no livro?	Observação eventual
11	E	CF/88. Art. 7º, parágrafo único	Item 5.4	Dependem de regulamentação legal
12	D	a) TST. Súmula nº 386	a) Item 2.5, alínea "b"	–
		b) TST. Súmula nº 386	b) Item 2.5, alínea "b"	
		c) TST. Súmula nº 386	c) Item 2.5, alínea "b"	
		d) TST. Súmula nº 386	d) Item 2.5, alínea "b"	
		e) TST. Súmula nº 386	e) Item 2.5, alínea "b"	
13	E	CLT, art. 384	Item 11.1, alínea "a"	
14	E	CLT, art. 394-A.	Item 11.1, alínea "b"	
15	A	CLT, art. 452-A, §3º	Item 14	
16	E	CLT. Art. 67, caput	Item 5.7	
17	A	CLT. Art. 394-A, inciso III	Item 11.1, alínea "b"	
18	E	a) CLT. Art. 373-A, IV	Item 11.2	
		b) CLT. Art. 373-A, I		
		c) CLT. Art. 373-A, II		
		d) CLT. Art. 373-A, III		
		e) CLT. Art. 373-A, V		
19	C	a) CF/88. Art. 7º XXXIII; CLT. Art. 405	Item 4	
		b) CLT. Art. 403		
		c) ECA. Art.65		
		d) ECA. Art. 64		
		e) CLT. Art. 428, §1º		
20	C	Lei nº 4.860/65. Art. 4º, §1º	Item 15.6	
21	B	a) CLT. Art. 392, §4º, II	Item 11.1, alínea "b"	
		b) ADCT. Art. 10, II, b). Parte I. Capítulo IX	Item 3.2, alínea "c"	
		c) CLT. Art. 392, caput	Item 11.1, alínea "b"	
		d) CLT. Art. 392, §4º, I	Item 11.1, alínea "b"	
22	A	a) CLT. Art. 443, §3º	Item 14	
		b) CLT. Art. 443, §3º		
		c) CLT. Art. 443, §3º		
		d) CLT. Art. 452-A		
		e) CLT. Art. 443, §3º		
23	E	TST. Súmula nº 386	Item 2.5	
24	A	a) CLT. Art. 75-D b) CLT. Art. 75-B c) CLT. Art. 75-E d) CLT. Art. 75-C e) CLT. Art. 75-B	Item 13	

Gab		Fundamentação legal e jurisprudencial	Onde encontro no livro?	Observação eventual
25	C	I– CLT. Art. 75-B II– CLT. Art. 75-C, §2º III– CLT. Art. 75-B, parágrafo único IV – CLT. Art. 75-D	Item 13	
26	A	a) CLT. Art. 308 b) CLT. Art. 303 c) CLT. Art. 303 d) CLT. Art. 308 e) CLT. Art. 304	Item 15.7	
27	C	a) CLT. Art. 75-B b) CLT. Art. 75-B, parágrafo único c) CLT. Art. 75-C, §2º d) CLT. Art. 75-E e) CLT. Art. 75-C, §1º	Item 13	
28	D	a) CLT. Art. 428, §1º	Item 4	
		b) CLT. Art. 428, §3º	Item 4.2	
		c) CLT. Art. 428, §3º	Item 4.2	
		d) CLT. Art. 428, §7º	Item 4	
		e) CLT. Art. 431	Item 4	
29	A	a) Lei nº 7.998/1990. Art. 3º, inciso I, alínea	Item 5.14	
		b) Lei nº 7.998/1990. Art. 3º, inciso IV		
		c)Lei nº 7.998/1990. Art. 3º, inciso I, alínea b		
		d) Lei nº 7.998/1990. Art. 3º, inciso III		
30	B	A) CLT. Art. 75-C, §2º B) CLT. Art. 75-C, § 2º C) CLT. Art. 844, §2º. D) CLT. Art 75-C, §2º E) CLT. Art. 883-A	Item 13	
31	A	CLT. Art. 452-A.	Item 14	
32	A	A CLT. Art. 75-C	**Item 13**	

18.4. Gabarito das questões discursivas

Item	Fundamentação legal, jurisprudencial ou doutrinária	Onde encontro no livro
1	Deve-se destacar, inicialmente, que esta pergunta foi elaborada antes da vigência da Lei Complementar nº 150/2015, que regulamentou a Emenda Constitucional nº 72/13. Nessa norma jurídica há referencia expressa à idade mínima de dezoito anos para o trabalhador prestar serviços como empregado doméstico. Entretanto, ainda na vigência da Lei nº 5.859/72 já era proibida a contratação de empregado doméstico menor de dezoito anos, pois era e é considerado como uma das piores formas de trabalho infantil, segundo lista aprovada pelo Decreto nº 6.481/08, que regulamentou os arts. 3º, "d" e 4º da Convenção nº 182 da OIT, salvo se forem observadas as prescrições contidas no seu art. 2º, § 1º.	Item 5.1
2	a) A União, por meio da Lei nº 8.112/90, instituiu o regime jurídico único, estatuto que rege as relações que mantém com seus servidores, inclusive os temporários. A Emenda Constitucional nº 19/98 admitiu a contratação de servidores públicos também pelo regime celetista, o que foi regulamentado pela Lei nº 9.962/00. Entretanto, o STF suspendeu a eficácia da redação do art. 39 da CF/88 dada pela mencionada EC nº 19/98; b) O principal requisito constitucional para a contratação do servidor público, ainda que pelo regime da CLT e mesmo na administração pública indireta, é a prévia aprovação em concurso público, na forma prevista pelo art. 37, II, da CF/88. A consequência da contratação ser a observância desse requisitos e o reconhecimento da nulidade contratual. Em tais situações o obreiro não terá direitos trabalhistas, mas apenas uma indenização equivalente ao salario contratado de acordo com as horas trabalhadas e ao FGTS do período, segundo entendimento do TST constante da Súmula nº 363; c) Segundo o posicionamento do TST, revelado por meio da Súmula nº 390, o empregado público da administração pública direta, autárquica e fundacional adquire estabilidade prevista no art. 41 da CF/88. Já o art. 3º da Lei nº 9.962/00 estabelece os motivos que a Administração Pública pode alegar para romper o contrato de trabalho por prazo indeterminado com seus empregados públicos; d) Como se trata de relação de emprego, ainda que no âmbito da Administração Pública, a competência para dirimir eventual conflito é da Justiça do Trabalho, conforme determinação contida no art. 114, I, da CF/88, que faz referencia expressa a essa espécie de empregador.	Itens 8.2, 8.3 e 8.5

CAPÍTULO V

EMPREGADOR

1. CONCEITO E DENOMINAÇÕES

Empregador, no âmbito da relação de trabalho subordinado, **é a pessoa que remunera e dirige a prestação de serviços do obreiro**. Celebrado o contrato de trabalho, o empregador assume a obrigação principal de pagar salários ao trabalhador.

Ao lado dessa obrigação principal, criam-se outras obrigações acessórias, mas de importância vital para a manutenção do bem-estar do empregado como, por exemplo, a concessão de férias anuais e de outros períodos de descanso mais curtos, o pagamento de 13º salário, o depósito na conta do FGTS etc.

A Consolidação das Leis do Trabalho define o empregador em seu art. 2º: "Considera-se empregador a empresa, individual ou coletiva, que, assumindo os riscos da atividade econômica, admite, assalaria e dirige a prestação pessoal de serviços".

O legislador, com o intuito de proteger o empregado, **personifica a empresa**, que é, na verdade, objeto e não sujeito de direitos. A empresa é representada pela atividade produtiva decorrente da atuação do conjunto de bens e recursos humanos destacados e utilizados para obtenção de lucro.

Quando a lei personifica a empresa, esta assume a posição de empregador, passa a ocupar um dos polos da relação empregatícia, de forma que **nenhuma alteração em sua estrutura jurídica ou mudança de titularidade do seu detentor afeta o contrato de trabalho**, com fundamento no disposto nos artigos 10 e 448 da Consolidação das Leis do Trabalho.

A denominação utilizada pela legislação brasileira, para aquele que remunera a atividade do trabalhador dependente, é a de empregador ou de empresa. A doutrina, jurisprudência e a legislação fazem referência a esse contratante denominando-o, também, de patrão como ocorre com a Lei Federal do Trabalho do México.

No Brasil, o Código Civil de 1916 previa a responsabilidade do patrão, por ato do empregado, em seu art. 1251: "São também responsáveis pela reparação civil: II – O patrão, amo ou comitente, por seus empregados, serviçais e prepostos, no exercício do trabalho que lhes competir, ou por ocasião dele".

2. CARACTERIZAÇÃO

O empregador, na maioria dos casos, desenvolve uma atividade econômica e **assume os riscos inerentes ao negócio respectivo.** Por conta disso, o traço característico do empregador é o intuito de lucro. A lei admite, entretanto, a existência da figura do empregador despojado dessa característica, quando equipara à empresa as entidades filantrópicas, recreativas etc.[1]

Em regra, o empregador não pode transferir para o empregado o risco do empreendimento. Desse modo, mesmo que o empregado não trabalhe efetivamente durante determinado período de tempo por conta de o empregador não lhe oferecer trabalho, ainda assim terá direito ao salário, porque este **é devido pelo simples fato do empregado ficar à disposição da empresa,**[2] excetuando a hipótese do empregado intermitente.

O empregador detém o que a doutrina convencionou denominar de **"poder diretivo"**, do qual derivam os poderes de comando, de organização, de fiscalização e disciplinar. A crítica que se faz em relação ao termo **"poder"** fundamenta-se no fato da impossibilidade de alguém ser detentor de poderes derivados de uma relação de natureza contratual.[3] Só se encontra justificativa para a aceitação do poder empresarial quando há filiação à teoria institucional do vínculo empregatício.

De qualquer forma, a doutrina e a jurisprudência já consagraram a utilização da expressão **"poder diretivo do empregador"**, pelo que a discussão não produz muito efeito prático.

ATENÇÃO! A doutrina tem citado como principais características do empregador a DESPERSONALIZAÇÃO ou IMPESSOALIDADE, que possibilita a alteração subjetiva no polo empresarial sem que importe extinção contratual; e a ALTERIDADE, por meio da qual todos os riscos do empreendimento são suportados pelo empregador.

3. EMPRESA, ESTABELECIMENTO E RESPONSABILIDADE DOS SÓCIOS

Por intermédio da empresa, o empresário exerce uma atividade econômica organizada e com a intenção de alcançar o seu escopo principal, que é a obtenção de lucro.

1. CLT. Art. 2º. § 1º. Equiparam-se ao empregador, para os efeitos exclusivos da relação de emprego, os profissionais liberais, as instituições de beneficência, as associações recreativas ou outras instituições sem fins lucrativos, que admitirem trabalhadores como empregados.
2. CLT. Art. 4º. Considera-se como de serviço efetivo o período em que o empregado esteja à disposição do empregador, aguardando ou executando ordens, salvo disposição especial expressamente consignada.
3. A relação de poder deriva de um estado jurídico, como ocorre com o poder familiar e com o poder estatal.

Na empresa é que se reúnem todos os esforços (bens materiais e imateriais) para efetivar a produção ou a circulação de bens ou de serviços. Já o estabelecimento é representado por uma unidade produtiva e autônoma da empresa, que pode ser física ou virtual.

O art. 966 e seguintes do Código Civil regulam a atividade empresarial. Define, inicialmente, o que seria o empresário: "Considera-se empresário quem exerce profissionalmente atividade econômica organizada para a produção ou a circulação de bens ou de serviços".

3.1. Distinção entre empresa e estabelecimento

Em apertada síntese, empresa é atividade em si, enquanto que o estabelecimento empresarial corresponde a unidade na qual se desenvolve essa atividade.

É de grande importância a distinção entre empresa e estabelecimento, pois a norma trabalhista lhes confere tratamento diverso. O art. 74, § 2º, da CLT, por exemplo, exige que se mantenha controle manual, mecânico ou eletrônico da jornada de trabalho dos empregados dos **estabelecimentos**, e não da **empresa**, com mais de **20 empregados**.

Contudo, perde-se o direito ao gozo de férias o empregado que, no curso do período aquisitivo, deixar de trabalhar por mais de trinta dias em decorrência de paralisação parcial ou total dos serviços **da empresa e não do estabelecimento,** com percepção dos salários (art. 133, III, da CLT).

3.2. Responsabilidade do sócio

Como visto, quem responde pelo cumprimento das obrigações trabalhistas é a empresa. Em tese, a discussão sobre a responsabilidade do sócio da sociedade perderia o sentido, em face da ficção jurídica que foi criada ao personalizar o acervo patrimonial responsável pelo desenvolvimento da atividade produtiva.

Observou-se, contudo, no dia a dia das demandas judiciais, que em muitos casos o conjunto de bens de capital não era suficiente para garantir o pagamento devido aos trabalhadores da empresa, contribuindo para a ineficácia do provimento jurisdicional.

Passou-se, assim, a admitir no âmbito do Direito do trabalho, com reflexos no processo laboral, do instituto da desconsideração da personalidade jurídica da sociedade.

A doutrina e a jurisprudência criaram a teoria finalística da **desconsideração da pessoa jurídica, também denominada de *disregard doctrine* ou teoria da penetração**, que acabou, de certa forma, acolhida pelo Código Civil de 2002 em seu art. 50, com redação dada pela Lei nº 13.874/19:

> **Art. 50.** Em caso de abuso da personalidade jurídica, caracterizado pelo desvio de finalidade ou pela confusão patrimonial, pode o juiz, a requerimento da parte, ou do Ministério Público quando lhe couber intervir no processo, desconsiderá-la para que os efeitos de certas e determinadas relações de obrigações sejam estendidos aos bens particulares de administradores ou de sócios da pessoa jurídica beneficiados direta ou indiretamente pelo abuso.

Permitiu-se, em determinadas situações, que se possa penhorar os bens particulares dos sócios da pessoa jurídica, quando esta não possui patrimônio suficiente para satisfazer o credor, nos casos de abuso da personalidade jurídica (desvio de finalidade) ou pela confusão patrimonial.

Antes mesmo da vigência do mencionado Diploma legal, era possível recorrer do preceito contido no art. 28 do Código de Defesa do Consumidor, para declarar a mencionada desconsideração da pessoa jurídica:

> **Art. 28.** O juiz poderá desconsiderar a personalidade jurídica da sociedade quando, em detrimento do consumidor, houver abuso de direito, excesso de poder, infração da lei, fato ou ato ilícito ou violação dos estatutos ou contrato social.

Nesse caso, também se exige um motivo, que pode ser: abuso de direito, excesso de poder, infração da lei, fato ou ato ilícito ou violação dos estatutos ou contrato social. **Observa-se, assim, que o leque de razões previstas no CDC é bem mais amplo do que aquele listado no citado art. 50 do Código Civil**.

Surgiram, assim, duas teorias. A primeira, conhecida como **teoria maior,** que defende a necessidade de se apontar algum motivo legal para declarar a desconsideração da personalidade jurídica e a segunda, denominada de **teoria menor,** por meio da qual exige-se, apenas, a **insuficiência patrimonial.**

A jurisprudência trabalhista se inclinava pela adoção da **teoria menor**, relativizando a necessidade de atender aos requisitos estabelecidos pela ordem jurídica para determinar a penhora dos bens do sócio por insuficiência patrimonial da sociedade, fundamentada na hipótese prevista pelo art. 28, § 5º do CDC: "Também poderá ser desconsiderada a pessoa jurídica sempre que sua personalidade for, de alguma forma, obstáculo ao ressarcimento de prejuízos causados aos consumidores".

Contudo, a partir da vigência da Lei nº 13.874/19, conhecida como lei da liberdade econômica, não há mais dúvida sobre a inaplicabilidade do art. 28 do CDC, que acolheu a teoria menor da desconsideração da pessoa jurídica, nas relações trabalhistas diante do mandamento contido no § 1º, art. 1º da referida Lei:

> **Art. 1º. § 1º** O disposto nesta Lei será observado na aplicação e na interpretação do direito civil, empresarial, econômico, urbanístico e do trabalho nas relações jurídicas que se encontrem no seu âmbito de aplicação e na ordenação pública, inclusive sobre exercício das profissões, comércio, juntas comerciais, registros públicos, trânsito, transporte e proteção ao meio ambiente.

É necessário, portanto, observar se estão presentes os requisitos para desconsideração da personalidade jurídica, na forma consolidada pela jurisprudência do STJ, que foi incorporada ao art. 50 do Código Civil, por meio da Lei da Liberdade Econômica:

> **Art. 50.** § 1º Para os fins do disposto neste artigo, desvio de finalidade é a utilização da pessoa jurídica com o propósito de lesar credores e para a prática de atos ilícitos de qualquer natureza.
>
> § 2º Entende-se por confusão patrimonial a ausência de separação de fato entre os patrimônios, caracterizada por:
>
> I – cumprimento repetitivo pela sociedade de obrigações do sócio ou do administrador ou vice-versa;

> II – transferência de ativos ou de passivos sem efetivas contraprestações, exceto os de valor proporcionalmente insignificante; (exemplo: o sócio compra um bem da empresa e não transfere o dinheiro para ela. Ou no caso empréstimos sem observância das regras de mercados).e
>
> III – outros atos de descumprimento da autonomia patrimonial (cláusula geral).
>
> § 3º O disposto no caput e nos §§ 1º e 2º deste artigo também se aplica à extensão das obrigações de sócios ou de administradores à pessoa jurídica.
>
> § 5º Não constitui desvio de finalidade a mera expansão ou a alteração da finalidade original da atividade econômica específica da pessoa jurídica.

Destaca-se que o preceito contido no art. 10-A da CLT não reconheceu a aplicabilidade da teoria menor para responsabilização do sócio na seara trabalhista:

> **Art. 10-A.** O sócio retirante responde subsidiariamente pelas obrigações trabalhistas da sociedade relativas ao período em que figurou como sócio, somente em ações ajuizadas até dois anos depois de averbada a modificação do contrato, observada a seguinte ordem de preferência: I – a empresa devedora; II – os sócios atuais; e III – os sócios retirantes. Parágrafo único. O sócio retirante responderá solidariamente com os demais quando ficar comprovada fraude na alteração societária decorrente da modificação do contrato.

Primeiro, porque o referido dispositivo legal é anterior à vigência da citada Lei da Liberdade Econômica. Em segundo lugar, o art. 10-A trata da responsabilidade do sócio retirante, sem definir se ela decorre do simples inadimplemento das obrigações trabalhistas por parte da sociedade ou se exige a confusão patrimonial ou o desvio de finalidade.

Inclusive o art. 6-C, introduzido à Lei de Falência por meio da Lei nº 14.112, confirma expressamente esse entendimento:

> **Art. 6º-C** É vedada atribuição de responsabilidade a terceiros em decorrência do mero inadimplemento de obrigações do devedor falido ou em recuperação judicial, ressalvadas as garantias reais e fidejussórias, bem como as demais situações reguladas por esta Lei.

A responsabilidade de terceiros, como mencionado nesse dispositivo legal, é aquela atribuída a qualquer outra pessoa que não seja a devedora, como os devedores solidários, subsidiários e, também, o sócio. Excetuam-se as situações expressamente previstas em lei, como aquela prevista no art. 16 da Lei nº 6.019/74:

> **Art. 16.** No caso de falência da empresa de trabalho temporário, a empresa tomadora ou cliente é solidariamente responsável pelo recolhimento das contribuições previdenciárias, no tocante ao tempo em que o trabalhador esteve sob suas ordens, assim como em referência ao mesmo período, pela remuneração e indenização previstas nesta Lei.

Uma vez reconhecida a responsabilidade do sócio é necessário estabelecer o seu termo final, nos casos de **exclusão, retirada ou morte.**

No direito comum, o Código Civil regula essa matéria em seu art. 1.032, que era utilizado subsidiariamente no Direito do Trabalho antes do advento da Lei da Reforma Trabalhista de 2017, diante do permissivo contido no *caput* do art. 8º da CLT:

> **Art. 1.032.** A retirada, exclusão ou morte do sócio, não o exime, ou a seus herdeiros, da responsabilidade pelas obrigações sociais anteriores, até dois anos após averbada a resolução da sociedade; nem nos dois primeiros casos, pelas posteriores e em igual prazo, enquanto não se requerer a averbação.

A primeira parte do dispositivo legal transcrito segue a lógica, ou seja, o sócio que se retira, é excluído ou vem a falecer responde pelas obrigações da sociedade contraídas anteriormente, **até o prazo de dois anos após averbada a resolução da sociedade em relação à sua cota.**

Já no caso de obrigações contraídas **posteriormente**, responde enquanto não for requerida a averbação, no prazo de dois anos, mas somente no caso de retirada ou exclusão do sócio.

Com a vigência da Lei nº 13.467/17 o ordenamento jurídico trabalhista passou a contar com regra própria para disciplinar essa questão, como se observa do quadro a seguir:

REFORMA TRABALHISTA – QUADRO COMPARATIVO RESPONSABILIDADE DO SÓCIO RETIRANTE	
REDAÇÃO ANTERIOR DA CLT	**REDAÇÃO ATUAL DA CLT**
Art. 10-A. INEXISTENTE	**Art. 10-A.** O sócio retirante responde subsidiariamente pelas obrigações trabalhistas da sociedade relativas ao período em que figurou como sócio, somente em ações ajuizadas até dois anos depois de averbada a modificação do contrato, observada a seguinte ordem de preferência: I – a empresa devedora; II – os sócios atuais; e III – os sócios retirantes. **Parágrafo** único. O sócio retirante responderá solidariamente com os demais quando ficar comprovada fraude na alteração societária decorrente da modificação do contrato.
DIFERENÇAS E COMENTÁRIOS	
A redação do novo preceito trabalhista é mais clara do que o seu congênere contido no art. 1.032 do Código Civil. Isso porque relaciona o prazo de **dois anos** com o ajuizamento da ação trabalhista, o que implica reconhecer se tratar de **prazo prescricional.** É como se o legislador tivesse fixado um prazo de prescrição paralelo, produzindo efeitos somente em relação ao sócio retirante. Se o sócio se retira da sociedade durante o vínculo empregatício, a perda da eventual pretensão do trabalhador em relação a esse sócio **é de dois anos.** Todavia, em relação à pessoa jurídica e os demais sócios, o prazo de prescrição continua sendo de cinco anos durante a vigência do pacto laboral ou dois anos após a sua extinção. Se por exemplo, o sócio integrou a sociedade entre setembro de 2012 a setembro de 2017, responde por esse período (5 anos de trabalho) até setembro de 2019. Em nenhuma hipótese o sócio responderá por eventual débito trabalhista gerado após a sua saída da sociedade. Além disso, uma vez demandado em juízo, o sócio retirante pode alegar o **benefício de ordem** estabelecido no referido art. 10-A da CLT, qual seja: primeiro a empresa devedora, depois os sócios atuais e, por fim, os sócios retirantes, caso a exclusão tenha ocorrido antes de completar dois anos da averbação desse fato no contrato social. Também foi introduzido um parágrafo único ao dispositivo legal em análise para declarar a responsabilidade solidária do sócio retirante nos casos de **fraude na alteração societária**. Apesar de omisso, entende-se que o art. 10-A também se aplica aos casos de **morte e exclusão dos sócios**, na forma prevista pelo art. 1.032 do Código Civil.	

Se o sócio ingressa após a constituição da sociedade, **assume o seu respectivo passivo trabalhista:**

> **OJ Nº 59 do TRT4.** RESPONSABILIDADE DO SÓCIO. INGRESSO NA SOCIEDADE APÓS SUA CONSTITUIÇÃO. O sócio que ingressa na sociedade após sua constituição assume integral responsabilidade sobre o passivo trabalhista existente, constituído ou em formação. Em caso de sua retirada da sociedade, antes do ajuizamento da ação, aplica-se o entendimento expresso na Orientação Jurisprudencial nº 48 desta Seção Especializada.

Se a hipótese é de **cessão**, total ou parcial, aplica-se a regra contida no art. 1.003, parágrafo único, do Código Civil, que também prevê o prazo de dois anos:

> **Art. 1.003.** A cessão total ou parcial de quota, sem a correspondente modificação do contrato social com o consentimento dos demais sócios, não terá eficácia quanto a estes e à sociedade.
>
> **Parágrafo único.** Até dois anos depois de averbada a modificação do contrato, responde o cedente solidariamente com o cessionário, perante a sociedade e terceiros, pelas obrigações que tinha como sócio.

Conclui-se que, se há cessão de quotas e esse procedimento não propicia a modificação do contrato social, **o cedente responde pelas obrigações da sociedade posteriores à cessão.** Uma vez averbada a alteração do contrato social, o cedente responde pelas obrigações contraídas pela sociedade enquanto sócio, **pelo prazo de dois anos.**

4. EMPRESA PÚBLICA E SOCIEDADE DE ECONOMIA MISTA

O Estado pode exercer atividade econômica por intermédio das empresas públicas ou sociedades de economia mista, entidades que pertencem à administração pública indireta.

O art. 173, da atual Constituição Federal permite a exploração da atividade econômica pelo Estado, desde que haja interesse coletivo ou por imperativo de segurança nacional:

> **Art. 173.** Ressalvados os casos previstos nesta Constituição, a exploração direta de atividade econômica pelo Estado só será permitida quando necessária aos imperativos da segurança nacional ou a relevante interesse coletivo, conforme definidos em lei.

O estatuto jurídico da empresa pública ou da sociedade de economia mista deve seguir o regime jurídico próprio das empresas privadas, inclusive em relação às obrigações trabalhistas, conforme disposto no § 1º, II, do referido art. 173 da Constituição Federal.[4]

Nesse passo, o empregado de tais entidades públicas **não adquire a estabilidade própria dos servidores públicos da administração pública direta, autárquica e fundacional** (art. 41 da CF/88).

Como foi dito no item 8.6, do Capítulo anterior, apesar de não haver estabilidade, exige-se das empresas públicas e das sociedades de economia mista **a motivação do ato da despedida dos seus empregados.**

O TST manifesta-se nesse sentido, de forma expressa, em relação a Empresa de Correios, na forma prevista pela OJ nº 247, II, da SDI-1 do TST:

> **OJ Nº 247.** SERVIDOR PÚBLICO. CELETISTA CONCURSADO. DESPEDIDA IMOTIVADA. EMPRESA PÚBLICA OU SOCIEDADE DE ECONOMIA MISTA. POSSIBILIDADE. Inserida em 20.06.2001 (Alterada – Res. nº 143/2007 – DJ 13.11.2007) I – A despedida de empregados de empresa pública e de sociedade de economia mista, mesmo admitidos por concurso público, independe de ato motivado para sua validade; II – A

4. CF/88. Art. 173. § 1º. A lei estabelecerá o estatuto jurídico da empresa pública, da sociedade de economia mista e de suas subsidiárias que explorem atividade econômica de produção ou comercialização de bens ou de prestação de serviços, dispondo sobre: II – a sujeição ao regime jurídico próprio das empresas privadas, inclusive quanto aos direitos e obrigações civis, comerciais, trabalhistas e tributários;

validade do ato de despedida do empregado da Empresa Brasileira de Correios e Telégrafos (ECT) está condicionada à motivação, por gozar a empresa do mesmo tratamento destinado à Fazenda Pública em relação à imunidade tributária e à execução por precatório, além das prerrogativas de foro, prazos e custas processuais.

O STF confirmou o posicionamento do TST na decisão a seguir transcrita:

> O Tribunal rejeitou questão de ordem do patrono da recorrente que suscitava fosse este feito julgado em conjunto com o RE 655.283, com repercussão geral reconhecida. Em seguida, colhido o voto-vista do Ministro Joaquim Barbosa (Presidente), o Tribunal deu provimento parcial ao recurso extraordinário para reconhecer a inaplicabilidade do art. 41 da Constituição Federal e exigir-se a necessidade de motivação para a prática legítima do ato de rescisão unilateral do contrato de trabalho, vencidos parcialmente os Ministros Eros Grau e Marco Aurélio. O Relator reajustou parcialmente seu voto. Em seguida, o Tribunal rejeitou questão de ordem do advogado da Empresa Brasileira de Correios e Telégrafos – ECT que suscitava fossem modulados os efeitos da decisão.[5]

Após essa decisão, o TST iniciou um processo de alteração do seu entendimento já consolidado pela OJ nº 247, no sentido de estender a tese de necessidade de motivação do ato administrativo que decida pela despedida sem justa causa para os empregados das demais empresas públicas ou das sociedades de economia mista.

> RECURSO DE REVISTA. MGS – MINAS GERAIS ADMINISTRAÇÃO E SERVIÇOS S.A. EMPRESA PÚBLICA. EMPREGADO CELETISTA CONCURSADO. DESPEDIDA SEM JUSTA CAUSA. POSSIBILIDADE. Recurso de revista fundamentado em violação dos artigos 37, II, 41, 173, § 1º, II, da Constituição da República e contrariedade à Súmula nº 390, II, do TST e à Orientação Jurisprudencial nº 247 da SBDI-1. O e. Tribunal Regional do Trabalho da 3ª Região considerou nula a despedida do empregado recorrido, porquanto a equiparação das empresas públicas às empresas privadas não é absoluta, uma vez que incidem os princípios e regras do direito público, devendo, por isso, haver motivação para a despedida do empregado. Nos termos da Súmula nº 390, II, do TST e da Orientação Jurisprudencial nº 247 da e. SBDI-1, ao empregado de empresa pública ou de sociedade de economia mista, ainda que admitido mediante aprovação em concurso público, não era garantida a estabilidade prevista no art. 41 da Constituição Federal de 1988, sendo possível até mesmo a sua dispensa imotivada. Não haveria, portanto, que se falar em nulidade da dispensa nem em reintegração, tendo em vista que a empresa poderia, por ato unilateral, até mesmo dispensar o empregado imotivadamente. Entretanto, o excelso STF, ao julgar em composição plenária o recurso extraordinário nº RE-589.998/PI, deu-lhe provimento parcial para – reconhecer a inaplicabilidade do art. 41 da Constituição Federal e exigir-se [sic] a necessidade de motivação para a prática legítima do ato de rescisão unilateral do contrato de trabalho, vencidos parcialmente os Ministros Eros Grau e Marco Aurélio. O Relator reajustou parcialmente seu voto. Em seguida, o Tribunal rejeitou questão de ordem do advogado da Empresa Brasileira de Correios e Telégrafos – ECT que suscitava fossem modulados os efeitos da decisão – (grifos não constantes do original) – cujo acórdão foi publicado no DJE de 11/9/2013. Nesse contexto, inviável a aplicação da Súmula nº 390, II, do TST e da Orientação Jurisprudencial nº 247 da e. SBDI-1, ex vi da Súmula nº 401 do excelso STF e não conheço do recurso de revista. Recurso de revista não conhecido.[6]

Todavia, em sede de julgamento de embargos de declaração do RE nº 589998 (10.10.2018), o STF decidiu não estender esse entendimento a todas as empresas públicas e sociedade de

5. STF. RE 589998. Rel. Min. Ricardo Lewandowisk. DJ 12.09.2013.
6. TST. RR 104-55.2011.5.03.0015. 3ª T. Rel. Min. Alexandre de Souza Agra Belmonte. DEJT 25/10/2013.

economia mista, optando por firmar uma tese minimalista só aplicável à ECT, mas **admitindo essa possibilidade mediante provocação específica de cada uma dessas Entidades**.

Ficou claro, também, não ser necessária a instauração de um processo administrativo, mas apenas a motivação do ato.

A tese aprovada foi a seguinte: "A Empresa Brasileira de Correios e Telégrafos (ECT) tem o dever jurídico de motivar, em ato formal, a demissão de seus empregados".

De outra sorte, todos os empregados das entidades públicas acima referidas **só podem ser contratados após a prévia aprovação em concurso público**, visto que a regra contida no art. 37, II, da Carta Magna vigente, abrange todos os integrantes da administração pública direta ou indireta.

5. GRUPO ECONÔMICO

As empresas, assim como as pessoas em geral, associam-se para atingir suas finalidades mais facilmente. Determinados agrupamentos empresariais receberam tratamento legal, sob o ponto de vista do Direito do trabalho.

Quando uma empresa pertence a um mesmo grupo econômico, reconhece-se a responsabilidade solidária pelo cumprimento das obrigações derivadas de um contrato de trabalho entre todas aquelas que se associaram com o objetivo comum.

A Lei da Reforma Trabalhista alterou a redação do art. 2º, § 2º, da CLT conforme se observa do quadro a seguir, além de inserir o parágrafo terceiro:

REFORMA TRABALHISTA – QUADRO COMPARATIVO GRUPO ECONÔMICO	
REDAÇÃO ANTERIOR DA CLT	**REDAÇÃO ATUAL DA CLT**
Art. 2º **§ 2º** – Sempre que uma ou mais empresas, tendo, embora, cada uma delas, personalidade jurídica própria, estiverem sob a direção, controle ou administração de outra, constituindo grupo industrial, comercial ou de qualquer outra atividade econômica, serão, para os efeitos da relação de emprego, solidariamente responsáveis a empresa principal e cada uma das subordinadas. **§ 3º.** INEXISTENTE	**Art. 2º** **§ 2º** Sempre que uma ou mais empresas, tendo, embora, cada uma delas, personalidade jurídica própria, estiverem sob a direção, controle ou administração de outra, ou ainda quando, mesmo guardando cada uma sua autonomia, integrem grupo econômico, serão responsáveis solidariamente pelas obrigações decorrentes da relação de emprego. **§ 3º** Não caracteriza grupo econômico a mera identidade de sócios, sendo necessárias, para a configuração do grupo, a demonstração do interesse integrado, a efetiva comunhão de interesses e a atuação conjunta das empresas dele integrantes.
DIFERENÇAS E COMENTÁRIOS	
Pela redação anterior da CLT, só restaria configurada a **solidariedade** nos casos de grupo econômico por **subordinação,** também denominado de grupo econômico **por direção ou vertical**. Por conta disso, havia controvérsia se o grupo econômico por **coordenação** gerava também o mesmo efeito. No grupo econômico por subordinação ou por direção, umas das empresas do grupo econômico, denominada de empresa mãe, tem supremacia diretiva em relação às demais, de menor porte. Já no grupo por **coordenação** não se identifica uma empresa com predominância diretiva, agindo todas em conjunto guiadas pela comunhão de interesses.	

REFORMA TRABALHISTA – QUADRO COMPARATIVO GRUPO ECONÔMICO
Inclusive a Lei nº 5.889/73, já adotava a teoria do grupo econômico por **coordenação,** conforme se observa da redação do seu art. 3º, § 2º: "Sempre que uma ou mais empresas, embora tendo cada uma delas personalidade jurídica própria, estiverem sob direção, controle ou administração de outra, ou ainda quando, mesmo guardando cada uma sua autonomia, integrem grupo econômico ou financeiro rural, serão responsáveis solidariamente nas obrigações decorrentes da relação de emprego". Em resumo, o que a Lei nº 13.467/17 fez foi transpor a redação do citado dispositivo da Lei do Trabalhador Rural para CLT, reconhecendo que a solidariedade decorre de qualquer grupo econômico, seja por subordinação, seja por coordenação. Apesar desse alargamento do conceito legal de grupo econômico para efeito trabalhista, o legislador impôs algumas restrições para o seu reconhecimento ao introduzir o parágrafo terceiro ao dispositivo legal em comento, notadamente quando o grupo econômico for informal. Primeiramente, **foi excluída a possibilidade de reconhecimento do grupo econômico levando em consideração apenas a identidade de sócios**, como era comum constatar das decisões de Juízes e Tribunais Trabalhistas. Assim, são necessários a conjugação de três requisitos para configuração do grupo econômico: a) interesse integrado; b) efetiva comunhão de interesses; e c) atuação conjunta das empresas dele integrantes.

Apesar da mera identidade de sócios não constituir fundamento para a declaração do grupo econômico trabalhista, o Enunciado nº 5 aprovado na 2ª Jornada de Direito Material e Processual do Trabalho defende a tese de que essa circunstância **seja considerada como um indício dessa situação**, implicando em atribuição do ônus da prova para as empresas:

> **ENUNCIADO Nº 5. GRUPO ECONÔMICO TRABALHISTA. DISTRIBUIÇÃO RACIONAL DO ÔNUS DA PROVA**
>
> I. A LEI 13.467/2017 RECONHECEU EXPRESSAMENTE A FIGURA DO GRUPO ECONÔMICO TRABALHISTA POR COORDENAÇÃO (ART. 2º, §2º) E ESTABELECEU REQUISITOS SUBJETIVOS (INTERESSE INTEGRADO E COMUM) E OBJETIVOS (ATUAÇÃO CONJUNTA) PARA A CARACTERIZAÇÃO DO GRUPO, A SEREM VERIFICADOS NO CASO CONCRETO PELO JUÍZO (ART. 2º, §3º);
>
> II– NAS HIPÓTESES RESTRITAS DE APLICAÇÃO DO PARÁGRAFO 3º DO ARTIGO 2º DA CLT, A MERA IDENTIDADE DE SÓCIOS ENTRE AS EMPRESAS INTEGRANTES, EMBORA NÃO BASTE À CARACTERIZAÇÃO DO GRUPO ECONÔMICO, CONSTITUI INDÍCIO QUE AUTORIZA A INVERSÃO OU REDISTRIBUIÇÃO DO ÔNUS DA PROVA, NOS TERMOS DO ART. 818 § 1º DA CLT, COM REDAÇÃO DADA PELA LEI 13.467/2017. INCUMBE ENTÃO AO EMPREGADOR O ÔNUS DE COMPROVAR A AUSÊNCIA DE INTERESSES INTEGRADOS, DA COMUNHÃO DE INTERESSES E/OU DA ATUAÇÃO CONJUNTA DAS EMPRESAS. APLICAÇÃO DOS PRINCÍPIOS DA APTIDÃO PARA A PROVA E DA PARIDADE DE ARMAS EM CONCRETO (ISONOMIA PROCESSUAL).

5.1. Conceito

Edilton Meireles apresenta um conceito simples, porém completo, na sua obra monográfica sobre o tema em questão: "preferimos definir o grupo econômico como um conjunto de empresas no qual uma das integrantes pode exercer o domínio sobre as demais".[7]

7. MEIRELES, Edilton. ***Grupo econômico trabalhista.*** São Paulo: LTr, 2002, p. 80.

A associação de empresas, também conhecida como **concentração empresarial**, assume várias formas jurídicas. Há casos, inclusive, em que essa concentração é só de fato.

De qualquer forma, seja qual for a natureza do grupo econômico, haverá solidariedade entre as empresas que fazem parte dele.

Sobre as diversas espécies de grupo econômico, manifestam-se os Enunciados nºs 9 e 10 aprovados na 2ª Jornada de Direito Material e Processual do Trabalho, interpretando os efeitos da vigência da Lei nº 13.467/17:

> **ENUNCIADO Nº 9. RESPONSABILIDADE SOLIDÁRIA DAS EMPRESAS QUE ATUAM EM CADEIA PRODUTIVA GLOBAL OU NACIONAL**
>
> SUBORDINAÇÃO ESTRUTURAL. GRUPO ECONÔMICO. RESPONSABILIDADE SOLIDÁRIA DAS EMPRESAS QUE ATUAM EM CADEIA PRODUTIVA NACIONAL OU GLOBAL, POR INTERPRETAÇÃO DOS PARÁGRAFOS 2º E 3º DO ARTIGO 2º DA CLT, ACRESCENTADOS PELA LEI 13.467/2017.
>
> **ENUNCIADO Nº 10. GRUPO ECONÔMICO. INTEGRAÇÃO. CONCEITO DO DIREITO EMPRESARIAL. BASE SOCIETÁRIA, OBRIGACIONAL E PESSOAL**
>
> NÃO CONFIGURADO O GRUPO ECONÔMICO NA FORMA DO NOVO ART. 2º, § 2º, DA CLT, COM A REDAÇÃO DADA PELA LEI 13.467/2017, É POSSÍVEL A INTEGRAÇÃO DO DIREITO, NA FORMA DO ART. 8º DA CLT (ESPECIALMENTE CONSIDERANDO SUA NOVA REDAÇÃO), PARA ABARCAR SITUAÇÕES NÃO DISCIPLINADAS PELA NOVA LEGISLAÇÃO TRABALHISTA. O GRUPO ECONÔMICO PODE TER NATUREZA SOCIETÁRIA, OBRIGACIONAL OU PESSOAL, BASTANDO APENAS A ATUAÇÃO COORDENADA, CONJUNTA OU COLIGADA DAS SOCIEDADES EMPRESÁRIAS. ASSIM, COMO TAL CONCEPÇÃO DESTINA-SE À DEFESA DA ORDEM ECONÔMICA E DA LIVRE CONCORRÊNCIA, COM MAIS RAZÃO AINDA DEVE SER APLICADA À DEFESA DAS VERBAS TRABALHISTAS.

5.2. Efeitos decorrentes da solidariedade

Quando o empregado presta serviços para duas ou mais empresas do mesmo grupo econômico, dentro de uma única jornada, **não há que se falar em duplicidade de contrato de trabalho, salvo se essa cláusula for ajustada de forma expressa pelas partes.**[8]

Pelo mesmo fundamento, qualquer retribuição pecuniária de natureza não indenizatória, paga por empresas do mesmo grupo econômico, deve integrar a remuneração do obreiro, se forem resultantes da prestação de serviço efetivada no horário e no local de trabalho.[9]

Tais efeitos devem-se à predominância da **teoria do empregador único,** no que diz respeito à configuração do grupo de empresas. Segundo essa teoria, que vem plasmada pela Súmula nº 129 do TST, **o empregado possui como empregador todos os integrantes**

8. TST. Súmula nº 129. CONTRATO DE TRABALHO. GRUPO ECONÔMICO. A prestação de serviços a mais de uma empresa do mesmo grupo econômico, durante a mesma jornada de trabalho, não caracteriza a coexistência de mais de um contrato de trabalho, salvo ajuste em contrário.
9. TST. Súmula nº 93. BANCÁRIO. Integra a remuneração do bancário a vantagem pecuniária por ele auferida na colocação ou na venda de papéis ou valores mobiliários de empresas pertencentes ao mesmo grupo econômico, se exercida essa atividade no horário e no local de trabalho e com o consentimento, tácito ou expresso, do banco empregador.

do grupo de empresas e não somente a empresa específica para a qual presta serviços diretamente.

Daí decorre o entendimento segundo o qual **a solidariedade seria não só ativa, como também passiva**, o que implicaria admitir que qualquer empresa do grupo econômico poderia exigir a prestação de serviço do obreiro.

Não se entende dessa forma. Com efeito, a solidariedade só decorre de lei ou de contrato. A solidariedade passiva, em relação à obrigação de pagar as verbas trabalhistas, está prevista na CLT, **o que não ocorre com a obrigação de prestar serviços.**

Até mesmo a utilização das expressões ativa e passiva é equivocada, uma vez que ela deve ser analisada à luz de cada obrigação e não no conjunto de uma relação jurídica contratual que gera obrigações recíprocas para ambos os contratantes, que ora são credores, ora devedores.

Quando a lei diz que o empregado pode cobrar seus créditos trabalhistas de qualquer empresa do grupo econômico, **não afirma que todas elas são suas empregadoras**. Na verdade, apesar de uma delas ser empregadora do obreiro, as demais **são apenas responsáveis** pelo cumprimento das obrigações trabalhistas, de forma solidária.

Agora, se durante a execução do contrato de trabalho o empregado labora para mais de uma empresa do mesmo grupo econômico, **todas elas são empregadoras e, consequentemente, responsáveis.** É essa a interpretação que se retira do conteúdo da Súmula nº 129 do TST e não aquela conferida por parte da doutrina trabalhista.

A doutrina não é pacífica no que diz respeito a essa temática:

Quadro Doutrinário – Solidariedade passiva ou ativa		
Teorias	**Doutrinadores**	**Exemplo**
Somente passiva	Amauri Mascaro, Cesarino Júnior e Orlando Gomes	O grupo de empresas, em face da nossa lei, não é empregador único, a menos que se sustente que o grupo de empresas é, por sua vez, uma empresa. Esse raciocínio seria de difícil aceitação para o caso, porque a lei expressamente declara que no grupo as empresas devem ser autônomas, cada uma tendo personalidade jurídica própria (Amauri Mascaro Nascimento).*
Passiva e ativa	Mozart. Victor Russomano, Octavio Bueno Magano, Délio Maranhão, Arnaldo Sussekind e Alice Monteiro de Barros	Considerando que o grupo econômico é empregador único, o empregado está vinculado ao conjunto de empresas, logo, o trabalho por ele prestado a mais de uma delas, na mesma jornada, não gera duplo contrato, salvo disposição em sentido contrário (Alice Monteiro de Barros).**
(*) NASCIMENTO, Amauri Mascaro. Iniciação ao direito do trabalho. 27. ed. São Paulo: Ltr, 2004. 201 p. (**) BARROS, Alice Monteiro. **Curso de Direito do Trabalho**. 7. ed. São Paulo: LTr, 2011. p. 305.		

O Tribunal Superior do Trabalho **cancelou,** por meio da Resolução Administrativa nº 121/03, a Súmula nº 205, cuja redação era a seguinte:

> **SÚMULA Nº 205.** GRUPO ECONÔMICO. EXECUÇÃO. SOLIDARIEDADE – CANCELADO. O responsável solidário, integrante do grupo econômico, que não participou da relação processual como reclamado e que, portanto, não consta no título executivo judicial como devedor, não pode ser sujeito passivo na execução.

Acredita-se que o cancelamento deu-se pelo fato de que, em muitas ações trabalhistas, os empregados prejudicados não incluíam todas as empresas integrantes do grupo econômico no polo passivo durante o processo de conhecimento, o que obstava a constrição de bens daquelas que não constavam do título executivo judicial durante a fase de execução.

Contudo, com a vigência do CPC de 2015, **a execução não pode ser promovida contra os devedores solidários que não participaram da fase de conhecimento**.

> **Art. 513.§ 5º** O cumprimento da sentença não poderá ser promovido em face do fiador, do coobrigado ou do corresponsável que não tiver participado da fase de conhecimento.

Em sentido contrário a Súmula nº 46 do TRT1:

> **SÚMULA Nº 46 do TRT1.** GRUPO ECONÔMICO. RESPONSABILIDADE SOLIDÁRIA. RECONHECIMENTO NA FASE DE EXECUÇÃO. POSSIBILIDADE. Comprovada a existência de grupo econômico entre as executadas, a responsabilidade solidária pode ser declarada na fase de execução.

Grupo de empresas por coordenação	Grupo de empresas por subordinação
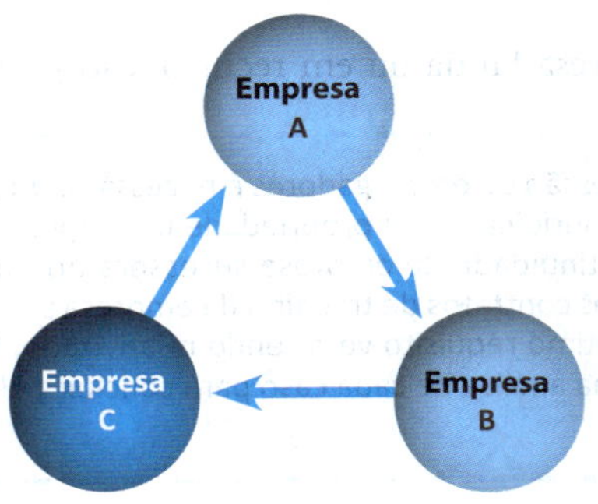	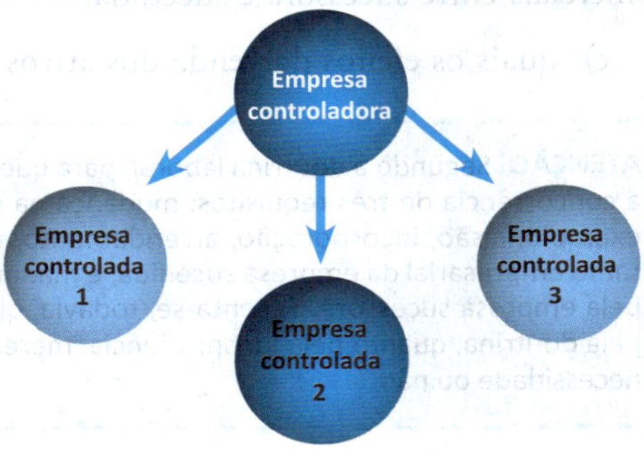

6. SUCESSÃO DE EMPREGADORES

A empresa, entendida como um conjunto de recursos humanos e materiais com determinado objetivo social, pode sofrer mudanças de diversas ordens, por meio de venda, fusão, incorporação, cisão etc.

A obrigação do sucessor do empregador, no Direito do trabalho, encontra-se regulada pelos arts. 10 e 448 da CLT:

> **Art. 10.** Qualquer alteração na estrutura jurídica da empresa não afetará os direitos adquiridos por seus empregados.

> **Art. 448.** A mudança na propriedade ou na estrutura jurídica da empresa não afetará os contratos de trabalho dos respectivos empregados.

A interpretação desses dispositivos legais implica reconhecer o fenômeno da **despersonalização do empregador**, ou seja, **a empresa é quem responde pelo inadimplemento das obrigações contraídas pelo empregador**, e não a pessoa jurídica ou física que detém o seu controle.

Evaristo de Morais Filho explica esse fenômeno:

> O contrato de trabalho deixou de ser *intuitu personae* quanto à pessoa natural (ou jurídica) do detentor momentâneo da empresa. O contrato de trabalho, e com ele o seu exercente, passou a prender-se diretamente à empresa, à organização, ao conjunto organizado, independente do seu titular.[10]

O empregado vincula-se mais ao conjunto orgânico do empreendimento do que ao seu proprietário, seja ele pessoa física ou pessoa jurídica, ainda que o trabalhador não tenha prestado serviços para a empresa sucessora.

A sucessão de empregadores suscita diversas questões controvertidas, por exemplo:

a) o sucedido responde pelas obrigações trabalhistas por ele contraídas?

b) quais os efeitos da alienação de todo o ativo da empresa, quem permanece sendo titular das obrigações contraídas?

c) quais os efeitos da sucessão parcial (art. 1003 do CC)?

d) quais os efeitos trabalhistas da cláusula de não responsabilização inserida nos contratos comerciais entre sucessora e sucedida?

e) quais os efeitos da venda dos ativos da empresa falida ou em recuperação judicial?

> **ATENÇÃO!** Segundo a doutrina laboral, para que haja sucessão de empregadores é necessário que haja a concorrência de três requisitos: mudança na estrutura jurídica ou na propriedade da empresa (por exemplo, cisão, incorporação, arrendamento, etc.); continuidade da empresa sucessora no mesmo ramo empresarial da empresa sucedida; e manutenção dos contratos de trabalho da empresa sucedida pela empresa sucessora. Salienta-se, todavia, que este último requisito vem sendo relativizado, tanto pela doutrina, quanto pela jurisprudência, merecendo uma análise de cada caso para concluir pela sua necessidade ou não.

6.1. Responsabilidade do sucessor e do sucedido

A empresa é a atividade produtiva formada pelo capital, mão de obra, insumos destinada à obtenção de lucro. Se há a transferência total da titularidade desse conjunto, o empregador sucedido não responde pelas obrigações trabalhistas por ele contraídas.

O TST, por meio da OJ nº 261 da SDI-1, posiciona-se no mesmo sentido:

> **OJ Nº 261. BANCOS. SUCESSÃO TRABALHISTA.** As obrigações trabalhistas, inclusive as contraídas à época em que os empregados trabalhavam para o banco sucedido, são de responsabilidade do sucessor, uma vez que a este foram transferidos os ativos, as agências, os direitos e deveres contratuais, caracterizando típica sucessão trabalhista.

Inclusive, a Lei nº 13.467/17 introduziu o art. 448-A à CLT para deixar clara a **responsabilidade exclusiva do sucessor**:

> **Art. 448-A.** Caracterizada a sucessão empresarial ou de empregadores prevista nos arts. 10 e 448 desta Consolidação, as obrigações trabalhistas, inclusive as contraídas à época em que os empregados trabalhavam para a empresa sucedida, são de responsabilidade do sucessor.

10. MORAES FILHO, Evaristo. **Introdução ao direito do trabalho**. 3 ed. São Paulo: LTr, 1982, p. 224.

Todavia, em caso de **fraude** é possível responsabilizar **solidariamente** o sucedido, como determina o parágrafo único do citado art. 448-A da CLT: "A empresa sucedida responderá solidariamente com a sucessora quando ficar comprovada fraude na transferência."

De forma semelhante posiciona-se o TRT9 por meio da OJ nº 106 da sua 4ª Turma:

> **OJ4T Nº 106 do TRT9.** SUCESSÃO. RESPONSABILIDADE. Ocorrendo a sucessão de empregadores a responsabilidade pelo pagamento das obrigações trabalhistas é do sucessor e, subsidiariamente, do sucedido pela quitação dos débitos trabalhistas anteriores à sucessão.

Também é possível utilizar subsidiariamente a regra contida no art. 1.146 do Código Civil, reconhecendo a **responsabilidade solidária do sucedido pelo prazo de um ano nos casos em que o débito trabalhista estiver devidamente contabilizado**:

> **Art. 1.146.** O adquirente do estabelecimento responde pelo pagamento dos débitos anteriores à transferência, desde que regularmente contabilizados, continuando o devedor primitivo solidariamente obrigado pelo prazo de um ano, a partir, quanto aos créditos vencidos, da publicação, e, quanto aos outros, da data do vencimento.

Entende-se que nesse caso há harmonia entre o parágrafo único do art. 448-A da CLT e o citado art. 1.146 do Código Civil, uma vez que ambos estabelecem hipóteses específicas de responsabilidade solidária do sucedido.

Sobre essa temática, o Enunciado nº 13 aprovado na 2ª Jornada de Direito Material e Processual do Trabalho:

> **ENUNCIADO Nº 13. SUCESSÃO TRABALHISTA** SUCESSÃO TRABALHISTA. A TEOR DO ART. 1.146 DO CÓDIGO CIVIL, APLICÁVEL AO DIREITO DO TRABALHO (CLT, ART. 8º), É CABÍVEL A RESPONSABILIDADE SOLIDÁRIA DO SUCEDIDO E DO SUCESSOR PELOS CRÉDITOS TRABALHISTAS CONSTITUÍDOS ANTES DO TRESPASSE DO ESTABELECIMENTO, INDEPENDENTEMENTE DA CARACTERIZAÇÃO DE FRAUDE.

O que garante o adimplemento das obrigações trabalhistas é o patrimônio do empregador. Assim, ainda que o empregado não tenha trabalhado para sucessor, este é o responsável pelo pagamento de suas verbas trabalhistas:

> **SÚMULA Nº 01 do TRT6.** SUCESSÃO TRABALHISTA. ALIENAÇÕES DE ESTABELECIMENTOS BANCÁRIOS DECORRENTES DA EXECUÇÃO DO PROER. PROGRAMA DE APOIO À REESTRUTURAÇÃO E AO FORTALECIMENTO DO SISTEMA FINANCEIRO. CARACTERIZAÇÃO (REQUISITOS). Nas alienações de estabelecimentos bancários decorrentes da execução do PROER – Programa de Apoio à Reestruturação e ao Fortalecimento do Sistema financeiro, caracteriza-se sucessão trabalhista (artigos 10 e 448 da Consolidação das Leis do Trabalho) mesmo nas hipóteses em que o bancário não tenha prestado trabalho ao sucessor, sendo, outrossim, irrelevante a tal configuração o fato de a instituição sucedida não ter sido extinta, ou seja, de estar submetida a regime de liquidação extrajudicial.

6.2. Sucessão parcial

Na hipótese de transferência definitiva de parte da atividade produtiva da empresa, forçoso é concluir que **haverá solidariedade entre sucessora e sucedida**.

Isso porque o complexo empresarial é o titular da responsabilidade pelo cumprimento das obrigações trabalhistas. Se há, por exemplo, uma cisão de empresa, as duas unidades que resultaram da divisão do todo se tornam devedoras solidárias.

A jurisprudência dominante acompanha esse entendimento e é representada, principalmente, pela OJ transitória de nº 30 da SDI-1 do TST:

> **OJ Nº 30.** CISÃO PARCIAL DE EMPRESA. RESPONSABILIDADE SOLIDÁRIA. PROFORTE. É solidária a responsabilidade entre a empresa cindida subsistente e aquelas que absorverem parte do seu patrimônio, quando constatada fraude na cisão parcial.

Quando a sucessão ocorre em virtude de concessão de serviço público, o TST sustenta posicionamento diverso, qual seja, **com a definição da responsabilidade de acordo com o momento da rescisão do contrato de trabalho**, conforme se observa do teor da OJ nº 225 da SDI-1:

> **OJ Nº 225.** CONTRATO DE CONCESSÃO DE SERVIÇO PÚBLICO. RESPONSABILIDADE TRABALHISTA (nova redação DJ 20.04.2005). Celebrado contrato de concessão de serviço público em que uma empresa (primeira concessionária) outorga a outra (segunda concessionária), no todo ou em parte, mediante arrendamento ou qualquer outra forma contratual, a título transitório, bens de sua propriedade: I – em caso de rescisão do contrato de trabalho após a entrada em vigor da concessão, a segunda concessionária, na condição de sucessora, responde pelos direitos decorrentes do contrato de trabalho, sem prejuízo da responsabilidade subsidiária da primeira concessionária pelos débitos trabalhistas contraídos até a concessão; II – no tocante ao contrato de trabalho extinto antes da vigência da concessão, a responsabilidade pelos direitos dos trabalhadores será exclusivamente da antecessora.

Quando se adquire uma ou algumas empresas pertencentes a um mesmo grupo econômico, **não há que se falar em sucessão em relação àquelas empresas não adquiridas**.

Nesse sentido é o conteúdo da OJ nº 411 da SDI-1 do TST:

> **OJ Nº 411.** SUCESSÃO TRABALHISTA. AQUISIÇÃO DE EMPRESA PERTENCENTE A GRUPO ECONÔMICO. RESPONSABILIDADE SOLIDÁRIA DO SUCESSOR POR DÉBITOS TRABALHISTAS DE EMPRESA NÃO ADQUIRIDA. INEXISTÊNCIA. (DEJT divulgado em 22, 25 e 26.10.2010) O sucessor não responde solidariamente por débitos trabalhistas de empresa não adquirida, integrante do mesmo grupo econômico da empresa sucedida, quando, à época, a empresa devedora direta era solvente ou idônea economicamente, ressalvada a hipótese de má-fé ou fraude na sucessão.

6.3. Cláusula de não responsabilização

Não raro, verifica-se a presença, nos contratos de transferência de titularidade de empresa, de cláusula exonerando o sucessor de qualquer responsabilização por débitos trabalhistas contraídos antes da celebração do pacto.

A inserção dessa cláusula, denominada de "cláusula de não responsabilização", **não produz qualquer efeito para os empregados**.

Evidentemente, não há como alguém, no caso o sucessor, exonerar-se de uma obrigação, cujo correspondente titular do direito não tenha participado do ajuste respectivo.

A validade da cláusula de não responsabilização opera-se somente entre sucessor e sucedido. Caso o sucessor pague as dívidas laborais da empresa, sub-roga-se em sua titularidade e pode ingressar com ação de regresso em face do sucedido.

6.4. Falência e recuperação judicial

A sucessão de empregadores pode decorrer da alienação do ativo da empresa falida ou em recuperação judicial, por uma das formas previstas pelo art. 140, da Lei nº 11.101/05:

> **Art. 140.** A alienação dos bens será realizada de uma das seguintes formas, observada a seguinte ordem de preferência: I – alienação da empresa, com a venda de seus estabelecimentos em bloco; II – alienação da empresa, com a venda de suas filiais ou unidades produtivas isoladamente; III – alienação em bloco dos bens que integram cada um dos estabelecimentos do devedor; IV – alienação dos bens individualmente considerados.

Com o intuito de incentivar a venda dos bens da massa falida, determina o art. 141, II, da mencionada Lei, que **o objeto da alienação estará livre de qualquer ônus e não haverá sucessão trabalhista do arrematante nas obrigações do devedor**, salvo se o arrematante for:

a) sócio da sociedade falida, ou sociedade controlada pelo falido;

b) parente, em linha reta ou colateral até o 4º (quarto) grau, consanguíneo ou afim, do falido ou de sócio da sociedade falida;

c) identificado como agente do falido com o objetivo de fraudar a sucessão.

Conclui-se, portanto, que a disciplina contida nos artigos 10 e 448, da CLT, não se aplica à hipótese de **sucessão derivada de alienação de bens do ativo da empresa falida**.

Nesse caso, aplicam-se os arts 60 e 141 da Lei de falência, que foram **declarados constitucionais** pelo STF em decisão proferida nos autos da ADI nº 3934 e não foram substancialmente alterados pela Lei nº 14.112, de 24.12.2020.

Nesse sentido a Súmula nº 37 do TRT2:

> **SÚMULA Nº 37 do TRT2.** VARIG. SUCESSÃO TRABALHISTA. NÃO OCORRÊNCIA. Ao julgar a ADI 3934/DF o E. STF declarou constitucionais os arts. 60, parágrafo único e 141, II da lei 11.101/2005, que preconizam a ausência de sucessão no caso de alienação judicial em processo de recuperação judicial e ou falência. O objeto da alienação efetuada em plano de recuperação judicial está livre de quaisquer ônus, não se caracterizando a sucessão empresarial do arrematante adquirente, isento das dívidas e obrigações contraídas pelo devedor, inclusive quanto aos créditos de natureza trabalhista.

6.5. Sucessão na Administração Pública

Aplicam-se, à administração pública, os mesmos princípios que regulam o fenômeno da sucessão de empregadores, mas observando as prerrogativas relativas às pessoas jurídicas de direito público da administração pública direta.

Se o Estado sucede o empregador, em um típico processo de estatização, o patrimônio empresarial passa a ser caracterizado pela impenhorabilidade e a eventual execução será processada por meio do precatório, salvo se a penhora tenha ocorrido antes da respectiva transmudação.

Nesse sentido a OJ nº 343 da SDI-1 do TST:

> **OJ Nº 343.** PENHORA. SUCESSÃO. ART. 100 DA CF/1988. EXECUÇÃO (DJ 22.06.2004) É válida a penhora em bens de pessoa jurídica de direito privado, realizada anteriormente à sucessão pela União ou por Estado-membro, não podendo a execução prosseguir mediante precatório. A decisão que a mantém não viola o art. 100 da CF/1988.

No caso de alteração na titularidade de cartórios extrajudiciais, não há que se falar em sucessão trabalhista, como deixa claro a Tese Jurídica Prevalecente nº 6 do TRT18:

> **TESE JURÍDICA PREVALECENTE Nº 06 do TRT18.** CARTÓRIO EXTRAJUDICIAL. MUDANÇA NA TITULARIDADE. SUCESSÃO TRABALHISTA. INOCORRÊNCIA. A mudança na titularidade de cartórios extrajudiciais, por notário ou oficial de registro concursado, não caracteriza sucessão trabalhista, ainda que haja continuidade na prestação dos serviços pelos empregados, hipótese em que a responsabilidade por créditos laborais recai sobre o notário ou oficial que exerceu a delegação no período do direito vindicado.

ATENÇÃO! Em caso de criação de novo município ou desmembramento, cada uma das novas entidades responsabiliza-se pelos direitos trabalhistas do empregado no período em que figurarem como reais empregadoras. Não há que se falar, portanto, em sucessão (OJ nº 92 da SDI-1 do TST).

Exemplos de questões sobre o tema

(TRT 23 – Juiz do Trabalho Substituto 23ª região/2014) A existência de grupo econômico e sucessão de empregadores são fenômenos cada vez mais comuns na prática trabalhista. Acerca desses institutos jurídicos analise as assertivas abaixo, à luz da jurisprudência dominante:

I. Angelita é agente de finanças, empregada do Banco Bege S/A, no qual cuida da conta de investimentos de alguns clientes. Além disso, faz ainda a intermediação de compra e venda de ações para a corretora Papéis Bege Investimentos S/A, pertencente ao mesmo grupo econômico, que funciona no mesmo prédio, durante o mesmo horário de trabalho. Tendo em vista que ambas as empresas se beneficiam da mão de obra de Angelita, faz jus ao reconhecimento de vínculo empregatício também com a empresa Papéis Bege Investimentos S/A, inclusive com o pagamento de salários a serem arbitrados judicialmente;

II. A empresa Telefonia Beta venceu certame para a concessão de serviço público de exploração/venda de linhas telefônicas em determinada região. Anteriormente a ela, atuou a empresa Telefonia Alfa, da qual adquiriu todas as instalações móveis, imóveis e ainda contratando todo o pessoal, configurando-se assim sucessão de empregadores. Nesse caso, a empresa Telefonia Beta responderá pelos direitos oriundos dos contratos de trabalho em caso de rescisão após a entrada em vigor da concessão, de forma exclusiva, já que é a sucessora, não cabendo responsabilização da empresa Telefonia Alfa;

III. Ainda sobre o caso do item anterior, quanto aos contratos de trabalho extintos antes da vigência da concessão para a empresa Beta, a responsabilidade pelos direitos dos trabalhadores será exclusivamente da empresa Telefonia Alfa;

IV. Maria Antônia é empregada da Madeireira Lenha Brava Ltda, pertencente ao mesmo grupo econômico da Laminadora Lenha Brava Ltda, da qual José Eduardo é empregado. Apenas aquela primeira foi vendida para a Madeireira Madeira de Lei Ltda, época em que ambas eram solventes. Entretanto, após alguns meses do trespasse a Laminadora encerrou suas atividades deixando de pagar os últimos salários e verbas rescisórias de José Eduardo. Nesse caso, por pertencerem ao mesmo grupo econômico, sendo assim empregador único, José Eduardo tem direito a receber seus haveres rescisórios da empresa Madeireira Lenha Brava Ltda, que pode ser considerada como sucessora da Laminadora.

V. Após anos de luta, o Município de Cuiabá foi desmembrado da rica Região do Coxipó, criando-se o Município de Coxipó dos Rios Brilhantes, onde se descobriu jazidas de pedras preciosas. Maria e José, casados entre si eram empregados públicos do Município de Cuiabá e após o desmembramento Maria permaneceu como empregada deste, passando José a ser empregado do Município recém-criado. Nesse caso, o

Município de Coxipó dos Rios Brilhantes será responsável pelos direitos trabalhistas de José referentes apenas ao período posterior ao desmembramento.

Assinale a alternativa CORRETA:

(A) I e III;

(B) III e V;

(C) II, III e V;

(D) I, II e IV;

(E) Apenas a IV.

Resposta: B

(Magistratura do Trabalho – TRT 8ª – 2011) Quanto à figura do empregador, analise as proposições abaixo e assinale a alternativa CORRETA:

I. A prestação de serviços a duas empresas integrantes do mesmo grupo econômico, durante a mesma jornada de trabalho, salvo ajuste em contrário, não configura a existência de dois contratos de trabalho.

II. A empresa sucessora assume as obrigações trabalhistas da empresa sucedida e a sua posição em eventual processo judicial que estiver em curso, salvo disposição contratual em que seja atribuída ao sucedido a responsabilidade exclusiva pelo débito cobrado.

III. Do contexto da legislação trabalhista, pode-se inferir que não há uma qualidade especial exigida para que a pessoa física ou jurídica seja considerada empregadora. Basta que, de fato, utilize-se de força de trabalho contratada como empregada.

IV. Considerando-se que a sucessão trabalhista se configura como alteração contratual de origem unilateral (promovida pelo empregador), é pacificamente admissível a recusa do empregado que, por conseguinte, pode pleitear a rescisão indireta do contrato.

(A) As alternativas I e IV estão corretas.

(B) As alternativas II e IV estão corretas.

(C) As alternativas I e III estão corretas

(D) As alternativas III e IV estão corretas

(E) As alternativas I e II estão corretas.

Resposta: C

---

7. CONSÓRCIO DE EMPREGADORES

Nada obsta que duas ou mais empresas reúnam-se em um consórcio para compartilhar os fatores de produção. Incluída nesse rol, a mão de obra também pode ser compartilhada por intermédio de um consórcio, com o objetivo de diminuir os custos da contratação de natureza trabalhista e previdenciária.

Essa prática é muito comum no meio rural, principalmente quando se trata de contrato de safra, assim considerado aquele referente ao período que vai do plantio até a colheita de determinado produto agrícola, em que pese não haver previsão legal expressa nesse sentido para regular essa situação fática.

Há, entretanto, um dispositivo de natureza previdenciária que faz referência ao consórcio de empregadores rurais.

Trata-se do art. 25A da Lei nº 8.212/91:

> **Art. 25A.** Equipara-se ao empregador rural pessoa física o consórcio simplificado de produtores rurais, formado pela união de produtores rurais pessoas físicas, que outorgar a um deles

poderes para contratar, gerir e demitir trabalhadores para prestação de serviços, exclusivamente, aos seus integrantes, mediante documento registrado em cartório de títulos e documentos.

§ 1º O documento de que trata o *caput* deverá conter a identificação de cada produtor, seu endereço pessoal e o de sua propriedade rural, bem como o respectivo registro no Instituto Nacional de Colonização e Reforma Agrária – INCRA ou informações relativas a parceria, arrendamento ou equivalente e a matrícula no Instituto Nacional do Seguro Social – INSS de cada um dos produtores rurais.

§ 2º O consórcio deverá ser matriculado no INSS em nome do empregador a quem hajam sido outorgados os poderes, na forma do regulamento.

§ 3º Os produtores rurais integrantes do consórcio de que trata o *caput* serão responsáveis solidários em relação às obrigações previdenciárias.

A consequência da contratação de empregados por meio de consórcio de empregadores **é a responsabilização solidária de cada um**, independentemente da contratação ter sido de um trabalhador urbano ou rural, nos mesmos moldes em que é concebida a solidariedade do grupo de empresas, prevista no art. 2º, § 2º, da CLT.

A figura do consórcio de empregadores **assemelha-se mais ao grupo econômico por coordenação**, já que não existe um co-empregador que exerce influência e poder de decisão sobre os demais.

ATENÇÃO! A criação de um consórcio de empregadores deve ser registrada por meio de um contrato escrito com a qualificação completa de todos os participantes, contendo, pelo menos, as seguintes informações: nome completo, estado civil, CPF, documento de identidade, matrícula no cadastro específico do INSS denominada de CEI, inscrição no INCRA, endereço domiciliar e endereço da propriedade vinculada ao grupo.

Exemplo de questão sobre o tema

(FCC – Juiz do Trabalho Substituto 23ª região/2015) Sobre consórcio de empregadores, considere:

I. O consórcio de empregadores é figura relativamente nova no direito brasileiro e encontra regulação legal restrita ao ambiente rural. Sua institucionalização atende aos anseios não só dos empregadores, mas, também, àqueles dos trabalhadores, a uns e outros resguardando contra vicissitudes decorrentes das atividades peculiares ao campo, naturalmente descontínuas.

II. O consórcio simplificado de produtores rurais é formado pela união de produtores rurais pessoas físicas, que outorgam a um deles poderes para contratar, gerir e demitir trabalhadores para prestação de serviços, exclusivamente, aos seus integrantes.

III. O Direito do Trabalho não permite que se deixe o empregado ao desamparo; consequentemente, se o exame da situação concreta revela que a prestação de serviços se desenvolveu em violação das normas trabalhistas, não pode o produtor rural, que usufruiu daquele benefício, eximir-se de sua responsabilidade para com o empregado. Assim, os demais integrantes do consórcio, além daquele a quem tenham sido outorgados os poderes previstos em lei, têm responsabilidade subsidiária pelos direitos trabalhistas dos empregados.

IV. O consórcio de empregadores rurais ganha corpo com o pacto de solidariedade, registrado em cartório de títulos e documentos e que deverá conter a identificação de cada produtor, seu endereço pessoal e o de sua propriedade rural, também com o respectivo registro no INCRA ou informações relativas a parceria, arrendamento ou equivalente e a matrícula no INSS de cada um dos produtores rurais. Ainda, o consórcio deverá ser matriculado no INSS em nome do empregador a quem hajam sido outorgados os poderes.

Está correto o que consta APENAS em

(A) I e II.
(B) I, III e IV.
(C) I, II e III.
(D) III e IV.
(E) I, II e IV.

Resposta: E

8. EMPREGADOR RURAL

Inicialmente, quando da sua edição, a Consolidação das Leis do Trabalho não se aplicava à relação de emprego rural, por expressa determinação contida em seu art. 7º, "b".[11]

Posteriormente, a Lei nº 4.214/63 (Estatuto do Trabalhador Rural), passou a regular as relações entre trabalhadores e empregadores rurais e foi revogada pela Lei nº 5.889/73.

A Carta Política de 1988 **igualou o trabalhador urbano ao trabalhador rural**, conforme se observa da redação do art. 7º, *caput:* "Art. 7º. São direitos dos *trabalhadores urbanos e rurais*, além de outros que visem à melhoria de sua condição social" (grifou-se).

Inclusive, **foi a partir de então que o trabalhador rural passou a ter direito ao FGTS**, pois a legislação ordinária vigente à época não estendia o referido benefício para essa categoria profissional.

Ainda assim, a Carta Magna vigente **recepcionou a Lei nº 5.889/73**, regulamentada pelo Decreto nº 73.626/74, de forma que alguns detalhes relativos à relação de emprego rural hoje estão sob a égide da referida norma e, no que for omissa, pelas diretivas contidas na CLT.

Algumas peculiaridades, como a jornada noturna, período do aviso-prévio, intervalo intrajornada etc., são disciplinadas de forma diversa daquela prevista para o empregado urbano.

Por conta desse tratamento diferenciado é que se justifica a análise do disciplinamento legal da relação de emprego do trabalhador rural.

O conceito de empregador rural encontra-se inserido no art. 3º da citada Lei nº 5.889/73:

> **Art. 3º.** Considera-se empregador rural, para os efeitos desta lei, a pessoa física ou jurídica, proprietário ou não, que explore atividade agroeconômica, em caráter permanente ou temporário, diretamente ou através de prepostos e com auxílio de empregados.

Percebe-se, portanto, que o **critério utilizado pelo legislador para identificar o empregador rural é a exploração de atividade agroeconômica**, independentemente se ela é realizada no perímetro urbano ou rural.

Caso não haja exploração de atividade agroeconômica, como ocorre no caso de um sítio utilizado para recreação, eventual trabalhador que nele preste serviços deve ser considerado como **empregado doméstico**.

---

11. CLT. Art. 7º. Os preceitos constantes da presente Consolidação, salvo quando for, em cada caso, expressamente determinado em contrário, não se aplicam b) aos trabalhadores rurais, assim considerados aqueles que, exercendo funções diretamente ligadas à agricultura e à pecuária, não sejam empregados em atividades que, pelos métodos de execução dos respectivos trabalhos ou pela finalidade de suas operações, se classifiquem como industriais ou comerciais.

ATENÇÃO! Os sujeitos denominados de "gatos" ou de "turmeiros", que possuem a função de cooptar trabalhadores para prestar serviços em propriedades rurais, não são considerados empregadores, mas simples atravessadores ou intermediários.

8.1. Horário noturno e adicional noturno

Considera-se horário noturno para o trabalhador rural aquele que é executado entre **21 e 05 horas, na atividade agrícola, e entre 20 e 04 horas, para a pecuária.** Já o **adicional noturno é de 25%** incidente sobre a hora diurna (art. 7º da Lei nº 5.889/73).

Entretanto, **não deve ser levada em consideração a hora ficta noturna reduzida** prevista pela CLT, para o cômputo da jornada do trabalhador rural, que é de oito horas diárias de sessenta minutos.

8.2. Intervalo intrajornada

Para o trabalhador rural, **o intervalo intrajornada deve ser aquele estabelecido pelos costumes do lugar**, na forma prevista pelo art. 5º da Lei nº 5.889/73, ao contrário do que ocorre com o trabalhador urbano, que é no mínimo de uma e no máximo de duas horas:

> **Art. 5º.** Em qualquer trabalho contínuo, de duração superior a seis horas, será obrigatória a concessão de um intervalo para repouso ou alimentação, observados os usos e costumes da região, não se computando este intervalo na duração do trabalho. Entre duas jornadas de trabalho haverá um período mínimo de onze horas consecutivas para descanso.

O TST já reconheceu a constitucionalidade e a aplicabilidade do referido dispositivo legal:

> TRABALHADOR RURAL. INTERVALO INTRAJORNADA. I – A Carta Magna não disciplinou, nos diversos incisos do art. 7º, a questão do intervalo intrajornada, devendo ser observados os preceitos vigentes, quais sejam, o art. 71 da CLT para o trabalhador urbano e o art. 5º da Lei nº 5.889/73 para o rurícola. II – Assim, a partir do momento em que há norma específica para o trabalhador rurícola, em que não foi fixada uma unidade de tempo destinado ao intervalo intrajornada, porque esse fora postergado aos usos e costumes da região, não há como se albergar a pretensão escorada na norma alienígena do art. 71 da CLT. Recurso provido.[12]

Como se trata de costume, caberá à parte que alegar a inobservância dessa norma provar o seu conteúdo e vigência, na forma prevista pelo art. 376 do CPC,[13] além do fato constitutivo do direito do autor da reclamação trabalhista.

Observe-se que o decreto que regulamentou a Lei do Trabalhador Rural, de nº 73.626/74, **diz que esse intervalo não poderá ser inferior a uma hora** (art. 5º, § 1º), quando a jornada diária for superior a seis horas de trabalho.

Apesar de não haver previsão expressa similar àquela inserida no art. 72 da CLT (intervalo especial de 10 minutos a cada 90 de atividades permanentes e consecutivas de digitação), aplica-se por analogia ao empregado rural quando realizar suas **atividades em pé**, na forma

12. TST. Proc. nº TST-RR-204/2005-241-06-00.2. 4ª T. Rel. Ministro Barros Levenhagen. DJ 20.04.2007.
13. CPC. Art. 376. A parte que alegar direito municipal, estadual, estrangeiro ou consuetudinário provar-lhe-á o teor e a vigência, se assim o juiz determinar.

do item 31.10.7 da NR-31: "Para as atividades que forem realizadas necessariamente em pé, devem ser garantidas pausas para descanso", conforme jurisprudência dos Tribunais Regionais do Trabalho:

> **SÚMULA Nº 51 do TRT15.** TRABALHO RURAL. PAUSAS PREVISTAS NA NR-31 DO MINISTÉRIO DO TRABALHO E EMPREGO. APLICAÇÃO ANALÓGICA DO ART. 72 DA CLT. Face à ausência de previsão expressa na NR 31 do MTE acerca da duração das pausas previstas para os trabalhadores rurais, em atividades realizadas em pé ou que exijam sobrecarga muscular estática ou dinâmica, aplicam-se, por analogia, no que tange ao tempo a ser observado e à regularidade do descanso, as disposições contidas no art. 72 da CLT.

> **SÚMULA Nº 27 do TRT18.** PAUSAS PARA DESCANSO PREVISTAS NA NR-31. INEXISTÊNCIA DA AVALIAÇÃO DE RISCO. APLICAÇÃO ANALÓGICA DO ART. 72 CONSOLIDADO. DEDUÇÃO E REMUNERAÇÃO. I – Inexistindo a avaliação de risco exigida pela NR-31 (item 31.3.3, b) são devidas as pausas estipuladas pelo art. 72 da CLT, aplicado por analogia (CLT, art. 8º e LINDB, art. 4º). II – As pausas concedidas em desacordo com o disposto no art. 72 da CLT (10 minutos a cada 90 de trabalho consecutivo) não serão deduzidas por não atenderem ao escopo de proteção do trabalhador. III – A não concessão ou a concessão parcial das pausas para descanso implica o pagamento total do período correspondente, com acréscimo de, no mínimo, 50% sobre o valor da remuneração da hora normal de trabalho.

Quando se tratar de serviços intermitentes, pela própria natureza, não se computará na jornada de trabalho o tempo em que o trabalhador rural não estiver efetivamente prestando serviços, desde que essa condição tenha sido anotada em sua CTPS, na forma prevista pelo art. 6º, da Lei nº 5.889/73.[14]

Quanto ao direito ao pagamento de horas extras, entendeu o TST, por meio da OJ nº 235 da SDI-1, aplicar a regra para trabalhador rural no corte de cana-de-açúcar, mesmo no caso de pagamento de salário por produção:

> **OJ Nº 235.** HORAS EXTRAS. SALÁRIO POR PRODUÇÃO. O empregado que recebe salário por produção e trabalha em sobrejornada tem direito à percepção apenas do adicional de horas extras, exceto no caso do empregado cortador de cana, a quem é devido o pagamento das horas extras e do adicional respectivo.

8.3. Aviso-prévio

O aviso-prévio é proporcional ao tempo de serviço, sendo no mínimo de 30 dias.

Para conferir maior tempo livre ao empregado durante o período do aviso-prévio, o legislador estabeleceu, para o trabalhador urbano, o direito de escolher entre a redução de duas horas em sua carga horária diária ou a diminuição de sete dias corridos de serviço.

Para atender ao mesmo objetivo mencionado, a Lei do Trabalhador Rural, em seu art. 15, estabeleceu o **direito a um dia de folga por semana**, sem prejuízo do salário integral, para procurar outra colocação no mercado de trabalho.

14. Lei nº 5.589/73. Art. 6º. Nos serviços, caracteristicamente intermitentes, não serão computados, como de efetivo exercício, os intervalos entre uma e outra parte da execução da tarefa diária, desde que tal hipótese seja expressamente ressalvada na Carteira de Trabalho e Previdência Social.

A Lei nº 12.506/11, que regulamentou o art. 7º, XXI, da CF/88, manteve o aviso-prévio de trinta dias para os empregados que contam com até um ano de serviço e estabeleceu que a cada ano suplementar de trabalho, o empregado adquire o direito a mais 3 dias nesse período, até o máximo de 90 dias.

Apesar de a referida lei ser omissa, é perfeitamente aplicável ao trabalhador rural, que continuará com o direito a uma folga semanal durante o período do aviso-prévio proporcional.[15]

8.4. Salário *in natura*

As disposições contidas na CLT, em relação aos percentuais que devem ser levados em consideração para efeito de fixação do salário *in natura*, também não se aplicam aos trabalhadores rurais, uma vez que a Lei nº 5.889/73 possui regras próprias, mais precisamente em seu art. 9º, alínea *a* e *b*:

> **Art. 9º.** Salvo as hipóteses de autorização legal ou decisão judiciária, só poderão ser descontadas do empregado rural as seguintes parcelas, calculadas sobre o salário mínimo: a) até o limite de 20% (vinte por cento) pela ocupação da morada; b) até 25% (vinte e cinco por cento) pelo fornecimento de alimentação sadia e farta, atendidos os preços vigentes na região;

O pagamento de salário *in natura* para o trabalhador rural é passível de dedução na remuneração paga em espécie e **deve ser autorizado expressamente pelo empregado, sob pena de nulidade.**

Na hipótese da moradia ser ocupada por mais de um empregado, o percentual de 20% **deverá ser dividido proporcionalmente**.

Com o objetivo de incentivar a concessão de moradia pelos empregadores aos seus trabalhadores rurais, foi introduzido o § 5º ao mencionado art. 9º, pela Lei nº 9.300/96, que **afastou a possibilidade do valor relativo ao benefício fornecido integrar à remuneração para qualquer efeito**:

> **Art. 9º. § 5º.** A cessão pelo empregador, de moradia e de sua infraestrutura básica, assim como, bens destinados à produção para sua subsistência e de sua família, não integram o salário do trabalhador rural, desde que caracterizados como tais, em contrato escrito celebrado entre as partes, com testemunhas e notificação obrigatória ao respectivo sindicato de trabalhadores rurais.

Portanto, se o empregador concede moradia ao empregado rural e não cobra nada por isso, **a lei obsta que o valor respectivo agregue ao salário do trabalhador**, desde que exista previsão expressa em contrato escrito, assinado pelas partes e por testemunhas e seja notificado o sindicato dos trabalhadores rurais.

Nesse sentido a OJ nº 72 da 4ª Turma do TRT9 em relação à energia elétrica:

> **OJ4T Nº 72 do TRT9.** TRABALHADOR RURAL. O fornecimento de habitação e energia elétrica ao empregado rural não é salário *in natura*, se indispensável à execução das tarefas e, após a edição da Lei nº 9.300/96, também comprovados os requisitos da celebração de contrato escrito na presença de testemunha, de cujo conteúdo seja dada ciência ao sindicato representativo do trabalhador.

15. Mais informações sobre o instituto do aviso-prévio, consultar a parte I, capítulo VIII, item 4.3, desta obra.

O TRT23, por meio da Súmula nº 22, entende que o caráter não salarial da habitação **estende-se à alimentação**:

> **SÚMULA Nº 22 do TRT23.** RURÍCOLA. HABITAÇÃO E ALIMENTAÇÃO FORNECIDAS PELO EMPREGADOR RURAL AO SEU EMPREGADO. NATUREZA JURÍDICA. APLICAÇÃO DO § 5º DO ART. 9º DA LEI N. 5.889/73. A moradia e a alimentação fornecidas pelo empregador rural ao seu empregado seguem a regra geral do art. 9º, § 5º, da Lei n. 5.889/73.

8.5. Atividade industrial em estabelecimento agrário

Como visto, o critério determinante para se identificar se o empregador desenvolve uma atividade rural **não é a localização do imóvel respectivo**, mas sim a natureza dessa atividade, ou seja, a pecuária e a agricultura.

Para não pairar dúvidas sobre o enquadramento da atividade industrial desenvolvida em conjunto com a atividade agrícola,[16] a Lei do Trabalhador Rural deixou bem claro, ao incluir essa espécie em seu âmbito de aplicação, mais precisamente em seu § 1º, art. 3º: "Inclui-se na atividade econômica referida no *caput* deste artigo, além da exploração industrial em estabelecimento agrário não compreendido na Consolidação das Leis do Trabalho – CLT, aprovada pelo Decreto-Lei n. 5.452, de 1º de maio de 1943, a exploração do turismo rural ancilar à exploração agroeconômica".

São consideradas como atividades industriais exploradas em estabelecimento agrário aquelas que compreendem o primeiro tratamento dos produtos agrários, sem transformá-los na sua natureza, tais como (Decreto nº 73.626, art. 2º, § 4º) :

> I – o beneficiamento, a primeira modificação e o preparo dos produtos agropecuários e hortigranjeiros e das matérias-primas de origem animal ou vegetal para posterior venda ou industrialização;
>
> II – o aproveitamento dos subprodutos oriundos das operações de preparo e modificação dos produtos *in natura* referidas no item anterior. § 5º. Para os fins previstos no § 3º, não será considerada indústria rural aquela que, operando a primeira transformação do produto agrário, altere a sua natureza, retirando-lhe a condição de matéria-prima.

Em tais situações o empregado pertence a categoria dos industriários, como deixa claro a Súmula nº 51 do TRT18 e a Súmula nº 19 do TRT24:

> **SÚMULA Nº 51 do TRT18.** ENQUADRAMENTO. EMPREGADO DE EMPRESA AGROINDUSTRIAL. DEFINIÇÃO PELA ATIVIDADE PREPONDERANTE DA EMPRESA. MODULAÇÃO ANTE O CANCELAMENTO DA OJ 419 DA SDI-1 DO TST. I – Considerando ser industrial a atividade preponderante da agroindústria, o enquadramento de seus empregados dá-se na categoria dos industriários.

16. TST. SDI-1. OJ Nº 38. EMPREGADO QUE EXERCE ATIVIDADE RURAL. EMPRESA DE REFLORESTAMENTO. PRESCRIÇÃO PRÓPRIA DO RURÍCOLA. (LEI Nº 5.889, DE 08.06.1973, Art. 10, E DECRETO Nº 73.626, DE 12.02.19/74, Art. 2º, § 4º) (inserido dispositivo) – DEJT divulgado em 16, 17 e 18.11.2010. O empregado que trabalha em empresa de reflorestamento, cuja atividade está diretamente ligada ao manuseio da terra e de matéria-prima, é rurícola e não industriário, nos termos do Decreto nº 73.626, de 12.02.1974, art. 2º, § 4º, pouco importando que o fruto de seu trabalho seja destinado à indústria. Assim, aplica-se a prescrição própria dos rurícolas aos direitos desses empregados.

SÚMULA Nº 19 do TRT24. ENQUADRAMENTO SINDICAL. O trabalhador que presta serviço a empregador agroindustrial, seja ele atuante no campo ou no processo industrial da empresa, é industriário, justificando a representatividade da categoria e legitimidade da negociação pelo sindicato dos trabalhadores na indústria.

8.6. Legislação aplicável – Lei nº 5.889/73

Art. 1º As relações de trabalho rural serão reguladas por esta Lei e, no que com ela não colidirem, pelas normas da Consolidação das Leis do Trabalho, aprovada pelo Decreto-lei nº 5.452, de 01/05/1943.

Parágrafo único. Observadas as peculiaridades do trabalho rural, a ele também se aplicam as leis nºs 605, de 05/01/1949, 4090, de 13/07/1962; 4725, de 13/07/1965, com as alterações da Lei nº 4903, de 16/12/1965 e os Decretos-Leis nºs 15, de 29/07/1966; 17, de 22/08/1966 e 368, de 19/12/1968.

Art. 2º Empregado rural é toda pessoa física que, em propriedade rural ou prédio rústico, presta serviços de natureza não eventual a empregador rural, sob a dependência deste e mediante salário.

Art. 3º Considera-se empregador, rural, para os efeitos desta Lei, a pessoa física ou jurídica, proprietário ou não, que explore atividade agroeconômica, em caráter permanente ou temporário, diretamente ou através de prepostos e com auxílio de empregados.

§ 1º Inclui-se na atividade econômica referida no *caput* deste artigo, além da exploração industrial em estabelecimento agrário não compreendido na Consolidação das Leis do Trabalho – CLT, aprovada pelo Decreto-Lei no 5.452, de 1º de maio de 1943, a exploração do turismo rural ancilar à exploração agroeconômica.

§ 2º Sempre que uma ou mais empresas, embora tendo cada uma delas personalidade jurídica própria, estiverem sob direção, controle ou administração de outra, ou ainda quando, mesmo guardando cada uma sua autonomia, integrem grupo econômico ou financeiro rural, serão responsáveis solidariamente nas obrigações decorrentes da relação de emprego.

Art. 4º Equipara-se ao empregador rural, a pessoa física ou jurídica que, habitualmente, em caráter profissional, e por conta de terceiros, execute serviços de natureza agrária, mediante utilização do trabalho de outrem.

Art. 5º Em qualquer trabalho contínuo de duração superior a seis horas, será obrigatória a concessão de um intervalo para repouso ou alimentação observados os usos e costumes da região, não se computando este intervalo na duração do trabalho. Entre duas jornadas de trabalho haverá um período mínimo de onze horas consecutivas para descanso.

Art. 6º Nos serviços, caracteristicamente intermitentes, não serão computados, como de efeito exercício, os intervalos entre uma e outra parte da execução da tarefa diária, desde que tal hipótese seja expressamente ressalvada na Carteira de Trabalho e Previdência Social.

Art. 7º Para os efeitos desta Lei, considera-se trabalho noturno o executado entre as vinte e uma horas de um dia e as cinco horas do dia seguinte, na lavoura, e entre as vinte horas de um dia e as quatro horas do dia seguinte, na atividade pecuária.

Parágrafo único. Todo trabalho noturno será acrescido de 25% (vinte e cinco por cento) sobre a remuneração normal.

Art. 8º Ao menor de 18 anos é vedado o trabalho noturno.

Art. 9º Salvo as hipóteses de autorização legal ou decisão judiciária, só poderão ser descontadas do empregado rural as seguintes parcelas, calculadas sobre o salário mínimo:

a) até o limite de 20% (vinte por cento) pela ocupação da morada;

b)até o limite de 25% (vinte por cento) pelo fornecimento de alimentação sadia e farta, atendidos os preços vigentes na região;

c) adiantamentos em dinheiro.

§ 1º As deduções acima especificadas deverão ser previamente autorizadas, sem o que serão nulas de pleno direito.

§ 2º Sempre que mais de um empregado residir na mesma morada, o desconto, previsto na letra "a" deste artigo, será dividido proporcionalmente ao número de empregados, vedada, em qualquer hipótese, a moradia coletiva de famílias.

§ 3º Rescindido ou findo o contrato de trabalho, o empregado será obrigado a desocupar a casa dentro de trinta dias.

§ 4º O Regulamento desta Lei especificará os tipos de morada para fins de dedução.

§ 5º A cessão pelo empregador, de moradia e de sua infraestrutura básica, assim, como, bens destinados à produção para sua subsistência e de sua família, não integram o salário do trabalhador rural, desde que caracterizados como tais, em contrato escrito celebrado entre as partes, com testemunhas e notificação obrigatória ao respectivo sindicato de trabalhadores rurais.

Art. 10. A prescrição dos direitos assegurados por esta Lei aos trabalhadores rurais só ocorrerá após dois anos de cessação do contrato de trabalho.

Parágrafo único. Contra o menor de dezoito anos não corre qualquer prescrição.

Art. 11. Ao empregado rural maior de dezesseis anos é assegurado salário mínimo igual ao de empregado adulto.

Parágrafo único. Ao empregado menor de dezesseis anos é assegurado salário mínimo fixado em valor correspondente à metade do salário mínimo estabelecido para o adulto.

Art. 12. Nas regiões em que se adota a plantação subsidiária ou intercalar (cultura secundária), a cargo do empregado rural, quando autorizada ou permitida, será objeto de contrato em separado.

Parágrafo único. Embora devendo integrar o resultado anual a que tiver direito o empregado rural, a plantação subsidiária ou intercalar não poderá compor a parte correspondente ao salário mínimo na remuneração geral do empregado, durante o ano agrícola.

Art. 13. Nos locais de trabalho rural serão observadas as normas de segurança e higiene estabelecidas em portaria do ministro do Trabalho e Previdência Social.

Art. 14. Expirado normalmente o contrato, a empresa pagará ao safrista, a título de indenização do tempo de serviço, importância correspondente a 1/12 (um doze avos) do salário mensal, por mês de serviço ou fração superior a 14 (quatorze) dias.

Parágrafo único. Considera-se contrato de safra o que tenha sua duração dependente de variações estacionais da atividade agrária.

Art. 14-A. O produtor rural pessoa física poderá realizar contratação de trabalhador rural por pequeno prazo para o exercício de atividades de natureza temporária.

§ 1º A contratação de trabalhador rural por pequeno prazo que, dentro do período de 1 (um) ano, superar 2 (dois) meses fica convertida em contrato de trabalho por prazo indeterminado, observando-se os termos da legislação aplicável.

§ 2º A filiação e a inscrição do trabalhador de que trata este artigo na Previdência Social decorrem, automaticamente, da sua inclusão pelo empregador na Guia de Recolhimento do

Fundo de Garantia do Tempo de Serviço e Informações à Previdência Social – GFIP, cabendo à Previdência Social instituir mecanismo que permita a sua identificação.

§ 3º O contrato de trabalho por pequeno prazo deverá ser formalizado mediante a inclusão do trabalhador na GFIP, na forma do disposto no § 2º deste artigo, e:

I – mediante a anotação na Carteira de Trabalho e Previdência Social e em Livro ou Ficha de Registro de Empregados; ou

II – mediante contrato escrito, em 2 (duas) vias, uma para cada parte, onde conste, no mínimo:

a) expressa autorização em acordo coletivo ou convenção coletiva;

b) identificação do produtor rural e do imóvel rural onde o trabalho será realizado e indicação da respectiva matrícula;

c) identificação do trabalhador, com indicação do respectivo Número de Inscrição do Trabalhador – NIT.

§ 4º A contratação de trabalhador rural por pequeno prazo só poderá ser realizada por produtor rural pessoa física, proprietário ou não, que explore diretamente atividade agroeconômica.

§ 5º A contribuição do segurado trabalhador rural contratado para prestar serviço na forma deste artigo é de 8% (oito por cento) sobre o respectivo salário-de-contribuição definido no inciso I do caput do art. 28 da Lei no 8.212, de 24 de julho de 1991.

§ 6º A não inclusão do trabalhador na GFIP pressupõe a inexistência de contratação na forma deste artigo, sem prejuízo de comprovação, por qualquer meio admitido em direito, da existência de relação jurídica diversa.

§ 7º Compete ao empregador fazer o recolhimento das contribuições previdenciárias nos termos da legislação vigente, cabendo à Previdência Social e à Receita Federal do Brasil instituir mecanismos que facilitem o acesso do trabalhador e da entidade sindical que o representa às informações sobre as contribuições recolhidas.

§ 8º São assegurados ao trabalhador rural contratado por pequeno prazo, além de remuneração equivalente à do trabalhador rural permanente, os demais direitos de natureza trabalhista.

§ 9º Todas as parcelas devidas ao trabalhador de que trata este artigo serão calculadas dia a dia e pagas diretamente a ele mediante recibo.

§ 10. O Fundo de Garantia do Tempo de Serviço – FGTS deverá ser recolhido e poderá ser levantado nos termos da Lei no 8.036, de 11 de maio de 1990.

Art. 15. Durante o prazo do aviso prévio, se a rescisão tiver sido promovida pelo empregador, o empregado rural terá direito a um dia por semana, sem prejuízo do salário integral, para procurar outro trabalho.

Art. 16. Toda propriedade rural, que mantenha a seu serviço ou trabalhando em seus limites mais de cinquenta famílias de trabalhadores de qualquer natureza, é obrigada a possuir e conservar em funcionamento escola primária, inteiramente gratuita, para os filhos destes, com tantas classes quantos sejam os filhos destes, com tantas classes quantos sejam os grupos de quarenta crianças em idade escolar.

Parágrafo único. A matrícula da população em idade escolar será obrigatória, sem qualquer outra exigência, além da certidão de nascimento, para cuja obtenção o empregador proporcionará todas as facilidades aos responsáveis pelas crianças.

Art. 17. As normas da presente Lei são aplicáveis, no que couber, aos trabalhadores rurais não compreendidos na definição do art. 2º, que prestem serviços a empregador rural.

Art. 18. As infrações aos dispositivos desta Lei serão punidas com multa de R$ 380,00 (trezentos e oitenta reais) por empregado em situação irregular.

§ 1º As infrações aos dispositivos da Consolidação das Leis do Trabalho – CLT e legislação esparsa, cometidas contra o trabalhador rural, serão punidas com as multas nelas previstas.

§ 2º As penalidades serão aplicadas pela autoridade competente do Ministério do Trabalho e Emprego, de acordo com o disposto no Título VII da CLT.

§ 3º A fiscalização do Ministério do Trabalho e Emprego exigirá dos empregadores rurais ou produtores equiparados a comprovação do recolhimento da Contribuição Sindical Rural das categorias econômica e profissional.

Art. 19 O enquadramento e a contribuição sindical rurais continuam regidos pela legislação ora em vigor; o seguro social e o seguro contra acidente do trabalho rurais serão regulados por lei especial. (Vide Lei nº 6.195, de 1974)

Art. 20. Lei especial disporá sobre a aplicação ao trabalhador rural, no que couber, do regime do Fundo de Garantia do Tempo de Serviço.

Art. 21. Esta Lei entra em vigor na data de sua publicação, revogadas as disposições em contrário, em especial a Lei nº 4.214, de 02/03/1963, e o Decreto-lei nº 761, de 14/08/1969.

8.7. Contrato de safra e de curto prazo

No meio rural, admite-se a contratação de empregado para trabalhar, por prazo determinado, em **atividades agrárias sujeitas a variações estacionais** (contrato de safra) com o termo inicial representado pelo preparo do solo e o termo final com a colheita.

No final do referido contrato, será pago ao safrista uma indenização por tempo de serviço, correspondente a 1/12 do salário mensal, por mês de serviço ou fração superior a 14 (quatorze) dias.

Além dessa indenização, ao final do contrato o empregado também tem direito à liberação do FGTS:

> **SÚMULA Nº 82 do TRT15.** CONTRATO DE SAFRA. INDENIZAÇÃO DO ARTIGO 14 DA LEI Nº 5.889/73. COMPATIBILIDADE COM O REGIME DE FGTS. A indenização prevista no artigo 14 da Lei 5.889/73 para o empregado rural contratado por safra é compatível com o regime do FGTS.
>
> **SÚMULA Nº 23 do TRT18.** INDENIZAÇÃO PREVISTA NO ART. 14 DA LEI Nº 5.889/73. COMPATIBILIDADE COM O REGIME DO FGTS. A indenização por tempo de serviço prevista no art. 14 da Lei nº 5.889/73 não foi revogada pela CF/88, haja vista que o regime do FGTS veio substituir apenas a indenização prevista no caput do art. 477 da CLT, referente aos contratos por prazo indeterminado, havendo compatibilidade entre aqueles institutos.

O contrato de trabalho do safrista, bem como daqueles demais empregados rurais que forem contratados por empregador pessoa física por prazo inferior a dois meses (**contrato de curto prazo**), **não necessita de registro na CTPS**, conforme permissivo contido no art. 14-A da Lei nº 5.889/73.

Apesar dessa informalidade relativa, os trabalhadores rurais contratados sob essa modalidade **têm assegurado todos os direitos trabalhistas,** inclusive salário igual, salvo aqueles que são exclusivos do contrato de trabalho por tempo indeterminado, como aviso prévio e multa de 40% sobre o FGTS.

Denomina-se de informalidade relativa pois, ainda que o empregador não registre a CTPS, **é necessário celebrar o contrato de trabalho por escrito e incluir o seu nome na GFIP**.

Exemplos de questões sobre o tema

(FCC – Juiz do Trabalho/2017) Conforme previsões contidas na Lei do Trabalho Rural – Lei no 5.889/1973 é INCORRETO afirmar:

(A) A cessão pelo empregador de moradia e de sua infraestrutura básica, assim como a de bens destinados à produção para sua subsistência e de sua família, não integram o salário do trabalhador rural, desde que caracterizados como tais, em contrato escrito celebrado entre as partes, com testemunhas e notificação obrigatória ao respectivo sindicato de trabalhadores rurais.

(B) Considera-se empregador rural a pessoa física ou jurídica, desde que proprietária de área rural ou prédio rústico, que explore, com auxílio de empregados, atividade agroeconômica, nela não incluindo a exploração industrial em estabelecimento agrário e a exploração do turismo rural ancilar.

(C) A contratação de trabalhador rural por pequeno prazo que, dentro do período de um ano, superar dois meses fica convertida em contrato de trabalho por prazo indeterminado, observando-se os termos da legislação aplicável.

(D) Toda propriedade rural que mantenha a seu serviço ou trabalhando em seus limites mais de cinquenta famílias de trabalhadores de qualquer natureza, é obrigada a possuir e conservar em funcionamento escola primária, inteiramente gratuita, para os filhos destes, com tantas classes quanto sejam os grupos de quarenta crianças em idade escolar.

(E) Embora devendo integrar o resultado anual a que tiver direito o empregado rural, a plantação subsidiária ou intercalar não poderá compor a parte correspondente ao salário mínimo na remuneração geral do empregado, durante o ano agrícola.

Resposta: B

(TRT 4 – Juiz do Trabalho Substituto 4ª região/2016) Considere as assertivas abaixo sobre contrato de trabalho rural.

I. Prédio rústico é o destinado à exploração agrícola, pecuária e extrativa ou agroindustrial. Pode estar localizado no perímetro urbano, mas deve ser utilizado na atividade agroeconômica, diretamente ou por meio de empregado, com finalidade de lucro.

II. O empregado que trabalha em atividade diretamente ligada ao manuseio da terra é rurícola, ainda que o fruto de seu trabalho seja destinado à indústria e que sua empregadora seja enquadrada jurídica e administrativamente como urbana.

III. Sítio de lazer não é propriedade rural caso não haja venda de produtos rurais, sendo seus empregados domésticos. Se nessa propriedade rural existir comercialização da produção rural, seus empregados serão rurais.

Quais são corretas?

(A) Apenas I

(B) Apenas II

(C) Apenas III

(D) Apenas I e III

(E) I, II e III

Resposta: E

(TRT 2 – Juiz do Trabalho Substituto 2ª região/2016) Sobre o trabalho rural, à luz da legislação vigente, assinale a alternativa correta:

A) Considera-se trabalho noturno o executado entre as vinte e duas horas de um dia e as cinco horas do dia seguinte, na lavoura, e entre as vinte e três horas de um dia e as seis horas do dia seguinte, na atividade pecuária.

B) É empregado rural a pessoa física que presta serviços em área rural, ainda que destinada exclusivamente ao descanso e entretenimento do empregador e de sua família.

C) Durante o prazo do aviso prévio, se a rescisão tiver sido promovida pelo empregador, o horário normal do empregado rural será reduzido de 2 (duas) horas diárias, sem prejuízo do salário integral, ou por 7 (sete) dias corridos, caso opte por trabalhar a jornada integral.

D) O produtor rural pessoa física poderá realizar contratação de trabalhador rural por pequeno prazo para o exercício de atividades de natureza temporária. A contratação de trabalhador rural por pequeno prazo que, dentro do período de 1 (um) ano, superar 2 (dois) meses fica convertida em contrato de trabalho por prazo indeterminado, observando-se os termos da legislação aplicável.

E) Salvo as hipóteses de autorização legal ou decisão judiciária, poderá ser descontada do empregado rural, calculada sobre o salário mínimo, até o limite de 30% (trinta por cento) pela ocupação da morada; rescindido ou findo o contrato de trabalho, o empregado será obrigado a desocupar a casa de imediato.

Resposta: D

(TRT 1 – Juiz do Trabalho Substituto 1ª região/2016) Em relação às relações de trabalho rural, conforme previstas na Lei no 5.889/73, é correto afirmar:

(A) Empregador rural é apenas a pessoa, física ou jurídica, proprietária de terras que explore atividade agroeconômica, em caráter permanente ou temporário, diretamente ou por prepostos.

(B) O Trabalho noturno na lavoura, permitido apenas aos empregados maiores de 16 anos, é aquele compreendido entre 21 horas de um dia e 5 horas do dia seguinte.

(C) O adicional noturno será de, pelo menos, 25% sobre a remuneração normal.

(D) Dadas as peculiaridades das atividades desenvolvidas, são incompatíveis com o trabalho rural as regras de equiparação salarial previstas no artigo 461 da CLT.

(E) A indenização devida ao trabalhador safrista, pelo término normal do contrato, é de uma remuneração mensal.

Resposta: C

(FCC – Juiz do Trabalho Substituto 1ª região/2015) Em relação ao trabalhador rural, cujas obrigações são reguladas pela Lei no 5.889/1973, considere:

I. Ao empregado rural maior de 14 anos é assegurado salário mínimo igual ao de empregado adulto.

II. O produtor rural pessoa física poderá realizar contratação de trabalhador rural por pequeno prazo para o exercício de atividades de natureza temporária.

III. A contratação de trabalhador rural por pequeno prazo que, dentro do período de 1 ano, superar 2 meses fica convertida em contrato de trabalho por prazo indeterminado, observando-se os termos da legislação aplicável.

IV. Toda propriedade rural, que mantenha a seu serviço ou trabalhando em seus limites mais de trinta famílias de trabalhadores de qualquer natureza, é obrigada a possuir e conservar em funcionamento escola primária, inteiramente gratuita, para os filhos destes, com tantas classes quantos sejam os grupos de quarenta crianças em idade escolar.

Está correto o que se afirma APENAS em

(A) I e II.

(B) II e III.

(C) III e IV.

(D) I, III e IV.

(E) I, II e IV.

Resposta: B

(FCC – Juiz do Trabalho Substituto 18ª região/2014) Entre as modalidades de contrato de trabalho por prazo determinado previstas pelo ordenamento jurídico está o contrato de trabalho por pequeno prazo previsto pelo art. 14-A da Lei no 5.889/1973 (Lei do Trabalho Rural). Sobre essa modalidade de contrato é INCORRETO afirmar:

(A) São assegurados ao trabalhador rural contratado por pequeno prazo, além da remuneração equivalente à do trabalhador rural permanente, os demais direitos de natureza trabalhista.

(B) A contratação de trabalhador rural por pequeno prazo que dentro do período de um ano superar 45 dias fica convertida em contrato de trabalho por prazo indeterminado.

(C) Essa modalidade de contrato somente pode ser celebrado entre produtor rural pessoa física, proprietário ou não, que explore diretamente atividade agroeconômica, e trabalhador rural.

(D) A não inclusão do trabalhador rural contratado por pequeno prazo na GFIP pressupõe a inexistência de contratação nesta modalidade, sem prejuízo de comprovação, por qualquer meio admitido em direito, da existência de relação jurídica diversa.

(E) O contrato de trabalho por pequeno prazo deverá ser formalizado, dentre outros requisitos, mediante celebração de contrato escrito, em duas vias, uma para cada parte, do qual conste, no mínimo, expressa autorização em acordo coletivo ou convenção, identificação do produtor rural e do imóvel rural onde o trabalho será realizado, indicação da respectiva matrícula e identificação do trabalhador, com indicação do respectivo Número de Inscrição do Trabalhador – NIT.

Resposta: B

(Magistratura do Trabalho – TRT 23ª – 2010) A partir do seguinte caso analise as proposições abaixo e com base na legislação, jurisprudência pacificada e doutrina predominante aponte a alternativa CORRETA.

Sebastião trabalhou na fazenda do Sr. Rubens entre os anos de 1985 e 2009 sempre como serviços gerais e mediante salário mínimo. Não teve CTPS anotada, nem assinou qualquer contrato quando da admissão ou no curso da contratualidade. Ao longo do vínculo recebia um salário mínimo mensal. Também recebia moradia com infraestrutura básica e os bens destinados ao cultivo de uma roça para subsistência sua e da família. Estas utilidades, somadas, considerando o valor de mercado, equivaliam a um salário mínimo mensal.

I. Sebastião tem direito ao FGTS de todo período contratual apenas sobre o salário pago em espécie;

II. Sebastião tem direito ao FGTS de todo período contratual sobre o salário pago em espécie, bem como sobre o valor correspondente às utilidades;

III. Sebastião tem direito ao FGTS sobre o salário pago em espécie, bem como sobre o valor correspondente às utilidades, mas somente em relação aos últimos cinco anos, pois a prescrição do trabalhador rural é idêntica à do trabalhador urbano;

IV. Sebastião tem direito ao FGTS sobre o salário pago em espécie, mas somente em relação aos últimos cinco anos, pois a prescrição do trabalhador rural é idêntica à do trabalhador urbano;

(A) As proposições I, II, III e IV estão corretas

(B) As proposições I, II, III e IV estão incorretas.

(C) As proposições III e IV estão corretas e as proposições I e II incorretas

(D) As proposições I e II estão corretas e as proposições III e IV incorretas.

(E) As proposição II e IV estão corretas e as proposições I e III incorretas.

Resposta: B

O quadro a seguir destaca as principais diferenças entre o trabalho urbano e o rural:

<table>
<tr><th>Instituto</th><th colspan="2">Trabalho urbano</th><th colspan="2">Trabalho rural</th></tr>
<tr><td rowspan="2">Jornada noturna</td><td colspan="2" rowspan="2">Das 22 às 5 horas</td><td>Pecuária</td><td>Das 20 às 4 horas</td></tr>
<tr><td>Agricultura</td><td>Das 21 às 5 horas</td></tr>
<tr><td>Hora noturna</td><td colspan="2">52 minutos e 30 segundos</td><td colspan="2">60 minutos</td></tr>
<tr><td>Adicional noturno</td><td colspan="2">20%</td><td colspan="2">25%</td></tr>
<tr><td rowspan="3">Intervalo intrajornada</td><td>Até 4 horas</td><td>Sem intervalo</td><td colspan="2" rowspan="3">Acima de seis horas de trabalho, o tempo do intervalo deverá observar os usos e costumes da região. O Decreto nº 73.626/74 determina que esse intervalo não poderá ser inferior a uma hora.</td></tr>
<tr><td>De 4 a 6 horas</td><td>15 minutos</td></tr>
<tr><td>Acima de 6 horas</td><td>Mínimo de 1 e máximo de 2 horas</td></tr>
</table>

<table>
<tr><th>Instituto</th><th colspan="2">Trabalho urbano</th><th colspan="2">Trabalho rural</th></tr>
<tr><td>Redução da jornada no aviso-prévio</td><td colspan="2">2 horas diárias; ou
Faltas abonadas ao serviço durante 7 dias corridos</td><td colspan="2">Uma folga por semana</td></tr>
<tr><td rowspan="2">Percentuais do salário in natura</td><td>Moradia</td><td>Até 25% do salário contratual</td><td>Habitação</td><td>Até 20% do salário mínimo</td></tr>
<tr><td>Alimentação</td><td>Até 20% do salário contratual</td><td>Alimentação</td><td>Até 25% do salário mínimo</td></tr>
</table>

9. CARTÓRIO NÃO OFICIALIZADO

A atual Carta Magna dispõe, em seu art. 236, sobre os serviços notariais e de registro: "Os serviços notariais e de registro são exercidos em caráter privado, por delegação do Poder Público".

Desde logo, percebe-se que a exploração do aludido serviço público **se efetiva por intermédio do particular, e não diretamente pelo próprio Estado**. Esse preceito constitucional é autoaplicável, pelo que não há necessidade de regulamentação para produzir seus efeitos.

Para ingressar na atividade notarial, seja como tabelião ou como registrador, o interessado **deve submeter-se à prévia aprovação em concurso público**,[17] na forma prevista pelo citado art. 236, § 3º, da CF/88,[18] e art. 14, I, da Lei nº 8.935/94.[19]

Para o desenvolvimento da atividade delegada pelo Estado, os notários necessitam de auxiliares, que são contratados com esse objetivo específico.

A relação travada entre o trabalhador, seja admitido na condição de auxiliar ou de escrevente, **e o titular do cartório de serviços notariais não oficializados não é de caráter jurídico-administrativo, mas sim de natureza empregatícia**, uma vez que a remuneração respectiva não é retirada dos cofres públicos.

Essa espécie de relação jurídico-laboral encontra-se disciplinada pela Lei nº 8.935/94, que regulamentou o mencionado dispositivo constitucional:

> **Art. 48.** Os notários e os oficiais de registro poderão contratar, segundo a legislação trabalhista, seus atuais escreventes e auxiliares de investidura estatutária ou em regime especial desde que estes aceitem a transformação de seu regime jurídico, em opção expressa, no prazo improrrogável de trinta dias, contados da publicação desta Lei. § 1º. Ocorrendo opção, o tempo de serviço prestado será integralmente considerado, para todos os efeitos de direito. § 2º. Não ocorrendo opção, os escreventes e auxiliares de investidura estatutária ou em regime especial continuarão regidos pelas normas aplicáveis aos funcionários públicos ou

17. A Resolução nº 81/09, do CNJ regula os concursos públicos de provas e títulos, para a outorga das Delegações de Notas e de Registro, e minuta de edital.
18. CF/88. Art. § 3º O ingresso na atividade notarial e de registro depende de concurso público de provas e títulos, não se permitindo que qualquer serventia fique vaga, sem abertura de concurso de provimento ou de remoção, por mais de seis meses.
19. Lei nº 8.935/94. Art. 14. A delegação para o exercício da atividade notarial e de registro depende dos seguintes requisitos: I – habilitação em concurso público de provas e títulos.

pelas editadas pelo Tribunal de Justiça respectivo, vedadas novas admissões por qualquer desses regimes, a partir da publicação desta Lei.

Essa singularidade encontra-se destacada na OJ nº 27, da 4ª Turma do TRT9:

> **OJ4T Nº 27 do TRT9.** CARTÓRIO DE VARA CÍVEL. RESPONSABILIDADE DA PESSOA FÍSICA DE SEU TITULAR PARA RESPONDER PELOS CRÉDITOS TRABALHISTAS. O fato de os serviços notariais e de registro serem exercidos em caráter privado, por delegação do poder público (CFR art. 236), não obsta que o vínculo empregatício se aperfeiçoe entre o empregado e o titular da serventia que, por sua vez, responde pelos créditos trabalhistas. Inteligência do art. 2º e § 2º da Consolidação das Leis do Trabalho.

Há divergência doutrinaria no que diz respeito à possibilidade de sucessão na atividade notarial e registral:

SUCESSÃO TRABALHISTA EM ATIVIDADE NOTARIAL E REGISTRAL		
ENTENDIMENTO	**ADEPTOS**	**ARGUMENTO CENTRAL**
HÁ APLICAÇÃO DA REGRA DE SUCESSÃO	Vólia Bonfim Cassar; Sérgio Pinto Martins; Valentin Carrion, etc.	Como a CLT define expressamente que empregador é a empresa, ou seja, é a atividade economicamente organizada e, por ser tal diploma legal totalmente aplicável aos empregados dos titulares de cartórios extrajudiciais, haverá sucessão das obrigações trabalhistas quando ocorrer a mudança de titularidade, uma vez que a atividade empresarial se manteve, havendo apenas uma alteração da pessoa física[1].
NÃO HÁ APLICAÇÃO DA REGRA DE SUCESSÃO	Luciano Martinez Ana Luiza O. Nazar de Arruda; Wellington Viana Junior.	A exigência de concurso público feita pelo art. 236 da Constituição Federal, o titular, que ingressa na atividade, assume a delegação e não o patrimônio do antigo empregador e, como nenhum crédito lhe é transferido, não deve ser responsabilizado pelos débitos anteriores, já que recebe a concessão de forma originária, inexistindo qualquer transação contratual entre o titular anterior e o novo ou a transferência de patrimônio[2].

[1] CARRION, Valentin. Comentários à Consolidação das Leis do Trabalho – legislação complementar e jurisprudência. 31. ed. São Paulo: Saraiva, 2006. P. 30

[2] VIANA JUNIOR, Wellington Luiz. **Sucessão trabalhista e a delegação de serviços notariais e de registro públicos.** Rev. Trib. Reg. Trab. 3ª Reg., Belo Horizonte, v.40, n.70, p.69-78, jul./dez.2004.

10. TERCEIRIZAÇÃO

O avanço industrial e tecnológico, aliado às novas técnicas de administração e produção, deu ensejo ao fenômeno denominado de terceirização. Tradicionalmente, a empresa desenvolvia, dentro do seu estabelecimento, todas as fases de sua atividade de produção ou de serviços.

Em determinado momento histórico, percebeu-se que haveria uma sensível redução dos custos operacionais de um empreendimento, com o transpasse de parte da atividade desenvolvida para outra empresa, cujo objetivo social seria, exclusivamente, o fornecimento de mão de obra.

A redução dos custos e o consequente aumento dos lucros adviriam da especialização da empresa prestadora de serviços em um ramo específico, aumentando a produtividade e a eficiência empresarial.

Inicialmente, o Direito do Trabalho não se preocupou em regulamentar essa relação triangular, pois se pensava que o trabalhador permaneceria protegido pela legislação trabalhista, em face do seu empregador direto.

Contudo, a prática forense demonstrou o contrário. Com efeito, após meses ou anos de tramitação processual, constatava-se que a empresa prestadora de serviços era insolvente e o empregado, vencedor no processo de conhecimento, não via satisfeito o seu crédito.

A explicação para esse resultado processual é muito simples. As empresas prestadoras de serviços, como são conhecidas aquelas empresas que são contratadas para fornecer mão-de-obra dentro do estabelecimento da empresa beneficiada, não possuem patrimônio suficiente para garantir o cumprimento das obrigações por elas assumidas.

Na verdade, o seu patrimônio, se é que assim pode ser denominado, limita-se à força de trabalho dos seus próprios empregados, pois o capital social que é declarado nos seus atos constitutivos quase nunca é integralizado.

A percepção desse problema, ainda que tardia, pelos operadores do Direito laboral, deu ensejo à construção doutrinária e jurisprudencial da **responsabilização do tomador dos serviços pelas obrigações trabalhistas contraídas pela empresa prestadora de serviços**, que foi acolhida pelo legislador ao editar a Lei nº 13.429/17, posteriormente alterada pela Lei nº 13.467/17.

Apesar dessa realidade, a terceirização apresenta os seguintes benefícios em relação à contratação direta, segundo o STF (item 5 do RE 760931. DJE 12.09.2017. Rel. Mini. Rosa Weber. Redator Min. Luiz Fux):

(i) aprimoramento de tarefas pelo aprendizado especializado;

(ii) economias de escala e de escopo;

(iii) redução da complexidade organizacional;

(iv) redução de problemas de cálculo e atribuição, facilitando a provisão de incentivos mais fortes a empregados;

(v) precificação mais precisa de custos e maior transparência;

(vi) estímulo à competição de fornecedores externos;

(vii) maior facilidade de adaptação a necessidades de modificações estruturais;

(viii) eliminação de problemas de possíveis excessos de produção;

(ix) maior eficiência pelo fim de subsídios cruzados entre departamentos com desempenhos diferentes;

(x) redução dos custos iniciais de entrada no mercado, facilitando o surgimento de novos concorrentes;

(xi) superação de eventuais limitações de acesso a tecnologias ou matérias-primas;

(xii) menor alavancagem operacional, diminuindo a exposição da companhia a riscos e oscilações de balanço, pela redução de seus custos fixos;

(xiii) maior flexibilidade para adaptação ao mercado;

(xiii) não comprometimento de recursos que poderiam ser utilizados em setores estratégicos;

(xiv) diminuição da possibilidade de falhas de um setor se comunicarem a outros; e

(xv) melhor adaptação a diferentes requerimentos de administração, know-how e estrutura, para setores e atividades distintas.

O diagrama a seguir ilustra, graficamente, a relação entre a empresa prestadora de serviços a terceiros, a empresa contratante e o empregado:

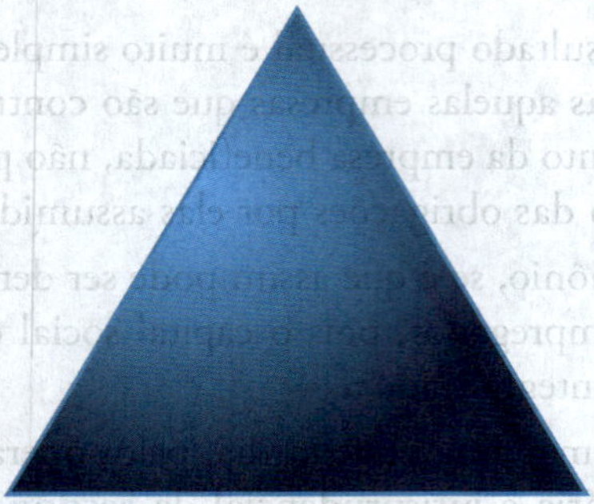

10.1. Proteção legal e jurisprudencial

No Brasil, até a vigência da Lei nº 13.429/17, posteriormente alterada pela Lei nº 13.467/17, só havia regulamentação de caráter geral da **terceirização temporária**, por meio da Lei nº 6.019/74. A Lei nº 7.102/83, já tratava de terceirização, mas somente no serviço de vigilância e transporte de valores.

A terceirização de caráter geral e permanente **não era disciplinada por lei no Brasil**. Diante dessa omissão, o TST editou a Súmula nº 331, considerando **ilícita a terceirização da atividade-fim da empresa**, salvo nos casos específicos por ela citados.

Contudo, as citadas Leis nºs 13.429/17 e 13.467/17 alteraram a redação e acrescentaram dispositivos à Lei nº 6.019/74, passando a regulamentar, também, a **terceirização de caráter geral e permanente** (contrato de prestação de serviços a terceiros), ao lado da já existente regulamentação da **terceirização temporária**.

No bojo da Lei nº 6.019/74 em sua nova redação, identifica-se claramente o tratamento diferenciado conferido para a hipótese de **trabalho temporário** e para a **prestação de serviços a terceiros (terceirização permanente)**, mais precisamente nos artigos 4-A, 4-B, 4-C, 5-A, 5-B, 5-C e 5-D.

Como não há qualquer limitação à atividade privada, entende-se que a Lei nº 6.019/74 **aplica-se, também, à administração pública.**

Note-se, porém, que após a vigência da Lei da Reforma Trabalhista (30.08.2018), o STF decidiu pela licitude da terceirização de qualquer setor da empresa, inclusive de sua atividade-fim. A decisão foi proferida nos autos da Arguição de Descumprimento de Preceito Fundamental – ADPF nº 324 e o Recurso Extraordinário– RE nº 958252, com repercussão geral reconhecida.

Eis a tese de repercussão geral aprovada: “É lícita a terceirização ou qualquer outra forma de divisão do trabalho entre pessoas jurídicas distintas, independentemente do objeto social das empresas envolvidas, mantida a responsabilidade subsidiária da empresa contratante”.

10.2. Conceito, sujeitos e contrato de facção

A. *Conceito e requisitos do contrato de prestação de serviços*

Terceirização, também denominada de subcontratação ou *outsourcing* representa o ato de repassar a um terceiro uma atividade que caberia ao próprio interessado executar.

O conceito legal de terceirização, denominado de **prestação de serviços a terceiros**, encontra-se inserido no art. 4º-A da Lei nº 6.019/74:

> **Art. 4º-A.** Considera-se prestação de serviços a terceiros a transferência feita pela contratante da execução de quaisquer de suas atividades, inclusive sua atividade principal, à pessoa jurídica de direito privado prestadora de serviços que possua capacidade econômica compatível com a sua execução.

A aplicação desse conceito, no âmbito da relação laboral, implica reconhecer a terceirização como o procedimento adotado pela empresa que **transfere a outrem a execução de uma parcela de sua atividade permanente ou esporádica, dentro ou além dos limites do seu estabelecimento, com a intenção de melhorar a sua competitividade, produtividade e capacidade lucrativa**.

Segundo o STF terceirização é:

> [...] modelo organizacional de desintegração vertical, destinado ao alcance de ganhos de performance por meio da transferência para outros do fornecimento de bens e serviços anteriormente providos pela própria firma, a fim de que esta se concentre somente naquelas atividades em que pode gerar o maior valor, adotando a função de "arquiteto vertical" ou "organizador da cadeia de valor (item 4. (RE 760931. DJE 12.09.2017. Rel. Mini. Rosa Weber. Redator Min. Luiz Fux).

Esse procedimento é efetivado por meio de um **contrato de prestação de serviços** celebrado entre a **empresa prestadora e a empresa contratante**, que deverá conter (art. 5º-B, da Lei nº 6.019/74):

- qualificação das partes;
- especificação do serviço a ser prestado;
- prazo para realização do serviço, quando for o caso;
- valor.

Ao contrário do que ocorre com o contrato de trabalho temporário (art. 11, da Lei nº 6.019/74), **não foram instituídos requisitos para validade do contrato de trabalho** entre a empresa prestadora de serviços a terceiros e o empregado terceirizado, **inclusive prazo máximo de vigência**.

B. *Sujeitos da terceirização*

Na relação decorrente da prestação de serviços permanentes à terceiros identificam-se, em princípio os seguintes sujeitos:

- **Empresa prestadora de serviços a terceiros**: é a pessoa jurídica de direito privado destinada a prestar serviços à contratante;

- **Contratante**: é a pessoa física ou jurídica que celebra contrato com empresa de prestação de serviços;
- **Empregado terceirizado**: é a **pessoa física** contratada pela empresa prestadora de serviços a terceiros para exercer suas atividades em benefício da contratante.

Para funcionar legalmente a **empresa prestadora de serviços a terceiros** deve preencher os seguintes requisitos:

a) prova de inscrição no Cadastro Nacional da Pessoa Jurídica (CNPJ);

b) registro na Junta Comercial;

c) capital social compatível com o número de empregados, observando-se os seguintes parâmetros:

- empresas com até dez empregados – capital mínimo de R$ 10.000,00 (dez mil reais);
- empresas com mais de dez e até vinte empregados – capital mínimo de R$ 25.000,00 (vinte e cinco mil reais);
- empresas com mais de vinte e até cinquenta empregados – capital mínimo de R$ 45.000,00 (quarenta e cinco mil reais);
- empresas com mais de cinquenta e até cem empregados – capital mínimo de R$ 100.000,00 (cem mil reais); e
- empresas com mais de cem empregados – capital mínimo de R$ 250.000,00 (duzentos e cinquenta mil reais).

C. *Contrato de facção*

O contrato de facção gera uma relação intersubjetiva bastante semelhante ao fenômeno da terceirização, mas com características e consequências jurídicas distintas.

Por meio desse contrato, a empresa tomadora transfere à outra (empresa prestadora) parte do seu processo produtivo, independentemente de isso ocorrer fora ou no interior do seu estabelecimento. É nesse ponto que se detecta a semelhança entre o contrato de facção e a terceirização, apesar de ser um **contrato híbrido** de fornecimento de produtos e serviços.

Entretanto, na terceirização a empresa tomadora **interfere diretamente na forma da execução dessas atividades** que foram repassadas para o prestador de serviços.

É justamente nesse aspecto que a terceirização se difere do contrato de facção, no qual não há qualquer interferência da tomadora no processo produtivo, pois a empresa prestadora de serviço **age com completa autonomia gerencial e sem exclusividade, em regra.**

No contrato de facção o que importa para a empresa é o resultado, ou seja, a qualidade do produto e/ou do serviço.

Em resumo, no contrato de facção há autonomia na condução do processo produtivo por parte da prestadora de serviços, que age sem exclusividade prestando serviços, em regra, a mais de uma empresa.

D. *Efeitos do contrato de facção*

É importante distinguir esses dois fenômenos, contrato de facção e terceirização, pois no caso de ficar demonstrado que se trata do primeiro, **não haverá qualquer responsabilidade por parte da empresa que repassa parte de sua atividade econômica**, salvo no caso de ingerência direta no processo produtivo.

O TST adota esse posicionamento por meio de sua jurisprudência dominante:

> II – RECURSO DE REVISTA. RESPONSABILIDADE SUBSIDIÁRIA. 1. O v. Acórdão assentou quadro fático no qual havia prestação de serviços do reclamante em prol da segunda reclamada, tomadora de serviços, razão pela qual foi condenada subsidiariamente ao pagamento das verbas trabalhistas inadimplidas pela empresa interposta. 2. Contudo, depreende-se das premissas fáticas retratadas no acórdão regional que a Arezzo não era a única beneficiária dos serviços prestados pela Calçados Siboney e que a ingerência da Arezzo é relativa apenas à qualidade dos produtos. 3. Verifica-se, in casu, a existência de contrato de facção, pacto de natureza comercial, no qual a empresa contratada compromete-se a fornecer produtos prontos e acabados, constituindo modalidade diversa do contrato de fornecimento de mão de obra pactuado entre empresa prestadora e tomadora de serviços. 4. Este Tribunal Superior entende que, em virtude das peculiaridades do serviço realizado, não existe ingerência direta no processo produtivo ou exclusividade de fornecimento, não havendo falar em responsabilidade subsidiária das contratantes, pela natureza específica de tal relação. 5. Recurso de Revista conhecido e provido.[20]

No mesmo sentido a Súmula nº 96 do TRT12:

> **SÚMULA Nº 96 do TRT12.** CONTRATO DE FACÇÃO. RESPONSABILIDADE SUBSIDIÁRIA DA TOMADORA DOS SERVIÇOS. No contrato de facção, a tomadora dos serviços responde subsidiariamente pelos créditos trabalhistas devidos aos empregados da empresa prestadora, desde que verificada a ingerência na administração desta ou a exigência de exclusividade.

Observe-se, por fim, que o repasse de toda a atividade produtiva da empresa produziria o fenômeno da **sucessão de empregadores** e não da terceirização ou mesmo de contrato de facção.

10.3. Terceirização lícita e ilícita

A terceirização lícita é aquela admitida pelas Leis nºs 6.019/74 e 7.102/83 (serviços de vigilância e transporte de valores).

Antes do advento das Leis nº 13.429/17 e 13.467/17 o parâmetro para aferir a legalidade da terceirização era feito por meio uso das diretrizes interpretativas do TST inseridas na Súmula nº 331, com a seguinte redação:

> **SÚMULA Nº 331.** CONTRATO DE PRESTAÇÃO DE SERVIÇOS. LEGALIDADE (nova redação do item IV e inseridos os itens V e VI à redação) – Res. 174/2011, DEJT divulgado em 27, 30 e 31.05.2011.

20. TST. RR – 136000-74.2009.5.04.0383. 1ª T. Rel. Des. Convocado Alexandre Teixeira de Freitas Bastos Cunha.DEJT 06.11.2015.

> I – A contratação de trabalhadores por empresa interposta é ilegal, formando-se o vínculo diretamente com o tomador dos serviços, salvo no caso de trabalho temporário (Lei nº 6.019, de 03.01.1974).
>
> II – A contratação irregular de trabalhador, mediante empresa interposta, não gera vínculo de emprego com os órgãos da Administração Pública direta, indireta ou fundacional (art. 37, II, da CF/1988).
>
> III – Não forma vínculo de emprego com o tomador a contratação de serviços de vigilância (Lei nº 7.102, de 20.06.1983) e de conservação e limpeza, bem como a de serviços especializados ligados à atividade-meio do tomador, desde que inexistente a pessoalidade e a subordinação direta.
>
> IV – O inadimplemento das obrigações trabalhistas, por parte do empregador, implica a responsabilidade subsidiária do tomador dos serviços quanto àquelas obrigações, desde que haja participado da relação processual e conste também do título executivo judicial.
>
> V – Os entes integrantes da Administração Pública direta e indireta respondem subsidiariamente, nas mesmas condições do item IV, caso evidenciada a sua conduta culposa no cumprimento das obrigações da Lei n.º 8.666, de 21.06.1993, especialmente na fiscalização do cumprimento das obrigações contratuais e legais da prestadora de serviço como empregadora. A aludida responsabilidade não decorre de mero inadimplemento das obrigações trabalhistas assumidas pela empresa regularmente contratada.
>
> VI – A responsabilidade subsidiária do tomador de serviços abrange todas as verbas decorrentes da condenação referentes ao período da prestação laboral.

Note-se que a **atividade-fim da empresa corresponde aquela que se encontra estreitamente relacionada ao seu objetivo social.**

Outra forma de diferenciar a atividade-fim da atividade-meio seria pelo uso do **critério da indispensabilidade**. Se determinada atividade é indispensável, ou seja, constitui condição *sine qua non* para o funcionamento da empresa, a hipótese será de atividade-fim. Caso contrário, se com a ausência temporária daquele serviço a empresa desenvolve sua atividade, mesmo que com dificuldade, o caso será de atividade-meio.

Atualmente essa discussão **perdeu o objeto,** pois a terceirização da **atividade-fim** da empresa foi legalizada com o advento da Lei nº 13.467/17.

Já o STF, nos autos da ADPF nº 324 e nos autos do RE nº 958252, com repercussão geral reconhecida, decidiu que é **lícita a terceirização em todas as etapas do processo produtivo, seja meio ou fim**.

A tese de repercussão geral aprovada no RE foi a seguinte: "É lícita a terceirização ou qualquer outra forma de divisão do trabalho entre pessoas jurídicas distintas, independentemente do objeto social das empresas envolvidas, mantida a responsabilidade subsidiária da empresa contratante".

Essa decisão é importante, pois **tem efeito retroativo diante da inexistência de modulação**, o que não ocorre com a Lei nº 13.467/17. Portanto, o entendimento adotado pelo STF **se aplica** às **diversas demandas pendentes,** podendo ser utilizada, inclusive, para fundamentar eventuais ações rescisórias contra decisões transitadas em julgado em sentido contrário.

Observe-se que, como a tomadora não é a empregadora direta do trabalhador, **não pode exercer o poder diretivo sobre ele**, sob pena da terceirização ser considerada ilícita. Isso significa que o entendimento contido no item III da Súmula nº 331, no que diz respeito à **pessoalidade de subordinação direta**, adapta-se perfeitamente a nova ordem jurídica, agora ampliada para qualquer espécie de terceirização, inclusive da atividade-fim.

Mas há uma exceção a essa regra, uma vez que a empresa contratante deve assegurar aos empregados da prestadora serviços **as mesmas condições sanitárias, de medidas de proteção à saúde e de segurança no trabalho e de instalações adequadas à prestação do serviço**, na forma prevista pelo art. 4-C, II, da Lei nº 6.109/74. Como consequência lógica, **a contratante tem a obrigação de fiscalizar diretamente se os empregados da prestadora de serviços** estão cumprindo tais determinações.

A impossibilidade do exercício do poder diretivo pelo tomador dos serviços foi destacada na seguinte decisão do STF:

> TST. TERCEIRIZAÇÃO. TÉCNICO EM COMUTAÇÃO. EMPRESA DE TELEFONIA. TESE FIXADA PELO STF. ADPF 324, RE 928.252 E RE 791.932. DISTINGUISHING. SUBORDINAÇÃO DIRETA AO TOMADOR DOS SERVIÇOS. VÍNCULO DE EMPREGO CARACTERIZADO. 1. Em que pese o posicionamento firmado pelo STF no julgamento da ADPF 324 e do RE 958.252 e do RE 791.932, de repercussão geral, no sentido de que "é lícita a terceirização ou qualquer outra forma de divisão do trabalho entre pessoas jurídicas distintas, independentemente do objeto social das empresas envolvidas, mantida a responsabilidade subsidiária da empresa contratante", no caso, verifica-se distinção fático-jurídica (distinguishing) em relação à tese ali fixada, uma vez que o reconhecimento do vínculo de emprego não resultou apenas do labor do autor em atividade-fim da tomadora dos serviços, mas da constatação da "presença de subordinação do autor em face da primeira ré, para quem prestava serviços diretamente, utilizando-se do espaço e equipamentos desta, nos mesmos moldes que antes fazia, quando era diretamente contratado pela primeira ré até o ano de 1999". 2. Verifica-se, assim, que o caso dos autos não se amolda à hipótese dirimida pelo STF, razão pela qual não há retratação a ser feita nos moldes do art. 1039 do CPC/2015. Com efeito, porque se extrai do acórdão regional que o reclamante se ativou efetivamente como empregado da tomadora dos serviços, submetendo-se diretamente a suas ordens, torna-se lícito reconhecer o vínculo de emprego diretamente com a empresa. (TST-RR-62900-79.2007.5.09.0072, 1ª Turma, 05/06/2019).

10.4. Quarentena

A Lei nº 13.467/17, ao introduzir os arts. 5º-C e 5º-D à Lei nº 6.019/17, **estabeleceu uma quarenta** de 18 meses para que a empresa prestadora de serviços possa admitir o mesmo empregado despedido pela empresa contratante.

Veda-se, também, que a empresa tomadora contrate pessoa jurídica cujos titulares ou sócios **tenham sido seus empregados ou prestadores de serviços autônomos** nos últimos 18 meses, salvo no caso de aposentadoria:

> **Art. 5º-C.** Não pode figurar como contratada, nos termos do art. 4º-A desta Lei, a pessoa jurídica cujos titulares ou sócios tenham, nos últimos dezoito meses, prestado serviços à contratante na qualidade de empregado ou trabalhador sem vínculo empregatício, exceto se os referidos titulares ou sócios forem aposentados.
>
> **Art. 5º-D.** O empregado que for demitido não poderá prestar serviços para esta mesma empresa na qualidade de empregado de empresa prestadora de serviços antes do decurso de prazo de dezoito meses, contados a partir da demissão do empregado.

10.5. Contrato de empreitada e subempreitada

As atividades empresariais podem ser originárias e derivadas. As atividades originárias são aquelas integrantes da infraestrutura básica para o funcionamento da empresa, englobadas as obras de construção civil.

Nesse caso, não faria parte da atividade normal da empresa os serviços de construção civil, **salvo se este for o seu objeto social principal**.

O TST, por intermédio da OJ nº 191 da SDI-1, posiciona-se no sentido de **que não há terceirização quando a empresa cliente contrata outra prestadora de serviços para execução de obras de construção civil**, pois nesse caso escaparia à atividade normal do empreendimento.

> **OJ Nº 191.** CONTRATO DE EMPREITADA. DONO DA OBRA DE CONSTRUÇÃO CIVIL. RESPONSABILIDADE (nova redação) – Res. 175/2011, DEJT divulgado em 27, 30 e 31.05.2011. Diante da inexistência de previsão legal específica, o contrato de empreitada de construção civil entre o dono da obra e o empreiteiro não enseja responsabilidade solidária ou subsidiária nas obrigações trabalhistas contraídas pelo empreiteiro, salvo sendo o dono da obra uma empresa construtora ou incorporadora.

Esse entendimento é equivocado. Ontologicamente, **não há diferença entre repasse de serviços de construção civil e repasse de serviços ligados à atividade meio ou fim do empreendimento**. Se não há diferença no plano fático, o tratamento desigual no plano jurídico não se justifica, ainda mais com o agravante de beneficiar o empregador, o que contraria o princípio basilar do Direito do Trabalho.

O surgimento e o crescimento do empreendimento, implicitamente, faz parte integrante do objetivo social da empresa. Não há como negar esse fato. Por conta disso, as obras de construção civil são necessárias e fazem parte da atividade da empresa e a sua transferência, para uma terceira pessoa, deve ser caracterizada como terceirização.

O TRT3 e o TRT9 restringiam bastante o sentido da expressão "dono da obra", como se observa de sua Súmula nº 42 e da OJ nº 114, respectivamente:

> **SÚMULA Nº 42 do TRT3.** OJ 191 DA SBDI-I DO TST. DONO DA OBRA. PESSOA FÍSICA OU MICRO E PEQUENAS EMPRESAS. RESPONSABILIDADE SOLIDÁRIA OU SUBSIDIÁRIA. O conceito de "dono da obra", previsto na OJ n. 191 da SBDI-I/TST, para efeitos de exclusão de responsabilidade solidária ou subsidiária trabalhista, restringe-se a pessoa física ou micro e pequenas empresas, na forma da lei, que não exerçam atividade econômica vinculada ao objeto contratado.

> **OJ4T Nº 114 do TRT9.** DONO DA OBRA. RESPONSABILIDADE. Considerando que a responsabilidade do dono da obra não decorre simplesmente da lei em sentido estrito (Código Civil, arts. 186 e 927), mas da própria ordem constitucional no sentido de se valorizar o trabalho (CF, art. 1º, IV), não se lhe faculta beneficiar-se da força humana despendida sem assumir responsabilidade nas relações jurídicas de que participa. Dessa forma, o contrato de empreitada entre o dono da obra e o empreiteiro, salvo apenas a hipótese de utilização da prestação de serviços como instrumento de produção de mero valor de uso, na construção ou reforma residenciais. Em se tratando de obra, na qual seu proprietário (dono) não sendo uma construtora e nem incorporadora (que tem a realização de obra civil inserida na sua atividade-fim, no seu negócio), este não responde pelas obrigações contraídas por aquela pessoa (física ou jurídica) que está realizando a obra.

O TRT8 e o TRT17 reafirmavam a jurisprudência do TST:

> **SÚMULA Nº 30 do TRT8.** CONTRATO DE EMPREITADA. DONO DA OBRA DE CONSTRUÇÃO CIVIL. RESPONSABILIDADE. Diante da inexistência de previsão legal específica, o contrato de empreitada de construção civil entre o dono da obra e o empreiteiro não enseja responsabilidade solidária ou subsidiária nas obrigações trabalhistas contraídas pelo empreiteiro, salvo sendo o dono da obra uma empresa construtora ou incorporadora.

> **SÚMULA Nº 40 do TRT17.** DONO DA OBRA. CONTRATO DE EMPREITADA. RESPONSABILIDADE PELOS ENCARGOS TRABALHISTAS ASSUMIDOS PELO EMPREITEIRO. O dono da obra de construção civil não é responsável solidária ou subsidiariamente pelos débitos trabalhistas contraídos pelo empreiteiro, à exceção das hipóteses em que o dono da obra atue no ramo da construção civil ou da incorporação imobiliária ou nos contratos de empreitada de natureza não eventual, cujo objeto principal seja a prestação de serviços ligados à consecução da atividade-fim da empresa, ainda que esta última não atue no ramo da construção civil.

Já no caso específico do Programa Minha Casa Minha Vida, a Caixa Econômica Federal figura como sua gestora e operadora, equiparando-se à dona da obra e sem qualquer responsabilidade solidária ou subsidiária pelo cumprimento das obrigações trabalhistas contraídas pelas construtoras contratadas.

Nesse sentido a Tese Prevalecente nº 2 do TRT8:

> **TESE JURÍDICA PREVALECENTE Nº 02 do TRT8.** PROGRAMA MINHA CASA MINHA VIDA. FUNDO DE ARRENDAMENTO RESIDENCIAL. FAR (LEI Nº 10.188/2001). RESPONSABILIDADE DA CAIXA ECONÔMICA FEDERAL. INAPLICABILIDADE. SÚMULA Nº 30 DO EGRÉGIO TRIBUNAL REGIONAL DO TRABALHO DA OITAVA REGIÃO. De acordo com a legislação instituidora do Programa Minha Casa Minha Vida e do Fundo de Arrendamento Residencial – FAR (Lei nº 10.188/2001), a Caixa Econômica Federal, como gestora e operadora do Programa e do Fundo, pode comprar imóveis e neles construir as unidades habitacionais, agindo como verdadeira dona de obra e, por isso, não pode ser responsabilizada subsidiária ou solidariamente, nos termos da Súmula nº 30 do Egrégio Tribunal Regional do Trabalho da Oitava Região.

Para por fim a tais divergências jurisprudenciais no âmbito dos Tribunais Regionais, em relação à responsabilidade do dono da obra, o TST **alterou o seu entendimento** e aprovou as seguintes teses jurídicas (incidente de recurso de revista repetitivo nos autos do processo: IRR-190-53.2015.5.03.0090):

> I) A exclusão de responsabilidade solidária ou subsidiária por obrigação trabalhista a que se refere a Orientação Jurisprudencial 191 da SDI-1 do TST não se restringe à pessoa física ou micro e pequenas empresas, compreende igualmente empresas de médio e grande porte e entes públicos (decidido por unanimidade);

> II) A excepcional responsabilidade por obrigações trabalhistas prevista na parte final da Orientação Jurisprudencial 191, por aplicação analógica do artigo 455 da CLT, alcança os casos em que o dono da obra de construção civil é construtor ou incorporador e, portanto, desenvolve a mesma atividade econômica do empreiteiro (decidido por unanimidade);

> III) Não é compatível com a diretriz sufragada na Orientação Jurisprudencial 191 da SDI-1 do TST jurisprudência de Tribunal Regional do Trabalho que amplia a responsabilidade trabalhista do dono da obra, excepcionando apenas "a pessoa física ou micro e pequenas empresas, na forma da lei, que não exerçam atividade econômica vinculada ao objeto contratado" (decidido por unanimidade);

> IV) Exceto ente público da Administração Direta e Indireta, se houver inadimplemento das obrigações trabalhistas contraídas por empreiteiro que contratar, sem idoneidade econômico-financeira, o dono da obra responderá subsidiariamente por tais obrigações, em face de aplicação analógica do artigo 455 da CLT e culpa in eligendo (decidido por maioria, vencido o ministro Márcio Eurico Vitral Amaro).

Em sede de embargos de declaração nos autos desse mesmo processo a SBDI-I, sanou a omissão, mediante a atribuição de efeito modificativo, e acrescentou ao acórdão originário a tese jurídica nº V com a seguinte redação:

> V) O entendimento contido na tese jurídica nº 4 aplica-se exclusivamente aos contratos de empreitada celebrados após 11 de maio de 2017, data do presente julgamento. TST-ED-IRR-190-53.2015.5.03.0090, SBDI-I, rel. Min. João Oreste Dalazen, 9.8.2018.

Em resumo, decidiu o TST que **a responsabilidade do "dono da obra"** em decorrência do inadimplemento de verbas trabalhistas contraídas pelo empreiteiro **é subsidiária** e não solidária, desde que este último não tenha idoneidade financeira e com fundamento na culpa *in eligendo*, coincidindo com a tese adotada e citada nesta obra.

Assim, houve uma sensível alteração em relação à redação da OJ nº 191 da SDI-1, **que excluía tanto a responsabilidade solidária quanto a subsidiária**, pelo que deve ser alterada em breve.

Inclusive o Pleno TRT da 3º Região aprovou, no dia 13.07.2017, o cancelamento da citada Súmula nº 42, por conta desse novo entendimento do TST.

10.6. Terceirização na administração pública

Na Administração Pública, a terceirização foi legalmente admitida com a edição do Decreto-lei nº 200/67, que em seu art. 10, § 7º dispõe:

> **Art. 10. § 7º** Para melhor desincumbir-se das tarefas de planejamento, coordenação, supervisão e controle e com o objetivo de impedir o crescimento desmesurado da máquina administrativa, a Administração procurará desobrigar-se da realização material de tarefas executivas, recorrendo, sempre que possível, à execução indireta, mediante contrato, desde que exista, na área, iniciativa privada suficientemente desenvolvida e capacitada a desempenhar os encargos de execução.

Como não há qualquer limitação à atividade privada, entende-se que a Lei nº 6.019/74, modificada pelas Leis nº 13.429/17 e 13.467/17 **aplica-se também à administração pública**, o que é confirmado pela Súmula nº 331 do TST.

Contudo, existe uma particularidade, pois, para a contratação de um empregado público, a Constituição Federal de 1988, art. 37, inciso II, **exige a prévia aprovação em concurso público**:

> **Art. 37.** A administração pública direta e indireta de qualquer dos Poderes da União, dos Estados, do Distrito Federal e dos Municípios obedecerá aos princípios de legalidade, impessoalidade, moralidade, publicidade e eficiência e, também, ao seguinte: II – a investidura em cargo ou emprego público depende de aprovação prévia em concurso público de provas ou de provas e títulos, de acordo com a natureza e a complexidade do cargo ou emprego, na forma prevista em lei, ressalvadas as nomeações para cargo em comissão declarado em lei de livre nomeação e exoneração.

Dessa forma, mesmo na hipótese de terceirização ilícita, **não há como reconhecer a existência da relação empregatícia diretamente com a administração pública**, sob pena de ofensa ao preceito constitucional acima citado.

Resta, apenas, a possibilidade de, em qualquer caso de terceirização, declarar a **responsabilidade subsidiária** do ente público, conforme reconhece a Súmula nº 331 do TST, com a possibilidade de reconhecimento da isonomia salarial, como deixa claro a OJ nº 383, da SDI-1.

> **SDI-1. OJ Nº 383.** TERCEIRIZAÇÃO. EMPREGADOS DA EMPRESA PRESTADORA DE SERVIÇOS E DA TOMADORA. ISONOMIA. Art. 12, "A", DA LEI Nº 6.019, DE 03.01.1974 (DJe divulgado em 19, 20 e 22.04.2010). A contratação irregular de trabalhador, mediante empresa interposta, não gera vínculo de emprego com ente da Administração Pública, não afastando, contudo, pelo princípio da isonomia, o direito dos empregados terceirizados às mesmas verbas trabalhistas legais e normativas asseguradas àqueles contratados pelo tomador dos serviços, desde que presente a igualdade de funções. Aplicação analógica do art. 12, "a", da Lei nº 6.019, de 03.01.1974.

Sobre o argumento de que a Lei de Licitações veda qualquer tipo de responsabilidade do ente público, mais precisamente em seu art. 71, § 1º, da Lei nº 8.666/93, manifestou-se o STF ao declarar a sua constitucionalidade:

> RESPONSABILIDADE CONTRATUAL. Subsidiária. Contrato com a administração pública. Inadimplência negocial do outro contraente. Transferência consequente e automática dos seus encargos trabalhistas, fiscais e comerciais, resultantes da execução do contrato, à administração. Impossibilidade jurídica. Consequência proibida pelo art., 71, § 1º, da Lei federal nº 8.666/93. Constitucionalidade reconhecida dessa norma. Ação direta de constitucionalidade julgada, nesse sentido, procedente. Voto vencido. É constitucional a norma inscrita no art. 71, § 1º, da Lei federal nº 8.666, de 26 de junho de 1993, com a redação dada pela Lei nº 9.032, de 1995.[21]

Durante o julgamento, alguns Ministros argumentaram que haveria possibilidade de responsabilização da Administração Pública em caso de terceirização, desde que restasse demonstrada **a falha ou ausência de fiscalização no cumprimento das obrigações trabalhistas.**

Inclusive o TRT1 e o TRT4 adotaram esse posicionamento conforme se observa de suas Súmulas nº 43 e 11, respectivamente:

> **SÚMULA Nº 43 do TRT1.** RESPONSABILIDADE SUBSIDIÁRIA DA ADMINISTRAÇÃO PÚBLICA. A constitucionalidade do parágrafo primeiro do artigo 71 da Lei 8.666/93, declarada pelo STF no julgamento da ADC nº 16, por si só, não afasta a responsabilidade subsidiária da Administração Pública, quando esta decorre da falta de fiscalização.

> **SÚMULA Nº 11 do TRT4.** RESPONSABILIDADE SUBSIDIÁRIA DA ADMINISTRAÇÃO PÚBLICA DIRETA E INDIRETA. CONTRATOS DE PRESTAÇÃO DE SERVIÇOS. LEI 8.666/93. A norma do art. 71, § 1º, da Lei nº 8.666/93 não afasta a responsabilidade subsidiária das entidades da administração pública, direta e indireta, tomadoras dos serviços.

Após a decisão proferida na ADC nº 16 pelo STF, o TST alterou a redação do inciso IV e acrescentou o inciso V para tratar especificamente da responsabilização do Ente Público nos casos de terceirização.

21. STF. ADC nº 16. Tribunal Pleno. Rel. Min. Cezar Peluso. DJe 09.09.2011.

O referido Tribunal enfatizou que deve restar evidenciada a conduta culposa do Estado, especialmente na fiscalização do cumprimento das obrigações contratuais e legais da prestadora de serviço.

Em 2017 o STF definiu a tese em sede de repercussão geral sobre a matéria, confirmando a decisão proferida na ADC nº 16, com o seguinte teor: "O inadimplemento dos encargos trabalhistas dos empregados do contratado não transfere ao poder público contratante automaticamente a responsabilidade pelo seu pagamento, seja em caráter solidário ou subsidiário, nos termos do artigo 71, § 1º, da Lei 8.666/1993 (RE 760931)".

Por sua importância, cabe aqui transcrever parte da ementa que contém o entendimento do STF, que deverá ser aplicado por todos os órgãos do Poder Judiciário diante do seu caráter vinculante:

> 6. A Administração Pública, pautada pelo dever de eficiência (art. 37, caput, da Constituição), deve empregar as soluções de mercado adequadas à prestação de serviços de excelência à população com os recursos disponíveis, mormente quando demonstrado, pela teoria e pela prática internacional, que a terceirização não importa precarização às condições dos trabalhadores.
>
> 7. O art. 71, § 1º, da Lei nº 8.666/93, ao definir que a inadimplência do contratado, com referência aos encargos trabalhistas, não transfere à Administração Pública a responsabilidade por seu pagamento, representa legítima escolha do legislador, máxime porque a Lei nº 9.032/95 incluiu no dispositivo exceção à regra de não responsabilização com referência a encargos trabalhistas.
>
> 8. Constitucionalidade do art. 71, § 1º, da Lei nº 8.666/93 já reconhecida por esta Corte em caráter erga omnes e vinculante: ADC 16, Relator(a): Min. CEZAR PELUSO, Tribunal Pleno, julgado em 24/11/2010 (RE 760931. DJE 12.09.2017. Rel. Mini. Rosa Weber. Redator Min. Luiz Fux).

O Enunciado nº 75 aprovado na 2ª Jornada de Direito Material e Processual do Trabalho defende tese no sentido da inaplicabilidade da Lei nº 6.019/74 no âmbito da Administração Pública:

ENUNCIADO Nº 75. TERCEIRIZAÇÃO: ABRANGÊNCIA

> A LEI 13.467/2017, AO ALTERAR A LEI 6.019/74, TANTO NO TEMA DA CONTRATAÇÃO TEMPORÁRIA QUANTO DA TERCEIRIZAÇÃO DE SERVIÇOS, NÃO SERVE COMO MARCO REGULATÓRIO PARA A ADMINISTRAÇÃO PÚBLICA DIRETA OU INDIRETA, EM RAZÃO DO DISPOSTO NO ART. 37, CAPUT, E INCS. II E IX, DA CONSTITUIÇÃO FEDERAL.

Em 2018 foi editado o Decreto nº 9.507 disciplinando a terceirização **no âmbito da administração pública federal direta e indireta.**

A referida norma legal é restritiva e veda, em seu art. 3º, a terceirização dos serviços:

> I – que envolvam a tomada de decisão ou posicionamento institucional nas áreas de planejamento, coordenação, supervisão e controle;
>
> II – que sejam considerados estratégicos para o órgão ou a entidade, cuja terceirização possa colocar em risco o controle de processos e de conhecimentos e tecnologias;
>
> III – que estejam relacionados ao poder de polícia, de regulação, de outorga de serviços públicos e de aplicação de sanção; e

IV – que sejam inerentes às categorias funcionais abrangidas pelo plano de cargos do órgão ou da entidade, exceto disposição legal em contrário ou quando se tratar de cargo extinto, total ou parcialmente, no âmbito do quadro geral de pessoal.

Já nas empresas públicas e nas sociedades de economia mista não poderão ser terceirizados os serviços que "demandem a utilização, pela contratada, de profissionais com atribuições inerentes às dos **cargos integrantes de seus Planos de Cargos e Salários**, exceto se contrariar os princípios administrativos da eficiência, da economicidade e da razoabilidade, tais como na ocorrência de, ao menos, uma das seguintes hipóteses (art. 4º):

I – caráter temporário do serviço;

II – incremento temporário do volume de serviços;

III – atualização de tecnologia ou especialização de serviço, quando for mais atual e segura, que reduzem o custo ou for menos prejudicial ao meio ambiente; ou

IV – impossibilidade de competir no mercado concorrencial em que se insere.

A. *Ônus da prova da culpa*

Diante da complexidade da prova da fiscalização do cumprimento das obrigações trabalhistas por parte da prestadora de serviços, não resta dúvida que o encargo correspondente deve ser atribuído à Administração Pública e não ao trabalhador autor da ação trabalhista, conforme posicionamento adotado pelos Tribunais Regionais do Trabalho em suas Súmulas:

SÚMULA Nº 41 do TRT1. RESPONSABILIDADE SUBSIDIÁRIA DO ENTE DA ADMINISTRAÇÃO PÚBLICA. PROVA DA CULPA. (ARTIGOS 29, VII, 58, 67 E 78, VII, DA LEI 8.666/93.) Recai sobre o ente da Administração Pública que se beneficiou da mão de obra terceirizada a prova da efetiva fiscalização do contrato de prestação de serviços.

Mesmo porque seria considerada como "**diabólica**" a prova de fato negativo, qual seja, de que não houve a efetiva fiscalização (nesse sentido a decisão proferida pela SDI-1 do TST em 2019 nos autos do processo 925-07.2016.5.05.0281).

A matéria está prestes a ser apreciada pelo STF, no RE nº 1.298.657, tema de repercussão geral de nº 1118, com a seguinte redação: "Ônus da prova acerca de eventual conduta culposa na fiscalização das obrigações trabalhistas de prestadora de serviços, para fins de responsabilização subsidiária da Administração Pública, em virtude da tese firmada no RE 760.931 (Tema 246)".

B. *Revogação tácita do § 1º, art. 71 da Lei nº 8.666 pela Lei nº 13.429/17*

De acordo com o novo disciplinamento legal da terceirização, implantado por meio das Leis nºs 13.429/17 e 13.467/17, tanto no trabalho temporário quando na terceirização permanente há previsão expressa da **responsabilidade subsidiária da tomadora dos serviços**, conforme preceito contido no art. 10 § 7º. e art. 5º-A, § 5º, respectivamente, **não fazendo qualquer ressalva quanto** à **aplicabilidade em relação aos Entes Públicos**:

Art. 10. § 7º A contratante é subsidiariamente responsável pelas obrigações trabalhistas referentes ao período em que ocorrer o trabalho temporário, e o recolhimento das contribuições previdenciárias observará o disposto no art. 31 da Lei nº 8.212, de 24 de julho de 1991.

> **Art. 5º-A. § 5º** A empresa contratante é subsidiariamente responsável pelas obrigações trabalhistas referentes ao período em que ocorrer a prestação de serviços, e o recolhimento das contribuições previdenciárias observará o disposto no art. 31 da Lei nº 8.212, de 24 de julho de 1991.

Isso significa que houve **revogação tácita do dispositivo contido no art. 71, § 1º, da Lei nº 8.666**, que isentava a Administração Pública de qualquer responsabilidade decorrente da contratação de serviços:

> **Art. 71. § 1º** A inadimplência do contratado, com referência aos encargos trabalhistas, fiscais e comerciais não transfere à Administração Pública a responsabilidade por seu pagamento, nem poderá onerar o objeto do contrato ou restringir a regularização e o uso das obras e edificações, inclusive perante o Registro de Imóveis.

Note-se que a responsabilidade é de natureza objetiva, ou seja, independe de culpa do contratante.

10.7. Efeitos da terceirização ilícita

Inobservados os requisitos legais para contratação de empregado por empresa interposta a terceirização será considerada ilícita, **incluindo o caso de existência de pessoalidade e subordinação direta entre contratante e trabalhador**.

A principal consequência dessa ilicitude é a formação **do vínculo empregatício diretamente com a empresa contratante,** salvo se o tomador for a Administração Pública.

Nesse caso, **a responsabilidade da pseudo tomadora é direta, ou seja, a tomadora responde como se fosse a empregadora do trabalhador.**

Em uma eventual reclamação trabalhista, o empregado poderá acionar uma, algumas ou todas as empresas que fizeram parte do processo de terceirização, já que se pode admitir a existência de um empregador único e, consequentemente, de solidariedade.

Se for constatado que a inidoneidade financeira da empresa prestadora de serviços efetivou-se apenas no curso do processo, o reclamante poderá ajuizar uma nova ação contra a empresa tomadora de serviços que ficou excluída da primeira demanda.

10.8. Efeitos da terceirização lícita

A. *Responsabilidade subsidiária*

Quando a terceirização é lícita, a responsabilidade da empresa contratante pelo adimplemento das obrigações trabalhistas assumidas pela empresa prestadora de serviços **é de natureza subsidiária,** de acordo com o preceito contido no art. 5º-A, § 5º da Lei nº 6.019/74.

Por conta disso, em uma ação trabalhista, o empregado deverá acionar as duas empresas, caso pretenda que o juiz declare a responsabilidade subsidiária da empresa tomadora.

A jurisprudência encarregou-se de analisar casos específicos de **alcance** da responsabilidade subsidiária, inclusive das multas previstas pelos arts. 467 e 477, § 8º da CLT:

> **SÚMULA Nº 13 do TRT1.** COMINAÇÕES DOS ARTIGOS 467 E 477 DA CLT. TERCEIRIZAÇÃO. RESPONSABILIDADE SUBSIDIÁRIA. Nos casos de terceirização de mão de obra, inserem-se na responsabilidade subsidiária do tomador de serviços, ainda que se tratando de ente da Administração Pública Direta ou Indireta, as cominações dos artigos 467 e 477 da CLT.

> **SÚMULA Nº 11 do TRT10.** RESPONSABILIDADE SUBSIDIÁRIA. ABRANGÊNCIA. ADMINISTRAÇÃO PÚBLICA. TOMADORA DOS SERVIÇOS. ITEM IV DA SÚMULA Nº 331 DO COL. TST. O tomador dos serviços responde, em caráter subsidiário, pelas obrigações trabalhistas do empregador, ainda que aquele integre a Administração Pública. Tal responsabilidade abrange também as multas do artigo 467 e do § 8º do artigo 477, ambos da CLT e § 1º do artigo 18 da Lei nº 8.036/1990, bem como os honorários assistenciais.

> **SÚMULA Nº 52 do TRT12.** RESPONSABILIDADE SUBSIDIÁRIA. ABRANGÊNCIA. MULTAS PREVISTAS NOS ARTS. 467 E 477, § 8º, DA CLT. A responsabilidade subsidiária do tomador dos serviços abrange as multas previstas nos arts. 467 e 477, § 8º, da CLT.

Se há mais de uma empresa tomadora de serviços para as quais o empregado trabalhou de forma sucessiva (**contratantes sucessivos**), a responsabilidade de cada tomadora fica limitada ao respectivo período de labor.

Caso a prestação de serviços do obreiro se efetive para **diversas tomadoras de forma simultânea** (contratantes simultâneos), o que se verifica é a ausência de responsabilização, mesmo subsidiária, de qualquer uma delas, já que o empregado não se vincula diretamente a um determinado destinatário da sua atividade laboral.

As decisões dos Tribunais trabalhistas pátrio posicionam-se nesse sentido:

> PLURALIDADE DE TOMADORES DE SERVIÇO. AUSÊNCIA DE EXCLUSIVIDADE. O instituto da responsabilidade subsidiária não pode ser desdobrado, de forma açodada, a todas as contratações comerciais e civis, sob pena de se generalizar e inviabilizar a segurança de tais relações jurídicas. Logo, sendo as atividades laborais desenvolvidas pelos trabalhadores, no âmbito de sua real empregadora, atinentes ao monitoramento de segurança de diversas empresas clientes e prestadas, em períodos diversos, de forma indistinta para estas, não se circunscrevendo a determinada empresa, mas a uma pluralidade variada de empreendimentos (vinte e seis), não se vislumbra a exclusividade necessária da prestação de serviços a determinado tomador, em um determinado período, não havendo, por isso, como se acolher o pedido relativo à manutenção no polo passivo das empresas que contrataram os serviços de sua empregadora, para fins de futura responsabilidade subsidiária.[22]

> RESPONSABILIDADE SUBSIDIÁRIA. TERCEIRIZAÇÃO. PLURALIDADE DE TOMADORES DE SERVIÇO. A responsabilização subsidiária encontra justificativa no fato de a tomadora de serviços ter se beneficiado do trabalho prestado pelo recorrido, empregado da fornecedora de mão-de-obra. Por conseguinte, é certo que quando há pluralidade de tomadores de serviços, cada qual deve responder subsidiariamente na medida em que se beneficiou daquele trabalho. Entretanto, existem casos em que os tomadores se servem concomitantemente dos serviços, tornando inviável precisar quanto cada um deles se beneficiou do labor despendido pelo trabalhador. Hipótese esta em discussão nos autos, razão pela qual se nega provimento ao recurso do autor.[23]

22. TRT. 3ª R. Recurso Ordinário nº 0053800-57.2007.5.03.0011. DEJT. 20.11.2007.
23. TRT. 2ª R. Recurso de Ordinário nº 1467-07.2011.5.02.00015. DEJT 15.12.2015.

B. Extensão das condições de trabalho oferecidas pela contratante para os terceirizados

Além da responsabilidade subsidiária, garante-se ao trabalhador terceirizado **algumas condições de trabalho conferidas aos empregados da empresa contratante**, desde que desenvolva suas atividades no interior do seu estabelecimento (art. 4º-C, da Lei nº 6.019/74):

- alimentação, quando oferecida em refeitórios;
- utilização dos serviços de transporte;
- atendimento médico ou ambulatorial existente nas dependências da contratante ou local por ela designado;
- treinamento adequado, fornecido pela contratada, quando a atividade o exigir;
- condições sanitárias, de medidas de proteção à saúde e de segurança no trabalho e de instalações adequadas à prestação do serviço.

O Enunciado nº 82 aprovada pela 2ª Jornada de Direito Material e Processual do Trabalho aborda essa temática:

> **ENUNCIADO Nº 82. TERCEIRIZAÇÃO: MEIO AMBIENTE DO TRABALHO**
>
> A RESPONSABILIDADE SOLIDÁRIA DO CONTRATANTE QUANTO À ELABORAÇÃO E IMPLEMENTAÇÃO DO PROGRAMA DE PREVENÇÃO DE RISCOS AMBIENTAIS, DE ACORDO COM O DISPOSTO NA NORMA REGULAMENTADORA 9 (NR-9), INDEPENDE DA QUALIDADE DO VÍNCULO DE TRABALHO DOS OBREIROS, DECORRENDO DA SIMPLES PRESENÇA DE TRABALHADORES NO LOCAL, VISTO QUE O MEIO AMBIENTE E AS QUESTÕES DE SAÚDE E SEGURANÇA NO TRABALHO ENGLOBAM TODOS OS TRABALHADORES CUJAS ATIVIDADES LABORAIS SEJAM PRESTADAS EM FAVOR DO MESMO TOMADOR, DE FORMA ISONÔMICA, SEM QUALQUER DISTINÇÃO, INDEPENDENTEMENTE DO VÍNCULO LABORAL.

Nos contratos que impliquem mobilização de empregados da contratada em número igual ou superior a 20% (vinte por cento) dos empregados da contratante, esta poderá disponibilizar aos empregados da contratada **os serviços de alimentação e atendimento ambulatorial em outros locais apropriados e com igual padrão de atendimento**, com vistas a manter o pleno funcionamento dos serviços existentes (art. 4-C, § 2º, da Lei nº 6.019/74).

Antes da vigência da Lei nº 13.429/17, prevalecia o entendimento jurisprudencial segundo o qual, independentemente de ser lícita ou ilícita, pelo princípio constitucional da igualdade era devido o mesmo salário para o empregado terceirizado e aquele contratado diretamente pela empresa, inclusive na administração pública:

> **SÚMULA Nº 52 do TRT8.** TERCEIRIZAÇÃO. IDENTIDADE DE FUNÇÃO ENTRE OS EMPREGADOS DA PRESTADORA E DA TOMADORA DE SERVIÇOS. DIREITO AOS MESMOS BENEFÍCIOS. OBEDIÊNCIA AO PRINCÍPIO CONSTITUCIONAL DA ISONOMIA. ARTIGO 12, "A", DA LEI 6.019/1974. Independentemente da licitude na terceirização, é devida aos empregados das prestadoras de serviços a mesma remuneração e as mesmas vantagens concedidas aos empregados da tomadora de serviços, desde que constatada a similaridade nos serviços e atividades desempenhadas, em obediência ao princípio constitucional da isonomia, garantida, em qualquer hipótese, a percepção do

salário mínimo regional e por aplicação do disposto no artigo 12, alínea "a", da Lei nº 6.019, de 03/01/1974, e não o previsto no art. 461 da CLT.

SÚMULA Nº 08 do TRT8. ISONOMIA SALARIAL ENTRE EMPREGADO DE EMPRESA TERCEIRIZADA E OS INTEGRANTES DA CATEGORIA PROFISSIONAL DA TOMADORA DOS SERVIÇOS. EMPRESAS PÚBLICAS OU SOCIEDADE DE ECONOMIA MISTA. A contratação irregular de trabalhador, mediante empresa interposta, não gera vínculo de emprego com a empresa pública ou sociedade de economia mista, porém a impossibilidade de se formar a relação empregatícia não afasta o direito do trabalhador terceirizado às mesmas verbas trabalhistas legais e normativas asseguradas ao empregado que cumpre função idêntica nas tomadoras.

TESE JURÍDICA PREVALECENTE Nº 03 do TRT18. TERCEIRIZAÇÃO. ISONOMIA SALARIAL. IGUALDADE DE FUNÇÕES. A igualdade de funções para fins de reconhecimento da isonomia salarial, nos casos de terceirização, não pressupõe o exercício de todas as atribuições dentre as inúmeras que compõem as atividades próprias do cargo, bastando que estejam nestas inseridas.

Com a nova redação da Lei nº 6.019/74, conferida pela Lei nº 13.467/17, o direito à **isonomia salarial passou a ser garantido apenas quando há previsão expressa no contrato** celebrado entre a empresa contratante e a prestadora de serviços, conforme preceito contido no § 1º, art. 4-C:

Art. 4º-C. § 1º Contratante e contratada poderão estabelecer, se assim entenderem, que os empregados da contratada farão jus a salário equivalente ao pago aos empregados da contratante, além de outros direitos não previstos neste artigo.

O Enunciado nº 76, aprovado na 2ª Jornada de Direito Material e Processual do Trabalho, defende a tese da isonomia salarial:

ENUNCIADO Nº 76. TERCEIRIZAÇÃO: ISONOMIA SALARIAL

OS EMPREGADOS DAS EMPRESAS TERCEIRIZADAS TÊM DIREITO DE RECEBER O MESMO SALÁRIO DOS EMPREGADOS DAS TOMADORAS DE SERVIÇOS EM MESMAS ATIVIDADES, BEM COMO USUFRUIR DE IGUAIS SERVIÇOS DE ALIMENTAÇÃO E ATENDIMENTO AMBULATORIAL. VIOLA OS PRINCÍPIOS DA IGUALDADE E DA DIGNIDADE DA PESSOA HUMANA (ARTIGOS 1º, III E 5º, CAPUT, DA CONSTITUIÇÃO DA REPÚBLICA) O DISPOSTO NOS §§ 1° E 2° DO ARTIGO 4°-C DA LEI 6.019/74, AO INDICAREM COMO MERA FACULDADE O CUMPRIMENTO, PELO EMPREGADOR, DESSES DEVERES CONSTITUCIONAIS. APLICAÇÃO DOS ARTIGOS 1°, III, 3°, I, 5°, "CAPUT" E 7°, XXXII DA CONSTITUIÇÃO DA REPÚBLICA.

Já o Enunciado nº 81, confere aos empregados terceirizados o direito de enquadramento sindical à categoria profissional dos empregados diretos da tomadora dos serviços:

ENUNCIADO Nº 81. TERCEIRIZAÇÃO: REPRESENTAÇÃO SINDICAL DOS TERCEIRIZADOS

PRESUME-SE COMO SENDO DA MESMA CATEGORIA, E REPRESENTADOS PELO MESMO SINDICATO PROFISSIONAL, TODOS OS TRABALHADORES TERCEIRIZADOS E AQUELES DIRETAMENTE CONTRATADOS PELA TOMADORA QUE REALIZEM SERVIÇOS RELACIONADOS À SUA ATIVIDADE PRINCIPAL. INTELIGÊNCIA QUE SE EXTRAI DO INTERESSE INTEGRADO E DA ATUAÇÃO CONJUNTA DA EMPRESA CONTRATADA E CONTRATANTE, PREVISTOS NO § 3º DO ARTIGO 2º DA CLT, COMBINADO COM O CONCEITO DE CATEGORIA PROFISSIONAL DECORRENTE DO TRABALHO EM COMUM EM ATIVIDADES

ECONÔMICAS SIMILARES OU CONEXAS DO ARTIGO 511, § 2º, DA CLT, E COM A ATIVIDADE PREPONDERANTE CONCEITUADA NO § 2º DO ARTIGO 581 DA CLT.

11. QUADRO SINÓPTICO

Capítulo V – Empregador			
Instituto		**Conteúdo**	**Item**
Conceito		Considera-se empregador a empresa, individual ou coletiva, que, assumindo os riscos da atividade econômica, admite, assalaria e dirige a prestação pessoal de serviços (art. 2º da CLT). Empregador, no âmbito da relação de trabalho subordinado, é a pessoa que remunera e dirige a prestação de serviços do obreiro.	1
Denominações		Empregador, empresa e patrão.	
Características		Intuito de lucro, com a assunção do risco do empreendimento, salvo as exceções previstas expressamente em lei; Titular do poder diretivo.	2
Empresa e estabelecimento	**Empresa**	É a atividade econômica organizada exercida pelo empresário profissionalmente para a produção ou a circulação de bens ou de serviços (art. 996 do CC).	3.1
	Estabelecimento	Estabelecimento é representado por uma unidade produtiva e autônoma da empresa.	
Responsabilidade do sócio		A jurisprudência trabalhista adotou a teoria menor, relativizando a necessidade de atender aos requisitos estabelecidos pela ordem jurídica para determinar a penhora dos bens do sócio apenas por insuficiência patrimonial da sociedade. Todavia, com a edição da Lei da Liberdade Econômica, que alterou a redação do art. 50 e introduziu parágrafos a esse preceito legal, determinou-se a utilização da teoria maior para a desconsideração da personalidade jurídica.	3.2
Empresa pública e sociedade de economia mista		O estatuto jurídico da empresa pública ou da sociedade de economia mista deve seguir o regime jurídico próprio das empresas privadas, inclusive em relação às obrigações trabalhistas, conforme disposto no § 1º, II do referido art. 173 da Constituição Federal; Os empregados dessas entidades só podem ser contratados após a prévia aprovação em concurso público, mas não adquirem a estabilidade própria dos empregados públicos da administração pública direta, autárquica e fundacional (Súmula 390, II, do TST). Para a dispensa dos seus empregados é necessário a justificação do ato respectivo. Isso significa que a dispensa não pode ser arbitrária.	4
Grupo econômico	**Conceito**	Consiste no fenômeno por meio do qual uma ou mais empresas, apesar de possuírem personalidade jurídica própria, reúnem-se para formar um grupo econômico.	5
	Requisitos	• interesse integrado; • efetiva comunhão de interesses; e • atuação conjunta das empresas dele integrantes.	
	Efeitos	Responsabilidade solidária pelo cumprimento das obrigações derivadas de um contrato de trabalho entre todas aquelas empresas que se associarem, ainda que na fase de execução. O labor para duas ou mais empresas do mesmo grupo econômico, dentro de uma mesma jornada de trabalho, não implica duplicidade de contrato de trabalho, salvo ajuste expresso em sentido contrário; Qualquer retribuição pecuniária de natureza não indenizatória, paga por empresas do mesmo grupo econômico, deve integrar a remuneração do obreiro, se forem resultantes da prestação de serviço efetivada no horário e no local de trabalho.	

<table>
<tr><th colspan="4">Capítulo V – Empregador</th></tr>
<tr><th>Instituto</th><th colspan="2">Conteúdo</th><th>Item</th></tr>
<tr><td rowspan="6">Sucessão de empregadores</td><td>Despersonalização do empregador</td><td>A empresa é quem responde pelo inadimplemento das obrigações contraídas pelo empregador, e não a pessoa jurídica ou física que detém o seu controle.</td><td>6</td></tr>
<tr><td>Responsabilidade do sucessor e do sucedido</td><td>A Lei nº 13.467/17 introduziu o art. 448-A à CLT para deixar clara a responsabilidade do sucessor: "Caracterizada a sucessão empresarial ou de empregadores prevista nos arts. 10 e 448 desta Consolidação, as obrigações trabalhistas, inclusive as contraídas à época em que os empregados trabalhavam para a empresa sucedida, são de responsabilidade do sucessor."</td><td>6.1</td></tr>
<tr><td>Sucessão parcial</td><td>Na hipótese de transferência definitiva de parte da atividade produtiva da empresa, haverá solidariedade entre sucessora e sucedida. No entanto, quando a sucessão ocorre em virtude de concessão de serviço público, o TST sustenta posicionamento diverso, qual seja, com a definição da responsabilidade de acordo com o momento da rescisão do contrato de trabalho.</td><td>6.2</td></tr>
<tr><td>Cláusula de não responsabilização</td><td>A validade da cláusula de não responsabilização opera-se somente entre sucessor e sucedido. Caso o sucessor pague as dívidas laborais da empresa, sub-roga-se em sua titularidade e pode ingressar com ação de regresso em face do sucedido.</td><td>6.3</td></tr>
<tr><td>Falência e recuperação judicial</td><td>A disciplina contida nos artigos 10 e 448, da CLT, não se aplica à hipótese de sucessão derivada de alienação de bens do ativo da empresa em recuperação judicial ou falida.</td><td>6.4</td></tr>
<tr><td>Sucessão na Administração Pública</td><td>Aplicam-se, à administração pública, os mesmos princípios que regulam o fenômeno da sucessão de empregadores, mas observando as prerrogativas relativas às pessoas jurídicas de direito público da administração pública direta.</td><td>6.5</td></tr>
<tr><td rowspan="2">Consórcio de empregadores</td><td>Conceito</td><td>Ocorre quando duas ou mais empresas reúnem-se em um consórcio para compartilhar os meios de produção ou de serviços. Incluída como fator produtivo, a contratação da mão de obra também pode ser compartilhada por intermédio de um consórcio com o objetivo de diminuir os custos da contratação de natureza trabalhista e previdenciária.</td><td rowspan="2">7</td></tr>
<tr><td>Efeitos</td><td>Responsabilização solidária de cada uma das empresas, independentemente da contratação ter sido de um trabalhador urbano ou rural, nos mesmos moldes em que é concebida a solidariedade do grupo de empresas, prevista no art. 2º, § 2º, da Consolidação das Leis do Trabalho.</td></tr>
<tr><th colspan="4">Empregador Rural</th></tr>
<tr><td>Conceito</td><td colspan="2">Empregador rural é a pessoa física ou jurídica, proprietário ou não, que explore atividade agroeconômica, em caráter permanente ou temporário, diretamente ou através de prepostos e com auxílio de empregados (art. 3º da Lei nº 5.889/73).</td><td>8</td></tr>
<tr><td rowspan="2">Horário de trabalho noturno</td><td>Agrícola</td><td>Aquele que é executado entre 21 e 05 horas, com adicional noturno de 25%.</td><td rowspan="2">8.1</td></tr>
<tr><td>Pecuária</td><td>Aquele que é executado entre 20 e 04 horas, com adicional noturno de 25%.</td></tr>
<tr><td rowspan="2">Intervalo intrajornada</td><td>Limites</td><td>Segundo o art. 5º da Lei nº 5.889/73, o intervalo intrajornada deve ser aquele estabelecido pelos costumes do lugar. O Decreto nº 73.626/74, art. 5º, § 1º, estipula que esse intervalo não poderá ser inferior a uma hora.</td><td rowspan="2">8.2</td></tr>
<tr><td>Atividade intermitente</td><td>Quando se tratar de serviços intermitentes, pela própria natureza, não se computarão na jornada de trabalho o tempo em que o trabalhador rural não estiver efetivamente prestando serviços, desde que essa condição tenha sido anotada em sua CTPS.</td></tr>
</table>

<table>
<tr><th colspan="4">Capítulo V – Empregador</th></tr>
<tr><th>Instituto</th><th colspan="2">Conteúdo</th><th>Item</th></tr>
<tr><td>Aviso-prévio</td><td colspan="2">Aviso-prévio proporcional ao tempo de serviço, sendo de trinta dias, no mínimo, com o direito a um dia de folga por semana, sem prejuízo do salário integral, para o empregado rural procurar outro trabalho.</td><td>8.3</td></tr>
<tr><td>Salário in natura</td><td colspan="2">Até o limite de 20% (vinte por cento), pela ocupação da morada; – Até 25% (vinte e cinco por cento), pelo fornecimento de alimentação sadia e farta, atendidos os preços vigentes na região.</td><td>8.4</td></tr>
<tr><td>Atividade industrial em estabelecimento agrário</td><td colspan="2">O critério determinante para se identificar se o empregador desenvolve uma atividade rural não é a localização do imóvel respectivo, mas sim a natureza dessa atividade, ou seja, a pecuária e a agricultura.
São consideradas como atividades industriais exploradas em estabelecimento agrário aquelas que compreendem o primeiro tratamento dos produtos agrários, sem transformá-los na sua natureza, tais como (Decreto nº 73.626, art. 2º, § 4º) :
I – o beneficiamento, a primeira modificação e o preparo dos produtos agropecuários e hortigranjeiros e das matérias-primas de origem animal ou vegetal para posterior venda ou industrialização;
II – o aproveitamento dos subprodutos oriundos das operações de preparo e modificação dos produtos in natura referidas no item anterior. § 5º. Para os fins previstos no § 3º, não será considerada indústria rural aquela que, operando a primeira transformação do produto agrário, altere a sua natureza, retirando-lhe a condição de matéria-prima.</td><td>8.5</td></tr>
<tr><td>Contrato de safra e de curto prazo</td><td colspan="2">É o contrato por prazo determinado utilizado em atividades agrárias sujeitas a variações estacionais, iniciando-se com o preparo do solo e findando-se com a colheita.</td><td>8.7</td></tr>
<tr><td>Cartório não oficializado</td><td colspan="2">A relação travada entre o trabalhador, seja admitido na condição de auxiliar ou de escrevente, e o cartório de serviços notariais não oficializados, não é de caráter jurídico-administrativo, mas sim de natureza empregatícia, uma vez que a remuneração respectiva não é retirada dos cofres públicos.</td><td>9</td></tr>
<tr><th colspan="4">Terceirização</th></tr>
<tr><td>Conceito</td><td colspan="2">É a transferência feita pela contratante da execução de quaisquer de suas atividades, inclusive sua atividade principal, à pessoa jurídica de direito privado prestadora de serviços que possua capacidade econômica compatível com a sua execução.</td><td rowspan="2">10.2 “a”</td></tr>
<tr><td>Requisitos</td><td colspan="2">• qualificação das partes;
• especificação do serviço a ser prestado;
• prazo para realização do serviço, quando for o caso;
• valor.</td></tr>
<tr><td>Sujeitos</td><td colspan="2">• Empresa prestadora de serviços a terceiros: é a pessoa jurídica de direito privado destinada a prestar serviços à contratante;
• Contratante: é a pessoa física ou jurídica que celebra contrato com empresa de prestação de serviços;
• Empregado terceirizado: é a pessoa física contratada pela empresa prestadora de serviços a terceiros para exercer suas atividades em benefício da contratante.</td><td>10.2 “b”</td></tr>
<tr><td rowspan="2">Contrato de facção</td><td>Definição</td><td>O contrato de facção gera uma relação intersubjetiva bastante semelhante ao fenômeno da terceirização. Entretanto, no contrato de facção há autonomia na condução do processo produtivo por parte da prestadora de serviços, que age sem exclusividade prestando serviços, em regra, a mais de uma empresa.</td><td>10.2 “c”</td></tr>
<tr><td>Efeitos</td><td>Não gera qualquer responsabilidade por parte da empresa que repassa parte de sua atividade econômica, salvo no caso de ingerência direta no processo produtivo.</td><td>10.2 “d”</td></tr>
</table>

<table>
<tr><th colspan="3">Capítulo V – Empregador</th><th></th></tr>
<tr><th>Instituto</th><th colspan="2">Conteúdo</th><th>Item</th></tr>
<tr><td>Terceirização lícita</td><td colspan="2">A terceirização lícita é aquela admitida pelas Leis nºs 6.019/74 e 7.102/83 (serviços de vigilância e transporte de valores).</td><td>10.3</td></tr>
<tr><td>Quarentena</td><td colspan="2">A Lei nº 13.467/17, ao introduzir os arts. 5º-C e 5º-D à Lei nº 6.019/17 estabeleceu uma quarentena de 18 meses para que a empresa contratante possa admitir o mesmo empregado despedido pela empresa prestadora de serviços.
Veda-se, também, que a empresa tomadora contrate pessoa jurídica cujos titulares ou sócios tenham sido seus empregados ou prestadores de serviços autônomos nos últimos 18 meses, salvo no caso de aposentadoria.</td><td>10.4</td></tr>
<tr><td>Contrato de empreitada e subempreitada</td><td colspan="2">De acordo com o TST que a responsabilidade do "dono da obra" em decorrência do inadimplemento de verbas trabalhistas contraídas pelo empreiteiro é subsidiária e não solidária, desde que este último não tenha idoneidade financeira e com fundamento na culpa in eligendo, coincidindo com a tese adotada e citada nesta obra.</td><td>10.5</td></tr>
<tr><td>Terceirização na administração pública</td><td colspan="2">Na Administração Pública, a terceirização foi legalmente admitida com a edição do Decreto-lei nº 200/67 e como não há qualquer limitação à atividade privada, entende-se que a Lei nº 6.019/74, modificada pela Lei nº 13.429/17 aplica-se, também, à administração pública, o que é confirmado pela Súmula nº 331 do TST. Contudo, existe uma particularidade, pois, para a contratação de um empregado público, a Constituição Federal de 1988, art. 37, inciso II, exige a prévia aprovação em concurso público. Dessa forma, mesmo na hipótese de terceirização ilícita, não há como reconhecer a existência da relação empregatícia diretamente com a administração pública. Por fim, atualmente, pode ocorrer a responsabilização desde que reste demonstrada a falha ou ausência de fiscalização no cumprimento das obrigações trabalhistas.</td><td>10.6</td></tr>
<tr><td>Efeitos da terceirização ilícita</td><td colspan="2">A inobservância dos requisitos legais para contratação de empregado por empresa interposta a terceirização será considerada ilícita, incluindo o caso de existência de pessoalidade e subordinação direta entre contratante e trabalhador, salvo quanto a fiscalização de normas de higiene, saúde e segurança ocupacional. A principal consequência dessa ilicitude é a formação do vínculo empregatício diretamente com a empresa contratante, salvo se o tomador for a Administração Pública.</td><td>10.7</td></tr>
<tr><td rowspan="2">Efeitos da terceirização lícita</td><td>Responsabilidade subsidiária</td><td>Quando a terceirização é lícita, a responsabilidade da empresa contratante pelo adimplemento das obrigações trabalhistas assumidas pela empresa prestadora de serviços é de natureza subsidiária, de acordo com o preceito contido no art. 5º-A, § 5º da Lei nº 6.019/74.</td><td>10.8 "a"</td></tr>
<tr><td>Extensão das condições de trabalho oferecidas pela contratante para os terceirizados</td><td>• alimentação, quando oferecida em refeitórios;
• utilização dos serviços de transporte;
• atendimento médico ou ambulatorial existente nas dependências da contratante ou local por ela designado;
• treinamento adequado, fornecido pela contratada, quando a atividade o exigir;
• condições sanitárias, de medidas de proteção à saúde e de segurança no trabalho e de instalações adequadas à prestação do serviço.
Com a nova redação da Lei nº 6.019/74, conferida pela Lei nº 13.467/17, o direito à isonomia salarial passou a ser garantido apenas quando há previsão expressa no contrato celebrado entre a empresa contratante e a prestadora de serviços.</td><td>10.8 "b"</td></tr>
</table>

12. INFORMATIVOS DO TST SOBRE A MATÉRIA

Empresa de telecomunicações. Serviço de call center. Terceirização. Licitude. Precedentes vinculantes do Supremo Tribunal Federal.

Nos termos do entendimento vinculante do STF, a terceirização de atividade-fim ou essencial das empresas de telecomunicações não pode ser considerada ilícita. No julgamento do processo STF-ARE 791932/DF (Tema 739 da repercussão geral), firmou-se a tese de que é nula a decisão de órgão fracionário que nega aplicação ao art. 94, I, da Lei nº 9.472/1997, e de que a Súmula nº 331 do TST é parcialmente inconstitucional, devendo a licitude da terceirização de toda atividade ser reconhecida. No referido julgamento, também se estabeleceu que o reconhecimento da ilicitude da terceirização destoa do posicionamento firmado nos processos STF-ADPF 324 e STF-RE 958252/MG (Tema 725 da repercussão geral), em que se assentou a licitude da terceirização ou de qualquer outra forma de divisão do trabalho entre pessoas jurídicas distintas. Ressalte-se, todavia, que embora o STF tenha prestigiado os princípios da legalidade, da livre iniciativa, da livre concorrência e da segurança jurídica na terceirização, não houve derrogação das normas de Direito do Trabalho, de modo que a verificação, no caso concreto, da existência de vínculo empregatício (art. 3º da CLT) diretamente com a tomadora dos serviços continua sendo possível, especialmente quando comprovada a subordinação jurídica direta do empregado terceirizado à empresa tomadora. Na espécie, a decisão turmária reconheceu o vínculo de emprego do reclamante, que exercia a função de atendente de call center, diretamente com a empresa concessionária de serviços de telecomunicações tomadora dos serviços, sem registrar qualquer particularidade que distinguisse o caso dos precedentes firmados pela Suprema Corte. Assim, a SBDI-I, por unanimidade, conheceu dos embargos, por divergência jurisprudencial, e, no mérito, deu-lhes provimento para afastar o reconhecimento do vínculo empregatício com a tomadora dos serviços e determinar o retorno dos autos à Turma para que prossiga no julgamento do recurso de revista quanto ao pedido subsidiário de isonomia salarial com os empregados da tomadora dos serviços. TST-E-ED-RR-39900-49.2007.5.24.0002, SBDI-I, rel. Min. Luiz Philippe Vieira de Mello Filho, 28.11.2019 (Info nº 213).

Empresa pública e sociedade de economia mista. Contratação de pessoal para emprego em comissão regido pela CLT. Expressa autorização de lei. Desnecessidade.

As empresas públicas e as sociedades de economia mista prescindem de expressa autorização de lei para admitir trabalhadores em empregos em comissão (chefia, assessoramento e direção), sob o regime da CLT. Tais entidades submetem-se a um regime jurídico híbrido, caracterizado pela dinamicidade que necessitam para o desenvolvimento de suas atividades (regime próprio das empresas privadas) e pela observância das normas de Direito Público naquilo em que a Constituição expressamente determine. Assim, a própria Carta Magna, ao dispor sobre a investidura em cargo ou emprego público mediante prévia aprovação em concurso, ressalvou as nomeações para cargo em comissão de livre nomeação e exoneração (art. 37, II, da CF), além de limitar a exigência de necessidade de lei para a criação de cargos, funções e empregos públicos à Administração direta e autárquica (art. 61, § 1º, II, "a", da CF), não alcançando, portanto, os entes empresariais estatais. Sob esses fundamentos, a SBDI-I, por unanimidade, conheceu do recurso de embargos, por divergência jurisprudencial, e, no mérito, negou-lhe provimento, mantendo, portanto, o acórdão turmário que conhecera do recurso de revista da União, por violação do art. 173, § 1º, II, da CF, e no mérito, dera-lhe provimento para afastar a ilegalidade reconhecida pelo TRT quanto à criação de empregos em comissão no âmbito da Companhia de Pesquisa de Recursos Minerais – CPRM, sem amparo em lei. TST-E-RR-567--67.2013.5.10.0003,SBDI-I, rel. Min. Augusto César Leite de Carvalho, 7.11.2019 (TST. Info nº 211).

Embargos de declaração. Incidente de Recursos de Revista Repetitivos. "Tema nº 0006 – Responsabilidade subsidiária. Dona da obra. Aplicação da OJ 191 da SBDI-I limitada à pessoa física ou micro e pequenas empresas".

A SBDI-I, por unanimidade, deu provimento aos embargos de declaração da Associação Brasileira do Agronegócio (Abag) para, ao sanar omissão, mediante a atribuição de efeito modificativo, acrescer ao acórdão originário referente ao Tema Repetitivo nº 0006 – RESPONSABILIDADE SUBSIDIÁRIA. DONA DA OBRA. APLICAÇÃO DA OJ 191 DA SBDI-I LIMITADA À PESSOA FÍSICA OU MICRO E PEQUENAS EMPRESAS, a tese jurídica nº 5, de seguinte teor: V) O entendimento contido na tese jurídica nº 4 aplica-se exclusivamente aos contratos de empreitada celebrados após 11 de maio de 2017, data do presente julgamento. TST-ED--IRR-190-53.2015.5.03.0090, SBDI-I, rel. Min. João Oreste Dalazen, 9.8.2018 (Info nº 181).

Ação anulatória. Cláusula convencional que proíbe os condomínios de contratarem empregados terceirizados. Nulidade. Ofensa ao princípio constitucional da livre concorrência.

A SDC, por unanimidade, conheceu de recurso ordinário e, no mérito, por maioria, deu-lhe provimento para declarar a nulidade de cláusulas de convenções coletivas de trabalho que proíbem aos condomínios residenciais e comerciais a contratação de mão de obra terceirizada para a execução de serviços definidos pelas partes como atividade fim. Na espécie, prevaleceu o entendimento de que as referidas cláusulas, ao impedir que as atividades de zelador, de porteiro, de vigilante e de serviços gerais, entre outras, sejam executadas por empresas terceirizadas, além de afastar o permissivo da Súmula n° 331 do TST, limitaram a iniciativa empresarial para a consecução de objetivo considerado regular e lícito, em desacordo, portanto, com o princípio da livre concorrência consagrado no art. 170, IV, e parágrafo único, da CF. Vencidos os Ministros Mauricio Godinho Delgado, Kátia Magalhães Arruda, Maria de Assis Calsing e Fernando Eizo Ono. TST-RO-121-39.2014.5.10.0000, SDC, rel. Min. Mauricio Godinho Delgado, red. p/ acórdão Min. Dora Maria da Costa, 12.3.2018 (TST. Info nº 174).

Ação rescisória. Embargos de terceiro. Violação dos arts. 10 e 448 da CLT. Não configuração. Mudança de titularidade de cartório. Sucessão trabalhista. Continuidade na prestação dos serviços. Ausência. Ofensa à coisa julgada. Não ocorrência. Sentença que estabeleceu condenação e obrigação futura para quem não participou da relação processual.

Não viola os arts. 10 e 448 da CLT o acórdão proferido nos autos de embargos de terceiro que afastou a sucessão de empregadores e determinou a exclusão da responsabilidade do novo titular do cartório pelas dívidas contraídas pelo primeiro titular, pois, nos termos da jurisprudência do TST vigente à época, a alteração da titularidade do serviço notarial, com a correspondente transferência da unidade econômico-jurídica que integra o estabelecimento, somente caracteriza a sucessão de empregadores quando há continuidade na prestação dos serviços, o que não ocorreu no caso. De outra sorte, o acórdão rescindendo não ofendeu a coisa julgada que se formou na ação trabalhista principal, porquanto o art. 472 do CPC de 1973, ao estabelecer a eficácia da coisa julgada *interpartes*, deixa claro que a imutabilidade da coisa julgada somente pode atingir quem efetivamente participou do processo. Na hipótese, a sentença que entendeu que os eventuais sucessores do cartório responderiam pelos débitos trabalhistas discutidos na ação principal projetou os efeitos da coisa julgada que ainda iria se formar para além das partes litigantes e para além do tempo, pois estabeleceu condenação e obrigação futura para quem não participou da relação processual e sequer detinha a titularidade do cartório demandado, na medida em que a titularidade conferida ao terceiro embargante, por meio de concurso público, ocorreu poucos meses antes do trânsito em julgado. Sob esse entendimento, a SBDI-II, à unanimidade, conheceu do recurso ordinário e, no mérito, negou-lhe provimento. TST-RO-11518-13.2015.5.01.0000, SBDI-II, rel. Min. Luiz Philippe Vieira de Mello Filho, 21.11.2017 (TST. Info nº 169).

Execução. Responsabilidade solidária. Grupo econômico. Configuração. Existência de sócios em comum. Ausência de demonstração de relação hierárquica entre as empresas. Art. 5º, II, da CF. Violação direta.

Viola o princípio da legalidade insculpido no art. 5º, II, da CF, por impor obrigação não prevista no art. 2º, § 2º, da CLT, decisão que, na fase de execução de sentença, reconhece a configuração de grupo econômico e atribui responsabilidade solidária a empresa distinta daquela com a qual se estabeleceu o vínculo de emprego, com fundamento estritamente na existência de sócios comuns, sem a demonstração de relação hierárquica de uma empresa sobre a outra. Sob esse entendimento, a SBDI-I, por unanimidade, conheceu dos embargos por divergência jurisprudencial e, no mérito, por maioria, negou-lhes provimento, mantendo, portanto, o acórdão turmário que, após reconhecer afronta à norma do art. 5º, II, da CF, afastou a responsabilidade solidária imputada a Amadeus Brasil Ltda. pela decisão do Regional que reconhecera a formação de grupo econômico com a Massa Falida de Rio Sul Linhas Aéreas S.A., executada, com fundamento estritamente na existência de sócios em comum. Vencidos os Ministros Aloysio Corrêa da Veiga, relator, Augusto César de Carvalho, José Roberto Freire Pimenta e Cláudio Mascarenhas Brandão, que entendiam que eventual ofensa ao princípio da legalidade somente se daria de forma reflexa ou indireta, em total desconformidade com o art. 896, §2º, da CLT e a Súmula nº 266 do TST. TST-E ED-RR-92– 21.2014.5.02.0029 , SBDI-I, rel. Min. Aloysio Corrêa da Veiga, red. p/ acórdão Min. João Oreste Dalazen, 5.10.2017 (TST. Info nº 167).

Instituição financeira. Telemarketing. Atividade-fim. Terceirização ilícita. Contrato de trabalho celebrado e extinto na vigência da Lei nº 6.019/74. Não incidência da Lei nº 13.429/2017.

A Lei nº 13.429/2017 não se aplica às relações de trabalho regidas e extintas sob a égide da Lei nº 6.019/1974, sob pena de afronta ao direito adquirido do empregado a condições de trabalho mais vantajosas. No caso, a reclamada insurgiu-se contra decisão da SBDI-I que, invocando a Súmula nº 331, I, do TST, estabeleceu que a prestação de serviços de cobrança a clientes de instituição financeira, mediante contato telefônico, se insere na atividade-fim bancária. Alegou que a Lei nº 13.429/2017, ao acrescentar o art. 4ª-A, § 2º, à Lei nº 6.019/74, afastou a ilicitude na terceirização dos serviços prestados e tem aplicação imediata. Todavia, por se tratar de contrato celebrado e findo antes da entrada em vigor da Lei nº 13.429/2017, prevaleceu o entendimento jurisprudencial firmado no item I da Súmula nº 331 do TST, amparado no antigo teor da Lei nº 6.019/1974. Sob esses fundamentos, a SBDI-I, por unanimidade, deu provimento a embargos de declaração apenas para prestar esclarecimentos. TST-ED-E-ED-RR-1144-53.2013.5.06.0004, SBDI-I, rel. Min. João Oreste Dalazen, 3.8.2017 (TST. Info nº 162).

Incidente de Recursos de Revista Repetitivos. "Tema nº 0006 – Responsabilidade subsidiária. Dona da obra. Aplicação da OJ 191 da SBDI-I limitada à pessoa física ou micro e pequenas empresas".

A SBDI-I definiu as seguintes teses jurídicas para o Tema Repetitivo nº 0006 – RESPONSABILIDADE SUBSIDIÁRIA. DONA DA OBRA. APLICAÇÃO DA OJ 191 DA SBDI-I LIMITADA À PESSOA FÍSICA OU MICRO E PEQUENAS EMPRESAS: I) A exclusão de responsabilidade solidária ou subsidiária por obrigação trabalhista a que se refere a Orientação Jurisprudencial n.º 191 da SBDI-I do TST não se restringe à pessoa física ou micro e pequenas empresas, compreende igualmente empresas de médio e grande porte e entes públicos (decidido por unanimidade); II) A excepcional responsabilidade por obrigações trabalhistas prevista na parte final da Orientação Jurisprudencial n.º 191 da SBDI-I do TST, por aplicação analógica do art. 455 da CLT, alcança os casos em que o dono da obra de construção civil é construtor ou incorporador e, portanto, desenvolve a mesma atividade econômica do empreiteiro (decidido por unanimidade); III) Não é compatível com a diretriz sufragada na Orientação Jurisprudencial n.º 191 da SBDI-I do TST jurisprudência de Tribunal Regional do Trabalho que amplia a responsabilidade trabalhista do dono da obra, excepcionando apenas a pessoa física ou micro e pequenas empresas, na forma da lei, que não exerçam atividade econômica vinculada ao objeto contratado (decidido por unanimidade); IV) Exceto ente público da Administração Direta e Indireta, se houver inadimplemento das obrigações trabalhistas contraídas por empreiteiro que contratar, sem idoneidade econômico-financeira, o dono da obra responderá subsidiariamente por tais obrigações, em face de aplicação analógica do art. 455 da CLT e culpa in eligendo (decidido por maioria, vencido o Ministro Márcio Eurico Vitral Amaro). TST-IRR-190-53.2015.5.03.0090, SBDI-I, rel. Min. João Oreste Dalazen, 11.5.2017 (TST. Info nº 159).

Responsabilidade solidária. Complementação de aposentadoria. CESP – Companhia Energética de São Paulo. Cisão parcial. CTEEP – Companhia de Transmissão de Energia Elétrica Paulista. Efeitos.

Nos termos dos arts. 229, § 1º, e 233 da Lei nº 6.404/76, havendo cisão, a prerrogativa de estabelecer as condições que nortearão a operação de transferência de patrimônio — total ou parcial —, mediante a elaboração de um protocolo, é das empresas. Quanto aos efeitos da cisão, a referida lei elege, como regra geral, a solidariedade entre a empresa cindida e aquela (s) que absorver (em) parte do seu patrimônio. Contudo, o próprio ato de cisão pode afastar tal responsabilidade solidária ao atribuir unicamente às empresas que absorverem parte do patrimônio da empresa cindida a responsabilidade pelo adimplemento das obrigações transferidas. No caso, o v. acórdão regional decidiu excluir a CESP, companhia cindida, do polo passivo da relação processual, entendendo que, operada a sucessão, mediante cisão parcial, é de total responsabilidade da sucessora, no caso a CTEEP, o pagamento das complementações de aposentadoria devidas aos empregados aposentados da sucedida. Sob esses fundamentos, a SBDI-1, por maioria, conheceu dos embargos, por divergência jurisprudencial, vencido o Ministro José Roberto Freire Pimenta, e, no mérito, ainda por maioria, deu-lhes provimento para restabelecer o acórdão regional, no que excluiu a reclamada CESP da relação processual. Vencidos os Ministros José Roberto Freire Pimenta e Augusto César Leite de Carvalho. TST-E-ED--RR-114500-77.2005.5.02.0049, SBDI-I, rel. Min. João Oreste Dalazen, 15.10.2015 (TST. Info nº 120).

Existência de sócios comuns. Grupo Econômico. Não caracterização. Ausência de subordinação.

O simples fato de duas empresas terem sócios em comum não autoriza o reconhecimento do grupo econômico, pois este, nos termos do art. 2º, § 2º, da CLT, pressupõe subordinação à mesma direção, controle ou administração, ou seja, exige uma relação de dominação interempresarial em que o controle central é exercido por uma delas (teoria hierárquica ou vertical). Na hipótese, ressaltou-se que não obstante as empresas em questão terem os mesmos sócios, uma delas é voltada para o mercado imobiliário, enquanto que a outra atua no ramo de segurança e transporte de valores, bem como importação e exportação de equipamentos eletrônicos, não guardando, portanto, qualquer relação entre os respectivos objetos comerciais a indicar laços de direção entre elas. Com esse entendimento, a SBDI-I, em sua composição plena, por maioria, conheceu dos embargos interpostos pela reclamante, por divergência jurisprudencial, vencidos os Ministros Horácio Raymundo de Senna Pires, relator, Antonio José de Barros Levenhagen, Brito Pereira e Aloysio Corrêa da Veiga, que não conheciam do apelo. No mérito, também por maioria, a Subseção negou provimento ao recurso, vencidos os Ministros Lelio Bentes Corrêa, Augusto César Leite de Carvalho, José Roberto Freire Pimenta e Hugo Carlos Scheuermann, que davam provimento aos embargos para restabelecer a decisão proferida pelo TRT que, adotando a teoria horizontal ou da coordenação, entendeu configurado o grupo econômico porque existente nexo relacional entre as empresas envolvidas, pois além de terem sócios em comum, restou demonstrado que houve aporte financeiro dos sócios de uma empresa na outra. TST-E--ED-RR-214940-39.2006.5.02.0472, SBDI-I, rel. Min. Horácio Raymundo de Senna Pires 22.5.2014 (TST. Info nº 83).

Sucessão trabalhista. Contrato de trabalho extinto antes da sucessão. Responsabilidade do sucessor.

Nos termos dos arts. 10 e 448 da CLT, a sucessão trabalhista tem contornos diferentes da sucessão do direito civil, de modo que a responsabilidade do sucessor alcança não apenas os débitos provenientes dos contratos de trabalho em vigor à época da venda do fundo de comércio, mas também aqueles oriundos dos contratos extintos antes da sucessão de empresas. Com esse entendimento, a SBDI-I, por unanimidade, conheceu dos embargos interpostos pela empresa reclamada (sucessora), por divergência jurisprudencial, e, no mérito, por maioria, negou-lhes provimento. Vencidos os Ministros Luiz Philippe Vieira de Mello Filho e Delaíde Miranda Arantes, que entendiam ser a prestação do serviço elemento essencial para a configuração da sucessão trabalhista. TST-E-RR-93400-11.2001.5.02.0048, SBDI-I, rel. Min. Brito Pereira, 4.4.2013 (TST. Info nº 40).

AR. Responsabilidade subsidiária. Ente público. Violação dos arts. 37, § 6º, da CF e 71 da Lei nº 8.666/93. Configuração. Ausência de culpa "in vigilando".

A SBDI-II, por maioria, conheceu do recurso ordinário em ação rescisória do Município de Joinville, e, no mérito, deu-lhe provimento para, com base no art. 485, V, do CPC, desconstituir o acórdão proferido em reclamação trabalhista na parte em que atribuiu responsabilidade subsidiária ao Município; e, em juízo rescisório, julgar improcedente o pleito de responsabilização subsidiária, mantida a decisão originária nos seus demais termos. Na espécie, prevaleceu o entendimento de que a decisão rescindenda, ao atribuir responsabilidade objetiva ao Município para condená-lo subsidiariamente ao pagamento de verbas trabalhistas devidas por empresa prestadora de serviços, violou os arts. 37, § 6º, da CF e 71 da Lei nº 8.666/93, além de contrariar o disposto na Súmula nº 331, V, do TST e o entendimento firmado pelo STF no julgamento da ADC 16, no sentido de a condenação subsidiária de ente público, por descumprimento de obrigações trabalhistas, depender da caracterização, no caso concreto, da culpa "in vigilando", ou seja, da omissão injustificada no dever de fiscalização do contratado. Vencidos os Ministros Emmanoel Pereira, Hugo Carlos Scheuermann e João Oreste Dalazen, os quais negavam provimento ao apelo, sob o fundamento de que o acórdão rescindendo, embora não tenha declinado maiores detalhes sobre o caso, foi categórico ao afirmar a existência de culpa, não sendo possível, em sede de ação rescisória calcada em violação de preceito de lei, reexaminar fatos e provas, nos termos da Súmula nº 410 do TST.TST-ReeNec e RO-242-18.2011.5.12.0000, SBDI-II, rel. Min. Alexandre Agra Belmonte, 4.12.2012 (TST. Info nº 33).

13. QUESTÕES

13.1. Questões objetivas

01. (TRT 2 – Juiz do Trabalho Substituto 2ª região/ 2012) Nos termos da legislação aplicável a matéria, sobre o trabalho rural, é INCORRETO afirmar que:

(A) Em qualquer trabalho contínuo de duração superior a seis horas, será obrigatória a concessão de um intervalo para repouso ou alimentação observados os usos e costumes da região, não se computando este intervalo na duração do trabalho.

(B) Considera-se trabalho noturno rural o executado entre as vinte e uma horas de um dia e às cinco horas do dia seguinte, na lavoura, e entre as vinte horas de um dia e às quatro horas do dia seguinte, na atividade pecuária.

(C) O produtor rural pessoa física, proprietário ou não, que explore diretamente atividade agroeconômica poderá realizar contratação de trabalhador rural por pequeno prazo para o exercício de atividades de natureza temporária.

(D) Considera-se empregador rural a pessoa física ou jurídica, proprietário de área rural ou prédio rústico, que explore atividade agroeconômica, não se incluindo a exploração industrial em estabelecimento agrário, em caráter permanente ou temporário, diretamente ou através de prepostos e com auxílio de empregados.

(E) A cessão pelo empregador, de moradia e de sua infraestrutura básica, assim, como, bens destinados à produção para sua subsistência e de sua família, não integram o salário do trabalhador rural, desde que caracterizados como tais, em contrato escrito celebrado entre as partes, com testemunhas e notificação obrigatória ao respectivo sindicato de trabalhadores rurais.

02. (TRT 2 – Juiz do Trabalho Substituto 2ª região/ 2012) Por circunstâncias de mercado e interesses de ordem econômica os sócios proprietários da empresa Engenharia Sólida Ltda. transferiram o empreendimento para terceiros. Houve alteração da razão social, mas não ocorreu alteração de endereço, do ramo de atividades, nem de equipamentos, mantendo-se o mesmo quadro de empregados. Tal situação caracterizou a sucessão de empregadores para fins trabalhistas. Neste caso, quanto aos contratos de trabalho dos empregados da empresa sucedida, é correto afirmar que:

(A) a transferência de obrigações contratuais dependerá dos termos e condições em que a sucessão foi pactuada entre os empresários;

(B) as obrigações contratuais assumidas anteriormente a mudança recairão sobre a empresa sucedida, e as posteriores sobre a sucessora;

(C) os empregados e o novo empregador deverão renegociar todas as cláusulas e condições estabelecidas no contrato de trabalho;

(D) estarão rescindidos automaticamente, fazendo surgir novas relações contratuais;

(E) os contratos de trabalho seguem seu curso normal, mantendo-se inalterados.

03. (FCC – Juiz do Trabalho Substituto 11ª região/ 2012) Os sócios proprietários da empresa Colmeia Metalúrgica Ltda. transferiram todas as cotas sociais para terceiros, sendo alterada inclusive a denominação social. Entretanto não houve alteração de endereço, do ramo de atividades, dos maquinários e dos empregados. A situação caracterizou a sucessão de empregadores. Neste caso, quanto aos contratos de trabalho dos empregados da empresa sucedida, é correto afirmar que

(A) todas as cláusulas e condições estabelecidas no contrato de trabalho deverão ser repactuadas entre os empregados e o novo empregador.

(B) as obrigações anteriores recairão sobre a empresa sucedida, e as posteriores sobre a sucessora.

(C) a transferência de obrigações depende das condições em que a sucessão foi pactuada.

(D) os contratos de trabalho se manterão inalterados e seguirão seu curso normal.

(E) os pactos laborais serão automaticamente extintos, fazendo surgir novas relações contratuais.

04. (FEPESE – Procurador do Estado – SC/ 2009) Decorrentes do Contrato de Trabalho, sobre os direitos dos empregados, assinale a alternativa correta:

(A) São afetados quando se altera a estrutura jurídica da empresa de sociedade limitada para sociedade anônima.

(B) Não são afetados pela mudança de propriedade da empresa e nem pela alteração da sua estrutura jurídica.

(C) Devem adaptar-se às contingências da mudança de propriedade da empresa, até mesmo com redução salarial, desde que com cláusula de garantia efetiva e expressa de continuidade do emprego.

(D) São afetados quando há mudança de empresa individual para sociedade limitada ou quando se altera o quadro dirigente de uma sociedade anônima.

(E) Não são afetados pela alteração de sua estrutura jurídica, salvo quando se tratar de empresa pública ou órgão da Administração Pública Direta e Indireta. Para eles há permissão de reduzir direitos adquiridos dos empregados.

05. (FGV/OAB/2010-3) Paulo possuía uma casa de campo, situada em região rural da cidade de Muzambinho – MG, onde costumava passar todos os finais de semana e as férias com a sua família. Contratou Francisco para cuidar de algumas cabeças de gado destinadas à venda de carne e de leite ao mercado local. Francisco trabalhava com pessoalidade e subordinação, de segunda a sábado, das 11h às 21h, recebendo um salário mínimo mensal. Dispensado sem justa causa, ajuizou reclamação trabalhista em face de Paulo, postulando o pagamento de horas extraordinárias, de adicional noturno e dos respectivos reflexos nas verbas decorrentes da execução e da ruptura do contrato de trabalho. Aduziu, ainda, que não era observada pelo empregador a redução da hora noturna. Diante dessa situação hipotética e considerando que as verbas postuladas não foram efetivamente pagas pelo empregador, assinale a alternativa correta.

(A) Francisco tem direito ao pagamento de horas extraordinárias e de adicional noturno, não lhe assistindo o direito à redução da hora noturna.

(B) Francisco tem direito ao pagamento de horas extraordinárias, mas não lhe assiste o direito ao pagamento de adicional noturno, já que não houve prestação de serviços entre as 22h de um dia e as 5h do dia seguinte.

(C) Francisco não tem direito ao pagamento de horas extraordinárias e de adicional noturno, por se tratar de empregado doméstico.

(D) A redução da hora noturna deveria ter sido observada pelo empregador.

6. (QUESTÃO SOBRE A REFORMA TRABALHISTA ELABORADA PELO AUTOR). Com a vigência da Lei nº 13.467/17 a CLT passou a reconhecer a existência do grupo econômico por coordenação.

7. (QUESTÃO SOBRE A REFORMA TRABALHISTA ELABORADA PELO AUTOR). Com a nova redação da Lei nº 6.019/74, conferida pela Lei nº 13.467/17, o direito à isonomia salarial passou a ser garantido apenas quando há previsão expressa no contrato celebrado entre a empresa contratante e a prestadora de serviços.

8. (FCC – Analista Judiciário – Oficial de Justiça Avaliador – TRT 15/2018) A empresa Marco Inicial Engenharia Ltda. foi vendida em agosto de 2017. Por ocasião da venda, a empresa estava em situação financeira difícil e, há mais de um ano, não recolhia o FGTS dos empregados, estando também atrasado o pagamento do 13o salário de 2016. Havia, ainda, muitas horas extras sem pagamento e sem a devida compensação. Os novos proprietários que assumiram a direção da empresa não quitaram os direitos anteriores dos trabalhadores e, pior, passaram a atrasar o pagamento dos salários, sendo que desde janeiro de 2018 deixaram de quitar os salários. Alguns trabalhadores resolveram ingressar em juízo pleiteando a rescisão indireta dos contratos de trabalho, cobrando os direitos não quitados e, buscando informações sobre os novos proprietários e sobre a venda da empresa, verificaram que estes não têm qualquer patrimônio pessoal, o que os levou a suspeitar de fraude na transferência da empresa. A responsabilidade pelos direitos trabalhistas, nesse caso, é dos

A) antigos proprietários, que, na condição de empregadores originais, poderão cobrar dos novos proprietários as obrigações contraídas após a sucessão da empresa.

B) novos proprietários, mas de forma parcial, pois, na condição de sucessores, respondem pelas obrigações trabalhistas contraídas após a aquisição da empresa, sendo que os direitos anteriores à venda são de responsabilidade dos sucedidos.
C) antigos proprietários, pois, havendo fraude na transferência da empresa, não há que se falar em sucessão.
D) novos proprietários, na condição de sucessores, sendo que os antigos proprietários, sucedidos, têm responsabilidade solidária com os sucessores se ficar comprovada fraude na transferência.
E) novos proprietários, na condição de sucessores, sendo que os antigos proprietários, sucedidos, têm responsabilidade subsidiária com os sucessores se ficar comprovada fraude na transferência.

9. (Cespe – Analista – EMAP/2018) Julgue o item que segue de acordo com a legislação e a jurisprudência trabalhista.

A demonstração do interesse integrado e a atuação conjunta de empresas com identidade de sócios são requisitos a serem observados para a caracterização de grupo econômico.

( ) Certo
( ) Errado

10. (Cespe – Analista – EMAP/2018) Acerca da responsabilidade previdenciária e trabalhista nos contratos administrativos, julgue o item que se segue.

Os entes da administração pública direta ou indireta respondem subsidiariamente quanto ao cumprimento das obrigações trabalhistas independentemente de conduta culposa, especialmente no que refere ao dever de fiscalizar o adimplemento das obrigações.

( ) Certo
( ) Errado

11. (Cespe – Analista – EMAP/2018) Acerca da responsabilidade previdenciária e trabalhista nos contratos administrativos, julgue o item que se segue.

A responsabilidade subsidiária do tomador de serviços abrange todas as verbas decorrentes da condenação referente ao período da prestação laboral.

( ) Certo
( ) Errado

12. (Cespe – Analista – EMAP/2018) Acerca da responsabilidade previdenciária e trabalhista nos contratos administrativos, julgue o item que se segue.

À luz da jurisprudência do Tribunal Superior do Trabalho, ente público contratante não responde por encargos trabalhistas não adimplidos pela empreiteira contratada para a realização de obra de construção civil: só há essa possibilidade de responsabilização no caso de a obra estar associada à atividade-fim do ente da administração pública.

( ) Certo
( ) Errado

13. (AOCP – Técnico Judiciário – Área Administrativa – TRT 1/2018) Apolinário foi contratado, no dia 20 de nov. de 2017, pela empresa Terceirize Aqui Ltda. para exercer a função de operador de telemarketing. Essa empresa fornece os serviços de seus trabalhadores para outras empresas, como Telefonia Ltda. e Ligações Ilimitadas Ltda., as quais têm como função basilar a venda de planos de telefonia e atendimento às reclamações de serviços já prestados. Há cinco meses, a empresa Terceirize Aqui Ltda. realizou contrato com a empresa Telefonia Ltda., terceirizando os serviços de Apolinário na função de operador de telemarketing. Com base na Lei nº 13.429/2017, que dispõe, dentre outras peculiaridades, sobre as relações de trabalho na empresa de prestação de serviços a terceiros, e na Lei nº 13.467/2017, que alterou a Consolidação das Leis Trabalhistas, assinale a alternativa correta sobre a temática da terceirização.

A) Caso Apolinário seja dispensado sem justa causa e não receba as verbas rescisórias devidas pela empresa Terceirize Aqui Ltda., ele terá direito de pleitear as referidas verbas junto à empresa Telefonia Ltda., pois Apolinário encontra-se laborando efetivamente nesta última, o que a torna solidariamente responsável pelas obrigações trabalhistas referentes ao período em que ocorrer a prestação de serviços, tendo respaldo na Lei que trata da organização da seguridade social no que se refere ao recolhimento das contribuições previdenciárias.

B) Na posição das empresas contratantes Telefonia Ltda. e Ligações Ilimitadas Ltda., também poderiam estar pessoas físicas celebrando contratos com a empresa Terceirize Aqui Ltda.

C) A empresa Telefonia Ltda. irá remunerar e dirigir o trabalho de Apolinário enquanto este estiver prestando serviços no local.

D) Apolinário não poderia ser direcionado como empregado terceirizado para as empresas Telefonia Ltda. e Ligações Ilimitadas Ltda., pois as atividades exigidas por essas empresas do prestador de serviço é atividade principal, e a terceirização é permitida exceto para a realização da atividade principal da empresa.

E) A empresa Telefonia Ltda. pode requisitar a Apolinário que também exerça as atividades de limpeza e higienização do ambiente de trabalho, pois trata-se de atividades-meio da empresa.

---

14. (Vunesp – Procurador – Fapesp/2018) Nos termos da Consolidação das Leis do Trabalho, para a configuração do grupo econômico

A) basta a identidade de sócios e atuação conjunta das empresas.

B) é suficiente a atuação conjunta das empresas e a coincidência de domicílio.

C) é necessária a demonstração do interesse integrado, a efetiva comunhão de interesses e a atuação conjunta das empresas dele integrantes.

D) as empresas não podem guardar autonomia entre si, sendo imprescindível a efetiva comunhão de interesses e atuação conjunta.

E) há necessidade de as empresas estarem sob direção, controle ou administração de outra, constituindo uma espécie de *holding*.

---

15. (FCC – Analista Judiciário – Área Administrativa – TRT 6/2018) Marcela, supervisora do setor de embalagens da Empresa de Lâmpadas CTMR Ltda. foi injustamente dispensada, sendo contratada uma empresa de serviços terceirizados. Marcela foi contratada imediatamente como empregada da empresa terceirizada. Neste caso, é correto afirmar que Marcela

A) não poderá prestar serviços para sua antiga empregadora na qualidade de empregada da empresa prestadora de serviços terceirizados, podendo, entretanto, prestar serviços para outras tomadoras de serviços da terceirizada.

B) não poderá prestar serviços para sua antiga empregadora na qualidade de empregada da empresa prestadora de serviços terceirizados, em hipótese alguma, sob pena de configuração de fraude às leis trabalhistas.

C) poderá prestar serviços para a Empresa de Lâmpadas, na qualidade de empregada da empresa prestadora de serviços terceirizados, desde que cumpra o prazo de carência de doze meses, contados a partir de sua demissão.

D) poderá prestar serviços para a Empresa de Lâmpadas, na qualidade de empregada da empresa prestadora de serviços terceirizados, desde que cumpra o prazo de carência de dezoito meses, contados a partir de sua demissão.

E) poderá prestar serviços para a Empresa de Lâmpadas, mas não na qualidade de empregada da empresa prestadora de serviços terceirizados, e, sim, através de pessoa jurídica própria, abrindo uma empresa.

---

16. (FCC – Técnico Judiciário – Área Administrativa – TRT 6/2018) Sobre a situação do grupo econômico e a sucessão de empregadores, e suas implicações no contrato individual de trabalho, conforme dispositivos contidos na Consolidação das Leis do Trabalho:

A) a mera identidade de sócios caracteriza o grupo econômico que gera a responsabilidade comum de todas as empresas deste grupo, havendo apenas a vinculação ao valor do capital social de cada empresa.

B) a empresa principal será responsável subsidiária em relação às subordinadas em caso de formação de grupo econômico para os efeitos da relação de emprego.

C) caracterizada a sucessão empresarial ou de empregadores, as obrigações trabalhistas contraídas à época em que os empregados trabalhavam para a empresa sucedida continuarão por conta desta empresa, não se transferindo para a responsabilidade do sucessor.

D) se uma ou mais empresas estiverem sob a direção, controle ou administração de outra, de forma a integrarem um grupo econômico, serão responsáveis solidariamente pelas obrigações decorrentes da relação de emprego.

E) o sócio retirante responde subsidiariamente com os demais sócios quando ficar comprovada fraude na alteração societária decorrente de modificação do contrato.

---

17. (FCC – Analista Judiciário – Área Administrativa – TRT 6/2018) Lucas vendeu sua parte na sociedade Posto de Gasolina Boa Viagem Ltda. em 17/02/2017, data em que foi feita a averbação da modificação do contrato. Tendo em vista a responsabilidade do sócio retirante e esgotados os meios de execução da pessoa jurídica e dos sócios atuais, responde

A) subsidiariamente pelas obrigações trabalhistas da sociedade relativas ao período em que figurou como sócio, somente em ações ajuizadas até dois anos depois de averbada a modificação do contrato.

B) solidariamente pelas obrigações trabalhistas da sociedade relativas ao período em que figurou como sócio, somente em ações ajuizadas até dois anos depois de averbada a modificação do contrato.

C) subsidiariamente pelas obrigações trabalhistas da sociedade relativas ao período dos últimos dois anos em que figurou como sócio, somente em ações ajuizadas até dois anos depois de averbada a modificação do contrato.

D) solidariamente pelas obrigações trabalhistas da sociedade relativas ao período dos últimos dois anos em que figurou como sócio, somente em ações ajuizadas até dois anos depois de averbada a modificação do contrato.

E) subsidiariamente pelas obrigações trabalhistas da sociedade relativas ao período em que figurou como sócio, somente em ações ajuizadas até cinco anos depois de averbada a modificação do contrato.

---

18. (Cesgranrio – Advogado – Transpetro/2018) O sócio retirante, nos termos da Consolidação das Leis do Trabalho, responde subsidiariamente pelas obrigações trabalhistas da sociedade, relativas ao período em que figurou como sócio, depois de averbada a modificação do contrato, somente em ações ajuizadas até

A) um ano

B) dois anos

C) três anos

D) quatro anos

E) cinco anos

---

19. (Cespe – Procurador do Estado – PE/2018) Acerca dos grupos econômicos e da sucessão de empregadores, julgue os itens a seguir, considerando a reforma trabalhista de 2017.

I. Uma vez caracterizada a sucessão trabalhista, apenas a empresa sucessora responderá pelos débitos de natureza trabalhista, podendo-se acionar a empresa sucedida somente se comprovada fraude na operação societária que transferiu as atividades e os contratos de trabalho.

II. Para a justiça do trabalho, a mera identidade de sócios é suficiente para configurar a existência de um grupo econômico.

III. Configurado o grupo econômico, as empresas responderão subsidiariamente pelas obrigações decorrentes das relações de emprego.

Assinale a opção correta.

A) Apenas o item I está certo.

B) Apenas o item III está certo.

C) Apenas os itens I e II estão certos.

D) Apenas os itens II e III estão certos.

E) Todos os itens estão certos.

20. (Cesgranrio – Advogado – Petrobrás/2018) Segundo a nova perspectiva legal, **NÃO** caracteriza grupo econômico a demonstração de

A) atuação conjunta
B) mera identidade de sócios
C) comunhão de interesses
D) direção de outra pessoa jurídica
E) interesse integrado

21. (Vunesp – Procurador Autárquico – PauliPrev – SP/2018) A sucessão de empregadores está prevista nos artigos 10 e 448 da Consolidação das Leis do Trabalho. Em relação à matéria, é correto afirmar:

A) qualquer alteração na estrutura jurídica da empresa afetará os direitos adquiridos por seus empregados.
B) caracterizada a sucessão empresarial ou de empregadores, as obrigações trabalhistas não são de responsabilidade do sucessor.
C) a empresa sucedida responderá subsidiariamente pela sucessora quando ficar comprovada fraude na transferência.
D) o sócio retirante responde subsidiariamente pelas obrigações trabalhistas da sociedade, relativas ao período em que figurou como sócio em ações ajuizadas em até cinco anos depois de averbada a modificação do contrato.
E) no caso dos bancos, as obrigações trabalhistas, inclusive as contraídas à época em que os empregados trabalhavam para o banco sucedido, são de responsabilidade do sucessor.

22. (FCC – Procurador do Estado – TO/2018) Em relação aos sujeitos do contrato de trabalho, conforme previsão contida na Consolidação das Leis do Trabalho,

A) para caracterização da figura do empregado levar-se-ão em conta distinções relativas à espécie de emprego e à condição de trabalhador, bem como entre o trabalho intelectual, técnico e manual.
B) o trabalho realizado no estabelecimento do empregador se distingue daquele executado no domicílio do empregado e do realizado a distância para efeitos da caracterização da relação de emprego, mesmo caracterizados os pressupostos da relação de emprego.
C) não caracteriza grupo econômico a mera identidade de sócios, sendo necessárias, para a configuração do grupo, a demonstração do interesse integrado, a efetiva comunhão de interesses e a atuação conjunta das empresas dele integrantes.
D) as instituições de beneficência e as associações recreativas não se equiparam ao empregador, para os efeitos exclusivos da relação de emprego, em razão da ausência de finalidade lucrativa.
E) a empresa que estiver sob a direção, controle ou administração de outra e integre grupo econômico, será responsável subsidiariamente pelas obrigações decorrentes da relação de emprego da empresa controladora.

23. (Vunesp – Procurador – IPSM/2018) Caracterizada a sucessão empresarial ou de empregadores, nos termos dos dispositivos da Consolidação das Leis do Trabalho, as obrigações trabalhistas

A) serão divididas entre sucessor e sucedido.
B) ficarão a cargo do sucessor, desde que contraídas a partir da sucessão.
C) ficarão a cargo do sucessor, salvo o disposto no instrumento de cessão de cotas sociais.
D) ficarão a cargo do sucessor, mesmo se contraídas à época em que os empregados trabalhavam para o sucedido.
E) serão suportadas pelo sucessor e, subsidiariamente, pelo sucedido.

24. (FUMARC – Advogado – Copasa/2018) Segundo a vigente legislação trabalhista, sobre a responsabilidade trabalhista, em razão da caracterização de grupo econômico, é **CORRETO** afirmar

A) Sendo caracterizada a relação de emprego em face de uma empresa, as demais empresas integrantes do mesmo grupo econômico são subsidiariamente responsáveis.
B) Não pode ser caracterizado grupo econômico se cada empresa integrante mantém sua autonomia.

C) Caracterizando grupo econômico, as empresas que o integrem são consideradas solidariamente responsáveis pelas obrigações trabalhistas.

D) A identidade de sócios entre empresas caracteriza grupo econômico.

25. (IF-SC – Professor – Administração – IF-SC/2019) A Lei nº 13.429/2017, conhecida como a nova Lei da Terceirização, alterou de forma significativa o conteúdo da Lei nº 6.019/1974, que regulamentava apenas o trabalho temporário. Com o advento da chamada nova Lei da Terceirização, serviços afetos a qualquer atividade da empresa contratante, sejam elas atividades-meio ou fim, podem ser terceirizados.

Com relação às principais mudanças nas relações de trabalho decorrentes da chamada nova Lei da Terceirização (Lei nº 13.429/2017) marque (V) para as afirmativas verdadeiras e (F), para as falsas.

( ) Conforme prevê o Art. 4º , § 1º da Lei 13.429/2017, a empresa prestadora de serviços contrata, remunera e dirige o trabalho realizado por seus trabalhadores, porém, não pode subcontratar outras empresas para realização desses serviços.

( ) Conforme prevê o Art. 4º , § 2º da Lei 13.429/2017, não se configura vínculo empregatício entre os trabalhadores, ou sócios das empresas prestadoras de serviços, qualquer que seja o seu ramo, e a empresa contratante.

( ) Conforme prevê o Art. 5º , § 3º da Lei 13.429/2017, é responsabilidade da contratante garantir as condições de segurança, higiene e salubridade dos trabalhadores, quando o trabalho for realizado em suas dependências ou local previamente convencionado em contrato.

( ) Conforme prevê o Art. 5º , § 4º da Lei 13.429/2017, a contratante não poderá estender ao trabalhador da empresa de prestação de serviços o mesmo atendimento médico, ambulatorial e de refeição destinado aos seus empregados, existente nas dependências da contratante, ou local por ela designado.

( ) Conforme prevê o Art. 5º , § 5º da Lei 13.429/2017, a empresa contratante é subsidiariamente responsável pelas obrigações trabalhistas referentes ao período em que ocorrer a prestação de serviços, e o recolhimento das contribuições previdenciárias observará o disposto no art. 31 da Lei nº 8.212, de 24 de julho de 1991."

Fonte: LEI Nº 13.429, DE 31 DE MARÇO DE 2017.

Assinale a alternativa que contém a sequencia CORRETA de cima para baixo.

A) F, V, F, V, V

B) V, F, F, V, F

C) F, V, V, F, V

D) F, F, V, V, F

E) V, F, V, F, F

26. (Cespe – Procurador Municipal – Campo Grande – MS/2019) No que diz respeito ao intervalo para repouso e alimentação, a grupo econômico e à proteção ao trabalho da mulher, julgue o item subsequente, considerando a jurisprudência do TST.

Para a justiça do trabalho, a existência de sócios em comum entre duas empresas basta para a configuração de grupo econômico e, consequentemente, para responsabilização solidária entre elas.

( ) Certo

( ) Errado

27. (Cespe – Procurador Municipal – Campo Grande – MS/2019) De acordo com a jurisprudência consolidada do Tribunal Superior do Trabalho, julgue o item subsequente.

O tomador de serviços somente poderá ser responsabilizado subsidiariamente pelo não cumprimento de obrigações trabalhistas por parte do empregador quando tiver participado da relação processual e constar também do título executivo judicial.

( ) Certo

( ) Errado

28. (IESES – Advogado – SCGás/2019) Assinale a alternativa correta a respeito das novas regras advindas da terceirização disciplinadas nas Leis 13.429/17 e 13.467/17:

A) A contratante não poderá estender ao trabalhador da empresa de prestação de serviços os benefícios de alimentação, transporte, treinamento e atendimento médico destinado aos seus empregados, sob pena de reconhecimento do vínculo empregatício.

B) O empregado que for demitido da empresa contratante não poderá prestar serviços para esta na qualidade de terceirizado antes do decurso de prazo de dez meses, contados a partir da sua demissão.

C) Considera-se prestação de serviços a terceiros a transferência feita pela contratante da execução de quaisquer de suas atividades, inclusive sua atividade principal, à pessoa jurídica de direito privado prestadora de serviços que possua capacidade econômica compatível com a sua execução.

D) A contratante é a pessoa física ou jurídica que celebra contrato com empresa de prestação de serviços relacionados a quaisquer de suas atividades, inclusive sua atividade principal, sendo solidariamente responsável pelas obrigações trabalhistas referentes ao período em que ocorrer a prestação de serviços por parte dos trabalhadores.

---

29. (Cespe – Procurador Municipal – Pref. de Boa Vista – RR/2019) À luz da jurisprudência do Tribunal Superior do Trabalho e do STF, julgue o item a seguir, a respeito de FGTS e de relação de trabalho e de emprego.

Na hipótese de contratação irregular de trabalhador mediante empresa interposta, não é gerado vínculo de emprego com a administração pública direta, indireta ou fundacional.

( ) Certo

( ) Errado

---

30. (IADES – Advogado – CRN 3/2019) Com relação ao conceito de empregado, empregador e grupo econômico, assinale a alternativa correta.

A) As instituições sem fins lucrativos não podem ser consideradas como empregadoras, pois a ausência de objetivo de lucro retira o requisito da onerosidade do contrato de trabalho.

B) Entre as empresas que integram o grupo econômico, há responsabilidade solidária pelas obrigações decorrentes da relação de emprego.

C) São requisitos essenciais para a configuração do empregado na relação de emprego: pessoa física, nível de escolaridade, pessoalidade, não eventualidade, subordinação e onerosidade.

D) Se o quadro societário de quatro empresas distintas é idêntico, ainda que não haja interesse integrado, o grupo econômico entre essas empresas estará configurado.

E) Pode haver distinções relativas à espécie de emprego e à condição de trabalhador entre o trabalho intelectual, técnico e manual.

---

31. (UFPR – Procurador – Pref. de Curitiba – PR/2019) A chamada reforma trabalhista, implementada pelas Leis nº 13.429 e nº 13.467, ambas de 2017, entre outros objetivos, visou a alterar e flexibilizar as possibilidades de terceirização na contratação de serviços por empresas interpostas. No âmbito da administração pública, a terceirização é admitida com base no art. 37, inc. XXI, da Constituição da República, para execução indireta, observando-se as normas da Lei nº 8.666/1993. Levando em consideração tais premissas, assinale a alternativa correta.

A) Diante da nova realidade legal, a Administração Pública deve terceirizar as atividades, mantendo os cargos de gestão, em atendimento aos diplomas legais mencionados e aos princípios da economia, moralidade e eficiência.

B) A terceirização encontra óbice no inc. II do art. 37 da Constituição, que condiciona o ingresso no serviço público a prévia aprovação em concurso público, o que inviabiliza a sua utilização prática.

C) A Administração procurará desobrigar-se da realização material de tarefas executivas, recorrendo, sempre que possível, à execução indireta mediante contrato, desde que exista, na área, iniciativa privada suficientemente desenvolvida e capacitada para tal fim.

D) Ante a realidade econômica nacional e considerados os princípios da legalidade, impessoalidade, moralidade, publicidade e eficiência, no âmbito da Administração Pública direta, autárquica e fundacional, podem ser objeto de execução indireta atividades materiais, principais ou acessórias, instrumentais ou complementares aos assuntos que constituem área de competência legal do órgão das entidades.

E) Na Administração Pública, as atividades de conservação, limpeza, segurança, vigilância, transportes, informática, copeiragem, recepção, reprografia, telecomunicações e manutenção de prédios, equipamentos e instalações têm de ser prestadas por empresas terceirizadas.

32. (Cespe – Analista (Superior) – PGE – PE/2019) Órgão de imprensa oficial de determinado estado contratou uma empresa para fazer a distribuição dos diários oficiais por intermédio de motoboys. Recentemente, a empresa contratada demitiu um desses empregados, sem cumprir com o devido pagamento de verbas rescisórias a ele.

Com relação a essa situação hipotética, julgue o próximo item.

Nessa situação, está caracterizada a terceirização do serviço, sendo cabível ao motoboy demitido solicitar a responsabilização subsidiária do órgão de imprensa oficial para o pagamento das verbas rescisórias não adimplidas pela empresa contratada.

( ) Certo

( ) Errado

33. (UPENET – Advogado – UPE/2019) De acordo com as novas conformações da Consolidação das Leis do Trabalho, sobre o que é necessário à configuração do grupo econômico, assinale a alternativa CORRETA.

A) A demonstração do interesse integrado, a efetiva comunhão de interesses e a atuação conjunta das empresas dele integrantes.

B) As empresas não podem guardar autonomia entre si.

C) A mera identidade de sócios.

D) É indispensável que as empresas estejam sob direção, controle ou administração de outra, considerada empresa-mãe.

E) Nas empresas organizadas em grupo econômico, a responsabilidade pelas obrigações decorrentes das relações de emprego será subsidiária.

34. (UPENET – Advogado – UPE/2019) De acordo com a Lei nº 6.019/1974, que rege as relações de trabalho na empresa de trabalho temporário, na empresa de prestação de serviços e nas respectivas tomadoras de serviço,

A) aplica-se ao trabalhador temporário, contratado pela tomadora de serviços, o contrato de experiência previsto no parágrafo único do Art. 445 da Consolidação das Leis do Trabalho (CLT), aprovada pelo Decreto-Lei nº 5.452, de 1º de maio de 1943.

B) o contrato poderá ser prorrogado por até sessenta dias, consecutivos ou não, além do prazo estabelecido no contrato original, quando comprovada a manutenção das condições que o ensejaram.

C) qualquer que seja o ramo da empresa tomadora de serviços, poderá existir vínculo de emprego entre ela e os trabalhadores contratados pelas empresas de trabalho temporário.

D) o empregado que for demitido não poderá prestar serviços para essa mesma empresa na qualidade de empregado de empresa prestadora de serviços antes do decurso de prazo de doze meses, contados a partir da demissão do empregado.

E) é proibida a contratação de trabalho temporário para a substituição de trabalhadores em greve, salvo nos casos previstos em lei.

35. (FCC – Advogado – AFAP/2019) Gustavo era proprietário de um posto de gasolina, tendo vendido o empreendimento para Paulo e Rafael, com a devida averbação da modificação do contrato nos órgãos competentes. Não se confirmou nenhuma fraude na alteração societária. Tendo em vista a responsabilidade de Gustavo por eventuais obrigações trabalhistas dos empregados do posto de gasolina, nos termos da legislação vigente, é correto afirmar que a responsabilidade do sócio retirante é

A) subsidiária, relativa ao período em que figurou como sócio, somente em ações ajuizadas até dois anos depois de averbada a modificação do contrato, desde que observada a ordem de preferência de cobrança, primeiramente, da empresa devedora, depois dos sócios atuais e por último dos sócios retirantes.
B) subsidiária, relativa ao período em que figurou como sócio, somente em ações ajuizadas até cinco anos depois de averbada a modificação do contrato, desde que observada a ordem de preferência de cobrança, primeiramente, da empresa devedora, depois dos sócios atuais e por último dos sócios retirantes.
C) solidária, relativa ao período em que figurou como sócio, somente em ações ajuizadas até dois anos depois de averbada a modificação do contrato, desde que observada a ordem de preferência de cobrança, primeiramente, da empresa devedora, depois dos sócios atuais e por último dos sócios retirantes.
D) solidária, relativa ao período em que figurou como sócio, somente em ações ajuizadas até cinco anos depois de averbada a modificação do contrato, desde que observada a ordem de preferência de cobrança, primeiramente, da empresa devedora, depois dos sócios atuais e por último dos sócios retirantes.
E) subsidiária, relativa ao período em que figurou como sócio, somente em ações ajuizadas até dois anos de sua saída, desde que observada a ordem de preferência de cobrança, primeiramente, da empresa devedora, depois dos sócios atuais e por último dos sócios retirantes.

13.2. Questões discursivas

1. (TRT 15ª REGIÃO –JUIZ – 2012) Discorra sobre a terceirização no direito do trabalho. Terceirização lícita e ilícita. Trabalho temporário. Contrato de facção. Responsabilidade do tomador em cada caso. Fundamente.

2. (TRT – 2ª REGIÃO – JUIZ – 2011) Acerca da responsabilidade do tomador de serviços na terceirização, responda fundamentadamente: (a) Em se tratando o tomador de serviços de ente público que tenha contratado a empresa fornecedora de mão de obra por meio de licitação pública, está inviabilizado o reconhecimento da responsabilidade subsidiária do tomador? (b) Uma vez reconhecida a responsabilidade subsidiária do tomador, esta responsabilidade sofre limitação quanto à natureza da verba e/ou quanto à sua contemporaneidade?

3. (TRT 2ª REGIÃO-JUIZ – 2016) Empresa e estabelecimento como sujeitos de direitos e obrigações perante o Direito. Conceitos, distinções e natureza jurídica.

4. (TRT 2ª REGIÃO-JUIZ – 2016) Contrato de Facção relacionado com o contrato de trabalho. Definição, sujeitos, peculiaridades da relação entre os sujeitos. Análise da terceirização. Responsabilidade trabalhista pelos direitos do trabalhador.

5. (TRT 4ª REGIÃO-JUIZ – 2016) DISSERTAÇÃO. O contrato de trabalho perdurou de 01.11.1995 a 30.06.2009. Ajuizada a ação em 28.05.2010, o título executivo pronunciou a prescrição quinquenal e excepcionou da execução verbas anteriores a 28.05.2005. Iniciada a execução, não foram encontrados bens da pessoa jurídica e, em abril de 2016, houve o redirecionamento da execução e a penhora de valores em contas bancárias de três sócios da executada. A documentação comprova a participação societária dos sócios nos seguintes períodos (devidamente averbados na Junta Comercial):

Sócio A: de 01.11.1989 a 30.10.1998

Sócio B: de 01.12.2006 a 30.06.2008

Sócio C: de 01.10.2010 a 30.10.2015. Discorra sobre o instituto da desconsideração da personalidade jurídica abordando: a) Requisitos e/ou pressupostos conceituais do direito material para a adoção do instituto, inclusive se a mera ausência de patrimônio suficiente da pessoa jurídica executada enseja a desconsideração da personalidade jurídica; c) No caso supra, limites de responsabilidade de cada um dos sócios pela dívida da pessoa jurídica.

13.3. Gabarito das questões objetivas

GAB		Fundamentação legal e jurisprudencial	Onde encontro no livro?
1	D	a) Lei nº 5.889/73. Art. 5º	a) Item 8.2
		b) Lei nº 5.889/73. Art. 7º, caput	b) Item 8.1
		c) Lei nº 5.889/73. Art. 14-A, caput	c) Item 8.6
		d) Lei nº 5.889/73. Art. 3º, §§ 1º e 4º	d) Itens 8.5 e 8.6
		e) Lei nº 5.889/73. Art. 9º, § 5º	e) Item 8.4
2	E	CLT. Arts. 10 e 448	Item 6
3	D	CLT. Arts. 10 e 448	Item 6
4	B	CLT. Arts. 10 e 448	Item 6
5	A	Lei nº 5.889/73. Art. 7º, *caput* e parágrafo único. Doutrina	Item 8.1
6	C	CLT, art. 2º, § 2º.	Item 5
7	C	Lei nº 6.019/74, § 1º, art. 4-C.	Item 10.8, alínea "b"
8	D	CLT. Art. 448-A, parágrafo único	Item 6.1
9	C	CLT. Art. 2º, §3º	Item 5
10	E	TST. Súmula nº 331	Item 10
11	C	TST. Súmula nº 331, VI	Item 10
12	C	TST. OJ nº 191 da SDI-I	Item 10.5
13	B	Lei nº 6.019/74. Arts. 4º-A e 5º-B	Item 10
14	C	CLT. Art. 2°, §3°	Item 5
15	D	Lei nº 6.019/74. Art. 5º-D	Item 10.4
16	D	a) CLT. Art. 2º, §3º	Item 5
		b) CLT. Art. 2º, §2º	Item 5
		c) CLT. Art. 448-A	Item 6.1
		d) CLT. Art. 2º, §2º	Item 5
		e) CLT. Art. 448-A, parágrafo unico.	Item 6.1
17	A	CLT. Art. 10-A	Item 3.2
18	B	CLT. Art. 10-A	Item 3.2
19	A	I – CLT. Art. 448-A	Item 6.1
		II – CLT. Art. 2º, §3º	Item 5
		III – CLT. Art. 2º, §2º	Item 5
20	B	CLT. Art. 2º, §3º	Item 5
21	E	a) CLT. Art. 10	Item 6
		b) CLT. Art. 448-A	Item 6.1
		c) CLT. Art. 448-A	Item 6.1
		d) CLT. Art. 10-A	Item 3.2
		e) TST. OJ nº 261 da SDI1	Item 6.1

GAB		Fundamentação legal e jurisprudencial	Onde encontro no livro?
22	C	a) CLT. Art. 3º, parágrafo único	Parte I, Capítulo I, Item 4.13
		b) CLT. Art. 6º	Parte I, Capítulo IV, Item 6
		c) CLT. Art. 3º	Parte I, Capítulo II, Item 1.1
		d) CLT. Art. 2º,§1º	Parte 1, Capítulo 5, Item 2
		e) CLT. Art. 2º, §2º	Parte I, Capítulo V. Item 5
23	D	a) CLT. Art. 448-A	Item 6.1
		b) CLT. Art. 448-A	
		c) CLT. Art. 448-A	
		d) CLT. Art. 448-A	
		e) CLT. Art. 448-A, parágrafo único	
24	C	a) CLT. Art. 2º, §2º	Item 5
		b) CLT.Art. 2º, §2º	
		c) CLT.Art. 2º, §2º	
		d) CLT.Art. 2º, §3º	
25	C	I) Lei nº 13.429/2017. Art. 4º, § 1º	Item 10
		II) Lei nº 13.429/2017. Art. 4º, §2º	
		III) Lei nº 13.429/2017. Art. 5º, §3º	
		IV) Lei nº 13.429/2017. Art. 5º, §4º	
		V)Lei nº 13.429/2017. Art. 5º, §5º	
26	E	CLT. Art. 2º, §3º	Item 5
27	C	TST. Súmula nº 331	Item 10
28	C	a) Lei 6.019/74. Art. 4-C	Item 10
		b) Lei 6.019/74. Art. 5-D	
		c) Lei 6.019/74. Art. 4-A	
		d) Lei 6.019/74. §5º Art. 5-A	
29	C	TST. Súmula nª 331	Item 10
30	B	a) CLT. Art. 2º § 1º	Item 5
		b) CLT. Art. 2º § 2º	Item 5
		c) CLT. Art. 3º	Item 1
		d) CLT. Art. 2º, §3º	Item 5
		e) CLT. Art. 3º, p.u	Item 1
31	C	Decreto Lei 200/67. Art. 10, §7º	Item 10
32	E	TST. Súmula 331	Item 10
33	A	CLT. Art. 2º, § 3	Item 5
34	E	Lei nº 6.019/74. Art. 2º §1º	Item 10
35	A	CLT. Art. 10-A	Item 3.2

13.4. Gabarito das questões discursivas

Item	Fundamentação legal, jurisprudencial ou doutrinária	Onde encontro no livro
1	* A resposta não levou em consideração o disciplinamento da terceirização feito pela Lei nº 13.429/17, posteriormente modificada pela Lei nº 13.467/17 a) A terceirização no Direito do Trabalho corresponde ao fenômeno pelo qual a empresa, denominada de tomadora, repassa para outra, conhecida como prestadora, a execução de parte de sua atividade empresarial por prazo determinado ou indeterminado, interferindo diretamente na execução desse processo. Assim, o contrato de trabalho forma se estabelece diretamente entre a empresa prestadora de serviços e o empregado. b) Não há no Brasil, uma regulamentação legal genérica sobre os efeitos jurídicos da terceirização. Há, apenas, a Lei nº 6.019, que trata do trabalho temporário e a Lei nº 7.102, que disciplina o serviço de vigilância. Diante desse vazio legislativo, o TST editou a Súmula nº 331 que serve para classificar as diversas espécies de terceirização como lícita ou ilícita, a depender se estejam ou não de acordo com os padrões fixados nesse verbete. Assim, é considerada como terceirização lícita aquela decorrente do: – trabalho temporário; – serviço de vigilância; – serviços de conservação e limpeza; e – serviços especializados ligado à atividade-meio do tomador, desde que inexistente a pessoalidade e a subordinação direta. As demais espécies de terceirização seriam consideradas ilícitas. c) O trabalho temporário é aquele disciplinado pela Lei nº 6.019. Trata-se de uma espécie de terceirização, mas apenas de um ou alguns trabalhadores e não de todo um setor ou atividade empresarial. Consiste na possibilidade que a legislação oferece à empresa de não contratar diretamente um empregado por prazo determinado, mas sim por empresa interposta, pelo prazo máximo de três meses, podendo ser estendido por até nove meses a critério de ato do Ministério do Trabalho e emprego. Autoriza-se esse tipo de contratação para atender à necessidade transitória de substituição de sua pessoa regular e permanente ou à acréscimo extraordinário de serviços. d) Contrato de facção. Pelo contrato de facção, uma empresa repassa para outra parte de sua atividade produtiva, mas sem fazer qualquer interferência na execução desse mesmo processo, ao contrário do que ocorre com a terceirização, na qual a empresa tomadora gerencia a atividade da empresa prestadora de serviços. Em tais situações, a empresa que repassa parte de sua atividade produtiva não responde pelos inadimplementos trabalhistas da empresa contratada. e) A responsabilidade do tomador irá depender da classificação da espécie de terceirização. Se ilícita, a tomadora responde subsidiariamente pelos débitos trabalhistas assumidos pela empresa prestadora. Caso seja reconhecida a ilicitude da terceirização, a responsabilidade é solidária, pois nesse caso a tomadora se equipara a empregadora direta. Excetua-se dessa consequência os Entes da administração pública, pois o reconhecimento da relação de emprego diretamente com o tomador dos serviços equivaleria à possibilidade de ingresso no serviço público sem a prévia aprovação em concurso. Desse modo, a responsabilidade da administração é sempre subsidiária e, ainda assim só é reconhecida se restar demonstrada a falta de fiscalização no cumprimento da legislação laboral e não apenas o mero inadimplemento da prestadora.	Item 10
2	* A resposta não levou em consideração o disciplinamento da terceirização feito pela Lei nº 13.429/17, posteriormente modificada pela Lei nº 13.467/17 a) A questão relativa à responsabilidade do Ente público que contrata empresa prestadora de serviços por meio de licitação foi totalmente alterada após o julgamento feito pelo STF na Ação Direta de Constitucionalidade nº 16. Por meio dessa ação o STF reconheceu a constitucionalidade do art. 71 da Lei nº 8.666/93 que isenta a administração pública de responsabilidade trabalhista em caso de contratação de empresa para prestação de serviços. Todavia, em diversas ações de Reclamação, posteriores ao julgamento da referida ADC nº 16, o próprio STF reconheceu que é possível responsabilizar a Administração Pública, mas não com fundamento no simples inadimplemento das obrigações trabalhistas. É necessária demonstração que a Administração Pública agiu com culpa *in eligendo* ou *in omitento*. b) Observe-se que o reconhecimento da responsabilidade da empresa tomadora do serviço não significa que ela passa a ser considerada a empregadora direta, notadamente nos casos de terceirização lícita. Nesse caso, o que existe é o reconhecimento da responsabilidade por	Item 10

Item	Fundamentação legal, jurisprudencial ou doutrinária	Onde encontro no livro
2	ato de terceiros, também conhecida como responsabilidade indireta. O devedor da obrigação é a empresa prestadora de serviços, mas a garantia do seu comprimento, que se traduz na responsabilidade jurídica, é transferida para a empresa tomadora no caso de inadimplemento. Por conta disso, não se altera a natureza jurídica das verbas trabalhistas quando se reconhece a responsabilidade decorrente da terceirização.	Item 10
3	**A empresa como sujeito de direito:** o legislador, com o intuito de proteger o empregado, personificou a empresa, que é, na verdade, objeto e não sujeito de direitos. Quando a lei personifica a empresa, esta assume a posição de empregador, passa a ocupar um dos polos da relação empregatícia, de forma que nenhuma alteração em sua estrutura jurídica ou mudança de titularidade do seu detentor afeta o contrato de trabalho, com fundamento no disposto nos artigos 10 e 448 da Consolidação das Leis do Trabalho. **Conceito de empresa:** A empresa é representada pela atividade produtiva decorrente da atuação do conjunto de bens e recursos humanos destacados e utilizados para obtenção de lucro. Na empresa é que se reúnem todos os esforços (bens materiais e imateriais) para efetivar a produção ou a circulação de bens ou de serviços. O art. 966 e seguintes do Código Civil regulam a atividade empresarial. Define, inicialmente, o que seria o empresário: "Considera-se empresário quem exerce profissionalmente atividade econômica organizada para a produção ou a circulação de bens ou de serviços". **Conceito de estabelecimento:** O estabelecimento é representado por uma unidade produtiva e autônoma da empresa que pode ser físico ou mesmo virtual. **Distinção entre empresa e estabelecimento:** Em apertada síntese, empresa é atividade em si, enquanto que o estabelecimento empresarial corresponde à unidade na qual se desenvolve essa atividade. **Importância da distinção:** É de grande importância a distinção entre empresa e estabelecimento, pois a norma trabalhista lhes confere tratamento diverso. O art. 74, § 2º, da CLT, por exemplo, exige que se mantenha controle manual, mecânico ou eletrônico da jornada de trabalho dos empregados dos estabelecimentos, e não da empresa, com mais de 10 empregados.	Itens 3 e 3.1
4	**Conceito:** Por meio do contrato de facção, a empresa tomadora transfere à outra empresa prestadora parte do seu processo produtivo, independentemente disso ocorrer fora ou no interior do seu estabelecimento. Trata-se, portando, de um contrato híbrido de fornecimento de bens e serviços. **Sujeitos:** Empresa tomadora e empresa prestadora de bens e serviços. **Peculiaridades:** Na terceirização a empresa tomadora interfere diretamente na forma da sua execução dessas atividades que foram repassadas para o prestador de serviços. No contrato de facção não há qualquer interferência da tomadora no processo produtivo, pois a empresa prestadora de serviço age com completa autonomia gerencial e sem exclusividade, em regra. **Conceito de terceirização:** A terceirização como o procedimento adotado pela empresa que transfere a outrem a execução de uma parcela de sua atividade permanente ou esporádica, dentro ou além dos limites do seu estabelecimento, com a intenção de melhorar a sua competitividade, produtividade e capacidade lucrativa. **Efeitos do contrato de facção:** É importante distinguir esses dois fenômenos, contrato de facção e terceirização, pois no caso de ficar demonstrado que se trata do primeiro, não haverá qualquer responsabilidade por parte da empresa que repassa parte de sua atividade econômica: **Responsabilidade pelos direitos do trabalhador na terceirização:** As responsabilidades trabalhistas decorrentes da terceirização variam de acordo com a classificação desse fenômeno. **A. Terceirização ilícita:** Quando a terceirização é ilícita, forma-se o vínculo empregatício diretamente com a empresa tomadora dos serviços. Nesse caso, a responsabilidade da pseudo-tomadora é direta, ou seja, a tomadora responde como se fosse a empregadora do trabalhador. **B. Terceirização lícita:** Quando a terceirização é lícita, a responsabilidade da empresa cliente pelo adimplemento das obrigações trabalhistas assumidas pela empresa prestadora de serviços é de natureza subsidiária.	Item 10.2

Item	Fundamentação legal, jurisprudencial ou doutrinária	Onde encontro no livro
4	**C. Tomadores sucessivos:** se há mais de uma empresa tomadora de serviços para as quais o empregado trabalhou de forma sucessiva, a responsabilidade de cada tomadora fica limitada ao respectivo período de labor. **D. Tomadores simultâneos:** caso a prestação de serviços do obreiro se efetive para diversas tomadoras de forma simultânea, o que se verifica é a ausência de responsabilização, mesmo subsidiária, de qualquer uma delas, já que o empregado não se vincula diretamente a um determinando destinatário da sua atividade laboral.	Item 10.2
5	**a) Requisitos e/ou pressupostos conceituais do direito material para a adoção do instituto, inclusive se a mera ausência de patrimônio suficiente da pessoa jurídica executada enseja a desconsideração da personalidade jurídica.** A doutrina e a jurisprudência criaram a teoria finalística da desconsideração da pessoa jurídica, também denominada de *disregard doctrine* ou teoria da penetração, que acabou, de certa forma, acolhida pelo Código Civil de 2002 em seu art. 50: Art. 50. Em caso de abuso da personalidade jurídica, caracterizado pelo desvio de finalidade, ou pela confusão patrimonial, pode o juiz decidir, a requerimento da parte, ou do Ministério Público quando lhe couber intervir no processo, que os efeitos de certas e determinadas relações de obrigações sejam estendidos aos bens particulares dos administradores ou sócios da pessoa jurídica. Permitiu-se, em determinadas situações, que se possa penhorar os bens particulares dos sócios da pessoa jurídica, quando esta não possui patrimônio suficiente para satisfazer o credor, nos casos de abuso da personalidade jurídica (desvio de finalidade) ou pela confusão patrimonial. Antes mesmo da vigência do mencionado Diploma legal, era possível recorrer do preceito contido no art. 28 do Código de Defesa do Consumidor, para declarar a mencionada desconsideração da pessoa jurídica: Art. 28. O juiz poderá desconsiderar a personalidade jurídica da sociedade quando, em detrimento do consumidor, houver abuso de direito, excesso de poder, infração da lei, fato ou ato ilícito ou violação dos estatutos ou contrato social. Nesse caso, também exige-se um motivo, que pode ser: abuso de direito, excesso de poder, infração da lei, fato ou ato ilícito ou violação dos estatutos ou contrato social. Observa-se, assim, que o leque de razões previstas no CDC é bem mais amplo do que aquele listado no citado art. 50 do Código Civil. Surgiram, assim, duas teorias. A primeira mais restrita, que defende a necessidade de se apontar algum motivo legal para declarar a desconsideração da personalidade jurídica e a segunda mais ampla, por meio da qual exige-se, apenas, a insuficiência patrimonial. A jurisprudência trabalhista adotou a teoria extensiva, relativizando a necessidade de atender aos requisitos estabelecidos pela ordem jurídica para determinar a penhora dos bens do sócio por insuficiência patrimonial da sociedade, fundamentada na hipótese prevista pelo art. 28, § 5º do CDC: Art. 28. § 5º. Também poderá ser desconsiderada a pessoa jurídica sempre que sua personalidade for, de alguma forma, obstáculo ao ressarcimento de prejuízos causados aos consumidores. **c) No caso supra, limites de responsabilidade de cada um dos sócios pela dívida da pessoa jurídica.** Uma vez reconhecida a responsabilidade do sócio é necessário estabelecer o seu termo final, nos casos de exclusão, retirada ou morte. O Código Civil trata dessa matéria em seu art. 1.032, nos seguintes termos: Art. 1.032. A retirada, exclusão ou morte do sócio, não o exime, ou a seus herdeiros, da responsabilidade pelas obrigações sociais anteriores, até dois anos após averbada a resolução da sociedade; nem nos dois primeiros casos, pelas posteriores e em igual prazo, enquanto não se requerer a averbação. A primeira parte do dispositivo legal transcrito segue a lógica, ou seja, o sócio que se retira, é excluído ou vem a falecer responde pelas obrigações da sociedade contraídas anteriormente,	Item 3.1

Item	Fundamentação legal, jurisprudencial ou doutrinária	Onde encontro no livro
5	até o prazo de dois anos após averbada a resolução da sociedade em relação à sua cota. Já no caso de obrigações contraídas posteriormente, enquanto não for requerida a averbação, no caso de retirada ou exclusão do sócio. Como a questão não informa, deve ser levado em consideração a possibilidade dos sócios terem cedido as suas cotas para outra pessoa. Nesse caso aplica-se a regra contida no art.1.003, parágrafo único, do Código Civil, que também prevê o prazo de dois anos após a averbação: Art. 1.003. A cessão total ou parcial de quota, sem a correspondente modificação do contrato social com o consentimento dos demais sócios, não terá eficácia quanto a estes e à sociedade. Parágrafo único. Até dois anos depois de averbada a modificação do contrato, responde o cedente solidariamente com o cessionário, perante a sociedade e terceiros, pelas obrigações que tinha como sócio. Diante dessas premissas, responde-se ao questionamento da seguinte forma: Sócio A: como se retirou da sociedade em 1998, encontra-se isento de qualquer responsabilidade, porque foi declarada a incidência da prescrição quinquenal retroativa a 28.05.2005. Sócio B: responde pelas obrigações inadimplidas pela sociedade entre 28.05.2005, data da incidência da prescrição quinquenal, até 30.08.2008, data da sua saída devidamente averbada na junta comercial, considerando que a ação teria sido proposta antes de completar dois anos desse fato (28.05.2010). Sócio C: Responde pelas obrigações contraídas entre a data de seu ingresso, 01.10.2010 até 30.06.2009, data do fim da relação de emprego. Com a edição da Lei nº 13.467/17 a CLT passou a contar com dispositivo semelhante, mais precisamente o art. 10-A com a seguinte redação: "O sócio retirante responde subsidiariamente pelas obrigações trabalhistas da sociedade relativas ao período em que figurou como sócio, somente em ações ajuizadas até dois anos depois de averbada a modificação do contrato, observada a seguinte ordem de preferência: I – a empresa devedora; II – os sócios atuais; e III – os sócios retirantes. Parágrafo único. O sócio retirante responderá solidariamente com os demais quando ficar comprovada fraude na alteração societária decorrente da modificação do contrato".	Item 3.1

CAPÍTULO VI

REMUNERAÇÃO E SALÁRIO

1. SALÁRIO

O termo salário deriva do latim *salariu*. Representava, na antiguidade, **uma fração de sal**, forma primitiva de pagamento dos trabalhadores livres, já que o escravo prestava serviços sem qualquer retribuição.

O contrato representa uma das fontes de obrigações, ao lado do ato ilícito, da declaração unilateral de vontade e do abuso de direito. O pagamento de salário, no contrato de trabalho, **constitui a principal obrigação do empregador**. É uma obrigação de dar, qual seja, dinheiro e/ou utilidades. Em contrapartida, **a principal obrigação do empregado** é **prestar serviços**, ou seja, representa uma obrigação de fazer.

Essa equivalência previamente estabelecida entre as obrigações recíprocas dos contratantes, qual seja, o salário e a prestação de serviços, é que permite classificar o contrato de trabalho como **sinalagmático e comutativo**.

Entretanto, **essa comutatividade não é perfeita**, uma vez que não há uma correlação exata entre o trabalho e o salário. Com efeito, o empregado tem direito ao salário ainda na hipótese de estar à disposição do empregador no aguardo de suas ordens e nos casos relativos à interrupção do contrato de trabalho, como nas férias, repouso semanal etc.

1.1. Conceito

Feitas as considerações no item anterior, o salário pode ser conceituado como **a principal obrigação do empregador, derivada da celebração de um contrato de trabalho, que à contraprestação direta pelo trabalho prestado, pelo simples fato de o empregado estar aguardando ordens do empregador ou quando a lei assim o determinar**.

Para Maurício Godinho Delgado, salário é "o conjunto de parcelas contraprestativas pagas pelo empregador ao empregado em função do contrato de trabalho".[1]

Já a Convenção nº 95 OIT, ratificada pelo Brasil por meio do Decreto nº 41.721/57, apresenta o seguinte conceito de salário em seu art. 1º:

> **Art. 1º.** Qualquer que seja a denominação ou modo de cálculo, a remuneração ou os ganhos susceptíveis de serem avaliados em espécie ou fixados por acordo ou pela legislação nacional, que são devidos em virtude de um contrato de aluguel de serviços, escrito ou verbal, por um empregador a um trabalhador, seja por trabalho efetuado, ou pelo que deverá ser efetuado, seja por serviços prestados ou que devam ser prestados.

1.2. Denominações

A denominação salário é a mais usada, tanto na legislação quanto na doutrina e jurisprudência.

São utilizados ainda outros termos para designar essa obrigação básica do empregador como: **ordenado, remuneração, retribuição pecuniária, proventos, honorários, cachê etc**.

Quando se trata de retribuição paga pelo Estado ao servidor ocupante de cargo público, utiliza-se o termo ***vencimentos***, conforme se observa da redação da Lei nº 8.112/90, art. 40: "Vencimento é a retribuição pecuniária pelo exercício de cargo público, com valor fixado em lei".

Os agentes públicos, quais sejam, Presidente da República, Ministros de Estado, Senadores, Deputados, Governadores, Prefeitos, Magistrados etc., percebem uma contraprestação pecuniária denominada de **subsídios**.[2]

1. DELGADO, Maurício Godinho. *Curso de direito do trabalho*. 4. ed. São Paulo: LTr, 2005. p. 681.
2. CF/88. Art. 37. XI – a remuneração e o subsídio dos ocupantes de cargos, funções e empregos públicos da administração direta, autárquica e fundacional, dos membros de qualquer dos Poderes da União, dos Estados, do Distrito Federal e dos Municípios, dos detentores de mandato eletivo e dos demais agentes políticos e os proventos,

Aos militares é pago o **soldo**,[3] como retribuição pelos serviços prestados às Forças Armadas, enquanto os profissionais liberais recebem **honorários.**

1.3. Características

O salário guarda certas características que o distingue das demais obrigações derivadas do contrato de trabalho, sejam elas pecuniárias ou não. Destacam-se, assim, o caráter forfetário, alimentar, de crédito superprivilegiado, pós-serviço, determinação unilateral, persistência e periodicidade.

A. Caráter forfetário

O salário *stricto sensu* tem definido o seu valor antes da prestação do serviço, seja por meio do ajuste entre as partes, seja por intermédio de outras fontes do Direito do Trabalho, como a lei, os instrumentos normativos negociados e a sentença normativa.

O empregado inicia o labor já com o conhecimento do valor equivalente à prestação do seu trabalho futuro. Há, assim, uma tarifação prévia da contraprestação, vedada a imposição do empregador ou mesmo o ajuste que vincule o salário à obtenção de lucro.

Isso significaria transferir o risco do negócio, que pertence, naturalmente, ao empresário, para o empregado. Entretanto, determinadas parcelas salariais, também conhecidas como complementos salariais, têm natureza aleatória, como acontece com o prêmio, com a participação nos lucros etc., que serão estudados mais adiante.

O caráter forfetário[4] decorre da alteridade presente na relação de emprego por meio da qual o empregado transfere a propriedade do resultado de seu trabalho para o empregador e, em troca, recebe uma retribuição.

> **ATENÇÃO!** Em face do caráter forfetário, chega-se à conclusão que o salário é uma obrigação incondicional do empregador, sendo SEMPRE devido em razão da execução do trabalho, do simples fato de estar o empregado à disposição do empregador ou quando a lei assim o determinar, como no caso do salário das férias. Nesse passo, mesmo que o empregado seja dispensado por justa causa, deverá receber o salário referente aos dias trabalhados.

pensões ou outra espécie remuneratória, percebidos cumulativamente ou não, incluídas as vantagens pessoais ou de qualquer outra natureza, não poderão exceder o subsídio mensal, em espécie, dos Ministros do Supremo Tribunal Federal, aplicando-se como limite, nos Municípios, o subsídio do Prefeito, e nos Estados e no Distrito Federal, o subsídio mensal do Governador no âmbito do Poder Executivo, o subsídio dos Deputados Estaduais e Distritais no âmbito do Poder Legislativo e o subsídio dos Desembargadores do Tribunal de Justiça, limitado a noventa inteiros e vinte e cinco centésimos por cento do subsídio mensal, em espécie, dos Ministros do Supremo Tribunal Federal, no âmbito do Poder Judiciário, aplicável este limite aos membros do Ministério Público, aos Procuradores e aos Defensores Públicos (Redação dada pela Emenda Constitucional nº 41, 19.12.2003).

3. Medida Provisória nº 2.215-10, de 31.08.2001. Art. 1º A remuneração dos militares integrantes das Forças Armadas – Marinha, Exército e Aeronáutica, no País, em tempo de paz, compõe-se de: I – soldo; II – adicionais; e III – gratificações. Art. 3º Para os efeitos desta Medida Provisória, entende-se como: I – soldo parcela básica mensal da remuneração e dos proventos, inerente ao posto ou à graduação do militar, e é irredutível (MP em vigor conforme o art. 2º da EC nº 32/2001).
4. Versão em português da expressão francesa *forfaitaire*.

B. *Caráter alimentar*

É do salário que o empregado extrai a fonte de renda para fazer face às suas necessidades alimentares, bem como de sua família. Constitui a principal e, em muitos casos, única fonte de renda do operário.

Em decorrência desse aspecto peculiar, o Direito do trabalho confere proteção extraordinária ao salário, em relação aos atos do empregador, de terceiros e do próprio empregado.

Diante do seu **caráter alimentar, o salário é, em regra, impenhorável, irredutível e irrenunciável** e sua retenção dolosa constitui crime.

C. *Crédito superprivilegiado*

O privilégio especial que desfruta o principal direito do empregado implica reconhecer, legalmente, que, **em caso de falência, serão pagos, primeiramente, os salários dos empregados e, depois, as demais obrigações do empregador**.

Assim, na hierarquia entre créditos de diversas ordens, o salário ocupa posição de nível superior a qualquer outro.

Com a edição da Lei nº 11.101/05 (Lei de Falências), a característica de crédito superprivilegiado do salário **ficou limitada à quantia equivalente a 150 salários mínimos**, conforme se observa do preceito contido no seu art. 83, com redação dada pela Lei nº 14.112/20:[5]

> **Art. 83.** A classificação dos créditos na falência obedece à seguinte ordem: I – os créditos derivados da legislação trabalhista, limitados a 150 (cento e cinquenta) salários-mínimos por credor, e aqueles decorrentes de acidentes de trabalho.

Ultrapassado esse valor, o empregado **habilita-se no processo falimentar como credor quirografário em relação ao excedente**, conforme dispõe o inciso VI, do preceito legal acima transcrito, com redação dada pela Lei nº 14.112/20: "créditos quirografários, a saber: c) os saldos dos créditos derivados da legislação trabalhista que excederem o limite estabelecido no inciso I do caput deste artigo".[6]

No mesmo sentido, o art. 449, § 1º, da Consolidação das Leis do Trabalho, parcialmente revogado pela lei de falência:

> **Art. 449.** Os direitos oriundos da existência do contrato de trabalho subsistirão em caso de falência, concordata ou dissolução da empresa.
>
> **§ 1º.** Na falência, constituirão crédito privilegiado a totalidade dos salários devidos ao empregado e a totalidade das indenizações a que tiver direito.

5. O STF declarou a constitucionalidade do mencionado dispositivo legal, no julgamento da ADI nº 3934, em 27.05.2009.
6. A própria lei de falência, em seu art. 151, confere maior privilégio aos últimos salários devidos aos empregados nos três meses anteriores à decretação da quebra: "Os créditos trabalhistas de natureza estritamente salarial vencidos nos 3 (três) meses anteriores à decretação da falência, até o limite de 5 (cinco) salários-mínimos por trabalhador, serão pagos tão logo haja disponibilidade em caixa.

E, por fim, o art. 186 do Código Tributário Nacional:

> **Art. 186.** O crédito tributário prefere a qualquer outro, seja qual for sua natureza ou o tempo de sua constituição, ressalvados os créditos decorrentes da legislação do trabalho ou do acidente de trabalho (Redação dada pela Lcp nº 118, de 2005).

Importante inovação foi incorporada ao ordenamento jurídico pátrio, com a vigência da Lei nº 14.112/20, que, em seu art. 161, § 1º, permitiu que os créditos trabalhistas e aqueles decorrentes de acidente do trabalho **estejam sujeitos à recuperação extrajudicial**, desde que haja **autorização prévia em negociação coletiva** com o respectivo sindicato da categoria profissional:

> **Art. 161. § 1º** Estão sujeitos à recuperação extrajudicial todos os créditos existentes na data do pedido, exceto os créditos de natureza tributária e aqueles previstos no § 3º do art. 49 e no inciso II do caput do art. 86 desta Lei, e a sujeição dos créditos de natureza trabalhista e por acidentes de trabalho exige negociação coletiva com o sindicato da respectiva categoria profissional.

D. *Pós-numerário ou pós-serviço*

A doutrina reconhece a característica pós-serviço do salário. Assim, **em regra, o salário só é devido pelo empregador após a prestação de serviços do empregado,** conforme determinação legal contida no art. 459, § 1º, da CLT: "Quando o pagamento houver sido estipulado por mês, deverá ser efetuado, o mais tardar, até o quinto dia útil **do mês subsequente ao vencido"** (grifou-se).

Excepcionalmente algumas verbas trabalhistas são pagas antes da efetivação do labor, até mesmo como forma de incentivar a produtividade e a qualidade dos serviços etc. Isso ocorre, por exemplo, com o **vale-transporte ou auxílio-alimentação**, que, pela lei, não tem o seu valor integrado à remuneração.

Contudo, deve-se ressaltar que o salário é devido mesmo na hipótese do empregado não exercer qualquer atividade, **desde que esteja à disposição do empregador** ou até mesmo quando está afastado do serviço, como ocorre nas férias.

E. *Determinação unilateral com limitação da autonomia da vontade*

Essa característica é revelada quando se observa a rotina das relações empregatícias, nas quais se verifica que **a cláusula remuneratória do contrato de trabalho não surge do acordo de vontades, mas é imposta unilateralmente pelo empregador.**

Diante do excesso de mão de obra disponível no mercado, o hipossuficiente acaba por aceitar a oferta salarial, principalmente naquelas situações em que não possui qualificação profissional.

Entretanto, deve-se observar que o contrato de emprego possui algumas cláusulas mínimas obrigatórias, em face do intervencionismo básico do Estado, que procura garantir a dignidade humana do trabalhador, com a aplicação do princípio protetivo.

Dentre essas cláusulas básicas destaca-se o direito a um piso salarial (salário mínimo, salário profissional, salário normativo etc.) fixado por lei ou pelas demais fontes formais do

Direito Laboral, o que, de certa forma, limita o exercício do poder econômico do empregador no sentido de pré-determinar, unilateralmente, a remuneração do obreiro.

F. Persistência ou continuidade

O caráter de continuidade do salário, também denominado de persistência, decorre da natureza do próprio contrato de trabalho, que é de trato sucessivo. Assim, tanto a obrigação do empregado de prestar serviços, quanto a obrigação do empregador de pagar salário renovam-se continuamente.

Inclusive, nas situações de interrupção de contrato de trabalho legalmente previstas, o empregado deixa de trabalhar, mas **persiste** o seu direito de receber sua remuneração.

G. Periodicidade

A característica da periodicidade revela a necessidade que o empregado tem de receber o seu salário em um curto espaço de tempo, uma vez que a remuneração é sua única ou principal fonte de renda.

Por conta disso, o art. 459 da CLT estabelece que o pagamento do salário, qualquer que seja a modalidade do trabalho, não deve ser estipulado **por período superior a um mês**, salvo no que concerne a comissões, percentagens e gratificações.

O quadro a seguir ressalta as principais características do salário:

Pré-tarifação	O salário *stricto sensu* tem definido o seu valor antes da prestação do serviço, seja por meio do ajuste entre as partes, seja por outras fontes do Direito do trabalho, como a lei, instrumentos normativos negociados e sentença normativa.
Caráter alimentar	É do salário que o empregado extrai a fonte de renda para fazer face às suas necessidades alimentares, bem como de sua família. Constitui a principal e, em muitos casos, a única fonte de renda do operário.
Crédito privilegiado	Em caso de falência, serão pagos, primeiramente, os salários dos empregados e, depois, as demais obrigações do empregador. Assim, estabelecendo uma hierarquia entre créditos de diversas ordens, o salário ocupa posição de nível superior a qualquer outro, desde que limitado à quantia equivalente a 150 salários-mínimos.
Pós-serviço	O salário só será devido após a prestação de serviços ou pelo simples fato do empregado ficar à disposição do empregador.
Determinação unilateral com limitação da autonomia da vontade	Um terceiro estranho à relação contratual de emprego, no caso o Estado, fixa o valor do salário mínimo devido ao obreiro. Essa limitação pode ser imposta pelas demais fontes formais do Direito do Trabalho, como a convenção coletiva e o acordo coletivo de trabalho.
Persistência ou continuidade	Tanto a obrigação do empregado de prestar serviços, quanto a obrigação do empregador de pagar salário, se renovam continuamente.
Periodicidade	O empregado necessita receber o seu salário em um curto espaço de tempo, uma vez que a remuneração é sua única ou principal fonte de renda.

1.4. Distinção entre remuneração e salário

A remuneração constitui toda e qualquer contraprestação econômica percebida pelo obreiro, seja em utilidade ou em dinheiro, em razão do seu trabalho, pelo patrão ou por terceiros, enquanto que o **salário corresponde à contraprestação paga, apenas, pelo empregador.**

Por conta disso, **o salário representa uma espécie do gênero remuneração** já que esta é formada, também, pelas gorjetas.

A Consolidação das Leis do Trabalho dispõe sobre a remuneração em seu art. 457:

> **Art. 457.** Compreendem-se na remuneração do empregado, para todos os efeitos legais, além do salário devido e pago diretamente pelo empregador, como contraprestação do serviço, as gorjetas que receber.

Observe-se que o dispositivo celetista citado não conceitua remuneração. Apenas faz referência aos seus elementos constitutivos.

A seguir, o diagrama que ilustra a composição da remuneração:

1.5. Gorjetas

A gorjeta representa a quantia paga por terceiros ao empregado como forma de agradecimento pela qualidade do serviço por ele prestado ou diante da exigência da empresa.

O conceito legal de gorjeta encontra-se insculpido no art. 457, § 3º, da Consolidação das Leis do Trabalho:

> **Art. 457. § 3º.** Considera-se gorjeta não só a importância espontaneamente dada pelo cliente ao empregado, como também o valor cobrado pela empresa, como serviço ou adicional, a qualquer título, e destinado à distribuição aos empregados.

A Lei nº 13.419, de 13.03.2017, alterou substancialmente a disciplina da gorjeta, modificando a redação e inserindo alguns parágrafos ao art. 457 da CLT. De forma mais precisa, a referida norma legal alterou a redação do § 3º e inseriu mais oito parágrafos, do 4º ao 11.

Em seguida, a Lei nº 13.467/17, de 13.07.2017, fez mais algumas mudanças, alterando a redação dos parágrafos 1º, 2º e 4º.

Ora, nesse panorama, após a perda da vigência da MP nº 808/17 (que inseriu 12 parágrafos, ou seja, do 12 ao 23) a redação atual do *caput* do art. 457 e de seus respectivos parágrafos seriam conferidas pelas seguintes normas:

a) *Caput* do art. 457: Lei nº 1.999/53;

b) § 1º: Lei nº 13.467/17;

c) § 2º: Lei nº 13.467/17;

d) § 3º: Lei nº 13.419/17;

e) § 4º: Lei nº 13.467/17;

f) §§ 5º a 11: Lei nº 13.419/17.

Há uma corrente doutrinária que entende ter a Lei nº 13.467/17 revogado os parágrafos do 5º ao 11 do art. 457 da CLT pelo simples fato de ter inserido um NR (nova redação) no final do parágrafo 4º.

Os defensores da referida tese sustentam que deve-se aplicar a regra do art. 12, III, "d" da Lei Complementar nº 95/98:

> **Art. 12. III.** d) é admissível a reordenação interna das unidades em que se desdobra o artigo, identificando-se o artigo assim modificado por alteração de redação, supressão ou acréscimo com as letras 'NR' maiúsculas, entre parênteses, uma única vez ao seu final, obedecidas, quando for o caso, as prescrições da alínea 'c'".

Assim, a Lei nº 13.467/2017 teria revogado todos os parágrafos subsequentes ao § 4º (§§ 5º a 11), acrescentados pela Lei nº 13.419/17.

Ora, tal entendimento levaria à conclusão de que haveria uma terceira forma de revogar um dispositivo legal, pois até então só se concebia a revogação tácita e a expressa, o que careceria de previsão legal.

Note-se que em nenhum momento a LC nº 95/98 diz, expressamente, que todos os dispositivos legais existentes depois de um "NR" encontram-se revogados.

Saliente-se, ainda, que a própria Lei nº 13.467/17, quando pretendeu revogar algum dispositivo legal, o fez de forma expressa, conforme se observa da redação de seu art. 5º.

Por conta disso, entendia-se que a Lei nº 13.467/17 não havia revogado os §§ 5º ao 11, permanecendo vigente tais dispositivos legais com redação dada pela Lei nº 13.419/17.

A MP nº 905/19, com o objetivo de afastar eventual insegurança jurídica quanto à interpretação dessas mudanças, inseriu o art. 457-A com seis parágrafos à CLT, restabelecendo a maior parte da disciplina conferida à gorjeta pela Lei nº 13.419/17, com a seguinte redação:

> **Art. 457-A.** A gorjeta não constitui receita própria dos empregadores, mas destina-se aos trabalhadores e será distribuída segundo critérios de custeio e de rateio definidos em convenção ou acordo coletivo de trabalho.
>
> **§ 1º** Na hipótese de não existir previsão em convenção ou acordo coletivo de trabalho, os critérios de rateio e de distribuição da gorjeta e os percentuais de retenção previstos nos § 2º e § 3º serão definidos em assembleia geral dos trabalhadores, na forma prevista no art. 612.
>
> **§ 2º** As empresas que cobrarem a gorjeta deverão inserir o seu valor correspondente em nota fiscal, além de:
>
> I – para as empresas inscritas em regime de tributação federal diferenciado, lançá-la na respectiva nota de consumo, facultada a retenção de até vinte por cento da arrecadação correspondente, para custear os encargos sociais, previdenciários e trabalhistas derivados da sua integração à remuneração dos empregados, a título de ressarcimento do valor de tributos pagos sobre o valor da gorjeta, cujo valor remanescente deverá ser revertido integralmente em favor do trabalhador;

II – para as empresas não inscritas em regime de tributação federal diferenciado, lançá-la na respectiva nota de consumo, facultada a retenção de até trinta e três por cento da arrecadação correspondente para custear os encargos sociais, previdenciários e trabalhistas, derivados da sua integração à remuneração dos empregados, a título de ressarcimento do valor de tributos pagos sobre o valor da gorjeta, cujo valor remanescente deverá ser revertido integralmente em favor do trabalhador; e

III – anotar na Carteira de Trabalho e Previdência Social e no contracheque de seus empregados o salário contratual fixo e o percentual percebido a título de gorjeta.

§ 3º A gorjeta, quando entregue pelo consumidor diretamente ao empregado, terá os seus critérios definidos em convenção ou acordo coletivo de trabalho, facultada a retenção nos parâmetros estabelecidos no § 2º.

§ 4º As empresas deverão anotar na Carteira de Trabalho e Previdência Social de seus empregados o salário fixo e a média dos valores das gorjetas referentes aos últimos doze meses.

§ 5º Cessada pela empresa a cobrança da gorjeta de que trata este artigo, desde que cobrada por mais de doze meses, esta se incorporará ao salário do empregado, tendo como base a média dos últimos doze meses, exceto se estabelecido de forma diversa em convenção ou acordo coletivo de trabalho.

§ 6º Comprovado o descumprimento do disposto nos § 1º, § 3º, § 4º e § 6º, o empregador pagará ao empregado prejudicado, a título de pagamento de multa, o valor correspondente a um trinta avos da média da gorjeta recebida pelo empregado por dia de atraso, limitada ao piso da categoria, assegurados em qualquer hipótese os princípios do contraditório e da ampla defesa.

Todavia, a referida MP perdeu a vigência em 20.04.2020, pois não foi analisada pelo Congresso Nacional.

A. Espécies de gorjeta

Pela leitura do art. 457, § 3º da CLT, depreende-se que existem **duas espécies de gorjeta: a direta e a indireta**. A primeira é representada pela importância paga espontânea e diretamente pelo cliente ao empregado, ao passo que a segunda consiste no pagamento feito pelo cliente e **constante da nota de serviços apresentada pela empres**a, que depois é distribuída aos seus empregados.

Quanto à obrigatoriedade do pagamento pelo cliente da empresa, as gorjetas podem ser **compulsórias**, quando o seu valor já se encontra agregado à conta de serviços; ou **espontâneas**, quando derivam da liberalidade do freguês.

B. Anotações na CTPS

Constitui obrigação do empregador anotar na Carteira de Trabalho do empregado:

– o valor do salário fixo;

– a estimativa do valor da gorjeta (art. 29, § 1º, da CLT);

– o percentual da gorjeta (art. 457-A, § 2º, III, da CLT);

– a média dos valores recebidos a título de gorjeta durante os últimos doze meses (art. 457, § 8º, da CLT).

C. *Natureza jurídica*

A gorjeta agrega à **remuneração** do obreiro para efeito de cálculo: das contribuições previdenciárias (Lei nº 8.212/91, art. 23, I); do imposto de renda (Lei nº 4.506/64, art. 14, art. 16, II); e do FGTS (Instrução Normativa nº 25, da Secretaria de Inspeção do Trabalho, de 25.12.2001, art. 12, XIII).

Anteriormente, o Tribunal Superior do Trabalho havia editado a Súmula nº 290,[7] pela qual considerava a gorjeta como parte integrante da remuneração para efeito de cálculo de todas as parcelas salariais devidas ao empregado.

Contudo, em o TST **cancelou a citada Súmula e a substituiu pela de nº 354,**[8] que excluiu a gorjeta da base de cálculo das parcelas de **aviso-prévio, adicional noturno, horas extras e repouso semanal remunerado.**

Raymundo Pinto comenta a referida súmula e também contesta a limitação imposta à integração das gorjetas à remuneração:

> O acréscimo agora introduzido parece, a princípio, que contraria outras posições assumidas pelo mesmo Tribunal. Constitui ponto pacífico na jurisprudência que adicionais e gratificações, quando pagos habitualmente, se incorporam ao salário para repercutir em outras parcelas (ver Súmulas nº 60, 78, 132, 139, 148 e 203). No caso da gorjeta – seja eventual ou habitual –, a sua integração à remuneração do empregado decorre de norma legal (o já citado art. 457 consolidado). Por que, então, deixá-la de fora do cálculo das verbas mencionadas no texto do verbete?[9]

A explicação para as exclusões feitas pela Súmula nº 354 encontra-se nas expressões utilizadas pelas regras jurídicas que disciplinam cada verba trabalhista **(remuneração ou salário).**

Assim, a gorjeta não integra o valor do aviso-prévio indenizado, pois o art. 487, § 1º, menciona a palavra **salário** e não remuneração. O mesmo acontece com as demais parcelas listadas na referida Súmula do TST. Isso significa que a natureza jurídica da gorjeta é **remuneratória** e não salarial em sentido estrito.

A seguir, o esquema que identifica os efeitos da gorjeta, ressaltando a expressão mnemônica ***"HARA"*:**

AS GORJETAS NÃO INTEGRAM A REMUNERAÇÃO PARA EFEITO DE

- **H** oras extras
- **A** dicional noturno
- **R** epouso semanal remunerado
- **A** viso prévio

---

7. TST. Súmula nº 290. GORJETAS. NATUREZA JURÍDICA. AUSÊNCIA DE DISTINÇÃO QUANTO À FORMA DE RECEBIMENTO – CANCELADO. As gorjetas, sejam cobradas pelo empregador na nota de serviço ou oferecidas espontaneamente pelos clientes, integram a remuneração do empregado.
8. TST. Súmula nº 354. GORJETAS. NATUREZA JURÍDICA. REPERCUSSÕES – REVISÃO DO ENUNCIADO Nº 290 – RES. 23/1988, DJ 24.03.1988. As gorjetas, cobradas pelo empregador na nota de serviço ou oferecidas espontaneamente pelos clientes, integram a remuneração do empregado, não servindo de base de cálculo para as parcelas de aviso-prévio, adicional noturno, horas extras e repouso semanal remunerado.
9. PINTO, Raymundo Antônio Carneiro. ***Súmulas do TST comentadas.*** 9. ed. São Paulo: LTr, 2007. p. 302.

Observe-se, entretanto, que se a empresa deixa de cobrar a gorjeta na nota de serviços, **o valor médio respectivo passa** a ser devido diretamente pelo empregador e, consequentemente, integra **o salário** (desde que cobrada por mais de doze meses), conforme se observa do § 9º, art. 457 da CLT, introduzido pela Lei nº 13.419/17:

> **Art. 457 § 9º** Cessada pela empresa a cobrança da gorjeta de que trata este artigo, desde que cobrada por mais de doze meses, esta se incorporará ao salário do empregado, tendo como base a média dos últimos doze meses, exceto se estabelecido de forma diversa em convenção ou acordo coletivo de trabalho.

Note-se que nesse caso **não há uma alteração na natureza jurídica da gorjeta**. Na verdade o referido dispositivo legal estabelece **uma consequência** para o fato de o empregador deixar de cobrar gorjeta na conta de serviço, impondo o pagamento de um ***plus*** salarial ao empregado equivalente ao valor médio respectivo, integrando ao salário para todos os efeitos legais, inclusive em relação às verbas listadas na Súmula nº 354 do TST.

D. *Gorjeta e encargos sociais, previdenciários e trabalhistas*

Como já foi dito, as gorjetas possuem caráter remuneratório e constituem base de cálculo das contribuições previdenciárias, sociais e trabalhistas.

Todavia, é facultado ao empregador **descontar** das gorjetas o percentual de 20% ou 33%, conforme o caso, do seu respectivo valor para custear os encargos sociais, previdenciários e trabalhistas, **desde que autorizado por convenção ou acordo coletivo de trabalho**, na forma prevista pelo art. 457, § 6º, I e II da CLT:

> **Art. 457. § 6º** As empresas que cobrarem a gorjeta de que trata o § 3o deverão:
>
> I – para as empresas inscritas em regime de tributação federal diferenciado, lançá-la na respectiva nota de consumo, facultada a retenção de até 20% (vinte por cento) da arrecadação correspondente, mediante previsão em convenção ou acordo coletivo de trabalho, para custear os encargos sociais, previdenciários e trabalhistas derivados da sua integração à remuneração dos empregados, devendo o valor remanescente ser revertido integralmente em favor do trabalhador;
>
> II – para as empresas não inscritas em regime de tributação federal diferenciado, lançá-la na respectiva nota de consumo, facultada a retenção de até 33% (trinta e três por cento) da arrecadação correspondente, mediante previsão em convenção ou acordo coletivo de trabalho, para custear os encargos sociais, previdenciários e trabalhistas derivados da sua integração à remuneração dos empregados, devendo o valor remanescente ser revertido integralmente em favor do trabalhador.

Isso significa que se **inexistir autorização** conferida por acordo coletivo, convenção coletiva ou assembleia geral dos trabalhadores, **o empregador terá que arcar com o ônus financeiro relativo à incorporação da gorjeta à remuneração**, salvo, por óbvio, em relação ao desconto da contribuição previdenciária devida pelo empregado.

E. *Divisão do valor arrecadado a título de gorjeta*

Cobrada e arrecadada a gorjeta, cabe ao empregador distribuir o respectivo valor entre os empregados **conforme regras** estabelecidas **em acordo coletivo de trabalho, convenção coletiva** de trabalho ou, em caso de omissão do respectivo procedimento nesses instrumentos normativos negociados, **por meio de assembleia geral de trabalhadores convocada com esse fim específico.**

F. Multa

Em caso de inobservância das regras relativas à gorjeta estabelecidas pela Consolidação das Leis do Trabalho, o empregador deverá arcar com o pagamento de uma **multa equivalente a 1/30 do valor médio da gorjeta**, por dia de atraso, de acordo com os § 11, art. 457, da CLT:

> **Art. 457. § 11.** Comprovado o descumprimento do disposto nos §§ 4o, 6o, 7o e 9o deste artigo, o empregador pagará ao trabalhador prejudicado, a título de multa, o valor correspondente a 1/30 (um trinta avos) da média da gorjeta por dia de atraso, limitada ao piso da categoria, assegurados em qualquer hipótese o contraditório e a ampla defesa, observadas as seguintes regras: I – a limitação prevista neste parágrafo será triplicada caso o empregador seja reincidente; II – considera-se reincidente o empregador que, durante o período de doze meses, descumpre o disposto nos §§ 4o, 6o, 7o e 9o deste artigo por mais de sessenta dias.

1.6. Gueltas

Em determinados setores da atividade econômica do comércio atacadista e varejista o fornecedor da empresa empregadora costuma retribuir o vendedor com uma quantia determinada para incentivá-lo a oferecer o seu produto diretamente ao cliente.

Essa quantia recebeu a denominação de guelta e, assim como a gorjeta, **não é paga diretamente pelo empregador**. Contudo, apesar de não ser salário, é possível utilizar da analogia das regras que disciplinam a gorjeta, para considerá-la parcela remuneratória.

Nesse caso, a guelta **integraria a remuneração para efeito tributários e repercutiria nas demais verbas trabalhistas devidas pelo empregador**, salvo em relação àquelas que são calculadas apenas sobre o salário, como o aviso-prévio indenizado, o repouso semanal remunerado, adicional noturno e horas extras.

2. LIMITES QUANTITATIVOS DO SALÁRIO

O valor do salário pode sofrer limitações de ordem quantitativa, seja em relação à quantia mínima que pode ser paga ao empregado, seja em relação ao valor máximo.

No primeiro caso, tem-se a instituição de **pisos salariais**, dos quais são espécies o salário mínimo, o salário profissional e o salário normativo; e, no segundo caso, o denominado **teto salarial.**

2.1. Piso salarial

O piso salarial é a retribuição mínima que se pode pagar a um determinado grupo de trabalhadores. É o gênero do qual são espécies o salário mínimo, o salário normativo ou piso da categoria (derivado de convenção coletiva, acordo coletivo ou sentença normativa) e o salário profissional.

A Constituição Federal de 1988, em seu art. 7º, V, instituiu o que se chama de piso salarial, que deverá ser proporcional à complexidade do trabalho.

Contudo, a Lei Complementar nº 103/00, regulamentou o aludido art. 7º, V, da Carta Política vigente e autorizou os Estados e o Distrito Federal a instituírem piso salarial para os empregados que não possuíssem salário fixado por Lei federal, convenção ou acordo coletivo de trabalho.

Como a competência para legislar sobre Direito do trabalho é privativa da União, foi necessária a utilização da Lei Complementar como forma de regulamentar o piso salarial pelos Estados, para atender à exigência contida no art. 22, parágrafo único, da Carta Magna.[10]

Entende-se, todavia, que **o piso salarial deve ser fixado para uma categoria específica de trabalhadores e jamais para todos os empregados que residem em um determinado Estado Federado**. Caso contrário, haveria desobediência ao comando Constitucional que unificou o valor do salário mínimo nacionalmente.

O quadro a seguir, lista as diversas espécies de pisos salariais, relacionando-as com os respectivos conceitos:

Salário mínimo	Salário normativo	Salário profissional
Menor salário que pode ser pago aos empregados de forma geral e em todo o país, para o labor em 44 horas semanais.	Menor salário devido aos integrantes de uma categoria profissional, fixado por meio de convenção coletiva, acordo coletivo ou sentença normativa.	Menor salário que pode ser pago aos empregados que tenham sua profissão legalmente regulamentada, estabelecido por norma estatal.

2.2. Teto salarial

Ao contrário do que acontece com o piso salarial, não existe limite legal máximo para o valor da retribuição pecuniária paga pelo empregador ao empregado. **A exceção fica por conta do servidor público**, seja ele celetista (regido pelas regras da Consolidação das Leis do Trabalho) ou estatutário (cuja relação com o Estado encontra-se regulamentada por estatuto próprio).

Nenhum empregado público, da administração direta, autárquica ou fundacional, poderá perceber remuneração superior ao valor do subsídio mensal pago aos Ministros do Supremo Tribunal Federal, inclusa as vantagens de caráter pessoal, conforme determinação contida no art. 37, XI, da Constituição Federal de 1988.[11]

10. CF/88. Art. 22. Compete privativamente à União legislar sobre: I – direito civil, comercial, penal, processual, eleitoral, agrário, marítimo, aeronáutico, espacial e do trabalho. Parágrafo único. Lei complementar poderá autorizar os Estados a legislar sobre questões específicas das matérias relacionadas neste artigo.

11. CF/88. Art. 37. XI – a remuneração e o subsídio dos ocupantes de cargos, funções e empregos públicos da administração direta, autárquica e fundacional, dos membros de qualquer dos Poderes da União, dos Estados, do Distrito Federal e dos Municípios, dos detentores de mandato eletivo e dos demais agentes políticos e os proventos, pensões ou outra espécie remuneratória, percebidos cumulativamente ou não, incluídas as vantagens pessoais ou de qualquer outra natureza, não poderão exceder o subsídio mensal, em espécie, dos Ministros do Supremo Tribunal Federal, aplicando-se como limite, nos Municípios, o subsídio do Prefeito, e nos Estados e no Distrito Federal, o subsídio mensal do Governador no âmbito do Poder Executivo, o subsídio dos Deputados Estaduais e Distritais no âmbito do Poder Legislativo e o subsídio dos Desembargadores do Tribunal de Justiça, limitado a noventa inteiros e vinte e cinco centésimos por cento do subsídio mensal, em espécie, dos Ministros do Supremo Tribunal Federal, no âmbito do Poder Judiciário, aplicável este limite aos membros do Ministério Público, aos Procuradores e aos Defensores Públicos (NR) (Redação dada ao inciso pela Emenda Constitucional nº 41, de 19.12.2003, DOU 31.12.2003).

Inclusive, essa limitação também foi estendida para os empregados das empresas públicas e das sociedades de economia mista, por meio da EC nº 19/98, que acrescentou o parágrafo 9º ao art. 37 da CF/88.[12]

O TST manifesta-se sobre essa matéria por intermédio da OJ nº 339, da SDI-1:

> **OJ Nº 339.** TETO REMUNERATÓRIO. EMPRESA PÚBLICA E SOCIEDADE DE ECONOMIA MISTA. ART. 37, XI, DA CF/1988 (Anterior à Emenda Constitucional nº 19/1998). DJU 04.05.04 (nova redação). As empresas públicas e as sociedades de economia mista estão submetidas à observância do teto remuneratório previsto no inciso XI do art. 37 da CF/1988, sendo aplicável, inclusive, ao período anterior à alteração introduzida pela Emenda Constitucional nº 19/1998.

Nos Municípios, o teto salarial dos servidores públicos é o valor pago a título de subsídio ao Prefeito. Nos Estados e no Distrito Federal, o valor máximo da remuneração encontra seu limite, no âmbito do Poder Executivo, no subsídio pago ao Governador; no Poder Legislativo, o subsídio dos Deputados Estaduais e Distritais.

2.3. Salário mínimo

Sempre foi preocupação do legislador, norteado pelo princípio protetivo do Direito do trabalho, fixar um salário mínimo devido aos empregados. Qualquer ajuste prévio entre empregado e empregador, que importe na obrigação deste último em pagar quantia inferior ao legalmente fixado, é nulo de pleno direito.

Há presunção de que o empregado, devido ao seu estado de necessidade e hipossuficiência, manifesta sua vontade de forma viciada. Tal presunção é absoluta e, consequentemente, não admite prova em contrário.

Todas as empresas que possuam empregados não podem estipular, como contraprestação dos serviços prestados, um valor inferior ao salário mínimo, inclusive para o empregado doméstico.

Como ocorre com a maioria dos direitos trabalhistas, o inadimplemento por parte do empregador da obrigação de pagar o mínimo legal também implica infração administrativa, na forma prevista pelo art. 120 da CLT: "Aquele que infringir qualquer dispositivo concernente ao salário mínimo será passível da multa de cinquenta e dois mil cruzeiros, elevada ao dobro na reincidência".

A. *Conceito*

A Constituição Federal de 1988 (art. 7º, IV) garante a todo trabalhador o direito a um salário mínimo para atender às necessidades básicas do empregado e de sua família como: "moradia, alimentação, educação, saúde, lazer, vestuário, higiene, transporte e previdência social".

12. CF/88. Art. 37. § 9º. O disposto no inciso XI aplica-se às empresas públicas e às sociedades de economia mista, e suas subsidiárias, que receberem recursos da União, dos Estados, do Distrito Federal ou dos Municípios para pagamento de despesas de pessoal ou de custeio em geral. (Parágrafo acrescentado pela Emenda Constitucional nº 19/98).

Trata-se de norma programática e que deveria guiar o legislador ordinário. Entretanto, os sucessivos atos normativos que fixaram o valor do salário mínimo jamais cumpriram as determinações contidas no comando constitucional, porquanto não atendiam às necessidades básicas ali fixadas.

A Consolidação das Leis do Trabalho conceitua o salário mínimo em seu art. 76:

> **Art. 76.** Salário mínimo é a contraprestação mínima devida e paga diretamente pelo empregador a todo trabalhador, inclusive ao trabalhador rural, sem distinção de sexo, por dia normal de serviço, e capaz de satisfazer em determinada época e região do País, às suas necessidades normais de alimentação, habitação, vestuário, higiene e transporte.

No **âmbito da Administração Pública**, a expressão *salário mínimo* deve ser interpretada extensivamente, para **alcançar todas as verbas que compõem o complexo salarial** devido aos trabalhadores. Em razão disso, não se pode exigir que o salário-base tenha como referência o valor do salário mínimo.

A jurisprudência do STF é remansosa nesse sentido, ao declarar que a garantia do salário mínimo, a que se referem os artigos 7º, IV, e 39, § 3º, da Constituição Federal de 1988, corresponde ao total da remuneração percebida pelo **servidor público**.[13]

O TST também segue esse entendimento:

> **SDI-1. OJ Nº 272.** SALÁRIO-MÍNIMO. SERVIDOR. SALÁRIO-BASE INFERIOR. DIFERENÇAS. INDEVIDAS. A verificação do respeito ao direito ao salário-mínimo não se apura pelo confronto isolado do salário-base com o mínimo legal, mas deste com a soma de todas as parcelas de natureza salarial recebidas pelo empregado diretamente do empregador.

Entretanto, diante da clareza do citado art. 76 da CLT, não há como admitir que a gorjeta componha o valor do salário mínimo, já que este é devido diretamente pelo empregador e a gorjeta é paga por terceiros.

Desse modo, não se pode ajustar com o empregado apenas o valor recebido por ele a título de gorjeta. Sempre tem que haver uma retribuição, ainda que mínima, paga diretamente pelo empregador.

B. Características

São características do salário mínimo: a) nacionalidade; b) reajustamentos periódicos; e c) desvinculação.

– *Nacionalidade*

Antes da promulgação da atual Carta Maior, o salário mínimo era fixado de acordo com a necessidade/capacidade de cada região brasileira, seguindo as regras estabelecidas pela Consolidação das Leis do Trabalho, já que a Carta Política de 1967, em seu art. 158, I,[14] não mencionava que o valor do salário mínimo deveria ser único para todo o território nacional.

13. STF. RE 582.019. Rel. Min. Ricardo Lewandowski. DJU 13.02.2009.
14. CF/67. Art. 158, I: I – salário mínimo capaz de satisfazer, conforme as condições de cada região, as necessidades normais do trabalhador e de sua família.

A partir de 05.10.88, o salário mínimo **foi nacionalmente unificado, passando a ter o mesmo valor em todo território brasileiro.**

– *Reajustamentos periódicos*

A periodicidade dos reajustes do salário mínimo é necessária para garantir o seu poder aquisitivo. Nos últimos tempos, a periodicidade de reajuste do salário mínimo tem sido anual e as normas que fixaram o seu valor repõem a perda obtida com a inflação e acrescenta um pequeno percentual a título de ganho real.

A Lei nº 12.382/11, depois substituída pela Lei nº 13.152/15, além de reajustar o valor do salário mínimo inovou no sentido de **autorizar o Poder Executivo a expedir decretos para efetuar os aumentos nos anos de 2012 a 2019.**[15]

Essa mesma norma legal estabeleceu a política de valorização do salário mínimo impondo as seguintes medidas efetivas, segundo o conteúdo dos parágrafos do seu art. 1º:

> **§ 1º** Os reajustes para a preservação do poder aquisitivo do salário mínimo corresponderão à variação do Índice Nacional de Preços ao Consumidor – INPC, calculado e divulgado pela Fundação Instituto Brasileiro de Geografia e Estatística – IBGE, acumulada nos doze meses anteriores ao mês do reajuste.
>
> **§ 2º** Na hipótese de não divulgação do INPC referente a um ou mais meses compreendidos no período do cálculo até o último dia útil imediatamente anterior à vigência do reajuste, o Poder Executivo estimará os índices dos meses não disponíveis.
>
> **§ 3º** Verificada a hipótese de que trata o § 2º, os índices estimados permanecerão válidos para os fins desta Lei, sem qualquer revisão, sendo os eventuais resíduos compensados no reajuste subsequente, sem retroatividade.
>
> **§ 4º** A título de aumento real, serão aplicados os seguintes percentuais:
>
> I – em 2016, será aplicado o percentual equivalente à taxa de crescimento real do Produto Interno Bruto (PIB), apurada pelo IBGE, para o ano de 2014;
>
> II – em 2017, será aplicado o percentual equivalente à taxa de crescimento real do PIB, apurada pelo IBGE, para o ano de 2015;
>
> III – em 2018, será aplicado o percentual equivalente à taxa de crescimento real do PIB, apurada pelo IBGE, para o ano de 2016; e
>
> IV – em 2019, será aplicado o percentual equivalente à taxa de crescimento real do PIB, apurada pelo IBGE, para o ano de 2017.
>
> **§ 5º** Para fins do disposto no § 4º, será utilizada a taxa de crescimento real do PIB para o ano de referência, divulgada pelo IBGE até o último dia útil do ano imediatamente anterior ao de aplicação do respectivo aumento real.

Note-se que a Lei nº 14.013/20, que reajustou o valor do salário mínimo a partir de 01.02.2020, utilizou o percentual de 4,7% correspondente ao índice acumulado do INPC durante o ano de 2019, sem qualquer ganho real.

Já a MP nº 1.021, de 30.12.2020 fixou o salário mínimo em R$1.100,00 mas foi omissa em relação ao índice utilizado para a sua atualização.

15. A ADI nº 4.568, que defendia a inconstitucionalidade da Lei nº 12.382 foi julgada improcedente pelo STF em 03.11.2011.

– *Desvinculação*

A vontade do legislador constituinte foi de imprimir reajustes reais ao salário mínimo, ou seja, aumentos superiores à perda do poder aquisitivo desse salário por conta dos efeitos inflacionários. Assim, **obsta-se a sua vinculação para servir como indexador.**

O conteúdo da Súmula vinculante nº 4 do STF[16] é nesse sentido:

> **SV Nº 4.** Salvo nos casos previstos na Constituição, o salário mínimo não pode ser usado como indexador de base de cálculo de vantagem de servidor público ou de empregado, nem ser substituído por decisão judicial.

Todavia, depois da publicação dessa SV, decisões posteriores **passaram a admitir o uso do salário mínimo como base de cálculo até que o Poder Legislativo promova a alteração da CLT,** o que não ocorreu até o presente momento.

A seguir, o resumo contendo as características do salário mínimo:

CARACTERÍSTICAS DO SALÁRIO MÍNIMO
- Nacionalidade
- Reajustamentos periódicos
- Desvinculação

C. *Meio de pagamento*

Pelo menos 30% (trinta por cento) do valor do salário mínimo deve ser pago em dinheiro, conforme o disposto no art. 82, parágrafo único da Consolidação das Leis do Trabalho.[17]

O restante, 70% (setenta por cento), poderá ser pago em utilidades como alimentação, habitação, vestuário, higiene etc., com observação dos percentuais fixados em lei para cada Região do País.

Por exemplo, para o empregado que trabalha no Estado de São Paulo,[18] o valor da alimentação poderá corresponder até a 46% do salário mínimo, enquanto que o empregador do Estado da Bahia poderá pagar até 56% do salário mínimo em alimentação.

Já em Sergipe (21ª Região), a habitação poderá ser responsável por 34% do salário mínimo, enquanto que, em Goiás (11ª Região), essa mesma parcela *in natura* equivale a 22% do salário mínimo.

A seguir, o gráfico que demonstra os percentuais de salário mínimo em espécie e *in natura:*

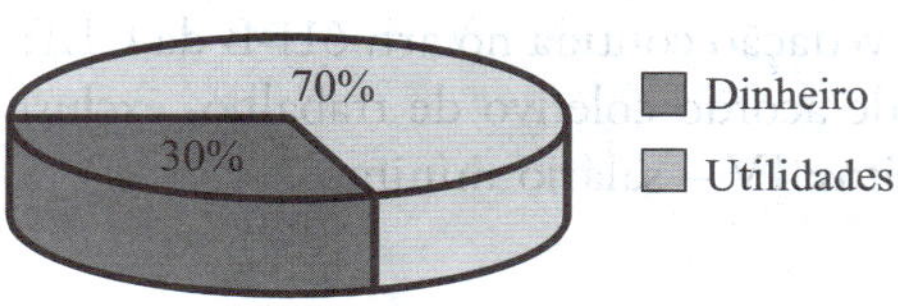

16. Os efeitos da SV nº 4 do STF serão abordados a seguir no item 8.1, "c".
17. CLT. Art. 82. Parágrafo único. O salário mínimo pago em dinheiro não será inferior a 30% (trinta por cento) do salário mínimo.
18. CLT. Anexo. Tabela 3.

D. *Salário mínimo proporcional*

Como visto, a atual Carta Magna garante uma remuneração mínima para todo o trabalhador brasileiro. Contudo, a referida Carta Política não faz qualquer relação entre o valor do salário mínimo e uma determinada unidade de tempo.

As últimas normas que definiram o valor do salário mínimo nacional especificam o seu valor mensal, diário e horário.

A partir desses parâmetros legais, **é possível afirmar que o salário mínimo é devido de forma proporcional à jornada de trabalho previamente ajustada**, observado o limite de oito horas por dia e quarenta e quatro por semana.

A OJ nº 358 da SDI-1 do TST contém esse posicionamento:

> **OJ Nº 358.** SALÁRIO MÍNIMO E PISO SALARIAL PROPORCIONAL À JORNADA REDUZIDA. POSSIBILIDADE. EMPREGADO SERVIDOR PÚBLICO (Nova redação. 16.02.2016).
>
> I – Havendo contratação para cumprimento de jornada reduzida, inferior à previsão constitucional de oito horas diárias ou quarenta e quatro semanais, é lícito o pagamento do piso salarial ou do salário mínimo proporcional ao tempo trabalhado.
>
> II – Na Administração Pública direta, autárquica e fundacional não é válida remuneração de empregado público inferior ao salário mínimo, ainda que cumpra jornada de trabalho reduzida. Precedentes do Supremo Tribunal Federal.

Se o empregado é contratado para laborar quatro horas por dia e esse acerto encontra-se previsto expressamente no instrumento contratual,[19] o piso salarial devido pode, legalmente, ser equivalente à metade do salário mínimo.

Entretanto, ultrapassada a quarta hora de labor diário, o referido empregado teria direito à remuneração pela hora extra trabalhada, acrescida do respectivo adicional.

Encontra-se o valor do salário mínimo/hora ao dividir o seu valor mensal por 220, para os empregados que laboram oito horas diárias ou quarenta e quatro horas semanais. Se o empregado encontra-se submetido a uma jornada diária de seis horas, como é o caso dos bancários, o divisor/hora utilizado para encontrar o salário mínimo/hora será de 180.

Como se trata de condição especial do contrato de trabalho, o ajuste do salário mínimo de forma proporcional **deve ser feito por escrito e constar na carteira de trabalho do obreiro**, na forma prevista pelo art. 29 da CLT,[20] pelo menos a título de forma *ad probationem*.

Por fim, não é possível diminuir o valor do salário mínimo hora ainda que por negociação coletiva, em face da vedação contida no art. 611-B da CLT: "Constituem objeto ilícito de convenção coletiva ou de acordo coletivo de trabalho, exclusivamente, a supressão ou a redução dos seguintes direitos: IV – salário mínimo".

---

19. Nesse caso, a formalidade escrita é *ad probationem*.
20. O empregador terá o prazo de 5 (cinco) dias úteis para anotar na CTPS, em relação aos trabalhadores que admitir, a data de admissão, a remuneração e as condições especiais, se houver, facultada a adoção de sistema manual, mecânico ou eletrônico, conforme instruções a serem expedidas pelo Ministério da Economia (Redação dada pela Lei nº 13.874, de 2019).

Exemplo de questão sobre o tema

(FCC – Juiz do Trabalho Substituto 23ª região/2015) Joaquina foi contratada como copeira, para cumprimento de jornada de 6 horas diárias e 30 horas semanais e com salário mensal de R$ 600,00, montante inferior ao piso salarial fixado em instrumento coletivo, no valor de R$ 850,00. Considerando que a jornada máxima cumprida pelos empregados da categoria é de 8 horas diárias e 44 horas semanais, Joaquina, em relação a todo o período laborado,

(A) tem direito às diferenças salariais e reflexos, porque a redução salarial foi ilícita, não se compatibilizando com o ordenamento jurídico.

(B) tem direito às diferenças salariais e reflexos, porque a jurisprudência do TST adotou entendimento não permitindo o pagamento proporcional do salário em qualquer hipótese.

(C) tem direito às diferenças salariais e reflexos, porque a jurisprudência do TST adotou entendimento não permitindo o pagamento proporcional, exceto se o empregado tiver sido contrato por tempo parcial, com jornada máxima de 25 horas na semana.

(D) não tem direito às diferenças salariais e reflexos, porque, segundo a jurisprudência do TST, havendo a contratação para cumprimento de jornada reduzida, inferior à previsão constitucional de 8 horas diárias e 44 horas semanais, é lícito o pagamento de piso salarial proporcional ao tempo trabalhado.

(E) não tem direito às diferenças salariais e reflexos, porque a jurisprudência do TST adotou entendimento permitindo o pagamento proporcional quando o empregado tiver sido contrato por tempo parcial, com jornada máxima de 30 horas na semana.

Resposta: D

2.4. Salário profissional

O salário profissional é a retribuição mínima fixada por lei e devida pelos empregadores aos seus empregados que exerçam uma profissão regulamentada.

A. Salários profissionais fixados por lei

O salário profissional dos **engenheiros, arquitetos, químicos, veterinários** e **agrônomos** é de **seis salários mínimos**, para aqueles diplomados em curso universitário com duração igual ou superior a quatro anos, e **5 cinco salários mínimos**, para aqueles profissionais cujo curso universitário tiver durado menos do que quatro anos, observado, em ambos os casos, a jornada de seis horas diárias (Lei nº 4.950-A).

O art. 19, da Lei nº 8.906/94 (Estatuto da Ordem dos Advogados do Brasil), preceitua que o salário mínimo do **advogado empregado** será estabelecido por meio de acordo ou convenção coletiva de trabalho ou por uma sentença normativa.[21]

O **técnico em radiologia** tem direito a um salário profissional equivalente a dois salários mínimos mensais, conforme determinação contida no art. 16, da Lei nº 7.394/85, interpretado pela Súmula nº 358 do Tribunal Superior do Trabalho.[22]

Já a Lei nº 12.994/14, que alterou a redação da Lei nº 11.350/06, estabeleceu o piso salarial do **agente comunitário de saúde e agente de combate a endemias** em R$1.014,00 para uma jornada semanal de 40 horas de trabalho.

---

21. Lei nº 8.904, de 04 de julho de 1994. Art. 19. O salário mínimo profissional do advogado será fixado em sentença normativa, salvo se ajustado em acordo ou convenção coletiva de trabalho.

22. TST. Súmula nº 143. SALÁRIO PROFISSIONAL. O salário profissional dos médicos e dentistas guarda proporcionalidade com as horas efetivamente trabalhadas, respeitado o mínimo de 50 (cinquenta) horas mensais. Ex-prejulgado nº 15. (RA 102/1982, DJ 11.10.1982 e DJ 15.10.1982).

O TRT12, por meio de sua Súmula nº 90, entende que o citado dispositivo legal é autoaplicável:

> **SÚMULA Nº 90 do TRT12.** AGENTE COMUNITÁRIO DE SAÚDE. PISO NACIONAL. AUTOAPLICABILIDADE DA LEI FEDERAL Nº 12.994/2014. A Lei Federal no 12.994, de 17-6-2014, é de aplicação imediata, devendo, desde a data da sua entrada em vigor, ser observado o piso salarial profissional nacional nela estabelecido.

B. *Inconstitucionalidade dos salários profissionais fixados por lei*

Observe-se que todas as normas vinculam o salário profissional ao salário mínimo, **ofende diretamente a disposição contida no art. 7º, IV, da atual Carta Magna,** que veda a utilização do salário mínimo como indexador.

Em sede de medida cautelar, nos autos da ADPF nº 151, o STF **decidiu desvincular do salário mínimo o salário profissional dos técnicos em radiologia**. Determinou sua conversão em valor monetário, suspendendo os efeitos do art. 16 da Lei nº 7.394/1985:

> **Art. 16**. O salário mínimo dos profissionais, que executam as técnicas definidas no Art. 1º desta Lei, será equivalente a 2 (dois) salários mínimos profissionais da região, incidindo sobre esses vencimentos 40% (quarenta por cento) de risco de vida e insalubridade.

Em sentido contrário, a Orientação Jurisprudencial nº 71, da SDI-2 do Tribunal Superior do Trabalho:

> **OJ Nº 71.** AÇÃO RESCISÓRIA. SALÁRIO PROFISSIONAL. FIXAÇÃO. MÚLTIPLOS DO SALÁRIO MÍNIMO. Art. 7º, IV, DA CF/88. A fixação do salário profissional em múltiplos do salário mínimo não afronta o art. 7º, IV, da Constituição Federal de 1988, só incorrendo em vulneração do referido preceito constitucional a estipulação de correção automática do salário pelo reajuste do salário mínimo.

Acompanha esse entendimento a Súmula nº 48 do TRT8 e Súmula nº 85 do TRT15:

> **SÚMULA Nº 48 do TRT8.** SALÁRIO PROFISSIONAL. FIXAÇÃO EM MÚLTIPLOS DE SALÁRIO MÍNIMO. POSSIBILIDADE. A estipulação do salário profissional em múltiplos do salário mínimo não afronta o art. 7º, inciso IV, da Constituição de 1988, porém em observância ao referido preceito constitucional é vedada a fixação de correção automática do salário profissional pelo reajuste concedido ao salário mínimo.
>
> **SÚMULA Nº 85 do TRT15.** SALÁRIO PROFISSIONAL. FIXAÇÃO EM MÚLTIPLOS DE SALÁRIO MÍNIMO. ART. 7º, IV, DA CF/88. SÚMULA VINCULANTE Nº 4, STF. A estipulação do salário profissional em múltiplos do salário mínimo, na contratação, não afronta o art. 7º, inciso IV, da CF/88, vedada apenas sua indexação, conforme Súmula Vinculante nº 4, do STF.

Exemplo de questão sobre o tema

(Magistratura do Trabalho – TRT 23ª – 2010) A respeito do salário profissional analise as seguintes proposições, e com base na legislação, jurisprudência pacificada e doutrina predominantes aponte a alternativa correta.

I. O salário profissional dos técnicos em radiologia é igual a 2 (dois) salários mínimos;

II. Engenheiros que fizeram curso superior com duração de 04 anos ou mais tem direito a salário profissional de seis salários mínimos. Se o curso durou menos do que 04 anos o salário profissional é de cinco salários mínimos. Este salário considera a jornada de seis horas.

III. O salário profissional para os médicos que trabalham 04 horas por dia é de três salários mínimos.

IV. Todas as categorias tem salário profissional.

(A) As proposições I, II, III estão corretas e a proposição IV está incorreta.

(B) As proposições I e II estão corretas e as proposições III e IV estão incorretas.

(C) As proposições III e IV estão corretas e as proposições I e II incorretas

(D) As proposições II, III e IV estão corretas e a proposição I incorreta

(E) As proposição II e III estão corretas e as proposições I e IV incorretas.

Resposta: A

2.5. Piso da categoria profissional – salário normativo

O salário normativo constitui a retribuição mínima devida aos integrantes de uma categoria profissional. Pode ser fixado por uma convenção coletiva, sentença normativa ou acordo coletivo de trabalho. Nesse último caso, o salário normativo só será devido aos trabalhadores de determinada empresa ou empresas que firmarem o referido acordo.

No caso de inexistir piso da categoria fixado por acordo, convenção coletiva ou sentença normativa, os Estados Federados encontram-se autorizados pela Lei Complementar nº 103/2000, a suprir essa lacuna, inclusive em relação aos empregados domésticos.

A doutrina e a jurisprudência utilizam a expressão **"salário normativo"** para representar o piso salarial devido por conta de decisão proferida em dissídio coletivo (sentença normativa).

Diante da natureza jurídica do conflito coletivo de trabalho, a decisão judicial proferida na ação daí derivada fixa novas condições de trabalho. A sentença normativa é de caráter geral, abstrato e aplicável aos integrantes da categoria profissional e econômica em conflito.

Quando o salário da categoria profissional é fixado pelo acordo ou convenção coletiva de trabalho, utiliza-se, mais comumente, a denominação **piso da categoria.**

2.6. Reajuste salarial

Ao contrário do que ocorre com o salário-mínimo, **não há no Brasil uma política legal de reajuste salarial**. Isso significa que a majoração salarial periódica deve ser uma conquista do próprio empregado ou de cada categoria profissional por meio da negociação coletiva, como geralmente ocorre anualmente, na respectiva data-base.

Contudo, para os servidores públicos há previsão constitucional de concessão de revisão geral anual linear.

> **Art. 37. X** – a remuneração dos servidores públicos e o subsídio de que trata o § 4º do art. 39 somente poderão ser fixados ou alterados por lei específica, observada a iniciativa privativa em cada caso, assegurada revisão geral anual, sempre na mesma data e sem distinção de índices.

Entende-se, todavia, que essa regra **só se aplica aos servidores públicos estatutários**, o que excluiria os servidores celetistas dos Estados, Distrito Federal e Municípios diante da ausência de competência de tais Entes da federação para legislar sobre Direito do trabalho.

Esse posicionamento, todavia, não é pacífico. Conforme se vê da Súmula nº 68 do TRT15 admite esse procedimento no âmbito municipal, desde que o reajuste não signifique o acréscimo salarial de um valor único para todas as categorias:

> **SÚMULA Nº 68 DO TRT15.** LEI MUNICIPAL. REVISÃO SALARIAL EM VALOR FIXO. ABONOS. INCORPORAÇÃO. REAJUSTE EM PERCENTUAIS

> DIFERENCIADOS. O artigo 37, inciso X, da Constituição Federal prevê a revisão geral anual da remuneração dos servidores públicos na mesma data e sem distinção de índices. A concessão de reajuste em valor fixo e idêntico para todos os servidores viola o referido dispositivo constitucional, 14 pois acarreta majoração salarial diferenciada, o que acaba por gerar direito a diferenças como forma de corrigir a distorção provocada.

Sobre o tema, o STF editou tese no sentido de **ser indevida qualquer indenização nos casos em que o Poder Executivo não encaminha projeto de lei para o Legislativo,** nos autos do Recurso Extraordinário nº 565089:

> O não encaminhamento de projeto de lei de revisão anual dos vencimentos dos servidores públicos, previsto no inciso X do art. 37 da CF/1988, não gera direito subjetivo a indenização. Deve o Poder Executivo, no entanto, se pronunciar, de forma fundamentada, acerca das razões pelas quais não propôs a revisão", nos termos do voto do Ministro Roberto Barroso, Redator para o acórdão, vencido o Ministro Marco Aurélio (Relator). Não participou, justificadamente, da fixação da tese, o Ministro Ricardo Lewandowski. Presidência do Ministro Dias Toffoli. Plenário, 25.9.2019

3. FORMAS DE AFERIÇÃO DO SALÁRIO

Os salários são aferidos por unidade de tempo ou por unidade de obra. Nesse último caso, a remuneração pode ser determinada por tarefa, por peça ou por comissão.

O esquema a seguir contém a classificação do salário quanto o critério utilizado para seu aferimento:

FORMAS DE PAGAMENTO

- Por unidade de tempo
  - Hora
  - Dia
  - Semana
  - Quinzena
  - Mês
- Por unidade de obra
  - Tarefa
  - Peça
  - Comissão

3.1. Salário por unidade de tempo

Por essa forma de pagamento, a quantidade de salário pago ao empregado **possui relação direta com o tempo** por ele despendido no efetivo trabalho ou no aguardo de ordens do patrão.

Assim, o salário pode ser pago por **hora, por dia, por semana, por quinzena ou por mês**, independentemente da produtividade do empregado.

O art. 459 da Consolidação das Leis do Trabalho veda o pagamento do salário por unidade de tempo **por prazo superior a um mês,**[23] salvo em relação ao pagamento de comissões e gratificações.

---

23. CLT. Art. 459. O pagamento do salário, qualquer que seja a modalidade do trabalho, não deve ser estipulado por período superior a um mês, salvo no que concerne a comissões, percentagens e gratificações.

Os empregados que recebem salário com base na hora de trabalho são chamados de horistas, os que recebem por dia são denominados de diaristas[24] **e os que são pagos por mês são intitulados de mensalistas.**

Verifica-se, portanto, que essa modalidade de pagamento de salário possui a desvantagem de não estimular o trabalho do empregado, uma vez que ele recebe a mesma remuneração independentemente da sua produtividade. Em compensação, não cria um ambiente de concorrência interna entre os empregados, circunstância que pode prejudicar a atividade empresarial.

3.2. Salário por tarefa ou peça

No caso do salário definido por tarefa ou por peça, **o valor respectivo encontra-se vinculado à quantidade de força de trabalho gasta pelo empregado.**

Na modalidade de pagamento por peça, o salário do obreiro é fixado por cada unidade produzida. Geralmente é utilizada em estabelecimentos fabris e corresponde a valores unitários de peças produzidas e definidas pelo próprio empregador.

Já a modalidade de pagamento por tarefa apresenta certa semelhança com a anterior. Nesse caso, o empregado também recebe um valor fixo por cada unidade produzida. Mas, uma vez atingida a meta previamente estabelecida pelo empregador, o trabalhador pode **optar em findar a jornada diária ou continuar trabalhando e receber um adicional por peça produzida além da cota**. Constitui, portanto, uma forma mista de pagamento por unidade de tempo e pagamento por quantidade de trabalho.

Quando o valor da remuneração é apurado **por tarefa ou por peça**, há uma relação direta entre a quantidade de trabalho prestado e a quantidade de salário percebido, fato que estimula a produtividade do empregado.

A desvantagem dessa forma de pagamento consiste no fato de criar um regime de competição, no âmbito do estabelecimento da empresa, o que pode gerar conflitos entre os empregados e consequente prejuízo para o empregador.

Na hipótese do valor derivado da quantidade de trabalho prestado pelo obreiro não atingir o salário mínimo, o empregador deve complementá-lo, conforme preceitua o art. 7º, VII, da Constituição Federal de 1988.[25]

A Consolidação das Leis do Trabalho possui dispositivo semelhante, conforme se observa da redação do seu art. 78: "Quando o salário for ajustado por empreitada, ou convencionado por tarefa ou peça, será garantida ao trabalhador uma remuneração diária nunca inferior à do salário mínimo por dia normal".

3.3. Salário por comissão e a cláusula *star del credere*

O salário pago por comissão **tem como referência a quantidade de negócios intermediados pelo empregado, sendo equivalente a um percentual do valor da mercadoria ou do serviço comercializado.**

---

24. São chamados de diaristas, também, os trabalhadores domésticos sem vínculo empregatício, que comparecem determinados dias da semana na residência do tomador dos serviços para executar serviços de faxina e outros da mesma natureza.
25. CF/88. Art. 7º. VII. Garantia de salário, nunca inferior ao mínimo, para os que percebem remuneração variável.

É uma modalidade de pagamento de salário vinculada à quantidade de serviço, e não ao tempo de trabalho. Os trabalhadores que assim são remunerados recebem a denominação de comissionistas.

O comissionista pode ser próprio ou impróprio. É próprio quando percebe remuneração exclusivamente sob a forma de comissão, também denominado de comissionista *puro*. Já o comissionista impróprio é aquele que recebe remuneração mista, ou seja, parte fixa (por unidade de tempo) e parte variável (por comissão).

Sobre a base de cálculo do percentual das comissões nas vendas a prazo, entende o TRT3 que deve ser utilizado o preço final da mercadoria:

> **TESE JURÍDICA PREVALECENTE Nº 03 do TRT3.** COMISSÕES SOBRE VENDAS A PRAZO. BASE DE CÁLCULO. As comissões sobre as vendas a prazo devem incidir sobre o preço final da mercadoria, neste incluídos os encargos decorrentes da operação de financiamento.

A. *Cláusula star del credere*

Na modalidade de pagamento de salário por comissão, o empregador só é obrigado a concretizá-lo depois de ultimada a transação, de acordo com o que preceitua o art. 466 da Consolidação das Leis do Trabalho, que aparentemente **acolheu a cláusula *star del credere*.**

Caso a transação seja realizada por prestações sucessivas, **o direito ao pagamento das comissões somente é adquirido no momento do vencimento de cada parcela**, ainda que ocorra a extinção do pacto laboral antes do final da referida negociação, salvo se houver convenção expressa em sentido contrário mais benéfica para o trabalhador.[26]

A cláusula *star del credere* permite ao empresário dividir ou transferir o prejuízo provocado pelo cliente inadimplente com aquela pessoa que intermediou a venda do seu produto ou serviço. Afirma-se que o acolhimento é aparente, pois o mencionado art. 466 da CLT fala em **transação ultimada**, que significa aceita, e não **transação liquidada.**

No que diz respeito ao exercício das funções de vendedores, viajantes ou pracistas, regulamentadas pela Lei nº 3.207/57, **o estorno das comissões só é possível nos casos de insolvência do comprador** (art. 7º), **e não nas hipóteses de mero inadimplemento** (art. 6º), circunstância que suaviza a aplicação da cláusula ***star del credere***, no âmbito do contrato de trabalho, com atenção à diretriz do princípio protetivo.

A Súmula nº 24 do TRT18 esclarece essa diferença:

> **SÚMULA Nº 24 do TRT18.** VENDEDOR. COMISSÕES. ESTORNO. ART. 7º DA LEI Nº 3.207/57. INTERPRETAÇÃO RESTRITIVA. A exceção prevista no art. 7º da Lei nº 3.207/57 restringe-se ao estorno de comissões em caso de insolvência do comprador, sendo vedada a sua interpretação ampliativa para considerar lícito o estorno, como nos casos de

26. CLT. Art. 466. O pagamento de comissões e percentagens só é exigível depois de ultimada a transação a que se referem. § 1º – Nas transações realizadas por prestações sucessivas, é exigível o pagamento das percentagens e comissões que lhes disserem respeito proporcionalmente à respectiva liquidação. § 2º – A cessação das relações de trabalho não prejudica a percepção das comissões e percentagens devidas na forma estabelecida por este artigo.

inadimplência ou cancelamento do contrato, uma vez que não se pode transferir ao empregado os riscos do negócio, nos termos do artigo 2º da CLT.

Com efeito, até mesmo no contrato de representação comercial, regulado pela Lei nº 4.886/65, há proibição de estipulação da cláusula *star del credere* (art. 43),[27] com mais razão ainda será a justificativa para o seu afastamento em relação ao pacto laboral.

Maurício Godinho Delgado, como a maioria dos doutrinadores, posiciona-se contra a inclusão dessa cláusula no contrato de trabalho:

> A ordem justrabalhista é silente acerca da aplicabilidade de semelhante cláusula ao Direito do Trabalho e, inclusive, ao vendedor comissionista empregado. O silêncio da CLT e da Lei nº3.207/57 é, contudo, inquestionavelmente, eloquente. Ele está a sugerir a inviabilidade de se incorporar tal cláusula de acentuado risco, envolvente a expressivos valores, no interior do contrato empregatício.[28]

De igual forma, a jurisprudência:

> **SÚMULA Nº 88 do TRT12.** COMISSÕES. CANCELAMENTO DA VENDA. DEVOLUÇÃO OU TROCA DA MERCADORIA. IMPOSSIBILIDADE DE DESCONTO. Após a efetivação da venda, caracterizada esta pela entrega do bem, é vedado às empresas o desconto ou estorno das comissões do empregado incidentes sobre mercadorias devolvidas pelo cliente, tanto em face do cancelamento da venda quanto da troca do produto adquirido.

B. *Composição salarial*

Como a remuneração do obreiro comissionado é variável, as demais verbas devidas em decorrência da execução do contrato de trabalho, a exemplo do 13º salário e das férias, devem levar em consideração essa característica.

Assim, obtêm-se os valores dessas parcelas **pelo salário médio percebido mensalmente.**[29]

Nesse sentido é a determinação contida no art. 2º do Decreto nº 57.155/65:

> **Art. 2º.** Para os empregados que recebem salário variável, a qualquer título, a gratificação será calculada na base de 1/11 (um onze avos) da soma das importâncias variáveis devidas nos meses trabalhados até novembro de cada ano. A essa gratificação se somará a que corresponder à parte do salário contratual fixo.

No que diz respeito às horas extras, é importante destacar que o comissionado **não tem direito ao pagamento das horas** que ultrapassam o limite estabelecido pelas diversas fontes formais do Direito laboral, **mas somente ao adicional respectivo**:

> **TST. SÚMULA Nº 340.** COMISSIONISTA. HORAS EXTRAS (nova redação) – Res. 121/2003, DJ 19, 20 e 21.11.2003. O empregado, sujeito a controle de horário, remunerado à base de comissões, tem direito ao adicional de, no mínimo, 50% (cinquenta por cento) pelo trabalho em horas extras, calculado sobre o valor-hora das comissões recebidas no mês, considerando-se como divisor o número de horas efetivamente trabalhadas.

---

27. Lei nº 4.886/65. Art. 43. É vedada no contrato de representação comercial a inclusão de cláusulas *del credere*.
28. DELGADO, Maurício Godinho. **Curso de direito do trabalho.** 10. ed. São Paulo: LTr, 2011. p. 721.
29. TST. SDI-1. OJ Nº 181. COMISSÕES. CORREÇÃO MONETÁRIA. CÁLCULO. O valor das comissões deve ser corrigido monetariamente para em seguida obter-se a média para efeito de cálculo de férias, 13º salário e verbas rescisórias.

TST. SDI-1. OJ Nº 397. COMISSIONISTA MISTO. HORAS EXTRAS. BASE DE CÁLCULO. APLICAÇÃO DA SÚMULA Nº 340 DO TST. (DEJT divulgado em 02, 03 e 04.08.2010). O empregado que recebe remuneração mista, ou seja, uma parte fixa e outra variável, tem direito a horas extras pelo trabalho em sobrejornada. Em relação à parte fixa, são devidas as horas simples acrescidas do adicional de horas extras. Em relação à parte variável, é devido somente o adicional de horas extras, aplicando-se à hipótese o disposto na Súmula nº 340 do TST.

3.4. Tempo do pagamento

Quando o pagamento for estipulado por mês, **o empregador tem até o quinto dia útil do mês subsequente ao da prestação do serviço para efetuá-lo**.

Antes desse prazo a obrigação de pagar salário é inexigível e, consequentemente, **não há que se falar em início da contagem do prazo prescricional ou incidência de correção monetária**.

Por conta disso, em um eventual atraso no pagamento dos salários, só haveria incidência da correção monetária a partir do prazo de tolerância conferido ao empregador pela legislação laboral.

Contudo, o TST entende que a atualização deve ser feita a partir do dia 1º, conforme se observa da Súmula nº 381:

SÚMULA Nº 381. CORREÇÃO MONETÁRIA. SALÁRIO. Art. 459 DA CLT. (conversão da Orientação Jurisprudencial nº 124 da SDI-1) – Res. 129/2005 – DJ 20.04.2005. O pagamento dos salários até o 5º dia útil do mês subsequente ao vencido não está sujeito à correção monetária. Se essa data limite for ultrapassada, incidirá o índice da correção monetária do mês subsequente ao da prestação dos serviços, a partir do dia 1º. (ex-OJ nº 124 – Inserida em 20.04.1998).

Observe-se, mais uma vez, que, salvo na modalidade por comissão, a periodicidade do pagamento do salário não poderá ser superior a um mês, na forma prevista pelo art. 459 da CLT.[30]

3.5. Dos meios de pagamento em pecúnia

Quando o pagamento for em dinheiro, o empregador poderá optar em efetuá-lo em **moeda corrente no país (art. 463 da CLT), espécie, cheque ou em depósito bancário.**[31]

Caso a empresa opte em fazer o depósito do salário em conta bancária, deverá obter a concordância do empregado para que providencie a abertura de uma conta corrente em uma instituição financeira próxima ao local de trabalho.

30. CLT. Art. 459. O pagamento do salário, qualquer que seja a modalidade do trabalho, não deve ser estipulado por período superior a um mês, salvo no que concerne a comissões, percentagens e gratificações.
31. O pagamento em conta bancária também está autorizado pela Convenção da OIT de nº 95, ratificada pelo Brasil por meio do Decreto nº 41.721/57 (Art. 3.2. A autoridade competente poderá permitir ou prescrever o pagamento do salário em cheque contra um banco ou em cheque ou vale postal, quando esse modo de pagamento for de prática corrente ou necessário em razão de circunstâncias especiais, quando uma convenção coletiva ou uma sentença arbitral o determinar, ou quando, apesar de tais disposições, o trabalhador interessado consentir).

Nesse caso, **o comprovante de depósito terá a eficácia de recibo de pagamento**, mas a discriminação das verbas quitadas deverá ser feita no próprio contracheque, devidamente assinado pelo obreiro.

O procedimento referente ao depósito bancário ou em cheque do salário encontra-se disciplinado pela Portaria nº 3.281/84 do extinto MTE, que estabelece em seus arts. 1º e 2º:

> **Art. 1º.** As empresas situadas em perímetro urbano poderão efetuar o pagamento dos salários e da remuneração das férias através de conta bancária, aberta para esse fim em nome de cada empregado e com o consentimento deste, em estabelecimento de crédito próximo ao local de trabalho, ou em cheque emitido diretamente pelo empregador em favor do empregado, salvo se o trabalhador for analfabeto, quando o pagamento somente poderá ser efetuado em dinheiro.
>
> **Art. 2º.** Os pagamentos efetuados na forma do artigo 1. obrigam o empregador a assegurar ao empregado: a) horário que permita o desconto imediato do cheque; b) transporte, caso o acesso ao estabelecimento de crédito exija a utilização do mesmo.

Percebe-se, desse modo, que o depósito em conta bancária do salário só é possível **quando se tratar de trabalho urbano e no caso do empregado ser alfabetizado.**

3.6. Lugar do pagamento

A regra geral do Direito comum é de que o pagamento deva ser efetuado no domicílio do devedor, segundo preceitua o art. 327 do Código Civil.[32]

Com vistas a facilitar a vida do empregado e observado o princípio protetivo, a legislação laboral impõe a obrigação, ao empregador, de efetuar o pagamento do **salário em dia útil, durante ou logo após a jornada de labor e no local de trabalho**.

Excetua-se dessa regra os casos em que o pagamento for feito por meio de depósito em conta-corrente do empregado, o que é bastante comum atualmente, principalmente por questões de segurança.

Contudo, não se livra dos efeitos da mora o empregador que oferece o pagamento em instituição financeira na qual o empregado não possua conta-corrente, por meio de ordem de pagamento, principalmente quando se deixa de informar ao obreiro sobre a existência desse depósito à sua disposição.

O local do pagamento é considerado, nesse caso, como o domicílio do devedor, pois o empregador, no contrato de trabalho, assume essa posição na obrigação de pagar salário. Essa **dívida é de natureza *querable***, pois é efetivada no estabelecimento da empresa.

3.7. Prova do pagamento

A prova do pagamento de salário se faz com o respectivo recibo, que constitui o instrumento de quitação e, como tal, deve obedecer aos requisitos constantes do art. 320 do Código Civil, devendo indicar:

32. Código Civil. Art. 327. Efetuar-se-á o pagamento no domicílio do devedor, salvo se as partes convencionarem diversamente, ou se o contrário resultar da lei, da natureza da obrigação ou das circunstâncias.

a) o valor do salário, bem como das demais verbas de natureza salarial e indenizatória;

b) o nome do empregador ou pessoa que por este pagou;

c) o tempo e o lugar do pagamento; e

d) a assinatura do empregado ou do seu representante legal.

A Consolidação das Leis do Trabalho, em seu art. 464, preconiza que se o empregado for analfabeto, a sua impressão digital deverá constar do recibo de salário ou, não sendo essa possível, ao seu rogo.

A afirmativa segundo a qual a prova do pagamento de salário só pode ser feita exclusivamente pela via documental **constitui um mito**, principalmente na seara processual.

Para fundamentar essa assertiva basta atribuir efeitos à confissão ficta ou real do empregado em juízo. Se a forma fosse da substância do ato, a confissão não geraria o efeito da quitação.

Na verdade, a formalidade escrita para validade do pagamento é *ad probationem* e não da substância do ato. Em razão disso, apesar da reconhecida dificuldade em decorrência das características do salário, não há como excluir a possibilidade de se provar o pagamento por meio de testemunhas, para atender ao princípio da primazia da realidade.

Observe-se que, de forma contraditória, a jurisprudência e a doutrina não fazem qualquer restrição quanto à prova testemunhal do salário pago "por fora", também denominado de salário *a latere*, extrafolha ou oficioso:

> PAGAMENTOS "*A LATERE*". COMPROVAÇÃO. PROVA TESTEMUNHAL. Em se tratando de pagamento de salário "*a latere*", diante da dificuldade de comprovação, pois raramente tais pagamentos podem ser confirmados documentalmente, a prova testemunhal não pode ser tachada de frágil ou mesmo afastada, da forma como pretende o Recorrente. Por conseguinte, o Autor desincumbiu-se do ônus da prova (arts. 818 da CLT e 333, I, do CPC), não merecendo acolhida o inconformismo da primeira Ré, no aspecto.[33]

Ora, se o pagamento do salário informal pode ser provado por testemunhas, idêntico tratamento deve ser dispensado à prova do pagamento em si. Em tais condições, todavia, o valor atribuído ao pagamento só fará quitação em relação ao salário básico e não aos complementos salariais, diante da vedação da prática do salário complessivo.

4. COMPOSIÇÃO DO SALÁRIO

O salário, *lato sensu*, não representa, apenas, a quantia fixa paga pelo empregador ao empregado por conta dos seus serviços prestados.

Além do salário *stricto sensu*, também denominado de salário-base, **compõem o salário do empregado os complementos salariais ou sobressalários**, quais sejam, as gratificações,

33. TRT 9ª R. RO 18518/2009-005-09-00.9. 1ª T. Rel. Ubirajara Carlos Mendes. DEJT 25.01.2011.

os adicionais e todas as demais parcelas pagas em razão do trabalho, todos com características próprias que adiante serão examinadas.[34]

Desse modo, **tais verbas integram a composição salarial** do empregado para todos os efeitos legais, que formam, no conjunto, uma estrutura salarial complexa.[35]

A seguir, o resumo com as verbas de caráter salarial:

COMPLEXO SALARIAL

- Salário-base
- Adicionais
  - Hora extra
  - Noturno
  - Insalubridade, periculosidade e penosidade
  - Transferência
- Gratificações
  - Tempo de serviço
  - Natalina (13º salário)

4.1. Salário complessivo

No instrumento de quitação deve constar o valor e a discriminação das verbas que estão sendo pagas, conforme dispõe art. 320 do Código Civil.[36] Em razão disso, **veda-se ao empregador fazer o pagamento de suas obrigações sob um único título,** de forma a englobar as parcelas salariais, os complementos salariais e as parcelas indenizatórias, salvo se houver autorização expressa em lei, convenção ou acordo coletivo de trabalho.[37]

Existe Súmula do Tribunal Superior do Trabalho pacificando a jurisprudência sobre essa matéria:

> **SÚMULA Nº 91.** SALÁRIO COMPLESSIVO. Nula é a cláusula contratual que fixa determinada importância ou percentagem para atender englobadamente vários direitos legais ou contratuais do trabalhador.

Assim, constatada a hipótese de salário complessivo, o julgador deverá considerar que o valor que consta do recibo refere-se, unicamente, à verba estritamente salarial, assim considerada aquela derivada da contraprestação direta do trabalho (salário-base).

34. TST. OJ Transitória da SDI-1 nº 43. SUDS. GRATIFICAÇÃO. CONVÊNIO DA UNIÃO COM ESTADO. NATUREZA SALARIAL ENQUANTO PAGA (conversão da Orientação Jurisprudencial nº 168 da SBDI-1) – DJ 20.04.2005 A parcela denominada "Complementação SUDS" paga aos servidores em virtude de convênio entre o Estado e a União Federal tem natureza salarial, enquanto paga, pelo que repercute nos demais crédito.
35. TST. Súmula nº 247. QUEBRA DE CAIXA. NATUREZA JURÍDICA. A parcela paga aos bancários sob a denominação "quebra de caixa" possui natureza salarial, integrando o salário do prestador de serviços, para todos os efeitos legais.
36. Código Civil. Art. 320. A quitação, que sempre poderá ser dada por instrumento particular, designará o valor e a espécie da dívida quitada, o nome do devedor, ou quem por este pagou, o tempo e o lugar do pagamento, com a assinatura do credor, ou do seu representante.
37. TST. SDI-1. OJT Nº 12. CSN. ADICIONAL DE INSALUBRIDADE E DE PERICULOSIDADE. SALÁRIO COMPLESSIVO. PREVALÊNCIA DO ACORDO COLETIVO. Inserida em 19.10.00 (inserido dispositivo). O pagamento do adicional de insalubridade e periculosidade embutido no salário contratual dos empregados da CSN não caracteriza a complessividade salarial, uma vez que essa forma de pagamento decorre de acordo coletivo há muitos anos em vigor.

A consequência é que não se opera a quitação em relação aos demais direitos pecuniários do obreiro, também conhecidos por complementos salariais.

Isso não ocorre, entretanto, se essa integração se faz expressamente por força de acordo ou convenção coletiva de trabalho:

> **SÚMULA Nº 74 do TRT4.** GENERAL MOTORS. REPOUSO SEMANAL REMUNERADO. INTEGRAÇÃO DO PERCENTUAL DE 16,66% AO SALÁRIO DO EMPREGADO HORISTA POR FORÇA DE NORMA COLETIVA. A inclusão do valor dos repousos remunerados ao salário do empregado horista da General Motors, em percentual fixo de 16,66%, definido por meio de negociação coletiva, não é ilegal e não configura salário complessivo.

5. MODALIDADES DE SALÁRIO

Como dito no item anterior, não é considerado salário apenas a quantia paga em razão direta da atividade laboral. Possuem, igualmente, a natureza salarial os adicionais, as gratificações e quaisquer outras que incidam sobre o salário *stricto sensu*, denominados de **complementos salariais** que, em conjunto, formam a **estrutura salarial**, excluindo as verbas indenizatórias por sua própria natureza ou por expressa determinação legal.

5.1. Adicionais

O salário-base é devido ao empregado como forma de retribuir o labor por ele efetuado em condições normais ou simplesmente quando o empregado fica à disposição do empregador no aguardo de suas ordens.

Ocorre, entretanto, que o serviço pode ser prestado em **condições anormais**, assim considerado pela lei ou pelas demais fontes formais do Direito do Trabalho. Para compensar o prejuízo sofrido pelo obreiro, a lei prevê a obrigação do empregador de pagar um *plus* salarial, denominado de adicional.

Maurício Godinho Delgado ressalta essa característica dos adicionais: "Os adicionais consistem em parcelas contra prestativas suplementares devidas ao empregado em virtude do exercício do trabalho em circunstâncias tipificadas mais gravosas".[38]

Encontram-se legalmente previstos os adicionais de: jornada extraordinária, noturno, de insalubridade, de periculosidade e de transferência. Existem outros adicionais que derivam de ajuste individual, convenção ou acordo coletivo de trabalho, sentença normativa ou regulamento da empresa.[39]

Além da natureza compensatória dos aludidos adicionais, essa parcela salarial tem como finalidade, também, desestimular o empregador no sentido de utilizar a força de trabalho do empregado em condições adversas de labor.

---

38. DELGADO, Maurício Godinho. *Curso de direito do trabalho*. 10. ed. São Paulo: LTr, 2011. p. 711.
39. TST. Súmula nº 84. ADICIONAL REGIONAL – NOVA REDAÇÃO. O adicional regional, instituído pela Petrobras, não contraria o art. 7º, XXXII, da CF/1988.

Saliente-se que, para obter o valor de qualquer adicional, deve-se tomar como referência o salário-base e calcular cada um em separado, vedado o cômputo de adicional sobre adicional, sob pena de configurar-se o *bis in idem*.

O Tribunal Superior do Trabalho, todavia, **não entende dessa forma**, conforme se pode observar, a título de exemplo, do teor da Súmula nº 132, I e das Orientações Jurisprudenciais nºs 47, 97 e 259, da SDI-1 **que determinam a incidência de adicional sobre adicional:**

> **SÚMULA Nº 132.** ADICIONAL DE PERICULOSIDADE. INTEGRAÇÃO (incorporadas as Orientações Jurisprudenciais nºs 174 e 267 da SBDI-1) – Res. 129/2005, DJ 20, 22 e 25.04.2005. I – O adicional de periculosidade, pago em caráter permanente, integra o cálculo de indenização e de horas extras.
>
> **OJ Nº 47.** HORA EXTRA. ADICIONAL DE INSALUBRIDADE. BASE DE CÁLCULO (redação alterada na sessão do Tribunal Pleno em 26.06.2008) – Res. 148/2008, DJ 04 e 07.07.2008 – Republicada DJ 08, 09 e 10.07.2008. A base de cálculo da hora extra é o resultado da soma do salário contratual mais o adicional de insalubridade.
>
> **OJ Nº 97.** HORAS EXTRAS. ADICIONAL NOTURNO. BASE DE CÁLCULO. Inserida em 30.05.1997. O adicional noturno integra a base de cálculo das horas extras prestadas no período noturno.
>
> **OJ Nº 259.** ADICIONAL NOTURNO. BASE DE CÁLCULO. ADICIONAL DE PERICULOSIDADE. INTEGRAÇÃO. Inserida em 27.09.02. O adicional de periculosidade deve compor a base de cálculo do adicional noturno, já que também neste horário o trabalhador permanece sob as condições de risco.

No caso de extinção do fato que deu ensejo ao pagamento dos adicionais por labor em condições anormais, automaticamente extingue-se a obrigação do empregador de fazer o seu pagamento. Assim, não há que se falar em incorporação financeira ao patrimônio do empregado,[40] caso o fato gerador respectivo desapareça.

Esse é o posicionamento do Tribunal Superior do Trabalho ao interpretar o art. 194 da Consolidação das Leis do Trabalho, explicitado pelas Súmulas de nºs 80 e 248:

> **SÚMULA Nº 80.** INSALUBRIDADE. A eliminação da insalubridade mediante fornecimento de aparelhos protetores aprovados pelo órgão competente do Poder Executivo exclui a percepção do respectivo adicional.
>
> **SÚMULA Nº 248.** ADICIONAL DE INSALUBRIDADE. DIREITO ADQUIRIDO. A reclassificação ou a descaracterização da insalubridade, por ato da autoridade competente, repercute na satisfação do respectivo adicional, sem ofensa a direito adquirido ou ao princípio da irredutibilidade salarial.

Em relação à supressão das horas extras, o TST adotou a teoria da estabilidade econômica, a qual entende ser devida uma indenização ao obreiro, nos moldes daquela prevista pelo art. 477 da CLT:

> **SÚMULA Nº 291.** HORAS EXTRAS. SUPRESSÃO INDENIZAÇÃO. (nova redação em decorrência do julgamento do processo TST-IUJERR 10700-45.2007.5.22.0101) – Res. 174/2011, DEJT divulgado em 27, 30 e 31.05.2011. A supressão total ou parcial, pelo empregador, de serviço suplementar prestado com habitualidade, durante pelo menos 1 (um)

40. TST. Súmula nº 265. ADICIONAL NOTURNO. ALTERAÇÃO DE TURNO DE TRABALHO. POSSIBILIDADE DE SUPRESSÃO. A transferência para o período diurno de trabalho implica a perda do direito ao adicional noturno.

ano, assegura ao empregado o direito à indenização correspondente ao valor de 1 (um) mês das horas suprimidas, total ou parcialmente, para cada ano ou fração igual ou superior a seis meses de prestação de serviço acima da jornada normal. O cálculo observará a média das horas suplementares nos 12 (doze) meses anteriores à mudança, multiplicada pelo valor da hora extra do dia da supressão.

Já em relação ao adicional noturno, o TST abandona a teoria da monetização do risco e reconhece a legalidade da transferência do período noturno para o diurno, sem o direito à manutenção do adicional respectivo:

SÚMULA Nº 265. ADICIONAL NOTURNO. ALTERAÇÃO DE TURNO DE TRABALHO. POSSIBILIDADE DE SUPRESSÃO (mantida) – Res. 121/2003, DJ 19, 20 e 21.11.2003. A transferência para o período diurno de trabalho implica a perda do direito ao adicional noturno.

Exemplo de questão sobre o tema

(TRT 1 – Juiz do Trabalho Substituto 1ª região/2016) Em relação às alterações nas cláusulas e condições de trabalho, de acordo com a CLT e com o entendimento sumulado pelo TST, é correto afirmar:

(A) É lícita a supressão do adicional noturno, mesmo implicando redução da remuneração mensal, por alteração do contrato de trabalho que transfere o empregado do horário noturno para o diurno.

(B) Ofende o princípio da igualdade salarial o empregador que expressamente extingue determinada vantagem prevista em regulamento interno e, após, admite empregado para exercer idênticas atividades a outro que, admitido menos de dois anos antes, a execute, com a mesma produtividade e perfeição técnica.

(C) No curso do mandato sindical, é sempre vedado à empresa reverter dirigente sindical que exerce função de confiança ao seu cargo efetivo.

(D) Se o regulamento anterior não tiver sido revogado, para que o empregado possa se valer das regras de um novo regulamento instituído pela empresa, é necessário que manifeste expressamente sua renúncia ao primeiro e adesão ao segundo, eis que impossível ser regido concomitantemente por ambos.

(E) Em relação à empregada gestante, é ilícita qualquer transferência de localidade da prestação de serviço que decorra do contrato.

Resposta: A

A. Adicional de hora extra

A jornada normal de labor, ordinariamente, não pode ultrapassar a oitava diária ou a quadragésima quarta semanal.[41] Existem, também, as jornadas especiais de labor, como a dos bancários, dos empregados sujeitos ao trabalho em turnos ininterruptos de revezamento etc.

Para compensar o labor em jornada extraordinária e desestimular o empregador a exigir que o empregado trabalhe em regime de horas extras, foi instituído o **adicional de jornada extraordinária, no percentual legal de 50%[42] sobre a hora normal de trabalho.**[43]

41. CF/88. Art. 7º. XIII. Duração do trabalho normal não superior a oito horas diárias e quarenta e quatro semanais, facultada a compensação de horários e a redução da jornada, mediante acordo ou convenção coletiva de trabalho.

42. Esse percentual é de 100% para o advogado empregado, conforme determina o art. 20 da Lei nº 8.906/94: Art. 20. § 2º – As horas trabalhadas que excederem a jornada normal são remuneradas por um adicional não inferior a cem por cento sobre o valor da hora normal, mesmo havendo contrato escrito.

43. CF/88. Art. 7º. XVI. Remuneração do serviço extraordinário superior, no mínimo, em cinquenta por cento à do normal.

É muito importante não confundir horas extras com o adicional de horas extras. A primeira parcela é, na verdade, o próprio salário-base do empregado, pois tem relação direta com a quantidade de trabalho prestado ou pelo simples fato do empregado permanecer à disposição do empregador. Já o adicional respectivo constitui um complemento salarial e, desse modo, possui natureza diversa.[44]

Não é possível reduzir o percentual de 50% a título de adicional de horas extras por meio de negociação coletiva, diante da previsão contida no art. 611-B, da CLT:

> **Art. 611-B.** Constituem objeto ilícito de convenção coletiva ou de acordo coletivo de trabalho, exclusivamente, a supressão ou a redução dos seguintes direitos: X – remuneração do serviço extraordinário superior, no mínimo, em 50% (cinquenta por cento) à do normal.

B. *Adicional noturno*

O ser humano, biologicamente, reserva o período noturno para um descanso mais prolongado, ou, mais precisamente, para o sono profundo, após o qual recupera o humor e as energias necessárias para desenvolver qualquer atividade manual ou intelectual, o que constitui verdadeira necessidade física.

Trabalhar durante o período naturalmente destinado ao sono profundo é, logicamente, laborar em condições mais gravosas.[45]

Por conta disso, a legislação ordinária laboral instituiu o adicional noturno **para os trabalhadores urbanos** (art. 73 da Consolidação das Leis do Trabalho)[46] **no importe de 20%** (vinte por cento) sobre a hora diurna.[47]

A Constituição Federal de 1988, em seu art. 7º, inciso IX,[48] estabelece o direito ao adicional noturno, mas omite-se em relação ao respectivo percentual.

Apesar do referido art. 73 consolidado excluir a incidência do adicional noturno para os casos de revezamento semanal ou quinzenal, **o Supremo Tribunal Federal entendeu de forma diversa,** conforme se observa da redação da Súmula nº 213: "É devido o adicional de serviço noturno, ainda que sujeito o empregado ao regime de revezamento".[49]

Para os **trabalhadores rurais**, o adicional noturno é de **25% sobre a hora diurna**. Em compensação, tais trabalhadores estão excluídos da regra que considera a hora noturna de 52 minutos e 30 segundos.[50]

---

44. Fórmula para o cálculo do adicional de horas extras: S/220 x 0,5 (S = salário).
45. Desde 2001 pesquisas feitas na Dinamarca mostram uma relação entre a formação de cânceres e o trabalho noturno. Um estudo do Instituto do Câncer Epidemiológico daquele país analisou mais de 7 mil mulheres, entre 30 e 54 anos. Foi observado que as mulheres que trabalharam à noite por pelo menos seis meses tiveram uma chance 50% maior de desenvolver câncer de mama do que as mulheres que só trabalhavam de dia (disponível em: <http://news.bbc.co.uk/2/hi/health/7945481.stm>. Acesso em: 24.03.2009).
46. CLT. Art. 73: Salvo nos casos de revezamento semanal ou quinzenal, o trabalho noturno terá remuneração superior à do diurno e, para esse efeito, sua remuneração terá um acréscimo de 20% (vinte por cento), pelo menos, sobre a hora diurna.
47. Essa matéria será vista sob o enfoque da jornada de trabalho, no item 7, capitulo VII, parte I, desta obra.
48. CF/88. Art. 7º. IX. Remuneração do trabalho noturno superior à do diurno.
49. Fórmula para o cálculo do adicional noturno urbano: S/220 x 0,2 (S = salário).
50. Fórmula para o cálculo do adicional noturno rural: S/220 x 0,25 (S = salário).

É considerado trabalho noturno para o empregado urbano aquele compreendido entre 22 e 05 horas do dia seguinte.[51] Para o trabalhador rural da agricultura, o horário noturno fica compreendido entre 21 e 05 horas e para o da pecuária, entre 20 e 04 horas.

Na hipótese de haver prolongamento do trabalho noturno além do limite acima estabelecido, **o empregado, ainda assim, tem direito ao adicional respectivo**.

Assim, se o empregado inicia o labor durante o período considerado noturno e ultrapassa o limite das 05 horas, para efeito de aplicação da norma legal, o período subsequente também será considerado noturno, de acordo com a determinação contida no art. 73, § 5º, da Consolidação das Leis do Trabalho,[52] e interpretação constante da Súmula nº 60 do Tribunal Superior do Trabalho:

> **SÚMULA Nº 60.** ADICIONAL NOTURNO. INTEGRAÇÃO NO SALÁRIO E PRORROGAÇÃO EM HORÁRIO DIURNO. (incorporada a Orientação Jurisprudencial nº 6 da SDI-1) – Res. 129/2005 – DJ 20.04.2005. I – O adicional noturno, pago com habitualidade, integra o salário do empregado para todos os efeitos. (ex-Súmula nº 60 – RA 105/74, DJ 24.10.1974); II – Cumprida integralmente a jornada no período noturno e prorrogada esta, devido é também o adicional quanto às horas prorrogadas. Exegese do art. 73, § 5º, da CLT. (ex-OJ nº 6 – Inserida em 25.11.1996).

Já que a hora noturna reduzida constitui uma compensação para o trabalho noturno, de igual forma deve ser considerada, também, nas hipóteses em que o trabalho iniciar durante a jornada noturna e ultrapassar o horário das 05:00 horas.

Nesse sentido a Súmula nº 92 do TRT4:

> **SÚMULA Nº 92 do TRT4.** TRABALHO NOTURNO. PRORROGAÇÃO. REDUÇÃO DA HORA NOTURNA. Reconhecido o direito ao adicional noturno para as horas prorrogadas após as 5h da manhã, também deve ser observada a redução da hora noturna para essas horas.

O parágrafo único do art. 59-A da CLT, introduzido pela Lei nº 13.467/17, estabeleceu que o salário recebido pelo labor no regime de “12 x 36” já compensa o valor do adicional noturno devido após as cinco horas:

> **Art. 59-A. Parágrafo único.** A remuneração mensal pactuada pelo horário previsto no *caput* deste artigo abrange os pagamentos devidos pelo descanso semanal remunerado e pelo descanso em feriados, e serão considerados compensados os feriados e as prorrogações de trabalho noturno, quando houver, de que tratam o art. 70 e o § 5º do art. 73 desta Consolidação.

Por conta disso, o TST deve cancelar ou alterar a redação da OJ nº 388 da SDI-1:

> **OJ Nº 388. JORNADA 12 X 36.** JORNADA MISTA QUE COMPREENDA A TOTALIDADE DO PERÍODO NOTURNO. ADICIONAL NOTURNO. DEVIDO (DEJT divulgado em 09, 10 e 11.06.2010). O empregado submetido à jornada de 12 horas de trabalho por 36 de descanso, que compreenda a totalidade do período noturno, tem direito ao adicional noturno, relativo às horas trabalhadas após as 5 horas da manhã.

51. STF. Súmula nº 402. Vigia noturno tem direito a salário adicional. TST. Súmula nº 140. VIGIA. É assegurado ao vigia sujeito ao trabalho noturno o direito ao respectivo adicional. Ex-prejulgado nº 12.
52. CLT. Art. 73. § 5º. Às prorrogações do trabalho noturno aplica-se o disposto neste capítulo.

Assim como ocorre com o adicional de horas extras, o adicional noturno não pode ser reduzido por convenção ou acordo coletivo de trabalho, por fazer parte do rol taxativo do art. 611-B da CLT: "Constituem objeto ilícito de convenção coletiva ou de acordo coletivo de trabalho, exclusivamente, a supressão ou a redução dos seguintes direitos: VI – remuneração do trabalho noturno superior à do diurno".

C. Adicional de insalubridade, periculosidade e penosidade

O meio ambiente de trabalho deve ser adaptado de forma que não contribua para ocorrência de acidentes ou aquisição de doenças ocupacionais. O empregado tem direito a um meio ambiente de trabalho hígido, que é obtido por meio do cumprimento de normas atinentes à medicina, higiene e segurança no trabalho.[53]

A atual Constituição Federal (art. 7º, XXIII) prevê, como direitos dos trabalhadores, o "adicional de remuneração para as atividades penosas, insalubres ou perigosas, na forma da lei".[54]

Tal como ocorre com os outros adicionais analisados, veda-se a flexibilização do adicional de periculosidade e de insalubridade por meio de negociação coletiva, na forma prevista pelo art. 611-B, XVIII, da CLT:

> **Art. 611-B.** Constituem objeto ilícito de convenção coletiva ou de acordo coletivo de trabalho, exclusivamente, a supressão ou a redução dos seguintes direitos: XVIII – adicional de remuneração para as atividades penosas, insalubres ou perigosas.

– *Percepção cumulada de adicional de periculosidade e de insalubridade*

Pela regra consolidada, art. 193, § 2º da CLT, o empregado **não pode receber cumulativamente adicional de periculosidade e insalubridade**.

Nesse sentido, o entendimento do TST constante do julgamento do Incidente de Recurso Repetitivo – IRR nº 239-55.2011.5.02.0319, no qual foi fixada a seguinte tese, para o Tema Repetitivo nº 17: "O art. 193, § 2º, da CLT foi recepcionado pela Constituição Federal e veda a cumulação dos adicionais de insalubridade e de periculosidade, ainda que decorrentes de fatos geradores distintos e autônomos".

– *Requisitos gerais para percepção de adicional de periculosidade e de insalubridade – previsão legal e perícia*

Para percepção do adicional de insalubridade ou de periculosidade é necessário que a atividade desenvolvida pelo obreiro **seja classificada como insalubre ou perigosa:**

> **SÚMULA Nº 448.** ATIVIDADE INSALUBRE. CARACTERIZAÇÃO. PREVISÃO NA NORMA REGULAMENTADORA Nº 15 DA PORTARIA DO MINISTÉRIO DO TRABALHO Nº 3.214/78. INSTALAÇÕES SANITÁRIAS. (conversão da Orientação Jurisprudencial nº 4 da SBDI-1 com nova redação do item II).

53. Ver também o Capítulo X, que trata da Segurança, Higiene e Medicina do Trabalho.
54. A temática da segurança e da higiene laboral será objeto do Capítulo X, parte I, desta obra.

I – Não basta a constatação da insalubridade por meio de laudo pericial para que o empregado tenha direito ao respectivo adicional, sendo necessária a classificação da atividade insalubre na relação oficial elaborada pelo Ministério do Trabalho.

II – A higienização de instalações sanitárias de uso público ou coletivo de grande circulação, e a respectiva coleta de lixo, por não se equiparar à limpeza em residências e escritórios, enseja o pagamento de adicional de insalubridade em grau máximo, incidindo o disposto no Anexo 14 daNR-15 da Portaria do MTE nº 3.214/78 quanto à coleta e industrialização de lixo urbano.

O TST flexibilizou seu entendimento quanto à necessidade de previsão legal específica para gerar o direito à percepção de tais adicionais, admitindo o uso da analogia.

Verifica-se esse processo com a modificação da redação da OJ nº 173 da SDI-1, que trata do trabalho a céu aberto:

OJ Nº 173. ADICIONAL DE INSALUBRIDADE. ATIVIDADE A CÉU ABERTO. EXPOSIÇÃO AO SOL E AO CALOR. (redação alterada na sessão do Tribunal Pleno realizada em 14.09.2012) – Res. 186/2012, DEJT divulgado em 25, 26 e 27.09.2012

I – Ausente previsão legal, indevido o adicional de insalubridade ao trabalhador em atividade a céu aberto, por sujeição à radiação solar (art. 195 da CLT e Anexo 7 da NR 15 da Portaria Nº 3214/78 do MTE).

II – Tem direito ao adicional de insalubridade o trabalhador que exerce atividade exposto ao calor acima dos limites de tolerância, inclusive em ambiente externo com carga solar, nas condições previstas no Anexo 3 da NR 15 da Portaria Nº 3214/78 do MTE.

No mesmo sentido as Súmulas dos Tribunais Regionais do Trabalho a seguir transcritas:

SÚMULA Nº 88 do TRT15. ADICIONAL DE INSALUBRIDADE. TRABALHADOR RURAL. TRABALHO A CÉU ABERTO. EXPOSIÇÃO A CALOR. Comprovada a exposição do trabalhador rural ao calor excessivo, nas condições previstas no Anexo 3 da NR-15 da Portaria nº 3.214/78 do Ministério do Trabalho, é devido o pagamento do adicional de insalubridade.

SÚMULA Nº 58 do TRT18. TRABALHO A CÉU ABERTO. CALOR. PAUSAS PREVISTAS NO QUADRO 1 DO ANEXO 3 DA NR-15. NÃO CONCESSÃO. DIREITO ÀS HORAS EXTRAS CORRESPONDENTES. A não concessão ou a concessão parcial das pausas previstas no Quadro 1 do Anexo 3 da NR-15, do Ministério do Trabalho e Emprego, não enseja o pagamento do período correspondente como labor extraordinário, porquanto apenas caracteriza esteve o empregado exposto ao agente insalubre calor acima dos limites de tolerância.

SÚMULA Nº 59 do TRT18. ADICIONAL DE INSALUBRIDADE. EXPOSIÇÃO AO CALOR. ATIVIDADE A CÉU ABERTO. OJ-SBDI1-173, II, DO TST. QUADRO 1, ANEXO 3, DA NR 15/MTE. I – RESTRIÇÃO DO DIREITO AO ADICIONAL A DETERMINADA CLASSE DE TRABALHADORES. Na esteira do que preceitua a Orientação Jurisprudencial nº 173 da SBDI-1/TST, tem direito ao adicional de insalubridade o trabalhador que exerce atividade exposto ao calor acima dos limites de tolerância, inclusive em ambiente externo com carga solar, independentemente da atividade laboral desenvolvida, nas condições previstas no Anexo 3 da NR-15 da Portaria nº 3.214/78 do MTE. II – LIMITES DE TOLERÂNCIA. FLEXIBILIZAÇÃO. O Anexo 3 da NR-15 da Portaria nº 3.214/78 do MTE fixa limites objetivos de temperatura e condições de trabalho a exigir o pagamento do adicional de insalubridade pela exposição do empregado ao agente calor, parâmetros esses que não comportam relativização e/ou flexibilização pelo órgão julgador.

Apesar de aparentemente fazer sentido o posicionamento dos Tribunais Trabalhistas é de difícil constatação prática a insalubridade no exercício da atividade diária do empregado em tais condições, já que totalmente dependente das variações das condições climáticas, das estações do ano e da região geográfica de cada estabelecimento empresarial.

Em outras decisões, houve equiparação com o manuseio de lixo urbano das atividades exercidas com o recolhimento de lixo **em locais de uso público ou coletivo**:

> **SÚMULA Nº 4 do TRT21.** ADICIONAL DE INSALUBRIDADE. LIMPEZA E HIGIENIZAÇÃO DE QUARTOS E BANHEIROS DE USO PÚBLICO EM MOTEL. EQUIPARAÇÃO A LIXO URBANO. Os empregados que executam os serviços de higienização e limpeza das instalações sanitárias, de uso público ou coletivo de grande circulação, e a respectiva coleta de lixo, em motel, desde que apuradas as condições insalubres mediante prova técnica, fazem jus ao adicional de insalubridade em grau máximo, por equiparação aos trabalhadores que lidam com lixo urbano, incidindo o disposto no anexo 14 da NR-15 da Portaria do MTE nº 3.214/78.
>
> **SÚMULA Nº 42 do TRT22.** ATIVIDADE INSALUBRE. CARACTERIZAÇÃO. PREVISÃO NA NORMA REGULAMENTADORA Nº 15 DA PORTARIA DO MINISTÉRIO DO TRABALHO Nº 3.214/78. INSTALAÇÕES SANITÁRIAS. LIMPEZA DE RESIDÊNCIAS E ESCRITÓRIOS. I – Não basta a constatação da insalubridade por meio de laudo pericial para que o empregado tenha direito ao respectivo adicional, sendo necessária a classificação da atividade insalubre na relação oficial elaborada pelo Ministério do Trabalho. II – A higienização de instalações sanitárias de uso público ou coletivo de grande circulação, e a respectiva coleta de lixo, enseja o pagamento de adicional de insalubridade em grau máximo, incidindo o disposto no Anexo 14 da NR-15 da Portaria do MTE nº 3.214/78 quanto à coleta e industrialização de lixo urbano. III – A limpeza em residências e escritórios e a respectiva coleta de lixo não podem ser consideradas atividades insalubres, ainda que constatadas por laudo pericial, porque não classificada como lixo urbano (coleta e urbanização), conforme o disposto no Anexo 14 da NR-15 da Portaria do MTE nº 3.214/78.

Na decisão proferida nos autos do Tema Repetitivo nº 5, o TST estendeu esse entendimento para os demais casos de insalubridade:

> TEMA REPETITIVO N.º 0005 – ADICIONAL DE INSALUBRIDADE – UTILIZAÇÃO DE FONES DE OUVIDO – OPERADOR DE TELEMARKETING, Processo TST-IRR-356-84.2013.5.04.0007,SDI-1, publicado em 2/6/2017: 1. O reconhecimento da insalubridade, para fins do percebimento do adicional previsto no artigo 192 da CLT, não prescinde do enquadramento da atividade ou operação na relação elaborada pelo Ministério do Trabalho ou da constatação de extrapolação de níveis de tolerância fixados para agente nocivo expressamente arrolado no quadro oficial. 2. A atividade com utilização constante de fones de ouvido, tal como a de operador de telemarketing, não gera direito ao adicional de insalubridade, tão somente por equiparação aos serviços de telegrafia e radiotelegrafia, manipulação em aparelhos do tipo Morse e recepção de sinais em fones, para os fins do Anexo 13 da Norma Regulamentadora 15 da Portaria n.º 3.214/78 do Ministério do Trabalho.

Além da **necessidade de previsão legal** quanto às atividades insalubres e perigosas, a obrigação do pagamento dos adicionais respectivos, em regra, **depende de perícia feita por médico ou engenheiro do trabalho**, de acordo com o art. 195 da CLT:

> **Art. 195.** A caracterização e a classificação da insalubridade e da periculosidade, segundo as normas do Ministério do Trabalho, far-se-ão através de perícia a cargo de Médico do Trabalho ou Engenheiro do Trabalho, registrados no Ministério do Trabalho.

A perícia se faz necessária ainda que a hipótese seja de revelia, diante do comando contido no § 2º do citado art. 195:

> **Art. 195. § 2º** Arguida em juízo insalubridade ou periculosidade, seja por empregado, seja por Sindicato em favor de grupo de associado, o juiz designará perito habilitado na forma deste artigo, e, onde não houver, requisitará perícia ao órgão competente do Ministério do Trabalho.

– *Dispensa da perícia*

Dispensa-se a realização de perícia quando a empresa já paga o adicional de periculosidade e, sem qualquer justificativa, cessa esse procedimento:

> **TST. SÚMULA Nº 453.** ADICIONAL DE PERICULOSIDADE. PAGAMENTO ESPONTÂNEO. CARACTERIZAÇÃO DE FATO INCONTROVERSO. DESNECESSÁRIA A PERÍCIA DE QUE TRATA O Art. 195 DA CLT. (conversão da Orientação Jurisprudencial nº 406 da SBDI-1) O pagamento de adicional de periculosidade efetuado por mera liberalidade da empresa, ainda que de forma proporcional ao tempo de exposição ao risco ou em percentual inferior ao máximo legalmente previsto, dispensa a realização da prova técnica exigida pelo art. 195 da CLT, pois torna incontroversa a existência do trabalho em condições perigosas.

De igual forma, **dispensa-se a realização de perícia para constatação de periculosidade** nos casos de condução de motocicleta e roubos ou outras espécies de violência física nas atividades profissionais de segurança pessoal ou patrimonial, previstos no § 4º e inciso II, do art. 193 da CLT.

– *Integração do adicional de periculosidade e de insalubridade à remuneração e ao contrato de trabalho*

Outra questão importante que envolve os adicionais de insalubridade e de periculosidade, diz respeito à sua incorporação ao salário e ao contrato de trabalho.

Assim, **o adicional de insalubridade, enquanto recebido, integra à remuneração para efeito de pagamento de outras verbas devidas em razão da execução do contrato de trabalho**,[55] desde que se observe a restrição de cálculo de adicional sobre adicional.[56]

Mas, uma vez cessada a causa que dava ensejo ao pagamento dos referidos adicionais, não há que se falar em direito adquirido à incorporação do benefício ao contrato de trabalho.

– *Insalubridade*

Nem todas as atividades empresariais podem ser desenvolvidas em ambientes totalmente hígidos. Por conta disso, como forma de compensar o labor em ambientes insalubres foi instituído o adicional de insalubridade.

55. TST. Súmula nº 139. ADICIONAL DE INSALUBRIDADE. (INCORPORADA A ORIENTAÇÃO JURISPRUDENCIAL Nº 102 DA SDI-1). Enquanto percebido, o adicional de insalubridade integra a remuneração para todos os efeitos legais. (ex-OJ nº 102 – Inserida em 01.10.1997).

56. Observar que o entendimento do TST é no sentido de admitir o cálculo de adicional sobre adicional, como restou demonstrado no item 5.1 deste capítulo.

Esse adicional **é devido em sua integralidade**, mesmo que a exposição do empregado ao agente insalubre, de natureza química, física ou biológica, **não seja contínua:**

> **TST. SÚMULA Nº 47.** INSALUBRIDADE. O trabalho executado em condições insalubres, em caráter intermitente, não afasta, só por essa circunstância, o direito à percepção do respectivo adicional. (RA 41/1973, DJ 14.06.1973).

Para quitar o referido adicional, deve-se fazer constar no contracheque o correspondente valor e a especificação da parcela, para não configurar prática do **salário complessivo.**[57]

Sobre o salário mínimo como base de cálculo para incidência do adicional de insalubridade, O STF editou a **Súmula Vinculante de nº 4**, com o seguinte teor:

> **SV Nº 4.** Salvo os casos previstos na Constituição Federal, o salário mínimo não pode ser usado como indexador de base de cálculo de vantagem de servidor público ou de empregado, nem ser substituído por decisão judicial.[58]

Pelo entendimento do STF acima citado, **o salário mínimo não pode ser utilizado como indexador do adicional de insalubridade, nem a decisão judicial pode substituir a base de cálculo fixada por lei.**

Por outro lado, o TST conferiu interpretação diversa daquela defendida pelo STF, quando alterou a sua Súmula de nº 228, pois mudou a base de cálculo do mencionado adicional para considerar o salário básico ou outro que seja mais benéfico para o empregado, desde que fixado em convenção coletiva, acordo coletivo ou sentença normativa:

> **SÚMULA Nº 228.** ADICIONAL DE INSALUBRIDADE. BASE DE CÁLCULO. A partir de 9 de maio de 2008, data da publicação da Súmula Vinculante nº 4 do Supremo Tribunal Federal, o adicional de insalubridade será calculado sobre o salário básico, salvo critério mais vantajoso fixado em instrumento coletivo.

O novo texto da Súmula nº 228 foi aprovado pela Resolução nº 148/08, cujos dispositivos também cancelaram a Súmula nº 17 e a OJ nº 2 da SDI-1; deram nova redação à OJ nº 47 da SDI-1;[59] e mantiveram a OJ nº 2 da SDI-2.

Entretanto, o Ministro Gilmar Mendes, em sede de liminar, suspendeu a aplicação da referida Súmula do TST, na parte em que permite a utilização do salário básico para calcular o adicional de insalubridade (RCL nº 6266).

Esse fato provocou a suspensão da vigência da mencionada Súmula nº 228:

> **SÚMULA Nº 228.** ADICIONAL DE INSALUBRIDADE. BASE DE CÁLCULO (redação alterada na sessão do Tribunal Pleno em 26.06.2008) – Res. 148/2008, DJ 04 e 07.07.2008 – Republicada DJ 08, 09 e 10.07.2008. SÚMULA CUJA EFICÁCIA ESTÁ SUSPENSA POR DECISÃO LIMINAR DO SUPREMO TRIBUNAL FEDERAL – Res. 185/2012, DEJT divulgado em 25, 26 e 27.09.2012. A partir de 9 de maio de 2008, data da publicação

57. STF. Súmula nº 307. É devido o adicional de serviço insalubre, calculado à base do salário mínimo da região, ainda que a remuneração contratual seja superior ao salário mínimo acrescido da taxa de insalubridade. TST. Súmula nº 137 – ADICIONAL DE INSALUBRIDADE – CANCELADA. É devido o adicional de serviço insalubre, calculado à base do salário mínimo da região, ainda que a remuneração contratual seja superior ao salário mínimo acrescido da taxa de insalubridade. Ex-prejulgado nº 8.
58. Súmula vinculante editada conforme art. 2º da Lei nº 11.417/2006, que regulamenta o art. 103-A da CF/88.
59. TST. SDI-1. OJ Nº 47. HORA EXTRA. ADICIONAL DE INSALUBRIDADE. BASE DE CÁLCULO. A base de cálculo da hora extra é o resultado da soma do salário contratual mais o adicional de insalubridade.

da Súmula Vinculante nº 4 do Supremo Tribunal Federal, o adicional de insalubridade será calculado sobre o salário básico, salvo critério mais vantajoso fixado em instrumento coletivo.

Em decisões posteriores à edição da SV nº 4, apesar de ter declarado a inconstitucionalidade do referido dispositivo celetista, o STF, **admitiu a utilização do salário mínimo como base de cálculo, até que seja editada nova legislação sobre a matéria:**

> [...] no julgamento que deu origem à mencionada Súmula Vinculante nº 4 (RE 565.714/SP, Rel. Min. Cármen Lúcia, Sessão de 30.4.2008 – Informativo nº 510/STF), esta Corte entendeu que o adicional de insalubridade deve continuar sendo calculado com base no salário mínimo, enquanto não superada a inconstitucionalidade por meio de lei ou convenção coletiva. Dessa forma, com base no que ficou decidido no RE 565.714/SP e fixado na Súmula Vinculante nº 4, este Tribunal entendeu que não é possível a substituição do salário mínimo, seja como base de cálculo, seja como indexador, antes da edição de lei ou celebração de convenção coletiva que regule o adicional de insalubridade.[60]

Nesse caso, utilizou-se da técnica de julgamento alemã, por meio da qual se reconhece a inconstitucionalidade da norma jurídica, mas sem declaração de sua nulidade para reger as relações obrigacionais, diante da impossibilidade do Poder Judiciário assumir a função legislativa para substituir a base de cálculo.

Nesse sentido as Súmulas dos Tribunais Regionais do Trabalho a seguir transcritas:

> **SÚMULA Nº 16 do TRT2.** ADICIONAL DE INSALUBRIDADE. BASE DE CÁLCULO. Diante do entendimento firmado pelo Supremo Tribunal Federal, até que nova base de cálculo seja fixada pelo Legislativo, o adicional de insalubridade deve ser calculado com base no salário mínimo.
>
> **SÚMULA Nº 46 do TRT3.** ADICIONAL DE INSALUBRIDADE. BASE DE CÁLCULO. A base de cálculo do adicional de insalubridade é o salário mínimo, enquanto não sobrevier lei dispondo de forma diversa, salvo critério mais vantajoso para o trabalhador estabelecido em norma coletiva, condição mais benéfica ou em outra norma autônoma aplicável.
>
> **SÚMULA Nº 62 do TRT4.** ADICIONAL DE INSALUBRIDADE. BASE DE CÁLCULO. A base de cálculo do adicional de insalubridade permanece sendo o salário mínimo nacional enquanto não sobrevier lei dispondo de forma diversa, salvo disposição contratual ou normativa prevendo base de cálculo mais benéfica ao trabalhador.
>
> **SÚMULA Nº 28 do TRT8.** ADICIONAL DE INSALUBRIDADE. BASE DE CÁLCULO. A base de cálculo do adicional de insalubridade é o salário mínimo, até que haja definição legal (Resolução TST Nº 185/2012).
>
> **SÚMULA Nº 24 do TRT9.** ADICIONAL DE INSALUBRIDADE. BASE DE CÁLCULO. Após a edição da Súmula Vinculante 4, do STF, até que se edite norma legal ou convencional, a base de cálculo do adicional de insalubridade deve ser o salário mínimo nacional.
>
> **SÚMULA Nº 18 do TRT10.** ADICIONAL DE INSALUBRIDADE. BASE DE CÁLCULO. O adicional de insalubridade deve ser calculado, ordinariamente, sobre o salário mínimo. Todavia, percebendo o empregado salário fixado em lei, acordo coletivo de trabalho, convenção coletiva de trabalho ou sentença normativa, sobre este incidirá sua base de cálculo.

60. STF. Rcl 6266-DF. Rel. Min. Gilmar Mendes. DJU 5.8.2008.

– *Periculosidade*

O adicional de periculosidade[61] é **invariável e corresponde a 30% do salário-base** do empregado (art. 193, § 1º, da Consolidação das Leis do Trabalho).[62]

O referido adicional é devido quando o empregado exercer atividades ou operações perigosas, assim entendidas como aquelas que, por sua natureza ou métodos de trabalho, impliquem:

a) exposição permanente a inflamáveis, explosivos ou energia elétrica;

b) risco de roubos ou outras espécies de violência física nas atividades profissionais de segurança pessoal ou patrimonial;

c) atividades de trabalhador em motocicleta.

O valor do adicional de periculosidade, pago ou devido com habitualidade pelo empregador, deve ser levado em consideração para efeito do cálculo das demais verbas devidas por conta da execução e extinção do pacto laboral, inclusive das horas extras:

> **TST. SÚMULA Nº 132.** ADICIONAL DE PERICULOSIDADE. INTEGRAÇÃO. (incorporadas as Orientações Jurisprudenciais nº 174 e 267 da SDI-1) – Res. 129/2005 – DJ 20.04.2005: I – O adicional de periculosidade, pago em caráter permanente, integra o cálculo de indenização e de horas extras. (ex-prejulgado nº 3). (ex-Súmula nº 132 – RA 102/1982, DJ 11.10.1982/ DJ 15.10.1982 e ex-OJ nº 267 – Inserida em 27.09.2002);[63] II – Durante as horas de sobreaviso, o empregado não se encontra em condições de risco, razão pela qual é incabível a integração do adicional de periculosidade sobre as mencionadas horas. (ex-OJ nº 174 – Inserida em 08.11.2000).

O entendimento do TST, inserido no inciso II da Súmula nº 364, era no sentido de ser possível flexibilizar o pagamento do adicional de periculosidade, por meio de convenção ou acordo coletivo do trabalho.

A mudança de posicionamento ocorreu depois de várias decisões em sentido contrário, no âmbito das Turmas daquele Tribunal, que culminou com **o cancelamento** do inciso II da Súmula nº 364 em 2011:

> **SÚMULA Nº 364.** ADICIONAL DE PERICULOSIDADE. EXPOSIÇÃO EVENTUAL, PERMANENTE E INTERMITENTE (conversão das Orientações Jurisprudenciais ns. 5, 258 e 280 da SBDI-1) – Res. 129/2005, DJ 20, 22 e 25.04.2005. I – Faz jus ao adicional de periculosidade o empregado exposto permanentemente ou que, de forma intermitente, sujeita-se a condições de risco. Indevido, apenas, quando o contato dá-se de forma eventual, assim considerado o fortuito, ou o que, sendo habitual, dá-se por tempo extremamente reduzido. (ex-Ojs da SBDI-1 nº 05 – inserida em 14.03.1994 – e 280 – DJ 11.08.2003). II – A fixação do adicional de periculosidade, em percentual inferior ao legal e proporcional ao tempo

61. Fórmula para o cálculo do adicional de periculosidade: SB x 0,3 (SB = salário-base).

62. CLT. Art. 193, § 1º. O trabalho em condições de periculosidade assegura ao empregado um adicional de 30% (trinta por cento) sobre o salário sem os acréscimos resultantes de gratificações, prêmios ou participações nos lucros da empresa.

63. Como a expressão *hora extra* não engloba o conceito de *adicional de horas extras*, o adicional de horas extras não deve ser calculado com base nessa última parcela, sob pena de se configurar o pagamento de adicional sobre adicional, apesar de este não ser o entendimento do TST, conforme se observa do teor da OJ nº 259 da SDI-1: "O adicional de periculosidade deve compor a base de cálculo do adicional noturno, já que também neste horário o trabalhador permanece sob as condições de risco".

de exposição ao risco, deve ser respeitada, desde que pactuada em acordos ou convenções coletivas. (item cancelado em 24.05.2011).

Posteriormente, para deixar mais claro o posicionamento do TST, o inciso II foi reinserido no referido verbete para afastar, expressamente, a possibilidade de flexibilização do pagamento do adicional de periculosidade:

> **SÚMULA Nº 364.** ADICIONAL DE PERICULOSIDADE. EXPOSIÇÃO EVENTUAL, PERMANENTE E INTERMITENTE (inserido o item II) – Res. 209/2016; I – Tem direito ao adicional de periculosidade o empregado exposto permanentemente ou que, de forma intermitente, sujeita-se a condições de risco. Indevido, apenas, quando o contato dá-se de forma eventual, assim considerado o fortuito, ou o que, sendo habitual, dá-se por tempo extremamente reduzido. (ex-Ojs da SBDI-1 nº 05 – inserida em 14.03.1994 – e 280 – DJ 11.08.2003) II – Não é válida a cláusula de acordo ou convenção coletiva de trabalho fixando o adicional de periculosidade em percentual inferior ao estabelecido em lei e proporcional ao tempo de exposição ao risco, pois tal parcela constitui medida de higiene, saúde e segurança do trabalho, garantida por norma de ordem pública (arts. 7º, XXII e XXIII, da CF e 193, § 1º, da CLT).

Com a edição da Lei nº 13.467/17, foi introduzido o art. 611-B à CLT que veda a redução ou extinção de alguns direitos trabalhistas por meio de negociação coletiva, principalmente aqueles descritos no art. 7º da CF/88, inclusive o adicional de periculosidade.

– *Risco de roubo e outras espécies de violência física*

A Portaria Ministério do Trabalho e Emprego nº 1.885/13, regulamentou o art. 193 da CLT e listou as atividades e operações que oferecem risco de roubo ou de outras espécies de violência física relativamente aos profissionais de segurança pessoal ou patrimonial.

Assim, são considerados **profissionais de segurança,** segundo a referida Portaria:

a) empregados das empresas prestadoras de serviço nas atividades de segurança privada ou que integrem serviço orgânico de segurança privada, devidamente registradas e autorizadas pelo Ministério da Justiça, conforme lei 7.102/1983 e suas alterações posteriores.

b) empregados que exercem a atividade de segurança patrimonial ou pessoal em instalações metroviárias, ferroviárias, portuárias, rodoviárias, aeroportuárias e de bens públicos, contratados diretamente pela administração pública direta ou indireta.

As **atividades ou operações perigosas** a que podem estar submetidos os profissionais mencionados, são as seguintes:

Atividades ou operações	Descrição
Vigilância patrimonial	Segurança patrimonial e/ou pessoal na preservação do patrimônio em estabelecimentos públicos ou privados e da incolumidade física de pessoas.
Segurança de eventos	Segurança patrimonial e/ou pessoal em espaços públicos ou privados, de uso comum do povo.
Segurança nos transportes coletivos	Segurança patrimonial e/ou pessoal nos transportes coletivos e em suas respectivas instalações.
Segurança ambiental e florestal	Segurança patrimonial e/ou pessoal em áreas de conservação de fauna, flora natural e de reflorestamento.

Transporte de valores	Segurança na execução do serviço de transporte de valores.
Escolta armada	Segurança no acompanhamento de qualquer tipo de carga ou de valores.
Segurança pessoal	Acompanhamento e proteção da integridade física de pessoa ou de grupos.
Supervisão/fiscalização Operacional	Supervisão e/ou fiscalização direta dos locais de trabalho para acompanhamento e orientação dos vigilantes.
Telemonitoramento/ telecontrole	Execução de controle e/ou monitoramento de locais, através de sistemas eletrônicos de segurança.

Ainda que determinadas atividades sejam consideradas perigosas, não ensejam o pagamento do adicional de periculosidade quando não incluídas na regulamentação expedida pelo Ministério do Trabalho, como é o caso dos vigias.

Nesse sentido a Súmula nº 44 do TRT3:

> **SÚMULA Nº 44 do TRT3.** ADICIONAL DE PERICULOSIDADE. INCISO II DO ART. 193 DA CLT. VIGIA. É indevido o pagamento do adicional de periculosidade previsto no inciso II do art. 193 da CLT (inserido pela Lei n. 12.740/12) ao vigia, cuja atividade, diversamente daquela exercida pelo vigilante (Lei n. 7.102/83), não se enquadra no conceito de "segurança pessoal ou patrimonial" contido no item 2 do Anexo 3 da NR-16, que regulamentou o referido dispositivo.

Antes mesmo da edição da Lei nº 12.740/12, os vigilantes já recebiam uma verba denominada de adicional de risco por força de convenção ou acordo coletivo do trabalho. Nesse caso, como possui a mesma natureza do adicional de periculosidade, deve ser compensado para evitar o *bis in idem.*

– *Trabalho com uso de motocicleta*

Já a Portaria do extinto MTE de nº 1.565/14, regulamentou a classificação do trabalho perigoso **com o uso de motocicletas**, inclusive com a exclusão de algumas atividades, conforme se observa a seguir:

> 1. As atividades laborais com utilização de motocicleta ou motoneta no deslocamento de trabalhador em vias públicas são consideradas perigosas.
>
> 2. Não são consideradas perigosas, para efeito deste anexo:
>
> a) a utilização de motocicleta ou motoneta exclusivamente no percurso da residência para o local de trabalho ou deste para aquela;
>
> b) as atividades em veículos que não necessitem de emplacamento ou que não exijam carteira nacional de habilitação para conduzi-los;
>
> c) as atividades em motocicleta ou motoneta em locais privados.
>
> d) as atividades com uso de motocicleta ou motoneta de forma eventual, assim considerado o fortuito, ou o que, sendo habitual, dá-se por tempo extremamente reduzido.

Atendendo determinação judicial, o extinto MTE editou a Portaria nº 5, de 07.01.2015 suspendendo os efeitos da referida Portaria nº 1.565/14 **somente em relação aos associados da Associação Brasileira das Indústrias de Refrigerantes e de Bebidas não Alcoólicas e aos confederados da Confederação Nacional das Revendas AMBEV e das Empresas de Logística da Distribuição.**

– *Inflamáveis*

Consideram-se perigosas as atividades em contato permanente com inflamáveis, tais como transporte, da carga e descarga de inflamáveis, do reabastecimento de aviões ou de caminhões-tanques e de postos de serviço, enchimento de latas e tambores, dos serviços de manutenção e operação em que o trabalhador se encontre sempre em contato com inflamáveis, em recintos onde estes são armazenados e manipulados ou em veículos em que são transportados.

> **TST. SDI-1. OJ Nº 385.** ADICIONAL DE PERICULOSIDADE. DEVIDO. ARMAZENAMENTO DE LÍQUIDO INFLAMÁVEL NO PRÉDIO. CONSTRUÇÃO VERTICAL. É devido o pagamento do adicional de periculosidade ao empregado que desenvolve suas atividades em edifício (construção vertical), seja em pavimento igual ou distinto daquele onde estão instalados tanques para armazenamento de líquido inflamável, em quantidade acima do limite legal, considerando-se como área de risco toda a área interna da construção vertical.

Sobre a mesma matéria trata a Súmula nº 39 do TST: "Os empregados que operam em bomba de gasolina têm direito ao adicional de periculosidade".

Todavia, o direito ao adicional de periculosidade **não se estende à tripulação da aeronave enquanto é feito o abastecimento**, segundo o entendimento inserido nas Súmulas nº 447 do TST, nº 38 do TRT2 e nº 27 do TRT23:

> **SÚMULA Nº 447.** ADICIONAL DE PERICULOSIDADE. PERMANÊNCIA A BORDO DURANTE O ABASTECIMENTO DA AERONAVE. INDEVIDO. Os tripulantes e demais empregados em serviços auxiliares de transporte aéreo que, no momento do abastecimento da aeronave, permanecem a bordo não têm direito ao adicional de periculosidade a que aludem o art. 193 da CLT e o Anexo 2, item 1, "c", da NR 16 do MTE.
>
> **SÚMULA Nº 38 do TRT2.** ADICIONAL DE PERICULOSIDADE. AERONAUTA. INDEVIDO. Adicional de periculosidade não é devido ao empregado tripulante que permanece a bordo durante o abastecimento da aeronave.
>
> **SÚMULA Nº 27 do TRT23.** ADICIONAL DE PERICULOSIDADE. EMPREGADO QUE ACOMPANHA O ABASTECIMENTO DE VEÍCULO. O Empregado motorista de veículo ou operador de máquinas que apenas acompanha o abastecimento de combustível não tem direito ao adicional de periculosidade.

Em sentido contrário, a Súmula nº 43 do TRT8:

> **SÚMULA Nº 43 do TRT8.** ADICIONAL DE PERICULOSIDADE. AEROVIÁRIO. DIREITO À PERCEPÇÃO. Os aeroviários têm direito à percepção de adicional de periculosidade pelo tempo de permanência na área de risco, que é aquela com raio de 7,5 metros a partir do ponto de abastecimento. Esse adicional é devido no percentual de 30%, desde que o empregado esteja realizando serviços de limpeza interna e externa ou carregamento e descarregamento de bagagens e atividades afins.

– *Trabalho em rede de telefonia*

Por analogia, a jurisprudência vem estendendo o direito ao adicional de periculosidade aos trabalhadores que prestam serviços de telefonia, no mesmo nível das redes de energia elétrica:

> **SÚMULA Nº 07 do TRT17.** REDES DE TELEFONIA. ADICIONAL DE PERICULOSIDADE. LEI Nº 7.369/85. O trabalho desenvolvido em redes de telefonia não integrantes do sistema elétrico de potência, mas exposto às suas condições de risco, caracteriza-se como atividade em condições de periculosidade, nos termos do Decreto n. 93.412/86.

– *Radiações ionizantes e substâncias radioativas*

O adicional de periculosidade também é devido quando o empregado exercer atividades de risco em potencial concernentes a **radiações ionizantes ou substâncias radioativas**, como estabelecido pela Portaria do extinto MTE de nº 518/03.[64]

Exemplos de questões sobre o tema

(FCC – Juiz do Trabalho/2017) A constatação de que a execução de atividades profissionais podem gerar riscos à saúde e à integridade física do trabalhador construiu um arcabouço de proteção, elevando a questão relativa à saúde e segurança do trabalho ao patamar de direito fundamental do empregado. Nesse aspecto, à luz da legislação e da jurisprudência consolidada do Tribunal Superior do Trabalho,

(A) o adicional de periculosidade será devido ao trabalhador exposto de forma permanente à violência física na execução de atividades profissionais de segurança pessoal ou patrimonial, mas serão descontados ou compensados do adicional outros da mesma natureza eventualmente já concedidos ao vigilante por meio de acordo coletivo.

(B) o direito do trabalhador ao adicional de insalubridade ou de periculosidade cessará com a eliminação do risco à sua saúde ou integridade física, entretanto, havendo percepção por dez anos ou mais, haverá incorporação do adicional ao salário do empregado para reparar os riscos sofridos.

(C) o adicional de periculosidade, pago em caráter permanente, integra o cálculo de indenização de horas extras e horas de sobreaviso, como forma de reparação integral do risco à vida sofrido pelo trabalhador.

(D) o mero fornecimento gratuito do equipamento de proteção individual – EPI, com a devida indicação do Certificado de Aprovação do órgão ministerial do trabalho, exime o empregador do pagamento do adicional de insalubridade.

(E) a constatação da insalubridade por meio de laudo pericial oficial é suficiente para que o empregado tenha direito ao respectivo adicional em razão da exigência legal da realização da perícia a cargo de médico ou engenheiro do trabalho, ainda que a atividade não se insira na relação oficial exemplificativa elaborada pelo Ministério do Trabalho e Emprego.

Resposta: A

(TRT 4 – Juiz do Trabalho Substituto 4ª região/2016) Um empregado de empresa de asseio e conservação trabalha, como prestador de serviços, em uma indústria metalúrgica. Considerando que a Convenção Coletiva da categoria do trabalhador – ao contrário da Convenção Coletiva dos metalúrgicos – não estipula salário normativo, qual a base de cálculo do adicional de insalubridade?

(A) A remuneração do empregado

(B) O salário mínimo nacional

(C) O salário mínimo regional

(D) O salário-base

(E) O salário normativo dos metalúrgicos

Resposta: B

(TRT 1 – Juiz do Trabalho Substituto 1ª região/2016) Em relação ao trabalho em condições de periculosidade ou de insalubridade, com base no entendimento sumulado pelo TST, é correto afirmar:

(A) Especificado o agente insalubre na petição inicial, a verificação, por meio de perícia, da existência de condição nociva diversa, impede a condenação no respectivo adicional, por violação à ampla defesa.

64. TST. SDI-1. OJ Nº 345. ADICIONAL DE PERICULOSIDADE. RADIAÇÃO IONIZANTE OU SUBSTÂNCIA RADIOATIVA. DEVIDO. A exposição do empregado à radiação ionizante ou à substância radioativa enseja a percepção do adicional de periculosidade, pois a regulamentação ministerial (Portarias do Ministério do Trabalho nºs 3.393, de 17.12.1987, e 518, de 07.04.2003), ao reputar perigosa a atividade, reveste-se de plena eficácia, porquanto expedida por força de delegação legislativa contida no art. 200, *caput*, e inciso VI, da CLT. No período de 12.12.2002 a 06.04.2003, enquanto vigeu a Portaria nº 496 do Ministério do Trabalho, o empregado faz jus ao adicional de insalubridade.

(B) A só intermitência na exposição, pelo empregado, a condições insalubres, não retira o direito ao recebimento do respectivo adicional.

(C) O fornecimento de equipamento de proteção pelo empregador faz presumir a existência de ambiente nocivo à saúde do empregado.

(D) A exposição intermitente a condições de risco gera, para o trabalhador, o direito ao recebimento de adicional de periculosidade proporcional ao efetivo tempo de exposição.

(E) O pagamento por mais de 10 anos ininterruptos de adicional da insalubridade gera a incorporação definitiva da rubrica à remuneração do empregado, sendo vedada a sua supressão posterior, ainda que eliminado o agente nocivo.

Resposta: B

(TRT 8 – Juiz do Trabalho Substituto 8ª região/2015) Relativamente à insalubridade e periculosidade, analise as proposições abaixo e assinale a alternativa CORRETA:

I. O trabalho exercido em condições perigosas, de forma intermitente, dá direito ao eletricitário a receber o adicional de periculosidade de forma proporcional ao tempo de exposição.

II. A eliminação ou a neutralização da insalubridade ocorrerá: com a adoção de medidas que conservem o ambiente de trabalho dentro dos limites de tolerância; com a utilização de equipamentos de proteção individual ao trabalhador, que diminuam a intensidade do agente agressivo a limites de tolerância. Caberá às Delegacias Regionais do Trabalho, comprovada a insalubridade, notificar os sindicatos respectivos, estipulando prazos para sua eliminação ou neutralização.

III. A legislação assegura o pagamento do adicional de periculosidade no caso de atividades ou operações que, na forma da regulamentação aprovada pelo Ministério do Trabalho, por sua natureza ou métodos de trabalho, impliquem risco acentuado em virtude de exposição permanente do trabalhador a inflamáveis, explosivos ou energia elétrica, roubos ou outra espécie de violência física nas atividades profissionais de segurança pessoal ou patrimonial.

IV. A reclassificação ou a descaracterização da insalubridade, por ato da autoridade competente, repercute na satisfação do respectivo adicional, sem ofensa a direito adquirido ou ao princípio da irredutibilidade salarial.

V. O simples fornecimento de aparelho de proteção pelo empregador não o exime do pagamento do adicional de insalubridade. Cabe-lhe tomar as medidas que conduzam à diminuição ou eliminação da nocividade, entre as quais as relativas ao uso efetivo do equipamento pelo empregado.

a) Somente as alternativas I, II e III estão corretas.

b) Somente as alternativas I, III e V estão corretas.

c) Somente as alternativas II, IV e V estão corretas.

d) Somente as alternativas II, III e IV estão corretas.

e) Somente as alternativas III, IV e V estão corretas.

Resposta: E

(FCC – Juiz do Trabalho Substituto 6ª região/2015) A empresa Sucesso Empresarial S/A funciona em um edifício de dezesseis andares, que é considerado um "edifício inteligente", tendo em vista a tecnologia de ponta utilizada para o funcionamento de elevadores, sistema de segurança e de equipamentos em geral. Para o funcionamento de todos esses aparatos tecnológicos, o edifício conta com geradores potentes, que são alimentados por óleo diesel armazenado em grandes tanques desenterrados, que estão localizados no 3º subsolo e no 16º andar. Considerando que nos três subsolos do edifício funcionam as garagens e que no 16º andar funciona um restaurante, têm direito ao recebimento de adicional de periculosidade

(A) os trabalhadores que param seus carros no 3º subsolo e os que frequentam o restaurante.

(B) os trabalhadores encarregados da manutenção dos tanques de combustível e os que estejam em um raio de cento e cinquenta metros distantes dos tanques.

(C) os trabalhadores que, de alguma forma, manipulam o combustível.

(D) os trabalhadores que frequentam as garagens e o restaurante, e aqueles que trabalham nos dois andares abaixo do restaurante.

(E) todos os trabalhadores que desenvolvem suas atividades no interior do edifício, independentemente de estarem em pavimento igual ou distinto de onde estão instalados os tanques.

Resposta: E

(FCC – Juiz do Trabalho Substituto 1ª região/2015) Em relação às atividades perigosas e insalubres, de acordo com o entendimento sumulado do Tribunal Superior do Trabalho, considere:

I. Os tripulantes e demais empregados em serviços auxiliares de transporte aéreo que, no momento do abastecimento da aeronave, permanecem a bordo, não têm direito ao adicional de periculosidade a que alude o art. 193 da CLT.

II. O adicional de periculosidade, pago em caráter permanente, integra o cálculo de indenização e de horas extras.

III. Durante as horas de sobreaviso, o empregado não se encontra em condições de risco, razão pela qual é incabível a integração do adicional de periculosidade sobre as mencionadas horas.

IV. O pagamento de adicional de periculosidade, ainda que de forma proporcional ao tempo de exposição ao risco ou em percentual inferior ao máximo legalmente previsto, dispensa a realização da prova técnica exigida pelo art. 195 da CLT, pois torna incontroversa a existência do trabalho em condições perigosas.

Está correto o que se afirma em

(A) I e III, apenas.
(B) I, II, III e IV.
(C) I, II e IV, apenas.
(D) I, II e III, apenas.
(E) II e III, apenas.

Resposta: D

– *Penosidade*

Ainda não foi regulamentado o preceito contido no art. 7º, inciso XXIII que prevê o pagamento de **adicional pelo exercício de atividades penosas**.

Essa omissão legal não impediu a atuação das entidades sindicais no sentido de preencher o vazio legislativo estatal, com a identificação das atividades consideradas como penosas e fixando a obrigação de pagar o adicional respectivo:

> RECURSO ORDINÁRIO DA RECLAMADA DIFERENÇAS DE ADICIONAL DE PENOSIDADE, DE 20% PARA 30%, COM REFLEXOS, EM PARTE DO PERÍODO CONTRATUAL. PROVA ORAL NO SENTIDO DE QUE O RECLAMANTE TRABALHAVA EM CONTATO COM MENORES DEFICIENTES, EDUCÁVEIS, TREINÁVEIS E/OU DEPENDENTES E DEFICIENTES FÍSICOS. ENQUADRAMENTO NA HIPÓTESE DO REGULAMENTO DA FUNDAÇÃO-RECLAMADA. Se o próprio preposta da Fundação-reclamada afirma que o empregado tinha contato com menores deficientes, educáveis, treináveis e/ou dependentes e deficientes físicos, conforme a letra "B" do seu regulamento, e que para os trabalhadores do local é pago adicional de penosidade de 30%, este é o percentual a ser garantido àquele, tal como postulado.[65]

> ADICIONAL DE PENOSIDADE. TRABALHO EM ALTURA. DEVIDO. Comprovado nos autos que o autor trabalhava em altura, faz jus ao adicional de penosidade previsto em instrumentos coletivos de trabalho (art. 7º, inciso XXVI, da CF).[66]

65. TRT 4ª R. RO 0033600-46.2009.5.04.0006. 3ª T. Rel. João Ghisleni Filho. DEJT 11.01.2011.
66. TRT 3ª R. RO 25/2010-075-03-00.0. Rel. Juiz Conv. Rodrigo Ribeiro Bueno. DEJT 29.09.2010.

D. *Adicional por tempo de serviço*

Não há, na legislação federal trabalhista, previsão de adicional por tempo de serviço. Tal acréscimo salarial é instituído por meio de regulamento de empresa, convenção ou acordo coletivos, sentenças normativas ou no próprio contrato individual de trabalho.[67]

Ainda assim, é bom ressaltar que os denominados *"adicionais por tempo de serviço"* não passam de **gratificações que remuneram os empregados de acordo com o tempo de serviço na empresa** e, por esse motivo, **não possuem natureza de adicional**, cuja finalidade é compensar o labor em condições adversas de trabalho.[68]

A OJ transitória nº 60, da SDI-1, do TST, trata especificamente dessa verba de cunho salarial:

> **OJ TRANSITÓRIA Nº 60.** ADICIONAL POR TEMPO DE SERVIÇO. BASE DE CÁLCULO. SALÁRIO-BASE. Art. 129 DA CONSTITUIÇÃO DO ESTADO DE SÃO PAULO. O adicional por tempo de serviço – quinquênio –, previsto no art. 129 da Constituição do Estado de São Paulo, tem como base de cálculo o vencimento básico do servidor público estadual, ante o disposto no art. 11 da Lei Complementar do Estado de São Paulo nº 713, de 12.04.1993.

Quando devidos pelo empregador, o adicional por tempo de serviço (gratificação por tempo de serviço) **integra a remuneração do obreiro para todos os efeitos legais**, conforme se observa das Súmulas a seguir:

> **SÚMULA Nº 203.** GRATIFICAÇÃO POR TEMPO DE SERVIÇO. NATUREZA SALARIAL. A gratificação por tempo de serviço integra o salário para todos os efeitos legais. (Res. 9/1985, DJ 11.07.1985).

> **SÚMULA Nº 226.** BANCÁRIO. GRATIFICAÇÃO POR TEMPO DE SERVIÇO. INTEGRAÇÃO NO CÁLCULO DAS HORAS EXTRAS. A gratificação por tempo de serviço integra o cálculo das horas extras.

E. *Adicional de transferência*

Constitui situação de normalidade o empregado laborar no local onde fixa a sua residência, responsável por proporcionar a convivência familiar e social, necessária ao bom desempenho profissional.

Para **compensar as despesas decorrentes do exercício laboral em localidade diversa daquela onde o empregado geralmente vinha prestando serviços** e que coincide, na maioria dos casos, com o lugar de sua residência, é que a lei prevê a obrigatoriedade do empregador pagar ao empregado um adicional de 25% sobre o salário-base.[69]

Esse *plus* salarial é, desse modo, um adicional de transferência que, por tal motivo, **só é devido em caso de transferência provisória**, ou seja, enquanto perdurar a transferência:

> **TST. SDI-1. OJ Nº 113.** ADICIONAL DE TRANSFERÊNCIA. CARGO DE CONFIANÇA OU PREVISÃO CONTRATUAL DE TRANSFERÊNCIA. DEVIDO. DESDE QUE A TRANSFERÊNCIA SEJA PROVISÓRIA. Inserida em 20.11.97

67. TST. Súmula nº 240. BANCÁRIO. GRATIFICAÇÃO DE FUNÇÃO E ADICIONAL POR TEMPO DE SERVIÇO. O adicional por tempo de serviço integra o cálculo da gratificação prevista no art. 224, § 2º, da CLT.
68. TST. Súmula nº 70. ADICIONAL DE PERICULOSIDADE. O adicional de periculosidade não incide sobre os triênios pagos pela Petrobras.
69. Fórmula para o cálculo do adicional de transferência: S x 0,25 (S = salário).

O fato de o empregado exercer cargo de confiança ou a existência de previsão de transferência no contrato de trabalho **não exclui o direito ao adicional**. O pressuposto legal apto a legitimar a percepção do mencionado adicional é a transferência provisória.

Exemplo de questão sobre o tema

(TRT 22 – Juiz do Trabalho Substituto 22ª região/ 2013) A propósito de adicionais compulsórios, é CORRETO afirmar:

(A) desde a edição da Súmula Vinculante n.° 4 pelo Supremo Tribunal Federal, o Tribunal Superior do Trabalho não vem admitindo a consideração do salário mínimo como base de cálculo para o adicional de insalubridade;

(B) nos termos da lei são consideradas atividades ou operações perigosas aquelas que, por sua natureza ou métodos de trabalho, impliquem risco acentuado em virtude da exposição, ainda que intermitente, do trabalhador a roubos ou outras espécies de violência física nas atividades profissionais de segurança pessoal ou patrimonial;

(C) o trabalho em condições de periculosidade, decorrente de exposição a energia elétrica, assegura ao empregado um adicional de 30% (trinta por cento) sobre todas as parcelas de natureza salarial;

(D) o trabalhador que faça jus ao adicional de periculosidade, em virtude da exposição a roubos ou outras espécies de violência física terá descontados ou compensados do adicional outros da mesma natureza já concedidos ao vigilante por meio de acordo coletivo;

(E) não fará jus ao adicional de transferência o empregado transferido para localidade diversa da que resultar do contrato, em caso de necessidade do serviço de caráter transitório.

Resposta: D

F. Adicional por acúmulo de função

Em algumas profissões regulamentadas a Lei estabelece, expressamente, um adicional para a hipótese de o empregado acumular mais de uma função, como acontece com o radialista e o vendedor viajante:

> **Lei nº 6.615/78. Art. 13.** Na hipótese de exercício de funções acumuladas dentro de um mesmo setor em que se desdobram as atividades mencionadas no art. 4º, será assegurado ao Radialista um adicional mínimo de: I – 40% (quarenta por cento), pela função acumulada, tomando-se por base a função melhor remunerada, nas emissoras de potência igual ou superior a 10 (dez) quilowatts e, nas empresas equiparadas segundo o parágrafo único do art. 3º; II – 20% (vinte por cento), pela função acumulada, tomando-se por base a função melhor remunerada, nas emissoras de potência inferior a 10 (dez) quilowatts e, superior a 1 (um) quilowatt; III – 10% (dez por cento), pela função acumulada, tomando-se por base a função melhor remunerada, nas emissoras de potência igual ou inferior a 1 (um) quilowatt. Art. 15 – Quando o exercício de qualquer função for acumulado com responsabilidade de chefia, o Radialista fará jus a um acréscimo de 40% (quarenta por cento) sobre o salário.
>
> **Lei nº 3.207/57. Art. 8º.** Quando for prestado serviço de inspeção e fiscalização pelo empregado vendedor, ficará a empresa vendedora obrigada ao pagamento adicional de 1/10 (um décimo) da remuneração atribuída ao mesmo.

5.2. Gratificações

As gratificações são acréscimos salariais pagos pelo empregador ao empregado sem que haja uma imposição legal nesse sentido, mas tem como causa determinante **condições especiais de trabalho**, a exemplo do tempo de serviço, do exercício de determinadas funções etc.

Os valores pagos a título de gratificação **integram a remuneração para todos os efeitos legais, ainda que seja instituída por mera liberalidade do empregador.**

Nesse sentido é o posicionamento do STF, por meio da Súmula nº 207, e do TST, explicitado pela Súmula nº 152.

> **STF. SÚMULA Nº 207.** As gratificações habituais, inclusive a de Natal, consideram-se tacitamente convencionadas, integrando o salário.

> **TST. SÚMULA Nº 152.** GRATIFICAÇÃO. AJUSTE TÁCITO. O fato de constar do recibo de pagamento de gratificação o caráter de liberalidade não basta, por si só, para excluir a existência de ajuste tácito. Ex-prejulgado nº 25.

Entende-se que essa natureza salarial da gratificação contratual ou concedida por mera liberalidade do empregador foi mantida mesmo após a alteração da redação do § 1º, art. 457 da CLT, pela Lei nº 13.467/17, conforme se observa do quadro comparativo a seguir:

<table>
<tr><th colspan="2">REFORMA TRABALHISTA – QUADRO COMPARATIVO
NATUREZA JURÍDICA DA GRATIFICAÇÃO AJUSTADA</th></tr>
<tr><th>REDAÇÃO ANTERIOR DA CLT</th><th>REDAÇÃO ATUAL DA CLT</th></tr>
<tr><td>Art. 457.
§ 1º – Integram o salário não só a importância fixa estipulada, como também as comissões, percentagens, gratificações ajustadas, diárias para viagens e abonos pagos pelo empregador.</td><td>Art. 457.
§ 1º Integram o salário a importância fixa estipulada, as gratificações legais e as comissões pagas pelo empregador.</td></tr>
<tr><th colspan="2">DIFERENÇAS E COMENTÁRIOS</th></tr>
<tr><td colspan="2">Observe-se que a redação anterior do dispositivo em comento utilizava a expressão “gratificações ajustadas” e a atual faz menção às “gratificações legais”.
Essa mudança poderia ser interpretada no sentido de ter o legislador alterado a natureza jurídica das gratificações concedidas por liberalidade pelo empregado ou mesmo aquelas ajustadas entre os contratantes, incluindo-a no rol das parcelas não-salariais.</td></tr>
<tr><td colspan="2">Todavia, se essa fosse a intenção do legislador, teria incluído as gratificações não legais no § 2º, que ficou com a seguinte redação:
Art. 457. § 2º As importâncias, ainda que habituais, pagas a título de ajuda de custo, auxílio-alimentação, vedado seu pagamento em dinheiro, diárias para viagem, prêmios e abonos não integram a remuneração do empregado, não se incorporam ao contrato de trabalho e não constituem base de incidência de qualquer encargo trabalhista e previdenciário.
Conclui-se, assim, que o rol de verbas trabalhistas constante do § 1º, art. 457 da CLT tem natureza meramente exemplificativa.</td></tr>
</table>

Os bancários recebem, já há algum tempo, uma gratificação por cada seis meses de serviços prestados, denominada de gratificação semestral. A fonte formal desse direito encontra-se representada pelos instrumentos normativos celebrados pelos sindicatos das categorias profissionais e econômicas que, de forma expressa, limitam a sua base de cálculo às parcelas de salário e adicional por tempo de serviço.

O TST editou a Súmula nº 253 para conferir efeitos à vontade coletiva das entidades sindicais:

> **SÚMULA Nº 253.** GRATIFICAÇÃO SEMESTRAL. REPERCUSSÕES – NOVA REDAÇÃO. A gratificação semestral não repercute no cálculo das horas extras, das férias e do aviso prévio, ainda que indenizados. Repercute, contudo, pelo seu duodécimo na indenização por antiguidade e na gratificação natalina.

A. Gratificação de Natal – 13º salário

A gratificação de Natal consistia em ato de liberalidade e era paga aos empregados no final de cada ano. Tornou-se imperativa com a edição da Lei nº 4.090/62, e também é denominada de décimo terceiro salário.

As regras relativas ao pagamento dessa gratificação encontram-se insertas na Lei nº 4.749/65 (regulamentada pelo Decreto nº 57.155/65). Essa norma estabelece a obrigação, dentre outras, de o empregador **adiantar metade do 13º salário entre os meses de fevereiro e novembro de cada ano ou por ocasião da concessão das férias anuais**, se houver requerimento nesse sentido feito pelo empregado no mês de janeiro. Contudo, o empregador **não está obrigado a pagar o adiantamento no mesmo mês** a todos os seus empregados, conforme determina o art. 3º, § 2º, do Decreto nº 57. 155/65.

As regras legais referidas foram recepcionadas pela atual Constituição Federal, em seu art. 7º, VIII:

> **Art. 7º.** São direitos dos trabalhadores urbanos e rurais, além de outros que visem à melhoria de sua condição social: VIII – décimo terceiro salário com base na remuneração integral ou no valor da aposentadoria.

A gratificação de Natal consiste em uma **verba de natureza salarial**[70] **equivalente a 1/12 do salário do empregado, por cada mês laborado ou fração igual ou superior a quinze dias**, devida até o dia **20 de dezembro** de cada ano, ou, proporcionalmente, em caso de extinção do contrato de trabalho:

> **Lei nº 4.090. Art. 1º.** No mês de dezembro de cada ano, a todo empregado será paga, pelo empregador, uma gratificação salarial, independentemente da remuneração a que fizer jus.
>
> **§ 1º.** A gratificação corresponderá a 1/12 avos da remuneração devida em dezembro, por mês de serviço, do ano correspondente.
>
> **§ 2º.** A fração igual ou superior a 15 (quinze) dias de trabalho será havida como mês integral para os efeitos do parágrafo anterior.
>
> **§ 3º.** A gratificação será proporcional: (Incluído pela Lei nº 9.011, de 1995)
>
> I – na extinção dos contratos a prazo, entre estes incluídos os de safra, ainda que a relação de emprego haja findado antes de dezembro; e (Incluído pela Lei nº 9.011, de 1995)
>
> II – na cessação da relação de emprego resultante da aposentadoria do trabalhador, ainda que verificada antes de dezembro. (Incluído pela Lei nº 9.011, de 1995)

Ocorrendo a extinção do contrato de trabalho, **salvo na hipótese de rescisão com justa causa**, o empregado receberá a gratificação devida de forma proporcional, calculada sobre a remuneração do respectivo mês (Decreto nº 57.155/65. Art. 7º, *caput*).

O décimo terceiro salário constitui base de incidência do imposto de renda, separadamente dos demais rendimentos percebidos pelo empregado,[71] FGTS e contribuição

70. Não incide imposto de renda sobre o valor pago a título de adiantamento do 13º salário. Mas em dezembro o IR incide sobre o total devido.

71. Decreto nº 9.580/18. Art. 700. Os rendimentos pagos a título de décimo terceiro salário de que trata o art. 7º, *caput*, inciso VIII, da Constituição, ficam sujeitos à incidência do imposto sobre a renda na fonte, calculado de acordo com as tabelas progressivas constantes do art. 677, observadas as seguintes normas (Lei nº 7.713, de

previdenciária, esta última conforme entendimento do STF, constante da Súmula nº 688: "É legítima a incidência da contribuição previdenciária sobre o 13º salário".

Ao contrário do que ocorre com o pagamento das férias, **as faltas legais e justificadas ao serviço não serão deduzidas para efeito da gratificação natalina** (art. 2º da Lei nº 4.090/62).

Como faz parte do rol taxativo de direitos constantes do art. 611-B da CLT, não pode ser objeto de exclusão ou redução do seu valor nominal por meio de convenção ou acordo coletivo de trabalho: "Constituem objeto ilícito de convenção coletiva ou de acordo coletivo de trabalho, exclusivamente, a supressão ou a redução dos seguintes direitos: V – valor nominal do décimo terceiro salário".

O resumo, a seguir, ressalta as peculiaridades do 13º salário:

Forma de pagamento	1ª parcela, de 50% da remuneração, entre fevereiro e novembro
	2ª parcela, até 20 de dezembro
Proporcionalidade	1/12 por mês ou fração igual ou superior a 15 dias
Natureza	Salarial, com incidência de INSS, IR (exclusiva) e FGTS
Valor	Igual ao valor da remuneração devida no mês de dezembro
Férias	A primeira parcela pode ser adiantada no mês de gozo de férias, mediante requerimento do empregado feito no mês de janeiro

B. *Gratificação de função comissionada*

A gratificação pelo exercício de função comissionada não encontra previsão na legislação laboral.[72]

A gratificação de função é devida ao empregado por força de regulamento de empresa, instrumentos normativos (acordo ou convenção coletiva de trabalho), sentença normativa ou de ajuste individual entre o empregado e o empregador.

Representa o valor pago ao empregado destinado a **remunerar determinada função cujo exercício demanda maior grau de confiança por parte do empregador.**

Efetivamente, a existência do contrato de trabalho está calcada no princípio de confiança mútua entre as partes, derivado do princípio da boa-fé que norteia os contratos em geral. Prova disso é que a prática de qualquer ato por parte do empregado que importe em quebra do vínculo de confiança, autoriza o empregador a resolver o pacto laboral, sem qualquer ônus financeiro para este último.

1988, art. 26; e Lei nº 8.134, de 1990, art. 16): III – ocorrerá a tributação exclusivamente na fonte e separadamente dos demais rendimentos do beneficiário.

72. Há uma breve referência no art. 62, parágrafo único, da Consolidação das Leis do Trabalho: "O regime previsto neste capítulo será aplicável aos empregados mencionados no inciso II deste artigo, quando o salário do cargo de confiança, compreendendo a ***gratificação de função***, se houver, for inferior ao valor do respectivo salário efetivo acrescido de 40% (quarenta por cento)". (grifou-se).

Todavia, o exercício de uma função de confiança pressupõe um grau de fidúcia superior àquele presente em todos os contratos de trabalho. No primeiro caso, tem-se a **confiança específica e, no segundo, a confiança genérica.**

Quando o empregado deixa de gozar da confiança de natureza específica por parte do empregador, reverte ao cargo efetivo anteriormente ocupado[73], sem que isso importe em alteração ilícita do contrato de trabalho ou mesmo em extinção do pacto laboral, uma vez que não perdeu a confiança genérica do empregador.

Antes da vigência da Lei da Reforma Trabalhista, Lei nº 13.467/17, o entendimento do TST era no sentido de incorporar ao salário o valor da gratificação de função quando recebida por mais de 10 anos, conforme se observa do quadro comparativo a seguir:

REFORMA TRABALHISTA – QUADRO COMPARATIVO INCORPORAÇÃO DA GRATIFICAÇÃO DE FUNÇÃO SALÁRIO	
REDAÇÃO ANTERIOR DA CLT	**REDAÇÃO ATUAL DA CLT**
Art. 468. **§ 2º** INEXISTENTE **SÚMULA Nº 372 DO TST.** CONVERSÃO DAS ORIENTAÇÕES JURISPRUDENCIAIS NºS 45 E 303 DA SDI-1. GRATIFICAÇÃO DE FUNÇÃO – SUPRESSÃO OU REDUÇÃO – LIMITES I – Percebida a gratificação de função por dez ou mais anos pelo empregado, se o empregador, sem justo motivo, revertê-lo a seu cargo efetivo, não poderá retirar-lhe a gratificação tendo em vista o princípio da estabilidade financeira. (ex-OJ nº 45 – Inserida em 25.11.1996). II – Mantido o empregado no exercício da função comissionada, não pode o empregador reduzir o valor da gratificação. (ex-OJ nº 303 – DJ 11.08.2003).	**Art. 468.** **§ 2º** A alteração de que trata o § 1º deste artigo, com ou sem justo motivo, não assegura ao empregado o direito à manutenção do pagamento da gratificação correspondente, que não será incorporada, independentemente do tempo de exercício da respectiva função.
DIFERENÇAS E COMENTÁRIOS	
A incorporação do valor da gratificação de função ao salário não estava prevista expressamente na lei. Decorreu de entendimento jurisprudencial que foi consolidado pela edição da Súmula nº 372 do TST. A Lei da Reforma Trabalhista introduziu o § 2º ao art. 468 da CLT para vedar **qualquer possibilidade dessa parcela incorporar ao salário** quando o empregado deixar de exercer o cargo de confiança, independentemente do tempo de serviço na função.	

Saliente-se que em determinados casos o grau de confiança conferido ao empregado é tão elevado que este é visto como o próprio empregador dentro da empresa.

Nessa hipótese, o empregado detém poderes de mando e gestão e incorpora a figura do empregador. Para remunerar o exercício dessa função de confiança, o empregado percebe remuneração bem superior à dos seus colegas de trabalho e a subordinação jurídica passa a ser bem tênue, razões pelas quais lhe é retirado o direito a uma jornada de trabalho limitada.[74]

C. *Gratificação por tempo de serviço*

Equivocadamente denominada de adicional por tempo de serviço, **seu objetivo é recompensar o empregado pela sua permanência na empresa**, ao estimular a sua produtividade com o decorrer do tempo.

73. CLT. Art. 468. § 1º. Não se considera alteração unilateral a determinação do empregador para que o respectivo empregado reverta ao cargo efetivo, anteriormente ocupado, deixando o exercício de função de confiança.

74. CLT. CAPÍTULO II. Art. 62. Não são abrangidos pelo regime previsto neste capítulo: II – os gerentes, assim considerados os exercentes de cargos de gestão, aos quais se equiparam, para efeito do disposto neste artigo, os diretores e chefes de departamento ou filial.

O pagamento dessa verba não deriva de imposição legal. Sua obrigatoriedade geralmente decorre de convenção coletiva, acordo coletivo ou regulamento da empresa. Por conta disso, a natureza jurídica dessa parcela é definida por meio desses instrumentos. Contudo, em caso de omissão, a gratificação por tempo de serviço é considerada como verba salarial.

Nesse sentido a Súmula nº 63 do TRT2:

> **SÚMULA Nº 63 do TRT2.** GRATIFICAÇÃO POR TEMPO DE SERVIÇO (ANUÊNIO). NORMA COLETIVA. INTEGRAÇÃO NA BASE DE CÁLCULO DAS HORAS EXTRAS E DO ADICIONAL NOTURNO. O anuênio não integra a remuneração das horas extras e do adicional noturno quando a norma coletiva prevê o pagamento destes com adicionais superiores ao previsto em lei, mas fixa como base de cálculo o salário nominal.

Geralmente a gratificação por tempo de serviço engloba uma determinada quantidade de anos de trabalho, como o anuênio, triênio, quinquênio, decênio etc.

Sobre o tema, o TST manifesta-se por meio da Súmula nº 202:

> **SÚMULA Nº 202.** GRATIFICAÇÃO POR TEMPO DE SERVIÇO. COMPENSAÇÃO (mantida) – Res. 121/2003, DJ 19, 20 e 21.11.2003. Existindo, ao mesmo tempo, gratificação por tempo de serviço outorgada pelo empregador e outra da mesma natureza prevista em acordo coletivo, convenção coletiva ou sentença normativa, o empregado tem direito a receber, exclusivamente, a que lhe seja mais benéfica.

Exemplos de questões sobre o tema

(FCC – Juiz do Trabalho Substituto 15ª região/2015) Sobre o Fundo de Garantia por Tempo de Serviço – FGTS, cabe aos empregadores depositarem em contas vinculadas dos empregados o valor correspondente a 8% da remuneração do mês anterior, incluídas as comissões, as prestações in natura, o 13º salário,

(A) as férias indenizadas acrescidas do terço constitucional, mas excluídas as gorjetas.

(B) as gorjetas e as férias indenizadas acrescidas do terço constitucional.

(C) excluídas as gorjetas.

(D) as gorjetas, os adicionais de horas extras e noturno, sendo excluídos os adicionais de periculosidade e de insalubridade.

(E) as gorjetas.

Resposta: E

6. PARCELAS NÃO SALARIAIS

As verbas indenizatórias, pagas pelo empregador, **visam ressarcir as despesas efetuadas pelo empregado em razão da execução do contrato de trabalho**. Descabe, assim, a sua integração ao salário, conforme expressa determinação contida no § 2º, art. 457, da CLT, com redação dada pela Lei nº 13.467/17.[75]

As parcelas indenizatórias são destinadas ao empregado **para** o trabalho e não **pelo** trabalho.

75. CLT. Art. 457, § 2º. As importâncias, ainda que habituais, pagas a título de ajuda de custo, auxílio-alimentação, vedado seu pagamento em dinheiro, diárias para viagem, prêmios e abonos não integram a remuneração do empregado, não se incorporam ao contrato de trabalho e não constituem base de incidência de qualquer encargo trabalhista e previdenciário.

As parcelas não salariais são assim consideradas:

a) **por sua própria natureza**;

b) decorrente da **conversão de uma obrigação de fazer em uma obrigação de dar**;

c) **por determinação legal**.

Sempre que o empregado utilizar recursos próprios para efetuar despesas indispensáveis à execução do contrato de trabalho e o empregador efetuar o reembolso, **a parcela paga terá natureza indenizatória e não integrará a remuneração do empregado para qualquer efeito.**

Também é considerada verba de caráter indenizatório aquela derivada de uma **conversão de obrigação de fazer do empregador em uma obrigação de dar**.

Assim, quando o empregador deixa de conceder as férias ao empregado e esse é despedido, a obrigação de fazer é convertida em indenização equivalente. Isso também ocorre quando o empregador dispensa o empregado do cumprimento do prazo do aviso-prévio, o que implica transformação da obrigação respectiva em indenização compensatória.[76]

Por fim, existem outras verbas que não integram a remuneração **por expressa determinação legal**, como a multa de 40% incidentes sobre o depósito do FGTS, quando o empregado é despedido sem justa causa ou na hipótese de rescisão indireta do contrato de trabalho; o prêmio; a indenização por tempo de serviço; o vale-transporte; a participação nos lucros e resultados da empresa; o salário-família etc.

O esquema a seguir contém a classificação das verbas indenizatórias:

PARCELAS NÃO SALARIAIS

- Pela sua própria natureza
  - Ajuda de custo
  - Reembolso de despesas
- Por determinação Legal
  - Salário-família
  - Vale-transporte
  - Vale-cultura
  - Participação nos lucros
  - FGTS
  - Abono do PIS
  - Indenização por tempo de serviço
  - Abono de férias inferior a 20 dias
  - Diárias
  - Prêmios
  - Abonos
- Resultado da conversão de obrigação de fazer ou não fazer em pecúnia
  - Férias indenizadas
  - Aviso prévio indenizado

76. Nessa hipótese, apesar de não haver desconto previdenciário e do Imposto de Renda, o aviso prévio indenizado serve como base de cálculo do FGTS. Tribunal Superior do Trabalho. Súmula nº 305. FUNDO DE GARANTIA DO TEMPO DE SERVIÇO. INCIDÊNCIA SOBRE O AVISO PRÉVIO. O pagamento relativo ao período de aviso prévio, trabalhado ou não, está sujeito a contribuição para o FGTS.

6.1. Ajuda de custo

A ajuda de custo representa o **valor pago pelo empregador ao empregado que realiza despesas indispensáveis à execução do contrato de trabalho, devidamente comprovadas.**

A ajuda de custo mais conhecida é aquela destinada a ressarcir o empregado das despesas efetuadas em razão da transferência, como transporte, instalações, movimentação de móveis e utensílios domésticos etc. (art. 470 da Consolidação das Leis do Trabalho).

O Decreto nº 9.580/18, art. 35, I, "h", destaca que a ajuda de custo destina-se a "atender às despesas com transporte, frete e locomoção do beneficiado e seus familiares, em caso de remoção de um município para outro, sujeita à comprovação posterior pelo contribuinte".

Ajuda de custo, seja qual for o seu valor, não integra ao salário para qualquer efeito, na forma prevista pelo § 2º, art. 457 da CLT.

Essa verba também não integra a base de cálculo do salário para efeito de incidência da contribuição previdenciária, conforme dispõe o art. 28, § 9º, "g", da Lei nº 8.212/91[77] e imposto de renda (Lei nº 7.713, de 1988, art. 6º, inciso XX).

6.2. Diárias

As diárias constituem **valores fixos** pagos pelo empregador ao obreiro **que efetua despesas necessárias e indispensáveis (hospedagem, alimentação e transporte) à execução do contrato de trabalho**, por cada dia de ausência da sede do estabelecimento ao qual esteja vinculado, **sem a necessidade de prestação de contas.**

Observe que o ordenamento jurídico **não impõe ao empregador** o pagamento de diárias ao empregado que se afasta da sua residência, ao contrário do que ocorre com o adicional de transferência que é devido por força das disposições contidas no art. 469, § 3º da CLT.[78]

Antes da vigência da Lei nº 13.467/17 só integravam ao salário as diárias que ultrapassarem 50% do salário do empregado.

Inclusive, esse percentual era avaliado de acordo com o respectivo valor mensal e não pelo salário/dia devido ao empregado mensalista, conforme posicionamento adotado pelo TST em sua Súmula nº 318:

> **SÚMULA Nº 318.** DIÁRIAS. BASE DE CÁLCULO PARA SUA INTEGRAÇÃO NO SALÁRIO. Tratando-se de empregado mensalista, a integração das diárias no salário deve ser feita tomando-se por base o salário mensal por ele percebido e não o valor do dia de salário, somente sendo devida a referida integração quando o valor das diárias, no mês, for superior à metade do salário mensal. (Res. 10/1993, DJ 29.11.1993).

A Súmula nº 101 do TST também trata das diárias e deve em breve ter sua redação alterada ou cancelada por conta da vigência da Lei da Reforma Trabalhista:

77. Lei nº 8.212/91. Art. 28. § 9º. Não integram o salário-de-contribuição para os fins desta Lei, exclusivamente: g) a ajuda de custo, em parcela única, recebida exclusivamente em decorrência de mudança de local de trabalho do empregado, na forma do artigo 470 da CLT.

78. CLT. Art. 469. § 3º. Em caso de necessidade de serviço o empregador poderá transferir o empregado para localidade diversa da que resultar do contrato, não obstante as restrições do artigo anterior, mas, nesse caso, ficará obrigado a um pagamento suplementar, nunca inferior a 25% (vinte e cinco por cento) dos salários que o empregado percebia naquela localidade, enquanto durar essa situação.

SÚMULA Nº 101. DIÁRIAS DE VIAGEM. SALÁRIO. (incorporada a Orientação Jurisprudencial nº 292 da SDI-1) – Res. 129/2005 – DJ 20.04.2005. Integram o salário, pelo seu valor total e para efeitos indenizatórios, as diárias de viagem que excedam a 50% (cinquenta por cento) do salário do empregado, enquanto perdurarem as viagens. (Primeira parte – ex-Súmula nº 101 – RA 65/1980, DJ 18.06.1980; segunda parte – ex-OJ nº 292 – Inserida em 11.08.2003).

Com a nova redação do § 2º, art. 457 da CLT, **as diárias deixam de caráter salarial** independentemente do seu percentual em relação ao salário:

Art. 457. § 2º As importâncias, ainda que habituais, pagas a título de ajuda de custo, auxílio-alimentação, vedado seu pagamento em dinheiro, diárias para viagem, prêmios e abonos não integram a remuneração do empregado, não se incorporam ao contrato de trabalho e não constituem base de incidência de qualquer encargo trabalhista e previdenciário.

Apesar da clareza do texto da norma jurídica, o Enunciado nº 17 aprovado na 2ª Jornada de Direito Material e Processual do Trabalho defende tese em sentido contrário:

ENUNCIADO Nº 17. PARCELAS REMUNERATÓRIAS SOB A LEI 13.467/2017

1. EXPRESSÃO "AINDA QUE HABITUAIS" CONSTANTE DO § 2º DO ART. 457, DA CLT, COM A REDAÇÃO DADA PELA LEI 13.467/17. A INTERPRETAÇÃO SISTEMÁTICA DOS ARTIGOS 195, I E 201, CAPUT E § 11, DA CONSTITUIÇÃO FEDERAL REVELA QUE A CONTRIBUIÇÃO SOCIAL INCIDE SOBRE OS GANHOS HABITUAIS, A QUALQUER TÍTULO, PARA SE PRESERVAR O EQUILÍBRIO FINANCEIRO E ATUARIAL DO RGPS – REGIME GERAL DA PREVIDÊNCIA SOCIAL COM IGUAL RAZÃO, A INTERPRETAÇÃO DO ART. 457, § 2º, DA CLT, EM CONFORMIDADE COM A CONSTITUIÇÃO, DENOTA QUE NÃO IMPORTA O TÍTULO ATRIBUÍDO PELO EMPREGADOR À PARCELA, PORQUANTO, PARA TER NATUREZA JURÍDICA SALARIAL, BASTA QUE ELA SEJA HABITUAL E DECORRENTE DO TRABALHO PRESTADO POR CONTA ALHEIA, SENDO MERAMENTE EXEMPLIFICATIVO O ROL DO § 1º E ADMITINDO-SE OUTRAS PARCELAS SALARIAIS, TAIS COMO ADICIONAIS, IMPORTÂNCIAS VARIÁVEIS E GRATIFICAÇÕES LEGAIS E CONVENCIONAIS. A NÃO INTEGRAÇÃO NA REMUNERAÇÃO DAS PARCELAS RELACIONADAS NO ART. 457, §§ 2º E 4º, DA CLT DEPENDE DE QUE EFETIVAMENTE SIRVAM A PROPICIAR CONDIÇÕES PARA REALIZAÇÃO DO TRABALHO OU SE RETIRAM A SITUAÇÕES EXCEPCIONAIS AO COTIDIANO DA RELAÇÃO DE EMPREGO.

2. PRÊMIOS. NECESSÁRIA VINCULAÇÃO A DESEMPENHO PROFISSIONAL DIFERENCIADO. A CONCESSÃO HABITUAL DE PRÊMIOS, DESVINCULADA DO REQUISITO DE DESEMPENHO PROFISSIONAL SUPERIOR AO ORDINARIAMENTE ESPERADO (ART. 457, §4º, DA CLT), CONSTITUI FRAUDE (ART. 9º, CLT), INTEGRANDO A REMUNERAÇÃO DO EMPREGADO A PARCELA PAGA FORA DOS PRECEITOS LEGAIS.

6.3. Salário-família

O salário-família representa uma quantia fixa repassada pelo empregador ao empregado de baixa renda,[79] inclusive doméstico, **por cada filho ou equiparado menor de 14 anos ou inválido de qualquer idade**.

79. Decreto nº 3.048/99. Art. 82. § 3º. Quando o pai e a mãe são segurados empregados ou trabalhadores avulsos, ambos têm direito ao salário-família.

Diz-se que é repassado pelo empregador pois se trata de um **benefício previdenciário** devido pelo Instituto Nacional de Seguridade Social, que **é adiantado pelo empregador e depois compensado com os valores das suas contribuições previdenciárias**, na forma prevista pelo art. 68 da Lei nº 8.213/ 91.

Encontra-se previsto no art. 7º, XII, da Constituição Federal de 1988, que teve sua redação alterada pela Emenda Constitucional nº 20, em seu art. 13, dispondo que:

> **Art. 13.** Até que a lei discipline o acesso ao salário-família e auxílio-reclusão para os servidores, segurados e seus dependentes, esses benefícios serão concedidos apenas àqueles que tenham renda bruta mensal igual ou inferior a R$ 360,00 (trezentos e sessenta reais), que, até a publicação da lei, serão corrigidos pelos mesmos índices aplicados aos benefícios do regime geral de previdência social.

Anualmente, a Secretaria Especial de Previdência e Trabalho do Ministério da Economia expede Portaria atualizando o valor do salário-família, inclusive do teto a partir do qual o trabalhador deixa de receber o referido benefício.

Para receber o valor do salário-família o empregado deverá apresentar ao seu empregador a respectiva **certidão de nascimento de seus filhos menores de quatorze anos ou inválido,**[80] **a caderneta de vacinação obrigatória e a comprovação de frequência escolar, na forma estatuída pelo art. 67 da Lei nº 8.213/91.**[81] **Já o empregado doméstico só precisa apresentar a certidão de nascimento do seu filho.**

Como se trata de benefício-previdenciário, não pode ser objeto de negociação coletiva. Inclusive, o art. 611-B da CLT, introduzido pela Lei nº 13.467/17, afasta expressamente essa possibilidade: "Constituem objeto ilícito de convenção coletiva ou de acordo coletivo de trabalho, exclusivamente, a supressão ou a redução dos seguintes direitos: VIII – salário-família".

ATENÇÃO! Quando o pai e a mãe encontram-se empregados, ambos têm direito ao salário-família.

6.4. Participação nos lucros e no faturamento da empresa

Em um contrato de trabalho, é o empregador quem assume o risco da atividade econômica, de forma que **eventual prejuízo não pode ser transferido ou assumido pelo empregado.**

Entretanto, os princípios que regem o Direito laboral sempre conduziram o legislador no sentido de instituir instrumentos hábeis para permitir a participação dos trabalhadores nos lucros auferidos pelas empresas. Com isso, incentiva-se a classe obreira a melhorar a qualidade e a quantidade da produção de bens e serviços.

80. TST. Súmula nº 254. SALÁRIO-FAMÍLIA. TERMO INICIAL DA OBRIGAÇÃO (mantida) – Res. 121/2003, DJ 19, 20 e 21.11.2003. O termo inicial do direito ao salário-família coincide com a prova da filiação. Se feita em juízo, corresponde à data de ajuizamento do pedido, salvo se comprovado que anteriormente o empregador se recusara a receber a respectiva certidão.

81. TST. Súmula nº 344. SALÁRIO-FAMÍLIA. TRABALHADOR RURAL – REVISÃO DO ENUNCIADO Nº 227 – RES. 14/1985, DJ 19.09.1985. O salário-família é devido aos trabalhadores rurais somente após a vigência da Lei nº 8.213, de 24.07.1991.

No Brasil, o procedimento acima mencionado materializou-se por meio das verbas denominadas de participação nos lucros ou resultados – PLR e no abono anual do PIS, que serão analisados a seguir.

A. *Participação nos lucros ou resultados*

A participação nos lucros ou resultados **é representada por uma quantia paga pelo empregador ao empregado na hipótese de obter lucro durante um determinado período previamente estipulado,** desde que não seja inferior a um **trimestre** civil. Veda-se, todavia, o pagamento por mais de duas vezes no mesmo ano.

A PLR encontra-se prevista pelo art. 7º, XI, da Carta Política de 1988,[82] devidamente regulamentada pela Lei nº 10.101/2000, que dispõe sobre a participação dos trabalhadores nos lucros ou resultados da empresa.

Da mesma forma como ocorre com o salário pago por unidade de obra, a participação nos lucros **tem como escopo aumentar a produtividade dos empregados**, com a vantagem de não incentivar a competitividade interna, prejudicial aos interesses da empresa, uma vez que possui caráter coletivo.

Para que o pagamento da participação nos lucros da empresa torne-se uma obrigação do empregador, **é necessário que exista previsão em acordo ou convenção coletiva de trabalho** e, excepcionalmente, em instrumento coletivo derivado da negociação patrocinada **por uma comissão** formada por trabalhadores, representantes da empresa e um representante indicado pelo sindicato da respectiva categoria.

Caso o representante do sindicato não seja indicado no prazo máximo de **dez dias corridos**, a comissão poderá iniciar e concluir suas tratativas sem a sua presença, na forma prevista pelo § 10, art. 2º, da Lei 10.101/00, com redação dada pela Lei nº 14.020/20.

É vedado o pagamento de qualquer antecipação ou distribuição de valores a título de participação nos lucros ou resultados da empresa **em mais de duas vezes no mesmo ano civil e em periodicidade inferior a um trimestre civil.** A inobservância dessa periodicidade invalida exclusivamente os pagamentos feitos em desacordo com a norma, ou seja, os pagamentos excedentes ao segundo, feitos a um mesmo empregado, no mesmo ano civil; e os pagamentos efetuados a um mesmo empregado, em periodicidade inferior a um trimestre civil do pagamento anterior (Lei nº 14.020/2020).

Por expressa determinação legal, a participação nos lucros ou resultados da empresa, quando fixada por instrumento normativo negociado, **não se incorpora à remuneração para qualquer efeito,**[83] mas **é devida ainda que o contrato de trabalho tenha sido extinto antes da data do seu pagamento**, na forma do entendimento constante da Súmula nº 451 do TST:

---

82. CF/88. Art. 7º. São direitos dos trabalhadores urbanos e rurais, além de outros que visem à melhoria de sua condição social: XI – participação nos lucros, ou resultados, desvinculada da remuneração, e, excepcionalmente, participação na gestão da empresa, conforme definido em lei.

83. Lei nº 10.101/2000. Art. 3º A participação de que trata o artigo 2º não substitui ou complementa a remuneração devida a qualquer empregado, nem constitui base de incidência de qualquer encargo trabalhista, não se lhe aplicando o princípio da habitualidade.

> **SÚMULA Nº 451.** PARTICIPAÇÃO NOS LUCROS E RESULTADOS. RESCISÃO CONTRATUAL ANTERIOR À DATA DA DISTRIBUIÇÃO DOS LUCROS. PAGAMENTO PROPORCIONAL AOS MESES TRABALHADOS. PRINCÍPIO DA ISONOMIA. (conversão da Orientação Jurisprudencial nº 390 da SBDI-1) Fere o princípio da isonomia instituir vantagem mediante acordo coletivo ou norma regulamentar que condiciona a percepção da parcela participação nos lucros e resultados ao fato de estar o contrato de trabalho em vigor na data prevista para a distribuição dos lucros. Assim, inclusive na rescisão contratual antecipada, é devido o pagamento da parcela de forma proporcional aos meses trabalhados, pois o ex-empregado concorreu para os resultados positivos da empresa.

Apesar de não incorporar ao salário, o valor pago a título de PLR tem incidência de **imposto de renda na fonte de forma exclusiva**, ou seja, separada das demais verbas de natureza salarial, com isenção desse tributo caso a quantia paga a esse título seja de até R$ 6.000,00, conforme determinação contida na referida Lei nº 10.101/00, com redação dada pela Lei nº 12.832/13.

A não incorporação da participação nos lucros e resultados limita-se ao âmbito da relação contratual, pois há incidência de imposto de renda sobre essa verba a partir de R$6.000,00. Em relação à contribuição previdenciária, o STF entendeu pela não incidência desse tributo sobre a PLR, no período compreendido entre a promulgação da CF/88 e a edição da MP nº 794/94, conforme decisão proferida no RE nº 569411 com repercussão geral declarada.

B. Abono do PIS

O Programa de Integração Social – PIS foi criado pela Lei Complementar nº 7/1970, com o objetivo de **propiciar a participação dos empregados no desenvolvimento do empreendimento**. Diferentemente do que ocorre com a participação nos lucros ou resultados, o referido programa tem como fato gerador o **faturamento** e não um eventual lucro da empresa.

A partir da promulgação da atual Constituição Federal (art. 239), os recursos do PIS/PASEP passaram a financiar o programa do **seguro desemprego** e o pagamento do respectivo **abono** devido aos empregados e aos servidores públicos, **no valor de um salário mínimo.**

Com a promulgação da Emenda Constitucional nº 103/19, **esses recursos também passaram a financiar outras ações da previdência social,** conforme se observa da atual redação do art. 239 da CF/88:

> **Art. 239.** A arrecadação decorrente das contribuições para o Programa de Integração Social, criado pela Lei Complementar nº 7, de 7 de setembro de 1970, e para o Programa de Formação do Patrimônio do Servidor Público, criado pela Lei Complementar nº 8, de 3 de dezembro de 1970, passa, a partir da promulgação desta Constituição, a financiar, nos termos que a lei dispuser, o programa do seguro-desemprego, outras ações da previdência social e o abono de que trata o § 3º deste artigo.
>
> **§ 1º** Dos recursos mencionados no caput, no mínimo 28% (vinte e oito por cento) serão destinados para o financiamento de programas de desenvolvimento econômico, por meio do Banco Nacional de Desenvolvimento Econômico e Social, com critérios de remuneração que preservem o seu valor.
>
> **§ 2º** Os patrimônios acumulados do Programa de Integração Social e do Programa de Formação do Patrimônio do Servidor Público são preservados, mantendo-se os critérios de saque nas situações previstas nas leis específicas, com exceção da retirada por motivo de

casamento, ficando vedada a distribuição da arrecadação de que trata o "caput" deste artigo, para depósito nas contas individuais dos participantes.

§ 3º Aos empregados que percebam de empregadores que contribuem para o Programa de Integração Social ou para o Programa de Formação do Patrimônio do Servidor Público, até dois salários mínimos de remuneração mensal, é assegurado o pagamento de um salário mínimo anual, computado neste valor o rendimento das contas individuais, no caso daqueles que já participavam dos referidos programas, até a data da promulgação desta Constituição.

§ 4º O financiamento do seguro-desemprego receberá uma contribuição adicional da empresa cujo índice de rotatividade da força de trabalho superar o índice médio da rotatividade do setor, na forma estabelecida por lei.

§ 5º Os programas de desenvolvimento econômico financiados na forma do § 1º e seus resultados serão anualmente avaliados e divulgados em meio de comunicação social eletrônico e apresentados em reunião da comissão mista permanente de que trata o § 1º do art. 166.

Os empregadores constituídos sob a forma de **pessoa jurídica** contribuem para o PIS com um determinado percentual (alíquota) calculado **sobre o seu faturamento** (base de cálculo).

Os empregados beneficiados com o pagamento de um **abono anual** serão aqueles que:

a) tenham sido empregados de **pessoas jurídicas**;

b) estejam cadastrados **há mais de cinco anos** no referido Fundo;

c) tenham trabalhado, pelo menos, **trinta dias no ano que antecede o pagamento** do abono;

d) tenham percebido, nesse período, **até dois salários mínimos** como remuneração.

Assim, o empregador deverá incluir o nome dos seus empregados no e-Social, procedimento feito anteriormente por meio de um formulário eletrônico denominado de RAIS – Relação Anual de Informações Sociais.

As principais informações que devem ser fornecidas pelo empregador são:

a) valor das parcelas pagas em razão de rescisão contratual, como férias, multa rescisória do FGTS, etc.;

b) valor das horas extras não pagas em razão da existência de banco de horas;

c) reajuste obtido por meio de convenção ou acordo coletivo de trabalho;

d) valor das gratificações instituídas por meio de contrato individual de trabalho, regulamento de empresa, convenção ou acordo coletivo de trabalho;

e) valor da contribuição patronal recolhida.

O abono anual do PIS é equivalente a **um salário mínimo**.

Para os empregados que trabalharam entre 1971 a 1988 é possível movimentar **todo o valor contido da conta pessoal** do PIS-Pasep, a partir da vigência da Lei nº 13.983/19.

Já para os empregados que foram admitidos **após a promulgação da CF/88** só é conferido o direito ao abono anual, desde que preencham os requisitos legais já descritos anteriormente.

Verifica-se, portanto, que **a obrigação do empregador é de natureza tributária** para com a Administração Pública. O abono anual **não incorpora ao salário para qualquer efeito,** seja ele previdenciário, fiscal ou trabalhista.

Contudo, a omissão do empregador no sentido de não incluir o nome de seu empregado na RAIS pode implicar **responsabilidade pelo pagamento de uma indenização compensatória**, além de constituir infração administrativa punível com multa equivalente a 10 meses de salário.

A OJ nº 68 da 4ª Turma do TRT9 deixa clara essa responsabilidade do empregador em caso de omissão:

> **OJ4T Nº 68 do TRT9.** PIS. I – Reconhecimento de vínculo. É devida indenização substitutiva do abono do art. 239, § 3º, da Constituição Federal, quando o vínculo de emprego for reconhecido em Juízo, desde que satisfeitos os demais pressupostos para a incidência da parcela. II – Conforme previsão do art. 239, § 3º, da Constituição Federal de 1988 e do art. 9º da Lei 7.998/1990, são requisitos para que o empregado faça jus ao abono salarial do PIS, que: (a) tenha percebido até 02 salários mínimos mensais e exercido atividade remunerada pelo menos durante 30 dias no ano-base; (b) e esteja cadastrado há pelo menos 5 anos no Fundo de Participação PISPASEP ou no cadastro Nacional do Trabalho.

A seguir, o resumo com os requisitos para percepção do PIS:

REQUISITOS PARA PERCEPÇÃO DO ABONO DO PIS

- Ter sido empregado de pessoa jurídica;
- 2 salários mínimos, no máximo, a título de salário mensal
- 5 anos de cadastro no programa, no mínimo
- 30 dias de trabalho, no mínimo, no ano

C. *Abono do PASEP*

Paralelo ao Programa de Integração Social – PIS, foi instituído o Programa de Formação do Patrimônio do Servidor Público – PASEP. Obviamente que a intenção desse programa não se assemelha com aquele analisado acima, tendo em vista que o Estado, enquanto empregador, não tem finalidade lucrativa, salvo, evidentemente, no caso de empresas públicas e sociedades de economia mista.

Mas, para manter a paridade de direitos entre os empregados da iniciativa privada e os servidores públicos civis e militares, determinou-se, por meio da Lei Complementar nº 8/70, que a União, os Estados, os Municípios e o Distrito Federal contribuiriam para o referido Programa, mediante recolhimento de um percentual variável incidente sobre suas receitas correntes efetivamente arrecadadas.

A Lei Complementar nº 26/75 unificou, sob a denominação de PIS-PASEP, os fundos constituídos com os recursos do Programa de Integração Social – PIS e do Programa de Formação do Patrimônio do Servidor Público – PASEP.[84]

84. Decreto nº 4.751/03. Art. 1º O Fundo PIS-PASEP, criado pela Lei Complementar nº 26, de 11 de setembro de 1975, sob a denominação de PIS-PASEP, é um fundo contábil, de natureza financeira, e se subordina, no que couber, às disposições do art. 69 da Lei nº 4.728, de 14 de julho de 1965. § 1º O PIS-PASEP é constituído pelos valores do

Após a vigência da CF/88 os participantes até então cadastrados **continuaram a receber os rendimentos sobre o saldo existente.** Os empregados cadastrados a partir de 05.10.88 não possuem saldo, **mas podem receber o abono salarial**, desde que preencham os requisitos legais.

6.5. Salário-educação

O salário-educação, apesar de a expressão sugerir, **não é considerado verba remuneratória, mas sim uma contribuição social devida pelas empresas** e prevista pelo art. 212, § 5º, da CF/88, destinada a financiar a educação básica no Brasil.

O art. 5º, do Decreto nº 6.003/06, ressalta o caráter não remuneratório do salário educação: "A contribuição social do salário-educação não tem caráter remuneratório na relação de emprego e não se vincula, para nenhum efeito, ao salário ou à remuneração percebida pelos empregados das empresas contribuintes".

O montante arrecadado a título de salário-educação é distribuído pelo Fundo de Manutenção e Desenvolvimento do Ensino Fundamental e de Valorização do Magistério, entre a União, Distrito Federal, Estados e Municípios.

6.6. *Stock options*

Por meio do sistema denominado de *stock options*, o empregador oferece aos seus empregados **um plano de oferta de opção de compra de ações**[85] **da empresa a preços pré-fixados** e geralmente mais baixos se comparados com aqueles praticados pelo mercado na data da emissão.[86]

Assim, o empregado não adquire imediatamente os ativos, mas somente o direito de subscrever as ações da empresa para qual trabalha depois de decorrido o prazo de carência, conforme estabelece o art. 168, § 3º da Lei nº 6.404/76:

> **Art. 168. § 3º** O estatuto pode prever que a companhia, dentro do limite de capital autorizado, e de acordo com plano aprovado pela assembleia-geral, **outorgue opção de compra de ações** a seus administradores ou empregados, ou a pessoas naturais que prestem serviços à companhia ou a sociedade sob seu controle (grifou-se).

Objetiva estimular o desempenho profissional e a permanência do empregado na empresa que tenha suas ações negociadas na bolsa de valores, uma vez que o trabalhador **compromete-se a prestar serviços durante o período do referido plano.**

A produtividade também aumenta, uma vez que haverá mais esforço do empregado no sentido de contribuir para o crescimento do lucro da empresa, o que reflete nos preços das ações.

Fundo de Participação do Programa de Integração Social – PIS e do Fundo Único do Programa de formação do Patrimônio do Servidor Público – PASEP, existentes em 30 de junho de 1976 e apurados em balanços.

85. Na bolsa de valores é possível negociar tanto as ações como as opções de compra ou de venda dessas ações.

86. No Brasil, a Petrobras já lançou dois planos para aquisição de suas ações, pelos seus empregados, inclusive com a possibilidade de utilização do FGTS.

A. Preço da emissão da ação

O preço da emissão da ação, em regra, corresponde ao preço praticado no mercado (bolsa de valores) na data da assinatura do plano de oferta. Em alguns planos, a empresa opta por calcular o valor da ação pela média do preço praticado durante determinado período.

B. Período de carência

O período de carência[87] é o prazo mínimo que o empregado deve permanecer na empresa para adquirir o direito de compra das respectivas ações.

Esse prazo geralmente varia entre três a cinco anos e a sua inobservância **implica perda do direito do empregado de adquirir as ações da empresa**. Essa característica revela que se trata de negócio jurídico cuja eficácia se sujeita a um evento futuro e certo, mas dependente da vontade do obreiro:

> *STOCK OPTIONS*. OFERTA DE OPÇÃO PARA AQUISIÇÃO DE AÇÕES DA EMPRESA. CANCELAMENTO DO BENEFÍCIO COM A RESCISÃO CONTRATUAL. VALIDADE. As cláusulas contratuais que fixam a carência das chamadas "*stock options*", bem como a extinção do direito de aquisição de ações da empresa com a rescisão do liame empregatício, não padecem de quaisquer vícios porquanto são estabelecidas em consonância com as disposições do art. 104 do CCB. As partes signatárias são capazes; o objeto é "lícito, possível" e "determinado"; e elegeu-se forma "não defesa em lei". Merece registro, também, que "os negócios jurídicos benéficos (...) interpretam-se estritamente" (art. 114 do CCB). A disposição restritiva é plenamente válida frente à legislação pátria. Segundo o art. 122 do CCB, "são lícitas, em geral, todas as condições não contrárias à lei, à ordem pública ou aos bons costumes". Trata-se, na verdade, de condição suspensiva, que subordina a eficácia do negócio à sua ocorrência; "enquanto esta se não verificar, não se terá adquirido o direito, a que ele visa" (art. 125 do CCB). É da própria essência desse "benefício" da futura aquisição de ações o decurso do prazo para a efetivação da compra (carência). Nesse ínterim, o trabalhador é avaliado de forma a se revelar merecedor ou não do *plus* oferecido pelo empregador. O empregado tem apenas mera expectativa de se tornar acionista; não há direito adquirido.[88]

C. Prazo para o exercício da opção

Como se trata de **oferta de opções de compra**, não é obrigatório que o empregado exerça o direito respectivo no final do prazo estabelecido, ou seja, que efetivamente adquira os ativos da empresa no termo final.

Isso geralmente ocorre quando o valor das ações, no término do prazo pré-estipulado, está abaixo daquele verificado no momento do lançamento ou adesão ao plano instituído pela empresa (preço de emissão).

Nesse caso, o empregado pode aguardar pela alta do preço das ações. Deve ser observado, entretanto, o prazo de exercício das opções, denominado de termo de opção.

Uma vez adquiridas as ações, aplicam-se as regras do mercado acionário, caracterizado pela volatilidade e pelo risco, com possibilidade de ganho ou de prejuízo.

87. Esse período é conhecido no mercado acionário como prazo de elegibilidade ou *vesting*.
88. TRT 3ª R. RO 01187-2009-014-03-00-1. 10ª T. Rel.Des. Deoclecia Amorelli Dias. DEJT 24.03.2010.

D. *Natureza jurídica*

Não há regulamentação legal no ordenamento jurídico nacional para o sistema *stock option*. Todavia, os Tribunais trabalhistas já se manifestam no sentido de **afastar a sua natureza salarial**, conforme se vê das decisões a seguir transcritas:

> *STOCK OPTIONS*. NATUREZA JURÍDICA. Não se tratando de parcela destinada a contraprestação pelos serviços prestados, os Planos de Opção de Compra de Ações (Stock *Option Plan*) não ostentam natureza salarial, não integrando a remuneração do empregado nos termos definidos pelos arts. 457 e 458 da CLT. PLANO DE PREVIDÊNCIA PRIVADA – Os planos de previdência privada instituídos pelo empregador não integram a remuneração do empregado – Art. 458, § 2º, VI, da CLT.[89]

> PLANO DE OPÇÃO DE AÇÕES (*STOCK OPTION*). NATUREZA JURÍDICA. O plano de "*Stock Option*" consiste na concessão futura, ao empregado, do direito de optar pela compra de ações, o qual, por sua vez tem a prerrogativa de exercer ou não tal direito, tudo a depender das variações do mercado acionário. Portanto, referida vantagem não ostenta natureza salarial, tratando-se de típico contrato mercantil de caráter oneroso, sendo assim indevida a integração salarial deste.[90]

Por fim, diante do vazio legislativo, a definição da verdadeira natureza jurídica desse *novel* instituto, bem como de suas características e limitações por conta da incidência do princípio protetivo, irá depender da análise de cada caso concreto.

6.7. Salário-maternidade

O salário-maternidade, apesar de possuir essa denominação, **não tem caráter salarial**, pois representa um benefício previdenciário. O pagamento é feito mensalmente durante cento e vinte dias, com início entre vinte e oito dias antes do parto e a data de sua ocorrência (art. 71 da Lei nº 8.213/91).

Cabe ao empregador adiantar o valor do salário-maternidade para a empregada, o qual será **compensado quando do recolhimento das contribuições incidentes sobre a folha de salários**, salvo no caso da doméstico, que é pago diretamente pela previdência social.

O salário-maternidade, ao contrário dos demais benefícios que substituem a renda mensal do trabalhador, **não está limitado ao valor do teto dos benefícios previdenciários**, mas deve observar o valor do subsídio do Ministro do STF.

Contudo, se o empregador adere ao programa "empresa cidadã" e estende o prazo da licença-maternidade por mais sessenta dias (Lei nº 11.770/08 e Decreto nº 7.052/09), o salário-maternidade passa a ser **devido e pago pelo empregador**, nesse caso, **com caráter salarial.**

De acordo com a Instrução Normativa nº 77/15 do INSS, o salário-maternidade de 120 dias é devido **mesmo no caso de parto de natimorto** (evento ocorrido a partir da 23ª semana – sexto mês de gestação), conforme se observa da redação do art. 294, §§ 3º, 4º e 5º; e de duas semanas, no caso de abordo não criminoso:

> **Art. 294. § 3º** Para fins de concessão do salário-maternidade, considera-se parto o evento ocorrido a partir da vigésima terceira semana (sexto mês) de gestação, inclusive em caso de natimorto.

89. TRT 15ª R. RO 2125-2007-109-15-00-2. 1ª C. Rel. Luiz Antonio Lazarim. DOE 05.12.2008.
90. TRT 3ª R. RO 00899-2009-105-03-00-0. 1ª T. Rel. Des. Marcus Moura Ferreira. DEJT 24.03.2010.

> § 4º Em caso de aborto não-criminoso, comprovado mediante atestado médico com informação do CID específico, a segurada terá direito ao salário-maternidade correspondente a duas semanas.
>
> § 5º Tratando-se de parto antecipado ou não, ainda que ocorra parto de natimorto, este último comprovado mediante certidão de óbito, a segurada terá direito aos cento e vinte dias previstos em lei, sem necessidade de avaliação médico-pericial pelo INSS.

Excepcionalmente o § 3º, do art. 18 da Lei nº 13.301/16, aumentou para 180 dias o prazo da licença maternidade nos casos de **mães de crianças acometidas por sequelas neurológicas transmitidas pelo *Aedes aegypti*:**

> **Art. 18. § 3º.** A licença-maternidade prevista no art. 392 da Consolidação das Leis do Trabalho – CLT, aprovada pelo Decreto-Lei no 5.452, de 1º de maio de 1943, será de cento e oitenta dias no caso das mães de crianças acometidas por sequelas neurológicas decorrentes de doenças transmitidas pelo Aedes aegypti, assegurado, nesse período, o recebimento de salário-maternidade previsto no art. 71 da Lei no 8.213, de 24 de julho de 1991.

6.8. Prêmios

A lei não impõe ao empregador a obrigação de pagar prêmios aos seus empregados. Decorre, assim, de ajuste particular (contrato individual de trabalho), regulamento empresarial, sentença normativa, convenção ou acordo coletivo de trabalho.

Essa parcela **tem natureza condicional** e é devida quando o empregado implementa certas exigências previamente estabelecidas pelo empregador, **desde que traduza um desempenho superior ao ordinário.**

O conceito legal de prêmio encontra-se inserido no § 4º, art. 457 da CLT:

> **Art. 457. § 4º** Consideram-se prêmios as liberalidades concedidas pelo empregador em forma de bens, serviços ou valor em dinheiro a empregado ou a grupo de empregados, em razão de desempenho superior ao ordinariamente esperado no exercício de suas atividades.

O **prêmio assiduidade**, por exemplo, é devido quando o empregado não atinge, durante determinado período, o número de faltas mínimas estabelecidas pelo empregador ou por instrumento normativo. Tem como escopo desestimular as faltas injustificadas ao serviço.

Outra situação é aquela em que o empregado tem direito ao prêmio de vendas quando atingir determinada meta mínima de intermediação de negócios fixados pelo empregador.

Após a vigência da Lei nº 13.467/17 o prêmio, que tinha natureza salarial, **passou a ter caráter indenizatório**, tanto para efeitos trabalhistas quanto previdenciários também, conforme se observa da nova redação do § 2º, art. 457 da CLT:

> **Art. 457. § 2º** As importâncias, ainda que habituais, pagas a título de ajuda de custo, auxílio-alimentação, vedado seu pagamento em dinheiro, diárias para viagem, prêmios e abonos não integram a remuneração do empregado, não se incorporam ao contrato de trabalho e não constituem base de incidência de qualquer encargo trabalhista e previdenciário.

Observe-se, porém, que se o prêmio é utilizado para remunerar o **desempenho ordinário do trabalhador**, ele passa a ter natureza salarial, de forma que integra o salário para todos os efeitos legais.

A MP nº 905/19, ao introduzir o art. 5º à Lei nº 10.101/2000, estabeleceu os seguintes requisitos para a validade do prêmio:

> I – sejam pagos, exclusivamente, a empregados, de forma individual ou coletiva;
>
> II – decorram de desempenho superior ao ordinariamente esperado, avaliado discricionariamente pelo empregador, desde que o desempenho ordinário tenha sido previamente definido;
>
> III – o pagamento de qualquer antecipação ou distribuição de valores seja limitado a quatro vezes no mesmo ano civil e, no máximo, de um no mesmo trimestre civil;
>
> IV – as regras para a percepção do prêmio devem ser estabelecidas previamente ao pagamento; e
>
> V – as regras que disciplinam o pagamento do prêmio devem permanecer arquivadas por qualquer meio, pelo prazo de seis anos, contado da data de pagamento.
>
> Apesar da MP nº 905/19 ter pedido a sua eficácia, por não ter sido apreciada pelo Congresso Nacional, tais requisitos podem ser utilizados pelo aplicador da norma jurídica para classificar o prêmio como ordinário ou excepcional.

6.9. Abonos

O abono é uma verba paga ao empregado que **decorre de um ato de liberalidade do empregador**. Consiste geralmente em parcela única, **sem que exista um motivo determinante que lhe dê causa.**

Em muitos casos, o abono serve para compensar um reajuste salarial não concedido ou para complementá-lo, quando insuficiente.

> **O abono não integra a remuneração para todos os efeitos legais**, na forma prevista pelo já transcrito § 2º, art. 457 da CLT..

De igual forma, o abono pecuniário de férias, resultante da conversão de 1/3 do período de gozo em dinheiro, previsto pelo art. 143 da Consolidação das Leis do Trabalho, **não é considerado parcela de natureza salarial.**[91]

7. SALÁRIO *IN NATURA* E UTILIDADES NÃO SALARIAIS

Como visto, o salário poderá ser pago em espécie ou em utilidades. Já os pagamentos feitos pelo empregador ao obreiro podem ter natureza indenizatória ou salarial. Desse modo, não só o pagamento feito em espécie, mas também a retribuição feita *in natura* pode ser classificada como verba salarial ou indenizatória.

A Consolidação das Leis do Trabalho, em seu art. 458, menciona que as prestações em utilidades (*in natura*) fornecidas pelo empregador, como a alimentação, o vestuário, a habitação

91. CLT. Art. 144. O abono de férias de que trata o artigo anterior, bem como o concedido em virtude de cláusula do contrato de trabalho, do regulamento da empresa, da convenção ou acordo coletivo, desde que não excedente de vinte dias do salário, não integrarão a remuneração do empregado para efeitos da legislação do trabalho.

e outras, **são consideradas como salário, desde que possuam o caráter de habitualidade**, exceto as drogas nocivas e as bebidas.[92]

O critério de diferenciação entre a prestação *in natura* de caráter salarial e aquela de natureza indenizatória é idêntico ao aplicado no que diz respeito à contraprestação em espécie paga pelo empregador.

Sempre que a parcela *in natura* fornecida pelo empregador for condição indispensável para a execução do contrato de trabalho, a hipótese será de verba de natureza **indenizatória**, caso contrário, terá **caráter salarial**.

Nesse sentido a OJ nº 98 da 4ª Turma do TRT9:

> **OJ4T Nº 98 do TRT9.** HABITAÇÃO. SALÁRIO IN NATURA OU INSTRUMENTAL. Habitação fornecida pelo empregador a título gratuito, se não for essencial ou imprescindível às tarefas do empregado, integra os salários nos termos do art. 458 da CLT.

O Tribunal Superior do Trabalho já se posicionou sobre a matéria por meio da Súmula nº 367:

> **SÚMULA Nº 367.** UTILIDADES "*IN NATURA*". HABITAÇÃO. ENERGIA ELÉTRICA. VEÍCULO. CIGARRO. NÃO INTEGRAÇÃO AO SALÁRIO. (conversão das Orientações Jurisprudenciais nº 24, 131 e 246 da SDI-1) – Res. 129/2005 – DJ 20.04.2005. I – A habitação, a energia elétrica e veículo fornecidos pelo empregador ao empregado, quando indispensáveis para a realização do trabalho, não têm natureza salarial, ainda que, no caso de veículo, seja ele utilizado pelo empregado também em atividades particulares. (ex-OJs nº 131 – Inserida em 20.04.1998 e ratificada pelo Tribunal Pleno em 07.12.2000 e nº 246 – Inserida em 20.06.2001). II – O cigarro não se considera salário utilidade em face de sua nocividade à saúde. (ex-OJ nº 24 – Inserida em 29.03.1996).

De difícil solução é a questão relativa ao **valor das prestações *in natura***, na hipótese do salário ser superior ao salário mínimo e inexistir ajuste prévio em relação a esse aspecto.

O Tribunal Superior do Trabalho, por intermédio da Súmula nº 258, entende que os valores das utilidades pagas pelo empregador, na hipótese mencionada, devem ser apurados caso a caso:

> **SÚMULA Nº 258.** SALÁRIO-UTILIDADE. PERCENTUAIS. Nova redação. Res. 121/2003, DJ 21.11.2003. Os percentuais fixados em lei relativos ao salário "*in natura*" apenas se referem às hipóteses em que o empregado percebe salário mínimo, apurando-se, nas demais, o real valor da utilidade.

O art. 458, § 1º, da CLT,[93] apresenta um critério subjetivo para aferição dos valores das prestações *in natura*, o que dificulta a solução dos conflitos em situações concretas. Todavia, em relação à habitação e alimentação, o preceito contido no § 3º do artigo citado fixa os limites máximos de **25% (vinte e cinco por cento) e 20% (vinte por cento) do salário contratual**, respectivamente.

---

92. CLT. Art. 458. Além do pagamento em dinheiro, compreende-se no salário, para todos os efeitos legais, a alimentação, habitação, vestuário ou outras prestações "in natura" que a empresa, por fôrça do contrato ou do costume, fornecer habitualmente ao empregado. Em caso algum será permitido o pagamento com bebidas alcoólicas ou drogas nocivas.

93. CLT. Art. 458. § 1º. Os valores atribuídos às prestações *in natura* deverão ser justos e razoáveis, não podendo exceder, em cada caso, os dos percentuais das parcelas componentes do salário mínimo (artigos 81 e 82).

A lei, em certos casos, **afasta a natureza salarial de algumas utilidades**, para incentivar o seu fornecimento pelo empregador, sem o inconveniente de incorporar ao salário dos empregados.

Desse modo, não têm caráter salarial as seguintes utilidades concedidas pelo empregador (art. 458, § 2º da CLT):

> a) **educação,** em estabelecimento de ensino próprio ou de terceiros, compreendendo os valores relativos à matrícula, mensalidade, anuidade, livros e material didático;
>
> b) **assistência médica, hospitalar e odontológica**, prestada diretamente ou mediante seguro-saúde;
>
> c) **seguros de vida e de acidentes pessoais**;
>
> d) **previdência privada**;
>
> e) **vale-cultura.**

O § 5º do art. 458 da CLT, introduzido por meio da Lei nº 13.467/17, reforça o caráter indenizatório das utilidades descritas na alínea "b", e estende aos **valores** pagos a título de assistência médica ou odontológica, incluindo o reembolso de despesas correlatas, conforme se observa de sua redação:

> **Art. 458. § 5º** O valor relativo à assistência prestada por serviço médico ou odontológico, próprio ou não, inclusive o reembolso de despesas com medicamentos, óculos, aparelhos ortopédicos, próteses, órteses, despesas médico-hospitalares e outras similares, mesmo quando concedido em diferentes modalidades de planos e coberturas, não integram o salário do empregado para qualquer efeito nem o salário de contribuição, para efeitos do previsto na alínea q do § 9° do art. 28 da Lei nº 8.212, de 24 de julho de 1991.

Exemplos de questões sobre o tema

(TRT 3 – Juiz do Trabalho Substituto 3ª região/2014) Nos termos do art. 458 da CLT, é considerada salário a seguinte utilidade concedida pelo empregador:

(A) Educação, em estabelecimento de ensino próprio ou de terceiros, compreendendo os valores relativos a matrícula, mensalidade, anuidade, livros e material didático.

(B) Transporte destinado ao deslocamento para o trabalho e retorno, em percurso servido ou não por transporte público.

(C) Valor correspondente ao vale-cultura.

(D) Vestuários e outros acessórios fornecidos habitualmente aos empregados.

(E) Previdência privada.

Resposta: D

(TRT 3 – Juiz do Trabalho Substituto 3ª região/ 2013) Considerando a direito sumulado pelo TST sobre o salário utilidade, assinale a alternativa incorreta:

(A) A habitação e a energia elétrica fornecidas pelo empregador ao empregado, quando indispensáveis para a realização do trabalho, não têm natureza salarial.

(B) Os percentuais fixados em lei relativos ao salário *in natura* apenas se referem às hipóteses em que o empregado percebe salário mínimo, apurando-se, nas demais, o real valor da utilidade.

(C) O cigarro não se considera salário utilidade em face de sua nocividade à saúde.

(D) O fornecimento de veículo pelo empregador ao empregado, quando imprescindível à execução dos serviços, não configura salário utilidade, desde que ele não seja utilizado pelo empregado também em atividades particulares.

(E) O vale para refeição, fornecido por força do contrato de trabalho, tem caráter salarial, integrando a remuneração do empregado, para todos os efeitos legais.

Resposta: D

7.1. Alimentação

Segundo o preceito contido no *caput* do art. 458 da CLT, a alimentação *in natura* fornecida pelo empregador **tem natureza salarial**:

> **Art. 458.** Além do pagamento em dinheiro, compreende-se no salário, para todos os efeitos legais, **a alimentação**, habitação, vestuário ou outras prestações "in natura" que a empresa, por força do contrato ou do costume, fornecer habitualmente ao empregado. Em caso algum será permitido o pagamento com bebidas alcoólicas ou drogas nocivas (grifou-se).

Por intermédio da Lei nº 6.321/76 criou-se **o Programa de Alimentação do Trabalhador – PAT**, que autoriza as pessoas jurídicas a deduzir do lucro tributável, para efeito de imposto de renda, o dobro das despesas realizadas com esse programa no período base, desde que previamente aprovado pelo Ministério do Trabalho e Emprego.

O objetivo da norma é bem claro: pretende melhorar a qualidade de vida dos trabalhadores e combater o surgimento de doenças profissionais.

Observe-se que não há qualquer imposição legal que obrigue o empregador fornecer alimentação, in natura, em forma de tickets ou cartão magnético, aos seus empregados, salvo para algumas profissões regulamentadas.

A pessoa jurídica que aderir ao PAT deverá obter a **anuência** dos empregados interessados em receber a alimentação respectiva, já que **deverão contribuir pessoalmente com o percentual máximo de 20% do custo do benefício**.[94]

A alimentação recebida pelo empregado em qualquer das modalidades previstas pela legislação que instituiu e regulamentou o PAT, **não integra, para qualquer efeito**, sua remuneração, conforme disposição expressa contida no art. 3º da referida Lei nº 6.321/76: "Não se inclui como salário de contribuição a parcela paga *in natura*, pela empresa, nos programas de alimentação aprovados pelo Ministério do Trabalho".

A OJ nº 133 da SDI-1 do TST confirma a intenção do dispositivo legal citado:

> **OJ Nº 133.** AJUDA ALIMENTAÇÃO. PAT. LEI Nº 6321/76. NÃO INTEGRAÇÃO AO SALÁRIO. Inserido em 27.11.1998. A ajuda alimentação fornecida por empresa participante do programa de alimentação ao trabalhador, instituído pela Lei nº 6321/1976, não tem caráter salarial. Portanto, não integra o salário para nenhum efeito legal.

A OJ nº 71 da 4ª Turma do TRT9 destoa completamente do entendimento do TST, ao admitir que o auxílio-alimentação deve integrar o valor do aviso-prévio na sua modalidade indenizada:

> **OJ4T Nº 71 do TRT9.** ALIMENTAÇÃO. AVISO PRÉVIO INDENIZADO. É devido o auxílio-alimentação, independentemente de sua natureza, no curso do aviso prévio indenizado.

Antes da edição da Lei nº 13.467/17, se o empregador fornecesse alimentação fora dos parâmetros estabelecidos pela legislação do PAT ou sem aderir ao referido Programa, o seu

94. PORTARIA SIT/DSST Nº 3, de 1º de março de 2002. Art. 4º A participação financeira do trabalhador fica limitada a 20% (vinte por cento) do custo direto do benefício concedido.

valor respectivo integrava a remuneração do obreiro, desde que não constituísse condição *sine qua non* para execução do contrato de trabalho, na forma prevista pela Súmula nº 241 do TST:

> **SÚMULA Nº 241.** SALÁRIO-UTILIDADE. ALIMENTAÇÃO. O vale para refeição, fornecido por força do contrato de trabalho, tem caráter salarial, integrando a remuneração do empregado, para todos os efeitos legais.

Já pela redação atual do § 2º, art. 457 da CLT, conferida pela Lei nº 13.467/17, o auxílio-alimentação (ticket-alimentação, cartão alimentação etc.) fornecido pelo empregador **não integra a remuneração** do obreiro para qualquer efeito, vedada a sua concessão em dinheiro, ainda que não tenha aderido ao PAT.

> **Art. 457. § 2º.** As importâncias, ainda que habituais, pagas a título de ajuda de custo, auxílio-alimentação, vedado seu pagamento em dinheiro, diárias para viagem, prêmios e abonos não integram a remuneração do empregado, não se incorporam ao contrato de trabalho e não constituem base de incidência de qualquer encargo trabalhista e previdenciário.

E em relação aos bancários e a convenção coletiva respectiva, manifestava-se o aludido Tribunal por meio da OJ nº 123, da SDI-1:

> **OJ Nº 123.** BANCÁRIOS. AJUDA ALIMENTAÇÃO. Inserida em 20.04.98.A ajuda alimentação prevista em norma coletiva em decorrência de prestação de horas extras tem natureza indenizatória e, por isso, não integra o salário do empregado bancário. ERR 118739/94, SDI-Plena.

O TST, por intermédio da OJ nº 413 da SID-1, também se posiciona expressamente quanto à questão do direito adquirido, pelo empregado, à natureza salarial da ajuda alimentação, sendo acompanhado pela Súmula nº 28 do TRT23:

> **OJ Nº 413 do TST.** AUXÍLIO-ALIMENTAÇÃO. ALTERAÇÃO DA NATUREZA JURÍDICA. NORMA COLETIVA OU ADESÃO AO PAT. (Divulgada no DeJT 14/02/2012). A pactuação em norma coletiva conferindo caráter indenizatório à verba "auxílio-alimentação" ou a adesão posterior do empregador ao PAT – Programa de Alimentação do Trabalhador não altera a natureza salarial da parcela, instituída anteriormente, para aqueles empregados que, habitualmente, já percebiam o benefício, a teor das súmulas nºs 51, I, e 241 do TST.

> **SÚMULA Nº 28 do TRT23.** AUXÍLIO-ALIMENTAÇÃO. PAGAMENTO ESPONTÂNEO PELO EMPREGADOR. ALTERAÇÃO DA NATUREZA JURÍDICA POR MEIO DE NORMA COLETIVA. I – O auxílio-alimentação concedido habitualmente pelo empregador possui natureza salarial. II – A atribuição da natureza indenizatória à parcela, por meio de norma coletiva ou adesão ao PAT, alcança apenas os empregados admitidos a partir da vigência da regra convencional ou da adesão.

A seguir, o quadro contendo o resumo sobre a natureza jurídica da alimentação fornecida pelo empregador:

Base legal	Espécie	Natureza jurídica
Art. 457, 2º da CLT	Pago em dinheiro	Salarial
Art. 458 da CLT	Fornecida *in natura* sem adesão ao PAT	Salarial
Art. 3º da Lei nº 6.321/76	Fornecida *in natura* com adesão ao PAT	Não salarial
Art. 457, 2º da CLT	Em forma de ticket ou cartão alimentação	Não salarial

7.2. Habitação

O empregador pode pagar parte do salário em forma de habitação, cujo valor servirá como base de cálculo para o cômputo dos complementos salariais, bem como das contribuições previdenciárias, imposto de renda e FGTS, **salvo se for indispensável para realização do trabalho**, na forma do entendimento consagrado pela Súmula nº 367, I:

> **SÚMULA Nº 367.** UTILIDADES *"IN NATURA"*. HABITAÇÃO. ENERGIA ELÉTRICA. VEÍCULO. CIGARRO. NÃO INTEGRAÇÃO AO SALÁRIO. (CONVERSÃO DAS ORIENTAÇÕES JURISPRUDENCIAIS NºS 24, 131 E 246 DA SDI-1). I – A habitação, a energia elétrica e veículo fornecidos pelo empregador ao empregado, quando indispensáveis para a realização do trabalho, não têm natureza salarial, ainda que, no caso de veículo, seja ele utilizado pelo empregado também em atividades particulares.

O valor atribuído à referida parcela *in natura* não poderá ser superior a **25% do salário ajustado, quando se tratar de habitação individual.** Se a habitação for coletiva, o seu valor será dividido entre os coabitantes.

Entretanto, em alguns casos, a habitação fornecida pelo empregador **constitui condição essencial para o desenvolvimento do trabalho**, o que implica reconhecimento de sua natureza indenizatória.

Geralmente, tal circunstância ocorre quando o empregado é contratado para trabalhar fora do domicílio, em localidades de difícil acesso, muito comum nas obras de construção civil pesada. Contudo, somente o estudo de cada caso poderá demonstrar se a habitação, ou qualquer outra parcela *in natura* fornecida pelo empregador, terá caráter salarial ou não.

Em relação ao empregado rural, a Lei nº 5.889/73, art. 9º, § 5º, **exige a forma escrita para a descaracterização da habitação como salário**:

> **Art. 9º, § 5º.** A cessão pelo empregador, de moradia e de sua infraestrutura básica, assim como, bens destinados à produção para sua subsistência e de sua família, não integram o salário do trabalhador rural, desde que caracterizados como tais, em contrato escrito celebrado entre as partes, com testemunhas e notificação obrigatória ao respectivo sindicato de trabalhadores rurais.

7.3. Uniforme

O uniforme fornecido pelo empregador e utilizado para o trabalho **não é considerado parcela salarial**, por expressa determinação contida no art. 458, § 2º, I, da Consolidação das Leis do Trabalho.

O empregador deve fornecer as peças do vestuário que exigir para a execução do serviço. O uso obrigatório desse uniforme é considerado uma cláusula lícita do contrato de trabalho, **inclusive quando contenha logomarcas de outras empresas**, na forma prevista pelo art. 456-A da CLT, introduzido por meio da Lei nº 13.467/17:

> **Art. 456-A.** Cabe ao empregador definir o padrão de vestimenta no meio ambiente laboral, sendo lícita a inclusão no uniforme de logomarcas da própria empresa ou de empresas parceiras e de outros itens de identificação relacionados à atividade desempenhada.

Entretanto, se a vestimenta não se destina ao labor na empresa, **adquire feição salarial com imediata adesão ao salário.**

Observe-se que se o empregador exige que o empregado faça a **limpeza do seu uniforme** com o uso de procedimentos ou produtos especiais, deve **indenizá-lo** por conta dessas despesas extraordinárias, conforme previsão contida no parágrafo único do art. 456-A da CLT, que afasta a natureza salarial desse valor:

> **Art. 456-A. Parágrafo único.** A higienização do uniforme é de responsabilidade do trabalhador, salvo nas hipóteses em que forem necessários procedimentos ou produtos diferentes dos utilizados para a higienização das vestimentas de uso comum.

Nesse sentido também a Súmula nº 98 do TRT4:

> **SÚMULA Nº 98 do TRT4.** LAVAGEM DO UNIFORME. INDENIZAÇÃO. O empregado faz jus à indenização correspondente aos gastos realizados com a lavagem do uniforme quando esta necessitar de produtos ou procedimentos diferenciados em relação às roupas de uso comum.

7.4. Transporte

O vale-transporte constitui uma obrigação devida pelo empregador a todo empregado que o solicitar, **inclusive o doméstico e o servidor público celetista**,[95] no sentido de prover o seu deslocamento da residência para o trabalho e vice-versa, no âmbito urbano.

O requerimento do empregado deverá ser dirigido ao seu patrão, **por escrito**, com informações sobre o seu endereço residencial e os meios de transportes mais adequados ao seu deslocamento.

O empregador fica desonerado de conceder o vale-transporte quando promover, direta ou indiretamente, por meio de veículos adequados ao transporte coletivo, a locomoção dos seus empregados no trajeto residência-trabalho e vice-versa.

O empregado tem direito a esse benefício, **independentemente da distância que separa a sua residência do local de trabalho**, uma vez que a legislação não estabelece esse critério como requisito de concessão, **desde que seja utilizado transporte urbano ou intermunicipal com características semelhantes ao urbano**.

A empresa, em contrapartida, também é beneficiada quando concede o vale-transporte, na medida em que recebe um incentivo fiscal, representado pela possibilidade do respectivo valor ser deduzido como despesa operacional, na determinação do lucro real e para efeito do imposto de renda.

A. *Natureza jurídica*

Se a concessão de vale para o uso do transporte público estiver de acordo com a Lei nº 7.418/85,[96] que disciplinou o benefício do vale-transporte, ou quando fornecido diretamente

95. TST. SDI-1. OJ Nº 216. VALE-TRANSPORTE. SERVIDOR PÚBLICO CELETISTA. LEI Nº 7.418/85. DEVIDO. Inserida em 08.11.00 (inserido dispositivo, DJ 20.04.2005). Aos servidores públicos celetistas é devido o vale-transporte, instituído pela Lei nº 7.418/85, de 16 de dezembro de 1985.

96. A referida norma foi regulamentada pelo Decreto nº 95.247/87.

pela empresa em forma de utilidade (art. 458, § 2º, III), **não integra a remuneração para qualquer efeito.**

Ainda que seja pago em dinheiro, contrariando o disposto no art. 5º do Decreto 95.247/87,[97] o valor respectivo **mantém o seu caráter indenizatório**, conforme decidiu o STF no RE nº 478410 e o TST nos autos do RR 2019-33.2011.5.03.0018.

Observe-se que o art. 19 da Lei Complementar 150/15 admite que o fornecimento de vale-transporte, para o **empregado doméstico,** seja substituído "pela concessão, mediante recibo, dos valores para a aquisição das passagens necessárias ao custeio das despesas decorrentes do deslocamento residência-trabalho e vice-versa".

B. *Contribuição do empregado*

A contribuição do empregado para concessão do referido benefício é da ordem de **6% do seu salário básico**, conforme preceitua o art. 4º, parágrafo único, da referida Lei nº 7.418/85,[98] e não se incorpora à remuneração para qualquer efeito, inclusive para o cálculo de contribuição previdenciária ou do Fundo de Garantia por Tempo de Serviço.

C. *Ônus da prova*

Com relação ao ônus da prova, entende o TST que o encargo processual de demonstrar que o empregado não solicitou ou que não preenche os requisitos para concessão do vale-transporte cabe ao empregador, nos termos da Súmula nº 460:

> **SÚMULA Nº 460.** VALE-TRANSPORTE. ÔNUS DA PROVA – Res. 209/2016, DEJT divulgado em 01, 02 e 03.06.2016. É do empregador o ônus de comprovar que o empregado não satisfaz os requisitos indispensáveis para a concessão do vale-transporte ou não pretenda fazer uso do benefício.

Tal entendimento decorre da aplicação de uma presunção *hominis*, decorrente daquilo que normalmente acontece. Com efeito, tratando-se de um benefício para o trabalhador que depende do salário para sua subsistência, o comportamento normal seria de solicitação do vale-transporte. Assim, uma ação excepcional teria que ser comprovada por quem a alega.

D. *Quantidade*

A jurisprudência firmou entendimento no sentido de só ser devido o vale-transporte no início e no final da jornada de trabalho. Assim, o empregador não é obrigado a conceder esse benefício durante o intervalo para repouso e alimentação, bem como nos casos em que não há serviço de transporte público no respectivo percurso.

97. Decreto nº 95.247/87. Art. 5° É vedado ao empregador substituir o Vale-Transporte por antecipação em dinheiro ou qualquer outra forma de pagamento, ressalvado o disposto no parágrafo único deste artigo. Parágrafo único. No caso de falta ou insuficiência de estoque de Vale-Transporte, necessário ao atendimento da demanda e ao funcionamento do sistema, o beneficiário será ressarcido pelo empregador, na folha de pagamento imediata, da parcela correspondente, quando tiver efetuado, por conta própria, a despesa para seu deslocamento.
98. Lei nº 7.418/85. Art. 4º, parágrafo único: O empregador participará dos gastos de deslocamento do trabalhador com a ajuda de custo equivalente à parcela que exceder a 6% (seis por cento) de seu salário básico.

Inclusive, o uso do vale-transporte para outras **finalidades é considerado como justa causa.**

ATENÇÃO! O desconto de 6% relativo a contribuição do empregado para o vale-transporte **incide sobre o salário e** não sobre o valor total do respectivo benefício.

7.5. Vale-Cultura

A Lei nº 12.761/12, regulamentada pelo Decreto nº 8.084/13, instituiu o **Programa de Cultura do Trabalhador – PCT** com o objetivo facilitar o acesso aos produtos e serviços culturais e artísticos pelos empregados brasileiros, tais como eventos artísticos, shows, peças teatrais, livros, músicas etc.

Concomitantemente foi criado o **vale-cultura,** confeccionado e comercializado por *empresas operadoras* a ser distribuído para as *empresas beneficiárias* que aderirem ao mencionado PCT.

O empregado só terá direito ao vale-cultura caso preencha os seguintes requisitos:

a) seu empregador (empresa beneficiária) seja uma pessoa jurídica e tenha aderido ao Programa de Cultura do Trabalhador;

b) ter remuneração de até **5 salários mínimos mensais.**

O vale-cultura, no valor de R$ 50,00 pode ser utilizado para adquirir bens e serviços artísticos ou culturais, desde que as empresas que desenvolvam essa atividade econômica específica sejam cadastradas junto ao Ministério da Cultura, passando a ser denominadas de *empresas recebedoras.*[99]

Nesse caso, poderá ser descontado da remuneração do empregado o **percentual de até 10%.**[100] Será fornecido preferencialmente em meio magnético e a versão impressa só é admitida quando manifestamente inviável a sua concessão pela via magnética, **vedada a concessão em dinheiro**.

A regra é de concessão do vale-cultura a todos os empregados que preencham as condições já mencionadas. Entretanto, o empregado poderá recusar o recebimento do referido benefício.

99. Lei nº 12.761. Art. 7º. Parágrafo único. Os trabalhadores com renda superior a 5 (cinco) salários mínimos poderão receber o vale-cultura, desde que garantido o atendimento à totalidade dos empregados com a remuneração prevista no caput, na forma que dispuser o regulamento. Art. 8º. § 2º Os trabalhadores que percebem mais de 5 (cinco) salários mínimos poderão ter descontados de sua remuneração, em percentuais entre 20% (vinte por cento) e 90% (noventa por cento) do valor do vale-cultura, de acordo com a respectiva faixa salarial, obedecido o disposto no parágrafo único do art. 7º e na forma que dispuser o regulamento.

100. Lei nº 12.761. Art. 8º O valor mensal do vale-cultura, por usuário, será de R$ 50,00 (cinquenta reais). § 1º O trabalhador de que trata o caput do art. 7º poderá ter descontado de sua remuneração o percentual máximo de 10% (dez por cento) do valor do vale-cultura, na forma definida em regulamento. Decreto nº 8.084/13. Art. 15. O trabalhador de que trata o art. 12 poderá ter descontado de sua remuneração os seguintes percentuais do valor do vale-cultura: I – até um salário mínimo – dois por cento; II – acima de um salário mínimo e até dois salários mínimos – quatro por cento; III – acima de dois salários mínimos e até três salários mínimos – seis por cento; IV – acima de três salários mínimos e até quatro salários mínimos – oito por cento; e V – acima de quatro salários mínimos e até cinco salários mínimos – dez por cento.

Como se trata de regra excepcional, definida pelo art. 8º, § 4º, da Lei nº 12.761/12, **cabérá ao empregador o ônus da prova respectivo da recusa,** assim como ocorre com a concessão do vale-transporte.

Em contrapartida, as empresas que aderirem ao PCT poderá deduzir o valor despendido a título de vale-cultura do imposto de renda, como despesa operacional, desde que seja tributada com base no lucro real, no percentual de até 1%.

O valor referente ao vale-cultura **não tem natureza salarial** e não se incorpora à remuneração para qualquer efeito, inclusive para incidência de imposto de renda, contribuição previdenciária e FGTS.

Exemplos de questões sobre o tema

Augustus foi contratado em 01/03/2011 e percebia mensalmente as seguintes parcelas: a) importância fixa estipulada contratualmente: R$ 2.000,00 (dois mil reais); b) gratificação funcional prevista no regulamento empresarial: R$ 1.000,00 (um mil reais); c) ajuda de custo equivalente a R$ 1.000,00 (um mil reais), constatando-se que o empregado não realizava despesas enquanto a serviço do empregador; d) gratificação por tempo de serviço paga espontaneamente pelo empregador: R$ 500,00 (quinhentos reais). Além disso, o trabalhador, para a realização do trabalho contratado e também nos finais de semana, utilizava veículo da empresa: R$ 500,00 (quinhentos reais) valor mensal e real, segundo avaliação técnica. Augustus teve seu contrato rescindido em 18/09/2015 em função da falência empresarial, sendo que o aviso-prévio não foi concedido pelo empregador. As férias relativas ao período aquisitivo 2011/2012 estão anotadas na CTPS e no registro do empregado, mas restou comprovado que, no período designado, houve prestação laboral. As férias alusivas ao período aquisitivo 2012/2013 não foram concedidas no decurso do pacto laboral, a exemplo das férias do período aquisitivo 2013/2014, sendo que as férias do período aquisitivo 2014/2015 foram corretamente usufruídas e pagas em abril de 2016. Augustus ajuizou ação trabalhista, protocolada em 10/06/2016, na qual buscou o adimplemento de férias e das parcelas rescisórias, as quais não foram satisfeitas até então. A empregadora apresentou regulamento empresarial que prevê aviso-prévio de setenta dias, para o trabalhador com mais de três anos de tempo de serviço na empresa e sem nenhuma punição disciplinar, mas que foi revogado em 01/08/2011. Anote-se que, no decurso do pacto laboral, Augustus teve cinco advertências por escrito e duas suspensões, as quais não foram descaracterizadas administrativa ou judicialmente.

(FCC – Juiz do Trabalho/2017) O salário mensal total (bruto) de Augustus equivale a, em reais,

(A) 5.000,00

(B) 3.000,00

(C) 3.500,00

(D) 4.000,00

(E) 4.500,00

Resposta: E

(TRT 4 – Juiz do Trabalho Substituto 4ª região/2016) Assinale a alternativa que indica a sequência correta, de cima para baixo, das parcelas pagas na rescisão do contrato de trabalho, que compõem (V) ou não compõem (F) a base de cálculo das contribuições previdenciárias.

( ) Aviso-prévio trabalhado

( ) 13º salário proporcional

( ) Férias proporcionais com acréscimo de 1/3

( ) Salário-família

(A) V, V, F, V

(B) V, F, F, F

(C) V, V, F, F

(D) F, F, V, F
(E) F, F, V, V

Resposta: C

8. PROTEÇÃO AO SALÁRIO

Devido à sua importância, o salário desfruta de proteção legal inclusive com *status* de princípio constitucional (art. 7º).[101]

Pelo princípio da **intangibilidade salarial**, ou seja, da impossibilidade de alterar ou extinguir o direito ao salário, decorrem os princípios da impenhorabilidade, da irredutibilidade e da irrenunciabilidade, que representam a proteção legal contra atos de terceiros, contra atos do empregador e até mesmo do próprio empregado.

Inclusive, as regras estatais de proteção ao salário não podem ser objeto de negociação coletiva, com o objetivo de suprimi-las ou reduzi-las, uma vez que fazem parte do rol taxativo constante do art. 611-B da CLT:

> **Art. 611-B.** Constituem objeto ilícito de convenção coletiva ou de acordo coletivo de trabalho, exclusivamente, a supressão ou a redução dos seguintes direitos: VII – proteção do salário na forma da lei, constituindo crime sua retenção dolosa.

8.1. Proteção contra atos do empregador

A lei protege o salário contra os atos do empregador ao instituir a impossibilidade de irredutibilidade salarial e de descontos salariais, bem como a prática do chamado *truck system*, que adiante serão analisados.

A. Irredutibilidade salarial

Pela aplicação do princípio da irredutibilidade salarial, **ao empregador é vedado reduzir o valor nominal do salário**, quando este for pago por unidade de tempo.

A Carta Política de 1988, em seu art. 7º, VI, dispõe que constitui direito dos trabalhadores a "irredutibilidade do salário, salvo o disposto em convenção ou acordo coletivo".

Frise-se que o mencionado dispositivo constitucional **não garante a irredutibilidade do salário real.** Dessa forma, não há possibilidade de, juridicamente, ser deferida a recomposição das perdas salariais em decorrência do processo inflacionário, pois o que se garante é a irredutibilidade nominal do salário.

Caso o salário seja pago por comissão, **a vedação da redução salarial cinge-se ao percentual respectivo.**

Quanto à categoria dos professores, a lei impede o empregador de reduzir o valor da hora-aula, mas a remuneração total poderá variar por cada ano-letivo, a depender da quantidade de aulas e turmas atribuídas ao professor.

101. CF/88. Art. 7º. X. Proteção do salário na forma da lei, constituindo crime sua retenção dolosa.

A Constituição Federal de 1988[102] instituiu uma regra de natureza flexibilizadora do Direito Laboral, **que permite a redução salarial, desde que autorizada por convenção ou acordo coletivo de trabalho (art. 7º, VI da CF/88)**.

Portanto, o art. 503 da CLT deve ser interpretado à luz desse comando constitucional:

> **Art. 503.** É lícita, em caso de força maior ou prejuízos devidamente comprovados, a redução geral dos salários dos empregados da empresa, proporcionalmente aos salários de cada um, não podendo, entretanto, ser superior a 25% (vinte e cinco por cento), respeitado, em qualquer caso, o salário mínimo da região. Parágrafo único – Cessados os efeitos decorrentes do motivo de força maior, é garantido o restabelecimento dos salários reduzidos.

A Lei nº 4.923/65, art. 2º, **parcialmente recepcionada pela Constituição Federal**, faz referência expressa à necessidade de redução da jornada de trabalho ou de dias laborados, **o que leva** à **conclusão de que o salário-hora não pode sofrer redução**:[103]

> **Art. 2º.** A empresa que, em face de conjuntura econômica, devidamente comprovada, se encontrar em condições que recomendem, transitoriamente, a redução da jornada normal ou do número de dias do trabalho, poderá fazê-lo, mediante prévio acordo com a entidade sindical representativa dos seus empregados, homologado pela Delegacia Regional do Trabalho, por prazo certo, não excedente de 3 (três) meses, prorrogável, nas mesmas condições, se ainda indispensável, e sempre de modo que a redução do salário mensal resultante não seja superior a 25% (vinte e cinco por cento) do salário contratual, respeitado o salário-mínimo regional e reduzidas proporcionalmente a remuneração e as gratificações de gerentes e diretores. **§ 1º** – Para o fim de deliberar sobre o acordo, a entidade sindical profissional convocará assembleia geral dos empregados diretamente interessados, sindicalizados ou não, que decidirão por maioria de votos, obedecidas as normas estatutárias. **§ 2º** – Não havendo acordo, poderá a empresa submeter o caso à Justiça do Trabalho, por intermédio da Junta de Conciliação e Julgamento ou, em sua falta, do Juiz de Direito, com jurisdição na localidade. Da decisão de primeira instância caberá recurso ordinário, no prazo de 10 (dez) dias, para o Tribunal Regional do Trabalho da correspondente Região, sem efeito suspensivo. **§ 3º** – A redução de que trata o artigo não é considerada alteração unilateral do contrato individual de trabalho para os efeitos do disposto no art. 468 da Consolidação das Leis do Trabalho.

Note-se que a exigência de submeter o caso à Justiça do Trabalho não foi recepcionada pela atual ordem constitucional, que exige apenas a negociação coletiva.

Na verdade, a matéria relativa à irredutibilidade salarial com redução proporcional da jornada está intimamente ligada à questão da **alteração do contrato de trabalho** (art. 468 da CLT), vedada pelo ordenamento jurídico trabalhista, desde que implique prejuízo para o empregado, mesmo sendo bilateral.

No caso de o trabalhador receber pagamento de salário por tarefa ou peça, a redução substancial na oferta de trabalho por conta do empregador, além de ser considerada como alteração contratual ilícita, **autoriza, também, a rescisão indireta do contrato de trabalho.**[104]

---

102. CF/88. Art. 7º. São direitos dos trabalhadores urbanos e rurais, além de outros que visem à melhoria de sua condição social. VI: irredutibilidade do salário, salvo o disposto em convenção ou acordo coletivo.

103. A Lei de falência e recuperação judicial também autoriza a redução salarial mediante negociação coletiva: Lei nº 11.101: Art. 50. Constituem meios de recuperação judicial, observada a legislação pertinente a cada caso, dentre outros: VIII – redução salarial, compensação de horários e redução da jornada, mediante acordo ou convenção coletiva.

104. CLT. Art. 483. O empregado poderá considerar rescindido o contrato e pleitear a devida indenização quando: g) o empregador reduzir o seu trabalho, sendo este por peça ou tarefa, de forma a afetar sensivelmente a importância dos salários.

A doutrina diverge sobre a recepção da mencionada Lei nº 4.923/65 pela Constituição Federal, bem como do art. 503 da CLT:

Quadro Doutrinário – Possibilidade de redução salarial segundo o art. 503 da CLT e a Lei nº 4.923/65 e sua compatibilidade com a CF		
Teorias	**Doutrinadores**	**Exemplo**
A favor da recepção parcial da Lei nº 4.923/65	Maurício Godinho Delgado, Alice Monteiro de Barros e Vólia Bomfim	A partir da Constituição Federal de 1988 a redução salarial permitida depende de negociação coletiva, consubstanciada em convenção ou acordo coletivo, como prevê o inciso VI do art. 7º. Logo, até mesmo na força maior a negociação é indispensável. O art. 503 da CLT está, portanto, parcialmente revogado (Alice Monteiro de Barros).*
Contra a recepção do art. 503 da CLT	Sérgio Pinto Martins, Gustavo Filipe, Valentin Carrion e Amauri Mascaro	O art. 503 da CLT foi revogado pela Lei Magna, pois permitia a redução do salário em casos de força maior, sendo que atualmente só se permite a redução de salários mediante convenção ou acordo coletivo (Sérgio Pinto Martins).*
(*) BARROS, Alice Monteiro. **Curso de Direito do Trabalho**. 7. ed. São Paulo: LTr, 2006. p. 647. (**) MARTINS, Sérgio Pinto. **Direito do trabalho**. 24. ed. São Paulo: Atlas, 2008. p. 276.		

A Lei nº 13.189/15 instituiu o **Programa de Proteção ao Emprego, posteriormente denominado de Programa Seguro-Emprego**, válido até 31.12.2018. As empresas que aderiam ao PSE poderiam reduzir em até **30% a jornada de trabalho dos seus empregados,** desde que devidamente autorizada mediante acordo coletivo de trabalho específico.

Em compensação, os trabalhadores que tivessem sua jornada reduzida **não poderiam ser despedidos sem justa causa.** Esse período de estabilidade deveria ser equivalente, no mínimo, ao período de redução da jornada acrescido de um terço.

B. *Descontos salariais*

A legislação trabalhista **obsta ao empregador efetuar descontos na remuneração do empregado.**

A referida regra comporta várias exceções. Permite-se que o empregador **efetue descontos** previstos na própria lei, em instrumentos normativos negociados[105] ou por conta de adiantamento, desde que o trabalhador tenha firmado o recibo respectivo (conhecido como "vales"). Essa é a regra contida no art. 462 da Consolidação das Leis do Trabalho:

> **Art. 462**. Ao empregador é vedado efetuar qualquer desconto nos salários do empregado, salvo quando este resultar de adiantamentos, de dispositivos de lei ou de contrato coletivo.
> **§ 1º** – Em caso de dano causado pelo empregado, o desconto será lícito, desde de que esta possibilidade tenha sido acordada ou na ocorrência de dolo do empregado.

A atual regulamentação do trabalho doméstico acrescenta ainda a vedação de desconto relativo às **despesas com transporte e hospedagem no caso de acompanhamento em viagem**, na forma prevista pelo art. 18 da LC nº 150/15: "É vedado ao empregador doméstico efetuar descontos no salário do empregado por fornecimento de alimentação, vestuário,

105. TST. SDI-1. OJ Nº 251. DESCONTOS. FRENTISTA. CHEQUES SEM FUNDOS. Inserida em 13.03.02. É lícito o desconto salarial referente à devolução de cheques sem fundos, quando o frentista não observar as recomendações previstas em instrumento coletivo.

higiene ou moradia, bem como por despesas com transporte, hospedagem e alimentação em caso de acompanhamento em viagem".

– *Descontos legais*

Entre os **descontos legais** previstos, estão incluídos aqueles relativos à contribuição previdenciária e ao imposto de renda. Nesse caso o empregador assume o papel de responsável tributário, no sentido de promover o desconto das contribuições previdenciárias e do imposto de renda, caso devido, no salário do empregado e, consequentemente, o respectivo recolhimento.

Após a vigência da Lei nº 13.467/17 a **contribuição sindical, apelidada de imposto sindical,** passou a ter caráter voluntário, não se enquadrando mais na categoria de desconto legal, conforme se observa da redação do art. 545 da CLT: "Os empregadores ficam obrigados a descontar da folha de pagamento dos seus empregados, desde que por eles devidamente autorizados, as contribuições devidas ao sindicato, quando por este notificados".

Já a **contribuição confederativa e a contribuição assistencial** só são devidas pelos associados do sindicato e não por todos os integrantes da categoria profissional, conforme Súmula Vinculante nº 40 do STF: "A contribuição confederativa de que trata o art. 8º, IV, da Constituição Federal, só é exigível dos filiados ao sindicato respectivo".

– *Descontos de prejuízos*

Se o empregado **provocar prejuízo ao patrimônio do empregador**, este poderá efetuar o desconto no salário, **desde que exista cláusula expressa no contrato de trabalho ou se o empregado incorrer em dolo**.

A possibilidade de desconto salarial decorrente de prejuízo causado pelo empregado é uma forma de **exercício forçado de uma pretensão pelo próprio titular** não sendo classificado como crime tipificado pelo art. 345 do Código Penal por ter permissão legal: "Art. 345 – Fazer justiça pelas próprias mãos, para satisfazer pretensão, embora legítima, salvo quando a lei o permite".

Isso não significa que o empregado não possa ser responsabilizado por outros prejuízos causados por ele, mas o empregador terá que **utilizar a via própria para recompor seu patrimônio.** Ou seja, não se pode confundir a **responsabilidade do empregado** com a possibilidade de o **empregador fazer descontos em sua remuneração.**

Assim, apesar de a lei ser omissa, exige-se o elemento subjetivo no ato do empregado que provoca prejuízo ao empregador, ainda que haja previsão contratual nesse sentido. Entende-se ser necessária a presença da culpa *stricto sensu*, representada pela imprudência, negligência ou imperícia, uma vez que a existência de cláusula expressa no contrato de trabalho **pode decorrer do exercício do poder diretivo do empregador.**

Contudo, se age com culpa e provoca prejuízo, o empregador só pode fazer o desconto no salário se há previsão expressa no contrato de trabalho.

Sobre a questão específica do **desconto de cheques** sem a devida provisão de fundos, posiciona-se o TST por meio da OJ nº 251 da SDI-1 e o TRT10 por intermédio da Súmula nº 2:

> **OJ Nº 251 DO TST.** DESCONTOS. FRENTISTA. CHEQUES SEM FUNDOS. Inserida em 13.03.02. É lícito o desconto salarial referente à devolução de cheques sem fundos, quando o frentista não observar as recomendações previstas em instrumento coletivo.
>
> **SÚMULA Nº 2 do TRT10.** SALÁRIO. DESCONTO. CHEQUE IRREGULAR. Cabíveis os descontos nos salários do frentista, pelo recebimento de cheques sem o cumprimento das formalidades previstas em norma coletiva, desde que por esta autorizado.

– *Descontos convencionados*

A Lei nº 10.820/03, com redação dada pela Lei nº 13.172/15, permite que o empregado autorize o desconto em folha de pagamento de valores relativos a **empréstimos, financiamentos e operações de arrendamento mercantil**, sem que com isso constitua desconto ilegal na remuneração e desde que conste, expressamente, no contrato respectivo.

Tais descontos **não poderão ser superiores a 35% da remuneração líquida** do empregado. Entretanto, 5% desse percentual deve ser destinado exclusivamente para: a) a amortização de despesas contraídas por meio de cartão de crédito; ou b) a utilização com a finalidade de saque por meio do cartão de crédito.

Quanto aos **descontos convencionais**, manifestou-se o Tribunal Superior do Trabalho, por meio da Súmula de nº 342:

> **SÚMULA Nº 342.** DESCONTOS SALARIAIS. ART. 462 DA CONSOLIDAÇÃO DAS LEIS DO TRABALHO. Descontos salariais efetuados pelo empregador, com a autorização prévia e por escrito do empregado, para ser integrado em planos de assistência odontológica, médico-hospitalar, de seguro, de previdência privada, ou de entidade cooperativa, cultural ou recreativo-associativa de seus trabalhadores, em seu benefício e de seus dependentes, não afrontam o disposto no art. 462 da CLT, salvo se ficar demonstrada a existência de coação ou de outro defeito que vicie o ato jurídico.

Para anulação do ato, necessário seria retornar as partes ao *status quo ante,* o que se factível em relação ao empregador, com a devolução dos valores descontados.

Contudo, em relação ao obreiro, há uma impossibilidade física de devolver-se o *"estado de cobertura"* contra os riscos normais da vida. Assim, justifica-se, em parte, a solução apresentada pelo Tribunal Superior do Trabalho, por meio da supramencionada Súmula nº 342.

Isso porque, para o empregador, é muito fácil conseguir a aderência do empregado a uma proposta de desconto salarial, quando isso ocorre no início ou durante o pacto laboral. O temor de não conseguir ou de perder o emprego é que funciona como fator propulsor da vontade do obreiro, o que enseja vício na manifestação de vontade e implica anulabilidade do ato jurídico.

Já na hipótese de extinção do contrato de trabalho, a CLT (art. 477, § 5º)[106] **permite o desconto, desde que não ultrapasse o valor equivalente a uma remuneração do empregado.**

---

106. CLT. Art. 477. § 4º. O pagamento a que fizer jus o empregado será efetuado no ato da homologação da rescisão do contrato de trabalho, em dinheiro ou em cheque visado, conforme acordem as partes, salvo se o empregado for analfabeto, quando o pagamento somente poderá ser feito em dinheiro. § 5º. Qualquer compensação no

O TRT9 manifesta-se sobre essa temática por meio das seguintes OJs:

> **OJ4T Nº 79 do TRT9**. EMPRÉSTIMO. VENCIMENTO ANTECIPADO. Considera-se abusiva cláusula de contrato de empréstimo, realizado pelo empregador, que preveja o vencimento antecipado de parcelas em caso de rescisão do contrato de trabalho.
>
> **OJ4T Nº 81 do TRT9**. DESCONTOS SALARIAIS. I – Descontos. Autorização. Apólice. Ainda que tenham sido autorizados, os descontos efetuados a título de seguro de vida só serão válidos mediante exibição da apólice pelo empregador. II – É lícito o desconto a título de taxa assistencial de todos os integrantes da categoria, sindicalizados ou não, assegurado o direito de oposição em face de abuso. Vencida a Desª Márcia Domingues. III – É indevida a devolução de descontos efetuados a título de associação previamente autorizados, presumindo-se que o empregado dela se beneficiou.

– *Descontos judiciais*

Descontos judiciais são aqueles determinados pelos órgãos do Poder Judiciário, observando as prescrições legais. São exemplos dessa espécie a decisão que determina o desconto no salário de valores devidos por conta de **obrigação de natureza alimentar**, seja ela decorrente do direito de família ou do próprio direito do trabalho.

Trata-se da hipótese em que o sujeito é ao mesmo tempo empregado e empregador. Nesse caso, eventual dívida trabalhista pode ser executada mediante a penhora de salário, na forma prevista pelo § 2º, art. 833 do CPC:

> **Art. 833. § 2º** O disposto nos incisos IV e X do caput não se aplica à hipótese de penhora para pagamento de prestação alimentícia, independentemente de sua origem, bem como às importâncias excedentes a 50 (cinquenta) salários-mínimos mensais, devendo a constrição observar o disposto no art. 528, § 8º , e no art. 529, § 3º .

A seguir, o esquema que contém a classificação dos descontos salariais:

DESCONTOS SALARIAIS PERMITIDOS

- **Convencionais**
  - Individual
    - Previdência privada
    - Empréstimos consignados
    - Assistência médico-hospitalar
    - Assistência odontológica
    - Seguro de vida
    - Entidade cultural, recreativa etc.
  - Coletivo → Contribuição confederativa e taxa assistencial, com autorização do trabalhador
- **Legais**
  - Tributos
    - Contribuições previdenciárias
    - Imposto de renda
  - Outros → Adiantamentos
- **Judiciais** → Obrigações de natureza alimentícia

pagamento de que trata o parágrafo anterior não poderá exceder o equivalente a um mês de remuneração do empregado.

Exemplos de questões sobre o tema

(FCC – Juiz do Trabalho Substituto 6ª região/2015) A intangibilidade ou integralidade caracteriza-se como a restrição imposta pelo legislador em relação aos descontos que o empregador pode efetuar nos salários de seus empregados. Nesse sentido, considere:

I. É inválida a presunção de vício de consentimento resultante do fato de o empregado ter anuído expressamente com descontos salariais na oportunidade da admissão, sendo exigível a demonstração concreta do vício de vontade.

II. É lícito o desconto salarial referente à devolução de cheques sem fundos, quando o frentista não observar as recomendações previstas em instrumento coletivo.

III. Para os trabalhadores rurais é lícito o desconto no salário referente à ocupação de moradia, até o limite de 25% do valor do referido salário.

IV. São efetuados os descontos nos salários dos empregados quando estes resultarem de previsão em convenção ou acordo coletivo de trabalho, inclusive quando se tratar de descontos referentes à contribuição confederativa.

V. Descontos autorizados pelo empregado são válidos desde que inexista vício de consentimento e desde que o desconto refira-se à efetiva vantagem ao trabalhador ou a sua família.

Em relação a tal regra de proteção aos salários, está correto o que consta APENAS em

(A) II, III e V.
(B) I, III e IV.
(C) I, II, III e IV.
(D) III, IV e V.
(E) I, II e V.

Resposta: E

(TRT 2 – Juiz do Trabalho Substituto 2ª região/2014) A legislação trabalhista determina que o empregador não poderá efetuar qualquer desconto nos salários do empregado. Aponte a alternativa correta que contenha exceção a esta regra:

(A) Adiantamentos salariais, contribuição previdenciária, contribuição sindical e imposto de renda.
(B) As mercadorias adquiridas pelos empregados, em estabelecimentos do próprio empregador, pagos mediante a apresentação de vales e cupons, fornecidos pela empresa contratante. Saúde.
(C) As horas extras contratadas e não trabalhadas pelo empregado.
(D) As comissões pagas ao empregado pela venda de mercadorias que não foram objeto de pagamento do cliente comprador.
(E) Os valores gastos pelo empregador com a educação do empregado, como matrícula, mensalidade, livros e material didático, na hipótese do não comparecimento do trabalhador à entidade educacional, independentemente de acordo ou convenção coletiva de trabalho.

Resposta: A

(MAGISTRATURA TRABALHISTA – TRT 23ª – 2010) Com relação aos descontos que o empregador pode fazer no salário do empregado, analise as seguintes proposições e com base na legislação, jurisprudência pacificada e doutrina predominante aponte a alternativa correta.

I. Somente mediante expresso acordo é que o empregador pode descontar do salário do empregado os danos por este causados de modo culposo ou doloso.

II. Havendo prévia autorização escrita do empregado, é lícito o desconto de valores para custeio de plano odontológico, médico-hospitalar, de seguro, de previdência privada ou de entidade cooperativa, cultural ou recreativo-associativa.

III. É lícito o desconto salarial referente à devolução de cheques sem fundos, quando o frentista não observar as recomendações previstas em instrumento coletivo, concernente aos procedimentos de segurança para receber o cheque.

IV. É lícito o desconto da contribuição confederativa de todos os integrantes da categoria.

(A) As proposições I e II estão corretas e as proposições III e IV incorretas.

(B) As proposições III e IV estão corretas e as proposições I e II incorretas;

(C) As proposições II e III estão corretas e as proposições I e IV incorretas;

(D) As proposições I e IV estão corretas e as proposições II e III incorretas.

(E) As proposições I, II e III estão corretas e a proposição IV incorreta.

Resposta: C

C. *Truck system*

Quando o empregador coloca à disposição dos seus empregados mercadorias e serviços a preços superiores ao do mercado e, de certa forma, impõe a sua aquisição, com posterior desconto na remuneração, prática o que a doutrina e a jurisprudência convencionaram chamar de *truck system*.

A legislação trabalhista, por intermédio do disposto no art. 462, § 2º, da Consolidação das Leis do Trabalho, obsta **a prática do *truck system*:**

> **Art. 462. § 2º**. É vedado à empresa que mantiver armazém para venda de mercadorias aos empregados ou serviços destinados a proporcionar-lhes prestações *in natura* exercer qualquer coação ou induzimento no sentido de que os empregados se utilizem do armazém ou dos serviços.

Se a prestação de serviço é feita em local de difícil acesso, onde o operário mantém residência temporária, e há impossibilidade de adquirirem-se alimentos, produtos de higiene, vestuário, serviços etc., a autoridade competente deverá adotar medidas para que os preços cobrados pelo empregador situem-se em limites razoáveis, sem intuito de lucro e sempre em benefício dos empregados (§ 3º, art. 462 da CLT).

D. Retenção salarial

Depois de prestado o serviço e ultrapassado o prazo máximo para o pagamento do salário (quinto dia útil do mês subsequente ao do trabalhado), a contraprestação salarial passa a pertencer ao empregado.

A Constituição Federal de 1988, ao conferir proteção ao salário, **considera crime a sua retenção dolosa** (art. 7º, X).[107]

Se o empregador deixar de pagar o salário, incorre na prática do crime de apropriação indébita, prevista pelo art. 168 do Código Penal: "Apropriação indébita: apropriar-se de coisa alheia móvel, de que tem a posse ou a detenção. Pena – reclusão, de 1 (um) a 4 (quatro) anos, e multa."

8.2. Proteção contra atos de terceiros

O salário, principal ou único meio de subsistência do empregado, é protegido contra ações de terceiros não envolvidos na relação empregatícia.

107. CF/88. Art. 7º. São direitos dos trabalhadores urbanos e rurais, além de outros que visem à melhoria de sua condição social: X: proteção do salário na forma da lei, constituindo crime sua retenção dolosa.

Por conta disso, **o salário é impenhorável**, pois não pode sofrer constrição judicial, seja mediante arresto ou de penhora, salvo no caso de pensão alimentícia determinada por decisão judicial.

Na hipótese de o empregado ser acionado judicialmente, na condição de devedor em um processo de execução, o seu salário não poderá ser penhorado ou arrestado, conforme disposição contida no art. 833, IV, do CPC, salvo se exceder a 50 salários mínimos, conforme dispõe o § 2º, do mesmo dispositivo citado.

QUADRO COMPARATIVO – IMPENHORABILIDADE DO SALÁRIO		
CPC DE 1973	**CPC DE 2015**	**CLT**
Art. 649. São absolutamente impenhoráveis: IV – os vencimentos, subsídios, soldos, salários, remunerações, proventos de aposentadoria, pensões, pecúlios e montepios; as quantias recebidas por liberalidade de terceiro e destinadas ao sustento do devedor e sua família, os ganhos de trabalhador autônomo e os honorários de profissional liberal, observado o disposto no § 3º deste artigo. **§ 2º** O disposto no inciso IV do *caput* deste artigo não se aplica no caso de penhora para pagamento de prestação alimentícia.	**Art. 833.** São impenhoráveis: IV – os vencimentos, os subsídios, os soldos, os salários, as remunerações, os proventos de aposentadoria, as pensões, os pecúlios e os montepios, bem como as quantias recebidas por liberalidade de terceiro e destinadas ao sustento do devedor e de sua família, os ganhos de trabalhador autônomo e os honorários de profissional liberal, ressalvado o § 2º. **§ 2º** O disposto nos incisos IV e X do caput não se aplica à hipótese de penhora para pagamento de prestação alimentícia, independentemente de sua origem, bem como às importâncias excedentes a 50 (cinquenta) salários-mínimos mensais, devendo a constrição observar o disposto no art. 528, § 8º, e no art. 529, § 3º.	Omissa
Aplicabilidade do CPC ao processo do trabalho	Não há qualquer incompatibilidade que impeça a aplicação, no processo do trabalho, do dispositivo do CPC que trata da impenhorabilidade	
Diferença entre o CPC de 2015 e o de 1973	No CPC de 1973 a impenhorabilidade do salário era absoluta, salvo para efeito de pensão alimentícia. Já no CPC de 2015 o valor que ultrapassa 50 salários mínimos mensais é penhorável.	

Apesar de não haver expressa disposição legal, considera-se impenhoráveis os valores existentes em conta corrente aberta com o escopo exclusivo de perceber salário, denominadas conta-salário.[108]

Antes mesmo da vigência do CPC de 2015 a jurisprudência já se inclinava pela admissão da penhora de determinado percentual incidente sobre a remuneração, pois o crédito do **exequente teria a mesma natureza alimentar do salário**, o que foi posteriormente previsto no § 2º, art. 833 do CPC.

Inclusive, o TST alterou a redação da OJ nº 153, da SDI-1, para limitar a sua aplicação à **vigência do CPC de 1973**:

108. RECURSO ORDINÁRIO EM MANDADO DE SEGURANÇA. PENHORA SOBRE SALÁRIOS. CONTA SALÁRIO. ILEGALIDADE. Os salários são alcançados pela impenhorabilidade absoluta prevista no artigo 649, inciso IV, do Código de Processo Civil. Portanto, reveste-se de ilegal a determinação de bloqueio de conta corrente na qual são creditados os salários recebidos pela presidente da Empresa Executada. Assim sendo, deve ser cassado o bloqueio dos valores creditados na respectiva conta a título de salário. Incidência da Orientação Jurisprudencial nº 153 da SBDI-2 do Tribunal Superior do Trabalho. Recurso ordinário parcialmente provido (TST. RO 610900-63.2008.5.01.0000. Rel. Min. Emmanoel Pereira. DEJT 28.10.2010).

> **OJ Nº 153.** MANDADO DE SEGURANÇA. EXECUÇÃO. ORDEM DE PENHORA SOBRE VALORES EXISTENTES EM CONTA SALÁRIO. ART. 649, IV, DO CPC DE 1973. ILEGALIDADE. (atualizada em decorrência do CPC de 2015) – Res. 220/2017, DEJT divulgado em 21, 22 e 25.09.2017 Ofende direito líquido e certo decisão que determina o bloqueio de numerário existente em conta salário, para satisfação de crédito trabalhista, ainda que seja limitado a determinado percentual dos valores recebidos ou a valor revertido para fundo de aplicação ou poupança, visto que o art. 649, IV, do CPC de 1973 contém norma imperativa que não admite interpretação ampliativa, sendo a exceção prevista no art. 649, § 2º, do CPC de 1973 espécie e não gênero de crédito de natureza alimentícia, não englobando o crédito trabalhista.

8.3. Proteção contra atos do próprio empregado

É nesse aspecto que se verifica a importância da proteção jurídica dispensada ao salário, uma vez que a legislação laboral protege-o contra os atos do próprio trabalhador. Desse modo, o empregado hipossuficiente não pode abrir mão do seu salário, pois é um **direito irrenunciável** enquanto perdurar a relação de emprego. Daí deriva o seu **caráter alimentar.**

A regra da irrenunciabilidade do salário funciona de forma semelhante àquela relativa aos demais direitos conferidos aos trabalhadores hipossuficientes. É uma irrenunciabilidade relativa, já que é aplicada quando ocorre na formação e durante a execução do contrato de trabalho.

No caso de extinção do pacto laboral, o empregador deixa de exercer o poder de comando e direção da atividade do empregado, o que retira a presunção de vício na sua manifestação de vontade. Por isso, é **possível a renúncia do salário** e de qualquer outra verba de natureza salarial ou indenizatória após a extinção do contrato de trabalho.

Repita-se que não se deve confundir o direito ao salário com o crédito salarial decorrente do trabalho. O primeiro é absolutamente indisponível. Já o segundo, depende do momento em que a disposição é exercida pelo trabalhador.

Em relação ao empregado hipersuficiente, admite-se a renúncia do salário, salvo no caso do direito ao salário-mínimo, pois se encontra no rol do art. 611-B da CLT, mais precisamente no inciso IV.

9. EQUIPARAÇÃO SALARIAL

O princípio da isonomia salarial decorre do princípio geral da igualdade, insculpido no art. 5º da Carta Política de 1988:

> **Art. 5º.** Todos são iguais perante a lei, sem distinção de qualquer natureza, garantindo-se aos brasileiros e aos estrangeiros residentes no País a inviolabilidade do direito à vida, à liberdade, à igualdade, à segurança e à propriedade [...].

Desse modo, a lei deve dispensar tratamento igual para os iguais e desigual para aqueles que, no plano fático, são considerados desiguais (igualdade material).

O quadro a seguir relaciona os requisitos para o reconhecimento da equiparação salarial:

Critério	Especificação	Detalhes ou exceções
Trabalho	De igual valor	Com igual produtividade e perfeição técnica, inclusive trabalho intelectual
Função	Identidade de tarefas inerentes ao cargo ou função desempenhada	Independente da denominação do cargo ocupado ou função exercida
Empregador	Mesmo estabelecimento.	Não se aplica à administração pública direta, autárquica e fundacional
Tempo de serviço	2 anos na função e 4 anos na empresa	–
Plano de cargos	A equiparação salarial exige a inexistência de pessoal organizado em quadro de carreira ou adotar plano de cargos e salários por meio de regulamento da empresa ou negociação coletiva	Não é mais necessário a homologação do plano de cargos e salários pelo Ministério do Trabalho e Emprego
Época	Contemporaneidade no cargo ou na função	Veda-se a equiparação com paradigmas remotos.

Com a edição da Lei nº 13.457/17 foram alterados alguns critérios para o reconhecimento da isonomia salarial fixados pela jurisprudência trabalhista.

Assim, o TST deve promover a mudança na redação da Súmula nº 6:

> **SÚMULA Nº 6.** EQUIPARAÇÃO SALARIAL. ART. 461 DA CLT (redação do item VI alterada) – Res. 198/2015, republicada em razão de erro material – DEJT divulgado em 12, 15 e 16.06.2015
>
> I – Para os fins previstos no § 2º do art. 461 da CLT, só é válido o quadro de pessoal organizado em carreira quando homologado pelo Ministério do Trabalho, excluindo-se, apenas, dessa exigência o quadro de carreira das entidades de direito público da administração direta, autárquica e fundacional aprovado por ato administrativo da autoridade competente. (ex-Súmula nº 06 – alterada pela Res. 104/2000, DJ 20.12.2000)
>
> II – Para efeito de equiparação de salários em caso de trabalho igual, conta-se o tempo de serviço na função e não no emprego. (ex-Súmula nº 135 – RA 102/1982, DJ 11.10.1982 e DJ 15.10.1982)
>
> III – A equiparação salarial só é possível se o empregado e o paradigma exercerem a mesma função, desempenhando as mesmas tarefas, não importando se os cargos têm, ou não, a mesma denominação. (ex-OJ da SBDI-1 nº 328 – DJ 09.12.2003)
>
> IV – É desnecessário que, ao tempo da reclamação sobre equiparação salarial, reclamante e paradigma estejam a serviço do estabelecimento, desde que o pedido se relacione com situação pretérita. (ex-Súmula nº 22 – RA 57/1970, DO-GB 27.11.1970)
>
> V – A cessão de empregados não exclui a equiparação salarial, embora exercida a função em órgão governamental estranho à cedente, se esta responde pelos salários do paradigma e do reclamante. (ex-Súmula nº 111 – RA 102/1980, DJ 25.09.1980)
>
> VI – Presentes os pressupostos do art. 461 da CLT, é irrelevante a circunstância de que o desnível salarial tenha origem em decisão judicial que beneficiou o paradigma, exceto: a) se decorrente de vantagem pessoal ou de tese jurídica superada pela jurisprudência de Corte Superior; b) na hipótese de equiparação salarial em cadeia, suscitada em defesa, se o empregador produzir prova do alegado fato modificativo, impeditivo ou extintivo do direito à equiparação salarial em relação ao paradigma remoto, considerada irrelevante, para esse efeito, a existência de diferença de tempo de serviço na função superior a dois anos entre

o reclamante e os empregados paradigmas componentes da cadeia equiparatória, à exceção do paradigma imediato.

VII – Desde que atendidos os requisitos do art. 461 da CLT, é possível a equiparação salarial de trabalho intelectual, que pode ser avaliado por sua perfeição técnica, cuja aferição terá critérios objetivos. (ex-OJ da SBDI-1 nº 298 – DJ 11.08.2003)

VIII – É do empregador o ônus da prova do fato impeditivo, modificativo ou extintivo da equiparação salarial. (ex-Súmula nº 68 – RA 9/1977, DJ 11.02.1977)

IX – Na ação de equiparação salarial, a prescrição é parcial e só alcança as diferenças salariais vencidas no período de 5 (cinco) anos que precedeu o ajuizamento. (ex-Súmula nº 274 – alterada pela Res. 121/2003, DJ 21.11.2003)

X – O conceito de "mesma localidade" de que trata o art. 461 da CLT refere-se, em princípio, ao mesmo município, ou a municípios distintos que, comprovadamente, pertençam à mesma região metropolitana. (ex-OJ da SBDI-1 nº 252 – inserida em 13.03.2002)

Todavia, mesmo com a mudança legislativa, não haverá necessidade do TST alterar o inciso III, que trata da irrelevância da nomenclatura atribuída ao cargo; o inciso V, sobre a cessão e consequente equiparação na administração pública; inciso VII, que admite a equiparação salarial entre trabalhadores intelectuais; inciso VIII, sobre o ônus da prova; e inciso IX, que trata da prescrição.

9.1. O princípio da igualdade salarial

Além da regra constitucional genérica da igualdade, há a determinação de tratamento isonômico salarial (art. 7º, XXX) nas relações de emprego, quando constata-se identidade de função. Assim, veda-se a diferença salarial por razão subjetiva de sexo, idade, cor, estado civil etc.[109]

O art. 461 da CLT, com redação conferida pela Lei nº 13.467/17, preleciona que:

> **Art. 461.** Sendo idêntica a função, a todo trabalho de igual valor, prestado ao mesmo empregador, no mesmo estabelecimento empresarial, corresponderá igual salário, sem distinção de sexo, etnia, nacionalidade ou idade.

Inclusive, há previsão legal de imposição de **multa** ao empregador que dispensa tratamento discriminatório aos seus funcionários por motivo de sexo ou etnia, **a ser revertida em favor do empregado**, no valor de 50% (cinquenta por cento) do limite máximo dos benefícios do Regime Geral de Previdência Social (art. 461, § 6º da CLT).

Essa multa, contudo, não exime a responsabilidade do empregador de pagar uma indenização por danos morais, conforme o caso.

A. *Requisitos para reconhecimento da isonomia salarial*

Observe-se que, para haver isonomia salarial, é necessário que o trabalho tenha as seguintes características:

109. A Convenção nº 100 da OIT, ratificada pelo Brasil por meio do Decreto nº 41.721, de 25.6.57, trata da igualdade de remuneração de homens e mulheres, por trabalho de igual valor.

a) igualdade de valor (mesma produtividade e perfeição técnica);

b) mesmo estabelecimento;

c) tempo de serviço não superior a dois anos na função e quatro anos na empresa;

d) contemporaneidade no cargo ou na função;

e) inexistência de plano de cargos e salário ou quadro de carreira.

Muitas vezes o empregado é contratado, mas não há ajuste prévio do salário. Nessa situação, deve-se utilizar o procedimento previsto pelo art. 460 da CLT:

> **Art. 460.** Na falta de estipulação do salário ou não havendo prova sobre a importância ajustada, o empregado terá direito a perceber salário igual ao daquela que, na mesma empresa, fizer serviço equivalente ou do que for habitualmente pago para serviço semelhante.

B. *Isonomia salarial no serviço público*

A regra da isonomia salarial **não se aplica aos empregados públicos da administração pública direta, autárquica e fundacional,** diante da vedação expressa imposta pelo art. 37, XIII da CF/88: "é vedada a vinculação ou equiparação de quaisquer espécies remuneratórias para o efeito de remuneração de pessoal do serviço público; (Redação dada pela Emenda Constitucional nº 19/98)".

A jurisprudência do TST e dos Tribunais Regionais do Trabalho trilha esse caminho:[110]

> **SDI-1. OJ Nº 297 DO TST.** EQUIPARAÇÃO SALARIAL. SERVIDOR PÚBLICO DA ADMINISTRAÇÃO DIRETA, AUTÁRQUICA E FUNDACIONAL. ART. 37, XIII, DA CF/88. O art. 37, inciso XIII, da CF/88 veda a equiparação de qualquer natureza para o efeito de remuneração do pessoal do serviço público, sendo juridicamente impossível a aplicação da norma infraconstitucional prevista no art. 461 da CLT quando se pleiteia equiparação salarial entre servidores públicos, independentemente de terem sido contratados pela CLT.
>
> **SÚMULA Nº 24 do TRT13.** ISONOMIA SALARIAL. ENTE ESTATAL. REGIMES JURÍDICOS DIFERENTES. ÓBICE CONSTITUCIONAL. IMPOSSIBILIDADE. Não se aplica o princípio da isonomia salarial entre trabalhadores vinculados a regimes jurídicos diferentes (celetista e estatutário), por expressa vedação constitucional (CF, art. 37, XIII).

É nesse e em outros aspectos que já foram estudados que reside **a diferença em relação à aplicação do Direito do Trabalho** no âmbito da **administração pública direta** e nas relações privadas, por força da incidência do **princípio da legalidade estrita.**

Todavia, como a empresa pública e a sociedade de economia mista encontram-se regidas pelas regras da atividade empresarial privada (art. 173, § 1º, II, da CF/88), **não estão sujeitas à proibição contida no referido dispositivo constitucional.**

Nesse sentido, a Súmula nº 455 do TST:

> **SÚMULA Nº 455.** EQUIPARAÇÃO SALARIAL. SOCIEDADE DE ECONOMIA MISTA. ART. 37, XIII, DA CF/1988. POSSIBILIDADE. (conversão da Orientação Jurisprudencial nº 353 da SBDI-1 com nova redação). À sociedade de economia mista não se aplica

110. STF. Súmula Vinculante nº 37. Não cabe ao Poder Judiciário, que não tem função legislativa, aumentar vencimentos de servidores públicos sob fundamento de isonomia.

a vedação à equiparação prevista no art. 37, XIII, da CF/1988, pois, ao admitir empregados sob o regime da CLT, equipara-se a empregador privado, conforme disposto no art. 173, § 1º, II, da CF/1988.

Assim, **é possível o reconhecimento da equiparação salarial e seus efeitos no âmbito das mencionadas entidades públicas.**

9.2. Trabalho de igual valor

Trabalho de igual valor **é aquele feito com igual produtividade e perfeição técnica,** segundo dispõe o § 1º, do citado art. 461 da Consolidação das Leis do Trabalho.

Para o reconhecimento da isonomia salarial, **não se deve levar em consideração a qualificação pessoal do empregado**, salvo se ela coincidir com a qualificação profissional e necessária para a execução dos serviços.

As funções que não demandam muito esforço intelectual do empregado, também conhecidas como funções manuais, podem ser mais facilmente comparadas para efeito do reconhecimento de trabalho de igual valor. O mesmo não ocorre com os denominados **trabalhos intelectuais ou artísticos,** nos quais se constata dificuldade de criar um paradigma para comparação e consequente reconhecimento do trabalho igual.

Saliente-se, também, que a **identidade de funções** não se verifica pela simples análise do título do cargo ocupado pelo empregado. Nesse caso, há uma presunção de veracidade que milita em favor do empregador. Pode ocorrer, todavia, de obreiro, apesar de ser rotulado como aquele que exerça determinada função, executar atividades diversas.

Deve-se observar, contudo, **a habilitação do trabalhador para o exercício de determinadas profissões legalmente regulamentadas.** Nesse caso, a ausência de titulação do empregado **obsta a sua pretensão à equiparação salarial,** quando o paradigma dispõe da habilitação exigida por lei:

> **TST. SDI-1. OJ Nº 296.** EQUIPARAÇÃO SALARIAL. ATENDENTE E AUXILIAR DE ENFERMAGEM. IMPOSSIBILIDADE. Sendo regulamentada a profissão de auxiliar de enfermagem, cujo exercício pressupõe habilitação técnica, realizada pelo Conselho Regional de Enfermagem, impossível a equiparação salarial do simples atendente com o auxiliar de enfermagem.

Observe-se que o empregado readaptado ao serviço **não pode ser utilizado como paradigma para efeito de equiparação salarial, conforme preceitua o art. 461, § 4º da CLT:**

> **Art. 461. § 4º.** O trabalhador readaptado em nova função por motivo de deficiência física ou mental atestada pelo órgão competente da Previdência Social não servirá de paradigma para fins de equiparação salarial.

9.3. Mesmo estabelecimento

Antes da vigência da Lei nº 13.467/17, exigia-se a prestação de serviços para o mesmo empregado, desde que fosse na mesma localidade, assim considerada a área de um município, conforme entendimento do TST exposto na Súmula nº 6, inciso X.

Pela regra atual, para haver isonomia salarial é necessário que os empregados **prestem serviços no mesmo estabelecimento.**

9.4. Tempo de serviço

O tempo de serviço do empregado também é levado em consideração para efeito de apuração da isonomia salarial.

Nesse passo, a diferença de tempo de serviço entre o empregado e o seu paradigma **não poderá ser superior a dois anos na função e quatro anos na empresa**, conforme dispõe o art. 461, § 1º, da Consolidação das Leis do Trabalho, com redação dada pela Lei nº 13.467/17:

> **Art. 461. § 1º** Trabalho de igual valor, para os fins deste Capítulo, será o que for feito com igual produtividade e com a mesma perfeição técnica, entre pessoas cuja diferença de tempo de serviço para o mesmo empregador não seja superior a quatro anos e a diferença de tempo na função não seja superior a dois anos.

O Enunciado nº 25, aprovado na 2ª Jornada de Direito Material e Processual do Trabalho defende a tese da inconstitucionalidade desse dispositivo legal:

> **ENUNCIADO Nº 25. EQUIPARAÇÃO SALARIAL. RESTRIÇÕES RELACIONADAS AO TEMPO DE SERVIÇO NA FUNÇÃO E AO LOCAL DA PRESTAÇÃO DO TRABALHO: VIOLAÇÃO AO PRINCÍPIO DA ISONOMIA**
>
> 1. EQUIPARAÇÃO SALARIAL. RESTRIÇÕES RELACIONADAS AO TEMPO DE SERVIÇO NA EMPRESA. VIOLAÇÃO AO PRINCÍPIO DA ISONOMIA. O ARTIGO 461 DA CLT, AO VEDAR A EQUIPARAÇÃO SALARIAL PARA EMPREGADOS COM DIFERENÇA DE MAIS DE QUATRO ANOS DE TEMPO DE SERVIÇO NA EMPRESA, É CONTRÁRIO AO PRINCÍPIO DA ISONOMIA CONSTANTE DO ARTIGO 5º, CAPUT E 7º, XXX, DA CONSTITUIÇÃO FEDERAL.
>
> 2. ENTENDE-SE POR ESTABELECIMENTO, PARA FINS DO ARTIGO 461 DA CLT, O "COMPLEXO DE BENS ORGANIZADO PARA EXERCÍCIO DA EMPRESA, POR EMPRESÁRIO OU POR SOCIEDADE EMPRESÁRIA", NOS TERMOS DO ARTIGO 1.142 DO CÓDIGO CIVIL.

9.5. Contemporaneidade

Constitui pressuposto para o reconhecimento da igualdade salarial a contemporaneidade no exercício do cargo ou da função, de acordo com o preceito contido no § 5º, art. 461 da CLT:

> **Art. 461. § 5º** A equiparação salarial só será possível entre empregados contemporâneos no cargo ou na função, ficando vedada a indicação de paradigmas remotos, ainda que o paradigma contemporâneo tenha obtido a vantagem em ação judicial própria.

Desse modo, equiparando e paradigma devem estar trabalhando ou terem trabalhado na mesma função ou no mesmo cargo e **na mesma época e no mesmo estabelecimento**, para que seja possível a comparação.

Exclui-se, portanto, a possibilidade de equiparação salarial **quando o empregado substitui, definitivamente**, o seu colega de trabalho.

De igual forma, **veda-se a equiparação com o paradigma remoto**, ainda que o paradigma contemporâneo tenha obtido a vantagem em ação judicial. Tal proibição decorreu da inserção do § 5º ao art. 461 da CLT, o que deve provocar a alteração ou revogação do inciso VI, da Súmula nº 6 do TST:

> **SÚMULA Nº 6.** VI –Presentes os pressupostos do art. 461 da CLT, é irrelevante a circunstância de que o desnível salarial tenha origem em decisão judicial que beneficiou o paradigma, exceto: a) se decorrente de vantagem pessoal ou de tese jurídica superada pela jurisprudência de Corte Superior; b) na hipótese de equiparação salarial em cadeia, suscitada em defesa, se o empregador produzir prova do alegado fato modificativo, impeditivo ou extintivo do direito à equiparação salarial em relação ao paradigma remoto, considerada irrelevante, para esse efeito, a existência de diferença de tempo de serviço na função superior a dois anos entre o reclamante e todos os demais empregados paradigmas componentes da cadeia equiparatória, à exceção do paradigma imediato.

A utilização do **paradigma remoto** decorria da **equiparação em cadeia** obtida por meio de decisão judicial. Por exemplo: o empregado X exerce determinada função há 5 anos e pretende a equiparação salarial com o empregado Y que tem 8 anos exercendo essa mesma função.

Como a diferença de tempo de serviço na função seria superior a 3 anos, o pleito do empregado X seria denegado. Contudo, o empregado Z, que tinha 6 anos e meio no exercício da função já tinha obtido judicialmente o reconhecimento da isonomia salarial.

Diante disso, o empregado X postula a equiparação salarial com o empregado Z (**paradigma imediato**), cuja diferença de tempo de serviço é de um ano e meio, obtendo êxito. Nesse procedimento o empregado X acabaria tendo o seu salário equiparado ao empregado Y, que seria considerado o **paradigma remoto**.

Entende o Tribunal Superior do Trabalho que, quando a substituição **não é meramente eventual, o substituto tem direito ao mesmo salário do substituído**, conforme o teor da Súmula nº 159:

> **SÚMULA Nº 159.** SUBSTITUIÇÃO DE CARÁTER NÃO EVENTUAL E VACÂNCIA DO CARGO. (incorporada a Orientação Jurisprudencial nº 112 da SDI-1) – Res. 129/2005 – DJ 20.04.2005. I – Enquanto perdurar a substituição que não tenha caráter meramente eventual, inclusive nas férias, o empregado substituto fará jus ao salário contratual do substituído. (ex-Súmula nº 159 – Res. 121/2003, DJ 21.11.2003); II – Vago o cargo em definitivo, o empregado que passa a ocupá-lo não tem direito a salário igual ao do antecessor. (ex-OJ nº 112 – Inserida em 01.10.1997).

A substituição meramente eventual seria aquela decorrente de uma emergência, caso fortuito, força maior etc., ou seja, todas as hipóteses em que não haveria previsão por parte do empregador.

9.6. Inexistência de plano de cargos e salários

A regra da equiparação salarial não é aplicada quando a empresa tiver **pessoal organizado em quadro de carreira** ou adotar, por meio de norma interna da empresa ou de negociação coletiva, **plano de cargos e salários**.

Inclusive, as promoções podem observar tanto o critério da antiguidade quanto o critério de merecimento, ou ambos, **dispensada qualquer forma de homologação ou registro em órgão público.**

Essas regras estão contidas nos §§ 2º e 3º do art. 461 da CLT, cujas redações foram alteradas pela Lei nº 13.467/17:

> **Art. 461. § 2º.**Os dispositivos deste artigo não prevalecerão quando o empregador tiver pessoal organizado em quadro de carreira ou adotar, por meio de norma interna da empresa ou de negociação coletiva, plano de cargos e salários, dispensada qualquer forma de homologação ou registro em órgão público.
>
> **§ 3º** No caso do § 2º deste artigo, as promoções poderão ser feitas por merecimento e por antiguidade, ou por apenas um destes critérios, dentro de cada categoria profissional.

Caso o plano de cargos de salários preveja a promoção por merecimento, se a própria empresa deixar de fazer a avaliação do empregado, considera-se implementada a condição e, consequentemente, a promoção.

Nesse sentido a Súmula nº 34 do TRT18:

> **SÚMULA Nº 34 do TRT18.** PROMOÇÃO POR MERECIMENTO. OMISSÃO DE AVALIAÇÃO DO EMPREGADOR. Na hipótese de omissão do empregador em proceder à avaliação de desempenho funcional do empregado, não se impõe considerar implementadas as condições inerentes à progressão salarial por merecimento.

Em sentido contrário, a seguinte decisão da 1ª Turma do TST:

> **PROMOÇÕES POR MERECIMENTO. AVALIAÇÃO DE DESEMPENHO. OMISSÃO.** A Subseção I Especializada em Dissídios Individuais do TST pacificou o entendimento no sentido de que as promoções por merecimento previstas em Plano de Cargos e Salários, estabelecidas de forma vinculada à realização de avaliação de desempenho, não podem ser concedidas automaticamente. Dessa forma, na hipótese de omissão do empregador em proceder à avaliação de desempenho funcional do empregado, não se impõe considerar implementadas as condições inerentes à progressão salarial por desempenho. Recurso de revista conhecido e provido, no tema (TST.1ª T. RR 000152-67.2014.5.15.017. 28.06.2019).

Exemplos de questões sobre o tema

(TRT 3 – Juiz do Trabalho Substituto 3ª região/2014) Maria Tereza Almeida pediu diferenças salariais por equiparação, indicando como paradigma, Ricardo Torres, alegando que ele recebia salário fixo e comissões em valor superior ao pago a ela. Assinale a alternativa que descreve uma situação, alegada na defesa e apurada na prova, que leva à improcedência do pedido:

(A) Maria Tereza passou a exercer a função em março de 2008 e Ricardo Torres, admitido na empresa em 2007, já a exercia desde 2001, conforme anotação de sua CTPS, relativa a contrato com outra empregadora.

(B) Maria Tereza e Ricardo Torres operavam a mesma máquina, mas em turnos diferentes, ela, durante o dia, ele, durante a noite.

(C) Maria Tereza e Ricardo Torres produziam a mesma peça, mas o resultado do trabalho de um e de outro destinava-se a clientes diversos da empregadora.

(D) Ricardo Torres tinha a atribuição de distribuir o serviço entre os colegas no turno da noite, o que Maria Tereza também fazia nos meses de férias do líder do turno do dia.

(E) O percentual de comissão, calculada sobre a produção, era igual para ambos, e houve meses em que Ricardo recebeu valor superior ao pago a Maria Tereza.

Resposta: D

(TRT 3 – Juiz do Trabalho Substituto 3ª região/2014) É correto afirmar em torno da equiparação salarial, a partir de disposições expressas das súmulas e orientações jurisprudenciais da SBDI-1 do TST:

(A) À sociedade de economia mista não se aplica a vedação à equiparação salarial prevista no art. 37, inciso XIII, da Constituição da República, pois, ao contratar empregados sob o regime da CLT, equipara-se a empregador privado, conforme disposto no art. 173, § 1º, inciso II, também da Constituição da República.

(B) Sendo regulamentada a profissão de auxiliar de enfermagem, cujo exercício pressupõe habilitação técnica, realizada pelo Conselho Regional de Enfermagem, impossível a equiparação salarial do simples atendente com o auxiliar de enfermagem.

(C) A cessão de empregados não exclui a equiparação salarial, embora exercida a função em órgão governamental estranho à cedente, se esta responde pelos salários do paradigma e do reclamante.

(D) O art. 37, inciso XIII, da Constituição da República, veda a equiparação de qualquer natureza para o efeito de remuneração do pessoal do serviço público, sendo juridicamente impossível a aplicação da norma infraconstitucional prevista no art. 461 da CLT quando se pleiteia equiparação salarial entre servidores públicos, independentemente de terem sido contratados pela CLT.

(E) Todas as opções estão corretas.

Resposta: E

9.7. Enquadramento

No caso de a empresa possuir pessoal organizado em quadro de carreira ou plano de cargos e salários, o empregado pode reivindicar o seu enquadramento em determinada função constante do aludido quadro ou plano **e não a equiparação salarial**.

Sobre a matéria, a OJ nº 125, da SDI-1, do TST e Súmula nº 37 do TRT8:

> **OJ Nº 125.** DESVIO DE FUNÇÃO. QUADRO DE CARREIRA. (alterado em 13.03.02). O simples desvio funcional do empregado não gera direito a novo enquadramento, mas apenas às diferenças salariais respectivas, mesmo que o desvio de função haja iniciado antes da vigência da CF/1988.
>
> **SÚMULA Nº 37 do TRT8.** EQUIPARAÇÃO SALARIAL. ELETRONORTE. VIOLAÇÃO DE PLANO DE CARGOS E SALÁRIOS. IMPOSSIBILIDADE DE EXTENSÃO. O plano de cargos e salários impossibilita a equiparação salarial, ainda que esteja sendo descumprido, cabendo direito ao prejudicado ao seu correto enquadramento.

Se a pretensão é para corrigir desvio funcional ou pagamento de diferença salarial em razão de inobservância de critérios para promoção, **a prescrição é parcial.**

O TST trata dessa matéria nas Súmulas nºs 275 e 452:

> **SÚMULA Nº 275.** PRESCRIÇÃO. DESVIO DE FUNÇÃO E REENQUADRAMENTO. (incorporada a Orientação Jurisprudencial nº 144 da SDI-1) – Res. 129/2005 – DJ 20.04.2005. I – Na ação que objetive corrigir desvio funcional, a prescrição só alcança as diferenças salariais vencidas no período de 5 (cinco) anos que precedeu o ajuizamento. (ex-Súmula nº 275 – Res. 121/2003, DJ 21.11.2003). II – Em se tratando de pedido de reenquadramento, a prescrição é total, contada da data do enquadramento do empregado. (ex-OJ nº 144 – Inserida em 27.11.1998).
>
> **SÚMULA Nº 452.** DIFERENÇAS SALARIAIS. PLANO DE CARGOS E SALÁRIOS. DESCUMPRIMENTO. CRITÉRIOS DE PROMOÇÃO NÃO OBSERVADOS. PRESCRIÇÃO PARCIAL (conversão da Orientação Jurisprudencial nº 404 da SBDI-1) Tratando-se de pedido de pagamento de diferenças salariais decorrentes da inobservância dos critérios de promoção estabelecidos em Plano de Cargos e Salários criado pela empresa, a prescrição aplicável é a parcial, pois a lesão é sucessiva e se renova mês a mês.

9.8. Acúmulo e mudança de função

As funções exercidas pelo empregado são definidas no momento da contratação, por meio de ajuste escrito ou verbal, ou decorrem de cláusulas tácitas correspondentes às condições de trabalho.

Em caso de omissão contratual, expressa ou tácita, aplica-se o preceito contido no art. 456, parágrafo único da CLT: "A falta de prova ou inexistindo cláusula expressa e tal respeito, entender-se-á que o empregado se obrigou a todo e qualquer serviço compatível com a sua condição pessoal".

O exercício das funções para as quais foi designado o empregado adere ao contrato de trabalho na forma de cláusulas essenciais. Assim, não podem ser alteradas pelo empregador durante a execução desse pacto quando implicar prejuízo para o obreiro.

Portanto, a alteração nesse sentido seria ilícita e **o empregado estaria autorizado a exercer o seu *ius resistentiae* ou promover a rescisão indireta do contrato de trabalho.**

Entretanto, se o empregado imbuído pela necessidade financeira de permanecer no trabalho, não exerce o seu direito subjetivo e "aceita" a nova função ou cumula com outra já em exercício, **não tem direito de perceber diferença salarial ou adicional por acúmulo de função, respectivamente.**

Isso porque o ordenamento jurídico não prevê, para os trabalhadores em geral, esse direito, salvo para algumas profissões regulamentadas, como é o caso do radialista (Lei nº 6.615/78) e do vendedor viajante (Lei nº 3.207/57):

> **Lei nº 6.615/78. Art. 13.** Na hipótese de exercício de funções acumuladas dentro de um mesmo setor em que se desdobram as atividades mencionadas no art. 4º, será assegurado ao Radialista um adicional mínimo de: I – 40% (quarenta por cento), pela função acumulada, tomando-se por base a função melhor remunerada, nas emissoras de potência igual ou superior a 10 (dez) quilowatts e, nas empresas equiparadas segundo o parágrafo único do art. 3º; II – 20% (vinte por cento), pela função acumulada, tomando-se por base a função melhor remunerada, nas emissoras de potência inferior a 10 (dez) quilowatts e, superior a 1 (um) quilowatt; III – 10% (dez por cento), pela função acumulada, tomando-se por base a função melhor remunerada, nas emissoras de potência igual ou inferior a 1 (um) quilowatt. **Art. 15 –** Quando o exercício de qualquer função for acumulado com responsabilidade de chefia, o Radialista fará jus a um acréscimo de 40% (quarenta por cento) sobre o salário.
>
> **Lei nº 3.207/57. Art. 8º.** Quando for prestado serviço de inspeção e fiscalização pelo empregado vendedor, ficará a empresa vendedora obrigada ao pagamento adicional de 1/10 (um décimo) da remuneração atribuída ao mesmo.

Saliente-se, por fim, que a questão é bastante controvertida e há entendimento em ambos os sentidos:

> **OJ4T Nº 78 do TRT9. ACÚMULO DE FUNÇÃO.** I – Só há alteração contratual, determinando o acúmulo de função, situação que não se enquadra no exercício do "jus variandi" do empregador, as diferenças salariais são devidas mesmo que o empregador já receba pela função melhor remunerada e não elasteça a jornada para desenvolver a função acumulada. II – Desvio de função na Administração Pública gera direito às diferenças salariais, mas não ao correspondente enquadramento no respectivo quadro de carreira. Constatado o desvio, determina-se de ofício a cessação da ilicitude, sob pena de multa.

SÚMULA Nº 51 do TRT12. ACÚMULO DE FUNÇÕES. NÃO CONFIGURAÇÃO. Não havendo incompatibilidade com a condição pessoal ou abuso quantitativo, a atribuição de novas tarefas ao trabalhador na mesma jornada não configura acúmulo de funções remunerável.

Exemplo de questão sobre o tema:

(TRT 4 – Juiz do Trabalho Substituto 4ª Região/2016) Considere as assertivas abaixo sobre acúmulo e desvio de função.

I. O radialista não pode exercer, por força de um só contrato de trabalho, atividades de diferentes setores assim definidos em norma específica.

II. O exercício de atividades cumuladas dentro de um mesmo setor assegura ao radialista o pagamento de um adicional de, no máximo, 20% (vinte por cento) pela função acumulada, tomando-se por base a função melhor remunerada, nas emissoras de potência inferior a 10 (dez) quilowatts e superior a 1 (um) quilowatt.

III. O empregado vendedor que, de forma cumulada, prestar serviços de inspeção e fiscalização, além de sua atividade de vender, tem direito ao pagamento de adicional equivalente a 1/10 (um décimo) de sua remuneração.

Quais são corretas?

(A) Apenas I

(B) Apenas II

(C) Apenas III

(D) Apenas I e III

(E) I, II e III

Resposta: D

10. QUADRO SINÓPTICO

Capítulo VI – Remuneração e salário			
Instituto	**Conteúdo**		**Item**
Conceito	É a principal obrigação do empregador derivada da celebração de um contrato de trabalho. Representa a contraprestação direta pelo trabalho prestado, pelo simples fato de o empregado encontrar-se aguardando ordens do empregador ou por simples determinação legal.		1.1
Denominações	Salário, ordenado, remuneração, retribuição pecuniária, proventos, vencimentos, soldos, subsídios e honorários.		1.2
Características	**Forfetário**	Significa que o salário *stricto sensu* tem definido o seu valor antes da prestação do serviço, seja por meio do ajuste entre as partes, seja por outras fontes do Direito do trabalho, como a lei, instrumentos normativos etc.	1.3
	Alimentar	É do salário que o empregado extrai a fonte de renda para atender às suas necessidades e de sua família. Constitui a principal e, em muitos casos, a única fonte de renda do operário.	
	Crédito super privilegiado	Hierarquicamente, o salário ocupa posição de nível superior a qualquer outro. No caso de falência, a característica de crédito superprivilegiado limita-se a 150 salários mínimos.	
	Persistência ou continuidade	Tanto a obrigação do empregado de prestar serviços quanto a obrigação do empregador de pagar salário renovam-se continuamente.	1.3
	Periodicidade	O empregado necessita receber o seu salário em um curto espaço de tempo, uma vez que a remuneração é sua única ou principal fonte de renda.	

Distinção entre remuneração e salário		A remuneração constitui toda e qualquer contraprestação econômica percebida pelo obreiro, seja em utilidade ou em dinheiro, em razão do seu trabalho, pelo patrão ou por terceiros, enquanto que o salário corresponde à contraprestação paga, apenas, pelo empregador.	1.4
Gorjetas	**Conceito**	Representa a importância espontaneamente dada pelo cliente ao empregado (gorjeta direta), como também o valor cobrado pela empresa (gorjeta indireta), como serviço ou adicional, a qualquer título, e destinado à distribuição aos empregados.	1.5
	Integração	O valor da gorjeta integra a remuneração do empregado para todos os efeitos legais, somente não servindo de base de cálculo para as parcelas de aviso prévio, adicional noturno, horas extras e repouso semanal remunerado (Súmula nº 354 do TST).	1.5 "c"
	Anotação na CTPS	• a data de admissão; • a remuneração; • a estimativa da gorjeta, se houver; • e as condições especiais, se houver.	1.5 "b"
	Desconto para recolher encargos sociais, previdenciários e trabalhistas	É facultado ao empregador descontar das gorjetas diretas e indiretas o percentual de 20% ou 33%, conforme o caso, do seu respectivo valor para custear os encargos sociais, previdenciários e sociais, desde que autorizado por convenção ou acordo coletivo de trabalho.	1.5 "d"
	Multa	Comprovado o descumprimento das regras relativas a gorjeta, o empregador pagará ao trabalhador prejudicado, a título de multa, o valor correspondente a 1/30 da média da gorjeta por dia de atraso, limitada ao piso da categoria, assegurados em qualquer hipótese o contraditório e a ampla defesa.	1.5 "f"
Guelta		Em determinados setores da atividade econômica do comércio atacadista e varejista o fornecedor da empresa empregadora costuma retribuir o vendedor com uma quantia determinada para incentivá-lo a oferecer o seu produto diretamente ao cliente.	1.6
Limites quantitativos do salário			
Piso salarial		O piso salarial é a retribuição mínima que se pode pagar a um determinado grupo de trabalhadores. É o gênero do qual são espécies o salário mínimo, o salário normativo ou piso da categoria e o salário profissional.	2.1
Teto salarial		A lei não estabelece o valor máximo a título de salário, salvo em relação ao serviço público, no qual nenhum empregado da administração, direta ou indireta, poderá perceber remuneração superior ao valor do subsídio mensal pagos aos Ministros do Supremo Tribunal Federal (art. 37, XI, da CF/88).	2.2
Salário mínimo	**Conceito**	É a contraprestação mínima devida e paga diretamente pelo empregador a todo trabalhador, inclusive ao trabalhador rural, sem distinção de sexo, por dia normal de serviço, e capaz de satisfazer em determinada época às suas necessidades normais de alimentação, habitação, vestuário, higiene e transporte.	2.3
	Características	Nacionalidade, reajustamentos periódicos e desvinculação para qualquer fim.	
	Meio de pagamento	Pelo menos 30% (trinta por cento) do valor do salário mínimo deve ser pago em dinheiro. O restante, 70% (setenta por cento), poderá ser pago em utilidades como alimentação, habitação, vestuário, higiene, transporte, educação, saúde, lazer e previdência com observância dos percentuais fixados em lei para cada Região do País.	
	Proporcionalidade	O salário mínimo é devido de forma proporcional ao horário de trabalho, previamente ajustado, para uma jornada normal de oito horas por dia e quarenta e quatro horas por semana.	

<table>
<tr><td>Salário profissional</td><td colspan="3">É a retribuição mínima devida pelos empregadores aos seus empregados que exerçam uma profissão legalmente reconhecida.</td><td>2.4</td></tr>
<tr><td>Salário normativo</td><td colspan="3">O salário normativo constitui a retribuição mínima devida aos integrantes de uma categoria profissional. Pode ser fixado por uma convenção coletiva, sentença normativa ou acordo coletivo de trabalho. Nesse último caso, o salário normativo só será devido aos trabalhadores de determinada empresa ou empresas que firmaram o referido acordo.</td><td>2.5</td></tr>
<tr><td>Reajuste salarial</td><td colspan="3">Não há no Brasil uma política legal de reajuste salarial. Isso significa que a majoração salarial periódica deve ser uma conquista de cada categoria profissional por meio da negociação coletiva, como geralmente ocorre anualmente, na respectiva data-base. Contudo, para os servidores públicos há previsão constitucional de concessão de revisão geral anual lineal (art. 37, X, da CF/88).</td><td>2.6</td></tr>
<tr><th colspan="5">Formas de aferição do salário</th></tr>
<tr><td>Por unidade de tempo</td><td colspan="3">Quando a quantidade de salário pago ao empregado possui relação direta com o tempo por ele despendido, no trabalho ou no aguardo das ordens do patrão.</td><td>3.1</td></tr>
<tr><td>Por peça</td><td colspan="3">Quando o salário é fixado por cada unidade produzida.</td><td rowspan="2">3.2</td></tr>
<tr><td>Por tarefa</td><td colspan="3">O empregado recebe um valor fixo por cada unidade produzida, mas, uma vez atingida a meta previamente estabelecida pelo empregador, pode optar em findar a jornada diária ou continuar o trabalho para receber um adicional por peça produzida além da cota.</td></tr>
<tr><td>Por comissão</td><td colspan="3">O salário pago por comissão tem como referência a quantidade de negócios intermediados pelo empregado. Equivale a um percentual do valor da mercadoria comercializada.</td><td>3.3</td></tr>
<tr><td>Tempo do pagamento</td><td colspan="3">Quando o pagamento for estipulado por mês, o empregador tem até o quinto dia útil do mês subsequente ao da prestação do serviço para efetuá-lo.</td><td>3.4</td></tr>
<tr><td>Meios de pagamento</td><td colspan="3">O empregador poderá optar em fazer o pagamento em moeda corrente no país, em cheque ou em depósito bancário.</td><td>3.5</td></tr>
<tr><td>Lugar do pagamento</td><td colspan="3">Com vistas a facilitar a vida do empregado e de acordo com o princípio protetivo, a legislação laboral impõe a obrigação, ao empregador, de efetuar o pagamento do salário em dia útil, durante ou logo após a jornada de labor e no local de trabalho.</td><td>3.6</td></tr>
<tr><td>Prova do pagamento</td><td colspan="3">A prova do pagamento de salário se faz com o respectivo recibo, que constitui o instrumento de quitação e, como tal, deve obedecer aos requisitos constantes do art. 320 do Código Civil.</td><td>3.7</td></tr>
<tr><th colspan="5">Composição do salário</th></tr>
<tr><td>Componentes salariais</td><td colspan="3">Além do salário stricto sensu, também denominado de salário-base, compõem o salário do empregado os complementos salariais ou sobressalários, quais sejam, as gratificações, os adicionais e todas as demais parcelas pagas em razão do trabalho.</td><td>4</td></tr>
<tr><td>Salário complessivo</td><td colspan="3">É aquele cujo valor engloba o pagamento de diversas parcelas salariais, quitadas sob um único título. Veda-se essa prática de acordo com a Súmula nº 91 do TST.</td><td>4.1</td></tr>
<tr><th colspan="5">Modalidades de salário</th></tr>
<tr><td rowspan="4">Adicionais</td><td>Conceito</td><td colspan="2">Constitui um plus salarial destinado a compensar o labor prestado em condições anormais, assim considerado pela lei ou pelas demais fontes formais do Direito do Trabalho.</td><td rowspan="4">5.1</td></tr>
<tr><td rowspan="3">Espécies</td><td>Hora extra</td><td>Adicional destinado a compensar o labor em jornada extraordinária e desestimular que o empregador exija a prestação de serviços em regime de horas extras. O percentual mínimo é de 50%.</td></tr>
<tr><td>Noturno</td><td>Adicional devido para o empregado urbano que trabalha entre 22 e 05 horas, no percentual de 20%.</td></tr>
<tr><td>Insalubridade</td><td>Corresponde ao acréscimo salarial devido pelo empregador que submete o empregado a um meio ambiente de trabalho sujeito a influência de agentes nocivos, seja de natureza química, física ou biológica. O percentual varia entre 10, 20 e 40%, a depender do grau de risco da empresa (STF. SV nº 4).</td></tr>
</table>

<table>
<tr><td rowspan="3">Adicionais</td><td>Espécies</td><td>Periculosidade</td><td>O percentual invariável corresponde a 30%, incidentes sobre o salário-base. É devido quando o empregado exerce atividades ou operações perigosas, assim entendidas como aquelas que, por sua natureza ou métodos de trabalho, impliquem exposição permanente a:
a) inflamáveis, explosivos ou energia elétrica;
b) roubos ou outras espécies de violência física nas atividades profissionais de segurança pessoal ou patrimonial
c) Trabalho com motocicleta.</td><td>5.1</td></tr>
<tr><td rowspan="2">Espécies</td><td>Transferência</td><td>Adicional devido para compensar as despesas decorrentes do exercício laboral em local diverso do habitual. O percentual é de 25% sobre o salário-base, enquanto perdurar a transferência.</td><td rowspan="2">5.1</td></tr>
<tr><td>Acúmulo de função</td><td>Em algumas profissões regulamentadas a Lei estabelece, expressamente, um adicional para a hipótese do empregado acumular mais de uma função, como acontece com o radialista e o vendedor viajante</td></tr>
<tr><td rowspan="4">Gratificação</td><td>Conceito</td><td colspan="2">As gratificações são acréscimos salariais pagos pelo empregador ao empregado sem que haja uma imposição legal nesse sentido. Tem como causa determinante as condições pessoais do obreiro, como o tempo de serviço, o exercício de determinadas funções etc.</td><td>5.2</td></tr>
<tr><td rowspan="3">Espécies</td><td>Natal</td><td>A gratificação de Natal consistia em uma liberalidade paga aos empregados no final de cada ano e que se tornou imperativa com a edição da Lei nº 4.090/62. Também é chamada de décimo terceiro salário.</td><td rowspan="3">5.2</td></tr>
<tr><td>Função comissionada</td><td>Representa o valor pago ao empregado destinado a remunerar determinada função cujo exercício demanda um maior grau de confiança por parte do empregador.</td></tr>
<tr><td>Tempo de serviço</td><td>Visa recompensar o empregado pela sua permanência na empresa, com o objetivo de estimular sua produtividade no decorrer do tempo.</td></tr>
<tr><td colspan="5">Parcelas não salariais</td></tr>
<tr><td>Ajuda de custo</td><td colspan="3">A ajuda de custo representa o valor pago pelo empregador ao empregado que realiza despesas indispensáveis à execução do contrato de trabalho, devidamente comprovadas.</td><td>6.1</td></tr>
<tr><td>Diárias</td><td colspan="3">As diárias constituem valores fixos pagos pelo empregador ao obreiro que efetua despesas necessárias e indispensáveis (hospedagem, alimentação e transporte) à execução do contrato de trabalho, por cada dia de ausência da sede do estabelecimento ao qual esteja vinculado, sem a necessidade de prestação de contas.</td><td>6.2</td></tr>
</table>

Salário-família	É o valor repassado pelo empregador, mas devido pelo INSS, ao empregado de baixa renda correspondente a um valor fixo por cada filho ou equiparado menor de 14 anos ou inválido de qualquer idade.	6.3
Participação nos lucros	Quantia paga pelo empregador ao empregado na hipótese de obter lucro durante um determinado período de tempo previamente estipulado, desde que não seja inferior a um trimestre civil, não podendo ser paga por mais de duas vezes no mesmo ano.	6.4
Abono do PIS/PASEP	Abono anual no valor de um salário mínimo pago pelo FAT aos empregados que: estejam cadastrados há mais de cinco anos no referido Fundo; tenham trabalhado, pelo menos, trinta dias no ano que antecede o pagamento do abono; tenham percebido, nesse período, até dois salários mínimos como remuneração.	
Salário-educação	Não é salário, mas sim uma contribuição social devida pelas empresas e prevista pelo art. 212, § 5º, da CF/88, destinada a financiar a educação básica no Brasil.	6.5
Stock options	Por meio do sistema denominado de *stock options* o empregador oferece aos seus empregados um plano de oferta de opção de compra de ações da empresa a preços pré-fixados e geralmente mais baixos se comparados com aqueles praticados pelo mercado na data da emissão.	6.6
Salário-maternidade	O salário-maternidade, apesar de possuir essa denominação, não tem caráter salarial, pois representa um benefício devido pela previdência Social. O pagamento é feito mensalmente durante cento e vinte dias, com início entre vinte e oito dias antes do parto e a data de sua ocorrência (art. 71 da Lei nº 8.213/91).	6.7
Prêmios	Consideram-se prêmios as liberalidades concedidas pelo empregador em forma de bens, serviços ou valor em dinheiro a empregado ou a grupo de empregados, em razão de desempenho superior ao ordinariamente esperado no exercício de suas atividades (art. 457, § 3º, da CLT).	6.8
Abonos	É uma verba paga ao empregado que decorre de um ato de liberalidade do empregador. Consiste geralmente em parcela única, sem que exista um motivo determinante que lhe dê causa.	6.9
Salário *in natura* e utilidades não salariais		
Alimentação	A alimentação recebida pelo empregado em qualquer das modalidades previstas pela legislação que instituiu e regulamentou o PAT, não integra, para qualquer efeito, sua remuneração.	7.1
Habitação	Salarial: o valor atribuído a essa parcela *in natura* não poderá ser superior a 25% do salário ajustado, quando se tratar de habitação individual. Se a habitação for coletiva, o seu valor será dividido entre os coabitantes. Não salarial: quando a habitação fornecida pelo empregador constitui condição essencial para o desenvolvimento do trabalho, transforma-se em parcela *in natura* indenizatória.	7.2
Uniforme	O vestuário fornecido pelo empregador e utilizado para o trabalho não é considerado parcela salarial por expressa determinação contida no art. 458, § 2º, I, da Consolidação das Leis do Trabalho.	7.3
Transporte	Salarial: transporte custeado ou fornecido pelo empregador sem observar a Lei nº 7.418/86. Não salarial: transporte custeado ou fornecido pelo empregador de acordo com a Lei nº 7.418/85, que regulamentou o benefício do vale-transporte.	7.4
Vale-cultura	O empregado que recebe até cinco salários-mínimos tem direito ao vale-cultura no valor de R$50,00 caso seu empregador (empresa beneficiária) seja uma pessoa jurídica e tenha aderido ao Programa de Cultura do Trabalhador.	7.5

Proteção ao salário			
Contra atos do empregador	Irredutibilidade	Ao empregador é vedado reduzir o valor nominal do salário, quando este for pago por unidade de tempo. Caso o salário seja pago por comissão, a vedação da redução salarial cinge-se ao percentual respectivo. No caso de o trabalhador receber pagamento de salário por tarefa ou peça, a redução substancial na oferta de trabalho por conta do empregador, além de ser considerada como sendo uma alteração contratual ilícita, autoriza, também, a sua rescisão indireta.	8.1
	Descontos	Proíbe-se o desconto salarial, salvo aqueles previstos na própria lei, constantes de instrumentos normativos ou decorrentes de adiantamento e o trabalhador tenha firmado o recibo respectivo e por decisão judicial.	
	Truck system	Corresponde à prática, vedada por lei, pela qual o empregador coloca à disposição dos seus empregados mercadorias e serviços a preços superiores ao do mercado e, de certa forma, impõe a sua aquisição, com posterior desconto na remuneração.	
	Retenção	Depois de prestado o serviço e ultrapassado o prazo máximo para o pagamento do salário (quinto dia útil do mês subsequente ao mês de trabalho), a contraprestação salarial passa a pertencer ao empregado. A sua retenção dolosa é classificada como crime.	8.1
Contra atos de terceiros		O salário é protegido contra ações de terceiros não envolvidos na relação empregatícia. É, portanto, impenhorável, excetuados os casos expressamente previstos em lei.	8.2
Contra atos do empregado		A legislação laboral ampara o direito ao salário contra os atos do próprio empregado ao vedar a sua disposição na formação ou durante a execução do contrato de trabalho.	8.3

Equiparação Salarial		
Igualdade	A constituição garante a igualdade salarial (art. 7º, XXX) nas relações de emprego, quando existe identidade de função. Assim, veda-se a diferença salarial por razão de sexo, idade, cor ou estado civil. Na CLT, a igualdade, nesse particular, é assegurada pelo art. 461.	9.1
Trabalho de igual valor	É aquele feito com igual produtividade e perfeição técnica.	9.2
Mesmo estabelecimento	Exclui-se a possibilidade de reconhecimento da isonomia salarial nos casos de estabelecimentos distintos, ainda que pertençam à mesma empresa.	9.3
Tempo de serviço	O tempo de serviço do empregado também é levado em consideração para efeito de apuração da isonomia salarial. Nesse passo, a diferença de tempo de serviço entre o empregado e o seu paradigma não poderá ser superior a dois anos na função e quatro anos na empresa.	9.4
Contemporaneidade	Constitui pressuposto para o reconhecimento da igualdade salarial a contemporaneidade no exercício do cargo ou da função. Desse modo, equiparando e paradigma devem estar trabalhando ou terem trabalhado na mesma função ou no mesmo cargo e na mesma época e no mesmo estabelecimento, para que seja possível a comparação.	9.5
Inexistência de plano de cargos e salários	A regra da equiparação salarial não é aplicada quando a empresa tiver pessoal organizado em quadro de carreira ou adotar, por meio de norma interna da empresa ou de negociação coletiva, plano de cargos e salários. Inclusive, as promoções podem observar tanto o critério da antiguidade quanto o critério de merecimento, ou ambos, dispensada qualquer forma de homologação ou registro em órgão público.	9.6
Enquadramento	Quando existe na empresa quadro de carreira, o que o empregado pode reivindicar é seu enquadramento em determinada função constante do aludido plano e não a equiparação salarial.	9.7
Acúmulo e mudança de função	O ordenamento jurídico não garante o direito à diferença salarial ou adicional por acúmulo de função para o empregado que tem sua função alterada ou cumulada com outra já em exercício, apesar dessa mudança poder ser classificada como ilícita quando provocar prejuízos para o obreiro. A jurisprudência e doutrina, entretanto, divergem a cerca dessa possibilidade.	9.9

11. INFORMATIVOS DO TST SOBRE A MATÉRIA

Equiparação salarial. Súmula nº 6, X, do TST. Conceito de "mesma localidade".

O conceito do termo "mesma localidade", para fins de equiparação salarial, inserto na Súmula nº 6, X, do TST, deve receber nova compreensão a partir de estudo realizado em 2017 pelo Instituto Brasileiro de Geografia e Estatística – IBGE -, que constatou mudanças no ambiente socioespacial brasileiro. O referido estudo revisou as antigas regiões metropolitanas e passou a identificar como divisão regional brasileira as regiões geográficas imediatas e intermediárias, definidas no sítio do IBGE (https://www.ibge.gov.br/geociencias/organizacao-do-territorio/divisao-regional/15778-divisoes-regionais-do-brasil.html?=&t=sobre. Acesso em 19/11/2020.). No caso, discutiu-se a possibilidade de equiparação salarial entre empregados que laboraram nos municípios de Bragança Paulista e Itatiba, municípios limítrofes integrantes da região geográfica intermediária de Campinas, concluindo-se que os municípios estão abrangidos pelo conceito de "mesma localidade", de acordo com a nova divisão regional brasileira. Sob esses fundamentos, a SBDI-I, por maioria, não conheceu do recurso de embargos. Vencidos os Ministros Breno Medeiros, Alexandre Luiz Ramos, Márcio Eurico Vitral Amaro e Maria Cristina Irigoyen Peduzzi. TST-E-ED-RR-10792-65.2016.5.15.0145, SBDI-I, rel. Min. Augusto César Leite de Carvalho, 12/11/2020 (TST. Info nº 229).

Incidente de Recursos de Revista Repetitivos. "Tema nº 0017 – Cumulação de adicionais de periculosidade e de insalubridade amparados em fatos geradores distintos e autônomos."

A SBDI-I, em sua composição plena, por maioria, definiu a seguinte tese jurídica para o Tema Repetitivo nº 0017 – CUMULAÇÃO DE ADICIONAIS DE PERICULOSIDADE E DE INSALUBRIDADE AMPARADOS EM FATOS GERADORES DISTINTOS E AUTÔNOMOS: o art. 193, § 2º, da CLT foi recepcionado pela Constituição Federal e veda a cumulação dos adicionais de insalubridade e de periculosidade, ainda que decorrentes de fatos geradores distintos e autônomos. Vencidos os Ministros Luiz Philippe Vieira de Mello Filho, relator, Augusto César Leite de Carvalho, José Roberto Freire Pimenta, Hugo Carlos Scheuermann, Cláudio Mascarenhas Brandão e Lelio Bentes Corrêa. TST-IRR-239-55.2011.5.02.0319, SBDI-I, rel. Min. Luiz Philippe Vieira de Mello Filho, red. p/ acórdão Min. Alberto Luiz Bresciani de Fontan Pereira, 26.9.2019 (TST. Info nº 206).

Atleta profissional. Direito de imagem. Contraprestação habitual em quantias mensais fixas. Inexistência de correspondência entre os pagamentos e o uso da imagem. Desproporcionalidade do valor contratado. Fraude à legislação trabalhista. Configuração.

O direito de imagem do atleta profissional pode ser explorado mediante contrato personalíssimo de natureza civil, desde que fixado sob condições que sejam inconfundíveis com as do contrato especial de trabalho desportivo, nos termos do art. 87-A da Lei n° 9.615/1998. Portanto, tal ajuste não possui natureza salarial, tampouco configura contrato de trabalho, salvo nas hipóteses em que restar configurada a intenção de fraude à legislação trabalhista (art. 9º da CLT). No caso, o TRT concluiu que houve intenção fraudulenta não apenas pelo fato de o pagamento da contraprestação ter ocorrido habitualmente em quantias mensais fixas (motivo que, por si só, não seria suficiente para o reconhecimento da natureza salarial da parcela paga), mas também pela inexistência de correlação entre o pagamento e o uso efetivo da imagem do atleta, e pela manifesta desproporcionalidade quanto ao valor contratado, que correspondia a 400% do salário anotado na CTPS. Sob esses fundamentos, a SBDI-I, por unanimidade, conheceu do recurso de embargos, por divergência jurisprudencial, e, no mérito, por maioria, negou-lhe provimento para manter a conclusão do TRT e da Turma quanto à configuração de fraude, uma vez que o pagamento efetuado a título de direito de imagem tinha por objetivo desvirtuar a aplicação da legislação trabalhista. Vencidos os Ministros Márcio Eurico Vitral Amaro, Guilherme Augusto Caputo Bastos, Walmir Oliveira da Costa e Breno Medeiros. TST-E-RR-358-48.2014.5.12.0055, SBDI-I, rel. Min. Alberto Luiz Bresciani de Fontan Pereira, 5.9.2019 (TST. Info nº 201).

Petrobras S.A. Empregado aposentado que continua trabalhando. Complementação remuneratória prevista em norma coletiva para empregados em gozo de auxílio-doença. Pagamento indevido.

O empregado aposentado que continua trabalhando não tem direito ao recebimento de complemento remuneratório previsto em norma coletiva da Petrobras S.A. para os casos em que há afastamento das atividades laborais por prazo superior a quinze dias em decorrência de doença. Conforme o disposto no art. 124, I, da Lei nº 8.213/91, não é possível cumular proventos de aposentadoria com o auxílio-doença. Assim, se o empregado ativo aposentado não tem direito ao benefício, também não poderá receber a sua complementação, visto que o acessório segue a sorte do principal (art. 92 do CC). Com esses fundamentos, a SBDI-I, por maioria, conheceu dos embargos por divergência jurisprudencial, e, no mérito, deu-lhes provimento para excluir da condenação a obrigação de cumprimento da cláusula 30ª do ACT 2009/2011 com relação à autora, aposentada pelo INSS, que permanecera prestando serviços à empregadora. Vencidos os Ministros Hugo Carlos Scheuermann, relator, Luiz Philippe Vieira de Mello Filho, Alberto Luiz Bresciani de Fontan Pereira, Augusto César Leite de Carvalho e José Roberto Freire Pimenta. TST-E-ED-RR-2058-38.2010.5.20.0003, SBDI-I, rel. Min. Hugo Carlos Scheuermann, red. p/ acórdão Min. Cláudio Mascarenhas Brandão, 8.8.2019 (TST. Info nº 201).

Incidente de Recursos de Revista Repetitivos. "Tema nº 0010 – Direito ao adicional de periculosidade decorrente da exposição do empregado à radiação ionizante oriunda de equipamento de raio-x móvel."

A SBDI-I, em sua composição plena, por maioria, definiu as seguintes teses jurídicas para o Tema Repetitivo nº 0010 – DIREITO AO ADICIONAL DE PERICULOSIDADE DECORRENTE DA EXPOSIÇÃO DO EMPREGADO À RADIAÇÃO IONIZANTE ORIUNDA DE EQUIPAMENTO DE RAIO-X MÓVEL: I – A Portaria MTE nº 595/2015 e sua nota explicativa não padecem de inconstitucionalidade ou ilegalidade; II – Não é devido o adicional de periculosidade a trabalhador que, sem operar o equipamento móvel de raios X, permaneça, habitual, intermitente ou eventualmente, nas áreas de seu uso; III – Os efeitos da Portaria nº 595/2015 do Ministério do Trabalho alcançam as situações anteriores à data de sua publicação. Vencidos, apenas quanto à fundamentação, no tocante ao item "I" e, totalmente, quanto aos itens "II" e "III", os Ministros Augusto César Leite de Carvalho, relator, José Roberto Freire Pimenta, revisor, Lelio Bentes Corrêa, Luiz Philippe Vieira de Mello Filho, Hugo Carlos Scheuermann e Cláudio Mascarenhas Brandão. TST-IRR-1325-18.2012.5.04.0013, SBDI-I, rel. Min. Augusto César Leite de Carvalho, red. p/ acórdão Min. Maria Cristina Irigoyen Peduzzi, 1º.8.2019 (TST. Info nº 200).

Adicional de periculosidade. Devido. Médica radiologista. Exposição à radiação ionizante. Portaria nº 518/2003 do Ministério do Trabalho. Orientação Jurisprudencial nº 345 da SBDI-I.

O Quadro de Atividades e Operações Perigosas, aprovado pela Comissão Nacional de Energia Nuclear – CNEN, adotado pela Portaria nº 518/2003 do Ministério do Trabalho, considera atividade de risco não apenas aquela que importa a operação direta de equipamentos emissores de radiação, como também a simples exposição, ainda que por tempo reduzido. Nos termos da referida portaria, não há níveis seguros de exposição à radiação, de modo que qualquer contato do trabalhador com raios ionizantes é potencialmente prejudicial à saúde. Assim, ante o risco potencial, médica radiologista contratada para trabalhar no setor de radiologia do hospital tem direito ao adicional de periculosidade a que se refere a Orientação Jurisprudencial nº 345 da SBDI-I, ainda que adentrasse apenas de forma eventual nas salas de irradiação. Sob esse entendimento, a SBDI-I, por unanimidade, conheceu dos embargos, por divergência jurisprudencial, e, no mérito, negou-lhes provimento, mantendo, portanto, a condenação da reclamada ao pagamento de adicional de periculosidade no montante de 30% sobre o salário-base da autora, com reflexos. Vencidos os Ministros Guilherme Augusto Caputo Bastos e Maria Cristina Irigoyen Peduzzi. TST-E-ED-ED-RR-61400-27.2006.5.05.0006, SBDI-I, Rel. Min. José Roberto Freire Pimenta, 13.6.2019 (TST. Info nº 199).

Ação rescisória. Indenização por danos emergentes. Ressarcimento de despesas médicas. Pagamentos mensais fixados em múltiplos de salário mínimo. Violação do art. 7º, IV, da CF. Configuração.

Viola o art. 7º, IV, da CF a decisão que utiliza múltiplos do salário mínimo como parâmetro a ser adotado em liquidação de sentença no que tange à indenização pelos danos emergentes ligados ao acompanhamento médico a que submetida a trabalhadora incapacitada para o trabalho em decorrência de acidente do trabalho. A vedação à vinculação ao salário mínimo tem sido afastada pelo STF apenas nas obrigações com conteúdo salarial ou alimentar, hipótese diversa da constatada nos autos, pois o valor pago mensalmente não tem por objetivo substituir os rendimentos da vítima, mas apenas ressarci-la das despesas médicas perenes e futuras. No caso, o salário mínimo poderia ser utilizado apenas como parâmetro inicial da indenização, mas não como fator de correção. Sob esses fundamentos, a SBDI-II, por unanimidade, conheceu do recurso ordinário interposto pela ré e, no mérito, por maioria, vencidos os Ministros Douglas Alencar Rodrigues e Luiz

José Dezena da Silva, deu-lhe parcial provimento para, não obstante manter a desconstituição do acórdão rescindendo no tocante à indenização mensal relativa a danos emergentes relacionados a despesas médicas, por violação do art. 7º, IV, da CF, em juízo rescisório, por maioria, vencidos os Ministros Alexandre Agra Belmonte, Douglas Alencar Rodrigues e Luiz José Dezena da Silva, negar provimento aos recursos ordinários interpostos por ambas as partes na reclamatória para manter inalterada a sentença no particular, inclusive em relação à manutenção do plano de saúde e ao pagamento da quantia de R$ 500,00 por mês a título de ressarcimento das despesas médicas, a qual deve ser corrigida anualmente com base na variação do IPCA-E. TST-RO-21683-38.2015.5.04.0000, SBDI-II, rel. Min. Maria Helena Mallmann, 18.6.2019 (TST. Info nº 199).

Adicional de insalubridade. Recolhimento de lixo em condomínio residencial. Hipótese não contemplada no Anexo 14 da NR 15 da Portaria nº 3.214/78 do Ministério do Trabalho. Lixo doméstico não equiparado ao lixo urbano. Súmula nº 448, II, do TST. Não incidência.

Não enseja o pagamento do adicional de insalubridade o recolhimento de lixo das unidades de condomínio residencial, por não se tratar de hipótese contemplada no Anexo 14 da NR 15 de Portaria nº 3.214/78 do Ministério do Trabalho. Para fins de deferimento do referido adicional deve-se considerar não o volume de lixo recolhido, mas a sua natureza ou origem. Assim, o lixo oriundo de apartamentos ou casas de condomínio residencial, ainda que em grande quantidade, não se equipara ao lixo urbano produzido em banheiros em que há grande circulação de pessoas, pois não intensifica a exposição do empregado a agentes infecciosos. Inaplicável, portanto, o item II da Súmula nº 448 do TST. Sob esses fundamentos, a SBDI-I, por unanimidade, conheceu dos embargos, por divergência jurisprudencial, e, no mérito, por maioria, deu-lhes provimento para restabelecer a decisão do TRT que excluíra da condenação o pagamento do adicional de insalubridade e reflexos. Vencidos os Ministros Cláudio Mascarenhas Brandão e Alberto Luiz Bresciani de Fontan Pereira. TST-E-RR-635-17.2012.5.15.0131, SBDI-I, rel. Min. José Roberto Freire Pimenta, 23.5.2019 (TST. Info nº 196).

Adicional de periculosidade. Piloto de helicóptero que acompanhava o abastecimento da aeronave. Contato intermitente. Adicional devido.

É devido o adicional de periculosidade ao piloto de helicóptero que acompanhava o abastecimento da aeronave até oito vezes por semana, por quatro minutos, pois configurado o contato intermitente com o agente de risco. Na hipótese, a decisão recorrida registrou que a exposição do autor a inflamáveis não podia ser considerada fortuita ou por tempo extremamente reduzido, pois fazia parte de sua rotina. Assim, ausente a contrariedade à Súmula nº 364 do TST, a SBDI-I, por unanimidade, não conheceu dos embargos do reclamado. TST-E-ED-RR-1763-44.2012.5.02.0031, SBDI-I, rel. Min. Walmir Oliveira da Costa, 23.8.2018 (TST. Info nº 182).

Incidente de Recursos de Revista Repetitivos. "Tema nº 0013 – Petrobras. Complementação da Remuneração Mínima por Nível e Regime – RMNR. Base de Cálculo. Norma Coletiva. Interpretação. Adicionais Convencionais."

O Tribunal Pleno, por maioria, definiu a seguinte tese jurídica para o Tema Repetitivo nº 0013 – PETROBRAS. COMPLEMENTAÇÃO DA REMUNERAÇÃO MÍNIMA POR NÍVEL E REGIME – RMNR. BASE DE CÁLCULO. NORMA COLETIVA. INTERPRETAÇÃO. ADICIONAIS CONVENCIONAIS: considerando os fatos pretéritos e contemporâneos às negociações coletivas que levaram à criação da Remuneração Mínima por Nível e Regime – RMNR, pela Petrobras e empresas do grupo, positiva-se, sem que tanto conduza à vulneração do art. 7.º, XXVI, da Constituição Federal, que os adicionais de origem constitucional e legal destinados a remunerar o trabalho em condições especiais ou prejudiciais (adicionais de periculosidade e de insalubridade, adicional pelo trabalho noturno, de horas extras, repouso e alimentação e outros) não podem ser incluídos na base de cálculo para apuração do complemento da RMNR, sob pena de ofensa aos princípios da isonomia, da razoabilidade, da proporcionalidade, da realidade e pela ínsita limitação à autonomia da vontade coletiva. Por outro lado, os adicionais criados por normas coletivas, regulamento empresarial ou descritos nos contratos individuais de trabalho, sem lastro constitucional ou legal, porque livre de tal império, podem ser absorvidos pelo cálculo do complemento de RMNR. Vencidos os Ministros Maria de Assis Calsing, revisora, Renato de Lacerda Paiva, Ives Gandra Martins Filho, Emmanoel Pereira, Aloysio Corrêa da Veiga, Dora Maria da Costa, Guilherme Augusto Caputo Bastos, Márcio Eurico Vitral Amaro, Alexandre Agra Belmonte, Douglas Alencar Rodrigues, Breno Medeiros e Alexandre Luiz Ramos. TST-IRR-21900-13.2011.5.21.0012, Tribunal Pleno, rel. Min. Alberto Luiz Bresciani de Fontan Pereira, 21.6.2018 (TST. Info nº 180).

Participação nos Lucros e Resultados. Base de cálculo restrita ao salário base acrescido de verbas fixas de natureza salarial. Integração das horas extras. Impossibilidade. Verba de natureza variável.

Na hipótese em que a norma coletiva da categoria prevê como base de cálculo da Participação nos Lucros e Resultados – PLR "o salário base acrescido de verbas fixas de natureza salarial", não é possível incluir as horas extras, ainda que tenham natureza salarial e sejam prestadas habitualmente, pois possuem caráter variável. Sob esse fundamento, a SBDI-I, por unanimidade, conheceu dos embargos, por divergência jurisprudencial, e, no mérito, deu-lhes provimento para restabelecer o acórdão do TRT quanto à exclusão das horas extras da base de cálculo da PLR. TST-E-RR-1088-24.2012.5.09.0084, SBDI-I, rel. Min. Alberto Luiz Bresciani de Fontan Pereira, 8.3.2018 (TST. Info nº 173).

Contribuição previdenciária. Incidência sobre terço constitucional de férias usufruídas. Impossibilidade. Natureza indenizatória da parcela.

Não incide contribuição previdenciária sobre o terço constitucional de férias usufruídas, conforme decidido pelo STJ no julgamento de incidente de recurso repetitivo (Tema Repetitivo nº 478). Ademais, o art. 28, § 9º, 'd', da Lei nº 8.212/91, com a redação da Lei nº 9.528/97, expressamente exclui da base de cálculo da contribuição previdenciária as importâncias recebidas a título de férias indenizadas e o respectivo adicional constitucional, diante da natureza indenizatória das parcelas. Portanto, apesar de incidir contribuição previdenciária sobre as férias gozadas, por se tratar de verba de natureza salarial, não cabe idêntico raciocínio para o terço constitucional de férias, já que tal parcela não se destina à retribuição pelos serviços prestados, nem pelo tempo à disposição do empregador, ostentando natureza indenizatória. Sob esses fundamentos, a SBDI-I, por unanimidade, conheceu do recurso de embargos, por divergência jurisprudencial, e, no mérito, negou-lhe provimento para manter a decisão turmária que afastara a incidência da contribuição previdenciária sobre o terço constitucional de férias gozadas. TST-E-RR-403-87.2012.5.06.0023 , SBDI-I, rel. Min. Hugo Carlos Scheuermann, 21.9.2017 (TST. Info nº 165).

Empréstimo consignado. Desconto nas verbas rescisórias. Possibilidade. Art. 1º, § 1º, da Lei nº 10.820/2003. Autorização expressa do reclamante.

É possível o desconto de valores relativos a empréstimo consignado sobre as verbas rescisórias, desde que respeitado o limite imposto pelo art. 1º, § 1º, da Lei nº 10.820/2003. Na espécie, além de haver autorização expressa do reclamante quanto ao desconto, não houve sequer alegação no sentido de que o limite legalmente estabelecido foi ultrapassado. Assim, a SBDI-I, por unanimidade, conheceu dos embargos, por divergência jurisprudencial, e, no mérito, deu-lhes provimento para restabelecer a sentença que indeferiu a devolução dos valores descontados das verbas rescisórias referentes ao empréstimo consignado contratado pelo reclamante. TST-E-ED ARR– 1610-36.2012.5.15.0132 , SBDI-I, rel. Min. Hugo Carlos Scheuermann, 21.9.2017 (TST. Info nº 165).

Incidente de Recursos de Revista Repetitivos. "Tema nº 0005 – Adicional de insalubridade. Utilização de fones de ouvido. Operador de telemarketing".

A SBDI-I, por unanimidade, definiu as seguintes teses jurídicas para o Tema Repetitivo nº 0005 – ADICIONAL DE INSALUBRIDADE. UTILIZAÇÃO DE FONES DE OUVIDO. OPERADOR DE TELEMARKETING: I) O reconhecimento da insalubridade, para fins do percebimento do adicional previsto no art. 192 da CLT, não prescinde do enquadramento da atividade ou operação na relação elaborada pelo Ministério do Trabalho ou da constatação de extrapolação de níveis de tolerância fixados para agente nocivo expressamente arrolado no quadro oficial; II) A atividade com utilização constante de fones de ouvido, tal como a de operador de teleatendimento, não gera direito a adicional de insalubridade tão somente por equiparação aos serviços de telegrafia e radiotelegrafia, manipulação em aparelhos do tipo Morse e recepção de sinais em fones, descritos no Anexo 13 da NR-15 da Portaria nº 3.214/78 do Ministério do Trabalho. TST-IRR-356-84.2013.5.04.0007, SBDI-I, rel. Min. Walmir Oliveira da Costa, 25.5.2017 (TST. Info nº 159).

Adicional de periculosidade. Armazenamento de inflamáveis. Trabalho em recinto fechado. Relação direta com o volume do líquido e com o tipo de embalagem em que acondicionado o agente de risco. Anexo 2, item 4, Quadro I, da NR-16 da Portaria nº 3.214/78 do Ministério do Trabalho.

Nos termos do Anexo 2, item 4, Quadro I, da NR-16 da Portaria nº 3.214/78 do Ministério do Trabalho, não gera direito ao adicional de periculosidade o labor prestado em recinto fechado em que há armazenamento de líquido inflamável acondicionado em tambores ou bombonas de aço, alumínio, outros metais ou plástico, com capacidade entre 60 e até 250 litros. Conclui-se, portanto, que a concessão do adicional de periculosidade guarda relação direta com o volume do líquido e com o tipo de embalagem em que acondicionado o agente de risco. Sob esses fundamentos, e tendo em conta que, na espécie, a reclamante, professora de física, executa parte de suas atividades em laboratório em que há pequena quantidade de líquidos inflamáveis armazenados (27 litros), a SBDI-I, por unanimidade, conheceu dos embargos, por divergência jurisprudencial, e, no mérito, por maioria, deu-lhes provimento para restabelecer o acórdão do Regional no tocante à declaração de improcedência do pedido relativo ao pagamento de adicional de periculosidade. Vencidos os Ministros Cláudio Mascarenhas Brandão, José Roberto Freire Pimenta e Alexandre Agra Belmonte. TST-E-RR-970-73.2010.5.04.0014, SBDI-I, rel. Min. João Oreste Dalazen, 16.2.2017 (*No mesmo sentido, TST-E-RR-125200-41.2007.5.02.0050, SBDI-I, rel. Min. Cláudio Mascarenhas Brandão, red. p/ acórdão Min. Aloysio Corrêa da Veiga, 16.2.2017) (TST. Info nº 153).

Redução salarial. Diferenças. Violação do art. 7º, VI, da CF e dos arts. 444 e 468 da CLT. Prescrição Parcial. Parte final da Súmula nº 294 do TST.

Aplica-se a prescrição parcial à pretensão de diferenças salariais na hipótese em que o reclamante, ao retornar ao trabalho após afastamento por auxílio-doença, teve seu salário reduzido sob o argumento de que não teria mais condições físicas para exercer sua antiga função. A proteção ao salário está consagrada no art. 7º, VI, da CF e também nos arts. 444 e 468 da CLT, referentes à irredutibilidade salarial e à inalterabilidade contratual lesiva. Assim, incide a parte final da Súmula nº 294 do TST, pois a cada mês se renova a violação da norma constitucional e da CLT. Sob esses fundamentos, a SBDI-I, por maioria, conheceu dos embargos por divergência jurisprudencial, e, no mérito, deu-lhes provimento para aplicar a prescrição parcial à pretensão de diferenças salariais decorrentes da redução salarial e determinar o retorno dos autos à Vara do Trabalho de origem para que analise esse pedido, como entender de direito. Vencidos os Ministros João Oreste Dalazen, Brito Pereira, Renato de Lacerda Paiva, Márcio Eurico Vitral Amaro e Walmir Oliveira da Costa. TST-E-ED-RR-44500-65.2005.5.10.0005, SBDI-I, rel. Min. José Roberto Freire Pimenta, 9.2.2017 (TST. Info nº 152).

Adicional de periculosidade. Vigilante. Aplicação do art. 193, II, da CLT. Necessidade de regulamentação. Portaria nº 1885/13 do MTE.

O art. 193, caput, e inciso II, da CLT, com a redação dada pela Lei nº 12.740/12, não tem aplicação imediata, pois não obstante estabeleça que a atividade desenvolvida por profissionais de segurança pessoal ou patrimonial seja perigosa, exige regulamentação aprovada pelo Ministério do Trabalho e Emprego. Assim, conclui-se que o adicional de periculosidade é devido aos vigilantes somente a partir de 3.12.2013, data da publicação da Portaria nº 1885/13 do MTE, que aprovou o Anexo 3 da NR 16, regulamentando o art. 193, II, da CLT. Sob esse fundamento, a SBDI-I, por unanimidade, conheceu dos embargos do reclamante, e, no mérito, negou-lhes provimento. TST-E-RR-164-92.2014.5.04.0662, SBDI-I, rel. Min. Guilherme Augusto Caputo Bastos, 10.11.2016 (TST. Info nº 149).

Adicional de insalubridade. Pagamento indevido. Uso de equipamento de proteção individual (EPI). Neutralização do agente ruído. Súmula nº 80 do TST e art. 191, II, da CLT.

É indevido o pagamento do adicional de insalubridade quando a prova pericial evidenciar que houve neutralização do agente ruído por meio do regular fornecimento e utilização de equipamento de proteção individual (EPI). Inteligência da Súmula nº 80 do TST e do art. 191, II, da CLT. No caso, a decisão recorrida – louvando-se da *ratio decidendi* emanada do ARE 664335/STF, com repercussão geral reconhecida – estabeleceu que, com relação ao ruído, os danos à saúde do trabalhador vão além da perda auditiva, razão pela qual o uso de EPI não neutraliza totalmente os malefícios causados. Ocorre que o aludido precedente não guarda relação com a hipótese em apreço, pois naquela ocasião a Suprema Corte entendeu que a mera declaração unilateral do empregador, no sentido de que há eficácia do EPI, não descaracteriza o tempo de serviço especial para aposentadoria, ao passo que, *in casu*, há um laudo pericial atestando a neutralização do agente nocivo em face do fornecimento do equipamento de proteção individual. Ademais, não obstante seja possível ao julgador valer-se de outros meios de prova para formar o seu convencimento (art. 436 do CPC de 1973), não se pode concluir pela existência de insalubridade quando não há nos autos qualquer outro elemento de prova que infirme o laudo pericial que comprovou a neutralização do agente insalubre mediante o uso do EPI. Sob esses fundamentos, a SBDI-I decidiu, por unanimidade, conhecer do recurso de embargos por contrariedade à

Súmula nº 80 do TST, e, no mérito, dar-lhe provimento para excluir da condenação o pagamento do adicional de insalubridade, restabelecendo a sentença, no tópico. TST-E-RR-1691900-85.2009.5.09.0008, SBDI-I, rel. Min. Caputo Bastos, 10.11.2016 (TST. Info nº 149).

Adicional de insalubridade e de periculosidade. Fatos geradores distintos. Cumulação. Impossibilidade.

O art. 193, § 2º, da CLT veda a cumulação dos adicionais de periculosidade e insalubridade, podendo, no entanto, o empregado fazer a opção pelo que lhe for mais benéfico. Sob esses fundamentos, a SBDI-I decidiu, por unanimidade, conhecer do recurso de embargos, por divergência jurisprudencial e, no mérito, por maioria, dar-lhe provimento para excluir da condenação a possibilidade de acúmulo dos dois adicionais. Vencidos os Ministros Augusto César Leite de Carvalho, João Oreste Dalazen, José Roberto Freire Pimenta, Hugo Carlos Scheuermann, Alexandre de Souza Agra Belmonte e Cláudio Mascarenhas Brandão, que negavam provimento aos embargos para manter o pagamento cumulado dos adicionais de insalubridade e de periculosidade, sob o fundamento de que a exposição do individuo a um determinado tipo de risco não exclui a sua eventual exposição a outro risco diferente, ante a existência de fatos geradores e causa de pedir distintas. TST-E-RR-1072-72.2011.5.02.0384, SBDI-I, rel. Min. Renato de Lacerda Paiva, 13.10.2016 (*Ver Informativo TST nº 134) (TST. Info nº 147).

Adicional de insalubridade. Trabalho em locais destinados a atendimento socioeducativo de menores infratores. Indevido. Orientação Jurisprudencial nº 4, I, da SBDI-I. Rol taxativo da Portaria nº 3.214/78, NR 15, Anexo 14, do MTE.

Não há direito ao adicional de insalubridade nas situações de contato com pacientes ou materiais infecto-contagiosos em locais destinados ao atendimento socioeducativo de menores infratores (Fundação Casa), ainda que a perícia aponte a exposição do reclamante aos agentes biológicos mencionados no Anexo 14 da NR 15 da Portaria nº 3.214/78 do Ministério do Trabalho e Emprego – MTE. Nos termos da Orientação Jurisprudencial nº 4, I, da SBDI-I, para a concessão do adicional em questão não basta a constatação da insalubridade por meio de laudo pericial, sendo necessária a classificação da atividade como insalubre na relação oficial do MTE. Na espécie, a atividade não se enquadra no rol taxativo do MTE, razão pela qual não pode ser equiparada àquelas desenvolvidas em ambientes destinados a pacientes em isolamento, hospitais ou outros estabelecimentos relacionados aos cuidados da saúde humana. Sob esses fundamentos, a SBDI-I, por unanimidade, conheceu do recurso de embargos do reclamante, por divergência jurisprudencial, e, no mérito, por maioria, negou-lhe provimento. Vencidos os Ministros João Oreste Dalazen, Augusto César Leite de Carvalho, Alexandre de Souza Agra Belmonte e Hugo Carlos Scheuermann. TST-RR-1600-72.2009.5.15.0010, SBDI-I, rel. Min. Renato de Lacerda Paiva, 13.10.2016 (*Ver Informativos TST ns. 79 e 108) (TST. Info nº 147).

Adicional de insalubridade e de periculosidade. Cumulação. Impossibilidade. Prevalência do art. 193, § 2º, da CLT ante as Convenções ns. 148 e 155 da OIT.

É vedada a percepção cumulativa dos adicionais de insalubridade e de periculosidade ante a expressa dicção do art. 193, § 2º, da CLT. Ademais, não obstante as Convenções nºs 148 e 155 da Organização Internacional do Trabalho (OIT) tenham sido incorporadas ao ordenamento jurídico brasileiro, elas não se sobrepõem à norma interna que consagra entendimento diametralmente oposto, aplicando-se tão somente às situações ainda não reguladas por lei. Sob esse fundamento, a SBDI-I, por unanimidade, conheceu do recurso de embargos, por divergência jurisprudencial, e no mérito, por maioria, negou-lhe provimento. Vencidos os Ministros Cláudio Mascarenhas Brandão, relator, Augusto César de Carvalho, Hugo Carlos Scheuermann e Alexandre Agra Belmonte. TST-E-ARR-1081-60.2012.5.03.0064, SBDI-I, rel. Min. Cláudio Mascarenhas Brandão, red. p/ acórdão Min. João Oreste Dalazen, 28.4.2016 (TST. Info nº 134).

Agente comunitário de saúde. Adicional de insalubridade. Indevido. Não enquadramento da atividade no rol previsto no Anexo 14 da NR 15 do MTE. Súmula nº 448, I, do TST.

Conforme preconizado no item I da Súmula nº 448 do TST, para que o empregado tenha direito ao adicional de insalubridade é necessária a classificação da atividade insalubre na relação oficial elaborada pelo Ministério do Trabalho e Emprego – MTE, não sendo suficiente a constatação via laudo pericial. Neste sentido, é indevido o adicional de insalubridade aos agentes comunitários de saúde que efetuam atendimento domiciliar para promoção e orientação da saúde e fazem o acompanhamento de pessoas com doenças infectocontagiosas, uma vez que essas funções não se enquadram no rol taxativo do MTE (Anexo 14 da NR 15). Sob esse fundamento, a SBDI-I, por unanimidade, conheceu dos embargos interpostos pela reclamante, por divergência jurisprudencial, e, no mérito, por maioria, negou-lhes provimento. Vencidos os Ministros Augusto César Leite de Carvalho, relator, João Oreste Dalazen, Walmir Oliveira da Costa, José Roberto Freire Pimenta, Hugo Carlos Scheuermann e Cláudio Mascarenhas Brandão. TST-E-RR-207000-08.2009.5.04.0231, SBDI-I, rel. Min. Augusto César Leite de Carvalho, red. p/ acórdão Min. Aloysio Corrêa da Veiga, 18.2.2016 (TST. Info nº 129).

Jornada de quatro, seis ou oito horas. Salário mínimo da categoria profissional. Pagamento independente das horas trabalhadas. Impossibilidade. Orientação Jurisprudencial nº 358 da SBDI-I. Princípio da isonomia.

É lícito o pagamento de salário proporcional à jornada de trabalho, ainda que inferior ao mínimo legal e/ou convencional, posto que não podem ser remunerados de forma idêntica os trabalhadores que desempenham as mesmas atividades, mas se sujeitam a jornadas distintas. Incidência da Orientação Jurisprudencial nº 358 da SBDI-I e do princípio da isonomia insculpido no art. 5º, *caput*, da CF. No caso em apreço, a Turma de origem, ao julgar recurso de revista interposto pelo Ministério Público do Trabalho em ação civil pública, entendeu ilícita a adoção de jornada móvel e variável, pois os empregados não sabiam quando seriam ativados, ficando submetidos ao arbítrio da empregadora por 44 horas semanais. Assim, declarou a nulidade de todo o regime de trabalho e determinou à empresa que garantisse o pagamento do salário profissional independentemente do número de horas trabalhadas. Todavia, em virtude de acordo de abrangência nacional firmado nos autos do processo nº 1040-74.2012.5.06.0011, perante a 11ª Vara do Trabalho do Recife/PE, a jornada móvel e variável foi substituída por jornada fixa de quatro, seis ou oito horas, não mais subsistindo o argumento utilizado pela Turma para determinar o pagamento do piso da categoria de forma indistinta. Assim, a SBDI-I, por maioria, conheceu dos embargos por contrariedade à Orientação Jurisprudencial nº 358 da SBDI-I, vencidos os Ministros Aloysio Corrêa da Veiga, Márcio Eurico Vitral Amaro, José Roberto Freire Pimenta, Hugo Carlos Scheuermann e Cláudio Mascarenhas Brandão. No mérito, a Subseção deu provimento ao recurso para excluir da condenação a determinação para que a reclamada garanta "o pagamento do salário mínimo da categoria profissional, de acordo com a Convenção Coletiva do Trabalho, independentemente do número de horas trabalhadas", julgando-se improcedente a presente ação no particular. TST-E-ED-RR-9891900-16.2005.5.09.0004, SBDI-I, rel. Min. Renato de Lacerda Paiva, 26.11.2015 (TST. Info nº 125).

Adicional de periculosidade. Armazenamento de líquido inflamável em estrutura independente do local da prestação de serviços. Inaplicabilidade da Orientação Jurisprudencial nº 385 da SBDI-I.

A Orientação Jurisprudencial nº 385 da SBDI-I, ao assegurar o direito ao adicional de periculosidade, refere-se ao armazenamento de líquido inflamável no mesmo prédio em que desenvolvidas as atividades laborais. Assim, na hipótese em que o laudo pericial constatou que o armazenamento de óleo diesel ocorria em estrutura completamente independente do local da prestação de serviços, inclusive com área de segurança devidamente protegida, não há direito ao pagamento do referido adicional, ante a ausência de labor em área de risco. Sob esse fundamento, a SBDI-I, por maioria, conheceu dos embargos da reclamada por contrariedade à Súmula nº 126 do TST e à Orientação Jurisprudencial nº 385 da SBDI-I, vencidos os Ministros Alexandre Agra Belmonte, Augusto César Leite de Carvalho, José Roberto Freire Pimenta e Cláudio Mascarenhas Brandão. Ressaltou o Ministro relator que diante das premissas fáticas registradas nos autos, não poderia a Turma ter valorado o laudo pericial a fim de, concluindo de forma diversa do TRT, conceder o adicional de periculosidade. No mérito, por unanimidade, a Subseção deu provimento ao recurso para restabelecer o acórdão do Regional, que declarou a improcedência do pedido. TST-E-ED-AgR-ARR-644-68.2010.5.04.0029, SBDI-I, rel. Min. João Oreste Dalazen, 12.11.2015 (TST. Info nº 123).

Empresa Brasileira de Correios e Telégrafos – ECT. Progressões por antiguidade. Compensação das progressões previstas no Plano de Cargos, Carreiras e Salários (PCCS) com as oriundas de norma coletiva. Possibilidade.

As progressões por antiguidade previstas no Plano de Cargos, Carreiras e Salários (PCCS) da Empresa Brasileira de Correios e Telégrafos (ECT) devem ser compensadas com as oriundas de negociação coletiva, resguardado ao empregado o direito a perceber exclusivamente a que lhe for mais benéfica. É irrelevante que a norma coletiva não preveja expressamente a compensação, sendo suficiente que as parcelas revistam-se de idêntica natureza jurídica, nos termos da Súmula nº 202 do TST. Sob esses fundamentos, a SBDI-I decidiu, por maioria, conhecer dos embargos, por divergência jurisprudencial, e, no mérito, por unanimidade, dar-lhes provimento para restabelecer a sentença, no particular. Vencido o Ministro José Roberto Freire Pimenta. TST-E-RR-1280-41.2012.5.04.0004, SBDI-I, rel. Min. Márcio Eurico Vitral Amaro, 29.10.2015 (TST. Info nº 121).

BESC – Banco do Estado de Santa Catarina S.A.. Promoção horizontal por antiguidade. Critérios previstos em norma interna. Necessidade de deliberação da diretoria. Condição puramente potestativa. Implemento das condições para concessão. Ônus da prova do reclamado.

A deliberação da diretoria constitui requisito dispensável à concessão da promoção por antiguidade ao empregado do BESC, sucedido pelo Banco do Brasil, tendo em vista que ela se baseia em critério objetivo, sendo direito do empregado a sua fruição quando preenchido o requisito temporal, conforme aplicação analógica da Orientação Jurisprudencial Transitória nº 71 da SBDI-I do TST. Em se tratando de cláusula potestativa, que estabelece que o direito às promoções por antiguidade depende do limite de vagas fixado pela Diretoria Executiva do Banco, e não apenas do transcurso do tempo, é do reclamado o ônus de comprovar que ofereceu as condições previstas na norma interna e que o trabalhador não atendeu aos requisitos exigidos para as promoções, não sendo possível simplesmente negar o cumprimento dos requisitos para concessão da promoção por antiguidade. Sob esse entendimento, a SBDI-I, por unanimidade, conheceu dos embargos, por divergência jurisprudencial, e, no mérito, deu-lhes provimento para condenar o reclamado ao pagamento de diferenças salariais decorrentes das promoções por antiguidade não concedidas e reflexos. TST-E-ED-RR-367400-80.2009.5.12.0034, SBDI-I, rel. Min. José Roberto Freire Pimenta, 29.10.2015. (TST. Info nº 121).

Adicional de transferência. Orientação Jurisprudencial nº 113 da SBDI-I do Tribunal Superior do Trabalho. Controvérsia quanto ao lapso temporal da última transferência. Incidência da Súmula nº 126 do TST.

Não obstante a decisão prolatada pelo Tribunal Regional do Trabalho da Décima Segunda Região estivesse em desacordo com a Orientação Jurisprudencial nº 113 da SBDI-I, por expressar a tese de que é devido o adicional de transferência independentemente de a transferência ser transitória ou definitiva, a Turma do Tribunal Superior do Trabalho agiu corretamente ao não avançar na admissibilidade do recurso para decidir que a transferência seria definitiva. Concluiu-se que haveria o óbice da Súmula nº 412 do TST para reconhecer que a cessação do contrato teria ocorrido doze anos depois da transferência e que, por isso, a transferência seria definitiva. No caso, estava incontroverso apenas que houve uma transferência em 1994, mas não havia elementos suficientes para concluir até quando ela se deu ou se esta foi a última ou a única transferência. Assim, caberia à empresa reclamada interpor embargos de declaração perante o TRT e arguir nulidade por negativa de prestação jurisdicional oportunamente, caso não fosse esclarecida a circunstância fática. Como não o fez, não caberia à Turma do Tribunal Superior do Trabalho rever o quadro fático para decidir se a transferência se deu de maneira definitiva ou provisória. Sob esse entendimento, a SBDI-I decidiu, pelo voto prevalente da Presidência, negar provimento ao agravo regimental, vencidos os Ministros Luiz Philippe Vieira de Mello Filho, relator, João Oreste Dalazen, Aloysio Corrêa da Veiga, Márcio Eurico Vitral Amaro e Walmir Oliveira da Costa. Redigirá o acórdão o Ministro Augusto César Leite de Carvalho. TST-AgR-E-ED-RR-85885-93.2007.5.12.0028, SBDI-I, rel. Luiz Philippe Vieira de Mello Filho, red. p/acórdão Min. Augusto César Leite de Carvalho, 17.9.2015 (TST. Info nº 118).

Adicional de periculosidade. Transporte de combustível inflamável. Tanque reserva para consumo próprio. Armazenamento superior ao limite mínimo estabelecido na NR-16 da Portaria nº 3.214/1978 do Ministério do Trabalho. Adicional devido.

O armazenamento de combustível em tanque reserva de caminhão, se, somada à capacidade do tanque principal, ultrapassar os limites mínimos estabelecidos na NR 16 da Portaria nº 3.214/1978 do Ministério do Trabalho (200 litros), gera direito ao pagamento de adicional de periculosidade ao empregado condutor do veículo. No caso, entendeu-se que a situação descrita nos autos não se equipara à exceção contida no item 16.6.1 da NR 16, segundo o qual "as quantidades de inflamáveis, contidas nos tanques de consumo próprio dos veículos, não serão consideradas para efeito desta norma", porquanto comprovado que o reclamante, no exercício da função de motorista de caminhão, transportava cerca de 1.250 litros de combustível inflamável, somadas as quantidades presentes no tanque principal e no tanque suplementar. Sob esse fundamento, a SBDI-I, por maioria, vencido o Ministro Antonio José de Barros Levenhagen, conheceu dos embargos interpostos pelo reclamante, por divergência jurisprudencial, e, no mérito, por maioria, deu-lhes provimento para julgar procedente o pedido de pagamento do adicional de periculosidade, com os reflexos postulados nas prestações contratuais vinculadas ao salário, vencidos os Ministros Aloysio Corrêa da Veiga, Renato de Lacerda Paiva, Guilherme Augusto Caputo Bastos e Alexandre de Souza Agra Belmonte. TST-E-RR-981-70.2011.5.23.0004, SBDI-I, rel. Min. João Oreste Dalazen, 6.8.2015 (TST. Info nº 113).

Bancário. Transporte de valores. Desvio de função. Adicional de risco indevido. Ausência de previsão na Lei nº 7.102/83.

Consoante o artigo 3º da Lei nº 7.102/83, os serviços de transporte de valores serão executados por empresa especializada contratada ou pelo próprio estabelecimento financeiro, caso em que deverá haver a contratação de pessoal próprio, treinado para tanto. Tal norma parte do pressuposto de que a alegada atividade é de risco e, portanto, deve ser executada por funcionários aprovados em curso de formação de vigilante autorizado pelo Ministério da Justiça. A consequência do descumprimento da norma, por parte do estabelecimento bancário, é a imposição de advertência, multa ou interdição do estabelecimento. Não há qualquer previsão na Lei nº 7.102/83 de concessão de adicional de risco ao trabalhador ante o descumprimento de seus preceitos. Sob esses fundamentos, a SBDI-1, por unanimidade, conheceu do recurso de embargos, por divergência jurisprudencial, e, no mérito, por maioria, deu-lhe provimento para restabelecer o acórdão do Regional, que indeferiu o pedido de pagamento do adicional de risco com esteio na falta de previsão legal e no fato de que o autor realizou o transporte de valores de forma meramente esporádica. Vencidos os Ministros Augusto César Leite de Carvalho, Walmir Oliveira da Costa, Hugo Carlos Scheuermann e Cláudio Mascarenhas Brandão. TST-E-RR-157300-17.2008.5.12.0024, SBDI-I, rel. Min. Renato de Lacerda Paiva, 6.8.2015 (TST. Info nº 113).

Adicional de insalubridade. Fundação Casa. Atendimento de adolescentes infratores isolados por motivo de saúde. Contato com pessoas portadoras de doenças infectocontagiosas. Anexo nº 14 da NR-15 da Portaria 3.214/78 do MTE. Adicional devido.

É devido o adicional de insalubridade em grau máximo, reconhecido por laudo pericial, a trabalhadores da Fundação Casa que tenham contato com adolescentes infratores isolados por conta de doenças infectocontagiosas, nos termos do Anexo 14 da NR 15 da Portaria 3.214/78 do Ministério do Trabalho e Emprego. Nesse contexto, não há contrariedade à Súmula nº 448, I, do TST. Sob esse fundamento, a SBDI-I, por maioria, não conheceu dos embargos, vencidos os Ministros Alexandre de Souza Agra Belmonte e Ives Gandra Martins Filho. TST-E-RR-41500-67.2007.5.15.0031, SBDI-I, rel. Hugo Carlos Scheuermann, 21.5.2015 (TST. Info nº 108).

Salário-substituição. Substituição apenas de parte das atribuições do substituído. Pagamento de forma proporcional às atividades substituídas. Apuração em liquidação de sentença.

Consoante entendimento consagrado na Súmula 159, I, do TST, o empregado substituto faz jus ao salário do substituído, enquanto perdurar a substituição que não tenha caráter meramente eventual, inclusive nas férias. Nos casos em que a substituição for parcial, ou seja, não abarcar todas as atividades e responsabilidades do substituído, o valor do salário-substituição poderá se dar proporcionalmente às tarefas desempenhadas. Na hipótese dos autos, o substituído era responsável pela segurança da empresa em toda região metropolitana de Belo Horizonte, enquanto o substituto assumiu as atribuições do supervisor apenas na cidade de Betim. Assim, adotando esse entendimento, a SBDI-I, no ponto, conheceu dos embargos da reclamada, por divergência jurisprudencial, e, no mérito, por maioria, deu-lhes provimento parcial para limitar a condenação das diferenças salariais em virtude de substituição do supervisor, em suas férias, de forma proporcional às atividades substituídas, a ser apurado em liquidação da sentença. Vencido o Ministro Aloysio Corrêa da Veiga. TST-E-ED-RR-66600-35.2008.5.03.0027, SBDI-I, rel. Min. Dora Maria da Costa, 14.5.2015 (TST. Info nº 107).

Acordo coletivo de trabalho. Participação nos Lucros e Resultados. Estipulação de requisito que não revela os índices individuais de produtividade, qualidade ou lucratividade da empresa. Benefício que mais se aproxima de um prêmio. Exclusão da referência ao art. 2º, II, da Lei nº 10.101/2000.

Não configura a Participação nos Lucros e Resultados a que se refere a Lei nº 10.101/2000 e o art. 7º, XI, da CF, a cláusula de acordo coletivo de trabalho que estipula, como requisito para a distribuição de lucros, o número de operações comerciais de todo o setor econômico. Trata-se de parâmetro que não define a conjuntura da empresa de forma clara e objetiva, pois não revela seus índices individuais de produtividade, qualidade ou lucratividade. Assim, tem-se que o benefício estabelecido mais se aproxima de um prêmio, não sendo possível considerá-lo como de natureza indenizatória, o que, na espécie, impõe a reforma da decisão do Regional que julgara improcedente o pedido de declaração da natureza salarial da parcela em questão. Sob esses fundamentos, a SDC, por maioria, deu provimento parcial ao recurso ordinário para suprimir do caput da cláusula 4ª a expressão "conforme o art. 2º, inciso II, da Lei 10.101, de 19 de dezembro de 2000". Vencidos os Ministros Walmir Oliveira da Costa e Maurício Godinho Delgado. TST-RO-50000-25.2011.5.17.0000, SDC, rel. Min. Dora Maria da Costa, 11.5.2015 (TST. Info nº 106).

Adicional noturno. Percentual superior ao legal para as horas trabalhadas de 22h às 5h. Incidência sobre as horas prorrogadas no horário diurno.

O percentual previsto em norma coletiva para o adicional noturno incide na hora diurna trabalhada em prorrogação, nos termos da Súmula nº 60, II, do TST. No caso, o instrumento normativo estabeleceu um adicional de 60%, considerando as horas trabalhadas de 22h até às 5h. Entendeu-se que, inexistindo dispositivo convencional regulando o pagamento das horas prorrogadas, não haveria impedimento para a aplicação do mesmo adicional previsto para as horas noturnas. Sob esses fundamentos, a SBDI-I, por unanimidade, conheceu dos embargos, por divergência jurisprudencial, e, no mérito, por maioria, deu-lhes provimento para condenar a reclamada ao pagamento de adicional noturno de 60%, previsto em norma coletiva na hora de trabalho que se prorroga além das 5h. Vencidos os Ministros João Oreste Dalazen, Antonio José de Barros Levenhagen, Aloysio Corrêa da Veiga e Cláudio Mascarenhas Brandão, que aplicavam o adicional legal de 20%, por entenderem que a norma coletiva autorizava o pagamento de 60% somente para o labor cumprido das 22h às 5h. TST-E-ED-RR-185-76.2010.5.20.0011, SBDI-I, rel. Min. Augusto César Leite de Carvalho, 30.4.2015 (TST. Info nº 105).

Honorários advocatícios de sucumbência. Rateio e repasse a empregados advogados. Natureza jurídica indenizatória.

A verba repassada a empregados advogados, decorrente de honorários sucumbenciais pagos em ações de interesse do empregador, possui natureza jurídica indenizatória, não cabendo a sua integração ao salário para fins de reflexos em outras parcelas. No caso concreto, entendeu-se, em consonância com o art. 14 do Regulamento Geral do Estatuto da Advocacia e da OAB, que a quantia, arcada pela parte vencida em litígio e transferida à Associação Nacional dos Advogados da Caixa Econômica Federal – Advocef para rateio entre os advogados empregados da Caixa Econômica Federal – CEF, não detém características essenciais atinentes ao salário, uma vez que, além de não ser paga diretamente pela empregadora em retribuição aos serviços prestados, carece de periodicidade e depende de provimento judicial favorável ou de sucesso em cobranças extrajudiciais. Nesse contexto, a SBDI-I, à unanimidade, conheceu dos embargos interpostos pelo reclamante, por divergência jurisprudencial, e, no mérito, negou-lhes provimento. TST-E-ED-RR-230-51.2010.5.02.0021, SBDI-I, rel. Min. Lelio Bentes Corrêa, 18.12.2014 (TST. Info nº 98).

Adicional de insalubridade. Limpeza de quartos e coleta de lixo. Hotel. Súmula nº 448, item II, do TST. Incidência.

A realização de serviços de limpeza e higienização, inclusive de banheiros, em hotel, enseja o pagamento do adicional de insalubridade em grau máximo, nos termos da Súmula nº 448, item II, do TST. Com esse entendimento, a SBDI-I, por maioria, conheceu dos embargos interpostos pela reclamante, por divergência jurisprudencial, vencidos os Ministros Aloysio Corrêa da Veiga, Brito Pereira e Guilherme Augusto Caputo Bastos. No mérito, também por maioria, a Subseção deu provimento ao recurso para restabelecer a decisão do Regional que deferiu o pagamento do adicional de insalubridade, conforme pleiteado. Vencidos os Ministros Renato de Lacerda Paiva, Aloysio Corrêa da Veiga, Guilherme Augusto Caputo Bastos e Brito Pereira, que negavam provimento ao apelo por entenderem que a atividade desempenhada pela reclamante não se enquadra nos critérios de "uso público ou coletivo de grande circulação", previstos no item II da Súmula nº 448 do TST. TST-E-RR-324-22.2010.5.04.0351, SBDI-I, rel. Min. Lelio Bentes Corrêa, 25.9.2014 (TST. Info nº 90).

Adicional de insalubridade. Base de cálculo. Piso salarial estabelecido em convenção coletiva. Impossibilidade. Ausência de norma expressa especificando a base de cálculo.

Ausente norma coletiva determinando expressamente a base de cálculo do adicional de insalubridade, não é possível calcular o referido adicional sobre o piso salarial da categoria estabelecido em convenção coletiva de trabalho. Conforme a jurisprudência consolidada no STF, antes ou depois da edição da Súmula Vinculante nº 4, o salário mínimo continua a ser a base de cálculo do adicional (art. 192 da CLT), até que nova base seja determinada mediante lei ou norma coletiva específica. Com esse entendimento, a SBDI-I, por unanimidade, conheceu dos embargos interpostos pela reclamada, por divergência jurisprudencial e, no mérito, deu-lhes provimento para restabelecer o salário mínimo como base de cálculo do adicional de insalubridade. TST-E-RR-77400-23.2008.5.03.0060, SBDI-I, rel. Min. Hugo Carlos Scheuermann, 11.9.2014 (TST. Info nº 89).

Ação rescisória. CEDAE. Substituição do RPC pelo PCCS. Novo enquadramento da empregada. Violação do art. 37, II, da CF. Não configuração. Súmula nº 410 do TST.

A SBDI-II, à unanimidade, negou provimento a recurso ordinário da empregadora, mantendo a decisão que julgara improcedente o pedido de corte rescisório de acórdão que, com base em provas pericial e documental, reconheceu que a empregada, cujo cargo originário era o de "mecanógrafa", laborava em desvio de função e, diante do necessário reenquadramento dos empregados decorrente da substituição do Regulamento de Pessoal – RPC pelo Plano de Cargos, Carreira e Salários – PCCS da Companhia Estadual de Águas e Esgotos (CEDAE), determinou o seu reposicionamento no cargo de "técnico de apoio administrativo, classe A-8", destacando que o PCCS implantado visava corrigir desvios de função existentes e que era perfeitamente cabível a progressão de um cargo para o outro, tendo em vista que ambos integravam o mesmo grupo funcional. Na espécie, destacou-se que a substituição de um regulamento empresarial por outro e o reposicionamento da trabalhadora no novo plano de cargos, por si só, não traduz ofensa ao art. 37, II, da CF, nem atrai a incidência da Orientação Jurisprudencial nº 125 da SBDI-I, segundo a qual o mero desvio de função não dá direito a novo enquadramento. De outra sorte, verificar se o reposicionamento determinado pela decisão rescindenda importou, ou não, em violação do art. 37, II, da CF, demandaria, necessariamente, a reapreciação de fatos e provas, o que é vedado em sede de rescisória, nos termos da Súmula nº 410 do TST. TST-RO-541700-32.2009.5.01.0000, SBDI-II, rel. Min. Douglas Alencar Rodrigues, 19.8.2014 (TST. Info nº 87).

Bancário. Gratificação "quebra de caixa". Descontos de diferenças no caixa. Licitude.

A gratificação "quebra de caixa", percebida pelo bancário que exerce a função de caixa, serve para saldar eventuais diferenças de numerário verificadas durante o fechamento do caixa. Assim sendo, é lícito ao empregador efetuar os descontos no salário do empregado sempre que constatar as mencionadas diferenças e desde que não tenha havido demonstração de que esse evento resultou de fato estranho à atividade, a exemplo de assalto à agência bancária. Com esse entendimento, a SBDI-I, em sua composição plena, decidiu, por unanimidade, conhecer dos embargos interpostos pelo reclamado, por divergência jurisprudencial, e, no mérito, dar-lhe provimento para restabelecer o acórdão do Regional quanto ao tema. TST-E-ED-RR-1658400-44.2003.5.09.0006, SBDI-I, rel. Min. Brito Pereira, red. p/ acórdão Min. Lelio Bentes Corrêa, 21.8.2014 (TST. Info nº 87).

Aluguel de veículo do próprio empregado. Parcela de natureza indenizatória. Cláusula inválida. Fraude aos direitos dos trabalhadores. Súmula nº 367, I, do TST. Não incidência.

É inválida cláusula de instrumento normativo que estabelece como indenizatória a natureza da parcela paga a título de aluguel do veículo do próprio trabalhador, utilizado por ele em benefício da empregadora. No caso concreto restou consignado que a empresa se vale do uso do veículo do empregado como meio indispensável à prestação dos serviços, mediante a devida remuneração, consistindo, portanto, em mero objeto de contraprestação financeira. Ademais, houve prova de que o valor fixado para a locação do veículo corresponde, em média, a mais do que o valor total do salário nominal pago ao empregado, o que reforça a intenção de dissimular a natureza salarial da parcela, implicando, portanto, em fraude à legislação trabalhista a atrair o disposto no art. 9º da CLT. De outra sorte, não há falar em incidência da Súmula nº 367, I, do TST, pois esta fixa a natureza indenizatória apenas no caso em que a empresa fornece o veículo ao empregado, não se amoldando à hipótese de pagamento de aluguel pelo uso do próprio veículo do trabalhador. Com esses fundamentos, a SDC, por unanimidade, conheceu de recurso ordinário e, no mérito, negou-lhe provimento, mantendo a decisão do Tribunal Regional que entendera incabível a homologação da cláusula. TST-RO-22800-09.2012.5.17.0000, SDC, rel. Min. Walmir Oliveira da Costa, 18.8.2014 (TST. Info nº 86).

Metrô/DF. PES/94. Promoção por antiguidade atrelada à promoção por merecimento. Ausência de regulamentação. Condição puramente potestativa. Arts. 122 e 129 do CC.

O requisito de prévia regulamentação das promoções por merecimento imposto em norma interna da Companhia do Metropolitano do Distrito Federal – Metrô/DF (Plano de Empregos e Salários de 1994 – PES/94) para a concessão de promoções por antiguidade configura condição puramente potestativa, ou seja, dependente exclusivamente da vontade de uma das partes. Logo, o seu descumprimento não pode inviabilizar o direito do empregado às progressões por antiguidade quando presente o pressuposto temporal (objetivo), sob pena de violação dos arts. 122 e 129 do CC. Com esses fundamentos, a SBDI-I, em sua composição plena, por maioria, conheceu dos embargos interpostos pela reclamante quanto às progressões por antiguidade e por merecimento, por divergência jurisprudencial, vencidos, parcialmente, os Ministros Renato de Lacerda Paiva, relator, Ives Gandra Martins Filho e Aloysio Corrêa da Veiga, e, totalmente, o Ministro Márcio Eurico Vitral Amaro. No mérito, a Subseção, também por maioria, deu provimento ao recurso para condenar a reclamada ao pagamento apenas das progressões por antiguidade, nos termos do contido no PES/94, com reflexos, respeitado o período imprescrito. Vencidos os Ministros Lelio Bentes Corrêa, Luiz Philippe Vieira de Mello Filho, Augusto César Leite de Carvalho, José Roberto Freire Pimenta, Hugo Carlos Scheuermann e Alexandre Agra Belmonte, que davam provimento ao recurso para deferir integralmente ambas as promoções. TST-E-RR-1913-15.2011.5.10.0103, SBDI-I, rel. Min. Renato de Lacerda Paiva, 22.5.2014 (TST. Info nº 83).

Desvio de função. Empregado público que exerce atividade típica de servidor público estatutário. Regimes jurídicos distintos. Diferenças salariais. Devidas. Aplicação do princípio da isonomia. Orientação Jurisprudencial nº 125 da SBDI-I.

Não obstante o art. 37, II, da CF impeça a admissão e o reenquadramento no serviço público sem prévia aprovação em concurso público e o inciso XIII do mesmo dispositivo constitucional vede a equiparação de quaisquer espécies remuneratórias, para efeito de remuneração de pessoal do serviço público, havendo identidade entre as atividades realizadas por servidor público estatutário e aquelas exercidas por empregado público em flagrante desvio de função, é devido o pagamento das diferenças salariais respectivas, sob pena de enriquecimento ilícito da Administração Pública. Inteligência da Orientação Jurisprudencial nº 125 da SBDI-I e observância do critério da isonomia. Na espécie, o reclamante fora contratado pelo SERPRO para o cargo de auxiliar de informática, tendo exercido as funções de Técnico do Tesouro Nacional ao prestar serviços na Secretaria da Receita Federal. Com esse entendimento, a SBDI-I, em sua composição plena, por unanimidade, conheceu dos embargos interpostos pelo SERPRO, por má aplicação da Orientação Jurisprudencial nº 125 da SBDI-I, e, no mérito, por maioria, negou-lhes provimento. Vencidos os Ministros Ives Gandra Martins Filho, relator, Antonio José de Barros Levenhagen, Brito Pereira, Renato de Lacerda Paiva e Guilherme Augusto Caputo Bastos, que davam provimento ao recurso para restabelecer a sentença que concluiu pela impossibilidade de deferimento das diferenças salariais quando o trabalhador laborou em desvio de função em regimes jurídicos diversos, em razão do disposto no art. 37, XIII, da CF. TST-E-ED-RR-210900-27.2000.5.09.0020, SBDI-I, rel. Min. Ives Gandra da Silva Martins Filho, red. p/ acórdão Min. João Oreste Dalazen, 22.5.2014 (TST. Info nº 83).

Gueltas. Bonificações pagas por terceiros em virtude do contrato de trabalho. Natureza jurídica salarial. Súmula nº 354 do TST e art. 457, § 3º, da CLT. Aplicação por analogia.

Assim como as gorjetas, as gueltas – bonificações pagas ao empregado pelo fabricante do produto comercializado pelo empregador – decorrem diretamente do contrato de trabalho, integrando a remuneração do empregado, nos termos da Súmula nº 354 do TST e do art. 457, § 3º, da CLT, aplicados por analogia. Na espécie, em virtude de contrato de trabalho celebrado com empresa atacadista de produtos farmacêuticos e correlatos, a reclamante percebia, habitualmente, valores "extra recibo" decorrentes de bonificações pagas por laboratórios a título de incentivo pela venda de medicamentos. Tal verba tem nítido caráter salarial, pois o incentivo dado ao empregado beneficia diretamente o empregador, em razão do incremento nas vendas e da repercussão no lucro do empreendimento. Com esses fundamentos, a SBDI-I, por unanimidade, não conheceu dos embargos interpostos pela reclamada, mantendo a decisão turmária que determinara a integração dos valores pagos por terceiros para fins de incidência nas férias mais 1/3, nos 13ºs salários e no FGTS mais 40%. Ressalvou entendimento o Ministro Alexandre Agra Belmonte. TST-E-RR-224400-06.2007.5.02.0055, SBDI-I, rel. Min. João Oreste Dalazen, 8.5.2014 (TST. Info nº 81).

Adicional de insalubridade. Indevido. Trabalho em locais destinados ao atendimento socioeducativo do menor infrator. Fundação Casa. Não enquadramento da atividade no rol previsto no Anexo 14 da NR 15 do MTE. Orientação Jurisprudencial nº 4, I, da SBDI-I.

Segundo a diretriz consagrada no item I da Orientação Jurisprudencial nº 4 da SBDI-I, para que o empregado tenha direito ao adicional de insalubridade é necessária a classificação da atividade insalubre na relação oficial elaborada pelo Ministério do Trabalho e Emprego, não sendo suficiente a constatação por meio de laudo pericial. Assim, é indevido o adicional de insalubridade aos empregados que trabalham em contato com internos em locais destinados ao atendimento socioeducativo do menor infrator, no caso, Fundação Casa, uma vez que a atividade não se enquadra no rol taxativo do MTE (Anexo 14 da Norma Regulamentadora 15), nem se equipara à desenvolvida nos hospitais e outros estabelecimentos de saúde, em que há reconhecidamente o contato com agentes biológicos. Com esse entendimento, a SBDI-I, por unanimidade, conheceu dos embargos interpostos pelos reclamantes, por divergência jurisprudencial, e, no mérito, por maioria, negou-lhes provimento. Vencido o Ministro João Oreste Dalazen. TST-E-RR-114800-83.2008.5.15.0142, SBDI-I, rel. Min. Renato de Lacerda Paiva, 10.4.2014 (TST. Info nº 79).

Ação anulatória. Acordo coletivo. Seguro de vida. Custeio. Rateio entre empregador e empregados. Desconto em folha. Autorização individual de cada empregado. Necessidade. Súmula nº 342 do TST.

A contratação de seguro de vida, com rateio de custos entre empregador e empregado e o respectivo desconto em folha, ainda que prevista em cláusula de acordo coletivo, depende de anuência individual e expressa de cada empregado, nos termos da Súmula nº 342 do TST. Na espécie, registrou-se que o desconto salarial somente é admissível nas hipóteses previstas no art. 462 da CLT e nos limites apontados na Orientação Jurisprudencial nº 18 da SDC, a qual, embora não exija expressamente a permissão prévia do trabalhador, traz essa premissa fática em todos os seus precedentes. Com esses fundamentos, a SDC, por maioria, deu provimento ao recurso ordinário em ação anulatória para, sanando o vício apontado pelo Ministério Público do Trabalho da 17ª Região, recorrente, vincular o desconto salarial a que alude o parágrafo quarto da Cláusula 13 – Seguro de Vida à anuência do trabalhador. Vencidos os Ministros Fernando Eizo Ono, Walmir Oliveira da Costa e Ives Gandra Martins da Silva Filho, os quais entendiam que a aquiescência pública e expressa da categoria ao teor da cláusula do acordo coletivo é suficiente para autorizar a efetivação do desconto em folha. TST-RO-40200-36.2012.5.17.0000, SDC, rel. Min. Maria de Assis Calsing, 17.3.2014 (TST. Info nº 75).

Complementação de aposentadoria. Piso salarial em múltiplos de salário mínimo estabelecido em norma coletiva. Previsão em lei estadual. Impossibilidade de vinculação. Art. 7º, IV, da CF e Súmula Vinculante 4.

Não é possível a vinculação da complementação de aposentadoria ao piso salarial fixado em múltiplos de salário mínimo, ainda que exista lei estadual assegurando a observância da norma coletiva que estipulou a base de cálculo, tendo em vista o disposto no art. 7º, IV, da CF e na Súmula Vinculante 4. Na hipótese, os reclamantes postulavam a condenação da Fazenda Pública do Estado de São Paulo, sucessora da extinta FEPASA, ao pagamento de diferenças de complementação de aposentadoria adotando-se como referência o piso salarial de 2,5 salários mínimos previsto em acordo coletivo de trabalho, nos termos do art. 4º, § 2º, da Lei Estadual nº 9.343/1996, o que, conforme destacou o Ministro Renato de Lacerda Paiva, caracterizaria vinculação ao salário mínimo de forma transversa. Com esses fundamentos, a SBDI-I, conheceu dos embargos, por divergência jurisprudencial, e, no mérito, por maioria, negou-lhes provimento. Vencido o Ministro Aloysio Corrêa da Veiga, relator. TST-E-ED-RR-132000-64.2008.5.15.0058, SBDI-I, rel. Min. Aloysio Corrêa da Veiga, red. p/ acórdão Min. Renato de Lacerda Paiva, 12.12.2013 (TST. Info nº 70).

Desvio de função. Caracterização. Pessoal escalonado em funções específicas em organograma de cargos e salários. Ausência de detalhamento das atribuições de cada cargo. Comprovação da modificação das atividades do empregado sem o respectivo aumento salarial. Princípios da igualdade e da primazia da realidade. Prevalência.

A ausência de quadro de carreira ou a existência de pessoal escalonado em funções específicas em organograma de cargos e salários, mas sem que haja o detalhamento das atribuições de cada cargo, não têm o condão de obstar o deferimento de diferenças salariais com base no desvio de função, impedindo apenas o pleito de reenquadramento. No caso, deve prevalecer os princípios da igualdade e da primazia da realidade, sendo imprescindível, tão somente, a comprovação da modificação das atribuições originalmente conferida ao empregado, destinando-o a atividades mais qualificadas sem o respectivo acréscimo salarial. Com esses fundamentos, a SBDI-I, por unanimidade, conheceu dos embargos do reclamante, por divergência jurisprudencial, e, no mérito, deu-lhes provimento, para, reconhecendo o desvio de função, julgar procedente o pedido de diferenças salariais. Ressalvou entendimento o Ministro Renato de Lacerda Paiva. TST-E-RR-39000-14.2009.5.04.0015, SBDI-I, rel. Min. Augusto César Leite de Carvalho, 17.10.2013 (TST. Info nº 63).

Vale-transporte. Trabalhador portuário avulso. Comparecimento para concorrer à escala. Direito ao pagamento, independente do efetivo trabalho. Aplicação do art. 7º, XXXIV, da CF.

Tendo em conta que, nos termos do art. 6º da Lei nº 9.719/98, o trabalhador avulso deverá comparecer ao local da prestação dos serviços para poder concorrer à escala de trabalho, o pagamento do vale-transporte não pode se restringir aos dias em que ocorrer o efetivo engajamento. Inteligência do art. 7º, XXXIV, da CF, que prevê a igualdade de direitos entre os trabalhadores com vínculo de emprego e os avulsos. Com esse entendimento, a SBDI-I, por unanimidade, conheceu dos embargos da reclamada, por divergência jurisprudencial, e, no mérito, negou-lhes provimento, mantendo a decisão turmária que condenou os reclamados ao pagamento de indenização substitutiva pelo não fornecimento dos vales-transportes correspondentes aos dias em que o reclamante compareceu para concorrer à escala de trabalho, observado o desconto de que trata o parágrafo único do art. 4º da Lei nº 7.418/85. TST-E-ED-RR-14800-02.2008.5.02.0251, SBDI-I, rel. Min. Dora Maria da Costa, 3.10.2013 (TST. Info nº 61).

Petrobras S/A. Norma coletiva. Complemento da Remuneração Mínima por Nível e Regime – RMNR. Base de cálculo. Adicionais de periculosidade, de insalubridade e noturno e acréscimos referentes às horas extras. Não inclusão.

Os adicionais relativos às atividades perigosas, insalubres ou em período noturno e os acréscimos decorrentes da jornada extraordinária, previstos em lei e garantidos pelo art. 7º da CF, não integram a base de cálculo do complemento da parcela denominada Remuneração Mínima por Nível e Regime – RMNR, instituída pela Petrobras S/A em norma coletiva, porquanto não é possível desconsiderar elementos de discriminação estabelecidos em lei ou na Constituição, mesmo quando o objetivo seja corrigir distorções nos padrões salariais dos empregados e promover isonomia remuneratória. Com esses fundamentos, a SBDI-I, em sua composição plena, por unanimidade, conheceu dos embargos do reclamante, por divergência jurisprudencial, e, no mérito, por maioria, deu-lhes provimento para restabelecer o acórdão do Regional. Vencidos os Ministros Aloysio Corrêa da Veiga, relator, João Oreste Dalazen, Antônio José de Barros Levenhagen, Brito Pereira, Renato de Lacerda Paiva e Dora Maria da Costa, que desproviam o recurso por entenderem que da leitura da norma coletiva extrai-se que o complemento de RMNR considerará as peculiaridades funcionais de cada trabalhador e será obtido por meio da diferença entre o valor da RMNR e o salário básico acrescido das vantagens pessoais, as quais devem englobar os adicionais legais por constituírem acréscimos decorrentes de condições especiais de trabalho. TST-E-RR-848-40.2011.5.11.0011, SBDI-I, rel. Min. Aloysio Corrêa da Veiga, red. p/ acórdão Min. Augusto César Leite de Carvalho, 26.9.2013 (TST. Info nº 60).

Adicional por tempo de serviço. Art. 129 da Constituição do Estado de São Paulo. Base de cálculo. Pagamento sobre a remuneração e não sobre o vencimento base. Violação do art. 37, XIV, da CF. Configuração.

Viola o art. 37, XIV, da CF a decisão que determina o pagamento do adicional por tempo de serviço, previsto no art. 129 da Constituição do Estado de São Paulo, sobre a remuneração e não sobre o vencimento básico do servidor, conforme determina a Orientação Jurisprudencial Transitória nº 60 da SBDI-I. Se a própria Constituição Estadual, ao assegurar o benefício do adicional por tempo de serviço, nada dispôs acerca da sua base de cálculo, não há como se inferir que o benefício tenha a mesma base de cálculo da parcela intitulada "sexta parte", em que se determinou expressamente o pagamento sobre vencimentos integrais. Nesse contexto, e tendo em conta que o art. 37, XIV, da CF veda a acumulação ou o cômputo de acréscimos pecuniários para fins de concessão de acréscimos ulteriores, a SBDI-I, por maioria, conheceu dos embargos do reclamado, por divergência jurisprudencial, e, no mérito, deu-lhes provimento para, reformando o acórdão do Regional, declarar que a base de cálculo do adicional por tempo de serviço é o salário-base das reclamantes, julgando-se improcedente a reclamação trabalhista. Vencidos os Ministros Renato de Lacerda Paiva, Augusto César Leite de Carvalho, José Roberto Freire Pimenta e Delaíde Miranda Arantes. TST-E-ED-RR-84400-13.2007.5.15.0113, SBDI-I, rel. Min. Ives Gandra Martins Filho, 27.6.2013 (TST. Info nº 53).

Adicional noturno. Majoração por meio de norma coletiva. Substituição do adicional de 20% e da hora noturna reduzida. Ausência de disciplinamento quanto às horas em prorrogação da jornada noturna. Incidência do adicional convencionado. Súmula nº 60, II, do TST.

A existência de norma coletiva regulando a majoração do adicional noturno, para efeito de supressão exclusiva do percentual de 20% e da hora noturna reduzida, sem fazer qualquer menção ao trabalho realizado em prorrogação da jornada noturna, faz incidir o item II da Súmula nº 60 do TST às horas prorrogadas, de modo que a elas também se aplica o percentual convencionado. Com esse entendimento, a SBDI-I, por maioria, conheceu dos embargos por contrariedade à Súmula nº 60, II, do TST, e, no mérito, deu-lhes provimento para restabelecer a sentença na parte em que deferiu o pedido de condenação ao pagamento do adicional noturno convencional de 45% sobre as horas laboradas das cinco horas às seis horas e quarenta e cinco minutos. Vencidos os Ministros Renato de Lacerda Paiva, João Oreste Dalazen e Brito Pereira. TST-E-RR-109300-34.2009.5.15.0099, SBDI-I, rel. Min. Alberto Luiz Bresciani de Fontan Pereira, 16.5.2013 (TST. Info nº 47).

Hora noturna reduzida. Art. 73, § 1º da CLT. Substituição pelo adicional noturno de 37,14%. Acordo coletivo. Possibilidade.

É possível, por meio de acordo coletivo de trabalho, fixar duração normal para a hora noturna, em substituição à hora ficta prevista no art. 73, § 1º, da CLT, em razão da elevação do adicional noturno de 20% para 37,14%. No caso, não há falar em subtração pura e simples de direito legalmente previsto, mas, tão-somente, em flexibilização do seu conteúdo, sem traduzir prejuízo ao empregado. Trata-se da aplicação da teoria do conglobamento, segundo a qual a redução de determinado direito é compensada pela concessão de outras vantagens, de modo a garantir o equilíbrio entre as partes. Com esse entendimento, a SBDI-I, em sua composição plena, por unanimidade, conheceu dos embargos, por divergência jurisprudencial, e, no mérito, por maioria, deu-lhes provimento para restabelecer a decisão do Regional. Vencidos os Ministros Lelio Bentes Corrêa, José Roberto Freire Pimenta, Delaíde Miranda Arantes e Alexandre Agra Belmonte. TSTE-ED-RR-31600-45.2007.5.04.0232, SBDI-I, rel. Min. Aloysio Corrêa da Veiga, 23.5.2013 (TST. Info nº 47).

CEF. Supressão de gratificação de função. Adicional compensatório. Nova gratificação. Cumulação. Impossibilidade.

Não é possível cumular o adicional compensatório, estipulado em norma interna da Caixa Econômica Federal (CEF) e pago em razão da supressão de gratificação de função exercida por mais de dez anos, com a gratificação correspondente ao desempenho de nova função de confiança, sendo devida tão somente a diferença entre o adicional e a gratificação atualmente percebida. Na hipótese, ressaltou-se que a acumulação, ao invés de assegurar o princípio da estabilidade econômica, geraria um *"plus"* em razão de sucessivas incorporações. Com esse entendimento, a SBDI-I, por unanimidade, conheceu dos embargos, por divergência jurisprudencial, e, no mérito, por maioria, negou-lhes provimento. Vencidos os Ministros Brito Pereira, relator, Alberto Luiz Bresciani de Fontan Pereira, José Roberto Freire Pimenta e Delaíde Miranda Arantes. TST-E-ED-RR-65600-67.2008.5.07.0001, SBDI-I, rel. Min. Brito Pereira, red. p/ o acórdão Min. Luiz Philippe Vieira de Mello Filho. 28.2.2013 (TST. Info nº 38).

Previdência privada. Complementação de aposentadoria. Reajuste salarial reconhecido judicialmente. Contribuição para a fonte de custeio. Indevida. Ausência de previsão contratual.

Não cabe imputar ao empregado aposentado a contribuição para a fonte de custeio de diferenças de complementação de aposentadoria decorrentes de reajuste salarial sob o rótulo de "avanço de nível" disfarçado, reconhecido judicialmente, quando a paridade salarial com o pessoal em atividade foi assegurada no contrato, sem a respectiva previsão de contribuição do assistido para a preservação do equilíbrio atuarial. Com esse posicionamento, a SBDI-I, à unanimidade, conheceu dos embargos, por divergência jurisprudencial e, no mérito, deu-lhes provimento para afastar da condenação o recolhimento da cota previdenciária dos reclamantes. TST-ARR-217400-15.2008.5.07.0011, SBDII, rel. Min. Aloysio Corrêa da Veiga, 14.2.2013 (TST. Info nº 36).

12. QUESTÕES

12.1. Questões Objetivas

1. (ECT – Analista de Correios – Advogado/ 2011) Se o empregador fornecer ao empregado educação em ensino superior, pagando matrícula, mensalidades e material didático, os valores relativos a tais pagamentos serão considerados integrantes do salário do empregado beneficiado.

2. (Badesc/SC. Advogado/2010) Assinale a alternativa que indique o princípio do Direito do Trabalho que prevê a proteção dos salários contra descontos não previstos em lei.

(A) Princípio da unidade salarial.

(B) Princípio da primazia da realidade.

(C) Princípio da materialidade salarial.

(D) Princípio da legalidade.

(E) Princípio da intangibilidade.

3. (Prefeitura Municipal de Valinhos/RN – Advogado/2011) Salário é a retribuição pelo trabalho prestado paga diretamente pelo empregador. Já remuneração é mais amplo. Identifique a alternativa incorreta para possibilidades legais de remuneração:

(A) salário-base

(B) bônus ou prêmios

(C) comissões

(D) gratificações

(E) anuênios

4. (TRT 4 – Técnico Judiciário – Área Administrativa/2011) Considere as seguintes assertivas a respeito do 13 salário:

I. O 13º salário proporcional incide nas rescisões indiretas do contrato de trabalho, bem como nos pedidos de demissão.

II. Entre os meses de fevereiro e novembro de cada ano, o empregador pagará, como adiantamento do 13º salário, de uma só vez, metade do salário recebido pelo respectivo empregado no mês anterior.

III. O empregador estará obrigado a pagar o adiantamento referente ao 13º salário, no mesmo mês, a todos os seus empregados.

IV. O adiantamento será pago ao ensejo das férias do empregado, sempre que este o requerer no mês de janeiro do correspondente ano.

Está correto o que se afirma SOMENTE em:

(A) II, III e IV.

(B) I, II e IV.

(C) I e IV.

(D) I e II.

(E) I, III e IV.

5. (TRT 22ª R/Analista. 2010) O contrato de trabalho A possui cláusula contratual que fixa determinada importância para atender englobadamente vários direitos legais do trabalhador. O contrato de trabalho B possui cláusula contratual que fixa determinada percentagem para atender englobadamente vários direitos contratuais do trabalhador. E, o contrato C possui uma cláusula contratual que fixa determinada percentagem para atender englobadamente vários direitos legais e contratuais do trabalhador. Nestes casos, são nulas as cláusulas previstas:

(A) no contrato A, apenas

(B) no contrato C, apenas

(C) nos contratos A e B, apenas

(D) nos contratos B e C, apenas
(E) nos contratos A, B e C

6. (FCC – Procurador do Estado – MT/ 2011) Assinale a alternativa correta.

(A) Ao empregador é vedado efetuar qualquer desconto nos salários do empregado, salvo quando este resultar de adiantamentos, de dispositivos de lei, de acordo coletivo ou convenção coletiva de trabalho.
(B) Em caso de dano culposo causado pelo empregado, o desconto será lícito, mesmo que esta possibilidade não tenha sido acordada expressamente.
(C) O salário pode ser pago em moeda estrangeira, desde que seja mais benéfico ao trabalhador.
(D) Compreendem-se na remuneração do empregado, para todos os efeitos legais, além do salário devido e pago diretamente pelo empregador, como contraprestação do serviço, as gorjetas e indenizações pela adesão ao Plano de Demissão Voluntária (PDV) que receber.
(E) Integram o salário não só a importância fixa estipulada, como também as comissões, percentagens, gratificações ajustadas, ajudas de custo, assim como as diárias para viagem, desde que não excedam de 50% do salário percebido pelo empregado.

7. (FGV/OAB/2010-3) Em se tratando de salário e remuneração, é correto afirmar que

(A) o salário-maternidade tem natureza salarial.
(B) as gorjetas integram a base de cálculo do aviso prévio, das horas extraordinárias, do adicional noturno e do repouso semanal remunerado.
(C) o plano de saúde fornecido pelo empregador ao empregado, em razão de seu caráter contraprestativo, consiste em salário *"in natura"*.
(D) a parcela de participação nos lucros ou resultados, habitualmente paga, não integra a remuneração do empregado.

8. (COPS – PROCURADOR DO ESTADO – PR/ 2011) A respeito da insalubridade e periculosidade, assinale a alternativa verdadeira:

(A) o adicional de periculosidade deve ser calculado sobre o salário-mínimo, observado o percentual incidente;
(B) constatada a existência de periculosidade no local de trabalho, fica afastada a cláusula convencional que prevê o pagamento do adicional respectivo em percentual inferior ao legal;
(C) o trabalho periculoso, em caráter de intermitência, dá direito ao empregado a receber o adicional de periculosidade proporcional ao tempo de exposição;
(D) eliminado o agente causador da insalubridade ou da periculosidade, o adicional não poderá ser suprimido, por violação ao princípio da irredutibilidade salarial;
(E) a efetiva definição de atividades e os eventuais gradientes de insalubridade existentes não é atribuição do Ministério do Trabalho.

9. (PGE/PB/Procurador/2008) Com base na CF, julgue os itens seguintes, acerca dos direitos dos trabalhadores.

I. O trabalhador tem direito ao seguro-desemprego no caso de desemprego voluntário.
II. O salário mínimo, fixado em lei complementar, deve ser capaz de atender às necessidades básicas do trabalhador e às de sua família, com moradia, alimentação, educação, saúde, lazer, vestuário, higiene, transporte e previdência social, com reajustes periódicos que lhe preservem o poder aquisitivo, sendo vedada sua vinculação para qualquer fim.
III. O salário pode ser reduzido por convenção ou acordo coletivo de trabalho.
IV. O repouso semanal remunerado deve ser concedido, necessariamente, aos domingos.
V. As férias anuais devem ser remuneradas com, pelo menos, um terço a mais do que o salário normal.

Estão certos apenas os itens:

(A) I e II.
(B) I e IV.
(C) II e III.

(D) III e V.

(E) IV e V.

10. (PGE/PB/Procurador/2008) Acerca da remuneração pelo trabalho sob vínculo de emprego, assinale a opção incorreta.

(A) Compreendem-se, na remuneração do empregado, além do salário devido e pago diretamente pelo empregador como contraprestação do serviço, também as gorjetas que receber.

(B) O pagamento do salário, qualquer que seja a modalidade do trabalho, não deve ser estipulado por período superior a um mês, salvo no que concerne a comissões, percentagens e gratificações, observada, para os que percebam valores variáveis, a garantia mínima correspondente ao salário mínimo.

(C) Na falta de estipulação do salário ou não havendo prova sobre a importância ajustada, o empregado terá direito a perceber salário igual ao daquele que, na mesma empresa, fizer serviço equivalente, ou do que for habitualmente pago para serviço semelhante.

(D) Considera-se gorjeta a importância paga pelo cliente como adicional na conta cobrada pelo empregador e destinada à distribuição entre os empregados, não se caracterizando como tal, para fins de integração à remuneração, a verba paga pelo cliente, em caráter voluntário, diretamente ao empregado que o haja servido.

(E) Em caso de rescisão contratual, havendo controvérsia sobre o montante das verbas rescisórias, o empregador é obrigado a pagar ao trabalhador, à data do comparecimento à justiça do trabalho, a parte incontroversa dessas verbas, sob pena de pagá-las acrescidas de 50%, entretanto, tal disposição não se aplica à União, aos estados, ao DF, aos municípios e às suas autarquias e fundações públicas.

11. (PGE/PI/Procurador/2008) Ana e Clara foram contratadas pela Empresa Tudo Limpo Ltda. na mesma época. Ana, auxiliar de serviços de escritório, recebia remuneração de R$ 1.000,00 por mês, e Clara, supervisora de escritório, recebia salário de R$ 1.500,00. Ambas possuíam níveis de escolaridade e qualificação profissional semelhantes. Após um ano, Clara foi demitida sem justa causa e Ana foi designada para substituí-la na função de supervisora, mas continuou a receber salário de R$ 1.000,00, razão pela qual moveu reclamação trabalhista contra a empresa, pleiteando equiparação salarial com Clara. A respeito da situação hipotética apresentada, assinale a opção correta.

(A) É devida a equiparação salarial, já que Ana possuía a mesma qualificação técnica de Clara.

(B) É devida a equiparação salarial, pois não havia diferença de tempo de serviço superior a dois anos entre Ana e Clara.

(C) Não é devida a equiparação salarial, já que um dos requisitos da equiparação, a simultaneidade na prestação de serviços entre o paradigma e o trabalhador que requer a equiparação, não foi preenchido.

(D) Não é devida a equiparação, pois a empresa pode estabelecer, dentro do seu poder de mando, condições diferenciadas entre empregados.

(E) Não é devida a equiparação, mas, sim, o pagamento de diferenças salariais.

12. (ECT – Analista de Correios – Advogado/2011) A gorjeta integra a remuneração do empregado, mas não, o seu salário.

13. (ECT – Analista de Correios – Advogado/ 2011) Trabalhador de posto de gasolina que mantém contato direto com as bombas de combustíveis tem direito ao adicional de insalubridade.

14. (ECT – Analista de Correios – Advogado/2011) O empregador que tem vinte empregados deve, segundo a legislação, proceder ao pagamento do adiantamento do décimo terceiro salário de seus empregados sempre ao ensejo de suas férias.

15. (Procurador Federal/2010) As faltas ou ausências decorrentes de acidente do trabalho são consideradas para os efeitos de cálculo da gratificação natalina.

16. (Defensoria Pública da União/2010) O termo inicial do direito ao salário-família, quando provado em juízo, corresponde à data de ajuizamento do pedido, salvo quando comprovado que o empregador se tenha recusado a receber, anteriormente, a certidão de nascimento de filho do empregado.

17. (MPT – Procurador do Trabalho. 15º Concurso – 2008) Analise as proposições abaixo:

I. a remuneração consiste no somatório da contraprestação paga diretamente pelo empregador, seja em pecúnia, seja em utilidades, com a quantia recebida pelo obreiro de terceiros, a título de gorjeta;

II. uma das características do salário é a possibilidade de sua natureza composta, ou seja, a possibilidade de parte da contraprestação ser paga em dinheiro e parte *in natura;*

III. para configuração da equiparação salarial é necessário o preenchimento dos seguintes requisitos: identidade de funções, trabalho de igual valor, mesmo empregador, mesma localidade, simultaneidade na prestação de serviços, desde que existente quadro de carreira organizado;

IV. a jurisprudência consolidada do TST admite o desconto do salário do empregado desde que haja prévia autorização, sem requisito formal, e seja fruto do livre consentimento do obreiro.

Assinale a alternativa CORRETA:

(A) todas as assertivas são incorretas;

(B) apenas as assertivas III e IV são incorretas;

(C) apenas as assertivas II e IV são corretas;

(D) apenas a assertiva I é correta;

(E) não respondida.

18. (TRT 1ª R. JUIZ DO TRABALHO/2008) Para os fins do artigo 458 da Consolidação das Leis do Trabalho, não serão considerados como salário as seguintes utilidades concedidas pelo empregador:

I. vestuários, equipamentos e outros acessórios fornecidos aos empregados e utilizados no local de trabalho, para a prestação de serviço.

II. educação, em estabelecimento de ensino próprio, compreendendo os valores relativos a uniformes, matrícula, material didático e transporte para o local das aulas.

III. transporte destinado ao deslocamento para o trabalho e retorno, em percurso servido ou não por transporte público;

IV. assistência médica, hospitalar e odontológica, prestada diretamente ou mediante seguro-saúde;

V. seguros de vida e de acidentes pessoais;

VI. previdência privada.

Diante dos itens acima, responda:

(A) os itens I, II, III e IV estão corretos.

(B) os itens II, IV e V estão errados.

(C) os itens I, III, V e VI estão corretos.

(D) os itens I, II, IV e V estão corretos.

(E) os itens III, IV, V e VI estão errados.

19. (FCC – Analista Judiciário – Área Judiciária – TRT 3/2015) Em relação à prova documental no Processo do Trabalho,

(A) o pagamento de salário deverá ser efetuado contra recibo, assinado pelo empregado; em se tratando de analfabeto, deve ser assinado por seu representante legal.

(B) terá força de recibo o comprovante de depósito em conta bancária, aberta para esse fim em nome do empregado, com o consentimento deste, em estabelecimento de crédito próximo ao local de trabalho.

(C) terá força de recibo o comprovante de depósito em conta bancária, aberta para esse fim em nome do empregado, independentemente do consentimento deste, em estabelecimento de crédito definido pelo empregador.

(D) no recibo de pagamento é possível adotar o denominado "salário complessivo", que engloba o pagamento de todas as parcelas em uma única, indiscriminadamente.

(E) na esfera trabalhista, em razão do princípio da primazia da realidade, prevalece o entendimento de que o recibo de pagamento pode ser escrito, verbal ou tácito, podendo a empresa comprovar o pagamento dos salários por todos os meios de prova em direito admitidos.

20. (FCC – Técnico Judiciário – Área Administrativa – TRT 4/2015) Dalia prestou serviços suplementares com habitualidade para sua empregadora, a empresa X, durante 15 meses consecutivos. Conforme jurisprudência sumulada do TST, neste caso, a supressão parcial pelo empregador deste serviço suplementar

(A) não assegura a Dalia qualquer direito a indenização uma vez que a supressão foi parcial e não total.

(B) não assegura a Dalia qualquer direito a indenização uma vez que se trata de serviço suplementar.

(C) assegura a Dalia o direito a indenização correspondente ao valor de um mês das horas suprimidas parcialmente.

(D) assegura a Dalia o direito a indenização correspondente ao valor de dois meses das horas suprimidas parcialmente.

(E) assegura a Dalia o direito a indenização correspondente ao valor de seu último salário.

21. (FCC – Analista Judiciário – Oficial de Justiça Avaliador – TRT 3/2015) José Henrique, vendedor de uma fábrica de geladeiras e outros eletrodomésticos de Minas Gerais, foi transferido para a mais nova filial da fábrica em São Paulo em fevereiro de 2015. Além de seu salário fixo, recebeu ao final do mês de fevereiro as seguintes verbas: comissão pelas vendas realizadas, ajuda de custo e gratificação do dia do "representante de eletrodomésticos" (paga todos os anos no mês de fevereiro). Além disso, possui benefícios de plano de saúde médico e odontológico e um curso de inglês totalmente pagos pela empresa. Entre as verbas recebidas e os benefícios concedidos,

(A) a comissão pelas vendas realizadas, a ajuda de custo e a gratificação do dia do "representante de eletrodomésticos" têm natureza salarial.

(B) a comissão pelas vendas realizadas e os valores correspondentes ao plano de saúde médico e odontológico e ao curso de inglês têm natureza salarial.

(C) a comissão pelas vendas realizadas e a gratificação do dia do "representante de eletrodomésticos" têm natureza salarial.

(D) a ajuda de custo e os valores correspondentes ao plano de saúde médico e odontológico e ao curso de inglês têm natureza salarial.

(E) nenhum tem natureza salarial, sendo todos de natureza indenizatória.

22. (FCC – Analista Judiciário – Área Judiciária – TRT 3/2015) Daniel, empregado da Pizzaria Novo Sabor, trabalha como entregador de pizza, utilizando moto para tal finalidade.

Em razão da condição de execução do trabalho, Daniel

(A) não tem direito de receber qualquer adicional de remuneração, pois seu trabalho não se caracteriza como atividade insalubre ou perigosa.

(B) não tem direito de receber qualquer adicional de remuneração, pois não trabalha com inflamáveis ou explosivos, as únicas situações que caracterizam condição perigosa de trabalho para fins de percepção do adicional respectivo.

(C) tem direito de receber adicional de insalubridade, pois o trabalho com moto é prejudicial para sua saúde.

(D) tem direito de receber adicional de insalubridade, mas somente em grau mínimo, mais adicional de periculosidade, calculado em razão do tempo em que se utiliza da moto na execução do trabalho.

(E) tem direito de receber adicional de periculosidade, por expressa previsão legal.

23. (Fundatec – Procurador do Estado – RS/2015) O denominado pela doutrina efeito reflexivo, reflexo ou circundante do salário, traz como consequência o fato do pagamento de parcelas de natureza salarial não se esgotar exclusivamente no seu simples adimplemento, gerando efeito cascata em outras parcelas. Quanto a esse tema, e levando em consideração a jurisprudência sumulada do Tribunal Superior do Trabalho, assinale a alternativa INCORRETA.

A) O cálculo do valor das horas extras habituais, para efeito de reflexos em verbas trabalhistas, observará o número das horas efetivamente prestadas e sobre ele aplica-se o valor do salário-hora da época do pagamento daquelas verbas.

B) O valor das horas extras habitualmente prestadas integra o cálculo dos haveres trabalhistas, respeitada a limitação prevista no caput do art. 59 da CLT.

C) O adicional noturno, pago com habitualidade, integra o salário do empregado para todos os efeitos.

D) O adicional de periculosidade, pago em caráter permanente, integra o cálculo de indenização e de horas extras.

E) Enquanto percebido, o adicional de insalubridade integra a remuneração para todos os efeitos legais.

24. (Cespe – Defensor Público – DPU/ 2015 – ADAPTADA) Quanto ao PIS, julgue o item a seguir.

O PIS, que financia o abono salarial correspondente ao valor equivalente a dois salários mínimos vigentes na época do pagamento, destina-se especificamente a auxiliar os trabalhadores na busca ou preservação do emprego, promovendo, para tanto, ações integradas de orientação, recolocação e qualificação profissional.

25. (Cespe – Defensor Público – DPU/ 2015 – ADAPTADA) Julgue os seguintes itens, relativos a remuneração e gratificação natalina.

I. Conforme entendimento consolidado pelo TST, o aumento do valor do repouso semanal remunerado em razão da integração das horas extras habitualmente prestadas repercute no cálculo do décimo terceiro salário, não caracterizando bis in idem.

II. Configura-se a guelta quando, em uma relação empregatícia, o empregado recebe retribuição para estimular a venda ou a comercialização de um produto ou serviço.

26. (FCC – Analista Judiciário – Área Administrativa – TRT 4/2015) Considere:

I. Adicional noturno.

II. Horas-extras.

III. Repouso Semanal Remunerado.

Conforme súmula do TST, as gorjetas oferecidas espontaneamente pelos clientes, NÃO servem de base de cálculo para as verbas indicadas em

(A) II e III, apenas.

(B) II, apenas.

(C) I, II e III.

(D) I e III, apenas.

(E) III, apenas.

27. (CAIPIMES – Grande ABC – Procurador/2015) Com relação aos direitos pecuniários ou remuneratórios decorrentes da relação de trabalho, pode ser afirmado que:

A) a indenização pelo não deferimento das férias no tempo oportuno será calculada com base na remuneração devida ao empregado na época da reclamação ou, se for o caso, na da extinção do contrato.

B) o reajustamento salarial coletivo beneficia o empregado pré-avisado da despedida, porém tal benefício não integra o seu tempo de serviço para todos os efeitos legais.

C) é devida a gratificação natalina proporcional na extinção dos contratos a prazo, ainda que a relação de emprego haja findado antes do segundo semestre.

D) é devida a gratificação natalina proporcional na cessação da relação de emprego resultante da aposentadoria do trabalhador, ainda que verificada antes do primeiro semestre.

28. (FCC – Analista Judiciário – Área Administrativa – TRT 4/2015) Bernardo, empregado da empresa G, exerce a função X há onze anos ininterruptos, recebendo adicional de insalubridade pelo exercício desta função. Este mês Bernando, se surpreendeu porque passou a não receber mais o referido adicional, uma vez que foi descaracterizada a insalubridade pelo exercício da função X por ato de autoridade competente. Neste caso, de acordo com entendimento sumulado do TST,

(A) a descaracterização da insalubridade repercute na satisfação do respectivo adicional, sem ofensa a direito adquirido ou ao princípio da irredutibilidade salarial.

(B) ocorreu flagrante ofensa ao direito adquirido, bem como ao princípio da irredutibilidade salarial, em razão do exercício da função por mais de cinco anos ininterruptos.

(C) ocorreu flagrante ofensa ao direito adquirido, bem como ao princípio da irredutibilidade salarial, em razão do exercício da função por mais de dez anos ininterruptos.

(D) a empresa G não poderia ter deixado de efetuar o pagamento do referido adicional sem prévio aviso com antecedência mínima de trinta dias.

(E) a empresa G deveria continuar a pagar o referido adicional por seis meses após a descaracterização, podendo somente após este período deixar de efetuar o pagamento.

29. (FCC – Analista Judiciário – Área Administrativa – TRF 3/2016) Maria Lopes, gerente administrativa de uma grande multinacional, recebe por mera liberalidade e a título gratuito, desde o início do contrato de trabalho, de forma integral, o ressarcimento de todas as despesas relativas ao aparelho celular utilizado em serviço e para ligações particulares. Recebe ainda, da mesma forma, o reembolso do combustível gasto durante o mês. A empregada trabalha internamente e não necessita do veículo para o desenvolvimento de suas atividades. O pagamento dessas verbas é realizado mediante depósito bancário em sua conta corrente e não é lançado nos recibos de pagamento. Diante dos fatos,

(A) os valores reembolsados relativos à utilização do aparelho celular e combustível têm natureza salarial e deveriam ser lançados nos recibos de pagamento.

(B) os valores reembolsados relativos à utilização do aparelho celular não têm natureza salarial, mas os valores pagos a título de combustível têm natureza salarial.

(C) os valores reembolsados relativos ao combustível não têm natureza salarial porque apesar de a empregada trabalhar internamente, o veículo é utilizado para o trajeto de sua residência até a empresa.

(D) o reembolso dos valores relativos à utilização do aparelho celular e combustível não precisa ser lançado nos recibos de pagamento porque tais valores não têm natureza salarial.

(E) os valores reembolsados relativos à utilização do aparelho celular e combustível não têm natureza salarial se não excederem 50% do salário percebido pela empregada.

30. (Cespe – Técnico Judiciário – Área Administrativa – TRT 8/2016) No que se refere ao 13.° salário, assinale a opção correta.

A) Havendo rescisão do contrato de trabalho, independentemente da causa, caberá ao empregado percepção do 13° salário, em valor proporcional ao tempo total de serviço do trabalhador.

B) O 13° salário deve ser pago até o último dia útil do mês de dezembro de cada ano.

C) Caso resolva adiantar o pagamento do 13° salário, o empregador deve realizar o pagamento a todos os empregados no mesmo vencimento.

D) O 13° salário deve ser pago em única parcela.

E) Para a apuração do 13° salário, utiliza-se como base o mês de serviço, sendo a fração de quinze dias ou mais considerada mês integral.

31. (Cespe – Técnico Judiciário – Área Administrativa – TRT 8/2016) Considerando o disposto na Consolidação das Leis do Trabalho acerca do salário mínimo, assinale a opção correta.

A) O empregado doméstico pode receber remuneração trabalhista inferior ao salário mínimo quando lhe forem supridas diretamente pelo empregador necessidades normais de alimentação, habitação, higiene e transporte.

B) Presume-se válido o contrato de trabalho que estipule remuneração inferior a um salário mínimo.

C) Embora o pagamento de salário inferior ao mínimo estipulado em lei não resulte aplicação de sanções ao empregador, estará ele sujeito à reclamação trabalhista pelo empregado.

D) Dada a definição de salário mínimo em contrato de trabalho, afasta-se a possibilidade de distinção de remuneração em razão do sexo.

E) Em se tratando de ajustamento de salário por empreitada, pode a remuneração diária do trabalhador, ao final do serviço, ser proporcionalmente inferior à do salário mínimo diário.

32. (FCC – Procurador do Estado – MT/2016) Arquimedes laborou como vendedor da Metalúrgica Gregos e Troianos Ltda., tendo sido dispensado no dia 10/10/2015. Para o desempenho das suas funções utilizava veículo da empresa. Em seu contrato de trabalho, não havia qualquer previsão a respeito de desconto por eventuais danos que causasse pela utilização do veículo da empresa. Recebia salário fixo e comissões sobre as vendas efetuadas. Dois meses antes de ser dispensado efetuou uma venda em dez parcelas, sendo que recebeu as comissões devidas por cada parcela quitada até a sua rescisão. Ao retornar desta venda, bateu o veículo da empresa, tendo sido constatada a sua culpa no evento. A empresa procedeu ao desconto do valor do conserto no salário de Arquimedes no mês seguinte. No ato da rescisão descontou as comissões pagas pela última venda realizada pelo mesmo, alegando que não teria sido concluída a negociação por conta do parcelamento. Na presente situação, o desconto pelo conserto do veículo é

(A) correto ainda que não pactuado em contrato de trabalho, pelo fato de ter sido comprovada a culpa do empregado, e lícito o desconto das comissões pagas pela última venda pelo fato de o empregado ter se desligado da empresa antes de a mesma ter sido concluída, perdendo, ainda, o direito às comissões sobre as demais parcelas pagas pós rescisão.

(B) indevido, visto que a única hipótese que possibilitaria referido desconto seria a pactuação no contrato de trabalho, e lícito o desconto das comissões pagas pela última venda uma vez que esta não foi concluída até o momento da rescisão contratual, em virtude de o pagamento ter sido estipulado por parcelas.

(C) ilícito, uma vez que não havia acordo expresso prevendo esta possibilidade, ainda que comprovada a culpa do empregado, e ilícita a dedução das comissões pagas pelas parcelas quitadas da última venda, uma vez que a venda se concluiu, ainda que de forma parcelada, fazendo o empregado jus às comissões inclusive sobre as parcelas pagas após a rescisão contratual.

(D) incorreto, uma vez que não agiu o empregado com dolo no evento, única hipótese que ensejaria a possibilidade de tal desconto, e equivocado o desconto das comissões pelas parcelas pagas referentes à última venda, posto que a venda se aperfeiçoou por inteiro, ainda que o pagamento fosse parcelado, mas não faz jus o empregado às comissões sobre as parcelas pós rescisão.

(E) correto, uma vez que comprovada a culpa do empregado, hipótese que legitima a dedução do salário, e incorreto o desconto das comissões sobre as parcelas pagas da última venda até a rescisão, mas não faz jus o empregado às comissões sobre as parcelas a serem pagas após a rescisão, uma vez que não havia mais vínculo com empresa.

33. (QUESTÃO SOBRE A REFORMA TRABALHISTA ELABORADA PELO AUTOR). Com a vigência da Lei nº 13.467/17 a parcela denominada de prêmio perdeu o seu caráter salarial e passou a não mais integrar a remuneração do obreiro.

34. (QUESTÃO SOBRE A REFORMA TRABALHISTA ELABORADA PELO AUTOR). A Lei da Reforma Trabalhista confirmou o teor da Súmula nº 6 do TST no sentido de garantir a equiparação por meio de paradigma remoto.

35. (FCC – Analista Judiciário – Oficial de Justiça Avaliador – TRT 15/2018) O direito de greve, assegurado constitucionalmente, não é absoluto. Os serviços e atividades essenciais são definidos por lei, que também disporá sobre o atendimento das necessidades inadiáveis da comunidade. Nesse sentido, nos serviços e atividades essenciais,

A) caso empregadores e trabalhadores não cumpram a exigência de prestação, durante a greve, dos serviços indispensáveis ao atendimento das necessidades inadiáveis da comunidade, o Poder Público deverá assegurar tal prestação.

B) os sindicatos, os empregadores e os trabalhadores ficam obrigados, de comum acordo, a garantir, durante a greve, a prestação de pelo menos 70% dos serviços indispensáveis ao atendimento das necessidades inadiáveis da comunidade.

C) são necessidades inadiáveis da comunidade aquelas que, se não atendidas, trazem prejuízos financeiros às empresas e à população.

D) as entidades sindicais ou os trabalhadores, conforme o caso, ficam obrigados a comunicar a decisão de deflagração da greve aos empregadores e aos usuários com antecedência mínima de 48 horas da paralisação.

E) as entidades sindicais são responsáveis por comunicar a decisão de deflagração da greve aos empregadores, aos usuários e ao Ministério do Trabalho com antecedência mínima de 72 horas da paralisação.

36. (FCC – Analista Judiciário – Área Administrativa – TRT 2/2018) Segundo entendimento Sumulado do Tribunal Superior do Trabalho, o trabalho executado em condições insalubres, em caráter intermitente, só por essa circunstância,

A) aumenta o respectivo adicional para 40%.

B) afasta o direito à percepção do respectivo adicional.
C) reduz o respectivo adicional para 10%.
D) reduz o respectivo adicional para 20%.
E) não afasta o direito à percepção do respectivo adicional.

37. (AOCP – Técnico Judiciário – Área Administrativa – TRT 1/2018) Alceu foi contratado para trabalhar como segurança no Banco Crédito Fácil S.A., permanecendo, durante toda sua jornada de trabalho, zelando pelos caixas eletrônicos e verificando a movimentação de clientes do estabelecimento, almejando, assim, evitar possíveis furtos e roubos no local. Considerando o exposto, é correto afirmar que Alceu

A) não tem direito ao recebimento de qualquer adicional, considerando que, ao ser contratado, estava ciente das condições laborais e as assumiu expressamente ao assinar o contrato de trabalho.
B) tem direito ao adicional de periculosidade de, respectivamente, 40% (quarenta por cento), 20% (vinte por cento) e 10% (dez por cento) do salário-mínimo da região, segundo se classifique nos graus máximo, médio e mínimo a sua exposição à violação física.
C) tem direito ao adicional de periculosidade no importe de 30% (trinta por cento) sobre o salário, sem os acréscimos resultantes de gratificações, prêmios ou participações nos lucros da empresa.
D) tem direito ao adicional de periculosidade no importe de 30% (trinta por cento) sobre o salário-mínimo da região.
E) tem direito ao adicional de periculosidade no importe de 40% (quarenta por cento), 20% (vinte por cento) e 10% (dez por cento) sobre o salário, sem os acréscimos resultantes de gratificações, prêmios ou participações nos lucros da empresa.

38. (AOCP – Analista Judiciário – Área Administrativa – TRT 1/2018) Em relação às atividades consideradas perigosas e o direito ao adicional de periculosidade, assinale a alternativa INCORRETA.

A) O empregado exposto permanentemente ou que, de forma intermitente, sujeita-se a condições de risco, faz jus ao recebimento do adicional de periculosidade. O adicional de periculosidade é indevido tão somente quando o contato ou exposição a atividades ou operações perigosas ocorre eventualmente, ou seja, de forma fortuita, ou mesmo que seja habitual, ocorra por período de tempo muito reduzido.
B) O empregado exposto permanentemente ou que, de forma intermitente ou eventual, assim considerada a fortuita, sujeita-se a condições de risco faz jus ao recebimento do adicional de periculosidade.
C) O adicional de periculosidade legalmente estabelecido é de 30% sobre o salário do trabalhador, sem os acréscimos resultantes de gratificações, prêmios ou participações nos lucros da empresa e, quando pago com habitualidade, integra o salário do empregado para todos os efeitos.
D) O trabalhador que desempenha suas funções em motocicleta, como os motoboys, tem direito ao recebimento do adicional de periculosidade.
E) É inválida a cláusula de acordo ou convenção coletiva de trabalho fixando o adicional de periculosidade em percentual inferior ao estabelecido em lei, ainda que proporcional ao tempo de exposição ao risco.

39. (AOCP – Analista Judiciário – Área Administrativa – TRT 1/2018) José é funcionário do Bar e Petiscaria Hora Feliz Ltda. na função de garçom, com registro em CTPS. Recebe o salário previsto em convenção coletiva da categoria. Além disso, recebe gorjetas pagas espontaneamente pelos clientes. O estabelecimento ainda cobra dos clientes taxa de serviço, à razão de 10% dos itens consumidos, cujo valor é destinado à distribuição aos empregados. A empresa fornece, também, uniforme a todos os empregados, a ser utilizado no local de trabalho para a prestação do serviço. Diante do exposto, no que se refere à remuneração do empregado, é correto afirmar que

A) tanto a importância dada pelos clientes espontaneamente a José quanto o valor cobrado pela empregadora a título de taxa de serviço são considerados gorjeta.
B) o uniforme fornecido pela empresa a José integra sua remuneração.
C) as gorjetas recebidas por José dos clientes não integram sua remuneração.
D) somente é considerada gorjeta a importância dada pelos clientes espontaneamente a José.
E) a taxa de serviço cobrada pelo estabelecimento, nos termos do enunciado, não integra a remuneração do empregado.

40. (Cesgranrio – Assistente Administrativo – Liquigás/2018) Por férias anuais entende-se um certo número de dias consecutivos, durante os quais, a cada ano, o trabalhador que cumpriu certas condições de serviço interrompe o seu trabalho, recebendo, não obstante sua remuneração.

NASCIMENTO, 2009 apud STUCHI, V. H. N. ***Prática trabalhista****. Rio de Janeiro: Forense; 2017, p. 79.*

A conversão de 1/3 do período de férias a que o trabalhador tem direito, no valor da remuneração que lhe seria devida nos dias correspondentes, é considerada

A) bônus
B) prêmio
C) dividendos
D) gratificação
E) abono pecuniário

41. (Cesgranrio – Assistente Administrativo – Liquigás/2018) De acordo com a legislação trabalhista vigente no país, a hora do trabalho diurno difere da hora do trabalho noturno. Considera-se como trabalho noturno aquele executado entre as 22 horas de um dia e as 5 horas do dia seguinte, e cuja hora é computada como de 52 minutos e 30 segundos.

Se os funcionários de uma empresa que trabalham no período diurno recebem R$ 2.000,00 de salário, qual deverá ser, no mínimo, o salário dos funcionários que trabalham regularmente no período noturno?

A) R$ 2.050,00
B) R$ 2.200,00
C) R$ 2.400,00
D) R$ 2.500,00
E) R$ 2.600,00

42. (Cespe – Procurador Municipal – Manaus – AM/2018) Julgue o próximo item, relativo a convenções e acordos coletivos do trabalho.

Situação hipotética: A convenção coletiva de determinada categoria conferiu caráter indenizatório à verba denominada auxílio-alimentação, que já era recebida por alguns empregados de forma habitual. **Assertiva:** Nessa situação, a natureza do auxílio-alimentação para os empregados que já o recebiam se manterá salarial, não sendo possível sua alteração para verba de natureza indenizatória.

( ) Certo
( ) Errado

43. (Cespe – Advogado – EBSERH/2018) Julgue o item seguinte, no que tange a trabalho da mulher, segurança e higiene do trabalho, direito de greve e processo trabalhista.

Em caso de greve do serviço médico e hospitalar, as entidades sindicais ou os trabalhadores são obrigados a comunicar a decisão aos empregadores e aos usuários com antecedência mínima de setenta e duas horas da paralisação.

( ) Certo
( ) Errado

44. (FCC – Analista Judiciário – Oficial de Justiça Avaliador – TRT6/2018) Considere as afirmativas abaixo a respeito da equiparação salarial.

I. Sendo idêntica a função, a todo trabalho de igual valor, prestado ao mesmo empregador, no mesmo estabelecimento empresarial, ou dentro da mesma região metropolitana, corresponderá igual salário, sem distinção de sexo, etnia, nacionalidade ou idade.

II. Para efeito de se aferir trabalho de igual valor, para fins de equiparação salarial, considera-se o feito com igual produtividade e com a mesma perfeição técnica, entre pessoas cuja diferença de tempo de serviço para o mesmo empregador não seja superior a quatro anos e a diferença de tempo na função não seja superior a dois anos.

III. Não se poderá falar em equiparação salarial quando o empregador tiver pessoal organizado em quadro de carreira ou adotar, por meio de norma interna da empresa ou de negociação coletiva, plano de cargos e salários, devidamente homologado no Ministério do Trabalho.

IV. No caso de comprovada discriminação por motivo de sexo ou etnia, o juízo determinará, além do pagamento das diferenças salariais devidas, multa, em favor do empregado discriminado, no valor de 50% do limite máximo dos benefícios do Regime Geral de Previdência Social.

Está correto o que se afirma APENAS em

A) I e III.

B) I, II e III.

C) II e IV.

D) II, III e IV.

E) I, III e IV.

---

45. (CS – UFG – Advogado – Saneago – GO/2018) Além do salário fixo mensal pago pelo empregador, compreende na remuneração do empregado, para todos os efeitos legais,

A) a gorjeta dada espontaneamente pelos clientes a um empregado de um restaurante.

B) a assistência médica, hospitalar e odontológica, prestada diretamente ou mediante seguro-saúde.

C) o valor correspondente ao transporte destinado ao deslocamento para o trabalho.

D) a participação nos lucros da empresa.

---

46. (Fepese – Advogado – Celesc/2018) É **correto** afirmar acerca da equiparação salarial:

A) As promoções feitas por merecimento e por antiguidade, ou por apenas um destes critérios, poderá levar em conta critérios sexo, etnia, nacionalidade ou idade.

B) A readaptação em nova função por motivo de deficiência física ou mental, atestada pelo órgão competente da Previdência Social, poderá servir de paradigma para fins de equiparação salarial.

C) Ao exercício de função idêntica, de trabalho de igual valor, prestado a um ou mais empregadores, na mesma localidade, corresponderá igual salário, sem distinção de sexo, etnia, nacionalidade ou idade.

D) A negociação coletiva acerca de plano de cargos e salários, que não estiver formalmente homologada ou registrada em órgão público, não ilide o pedido de equiparação salarial.

E) A equiparação salarial só será possível entre empregados contemporâneos no cargo ou na função, ficando vedada a indicação de paradigmas remotos, ainda que o paradigma contemporâneo tenha obtido a vantagem em ação judicial própria.

---

47. (FGV – Advogado – Câmara de Salvador – BA/2018) Fernanda é caixa em um supermercado, recebe o valor correspondente a 1,5 salário mínimo e no seu contracheque há desconto mensal a título de INSS; Oswaldo é repositor no mesmo supermercado e no seu contracheque se verifica a subtração mensal de pensão alimentícia na razão de 20% para o seu filho menor; Joana é subgerente no mesmo estabelecimento e no seu contracheque há desconto de empréstimo consignado que tomou junto a um banco, autorizando a dedução da parcela no seu contracheque.

Diante do caso apresentado e dos ditames da CLT, é correto afirmar que:

A) todos os descontos são ilegais em razão do princípio da irredutibilidade salarial;

B) as subtrações efetuadas são legais, desde que haja concordância do empregado por escrito;

C) Fernanda sofreu desconto legal, Oswaldo, desconto judicial e Joana, desconto contratual;

D) os empregados em análise estão sofrendo descontos contratuais previstos em norma cogente;

E) os descontos podem ser efetivados desde que haja dolo do empregado ou previsão contratual.

---

48. (FGV – Advogado – Câmara de Salvador – BA/2018) Maria Rita foi contratada por uma indústria de panificação em 1º de julho de 2017. Aproximando-se do fim do ano de 2017, a empresa começou a realizar o pagamento do 13º salário.

Em relação a esse direito e diante do caso apresentado, é correto afirmar que:

A) Maria Rita receberá 6/12 avos do 13º salário referente ao ano de 2017, sendo metade do valor até o dia 30 de novembro e o restante até 20 de dezembro;

B) considerando que a empregada em questão ingressou nos quadros da empresa no 2º semestre do ano, não terá direito ao 13º salário porque não teve 1 ano de trabalho em 2017;

C) não pode haver discriminação entre empregados, que devem ter tratamento isonômico, motivo pelo qual Maria Rita receberá o 13º salário de forma integral no ano de 2017;

D) o pagamento da gratificação natalina devida no ano de 2017 deverá ser feita até o dia 25 de dezembro do ano em questão;

E) desde que haja concordância da empregada, o 13º salário poderá ser fracionado em 3 parcelas, sendo nenhuma delas inferior a 10 dias de salário.

---

49. (Consulpan – Procurador – Câmara de BH – MG/2018) "É o valor recebido pelo empregado, geralmente vendedor, mas pago diretamente pelas empresas fabricantes ou distribuidoras de certos produtos, de determinadas marcas."

(CORREIA, Henrique. Direito do Trabalho – Para os concursos de Analista do TRT e MPU. Editora JusPODIVM. 8ª edição. 2016. pág. 567.)

Trata-se do instituto:

A) Guelta.

B) Aviso prévio.

C) Horas extras.

D) Adicional noturno.

---

50. (Cespe – Procurador Municipal – Manaus – AM/2018) No que se refere a atividades insalubres e perigosas, contrato individual de trabalho e FGTS, julgue o item subsequente.

A situação em que um empregado ingresse várias vezes, durante a jornada de trabalho, em área de risco não ensejará o direito à percepção de adicional de periculosidade, se o tempo de permanência do empregado nessa área for de poucos minutos a cada ingresso.

( ) Certo

( ) Errado

---

51. (FCC – Advogado – Sabesp/2018) Considere a seguinte situação hipotética:

Durante dois anos seguidos, Felícia, bióloga, realiza trabalho extraordinário consubstanciado em 1 hora extra diária de segunda-feira a quarta-feira. A SABESP, sua empregadora, pretende imediatamente suprimir parcialmente esse trabalho extraordinário. De acordo com entendimento Sumulado do TST, Felícia

A) não terá direito à indenização uma vez a supressão de horas extras é possível em razão do princípio protetivo da saúde do trabalhador.

B) terá direito à indenização correspondente ao valor de um mês das horas suprimidas parcialmente.

C) não terá direito à indenização uma vez que a supressão não foi total.

D) terá direito à indenização correspondente ao valor do seu salário acrescido de 50%.

E) terá direito à indenização correspondente ao valor de dois meses das horas suprimidas parcialmente.

---

52. (FCC – Analista Judiciário – Área Judiciária – TRT 6/2018) José Henrique, vendedor de uma fábrica de geladeiras e outros eletrodomésticos do Paraná, foi transferido em 01 de fevereiro de 2018 para trabalhar na mais nova filial da fábrica em Cabo de Santo Agostinho, mudando-se com a família e passando a viver naquele Município. Além de seu salário fixo, recebeu ao final do mês de fevereiro comissão pelas vendas realizadas, ajuda de custo no valor correspondente a 40% da sua remuneração mensal e prêmio do dia do "representante de eletrodomésticos" (paga todo ano no mês de fevereiro). Possui plano de saúde médico e odontológico e um curso de inglês totalmente pagos pela empresa. O empregado foi reclamar com seu gerente o não pagamento do adicional de transferência. Nesse caso, têm natureza salarial as comissões,

A) a ajuda de custo e o prêmio do dia do "representante de eletrodomésticos"; o plano de saúde e o curso de inglês caracterizam salário utilidade; o empregado tem direito ao adicional de transferência.

B) a ajuda de custo e o prêmio do dia do "representante de eletrodomésticos"; o plano de saúde e o curso de inglês não caracterizam salário utilidade; o empregado tem direito ao adicional de transferência.

C) o que não ocorre com a ajuda de custo e com o prêmio; o plano de saúde e o curso de inglês não caracterizam salário utilidade; o empregado não tem direito ao adicional de transferência.

D) e a ajuda de custo, o que não ocorre com o prêmio; o plano de saúde e o curso de inglês caracterizam salário utilidade; o empregado não tem direito ao adicional de transferência.

E) e o prêmio, o que não ocorre com a ajuda de custo; o plano de saúde e o curso de inglês não caracterizam salário utilidade; o empregado tem direito ao adicional de transferência.

53. (Vunesp – Procurador Jurídico – Pref. de Cerquilho – SP/2019) A empresa Serviços Tudo Bem Ltda. disponibiliza aos empregados a utilização de plano de saúde odontológico, sem desconto em folha de pagamento, para os empregados que optam pelo plano básico. A empresa também disponibiliza gratuitamente a participação em cursos de formação profissional, inclusive de inglês, a todos os seus empregados. Um determinado empregado, cujo contrato de trabalho foi rompido sem justa causa, que trabalhava no setor de expedição da empresa, ingressou com reclamação trabalhista requerendo, dentre outros pedidos, a integração dos referidos benefícios ao seu salário. Nessa hipótese, é correto afirmar que o empregado

A) tem razão, porque os benefícios concedidos gratuitamente pelo empregador têm natureza jurídica salarial e devem compor o salário para todos os fins.

B) não tem razão em relação ao plano de saúde odontológico, contudo tem razão em relação aos benefícios educacionais, posto que se gratuitos, devem compor os salários para todos os fins.

C) tem razão em relação ao plano de saúde odontológico, contudo não tem razão em relação aos benefícios educacionais, ainda que disponibilizados gratuitamente pelo empregador.

D) não tem razão em relação a qualquer dos benefícios concedidos gratuitamente pelo empregador, pois não possuem natureza salarial.

E) não tem razão em relação ao plano de saúde odontológico e aos cursos de formação profissional, contudo tem razão em relação ao curso de inglês, isso porque não há qualquer relação entre o curso e suas atividades profissionais.

54. (FCC – Procurador Jurídico – SANASA – Campinas/2019) Beethoven ajuizou reclamação trabalhista em face da empresa Pianos de Cauda S/A postulando equiparação salarial com o empregado Mozart, alegando que sempre exerceu a mesma função, porém recebendo salário inferior. Em defesa, a empresa confirma o exercício das mesmas funções, mas sustenta que o pedido não procede, posto que a diferença de tempo de casa dos citados empregados é de 3 anos, o que torna Mozart com maior capacidade e perfeição técnica, sendo excludente do aludido direito. A sentença é proferida e julgada procedente, sendo a empresa condenada a pagar R$ 3.500,00 ao reclamante Beethoven e mais R$ 1.050,00 de honorários de sucumbência, eis que era o previsto no contrato juntado na petição inicial, ou seja, 30% de honorários no êxito da ação. A empresa recorre da sentença, sob fundamento de que a lei não teria sido corretamente aplicada, ressaltando a tese já invocada, bem como insurgindo-se contra a condenação em honorários de sucumbência, que entende exorbitante. Ao recurso deverá ser

A) negado provimento para manter inalterada a sentença de primeira instância, tendo o juiz de origem acertado ao aplicar a lei quanto à equiparação salarial e respeitado a vontade das partes celebrantes do contrato de mandato entre autor e seu advogado.

B) dado provimento parcial para manter a condenação em equiparação salarial e reduzir a condenação em honorários de sucumbência para no máximo 10% do valor da condenação.

C) dado provimento total porque a diferença de tempo na empresa de 3 anos faz presumir a maior capacidade e perfeição técnica de Mozart, bem como descabidos honorários de sucumbência por não estar o autor assistido pelo sindicato.

D) dado provimento parcial para manter a condenação na equiparação salarial e afastar a condenação em honorários de sucumbência posto que descabidos na hipótese já que o autor estaria assistido por advogado particular.

E) dado provimento parcial para manter a condenação na equiparação salarial e reduzir a condenação em honorários de sucumbência para, no máximo, 15% do valor da condenação.

55. (Cespe – Procurador Municipal – Campo Grande – MS/2019) No que se refere a rescisão de contrato de trabalho e a atividades insalubres e perigosas, julgue o item a seguir, considerando a jurisprudência do TST.

Tratorista que, no seu exercício profissional, permanece no interior do trator enquanto este é abastecido tem direito ao recebimento de adicional de periculosidade, em razão do risco a que fica exposto.

( ) Certo

( ) Errado

56. (IESES – Advogado – SCGás/2019) Assinale a alterativa correta a respeito do tema jornada de trabalho e salário:

A) Somente é lícito a compensação de jornada extraordinária realizada pelos empregados mediante acordo coletivo de trabalho.

B) Integram o salário a importância fixa estipulada, as gratificações legais e as comissões pagas pelo empregador. Não integram a remuneração do empregado as seguintes importâncias pagas pelo empregador, ainda que habituais: ajuda de custo, auxílio-alimentação, vedado seu pagamento em dinheiro, diárias para viagem, prêmios e abonos.

C) Será computado como tempo à disposição do empregador o período despendido pelo empregado desde a sua residência até a efetiva ocupação do posto de trabalho.

D) Consideram-se prêmios as liberalidades em dinheiro concedidas pelo empregador ao empregado em razão de metas estabelecidas no contrato de trabalho.

57. (UFPR – Procurador – Pref. de Curitiba – PR/2019) Concernente à isonomia salarial dos empregados públicos, assinale a alternativa correta.

A) Para os fins previstos no § 2º do art. 461 da CLT, só é válido o quadro de pessoal organizado em carreira quando homologado pelo Ministério do Trabalho.

B) Para efeito de equiparação de salários em caso de trabalho igual, conta-se o tempo de serviço no emprego público, e não na função.

C) A cessão de empregados exclui a equiparação salarial se a função for exercida em órgão governamental estranho à cedente, e se este responde pelos salários do paradigma e do reclamante.

D) A equiparação salarial só é possível se o empregado e o paradigma exercerem a mesma função, desempenhando as mesmas tarefas e em cargos com denominação idêntica ou similar.

E) É vedada a equiparação de qualquer natureza para o efeito de remuneração do pessoal do serviço público, sendo juridicamente impossível a aplicação da norma infraconstitucional prevista no art. 461 da CLT quando se pleiteia equiparação salarial entre servidores públicos, independentemente de terem sido contratados pela CLT.

58. (Cespe – Analista (Superior) – PGE – PE/2019) No que se refere a atividades insalubres e perigosas, julgue o item subsecutivo.

Empregado que, diariamente, adentra área considerada de risco, por período de tempo entre cinco minutos e quinze minutos, exerce atividade caracterizada como perigosa e deve receber o respectivo adicional de periculosidade.

( ) Certo

( ) Errado

59. (Cespe – Analista (Superior) – PGE – PE/2019) No que se refere a atividades insalubres e perigosas, julgue o item subsecutivo.

Operador de máquinas exposto, sem a proteção adequada, a ruídos e agentes químicos nocivos à saúde não poderá cumular dois adicionais de insalubridade, apesar da exposição a dois fatores de insalubridade.

( ) Certo

( ) Errado

60. (UPENET – Advogado – UPE/2019) Pode-se afirmar acerca da remuneração do trabalhador, EXCETO:

A) Além do pagamento em dinheiro, compreende-se no salário, para todos os efeitos legais, a alimentação, habitação, vestuário ou outras prestações "in natura" que a empresa, por força do contrato ou do costume, fornecer habitualmente ao empregado. Em caso algum, será permitido o pagamento com bebidas alcoólicas ou drogas nocivas.

B) Os valores atribuídos às prestações "in natura" deverão ser justos e razoáveis, não podendo exceder, em cada caso, os dos percentuais das parcelas componentes do salário-mínimo.

C) Excepcionalmente serão considerados como salário os vestuários, equipamentos e outros acessórios fornecidos ao empregado e utilizados no local de trabalho, para a prestação dos respectivos serviços.

D) Não serão consideradas como salário as seguintes utilidades concedidas pelo empregador: educação em estabelecimento de ensino próprio ou de terceiros, compreendendo os valores relativos à matrícula, mensalidade, anuidade, aos livros e ao material didático.

E) O transporte destinado ao deslocamento para o trabalho e retorno, em percurso servido ou não por transporte público, não será considerado como salário.

61. (UFPR – Analista – Direito – Itaipú Binacional/2019) Sobre a remuneração do trabalho, identifique como verdadeiras (V) ou falsas (F) as seguintes afirmativas:

( ) Quando o pagamento houver sido estipulado por mês, deverá ser efetuado, o mais tardar, até o quinto dia útil do mês subsequente ao vencido.

( ) Não serão considerados como salário vestuários, equipamentos e outros acessórios fornecidos aos empregados e utilizados no local de trabalho, para a prestação do serviço.

( ) As importâncias habituais pagas a título de ajuda de custo, diárias para viagem, prêmios e abonos integram a remuneração do empregado, se incorporam ao contrato de trabalho e constituem base de incidência de qualquer encargo trabalhista e previdenciário.

( ) O pagamento dos salários será efetuado em dia útil e no local do trabalho, dentro do horário do serviço ou imediatamente após o encerramento deste, salvo quando efetuado por depósito em conta bancária.

Assinale a alternativa que apresenta a sequência correta, de cima para baixo.

a) V – V – F – V.
b) F – F – V – V.
c) V – V – F – F.
d) F – V – V – V.
e) V – F – V – F.

12.2. Questões discursivas

1. (TRT 4ª REGIÃO – 2012) Empregado ajuíza ação trabalhista contra sua empregadora, alegando que, após dez anos consecutivos, nos quais recebeu adicional de insalubridade em grau médio, teve suprimido o adimplemento da parcela. Invocando o princípio da estabilidade financeira, pede que seja restabelecido o pagamento do adicional em questão. A empregadora contesta o pedido requerendo sua improcedência, pois implementou Programa de Prevenção de Riscos Ambientais que eliminou as condições nocivas à saúde dos trabalhadores, argumento este não impugnado pelo autor. Proponha a solução do caso, identificando se há conflito no ordenamento vigente.

2. (TRT 9ª REGIÃO – 2012) Diferencie PIS, gueltas, *"stock options"*, *"truck system"*, gorjetas e "complementação SUDS" paga aos servidores em virtude de convênio entre Estado e União. Tais parcelas geram reflexos em outras verbas trabalhistas? Quais?

3. (TRT 2ª REGIÃO – 2016) Gueltas. Conceito, natureza jurídica, incidência de encargos e responsabilidades.

12.3. Gabarito das questões objetivas

Gab		Fundamentação legal e jurisprudencial	Onde encontro no livro?	Observação eventual
1	E	CLT. Art. 458, § 2º, II	Item 7	–
2	E	CLT. Art. 462, *caput*	Item 8	–
3	B	a) Art. 457, § 1º	a) Item 4	Com a vigência da Lei nº 13.467/17, o prêmio deixou de ter caráter salarial.
		b) Art. 457, § 2º	b) Item 4	
		c) Art. 457, § 1º	c) Item 4	
		d) Art. 457, § 1º	d) Item 4	
		e) Art. 457, § 1º	e) Item 4	
4	B	I – Decreto nº 57. 155/65. Art. 7º	I – Item 5.2. alínea "a"	–
		II – Lei nº 4.749. Art. 2º, *caput*	II – Item 5.2. alínea "a"	
		III – Decreto nº 57. 155/65. Art. 3º, § 2º	III – Item 5.2. alínea "a"	
		IV – Lei nº 4.749. Art. 2º, § 2º	IV – Item 5.2. alínea "a"	
5	E	TST. Súmula nº 91	Item 4.1	–
6	A	a) CLT. Art. 462, *caput*	a) Item 8.1, alínea "b"	–
		b) CLT. Art. 462, § 1º	b) Item 8.1, alínea "b"	
		c) CLT. Art. 463, *caput*	c) Item 3.5	
		d) CLT. Art. 457, *caput*	d) Item 1.4	
		e) CLT. Art. 457, § 2º	e) Item 6	
7	D	a) Lei nº 8.213/91. Art. 71	a) Item 6.7	
		b) CLT. Art. 487, § 1º	b) Item 1.5, alínea "c"	
		c) CLT. Art. 458, § 2º	c) Item 7	
		d) Lei nº 10.101/2000. Art. 3º	d) Item 6.4, alínea "a"	
8	B	a) CLT. Art. 193, § 1º	a) Item 5.1, alínea "c"	–
		b) TST. Súmula nº 364, II	b) Item 5.1, alínea "c"	
		c) TST. Súmula nº 364, I	c) Item 5.1, alínea "c"	
		d) CLT. Art. 194	d) Parte I, Capítulo X, Item 2.4	
		e) CLT. Art. 190	e) Item 5.1, alínea "c"	
9	D	I – CF/88. Art. 7º, II	I – Parte I, capítulo I, item 2.2, alínea "a"	–
		II – CF/88. Art. 7º, IV	II – Item 2.3, alínea "a"	
		III – CF/88. Art. 7º, VI	III – Item 8.1, alínea "a"	
		IV – CF/88. Art. 7º, XV	IV – Parte I, Capítulo I, Item 2.2, alínea "a"	
		V – CF/88. Art. 7º, XVII	V – Parte I, Capítulo I, Item 2.2, alínea "a"	

Gab		Fundamentação legal e jurisprudencial	Onde encontro no livro?	Observação eventual
10	D	a) CLT. Art. 457, *caput*	a) Item 1.4	–
		b) CLT. Art. 459, *caput*. CF/88. Art. 7º, VII	b) Itens 1.2, alínea "g" e 3.2	
		c) CLT. Art. 460	c) Item 9.1, alínea "a"	
		d) CLT. Art. 457. § 3º	d) Item 1.5	
		e) CLT. Art. 467	e) Parte I, Capítulo VIII, Item 4.6	
11	C	TST. Súmula nº 159, II	Item 9.6	–
12	C	CLT. Art. 457, *caput*	Item 1.4	–
13	E	CLT. Art. 193, I	Item 5.1, alínea "c"	Seria adicional de periculosidade
14	E	Lei nº 4.749. Art. 2º, §, 2º	Item 5.2, alínea "a"	Não tem limite de empregados
15	E	Lei nº 4.090/62. Art. 2º	Item 5.2, alínea "a"	–
16	C	TST. Súmula nº 254	Item 6.3	–
17	B	I – CLT. Art. 457, *caput*	I – Item 1.4	–
		II – CLT. Art. 458, *caput*	II – Item 7	–
		III – CLT. Art. 461, *caput*	III – Item 9.1	–
		IV – TST. Súmula nº 342	IV – Item 8.1, alínea "b"	–
18	C	I – CLT. Art. 458, § 2º, I	I – Item 7.3	–
		II – CLT. Art. 458, § 2º, II	II – Item 7	
		III – CLT. Art. 458, § 2º, III	III – Item 7.4	
		IV – CLT. Art. 458, § 2º, IV	IV – Item 7	
		V – CLT. Art. 458, § 2º, V	V – Item 7	
		VI – CLT. Art. 458, § 2º, VI	VI – Item 7	
19	B	a) CLT. Art. 464, *caput*	a) Item 3.7	–
		b) CLT. Art. 464, parágrafo único	b) Item 3.5	
		c) CLT. Art. 464, parágrafo único	c) Item 3.5	
		d) TST. Súmula nº 91	d) Item 4.1	
		e) CLT. Art. 464, *caput*	e) Item 3.7	
20	C	TST. Súmula nº 291	Item 5.1	–
21	c	a) CLT. Art. 457, § 2º	a) Item 6.1	–
		b) CLT. Art. 458, § 2º, II e IV	b) Item 7	
21	C	c) CLT. Art. 457, § 1º	c) Item 5.2	–
		d) CLT. Arts. 457, § 2º e 458, § 2º, II e IV	d) Itens 6.1 e 7	
		e) CLT. Art. 457, § 1º	e) Item 5.2	
22	E	CLT. Art. 193, § 4º	a) Item 5.1 "c"	–

Gab		Fundamentação legal e jurisprudencial	Onde encontro no livro?	Observação eventual
23	B	a) TST. Súmula nº 347	a) Parte I, Capítulo VII, Item 5	–
		b) TST. Súmula nº 376, II	b) Parte I, Capítulo VII, Itens 3.7 e 5.3	
		c) TST. Súmula nº 60	c) Item 5.1 "b"	
		d) TST. Súmula nº 132, I	d) Item 5.1 "c"	
		e) TST. Súmula nº 139	e) Parte I, Capítulo X, Item 2.4	
24	E	CF/88. Art. 239, § 3º	Item 6.4 "b"	–
25	II	I. OJ SDI-1 nº 394	I. Parte I, Capítulo VII, Item 5.3	–
		II. Doutrina	II. Item 1.6	
26	C	I. TST. Súmula nº 354	I. Item 1.5 "c"	
		II. TST. Súmula nº 354	II. Item 1.5 "c"	
		III. TST. Súmula nº 354	III. Item 1.5 "c"	
27	A	a) TST. Súmula nº 7	a) Parte I, Capítulo VII, Item 9.9	–
		b) CLT. Art. 487, § 6º	b) Parte I, Capítulo VIII, Item 4.3 "g"	
		c) Lei nº 4.090/62. Art. 1º, § 3º, I	c) Item 5.2 "a"	
		d) Lei nº 4.090/62. Art. 1º, § 3º, II	d) Item 5.2 "a"	
28	A	TST. Súmula nº 248	Item 5.1	–
29	B	Doutrina	Item 7	Sempre que a parcela *in natura* fornecida pelo empregador for condição indispensável para execução do contrato de trabalho, a hipótese será de verba de natureza **indenizatória**, caso contrário terá **caráter salarial.**
30	E	a) Decreto nº 57.155/65. Art. 7º, *caput*	a) Item 5.2, alínea "a"	–
		b) Decreto nº 57.155/65. Art. 1º, *caput*	b) Item 5.2, alínea "a"	
		c) Decreto nº 57.155/65. Art. 3º, § 2º	c) Item 5.2, alínea "a"	
		d) Decreto nº 57.155/65. Art. 3º, *caput*	d) Item 5.2, alínea "a"	
		e) Decreto nº 57.155/65. Art. 1º, parágrafo único	e) Item 5.2, alínea "a"	
31	D	a) LC nº 150/2015. Art. 18, *caput*	a) Parte I, Capítulo IV, Item 5.9	
		b) CLT. Art. 117	b) Item 2.3	
		c) CLT. Art. 120	c) Item 2.3	
		d) CLT. Art. 76	d) Item 2.3, alínea "a"	
		e) CLT. Art. 78, *caput*	e) Item 3.2	

Gab		Fundamentação legal e jurisprudencial	Onde encontro no livro?	Observação eventual
32	C	a) CLT. Art. 462, § 1º; Lei 3.207/57. Art. 6º	a) Item 8.1, alínea "b"; Parte I, Capítulo IV, Item 14.8	–
		b) CLT. Art. 462, § 1º; Lei 3.207/57. Art. 6º	b) Item 8.1, alínea "b"; Parte I, Capítulo IV, Item 14.8	
		c) CLT. Art. 462, § 1º; Lei 3.207/57. Art. 6º	c) Item 8.1, alínea "b"; Parte I, Capítulo IV, Item 14.8	
		d) CLT. Art. 462, § 1º; Lei 3.207/57. Art. 6º	d) Item 8.1, alínea "b"; Parte I, Capítulo IV, Item 14.8	
		e) CLT. Art. 462, § 1º; Lei 3.207/57. Art. 6º	e) Item 8.1, alínea "b"; Parte I, Capítulo IV, Item 14.8	
33	C	CLT. Art. 457, § 2º	Item 6.9	
34	E	(E. CLT, art. 461, § 5º	Item 9.5	
35	A	a) Lei nº 7.783/89. Arts. 11 e 12	Item 11	
		b) TST. SDI-1. OJ nº 38	Item 11	
		c) Lei nº 7.783/89. Art. 11, parágrafo único	Item 11	
		d) Lei nº 7.783/89. Art. 3º, parágrafo único	Item 6.3	
		e) Lei nº 7.783/89. Arts. 3º, parágrafo único e 13	Item 6.3	
36	E	34 E. TST. Súmula nº 47	Item 5.1, alínea "c"	
37	C	CLT. Art. 193, § 1º	Item 5.1, alínea "c"	
38	B	a) TST. Súmula nº 364	Item 5.1, alínea "c"	
		b) TST. Súmula nº 364	Item 5.1, alínea "c"	
		c) CLT. Art.193, § 1º	Item 5.1, alínea "c"	
		d) CLT. Art.193, § 4º	Item 5.1, alínea "c"	
		e) CLT. Art. 611-B, XVIII. Capítulo I	Item 7.5	
39	A	a) CLT. Art. 457, § 3º	Item 1.5	
		b) CLT. Art. 458, § 2º	Item 7	
		c) CLT Art. 457	Item 1.4	
		d) CLT. Art. 457, §3º	Item 1.5	
		e) CLT. Art. 457, §3º	Item 1.5	
40	E	CLT. Art. 143	Item 6.9	
41	C	CLT. Art. 73	Item 5.1 "B"	
42	C	TST. OJ nº 413	Item 7.1	
43	C	Lei nº 7.783. Art. 13	Item 6.3	
44	C	I – CLT. Art. 461, caput	Item 9.1	
		II – CLT. Art. 461, § 1º	Item 9.4	
		III – CLT. Art. 461, §2º	Item 9.6	
		IV – CLT. Art. 461, §6º	Item 9.1	

Gab		Fundamentação legal e jurisprudencial	Onde encontro no livro?	Observação eventual
45	A	a) CLT. Art. 457, § 1º	Item 5.2	
		b) CLT. Art. 458, §2º	Item 7	
		c) CLT. Art. 458, §2º	Item 7	
		d) CF/88. Art. 7º, XI	Parte I, Capítulo I, Item 2.2 "a"	
46	E	a) CLT. Art. 461, §2º	Item 9.6	
		b) CLT. Art. 461, §4º	Item 9.2	
		c) CLT. Art. 461	Item 9	
		d) CLT. Art. 461, §2º	Item 9.6	
		e) CLT. Art. 461, §5º	Item 9.5	
47	A	a) Lei 4.090/62. Art. 1º, §1º e §2º	Item 5.2 "a"	
		b) Lei 4.090/62. Art. 1º, §1º	Item 5.2 "a"	
		c) Lei 4.090/62. Art. 1º, §1º	Item 5.2 "a"	
		d) Decreto 57.155/65. Art. 1º	Item 5.2, alínea "a"	
		e) Decreto 57.155/65. Art. 1º, parágrafo único e Art. 3º	Item 5.2, alínea "a"	
48	A	a) Doutrina	Item 1.6	
		b) CLT. Art. 487. Parte I, Capítulo VIII.	Item 4.3	
		c) CLT. Art. 59	Item 5.1 "a"	
		d) CLT. Art. 73	Item 5.1 "b"	
49	E	TST. Súmula nº 364, I	Item 5.1, alínea "c"	
50	E	TST. Súmula nº 291	Item 5.1	
51	C	CLT. Art. 457, §2º	Item 6	
52	C	CLT. Art. 457, §§ 1° a 4°	Item 6	
53	D	CLT. Art. 458, §§ 2º e 5º	Item 7	
54	E	CLT. Art. 461, §1º e 791-A	Item 9	
55	E	RR 381-79.2010.5.15.0142	Item 5.1	
56	B	a) CLT. Art. 59, § 6º	Parte I, Capítulo IV. Item 5.6 "c"Item 9	
		b) CLT. Art. 457, § 1º e 2º	Item 6	
		c) CLT. Art. 58, § 2º	Parte I, Capítulo VII. Item 3.6	
		d) CLT. Art. 457, § 4º	Item 6	
57	E	a) CLT. Art. 461, § 2º	Item 9	
		b) CLT. Art. 461, § 1º	Item 9	
		c) TST. Súmula nº 6, V	Item 9	
		d) TST. Súmula nº 6, III	Item 9	
		e) TST. OJ SDI-1 nº 297	Item 9	
58	C	TST. Súmula nº 47	Item 5.1 "C"	
59	C	CLT. Art. 193, §2º	Item 5.1 "C"	
60	C	CLT. Art 458 §2	Item 7	
61	A	I– CLT. Art. 459. § 1º	Item 3.4	
		II – CLT. Art. 458, §2º	Item 5.1 "C"	
		III– CLT. Art. 457 § 2º	Item 6	
		IV– CLT. Art. 464, p.u e Art. 465	Item 3.7	

12.4. Gabarito das questões discursivas

Item	Fundamentação legal, jurisprudencial ou doutrinária	Onde encontro no livro
1	O princípio da estabilidade financeira não pode ser usado para pretender manter o pagamento de adicionais quando lhe é suprimida a causa que lhe deu origem, principalmente quando se trata de insalubridade e periculosidade. Isso porque os adicionais são verbas salariais que tem como objetivo desestimular o empregador no sentido de exigir do seu empregado a prestação de serviços em situações mais gravosas para sua saúde. Portanto, se o empregador adota medidas que eliminam os riscos no ambiente de trabalho, não há que se falar em incorporação ao salario do respectivo adicional de insalubridade, como ocorre com a hipótese de percepção por longos anos de gratificação de função. Caso contrário, o empregador não teria nenhum estímulo financeiro para investir na segurança e saúde dos seus trabalhadores, se fosse obrigado a continuar a pagar o adicional de insalubridade mesmo não existindo riscos. Esse é o posicionamento do TST adotado pela Súmula nº 80.	Item 5.1
2	**a) PIS**. Consiste em um programa criado para beneficiar os trabalhadores de baixa renda, proporcionando a sua participação no desenvolvimento do empreendimento. Para a empresa representa um tributo cujo fato gerador é o faturamento da empresa e não o lucro. Os valores pagos a título de PIS são destinados à formação do Fundo de Amparo ao Trabalhador que custeia o pagamento do seguro desemprego e do abono anual do PIS aos trabalhadores que estejam cadastrados há mais de cinco anos; que tenham trabalhado, pelo menos, trinta dias no ano que antecede o pagamento do abono e que tenham percebido, nesse período, até dois salários mínimos. Esse abono não tem natureza salarial por expressa determinação legal. **b) Gueltas**. Corresponde a um valor pago ao empregado pelo fornecedor da empresa para gratificá-lo em decorrência da comercialização do seu produto para os clientes do empregador. Como esse sistema se parece com a gorjeta, merece o mesmo tratamento legal por analogia, para ser considerada como parte da remuneração. **c) *Stock options*.** Consiste em oferecer ao empregado, um plano de opção de compra de ações da empresa comercializada na bolsa de valores a preços pré-fixados e geralmente a preços inferiores ao do mercado. Como se trata de opção de compra de ações e não da própria ação em si, o empregado não é obrigado a exercer o direito de compra no final do prazo estabelecido no plano. Segundo a jurisprudência majoritária, a *stock options* não tem caráter salarial. **c) *Truck system*.** É o procedimento vedado pelo ordenamento jurídico trabalhista nacional, por meio do qual o empregador coage ou induz o empregado a adquirir produtos ou serviços para que o respectivo valor, acima do cobrado no mercado, seja abatido do salário. **d) Gorjetas.** Faz parte da remuneração, juntamente com o salário e seu valor deve ser levado em consideração para efeito de pagamento de outras parcelas trabalhistas, como férias, 13º salário, FGTS etc. Mas, ao contrário deste último, as gorjetas são pagas pelos clientes do empregador, direta ou indiretamente ao empregado, em agradecimento pelos bons serviços prestados. **e) Complementação SUDS** – Sistema Unificado e Descentralizado de Saúde. Consistia em um valor pago aos servidores públicos estaduais em razão de convênio entre a União e o Estado, com o objetivo de estimular os trabalhadores do setor de saúde pública. A complementação SUDS é tratada pela OJ transitória nº 43 do TST, onde é reconhecido o caráter salarial dessa parcela, com repercussão em outras verbas devidas ao servidor.	Itens 4, 6.4, "b", 1.6, 6.6 e Item 8.1 "c"
3	**Conceito:** é o valor pago diretamente pelo fornecedor do empregador ao empregado para ele faça a promoção e venda do seu produto aos clientes da empresa. **Natureza jurídica:** as gueltas são parcela remuneratória, pois são pagas em razão da execução do contrato de trabalho, mas não diretamente pelo empregador – assim como ocorre com as gorjetas. **Incidência de encargos:** como se trata de verba remuneratória, a guelta integra a remuneração para efeitos tributários e repercute nas demais verbas trabalhistas devidas pelo empregador em razão da execução e extinção do contrato de trabalho, salvo em relação àquelas que são calculadas apenas sobre o salário, como o aviso prévio indenizado, o repouso semanal remunerado, adicional noturno e horas extras. **Responsabilidades:** o empregador deve levar em consideração os valores médios recebidos pelo empregado a título de gueltas, para efeito de cálculo das demais verbas trabalhistas, tal como ocorre com as gorjetas.	Item 1.6

CAPÍTULO VII

DURAÇÃO DO TRABALHO

1. FUNDAMENTOS E OBJETIVOS

Um dos motivos que originou a questão social, com a consequente luta dos trabalhadores, foi a excessiva jornada de trabalho exigida dos empregados que laboravam nas fábricas.

Havia necessidade de impor limites à quantidade de trabalho que poderia ser despendida diariamente pelo operário, em face do grande número de trabalhadores vítimas de acidente do trabalho por conta da fadiga física e mental provocada pelo excesso de labor.

Assim, as primeiras leis europeias específicas, que podem ser consideradas como integrantes do Direito laboral, regulamentavam a jornada de trabalho. **Essa matéria também**

compôs o conteúdo da primeira Convenção da Organização Internacional do Trabalho (outubro de 1919), que limitou a jornada de trabalho nas indústrias em **oito horas diárias e quarenta e oito** horas semanais.

No Brasil, a primeira Constituição Federal que tratou de limitar a jornada de trabalho foi a de 1934 ao estabelecer, em seu art. 121, § 1º, "c", o patamar de 8 horas de labor dia.

Por conta disso, pode-se afirmar que **a limitação da jornada de trabalho é, em primeiro plano, uma norma protetora típica de saúde e segurança do trabalho.**

Primeiramente, a legislação estabelece uma jornada considerada normal para o trabalho durante o dia e durante uma semana. Como o sistema de fiscalização por parte do Estado não cumpre com eficiência a sua tarefa, o legislador instituiu, também, um *plus* salarial para o empregado que trabalha em jornada extraordinária.

Esse acréscimo remuneratório serve, também, para inibir o empregador de exigir o trabalho após a jornada normal de labor.

Entretanto, assim não entendeu o legislador reformista ao editar a Lei nº 13.467/17, pois **não considerou como norma de proteção à saúde** as regras sobre **duração do trabalho e intervalos**, conforme se observa do parágrafo único do art. 611-B da CLT: "Regras sobre duração do trabalho e intervalos não são consideradas como normas de saúde, higiene e segurança do trabalho para os fins do disposto neste artigo".

2. JORNADA DE TRABALHO, HORÁRIO DE TRABALHO E TEMPO À DISPOSIÇÃO DO EMPREGADOR

A. *Jornada de trabalho*

No Brasil, atualmente, a jornada normal de labor é **de oito horas diárias ou quarenta e quatro horas semanais**, conforme determinação contida no art. 7º, XIII, da Constituição Federal de 1988, que recepcionou o art. 58, da Consolidação das Leis do Trabalho.[1]

Pelo regime da Carta Magna anterior, a jornada normal de trabalho semanal era de 48 horas. Desse modo, se o empregado laborava de segunda a sábado, teria que se submeter a uma jornada diária de oito horas (8 x 6 = 48).

Pela regra atual, o empregador pode distribuir as quarenta e quatro horas semanais durante os seis dias da semana, já que um dia deve ser destinado ao repouso semanal remunerado, de modo que não ultrapasse o limite diário de oito horas. Se desejar, pode optar em fixar uma jornada invariável de 7h20 (sete horas e vinte minutos).[2]

Não há fixação, no ordenamento jurídico pátrio, para uma jornada normal de trabalho mensal e anual, como acontece em outros países, a exemplo da Espanha. Entretanto, por

1. CLT. Art. 58. A duração normal do trabalho, para os empregados em qualquer atividade privada, não excederá de oito horas diárias, desde que não seja fixado expressamente outro limite.
2. É incorreto afirmar que a jornada de trabalho do sábado deva ser de apenas quatro horas de trabalho.

intermédio da jornada diária de 8 horas e semanal de 44 horas, é possível determinar que a jornada mensal de trabalho é de 220 horas.

A seguir, o resumo com os limites de jornada de trabalho:

JORNADAS NORMAIS

- 8 horas diárias
- 44 horas semanais, sem computar o repouso
- 220 horas mensais, computando-se o repouso

B. *Horário de trabalho*

A expressão *horário de trabalho* **serve para designar o momento em que o empregado inicia e finda o seu labor**, representado por uma das 24 horas diárias. Em outras palavras, corresponde à distribuição da jornada de trabalho durante o dia. Por exemplo, o empregado pode ter seu horário de trabalho assim definido: das 08h às 18h, com duas horas de intervalo intrajornada, de segunda à sexta-feira.

Sobre o **horário de trabalho**, a CLT manifesta-se expressamente por meio do seu art. 74, com redação dada pela Lei nº 13.874/19: "O horário de trabalho será anotado em registro de empregados".

LEI DA LIBERDADE ECONÔMICA – QUADRO COMPARATIVO QUADRO DE HORÁRIO DE TRABALHO	
REDAÇÃO ANTERIOR DA CLT	**REDAÇÃO ATUAL DA CLT**
Art. 74. O horário do trabalho constará de quadro, organizado conforme modelo expedido pelo Ministro do Trabalho, Indústria e Comércio, e afixado em lugar bem visível. Esse quadro será discriminativo no caso de não ser o horário único para todos os empregados de uma mesma seção ou turma.	**Art. 74.** O horário de trabalho será anotado em registro de empregados.
DIFERENÇAS E COMENTÁRIOS	
A Lei nº 13.874/19 extinguiu a obrigação que o empregador tinha de exibir, em local visível no seu estabelecimento, o denominado "quadro de horário de trabalho".	

A CLT **é omissa** em relação à fixação dos horários de trabalho. Dessa forma, caberá aos contratantes suprir essa lacuna, com o estabelecimento, via ajuste individual, do momento do início e do término da jornada de trabalho.

C. *Tempo à disposição do empregador*

A jornada de trabalho representa a quantidade de energia horária despendida pelo trabalhador, por dia, semana, mês ou ano, enquanto estiver **à disposição do empregador**, ainda que não esteja efetivamente trabalhando.

Assim, é de grande importância determinar os momentos em que o empregado **se encontra à disposição do empregador, ainda que sem trabalhar efetivamente**, pois esse período deve ser devidamente remunerado.

A Lei da Reforma Trabalhista alterou a CLT ao introduzir o § 2º ao art. 4º da CLT excluindo da jornada de trabalho o tempo em que o empregado, ainda que no interior do estabelecimento, **busca proteção pessoal ou para executar atividades pessoais**.

<table>
<tr><th colspan="2">REFORMA TRABALHISTA – QUADRO COMPARATIVO
TEMPO À DISPOSIÇÃO DO EMPREGADOR</th></tr>
<tr><th>REDAÇÃO ANTERIOR DA CLT</th><th>REDAÇÃO ATUAL DA CLT</th></tr>
<tr><td>Art. 4º
Parágrafo único – Computar-se-ão, na contagem de tempo de serviço, para efeito de indenização e estabilidade, os períodos em que o empregado estiver afastado do trabalho prestando serviço militar... (VETADO)... e por motivo de acidente do trabalho
§ 2º INEXISTENTE</td><td>Art. 4º.
§ 1º Computar-se-ão, na contagem de tempo de serviço, para efeito de indenização e estabilidade, os períodos em que o empregado estiver afastado do trabalho prestando serviço militar e por motivo de acidente do trabalho.
§ 2º Por não se considerar tempo à disposição do empregador, não será computado como período extraordinário o que exceder a jornada normal, ainda que ultrapasse o limite de cinco minutos previsto no § 1º do art. 58 desta Consolidação, quando o empregado, por escolha própria, buscar proteção pessoal, em caso de insegurança nas vias públicas ou más condições climáticas, bem como adentrar ou permanecer nas dependências da empresa para exercer atividades particulares, entre outras:
I – práticas religiosas;
II – descanso;
III – lazer;
IV – estudo;
V – alimentação;
VI – atividades de relacionamento social;
VII – higiene pessoal;
VIII – troca de roupa ou uniforme, quando não houver obrigatoriedade de realizar a troca na empresa.</td></tr>
<tr><th colspan="2">DIFERENÇAS E COMENTÁRIOS</th></tr>
<tr><td colspan="2">Com a inserção do § 2º ao art. 4º da CLT afasta-se a possibilidade de se reconhecer como tempo de serviço aquele em que o empregado permanece no interior do estabelecimento empresarial para atender seus interesses pessoais, tais como aqueles descritos de forma exemplificativa nos incisos I a VIII do dispositivo legal em comento.
Não há, de fato, uma mudança substancial na regra geral no sentido de ser considerado como tempo de serviço aquele em que o empregado permanece na empresa exclusivamente aguardando ordens do empregador.
Contudo, como o tema ainda não havia sido pacificado pela jurisprudência, o legislador resolveu deixar clara as situações de exclusão.
Inclusive os TRT's da 17ª e da 15ª Região posicionavam-se em sentido contrário à nova normativa:
TESE JURÍDICA PREVALECENTE Nº 2 do TRT7. TEMPO À DISPOSIÇÃO. MINUTOS QUE ANTECEDEM E SUCEDEM A JORNADA DE TRABALHO. O tempo gasto pelo empregado no estabelecimento empresarial em atividades relativas a troca de uniforme, alimentação, higiene pessoal, entre outras, deve ser considerado como à disposição do empregador e enseja o pagamento da jornada extraordinária correspondente, exceto se não ultrapassar cinco minutos de variação no registro do horário de entrada e de saída, observado o limite máximo de dez minutos diários (art. 58, § 1º, da CLT). Extrapolada essa tolerância, deve ser computada como extraordinária a totalidade do tempo que exceder a jornada normal.
TESE JURÍDICA PREVALECENTE Nº 15 do TRT3. HORAS EXTRAORDINÁRIAS. TEMPO À DISPOSIÇÃO. MINUTOS QUE ANTECEDEM E SUCEDEM A JORNADA DE TRABALHO. DESLOCAMENTO ATÉ O VESTIÁRIO. TROCA DE UNIFORME. CAFÉ. Os minutos que antecedem e sucedem a jornada de trabalho, despendidos com o deslocamento até o vestiário, a troca de uniforme e o café, configuram tempo à disposição do empregador e ensejam o pagamento de horas extraordinárias, observados os limites impostos pelo § 1º do art. 58 da CLT e pela Súmula n. 366 do TST
No mesmo sentido, a parte final da Súmula nº 366 do TST:
SÚMULA Nº 366. CARTÃO DE PONTO. REGISTRO. HORAS EXTRAS. MINUTOS QUE ANTECEDEM E SUCEDEM A JORNADA DE TRABALHO (nova redação) – Res. 197/2015 – DEJT divulgado em 14, 15 e 18.05.2015.</td></tr>
</table>

REFORMA TRABALHISTA – QUADRO COMPARATIVO TEMPO À DISPOSIÇÃO DO EMPREGADOR
Não serão descontadas nem computadas como jornada extraordinária as variações de horário do registro de ponto não excedentes de cinco minutos, observado o limite máximo de dez minutos diários. Se ultrapassado esse limite, será considerada como extra a totalidade do tempo que exceder a jornada normal, pois configurado tempo à disposição do empregador, não importando as atividades desenvolvidas pelo empregado ao longo do tempo residual (troca de uniforme, lanche, higiene pessoal, etc). Já a Súmula nº 11 do TRT12 já se adequa ao novo disciplinamento legal na medida em que só considera tempo à disposição quando a troca do uniforme for obrigatória por razões de saúde pública ou por determinação do empregador: **SÚMULA Nº 11 do TRT12.** TROCA DE UNIFORME. TEMPO À DISPOSIÇÃO DO EMPREGADOR. O tempo destinado à troca de uniforme como obrigação imposta pelo empregador ou por norma de saúde pública deve ser considerado como efetiva labuta, integrando a jornada de trabalho do empregado, ainda que haja previsão em contrário em instrumento normativo.

O TST reconhece que o tempo gasto da portaria até o local de efetivo trabalho integra a jornada de trabalho, **desde que ultrapasse 10 minutos**, conforme se observa da Súmula nº 429:

> **SÚMULA Nº 429.** TEMPO À DISPOSIÇÃO DO EMPREGADOR. ART 4º DA CLT. PERÍODO DE DESLOCAMENTO ENTRE A PORTARIA E O LOCAL DE TRABALHO. Considera-se à disposição do empregador, na forma do art. 4º da CLT, o tempo necessário ao deslocamento do trabalhador entre a portaria da empresa e o local de trabalho, desde que supere o limite de 10 minutos diários.

Nesse caso, utilizou-se, por analogia, a regra contida no art. 294 da CLT, **que trata do trabalho em minas de subsolo**: "O tempo despendido pelo empregado da boca da mina ao local do trabalho e vice-versa será computado para o efeito de pagamento do salário".

O TRT9 também se manifesta sobre essa questão, mais especificamente sobre o cortador de cana-de-açúcar:

> **SÚMULA Nº 40 do TRT9.** CORTADOR DE CANA-DE-AÇÚCAR. SALÁRIO POR PRODUÇÃO. TEMPO À DISPOSIÇÃO PARA TROCA DE EITO/TALHÃO DURANTE A JORNADA DE TRABALHO. ART. 4º DA CLT. REMUNERAÇÃO DEVIDA COMO HORA SIMPLES E REFLEXOS. O tempo destinado às trocas de eito/talhão ao longo da jornada de trabalho deve ser pago ao cortador de cana, quanto à parte da remuneração vinculada à produção, como hora simples, com reflexos, por configurar tempo em que o trabalhador, impedido de produzir, permanece à disposição do empregador, nos termos do art. 4º da CLT.

2.1. Trabalho em regime de tempo parcial

A jornada normal de trabalho é de quarenta e quatro horas semanais. Distribuir essa jornada durante a semana significa laborar, pelo menos, em dois períodos do dia, de segunda a sexta-feira (*full time*) e um período no sábado.

Entretanto, é possível contratar legalmente um empregado para trabalhar em **regime de tempo parcial,** geralmente durante um turno por dia. Nesse caso, o salário deve ser pago de forma proporcional ao dos empregados que executam a mesma função em tempo integral (art. 58-A, § 1º da CLT).

Antes da vigência da Lei da Reforma Trabalhista, Lei nº 13.467/17, o limite máximo da jornada de trabalho por tempo parcial era de 25 horas semanais, **vedada a prestação de horas extras pelo empregado.**

A partir de então, criou-se **duas categorias de trabalho por tempo parcial**, que se efetivou com a alteração na redação do *caput* do art. 58-A da CLT, a saber:

a) trabalho por tempo parcial sem possibilidade de horas extras – **30 horas por semana**; e

b) trabalho por tempo parcial com possibilidade de até seis horas extras – **26 horas por semana**.

> **CLT. Art. 58-A.** Considera-se trabalho em regime de tempo parcial aquele cuja duração não exceda a trinta horas semanais, sem a possibilidade de horas suplementares semanais, ou, ainda, aquele cuja duração não exceda a vinte e seis horas semanais, com a possibilidade de acréscimo de até seis horas suplementares semanais.

O Enunciado nº 92, aprovado na 2ª Jornada de Direito Material e Processual de Trabalho defende a tese de ser inaplicável o regime de tempo parcial aos comerciários em virtude da prevalência de lei específica que regulamenta o exercício dessa profissão:

> **ENUNCIADO Nº 92. CONTRATAÇÃO POR TEMPO PARCIAL DE TRABALHADORES NO COMÉRCIO** O ART. 58-A E SEUS PARÁGRAFOS, DA CLT, ALTERADOS POR FORÇA DA LEI 13.467/2017, NÃO SÃO APLICÁVEIS AOS COMERCIÁRIOS, EM VIRTUDE DA APLICAÇÃO OBRIGATÓRIA DO ART. 3º, § 1º DA LEI 12.790/2013, EM DECORRÊNCIA DA ESPECIFICIDADE E DA PREVALÊNCIA DA NORMA MAIS FAVORÁVEL AO TRABALHADOR.

2.2. Registro de horário de trabalho

A Consolidação das Leis do Trabalho, art. 74, § 2º, em sua redação anterior, só exigia que o empregador mantivesse registro de controle de horário de trabalho na hipótese de **o estabelecimento possuir mais de 10 (dez) empregados**.

A Lei nº 13.874/19 alterou a redação dos §§ 2º e 3º do art. 74 e acrescentou o § 4º, como se observa do quadro a seguir:

<table>
<tr><th colspan="2">LEI DA LIBERDADE ECONÔMICA – QUADRO COMPARATIVO
REGISTRO DE HORÁRIO DE TRABALHO</th></tr>
<tr><th>REDAÇÃO ANTERIOR DA CLT</th><th>REDAÇÃO ATUAL DA CLT</th></tr>
<tr><td>Art. 74.
§ 2º. Para os estabelecimentos de mais de dez trabalhadores será obrigatória a anotação da hora de entrada e de saída, em registro manual, mecânico ou eletrônico, conforme instruções a serem expedidas pelo Ministério do Trabalho, devendo haver pré-assinalação do período de repouso.
§ 3º – Se o trabalho for executado fora do estabelecimento, o horário dos empregados constará, explicitamente, de ficha ou papeleta em seu poder, sem prejuízo do que dispõe o § 1º deste artigo.</td><td>Art. 74.
§ 2º Para os estabelecimentos com mais de 20 (vinte) trabalhadores será obrigatória a anotação da hora de entrada e de saída, em registro manual, mecânico ou eletrônico, conforme instruções expedidas pela Secretaria Especial de Previdência e Trabalho do Ministério da Economia, permitida a pré-assinalação do período de repouso.
§ 3º Se o trabalho for executado fora do estabelecimento, o horário dos empregados constará do registro manual, mecânico ou eletrônico em seu poder, sem prejuízo do que dispõe o caput deste artigo.
§ 4º Fica permitida a utilização de registro de ponto por exceção à jornada regular de trabalho, mediante acordo individual escrito, convenção coletiva ou acordo coletivo de trabalho.</td></tr>
<tr><th colspan="2">DIFERENÇAS E COMENTÁRIOS</th></tr>
<tr><td colspan="2">As duas principais diferenças promovidas pela citada Lei nº 13.874/19 foi o aumento do número de empregados por estabelecimentos, de 10 para 20, para efeito de exigir do empregador a manutenção de controle de registro de horário; e a possibilidade de registro de jornada extraordinária ser feito por exceção. Isso significa que se o empregado só anotará o seu horário nos dias em que ultrapassar a jornada normal de labor.</td></tr>
</table>

Saliente-se que o aludido preceito legal **tem como destinatário o estabelecimento e não a empresa.** Dessa forma, se uma determinada empresa possui mais de dois estabelecimentos, com menos de vinte empregados cada um, não estará obrigada a manter registro de controle de horário de trabalho dos seus empregados.

A ausência dos referidos controles de frequência, ainda que parcialmente, **faz presumir como verdadeiros os horários de trabalho** descritos na petição inicial de uma eventual reclamação trabalhista nos períodos não cobertos por tais documentos:

> **SÚMULA Nº 18 do TRT5.** HORAS EXTRAS. REGISTRO DE PONTO. JUNTADA DE COMPROVANTES RELATIVOS APENAS A PARTE DO PERÍODO CONTRATUAL. Presume-se verdadeira a jornada de trabalho alegada na inicial para o período laboral não acobertado pelos controles de ponto acostados aos autos, admitindo-se, no entanto, a fixação de outro horário de trabalho para o período respectivo de acordo com as circunstâncias do caso e com o livre convencimento motivado do juiz.

Verifica-se esse mesmo efeito nos casos em que os referidos controles registram **jornada invariável**, pois contraria o princípio da razoabilidade. Entretanto, a presunção é *iuris tantum*, de forma que permite a prova em contrário a ser produzida pela empresa.

O Tribunal Superior do Trabalho manifesta-se sobre a questão por meio da Súmula nº 338:

> **SÚMULA Nº 338.** JORNADA DE TRABALHO. REGISTRO. ÔNUS DA PROVA. (incorporadas as Orientações Jurisprudenciais nos 234 e 306 da SDI-1) – Res. 129/2005 – DJ 20.04.2005. I – É ônus do empregador que conta com mais de 10 (dez) empregados o registro da jornada de trabalho na forma do art. 74, § 2º, da CLT. A não apresentação injustificada dos controles de frequência gera presunção relativa de veracidade da jornada de trabalho, a qual pode ser elidida por prova em contrário. (ex-Súmula nº 338 – Res. 121, DJ 21.11.2003). II – A presunção de veracidade da jornada de trabalho, ainda que prevista em instrumento normativo, pode ser elidida por prova em contrário. (ex-OJ nº 234 – Inserida em 20.06.2001). III – Os cartões de ponto que demonstram horários de entrada e saída uniformes são inválidos como meio de prova, invertendo-se o ônus da prova, relativo às horas extras, que passa a ser do empregador, prevalecendo a jornada da inicial se dele não se desincumbir. (ex-OJ nº 306 – DJ 11.08.2003).

Para os **empregados domésticos, o registro do horário é obrigatório independentemente do número de empregados**, de acordo com o preceito contido no art. 12 da Lei Complementar 150/15: "É obrigatório o registro do horário de trabalho do empregado doméstico por qualquer meio manual, mecânico ou eletrônico, desde que idôneo".

A. *Assinatura nos registros de frequência*

Tema que vem provocando calorosas discussões diz respeito à necessidade ou não de o empregado **assinar os controles de jornada** ao final de cada período de trabalho (dia, semana ou mês).

Como a lei não exige esse requisito de forma expressa, os registros de jornada sem assinatura são válidos, salvo prova em sentido contrário, na forma dos precedentes judiciais a seguir transcritos:

> **SÚMULA Nº 50 do TRT2.** HORAS EXTRAS. CARTÕES DE PONTO. AUSÊNCIA DE ASSINATURA DO EMPREGADO. VALIDADE. A ausência de assinatura do empregado

nos cartões de ponto, por si só, não os invalida como meio de prova, pois a lei não exige tal formalidade.

SÚMULA Nº 57 do TRT15. CONTROLES DE PONTO SEM ASSINATURA. EFICÁCIA PROBANTE. A ausência de assinatura do trabalhador no controle de ponto, por si só, não o invalida como meio de prova, tampouco transfere ao empregador o ônus da prova da jornada de trabalho.

SÚMULA Nº 27 do TRT5. CARTÕES DE PONTO APÓCRIFOS. VALIDADE COMO MEIO DE PROVA DA JORNADA DE TRABALHO. A mera falta de assinatura do empregado nos cartões de ponto, sejam eles físicos ou constantes de espelhos eletronicamente expedidos, não os torna só por isto inválidos. Cartões físicos 1. Se os cartões físicos não assinados pelo empregado tiverem a sua autoria negada por este, cabe ao empregador o ônus de prová-la, sob pena do seu conteúdo não ter nenhuma eficácia probante contra o trabalhador; 2. Admitida pelo trabalhador a autenticidade dos registros de ponto sem assinatura, ou provada esta pelo empregador, mas impugnada a veracidade das anotações constantes dos documentos, cabe ao empregado o ônus de demonstrar horário de trabalho diverso daquele registrado. Cartões eletrônicos 1. Se o sistema utilizado pelo empregador for o Sistema de Registro Eletrônico de Ponto – SREP conforme Portaria MTE 1.510 de 21 de agosto de 2009 ou outro devidamente certificado pelo Ministério do Trabalho e Emprego – MTE, de cuja anotação diária o trabalhador receba a contraprova impressa, é do trabalhador o ônus de demonstrar a falta de veracidade das anotações constantes dos registros apresentados sem sua assinatura; 2. Se o sistema eletrônico utilizado pelo empregador for diverso do SREP ou outro devidamente certificado pelo MTE, duas hipóteses podem ocorrer: a) Se o sistema não fornece a contraprova diária da marcação impressa ao trabalhador, é do empregador o ônus de demonstrar a inviolabilidade do sistema, a autoria das anotações lançadas no espelho apresentado sem assinatura e a veracidade das anotações dele constantes, acaso o empregado as impugne; b) Se o sistema fornece a contraprova impressa da marcação, é do empregador o ônus de provar a inviolabilidade do sistema e a autoria das entradas lançadas no espelho apresentado sem assinatura, se o trabalhador as impugnar; uma vez provadas a inviolabilidade do sistema e a autoria das entradas, ou se o empregado não as impugnar, é deste o ônus de demonstrar a arguição de falta de veracidade dos horários nele lançados.

B. Tolerância no registro do horário de entrada e saída

Ao acolher decisões reiteradas dos pretórios trabalhistas, o legislador nacional alterou a Consolidação das Leis do Trabalho para fazer incluir um dispositivo que retira do cômputo da jornada de trabalho **as variações de horário que não ultrapassem cinco minutos diários, observando o limite máximo de 10 minutos**:

CLT. Art. 58. § 1º. Não serão descontadas nem computadas como jornada extraordinária as variações de horário no registro de ponto não excedentes de cinco minutos, observado o limite máximo de dez minutos diários.

O TST trata do tema em sua **Súmula nº 366**:

SÚMULA Nº 366. CARTÃO DE PONTO. REGISTRO. HORAS EXTRAS. MINUTOS QUE ANTECEDEM E SUCEDEM A JORNADA DE TRABALHO (nova redação) – Res. 197/2015 – DEJT divulgado em 14, 15 e 18.05.2015. Não serão descontadas nem computadas como jornada extraordinária as variações de horário do registro de ponto não excedentes de cinco minutos, observado o limite máximo de dez minutos diários. Se ultrapassado esse limite, será considerada como extra a totalidade do tempo que exceder a jornada normal, pois

> configurado tempo à disposição do empregador, não importando as atividades desenvolvidas pelo empregado ao longo do tempo residual (troca de uniforme, lanche, higiene pessoal, etc).[3]

De forma semelhante a Tese Jurídica Prevalecente nº 2 do TRT7, mas com destaque para a natureza das atividades realizadas pelo trabalhador antes de iniciar o labor efetivo:

> **TESE JURÍDICA PREVALECENTE Nº 2 do TRT7.** TEMPO À DISPOSIÇÃO. MINUTOS QUE ANTECEDEM E SUCEDEM A JORNADA DE TRABALHO. O tempo gasto pelo empregado no estabelecimento empresarial em atividades relativas a troca de uniforme, alimentação, higiene pessoal, entre outras, deve ser considerado como à disposição do empregador e enseja o pagamento da jornada extraordinária correspondente, exceto se não ultrapassar cinco minutos de variação no registro do horário de entrada e de saída, observado o limite máximo de dez minutos diários (art. 58, § 1º, da CLT). Extrapolada essa tolerância, deve ser computada como extraordinária a totalidade do tempo que exceder a jornada normal.

Após a edição da referida norma, a temática deixou a órbita da negociação coletiva, segundo o posicionamento do TST exposto na Súmula nº 449:

> **SÚMULA Nº 449.** MINUTOS QUE ANTECEDEM E SUCEDEM A JORNADA DE TRABALHO. LEI Nº 10.243, DE 19.06.2001. NORMA COLETIVA. FLEXIBILIZAÇÃO. IMPOSSIBILIDADE. (conversão da Orientação Jurisprudencial nº 372 da SBDI-1) A partir da vigência da Lei nº 10.243, de 27.06.2001, que acrescentou o § 1º ao art. 58 da CLT, não mais prevalece cláusula prevista em convenção ou acordo coletivo que estabelece o limite de 5 minutos que antecedem e sucedem a jornada de trabalho para fins de apuração das horas extras.

C. Tolerância no registro do intervalo intrajornada

Por analogia, essa variação de cinco minutos também deve ser aplicada no caso do **registro do horário de intervalo,** pois decorre da aplicação do princípio da razoabilidade e em consonância com o entendimento de que registros invariáveis ou "britânicos" são presumidamente irreais.

Em 10.05.2019 o TST acolheu esse entendimento por meio da decisão proferida no Incidente de Recurso Repetitivo – IRR, de nº 001384-61.2012.5.04.0016, que fixou a seguinte tese: "A redução eventual e ínfima do intervalo intrajornada, assim considerada aquela de até 5 (cinco) minutos no total, somados os do início e término do intervalo, decorrentes de pequenas variações de sua marcação nos controles de ponto, não atrai a incidência do artigo 71, § 4º, da CLT. A extrapolação desse limite acarreta as consequências jurídicas previstas na lei e na jurisprudência".

2.3. Registro eletrônico de ponto – REP

A Portaria nº 1.510/09, do extinto Ministério do Trabalho regulamenta o registro eletrônico de ponto – REP, que fixa normas para assegurar a idoneidade dos horários de trabalho consignados pelos empregados.[4]

3. A parte final da Súmula nº 366 do TST está em desacordo com o § 2º, art. 4º da CLT.
4. A Portaria nº 2.686 do extinto MTE, de 27.12.2011, prorrogou o início da vigência da obrigatoriedade do REP para os seguintes períodos: 2 de abril de 2012, para as empresas que exploram atividades na indústria, no comércio em geral, no setor de serviços, incluindo, entre outros, os setores financeiro, de transportes, de construção, de

As empresas cujos estabelecimentos possuam **mais de vinte** empregados podem optar pelo controle de jornada manual, mecânico ou eletrônico. Todavia, ao escolher este último procedimento, deverá observar as prescrições contidas na mencionada Portaria.

A segurança das informações registradas nesse modelo de ponto eletrônico é garantida por intermédio de mecanismos que **impedem qualquer tipo de restrições à consignação da jornada**, registros automáticos e modificação de registros, dentre outros.

O sistema de marcação eletrônica de ponto, devidamente certificado pela autoridade competente, deve possuir as seguintes características principais:

a) ter como finalidade exclusiva o registro de ponto, vedando-se a utilização de terminal de computador para efetuar essa tarefa;

b) **possuir memória das marcações de ponto que não possa ser alterada ou apagada**. Eventuais equívocos ou ausência de registro em determinado dia serão corrigidos por meio de inserções retificadoras justificadas;

c) emitir comprovante a cada marcação efetuada pelo trabalhador. Se houver registro do intervalo intrajornada, também deverá ser emitido um comprovante para cada registro;

d) não possuir mecanismo que admita registros automáticos ou restrições às marcações.

A Portaria nº 373/11, também do extinto MTE, permite que as empresas adotem sistemas alternativos de controle da jornada de trabalho, desde que autorizados por Convenção ou Acordo Coletivo de Trabalho.

No caso de adoção de sistema alternativo eletrônico, este não deve admitir:

I – restrições à marcação do ponto;

II – marcação automática do ponto;

III – exigência de autorização prévia para marcação de sobrejornada;

IV – a alteração ou eliminação dos dados registrados pelo empregado.

Para efeito de fiscalização, deverão:

I – estar disponíveis no local de trabalho;

II – permitir a identificação de empregador e empregado;

III – possibilitar, através da central de dados, a extração eletrônica e impressa do registro fiel das marcações realizadas pelo empregado.

3. TRABALHO EXTRAORDINÁRIO

A jornada normal de trabalho é de oito horas diárias ou quarenta e quatro horas semanais. Qualquer labor acima desses limites é considerado trabalho extraordinário.

comunicações, de energia, de saúde e de educação; II – A partir de 1º de junho de 2012, para as empresas que exploram atividade agroeconômica nos termos da Lei nº 5.889, de 8 de julho de 1973; III – A partir de 3 de setembro de 2012, para as microempresas e empresas de pequeno porte, definidas na forma da Lei Complementar nº 126/2006.

Dessa forma, se o empregado trabalha nove horas por dia de segunda a sábado e é mensalista, terá direito, ao final do mês, não só ao salário pré-fixado, como também ao valor equivalente às horas extras acrescidas de 50%.

No exemplo anterior, um trabalhador com jornada normal de oito horas por dia teria laborado em uma semana completa cinquenta e quatro horas, com direito a dez horas extras (9 x 6 = 54 – 44 = 10). Nesse caso, vai prevalecer a contagem pela semana completa, pois a contagem diária representa um número inferior de horas extras.

3.1. Acordo de prorrogação

Mediante **acordo individual escrito** entre empregado e empregador, convenção coletiva ou acordo coletivo de trabalho, pode a jornada de trabalho normal diária ser prorrogada em **duas horas,** na forma prevista pelo art. 59 da CLT: "A duração diária do trabalho poderá ser acrescida de horas extras, em número não excedente de duas, por acordo individual, convenção coletiva ou acordo coletivo de trabalho".

Como deriva da vontade dos contratantes, tais horas extras são denominadas de **convencionais.**

> **ATENÇÃO!** Não confundir acordo de prorrogação com acordo de compensação de jornada. No primeiro, o ajuste é para majorar a quantidade de horas trabalhadas em todos ou alguns dias da semana, enquanto que no acordo de compensação o labor extraordinário em um dia tem que ser compensado nos subsequentes.

3.2. Horas extras decorrentes de necessidade imperiosa de serviços

Em caso de necessidade imperiosa de serviço, **o empregador poderá exigir labor extraordinário do empregado**, com o pagamento da hora extra e/ou respectivo adicional, mesmo sem ajuste prévio derivado de negociação individual ou coletiva, na forma prevista pelo art. 61 da CLT.

Verifica-se a mencionada **necessidade imperiosa:**

a) quando ocorrer motivo de força maior;

b) para realização ou conclusão de serviços inadiáveis ou cuja inexecução possa acarretar prejuízo manifesto.

Pela redação atual do § 1º, art. 61 da CLT, dada pela Lei nº 13.467/17, **não é mais necessário que o empregador comunique esse fato** à autoridade competente.

A lei é omissa no que se refere à quantidade de horas extraordinárias que se pode exigir do empregado nos casos de força maior. Contudo, o limite de **quatro horas extras diárias deve ser observado** quando for necessária a realização ou conclusão de serviços inadiáveis ou cuja inexecução possa acarretar prejuízo manifesto.

Alice Monteiro de Barros entende que o empregado não poderá laborar mais de **doze horas por dia**, mesmo nos casos de necessidade imperiosa por força maior, tendo em vista que deve ser obedecido o intervalo intrajornada de no mínimo uma hora e, interjornada, de no mínimo 11 horas, completando, assim, 24 horas do dia.[5]

Frise-se, por fim, que em caso de **interrupção do trabalho**, decorrente de causas acidentais ou de força maior, que determinem a impossibilidade de sua realização, a jornada de trabalho poderá ser prolongada pelo tempo necessário até o **máximo de duas horas**, durante o número de dias indispensáveis à recuperação do tempo perdido.

Entretanto, a jornada diária total não poderá exceder de **dez horas** e o período de prorrogação não poderá ultrapassar **quarenta e cinco dias por ano**, sujeita essa recuperação à prévia autorização do órgão competente (art. 61, § 3º, da CLT).

Exemplo de questão sobre o tema

(TRT 2 – Juiz do Trabalho Substituto 2ª região/ 2013) Com base nas Súmulas do TST, no que concerne à jornada de trabalho, observe as proposições abaixo e ao final aponte a alternativa que contenha as proposituras corretas:

I. É válida, em caráter excepcional, a jornada de doze horas de trabalho por trinta e seis de descanso somente quando prevista em lei, assegurada a remuneração em dobro dos feriados trabalhados.

II. Ultrapassada habitualmente a jornada de seis horas de trabalho, é devido gozo do intervalo intrajornada mínimo de uma hora, obrigando o empregador a remunerar o período para descanso e alimentação usufruído, como extra, acrescido do respectivo adicional.

III. A limitação legal da jornada suplementar a duas horas diárias não exime o empregador de pagar todas as horas trabalhadas.

IV. Não serão descontadas nem computadas como jornada extraordinária as variações de horário do registro de ponto não excedentes de cinco minutos, observado o limite máximo de dez minutos diários.

V. Se ultrapassado o limite de dez minutos, de variação de horário do registro de ponto, será considerada como extra a totalidade do tempo que exceder a jornada normal.

Está correta a alternativa:

(A) I, III e V.
(B) II, III e IV.
(C) III, IV e V.
(D) I, IV e V.
(E) II, IV e V.

Resposta: C

3.3. Proibições e limitações da jornada extraordinária

A legislação estabelece alguns limites e até mesmo veda o labor extraordinário em determinadas situações.

Da análise desses limites e proibições, surgem algumas indagações: e se ainda assim o empregador exige do empregado o labor extraordinário? É devido o pagamento das horas extras e do adicional respectivo?

A resposta é, evidentemente, afirmativa. E qual seria, então, o objetivo prático da norma ao estabelecer esses limites e proibições? Primeiro, **possibilitar a aplicação de sanções**

5. BARROS, Alice Monteiro. *Curso de Direito do Trabalho*. 7 ed. São Paulo: LTr, 2011. p. 523.

administrativas pela fiscalização do órgão competente, na forma prevista pelo art. 75 da CLT.[6]

Segundo, **o empregado poderia legitimamente resistir ao comando do empregador que lhe exigisse trabalho extraordinário** em condições não previstas na legislação trabalhista, sem que com isso ficasse configurada prática de falta que ensejasse o reconhecimento de uma justa causa para o rompimento do contrato de trabalho.

Esse é o posicionamento do TST constante da Súmula nº 376:

> **SÚMULA Nº 376.** HORAS EXTRAS. LIMITAÇÃO. ART 59 DA CLT. REFLEXOS. (conversão das Orientações Jurisprudenciais nº 89 e 117 da SDI-1) – Res. 129/2005 – DJ 20.04.2005. I – A limitação legal da jornada suplementar a duas horas diárias não exime o empregador de pagar todas as horas trabalhadas. (ex-OJ nº 117 – Inserida em 20.11.1997). II – O valor das horas extras habitualmente prestadas integra o cálculo dos haveres trabalhistas, independentemente da limitação prevista no "*caput*" do art. 59 da CLT. (ex-OJ nº 89 – Inserida em 28.04.1997).

A. Trabalho em regime de tempo parcial de 30 horas por semana

Não poderá haver trabalho em jornada extraordinária **quando o empregado for contratado em regime de trabalho por tempo parcial de 30 horas por semana**, na forma prevista pelo art. 58-A da CLT:

Art. 58-A. Considera-se trabalho em regime de tempo parcial aquele cuja duração não exceda a trinta horas semanais, sem a possibilidade de horas suplementares semanais, ou, ainda, aquele cuja duração não exceda a vinte e seis horas semanais, com a possibilidade de acréscimo de até seis horas suplementares semanais.

B. Aprendiz

É vedado o labor em jornada que ultrapasse a sexta diária, nos casos em que o empregado é aprendiz, conforme disposto no art. 432 da CLT: "A duração do trabalho do aprendiz não excederá de seis horas diárias, sendo vedadas a prorrogação e a compensação de jornada."[7]

C. Atividades insalubres

Nas atividades insalubres, o trabalho além da jornada normal dependerá da autorização do órgão competente, quando o estabelecimento se submete à inspeção prévia do local de trabalho para certificar da conveniência ou não da implantação do regime de sobrejornada.

---

6. CLT. Art. 75. Os infratores dos dispositivos do presente capítulo incorrerão na multa de 3 (três) a 300 (trezentos) valores-de-referência regionais, segundo a natureza da infração, sua extensão e a intenção de quem a praticou, aplicada em dobro no caso de reincidência e oposição à fiscalização ou desacato à autoridade. (O capítulo a que alude o referido dispositivo legal é o Capítulo II *Da Duração do Trabalho*, Título III *Das Normas Gerais de Tutela do Trabalho*).
7. Assim dispõe o § 1º do referido dispositivo legal: "O limite previsto neste artigo poderá ser de até oito horas diárias para os aprendizes que já tiverem completado o ensino fundamental, se nelas forem computadas as horas destinadas à aprendizagem teórica".

Inclusive, o inciso VI, da Súmula nº 85 do TST é justamente nesse sentido, quando se reporta à possibilidade de compensação de jornada de trabalho na atividade insalubre:

> **SÚMULA Nº 85** (Resolução nº 209/2016) VI – Não é válido acordo de compensação de jornada em atividade insalubre, ainda que estipulado em norma coletiva, sem a necessária inspeção prévia e permissão da autoridade competente, na forma do art. 60 da CLT.

Dispensa-se essa comunicação ao MTE no caso de regime de jornada de trabalho denominada "12 x 36", conforme determina o parágrafo único, art. 60 da CLT, introduzido pela Lei nº 13.467/17: "Excetuam-se da exigência de licença prévia as jornadas de doze horas de trabalho por trinta e seis horas ininterruptas de descanso".

D. Adolescente

Excepcionalmente admite-se o trabalho extraordinário do adolescente nos seguintes casos (art. 413 da CLT, adaptado):

> I) até mais 2 (duas) horas, independentemente de acréscimo salarial, **mediante convenção ou acordo coletivo**, desde que o excesso de horas em um dia seja compensado pela diminuição em outro, de modo a ser observado o limite máximo de 44 (quarenta e quatro) horas semanais ou outro inferior legalmente fixado;
>
> II) excepcionalmente, por motivo de força maior, até o máximo de 12 (doze) horas, com acréscimo salarial de, pelo menos, 50% (cinquenta por cento) sobre a hora normal e desde que o trabalho do menor seja imprescindível ao funcionamento do estabelecimento.

3.4. Acordo de compensação de jornada de trabalho

Empregado e empregador podem ajustar um **regime de compensação de jornada de trabalho**, de forma que o labor extraordinário em um dia seja compensado em outro, desde que haja previsão em acordo individual, convenção coletiva ou acordo coletivo de trabalho.

Como se trata de um acordo de vontades, deve ficar consignado previamente **como vai funcionar o respectivo regime de compensação**. Por exemplo, no instrumento de compensação pode constar que o empregado irá trabalhar 9 horas, de segunda a quinta-feira e 8 horas na sexta-feira para excluir o trabalho aos sábados.

A. Acordo individual de compensação de jornada

O acordo individual de compensação de jornada de trabalho pode ser celebrado por escrito ou decorrer de um ajuste tácito. Também é possível autorizar essa compensação por meio de acordo ou convenção coletiva de trabalho.

A compensação de jornada de trabalho **ajustada individualmente**, tácito ou por escrito, autoriza a compensação pelo prazo máximo **de um mês**, conforme preceito contido no art. 59, § 6º da CLT, com redação conferida pela Lei nº 13.467/17: "É lícito o regime de compensação de jornada estabelecido por acordo individual, tácito ou escrito, para a compensação no mesmo mês".

No acordo tácito o empregado trabalha mais de oito horas em um dia com diminuição da jornada diária nos dias subsequentes, mas sem fazer qualquer ajuste verbal ou por escrito nesse sentido. Nesse caso, o empregador só fica obrigado a pagar o **adicional de horas extras incidentes sobre aquelas que ultrapassarem a oitava diária**.

Explicitando melhor, nessas situações o empregador **não é obrigado a pagar a hora extra** mas somente o adicional de horas extras de 50%, desde que não tenha ultrapassado as 220 horas mensais, incluindo o repouso semanal remunerado. Caso labore mais de 220 horas (computando o repouso), o empregado terá direito de receber as horas excedentes acrescidas de 50%.

Inclusive **esse efeito decorrente do acordo tácito** mencionado no inciso III, da Súmula nº 85 do TST foi agasalhado pelo legislador, que introduziu o art. 59-B à CLT com redação bastante semelhante.

> **Art. 59-B.** O não atendimento das exigências legais para compensação de jornada, inclusive quando estabelecida mediante acordo tácito, não implica a repetição do pagamento das horas excedentes à jornada normal diária se não ultrapassada a duração máxima semanal, **sendo devido apenas o respectivo adicional.**
>
> **SÚMULA Nº 85.** COMPENSAÇÃO DE JORNADA. (inserido o item VI. Resolução nº 209/2016). III. O mero não atendimento das exigências legais para a compensação de jornada, inclusive quando encetada mediante acordo tácito, não implica a repetição do pagamento das horas excedentes à jornada normal diária, se não dilatada a jornada máxima semanal, sendo devido apenas o respectivo adicional. (ex-Súmula nº 85 – segunda parte – Res. 121/2003, DJ 21.11.2003).

Quando empregado e empregador celebram **acordo escrito de compensação de jornada**, não há obrigação de pagamento de adicional de horas extras, ainda que o empregado trabalhe mais de oito horas por dia, salvo se ultrapassar a jornada mensal de 220 horas (computando o repouso semanal remunerado), quando será devido não só o adicional mas a própria hora extra.

Imagine-se que determinado empregado trabalhe das 08h às 12h e das 13h às 18h, de segunda à sexta (45 horas de trabalho) em uma semana por mês, laborando 44 horas nas demais semanas, respeitando o limite de oito horas diárias.

Nessa situação, **caso não exista acordo de compensação de jornada por escrito**, o empregador pagará o adicional de 50% sobre quatro horas, e mais uma hora extra acrescida de 50%, uma vez que a jornada mensal seria de 221 horas.

Caso haja **acordo de compensação de jornada por escrito**, o empregador só pagará uma hora extra acrescida de 50% e nada a título de adicional de horas extras referentes aos dias em que o empregado laborou nove horas por dia.

Entretanto, se na semana seguinte o empregado trabalhar 43 horas, compensará uma hora extra que laborou na primeira semana, de forma que não terá direito a receber qualquer valor a título de horas extras ou adicional de horas extras, caso tenha acordo de compensação de jornada por escrito.

Para o adolescente, a compensação da jornada de trabalho só é válida se for ajustada **por convenção ou acordo coletivo de trabalho**, na forma prevista pelo art. 413, I, da CLT.

Sobre o tema, manifesta-se o TST por meio da Súmula nº 85, que deve ter sua redação alterada por conta da vigência da Lei nº 13.467/17:

SÚMULA Nº 85. COMPENSAÇÃO DE JORNADA. (inserido o item VI. Resolução nº 209/2016).

I. A compensação de jornada de trabalho deve ser ajustada por acordo individual escrito, acordo coletivo ou convenção coletiva. (ex-Súmula nº 85 – primeira parte – Res. 121/2003, DJ 21.11.2003).

II. O acordo individual para compensação de horas é válido, salvo se houver norma coletiva em sentido contrário. (ex-OJ nº 182 – Inserida em 08.11.2000).

III. O mero não atendimento das exigências legais para a compensação de jornada, inclusive quando encetada mediante acordo tácito, não implica a repetição do pagamento das horas excedentes à jornada normal diária, se não dilatada a jornada máxima semanal, sendo devido apenas o respectivo adicional. (ex-Súmula nº 85 – segunda parte – Res. 121/2003, DJ 21.11.2003).

IV. A prestação de horas extras habituais descaracteriza o acordo de compensação de jornada. Nesta hipótese, as horas que ultrapassarem a jornada semanal normal deverão ser pagas como horas extraordinárias e, quanto àquelas destinadas à compensação, deverá ser pago a mais apenas o adicional por trabalho extraordinário. (ex-OJ nº 220 – Inserida em 20.06.2001).

V – As disposições contidas nesta súmula não se aplicam ao regime compensatório na modalidade "banco de horas", que somente pode ser instituído por negociação coletiva. VI – Não é válido acordo de compensação de jornada em atividade insalubre, ainda que estipulado em norma coletiva, sem a necessária inspeção prévia e permissão da autoridade competente, na forma do art. 60 da CLT.

B. *Jornada de "12 x 36"*

Mesmo antes da introdução do art. 59-A à CLT, a jurisprudência dos Tribunais Trabalhistas já admitia a jornada de trabalho sob o regime "12 x 36", ou seja, de doze horas de trabalho por trinta e seis horas de repouso, desde que fosse autorizada em **acordo ou convenção coletiva de trabalho** e não houvesse prestação de serviços além desse limite:

SÚMULA Nº 33 do TRT6. REGIME DE TRABALHO 12X36. INEXISTÊNCIA DE AUTORIZAÇÃO NORMATIVA. É ilegal a adoção da escala de 12 horas de trabalho por 36 de descanso sem prévia autorização em lei, ou contratação coletiva de trabalho, sendo remuneradas como extras as horas excedentes aos limites fixados no artigo 7º, inciso XIII, da Constituição Federal.

TESE JURÍDICA PREVALECENTE Nº 06 do TRT9. REGIME 12X36. ELASTECIMENTO HABITUAL DA JORNADA. NULIDADE MATERIAL RECONHECIDA. O regime 12 x 36 é um acordo de compensação, inconciliável com regime de prorrogação. A existência de trabalho em horas destinadas ao descanso descaracteriza o regime compensatório e afasta a aplicação do item IV, da Súmula 85 do TST, sendo devidas como extraordinárias todas as horas que excederem o limite constitucionalmente estabelecido (8ª diária e 44ª semanal) acrescidas do respectivo adicional.

SÚMULA Nº 70 do TRT12. JORNADA EM REGIME DE 12X36. HORAS EXTRAS HABITUAIS. A habitual prestação de horas extras, desrespeitada a tolerância do § 1º do art. 58 da CLT, descaracteriza o regime de compensação de jornada de 12 horas de trabalho por 36 de descanso, atraindo o pagamento da hora mais o adicional para o labor prestado além da carga horária semanal normal e, quanto às horas destinadas à compensação, o pagamento de somente o adicional das horas extras, na forma consubstanciada no item IV da Súmula n.º 85 do TST.

SÚMULA Nº 38 do TRT17. HORAS EXTRAS HABITUAIS. ESCALA 12 X 36. INVALIDAÇÃO. PAGAMENTO DAS HORAS EXCEDENTES DA 8ª DIÁRIA E 44ª SEMANAL

> COMO EXTRAS. Nos termos da Súmula 444 do E. TST, a jornada de 12 horas de trabalho e 36 horas de descanso, prevista em lei, acordo ou convenção coletiva de trabalho é válida, em caráter excepcional, uma vez garantida a dobra da remuneração do labor em feriados. No entanto, a prestação de horas extraordinárias habituais invalida a escala, caso em que as horas que ultrapassarem a jornada semanal normal, consideradas como tais aquelas que ultrapassarem a 8ª hora diária e 44ª semanal, deverão ser pagas como horas extraordinárias.

Esse sistema de jornada de trabalho já tinha sido acolhido pela Lei nº 11.901/09, que regulamentou a profissão de **bombeiro civil**, em seu art. 5º, mas somente em **três dias na semana** (3 x 12 = 36): "A jornada do Bombeiro Civil é de 12 (doze) horas de trabalho por 36 (trinta e seis) horas de descanso, num total de 36 (trinta e seis) horas semanais".

Inclusive, em 14.09.2016, o Plenário do STF julgou improcedente a ADI nº 4842 que pretendia ver declarada a inconstitucionalidade do citado art. 5º.

Posteriormente, o art. 10 da Lei Complementar nº 150/15, que regulamentou a relação de emprego doméstica, **admitiu a jornada de trabalho "12 x 36"**, desde que estabelecida por **acordo individual de trabalho escrito**.

Nesse caso, o intervalo de trinta e seis horas entre cada jornada de trabalho **englobaria ou compensaria o intervalo interjornada, o repouso semanal remunerado em domingos e os feriados**:

> **Art. 10.** É facultado às partes, mediante acordo escrito entre essas, estabelecer horário de trabalho de 12 (doze) horas seguidas por 36 (trinta e seis) horas ininterruptas de descanso, observados ou indenizados os intervalos para repouso e alimentação. § 1º A remuneração mensal pactuada pelo horário previsto no caput deste artigo abrange os pagamentos devidos pelo descanso semanal remunerado e pelo descanso em feriados, e serão considerados compensados os feriados e as prorrogações de trabalho noturno, quando houver, de que tratam o art. 70 e o § 5º do art. 73 da Consolidação das Leis do Trabalho (CLT), aprovada pelo Decreto-Lei nº 5.452, de 1 de maio de 1943, e o art. 9º da Lei no 605, de 5 de janeiro de 1949.

O empregado submetido a esse regime de labor trabalha 36 horas em uma semana e, na seguinte, 48 horas. Nesse caso, em uma semana trabalha 6 horas por dia, em média (36 ÷ 6 = 6), e na seguinte 8 horas (48 ÷ 6 = 8), perfazendo uma jornada diária média de 7 horas ou 42 horas semanais.[8]

Percebe-se, portanto, que o referido regime de compensação matematicamente **não inclui o repouso semanal remunerado referente aos feriados.**

Inclusive, esse foi o entendimento adotado pelo TST quando da edição da Súmula nº 444, cuja redação **deve ser alterada** por conta da vigência da mencionada Lei nº 13.467/17:

> **SÚMULA Nº 444.** JORNADA DE TRABALHO. NORMA COLETIVA. LEI. ESCALA DE 12 POR 36. VALIDADE Res. 185/2012, DEJT divulgado em 25, 26 e 27.09.2012. É valida, em caráter excepcional, a jornada de doze horas de trabalho por trinta e seis de descanso, prevista em lei ou ajustada exclusivamente mediante acordo coletivo de trabalho ou convenção coletiva de trabalho, **assegurada a remuneração em dobro dos feriados trabalhados.** O empregado não tem direito ao pagamento de adicional referente ao labor prestado na décima primeira e décima segunda horas (grifou-se).

8. Com a inclusão do repouso, a jornada mensal seria de 210 (7 x 30).

Atualmente, com a introdução do citado art. 59-A à CLT, por meio da Lei nº 13.467/17, permitiu-se a instituição da jornada de 12 x 36 mediante **acordo individual escrito**:

> **Art. 59-A.** Em exceção ao disposto no art. 59 desta Consolidação, é facultado às partes, mediante acordo individual escrito, convenção coletiva ou acordo coletivo de trabalho, estabelecer horário de trabalho de doze horas seguidas por trinta e seis horas ininterruptas de descanso, observados ou indenizados os intervalos para repouso e alimentação.
>
> **Parágrafo único.** A remuneração mensal pactuada pelo horário previsto no caput deste artigo abrange os pagamentos devidos pelo descanso semanal remunerado e pelo descanso em feriados, e serão considerados compensados os feriados e as prorrogações de trabalho noturno, quando houver, de que tratam o art. 70 e o § 5º do art. 73 desta Consolidação.

Tal qual ocorreu com a lei do doméstico, há previsão legal expressa bem semelhante no sentido considerar remunerado o trabalho eventualmente executado em **domingos e feriados, além de compensar as prorrogações de trabalho noturno,** ou seja, aquele prestado depois das 05:00 horas (Súmula nº 60, inciso III do TST).

Já o **intervalo intrajornada** entre uma e duas horas deve ser **concedido ou indenizado pelo empregador**, de acordo com o preceito contido na parte final do art. 59-A da CLT.

Em resumo, a jornada de 12 x 36 compensa e/ou inclui:

- Horas extras;
- Domingos;
- Feriados; e
- Adicional noturno após as 5h.

C. *Semana espanhola e semana inglesa*

A compensação de jornada de trabalho com a adoção da denominada semana espanhola (48 horas em uma semana e 40 horas na seguinte), também já era admitida pela jurisprudência do TST antes mesmo da edição da Lei nº 13.467/17:

> **TST. SDI-1. OJ Nº 323.** ACORDO DE COMPENSAÇÃO DE JORNADA. "SEMANA ESPANHOLA". VALIDADE. DJ 09.12.03. É válido o sistema de compensação de horário quando a jornada adotada é a denominada "semana espanhola", que alterna a prestação de 48 horas em uma semana e 40 horas em outra, não violando os arts. 59, § 2º, da CLT e 7º, XIII, da CF/1988 o seu ajuste mediante acordo ou convenção coletiva de trabalho.

Já pelo sistema de jornada denominado de **semana inglesa**, suprime-se o trabalho aos sábados e distribui-se as horas de labor durante os demais dias da semana, observando o limite máximo de 10 horas por dia.

3.5. Banco de horas

O banco de horas é um sistema pelo qual o empregado, de acordo com a quantidade de trabalho, vai creditando ou debitando horas de labor e no final do prazo pré-estabelecido extrai-se o saldo respectivo.

Esse regime de trabalho pode ser instituído **por acordo individual ou por instrumento normativo negociado** (convenção ou acordo coletivo de trabalho).

Difere-se do acordo de compensação de jornada, pois no banco de horas **não se sabe previamente como deve ser feita a compensação do labor extraordinário**. Em outras palavras, não há qualquer regra para a compensação da jornada de trabalho, salvo a quantidade máxima de horas extras por dia que é imposta por determinação legal.

A. *Banco de horas instituído por convenção ou acordo coletivo de trabalho*

O banco de horas instituído por instrumento normativo negociado **permite a compensação da jornada de trabalho por um período de até um ano** (TST. Súmula nº 85, V), devendo ser observado o limite relativo à soma das jornadas semanais de trabalho e o limite máximo diário de **dez horas**.

> **CLT. Art. 59. § 2º** Poderá ser dispensado o acréscimo de salário se, por força de acordo ou convenção coletiva de trabalho, o excesso de horas em um dia for compensado pela correspondente diminuição em outro dia, de maneira que não exceda, no período máximo de um ano, à soma das jornadas semanais de trabalho previstas, nem seja ultrapassado o limite máximo de dez horas diárias.

Inclusive, quando as horas extras são reconhecidas em juízo, é possível deduzir aquelas comprovadamente pagas, independentemente do mês da apuração, conforme entendimento do TST estampado na OJ nº 415 da SDI-1:

> **OJ Nº 415.** Horas extras. Reconhecimento em Juízo. Critério de dedução/abatimento dos valores comprovadamente pagos no curso do contrato de trabalho. (Divulgada no DeJT 14/02/2012). A dedução das horas extras comprovadamente pagas daquelas reconhecidas em juízo não pode ser limitada ao mês de apuração, devendo ser integral e aferida pelo total das horas extraordinárias quitadas durante o período imprescrito do contrato de trabalho.

B. *Banco de horas instituído por acordo individual*

A Lei nº 13.467/17 da CLT introduziu o § 5º ao art. 59 da CLT, para admitir a instituição do banco de horas por meio de **acordo individual escrito**, mas com o prazo máximo de **seis meses**: "O banco de horas de que trata o § 2º deste artigo **poderá ser pactuado por acordo individual escrito,** desde que a compensação ocorra no período máximo de seis meses".

No caso de rescisão contratual do prazo mencionado, o empregado deve receber o valor das horas extras não compensadas, na forma prevista pelo art. 59, § 3º da CLT, cujo valor **será aquele da época da extinção da relação de emprego** e não da data da prestação do serviço suplementar:

> **Art. 59. § 3º** Na hipótese de rescisão do contrato de trabalho sem que tenha havido a compensação integral da jornada extraordinária, na forma dos §§ 2º e 5º deste artigo, o trabalhador terá direito ao pagamento das horas extras não compensadas, calculadas sobre o valor da remuneração na data da rescisão.

Na relação de emprego doméstica o banco de horas também **pode ser instituído por acordo individual escrito**, conforme permissão contida nos parágrafos do art. 2º da Lei nº 150/15.

O Enunciado nº 14, aprovado na 2ª Jornada de Direito Material e Processual do Trabalho, contém tese defendendo a necessidade do acordo coletivo ou convenção coletiva de trabalho:

> **ENUNCIADO Nº 14. BANCO DE HORAS**
>
> BANCO DE HORAS POR ACORDO INDIVIDUAL. A COMPENSAÇÃO DE HORÁRIOS REQUER INTERVENÇÃO SINDICAL OBRIGATÓRIA, INDEPENDENTEMENTE DO SEU PRAZO DE DURAÇÃO, CONFORME ARTIGO 7º, XIII, CF, QUE AUTORIZA A COMPENSAÇÃO APENAS MEDIANTE ACORDO OU CONVENÇÃO COLETIVA DE TRABALHO.

C. *Inobservância do ajuste de banco de horas*

O limite diário de horas extras compensáveis por meio da instituição do banco de horas, individual ou coletivamente, **é de duas por dia,** o que implica reconhecer que a jornada máxima semanal seria de 60 horas de trabalho.

Após a vigência da Lei nº 13.467/17, ainda que não seja observado **o limite diário de dez horas de trabalho,** o regime de banco de horas **continuará válido**, como deixa claro o parágrafo único do art. 59-B da CLT: "A prestação de horas extras habituais não descaracteriza o acordo de compensação de jornada e o banco de horas".

Observe-se que o preceito constante do art. 59-B da CLT **é justamente em sentido contrário ao inciso II da Súmula nº 85 do TST** e, por conta disso, deve ter sua redação alterada:

> **SÚMULA Nº 85.** IV. A prestação de horas extras habituais descaracteriza o acordo de compensação de jornada. Nesta hipótese, as horas que ultrapassarem a jornada semanal normal deverão ser pagas como horas extraordinárias e, quanto àquelas destinadas à compensação, deverá ser pago a mais apenas o adicional por trabalho extraordinário. (ex-OJ nº 220 – Inserida em 20.06.2001).

Contrariando o comando contido no referido preceito legal, o Enunciado nº 22, aprovado na 2ª Jornada de Direito Material e Processual do Trabalho, sustenta que se for trabalhado mais de 2 horas extras, descaracteriza o acordo de compensação ou o banco de horas:

> **ENUNCIADO Nº 22. PRESTAÇÃO DE HORAS EXTRAS: DESCARACTERIZAÇÃO DO ACORDO DE COMPENSAÇÃO E BANCO DE HORAS**
>
> HORAS EXTRAS. DESCARACTERIZAÇÃO DO ACORDO DE COMPENSAÇÃO E BANCO DE HORAS. A PRESTAÇÃO DE HORAS EXTRAS HABITUAIS OU, AINDA QUE EVENTUAIS, EM NÚMERO SUPERIOR A DUAS HORAS DIÁRIAS, IMPLICA DESCARACTERIZAÇÃO DO ACORDO DE COMPENSAÇÃO E DO ACORDO DE BANCO DE HORAS, CONFORME ARTIGOS 7º, XIII E XVI, DA CONSTITUIÇÃO FEDERAL, E 59 DA CLT.

Exemplos de questões sobre o tema

(TRT 15 – Juiz do Trabalho Substituto 15ª região/ 2013) A respeito do direito à limitação do trabalho, é incorreto dizer:

(A) a primeira Convenção da OIT, editada em 1919, tratou do instituto em questão, fixando os limites de oito horas diárias e quarenta e oito semanais para o trabalho na indústria;

(B) a primeira Constituição brasileira a garantir a limitação da jornada aos trabalhadores foi a de 1934;

(C) a Constituição de 1988 excepcionou da limitação da jornada de trabalho os empregados que exercem atividade externa, os gerentes os diretores e chefes de departamento;

(D) nos termos expressos da Constituição, a compensação de jornada se realiza "mediante acordo ou convenção coletiva de trabalho"; e, nos termos expressos na CLT, o denominado banco de horas se concretiza "por força de acordo ou convenção coletiva de trabalho";

(E) segundo entendimento sumulado do TST, a norma coletiva pode impedir a formalização de acordo individual, firmado entre empregado e empregador, para compensação de jornada.

Resposta: C

(Magistratura do Trabalho – TRT 8ª R – 2012) A propósito de regimes de prorrogação e compensação de jornada de trabalho, é CORRETO afirmar que:

(A) O regime de trabalho de 12 por 36 horas, quando amparado em convenção coletiva de trabalho, é amplamente reconhecido em atividades que não exigem esforço constante e intenso, devido às vantagens que proporciona ao trabalhador, a saber, descanso de 36 horas entre as jornadas, menor número de deslocamentos residência-trabalho-residência e duração do trabalho semanal inferior a 44 horas. Em tal hipótese, não há pagamento de horas extraordinárias a partir da oitava diária, observado o limite pactuado.

(B) O acordo individual de prorrogação de jornada, previsto no art. 59 da CLT, de forma tácita ou escrita, contempla a possibilidade de prorrogação de jornada até o limite de doze horas diárias, desde que não ultrapasse 44 horas semanais.

(C) A jornada de seis horas em turnos ininterruptos de revezamento, desde que negociada coletivamente, conforme jurisprudência sumulada do TST, poderá ser elastecida até dez horas, sem qualquer acréscimo salarial a partir da oitava hora trabalhada.

(D) Na hipótese de rescisão contratual, o trabalhador submetido ao regime de compensação anual ou banco de horas, fará jus ao pagamento das horas extraordinárias não compensadas, calculadas sobre o valor da remuneração da época da prestação do trabalho, acrescido de juros e de correção monetária.

(E) Pelo texto consolidado, é permitido prorrogar habitualmente o trabalho do menor, mediante compensação, através de convenção ou acordo coletivo, desde que observado o limite diário de dez horas e o limite semanal de 44 horas.

Resposta: A

3.6. Horas *in itinere*

Horas *in itinere* corresponde ao tempo despendido pelo trabalhador entre a sua residência e o local de trabalho e vice-versa.

Tal lapso de tempo só **era** computado como de efetivo serviço quando o estabelecimento da empresa situava-se em local de difícil acesso ou não servido por transporte público regular, na forma prevista pelo art. 58, § 2º da CLT, **em sua redação anterior**, interpretado pela Súmula nº 90 do TST.

A Lei da Reforma Trabalhista alterou a redação do § 2º, art. 58 da CLT para **excluir qualquer possibilidade das horas in itinere integrarem a jornada de trabalho do obreiro**:

> **Art. 58. § 2º** O tempo despendido pelo empregado desde a sua residência até a efetiva ocupação do posto de trabalho e para o seu retorno, caminhando ou por qualquer meio de transporte, inclusive o fornecido pelo empregador, **não será computado na jornada de trabalho, por não ser tempo à disposição do empregador** (grifou-se).

Em razão dessa modificação legislativa, o TST deve **cancelar ou alterar a Súmula nº 90**:

> **SÚMULA Nº 90.** HORAS "IN ITINERE". TEMPO DE SERVIÇO (incorporadas as Súmulas nºs 324 e 325 e as Orientações Jurisprudenciais nºs 50 e 236 da SBDI-1) – Res. 129/2005, DJ 20, 22 e 25.04.2005
>
> I – O tempo despendido pelo empregado, em condução fornecida pelo empregador, até o local de trabalho de difícil acesso, ou não servido por transporte público regular, e para o seu retorno é computável na jornada de trabalho. (ex-Súmula nº 90 – RA 80/1978, DJ 10.11.1978)
>
> II – A incompatibilidade entre os horários de início e término da jornada do empregado e os do transporte público regular é circunstância que também gera o direito às horas "in itinere". (ex-OJ nº 50 da SBDI-1 – inserida em 01.02.1995)
>
> III – A mera insuficiência de transporte público não enseja o pagamento de horas "in itinere". (ex-Súmula nº 324 – Res. 16/1993, DJ 21.12.1993)
>
> IV – Se houver transporte público regular em parte do trajeto percorrido em condução da empresa, as horas "in itinere" remuneradas limitam-se ao trecho não alcançado pelo transporte público. (ex-Súmula nº 325 – Res. 17/1993, DJ 21.12.1993)
>
> V – Considerando que as horas "in itinere" são computáveis na jornada de trabalho, o tempo que extrapola a jornada legal é considerado como extraordinário e sobre ele deve incidir o adicional respectivo. (ex-OJ nº 236 da SBDI-1 – inserida em 20.06.2001)

Destaque-se que **se o deslocamento efetiva-se no interior da empresa,** a hipótese é de incidência do entendimento constante da Súmula nº 429 do TST, não sendo consideradas horas de trajeto:

> **SÚMULA Nº 429.** TEMPO À DISPOSIÇÃO DO EMPREGADOR. ART 4º DA CLT. PERÍODO DE DESLOCAMENTO ENTRE A PORTARIA E O LOCAL DE TRABALHO. Considera-se à disposição do empregador, na forma do art. 4º da CLT, o tempo necessário ao deslocamento do trabalhador entre a portaria da empresa e o local de trabalho, desde que supere o limite de 10 minutos diários.

O Enunciado nº 16, aprovado na 2ª Jornada de Direito Material e Processual do Trabalho, contém tese defendendo a manutenção das horas de trajeto:

> **ENUNCIADO Nº 16. HORAS DE TRAJETO: HIPÓTESES DE CÔMPUTO NA JORNADA APÓS A LEI 13.467/2017**
>
> 1. A ESTRUTURA NORMATIVA MATRIZ DO ART. 4º DA CLT CONTEMPLA A LÓGICA DO TEMPO À DISPOSIÇÃO, NÃO ELIMINADA A CONDIÇÃO DE CÔMPUTO QUANDO SE VERIFICAR CONCRETAMENTE QUE O TRANSPORTE ERA CONDIÇÃO E/OU NECESSIDADE IRREFUTÁVEL, E NÃO DE ESCOLHA PRÓPRIA DO EMPREGADO, PARA POSSIBILITAR O TRABALHO NO HORÁRIO E LOCAL DESIGNADOS PELO EMPREGADOR, MANTENDO-SE O PARÂMETRO DESENVOLVIDO PELA SÚMULA 90 DO TST, CASO EM QUE FARÁ JUS O TRABALHADOR À CONTAGEM, COMO TEMPO DE TRABALHO, DO TEMPO DE DESLOCAMENTO GASTO EM TRECHO DE DIFÍCIL ACESSO OU SEM TRANSPORTE PÚBLICO POR MEIO FORNECIDO PELO EMPREGADOR, NA IDA OU RETORNO PARA O TRABALHO. INTELIGÊNCIA DO ARTIGO 3º, C, DA CONVENÇÃO 155 DA OIT.
>
> 2. INAPLICABILIDADE DO §2º DO ART. 58 DA LEI 13.467/2017 AO TRABALHO EXECUTADO NA ATIVIDADE RURAL.

3.7. Horas de sobreaviso

Deriva do contrato de trabalho o estado de subordinação do empregado, de forma que se considera, como de efetivo serviço, o período em que o empregado permanece sem trabalhar, mas fica no aguardo de ordens do seu empregador.[9]

Em determinadas situações, o trabalhador coloca-se à disposição do empregador em sua própria residência para, em uma eventualidade, executar serviços de natureza urgente. **Esse estado em que se encontra o empregado é denominado de sobreaviso.**

A previsão legal celetista do sobreaviso encontra-se inserida no art. 244, § 2º, da Consolidação das Leis do Trabalho, quando trata do trabalho do ferroviário:

Art. 244. § 2º. Considera-se de "sobreaviso" o empregado efetivo, que permanecer em sua própria casa, aguardando a qualquer momento o chamado para o serviço. Cada escala de "sobreaviso" será, no máximo, de vinte e quatro horas. As horas de "sobreaviso", para todos os efeitos, serão contadas à razão de 1/3 (um terço) do salário normal.

O aludido preceito legal diz respeito apenas aos ferroviários. Contudo, a sua **aplicação é estendida, por analogia, a todas as categorias profissionais:**

> **TST. SÚMULA Nº 229.** SOBREAVISO. ELETRICITÁRIOS – Nova redação – Res. 121/2003, DJ 21.11.2003. Por aplicação analógica do art. 244, § 2º, da CLT, as horas de sobreaviso dos eletricitários são remuneradas à base de 1/3 sobre a totalidade das parcelas de natureza salarial.

Segundo o entendimento do TST, **só tem direito às horas de sobreaviso o empregado que fica à disposição da empresa, em sua residência, sem poder ausentar-se.** A possível utilização de aparelho telefônico móvel ou qualquer outro aparato similar permitiria a liberdade de locomoção do trabalhador, o que afastaria a incidência do mencionado preceito Celetista.

Nesse sentido, a Súmula nº 428, I, do TST:

> **SÚMULA Nº 428.** SOBREAVISO. APLICAÇÃO ANALÓGICA DO ART. 244, § 2º, DA CLT (redação alterada na sessão do Tribunal Pleno realizada em 14.09.2012) – Res. 185/2012, DEJT divulgado em 25, 26 e 27.09.2012. I – O uso de instrumentos telemáticos ou informatizados fornecidos pela empresa ao empregado, por si só, não caracteriza regime de sobreaviso.

Entretanto, esse posicionamento não pode ser aceito de forma absoluta. A utilização de celular pelo empregado não obsta a sua ausência de sua residência, **mas limita o exercício do seu direito de ir e vir**, já que não poderá afastar-se da localidade onde presta serviços, fato que dificultaria o seu comparecimento imediato à empresa.

Inclusive, a Lei nº 12.551/11 acrescentou o parágrafo único ao art. 6º da CLT para deixar claro que a subordinação jurídica pode ser exercida com o uso de meios telemáticos e informatizados de comando, controle e supervisão, nos trabalhos realizados à distância.[10]

---

9. CLT. Art. 4º. Considera-se como de serviço efetivo o período em que o empregado esteja à disposição do empregador, aguardando ou executando ordens, salvo disposição especial expressamente consignada.

10. CLT. Art. 6º Não se distingue entre o trabalho realizado no estabelecimento do empregador, o executado no domicílio do empregado e o realizado a distância, desde que estejam caracterizados os pressupostos da relação de emprego. Parágrafo único. Os meios telemáticos e informatizados de comando, controle e supervisão se equiparam, para fins de subordinação jurídica, aos meios pessoais e direto são de comando, controle e supervisão do trabalho alheio.

Essa novidade legislativa forçou o TST a modificar a redação da mencionada Súmula nº 428, que foi acrescida do inciso II com a seguinte redação:

> **SÚMULA Nº 428.** SOBREAVISO. APLICAÇÃO ANALÓGICA DO ART. 244, § 2º, DA CLT (redação alterada na sessão do Tribunal Pleno realizada em 14.09.2012) – Res. 185/2012, DEJT divulgado em 25, 26 e 27.09.2012. II – Considera-se em sobreaviso o empregado que, à distância e submetido a controle patronal por instrumentos telemáticos ou informatizados, permanecer em regime de plantão ou equivalente, aguardando a qualquer momento o chamado para o serviço durante o período de descanso.

A doutrina não é pacífica quando trata do tema:

Quadro Doutrinário – Sobreaviso e limitação da liberdade de ir e vir do empregado		
Teorias	**Doutrinadores**	**Exemplo**
Contra a Súmula nº 428 do TST	Alice Monteiro de Barros e Vólia Bomfim	Como é sabido, os empregados portadores desse aparelho têm sua locomoção restrita aos limites do rio de ação do bipe que portam. Logo, a expectativa de virem a ser solicitados cerceia-lhes a liberdade, mantendo-os psicologicamente ligados à atribuição funcional e, em contrapartida, o bipe proporciona ao empregador segurança no resguardo de seus bens (Alice Monteiro de Barros).*
A favor da Súmula nº 428 do TST	Sérgio Pinto e Marcelo Moura	O uso do BIP não caracteriza "sobreaviso", pois o empregado pode se locomover e, teoricamente, poderia até trabalhar para outra empresa. Não se está, com isso, restringindo a liberdade de locomoção do empregado. A liberdade de ir e vir da pessoa não fica prejudicada (Sérgio Pinto Martins).**
(*) BARROS, Alice Monteiro. Curso de Direito do Trabalho. 7. ed. São Paulo: LTr, 2006. 531 p. (**) MARTINS, Sérgio Pinto. Direito do trabalho. 27. ed. São Paulo: Atlas, 2008. p. 516.		

Reconhecida a hipótese de estado de sobreaviso, o operário terá direito a 1/3 do salário, ou seja, a cada três horas de sobreaviso, perceberá quantia equivalente à uma hora de trabalho, sem qualquer acréscimo pecuniário, principalmente no que diz respeito aos adicionais, conforme Súmula nº 132, II, do TST:

> **SÚMULA Nº 132.** ADICIONAL DE PERICULOSIDADE. INTEGRAÇÃO. (INCORPORADAS AS ORIENTAÇÕES JURISPRUDENCIAIS Nº 174 E 267 DA SDI-1). II – Durante as horas de sobreaviso, o empregado não se encontra em condições de risco, razão pela qual é incabível a integração do adicional de periculosidade sobre as mencionadas horas.

Caso o empregado seja acionado para trabalhar durante o período de sobreaviso, receberá o valor da hora trabalhada. Se a jornada total ultrapassar as 44 semanais, terá direito também ao adicional de horas extras, além do valor das horas de sobreaviso.

O sobreaviso, para os aeronautas, tem sua definição contida no art. 43, da Lei nº 13.475/17:

> **Art. 43.** Sobreaviso é o período não inferior a 3 (três) horas e não excedente a 12 (doze) horas em que o tripulante permanece em local de sua escolha à disposição do empregador, devendo apresentar-se no aeroporto ou em outro local determinado, no prazo de até 90 (noventa) minutos, após receber comunicação para o início de nova tarefa.
>
> **§ 1º** Em Município ou conurbação com 2 (dois) ou mais aeroportos, o tripulante designado para aeroporto diferente da base contratual terá prazo de 150 (cento e cinquenta) minutos para a apresentação, após receber comunicação para o início de nova tarefa.

Para os petroleiros, a delimitação do sobreaviso encontra-se estabelecida pelo art. 5º, § 1º, da Lei nº 5.811/72:

> **Art. 5º. § 1º.** Entende-se por regime de sobreaviso aquele em que o empregado permanecer à disposição do empregador por um período de 24 (vinte e quatro) horas para prestar assistência aos trabalhos normais ou atender às necessidades ocasionais de operação.

Exemplo de questão sobre o tema

(TRT 23 – Juiz do Trabalho Substituto 23ª região/ 2014) Eduardo é eletricitário e trabalha em turnos ininterruptos de revezamento de 8 horas cada, os quais são autorizados pela norma coletiva. No turno que não está trabalhando, fica em casa de plantão com uso de celular. Com base nessas informações e na jurisprudência dominante do TST, assinale a alternativa CORRETA:

(A) A norma coletiva não pode flexibilizar o limite constitucional de seis horas para os turnos ininterruptos de revezamento, por se tratar de norma afeta à saúde e segurança do trabalhador, infensa assim à livre disponibilidade das partes;

(B) Eduardo terá direito ao recebimento da 7ª e 8ª horas como extras;

(C) As horas em que Eduardo permanece de plantão, em casa, são consideradas de sobreaviso e por isso devem ser remuneradas à razão de 1/3 sobre as parcelas de natureza salarial;

(D) O uso de instrumentos telemáticos ou informatizados fornecidos pela empresa ao empregado, por si só, caracteriza o regime de sobreaviso;

(E) Pelo fato de Eduardo ser eletricitário, pertencente assim à categoria diferenciada, faz jus à percepção de adicional de periculosidade ainda que não atue em sistema elétrico de potência.

Resposta: C

3.8. Horas de prontidão

As horas de prontidão assemelham-se às horas de sobreaviso. Contudo, no primeiro caso, o empregado, ao invés de ficar em sua residência, permanece nas dependências da empresa sem prestar serviços. A qualquer momento esse empregado pode ser acionado para o trabalho e passa a ter direito a uma remuneração equivalente a 2/3 da hora normal de labor.

Tem sua previsão legal no art. 244, § 3º, da CLT, com aplicação restrita aos empregados de ferrovias, mas com possibilidade de aplicação analógica às demais espécies de relação de emprego, como acontece com as horas de sobreaviso:

> **Art. 244. § 3º.** Considera-se de "prontidão" o empregado que ficar nas dependências da estrada, aguardando ordens. A escala de prontidão será, no máximo, de doze horas. As horas de prontidão serão, para todos os efeitos, contadas à razão de 2/3 (dois terços) do salário-hora normal.

Entende-se, entretanto, que o empregado deve ficar em local destinado ao seu repouso ou descanso, mas com certa limitação ao seu direito de locomoção.

Não seria o caso de o empregado permanecer em qualquer local dentro do estabelecimento, pois nessa situação o tempo à disposição seria considerado como de efetivo serviço, na forma prevista pelo art. 4º da CLT[11] e não como horas de prontidão.

De forma similar, a Lei nº 13.475/17, art. 44, denomina de ***reserva***, as horas de prontidão dos aeronautas: "Reserva é o período de tempo em que o tripulante de voo ou de cabine permanece à disposição, por determinação do empregador, no local de trabalho".

---

11. CLT. Art. 4º. Considera-se como de serviço efetivo o período em que o empregado esteja à disposição do empregador, aguardando ou executando ordens, salvo disposição especial expressamente consignada.

3.9. Trabalho em regime de revezamento

A atual Carta Magna, em seu art. 7º, inciso XIV,[12] preceitua que os empregados sujeitos ao trabalho em regime de turno ininterrupto de revezamento terão direito a uma **jornada normal de labor de seis horas, salvo negociação coletiva em sentido contrário.**

A caracterização de turnos ininterruptos de revezamento efetiva-se pela combinação de critérios relacionados tanto com a atividade da empresa quanto pelo trabalho executado pelo empregado.

Para o empregado ter direito à jornada reduzida de seis horas de trabalho por dia, terá que prestar serviços no estabelecimento da empresa na qual a atividade desenvolvida não tenha solução de continuidade.

Por conta disso, o empregador se vê obrigado a dividir essa atividade permanente em turnos, de forma que o trabalhador, periodicamente, **alterne entre os períodos diurno e noturno**, o que é prejudicial à sua saúde, bem como ao convívio social e familiar.[13]

Nessas condições, como poderia, por exemplo, o empregado participar de um curso de formação ou mesmo de ensino fundamental ou superior regular, tendo uma escala de trabalho que ocupa todas as horas do dia?

Decididamente, o prejuízo é de grande monta, razão pela qual o legislador decidiu reduzir a jornada máxima dos trabalhadores que prestam serviços em regime de revezamento, ainda que essa alternância limite-se aos períodos diurno e noturno.

A OJ nº 360, da SDI-1, do TST, adota esse posicionamento:

> **OJ Nº 360.** TURNO ININTERRUPTO DE REVEZAMENTO. DOIS TURNOS. HORÁRIO DIURNO E NOTURNO. CARACTERIZAÇÃO. Faz jus à jornada especial prevista no art. 7º, XIV, da CF/1988 o trabalhador que exerce suas atividades em sistema de alternância de turnos, ainda que em dois turnos de trabalho, que compreendam, no todo ou em parte, o horário diurno e o noturno, pois submetido à alternância de horário prejudicial à saúde, sendo irrelevante que a atividade da empresa se desenvolva de forma ininterrupta.

Contudo, **nada impede que se estabeleçam turnos superiores a seis horas de trabalho,** observado o limite diário de oito horas, por meio de acordo ou convenção coletiva de trabalho, uma vez que a própria Constituição Federal vigente (art. 7º, XIV, parte final) permite a **flexibilização da jornada de trabalho**, por meio da negociação coletiva.[14]

Nesse sentido é o teor da Súmula nº 423 do TST:

> **SÚMULA Nº 423.** TURNO ININTERRUPTO DE REVEZAMENTO. FIXAÇÃO DE JORNADA DE TRABALHO MEDIANTE NEGOCIAÇÃO COLETIVA. VALIDADE. (Conversão da Orientação Jurisprudencial nº 169 da SBDI-1).

---

12. CF/88. Art. 7º. XIV. Jornada de seis horas para o trabalho realizado em turnos ininterruptos de revezamento, salvo negociação coletiva.
13. TST. SDI-1. OJ Nº 274. Turno ininterrupto de revezamento. Ferroviário. Horas extras. Devidas. O ferroviário submetido a escalas variadas, com alternância de turnos, faz jus à jornada especial prevista no art. 7º, XIV, da CF/1988.
14. TST. SDI-1. OJ Nº 275. Turno ininterrupto de revezamento. Horista. Horas extras e adicional. Devidos. Inexistindo instrumento coletivo fixando jornada diversa, o empregado horista submetido a turno ininterrupto de revezamento faz jus ao pagamento das horas extraordinárias laboradas além da 6ª, bem como ao respectivo adicional.

Estabelecida jornada superior a seis horas e limitada a oito horas por meio de regular negociação coletiva, os empregados submetidos a turnos ininterruptos de revezamento não têm direito ao pagamento da 7ª e 8ª horas como extras.

Entretanto, a prestação habitual de serviços além da 8ª hora diária invalida o instrumento normativo negociado que autorizou o elastecimento dessa jornada de seis para oito horas por dia:

> **TESE JURÍDICA PREVALECENTE Nº 11 do TRT2.** TURNOS ININTERRUPTOS DE REVEZAMENTO. CARACTERIZAÇÃO. VALIDADE DA JORNADA DE OITO HORAS PRORROGADA POR ACORDO COLETIVO. PAGAMENTO DE HORAS EXTRAS. I) O labor em apenas dois turnos de trabalho, não abarcando totalmente o ciclo de vinte e quatro horas do dia, não descaracteriza o turno ininterrupto de revezamento. II) A prestação habitual de horas extras além da 8ª diária invalida a negociação coletiva que instituiu turno ininterrupto de revezamento de 8 horas diárias.

A alteração da jornada ou do horário de trabalho dos empregados que prestam serviços em turno ininterrupto de revezamento só pode ser feita por intermédio de **acordo ou convenção coletiva de trabalho**, conforme determinação contida na Portaria nº 412/07, do extinto Ministério do Trabalho e Emprego.

A prestação de serviços durante o período noturno, mesmo em regime de revezamento, **enseja o pagamento do respectivo adicional**, inclusive sobre as horas trabalhadas após as 5h, **bem como o cômputo da hora ficta**, na forma do posicionamento do TST adotado pelas OJs nºs 388 e 395 da SDI-1:

> **OJ Nº 388.** JORNADA 12X36. JORNADA MISTA QUE COMPREENDA A TOTALIDADE DO PERÍODO NOTURNO. ADICIONAL NOTURNO. DEVIDO. O empregado submetido à jornada de 12 horas de trabalho por 36 de descanso, que compreenda a totalidade do período noturno, tem direito ao adicional noturno, relativo às horas trabalhadas após as 5 horas da manhã.

> **OJ Nº 395.** TURNO ININTERRUPTO DE REVEZAMENTO. HORA NOTURNA REDUZIDA. INCIDÊNCIA. O trabalho em regime de turnos ininterruptos de revezamento não retira o direito à hora noturna reduzida, não havendo incompatibilidade entre as disposições contidas nos arts. 73, § 1º, da CLT e 7º, XIV, da Constituição Federal.

A. *Concessão de intervalos intrajornada*

A atividade da empresa também é responsável pela caracterização de turnos ininterruptos de revezamento. Por isso, **a concessão de intervalos intrajornada não desnatura essa espécie de jornada reduzida**, conforme entendimento do STF explicitado em sua Súmula nº 675:

> **SÚMULA Nº 675.** Os intervalos fixados para descanso e alimentação durante a jornada de seis horas não descaracterizam o sistema de turnos ininterruptos de revezamento para o efeito do art. 7º, XIV, da Constituição.

O Tribunal Superior do Trabalho também se posicionou no mesmo sentido, por intermédio da Súmula nº 360:

> **SÚMULA Nº 360.** TURNOS ININTERRUPTOS DE REVEZAMENTO. INTERVALOS INTRAJORNADA E SEMANAL. A interrupção do trabalho destinada a repouso e alimentação, dentro de cada turno, ou o intervalo para repouso semanal, não descaracteriza o turno de revezamento com jornada de 6 (seis) horas previsto no art. 7º, XIV, da CF/1988. (Res. 79/1997, DJ 13.01.1998).

B. Intervalo interjornada e repouso semanal remunerado

Não há qualquer alteração nas regras relativas ao repouso semanal remunerado de vinte e quatro horas ou sobre o intervalo interjornada de 11 horas para os empregados que trabalham sob o regime de turno ininterrupto de revezamento.

Sendo assim, inobservado o intervalo mínimo entre uma jornada e outra, a diferença deve ser remunerada como hora extra acrescida do respectivo adicional, inclusive quando isso ocorre após o repouso semanal remunerado.

Nesse sentido é o posicionamento do TST revelado por meio da Súmula nº 110:

> **SÚMULA Nº 110.** JORNADA DE TRABALHO. INTERVALO (mantida) – Res. 121/2003, DJ 19, 20 e 21.11.2003. No regime de revezamento, as horas trabalhadas em seguida ao repouso semanal de 24 horas, com prejuízo do intervalo mínimo de 11 horas consecutivas para descanso entre jornadas, devem ser remuneradas como extraordinárias, inclusive com o respectivo adicional.

C. Divisor-hora

Para quem trabalha 8 horas por dia e 44 horas por semana, o divisor-hora a ser utilizado para encontrar o salário-hora é de 220 (44 / 6 x 30). Já no caso de jornada diária de seis horas, o divisor é de **180** (6 x 30).

Assim, seriam necessários quatro turnos para cobrir as 24 horas do dia:

> **TST. SDI-1. OJ Nº 396.** TURNOS ININTERRUPTOS DE REVEZAMENTO. ALTERAÇÃO DA JORNADA DE 8 PARA 6 HORAS DIÁRIAS. EMPREGADO HORISTA. APLICAÇÃO DO DIVISOR 180. Para o cálculo do salário hora do empregado horista, submetido a turnos ininterruptos de revezamento, considerando a alteração da jornada de 8 para 6 horas diárias, aplica-se o divisor 180, em observância ao disposto no art. 7º, VI, da Constituição Federal, que assegura a irredutibilidade salarial.

O labor, além da jornada diária de seis horas, enseja o pagamento das horas extraordinárias acrescidas do adicional respectivo, conforme entendimento constante da OJ nº 275, da SDI-1, do TST:

> **OJ Nº 275.** TURNO ININTERRUPTO DE REVEZAMENTO. HORISTA. HORAS EXTRAS E ADICIONAL. DEVIDOS. Inserida em 27.09.02. Inexistindo instrumento coletivo fixando jornada diversa, o empregado horista submetido a turno ininterrupto de revezamento faz jus ao pagamento das horas extraordinárias laboradas além da 6ª, bem como ao respectivo adicional.

D. Revezamento em atividades petrolíferas

A Lei 5.811/72, dispõe sobre o regime de trabalho dos empregados nas atividades de exploração, perfuração, produção e refinação de petróleo, industrialização do xisto, indústria petroquímica e transporte de petróleo e seus derivados por meio de dutos.

A referida norma legal estabelece um regime de revezamento em **turnos de oito e doze horas de trabalho.**

No primeiro caso são assegurados os seguintes direitos: pagamento do adicional de trabalho noturno; pagamento em dobro da hora de repouso e alimentação; alimentação gratuita, no posto de trabalho, durante o turno em que estiver em serviço; transporte gratuito para o local de trabalho; repouso de vinte e quatro horas consecutivas para cada três turnos trabalhados.

Para quem se sujeita ao turno de doze horas, além das vantagens acima mencionadas, terá direito a: alojamento coletivo gratuito e adequado ao seu descanso e higiene; e repouso de vinte e quatro horas consecutivas para cada turno trabalhado.

Após discussões sobre a questão relativa à recepção da citada Lei nº 5.811/72, pela Carta Magna em vigor, o TST editou a Súmula nº 391:

> **SÚMULA Nº 391.** PETROLEIROS. LEI Nº 5.811/1972. TURNO ININTERRUPTO DE REVEZAMENTO. HORAS EXTRAS E ALTERAÇÃO DA JORNADA PARA HORÁRIO FIXO. (CONVERSÃO DAS ORIENTAÇÕES JURISPRUDENCIAIS Nº 240 E 333 DA SDI-1). I – A Lei nº 5.811/72 foi recepcionada pela CF/88 no que se refere à duração da jornada de trabalho em regime de revezamento dos petroleiros. (ex-OJ nº 240 – Inserida em 20.06.2001). II – A previsão contida no art. 10 da Lei nº 5.811/1972, possibilitando a mudança do regime de revezamento para horário fixo, constitui alteração lícita, não violando os arts. 468 da CLT e 7º, VI, da CF/1988. (ex-OJ nº 333 – DJ 09.12.2003).

3.10. Horas extras em regime de tempo parcial

Como visto, o trabalho em regime de tempo parcial só admite a prestação de horas extras quando fixada jornada de até 26 horas por semana, ainda assim observado o limite de seis, que devem ser remuneradas com adicional de 50%.

Contudo, caso a jornada seja ajustada em quantidade inferior ao limite mencionado, a sua inobservância implica **pagamento do excedente como se fosse horas extraordinárias**, ou seja, com acréscimo de 50%, conforme previsão contida no § 4º, art. 58-A da CLT:

> **Art. 58-A. § 4º** Na hipótese de o contrato de trabalho em regime de tempo parcial ser estabelecido em número inferior a vinte e seis horas semanais, as horas suplementares a este quantitativo serão consideradas horas extras para fins do pagamento estipulado no § 3º, estando também limitadas a seis horas suplementares semanais.

Outra opção é a **compensação da jornada extraordinária**, que deverá ser feita **na semana subsequente** (no contrato de trabalho por tempo integral, a compensação pode ser feita dentro de um mês). Caso isso não ocorra, as horas extras e o respectivo adicional devem ser pagos juntamente com o salário do mês seguinte, na forma estabelecida pelo § 5º, art. 58-A, da CLT:

> **Art. 58-A. § 5º** As horas suplementares da jornada de trabalho normal poderão ser compensadas diretamente até a semana imediatamente posterior à da sua execução, devendo ser feita a sua quitação na folha de pagamento do mês subsequente, caso não sejam compensadas.

Observe-se que se a jornada ajustada entre as partes situa-se entre 27 e 29 horas de trabalho por semana, não será possível a realização de horas suplementares.

Exemplo de questão sobre o tema

(TRT 2 – Juiz do Trabalho Substituto 2ª região/2016) Analise as assertivas quanto à tutela geral e especial do trabalho à luz da previsão legal e da jurisprudência sumulada do TST e responda.

I. No regime de revezamento, as horas trabalhadas em seguida ao repouso semanal de 24 (vinte e quatro) horas, com prejuízo do intervalo mínimo de 11 (onze) horas consecutivas para descanso entre jornadas, não serão remuneradas como extraordinárias visto que ocorreu mera infração de caráter administrativo.

II. Cumprida integralmente a jornada no período noturno e prorrogada esta, devido é também o adicional noturno quanto às horas prorrogadas.

III. A duração normal do trabalho dos empregados em bancos será de 6 (seis) horas contínuas nos dias úteis, com exceção dos sábados, perfazendo 30 (trinta) horas semanais e ficará compreendida entre 7 (sete) e 22 (vinte e duas) horas, assegurando-se ao empregado, no horário diário, um intervalo de 15 (quinze) minutos para alimentação.

IV. O empregado que não labore em câmara frigorífica e apenas esteja submetido a trabalho contínuo em ambiente artificialmente frio, nos termos previstos na CLT, não faz jus ao intervalo intrajornada de 20 (vinte) minutos a cada 1 (uma) hora e 40 (quarenta) minutos de trabalho contínuo.

V. A interrupção do trabalho destinada a repouso e alimentação, dentro de cada turno, ou o intervalo para repouso semanal, não descaracteriza o turno de revezamento com jornada de 6 (seis) horas previsto no art. 7º, XIV, da CF.

Estão corretas apenas as assertivas:

A) I, II e III.

B) II, III e V.

C) III, IV e V.

D) II, IV e V.

E) I, IV e V.

Resposta: B

4. EMPREGADOS EXCLUÍDOS DO DIREITO ÀS HORAS EXTRAS

Nem todos os empregados estão protegidos pela legislação laboral, no que diz respeito à duração do trabalho, incluindo-se a jornada de trabalho, intervalos intrajornada e interjornada, repouso semanal remunerado e jornada noturna.

O art. 62 da CLT define três categorias de trabalhadores excluídos da referida proteção e, consequentemente, da possibilidade de perceberem horas extras acrescidas do adicional respectivo, quais sejam, a dos trabalhadores externos, empregados que ocupam cargo de gestão e os teletrabalhadores.

4.1. Trabalho externo

Em um sistema de organização do trabalho de âmbito empresarial, os trabalhadores são classificados em três grandes grupos: trabalhadores internos, trabalhadores externos e trabalhadores pendulares.

No primeiro grupo, estão incluídos todos aqueles empregados que prestam serviços no interior do centro de trabalho da empresa. Já os trabalhadores externos são aqueles que desenvolvem sua atividade laboral fora do estabelecimento da empresa. Pendulares são os obreiros que trabalham tanto dentro quanto fora do centro de trabalho.

A teor do disposto no art. 62, inciso I, da Consolidação das Leis do Trabalho, não têm direito à percepção do valor referente às horas extras os empregados "que exercem atividade externa incompatível com a fixação de horário de trabalho, devendo tal condição ser anotada na Carteira de Trabalho e Previdência Social e no registro de empregado".

Observe-se que **não basta que o serviço executado pelo trabalhador seja externo**, assim considerado aquele prestado fora dos limites físicos do estabelecimento da empresa, mas que, **além de ser externo, haja incompatibilidade com a fixação de horário de trabalho.**

Se, de alguma forma, o empregador pode determinar e quantificar a jornada de trabalho do seu empregado, não há que se falar em incidência do mencionado art. 62, I da CLT.

Por conta disso, é indiferente, juridicamente, se o empregador fiscaliza ou não a jornada de trabalho do seu empregado. **O que importa é a simples possibilidade dessa fiscalização.**

Inclusive, a Lei nº 12.551/11 introduziu o parágrafo único ao art. 6º da CLT para deixar claro que o poder diretivo pode ser exercido tanto por meios tradicionais, quanto por meios telemáticos e informatizados.[15]

Para Valentin Carrion o que caracteriza a atividade externa é "a circunstância de estarem todos fora da permanente fiscalização e controle do empregador; há impossibilidade de conhecer-se o tempo realmente dedicado com exclusividade à empresa".[16]

A jurisprudência dominante tem se posicionado nesse sentido:

> INTERVALO PARA REPOUSO E ALIMENTAÇÃO – BANCÁRIO – A prorrogação habitual da jornada de seis horas de trabalho enseja a fruição do intervalo para repouso e alimentação mínimo de uma hora, obrigando o empregador a remunerar o período para descanso e alimentação não usufruído como extra, acrescido do respectivo adicional, na forma prevista no art. 71, *caput* e § 4, da CLT. Aplicação da Orientação Jurisprudencial nº 380 da SDI-I do TST.[17]

Nos casos em que o obreiro, ainda que qualificado como externo, é obrigado a comparecer no início e no final da jornada de trabalho na sede da empresa, estará submetido à incidência da norma que trata da jornada de trabalho.

Tal circunstância ocorre, geralmente, com os vendedores, e a jurisprudência inclina-se pelo reconhecimento do direito à percepção das horas extraordinárias quando é ultrapassada a jornada normal de labor, conforme se observa da redação da decisão a seguir:

> VENDEDOR EXTERNO – HORAS EXTRAS – A obrigatoriedade do comparecimento à sede da empresa no início e ao final da jornada, bem como o grande número de visitas a clientes – Cuja duração média era do conhecimento da reclamada – Demonstram a possibilidade de o empregador controlar o tempo gasto pelo autor no desempenho de suas funções. Portanto, como a reclamada detinha meios para controlar a jornada exercida pelo reclamante, embora fora do ambiente físico da empresa, é forçoso concluir pela não aplicação, ao caso, da disposição contida no art. 62, inciso I, da CLT.[18]

Se a jornada de trabalho é executada fora do centro de trabalho, o empregador deverá adotar controle de horário, cujo registro ficará em seu poder, conforme determina o art. 13, parágrafo único, da Portaria nº 3.626/91 do extinto MTE:

> **Art. 13. Parágrafo único.** Quando a jornada de trabalho for executada integralmente fora do estabelecimento do empregador, o horário de trabalho constará também de ficha, papeleta ou registro de ponto, que ficará em poder do empregado.

---

15. CLT. Art. 6º. Parágrafo único. Os meios telemáticos e informatizados de comando, controle e supervisão se equiparam, para fins de subordinação jurídica, aos meios pessoais e diretos de comando, controle e supervisão do trabalho alheio.
16. CARRION, Valentin. *Comentários à consolidação das leis do trabalho*. 25. ed. atual. e ampl.. São Paulo: Saraiva. 2000. p. 110.
17. TRT 4ª R. RO 0006800-97.2008.5.04.0011. 5ª T. Rel. Des. Clóvis Fernando Schuch Santos. DEJT 11.01.2011.
18. TRT 18ª R. RO 0000836-89.2010.5.18.0003. 3ª T. Rel. Juiz Paulo Canagé de Freitas Andrade. DEJT 28.01.2011.

Com a evolução das tecnologias da informática e da telecomunicação **é muito difícil constatar uma situação concreta na qual o empregador não possa, por qualquer meio, fiscalizar a jornada de trabalho do empregado.**

Diversos recursos podem ser utilizados, como telefone móvel celular, *smartphone*, disco de tacógrafo,[19] GPS, *laptop*, *palm top e tablet* com aplicativos que permitem identificar toda a atividade laboral do obreiro durante a sua jornada de trabalho externa, de forma que a interpretação do mencionado art. 62, I, da CLT, deve ser feita da forma mais restrita possível.

ATENÇÃO! O TST entende que o simples fato de existir tacógrafo em automóvel não implica, necessariamente, controle de jornada do motorista.

4.2. Cargo de gestão

Como foi dito em outras oportunidades, a confiança constitui elemento essencial para manutenção da relação de emprego. Em certos casos, todavia, o exercício de determinada função dentro da empresa exige um grau mais elevado de confiança.

Quando o empregado, dentro do estabelecimento, exerce as mesmas funções inerentes ao detentor da empresa, com poderes de mando e gestão, não estará protegido pela legislação laboral no que diz respeito à fixação de uma jornada normal de trabalho, de acordo com o disposto no art. 62, II, da Consolidação das Leis do Trabalho:

> **Art. 62.** Não são abrangidos pelo regime previsto neste capítulo: II – os gerentes, assim considerados os exercentes de cargos de gestão, aos quais se equiparam, para efeito do disposto neste artigo, os diretores e chefes de departamento ou filial.

Essa exclusão ocorre porque seria o próprio empregado quem fixaria e fiscalizaria a sua jornada de trabalho. Desse modo, seria impraticável a incidência da proteção legal que estabelece a jornada normal de trabalho de 8 horas diárias e 44 semanais:

> Cargo de gestão. Ausência de controle da jornada de trabalho. Possibilidade. Art. 62, II, da CLT. Decisão mantida. Não afronta o art. 7º, XIII, da Constituição da República, a decisão que excepciona os ocupantes de cargos de gestão do controle de jornada de trabalho.[20]

Frise-se, todavia, que **só não há incidência da norma protetora laboral quando, de fato, o empregado ocupa o cargo mais alto dentro do estabelecimento e sem que possua qualquer superior hierárquico**. Não basta apenas que o empregado seja rotulado de gerente, diretor etc.[21]

---

19. TST. SDI-1. OJ Nº 332. Motorista. Horas extras. Atividade externa. Controle de jornada por tacógrafo. Resolução nº 816/86 do CONTRAN. O tacógrafo, por si só, sem a existência de outros elementos, não serve para controlar a jornada de trabalho de empregado que exerce atividade externa.
20. STF. RE 563.851-AgR, 2ª T. Rel. Min. Cezar Peluso. DJE de 28.3.2008.
21. TST. Súmula nº 287. JORNADA DE TRABALHO. GERENTE BANCÁRIO – NOVA REDAÇÃO. A jornada de trabalho do empregado de banco gerente de agência é regida pelo art. 224, § 2º, da CLT. Quanto ao gerente-geral de agência bancária, presume-se o exercício de encargo de gestão, aplicando-se-lhe o art. 62 da CLT.

Por fim, é bom salientar que o gerente deverá receber uma gratificação de função equivalente a, no mínimo, **quarenta por cento do valor do salário do cargo efetivo**, sob pena de ser considerado um trabalhador ordinário, sujeito, portanto, ao controle de horário.[22]

4.3. Teletrabalhador

Apesar dos recursos da informática e da telecomunicação oferecerem instrumentos para o controle e fiscalização da jornada dos teletrabalhadores, o legislador achou por bem excluir essa espécie da proteção específica conferida pela CLT no que diz respeito à duração de trabalho, inserindo-os no rol das exceções estabelecidas pelo art. 62 desse Diploma Legal.

Assim, por expressa disposição legal introduzida pela Lei da Reforma Trabalhista (Lei nº 13.467/17), os teletrabalhadores **não têm direito à remuneração pelas horas trabalhadas além das quarenta e quatro semanais, bem como ao adicional noturno, ao intervalo intrajornada e interjornada**, mantido apenas o repouso semanal remunerado pois regulado pela Lei nº 605/49.

Note-se que, ao contrário da hipótese prevista pelo inciso I, do art. 62, **não é necessário que a atividade do teletrabalhador seja incompatível com a fixação de jornada de trabalho** para que seja enquadrado nessa excepcionalidade legal.

Contudo, o intérprete poderá utilizar do preceito contido no parágrafo único do art. 6º da CLT para afastar a incidência do art. 62, III consolidado, quando pelos meios telemáticos a jornada de trabalho do teletrabalhador **for controlada pelo empregador**.

Isso significa que não bastaria a mera possibilidade potencial de fiscalização, como exigido para o trabalho externo, **mas a efetiva fiscalização** da jornada, cabendo ao empregado o respectivo ônus da prova.

O Enunciado nº 71 aprovado na 2ª Jornada de Direito Material e Processual do Trabalho defende a inaplicabilidade desse dispositivo legal, conforme interpretação constitucional:

> **ENUNCIADO Nº 71. TELETRABALHO: HORAS EXTRAS**
>
> SÃO DEVIDAS HORAS EXTRAS EM REGIME DE TELETRABALHO, ASSEGURADO EM QUALQUER CASO O DIREITO AO REPOUSO SEMANAL REMUNERADO. INTERPRETAÇÃO DO ART. 62, III E DO PARÁGRAFO ÚNICO DO ART. 6º DA CLT CONFORME O ART. 7º, XIII E XV, DA CONSTITUIÇÃO DA REPÚBLICA, O ARTIGO 7º, "E", "G" E "H" PROTOCOLO ADICIONAL À CONVENÇÃO AMERICANA SOBRE DIREITOS HUMANOS EM MATÉRIA DE DIREITOS ECONÔMICOS, SOCIAIS E CULTURAIS ("PROTOCOLO DE SAN SALVADOR"), PROMULGADO PELO DECRETO 3.321, DE 30 DE DEZEMBRO DE 1999, E A RECOMENDAÇÃO 116 DA OIT.

Exemplo de questão sobre o tema

PRIMEIRA TESTEMUNHA CONVIDADA PELA RECLAMADA. JOSÉ DA SILVA, RG 000000000, brasileiro, casado, nascido em 08/10/1970, vendedor, residente na rua das Casas, número 1, N/C. Advertido e

22. CLT. Art. 62. Parágrafo único. O regime previsto neste capítulo será aplicável aos empregados mencionados no inciso II deste artigo, quando o salário do cargo de confiança, compreendendo a gratificação de função, se houver, for inferior ao valor do respectivo salário efetivo acrescido de 40% (quarenta por cento).

compromissado. Depoimento: que trabalha na reclamada desde novembro de 2013; que a chefe do depoente é Kelly; que Kelly é gerente; que Kelly passa as metas e auxilia os vendedores; que o reclamante era vendedor; que às 8 horas há uma reunião com a gerente; que Kelly dá orientações, feedback, passa o roteiro; que durante a reunião há práticas motivacionais, como o grito de guerra e a canção da vitória, cantada por todos ao final da reunião; que depois da reunião estão liberados; que a maior parte da jornada é fazendo vendas externas; que trabalham no horário comercial; que já aconteceu de o depoente trabalhar após esse horário, mas por opção sua; que o depoente trabalha até mais tarde quase todos os dias, pois recebe por comissão e têm metas a cumprir; que não sabe se o reclamante já trabalhou até mais tarde; que foi o depoente quem indicou o reclamante para trabalhar na empresa; que a reclamada dá chance para novas contratações; que, se um vendedor fica 3 meses consecutivos abaixo da média de vendas, dá lugar para outra pessoa; que a média é o total de vendas dividido pelo número de vendedores; que não há nenhum tipo de preferência ou proteção no desligamento; que o critério é o mérito; que Gonçalo é o supervisor; que ele é o superior hierárquico de Kelly; que Gonçalo participa da reunião uma vez por mês, no último dia útil; que Gonçalo coloca uma lata de energético na mesa do vendedor que está no topo do ranking e todos aplaudem; que na mesa de quem está em último coloca uma tartaruga de pelúcia e todos vaiam; que é uma brincadeira entre os vendedores e a chefia; que o depoente não vê maldade nisso; que o depoente utiliza o veículo da reclamada; que deixa o veículo na empresa ao término da jornada; que há uma pessoa que cuida da manutenção e do abastecimento; que o depoente faz 40 minutos de intervalo, por opção sua, não sabendo informar com relação ao reclamante; que todos os vendedores participam da reunião diária; que todos os vendedores utilizam veículo da empresa; que os vendedores têm acesso às vendas efetivadas pelos demais, após o final do mês, pela intranet, pois a reclamada preza pela transparência e por critérios objetivos; que Kelly faz cobranças, mas nada exagerado; que há vendedores que necessitam de uma cobrança maior, mais incisiva; que Kelly passa orientações durante o dia por telefone; que o reclamante estava bastante desmotivado nos últimos meses; que soube que o reclamante efetuou vendas para familiares para não ficar abaixo da média, mas não houve determinação da reclamada nesse sentido; que o depoente se dava bem com o reclamante, mas nos últimos meses ele estava muito mal-humorado e se isolou dos demais; que o depoente acredita que ele tivesse problemas pessoais, mas não pode afirmar com certeza; que Kelly conversou com o reclamante em sua sala; que Kelly disse que o reclamante foi agressivo; que, depois disso, o reclamante não apareceu mais; que não sabe se o reclamante foi despedido ou pediu demissão; que acredita que ele tenha pedido para sair, pois viu ele trabalhando no shopping poucos dias depois. Nada mais.

(TRT 4 – Juiz do Trabalho Substituto 4ª região/2016) Com base no depoimento transcrito, relativamente à jornada de trabalho, qual das situações abaixo é identificada?

(A) O depoimento indica que o reclamante exercia atividade externa, de modo que, se essa condição estiver anotada na carteira de trabalho e no registro de empregado, deverá ser reconhecida a exceção do art. 62, inc. I, da Consolidação das Leis do Trabalho – CLT.

(B) O depoimento indica que o reclamante exercia atividade externa, devendo ser reconhecida a exceção do art. 62, inc. I, da CLT, independentemente da anotação na carteira de trabalho e no registro de empregado, que tem apenas função probatória.

(C) O depoimento indica que, embora houvesse trabalho externo, não estão presentes todos os requisitos necessários para o reconhecimento da exceção do art. 62, inc. I, da CLT.

(D) O depoimento indica que o trabalho se dava no horário comercial, de modo que resta descaracterizada, por si só, a prestação de horas extras.

(E) O depoimento indica que havia prestação de horas extras, as quais devem ser calculadas sobre o valor das comissões percebidas após a jornada normal de trabalho, acrescidas do adicional de, no mínimo, 50% (cinquenta por cento).

Resposta: C

(Magistratura do Trabalho – TRT 8ª R – 2011) A propósito das normas trabalhistas que disciplinam a duração do trabalho, é CORRETO afirmar que:

(A) O limite mínimo de uma hora de intervalo intrajornada, destinado para repouso ou refeição, poderá ser reduzido por ato do Ministério do Trabalho, quando, ouvida a Secretaria de Segurança e Medicina do

Trabalho – SSMT, se verificar que o estabelecimento atende integralmente às exigências concorrentes à organização dos refeitórios, sendo que, para os empregados sob regime de trabalho em horas suplementares, a autorização haverá de impor a observância do intervalo mínimo de duas horas.

(B) O empregado bancário, exercente de função comissionada, desde que, por tal função, receba gratificação correspondente a dois terços do salário, não se beneficia da jornada especial de sua categoria profissional.

(C) A incompatibilidade do exercício da atividade externa com a fixação de horário de trabalho, reside, eminentemente, em circunstâncias fáticas que efetivamente impedem o empregador de fiscalizar e controlar a jornada desenvolvida pelo empregado, que, assim, fica excluído das regras que limitam a duração do labor.

(D) O empregado com função gerencial, uma vez detentor de cargo de gestão e de poderes de representação, não submetido a registro de ponto, imune ao controle e fiscalização da jornada de trabalho, reúne os pressupostos necessários a isentar o empregador do pagamento de horas extraordinárias.

(E) O gerente de um estabelecimento comercial, com poderes diretivos, em tal condição, detentor de confiança especial do empregador, desobrigado do registro de ponto, independentemente da percepção de salário diferenciado, está excluído das normas que limitam a jornada de trabalho.

Resposta: C

5. VALOR DAS HORAS EXTRAS

O labor em jornada extraordinária representa um risco à saúde do trabalhador. Ciente disso, o legislador instituiu um adicional para remunerar o trabalho além da jornada normal.

O escopo desse adicional é duplo: primeiro, inibir a atuação patronal no sentido de exigir do empregado trabalho além do que é considerado normal; e segundo, para compensar o labor executado em condições de anormalidade.

A Constituição Federal de 1988 fixou em **50% (cinquenta por cento)**, no mínimo, o percentual que deve incidir sobre as horas extraordinárias,[23] denominado de adicional de horas extras.

> **TST. SÚMULA Nº 264.** HORA SUPLEMENTAR. CÁLCULO. A remuneração do serviço suplementar é composta do valor da hora normal, integrado por parcelas de natureza salarial e acrescido do adicional previsto em lei, contrato, acordo, convenção coletiva ou sentença normativa.

> **TST. SÚMULA Nº 347.** HORAS EXTRAS HABITUAIS. APURAÇÃO. MÉDIA FÍSICA. O cálculo do valor das horas extras habituais, para efeito de reflexos em verbas trabalhistas, observará o número de horas efetivamente prestadas e a ele aplica-se o valor do salário-hora da época do pagamento daquelas verbas.

As demais fontes formais do Direito do trabalho, como os instrumentos normativos negociados, sentença normativa, regulamento de empresa e o próprio contrato de trabalho, podem estabelecer percentual superior ao fixado pela Lei, que deverá ser observado no caso concreto pela aplicação do princípio da norma mais benéfica.

Entende-se que a base de cálculo do adicional de horas extras **não pode incidir sobre outro adicional**, uma vez que constituiria uma dupla proteção ao obreiro.

23. CF/88. Art. 7º. XVI. Remuneração do serviço extraordinário superior, no mínimo, em cinquenta por cento à do normal.

Contudo, **esse não é o entendimento do TST**, conforme se vê dos verbetes a seguir transcritos:

> **SDI-1. OJ Nº 47.** ADICIONAL DE INSALUBRIDADE. BASE DE CÁLCULO (alterada) – Res. 148/2008, DJ 04 e 07.07.2008 – Republicada DJ 08, 09 e 10.07.2008. A base de cálculo da hora extra é o resultado da soma do salário contratual mais o adicional de insalubridade.

> **SDI-1. OJ Nº 97.** Horas Extras. Adicional Noturno. Base de Cálculo. O adicional noturno integra a base de cálculo das horas extras prestadas no período noturno.

O quadro a seguir destaca o valor relativo das horas de trabalho:

Hora normal de trabalho	Salário ÷ divisor-hora
Hora extra compensada na semana com acordo escrito	Valor da hora normal
Hora extra compensada na semana sem acordo escrito	Somente o adicional de 50%
Hora extra do empregado que recebe por produção	Somente o adicional de 50%
Hora extra além da 44ª semanal	Hora normal + 50%
Intervalo intrajornada ou interjornada não concedido	Hora normal + 50%
Horas do domingo e feriados não compensados	Hora normal + 100%
Horas de sobreaviso	1/3 da hora normal
Horas de prontidão	2/3 da hora normal

5.1. Divisor de horas

Para quem é mensalista, assim considerado o empregado que recebe salário de forma mensal, chega-se ao valor do salário-hora (salário equivalente a uma hora de trabalho) ao **dividir o valor da remuneração por 220 (duzentos e vinte)**, que é, justamente, o número de horas laboradas durante o mês de 30 dias acrescidas daquelas referentes ao repouso semanal remunerado.[24]

Pela sistemática adotada pela Constituição anterior, o chamado *divisor-hora* era obtido multiplicando-se 8 (número de horas trabalhadas por dia) por 30 (número de dias por mês), totalizando 240. Como a jornada semanal de trabalho foi reduzida para 44 horas, o *divisor-hora* passou a ser de 220, que representa 7:20 horas diárias multiplicadas por trinta dias.

Caso a jornada legal ou contratual seja de 6 horas diárias, o divisor-hora será de 180 (6 x 30 = 180):

> **TST. SDI-1. OJ Nº 396.** TURNOS ININTERRUPTOS DE REVEZAMENTO. ALTERAÇÃO DA JORNADA DE 8 PARA 6 HORAS DIÁRIAS. EMPREGADO HORISTA. APLICAÇÃO DO DIVISOR 180. Para o cálculo do salário hora do empregado horista, submetido a turnos ininterruptos de revezamento, considerando a alteração da jornada de 8 para 6 horas diárias, aplica-se o divisor 180, em observância ao disposto no art. 7º, VI, da Constituição Federal, que assegura a irredutibilidade salarial.

---

24. CLT. Art. 64. O salário-hora normal, no caso do empregado mensalista, será obtido dividindo-se o salário mensal correspondente à duração do trabalho, a que se refere o artigo 58, por 30 vezes o número de horas dessa duração. Parágrafo único. Sendo o número de dias inferior a 30, adotar-se-á para o cálculo, em lugar desse número, o de dias de trabalho por mês.

Já uma jornada legal ou contratual de 40 horas por semana implica divisor-hora de 200 (40/6 = 6:40 x 30), conforme Súmula nº 431 do TST:

> **SÚMULA Nº 431.** SALÁRIO-HORA. EMPREGADO SUJEITO AO REGIME GERAL DE TRABALHO (Art. 58, CAPUT, DA CLT). 40 HORAS SEMANAIS. CÁLCULO. APLICAÇÃO DO DIVISOR 200 (redação alterada na sessão do Tribunal Pleno realizada em 14.09.2012) Para os empregados a que alude o art. 58, caput, da CLT, quando sujeitos a 40 horas semanais de trabalho, aplica-se o divisor 200 (duzentos) para o cálculo do valor do salário-hora.

No caso da jornada de trabalho de 12 x 36 o divisor-hora a ser observado é de 210, uma vez que a jornada média semanal seria de 42 horas (42/6 = 7 x 30 = 210), como deixa claro a OJ nº 23 do TRT3:

> **OJ Nº 23 do TRT3.** JORNADA DE 12 X 36 HORAS. DIVISOR APLICÁVEL. Aplica-se o divisor 210 para o cálculo do salário-hora na jornada de doze horas de trabalho por trinta e seis de descanso.

Se o pagamento é feito por comissão, de forma exclusiva ou mista, o divisor-hora é obtido somando-se as horas à jornada diária e multiplicando-se pela quantidade de dias efetivamente laborados durante o mês pelo empregado:

> **TST. SÚMULA Nº 340.** COMISSIONISTA. HORAS EXTRAS (nova redação) – Res. 121/2003, DJ 19, 20 e 21.11.2003. O empregado, sujeito a controle de horário, remunerado à base de comissões, tem direito ao adicional de, no mínimo, 50% (cinquenta por cento) pelo trabalho em horas extras, calculado sobre o valor-hora das comissões recebidas no mês, **considerando-se como divisor o número de horas efetivamente trabalhadas** (grifou-se).

Portanto, de acordo com o posicionamento constante dessa Súmula, se determinado empregado labora nove horas por dia, de segunda a sábado, o seu divisor-hora para efeito do cálculo do valor-hora será de 225, caso tenha trabalhado 25 dias no mês (9 x 25).

Na hipótese da remuneração ser paga com base no dia (diarista), o valor da hora normal será obtido ao dividir o salário/dia por oito horas, conforme explicita o art. 65 da Consolidação das Leis do Trabalho:

> **Art. 65.** No caso do empregado diarista, o salário-hora normal será obtido dividindo-se o salário diário correspondente à duração do trabalho, estabelecida no artigo 58, pelo número de horas de efetivo trabalho.

5.2. Salário fixo e variável

O salário pode ser pago por unidade de tempo, por unidade de obra ou por uma combinação dessas duas formas. Quando a remuneração varia de acordo com a quantidade de trabalho executado, o excesso de jornada já está computado na carga horária.

Em outras palavras, quanto mais o empregado trabalha, mais ele recebe a título de salário. Assim, é desnecessário efetuar qualquer operação aritmética para obter o valor da remuneração, o que não acontece com o empregado mensalista que tem salário fixo.

Nesse último caso, o trabalhador é contratado para perceber uma remuneração invariável calculada sobre 220 (duzentos e vinte) horas de labor, já incluído o descanso semanal remunerado, para quem tem jornada diária de oito horas. Em tal situação, deve ser considerada toda a composição salarial do obreiro, como salário-base, adicional por tempo de serviço, gratificações etc.,[25] na forma prevista pela citada Súmula nº 264 do TST.

O que não se remunera automaticamente, quando se paga um salário variável, é o adicional de horas extras, nos casos em que o empregado ultrapassa a jornada de trabalho legalmente ou convencionalmente pré-estabelecida. Assim, é necessária a apuração da quantidade de horas extraordinárias **somente para efeito de quitação do mencionado adicional.**

Nesse sentido é a Súmula nº 264 do TST e a OJ Nº 235 da SDI-1 do TST, além da Súmula nº 340, já transcrita no item anterior:

> **SÚMULA Nº 264.** HORA SUPLEMENTAR. CÁLCULO. A remuneração do serviço suplementar é composta do valor da hora normal, integrado por parcelas de natureza salarial e acrescido do adicional previsto em lei, contrato, acordo, convenção coletiva ou sentença normativa.
>
> **SDI-1. OJ Nº 235.** HORAS EXTRAS. SALÁRIO POR PRODUÇÃO. (redação alterada na sessão do Tribunal Pleno realizada em 16.04.2012) O empregado que recebe salário por produção e trabalha em sobrejornada tem direito à percepção apenas do adicional de horas extras, exceto no caso do empregado cortador de cana, a quem é devido o pagamento das horas extras e do adicional respectivo.

Note-se que a nova redação da OJ Nº235, excetua da regra geral os cortadores de cana, ao lhes atribuir o direito às horas extras e ao respectivo adicional. Nesse caso, o entendimento do TST reflete a necessidade de ser imposta uma penalidade aos empregadores que exigem jornada extraordinária dos integrantes dessa categoria profissional.

Essa sanção seria representada pela imposição do pagamento de horas extras, justamente para evitar o aumento de acidentes de trabalho.

5.3. Efeito reflexo do labor extraordinário

Quando o empregado trabalha, habitualmente, em jornada extraordinária, o valor referente às horas extras, acrescida do respectivo adicional, **deve integrar a remuneração para todos os efeitos legais, independentemente dos limites estabelecidos pelos arts. 59 e 60, § 2º, da CLT**, inclusive para cálculo do valor do **aviso-prévio indenizado** (art. 487, § 5º, da CLT). Essa consequência é denominada pela doutrina de efeito **reflexo, reflexivo ou circundante.**

O contrato de trabalho é fonte de obrigações para o empregador, que deve remunerar não só o trabalho do empregado, mas também pagar, por exemplo 13º salário, conceder o gozo de férias remuneradas, depositar o valor referente ao FGTS em sua conta vinculada etc.

Para o cálculo dessas e de outras parcelas de natureza salarial, **é necessário levar em consideração o valor pago a título de horas extras.**

O Tribunal Superior do Trabalho, por meio de suas Súmulas, já se posicionou em diversos aspectos sobre a integração das horas extras à remuneração:

25. TST. Súmula nº 226. BANCÁRIO. GRATIFICAÇÃO POR TEMPO DE SERVIÇO. INTEGRAÇÃO NO CÁLCULO DAS HORAS EXTRAS. A gratificação por tempo de serviço integra o cálculo das horas extras.

SÚMULA Nº 24. SERVIÇO EXTRAORDINÁRIO. Insere-se no cálculo da indenização por antiguidade o salário relativo a serviço extraordinário, desde que habitualmente prestado.

SÚMULA Nº 45 – SERVIÇO SUPLEMENTAR. A remuneração do serviço suplementar, habitualmente prestado, integra o cálculo da gratificação natalina prevista na Lei nº 4.090, de 13.07.1962.

SÚMULA Nº 115 – HORAS EXTRAS. GRATIFICAÇÕES SEMESTRAIS – NOVA REDAÇÃO. O valor das horas extras habituais integra a remuneração do trabalhador para o cálculo das gratificações semestrais.

SÚMULA Nº 172 – REPOUSO REMUNERADO. HORAS EXTRAS. CÁLCULO. Computam-se no cálculo do repouso remunerado as horas extras habitualmente prestadas. Ex-prejulgado nº 52.

SÚMULA Nº 291. HORAS EXTRAS. SUPRESSÃO INDENIZAÇÃO. (nova redação em decorrência do julgamento do processo TST-IUJERR 10700-45.2007.5.22.0101) – Res. 174/2011, DEJT divulgado em 27, 30 e 31.05.2011. A supressão total ou parcial, pelo empregador, de serviço suplementar prestado com habitualidade, durante pelo menos 1 (um) ano, assegura ao empregado o direito à indenização correspondente ao valor de 1 (um) mês das horas suprimidas, total ou parcialmente, para cada ano ou fração igual ou superior a seis meses de prestação de serviço acima da jornada normal. O cálculo observará a média das horas suplementares nos 12 (doze) meses anteriores à mudança, multiplicada pelo valor da hora extra do dia da supressão.

Mas, para o próprio cálculo das horas extras, deve-se definir a sua base de incidência, que será a remuneração total do empregado, ou seja, o salário, em sentido estrito, acompanhado das verbas de natureza salarial, como a gratificação por tempo de serviço, gratificação de função etc.:

TST. SÚMULA Nº 226. BANCÁRIO. GRATIFICAÇÃO POR TEMPO DE SERVIÇO. INTEGRAÇÃO NO CÁLCULO DAS HORAS EXTRAS. A gratificação por tempo de serviço integra o cálculo das horas extras.

SÚMULA Nº 07 do TRT6. GRATIFICAÇÃO DE FUNÇÃO. INTEGRAÇÃO NA BASE DE CÁLCULO DAS HORAS EXTRAS. Em consonância com o disposto no artigo 457 da CLT, a gratificação percebida habitualmente em razão do exercício de função tem natureza salarial e, por consequência, integra a base de cálculo das horas extras prestadas.

A. *Horas extras e repouso semanal remunerado*

A cada seis dias de trabalho, o empregado tem direito a gozar uma folga semanal de 24 horas consecutivas, instituto do Direito do Trabalho denominado de repouso semanal remunerado, que será estudado mais adiante. **O valor desse descanso remunerado deve ser igual ao valor pago por um dia de trabalho da semana.**

Assim, se o empregado recebe, por exemplo, a quantia de R$40,00 (quarenta reais) por dia, de segunda a sábado, deve ficar sem trabalhar no domingo e ainda assim receber a quantia de R$ 40,00 (quarenta reais). Esse procedimento matemático não apresenta dificuldade quando o pagamento do salário é feito tendo como base o dia de trabalho.

A questão se torna mais complexa quando o empregado é mensalista. Isso porque **o mensalista já tem embutido em seu salário o valor referente ao repouso semanal remunerado.** Se determinado empregado percebe a quantia mensal de R$1.200,00, (um mil e duzentos reais), uma parte desse valor, cerca de R$160,00 (cento e sessenta reais) ou R$200,00 (duzentos reais), a depender do número de domingos e feriados verificados no mês (quatro ou cinco), é considerado como pagamento do repouso semanal remunerado.

Assim, quando o empregado trabalha, efetivamente, 25 ou 26 dias, recebe 30 dias de salário e descansa 4, 5 ou 6 dias, o que representa uma das hipóteses de interrupção contratual.

Em caso de trabalho em horas extras durante a semana, **o valor respectivo deverá ser levado em consideração para o pagamento, no final do mês, do reflexo das horas extras sobre o repouso remunerado,** conforme preceitua o art. 7º da Lei nº 605/49.[26]

Para um trabalhador que receba a quantia de R$ 1.320,00 (um mil trezentos e vinte reais) e exceda a jornada normal de labor em seis horas semanais, perceberá, além do salário base, R$ 54,00 (cinquenta e quatro reais) a título de horas extras acrescidas de 50% (1.320 ÷ 220 = 6 + 50% = 9 × 6 = 54) e mais R$ 9,50 (nove reais e cinquenta centavos) a título de reflexo das horas extras sobre o repouso, totalizando R$ 63,50 (sessenta e três reais e cinquenta centavos). Isso por cada semana de trabalho em regime de jornada extraordinária.

Se o fato se repetir por todo o mês, que possui 4,28 semanas (30 ÷ 7), o trabalhador terá direito, ao final, ao seu salário de R$ 1.320,00 (um mil, trezentos e vinte reais), mais R$ 231,12 (duzentos e trinta e um reais e doze centavos) de horas extras acrescidas de 50% e ainda R$ 40,66 (quarenta reais e sessenta e seis centavos) por conta do reflexo das horas extras sobre o repouso semanal remunerado, o que totaliza a quantia de R$ 1.591,78 (um mil, quinhentos e noventa e um reais e setenta e oito centavos).

Na sequência, **surge um segundo reflexo, que seria aquele incidente nas demais verbas trabalhistas.** No exemplo já apresentado, o trabalhador teria direito à diferença de R$ 271,78 sobre o 13º salário, sendo R$ 231,12 a título de horas extras não pagas e R$ 40,66 a título de reflexo de horas extras sobre o repouso semanal remunerado.

Esse segundo reflexo foi confirmado por decisão do TST proferida nos autos do IRR 10169-57.2013.5.05.0024, que implicará o cancelamento da OJ nº 394, da SDI-1:

> 1. DESCANSO SEMANAL REMUNERADO MAJORADO PELA INTEGRAÇÃO DAS HORAS EXTRAORDINÁRIAS – AUMENTO DA MÉDIA REMUNERATÓRIA – REFLEXOS – POSSIBILIDADE – JULGAMENTO DO IRR-10169-57.2013.5.05.0024 – MODULAÇÃO DE EFEITOS. 1. Por meio do julgamento de incidente de recurso de revista repetitivo IRR-10169-57.2013.5.05.0024, a SBDI-1 desta Corte fixou a tese jurídica de que "A majoração do valor do repouso semanal remunerado, decorrente da integração das horas extras habituais, deve repercutir no cálculo das férias, da gratificação natalina, do aviso prévio e do FGTS, sem que se configure a ocorrência de ' bis in idem' ", culminando no cancelamento da Orientação Jurisprudencial nº 394 da SBDI-1 do TST. 2. Ocorre que, no referido julgamento, foi determinada modulação dos efeitos decisórios, em homenagem à segurança jurídica e nos termos do art.927, § 3º, do CPC/2015. Firmou-se, nessa esteira, que a tese jurídica estabelecida no incidente "somente será aplicada aos cálculos das parcelas cuja exigibilidade se aperfeiçoe a partir da data do presente julgamento (inclusive), ora adotada como marco modulatório". 3. Portanto, ao presente caso, persiste a incidência da Orientação Jurisprudencial nº 394 da SBDI-1 do TST. Recurso de revista conhecido e provido". RR

26. Lei nº 605/49. Art. 7º. A remuneração de repouso semanal corresponderá: a) para os que trabalham por dia, semana, quinzena ou mês, à de um dia de serviço, computadas as horas extraordinárias habitualmente prestadas.

– 544-81.2012.5.05.0008. Relator Ministro: Luiz Philippe Vieira de Mello Filho. Data de Julgamento: 26/06/2018. 7ª Turma. Data de Publicação: DEJT 29/06/2018.

Por conta dessa decisão vinculante o **TST deve cancelar ou modificar o entendimento constante da OJ nº 394 da SDI-1, pois consagra entendimento em sentido contrário**:

> **OJ Nº 394.** REPOUSO SEMANAL REMUNERADO. RSR. INTEGRAÇÃO DAS HORAS EXTRAS. NÃO REPERCUSSÃO NO CÁLCULO DAS FÉRIAS, DO DÉCIMO TERCEIRO SALÁRIO, DO AVISO PRÉVIO E DOS DEPÓSITOS DO FGTS. A majoração do valor do repouso semanal remunerado, em razão da integração das horas extras habitualmente prestadas, não repercute no cálculo das férias, da gratificação natalina, do aviso prévio e do FGTS, sob pena de caracterização de "*bis in idem*".

B. Horas extras e 13º salário

As horas extras, prestadas e/ou pagas durante todo o ano civil, **integram a remuneração para efeito de pagamento da gratificação de Natal por sua média.**[27] Observe-se que a aludida média refere-se à quantidade de horas prestadas durante todo o ano e com o uso do valor do salário-hora do mês de dezembro, assim considerado aquele da época em que se torna exigível a obrigação de pagar o 13º salário.

Esse entendimento relativo ao cálculo do valor da repercussão das horas extras sobre as verbas trabalhistas encontra-se inserto na Súmula nº 347 do Tribunal Superior do Trabalho:

> **SÚMULA Nº 347.** HORAS EXTRAS HABITUAIS. APURAÇÃO. MÉDIA FÍSICA. O cálculo do valor das horas extras habituais, para efeito de reflexos em verbas trabalhistas, observará o número de horas efetivamente prestadas e a ele aplica-se o valor do salário-hora da época do pagamento daquelas verbas.

C. Horas extras e férias

A cada período de 12 meses de trabalho, o empregado adquire o direito de gozar trinta dias corridos de férias, salvo se deixou de comparecer ao serviço injustificadamente.

O gozo desse período de férias é remunerado, pelo empregador, **com o salário devido à época da sua concessão,** inclusive com a integração da média das horas extras prestadas durante o período aquisitivo.

Se houver extinção do contrato de trabalho antes de completado o período concessivo respectivo, **as férias não gozadas devem ser indenizadas pelo empregador com os acréscimos relativos às horas extras trabalhadas**. Como se trata de uma indenização, não há incidência do imposto de renda ou de contribuição previdenciária.

Sobre essa matéria, o TST editou o então Enunciado nº 151, que foi **cancelado** pela Resolução Administrativa nº 121, de 19.11.2003:

> **SÚMULA Nº 151.** FÉRIAS. REMUNERAÇÃO – CANCELADO. A remuneração das férias inclui a das horas extraordinárias habitualmente prestadas. Ex-prejulgado nº 24.

27. TST. Súmula nº 45. SERVIÇO SUPLEMENTAR. A remuneração do serviço suplementar, habitualmente prestado, integra o cálculo da gratificação natalina prevista na Lei nº 4.090, de 13.07.1962.

O cancelamento do referido verbete não significa que aquele Tribunal deixou de entender que não há integração das horas extras sobre a remuneração relativa às férias.

Trata-se, apenas, de alteração na forma do seu cálculo que foi contemplada não só em relação às férias, mas no que diz respeito a todas as demais verbas devidas em razão da execução e extinção do contrato de trabalho, conforme explicita a Súmula nº 347, transcrita no item anterior.

D. Reflexo das horas extras sobre o FGTS

O FGTS é um fundo formado por depósitos feitos pelo empregador equivalente a 8% da remuneração total do empregado. Entende-se como remuneração toda a retribuição feita pelo empregador ao trabalhador, acrescida da gorjeta. Exclui-se, portanto, as verbas de natureza indenizatória.[28]

Como as horas extras representam salário *stricto sensu* e o adicional um *plus* salarial caracterizado como um sobressalário, **os depósitos do FGTS também terão como base de cálculo essas parcelas.**

6. JORNADAS ESPECIAIS DE TRABALHO

Ordinariamente, a jornada normal de trabalho é de oito horas diárias ou quarenta e quatro horas semanais. A especialidade no desenvolvimento de determinadas tarefas, por razões relativas à segurança no trabalho e em decorrência da conquista de algumas categorias profissionais, fez com que o legislador instituísse jornadas inferiores àquela ordinariamente fixada, como acontece com os bancários, advogados, telefonistas etc.

Sobre a jornada de trabalho dos médicos e dos engenheiros já se manifestou o Tribunal Superior do Trabalho, por meio da Súmula nº 370:

> **SÚMULA Nº 370.** MÉDICO E ENGENHEIRO. JORNADA DE TRABALHO. LEIS Nº 3.999/1961 E 4.950/1966. (conversão das Orientações Jurisprudenciais nº 39 e 53 da SDI-1) – Res. 129/2005 – DJ 20.04.2005. Tendo em vista que as Leis nº 3999/1961 e 4950/1966 não estipulam a jornada reduzida, mas apenas estabelecem o salário mínimo da categoria para uma jornada de 4 horas para os médicos e de 6 horas para os engenheiros, não há que se falar em horas extras, salvo as excedentes à oitava, desde que seja respeitado o salário mínimo/horário das categorias. (ex-OJs nos 39 e 53 – Inseridas respectivamente em 07.11.1994 e 29.04.1994)

6.1. Bancário

A jornada de trabalho dos empregados das instituições financeiras bancárias é de **seis horas diárias** e 30 horas semanais, conforme redação do art. 224 da CLT.

---

28. Lei nº 8.036/90. Art. 15. Para os fins previstos nesta Lei, todos os empregadores ficam obrigados a depositar, até o dia sete de cada mês, em conta bancária vinculada, a importância correspondente a oito por cento da remuneração paga ou devida, no mês anterior, a cada trabalhador, incluídas na remuneração as parcelas de que tratam os artigos 457 e 458 da CLT e a gratificação de Natal a que se refere a Lei nº 4.090, de 13 de julho de 1962, com as modificações da Lei nº 4.749, de 12 de agosto de 1965.

> **Art. 224.** A duração normal do trabalho dos empregados em bancos, casas bancárias e Caixa Econômica Federal será de 6 (seis) horas contínuas nos dias úteis, com exceção dos sábados, perfazendo um total de 30 (trinta) horas de trabalho por semana.

Note-se que o sábado é considerado como dia útil não trabalhado. Por conta disso não há reflexo das horas extras sobre esse dia, já que as instituições encontram-se abertas para o atendimento ao público em geral somente de segunda à sexta-feira, na forma do entendimento constante da Súmula nº 113 do TST.[29]

Entretanto, os sindicatos dos bancários e das instituições financeiras, por meio de acordo coletivo e convenção coletiva de trabalho, estabelecem que o sábado deve ser levado em consideração para efeito de repouso semanal remunerado.

Se o bancário desempenha função de confiança, não aquela prevista pelo art. 62, II, da Consolidação das Leis do Trabalho, mas sim uma função de confiança intermediária, que tenha subordinados e superiores hierárquicos, estará sujeito à jornada determinada para os trabalhadores em geral.

Essa previsão está contida no art. 224, § 2º, da Consolidação das Leis do Trabalho:

> **Art. 224. § 2º.** As disposições deste artigo não se aplicam aos que exercem funções de direção, gerência, fiscalização, chefia e equivalentes, ou que desempenhem outros cargos de confiança, desde que o valor da gratificação não seja inferior a um terço do salário do cargo efetivo.

Mesmo que o bancário receba o valor da gratificação a que alude o mencionado dispositivo legal, **deverá ser observado o princípio da primazia da realidade para constatar se, de fato, o empregado exerce uma função de confiança.**

Caso contrário, estará submetido à jornada especial de seis horas, na forma do posicionamento consolidado pelo TST, por meio da Súmula nº 109:

> **SÚMULA Nº 109.** GRATIFICAÇÃO DE FUNÇÃO – REDAÇÃO DADA PELA RA 97/1980, DJ 19.09.1980. O bancário não enquadrado no § 2º do art. 224 da CLT, que receba gratificação de função, não pode ter o salário relativo a horas extraordinárias compensado com o valor daquela vantagem.

A. Divisor

O divisor-hora de quem trabalha seis horas por dia é de 180 (6 × 30) e não de 220. Como já foi analisado, para se obter o divisor-hora, multiplica-se a jornada diária por 30, independentemente da quantidade de repousos contidos no mês.

De forma equivocada o TST considerava o repouso para efeito de determinar o divisor-hora do bancário, reduzindo para 150, conforme se observa do teor da Súmula nº 124:

> **SÚMULA Nº 124.** BANCÁRIO. HORA DE SALÁRIO. DIVISOR. BANCÁRIO. SALÁRIO-HORA. DIVISOR (redação alterada na sessão do Tribunal Pleno realizada em 14.09.2012) – Res. 185/2012, DEJT divulgado em 25, 26 e 27.09.2012

29. TST. Súmula nº 113. BANCÁRIO. SÁBADO. DIA ÚTIL. O sábado do bancário é dia útil não trabalhado, não dia de repouso remunerado. Não cabe a repercussão do pagamento de horas extras habituais em sua remuneração. (RA 115/1980, DJ 03.11.1980).

I – O divisor aplicável para o cálculo das horas extras do bancário, se houver ajuste individual expresso ou coletivo no sentido de considerar o sábado como dia de descanso remunerado, será: a) 150, para os empregados submetidos à jornada de seis horas, prevista no *caput* do art. 224 da CLT; b) 200, para os empregados submetidos à jornada de oito horas, nos termos do § 2º do art. 224 da CLT.

II – Nas demais hipóteses, aplicar-se-á o divisor: a) 180, para os empregados submetidos à jornada de seis horas prevista no *caput* do art. 224 da CLT; b) 220, para os empregados submetidos à jornada de oito horas, nos termos do § 2º do art. 224 da CLT.

Nas mesmas condições, para o bancário sujeito à jornada diária de 8 horas, como visto, o divisor-hora **seria** de 200 (8 x 5 = 40 ÷ 6 = 6:40 h × 30 = 200).

O TST **constatou e sanou esse equívoco** por meio do primeiro julgamento de recurso repetitivo (nº 0001), nos seguintes termos:

A SBDI-I, por maioria, definiu as seguintes teses jurídicas para o Tema Repetitivo Nº 0001 – BANCÁRIO. SALÁRIO-HORA. DIVISOR. FORMA DE CÁLCULO. EMPREGADO MENSALISTA: 1. O número de dias de repouso semanal remunerado pode ser ampliado por convenção ou acordo coletivo de trabalho, como decorrência do exercício da autonomia sindical; 2. As convenções coletivas dos bancários não deram ao sábado a natureza de repouso semanal remunerado; 3. O divisor corresponde ao número de horas remuneradas pelo salário mensal, independentemente de serem trabalhadas ou não; 4. O divisor aplicável para cálculo das horas extras do bancário, inclusive para os submetidos à jornada de oito horas, é definido com base na regra geral prevista no art. 64 da CLT (resultado da multiplicação por 30 da jornada normal de trabalho), sendo 180 e 220, para a jornada normal de seis e oito horas, respectivamente; 5. A inclusão do sábado como dia de repouso semanal remunerado não altera o divisor, em virtude de não haver redução do número de horas semanais, trabalhadas e de repouso; 6. O número de semanas do mês é 4,2857, resultante da divisão de 30 (dias do mês) por 7 (dias da semana), não sendo válida, para efeito de definição do divisor, a multiplicação da duração semanal por 5; 7. Em caso de redução da duração semanal do trabalho, o divisor é obtido na forma prevista na Súmula nº 431 (multiplicação por 30 do resultado da divisão do número de horas trabalhadas por semana pelos dias úteis). Vencidos, quanto à tese nº 2, os Ministros Cláudio Mascarenhas Brandão, relator, Emmanoel Pereira, Augusto César Leite de Carvalho, Aloysio Corrêa da Veiga, José Roberto Freire Pimenta, Hugo Carlos Scheuermann e Alexandre Agra Belmonte. Ainda por maioria, decidiu a Subseção modular os efeitos da decisão, a fim de definir que a nova orientação não alcança estritamente decisão de mérito sobre divisor emanada de Turma do TST ou da SBDI-I, proferida no período de 27.09.2012 (DEJT em que se publicou a nova redação da Súmula nº 124, mediante acréscimo do atual item I) até a data de 21.11.2016. Vencidos, neste tópico, os Ministros Márcio Eurico Vitral Amaro, Augusto César Leite de Carvalho e Ives Gandra Martins filho, que não modulavam a decisão, e, parcialmente, os Ministros Brito Pereira, José Roberto Freire Pimenta e Hugo Carlos Scheuermann. Por fim, pelo voto prevalente da Presidência, a SBDI-I decidiu proclamar o resultado e remeter a matéria ao Tribunal Pleno, ouvida a Comissão de Jurisprudência e de Precedentes Normativos, para deliberar acerca da modificação da redação da Súmula nº 124 do TST. Vencidos os Ministros Cláudio Mascarenhas Brandão, relator, Renato de Lacerda Paiva, Augusto César Leite de Carvalho, Aloysio Corrêa da Veiga, José Roberto Freire Pimenta, Hugo Carlos Scheuermann e Alexandre Agra Belmonte. TST-IRR-849-83.2013.5.03.0138, SBDI-I, rel. Min. Cláudio Mascarenhas Brandão, 21.11.2016 (TST. Info nº 149).

Em 2017 o TST alterou a redação da citada Súmula nº 124:

SÚMULA Nº 124. BANCÁRIO. SALÁRIO-HORA. DIVISOR (alteração em razão do julgamento do processo TST-IRR 849-83.2013.5.03.0138) – Res. 219/2017, DEJT divulgado em 28, 29 e 30.06.2017

I – o divisor aplicável para o cálculo das horas extras do bancário será:

a)180, para os empregados submetidos à jornada de seis horas prevista no caput do art. 224 da CLT;

b) 220, para os empregados submetidos à jornada de oito horas, nos termos do § 2º do art. 224 da CLT.

II – Ressalvam-se da aplicação do item anterior as decisões de mérito sobre o tema, qualquer que seja o seu teor, emanadas de Turma do TST ou da SBDI-I, no período de 27/09/2012 até 21/11/2016, conforme a modulação aprovada no precedente obrigatório firmado no Incidente de Recursos de Revista Repetitivos nº TST-IRR-849-83.2013.5.03.0138, DEJT 19.12.2016.

B. Base de cálculo

Todas as verbas de natureza salarial formam a remuneração do bancário para efeito de cálculo das horas extras.

Entretanto, o TST, por meio da Súmula nº 253, entende que o valor da gratificação semestral não compõe a referida base de cálculo, além de outras parcelas. Tal posicionamento decorre da interpretação dos instrumentos normativos negociados que definem os critérios para calcular o valor da mencionada gratificação:

> **SÚMULA Nº 253.** GRATIFICAÇÃO SEMESTRAL. REPERCUSSÕES (nova redação) – Res. 121/2003, DJ 19, 20 e 21.11.2003. A gratificação semestral não repercute no cálculo das horas extras, das férias e do aviso prévio, ainda que indenizados. Repercute, contudo, pelo seu duodécimo na indenização por antiguidade e na gratificação natalina.

Exemplos de questões sobre o tema

(TRT 4 – Juiz do Trabalho Substituto 4ª Região/2016) Considere as assertivas abaixo sobre duração do trabalho.

I. Na hipótese de descaracterização do regime de trabalho de 12 x 36 horas (doze horas de trabalho por trinta e seis horas de descanso), ajustado coletivamente, as horas que ultrapassarem a 12ª diária deverão ser pagas como horas extraordinárias e, quanto àquelas destinadas à compensação, deverá ser pago a mais apenas o adicional por trabalho extraordinário.

II. No caso de empregado mensalista, que percebe o pagamento de salário-base, adicional por tempo de serviço, gratificação de função, adicional de periculosidade e quilômetros rodados, o salário-hora normal, utilizado para o cálculo de horas extras, intervalos laborados e sobreaviso, será obtido dividindo-se o salário mensal correspondente à duração do trabalho, incluídas as parcelas de natureza salarial (salário-base, adicional por tempo de serviço, gratificação de função e adicional de periculosidade), por 30 (trinta) vezes o número de horas dessa duração.

III. O divisor aplicável para o cálculo das horas extras do bancário, se houver ajuste individual expresso ou coletivo no sentido de considerar o sábado como dia de descanso remunerado, será 150 (cento e cinquenta) para os empregados submetidos à jornada de 6 (seis) horas.

Quais são corretas?

(A) Apenas I

(B) Apenas II

(C) Apenas III

(D) Apenas I e III

(E) I, II e III

Resposta: C

(TRT 8 – Juiz do Trabalho Substituto 8ª região/2014) A respeito do trabalho do bancário, é INCORRETO afirmar que:

(A) Aos bancários exercentes de cargos de confiança o teto diário é de 8h e o semanal de 40 h, desde que haja uma gratificação não inferior a 1/3 do salário do cargo efetivo, conforme estabelecido no art. 224, § 2º, da CLT. Entende-se que esta remuneração extra estaria pagando as 2h a mais de trabalho.

(B) O Colendo Tribunal Superior do Trabalho pacificou o entendimento de que o gerente-geral da agência possui a presunção de exercício de cargo de gestão, aplicando-se-lhe o art. 62 da CLT.

(C) O intervalo de 15 minutos, concedido ao bancário para alimentação, é intervalo obrigatório para todos os que tenham jornada de 6 horas, não se aplicando aos que exercem funções de direção, gerência, fiscalização, chefia e equivalentes, ou que desempenhem outros cargos de confiança, desde que o valor da gratificação não seja inferior a um terço do salário do cargo efetivo.

(D) O pagamento da gratificação de função, em valor inferior a 1/3 do cargo efetivo, em determinados meses, afasta, apenas naqueles meses, a aplicação do art. 224, § 2º, da CLT, gerando para o bancário direito às horas suplementares.

(E) O pagamento da gratificação de função em valor inferior ao previsto em convenção coletiva descaracteriza o cargo de confiança, mesmo que respeitado o 1/3 previsto na norma celetária.

Resposta: E

(TRT 3 – Juiz do Trabalho Substituto 3ª região/2014) Um bancário, comissionista misto, sujeito a jornada de 8 horas, reivindica horas extras por excesso de jornada. A partir das súmulas e das orientações jurisprudenciais da SBDI-1 do TST é correto afirmar:

(A) Será devida a hora mais o adicional sobre o salário fixo e apenas o adicional sobre as comissões.

(B) O divisor será o 150 sobre o salário fixo e o número total de horas sobre as comissões.

(C) Incidirão reflexos das horas extras sobre o sábado, que é considerado repouso semanal remunerado.

(D) Não incidirão reflexos das horas extras sobre a gratificação semestral.

(E) Incidirão reflexos do repouso semanal remunerado majorado pelas horas extras habituais em férias, gratificação natalina, aviso prévio e FGTS.

Resposta: A

(MAGISTRATURA DO TRABALHO – TRT 3ª – 2012) Integram a base de cálculo das horas extras as seguintes verbas, quando devidas, exceto:

(A) O adicional de periculosidade pago em caráter permanente.

(B) A gratificação por tempo de serviço.

(C) A gratificação recebida por caixa bancário.

(D) A gratificação semestral.

(E) O adicional noturno.

Resposta: D

C. *Bancário por equiparação*

As empresas financeiras e de processamento de dados que prestam serviços aos bancos **também são equiparadas aos estabelecimentos bancários**, para efeito de fixação da jornada normal de trabalho, conforme dispõem as Súmulas nº 55 e 239 do Tribunal Superior do Trabalho:

> **SÚMULA Nº 55.** FINANCEIRAS. As empresas de crédito, financiamento ou investimento, também denominadas *financeiras*, equiparam-se aos estabelecimentos bancários para os efeitos do art. 224 da CLT.

> **SÚMULA Nº 239.** BANCÁRIO. EMPREGADO DE EMPRESA DE PROCESSAMENTO DE DADOS. (INCORPORADAS AS ORIENTAÇÕES JURISPRUDENCIAIS Nºs 64 E 126 DA SDI-1). É bancário o empregado de empresa de processamento de dados que

presta serviço a banco integrante do mesmo grupo econômico, exceto quando a empresa de processamento de dados presta serviços a banco e a empresas não bancárias do mesmo grupo econômico ou a terceiros.

Já o mesmo não ocorre com os empregados **de empresas distribuidoras e corretoras de título e de cooperativas de crédito**, conforme explicita a Súmula nº 119 e a OJ nº 379 da SDI-1, do TST:

SÚMULA Nº 119. JORNADA DE TRABALHO. Os empregados de empresas distribuidoras e corretoras de títulos e valores mobiliários não têm direito à jornada especial dos bancários. (RA 13/1981, DJ 19.03.1981).

SDI-1. OJ Nº 379. EMPREGADO DE COOPERATIVA DE CRÉDITO. BANCÁRIO. EQUIPARAÇÃO. IMPOSSIBILIDADE. (republicada em razão de erro material no registro da referência legislativa) – DEJT divulgado em 29, 30 e 31.03.2017. Os empregados de cooperativas de crédito não se equiparam a bancário, para efeito de aplicação do art. 224 da CLT, em razão da inexistência de expressa previsão legal, considerando, ainda, as diferenças estruturais e operacionais entre as instituições financeiras e as cooperativas de crédito. Inteligência das Leis nºs 4.595, de 31.12.1964, e 5.764, de 16.12.1971.

Em relação aos empregados dos Correios, enquanto banco postal, os Tribunais Trabalhistas ainda não chegaram a uma unanimidade quanto o seu enquadramento como bancário:

SÚMULA Nº 97 do TRT12. EMPREGADO DA ECT QUE ATUA NO BANCO POSTAL. ENQUADRAMENTO COMO BANCÁRIO. APLICAÇÃO DO ART. 224 DA CLT. IMPOSSIBILIDADE. Os empregados da ECT que trabalham em banco postal não se enquadram na categoria profissional dos bancários e, portanto, não têm direito à jornada especial prevista no art. 224 da CLT.

SÚMULA Nº 05 do TRT14. EMPREGADOS DA EMPRESA BRASILEIRA DE CORREIOS E TELÉGRAFOS – ECT. TRABALHO NO BANCO POSTAL. ISONOMIA. JORNADA DE SEIS HORAS. O empregado que exerce função tipicamente bancária, mais arriscada e desgastante, tem direito à jornada especial reduzida prevista no artigo 224 da Consolidação das Leis do Trabalho, pois ao adotar atividades tipicamente bancárias nestes estabelecimentos (bancos postais), atrai-se atividade finalística outra que não o serviço postal.

SÚMULA Nº 02 do TRT19. BANCO POSTAL. EBCT. EQUIPARAÇÃO DE JORNADA AOS BANCÁRIOS. ART. 224, CAPUT, DA CLT. POSSIBILIDADE. Trabalhadores da Empresa Brasileira de Correios e Telégrafos – EBCT, quando no exercício de atividade do Banco Postal, têm direito à jornada de 6 horas (art. 224, caput, CLT), sendo consideradas extraordinárias as horas excedentes a esse limite.

SÚMULA Nº 46 do TRT5. EBCT. EMPRESA BRASILEIRA DE CORREIOS E TELÉGRAFOS. EXERCÍCIO DE ATIVIDADES COMO BANCO POSTAL. IMPOSSIBILIDADE DE EQUIPARAÇÃO À JORNADA DOS BANCÁRIOS. As atividades exercidas pelo empregado dos Correios enquanto Banco Postal não são essencialmente bancárias, mas acessórias, não realizando aplicações financeiras, concessão de créditos, guarda de valores de clientes em conta corrente, captação ou intermediação de recursos financeiros, não justificando a aplicação da jornada especial prevista no caput do art. 224 do CLT.

Ainda que seja empregado de instituição bancária, **os integrantes de categoria profissional diferenciada não são destinatários** das normas especiais dos bancários, na forma do posicionamento adotado pelo TST por intermédio da Súmula nº 117:

SÚMULA Nº 117. BANCÁRIO. CATEGORIA DIFERENCIADA (mantida) – Res. 121/2003, DJ 19, 20 e 21.11.2003. Não se beneficiam do regime legal relativo aos bancários os empregados de estabelecimento de crédito pertencentes a categorias profissionais diferenciadas.

Se o bancário exerce função de confiança, na forma do preceito legal acima citado, e recebe a gratificação respectiva, já tem como remuneradas a sétima e oitava hora de trabalho, conforme Súmula nº 102 do Tribunal Superior do Trabalho:

> **SÚMULA Nº 102.** BANCÁRIO. CARGO DE CONFIANÇA. (mantida) – Res. 174/2011, DEJT divulgado em 27, 30 e 31.05.2011 I – A configuração, ou não, do exercício da função de confiança a que se refere o art. 224, § 2º, da CLT, dependente da prova das reais atribuições do empregado, é insuscetível de exame mediante recurso de revista ou de embargos. (ex-Súmula nº 204 – alterada pela Res. 121/2003, DJ 21.11.2003) II – O bancário que exerce a função a que se refere o § 2º do art. 224 da CLT e recebe gratificação não inferior a um terço de seu salário já tem remuneradas as duas horas extraordinárias excedentes de seis. (ex-Súmula nº 166 – RA 102/1982, DJ 11.10.1982 e DJ 15.10.1982) III – Ao bancário exercente de cargo de confiança previsto no artigo 224, § 2º, da CLT são devidas as 7ª e 8ª horas, como extras, no período em que se verificar o pagamento a menor da gratificação de 1/3. (ex-OJ nº 288 da SBDI-1 – DJ 11.08.2003) IV – O bancário sujeito à regra do art. 224, § 2º, da CLT cumpre jornada de trabalho de 8 (oito) horas, sendo extraordinárias as trabalhadas além da oitava. (ex-Súmula nº 232 – RA 14/1985, DJ 19.09.1985) V – O advogado empregado de banco, pelo simples exercício da advocacia, não exerce cargo de confiança, não se enquadrando, portanto, na hipótese do § 2º do art. 224 da CLT. (ex-OJ nº 222 da SBDI-1 – inserida em 20.06.2001) VI – O caixa bancário, ainda que caixa executivo, não exerce cargo de confiança. Se perceber gratificação igual ou superior a um terço do salário do posto efetivo, essa remunera apenas a maior responsabilidade do cargo e não as duas horas extraordinárias além da sexta. (ex-Súmula nº 102 – RA 66/1980, DJ 18.06.1980 e republicada DJ 14.07.1980) VII – O bancário exercente de função de confiança, que percebe a gratificação não inferior ao terço legal, ainda que norma coletiva contemple percentual superior, não tem direito às sétima e oitava horas como extras, mas tão somente às diferenças de gratificação de função, se postuladas. (ex-OJ nº 15 da SBDI-1 – inserida em 14.03.1994)

D. *Pré-contratação de horas extras*

A pré-contratação de jornada extraordinária, para elevar de seis para oito horas diárias de trabalho, também não produz o efeito pretendido pelas instituições financeiras, qual seja, o de remunerar as horas extras a partir da sexta diária.

Tal direito, assim como os demais derivados da relação empregatícia, são irrenunciáveis quando da formação, bem como durante a execução do contrato de trabalho.

Contudo, o Tribunal Superior do Trabalho somente entende dessa maneira **quando a contratação de horas extraordinárias ocorre no mesmo momento da formação do vínculo empregatício (pré-contratação).**

Considera-se legal e sem ofensa ao princípio da irrenunciabilidade a contratação de horas extras durante a vigência do contrato de trabalho, por meio de acordo individual, segundo a Súmula nº 199:

> **SÚMULA Nº 199.** BANCÁRIO. PRÉ-CONTRATAÇÃO DE HORAS EXTRAS. (incorporadas as Orientações Jurisprudenciais nºs 48 e 63 da SDI-1) – Res. 129/2005 – DJ 20.04.2005: I – A contratação do serviço suplementar, quando da admissão do trabalhador bancário, é nula. Os valores assim ajustados apenas remuneram a jornada normal, sendo devidas as horas extras com o adicional de, no mínimo, 50% (cinquenta por cento), as quais não configuram pré-contratação, se pactuadas após a admissão do bancário. (ex-Súmula nº 199, Res. 41/1995, DJ 17.02.1995 e ex-OJ 48 – Inserida em 25.11.1996). II – Em se tratando de horas extras pré-contratadas, opera-se a prescrição total se a ação não for ajuizada no

prazo de cinco anos, a partir da data em que foram suprimidas. (ex-OJ nº 63 – Inserida em 14.03.1994).

Exemplos de questões sobre o tema

(TRT 2 – Juiz do Trabalho Substituto 2ª região/2016) Com fulcro na lei e no entendimento doutrinário majoritário e jurisprudencial sumulado do TST, em relação ao empregador, grupo econômico e situações de responsabilização empresarial é correto afirmar que:

A) Empregado de banco, que vende valores mobiliários de empresa pertencente ao mesmo grupo econômico de seu empregador, pretende a integração na sua remuneração da vantagem pecuniária auferida em decorrência dessa atividade, o que não procede considerando tratar-se de atividades correlatas, ligadas à atividade bancária em geral.

B) Ao empregado de empresa de processamento de dados que presta serviço a banco integrante do mesmo grupo econômico, cabível o reconhecimento de sua condição de bancário, tendo em vista que a empresa de processamento de dados empregadora não presta serviços a qualquer outro cliente que não o banco.

C) Mesmo sem previsão, nesse sentido, em seu contrato de trabalho, empregado que presta serviços a todas as empresas do grupo econômico a que pertence seu empregador, e que caracteriza a coexistência de mais de um contrato de trabalho, faz jus ao recebimento de direitos trabalhistas de todas as empresas para as quais presta serviços.

D) A responsabilidade solidária decorrente da existência de grupo econômico somente pode ser reconhecida judicialmente na fase cognitiva devendo o trabalhador ajuizar a ação em face de todas as empresas integrantes do grupo econômico.

E) As empresas de crédito, financiamento ou investimento, também denominadas financeiras, equiparam-se aos estabelecimentos bancários; se beneficiam do regime legal relativo aos bancários os empregados de estabelecimento de crédito pertencentes a categorias profissionais diferenciadas.

Resposta: B

(FCC – Juiz do Trabalho Substituto 24ª região/2015) Com base na jurisprudência consolidada do Colendo Tribunal Superior do Trabalho, em relação à função de confiança do bancário é correto afirmar:

(A) O bancário que exerce a função a que se refere o § 2º do art. 224 da CLT e recebe gratificação não inferior a um terço de seu salário já tem remuneradas as duas horas extraordinárias excedentes de oitava.

(B) Ao bancário exercente de cargo de confiança previsto no artigo 224, § 2º, da CLT são devidas as sétimas e oitavas horas, como extras, no período em que se verificar o pagamento a menor da gratificação de um terço.

(C) O bancário sujeito à regra do art. 224, § 2º, da CLT cumpre jornada de trabalho de seis horas, sendo extraordinárias as trabalhadas além da sexta.

(D) O advogado empregado de banco, pelo simples exercício da advocacia, exerce cargo de confiança, se enquadrando, portanto, na hipótese do § 2º do art. 224 da CLT.

(E) O bancário exercente de função de confiança, que percebe a gratificação não inferior ao terço legal, ainda que norma coletiva contemple percentual superior, tem direito às sétima e oitava horas como extras, e às diferenças de gratificação de função, se postuladas.

Resposta: B

(FCC – Juiz do Trabalho Substituto 23ª região/2015) Sobre o cargo de confiança bancário, de acordo com o entendimento pacífico da jurisprudência do TST,

(A) o fato de Roberval exercer cargo de confiança bancário e receber gratificação não inferior a um terço de seu salário não lhe retira o direito ao recebimento das duas horas extraordinárias excedentes da sexta.

(B) Josiel exerce a função de caixa executivo e recebe gratificação superior a um terço do salário do posto efetivo, razão pela qual é considerado exercente de cargo de confiança e não tem direito ao recebimento das duas horas extraordinárias além da sexta.

(C) Claudina, na condição de advogada do banco, trabalhando no departamento jurídico do mesmo, exerce cargo de confiança e não tem direito às duas horas extraordinárias excedentes da sexta.

(D) considerando que a norma coletiva da categoria prevê gratificação de exercício de função de confiança bancário no valor de cinquenta por cento do salário do posto efetivo, o fato de Sandoval, exercente de cargo de confiança, receber gratificação equivalente a um terço do salário do posto efetivo faz com que o mesmo tenha direito de receber as horas extraordinárias além da sexta.

(E) embora desde o início de vigência do seu contrato de trabalho Devonildo exerça cargo de confiança bancário, somente a partir do terceiro ano de trabalho passou a receber gratificação de um terço do salário do posto efetivo, razão pela qual tem direito a receber as horas extraordinárias excedentes da sexta em relação aos dois primeiros anos do contrato.

Resposta: E

(TRT 8 – Juiz do Trabalho Substituto 8ª região/2015) Em relação ao trabalho do bancário, analise as proposições abaixo e assinale a alternativa CORRETA:

I. O empregado de empresa de processamento de dados, integrante de grupo econômico de banco e prestadora de serviços a terceiros, não é bancário, salvo quando preste atividade exclusivamente ao banco.

II. Ao bancário exercente de cargo de confiança previsto no art. 224, § 2º, da CLT são devidas as 7 a e 8 a horas, como extras, no período em que se verificar o pagamento a menor da gratificação de 1/3. Já o bancário sujeito à regra do art. 224, § 2º, da CLT, cumpre jornada de trabalho de 8 (oito) horas, sendo extraordinárias as trabalhadas além da oitava.

III. O caixa bancário executivo não exerce cargo de confiança. Se perceber gratificação igual ou superior a um terço do salário do posto efetivo, só terá direito ao recebimento do adicional de 50% incidente sobre as 7ª e 8ª horas, dado que o valor da hora normal já se encontra remunerado pela gratificação percebida.

IV. O divisor aplicável para o cálculo das horas extras do bancário, se houver ajuste individual expresso ou coletivo no sentido de considerar o sábado como dia de descanso remunerado, será de 150, para os empregados submetidos à jornada de seis horas, prevista no caput do art. 224 da CLT; de 200, para os empregados submetidos à jornada de oito horas, nos termos do § 2º do art. 224 da CLT. Nas demais hipóteses, aplicar-se-á o divisor 180, para os empregados submetidos à jornada de seis horas prevista no caput do art. 22 4 da CLT e de 22 0, para os empregados submetidos à jornada de oito horas, nos termos do § 2º do art. 22 4 da CLT.

V. O vigilante, quando contratado por intermédio de prestadora de serviços especializada, não tem jornada equiparada à de bancário. Solução diversa ocorre quando o vigilante for contratado como empregado do próprio banco.

a) Somente as alternativas I e II estão corretas.
b) Somente as alternativas II e IV estão corretas.
c) Somente as alternativas I, II e III estão corretas.
d) Somente as alternativas II e V estão corretas.
e) Somente as alternativas I, II e IV estão corretas.

Resposta: E

E. Intervalo intrajornada

A regra é de concessão de intervalo intrajornada de **quinze minutos** para o bancário, salvo quando exerce cargo de confiança com jornada estendida para oito horas diárias.

Observe-se que se o bancário submetido a jornada de trabalho de seis horas labora em regime de horas extras, o seu intervalo passa a ser de **uma hora** no mínimo e não mais apenas de quinze minutos:

> **SÚMULA Nº 27 do TRT12.** INTERVALO INTRAJORNADA. BANCÁRIO. PRORROGAÇÃO HABITUAL. Prorrogada habitualmente a jornada de seis horas, devido o intervalo intrajornada de uma hora, a teor do disposto no art. 71, caput e § 4º, da CLT.

> **SÚMULA Nº 23 do TRT17.** BANCÁRIO. INTERVALO INTRAJORNADA. PRORROGAÇÃO HABITUAL. Prorrogada habitualmente a jornada de 06 (seis) horas, devido o intervalo intrajornada de 01 (uma) hora, a teor do disposto no art. 71, caput e § 4º, da CLT.

6.2. Advogado

Quando o advogado é empregado, contratado por conta desta qualidade profissional, sua jornada diária não poderá ultrapassar **quatro horas de trabalho**, segundo dispõe o art. 20 da Lei nº 8.906/94:

> **Art. 20.** A jornada de trabalho do advogado empregado, no exercício da profissão, não poderá exceder a duração diária de quatro horas contínuas e a de vinte horas semanais, salvo acordo ou convenção coletiva ou em caso de dedicação exclusiva.

Se o advogado não exerce sua profissão como empregado, ou seja, sua habilitação profissional não foi levada em consideração quando da contratação, não há que se falar em jornada reduzida de quatro horas.

Como revela a redação do preceito legal acima transcrito, a jornada reduzida de trabalho **pode ser afastada por meio de uma convenção coletiva de trabalho ou quando o advogado trabalha em sistema de dedicação exclusiva:**

> **TST. SDI-1. OJ Nº 403.** ADVOGADO EMPREGADO. CONTRATAÇÃO ANTERIOR A LEI Nº 8.906, de 04.07.1994. JORNADA DE TRABALHO MANTIDA COM O ADVENTO DA LEI. DEDICAÇÃO EXCLUSIVA. CARACTERIZAÇÃO. (DEJT Divulgado em 16, 17 e 20.09.2010). O advogado empregado contratado para jornada de 40 horas semanais, antes da edição da Lei nº 8.906, de 04.07.1994, está sujeito ao regime de dedicação exclusiva disposto no art. 20 da referida lei, pelo que não tem direito à jornada de 20 horas semanais ou 4 diárias.

A dedicação exclusiva pode resultar do fato **de o advogado não prestar serviços para terceiros, com o conhecimento do seu empregador.**

Essa dedicação exclusiva deve constar expressamente do contrato, conforme entendimento jurisprudencial:

> **SÚMULA Nº 66 do TRT15.** JORNADA DE TRABALHO. ADVOGADO EMPREGADO. DEDICAÇÃO EXCLUSIVA. EXIGÊNCIA DE PREVISÃO CONTRATUAL. LEI 8.906/94. HORAS EXTRAS. O regime de dedicação exclusiva no labor do advogado deve ser expressamente previsto no contrato de trabalho para que a jornada laboral possa ser elastecida além da quarta diária, nos termos do artigo 20 da Lei 8.906/94, a teor da atual redação do artigo 12 do Regulamento Geral do Estatuto da Advocacia e da OAB, modificado em 12/12/2000. A inobservância desse requisito para os ajustes celebrados após a alteração do Regulamento Geral acarreta o direito ao pagamento de horas extras, assim consideradas as excedentes da 4ª diária, salvo prova em sentido contrário.

6.3. Telefonista

Aos empregados que trabalham para as empresas de telefonia, telegrafia, radiotelegrafia ou radiotelefonia, na condição de operadores, **é assegurada uma jornada diária de seis horas de trabalho.**[30]

30. CLT. Art. 227. Nas empresas que explorem o serviço de telefonia, telegrafia submarina ou subfluvial, de radiotelegrafia ou de radiotelefonia, fica estabelecida para os respectivos operadores a duração máxima de seis horas contínuas de trabalho por dia ou trinta e seis horas semanais.

Por analogia, os empregados que executam as mesmas tarefas derivadas das funções acima mencionadas, principalmente o labor em mesa de transmissão, também desfrutam da jornada de trabalho reduzida de seis horas, segundo a orientação constante da Súmula nº 178 do TST:

> **SÚMULA Nº 178.** TELEFONISTA. ART. 227, E PARÁGRAFOS, DA CLT. APLICABILIDADE. É aplicável à telefonista de mesa de empresa que não explora o serviço de telefonia o disposto no art. 227, e seus parágrafos, da CLT. Ex-prejulgado nº 59. (RA 102/1982, DJ 11.10.1982 e DJ 15.10.1982).

O entendimento do TST era no sentido de **não aplicar o art. 227 da CLT aos operadores de televendas**, diante da inexistência do referido instrumento de trabalho, qual seja, a mesa de transmissão:

> **SDI-1. OJ Nº 273. CANCELADA.** "*Telemarketing*". Operadores. Art. 227 da CLT. Inaplicável. A jornada reduzida de que trata o art. 227 da CLT não é aplicável, por analogia, ao operador de televendas, que não exerce suas atividades exclusivamente como telefonista, pois, naquela função, não opera mesa de transmissão, fazendo uso apenas dos telefones comuns para atender e fazer as ligações exigidas no exercício da função.

O cancelamento dessa Orientação Jurisprudencial revela a mudança do posicionamento do TST e agora a matéria deve ser avaliada de acordo com cada caso.

O entendimento do TRT1 é no sentido de reconhecer, por analogia, o direito à jornada reduzida de seis horas para o **operador de telemarketing**:

> **SÚMULA Nº 29 do TRT1.** SERVIÇO DE TELEMARKETING/TELEATENDIMENTO. ENQUADRAMENTO SINDICAL E DURAÇÃO DO TRABALHO. I – Os operadores de teleatendimento/telemarketing estão sujeitos às normas coletivas da categoria profissional dos empregados em empresas de prestação de serviços de telecomunicações, sendo inafastável, por acordo coletivo menos benéfico, a incidência das normas da convenção coletiva intersindical ou de sentença normativa; II – Na ausência de norma coletiva mais benéfica, prevalecem as disposições do Anexo II da NR-17, que estabelece a jornada de seis horas, com duas pausas remuneradas e um intervalo não remunerado de vinte minutos para descanso e alimentação e a duração semanal de trinta e seis horas de trabalho.

6.4. Digitador

A profissão de digitador não é regulamentada. Consequentemente, a lei não define qual seria a jornada de trabalho normal para essa espécie de trabalhador. Contudo, a Portaria nº 3.214, do extinto MTE, que instituiu as Normas Regulamentadoras, dentre elas a de nº 17, que trata da ergonomia, em seu item 17.6.4, alínea "c", determina que:

> **17.6.4 –** Nas atividades de processamento eletrônico de dados deve-se, salvo o disposto em convenções e acordos coletivos de trabalho, observar o seguinte: c) o tempo efetivo de trabalho de entrada de dados não deve exceder o limite máximo de 5 (cinco) horas, sendo que, no período de tempo restante da jornada, o trabalhador poderá exercer outras atividades, observado o disposto no artigo 468 da Consolidação das Leis de Trabalho, desde que não exijam movimentos repetitivos, nem esforço visual.

Parte da doutrina e da jurisprudência não reconhece o direito do digitador à jornada reduzida de cinco horas, sob a alegação de que se trata de norma relativa à saúde do trabalho e derivada do poder regulamentar do Executivo:

> JORNADA DE TRABALHO. DIGITADOR. A norma convencional invocada pelo reclamante refere à jornada de 30 horas semanais, o que importa no reconhecimento de jornada diária de trabalho de seis horas, sendo certo que a disposição contida em Norma Regulamentar expedida pelo Ministério do Trabalho (NR – 17) não tem o condão de alterar a jornada de trabalho para cinco horas diárias, apenas tratando de norma de higiene e segurança do trabalho.[31]

Esse entendimento não resiste a uma análise mais profunda.

Com efeito, a delimitação da jornada de trabalho representa, em primeiro plano, proteção à saúde do trabalhador pelos riscos decorrentes da fadiga. Em segundo lugar, o Poder Executivo emite normas dessa natureza por expressa previsão contida no art. 200 da Consolidação das Leis do Trabalho.[32]

Logo, as denominadas NRs têm natureza jurídica de norma geral e abstrata, que adere a todos os contratos de trabalho por fazer parte do estatuto mínimo do trabalhador nacional.

A doutrina apresenta posicionamentos divergentes acerca da legalidade da jornada reduzida do digitador:

Quadro Doutrinário – Jornada de 5 horas do digitador		
Teorias	**Doutrinadores**	**Exemplo**
Contra a jornada reduzida	Vólia Bomfim e Alice Monteiro de Barros	É certo que a Portaria n. 3.751, de 1990, no item 17.6.4, "c", estabelece que o tempo efetivo de trabalho, de entrada de dados não deve exceder o limite máximo de cinco horas, sendo que no período de tempo restante poderá exercer outras atividades. Acontece que à citada Portaria é vedado fixar jornada e intervalos, devendo ser matéria tratada em lei federal, pois quem legisla sobre Direito do Trabalho é a União (Alice Monteiro de Barros). *
A favor da jornada reduzida	Maurício Godinho Delgado	A ação administrativa do Estado, mediante regras gerais e medidas concretas, não só é permitida como é determinada pela sábia e democrática Constituição de 1988. A saúde, no Brasil, por força da Constituição, é direito de todos e dever do Estado, garantido mediante políticas sociais e econômicas (isto é, regras gerais de medidas concretas) que visem à redução do risco da doença e de outros agravos (Maurício Godinho Delgado).**
(*) BARROS, Alice Monteiro. **Curso de Direito do Trabalho**. 7. ed. São Paulo: LTr, 2011. p. 559. (**) DELGADO, Maurício Godinho. **Curso de direito do trabalho**. 10. ed. São Paulo: LTr, 2011. p. 857.		

6.5. Motorista

Até o advento da Lei nº 12.619/12, posteriormente alterada pela Lei nº 13.103/15, a jornada de trabalho do motorista era regulada pelos dispositivos genéricos da CLT que tratam dessa matéria.

---

31. TRT 2ª R. RO 02928-2007-058-02-00-0. 2ª T. Relª Juíza Odette Silveira Moraes. DOE/SP 14.05.2010.
32. CLT. Art. 200. Cabe ao Ministério do Trabalho estabelecer disposições complementares às normas de que trata este Capítulo, tendo em vista as peculiaridades de cada atividade ou setor de trabalho, especialmente sobre: I – medidas de prevenção de acidentes e os equipamentos de proteção individual em obras de construção, demolição ou reparos.

Inclusive havia defensores da tese segundo a qual o trabalho do motorista seria classificado como externo, na forma prevista pelo art. 62, I, daquele Diploma legal.

Por conta disso, inaplicável seria a proteção laboral dessa categoria profissional no que diz respeito ao trabalho extraordinário e em período noturno, com suas respectivas vantagens financeiras.

Repita-se aqui o que foi dito nesta obra no sentido de que a excepcionalidade do trabalho externo, que retira do obreiro o direito ao pagamento das horas extras, decorre da impossibilidade de se controlar a jornada e não da simples ausência de controle.

Com efeito, por diversos meios o empregador pode efetivar essa fiscalização, seja com o uso do disco de tacógrafo, GPS, da própria quilometragem etc., apesar do TST, por intermédio de sua OJ nº 332 da SDI1, entender que o uso do primeiro instrumento, por si só, não configura o controle de jornada:

> **OJ nº 332.** MOTORISTA. HORAS EXTRAS. ATIVIDADE EXTERNA. CONTROLE DE JORNADA POR TACÓGRAFO. RESOLUÇÃO Nº 816/1986 DO CONTRAN. DJ 09.12.2003. O tacógrafo, por si só, sem a existência de outros elementos, não serve para controlar a jornada de trabalho de empregado que exerce atividade externa.

Segundo o art. 2º, V, b, da Lei nº 13.103/15, **o tempo de direção do veículo será controlado de maneira fidedigna**, com o uso de anotação em diário de bordo, papeleta ou ficha de trabalho externo ou de meios eletrônicos idôneos instalados nos veículos, a critério do empregador.

Já a Resolução nº 525/15 do CONTRAN que regulamenta a mencionada lei e estabelece em seu art. 2º as formas de fiscalização da jornada de trabalho do motorista empregado, com a utilização de disco ou fita diagrama do registrador instantâneo e inalterável de velocidade e tempo ou, subsidiariamente, do diário de bordo, papeleta ou ficha de trabalho externo, fornecida pelo empregador.

Contudo, por expressa disposição legal, **não será computada na jornada de trabalho:**

> I) o período em que o motorista ou o ajudante ficarem espontaneamente no veículo usufruindo dos intervalos de repouso;
>
> II) Quando o tempo de espera de carga ou descarga for **superior a duas horas ininterruptas** e for exigida a permanência do motorista empregado junto ao veículo, caso o local ofereça condições adequadas;
>
> III) Nos casos em que o motorista tenha que acompanhar o veículo transportado por qualquer meio onde ele siga embarcado e em que o veículo disponha de cabine leito ou a embarcação disponha de alojamento para gozo do intervalo de repouso diário.

Sobre o tema, manifesta-se a jurisprudência regional:

> **SÚMULA Nº 29 do TRT8.** MOTORISTA PROFISSIONAL. ATIVIDADE EXTERNA. OBRIGATORIEDADE DE CONTROLE DE PONTO FIDEDIGNO. I – É ônus do empregador manter o controle fidedigno da jornada de trabalho do motorista profissional, que pode ser feito através de meios eletrônicos idôneos instalados no veículo, diários de bordo, papeleta ou ficha de trabalho externo e outros passíveis de identificar a jornada de trabalho efetivamente cumprida pelo motorista. II – A não apresentação injustificada dos controles de frequência gera presunção relativa de veracidade da jornada de trabalho declarada pelo reclamante, a qual pode ser elidida por prova em contrário.

SÚMULA Nº 04 do TRT24. MOTORISTA. ATIVIDADE EXTERNA. JORNADA DE TRABALHO MENSURÁVEL. HORAS EXTRAS. Os motoristas entregadores que têm de comparecer ao estabelecimento do empregador no início do expediente, cumprem roteiro preestabelecido e, ao final, retornam para guarda do veículo e prestação de contas, não estão sujeitos à exceção do art. 62, I, da CLT.

A. *Aplicabilidade subjetiva da Lei nº 13.103/15*

A Lei nº 13.103/15, alterou boa parte da Lei nº 12.619/12, que dispõe sobre o exercício da profissão de motorista. Essa norma é composta de dois conjuntos de dispositivos: um para disciplinar a atividade não só do motorista **contratado como empregado** como também aos: "operadores de automotores destinados a puxar ou a arrastar maquinaria de qualquer natureza ou a executar trabalhos de construção ou pavimentação e aos operadores de tratores, colheitadeiras, autopropelidos e demais aparelhos automotores destinados a puxar ou a arrastar maquinaria agrícola ou a executar trabalhos agrícolas (art. 235-C, § 17 da CLT, com redação dada pela Lei nº 13.154/15)".

Note-se, também, que essa disciplina especial também se aplica aos empregados que acompanham os motoristas nas viagens, como ajudantes, auxiliares, carregadores etc. (art. 235-C, § 16 da CLT).

B. *Principais institutos*

– *Jornada de trabalho e horário de trabalho*

A jornada de trabalho representa todo o tempo em que o motorista encontra-se à disposição do empregador seja no efetivo trabalho ou no aguardo de suas ordens, na forma prevista pelo art. 4º da CLT.

A jornada de trabalho do motorista é a mesma dos demais trabalhadores, ou seja, oito horas diárias e quarenta e quatro horas semanais. Permite-se, o estabelecimento de jornada de 12 x 36 (doze horas de trabalho com 36 horas de descanso), desde que ajustada por meio de convenção ou acordo coletivo de trabalho, conforme previsão contida no art. 235-F da CLT.

Contudo, não há que se falar em **horário de trabalho**, salvo se houver previsão contratual expressa, diante do permissivo contido no art. 235-C, § 13 da CLT: "Salvo previsão contratual, a jornada de trabalho do motorista empregado não tem horário fixo de início, de final ou de intervalos".

– *Horas extras*

Admite-se a prorrogação por mais duas horas diárias (art. 235-C, *caput*) e, **mediante convenção ou acordo coletivo de trabalho, por quatro horas**.

Em situações excepcionais admite-se a extrapolação da jornada pelo tempo necessário até o veículo chegar a um local seguro ou ao seu destino, desde que não se comprometa a segurança rodoviária (art. 235-D, § 6º, da CLT). Em qualquer hipótese as horas extras devem ser pagas com acréscimo mínimo de 50%.

– *Tempo de direção*

É aquele restrito ao período em que o motorista encontra-se efetivamente na condução do veículo em movimento, com exclusão dos períodos de **refeição, repouso, descanso e o tempo de espera** (art. 235-C, § 1º, da CLT).

– *Tempo de espera*

Corresponde ao período em que o motorista fica aguardando carga ou descarga do veículo nas dependências do embarcador ou do destinatário e o período gasto com a fiscalização da mercadoria transportada em barreiras fiscais ou alfandegárias.

Nesse caso, **não se computa como jornada de trabalho e nem como horas extraordinárias** (art. 235-C, § 8º da CLT), mas são indenizadas com valor equivalente a 30% da hora normal de trabalho. Contudo, se esse tempo for superior a duas horas ininterruptas e for exigida a permanência do motorista empregado junto ao veículo, caso o local ofereça condições adequadas, **será considerado como de repouso.**

C. Regras para as viagens de até sete dias

– *Intervalo intrajornada*

Segundo o art. 235-C, § 2º da CLT, o intervalo intrajornada é de no mínimo uma hora para refeição, que pode coincidir com o tempo de parada obrigatória, salvo no caso de motorista profissional enquadrado no § 5º, art. 71, da CLT:

> **Art. 71. § 5º.** O intervalo expresso no caput poderá ser reduzido e/ou fracionado, e aquele estabelecido no § 1º poderá ser fracionado, quando compreendidos entre o término da primeira hora trabalhada e o início da última hora trabalhada, desde que previsto em convenção ou acordo coletivo de trabalho, ante a natureza do serviço e em virtude das condições especiais de trabalho a que são submetidos estritamente os motoristas, cobradores, fiscalização de campo e afins nos serviços de operação de veículos rodoviários, empregados no setor de transporte coletivo de passageiros, mantida a remuneração e concedidos intervalos para descanso menores ao final de cada viagem.

– *Intervalo interjornada*

Seguindo a regra geral, o intervalo interjornada do motorista profissional é de 11 horas. A diferença é que é expressamente **permitido o fracionamento e a coincidência com os períodos de parada obrigatória definidos pelo Código Brasileiro de Trânsito**. Em caso de fracionamento, o primeiro período deve ser de no mínimo oito horas, e o restante deve ser concedido dentro das dezesseis horas subsequentes ao primeiro período (art. 235-C, § 3º da CLT).

Em viagens acima de 24 horas de duração o descanso diário pode ser feito dentro do veículo, alojamento ou em outro local apropriado para tal.

D. Regras para as viagens superiores a sete dias

– *Repouso semanal remunerado*

Garante-se o repouso de 24 horas consecutivas por cada semana ou fração trabalhada, sem prejuízo do intervalo interjornada de 11 horas, totalizando 35 horas. Será usufruída quando do retorno do motorista à sua base ou ao seu domicílio, salvo se a empresa oferecer condições adequadas para o efetivo gozo do referido repouso (art. 235-D da CLT). Essa cumulação de repouso não pode ser superior a três semanas, que equivalem a três descansos.

Admite-se o fracionamento do repouso em dois períodos, sendo que um deles de no mínimo 30 horas ininterruptas e na mesma semana. O restante do repouso deverá ser concedido em forma de descanso diário no retorno da viagem.

– *Não entra no cômputo da jornada de trabalho*

- O tempo em que ficar com o veículo parado após o cumprimento da jornada normal ou das horas extraordinárias, salvo se for expressamente autorizada a sua permanência junto ao veículo pelo empregador, caso em que será considerado como tempo de espera;
- O período em que ficar espontaneamente no veículo usufruindo dos intervalos de repouso;
- O tempo em que o motorista tenha que acompanhar o veículo transportado por qualquer meio onde ele siga embarcado e em que o veículo disponha de cabine leito ou a embarcação disponha de alojamento.

E. *Regras para o transporte de passageiros*

- Faculta-se o **fracionamento** do intervalo de condução do veículo previsto na Lei no Código de Trânsito Brasileiro, em períodos de no mínimo **cinco minutos**;
- Intervalo mínimo de uma hora para refeição, podendo ser **fracionado em dois períodos** e coincidir com o tempo de parada obrigatória na condução do veículo estabelecido pelo Código de Trânsito Brasileiro, exceto quando se tratar do motorista profissional enquadrado no § 5º do art. 71 da CLT;
- Nos casos em que o empregador adotar dois motoristas no curso da mesma viagem, o descanso poderá ser feito **com o veículo em movimento**, respeitando-se os horários de jornada de trabalho, assegurado, após setenta e duas horas, o repouso em alojamento externo ou, se em poltrona correspondente ao serviço de leito, com o veículo estacionado.

6.6. Outros profissionais

A CLT e outras leis esparsas, que regulamentam determinadas atividades profissionais, estabelecem jornadas de trabalho especiais para os respectivos trabalhadores, podendo-se citar as seguintes:

a) cinco horas para os músicos (Lei nº 3.857/1960, art. 41);

b) seis horas para os operadores cinematográficos (CLT, art. 234);

c) seis horas para os trabalhadores em minas do subsolo (CLT, 293);

d) cinco horas para os jornalistas (CLT, art. 303);[33]

e) cinco horas para o radialista que trabalha nos setores de autoria e de locução (Lei nº 6.615/78, art. 18, I);

f) seis horas para o radialista que trabalha nos setores de produção, interpretação, dublagem, tratamento e registros sonoros, tratamento e registros visuais, montagem e arquivamento, transmissão de sons e imagens, revelação e copiagem de filmes, artes plásticas e animação de desenhos e objetos de manutenção técnica (Lei nº 6.615/78, art. 18, II);

g) sete horas para o radialista que trabalha nos setores de cenografia e caracterização (Lei nº 6.615/78, art. 18, III).

O esquema a seguir lista as diversas jornadas especiais de trabalho:

Categoria	Jornada	Divisor
Advogado	4 horas	120
Músico	5 horas	150
Jornalista	5 horas	150
Mineiros	6 horas	180
Operador cinematográfico	6 horas	180
Bancário	6 horas	180
Bancário com cargo de confiança	8 horas	220
Gerente bancário	Não controlada	220

7. JORNADA NOTURNA DO TRABALHADOR URBANO

A legislação pátria considera como trabalho noturno **aquele realizado entre 22 horas de um dia e 05 horas do dia seguinte.**[34] Nota-se, portanto, que o legislador não levou em consideração o momento do nascer e o do pôr do sol para classificar o trabalho como diurno e noturno.

Haveria, inclusive,impossibilidade de fixar um horário noturno ou diurno com base nesse aspecto, já que há diversas variáveis a serem consideradas, como a região do país e as estações do ano, que interferem na duração do dia e da noite.

33. TST. SDI-1. OJ Nº 407. JORNALISTA. EMPRESA NÃO JORNALÍSTICA. JORNADA DE TRABALHO REDUZIDA. ARTS. 302 E 303 DA CLT. (DEJT divulgado em 22, 25 e 26.10.2010). O jornalista que exerce funções típicas de sua profissão, independentemente do ramo de atividade do empregador, tem direito à jornada reduzida prevista no artigo 303 da CLT.

34. Para o advogado empregado, jornada noturna é aquela compreendida entre 20 e 05 horas, devendo ser remunerada com adicional de 25% (art. 20, § 3º, da Lei nº 8.906/94). Para o trabalho no porto, das 19 às 07 horas (Lei nº 4.860/65, art. 4º, § 1º). TST. SDI-1. OJ Nº 60. Portuários. Hora Noturna. Horas Extras. (LEI Nº 4.860/1965, ARTS. 4º E 7º, § 5º). Inserida em 28.11.95 (nova redação em decorrência da incorporação da Orientação jurisprudencial nº 61 da SDI-1). I – A hora noturna no regime de trabalho no porto, compreendida entre dezenove horas e sete horas do dia seguinte, é de sessenta minutos. II – Para o cálculo das horas extras prestadas pelos trabalhadores portuários, observar-se-á somente o salário básico percebido, excluídos os adicionais de risco e produtividade. (ex-OJ nº 61 da SDI-1 – inserida em 14.03.94).

A Convenção nº 171, da OIT, promulgada pelo Decreto nº 5.005/04, considera como noturno o horário compreendido entre meia noite e cinco horas da manhã.

Aplica-se, todavia, a norma interna, qual seja, aquela constante da Consolidação das Leis do Trabalho, por ser mais benéfica ao empregado.

7.1. Adicional noturno

Biologicamente, o ser humano necessita do sono profundo, que só é obtido durante a noite, responsável pelo seu bem-estar físico e psicológico, além de promover a recuperação de sua energia física.

Portanto, trabalhar durante esse período representa maior desgaste para sua saúde, já que o sono durante o período diurno não tem a mesma qualidade.

Como forma de inibir ou limitar a exigência do empregador no sentido de cobrar o labor do empregado em período noturno, bem como para compensar o labor nessa condição anormal de trabalho, instituiu-se o adicional noturno.

O adicional noturno **é de 20%** (vinte por cento), conforme preceitua o art. 73 da CLT,[35] e foi recepcionado pela Constituição Federal de 1988 (art. 7º, IX), ao prever uma remuneração do trabalho noturno superior ao diurno. Dessa forma, o trabalho executado **depois das 22:00 horas** enseja o pagamento de uma remuneração vinte por cento superior àquela devida ao empregado que trabalha durante o dia.[36]

Entretanto, referido art. 73 da CLT não foi recepcionado no que se refere à exclusão do direito ao adicional noturno quando há turnos de revezamento semanal e quinzenal. Esse é, inclusive, o entendimento do Supremo Tribunal Federal, inserido em sua Súmula nº 213: "É devido o adicional de serviço noturno, ainda que sujeito o empregado ao regime de revezamento".

De acordo com o disposto no art. 62 da CLT, o trabalhador externo e os ocupantes de cargo de gestão não têm direito ao adicional noturno.

7.2. Hora ficta noturna

Para complementar a proteção ao trabalhador que presta serviços durante a noite, foi instituída a **hora ficta noturna**, uma criação legal por meio da qual não se considera uma hora como tendo sessenta minutos, mas somente **cinquenta e dois minutos e trinta segundos** (art. 73, § 1º, da Consolidação das Leis do Trabalho),[37] salvo para algumas profissões regulamentadas, como a dos petroleiros, que são regidos pela Lei nº 5.811/72.[38]

35. CLT. Art. 73. Salvo nos casos de revezamento semanal ou quinzenal, o trabalho noturno terá remuneração superior à do diurno e, para esse efeito, sua remuneração terá um acréscimo de 20% (vinte por cento), pelo menos, sobre a hora diurna.
36. STF. Súmula nº 402. Vigia noturno tem direito a salário adicional. TST. SÚMULA Nº 140. VIGIA. É assegurado ao vigia sujeito ao trabalho noturno o direito ao respectivo adicional. Ex-prejulgado nº 12.
37. TST. SD-1. OJ Nº 127. Hora Noturna Reduzida. Subsistência Após a CF/88. O art. 73, § 1º da CLT, que prevê a redução da hora noturna, não foi revogado pelo inciso IX do art. 7º, da CF/88.
38. TST. Súmula nº 112. TRABALHO NOTURNO. PETRÓLEO. O trabalho noturno dos empregados nas atividades de exploração, perfuração, produção e refinação do petróleo, industrialização do xisto, indústria petroquímica e

Observe-se que de 22 às 05 horas somam-se **sete horas reais de trabalho**. Contudo, pela ficção legal, consideram-se como **oito horas** de labor, pois, a cada 52 minutos e 30 segundos trabalhados, o empregado adquire 07 minutos e 30 segundos, de forma que, no final, acaba *ganhando* mais uma hora,[39] conforme entendimento do Supremo Tribunal Federal, constante da Súmula nº 214: "A duração legal da hora de serviço noturno (52 minutos e trinta segundos) constitui vantagem suplementar, que não dispensa o salário adicional."

Essa redução na jornada noturna representa um **ganho real de 14,285%** na remuneração do trabalhador urbano, além do adicional de 20%. Estende-se esse direito, inclusive, aos trabalhadores que prestam serviços em turnos ininterruptos de revezamento, posicionamento adotado pelo TST por meio da OJ nº 395 da SDI-1:

> **OJ Nº 395.** TURNO ININTERRUPTO DE REVEZAMENTO. HORA NOTURNA REDUZIDA. INCIDÊNCIA. O trabalho em regime de turnos ininterruptos de revezamento não retira o direito à hora noturna reduzida, não havendo incompatibilidade entre as disposições contidas nos arts. 73, § 1º, da CLT e 7º, XIV, da Constituição Federal.

Como o cálculo dessa jornada noturna é relativamente complexo, a hora ficta reduzida poderia ser eliminada, mas compensado esse direito com um aumento no percentual do adicional noturno por meio de convenção ou acordo coletivo de trabalho:

> **SÚMULA Nº 101 do TRT4.** ADICIONAL NOTURNO. MAJORAÇÃO DO PERCENTUAL POR NORMA COLETIVA PARA EQUIPARAR A DURAÇÃO DA HORA NOTURNA À DIURNA. É válida a norma coletiva que majora proporcionalmente o percentual do adicional noturno para fins de equiparar a duração da hora noturna, prevista no art. 73, § 1º, da CLT, à duração da hora diurna de 60 minutos.

> **OJ Nº 24 do TRT3.** HORA NOTURNA DE 60 MINUTOS. ADICIONAL NOTURNO SUPERIOR AO LEGAL. NEGOCIAÇÃO COLETIVA. VALIDADE. É válida a cláusula de convenção ou acordo coletivo que fixa a duração da hora noturna em 60 minutos, estabelecendo, como contrapartida, adicional noturno compensatório superior ao legal, sem prejuízo financeiro ao empregado.

Exemplo de questão sobre o tema

(MAGISTRATURA DO TRABALHO – TRT 3ª – 2012) O executivo PEDRO, engenheiro de uma grande empresa, está sujeito à jornada de 8h e percebe o salário mensal de R$22.000,00. Ele trabalhou extraordinária e habitualmente das 22h às 24h. O adicional da hora extra é 50% e o adicional da hora noturna 20%. Informe, de acordo com a jurisprudência sumulada do Tribunal Superior do Trabalho, o valor correto bruto da remuneração devida a PEDRO, pelo trabalho noturno extra informado relativamente a um único dia, sem atualização monetária ou juros, podendo haver desconsideração de diferenças até R$5,00.

(A) R$205,00

(B) R$360,00

(C) R$180,00

(D) R$411,00

(E) Nenhuma das alternativas anteriores está correta

Resposta: D.

transporte de petróleo e seus derivados, por meio de dutos, é regulado pela Lei nº 5.811, de 11.10.1972, não se lhe aplicando a hora reduzida de 52 minutos e 30 segundos prevista no art. 73, § 2º, da CLT.

39. TST. Súmula nº 65. VIGIA. O direito à hora reduzida de 52 minutos e 30 segundos aplica-se ao vigia noturno.

7.3. Jornada mista

Como visto, a jornada diurna é aquela compreendida entre 05 e 22 horas e a jornada noturna é aquela que vai das 22 às 05 horas. A jornada mista envolve um horário de trabalho que se inicia ou termina durante a jornada noturna.

Em que pese a lei ter fixado como horário noturno aquele compreendido entre 22 e 05 horas, a continuação do trabalho após o limite final mencionado **implica pagamento do adicional noturno, além de ser considerada, também, a hora ficta noturna**. Isso porque, nesse caso, continuam presentes as causas que tornam o labor prejudicial à saúde do trabalhador.

O Tribunal Superior do Trabalho posiciona-se nesse sentido, salvo no que diz respeito à extensão dos efeitos da hora ficta noturna:

> **SÚMULA Nº 60.** ADICIONAL NOTURNO. INTEGRAÇÃO NO SALÁRIO E PRORROGAÇÃO EM HORÁRIO DIURNO. (incorporada a Orientação Jurisprudencial nº 6 da SDI-1) – Res. 129/2005 – DJ 20.04.2005.
>
> I – O adicional noturno, pago com habitualidade, integra o salário do empregado para todos os efeitos. (ex-Súmula nº 60 – RA 105/74, DJ 24.10.1974).
>
> II – Cumprida integralmente a jornada no período noturno e prorrogada esta, devido é também o adicional quanto às horas prorrogadas. Exegese do art. 73, § 5º, da CLT. (ex-OJ nº 6 – Inserida em 25.11.1996).

De forma análoga, o trabalhador também teria direito à **hora noturna reduzida.** Nesse sentido a Súmula nº 92 do TRT4:

> **SÚMULA Nº 92 do TRT4.** TRABALHO NOTURNO. PRORROGAÇÃO. REDUÇÃO DA HORA NOTURNA. Reconhecido o direito ao adicional noturno para as horas prorrogadas após as 5h da manhã, também deve ser observada a redução da hora noturna para essas horas.

Note-se que a extensão dos benefícios da hora ficta noturna e do adicional noturno para o labor além das 5:00 só seriam aplicáveis para os empregados **com jornada preponderantemente noturna**, o que não ocorreria, por exemplo, se o empregado começasse a trabalhar as 3:00 horas:

> **SÚMULA Nº 56 do TRT18.** JORNADA MISTA PREPONDERANTEMENTE NOTURNA. ADICIONAL NOTURNO E HORA FICTA REDUZIDA. EXTENSÃO ÀS HORAS DIURNAS. O empregado submetido à jornada mista preponderantemente noturna – assim considerada aquela cuja duração compreenda mais da metade do horário legalmente noturno – tem direito ao adicional noturno e à hora ficta reduzida em relação às horas diurnas subsequentes ao horário legalmente noturno, assim como ocorre em relação às horas de prorrogação de jornadas integralmente noturnas, a que se refere o item II da Súmula 60 do TST.

Entretanto, para o empregado que trabalha no regime "12 x 36" o adicional noturno decorrente da prorrogação da jornada noturna além das 05:00 horas **já está compensado** e, por conta disso, **não é devido por expressa disposição legal** nesse sentido contido do parágrafo único art. 59-A da CLT, introduzido pela Lei nº 13.467/17:

> **Art. 59-A. Parágrafo único.** A remuneração mensal pactuada pelo horário previsto no caput deste artigo abrange os pagamentos devidos pelo descanso semanal remunerado e

pelo descanso em feriados, e serão considerados compensados os feriados e as prorrogações de trabalho noturno, quando houver, de que tratam o art. 70 e o § 5º do art. 73 desta Consolidação.

Diante dessa novidade legislativa, o TST deve promover o **cancelamento** da OJ nº 388 da SDI-1:

> **OJ Nº 388.** JORNADA 12 X 36. JORNADA MISTA QUE COMPREENDA A TOTALIDADE DO PERÍODO NOTURNO. ADICIONAL NOTURNO. DEVIDO (DEJT divulgado em 09, 10 e 11.06.2010). O empregado submetido à jornada de 12 horas de trabalho por 36 de descanso, que compreenda a totalidade do período noturno, tem direito ao adicional noturno, relativo às horas trabalhadas após as 5 horas da manhã.

7.4. Trabalho noturno do adolescente

Como o trabalho noturno é mais agressivo à saúde do trabalhador, **a lei veda, expressamente, o trabalho do menor de 18 anos durante esse período.**[40]

Isso não quer dizer que se o adolescente trabalhar durante o horário compreendido entre 22 às 05 horas, não vai haver remuneração acrescida do adicional respectivo.

Trata-se, apenas, de norma protetora ao desenvolvimento normal da criança e do adolescente, **que implica ilícito administrativo**, sujeito às sanções previstas na lei.

7.5. Horário noturno do trabalhador rural

O trabalho noturno do empregado rural não é idêntico ao do trabalhador urbano. Para os empregados que trabalham na atividade **pecuária**, considera-se trabalho noturno aquele compreendido entre **20 horas de um dia e 04 horas do dia seguinte**. Na atividade **agrícola**, considera-se noturno o serviço prestado entre **21 e 05 horas do dia seguinte.**[41]

O adicional noturno para o trabalhador rural é de 25%, superior, portanto, ao do trabalhador urbano (20%). Em contrapartida, não se aplica ao trabalhador rural o instituto da hora ficta noturna.

7.6. Efeitos do trabalho noturno

Da mesma forma que ocorre com relação às horas extraordinárias, o labor habitual em período noturno faz integrar, à remuneração, o respectivo adicional.

Por isso, quem trabalha de segunda a sábado durante o horário noturno **deve receber o pagamento referente ao reflexo adicional noturno sobre o repouso semanal remunerado**, calculado pela média, mesmo sem trabalhar efetivamente.

40. CLT. Art. 404. Ao menor de 18 anos é vedado o trabalho noturno, considerado este o que for executado no período compreendido entre as 22 (vinte e duas) e as 5 (cinco) horas.

41. Lei nº 5.889/73. Art. 7º. Para os efeitos desta lei, considera-se trabalho noturno o executado entre as vinte e uma horas de um dia e as cinco horas do dia seguinte, na lavoura, e entre as vinte horas de um dia e as quatro horas do dia seguinte, na atividade pecuária. Parágrafo único. Todo trabalho noturno será acrescido de 25% (vinte e cinco por cento) sobre a remuneração normal.

Isso ocorre porque o adicional noturno é devido dia a dia, e no salário do empregado mensalista não se encontra embutido o pagamento dessa parcela. Se, por exemplo, o empregado recebe R$ 2.000,00 (dois mil reais) por mês para trabalhar durante o dia, deverá perceber R$ 2.400,00 (dois mil e quatrocentos reais) se for transferido para o período noturno (já considerando o reflexo do adicional noturno sobre o repouso semanal remunerado).

Esse acréscimo salarial decorrente do pagamento do adicional noturno deverá integrar a remuneração para efeito de cálculo das demais verbas trabalhistas, como 13º salário, férias acrescidas de 1/3, FGTS, aviso-prévio indenizado etc.

Em caso de prorrogação do horário de trabalho durante o período noturno, o empregado terá direito às horas extraordinárias, acrescidas do percentual legal e do adicional noturno, ambos calculados de forma separada para evitar o *bis in idem*.

Entretanto, conforme dito no capítulo dedicado à remuneração, o TST, por meio da OJ nº 97 da SDI, entende que as horas extras noturnas devem ser calculadas sobre o valor da hora de trabalho acrescida do adicional noturno: "O adicional noturno integra a base de cálculo das horas extras prestadas no período noturno".

O quadro a seguir relaciona as características da jornada noturna com algumas categorias profissionais:

Categoria		Horário noturno	Adicional	Hora em minutos
Urbano		22 às 05 horas	20%	52' 30"
Rural	Pecuária	20 às 04 horas	25%	60"
	Agricultura	21 às 05 horas		
Advogado		20 às 05 horas	25%	60"
Portuários		19 às 07 horas	20%	60"

Exemplos de questões sobre o tema

(FCC – Juiz do Trabalho Substituto 24ª região/2015) Em relação à jornada noturna de trabalho, considerando as categorias de trabalhadores abaixo relacionadas, todas as alternativas estão corretas, EXCETO:

(A) Considera-se jornada noturna do portuário, o horário das 19:00h às 7:00h, com adicional de 20%, e hora de 60 minutos.

(B) Considera-se jornada noturna do doméstico, o horário das 19:00h às 7:00h, com adicional de 25%, e hora de 52 minutos e 30 segundos.

(C) Considera-se jornada noturna do trabalhador da pecuária das 20:00h às 4:00h, com adicional de 25% e hora de 60 minutos.

(D) Considera-se jornada noturna do trabalhador da agricultura das 21:00h às 5:00h, com adicional de 25% e hora de 60 minutos.

(E) Considera-se jornada noturna do empregado urbano, o trabalho realizado entre as 22:00h às 5:00h horas do dia seguinte, com adicional de 20% e hora noturna de 52 minutos e 30 segundos.

Resposta: B

(MAGISTRATURA DO TRABALHO – TRT 21ª – 2010) Carlos e Roberto foram admitidos em 20.04.2008 para trabalhar, respectivamente, como advogado e engenheiro na Empresa das Águas S/A. Carlos cumpre jornada laboral das 17 às 21 horas, de segunda à sexta-feira. Roberto trabalha das 22 às 04 horas, igualmente de segunda à sexta-feira. Entre outras garantias fixadas em lei, é correto afirmar que:

(A) Carlos faz jus ao adicional noturno no percentual mínimo de 25% e Roberto de 20%;
(B) Carlos não faz jus ao adicional noturno, ao passo que Roberto faz jus ao adicional mínimo de 20%;
(C) Carlos não faz jus ao adicional noturno, contudo, Roberto faz jus ao adicional mínimo de 25%;
(D) Carlos e Roberto fazem jus ao adicional noturno no percentual mínimo de 25%;
(E) Carlos e Roberto fazem jus ao adicional noturno no percentual mínimo de 20%;

Resposta: D

8. REPOUSOS

O corpo humano, depois de determinado período de trabalho contínuo, necessita de descansos periódicos para recuperar suas energias, a capacidade de labor e com isso preservar sua higidez física e mental.

A legislação relativa à jornada de trabalho incorporou as conclusões científicas sobre a fadiga muscular e psíquica. Por conta disso, prevê a obrigatoriedade de o empregador conceder ao empregado intervalos regulares durante a jornada (intervalo intrajornada), entre uma jornada de trabalho e outra (intervalo interjornada) e após determinados dias consecutivos de labor (repouso semanal remunerado e férias anuais remuneradas).[42]

Saliente-se, inclusive, que a redução da jornada de trabalho e a fixação de intervalos regulares para alimentação e descanso foi uma reivindicação do período da Revolução Industrial, fato que motivou, inclusive, o surgimento do próprio Direito do Trabalho.

Com efeito, verificou-se que o trabalho exaustivo dos trabalhadores nas fábricas, ao executar tarefas repetitivas, provocava fadiga que, por sua vez, era causa de diversos acidentes de trabalho e diminuição da produtividade.

Os próprios empregadores chegaram à mesma conclusão, após uma resistência inicial da necessidade de concessão de intervalos razoáveis intra e interjornada.

8.1. Intervalo intrajornada

Em trabalhos contínuos, a norma exige que seja concedido um intervalo intrajornada, ou seja, dentro da execução da própria jornada de trabalho.

Esse descanso, que não é computado na jornada de trabalho, **será de 15 minutos, para jornadas de quatro até seis horas, e de no mínimo uma hora e no máximo de duas horas** (salvo acordo ou convenção coletiva em sentido contrário), para jornadas superiores a seis horas, destinados ao repouso e/ou alimentação.[43]

Inclusive, esse direito é estendido ao maquinista ferroviário, apesar do teor da redação do art. 238, § 5º da CLT.

---

42. No caso do repouso semanal remunerado e das férias, o objetivo também é o convívio familiar e social do empregado e a necessidade de lazer.
43. TST. SDI-1. OJ Nº 178. Bancário. Intervalo de 15 minutos. Não computável na jornada de trabalho. Inserida em 08.11.00 (inserido dispositivo). Não se computa, na jornada do bancário sujeito a seis horas diárias de trabalho, o intervalo de quinze minutos para lanche ou descanso.

TST. SÚMULA Nº 446. MAQUINISTA FERROVIÁRIO. INTERVALO INTRAJORNADA. SUPRESSÃO PARCIAL OU TOTAL. HORAS EXTRAS DEVIDAS. COMPATIBILIDADE ENTRE OS ARTS 71, § 4º, E 238, § 5º, DA CLT. A garantia ao intervalo intrajornada, prevista no art. 71 da CLT, por constituir-se em medida de higiene, saúde e segurança do empregado, é aplicável também ao ferroviário maquinista integrante da categoria "c" (equipagem de trem em geral), não havendo incompatibilidade entre as regras inscritas nos arts. 71, § 4º, e 238, § 5º, da CLT.

Caso seja ultrapassada a jornada de trabalho legal 6 horas, o obreiro já passa a ter direito ao intervalo mínimo de **uma hora**, entendimento esse inserido no **item IV da Súmula 437 do TST:**

SÚMULA Nº 437. IV – Ultrapassada habitualmente a jornada de seis horas de trabalho, é devido o gozo do intervalo intrajornada mínimo de uma hora, obrigando o empregador a remunerar o período para descanso e alimentação não usufruído como extra, acrescido do respectivo adicional, na forma prevista no art. 71, caput e § 4º da CLT.

A tabela a seguir relaciona os intervalos interjornada e intrajornada de acordo com a carga horária de trabalho diário:

Jornada de trabalho	Intervalo intrajornada	Intervalo interjornada mínimo
Até 4 horas	Não é obrigatório	11 horas
De 4 a 6 horas	15 minutos	11 horas
Acima de 6 horas	1 hora, no mínimo	11 horas
	2 horas, no máximo	

a) Redução e majoração do intervalo intrajornada

O limite mínimo de uma hora de intervalo poderá ser reduzido, **desde que haja autorização pelo órgão competente** e sejam atendidas as exigências constantes do art. 71, § 3º, da CLT.[44]

Segundo o entendimento do TST, revelado por meio da Súmula 437, no seu inciso II, por ser norma protetiva à saúde do trabalhador, **não se admite a redução do intervalo intrajornada por meio de** convenção ou acordo coletivo de trabalho:

Súmula nº 437. INTERVALO INTRAJORNADA PARA REPOUSO E ALIMENTAÇÃO. APLICAÇÃO DO ART. 71 DA CLT (conversão das Orientações Jurisprudenciais nºs 307, 342, 354, 380 e 381 da SBDI-1) – Res. 185/2012, DEJT divulgado em 25, 26 e 27.09.2012.
II – É inválida cláusula de acordo ou convenção coletiva de trabalho contemplando a supressão ou redução do intervalo intrajornada porque este constitui medida de higiene, saúde e segurança do trabalho, garantido por norma de ordem pública (art. 71 da CLT e art. 7º, XXII, da CF/1988), infenso à negociação coletiva.

Contudo, a Lei nº 13.467/17 introduziu o art. 611-B à CLT, cujo parágrafo único dispõe justamente em sentido contrário, ou seja, que **as regras relativas ao intervalo intrajornada não podem ser classificadas como normas de proteção à saúde do trabalhador**:

44. CLT. Art. 71, § 3º: O limite mínimo de 1 (uma) hora para repouso ou refeição poderá ser reduzido por ato do Ministro do Trabalho quando, ouvida a Secretaria de Segurança e Saúde no Trabalho (SSST), se verificar que o estabelecimento atende integralmente às exigências concernentes à organização dos refeitórios e quando os respectivos empregados não estiverem sob regime de trabalho prorrogado a horas suplementares.

> **Art. 611-B. Parágrafo único.** Regras sobre duração do trabalho e intervalos não são consideradas como normas de saúde, higiene e segurança do trabalho para os fins do disposto neste artigo.

Por conta disso, é possível a redução do intervalo intrajornada por meio de negociação coletiva, até 30 minutos, como prevê expressamente o art. 611-A, inciso III:

> **Art. 611-A.** A convenção coletiva e o acordo coletivo de trabalho têm prevalência sobre a lei quando, entre outros, dispuserem sobre: III – intervalo intrajornada, respeitado o limite mínimo de trinta minutos para jornadas superiores a seis horas.

A Portaria nº 1.095/10, do extinto Ministério do Trabalho e Emprego já autorizava a redução do mencionado intervalo, desde que fossem observadas determinadas condições, de acordo com seu art. 1º:

> **Art. 1º.** A redução do intervalo intrajornada de que trata o art. 71, § 3º, da Consolidação das Leis do Trabalho – CLT poderá ser deferida por ato de autoridade do Ministério do Trabalho e Emprego quando prevista em convenção ou acordo coletivo de trabalho, desde que os estabelecimentos abrangidos pelo seu âmbito de incidência atendam integralmente às exigências concernentes à organização dos refeitórios, e quando os respectivos empregados não estiverem sob regime de trabalho prorrogado a horas suplementares.
>
> **§ 1º** Fica delegada, privativamente, aos Superintendentes Regionais do Trabalho e Emprego a competência para decidir sobre o pedido de redução de intervalo para repouso ou refeição.
>
> **§ 2º** Os instrumentos coletivos que estabeleçam a possibilidade de redução deverão especificar o período do intervalo intrajornada.
>
> **§ 3º** Não será admitida a supressão, diluição ou indenização do intervalo intrajornada, respeitado o limite mínimo de trinta minutos.

Se o intervalo intrajornada for superior ao limite máximo estabelecido pela CLT, a hipótese será de **tempo à disposição do empregador**, com pagamento de salário.

O Tribunal Superior do Trabalho pronuncia-se nesse sentido, por meio da Súmula nº 118:

> **SÚMULA Nº 118.** Os intervalos concedidos pelo empregador, na jornada de trabalho, não previstos em lei, representam tempo à disposição da empresa, remunerados como serviço extraordinário, se acrescidos ao final da jornada.

> **ATENÇÃO!** Permite-se que o intervalo intrajornada seja estendido para além do limite máximo de duas horas, desde que exista acordo individual escrito ou norma coletiva, na forma estatuída pelo art. 71, *caput*, da CLT.

b) Momento para concessão do intervalo intrajornada

A lei brasileira **é omissa no que diz respeito ao momento a partir do qual o empregador deve conceder o intervalo intrajornada**. Entretanto, se for considerado que o art. 71, § 1º, da CLT exige a concessão de um intervalo nos casos em que a jornada ultrapasse quatro horas de trabalho contínuas, conclui-se que a partir daí o empregado adquire o direito ao intervalo intrajornada.

Em alguns países, a lei é expressa sobre essa questão, como, por exemplo, na Bolívia, onde se exige que a jornada diária seja dividida em dois períodos, não podendo exceder a 5 horas contínuas:

> **Art. 49.** A jornada ordinária de trabalho deverá interromper-se com um ou mais descansos, cuja duração não seja inferior a 2 horas no total, sem que se possa trabalhar mais de 5 horas contínuas, em cada período.[45]

c) Registro do intervalo intrajornada

Não há obrigatoriedade de consignarem-se, nos registros de frequência, os horários relativos aos intervalos intrajornada, mesmo nos estabelecimentos que tenham mais de **20 empregados**, haja vista que o art. 74, § 2º, da CLT só faz referência aos horários de entrada e saída.[46]

A Portaria nº 3.626/91, do extinto Ministério do Trabalho e Emprego, contém preceito nesse sentido, que indica a possibilidade dos intervalos intrajornada serem pré-assinalados:

> **Art. 13.** A empresa que adotar registros manuais, mecânicos ou eletrônicos individualizados de controle de horário de trabalho, contendo a hora de entrada e de saída, bem como a pré-assinalação do período de repouso ou alimentação, fica dispensada do uso de quadro de horário (artigo 74 da CLT).

Na hipótese de o empregado registrar os intervalos intrajornadas, por determinação do empregador, segue-se a mesma regra estabelecida para os horários de início e de fim da jornada previstos pelo art. 58, § 1º da CLT, ou seja, **de não ser contado ou descontado as variações de horários de até cinco minutos**, pois deriva do princípio da razoabilidade:

> **SÚMULA Nº 79 do TRT4.** INTERVALO INTRAJORNADA DE UMA HORA. FRUIÇÃO PARCIAL. DIFERENÇA DE POUCOS MINUTOS PARA COMPLETAR UMA HORA A CADA REGISTRO DIÁRIO DE PONTO. Aplica-se aos intervalos intrajornada de uma hora, por analogia, a regra do artigo 58, § 1º, da CLT, de modo que, dentro da margem de minutos diários ali estabelecida, exime-se o empregador do pagamento da remuneração de que trata o artigo 71, § 4º, da CLT.

d) Intervalo intrajornada do trabalhador rural

Para o trabalhador rural, cuja jornada seja superior a seis horas, **o intervalo intrajornada deverá observar os usos e costumes da região**, segundo preceitua o art. 5º da Lei nº 5.889/73. Já o Decreto nº 73.626/74, que regulamentou a referida norma, diz que **esse intervalo não poderá ser inferior a uma hora** (art. 5º, § 1º).

e) Intervalo intrajornada do trabalhador doméstico

Estabeleceram-se **dois sistemas de intervalo intrajornada:** um para o empregado que reside no local de trabalho e outro para o trabalhador doméstico que tem sua própria residência.

No último caso citado, o intervalo intrajornada ordinário será de **uma hora no mínimo e duas horas no máximo**. Admite-se a redução do mínimo para até 30 minutos, **desde que convencionada por escrito.**

---

45. Decreto Supremo, de 24.05.1939, pelo qual se dita a Lei Penal do Trabalho, elevada à Lei em 08.12.1942.

46. Para os estabelecimentos com mais de 20 (vinte) trabalhadores será obrigatória a anotação da hora de entrada e de saída, em registro manual, mecânico ou eletrônico, conforme instruções expedidas pela Secretaria Especial de Previdência e Trabalho do Ministério da Economia, permitida a pré-assinalação do período de repouso.

Para os empregados que residem no local de trabalho, será possível **dividir o intervalo intrajornada em dois períodos**, com limite mínimo de **uma hora cada um**, sendo que os dois, somados, **deverão observar o limite máximo de quatro horas**.

Assim, por exemplo, o empregador poderá conceder dois intervalos de duas horas; ou o primeiro de uma e o segundo de três horas etc. Caso o intervalo intrajornada seja modificado, será necessário anotá-los nos controles de frequência.

Essa regulamentação encontra-se inserida no art. 13 da Lei Complementar nº 150/2015:

> **Art. 13.** É obrigatória a concessão de intervalo para repouso ou alimentação pelo período de, no mínimo, 1 (uma) hora e, no máximo, 2 (duas) horas, admitindo-se, mediante prévio acordo escrito entre empregador e empregado, sua redução a 30 (trinta) minutos.
>
> **§ 1º** Caso o empregado resida no local de trabalho, o período de intervalo poderá ser desmembrado em 2 (dois) períodos, desde que cada um deles tenha, no mínimo, 1 (uma) hora, até o limite de 4 (quatro) horas ao dia.
>
> **§ 2º** Em caso de modificação do intervalo, na forma do § 1º, é obrigatória a sua anotação no registro diário de horário, vedada sua prenotação.

8.2. Intervalos intrajornada especiais

Além do intervalo ordinário previsto pela CLT, pela natureza do serviço ou condição pessoal do empregado, são estabelecidos intervalos intrajornadas especiais, como o do mecanógrafo, da mulher, do adolescente e dos trabalhadores em câmaras frigoríficas, que serão a seguir analisados.

A. Intervalo especial do digitador

A Consolidação das Leis do Trabalho prevê, em seu art. 72, um intervalo especial, destinado às pessoas que trabalham com máquinas de escrever (datilógrafos), de calcular (calculistas), de escriturar (escriturário), computadores (digitadores) ou similares.

O objetivo da norma é instituir pequenas pausas – **10 (dez) minutos para cada 90 (noventa) de trabalho** – para evitar as consequências do trabalho repetitivo, causador de doenças ocupacionais como do gênero LER/DORT.

Os digitadores não são mencionados expressamente pelo art. 72 da CLT. A sujeição dessa categoria profissional à norma excepcional mencionada decorre da analogia, que foi reconhecida, inclusive, pelo TST por meio da Súmula nº 346.[47]

Deve-se deixar claro que **não é qualquer serviço de digitação ou de mecanografia que enseja a concessão do intervalo** previsto pelo citado art. 72 da CLT. **A tarefa do trabalhador deve ser permanente** para lhe dar direito ao aludido intervalo.

47. TST. Súmula nº 346. Os digitadores, por aplicação analógica do art. 72 da CLT, equiparam-se aos trabalhadores nos serviços de mecanografia (datilografia, escrituração ou cálculo), razão pela qual têm direito a intervalos de descanso de dez (10) minutos a cada noventa (90) de trabalho consecutivo.

B. *Intervalo para amamentação*

São conferidos à mulher dois intervalos especiais de 30 (trinta) minutos cada um, por cada jornada de trabalho, destinados à amamentação do seu filho, **inclusive advindo de adoção**, até que este complete seis meses de vida, na forma prevista pelo art. 396 da CLT, com redação dada pela Lei nº 13.509/17.

O momento da concessão desse intervalo pode ser negociado entre empregada e empregador, conforme previsão contida no § 2º, art. 396 da CLT, introduzido pela Lei nº 13.467/17: "Os horários dos descansos previstos no *caput* deste artigo deverão ser definidos em acordo individual entre a mulher e o empregador".

C. *Intervalo do trabalhador em câmaras frigoríficas*

Com o objetivo de eliminar ou diminuir os efeitos nocivos do labor em baixas temperaturas, o legislador instituiu um intervalo intrajornada especial de **20 (vinte) minutos**, previsto no art. 253 da CLT:

> **Art. 253.** Para os empregados que trabalham no interior das câmaras frigoríficas e para os que movimentam mercadorias do ambiente quente ou normal para o frio e vice-versa, depois de 1 (uma) hora e 40 (quarenta) minutos de trabalho contínuo, será assegurado um período de 20 (vinte) minutos de repouso, computado esse intervalo como de trabalho efetivo.

Esse intervalo **é computado na jornada de trabalho, a cada uma hora e quarenta minutos de trabalho contínuo**, para os empregados que exercem suas atividades no interior de câmaras frigoríficas ou para aqueles que movimentam mercadorias do ambiente quente ou normal para o frio e vice-versa.

O TST, por meio da Súmula nº 438, posicionou-se no sentido de conferir o direito desse intervalo especial a todos os empregados que trabalhem em ambiente artificialmente frio:

> **SÚMULA Nº 438.** INTERVALO PARA RECUPERAÇÃO TÉRMICA DO EMPREGADO. AMBIENTE ARTIFICIALMENTE FRIO. HORAS EXTRAS. Art. 253 DA CLT. APLICAÇÃO ANALÓGICA. O empregado submetido a trabalho contínuo em ambiente artificialmente frio, nos termos do parágrafo único do art. 253 da CLT, ainda que não labore em câmara frigorífica, tem direito ao intervalo intrajornada previsto no *caput* do art. 253 da CLT.

8.3. Intervalo interjornada

Intervalo interjornada é aquele compreendido entre duas jornadas de trabalho. O intervalo mínimo interjornada do trabalhador em geral é de **onze horas consecutivas**, conforme preconiza o art. 66 da CLT: "Entre duas jornadas de trabalho haverá um período mínimo de onze horas consecutivas para descanso".

Esse mesmo intervalo é previsto para o trabalhador rural, de acordo com o disposto no art. 5º da Lei nº 5.889/73.

No final de semana ou a cada seis dias de trabalho consecutivos, deve ser levado em consideração o período relativo ao repouso semanal remunerado de 24 horas, acrescido do intervalo interjornada de, no mínimo, onze horas, que totaliza 35 horas.

8.4. Efeitos da não concessão dos intervalos

Antes da vigência da Lei da Reforma Trabalhista (Lei nº 13.467/17) quando o empregador não concedia parcialmente o intervalo intrajornada, era obrigado a pagar o tempo legal total a título de horas extras acrescido do percentual de 50%, na forma do entendimento constante da Súmula nº 437, I, do TST:

> **SÚMULA Nº 437.** INTERVALO INTRAJORNADA PARA REPOUSO E ALIMENTAÇÃO. APLICAÇÃO DO ART. 71 DA CLT (conversão das Orientações Jurisprudenciais nºs 307, 342, 354, 380 e 381 da SBDI-1) I – Após a edição da Lei no 8.923/94, a não concessão ou a concessão parcial do intervalo intrajornada mínimo, para repouso e alimentação, a empregados urbanos e rurais, implica o pagamento total do período correspondente, e não apenas daquele suprimido, com acréscimo de, no mínimo, 50% sobre o valor da remuneração da hora normal de trabalho (art. 71 da CLT), sem prejuízo do cômputo da efetiva jornada de labor para efeito de remuneração.

Além disso, tanto item III da Súmula 437 do TST quanto a OJ nº 355, da SDI-1, do TST, consideravam que essa obrigação tinha **caráter salarial,** com a consequente integração à remuneração para todos os efeitos legais, inclusive incidência de imposto de renda e contribuições previdenciárias:

> **SÚMULA Nº 437.** INTERVALO INTRAJORNADA PARA REPOUSO E ALIMENTAÇÃO. APLICAÇÃO DO ART. 71 DA CLT (conversão das Orientações Jurisprudenciais nºs 307, 342, 354, 380 e 381 da SBDI-1). III – Possui natureza salarial a parcela prevista no art. 71, § 4º, da CLT, com redação introduzida pela Lei no 8.923, de 27 de julho de 1994, quando não concedido ou reduzido pelo empregador o intervalo mínimo intrajornada para repouso e alimentação, repercutindo, assim, no cálculo de outras parcelas salariais.

> **OJ Nº 355.** INTERVALO INTERJORNADAS. INOBSERVÂNCIA. HORAS EXTRAS. PERÍODO PAGO COMO SOBREJORNADA. Art. 66 DA CLT. APLICAÇÃO ANALÓGICA DO § 4º DO ART. 71 DA CLT. O desrespeito ao intervalo mínimo interjornadas previsto no art. 66 da CLT acarreta, por analogia, os mesmos efeitos previstos no § 4º do art. 71 da CLT e na Súmula nº 110 do TST, devendo-se pagar a integralidade das horas que foram subtraídas do intervalo, acrescidas do respectivo adicional.

Com a alteração da redação do § 4º, art. 71 da CLT, o desrespeito ao intervalo mínimo intrajornada, total ou parcialmente, passou a implicar pagamento **apenas da diferença e não do tempo total do intervalo,** além de alterar a sua natureza **indenizatória** a essa obrigação:

> **Art. 71. § 4º** A não concessão ou a concessão parcial do intervalo intrajornada mínimo, para repouso e alimentação, a empregados urbanos e rurais, implica o pagamento, **de natureza indenizatória, apenas do período suprimido, com acréscimo de 50%** (cinquenta por cento) sobre o valor da remuneração da hora normal de trabalho (grifou-se).

Em relação ao intervalo interjornada, a jurisprudência já reconhecia **o direito apenas à diferença** e não ao período total do intervalo de 11 horas, em caso de concessão parcial. A partir da vigência da Lei da Reforma Trabalhista, o valor dessa diferença também passa a **ter caráter indenizatório** e não mais salarial.

Em razão dessas modificações legislativas o TST deve cancelar ou alterar a redação da Súmula nº 437 e da OJ nº 355, da SDI-1.

8.5. Repouso semanal remunerado

Além dos descansos intrajornada e interjornada, a legislação concede ao empregado, inclusive o doméstico, o direito de usufruir um descanso semanal remunerado de **24 (vinte e quatro) horas consecutivas**, após seis dias de trabalho sucessivos, preferencialmente, aos domingos.

Ao repouso semanal remunerado de 24 horas, devem ser acrescidas mais onze horas relativas ao intervalo interjornada, **o que totaliza 35 horas, sob pena de reconhecimento de jornada extraordinária de labor, em caso de sua inobservância:**

> **TST. SÚMULA Nº 110.** JORNADA DE TRABALHO. INTERVALO. No regime de revezamento, as horas trabalhadas em seguida ao repouso semanal de 24 horas, com prejuízo do intervalo mínimo de 11 horas consecutivas para descanso entre jornadas, devem ser remuneradas como extraordinárias, inclusive com o respectivo adicional. (RA 101/1980, DJ 25.09.1980).

Na verdade, a norma legal agasalha uma tradição das religiões cristãs que reserva o sétimo dia da semana para o descanso (Êxodo, 20:10). Essa espécie de descanso tem como um dos seus principais objetivos **proporcionar o convívio familiar e social.**

O repouso semanal remunerado é denominado, também, de descanso hebdomadário (semanal), que deriva do latim *hebdomadário*, e inclui a proibição de labor em dias de feriados nacionais e feriados religiosos.

A matéria está disciplinada pela Lei nº 605/49 (regulamentada pelo Decreto nº 27.048/49) e pelos artigos 67[48] e seguintes da Consolidação das Leis do Trabalho.

O repouso semanal remunerado constitui uma das hipóteses de **interrupção das obrigações decorrentes do contrato de trabalho**, pois o empregado fica sem trabalhar e continua percebendo salário, com contagem do tempo de serviço respectivo.

A. Feriados

Feriado é um dia destinado ao descanso, seja por motivo religioso, civil ou ambos. O trabalho em dias de feriado **implica pagamento dobrado do salário, salvo se o empregador conceder folga compensatória**, conforme estatui o art. 9º da Lei nº 605/49.

A Lei 9.093/95 estabelece que os **feriados civis** são aqueles instituídos mediante lei federal. Além disso, considera-se como tal a data magna do Estado, fixada em lei estadual e os dias do início e de término do ano do centenário de fundação do Município, fixados em lei municipal.

Já os **feriados religiosos** são aqueles também declarados em lei municipal, de acordo com a tradição local e em número não superior a quatro, incluída a sexta-feira da paixão.

48. CLT. Art. 67. Será assegurado a todo empregado um descanso semanal de 24 (vinte e quatro) horas consecutivas, o qual, salvo motivo de conveniência pública ou necessidade imperiosa do serviço, deverá coincidir com o domingo, no todo ou em parte.

São sete os feriados nacionais. Segundo a Lei nº 10.607/02: 1º de janeiro (confraternização universal), 21 de abril (Tiradentes), 1º de maio (trabalho), 7 de setembro (independência), 2 de novembro (finados), 15 de novembro (proclamação da república) e 25 de dezembro (Natal).

Já a Lei nº 6.802/80, instituiu como feriado nacional (da religião católica) o dia 12 de outubro, consagrado à Nossa Senhora Aparecida, Padroeira do Brasil.

Alguns feriados, a exemplo do carnaval, não são previstos em lei federal. Ainda assim, o labor em tais dias deve ser remunerado em dobro, uma vez que, nesse caso, a obrigação nasce do costume ou quando lei local assim declarar.

Não é possível negociar coletivamente o repouso semanal remunerado, de forma a excluir esse direito ou reduzir a sua incidência, **uma vez que faz parte do rol taxativo constante do art. 611-B da CLT**: "Constituem objeto ilícito de convenção coletiva ou de acordo coletivo de trabalho, exclusivamente, a supressão ou a redução dos seguintes direitos: IX – repouso semanal remunerado".

B. *Legalidade do labor em domingos e feriados*

A questão da permissibilidade legal de laborar em domingos e feriados provocou calorosas discussões até o advento da Lei nº 10.101/2000, que disciplinou a matéria em seu art. 6º, no que diz respeito à atividade econômica do comércio.

Segundo dispõe o art. 6º, do Decreto nº 27.048/49, veda-se o trabalho em domingos e feriados, salvo os casos em que a execução dos serviços for imposta pelas exigências técnicas das empresas.

Considera-se exigências técnicas, aquelas que, em razão do interesse público, ou pelas condições peculiares às atividades da empresa ou ao local onde as mesmas se exercitarem, tornem indispensável a continuidade do trabalho, em todos ou alguns dos respectivos serviços (§ 1º, art. 6º do Decreto nº 27.048/49).

– Domingos

A Lei nº 11.603/2007 alterou o art. 6º e acrescentou os artigos 6-A e 6-B à citada Lei nº 10.101/2000.

A referida norma deixou claro que o repouso semanal remunerado, no comércio, deve coincidir com o domingo, pelo menos no **período máximo de três semanas, quando for necessário o trabalho em tais dias.**

A redação atual do mencionado art. 6º é a seguinte:

> **Art. 6º.** Fica autorizado o trabalho aos domingos nas atividades do comércio em geral, observada a legislação municipal, nos termos do art. 30, inciso I, da Constituição. Parágrafo único. O repouso semanal remunerado deverá coincidir, pelo menos uma vez no período máximo de três semanas, com o domingo, respeitadas as demais normas de proteção ao trabalho e outras a serem estipuladas em negociação coletiva.

Para as demais atividades econômicas, esse período é elevado para **sete semanas**, segundo dispõe a Portaria do extinto MTE de nº 417/66, art. 2º, "b":

> **Art. 2º.** b) das empresas legalmente autorizadas a funcionar nesses dias, a organização de escala de revezamento ou folga, como estatuído no parágrafo único do mesmo artigo, a fim de que, em um período máximo de sete semanas de trabalho, cada empregado usufrua pelo menos um domingo de folga (redação a esta alínea dada pela Portaria nº 509, de 15 de junho de 1967).

A mulher é amparada por dispositivo legal específico que disciplina a matéria. Trata-se do art. 386, da CLT, que impõe a coincidência do repouso aos domingos **a cada quinze dias**: "Havendo trabalho aos domingos, será organizada uma escala de revezamento quinzenal, que favoreça o repouso dominical".

Contudo, não se observa qualquer fundamento objetivo para justificar essa discriminação. Assim, essa regra também deve ser aplicada ao homem, sob pena de ser considerada inconstitucional.

– *Feriados*

A introdução do art. 6-A a Lei nº 10.101/2000 possibilitou o trabalho no comércio em geral nos feriados e não só aos domingos, desde que: 1º – haja **autorização por meio de instrumentos normativos negociados**; e 2º – **seja observada a legislação municipal**.

Nesse sentido, a decisão a seguir:

> RECURSO DE REVISTA. MATÉRIA COMUM. AÇÃO CIVIL PÚBLICA. SUPERMERCADO. TRABALHO EM FERIADOS SEM AUTORIZAÇÃO EM CONVENÇÃO COLETIVA. PERMISSIVO LEGAL. O entendimento desta C. Corte é no sentido de se permitir a prestação de trabalho em feriados, mas desde que preenchidos 2 (dois) requisitos: autorização por meio de convenção coletiva e a observância do que dispuser lei municipal, consoante o disposto no art. 6º-A da Lei nº10.101/2000, com a nova redação da Lei nº 11.603/2007. No caso dos autos, registra o acórdão recorrido a inexistência de autorização em Convenção Coletiva. Recurso de revista conhecido e desprovido.

Para as demais categorias profissionais e atividades econômicas, prevalecem as prescrições contidas no artigo 68 da CLT, **que exige a permissão prévia do** órgão **competente**, concedida, a título permanente, às empresas que tenham necessidade de desenvolver sua atividade aos domingos ou mediante atendimento de critérios de conveniência pública.

Por se tratar de matéria de interesse local, a regulamentação da abertura das atividades empresariais aos domingos é da competência do Município, que deverá observar as regras de ordem pública estabelecidas pela legislação federal.

Já para o trabalho nos feriados é necessário que a execução do serviço seja imposta pelas exigências técnicas das empresas, tendo em vista a ordem econômica, permanentes ou ocasionais, bem como as peculiaridades locais.

Segundo o art. 10, parágrafo único, da Lei nº 605/49, o Poder Executivo definirá quais são as referidas exigências e especificará, tanto quanto possível, as empresas a elas sujeitas, já incluídas entre elas as de serviços públicos e de transportes.

O resumo a seguir destaca os requisitos de legalidade do labor em domingos e feriados:

Atividade econômica	Domingos	Feriados
Comércio	• Permitido, desde que se observe: – A legislação municipal – A coincidência do repouso pelo menos uma vez no domingo a cada três semanas	• Permitido, desde que se observe: – A legislação municipal – Autorização em acordo ou convenção coletiva de trabalho
Demais atividades	• Somente com autorização individualizada da autoridade competente, podendo ser: – Permanente – Transitória	Somente quando a execução do serviço for imposta pelas exigências técnicas das empresas, assim definidas por ato do Poder Executivo, já incluído as de serviços públicos e transporte

C. Valor do repouso

A definição do valor do repouso semanal irá depender da forma como o salário é aferido. Em qualquer caso, essa parcela **tem natureza salarial por determinação legal** e incorpora à remuneração do empregado para todos os efeitos legais.[49]

O empregado perde o direito à remuneração do repouso quando deixar de trabalhar durante um ou alguns dos seis dias que o antecedem, sem motivo justificado.

As justificativas legais para a ausência do trabalhador no serviço encontram-se listadas no art. 473 da CLT e art. 6º, § 1º da Lei 605/49.[50]

Quanto às faltas por motivo de doença, manifesta-se o TST por meio da Súmula nº 15:

49. STF. Súmula nº 462. No cálculo da indenização por despedida injusta, inclui-se quando devido, o repouso semanal remunerado. 464 – No cálculo da indenização por acidente de trabalho, inclui-se, quando devido, o repouso semanal remunerado.

50. CLT. Art. 473, I: até 2 (dois) dias consecutivos, em caso de falecimento do cônjuge, ascendente, descendente, irmão ou pessoa que, declarada em sua Carteira de Trabalho e Previdência Social, viva sob sua dependência econômica; II – até 3 (três) dias consecutivos, em virtude de casamento; III – por um dia, em caso de nascimento de filho, no decorrer da primeira semana (dilatado para cinco dias pela CF/88, art. 10, § 1º do ADCT); V – por um dia, em cada 12 (doze) meses de trabalho, em caso de doação voluntária de sangue devidamente comprovada; V – até 2 (dois) dias consecutivos ou não, para o fim de se alistar eleitor, nos termos da lei respectiva; II – no período de tempo em que tiver de cumprir as exigências do Serviço Militar referidas na letra "c" do artigo 65 da Lei nº 4.375, de 17 de agosto de 1964 (Lei do Serviço Militar); VII – nos dias em que estiver comprovadamente realizando provas de exame vestibular para ingresso em estabelecimento de ensino superior; VIII – pelo tempo que se fizer necessário, quando tiver que comparecer a juízo; IX – pelo tempo que se fizer necessário, quando, na qualidade de representante de entidade sindical, estiver participando de reunião oficial de organismo internacional do qual o Brasil seja membro; X – até 2 (dois) dias para acompanhar consultas médicas e exames complementares durante o período de gravidez de sua esposa ou companheira; XI – por 1 (um) dia por ano para acompanhar filho de até 6 (seis) anos em consulta médica; XII – até 3 (três) dias, em cada 12 (doze) meses de trabalho, em caso de realização de exames preventivos de câncer devidamente comprovada. Lei nº 605/49. Art. 6º, § 1º. São motivos justificados: a) os previstos no artigo 473 e seu parágrafo único da Consolidação das Leis do Trabalho; b) a ausência do empregado, devidamente justificada, a critério da administração do estabelecimento; c) a paralisação do serviço nos dias em que, por conveniência do empregador, não tenha havido trabalho; d) a ausência do empregado, até três dias consecutivos, em virtude do seu casamento; e) a falta do serviço com fundamento na lei sobre acidente do trabalho; f) a doença do empregado, devidamente comprovada.

> **SÚMULA Nº 15.** ATESTADO MÉDICO. A justificação da ausência do empregado motivada por doença, para a percepção do salário-enfermidade e da remuneração do repouso semanal, deve observar a ordem preferencial dos atestados médicos estabelecida em lei.

– *Salário variável*

Aos professores que recebem salário por hora/aula é devido o repouso semanal remunerado **equivalente a 1/6 do valor das aulas ministradas no mês**, na forma prevista pela Súmula nº 351 do TST:

> **SÚMULA Nº 351.** PROFESSOR. REPOUSO SEMANAL REMUNERADO. Art. 7º, § 2º, DA LEI Nº 605, DE 05.01.1949 E ART. 320 DA CLT. O professor que recebe salário mensal à base de hora-aula tem direito ao acréscimo de 1/6 a título de repouso semanal remunerado, considerando-se para esse fim o mês de quatro semanas e meia.

Para quem é remunerado por peça ou tarefa, o valor do repouso será equivalente ao salário das tarefas ou peças feitas durante a semana, no horário normal de trabalho, dividido pelos dias de serviço efetivamente prestados ao empregador (art. 7º da Lei nº 605/49).

O cálculo do repouso semanal remunerado dos comissionistas é feito de forma semelhante,[51] ou seja, divisão da remuneração total percebida durante a semana pelo número de dias efetivamente laborados.

– *Salário pago por unidade de tempo*

Na hipótese de o trabalhador ser remunerado por hora, o valor do repouso remunerado será equivalente à jornada diária média realizada durante a semana acrescida da média de horas extras, se houver.

Para quem percebe remuneração diária, semanal, quinzenal ou mensal, será equivalente à de um dia de serviço. Assim, se o empregado recebe um salário de R$1.200,00 (mil e duzentos reais) por mês, o valor de cada repouso será de R$40,00 (quarenta reais).

Esse valor é obtido com a divisão do salário mensal por 30 dias, ainda que o mês seja de 31 dias. Caso o empregado tenha sido admitido ou despedido durante o mês, o valor do salário diário deve ser calculado de acordo com a fórmula contida no art. 64, parágrafo único da CLT:

> **Art. 64.** O salário-hora normal, no caso de empregado mensalista, será obtido dividindo-se o salário mensal correspondente à duração do trabalho, a que se refere o art. 58, por 30 (trinta) vezes o número de horas dessa duração. Parágrafo único – Sendo o número de dias inferior a 30 (trinta), adotar-se-á para o cálculo, em lugar desse número, o de dias de trabalho por mês.

Observe-se que se o empregado é mensalista ou quinzenalista, assim considerado aquele que recebe o seu salário com base no mês ou na quinzena, **o valor referente ao repouso remunerado já se encontra embutido em sua remuneração**.

51. TST. SÚMULA Nº 27. COMISSIONISTA. É devida a remuneração do repouso semanal e dos dias feriados ao empregado comissionista, ainda que pracista.

– *Salário do repouso trabalhado*

Caso o trabalhador preste serviços nos dias destinados ao repouso, deverá receber o valor correspondente de forma dobrada.[52]

O Tribunal Superior do Trabalho posiciona-se no mesmo sentido, conforme Súmula nº 146:

> **SÚMULA Nº 146.** TRABALHO EM DOMINGOS E FERIADOS, NÃO COMPENSADO – Nova redação – Res. 121/2003, DJ 21.11.2003. O trabalho prestado em domingos e feriados, não compensado, deve ser pago em dobro, sem prejuízo da remuneração relativa ao repouso semanal.

A redação anterior da mencionada Súmula era a seguinte: "FERIADO – TRABALHO. O trabalho realizado em dia feriado, não compensado, é pago em dobro e não em triplo. (Ex-prejulgado nº 18)".[53]

Havia dúvida se no pagamento do domingo ou feriado trabalhado deveria ser compensado o valor já embutido na remuneração. A ambiguidade na interpretação do mencionado verbete foi eliminada por intermédio da Resolução nº 121/2003, do TST (DJ 21.11.2003), ao deixar claro que **o trabalho em dias não úteis e não compensados devem ser pagos em dobro, além do valor já incluído no salário mensal.**

Raymundo Pinto comenta a Súmula acima transcrita:

> A mudança da redação do Verbete em comento demonstra que a nova interpretação está pacificada. A nosso ver, a lei que regula a matéria precisa ser alterada, a fim de evitar qualquer dúvida. Uma sugestão seria a de estabelecer, de forma clara, que as horas trabalhadas em dias reservados ao descanso teriam de ser remuneradas com o adicional de 100%, uma vez que se trata, em verdade, de labor extraordinário.[54]

Na verdade, é necessário separar a natureza de cada valor devido ao empregado que presta serviços aos domingos e feriados. Para os mensalistas, o valor do repouso semanal já está contido na remuneração total percebida.

Nesse caso, além do valor já incorporado ao salário, o empregado terá direito a uma quantia que servirá para remunerar o efetivo labor no dia não útil trabalhado, de natureza salarial por determinação legal, e outro valor, a título de indenização, equivalente a um dia de labor, pelo não cumprimento da obrigação de fazer por parte do empregador, a exemplo do que ocorre quando não há concessão dos intervalos intrajornada e interjornada.

Apesar de, na essência, esse pagamento ter natureza híbrida, metade salarial e metade indenização, **a lei determina que seja observado o seu caráter salarial**, com incorporação à remuneração para todos os efeitos legais.

---

52. Lei nº 605, de 05.01.1949. Art. 7. § 2º. Consideram-se já remunerados os dias de repouso semanal do empregado mensalista ou quinzenalista cujo cálculo de salário mensal ou quinzenal, ou cujos descontos por falta sejam efetuados na base do número de dias do mês ou de 30 (trinta) e 15 (quinze) diárias, respectivamente.
53. STF. Súmula nº 461. É duplo, e não triplo, o pagamento de salário nos dias destinados a descanso.
54. PINTO, Raymundo Antônio Carneiro. *Súmulas do TST comentadas.* 9. ed. São Paulo: LTr, 2007. p. 154.

Se o empregador concede o repouso semanal remunerado **após o sétimo dia de serviço** resta evidenciada a conduta antijurídica que protege, em primeiro plano, a saúde do trabalhador.

Esse procedimento implica obrigação **de pagar o valor do dia de trabalho em dobro,** conforme orientação contida na OJ nº 410 da SDI-1 do TST:

> **OJ Nº 410.** REPOUSO SEMANAL REMUNERADO. CONCESSÃO APÓS O SÉTIMO DIA CONSECUTIVO DE TRABALHO. Art. 7º, XV, DA CF. VIOLAÇÃO. (DEJT divulgado em 22, 25 e 26.10.2010). Viola o art. 7º, XV, da CF a concessão de repouso semanal remunerado após o sétimo dia consecutivo de trabalho, importando no seu pagamento em dobro.

– *Reflexo de outras verbas sobre o repouso*

Se durante a semana houver prestação de serviços extraordinários e/ou em período noturno, **a média da jornada extraordinária e/ou do adicional** noturno deverá integrar o valor da remuneração do repouso.[55]

Esse reflexo no repouso é devido sempre que o empregado recebe verba de natureza salarial com base no dia ou na semana.

Nesse sentido é a OJ transitória nº 5 da SDI-1, do TST:

> **OJT Nº 5.** SERVITA. BONIFICAÇÃO DE ASSIDUIDADE E PRODUTIVIDADE PAGA SEMANALMENTE. REPERCUSSÃO NO REPOUSO SEMANAL REMUNERADO. Inserida em 02.10.97 (título alterado e inserido dispositivo). O valor das bonificações de assiduidade e produtividade, pago semanalmente e em caráter permanente pela empresa Servita, visando incentivar o melhor rendimento dos empregados, possui natureza salarial, repercutindo no cálculo do repouso semanal remunerado.

Entretanto, as parcelas devidas ao empregado, em razão da execução do contrato de trabalho **e que são calculadas com base no mês integral**, não produzem qualquer reflexo no repouso semanal remunerado, ao contrário do que ocorre com as parcelas já mencionadas, que são **computadas e devidas por dia.**

> **TST. SÚMULA Nº 225.** REPOUSO SEMANAL. CÁLCULO. GRATIFICAÇÕES POR TEMPO DE SERVIÇO E PRODUTIVIDADE. As gratificações por tempo de serviço e produtividade, pagas mensalmente, não repercutem no cálculo do repouso semanal remunerado.
>
> **TST. SDI-1. OJ Nº 103.** ADICIONAL DE INSALUBRIDADE. REPOUSO SEMANAL E FERIADOS. (nova redação, DJ 20.04.2005). O adicional de insalubridade já remunera os dias de repouso semanal e feriados.
>
> **SÚMULA Nº 41 do TRT22.** ADICIONAL DE INSALUBRIDADE. REPOUSO SEMANAL E FERIADOS. O adicional de insalubridade já remunera os dias de repouso semanal e feriados.

55. TST. SÚMULA Nº 172. REPOUSO REMUNERADO. HORAS EXTRAS. CÁLCULO. Computam-se no cálculo do repouso remunerado as horas extras habitualmente prestadas. Ex-prejulgado nº 52. (RA 102/1982, DJ 11.10.1982 e DJ 15.10.1982). TST. SDI-1. OJ Nº 394. REPOUSO SEMANAL REMUNERADO – RSR. INTEGRAÇÃO DAS HORAS EXTRAS. NÃO REPERCUSSÃO NO CÁLCULO DAS FÉRIAS, DO DÉCIMO TERCEIRO SALÁRIO, DO AVISO PRÉVIO E DOS DEPÓSITOS DO FGTS. A majoração do valor do repouso semanal remunerado, em razão da integração das horas extras habitualmente prestadas, não repercute no cálculo das férias, da gratificação natalina, do aviso prévio e do FGTS, sob pena de caracterização de "bis in idem".

Exemplos de questões sobre o tema

(FCC – Juiz do Trabalho Substituto 23ª região/2015) Marcos trabalha para a empresa A das 9:00 horas às 18:00 horas, com uma hora de intervalo para refeição e descanso, de segunda a sexta-feira, e aos sábados, das 9:00 horas às 13:00 horas. Existe acordo individual de compensação de jornada. Em razão do aumento extraordinário de serviços, por determinação da empresa, Marcos trabalhou na quinta-feira, das 9:00 horas às 21:00 horas, com uma hora de intervalo para refeição e descanso e, na sexta-feira, iniciou a prestação de serviços às 06:00 horas, laborando até às 18:00 horas, com uma hora de intervalo. No domingo, dia do seu descanso semanal remunerado, Marcos trabalhou das 9:00 horas às 17:00 horas, com uma hora de intervalo para refeição e descanso, porque a empresa estava de mudança. Marcos trabalhou durante toda a semana seguinte, sem qualquer dia de folga. Marcos tem direito a

(A) três horas extras referentes ao trabalho na quinta-feira, três horas extras referente ao trabalho na sexta-feira e duas horas extras relativas às horas subtraídas do intervalo interjornadas, todas com adicional de 50% sobre o valor da hora normal, mais sete horas remuneradas em dobro referentes ao trabalho no dia do descanso semanal remunerado.

(B) quatro horas extras referentes ao trabalho na quinta-feira, três horas extras referente ao trabalho na sexta-feira e duas horas extras relativas às horas subtraídas do intervalo interjornadas, todas com adicional de 50% sobre o valor da hora normal, mais oito horas remuneradas em dobro referentes ao trabalho no dia do descanso semanal remunerado.

(C) três horas extras referentes ao trabalho na quinta-feira, mais duas horas extras relativas às horas subtraídas do intervalo interjornadas todas com adicional de 50% sobre o valor da hora normal sete horas referentes ao trabalho no dia do descanso semanal remunerada, remuneradas em dobro.

(D) quatro horas extras referentes ao trabalho na quinta-feira, com adicional de 50% sobre o valor da hora normal, mais duas horas extras relativas às horas subtraídas do intervalo interjornadas e oito horas referentes ao trabalho no dia do descanso semanal remunerada, remuneradas em dobro.

(E) três horas extras referentes ao trabalho na quinta-feira, com adicional de 50% sobre o valor da hora normal, mais duas horas extras relativas às horas subtraídas do intervalo interjornadas. Como há acordo individual de compensação de jornada, as horas referentes ao trabalho no repouso semanal remunerado podem ser levadas ao banco de horas para serem compensadas posteriormente.

Resposta: A

(FCC – Juiz do Trabalho Substituto 6ª região/2015) De acordo com o previsto na legislação trabalhista, NÃO é considerada falta justificada ao serviço para fins da manutenção do direito ao descanso semanal remunerado,

(A) a ausência do empregado, devidamente justificada, a critério da administração do estabelecimento.

(B) o período em que o empregado tiver de cumprir as exigências do Serviço Militar.

(C) a ausência do representante de entidade sindical em razão de estar participando, nessa qualidade, de reunião oficial de organismo internacional do qual o Brasil seja membro.

(D) a paralisação do serviço nos dias em que, por conveniência do empregador, não tenha havido trabalho.

(E) os dias em que o empregado estiver, comprovadamente, realizando provas escolares.

Resposta: E

(TRT 14 – Juiz do Trabalho Substituto 14ª região/2013) Sobre repouso semanal remunerado e feriados, assinale a opção correta:

(A) Segundo a jurisprudência dominante do Tribunal Superior do Trabalho, as gratificações por tempo de serviço e produtividade, pagas mensalmente, repercutem no cálculo do repouso semanal remunerado.

(B) A remuneração do repouso semanal corresponderá, para os que trabalham por hora, à de sua jornada normal de trabalho, não computadas as horas extraordinárias.

(C) Segundo a jurisprudência dominante do Tribunal Superior do Trabalho, viola o art. 7º, XV, da CF a concessão de repouso semanal remunerado após o sétimo dia consecutivo de trabalho, importando no seu pagamento em dobro.

(D) Segundo a jurisprudência dominante do Tribunal Superior do Trabalho, é válida, em caráter excepcional, a jornada de doze horas de trabalho por trinta e seis de descanso, prevista em lei ou ajustada exclusivamente mediante acordo coletivo de trabalho ou convenção coletiva de trabalho, não sendo devida a remuneração em dobro dos feriados trabalhados.

(E) Segundo a jurisprudência dominante do Tribunal Superior do Trabalho, o pagamento em dobro, concedido por liberalidade da empresa, dos domingos e feriados trabalhados de forma habitual pelo empregado submetido ao regime de turnos ininterruptos de revezamento pode ser suprimido unilateralmente, não se tratando de vantagem incorporada ao contrato de trabalho.

Resposta: C

9. DESCANSO ANUAL REMUNERADO – FÉRIAS

Como já foi mencionado linhas atrás, o organismo humano necessita de descansos periódicos para recuperar sua capacidade produtiva.

Essas interrupções laborais atendem a essa função. Mas o convívio familiar e social mais duradouro e o próprio lazer são necessários para melhorar a qualidade de vida e o desempenho profissional do trabalhador.

Para atingir esse objetivo, necessário se faz conceder ao empregado períodos consecutivos de descanso mais prolongados, geralmente a cada ano de labor, com variação de acordo com o ordenamento jurídico de cada país.

Atenta a essa circunstância, a legislação brasileira, por meio do art. 138 da Consolidação das Leis do Trabalho, veda ao empregado trabalhar durante o período de gozo de férias.[56]

A Organização Internacional do Trabalho reconheceu a importância dessa questão e aprovou a **Convenção nº 132**, que trata das férias anuais remuneradas. Fixou o seu gozo em período não inferior a três semanas por cada ano de trabalho. O Brasil ratificou a referida convenção, pelo Decreto nº 3.197/99.

A atual Carta Política (art. 7º, inciso XVII) dispõe sobre o direito do trabalhador ao "gozo de férias anuais remuneradas com, pelo menos, um terço a mais do que o salário normal", e a Consolidação das Leis do Trabalho aborda o tema em seu artigo 129 e seguintes.

Obviamente que as normas profissionais (convenções e acordos coletivos de trabalho), bem como os regulamentos de empresas e o próprio contrato individual de trabalho, poderão fixar prazos maiores para a fruição do gozo de férias, em atenção ao princípio da norma mais favorável.

O direito ao gozo de férias é irrenunciável, pois, em última análise, envolve a proteção à higidez física e mental do empregado. Por conta disso, não se pode convencionar, por qualquer instrumento, prazo inferior àquele previsto pela legislação ordinária ou a conversão total das férias em pecúnia.[57]

56. CLT. Art. 138: Durante as férias, o empregado não poderá prestar serviços a outro empregador, salvo se estiver obrigado a fazê-lo em virtude de contrato de trabalho regularmente mantido com aquele.

57. Como será analisado adiante, é possível converter 1/3 do período de gozo de férias em pecúnia.

A Convenção nº 132 da Organização Internacional do Trabalho, em seu art. 12, manifesta-se nesse sentido:

> **Art. 12.** Todo acordo relativo ao abandono do direito ao período mínimo de férias anuais remuneradas previsto no § 3º do artigo 3º da presente Convenção ou relativo à renúncia ao gozo das férias mediante indenização ou de qualquer outra forma, será, dependendo das condições nacionais, nulo de pleno direito ou proibido.

Evidencia-se a importância desse instituto ao constatar que o art. 611-B da CLT veda a sua **supressão ou redução por meio de negociação coletiva**:

> **Art. 611-B.** Constituem objeto ilícito de convenção coletiva ou de acordo coletivo de trabalho, exclusivamente, a supressão ou a redução dos seguintes direitos: XI – número de dias de férias devidas ao empregado; XII – gozo de férias anuais remuneradas com, pelo menos, um terço a mais do que o salário normal.

9.1. Período aquisitivo

O empregado adquire o direito ao gozo de férias anuais remuneradas após cada período de doze meses de vigência do contrato de trabalho (art. 130 da CLT).

Esse espaço de tempo é denominado de **período aquisitivo**, ou seja, período por meio do qual o empregado adquire o direito de gozar um descanso anual remunerado.

9.2. Período concessivo

O denominado período concessivo **situa-se nos doze meses subsequentes ao fim do período aquisitivo.**

O período de concessão do gozo de férias deverá ser anotado na CTPS física do obreiro, bem como no livro de registro físico ou registro de empregados (art. 135, §§ 1º e 2º, da CLT). Quando se tratar de CTPS digital, a anotação será feita **no próprio sistema de banco de dados**, dispensando-se as anotações na CTPS física (art. 135, § 3º da CLT, introduzido pela Lei nº 13.874/19).

Dispensa-se essa obrigação para as microempresas e empresas de pequeno porte, conforme determinação contida no art. 51, II, da LC nº 123/04.

9.3. Período de gozo

O período em que o trabalhador irá gozar suas férias é determinado pelo empregador, que deverá avisar previamente o empregado, por escrito, **com uma antecedência mínima de trinta dias.**

Nos casos em que há, na empresa ou no estabelecimento, mais de um empregado da mesma família, terão direito de gozar férias no mesmo período, desde que manifestem suas vontades nesse sentido e que não resulte prejuízo para o empregador.

Ultrapassado o prazo concessivo sem o gozo de férias, **o empregado poderá ajuizar uma reclamação trabalhista para pedir ao juiz a fixação, por sentença, da época de**

sua fruição, sob pena de multa diária de 5% (cinco por cento) do salário mínimo.[58] São raras as ações judiciais dessa espécie, salvo quando o empregado estiver protegido por meio de alguma espécie de estabilidade.

O ordenamento jurídico nacional estabelece a duração do período de gozo de férias em dias, cuja quantidade **varia de acordo com a quantidade de faltas ao serviço, injustificadamente, injustificadamente, durante o período concessivo.**

As faltas legais ou aquelas abonadas pelo empregador **não são levadas em consideração para efeito de fixação do consequente período de gozo**, na forma da Súmula nº 89 do Tribunal Superior do Trabalho: "FALTA AO SERVIÇO. Se as faltas já são justificadas pela lei, consideram-se como ausências legais e não serão descontadas para o cálculo do período de férias".

Em relação ao empregado intermitente, o art. 452-A. § 9º da CLT estabelece o direito ao período de gozo de **um mês** (e não trinta dias) a cada doze trabalhados durante o ano.

A. Relação entre faltas injustificadas e o período de gozo de férias

Se tiver faltado **até cinco dias, sem justificativa**, o obreiro tem direito ao período integral de férias, qual seja, de trinta dias corridos; de seis a quatorze faltas reduz o período de gozo de férias para vinte e quatro dias; dezoito dias de férias são concedidos para o empregado que faltar de quinze a vinte e três dias; e doze dias de gozo de férias para quem faltar entre vinte e quatro a trinta e dois dias (art. 130 da Consolidação das Leis do Trabalho).[59]

A seguir, o quadro contendo a relação entre as faltas injustificadas ao serviço e o número de dias de férias:

Faltas injustificadas (em dias)	Período de gozo (em dias)
Até 5	30
De 6 a 14	24
De 15 a 23	18
De 24 a 32	12

B. Perda do gozo de férias

Perde o direito ao gozo de férias, segundo dispõe o art. 133 da Consolidação das Leis do Trabalho, o empregado que deixar o emprego e não for readmitido dentro dos 60 (sessenta) dias subsequentes à sua saída; permanecer de licença, com percepção de salários, por período superior a trinta dias; deixar de trabalhar, com percepção do salário, por mais de 30 (trinta)

58. CLT. Art. 137. § 1º. Vencido o mencionado prazo sem que o empregador tenha concedido as férias, o empregado poderá ajuizar reclamação pedindo a fixação, por sentença, da época de gozo das mesmas. § 2º – A sentença dominará pena diária de 5% (cinco por cento) do salário mínimo da região, devida ao empregado até que seja cumprida.

59. TST. Súmula nº 46. ACIDENTE DE TRABALHO. As faltas ou ausências decorrentes de acidente do trabalho não são consideradas para os efeitos de duração de férias e cálculo da gratificação natalina.

dias, em virtude de paralisação parcial ou total dos serviços da empresa; tiver percebido da Previdência Social prestações de acidente de trabalho ou de auxílio-doença por mais de 6 (seis) meses, embora descontínuos.

Percebe-se, de forma geral, que a lei exclui o direito às férias remuneradas anuais sempre que o empregado, durante o período aquisitivo, **deixar de trabalhar por um período relativamente longo, geralmente mais de trinta dias, com percepção de remuneração ou benefício previdenciário equivalente**.

Entretanto, em tais situações **é devido ao empregado o terço constitucional:**

> O empregado que perdeu o direito às férias em razão da concessão, durante o período aquisitivo, de licença remunerada por período superior a trinta dias, nos termos do art. 133, II, da CLT, faz jus à percepção do terço constitucional (art. 7º, XVII, da CF). À época em que editado o Decreto-Lei nº 1.535/77, que conferiu nova redação ao art. 133 da CLT, vigia a Constituição anterior, que assegurava ao trabalhador apenas o direito às férias anuais remuneradas, sem o respectivo adicional, de modo que o referido dispositivo consolidado não tem o condão de retirar direito criado após a sua edição. Ademais, na espécie, a referida licença não decorreu de requerimento do empregado, mas de paralisação das atividades da empresa por força de interdição judicial, razão pela qual a não percepção do terço constitucional também implicaria em transferir os riscos da atividade econômica ao trabalhador, impondo-lhe prejuízo inaceitável. Com esse entendimento, a SBDI-I, em sua composição plena, por maioria, deu provimento aos embargos para acrescer à condenação o pagamento do adicional de 1/3 das férias, previsto no art. 7º, XVII, da CF, atinente aos períodos em que o autor foi afastado em razão de gozo de licença remunerada, observada a prescrição pronunciada. Vencidos os Ministros Maria Cristina Peduzzi, João Oreste Dalazen, Brito Pereira, Lelio Bentes Corrêa e Dora Maria da Costa.[60]

C. *Licença acidentária e maternidade*

O art. 6º, § 2º, da Convenção nº 132 da OIT, promulgada pelo Decreto nº 3.197/99, veda a possibilidade de limitação ou perda gozo de férias por motivos de incapacidade laboral decorrente **de doença ou acidente do trabalho**:

> **Art. 6º, § 2º.** Em condições a serem determinadas pela autoridade competente ou pelo órgão apropriado de cada país, os períodos de incapacidade para o trabalho resultantes de doença ou de acidentes não poderão ser computados como parte do período mínimo de férias anuais remuneradas previsto no § 3º, do artigo 3º da presente Convenção.

Percebe-se, portanto, que o art. 133, IV, da CLT, adapta-se à determinação contida na Convenção nº 132 da OIT, uma vez que a própria norma internacional permite que sejam estabelecidas condições, inclusive as de caráter temporal, para que o tempo de afastamento seja computado ao período aquisitivo de férias.

O tempo que o empregado fica afastado por motivo acidente do trabalho também deve ser contado como parte integrante do período aquisitivo de férias, conforme entendimento do STF e TST:

> **STF. SÚMULA Nº 198.** As ausências motivadas por acidente do trabalho não são descontáveis do período aquisitivo de férias.

60. TST-E-RR-42700-67.2002.5.02.0251, SBDI-I, rel. Min. Rosa Maria Weber, 24.5.2012.

> **TST. SÚMULA Nº 46.** ACIDENTE DE TRABALHO. As faltas ou ausências decorrentes de acidente do trabalho não são consideradas para os efeitos de duração de férias e cálculo da gratificação natalina.

Verifica-se a produção desse mesmo efeito nos casos de faltas legalmente justificadas, inclusive a licença maternidade, conforme disposição contida no art. 131, II, da CLT:

> **Art. 131.** Não será considerada falta ao serviço, para os efeitos do artigo anterior, a ausência do empregado: I – nos casos referidos no art. 473; II – durante o licenciamento compulsório da empregada por motivo de maternidade ou aborto, observados os requisitos para percepção do salário-maternidade custeado pela Previdência Social; III – por motivo de acidente do trabalho ou enfermidade atestada pelo Instituto Nacional do Seguro Social – INSS, excetuada a hipótese do inciso IV do art. 133; IV – justificada pela empresa, entendendo-se como tal a que não tiver determinado o desconto do correspondente salário; V – durante a suspensão preventiva para responder a inquérito administrativo ou de prisão preventiva, quando for impronunciado ou absolvido; e VI – nos dias em que não tenha havido serviço, salvo na hipótese do inciso III do art. 133.

É necessário estabelecer alguns limites que não foram objeto da manifestação do STF e do TST, por meio de suas súmulas. Não há como conceber, por exemplo, que o empregado fique afastado por um longo período do serviço e, quando do seu retorno, já tenha adquirido diversos períodos de férias, com ônus financeiro para o empregador.

Diante dessa questão, entende-se que o cômputo do tempo de afastamento **só deve ser considerado quando não ultrapassar seis meses.** Caso isso ocorra, o empregado **perde o direito de gozar as férias** na forma prevista pelo art. 133, IV. da CLT.

Exemplo de questão sobre o tema

(Magistratura do Trabalho – TRT 3ª – 2012) A filha de MÁRCIA, empregada terceirizada da empresa UNIÃO AÇUCAREIRA PARATANGUIRA S.A., admitida em 27/06/2009, nasceu no dia 30/12/2010. MÁRCIA gozou todo o tempo de licença maternidade de 120 dias após o parto. Tendo retornado ao trabalho, sofreu acidente do trabalho no dia 12/05/2011, tendo permanecido em gozo de salário enfermidade durante os primeiros 15 dias e, em seguida, em gozo de auxílio-doença acidentário até o dia 26/10/2011, quando teve alta do INSS. Logo que retornou ao trabalho, MÁRCIA conversou com sua empregadora, porque queria gozar férias, apesar de estar ciente de que a época da concessão das férias seria a que melhor atendesse aos interesses da empregadora. Assinale a alternativa correta para a situação descrita:

(A) MÁRCIA somente tem direito a gozar férias relativas ao período aquisitivo 2009/2010

(B) MÁRCIA somente tem direito a gozar férias relativas ao período aquisitivo 2010/2011

(C) MÁRCIA tem direito a gozar férias relativas a dois períodos aquisitivos

(D) MÁRCIA não tem direito a qualquer período de férias, porque percebeu da Previdência Social prestações por mais de 6 (seis) meses, embora descontínuos

(E) Nenhuma das alternativas anteriores está correta

Resposta: C

D. Divisão do período de gozo de férias

As férias **podem ser divididas em até três períodos.** A Convenção 132 da OIT, art. 8º, § 2º, determina que uma das frações do período de gozo não pode ser inferior a **14 dias**, coincidindo com o preceito contido no § 1º, art 134 da CLT em sua atual redação.

A Lei Complementar nº 150/15, que regulamenta o trabalho doméstico, também consagra esse limite de forma expressa em seu art. 17, § 2º: "O período de férias poderá, a critério do empregador, ser fracionado em até 2 (dois) períodos, sendo 1 (um) deles de, no mínimo, 14 (quatorze) dias corridos".

A seguir, o quadro comparativo entre a redação anterior e a atual do § 1º, art. 134 da CLT, promovida pela edição da Lei nº 13.467/17:

REFORMA TRABALHISTA – QUADRO COMPARATIVO DIVISÃO DO PERÍODO DE GOZO DE FÉRIAS	
REDAÇÃO ANTERIOR DA CLT	**REDAÇÃO ATUAL DA CLT**
Art. 134 **§ 1º** – Somente em casos excepcionais serão as férias concedidas em 2 (dois) períodos, um dos quais não poderá ser inferior a 10 (dez) dias corridos. (Incluído pelo Decreto-lei nº 1.535, de 13.4.1977)	**Art. 134.** **§ 1º** Desde que haja concordância do empregado, as férias poderão ser usufruídas **em até três períodos,** sendo que um deles não poderá ser inferior a **quatorze dias corridos** e os demais não poderão ser inferiores a cinco dias corridos, cada um.
§ 2º – Aos menores de 18 (dezoito) anos e aos maiores de 50 (cinquenta) anos de idade, as férias serão sempre concedidas de uma só vez. (Incluído pelo Decreto-lei nº 1.535, de 13.4.1977)	**§ 2º** (Revogado). **§ 3º** É vedado o início das férias no período de dois dias que antecede feriado ou dia de repouso semanal remunerado."(NR)
DIFERENÇAS E COMENTÁRIOS	
As mudanças ocorridas por conta da vigência da Lei nº 13.467/17 foram as seguintes: a) Quantidade de períodos de gozo: **passou de dois para três** e essa divisão deve ser acordada entre empregador e empregado. b) Gozo mínimo em um dos períodos: **passou de 10 para 14 dias**, sendo que os demais não poderão ser inferiores a 5 dias; c) Vedações: a cisão das férias só era admitida em casos excepcionais e não se aplicava aos menores de 18 e maiores de 50 anos. Com a revogação expressa do § 2º, art. 134 da CLT, eliminou-se essa limitação de idade e a divisão pode ser ajustada por acordo entre patrão e empregado; d) Início do gozo de férias: a CLT era omissa nesse particular. Atualmente, as férias não podem iniciar no período de dois dias que antecede um feriado ou o dia do repouso **semanal** remunerado.	

ATENÇÃO! Os membros de uma família que trabalham no mesmo estabelecimento ou empresa têm direito ao gozo das férias no mesmo período, se assim o desejarem e se disso não resultar prejuízo para o serviço, conforme disposição contida no art. 136, § 1º, da CLT.

9.4. Período de gozo de férias no regime de tempo parcial

A duração do período de fruição das férias anuais remuneradas, no regime de tempo parcial de trabalho **está sujeita aos mesmos critérios aplicados aos empregados contratados para trabalhar em tempo integral**, como deixa claro o § 7º, do art. 58-A, da CLT: "As férias do regime de tempo parcial são regidas pelo disposto no art. 130 desta Consolidação".

Isso significa que se o empregado faltar injustificadamente até cinco dias durante o período aquisitivo, terá direito de **gozar trinta dias de férias.**

Antes da vigência da Lei nº 13.467/17 a quantidade de dias de férias do empregado por tempo parcial era definida **pelo critério de proporcionalidade em relação à jornada de**

trabalho semanal, conforme art. 130-A da Consolidação das Leis do Trabalho, que foi **revogado expressamente** pela citada Lei da Reforma Trabalhista.

De igual forma, foi revogado expressamente o § 3º, art. 143, da CLT, que vedava ao empregado que prestava serviço sob esse regime converter 1/3 do período de gozo de férias em pecúnia, conforme se observa da redação do § 6º, art. 58-A da CLT: "É facultado ao empregado contratado sob regime de tempo parcial converter um terço do período de férias a que tiver direito em abono pecuniário".

9.5. Pagamento

Durante o período de gozo de férias, o empregado deverá perceber a mesma remuneração a que teria direito se estivesse trabalhando na época de sua concessão**, acrescida de um terço.**[61]

O pagamento desse acréscimo de 1/3, previsto pela Constituição Federal de 1988, constitui o mínimo estabelecido como obrigação do empregador. Eventuais valores pagos a idêntico título, mesmo que superior ao estabelecido pela norma estatal, podem ser compensados, na forma do entendimento do Tribunal Superior do Trabalho, constante da OJ transitória nº 50 da SDI-1:

> **OJ Nº 50.** FÉRIAS. ABONO INSTITUÍDO POR INSTRUMENTO NORMATIVO E TERÇO CONSTITUCIONAL. SIMULTANEIDADE INVIÁVEL. (conversão da Orientação Jurisprudencial nº 231 da SDI-1, DJ 20.04.2005). O abono de férias decorrente de instrumento normativo e o abono de 1/3 (um terço) previsto no art. 7º, XVII, da CF/1988 têm idêntica natureza jurídica, destinação e finalidade, constituindo-se "bis in idem" seu pagamento simultâneo, sendo legítimo o direito do empregador de obter compensação de valores porventura pagos. (ex-OJ nº 231 da SDI-1 – inserida em 20.06.01)

Sobre o acréscimo de um terço previsto pela Constituição Federal de 1988, **há incidência de contribuição previdenciária, conforme tese fixada no tema de repercussão geral nº 985 pelo STF**:

> FÉRIAS – ACRÉSCIMO – CONTRIBUIÇÃO SOCIAL –INCIDÊNCIA. É legítima a incidência de contribuição social, a cargo do empregador, sobre os valores pagos ao empregado a título de terço constitucional de férias gozadas.

Observe-se, também, que a remuneração das férias **deve englobar todas as parcelas de natureza salarial pagas durante o período aquisitivo**, inclusive de horas extras acrescidas do adicional respectivo,[62] adicional noturno, adicional de insalubridade, utilidades concedidas pelo empregador etc., pela média dos valores respectivos.

Em uma relação hipotética de emprego, na qual o trabalhador perceba, mensalmente, um salário-base de R$1.200,00 (um mil e duzentos reais), acrescido de R$360,00 (trezentos e sessenta reais) de adicional de periculosidade, o valor de suas férias será de R$1.560,00 (um mil e quinhentos e sessenta reais), acrescido de 1/3, ou seja, de R$520,00 (quinhentos e vinte reais).

---

61. O valor pago a título de férias, quando em vigor o contrato de trabalho, possui nítida natureza salarial.
62. TST. Súmula nº 151. FÉRIAS. REMUNERAÇÃO – CANCELADA. A remuneração das férias inclui a das horas extraordinárias habitualmente prestadas. Ex-prejulgado nº 24.

Se, durante todo o período aquisitivo, o empregado recebeu R$1.200,00 (um mil e duzentos reais) a título de horas extras, acrescidas do adicional legal de 50%, para o pagamento das férias deverá ser observada a média mensal, que no exemplo acima será de R$100,00 (1.200 ÷ 12), quantia que deverá ser somada à remuneração de férias.

No caso de o salário ser calculado por percentual, comissão ou viagem, o valor da remuneração de férias deverá ser obtido com base **na média percebida durante o período aquisitivo, mas em valores atualizados relativos à época da concessão do gozo respectivo.**

Usa-se o mesmo procedimento quando o salário for pago por tarefa. Nesse caso, deve ser considerada a média apurada nos doze meses do período aquisitivo, com o valor do pagamento equivalente ao da época da concessão.[63]

> **CLT. Art. 142**. O empregado perceberá, durante as férias, a remuneração que lhe for devida na data da sua concessão.
>
> **§ 1º**. Quando o salário for pago por hora com jornadas variáveis, apurar-se-á a média do período aquisitivo, aplicando-se o valor do salário na data da concessão das férias.
>
> **§ 2º**. Quando o salário for pago por tarefa, tomar-se-á por base a média da produção no período aquisitivo do direito a férias, aplicando-se o valor da remuneração da tarefa na data da concessão das férias.
>
> **§ 3º**. Quando o salário for pago por percentagem, comissão ou viagem, apurar-se-á a média percebida pelo empregado nos 12 (doze) meses que precederem à concessão das férias.
>
> **§ 4º**. A parte do salário paga em utilidades será computada de acordo com a anotação na Carteira de Trabalho e Previdência Social.
>
> **§ 5º**. Os adicionais por trabalho extraordinário, noturno, insalubre ou perigoso serão computados no salário que servirá de base ao cálculo da remuneração das férias.
>
> **§ 6º**. Se, no momento das férias, o empregado não estiver percebendo o mesmo adicional do período aquisitivo, ou quando o valor deste não tiver sido uniforme será computada a média duodecimal recebida naquele período, após a atualização das importâncias pagas, mediante incidência dos percentuais dos reajustamentos salariais supervenientes.

O empregador deve efetuar o pagamento da remuneração de **férias até dois dias antes do respectivo gozo**, conforme o conteúdo do art. 145 da CLT: "O pagamento da remuneração das férias e, se for o caso, o abono referido no artigo 143 serão efetuados até 2 (dois) dias antes do início do respectivo período".

Concedida férias ao empregado após o prazo concessivo ou feito o pagamento da remuneração de férias depois do prazo acima mencionado, **fica o empregador obrigado a pagar em dobro a remuneração do trabalhador**, acrescidas de 1/3, tudo com caráter salarial.

A Súmula nº 450 do TST consagrou esse entendimento:

> **SÚMULA Nº 450.** FÉRIAS. GOZO NA ÉPOCA PRÓPRIA. PAGAMENTO FORA DO PRAZO. DOBRA DEVIDA. ARTS. 137 E 145 DA CLT. (conversão da Orientação Jurisprudencial nº 386 da SBDI-1) É devido o pagamento em dobro da remuneração de férias, incluído o terço constitucional, com base no art. 137 da CLT, quando, ainda que gozadas na época própria, o empregador tenha descumprido o prazo previsto no art. 145 do mesmo diploma legal.

63. TST. Súmula nº 149. TAREFEIRO – FÉRIAS. A remuneração das férias do tarefeiro deve ser na base da média da produção do período aquisitivo, aplicando-se-lhe a tarifa da data da concessão. (Ex-prejulgado nº 22).

Mesmo que o período de gozo inicie antes do final do período concessivo, mas **parte dele ultrapasse esse marco**, os dias de gozo subsequentes deverão ser **remunerados em dobro**, conforme jurisprudência cristalizada pela Súmula nº 81 do Tribunal Superior do Trabalho: "FÉRIAS. Os dias de férias gozados após o período legal de concessão deverão ser remunerados em dobro (RA 69/1978, DJ 26.09.1978)".

Exemplo de questão sobre o tema

(MPT – Procurador do Trabalho/2013) Em relação ao direito de férias, assinale a alternativa INCORRETA:

(A) Consoante a Convenção 132 da OIT, os dias feriados oficiais ou costumeiros deverão ser computados no período de férias.

(B) Nos termos da Convenção 132 da OIT, a duração das férias não deverá em caso algum ser inferior a 3 (três) semanas de trabalho por um ano de serviço

(C) Está em consonância com a Convenção 132 da OIT o entendimento do TST segundo o qual o empregado que se demite antes de completar 12 (doze) meses de serviço tem direito a férias proporcionais.

(D) A concessão das férias após o período concessivo acarreta o pagamento em dobro da respectiva remuneração. Se as férias forem usufruídas parcialmente após este período, o pagamento em dobro será parcial, pois abrangerá os dias de férias gozados após o período legal de concessão.

(E) não respondida.

Resposta: A

9.6. Abono de férias

O abono de férias consiste no **direito que tem o empregado de converter 1/3 dos dias relativos ao período de gozo de suas férias em pecúnia** (art. 143 da Consolidação das Leis do Trabalho), desde que o requerimento respectivo seja feito até **15 (quinze) dias antes do término do período aquisitivo.**[64]

O aludido abono de férias tem **natureza jurídica indenizatória e não integra à remuneração para qualquer efeito, inclusive FGTS e INSS, desde que não seja superior a vinte dias.** Indaga-se: se o período de gozo de férias é de 30 dias, como 1/3 pode chegar a 20 dias? Isso ocorreria quando o empregador deixasse ultrapassar o período concessivo de mais de um período aquisitivo ou nos casos em que o período de gozo de férias é ampliado por força de instrumentos normativos negociados (art. 144 da CLT).

9.7. Aviso-prévio de férias

Cabe ao empregador, sem nenhuma oposição do empregado, fixar o período de gozo de férias. Entretanto, deverá avisar previamente o trabalhador, por escrito, e com pelo menos **trinta dias de antecedência,** de acordo com o disposto no art. 135 da CLT.

Antes de começar a fruir o período de férias, o empregado deverá entregar ao empregador a sua CTPS, para que sejam feitas as anotações respectivas, que deverão ser repetidas no livro ou fichas de empregados.[65]

64. CLT. Art. 143. É facultado ao empregado converter 1/3 (um terço) do período de férias a que tiver direito em abono pecuniário, no valor da remuneração que lhe seria devida nos dias correspondentes.

65. Salvo se o empregador for microempresa ou empresa de pequeno porte, conforme determinação contida no art. 51, II, da LC nº 123/04.

9.8. Férias coletivas

Cabe ao empregador, no exercício do poder diretivo, determinar a época de gozo das férias dos seus empregados, de forma que a sua atividade não sofra solução de continuidade.

Entretanto, pode ser do interesse do empregador determinar o gozo coletivo de férias.[66] Tal circunstância ocorre, geralmente, em face do excesso de produção e para evitar despedidas imotivadas.

A legislação pátria prevê essa espécie de paralisação parcial da empresa como motivo de concessão de férias coletivas, **desde que haja comunicação prévia ao Órgão competente e aos sindicatos das categorias profissionais, no prazo de quinze dias** (art. 139, §§ 2º e 3º da CLT).[67]

Segundo o art. 139, § 1º da CLT, as férias coletivas poderão ser gozadas em **dois períodos** anuais, mas **nenhum deles seja inferior a dez dias corridos.** Entretanto, por ser mais benéfica, deve-se aplicar o preceito contido na Convenção 132 da OIT, art. 8º, § 2º, no sentido de obedecer o período **mínimo de 14 dias.**

No caso de empregados com tempo de serviço inferior a doze meses, serão concedidas férias proporcionais, **com início de um novo período aquisitivo, após o seu gozo.**

Quando o número de empregados contemplados com as férias coletivas for superior a trezentos, a empresa poderá promover, mediante carimbo ou outro meio mecânico, as devidas anotações na CTPS do obreiro.

A seguir, destacam-se outras peculiaridades das férias coletivas:

a) O abono de férias deverá ser objeto de acordo coletivo entre o empregador e o sindicato representativo da respectiva categoria profissional, independendo de requerimento individual a concessão do abono (art. 143, § 2º da CLT);

b) Deverão ser anotadas na CTPS as datas dos períodos aquisitivos correspondentes às férias coletivas gozadas pelo empregado (art. 141, § 3º da CLT).

Exemplos de questões sobre o tema

(FCC – Juiz do Trabalho/2017) José, vendedor em loja de confecções, solicitou ao empregador Marcelo, dez dias antes do término do respectivo período aquisitivo, a conversão de 1/3 do período de férias em abono pecuniário. Por sua vez, em momento posterior e com antecedência de sessenta dias, Marcelo informou a José a respeito do período designado para o respectivo gozo de férias. O pagamento de férias acrescidas do terço constitucional foi efetuado ao trabalhador no primeiro dia após o início das férias. Marcelo não pagou o abono pecuniário, por entender indevida no caso concreto a conversão parcial, diante da data de solicitação da providência. Considere que, durante o período aquisitivo, José havia faltado sete vezes ao serviço, de forma injustificada, tendo havido desconto salarial. Além disso, no mesmo período aquisitivo, José ausentou-se do trabalho, de modo justificado, por vinte e quatro dias não consecutivos. Nesta situação hipotética,

(A) José não faz jus à fruição de férias, pois possuiu mais de trinta e duas faltas no período aquisitivo.

(B) José tem direito à conversão de 1/3 do período das férias em abono pecuniário, razão pela qual a falta de pagamento do abono gera o direito à remuneração das férias em dobro, incluído o terço constitucional.

---

66. CLT. Art. 139. Poderão ser concedidas férias coletivas a todos os empregados de uma empresa ou de determinados estabelecimentos ou setores da empresa.

67. A microempresa e a empresa de pequeno porte são dispensadas dessa comunicação prévia, na forma do art. 51, V, da LC nº 123/2004.

(C) José faz jus ao gozo e remuneração de trinta dias de férias, acrescidas do terço constitucional, mas não à conversão de 1/3 do período de férias em abono pecuniário.

(D) é devido a José o pagamento em dobro da remuneração de férias de vinte e quatro dias, incluído o terço constitucional, por ter sido realizada a quitação pelo empregador fora do prazo legal.

(E) é devido o pagamento a José, de forma simples, da remuneração de férias de vinte e quatro dias, incluído o terço constitucional, sem direito à conversão de 1/3 das férias em abono pecuniário.

Resposta: D

(Magistratura do Trabalho – TRT 3ª – 2012) A empresa Y resolveu conceder férias coletivas a seus empregados, a partir de 06/05/2012. A quantos dias de férias JOSUÉ fará jus, sabendo-se que foi admitido em 07/10/2011 e, desde então, ausentou-se por 6 dias do serviço, injustificadamente?

(A) 30 dias

(B) 24 dias

(C) 14 dias

(D) 10 dias

(E) Nenhuma das alternativas anteriores

Resposta: C

9.9. Efeitos na extinção contratual

Se houver a extinção contratual antes de expirado o período aquisitivo de férias, o empregado terá direito a uma indenização compensatória de forma proporcional ao tempo de serviço (1/12 do salário por cada mês de serviço ou fração superior a quatorze dias) e acrescida de 1/3, salvo se o rompimento do pacto laboral se der por justa causa do trabalhador (resolução contratual).[68]

O terço constitucional de férias, integrais ou proporcionais, é devido quando se trata de gozo ou de indenização compensatória:

> **TST. SÚMULA Nº 328.** FÉRIAS. TERÇO CONSTITUCIONAL. O pagamento das férias, integrais ou proporcionais, gozadas ou não, na vigência da CF/1988, sujeita-se ao acréscimo do terço previsto no respectivo art. 7º, XVII (Res. 20/1993, DJ 21.12.1993).

É bom salientar que, com a ratificação da Convenção nº 132 da Organização Internacional do Trabalho, **foi alterada a redação da Súmula nº 261** do Tribunal Superior do Trabalho.[69] Antes da referida alteração, o entendimento era no sentido de exclusão do direito às férias proporcionais ao empregado que pedisse demissão e contasse com menos de um ano de serviço.

A redação atual da referida súmula é a seguinte:

> **SÚMULA Nº 261.** FÉRIAS PROPORCIONAIS. PEDIDO DE DEMISSÃO. CONTRATO VIGENTE HÁ MENOS DE UM ANO – NOVA REDAÇÃO. O empregado que se demite antes de completar 12 (doze) meses de serviço tem direito a férias proporcionais.

---

68. TST. Súmula nº 171. FÉRIAS PROPORCIONAIS. CONTRATO DE TRABALHO. EXTINÇÃO – Republicado em razão de erro material no registro da referência legislativa – DJ 05.05.2004. Salvo na hipótese de dispensa do empregado por justa causa, a extinção do contrato de trabalho sujeita o empregador ao pagamento da remuneração das férias proporcionais, ainda que incompleto o período aquisitivo de 12 (doze) meses (art. 147 da CLT). Ex-prejulgado nº 51.

69. TST. Súmula nº 261. FÉRIAS PROPORCIONAIS – PEDIDO DE DEMISSÃO – CONTRATO VIGENTE HÁ MENOS DE ANO. O empregado que espontaneamente pede demissão, antes de completar doze meses de serviço, não tem direito a férias proporcionais.

Na hipótese de o empregado ter adquirido o direito às férias e ainda estiver no curso do período concessivo quando da dispensa, deverá o empregador pagar-lhe uma indenização de forma simples, acrescida de um terço.

Ultrapassado o período concessivo, fica o empregador obrigado a pagar a mesma indenização de forma dobrada.

Ressalte-se que, em qualquer hipótese, o valor recebido pelo empregado a título de férias indenizadas, **deve ser equivalente à última remuneração percebida**.[70]

Se o empregado for professor, **tem direito ao pagamento dos salários durante as férias escolares**. Caso seja despedido sem justa causa após terminar o ano letivo ou no curso das referidas férias escolares, terá direito a uma indenização correspondente.[71]

Como se trata de verba indenizatória, pois substitui o direito do empregador de gozar férias, não há que se falar em incidência de imposto de renda e de contribuição previdenciária.

Esse é o posicionamento adotado pelo STJ, por meio de sua Súmula nº 386 e Súmula nº 20 do TRT12:

> **SÚMULA Nº 386 do STJ** São isentas de imposto de renda as indenizações de férias proporcionais e o respectivo adicional
>
> **SÚMULA Nº 20 do TRT12.** FÉRIAS INDENIZADAS. NÃO INCIDÊNCIA DE IMPOSTO DE RENDA. São isentas de imposto de renda as indenizações de férias e o respectivo adicional.

Em que pese tal constatação, a Lei trabalhista atribui natureza salarial ao valor pago a título de férias após a extinção do contrato de trabalho nas hipóteses de nas hipóteses de falência, concordata e dissolução da empresa (arts. 148 e 449 da Consolidação das Leis do Trabalho).[72]

Exemplo de questão sobre o tema

(TRT 3 – Juiz do Trabalho Substituto 3ª região/ 2013) Relativamente às férias, com base na jurisprudência dominante, é incorreto afirmar:

(A) A remuneração das férias do tarefeiro deve ser calculada com base na média da produção do período aquisitivo, aplicando-se-lhe a tarifa da data da concessão.

(B) Salvo na hipótese de dispensa do empregado por justa causa, a extinção do contrato de trabalho sujeita o empregador ao pagamento da remuneração das férias proporcionais, ainda que incompleto o período aquisitivo de 12 (doze) meses.

(C) O empregado que se demite antes de complementar 12 (doze) meses de serviço não tem direito a férias proporcionais.

---

70. TST. Súmula nº 7. FÉRIAS. A indenização pelo não deferimento das férias no tempo oportuno será calculada com base na remuneração devida ao empregado na época da reclamação ou, se for o caso, na da extinção do contrato.

71. TST. Súmula nº 10. PROFESSOR. DISPENSA SEM JUSTA CAUSA. TÉRMINO DO ANO LETIVO OU NO CURSO DE FÉRIAS ESCOLARES. AVISO PRÉVIO (redação alterada em sessão do Tribunal Pleno realizada em 14.09.2012) – Res. 185/2012, DEJT divulgado em 25, 26 e 27.09.2012. O direito aos salários do período de férias escolares assegurado aos professores (art. 322, caput e § 3º, da CLT) não exclui o direito ao aviso prévio, na hipótese de dispensa sem justa causa ao término do ano letivo ou no curso das férias escolares.

72. CLT. Art. 148: A remuneração das férias, ainda quando devida após a cessação do contrato de trabalho, terá natureza salarial, para os efeitos do artigo 449 (Os direitos oriundos da existência do contrato de trabalho subsistirão em caso de falência, concordata ou dissolução da empresa).

(D) Os dias de férias gozados após o período legal de concessão deverão ser remunerados em dobro.
(E) Se as faltas já são justificadas pela lei, consideram-se como ausências legais e não serão descontadas para o cálculo do período de férias.

Resposta: C

9.10. Prescrição

O início do prazo prescricional dá-se a partir do momento em que o titular do direito pode exigir o cumprimento da obrigação respectiva.

No caso das férias, **o empregado só pode exigir o seu gozo depois de expirado o prazo do período concessivo**. Conta-se, a partir deste fato, o prazo prescricional, salvo se houver rompimento do pacto laboral, quando o prazo prescricional inicia-se a partir de então (art. 149 da CLT).

Exemplo de questão sobre o tema

(TRT 14 – Juiz do Trabalho Substituto 14ª região/ 2013) Acerca das férias, assinale a opção INCORRETA:
(A) O empregado perceberá, durante as férias, a remuneração que lhe for devida na data de sua concessão. Quando o salário for pago por percentagem, comissão ou viagem, apurar-se-á a média percebida pelo empregado nos 12 (doze) meses que precederem à concessão das férias.
(B) Os adicionais por trabalho extraordinário, noturno, insalubre ou perigoso serão computados no salário que servirá de base ao cálculo da remuneração das férias.
(C) Tratando-se de férias coletivas, a conversão de 1/3 do período de férias em abono pecuniário deverá ser objeto de acordo coletivo entre o empregador e o sindicato representativo da respectiva categoria profissional, independendo de requerimento individual a concessão do abono.
(D) As férias coletivas poderão ser gozadas em dois períodos anuais, desde que nenhum deles seja inferior a 10 (dez) dias corridos.
(E) Na cessação do contrato de trabalho, após 12 (doze) meses de serviço, o empregado, desde que não haja sido demitido por justa causa ou a pedido, terá direito à remuneração relativa ao período incompleto de férias, na proporção de 1/12 (um doze avos) por mês de serviço ou fração superior a 14 (quatorze) dias.

Resposta: E

10. QUADRO SINÓPTICO

Capítulo VII – Duração do Trabalho		
Instituto	**Conteúdo**	**Item**
	Jornada de trabalho (em horas)	
Jornada	A jornada de trabalho representa a quantidade de energia horária despendida pelo trabalhador, por dia, semana, mês ou ano, enquanto estiver à disposição do empregador, na efetiva prestação de serviços ou aguardando suas ordens.	2
Horário	O horário de trabalho designa o momento em que o empregado inicia e finda o seu labor. É representado por uma das 24 horas diárias. Em outras palavras, representa a distribuição da jornada de trabalho durante o dia.	2
Tempo à disposição do empregador	Com a inserção do § 2º ao art. 4º da CLT, pela "Reforma Trabalhista", afasta-se a possibilidade de se reconhecer como tempo de serviço aquele em que o empregado permanece no interior do estabelecimento empresarial para atender seus interesses pessoais, tais como aqueles descritos de forma exemplificativa nos incisos I a VIII do dispositivo legal em comento.	2

Regime parcial	A Lei nº 13.467/17 o, criou duas categorias de trabalho por tempo parcial, que se efetivou com a alteração na redação do *caput* do art. 58-A da CLT, a saber: • trabalho por tempo parcial sem possibilidade de horas extras – 30 horas por semana; e • trabalho por tempo parcial com possibilidade de até seis horas extras – 26 horas por semana.	2.1
Registro de horário	Para os estabelecimentos com mais de 20 (vinte) trabalhadores será obrigatória a anotação da hora de entrada e de saída, em registro manual, mecânico ou eletrônico, conforme instruções expedidas pela Secretaria Especial de Previdência e Trabalho do Ministério da Economia, permitida a pré-assinalação do período de repouso. Permite-se a utilização de registro de ponto por exceção à jornada regular de trabalho, mediante acordo individual escrito, convenção coletiva ou acordo coletivo de trabalho..	2.2
	Trabalho extraordinário	
Conceito	O labor acima de oito horas diárias ou quarenta e quatro horas semanais é considerado como trabalho extraordinário.	3
Acordo de prorrogação	Por meio de acordo individual ou coletivo (convenção e acordo coletivo de trabalho) a jornada de trabalho pode ser majorada em, no máximo, duas horas.	3.1
Necessidade imperiosa	Em caso de necessidade imperiosa, poderá a duração do trabalho exceder o limite legal ou convencionado, seja para fazer face a motivo de força maior, seja para atender à realização ou conclusão de serviços inadiáveis ou cuja inexecução possa acarretar prejuízo manifesto. Ainda assim, será devido o pagamento pela jornada extraordinária com os acréscimos legais, limitando-se a quatro horas suplementares.	3.2
Proibições e limitações de jornada extra	Empregado contratado em regime de trabalho por tempo parcial de 30 horas por semana; Contrato de aprendizagem; Ambientes insalubres, sem autorização da autoridade competente ou de contrato coletivo, exceto no regime de 12 x 36.	3.3
Acordo de compensação	É o procedimento por meio do qual o labor em um dia seja compensado em outro, dentro de um mês, e desde que haja acordo individual escrito ou tácito, acordo coletivo ou convenção coletiva de trabalho.	
Jornada de 12x36	É o regime de doze horas de trabalho por trinta e seis horas de repouso. Segundo o art. 59-A da CLT, introduzido por meio da Lei nº 13.467/17, é facultado às partes, por meio de acordo individual escrito, convenção coletiva ou acordo coletivo de trabalho, estabelecer horário de trabalho de doze horas seguidas por trinta e seis horas ininterruptas de descanso, observados ou indenizados os intervalos para repouso e alimentação.	3.4
Semana espanhola e semana inglesa	• Semana espanhola: 48 horas em uma semana e 40 horas na seguinte. • Semana inglesa: visa eliminar o labor aos sábados redistribuindo as 44 horas de trabalho semanais entre a segunda e a sexta-feira.	3.4
Banco de horas	É um sistema pelo qual o empregado, de acordo com a quantidade de trabalho, vai creditando ou debitando horas de labor e no final do prazo pré-estabelecido extrai-se o saldo respectivo. Se for instituído por convenção ou acordo coletivo de trabalho permite a compensação por um período de até um ano, devendo ser observado o limite relativo à soma das jornadas semanais de trabalho e o limite máximo diário de dez horas. Caso seja pactuado por acordo individual escrito, a compensação deve ocorrer no período máximo de seis meses.	3.5
Horas *in itinere*	Corresponde ao tempo despendido pelo trabalhador entre a sua residência e o local de trabalho e vice-versa. A Lei da Reforma Trabalhista alterou a redação do § 2º, art. 58 da CLT para excluir qualquer possibilidade das horas *in itinere* integrarem a jornada de trabalho do obreiro.	3.6
Sobreaviso	Horas de sobreaviso correspondem àquele período em que o empregado fica à disposição da empresa, em sua residência, sem poder ausentar-se. Segundo o TST, a utilização de aparelho telefônico móvel ou qualquer outro aparato similar, permite a liberdade de locomoção do trabalhador.	3.7

Horas de prontidão		As horas de prontidão assemelham-se às horas de sobreaviso. Contudo, no primeiro caso, o empregado, ao invés de ficar em sua residência, permanece nas dependências da empresa sem prestar serviços, mas no aguardo de ser acionado para o trabalho. As horas de prontidão serão, para todos os efeitos, contadas à razão de 2/3 (dois terços) do salário-hora normal.	3.8
Regime de revezamento		A caracterização de turnos ininterruptos de revezamento se dá pela combinação de critérios relacionados tanto com a atividade da empresa quanto pelo trabalho executado pelo empregado. Portanto, para o empregado ter direito à jornada reduzida de seis horas de trabalho por dia, terá que prestar serviços no estabelecimento da empresa onde a atividade desenvolvida não possa sofrer solução de continuidade.	3.9
Horas extras em regime de tempo parcial		No caso da jornada de até 26 horas por semana, ainda assim observado o limite de seis, que devem ser remuneradas com adicional de 50%. Já caso a jornada seja ajustada em quantidade inferior ao limite mencionado, a sua inobservância implica pagamento do excedente como se fossem horas extraordinárias, ou seja, com acréscimo de 50%. Por fim, outra opção é a compensação da jornada extraordinária, que deverá ser feita na semana subsequente.	3.10
Empregados excluídos do direito às horas extras			
Trabalho externo		Não têm direito à percepção do valor referente às horas extras os empregados que exercem atividade externa incompatível com a fixação de horário de trabalho. Tal condição, contudo, deve ser anotada na Carteira de Trabalho e Previdência Social e no registro de empregado.	4.1
Cargos de gestão		Quando o empregado, dentro do estabelecimento, exerce as mesmas funções inerentes ao detentor da empresa, com poderes de mando e gestão, não estará protegido pela legislação laboral, no que diz respeito à fixação de uma jornada normal de trabalho.	4.2
Teletrabalhador		Apesar dos recursos da informática e da telecomunicação oferecerem instrumentos para o controle e fiscalização da jornada dos teletrabalhadores, o legislador achou por bem excluir essa categoria da proteção específica conferida pela CLT no que diz respeito à duração de trabalho, inserindo-os no rol das exceções estabelecidas pelo art. 62 desse Diploma Legal.	4.3
Valor das horas extras			
Adicional		O labor em jornada extraordinária representa um risco à saúde do trabalhador. Ciente disso, o legislador instituiu um adicional (50%) para remunerar o labor além da jornada normal. O escopo desse adicional é duplo: primeiro, inibir a atuação patronal no sentido de exigir do empregado trabalho além do que é considerado normal; e segundo, para compensar o labor executado em condições de anormalidade.	5
Divisor-hora		Para quem é mensalista, chega-se ao valor do salário-hora (salário equivalente a uma hora de trabalho) com a divisão do valor da remuneração por 220 (para quem tem jornada diária de 8 horas e 44 semanais), que corresponde ao número de horas efetivamente laboradas durante o mês acrescidas daquelas referentes ao repouso semanal remunerado.	5.1
Fórmula de cálculo	**Salário fixo**	Calcula-se o número de horas extras e acrescenta-se o valor relativo ao adicional respectivo.	5.2
	Salário variável	Quando a remuneração varia de acordo com a quantidade de trabalho executado, o excesso de jornada já está computado na carga horária. Nesse caso só é devido o adicional de horas extras (Súmula nº 340 do TST).	
Efeito do labor extraordinário	**Integração repouso**	Computam-se no cálculo do repouso remunerado as horas extras habitualmente prestadas (TST. Súmula 172).	5.3
	Integração 13º salário	A remuneração do serviço suplementar, habitualmente prestado, integra o cálculo da gratificação natalina (TST. Súmula nº 45).	

Efeito do labor extraordinário	**Integração férias**	A remuneração das férias inclui a das horas extraordinárias habitualmente prestadas.	5.3
	Integração FGTS	Como as horas extras representam salário *stricto sensu* e o adicional um *plus* salarial caracterizado como um sobressalário, os depósitos do FGTS também terão como base de cálculo essas parcelas.	
Jornadas especiais de trabalho			
Bancário	**Sem função de confiança**	Seis horas	
	Com função de confiança	Oito horas	6.1
	Gerente geral	Não há previsão de jornada normal	
	Bancário por equiparação	As empresas financeiras e de processamento de dados que prestam serviços aos bancos também são equiparadas aos estabelecimentos bancários, para efeito de fixação da jornada normal de trabalho.	
	Pré-contratação de horas extras	A pré-contratação de jornada extraordinária, no momento da formação do vínculo, para elevar de seis para oito horas diárias de trabalho, não produz o efeito pretendido pelas instituições financeiras, qual seja, o de remunerar as horas extras a partir da sexta diária. No entanto é cabível durante a vigência do contrato de trabalho, de acordo com o TST. (Sum. Nº 199)	6.1
	Intervalo intrajornada	A regra é de concessão de intervalo intrajornada de quinze minutos para o bancário, salvo quando exerce cargo de confiança com jornada estendida para oito horas diárias.	
Advogado	**Sem dedicação exclusiva**	Quatro horas	6.2
	Com dedicação exclusiva	Oito horas	
Telefonista	Seis horas de trabalho		6.3
Digitador	A profissão de digitador não é regulamentada. Contudo, a Portaria nº 3.214, do extinto Ministério do Trabalho e Emprego, que instituiu as Normas Regulamentadoras, dentre elas a de nº 17 que aduz o limite máximo de 5 horas.		6.4
Motorista	**Jornada de trabalho**	8 horas	
	Horários de trabalho	Segundo o art. 235-C, § 13 da CLT: "Salvo previsão contratual, a jornada de trabalho do motorista empregado não tem horário fixo de início, de final ou de intervalos".	
	Hora extra	Admite-se a prorrogação por mais duas horas diárias (art. 235-C, *caput*) e, mediante convenção ou acordo coletivo de trabalho, por quatro horas.	6.5
	viagens de até sete dias	Intervalo intrajornada: 1h, podendo coincidir com parada obrigatória Intervalo interjornada: 11h, permitido o fracionamento e a coincidência com os períodos de parada obrigatória definidos pelo Código Brasileiro de Trânsito	
	viagens superiores a sete dias	Repouso semanal remunerado: 24h + 11h do repouso interjornada	

Outras profissões	**Músicos**	Cinco horas	6.6
	Cinematográficos	Seis horas	
	Trab. minas	Seis horas	
	Jornalistas	Cinco horas	
	Radialista	Cinco, seis ou setes horas a depender do setor em que trabalha	
Jornada noturna			
Conceito	**Urbano**	A jornada noturna é aquela realizada entre 22 horas de um dia e 05 horas do dia seguinte, para os trabalhadores urbanos.	7
	Rural pecuária	É aquele compreendido entre 20 horas de um dia e 04 horas do dia seguinte.	
	Rural agrícola	É o serviço prestado entre 21 e 05 horas do dia seguinte.	
Adicional noturno	**Objetivo**	O adicional noturno tem como objetivo inibir ou limitar a exigência do empregador no sentido de cobrar o labor do empregado em período noturno, bem como para compensar o labor nessa condição anormal de trabalho.	7.1
	Percentual Urbano	20%.	
	Percentual Rural	25%.	
Hora ficta	Para complementar a proteção ao trabalhador que presta serviços durante a noite, foi instituída a hora noturna, uma ficção legal por meio da qual não se considera uma hora de sessenta minutos, mas somente cinquenta e dois minutos e trinta segundos.		7.2
Jornada mista	Em que pese a lei ter fixado como horário noturno aquele compreendido entre 22 e 05 horas, a continuação do trabalho após o limite final mencionado implica pagamento do adicional noturno.		7.3
Trabalho noturno do adolescente	A lei veda, expressamente, o trabalho do menor de 18 anos durante o período noturno.		7.4
Efeitos	Da mesma forma que ocorre com relação às horas extraordinárias, o labor habitual em período noturno faz integrar, à remuneração, o respectivo adicional, para efeito de reflexo no repouso semanal remunerado, aviso-prévio indenizado, férias, 13º salário e FGTS.		7.6
Repousos			
Intervalo Intrajornada	**Conceito**	Intervalo intrajornada é aquele concedido dentro da jornada de trabalho.	8.1
	Jornada de até 4 horas	Quando a jornada de trabalho é de até quatro horas, o empregador não está obrigado a conceder intervalo intrajornada.	8.3
	Jornada de 4 a 6 horas	Quando a jornada de trabalho está situada entre quatro e seis horas de trabalho, o empregador está obrigado a conceder o intervalo mínimo intrajornada de 15 minutos.	
	Acima de 6 horas	Quando a jornada é superior a seis horas, o empregador deverá conceder um intervalo intrajornada não inferior a uma hora e não superior a duas horas.	
	Redução e majoração	É possível a redução do intervalo intrajornada por meio de negociação coletiva, até 30 minutos, como prevê expressamente o art. 611-A, inciso III da CLT introduzido pela Lei nº 13.467/17. Se o intervalo intrajornada for superior ao limite máximo estabelecido pela CLT, a hipótese será de tempo à disposição do empregador, com pagamento de salário.	

Intervalo Intrajornada	**Registro**	Não há obrigatoriedade de consignarem, nos registros de frequência, os horários relativos aos intervalos intrajornada, mesmo nos estabelecimentos que tenham mais de 10 empregados.	8.3
	Trabalhador rural	Para o trabalhador rural, cuja jornada seja superior a seis horas, o intervalo intrajornada deverá observar os usos e costumes da região.	
	Trabalhador doméstico	Reside no local: pode ser fracionado em dois períodos com no mínimo de 1h cada, devendo observar o limite de quatro horas. Residência própria: 1h – 2h	
	Intervalo do digitador	Dez minutos a cada noventa de trabalho, destinado às pessoas que trabalham com máquinas de escrever (datilógrafos), de calcular (calculistas), de escriturar (escriturário), computadores (digitadores) ou similares.	
	Câmara frigorífica	Para os empregados que trabalham no interior das câmaras frigoríficas e para os que movimentam mercadorias do ambiente quente ou normal para o frio e vice-versa, depois de 1 (uma) hora e 40 (quarenta) minutos de trabalho contínuo, será assegurado um período de 20 (vinte) minutos de repouso, computado esse intervalo como de trabalho efetivo.	
Intervalo Interjornada	É aquele compreendido entre duas jornadas de trabalho. O intervalo mínimo interjornada do trabalhador em geral é de onze horas consecutivas.		8.3
Efeitos	Antes da vigência da Lei da Reforma Trabalhista (Lei nº 13.467/17) quando o empregador não concedia parcialmente o intervalo intrajornada, era obrigado a pagar o tempo legal total a título de horas extras acrescido do percentual de 50%. Com a alteração da redação do § 4º, art. 71 da CLT, o desrespeito ao intervalo mínimo intrajornada, total ou parcialmente, passou a implicar pagamento apenas da diferença e não do tempo total do intervalo, além de alterar a sua natureza de salarial para indenizatória. Em relação ao intervalo interjornada, a jurisprudência já reconhecia o direito apenas à diferença e não ao período total do intervalo de 11 horas, em caso de concessão parcial. A partir da vigência da Lei da Reforma Trabalhista, o valor dessa diferença passa a ter caráter indenizatório e não mais salarial.		8.4
Repouso semanal remunerado	**Conceito**	Corresponde a um descanso semanal remunerado de vinte e quatro horas consecutivas, após seis dias de trabalho sucessivos. Deve recair, preferencialmente, aos domingos.	8.5
	Legalidade	O trabalho aos domingos nas atividades do comércio em geral encontra-se legalmente autorizado, observada a legislação municipal, nos termos do art. 30, inciso I, da Constituição. O repouso semanal remunerado deverá coincidir, pelo menos uma vez no período máximo de três semanas, com o domingo, respeitadas as demais normas de proteção ao trabalho e outras a serem estipuladas em negociação coletiva.	
	Valor	Para quem percebe remuneração diária, semanal, quinzenal ou mensal, o valor do repouso semanal remunerado será equivalente a de um dia de serviço. Quando o empregado é mensalista ou quinzenalista, o valor referente ao repouso remunerado já se encontra embutido em sua remuneração.	8.5
Descanso anual remunerado – Férias			
Períodos	**Aquisitivo**	É o espaço de tempo decorrido o qual o empregado adquire o direito a fruir férias.	9.1
	Concessivo	O período concessivo é aquele que sucede o período aquisitivo, também de doze meses, no qual o empregador fixa o período de gozo de férias do trabalhador.	9.2

Períodos	**De gozo**	Corresponde ao período em que o empregado deixa de prestar serviços, mas recebe a remuneração corresponde aos dias de inatividade. O período máximo é de trinta dias corridos e varia de acordo com o número de faltas injustificadas que o empregado contar durante o período aquisitivo de férias.	9.3
	Tempo parcial	A duração do período de fruição das férias anuais remuneradas, no regime de tempo parcial de trabalho está sujeita aos mesmos critérios aplicados aos empregados contratados para trabalhar tempo integral, como deixa claro o § 7º, do art. 58-A, da CLT: "As férias do regime de tempo parcial são regidas pelo disposto no art. 130 desta Consolidação".	9.4
Pagamento		No período de gozo de férias o empregado recebe o valor equivalente a sua remuneração, mesmo sem trabalhar, acrescida de um terço.	9.5
Abono de férias		O abono de férias consiste no direito que tem o empregado de converter 1/3 dos dias relativos ao período de gozo de suas férias em pecúnia, desde que o requeira até quinze dias do término do período aquisitivo.	9.6
Aviso-prévio de férias		O empregador deverá pré-avisar o trabalhador, por escrito, com pelo menos trinta dias de antecedência, de sua decisão relativa ao período destinado ao gozo de férias.	9.7
Férias coletivas		São aquelas concedidas a todos os empregados de uma empresa ou de determinados estabelecimentos ou setores da empresa.	9.8
Efeitos		Se houver a extinção contratual antes de expirado o período aquisitivo de férias, o empregado terá direito a uma indenização reparatória de forma proporcional ao tempo de serviço (1/12 do salário por cada mês de serviço ou fração superior a quatorze dias) e acrescida de 1/3, salvo se o rompimento do pacto laboral se der por justa causa do trabalhador.	9.9
Prescrição		O empregado só pode exigir o gozo de férias depois de expirado o prazo do período concessivo. Conta-se, a partir desse fato, o prazo prescricional, salvo se houver rompimento do pacto laboral, quando o prazo prescricional inicia-se a partir de então.	9.10

11. INFORMATIVOS DO TST SOBRE A MATÉRIA

Intervalo intrajornada. Concessão parcial. Minutos gastos pelo empregado no deslocamento até o refeitório. Tempo à disposição do empregador. Não configuração.

A SBDI-I, por unanimidade, conheceu dos embargos da empresa ré e, no mérito, deu-lhes provimento para restabelecer o acórdão do Tribunal Regional que indeferira o pagamento do intervalo intrajornada supostamente suprimido em razão dos minutos gastos pelo empregado no deslocamento do local de trabalho até o refeitório. Prevaleceu o entendimento de que o período gasto com o deslocamento não implica redução do intervalo intrajornada, visto que, durante esse tempo, o empregado não está executando serviços, nem está à disposição do empregador, mas efetivamente usufruindo do intervalo que é destinado não apenas à alimentação, mas também ao descanso físico e mental. No caso, a decisão recorrida havia adotado tese no sentido de que o trabalhador não usufruía integralmente do intervalo, uma vez que quinze minutos eram destinados ao deslocamento, em transporte fornecido pelo empregador, até o refeitório. TST-E-ED-RR-993-42.2013.5.09.0671, SBDI-I, rel. Min. Cláudio Mascarenhas Brandão, 3.10.2019 (TST. Info nº 207).

Autos remetidos ao Tribunal Pleno para novo julgamento (art. 140, § 3º, do RITST). Trabalho em minas de subsolo. Tempo de deslocamento da boca da mina ao local de trabalho e vice-versa. Cômputo para efeito de concessão de intervalo intrajornada. Impossibilidade.

O período de deslocamento do mineiro entre a boca da mina e a frente de lavra e vice-versa não deve ser computado para efeito de concessão de intervalo intrajornada, pois o labor em minas de subsolo não se submete ao sistema geral de duração do trabalho, conforme excepciona o art. 57, parte final, da CLT. Ao promover o disciplinamento especial do trabalho dos mineiros (arts. 293 a 301 da CLT), o legislador adotou explicitamente tratamento diferenciado entre o tempo de "trabalho efetivo" para efeito de jornada normal e o tempo de deslocamento, dispondo que este último é computado apenas para pagamento do salário (arts. 293 e 294). Assim, na hipótese em que o empregado em mina de subsolo presta jornada efetiva de seis horas, ainda que perceba 65 minutos de remuneração pelo deslocamento, não tem direito ao cômputo deste tempo para beneficiar-se do intervalo intrajornada do art. 71 da CLT. Tal dispositivo é inaplicável em virtude da norma especial do art. 298 da CLT — que prevê um intervalo intrajornada mais benéfico, de 15 minutos a cada três horas de labor, computado "na duração normal de trabalho efetivo" —, cujo objetivo é minimizar os riscos à saúde do empregado e a sua exposição a agentes nocivos, reduzindo sua permanência em subsolo. Sob esses fundamentos, o Tribunal Pleno, por unanimidade, conheceu dos embargos, por divergência jurisprudencial, e, no mérito, por maioria, deu-lhes provimento a fim de restabelecer o acórdão do Tribunal Regional que excluiu da condenação as horas extraordinárias decorrentes da não concessão do intervalo intrajornada de uma hora. Vencidos os Ministros Augusto César Leite de Carvalho, relator, José Roberto Freire Pimenta, Delaíde Miranda Arantes, Hugo Carlos Scheuermann, Cláudio Mascarenhas Brandão, Maria Helena Mallmann, Lelio Bentes Corrêa, Mauricio Godinho Delgado e Kátia Magalhães Arruda. TST-E-ED-RR-909-46.2011.5.20.0011, Tribunal Pleno, rel. Min. Augusto César Leite de Carvalho, red. p/ acórdão Min. Ives Gandra Martins Filho, 20.5.2019 (TST. Info nº 195).

Ação anulatória. Acordo coletivo de trabalho. Turno ininterrupto de revezamento. Regime 4x4. Validade. Súmula nº 423 do TST. Não incidência.

É válida cláusula da norma coletiva que fixa em dez horas a jornada de trabalho em turno ininterrupto de revezamento, em que o empregado trabalha dez horas diárias, com intervalo intrajornada de duas horas, alternando-se dois dias no período diurno e dois dias no período noturno, seguidos de quatro dias consecutivos de folga. Tal regime (4x4) não viola o art. 7º, XIV, da CF, pois o limite de seis horas para a jornada em turno ininterrupto de revezamento estabelecido pelo legislador constitucional somente se aplica se não houver negociação coletiva dispondo especificamente sobre o assunto. De outra sorte, não há falar em incidência da Súmula nº 423 do TST ao caso concreto, visto que a modalidade de trabalho adotada na espécie difere do turno ininterrupto típico, na medida em que garante duas horas de intervalo intrajornada. Ademais, a súmula em questão não impõe à norma coletiva o limite máximo de oito horas para a jornada em turnos ininterruptos de revezamento, mas apenas estabelece que, nessa situação, a 7ª e a 8ª horas não serão pagas como extras. Sob esses fundamentos, a SDC, por maioria, negou provimento ao recurso ordinário do Ministério Público do Trabalho para manter a decisão do Tribunal Regional que julgara improcedente o pedido de nulidade da cláusula que fixou o regime 4x4. Vencido o Ministro Mauricio Godinho Delgado, relator. TST-AIRO-277-95.2015.5.17.0000, SDC, rel. Min. Mauricio Godinho Delgado, red. p/ acórdão Min. Ives Gandra da Silva Martins Filho, 8.4.2019 (TST. Info nº 194).

Controles de frequência. Juntada parcial. Presunção de veracidade da jornada alegada na petição inicial quanto ao período faltante. Aplicação da Súmula nº 338, I, do TST. Impossibilidade de adoção da média física das horas extras apuradas.

A juntada parcial de controles de frequência não afasta, por si só, a presunção de veracidade da jornada de trabalho declinada na petição inicial (Súmula nº 338, I, do TST), ainda que o período sem comprovação seja reduzido. No caso, o registro de jornada do empregado era feito em dois documentos distintos: cartões de ponto, que controlavam a jornada contratual, e relatórios de horas extras. Quanto a estes últimos, a reclamada, injustificadamente, deixou de apresentar o registro de sete meses, o que equivale a 22% dos meses do contrato de trabalho. Reputando inexpressiva a quantidade faltante, e com o intuito de evitar o enriquecimento ilícito de qualquer das partes, o TRT adotou a média física das horas extras apuradas para calcular o período não comprovado, em contrariedade ao consubstanciado no item I da Súmula nº 338 do TST e à jurisprudência dominante no TST, conforme consignado no acórdão turmário. Ademais, prevaleceu o entendimento de que a Orientação Jurisprudencial nº 233 da SBDI-I não incide na hipótese, pois dirigida a fatos que devem ser provados por quem alega o trabalho em horas extras, situação distinta da analisada. Além disso, o verbete se dirige ao caso em que o julgador convenceu-se de que o procedimento questionado superou o período abrangido pela prova oral ou documental, premissa não evidenciada nos autos, visto que a decisão do TRT que deferiu o cálculo pela média das horas extras apuradas sedimentou-se na possibilidade de enriquecimento sem causa e não no convencimento de que as horas extras registradas superaram o período comprovado. Sob esses fundamentos, a SBDI-I, por unanimidade, conheceu dos embargos, por divergência jurisprudencial, e, no mérito, por maioria, negou-lhes provimento. Vencidos os Ministros Márcio Eurico Vitral Amaro, relator, Breno Medeiros e Maria Cristina Irigoyen Peduzzi. TST-E-ED--ARR-2799-09.2013.5.09.0091, SBDI-I, rel. Min.Márcio Eurico Vitral Amaro, red. p/ acórdão Min. Renato de Lacerda Paiva, 11.4.2019 (TST. Info nº 194).

Bancário. Cargo de confiança. Art. 224, § 2º, da CLT. Não apresentação dos cartões de ponto pelo empregador. Ausência de justo motivo. Horas extras devidas.

O exercício do cargo de confiança bancário de que trata o § 2º do art. 224 da CLT não constitui justo motivo para a não apresentação dos cartões de ponto pelo empregador, na medida em que há a limitação de oito horas de trabalho por dia. Trata-se de situação distinta daquela do bancário inserido no inciso II do art. 62, II, da CLT, que não se sujeita a controle da jornada. Assim, nos termos da parte final do item I da Súmula nº 338 do TST, a ausência de justificativa plausível para a não exibição dos controles de frequência gera a presunção relativa de veracidade da jornada de trabalho alegada na inicial, cabendo ao empregador o ônus da prova quanto à prestação de serviço extraordinário. Sob esses fundamentos, a SBDI-I, por maioria, conheceu dos embargos por contrariedade à Súmula nº 338, I, do TST, e, no mérito, à unanimidade, deu-lhes provimento para acrescer à condenação o pagamento de horas extras excedentes à oitava diária em relação ao período entre agosto e novembro de 2007, observada a jornada declinada na petição inicial. Vencidos os Ministros Márcio Eurico Vitral Amaro, relator, Alexandre Luiz Ramos e Brito Pereira, que não conheciam do recurso. TST-E-ED-ED-ED-RR-150100-46.2009.5.03.0097, SBDI-I, rel. Min. Márcio Eurico Vitral Amaro, red. p/ acórdão Min. Lelio Bentes Corrêa, 28.3.2019 (TST. Info nº 193).

CEF. Gerente-geral de agência. PCS 1989. Jornada de trabalho de seis horas. Inaplicabilidade.

O cargo de gerente-geral de agência não se submete à norma do PCS 1989 da Caixa Econômica Federal – CEF, que fixou de forma genérica para os "gerentes" a jornada de trabalho de seis horas. Por força da Súmula nº 287 do TST, o gerente-geral está excluído do regime de duração normal do trabalho do art. 62 da CLT, de modo que a ele não são devidas as horas extras excedentes a sexta diária. Sob esse entendimento, a SBDI-I, em sua composição plena, por unanimidade, conheceu dos embargos, por divergência jurisprudencial, e, no mérito, por maioria, negou-lhe provimento. Vencidos os Ministros Augusto César Leite de Carvalho, relator, José Roberto Freire Pimenta, Emmanoel Pereira, Lelio Bentes Corrêa e Hugo Carlos Scheuermann, os quais davam provimento ao recurso ao fundamento de que a norma da CEF, ao não fazer distinção entre o tipo de gerência, abrange os empregados enquadrados tanto no art. 224, § 2º, da CLT, quanto no art. 62, II, do mesmo diploma legal. TST-E-ED-ARR-59-56.2012.5.12.0018, SBDI-I, rel. Min. Augusto César Leite de Carvalho, red. p/ acórdão Min. Cláudio Mascarenhas Brandão, 21.2.2019 (TST. Info nº 192).

Férias. Conversão de 1/3 do período em abono pecuniário. Imposição do empregador. Aplicação da sanção do art. 137 da CLT. Pagamento em dobro devido. Dedução dos valores recebidos a título de abono pecuniário.

A conversão de 1/3 do período de férias em abono pecuniário, conforme o art. 143 da CLT, é um direito potestativo do empregado, razão pela qual não pode ser imposta pelo empregador, sob pena de descumprimento dos arts. 134 e 143 da CLT e 7º, XVII, da CF. Ausente a livre escolha do trabalhador, aplica-se a sanção do art. 137 da CLT, que impõe o pagamento em dobro do período não usufruído, a fim de coibir a prática que compromete o direito ao descanso anual. Verificado, contudo, que o empregado já recebeu o abono pecuniário, esse montante deve ser considerado para efeito de aplicação da penalidade, evitando-se o pagamento em triplo da remuneração de férias e o consequente enriquecimento sem causa. Sob esses fundamentos, a SBDI-I, por unanimidade, conheceu dos embargos, por divergência jurisprudencial, e, no mérito, deu-lhes provimento para restabelecer o acórdão do Regional. TST-E-ED-RR-104300-96.2009.5.04.0022, SBDI-I, rel. Min. Luiz Philippe Vieira de Mello Filho, 8.11.2018 (TST. Info nº 186).

Trabalho externo. Possibilidade de controle dos horários de início e de término da jornada de trabalho. Concessão do intervalo intrajornada. Ônus da prova do empregado. Inaplicabilidade da Súmula nº 338, I, do TST.

Ainda que seja possível controlar os horários de início e de término da jornada de trabalho, é do empregado que desempenha atividades externas o ônus de provar a supressão ou a redução do intervalo intrajornada. Não há falar em aplicação da Súmula nº 338, I, do TST, pois as peculiaridades do trabalho externo impedem o empregador de fiscalizar a fruição do referido intervalo. Sob esse entendimento, e tendo em conta que o acórdão do Tribunal Regional registrou que o reclamante não comprovou qualquer irregularidade no gozo do intervalo intrajornada, a SBDI-I, por unanimidade, conheceu dos embargos, por divergência jurisprudencial, e, no mérito, por maioria, negou-lhes provimento. Vencidos os Ministros Hugo Carlos Scheuermann, relator, e José Roberto Freire Pimenta. TST-E-RR-539-75.2013.5.06.0144, SBDI-I, rel. Min. Hugo Carlos Scheuermann, red. p/ acórdão Min. Maria Cristina Irigoyen Peduzzi, 13.9.2018 (TST. Info nº 184).

Bancário. Gerente geral de agência. Exercício do cargo de mando e gestão. Preenchimento de Folha Individual de Presença – FIP. Controle de frequência e não de horário. Enquadramento no art. 62, II, da CLT.

As anotações das Folhas Individuais de Presença – FIPs não têm o condão de desnaturar a característica de autoridade máxima do gerente geral na agência bancária, pois se destinam tão somente ao controle de frequência do empregado, e não de horário. No caso, o empregado possuía total autonomia e liberdade no exercício de suas atividades, tinha poderes de mando e gestão e todos os demais empregados da agência bancária se subordinavam a ele, de modo que o preenchimento das FIPs, por si só, não é suficiente para afastar a incidência do art. 62, II, da CLT e da parte final da Súmula nº 287 do TST. Sob esse entendimento, a SBDI-I, por unanimidade, conheceu dos embargos do reclamante, por divergência jurisprudencial, e, no mérito, por maioria, negou-lhes provimento. Vencidos os Ministros Renato de Lacerda Paiva, Luiz Philippe Vieira de Mello Filho, Augusto César Leite de Carvalho e José Roberto Freire Pimenta. TST-E-RR-537400-41.2008.5.12.0037, SBDI-I, rel. Min. Alexandre de Souza Agra Belmonte, 2.8.2018 (TST. Info nº 180).

Intervalo intrajornada. Redução. Autorização do Ministério do Trabalho. Horas extras prestadas sem habitualidade. Pagamento das horas extraordinárias decorrentes da redução do intervalo intrajornada restrito aos dias em que houve efetivo trabalho em sobrejornada.

Não se admite a redução do intervalo intrajornada nos dias em que concomitantemente houver prestação de horas extras, ainda que presente a autorização do Ministério do Trabalho a que se refere o art. 71, § 3º, da CLT. Na hipótese, registrou-se que além de a empresa ter autorização para reduzir o intervalo intrajornada, o empregado não estava submetido a regime de trabalho prorrogado a horas suplementares, mas apenas prestava horas extras de forma esporádica. Assim, a SBDI-I, por unanimidade, conheceu dos embargos por divergência jurisprudencial, e, no mérito, por maioria, deu-lhes provimento parcial para limitar o pagamento das horas extras decorrentes da redução do intervalo intrajornada, no período em que havia autorização do Ministério do Trabalho, aos dias em que efetivamente houve prestação de horas extras. Vencidos parcialmente os Ministros Aloysio Corrêa da Veiga e Maria Cristina Irigoyen Peduzzi. TST-E-RR-168000-85.2009.5.02.0027, SBDI-I, rel. Min. Renato de Lacerda Paiva, 24.5.2018 (TST. Info nº 179).

Vendedor. Trabalho externo. Possibilidade de controle da jornada. Não apresentação dos cartões de ponto pelo empregador. Horas extras devidas. Art. 74, §2º, da CLT. Incidência da Súmula nº 338, I, do TST.

Havendo a possibilidade de controle da jornada de trabalho do empregado, mesmo que esta seja externa, inverte-se o ônus da prova, cabendo ao empregador a apresentação do comprovante de controle de frequência, como prova pré-constituída, nos moldes do art. 74, §2º, da CLT. Embora os precedentes que informam a Súmula nº 338, I, do TST não se refiram à jornada externa de que trata o art. 62, I, da CLT, é possível aplicá-la quando houver identidade entre os fatos fundamentais da demanda em análise e aqueles que constam nos precedentes da súmula, quais sejam, possibilidade de controle e fiscalização de jornada e ausência de apresentação dos cartões de ponto em juízo. Trata-se de aplicação da técnica denominada *ampliative distinguishing*, cujo objetivo é conferir tratamento isonômico entre as partes, universalizando o precedente ao adotar a mesma *ratio decidendi* para casos não absolutamente iguais, mas cujos fatos fundamentais sejam idênticos ou similares. Sob esses fundamentos a SBDI-I, por maioria, não conheceu dos embargos, entendendo incólume a Súmula nº 338 do TST no caso em que a decisão turmária, vislumbrando violação do art. 62, I, da CLT, deu provimento ao recurso de revista para condenar a reclamada ao pagamento de horas extraordinárias e intrajornadas, nos termos aduzidos na inicial, a vendedor que, embora desempenhasse suas atividades fora da empresa, estava sujeito a controle de jornada. Vencido o Ministro Márcio Eurico

Vitral Amaro. TST-E-ED-RR-20-26.2014.5.08.0107, SBDI-I, rel. Min. José Roberto Freire Pimenta, 12.4.2018 (TST. Info nº 176).

Trabalho em minas de subsolo. Tempo de deslocamento da boca da mina ao local de trabalho e vice-versa. Cômputo para efeito de concessão de intervalo intrajornada. Impossibilidade.

O período de deslocamento do mineiro entre a boca da mina e a frente de lavra não deve ser computado para efeito de concessão de intervalo intrajornada, pois o labor em minas de subsolo não se submete ao sistema geral de duração do trabalho, conforme excepciona o art. 57, parte final, da CLT. Ao promover o disciplinamento especial do trabalho dos mineiros (arts. 293 a 301 da CLT), o legislador adotou explicitamente tratamento diferenciado entre o tempo de "trabalho efetivo" para efeito de jornada normal e o tempo de deslocamento, dispondo que este último é computado apenas para efeito de pagamento do salário (arts. 293 e 294). Assim, na hipótese em que o empregado em mina de subsolo presta jornada efetiva de seis horas diárias, ainda que perceba 65 minutos de remuneração pelo deslocamento, não tem direito ao cômputo deste tempo para beneficiar-se do intervalo intrajornada do art. 71 da CLT, inaplicável em virtude da norma especial do art. 298 da CLT — que prevê um intervalo intrajornada mais benéfico, de 15 minutos a cada três horas de labor, computado "na duração normal de trabalho efetivo". De outra sorte, no caso concreto há registro de cláusula de acordo coletivo que se revela vantajosa para os empregados, pois, ao regular o direito previsto no art. 294 da CLT, garantiu a percepção de um adicional de 70% para os 65 minutos de deslocamento da boca da mina até a frente de lavra. Sob esses fundamentos, a SBDI-I, à unanimidade, conheceu dos embargos, por divergência jurisprudencial, e, no mérito, pelo voto prevalente da Presidência, negou-lhes provimento. Vencidos os Ministros Augusto César Leite de Carvalho, relator, Brito Pereira, Emmanoel Pereira, Márcio Eurico Vitral Amaro, José Roberto Freire Pimenta, Hugo Carlos Scheuermann e Cláudio Mascarenhas Brandão, os quais reconheciam o tempo gasto da boca da mina até o local de trabalho como tempo à disposição do empregador, razão pela qual julgavam procedente o pedido de horas extras decorrente do intervalo intrajornada não usufruído, fazendo incidir a Súmula nº 437, IV, do TST. TST-E-RR-505-29.2010.5.20.0011, SBDI-I, rel. Min. Augusto César Leite de Carvalho, red. p/ acórdão Min. João Oreste Dalazen, 21.9.2017 (TST. Info nº 165).

Intervalo intrajornada. Redução. Art. 71, § 3º, da CLT. Prova da publicação da portaria de autorização do Ministério do Trabalho. Desnecessidade.

Preenchidos os requisitos do art. 71, § 3º, da CLT (refeitório adequado, ausência de prorrogação de jornada e ato do Ministério do Trabalho), é válida a redução do intervalo intrajornada pelo empregador, não havendo necessidade de comprovar nos autos a publicação oficial da portaria do Ministério do Trabalho que autorizou a referida redução. Trata-se de ato administrativo dotado de presunção de veracidade e legitimidade, de modo que a simples ausência de prova de publicação não tem o condão de obstar a validade da redução do intervalo intrajornada. Sob esse fundamento, a SBDI-I, à unanimidade, conheceu do recurso de embargos da empresa reclamada, por divergência jurisprudencial, e, no mérito, por maioria, deu-lhe provimento para restabelecer o acórdão do Regional na parte em que manteve a improcedência do pedido de pagamento do intervalo intrajornada suprimido. Vencido o Ministro José Roberto Freire Pimenta. TST-E-ARR-42–19.2014.5.12.0028 , SBDI-I, rel. Min. Augusto César Leite de Carvalho, 31.8.2017 (TST. Info nº 163).

Pré-contratação de horas extras. Radialista no setor de produção. Aplicação da ratio decidendi da Súmula nº 199 do TST. Possibilidade.

É possível a aplicação da *ratio decidendi* da Súmula nº 199 do TST aos radialistas que trabalham no setor de produção. Muito embora as jornadas desses profissionais e dos bancários sejam reguladas por normas distintas (arts. 18, II, da Lei 6.615/78 e 224 da CLT, respectivamente), é certo que ambas as leis fixaram a jornada especial de seis horas, em face do maior desgaste produzido pelo tipo de atividade desenvolvida. A prestação de horas extras, nos dois casos, portanto, deve ocorrer apenas em situações excepcionais, conforme preconizam os arts. 18, parágrafo único, da Lei 6.615/78 e 225 da CLT, não se admitindo a celebração de contrato de prorrogação de jornada no momento da contratação. Desse modo, assim como ocorre com os bancários, é nula a pré-contratação de horas extras em relação aos referidos radialistas, gerando os efeitos a que alude a Súmula nº 199 do TST. Sob esses fundamentos, a SBDI-I decidiu, por maioria, conhecer dos embargos, por divergência jurisprudencial, vencidos, totalmente, os Ministros Renato de Lacerda Paiva, Guilherme Augusto Caputo Bastos e Cláudio Mascarenhas Brandão, que não conheciam dos embargos, e, parcialmente, o Ministro João Oreste Dalazen, que deles conhecia por contrariedade à Súmula nº 199 do TST. No mérito, ainda por maioria, a Subseção negou provimento ao recurso, vencido o Ministro Aloysio Corrêa da Veiga. TST-E-RR-179800-44.2007.5.02.0201, SBDI-I, rel. Min. Augusto César Leite de Carvalho, 8.6.2017 (TST. Info nº 160).

Jornada reduzida. Art. 227 da CLT. Incidência restrita ao exercício de atividades exclusivas ou absolutamente preponderantes de telefonista.

A atual jurisprudência do TST tem se conduzido no sentido de que a jornada reduzida prevista no art. 227 da CLT não se aplica aos trabalhadores que acumulam funções de telefonista com outras atribuições, uma vez que a finalidade da lei é minimizar o desgaste físico e mental daquele que desenvolve de forma exclusiva ou absolutamente preponderante as atividades de telefonista. No caso, restou consignado que, durante a jornada de trabalho, havia interrupções das atividades de digitação e do uso do telefone em razão de outras tarefas próprias de suporte à equipe de técnicos, uma das funções da reclamante, o que descaracteriza a situação especial que a lei visou privilegiar. Sob esses fundamentos, a SBDI-I, por unanimidade, conheceu dos embargos, por divergência jurisprudencial e, no mérito, por maioria, deu-lhes provimento para restabelecer o acórdão do TRT, que julgara improcedente a reclamação trabalhista. Vencidos os Ministros José Roberto Freire Pimenta e Emmanoel Pereira. TST-E-RR-393-08.2012.5.24.0002, SBDI-I, rel. Min. Renato de Lacerda Paiva, 4.5.2017 (TST. Info nº 158).

Motorista de caminhão. Pernoite no veículo. Sobreaviso ou tempo à disposição do empregador. Não caracterização.

O pernoite de motorista no interior de caminhão, por contingência das condições de trabalho e sem expectativa de convocação, não configura tempo de sobreaviso ou à disposição do empregador. No caso, não houve prova de que o empregado permanecia no caminhão aguardando chamado para o trabalho. Assim, a SBDI-I, por unanimidade, conheceu do recurso de embargos, por divergência jurisprudencial, e, no mérito, negou-lhe provimento, mantendo decisão do Regional que não reconhecera o direito às horas de sobreaviso a motorista de longas distâncias que dormia na boleia do caminhão. TST-E-RR-196-39.2013.5.09.0195, SBDI-I, rel. Min. Renato de Lacerda Paiva, 4.5.2017 (TST. Info nº 158).

Horas extras. Motorista. Rastreamento de veículo por satélite. Controle indireto da jornada de trabalho. Inaplicabilidade do art. 62, I, da CLT.

A adoção, pelo empregador, de recursos tecnológicos de rastreamento de veículo por satélite, para garantir a segurança ininterrupta da carga transportada, possibilita o controle indireto da jornada desempenhada pelo empregado motorista, razão pela qual não há falar em aplicação do art. 62, I, da CLT. O direito ao pagamento de horas extraordinárias não subsiste apenas nas hipóteses em que seja absolutamente impossível fiscalizar os horários cumpridos pelo empregado. Sob esse entendimento, a SBDI-I, por unanimidade, conheceu do recurso de embargos, por divergência jurisprudencial, e, no mérito, por maioria, negou-lhe provimento. Vencidos os Ministros Walmir Oliveira da Costa, Ives Gandra Martins Filho, Guilherme Augusto Caputo Bastos e Márcio Eurico Vitral Amaro TST-E-RR-45900-29.2011.5.17.0161, SBDI-I, rel. Min. Cláudio Mascarenhas Brandão, 23.2.2017 (TST. Info nº 153).

Caixa bancário. Intervalo do digitador. Art. 72 da CLT. Previsão em regulamento interno e em termo de ajustamento de conduta. Devido.

O caixa bancário tem direito ao intervalo do digitador a que se refere o art. 72 da CLT na hipótese em que há norma regulamentar e termo de ajustamento de conduta firmado com o Ministério Público do Trabalho garantindo o intervalo de 10 minutos a cada 50 minutos trabalhados, sem fixar o requisito da exclusividade no exercício da atividade de digitação. Sob esse entendimento, a SBDI-I, por unanimidade, conheceu dos embargos, por divergência jurisprudencial, e, no mérito, deu-lhes provimento para, reformando o acórdão recorrido, restabelecer o acórdão do Regional na parte em que condenou a reclamada ao pagamento de horas extras decorrentes da não concessão do intervalo de 10 minutos a cada 50 minutos trabalhados. TST-E-ED-RR-1268-95.2011.5.04.0025, SBDI-I, rel. Min. Augusto César Leite de Carvalho, 9.3.2017 (*Ver Informativo TST nº 152) (TST. Info nº 154).

Caixa bancário. Intervalo do digitador. Indevido.

O caixa bancário não tem direito ao intervalo do digitador previsto no art. 72 da CLT, na NR 17 e nas normas coletivas da categoria, porquanto não desenvolve atividade preponderantemente de digitação. Com esses fundamentos, a SBDI-I, por unanimidade, conheceu do recurso de embargos, por divergência jurisprudencial, e, no mérito, por maioria, deu-lhe provimento para, reformando a decisão embargada, restabelecer o acórdão do Regional que indeferiu o pagamento dos 10 minutos de intervalo para cada 50 minutos trabalhados. Vencidos os Ministros Cláudio Mascarenhas Brandão, Augusto César Leite de Carvalho, José Roberto Freire Pimenta e Hugo Carlos Scheuermann. TST-E-RR-100499-71.2013.5.17.0152, SBDI-I, rel. Min. Alexandre de Agra Belmonte, 9.2.2017 (TST. Info nº 152).

Horas extras. Concessão de dois períodos de intervalo para café. Acréscimo ao final da jornada. Tempo à disposição do empregador. Aplicação da Súmula nº 118 do TST.

Os dois intervalos de dez minutos cada, concedidos como pausa para café, não integram o intervalo intrajornada de uma hora e, sendo acrescidos ao final da jornada, configuram tempo à disposição do empregador. Incidência da Súmula nº 118 do TST. Na espécie, o empregado cumpria jornada de 6:00h às 15:20h, de segunda a sexta, com uma hora de intervalo para almoço e duas pausas de dez minutos. Assim, a SBDI-I, por unanimidade, conheceu do recurso de embargos, por divergência jurisprudencial, e, no mérito, deu-lhe provimento para restabelecer o acórdão do Regional, o qual manteve a sentença que reconheceu o direito ao cômputo dos dois intervalos para café na jornada de trabalho, sob o fundamento de que as pausas não previstas em lei representam tempo à disposição e devem ser acrescidas à jornada para serem consideradas na contagem das horas extras, a teor da Súmula nº 118 do TST. TST-E-ED-RR-2034-49.2012.5.15.0077, SBDI-I, rel. Min. Hugo Carlos Scheuermann, 2.2.2017 (TST. Info nº 151).

Incidente de Recursos de Revista Repetitivos. "Tema nº 0001 – Bancário. Salário-hora. Divisor. Forma de cálculo. Empregado mensalista". Modulação de efeitos. Proclamação do resultado. Encaminhamento da matéria ao Tribunal Pleno para modificação da Súmula nº 124 do TST.

A SBDI-I, por maioria, definiu as seguintes teses jurídicas para o Tema Repetitivo Nº 0001 – BANCÁRIO. SALÁRIO-HORA. DIVISOR. FORMA DE CÁLCULO. EMPREGADO MENSALISTA: 1. O número de dias de repouso semanal remunerado pode ser ampliado por convenção ou acordo coletivo de trabalho, como decorrência do exercício da autonomia sindical; 2. As convenções coletivas dos bancários não deram ao sábado a natureza de repouso semanal remunerado; 3. O divisor corresponde ao número de horas remuneradas pelo salário mensal, independentemente de serem trabalhadas ou não; 4. O divisor aplicável para cálculo das horas extras do bancário, inclusive para os submetidos à jornada de oito horas, é definido com base na regra geral prevista no art. 64 da CLT (resultado da multiplicação por 30 da jornada normal de trabalho), sendo 180 e 220, para a jornada normal de seis e oito horas, respectivamente; 5. A inclusão do sábado como dia de repouso semanal remunerado não altera o divisor, em virtude de não haver redução do número de horas semanais, trabalhadas e de repouso; 6. O número de semanas do mês é 4,2857, resultante da divisão de 30 (dias do mês) por 7 (dias da semana), não sendo válida, para efeito de definição do divisor, a multiplicação da duração semanal por 5; 7. Em caso de redução da duração semanal do trabalho, o divisor é obtido na forma prevista na Súmula nº 431 (multiplicação por 30 do resultado da divisão do número de horas trabalhadas por semana pelos dias úteis). Vencidos, quanto à tese nº 2, os Ministros Cláudio Mascarenhas Brandão, relator, Emmanoel Pereira, Augusto César Leite de Carvalho, Aloysio Corrêa da Veiga, José Roberto Freire Pimenta, Hugo Carlos Scheuermann e Alexandre Agra Belmonte. Ainda por maioria, decidiu a Subseção modular os efeitos da decisão, a fim de definir que a nova orientação não alcança estritamente decisão de mérito sobre divisor emanada de Turma do TST ou da SBDI-I, proferida no período de 27.09.2012 (DEJT em que se publicou a nova redação da Súmula nº 124, mediante acréscimo do atual item I) até a data de 21.11.2016. Vencidos, neste tópico, os Ministros Márcio Eurico Vitral Amaro, Augusto César Leite de Carvalho e Ives Gandra Martins filho, que não modulavam a decisão, e, parcialmente, os Ministros Brito Pereira, José Roberto Freire Pimenta e Hugo Carlos Scheuermann. Por fim, pelo voto prevalente da Presidência, a SBDI-I decidiu proclamar o resultado e remeter a matéria ao Tribunal Pleno, ouvida a Comissão de Jurisprudência e de Precedentes Normativos, para deliberar acerca da modificação da redação da Súmula nº 124 do TST. Vencidos os Ministros Cláudio Mascarenhas Brandão, relator, Renato de Lacerda Paiva, Augusto César Leite de Carvalho, Aloysio Corrêa da Veiga, José Roberto Freire Pimenta, Hugo Carlos Scheuermann e Alexandre

Agra Belmonte. TST-IRR-849-83.2013.5.03.0138, SBDI-I, rel. Min. Cláudio Mascarenhas Brandão, 21.11.2016 (TST. Info nº 149).

Cargo de confiança. Art. 62, II, da CLT. Repouso semanal remunerado e feriados. Não concessão. Pagamento em dobro. Incidência da Súmula nº 146 do TST.

O empregado exercente de cargo de gestão, inserido no art. 62, II, da CLT, tem direito ao gozo do repouso semanal e à folga referente aos feriados com a remuneração correspondente. Assim, caso não usufrua esse direito ou não tenha a oportunidade de compensar a folga na semana seguinte, o empregador deve pagar, em dobro, a remuneração dos dias laborados, nos termos da Súmula nº 146 do TST. O objetivo do art. 62, II, da CLT é excluir a obrigação de o empregador remunerar, como extraordinário, o trabalho prestado pelos ocupantes de cargo de confiança, mas isso não retira do empregado o direito constitucionalmente assegurado ao repouso semanal remunerado, previsto no art. 7º, XV, da CF. Sob esse entendimento, a SBDI-I, por unanimidade, conheceu do recurso de embargos, por divergência jurisprudencial, e, no mérito, negou-lhe provimento. TST-E-RR-3453300-61.2008.5.09.0013, SBDI-I, rel. Min. José Roberto Freire Pimenta, 17.11.2016 (TST. Info nº 149).

Regime de trabalho 5X1. Descanso semanal remunerado. Coincidência com o domingo a cada sete semanas. Impossibilidade. Art. 6º, parágrafo único, da Lei nº 10.101/2000. Pagamento em dobro do domingo trabalho. Incidência da Súmula nº 146 do TST.

O direito ao repouso semanal remunerado está disciplinado pelos arts. 7º, XV, da CF, 67 da CLT e 1º da Lei nº 605/49. A conjugação de tais normas leva a conclusão de que a correspondência do referido descanso com o domingo deve ser perseguida pelo empregador, recaindo em outro dia da semana apenas excepcionalmente. De outro lado, o parágrafo único do art. 6º da Lei nº 10.101/2000, aplicado analogicamente à espécie, exige a coincidência com o domingo ao menos uma vez no período de três semanas. Assim, nos termos da Súmula nº 146 do TST, é devido o pagamento em dobro do domingo trabalhado no regime de cinco dias de trabalho por um dia de descanso (5x1), pois, neste caso, o descanso dominical ocorre apenas uma vez a cada sete semanas. Sob esse entendimento, a SBDI-I, por unanimidade, conheceu do recurso de embargos da reclamada, por divergência jurisprudencial, e, no mérito, por maioria, negou-lhe provimento. Vencidos os Ministros João Oreste Dalazen, Brito Pereira e Aloysio Corrêa da Veiga. TST-E-ED-ED-RR-90300-68.2008.5.09.0093, SBDI-I, rel. Min. Cláudio Mascarenhas Brandão, 22.9.2016 (TST. Info nº 145).

Intervalo intrajornada. Supressão parcial. Pedido que se refere ao "pagamento das horas laboradas nos períodos para descanso e alimentação intrajornada". Pagamento de todo o período correspondente ao intervalo. Súmula nº 437, I, do TST. Julgamento ultra petita. Não configuração. Invocação do art. 71, § 4º, da CLT.

Na hipótese em que a reclamante alega que gozou apenas trinta minutos de intervalo intrajornada e postula na inicial "pagamento das horas laboradas nos períodos para descanso e alimentação intrajornada (art. 71, § 4º, da CLT) com adicional de 50% e reflexos", não configura julgamento ultra petita o deferimento do pagamento de todo o período correspondente ao intervalo, e não apenas daquele suprimido (Súmula nº 437, I, do TST). No caso, prevaleceu o entendimento de que, embora o pedido mencione o pagamento das horas laboradas, o artigo da CLT invocado refere-se à remuneração devida no caso de descumprimento do intervalo intrajornada. Assim, a SBDI-I, por unanimidade, conheceu dos embargos, por divergência jurisprudencial, e, no mérito, por maioria, negou-lhes provimento. Vencidos os Ministros Márcio Eurico Vitral Amaro, relator, João Oreste Dalazen, Brito Pereira, Aloysio Corrêa da Veiga e Guilherme Augusto Caputo Bastos. TST-E-ED-RR-182400-68.2009.5.12.0046, SBDI-I, rel. Min. Márcio Eurico Vitral Amaro, red. p/ acórdão Min. Hugo Carlos Scheuermann, 10.12.2015 (TST. Info nº 126).

Horas extraordinárias. Contratação após admissão. Súmula 199, I, do TST. Não contrariedade.

Não contraria o item I da Súmula 199 do TST, o reconhecimento de pré-contratação de horas extras nas hipóteses em que o ajuste tenha ocorrido poucos meses após a admissão do empregado se, conforme consignado no acórdão regional, o pagamento das horas extras pré-contratadas era, na verdade, mera contraprestação pelo serviço prestado pela reclamante, e que, ainda, a prorrogação de jornada foi uma constante no curso do contrato, sem que, contudo, nenhuma justificativa tenha sido apresentada para a permanente necessidade de elastecimento de trabalho, o que levou o Tribunal Regional do Trabalho da 9ª

Região, inclusive, à conclusão de que a intenção do empregador era burlar a aplicação da referida súmula. Sob esses fundamentos, a SBDI-1, por maioria, não conheceu do recurso de embargos. Vencidos os Ministros Marcio Eurico Vitral Amaro, relator e Ives Gandra Martins Filho. TST-E-ED-RR 286-82.2010.5.09.0088, SBDI-1, rel. Min. Márcio Eurico Vitral Amaro, red. p/ acórdão Min. José Roberto Freire Pimenta, 1º.10.2015 (TST. Info nº 119).

Cartões de ponto sem assinatura. Validade.

A assinatura do empregado não é elemento essencial para a validade formal dos cartões de ponto. O art. 74, § 2º, da CLT não traz qualquer exigência no sentido de que os controles de frequência devam contar com a assinatura do trabalhador para serem reputados válidos. Ademais, no caso concreto, os horários consignados nos espelhos de ponto sem assinatura se assemelham àqueles consignados nos documentos assinados trazidos à colação pela reclamada e que contam com a chancela do reclamante, não havendo nos autos qualquer elemento que aponte para existência de fraude a justificar a declaração de invalidade dos referidos registros de ponto. Com esse entendimento, a SBDI-I, por maioria, conheceu dos embargos interpostos pela reclamada, no tópico, por divergência jurisprudencial, e, no mérito, deu-lhes provimento para restabelecer a decisão do Regional que, ao validar os espelhos de ponto não assinados pelo reclamante, indeferiu o pedido de pagamento de horas extras diante da ausência de prova do labor extraordinário. Vencido o Ministro Alexandre Agra Belmonte, relator. TST-E-ED-RR-893-14.2011.5.05.0463, SBDI-I, rel. Min. Alexandre Agra Belmonte, red. p/ acórdão Min. Renato de Lacerda Paiva, 16.10.2014 (TST. Info nº 92).

Bancário. Norma coletiva que prevê a repercussão das horas extras habituais no sábado.

Alteração da natureza jurídica de dia útil não trabalhado para dia de repouso semanal remunerado. Não configuração. Incidência do divisor 220. Ausência de contrariedade à Súmula nº 124, I, “b”, do TST. A mera previsão, em norma coletiva, de repercussão de horas extras habituais na remuneração do sábado do bancário não importa reconhecê-lo como mais um dia de repouso semanal remunerado. No caso concreto, existia disposição convencional determinando que as horas extras refletissem em sábados, domingos e feriados, mas sem afirmar, expressamente, que o sábado fosse considerado dia de descanso semanal remunerado. Desse modo, reconhecendo-se a natureza jurídica de dia útil não trabalhado do sábado e encontrando-se o reclamante submetido à jornada de oito horas, mostra-se correta a utilização do divisor 220 no cálculo das horas extras. Nesse contexto, a SBDI-I, afastando a alegada contrariedade à Súmula 124, I, “b”, do TST, decidiu, pelo voto prevalente da Presidência, não conhecer do recurso de embargos. Vencidos os Ministros Alexandre Agra Belmonte, relator, Aloysio Corrêa da Veiga, Luiz Philippe Vieira de Mello Filho, Augusto César Leite de Carvalho, José Roberto Freire Pimenta e Hugo Carlos Scheuermann. TST-E-RR-692-29.2012.5.02.0444, SBDI-I, rel. Min. Alexandre Agra Belmonte, red. p/ acórdão Min. João Oreste Dalazen, 25.9.2014 (TST. Info nº 90).

Horas extras. Pagamento desvinculado da prestação de serviço suplementar. Fraude. Discussão que não envolve a pré-contratação de horas extras. Súmula nº 199, I, do TST. Não incidência.

Não contraria a Súmula nº 199, I, do TST, a decisão que, entendendo caracterizada fraude à legislação trabalhista, nos termos do art. 9º da CLT, reconhece a natureza salarial de parcela paga sob a rubrica de horas extras, recebida em valores fixos, inclusive sobre período relativo às férias, ou seja, sem vinculação com labor suplementar. Ademais, ainda que a decisão recorrida tenha consignado que, embora não houvesse prova de que existiu pagamento desde o início do contrato, tal fato não obstaria o reconhecimento da pré-contratação, em razão da flagrante intenção do empregador de burlar a aplicação da Súmula nº 199 do TST, a condenação do reclamado se deu fundamentalmente em razão do reconhecimento do cunho salarial da parcela em questão, o que não envolve pré-contratação de horas extras. Com esses fundamentos, a SBDI-I, em sua composição plena, decidiu, por maioria, conhecer dos embargos interpostos pelo reclamante, por divergência jurisprudencial e por contrariedade à Sumula nº 199 do TST e, no mérito, dar-lhes provimento para, no tema, restabelecer a decisão proferida pelo Regional. Vencidos os Ministros Brito Pereira, relator, João Oreste Dalazen, Maria Cristina Peduzzi e Renato de Lacerda Paiva, que não conheciam do recurso, entendendo acertada a decisão turmária que reputara contrariada a Súmula nº199 do TST, uma vez que o Tribunal de origem assentou que não havia prova nos autos de que a percepção da parcela deu-se desde a admissão. TST-E-ED-RR-1658400-44.2003.5.09.0006, SBDI-I, rel. Min. Brito Pereira, red. p/acórdão Min. Lélio Bentes Corrêa, 21.8.14 (TST. Info nº 87).

Regime de sobreaviso e prontidão. Art. 244, §§ 2º e 3º, da CLT. Horas excedentes ao limite máximo estabelecido em lei. Pagamento como horas extraordinárias. Impossibilidade. Ausência de previsão.

Não há previsão legal para o pagamento, como extraordinárias, das horas de sobreaviso e de prontidão que excedam os limites previstos no art. 244, §§ 2º e 3º, da CLT, de modo que, havendo o descumprimento da duração máxima estabelecida em lei, o empregador se sujeita tão somente a sanções administrativas, na forma do art. 626 e seguintes da CLT. Com esse entendimento, a SBDI-I, em sua composição plena, decidiu, por unanimidade, conhecer dos embargos interpostos pelo reclamante e, no mérito, pelo voto prevalente da Presidência, negar-lhes provimento. Vencidos os Ministros Augusto César Leite de Carvalho, relator, Lelio Bentes Corrêa, Luiz Philippe Vieira de Mello Filho, Márcio Eurico Vitral Amaro, José Roberto Freira Pimenta, Hugo Carlos Scheuermann e Alexandre Agra Belmonte, que proviam os embargos para restabelecer o acórdão do Regional ao fundamento de que a extrapolação da jornada máxima das escalas de sobreaviso e de prontidão deve ser remunerada como serviço extraordinário, incidindo o respectivo adicional, porquanto o empregado, ainda que esteja apenas aguardando ordens, mantém a sua energia de trabalho à disposição do empregador. TST-E-ED-RR-172440-31.2004.5.18.0003, SBDI-I, rel. Min. Augusto César Leite de Carvalho, red. p/ acórdão Min. Maria Cristina Irigoyen Peduzzi, 21.8.2014 (TST. Info nº 87).

Férias não gozadas. Licença remunerada superior a trinta dias. Terço constitucional. Devido. Art. 133, II, da CLT e art. 7º, XVII, da CF.

É devido o pagamento do terço constitucional relativo às férias, que deixarem de ser usufruídas em razão da concessão de licença remunerada superior a trinta dias decorrente de paralisação das atividades da empresa, por ser direito do trabalhador, previsto no art. 7º, XVII, da CF. O art. 133, II, da CLT, ao prescrever que não terá direito a férias o empregado que, no curso do período aquisitivo, desfrutar de mais de trinta dias de licença remunerada, teve por objetivo evitar a duplicidade de gozo de férias no mesmo período aquisitivo, sem, contudo, retirar o direito ao terço constitucional. Com esse entendimento, a SBDI-I, por unanimidade, conheceu dos embargos interpostos pelo reclamante, por divergência jurisprudencial, e, no mérito, deu-lhes provimento para restabelecer o acórdão do Regional, que reformara a sentença para acrescer à condenação o pagamento do terço constitucional referente às férias do período aquisitivo compreendido entre 2.2.2001 e 1.2.2002. TST-E-ED-RR-175700-12.2002.5.02.0463, SBDI-I, rel. Min. João Oreste Dalazen, 29.5.2014 (TST. Info nº 84).

Banco do Brasil S.A. Analista Pleno e Assessor Pleno UE. Ausência de fidúcia. Horas extras devidas. Compensação com a gratificação de função indevida. Súmula nº 109 do TST. Inaplicabilidade da Orientação Jurisprudencial Transitória nº 70 da SBDI-I.

Descaracterizado pelo Tribunal Regional o exercício da função de confiança a que alude o art. 224, § 2º, da CLT, porque reconhecida que a percepção da gratificação, nos períodos em que o Reclamante exerceu as funções de Analista Pleno e de Assessor Pleno UE no Banco do Brasil S.A., visava remunerar a maior responsabilidade do cargo, a determinação de compensação das horas extraordinárias devidas (7ª e 8ª) com o valor da gratificação de função percebida contraria a Súmula nº 109 do TST. Ademais, não há falar em incidência da Orientação Jurisprudencial Transitória nº 70 da SBDI-I ao caso concreto, pois além de ser específica para a Caixa Econômica Federal – CEF, aos empregados do Banco do Brasil não foi dada a opção entre a jornada de 6 ou de 8 horas de trabalho para a mesma função. Com esse entendimento, a SBDI-I, por maioria, conheceu dos embargos interpostos pelo reclamante, por divergência jurisprudencial, e, no mérito, deu-lhes provimento para restabelecer a sentença de primeiro grau, que afastou a compensação. Vencido o Ministro Brito Pereira, relator, que não conhecia do recurso. TST-E-ED-ED-RR-25-27.2010.5.10.0012, SBDI-I, rel. Min. Brito Pereira, red. p/ acórdão Min. Luiz Philippe Vieira de Mello Filho, 27.2.2014 (TST. Info nº 74).

Empresa Brasileira de Correios e Telégrafos – ECT. Automação de serviços. Aproveitamento do empregado em função diversa, com acréscimo da jornada de trabalho. Licitude. Pagamento do período acrescido de forma simples, sem o adicional.

O aproveitamento de empregado da Empresa Brasileira de Correios e Telégrafos – ECT sujeito à jornada reduzida do art. 227 da CLT em outra função com carga horária maior, e com o objetivo de lhe preservar o emprego frente à automação de serviços (substituição das antigas máquinas de Telex por computadores) é lícito, devendo o período acrescido ser pago de forma simples, sem o adicional de horas extras. Com esse posicionamento, a SBDI-I decidiu, por unanimidade, conhecer dos embargos do reclamante, por divergência jurisprudencial, e, no mérito, por maioria, dar-lhes provimento parcial para determinar o pagamento das

7ª e 8ª horas de forma simples, sem o adicional, com reflexos nas demais parcelas de natureza salarial. Vencidos, parcialmente, os Ministros Horácio Raymundo de Senna Pires, relator, João Oreste Dalazen, José Roberto Freire Pimenta e Delaíde Miranda Arantes, que davam provimento integral ao recurso, e, totalmente, os Ministros Maria Cristina Peduzzi, Ives Gandra Martins Filho, Brito Pereira, Renato de Lacerda Paiva, Aloysio Corrêa da Veiga e Dora Maria da Costa, que negavam provimento aos embargos. TST-E--RR-280800-51.2004.5.07.0008, SBDI-I, rel. Min. Horácio Raymundo de Senna Pires, red. p/ acórdão Min. Lelio Bentes Corrêa, 13.2.2014 (TST. Info nº 72).

Empregado rural. Atividade de corte de cana-de-açúcar. Pausa para descanso. Obrigatoriedade. Norma Regulamentar nº 31 do Ministério do Trabalho e Emprego. Aplicação analógica do art. 72 da CLT. Possibilidade.

Aos empregados rurais que trabalham no corte de cana-de-açúcar aplica-se, por analogia, o disposto no art. 72 da CLT, que garante um intervalo de dez minutos a cada período de noventa minutos de trabalho consecutivo nos serviços permanentes de mecanografia. Isso porque a Norma Regulamentar nº 31 do Ministério do Trabalho e Emprego, apesar de estabelecer a obrigatoriedade de concessão de pausas para descanso aos trabalhadores rurais que realizem atividades em pé ou submetam-se à sobrecarga muscular, não especifica as condições ou o tempo de duração dos períodos de repouso. Com base nesse entendimento, a SBDI-I, por unanimidade, conheceu dos embargos do reclamante, por divergência jurisprudencial, e, no mérito, deu--lhes provimento para acrescer à condenação o pagamento de 10 minutos a cada 90 minutos de trabalho como extras, com acréscimo de 50% sobre o valor da remuneração da hora normal de trabalho, com os reflexos postulados nas prestações contratuais vinculadas ao salário. TST-E-RR-912-26.2010.5.15.0156, SBDI-I, rel. Min. João Oreste Dalazen, 5.12.2013 (TST. Info nº 69).

CEF. Invalidade da opção do empregado pela jornada de oito horas. Compensação. Base de cálculo das horas extras.

A base de cálculo para o cômputo das horas extras decorrentes do reconhecimento da ineficácia da opção do empregado da Caixa Econômica Federal – CEF pela jornada de oito horas constante do Plano de Cargos em Comissão deverá ser a jornada de oito horas. Isso porque, conforme assentado no acórdão recorrido, se fosse levada em consideração a jornada de seis horas haveria uma dupla redução salarial para o empregado. A primeira, decorrente de autorização judicial para a compensação das gratificações, prevista na parte final da Orientação Jurisprudencial Transitória nº 70 da SBDI-I, e, a segunda, derivada da remuneração efetivamente percebida quando do trabalho na jornada de oito horas, o que acarretaria o enriquecimento ilícito da CEF e um possível débito para o reclamante no momento da compensação. Com esse entendimento, a SBDI-I, por unanimidade, conheceu dos embargos da reclamada, por divergência jurisprudencial, e, no mérito, negou-lhes provimento. TST-E-RR-978-87.2011.5.10.0001, SBDI-I, rel. Min. Delaíde Miranda Arantes, 17.10.2013 (TST. Info nº 63).

Bancário. Acordo individual de prorrogação da jornada. Pactuação no penúltimo dia do mês da admissão. Pré-contratação de horas extras. Configuração. Súmula nº 199, I, do TST.

Firmado acordo individual de prorrogação da jornada no penúltimo dia do mês de admissão, mas comprovada a prestação de horas suplementares pelo bancário desde o primeiro dia de trabalho, e não apenas após a pactuação, resta configurada a pré-contratação de horas extras, nos termos do item I da Súmula nº 199 do TST. Com esse entendimento e invocando o princípio da primazia da realidade, decidiu a SBDI-I, por maioria, conhecer do recurso de Embargos da reclamante, por divergência jurisprudencial, e, no mérito, dar-lhe provimento para restabelecer a decisão do TRT na parte em que manteve a condenação ao pagamento de horas extras e reflexos a partir da 6ª hora diária e da 30ª hora semanal. Vencido o Ministro Antônio José de Barros Levenhagen, que não conhecia do recurso. TST-E-ED-ED-RR-90100-92.2007.5.15.0137, SBDI-I, rel. Min. Brito Pereira, 12.9.2013 (TST. Info nº 59).

Bancário. Pagamento de "horas extras" e "RSR s/ horas extras" de forma regular, em valor fixo e sem vinculação com a efetiva prestação de trabalho suplementar. Salário dissimulado. Parte final da Súmula nº 199, I, do TST. Não incidência.

O pagamento de parcelas sob a rubrica de "horas extras" e "RSR sem horas extras" de forma habitual e em valores fixos independentemente da efetiva prestação de serviços extraordinários caracteriza o salário dissimulado, visando impedir que as referidas verbas integrem a remuneração do empregado e causando flagrante prejuízo patrimonial, o que é vedado pelo art. 9º da CLT. Com esse entendimento, a SBDI-I, por maioria, conheceu dos embargos do reclamante, por divergência jurisprudencial, e, no mérito, deu-lhes provimento para restabelecer o acórdão do Regional que condenou o banco reclamado ao pagamento das diferenças salariais decorrentes da integração ao salário dos valores relativos às horas extras, assim como os respectivos reflexos. Na espécie, mesmo com a previsão de prorrogação do horário de trabalho em acordo firmado quase dois anos após a contratação, não se considerou como hipótese de incidência da parte final do inciso I da Súmula nº 199 do TST, tendo em vista que a prorrogação de jornada autorizada pelo art. 225 da CLT pressupõe a necessidade transitória de mão de obra e não o pagamento de horas extras em valor fixo e habitual, sem a efetiva contraprestação. Vencidos os Ministros Dora Maria da Costa, Ives Gandra da Silva Martins Filho, Renato de Lacerda Paiva e Aloysio Corrêa da Veiga. TST-E-RR-44600-19.2009.5.04.0305, SBDI--I, rel. Min. Alberto Luiz Bresciani de Fontan Pereira 29.8.2013 (TST. Info nº 57).

Bancário. Tesoureiro de retaguarda. Cargo de confiança. Não configuração. Inaplicabilidade do art. 224, § 2º, da CLT.

Ao entendimento de que as atribuições exercidas por bancário ocupante do cargo de tesoureiro de retaguarda não constituem fidúcia especial suficiente a autorizar o seu enquadramento na exceção do art. 224, § 2º, da CLT, a SBDI-I, em sua composição plena, por unanimidade, conheceu do recurso de embargos, por divergência jurisprudencial, e, no mérito, por maioria, deu-lhe provimento para deferir o pagamento das 7ª e 8ª horas como extras, acrescidas do adicional constitucional de 50%, com a aplicação do divisor 180 (Súmula nº 124 do TST) e de todo o complexo salarial na base de cálculo (Súmula nº 264 do TST) e repercussões em repouso semanal remunerado (incluindo-se sábados, domingos e feriados, por expressa previsão nas normas coletivas), FGTS, férias com 1/3 e 13º salários, conforme os termos da inicial. Na hipótese, entendeu a Subseção que as circunstâncias de a reclamante abastecer os caixas de autoatendimento e o cofre eletrônico, controlar numerário da agência e possuir uma das senhas do cofre não são suficientes para configurar cargo de confiança bancário, pois não tem autoridade de alçada para comprometer o patrimônio da entidade financeira, tampouco para flexibilizar a prestação de contas. Vencidos os Ministros Renato de Lacerda Paiva, relator, Antônio José de Barros Levenhagen, Brito Pereira e Dora Maria da Costa. TST-E--RR-676-45.2010.5.03.0015, SBDI-I, rel. Min. Renato de Lacerda Paiva, red. p/ acórdão Min. Aloysio Corrêa da Veiga, 23.5.2013 (TST. Info nº 48).

Bancário. Gerente geral de agência. Art. 62, II, da CLT. Intervalo intrajornada. Não concessão.

Horas extras. Indevidas. O bancário que exerce o cargo de gerente geral de agência, por estar enquadrado no art. 62, II, da CLT, não tem direito ao pagamento de horas extras decorrentes da não concessão ou da concessão parcial do intervalo intrajornada. Tal intervalo está previsto no Capítulo II do Título II da CLT (Da Duração do Trabalho), o qual, nos termos do "caput" do art. 62 da CLT, não se aplica aos empregados que exercem cargo de gestão, em razão da dificuldade ou da impossibilidade de controle de horário. Com esse entendimento, a SBDI-I, por unanimidade, conheceu dos embargos do banco reclamado, por divergência jurisprudencial, e, no mérito, deu-lhes provimento para excluir da condenação o pagamento das horas extras e reflexos decorrentes do intervalo intrajornada nos meses de setembro e outubro de 2003, período em que o reclamante exerceu o cargo de gerente geral de agência. TST-E-ED-RR-34300-85.2007.5.04.0331, SBDI-I, rel. Min. Dora Maria da Costa, 25.4.2013 (TST. Info nº 44).

Trabalho em dois turnos de oito horas. Avanço em horário noturno em razão do cumprimento do intervalo intrajornada. Contrariedade à Orientação Jurisprudencial nº 360 da SBDI-I. Configuração.

O trabalho realizado com alternância de horários em apenas dois turnos de oito horas, em que há o avanço no período noturno após as vinte e duas horas, decorrente do cumprimento do intervalo intrajornada legalmente assegurado, não descaracteriza o trabalho em regime de turnos ininterruptos de revezamento, de modo que ao trabalhador é assegurada a jornada especial de seis horas prevista no art. 7º, XIV, da CF. Com esse entendimento, a SBDI-I, por maioria, conheceu dos embargos do reclamante, por contrariedade à Orientação Jurisprudencial nº 360 da SBDI-I, e, no mérito, deu-lhes provimento para condenar a reclamada ao pagamento das horas extras decorrentes da caracterização do regime de turnos ininterruptos de revezamento. Vencidos os Ministros Ives Gandra Martins Filho, relator, Brito Pereira, Maria Cristina Irigoyen

Peduzzi, Renato de Lacerda Paiva e Dora Maria da Costa. TST-E-RR-59300-35.2004.5.02.0465, SBDI-I, rel. Min. Ives Gandra Martins Filho, red. p/ acórdão Min. Aloysio Corrêa da Veiga, 21.2.2013 (TST. Info nº 36).

Intervalo intrajornada. Redução. Horas extras. Norma coletiva. Percentual superior ao previsto no art. 71, § 4º, da CLT. Prevalência.

Havendo norma coletiva assegurando a remuneração das horas extras em percentual superior ao previsto no art. 71, § 4ª, da CLT, esse adicional deverá ser utilizado para o pagamento das horas suplementares decorrentes da redução do intervalo intrajornada, ainda que não consignado expressamente nos autos a porcentagem acordada. Nessa esteira, a SBDI-I, por maioria, vencidos os Ministros Maria Cristina Irigoyen Peduzzi, Brito Pereira, Horácio Raymundo de Senna Pires e os Desembargadores Convocados Sebastião Geraldo de Oliveira e Hugo Carlos Scheuermann, conheceu do recurso de embargos, no tópico, por violação do art. 896 da CLT, ante a má aplicação da Súmula nº 126 do TST e, no mérito, deu-lhe provimento para restabelecer a sentença em que fora determinado o cômputo da parcela devida pela redução do intervalo intrajornada com base no percentual previsto na norma coletiva para o cálculo das horas extras. Na espécie, a decisão turmária apontara o óbice da Súmula nº 126 do TST, uma vez que o TRT de origem, apesar de ter consignado a existência de percentual mais vantajoso em norma coletiva, não registrou expressamente esse valor. A Subseção, porém, entendeu que a matéria se restringe ao enquadramento jurídico da incidência, ou não, do percentual normativo em detrimento da previsão legal, razão pela qual, confirmada a existência de adicional mais vantajoso tanto pelo TRT quanto pela Turma, a ausência de registro da porcentagem estabelecida em instrumento coletivo não é dado imprescindível à solução da controvérsia TST-E-ED-RR-21300-73.2005.5.04.0012, SBDI-I, rel. Min. Augusto César Leite de Carvalho, 16.8.2012 (TST. Info nº 18).

12. QUESTÕES

12.1. Questões objetivas

01. (FCC – Procurador do Estado – AM / 2010) O horário noturno do empregado urbano é das:

(A) 20:00 às 4:00 horas.

(B) 20:00 às 5:00 horas.

(C) 20:00 às 6:00 horas.

(D) 21:00 às 5:00 horas.

(E) 22:00 às 5:00 horas.

02. (COPS – PROCURADOR DO ESTADO – PR/ 2011) A propósito da jornada de trabalho, é verdadeira a seguinte alternativa:

(A) configurado o turno ininterrupto de revezamento, é nula cláusula convencional afastando o direito ao pagamento da 7 e 8 horas como extras, por violação constitucional;

(B) as variações de horário no registro de ponto que excederem cinco minutos, observado o limite diário máximo de dez minutos, serão computados, pelo excedente, para fins de aferição da jornada de trabalho e de eventuais horas extras;

(C) o turno ininterrupto de revezamento gerador da jornada limitada a 06h00 é incompatível com o intervalo intrajornada;

(D) não se admite, na transferência do empregado do turno noturno para o turno diurno, a supressão do valor pago a título de adicional noturno, por gerar redução salarial;

(E) a concessão do repouso semanal remunerado após o sétimo dia consecutivo de trabalho é ilícita e impõe o seu pagamento em dobro.

03. (Procurador Judicial – Pref. Mun. Serra Negra/SP) De acordo com o artigo 59 da CLT, a duração normal do trabalho poderá ser acrescida de horas suplementares, mediante acordo escrito entre empregador e empregado, ou mediante contrato coletivo de trabalho, em número não excedente de:

(A) 4.

(B) 2.

(C) 1.

(D) 3.

04. (TRT 4 – Técnico Judiciário – Área Administrativa/2011) Gislene é empregada da empresa V. Ontem, ela laborou das 22:00hs às 06:00hs. Neste caso, em regra, de acordo com a Consolidação das Leis do Trabalho

(A) será devido o adicional noturno de 30% também quanto às horas extras feitas por Gislene, após às 04:00hs, em razão da prorrogação de sua jornada.

(B) será devido o adicional noturno de 30% também quanto à hora extra feita por Gislene, após às 05:00hs em razão da prorrogação de sua jornada.

(C) será devido o adicional noturno de 20%, também quanto à hora extra feita por Gislene, após às 05:00hs, em razão da prorrogação de sua jornada.

(D) não será devido o adicional noturno quanto às horas extras feitas por Gislene após às 05:00hs, tendo em vista o término do horário noturno legalmente previsto.

(E) não será devido o adicional noturno quanto às horas extras feitas por Gislene após às 04:00hs tendo em vista o término do horário noturno legalmente previsto.

05. (TRT 14 – Técnico Judiciário – Área Administrativa/2011) É obrigatória a concessão de um intervalo de 15 minutos para descanso ou alimentação quando o trabalho contínuo ultrapassar

(A) quatro horas e não exceder seis horas.

(B) quatro horas e não exceder oito horas.

(C) seis horas e não exceder oito horas.

(D) duas horas e não exceder quatro horas.

(E) duas horas e não exceder seis horas.

06. (TRT 23 – Técnico Judiciário – Área Administrativa/2011) João está em seu emprego há mais de 12 meses. Na qualidade de representante de uma entidade sindical, deixou de comparecer ao trabalho por oito dias consecutivos durante o mês de agosto por ter participado de reunião oficial de organismo internacional do qual o Brasil é membro. João terá direito a

(A) trinta dias corridos de férias.

(B) vinte e quatro dias corridos de férias.

(C) dezoito dias corridos de férias.

(D) doze dias corridos de férias.

(E) dez dias corridos de férias.

07. (FCC – TRT 6 – Técnico Judiciário – Área Administrativa/2012) Na hipótese de se estabelecer jornada de oito horas, por meio de regular negociação coletiva, os empregados submetidos a turnos ininterruptos de revezamento

(A) têm direito ao pagamento da 8ª hora com acréscimo de, no mínimo, 50% sobre a hora normal.

(B) têm direito ao pagamento da 7ª e 8ª horas com acréscimo de, no mínimo, 60% sobre a hora normal.

(C) têm direito ao pagamento da 7ª e 8ª horas com acréscimo de 50% sobre a hora normal.

(D) não têm direito ao pagamento da 7ª e 8ª horas como horas extras.

(E) têm direito ao pagamento da 8ª hora com acréscimo de 30% sobre a hora normal.

08. (FCC – TRT 6 – Técnico Judiciário – Área Administrativa/2012) De acordo com entendimento Sumulado do Tribunal Superior do Trabalho, para o trabalhador sujeito à carga semanal de 40 horas, o divisor para cálculo das horas extras é

(A) 225.

(B) 220.

(C) 200.

(D) 210.

(E) 205.

09. (PGE/ES/Procurador/2008) Um empregado contratado em 2 de janeiro de 2004 foi dispensado sem justa causa em 28 de junho de 2007, com aviso prévio indenizado, havendo gozado apenas um período de férias de trinta dias em março de 2005, remuneradas de acordo com a legislação. Considerando essa situação, julgue os itens a seguir.

– Por ocasião da rescisão do contrato de trabalho, o empregado faz jus à remuneração correspondente a dois períodos integrais de férias, sendo um simples e outro em dobro, além das férias proporcionais, acrescendo-se a tudo o terço constitucional.

10. (PGE/ES/Procurador/2008) Um empregado contratado em 2 de janeiro de 2004 foi dispensado sem justa causa em 28 de junho de 2007, com aviso prévio indenizado, havendo gozado apenas um período de férias de trinta dias em março de 2005, remuneradas de acordo com a legislação. Considerando essa situação, julgue os itens a seguir.

– O período de férias proporcionais corresponde a sete doze avos.

11. (FCC – 2012 – TRT – 6ª Região (PE) – Técnico Judiciário – Área Administrativa) Os empregados da empresa "ACA", após transporem a portaria da empresa, deslocam-se, ainda, alguns metros para chegarem ao local de trabalho, em razão do enorme terreno em que a referida empresa está localizada. Este tempo de deslocamento do empregado entre a portaria da empresa e o local de trabalho

(A) será sempre considerado tempo à disposição do empregador, uma vez que se o empregado atravessou a portaria da empresa pressupõe-se que se encontra disponível.

(B) não é considerado tempo à disposição do empregador, uma vez que a jornada de trabalho somente se inicia com a chegada efetiva do empregado no local de trabalho.

(C) é considerado tempo à disposição do empregador, desde que supere o limite de 5 minutos diários.

(D) é considerado tempo à disposição do empregador, desde que supere o limite de 10 minutos diários.

(E) só será considerado tempo à disposição do em – pregador, se houver previsão em Convenção Coletiva de Trabalho, em razão das peculiaridades existentes em cada categoria.

12. (FCC – TRT 6 – Técnico Judiciário – Área Administrativa/2012) Atena é empregada da empresa "AFA", possuindo jornada diária de trabalho de 6 horas. Ela cumpre regularmente a sua jornada, não ultrapassando estas 6 horas diárias. Neste caso, prevê a Consolidação das Leis do Trabalho que Atena terá intervalo para repouso e alimentação de

(A) quinze minutos.

(B) no mínimo trinta minutos.

(C) trinta minutos.

(D) no mínimo sessenta minutos.

(E) no máximo sessenta minutos.

13. (MPT – Procurador do Trabalho. 14º Concurso – 2008) Complete com a opção CORRETA.

Na hipótese de rescisão do contrato de trabalho sem que tenha havido a compensação integral da jornada extraordinária, fará o trabalhador jus ao pagamento das horas extras não compensadas, calculadas sobre o valor ____ na data da rescisão.

(A) da hora normal;

(B) do salário;

(C) da remuneração;

(D) da globalidade salarial:

(E) não respondida.

14. (MPT – Procurador do Trabalho. 14º Concurso – 2008) O horário noturno do advogado é das:

(A) 20 às 4 horas;

(B) 20 às 5 horas;

(C) 21 às 5 horas;

(D) 22 às 5 horas;
(E) não respondida.

15. (MPT – Procurador do Trabalho. 15º Concurso – 2008) Analise as afirmações abaixo de acordo com a jurisprudência do Tribunal Superior do Trabalho:

I. não se beneficiam do regime legal relativo aos bancários os empregados de estabelecimento de crédito pertencentes a categorias profissionais diferenciadas;
II. a prestação de serviços a mais de uma empresa do mesmo grupo econômico, durante a mesma jornada de trabalho, caracteriza a coexistência de mais de um contrato de trabalho, salvo ajuste em contrário;
III. os empregados de empresas distribuidoras e corretoras de títulos e valores mobiliários têm direito à jornada especial dos bancários;
IV. preenchidos os requisitos caracterizadores da relação empregatícia, é legítimo o reconhecimento de vínculo de emprego entre policial militar e empresa privada, independentemente do eventual cabimento de penalidade disciplinar prevista no Estatuto do Policial Militar.

Assinale a alternativa CORRETA:

(A) todas as assertivas estão corretas;
(B) todas as assertivas estão incorretas;
(C) apenas a assertiva III está incorreta;
(D) apenas as assertivas II e III estão incorretas;
(E) não respondida.

16. (TRT 23ª. XIV Concurso Público – Juiz do Trabalho – 2008) Um empregado, em determinada semana, trabalhou de segunda-feira a domingo, das 07 h 00 min às 10 h 00 min e das 11 h 00 às 14 h 00 min. Assim:

I. não terá direito ao recebimento de horas extraordinárias, pois não foram ultrapassados os limites de oito horas diárias e quarenta e quatro semanais;
II. terá direito ao recebimento das seis horas extraordinárias trabalhadas no domingo, com o adicional de 100%;
III. terá direito ao pagamento em dobro do domingo laborado;
IV. terá direito ao recebimento das seis horas extraordinárias trabalhadas no domingo, com o adicional de 50%.

(A) apenas a opção I está correta;
(B) apenas as opções I e III estão corretas;
(C) apenas as II e III opções estão corretas;
(D) apenas as opções III e IV estão corretas;
(E) apenas a opção II está correta.

17. (TRT 23ª. XIV Concurso Público – Juiz do Trabalho – 2008) Sobre as férias assinale a alternativa CORRETA:

(A) o empregado estudante, desde que menor de dezoito anos, terá direito a fazer coincidir suas férias com as férias escolares;
(B) os empregados contratados a menos de doze meses não poderão gozar férias coletivas;
(C) o empregado não fará jus às férias proporcionais se o contrato de trabalho for extinto mediante pedido de demissão antes de completados doze meses;
(D) o empregado que, no curso do período aquisitivo, contar com trinta faltas injustificadas perde o direito as férias;
(E) encerrado o período aquisitivo, inicia-se o prazo prescricional para reclamar a concessão das férias ou o pagamento da respectiva remuneração.

18. (FCC – Analista Judiciário – Área Judiciária – TRT 4/2015) Zeus, em determinado período aquisitivo de férias, deixou de comparecer ao serviço por 4 dias consecutivos em razão de falecimento de seu irmão; 5 dias consecutivos para sua lua de mel; 2 dias alternados para doação de sangue. Nesse caso, em relação ao período aquisitivo em análise, ele terá direito a férias de

(A) 15 dias corridos.

(B) 24 dias corridos.
(C) 18 dias corridos.
(D) 30 dias corridos.
(E) 12 dias corridos.

19. (FCC – Técnico Judiciário – Área Administrativa – TRT 3/2015) É parcela que repercute no cálculo das férias acrescidas de 1/3 do empregado:
(A) abono e rendimento do PIS/PASEP.
(B) salário-família pago no valor previsto em lei.
(C) adicional de horas extras recebidas habitualmente.
(D) participação nos lucros ou resultados.
(E) diárias para viagem que não excedam de 50% do salário percebido pelo empregado e não se sujeitam à prestação de contas.

20. (FCC – Técnico Judiciário – Área Administrativa – TRT 3/2015) Considerando que um empregado trabalhe sob o regime normal de jornada de trabalho de 8 horas diárias e 44 horas semanais, com 1 hora de intervalo para refeição, tendo ele laborado das 13 h até às 22 h de sábado, o primeiro horário em que ele deverá retornar ao local de trabalho será às
(A) 6 h da manhã de domingo.
(B) 10 h da manhã de segunda-feira.
(C) 7 h da manhã de domingo.
(D) 8 h da manhã de segunda-feira.
(E) 9 h da manhã de segunda-feira.

21. (FCC – Técnico Judiciário – Área Administrativa – TRT 4/2015) Com relação às férias, considere:
I. Os dias de férias gozados após o período legal de concessão deverão ser remunerados em dobro.
II. O empregado que se demite antes de complementar doze meses de serviço não tem direito a férias proporcionais.
III. A gratificação semestral não repercute no cálculo das férias.
IV. As faltas ou ausências decorrentes de acidente do trabalho não são consideradas para os efeitos de duração de férias.

De acordo com o entendimento sumulado do TST, está correto o que se afirma APENAS em
(A) I e II.
(B) I, III e IV.
(C) II e IV.
(D) I, II e III.
(E) III e IV.

22. (FCC – Analista Judiciário – Área Administrativa – TRT 4/2015) O empregado que, no curso do período aquisitivo, deixar o emprego e for readmitido no quadragésimo dia subsequente à sua saída
(A) terá direito a férias.
(B) não terá direito a férias tendo em vista que a readmissão ocorreu após 30 dias de sua saída.
(C) não terá direito a férias tendo em vista que a readmissão ocorreu após 15 dias de sua saída.
(D) não terá direito a férias tendo em vista que a readmissão ocorreu após 10 dias de sua saída.
(E) só terá direito se existente em norma coletiva aplicada a categoria e em vigência quando da saída do empregado.

23. (PUC – Procurador do Estado – PR/2015) Sobre a duração do trabalho e seus desdobramentos jurídicos, é CORRETO afirmar:
A) Poderá ser dispensado o acréscimo de salário se, por força de acordo individual ou convenção coletiva de trabalho, o excesso de horas em um dia for compensado pela correspondente diminuição em outro

dia, de maneira que não exceda, no período máximo de um ano, à soma das jornadas semanais de trabalho previstas, nem seja ultrapassado o limite máximo de doze horas diárias.

B) Os empregados sob o regime de tempo parcial poderão prestar horas extras, limitadas ao número de cinco por semana.

C) Os empregados em cargos em comissão estão dispensados do controle de jornada de trabalho.

D) Entre duas jornadas de trabalho haverá um período mínimo de doze horas consecutivas para descanso.

E) A duração normal do trabalho poderá ser acrescida de horas suplementares, em número não excedente de duas, mediante acordo escrito entre empregador e empregado, ou mediante contrato coletivo de trabalho.

---

24. (PUC – Procurador do Estado – PR/2015) Considerando o sistema legal e o entendimento consolidado do TST sobre jornada de trabalho e controle de jornada de trabalho, assinale a alternativa CORRETA.

A) O controle de jornada é obrigatório quando envolver relação de emprego.

B) O controle de jornada poderá ser dispensado, por livre pactuação entre empregador e empregado.

C) A não apresentação injustificada dos controles de frequência em juízo gera presunção relativa de veracidade da jornada de trabalho descrita na peça inicial.

D) O controle de jornada prevalece sobre todos os demais meios de prova.

E) Não serão descontadas nem computadas como jornada extraordinária as variações de horário no registro de ponto não excedentes de 15 minutos, observado o limite máximo de 30 minutos diários.

---

25. (FCC – Analista Judiciário – Oficial de Justiça Avaliador – TRT 4/2015) Em relação ao descanso anual remunerado denominado férias anuais, conforme normas contidas na Constituição Federal do Brasil e na Consolidação das Leis do Trabalho,

(A) o período aquisitivo de férias será contado conforme calendário civil anual, deduzidos os primeiros 90 dias relativos ao período de experiência.

(B) o empregado que, no curso do período aquisitivo tiver percebido da Previdência Social prestações de acidente de trabalho por mais de 6 meses, embora descontínuos, não terá direito a férias.

(C) aos empregados menores de 18 anos e aos maiores de 50 anos de idade, as férias serão sempre concedidas em dois períodos.

(D) a época da concessão das férias será a que melhor consulte os interesses do trabalhador e no caso membros de uma família, que trabalharem no mesmo estabelecimento ou empresa, sempre terão direito a gozar férias no mesmo período.

(E) é facultado ao empregado converter metade do período de férias a que tiver direito em abono pecuniário, que deverá ser requerido até 2 dias antes do término do período aquisitivo.

---

26. (ACPI – PGM – Gaúcha do Norte – Procurador/2015) Analise o espelho de ponto abaixo transcrito:

ESPELHO DO PONTO – ABRIL/2014
Empresa:
Empregado: Depto/Setor:
Período: 01/04/2014 a 30/04/2014
Horário de trabalho: 08:00 às 12:00 –13:00 ás 17:4S

Data	Dia	Entrada	Intervalo		Saída	His	Ocorrências
06/04/2014	Dom-folga						
07/04/2014	Seg-normal	07:55	12:00	13:00	19:18	08:48 01:30	His normais trabalhadas Hora extra diurna (pagar)
08/04/2014	Ter-normal	07:56	12:00	13:00	17:49	08:48	Hrs normais trabalhadas
09/04/2014	Qua-normal	07:54	12:00	13:00	17:50	08:48 00:06	Hi> normais trabalhadas Hora extra diurna (pagar)
10/04/2014	Qui-normal	08:40	12:00	13:00	17:49	08:48 00:40	Hi> normais trabalhadas Atraso lia entrada (descontar)

<table>
<tr><td colspan="8">ESPELHO DO PONTO – ABRIL/2014
Empresa:
Empregado: Depto/Setor:
Período: 01/04/2014 a 30/04/2014
Horário de trabalho: 08:00 às 12:00 –13:00 ás 17:45</td></tr>
<tr><td>11/04/2014</td><td>Sex-normal</td><td>07:58</td><td>12:00</td><td>12:30</td><td>17:49</td><td>08:48 01:00</td><td>Hrs normais trabalhadas Hora extra intrajornada (pagai)</td></tr>
<tr><td>12/04/2014</td><td>Sab-compensado</td><td></td><td></td><td></td><td></td><td></td><td></td></tr>
<tr><td>13/04/2014</td><td>Dom-folga</td><td></td><td></td><td></td><td></td><td></td><td></td></tr>
</table>

Após análise, assinale a alternativa que não corresponda a uma ocorrência demonstrada.

A) Empregado não respeitou o limite mínimo de intervalo intrajornada, iniciando a jornada 40 minutos antes.

B) 01:30 horas extras.

C) Empregado chegou 6 minutos antes do início da jornada, ultrapassando limite de tolerância legal.

D) Empregado chegou 40 minutos atrasado no início da jornada.

27. (Vunesp – PGM – São Paulo – SP/2015) Segundo o disposto na CLT e entendimento do TST sobre as férias, é correto afirmar que:

(A) após cada período de 12 meses de vigência do contrato de trabalho, o empregado terá direito a 30 dias de férias, desde que não tenha faltado ao serviço mais de 6 vezes.

(B) não terá direito a férias o empregado que, no curso do período aquisitivo, deixar de trabalhar, com percepção do salário, por mais de 30 dias, em virtude de paralisação parcial ou total dos serviços da empresa.

(C) o empregado que se demite antes de completar 12 meses de serviço não tem direito a férias proporcionais.

(D) respeitado o início do gozo das férias dentro do prazo concessivo, mesmo que parte dele seja gozado após seu término, não é devido o pagamento dos dias excedentes de forma dobrada.

(E) é vedado ao empregado prestar serviços a outro empregador durante as férias em razão da finalidade desta que é o repouso, sob pena de ser dispensado por justo motivo.

28. (FCC – Analista Judiciário – Oficial de Justiça Avaliador – TRT 3/2015) Arnaldo foi admitido em 13/01/2014 e pediu demissão em 29/10/2014. Em razão do pedido de demissão

(A) recebeu férias proporcionais de 9/12, acrescidas de 1/3 a mais do que o salário normal.

(B) recebeu férias proporcionais de 10/12, acrescidas de 1/3 a mais do que o salário normal.

(C) recebeu férias proporcionais de 8/12, acrescidas de 1/3 a mais do que o salário normal.

(D) não recebeu férias proporcionais, pois o pedido de demissão lhe retirou esse direito.

(E) não recebeu férias proporcionais, pois pediu demissão antes de completar um ano de vigência do contrato de trabalho.

29. (Cespe – Defensor Público – DPU/ 2015 – ADAPTADA) Julgue os seguintes itens, relativos a duração do contrato de emprego.

O empregado que trabalha para determinada empresa das 7 h às 19 h e tem intervalo de descanso e refeição das 12 h às 16 h, sem acordo de prorrogação de intervalo, tem direito a receber duas horas extras diárias, como tempo à disposição do empregador.

30. (Cespe – Analista Judiciário – Área Administrativa – TRT 8/2016) Quanto ao período de descanso, ao adicional noturno, férias, à estabilidade da gestante e à licença maternidade, assinale a opção correta.

A) Empregado que incorrer em vinte faltas injustificadas no decorrer do período aquisitivo terá direito a apenas dezoito dias corridos para o gozo de férias.

B) O nascimento de filhos gêmeos ou parto múltiplo assegura à mulher necessariamente a concessão de licença maternidade em dobro.

C) A garantia de emprego da gestante desde a confirmação da gravidez até cinco meses após o parto foi estendida à adotante, nos termos da lei federal.

D) Nos trabalhos contínuos cuja duração exceda seis horas, é obrigatória a concessão de intervalo de duas horas para descanso e alimentação; caso a duração do trabalho não exceda seis horas, o intervalo obrigatório será de quinze minutos.

E) O vigia noturno não tem direito ao recebimento do adicional noturno por ser o labor no período da noite característica essencial de seu trabalho.

31. (Cespe – Técnico Judiciário – Área Administrativa – TRT 8/2016) Em relação ao direito às férias do empregado de empresa privada, assinale a opção correta.

A) A escolha do período concessivo das férias é ato discricionário do empregado.

B) Ao empregado é facultado o direito de converter parte do período de férias em abono pecuniário.

C) Não se admitem, completado o período aquisitivo, férias proporcionais.

D) O período de trabalho apurado antes da apresentação do empregado ao serviço militar não pode ser considerado período aquisitivo de férias.

E) Não há relação entre a percepção de benefícios da previdência social pelo empregado e seu direito às férias.

32. (Questão sobre a reforma trabalhista elaborada pelo autor). É vedada a prestação de horas extras pelo empregado contratado em regime de trabalho por tempo parcial, mesmo após a vigência da Lei da Reforma Trabalhista.

33. (Questão sobre a reforma trabalhista elaborada pelo autor). A Lei nº 13.467/17 extinguiu o direito às horas *in itinere*.

34. (FCC – Analista Judiciário – Oficial de Justiça Avaliador – TRT 15/2018) Eunice trabalha em uma indústria alimentícia que fabrica doces e chocolates. Nos meses de janeiro e fevereiro, em razão da produção de chocolates para a Páscoa, trabalhou de 2a a 6a feira, das 9h às 18h, gozando diariamente de 15 minutos para repouso e alimentação. Nesse contexto, Eunice faz jus a

A) uma hora integral, acrescida de 50% sobre a remuneração da hora normal de trabalho, tendo tal pagamento natureza salarial.

B) uma hora integral, acrescida de 50% sobre a remuneração da hora normal de trabalho, tendo tal pagamento natureza indenizatória.

C) 45 minutos, acrescidos de 50% sobre a remuneração da hora normal de trabalho, tendo tal pagamento natureza indenizatória.

D) 45 minutos, acrescidos de 50% sobre a remuneração da hora normal de trabalho, tendo tal pagamento natureza salarial.

E) 45 minutos, sem acréscimo, pois não se trata de hora extra, mas sim de pagamento de natureza meramente indenizatória.

35. (FCC – Analista Judiciário – Área Judiciária – TRT 15/2018) Em relação ao descanso semanal remunerado, o TST adota entendimento pacífico no sentido de que

A) ao empregado pracista não é devida a remuneração do repouso semanal.

B) é reconhecido o direito ao acréscimo de 1/4 a título de repouso semanal, considerando-se para esse fim o mês de quatro semanas e meia, ao professor que recebe salário à base de hora-aula.

C) o adicional de insalubridade já remunera os dias de repouso semanal e feriados.

D) a concessão do intervalo para repouso semanal, descaracteriza o turno de revezamento com jornada de 6 horas.

E) a majoração do valor do repouso semanal remunerado, em razão da integração das horas extras habitualmente prestadas, repercute no cálculo das férias, da gratificação natalina e do aviso prévio.

36. (FCC – Técnico Judiciário – Área Administrativa – TRT 2/2018) A empresa familiar "BL" está modernizando o seu sistema de informática e pretende colocar um número limite de faltas injustificadas para cálculo dos dias que o empregado terá direito para gozo de suas férias, respeitando as normas contidas na Consolidação das Leis do Trabalho. Assim, após cada período de 12 meses de vigência do contrato de trabalho, para que o empregado tenha direito ao gozo de 30 dias corridos de férias, o número limite de faltas injustificadas será

A) 10
B) 7
C) 3
D) 2
E) 5

37. (FCC – Analista Judiciário – Área Administrativa – TRT 2/2018) Considere as seguintes hipóteses:

I. Trabalho de 28 horas semanais, sem a possibilidade de horas suplementares semanais.
II. Trabalho de 30 horas semanais, com a possibilidade de horas suplementares semanais.
III. Trabalho de 25 horas semanais, com a possibilidade de acréscimo de até seis horas suplementares semanais.
IV. Trabalho de 27 horas semanais, com a possibilidade de acréscimo de até seis horas suplementares semanais.

De acordo com a Consolidação das Leis do Trabalho, consideram-se trabalho em regime de tempo parcial aqueles indicados APENAS em

A) III e IV.
B) I e II.
C) I e III.
D) I, II e IV.
E) II, III e IV.

38. (FCC – Analista Judiciário – Área Administrativa – TRT 2/2018) Considere a seguinte hipótese: Gabi é empregada da fábrica de velas "V", laborando de segunda a sexta-feira das 9:00 às 18:00 com uma hora para descanso intrajornada. Sua empregadora pretende conceder férias para Gabi no mês de outubro deste ano. De acordo com a Consolidação das Leis do trabalho, é VEDADO o início das férias no período

A) de dois dias que antecede feriado, apenas.
B) que antecede o repouso semanal remunerado, apenas.
C) de três dias que antecede feriado ou dia de repouso semanal remunerado.
D) de dois dias que antecede feriado ou dia de repouso semanal remunerado.
E) de cinco dias que antecede feriado ou dia de repouso semanal remunerado.

39. (FGV – Analista de Gestão – COMPESA/2018) O trabalho noturno, em função da sua penosidade, possui algumas peculiaridades previstas na legislação trabalhista brasileira.

Para efeitos legais, salvo algumas exceções previstas, nas atividades urbanas é considerado trabalho noturno aquele que se realiza entre

A) 22.00h e 06.00h.
B) 21.00h e 05.00h.
C) 23.00h e 05.00h.
D) 23.00h e 06.00h.
E) 22.00h e 05.00h.

40. (FCC – Técnico Judiciário – Área Administrativa – TRT 2/2018) Com relação à jornada de trabalho, considere:

I. O cálculo do valor das horas extras habituais, para efeito de reflexos em verbas trabalhistas, observará o número de horas efetivamente prestadas e a ele aplica-se o valor do salário-hora da época do pagamento daquelas verbas.

II. Os intervalos concedidos pelo empregador na jornada de trabalho, não previstos em lei, representam tempo à disposição da empresa, remunerados como serviço extraordinário, se acrescidos ao final da jornada.

III. O valor das horas extras habituais não integra a remuneração do trabalhador para o cálculo das gratificações semestrais.

IV. A duração diária do trabalho poderá ser acrescida de horas extras, em número não excedente de duas, por acordo individual, convenção coletiva ou acordo coletivo de trabalho.

De acordo com a Consolidação das Leis do Trabalho e com o entendimento Sumulado do Tribunal Superior do Trabalho, está correto o que se afirma APENAS em

A) I, II e III.
B) I, II e IV.
C) II, III e IV.
D) I e IV.
E) II e III.

41. (FCC – Técnico Judiciário – TI – TRT 2/2018) Silvana, estudante de direito, está muito interessada nas modificações introduzidas na Consolidação das Leis do Trabalho através da Lei nº 13.467/2017, lendo diariamente todas as notícias de jornais e revistas para debatê-las com o seu pai, grande empresário do ramo alimentício. Assim, ela verificou importantes mudanças relativas ao tempo de deslocamento do empregado até o seu local de trabalho, afirmando ao seu pai que, após a mudança legislativa, o tempo despendido pelo empregado desde a sua residência até a efetiva ocupação do posto de trabalho e para o seu retorno,

A) por qualquer meio de transporte, inclusive o fornecido pelo empregador, será computado na jornada de trabalho, por ser considerado tempo à disposição do empregador, excetuando-se o tempo despendido caminhando.
B) caminhando ou por qualquer meio de transporte, exceto o fornecido pelo empregador, não será computado na jornada de trabalho, por não ser tempo à disposição do empregador.
C) caminhando ou por qualquer meio de transporte, inclusive o fornecido pelo empregador, será computado na jornada de trabalho, por ser considerado tempo à disposição do empregador.
D) caminhando ou por qualquer meio de transporte, inclusive o fornecido pelo empregador, não será computado na jornada de trabalho, por não ser tempo à disposição do empregador.
E) por qualquer meio de transporte, exceto o fornecido pelo empregador, será computado na jornada de trabalho, por ser considerado tempo à disposição do empregador, excetuando-se o tempo despendido caminhando.

42. (FCC – Técnico Judiciário – TI – TRT 2/2018) Cândida, Felícia e Gilberto são empregados da empresa "AL". Todos os dias, Cândida, Felícia e Gilberto chegam à empresa aproximadamente quinze minutos antes do início da jornada de trabalho. Durante esse período, Cândida alimenta-se com o seu café da manhã, Felícia estuda para o curso de alemão que está fazendo e Gilberto utiliza o tempo para colocar o uniforme, mesmo não sendo obrigatória a realização da troca na empresa, uma vez que não se sente confortável em usar o uniforme em seu trajeto. De acordo com a Consolidação das Leis do Trabalho, não se considera tempo à disposição do empregador, NÃO computando, portanto, como período extraordinário, o mencionado tempo gasto por

A) Cândida para alimentação e Gilberto para troca de roupa, apenas.
B) Cândida para alimentação e Felícia para estudo, apenas.
C) Cândida para alimentação, Felícia para estudo e Gilberto para troca de roupa.
D) Felícia para estudo e Gilberto para troca de roupa, apenas.
E) Felícia para estudo, apenas.

43. (FCC – Técnico Judiciário – TI – TRT 2/2018) Com relação às férias, considere:

I. Desde que haja concordância do empregado, as férias poderão ser usufruídas em até 3 períodos, sendo que um deles não poderá ser inferior a 14 dias corridos e os demais não poderão ser inferiores a 5 dias corridos, cada um.

II. É vedado o início das férias no período de 2 dias que antecede feriado ou dia de repouso semanal remunerado.

III. A época da concessão das férias será a que melhor consulte os interesses do empregado, sendo que os membros de uma família, que trabalharem no mesmo estabelecimento ou empresa, terão direito a gozar férias no mesmo período, se assim o desejarem e se disto não resultar prejuízo para o serviço.

IV. Os empregados maiores de 60 anos de idade gozarão das férias sempre de uma só vez, assim como o empregado estudante, menor de 18 anos, terá direito a fazer coincidir suas férias com as férias escolares.

De acordo com a Consolidação das Leis do Trabalho, está correto o que se afirma APENAS em

A) I e II.

B) I, II e III.

C) I, III e IV.

D) II e IV.

E) III e IV.

---

44. (FCC – Analista Judiciário – Área Administrativa – TRT 2/2018) Valéria, empregada da empresa "R", está preocupada com as mudanças ocorridas na Consolidação das Leis do Trabalho, notadamente com o seu intervalo para repouso ou alimentação. Considerando que ela possui jornada de trabalho diária de cinco horas, o seu intervalo para repouso ou alimentação

A) continua sendo obrigatório de, no mínimo, quinze minutos.

B) continua sendo obrigatório de, no mínimo, trinta minutos.

C) continua sendo obrigatório de, no mínimo, vinte minutos.

D) passou a ser obrigatório de, no mínimo, uma hora.

E) passou a ser obrigatório de, no mínimo, trinta minutos.

---

45. (Cespe – Analista – EMAP/2018) Julgue o item que segue de acordo com a legislação e a jurisprudência trabalhista.

A concessão das férias será noticiada ao empregado por escrito, e estas deverão se iniciar a qualquer tempo, salvo em dia de feriado.

( ) Certo

( ) Errado

---

46. (AOCP – Analista Judiciário – Área Judiciária – TRT 1/2018) Tereza iniciou o contrato de trabalho, na função de secretária, na empresa Boa Viagem Turismo Ltda. em 12 de jan. de 2017, sendo que, no período aquisitivo de férias, faltou sem justificativa 2 vezes e, justificadamente, 4 vezes. Nesse caso, é correto afirmar que

A) o termo final do período aquisitivo de férias da empregada é 12 de jan. de 2018, e ela terá direito a 30 dias corridos de descanso.

B) o termo final do período aquisitivo de férias da empregada é 11 de jan. de 2018, e ela terá direito a 24 dias corridos de descanso.

C) o termo final do período aquisitivo de férias da empregada é 12 de jan. de 2018, e ela terá direito a 24 dias corridos de descanso.

D) o termo final do período aquisitivo de férias da empregada é 11 de jan. de 2018, e ela terá direito a 30 dias corridos de descanso.

E) o termo final do período aquisitivo de férias da empregada é 11 de jan. de 2018, e ela terá direito a 18 dias corridos de descanso.

---

47. (AOCP – Técnico Judiciário – Área Administrativa – TRT 1/2018) Maria foi contratada pela empresa Confeitaria Doces Artesanais para trabalhar como atendente, com jornada das 12h às 21h e com uma hora de intervalo para repouso e alimentação. Ocorre que, durante todo o contrato de trabalho, o qual perdurou um ano, o empregador requisitou à empregada que ela laborasse no estabelecimento das 12h às 23h, com uma hora de intervalo, pois não tinha interesse em contratar novo empregado, com a justificativa de serem muito altos os débitos trabalhistas. Nesse período em que Maria laborou para a empresa, somente recebeu o valor de um salário mínimo, conforme pactuado no contrato. Nesse sentido, é correto afirmar que Maria tem direito ao

A) recebimento somente do adicional de horas extras no importe de, pelo menos, 50% (cinquenta por cento) superior à da hora normal.

B) recebimento do adicional de horas extras no importe de, pelo menos, 25% (vinte e cinco por cento) superior à da hora normal e pagamento do adicional noturno com acréscimo de, pelo menos, 20 % (vinte por cento) sobre a hora diurna, computando a hora noturna como 50 minutos e 30 segundos.

C) recebimento do adicional de horas extras no importe de, pelo menos, 50% (cinquenta por cento) superior à da hora normal e pagamento do adicional noturno com acréscimo de, pelo menos, 20% (vinte por cento) sobre a hora diurna, computando a hora noturna como 52 minutos e 30 segundos.

D) recebimento do adicional de horas extras no importe de, pelo menos, 50% (cinquenta por cento) superior à da hora normal e pagamento do adicional noturno com acréscimo de, pelo menos, 25% (vinte e cinco por cento) sobre a hora diurna, computando a hora noturna como 52 minutos e 30 segundos.

E) recebimento do adicional de horas extras no importe de, pelo menos, 50% (cinquenta por cento) superior à da hora normal e pagamento do adicional noturno com acréscimo de, pelo menos, 25% (vinte e cinco por cento) sobre a hora diurna, computando a hora noturna como 50 minutos e 30 segundos.

---

48. (AOCP – Técnico Judiciário – Área Administrativa – TRT 1/2018) Ana foi contratada pela empresa Mania de Confecções sob o regime de tempo integral, sendo que o contrato de trabalho já completou doze meses de vigência. No decorrer do período ora laborado, Ana teve dez faltas injustificadas ao trabalho. Assim, com base no caso citado, Ana tem direito a

A) 20 (vinte) dias corridos de férias.

B) 24 (vinte e quatro) dias corridos de férias.

C) 30 (trinta) dias corridos de férias.

D) 18 (dezoito) dias corridos de férias.

E) 22 (vinte e dois) dias corridos de férias.

---

49. (FUMARC – Advogado – Copasa/2018) Conforme disposição da Lei 13.467/2017, o tempo destinado à troca de roupa ou uniforme deve ser computado como período extraordinário no que exceder a jornada normal de trabalho?

A) Não, porque a troca não pode ser imposta pelo empregador.

B) Não, porque em nenhuma hipótese caracteriza tempo à disposição do empregador.

C) Sim, se houver obrigatoriedade de realizar a troca na empresa.

D) Sim, se houver obrigatoriedade de uniforme.

---

50. (Cesgranrio – Assistente Administrativo – Liquigás/2018) O contrato individual de trabalho prevê intervalos que são períodos de paralisação das atividades. Esses períodos se caracterizam como intrajornada quando ocorrem dentro da mesma jornada de trabalho e interjornada quando ocorrem entre as jornadas de trabalho.

*STUCHI, V. H. N. **Prática Trabalhista**. Rio de Janeiro: Forense. 2017.*

Um trabalhador, que exerce suas atividades no período interjornadas, encerrou sua primeira jornada de trabalho às 7 horas.

Considerando-se o número mínimo de horas consecutivas a que ele tem direito para descanso, a sua segunda jornada deverá ter início às

A) 10 horas

B) 12 horas

C) 14 horas

D) 18 horas

E) 22 horas

51. (Cespe – Procurador Municipal – Manaus – AM/2018) Julgue o próximo item, relativo a convenções e acordos coletivos do trabalho.

A convenção coletiva de trabalho não pode estabelecer norma de redução de intervalo interjornada, ou seja, entre o término de uma jornada e o início da outra, uma vez que o prazo desse intervalo é garantido por norma de ordem pública, não sendo passível de negociação.

( ) Certo

( ) Errado

52. (Cespe – Advogado – EBSERH/2018) Julgue o item subsequente, relativo ao contrato de trabalho e aos direitos e deveres dele decorrentes.

O tempo despendido para troca de roupa ou uniforme nas dependências da empresa será considerado como hora de trabalho, ainda que não exista a obrigatoriedade de realizá-la na empresa.

( ) Certo

( ) Errado

53. (Cespe – Advogado – EBSERH/2018) Julgue o item subsequente, relativo ao contrato de trabalho e aos direitos e deveres dele decorrentes.

Havendo concordância por parte do empregado, as férias poderão ser usufruídas em até três períodos, sendo um igual ou superior a quatorze dias corridos e os demais não inferiores a cinco dias corridos cada.

( ) Certo

( ) Errado

54. (FCC – Analista Judiciário – Área Judiciária – TRT 6/2018) Em relação ao trabalho noturno,

A) o direito ao adicional noturno não é assegurado ao vigia sujeito ao trabalho noturno, tendo em vista a regulamentação própria e a especificidade do serviço realizado que prevê que este é inerente ao horário de trabalho.

B) não se aplica a hora reduzida de 52 minutos e 30 segundos ao trabalho noturno dos empregados nas atividades de exploração, perfuração, produção e refinação do petróleo, industrialização do xisto, indústria petroquímica e transporte de petróleo e seus derivados, por meio de dutos, que é regulado por lei própria.

C) o adicional noturno pago com habitualidade incorpora-se ao salário do empregado, não podendo deixar de ser pago ainda que o empregado deixe de trabalhar no horário noturno, tratando-se de direito adquirido.

D) as gorjetas, cobradas pelo empregador na nota de serviço ou oferecidas espontaneamente pelos clientes, integram a remuneração do empregado, servindo de base de cálculo para o adicional noturno.

E) o empregado que trabalha em horários mistos, assim entendidos os que abrangem períodos diurnos e noturnos, não faz jus ao adicional noturno.

55. (FCC – Analista Judiciário – Área Administrativa – TRT 6/2018) No tocante ao trabalho noturno, considere:

I. Joana é empregada urbana da Empresa SEG Ltda., prestando serviços de faxina em escritórios das 22h às 5h do dia seguinte. Neste caso, tem direito ao adicional noturno de 25% sobre a remuneração normal e hora noturna reduzida, equivalente a 52 minutos e trinta segundos.

II. Ivete é empregada rural das Fazendas Leite Bom Ltda. e ordenha as vacas. Para ter direito ao adicional noturno, deve trabalhar entre 20h de um dia e 4h do dia seguinte, com adicional de 25% sobre a remuneração normal de trabalho, sem direito a hora noturna reduzida.

III. Solange prestou serviços na Fábrica LWA Ltda. durante dez anos no período noturno, recebendo adicional noturno. Por motivo de escalonamento de pessoal, Solange concordou em ser transferida para o período diurno, razão pela qual perdeu o direito ao adicional noturno recebido habitualmente por tantos anos.

Está correto o que se afirma em

A) I, apenas.

B) I, II e III.
C) I e III, apenas.
D) II, apenas.
E) II e III, apenas.

56. (FCC – Analista Judiciário – Área Administrativa – TRT 6/2018) Considere:

I. O trabalho em regime de tempo parcial é considerado aquele cuja duração não exceda a trinta horas semanais, sem a possibilidade de horas suplementares semanais, ou aquele cuja duração não exceda a vinte e seis horas semanais, com a possibilidade de acréscimo de até seis horas suplementares.
II. Quando o intervalo para repouso e alimentação não for concedido ou for concedido de forma parcial, implicará o pagamento, de natureza indenizatória, apenas do período suprimido, com acréscimo de 50% sobre o valor da remuneração da hora normal de trabalho.
III. As dispensas imotivadas individuais, plúrimas ou coletivas, equiparam-se para todos os fins, não havendo necessidade de autorização prévia de entidade sindical ou de celebração de convenção coletiva ou acordo coletivo de trabalho para sua efetivação.

Tendo em vista a Lei no 13.467/2017, que trouxe alterações à Consolidação das Leis do Trabalho, em relação às afirmativas acima é correto afirmar que a reforma trabalhista introduziu o que consta de:

A) I, apenas.
B) I e II, apenas.
C) I e III, apenas.
D) II e III, apenas.
E) I, II e III.

57. (Cespe – Procurador do Estado – PE/2018) Considerando as alterações introduzidas na legislação pela reforma trabalhista de 2017, julgue os itens subsequentes.

I. As diárias para viagem recebidas no importe de 70% do salário do empregado devem integrar a sua remuneração, constituindo base de incidência de encargos trabalhistas e previdenciários.
II. Desde que haja a concordância do empregado, as férias poderão ser usufruídas em até três períodos, desde que um deles não seja inferior a vinte dias corridos e os demais não sejam inferiores a cinco dias corridos, cada um.
III. Para efeito de equiparação salarial, considera-se trabalho de igual valor aquele realizado com igual produtividade e com a mesma perfeição técnica, exigindo-se que o paradigma e o paragonado não tenham diferença de mais de quatro anos de tempo de serviço para o mesmo empregador e que a diferença de tempo na mesma função não seja superior a dois anos.
IV. A não concessão ou a concessão parcial do intervalo intrajornada mínimo implicará o pagamento apenas do período suprimido, sendo a natureza desse pagamento indenizatória.

Estão certos apenas os itens

A) I e II.
B) I e III.
C) II e IV.
D) III e IV.
E) II, III e IV.

58. (Vunesp – Procurador Autárquico – PauliPrev – SP/2018) Sobre a jornada de trabalho, é correto afirmar:

A) o tempo despendido pelo empregado desde a sua residência até a efetiva ocupação do posto de trabalho e para o seu retorno será computado em sua jornada de trabalho.
B) as horas suplementares à duração do trabalho semanal serão pagas com acréscimo de no mínimo 50% (cinquenta por cento) sobre o salário-hora normal.
C) a não concessão ou a concessão parcial do intervalo intrajornada mínimo, para repouso e alimentação, a empregados urbanos e rurais, implica o pagamento de natureza indenizatória, apenas do período

suprimido, com acréscimo de pelo menos 50% (cinquenta por cento) sobre o valor da remuneração da hora normal de trabalho.

D) aos empregados em regime de teletrabalho não se aplicam as disposições contidas na regulamentação da jornada de trabalho dispostas no Capítulo II – Da Duração do Trabalho da Consolidação da Leis do Trabalho.

E) o não atendimento das exigências legais para compensação de jornada, inclusive quando estabelecida mediante acordo tácito, implica a repetição do pagamento das horas excedentes à jornada normal diária, se não ultrapassada a duração máxima semanal.

---

59. (Fepese – Advogado – Celesc/2018) É **correto** afirmar acerca da jornada de trabalho:

A) A jornada de trabalho em regime de tempo parcial poderá ser acrescida de horas extras, em número não excedente de duas.

B) O trabalho em regime de tempo parcial é aquele cuja jornada de trabalho não exceda a trinta horas mensais, sem a possibilidade de horas suplementares semanais.

C) É lícito o regime de compensação de jornada estabelecido por acordo individual, tácito ou escrito, para a compensação no mesmo mês.

D) Não poderá haver distinção entre o salário a ser pago aos empregados sob o regime de tempo parcial, em relação aos empregados que cumprem, nas mesmas funções, tempo integral.

E) É vedado ao empregado contratado sob regime de tempo parcial converter o período de férias a que tiver direito em abono pecuniário.

---

60. (Fepese – Advogado – Celesc/2018) É **correto** afirmar sobre as férias:

A) O empregado perderá o direito ao usufruto de férias quando registrar faltar injustificadas.

B) Cabe ao empregado a escolha do período em que deseja gozar férias, sendo desnecessária a concordância do empregador.

C) Durante o período de férias, deverá o empregado manter consigo a sua Carteira de Trabalho e Previdência Social.

D) É vedado o início das férias no período de dois dias que antecede feriado ou dia de repouso semanal remunerado.

E) Todo empregado terá direito ao gozo anualmente de até três períodos de férias, sem prejuízo da remuneração.

---

61. (CS – UFG – Advogado – Saneago – GO/2018) No ato da celebração de um Contrato Individual de Trabalho foi pactuado entre empregado e empregador acordo individual escrito, prevendo a possibilidade de prorrogação e compensação da jornada de trabalho pelo sistema do banco de horas. Considerando as disposições contidas na Consolidação das Leis do Trabalho,

A) o acordo não é válido, pois a compensação pelo sistema do banco de horas deve ser ajustada mediante acordo ou convenção coletiva de trabalho.

B) o acordo é desnecessário, pois a prorrogação e compensação da jornada independe da anuência do empregado.

C) o acordo é válido, desde que a compensação ocorra no período máximo de seis meses.

D) o acordo é válido, mas a compensação por este sistema dever ser efetuada dentro do mesmo mês em que houve a prorrogação.

---

62. (Vunesp – Procurador – IPSM/2018) As férias deverão ser concedidas por ato do empregador, podendo ser fracionadas, desde que haja concordância do empregado, no máximo em

A) dois períodos não inferiores a dez dias.

B) três períodos não inferiores a dez dias.

C) dois períodos, desde que um deles não seja inferior a dez dias e os demais não sejam inferiores a cinco dias corridos, cada um.

D) três períodos, sendo que um deles não poderá ser inferior a quatorze dias e os demais não poderão ser inferiores a cinco dias corridos, cada um.

E) três períodos, desde que nenhum deles seja inferior a sete dias.

63. (AOCP – Analista Judiciário – Área Administrativa – TRT 1/2018) Henrique foi contratado pela Loja de Conveniência Aki Tem Tudo, que funciona 24 horas, para exercer a função de atendente no horário das 21h de um dia às 6h do outro, com 1 hora de intervalo para repouso e alimentação. Diante dessa realidade contratual, é correto afirmar que

A) Henrique terá direito ao pagamento do adicional noturno de 20% sobre o valor da hora normal, devendo ser considerada a hora reduzida de 52 minutos e 30 segundos, além de horas extras noturnas. É devido o adicional respectivo e a computação da hora reduzida das 22h até as 5h. O adicional noturno integrará a base de cálculo das horas extras prestadas em período noturno, vez que laboradas em condições de maior desgaste físico e mental. O adicional noturno, porque pago com habitualidade, integra o salário do empregado para todos os efeitos.

B) Será devido a Henrique o pagamento do adicional noturno de 20% sobre o valor da hora normal, devendo ser considerada a hora reduzida de 52 minutos e 30 segundos, além de horas extras noturnas. É devido o adicional respectivo e a computação da hora reduzida das 22h até as 5h. O adicional noturno integrará a base de cálculo das horas extras prestadas em período noturno, vez que laboradas em condições de maior desgaste físico e mental. Adicional noturno e adicional horas extras, porque pagos com habitualidade, integram o salário do empregado para todos os efeitos.

C) Henrique terá direito ao pagamento do adicional noturno de 20% sobre o valor da hora normal, devendo ser considerada a hora reduzida de 52 minutos e 30 segundos. É devido o adicional respectivo e a computação da hora reduzida das 22h até as 6h. É devida uma hora extra normal, sem considerar, para o cálculo respectivo, o adicional noturno. Adicional noturno e adicional horas extras, porque pagos com habitualidade, integram o salário do empregado para todos os efeitos.

D) Será devido a Henrique o pagamento do adicional noturno de 20% sobre o valor da hora normal, devendo ser considerada a hora reduzida de 52 minutos e 30 segundos, além de horas extras noturnas. É devido o adicional respectivo e a computação da hora reduzida das 22h até as 6h. O adicional noturno integrará a base de cálculo das horas extras prestadas em período noturno, vez que laboradas em condições de maior desgaste físico e mental. Adicional noturno e adicional horas extras, porque pagos com habitualidade, integram o salário do empregado para todos os efeitos.

E) Henrique terá direito ao pagamento do adicional noturno, de 20% sobre o valor da hora normal, devendo ser considerada a hora reduzida de 52 minutos e 30 segundos, além de horas extras noturnas. É devido o adicional respectivo e a computação da hora reduzida das 22h até as 6h. O adicional noturno não integrará a base de cálculo das horas extras. Adicional noturno e adicional horas extras, porque pagos com habitualidade, integram o salário do empregado para todos os efeitos.

64. (Cespe – Procurador Municipal – Campo Grande – MS/2019) No que diz respeito ao intervalo para repouso e alimentação, a grupo econômico e à proteção ao trabalho da mulher, julgue o item subsequente, considerando a jurisprudência do TST.

Em casos específicos de empregados contratados para jornada de trabalho de seis horas diárias e trinta horas semanais, mas que habitualmente prorrogam essa jornada, a jurisprudência tem-se posicionado no sentido de reconhecer, no mínimo, uma hora de intervalo para repouso e alimentação.

( ) Certo

( ) Errado

65. (Cespe – Procurador Municipal – Campo Grande – MS/2019) A respeito de jornada de trabalho e de convenções coletivas de trabalho, julgue o próximo item, considerando a jurisprudência do Tribunal Superior do Trabalho (TST).

Em algumas situações específicas, norma coletiva de trabalho pode autorizar o registro de ponto por exceção: nesse sistema, em vez do controle formal de entrada e saída do empregado, computam-se somente as exceções às jornadas diárias.

( ) Certo
( ) Errado

66. (Cespe – Procurador Municipal – Pref. de Boa Vista – RR/2019) João, de dezoito anos de idade, foi contratado como frentista em um posto de gasolina localizado em Boa Vista – RR. O contrato de trabalho foi firmado em regime de tempo parcial para uma jornada de vinte e cinco horas semanais.

Considerando essa situação hipotética, julgue o item seguinte de acordo com a Constituição Federal de 1988 e a CLT.

Como o contrato de trabalho de João foi firmado em regime de tempo parcial, é viável aumentar sua carga de trabalho em até seis horas suplementares semanais, mas, nessa hipótese, as horas suplementares deverão ser remuneradas com o acréscimo de trinta por cento sobre o salário-hora normal.

( ) Certo
( ) Errado

67. (Cespe – Procurador Municipal – Pref. de Boa Vista – RR/2019) Considerando essa situação hipotética, julgue o item seguinte de acordo com a Constituição Federal de 1988 e a CLT.

É vedado a João converter um terço do período de férias a que tiver direito em abono pecuniário.

( ) Certo
( ) Errado

68. (IADES – Advogado – CRN 3/2019) A respeito da jurisprudência, de súmulas e orientações jurisprudenciais do TST, assinale a alternativa correta.

A) O direito ao aviso prévio é renunciável pelo empregado. O pedido de dispensa de cumprimento exime o empregador de pagar o respectivo valor.
B) A contratação irregular de trabalhador, mediante empresa interposta, gera vínculo de emprego com ente da administração pública.
C) O ônus de provar o término do contrato de trabalho, quando negados a prestação de serviço e o despedimento, é do empregado.
D) O adicional de insalubridade não remunera os dias de repouso semanal e feriados.
E) O trabalho prestado em domingos e feriados, não compensado, deve ser pago em dobro, sem prejuízo da remuneração relativa ao repouso semanal.

69. (Cespe – Analista (Superior) – PGE – PE/2019) À luz do entendimento jurisprudencial do Tribunal Superior do Trabalho (TST) a respeito do direito de férias, julgue o item seguinte.

A conversão de um terço do período de férias em abono pecuniário é direito potestativo do empregado e, portanto, não pode ser imposta pelo empregador.

( ) Certo
( ) Errado

70. (Cespe – Analista (Superior) – PGE – PE/2019) À luz do entendimento jurisprudencial do Tribunal Superior do Trabalho (TST) a respeito do direito de férias, julgue o item seguinte.

O empregado que se demite antes de completar doze meses de serviço não terá direito ao recebimento de indenização relativa a férias.

( ) Certo
( ) Errado

71. (Cespe – Analista (Superior) – PGE – PE/2019) Acerca do repouso semanal remunerado, julgue o seguinte item.

Empregado que exerce cargo de confiança em uma empresa não possui direito ao repouso semanal remunerado, em razão de exercer função diferenciada e receber remuneração adequada a essa função.

( ) Certo
( ) Errado

72. (Vunesp – Advogado – Pref. de Arujá – SP/2019) Carlos Eduardo, empregado da Serviços Gerais Ltda., trabalhou no período de dezembro de 2017 a janeiro de 2019, e pretende ingressar com Reclamatória Trabalhista. Para tanto, procura um advogado para saber se possui direito a receber algum valor por supressão do horário de intervalo intrajornada, vez que gozava apenas de 30 minutos diários. Com base nessas informações, assinale a alternativa correta.

A) Carlos Eduardo faz jus ao pagamento de uma hora diária com 50% de acréscimo sobre a hora normal, com natureza salarial.

B) Carlos Eduardo faz jus ao pagamento de 30 minutos diários com 50% de acréscimo sobre a hora normal, com natureza indenizatória.

C) Carlos Eduardo faz jus ao pagamento de uma hora diária com 100% de acréscimo sobre a hora normal, com natureza indenizatória.

D) Carlos Eduardo faz jus ao pagamento de 30 minutos diários com 100% de acréscimo sobre a hora normal, com natureza indenizatória.

E) Carlos Eduardo faz jus ao pagamento de 30 minutos diários com 50% de acréscimo sobre a hora normal, com natureza salarial.

73. (Vunesp – Advogado – Pref. de Arujá – SP/2019) A empresa Serviços Totais Ltda. quer firmar acordo individual com os empregados para instituir Banco de Horas para compensação das horas extraordinárias. Para que esse acordo tenha validade, é preciso que seja pactuado

A) por escrito, desde que a compensação ocorra no período máximo de 30 dias.

B) por escrito, desde que a compensação ocorra no período máximo de um ano.

C) por escrito, desde que a compensação ocorra no período máximo de seis meses.

D) verbalmente ou por escrito, desde que a compensação ocorra no período máximo de seis meses.

E) verbalmente ou por escrito, desde que a compensação ocorra no período máximo de um ano.

74. (FCC – Advogado – AFAP/2019) Ana, com 40 anos de idade, é secretária da Empresa de Cobrança X Ltda. e possui direito ao gozo de férias. Seu empregador propôs que, ao invés de usufruir 30 dias corridos de férias, Ana usufrua-as de forma fracionada, em três períodos, para que a empresa não fique com a vaga desfalcada. De acordo com a legislação vigente,

A) não há necessidade da concordância de Ana para que as férias sejam usufruídas em até três períodos, sendo que um deles não poderá ser inferior a 15 dias corridos e os demais não poderão ser inferiores a 5 dias corridos, cada um.

B) não há necessidade da concordância de Ana para que as férias sejam usufruídas em até três períodos, sendo que um deles não poderá ser inferior a 14 dias corridos e os demais não poderão ser inferiores a 5 dias corridos, cada um.

C) desde que haja concordância de Ana, as férias poderão ser usufruídas em até três períodos, sendo que um deles não poderá ser inferior a 15 dias corridos e os demais não poderão ser inferiores a 5 dias corridos, cada um.

D) desde que haja concordância de Ana, as férias poderão ser usufruídas em até três períodos, sendo que um deles não poderá ser inferior a 14 dias corridos e os demais não poderão ser inferiores a 5 dias corridos, cada um.

E) desde que haja concordância de Ana, as férias poderão ser usufruídas em até dois períodos, sendo que um deles não poderá ser inferior a 14 dias corridos.

75. (UFPR – Analista – Direito – Itaipú Binacional/2019) Acerca da jornada de trabalho e do teletrabalho, assinale a alternativa correta.

A) O tempo despendido pelo empregado desde a sua residência até a efetiva ocupação do posto de trabalho e para o seu retorno, quando fornecido pelo empregador, será computado na jornada de trabalho, por ser tempo à disposição deste.

B) A remuneração da hora extra será, pelo menos, 100% (cem por cento) superior à da hora normal.

C) É lícito o regime de compensação de jornada estabelecido por acordo individual, tácito ou escrito, para a compensação no mesmo mês.

D) O comparecimento às dependências do empregador para a realização de atividades específicas que exijam a presença do empregado no estabelecimento descaracteriza o regime de teletrabalho.

E) A hora do trabalho noturno será computada como de cinquenta e quatro minutos e trinta segundos.

76. (Fundep – Advogado – Pref. de Ervália – MG/2019) A Constituição Federal de 1988, em seu artigo 7º, inciso XVII, assegura o direito ao "gozo de férias anuais remuneradas com, pelo menos, um terço a mais do que o salário normal".

Acerca de referido direito, é incorreto afirmar:

A) A época da concessão das férias será a que melhor atenda aos interesses do empregador.

B) Após cada período de 12 (doze) meses de vigência do contrato de trabalho, o empregado terá direito a férias, na proporção de 24 (vinte e quatro) dias corridos, quando houver tido de 6 (seis) a 14 (quatorze) faltas ou 30 (trinta) dias corridos, quando não houver faltado ao serviço mais de 5 (cinco) vezes, entre outros.

C) É vedado o início das férias no período de dois dias que antecedem feriado ou dia de repouso semanal remunerado.

D) As férias coletivas poderão ser concedidas a todos os empregados de uma empresa ou de determinados estabelecimentos ou setores da empresa e deverão ser gozadas em um único período anual, desde que não seja inferior a 15 (quinze) dias corridos.

12.2. Questões discursivas

1. (TRT 23ª REGIÃO – 2012) Considerando a Constituição Federal /88 acerca da duração do trabalho normal em 44 horas semanais, discorra da possibilidade de ocorrência da "jornada semanal" de 45 horas no Brasil, sob à perspectiva do § 1º do artigo 58 da CLT.

2. (TRT 2ª REGIÃO – 2013) O trabalhador "T", operário da construção civil, foi contratado para trabalhar das 8:00 às 17:00 horas com 1:00 hora de intervalo.

Determinado dia, depois de cumprir integralmente sua jornada de trabalho recebeu ordem de seu superior hierárquico imediato no sentido de prorrogar até às 22 horas, sob o fundamento de que havia necessidade de concluir serviço inadiável (conclusão da laje de concreto de um edifício em construção).

A inexecução do trabalho acarretaria enorme prejuízo face à perda do material já concretado.

"T" alegando esgotamento físico recusa o cumprimento da ordem e deixa o trabalho no término de sua jornada normal (17:00 horas).

Sabe-se que não há acordo de prorrogação de horas firmado entre as partes ou norma coletiva versando sobre o tema.

Diante da situação hipotética responda objetivamente e nesta ordem:

Há falta grave do empregado?

Fundamente a resposta anterior.

12.3. Gabarito das questões objetivas

Gab.		Fundamentação legal e jurisprudencial	Onde encontro no livro?	Observação eventual
1	E	CLT. Art. 73, § 2º	a) Item 7	–
2	E	a) TST. Súmula nº 423	a) Item 3.9	–
		b) TST. Súmula nº 366	b) Item 2	
		c) TST. Súmula nº 360	c) Item 3.9, alínea "a"	
		d) TST. Súmula nº 265	d) Parte I, Capítulo VIII, Item 1.5, alínea "d"	
		e) TST. OJ SDI-1 nº 410	e) Item 8.5, alínea "c"	

Gab.		Fundamentação legal e jurisprudencial	Onde encontro no livro?	Observação eventual
3	B	CLT. Art. 59, *caput*	Item 3.1	–
4	C	TST. Súmula nº 60, II	Item 7.3	–
5	A	CLT. Art. 71, § 1º	Item 8.1	–
6	A	CLT. Art. 131, I c/c Art. 473, IX. TST. Súmula nº 89	Item 9.3, alínea "a"	–
7	D	TST. Súmula nº 423	Item 3.9	–
8	C	TST. Súmula nº 431	Item 5.1	–
9	C	CLT. Art. 137 e art. 487, § 1º	Item 9.9	Com a integração do aviso-prévio ao tempo de serviço, totaliza-se 2 anos, 6 meses e 26 dias. Como a dispensa ocorreu depois do findo o prazo concessivo do primeiro período de férias, deve ser pago em dobro. O seguinte, paga-se de forma simples e o último, que não se completou, indeniza-se de forma proporcional, tudo acrescido de 1/3
10	C	CLT. Art. 146, parágrafo único	Item 9.9	Considerando 6 meses e 26 dias e este último superior a 14 dias, conta-se como mais um mês
11	D	TST. Súmula nº 429	Item 2	–
12	A	CLT. Art. 71, § 1º	Item 8.1	-
13	C	CLT. Art. 59, § 3º	Item 3.5	–
14	B	Lei nº 8.906/94. Art. 20, § 3º	Item 7	–
15	D	I – TST. Súmula nº 117	Item 6.1, alínea "c"	–
		II – TST. Súmula nº 129	II – Parte I, capítulo V, item 5.2	
		III – TST. Súmula nº 119	III – Item 6.1, alínea "c"	
		IV – TST. Súmula nº 386	IV – Parte I, capítulo IV, item 2.5, alínea "b"	
16	B	I – CF/88. Art. 7º, XIII	I – Item 2	Jornada semanal de 42 horas (6 x 7)
		II – TST. Súmula nº 146	II – Item 8.5, alínea "c"	Terá direito ao valor do trabalho no domingo, em dobro
		III – TST. Súmula nº 146	III – Item 8.5, alínea "c"	–
		IV – TST. Súmula nº 146	IV – Item 8.5, alínea "c"	
17	A	a) CLT. Art. 136, § 2º	a) Parte I, capítulo IV, item 4.2	-
		b) CLT. Art. 140	b) Item 9.8	
		c) TST. Súmula nº 261	c) Item 9.9	
		d) CLT. Art. 130, IV	d) Item 9.3, alínea "a"	
		e) CLT. Art. 149	e) Item 9.10	

Gab.		Fundamentação legal e jurisprudencial	Onde encontro no livro?	Observação eventual
18	D	CLT. Art. 473, I, II e IV; e Art. 130, I	Parte I, Capítulo VIII, Item 2.3 "a"; e Item 9.3 "a"	
19	C	a) Lei Complementar nº 7. Art. 10, parágrafo único	a) Item 6	
		b) Lei nº 8.213/91. Art. 70	b) Item 6	
		c) TST. Súmula nº 151	c) Item 9.5	
		d) Lei nº 10.101/2000. Art. 3º	d) Parte I, Capítulo VI, Item 6.4 "A"	
		e) CLT. Art. 457, § 2º	e) Parte I, Capítulo VI, Item 6.2	
20	E	CLT. Art. 66	Item 8.3	
21	B	I. TST. Súmula nº 81	I. Item 9.5	
		II. TST. Súmula nº 261	II. Item 9.8	
		III. TST. Súmula nº 253	III. Parte I, Capítulo VI, Item 5.2	
		IV. TST. Súmula nº 46	IV. Item 9.3 "c"	
22	A	CLT. Art. 133, I	Item 9.3 "b"	
23	E	a) CLT. Art. 59, § 2º	a) Item 3.4	A Lei nº 13.467/17 revogou expressamente o § 4º do art. 59 da CLT.
		b) CLT. Art. 59 § 4º	b) Item 3.3	
		c) CLT. Art. 62, II, parágrafo único	c) Item 4.2	
		d) CLT. Art. 66	d) Item 8.3	
		e) CLT. Art. 59, *caput*	e) Item 3.1	
24	C	a) CLT. Art. 74, § 2º	a) Item 2.2	
		b) CLT. Art. 74, § 2º	b) Item 2.2	
		c) TST. Súmula nº 338, I	c) Item 2.2	
		d) TST. Súmula nº 338, II	d) Item 2.2	
		e) CLT. Art. 58, § 1º	e) Item 2	
25	B	a) CLT. Art. 130, *caput*	a) Item 9.1	A Lei nº 13.467/17 revogou expressamente o § 2º do art. 134 da CLT.
		b) CLT. Art. 133, IV	b) Item 9.3 "b"	
		c) CLT. Art. 134, § 2º	c) Item 9.3 "d"	
		d) CLT. Art. 136, *caput* e § 1º	d) Item 9.3	
		e) CLT. Art. 143, *caput* e § 1º	e) Item 9.6	
26	A	a) CLT. Art. 71, *caput*	a) Item 8.1	Sexta– feira: 30 min antes
		b) CLT. Art. 59, *caput*	b) Item 3	Segunda-feira: 1h:30min de hora extra
		c) CLT. Art. 58, § 1º	c) Item 2	Quarta-feira: 06 min adiantado
		d) CLT. Art. 58, § 1º	d) Item 2	Quinta-feira: 06 min adiantado

Gab.		Fundamentação legal e jurisprudencial	Onde encontro no livro?	Observação eventual
27	B	a) CLT. Art. 130, I	a) Item 9.3 "a"	
		b) CLT. Art. 130, III	b) Item 9.3 "b"	
		c) TST. Súmula nº 171	c) Item 9.9	
		d) TST. Súmula nº 81	d) Item 9.5	
		e) CLT. Art. 138	e) Item 9	
28	B	a) TST. Súmula nº 261	a) Item 9.9	
		b) TST. Súmula nº 261	b) Item 9.9	
		c) TST. Súmula nº 261	c) Item 9.9	
		d) TST. Súmula nº 261	d) Item 9.9	
		e) TST. Súmula nº 261	e) Item 9.9	
29	C	TST. Súmula nº 118	Item 8.1	
30	A	a) CLT. Art. 130, III	a) Item 9.3, alínea "a"	
		b) CLT. Art. 392	b) Parte I, Capítulo VIII, Item 2.6, alínea "f"	
30	A	c) CLT. Art. 392-A, *caput*	c) Parte I, Capítulo VIII, Item 2.6, alínea "f"	
		d) CLT. Art. 71, *caput* e § 1º	d) Item 8.1	
		e) STF. Súmula nº 402; TST. Súmula nº 140	e) Item 7.1	
31	B	a) CLT. Art. 134, *caput*	a) Item 9.3	A Lei nº 13.467/17 revogou expressamente o art. 130-A da CLT.
		b) CLT. Art. 143, *caput*	b) Item 9.6	
		c) CLT. Art. 130-A	c) Item 9.4	
		d) CLT. Art. 132	d) Item 9.3	
		e) CLT. Art. 133, IV	e) Item 9.3, alínea "c"	
32	E	CLT. Art. 58-A	Item 2.1	
33	C	CLT, art. 58, § 2º	Item 3.6	
34	C	CLT, art. 71, §4º	Item 8.4	
35	C	a) TST. Súmula nº 27 b) TST. Súmula nº 351 c) TST. SDI-1. OJ nº 103 d) TST. Súmula nº 360 e) TST. SDI-1. OJ nº 394	Item 8.5	
36	E	CLT. Art 130, I	Item 9.3 "a"	
37	C	CLT. Art. 58-A	Item 2.1	
38	B	CLT. Art. 134, §3º	Item 9	
39	E	CLT. Art. 73, §2º	Item 7	

Gab.		Fundamentação legal e jurisprudencial	Onde encontro no livro?	Observação eventual
40	B	I– TST. Súmula nº 347	Item 5	
		II – TST. Súmula nº 118	Item 8.1	
		III – TST. Súmula nº 115	Item 5.3	
		IV – CLT. Art. 59, caput	Item 3.1	
41	D	CLT. Art. 58 §2º	Item 3.6	
42	C	CLT. Art. 4º §2º	Item 2, alínea "c"	
43	A	I – CLT. Art. 134, §1º.	Item 9.3 "d"	
		II – CLT. Art. 134, §3º	Item 9.3 "d"	
		III – CLT. Art. 136, §1º	Item 9.3	
		IV – CLT. Art. 136,§2º	Parte I, capítulo IV, item 4.2	
44	A	CLT. Art 71, §1º	Item 8.1	
45	E	CLT.Art 134, §3º	Item 9	
46	D	CLT. Art. 130, I	Item 9.3 "a"	
47	C	CLT. Art. 59, §1º e Art. 73, §1º	Item 7.2	
48	B	CLT. Art. 130, II	Item 9.3 "a"	
49	C	CLT. Art. 4º, §2º	Item 2, alínea "c"	
50	D	CLT. Art. 66	Item 8.3	
51	C	TST. OJ SDI-1 nº 355	Item 8.3	
52	E	CLT. Art. 4º, §2º, VIII	Item 2, alínea "c"	
53	C	CLT. Art. 134, § 1º	Item 9.3, alínea "d"	
54	B	a) TST. Súmula nº 140 b) TST. Súmula nº 112 c) TST. Súmula nº 60, I e Súmula nº 265 d) TST. Súmula nº 354 e) CLT. Art. 73	Item 7	
55	E	I – CLT. Art. 73	Item 7.1	
		II – Lei nº 8559/73. Art. 7º, parágrafo único	Item 7.5	
		III– TST. Súmula nº 265	Parte I, Capítulo VIII, Item 1.5, alínea "d"	
56	E	I – CLT. Art. 58-A	Item 2.1.	
		II – CLT. Art. 71,§ 4º	Item 8.4.	
		III – CLT. Art. 477-A	Parte I, Capítulo VIII, Item 3.19	

Gab.		Fundamentação legal e jurisprudencial	Onde encontro no livro?	Observação eventual
57	D	I – CLT. Art. 457, §2º	Parte I, Capítulo VI. Item 6	
		II – CLT. Art. 134, §1º	Item 9.3 "d"	
		III – CLT. Art. 461, §1º	Parte I, Capítulo VI. Item 9.4	
		IV – CLT. Art. 71, §4º	Item 8.4	
58	D	a) CLT. Art. 58, §2º	Item 3.6	
		b) CLT. Art. 58-A, §3º	Item 2.1	
		c) CLT. Art. 71, §4º	Item 8.4	
		d) CLT. Art. 62, III	Item 4.3	
		e) CLT. Art. 59-B	Item 3.4 "a"	
59	C	a) CLT. Art. 58-A	Item 2.1	
		b) CLT. Art. 58-A	Item 2.1	
		c) CLT. Art. 59, §6º	Parte I, Capítulo IV. Item 5.6 "c"	
		d) CLT. Art. 58-A, §1º	Item 2.1	
		e) CLT. Art. 58-A, §6º	Item 9.4	
60	D	a) CLT. Art. 130	Item 9.3 "a"	
		b) CLT. Art. 136	Item 9.3	
		c) CLT. Art. 135, §1º	Item 9.2	
		d) CLT. Art. 134, §3º	Item 9.3 "d"	
		e) CLT. Art. 134, §1º	Item 9.3 "d	
61	C	CLT. Art. 59, §5º	Item 3.5 "b"	
62	D	CLT. Art. 134, §1º	Item 9.3 "d"	
63	D	CLT. Art. 73, §1º §2º; TST. Sumula nº 60	Item 7	
64	C	jurisprudência	Item 8.1	
65	C	jurisprudência	Item 2.2	
66	E	CLT. Art. 58, §3º	Item 2.1	
67	E	CLT. Art. 58-A, §6	Item 9	
68	E	TST. Súmula 146	Item 8.5 C	
69	C	CLT. Art. 143	Item 9	
70	E	TST. Súmula 261	Item 9	
71	E	TST-E-RR-3453300-61.2008.5.09.0013	Item 9	
72	B	CLT. Art. 71, §4	Item 8	
73	C	Art. 59	Item 3.5	
74	D	CLT. Art. 134, §1	Item 9	
75	C	CLT. 59, §6º	Item 5.6 "c"	
76	D	CLT. Art. 139, §1	Item 9	

12.4. Gabarito das questões discursivas

Item	Fundamentação legal, jurisprudencial ou doutrinária	Onde encontro no livro
1	A jornada normal máxima de trabalho prevista na Constituição Federal de 1988 é de quarenta e quatro horas por semana. Assim, a regra é no sentido de não ser possível pré-contratar uma jornada de trabalho extra, ainda que seja de mais uma hora por semana. No § 1º, art. 58, da CLT, não se reconhece como jornada extraordinária variação de registro de horário que não ultrapasse cinco minutos, observado o limite máximo de dez minutos. Ora, ao se admitir dez minutos por dia de variação, considerando que seja observado esse acréscimo em todos os seis dias da semana, a jornada poderia ser elevada para 45 horas por semana. Contudo, o que deve ser levado em consideração é o comando legal que determina desconsiderar esses dez minutos, seja para acrescer, seja para ser descontada da jornada, a depender do caso. Significa a adoção expressa pelo legislador do princípio da razoabilidade que despreza pequenos intervalos para mais ou para menos no registro do horário de trabalho. Não implica autorização de uma jornada de trabalho de quarenta e cinco horas por semana, que pode de fato acontecer, como pode ocorrer também de o empregado trabalhar apenas quarenta e três horas e não ser descontado nenhum valor de sua remuneração. Desse modo, essa ficção jurídica não pode ser confundida com a possibilidade de o empregador exigir que o empregado trabalhe quarenta e cinco horas por semana, nem pode configurar direito do empregado de trabalhar apenas quarenta e três horas semanais.	Item 2
2	No Brasil, a jornada extraordinária jamais pode ser pré-contratada. Todavia, o trabalho extraordinário pode ser objeto de acordo individual destacado do contrato de trabalho ou na hipótese de necessidade imperiosa de serviço. No primeiro caso, por obvio, é necessária a concordância do empregado no sentido de extrapolar sua jornada de trabalho obtida por meio do citado acordo individual. Na segunda hipótese o empregado é obrigado a realizar as horas extras, independentemente de sua vontade. Isso significa que o empregado pode se recusar o trabalho extra, sem que esse procedimento seja classificado como insubordinação ou indisciplina, quando se tratar de jornada extraordinária contratual. Se for a hipótese de necessidade imperiosa, a recusa do empregado pode ser enquadrada na figura de justa causa já mencionada. Observe-se contudo, que uma coisa é recusar o trabalho necessário; outra coisa é apontar um motivo justo que impeça o empregado de trabalhar além do seu horário normal. Como na questão proposta, se realmente o empregado encontra-se fatigado, isso representa um motivo justo que afasta a possibilidade de ser enquadrado como justa causa. Mesmo porque a prestação de serviços sob os efeitos da fadiga aumenta as chances de acontecer um acidente de trabalho. Então, em resposta à pergunta, será falta grave do empregado se ele estiver utilizando o argumento da fadiga sem que isso represente o seu verdadeiro estado físico e mental.	Itens 3.1 e 3.2

CAPÍTULO VIII

ALTERAÇÃO, SUSPENSÃO, INTERRUPÇÃO E EXTINÇÃO DO CONTRATO DE TRABALHO

Sumário • 1. Alterações do contrato de trabalho: 1.1. Espécies de alteração contratual: A. Alteração objetiva e subjetiva; B. Alteração individual e coletiva; C. Alteração unilateral e bilateral; 1.2. Alteração ilícita do contrato de trabalho: A. Alterações legais; B. Alterações no âmbito dos contratos firmados pela administração pública; 1.3. Efeitos da alteração ilícita: A. Prescrição total em alteração ou descumprimento contratual; B. Prescrição parcial em alteração ou descumprimento contratual; 1.4. *Ius variandi* do empregador e o *ius resistentiae* do empregado: A. Pacta sunt servanda; B. Cláusula rebus sic stantibus; 1.5. Cláusulas substanciais do contrato de trabalho: A. Remoção; B. Reversão; C. Promoção e rebaixamento; D. Alteração no horário de trabalho; E. Redução de remuneração; 1.6. Transferência do local de trabalho: A. Conceito e delimitação; B. Legalidade da transferência; C. Exceções: – Função de confiança; – Cláusula de transferência implícita no contrato de trabalho; – Cláusula explícita de transferência no contrato de trabalho; – Fechamento do estabelecimento; – Caso fortuito e força maior; – Real necessidade de serviço; D. Transferência definitiva e provisória; E. Adicional de transferência – 2. Suspensão e interrupção do contrato de trabalho: 2.1. Conceito; 2.2. Caracterização; 2.3. Distinções; 2.4. Casos de interrupção do contrato de trabalho: A. Faltas ao serviço; B. *Lockout*; C. Incapacidade para o trabalho por até 15 dias; D. Membro de comissão de conciliação prévia; E. Outras causas de interrupção; F. Faltas abonadas X faltas justificadas; 2.5. Causas de suspensão do contrato de trabalho: A. Suspensão disciplinar do empregado; B. Aposentadoria por incapacidade permanente; C. Incapacidade por tempo superior a quinze dias; D. Eleição para o cargo de diretor; E. Mulher em situação de violência doméstica ou familiar; F. Outros casos de suspensão; 2.6. Situações especiais: A. Participação em movimento grevista; B. Acidente do trabalho – doença ocupacional; C. Plano de saúde; D. Serviço militar obrigatório e outros encargos públicos; E. Suspensão para qualificação profissional – *Lay-off*; F. Licença-maternidade; G. Afastamento de dirigente sindical; H. Contrato por prazo determinado; 2.7. Efeitos da suspensão e da interrupção do contrato de trabalho: A. Impossibilidade de extinção do contrato de trabalho; B. Garantias quando do retorno ao serviço; C. Férias; D. Prescrição – 3. Cessação do contrato de emprego: 3.1. Causas e classificação: A. Extinção normal do contrato de trabalho; B. Distrato do contrato de trabalho; C. Outras causas de extinção do contrato de trabalho; 3.2. Rescisão unilateral: resilição contratual: A. Despedida do empregado; B. Natureza jurídica da despedida do empregado; C. Limites para o exercício; D. Demissão do empregado; E. Plano de Demissão Voluntária – PDV; 3.3. Aposentadoria; A. Conceito; B. Denominação; C. Espécies; D. Aposentadoria como causa extintiva do contrato de trabalho; 3.4. Força maior; 3.5. Falência, recuperação judicial e extrajudicial; 3.6. *Factum principis*; 3.7. Morte; 3.8. Despedida por justa causa; 3.9. Exceção do contrato não cumprido; 3.10. Vínculo de confiança; 3.11. Pressupostos e requisitos para aplicação da justa causa: A. Tipicidade; B. Autoria e materialidade; C. Nexo de causalidade; D. Imediatidade; E. Proporcionalidade; 3.12. Espécies: A. Ato de improbidade; B. Incontinência de conduta e mau procedimento; C. Negociação habitual; D. Condenação criminal; E. Desídia; F. Embriaguez habitual ou em serviço; G. Violação de segredo; H. Ato de indisciplina e de insubordinação; I. Abandono de serviço; J. Ato lesivo da honra ou da boa fama; L. Ofensas físicas; M. Prática constante de jogos de azar; N. Perda da habilitação profissional; O. Justas causas especiais: – Inobservância de normas de segurança e medicina do trabalho; – Insuficiência de rendimento do aprendiz; – Maus-tratos praticados pelo empregado doméstico; – Uso indevido do vale-transporte; 3.13. Efeitos da alegação de prática de falta; 3.14. Efeitos da sentença crime no processo do trabalho; 3.15. Despedida indireta: A. Exigir serviço superior às forças do empregado; B. Trabalho proibido e contrário aos bons costumes; C. Inadimplemento contratual; D. Tratamento com rigor excessivo; E. Ato lesivo à honra; F. Perigo manifesto de mal considerável; G. Ofensas físicas; 3.16. Culpa recíproca; 3.17. Falta grave; 3.18. Extinção do contrato de trabalho do adolescente; 3.19. Dispensa coletiva – 4. Obrigações decorrentes da cessação do contrato de emprego: 4.1. Indenização por tempo de serviço; 4.2. Indenização adicional; 4.3. Aviso-prévio: A. Conceito; B. Aviso-prévio proporcional; C. Aviso-prévio do empregado; D. Natureza jurídica; E. Obrigações derivadas do contrato de trabalho; F. Jornada reduzida; G. Efeitos do aviso-prévio; H. Valor do aviso-prévio indenizado; 4.4. Multa do art. 477 da Consolidação das Leis do Trabalho: A. Falência e recuperação judicial; B. Pagamento parcial; 4.5. Aviso-prévio "cumprido em casa"; 4.6. Multa do art. 467 da Consolidação das Leis do Trabalho; 4.7. Procedimentos e direitos concernentes à cessação do contrato: A. Quitação de parcelas trabalhistas; B. Eficácia liberatória; 4.8. Prescrição: A. Prazo prescricional fixado pela CF/88 e CLT; B. Termo inicial;

C. Aspectos processuais; D. A prescrição do Código Civil; E. FGTS; F. Interrupção e suspensão da prescrição; G. Incapazes; H. Dano moral; I. Acidente do trabalho e doença ocupacional; J. Súmulas e Orientações Jurisprudenciais do TST e prescrição; 4.9. Decadência; 4.10. Despedida sem justa causa: A. Parcelas rescisórias; B. Seguro-desemprego: – Requisitos para concessão; – Suspensão do pagamento e cancelamento; – Situações especiais; 4.11. Demissão; 4.12. Despedida por justa causa; 4.13. Despedida indireta; 4.14. Culpa recíproca; 4.15. Fim do contrato por prazo determinado; 4.16. Aposentadoria; 4.17. Falência, recuperação judicial e extrajudicial; 4.18. Força maior – 5. Quadro sinóptico – 6. Informativos do TST sobre a matéria – 7. Questões: 7.1. Questões objetivas; 7.2. Questões discursivas; 7.3. Gabarito das questões objetivas.

1. ALTERAÇÕES DO CONTRATO DE TRABALHO

A questão relativa às alterações das cláusulas do contrato de trabalho ou, em outras palavras, das condições de trabalho decorrentes da execução da prestação de serviço, é de grande discussão nos meios acadêmicos e nos tribunais.

Tal fato ocorre porque o contrato de trabalho é de trato sucessivo, ou seja, sua execução não se limita à prática de um único ato, característica do contrato instantâneo. Ao contrário, a execução das obrigações decorrentes do pacto laboral prolonga-se no tempo.

Por conta dessa característica, é natural que as condições de trabalho se alterem com o passar do tempo, para se adaptar à realidade fática, bem como às condições econômicas, técnicas, financeiras e sociais de cada época.

Ocorre que nem toda alteração nas cláusulas contratuais é permitida pela legislação pátria, **principalmente quando não for bilateral e provocar prejuízo para o obreiro.**

O debate decorre do confronto entre dois institutos: o *ius variandi* do empregador e o *ius resistentiae* do empregado. Pelo primeiro, o empregador, no exercício do seu poder diretivo, pode alterar as condições de trabalho, enquanto que o segundo revela a possibilidade de o empregado resistir às alterações ilícitas.

No ordenamento jurídico nacional, a regulamentação do tema encontra-se insculpida no art. 468 e seguintes da Consolidação das Leis do Trabalho.

1.1. Espécies de alteração contratual

A complexidade do contrato de trabalho, gerador de um grande número de obrigações de diversas espécies, possibilita que haja um número indefinido de variações das condições de trabalho durante a sua execução.

Por conta disso e para melhor sistematizar o seu estudo, as alterações nas referidas condições de labor são classificadas em: objetiva e subjetiva; individual e coletiva; unilateral e bilateral, que passam a ser analisadas a seguir.

A. Alteração objetiva e subjetiva

O contrato de trabalho é, em regra, de natureza *intuitu personae* em relação à figura do empregado. Desse modo, não se concebe que se substitua a pessoa do prestador de serviços, sem que isso implique extinção ou suspensão do contrato de trabalho respectivo.

Tal não ocorre, todavia, no que diz respeito à mudança do empregador, fenômeno conhecido como sucessão de empresas ou sucessão de empregadores, já estudado anteriormente.

Trata-se de alteração subjetiva do contrato de trabalho, que em nada afeta o pacto laboral, conforme conteúdo do art. 10, combinado com o art. 448 da Consolidação das Leis do Trabalho, salvo quando o empregador é pessoa física e desenvolve uma atividade empresarial personalíssima.

Em algumas situações especiais, determinadas condições de trabalho podem ser alteradas pelo empregador enquanto estiver em vigor o vínculo empregatício.

As condições de trabalho existentes no início da execução do pacto laboral são a ele incorporadas sob forma de cláusulas contratuais.

As alterações dessa espécie **são denominadas de alterações objetivas,** pois dizem respeito às condições ou cláusulas do pacto laboral, como jornada de trabalho, remuneração etc.

B. Alteração individual e coletiva

As modificações das condições de trabalho podem ocorrer na órbita do empregado individualmente considerado (alteração individual) ou de caráter genérico, nos casos em que afetam todos ou parte dos trabalhadores da empresa (alteração coletiva).

A legislação é omissa e a doutrina pouco explora a divisão das alterações contratuais em individuais e coletivas. A alteração nas condições de trabalho de determinado empregado deve ser analisada com maior critério, **sob o enfoque do princípio protetivo e com interpretação extensiva na norma jurídica**, pois pode representar perseguições do empregador em face do trabalhador injustamente discriminado, no sentido de coagi-lo a pedir demissão.

Já as alterações nas condições de trabalho de todos ou de um grupo de empregados de determinada empresa e/ou estabelecimento, geralmente, não representam o exercício do poder de pressão econômica do empregador e sim a manifestação do seu poder diretivo.

Assim, em regra, essa espécie de alteração contratual não tem conotação discriminatória, fato que permite uma **interpretação restritiva** das normas proibitivas relativas às alterações contratuais, desde que não provoquem prejuízos aos empregados.

Em caso de alteração no regulamento da empresa prejudicial aos empregados, **a mudança só regerá os contratos firmados a partir de então**, de conformidade com a jurisprudência consolidada do Tribunal Superior do Trabalho, representada pela Súmula nº 51:

> **SÚMULA Nº 51.** NORMA REGULAMENTAR. VANTAGENS E OPÇÃO PELO NOVO REGULAMENTO. Art. 468 DA CLT. (incorporada a Orientação Jurisprudencial nº 163 da SDI-1) – Res. 129/2005 – DJ 20.04.2005. I – As cláusulas regulamentares, que revoguem ou alterem vantagens deferidas anteriormente, só atingirão os trabalhadores admitidos após a revogação ou alteração do regulamento. (ex-Súmula nº 51 – RA 41/73, DJ 14.06.1973); II – Havendo a coexistência de dois regulamentos da empresa, a opção do empregado por um deles tem efeito jurídico de renúncia às regras do sistema do outro. (ex-OJ nº 163 – Inserida em 26.03.1999).

C. Alteração unilateral e bilateral

A alteração contratual pode decorrer de ato unilateral do empregador ou do acordo de vontade entre este e o empregado. No primeiro caso, tem-se a hipótese da alteração unilateral e, no segundo, a alteração bilateral das condições de trabalho.

Pela regra contida no art. 468 da Consolidação das Leis do Trabalho, só é lícita a alteração das condições de trabalho se decorrer do acordo de vontades e, ainda assim, se ela não provocar prejuízo, direto ou indireto, para o empregado hipossuficiente.[1]

Entretanto, o exercício do *ius variandi* do empregador admite algumas alterações nas cláusulas não substâncias do contrato de trabalho, mesmo sem a concordância do empregado.

1.2. Alteração ilícita do contrato de trabalho

Em boa parte dos casos de alteração contratual, só a análise individual poderá identificar a existência ou não de ilicitude.

Como existe uma gama de relações de emprego e cada uma delas é formada por um feixe de condições de trabalho, o papel da jurisprudência é importantíssimo para preencher as lacunas que existem na lei. Deve-se atentar, nessas situações, para o princípio da razoabilidade e considerar a impossibilidade de alteração das condições de trabalho essenciais.

ATENÇÃO! Para que a alteração contratual seja considerada LÍCITA, segundo o artigo 468 da CLT, é necessária a presença de DOIS requisitos: mútuo consentimento na alteração e ausência de prejuízo para o empregado hipossuficiente.

A. *Alterações legais*

A Consolidação das Leis do Trabalho manifesta-se sobre hipóteses específicas de alteração contratual, como a reversão ao cargo efetivo (art. 468, § 1º, da CLT) e a transferência de local de trabalho (art. 469 da CLT).

A Constituição Federal vigente trata da possibilidade da redução salarial (CF/88, art. 7º, VI). Isso não significa que as demais espécies de alterações são admitidas, pois a relação apresentada pela norma legal justifica-se em face da sua importância, por se tratar de alterações de condições substanciais do pacto laboral.

Também é lícita a alteração contratual decorrente da **necessidade de readaptação** do empregado às novas funções por conta de **limitações na sua capacidade física ou mental** decorrentes **de acidente ou de doença,** na forma prevista pelo art. 62, § 2º da Lei nº 8.213/91, com redação dada pela Lei nº 13.846/19:

> **Art. 62.** 2º A alteração das atribuições e responsabilidades do segurado compatíveis com a limitação que tenha sofrido em sua capacidade física ou mental não configura desvio de cargo ou função do segurado reabilitado ou que estiver em processo de reabilitação profissional a cargo do INSS.

Há a hipótese, também, da alteração do contrato de trabalho ser provocada pela própria norma jurídica.

1. CLT. Art. 468: Nos contratos individuais de trabalho só é lícita a alteração das respectivas condições por mútuo consentimento, e, ainda assim, desde que não resultem, direta ou indiretamente, prejuízos ao empregado, sob pena de nulidade da cláusula infringente desta garantia.

Seguindo a teoria contratual da relação de emprego, a lei posterior deve respeitar o ato jurídico perfeito.

Nesse sentido, o item III da Súmula nº 191 do TST:

> **SÚMULA Nº 191**. ADICIONAL DE PERICULOSIDADE. INCIDÊNCIA. BASE DE CÁLCULO (cancelada a parte final da antiga redação e inseridos os itens II e III) – Res. 214/2016, DEJT divulgado em 30.11.2016 e 01 e 02.12.2016 III – A alteração da base de cálculo do adicional de periculosidade do eletricitário promovida pela Lei nº 12.740/2012 atinge somente contrato de trabalho firmado a partir de sua vigência, de modo que, nesse caso, o cálculo será realizado exclusivamente sobre o salário básico, conforme determina o § 1º do art. 193 da CLT.

Caso contrário, entendendo-se que a relação empregatícia **não decorre de um negócio jurídico**, os direitos trabalhistas perdem a sua natureza contratual e eventual inobservância por parte do empregador deixa de ser considerada como mero inadimplemento e **passa a ser classificado como ato ilícito.**

Não havendo ato negocial entre a lei e a relação de emprego, qualquer alteração na fonte normativa tem efeito imediato (esse tema já foi minuciosamente analisado no item 5.3, "a", Capítulo I desta obra).

B. Alterações no âmbito dos contratos firmados pela administração pública

As alterações contratuais efetivadas no âmbito do contrato de trabalho dos servidores públicos celetistas devem ser interpretadas não só de acordo com os princípios trabalhistas, **mas também com a incidência dos princípios norteadores da administração pública, notadamente o da legalidade.**

Tal procedimento implica **relativizar o *ius resistentiae*** dessa espécie de trabalhador, para reconhecer a licitude de certas alterações contratuais, como ocorre, por exemplo, com a decisão que determina o retorno do servidor à jornada de trabalho inicialmente pactuada:

> **TST. SDI-1. OJ Nº 308.** JORNADA DE TRABALHO. ALTERAÇÃO. RETORNO À JORNADA INICIALMENTE CONTRATADA. SERVIDOR PÚBLICO. O retorno do servidor público (administração direta, autárquica e fundacional) à jornada inicialmente contratada não se insere nas vedações do art. 468 da CLT, sendo a sua jornada definida em lei e no contrato de trabalho firmado entre as partes.

De igual forma, se a administração pública reajusta o salário do servidor e faz o respectivo pagamento durante determinado período de tempo, a reversão à situação pretérita é possível desde que o referido aumento não tenha observado as prescrições legais, o que não ocorreria nas relações trabalhistas estritamente privadas.

1.3. Efeitos da alteração ilícita

A lei comina sanção de nulidade para a alteração contratual considerada ilícita.[2] Se isso acontecer, volta a prevalecer as condições anteriormente ajustadas pelas partes ou

2. TST. SDI-1. OJ Nº 208. Radiologista. Gratificação de Raios X. Redução. Lei nº 7.923/89. A alteração da gratificação por trabalho com raios X, de quarenta para dez por cento, na forma da Lei nº 7.923/89, não causou prejuízo ao

incorporadas ao contrato de trabalho, por força do princípio do conteúdo mínimo do pacto laboral ou do princípio da substituição automática das cláusulas nulas.

A regra geral é no sentido de que a licitude da alteração contratual depende da concordância do empregado hipossuficiente (alteração bilateral) e de que não lhe advenha prejuízo (art. 468 da CLT).

É um equívoco entender que o prejuízo ao qual se reportou o legislador limita-se ao de natureza financeira.

Segundo o Dicionário Eletrônico Aurélio,[3] prejuízo significa *ato ou efeito de prejudicar; dano*. O dano, evidentemente, não se restringe ao patrimônio material, mas se estende ao patrimônio moral do empregado.

Existem alterações contratuais que importam sujeição do empregado hipossuficiente a condições de trabalho mais perigosas ou insalubres, circunstância que provoca prejuízo à sua saúde, bem jurídico mais importante do que o seu patrimônio econômico.

Discute-se se a hipótese é de nulidade ou de anulabilidade da alteração contratual. Admitida a primeira, não há que se falar em prescrição do direito do empregado em postular a anulação do ato, pois, nessa qualidade, não prescreve o direito relativo à sua pretensão. No segundo caso, o direito de ação do trabalhador encontra-se sujeito aos prazos prescricionais fixados pela lei.

A teor do que dispõe o art. 9º[4] da CLT, são nulos de pleno direito **todos os atos que pretendem impedir ou fraudar a aplicação das normas protetivas do trabalho subordinado.**

O princípio da irrenunciabilidade também obsta que o empregado ajuste com o empregador condições de trabalho inferiores àquelas estabelecidas pelas normas estatais, salvo no caso do trabalhador hipersuficiente.

Conclui-se, dessa forma, que toda alteração nas condições de trabalho consideradas como essenciais e que importem violação das normas legais são consideradas nulas de pleno direito, desde que sejam prejudiciais ao **obreiro hipossuficiente.**

Já em relação ao **empregado hipersuficiente**, essa regra não se aplica se o ajuste afetar alguns dos direitos previstos no art. 611-A da CLT, na forma prevista pelo parágrafo único do art. 444 desse mesmo Diploma Legal:

> **Art. 444. Parágrafo único.** A livre estipulação a que se refere o caput deste artigo aplica-se às hipóteses previstas no art. 611-A desta Consolidação, com a mesma eficácia legal e preponderância sobre os instrumentos coletivos, no caso de empregado portador de diploma de nível superior e que perceba salário mensal igual ou superior a duas vezes o limite máximo dos benefícios do Regime Geral de Previdência Social.

---

trabalhador porque passou a incidir sobre o salário incorporado com todas as demais vantagens.

3. Dicionário Aurélio Eletrônico. Século XXI. Versão 3.0. Novembro de 1999. Lexikon Informática Ltda.

4. CLT. Art. 9º: Serão nulos de pleno direito os atos praticados com o objetivo de desvirtuar, impedir ou fraudar a aplicação dos preceitos contidos na presente Consolidação.

A. *Prescrição total em alteração ou descumprimento contratual*

O entendimento do TST constante da Súmula nº 294 situa-se em sentido de reconhecer a incidência da prescrição sobre as pretensões fundadas em alterações contratuais.

Assim, segundo o TST, se o direito violado não se encontra especificamente previsto na legislação, mas em normas profissionais, contrato individual, sentença normativa, regulamento de empresa etc., **a hipótese será de prescrição total.**

Isso quer dizer que a **prescrição atinge não só o ato, mas todos os seus efeitos, inclusive financeiros**:

> **SÚMULA Nº 294.** PRESCRIÇÃO. ALTERAÇÃO CONTRATUAL. TRABALHADOR URBANO (mantida) – Res. 121/2003, DJ 19, 20 e 21.11.2003. Tratando-se de demanda que envolva pedido de prestações sucessivas decorrente de alteração do pactuado, a prescrição é total, exceto quando o direito à parcela esteja também assegurado por preceito de lei.

Inclusive, esse posicionamento do TST inspirou o legislador no sentido de inserir o § 2º ao art. 11 da CLT, por meio da Lei nº 13.467/17:

> **Art. 11. § 2º** Tratando-se de pretensão que envolva pedido de prestações sucessivas decorrente de alteração ou descumprimento do pactuado, a prescrição é total, exceto quando o direito à parcela esteja também assegurado por preceito de lei.

Note-se que o novo dispositivo legal **é mais amplo** do que o entendimento constante da Súmula nº 294, pois envolve tanto os casos de **alteração quanto os de descumprimento do pactuado**, circunstância que deve levar o TST a mudar a redação do mencionado verbete.

O Enunciado nº 12, aprovado na 2ª Jornada de Direito Material e Processual do Trabalho contém tese defendendo a inconstitucionalidade do referido dispositivo legal:

> **ENUNCIADO Nº 12. PRESCRIÇÃO TOTAL. INCOMPATIBILIDADE COM O ARTIGO 7º, XXIX, DA CONSTITUIÇÃO FEDERAL**
>
> A PRESCRIÇÃO TOTAL, CONSUBSTANCIADA NO ARTIGO 11, § 2º, DA CLT, É INCOMPATÍVEL COM O ARTIGO 7º, XXIX, DA CONSTITUIÇÃO FEDERAL.

O TST ainda se manifesta sobre a prescrição total por intermédio das seguintes Súmulas e OJ's:

> **SÚMULA Nº 275.** PRESCRIÇÃO. DESVIO DE FUNÇÃO E REENQUADRAMENTO (incorporada a Orientação Jurisprudencial nº 144 da SBDI-1) – Res. 129/2005, DJ 20, 22 e 25.04.2005. II – Em se tratando de pedido de reenquadramento, a prescrição é total, contada da data do enquadramento do empregado. (ex-OJ nº 144 da SBDI-1 – inserida em 27.11.1998).
>
> **SÚMULA Nº 326.** COMPLEMENTAÇÃO DE APOSENTADORIA. PRESCRIÇÃO TOTAL. (nova redação) A pretensão à complementação de aposentadoria jamais recebida prescreve em 2 (dois) anos contados da cessação do contrato de trabalho.
>
> **SDI-1. OJ Nº 175.** COMISSÕES. ALTERAÇÃO OU SUPRESSÃO. PRESCRIÇÃO TOTAL. Inserida em 08.11.2000 (nova redação em decorrência da incorporação da Orientação Jurisprudencial nº 248 da SBDI-1, DJ 22.11.2005). A supressão das comissões, ou a alteração quanto à forma ou ao percentual, em prejuízo do empregado, é suscetível de operar a prescrição total da ação, nos termos da Súmula nº 294 do TST, em virtude de cuidar-se de parcela não assegurada por preceito de lei.

SDI-1. OJ Nº 242. PRESCRIÇÃO TOTAL. HORAS EXTRAS. ADICIONAL. INCORPORAÇÃO. Inserida em 20.06.01. Embora haja previsão legal para o direito à hora extra, inexiste previsão para a incorporação ao salário do respectivo adicional, razão pela qual deve incidir a prescrição total.

SDI-1. OJ Nº 243. PRESCRIÇÃO TOTAL. PLANOS ECONÔMICOS. Inserida em 20.06.01. Aplicável a prescrição total sobre o direito de reclamar diferenças salariais resultantes de planos econômicos.

B. *Prescrição parcial em alteração ou descumprimento contratual*

Se o direito do empregado violado por ato do empregador for garantido especificamente por lei, o prazo prescricional reinicia-se a cada parcela vencida e inadimplida, implicando **prescrição parcial**.

O entendimento do TST é até justificável, quando se trata de alteração contratual que provoque ofensa a direito resguardado por instrumentos normativos negociados, **cujas cláusulas não aderem definitivamente aos contratos individuais de trabalho.**

Diante dessa provisoriedade ou vigência temporal limitada, seria admissível a incidência da prescrição total. Contudo, o mesmo efeito não se observa no regulamento da empresa, cujas cláusulas aderem permanentemente aos contratos individuais de trabalho e qualquer modificação posterior só atinge os contratos de trabalho celebrados após a sua efetivação.

Há outras Súmulas do Tribunal Superior do Trabalho que tratam de questões semelhantes:

SÚMULA Nº 373. GRATIFICAÇÃO SEMESTRAL. CONGELAMENTO. PRESCRIÇÃO PARCIAL. (conversão da Orientação Jurisprudencial nº 46 da SDI-1) – Res. 129/2005 – DJ 20.04.2005. Tratando-se de pedido de diferença de gratificação semestral que teve seu valor congelado, a prescrição aplicável é a parcial. (ex-OJ nº 46 – Inserida em 29.03.1996)

SÚMULA Nº 275. PRESCRIÇÃO. DESVIO DE FUNÇÃO E REENQUADRAMENTO (incorporada a Orientação Jurisprudencial nº 144 da SBDI-1) – Res. 129/2005, DJ 20, 22 e 25.04.2005. I – Na ação que objetive corrigir desvio funcional, a prescrição só alcança as diferenças salariais vencidas no período de 5 (cinco) anos que precedeu o ajuizamento. (ex-Súmula nº 275 – alterada pela Res. 121/2003, DJ 21.11.2003)

SÚMULA Nº 327. COMPLEMENTAÇÃO DOS PROVENTOS DE APOSENTADORIA. DIFERENÇA. PRESCRIÇÃO PARCIAL. A pretensão a diferenças de complementação de aposentadoria sujeita-se à prescrição parcial e quinquenal, salvo se o pretenso direito decorrer de verbas não recebidas no curso da relação de emprego e já alcançadas pela prescrição, à época da propositura da ação.

Exemplo de questão sobre o tema

(Magistratura do Trabalho – TRT 3ª – 2012) A empresa X alterou unilateralmente o contrato de trabalho mantido com CARLOS ALBERTO e passou a lhe pagar salário inferior ao mínimo legal. A alteração foi mantida por período superior a cinco anos. Depois disso, ainda com o contrato de trabalho em curso, Carlos Alberto reclamou, na Justiça do Trabalho, o pagamento das diferenças salariais (do salário que efetivamente recebia, para o salário mínimo), desde a data da alteração, com reflexos. A prova produzida lhe foi favorável (ao autor). A empresa X – então reclamada – arguiu a prescrição. Assinale a alternativa CORRETA:

(A) A empresa X deverá ser condenada no pagamento das diferenças salariais postuladas, desde o início da alteração contratual.

(B) A empresa X deverá ser condenada no pagamento das diferenças salariais postuladas, observada a prescrição quinquenal.

(C) A empresa X não deverá ser condenada no pagamento das diferenças salariais postuladas, porque ocorreu prescrição quinquenal total.

(D) A empresa X não deverá ser condenada no pagamento das diferenças salariais postuladas, porque ocorreu prescrição bienal.

(E) Todas as alternativas estão incorretas.

Resposta: B

1.4. *Ius variandi* do empregador e o *ius resistentiae* do empregado

A relação de emprego é caracterizada pelo estado de subordinação jurídica do empregado hipossuficiente em relação ao empregador, que exerce o poder de direção de sua atividade econômica. Por conta disso, o empresário conduz a atividade do empregado, no exercício do seu poder de organização e de controle.

Daí deriva o direito do empregador de alterar determinadas condições de trabalho, que não sejam consideradas substanciais, de forma a melhorar o desempenho de sua atividade no contexto econômico, social, político etc.

Esse direito encontra seus limites no **direito de resistência** do empregado, que lhe permite não aceitar determinadas alterações nas condições essenciais ou substanciais para o desenvolvimento de sua atividade laboral, no exercício do seu *ius variandi*.

O Direito do Trabalho vive em um eterno dilema: autorizar a alteração contratual, em face da característica de trato sucessivo do contrato de trabalho, ou impedi-la, sob o fundamento de que a vontade do empregado encontra-se viciada. O importante, todavia, é fixar quais seriam as condições substanciais do contrato de trabalho, que variam de acordo com a natureza de cada atividade exercida pelo trabalhador.

Durante a vigência do contrato de trabalho raramente se observa o exercício do direito de resistência pelo **empregado hipossuficiente**, que evita contrariar o empregador para não perder o emprego. Geralmente só se observa o exercício efetivo do *ius resistentiae* quando o empregado é **detentor de estabilidade** ou quando se trata de **trabalhador hipersuficiente**.

De qualquer forma, o empregado sem estabilidade e na iminência de ver alterada, de forma ilícita, suas condições de trabalho, **pode requerer a rescisão indireta do contrato de trabalho,** conforme lhe faculta o art. 483 da Consolidação das Leis do Trabalho.

A. *Pacta sunt servanda*

As disposições contidas nas diversas fontes formais do Direito laboral incorporam-se ao contrato de trabalho em forma de cláusulas implícitas. Isso acontece também com as condições diretamente ajustadas entre os contratantes e as condições táticas de trabalho, desde que não contrariem o mínimo legal.

Constitui princípio basilar do Direito Civil o *pacta sunt servanda*, ou seja, o **princípio da força obrigatória dos contratos**. Tudo aquilo que ficou pactuado entre os acordantes deve ser obedecido, pois o contrato é lei entre as partes.

Mesmo na hipótese em que o contrato de trabalho é celebrado de forma verbal, sem fazer qualquer referência a cláusulas específicas ou especiais, oportunidade em que o conteúdo mínimo da relação de emprego fixado pela legislação adere a esse pacto, as partes convencionam tacitamente que aceitam as condições legalmente estabelecidas na forma das aludidas cláusulas.

A força obrigatória dos contratos constitui a regra a ser aplicada no decorrer de toda a relação empregatícia. Mas, como toda regra tem exceção, o *ius variandi* permite, em algumas situações, que o empregador deixe de cumprir ou modifique algumas cláusulas do contrato de trabalho.

B. *Cláusula rebus sic stantibus*

O princípio *pacta sunt servanda* não pode ser aplicado de forma absoluta nos contratos de trabalho. Como se trata de pacto de trato sucessivo e as condições de fato e de direito que lhe deram origem podem sofrer modificações com o decorrer do tempo, circunstância que pode autorizar o empregador alterar determinadas cláusulas contratuais.

Assim, o contrato de trabalho, como os demais contratos de execução continuada, possui uma cláusula implícita, denominada de *rebus sic stantibus* (das coisas como estão, estando assim as coisas), que permite ao empregador efetivar ajustes nas condições de trabalho, **desde que não provoquem prejuízos, diretos ou indiretos para empregado.**[5]

A cláusula *rebus sic stantibus*, de caráter implícito, é aplicada em contratos comutativos e geralmente de trato sucessivo, na ocorrência de acontecimentos extraordinários e imprevistos, que tornam a prestação para uma das partes excessivamente onerosa e é explicada pela **teoria da imprevisão.**

Inclusive, o Código Civil permite a resolução contratual na hipótese de verificar-se a **onerosidade excessiva** de uma obrigação previamente ajustada, conforme preceitua o seu art. 478:

> **Art. 478.** Nos contratos de execução continuada ou diferida, se a prestação de uma das partes se tornar excessivamente onerosa, com extrema vantagem para a outra, em virtude de acontecimentos extraordinários e imprevisíveis, poderá o devedor pedir a resolução do contrato. Os efeitos da sentença que a decretar retroagirão à data da citação.

Portanto, a cláusula *rebus sic stantibus*, aliada ao exercício do *ius variandi* do empregador, permite que as condições de trabalho sejam alteradas durante a vigência do pacto laboral.

1.5. Cláusulas substanciais do contrato de trabalho

O contrato de trabalho constitui fonte de obrigações. Para o empregado, surge a obrigação de prestar serviços e para o empregador, a obrigação de pagar salário. Diante disso,

5. TST. SDI-1. OJ Nº 224. Complementação de aposentadoria. Reajuste. Lei nº 9.069/95 (Nova redação do título) – DJ 20.04.2005. A partir da vigência da Medida Provisória nº 542/94, convalidada pela Lei nº 9.069/95, o critério de reajuste da complementação de aposentadoria passou a ser anual e não semestral, aplicando-se o princípio "*rebus sic stantibus*" diante da nova ordem econômica.

pode-se definir as cláusulas substanciais ou essenciais como aquelas que se referem ao trabalho e ao pagamento.

No momento da formação do pacto laboral é que se define a qualidade e a quantidade de trabalho que será prestado, o mesmo ocorrendo em relação à retribuição devida pelo empregador.

Por conseguinte, as condições relativas à quantidade, qualidade, horário, turno e local de trabalho, dentre outros, são consideradas como essenciais e, do mesmo modo, a forma e quantidade do pagamento do salário.

A. Remoção

Utiliza-se o termo remoção para designar a **mudança do local de trabalho dentro do próprio estabelecimento** ou entre estabelecimentos situados dentro de uma mesma localidade, leia-se, município.

Constitui uma alteração no local de trabalho de menor amplitude, que não implique alteração no local de residência do empregado. Situa-se, em regra, dentro do âmbito territorial do município.

Entretanto, alguns doutrinadores e algumas decisões utilizam a expressão remoção para designar a transferência do empregado de sua localidade de prestação de serviços, situação que será analisada no item 1.6 deste capítulo.

Em regra, o empregador encontra-se autorizado a alterar o local de trabalho do empregado, desde que não importe em mudança de domicílio, pois tal condição de trabalho não seria considerada substancial.

Todavia, **cada caso deve ser estudado individualmente.** Pode acontecer, por exemplo, que o empregador pretenda remover o empregado de um local bem iluminado para outro com baixa luminosidade. Essa alteração implicaria exposição do trabalhador à prestação de serviços em condições de insalubridade, que poderia exercitar o seu direito de resistência.

De qualquer forma, **o empregador deverá arcar com as despesas de transporte** porventura decorrentes dessa transferência dentro da mesma localidade:

> **TST. SÚMULA Nº 29.** TRANSFERÊNCIA. Empregado transferido, por ato unilateral do empregador, para local mais distante de sua residência, tem direito a suplemento salarial correspondente ao acréscimo da despesa de transporte.

Esse aumento de despesa pode ser reparado com a concessão de transporte próprio fornecido pela empresa ou por meio de vales-transportes.

B. Reversão

A reversão, espécie de alteração contratual, é regulada expressamente pelo art. 468, § 1º, da Consolidação das Leis do Trabalho:

> **Art. 468. § 1º.** Não se considera alteração unilateral a determinação do empregador para que o respectivo empregado reverta ao cargo efetivo, anteriormente ocupado, deixando o exercício de função de confiança.

Trata-se do retorno do empregado ao seu posto efetivo, em virtude da destituição do exercício de função de confiança. Com efeito, a função de confiança possui **natureza de transitoriedade** e, por isso, não gera direito adquirido para o empregado.

A confiança, de forma geral, constitui o sustentáculo da relação empregatícia. Ela deriva do princípio da boa-fé que norteia os contratos de uma forma geral.

Quando, por qualquer motivo, o empregador deixa de confiar no empregado, nasce-lhe o direito de resolver o contrato de trabalho sem nenhum ônus financeiro (despedida por justa causa).

Pode acontecer, todavia, que para o exercício de determinada função o empregador exija do empregado um grau maior de confiança. As denominadas *"funções de confiança"* são desempenhadas, geralmente, por empregados mais experientes que desfrutam de maior credibilidade por parte do empregador.

Nesse caso, cessada a referida confiança de natureza específica, mas ainda presente a confiança de natureza genérica, **deve o empregado retornar ao exercício das funções anteriormente exercidas,** sem que isso represente alteração contratual ilícita.

Antes da vigência da Lei da Reforma Trabalhista, Lei nº 13.467/17, o entendimento do TST era no sentido de incorporar ao salário o valor da gratificação de função quando recebida por mais de 10 anos, conforme se observa do quadro comparativo a seguir:

<table>
<tr><th colspan="2">REFORMA TRABALHISTA – QUADRO COMPARATIVO
INCORPORAÇÃO DA GRATIFICAÇÃO DE FUNÇÃO SALÁRIO</th></tr>
<tr><th>REDAÇÃO ANTERIOR DA CLT</th><th>REDAÇÃO ATUAL DA CLT</th></tr>
<tr><td>Art. 468.
§ 2º INEXISTENTE
SÚMULA Nº 372 DO TST. Conversão das Orientações Jurisprudenciais nos 45 e 303 da SDI-1. Gratificação de Função – Supressão ou Redução – Limites I – Percebida a gratificação de função por dez ou mais anos pelo empregado, se o empregador, sem justo motivo, revertê-lo a seu cargo efetivo, não poderá retirar-lhe a gratificação tendo em vista o princípio da estabilidade financeira. (ex-OJ nº 45 – Inserida em 25.11.1996). II – Mantido o empregado no exercício da função comissionada, não pode o empregador reduzir o valor da gratificação. (ex-OJ nº 303 – DJ 11.08.2003).</td><td>Art. 468.
§ 2º A alteração de que trata o § 1º deste artigo, com ou sem justo motivo, não assegura ao empregado o direito à manutenção do pagamento da gratificação correspondente, que não será incorporada, independentemente do tempo de exercício da respectiva função."(NR)</td></tr>
<tr><th colspan="2">DIFERENÇAS E COMENTÁRIOS</th></tr>
<tr><td colspan="2">A incorporação do valor da gratificação de função ao salário não estava prevista expressamente na lei. Decorreu de entendimento jurisprudencial que foi consolidado pela edição da Súmula nº 372 do TST.
A Lei da Reforma Trabalhista introduziu o § 2º ao art. 468 da CLT para vedar qualquer possibilidade dessa parcela incorporar ao salário quando o empregado deixar de exercer o cargo de confiança, independentemente do tempo de serviço na função.</td></tr>
</table>

O Enunciado nº 26, aprovado na 2ª Jornada de Direito Material e Processual do Trabalho, defende a inaplicabilidade do mencionado preceito legal introduzido pela Lei nº 13.467/17:

> **ENUNCIADO Nº 26. GRATIFICAÇÃO DE FUNÇÃO. SUPRESSÃO OU REDUÇÃO. LIMITES. LEI 13.467/2017.**
>
> I – UMA VEZ PERCEBIDA A GRATIFICAÇÃO DE FUNÇÃO POR DEZ OU MAIS ANOS PELO EMPREGADO, SE O EMPREGADOR, SEM JUSTO MOTIVO, REVERTÊ-LO

A SEU CARGO EFETIVO, NÃO PODERÁ RETIRAR-LHE A GRATIFICAÇÃO, TENDO EM VISTA OS PRINCÍPIOS DA RAZOABILIDADE, PROPORCIONALIDADE E SEGURANÇA JURÍDICA, GARANTIDORES DA ESTABILIDADE FINANCEIRA.

II – MANTIDO O EMPREGADO NO EXERCÍCIO DA FUNÇÃO COMISSIONADA, NÃO PODE O EMPREGADOR REDUZIR O VALOR DA GRATIFICAÇÃO.

C. *Promoção e rebaixamento*

O empregador pode, no exercício do seu poder diretivo, instituir plano de cargos e salários.

Quando há plano de carreira na empresa, **cessa o direito do empregado de pleitear a equiparação salarial, mas cria o direito ao enquadramento ou ao reenquadramento**, ou seja, o direito de ajustar a função exercida à remuneração prevista no estatuto empresarial respectivo, circunstância que gera **diferenças salariais.**

Em regra, a promoção, que constitui ascensão funcional prevista no plano de carreira da empresa, não representa uma alteração contratual ilícita, pois não prejudica o empregado. Pelo contrário, corresponde ao caminho de elevação de nível hierárquico funcional do empregado dentro da empresa, mesmo porque vem acompanhada de reajuste salarial.

Excepcionalmente, todavia, a promoção poderá ser recusada quando implicar prejuízos para o obreiro, circunstância que deverá ser verificada em cada caso, **principalmente quando o empregado não se sente qualificado para assumir as funções do novo cargo**.

A doutrina majoritária admite a recusa à promoção, mas diverge quanto à justificativa:

Quadro Doutrinário – Recusa à promoção		
Justificativa	**Doutrinadores**	**Exemplo**
Falta de aptidão	Alice Monteiro de Barros	Embora não seja comum essa situação, filiamo-nos aos que sustentam que sim, mormente quando restar comprovado que ele não tem aptidão para assumir as novas atribuições, por gerar-lhe sacrifícios ou transtornos sem vantagens compensatórias ou por outra justificativa razoável.*
Perda de vantagem sedimentada no contrato	Maurício Godinho Delgado	[...] constitui obrigação de o empregado aceitar a promoção, quando configuradas as situações prevista no regulamento empresarial. É bem verdade que se pode admitir a validade da recusa obreira, desde que com justificativa contratual efetivamente ponderável. É o que ocorreria se a promoção implicasse a perda concomitante de alguma vantagem laborativa já sedimentada no contrato (por exemplo: mudança de categoria profissional; mudança de residência obreira, etc.).**
(*) BARROS, Alice Monteiro. *Curso de direito do trabalho.* 7 ed. São Paulo: Ltr. 2011. p. 673. (**) DELGADO, Maurício Godinho. *Curso de direito do trabalho.* 10 ed. São Paulo: LTr, 2011. p. 976.		

Tal não acontece com o **rebaixamento** que, geralmente, vem acompanhado de uma redução salarial e representa alteração contratual, por meio da qual o empregador determina ao empregado o desempenho de uma função inferior, seja social, profissional ou hierarquicamente considerada, em relação àquela anteriormente exercida.

Nesse caso, a alteração contratual é, em regra, ilícita, como ocorre, por exemplo, com o rebaixamento de um empregado do exercício de uma função técnica para uma função na qual se utiliza, predominantemente, a força física.

Excetua-se, contudo, a hipótese de perda do exercício da função de confiança, com reversão ao cargo efetivo, por expressa previsão legal, conforme foi analisado anteriormente.

No que diz respeito à prescrição da pretensão, nos casos de desvio de função, o Tribunal Superior do Trabalho tem posicionamento firmado por meio da Súmula nº 275:

> **SÚMULA Nº 275.** PRESCRIÇÃO. DESVIO DE FUNÇÃO E REENQUADRAMENTO. (incorporada a Orientação Jurisprudencial nº 144 da SDI-1) – Res. 129/2005 – DJ 20.04.2005: I – Na ação que objetive corrigir desvio funcional, a prescrição só alcança as diferenças salariais vencidas no período de 5 (cinco) anos que precedeu o ajuizamento. (ex-Súmula nº 275 – Res. 121/2003, DJ 21.11.2003); II – Em se tratando de pedido de reenquadramento, a prescrição é total, contada da data do enquadramento do empregado. (ex-OJ nº 144 – Inserida em 27.11.1998).

ATENÇÃO! Existe uma alteração contratual procedida pelo empregador denominada de APROVEITAMENTO. Por vezes, a empresa extingue alguns cargos ou funções do seu quadro de pessoal. Ocorrendo essa hipótese, o obreiro que ocupava o cargo extinto pode ter seu contrato resilido ou ser APROVEITADO em outro cargo ou função. Em princípio, o aproveitamento é uma alteração contratual lícita, pois privilegia o princípio da continuidade da relação de emprego. Saliente-se que o aproveitamento deve ocorrer em cargo de nível hierárquico semelhante aquele anteriormente ocupado, afinal, se o aproveitamento se der em cargo inferior, a hipótese será de rebaixamento, o que implicaria ilicitude, em regra. Caso o aproveitamento se efetivar em cargo hierarquicamente superior, a hipótese será de promoção.

D. *Alteração no horário de trabalho*

A fixação dos momentos de início e fim da jornada diária de trabalho **encontra-se dentro do *ius variandi*** do empregador. Corresponde à cláusula que representa o horário de labor do empregado e, ordinariamente, não constitui condição essencial inerente à relação de emprego.

Inclusive a lei permite ao empregador, desde que haja ajuste individual ou coletivo nesse sentido, exigir que o empregado preste horas extraordinárias, sem que isso constitua alteração ilícita do contrato de trabalho, conforme se observa da leitura do art. 59 da Consolidação das Leis do Trabalho: "A duração diária do trabalho poderá ser acrescida de horas extras, em número não excedente de duas, por acordo individual, convenção coletiva ou acordo coletivo de trabalho".

No mesmo sentido, a alteração do período noturno para o turno diurno de labor representa o exercício lícito do *ius variandi* do empregador, uma vez que é benéfica à saúde do trabalhador:

> **TST. SÚMULA Nº 265.** ADICIONAL NOTURNO. ALTERAÇÃO DE TURNO DE TRABALHO. POSSIBILIDADE DE SUPRESSÃO (mantida) – Res. 121/2003, DJ 19, 20 e 21.11.2003. A transferência para o período diurno de trabalho implica a perda do direito ao adicional noturno.

Por questões biológicas, o corpo humano encontra-se habilitado a gastar suas energias durante o dia e recuperá-las durante a noite. Por isso, **o labor em período noturno constitui condição anormal de trabalho**. A alteração do período noturno para o diurno representaria um benefício para o empregado.

No caso em apreço, entende-se que coexistam dois direitos. O primeiro, representado pela faculdade do empregador de transferir o empregado para o turno diurno, pois constitui um **benefício para sua saúde**, e o segundo, por meio do qual o empregado deve continuar a perceber o benefício financeiro, representado pelo **adicional noturno**.

Nessa situação, a manutenção da obrigação de pagar o adicional noturno, mesmo na hipótese de o empregado ser transferido para o período diurno, inibiria o empregador de adotar medidas no sentido de exigir a prestação de serviços durante o dia, o que prejudicaria a saúde do trabalhador.

Deixar de exigir do obreiro o labor em horas extraordinárias habitualmente prestadas também não é classificado como alteração contratual ilícita, uma vez que o empregado passaria de uma condição prejudicial à sua saúde para um estado de normalidade.

Ainda assim, o TST entende, sem qualquer autorização legal, que nesses casos é devida uma indenização para reparar prejuízo financeiro, na forma prevista pela Súmula nº 291:

> **SÚMULA Nº 291.** A supressão total ou parcial, pelo empregador, de serviço suplementar prestado com habitualidade, durante pelo menos 1 (um) ano, assegura ao empregado o direito à indenização correspondente ao valor de 1 (um) mês das horas suprimidas, total ou parcialmente, para cada ano ou fração igual ou superior a seis meses de prestação de serviço acima da jornada normal. O cálculo observará a média das horas suplementares nos últimos 12 (doze) meses anteriores à mudança, multiplicada pelo valor da hora extra do dia da supressão.

Saliente-se, por fim, que **a redução da carga horária do professor**, em decorrência da diminuição do número de alunos, não constitui alteração contratual ilícita, posto que não implica redução do valor da hora-aula (TST. SDI-1. OJ Nº 244).

E. *Redução de remuneração*

O pagamento da remuneração constitui a principal obrigação do empregador. **Não se pode considerar a mais importante**, pois existem obrigações acessórias, como aquela que diz respeito à promoção e manutenção de um meio ambiente de trabalho equilibrado, de forma a não expor o empregado a doenças e acidentes do trabalho, que ultrapassam o interesse meramente financeiro do pacto laboral.

O ordenamento jurídico pátrio, por intermédio da atual Constituição Federal, art. 7º, inciso IV, tratou a questão de forma especial ao instituir **o princípio da irredutibilidade salarial, salvo disposto em convenção ou acordo coletivo.**

Diante desse comando constitucional, o permissivo contido no art. 503 da CLT[6] foi parcialmente recepcionado pela CF/88, **no sentido de admitir a redução salarial, desde que acompanhada de autorização inserta em contrato coletivo de trabalho.**

Se a redução salarial é decorrente da diminuição proporcional da jornada de trabalho, essa alteração contratual, apesar de ser ilícita se não atendidos os requisitos legais, **não se relaciona diretamente com a remuneração**, que continua a mesma por cada hora de labor.

6. CLT. Art. 503. É lícita, em caso de força maior ou prejuízos devidamente comprovados, a redução geral dos salários dos empregados da empresa, proporcionalmente aos salários de cada um, não podendo, entretanto, ser superior a 25%, respeitado, em qualquer caso, o salário mínimo.

Caso haja redução da jornada de trabalho sem diminuição salarial, **a alteração contratual é benéfica ao obreiro** e incorpora-se definitivamente ao pacto laboral, o que obsta o empregador promover a restituição posterior da antiga condição de trabalho desvantajosa.

Quanto à alteração se dá na forma e nos meios de pagamento, somente com o estudo de cada caso será possível classificá-la como lícita ou não.

Em relação à modificação da data do pagamento do salário, o TST manifesta-se por intermédio da OJ nº 159, da SDI-1:

> **OJ Nº 159.** DATA DE PAGAMENTO. SALÁRIOS. ALTERAÇÃO. Diante da inexistência de previsão expressa em contrato ou em instrumento normativo, a alteração de data de pagamento pelo empregador não viola o art. 468, desde que observado o parágrafo único, do art. 459, ambos da CLT.

1.6. Transferência do local de trabalho

Pela sua importância e frequência com que ocorre nas relações de emprego, a alteração contratual consubstanciada na transferência do local de trabalho é individualmente regulada pela legislação trabalhista nacional, conforme será analisado a seguir.

A. *Conceito e delimitação*

Transferir significa mudar de um lugar para outro. A transferência do local de trabalho é aquela que implica alteração do espaço normalmente ocupado pelo empregado, dentro do centro de trabalho onde executa os seus serviços.

A Consolidação das Leis do Trabalho só institui regras sobre a transferência de localidade, que a jurisprudência tem entendido como aquela que implique a **mudança de município.**

Constitui, dessa forma, uma alteração geográfica do local de trabalho do empregado, uma vez que este passa a executar os seus serviços em um estabelecimento situado em outro município.

Como foi dito linhas atrás, a CLT é omissa no que diz respeito às transferências de local de trabalho dentro do próprio estabelecimento ou entre estabelecimentos situados em uma mesma localidade (remoção).

O TST manifesta-se expressamente sobre a temática em sua Súmula nº 29:

> **SÚMULA Nº 29.** TRANSFERÊNCIA – ATO UNILATERAL DO EMPREGADOR – DESPESA DE TRANSPORTE. Empregado transferido, por ato unilateral do empregador, para local mais distante de sua residência, tem direito a suplemento salarial correspondente ao acréscimo da despesa de transporte.

B. *Legalidade da transferência*

Saliente-se, inicialmente, que existe grande divergência na doutrina e na jurisprudência sobre a questão relativa ao direito do empregador de transferir seu empregado do local de trabalho e os efeitos financeiros decorrentes do exercício desse direito.

Assim, a regra geral **veda que o empregador transfira o trabalhador para um município diverso daquele onde normalmente exerce suas funções**, conforme se observa da redação do art. 469 da CLT:

> **Art. 469.** Ao empregador é vedado transferir o empregado, sem a sua anuência, para localidade diversa da que resultar do contrato, não se considerando transferência a que não acarretar necessariamente a mudança de seu domicílio.

Dessa forma, a decisão empresarial que determina a transferência do empregado pode ser objeto de resistência, **sem que ato respectivo seja classificado como justa causa.**[7]

O empregado pode optar, também, em **resolver o contrato de trabalho** (rescisão indireta), em decorrência do inadimplemento contratual do empregador.

C. *Exceções*

A permissão excepcional que a lei confere para a transferência verifica-se nos seguintes casos (art. 469, § 1º da CLT): a) empregado que exerça função de confiança; b) quando a natureza da atividade exercida pelo empregado implique, necessariamente, em cláusula implícita de possibilidade de alteração da localidade de trabalho; c) existência de previsão expressa no contrato de trabalho; d) fechamento do estabelecimento.

– *Função de confiança*

O ocupante de cargo de mando e gestão pode ser transferido do seu local de trabalho a qualquer momento, pois a natureza de sua atividade **gera presunção da real necessidade de serviço.**

A percepção da gratificação decorrente do exercício das funções inerentes ao mencionado cargo já serviria para remunerar uma eventual transferência de domicílio do empregado que detenha a fidúcia especial do empregador, aqui entendida como aquela **que implique poderes de mando e gestão, à semelhança da hipótese prevista pelo art. 62, II, da CLT e não funções de confiança intermediária.**

Deve-se observar, entretanto, a aplicação do **princípio da primazia da realidade** nos casos concretos, uma vez que o empregado pode, formalmente, ocupar cargo de gestão e, na verdade, não passar de um simples trabalhador, sem qualquer subordinado.

Exemplos de questões sobre o tema

(FCC – Juiz do Trabalho Substituto 23ª região/2015) Reginaldo é diretor da empresa GAR Transportadora, sendo transferido pelo empregador de Cuiabá-MT para Belém-PA. Em relação à referida transferência,

(A) ainda que a mesma seja provisória, por ser exercente de cargo de confiança Reginaldo não tem direito ao adicional de transferência.

7. A Lei Eleitoral também veda a transferência do servidor público, incluindo o empregado público, durante o período que antecede as eleições (Lei nº 9.504/97. Art. 73. V – nomear, contratar ou de qualquer forma admitir, demitir sem justa causa, suprimir ou readaptar vantagens ou por outros meios dificultar ou impedir o exercício funcional e, ainda, *ex officio*, remover, transferir ou exonerar servidor público, na circunscrição do pleito, nos três meses que o antecedem e até a posse dos eleitos, sob pena de nulidade de pleno direito, ressalvados). (grifou-se).

(B) a mesma será válida independentemente de concordância de Reginaldo, desde que haja real necessidade de serviço.

(C) por ser exercente de cargo de confiança, Reginaldo só terá direito ao adicional de transferência se a mesma for definitiva.

(D) a mesma só será válida com a concordância expressa de Reginaldo.

(E) a mesma só será válida se houver cláusula expressa de transferência prevista no contrato de trabalho de Reginaldo.

Resposta: B

– *Cláusula de transferência implícita no contrato de trabalho*

A possibilidade de transferência pode derivar de **cláusula implícita** do contrato de trabalho. Isso ocorre no exercício de determinadas atividades, principalmente quando o empregador não possui local fixo para exercer suas funções.

No ramo da construção civil, pode ser citado o caso das empreiteiras, cujos empregados exercem suas atividades nos canteiros de obras, que constantemente são alterados.

Terminada a obra e iniciada outra, em localidade diversa, os empregados (alteração coletiva) também deslocam suas residências.

Portanto, nos contratos de trabalho contendo cláusula implícita de transferência cumulada com a real necessidade de serviço, **a transferência será considerada lícita.**

– *Cláusula explícita de transferência no contrato de trabalho*

A questão da possibilidade de transferência do empregado decorrente de previsão expressa no contrato de trabalho é bastante polêmica. Com efeito, o princípio da irrenunciabilidade é aplicado no Direito do trabalho quando da formação e da execução do contrato de trabalho.

Não prevalece, portanto, o princípio da autonomia da vontade, em face ao caráter protetivo das normas laborais, desde que se pretenda estabelecer condições de trabalho inferiores àquelas instituídas pela lei.

Por conta disso, o empregador, no exercício do seu poder econômico, **pode viciar a vontade do candidato ao emprego,** no sentido de acordar, expressamente, a possibilidade de transferência, o que transformaria a proteção legal em *"letra morta"*.

Portanto, nesses casos, tal previsão deve ser interpretada restritivamente, mormente quando se tratar de contrato de trabalho do tipo de adesão. Assim, entende-se que em tais casos deve sempre ser averiguada a **existência da real necessidade de serviço.**

– *Fechamento do estabelecimento*

Na hipótese de fechamento de estabelecimento, a continuação da prestação de serviços no mesmo local passa a ser uma impossibilidade física.

Se existe apenas um estabelecimento, o encerramento das atividades empresariais implica extinção do contrato de trabalho.

No caso de mais de um estabelecimento, a lei autoriza a transferência do **trabalhador, sem a cumulação da real necessidade de serviço.** Saliente-se que tal alteração atingirá a totalidade dos empregados do respectivo centro de trabalho (alteração coletiva).

– *Caso fortuito e força maior*

O caso fortuito e a força maior, em virtude de constituírem fatos imprevisíveis ou cujos efeitos não podem ser suportados pelos contratantes, também autorizam a transferência do empregado do seu local de trabalho.

Segundo dispõe o art. 501 da CLT: "Entende-se como força maior todo acontecimento inevitável, em relação à vontade do empregador, e para a realização do qual este não concorreu direta ou indiretamente".

Já a **imprevidência do empregador** não pode ser classificada como força maior, de acordo com o preceito contido no art. 501, § 1º, da CLT.

– *Real necessidade de serviço*

Como visto, algumas das causas que autorizam a transferência do empregado dependem da verificação da real necessidade de serviço.

Isso significa que **a transferência não deve ser arbitrária, mas decorrer de razões econômicas, técnicas, organizacionais ou de produção.** Em resumo, o empregador não pode transferir o empregado do local da prestação de serviço sem apresentar uma **justificativa razoável**, sob pena de ser declarado como ato antijurídico.

Cabe ao empregador demonstrar a real necessidade, por ser fato impeditivo do direito do empregado, na condição de autor de uma eventual reclamação trabalhista.

Registre-se que a jurisprudência dominante exige a presença da **real necessidade de serviço** para justificar tanto a transferência em decorrência da existência de **cláusula implícita ou explícita** nesse sentido, quanto para a hipótese de o empregado exercer **cargo de confiança**.

O Tribunal Superior do Trabalho editou a Súmula de nº 43, nesse sentido: "TRANSFERÊNCIA. Presume-se abusiva a transferência de que trata o § 1º, do artigo 469, da CLT, sem comprovação da necessidade do serviço".

Alice Monteiro de Barros comunga de idêntico entendimento:

> Excetuam-se da proibição, desde que comprovada a real necessidade do serviço, algumas situações que configuram transferências definitivas, a saber: a do ocupante do cargo de confiança; a dos empregados cujo contrato contenha cláusula explícita ou implícita de transferibilidade; a decorrente da extinção do estabelecimento; e, por fim, a transferência provisória por necessidade do serviço.[8]

Entende-se, entretanto, que no caso de exercício de função de confiança **presume-se a real necessidade de serviço.** Por conta disso, caberá ao empregado, em tal situação, demonstrar que, quando da transferência, não foi observado o mencionado requisito.

8. BARROS, Alice Monteiro. Curso de direito do trabalho. 7 ed. São Paulo: Ltr. 2011. p. 680.

D. *Transferência definitiva e provisória*

A transferência pode ser definitiva ou provisória. **A transferência é provisória quando o empregador transfere o seu empregado para atender a uma necessidade transitória**, que pode decorrer, por exemplo, aumento extraordinário da demanda, substituição para os casos de suspensão ou interrupção do contrato de trabalho, caso fortuito e força maior, dentre outras.

Extinta a causa que motivou a transferência do empregado, este deverá retornar para o exercício do seu labor no local de costume.

Contudo, **se o fato que ensejou a transferência do empregado não é considerado como precário, ela será classificada como definitiva**, independentemente do tempo que o trabalhador permaneceu no local de destino.

Assim, para classificar como transitória ou definitiva, o **critério temporal** não é o mais indicado, mas sim o **fator causal**.

O tempo da transferência serve apenas como **elemento de presunção**, ou seja, quanto maior o tempo da transferência maior probabilidade da transferência ser considerada definitiva.

Em sentido contrário:

> **SÚMULA Nº 31 DO TRT9.** ADICIONAL DE TRANSFERÊNCIA. PROVISORIEDADE. CRITÉRIO PARA AFERIÇÃO. O adicional de transferência é devido apenas na transferência provisória, nos termos da OJ 113 da SDI-I do TST. A provisoriedade deve ser aferida no caso concreto, levando-se em consideração o tempo de permanência do empregado na localidade (critério temporal), além do tempo de duração do contrato de trabalho e a sucessividade das transferências.

E. *Adicional de transferência*

Independentemente de ser lícita ou ilícita, o empregador é obrigado a pagar um adicional de 25% sobre o **salário base**, **enquanto durar a transferência provisória.**

Conclui-se, assim, que **a transferência definitiva não enseja o pagamento do adicional** previsto pelo art. 469, § 3º, da CLT.

Nesse sentido, a OJ nº 113 da SDI-1 do TST:

> **OJ Nº 113.** ADICIONAL DE TRANSFERÊNCIA. CARGO DE CONFIANÇA OU PREVISÃO CONTRATUAL DE TRANSFERÊNCIA. DEVIDO. DESDE QUE A TRANSFERÊNCIA SEJA PROVISÓRIA. Inserida em 20.11.97. O fato de o empregado exercer cargo de confiança ou a existência de previsão de transferência no contrato de trabalho não exclui o direito ao adicional. O pressuposto legal apto a legitimar a percepção do mencionado adicional é a transferência provisória.

Portanto, a jurisprudência estendeu o direito ao adicional para os outros casos previstos no § 1º, art. 469 da CLT, desde que a transferência seja provisória.[9]

---

9. Não há discussão sobre a incidência do mencionado adicional nos casos de extinção de estabelecimento, pois em tais situações a transferência será sempre definitiva.

Em resumo, a decisão do empregador no sentido de transferir o empregado será, em regra, lícita, desde que não implique alteração de domicílio (hipótese de remoção).

Entretanto, se transferência é feita em **caráter provisório, o empregador fica obrigado a pagar o adicional de transferência, independentemente da legalidade desse ato.**

Frise-se, por fim, que os parâmetros aqui fixados para ser exercido o direito do empregador, bem como para percepção do adicional de transferência, **não são unanimemente aceitos pela jurisprudência e pela doutrina**. Na verdade, em relação a essa questão, existem decisões em todos os sentidos.

O esquema a seguir ressalta os casos em que se admite a transferência:

TRANSFERÊNCIAS ADMITIDAS

- Cargos de confiança (com real necessidade de serviço, segundo o TST)
- Cláusula explícita de transferência e real necessidade de serviço
- Cláusula implícita de transferência e real necessidade de serviço
- Extinção do estabelecimento que não impliquem alteração de domicílio

Exemplos de questões sobre o tema

(FCC – Juiz do Trabalho/2017) Icaro ajustou um pacto laboral para trabalhar na sede da empresa Gama Logística situada no município de Belo Horizonte/MG, localidade onde o trabalhador fixou sua residência. Foi estipulada uma cláusula assegurando a transferência como condição explícita do contrato, em razão da execução das atividades de Analista de Tecnologia da Informação – TI, especialista na implantação de sistemas virtuais. Durante o primeiro ano do contrato, o local contratual do trabalho de Icaro foi alterado em duas ocasiões: a primeira, por quatro meses, para a filial de Curitiba/PR, com objetivo de instalar um sistema informatizado, atividade esta que não poderia ser exercida por outro empregado da empresa; a segunda, por dois meses, para a filial da empresa em município contíguo a Belo Horizonte/MG, pertencente à mesma região metropolitana, sem que houvesse a real necessidade do serviço, bem como não implicando mudança da residência de Icaro. Nessa situação,

(A) a primeira remoção é lícita diante da real necessidade dos serviços do trabalhador, situação que não ocorreu com a segunda, ainda que tenha sido pactuada cláusula assecuratória da transferência como condição explícita do contrato, razão pela qual o pagamento do adicional de transferência é devido somente na segunda situação.

(B) o primeiro deslocamento se deu por remoção relevante lícita em razão da cláusula contratual prevendo essa condição de transferência e da real necessidade de serviço; o segundo implicou alteração circunstancial que não caracteriza transferência, devendo ser pago adicional de transferência apenas na primeira situação.

(C) independentemente da necessidade do serviço, ambas as alterações são consideradas transferências lícitas em razão da cláusula assecuratória da transferência como condição explícita do contrato e as duas importam no pagamento de adicional de transferência.

(D) a primeira remoção não é lícita porque causou prejuízos ao trabalhador em relação ao seu convívio familiar, sendo nula a cláusula contratual de transferência; a segunda é regular porque a alteração se deu em município pertencente à mesma região metropolitana, cabendo adicional de transferência em ambas, porque provisórias.

(E) ambas as alterações configuram transferência lícita em razão da cláusula contida no contrato prevendo essa condição de alteração contratual dentro do jus variandi empresarial, razão pela qual não cabe adicional de transferência em quaisquer delas.

Resposta: B

(TRT 2 – Juiz do Trabalho Substituto 2ª região/2016) O jus variandi é um conceito doutrinário embasado na faculdade-poder conferido ao empregador de dirigir a prestação de serviços, como reflexo do "dirigismo contratual". Dessa forma, o jus variandi será exercido de forma lícita na hipótese de:

A) Transferência do empregado contratado com cláusula explícita de transferência, sem a sua anuência, para localidade diversa da que resultar do contrato, implicando em mudança de domicílio, independente da comprovação de real necessidade do serviço.

B) Transferência do empregado, por ato unilateral do empregador, para local mais distante de sua residência, sem o suplemento salarial correspondente ao acréscimo da despesa de transporte.

C) Redução salarial por acordo negociado entre empresa e seus trabalhadores em virtude de crise econômica nacional que afeta a empresa, objetivando evitar demissões, independente de acordo ou convenção coletiva de trabalho.

D) Supressão da jornada extraordinária prestada com habitualidade durante dois anos sem assegurar ao empregado o direito à indenização em razão das horas suprimidas.

E) Alteração do horário de trabalho noturno para diurno, ocasionando ao empregado apenas o prejuízo material da supressão do pagamento de adicional noturno.

Resposta: E

(TRT 8 – Juiz do Trabalho Substituto 8ª região/2015) A respeito de alteração contratual e considerando a jurisprudência consolidada do TST, analise as proposições abaixo e assinale a alternativa CORRETA:

I. Em caso de necessidade de serviço o empregador poderá transferir temporariamente empregado para localidade diversa da que resultar do contrato, estando dispensado do pagamento de adicional de transferência.

II. A redução da carga horária do professor, em razão da diminuição do número de alunos, constitui alteração ilícita do contrato de trabalho.

III. A transferência para o período diurno de trabalho implica a perda do direito ao adicional noturno.

IV. A supressão total ou parcial, pelo empregador, de serviço suplementar prestado com habitualidade, durante pelo menos 1 (um) ano, assegura ao empregado o direito à indenização correspondente ao valor de 1 (um) mês das horas suprimidas, total ou parcialmente, para cada ano ou fração igual ou superior a seis meses de prestação de serviço acima da jornada normal. O cálculo observará a média das horas suplementares nos últimos 12 (doze) meses anteriores à mudança, multiplicada pelo valor da hora extra do dia da supressão.

V. Havendo a coexistência de dois ou mais regulamentos da empresa, a opção do empregado por um deles tem efeito jurídico de renúncia às regras do sistema do outro, salvo se lhe forem mais prejudiciais.

a) Somente as alternativas III e IV estão corretas.

b) Somente as alternativas I, III e IV estão corretas.

c) Somente as alternativas II, III e V estão corretas.

d) Somente as alternativas II e III estão corretas.

e) Somente as alternativas III, IV e V estão corretas.

Resposta: A

(FCC – Juiz do Trabalho Substituto 1ª região/2015) Em relação à alteração do contrato de trabalho, considere:

I. Ao empregador é proibido transferir o empregado, sem a sua anuência, para localidade diversa da que resultar do contrato, não se considerando transferência a que não acarretar necessariamente a mudança de seu domicílio.

II. A proibição de transferência de localidade diversa da que resultar do contrato também se aplica aos empregados que exerçam cargos de confiança e aqueles cujos contratos tenham como condição implícita ou explícita, a transferência, quando esta decorra de real necessidade de serviço.

III. É legal a transferência quando ocorrer extinção do estabelecimento em que trabalhar o empregado.

IV. Em caso de necessidade de serviço o empregador poderá transferir o empregado para localidade diversa da que resultar do contrato, porém, nesse caso, ficará obrigado a um pagamento suplementar, nunca inferior a 20%, dos salários que o empregado percebia naquela localidade, enquanto durar essa situação.

Está correto o que se afirma APENAS em

(A) I, II e IV.

(B) I e III.

(C) III e IV.

(D) I, II e III.

(E) II e IV.

Resposta: B

(FCC – Juiz do Trabalho Substituto 18ª região/2014) A regra geral da intransferibilidade do empregado é amenizada pelo próprio legislador, que expressamente estipula hipóteses em que é possível haver a transferência. Em razão disso, e das diversas questões derivadas dessas transferências, a jurisprudência do Tribunal Superior do Trabalho fixou alguns entendimentos, entre os quais NÃO se inclui:

(A) O fato de o empregado exercer cargo de confiança ou a existência de previsão de transferência no contrato de trabalho exclui o direito ao adicional de transferência.

(B) O empregado transferido para o exterior tem direito ao FGTS incidente sobre todas as parcelas de natureza salarial que lhe são pagas em virtude da prestação dos serviços.

(C) Empregado transferido, por ato unilateral do empregador, para local mais distante de sua residência, tem direito a suplemento salarial correspondente ao acréscimo da despesa de transporte.

(D) Presume-se abusiva a transferência de empregado que exerce cargo de confiança, sem a comprovação da necessidade do serviço.

(E) Presume-se abusiva a transferência do empregado cujo contrato contenha cláusula expressa de transferência, sem a comprovação da necessidade do serviço.

Resposta: A

(Magistratura do Trabalho – TRT 8ª R – 2011) Quanto à alteração do contrato de trabalho, é INCORRETO afirmar que:

(A) Em princípio, desde que realizada por mútuo consentimento e desde que dela não resulte, direta ou indiretamente, prejuízos ao empregado, é lícita a alteração do contrato de trabalho. Do contrário, é nula a cláusula que infringir tal garantia legal.

(B) Não obstante as alterações das condições do contrato de trabalho só se possam implementar por mútuo consentimento, não há se desprezar o denominado *"jus variandi"* concedido ao empregador, classificado como alteração voluntária unilateral, fulcrado no poder diretivo do titular do empreendimento econômico, mas que não pode ocorrer em prejuízo do obreiro.

(C) Desde que a transferência da localidade da prestação do serviço não signifique mudança de domicílio do empregado, é lícito ao empregador removê-lo para outro estabelecimento situado na mesma região metropolitana, sem que, em tal hipótese, o empregado tenha direito a qualquer acréscimo salarial.

(D) É possível a redução da carga horária do professor quando da ocorrência de diminuição do número de alunos, contanto que tal não implique em redução do valor da hora-aula.

(E) Em princípio, é impossível a redução do salário do empregado. No entanto, excepcionalmente, tal espécie de alteração quantitativa é permitida, como na hipótese em que se dá a reversão do empregado ao cargo efetivo, de que esteve afastado para o exercício de função de confiança.

Resposta: C

---

2. SUSPENSÃO E INTERRUPÇÃO DO CONTRATO DE TRABALHO

Cumpre registrar, primeiramente, que o uso das expressões *"suspensão do contrato de trabalho"* e *"interrupção do contrato de trabalho"*, citadas pela doutrina, jurisprudência e mesmo pela legislação, é tecnicamente incorreto.

Na verdade, não há como reconhecer a possibilidade de interromper ou de suspender um contrato. O que as expressões citadas pretendem designar é a suspensão ou interrupção de uma, algumas ou todas das obrigações decorrentes do contrato de trabalho.

A Consolidação das Leis do Trabalho disciplina a matéria no Título IV (Do Contrato Individual de Trabalho), Capítulo IV (Da Alteração e da Suspensão).

2.1. Conceito

O contrato de labor é de trato sucessivo, pois a sua execução não se resume ao cumprimento de uma única obrigação, característica esta dos contratos instantâneos.

Desse modo, as principais obrigações derivadas do contrato de emprego renovam-se periodicamente e, por conta disso, podem acontecer fatos que impliquem suspensão temporária de sua execução.

Nesses casos, o empregado e/ou o empregador deixam de cumprir, momentaneamente, as obrigações laborais, fenômeno denominado de suspensão ou interrupção do contrato de trabalho.

2.2. Caracterização

A depender da permanência ou não da obrigação de pagar salário, a hipótese será de interrupção ou de suspensão do contrato de trabalho.

O termo *suspender*, etimologicamente, designa uma interrupção temporária. Isso significa que as expressões *suspensão do contrato de trabalho e interrupção do contrato de trabalho,* ontologicamente, designam um mesmo acontecimento.

Entretanto, no ordenamento jurídico pátrio, representam duas situações diversas, como adiante serão analisadas.

2.3. Distinções

Como dito, a principal obrigação do empregado é a de prestar serviço, enquanto que a do empregador é de pagar o salário.

Quando o empregado deixa de prestar serviços, mas com a percepção do salário, a hipótese será de **interrupção do contrato de trabalho**. Cessado, temporariamente, a prestação de serviços e o pagamento de salário, haverá **suspensão do contrato de trabalho**.

Outro aspecto importante que evidencia a distinção entre os dois institutos jurídicos laborais é que, na interrupção, **o tempo de afastamento é contado como de efetivo serviço**, salvo disposição legal expressa em sentido contrário. Todavia, na suspensão do contrato de trabalho, **o período de afastamento não integra o tempo de serviço.**

Frise-se, contudo, que há exceções à regra geral mencionada. Existem casos, que adiante serão examinados, em que **haverá a suspensão da obrigação de pagar salário, mas o tempo de serviço será contado para todos os efeitos legais.**

O quadro a seguir revela as principais características da suspensão e da interrupção do contrato de trabalho:

	Suspensão	Interrupção	Acidente de trabalho e serviço militar
Salário	Não é devido	Devido	Não é devido
Trabalho	Não há	Não há	Não há
Tempo de serviço e FGTS	Não conta e não deposita	Conta e deposita	Conta e deposita

2.4. Casos de interrupção do contrato de trabalho

A Consolidação das Leis do Trabalho não faz distinção expressa entre interrupção e suspensão do contrato de trabalho. Trata das duas espécies em um único capítulo (Da suspensão e da interrupção).

O art. 473 do aludido Diploma Legal, por exemplo, descreve os casos de interrupção do contrato de trabalho, pois define as hipóteses em que o obreiro deixa de prestar serviços sem prejuízo do seu salário.

Existem outras espécies de interrupção do contrato de emprego que não estão previstas na Consolidação das Leis do Trabalho, mas sim em leis esparsas.

A. *Faltas ao serviço*

Faltas abonadas são aquelas que, legalmente, não podem gerar o desconto no salário do empregado, inclusive decorrentes de incapacidade laboral por doença.[10]

A Súmula nº 282, do TST, também trata dessa temática ao indicar a **preferência** do atestado emitido pelo serviço médico da empresa, quando existir:

> **SÚMULA Nº 282.** ABONO DE FALTAS. SERVIÇO MÉDICO DA EMPRESA. Ao serviço médico da empresa ou ao mantido por esta última mediante convênio compete abonar os primeiros 15 (quinze) dias de ausência ao trabalho.

A lei menciona os casos em que a falta do empregado ao serviço é **justificada e abonada**, como ocorre, por exemplo, nos casos constantes do citado art. 473 da Consolidação das Leis do Trabalho:[11]

> **Art. 473.** O empregado poderá deixar de comparecer ao serviço, sem prejuízo do salário:[12]

10. Lei nº 8.213/91. Art. 60. § 4º A empresa que dispuser de serviço médico, próprio ou em convênio, terá a seu cargo o exame médico e o abono das faltas correspondentes ao período referido no § 3º, somente devendo encaminhar o segurado à perícia médica da Previdência Social quando a incapacidade ultrapassar 15 (quinze) dias.

11. A CLT tem disposição específica, tratando de faltas justificadas, em relação aos professores. Art. 320. § 3º. Não serão descontadas, no decurso de nove dias, as faltas verificadas por motivo de gala ou de luto em consequência de falecimento do cônjuge, do pai ou mãe, ou de filho.

12. A Lei nº 605/49, que trata do repouso semanal remunerado, ainda enumera, em seu art. 6º, § 1º, outros motivos legais que justificam a ausência do empregado no trabalho, como, por exemplo, a paralisação do serviço nos dias

I – até 2 (dois) dias consecutivos, em caso de falecimento do cônjuge, ascendente, descendente, irmão ou pessoa que, declarada em sua Carteira de Trabalho e Previdência Social, viva sob sua dependência econômica;

II – até 3 (três) dias consecutivos, em virtude de casamento;[13]

III – por um dia, em caso de nascimento de filho, no decorrer da primeira semana;

IV – por um dia, em cada 12 (doze) meses de trabalho, em caso de doação voluntária de sangue devidamente comprovada;

V – até 2 (dois) dias consecutivos ou não, para o fim de se alistar eleitor, nos termos da lei respectiva.

VI – no período de tempo em que tiver de cumprir as exigências do Serviço Militar referidas na letra "c" do artigo 65 da Lei nº 4.375, de 17 de agosto de 1964 (Lei do Serviço Militar).[14]

VII – nos dias em que estiver comprovadamente realizando provas de exame vestibular para ingresso em estabelecimento de ensino superior.[15]

VIII – pelo tempo que se fizer necessário, quando tiver que comparecer a juízo.

IX – pelo tempo que se fizer necessário, quando, na qualidade de representante de entidade sindical, estiver participando de reunião oficial de organismo internacional do qual o Brasil seja membro.

X – até 2 (dois) dias para acompanhar consultas médicas e exames complementares durante o período de gravidez de sua esposa ou companheira;

XI – por 1 (um) dia por ano para acompanhar filho de até 6 (seis) anos em consulta médica.

XII – até 3 (três) dias, em cada 12 (doze) meses de trabalho, em caso de realização de exames preventivos de câncer devidamente comprovada.

Como a lei fala expressamente em **dias consecutivos**, isso significa que são computados os **domingos e os eventuais feriados**, ainda que o empregado não trabalhe em tais dias.

Assim, se o casamento ocorrer em uma sexta-feira, por exemplo, a licença envolverá o sábado, o domingo e a segunda-feira, com retorno na terça-feira (o método de contagem é o mesmo para os demais prazos legais, ou seja, exclui o dia do começo e inclui o dia final).

O inciso III, da referida regra legal, perdeu sua vigência após a promulgação da atual Carta Maior que, no seu art. 10, § 1º, ampliou a **licença paternidade para cinco dias.**[16] Inclusive, com a edição da Lei nº 13.257, a licença paternidade pode ser prorrogada em mais 15 dias, **passando de 5 para 20 dias.**

---

em que, por conveniência do empregador, não tenha havido trabalho.

13. A licença para casamento, no caso de servidores públicos estatutários, vária de acordo com cada Ente da federação. No caso do servidor público federal, a folga remunerada é de oito dias consecutivos.
14. As exigências do serviço militar dizem respeito ao exercício de apresentação das reservas ou cerimônia cívica do Dia do Reservista.
15. Esse dispositivo pode ser interpretado no sentido de alcançar os dias em que o trabalhador se submete às provas do ENEM – Exame Nacional do Ensino Médio, pois representa uma forma de seleção unificada nos processos seletivos de diversas universidades brasileiras.
16. CF/88. ADCT, Art. 10, § 1º: Até que a lei venha a disciplinar o disposto no artigo 7º, XIX, da Constituição, o prazo da licença-paternidade a que se refere o inciso é de cinco dias.

Entretanto, **esse direito não é estendido para todos os empregados**. Depende da adesão do empregador ao Programa Empresa Cidadã – PEC, criado por meio da Lei nº 11.770/08, que já possibilita o aumento da licença maternidade de 120 para 180 dias.

Saliente-se que, mesmo antes da introdução do inciso VIII, ao elenco do art. 473, por meio da Lei nº 9.853/99, o Tribunal Superior do Trabalho (Súmula nº 155) já entendia que quando o empregado comparecia em juízo, como parte, não poderia sofrer descontos em sua remuneração.[17]

É justificada a falta do empregado que é requisitado para participar das mesas receptoras ou juntas eleitorais ou auxilia nos trabalhos respectivos, de acordo com a determinação contida no art. 98 da Lei nº 9.504/97.

Por fim, **sempre que o empregador abonar a falta do seu empregado,** ou seja, quando o trabalhador não comparece ao serviço sem justificativa e o patrão, ainda assim, lhe remunera o dia trabalhado por mera liberalidade, **haverá interrupção do contrato de trabalho.**

Exemplo de questão sobre o tema

(TRT 8 – Juiz do Trabalho Substituto 8ª região/2015) Em relação aos institutos da suspensão e interrupção do contrato de trabalho, assinale a alternativa FALSA:

a) O empregado poderá deixar de comparecer ao serviço sem prejuízo do salário por um dia, em cada seis meses de trabalho, em caso de doação voluntária de sangue devidamente comprovada.

b) As faltas ou ausências decorrentes de acidente de trabalho não são consideradas para o efeito de duração de férias e cálculo de gratificação natalina.

c) A licença paternidade é causa de interrupção do contrato de trabalho.

d) Configura hipótese de suspensão contratual o afastamento do empregado estável ou com garantia especial de emprego para instauração de inquérito para a apuração de falta grave, em sendo julgada procedente a ação de inquérito.

e) O empregado que for aposentado por invalidez terá suspenso o seu contrato de trabalho durante todo o prazo fixado pelas leis da previdência social para a efetivação do benefício.

Resposta: A

B. Lockout

A norma constitucional e a ordinária garantem o direito de greve aos trabalhadores e veda a paralisação dos serviços por iniciativa dos empregadores, denominado de *lockout*.

A Lei nº 7.783/89, em seu art. 17, **proíbe o** ***lockout*** e impõe sanção para o caso de descumprimento, qual seja, a obrigação de pagar o salário dos empregados durante o período de paralisação:

> **Art. 17.** Fica vedada a paralisação das atividades, por iniciativa do empregador, com o objetivo de frustrar negociação ou dificultar o atendimento de reivindicações dos respectivos empregados ("lockout"). Parágrafo único. A prática referida no *caput* assegura aos trabalhadores o direito à percepção dos salários durante o período de paralisação.

Conclui-se, portanto, que, nesse caso, haverá **interrupção** do contrato de trabalho.

17. TST. Súmula nº 155. AUSÊNCIA AO SERVIÇO. As horas em que o empregado falta ao serviço para comparecimento necessário, como parte, à Justiça do Trabalho não serão descontadas de seus salários. Ex-prejulgado nº 30.

C. *Incapacidade para o trabalho por até 15 dias*

O empregado pode perder, momentaneamente, a sua capacidade laboral em virtude de ser acometido por algum tipo de doença ou por conta de acidente de trabalho.

Como o empregador é obrigado, por lei, a **remunerar os primeiros quinze dias de afastamento do empregado**, nas situações acima mencionadas, esse período é considerado como de **interrupção** da execução do contrato de trabalho.

Saliente-se, que nesse caso o empregado deverá comprovar a incapacidade laboral por meio de atestado médico, **de acordo com a ordem de preferência legal**, conforme entendimento do TST constante da Súmula nº 15:

> **SÚMULA Nº 15.** ATESTADO MÉDICO. A justificação da ausência do empregado motivada por doença, para a percepção do salário-enfermidade e da remuneração do repouso semanal, deve observar a ordem preferencial dos atestados médicos estabelecida em lei. (RA 28/1969, DO-GB 21.08.1969).

Essa hierarquia encontra-se estabelecida pelo art. 6º, § 2º, da Lei nº 605/49 que deve ser interpretado em conjunto com as disposições contidas no art. 60, § 4º, da Lei nº 8.213/91:

> **Art. 6º. § 2º** A doença será comprovada, mediante atestado de médico da empresa, ou por ela designado e pago, e na falta deste, de médico da instituição de previdência social a que esteja filiado o empregado, de médico do Serviço Social da Indústria ou do Serviço Social do Comércio, de médico a serviço de repartição federal, estadual ou municipal incumbida de assuntos de higiene e saúde, ou, não existindo estes na localidade em que trabalhar o empregado, de médico de sua escolha.
>
> **Art. 60. § 4º** A empresa que dispuser de serviço médico, próprio ou em convênio, terá a seu cargo o exame médico e o abono das faltas correspondentes ao período referido no § 3º, somente devendo encaminhar o segurado à perícia médica da Previdência Social quando a incapacidade ultrapassar 15 (quinze) dias.

A Súmula nº 282, do TST, também trata dessa temática, indicando a preferência do atestado médico emitido pelo serviço médico da empresa, quando existir:

> **SÚMULA Nº 282.** ABONO DE FALTAS. SERVIÇO MÉDICO DA EMPRESA. Ao serviço médico da empresa ou ao mantido por esta última mediante convênio compete abonar os primeiros 15 (quinze) dias de ausência ao trabalho.

D. *Membro de comissão de conciliação prévia*

As comissões de conciliação prévia, destinadas a promover a solução extrajudicial de conflitos entre empregados e empregadores, **podem ser constituídas no âmbito da empresa ou de caráter sindical.**

No primeiro caso, o empregado só se afastará de suas atividades contratuais normais quando for convocado para atuar na comissão de conciliação prévia da empresa. **O tempo respectivo deve ser contado como de trabalho efetivo para todos os efeitos legais**, de acordo com o disposto no art. 625-B, § 2º, da CLT:

> **Art. 625-B. § 2º.** O representante dos empregados desenvolverá seu trabalho normal na empresa, afastando-se de suas atividades apenas quando convocado para atuar como conciliador, sendo computado como tempo de trabalho efetivo o despendido nessa atividade.

Evidentemente que, se a necessidade do afastamento for por questão de horas, estas deverão ser integradas à jornada diária e semanal, inclusive para efeito de pagamento de sobrejornada e do adicional respectivo.

O resumo a seguir contempla as hipóteses de interrupção do contrato de trabalho:

Período	Motivo
Até 2 dias consecutivos	Falecimento do cônjuge, ascendente, descendente, irmão ou pessoa que, declarada em sua CTPS, viva sob sua dependência econômica.
Até 3 dias consecutivos	Casamento
5 dias	Nascimento de filho, no decorrer da primeira semana, podendo ser estendido por mais 15 dias, no caso de adesão ao Programa Empresa Cidadã.
1 dia a cada 12 meses	Doação voluntária de sangue devidamente comprovada
Até 2 dias	Alistar-se eleitor
Até 15 dias	Incapacidade para o trabalho em decorrência de doença comum, doença ocupacional ou acidente do trabalho
Tempo necessário	Cumprir as exigências do Serviço Militar referidas na letra "c" do artigo 65 da Lei nº 4.375
Tempo necessário	Quando tiver que comparecer a juízo
Tempo necessário	Quando, na qualidade de representante de entidade sindical, estiver participando de reunião oficial de organismo internacional do qual o Brasil seja membro
Tempo necessário	Para atuar como conciliador nas comissões de conciliação prévia
Tempo necessário	Paralisação do serviço nos dias em que, por conveniência do empregador, não tenha havido trabalho
Período comprovado	Realização de provas de exame vestibular para ingresso em estabelecimento de ensino superior
Período comprovado	*Lockout*
Tempo necessário	Para o trabalhador atuar perante as comissões de conciliação prévia na condição de representante dos empregados
Tempo comprovado	Participação em greve, com o pagamento de salário

E. *Outras causas de interrupção*

São inúmeras as causas de interrupção do contrato de trabalho que se encontram previstas na legislação laboral ou previdenciária.

De qualquer forma, para identificar se a situação é de interrupção basta observar se **há determinação de pagamento de salário** como ocorre nas seguintes situações não analisadas especificamente:

- Férias;
- Repouso semanal remunerado;
- Intervalos intrajornada especiais (digitador, câmara frigorífica etc.);
- Redução da jornada no período do aviso prévio;

- Ausências decorrentes da participação do empregado no conselho curador do FGTS (art. 3º, § 7º da Lei nº 8.036/90);
- Licenças remuneradas concedidas pelo empregador;
- Afastamento de empregado estável para apuração de falta grave com sentença de improcedência;
- Tempo gasto nas consultas médicas e exames complementares da gestante (art. 392, § 4º, II da CLT);
- Licença para candidatura eleitoral do servidor público celetista (Resolução nº 18.019/92 do TSE).

F. *Faltas abonadas X faltas justificadas*

Toda falta ao serviço abonada é justificada, mas nem toda falta justificada é abonada. A ausência do empregado ao serviço pode gerar diversas consequências.

Primeiro, é necessário saber se a falta encontra-se abonada legalmente. Nessa situação, a lei impõe ao empregador a obrigação de fazer o pagamento do salário referente ao período respectivo, mesmo no caso de falta ao serviço.

As principais causas de abono de falta estão classificadas como biológicas, sociais, políticas e familiares. A regra é no sentido de que só há pagamento de salário quando o empregado presta serviço ou fica à disposição do empregador.

Em face dessa afirmativa, não é correto dizer que foi descontado do salário do empregado os dias de ausência ao serviço, uma vez que **não houve trabalho**.

Caso a falta não seja legalmente abonada, o empregador deverá verificar qual o conteúdo de uma possível justificativa por parte do empregado e, somente então, aplicar penalidades diante desse fato.

Se o trabalhador falta e não apresenta qualquer justificativa, o empregador pode **adverti-lo, suspendê-lo ou até despedi-lo** por justa causa. No caso de uma simples suspensão, o empregado vai perder o direito de receber o dia que deixou de trabalhar, os dias de suspensão, o repouso semanal remunerado e, caso as faltas ultrapassem 5 dias, o período de gozo de férias será reduzido para 24 dias corridos.

Contudo, se o empregado apresenta uma justificativa razoável para sua ausência, o empregador não pagará o salário desse período, **mas também não poderá aplicar qualquer penalidade**, inclusive suspensão. Nesse último caso a falta não será abonada, mas somente justificada.

Exemplo de questão sobre o tema

(TRT 1 – Juiz do Trabalho Substituto 1ª região/2016) De acordo com a Consolidação das Leis do Trabalho e o entendimento sumulado pelo TST, são hipóteses de interrupção do contrato de trabalho:

I. O afastamento do empregado, por até 15 dias consecutivos, por força de auxílio-doença.

II. O período de afastamento de até 9 dias em que o empregado professor se afasta em consequência do falecimento de filho.

III. O período em que o empregado exercer cargo de diretor da empresa, desde que não permaneça existindo subordinação.

IV. O período em que o empregado permanece afastado, por até 30 dias, cumprindo sanção disciplinar.

Está correto o que se afirma em

(A) II e IV, apenas.

(B) II e III, apenas.

(C) I e III, apenas.

(D) I e II, apenas.

(E) I, II, III e IV.

Resposta: D

2.5. Causas de suspensão do contrato de trabalho

Como mencionado, suspende-se a execução do contrato de trabalho, sem cômputo do tempo de serviço, **sempre que o empregado não prestar serviços e o empregador deixar de pagar a remuneração devida.**

A lei prevê algumas hipóteses de suspensão do contrato de trabalho que adiante serão analisadas.

A. *Suspensão disciplinar do empregado*

O empregador, no exercício do seu poder disciplinar, derivado do poder diretivo, pode aplicar sanções disciplinares ao empregado em decorrência do descumprimento das obrigações contratuais. As sanções disciplinares aplicáveis ficam ao critério do empregador que, em face do seu poder organizacional, pode incluí-las no regulamento da empresa.

Em todo caso, as sanções mais comuns são: **advertência verbal, advertência escrita, suspensão e dispensa por justa causa.** A validade de todas essas sanções pode ser submetida à apreciação do Poder Judiciário Trabalhista.

A legislação laboral veda o desconto salarial como forma de punir o empregado faltoso. Havia uma exceção a essa regra. Tratava-se do caso do atleta profissional, já que o art. 15, § 1º da Lei nº 6.354/76 permitia esse procedimento. Entretanto, essa regra não está mais em vigor, pois revogada pela Lei nº 12.395/11.

Se o empregador optar pela suspensão, não poderá ultrapassar **trinta dias**, sob pena de ser considerada despedida sem justa causa, que ensejaria o pagamento das verbas rescisórias ao empregado dispensado injustamente, conforme determina o art. 474 da Consolidação das Leis do Trabalho.[18]

Como a sanção disciplinar de suspensão implica não pagamento dos salários respectivos, a hipótese será de suspensão contratual.

B. *Aposentadoria por incapacidade permanente*

A concessão do benefício da aposentadoria por incapacidade permanente **implica suspensão do contrato de trabalho**, pois enquanto permanecer a incapacidade do obreiro a execução do contrato de trabalho fica suspensa.

18. CLT. Art. 474. A suspensão do empregado por mais de 30 dias consecutivos importa na rescisão injusta do contrato de trabalho.

Dessa forma, não há que se falar em extinção do contrato de trabalho por conta da concessão da aposentadoria por invalidez, o que afasta o exercício do direito potestativo do empregador de resilir o pacto laboral.

O Tribunal Superior do Trabalho já se manifestou sobre o assunto, por meio da Súmula nº 160:

> **SÚMULA Nº 160.** APOSENTADORIA POR INVALIDEZ. Cancelada a aposentadoria por invalidez, mesmo após cinco anos, o trabalhador terá direito de retornar ao emprego, facultado, porém, ao empregador, indenizá-lo na forma da lei. Ex-prejulgado nº 37.

Segundo a atual redação do art. 47, da Lei nº 8.213/91, cessada a causa que originou a incapacidade para o trabalho, deve o empregado retornar ao serviço.[19]

Em razão dessa disposição legal, não se aplica o entendimento constante da parte final da Súmula nº 217 do STF, que foi editada antes da vigência da citada Lei nº 8.213/91:

> **SÚMULA Nº 217.** Tem direito de retornar ao emprego, ou ser indenizado em caso de recusa do empregador, o aposentado que recupera a capacidade de trabalho dentro de cinco anos, a contar da aposentadoria, que se torna definitiva após esse prazo.

A Consolidação das Leis do Trabalho, art. 475, § 1º, impõe certas obrigações ao empregador quando o empregado readquire a capacidade para o trabalho.

Nesse caso, será assegurado ao empregado o direito de retornar ao serviço para exercer as mesmas funções.

Contudo, o empregador poderá resilir o contrato de trabalho, **salvo se for portador de alguma espécie de estabilidade**, principalmente aquela estabelecida pelo art. 118, da Lei nº 8.213/91.[20]

Se outro empregado estiver exercendo as mesmas funções daquele que fora aposentado por invalidez, ao empregador será facultado extinguir esse contrato de trabalho, **sem qualquer ônus financeiro**, desde que tenha promovido a ciência do exercício precário das referidas funções (art. 475, § 2º, da Consolidação das Leis do Trabalho).[21]

Exemplo de questão sobre o tema

(TRT 3 – Juiz do Trabalho Substituto 3ª região/2014) Nas suas férias, Joaquim Marcial, que trabalhava como motorista da empresa Já-Vai Ltda., viajou com a família para Guarapari e, na estrada, sofreu um acidente de que resultou traumatismo craniano, perda de movimentos e a inaptidão para o exercício de suas

19. Lei nº 8.213/91. Art. 47. Verificada a recuperação da capacidade de trabalho do aposentado por invalidez, será observado o seguinte procedimento: I – quando a recuperação ocorrer dentro de 5 (cinco) anos, contados da data do início da aposentadoria por invalidez ou do auxílio-doença que a antecedeu sem interrupção, o benefício cessará: a) de imediato, para o segurado empregado que tiver direito a retornar à função que desempenhava na empresa quando se aposentou, na forma da legislação trabalhista, valendo como documento, para tal fim, o certificado de capacidade fornecido pela Previdência Social.
20. Lei nº 8.213/91. Art. 118. O segurado que sofreu acidente do trabalho tem garantida, pelo prazo mínimo de doze meses, a manutenção do seu contrato de trabalho na empresa, após a cessação do auxílio-doença acidentário, independentemente de percepção de auxílio-acidente.
21. CLT. Art. 475. § 2º: Se o empregador houver admitido substituto para o aposentado, poderá rescindir, com este, o respectivo contrato de trabalho sem indenização, desde que tenha havido ciência inequívoca da interinidade ao ser celebrado o contrato.

funções. Depois de alguns meses em gozo de auxílio-doença, ele foi aposentado por invalidez. Assinale a alternativa correta:

(A) A aposentadoria por invalidez implica a extinção do contrato de Joaquim Marçal.

(B) O contrato de Joaquim Marcial continua a gerar efeitos, especialmente no que concerne à manutenção dos parâmetros salariais fixados em normas coletivas.

(C) A aposentadoria por invalidez implica a interrupção do contrato de trabalho de Joaquim Marcial.

(D) A aposentadoria por invalidez implica a suspensão do contrato de trabalho de Joaquim Marcial.

(E) A aposentadoria por invalidez equivale a um pedido de demissão formulado por Joaquim Marcial, visto que a empresa não teve culpa no acidente.

Resposta: D

C. *Incapacidade por tempo superior a quinze dias*

A inaptidão para o trabalho, em decorrência de doença genérica, implica suspensão da execução do contrato de trabalho, após o 15º dia do afastamento.

O ônus financeiro do empregador **é repassado para o órgão oficial de previdência social, que faz o pagamento de benefícios previdenciários.**

O art. 476 da Consolidação das Leis do Trabalho utiliza a expressão *licença não remunerada* para esses casos, pois reconhece tratar de **suspensão do contrato de trabalho**, uma vez que cessa a obrigação de pagar salários e, inclusive, de depositar o FGTS, segundo determina o art. 15, § 6º, da Lei nº 8.036/90.

Cessada a percepção do benefício previdenciário respectivo, deverá o empregado retornar imediatamente ao trabalho, **sob pena de configuração de abandono de serviço**, conforme posicionamento do TST, estampado na Súmula nº 32:

> **TST. SÚMULA Nº 32.** ABANDONO DE EMPREGO – Nova redação – Res. 121/2003, DJ 21.11.2003. Presume-se o abandono de emprego se o trabalhador não retornar ao serviço no prazo de 30 (trinta) dias após a cessação do benefício previdenciário nem justificar o motivo de não o fazer.

Como a lei utiliza a expressão "licença", entende-se que **não é devido** o depósito do FGTS durante o período em que o trabalhador fica afastado do serviço para percepção da **aposentadoria por incapacidade permanente (aposentadoria por invalidez).** Esse depósito só seria devido em caso de percepção do auxílio-doença acidentário.

D. *Eleição para o cargo de diretor*

Quando o empregado de uma sociedade anônima é eleito para exercer as funções de diretor, **suspendem-se as obrigações derivadas do contrato de trabalho**, pois o período respectivo não é levado em consideração para efeito de contagem do tempo de serviço.

O Tribunal Superior do Trabalho posicionou-se sobre a questão, conforme se observa da redação da Súmula nº 269:

> **SÚMULA Nº 269.** DIRETOR ELEITO. CÔMPUTO DO PERÍODO COMO TEMPO DE SERVIÇO. O empregado eleito para ocupar cargo de diretor tem o respectivo contrato de trabalho suspenso, não se computando o tempo de serviço desse período, salvo se permanecer a subordinação jurídica inerente à relação de emprego.

Há suspensão do contrato de trabalho, pois se torna incompatível o exercício das funções inerentes ao cargo de diretor e a condição de empregado em uma mesma pessoa.

Contudo, o art. 16, da Lei nº 8.036/90 faculta à empresa **equiparar seus diretores não empregados** aos demais trabalhadores sujeitos ao regime do FGTS, para efeito de continuar efetuando os depósitos fundiários na conta vinculada do trabalhador.

E. *Mulher em situação de violência doméstica ou familiar*

A Lei nº 11.340/06, conhecida como Lei Maria da Penha, foi editada com o objetivo de criar instrumentos capazes de coibir a violência doméstica e familiar contra a mulher, para atender ao comando constitucional contido no § 8º, do art. 226 da atual Constituição Federal.[22]

A referida norma autorizou a instituição de Juizados de Violência Doméstica e Familiar contra a Mulher; alterou o Código de Processo Penal, o Código Penal e a Lei de Execução Penal; e **criou uma espécie de suspensão do contrato de trabalho celebrado com a mulher**, conforme se observa da redação do art. 9º, § 2º, II, da referida Lei nº 11.340:

> **Art. 9º**. A assistência à mulher em situação de violência doméstica e familiar será prestada de forma articulada e conforme os princípios e as diretrizes previstos na Lei Orgânica da Assistência Social, no Sistema Único de Saúde, no Sistema Único de Segurança Pública, entre outras normas e políticas públicas de proteção, e emergencialmente quando for o caso. § 2º. O juiz assegurará à mulher em situação de violência doméstica e familiar, para preservar sua integridade física e psicológica: I – acesso prioritário à remoção quando servidora pública, integrante da administração direta ou indireta; II – manutenção do vínculo trabalhista, quando necessário o afastamento do local de trabalho, por até seis meses.

Contudo, o STJ entendeu que a situação, apesar de não haver previsão legal expressa, se amolda à hipótese de interrupção do contrato de trabalho, além de atribuir à mulher em situação de violência o direito de perceber benefício previdenciário durante o afastamento:

> RECURSO ESPECIAL. VIOLÊNCIA DOMÉSTICA E FAMILIAR. MEDIDA PROTETIVA. AFASTAMENTO DO EMPREGO. MANUTENÇÃO DO VÍNCULO TRABALHISTA. COMPETÊNCIA. VARA ESPECIALIZADA. VARA CRIMINAL. NATUREZA JURÍDICA DO AFASTAMENTO. INTERRUPÇÃO DO CONTRATO DE TRABALHO. PAGAMENTO. INTERPRETAÇÃO TELEOLÓGICA. INTERPRETAÇÃO EXTENSIVA. PREVISÃO LEGAL. INEXISTÊNCIA. FALTA JUSTIFICADA. PAGAMENTO DE INDENIZAÇÃO. AUXÍLIO DOENÇA. INSTITUTO NACIONAL DO SEGURO SOCIAL. RECURSO ESPECIAL PROVIDO PARCIALMENTE.
>
> 1. Tem competência o juiz da vara especializada em violência doméstica e familiar ou, caso não haja na localidade o juízo criminal, para apreciar pedido de imposição de medida protetiva de manutenção de vínculo trabalhista, por até seis meses, em razão de afastamento do trabalho de ofendida decorrente de violência doméstica e familiar, uma vez que o motivo do afastamento não advém de relação de trabalho, mas de situação emergencial que visa garantir a integridade física, psicológica e patrimonial da mulher.
>
> 2. Tem direito ao recebimento de salário a vítima de violência doméstica e familiar que teve como medida protetiva imposta ao empregador a manutenção de vínculo trabalhista em

22. Com o mesmo objetivo a Convenção sobre a Eliminação de Todas as Formas de Discriminação contra as Mulheres e da Convenção Interamericana para Prevenir, Punir e Erradicar a Violência contra a Mulher.

decorrência de afastamento do emprego por situação de violência doméstica e familiar, ante o fato de a natureza jurídica do afastamento ser a interrupção do contrato de trabalho, por meio de interpretação teleológica da Lei n. 11.340/2006.

3. Incide o auxílio-doença, diante da falta de previsão legal, referente ao período de afastamento do trabalho, quando reconhecida ser decorrente de violência doméstica e familiar, pois tal situação advém da ofensa à integridade física e psicológica da mulher e deve ser equiparada aos casos de doença da segurada, por meio de interpretação extensiva da Lei Maria da Penha.

4. Cabe ao empregador o pagamento dos quinze primeiros dias de afastamento da empregada vítima de violência doméstica e familiar e fica a cargo do INSS o pagamento do restante do período de afastamento estabelecido pelo juiz, com necessidade de apresentação de atestado que confirme estar a ofendida incapacitada para o trabalho e desde que haja aprovação do afastamento pela perícia do INSS, por incidência do auxílio-doença, aplicado ao caso por meio de interpretação analógica (STJ. 6ª Turma. Rel. Min. Rogério Schietti Cruz. Número não divulgado por tramitação em segredo de Justiça. 18.09.2019).

F. *Outros casos de suspensão*

A legislação laboral ainda disciplina as seguintes hipóteses de suspensão do pacto laboral:

- Desempenho de encargo público (art. 472 da CLT) no qual não há obrigatoriedade de pagamento de salário;
- Retorno de empregado público ao serviço por conta de concessão de anistia concedida pela Lei nº 8.878/94.[23]

2.6. Situações especiais

Existem algumas situações legalmente previstas em que não se pode definir, de forma prévia, se a hipótese é de suspensão e/ou de interrupção da execução do contrato de trabalho, tais como:

a) participação em movimento grevista;

b) acidente do trabalho;

c) serviço militar obrigatório;

d) suspensão para qualificação profissional;

e) licença-maternidade;

f) dirigente sindical;

g) contrato por prazo determinado.

A. *Participação em movimento grevista*

O direito de greve é garantido por dispositivo constitucional (art. 9º, CF /88),[24] devidamente regulamentado por meio da Lei nº 7.783/89.

23. Lei nº 8.878/94. Art. 6º A anistia a que se refere esta Lei só gerará efeitos financeiros a partir do efetivo retorno à atividade, vedada a remuneração de qualquer espécie em caráter retroativo.

24. CF/88. Art. 9º. É assegurado o direito de greve, competindo aos trabalhadores decidir sobre a oportunidade de exercê-lo e sobre os interesses que devam por meio dele defender.

O art. 7º da aludida norma infraconstitucional,[25] dispõe que, durante o período do movimento paredista, **o contrato de trabalho ficará suspenso**, o que implica não pagamento de salários, inclusive para os servidores públicos (decisão proferida pelo STF no RE nº 693456 com repercussão geral declarada).

Caberá ao acordo coletivo, convenção coletiva, sentença arbitral ou decisão da Justiça do Trabalho, identificar quais as obrigações serão atribuídas aos envolvidos no conflito.

Em outras palavras, somente o instrumento decorrente de qualquer das formas de solução dos conflitos citados na lei de greve é que definirá se o período de paralisação será considerado como de **interrupção ou como de suspensão do contrato de trabalho.**

Se houver determinação ou ajuste no sentido de pagamento de salário durante o tempo da paralisação, o período respectivo será considerado como **interrupção** do contrato de trabalho, com a consequente contagem do tempo de serviço. Caso contrário, a hipótese será de **suspensão** do contrato de trabalho.

B. *Acidente do trabalho – doença ocupacional*

Os primeiros quinze dias de afastamento do empregado ao serviço, provocado pela incapacidade laboral decorrente de acidente do trabalho ou doença ocupacional (a lei previdenciária equipara, para todos os efeitos legais, o acidente do trabalho típico à doença ocupacional), **devem ser remunerados** pelo empregador, na forma do que dispõe o art. 60, § 3º, da Lei nº 8.213/91.[26]

Trata-se, portanto, de espécie de **interrupção do contrato de trabalho**, com cômputo no tempo de serviço, em relação aos primeiros quinze dias de afastamento.

Se a incapacidade para o trabalho for superior a quinze dias, o INSS concederá ao empregado/segurado o benefício do auxílio-doença acidentário. A partir de então, cessa para o empregador a obrigação de remunerar o operário, hipótese de **suspensão do contrato de trabalho**.

Todavia, é uma exceção à regra geral, pois, nesse caso, o período de afastamento do empregado **contará como tempo de serviço para todos os efeitos legais.**

A CLT, em seu art. 4º, parágrafo único, disciplina a matéria:

> **Art. 4º. Parágrafo único.** Computar-se-ão, na contagem de tempo de serviço, para efeito de indenização e estabilidade, os períodos em que o empregado estiver afastado do trabalho, prestando serviço militar e por motivo de acidente do trabalho.

Como a sistemática da indenização por antiguidade foi substituída pela obrigação de recolhimento do FGTS – Fundo de Garantia por Tempo de Serviço, mantém-se essa obrigação para o empregador**, enquanto durar a suspensão contratual decorrente de percepção de**

---

25. Lei 7.783/89. Art. 7º: Observadas as condições previstas nesta Lei, a participação em greve suspende o contrato de trabalho, devendo as relações obrigacionais durante o período ser regidas pelo acordo, convenção, laudo arbitral ou decisão da Justiça do Trabalho.
26. Lei 8.213/91. Art. 60, § 3º: Durante os primeiros quinze dias consecutivos ao do afastamento da atividade por motivo de doença, incumbirá à empresa pagar ao segurado empregado o seu salário integral.

auxílio por incapacidade temporária acidentária, na forma prevista pelo art. 15, § 5º, da Lei nº 8.036/90: "O depósito de que trata o *caput* deste artigo é devido nos casos de afastamento para prestação do serviço militar obrigatório e licença por acidente do trabalho".

Quanto às férias, aplica-se o art. 131, III, combinado com o 133, IV, da CLT, que observa a Convenção nº 137 da OIT.

Em resumo, se a licença for de até 6 meses, continua a contagem do período aquisitivo de férias. Ao passar desse limite, o empregado perde o direito ao gozo das férias, e **inicia-se um novo período aquisitivo quando do seu retorno**.

Esse mesmo efeito especial **não se estende à hipótese de suspensão contratual por motivo de concessão de aposentadoria por incapacidade permanente**, segundo entendimento do TST, manifestado pela decisão a seguir da SDI-1, que adotou tese restritiva de interpretação dos dispositivos legais já mencionados:

> Tendo em conta que a aposentadoria por invalidez suspende o contrato de trabalho, conforme dicção do art. 475 da CLT, é indevido o recolhimento do FGTS no período em que o empregado estiver no gozo desse benefício previdenciário, ainda que o afastamento tenha decorrido de acidente de trabalho. Com esse entendimento, a SBDI-I, em sua composição plena, por maioria, negou provimento ao recurso de embargos, vencidos os Ministros Renato de Lacerda Paiva, Lelio Bentes Corrêa, José Roberto Freire Pimenta e Delaíde Miranda Arantes. Ressaltou o Ministro relator que o art. 15, § 5º, da Lei nº 8.036/90, ao determinar que a licença por acidente de trabalho será causa de interrupção do contrato de trabalho, com obrigatoriedade de recolhimento do FGTS, estabeleceu situação excepcional que não admite interpretação ampliativa para abarcar a aposentadoria por invalidez decorrente de acidente de trabalho.[27]

Com efeito, o citado art. 15, § 5º, da Lei nº 8.036/90 atribuiu, excepcionalmente, um encargo ao empregador, quando deveria ser ônus do próprio Estado, nos casos de suspensão do contrato de trabalho por licença decorrente de incapacidade laboral por acidente do trabalho, de caráter temporário.

Portanto, não há como utilizar de interpretação ampliativa para estender essa exceção aos casos de **aposentadoria por incapacidade permanente,** cuja incapacidade deve ter caráter permanente e na maioria das vezes acompanha o beneficiário pelo resto de sua vida.

Exemplo de questão sobre o tema

(TRT 3 – Juiz do Trabalho Substituto 3ª região/2014) Considerando-se as regras aplicáveis ao FGTS, é INCORRETO afirmar:

(A) O depósito do FGTS é devido na hipótese de gozo de auxílio doença acidentário.

(B) O depósito do FGTS é devido quando se tratar de aprendiz.

(C) O depósito do FGTS pode ser feito em relação aos diretores não empregados.

(D) O depósito do FGTS é devido na hipótese de gozo de auxílio doença em razão de neoplasia maligna.

(E) O depósito do FGTS é devido na hipótese de afastamento para prestação de serviço militar obrigatório.

Resposta: D

---

27. TST. EEDRR-133900-84.2009.5.03.0057. SBDI-I. Rel. Min. Horácio Raymundo de Senna Pires. DEJT 24.5.2012.

C. *Plano de saúde*

Tem-se observado, com certa constância, demandas de trabalhadores aposentados por incapacidade permanente ou com contrato de trabalho suspenso em razão de percepção de auxílio por incapacidade temporária, com pedido de manutenção de plano de saúde custeado, em parte, pelo empregador.

Não resta dúvida de que após a Emenda Constitucional nº 45/04, a solução de tais litígios passou a ser da competência da Justiça do Trabalho, já que teve na relação de emprego a sua origem.

A Lei nº 9.656/98 (Lei dos Planos de Saúde) possui um dispositivo que trata dos efeitos da aposentadoria sobre o contrato de plano de saúde.

O art. 31 da mencionada norma estatal preceitua que o empregado que contribuir por mais de 10 anos para o plano de saúde, **terá garantido o direito de manutenção** do referido plano, nas mesmas condições vigentes à época da execução do contrato de trabalho, desde que assuma o pagamento integral respectivo.

Se o aposentado tem menos de 10 anos de contribuição será aplicada a seguinte regra contida no § 1º, art. 31, da Lei nº 9.656/98:

> **Art. 31. § 1º.** Ao aposentado que contribuir para planos coletivos de assistência à saúde por período inferior ao estabelecido no *caput* é assegurado o direito de manutenção como beneficiário, à razão de um ano para cada ano de contribuição, desde que assuma o pagamento integral do mesmo.

A suspensão do contrato de trabalho implica, também, a paralisação das obrigações derivadas do contrato de trabalho, tanto pelo empregado quanto pelo empregador. Desse modo, a suspensão contratual cessaria a participação financeira do empregador no plano de saúde. Contudo, essa rápida análise é superficial e por demais simplista e não ao princípio protetivo do Direito laboral.

Com efeito, no caso de suspensão do contrato de trabalho por motivo de doença ocupacional ou acidente do trabalho, a obrigação contraída voluntariamente pelo empregador de manter o plano de saúde do empregado, que não decorre da imposição da legislação laboral, se avulta. É por meio do tratamento de saúde de natureza privada, patrocinada pelos planos de saúde, que o empregado terá mais chances de obter a plena recuperação.

Inclusive, a manutenção dos efeitos do plano de saúde, para fins de prestação de assistência à saúde do empregado, mesmo aposentado por invalidez, significa a possibilidade do empregador de não ver reconhecida a sua responsabilidade nos efeitos decorrentes do acidente do trabalho/doença ocupacional ou mesmo de ver diminuído o valor da indenização devida, já que a cura pode ser total.

A conclusão é no sentido de que a participação financeira do empregador lhe traria muito mais benefícios do que prejuízos.

Sobre o tema, pronuncia-se o TST por meio da Súmula nº 440:

> **SÚMULA Nº 440.** AUXÍLIO-DOENÇA ACIDENTÁRIO. APOSENTADORIA POR INVALIDEZ. SUSPENSÃO DO CONTRATO DE TRABALHO. RECONHECIMENTO DO DIREITO À MANUTENÇÃO DE PLANO DE SAÚDE OU DE ASSISTÊNCIA

> MÉDICA. Assegura-se o direito à manutenção de plano de saúde ou de assistência médica oferecido pela empresa ao empregado, não obstante suspenso o contrato de trabalho em virtude de auxílio-doença acidentário ou de aposentadoria por invalidez.

D. Serviço militar obrigatório e outros encargos públicos

Da forma semelhante àquela que ocorre com o caso de ausência de labor por mais de 15 dias decorrente de acidente do trabalho, o período de afastamento destinado à prestação de serviço militar obrigatório é contado como de efetivo serviço, ou seja, representa mais uma exceção à regra geral.

Nesse caso, **mesmo sem remuneração, haverá contagem do tempo de serviço e, consequentemente, recolhimento do FGTS por parte do empregador**.

A Lei nº 4.375/64, que disciplina o serviço militar, trata dessa questão em seu art. 60:

> **Art. 60.** Os funcionários públicos federais, estaduais ou municipais, bem como os empregados, operários ou trabalhadores, qualquer que seja a natureza da entidade em que exerçam as suas atividades, quando incorporados ou matriculados em Órgão de Formação de Reserva, por motivo de convocação para prestação do Serviço Militar inicial estabelecido pelo artigo 16, desde que para isso forçados e abandonarem o cargo ou emprego, terão assegurado o retorno ao cargo ou emprego, respectivo, dentro dos 30 (trinta) dias que se seguirem ao licenciamento, ou término de curso, salvo se declararem, por ocasião da incorporação ou matrícula, não pretender a ele voltar.

Já a CLT dispõe sobre os efeitos do afastamento do obreiro para prestação do serviço militar em seu art. 4º, § 1º, com redação dada pela Lei nº 13.467/17:

> **Art. 4º. § 1º** Computar-se-ão, na contagem de tempo de serviço, para efeito de indenização e estabilidade, os períodos em que o empregado estiver afastado do trabalho prestando serviço militar e por motivo de acidente do trabalho.

A Súmula nº 463 do STF confirma o direito do empregado à contagem do tempo de serviço: "Para efeito de indenização e estabilidade, conta-se o tempo em que o empregado esteve afastado, em serviço militar obrigatório, mesmo anteriormente à Lei nº 4.702, de 01.06.1962".

Para que o empregado não perca o direito de retornar ao serviço após o afastamento em virtude de exigência do serviço militar ou de encargo público, incluso o exercício de cargos públicos eletivos, **é necessário que comunique o empregador dessa intenção, dentro do prazo máximo de trinta dias**, contados da data em que se verificar a respectiva baixa ou a terminação do encargo a que estava obrigado (art. 472, § 1º, da CLT).

Antes da edição da Lei nº 8.630/93, em determinadas situações, o empregado poderia ficar afastado do emprego **por solicitação da autoridade militar competente**, desde que ocorresse motivo de relevante interesse para segurança nacional.

Nesse caso, **o empregador mantinha a obrigação de pagar salários pelo prazo de até noventa dias**, conforme dispunha o art. 472, § 3º e § 5º, da Consolidação das Leis do Trabalho.[28]

28. CLT. Art. 472. § 3º: Ocorrendo motivo relevante de interesse para a segurança nacional poderá a autoridade competente solicitar o afastamento do empregado do serviço ou do local de trabalho, sem que se configure a

Todavia, **esse procedimento não é mais albergado pelo ordenamento jurídico atual,** pois a Lei nº 8.630/93 revogou expressamente o Decreto-lei nº 3/66, que havia acrescido os parágrafos 3º, 4º e 5º ao art. 472 da CLT.

Uma boa parte da doutrina trabalhista ainda não se atentou para essa modificação legislativa, circunstância que também tem influenciado nas decisões judiciais.

Se o empregado é admitido no serviço militar na modalidade de **tiro de guerra** e em horário compatível com a jornada de trabalho, **não há que se falar em suspensão ou interrupção do contrato de trabalho.**

Ademais, perde o direito de retorno ao emprego o trabalhador que for **engajado**, uma vez tratar-se de prorrogação do serviço militar de natureza facultativa.

Note-se que o preceito contido no art. 472 da CLT, se aplica tanto ao empregado que se afasta para prestação do serviço militar quanto para o trabalhador que **assume outros encargos públicos**. A diferença reside no fato de que, no primeiro caso, há contagem do tempo de serviço durante o afastamento, de acordo com o disposto no art. 473, VI, da CLT.

Caso o contrato seja celebrado por tempo determinado, em ambos os casos, as partes podem acordar no sentido de que o tempo de afastamento não interfira na contagem do prazo final, conforme dispõe o § 2º, art. 472 da CLT: "Nos contratos por prazo determinado, o tempo de afastamento, se assim acordarem as partes interessadas, não será computado na contagem do prazo para a respectiva terminação".

Exemplo de questão sobre o tema

(TRT 2 – Juiz do Trabalho Substituto 2ª região/2014) Em relação ao empregado afastado em virtude de exigências de encargo público, aponte a alternativa correta:

(A) Constitui motivo para a alteração ou rescisão do contrato de trabalho por parte do empregador.

(B) Não tem o período de afastamento computado na contagem do contrato por prazo determinado, se assim acordarem as partes interessadas.

(C) Poderá voltar a exercer o cargo do qual se afastou, desde que notifique o empregador dessa intenção no prazo máximo de 30 (trinta) dias, contados da data do início do afastamento.

(D) Tem o direito de voltar a exercer o cargo do qual se afastou, independentemente da comunicação ao empregador.

(E) Continuará percebendo sua remuneração durante os primeiros 30 (trinta) dias de seu afastamento.

Resposta: B

E. *Suspensão para qualificação profissional – Lay-off*

O art. 476-A na Consolidação das Leis do Trabalho permite ao empregador suspender a execução do contrato de trabalho de forma coletiva, **por um período que pode variar entre dois e cinco meses.**[29]

suspensão do contrato de trabalho. § 5º. Durante os primeiros 90 (noventa) dias desse afastamento, o empregado continuará percebendo sua remuneração.

29. O contrato de trabalho não poderá ser suspenso com a utilização desse procedimento por mais de uma vez no período de dezesseis meses, sendo que o prazo máximo de cinco meses poderá ser prorrogado por meio de convenção ou acordo coletivo de trabalho.

Essa suspensão coletiva, também denominada de *lay-off*, destina-se a possibilitar a participação do obreiro em programa de **qualificação profissional** oferecido pelo empregador, **desde que haja autorização prévia em acordo ou convenção coletiva de trabalho,** além da manifestação formal do empregado nesse sentido.

Faculta-se ao empregador fornecer ao obreiro uma quantia mensal, **a título de ajuda de custo e sem caráter salarial**, durante o período da suspensão do pacto laboral, com valor a ser definido na convenção ou no acordo coletivo, bem como outros benefícios voluntários.

Percebe-se, portanto, que apesar de o empregador poder conceder uma ajuda de custo mensal, **o respectivo valor não terá caráter salarial por expressa disposição legal** e, por consequência, a hipótese será de suspensão do contrato de trabalho.

Durante o período de afastamento **o empregado poderá perceber os benefícios do seguro-desemprego na modalidade bolsa-qualificação**, independentemente de qualquer ajuda de custo paga pelo empregador, desde que preencha os requisitos previstos pela Lei nº 7.998/90, com a exceção da dispensa sem justa causa.[30]

Em caso de dispensa do empregado durante o período de suspensão contratual ou nos três meses subsequentes ao seu retorno ao trabalho, o empregador pagará ao empregado, além das parcelas indenizatórias ordinárias, **uma multa, que deverá constar na convenção ou no acordo coletivo, de, no mínimo, 100% sobre o valor da última remuneração mensal**, anterior à suspensão do contrato.

> **CLT. Art. 476-A.** O contrato de trabalho poderá ser suspenso, por um período de dois a cinco meses, para participação do empregado em curso ou programa de qualificação profissional oferecido pelo empregador, com duração equivalente à suspensão contratual, mediante previsão em convenção ou acordo coletivo de trabalho e aquiescência formal do empregado, observado o disposto no art. 471 desta Consolidação.
>
> **§ 1º** Após a autorização concedida por intermédio de convenção ou acordo coletivo, o empregador deverá notificar o respectivo sindicato, com antecedência mínima de quinze dias da suspensão contratual.
>
> **§ 2º** O contrato de trabalho não poderá ser suspenso em conformidade com o disposto no caput deste artigo mais de uma vez no período de dezesseis meses.
>
> **§ 3º** O empregador poderá conceder ao empregado ajuda compensatória mensal, sem natureza salarial, durante o período de suspensão contratual nos termos do caput deste artigo, com valor a ser definido em convenção ou acordo coletivo.
>
> **§ 4º** Durante o período de suspensão contratual para participação em curso ou programa de qualificação profissional, o empregado fará jus aos benefícios voluntariamente concedidos pelo empregador.
>
> **§ 5º** Se ocorrer a dispensa do empregado no transcurso do período de suspensão contratual ou nos três meses subsequentes ao seu retorno ao trabalho, o empregador pagará ao empregado, além das parcelas indenizatórias previstas na legislação em vigor, multa a ser estabelecida em convenção ou acordo coletivo, sendo de, no mínimo, cem por cento sobre o valor da última remuneração mensal anterior à suspensão do contrato.
>
> **§ 6º** Se durante a suspensão do contrato não for ministrado o curso ou programa de qualificação profissional, ou o empregado permanecer trabalhando para o empregador, ficará

30. O pagamento desse benefício encontra-se regulamentado pela Resolução nº 591/09, do CODEFAT.

descaracterizada a suspensão, sujeitando o empregador ao pagamento imediato dos salários e dos encargos sociais referentes ao período, às penalidades cabíveis previstas na legislação em vigor, bem como às sanções previstas em convenção ou acordo coletivo.

§ 7º O prazo limite fixado no caput poderá ser prorrogado mediante convenção ou acordo coletivo de trabalho e aquiescência formal do empregado, desde que o empregador arque com o ônus correspondente ao valor da bolsa de qualificação profissional, no respectivo período."

Exemplos de questões sobre o tema

(FCC – Juiz do Trabalho Substituto 1ª região/2015) Sobre a suspensão do contrato individual de trabalho, de acordo com a CLT, considere:

I. O contrato de trabalho poderá ser suspenso, por um período de dois a cinco meses, para participação do empregado em curso ou programa de qualificação profissional oferecido pelo empregador, com duração equivalente à suspensão contratual, mediante previsão em convenção ou acordo coletivo de trabalho e aquiescência formal do empregado, sendo que ao empregado afastado do emprego são asseguradas, por ocasião de sua volta, todas as vantagens que, em sua ausência, tenham sido atribuídas à categoria a que pertencia na empresa.

II. Se ocorrer a dispensa do empregado no transcurso do período de suspensão contratual ou nos três meses subsequentes ao seu retorno ao trabalho, o empregador pagará ao empregado, além das parcelas indenizatórias previstas na legislação em vigor, multa a ser estabelecida em convenção ou acordo coletivo, sendo de, no mínimo, 50% sobre o valor da última remuneração mensal anterior à suspensão do contrato.

III. Se durante a suspensão do contrato não for ministrado o curso ou programa de qualificação profissional, ou o empregado permanecer trabalhando para o empregador, ficará descaracterizada a suspensão, sujeitando o empregador ao pagamento imediato dos salários e dos encargos sociais referentes ao período, às penalidades cabíveis previstas na legislação em vigor, bem como às sanções previstas em convenção ou acordo coletivo.

IV. O prazo limite de dois a cinco meses poderá ser prorrogado mediante convenção ou acordo coletivo de trabalho e aquiescência formal do empregado, desde que o empregador arque com o ônus correspondente ao valor da bolsa de qualificação profissional, no respectivo período.

Está correto o que se afirma APENAS em

(A) I e II.

(B) I, II e III.

(C) III e IV.

(D) I, III e IV.

(E) II e IV.

Resposta: D

(TRT 2 – Juiz do Trabalho Substituto 2ª região/ 2013) Quanto à suspensão do contrato de trabalho para participação do empregado em curso ou programa de qualificação, é correto afirmar:

(A) Poderá ser suspenso por um período de 3 (três) a 5 (cinco) meses para participação do empregado em curso ou programa de qualificação profissional oferecido pelo empregador.

(B) Poderá ser suspenso para participação do empregado em curso ou programa de qualificação profissional oferecido pelo empregador, com duração equivalente à suspensão contratual, mediante previsão em convenção ou acordo coletivo de trabalho e aquiescência formal do empregador.

(C) Não poderá ser suspenso mais de uma vez no período de dezesseis meses, salvo previsão em convenção ou acordo coletivo de trabalho e a aquiescência formal do empregado.

(D) Poderá ser suspenso por um período de 2 (dois) a 5 (cinco) meses, desde que o empregador notifique o sindicato da categoria com antecedência mínima de 30 (trinta) dias da suspensão contratual.

(E) Poderá ser suspenso por período superior ao determinado por lei, mediante convenção ou acordo coletivo de trabalho, bastando que o empregador arque com o ônus correspondente ao valor da bolsa de qualificação profissional.

Resposta: B

F. Licença-maternidade

À empregada gestante é garantida uma licença de 120 dias, conforme preceitua o art. 71 da Lei nº 8.213/91:

> **Art. 71.** O salário-maternidade é devido à segurada da Previdência Social, durante 120 (cento e vinte) dias, com início no período entre 28 (vinte e oito) dias antes do parto e a data de ocorrência deste, observadas as situações e condições previstas na legislação no que concerne à proteção à maternidade.

Se o parto acontecer antes da data prevista, tal circunstância não afetará o direito da obreira de gozar do período integral da licença de 120 dias.

A empregada afastada do serviço para gozo de licença-maternidade recebe uma quantia paga diretamente pelo empregador, mas a título de **salário-maternidade**.

Entretanto, dispõe a aludida Lei nº 8.213/91 que **o empregador deduzirá do total da contribuição previdenciária por ele devida,** no momento oportuno, os valores adiantados à empregada segurada[31] a título de salário-maternidade, **salvo em relação à empregada do microempreendedor individual, a empregada doméstica e a trabalhadora sem vínculo empregatício mas ainda no período de graça**, pois nesse caso o benefício será pago diretamente pelo INSS.

Conclui-se, desse modo, que a obrigação do pagamento é do órgão da previdência social e que a hipótese é de suspensão do contrato de trabalho, **mas com contagem do tempo de serviço para todos os efeitos legais,[32] inclusive férias (art. 131, II, da CLT).**[33]

– Adoção ou guarda judicial

O obreiro é protegido até mesmo em caso de adoção (art. 392-A da Consolidação das Leis do Trabalho, com redação dada pela Lei nº 13.509/17) ou obtenção da guarda judicial para fins de adoção de criança ou adolescente, **independentemente da sua idade**, mas observando o limite de 18 anos, a partir do qual passa a ser considerado como adulto de acordo com o art. 2º do Estatuto da Criança e do Adolescente.

Com efeito, a Lei nº 12.010/09 revogou expressamente os §§ 1º, 2º e 3º, art. 392-A, da CLT que estabelecia uma proporcionalidade entre o período da licença-maternidade e a idade do adotado, que foi estendida também ao **empregado do sexo masculino.**

---

31. Lei nº 8.213/91. Art. 72. § 1º. Cabe à empresa pagar o salário-maternidade devido à respectiva empregada gestante, efetivando-se a compensação, observado o disposto no art. 248 da Constituição Federal, quando do recolhimento das contribuições incidentes sobre a folha de salários e demais rendimentos pagos ou creditados, a qualquer título, à pessoa física que lhe preste serviço.
32. Decreto nº 99.684. Art. 28. O depósito na conta vinculada do FGTS é obrigatório também nos casos de interrupção do contrato de trabalho prevista em lei, tais como: IV – licença à gestante. Parágrafo único. Na hipótese deste artigo, a base de cálculo será revista sempre que ocorrer aumento geral na empresa ou na categoria profissional a que pertencer o trabalhador.
33. CLT. Art. 131. Não será considerada falta ao serviço, para os efeitos do artigo anterior, a ausência do empregado: II – durante o licenciamento compulsório da empregada por motivo de maternidade ou aborto, observados os requisitos para percepção do salário-maternidade custeado pela Previdência Social.

Para gozo desse benefício, o empregado **deverá apresentar o termo judicial de guarda ao adotante ou guardião**.

No microssistema **jurídico-previdenciário**, essa revogação só ocorreu por conta da edição da Lei nº 12.873/13, que alterou o art. 71-A da Lei nº 8.213/91, passando a contar com a seguinte redação: "Ao segurado ou segurada da Previdência Social que adotar ou obtiver guarda judicial para fins de adoção de criança é devido salário-maternidade pelo período de 120 (cento e vinte) dias".

– Aborto não criminoso

Em caso de **aborto não criminoso**, provado por meio de atestado médico oficial, a empregada **terá direito ao salário-maternidade correspondente a duas semanas**, conforme prevê art. 93, § 5º, do Decreto nº 3.048, que regulamentou a mencionada Lei nº 8.213/91.

Por outro lado, o período de afastamento pode ser majorado em até duas semanas antes e duas semanas depois, desde que devidamente justificado por meio de atestado médico.

Se o feto **nasce morto (natimorto),** ainda assim a empregada terá direito ao **salário-maternidade durante 120 dias,** conforme dispõe o art. 293 e 294, §§ 3º a 5º da Instrução Normativa nº 45/2010 do INSS:

> **Art. 294. [...] § 3º** Para fins de concessão do salário-maternidade, considera-se parto o evento ocorrido a partir da vigésima terceira semana (sexto mês) de gestação, inclusive em caso de natimorto.
>
> **§ 4º** Em caso de aborto não-criminoso, comprovado mediante atestado médico com informação do CID específico, a segurada terá direito ao salário-maternidade correspondente a duas semanas.
>
> **§ 5º** Tratando-se de parto antecipado ou não, ainda que ocorra parto de natimorto, este último comprovado mediante certidão de óbito, a segurada terá direito aos cento e vinte dias previstos em lei, sem necessidade de avaliação médico-pericial pelo INSS.

– Prorrogação do período de licença maternidade

A Lei nº 11.770/08 instituiu o **programa empresa cidadã**, para conceder incentivos fiscais ao empregador que prorrogar a licença-maternidade por mais sessenta dias. Nesse caso, a empregada terá direito, durante a referida prorrogação, à remuneração integral no mesmo valor do salário-maternidade pago pelo INSS.

Percebe-se, facilmente, que esse complemento da licença maternidade **corresponde a um período de interrupção,** já que vai ser remunerado pelo próprio empregador.

Após a adesão do empregador ao Programa Empresa Cidadã, **a empregada deverá requerer a prorrogação da licença-maternidade até o final do primeiro mês após o parto**, que será concedida imediatamente após a fruição do período ordinário de 120 dias.

Excepcionalmente o § 3º, do art. 18 da Lei nº 13.301/16, aumentou para **180 dias** o prazo da licença maternidade nos casos de mães de crianças acometidas por sequelas neurológicas transmitidas pelo *Aedes aegypti*:

> **Art. 18. § 3º.** A licença-maternidade prevista no art. 392 da Consolidação das Leis do Trabalho – CLT, aprovada pelo Decreto-Lei no 5.452, de 1º de maio de 1943, será de cento e oitenta dias no caso das mães de crianças acometidas por sequelas neurológicas decorrentes de doenças transmitidas pelo Aedes aegypti, assegurado, nesse período, o recebimento de salário-maternidade previsto no art. 71 da Lei no 8.213, de 24 de julho de 1991.

– Termo inicial

O STF, na ADI nº 6327 (posteriormente transformada em ADPF), considerou como termo inicial da licença-maternidade e do respectivo salário-maternidade, **a alta hospitalar do recém-nascido e/ou de sua mãe,** o que ocorrer por último, quando o período de internação exceder as duas semanas:

> 5. É indisputável que essa importância seja ainda maior em relação a bebês que, após um período de internação, obtêm alta, algumas vezes contando com já alguns meses de vida, mas nem sempre sequer com o peso de um bebê recém-nascido a termo, demandando cuidados especiais em relação a sua imunidade e desenvolvimento. A alta é, então, o momento aguardado e celebrado e é esta data, afinal, que inaugura o período abrangido pela proteção constitucional à maternidade, à infância e à convivência familiar. 6. Omissão inconstitucional relativa nos dispositivos impugnados, uma vez que as crianças ou suas mães que são internadas após o parto são desigualmente privadas do período destinado à sua convivência inicial. 7. Premissas que devem orientar a interpretação do art. 7º, XVIII, da Constituição, que prevê o direito dos trabalhadores à "licença à gestante, sem prejuízo do emprego e do salário, com a duração de cento e vinte dias." Logo, os cento e vinte dias devem ser considerados com vistas a efetivar a convivência familiar, fundada especialmente na unidade do binômio materno-infantil. 8. O perigo de dano irreparável reside na inexorabilidade e urgência da vida. A cada dia, findam-se licenças-maternidade que deveriam ser estendidas se contadas a partir da alta, com o respectivo pagamento previdenciário do salário-maternidade, de modo a permitir que a licença à gestante tenha, de fato, o período de duração de 120 dias previsto no art. 7º, XVIII, da Constituição. 9. Presentes o fumus boni iuris e o periculum in mora, defiro a liminar, a fim de conferir interpretação conforme à Constituição ao artigo 392, §1º, da CLT, assim como ao artigo 71 da Lei n.º 8.213/91 e, por arrastamento, ao artigo 93 do seu Regulamento (Decreto n.º 3.048/99), e assim assentar (com fundamento no bloco constitucional e convencional de normas protetivas constante das razões sistemáticas antes explicitadas) a necessidade de prorrogar o benefício, bem como considerar como termo inicial da licença-maternidade e do respectivo salário-maternidade a alta hospitalar do recém-nascido e/ou de sua mãe, o que ocorrer por último, quando o período de internação exceder as duas semanas previstas no art. 392, §2º, da CLT, e no art. 93, §3º, do Decreto n.º 3.048/99.

G. *Afastamento de dirigente sindical*

O afastamento para exercício de mandato sindical **pode ser considerado como de suspensão ou de interrupção do contrato de trabalho,** a depender do ajuste feito entre o empregado e o empregador, ou de cláusula de convenção ou acordo coletivo de trabalho.

> **Art. 543. § 2º.** Considera-se de licença não remunerada, salvo assentimento da empresa ou cláusula contratual, o tempo em que o empregado se ausentar do trabalho no desempenho das funções a que se refere este artigo.

Dessa forma, se houver pagamento de salário, será hipótese de **interrupção** do contrato de trabalho. Caso contrário, será de **suspensão.**

A seguir, o esquema contendo os casos de suspensão do contrato de trabalho:

CASOS DE SUSPENSÃO DO CONTRATO DE TRABALHO

- Suspensão disciplinar de até 30 dias
- Aposentadoria por invalidez
- Incapacidade para o trabalho superior a 15 dias
- Empregado eleito para cargo de diretor
- Empregada em situação de violência doméstica e familiar
- Participação em greve sem o pagamento do salário
- Participação em programa de qualificação profissional
- Afastamento de dirigente sindical

H. *Contrato por tempo determinado*

Seguindo a regra geral, o contrato de trabalho extingue-se naturalmente com o advento do termo final.

Isso significa que, se algum fato implicar a suspensão especial do contrato de trabalho por tempo determinado – ou seja, aquela suspensão na qual conta o tempo de serviço –, seu fim também ocorrerá quando da chegada do termo final.

Entretanto, as partes podem ajustar efeito diverso, conforme disposição contida no art. 472, § 2º da CLT: "Nos contratos por prazo determinado, o tempo de afastamento, se assim acordarem as partes interessadas, não será computado na contagem do prazo para a respectiva terminação".

Exemplos de questões sobre o tema

(TRT 2 – Juiz do Trabalho Substituto 2ª região/2016) Considerando o conceito e a classificação de interrupção e de suspensão do contrato de trabalho é correto afirmar que:

A) Nos contratos por prazo determinado, o tempo de afastamento, se assim acordarem as partes interessadas, não será computado na contagem do prazo para a respectiva terminação.

B) São hipóteses de interrupção do contrato de trabalho: os 15 (quinze) primeiros dias no caso de acidente de trabalho ou doença, o tempo da suspensão disciplinar e o período de gozo de férias.

C) O afastamento do empregado em virtude das exigências do serviço militar, ou de outro encargo público, pode constituir motivo para alteração ou rescisão do contrato de trabalho por parte do empregador.

D) Ao empregado afastado do emprego, são asseguradas, por ocasião de sua volta, apenas os reajustes salariais que, em sua ausência, tenham sido atribuídos à categoria a que pertencia na empresa.

E) São hipóteses de suspensão do contrato de trabalho: o período de prestação de serviço militar obrigatório, o tempo em que o empregado eleito para o cargo de dirigente sindical estiver no exercício de suas funções sindicais e os feriados.

Resposta: A

(TRT 3 – Juiz do Trabalho Substituto 3ª região/ 2013) Considerando a distinção entre suspensão e interrupção do contrato de trabalho, assinale a alternativa falsa:

(A) Configura hipótese de interrupção contratual o afastamento do trabalho por motivo de doença, até 15 dias.

(B) Configura hipótese de suspensão contratual a aposentadoria provisória, sendo o obreiro incapacitado para trabalhar.

(C) Configura hipótese de interrupção contratual afastamento para prestação de serviço militar.

(D) Configura hipótese de suspensão contratual o afastamento do empregado estável ou com garantia especial de emprego para instauração de inquérito para a apuração de falta grave, sendo julgada procedente a ação de inquérito.

(E) Configura hipótese de interrupção contratual a licença remunerada concedida pelo empregador.

Resposta: C

(Magistratura do Trabalho – TRT 3ª – 2012) A respeito da suspensão e da interrupção do contrato de trabalho, leia as afirmações abaixo e, em seguida, assinale a alternativa correta:

I. A concessão de auxílio-doença no curso do aviso prévio não impede a extinção da relação de emprego, em face do término do prazo.

II. Se as faltas já são justificadas pela lei, consideram-se como ausências legais e não serão descontadas para o cálculo do período de férias.

III. As faltas ou ausências decorrentes de acidente do trabalho não são consideradas para os efeitos de duração de férias e cálculo da gratificação natalina.

IV. Os efeitos financeiros da anistia concedida pela Lei nº 8.878/94 somente serão devidos a partir do efetivo retorno à atividade, vedada a remuneração em caráter retroativo.

V. Embora a suspensão do contrato implique na descontinuidade das cláusulas contratuais, algumas obrigações subsistem, como é o caso das regras que impõem obrigações de lealdade e fidelidade contratuais.

(A) Todas as afirmativas estão corretas.

(B) Somente as afirmativas I, II, III e IV estão corretas.

(C) Somente as afirmativas I, III, IV e V estão corretas.

(D) Somente as afirmativas II, III e V estão corretas.

(E) Somente as afirmativas II, III, IV e V estão corretas

Resposta: E

(TRT 22 – Juiz do Trabalho Substituto 22ª região/ 2013) Assinale a alternativa CORRETA quanto a interrupção e suspensão do contrato de trabalho:

(A) a aposentadoria por invalidez suspende o contrato de trabalho e atribui ao empregado o direito de retornar ao serviço;

(B) não se considera interrupção do contrato de trabalho a falta injustificada, mesmo que remunerada pelo empregador.

(C) apenas no caso de acidente de trabalho será contado o tempo de serviço, a despeito da suspensão do contrato;

(D) no caso de doença, o empregado entrará em benefício previdenciário no 16.º dia de afastamento e, ao retornar, terá 12 meses de estabilidade.

(E) a licença paternidade suspende o contrato de trabalho pelo prazo de cinco dias.

Resposta: A

2.7. Efeitos da suspensão e da interrupção do contrato de trabalho

O afastamento do empregado do serviço, com ou sem percepção do salário, produz efeitos no contrato de trabalho, seja durante o período de ausência do empregado, seja quando do seu retorno.

As hipóteses que merecem destaque serão analisadas a seguir.

A. *Impossibilidade de extinção do contrato de trabalho*

Em regra, durante o prazo em que a execução do contrato de trabalho estiver suspensa ou interrompida, **o empregador não poderá dispensar o empregado**. Se o fizer, o ato será nulo de pleno direito, conforme determina o art. 9º da Consolidação das Leis do Trabalho, combinado com o art. 166 do Código Civil: "É nulo o negócio jurídico quando: VI – tiver por escopo fraudar lei imperativa".

Mesmo que o contrato de trabalho tenha sido celebrado por prazo determinado, o empregador deve aguardar o retorno do obreiro para reiniciar a execução dos serviços, para só então resilir o pacto com pagamento das indenizações previstas em lei.

Se o termo final do contrato a prazo ocorrer antes do fim do período do afastamento, prorroga-se o primeiro para o dia subsequente ao retorno do empregado ao serviço.

Se a causa do afastamento for para a execução de serviço militar ou outro encargo público, a lei prevê a impossibilidade de extinção do contrato de trabalho durante a suspensão, conforme se observa da redação do art. 472 da Consolidação das Leis do Trabalho:

> **Art. 472.** O afastamento do empregado em virtude das exigências do serviço militar ou de outro encargo público, não constituirá motivo para a alteração ou rescisão do contrato de trabalho por parte do empregador.

Nem mesmo as faltas classificadas como caracterizadoras da justa causa podem servir, em regra, para extinguir o contrato de trabalho.

Isso porque a maioria das condutas classificadas como ilícito trabalhista decorrem do descumprimento de obrigações contratuais, que se encontram suspensas em virtude do afastamento do empregado do serviço.

Nesse passo, não poderia a empresa despedir o empregado sob a alegação, por exemplo, de abandono de serviço, desídia ou embriaguez em serviço.

Excepcionalmente, admite-se a dispensa sem justa causa durante o período de suspensão ou interrupção do contrato de trabalho, como ilustra a decisão a seguir transcrita:

> SUSPENSÃO DO CONTRATO DE TRABALHO. JUSTA CAUSA. POSSIBILIDADE. Cinge-se a presente controvérsia a determinar-se se a suspensão do contrato de trabalho, por concessão de benefício previdenciário, é ou não causa impeditiva à dispensa por justa causa. Não se olvida ser possível a despedida por justa causa, em situações tais, como defende Maurício Godinho Delgado, ao lecionar que "No tocante à dispensa por justa causa, não pode haver dúvida de ser ela viável, juridicamente, desde que a falta tipificada obreira tenha ocorrido no próprio período de suspensão do pacto. Ilustrativamente, cite-se o caso do empregado que, comprovadamente, revele segredo da empresa durante o período suspensivo (art. 482, g, CLT); ou do empregado que cometa comprovado ato lesivo à honra ou boa fama ou ofensas físicas contra o empregador durante o período suspensivo do contrato (art. 482, k, CLT).Será distinta, contudo, a solução jurídica em se tratando de justa causa cometida antes do advento do fator suspensivo (por exemplo: a empresa está apurando, administrativamente, falta cometida pelo obreiro, o qual se afasta previdenciariamente antes do final da apuração e correspondente penalidade máxima aplicada). Neste caso, a suspensão contratual prevalece, embora possa a empresa comunicar de imediato ao trabalhador a justa causa aplicada, procedendo, contudo, à efetiva rescisão após o findar da causa suspensiva do pacto empregatício (Curso de Direito do Trabalho, 7ª ed. – São Paulo: LTr, 2008, p. 1063)". No entanto, como *in casu* não se tratou das particularidades fáticas ensejadoras da justa causa, inviável a pretensão do Reclamado, ante o óbice da Súmula 126/TST. Recurso de revista conhecido por divergência jurisprudencial e ao qual se nega provimento.[34]

34. TST. RR. 93300-67.2003.5.02.0054. 3ª T. Rel. Min. Horácio Senna Pires. DEJT 23.04.2010.

Ainda que seja uma falta que possa ser executada durante a suspensão do contrato, como a prática constante de jogos de azar, negociação habitual ou concorrência, **a aplicação da penalidade só ocorrerá quando do retorno do empregado ao serviço, relativizando os efeitos da imediação.**

Em sentido contrário, a decisão do TST:

> ESTABILIDADE PROVISÓRIA. RESOLUÇÃO DO CONTRATO DE TRABALHO NO CURSO DE AUXÍLIO-DOENÇA ACIDENTÁRIO. JUSTA CAUSA. A suspensão do contrato de trabalho implica sustação dos efeitos decorrentes do vínculo de emprego, continuando, contudo, em vigor o contrato de trabalho. Constitui, em verdade, uma mera pausa transitória do trabalho, permanecendo, no entanto, algumas obrigações recíprocas entre empregado e empregador. Sobreleva registrar que a concessão de auxílio-doença acidentário não funciona como obstáculo à justa rescisão contratual, na medida em que subsistem, a despeito da suspensão do contrato de trabalho, todos os deveres de lealdade, probidade e boa-fé. Recurso de revista conhecido e desprovido.[35]

Observe-se que um dos fundamentos da decisão é a quebra da confiança como autorizadora da justa causa. Entretanto, esse requisito dificilmente é observado, por exemplo, quando o empregado postula indenização por danos morais decorrente de revista em bolsas ou objetos pessoais de sua propriedade, efetuada pelo empregador.

Note-se, também, que se o contrato de trabalho está suspenso, não há como o empregador exercer seu poder disciplinar, que está vinculado à normal execução do contrato de trabalho.

Caso o empregador esteja seguro de que a justa causa vai ser reconhecida em juízo, pode deixar de efetuar os recolhimentos do FGTS, se for a hipótese de afastamento por acidente do trabalho, uma vez que a sentença produzirá efeitos retroativos.

B. *Garantias quando do retorno ao serviço*

Quando cessa os efeitos do motivo que deu ensejo ao afastamento do serviço, **o empregado tem direito a reassumir o exercício de suas funções** em condições idênticas àquelas anteriormente estabelecidas, acrescidas das vantagens que porventura tenham sido concedidas à sua categoria profissional, conforme disposto no art. 471 da Consolidação das Leis do Trabalho.[36]

A determinação contida no aludido dispositivo legal implica reconhecer a impossibilidade da alteração contratual não só durante a execução do contrato de trabalho, mas enquanto perdurar a suspensão ou interrupção.

Observe-se que no caso de suspensão do contrato de trabalho por conta de incapacidade laboral e consequente percepção do benefício previdenciário de auxílio-doença, **não cabe ao empregador contestar a alta previdenciária constatada pelo perito do INSS** quando do seu retorno ao serviço, sob pena de ser responsabilizado pelo pagamento dos salários do período denominado de "limbo jurídico".

---

35. TST. RR-180300-04.2003.5.12.0030. 3ª T. Rel. Min. Alberto Luiz Bresciani de Fontan Pereira. DEJT 19.08.2011.
36. CLT. Art. 471. Ao empregado afastado do emprego são asseguradas, por ocasião de sua volta, todas as vantagens que, em sua ausência, tenham sido atribuídas à categoria a que pertencia na empresa.

Nesse sentido, a Súmula nº 31 do TRT5:[37]

> SÚMULA Nº 31 DO TRT5. ALTA MÉDICA CONCEDIDA A EMPREGADO PELA PREVIDÊNCIA SOCIAL E NEGADA POR MÉDICO DA EMPRESA. RESPONSABILIDADE DO EMPREGADOR PELO PAGAMENTO DOS SALÁRIOS DO PERÍODO POSTERIOR À CESSAÇÃO DO AUXÍLIO-DOENÇA ACIDENTÁRIO. O empregador não pode criar óbice ao regresso do empregado para o trabalho e, muito menos suspender o pagamento dos salários, perpetuando esse estado de indefinição da vida profissional do seu empregado. Isto porque, a rigor, do ponto de vista técnico, não existe o chamado "limbo jurídico", uma vez que, com o término da concessão do benefício previdenciário – auxílio-doença acidentário –, o contrato de trabalho não está mais suspenso (artigos 467, CLT e 63 da Lei n.º 8.213/91), volta à plena vigência, ainda que o empregado esteja apenas à disposição do empregador (artigo 4º, CLT), cujo tempo nessa condição deve ser remunerado como se estivesse, efetivamente, trabalhando, segundo norma preconizada pelo artigo 4º da Consolidação das Leis do Trabalho.

C. Férias

Nos casos de **interrupção** do contrato de trabalho, o prazo do afastamento é contado como tempo de serviço, inclusive para o cômputo do período aquisitivo de férias.

Porém, conforme dispõe o art. 133, II e III, da Consolidação das Leis do Trabalho, se o afastamento verificado durante o período aquisitivo de férias implicar licença remunerada ou paralisação da empresa (com pagamento de salário) superior a trinta dias, **o empregado perderá o direito ao gozo das férias anuais remuneradas.**[38]

De igual forma, segundo o art. 133, IV, da CLT, **perde o direito ao gozo de férias** o empregado que, durante o período aquisitivo, estiver afastado do serviço por motivo de doença ou acidente do trabalho e perceber auxílio-doença ou auxílio-doença acidentário por seis meses ou mais, mesmo que descontínuos.

Todavia, entende-se que **esse dispositivo celetista se encontra revogado tacitamente pelo art. 6º, § 2º, da Convenção nº 132 da OIT** (promulgada pelo Decreto nº 3.197/99), ao prescrever que:

> Em condições a serem determinadas pela autoridade competente ou pelo órgão apropriado de cada país, os períodos de incapacidade para o trabalho resultantes de doença ou de acidentes não poderão ser computados como parte do período mínimo de férias anuais remuneradas previsto no § 3º, do artigo 3º da presente Convenção.

Inclusive, a Súmula nº 198 do STF revela que o entendimento desse Tribunal é no sentido de considerar o tempo de afastamento por acidente do trabalho no cômputo do período aquisitivo de férias:

> **SÚMULA Nº 198.** AUSÊNCIAS MOTIVADAS POR ACIDENTE DO TRABALHO. DESCONTO DO PERÍODO AQUISITIVO DAS FÉRIAS. As ausências motivadas por acidente do trabalho não são descontáveis do período aquisitivo das férias.

37. Idêntico posicionamento foi adotado pelo TST do processo nº 2690-72.2015.5.12.0048 (DJTE 10.03.2017).
38. Nessa situação, o empregador teria que pagar ao empregado o terço constitucional para que fosse igualado o período de licença remunerada com as férias.

D. Prescrição

O prazo prescricional inicia-se a partir do momento em que a obrigação se torna exigível e verifica-se a violação do direito subjetivo do seu titular.

Durante o período de suspensão do contrato de trabalho cessam, temporariamente, as obrigações dos contratantes, de forma que se obsta o nascimento de um eventual direito subjetivo derivado da relação de emprego, tanto para o obreiro quanto para o empregador.

Entretanto, o prazo prescricional, relativo à pretensão do empregado ou do empregador que teve o seu direito violado antes da suspensão do contrato de trabalho, flui normalmente. Assim, **não há que se falar em interrupção ou mesmo suspensão do contrato de trabalho.**

De igual forma, nos casos de interrupção do contrato de trabalho, quando o empregador continua com a obrigação de pagar salário e de cumprir com as demais obrigações acessórias, **não há que se falar em interrupção ou suspensão do prazo prescricional em relação à pretensão do obreiro**, na hipótese de ficar constatado o inadimplemento contratual por parte do empregador.

Situação diversa é aquela que ocorre quando a suspensão do contrato de trabalho é provocada por doença ou acidente de trabalho que **implique perda da capacidade jurídica do empregado**, uma vez que a prescrição não corre contra incapazes, segundo determina o art. 198, I, do Código Civil.[39]

O TST posiciona-se nesse sentido, conforme OJ nº 375 da SDI-1:

> **OJ Nº 375.** AUXÍLIO-DOENÇA. APOSENTADORIA POR INVALIDEZ. SUSPENSÃO DO CONTRATO DE TRABALHO. PRESCRIÇÃO. CONTAGEM (DEJT divulgado em 19, 20 e 22.04.2010). A suspensão do contrato de trabalho, em virtude da percepção do auxílio-doença ou da aposentadoria por invalidez, não impede a fluência da prescrição quinquenal, ressalvada a hipótese de absoluta impossibilidade de acesso ao Judiciário.

Exemplo de questão sobre o tema

(Magistratura do Trabalho – TRT 1ª – 2010) Em cada uma das opções que se seguem, é apresentada uma situação hipotética referente à interrupção e suspensão do contrato de trabalho, seguida de uma assertiva a ser julgada. Assinale a opção que apresenta a assertiva correta.

(A) Renata, empregada de uma empresa pública, teve seu contrato suspenso de 1º/3/2008 a 31/3/2010, período em que ficou afastada para concluir curso de mestrado no exterior. Em 1º/6/2009, foi implantado novo plano de cargos e salários na empresa, o que resultou em aumento de salário de todos os empregados. Nessa situação, como o seu contrato estava suspenso na época da implantação do novo plano, Renata não tem direito ao enquadramento – mesmo que retorne às atividades regulares na empresa – nem à majoração salarial.

(B) César teve de afastar-se do emprego no dia 1º/4/2010 para cumprir as exigências do serviço militar. O período de afastamento deve durar, no mínimo, nove meses. Nessa situação, o empregador de César poderá considerar rescindido o contrato de trabalho.

(C) Rubens firmou acordo individual de trabalho que previa a suspensão do contrato, por quatro meses, para que pudesse participar de curso de qualificação profissional oferecido pelo empregador, cuja

39. Código Civil. Art. 198. Também não corre a prescrição: I – contra os incapazes de que trata o art. 3º. (Art. 3º São absolutamente incapazes de exercer pessoalmente os atos da vida civil: II – os que, por enfermidade ou deficiência mental, não tiverem o necessário discernimento para a prática desses atos).

duração equivale à suspensão pactuada. Nessa situação, é válido o acordo firmado entre Rubens e seu empregador.

(D) Míriam teve seu contrato suspenso de 5/1/2009 a 5/4/2009 para participar de curso de qualificação e aperfeiçoamento ofertado pelo empregador. Em 1º/3/2010, surgiu nova oportunidade para Míriam participar de outro curso de qualificação e aperfeiçoamento, também ofertado pelo empregador. Nessa situação, Míriam poderá ter seu contrato suspenso para participação no novo curso.

(E) Um dos empregados de Elias terá seu contrato de trabalho suspenso para participar de curso de qualificação e aperfeiçoamento por ele ofertado. Nessa situação, Elias não estará obrigado a pagar o salário mensal do empregado durante todo o período de afastamento.

Resposta: E

3. CESSAÇÃO DO CONTRATO DE EMPREGO

3.1. Causas e classificação

O contrato de trabalho segue seu curso normal com o cumprimento das obrigações dele decorrentes, por parte do empregador e do empregado, com renovação contínua, o que revela a sua natureza de contrato de **execução continuada.**

Vários motivos podem ocasionar a cessação das obrigações e a consequente extinção do contrato de trabalho, que podem ser atribuídos ao empregado, ao empregador, a terceiros ou força maior.

A. Extinção normal do contrato de trabalho

O fim do contrato de emprego pode acontecer por decurso do prazo pré-estabelecido. Opera-se, na hipótese, **a extinção normal do contrato de trabalho, que se efetiva, justamente, pela sua execução.**

Nesse caso, **não é necessária a concessão de aviso prévio**, pois desde a celebração do pacto laboral os contratantes já tinham conhecimento do seu termo final, salvo se existir cláusula assecuratória do direito recíproco de rescisão antes de expirado o termo final (art. 481 da CLT).[40] Caso contrário, só será devida a indenização prevista pelo art. 479, do mesmo Diploma Legal.[41]

B. Distrato do contrato de trabalho

A Consolidação das Leis do Trabalho não previa a extinção do contrato de emprego pelo encontro de vontades do empregado e do empregador (distrato).

Com a vigência da Lei nº 13.467/17, foi introduzido à CLT o art. 484-A, **permitindo o distrato** e estabelecendo os direitos trabalhistas para o empregado, conforme se observa de sua redação:

40. TST. Súmula nº 163. AVISO PRÉVIO. Contrato de Experiência. Cabe aviso prévio nas rescisões antecipadas dos contratos de experiência, na forma do art. 481 da CLT. Ex-prejulgado nº 42.
41. PINTO, Raymundo Antônio Carneiro. ***Súmulas do TST comentadas.*** 9. ed. São Paulo: LTr, 2007. p. 164.

Art. 484-A. O contrato de trabalho poderá ser extinto por acordo entre empregado e empregador, caso em que serão devidas as seguintes verbas trabalhistas:

I – por metade:

a) o aviso prévio, se indenizado; e

b) a indenização sobre o saldo do Fundo de Garantia do Tempo de Serviço, prevista no § 1º do art. 18 da Lei nº 8.036, de 11 de maio de 1990;

II – na integralidade, as demais verbas trabalhistas.

§ 1º A extinção do contrato prevista no caput deste artigo permite a movimentação da conta vinculada do trabalhador no Fundo de Garantia do Tempo de Serviço na forma do inciso I-A do art. 20 da Lei nº 8.036, de 11 de maio de 1990, limitada até 80% (oitenta por cento) do valor dos depósitos.

§ 2º A extinção do contrato por acordo prevista no caput deste artigo não autoriza o ingresso no Programa de Seguro-Desemprego.

A referida alteração legislativa supre uma omissão que provocava muita fraude trabalhista, nos casos em que ambos contratantes queriam extinguir o contrato de trabalho.

Geralmente empregado e empregador simulavam uma despedida sem justa causa para o empregado sacar o FGTS e receber as parcelas do seguro desemprego, e o trabalhador, por sua vez, devolvia a multa de 40% sobre os depósitos fundiários para empresa.

Nessa modalidade de extinção do contrato de trabalho, agora legalizada, o empregado pode sacar até 80% dos depósitos do seu FGTS, acrescido da multa de **20%**, além de **metade do aviso prévio indenizado** e as **demais verbas rescisórias integrais**, como saldo de salário, férias proporcionais acrescidas de 1/3, 13º salário proporcional etc., **sem direito à percepção do benefício do seguro-desemprego.**

Como consequência, o período do aviso prévio pela metade deve ser incorporado ao tempo de serviço para todos os efeitos legais.

Entretanto, nessa modalidade de extinção do contrato de trabalho, o empregado não recebe o benefício do seguro desemprego.

Foram aprovados dois Enunciados na 2ª Jornada de Direito Material e Processual do Trabalho tendo como objeto o distrato do pacto laboral:

ENUNCIADO Nº 59. RESCISÃO CONTRATUAL POR MÚTUO CONSENTIMENTO

EXTINÇÃO DO CONTRATO DE TRABALHO POR MÚTUO CONSENTIMENTO. OBSERVÂNCIA DOS REQUISITOS FORMAIS E SUBSTANCIAIS DE VALIDADE. A EXTINÇÃO DO CONTRATO DE TRABALHO POR MÚTUO CONSENTIMENTO PREVISTA NO ARTIGO 484-A DA CLT SE ENCONTRA SUBMETIDA AO ESCRUTÍNIO QUANTO À VALIDADE FORMAL E SUBSTANCIAL DO TERMO DE RESCISÃO, À LUZ DOS ARTIGOS 138 A 188 DO CÓDIGO CIVIL C/C O ARTIGO 8º, § 1º, DA CLT E DO ARTIGO 9º DA CLT.

ENUNCIADO Nº 64. RESCISÃO CONTRATUAL POR MÚTUO CONSENTIMENTO E SEM ASSISTÊNCIA SINDICAL:ÔNUS DA PROVA

NEGANDO O TRABALHADOR QUE A RUPTURA CONTRATUAL OCORREU POR MÚTUO CONSENTIMENTO (ART.484-A), É DO EMPREGADOR O ÔNUS DA

PROVA, TENDO EM VISTA A REVOGAÇÃO DO § 1º DO 477 DA CONSOLIDAÇÃO DAS LEIS DO TRABALHO (ASSISTÊNCIA/FISCALIZAÇÃO SINDICAL OBRIGATÓRIA) E EM FACE DOS PRINCÍPIOS DA CONTINUIDADE DA RELAÇÃO DE EMPREGO E DA PRIMAZIA DA REALIDADE, ASSUMINDO MAIOR RELEVÂNCIA A ORIENTAÇÃO DA SÚMULA 212 DO TRIBUNAL SUPERIOR DO TRABALHO.

C. *Outras causas de extinção do contrato de trabalho*

A extinção do contrato de emprego pode acontecer, também, por meio da: resilição, resolução, rescisão, morte do empregado, aposentadoria, por caso fortuito ou força maior etc.

Saliente-se, entretanto, que a própria Consolidação das Leis do Trabalho, em diversas passagens, **utiliza a expressão rescisão contratual para representar as diversas causas de extinção do pacto laboral**.[42] Tanto que o Capítulo V, do Título IV (Do Contrato Individual de Trabalho), recebeu a denominação *"Da Rescisão"*.

A CLT não utiliza as expressões *resolução* e *resilição* do contrato de trabalho.

Entretanto, o TST, em duas de suas Súmulas, uma delas já cancelada, faz referência expressa à resilição:

> **SÚMULA Nº 20.** RESILIÇÃO CONTRATUAL – CANCELADA – RES. 106/2001, DJ 21.03.2001. Não obstante o pagamento da indenização de antiguidade, presume-se em fraude à lei a resilição contratual, se o empregado permaneceu prestando serviço ou tiver sido, em curto prazo, readmitido.
>
> **SÚMULA Nº 157.** GRATIFICAÇÃO. A gratificação instituída pela Lei nº 4.090, de 13.07.1962 é devida na resilição contratual de iniciativa do empregado. Ex-prejulgado nº 32.

Tecnicamente, entretanto, a rescisão contratual só ocorre quando o contrato é declarado nulo de pleno direito, ou seja, quando não estiverem presentes os requisitos de validade do negócio jurídico, como agente capaz, objeto lícito e forma prevista ou não defesa em lei.

Não há consenso, contudo, entre os doutrinadores no que diz respeito à terminologia que designam as causas extintivas dos contratos.

A classificação proposta por Rodolfo Pamplona e Pablo Stolze é semelhante àquela acima exposta:

Reservaremos as expressões "resilição" somente para a extinção baseada na declaração de vontade posterior de uma ou das duas partes; "resolução", para a extinção fundamentada no descumprimento contratual; e "rescisão, como modalidade específica de dissolução para certos contratos".[43]

A seguir, a classificação das formas de extinção do contrato de trabalho:

42. CLT. Arts: 29, § 2º, "c"; 59, § 3º; 391; 407, parágrafo único; 439; 449, § 2; 467; 472; 474; 475, § 1; 488; 489; 490; 491; 497; 502, II; 508 e 652, "a", II.

43. GAGLIANO, Pablo Stolze; PAMPLONA FILHO, Rodolfo. *Novo curso de direito civil*. São Paulo: Saraiva, 2005. v. IV: contratos, t. 1: teoria geral, p. 251.

CLASSIFICAÇÃO DAS CAUSAS DE EXTINÇÃO DO CONTRATO DE TRABALHO

- Por fato atribuído ao empregador
  - Despedida sem justa causa
  - Despedida indireta
  - Falência da empresa
- Por fato atribuído ao empregado
  - Despedida por justa causa
  - Demissão
- Por fato atribuído a terceiros →
  - *Factum principis*
- Outros
  - Caso fortuito ou força maior
  - Fim do contrato a termo
  - Morte do empregado
  - Morte do empregador pessoa física
  - Distrato

3.2. Rescisão unilateral: resilição contratual

A resilição é **uma forma típica de extinção típica dos contratos unilaterais.** Isso quer dizer que a lei faculta a um dos contratantes, a qualquer momento e sem necessitar apresentar justificativa, por fim a execução de um contrato em vigor.

Excepcionalmente, a lei estende essa possibilidade aos contratos bilaterais, como ocorre nos contratos de emprego.

Assim, tanto o empregado quanto o empregador podem, em regra, mediante a manifestação expressa de sua vontade, extinguir o contrato de trabalho, desde que avise previamente (denúncia unilateral) a parte contrária, com antecedência mínima de trinta dias (resilição unilateral).

A. *Despedida do empregado*

O empregador detém o **direito potestativo de resilir** o contrato de trabalho a qualquer momento, desde que o empregado não possua alguma espécie de estabilidade.

Na linguagem trabalhista, utiliza-se a expressão *"despedida sem justa causa"* para designar essa espécie de ruptura contratual de iniciativa do empregador e sem apresentar qualquer justificativa para o seu ato.

B. *Natureza jurídica da despedida do empregado*

O ato de despedida do empregado é considerado como o exercício do direito potestativo do empregador, pois independe da aceitação por parte do trabalhador para produzir efeitos.

O despedimento injusto ocorre sempre que o empregador não tem uma causa para fundamentar o seu ato.

Utiliza-se da chamada potestade, a faculdade de praticar um ato que produz efeitos jurídicos sem que a outra parte a quem o ato diretamente se direciona possa opor qualquer reação.

Tanto a despedida do empregado quanto o seu ato de demissão são formas de denúncia do contrato de trabalho, que admite a resilição como uma das espécies de sua extinção.

Pode ser considerado, também, um direito subjetivo, porque o ordenamento jurídico assegura ao empregador ou ao empregado, a qualquer momento, a faculdade de por fim ao contrato.

Desse modo, um dos sujeitos do contrato de trabalho pode exigir do outro contratante uma atitude de abstenção de uma atividade, caracterizando, assim, um direito subjetivo.

Assim, pela teoria consagrada pela doutrina trabalhista, a despedida e a demissão constituem o exercício de um direito potestativo pelo empregador e pelo empregado, respectivamente, ou o exercício de um direito subjetivo.

C. Limites para o exercício

Em algumas situações, o ordenamento jurídico pátrio veda o exercício do direito potestativo, pelo empregador, de extinguir o pacto laboral. **Tal ocorre quando o empregado é detentor de alguma espécie de estabilidade**, como aquela decorrente do exercício das funções de dirigente sindical, do empregado acidentado, dos membros da CIPA – Comissão Interna de Prevenção de Acidentes, da empregada gestante etc.

A extinção do contrato de trabalho só poderá acontecer, nesses casos, por conta de inadimplemento contratual atribuído ao empregado e outras formas típicas denominadas de justas causas, desde que haja o reconhecimento pelo Poder Judiciário, **pela via do ajuizamento de inquérito para apuração de falta grave, quando a lei assim o exigir expressamente.**

É bom salientar que, quando o contrato de trabalho é firmado com termo final préfixado, não há falar-se em despedida. Se o empregador pretender extinguir o contrato antes do prazo final estipulado, a hipótese será de inadimplemento contratual e não de despedida, que pressupõe o exercício de um direito previsto pela norma jurídica e incorporado ao contrato de trabalho.

Assim, em caso de contrato de trabalho com empregado estável, não há falar-se no termo *despedida*, pois esse pacto só pode ser dissolvido por inadimplemento contratual (ou justa causa, como prevê a CLT), o que representa uma hipótese de **resolução contratual.**

D. Demissão do empregado

A lei faculta ao empregado, a qualquer momento, por fim ao contrato de emprego, ato denominado de **demissão** pela teoria anticontratualista da relação de emprego.

Trata-se, portanto, de uma *facultas agendi*, ou seja, do exercício de um direito subjetivo, uma vez que o empregado pode exigir do empregador a sua omissão no que se refere à necessidade da prestação de serviço.

Entretanto, a teoria mais aceita entre os doutrinadores é a de que esse ato representa o **exercício de um direito potestativo do empregado**, conforme ficou salientado linhas atrás, em relação ao empregador.

E não poderia ser diferente. Com efeito, o empregado não pode ser obrigado a prestar serviços contra a sua própria vontade, caso contrário a hipótese seria análoga à condição de escravo.

Dessa forma, o obreiro põe fim ao contrato de trabalho (resilição), desde que apresente a denúncia (aviso prévio) ao empregador, com antecedência mínima de **trinta dias**, assim como ocorre quando a extinção do pacto laboral efetiva-se por iniciativa do empregador.

A Consolidação das Leis do Trabalho não é técnica quando trata da demissão, que constitui ato praticado pelo empregado no sentido de extinguir o contrato de trabalho.

Encontra-se essa impropriedade em algumas passagens do aludido Diploma Legal, como no art. 168, II. Dessa forma, o empregador não pode demitir o empregado. Tecnicamente, o termo que pode ser utilizado para representar o exercício do direito potestativo do empregador é a **dispensa ou despedida**.

Antes da vigência da Lei nº 13.467/17 exigia-se a assistência sindical ou do órgão local do extinto Ministério do Trabalho e Emprego como requisito para validade do ato de demissão para os empregados com mais de um ano de serviço.

Todavia, essa formalidade foi extinta com a revogação do § 1º, art. 477 da CLT. Essa exigência só foi mantida para os empregados estáveis, uma vez que o art. 500 Consolidado não foi alterado pela Lei da Reforma Trabalhista.

Registre-se, por fim, a impropriedade da utilização da expressão "pedido" de demissão, apesar de ser adotada pela CLT, já que o empregado **não precisa pedir**, mas apenas **informar** ao empregador que não vai mais prestar serviços.

E. *Plano de Demissão Voluntária – PDV*

O PDV – Programa de Demissão Voluntária, assim denominado pelas próprias empresas, é exemplo de cessação de contrato de trabalho por **mútuo consentimento**.

Na realidade, não haveria necessidade de se estimular a demissão, que é sempre voluntária, pois o empregador detém o direito potestativo de, a qualquer tempo, por fim ao contrato de trabalho por tempo indeterminado. O oferecimento de uma determinada quantia ao empregado, para estimulá-lo a pedir demissão, constituiria uma liberdade do empregador.

Antes da edição da Lei nº 13.467/17 havia divergência jurisprudencial quanto ao alcance da quitação conferida pelo empregado mediante sua adesão ao PDV.

Com a introdução do art. 477-B à CLT ficou claro que **a quitação mediante adesão do empregado ao PDV atinge todas as verbas decorrentes da execução e extinção do contrato de trabalho**, salvo disposição expressa em sentido contrário:

> **Art. 477-B.** Plano de Demissão Voluntária ou Incentivada, para dispensa individual, plúrima ou coletiva, previsto em convenção coletiva ou acordo coletivo de trabalho, enseja quitação plena e irrevogável dos direitos decorrentes da relação empregatícia, salvo disposição em contrário estipulada entre as partes.

Note-se que o entendimento do TST, manifestado por meio das OJs nº 270 e 356, da SDI-1, **era no sentido contrário**, qual seja, de conferir quitação **apenas do valor pago** e não em relação à parcela, circunstância que facultava ao empregado postular em juízo eventual diferença:

> **OJ Nº 270.** PROGRAMA DE INCENTIVO À DEMISSÃO VOLUNTÁRIA. TRANSAÇÃO EXTRAJUDICIAL. PARCELAS ORIUNDAS DO EXTINTO CONTRATO DE TRABALHO. EFEITOS. Inserida em 27.09.02. A transação extrajudicial que importa rescisão do contrato de trabalho ante a adesão do empregado a plano de demissão voluntária implica quitação exclusivamente das parcelas e valores constantes do recibo.

> **OJ Nº 356.** PROGRAMA DE INCENTIVO À DEMISSÃO VOLUNTÁRIA (PDV). CRÉDITOS TRABALHISTAS RECONHECIDOS EM JUÍZO. COMPENSAÇÃO. IMPOSSIBILIDADE. Os créditos tipicamente trabalhistas reconhecidos em juízo não são suscetíveis de compensação com a indenização paga em decorrência de adesão do trabalhador a Programa de Incentivo à Demissão Voluntária (PDV).

Mas o STF **já reconhecia a validade da cláusula de quitação geral**, conforme se observa da seguinte decisão **com repercussão geral declarada**:

> DIREITO DO TRABALHO. ACORDO COLETIVO. PLANO DE DISPENSA INCENTIVADA. VALIDADE E EFEITOS. 7. Provimento do recurso extraordinário. Afirmação, em repercussão geral, da seguinte tese: "A transação extrajudicial que importa rescisão do contrato de trabalho, em razão de adesão voluntária do empregado a plano de dispensa incentivada, enseja quitação ampla e irrestrita de todas as parcelas objeto do contrato de emprego, caso essa condição tenha constado expressamente do acordo coletivo que aprovou o plano, bem como dos demais instrumentos celebrados com o empregado (decisão com repercussão geral declarada nos autos do RE nº 590415).

A Súmula nº 36 do TRT22 foi aprovada após essa decisão do STF, adequando-se a ela e com a seguinte redação:

> **SÚMULA Nº 36 do TRT22.** DESLIGAMENTO INCENTIVADO. ALCANCE DA QUITAÇÃO. MULTA DE 40% DO FGTS. HIPÓTESES DE INCIDÊNCIA. I– A transação extrajudicial que importa rescisão do contrato de trabalho, em razão de adesão do empregado a plano de desligamento incentivado, enseja quitação ampla e irrestrita de todas as parcelas objeto do contrato de trabalho, caso essa condição tenha constado expressamente do acordo coletivo que aprovou o plano e dos demais instrumentos celebrados com o empregado (STF, RE nº 590.415, com Repercussão Geral, Tema nº 152). II– Não ocorrendo a hipótese do item I, a quitação restringe-se exclusivamente às parcelas e valores constantes do recibo (OJ nº 270 da SBDI-I e Súmula nº 330 do TST). III – A adesão do empregado ao plano de desligamento incentivado implica rescisão do contrato de trabalho por iniciativa do trabalhador, sendo indevida a multa de 40% do FGTS, salvo se constar do termo de adesão previsão de pagamento. IV – Havendo no termo de adesão previsão de pagamento da multa de 40% ou valor equivalente e constatada a existência de recolhimento a menor do FGTS, faz jus o trabalhador à diferença correspondente.

3.3. Aposentadoria

Sempre foi pretensão da classe trabalhadora a proteção contra os efeitos inexoráveis da idade avançada. Por conta disso, progressivamente, a legislação aperfeiçoou o sistema de caixas de previdência e seguro de vida.

Atualmente, a previdência oficial, por meio do Instituto Nacional de Seguridade Social, custeia o pagamento dos benefícios decorrentes da aposentadoria, mediante o recolhimento de contribuições sociais obrigatórias dos empregados e empregadores e de participação do próprio Estado.

A. Conceito

Etimologicamente, o termo *aposentar* significa dar aposento a alguém, ou mais precisamente, dar moradia a alguém que dela necessita. Entende-se, assim, que o indivíduo que se aposenta deixa de ir ao serviço de forma definitiva, para permanecer em sua residência.

O conceito técnico-jurídico da aposentadoria irá depender de uma das suas espécies acolhidas pelo ordenamento jurídico nacional.

B. Denominação

A expressão consagrada pela doutrina, jurisprudência e legislação, para fazer referência ao fenômeno pelo qual o trabalhador deixa de trabalhar para perceber um benefício previdenciário, é, inegavelmente, a *aposentadoria*.

No serviço público e na maioria dos países da América Latina, utiliza-se também a expressão *jubilar*, que denota sentimento de alegria, e, em relação aos militares, o termo usado é *reformar*, que expressa ideia de reorganização.

C. Espécies

O ordenamento jurídico nacional, prevê três espécies de aposentadoria, a saber: aposentadoria programada, aposentadoria por incapacidade permanente e aposentadoria especial (antes da promulgação da EC nº 103/19 havia a aposentadoria por idade e por tempo de contribuição que foram substituídas pela aposentadoria programada).

A **aposentadoria por incapacidade permanente** (antiga aposentadoria por invalidez) é concedida ao empregado segurado do Regime Geral de Previdência Social – RGPS que ficar incapacitado para o trabalho, em virtude de doença ou acidente do trabalho.

Como visto, a aposentadoria por incapacidade permanente é sempre precária, ou seja, o contrato de trabalho não se rompe com a concessão do benefício previdenciário respectivo. A qualquer momento, cessada a causa que provocou a incapacidade laboral**, o empregado deve retornar ao serviço, sob pena de se considerar como abandono.**

O empregado, a partir dos 65 anos de idade, pode requerer a sua **aposentadoria, desde que tenha pelo menos 20 anos de contribuição**.

Se for mulher, o limite mínimo de idade é reduzido para 62 anos e o tempo de contribuição mínimo é de quinze anos. Já para o trabalhador rural e para o garimpeiro os limites de idade são de 60 anos para o homem e 55 anos para a mulher, com carência mínima de 15 anos de contribuição.

Para os professores a idade mínima é reduzida para 60 anos, no caso do homem, e 57 anos, no caso da mulher, mas o tempo de contribuição mínimo aumenta para 25 anos de efetiva e exclusiva prestação de serviços na educação infantil e no ensino fundamental e médio para ambos os sexos.

Por fim, a aposentadoria especial para qual se exige, para ambos os sexos, uma idade mínima de 55 anos, quando se tratar de atividade especial de 15 anos de efetiva exposição ao agente nocivo à saúde; 58 anos, quando se tratar de atividade especial de 20 anos de efetiva exposição ao agente nocivo à saúde; e 60 anos, quando se tratar de atividade especial de 25 anos de efetiva exposição ao agente nocivo à saúde.

D. *Aposentadoria como causa extintiva do contrato de trabalho*

O requerimento da concessão do benefício da aposentadoria programada **pode ser feito sem que haja harompimento do pacto laboral,** conforme se observa da redação do art. 49, da mencionada Lei nº 8.213/91:

> **Art. 49.** A aposentadoria por idade será devida: I – ao segurado empregado, inclusive o doméstico, a partir: a) da data do desligamento do emprego, quando requerida até essa data ou até 90 (noventa) dias depois dela; ou b) da data do requerimento, quando não houver desligamento do emprego ou quando for requerida após o prazo previsto na alínea a; II – para os demais segurados, da data da entrada do requerimento.

Saber se a aposentadoria espontânea é causa extintiva do contrato de trabalho constituía questão bastante polêmica, tanto na doutrina quanto na jurisprudência.

Mas o STF, no julgamento da Ação Direta de Inconstitucionalidade de nº 1.721-3 **suspendeu**, em sede de liminar deferida pelo Min. Ilmar Galvão, **a eficácia do § 2º, art. 453 da Consolidação das Leis do Trabalho**, introduzido pela Lei nº 9.528/97, que dispõe:

> **Art. 453. § 2º.** O ato de concessão de benefício de aposentadoria a empregado que não tiver completado 35 anos de serviço, se homem, ou trinta, se mulher, importa em extinção do vínculo empregatício.

No **julgamento definitivo**, os Ministros do STF[44] seguiram o voto do Ministro-Relator Joaquim Barbosa e entenderam que o empregado que se aposenta voluntariamente pode retornar ao trabalho, desde que não tenha completado 35 anos de serviço, se homem, ou 30 anos, se for mulher.

A referida ADI foi julgada procedente e declarou-se a inconstitucionalidade do mencionado dispositivo legal. **Em resumo, ficou decidido que a aposentadoria programada não extingue o contrato de trabalho.**

Em relação aos efeitos da concessão da aposentadoria espontânea sobre o FGTS e a consequente multa de 40%, o TST manifesta-se por meio da OJ nº 361, da SDI:

> **OJ Nº 361.** APOSENTADORIA ESPONTÂNEA. UNICIDADE DO CONTRATO DE TRABALHO. MULTA DE 40% DO FGTS SOBRE TODO O PERÍODO. A aposentadoria espontânea não é causa de extinção do contrato de trabalho se o empregado permanece prestando serviços ao empregador após a jubilação. Assim, por ocasião da sua dispensa imotivada, o empregado tem direito à multa de 40% do FGTS sobre a totalidade dos depósitos efetuados no curso do pacto laboral.

Contudo, **essa regra não se aplica ao empregado público** filiado ao regime geral. Isso porque, com a promulgação da EC nº 103/2019 **vedou-se expressamente a possibilidade**

44. Foi vencido o Ministro Marco Aurélio de Mello, que julgava a ADI improcedente (11.10.2006).

de percepção de remuneração e proventos decorrentes da aposentadoria, conforme se observa do § 14 por ela introduzido ao art. 37 da CF/88:

> **Art. 37.** § 14. A aposentadoria concedida com a utilização de tempo de contribuição decorrente de cargo, emprego ou função pública, inclusive do Regime Geral de Previdência Social, acarretará o rompimento do vínculo que gerou o referido tempo de contribuição.

Quando o empregado completa 70 anos, se homem, ou 65 anos, se mulher, e cumpre com o período de carência, **a empresa pode requerer a sua aposentadoria**. Nesse caso, há o rompimento do contrato de trabalho um dia antes da concessão da aposentadoria, uma vez que há determinação expressa nesse sentido, por meio do art. 51 da Lei nº 8.213/91:

> **Art. 51.** A aposentadoria por idade pode ser requerida pela empresa, desde que o segurado empregado tenha cumprido o período de carência e completado 70 (setenta) anos de idade, se do sexo masculino, ou 65 (sessenta e cinco) anos, se do sexo feminino, sendo compulsória, caso em que será garantida ao empregado a indenização prevista na legislação trabalhista, considerada como data da rescisão do contrato de trabalho a imediatamente anterior à do início da aposentadoria.

Desse modo, ainda que se configurem tais situações, o empregador deverá arcar com o pagamento das indenizações devidas, **como se o obreiro fosse despedido sem justa causa.**[45]

3.4. Força maior

Segundo a regra contida no art. 393 do Código Civil,[46] o devedor não responde pelos prejuízos provocados pelo caso fortuito ou pela força maior, salvo disposição expressa em sentido contrário.

O caso fortuito e a força maior podem ensejar a extinção de obrigações, inclusive daquelas decorrentes do contrato de trabalho, sem ônus para qualquer dos contratantes. Pode acarretar, inclusive, a própria cessação da execução do pacto laboral.

Todavia, no Direito do trabalho a regra aplicável a espécie é diversa. Isso significa que se o contrato de trabalho for extinto em razão do fechamento da empresa ou do seu estabelecimento, **por motivo de força maior, ainda assim o empregado terá direito a uma indenização equivalente àquela que lhe seria devida em caso de despedida sem justa causa, reduzida pela metade**, na forma prevista pelo art. 502, II, da CLT:

> **Art. 502.** Ocorrendo motivo de força maior que determine a extinção da empresa, ou de um dos estabelecimentos em que trabalhe o empregado, é assegurada a este, quando despedido, uma indenização na forma seguinte: II – não tendo direito à estabilidade, metade da que seria devida em caso de rescisão sem justa causa;

Se a força maior operar a extinção de um contrato por prazo determinado, o empregado terá direito a 25% do valor que lhe seria devido se permanecesse trabalhando até o final do contrato.[47]

---

45. No item 4.16 deste capítulo, o tema será abordado novamente, mas sob a ótica financeira.
46. Código Civil. Art. 393. O devedor não responde pelos prejuízos resultantes de caso fortuito ou força maior, se expressamente não se houver por eles responsabilizado.
47. CLT. Art. 502. III – havendo contrato por prazo determinado, aquela a que se refere o artigo 479 desta lei, reduzida igualmente à metade. Art. 479. Nos contratos que tenham termo estipulado, o empregador que, sem justa causa,

Caso o empregado tenha estabilidade decenal celetista, terá direito a indenização de antiguidade de forma simples (art. 501, I, da CLT), na modalidade prevista pelos arts. 477 e 478 da CLT.[48]

3.5. Falência, recuperação judicial e extrajudicial

A falência, apesar de provocar o fim do pacto laboral, quando há encerramento da atividade da empresa, **não pode ser considerada como caso fortuito ou de força maior**, uma vez que a sua ocorrência se encontra prevista pelo empresário, já que faz parte do risco do negócio.

A Consolidação,[49] por meio do seu art. 449, disciplina a matéria e determina que **os direitos dos trabalhadores subsistem mesmo em caso de falência, concordata ou dissolução da empresa**, além de constituir crédito privilegiado, característica reforçada pelo art. 186 do CTN.[50]

Ressalte-se, contudo, que o art. 83 da Lei de Falências (Lei nº 11.101/2005) limitou o privilégio do crédito trabalhista a **150 salários-mínimos**. Os valores devidos ao trabalhador que ultrapassam esse limite são classificados como crédito quirografário **em relação ao excedente**, conforme dispõe o inciso VI, do preceito legal acima transcrito, com redação dada pela Lei nº 14.112/20: "créditos quirografários, a saber: c) os saldos dos créditos derivados da legislação trabalhista que excederem o limite estabelecido no inciso I do caput deste artigo" [51]

Nos casos de recuperação judicial e extrajudicial não há suspensão da atividade econômica da empresa e, consequentemente, da execução dos contratos de trabalho em vigor.

Diversos dispositivos contidos na aludida Lei de Falências foram objeto da ADI nº 3934, julgada **improcedente** pelo STF:

> AÇÃO DIRETA DE INCONSTITUCIONALIDADE. ARTIGOS 60, PARÁGRAFO ÚNICO, 83, I E IV, c, E 141, II, DA LEI 11.101/2005. FALÊNCIA E RECUPERAÇÃO JUDICIAL. INEXISTÊNCIA DE OFENSA AOS ARTIGOS 1º, III E IV, 6º, 7º, I, E 170, DA CONSTITUIÇÃO FEDERAL de 1988. ADI JULGADA IMPROCEDENTE. I – Inexiste reserva constitucional de lei complementar para a execução dos créditos trabalhistas decorrente de falência ou recuperação judicial. II – Não há, também, inconstitucionalidade quanto à ausência de sucessão de créditos trabalhistas. III – Igualmente não existe ofensa à Constituição no tocante ao limite de conversão de créditos trabalhistas em quirografários.

despedir o empregado, será obrigado a pagar-lhe, a título de indenização, e por metade, a remuneração a que teria direito até o termo do contrato.

48. No item 4.18 deste capítulo, a força maior será novamente objeto de análise, mas sob o enfoque financeiro.
49. CLT. Art. 449. Os direitos oriundos da existência do contrato de trabalho subsistirão em caso de falência, concordata ou dissolução da empresa. § 1º. Na falência, constituirão crédito privilegiado a totalidade dos salários devidos ao empregado e a totalidade das indenizações a que tiver direito.
50. CTN. Art. 186. O crédito tributário prefere a qualquer outro, seja qual for a natureza ou o tempo da constituição deste, ressalvados os créditos decorrentes da legislação do trabalho.
51. A própria lei de falência, em seu art. 151, confere maior privilégio aos últimos salários devidos aos empregados nos três meses anteriores à decretação da quebra: "Os créditos trabalhistas de natureza estritamente salarial vencidos nos 3 (três) meses anteriores à decretação da falência, até o limite de 5 (cinco) salários-mínimos por trabalhador, serão pagos tão logo haja disponibilidade em caixa.

> IV – Diploma legal que objetiva prestigiar a função social da empresa e assegurar, tanto quanto possível, a preservação dos postos de trabalho. V – Ação direta julgada improcedente.

A decretação da falência do empregador gera polêmica em relação à necessidade de habilitação dos créditos trabalhistas no juízo universal da falência.

A jurisprudência dominante perfilha o caminho, segundo o qual se faz necessária a habilitação do crédito trabalhista no juízo falimentar, ainda que seja classificado como crédito privilegiado, pois somente o juízo universal da falência tem condições de proceder ao rateio dos ativos do falido, entre todos os trabalhadores da empresa.

Com efeito, o crédito trabalhista desfruta de superprivilégio em relação às demais espécies de créditos, inclusive o fiscal. Entretanto, tais créditos devem concorrer entre si, pois estão situados em um mesmo plano de igualdade, segundo o princípio do *pars conditio creditorum*.

Dessa forma, tornada líquida a sentença, se assim não procedeu o juiz no processo de conhecimento, **deve o empregado providenciar a habilitação do seu crédito perante o juízo universal da falência.**[52]

Importante inovação foi incorporada ao ordenamento jurídico pátrio, com a vigência da Lei nº 14.112/20, que, em seu art. 161, § 1º, permitiu que os créditos trabalhistas e aqueles decorrentes de acidente do trabalho **estejam sujeitos** à **recuperação extrajudicial**, desde que haja **autorização prévia em negociação coletiva** com o respectivo sindicato da categoria profissional:

> **Art. 161. § 1º** Estão sujeitos à recuperação extrajudicial todos os créditos existentes na data do pedido, exceto os créditos de natureza tributária e aqueles previstos no § 3º do art. 49 e no inciso II do caput do art. 86 desta Lei, e a sujeição dos créditos de natureza trabalhista e por acidentes de trabalho exige negociação coletiva com o sindicato da respectiva categoria profissional.

3.6. *Factum principis*

A extinção do pacto laboral pode ser atribuída a um fato alheio à vontade dos contratantes. **O Poder Público pode editar um ato imprevisível que importe, indiretamente, na extinção do contrato de trabalho.** É o denominado *factum principis*.

A Consolidação das Leis do Trabalho contém dispositivo que trata dessa questão:

> **Art. 486.** No caso de paralisação temporária ou definitiva do trabalho, motivada por ato de autoridade municipal, estadual ou federal, ou pela promulgação de lei ou resolução que impossibilite a continuação da atividade, prevalecerá o pagamento da indenização, que ficará a cargo do governo responsável.

No caso do *factum principis*, ou fato do príncipe, **o Ente Federado que editar o ato fica responsável pelo pagamento da indenização aos empregados**, cujos contratos de trabalho foram rompidos, desde que o empregador não tenha concorrido para a sua pratica.

52. No item 4.17 deste capítulo, volta-se a falar sobre essa temática, mas sob a órbita financeira.

Antes, entretanto, o juiz deverá notificar o responsável pela paralisação do trabalho para apresentar defesa e integrar a lide, conforme dispõe o § 1º, do citado art. 486 da Consolidação das Leis do Trabalho.[53]

O Poder Executivo editou medida provisória de nº 168/04, que proibiu a exploração de todas as modalidades de jogos de bingo e jogos em máquinas eletrônicas.[54]

Nesse caso, diante da impossibilidade de prosseguimento da execução dos contratos de trabalho, a União arcaria com o pagamento das indenizações, equivalente a multa de 40% sobre o FGTS e pelo aviso-prévio indenizado.

Já no caso da extinção dos contratos de trabalho por conta da pandemia do coronavírus, o art. 29 da lei nº 14.020/20 excluiu expressamente a possibilidade de classificar como fato do príncipe, a edição de atos normativos pelos Entes Federados, impondo medidas de isolamento e de suspensão de atividades econômicas:

> **Art. 29.** Não se aplica o disposto no art. 486 da CLT, aprovada pelo Decreto-Lei nº 5.452, de 1º de maio de 1943, na hipótese de paralisação ou suspensão de atividades empresariais determinada por ato de autoridade municipal, estadual ou federal para o enfrentamento do estado de calamidade pública reconhecido pelo Decreto Legislativo nº 6, de 20 de março de 2020, e da emergência de saúde pública de importância internacional decorrente do coronavírus, de que trata a Lei nº 13.979, de 6 de fevereiro de 2020.

Contudo, nos casos em que a União integrar a lide, a competência para o julgamento passa a ser da Justiça Federal.[55]

ATENÇÃO! O TST tem entendido que a revogação de concessão de serviços públicos é um ATO PREVISÍVEL praticado pela Administração Pública no exercício do seu poder discricionário. Portanto, nesses casos é incabível a alegação de *factum principis*.

Exemplo de questão sobre o tema

(FCC – Juiz do Trabalho Substituto 1ª região/2015) O instituto do factum principis é totalmente aplicável no Direito do Trabalho, posto que está disciplinado na CLT – Consolidação das Leis do Trabalho. Assim sendo, para que sua caracterização possibilite ao empregador elidir a sua responsabilidade pelo evento danoso, será necessária a ocorrência de determinadas situações fáticas, das quais NÃO se enquadra a

(A) imprevisibilidade do evento danoso.

(B) inexistência de concurso direto ou indireto do empregador no evento danoso.

(C) necessidade imperativa de que o evento tenha atingido frontal e significativamente a situação econômico-financeira do empreendimento do empregador.

53. CLT. Art. 486, § 1º. Sempre que o empregador invocar em sua defesa o preceito do presente artigo, o tribunal do trabalho competente notificará a pessoa de direito público apontada como responsável pela paralisação do trabalho, para que, no prazo de 30 dias, alegue o que entender devido, passando a figurar no processo como chamada à autoria.
54. A referida MP foi rejeitada pelo Congresso Nacional em 05 de maio de 2004.
55. CLT. Art. 486, § 3º. Verificada qual a autoridade responsável, a Junta de Conciliação ou Juiz dar-se-á por incompetente, remetendo os autos ao Juiz da Justiça Federal, perante o qual correrá o feito nos termos previstos no processo comum.

(D) paralisação temporária ou definitiva do trabalho, motivada por ato de autoridade municipal, estadual ou federal, ou pela promulgação de lei ou resolução que impossibilite a continuação da atividade, prevalecendo o pagamento da indenização, que ficará a cargo do governo responsável.

(E) situação em que a Administração pública age como contratante e intervém na contratada que, por fato notório, devidamente comprovado, causou danos a um grande número de pessoas.

Resposta: E

3.7. Morte e extinção da atividade empresarial

O contrato de trabalho é celebrado *intuitu personae* em relação ao empregado. Por conta disso, **a morte do obreiro acarreta a extinção do contrato de trabalho,** sem a necessidade de o empregador ter que indenizar os respectivos herdeiros ou sucessores.

A questão relativa à morte do empregador é mais complexa. Isso porque o ordenamento jurídico pátrio reconhece que o empregador é a empresa (art. 3º da CLT), ente despersonalizado. Ora, como a empresa nada mais é do que a própria atividade organizada para a consecução de determinado objetivo, não há que se falar em morte.

No caso de encerramento ou extinção da atividade empresarial, evento integrante do risco do negócio, subsistirão todos os direitos trabalhistas dos empregados, como se fossem despedidos sem justa causa, na forma prevista pelo art. 449 da CLT.[56]

Se o empregador for pessoa física, o seu falecimento só implica cessação do pacto laboral quando houver extinção das atividades empresariais personalíssimas.

Nesse caso, o empregado tem direito à liberação do Fundo de Garantia (Lei nº 8.036/90, art. 20, II)[57], além das verbas rescisórias típicas da rescisão indireta do contrato de trabalho, se for do seu interesse, na forma prevista pelo art. 483, § 2º da CLT: "No caso de morte do empregador constituído em empresa individual, é facultado ao empregado rescindir o contrato de trabalho

3.8. Despedida por justa causa

O contrato de trabalho contém uma **cláusula resolutiva tácita.** Dessa forma, o contratante que se sentir lesado pode pleitear a resolução do contrato de emprego por inadimplemento das obrigações contratuais.

Vê-se, portanto, que **a resolução é forma típica de extinção dos contratos, quando há descumprimento das obrigações** ajustadas ou decorrentes da incorporação ao contrato das determinações contidas nas diversas fontes do Direito Laboral.

56. CLT. Art. 449. Os direitos oriundos da existência do contrato de trabalho subsistirão em caso de falência, concordata ou dissolução da empresa.

57. Lei nº 8.036/90. Art. 20. A conta vinculada do trabalhador no FGTS poderá ser movimentada nas seguintes situações: II – extinção total da empresa, fechamento de quaisquer de seus estabelecimentos, filiais ou agências, supressão de parte de suas atividades, declaração de nulidade do contrato de trabalho nas condições do art. 19-A, ou ainda falecimento do empregador individual sempre que qualquer dessas ocorrências implique rescisão de contrato de trabalho, comprovada por declaração escrita da empresa, suprida, quando for o caso, por decisão judicial transitada em julgado.

A Consolidação das Leis do Trabalho refere-se a essa hipótese, ao tratar da extinção do contrato de trabalho por **justa causa e da rescisão indireta do contrato de trabalho.**

Observe-se que, ao contrário do que determina o Código Civil, em seu art. 474,[58] não é necessária a interpelação da parte contrária para a cláusula resolutiva tácita produzir os seus efeitos.

Como o contrato de emprego é bilateral, nenhum dos contratantes pode exigir o cumprimento da obrigação do outro antes de cumprir a sua.

É o que se chama de ***exceptio non adimplenti contractus,*** ou seja, a exceção do contrato não cumprido ou exceção pela inexecução, prevista expressamente pelo art. 476 do Código Civil: "Nos contratos bilaterais, nenhum dos contratantes, antes de cumprida a sua obrigação, pode exigir o implemento da do outro".

Nos contratos celebrados com termo final préfixado, constitui inadimplemento contratual interromper a sua execução antes de expirado aquele prazo. Por isso não se fala, tecnicamente, em despedida e a parte que der ensejo ao rompimento antecipado fica obrigada a indenizar o outro contratante.

Quando o inadimplemento contratual é atribuído ao empregado, a Consolidação das Leis do Trabalho faz expressa referência à prática de justa causa, em seu art. 482.

Nesse dispositivo, a CLT instituiu uma espécie de tipificação legal das faltas cometidas pelo empregado que podem ensejar a ruptura do contrato de emprego sem ônus financeiro para o empregador de forma semelhante ao sistema já vigente no direito penal do *nulum crimen sine lege.*

Observe-se, entretanto, que a tipificação adotada pela norma trabalhista abarca um grande número de atos que, diante de sua generalidade, não podem ser interpretados com o mesmo rigor exigido pela norma penal.

Desse modo, a expressão *justa causa* designa nada mais do que um inadimplemento, praticado por um dos contratantes, que autoriza a resolução do contrato de trabalho, sem ônus para o denunciante. O legislador nacional adotou o sistema taxativo, pois enumera os motivos que autorizam a rescisão contratual.

A doutrina e a jurisprudência, em alguns casos, manifestam-se no sentido de reconhecer a existência de um poder disciplinar do empregador, derivado do poder diretivo, que o autoriza a aplicar penalidades ao empregado faltoso.

Essas sanções variam entre **advertência verbal, advertência por escrito, suspensão e despedida por justa causa**, esta última considerada como penalidade máxima.

A expressão "poder diretivo e disciplinar do empregador" deve ser analisada em conjunto com a definição legal de empregador, que segundo o art. 3º da CLT é a empresa.

Ora, se o empregador é empresa, a quem caberia o exercício efetivo do poder diretivo e dos seus subpoderes? Chega-se a essa harmonia ao adotar o posicionamento no sentido de admitir que apenas o empregador pessoa física ou os gestores do empregador pessoa jurídica,

58. Código Civil. Art. 474. A cláusula resolutiva expressa opera de pleno direito; a tácita depende de interpelação judicial.

podem exercer o poder diretivo. Os demais empregados, ainda que detentores de poderes de mando e gestão, podem exercer, por delegação, o poder diretivo, mas jamais diretamente.

Uma eventual irresignação do trabalhador, no que diz respeito ao reconhecimento da legalidade da penalidade imposta pelo empregador, poderá ser apreciada pelo Poder Judiciário, pois, para o exercício do referido poder disciplinar não há necessidade de inquérito interno, salvo se tal circunstância estiver prevista em regulamento ou convenção coletiva de trabalho.[59]

Com efeito, o vínculo empregatício é formado em decorrência de um acordo de vontades, o que revela o seu caráter contratual. Assim, não há como conceber a possibilidade de aplicar penalidade ao contratante faltoso.

Uma vez admitida essa possibilidade, não há como abrir mão do exercício do direito de **ampla defesa**, que será analisado no item 3.11 deste capítulo.

3.9. Exceção do contrato não cumprido

O contrato de trabalho é bilateral, oneroso, comutativo e, por essas características, gera obrigações para ambos os contratantes.

Nesse passo, admite-se no pacto laboral a presença da *exceptio non adimpleti contratus* (exceção do contrato não cumprido).

Isso significa dizer que **um contratante não poderá exigir o cumprimento da obrigação do outro antes de cumprir a que lhe cabe**, na forma do citado art. 476 do Código Civil.[60]

Por esse fundamento, o empregador não pode exigir do empregado que execute seus serviços, se não está cumprindo com sua obrigação de pagar salários e vice-versa.

3.10. Vínculo de confiança

Para formação do contrato de trabalho, pressupõe-se a existência de um vínculo de confiança entre os contratantes.

Não se trata da confiança necessária para aqueles empregados que exercem funções de chefia e direção. Para esses, exige-se um grau de confiança maior, pois representam, dentro do estabelecimento, o próprio empregador.

O vínculo de confiança mínimo, que se pressupõe existente em um contrato de trabalho, deriva do princípio da **boa-fé objetiva**, que norteia a execução de todos os contratos em geral, conforme art. 113 do Código Civil.[61]

Por conta disso, qualquer ato praticado pelo empregado ou pelo empregador que implique violação do princípio da confiança, **autoriza o rompimento do pacto laboral sem ônus para o contratante inocente.**

---

59. TST. SÚMULA Nº 77. PUNIÇÃO. Nula é a punição de empregado se não precedida de inquérito ou sindicância internos a que se obrigou a empresa por norma regulamentar. (RA 69/1978, DJ 26.09.1978).
60. Código Civil. Art. 476. Nos contratos bilaterais, nenhum dos contratantes, antes de cumprida a sua obrigação, pode exigir o implemento da do outro.
61. Código Civil. Art. 113. Os negócios jurídicos devem ser interpretados conforme a boa-fé e os usos do lugar de sua celebração.

3.11. Pressupostos e requisitos para aplicação da justa causa

A despedida por justa causa representa o exercício do poder disciplinar do empregador, que aplica a penalidade máxima ao empregado que pratica uma falta trabalhista.

Nesse contexto é inegável que o ato empresarial **classifica-se como punição** e, por conta disso, deve amoldar-se aos limites estabelecidos pelo art. 5º, LV, da Constituição Federal de 1988: "aos litigantes, em processo judicial ou administrativo, e aos acusados em geral são assegurados o contraditório e a ampla defesa, com os meios e recursos a ela inerentes".

Com efeito, o empregado, que assume a posição de acusado da prática de um ato faltoso, **tem direito ao contraditório e à ampla defesa**, antes de ser aplicada qualquer penalidade pelo empregador, seja ela a despedida por justa causa ou aquelas consideradas mais brandas, como a advertência e a suspensão.

Trata-se de interpretação da norma trabalhista pela ótica da Constituição.

É importante salientar que o citado dispositivo constitucional aplica-se a toda e qualquer situação na qual alguém se posicione como acusado, pois não se limita às relações de direito público caracterizadas pela presença do Estado no exercício do seu *ius imperii* (teoria da eficácia horizontal imediata dos direitos fundamentais).

O STF, em situação análoga, concluiu pela aplicação do princípio constitucional do contraditório e da ampla defesa nas relações jurídicas privadas:

> COOPERATIVA – EXCLUSÃO DE ASSOCIADO – CARÁTER PUNITIVO – DEVIDO PROCESSO LEGAL. Na hipótese de exclusão de associado decorrente de conduta contrária aos estatutos, impõe-se a observância ao devido processo legal, viabilizado o exercício amplo da defesa. Simples desafio do associado à assembleia geral, no que toca à exclusão, não é de molde a atrair adoção de processo sumário. Observância obrigatória do próprio estatuto da cooperativa.[62]

Assim, antes de exercer o seu poder disciplinar, o empregador deve conferir ao empregado o contraditório e a ampla defesa, sob pena de nulidade da aplicação de qualquer penalidade laboral.[63]

Além do pressuposto mencionado, para o reconhecimento e declaração judicial da prática de falta grave devem estar presentes os seguintes requisitos: tipificação legal da conduta ilícita; autoria; materialidade; nexo de causalidade/*non bis in idem*; imediatidade; e gravidade ou proporcionalidade.

A. *Tipicidade*

Nem toda falta cometida pelo empregado é classificada como justa causa. Por isso, para ser considerado ilícito trabalhista capaz de autorizar a extinção do vínculo empregatício, necessário se faz, inicialmente, inseri-lo dentro da classificação prevista pelo legislador (art. 482 da Consolidação das Leis do Trabalho).

62. STF. RE 158215-RS. 2ª T. Rel. Min. Marco Aurélio. DJU 17.06.1996.
63. Alerta-se ao leitor que esse posicionamento ainda é minoritário tanto na doutrina quanto na jurisprudência.

Isso não quer dizer que a tipificação equivocada feita pelo empregador na petição inicial do inquérito para apuração de falta grave ou mesmo na contestação de uma reclamação trabalhista, implique o afastamento de sua pretensão.

Na verdade, **cabe ao juiz adequar os fatos às normas jurídicas**, segundo o brocardo *da mihi factum, dabo tibi ius.*

B. Autoria e materialidade

A autoria e a materialidade do ilícito laboral são indispensáveis para a caracterização e aplicação da justa causa.

Desse modo, o processo utilizado para a **identificação de quem praticou o ato ilícito** não deve deixar qualquer espécie de dúvida quanto ao resultado positivo obtido, sob pena de não ser reconhecida a autoria em eventual demanda judicial.

Não se admite, por exemplo, que um empregado de determinado setor da empresa seja despedido por justa causa com fundamento apenas no desaparecimento de um objeto que estava sob a sua responsabilidade.

Quanto à materialidade, **não é possível enquadrar como justa causa o simples desejo do empregado no sentido de praticar uma falta**. É necessária a exteriorização dessa vontade, por meio de um fazer ou não fazer voluntário, ainda que não se tenha completado a ação tida como faltosa (tentativa), desde que presentes os demais elementos caracterizadores da justa causa.

C. Nexo de causalidade

A resolução contratual deve ter relação direta com a falta cometida. Consequentemente, **uma falta perdoada não pode servir de justo motivo para a extinção do contrato de trabalho** (nexo de causalidade).

Além disso, não se admite que um ilícito trabalhista dê ensejo a mais de uma punição (*non bis in idem*).

D. Imediatidade

Entre a falta praticada e penalidade máxima aplicada, não deve existir solução de continuidade, sob pena de presumir-se perdoado o ato ilícito do empregado. É o que a doutrina denomina de **imediatidade ou imediação entre a falta e a punição**.

Obviamente **que esse prazo deve ser razoável e proporcional ao tamanho do estabelecimento onde o empregado preste serviço**. A jurisprudência e a doutrina admitem que o prazo que intermedeia a ciência da falta, pelo empregador, e a sua punição seja elastecido, para permitir uma apuração mais aprofundada da prática da falta e para que seja preservado, também, o direito de defesa do empregado.[64]

64. AGRAVO DE INSTRUMENTO. RECURSO DE REVISTA. JUSTA CAUSA. NÃO CONFIGURAÇÃO. Conforme o quadro fático delineado no acórdão proferido pelo Tribunal Regional, não houve a devida proporção entre a falta praticada

E. *Proporcionalidade*

A gravidade da falta só é exigida como requisito para resolver o pacto laboral quando o empregado for estável. Entretanto, pelo princípio da proporcionalidade, o empregador, no exercício do seu poder disciplinar, **deve dosar a pena de forma proporcional à importância do ilícito praticado** no sentido de evitar o rigor excessivo.

A decisão a seguir transcrita explicita, com propriedade, esse posicionamento:

> AGRAVO DE INSTRUMENTO EM RECURSO DE REVISTA. IMPROBIDADE. JUSTA CAUSA. PODER DISCIPLINAR DO EMPREGADOR. PROPORCIONALIDADE ENTRE O ATO FALTOSO E A PUNIÇÃO. O poder disciplinar do empregador deve estar calcado em alguns requisitos, dentre eles, a proporcionalidade entre o ato faltoso e a punição. Em que pese ter ficado provado nos autos que a reclamante registrou o ponto eletrônico de outra colega de trabalho, mas considerando que esse ato não lhe trouxe nenhum benefício pessoal, tampouco há prova nos autos de que, nos dias em que o registro de ponto foi efetivado pela reclamante, sua colega de trabalho não estava prestando serviços para a reclamada, adequado é o entendimento do Tribunal Regional que afastou a justa causa. Não se visualiza violação do art. 482, alíneas a e h, da CLT.[65]

Vale salientar que **caberá ao empregador fazer prova robusta da alegada justa causa ensejadora da resolução do vínculo contratual,** caso haja uma demanda judicial com pedido de anulação da aplicação dessa sanção.

A seguir, o esquema que identifica os requisitos para o reconhecimento da justa causa e o uso da expressão mnemônica "**TAMPIN**":

REQUISITOS

- **T** ipificação
- **A** utoria
- **M** aterialidade
- **P** roporcionalidade
- **I** mediatidade
- **N** exo de causalidade/*non bis in idem*

3.12. Espécies

Na verdade, a maioria das ações tipificadas na legislação como justa causa não passam de inadimplemento de determinadas obrigações derivadas do contrato de trabalho, que foram agrupadas sem muito rigor técnico.

Outras causas dizem respeito a ofensas ao patrimônio moral do empregador, como a honra, imagem, integridade física etc.

---

e a respectiva punição, qual seja a dispensa por justa causa, além do perdão tácito, em face do tempo ocorrido entre a apuração da falta (nove meses) e a punição máxima de empregado sem mácula funcional. Assim, a conclusão em sentido oposto quanto a essa premissa, como pretende o reclamado, demandaria o reexame dos fatos e das provas dos autos, o que é vedado em sede de recurso de revista, a teor da Súmula nº 126 do TST (TST. AIRR 2038540-16.2004.5.11.0001. 1ª T. Rel. Min. Walmir Oliveira da Costa. DEJT 30.04.2010).

65. TST. AIRR 265/2008-091-03-40. 2ª T.Rel. Min. Vantuil Abdala. DEJT 07.08.2009.

Por fim, alguns motivos de resolução contratual citados pelo legislador revelam, de forma inequívoca, a quebra do vínculo de confiança que une empregado e empregador e outros não têm qualquer relação com o contrato de trabalho.

Assim, constitui justa causa para o rompimento do vínculo empregatício, segundo dispõe o art. 482 da Consolidação das Leis do Trabalho:

a) ato de improbidade;

b) incontinência de conduta ou mau procedimento;

c) negociação habitual por conta própria ou alheia sem permissão do empregador, e quando constituir ato de concorrência à empresa para a qual trabalha o empregado, ou for prejudicial ao serviço;

d) condenação criminal do empregado, passada em julgado, caso não tenha havido suspensão da execução da pena;

e) desídia no desempenho das respectivas funções;

f) embriaguez habitual ou em serviço;

g) violação de segredo da empresa;

h) ato de indisciplina ou de insubordinação;

i) abandono de emprego;

j) ato lesivo da honra ou da boa fama praticado no serviço contra qualquer pessoa, ou ofensas físicas, nas mesmas condições, salvo em caso de legítima defesa, própria ou de outrem;

k) ato lesivo da honra e boa fama ou ofensas físicas praticadas contra o empregador e superiores hierárquicos, salvo em caso de legítima defesa, própria ou de outrem;

l) prática constante de jogos de azar;

m) perda da habilitação ou dos requisitos estabelecidos em lei para o exercício da profissão, em decorrência de conduta dolosa do empregado.

A. Ato de improbidade

A probidade é característica do homem honesto. Os desonestos são ímprobos. Como a lei não conceituou ato de improbidade, assim como os demais ilícitos trabalhistas, coube à jurisprudência definir os contornos de cada ato delituoso do empregado que ensejasse o reconhecimento de prática de justa causa.

Desse modo, por construção jurisprudencial, **o ato de improbidade foi relacionado com a prática de alguns crimes contra o patrimônio**, previstos no Título II, Parte Especial do Código Penal. Mas também pode significar a prática de qualquer outro ato que seja classificado como desonesto.

Portanto, constitui ato de improbidade, dentre outros, o furto de mercadorias de propriedade do empregador; a apropriação indébita de numerário, o estelionato etc.

O posicionamento majoritário da doutrina é no sentido de estender o raio de incidência dos atos de improbidade àqueles que são praticados contra terceiros, fora do ambiente de trabalho, circunstância que revela a adesão à teoria institucionalista da relação de emprego.

Já a jurisprudência coleciona casos de justa causa que se enquadram no conceito de improbidade, limitado ao âmbito das relações laborais, com interpretação restritiva da regra celetista, por ser norma que institui uma sanção.

B. Incontinência de conduta e mau procedimento

A prática de incontinência de conduta **está relacionada com alguns dos crimes contra os costumes**, previstos no art. 213 e seguintes do Código Penal.

A incontinência de conduta importa na **prática de atos atentatórios à liberdade sexual pelo trabalhador**, que, por qualquer motivo, não tem a capacidade de controlar seus instintos e impulsos naturais, conforme se observa do teor da decisão a seguir transcrita:

> LIBERDADE DE OPÇÃO SEXUAL. INCONTINÊNCIA DE CONDUTA. DISCRIMINAÇÃO NÃO CONFIGURADA. A liberdade sexual é uma conquista do século XX e, como toda liberdade, encontra limite nas liberdades dos demais indivíduos, como é a liberdade dos demais trabalhadores não serem constrangidos com manifestações eróticas no ambiente de trabalho e a liberdade do empregador não ser obrigado a tolerar esse gênero de dispersão da atenção durante a jornada. A opção pelo homossexualismo não coloca o trabalhador acima do poder disciplinar do empregador, não lhe conferindo a liberdade de exercer formas de comportamento sexual no ambiente de trabalho que não sejam franqueadas aos indivíduos heterossexuais. Advertência por incontinência de conduta que não representou discriminação pela opção sexual, mas legítimo exercício do poder disciplinar do empregador. Apelo patronal a que se dá provimento para afastar a rescisão indireta e excluir a condenação por danos morais.[66]

Na hipótese do autor do crime de assédio sexual (art. 219-A do Código Penal) ser um empregado que ocupe cargo de confiança, poderá ser despedido por justa causa, com base no permissivo legal previsto pelo art. 482 *b*.[67]

Já o mau procedimento admite interpretações que, em alguns casos, atribuem a esse ilícito trabalhista a característica da **inobservância, por parte do empregado, das regras morais de relacionamento interpessoal.**

Caracteriza-se como mau procedimento o tratamento desrespeitoso em relação aos colegas de trabalho ou superior hierárquico, mas que não chega a ser considerado como ofensas morais; comportamento desregrado e fora do padrão médio etc.

De qualquer forma, essas duas figuras comportam interpretação bem extensiva e qualquer ato faltoso do empregado ou inadimplementos contratuais, que não estejam previstos nas demais alíneas do art. 482 da CLT, podem ser aqui enquadrados.

C. Negociação habitual

Para configuração do contrato de trabalho, não se exige a exclusividade da prestação de serviço, salvo disposição expressa nesse sentido.

66. TRT 2ª R. 02217200507302006. Rel. Juiz Salvador Franco de Lima Laurino. DJ 29.02.2008.
67. É possível, também, enquadrar o procedimento como ato lesivo à honra ou da boa fama (art. 482, *j*), em face da omissão da legislação trabalhista nesse particular.

A lei veda, entretanto, a negociação habitual, desde que prejudiquem a execução do serviço e importem na quebra do vínculo de fidúcia que une o empregado ao empregador.

> DESPEDIDA POR JUSTA CAUSA. NEGOCIAÇÃO HABITUAL POR CONTA PRÓPRIA SEM PERMISSÃO DO EMPREGADOR. CONCORRÊNCIA À EMPRESA E PREJUÍZO FINANCEIRO. A prova em juízo da prática, pelo empregado, de negociação habitual por conta própria, sem permissão do empregador, que constitua concorrência à empresa e provoque prejuízo financeiro enquadra-se na hipótese prevista na alínea "c" do art. 482 da CLT e enseja o reconhecimento da despedida com justa causa.[68]

Para ser considerada como justa causa, a negociação deve ser: habitual e sem a permissão do empregador; constituir ato de concorrência à empresa; ou for prejudicial ao serviço.

D. Condenação criminal

Efetiva-se a extinção do pacto laboral no caso de condenação criminal por sentença com trânsito em julgado e em regime fechado, **pela simples impossibilidade da prestação de serviço por parte do empregado.**

Diante da sua repercussão social e da impossibilidade física do operário trabalhar, o legislador considera que, nesse caso, a condenação criminal constitui fato relevante que autoriza a resolução contratual por parte do empregador.

Se o regime de cumprimento de pena do empregado condenado permite a continuação do pacto laboral, não há que se falar em resolução contratual.

> **ATENÇÃO!** Para configuração dessa espécie de justa causa, não se faz necessário que o delito perpetrado tenha qualquer tipo de relação com o contrato de trabalho. É possível, entretanto, que esse mesmo procedimento seja classificado como outra espécie de justa causa, como o mau procedimento, por exemplo.

E. Desídia

O contrato de trabalho é fonte de obrigações tanto para o empregador quanto para o empregado.

Prestar serviços é a obrigação principal do empregado. Entretanto, essa obrigação deve ser cumprida da forma como fora ajustada, ou seja, com atenção aos deveres de diligência e subordinação.

Assim, a prestação de serviço deve ser feita quantitativa e qualitativamente como convencionada, com observância do princípio da boa-fé, que norteia a execução de todos os contratos em geral, inclusive o contrato de trabalho, sob pena de reconhecimento da desídia do empregado.

> JUSTA CAUSA. FALTAS REITERADAS AO SERVIÇO. DESÍDIA. Caracteriza desídia, ensejadora do reconhecimento de justa causa, a atitude da empregada que falta ao serviço injustificadamente reiteradas vezes e, não obstante a aplicação das penas de advertência e suspensão, persiste nessa prática, até ser despedida.[69]

---

68. TRT 5ª R. RO 0000139-59.2010.5.05.0026. 3ª T. Rel. Des. Humberto Jorge Lima Machado. DEJT 24.09.2010.
69. TRT 5ª R. RO 281800-71.2009.5.05.0621. 4ª T. Rel. Dês. Alcino Felizola. DEJT 05.04.2011.

A imprudência, a negligência e a imperícia, no desempenho das tarefas decorrentes do pacto laboral, também são classificadas como desídia.

A figura típica da desídia está relacionada, portanto, com a: **assiduidade, pontualidade, produtividade e qualidade do trabalho do empregado**. É a falta que importa no descumprimento da obrigação principal, para o empregado, decorrente do contrato de trabalho, qual seja, a prestação de serviço na quantidade e qualidade ajustada.

F. *Embriaguez habitual ou em serviço*

A embriaguez em serviço, geralmente provocada pelo consumo em excesso de álcool, constitui justa causa, **mesmo que tenha se verificado por uma única vez**.[70]

Evidentemente que o empregado embriagado não tem condições de executar com perfeição suas tarefas e tem como consequência mais comum a prática de atos de insubordinação.

Na verdade, a embriaguez em serviço pode ensejar a prática de diversas espécies de justa causa, como a insubordinação, indisciplina, mau procedimento, incontinência de conduta etc. Geralmente, verifica-se a prática conjunta do ilícito tipificado com embriaguez associada à outra falta qualquer.

Contudo, a embriaguez habitual e crônica, assim considerada aquela que se verifica fora do ambiente de trabalho, **já é considerada como doença, inclusive com previsão no Código Internacional de Doenças – CID**, sob a referência F-10.2 (síndrome da dependência do álcool), motivo que ensejaria o afastamento do empregado para tratamento médico e a suspensão do contrato de trabalho.

> **ATENÇÃO!** A embriaguez em serviço pode caracterizar motivo autorizador de justa causa, ainda que aconteça apenas uma vez.

G. *Violação de segredo*

Como dito, a fidúcia constitui elemento formador do contrato de trabalho. Qualquer ato praticado pelo empregado ou pelo empregador, que importe em quebra do vínculo de confiança, autoriza a resolução do contrato de trabalho.

É certo que quando o empregado revela segredo da empresa, de que é sabedor em razão das funções por ele exercidas, pratica ato justificador do rompimento do pacto laboral sem ônus financeiro para o empregador.

Considerando que é permitido ao intermitente firmar contrato de trabalho simultâneo com outras empresas, inclusive concorrentes, **não se aplica a essa espécie de relação de emprego esta hipótese de justa causa**.

70. A embriaguez pode ser decorrente da utilização de outras substâncias tóxicas, de uso legalmente permitido ou não.

H. Ato de indisciplina e de insubordinação

O empregador, no exercício do seu poder diretivo, pode editar regulamento para fixar os direitos e deveres dos seus empregados, **desde que não contrarie as normas estatais ou inseridas em instrumentos normativos negociados**.

Essas regras estatais dizem respeito tanto aos **direitos trabalhistas específicos** (férias, 13º salário, FGTS etc), quanto aos direitos trabalhistas inespecíficos, quais sejam, aqueles que dizem respeito à proteção da dignidade do ser humano e não somente do trabalhador, mas que se aplicam também à relação de emprego.

Assim, se a empresa insere em seu regulamento alguma norma que contrarie, por exemplo, o direito de igualdade, de liberdade, de intimidade etc., o descumprimento por parte do empregado **não pode ser classificado como justa causa**.

O descumprimento das obrigações previstas no regulamento, desde que de acordo com a lei, enseja a prática da falta prevista como indisciplina, salvo se a lei expressamente exclui essa possibilidade, como ocorre no caso previsto pelo art. 394 da CLT: "Mediante atestado médico, à mulher grávida é facultado romper o compromisso resultante de qualquer contrato de trabalho, desde que este seja prejudicial à gestação".

Já **a insubordinação diz respeito ao não cumprimento de diretivas específicas emanadas do empregador ou dos seus representantes**, no exercício do seu poder de comando. Significa que o empregado simplesmente deixa de executar uma ordem que lhe fora dirigida pelo empregador ou por seus prepostos.

> **ATENÇÃO!** Em síntese, existirá a indisciplina sempre que o empregado descumprir ordens de caráter geral, dirigida a todos. Já a insubordinação aflora quando o empregado descumpre ordens que lhe foram pessoalmente dirigidas.

I. Abandono de serviço

A ausência prolongada do empregado ao serviço constitui justa causa para o rompimento do vínculo empregatício. Decorre do descumprimento, por parte do obreiro, da obrigação geral de prestar serviços.[71]

Devem estar presentes os dois elementos caracterizadores do abandono de emprego: **o objetivo, representado pela ausência continuada ao serviço, e o subjetivo, qual seja o *animus* do empregado de deixar de trabalhar.**

A jurisprudência fixou em **30 dias** o prazo, a partir do qual, o abandono do emprego é presumido.

> **TST. SÚMULA Nº 32.** ABANDONO DE EMPREGO – NOVA REDAÇÃO. Presume-se o abandono de emprego se o trabalhador não retornar ao serviço no prazo de 30 (trinta) dias após a cessação do benefício previdenciário nem justificar o motivo de não o fazer.

71. STF. Súmula nº 316. A simples adesão à greve não constitui falta grave.

Pode-se, por qualquer meio de prova em direito admitido, demonstrar a intenção do empregado em abandonar o serviço antes mesmo do prazo estabelecido pela jurisprudência.

A partir do 30º dia, presume-se a intenção de abandonar, com a inversão do ônus respectivo em relação ao desejo de deixar o trabalho.

ATENÇÃO! Para que fique caracterizado o elemento subjetivo (intenção do empregado de abandonar o emprego), deve o empregador dar ciência inequívoca ao obreiro da sua ausência injustificada ao emprego, com a sua convocação para o retorno ao serviço, sob pena de configurar o abandono. Essa "ciência inequívoca" poderá ser implementada por meio de carta com aviso de recebimento, notificação judicial ou extrajudicial, *e-mail*, mensagem de texto etc. A maior parte da doutrina e da jurisprudência não tem aceitado como válidas as convocações realizadas por meio dos órgãos de imprensa, por ser classificada como ciência ficta, salvo se o empregado estiver em local incerto e não sabido.

J. Ato lesivo da honra ou da boa fama

O empregador, assim como todo ser humano, possui um patrimônio moral, que é formado por vários elementos, dentre eles, a honra.

O bem imaterial denominado de honra pode ser considerado por dois aspectos: o objetivo e o subjetivo. O elemento objetivo da honra diz respeito à boa fama que desfruta a pessoa perante terceiros. Já a honra subjetiva relaciona-se com o sentimento interno do indivíduo em relação aos seus atributos de honestidade, boa fama etc.

Determinados atos praticados pelos empregados podem atingir a honra subjetiva e objetiva do empregador, que autoriza a despedida por justa causa, além de o ato ser considerado crime e desencadeador de possível dano moral.

Como crime, há previsão no Capítulo V – Crimes Contra a Honra; Título I – Dos Crimes Contra a Pessoa, da Parte Especial do Código Penal.

Compreende as figuras da calúnia, da injúria e da difamação, sem necessidade, no âmbito trabalhista, demonstrar os elementos do tipo dos crimes acima mencionados.

K. Ofensas físicas

A Constituição Federal vigente protege e garante a incolumidade física das pessoas. Por conta disso, **qualquer ato praticado pelo empregado em serviço**, caracterizado como ofensa física a qualquer pessoa, implica resolução contratual, além de a conduta ser classificada como crime de lesões corporais, tipificado pelo art. 129 do Código Penal.[72]

Além de quebrar a fidúcia que norteia o pacto laboral, quando é dirigida aos colegas de trabalho ou clientes da empresa, a ofensa física praticada contra o empregador ou superior hierárquico pode gerar dano moral.

72. CP. Lesão corporal. Art. 129. Ofender a integridade corporal ou a saúde de outrem: Pena – detenção, de 3 (três) meses a 1 (um) ano.

Assemelha-se à figura penal da lesão corporal, ou seja, ofender a integridade corporal ou saúde de qualquer pessoa, dentro do ambiente de serviço, mas admitida a excludente de legítima defesa.

Parte da doutrina entende que, como se trata da pessoa que comanda a atividade empresarial, geral ou setorialmente, a agressão física perpetrada pelo empregado contra seu superior hierárquico, ainda que fora do estabelecimento, inviabiliza a convivência diária no meio ambiente laboral e, por conta disso, é classificada como justa causa.

L. Prática constante de jogos de azar

Essa figura típica de ilícito trabalhista tem como fundamento autorizador da resolução contratual, a quebra do elemento fiduciário do contrato de trabalho.

Entendeu o legislador que o empregado que se dedica, constantemente, a prática de jogos de azar não inspira confiança. É uma presunção *iure et de jure,* que não admite prova em contrário.

Estão enquadrados como jogos de azar,[73] proibidos pela legislação pátria e considerados como contravenção penal, o jogo do bicho e os caça-níqueis.

Como foi dito em relação à figura da improbidade, os adeptos à teoria institucionalista insistem em admitir que a prática habitual de jogos de azar, mesmo fora do meio ambiente de trabalho, constitui justa causa.

A doutrina diverge sobre a questão da necessidade ou não de relação da justa causa com o trabalho:

Quadro Doutrinário – Justa causa e relação com o trabalho		
Teorias	**Doutrinadores**	**Exemplo**
Deve manter relação com o trabalho	Domingos Sávio Zainaghi	A prática do jogo de azar não tem relação direta com o serviço. A alínea em estudo (alínea "l" do art. 482 da CLT) alcança a prática constante de jogos de azar fora do ambiente de trabalho (Domingos Sávio Zainaghi).*
Não precisa manter relação com o trabalho	Luciano Martinez, Maurício Godinho Delgado, Sérgio Pinto e Alice Monteiro de Barros	Nada mais absurdo que admitir que esse comportamento seja faltoso nos tempos atuais, porque o empregador não pode imiscuir-se nas opções particulares de seus empregados, sob pena de grave violação do direito fundamental de ver preservadas a intimidade e a vida privada destes (Luciano Martinez).**
(*) ZAINAGHI, Domingos Sávio. **A justa causa no direito do trabalho**. São Paulo: Malheiros, 1995. p. 137. (**) MARTINEZ, Luciano. **Curso de direito do trabalho**. São Paulo: Saraiva, 2010. p. 503.		

Entende-se, contudo, que **tal tipificação legal só pode ser enquadrada como ilícito trabalhista quando há alguma vinculação direta ou indireta com o meio ambiente de labor.**

73. Lei das Contravenções Penais. Decreto-Lei nº 3.688/41, art. 50. Decreto-Lei nº 37/66, art. 105, XIX.

M. *Perda da habilitação profissional*

A alínea "m" foi acrescida ao art. 482 da CLT pela lei nº 13.467/17. Segundo a respectiva previsão legal, a perda da habilitação ou dos requisitos estabelecidos em lei para o exercício da profissão, em decorrência de **conduta dolosa** do empregado é considerada como justa causa.

Assim, se um médico é contratado como empregado de um hospital e vem a perder a habilitação para o exercício de sua profissão pelo Conselho Regional ou Federal de Medicina, o empregador pode despedi-lo por justa causa, se sua conduta for considerada dolosa.

O mesmo pode ser dito do motorista profissional que tem sua habilitação para conduzir veículo cassada ou suspensa.

No caso de **conduta culposa** (negligência, imprudência ou imperícia) o rompimento do contrato de trabalho **só pode ocorrer pela modalidade sem justa causa.**

Da mesma forma, se a habilitação profissional não foi levada em conta quando da contratação do empregado, a sua perda ou limitação não pode ser considerada como circunstância ensejadora da justa causa.

N. *Justas causas especiais*

– *Inobservância de normas de segurança e medicina do trabalho*

Em relação às normas relativas à segurança e saúde no trabalho, estabelece o art. 158 da CLT que a sua inobservância, por parte do empregado, constitui hipótese para a sua despedida por justa causa:

> **Art. 158.** Cabe aos empregados: I – observar as normas de segurança e medicina do trabalho, inclusive as instruções de que trata o item II do artigo anterior; II – colaborar com a empresa na aplicação dos dispositivos deste Capítulo. Parágrafo único. Constitui ato faltoso do empregado a recusa injustificada: a) à observância das instruções expedidas pelo empregador na forma do item II do artigo anterior; b) ao uso dos equipamentos de proteção individual fornecidos pela empresa.

– *Insuficiência de rendimento do aprendiz*

Já o contrato de trabalho celebrado com o aprendiz cria, para o trabalhador, a obrigação de executar com zelo e diligência as tarefas necessárias à sua formação técnico-profissional.

Por conta disso, constitui motivo para extinção antecipada do contrato por tempo determinado celebrado com o aprendiz, segundo o art. 433, I e III da CLT, **o desempenho insuficiente ou inadaptação e ausência injustificada à escola que implique perda do ano letivo.**

– *Maus-tratos praticados pelo empregado doméstico*

Na relação de emprego doméstica, há previsão expressa de um ilícito trabalhista específico, que poderia ser enquadrado no tipo genérico que faz referência às ofensas físicas. Trata-se da **prática de submeter o idoso, enfermo, pessoa com deficiência ou criança sob cuidado direto ou indireto do empregado a maus-tratos** (art. 27, I, da Lei Complementar nº 150/15).

– *Uso indevido do vale-transporte*

Em relação às obrigações acessórias do contrato de trabalho, determina o art. 7º, § 3º, do Decreto nº 95.247/87 que a **declaração falsa ou o uso indevido do Vale-Transporte** constituem falta grave.

Exemplos de questões sobre o tema

(TRT 1 – Juiz do Trabalho Substituto 1ª região/2016) A respeito da extinção do contrato de trabalho por justa causa por culpa do empregado, e aquela por falta grave cometida pelo empregador, em conformidade com o que estabelece a CLT e ao entendimento sumulado pelo TST, é correto afirmar:

(A) Na hipótese de culpa recíproca para a extinção do contrato, o empregado perde o direito às férias e ao décimo-terceiro salário proporcionais.

(B) Para o empregado de estabelecimento bancário, a falta contumaz de pagamento de dívida legalmente exigível é motivo para a extinção do contrato por justa causa.

(C) A imotivada ofensa física contra superior hierárquico, mesmo praticada fora do ambiente de trabalho, é suficiente à extinção do contrato por justa causa.

(D) A redução da quantidade de trabalho destinado a empregado contratado por tarefa, que implique qualquer tipo de diminuição salarial, é suficiente para a extinção do contrato por culpa do empregador.

(E) Em qualquer momento, a ocorrência de justa causa desobriga o empregador do pagamento de verbas rescisórias de natureza indenizatória.

Resposta: C

3.13. Efeitos da alegação de prática de falta

A lei autoriza a extinção do contrato de trabalho quando o empregado comete um ilícito trabalhista, sem qualquer ônus financeiro para o empregador. Todavia, não exclui da apreciação do Poder Judiciário a questão relativa à legalidade do ato respectivo.

Não demonstrada, à saciedade, a prática do ato faltoso pelo empregado, **este terá direito a todas as parcelas devidas como se fosse despedido sem justa causa.** Consequentemente, não comprovada a prática do ato imputado ao empregado e se essa imputação provocou dano ao seu patrimônio ideal, máxime quando a acusação é de prática de ato de improbidade, não há como recusar a possibilidade de responsabilizar o empregador por danos morais.

A CLT, em seu art. 482, cita vários motivos provocadores do rompimento do contrato de trabalho por justa causa. O ilícito trabalhista, assim entendido, possui menor gravidade do que o ilícito civil, que por sua vez é de menor gravidade do que o ilícito penal.

Obviamente que a acusação de prática de determinados atos que se amoldam ao padrão estabelecido pela lei jamais implicariam dano ao patrimônio não econômico do empregado, uma vez que consistem em ilícitos unicamente trabalhistas, sem repercussão moral.

Outros atos, entretanto, além de serem classificados como ilícitos trabalhistas, são considerados como ilícitos civis e penais, a exemplo do ato de improbidade.

Na verdade, o contrato de trabalho está fundado no princípio da confiança, decorrente do princípio da boa-fé. Qualquer ato praticado pelos contratantes que implique quebra desse vínculo de fidúcia autoriza a resolução contratual.

Note-se que a falsa imputação da sua prática de ilícito penal também constitui crime, qual seja, a calúnia. Uma vez admitido o crime de calúnia, por conseguinte, restará configurado o ilícito civil, que consiste na ofensa à honra e a boa fama do empregado, passível de indenização.

O empregador só se eximirá da responsabilidade civil, apurada no juízo trabalhista, se demonstrar a veracidade de sua alegação, ou seja, no caso de prova da exceção da verdade.

Existe, ainda, a tese que considera o abuso do direito como fonte de responsabilidade, acolhida pelo Código Civil. Evidentemente que a prática de qualquer ato lícito, dentro dos limites estabelecidos pela lei, não pode implicar, em regra, responsabilidade do agente.

Pode ocorrer, entretanto, que a prática de ato faltoso, pelo empregado, caracterizado como justa causa, **não logre ser provado durante a instrução processual.** Tal circunstância não implica, necessariamente, reconhecimento de dano moral.

Na ação subsequente, em que o empregado postule indenização por danos morais, poderá o empregador desincumbir-se, novamente, do ônus probatório.

O Tribunal Superior do Trabalho já se manifestou diversas vezes sobre esta questão:

> RECURSO DE REVISTA. DANO MORAL. ALEGAÇÃO DE JUSTA CAUSA EM DEFESA. AUSÊNCIA DE PROVA. O fato de a Reclamada não ter conseguido comprovar a alegação da justa causa por improbidade não induz ao reconhecimento do direito à indenização por dano moral. Recurso de revista conhecido e provido.[74]

3.14. Efeitos da sentença crime no processo do trabalho

O juiz, no curso de uma reclamação trabalhista, pode (trata-se de uma faculdade) **determinar a suspensão do processo para que a questão seja decidida no juízo criminal**, conforme permissão contida no art. 315[75] do CPC.

Comprovada a autoria e materialidade do fato na esfera penal, será reconhecida, também, a prática do ilícito trabalhista na esfera da Justiça Laboral, de acordo com o preceito contido no art. 935 do Código Civil:

> **Art. 935.** A responsabilidade civil é independente da criminal, não se podendo questionar mais sobre a existência do fato, ou sobre quem seja o seu autor, quando estas questões se acharem decididas no juízo criminal.

Contudo, se o empregado, que ostenta a condição de réu na ação penal, **for absolvido por insuficiência de provas, a sentença não fará coisa julgada no processo trabalhista**, conforme preceitua o art. 66 do CPP: "Não obstante a sentença absolutória no juízo criminal, a ação civil poderá ser proposta quando não tiver sido, categoricamente, reconhecida a inexistência material do fato".

Da mesma forma, **se o empregado não for condenado no processo crime, por se tratar de ilícito trabalhista de menor gravidade, não se produzirá os efeitos da coisa julgada**

74. TST. RR 914/2001-461-01-40. 4ª T. Rel. Min. Fernando Eizo Ono. DEJT 02.10.2009.
75. CPC. Art. 315. Se o conhecimento do mérito depender de verificação da existência de fato delituoso, o juiz pode determinar a suspensão do processo até que se pronuncie a justiça criminal.

material, uma vez que o fato classificado como justa causa não precisa ser, necessariamente, criminoso.

Por fim, se a sentença penal reconhece que o ato foi praticado em legítima defesa, em estrito cumprimento de dever legal ou no exercício regular de direito, o juiz do trabalho deverá levar em consideração essa decisão para reconhecer que o trabalhador não praticou justa causa.[76]

3.15. Despedida indireta

O empregador, como contratante que é, encontra-se compelido a cumprir as obrigações derivadas do pacto laboral.

O inadimplemento contratual do empregador autoriza o empregado a resolver o contrato de trabalho. **Essa espécie de extinção do contrato de trabalho recebeu a denominação de rescisão indireta.**

De forma geral, autoriza-se a resolução do contrato de trabalho pelo empregado sempre que o empregador deixar de cumprir as obrigações resultantes do pacto laboral.

As demais espécies de faltas podem ser reunidas em um único grupo, pois constituem ilícitos que extrapolam a natureza exclusivamente trabalhista. Na verdade, constituem ofensa ao patrimônio ideal do empregado considerado como ser humano e não somente como contratante.

É que, no contrato de trabalho, existe uma cláusula implícita que diz respeito ao tratamento que deve ser dispensado ao empregado, ou seja, há uma cláusula segundo a qual o empregador deve respeitar as condições derivadas do **princípio constitucional da dignidade da pessoa humana.**

Essa cláusula contratual serve para impor limites ao empregador, já que o estado de subordinação jurídica, ao qual se encontra submetido o empregado, pode ensejar o exercício abusivo do direito do empresário.

O art. 483 da Consolidação das Leis do Trabalho descreve os ilícitos trabalhistas que podem ser praticados pelo empregador:

> a) forem exigidos serviços superiores às suas forças, defesos por lei, contrários aos bons costumes, ou alheios ao contrato;
>
> b) for tratado pelo empregador ou por seus superiores hierárquicos com rigor excessivo;
>
> c) correr perigo manifesto de mal considerável;
>
> d) não cumprir o empregador as obrigações do contrato;
>
> e) praticar o empregador ou seus prepostos, contra ele ou pessoas de sua família, ato lesivo da honra e boa fama;
>
> f) o empregador ou seus prepostos ofenderem-no fisicamente, salvo em caso de legítima defesa, própria ou de outrem;
>
> g) o empregador reduzir o seu trabalho, sendo este por peça ou tarefa, de forma a afetar sensivelmente a importância dos salários.

---

76. CPP. Art. 65. Faz coisa julgada no cível a sentença penal que reconhecer ter sido o ato praticado em estado de necessidade, em legítima defesa, em estrito cumprimento de dever legal ou no exercício regular de direito.

O empregado, nas hipóteses previstas nas alíneas "d" e "g", **pode optar em continuar a prestação de serviços habitual e postular**, perante a Justiça do Trabalho, a decretação da *"rescisão indireta"* do seu contrato de trabalho, conforme lhe faculta o art. 483, § 3º, da Consolidação das Leis do Trabalho, ou simplesmente interromper, definitivamente, a prestação de serviços.

Age com cautela o empregado que continua a prestação de serviços para o empregador, uma vez que o juiz pode reconhecer que o empregador não praticou algum ato capaz de resolver o contrato de trabalho.

Em que pese ser muito clara a norma trabalhista nesse sentido, existem autores que entendem de forma diversa:

> O empregado, a rigor, não deveria permanecer trabalhando na empresa. Deve desligar-se imediatamente, sob pena de se entender que houve perdão da falta praticada pelo empregador, ou que a falta não foi tão grave a ponto de impedir a continuidade do contrato de trabalho.[77]

Na prática, entretanto, logo após o empregador tomar conhecimento da existência da reclamação trabalhista, a rescisão indireta se transforma em despedida sem justa causa, pois, nesse caso, é o próprio empregador que deixa de ter interesse na continuação do vínculo empregatício.

Saliente-se, porém, que, em nenhuma hipótese, **o simples fato do empregado ingressar com uma ação contra o empregador autoriza a extinção do contrato de trabalho por justa causa.**

Exemplo de questão sobre o tema

(TRT 3 – Juiz do Trabalho Substituto 3ª região/2014) Nos exatos termos do art. 483 da CLT, o empregado poderá considerar rescindido o contrato de trabalho e pleitear a indenização devida nos casos que enumera. Todavia, é facultado ao empregado permanecer trabalhando enquanto aguarda a solução do processo, por previsão expressa, quando:

(A) Praticar o empregador ou seus prepostos, contra ele ou pessoa de sua família, ato lesivo da honra e boa fama.

(B) Forem exigidos serviços superiores às suas forças, defesos por lei, contrário aos bons costumes, ou alheios ao contrato.

(C) O empregador reduzir o seu trabalho, sendo este por peça ou tarefa, de forma a afetar sensivelmente a importância dos salários.

(D) Todas as opções anteriores.

(E) Nenhuma das opções.

Resposta: C

A. *Exigir serviço superior às forças do empregado*

O empregado é contratado para prestar serviços na forma como restou convencionado. A exigência do serviço deve ser qualitativa e quantitativa. No primeiro aspecto, o empregador pode exigir que o empregado execute o serviço de acordo com a sua habilidade contratual, assim considerada aquela qualificação que serviu de motivação para a celebração do ajuste.

77. MARTINS, Sérgio Pinto. ***Direito do trabalho***. 24. ed. São Paulo: Atlas, 2008. p. 365.

Exclui-se, portanto, a habilitação profissional do empregado que, em alguns casos, pode coincidir com aquela que serviu de motivação para a formação do contrato de trabalho.

No segundo caso, o empregador só pode exigir a quantidade de trabalho que se encontra prevista em lei, no próprio contrato ou em outra norma qualquer que dispunha em sentido favorável ao empregado.

Somente para ilustrar essa situação, considere-se que a jornada normal de trabalho seja de oito horas diárias, com acréscimo de mais duas horas extras ajustadas mediante acordo individual escrito.[78] Desse modo, **constitui ato faltoso do empregador exigir do empregado uma jornada diária superior a 10 horas**, salvo no caso das hipóteses previstas pelo art. 61 da Consolidação das Leis do Trabalho.[79]

A Norma Regulamentadora – NR nº 11,[80] de igual forma, institui uma série de regras que dizem respeito ao transporte, movimentação, armazenagem e manuseio de materiais e que devem ser observadas pelo empregador quando da exigência da prestação de serviços dos seus empregados.

Em seu item 11.2.2, por exemplo, a mencionada NR nº 11 estabelece uma distância máxima de 60 (sessenta) metros para o transporte manual de um saco. Se o empregador exigir que o empregado faça o transporte do aludido material em distância superior a 60 metros, **a hipótese será de exigência de serviços superiores às suas forças, apurado de forma objetiva, pois existe um limite legalmente fixado.**

A quantidade de trabalho, na modalidade de jornada de trabalho ou outra qualquer, constitui cláusula essencial do contrato de trabalho. Assim, a inobservância dessa cláusula contratual implica inadimplemento do contrato de trabalho, hipótese genérica prevista pela alínea *"d"*, do citado art. 483 da Consolidação das Leis do Trabalho.

B. *Trabalho proibido e contrário aos bons costumes*

O contrato de trabalho, como espécie de negócio jurídico, exige, para sua validade, agente capaz; objeto lícito, possível, determinado ou determinável; e forma prescrita ou não defesa em lei, de acordo com o disposto no art. 104 do Código Civil.

O trabalho proibido é aquele expressamente vedado pela legislação trabalhista, como ocorre com **o trabalho noturno e insalubre para os menores de 18 anos.** A exploração de serviços relacionados à prostituição constitui exemplo de trabalho contrário aos bons costumes, que implica nulidade do contrato de trabalho e autoriza a sua rescisão indireta.

Apesar de o empregado realizar determinado tipo de atividade, lícita e moral, pode ocorrer que, durante a execução do contrato, o empregador lhe ordene executar um serviço certo e destacável do ordinário, que seja ilegal ou imoral.

78. CLT. Art. 59. A duração diária do trabalho poderá ser acrescida de horas extras, em número não excedente de duas, por acordo individual, convenção coletiva ou acordo coletivo de trabalho.

79. CLT. Art. 61. Ocorrendo necessidade imperiosa, poderá a duração do trabalho exceder do limite legal ou convencionado, seja para fazer face a motivo de força maior, seja para atender à realização ou conclusão de serviços inadiáveis ou cuja inexecução possa acarretar prejuízo manifesto.

80. NR 11. Aprovada pela Portaria do extinto MTb nº 3.214, de 08 de junho de 1978.

Essa é a previsão contemplada pelo art. 483, "a" da Consolidação das Leis do Trabalho. **A recusa do empregado em executar a referida tarefa será justa** e, em caso de insistência do empregador, o obreiro pode considerar rescindido, indiretamente, seu contrato de trabalho.

Se não houver cláusula contratual em sentido contrário, presume-se que o empregado se obrigou a executar qualquer tipo de serviço compatível com sua condição pessoal, conforme determina o art. 456, parágrafo único, da Consolidação das Leis do Trabalho.[81]

Conclui-se, portanto, que, na verdade, a falta que se encontra em comento é uma forma especial de inadimplemento contratual, como ocorre no caso do empregador exigir serviços alheios ao contrato, também previsto pelo mesmo dispositivo celetista acima citado.

C. *Inadimplemento contratual*

A cláusula resolutiva tácita, presente nos contratos de trabalho, autoriza não só o empregador, mas também o empregado a resolver o contrato de trabalho quando há inadimplência.

Observe-se que o contrato de trabalho é consensual, ou seja, para sua validade não é necessário, ordinariamente, o cumprimento de qualquer formalidade.

Entretanto, mesmo celebrado verbalmente, o contrato de trabalho é formado por cláusulas derivadas das obrigações mínimas previstas na legislação protecionista laboral. Sob esse prisma, não seria correto afirmar que existe descumprimento de obrigação legal, **porque as determinações contidas na lei incorporam-se automaticamente ao pacto laboral, em forma de cláusulas contratuais e, estas sim, podem ser descumpridas.**

Dessa forma, o inadimplemento contratual do empregador resta caracterizado quando, por exemplo: deixar de pagar salários ou 13º salário; não conceder férias ao empregado, depois de vencido o período concessivo; deixar de efetivar os depósitos na conta vinculada do obreiro; não registrar o contrato de trabalho na CTPS do empregado etc.

Sobre os depósitos fundiários, manifesta-se o TRT5 por meio da Súmula nº 59:

> **Súmula TRT5 nº 59.** DESPEDIDA INDIRETA. AUSÊNCIA DE DEPÓSITO DO FGTS. CONFIGURAÇÃO. O descumprimento pelo empregador da obrigação legal de efetuar os recolhimentos dos valores devidos ao empregado a título de FGTS configura prática de falta grave passível de ensejar o reconhecimento da despedida indireta, na forma prevista no art. 483, d, da CLT, não havendo que se falar em perdão tácito por parte do empregado em face do momento processual que se insurgiu sobre tal inadimplência, haja vista que a sua condição de dependência e hipossuficiência na relação laboral o inibia de fazê-lo anteriormente.

Como o pagamento da remuneração constitui a principal obrigação do empregador, nem mesmo a quitação feita em audiência pode obstar a pretensão do trabalhador, quando postula a rescisão indireta do seu contrato de trabalho.

O Tribunal Superior do Trabalho já se manifestou nesse sentido, por meio de sua Súmula nº 13:

---

81. CLT. Art. 456, Parágrafo Único: A falta de prova ou inexistindo cláusula expressa a tal respeito, entender-se-á que o empregado se obrigou a todo e qualquer serviço compatível com a sua condição pessoal.

SÚMULA Nº 13. MORA. O só pagamento dos salários atrasados em audiência não ilide a mora capaz de determinar a rescisão do contrato de trabalho. (RA 28/1969, DO-GB 21.08.1969).

O Decreto-Lei nº 368/68, considera que a mora salarial, capaz de justificar a aplicação de determinadas sanções[82] ao empregador, **deve ser superior a três meses.**

O art. 2º, da aludida norma legal tem sido amplamente utilizado pelos juízes como parâmetro para declarar a rescisão indireta do contrato de trabalho por inadimplemento contratual:

> **Art. 2º.** A empresa em mora contumaz relativamente a salários não poderá, além do disposto no artigo 1º, ser favorecida com qualquer benefício de natureza fiscal, tributária, ou financeira, por parte de órgãos da União, dos Estados ou dos Municípios, ou de que estes participem. § 1º. Considera-se mora contumaz o atraso ou sonegação de salários devidos aos empregados, por período igual ou superior a três meses, sem motivo grave e relevante, excluídas as causas pertinentes ao risco do empreendimento.

A Lei nº 9.615/98, art. 31, estabelece o mesmo prazo mencionado para caracterização da mora salarial:

> **Art. 31.** A entidade de prática desportiva empregadora que estiver com pagamento de salário de atleta profissional em atraso, no todo ou em parte, por período igual ou superior a 3 (três) meses, terá o contrato especial de trabalho desportivo daquele atleta rescindido, ficando o atleta livre para se transferir para qualquer outra entidade de prática desportiva de mesma modalidade, nacional ou internacional, e exigir a cláusula compensatória desportiva e os haveres devidos. (Redação dada pela Lei nº 12.395, de 2011). § 1º São entendidos como salário, para efeitos do previsto no *caput*, o abono de férias, o décimo terceiro salário, as gratificações, os prêmios e demais verbas inclusas no contrato de trabalho. § 2º A mora contumaz será considerada também pelo não recolhimento do FGTS e das contribuições previdenciárias.

Pela sua importância e especificidade, o legislador destacou a hipótese de o empregador **reduzir o trabalho do obreiro, quando este for aferido por peça ou tarefa, de forma a afetar sensivelmente a importância dos salários.**

Ora, trata-se de alteração no contrato de trabalho e, nesse caso, a lei, expressamente, autoriza o empregado a resolver o pacto laboral.

> **ATENÇÃO!** No final do ano de 2009, a 1ª Turma do TST decidiu que o Decreto-Lei nº 368/68 produz apenas efeitos administrativos, penais e fiscais e, não trabalhistas em sentido estrito. Segundo o Ministro Lélio Bentes "não é crível que um empregado tenha que aguardar pacificamente mais de noventa dias para receber a contraprestação pecuniária pelo trabalho já despendido." Concluiu-se, assim, que atrasos salariais de duas semanas já seriam bastante para fundamentar a rescisão indireta do contrato de trabalho (TST. RR-433/2005.020.10.00-8. 1 ª T).

Sobre a obrigação de depositar o FGTS, manifesta-se o TRT23:

> **TESE JURÍDICA PREVALECENTE Nº 02 do TRT23.** RESOLUÇÃO DO CONTRATO POR CULPA DO EMPREGADOR (RESCISÃO INDIRETA). FGTS. MORA

82. Decreto-Lei nº 368/68. Art. 1º. A empresa em débito salarial com seus empregados não poderá: I – Pagar honorário, gratificação, pro labore ou qualquer outro tipo de retribuição ou retirada a seus diretores, sócios, gerentes ou titulares de firma individual; II – Distribuir quaisquer lucros, bonificações, dividendos ou interesses a seus sócios, titulares, acionistas, ou membros de órgãos dirigentes, fiscais ou consultivos; III – Ser dissolvida.

CONTUMAZ. FALTA GRAVE. 1. O não recolhimento contumaz e atual dos valores alusivos ao FGTS constitui falta grave, a configurar a hipótese descrita no art. 483, d, da CLT, desde que presentes os demais requisitos para a resolução contratual. 2. Considera-se mora contumaz o não pagamento de valores devidos ao FGTS por período igual ou superior a três meses. 3. Não é atual a falta já regularizada pelo empregador, ocorrida antes da intenção de o empregado ver o contrato rescindido.

Exemplo de questão sobre o tema:

(TRT 4 – Juiz do Trabalho Substituto 4ª região/2016) Maria é auxiliar de cozinha em um restaurante há mais de 5 (cinco) anos. Em função da redução da clientela e do número de refeições servidas, o empregador começou a enfrentar dificuldades para pagar os salários dos seus empregados, tanto que o salário de dezembro de 2015 somente foi adimplido no dia 12/01/2016. No dia 03/02/2016, Maria pediu demissão, o que foi homologado pelo sindicato da categoria, sem qualquer ressalva, e ingressou com ação trabalhista, solicitando a conversão do pedido de demissão em despedida indireta. Com base neste relato, assinale a assertiva correta.

(A) A mora salarial pelo restaurante revela o descumprimento das obrigações contratuais pelo empregador, de modo a justificar a despedida indireta.

(B) A demissão é ato jurídico perfeito e sua conversão em despedida indireta depende da demonstração de vício de consentimento da trabalhadora.

(C) A despedida indireta não se caracteriza, pois a mora do empregador não indica gravidade suficiente para justificar o rompimento do contrato.

(D) A conversão em despedida indireta deve ser deferida pelo Juízo, porque o risco do negócio não pode ser transferido à empregada.

(E) A demissão é inválida e a homologação sindical é ineficaz, diante do estado de necessidade presumido da trabalhadora, pois os salários são indispensáveis à sua sobrevivência.

Resposta: C

D. *Tratamento com rigor excessivo*

O empregador ou seus prepostos, ao aproveitar da sua condição de superioridade, pode dispensar ao empregado um tratamento excessivamente rigoroso. A expressão comporta um grande número de interpretações e, atualmente, também é analisada sob a denominação de **assédio moral,**[83] **terror psicológico, *mobbing* (na Alemanha e na Itália) ou *bullying* (na Inglaterra e Estados Unidos).**

Nesses casos, o empregado não é violentado fisicamente. A violência é moral e dissimulada, o que dificulta a proteção judicial do direito da personalidade do empregado.

Constitui ofensa à mencionada cláusula, implícita em qualquer contrato de trabalho, de observância à dignidade da pessoa humana do trabalhador e garantido especificamente pela Constituição Federal de 1988, art. 5, inciso III: "ninguém será submetido a tortura nem a tratamento desumano ou degradante".

Márcia Novaes Guedes, em trabalho monográfico sobre o assunto, assevera que:

> *Mobbing* ou assédio moral, embora implique uma violação da intimidade do trabalhador, é algo muito mais grave. Enquanto a violação da intimidade decorre do uso abusivo do poder diretivo do empregador, muitas vezes exagerando no uso de certas práticas voltadas para a

83. O assédio moral será objeto de análise específica no item 9, capítulo XI, parte I, desta obra.

proteção do patrimônio da empresa, o assédio moral, na realidade, decorre da atitude deliberada de um perverso cujo objetivo é destruir a vítima e afastá-la do mundo do trabalho.[84]

O empregador não age de forma deliberada e ostensiva em desfavor do empregado. O assédio moral é caracterizado pela prática insistente de diversos atos simultâneos e/ou sucessivos que, pouco a pouco, vão destruindo a capacidade de qualquer ser humano tem de suportar conviver em condições adversas.

E. *Ato lesivo à honra*

O ato lesivo à honra e à boa fama encontra seu correspondente na falta cometida pelo empregado, que já foi objeto de análise no item anterior. **Constituem atos que impliquem lesão ao patrimônio moral do empregado**, relativos à sua honra, objetiva e subjetiva, e à boa fama, que corresponde, na área penal, aos crimes de calúnia, injúria e difamação.

Também é consequência do reconhecimento da cláusula implícita do contrato de trabalho de observância à dignidade da pessoa humana. Pode ser praticado por qualquer superior hierárquico do empregado e não somente pelos representantes legais da empresa.

A legislação trabalhista não trata especificamente do assédio sexual como forma de extinção do contrato de trabalho por meio da rescisão indireta. Entretanto, esse procedimento pode ser enquadrado como ato lesivo à honra e à boa fama.

Além de permitir a rescisão indireta do contrato de trabalho, o assédio sexual, uma vez constatado, pode ensejar a condenação do ofensor pela prática do crime previsto pelo art. 216-A do Código Penal, bem como no pagamento de uma indenização por danos morais.

> **Art. 216-A.** Constranger alguém com o intuito de obter vantagem ou favorecimento sexual, prevalecendo-se o agente da sua condição de superior hierárquico ou ascendência inerentes ao exercício de emprego, cargo ou função. Pena – detenção, de 1 (um) a 2 (dois) anos.

Diante da omissão da norma trabalhista, os tribunais do trabalho, notadamente o TST, utilizam, em seus julgamentos, do conceito de assédio sexual fornecido pela OIT:

> Atos, insinuações, contatos físicos forçados, convites impertinentes, desde que apresentem uma das características a seguir: a) ser uma condição clara para manter o emprego; b) influir nas promoções da carreira do assediado; c) prejudicar o rendimento profissional, humilhar, insultar ou intimidar a vítima.[85]

F. *Perigo manifesto de mal considerável*

Essa figura de justa causa patronal **representa o fato de o empregador expor o empregado a um meio-ambiente de trabalho insalubre ou perigoso**, com riscos de dano à saúde do obreiro, sejam eles físicos, químicos, biológicos, ergonômicos etc.

Constatado que o ambiente de trabalho é prejudicial à saúde do trabalhador, o empregador deve adotar todas as medidas necessárias à eliminação ou diminuição do agente insalubre e fornecer os equipamentos de proteção coletivo e individual.

84. GUEDES, Márcia Novaes. *Terror psicológico no trabalho*. São Paulo: LTr, 2003. p. 32.
85. Disponível em: <www.oitbrasil.org.br>. Acesso em: 18.11.2013.

A omissão do empregador, nesse caso, constitui inadimplemento contratual e, mais especificamente, motivo que autoriza a rescisão indireta do contrato de labor.

G. Ofensas físicas

As ofensas físicas praticadas pelo empregador ou por seus prepostos também encontram o seu correlato na falta cometida pelo empregado e prevista pelo art. 482, "k" da Consolidação das Leis do Trabalho.

Pode ser praticado tanto pelo empregador quanto pelos seus representantes que possuam subordinados e mantém correspondência com o crime de lesões corporais (art. 129 e seguintes do CP).[86] Exclui-se a ilicitude quando o ato é praticado em legítima defesa, própria ou de outrem; em estado de necessidade; ou em estrito cumprimento de dever legal ou no exercício regular de direito.

Tem como fundamento primeiro a inviolabilidade do corpo do trabalhador e enseja, na maioria dos casos concretos, dano moral indenizável.

Como a ofensa física corresponde a um dano sem aferição econômica, é possível enquadrar as demais espécies de atos dessa natureza na alínea "f", art. 483 da CLT, desde que produzam dano moral, como a ofensa à intimidade, liberdade, sigilo etc.

Assim, por exemplo, estaria fora do alcance do poder diretivo do empregador a realização de revista íntima em seus empregados, seja do sexo masculino ou feminino. Tal prática pode ensejar o rompimento do contrato de trabalho pela via da rescisão indireta por iniciativa do empregado.

3.16. Culpa recíproca

Como dito em outras oportunidades, o contrato de trabalho, por ser bilateral, constitui fonte de obrigação tanto para o empregado quanto para o empregador. O inadimplemento contratual gera o direito subjetivo ao credor de postular o cumprimento da obrigação respectiva ou a resolução do pacto laboral.

Ocorre, entretanto, que o inadimplemento pode ser atribuído a ambos os contratantes. Nesse caso, a hipótese será de **culpa recíproca e a indenização devida pelo empregador será reduzida à metade**, conforme determina o art. 484 da Consolidação das Leis do Trabalho.[87]

O Tribunal Superior do Trabalho tem entendimento firmado, por meio da Súmula nº 14,[88] no sentido de ser devido, também, 50% dos valores relativos ao aviso-prévio indenizado, ao 13º salário proporcional e às férias proporcionais acrescidas de 1/3.

---

86. CP. Lesão corporal. Art. 129. Ofender a integridade corporal ou a saúde de outrem: Pena – detenção, de 3 (três) meses a 1 (um) ano.
87. CLT. Art. 484: Havendo culpa recíproca no ato que determinou a rescisão do contrato de trabalho, o tribunal de trabalho reduzirá a indenização à que seria devida em caso de culpa exclusiva do empregador, por metade.
88. TST. Súmula nº 14. CULPA RECÍPROCA – NOVA REDAÇÃO. Reconhecida a culpa recíproca na rescisão do contrato de trabalho (art. 484 da CLT), o empregado tem direito a 50% (cinquenta por cento) do valor do aviso prévio, do décimo terceiro salário e das férias proporcionais.

De igual forma, o art. 18, § 2º, da Lei nº 8.036/90, determina que seja reduzida para 20% a multa sobre os depósitos do FGTS devida pelo empregador quando a despedida for motivada pela culpa recíproca.[89]

Exemplos de questões sobre o tema

(TRT 1 – Juiz do Trabalho Substituto 1ª região/2016) O acontecimento decorrente de imprevidência, que leva à cessação das atividades da empresa e ao término dos contratos dos trabalhadores da empresa, à luz da CLT, é classificado como:

(A) força maior.

(B) caso fortuito.

(C) fato do príncipe.

(D) dispensa injusta.

(E) culpa qualificada.

Resposta: D

(TRT 2 – Juiz do Trabalho Substituto 2ª região/2014) Em relação aos poderes do empregador, observe as proposições abaixo e responda a alternativa que contenha proposituras corretas:

I. O poder diretivo é só do empregador e não de seus prepostos, que apenas e tão somente cumprem as funções determinadas por aquele.

II. Faz parte do poder diretivo do empregador a sua função de controle das atividades profissionais de seus empregados, possibilitando a revista aos pertences em geral, e em certas situações, e com a devida cautela, à revista íntima.

III. Se o empregado se utiliza, no horário de serviço, do "e-mail" corporativo para enviar suas mensagens particulares, o empregador, comunicando ao empregado a fiscalização, poderá controlar os "sites" visitados, como também ter acesso às mensagens eletrônicas enviadas e recebidas.

IV. O sistema jurídico brasileiro permite, de forma indistinta, tendo em vista o avanço da tecnologia, o poder de direção do empregador por meio de aparelhos eletrônicos.

V. Não é nula a punição do empregado, não precedida de inquérito ou sindicância internos, quando inexistente na empresa norma regulamentar com estas exigências.

Está correta a alternativa:

(A) I, II e IV.

(B) I, III e V.

(C) II, III e IV.

(D) I, II e V.

(E) III, IV e V.

Resposta: B

3.17. Falta grave

O art. 482 da Consolidação das Leis do Trabalho enumera diversos casos de inadimplemento contratual denominados de *"justa causa" e que* constituem fator de resolução contratual.

Quando o empregado for detentor de estabilidade, a extinção do seu contrato só se efetivará com o ajuizamento de um inquérito para apuração de falta grave, **se assim exigir a lei de forma expressa**, como ocorre com o dirigente sindical.

89. No item 4.14 deste capítulo, a análise da culpa recíproca é feita sob o enfoque financeiro.

Desse modo, falta grave, para o legislador, representa o mesmo fato denominado de "*justa causa*", **agravado pela repetição ou por sua natureza**, na forma prevista pelo art. 493 da Consolidação das Leis do Trabalho: "Constitui falta grave a prática de qualquer dos fatos a que se refere o artigo 482, quando por sua repetição ou natureza representem séria violação dos deveres e obrigações do empregado".

3.18. Extinção do contrato de trabalho do adolescente

Diante das características especiais da constituição física e mental do empregado menor de 18 anos, o legislador estabeleceu alguns casos especiais de extinção do seu contrato de trabalho.

Assim, o pacto laboral pode ter seu fim determinado pelo Juiz, pela autoridade administrativa competente ou por representante legal do adolescente.

A primeira hipótese encontra-se prevista pelo art. 407 da CLT:

> **Art. 407.** Verificado pela autoridade competente que o trabalho executado pelo menor é prejudicial à sua saúde, ao seu desenvolvimento físico ou à sua moralidade, poderá ela obrigá-lo a abandonar o serviço, devendo a respectiva empresa, quando for o caso, proporcionar ao menor todas as facilidades para mudar de funções.
>
> Nesse caso, são produzidos efeitos semelhantes à extinção normal pelo advento do termo final do contrato de trabalho por prazo determinado.

Quando a empresa não adotar as medidas recomendadas pela autoridade competente, judiciária ou administrativa, para que o adolescente mude de função, restará configurada a hipótese de rescisão indireta do contrato de trabalho (art. 407, parágrafo único da CLT). Consequentemente serão devidas todas as verbas rescisórias ao obreiro, como se ele fosse despedido sem justa causa.

O responsável legal do menor de 18 anos **pode postular a extinção do contrato de trabalho, desde que o serviço possa acarretar prejuízo de ordem física ou moral** (art. 408 da CLT). Nesse caso, são devidas as parcelas de férias proporcionais, acrescidas de 1/3; 13º salário proporcional e liberação do FGTS, sem o acréscimo de 40%.

3.19. Dispensa coletiva

A despedida coletiva, também denominada de dispensa massiva, consiste em ato empresarial por meio do qual se extinguem os contratos de trabalho de vários empregados simultaneamente, sem que isso implique extinção da empresa ou do estabelecimento.

A jurisprudência do TST inclinava-se pela declaração de **nulidade da dispensa coletiva sem prévia negociação com a categoria profissional:**

> DISSÍDIO COLETIVO DE NATUREZA JURÍDICA. DISPENSA COLETIVA. ENCERRAMENTO DA UNIDADE FABRIL. NEGOCIAÇÃO COLETIVA. 1. Ao interpretar o sistema constitucional vigente, como também as Convenções da OIT, firmou-se a jurisprudência desta Seção de Dissídios Coletivos no sentido de que a dispensa coletiva não constitui mero direito potestativo do empregador, uma vez que, para sua ocorrência e a

> definição de seus termos, tem de ser objeto de negociação com o correspondente sindicato de trabalhadores.[90]

A legislação trabalhista pátria era omissa em relação às despedidas coletivas até o advento da Lei nº 13.467/17, que introduziu o art. 477-A à CLT admitindo expressamente **a licitude da despedida coletiva,** ainda que ausente a autorização sindical ou previsão em instrumento normativo negociado:

> **Art. 477-A.** As dispensas imotivadas individuais, plúrimas ou coletivas equiparam-se para todos os fins, não havendo necessidade de autorização prévia de entidade sindical ou de celebração de convenção coletiva ou acordo coletivo de trabalho para sua efetivação.

Essa matéria é objeto do tema de repercussão geral nº 634 que será julgado em breve pelo STF, nos autos do RE nº 999435.

O Enunciado nº 49, aprovado na 2ª Jornada de Direito Material e Processual do Trabalho, defende a inconstitucionalidade desse preceito legal:

> **ENUNCIADO Nº DISPENSA COLETIVA: INCONSTITUCIONALIDADE**
>
> O ART. 477-A DA CLT PADECE DE INCONSTITUCIONALIDADE, ALÉM DE INCONVENCIONALIDADE, POIS VIOLA OS ARTIGOS 1º, III, IV, 6º, 7º, I, XXVI, 8º, III, VI, 170, CAPUT, III E VIII, 193, DA CONSTITUIÇÃO FEDERAL, COMO TAMBÉM O ARTIGO 4º DA CONVENÇÃO Nº 98, O ARTIGO 5º DA CONVENÇÃO Nº 154 E O ART. 13 DA CONVENÇÃO Nº 158, TODAS DA OIT. VIOLA, AINDA, A VEDAÇÃO DE PROTEÇÃO INSUFICIENTE E DE RETROCESSO SOCIAL. AS QUESTÕES RELATIVAS À DISPENSA COLETIVA DEVERÃO OBSERVAR: A) O DIREITO DE INFORMAÇÃO, TRANSPARÊNCIA E PARTICIPAÇÃO DA ENTIDADE SINDICAL; B) O DEVER GERAL DE BOA FÉ OBJETIVA; E C) O DEVER DE BUSCA DE MEIOS ALTERNATIVOS ÀS DEMISSÕES EM MASSA.

4. OBRIGAÇÕES DECORRENTES DA CESSAÇÃO DO CONTRATO DE EMPREGO

O contrato de trabalho é um negócio jurídico de trato sucessivo e a sua extinção implica efeitos diversos, a depender da forma como se operou a sua cessação.

Existem verbas trabalhistas que se encontram relacionadas, diretamente, com a extinção do contrato de labor. A grande maioria dessas parcelas, denominadas genericamente de *verbas rescisórias*, representa uma obrigação do empregador de dar quantia certa decorrente de direitos trabalhistas que se transformam em um equivalente monetário.

Como são várias as formas de extinção do pacto laboral, a quantidade de parcelas devidas ao obreiro irá variar conforme cada espécie.

De qualquer forma, é importante salientar que, segundo o entendimento do TST, **não se aplica analogicamente ao Direito do trabalho as disposições do Código Civil que tratam da indenização pelos frutos percebidos em decorrência da posse de má-fé**, uma vez que são afetas ao direito real e não ao direito obrigacional.

> **SÚMULA Nº 445.** INADIMPLEMENTO DE VERBAS TRABALHISTAS. FRUTOS. POSSE DE MÁ-FÉ. ART. 1.216 DO CÓDIGO CIVIL. INAPLICABILIDADE AO

90. TST. 6-61.2011.5.05.0000. SDC. Rel. Min. Walmir Oliveira Costa. DJET 22.02.2013.

DIREITO DO TRABALHO – Res. 189/2013, DEJT divulgado em 13, 14 e 15.03.2013. A indenização por frutos percebidos pela posse de má-fé, prevista no art. 1.216 do Código Civil, por tratar-se de regra afeta a direitos reais, mostra-se incompatível com o Direito do Trabalho, não sendo devida no caso de inadimplemento de verbas trabalhistas.

A seguir serão analisadas, mais detidamente, algumas obrigações que se originam do fim do pacto laboral.

4.1. Indenização por tempo de serviço

A Constituição Federal de 1988 tornou obrigatória a adesão do empregado ao sistema do FGTS, extinguindo a possibilidade de opção pelo regime da indenização por tempo de serviço prevista na CLT, mais precisamente no *caput* do art. 477.

Entretanto, a redação do mencionado dispositivo legal só foi alterada com a edição da Lei nº 13.467/17, passando a vigorar nos seguintes termos:

> **Art. 477.** Na extinção do contrato de trabalho, o empregador deverá proceder à anotação na Carteira de Trabalho e Previdência Social, **comunicar a dispensa aos órgãos competentes** e realizar o pagamento das verbas rescisórias no prazo e na forma estabelecidos neste artigo.

4.2. Indenização adicional

A Lei nº 7.238/84, que trata da correção automática de salários, em seu art. 9º, instituiu o direito ao empregado despedido sem justa causa de perceber uma **indenização adicional equivalente a uma remuneração mensal,** desde que a cessação do contrato de trabalho ocorra **no trintídio que antecede a data de correção salarial**, que corresponde à data-base da sua categoria profissional.

Deve ser levado em consideração o tempo de serviço relativo **ao aviso-prévio, trabalhado ou indenizado, para efeito de incidência do dispositivo legal acima citado**, conforme posicionamento do Tribunal Superior do Trabalho, explicitado pela Súmula nº 182:

> **SÚMULA Nº 182.** AVISO PRÉVIO. INDENIZAÇÃO COMPENSATÓRIA. LEI Nº 6.708, DE 30.10.1979 – Redação dada pela Res. 5/1983, DJ 09.11.1983. O tempo do aviso prévio, mesmo indenizado, conta-se para efeito da indenização adicional prevista no art. 9º da Lei nº 6.708, de 30.10.1979.

Além disso, o valor da indenização adicional deve ser calculado sobre o salário acrescido das demais verbas que possuem natureza salarial **(salvo o 13º salário),** assim considerados os complementos salariais como **as gratificações, os adicionais, os abonos etc.**

> **TST. SÚMULA Nº 242.** INDENIZAÇÃO ADICIONAL. VALOR. A indenização adicional, prevista no art. 9º da Lei nº 6.708, de 30.10.1979 e no art. 9º da Lei nº 7.238 de 28.10.1984, corresponde ao salário mensal, no valor devido na data da comunicação do despedimento, integrado pelos adicionais legais ou convencionados, ligados à unidade de tempo mês, não sendo computável a gratificação natalina.

O pagamento de diferenças de parcelas rescisórias devidas em decorrência de reajuste salarial posterior a extinção contratual, mas dentro ainda do período do aviso-prévio dispensado pelo empregador, não obsta a aquisição do direito à mencionada indenização adicional.

> **TST. SÚMULA Nº 314.** INDENIZAÇÃO ADICIONAL. VERBAS RESCISÓRIAS. SALÁRIO CORRIGIDO. Se ocorrer a rescisão contratual no período de 30 (trinta) dias

que antecede à data-base, observado o Enunciado nº 182 do TST, o pagamento das verbas rescisórias com o salário já corrigido não afasta o direito à indenização adicional prevista nas Leis nºs 6.708, de 30.10.1979 e 7.238, de 28.10.1984. (Res. 6/1993, DJ 22.09.1993).

Apesar de não mais vigorar o dispositivo legal que estabelece a correção automática de salários, o preceito que instituiu a indenização adicional **permanece vigente.**

4.3. Aviso-prévio

Em regra, o contrato de trabalho é celebrado sem tempo determinado. Assim, para o exercício do direito potestativo do empregado ou do empregador de, a qualquer tempo, resilir o contrato de trabalho, necessário se faz avisar previamente o outro contratante, **com uma antecedência mínima de trinta dias.**

O aviso-prévio[91] não é um instituto exclusivo do contrato de trabalho e, consequentemente, do Direito do trabalho. Encontra-se inserido na regulamentação de alguns contratos de trato sucessivo, cujo termo final seja indeterminado ou mesmo que se tenha prazo estipulado e um dos contratantes deseje antecipá-lo.[92]

Antes mesmo da edição da Consolidação das Leis do Trabalho, quando os contratos de trabalho eram disciplinados pelo Código Civil de 1916, já existia a previsão do aviso-prévio, segundo a redação do seu art. 1.221: "Não havendo prazo estipulado, nem se podendo inferir da natureza do contrato, ou do costume do lugar, qualquer das partes, a seu arbítrio, mediante prévio aviso, pode rescindir o contrato".

A. Conceito

O aviso-prévio corresponde **a comunicação feita por um dos contratantes da sua intenção de pôr fim ao pacto laboral, desde que seja celebrado sem tempo determinado.**

Visto sob outro aspecto, o aviso-prévio é o direito que um dos contratantes tem de saber, com antecedência mínima razoável, a intenção da outra parte de pôr fim ao contrato de trabalho.[93]

Como o aviso prévio decorre do exercício do direito potestativo do empregador, não cabe quando a extinção do contrato efetiva-se por justa causa. De outra sorte, se o empregado encontra-se protegido contra a despedida imotivada, ou seja, quando é detentor de estabilidade, não há que se falar em aviso prévio, pois o direito potestativo do empregado não pode ser exercido nessa situação excepcional.

91. O termo aviso-prévio deve ser grafado com hífen, segundo VOLP – Vocabulário Ortográfico da Língua Portuguesa, 5ª edição.
92. Código Civil. Art. 473. A resilição unilateral, nos casos em que a lei expressa ou implicitamente o permita, opera mediante denúncia notificada à outra parte. Parágrafo único. Se, porém, dada a natureza do contrato, uma das partes houver feito investimentos consideráveis para a sua execução, a denúncia unilateral só produzirá efeito depois de transcorrido prazo compatível com a natureza e o vulto dos investimentos.
93. TST. Súmula nº 44. AVISO PRÉVIO. A cessação da atividade da empresa, com o pagamento da indenização, simples ou em dobro, não exclui, por si só, o direito do empregado ao aviso prévio.

Nesse sentido a Súmula nº 348 do TST:

> **SÚMULA Nº 348.** AVISO PRÉVIO. CONCESSÃO NA FLUÊNCIA DA GARANTIA DE EMPREGO. INVALIDADE (mantida) – Res. 121/2003, DJ 19, 20 e 21.11.2003 É inválida a concessão do aviso prévio na fluência da garantia de emprego, ante a incompatibilidade dos dois institutos.

No que diz respeito ao empregado, o direito ao aviso-prévio é irrenunciável, conforme entendimento adotado pelo TST, por meio da Súmula nº 276.

> **SÚMULA Nº 276.** AVISO PRÉVIO. RENÚNCIA PELO EMPREGADO. O direito ao aviso prévio é irrenunciável pelo empregado. O pedido de dispensa de cumprimento não exime o empregador de pagar o respectivo valor, salvo comprovação de haver o prestador dos serviços obtido novo emprego.

Inclusive, o direito a aviso prévio **não pode ser suprimido ou reduzido por meio de convenção ou acordo coletivo de trabalho**, pois se encontra inserido no rol taxativo do art. 611-B da CLT:

> **Art. 611-B.** Constituem objeto ilícito de convenção coletiva ou de acordo coletivo de trabalho, exclusivamente, a supressão ou a redução dos seguintes direitos: XVI – aviso prévio proporcional ao tempo de serviço, sendo no mínimo de trinta dias, nos termos da lei.

B. *Aviso-prévio proporcional*

O instituto do aviso-prévio encontra-se regulamentado pela Consolidação das Leis do Trabalho, em seu art. 487 e seguintes e pela Constituição Federal, art. 7º, inciso XXI.[94]

Observe-se que o disposto no art. 487, II do aludido Diploma Legal, estabelecia um aviso--prévio de oito dias para os empregados que recebiam salário por semana ou prazo inferior. **Esse preceito legal não foi recepcionado** pela CF/88, que estabeleceu o prazo mínimo do aviso-prévio de trinta dias, independentemente da forma de pagamento do salário do obreiro.

Na contagem do tempo do aviso-prévio deverá ser observada a regra constante do art. 132 do Código Civil, conforme entendimento do Tribunal Superior do Trabalho:

> **SÚMULA Nº 380.** AVISO PRÉVIO. INÍCIO DA CONTAGEM. Art. 132 DO CÓDIGO CIVIL DE 2002. (conversão da Orientação Jurisprudencial nº 122 da SDI-1) – Res. 129/2005 – DJ 20.04.2005. Aplica-se a regra prevista no *caput* do art. 132 do Código Civil de 2002 à contagem do prazo do aviso prévio, excluindo-se o dia do começo e incluindo o do vencimento. (ex-OJ nº 122 – Inserida em 20.04.1998).

Com a edição da Lei nº 12.506/11, o aviso-prévio para pôr fim ao contrato de trabalho celebrado por tempo indeterminado passou a ser efetivamente **proporcional ao tempo de serviço:**

> **Art. 1º.** O aviso prévio, de que trata o Capítulo VI do Título IV da Consolidação das Leis do Trabalho – CLT, aprovada pelo Decreto-Lei no 5.452, de 1º de maio de 1943, será concedido na proporção de 30 (trinta) dias aos empregados que contem até 1 (um) ano de serviço na mesma empresa. Parágrafo único. Ao aviso prévio previsto neste artigo serão acrescidos 3 (três) dias por ano de serviço prestado na mesma empresa, até o máximo de 60 (sessenta) dias, perfazendo um total de até 90 (noventa) dias.

---

94. CF/88. Art. 7º. XXI – aviso prévio proporcional ao tempo de serviço, sendo no mínimo de trinta dias, nos termos da lei.

A regulamentação da proporcionalidade do aviso-prévio só se efetivou depois de decorridos 23 anos da promulgação da referida Constituição Federal. E isso somente ocorreu porque o STF havia anunciado a intenção de ele próprio, imprimir eficácia plena ao dispositivo constitucional em comento, por meio do julgamento de alguns mandados de injunção, diante da omissão do Congresso Nacional.

O período mínimo de aviso-prévio é de trinta dias, **para quem tem até um ano de serviço**. A partir de então, o empregado passa a ter direito a mais três dias de aviso-prévio por cada ano de serviço adicional, até o máximo de noventa dias.

No que diz respeito à vigência da norma no tempo, segue a regra geral da irretroatividade, como reconhecido pelo TST por meio da Súmula nº 441:

> **TST. SÚMULA Nº 441**. AVISO PRÉVIO. PROPORCIONALIDADE. O direito ao aviso prévio proporcional ao tempo de serviço somente é assegurado nas rescisões de contrato de trabalho ocorridas a partir da publicação da Lei no 12.506, em 13 de outubro de 2011.

O STF entendeu pela retroatividade somente nos casos de mandados de injunção já ajuizados, como ocorreu com o de nº 943:

> Julgado procedente o mandado de injunção na assentada anterior, o Tribunal, por unanimidade e nos termos do voto do Relator, determinou a aplicação dos parâmetros da Lei nº 12.506/2011 no caso concreto. O Tribunal autorizou os ministros a decidirem monocraticamente casos idênticos. O Ministro Marco Aurélio consignou que não deveria ser apregoado nenhum processo que não esteja previamente agendado no sítio do Tribunal na internet. Votou o Presidente, Ministro Joaquim Barbosa. Ausente, neste julgamento, o Ministro Ricardo Lewandowski.[95]

Caso o empregador não avise o empregado, com a antecedência mínima estabelecida proporcionalmente pela lei, **terá que pagar uma indenização** equivalente ao salário devido durante o período de aviso-prévio, além de contar como tempo de serviço para todos os efeitos legais, ainda que não tenha havido prestação de serviços.

O extinto MTE, por meio da nota técnica nº 184/12 elaborou a seguinte tabela do aviso prévio proporcional ao tempo de serviço:

Tempo de Serviço (ano completo)	Aviso prévio (dias)	Tempo de Serviço (ano completo)	Aviso prévio (dias)	Tempo de Serviço (ano completo)	Aviso prévio (dias)
0	30	7	51	14	72
1	33	8	54	15	75
2	36	9	57	16	78
3	39	10	60	17	81
4	42	11	63	18	84
5	45	12	66	19	87
6	48	13	69	20	90

95. STF. MI nº 943. Rel. Min. Gilmar Mendes. DJ 02.05.2013.

O quadro a seguir resume a posição de alguns doutrinadores sobre a proporcionalidade do aviso-prévio:

Quadro Doutrinário – Proporcionalidade do aviso-prévio		
Teorias	**Doutrinadores**	**Exemplo**
Um ano e um dia	Gustavo Filipe Barbosa	[...] Logo, os empregados com mais de 12 meses de serviço prestado na mesma empresa passam a ter direito ao acréscimo no aviso-prévio, na proporção de "3 (três) dias por ano de serviço prestado na mesma empresa" (parágrafo único). Exemplificando, o empregado com um ano e quatro meses de serviço, justamente por ter mais de um ano de serviço na empresa (art. 1º, caput, contrario sensu), e por ter completado um ano de serviço (parágrafo único), ao ser dispensado sem justa causa, passa a ter direito a 33 dias de aviso-prévio*
Dois anos completos	Sérgio Pinto Martins, Jorge Cavalcanti Boucinhas Filho e Vólia Bomfim Cassar	[...] Para cada ano de serviço haverá acréscimo de três dias no aviso prévio de 30 dias. É preciso que o ano seja completo, pois a lei faz referência a três dias por ano de serviço prestado à mesma empresa. Embora a lei não faça menção a ano completo na empresa, se o empregado não tem um ano novo completo, não terá direito a mais três de aviso prévio.** Não foi essa, contudo, a opção do legislador. No silêncio da norma, a conclusão mais acertada é a de que os três dias a mais de aviso-prévio serão devidos a partir de cada aniversário. Essa solução apresenta pelo menos um grande risco, o de o empregador dispensar os trabalhadores com salário muito alto imediatamente antes do aniversário de seu contrato, para evitar com isso a aquisição do direito a mais três dias de aviso-prévio. A melhor solução nos casos em que essa estratégia empresarial for flagrante, como no caso da dispensa perpetrada no curso do 11º mês do ano contratual, é considerá-lo cumprido determinando o pagamento de mais três dias de salário.*** [...] percebe-se que a lei limita o período de 30 dias de aviso prévio para o trabalhador que conta com até um ano de serviço na mesma empresa. A partir daí, a cada ano completo o empregado terá mais 3 dias, até o limite máximo de 60 dias, que, somados aos trinta primeiros, chegaremos ao limite máximo de 90 dias. Isso significa que a partir de 20 anos de empresa, o trabalhador terá direito a 90 dias de aviso prévio.****

(*) GARCIA, Gustavo Filipe Barbosa. Aviso-Prévio Proporcional – Considerações sobre a Lei nº 12.506/2011. Revista Magister de Direito do Trabalho. set./out. de 2011. p. 71

(**) MARTINS, Sergio Pinto. Aviso prévio proporcional ao tempo de serviço. Revista LTr. n. 1, v. 1, jan/2012. p. 59

(***) BOUCINHAS FILHO, Jorge Cavalcanti. Aviso-Prévio Proporcional ao Tempo de Serviço: Reflexões. Revista Magister de Direito do Trabalho. set./out. de 2011, p. 40/41.

(****) CASSAR, Vólia Bomfim. Aviso prévio proporcional ao tempo de serviço. Disponível em: <http://www.vbca.com.br/uploads/site_artigos/4842_aviso-previo-proporcional-ao-tempo-de-servico.pdf>. Acessado em: 18.fev. 2012.

Exemplos de questões sobre o tema

(FCC – Juiz do Trabalho Substituto 6ª região/2015) Considerando as regras estabelecidas por lei para a concessão do aviso-prévio proporcional ao tempo de serviço, analise:

I. Empregado com 11 meses e 29 dias de serviço na mesma empresa, tem direito a 30 dias de aviso– prévio.

II. Empregado com 1 ano e 6 meses de serviço na mesma empresa, tem direito a 36 dias de aviso– prévio.

III. Empregado com 1 ano, 11 meses e 29 dias de serviço na mesma empresa, tem direito a 36 dias de aviso-prévio.

IV. Empregado com 2 anos e 9 meses de serviço na mesma empresa, tem direito a 39 dias de aviso– prévio.

V. Empregado com 25 anos, 5 meses e 13 dias de serviço na mesma empresa, tem direito a 90 dias de aviso-prévio.

Está correto o que consta APENAS em

(A) I e V.

(B) III e IV.

(C) I, II e IV.

(D) II e III.

(E) IV e V.

Resposta: A

(TRT 3 – Juiz do Trabalho Substituto 3ª região/ 2013) Relativamente ao aviso prévio, conforme disposto na legislação e jurisprudência dominante, é incorreto afirmar:

(A) O tempo do aviso prévio, mesmo indenizado, conta-se para efeito da indenização adicional prevista no art. 9º da Lei nº 6.708, de 30.10.1979.

(B) O direito aos salários do período de férias escolares assegurado aos professores (art. 322, caput e § 3º, da CLT) não exclui o direito ao aviso prévio, na hipótese de dispensa sem justa causa ao término do ano letivo ou no curso das férias escolares.

(C) A cessação da atividade da empresa, com o pagamento da indenização, simples ou em dobro, não exclui, por si só, o direito do empregado ao aviso prévio.

(D) Em caso de aviso prévio cumprido em casa, o prazo para pagamento das verbas rescisórias é até o décimo dia da notificação de despedida.

(E) O direito ao aviso prévio proporcional ao tempo de serviço somente é assegurado nas rescisões de contrato de trabalho celebrados a partir da publicação da Lei nº 12.506, em 13 de outubro de 2011.

Resposta: E

(TRT 15 – Juiz do Trabalho Substituto 15ª região/ 2013) Quanto ao aviso prévio proporcional, considerando os parâmetros da Lei n. 12.506/11, é incorreto afirmar:

(A) o aviso prévio será concedido ria proporção de 30 (trinta) dias aos empregados que contem até 1 (um) ano de serviço na mesma empresa;

(B) ao aviso prévio serão acrescidos 3 (três) dias por ano de serviço após dois anos de serviço prestado na mesma empresa, até o máximo de 60 (sessenta) dias, perfazendo um total de até 90 (noventa) dias;

(C) o aviso prévio proporcional é um dos direitos destinados ao trabalhador, conforme previsto, expressamente, na Constituição Federal;

(D) segundo entendimento sumulado do TST, o direito ao aviso prévio proporcional ao tempo de serviço somente é assegurado nas rescisões de contrato de trabalho ocorridas a partir da publicação da Lei nº 12.506, em 13 de outubro de 2011;

(E) no mandado de injunção, que deu ensejo à iniciativa do Poder Legislativo, em elaborar a lei em epígrafe, o Supremo Tribunal Federal acatou os parâmetros fixados pela lei e declarou a sua aplicação retroativa ao caso em julgamento, autorizando aos Ministros da Corte decidirem, monocraticamente, da mesma forma, outros mandados de injunção, com o mesmo objeto, já em curso.

Resposta: B

A Lei Complementar nº 150/15 disciplinou de forma semelhante a concessão do aviso prévio proporcional para os empregados domésticos:

> **Art. 23.** Não havendo prazo estipulado no contrato, a parte que, sem justo motivo, quiser rescindi-lo deverá avisar a outra de sua intenção.
>
> § 1º O aviso prévio será concedido na proporção de 30 (trinta) dias ao empregado que conte com até 1 (um) ano de serviço para o mesmo empregador.
>
> § 2º Ao aviso prévio previsto neste artigo, devido ao empregado, serão acrescidos 3 (três) dias por ano de serviço prestado para o mesmo empregador, até o máximo de 60 (sessenta) dias, perfazendo um total de até 90 (noventa) dias.

C. *Aviso-prévio do empregado*

Apesar do art. 1º da Lei nº 12.506/11 fazer referência expressa à despedida do empregado, não há como recusar o mesmo efeito da proporcionalidade do aviso-prévio **quando esse é dado pelo empregado.**

Assim, o empregado, também, deve conceder aviso-prévio ao empregador, quando for sua a iniciativa de findar o vínculo empregatício, sob pena de ficar o empregador autorizado a deduzir o valor correspondente ao período do aviso-prévio das parcelas rescisórias devidas ao obreiro.

Isso porque o objetivo principal desse instituto de natureza bilateral também é o de conferir um tempo maior para o empregador encontrar um substituto.

Tais considerações conduzem a responder positivamente à segunda indagação, como foi admitido na decisão proferida pelo TST nos autos do RR-1964-73.2013.5.09.0009, em 17.11.2016.

Os defensores do posicionamento contrário argumentam que o instituto do aviso-prévio proporcional só está previsto na CF/88, que só trata dos direitos dos trabalhadores e não do empregador.

Esse é o entendimento de Irany Ferrari:

> Sobre tal ótica, para um empregado com quatro anos de serviço que postulasse a rescisão indireta do contrato de trabalho (art. 483, da CLT) teríamos duas alternativas: a) – se a ação for julgada procedente ao empregado, o que equivale a uma dispensa sem justa causa, ele terá direito ao aviso prévio básico de 30 dias, mais 12 (dias) de acréscimo, totalizando-se 42 (quarenta e dois) dias em função do que dispõe a Lei nº 12.506, de 11.10.11, que criou o aviso prévio proporcional; b) – na improcedência da reclamação, equivalendo-se a um pedido de demissão, o empregador terá o direito de descontar do empregado os 30 dias, a título de aviso prévio se ficar requerido na defesa e determinado na decisão judicial.[96]

No mesmo sentido a Súmula nº 35 do TRT17 e decisão proferida pela SDI-1 do TST:

> **SÚMULA Nº 35 do TRT17.** AVISO PRÉVIO PROPORCIONAL. LEI Nº 12.506/2011. PRINCÍPIO DA PROIBIÇÃO DO RETROCESSO SOCIAL. DIREITO EXCLUSIVO DO TRABALHADOR. Em respeito ao princípio do não-retrocessos social, o aviso prévio proporcional instituído pela Constituição Federal (art. 7º, inciso XXI) e regulamentado pela Lei nº 12.506/2011 é direito exclusivo do trabalhador.
>
> RECURSO DE EMBARGOS EM RECURSO DE REVISTA. INTERPOSIÇÃO SOB A ÉGIDE DA LEI 13.015/2014. AVISO PRÉVIO PROPORCIONAL. ALTERAÇÃO DA LEI 12.506/2011. OBRIGAÇÃO LIMITADA AO EMPREGADOR. AUSÊNCIA DE RECIPROCIDADE. A proporcionalidade do aviso prévio a que se refere a Lei 12.506/2001 apenas pode ser exigida da empresa, uma vez que entendimento em contrário, qual seja, exigir que também o trabalhador cumpra aviso prévio superior aos originários 30 dias, constituiria alteração legislativa prejudicial ao empregado, o que, pelos princípios que norteiam o ordenamento jurídico trabalhista, não se pode admitir. Destarte, conclui-se que a norma relativa ao aviso prévio proporcional não guarda a mesma bilateralidade característica da exigência de 30 dias, essa sim obrigatória a qualquer das partes que intentarem resilir o contrato de emprego (E-RR nº 1964.73.2013.5.09.0009).

96. FERRARI, Irany e MARTINS, Melchíades Rodrigues. Aviso prévio proporcional – Lei nº 12.506, de 11.10.2011 – Sua aplicação. **Revista LTr**. n. 11, v. 75. Nov/2011. p. 1296/12967.

D. Natureza jurídica

O aviso-prévio constitui ato formal de denúncia do contrato de trabalho sem tempo determinado. **Tem caráter receptício**, ou seja, não exige o acordo de vontades para a sua validade. É ato jurídico unilateral, mas, **uma vez emitido, só pode ser reconsiderado com a concordância da parte contrária.**

Nesse sentido é a determinação contida no art. 489 da CLT:

> **Art. 489.** Dado o aviso prévio, a rescisão torna-se efetiva depois de expirado o respectivo prazo, mas, se a parte notificante reconsiderar o ato, antes de seu termo, à outra parte é facultado aceitar ou não a reconsideração.
>
> **Parágrafo único.** Caso seja aceita a reconsideração ou continuando a prestação depois de expirado o prazo, o contrato continuará a vigorar, como se o aviso prévio não tivesse sido dado.

Quando o aviso-prévio não é concedido, é devida uma indenização compensatória, **o que retira o caráter salarial dessa parcela.** Assim, não há incidência de imposto de renda.

Já incidência da contribuição previdenciária foi afastada por meio do Decreto nº 6.727/09, que revogou a alínea "f", art. 214, § 9º, V, do Decreto nº 3.048/99 que tinha a seguinte redação: "Art. 214. § 9º. Não integram o salário de contribuição, exclusivamente: V – as importâncias recebidas a título de: f) aviso-prévio indenizado".[97]

Para o imposto de renda, a exclusão está prevista no art. 6º, V, da Lei nº 7.713/88:

> **Art. 6º.** Ficam isentos do Imposto sobre a Renda os seguintes rendimentos percebidos por pessoas físicas: V – a indenização e o aviso prévio pagos por despedida ou rescisão de contrato de trabalho, até o limite garantido por lei, bem como o montante recebido pelos empregados e diretores, ou respectivos beneficiários, referente aos depósitos, juros e correção monetária creditados em contas vinculadas, nos termos da legislação do Fundo de Garantia do Tempo de Serviço.[98]

Entretanto, **o empregador deverá recolher o FGTS sobre o aviso-prévio indenizado**, conforme orientação do Tribunal Superior do Trabalho constante da Súmula nº 305:

> **SÚMULA Nº 305.** FUNDO DE GARANTIA DO TEMPO DE SERVIÇO. INCIDÊNCIA SOBRE O AVISO PRÉVIO. O pagamento relativo ao período de aviso prévio, trabalhado ou não, está sujeito a contribuição para o FGTS. (Res. 3/1992, DJ 05.11.1992).

A explicação para a incidência do FGTS sobre o aviso-prévio é simples. A ausência de concessão do pré-aviso pelo empregador ao empregado gera o direito aos salários correspondentes ao prazo respectivo, além da integração desse período no seu tempo de serviço, o que implica necessidade de efetuar o depósito fundiário para que o obreiro não sofra prejuízo financeiro.

E. Obrigações derivadas do contrato de trabalho

Durante o período do aviso-prévio, **permanecem inalteradas todas as obrigações decorrentes do contrato de trabalho.** Caso um dos contratantes deixe de cumprir suas

97. Existem decisões declarando a ilegalidade e/ou inconstitucionalidade do referido preceito, a exemplo daquelas proferidas nos autos dos processos de nºs 2001.03.99.007489-6 (TRF 3ª Região) e 00001.2007.441.02.00.00-6 (TRT 2ª Região).
98. No mesmo sentido, o regulamento do Imposto de Renda, Decreto nº 9.580/18, art. 35, III, "c".

obrigações durante o período do aviso prévio, o pacto laboral pode ser resolvido. Em outras palavras, pode ocorrer uma despedida por justa causa ou uma despedida indireta no curso do período do aviso-prévio.

O Tribunal Superior do Trabalho manifesta-se sobre a matéria, por meio da Súmula nº 73, que ressalva o caso específico do abandono de emprego:

> **SÚMULA Nº 73.** DESPEDIDA. JUSTA CAUSA – Nova redação – Res. 121/2003, DJ 21.11.2003. A ocorrência de justa causa, salvo a de abandono de emprego, no decurso do prazo do aviso prévio dado pelo empregador, retira do empregado qualquer direito às verbas rescisórias de natureza indenizatória.

A Consolidação das Leis do Trabalho, em seu art. 491,[99] prevê que, além da desoneração dos efeitos financeiros, para o empregador, como pagamento da multa de 40% sobre o FGTS, férias proporcionais acrescidas de 1/3 etc., o empregado que praticar ato classificado como justa causa **perde o direito de trabalhar o restante do prazo do aviso-prévio.**

Exemplos de questões *sobre o tema*

(FCC – Juiz do Trabalho Substituto 23ª região/2015) No que se refere ao aviso prévio, considere:

I. Sendo o aviso prévio a comunicação antecipada da parte que deseja romper o contrato de trabalho, a ocorrência de enfermidade do empregado impede a extinção do contrato, porque ele passa, automaticamente, a ser detentor de estabilidade no emprego.

II. No 1º dia do aviso prévio dado pelo empregador, a empregada sofre pequeno acidente no pátio da empresa e, durante a semana, ainda no hospital, é confirmado seu estado gestacional de sete semanas. Tal fato invalida a concessão do aviso prévio, ante a incompatibilidade de tal instituto e a garantia de emprego.

III. O empregado somente pode ser dispensado por justa causa no curso do aviso prévio se a falta grave tiver sido reconhecida judicialmente em sede de inquérito para apuração de falta grave.

IV. A cessação das atividades da empresa não exclui, por si só, o direito do empregado ao aviso prévio.

V. Ao aviso prévio serão acrescidos três dias por ano de serviço prestado na mesma empresa, até o máximo de sessenta dias, perfazendo um total de até noventa dias.

Está correto o que consta APENAS em

(A) I, III e V.
(B) II, IV e V.
(C) I, II, III e IV.
(D) III, IV e V.
(E) I, II, IV e V.

Resposta: B

(TRT 8 – Juiz do Trabalho Substituto 8ª região/2015) Sobre rescisão do contrato de trabalho, analise as proposições abaixo e assinale a alternativa CORRETA:

I. A ocorrência de justa causa, salvo a de abandono de emprego, no decurso do prazo do aviso prévio dado pelo empregador, retira do empregado qualquer direito às verbas rescisórias de natureza indenizatória.

II. É justa causa para a extinção contratual, a condenação criminal do empregado à pena privativa de liberdade, passada em julgado, desde que não tenha havido suspensão da execução da pena. Para a configuração de tal justa causa, necessário é que o ilícito penal cometido tenha relação com o contrato de emprego.

99. CLT. Art. 491. O empregado que, durante o prazo do aviso prévio, cometer qualquer das faltas consideradas pela lei como justas para a rescisão, perde o direito ao restante do respectivo prazo.

III. Dado o aviso-prévio, a rescisão torna-se efetiva depois de expirado o respectivo prazo, mas, se a parte notificante reconsiderar o ato, antes de seu termo, a outra parte é obrigada a aceitar a reconsideração.

IV. O aviso-prévio, de que trata o inciso XXI do art. 7º da Constituição Federal de 1988, será concedido na proporção de 30 (trinta) dias aos empregados que contem até 1 (um) ano de serviço na mesma empresa. A esse aviso-prévio serão acrescidos 3 (três) dias por ano de serviço prestado na mesma empresa, até o máximo de 60 (sessenta) dias, perfazendo um total de até 90 (noventa) dias.

V. É lícito substituir o período que se reduz da jornada de trabalho, no aviso prévio, pelo pagamento das horas correspondentes como extraordinárias com o devido adicional.

a) Somente as alternativas I e III estão corretas.
b) Somente as alternativas I e IV estão corretas.
c) Somente as alternativas III e IV estão corretas.
d) Somente as alternativas II e IV estão corretas.
e) Somente a alternativa V está correta.

Resposta: B

(FCC – Juiz do Trabalho Substituto 1ª região/2015) Luis Marcos, admitido como empregado pela empresa Pingo de Letra Comércio Ltda. em 05/10/2001, foi comunicado de sua dispensa imotivada em 22/11/2013, com previsão de o aviso prévio ser cumprido com redução de duas horas diárias do normal horário de trabalho. No dia 30/11/2013, Luis Marcos se envolveu em violenta discussão com seu superior hierárquico, culminando com mútuas agressões verbais e físicas. Foi apurado que o entrevero teve origem em conversa acerca do resultado de partida de futebol transmitida pela televisão na noite anterior e ocorreu integralmente nas dependências da empresa.

Admitidos como verdadeiros todos os fatos acima narrados e especificamente em relação à forma do distrato e ao aviso prévio, é correto afirmar:

(A) Já tendo sido anteriormente comunicada a extinção imotivada do contrato de trabalho ela não mais pode ser alterada e Luis Marcos tem direito à integralidade do aviso prévio.

(B) Há conversão da dispensa imotivada em dispensa por justa causa cometida pelo empregado e Luis Marcos perde o direito ao período restante do aviso prévio; recebendo, apenas, o valor referente aos dias trabalhados.

(C) Está configurada a hipótese de culpa recíproca para a extinção do contrato de trabalho e Luis Marcos tem direito a receber, a título de indenização, 50% do período faltante do aviso prévio inicialmente comunicado pela empresa.

(D) Está configurada a hipótese de culpa recíproca para a extinção do contrato de trabalho e Luis Marcos terá direito de receber, a título de indenização, 50% do montante integral do aviso prévio.

(E) Há conversão da dispensa imotivada em dispensa por justa causa cometida pelo empregado e Luis Marcos perde integralmente o direito ao aviso prévio, tornando-se devedor do valor equivalente ao período já cumprido.

Resposta: B

F. Jornada reduzida

Fica **facultado** ao empregado urbano optar, durante o período do aviso-prévio, entre a redução da sua jornada diária em **duas horas** ou deixar de trabalhar durante **sete dias consecutivos**,[100] quando a extinção do contrato **for promovida pelo empregador sem justa causa.**[101]

---

100. Para o empregado rural não existe essa faculdade, pois o benefício correspondente é representado pela ausência remunerada ao trabalho por um dia na semana. (Lei nº 5.889/73. Art. 15. Durante o prazo do aviso prévio, se a rescisão tiver sido promovida pelo empregador, o empregado rural terá direito a um dia por semana, sem prejuízo do salário integral, para procurar outro trabalho).

101. CLT. Art. 488. O horário normal de trabalho do empregado, durante o prazo do aviso, e se a rescisão tiver sido promovida pelo empregador, será reduzido de 2 (duas) horas diárias, sem prejuízo do salário integral.

O descumprimento dessa obrigação acarreta a **nulidade do aviso-prévio**, uma vez que a sua finalidade principal é proporcionar tempo livre ao empregado para providenciar outra colocação no mercado de trabalho.

Tal fato autoriza o empregado a ingressar em juízo, para postular uma indenização compensatória, já que foi frustrado o objetivo do instituto.

O empregador também **não pode exigir o trabalho do empregado durante a folga derivada do aviso-prévio**, mesmo que faça o pagamento como horas extras acrescidas do percentual respectivo.

> **TST. SÚMULA Nº 230.** AVISO PRÉVIO. SUBSTITUIÇÃO PELO PAGAMENTO DAS HORAS REDUZIDAS DA JORNADA DE TRABALHO. É ilegal substituir o período que se reduz da jornada de trabalho, no aviso prévio, pelo pagamento das horas correspondentes.

G. *Efeitos do aviso-prévio*

A não concessão do aviso-prévio confere ao empregado o direito de postular uma indenização equivalente aos salários devidos no respectivo período, mesmo que o fim do contrato de trabalho seja decorrente da extinção da empresa ou do estabelecimento:

> **TST. SÚMULA Nº 44.** AVISO PRÉVIO. A cessação da atividade da empresa, com o pagamento da indenização, simples ou em dobro, não exclui, por si só, o direito do empregado ao aviso prévio. (RA 41/1973, DJ 14.06.1973).

Em qualquer hipótese, **o período do aviso-prévio é incorporado ao tempo de serviço para todos os efeitos legais**, de acordo com o disposto no art. 487, § 1º, da Consolidação das Leis do Trabalho,[102] e de eventuais reajustes salariais (art. 487, § 6º, da CLT).

Mesmo que o prazo legal seja dilatado por acordo ou convenção coletiva, integrará o tempo de serviço, salvo expressa disposição convencional em sentido contrário, conforme entendimento do TST, explicitado na OJ nº 367, SDI-1:

> **OJ Nº 367.** AVISO PRÉVIO DE 60 DIAS. ELASTECIMENTO POR NORMA COLETIVA. PROJEÇÃO. REFLEXOS NAS PARCELAS TRABALHISTAS. O prazo de aviso prévio de 60 dias, concedido por meio de norma coletiva que silencia sobre alcance de seus efeitos jurídicos, computa-se integralmente como tempo de serviço, nos termos do § 1º do art. 487 da CLT, repercutindo nas verbas rescisórias.

A expressão "*todos os efeitos legais*" deve ser interpretada de forma restritiva, vez que só alcança os efeitos financeiros, inaplicável por exemplo, em relação ao prazo prescricional.

> **TST. SÚMULA Nº 371.** AVISO PRÉVIO INDENIZADO. EFEITOS. SUPERVENIÊNCIA DE AUXÍLIO-DOENÇA NO CURSO DESTE. (conversão das Orientações Jurisprudenciais nºs 40 e 135 da SDI-1) – Res. 129/2005 – DJ 20.04.2005. A projeção do contrato de trabalho para o futuro, pela concessão do aviso prévio indenizado, tem efeitos limitados às vantagens econômicas obtidas no período de pré-aviso, ou seja, salários, reflexos e verbas rescisórias. No caso de concessão de auxílio-doença no curso do aviso prévio, todavia, só se concretizam os efeitos da dispensa depois de expirado o benefício previdenciário. (ex-OJs nos 40 e 135 – Inseridas respectivamente em 28.11.1995 e 27.11.1998).

102. CLT. Art. 487, § 1º: A falta do aviso prévio por parte do empregador dá ao empregado o direito aos salários correspondentes ao prazo do aviso, garantida sempre a integração desse período no seu tempo de serviço.

Todavia, **em sentido contrário** dispõem as OJs de nºs 82 e 83 da SDI-1:

> **OJ Nº 82.** AVISO PRÉVIO. BAIXA NA CTPS. Inserida em 28.04.97. A data de saída a ser anotada na CTPS deve corresponder à do término do prazo do aviso prévio, ainda que indenizado.
>
> **OJ Nº 83.** AVISO PRÉVIO. INDENIZADO. PRESCRIÇÃO. Inserida em 28.04.97. A prescrição começa a fluir no final da data do término do aviso prévio. Art. 487, § 1º, CLT.

Em caso de reajustamento salarial coletivo durante o transcurso do aviso-prévio, o empregado nessas condições também será beneficiado, conforme determina o art. 487, § 6º, da Consolidação das Leis do Trabalho, acrescentado pela Lei nº 10.218, de 11.04.2001:

> **Art. 487. § 6º.** O reajustamento salarial coletivo, determinado no curso do aviso prévio, beneficia o empregado pré-avisado da despedida, mesmo que tenha recebido antecipadamente os salários correspondentes ao período do aviso, que integra seu tempo de serviço para todos os efeitos legais.

H. Valor do aviso-prévio indenizado

O valor referente ao aviso-prévio indenizado será equivalente ao salário devido durante o período respectivo. Se o salário for variável (na base de comissão, de peça ou de tarefa), o cálculo do aviso-prévio deverá observar a média dos últimos doze meses de serviço.

As horas extras habitualmente prestadas pelo empregado também integram a base de cálculo do valor do aviso-prévio indenizado, na forma prevista pelo art. 487, § 5º, da Consolidação das Leis do Trabalho,[103] assim como as demais verbas salariais, como os adicionais, gratificações etc.

A seguir, o quadro contendo os diversos efeitos do aviso-prévio, segundo a sua natureza:

	Aviso trabalhado		Aviso indenizado
INSS	Incide		Incide
FGTS	Incide		Incide
Imposto de Renda	Incide		Não incide
Período do aviso	Integra ao tempo de serviço		Integra ao tempo de serviço
Redução da Jornada	**Urbano**	2 horas por dia ou 7 dias	Não há
	Rural	1 dia por semana	
Salário	Devido durante o período respectivo		Convertido em indenização

Exemplo de questão sobre o tema

(Magistratura do Trabalho – TRT 21º – 2010) No dia 30.06.2008, Paulo, após o expediente, foi atropelado no ponto de ônibus em frente à loja em que trabalha e habitualmente espera a condução para retorno a sua casa. Por isso, ficou afastado do serviço, recebendo o benefício previdenciário do tipo auxílio-doença acidentário, retornando ao trabalho em 30.12.2008. Em 15.12.2009, no entanto, recebeu aviso prévio para dispensa sem justa causa. Diante dessas informações, é correto afirmar:

(A) a rescisão do contrato somente poderá se efetivar após o transcurso integral dos 30 dias do aviso prévio;

103. CLT. Art. 487. § 5º: O valor das horas extraordinárias habituais integra o aviso prévio indenizado.

(B) o aviso prévio não produzirá seus efeitos, diante da incompatibilidade desse instituto com a estabilidade acidentária;

(C) o aviso prévio produzirá os efeitos legais, visto que a rescisão se formalizará após o transcurso do período de estabilidade;

(D) o aviso prévio produzirá efeitos, desde que haja a dispensa do seu cumprimento, por liberalidade do empregador;

(E) o aviso prévio produzirá efeitos, desde que o sindicato participe da homologação e não haja ressalva no respectivo termo de rescisão.

Resposta: B

4.4. Multa do art. 477 da Consolidação das Leis do Trabalho

Extinto o contrato de trabalho, o empregador deve anotar esse fato na CTPS do empregado e **fazer a respectiva comunicação às autoridades competentes.**

No prazo de 10 dias, o empregador[104] deve entregar ao empregado **a comprovação de que fez essa comunicação** e no mesmo prazo **pagar o valor equivalente às verbas rescisórias**, independentemente da causa do rompimento do vínculo laboral, na forma prevista pelo § 6º do art. 477 da CLT, com redação dada pela Lei nº 13.467/17:

> **Art. 477. § 6º** A entrega ao empregado de documentos que comprovem a comunicação da extinção contratual aos órgãos competentes bem como o pagamento dos valores constantes do instrumento de rescisão ou recibo de quitação deverão ser efetuados até dez dias contados a partir do término do contrato.

Ultrapassado esse prazo sem que o empregador **pague ou entregue a comprovação de comunicação da dispensa,** arcará com o pagamento de uma **multa equivalente a uma remuneração do empregado**, além de outra revertida em favor da União[105], ainda que a relação de emprego tenha sido reconhecida apenas em juízo.

Nesse sentido, a Súmula nº 462 do TST:

> **SÚMULA Nº 462.** MULTA DO ART. 477, § 8º DA CLT. INCIDÊNCIA. RECONHECIMENTO JUDICIAL DA RELAÇÃO DE EMPREGO. (Resolução nº 209/2016). A circunstância de a relação de emprego ter sido reconhecida apenas em juízo não tem o condão de afastar a incidência da multa prevista no art. 477, § 8º da CLT. A referida multa não será devida apenas quando, comprovadamente, o empregado der causa à mora no pagamento das verbas rescisórias.

Antes da vigência da Lei nº 13.467/17, **era necessário homologar a rescisão contratual dos empregados com mais de um ano de serviço,** no sindicato ou no órgão local do extinto Ministério do Trabalho e Emprego, **formalidade inexistente atualmente.**

Além disso, foi extinta a diferenciação de prazo para pagamento das verbas rescisórias quando havia dispensa do cumprimento do aviso prévio das demais modalidades, **passando a ser de 10 dias em qualquer hipótese.**

104. TST. SDI-1. OJ Nº 238. Multa. Art. 477 da CLT. Pessoa jurídica de direito público. Aplicável. Inserida em 20.06.01(inserido dispositivo). Submete-se à multa do artigo 477 da CLT a pessoa jurídica de direito público que não observa o prazo para pagamento das verbas rescisórias, pois nivela-se a qualquer particular, em direitos e obrigações, despojando-se do *jus imperii* ao celebrar um contrato de emprego.

105. A multa estabelecida pelo art. 477, § 8º da CLT é devida independentemente do motivo da extinção do contrato de trabalho, desde que existam parcelas rescisórias a serem pagas pelo empregador.

A. Falência e recuperação judicial

Em caso de falência, **não há que se falar em pagamento da multa pelo atraso no pagamento das verbas rescisórias**, de acordo com o disposto na Súmula nº 388 do TST:

> **SÚMULA Nº 388.** MASSA FALIDA. ARTS. 467 E 477 DA CLT. INAPLICABILIDADE (conversão das Orientações Jurisprudenciais nº 201 e 314 da SDI-1) – Res. 129/2005 – DJ 20.04.2005. A Massa Falida não se sujeita à penalidade do art. 467 e nem à multa do § 8º do art. 477, ambos da CLT.

Entretanto, tal entendimento não se aplica às empresas submetidas ao processo de **recuperação judicial ou extrajudicial**.

B. Pagamento parcial

Caso seja feito pagamento das verbas rescisórias em valores inferiores ao realmente devido, não há incidência da sanção estabelecida pelo art. 477, § 8º, da CLT, sendo esse o entendimento jurisprudencial predominante:

> **SÚMULA Nº 54 do TRT1.** MULTA DO ARTIGO 477, § 8º, DA CLT. DIFERENÇAS RESCISÓRIAS RECONHECIDAS EM JUÍZO. NÃO INCIDÊNCIA. O reconhecimento, em juízo, de diferenças de verbas rescisórias não dá ensejo, por si só, à aplicação da penalidade prevista no parágrafo 8º do artigo 477 da CLT.

4.5. Aviso-prévio "cumprido em casa"

O empregado deve trabalhar durante o período do aviso-prévio, salvo se a empresa o dispensar do seu cumprimento. Nesse caso, o empregador terá o prazo de dez dias para pagar o valor das parcelas devidas por conta da extinção do contrato de trabalho.

Todavia, algumas empresas adotam a prática de determinar que o empregado cumpra o período do aviso-prévio sem a necessidade de comparecer no serviço.

Com a utilização desse procedimento, o prazo inicial para pagamento das parcelas rescisórias passaria de dez para quarenta dias pois, em caso de cumprimento do aviso-prévio, tais valores só se tornam exigíveis ao final efetivo do contrato, conforme disposto no art. 477, 8º, da CLT.

Esse artifício, apelidado de *"aviso prévio cumprido em casa"*, **não tem encontrado guarida nos Tribunais**, conforme se observa da OJ nº 14, da SDI-1, do TST:

> **OJ Nº 14.** AVISO PRÉVIO CUMPRIDO EM CASA. VERBAS RESCISÓRIAS. PRAZO PARA PAGAMENTO. (título alterado e inserido dispositivo, DJ 20.04.2005). Em caso de aviso prévio cumprido em casa, o prazo para pagamento das verbas rescisórias é até o décimo dia da notificação de despedida.

4.6. Multa do art. 467 da Consolidação das Leis do Trabalho

Diante do inadimplemento das parcelas rescisórias, o empregado poderá ajuizar uma reclamação trabalhista para forçar o cumprimento da obrigação por parte do empregador, que é obrigado a pagar o valor incontroverso das parcelas rescisórias **até a realização da primeira audiência.**

A inobservância desse procedimento implica condenação ao pagamento de uma multa equivalente a **50% do valor das referidas verbas**, conforme determina o art. 467 da Consolidação das Leis do Trabalho.[106]

Consideram-se verbas rescisórias, quando a despedida se der sem justa causa, o aviso-prévio indenizado, o saldo de salários, férias proporcionais acrescidas de 1/3, eventuais férias indenizadas simples acrescidas de 1/3, 13º salário proporcional e multa de 40% sobre os depósitos fundiários:

> **OJ4T Nº 67 do TRT9.** MULTA DO ART. 467 DA CLT. I – Verbas rescisórias. Para fins de aplicação da multa do art. 467 da CLT, consideram-se como verbas rescisórias as parcelas cuja existência ou exigibilidade decorre diretamente da rescisão contratual, tais como férias simples e proporcionais, 13º salário proporcional, saldo salarial e demais parcelas remuneratórias do mês da rescisão, FGTS incidente sobre as verbas rescisórias e multa de 40% sobre o total depositado, aviso prévio trabalhado ou indenizado. II – A controvérsia que pode afastar a aplicação da multa deve ser razoável. III – A massa falida também pode ser condenada ao pagamento da multa do art. 467 da CLT, salvo se a audiência inicial na reclamatória trabalhista haja ocorrido em momento posterior à decretação da quebra. IV – A condenação subsidiária do tomador dos serviços abrange todas as parcelas devidas, inclusive as de caráter indenizatório punitivo, tal qual a multa do artigo 467, da CLT, quando cabível.

4.7. Procedimentos e direitos concernentes à cessação do contrato

O legislador, ao considerar a importância do momento relativo à extinção do contrato de trabalho, instituiu certos procedimentos para garantir o pagamento das verbas decorrentes da cessação do vínculo empregatício, bem como a sua prova em juízo, como adiante será analisado.

A. *Quitação de parcelas trabalhistas*

Só será válida a quitação das verbas trabalhistas se o instrumento respectivo especificar **a natureza da parcela e o seu valor.**

O Código Civil, em seu art. 320, define os requisitos para a eficácia da quitação:

> **Art. 320.** A quitação, que sempre poderá ser dada por instrumento particular, designará o valor e a espécie da dívida quitada, o nome do devedor, ou quem por este pagou, o tempo e o lugar do pagamento, com a assinatura do credor, ou do seu representante.

Como o ato de extinção contratual gera várias obrigações para o empregador, cada uma delas deve constar expressamente no termo de rescisão contratual, acompanhadas do respectivo valor, sob pena de não produzir os efeitos pretendidos (quitação).

O desconto de quantias devidas pelo empregado, quando da extinção do pacto laboral, não pode ultrapassar quantia superior a **uma remuneração mensal do obreiro.**

106. CLT. Art. 467: Em caso de rescisão de contrato de trabalho, havendo controvérsia sobre o montante das verbas rescisórias, o empregador é obrigado a pagar ao trabalhador, à data do comparecimento à Justiça do Trabalho, a parte incontroversa dessas verbas, sob pena de pagá-las acrescidas de cinquenta por cento.

O pagamento do valor das verbas rescisórias deve ser feito em dinheiro, depósito bancário ou em cheque visado, salvo se o empregado for analfabeto, hipótese em que o pagamento só poderá ser efetivado em dinheiro ou em depósito bancário.

B. Eficácia liberatória

O TST posicionou-se no sentido de **reconhecer a quitação não somente em relação ao valor, mas em relação à própria parcela,** desde que o termo de rescisão de contrato de trabalho esteja devidamente homologado pelo sindicato da categoria profissional do empregado, **salvo se houver ressalva expressa** nesse instrumento:

> **SÚMULA Nº 330.** QUITAÇÃO. VALIDADE. REDAÇÃO DADA PELA RES. 108/2001, DJ 18.04.2001. A quitação passada pelo empregado, com assistência de entidade sindical de sua categoria, ao empregador, com observância dos requisitos exigidos nos parágrafos do art. 477 da CLT, tem eficácia liberatória em relação às parcelas expressamente consignadas no recibo, salvo se oposta ressalva expressa e especificada ao valor dado à parcela ou parcelas impugnadas. I – A quitação não abrange parcelas não consignadas no recibo de quitação e, consequentemente, seus reflexos em outras parcelas, ainda que estas constem desse recibo; II – Quanto a direitos que deveriam ter sido satisfeitos durante a vigência do contrato de trabalho, a quitação é válida em relação ao período expressamente consignado no recibo de quitação.

Como atualmente não há mais necessidade de homologação da rescisão contratual pelo sindicato, a quitação firmada pelo empregado terá efeito somente **em relação ao valor** e não em relação à parcela que consta do respectivo termo.

Essa alteração legislativa promovida pela Lei nº 13.467/17 implicará a mudança de redação ou até mesmo cancelamento da mencionada Súmula nº 330 do TST.

4.8. Prescrição

A prescrição nada mais é do que a perda do exercício da pretensão do titular de um direito subjetivo violado, em razão do decurso do tempo (art. 189 do Código Civil).[107]

Entretanto, se a pretensão do titular do direito limita-se à declaração de existência ou inexistência de uma relação jurídica, nos termos do art. 19, I, do CPC,[108] não haverá que se falar em incidência da prescrição.

Nessa categoria (imprescritível) inclui-se a reclamação trabalhista que objetive reconhecer a existência da relação de emprego, para fins de contagem do tempo de serviço, conforme dispõe o § 1º, art. 11 da CLT: "O disposto neste artigo não se aplica às ações que tenham por objeto anotações para fins de prova junto à Previdência Social."

Como a prescrição atinge a pretensão relativa aos créditos trabalhistas, essa temática já foi abordada em diversas passagens dessa obra e ainda será tratada no capítulo IX (prescrição do FGTS).

---

107. Código Civil. Art. 189. Violado o direito, nasce para o titular a pretensão, a qual se extingue, pela prescrição, nos prazos a que aludem os arts. 205 e 206.

108. CPC. Art. 19. O interesse do autor pode limitar-se à declaração: I – da existência, da inexistência ou do modo de ser de uma relação jurídica.

Não é possível negociar coletivamente direitos relativos à prescrição, diante da vedação constante do art. 611-B da CLT:

> **Art. 611-B.** Constituem objeto ilícito de convenção coletiva ou de acordo coletivo de trabalho, exclusivamente, a supressão ou a redução dos seguintes direitos: XXI – ação, quanto aos créditos resultantes das relações de trabalho, com prazo prescricional de cinco anos para os trabalhadores urbanos e rurais, até o limite de dois anos após a extinção do contrato de trabalho.

A. *Prazo prescricional fixado pela CF/88 e CLT*

Preconiza a Constituição Federal de 1988, em seu art. 7º, inciso XXIX, que **o prazo prescricional será de cinco anos, até o limite de dois anos após a extinção do contrato de trabalho.**[109]

A CLT repete essa regra no *caput* do art. 11, com redação definida pela Lei nº 13.467/17:

> **Art. 11.** A pretensão quanto a créditos resultantes das relações de trabalho prescreve em cinco anos para os trabalhadores urbanos e rurais, até o limite de dois anos após a extinção do contrato de trabalho.

Sobre a concorrência do prazo de prescrição quinquenal e bienal, o TST posiciona-se por intermédio da Súmula nº 308:

> **SÚMULA Nº 308.** PRESCRIÇÃO QUINQUENAL (incorporada a Orientação Jurisprudencial nº 204 da SDI-1) – Res. 129/2005 – DJ 20.04.2005 I. Respeitado o biênio subsequente à cessação contratual, a prescrição da ação trabalhista concerne às pretensões imediatamente anteriores a cinco anos, contados da data do ajuizamento da reclamação e, não, às anteriores ao quinquênio da data da extinção do contrato. (ex-OJ nº 204 – Inserida em 08.11.2000) II. A norma constitucional que ampliou o prazo de prescrição da ação trabalhista para 5 (cinco) anos é de aplicação imediata e não atinge pretensões já alcançadas pela prescrição bienal quando da promulgação da CF/1988. (ex-Súmula nº 308 – Res. 6/1992, DJ 05.11.1992).

B. *Termo inicial*

O marco inicial do prazo prescricional de dois anos **conta-se a partir da data da extinção do contrato de trabalho,** com a inclusão do tempo do aviso-prévio, indenizado ou trabalhado, conforme entendimento do TST exposto na OJ nº 83 da SDI-1: "A prescrição começa a fluir no final da data do término do aviso prévio. Art. 487, § 1º, CLT".

Já a prescrição quinquenal incide sobre cada verba salarial ou indenizatória devida por conta da execução do contrato de trabalho e **começa a fluir a partir do momento em que o direito se tornar exigível**. Portanto, não há como estabelecer um marco inicial para a prescrição quinquenal.

> **OJ Nº 73 do TRT4.** PARCELAS DEVIDAS. PRESCRIÇÃO. EXIGIBILIDADE. A prescrição não se vincula ao mês de competência da parcela, e sim à data em que esta seria exigível.

---

109. A redação original foi alterada pela Emenda Constitucional nº 28, de 25.05.2000 que unificou os prazos prescricionais dos trabalhadores urbanos e rurais.

Por exemplo, se o empregado é mensalista, o prazo prescricional relativamente ao salário só se inicia a partir do quinto dia último do mês subsequente ao da prestação de serviço. Já em relação às férias, o marco inicial da prescrição coincide com o final do período concessivo.

Sobre essa questão, manifesta o TST por meio da OJ nº 401, da SDI-1:

> **OJ Nº 401.** PRESCRIÇÃO. MARCO INICIAL. AÇÃO CONDENATÓRIA. TRÂNSITO EM JULGADO DA AÇÃO DECLARATÓRIA COM MESMA CAUSA DE PEDIR REMOTA AJUIZADA ANTES DA EXTINÇÃO DO CONTRATO DE TRABALHO. (DEJT divulgado em 02, 03 e 04.08.2010) O marco inicial da contagem do prazo prescricional para o ajuizamento de ação condenatória, quando advém a dispensa do empregado no curso de ação declaratória que possua a mesma causa de pedir remota, é o trânsito em julgado da decisão proferida na ação declaratória e não a data da extinção do contrato de trabalho.

Esse posicionamento **contraria os princípios básicos da teoria geral do processo.** Com efeito, a ação declaratória não gera efeito *ex tunc*, o que ocorre apenas com as ações constitutivas. Portanto, a ação declaratória ou condenatória em andamento não interfere no marco inicial da prescrição.

Observe-se que a conversão, no serviço público, do regime celetista em estatutário implica extinção do contrato de trabalho e, por conseguinte, de início do prazo prescricional bienal, inclusive em relação ao FGTS.

C. *Aspectos processuais*

Pela regra contida no art. 332 do CPC, **a prescrição deve ser declarada de ofício pelo juiz,** regra aplicável ao processo do trabalho de forma subsidiária, diante do seu caráter de ordem pública:

> **Art. 332.** Nas causas que dispensem a fase instrutória, o juiz, independentemente da citação do réu, julgará liminarmente improcedente o pedido que contrariar: § 1º O juiz também poderá julgar liminarmente improcedente o pedido se verificar, desde logo, a ocorrência de decadência ou de prescrição.

Registre-se, contudo, a resistência de parte da doutrina e da jurisprudência, que não admite a aplicação dessa regra ao processo do trabalho, diante do seu caráter protetivo.

> **SÚMULA Nº 50 do TRT1.** PRESCRIÇÃO. DECLARAÇÃO DE OFÍCIO. A pronúncia de ofício da prescrição, prevista no artigo 219, § 5º, do CPC, é incompatível com os princípios que norteiam o Processo do Trabalho. (o artigo 219, § 5º, do CPC/73 corresponde ao artigo 332, § 1º, do CPC/15)
>
> **SÚMULA Nº 34 DO TRT6.** PRESCRIÇÃO DE OFÍCIO. ESFERA TRABALHISTA. INAPLICABILIDADE. No âmbito do processo trabalhista, a prescrição de ofício é inaplicável.

Ora, ao admitir essa possibilidade, o juiz só poderia declarar a prescrição de ofício quando o empregador fosse o autor da ação, o que contraria o princípio da igualdade. Com efeito, o princípio protetivo não se aplica diretamente no processo do trabalho, pois ele já decorre da interferência das regras de direito material nos dispositivos de direito processual do trabalho, salvo determinação expressa nesse sentido.

O Direito processual do trabalho é ramo do Direito público, diferentemente do Direito do trabalho, que é ramo do Direito privado. Por conta disso, não se aplica ao primeiro, por exemplo, a regra da norma mais benéfica, pois sempre prevalece a Constituição Federal.

Para complementar, a Lei nº 13.467/17 acrescentou o § 2º ao art. 11-A da CLT, dispondo que o juiz pode declarar a **prescrição intercorrente de ofício**.

Quadro Doutrinário – Aplicação da prescrição de ofício		
Teorias	**Doutrinadores**	**Exemplo**
A favor	Gustavo Garcia, Vólia Bomfim, Sérgio Pinto, Rodrigues Pinto e Estevão Mallet	Na realidade, as críticas à nova redação do art. 219, parágrafo 5º do CPC, ainda que pertinentes, encontram-se no plano de meras críticas à lei já aprovada, podendo servir, no máximo, como sugestão ao legislador [...] o fato é que a lei ordena que ela seja conhecida de ofício pelo juiz, independentemente da natureza do direito material em discussão (Gustavo Filipe Barbosa Garcia).*
Contra	Maurício Godinho Delgado, Alice Monteiro de Barros e Marcelo Moura	Essa situação só seria aplicável ao Direito do Trabalho se compatível com seus princípios e suas regras. E é pouco provável que isso ocorra, pois além dos enfoques de interpretação, há o princípio da proteção que se funda na regra e norma mais favoráveis ao empregado (Alice Monteiro de Barros).**
(*) GARCIA, Gustavo Filipe Barbosa. Curso de Direito do Trabalho. 5 ed. Forense: Rio de Janeiro, 2011. P. 1150/1151.		
(**) BARROS, Alice Monteiro. Curso de Direito do Trabalho. 2. ed. São Paulo: LTr, 2006. p 811.		

D. *A prescrição do Código Civil*

Se a ação tem por causa de pedir direitos previstos em ordenamento jurídico estranho ao Direito do trabalho, como ocorre com a ação de indenização por danos morais, **o prazo prescricional aplicável será aquele previsto no art. 206, do Código Civil.**[110]

O fato da Justiça do Trabalho ser competente para apreciar e julgar litígios entre empregados e empregadores não implica reconhecer o prazo prescricional típico de verbas trabalhistas, pois a prescrição é **instituto de direito material**, enquanto que a competência jurisdicional é instituto de direito processual.

Todavia, **o TST adotou a tese contrária da aplicação do prazo prescricional previsto no art. 7º, XXIX**, salvo se ação tiver sido proposta na Justiça Comum e remetida para a Justiça do Trabalho:

> RECURSO DE REVISTA. DANO MORAL. RECLAMAÇÃO AJUIZADA NA JUSTIÇA DO TRABALHO ANTES DA EMENDA CONSTITUCIONAL Nº 45/2004. PRAZO DE PRESCRIÇÃO CIVIL. REGRA DE TRANSIÇÃO. Em se tratando de postulação de indenização por danos morais, sob o fundamento de que a lesão decorreu da relação de trabalho – inclusão pelo empregador do nome do reclamante em lista negra –, é competente a Justiça do Trabalho para dirimir a controvérsia. Todavia, no que concerne ao prazo prescricional, *in casu*, como a ação foi proposta em 2003, antes de definida a competência da Justiça do Trabalho por meio da Emenda Constitucional nº 45/2004, que alterou a redação do art. 114 da Constituição Federal, deve ser aplicada a regra de transição e considerado o

110. Código Civil. Art. 206: Prescreve: § 3º: Em três anos: IV – a pretensão de reparação civil.

prazo cível, nos termos da jurisprudência pacificada desta Corte. Ademais, tendo a ação sido interposta após a entrada em vigor do Código Civil de 2002, aplica-se a regra de transição prevista em seu art. 2.028, a qual estabelece que, quando decorrido menos da metade do prazo prescricional previsto no Código Civil de 1916, aplica-se o prazo de três anos, contados a partir da vigência do novo Código Civil, ou seja, 12.01.2003. (art. 206, § 3º, V). Desse modo, como a ação indenizatória foi ajuizada em 30.09.2003, tem-se que foram observadas as regras processuais então vigentes. Recurso de revista a que se dá provimento.[111]

E. FGTS

Segundo dispõe o art. 23, § 5º, da Lei nº 8.036, o prazo prescricional do FGTS seria de 30 anos.

Entretanto, o STF **declarou a inconstitucionalidade do referido dispositivo legal para igualar o prazo prescricional do FGTS ao das demais verbas trabalhistas**, qual seja, de cinco anos durante a vigência do contrato de trabalho. Essa importante decisão foi proferida nos autos do Recurso Extraordinário com Agravo de nº 709212.

Para se adaptar a essa decisão, o TST promoveu em 2015 a alteração da Súmula nº 362, que passou a ter a seguinte redação:

> **SÚMULA Nº 362.** FGTS. PRESCRIÇÃO (nova redação) – Res. 198/2015, republicada em razão de erro material – DEJT divulgado em 12, 15 e 16.06.2015. I – Para os casos em que a ciência da lesão ocorreu a partir de 13.11.2014, é quinquenal a prescrição do direito de reclamar contra o não recolhimento de contribuição para o FGTS, observado o prazo de dois anos após o término do contrato; II – Para os casos em que o prazo prescricional já estava em curso em 13.11.2014, aplica-se o prazo prescricional que se consumar primeiro: trinta anos, contados do termo inicial, ou cinco anos, a partir de 13.11.2014 (STF-ARE-709212/DF).

Observe-se que o prazo da modulação estabelecida pelo STF **findou-se em 13.11.2019**. Portanto, todas as demandas propostas a partir de então deverão ser julgadas de acordo com o entendimento do STF.

Sobre a prescrição da pretensão relativa aos expurgos inflacionários do FGTS, reconhecidos pela Lei Complementar nº 110, o TST manifesta-se por meio das OJs nº 344 e 370 da SDI-1:

> **OJ Nº 344.** FGTS. MULTA DE 40%. DIFERENÇAS DECORRENTES DOS EXPURGOS INFLACIONÁRIOS. PRESCRIÇÃO. TERMO INICIAL. Res. 175/2011, DEJT divulgado em 27, 30 e 31.05.2011 O termo inicial do prazo prescricional para o empregado pleitear em juízo diferenças da multa do FGTS, decorrentes dos expurgos inflacionários, deu-se com a vigência da Lei Complementar nº 110, em 30.06.01, salvo comprovado trânsito em julgado de decisão proferida em ação proposta anteriormente na Justiça Federal, que reconheça o direito à atualização do saldo da conta vinculada.

> **OJ Nº 370.** FGTS. MULTA DE 40%. DIFERENÇAS DOS EXPURGOS INFLACIONÁRIOS. PRESCRIÇÃO. INTERRUPÇÃO DECORRENTE DE PROTESTOS JUDICIAIS. DEJT 03, 04 e 05.12.2008. O ajuizamento de protesto judicial dentro do biênio posterior à Lei Complementar nº 110, de 29.06.2001, interrompe a prescrição, sendo irrelevante o transcurso de mais de dois anos da propositura de outra medida acautelatória, com o mesmo objetivo, ocorrida antes da vigência da referida lei, pois ainda não iniciado o prazo prescricional, conforme disposto na Orientação Jurisprudencial nº 344 da SBDI-1.

111. TST. RR 65300-48.2003.5.09.0091. 5ª T. Rel. Min. Kátia Magalhães Arruda. DEJT 19.02.2010.

F. *Interrupção e suspensão da prescrição*

No direito comum, as causas que podem interromper a fluência do prazo prescricional, **por uma única vez,** estão previstas no art. 202 do Código Civil e são as seguintes:

> I – por despacho do juiz, mesmo incompetente, que ordenar a citação, se o interessado a promover no prazo e na forma da lei processual; II – por protesto, nas condições do inciso antecedente; III – por protesto cambial; IV – pela apresentação do título de crédito em juízo de inventário ou em concurso de credores; V – por qualquer ato judicial que constitua em mora o devedor; VI – por qualquer ato inequívoco, ainda que extrajudicial, que importe reconhecimento do direito pelo devedor.

Com a edição da Lei nº 13.467/17, **o único fato capaz de interromper a prescrição** da pretensão do titular do direito é o **ajuizamento de uma reclamação trabalhista,** conforme se observa da redação do § 3º, art. 11 da CLT:

> **Art. 11. § 3º** A interrupção da prescrição somente ocorrerá pelo ajuizamento de reclamação trabalhista, mesmo que em juízo incompetente, ainda que venha a ser extinta sem resolução do mérito, produzindo efeitos apenas em relação aos pedidos idênticos.

Com isso, o TST deve rever em breve o seu posicionamento cristalizado pelas OJs nºs 359 e 392 da SDI-1:

> **OJ Nº 359.** SUBSTITUIÇÃO PROCESSUAL. SINDICATO. LEGITIMIDADE. PRESCRIÇÃO. INTERRUPÇÃO. A ação movida por sindicato, na qualidade de substituto processual, interrompe a prescrição, ainda que tenha sido considerado parte ilegítima *ad causam*.

> **OJ Nº 392.** PRESCRIÇÃO. INTERRUPÇÃO. AJUIZAMENTO DE PROTESTO JUDICIAL. MARCO INICIAL. (republicada em razão de erro material) – Res. 209/2016, DEJT divulgado em 01, 02 e 03.06.2016. O protesto judicial é medida aplicável no processo do trabalho, por força do art. 769 da CLT e do art. 15 do CPC de 2015. O ajuizamento da ação, por si só, interrompe o prazo prescricional, em razão da inaplicabilidade do § 2º do art. 240 do CPC de 2015 (§ 2º do art. 219 do CPC de 1973), incompatível com o disposto no art. 841 da CLT.

Em sentido contrário é o entendimento de Homero da Silva ao afirmar que: [...] acreditamos que o protesto venha sofrer sério abalo como mecanismo interruptivo de prescrição, pelo argumento de que a legislação trabalhista poderia escolher o mecanismo próprio para o corte no prazo, mas não acreditamos que essa singela redação possa afastar a aplicação do art. 202 do CC, que contempla hipóteses de interrupção de prescrição em geral; por exemplo, o art. 202, VI, aponta uma hipótese não rara no direito do trabalho: "por qualquer ato inequívoco, ainda que extrajudicial, que importe reconhecimento do direito pelo devedor".[112]

No mesmo sentido o Enunciado nº 11 aprovado na 2ª Jornada de Direito Material e Processual do Trabalho:

> **ENUNCIADO Nº 11. INTERRUPÇÃO DA PRESCRIÇÃO**
>
> INTERRUPÇÃO DA PRESCRIÇÃO. INTEGRAÇÃO. SENDO A PRESCRIÇÃO REGULADA PELO CÓDIGO CIVIL, APLICAM-SE AO DIREITO DO TRABALHO AS HIPÓTESES DE INTERRUPÇÃO DA PRESCRIÇÃO PREVISTAS NO ART. 202

112. DA SILVA, Homero Batista Mateus. **Comentários à reforma trabalhista.** Ed. Revista dos Tribunais. 2017. P. 30/31.

DO CÓDIGO CIVIL, NOS TERMOS DO ART. 8º DA CLT. ASSIM, É POSSÍVEL A INTERRUPÇÃO DA PRESCRIÇÃO FORA DA HIPÓTESE PREVISTA NO § 3º DO ART. 11 DA CLT.

A Súmula nº 268 do TST enfatiza que a interrupção da prescrição ocorre mesmo que a reclamação trabalhista seja **arquivada**:

> **TST. SÚMULA Nº 268** PRESCRIÇÃO. INTERRUPÇÃO. AÇÃO TRABALHISTA ARQUIVADA – Nova redação – Res. 121/2003, DJ 21.11.2003. A ação trabalhista, ainda que arquivada, interrompe a prescrição somente em relação aos pedidos idênticos.
>
> **SÚMULA Nº 35 do TRT2.** PRESCRIÇÃO BIENAL E QUINQUENAL. INTERRUPÇÃO. AÇÃO ARQUIVADA OU EXTINTA. A ação ajuizada anteriormente, extinta ou arquivada, interrompe os prazos prescricionais de dois anos e de cinco anos, quanto aos pedidos idênticos. Conta-se o prazo quinquenal pretérito, a partir do ajuizamento da primeira ação e o novo prazo bienal futuro, a partir de seu arquivamento ou trânsito em julgado da decisão que a extinguiu.

Como se trata de interrupção e não de suspensão, **o prazo prescricional recomeça a ser contado da data do ato que a interrompeu**, que é justamente a data do ajuizamento da reclamação trabalhista.

Suspende-se o prazo prescricional a partir da submissão da demanda trabalhista à comissão de conciliação prévia. Recomeça a fluir o prazo a partir da tentativa frustrada de conciliação ou do fim do decênio previsto para a realização desse ato (art. 625-G, da CLT).

De igual forma, o pedido de homologação de acordo extrajudicial **suspende** o prazo de prescrição, na forma do art. 855-E da CLT, introduzido pela Lei nº 13.467/17:

> **Art. 855-E.** A petição de homologação de acordo extrajudicial suspende o prazo prescricional da ação quanto aos direitos nela especificados. Parágrafo único. O prazo prescricional voltará a fluir no dia útil seguinte ao do trânsito em julgado da decisão que negar a homologação do acordo.

Saliente-se que as hipóteses de suspensão e interrupção das obrigações contratuais laborais **não produzem os mesmos efeitos no que diz respeito ao prazo prescricional**, já que durante o período respectivo o trabalhador não fica impossibilitado de exercer o seu direito de ação, salvo na hipótese de incapacidade superveniente (art. 198, I, do Código Civil) ou outra impossibilidade que obste o ajuizamento da demanda.

Sobre a questão, manifesta-se o TST por meio da OJ nº 375, da SDI-1:

> **OJ Nº 375.** AUXÍLIO-DOENÇA. APOSENTADORIA POR INVALIDEZ. SUSPENSÃO DO CONTRATO DE TRABALHO. PRESCRIÇÃO. CONTAGEM (DJe divulgado em 19, 20 e 22.04.2010). A suspensão do contrato de trabalho, em virtude da percepção do auxílio-doença ou da aposentadoria por invalidez, não impede a fluência da prescrição quinquenal, ressalvada a hipótese de absoluta impossibilidade de acesso ao Judiciário.

Importante destacar que os prazos prescricionais e de decadência foram suspensos e mesmo impedidos de iniciar, conforme o caso, de 08.09.2020 até 30 de outubro de 2020, por conta da determinação contida na Lei nº 14.010/20, em decorrência dos efeitos da pandemia do coronavírus.

Exemplos de questões sobre o tema

(TRT 8 – Juiz do Trabalho Substituto 8ª região/2014) No tocante à prescrição no Direito do Trabalho, assinale a alternativa INCORRETA:

(A) O prazo prescricional se interrompe a partir da provocação da Comissão de Conciliação Prévia, recontando-se a partir da tentativa frustrada de conciliação ou do esgotamento do prazo previsto no art. 625-F da CLT.

(B) A causa interruptiva mais relevante no Direito do Trabalho é a decorrente da propositura da ação judicial trabalhista. A data dessa propositura fixa o termo exato da interrupção, por ser automática a citação do reclamado no processo do trabalho, tomando o juiz conhecimento do processo, em regra, apenas na audiência inaugural.

(C) No âmbito do Direito do Trabalho há distinção entre prescrição total e prescrição parcial. Essa distinção produz-se em função do título jurídico a conferir fundamento e validade à parcela pretendida (preceito de lei *versus* norma jurídica não legal ou ato bilateral ou unilateral de vontade).

(D) O período aquisitivo das férias é de doze meses. O período concessivo é igualmente de doze meses, subsequentes à data em que o empregado tiver adquirido o direito. Expirado o período concessivo, sem que o empregador tenha oportunizado o descanso, passa a fluir o prazo prescricional para que o empregado exerça o direito de ação.

(E) O artigo 487, § 1º, da CLT assegura a integração do tempo ficto do aviso – prévio indenizado ao tempo de serviço do trabalhador. Integrando o período do aviso-prévio o tempo de serviço, tal como expressamente determina a lei, os efeitos do contrato são projetados para o termo final do pré-aviso, verificando-se a extinção do elo jurídico-laboral apenas após o total decurso do aludido prazo. Este, portanto, o termo inicial de contagem do prazo prescricional disciplinado no artigo 7º, XXIX, da CF/1988.

Resposta: A

(Magistratura do Trabalho – TRT 3ª – 2012) Sobre a prescrição, é correto dizer:

(A) De acordo com o Tribunal Superior do Trabalho, a *actio nata* surge quando o autor ingressa com a ação em juízo.

(B) De acordo com o Tribunal Superior do Trabalho, a suspensão do contrato de trabalho, em virtude da percepção do auxílio-doença ou da aposentadoria por invalidez, não impede a fluência da prescrição quinquenal, ressalvada a hipótese de absoluta impossibilidade de acesso ao Judiciário.

(C) De acordo com o Tribunal Superior do Trabalho, é inaplicável a prescrição bienal prevista no art. 7º, XXIX, da Constituição de 1988 ao trabalhador avulso.

(D) Em se tratando de instauração de inquérito em face do empregado que incorre em abandono de emprego, o prazo prescricional é contado a partir do momento em que o empregado pretendeu seu retorno ao serviço.

(E) As causas impeditivas sustam a contagem prescricional iniciada.

Resposta: B

G. *Incapazes*

O prazo prescricional não corre contra menores de 18 anos, conforme dispõe o art. 440 da Consolidação das Leis do Trabalho.[113]

Já o art. 198 do Código Civil, que é bem mais completo, pode ser aplicado à relação de emprego e **estende o benefício acima mencionado** aos ausentes e aos que se acharem servindo às forças armadas, em tempo de guerra.[114]

113. CLT. Art. 440: Contra os menores de 18 anos não corre nenhum prazo de prescrição.

114. Código Civil. Art. 198. Também não corre a prescrição: I – contra os incapazes de que trata o art. 3º; II – contra os ausentes do País em serviço público da União, dos Estados ou dos Municípios; III – contra os que se acharem servindo nas Forças Armadas, em tempo de guerra.

H. Dano moral

Conforme foi ressaltado na alínea "d" deste tópico, a prescrição da pretensão dos atores sociais que envolva pedido de danos morais é regida pelas regras de Direito Comum, mais precisamente pelo Código Civil, art. 206, § 3º, V, que estabelece o prazo de três anos.

Como a prescrição representa um instituto de Direito Material, **não pode sofrer influência do ramo do Poder Judiciário no qual tenha de ser aplicada**. Assim, independentemente da pretensão ser exercida perante a Justiça do Trabalho ou Justiça Comum, o prazo a ser observado é o do Código Civil.

Parte da doutrina e da jurisprudência entende que, se a lesão ao patrimônio ideal do trabalhador ou empregador ocorreu em razão da existência da relação de emprego, o crédito daí decorrente passa a ter natureza trabalhista e incide o prazo previsto pelo art. 7º, XXIX, da CF/88.

Esse entendimento, combinado com a aplicação do princípio protetivo, não resiste a uma análise mais aprofundada do instituto da prescrição. Se há dúvidas interpretativas entre a aplicação do prazo prescricional previsto pelo Código Civil ou aquele que consta da Carta Maior, a opção deve ser feita pelo que seja melhor para o obreiro, com a aplicação do princípio do *in dubio pro operario*.

Imagine-se a seguinte situação: o gerente de uma empresa, durante o horário de trabalho e no interior do estabelecimento, imputa a um empregado e a um amigo seu, simultaneamente, a prática de atos criminosos e, logo após, extingue a relação de emprego por justa causa.

Nesse caso, o empregado teria o prazo de dois anos para ingressar com uma reclamação trabalhista para cobrar uma indenização por danos morais, enquanto que o seu amigo teria o prazo de três anos? Obviamente que não.

Observa-se, desse modo, que, para uma mesma situação, haveria dois prazos distintos e o mais curto aplicável ao trabalhador, circunstância que contraria todas as regras que integram o princípio protetivo.

Conclui-se, assim, que no caso de possibilidade de aplicação de dois prazos de prescrição, deve-se optar por aquele que seja mais favorável ao empregado, diante da incidência da regra da norma mais benéfica. Portanto, no exemplo citado, se, após a ofensa moral, o empregado continua prestando serviços para o empregador, incide o prazo prescricional de **cinco anos** previsto pela Carta Magna vigente.

Importante salientar que **a jurisprudência dominante é no sentido de reconhecer a aplicação do prazo prescricional previsto na Constituição Federal,** se a lesão tiver ocorrido depois da promulgação da EC nº 45/04, e o prazo previsto no Código Civil, na hipótese de ter ocorrido antes desse marco:

> RECURSO DE REVISTA. PRESCRIÇÃO. DANO MORAL. ACIDENTE DE TRABALHO. SÚMULA Nº 126 DO TST. Esta e. Corte pacificou entendimento no sentido de que, no caso em que o acidente de trabalho ocorrera antes da fixação da competência da Justiça do Trabalho para apreciar o pedido de danos morais dele decorrente (Emenda Constitucional 45/2004), aplica-se a prescrição civil e, quando após, aplica-se a prescrição trabalhista. O Tribunal Regional, no entanto, não registra a data em que ocorreu o acidente

de trabalho, o que atrai o óbice da Súmula nº 126 do TST ao conhecimento do recurso. Recurso de revista não conhecido.[115]

SÚMULA Nº 91 do TRT4. PRESCRIÇÃO. ACIDENTE DO TRABALHO OU DOENÇA A ELE EQUIPARADA. Aplica-se o prazo prescricional previsto no artigo 7º, XXIX, da Constituição Federal à pretensão de pagamento de indenização por danos patrimoniais e extrapatrimoniais decorrentes de acidente do trabalho ou de doença a ele equiparada ocorridos após a edição da Emenda Constitucional nº 45/2004.

I. Acidente do trabalho e doença ocupacional

À ação de indenização por danos morais decorrentes de acidentes do trabalho, aplicam-se as mesmas regras e entendimentos mencionados na alínea anterior, com uma peculiaridade. Quando o acidente do trabalho ou a doença ocupacional implica incapacidade laboral, ainda que seja admita a incidência do prazo prescricional contido na Constituição Federal de 1998, deve-se optar por aquele relacionado com a execução do contrato de trabalho – cinco anos – e não com a sua extinção, que seria de dois anos.

A explicação é simples. A incapacidade para o trabalho do obreiro **faz suspender a execução do contrato de trabalho**, conforme determina o art. 475 da CLT: "O empregado que for aposentado por invalidez terá suspenso o seu contrato de trabalho durante o prazo fixado pelas leis de Previdência Social para a efetivação do benefício".

Assim, o ato de despedida de empregado incapacitado para o trabalho é nulo de pleno direito. Faculta-se a proposição de uma ação de indenização de danos morais no prazo de cinco anos.

A mencionada suspensão do contrato de trabalho não enseja a paralisação da fruição do prazo prescricional, uma vez que o empregado não fica obstado de exercer seu direito público e subjetivo de provocar o exercício da função jurisdicional do Estado.

Como já foi dito, não se aplica essa conclusão nas hipóteses em que a incapacidade laboral venha acompanhada da perda da capacidade de exercício do direito, o que atrai, nesse caso, a incidência da regra contida no art. 198, I, do Código Civil, combinado com o art. 3º, II, desse mesmo Diploma Legal.

Nesse sentido, a OJ nº 375 da SDI-1 do TST:

OJ Nº 375. AUXÍLIO-DOENÇA. APOSENTADORIA POR INVALIDEZ. SUSPENSÃO DO CONTRATO DE TRABALHO. PRESCRIÇÃO. CONTAGEM (DEJT divulgado em 19, 20 e 22.04.2010). A suspensão do contrato de trabalho, em virtude da percepção do auxílio-doença ou da aposentadoria por invalidez, não impede a fluência da prescrição quinquenal, ressalvada a hipótese de absoluta impossibilidade de acesso ao Judiciário.

Quanto ao marco inicial, predomina o entendimento de que é aquele correspondente à data da ciência inequívoca da perda da capacidade laboral:

SÚMULA Nº 32 do TRT10. ACIDENTE DE TRABALHO. DOENÇA PROFISSIONAL. PRETENSÃO INDENIZATÓRIA. PRESCRIÇÃO. TERMO INICIAL. AUXÍLIO-DOENÇA. APOSENTADORIA POR INVALIDEZ. EFEITOS. I – A prescrição da

115. TST. RR 122100-57.2009.5.01.0011. 3ª T. Rel. Min. Horácio Raymundo de Senna Pires. DEJT. 01.06.2011.

pretensão de reparação de dano, defluente de acidente ou doença profissionais, tem seu marco inicial na data da ciência inequívoca da perda da capacidade laboral (súmulas 278/STJ e 230/STF). II – A suspensão do contrato de trabalho (artigos 475 e 476 da CLT), por si só, não interfere no fluxo da prescrição, exceto se, em virtude da doença ou acidente, o empregado ficar impossibilitado de postular em Juízo.

J. *Súmulas e Orientações Jurisprudenciais do TST e prescrição*

Além das acima citadas, o TST editou outras Súmulas e Orientações Jurisprudenciais que tratam, especificamente, da prescrição:

SÚMULA Nº 6. EQUIPARAÇÃO SALARIAL. ART. 461 DA CLT. IX – Na ação de equiparação salarial, a prescrição é parcial e só alcança as diferenças salariais vencidas no período de 5 (cinco) anos que precedeu o ajuizamento. (ex-Súmula nº 274 – Res 121/2003, DJ 21.11.2003).

SÚMULA Nº 114. PRESCRIÇÃO INTERCORRENTE. É inaplicável na Justiça do Trabalho a prescrição intercorrente.

SÚMULA Nº 153. PRESCRIÇÃO. Não se conhece de prescrição não arguida na instância ordinária (ex-Prejulgado nº 27).

SÚMULA Nº 156. PRESCRIÇÃO. PRAZO. Da extinção do último contrato começa a fluir o prazo prescricional do direito de ação em que se objetiva a soma de períodos descontínuos de trabalho. Ex-prejulgado nº 31.

SÚMULA Nº 199. BANCÁRIO. PRÉ-CONTRATAÇÃO DE HORAS EXTRAS. (INCORPORADAS AS ORIENTAÇÕES JURISPRUDENCIAIS Nº 48 E 63 DA SDI-1). II – Em se tratando de horas extras pré-contratadas, opera-se a prescrição total se a ação não for ajuizada no prazo de cinco anos, a partir da data em que foram suprimidas.

SÚMULA Nº 275. PRESCRIÇÃO. DESVIO DE FUNÇÃO E REENQUADRAMENTO. (INCORPORADA A ORIENTAÇÃO JURISPRUDENCIAL Nº 144 DA SDI-1) I – Na ação que objetive corrigir desvio funcional, a prescrição só alcança as diferenças salariais vencidas no período de 5 (cinco) anos que precedeu o ajuizamento. (ex-Súmula nº 275 – Res 121/2003, DJ 21.11.2003). II – Em se tratando de pedido de reenquadramento, a prescrição é total, contada da data do enquadramento do empregado.

SÚMULA Nº 294. PRESCRIÇÃO. ALTERAÇÃO CONTRATUAL. TRABALHADOR URBANO – CANCELA OS ENUNCIADOS Nºs 168 (RA 102/1982, DJ 11.10.1982 E DJ 15.10.1982) E 198 (RES. 4/1985, DJ 01.04.1985).Tratando-se de ação que envolva pedido de prestações sucessivas decorrente de alteração do pactuado, a prescrição é total, exceto quando o direito à parcela esteja também assegurado por preceito de lei.

SÚMULA Nº 326. COMPLEMENTAÇÃO DE APOSENTADORIA. PRESCRIÇÃO TOTAL. (nova redação) A pretensão à complementação de aposentadoria jamais recebida prescreve em 2 (dois) anos contados da cessação do contrato de trabalho.

SÚMULA Nº 327. COMPLEMENTAÇÃO DOS PROVENTOS DE APOSENTADORIA. DIFERENÇA. PRESCRIÇÃO PARCIAL. A pretensão a diferenças de complementação de aposentadoria sujeita-se à prescrição parcial e quinquenal, salvo se o pretenso direito decorrer de verbas não recebidas no curso da relação de emprego e já alcançadas pela prescrição, à época da propositura da ação.

SÚMULA Nº 350. PRESCRIÇÃO. TERMO INICIAL. AÇÃO DE CUMPRIMENTO. SENTENÇA NORMATIVA. O prazo de prescrição com relação à ação de cumprimento de decisão normativa flui apenas da data de seu trânsito em julgado.

SÚMULA Nº 362. FGTS. PRESCRIÇÃO (nova redação) – Res. 198/2015, republicada em razão de erro material – DEJT divulgado em 12, 15 e 16.06.2015. I – Para os casos em que a ciência da lesão ocorreu a partir de 13.11.2014, é quinquenal a prescrição do direito de reclamar contra o não recolhimento de contribuição para o FGTS, observado o prazo de dois anos após o término do contrato; II – Para os casos em que o prazo prescricional já estava em curso em 13.11.2014, aplica-se o prazo prescricional que se consumar primeiro: trinta anos, contados do termo inicial, ou cinco anos, a partir de 13.11.2014 (STF-ARE-709212/DF).

SÚMULA Nº 452. DIFERENÇAS SALARIAIS. PLANO DE CARGOS E SALÁRIOS. DESCUMPRIMENTO. CRITÉRIOS DE PROMOÇÃO NÃO OBSERVADOS. PRESCRIÇÃO PARCIAL. (Conversão da Orientação Jurisprudencial nº 404 da SBDI-1). Tratando-se de pedido de pagamento de diferenças salariais decorrentes da inobservância dos critérios de promoção estabelecidos em Plano de Cargos e Salários criado pela empresa, a prescrição aplicável é a parcial, pois a lesão é sucessiva e se renova mês a mês.

OJ Nº 38. SDI-1. EMPREGADO QUE EXERCE ATIVIDADE RURAL. EMPRESA DE REFLORESTAMENTO. PRESCRIÇÃO PRÓPRIA DO RURÍCOLA. (LEI Nº 5.889, DE 08.06.1973, Art. 10, E DECRETO Nº 73.626, DE 12.02.19/74, Art. 2º, § 4º) (inserido dispositivo) – DEJT divulgado em 16, 17 e 18.11.2010. O empregado que trabalha em empresa de reflorestamento, cuja atividade está diretamente ligada ao manuseio da terra e de matéria-prima, é rurícola e não industriário, nos termos do Decreto nº 73.626, de 12.02.1974, art. 2º, § 4º, pouco importando que o fruto de seu trabalho seja destinado à indústria. Assim, aplica-se a prescrição própria dos rurícolas aos direitos desses empregados.

OJ Nº 76. SDI-1. Substituição Dos Avanços Trienais Por Quinquênios. Alteração do Contrato de Trabalho. Prescrição Total. CEEE. Inserida em 14.03.94 (inserido dispositivo). A alteração contratual consubstanciada na substituição dos avanços trienais por quinquênios decorre de ato único do empregador, momento em que começa a fluir o prazo fatal de prescrição.

OJ Nº 83. SDI-1. Aviso Prévio. INDENIZAÇÃO. Prescrição. Inserida em 28.04.97. A prescrição começa a fluir no final da data do término do aviso prévio. Art. 487, § 1º, CLT.

OJ Nº 129. SDI-1. Prescrição. Complementação da Pensão e Auxílio-Funeral. A prescrição extintiva para pleitear judicialmente o pagamento da complementação de pensão e do auxílio-funeral é de 2 anos, contados a partir do óbito do empregado.

OJ Nº 130. SDI-1. Prescrição. Ministério Público. Arguição. *Custos Legis*. Ilegitimidade. (nova redação, DJ 20.04.2005) Ao exarar o parecer na remessa de ofício, na qualidade de *custos legis*, o Ministério Público não tem legitimidade para arguir a prescrição em favor de entidade de direito público, em matéria de direito patrimonial (arts. 194 do CC de 2002 e 219, § 5º, do CPC).

OJ Nº 175. SDI-1. COMISSÕES. ALTERAÇÃO OU SUPRESSÃO. PRESCRIÇÃO TOTAL. (nova redação em decorrência da incorporação da Orientação Jurisprudencial nº 248 da SBDI-1, DJ 22.11.2005). A supressão das comissões, ou a alteração quanto à forma ou ao percentual, em prejuízo do empregado, é suscetível de operar a prescrição total da ação, nos termos da Súmula nº 294 do TST, em virtude de cuidar-se de parcela não assegurada por preceito de lei.

OJ Nº 242. SDI-1. Prescrição Total. Horas Extras. Adicional. Incorporação. Embora haja previsão legal para o direito à hora extra, inexiste previsão para a incorporação ao salário do respectivo adicional, razão pela qual deve incidir a prescrição total.

OJ Nº 243. SDI-1. Prescrição Total. Planos Econômicos. Aplicável a prescrição total sobre o direito de reclamar diferenças salariais resultantes de planos econômicos.

OJ Nº 271. SDI-1. Rurícola. Prescrição. Contrato de Emprego Extinto. Emenda Constitucional nº 28/2000. Inaplicabilidade. Inserida em 27.09.2002 (alterada). O prazo prescricional da pretensão do rurícola, cujo contrato de emprego já se extinguira ao sobrevir a Emenda Constitucional nº 28, de 26.05.2000, tenha sido ou não ajuizada a ação trabalhista, prossegue regido pela lei vigente ao tempo da extinção do contrato de emprego.

OJ Nº 344. SDI-1. FGTS. Multa de 40%. Diferenças Decorrentes dos Expurgos Inflacionários. Prescrição. Termo Inicial. DJ 10.11.2004 (alterada em decorrência do julgamento do processo TST IUJ-RR 1577/2003-019-03-00.8). O termo inicial do prazo prescricional para o empregado pleitear em juízo diferenças da multa do FGTS, decorrentes dos expurgos inflacionários, deu-se com a vigência da Lei Complementar nº 110, em 30.06.01, salvo comprovado trânsito em julgado de decisão proferida em ação proposta anteriormente na Justiça Federal, que reconheça o direito à atualização do saldo da conta vinculada.

OJ Nº 359. SDI-1. SUBSTITUIÇÃO PROCESSUAL. SINDICATO. LEGITIMIDADE. PRESCRIÇÃO. INTERRUPÇÃO. A ação movida por sindicato, na qualidade de substituto processual, interrompe a prescrição, ainda que tenha sido considerado parte ilegítima *ad causam*.

OJ Nº 399. SDI-1. ESTABILIDADE PROVISÓRIA. AÇÃO TRABALHISTA AJUIZADA APÓS O TÉRMINO DO PERÍODO DE GARANTIA NO EMPREGO. ABUSO DO EXERCÍCIO DO DIREITO DE AÇÃO. NÃO CONFIGURAÇÃO. INDENIZAÇÃO DEVIDA. (DEJT divulgado em 02, 03 e 04.08.2010). O ajuizamento de ação trabalhista após decorrido o período de garantia de emprego não configura abuso do exercício do direito de ação, pois este está submetido apenas ao prazo prescricional inscrito no art. 7º, XXIX, da CF/1988, sendo devida a indenização desde a dispensa até a data do término do período estabilitário.

OJ Nº 401. SDI-1. PRESCRIÇÃO. MARCO INICIAL. AÇÃO CONDENATÓRIA. TRÂNSITO EM JULGADO DA AÇÃO DECLARATÓRIA COM MESMA CAUSA DE PEDIR REMOTA AJUIZADA ANTES DA EXTINÇÃO DO CONTRATO DE TRABALHO. (DEJT divulgado em 02, 03 e 04.08.2010). O marco inicial da contagem do prazo prescricional para o ajuizamento de ação condenatória, quando advém a dispensa do empregado no curso de ação declaratória que possua a mesma causa de pedir remota, é o trânsito em julgado da decisão proferida na ação declaratória e não a data da extinção do contrato de trabalho.

OJ Nº 417. SDI-1. Prescrição. Rurícola. EC 28/00. Contrato de trabalho em curso. (Divulgada no DeJT 14/02/2012). Não há prescrição total ou parcial da pretensão do trabalhador rural que reclama direitos relativos a contrato de trabalho que se encontrava em curso à época da promulgação da EC 28/00, desde que ajuizada a demanda no prazo de cinco anos de sua publicação, observada a prescrição bienal.

4.9. Decadência

A prescrição implica perda do direito da pretensão e não do direito material em si considerado. Tanto que a dívida paga após a prescrição não pode ser cobrada, pois se trata de obrigação natural.

Já na decadência perde-se, pelo decurso do tempo, o próprio direito. **Ocorre quando, para o exercício de um direito, exige-se a intervenção do Poder Judiciário.** Em outras palavras, o ajuizamento de determinada ação constitui formalidade do ato jurídico que deve ser praticado pelo interessado.

Os prazos de decadência são típicos de ações constitutivas. Desse modo, no âmbito do Direito do Trabalho, faculta-se ao empregador suspender o empregado estável para apuração de falta grave.

Se o empregador optar por suspender o empregado estável, **terá o prazo de trinta dias** para ajuizar o competente inquérito para apuração de falta grave, sob pena de **decair o seu direito.**[116] É o único prazo de decadência que se tem conhecimento do Direito do trabalho, conforme se observa da Súmula nº 403, do STF: "É de decadência o prazo de trinta dias para instauração do inquérito judicial, a contar da suspensão, por falta grave, do empregado estável".[117]

Exemplos de questões sobre o tema

(TRT 2 – Juiz do Trabalho Substituto 2ª região/2016) Com fundamento na legislação e no entendimento sumulado do Tribunal Superior do Trabalho, quanto à prescrição e decadência no Direito do Trabalho é correto afirmar que:

A) É prescricional o prazo de 30 (trinta) dias, contados da data da suspensão do empregado, para a instauração do inquérito visando a apuração de falta grave contra empregado garantido com estabilidade, ocasião em que o empregador apresentará reclamação por escrito à Justiça do Trabalho.

B) Respeitado o biênio subsequente à cessação contratual, a prescrição da ação trabalhista concerne às pretensões imediatamente anteriores a cinco anos, contados da data da extinção do contrato.

C) Na hipótese de colusão das partes, o prazo decadencial da ação rescisória somente começa a fluir para o Ministério Público, que não interveio no processo principal, a partir do momento em que tem ciência da fraude

D) Para os casos em que a ciência da lesão ocorreu a partir de 13.11.2014, é trintenária a prescrição do direito de reclamar contra o não recolhimento de contribuição para o FGTS, observado o prazo de dois anos após o término do contrato de trabalho.

E) O prazo de decadência, na ação rescisória, de 5 (cinco) anos, conta-se do dia imediatamente subsequente ao trânsito em julgado da última decisão proferida na causa, seja de mérito ou não.

Resposta: C

(TRT 8 – Juiz do Trabalho Substituto 8ª região/2015) Sobre prescrição, é INCORRETO afirmar que:

a) Para o bancário, em se tratando de horas extras pré-contratadas, opera-se a prescrição total se a ação não for ajuizada no prazo de dois anos, a partir da data em que foram suprimidas.

b) A suspensão do contrato de trabalho, em vi-tude da percepção do auxílio-doença ou da aposentadoria por invalidez, não impede a fluência da prescrição quinquenal, ressalvada a hipótese de absoluta impossibilidade de acesso ao Judiciário.

c) A ação trabalhista, ainda que arquivada, interrompe a prescrição somente em relação a pedidos idênticos.

d) A ação movida por sindicato, na qualidade de substituto processual, interrompe a prescrição, ainda que tenha sido considerado parte ilegítima ad causam.

e) No caso das férias, o prazo prescricional, durante a vigência da relação de emprego, inicia-se somente após o término do período concessivo.

Resposta: A

116. TST. Súmula nº 62. ABANDONO DE EMPREGO. O prazo de decadência do direito do empregador de ajuizar inquérito em face do empregado que incorre em abandono de emprego é contado a partir do momento em que o empregado pretendeu seu retorno ao serviço.

117. O prazo para ajuizamento da ação rescisória, no processo do trabalho, também é decadencial.

(FCC – Juiz do Trabalho Substituto 15ª região/2015) Quanto ao instituto da prescrição trabalhista, de acordo com a CLT e conforme atual entendimento pacificado do TST, é INCORRETO afirmar que

(A) José, nascido em 20/01/1998, empregado da empresa "X" no período de 31/01/2014 a 18/11/2014, tendo sido dispensado sem justa causa e cumprido o prazo do aviso prévio trabalhando, caso deseje ingressar com Reclamação Trabalhista contra sua ex-empregadora para requerer o pagamento de diferenças de horas extras, deve observar o prazo até 22/01/2018.

(B) no tocante às férias, a prescrição do direito de reclamá-las surge a partir de expirado o prazo do período concessivo sem que o empregador tenha oportunizado o descanso, observados os demais períodos prescricionais no caso de extinção do contrato de trabalho.

(C) Maria era empregada pública do Estado do Rio de Janeiro desde 06/01/2010, quando ocorreu a mudança no seu regime jurídico de estatutário para o celetista em 06/01/2012, tendo se aposentado em 06/01/2014, o termo final para Maria ingressar com reclamação trabalhista pleiteando direitos que entende devidos oriundos do período em que foi empregada pública sob o regime celetista é até 06/01/2016.

(D) empregado que recebe gratificação semestral, tendo sido congelado seu valor, em relação ao direito de pleitear diferenças incidirá a prescrição parcial.

(E) tratando-se de pedido de complementação de aposentadoria jamais paga ao ex-empregado, a prescrição aplicável é a total, começando-se a fluir do biênio a partir da aposentadoria.

Resposta: E

(FCC – Juiz do Trabalho Substituto 6ª região/2015) Em relação à contagem do prazo prescricional trabalhista, de acordo com o entendimento pacificado da jurisprudência do TST,

(A) a prescrição extintiva para pleitear judicialmente o pagamento da complementação de pensão e do auxílio-funeral é de dois anos, contados a partir da abertura do inventário.

(B) o marco inicial da contagem do prazo prescricional para o ajuizamento de ação condenatória, quando advém a dispensa do empregado no curso de ação declaratória que possua a mesma causa de pedir remota, é a data da extinção do contrato de trabalho.

(C) da data do término do aviso-prévio começa a fluir a prescrição.

(D) o prazo de prescrição com relação à ação de cumprimento de decisão normativa flui a partir da publicação da mesma no Diário Oficial.

(E) a prescrição da ação através da qual se objetiva a soma de períodos descontínuos de trabalho começa a fluir da data de extinção do primeiro contrato.

Resposta: C

(FCC – Juiz do Trabalho Substituto 1ª região/2015) Em relação à pronúncia do instituto da prescrição na seara trabalhista, de acordo com entendimento sumulado do Tribunal Superior do Trabalho, é correto afirmar:

(A) Da extinção do primeiro período do contrato de trabalho começa a fluir o prazo prescricional do direito de ação em que se objetiva a soma de períodos descontínuos de trabalho.

(B) Em se tratando de horas extras pré-contratadas, opera-se a prescrição quinquenal se a ação não for ajuizada no prazo de cinco anos, a partir da data em que foram suprimidas.

(C) Respeitado o biênio subsequente à cessação contratual, a prescrição da ação trabalhista concerne às pretensões imediatamente anteriores a cinco anos, contados da data do ajuizamento da reclamação e, não, às anteriores ao quinquênio da data da extinção do contrato.

(D) A pretensão a diferenças de complementação de aposentadoria sujeita-se à prescrição parcial, salvo se o pretenso direito decorrer de verbas não recebidas no curso da relação de emprego e já alcançadas pela prescrição, à época da propositura da ação.

(E) Tratando-se de pedido de pagamento de diferenças salariais decorrentes da inobservância dos critérios de promoção estabelecidos em Plano de Cargos e Salários criado pela empresa, a prescrição aplicável é a bienal.

Resposta: C

(TRT 3 – Juiz do Trabalho Substituto 3ª região/ 2013) Considerando a direito sumulado pelo TST sobre prescrição, assinale a alternativa incorreta:

(A) Na ação que objetive corrigir desvio funcional, a prescrição só alcança as diferenças salariais vencidas no período de 5 (cinco) anos que precedeu o ajuizamento.

(B) Em se tratando de pedido de reenquadramento, a prescrição é total, contado o prazo prescricional de 02 anos da data do enquadramento do empregado.

(C) Da extinção do último contrato começa a fluir o prazo prescricional do direito de ação em que se objetiva a soma de períodos descontínuos de trabalho.

(D) Em se tratando de horas extras pré-contratadas, opera-se a prescrição total se a ação não for ajuizada no prazo de cinco anos, a partir da data em que foram suprimidas.

(E) A ação trabalhista, ainda que arquivada, interrompe a prescrição somente em relação aos pedidos idênticos.

Resposta: B

(TRT 15 – Juiz do Trabalho Substituto 15ª região/ 2013) No que tange à prescrição, é correto afirmar:

(A) é entendimento sumulado do STF que a prescrição da ação de acidente do trabalho conta-se do exame pericial que comprovar a enfermidade ou verificai a natureza da incapacidade;

(B) prescrição é a perda do direito, atendendo a um pressuposto de interesse social em tomo da segurança jurídica do devedor;

(C) a prescrição do direito ao recebimento da remuneração das férias, com o correspondente acréscimo de 1/3, conta-se a partir do término do período de 12 (doze) em que as férias foram adquiridas;

(D) a prescrição trabalhista está prevista na Constituição Federal como um direito do empregador;

(E) nos expressos termos da Constituição, corre o prazo prescricional de 02 (dois) anos durante o curso da relação de emprego, no que se refere a alterações essenciais das condições de trabalho.

Resposta: A

4.10. Despedida sem justa causa

Quando o rompimento do vínculo empregatício decorre do exercício do direito potestativo do empregador, é necessária a concessão de um aviso-prévio de, no mínimo, 30 (trinta) dias.

Entretanto, é facultado ao empregador converter o período de trabalho do empregado, durante o aviso-prévio, em indenização reparatória.

Ressalte-se que, além do aviso-prévio trabalhado ou indenizado, o empregado terá direito a outras parcelas conhecidas como verbas rescisórias, que serão objeto de análise dos itens que se seguem.

A. *Parcelas rescisórias*

O empregado despedido sem justa causa tem direito às parcelas de **13º salário proporcional e férias proporcionais acrescidas de 1/3,** pois a culpa, pelo não implemento das condições necessárias à percepção integral das referidas verbas, foi do empregador.

O cálculo da **indenização** referente às férias é feito observada a proporção de 1/12 por mês de serviço, assim considerado a fração superior a 14 dias de serviço.[118]

118. CLT. Art. 146. Parágrafo único: Na cessação do contrato de trabalho, após 12 (doze) meses de serviço, o empregado, desde que não haja sido demitido por justa causa, terá direito à remuneração relativa ao período incompleto de férias, de acordo com o artigo 130, na proporção de 1/12 (um doze avos) por mês de serviço ou fração superior a 14 (quatorze) dias.

Saliente-se ainda que, se quando da despedida estiver em curso o período concessivo de férias, o empregado terá direito ao pagamento de uma **indenização** reparatória referente ao período integral de férias não gozado, acrescida de um terço. Se já houver transcorrido o prazo concessivo de férias, essa indenização será devida em dobro.[119]

O pagamento da gratificação de natal, mais conhecida como 13º salário, é disciplinada pela Lei nº 4.090/62. Com a extinção do contrato de trabalho sem justa causa, o empregado passa a ter direito ao pagamento proporcional dessa gratificação, correspondente a 1/12 por mês de serviço ou fração igual ou **superior a 15 dias**, que tem natureza **salarial.**

As guias para o saque do **Fundo de Garantia por Tempo de Serviço – FGTS** devem ser liberadas pelo empregador, com o acréscimo da multa de 40% (Lei 8.036/90, art. 18, parágrafo primeiro)[120] sobre os depósitos efetuados durante a relação empregatícia.

Caso o empregado perceba remuneração mensal e ocorra o fim do contrato durante o transcurso do mês, o **saldo de salário** referente aos dias trabalhados deverá ser quitado, também, no TRCT.

Se o empregador deixou de pagar alguma verba ao empregado, durante a vigência do pacto laboral, poderá fazê-lo no momento da extinção do pacto laboral.

Por fim, na hipótese do empregado ser despedido nos trinta dias que antecedem a data-base de sua categoria profissional, terá direito a **indenização adicional** prevista pela Lei nº 7.238/84, equivalente a um salário mensal.

Em resumo, em caso de despedida do empregado por iniciativa do empregador e sem justa causa (resilição contratual unilateral), o empregado terá direito a:

a) aviso-prévio ou indenização reparatória;

b) férias proporcionais acrescidas de 1/3 e, eventualmente, férias indenizadas simples ou em dobro, acrescidas de 1/3;

c) 13º salário proporcional;

d) saldo de salário;

e) liberação das guias do FGTS acrescido da multa de 40%;

f) comprovação da comunicação de despedida feita pelo empregador ao órgão competente para efeito de liberação do valor relativo ao do seguro-desemprego ou indenização reparatória em face da omissão; e

g) indenização adicional prevista pela Lei nº 7.238/84.

---

119. CLT. Art. 146. Na cessação do contrato de trabalho, qualquer que seja a sua causa, será devida ao empregado a remuneração simples ou em dobro, conforme o caso, correspondente ao período de férias cujo direito tenha adquirido.

120. Lei 8.036/90. Art. 18: Ocorrendo rescisão do contrato de trabalho, por parte do empregador, ficará este obrigado a depositar na conta vinculada do trabalhador no FGTS os valores relativos aos depósitos referentes ao mês da rescisão e ao imediatamente anterior, que ainda não houver sido recolhido, sem prejuízo das cominações legais. § 1º. Na hipótese de despedida pelo empregador sem justa causa, depositará este, na conta vinculada do trabalhador no FGTS, importância igual a quarenta por cento do montante de todos os depósitos realizados na conta vinculada durante a vigência do contrato de trabalho, atualizados monetariamente e acrescidos dos respectivos juros.

B. *Seguro-desemprego*

Regulamentado pelas Leis nºs 7.998/90, 10.608/02, 10.779/03 e 13.134/15, o programa do seguro-desemprego tem como objetivos principais **prover assistência financeira temporária ao trabalhador desempregado** em virtude de dispensa **sem justa causa, inclusive a indireta**; e **auxiliar os trabalhadores na busca de emprego**, com ações integradas de orientação, recolocação e qualificação profissional.

Apesar de previsto no art. 7º, II, CF/88, trata-se de **benefício previdenciário** na forma do preceito contido no art. 201 da Carta Magna que lista as contingências cobertas pela previdência social, inclusive o desemprego involuntário.

Todavia, esse benefício não é financiado pelas receitas do regime geral da previdência social – RGPS, mas sim por recursos do Fundo de Amparo do Trabalhador.

Uma vez despedido **sem justa causa**, o empregador comunicará o fato às autoridades competentes para possibilitar a concessão do seguro-desemprego, na forma prevista pelo § 10, art. 477 da CLT, com redação dada pela Lei nº 13.467/17:

> **Art. 477. § 10.** A anotação da extinção do contrato na Carteira de Trabalho e Previdência Social é documento hábil para requerer o benefício do seguro-desemprego e a movimentação da conta vinculada no Fundo de Garantia do Tempo de Serviço, nas hipóteses legais, desde que a comunicação prevista no caput deste artigo tenha sido realizada.

Eventual omissão do empregador autoriza o ingresso em juízo, pelo empregado, para postular o cumprimento da obrigação de fazer ou pagamento de **indenização**, posicionamento esse adotado pela Súmula nº 389 do Tribunal Superior do Trabalho:

> **SÚMULA Nº 389.** SEGURO-DESEMPREGO. COMPETÊNCIA DA JUSTIÇA DO TRABALHO. DIREITO À INDENIZAÇÃO POR NÃO LIBERAÇÃO DE GUIAS. (conversão das Orientações Jurisprudenciais nº 210 e 211 da SDI-I) – Res. 129/2005 – DJ 20.04.2005: I – Inscreve-se na competência material da Justiça do Trabalho a lide entre empregado e empregador tendo por objeto indenização pelo não fornecimento das guias do seguro-desemprego. (ex-OJ nº 210 – Inserida em 08.11.2000); II – O não fornecimento pelo empregador da guia necessária para o recebimento do seguro-desemprego dá origem ao direito à indenização. (ex-OJ nº 211 – Inserida em 08.11.2000).

O pagamento do referido benefício é feito de acordo com as informações repassadas pelas empresas, por meio do e-Social, que substituiu o Cadastro Geral de Empregados e Desempregados – CAGED.

Essa categoria de normas **não pode ser objeto de acordo ou convenção coletiva de trabalho**, no sentido de supressão ou redução do respectivo direito do empregado, conforme previsão expressa contida no art. 611-B, II, da CLT, introduzido por meio da Lei nº 13.467/17:

> **Art. 611-B.** Constituem objeto ilícito de convenção coletiva ou de acordo coletivo de trabalho, exclusivamente, a supressão ou a redução dos seguintes direitos: II – seguro-desemprego, em caso de desemprego involuntário.

– *Requisitos para concessão*

Segundo preceito contido Lei nº 13.134/15, que alterou a Lei nº 7.998/90, o benefício do seguro desemprego será concedido ao empregado **despedido sem justa causa**[121] e que comprove ter recebido salário:

a) a pelo menos **doze meses** nos últimos **dezoito meses** imediatamente anteriores à data da dispensa, quando da **primeira solicitação**;

b) a pelo menos **nove meses** nos últimos **doze meses** imediatamente anteriores à data da dispensa, quando da **segunda solicitação**; e

c) a cada um dos **seis meses** imediatamente anteriores à data da dispensa quando das **demais solicitações**.

O quadro a seguir resume os requisitos citados para percepção do referido benefício:

Ordem	Tempo de serviço	Período de referência
Primeira	12 meses	18 meses
Segunda	9 meses	12 meses
Demais	6 meses	6 meses

Não tem direito ao seguro desemprego o trabalhador que:

a) encontra-se em gozo de qualquer benefício previdenciário de prestação continuada, excetuado o auxílio-acidente e o auxílio suplementar previstos na Lei nº 6.367/76, bem como o abono de permanência em serviço previsto na Lei nº 5.890/73;

b) estiver em gozo do auxílio-desemprego;

c) possuir renda própria de qualquer natureza suficiente à sua manutenção e de sua família;

d) for despedido por justa causa, pedir demissão ou extinguir o contrato de trabalho por acordo;

e) aderir ao plano de demissão voluntária.[122]

A percepção do seguro-desemprego ainda **pode estar condicionada à comprovação da matrícula e da frequência** do trabalhador em curso de formação inicial e continuada ou qualificação profissional habilitado pelo Ministério da Educação, nos termos do art. 18 da Lei nº 12.513/11, ofertado por meio da Bolsa-Formação Trabalhador concedida no âmbito do Programa Nacional de Acesso ao Ensino Técnico e Emprego (PRONATEC) ou de vagas gratuitas na rede de educação profissional e tecnológica.

121. Estende-se o seguro-desemprego para os casos de despedida indireta e ao trabalhador resgatado de trabalho forçado ou de condição análoga à de escravo.

122. Resolução do CODEFAT nº 467/2005, art. 6º.

O Decreto nº 7.721/11, com redação dada pelo Decreto nº 8.112/13, em seu art. 1º dispõe:

> **Art. 1º.** O recebimento de assistência financeira pelo trabalhador segurado que solicitar o benefício do Programa de Seguro-Desemprego a partir da segunda vez dentro de um período de dez anos poderá ser condicionado à comprovação de matrícula e frequência em curso de formação inicial e continuada ou de qualificação profissional, habilitado pelo Ministério da Educação, nos termos do art. 18 da Lei nº 12.513, de 26 de outubro de 2011, com carga horária mínima de cento e sessenta horas. Parágrafo único. O curso previsto no *caput* será ofertado por meio da Bolsa-Formação Trabalhador concedida no âmbito do Programa Nacional de Acesso ao Ensino Técnico e Emprego – PRONATEC, instituído pela Lei nº 12.513, de 2011, ou de vagas gratuitas na rede de educação profissional e tecnológica.

O citado benefício é concedido em **três, quatro ou cinco parcelas**, de forma alternada ou continua, a depender do tempo em que o trabalhador tiver mantido relação empregatícia nos **trinta e seis meses** que antecedem a data da dispensa (**período de referência**), além da ordem da solicitação, primeira, segunda, terceira e assim por diante:

Primeira solicitação	Segunda solicitação	Terceira solicitação
a) **quatro parcelas**, se o trabalhador comprovar vínculo empregatício com pessoa jurídica ou pessoa física a ela equiparada, de no mínimo **doze** e no máximo **vinte e três meses**, no período de referência; ou	a) **três parcelas**, se o trabalhador comprovar vínculo empregatício com pessoa jurídica ou pessoa física a ela equiparada, de no mínimo **nove meses** e no máximo **onze meses**, no período de referência;	a) **três parcelas**, se o trabalhador comprovar vínculo empregatício com pessoa jurídica ou pessoa física a ela equiparada, de no mínimo **seis meses** e no máximo **onze meses**, no período de referência;
b) **cinco parcelas**, se o trabalhador comprovar vínculo empregatício com pessoa jurídica ou pessoa física a ela equiparada, de no mínimo **vinte e quatro meses**, no período de referência.	b) **quatro parcelas**, se o trabalhador comprovar vínculo empregatício com pessoa jurídica ou pessoa física a ela equiparada, de no mínimo **doze meses** e no máximo **vinte e três meses**, no período de referência; ou	b) **quatro parcelas**, se o trabalhador comprovar vínculo empregatício com pessoa jurídica ou pessoa física a ela equiparada, de no mínimo **doze meses** e no máximo **vinte e três meses**, no período de referência; ou
–	c) **cinco parcelas**, se o trabalhador comprovar vínculo empregatício com pessoa jurídica ou pessoa física a ela equiparada, de no mínimo **vinte e quatro meses**, no período de referência.	c) **cinco parcelas**, se o trabalhador comprovar vínculo empregatício com pessoa jurídica ou pessoa física a ela equiparada, de no mínimo **vinte e quatro meses**, no período de referência

* Note-se que a fração igual ou superior a quinze dias deve ser computada como um mês integral.

Para o empregado doméstico, a Resolução do CODEFAT nº 754/15 estabelece os seguintes requisitos para a concessão do seguro-desemprego:

> I – ter sido empregado doméstico, por pelo menos **quinze meses nos últimos vinte e quatro meses** que antecedem à data da dispensa que deu origem ao requerimento do Seguro-Desemprego;
>
> II – não estar em gozo de qualquer benefício previdenciário de prestação continuada da previdência social, exceto auxílio-acidente e pensão por morte;
>
> III – não possuir renda própria de qualquer natureza, suficiente à sua manutenção e de sua família.

O valor do respectivo benefício é de **um salário-mínimo para o empregado doméstico**, a ser concedido por um período máximo de **três meses**, de forma contínua ou alternada, a cada período aquisitivo de **dezesseis meses**, contados da data da dispensa que originou habilitação anterior.

– *Suspensão do pagamento e cancelamento*

O pagamento do seguro-desemprego **será suspenso nas seguintes situações**, conforme disposto no art. 7º da Lei nº 7.998/90:

a) admissão do trabalhador em novo emprego;

b) início de percepção de benefício de prestação continuada da Previdência Social, exceto o auxílio-acidente, o auxílio suplementar e o abono de permanência em serviço;

c) início de percepção de auxílio-desemprego.

d) recusa injustificada por parte do trabalhador desempregado em participar de ações de recolocação de emprego, conforme regulamentação do CODEFAT.

Já o **cancelamento** desse benefício opera-se (art. 8º da Lei nº 7.998/90):

a) **pela recusa por parte do trabalhador desempregado de outro emprego** condizente com sua qualificação registrada ou declarada e com sua remuneração anterior;[123]

b) por comprovação **de falsidade na prestação das informações** necessárias à habilitação;

c) **por comprovação de fraude visando à percepção indevida do benefício do seguro--desemprego; ou**

d) **por morte do segurado.**

Nos dois primeiros casos, o benefício será suspenso por um período de **dois anos**, ressalvado o prazo de carência, o direito do trabalhador à percepção do seguro-desemprego. Em caso de reincidência, **dobra-se o período de suspensão**.

Observe-se também que se o trabalhador infringir os preceitos legais e houver percebido indevidamente parcela de seguro-desemprego, **estará sujeito à compensação automática do débito** com o novo benefício, na forma e no percentual definidos por resolução do CODEFAT.

– *Situações especiais*

Será devido o seguro-defeso para os **pescadores artesanais,** assim entendido aquele que faça da pesca profissão habitual ou principal meio de vida, ininterruptamente, de forma artesanal, individualmente ou em regime de economia familiar. Nesse caso, o valor do benefício também será de um salário mínimo.

Estende-se, também, o referido benefício para os trabalhadores **libertados do trabalho forçado ou da condição análoga à de escravo**, conforme disposições contidas na Lei nº 10.608/02.

123. Resolução do CODEFAT nº 467/2005. Art. 20. O encaminhamento do trabalhador ao mercado de trabalho, no ato do requerimento, não representará impedimento para a concessão do benefício nem afetará a sua tramitação, salvo por comprovação de reemprego e quando não houver resposta do encaminhamento para a vaga ofertada, no prazo de 30 (trinta) dias, a contar da data do requerimento.

Exemplo de questão sobre o tema:

(FCC – Juiz do Trabalho/2017) Marcos trabalhou como recepcionista no consultório odontológico de Henrique, com exercício efetivo de atividades no período de 30/11/2016 a 31/03/2017, sendo dispensado sem justa causa. Não houve comunicação regular e prévia acerca da terminação contratual. Na CTPS do trabalhador, foi registrada como data de saída 31/03/2017. Diante do ajuizamento de ação trabalhista por Marcos em 10/06/2017, Henrique quitou, em audiência, aviso-prévio indenizado, décimo terceiro salário e férias mais 1/3, comprovando os recolhimentos de FGTS + multa de 40%. Recusou-se, entretanto, à retificação da data de saída na CTPS e à indenização do valor correspondente ao benefício do seguro--desemprego, sob os argumentos de que a data constante na CTPS se tratou do último dia efetivamente trabalhado por Marcos e de que não forneceu as guias para habilitação à época por ter sido reduzida a duração o período do contrato de emprego. Considere que, à época do vínculo havido com Henrique, já existia, na CTPS do trabalhador Marcos, anterior registro de emprego com empregador distinto, no que tange ao período de 10/04/2016 a 13/08/2016. Considere também que se trataria da segunda solicitação de Marcos quanto ao benefício do seguro-desemprego, tendo a primeira ocorrido há cinco anos. Nessa situação hipotética:

I. Marcos não faz jus à indenização do valor relativo ao seguro-desemprego, pois a relação laboral com Henrique somente teve duração de quatro meses.

II. Marcos deve receber indenização substitutiva, observando-se parâmetro correspondente a três parcelas do seguro-desemprego.

III. Apenas o mês integralmente trabalhado será reputado para os efeitos de apuração do período máximo de percepção das parcelas de seguro-desemprego ou indenização substitutiva, quando frustrado o benefício pelo ex-empregador.

IV. Deve ser corrigida a data de saída registrada na CTPS do trabalhador, a fim de fazer constar 30/04/2017.

Está respaldado na legislação vigente, nas Súmulas e nas Orientações Jurisprudenciais do Tribunal Superior do Trabalho o que se afirma APENAS em

(A) IV.
(B) II e III.
(C) II e IV.
(D) I e III.
(E) I.

Resposta: C

4.11. Demissão

O empregado que tem a iniciativa de romper o pacto laboral, **perde o direito a liberação do FGTS acrescida de multa de 40%.**

O empregado também deverá conceder aviso-prévio ao empregador de sua intenção, sob pena de **desconto** do valor referente ao período respectivo nas parcelas rescisórias.

Consideradas as disposições contidas na Convenção nº 132 da OIT, o empregado que se demite tem direito a uma **indenização referente às férias proporcionais acrescidas de 1/3**, fato que ensejou a alteração da redação da Súmula nº 261 do TST.[124]

O TST, ao interpretar a Lei nº 4.090/62, entendeu ser **devido o 13º salário proporcional ao empregado que pede demissão**, conforme se observa do teor da Súmula nº 157:

124. TST. Súmula nº 261. FÉRIAS PROPORCIONAIS. PEDIDO DE DEMISSÃO. CONTRATO VIGENTE HÁ MENOS DE ANO. O empregado que espontaneamente pede demissão, antes de completar doze meses de serviço, não tem direito a férias proporcionais.

"GRATIFICAÇÃO. A gratificação instituída pela Lei nº 4.090, de 13.07.1962 é devida na resilição contratual de iniciativa do empregado. Ex-prejulgado nº 32".

Entretanto, o empregado que pede demissão **perde direito** aos benefícios relativos ao seguro-desemprego.

Em síntese, em caso de demissão, o obreiro terá direito a:

a) férias proporcionais acrescidas de 1/3 e eventualmente férias indenizadas, simples ou dobradas, acrescidas de 1/3;

b) 13º salário proporcional; e

c) saldo de salários.

A multa do art. 477, § 8º da CLT é devida independentemente do motivo da extinção do contrato de trabalho, inclusive na demissão, na forma do preceito contido no *caput* do referido dispositivo legal, alterado pela Lei nº 13.467/17:

> Art. 477. Na extinção do contrato de trabalho, o empregador deverá proceder à anotação na Carteira de Trabalho e Previdência Social, comunicar a dispensa aos órgãos competentes e realizar o pagamento das verbas rescisórias no prazo e na forma estabelecidos neste artigo.

4.12. Despedida por justa causa

Mesmo em caso de falta grave, que enseja o rompimento do pacto sem ônus financeiro para o empregador, é devido ao empregado o pagamento das parcelas cujo direito já tenha adquirido, **como saldo de salários, férias vencidas (art. 146 da Consolidação das Leis do Trabalho) e 13º salário integral.**

Considerando que a culpa pelo não implemento da condição é atribuída ao empregado, a justa causa implica a **perda do direito às parcelas proporcionais, como férias acrescidas de 1/3 e 13º salário.**

Como se trata de espécie de resolução contratual (justa causa pela teoria institucionalista), não há que se falar em **concessão de aviso-prévio ou pagamento de indenização** reparatória pelo empregador.

De igual forma, a extinção do vínculo empregatício por esse motivo **não constitui causa de movimentação da conta do FGTS** e muito menos de pagamento de multa de 40% sobre os aludidos depósitos fundiários.

A depender das condições em que o empregado for despedido por justa causa, só terá direito a:

a) saldo de salários; e

b) eventuais férias indenizadas, simples ou dobradas, acrescidas de 1/3.

4.13. Despedida indireta

Quando o empregador deixa de cumprir as obrigações contratuais ou pratica alguma das faltas previstas pelo art. 483 da Consolidação das Leis do Trabalho, o empregado fica autorizado a resolver o pacto laboral. Na linguagem do legislador trabalhista, a hipótese é de **rescisão indireta do contrato de trabalho.**

Desse modo, na despedida indireta, **o empregado terá direito a todas as verbas que seriam devidas caso fosse despedido sem justa causa.**

Inclusive a Lei nº 8.036/90, em seu art. 20, I, prevê, expressamente, que a conta vinculada do empregado poderá ser movimentada na hipótese de despedida indireta.

O direito ao aviso-prévio indenizado, no caso de despedida indireta do empregado, encontra-se estabelecido pelo art. 487, § 4º, da Consolidação das Leis do Trabalho.[125]

O empregado também pode ingressar com ação judicial para pleitear o pagamento da indenização devida. No caso em que o fundamento da demanda for o inadimplemento contratual ou a redução do trabalho por peça ou tarefa, o empregado pode optar em continuar ou não no serviço **até o trânsito em julgado da decisão.**[126]

4.14. Culpa recíproca

As verbas de natureza indenizatórias diretamente relacionadas à cessação da relação de emprego, no caso de culpa recíproca, são **devidas pelo empregador à razão de 50%,** diante da contribuição conjunta do empregado para o fim da relação empregatícia.

O Tribunal Superior do Trabalho posicionou-se sobre a questão, por meio da Súmula nº 14:

> **SÚMULA Nº 14.** CULPA RECÍPROCA. NOVA REDAÇÃO. Reconhecida a culpa recíproca na rescisão do contrato de trabalho (art. 484 da CLT), o empregado tem direito a 50% (cinquenta por cento) do valor do aviso prévio, do décimo terceiro salário e das férias proporcionais.

A Lei nº 8.036/90, que trata do Fundo de Garantia por Tempo de Serviço, em seu art. 18, § 2º, dispõe que: "Quando ocorrer despedida por culpa recíproca ou força maior, reconhecida pela Justiça do Trabalho, o percentual de que trata o § 1º será de vinte por cento".[127]

Exemplo de questão sobre o tema

(TRT 3 – Juiz do Trabalho Substituto 3ª região/ 2013) Relativamente à rescisão contratual por culpa recíproca, com base na jurisprudência dominante, pode – se afirmar:

(A) Reconhecida a culpa recíproca na rescisão do contrato de trabalho o empregado não fará jus ao aviso prévio, às férias proporcionais e à gratificação natalina do ano respectivo.

(B) Reconhecida a culpa recíproca na rescisão do contrato de trabalho, o empregado não fará jus ao aviso prévio, mas terá direito ao pagamento das férias proporcionais e da gratificação natalina do ano respectivo.

---

125. CLT. 487, § 4º: É devido o aviso prévio na despedida indireta.

126. CLT. Art. 483, § 3º: Nas hipóteses das letras "d" e "g", poderá o empregado pleitear a rescisão de seu contrato de trabalho e pagamento das respectivas indenizações, permanecendo ou não no serviço até final decisão do processo.

127. A movimentação da conta vinculada do FGTS é possível na hipótese de culpa recíproca, classificada pelo código 02 pela Circular nº 326/2004 da Caixa Econômica Federal.

(C) Reconhecida a culpa recíproca na rescisão do contrato de trabalho o empregado fará jus ao pagamento das férias proporcionais e à gratificação natalina do ano respectivo e a 50% (cinquenta por cento) do valor do aviso prévio.

(D) Reconhecida a culpa recíproca na rescisão do contrato de trabalho, o empregado tem direito a 50% (cinquenta por cento) do valor do aviso prévio, do décimo terceiro salário e das férias proporcionais.

(E) Reconhecida a culpa recíproca na rescisão do contrato de trabalho, o empregado tem direito ao valor do aviso prévio, do décimo terceiro salário e das férias proporcionais.

Resposta: D

4.15. Fim do contrato por tempo determinado

Quando o contrato é celebrado por tempo determinado e sua extinção ocorre antes do termo final pré-estabelecido, o empregador tem a obrigação de pagar uma **indenização equivalente à metade da remuneração a que o empregado teria direito se completasse o tempo do contrato previamente ajustado**, de acordo com o art. 479 da Consolidação das Leis do Trabalho.[128]

No final do contrato de trabalho por tempo determinado, tem o empregado direito a perceber o valor referente **às férias proporcionais acrescidas de 1/3**, na forma prevista pelo art. 147 da Consolidação das Leis do Trabalho:

> **Art. 147.** O empregado que for despedido sem justa causa, ou cujo contrato de trabalho se extinguir em prazo predeterminado, antes de completar 12 (doze) meses de serviço, terá direito à remuneração relativa ao período incompleto de férias, de conformidade com o disposto no artigo anterior.

De igual forma, deverá o empregador **liberar as guias do FGTS**, já que a Lei nº 8.036, art. 20, IX, autoriza a movimentação da conta vinculada na hipótese de extinção normal do contrato de trabalho.[129]

Tem direito, também, ao pagamento **da gratificação de Natal de forma proporcional**, nos termos do que dispõe a Lei nº 4.090/62, art. 1º, § 3º.[130]

Caso exista **cláusula assecuratória do direito recíproco de rescisão antecipada,** o seu efetivo exercício implica reconhecimento do direito, ao empregado, **do aviso-prévio trabalhado ou indenizado e à multa de 40% sobre os depósitos fundiários.**

Se o empregado é quem tem a iniciativa de romper o contrato de trabalho a termo, deverá assumir a obrigação de **indenizar o empregador pelos prejuízos sofridos, sem exceder o valor a que teria direito se a iniciativa da extinção fosse do empregador** (art. 480, *caput* e parágrafo único, da CLT).

128. CLT. Art. 479: Nos contratos que tenham termo estipulado, o empregador que, sem justa causa, despedir o empregado, será obrigado a pagar-lhe, a título de indenização, e por metade, a remuneração a que teria direito até o termo do contrato.

129. Lei nº 8.036/90. Art. 20 A conta vinculada do trabalhador no FGTS poderá ser movimentada nas seguintes situações: IX – extinção normal do contrato a termo, inclusive o dos trabalhadores temporários regidos pela Lei nº 6.019, de 3 de janeiro de 1979;

130. Lei nº 4.090/62. Art. 1º. § 3º. A gratificação será proporcional: I – na extinção dos contratos a prazo, entre estes incluídos os de safra, ainda que a relação de emprego haja findado antes de dezembro;

O Decreto nº 99.684/90 tem disposição que trata da rescisão antecipada do contrato de trabalho por tempo determinado, em seu art. 14: "No caso de contrato a termo, a rescisão antecipada, sem justa causa ou com culpa recíproca, equipara-se às hipóteses previstas nos §§ 1º e 2º do art. 9º, respectivamente, sem prejuízo do disposto no art. 479 da CLT".

Entretanto, esse regulamento, diferentemente do anterior de nº 59.820/66, que foi objeto de análise pela Súmula nº 125 do TST, violou o princípio da legalidade ao prever o direito não só dos depósitos do FGTS, mas também à indenização de 40%, quando faz referência aos casos previstos nos §§ 1º e 2º do art. 9º.

Ora, essa indenização de 40% tem a mesma natureza daquela prevista pelo art. 479 da CLT e por conta disso **são incompatíveis entre si, sob pena de configurar o *bis in idem*.**

Observe-se que o art. 481 da CLT diz, de forma expressa, que se existir cláusula assecuratória de direito recíproco de rescisão antecipada e ele for exercido, o contrato a termo passa a ser regido pelos princípios do contrato por prazo indeterminado. Consequentemente, não será devida a multa prevista pelo art. 479, mas sim a multa de 40% do FGTS e seus respectivos depósitos.

Alerta-se, contudo, para o fato dessa questão ser controvertida tanto na doutrina quanto na jurisprudência.

4.16. Aposentadoria

Como foi analisado anteriormente, consolidou-se o entendimento segundo o qual **a aposentadoria espontânea não constitui causa extintiva do pacto laboral, salvo para o empregado público.**

Já a concessão da aposentadoria por incapacidade permanente promove a suspensão do contrato de trabalho.

Entretanto, a lei que instituiu o 13º salário prevê, expressamente, o direito do empregado perceber a referida gratificação, de forma proporcional, na hipótese de concessão de aposentadoria:

> **Art. 1º.** No mês de dezembro de cada ano, a todo empregado será paga, pelo empregador, uma gratificação salarial, independentemente da remuneração a que fizer jus. § 3º. A gratificação será proporcional: II – na cessação da relação de emprego resultante da aposentadoria do trabalhador, ainda que verificada antes de dezembro.

A Lei do FGTS (8.036/90) também possui disposição expressa quando da ocorrência da aposentadoria:

> **Art. 20.** A conta vinculada do trabalhador no FGTS poderá ser movimentada nas seguintes situações: III – aposentadoria concedida pela Previdência Social.

Observe-se que as referidas leis não fazem distinção entre as três espécies de aposentadoria.

4.17. Falência, recuperação judicial e extrajudicial

A decretação da falência não prejudica os créditos trabalhistas dos empregados, conforme determina o art. 449 da Consolidação das Leis do Trabalho,[131] apesar de poder provocar a extinção do contrato de trabalho.

Essa causa extintiva não pode ser considerada como *factum principis,* caso fortuito ou força maior, pois faz parte do risco do negócio.

Por conta disso, são devidas, aos empregados da empresa falida, **todas as verbas decorrentes da extinção do contrato de trabalho sem justa causa, salvo as multas previstas pelos arts. 467 e 477, § 8º, da Consolidação das Leis do Trabalho**, tendo em vista que a massa falida fica impossibilitada de fazer qualquer tipo de pagamento, mesmo rescisório, fora do juízo universal da falência.

Em relação à multa pelo atraso no pagamento das parcelas rescisórias, por parte da massa falida, o Tribunal Superior do Trabalho posicionou-se por meio da Súmula nº 388:

> **SÚMULA Nº 388.** MASSA FALIDA. ARTS. 467 E 477 DA CLT. INAPLICABILIDADE (conversão das Orientações Jurisprudenciais nº 201 e 314 da SDI-1) – Res. 129/2005 – DJ 20.04.2005. A Massa Falida não se sujeita à penalidade do art. 467 e nem à multa do § 8º do art. 477, ambos da CLT. (ex-OJs nº 201 – DJ 11.08.2003 e nº 314 – DJ 08.11.2000).

Não há lei ou outra norma de origem estatal que excepcione a massa falida do pagamento da multa do art. 477, § 8º, da CLT.

Trata-se de construção jurisprudencial que levou em consideração o fato do rompimento do pacto laboral de todos os trabalhadores ter se efetivado em razão da decretação da falência.

Em tais situações, o administrador nomeado não possui meios de fazer o pagamento das verbas rescisórias de imediato, uma vez que a concretização desse procedimento só é possível mediante a habilitação de cada credor no juízo universal da falência.

A aludida tese jurisprudencial não se aplica às hipóteses de recuperação judicial e extrajudicial da empresa, uma vez que nesses casos não há o encerramento das suas atividades e, consequentemente, não há que se falar em extinção automática dos contratos de trabalho.

4.18. Força maior

O principal efeito financeiro decorrente da extinção do contrato de trabalho em virtude de força maior é o pagamento da multa de 20% sobre os depósitos fundiários, que também devem ser liberados.

Além disso, são devidas todas as verbas rescisórias, como aviso-prévio indenizado, 13º salário proporcional, férias proporcionais, percepção de seguro-desemprego.

A seguir, o quadro contendo as principais causas de extinção do contrato de trabalho relacionadas com os direitos devidos aos obreiros:

131. CLT. Art. 449. Os direitos oriundos da existência do contrato de trabalho subsistirão em caso de falência, concordata ou dissolução da empresa. § 1º. Na falência, constituirão crédito privilegiado a totalidade dos salários devidos ao empregado e a totalidade das indenizações a que tiver direito.

	Aviso prévio	13º salário proporcional	Férias proporcionais	Liberação do FGTS	Multa de 40% sobre o FGTS	Indenização adicional	Seguro desemprego
Sem justa causa	Sim, pelo emprega-dor	Sim	Sim	Sim	Sim	Sim	Sim
Demissão	Sim, pelo empre-gado	Sim	Sim	Não	Não	Não	Não
Com justa causa	Não	Não	Não	Não	Não	Não	Não
Fim do contrato a prazo	Não	Sim	Sim	Sim	Não	Não	Não
Rescisão indireta	Sim	Sim	Sim	Sim	Sim	Sim	Sim
Morte do empregado	Não	Sim	Sim	Sim	Não	Não	Não
Culpa recíproca	50%	50%	50%	Sim	20%	50%	Não
Extinção da empresa	Sim	Sim	Sim	Sim	Sim	Sim	Sim
Força maior e caso fortuito	Sim	Sim	Sim	Sim	20%	Sim	Sim
Distrato	50%	Sim	Sim	80%	20%	Sim	Não

Exemplo de questão sobre o tema

(TRT 14 – Juiz do Trabalho Substituto 14ª região/ 2013) Sobre suspensão, interrupção e rescisão do contrato de trabalho, assinale a opção correta:

(A) O empregado que for aposentado por invalidez terá interrompido o seu contrato de trabalho durante o prazo fixado pelas leis de previdência social para a efetivação do benefício.

(B) O empregado poderá deixar de comparecer ao serviço sem prejuízo do salário por até 5 (cinco) dias consecutivos, em virtude do casamento.

(C) O contrato de trabalho poderá ser suspenso, por um período de dois a cinco anos, para participação do empregado em curso ou programa de qualificação profissional oferecido pelo empregador, com duração equivalente à suspensão contratual, mediante previsão em convenção ou acordo coletivo de trabalho e aquiescência formal do empregado.

(D) No caso de paralisação temporária ou definitiva do trabalho, motivada por ato de autoridade municipal, estadual ou federal, ou pela promulgação de lei ou resolução que impossibilite a continuação da atividade, prevalecerá o pagamento da indenização, que ficará a cargo do governo responsável.

(E) É dispensável que do instrumento de rescisão ou do recibo de quitação, qualquer que seja a causa ou forma de dissolução do contrato, conste a especificação da natureza de cada parcela paga.

Resposta: D

5. QUADRO SINÓPTICO

<table>
<tr><th colspan="4">Capítulo VIII – Alteração, suspensão, interrupção e extinção do contrato de trabalho</th></tr>
<tr><th>Instituto</th><th colspan="2">Conteúdo</th><th>Item</th></tr>
<tr><th colspan="4">Alteração do contrato de trabalho</th></tr>
<tr><td rowspan="3">Espécies</td><td>Objetiva e subjetiva</td><td>A alteração subjetiva do contrato de trabalho diz respeito ao instituto denominado sucessão de empresas ou sucessão de empregadores, regulada pelos arts. 10 e 448 da CLT. A alteração objetiva é aquela que se verifica quando há mudança em determinadas condições de trabalho, enquanto estiver em vigor o pacto laboral.</td><td rowspan="3">1.1</td></tr>
<tr><td>Individual e coletiva</td><td>As modificações das condições de trabalho podem se verificar na órbita do empregado individualmente considerado (alteração individual) ou de caráter genérico, quando afeta todos ou parte dos trabalhadores da empresa (alteração coletiva).</td></tr>
<tr><td>Unilateral e bilateral</td><td>A alteração contratual pode decorrer de ato unilateral do empregador ou do acordo de vontade entre este e o empregado. No primeiro caso, tem-se a hipótese da alteração unilateral e, no segundo, a alteração bilateral das condições de trabalho.</td></tr>
<tr><td>Alteração ilícita</td><td colspan="2">São aquelas alterações nas condições de trabalho que são vedadas pelo ordenamento jurídico, principalmente pela CF/88 e CLT. Quando isso ocorre, volta a prevalecer as condições anteriormente ajustadas pelas partes ou incorporadas ao contrato de trabalho, por força do princípio do conteúdo mínimo do pacto laboral ou princípio da substituição automática das cláusulas nulas.</td><td>1.2</td></tr>
<tr><td>Ius variandi</td><td colspan="2">É o direito que o empregador tem de alterar determinadas condições de trabalho, que não sejam consideradas como substanciais, de forma a melhorar o desempenho de sua atividade ao adequar-se ao contexto econômico, social, político etc., com fundamento na cláusula rebus sic stantibus.</td><td rowspan="2">1.4</td></tr>
<tr><td>Ius resistentiae</td><td colspan="2">É o direito que o empregado tem de não aceitar determinadas alterações nas condições essenciais ou substanciais para o desenvolvimento de sua atividade laboral, fundamentado na regra do pacta sunt servanda.</td></tr>
<tr><td rowspan="3">Cláusulas substanciais</td><td>Conceito</td><td>As cláusulas substanciais ou essenciais do contrato de trabalho são aquelas que se referem à prestação de serviço e ao respectivo pagamento.</td><td rowspan="3">1.5</td></tr>
<tr><td>Remoção</td><td>Utiliza-se o termo remoção para designar a mudança do local de trabalho dentro do próprio estabelecimento ou entre estabelecimentos situados dentro de uma mesma localidade, leia-se, município. Constitui uma alteração no local de trabalho de menor amplitude.</td></tr>
<tr><td>Reversão</td><td>Reversão é o ato por meio do qual o empregador altera as condições do contrato de trabalho para determinar que o empregado retorne ao posto efetivo de trabalho anteriormente ocupado, em razão da perda do exercício da função de confiança. Antes da vigência da Lei da Reforma Trabalhista, Lei nº 13.467/17, o entendimento do TST era no sentido de incorporar ao salário o valor da gratificação de função quando recebida por mais de 10 anos. Atualmente, o § 2º do art. 468 da CLT veda qualquer possibilidade dessa parcela incorporar ao salário quando o empregado deixar de exercer o cargo de confiança, independentemente do tempo de serviço na função.</td></tr>
</table>

Instituto	Tema	Subtema	Conteúdo	Item
Cláusulas substanciais	**Promoção e rebaixamento**		A promoção constitui ato unilateral do empregador que corresponde a uma ascensão funcional prevista no plano de carreira da empresa e não constitui, em regra, alteração contratual ilícita, pois não prejudica o empregado. Pelo contrário, representa o caminho de elevação de nível hierárquico funcional do empregado dentro da empresa. O rebaixamento constitui uma alteração contratual, geralmente acompanhada de uma redução salarial, por meio da qual o empregador determina ao empregado o desempenho de uma função mais degradante, seja socialmente, profissionalmente ou hierarquicamente considerada, em relação àquela anteriormente exercida. Nesse caso a alteração contratual é, em regra, ilícita.	1.5
	Alteração/ horário		A cláusula que representa o horário de labor do empregado, ordinariamente, não constitui condição essencial inerente à relação de emprego e, por conta disso, pode ser alterada pelo empregador.	
	Redução/ remuneração		O pagamento de salário é a principal obrigação do empregador. A lei, por intermédio da atual Constituição Federal, art. 7º, inciso IV, tratou a questão de forma especial ao instituir **o** princípio da irredutibilidade salarial, salvo disposto em convenção ou acordo coletivo.	
	Transferência	**Conceito**	A transferência do local de trabalho é aquela que implica alteração do espaço normalmente ocupado pelo empregado, dentro do centro de trabalho, para executar os seus serviços.	1.6
		Regra Geral	A regra geral que veda a alteração das condições do contrato de trabalho aplica-se, também, às transferências.	
		Exceções	• Exercício de função de confiança; • Quando o empregado exerce uma atividade que implique, necessariamente, cláusula implícita de possibilidade de alteração da localidade de trabalho; • Previsão expressa no contrato de trabalho; • Fechamento do estabelecimento; • Caso fortuito e força maior; • Real necessidade de serviço.	
		Espécies	Transferência provisória: quando o empregador transfere o seu empregado para atender a uma necessidade emergencial durante determinado espaço de tempo. Transferência definitiva: extinta a causa que motivou a transferência do empregado, este deverá retornar para o exercício do seu labor no local de costume. Contudo, se o fato que enseja a transferência do empregado não é considerado como precário, ela será considerada como definitiva.	
		Adicional de transferência	Independentemente de ser lícita ou ilícita, o empregador é obrigado a pagar um adicional de 25% sobre o salário base, enquanto durar a transferência.	

Suspensão e interrupção do contrato de trabalho			
Distinções	**Interrupção**	Ocorre a interrupção do contrato de trabalho quando o empregado deixa de prestar serviços, mas continua percebendo sua remuneração e é contado o tempo de serviço para todos os efeitos legais.	2.3
	Suspensão	Verifica-se a suspensão do contrato de trabalho quando cessa, temporariamente, a prestação de serviços e o pagamento de salário. Nesse caso, não há, via de regra, contagem do tempo de serviço.	
Casos de interrupção do contrato de trabalho	**Faltas abonadas**	Faltas justificadas são aquelas motivadas por doença devidamente comprovada, por meio de atestado emitido por médico do INSS ou, em sua falta e sucessivamente por médico: do SESC/SESI; da empresa; de repartição federal, estadual ou municipal; da escolha do trabalhador. A lei menciona os casos em que a falta do empregado ao serviço é justificada e abonada, como ocorre, por exemplo, nos casos constantes do citado art. 473 da Consolidação das Leis do Trabalho.	2.4
	Lockout	Representa a paralisação, momentânea, das atividades empresariais por determinação do empregador.	
	Incapacidade para o trabalho por até 15 dias	O empregador é obrigado, por lei, a remunerar os primeiros quinze dias de afastamento do empregado por motivo de doença ou acidente do trabalho que gere a incapacidade para o labor. Nessa situação, o período respectivo é considerado como de interrupção da execução do contrato de trabalho.	2.4
	Membro de comissão de conciliação prévia	Quando o empregado for convocado para atuar como conciliador perante as comissões de conciliação prévia, esse período será computado como tempo de trabalho efetivo.	
	Suspensão disciplinar	No exercício do seu poder disciplinar, o empregador pode aplicar ao empregado, a depender da gravidade da falta, a sanção de suspensão, desde que não seja superior a trinta dias. Nesses casos, não há pagamento de salário e contagem do tempo de serviço.	
	Aposentadoria por incapacidade permanente	A concessão do benefício da aposentadoria por incapacidade permanente implica suspensão do contrato de trabalho, ou seja, enquanto permanecer a incapacidade do obreiro a execução do contrato de trabalho fica suspensa.	
	Incapacidade superior a 15 dias	A inaptidão para o trabalho, em decorrência de doença genérica, implica suspensão da execução do contrato de trabalho, após o 15º dia do afastamento.	2.5
	Eleição cargo diretor	Quando o empregado de uma sociedade anônima é eleito para exercer as funções de diretor, suspendem-se as obrigações derivadas do contrato de trabalho, pois o período respectivo não é levado em consideração para efeito de contagem do tempo de serviço.	
	Violência doméstica	É assegurada à mulher em situação de violência doméstica e familiar, para preservar sua integridade física e psicológica, a manutenção do vínculo trabalhista, quando necessário o afastamento do local de trabalho, por até seis meses.	

Situações especiais	**Greve**	Durante o período do movimento paredista, o contrato de trabalho fica suspenso. Remete-se para o acordo, convenção, sentença arbitral ou decisão da Justiça do Trabalho, a questão relativa às obrigações dos envolvidos no conflito. Se houver determinação ou ajuste no sentido de pagamento de salário durante o tempo da paralisação, o período respectivo será considerado como de interrupção do contrato de trabalho, com a consequente contagem do tempo de serviço. Caso contrário, a hipótese será de suspensão do contrato de trabalho.	2.6
	Acidente de trabalho	O período de afastamento do empregado em decorrência de incapacidade por acidente de trabalho, depois do 15º dia, conta como tempo de serviço para todos os efeitos legais, inclusive para o cálculo da indenização de antiguidade, quando houver despedida sem justa causa do trabalhador (permanece, também, a obrigação do empregador de continuar depositando o FGTS, durante o referido período).	
	Plano de saúde	O empregado que contribuir por mais de 10 anos para o plano de saúde, terá garantido o direito de manutenção do referido plano, nas mesmas condições vigentes à época da execução do contrato de trabalho, desde que assuma o pagamento integral respectivo. Se for por período inferior, é assegurado o direito de manutenção como beneficiário, à razão de um ano para cada ano de contribuição, desde que assuma o pagamento integral do mesmo.	
	Serviço militar e outros encargos públicos	O período de afastamento destinado à prestação de serviço militar, apesar de não ser remunerado pelo empregador, é contado como de efetivo serviço. Assim, há necessidade do empregador efetuar os depósitos fundiários durante o período respectivo. Note-se que o preceito contido no art. 472 da CLT, se aplica tanto ao empregado que se afasta para prestação do serviço militar quanto para o trabalhador que assume outros encargos públicos. A diferença reside no fato de que, no primeiro caso, há contagem do tempo de serviço durante o afastamento	
	Qualificação profissional	Durante o período de afastamento participação em programa de qualificação profissional, o empregador pode fornecer ao empregado determinadas quantias a título de ajuda de custo ou outros benefícios voluntários. Apesar de o empregador fazer o pagamento dessas verbas, não haverá contagem do tempo de serviço e, consequentemente, o período respectivo será considerado como sendo de suspensão do contrato de trabalho.	2.6
	Licença maternidade	A empregada afastada do serviço para gozo de licença-maternidade recebe uma quantia paga diretamente pelo empregador, mas a título de salário-maternidade. Esses valores são deduzidos do total da contribuição previdenciária devida pelo empregador e haverá contagem do tempo de serviço para todos os efeitos legais.	
	Dirigente sindical	O afastamento para exercício de mandato sindical pode ser considerado como de suspensão ou de interrupção do contrato de trabalho, a depender do ajuste feito entre o empregado e o empregador ou de cláusula de convenção ou acordo coletivo de trabalho. Quando a empresa paga o salário do dirigente, a hipótese será de interrupção. Caso contrário, haverá suspensão do pacto laboral.	
	Contrato por tempo determinado	Nos contratos por tempo determinado, o período de afastamento, se assim acordarem as partes interessadas, não será computado na contagem do prazo para a respectiva terminação (art. 472, § 2º da CLT).	

<table>
<tr><td rowspan="4">Efeitos</td><td>Impossibilidade de dispensa</td><td>Durante o prazo em que a execução do contrato de trabalho estiver suspensa ou interrompida, o empregador não pode dispensar o empregado.</td><td rowspan="4">2.7</td></tr>
<tr><td>Retorno ao serviço</td><td>Quando cessam os efeitos do motivo que deu ensejo ao afastamento do serviço, o empregado tem direito a reassumir o exercício de suas funções em condições idênticas àquelas anteriormente estabelecidas, acrescidas das vantagens que porventura tenham sido concedidas à sua categoria profissional.</td></tr>
<tr><td>Férias</td><td>Nos casos de interrupção do contrato de trabalho, o prazo do afastamento é contado como tempo de serviço, inclusive para o cômputo do período aquisitivo de férias, salvo nas hipóteses previstas pelo art. 133 da CLT.</td></tr>
<tr><td>Prescrição</td><td>O prazo prescricional relativamente à pretensão do empregado ou do empregador que teve o seu direito violado antes da suspensão do contrato de trabalho, flui normalmente. Assim, não há que se falar em interrupção ou mesmo suspensão do prazo respectivo.</td></tr>
<tr><td colspan="4">Cessação do contrato de trabalho</td></tr>
<tr><td>Extinção normal</td><td colspan="2">O fim do contrato de emprego pode acontecer por decurso do prazo pré-estabelecido. Nesse caso, não é necessária a concessão de aviso prévio, pois desde a celebração do pacto laboral os contratantes já tinham conhecimento do seu termo final, salvo se existir cláusula assecuratória do direito recíproco de rescisão antes de expirado o termo final</td><td>3.1</td></tr>
<tr><td>Distrato</td><td colspan="2">Com a vigência da Lei nº 13.467/17, foi introduzido à CLT o art. 484-A, permitindo o distrato e estabelecendo os direitos trabalhistas para o empregado. Nessa modalidade de extinção do contrato de trabalho, agora legalizada, o empregado pode sacar até 80% dos depósitos do seu FGTS, acrescido da multa de 20%, além de metade do aviso prévio indenizado e as demais verbas rescisórias integrais, como saldo de salário, férias proporcionais acrescidas de 1/3, 13º salário proporcional etc., sem direito à percepção do benefício do seguro-desemprego.</td><td>3.1</td></tr>
<tr><td rowspan="5">Resilição contratual</td><td>Despedida do empregado</td><td>O empregador detém o direito potestativo de resilir o contrato de trabalho a qualquer momento, desde que o empregado não possua alguma espécie de estabilidade. Na linguagem trabalhista, utiliza-se a expressão “despedida sem justa causa”, para designar essa espécie de ruptura contratual por iniciativa do empregador e sem apresentar qualquer justificativa para o seu ato.</td><td rowspan="5">3.2</td></tr>
<tr><td>Natureza jurídica</td><td>O ato de despedida do empregado é considerado como o exercício do direito potestativo do empregador. Não há necessidade, portanto, de manifestação do trabalhador para produzir efeitos.</td></tr>
<tr><td>Limites</td><td>Em algumas situações, o ordenamento jurídico veda o exercício do direito potestativo pelo empregador. Tal ocorre quando o empregado é detentor de alguma espécie de estabilidade.</td></tr>
<tr><td>Demissão</td><td>É a faculdade que o empregado tem de, a qualquer momento, por fim ao contrato de trabalho.</td></tr>
<tr><td>Plano de Demissão Voluntária</td><td>O PDV – Programa de Demissão Voluntária, assim denominado pelas próprias empresas, é exemplo de cessação de contrato de trabalho por mútuo consentimento. O oferecimento de uma determinada quantia ao empregado, para estimulá-lo a pedir demissão, constituiria uma liberdade do empregador.
Com a introdução do art. 477-B à CLT ficou claro que a quitação mediante adesão do empregado ao PDV atinge todas as verbas decorrentes da execução e extinção do contrato de trabalho, salvo disposição expressa em sentido contrário</td></tr>
</table>

Aposentadoria		O STF, ao julgar a ADI nº 1.721-3, entendeu que a aposentadoria espontânea não constitui causa de extinção do contrato de trabalho. Contudo, essa regra não se aplica ao empregado público.	3.3
Força maior		Quando o contrato de trabalho for extinto em razão do fechamento da empresa ou do seu estabelecimento, por motivo de força maior, ainda assim o empregado terá direito a uma indenização equivalente àquela que lhe seria devida em caso de despedida sem justa causa, reduzida pela metade (art. 502, II, da CLT).	3.4
Falência		A falência, apesar de provocar o fim do pacto laboral, quando há encerramento da atividade da empresa, não pode ser considerada como caso fortuito ou de força maior. Isso porque a sua ocorrência encontra-se prevista pelo empresário, já que faz parte do risco do negócio (art. 449 da CLT).	3.5
Factum principis		Quando a extinção do contrato de trabalho opera-se em virtude da edição de ato emanado do Estado, a unidade da Federação respectiva ficará responsável pelo pagamento da indenização devida ao empregado (art. 486 da CLT).	3.6
Morte	**Empregado**	A morte do obreiro acarreta a extinção do contrato de trabalho, em face do caráter *intuitu personae*.	3.7
	Empregador	Como o empregador é a empresa, essa entidade despersonificada não comporta o evento morte, salvo se for pessoa física, hipótese em que haverá a extinção do contrato de trabalho (art. 485 da CLT).	
Espécies de despedida por justa causa	**Improbidade**	Consiste na falta do empregado que subtrai patrimônio pertencente ao empregador ou quando pratica qualquer outro ato que seja considerado desonesto.	3.12
	Incontinência de conduta e mau procedimento	A incontinência de conduta importa na prática de atos atentatórios à liberdade sexual, pelo trabalhador que, por qualquer motivo, não tem a capacidade de controlar seus instintos e impulsos naturais. O mau procedimento admite interpretações que, em alguns casos, atribuem a esse ilícito trabalhista a característica da inobservância, por parte do empregado, das regras morais de relacionamento interpessoal, como, por exemplo, o tratamento desrespeitoso em relação aos colegas de trabalho ou superior hierárquico.	
	Negociação habitual	Constitui justa causa a negociação habitual por conta própria ou alheia sem permissão do empregador e quando constituir ato de concorrência à empresa para a qual trabalha o empregado, ou for prejudicial ao serviço.	
	Condenação criminal	Efetiva-se a extinção do pacto laboral no caso de condenação criminal transitada em julgado e em regime fechado, pela simples impossibilidade da prestação de serviço por parte do empregado.	
	Desídia	Consiste na inobservância da necessidade de o empregado prestar serviços na forma quantitativa e qualitativamente convencionada, com atenção ao princípio da boa-fé que norteia a execução do pacto laboral. Assim, a figura típica da desídia está relacionada com a: assiduidade, pontualidade, produtividade e qualidade do trabalho do empregado.	
	Embriaguez	A embriaguez em serviço, geralmente provocada pelo consumo em excesso de álcool, constitui justa causa mesmo que tenha se verificado por uma única vez.	
		A embriaguez habitual e crônica, ou seja, aquela que se verifica fora do ambiente de trabalho, já é considerada como doença, inclusive com previsão no Código Internacional de Doenças – CID, sob a referência F-10.2.	

Espécies de despedida por justa causa	**Violação de segredo**	Quando o empregado revela segredo da empresa, de que é sabedor em razão das funções por ele exercidas, pratica ato autorizador do rompimento do pacto laboral sem ônus financeiro para o empregador.	
	Indisciplina e insubordinação	O descumprimento das obrigações previstas em regulamentos internos das empresas enseja a prática da falta prevista como indisciplina. A insubordinação diz respeito ao não cumprimento de diretivas específicas emanadas do empregador ou dos seus representantes.	
	Abandono de serviço	A ausência prolongada do empregado ao serviço constitui justa causa para o rompimento do vínculo empregatício. A jurisprudência fixou em 30 dias o prazo, a partir do qual o abandono do emprego presume-se.	3.12
	Ato lesivo à honra	Determinados atos praticados pelos empregados podem atingir a honra subjetiva e objetiva do empregador, o que autoriza a despedida por justa causa.	
	Ofensas físicas	Qualquer ato praticado pelo empregado em serviço, caracterizado como ofensa física a qualquer pessoa, implica resolução contratual (justa causa).	
	Jogos de azar	O empregado que se dedica, constantemente, à prática de jogos de azar não inspira confiança e, por conta disso, é motivo de extinção do contrato de trabalho por justa causa.	
	Perda da habilitação profissional	A alínea "m" foi acrescida ao art. 482 da CLT pela lei nº 13.467/17. Segundo a respectiva previsão legal, a perda da habilitação ou dos requisitos estabelecidos em lei para o exercício da profissão, em decorrência de conduta dolosa do empregado é considerada como justa causa.	
	Justas causas especiais	A inobservância injustificada das instruções expedidas pelo empregador relativas ao cumprimento das normas de segurança e medicina do trabalho, constitui ato faltoso do empregado (art. 158 da CLT).	
		Constitui motivo para extinção antecipada do contrato por tempo determinado celebrado com o aprendiz, segundo o art. 433, I e III da CLT, o desempenho insuficiente ou inadaptação e ausência injustificada à escola que implique perda do ano letivo.	3.12
		Na relação de emprego doméstica, há previsão expressa de um ilícito trabalhista específico, que poderia ser enquadrado no tipo genérico que faz referência às ofensas físicas. Trata-se da prática de submeter o idoso, enfermo, pessoa com deficiência ou criança sob cuidado direto ou indireto do empregado a maus-tratos (art. 27, I, da Lei Complementar nº 150/15).	
		Em relação às obrigações acessórias do contrato de trabalho, determina o art. 7º, § 3º, do Decreto nº 95.247/87 que a declaração falsa ou o uso indevido do Vale-Transporte constituem falta grave.	
Efeitos da justa causa	• Ausência de ônus financeiro para o empregador; • Possibilidade de submissão do ato de punição do empregador à apreciação do Poder Judiciário, para verificação de sua legalidade; • A falsa acusação de prática de justa causa pode provocar danos morais ao empregado.		3.13

Efeitos da sentença crime		Comprovada a autoria e materialidade do fato na esfera penal, será reconhecida, também, a prática do ilícito trabalhista na esfera da Justiça Laboral, de acordo com o preceito contido no art. 935 do Código Civil. Contudo, se o empregado, que ostenta a condição de réu na ação penal, for absolvido por insuficiência de provas, a sentença não fará coisa julgada no processo trabalhista.	3.14
Despedida indireta	**Excesso de serviço**	O empregador só pode exigir a quantidade de trabalho que se encontra prevista em lei, no próprio contrato ou em outra norma qualquer que disponha em sentido mais favorável ao empregado.	
	Trabalho proibido e contrário aos bons costumes	O trabalho proibido é aquele expressamente vedado pela legislação trabalhista, como ocorre com o trabalho noturno e insalubre para os menores de 18 anos. A exploração de serviços contrários aos bons costumes implica nulidade do contrato de trabalho e também autoriza a despedida indireta.	
	Inadimplemento	A cláusula resolutiva tácita, presente nos contratos de trabalho, autoriza não só o empregador, mas também o empregado a resolver o contrato de trabalho quando há inadimplência.	3.15
	Rigor excessivo	O empregador ou seus prepostos, quando dispensam um tratamento excessivamente rigoroso ao empregado, pode representar violência moral e autorizar a rescisão indireta do pacto laboral.	
	Atos lesivos a honra e a boa fama	São atos que implicam lesão ao patrimônio moral do empregado, relativos à sua honra, objetiva e subjetiva, e à boa fama. Encontra seu correspondente na área penal nos crimes de calúnia, injúria e difamação.	
	Perigo manifesto	Essa figura de justa causa patronal representa o fato de o empregador expor o empregado a um meio-ambiente de trabalho insalubre ou perigoso, ou seja, quando expõe a saúde do obreiro a fatores de riscos, sejam eles físicos, químicos, biológicos etc.	3.15
	Ofensas físicas	Corresponde aos atos praticados pelo empregador ou por seus prepostos, que implica ofensa à integridade corporal ou à saúde do empregado.	
Culpa recíproca		Quando o empregado e o empregador praticam, simultaneamente, ato considerado por lei como justa causa ou inadimplemento contratual é devida uma indenização ao obreiro reduzida à metade.	3.16
Falta grave		Falta grave representa o mesmo fato denominado de "justa causa", agravado pela repetição ou por sua natureza, necessário para o rompimento do vínculo empregatício do trabalhador portador de estabilidade (art. 493 da CLT).	3.17
Extinção do contrato de trabalho do adolescente		Caso o pacto laboral seja findado por determinação do juiz ou pela autoridade administrativa competente podem ocorrer duas hipóteses de efeitos: • Semelhantes à extinção normal pelo advento do termo final: se verificada que a função é prejudicial e não há possibilidade de mudança. • Semelhante à despedida sem justa causa: quando a empresa não adotar as medidas recomendadas pela autoridade competente, judiciária ou administrativa, para que o adolescente mude de função. O responsável legal do menor de 18 anos também pode postular a extinção do contrato de trabalho, desde que o serviço possa acarretar prejuízo de ordem física ou moral (art. 408 da CLT). Nesse caso, são devidas as parcelas de férias proporcionais, acrescidas de 1/3; 13º salário proporcional e liberação do FGTS, sem o acréscimo de 40%.	3.18
Dispensa coletiva		A legislação trabalhista pátria era omissa em relação às despedidas coletivas até o advento da Lei nº 13.467/17, que introduziu o art. 477-A à CLT admitindo expressamente a licitude da despedida coletiva, ainda que ausente a autorização sindical ou previsão em instrumento normativo negociado.	3.19

<table>
<tr><th colspan="5">Obrigações decorrentes da cessação do contrato de emprego</th></tr>
<tr><td>Indenização por tempo de serviço</td><td colspan="3">A Constituição Federal de 1988 tornou obrigatória a adesão do empregado ao sistema do FGTS, extinguindo a possibilidade de opção pelo regime da indenização por tempo de serviço prevista na CLT.</td><td>4.1</td></tr>
<tr><td>Indenização adicional</td><td colspan="3">É direito conferido ao empregado despedido sem justa causa de perceber uma indenização adicional equivalente a uma remuneração mensal, desde que a cessação do contrato de trabalho tenha ocorrido no trintídio que antecede a data de correção salarial (data-base da sua categoria profissional).</td><td>4.2</td></tr>
<tr><td rowspan="7">Aviso-prévio</td><td>Conceito</td><td colspan="2">Consiste na comunicação feita por um dos contratantes da sua intenção de pôr fim ao pacto laboral, desde que seja este celebrado sem tempo determinado.</td><td rowspan="4">4.3</td></tr>
<tr><td>Proporcional</td><td colspan="2">O aviso-prévio é de no mínimo trinta dias. Serão acrescidos 3 (três) dias por ano de serviço prestado na mesma empresa até o limite máximo de 90 (noventa) dias.</td></tr>
<tr><td>Aviso do empregado</td><td colspan="2">O empregado também deve conceder aviso-prévio quando for sua a iniciativa de findar o vínculo empregatício, sob pena de ficar o empregador autorizado a deduzir o valor correspondente ao período do aviso-prévio.</td></tr>
<tr><td>Natureza jurídica</td><td colspan="2">O aviso-prévio tem caráter receptício. Por isso não é exigido o acordo de vontades para a sua validade. É ato jurídico unilateral, mas uma vez emitido só pode ser reconsiderado com a concordância da parte contrária.</td></tr>
<tr><td>Obrigações do empregado</td><td colspan="2">Durante o período do aviso-prévio, permanecem inalteradas todas as obrigações decorrentes do contrato de trabalho, tanto que, se um dos contratantes deixa de cumpri-las, o pacto laboral pode ser resolvido (justa causa).</td><td rowspan="3">4.3</td></tr>
<tr><td>Jornada reduzida</td><td colspan="2">Fica facultado ao empregado urbano optar, durante o período do aviso-prévio, entre a redução da sua jornada diária em duas horas ou deixar de trabalhar durante sete dias consecutivos.</td></tr>
<tr><td>Efeitos</td><td colspan="2">A não concessão do aviso-prévio confere ao empregado o direito de postular uma indenização reparatória, mesmo que o fim do contrato de trabalho seja decorrente da extinção da empresa ou do estabelecimento.</td></tr>
<tr><td rowspan="2">Aviso-prévio indenizado</td><td rowspan="2">Valor</td><td>Salário fixo</td><td>O valor referente ao aviso-prévio indenizado será equivalente a trinta dias de salário, para o empregado que recebe remuneração fixa.</td><td rowspan="2">4.3</td></tr>
<tr><td>Salário variável</td><td>Quando o salário é variável, ou seja, é apurado com base em comissão, peça ou tarefa, o cálculo do aviso-prévio deverá observar a média da remuneração dos últimos doze meses de serviço.</td></tr>
<tr><td>Multa do art. 477 da CLT</td><td colspan="3">No prazo de 10 dias após o fim do contrato de trabalho, o empregador deve entregar ao empregado a comprovação de que fez a comunicação da sua despedida e no mesmo prazo pagar o valor equivalente às verbas rescisórias, independentemente da causa do rompimento do vínculo laboral, na forma prevista pelo § 6º do art. 477 da CLT, com redação dada pela Lei nº 13.467/17. Ultrapassado esse prazo sem que o empregador pague ou entre a comprovação de comunicação da dispensa, arcará com o pagamento de uma multa equivalente a uma remuneração do empregado, além de outra revertida em favor da União, ainda que a relação de emprego tenha sido reconhecida apenas em juízo. Dispensado o pagamento da multa nos casos de falência e de pagamento parcial.</td><td>4.4</td></tr>
<tr><td>Aviso-prévio cumprido em casa</td><td colspan="3">Mesmo no caso de aviso-prévio cumprido em casa, o termo final para pagamento das verbas rescisórias é o décimo dia da notificação de despedida (OJ nº 14, SDI-1, TST).</td><td>4.5</td></tr>
</table>

Multa do art. 467 da CLT		O empregador é obrigado a pagar o valor incontroverso das parcelas rescisórias (aviso-prévio indenizado, saldo de salários, férias proporcionais acrescidas de 1/3, eventual férias indenizadas simples acrescidas de 1/3; 13º salário proporcional e multa de 40% sobre os depósitos fundiários), quando da realização da primeira audiência, sob pena de incidir multa de 50%.	4.6
Procedimentos em relação à extinção	**Quitação**	Só será válida a quitação das verbas trabalhistas se o instrumento respectivo especificar a natureza da parcela quitada e o seu valor respectivo.	4.7
	Eficácia liberatória	Como atualmente não há mais necessidade de homologação da rescisão contratual pelo sindicato, devido a alteração legislativa promovida pela Lei 13.467/17, a quitação firmada pelo empregado terá efeito somente em relação ao valor e não em relação à parcela que consta do respectivo termo.	
Prescrição	**Prazo**	Preconiza a Constituição Federal de 1988, em seu art. 7º, inciso XXIX, que o prazo prescricional será de cinco anos, até o limite de dois anos após a extinção do contrato de trabalho.	
	Termo inicial	O marco inicial do prazo prescricional de dois anos conta-se a partir da data da extinção do contrato de trabalho, com a inclusão do tempo do aviso-prévio, indenizado ou trabalhado. Já a prescrição quinquenal incide sobre cada verba salarial ou indenizatória devida por conta da execução do contrato de trabalho e começa a fluir a partir do momento em que o direito se tornar exigível.	4.8
	Aspectos processuais	Pela regra contida no art. 332 do CPC, a prescrição deve ser declarada de ofício pelo juiz, regra aplicável ao processo do trabalho de forma subsidiária, diante do seu caráter de ordem pública. Registre-se, contudo, a resistência de parte da doutrina e da jurisprudência, que não admite a aplicação dessa regra ao processo do trabalho, diante do seu caráter protetivo.	
	A prescrição do Código Civil	Se a ação tem por causa de pedir direitos previstos em ordenamento jurídico estranho ao Direito do Trabalho, como ocorre com a ação de indenização por danos morais, o prazo prescricional aplicável será aquele previsto no art. 206, do Código Civil (3 anos).	
	FGTS	Segundo decisão do STF, os prazos de prescrição do FGTS são os mesmos das demais verbas trabalhistas, ou seja, 5 anos durante o contrato de trabalho e 2 anos após a sua extinção.	4.8
	Interrupção e suspensão da prescrição	Com a edição da Lei nº 13.467/17, o único fato capaz de interromper a prescrição da pretensão do titular do direito é o ajuizamento de uma reclamação trabalhista, conforme se observa da redação do § 3º, art. 11 da CLT. Suspende-se o prazo prescricional a partir da submissão da demanda trabalhista à comissão de conciliação prévia. De igual forma, o pedido de homologação de acordo extrajudicial suspende o prazo de prescrição, na forma do art. 855-E da CLT	
	Incapazes	O prazo prescricional não corre contra menores de 18 anos, conforme dispõe o art. 440 da Consolidação das Leis do Trabalho.	
	Dano moral	O prazo do código civil é de 3 (três) anos, já o da CLT segue a regra preconizada pelo art. 7º, XXIX da CF/88. Levando em consideração o Princípio protetivo, no caso de possibilidade de aplicação de dois prazos de prescrição, deve-se optar por aquele que seja mais favorável ao empregado. Contudo, a jurisprudência dominante é no sentido de reconhecer a aplicação do prazo prescricional previsto na Constituição Federal, se a lesão tiver ocorrido depois da promulgação da EC nº 45/04, e o prazo previsto no Código Civil, na hipótese de ter ocorrido antes desse marco.	4.8

Prescrição	**Acidente de trabalho e doença ocupacional**	Quando o acidente do trabalho ou a doença ocupacional implica incapacidade laboral, ainda que seja admita a incidência do prazo prescricional contido na Constituição Federal de 1998, deve-se optar por aquele relacionado com a execução do contrato de trabalho – cinco anos – e não com a sua extinção, que seria de dois anos.	4.8
Decadência	Na decadência perde-se, pelo decurso do tempo, o próprio direito. Ocorre quando, para o exercício do direito, exige-se a intervenção do Poder Judiciário. Em outras palavras, o ajuizamento de determinada ação constitui formalidade do ato jurídico que deve ser praticado pelo interessado. Limita-se, no processo do trabalho, à hipótese de ajuizamento de inquérito para apuração de falta grave.		4.9
Despedida sem justa causa	**Parcelas rescisórias**	• aviso-prévio ou indenização reparatória; • férias proporcionais acrescidas de 1/3 e, eventualmente, férias indenizadas simples ou em dobro, acrescidas de 1/3; • 13º salário proporcional; • saldo de salário; • liberação das guias do FGTS acrescido da multa de 40%; • comprovação da comunicação de despedida feita pelo empregador a autoridade administrativa competente para efeito de liberação do valor relativo ao seguro-desemprego ou indenização reparatória em face da omissão; e • indenização adicional prevista pela Lei nº 7.238/84.	4.10
	Seguro-desemprego	A Constituição Federal de 1988, em seu art. 7º, II, assegura ao trabalhador o direito ao seguro-desemprego, em caso de desemprego involuntário. Eventual omissão do empregador autoriza o ingresso em juízo, pelo empregado, para postular o cumprimento da obrigação de fazer ou pagamento de indenização.	
Demissão	A demissão implica necessidade de aviso-prévio por parte do empregado. Nesse caso, ainda terá direito a: saldo de salário, 13º salário proporcional e férias proporcionais acrescidas de 1/3.		4.11
Despedida por justa causa	Mesmo em caso de falta grave, que enseja o rompimento do pacto sem ônus financeiro para o empregador, é devido ao empregado o pagamento das parcelas cujo direito já tenha adquirido, como férias vencidas (art. 146 da Consolidação das Leis do Trabalho), saldo de salário e 13º salário simples. Em tais situações, todavia, o empregado perde o direito ao aviso-prévio, ao 13º salário proporcional e às férias proporcionais acrescidas de 1/3.		4.12
Despedida indireta	No caso de despedida indireta, o empregado terá direito a todas as verbas que seriam devidas caso fosse despedido sem justa causa.		4.13
Culpa recíproca	As verbas de natureza rescisória, diretamente ligadas à extinção da relação de emprego, no caso de culpa recíproca, são devidas pelo empregador à razão de 50%, diante da contribuição conjunta do empregado para o fim da relação empregatícia, além da liberação das guias do FGTS, acrescida da multa de 20% e do seguro-desemprego.		4.14
Contrato por tempo determinado	**Extinto antes do prazo**	O empregado terá direito a uma indenização equivalente à metade dos direitos que lhe seriam devidos se trabalhasse até o final do prazo. Se o empregado é quem tem a iniciativa de romper o contrato de trabalho a termo, deverá assumir a obrigação de indenizar o empregador pelos prejuízos sofridos, sem exceder o valor a que teria direito se a iniciativa da extinção fosse do empregador.	4.15
	Extinto no prazo previsto	O empregado terá direito a: 13º salário proporcional, férias proporcionais, liberação do FGTS, sem a multa de 40%.	
	Contrato com cláusula assecuratória de rescisão antecipada	Se o contrato por prazo determinado contiver cláusula assecuratória do direito recíproco de rescisão antecipada, o seu efetivo exercício implica o reconhecimento do direito, ao empregado, do aviso-prévio trabalhado ou indenizado e à multa de 40% sobre os depósitos fundiários, além das verbas rescisórias do tempo trabalhado, como férias proporcionais com 1/3 e 13º salário proporcional.	

Aposentadoria	A aposentadoria não provoca a extinção do contrato de trabalho. Todavia, constitui motivo para liberação do FGTS (art. 20, III da Lei nº 8.036/90).	4.16
Falência	A decretação da falência não prejudica os créditos trabalhistas dos empregados. Nesse caso, são devidas todas as verbas, como se a despedida se desse sem justa causa.	4.17
Força maior	O principal efeito financeiro decorrente da extinção do contrato de trabalho em virtude de força maior é o pagamento da multa de 20% sobre os depósitos fundiários, que também devem ser liberados. Além disso, são devidas todas as verbas rescisórias, como aviso-prévio indenizado, 13º salário proporcional, férias proporcionais, percepção de seguro-desemprego.	4.18

6. INFORMATIVOS DO TST SOBRE A MATÉRIA

Gratificação de função instituída por lei. Percepção por mais de dez anos. Declaração posterior de inconstitucionalidade. Incorporação. Impossibilidade. Súmula nº 372, I, do TST. Não incidência.

A gratificação de função instituída por lei posteriormente declarada inconstitucional não se incorpora à remuneração, ainda que percebida por mais de dez anos. Tal entendimento não viola a estabilidade financeira objetivada na Súmula nº 372, I, do TST, uma vez que observa o princípio da legalidade. No caso, a Corte de origem declarou a inconstitucionalidade das normas estaduais que instituíram a gratificação de função percebida pela autora durante mais de dezesseis anos, inviabilizando, portanto, o pleito de incorporação. No TST, o recurso de revista não foi conhecido e os embargos não admitidos tendo em vista a aplicação da Súmula nº 296, I, do TST, e a ausência de contrariedade à Súmula nº 372 do TST, que não versa sobre os casos em que há declaração de inconstitucionalidade da norma instituidora da gratificação percebida por mais de dez anos. Sob esses fundamentos, a SBDI-I, por unanimidade, conheceu do agravo regimental interposto pela reclamante e, no mérito, negou-lhe provimento, mantendo, assim, a decisão que negara seguimento aos embargos. TST-Ag-E-ED-RR-898-95.2011.5.05.0023, SBDI-I, rel. Min. Maria Cristina Irigoyen Peduzzi, 21.11.2019 (TST. Info nº 213).

Mandado de segurança. Supressão da gratificação de função recebida por mais de 10 anos. Descomissionamento por insuficiência de desempenho. Configuração de justo motivo. Necessidade de dilação probatória. Indeferimento da tutela de urgência.

A SBDI-II, por unanimidade, conheceu do recurso ordinário do Banco do Brasil S.A. e deu-lhe provimento para afastar a tutela de urgência deferida pela Corte Regional. No caso, o reclamante impetrou mandado de segurança, com pedido liminar, contra ato de juiz de primeiro grau que, nos autos de reclamação trabalhista, indeferiu o pedido de tutela de urgência antecipatória que visava o restabelecimento do pagamento da gratificação de função suprimida. A liminar foi concedida e o TRT deferiu parcialmente a segurança para determinar o retorno do pagamento do valor equivalente à gratificação pleiteada, considerando a média das parcelas recebidas nos últimos dez anos. Todavia, as circunstâncias evidenciadas nos autos revelam que o regulamento da empresa e o acordo coletivo de trabalho da categoria autorizavam o descomissionamento por insuficiência de desempenho, e há documentos que aparentemente confirmam a performance insatisfatória do impetrante. Ademais, o justo motivo apto a gerar a perda da comissão sem a incorporação da gratificação exercida por mais de dez anos não se confunde com a prática de atos capazes de ensejar a ruptura do contrato de trabalho por justa causa (art. 482 da CLT), pois esta é a mais severa punição aplicável ao empregado, ao passo que aquela não pode ser enquadrada como sanção. Assim, concluiu-se que, no caso em análise, a manutenção da estabilidade financeira, com a incorporação da gratificação de função exercida por mais de dez anos, depende de dilação probatória, estando ausente, portanto, a probabilidade do direito exigida pelo art. 300 do CPC de 2015 para o deferimento da tutela de urgência. TST-RO-22682-83.2018.5.04.0000, SBDI-II, rel. Min. Douglas Alencar Rodrigues, 8.10.2019 (TST. Info nº 208).

Ação rescisória. Art. 485, V, do CPC de 1973. Professor. Readaptação em função administrativa. Cômputo da jornada de trabalho tendo em conta a hora-relógio e não a hora-aula assegurada à categoria de origem. Violação do art. 7º, VI, da CF. Configuração. Assegurada a irredutibilidade salarial.

Em razão do princípio constitucional da irredutibilidade salarial, o professor readaptado em função administrativa tem direito à manutenção dos salários que percebia quando do exercício de suas atribuições anteriores, incluindo as vantagens pessoais e os reajustes posteriormente concedidos à categoria de origem. No caso, a sentença rescindenda entendeu lícita a conduta do empregador que, após a readaptação da empregada, passou a exigir o cumprimento da jornada de 30 horas semanais tendo em conta a hora-relógio e não a hora-aula de 50 min (diurna) ou 45 min (noturna), ao fundamento de que o Estatuto do Magistério rege apenas o trabalho prestado por professores, categoria diferenciada em função da natureza da profissão. Todavia, a readaptação do docente em nova função não pode implicar redução salarial, pois é alternativa de trabalho para empregado que sofreu redução de sua capacidade laborativa, e tem por objetivo promover a dignidade da pessoa humana. Sob esse entendimento, a SBDI-II, por unanimidade, conheceu do recurso ordinário e, no mérito, por maioria, deu-lhe parcial provimento para, julgando procedente a ação rescisória (art. 485, V, do CPC de 1973), por violação do art. 7º, VI, da CF, desconstituir parcialmente a sentença rescindenda e, em juízo rescisório, julgar procedentes em parte os pedidos formulados na ação matriz para determinar ao empregador o cumprimento do Estatuto do Magistério e das demais normas correlatas à atividade de docência enquanto perdurar a readaptação, e condená-lo ao pagamento de horas extras e reflexos. Vencidos os Ministros Renato de Lacerda Paiva e Alexandre Agra Belmonte. TST-RO-1583-61.2012.5.15.0000, SBDI-II, rel. Min. Douglas Alencar Rodrigues, 8.10.2019 (TST. Info nº 208).

Dispensa por justa causa. Empresa de grande porte. Integrante da Administração Pública Indireta. Imediaticidade da punição. Mitigação.

O requisito da imediaticidade para a aplicação da dispensa por justa causa pode ser mitigado quando a reclamada for empresa de grande porte e tenha uma complexa estrutura organizacional. Neste caso, justifica-se o prazo maior para a apuração da conduta faltosa, especialmente se o empregador for ente ou órgão da Administração Pública Indireta, de quem se exige procedimento administrativo formal para a dispensa de empregados. Na espécie, a conduta improba do empregado do Banco do Brasil S.A. foi detectada em 15/7/2005, o procedimento interno foi concluído em 3/11/2005 e encaminhado ao Gerente de Divisão em Brasília/DF em 14/11/2005, que aplicou a penalidade da dispensa por justa causa em 14/8/2006. A dilatação razoável do prazo para a aplicação da penalidade não pode ser tida como perdão tácito, pois este ocorreria apenas se o empregador, ciente do ato faltoso, não demonstrasse interesse em apurá-lo, e não quando, cautelosamente, instaura processo para embasar a formação do convencimento sobre a medida mais correta e justa a ser tomada. Sob esses fundamentos, a SBDI-I, por unanimidade, conheceu dos embargos interpostos pelo reclamado, por divergência jurisprudencial, e, no mérito, deu-lhes provimento para julgar improcedentes os pedidos de nulidade da dispensa por justa causa e de pagamento das verbas rescisórias correlatas. TST-E-ED-ARR-92100-41.2008.5.09.0026, SBDI-I, rel. Min. José Roberto Freire Pimenta, 29.8.2019 (TST. Info nº 203).

Pedido de demissão. Empregado com mais de um ano de serviço. Confissão expresssa do reclamante. Homologação sindical. Obrigatoriedade. Art. 477, § 1º, da CLT. Norma de caráter cogente.

A norma do art. 477, § 1º, da CLT, que condiciona a validade do pedido de demissão de empregado com mais de um ano de serviço à homologação sindical, tem caráter cogente, de modo que é irrelevante o fato de ter havido confissão expressa do reclamante quanto ao pedido de demissão. Assim, ainda que haja inequívoca regularidade na manifestação de vontade do empregado, permanece a necessidade de homologação sindical sob pena de convolação do pedido de demissão em dispensa imotivada. Sob esse fundamento, a SBDI-I, por maioria, conheceu do recurso de embargos, por divergência jurisprudencial, e, no mérito, deu-lhe provimento para declarar a invalidade do pedido de demissão, determinando o retorno dos autos à Vara do Trabalho de origem para que, considerando a existência de dispensa sem justa causa, profira novo julgamento, como entender de direito. Vencidos os Ministros Maria Cristina Irigoyen Peduzzi, relatora, Walmir Oliveira da Costa, Alexandre Luiz Ramos e Brito Pereira. TST-E-RR-3102-44.2013.5.02.0050, SBDI-I rel. Min. Maria Cristina Irigoyen Peduzzi, red. p/ acórdão Min. Breno Medeiros, 8.8.2019 (TST. Info nº 201).

Lojas Renner S.A. Comissões. Alteração no cálculo. Pagamento exclusivo aos trabalhadores efetivos, considerando o total de vendas efetuadas por efetivos e temporários. Dedução do valor gasto na contratação dos trabalhadores temporários. Validade. Ausência de prejuízo. Alteração contratual lícita. Transferência dos riscos da atividade econômica. Não configuração.

É válida a alteração no cálculo das comissões pagas aos empregados vendedores das Lojas Renner S.A. por meio da qual se estabeleceu o pagamento da referida parcela apenas aos trabalhadores efetivos, considerando o valor total das vendas realizadas por eles e pelos auxiliares de venda temporários, deduzido o montante gasto com a contratação dos temporários. No caso, não há falar em alteração contratual lesiva, nem em transferência dos riscos da atividade econômica, pois embora a empresa de trabalho temporário fosse paga com parte das comissões, a inclusão das vendas efetuadas pelos temporários no cálculo do valor da comissão impediu a ocorrência de qualquer prejuízo aos trabalhadores efetivos, além de gerar acréscimo na remuneração desses empregados. Sob esses fundamentos, a SBDI-I, por maioria, conheceu dos embargos, por divergência jurisprudencial, vencidos os Ministros Maria Cristina Irigoyen Peduzzi, Renato de Lacerda Paiva, Guilherme Augusto Caputo Bastos e Márcio Eurico Vitral Amaro. No mérito, também por maioria, a Subseção negou-lhes provimento, vencidos os Ministros José Roberto Freire Pimenta, relator, Luiz Philippe Vieira de Mello Filho, Alberto Luiz Bresciani de Fontan Pereira e Walmir Oliveira da Costa. TST-E-ED-RR-448400-76.2008.5.12.0054, SBDI-I, rel. Min. José Roberto Freire Pimenta, red. p/ acórdão Min. Maria Cristina Irigoyen Peduzzi, 27.6.2019 (TST. Info nº 200).

Dispensa discriminatória. Configuração. Empregado portador de câncer. Presunção de preconceito ou de estigma. Aplicação da Súmula n° 443 do TST.

Presume-se discriminatória e arbitrária a dispensa sem justa causa de empregado portador de neoplasia de próstata, nos termos da Súmula n° 443 do TST, pois o câncer é doença grave comumente associada a estigmas. Assim, cabe ao empregador o ônus de demonstrar que a dispensa do empregado não teve causa, ainda que indireta, com a respectiva enfermidade. Na espécie, não houve a comprovação de que a demissão se deu por motivos outros que não o fato de o reclamante ser acometido de neoplasia prostática, pois argumentos tais como o corte de gastos e o aumento dos índices de lucro da empresa não se sobrepõem aos princípios enumerados no art. 170 da CF, a exemplo da valorização do trabalho humano, da existência digna e da função social da empresa. Ademais, restou consignado nos autos que à época da prestação dos serviços a empresa alcançou recordes de produção e de crescimento, tendo o reclamante contribuído de maneira relevante para o sucesso do empreendimento. Sob esses fundamentos, a SBDI-I, em sua composição plena, por unanimidade, conheceu dos embargos por divergência jurisprudencial e, no mérito, por maioria, negou-lhes provimento. Vencidos os Ministros Márcio Eurico Vitral Amaro, relator, Breno Medeiros e Alexandre Luiz Ramos, os quais davam provimento ao recurso para restabelecer o acórdão do Regional que entendera não configurada a dispensa discriminatória, ao fundamento de que o câncer de próstata, embora grave, não se insere no conceito de doença que suscita estigma ou preconceito. TST-E-ED-RR-68-29.2014.5.09.0245, SBDI-I, rel. Min.Márcio Eurico Vitral Amaro, red. p/ acórdão Min. Cláudio Mascarenhas Brandão, 4.4.2019 (TST. Info nº 194).

Ação rescisória. Violação à coisa julgada. Configuração. Sentença criminal condenatória transitada em julgado em momento anterior ao trânsito em julgado da decisão rescindenda que declarou a nulidade da dispensa do reclamante. Unidade da jurisdição. Não subsistência da decisão proferida na seara trabalhista.

Os fatos reconhecidos em sentença criminal condenatória transitada em julgado não podem ser rediscutidos na seara trabalhista, ante o princípio da unidade da jurisdição. No caso, a coisa julgada que se formou no processo criminal, em que constatado o crime cometido pelo empregado (ato de improbidade), com a consequente pena de perda do emprego público, operou-se anteriormente ao trânsito em julgado do acórdão rescindendo que, ao analisar as razões que ensejaram a justa causa, concluiu pela nulidade da dispensa do reclamante. Assim, a decisão penal se sobrepõe à sentença trabalhista, de modo que esta não pode subsistir com conteúdo decisório oposto àquele que transitou em julgado na esfera criminal. Sob esse entendimento, a SBDI-II, por unanimidade, conheceu e negou provimento ao recurso ordinário, mantendo, portanto, a decisão do Tribunal Regional que, com fundamento no art. 485, IV, do CPC de 1973, julgou procedente o pedido de corte rescisório para reconhecer a justa causa praticada pelo empregado. TST-RO-9301-70.2010.5.01.0000, SBDI-II, rel. Min. Alexandre de Souza Agra Belmonte, 11.12.2018 (TST. Info nº 189).

Ação rescisória. Demissão por justa causa. Conduta faltosa. Única ocorrência. Possibilidade. Art. 482, "h", da CLT. Não violação.

A ruptura contratual por justa causa motivada em uma única conduta faltosa do trabalhador não se revela desproporcional quando demonstrada a gravidade da falta cometida. No caso, o autor descumpriu normas empresariais de segurança ao enviar informações confidenciais de clientes para seu e-mail pessoal, com evidente quebra de confiança necessária à continuidade do vínculo de emprego com a instituição financeira. Assim, não há falar em ofensa ao art. 482, "h", da CLT. Sob esse fundamento, a SBDI-II, por unanimidade, conheceu do recurso ordinário e, no mérito, por maioria, negou-lhe provimento, mantendo, portanto, a improcedência da ação rescisória. Vencida a Ministra Delaíde Miranda Arantes. TST-RO-101576-28.2016.5.01.0000, SBDI-II, rel. Min. Douglas Alencar Rodrigues, 25.9.2018 (TST. Info nº 185).

Adicional de transferência. Período imprescrito. Única transferência. Caráter definitivo. Adicional indevido.

O exame da sucessividade das transferências, para efeito de aferição do direito à percepção do adicional respectivo, não deve levar em consideração aquelas efetuadas no período prescrito, sob pena de os efeitos jurídicos de uma transferência já abarcada pela prescrição repercutirem na pretensão relativa ao adicional correspondente às transferências do período não prescrito. No caso, o reclamante foi submetido a cinco transferências, das quais quatro ocorreram no período prescrito. A única transferência realizada no período imprescrito se deu em caráter definitivo, na medida em que o reclamante continuou trabalhando no local para o qual foi transferido por mais de cinco anos até o final da contratação. Assim, não se reputando provisória a transferência ocorrida no período imprescrito, a SBDI-I, por maioria, negou provimento aos embargos, mantendo a decisão turmária que excluíra da condenação o pagamento do adicional de transferência. Vencidos os Ministros Augusto César Leite de Carvalho, Luiz Philippe Vieira de Mello Filho, José Roberto Freire Pimenta e Hugo Carlos Scheuermann. TST-E-ED-RR-3767900-20.2008.5.09.0011, SBDI-I, rel. Min. Augusto César Leite de Carvalho, red. p/ acórdão Min. Renato de Lacerda Paiva, 28.6.2018 (TST. Info nº 181).

BESC. Plano de desligamento voluntário. Negociação coletiva. Cláusula de quitação geral do contrato de emprego. Juízo de retratação realizado pela Turma de origem com base nos aspectos objetivos do processo. Ausência de contrariedade à Súmula nº 126 do TST.

Não contraria a Súmula nº 126 do TST decisão turmária que, em juízo de retratação, aplica tese jurídica adotada pelo Supremo Tribunal Federal, nos autos do RE 590.415/SC, com repercussão geral, no sentido da validade da cláusula de quitação geral do contrato de trabalho prevista no plano de desligamento voluntário do BESC, quando ausente no acórdão do Regional esclarecimento acerca da previsão da quitação total na norma coletiva e nos documentos de rescisão. Na hipótese, a Turma de origem entendeu que o caso dos autos envolve idêntica controvérsia posta a exame do STF, ou seja, de ex-empregado do BESC que aderiu ao mesmo plano com cláusula de quitação geral e irrestrita do contrato de trabalho, razão pela qual considerou desnecessária a demonstração dos elementos fáticos para aplicação do precedente. Destacou-se, ainda, que é dever do colegiado verificar os elementos objetivos do processo e aplicar a orientação que resultou pacificada pela jurisprudência, se houver identidade entre os casos cotejados, não havendo falar, portanto, em revolvimento de fatos e provas ou em contrariedade à Súmula nº 126 do TST. Sob esse fundamento, a SBDI-I, por unanimidade, conheceu dos embargos interpostos pelo reclamante, por divergência jurisprudencial, e, no mérito, negou-lhes provimento. TST-E-ED-RR-536000-66.2009.5.12.0001, SBDI-I, rel. Min. Luiz Philippe Vieira de Mello Filho, 30.11.2017 (TST. Info nº 170).

Dispensa decorrente do ajuizamento de reclamação trabalhista. Prática discriminatória. Art. 1º da Lei nº 9.029/1995. Rol exemplificativo. Reintegração devida.

O rol de práticas consideradas discriminatórias previsto no art. 1º da Lei nº 9.029/1995 sempre foi meramente exemplificativo, mesmo antes da alteração introduzida pela Lei nº 12.146/2015, que somente acrescentou a expressão "entre outros". Ao efetuar a referida modificação, o objetivo do legislador foi apenas deixar evidente o que já estava estabelecido na redação original do dispositivo, ou seja, a vedação a qualquer atitude discriminatória que impeça o acesso ou a manutenção de relação de trabalho. Assim, na hipótese dos autos, em que houve a comprovação da ocorrência de dispensa retaliatória em razão de ajuizamento de reclamatória trabalhista anterior, a SBDI-I, por unanimidade, conheceu dos embargos, por divergência jurisprudencial, e, no mérito, por maioria, deu-lhes provimento para determinar a reintegração do reclamante ao emprego, com o pagamento de todas as verbas devidas no período de afastamento, corrigidas monetariamente e acrescidas de juros (art. 4º, I, da Lei nº 9.029/1995). Vencidos os Ministros Guilherme Augusto Caputo Bastos e Renato de Lacerda Paiva, os quais entendiam que, em razão da dispensa do autor ter se dado em julho de 2013, a ele se aplica a redação original do art. 1º da Lei nº 9.029/1995, que não comportava interpretação extensiva, na medida em que apresentava rol taxativo referente a condições pessoais do empregado (sexo, origem, raça, cor, estado civil, situação familiar ou idade), não englobando, portanto, o caso da dispensa em razão de ajuizamento de ação. TST-E-RR–807-35.2013.5.09.0892 , SBDI-I, rel. Min. Brito Pereira, 26.10.2017 (TST. Info nº 168).

Aviso prévio proporcional. Lei nº 12.506/2011. Direito exclusivo do empregado.

A proporcionalidade do aviso prévio a que se refere a Lei nº 12.506/2011 aplica-se somente aos casos em que o empregador toma a iniciativa de rescindir o contrato de trabalho. Interpretar a norma de forma diversa, ou seja, exigir que o trabalhador cumpra aviso prévio superior a trinta dias, na hipótese em que ele próprio intentar a rescisão do contrato, significaria compactuar com alteração legislativa prejudicial ao empregado. Sob esse entendimento, a SBDI-I, por unanimidade conheceu dos embargos interpostos pela reclamante, por divergência jurisprudencial, e, no mérito, deu-lhes provimento para acrescer à condenação o pagamento de três dias de trabalho prestado indevidamente no período do aviso prévio, com os reflexos cabíveis. TST-E-RR-1964-73.2013.5.09.0009 , SBDI-I, rel. Min. Hugo Carlos Scheuermann , 21.9.2017 (TST. Info nº 165).

Rescisão indireta. Caracterização. Art. 483 da CLT. Princípio da imediatidade. Inaplicabilidade. Necessidade de manutenção do contrato de emprego por parte do empregado.

Não constitui óbice ao reconhecimento da rescisão indireta do contrato de trabalho a ausência de imediatidade entre a ocorrência da conduta patronal faltosa e a propositura da reclamação pelo empregado, diante do desequilíbrio econômico entre as partes e a necessidade de manutenção do contrato de emprego, fator preponderante para a subsistência do trabalhador e de sua família. No caso, o descumprimento reiterado das obrigações trabalhistas pelo empregador (não pagamento de adicionais, horas extras e intervalos) caracteriza a hipótese de falta grave empresarial tipificada no art. 483, "d", da CLT, de modo a autorizar a rescisão indireta do contrato de trabalho, com ônus rescisórios para a empresa. Sob esses fundamentos, a SBDI-I, por unanimidade, conheceu dos embargos por contrariedade à Súmula nº 126 do TST e, no mérito, deu-lhes provimento para reconhecer a rescisão indireta do contrato de trabalho e, por corolário, acrescer à condenação o pagamento das verbas rescisórias correlatas. TST-E-RR-1044-36.2014.5.03.0105, SBDI-I, rel. Min. Walmir Oliveira da Costa, 9.2.2017 (TST. Info nº 152).

Auxílio-doença. Suspensão do contrato de trabalho. Falta praticada em período anterior à suspensão. Demissão por justa causa. Possibilidade.

A suspensão do contrato de trabalho em virtude de gozo de auxílio-doença não impede a dispensa por justa causa, ainda que a prática do ato faltoso imputado ao trabalhador tenha sido anterior ao afastamento. Conquanto o recebimento de auxílio-doença constitua causa de suspensão do contrato de trabalho, ainda prevalecem, nesse período, os princípios norteadores da relação de emprego, a exemplo da lealdade, boa-fé, confiança recíproca, honestidade, etc. Assim, estando comprovado o justo motivo, a suspensão do contrato de trabalho não tem o condão de impedir o direito potestativo do empregador de pôr fim ao pacto laboral de imediato. A quebra de confiança compromete um importante pilar da contratação, sendo irrelevante o momento em que ocorreram os fatos ensejadores da demissão. Sob esses fundamentos, a SBDI-I, por unanimidade, conheceu do recurso de embargos por divergência jurisprudencial, e, no mérito, por maioria, deu-lhe provimento para restabelecer o acórdão do Regional, no particular. Vencidos os Ministros Lelio Bentes Corrêa, relator, e Aloysio Corrêa da Veiga. TST-E-ED-RR-20300-40.2008.5.01.0263, SBDI-I, rel. Min. Lelio Bentes Corrêa, red. p/ acórdão Min. Renato de Lacerda Paiva, 1º.12.2016 (TST. Info nº 150).

Controvérsia sobre vínculo de emprego. Prescrição. Termo inicial. Projeção do aviso-prévio. Incidência da Orientação Jurisprudencial nº 83 da SBDI-I.

A diretriz consagrada na Orientação Jurisprudencial nº 83 da SBDI-I, segundo a qual se computa a projeção do aviso-prévio na duração do contrato de emprego para efeito de contagem do prazo prescricional, se estende aos casos em que o vínculo empregatício ainda não foi espontaneamente reconhecido entre as partes ou judicialmente declarado. Sob esse entendimento, a SBDI-I, por maioria, conheceu dos embargos, por divergência jurisprudencial, e, no mérito, negou-lhes provimento, mantendo, portanto, a decisão turmária que dera provimento ao recurso de revista para determinar o retorno dos autos à Vara de origem, a fim de que, afastada a prescrição bienal, prossiga no exame dos pedidos do reclamante como entender de direito. Na espécie, o TRT manteve a sentença que declarou a prescrição total do direito de ação para postular o reconhecimento da relação de emprego, sob o fundamento de que o ajuizamento da reclamação deu-se após dois anos da cessação da prestação de serviços pelo reclamante no exercício da atividade profissional de corretor de imóveis. Vencidos os Ministros João Oreste Dalazen, relator, Ives Gandra da Silva Martins Filho, Brito Pereira, Guilherme Augusto Caputo Bastos e Walmir Oliveira da Costa, os quais entendiam que a relação originalmente havida entre as partes, ainda que passível de modificação em juízo, não era de emprego, não permitindo, portanto, a dilação do termo inicial da contagem do prazo prescricional conforme preconizado pela Orientação Jurisprudencial nº 83 da SBDI-I. TST-E-ED-RR-277-72.2012.5.01.0024, SBDI-I, rel. Min. João Oreste Dalazen, red. p/ o acórdão Ministro Augusto César Leite de Carvalho, 15.9.2016 (TST. Info nº 144).

Mandado de segurança. Despedida por justa causa de grupo de empregados. Alegação de desídia e mau procedimento. Ausência de provas pré-constituídas. Deferimento da tutela antecipada. Reintegração. Manutenção.

A sonegação de trabalho junto ao tomador, com adoção de meios de coação contra empregados que intentavam trabalhar, não justifica, por si só, o despedimento de vinte e um trabalhadores por justa causa, sob a alegação de mau procedimento e desídia. Nos termos da Súmula nº 316 do STF, a simples adesão à greve não constitui falta grave. Ademais, nos autos do mandado de segurança, não vieram provas pré-constituídas de que, quanto à desídia, todos os empregados foram anteriormente punidos com sanções mais brandas, conforme exigido pela jurisprudência do TST. Outrossim, quanto ao mau procedimento, também não houve manifestação sobre o conteúdo da referida conduta. Desse modo, ausentes maiores especificações a respeito do comportamento coletivo que culminou na despedida dos empregados por justa causa, sobressai a verossimilhança da tese de que as despedidas constituíram tão somente reprimenda à ação coletiva dos trabalhadores, o que justifica o deferimento da antecipação da tutela nos autos da reclamação trabalhista. Sob esses fundamentos, a SBDI-II, por unanimidade, conheceu do recurso ordinário e, no mérito, por maioria, negou-lhe provimento, mantendo a decisão que, ao denegar a segurança, rejeitou o pedido de suspensão da antecipação da tutela por meio da qual se determinou a reintegração dos vinte e um empregados. Vencido o Ministro Antonio José de Barros Levenhagen. TST-RO-5107-61.2015.5.15.0000, SBDI-II, rel. Min. Alberto Luiz Bresciani de Fontan Pereira, 28.6.2016 (TST. Info nº 140).

Aviso-prévio indenizado. Projeção do contrato de trabalho. Adesão à programa de demissão voluntário instituído no curso desse período. Possibilidade.

O aviso-prévio, ainda que indenizado, integra o contrato de trabalho para todos os efeitos (art. 487, § 1º, da CLT). Assim, vigente o contrato de trabalho até o final da projeção do aviso-prévio, tem o empregado direito a aderir a plano de demissão voluntária instituído pela empresa no curso desse período. Sob esse entendimento, a SBDI-I, por maioria, conheceu dos embargos por divergência jurisprudencial e, no mérito, negou-lhes provimento. Vencido o Ministro Ives Gandra Martins Filho. TST-E-ED-RR-2303-30.2012.5.02.0472, SBDI-I, rel. Min. Brito Pereira, 19.5.2016 (TST. Info nº 137).

Motorista e cobrador. Acúmulo de funções. Possibilidade. Atividades compatíveis com a condição pessoal do empregado. Art. 456, parágrafo único, da CLT.

O parágrafo único do art. 456 da CLT permite ao empregador exigir do empregado qualquer atividade compatível com sua condição pessoal, desde que lícita e dentro da jornada de trabalho. Assim, tendo em conta que a atividade de cobrador é, em regra, compatível com a atividade de motorista, não existe justificativa para a percepção de acréscimo salarial em decorrência do exercício concomitante das duas funções na mesma jornada. Sob esse fundamento, a SBDI-I, por unanimidade, conheceu dos embargos da reclamada, por divergência jurisprudencial, e, no mérito, deu-lhes provimento para excluir da condenação as diferenças salariais pelo acúmulo de funções TST-E-RR-67-15.2012.5.01.0511, SBDI-I, rel. Min. Alexandre Agra Belmonte, 14.4.2016 (TST. Info nº 132).

Danos morais. Ausência ou atraso na quitação das verbas rescisórias. Indenização indevida.

A ausência ou o atraso no pagamento das verbas rescisórias não é suficiente para caracterizar a ocorrência de danos morais. No caso, embora reconhecido o atraso, pelo empregador, no adimplemento da obrigação de quitar as verbas rescisórias, não houve registro de qualquer consequência concreta (impossibilidade de saldar compromissos, constituição em mora, perda de crédito, etc) que pudesse comprometer a honra e a imagem do empregado. Sob esses fundamentos, a SBDI-I, por unanimidade, conheceu dos embargos interpostos pelo reclamante, por divergência jurisprudencial, e, no mérito, por maioria, negou-lhes provimento. Vencido o Ministro Alexandre de Souza Agra Belmonte. TST-E-RR-571-13.2012.5.01.0061, SBDI-I, rel. Min. Lelio Bentes Corrêa, 17.3.2016 (TST. Info nº 130).

Multa do art. 477, §8º, da CLT. Incidência. Pagamento tardio da indenização compensatória de 40% sobre o FGTS.

A multa prevista no artigo 477, §8º, da CLT incide na hipótese de não pagamento, no prazo legal, da indenização compensatória de 40% sobre o FGTS, por se tratar de verba tipicamente rescisória. No caso, o autor foi dispensado em 5.4.2012, a quitação de parte das parcelas rescisórias ocorreu em 14.4.2012 e o pagamento da multa de 40% sobre os depósitos do FGTS se deu somente em 25.5.2012, quando já transcorridos 50 dias desde a dispensa. Desse modo, o adimplemento tardio da verba rescisória em foco caracterizou fato capaz de sujeitar o empregador à multa prevista no art. 477, § 8º da CLT, não se tratando de pagamento inexato do acerto rescisório, mas de desrespeito, pelo empregador, do cumprimento do prazo para a satisfação de direito vocacionado à proteção constitucional contra despedida arbitrária ou sem justa causa, na forma do artigo 7º, I, da Constituição Federal, c/c o art. 10, I, do ADCT. Sob esses fundamentos, a SBDI-I, por unanimidade, conheceu do recurso de embargos, por divergência jurisprudencial, e, no mérito, por maioria, deu-lhe provimento para restabelecer o acórdão do Tribunal Regional do Trabalho, no particular, vencidos os Ministros Aloysio Corrêa da Veiga, João Oreste Dalazen, Guilherme Augusto Caputo Bastos e Walmir Oliveira da Costa. TST-E-ED-ARR-643-82.2013.5.09.0015, SBDI-1, rel. Min. Alexandre de Souza Agra Belmonte, 5.11.2015 (TST. Info nº 122).

Indenização por danos morais. Despedida por justa causa. Imputação de ato de improbidade. Desconstituição em juízo.

A resolução do contrato de trabalho por justa causa, fundada em suposto ato de improbidade (desvio de numerário), quando desconstituída judicialmente, gera reflexos na vida do empregado e lesiona direitos da personalidade, em especial a honra e a imagem, na medida em que a acusação infundada atinge grave e injustamente a reputação do obreiro. Embora a reversão judicial da dispensa por justa causa não constitua, por si só e necessariamente, motivo ensejador da indenização, a acusação, sem a necessária cautela, de grave imputação de desvio de dinheiro evidencia o abuso do direito do empregador de exercer o poder disciplinar, configurando-se ato ilícito, previsto no artigo 186 do Código Civil, e indenizável, na forma do artigo 927 do mesmo diploma legal. Diferente seria se a justa causa imputada tivesse o pressuposto da conduta incontroversa (faltas ao trabalho, ofensa pessoal, desídia no cumprimento de norma geral, etc.), quando então estaria imune o empregador para exercer o direito de tentar enquadrar tal comportamento em um dos tipos legais descritivos de justa causa. Sob esse entendimento, a SBDI-I, por maioria, conheceu do recurso de embargos por divergência jurisprudencial, vencido o Ministro Luiz Philippe Vieira Mello Filho, e, no mérito, ainda por maioria, deu-lhe provimento para, reformando a decisão recorrida, reconhecer a existência de dano moral, e condenar a reclamada ao pagamento da indenização respectiva, no valor de R$ 30.000,00 (trinta mil reais), a título de acréscimo à condenação. Vencidos, totalmente, os Ministros João Oreste Dalazen, Antônio José de Barros Levenhagen, Ives Gandra da Silva Martins Filho, Luiz Philippe Vieira Mello Filho, Guilherme Augusto Caputo Bastos e Márcio Eurico Vitral Amaro, que negavam provimento ao recurso, e, parcialmente, o Ministro Renato de Lacerda Paiva, que dava provimento aos embargos, mas com a redução do valor da indenização para R$ 15.000,00. TST-E-RR-48300-39.2003.5.09.0025, SBDI-I, rel. Min. Augusto César Leite de Carvalho, 10.9.2015 (TST. Info nº 117).

Recurso ordinário em mandado de segurança. Antecipação de tutela. Reintegração ao emprego. Trabalhadora dispensada logo após retornar de afastamento previdenciário. Ato da empresa tido como tratamento discriminatório. Exercício abusivo do direito. Inexistência de direito líquido e certo à cassação da decisão antecipatória.

Recurso ordinário em mandado de segurança impetrado contra decisão interlocutória de antecipação dos efeitos da tutela, na qual determinada a reintegração de empregada dispensada sem justa causa vinte e um dias após retornar de licença para tratamento de saúde. O ato tido como coator foi exarado com fundamento na possível conduta discriminatória da empresa, que rompeu o vínculo empregatício tão logo a empregada recebeu alta do INSS, após recuperação de suposto acidente sofrido nas dependências da empresa. A ideia central da dignidade da pessoa humana, tal como referida no Texto Constitucional, não se compadece com tratamentos discriminatórios. O exercício abusivo do direito de rescisão do contrato de trabalho, porque ilícito, não pode produzir efeitos válidos. Ademais, não obstante a empresa tenha de suportar as despesas com o pagamento dos salários até o julgamento final da causa, é certo que se beneficiará da prestação de serviços da empregada durante o período. Ressalte-se que a ruptura do vínculo de emprego traduz dano de difícil reparação para a trabalhadora, na medida em que o prejuízo financeiro sofrido renova-se e é agravado mês a mês, atingindo a subsistência da empregada e de sua família. Não há falar, portanto, em ofensa a direito líquido e certo da empresa à cassação da decisão antecipatória. Sob esse entendimento, a SBDI-II decidiu, por maioria, vencido o Ministro Antonio José de Barros Levenhagen, conhecer do recurso ordinário e, no mérito, negar-lhe provimento. TST-RO-5588-92.2013.5.15.0000, SBDI-II, rel. Min. Douglas Alencar Rodrigues, 25.8.2015 (TST. Info nº 115).

Matéria afetada ao Tribunal Pleno. Complementação de aposentadoria. Opção pelo novo plano CEEEPREV. Efeitos. Validade da adesão às novas regras. Súmula nº 51 do Tribunal Superior do Trabalho. Alcance. Manutenção da base de cálculo. Impossibilidade de renúncia de direitos adquiridos. Integração de parcelas deferidas em ação trabalhista anteriormente ajuizada.

O empregado, por força das disposições contidas nas Súmulas nos 51, item I, e 288 do Tribunal Superior do Trabalho, mesmo com a adesão a novo plano de benefícios CEEEPREV, não renuncia à base de cálculo de seus proventos de aposentadoria, que apenas passa a ser guiada pelas novas regras. Não se reconhece a eficácia de renúncia a direito adquirido (base de cálculo da complementação de aposentadoria) à luz das normas imperativas de Direito do Trabalho. Como consequência, a autora tem direito de ver integrada à referida base de cálculo as parcelas que lhe foram deferidas em ação trabalhista anteriormente ajuizada nos autos do Processo nº 01635.902/94-0. Sob esse entendimento, o Tribunal Pleno decidiu: I) por maioria, conhecer dos embargos, por divergência jurisprudencial, apenas quanto ao pedido de pagamento de diferenças de complementação de proventos, considerando, para efeito de determinação de seu valor, as parcelas e diferenças reconhecidas nos autos do Processo n.º 01635.902/94-0, vencidos os Ministros Kátia Magalhães Arruda, relatora, Augusto César Leite de Carvalho, João Oreste Dalazen, Ives Gandra da Silva Martins Filho, Alberto Luiz Bresciani de Fontan Pereira, Maria de Assis Calsing, Dora Maria da Costa e Guilherme Augusto Caputo Bastos; II) no mérito, por maioria, dar provimento ao recurso para, afastada a incidência da Súmula n.º 51, II, do TST, em relação à pretensão de integração de parcelas reconhecidas em decisão judicial, restabelecer a sentença somente quanto ao pedido de pagamento de diferenças de complementação de proventos, considerando, para efeito de determinação de seu valor, as parcelas e diferenças reconhecidas nos autos do Processo n.º 01635.902/94-0. Ficaram vencidos os Ministros Kátia Magalhães Arruda, relatora, Augusto César Leite de Carvalho, Cláudio Mascarenhas Brandão, Ives Gandra da Silva Martins Filho, Maria Cristina Irigoyen Peduzzi, Renato de Lacerda Paiva, Maria de Assis Calsing, Dora Maria da Costa, Guilherme Augusto Caputo Bastos, Márcio Eurico Vitral Amaro e Antonio José de Barros Levenhagen. Redigirá o acórdão o Ministro Aloysio Corrêa da Veiga. TST-E-ED-ED-RR-300800-25.2005.5.04.0104, Tribunal Pleno, rel. Kátia Magalhães Arruda, red. p/acórdão Min. Aloysio Corrêa da Veiga, 29.9.2015. (TST. Info nº 114).

Bancário. Anistia. Leis nºs 8.878/94 e 11.907/2009. Efeitos. Alteração da jornada para 40 horas. Não pagamento da sétima e oitava horas trabalhadas como extras. Direito às diferenças salariais entre o pagamento de seis e o de oito horas.

O ex-bancário que houver retornado ao serviço em órgão ou entidade da administração pública federal direta, autárquica ou fundacional, beneficiado pela anistia concedida pela Lei nº 8.878/94, estará sujeito à jornada semanal de trabalho de 40 horas (art. 309 da Lei nº 11.907/09), sem direito à jornada de seis horas na nova função ou à remuneração das sétima e oitava horas como extraordinárias, não havendo falar em alteração contratual lesiva de que trata o art. 468 da CLT. Todavia, o aumento da jornada e a manutenção do valor nominal do salário implicam em diminuição no valor do salário-hora e, consequentemente, em redução salarial. Assim, adotando os fundamentos da decisão tomada pelo Tribunal Pleno nos autos do processo TST-E-RR-110600-80.2009.5.04.0020, a SBDI-I, por unanimidade, conheceu dos embargos do reclamante, por divergência jurisprudencial, e, no mérito, deu-lhes provimento para julgar procedente o pedido sucessivo de diferenças salariais entre o pagamento de seis e o de oito horas, considerando-se a proporcionalidade entre as horas trabalhadas pelo reclamante antes do afastamento e as exigidas em razão da anistia, a incidir sobre parcelas vencidas e vincendas, mantendo-se a carga horária legalmente estabelecida de 200 horas. Registrou ressalva de fundamentação o Min. Antonio José de Barros Levenhagen. TST-E-RR-1172-92.2012.5.18.0013, SBDI-I, rel. Min. Márcio Eurico Vitral Amaro, 30.4.2015 (TST. Info nº 105).

Empresa Brasileira de Correios e Telégrafos – ECT. Automação de serviços. Aproveitamento do empregado em função diversa, com acréscimo da jornada de trabalho. Licitude. Pagamento do período acrescido de forma simples, sem o adicional.

O aproveitamento de empregado da Empresa Brasileira de Correios e Telégrafos – ECT sujeito à jornada reduzida do art. 227 da CLT em outra função com carga horária maior, e com o objetivo de preservar o emprego frente à automação de serviços (substituição das antigas máquinas de Telex por computadores) é lícito, devendo o período acrescido ser pago de forma simples, sem o adicional de horas extras. Na espécie, ressaltou-se que, não obstante a imutabilidade das cláusulas essenciais do contrato de trabalho, prevista no art. 468 da CLT, a jornada especial a que inicialmente submetido o empregado decorre de imperativo legal, sendo inafastável pela vontade das partes. Assim, não há falar em direito adquirido à jornada de seis horas, e, cessando a causa motivadora da jornada diferenciada, é permitido ao empregador exigir a duração normal do trabalho a que se refere o caput do art. 58 da CLT. Noutro giro, registrou-se que a partir do implemento de duas horas adicionais à jornada de trabalho, sem qualquer acréscimo remuneratório, houve patente redução de salário, em afronta ao princípio constitucional da irredutibilidade salarial (art. 7º, VI, da CF). Desse modo, mostra-se razoável garantir ao empregado o pagamento das 7ª e 8ª horas de forma simples, sem o adicional, pois a partir da adoção da jornada de oito horas o que ocorreu foi uma espécie de novação objetiva no contrato de trabalho e não dilatação da jornada normal. Com esse posicionamento, o Tribunal Pleno decidiu, por unanimidade, conhecer dos embargos da ECT, por divergência jurisprudencial, e, no mérito, por maioria, negar-lhes provimento, mantendo, portanto, a decisão turmária que determinara o pagamento das 7ª e 8ª horas de forma simples. Vencidos os Ministros Márcio Eurico Vitral Amaro, relator, Ives Gandra Martins Filho, Brito Pereira, Renato de Lacerda Paiva, Aloysio Corrêa da Veiga, Dora Maria da Costa, Fernando Eizo Ono, Guilherme Augusto Caputo Bastos e Antonio José de Barros Levenhagen, os quais davam provimento ao recurso para reformar o acórdão da Turma e julgar improcedente o pedido. Decidiu-se, outrossim, submeter o tema à Comissão de Jurisprudência e de Precedentes Normativos para a elaboração de projeto de súmula contemplando a tese consagrada no presente caso. TST-E-RR-110600– 80.2009.5.04.0020, Tribunal Pleno, rel. Min. Márcio Eurico Vitral Amaro, red. p/ acórdão Min. João Oreste Dalazen, 24.3.2015 (TST. Info nº 102).

Aviso prévio indenizado. Superveniência de auxílio-doença. Estabilidade provisória. Previsão em instrumento coletivo. Efeitos exclusivamente financeiros. Inviável a reintegração. Súmula nº 371 do TST.

A concessão do auxílio-doença no curso do aviso prévio indenizado apenas adia os efeitos da dispensa para depois do término do benefício previdenciário (Súmula nº 371 do TST), e não implica em nulidade da despedida, ainda que norma coletiva assegure estabilidade provisória por sessenta dias após a concessão da alta médica. Desse modo, o empregado somente tem direito às vantagens econômicas previstas na norma coletiva, e, passado o período nela assegurado, pode o empregador extinguir o contrato de trabalho. Com esse entendimento, a SBDI-I, por unanimidade, conheceu dos embargos da reclamada por contrariedade à Súmula nº 371 (má aplicação), e, no mérito, deu-lhes provimento para afastar a declaração da nulidade da dispensa e, consequentemente, a determinação de reintegração no emprego, reconhecendo que a condenação deve limitar-se a resguardar os direitos patrimoniais da reclamante até a concretização da dispensa, ocorrida no período de sessenta dias após o término do benefício previdenciário. TST-E-ED-RR-59000-67.2005.5.01.0012, SBDII, rel. Min. Renato de Lacerda Paiva, 12.3.2015 (TST. Info nº 101).

Servidor público submetido ao regime da CLT. Empregado que nunca foi submetido à jornada de trabalho inicialmente contratada. Determinação de retorno à jornada original. Alteração lícita. Orientação Jurisprudencial nº 308 da SBDI-I.

O restabelecimento da jornada original de trabalho de servidor público, submetido ao regime da CLT, não importa alteração ilícita do contrato de trabalho, ainda que isso implique aumento da carga horária sem contrapartida salarial. Com efeito, é a lei que determina a jornada do servidor, e eventual redução, ainda que por tempo prolongado ou mesmo desde o início do contrato de trabalho, não se incorpora ao seu patrimônio jurídico. A teoria do fato consumado não é aplicável em contrariedade à lei, que resguarda o interesse público, indisponível por natureza. Incide, portanto, o entendimento consolidado pela Orientação Jurisprudencial nº 308 da SBDI-I, em obediência aos princípios constitucionais da legalidade, moralidade, impessoalidade e eficiência do serviço público (art. 37 da CF). Com esses fundamentos, a SBDI-I, por maioria, conheceu dos embargos interpostos pelo reclamado por contrariedade à Orientação Jurisprudencial nº 308 da SBDI-I, e, no mérito, deu-lhes provimento para restabelecer a sentença que julgou lícita a alteração da jornada de trabalho da reclamante para quarenta horas semanais, pactuada à época da contratação e prevista em lei estadual. Vencidos os Ministros Renato de Lacerda Paiva, Augusto César Leite de Carvalho, José Roberto Freire Pimenta e Alexandre de Souza Agra Belmonte. TST-E-RR-368500-43.2009.5.04.0018, SBDI-I, rel. Min. Márcio Eurico Vitral Amaro, 5.2.2015 (TST. Info nº 99).

Professor. Redução do número de horas-aula. Prescrição total. Súmula nº 294 do TST

A redução do número de horas-aula está sujeita à prescrição total, nos termos da Súmula nº 294 do TST, por caracterizar-se como ato único do empregador e não haver preceito de lei que assegure ao professor a irredutibilidade do número de aulas. Com esse entendimento, a SBDI-I, por unanimidade, conheceu dos embargos da reclamante, por divergência jurisprudencial, e, no mérito, por maioria, negou-lhes provimento, mantendo a decisão do Regional que declarara a prescrição total. Vencidos os Ministros Alexandre Agra Belmonte, relator, Augusto César Leite de Carvalho, José Roberto Freire Pimenta e Hugo Carlos Scheuermann, os quais davam provimento ao recurso por entenderem que a diminuição da carga horária afeta o valor do salário do professor, o qual é assegurado pelo disposto nos arts. 7º, VI, da CF e 483, "g" da CLT, a ensejar, portanto, a incidência da prescrição parcial quinquenal. TST-E-RR-2109-98.2012.5.03.0020, SBDI-I, rel. Min. Alexandre Agra Belmonte, red. p/ acórdão Min. Renato de Lacerda Paiva, 16.10.2014 (TST. Info nº 92).

Doença ocupacional. Laudo pericial emitido há mais de vinte anos da extinção do contrato de trabalho. Prescrição. Marco inicial. Não adoção do momento da ciência da lesão.

Regra geral, considera-se como marco inicial da prescrição o momento do conhecimento da lesão. Todavia, na hipótese em que o laudo pericial que constatou a incapacidade auditiva decorrente da longa exposição do empregado a ruídos sem a utilização de equipamentos de proteção foi emitido mais de vinte anos após a rescisão do contrato de trabalho, não se mostra razoável reconhecer que a ciência da lesão só se deu no momento da perícia, ainda mais quando as provas dos autos evidenciam conduta que visa burlar o instituto da prescrição, mediante o ajuizamento em massa de reclamações trabalhistas por ex-empregados da mesma empresa, todas lastreadas em laudos periciais elaborados muitos anos após a extinção do vínculo de emprego. Com esses fundamentos, a SBDI-I, por unanimidade, conheceu dos embargos interpostos pela reclamada, por divergência jurisprudencial, e, no mérito, deu-lhes provimento para declarar a prescrição total, julgando improcedente a reclamação trabalhista. TST-E-RR-56600-22.2008.5.04.0811, SBDI-I, rel. Min. Aloysio Corrêa da Veiga, 2.10.2014 (TST. Info nº 91).

Contrato de estágio. Natureza jurídica trabalhista. Prescrição. Incidência do inciso XXIX do art. 7º da CF.

É imprópria a aplicação da prescrição decenal do art. 205 do CC ao contrato de estágio regulado pela Lei nº 11.788/2008, pois ainda que não se trate de típica relação de emprego, ostenta natureza de relação de trabalho a atrair a incidência da prescrição de que trata o inciso XXIX do art. 7º da CF. Com esse fundamento, a SBDI-I, por unanimidade, conheceu dos embargos interpostos pelo reclamado, por divergência jurisprudencial, e, por maioria, deu-lhes provimento para restabelecer a sentença, que decretou a incidência da prescrição total e extinguiu o feito, com julgamento de mérito, nos termos do art. 269, IV, do CPC. Vencidos os Ministros Renato de Lacerda Paiva e José Roberto Freire Pimenta. TST-E-RR-201-90.2012.5.04.0662, SBDI-I, rel. Min. Luiz Philippe Vieira de Mello Filho, 5.6.2014 (TST. Info nº 85).

Dano Moral. Acidente do trabalho ou doença profissional. Prescrição. Norma de regência vigente na data da lesão ou da ciência inequívoca do evento danoso. Prescrição trabalhista versus prescrição cível. Emenda Constitucional nº 45/2004.

A regra prescricional aplicável à pretensão relativa a indenização por danos morais decorrente de acidente do trabalho ou doença profissional é definida levando-se em conta a data da lesão ou, na hipótese de doença profissional, da ciência inequívoca do evento danoso pelo empregado. Incidirá a prescrição trabalhista se a lesão ou constatação do dano ocorreu na vigência da Emenda Constitucional nº 45/2004, que inseriu, de forma inequívoca, a matéria no âmbito da competência da Justiça do Trabalho. Contrariamente, se a lesão ou sua constatação se deu em data anterior à referida emenda, incidirá o prazo cível, observando-se as regras de transição do Código Civil de 2002. Assim, no caso em o dano se consumou com a aposentadoria por invalidez em 13.4.2001, ou seja, em data anterior ao Novo Código Civil, e a ação de indenização por danos morais e matérias decorrentes de acidente do trabalho foi ajuizada na Justiça do Trabalho após a EC nº 45/04, incide a regra de transição de que trata o art. 2.028 do CC, de modo que, transcorridos menos de dez anos entre a aposentadoria por invalidez e a data da entrada em vigor do Código Civil de 2002, aplica-se a prescrição trienal (art. 206, § 3º, V, do CC). Com esse entendimento, a SBDI-I, em sua composição plena, por unanimidade, conheceu dos embargos da reclamante por divergência jurisprudencial, e, no mérito, por maioria, negou-lhes provimento, mantendo a decisão turmária que declarou a prescrição da pretensão e extinguiu o processo com resolução de mérito. Vencidos os Ministros Márcio Eurico Vitral Amaro, Augusto César Leite de Carvalho, José Roberto Freire Pimenta e Hugo Carlos Scheuermann, os quais entendiam que, regra geral, aplica-se o disposto no art. 7º, XXIX, da CF, ainda que a ciência da lesão tenha ocorrido anteriormente à EC nº 45/2004, só se aplicando a regra de transição do Código Civil naquelas hipóteses em que o titular da pretensão seria surpreendido com a aplicação da prescrição trabalhista de prazo menor, e o Ministro Alexandre Agra Belmonte, que aplicava a regra de direito intertemporal prevista no art. 916 da CLT em razão de o prazo prescricional já haver se iniciado, mas não ter se consumado quando da edição da EC nº 45/04. TST-E-RR-2700-23.2006.5.10.0005, SBDI-I, rel. Min. Aloysio Corrêa da Veiga, 22.5.2014 (TST. Info nº 83).

Bancário. Horas extras ajustadas em momento posterior ao da admissão. Inexistência de vínculo com a prestação de serviço extraordinário. Natureza jurídica de salário propriamente dito. Supressão. Prescrição parcial. Súmulas nº 199, II, e 294 do TST. Não incidência.

Ainda que paga sob rubrica que possa sugerir tratar-se de horas extras, a parcela que é recebida pelo bancário em momento posterior ao de sua contratação, em valores mensais fixos e de forma desvinculada da prestação de serviço extraordinário não se configura típica pré-contratação de horas extras, ostentando, em verdade, a natureza de salário propriamente dito. Desse modo, havendo a supressão da mencionada verba, incide ao caso a prescrição parcial, pois configurado o mero descumprimento da obrigação de efetuar o pagamento do salário, e não a prescrição total de que trata o item II da Súmula nº 199 do TST. Também não há falar em incidência da Súmula nº 294 do TST, por não ser o caso de alteração contratual. No caso concreto, o pagamento da parcela "HRS. EXT. DIURNAS" iniciou-se em outubro de 1988, cerca de sete meses após a admissão da empregada, e, em janeiro de 2001, foi extinto pelo banco reclamado. Nesse contexto, a SBDI-I decidiu, por maioria, vencido o Ministro Ives Gandra Martins Filho, não conhecer do recurso de embargos do reclamado. TST-E-ED-RR-213000-55.2007.5.09.0069, SBDI-I, rel. Min. João Oreste Dalazen, 8.5.2014 (TST. Info nº 81).

Dispensa por justa causa. Desídia. Art. 482, "e", da CLT. Princípios da proporcionalidade e da gradação da pena. Inobservância. Falta grave afastada.

Para a caracterização da desídia de que trata o art. 482, "e", da CLT, faz-se necessária a habitualidade das faltas cometidas pelo empregado, bem como a aplicação de penalidades gradativas, até culminar na dispensa por justa causa. Os princípios da proporcionalidade e da gradação da pena devem ser observados, pois as punições revestem-se de caráter pedagógico, visando o ajuste do empregado às normas da empresa. Nesse contexto, se o empregador não observa a necessária gradação da pena, apressando-se em romper o contrato de trabalho por justa causa, frustra o sentido didático da penalidade, dando azo à desqualificação da resolução contratual em razão do excessivo rigor no exercício do poder diretivo da empresa. Com esse entendimento, a SBDI-I, por unanimidade, conheceu dos embargos interpostos pela reclamada, por divergência jurisprudencial, e, no mérito, negou-lhes provimento. TST-E-ED-RR-21100-72.2009.5.14.0004, SBDI-I, rel. Min. Luiz Philippe Vieira de Mello Filho, 10.4.2014 (TST. Info nº 79).

Prescrição quinquenal. Alcance. Parcelas salariais vencidas e exigíveis na data da propositura da reclamação trabalhista.

Na hipótese em que a reclamação trabalhista fora ajuizada em 7 de dezembro de 2006, a prescrição quinquenal atinge somente as parcelas salariais vencidas e exigíveis no momento da propositura da ação, não alcançando, portanto, as verbas referentes ao mês de dezembro de 2001, as quais se tornaram exigíveis apenas a partir do quinto dia útil do mês subsequente, ou seja, janeiro de 2002 (art. 459, § 1º da CLT). Com tais fundamentos, e afastando a incidência da Súmula nº 308, I, do TST, a SBDI-I, por unanimidade, conheceu dos embargos da reclamante, no tópico, por divergência jurisprudencial e, no mérito, deu-lhes provimento para afastar a prescrição pronunciada quanto aos TST E-ED-RR-118400-96.2006.5.10.0021, SBDI-I, rel. Min. Brito Pereira, 20.2.2014 (TST. Info nº 73).

Dano Moral. Caracterização. Dispensa por justa causa fundada em ato de improbidade. Desconstituição em juízo. Dano presumível. Indenização devida.

A desconstituição em juízo da justa causa fundada em ato de improbidade imputado ao empregado pelo empregador enseja o pagamento de indenização por danos morais, tendo em vista que o prejuízo moral é presumível, ou seja, a prova do dano decorre da existência do próprio fato lesivo. Com esse entendimento, a SBDI-I, por unanimidade, conheceu dos embargos, por divergência jurisprudencial, e, no mérito, por maioria, deu-lhes provimento para condenar o reclamado ao pagamento de indenização por danos morais, no valor de quinze mil reais. Vencidos os Ministros João Oreste Dalazen, Carlos Alberto Reis de Paula, Brito Pereira, Dora Maria da Costa, os quais entendiam que a atribuição de ato de improbidade, por si só, não configura dano moral, e o Ministro Aloysio Corrêa da Veiga, em relação ao valor da indenização. TST-E-RR-164300-14.2009.5.18.0009, SBDI-1, rel. Min. Renato de Lacerda Paiva, 12.12.2013 (TST. Info nº 70).

Turno ininterrupto de revezamento. Alteração para turno fixo. Retaliação por negociação coletiva frustrada. Abuso do jus variandi do empregador.

A alteração do turno ininterrupto de revezamento para turno fixo de oito horas, em tese, é benéfica aos empregados, pois a alternância entre turnos diurnos e noturnos é notoriamente gravosa à saúde e à vida social. Entretanto, a referida modificação é inválida e configura abuso do jus variandi do empregador quando levada a efeito unilateralmente, sem a observância dos princípios da isonomia e da proporcionalidade, e com o fim de retaliar os empregados em razão da não aceitação da proposta de prorrogação do acordo coletivo autorizando o trabalho em turnos ininterruptos de oito horas. Com esse entendimento, a SBDI-I, por maioria, vencidos os Ministros Maria de Assis Calsing, relatora, Augusto César Leite de Carvalho, Ives Gandra Martins Filho, Lelio Bentes Corrêa e Aloysio Corrêa da Veiga, conheceu dos embargos da reclamada, por divergência jurisprudencial, e, no mérito, ainda por maioria, negou-lhes provimento, mantendo a decisão do Regional que determinou o retorno dos empregados ao sistema de turnos ininterruptos de seis horas, ante a falta de negociação coletiva para a prorrogação da jornada. Vencidos os Ministros Brito Pereira, João, SBDI-I, rel. Min. Maria de Assis Calsing, 29.8.2013 (TST. Info nº 57).

Deslocamentos sucessivos. Transferências provisórias. Caracterização. Adicional de transferência. Devido.

Na hipótese em que o empregado foi admitido em Cascavel/PR no ano de 1984, transferido para São Jorge do Oeste/PR e para Corbélia/PR em 1995, voltou para Cascavel/PR em 1996 e foi transferido para Curitiba/PR em 2000, onde se manteve até a data da rescisão contratual (16/07/2003), resta caracterizado o caráter provisório dos deslocamentos, ante a ocorrência de sucessividade, não importando o fato de a última transferência ter durado mais de dois anos. Assim, a SBDI-I, por unanimidade, conheceu dos embargos do reclamante, por divergência jurisprudencial, e, no mérito, por maioria, deu-lhes provimento para restabelecer a decisão do Regional quanto ao pagamento do adicional de transferência e reflexos. Vencidos os Ministros Renato de Lacerda Paiva, Brito Pereira, Aloysio Corrêa da Veiga e Dora Maria da Costa. TST-E-ED-RR-1545100-89.2003.5.09.0011, SBDI-I, rel. Min. Lelio Bentes Corrêa, 15.8.2013 (TST. Info nº55).

Justa causa desconstituída em juízo. Indenização substitutiva pela não liberação das guias do seguro--desemprego. Devida. Súmula nº 389, II, do TST.

O reconhecimento judicial da ilegalidade da dispensa por justa causa retroage no tempo, de modo a ensejar o pagamento da indenização substitutiva pela não liberação das guias do seguro-desemprego de que trata a Súmula nº 389, II, do TST. No caso, ressaltou-se que não importa o fato de o empregador não estar obrigado a fornecer as mencionadas guias no momento da rescisão contratual, pois o pagamento da indenização visa minimizar o prejuízo sofrido pelo empregado. Com esse entendimento, a SBDI-I, por unanimidade, conheceu dos embargos da reclamante, por divergência jurisprudencial, mas, no mérito, negou-lhes provimento. TST--E-RR-54800-83.2007.5.12.0030, SBDI-I, rel. Min. Brito Pereira, 15.8.2013 (TST. Info nº 55).

Transferências sucessivas. Provisoriedade. Configuração. Adicional de transferência. Devido.

O empregado transferido sucessivamente tem direito ao recebimento do adicional de transferência porquanto configurada a transitoriedade dos deslocamentos, não importando o fato de ter retornado à cidade de sua contratação ou mesmo que a última transferência tenha perdurado por mais de dois anos. Com esses fundamentos, e não divisando contrariedade à Orientação Jurisprudencial nº 113 da SBDI-I, a Subseção, por unanimidade, não conheceu do recurso de embargos do reclamado. TST-EED-ED-RR-87100-24.2005.5.09.0072, SBDI-I, rel. Min. Dora Maria da Costa, 13.6.2013 (TST. Info nº 51).

Dissídio coletivo de natureza jurídica. Demissão coletiva. Não configuração. Ausência de fato único alheio à pessoa do empregado.

A dispensa de cento e oitenta empregados ao longo de quatro meses não configura "demissão em massa", pois esta pressupõe um fato único, seja de ordem econômica, tecnológica ou estrutural, alheio à pessoa do empregado. No caso concreto, restou demonstrado que a demissão dos empregados estava dentro dos parâmetros de normalidade do fluxo de mão de obra da empresa, e ocorreu em momento de incremento de produção e recuperação de postos de trabalho, caracterizando-se tão-somente como dispensa plúrima. Com esse entendimento, a SDC, por unanimidade, negou provimento ao recurso ordinário interposto pelo Sindicato dos Trabalhadores nas Indústrias Metalúrgicas, Mecânicas e de Material Elétrico, Eletrônico e Fibra Óptica de Campinas e Região. TST-RO-147-67.2012.5.15.0000, SDC, rel. Min. Maria de Assis Calsing, 15.4.2013 (TST. Info nº 42).

Sociedade de economia mista. Privatização. Demissão por justa causa. Necessidade de motivação do ato demissional. Previsão em norma interna. Descumprimento. Nulidade da despedida.

Reintegração. Art. 182 do CCA inobservância da norma interna do Banestado, sociedade de economia mista sucedida pelo Itaú Unibanco S.A., que previa a instauração de procedimento administrativo para apuração de falta grave antes da efetivação da despedida por justa causa, acarreta a nulidade do ato de dispensa ocorrido antes do processo de privatização, assegurando ao trabalhador, por conseguinte, a reintegração no emprego, com base no disposto no art. 182 do CC, segundo o qual, anulado o negócio jurídico, deve-se restituir as partes ao "status quo ante". Com esse entendimento, a SBDI-I, por maioria, conheceu dos embargos, por divergência jurisprudencial, e, no mérito, negou-lhes provimento. Vencidos os Ministros Aloysio Corrêa da Veiga, relator, Ives Gandra Martins Filho, Brito Pereira e Maria Cristina Peduzzi, que davam parcial provimento ao recurso para, reconhecendo a nulidade da justa causa aplicada, convertê-la em demissão imotivada e determinar o pagamento das diferenças relativas às verbas rescisórias devidas. TST-E-ED--RR-22900 – 83.2006.5.09.0068, SBDI-I, rel. Min. Aloysio Corrêa da Veiga, red. p/ acórdão Min. João Oreste Dalazen, 6.12.2012 (TST. Info nº 33).

Comissão de Conciliação Prévia. Termo de quitação. Eficácia liberatória. Diferenças em complementação de aposentadoria. Não abrangência.

A eficácia liberatória geral do termo de quitação referente a acordo firmado perante a Comissão de Conciliação Prévia (art. 625-E, parágrafo único, da CLT) possui abrangência limitada às verbas trabalhistas propriamente ditas, não alcançando eventuais diferenças de complementação de aposentadoria. Com esse entendimento, a SBDI-I, por unanimidade, conheceu dos embargos, por divergência jurisprudencial, e, no mérito, deu-lhes parcial provimento para, afastada a quitação do termo de conciliação quanto aos reflexos das horas extras e do desvio de função sobre a complementação de aposentadoria, determinar o retorno dos autos à Vara do Trabalho, para que prossiga no julgamento do feito como entender de direito.

Ressaltou-se, no caso, que a complementação de aposentadoria, embora decorrente do contrato de trabalho, não possui natureza trabalhista. Ademais, não se pode estender os efeitos da transação firmada na CCP a entidade de previdência privada, por se tratar de terceiro que não participou do negócio jurídico. TST-E-RR – 141300-03.2009.5.03.0138, SBDI-I, rel. Min. Renato de Lacerda Paiva, 6.12.2012 (TST. Info nº 33).

7. QUESTÕES

7.1. Questões objetivas

01. (PGE/PA – Procurador do Estado – PA/ 2009) Analise as proposições abaixo e assinale a alternativa INCORRETA:

(A) Consoante a jurisprudência do TST, a sucessão por Estado-membro de uma sociedade de economia mista torna inválida a penhora de bens já efetivada, devendo a execução trabalhista prosseguir mediante precatório.

(B) As cláusulas regulamentares que revoguem ou alterem vantagens deferidas anteriormente, só atingirão os trabalhadores admitidos após a revogação ou alteração do regulamento.

(C) Qualquer que seja o ramo de atividade da sociedade cooperativa, não existe vínculo empregatício entre ela e seus associados, nem entre estes e os tomadores de serviços daquela.

(D) Consoante a jurisprudência do TST, a verificação, mediante perícia, de prestação de serviços em condições nocivas, considerado agente insalubre diverso do apontado na inicial, não prejudica o pedido de adicional de insalubridade.

02. (FEPESE – Procurador do Estado – SC/ 2010) Sobre os institutos da interrupção e da suspensão do contrato de trabalho

1. Há pagamento de salários durante a interrupção do contrato de trabalho.
2. Não há contagem de tempo de serviço durante a interrupção do contrato de trabalho
3. Há pagamento de salários durante o período de suspensão do contrato de trabalho.
4. Não há contagem de tempo de serviço durante a suspensão do contrato de trabalho.

Assinale a alternativa que indica todas as afirmativas corretas.

(A) São corretas apenas as afirmativas 1 e 4.

(B) São corretas apenas as afirmativas 2 e 4.

(C) São corretas apenas as afirmativas 3 e 4.

(D) São corretas apenas as afirmativas 1, 2 e 3.

(E) São corretas apenas as afirmativas 2, 3 e 4.

03. (FCC – PROCURADOR DO ESTADO – MT/ 2011) É INCORRETO afirmar que o empregado poderá deixar de comparecer ao serviço sem prejuízo do salário por

(A) dois dias consecutivos, em caso de falecimento do cônjuge, ascendente, descendente, irmão ou pessoa que, declarada em sua carteira de trabalho e previdência social, viva sob sua dependência econômica.

(B) três dias consecutivos, em virtude de casamento.

(C) três dias, em caso de nascimento de filho no decorrer da primeira semana.

(D) um dia, em cada doze meses de trabalho, em caso de doação voluntária de sangue devidamente comprovada.

(E) pelo tempo que se fizer necessário, quando tiver que comparecer a juízo.

04. (FCC – Procurador do Estado – SP/ 2009) Inobstante vedações inseridas nas legislações infraconstitucional e constitucional, aplicáveis à Administração Pública, em relação à recentíssima Orientação Jurisprudencial laboral, é correto afirmar que a aposentadoria espontânea:

(A) é causa de extinção do contrato de trabalho, mesmo que o empregado permaneça prestando serviços ao empregador após a jubilação, não se desobrigando o empregador do pagamento da multa de 40% do FGTS sobre a totalidade dos depósitos efetuados.

(B) é causa de extinção do contrato de trabalho, mesmo que o empregado permaneça prestando serviços ao empregador após a jubilação, não se desobrigando o empregador do pagamento da multa do FGTS sobre os depósitos efetuados no período anterior a concessão do benefício previdenciário.

(C) é causa de extinção do contrato de trabalho se o empregado permanece prestando serviços ao empregador após a jubilação, não se desobrigando o empregador do pagamento da multa de 40% do FGTS sobre os depósitos efetuados no período posterior a concessão do benefício previdenciário.

(D) não é causa de extinção do contrato de trabalho se o empregado permanece prestando serviços ao empregador após a jubilação, não se desobrigando o empregador do pagamento da multa de 40% do FGTS sobre a totalidade dos depósitos efetuados.

(E) não é causa de extinção do contrato de trabalho se o empregado permanece prestando serviços ao empregador após a jubilação, não se desobrigando o empregador do pagamento da multa de 40% do FGTS sobre os depósitos efetuados no período anterior a concessão do benefício previdenciário.

---

05. (TRT 9ª R/Analista. 2010) Considere as seguintes assertivas a respeito da rescisão do contrato de trabalho:

I. Reconhecida a culpa recíproca na rescisão do contrato de trabalho, o empregado tem direito a 50% do valor do aviso prévio, do décimo terceiro salário e das férias proporcionais.

II. Considera-se justa causa para rescisão do contrato de trabalho, dentre outras hipóteses, a condenação criminal do empregado, ainda que não transitada em julgado, bem como a negociação habitual por conta própria.

III. Reduzindo o empregador o trabalho do empregado, sendo este por peça ou tarefa, de forma a afetar sensivelmente a importância dos salários, pode o obreiro considerar rescindido indiretamente o contrato de trabalho.

IV. Desobediência a ordens diretas do empregador que digam respeito a atribuições do cargo do empregado, constitui, especificamente, ato de indisciplina, justificando a resolução do contrato de trabalho por justa causa obreira.

Está correto o que consta APENAS em

(A) II e III.

(B) I e III.

(C) I e II.

(D) II e IV.

(E) I, III e IV.

---

06. (TRT 2ª R. 2008) A empresa privada Amarílis cessou suas atividades pagando indenização simples para seus funcionários. A empresa privada Violeta cessou suas atividades pagando indenização em dobro para seus funcionários. Nestes casos, o pagamento da indenização

(A) não exclui, por si só, apenas aos empregados da empresa Amarílis, o direito ao aviso prévio.

(B) não exclui, por si só, apenas aos empregados da empresa Violeta, o direito ao aviso prévio.

(C) exclui, por si só, o direito dos empregados de ambas as empresas ao aviso prévio.

(D) não exclui, por si só, o direito dos empregados de ambas as empresas ao aviso prévio.

(E) só excluirá o direito dos empregados de ambas as empresas ao aviso prévio se o pagamento da indenização ocorrer até o quinto dia útil do mês seguinte à cessação das atividades.

---

07. (COPS – PROCURADOR DO ESTADO – PR/ 2011) A respeito do aviso prévio, é verdadeira a seguinte alternativa:

(A) o aviso prévio de dispensa do empregador ao empregado, concedido no dia 01 de agosto de 2011, uma segunda-feira, encerra-se validamente no dia 30 de agosto de 2011 (uma terça-feira);

(B) ainda que no curso do aviso prévio, o registro de candidatura de empregado a cargo de dirigente sindical assegura a estabilidade;

(C) a gorjeta espontânea integra a remuneração do empregado, mas não é computada no cálculo do aviso prévio indenizado;

(D) o aviso prévio poderá ser concedido no período de fluência da garantia de emprego, desde que o seu termo final recaia em após a vigência dessa garantia;

(E) todas as alternativas anteriores são verdadeiras.

08. (FEPESE – Procurador do Estado – SC/ 2010) Acerca do aviso prévio, assinale a alternativa incorreta, de acordo com a consolidação das leis do trabalho.

(A) A falta do aviso prévio por parte do empregador dá ao empregado o direito aos salários correspondentes ao prazo do aviso, garantida sempre a integração desse período no seu tempo de serviço.

(B) O horário normal de trabalho do empregado, durante o prazo do aviso, e se a rescisão tiver sido promovida pelo empregador, será reduzido de 2 (duas) horas diárias, sem prejuízo do salário integral.

(C) O empregado que, durante o prazo do aviso prévio, cometer qualquer das faltas consideradas pela lei como justas para a rescisão, não perde o direito ao restante do respectivo prazo.

(D) Dado o aviso prévio, a rescisão torna-se efetiva depois de expirado o respectivo prazo, mas, se a parte notificante reconsiderar o ato, antes de seu termo, à outra parte é facultado aceitar ou não a reconsideração.

(E) Caso seja aceita a reconsideração ou continuando a prestação depois de expirado o prazo, o contrato continuará a vigorar, como se o aviso prévio não tivesse sido dado.

09. (Procurador Federal/2010) O empregado afastado em virtude das exigências do serviço militar deve notificar seu empregador acerca do retorno às atividades no prazo máximo de dez dias contados da data em que se verificar a respectiva baixa.

10. (CISMEPAR/PR – Advogado/2011) Assinale a alternativa que apresenta uma hipótese de suspensão do contrato de trabalho.

(A) Feriado.

(B) Férias.

(C) Licença-maternidade.

(D) Greve.

(E) Repouso semanal remunerado.

11. (TRT 14 – Técnico Judiciário – Área Administrativa/2011) A reversão, ou seja, o retorno do empregado que ocupava cargo de confiança ao cargo de origem, é

(A) vedada pela Consolidação das Leis do Trabalho, fazendo jus o empregado a uma indenização de seis salários contratados com os acréscimos legais.

(B) vedada pela Consolidação das Leis do Trabalho em razão do princípio da imutabilidade contratual.

(C) vedada pela Consolidação das Leis do Trabalho em razão do princípio da proteção.

(D) vedada pela Consolidação das Leis do Trabalho sujeitando o empregador a multa administrativa de cinco salários mínimos vigentes.

(E) permitida pela Consolidação das Leis do Trabalho.

12. (ECT – Analista de Correios – Advogado/ 2011) Considere a seguinte situação hipotética. Márcia concordou formalmente com a suspensão de seu contrato de trabalho, por período de quatro meses, para participar de um curso de qualificação profissional oferecido pelo seu empregador. O instrumento coletivo de trabalho que rege a categoria profissional de Márcia autoriza o afastamento de empregados para tal fim. Nessa situação hipotética, o empregador não terá a obrigação de pagar, durante todo o tempo de duração do curso, os salários de Márcia.

13. (FCC – TRT 6 – Técnico Judiciário – Área Administrativa/2012) O Regulamento da empresa "BOA" revogou vantagens deferidas a trabalhadores em Regulamento anterior. Neste caso, segundo a Súmula 51 do TST, "as cláusulas regulamentares, que revoguem ou alterem vantagens deferidas anteriormente, só atingirão os trabalhadores admitidos após a revogação ou alteração do regulamento". Em matéria de Direito do Trabalho, esta Súmula trata, especificamente, do Princípio da

(A) Condição mais benéfica.

(B) Razoabilidade.
(C) Indisponibilidade dos Direitos Trabalhistas.
(D) Imperatividade das Normas Trabalhistas.
(E) Dignidade da Pessoa Humana.

14. (FGV/OAB/2010-3) Relativamente à alteração do contrato de trabalho, é correto afirmar que

(A) é considerada alteração unilateral vedada em lei a determinação ao empregador para que o empregado com mais de dez anos na função reverta ao cargo efetivo.
(B) o empregador pode, sem a anuência do empregado exercente de cargo de confiança, transferi-lo, com mudança de domicílio, para localidade diversa da que resultar do contrato, independentemente de real necessidade do serviço.
(C) o empregador pode, sem a anuência do empregado cujo contrato tenha como condição, implícita ou explícita, transferi-lo, com mudança de domicílio, para localidade diversa da que resultar do contrato, no caso de real necessidade do serviço.
(D) o adicional de 25% é devido nas transferências provisórias e definitivas.

15. (PGM/Aracaju/Procurador/2008) No caso de paralisação, temporária ou definitiva, do trabalho, motivada por ato de autoridade municipal, estadual ou federal, ou pela promulgação de lei que impossibilite a continuação da atividade empresarial, a indenização ficará a cargo do governo responsável pelo ato ou lei impeditiva, quando chamado à autoria no processo judicial perante a justiça do trabalho, mediante requerimento contido na defesa do empregador.

16. (PGM/Aracaju/Procurador/2008) As despedidas imotivadas, feitas pelo empregador, garantem ao empregado, nos contratos por prazo indeterminado, indenização compensatória correspondente, como multa rescisória, a 40% do valor do FGTS devido.

17. (TRT 24 – Técnico Judiciário – Área Administrativa/2011) O aviso prévio, quando for reconhecida a culpa recíproca na rescisão do contrato de trabalho,

(A) será devido pela metade.
(B) será devido pela sua integralidade.
(C) não será devido.
(D) será devido pela sua integralidade somente se comprovada reação imediata à agressão.
(E) será devido pela metade somente se comprovada reação imediata à agressão.

18. (TRT 24 – Técnico Judiciário – Área Administrativa/2011) Simone, empregada da empresa Z, para justificar sua falta ao serviço, apresentou um atestado médico falso obtido em Campo Grande-MS. Neste caso, Simone praticou ato de

(A) insubordinação.
(B) desídia direta.
(C) improbidade.
(D) incontinência de conduta.
(E) desídia indireta.

19. (FMS – Advogado/2011) João, empregado havia 12 anos da empresa TNT, decidiu não mais prestar os seus serviços para seu empregador. Adotou essa atitude sem fazer qualquer comunicação e, tão logo tomou conhecimento de que a empresa TNB procurava empregado para contratar, depositou o seu currículo e logrou obter um emprego na nova empresa. Diante deste caso, pode-se afirmar ser o ato de João a hipótese de:

(A) distrato.
(B) rescisão.
(C) resolução.
(D) dispensa sem justa causa do empregado.
(E) resilição.

20. (BDMG – Advogado/2011) É caso de interrupção do contrato de trabalho:

(A) Prestação de serviço militar.

(B) Afastamento do trabalho após o 15º dia por motivo de doença ou acidente do trabalho.

(C) Ausência ao trabalho por até 3 (três) dias consecutivos, em virtude de casamento.

(D) Quando o empregado tiver de desempenhar obrigações legais, incompatíveis com a continuação do serviço.

21. (Procurador do Município de Londrina/PR/2011) Quanto à rescisão indireta do contrato de trabalho, assinale a afirmativa INCORRETA:

(A) O empregado poderá considerar rescindido o contrato e pleitear a devida indenização quando o empregador reduzir o seu trabalho, sendo este por peça ou tarefa, de forma a afetar sensivelmente a importância dos salários.

(B) No caso de morte do empregador constituído em empresa individual, é facultado ao empregado rescindir o contrato de trabalho.

(C) A suspensão do empregado por mais de trinta dias consecutivos importa na rescisão injusta do contrato de trabalho.

(D) Constatado pela autoridade o prejuízo à saúde do menor, deve a empresa tomar as medidas possíveis e recomendadas para que o mesmo mude de função, sob pena de se configurar a rescisão indireta do contrato de trabalho.

(E) O atraso no pagamento do salário e o recolhimento da verba fundiária em função de crise econômica não são causas passíveis de rescisão indireta.

22. (MPT – Procurador do Trabalho. 13º Concurso) A propósito da jurisprudência uniforme do Tribunal Superior do Trabalho:

I. da extinção de cada contrato de trabalho começa a fluir o prazo prescricional do direito de ação em que se objetiva a soma de períodos descontínuos de trabalho;

II. as gorjetas oferecidas espontaneamente pelos clientes não servem de base de cálculo para o aviso-prévio, adicional noturno, horas extras, Fundo de Garantia do Tempo de Serviço e repouso semanal remunerado;

III. o pagamento referente ao aviso prévio não trabalhado está sujeito à contribuição para o Fundo de Garantia do Tempo de Serviço;

IV. é parcial a prescrição aplicável quando se tratar de pedido de diferença de gratificação semestral que teve seu valor congelado.

Analisando as asserções acima, pode-se afirmar que:

(A) apenas as de número I e II estão incorretas;

(B) apenas as de número II e IV estão incorretas;

(C) apenas a de número IV está correta;

(D) nenhuma está correta;

(E) não respondida.

23. (MPT – Procurador do Trabalho. 15º Concurso – 2008) Analise as assertivas abaixo:

I. a jurisprudência dominante do TST considera que a não redução da jornada de trabalho durante o aviso prévio retira a eficácia respectiva, sendo ilegal a adoção de tal prática;

II. o empregado que cometer falta grave no curso do aviso prévio não fará jus ao restante do aviso, além de perder o direito às verbas rescisórias de natureza indenizatória, salvo no caso de abandono de emprego;

III. de acordo com a jurisprudência atual do TST, reconhecida a culpa recíproca, o empregado tem direito a 50% (cinquenta por cento) do valor do aviso prévio, além do décimo terceiro salário e das férias proporcionais;

IV. de acordo com o princípio da alteridade, os riscos da atividade econômica pertencem única e exclusivamente ao empregador; por consequência, extinta a empresa, serão devidas ao obreiro todas as verbas atinentes à dispensa imotivada, além do respectivo aviso prévio.

Assinale a alternativa CORRETA:

(A) todas as alternativas são incorretas;

(B) apenas a alternativa I é incorreta;

(C) apenas as alternativas II e III são corretas;

(D) todas as alternativas são corretas;

(E) não respondida.

---

24. (TRT 23ª. XIV CONCURSO PÚBLICO – JUIZ DO TRABALHO – 2008) Determinada empresa possui em seu regulamento a proibição expressa de os empregados deixarem o local de trabalho sem a autorização do superior imediato. O empregado que descumprir essa determinação incorre em:

(A) indisciplina;

(B) insubordinação;

(C) mau procedimento;

(D) desídia;

(E) incontinência de conduta.

---

25. (Cespe – Defensor Público – DPU/ 2015 – ADAPTADA) Julgue os itens subsequentes, relativos à competência e à prescrição no processo trabalhista e aos princípios gerais que norteiam esse processo.

Se um contrato de trabalho for suspenso em virtude da percepção de auxílio-doença pelo empregado, o prazo da prescrição quinquenal para a pretensão de créditos trabalhistas relativos a esse contrato ficará suspenso, continuando a fluir quando do retorno do empregado ao trabalho.

---

26. (FCC – Analista Judiciário – Área Judiciária – TRT 4/2015) O jus variandi é um conceito doutrinário embasado na faculdade-poder conferida ao empregador de dirigir a prestação de serviços, como reflexo do "dirigismo contratual", nos termos previstos no artigo 2º da Consolidação das Leis do Trabalho. Assim, conforme a doutrina, a legislação e a jurisprudência sumulada do TST, o jus variandi será exercido de forma lícita em caso de

A) alteração do horário de trabalho noturno para diurno, ocasionando ao empregado apenas o prejuízo material da supressão do pagamento de adicional noturno.

(B) redução salarial por motivo de crise econômica da empresa para evitar demissão, independente de acordo ou convenção coletiva de trabalho.

(C) transferência do empregado, por ato unilateral do empregador, para local mais distante de sua residência, sem o suplemento salarial correspondente ao acréscimo da despesa de transporte.

(D) supressão da jornada extraordinária prestada com habitualidade durante dois anos sem assegurar ao empregado o direito à indenização em razão das horas suprimidas.

(E) transferência do empregado contratado com cláusula explícita de transferência, sem a sua anuência, para localidade diversa da que resultar do contrato, implicando em mudança de domicílio, independente da comprovação de real necessidade do serviço.

---

27. (FCC – Analista Judiciária – Área Judiciária – TRT 3/2015) Quanto à remuneração a ser paga no período de férias,

(A) o empregado não receberá salário, pois nesse período houve o afastamento do exercício de sua atividade laboral.

(B) no salário pago por tarefa, para fins de apuração do valor das férias, toma-se a média da produção no período aquisitivo, aplicando-se o valor da tarefa do mês imediatamente anterior à concessão das férias.

(C) para o salário pago por porcentagem, a remuneração das férias será apurada pela média do que foi percebido nos doze meses que precederem à concessão das férias.

(D) no salário pago por hora, com jornadas variáveis, a remuneração das férias será a média dos últimos seis meses, aplicando-se o valor do salário vigente na data da sua apuração.

(E) a parte do salário paga em utilidades não será computada no valor das férias.

28. (FCC – Técnico Judiciário – Área Administrativa – TRT 4/2015) A Justiça do Trabalho reconheceu a culpa recíproca na rescisão do contrato de trabalho de Gabriela. Em consonância com Súmula do TST, Joana, advogada de Gabriela, comunicará a sua cliente que ela possuirá direito a receber

(A) cinquenta por cento do valor do aviso prévio, do décimo terceiro salário e das férias proporcionais.

(B) aviso prévio integral de acordo com a nova legislação vigente, décimo terceiro salário e férias proporcionais.

(C) aviso prévio integral de acordo com a nova legislação vigente, apenas.

(D) décimo terceiro salário e férias proporcionais, apenas.

(E) cinquenta por cento do valor do aviso prévio, bem como o décimo terceiro salário e as férias proporcionais na sua integralidade.

29. (CAIPIMES – Grande ABC – Procurador/2015) Com relação ao aviso prévio, pode ser afirmado que:

A) o direito aos salários do período de férias escolares assegurado aos professores exclui o direito ao aviso prévio, na hipótese de dispensa sem justa causa ao término do ano letivo ou no curso das férias escolares.

B) é incabível o aviso prévio na despedida indireta.

C) as pessoas jurídicas de direito público estão sujeitas a prévio pagamento de custas, bem como a depósito da importância da condenação, para o processamento de recurso na Justiça do Trabalho.

D) a cessação da atividade da empresa, com o pagamento da indenização, simples ou em dobro, não exclui, por si só, o direito do empregado ao aviso prévio.

30. (FCC – Analista Judiciário – Oficial de Justiça Avaliador – TRT 3/2015) Rafael, empregado exercente de cargo de confiança da empresa Estrela do Sul Ltda., com sede no Paraná, foi transferido para a filial da empresa em Minas Gerais. Quanto à referida transferência,

(A) a mesma só será válida caso tenha decorrido de real necessidade de serviço, não sendo necessária a anuência do empregado se tal condição tenha se verificado.

(B) a mesma só será válida caso tenha decorrido de real necessidade de serviço e caso tenha havido anuência expressa do empregado.

(C) a mesma será válida independentemente da existência de real necessidade de serviço e de anuência do empregado, tendo em vista o mesmo ocupar cargo de confiança.

(D) a mesma será válida independentemente de existir necessidade de serviço, mas sempre dependerá da anuência do empregado.

(E) em virtude de o empregado exercer cargo de confiança, a mesma será válida, desde que seja provisória.

31. (IBC – PGM – Carapicuíba – Procurador/2015) A respeito da prescrição trabalhista, está incorreto afirmar:

a) Contra os menores de 18 (dezoito) anos não corre nenhum prazo de prescrição.

b) A prescrição trabalhista é de 2 (dois) anos a partir do término do contrato de trabalho, atingindo as parcelas relativas aos 5 (cinco) anos anteriores, para trabalhadores urbanos.

c) A prescrição trabalhista é de 2 (dois) anos a partir do término do contrato de trabalho, atingindo as parcelas relativas aos 5 (cinco) anos anteriores, para trabalhadores rurais.

d) A prescrição do direito de reclamar a concessão das férias ou o pagamento da respectiva remuneração é de 2 (dois) anos contados do início do contrato de trabalho.

32. (FCC – Técnico Judiciário – Área Administrativa – TRT 3/2015) Afonso, nascido em 16/01/1998, trabalhou como empregado, exercendo a função de Ajudante Geral de 31/01/2014 a 18/11/2014, tendo pedido demissão, cumprido o prazo do aviso prévio trabalhando. Deseja ingressar com Reclamação Trabalhista logo após a sua saída contra sua ex– empregadora para requerer o registro em Carteira de Trabalho e Previdência Social – CTPS para comprovação de seu tempo de serviço, além do pagamento de diferenças de horas extras. Neste caso,

(A) não se aplica o prazo prescricional final previsto na Constituição Federal para ambos os direitos.

(B) o prazo final para Afonso ajuizar a referida ação é 18/11/2016, tendo em vista a prescrição do direito de ação, para ambos os pedidos.

(C) não se aplica o prazo prescricional final previsto na Constituição Federal para o pedido de registro em CTPS, aplicando-se somente para o pedido de diferenças de horas extras.

(D) não se aplica o prazo prescricional final previsto na Constituição Federal para as diferenças de horas extras, aplicando-se para o pedido de registro em CTPS.

(E) Afonso não poderá ingressar com Reclamação Trabalhista, pois a sua contratação é nula.

33. (PUC – Procurador do Estado – PR/2015) O empregado poderá considerar rescindido o contrato na hipótese de:

A) Ato de improbidade.

B) Incontinência de conduta.

C) Insubordinação.

D) Perigo manifesto de mal considerável.

E) Prática de jogos de azar.

34. (Fundatec -- Procurador do Estado – RS/2015) A aplicação, ao trabalhador, da penalidade da despedida com justa causa, requer a observância, por parte do empregador, de uma série de condutas. Assinale, dentre as opções abaixo, qual NÃO se enquadra dentro dos requisitos necessários à aplicação de uma dispensa com justa causa.

A) Imediatidade, ou seja, o ato faltoso deve ser punido imediatamente, sem qualquer lapso temporal entre ele e a punição.

B) Tipicidade, ou seja, a conduta do empregado deve se enquadrar entre as descritas pelo legislador como capazes de gerar a extinção do contrato por este motivo.

C) Adequação entre a falta e a penalidade, ou seja, deve haver proporcionalidade entre a falta cometida e a punição lançada pelo empregador.

D) Singularidade da punição, ou seja, é vedada a dupla punição pelo mesmo ato faltoso; para cada ato faltoso pode haver uma única punição.

E) Progressividade na aplicação da pena, ou seja, quando o ato faltoso cometido pelo empregado não é tão severo a ponto de gerar justa causa imediata, as punições devem ser aplicadas gradativamente, ampliando a severidade das mesmas.

35. (FCC – Analista Judiciário – Área Judiciária – TRT 4/2015) Sobre o instituto jurídico do aviso prévio no Direito Individual do Trabalho, é correto afirmar que:

(A) na modalidade de ruptura contratual denominada 'rescisão indireta' não cabe o aviso prévio.

(B) o horário normal de trabalho do empregado, durante o prazo do aviso, e se a rescisão tiver sido promovida pelo empregador, será reduzido de uma hora diária, sem prejuízo do salário integral.

(C) o valor das horas extraordinárias, ainda que habituais, não integra o aviso prévio indenizado, diante da imprevisibilidade da sua execução.

(D) a falta de aviso prévio por parte do empregado dá ao empregador o direito de descontar a metade dos salários correspondentes ao prazo respectivo, em razão do princípio protetor.

(E) o empregado que, durante o prazo do aviso prévio, cometer qualquer das faltas consideradas pela lei como justas para a rescisão, perde o direito ao restante do respectivo prazo.

36. (FCC – Técnico Judiciário – Área Administrativa – TRT 3/2015) Mário ausentou-se do trabalho por três dias por ter se casado, tirando suas férias vencidas em seguida, e, finalmente, deixando de retornar ao trabalho por ter acompanhado sua esposa que foi, voluntariamente, doar sangue, sem previsão de abono de falta em norma coletiva. Nos casos expostos, tem-se, respectivamente, a caracterização no contrato de trabalho de:

(A) interrupção, interrupção e suspensão, respectivamente.

(B) interrupção, suspensão e suspensão, respectivamente.

(C) suspensão, interrupção e interrupção, respectivamente.

(D) suspensão, em todos os casos.

(E) interrupção, em todos os casos.

37. (FCC – Analista Judiciário – Área Judiciária – TRT 3/2015) Empregador dispensa o empregado sem justa causa, dando aviso prévio ao mesmo. No 12º dia de cumprimento do aviso, o empregador arrepende-se de ter dispensado o empregado e reconsidera seu ato. Essa reconsideração

(A) não gera qualquer efeito, pois em relação ao aviso prévio o legislador prevê que, depois de ter sido dado, não há qualquer possibilidade de arrependimento eficaz.

(B) gera efeitos imediatos, sendo certo que, no caso de aviso prévio indenizado, o empregado deve voltar imediatamente ao trabalho.

(C) não gera efeitos, pois já transcorridos mais de dez dias após a dispensa do empregado.

(D) gera efeitos, se a outra parte aceitar a reconsideração.

(E) não é possível, pois o aviso prévio é irrenunciável pelo empregado, não havendo que se falar em reconsideração do mesmo, sob pena de afronta a direito previsto em norma de ordem pública.

38. (FCC – Técnico Judiciário – Área Administrativa – TRT 3/2015) Quanto ao instituto do aviso prévio:

(A) é a comunicação que uma parte da relação de emprego faz a outra, informando que não tem a intenção de manter o contrato de trabalho, previsto apenas para os contratos por prazo indeterminado.

(B) a falta de aviso prévio pelo empregador dá ao empregado o direito aos salários correspondentes ao prazo respectivo, garantida sempre a integração desse período no seu tempo de serviço.

(C) seu prazo será proporcional ao tempo de serviço do empregado, desde que este receba por mês e esteja empregado há, pelo menos, um ano na empresa, acrescendo-se 3 dias a mais por ano trabalhado no seu cálculo.

(D) com o advento da lei que estipulou o aviso prévio proporcional ao tempo de serviço, foram revogadas todas as cláusulas previstas em acordos ou convenções coletivas de trabalho, bem como em dissídios coletivos, que previam o instituto com proporcionalidade mais benéfica ao trabalhador.

(E) a falta de cumprimento pelo empregado, sem a respectiva justificativa, retira-lhe o direito ao recebimento não só do salário do prazo respectivo, como também das demais verbas rescisórias a que teria direito.

39. (Vunesp – PGM – São Paulo – SP/2015) Segundo dispositivos celetistas, quanto ao contrato de trabalho, é correto afirmar que:

(A) o contrato individual de trabalho poderá ser acordado tácita ou expressamente, verbalmente ou por escrito e por prazo indeterminado ou determinado, sendo que, nesta última modalidade, somente será válido em se tratando de serviço cuja natureza ou transitoriedade justifique a predeterminação do prazo, nas atividades empresariais de caráter transitório e nos contratos de experiência.

(B) ao empregador é vedado transferir o empregado, sem a sua anuência, para localidade diversa da que resultar do contrato, excetuados apenas o caso daqueles que exerçam cargo de confiança e na extinção do estabelecimento, sendo devido, nestas situações, o adicional de transferência de 25%.

(C) o acréscimo de 50% devido sobre as verbas rescisórias não quitadas em primeira audiência não se aplica à União, aos Estados, ao Distrito Federal, aos Municípios e às suas autarquias e fundações públicas, quando figurarem como tomadoras dos serviços nos casos de terceirização.

(D) no término do contrato por justa causa do empregado serão devidos apenas o saldo salarial, as férias vencidas acrescidas do terço constitucional e o 13.º salário proporcional.

(E) o empregado poderá considerar rescindido o contrato de trabalho e pleitear a devida indenização, permanecendo ou não no serviço, quando o empregador reduzir o seu trabalho, sendo este por peça ou tarefa, mesmo que não haja redução significativa de seu salário.

40. (FCC – Analista Judiciário – Oficial de Justiça Avaliador – TRT 4/2015) O direito de ação que tenha por objeto anotações do contrato de trabalho em razão de reconhecimento de vínculo de emprego para fins de prova junto à Previdência Social,

(A) prescreve em 2 anos após a dispensa sem justa causa pelo empregador.

(B) não prescreve.

(C) prescreve em 3 anos após o pedido de demissão do empregado.

(D) prescreve em 5 anos após a extinção do contrato seja qual for a modalidade de ruptura.

(E) prescreve em 2 anos para o trabalhador maior de 18 anos e 5 anos para o menor de 18 anos, após a rescisão.

41. (FCC – Analista Judiciário – Área Judiciária – TRT 3/2015) Relativamente às alterações do contrato de trabalho,

(A) é considerada alteração unilateral vedada por lei a determinação do empregador para que o empregado com mais de dez anos no exercício de função de confiança, reverta ao cargo efetivo anteriormente ocupado.

(B) o empregador pode, sem a anuência do empregado exercente de cargo de confiança, transferi-lo, com mudança de domicílio, para localidade diversa da que resultar do contrato de trabalho, independentemente de real necessidade de serviço.

(C) o adicional de 25% do salário do empregado é devido nas hipóteses de transferência provisória e definitiva.

(D) a extinção do estabelecimento não é causa de transferência do empregado, sendo obrigatória, nesse caso, a extinção do contrato de trabalho.

(E) o empregador pode, sem a anuência do empregado cujo contrato de trabalho tenha condição, implícita ou explícita de transferência, transferi-lo, com mudança de domicílio, para localidade diversa da que resultar do contrato, desde que haja real necessidade de serviço.

42. (FCC – Técnico Judiciário – Área Administrativa – TRT 4/2015) Marta, Carla e Camila eram empregadas da empresa Y. Marta requereu a rescisão de seu contrato de trabalho, cumprindo o período de aviso prévio. Carla teve seu contrato de trabalho rescindido sem justa causa sendo que seu aviso prévio foi indenizado. Camila teve também seu contrato de trabalho extinto sem justa causa, mas seu aviso prévio foi trabalhado. Nestes casos, conforme súmula do TST, o pagamento relativo ao período de aviso prévio está sujeito a contribuição para o FGTS na rescisão contratual de

(A) Carla e Camila, apenas.

(B) Marta e Camila, apenas.

(C) Camila, apenas.

(D) Marta, Carla e Camila.

(E) Carla, apenas.

43. (FCC – Técnico Judiciário – Área Administrativa – TRT 4/2015) Trata-se de hipótese de suspensão do contrato de trabalho:

(A) aposentadoria por invalidez durante o prazo fixado na legislação própria para efetivação do benefício.

(B) afastamento por até duas semanas em decorrência de aborto espontâneo.

(C) descanso semanal remunerado.

(D) intervalo intrajornada remunerado.

(E) afastamento pelo tempo que se fizer necessário quando tiver que comparecer em juízo.

44. (FCC – Técnico Judiciário – Área Administrativa – TRT 4/2015) Katila, empregada da empresa Z, estava afastada de seu emprego em razão de uma doença cardíaca. Durante alguns meses Katila recebeu auxílio-doença previdenciário. Após 40 dias da cessação efetiva do benefício previdenciário, Katila ainda não retornou a seu emprego e não justificou o motivo de não retornar. Neste caso, conforme súmula do TST

(A) o contrato de trabalho de Katila extinguiu-se após quinze dias da cessação do benefício previdenciário, prazo legal, para que a empregada retorne ao emprego.

(B) a empresa Z deverá aguardar o prazo legal de sessenta dias e somente após o decurso deste prazo poderá presumir o abandono de emprego.

(C) não haverá presunção de abandono de emprego, uma vez que a empregada estava recebendo benefício previdenciário, devendo a empresa Z convocá-la para retorno imediato ao trabalho através de prova escrita.

(D) a empresa Z deverá aguardar o prazo legal de noventa dias e somente após o decurso deste prazo poderá presumir o abandono de emprego.

(E) presume-se o abandono de emprego e a empresa Z poderá rescindir o contrato de trabalho com justa causa.

45 (Cespe – Defensor Público – DPU/ 2015) Julgue os itens a seguir, referentes a alteração, suspensão, interrupção e rescisão do contrato de trabalho.

Quando o empregado suspende a execução dos serviços para a empresa na qual trabalha, mas continua percebendo normalmente sua remuneração, ocorre interrupção do contrato de trabalho.

Se uma mulher vítima de violência doméstica for afastada temporariamente do local de trabalho, pelo juízo competente, visando preservar a manutenção do vínculo trabalhista e resguardar sua integridade física e psicológica, essa situação configurará hipótese de suspensão do contrato de trabalho.

Caso um empregado se afaste do emprego devido à investidura em mandato eletivo e ao efetivo exercício desse mandato, essa hipótese não constituirá motivo para rescisão do contrato de trabalho por parte do empregador.

O TST tem admitido a supressão do adicional noturno quando o empregador transfere, por mútuo consentimento, o empregado do horário noturno para o período diurno.

46. (FCC – Técnico Judiciário – Área Administrativa – TRT 3/2015) Maria da Glória foi dispensada por justa causa por não atender aos ditames inseridos no regulamento da empresa em que trabalhava, devidamente depositado no Ministério do Trabalho, que limitava o uso do banheiro em, no máximo, cinco minutos, no período da manhã e no período da tarde. A mesma já tinha sido advertida por escrito duas vezes anteriormente pela falta cometida. No caso exposto,

(A) está correto o uso do poder de direção do empregador, porque o regulamento de empresa estava devidamente depositado no Ministério do Trabalho, produzindo efeitos jurídicos nos contratos de trabalho.

(B) está correto o uso do direito de controle do empregador, uma vez que ao assumir os riscos do empreendimento, pode exigir ao máximo a prestação dos serviços de seus colaboradores dentro do horário de serviço.

(C) há abuso do poder de direção do empregador, uma vez que inserir no regulamento de empresa tal proibição fere o direito à dignidade da trabalhadora.

(D) há abuso do poder de direção do empregador, uma vez que a limitação ao uso do banheiro deveria ter sido estipulada na contratação da colaboradora, em suas cláusulas do contrato individual de trabalho, e não em regulamento interno.

(E) é errônea a forma de rescisão do contrato de trabalho, pois a dispensa por justa causa somente ocorre após a aplicação de três advertências e não duas, como no caso.

47. (FCC – Analista Judiciário – Área Administrativa – TRF 3/2016) Rosa Maria trabalhou como Gerente de Produtos na empresa Limpe Bem Ltda., que aluga equipamentos de limpeza residencial e industrial. A empregada trabalhou para a referida empresa de 01 de agosto de 2012 até 10 de novembro de 2015, quando foi dispensada sem justa causa, com a concessão de aviso prévio indenizado.

Uma semana após a comunicação da dispensa, Rosa Maria voltou à empresa para devolver dois equipamentos de limpeza que havia levado para sua residência, indevidamente e sem o conhecimento da empresa, com o objetivo de limpar um cômodo de sua casa.

Diante da situação fática apresentada e de acordo com o entendimento sumulado pelo TST, Rosa Maria

(A) poderá ter sua dispensa imotivada convertida em dispensa por justa causa, perdendo o direito ao restante do respectivo período de aviso prévio.

(B) poderá ter sua dispensa imotivada convertida em dispensa por justa causa, mas terá direito de receber todos os valores relativos à rescisão sem justa causa, com a compensação da quantia referente ao aluguel do equipamento utilizado indevidamente.

(C) perderá o período restante do aviso prévio, mas terá direito a receber os valores relativos às férias vencidas e proporcionais acrescidas de 1/3 constitucional, décimo terceiro salário e saque do FGTS.

(D) não poderá ter sua dispensa imotivada convertida em dispensa por justa causa, porque o ato faltoso foi cometido antes da concessão do aviso prévio, não sendo mais possível alterar o motivo determinante da ruptura do contrato de trabalho.

(E) poderá sofrer a aplicação de uma penalidade como a advertência ou suspensão, mas não poderá ter sua dispensa imotivada convertida em dispensa por justa causa.

48. (FCC – Analista Judiciário – Área Administrativa – TRF 3/2016) Maria Dolores, analista de sistemas da empresa Digital S/A, ficou afastada de suas atividades durante quatro períodos: 14 dias, em razão de um pequeno acidente doméstico; 03 dias, em virtude de casamento; 10 dias, em razão de uma cirurgia de retirada de varizes e 03 dias, em razão de suspensão disciplinar.

Analisando-se a situação acima, o contrato de trabalho de Maria Dolores, durante os afastamentos esteve, respectivamente,

(A) suspenso, suspenso, interrompido e interrompido.

(B) interrompido, interrompido, suspenso e suspenso.

(C) suspenso, interrompido, interrompido e interrompido.

(D) interrompido, suspenso, suspenso e interrompido.

(E) interrompido, interrompido, interrompido e suspenso.

49. (Cespe – Analista Judiciário – Área Administrativa – TRT 8/2016) Acerca da alteração do contrato de trabalho, assinale a opção correta.

A) O jus variandi, decorrente do poder de direção do empregador, permite que o empregador faça unilateralmente qualquer alteração no contrato de trabalho de seus empregados.

B) O fato de o empregado exercer cargo de confiança ou a existência de previsão de transferência no contrato de trabalho excluem o direito ao adicional de transferência.

C) O mútuo consentimento é o único requisito indispensável para que se considere lícita qualquer alteração das condições elencadas no contrato individual de trabalho.

D) Transferência que acarrete mudança de domicílio garante ao empregado o pagamento de um adicional não inferior a 35% dos salários que ele percebia na localidade de origem.

E) Tem direito a suplemento salarial correspondente ao acréscimo da despesa de transporte o empregado transferido, por ato unilateral do empregador, para local mais distante de sua residência.

50. (Cespe – Analista Judiciário – Área Administrativa – TRT 8/2016) Em relação à suspensão, à interrupção e à rescisão do contrato de trabalho, assinale a opção correta.

A) O afastamento do empregado em razão de exigências decorrentes de encargo público é motivo para a rescisão do contrato de trabalho por justa causa.

B) Nos contratos de trabalho por tempo determinado, o período de suspensão ou interrupção influenciará obrigatoriamente na data de cessação do ajuste, acarretando a prorrogação do prazo.

C) Pode o juiz assegurar à mulher em situação de violência doméstica e familiar a manutenção do vínculo trabalhista, constituindo tal hipótese suspensão do contrato de trabalho.

D) O afastamento do empregado por motivo de doença, por período de até quinze dias, constitui causa de suspensão do contrato de trabalho.

E) A aposentadoria por invalidez é forma de rescisão contratual.

51. (Cespe – Técnico Judiciário – Área Administrativa – TRT 8/2016) A respeito da prescrição e da decadência no direito do trabalho, assinale a opção correta.

A) Não se aplica a prescrição contra os menores de dezoito anos de idade.

B) Prescrição refere-se ao prazo quinquenal para a propositura da ação trabalhista.

C) O prazo de decadência refere-se à reclamação das verbas rescisórias, sendo de dois anos.

D) Os prazos de prescrição e decadência não podem ser suspensos ou interrompidos.

E) Inicia-se a contagem da prescrição na data da assinatura do contrato de trabalho.

52. (Cespe – Técnico Judiciário – Área Administrativa – TRT 8/2016) Em relação à rescisão, suspensão e interrupção do contrato de trabalho, assinale a opção correta.

A) É permitido ao empregado deixar de comparecer ao trabalho para fins de alistamento eleitoral.

B) A doação voluntária de sangue não pode ser utilizada pelo empregado como justificativa para a ausência no trabalho.

C) O empregado representante de entidade sindical pode se ausentar do serviço para os fins que julgar necessários, sem prejuízo de sua remuneração trabalhista.

D) Ao empregado afastado que retornar ao trabalho é vedada a aplicação de vantagens e benefícios concedidos a sua categoria durante sua ausência.

E) O afastamento do empregado em decorrência de convocação para o serviço militar autoriza o empregador a rescindir o contrato de trabalho.

53. (Cespe – Técnico Judiciário – Área Administrativa – TRT 8/2016) Acerca da alteração e da rescisão do contrato de trabalho, assinale a opção correta.

A) No caso de ofensa, pelo empregador, da integridade física do empregado, a rescisão indireta do contrato de trabalho está condicionada ao registro de ocorrência policial.

B) A transferência do local de trabalho é ato discricionário do empregador e, portanto, independe de consentimento do empregado.

C) A transferência do endereço laboral não se vincula ao consentimento ou domicílio do empregado.

D) A extinção do estabelecimento em que o empregado tiver sido inicialmente alocado enseja a aplicação de demissão por justa causa.

E) É lícito ao empregador reverter o empregado investido em função de confiança ao cargo por ele anteriormente ocupado.

54. (FCC – Procurador do Estado – MT/2016) Sócrates é professor de Matemática na Escola Sol Nascente, contratado pelo regime da Consolidação das Leis do Trabalho. Celebrado o contrato de trabalho, foi prevista uma carga horária de 40 horas-aula semanais, com valor R$ 20,00 por hora-aula. Em virtude da diminuição do número de alunos, a direção da escola reduz a carga horária de Sócrates para 20 horas semanais, sem consultar o empregado, mantendo o valor pago por hora-aula. Levando-se em conta a legislação vigente e orientação jurisprudencial da SDI-1 do Tribunal Superior do Trabalho,

(A) é lícita esta alteração contratual com redução de carga horária uma vez que o empregador, mesmo sem o consentimento do empregado, sempre pode alterar as cláusulas do contrato de trabalho, por ser detentor do jus variandi.

(B) não se trata na hipótese de alteração contratual, uma vez que a redução de carga horária em decorrência da redução do número de alunos não implica alteração contratual, já que não acarretou redução do valor da hora-aula.

(C) é ilícita esta redução de carga horária, uma vez que o único requisito de toda alteração contratual perpetrada pelo empregador é o mútuo consentimento entre ele e o empregado.

(D) é ilícita esta alteração contratual uma vez que o empregado terá reduzida a sua remuneração mensal, o que só é permitida mediante acordo ou convenção coletiva, conforme previsão na Constituição Federal de 1988.

(E) é ilícita esta redução de carga horária, uma vez que o empregador deve assumir os riscos do negócio, não sendo possível transferir ao empregado o prejuízo causado pela redução do número de alunos, que deve ser suportado por ele.

55. (QUESTÃO SOBRE A REFORMA TRABALHISTA ELABORADA PELO AUTOR). Após a edição da Lei nº 13.467/17, percebida a gratificação de função por dez ou mais anos pelo empregado, se o empregador, sem justo motivo, revertê-lo a seu cargo efetivo, não poderá retirar-lhe a gratificação tendo em vista o princípio da estabilidade financeira.

56. (QUESTÃO SOBRE A REFORMA TRABALHISTA ELABORADA PELO AUTOR). Antes da vigência da Lei da Reforma Trabalhista não havia previsão legal no ordenamento jurídico pátrio do distrato trabalhista.

57. (FCC – Analista Judiciário – Oficial de Justiça Avaliador – TRT 15/2018) Sobre o aviso prévio, considerando as disposições legais e o entendimento pacífico do TST, considere:

I. Sendo dispensada por justa causa fundada em insubordinação no curso do aviso prévio, Agnes deixará de receber o restante do aviso prévio, mas receberá as demais verbas rescisórias, pois a dispensa inicialmente tinha sido sem justa causa.

II. Faltando 40 dias para o término do contrato de experiência, Joana é dispensada sem justa causa pelo empregador, hipótese que lhe dá direito ao recebimento do aviso prévio.

III. Após ser dispensada sem justa causa, Cilene pede ao empregador dispensa do cumprimento do aviso prévio, informando que precisa descansar e está pensando em fazer uma viagem. Aceito o pedido pelo empregador, este ficará isento do pagamento do aviso prévio, pois Cilene renunciou ao respectivo direito.

IV. Nancy teve concedido auxílio-doença no curso do aviso prévio, o que implica em que os efeitos da sua dispensa somente se concretizem depois de expirado o benefício previdenciário.

V. Por receber salário na base de tarefa, o cálculo do aviso prévio de Arnaldo será feito de acordo com a média dos salários recebidos durante a vigência do contrato de trabalho.

Está correto o que consta APENAS de

A) II e IV.

B) I e III.

C) IV e V.

D) II, III e V.

E) I, II e IV.

58.(FCC – Analista Judiciário – Área Administrativa – TRT 15/2018) Na extinção do contrato de trabalho,

A) o pagamento a que fizer jus o empregado será efetuado em dinheiro, depósito bancário ou cheque visado, conforme acordem as partes; ou somente em dinheiro quando o empregado for analfabeto.

B) qualquer compensação no pagamento não poderá exceder o equivalente ao período do aviso prévio devido ao empregado.

C) a entrega ao empregado de documentos que comprovem a comunicação da extinção contratual aos órgãos competentes, bem como o pagamento dos valores constantes do instrumento de rescisão ou recibo de quitação, deverão ser efetuados até dez dias contados a partir do término do contrato.

D) o pagamento das parcelas constantes do instrumento de rescisão ou recibo de quitação deverá ser efetuado até o primeiro dia útil imediato ao término do contrato; ou até o décimo dia, contado da data da notificação da demissão, quando da ausência do aviso prévio, indenização do mesmo ou dispensa de seu cumprimento.

E) as dispensas imotivadas individuais, plúrimas ou coletivas dependem de autorização prévia de entidade sindical ou de celebração de convenção coletiva ou acordo coletivo de trabalho para sua efetivação.

59. (FCC – Técnico Judiciário – Área Administrativa – TRT 15/2018) No tocante à prescrição no Direito do Trabalho, considere:

I. O direito de reclamar a concessão das férias ou o pagamento da respectiva remuneração é contado do término do prazo do período concessivo ou, se for o caso, da cessação do contrato de trabalho.

II. No tocante ao pedido de pagamento de diferenças salariais decorrentes da inobservância pelo empregador dos critérios de promoção estabelecidos em Plano de Cargos e Salários, a prescrição é parcial, pois a lesão é sucessiva e se renova mês a mês.

III. Para o empregado urbano ou rural ingressar com reclamação trabalhista, deve-se observar o prazo de dois anos contados da data da cessação do contrato de trabalho e serão abrangidas as verbas pretendidas imediatamente anteriores a cinco anos da data do ajuizamento da ação, exceto o pedido de danos morais, que abrange apenas os últimos três anos.

Está correto o que consta de

A) I, II e III.

B) I e II, apenas.

C) II e III, apenas.

D) I e III, apenas.

E) II, apenas.

60. (FCC – Analista Judiciário – Área Administrativa – TRT 2/2018) De acordo com a Consolidação das Leis do Trabalho, à empregada que adotar ou obtiver guarda judicial para fins de adoção de criança ou adolescente será concedida licença-maternidade

A) de 180 dias mediante apresentação da Certidão de Nascimento da criança e do termo judicial de guarda à adotante ou guardiã, sendo que a adoção ou guarda judicial conjunta ensejará a concessão de licença-maternidade a apenas um dos adotantes ou guardiães empregado ou empregada.

B) de 120 dias mediante apresentação do termo judicial de guarda à adotante ou guardiã, sendo que a adoção ou guarda judicial conjunta ensejará a concessão de licença-maternidade aos dois adotantes ou guardiães empregado ou empregada.

C) de 120 dias mediante apresentação do termo judicial de guarda à adotante ou guardiã, sendo que a adoção ou guarda judicial conjunta ensejará a concessão de licença-maternidade a apenas um dos adotantes ou guardiães empregado ou empregada.

d) dependendo da idade da criança que poderá variar de 30 a 180 dias, independentemente da apresentação do termo judicial de guarda à adotante ou guardiã, sendo que a adoção ou guarda judicial conjunta ensejará a concessão de licença-maternidade a apenas um dos adotantes ou guardiães empregado ou empregada.

E) dependendo da idade da criança que poderá variar de 30 a 180 dias, mediante a apresentação do termo judicial de guarda à adotante ou guardiã, sendo que a adoção ou guarda judicial conjunta ensejará a concessão de licença-maternidade aos dois adotantes ou guardiães empregado ou empregada.

61. (FCC – Analista Judiciário – Área Administrativa – TRT 2/2018) Considere as seguintes hipóteses:

I. Camila, irmã de Vânia, faleceu hoje em razão de complicações decorrentes de uma cirurgia estética.

II. Fernanda se casou hoje às 19:00 horas. A cerimônia está marcada na casa da família na cidade de Itapetininga.

III. Norberto pretende se alistar eleitor, nos termos da legislação pertinente.

IV. Sônia está grávida. Gilberto, seu marido, pretende acompanhar suas consultas médicas para possibilitar um contato próximo com seu filho.

Nesses casos, de acordo com a Consolidação das Leis do Trabalho, Vânia, Fernanda, Norberto e Gilberto poderão deixar de comparecer ao serviço, sem prejuízo do salário, respectivamente, por até

A) três dias consecutivos, três dias consecutivos, dois dias consecutivos ou não, cinco dias.

B) dois dias consecutivos, dois dias consecutivos, três dias consecutivos ou não, dois dias.

C) dois dias consecutivos, três dias consecutivos, três dias consecutivos, três dias.

D) três dias consecutivos, dois dias consecutivos, três dias consecutivos, três dias.

E) dois dias consecutivos, três dias consecutivos, dois dias consecutivos ou não, dois dias.

62. (FCC – Técnico Judiciário – Área Administrativa – TRT 2/2018) Súmula do Tribunal Superior do Trabalho (TST) prevê que na hipótese de reconhecimento de culpa recíproca na rescisão do contrato de trabalho, as férias proporcionais

A) não são devidas ao empregado, assim como não é devido o 13° salário proporcional, por expressa vedação legal.

B) não são devidas ao empregado, assim como não é devido o aviso prévio, por expressa vedação legal.

C) são devidas ao empregado na proporção de 50%, e na mesma proporção o aviso prévio e o 13° salário.

D) são devidas ao empregado na proporção de 40%, assim como as férias vencidas.

E) são devidas ao empregado na proporção de 60%, e na mesma proporção o 13°salário.

63. (FCC – Técnico Judiciário – Área Administrativa – TRT 2/2018) Com relação ao aviso prévio, considere:

I. Conta-se o prazo do aviso prévio excluindo-se o dia do começo e incluindo o do vencimento.

II. Ao aviso prévio serão acrescidos 3 dias por ano de serviço prestado na mesma empresa, até o máximo de 30 perfazendo um total de até 60 dias.

III. É possível e legal substituir o período que se reduz da jornada de trabalho no aviso prévio trabalhado, pelo pagamento das horas correspondentes.

IV. O direito ao aviso prévio é irrenunciável pelo empregado. O pedido de dispensa de cumprimento não exime o empregador de pagar o respectivo valor, salvo comprovação de haver o prestador dos serviços obtido novo emprego.

De acordo com a legislação competente, bem como com entendimento sumulado do TST, está correto o que se afirma APENAS em

A) II e III.

B) I, II e IV.

C) II, III e IV.

D) I e III.

E) I e IV.

64. (FCC – Analista Judiciário – Área Administrativa – TRT 2/2018) Vânia, empregada regularmente contratada da empresa Embalagens "D" Ltda., quando estava grávida de 22 semanas, infelizmente sofreu um aborto espontâneo, comprovado por atestado médico oficial. Neste caso, seu contrato de trabalho será

A) suspenso, e Vânia terá direito a um repouso remunerado de 10 dias.

B) interrompido, e Vânia terá direito a um repouso remunerado de 10 dias.

C) suspenso, e Vânia terá direito a um repouso remunerado de 15 dias.

D) interrompido, e Vânia terá direito a um repouso remunerado de 2 semanas.

E) interrompido, e Vânia terá direito a um repouso remunerado de 15 dias.

65. (FCC – Analista Judiciário – Área Judiciária – TRT 2/2018) Mauro trabalha na sede da empresa Cristal Ltda, localizada em São Paulo, e ocupa o cargo de Gerente de Produtos, enquadrado como cargo de confiança. O setor em que Mauro trabalha será totalmente desativado e passará a ser desenvolvido na filial da empresa, localizada na cidade de Campinas, interior do Estado de São Paulo. Nesse caso, nos termos da lei trabalhista vigente e do entendimento sumulado do TST, é correto afirmar que a empresa Cristal Ltda

A) poderá transferir Mauro e qualquer outro empregado da empresa, unilateralmente, pois a transferência de empregado para outra localidade diversa da que resultar o contrato sempre será permitida, ainda que não haja anuência do empregado.

B) não poderá, apesar de Mauro exercer cargo de confiança, unilateralmente, transferi-lo para a cidade de Campinas, ainda que haja comprovação da necessidade do serviço, pois não houve extinção do estabelecimento.

C) poderá transferir Mauro, unilateralmente, para a cidade de Campinas, visto que exerce cargo de confiança, desde que haja comprovação da necessidade do serviço.

D) somente poderá transferir Mauro para a cidade de Campinas/SP, unilateralmente, se houver previsão explícita no contrato de trabalho.

E) poderá transferir Mauro, unilateralmente, para a cidade de Campinas, pois exerce cargo de confiança, independentemente da comprovação da necessidade do serviço.

66. (AOCP – Analista Judiciário – Área Judiciária – TRT 1/2018) A respeito da rescisão do contrato de trabalho, assinale a alternativa INCORRETA.

A) No caso de empregado que falta reiterada e injustificadamente ao trabalho, é motivo o bastante para ser causa à rescisão contratual por desídia.

B) Dentre as hipóteses previstas na CLT para a justa causa da rescisão do contrato de trabalho, estão a incontinência de conduta ou mau procedimento, bem como o ato de indisciplina e de insubordinação.

C) Constitui faculdade do empregado rescindir o contrato de trabalho em caso de morte do empregador constituído em empresa individual.

D) Constitui justa causa para a rescisão do contrato de trabalho pelo empregador a incontinência de conduta ou mau procedimento, a exemplo de faltas reiteradas e injustificadas pelo empregado.

E) Havendo culpa recíproca no ato que determinou a rescisão do contrato de trabalho, o tribunal de trabalho reduzirá a indenização à que seria devida em caso de culpa exclusiva do empregador, por metade.

67. (AOCP – Analista Judiciário – Área Judiciária – TRT 1/2018) Considerando as disposições da CLT quanto ao comparecimento ao serviço, analise as situações hipotéticas a seguir e assinale a alternativa que aponta as corretas.

I. Gilson Carlos é empregado da empresa Padaria Oliveiras, sendo que se ausentou do trabalho por 2 (dois) dias consecutivos em razão do falecimento do seu irmão José Lucas, não obtendo prejuízo em seu salário.

II. André se ausentou do trabalho por 2 (dois) dias em razão de comparecimento ao Tribunal do Júri na cidade de Cabo Frio, obtendo prejuízo em seu salário.

III. Considerando as eleições de 2018, Vergílio deixou de comparecer ao serviço para o fim de se alistar eleitor por 2 (dois) dias consecutivos, obtendo prejuízo em seu salário.

IV. Ariane trabalha na empresa Bird Cosméticos e, em virtude de seu matrimônio, deixou de comparecer ao trabalho por 2 (dois) dias consecutivos, não obtendo prejuízo em seu salário.

A) Apenas I, III e IV.
B) Apenas II, III e IV.
C) Apenas I e III.
D) Apenas I e IV.
E) Apenas II e IV.

68. (AOCP – Analista Judiciário – Área Judiciária – TRT 1/2018) No que diz respeito aos princípios do direito material do trabalho, assinale a alternativa INCORRETA.

A) O direito comum é fonte subsidiária do direito do trabalho.
B) Em razão da vigência do princípio da proteção no direito do trabalho, é correto afirmar que, em havendo a coexistência de dois regulamentos em determinada empresa, a opção do empregado por um deles tem efeito jurídico de renúncia às regras do sistema do outro.
C) Em razão da vigência do princípio da proteção e da norma mais favorável no direito do trabalho, é correto afirmar que, em havendo a coexistência de dois regulamentos em determinada empresa, o empregado poderá aderir às regras mais benéficas de um ou de outro, não estando obrigado a fazer opção por apenas um deles.
D) O princípio da aplicação da norma mais favorável é um desdobramento do princípio da proteção.
E) O princípio da proteção pressupõe a proibição de alterações contratuais lesivas ao empregado, razão pela qual as cláusulas de regulamento de empresa que revoguem ou alterem vantagens deferidas anteriormente somente atingirão os trabalhadores admitidos após a revogação ou alteração respectiva.

69. (AOCP – Analista Judiciário – Área Judiciária – TRT 1/2018) Felipe, vendedor há 03 anos na empresa Águia Dourada Automóveis Ltda., descumpriu, em data de 24 de abr. de 2018, a determinação da empresa de não fumar no interior do local de trabalho, dirigida a todos os empregados, os quais detinham pleno conhecimento da regra. Ainda, quando abordado pelo gerente geral, em particular e adequadamente, para que não mais repetisse a conduta, agrediu-o fisicamente, desferindo-lhe um soco no rosto e dirigindo-lhe palavras de baixo calão. Tais fatos foram presenciados por 6 funcionários da empresa. Assinale, diante da situação posta, a alternativa correta.

A) À empresa é permitida a rescisão do contrato de trabalho por justo motivo em face de Felipe, devendo fazê-lo imediatamente, sendo que este não terá direito ao recebimento de qualquer valor.
B) À empresa é permitida a rescisão do contrato do trabalho por justa causa, podendo fazê-lo no prazo de 60 dias a partir da data dos fatos.
C) Felipe poderá ser demitido por justa causa, mas somente após a instalação de inquérito para apuração de falta grave, no prazo de 30 dias.
D) É vedado à empresa demitir Felipe por justa causa, devendo aplicar-lhe tão somente suspensão disciplinar de 03 dias, quando então ele perderá a remuneração correspondente aos dias de suspensão e a do descanso semanal remunerado correspondente, pois se trata de falta injustificada.

E) À empresa é permitida a rescisão do contrato de trabalho por justa causa. Nesse caso, Felipe não terá direito ao recebimento de férias proporcionais acrescidas de um terço e do décimo terceiro salário proporcional, tampouco à indenização sobre o saldo da conta vinculada do FGTS.

70. (AOCP – Técnico Judiciário – Área Administrativa – TRT 1/2018) Rita trabalhou para uma joalheria, denominada Joias Raras, de 10 de maio de 2012 até 10 de jun. de 2016, ocasião em que foi dispensada sem justa causa. Considerando que Rita, por meio de seu advogado Mário, ingressou com ação no dia 10 de maio de 2018, para pleitear alguns direitos violados na relação de trabalho, assinale a alternativa correta tendo ainda como base a Lei nº 13.467/2017.

A) Rita terá prazo de prescrição intercorrente de cinco anos, a partir da data do ingresso com a reclamação trabalhista.

B) Caso Mário tenha ajuizado a ação em um juízo incompetente, não haverá interrupção da prescrição, pois ainda que a ação venha a ser extinta sem resolução do mérito, não produzirá efeitos a qualquer dos pedidos.

C) O prazo para Rita ingressar com ação é de dois anos após a extinção do contrato de trabalho, podendo Rita, se tivesse trabalhado por mais tempo na empresa, pleitear até os últimos 30 (trinta) anos de Fundo de Garantia do Tempo de Serviço.

D) A declaração da prescrição intercorrente somente poderá ser requerida pela parte no momento da contestação ou declarada de ofício pelo juiz de primeiro grau de jurisdição.

E) Caso Rita tenha seus pleitos reconhecidos em sentença, no curso da execução desta, a fluência do prazo prescricional intercorrente inicia-se quando Rita deixa de cumprir determinação judicial.

71. (AOCP – Técnico Judiciário – Área Administrativa – TRT 1/2018) Mário e José são funcionários da Empresa Eletrônicos Ltda. Em uma conversa, Mário contou que irá precisar ser afastado de seu cargo, pois assumirá um mandato como dirigente sindical, e José informou ao colega de trabalho que irá se casar no mês seguinte. Considerando os casos ora apresentados, em qual situação devem permanecer os contratos de trabalho de Mário e José, respectivamente?

A) Mário tem direito à suspensão contratual e José tem direito à interrupção contratual.

B) Ambos têm direito à suspensão contratual.

C) Mário tem direito à interrupção contratual e José tem direito à suspensão contratual.

D) Ambos têm direito à interrupção contratual.

E) Mário terá seu contrato rescindido por parte do empregador, pois não é sabido o período em que o mesmo permanecerá como dirigente sindical, e José tem direito à suspensão contratual.

72. (AOCP – Analista Judiciário – Área Administrativa – TRT 1/2018) Em relação à rescisão do contrato de trabalho, assinale a alternativa correta.

A) A alteração do quadro societário da empregadora constituída por sociedade limitada constitui justa causa para empregado rescindir o contrato de trabalho.

B) Em se tratando o empregador de empresa constituída por sociedade limitada, a morte de qualquer dos sócios quotistas constitui justa causa para o empregado rescindir o contrato de trabalho.

C) A instauração de inquérito policial em face do empregado constitui justa causa para rescisão do contrato de trabalho pelo empregador.

D) Em caso de culpa recíproca no ato que determinou a rescisão do contrato de trabalho, o tribunal de trabalho reduzirá em um terço a indenização que seria devida em caso de culpa exclusiva do empregador.

E) A perda da habilitação ou dos requisitos estabelecidos em lei para o exercício da profissão em decorrência de conduta dolosa do empregado constitui justa causa para o empregador rescindir o contrato de trabalho.

73. (AOCP – Analista Judiciário – Área Judiciária – TRT 1/2018) Plínio foi intimado, por carta com aviso de recebimento, para ser testemunha em uma audiência de instrução ação de despejo, designada para a data de 04 de jul. de 2018 às 13h30. Diante da questão fática, assinale a alternativa correta.

A) Plínio poderá se ausentar do trabalho pelo tempo que se fizer necessário para estar em juízo, sem prejuízo do salário, pois o comparecimento perante a justiça, para depor como testemunha, caracteriza encargo público. Trata-se de hipótese de interrupção do contrato de trabalho.

B) Ao empregador é facultado computar o período em que Plínio estará em juízo como 01 falta injustificada.

C) Plínio poderá se ausentar do trabalho pelo tempo que se fizer necessário para estar em juízo sem prejuízo do salário, pois o comparecimento perante a justiça, para depor como testemunha, caracteriza encargo público. Trata-se de hipótese de suspensão do contrato de trabalho.

D) Embora a audiência tenha sido designada em data e horário certos e determinados, Plínio poderá se ausentar do trabalho por 02 dias consecutivos, a iniciar-se no dia imediatamente anterior à audiência, a fim de consultar os autos e reunir-se com a parte que o intimou e seu procurador, sem prejuízo do salário, pois o comparecimento perante a justiça, para depor como testemunha, caracteriza encargo público. Trata-se de hipótese de interrupção do contrato de trabalho.

E) Plínio não poderá se ausentar do trabalho para comparecer à audiência, devendo requerer a dispensa do encargo, tendo em vista que o regulamento interno da empresa veda o comparecimento de seus empregados em juízo a fim de prestar depoimento como testemunha.

---

74. (IBFC – Procurador Jurídico – Câmara de Feira de Santana – BA/2018) Assinale a alternativa correta sobre qual a fgura jurídica que identifica a total paralisação dos efeitos do contrato de trabalho.

A) Suspensão

B) Interrupção

C) Celebração

D) Mitigação

---

75. (IBFC – Procurador Jurídico – Câmara de Feira de Santana – BA/2018) Assinale a alternativa correta sobre a noção de aviso prévio no ordenamento jurídico brasileiro.

A) Consiste na obrigação que tem qualquer das partes do contrato de trabalho por tempo determinado de notifcar à outra de sua intenção de romper o vínculo contratual, em data futura e certa

B) Consiste na obrigação que tem qualquer das partes do contrato de trabalho por tempo indeterminado de notifcar à outra de sua intenção de romper o vínculo contratual, em data futura e certa

C) Consiste na obrigação reservada apenas ao empregador de notifcar à outra de sua intenção de romper o vínculo contratual, em data futura e certa

D) Consiste na obrigação reservada apenas ao empregado de notifcar à outra de sua intenção de romper o vínculo contratual, em data futura e incerta

---

76. (Cespe – Procurador Municipal – Manaus – AM/2018) A respeito do direito de greve, da proteção ao trabalho da mulher, da alteração da relação de trabalho, da aplicação de justa causa e da equiparação salarial, julgue o item que se segue.

De acordo com o TST, a greve é um exemplo de interrupção do contrato de trabalho, e os dias parados devem ser pagos normalmente, a não ser que o ato seja considerado ilegal pela justiça do trabalho.

( ) Certo

( ) Errado

---

77. (Cespe – Procurador Municipal – Manaus – AM/2018) Considerando a jurisprudência do TST a respeito da rescisão do contrato de trabalho, julgue o item seguinte.

Caso uma empregada que trabalhe em uma empresa há oito anos, sem jamais ter infringido nenhuma obrigação contratual ou desviado sua conduta, falsificasse o horário lançado em um atestado médico para justificar sua ausência do trabalho, a empresa empregadora poderia demiti-la por justa causa imediatamente.

( ) Certo

( ) Errado

---

78. (Cespe – Procurador Municipal – Manaus – AM/2018) Considerando a jurisprudência do TST a respeito da rescisão do contrato de trabalho, julgue o item seguinte.

No caso de morte do empregado, a multa por atraso do pagamento das verbas rescisórias será afastada somente se a empresa tiver movido oportunamente ação de consignação de verbas devidas.

( ) Certo

( ) Errado

79. (Cespe – Advogado – EBSERH/2018) Julgue o item subsequente, relativo ao contrato de trabalho e aos direitos e deveres dele decorrentes.

O período em que o empregado estiver afastado por motivo de acidente de trabalho é computado como tempo de serviço para fins de indenização e estabilidade.

( ) Certo

( ) Errado

80. (Cespe – Advogado – EBSERH/2018) Julgue o item subsequente, relativo ao contrato de trabalho e aos direitos e deveres dele decorrentes.

A prática de ato atentatório à segurança nacional devidamente comprovado por inquérito administrativo enseja justa causa do empregado para rescisão do contrato de trabalho.

( ) Certo

( ) Errado

81. (Cespe – Advogado – EBSERH/2018) Julgue o item subsequente, relativo ao contrato de trabalho e aos direitos e deveres dele decorrentes.

Em caso de extinção do contrato de trabalho por acordo entre empregado e empregador, deverá ser depositada na conta vinculada do FGTS a importância equivalente a 40% dos depósitos realizados no decorrer do contrato.

( ) Certo

( ) Errado

82. (FCC – Advogado – Sabesp/2018) O aviso prévio

A) é direito irrenunciável pelo empregado. O pedido de dispensa de cumprimento não exime o empregador de pagar o respectivo valor, salvo comprovação de haver o prestador de serviço obtido novo emprego.

B) não é devido o aviso prévio na despedida indireta, havendo expressa disposição legal neste sentido.

C) é devido na proporção de 50% na despedida indireta, havendo expressa disposição legal neste sentido.

D) será de cinco dias quando o pagamento for efetuado por semana ou tempo inferior.

E) indenizado, não possui como integrante de sua base de cálculo horas extras habituais.

83. (Inaz do Pará – Advogado – CRF – PE/2018) A justa causa é hipótese de extinção de contrato decorrente de falta grave pelo empregado e inviabiliza a continuidade da relação de emprego. Com relação ao tema, é **incorreto** afirmar que:

A) Ato lesivo da honra ou da boa fama praticado no serviço contra qualquer pessoa, ou ofensas físicas, nas mesmas condições, salvo em caso de legítima defesa, própria ou de outrem constitui justa causa.

B) Violação de segredo da empresa é uma das hipóteses de justa causa, só caracterizará violação se a revelação for feita a terceiro interessado, capaz de causar prejuízo à empresa, ou a possibilidade de causá-lo de maneira apreciável.

C) Não há vedação para que o funcionário, aproveitando seu dia na empresa, ofereça seus produtos de beleza aos colegas de trabalho para aumentar sua renda.

D) Incontinência de conduta consiste no comportamento irregular do empregado incompatível com a moral sexual e constitui justa causa.

E) Constitui justa causa a desídia que é o ato de negligência ou displicência habitual por parte do empregado.

84. (FCC – Analista Judiciário – Área Administrativa – TRT 6/2018) Maurício e a empresa LXG Tratores Ltda. chegaram a um acordo para rescindirem o contrato de trabalho, em vigor há cinco anos. A empresa pagou a Maurício, a título de verbas rescisórias, metade do aviso prévio indenizado e das férias proporcionais + 1/3; já o saldo de salário, as férias vencidas + 1/3 e o 13o salário proporcional foram pagos integralmente, com o saque de 50% dos depósitos do FGTS acrescidos da multa de 20%. Sobre as verbas rescisórias

A) foram pagas de forma errada, uma vez que o 13o salário proporcional também é devido pela metade e não integralmente.

B) foram pagas corretamente, não tendo direito o obreiro a gozar do Programa do Seguro-Desemprego.

C) foram pagas corretamente, mas tendo direito o obreiro a gozar do Programa do Seguro-Desemprego, devendo o empregador lhe entregar as respectivas guias.

D) foram pagas de forma errada, uma vez que são devidas as férias proporcionais + 1/3 de forma integral e o saque de 80% dos depósitos do FGTS.

E) não existe esta modalidade de rescisão do contrato de trabalho na legislação vigente, tendo em vista a impossibilidade de saque de apenas 50% dos depósitos.

85. (FCC – Técnico Judiciário – Área Administrativa – TRT 6/2018) Thor, na vigência do seu contrato de trabalho com a empresa Delta Produções, vem descumprindo regulamento da empresa que proíbe o ingresso de pessoas, exceto se protegidas por equipamentos de segurança, no laboratório da empresa. Tal determinação está afixada no portal de entrada do laboratório. Nessa situação, fica caracterizada a justa causa para rescisão do contrato pelo empregador na capitulação prevista na Consolidação das Leis do Trabalho como

A) ato de improbidade.

B) desídia.

C) injúria desleal.

D) incontinência de conduta.

E) indisciplina.

86. (FCC – Técnico Judiciário – Área Administrativa – TRT 6/2018) Interrupção e suspensão do contrato empregatício são institutos que tratam da sustação, restrita ou ampliada, dos efeitos contratuais durante certo lapso temporal. Assim, enquadram-se como modalidades de interrupção e suspensão, respectivamente:

A) afastamento por doença até o 15o dia – aposentadoria por invalidez.

B) descanso semanal remunerado – depoimento como testemunha judicial ao tempo que for necessário.

C) qualificação profissional para participação do empregado promovido pelo empregador – férias anuais.

D) dias em que estiver realizando exame vestibular para ingresso no ensino superior – licença paternidade.

E) encargo público não obrigatório – doação de sangue voluntária por um dia a cada 12 meses.

87. (FCC – Técnico Judiciário – Área Administrativa – TRT 6/2018) Em relação ao instituto jurídico denominado aviso prévio, as normas da Consolidação das Leis do Trabalho estipulam que

A) a parte que, sem justo motivo, quiser rescindir o contrato por prazo determinado, deverá avisar a outra da sua resolução com a antecedência mínima de 30 dias.

B) o horário normal de trabalho do empregado, durante o prazo do aviso e se a rescisão tiver sido promovida pelo empregador, será reduzido de duas horas diárias, sem prejuízo do salário integral.

C) será proporcional pela metade na despedida indireta, salvo se houver ajuste em contrário.

D) a falta do aviso prévio por parte do empregador dá ao empregado o direito aos salários correspondentes ao prazo do aviso, sem a integração do período no seu tempo de serviço.

E) o empregado que cometer falta grave por desídia, considerada como justa para a rescisão, durante o prazo do aviso prévio, não perde o direito ao restante do respectivo prazo.

88. (FCC – Analista Judiciário – Oficial de Justiça Avaliador – TRT 6/2018) Aristóteles é empregado da empresa Grécia Iluminada Ltda., recebendo como salário a importância de R$ 2.800,00 mensais. Possui na sua conta vinculada do FGTS o montante de R$ 4.000,00. Aristóteles e sua empregadora pretendem celebrar acordo para a rescisão contratual. Nesse caso, o empregado terá direito de receber aviso prévio indenizado, indenização sobre o saldo do FGTS e saque do FGTS, respectivamente, nos valores de

A) R$ 1.400,00; R$ 1.600,00; R$ 2.000,00.

B) R$ 2.240,00; R$ 800,00; R$ 3.200,00.

C) R$ 2.800,00; R$ 800,00; R$ 4.000,00.

D) R$ 1.400,00; R$ 1.280,00; R$ 3.200,00.

E) R$ 1.400,00; R$ 800,00; R$ 3.200,00.

89. (FCC – Analista Judiciário – Área Judiciária – TRT 6/2018) Invocando a regra da condição mais benéfica ao empregado, que se insere no princípio da proteção peculiar ao Direito do Trabalho, é correto afirmar:

A) Havendo conflito entre duas normas jurídicas, prevalece a mais favorável ao empregado.

B) Havendo dúvida quanto ao alcance da norma tutelar, julga-se a favor do empregado.

C) As normas legais não prevalecem diante de normas instituídas por convenção ou acordo coletivo, por terem estas destinação mais específica.

D) A supressão de direitos trabalhistas instituídos por regulamento de empresa só alcança os empregados admitidos posteriormente.

E) As condições estabelecidas em convenção coletiva de trabalho, quando mais favoráveis, prevalecem sobre as estipuladas em acordo.

90. (FCC – Analista Judiciário – Área Administrativa – TRT 6/2018) No tocante ao aviso prévio, considere:

I. O aviso prévio proporcional ao tempo de serviço é aquele de trinta dias para os empregados com até um ano de serviço na mesma empresa, acrescidos de três dias por ano de serviço até o máximo de sessenta dias, perfazendo um total de noventa dias.

II. O pagamento relativo ao período do aviso prévio indenizado não está sujeito à contribuição do FGTS.

III. Em caso de aviso prévio cumprido em casa, o prazo para pagamento das verbas rescisórias é até o décimo dia da notificação da demissão.

Está correto o que se afirma em

A) II e III, apenas.

B) I, II e III.

C) I e III, apenas.

D) I e II, apenas.

E) I, apenas.

91. (FCC – Analista Legislativo – Processo Legislativo – ALESE/2018) No tocante à extinção do contrato de trabalho por mútuo acordo entre empregado e empregador, considere:

I. O aviso prévio, se indenizado, deverá ser pago pela metade, bem como a multa sobre o FGTS e o 13° salário proporcional.

II. O empregado poderá sacar 80% do valor de seus depósitos fundiários e não estará autorizado a ingressar no Programa do Seguro-Desemprego.

III. O aviso prévio, se trabalhado, o saldo de salário, as férias proporcionais e as férias vencidas, ambas acrescidas de 1/3, serão pagos em sua integralidade.

IV. Para validade deste tipo de rescisão para contratos de trabalho com mais de uma ano de vigência, é obrigatória a homologação perante o sindicato do empregado ou autoridade do Ministério do Trabalho e Previdência Social.

Está correto o que se afirma em

A) II e III , apenas.

B) I e II , apenas.

C) II e IV, apenas.

D) I, II , III e IV.

E) II , III e IV, apenas.

92. (Cespe – Procurador do Estado – PE/2018) Joana trabalha em uma padaria e, há algum tempo, o seu empregador vem demonstrando insatisfação com o serviço prestado por ela. Por sua vez, Joana também está insatisfeita com as medidas que vêm sendo adotadas pelo seu empregador. Por tais razões, o empregador e Joana decidiram, por mútuo acordo, extinguir o contrato de trabalho.

Nessa situação hipotética, Joana terá direito

A) à integralidade de todas as verbas trabalhistas.

B) a metade do aviso prévio, se indenizado, além da habilitação no programa de seguro-desemprego.

C) a metade da indenização sobre o saldo do FGTS, além da movimentação da conta vinculada desse fundo, limitada a 50% do valor dos depósitos.

D) a metade de todas as verbas trabalhistas, mas não terá direito a habilitação no programa de seguro-desemprego.

E) a metade da indenização sobre o saldo do FGTS, cuja conta vinculada poderá ser movimentada até o limite de 80%, e metade do aviso prévio, se indenizado, bem como à integralidade das demais verbas trabalhistas, mas não terá direito a habilitação no programa de seguro-desemprego.

93. (IADES – Advogado – CFM/2018) A interrupção e a suspensão do contrato de trabalho promovem efeitos distintos para estes.

Com base no exposto e nos conhecimentos trabalhistas, assinale a alternativa que indica uma causa de suspensão do contrato de trabalho.

A) Afastamento do empregado para cumprimento das exigências do serviço militar.

B) Falecimento de cônjuge, ascendente, descendente, irmão ou pessoa que, declarada na carteira de trabalho e previdência social (CTPS) do titular, viva sob a dependência econômica deste.

C) Um dia para a doação voluntária de sangue, devidamente comprovada para cada 12 meses de serviço prestado.

D) Tempo do afastamento do empregado para exercício de mandato político.

E) Afastamento de até três dias consecutivos, em virtude de casamento.

94. (Vunesp – Procurador Jurídico – Pref. Baurú – SP/2018) Nos termos da Consolidação das Leis do Trabalho (CLT), o empregado poderá deixar de comparecer ao serviço sem prejuízo do salário:

A) até 2 (dois) dias consecutivos, em virtude de casamento.

B) por 1 (um) dia por ano para acompanhar filho de até 6 (seis) anos em consulta médica.

C) por 5 (cinco) dias, em caso de nascimento de filho.

D) até 3 (três) dias para acompanhar consultas médicas e exames complementares durante o período de gravidez de sua esposa ou companheira.

E) até 3 (três) dias consecutivos, em caso de falecimento do cônjuge.

95. (Cesgranrio – Advogado – Petrobrás/2018) Nos termos da Consolidação das Leis do Trabalho, ocorre a prescrição intercorrente no processo do trabalho no prazo de

A) 1 ano

B) 2 anos

C) 3 anos

D) 4 anos

E) 5 anos

96. (FCC – Procurador do Estado – TO/2018) Hermes pretende propor reclamação trabalhista em face de sua empregadora Empresa Alpha para postular indenização por danos morais em razão de humilhação sofrida por xingamentos proferidos por seu superior, além do pagamento de horas extraordinárias. Neste caso, o prazo prescricional será de

A) dois anos contados da data em que ocorreu o fato que gerou o dano moral e cinco anos para as horas extras contados do encerramento do contrato.

B) dois anos na vigência do contrato, até o limite de cinco anos após a extinção para ambos os pedidos.

C) cinco anos na vigência do contrato, até o limite de dois anos após a extinção do contrato de trabalho para ambos os pedidos.

D) dois anos para o dano moral e cinco anos para as horas extras, sempre contados da extinção do contrato de trabalho.

E) cinco anos para o dano moral e dois anos para as horas extras, sempre contados após a extinção do contrato de trabalho.

97. (Vunesp – Procurador – IPSM/2018) Na hipótese de extinção do contrato de trabalho, por culpa recíproca de empregado e empregador,

A) as verbas rescisórias devem ser quitadas no prazo estabelecido em acordo coletivo de trabalho.

B) as verbas rescisórias correspondem à metade do que seria devido na hipótese de despedida sem justa causa.

C) não é devida a liberação dos depósitos do fundo de garantia do tempo de serviço.

D) as verbas rescisórias devem ser quitadas no prazo de trinta dias contados a partir do término do contrato.

E) o empregado tem os mesmos direitos que decorreriam de um pedido de demissão.

98. (Vunesp – Procurador – IPSM/2018) Nos termos da Consolidação das Leis do Trabalho, a prescrição intercorrente

A) não se aplica ao direito do trabalho.

B) não pode ser declarada de ofício.

C) tem início da contagem após três anos de inércia do exequente.

D) ocorre depois de cinco anos de inércia do exequente.

E) pode ser requerida ou declarada de ofício em qualquer grau de jurisdição.

99. (Vunesp – Procurador Autárquico – PauliPrev – SP/2018) Assinale a alternativa correta sobre a extinção do contrato de trabalho.

A) A entrega ao empregado de documentos que comprovem a comunicação da extinção contratual aos órgãos competentes, bem como o pagamento dos valores constantes do instrumento de rescisão ou recibo de quitação, deverão ser efetuados até dez dias contados a partir do término do contrato.

B) O pagamento a que fizer jus o empregado será efetuado em dinheiro, depósito bancário ou cheque visado, independentemente de o trabalhador ser ou não analfabeto.

C) As dispensas imotivadas individuais, plúrimas ou coletivas, equiparam-se para todos os fins, sendo necessária autorização prévia de entidade sindical ou de celebração de convenção coletiva ou acordo coletivo de trabalho para sua efetivação.

D) Aos contratos por prazo determinado aplicam-se os princípios que regem a rescisão dos contratos por prazo indeterminado.

E) O instrumento de rescisão ou recibo de quitação, em dispensas sem justa causa, deve ter especificada a natureza de cada parcela paga ao empregado e discriminado o seu valor, sendo válida a quitação, apenas, relativamente, às mesmas parcelas.

100. (Vunesp – Procurador Municipal – Pref. de São José do Rio Preto – SP/2019) A respeito do denominado *jus variandi*, é correto afirmar que

A) confere ao empregador o direito de transferir o empregado que exerce função de confiança para localidade diversa da que consta do contrato.

B) decorre diretamente do princípio *pacta sunt servanda*, que rege os contratos de trabalho.

C) garante ao empregado o direito de alterar a data fixada para suas férias.

D) confere ao empregador o direito de alterar a jornada de trabalho dos empregados, desde que respeitado o direito adquirido à percepção de adicional noturno.

E) não se aplica aos contratos de trabalho firmados pela Administração Pública.

101. (Cespe – Procurador Municipal – Campo Grande – MS/2019) A respeito de prescrição no processo do trabalho, julgue o seguinte item, de acordo com a legislação processual trabalhista.

No processo trabalhista, não ocorre a prescrição intercorrente.

( ) Certo

( ) Errado

102. (Cespe – Procurador Municipal – Campo Grande – MS/2019) No que se refere a rescisão de contrato de trabalho e a atividades insalubres e perigosas, julgue o item a seguir, considerando a jurisprudência do TST.

A determinação pela justiça do trabalho de reversão de demissão por justa causa gera, automaticamente, a reparação por danos morais ao empregado demitido.

( ) Certo

( ) Errado

103. (Cespe – Procurador Municipal – Pref. de Boa Vista – RR/2019) À luz da jurisprudência do Tribunal Superior do Trabalho e do STF, julgue o item a seguir, a respeito de FGTS e de relação de trabalho e de emprego.

O prazo prescricional aplicável à cobrança de valores não depositados a título de FGTS é quinquenal.

( ) Certo

( ) Errado

104. (COPS – Procurador Municipal – Pref. de Londrina – PR/2019) Sobre a extinção do contrato de trabalho, analise a decisão da Justiça do Trabalho a seguir.

"SERVIDOR PÚBLICO. ALTERAÇÃO DO REGIME CELETISTA PARA ESTATUTÁRIO. EXTINÇÃO DO CONTRATO. MULTA DE 40% DOS DEPÓSITOS DE FGTS. INDEVIDA. A transferência do regime jurídico de celetista para estatutário implica extinção do contrato de trabalho, nos termos da Súmula 382 do C.TST, todavia, não corresponde à dispensa sem justa causa do empregado. Apesar de o vínculo empregatício ter sido rompido, a autora continuou a prestação de serviços e manteve relação com o Município recorrido, ainda que sob natureza diversa. Nessas condições, não se justifica o pagamento da multa de 40% do FGTS porque não houve despedida sem justa causa (arts. 18, § 1º, e 20, I, da Lei nº 8.036/90), e sim continuidade da relação contratual, sob estatuto diverso. Recurso ordinário da parte autora ao qual se nega provimento, no particular" [TRT-PR-01328-2013-242-09-00-5; 5A. TURMA; Relator: ARCHIMEDES CASTRO CAMPOS JUNIOR; DEJT em 22-11-2016].

De acordo com a decisão, na transferência do regime jurídico de celetista para estatutário, considere as afirmativas a seguir.

I. Ocorre a extinção do contrato de trabalho e não é devida a multa de 40% do FGTS.

II. Ocorre a extinção do contrato de trabalho sem justa causa por equiparação ou semelhança.

III.( )Ocorre a extinção do contrato de trabalho e começa uma nova relação de emprego.

IV.( )Ocorre a extinção do contrato de trabalho apesar da continuidade da relação de trabalho.

Assinale a alternativa correta.

A) Somente as afirmativas I e II são corretas.

B) Somente as afirmativas I e IV são corretas.

C) Somente as afirmativas III e IV são corretas.

D) Somente as afirmativas I, II e III são corretas.

E) Somente as afirmativas II, III e IV são corretas.

105. (UFPR – Procurador – Pref. de Curitiba – PR/2019) O instituto da prescrição trabalhista curva-se aos princípios gerais de direito da segurança das relações jurídicas, em nome da paz social e para garantir sua consolidação. Com relação ao assunto, identifique como verdadeiras (V) ou falsas (F) as seguintes afirmativas:

( ) A ação trabalhista, ainda que arquivada, interrompe a prescrição em relação a todo o contrato de trabalho.

( ) O protesto judicial é medida aplicável no processo do trabalho, por força do art. 769 da CLT, sendo que o seu ajuizamento, por si só, interrompe o prazo prescricional.

( ) A ação movida por sindicato, na qualidade de substituto processual, não interrompe a prescrição.

( ) Da extinção do último contrato, começa a fluir o prazo prescricional do direito de ação em que se objetiva a soma de períodos descontínuos de trabalho.

Assinale a alternativa que apresenta a sequência correta, de cima para baixo.

A) V – V – F – V.

B) F – F – V – V.

C) V – F – V – F.

D) F – V – F – V.

E) V – V – V – F.

106. (Cespe – Analista (Superior) – PGE – PE/2019) A respeito de contrato individual de trabalho e de rescisão do contrato de trabalho, julgue o item seguinte.

A aposentadoria espontânea não constitui causa de extinção do contrato de trabalho se o empregado continuar a prestar serviços ao empregador após a aposentadoria.

( ) Certo

( ) Errado

107. (Cespe – Analista (Superior) – PGE – PE/2019) A respeito de contrato individual de trabalho e de rescisão do contrato de trabalho, julgue o item seguinte.

A dispensa sem justa causa de empregado concursado de empresa pública deve ser previamente motivada, em razão das garantias previstas para o ingressante por concurso público

( ) Certo

( ) Errado

108. (UPENET – Advogado – UPE/2019) Orlando trabalha como motorista de uma empresa de transportes urbanos. Por ocasião do carnaval, na quarta-feira de cinzas, após voltar de um bloco conduzindo seu veículo, foi apreendido pela blitz da lei seca. Ocorre que, somando essa infração com outras que já possuía, foi decretada a perda de sua Carteira Nacional de Habilitação. Diante de tal situação, de acordo com a CLT,

A) poderá ser decretada a despedida por justa causa de Orlando, desde que haja previsão no contrato de trabalho.

B) poderá ser decretada a despedida por justa causa de Orlando.

C) será decretada a nulidade do contrato de trabalho de Orlando.

D) o contrato de trabalho de Orlando será suspenso.

E) a perda da habilitação não constitui motivo para dispensa por justa causa.

109. (UPENET – Advogado – UPE/2019) Nos termos da lei, o empregado poderá deixar de comparecer ao serviço sem prejuízo do salário

A) por ocasião dos movimentos paredistas.

B) nos casos de prisões cautelares.

C) por 2 (dois) dias consecutivos em virtude de casamento.

D) por 1 (um) dia por ano para acompanhar filho de até 7 (sete) anos em consulta médica.

E) até 3 (três) dias, em cada 12 (doze) meses de trabalho, em caso de realização de exames preventivos de câncer devidamente comprovada.

110. (UPENET – Advogado – UPE/2019) O contrato de trabalho poderá ser extinto por acordo entre empregado e empregador, caso em que serão devidas as seguintes verbas trabalhistas:

A) o aviso prévio, se indenizado, e a indenização, sobre o saldo do Fundo de Garantia do Tempo de Serviço.

B) as mesmas verbas da despedida sem justa causa.

C) pela metade: o aviso prévio, se indenizado, e a indenização sobre o saldo do Fundo de Garantia do Tempo de Serviço; e na integralidade, as demais verbas trabalhistas.

D) pela metade, a indenização sobre o saldo do Fundo de Garantia do Tempo de Serviço e na integralidade, as demais verbas trabalhistas, contudo não terá direito a aviso prévio.

E) o aviso prévio, indenização sobre o saldo do Fundo de Garantia do Tempo de Serviço e as demais verbas trabalhistas, tudo na integralidade.

111. (FCC – Advogado – AFAP/2019) Felipe, auxiliar administrativo, completou 18 anos e pretende se alistar como eleitor; Silmara, recepcionista, necessita ausentar-se do emprego para acompanhar consulta médica de seu filho de 5 anos de idade; Gerson, gerente, pretende acompanhar sua esposa grávida em consulta médica pré-natal. Considerando que todos são empregados, pela lei vigente, é correto dizer que podem faltar ao serviço, sem prejuízo do salário, considerando-se interrupção do contrato de trabalho, pelos seguintes períodos, respectivamente, por

A) até 5 dias consecutivos ou não; por 3 dias por ano e até 3 dias.

B) até 3 dias consecutivos ou não; por 2 dias por ano e até 2 dias.

C) até 2 dias consecutivos ou não; por 1 dia por ano e até 2 dias.

D) até 2 dias consecutivos ou não; por 2 dias por ano e até 3 dias.

E) até 2 dias consecutivos ou não; por 1 dia por ano e até 5 dias.

112. (IBFC – Advogado – MGS/2019) Determinado empregado celetista foi dispensado sem justa causa pelo seu empregador. Sobre este assunto, assinale a alternativa correta que apresenta o horário de trabalho durante o prazo de aviso prévio:

A) O horário normal de trabalho do empregado, durante o prazo do aviso, será reduzido de 2 (duas) horas diárias, sem prejuízo do salário integral

B) O empregado deverá, obrigatoriamente ser dispensado, na última semana de aviso prévio

C) É facultado ao empregador dar 7 (sete) dias corridos ou 2 (duas) horas a menos durante o período de aviso prévio

D) O empregado que, durante o prazo do aviso prévio, cometer qualquer das faltas consideradas pela lei como justas para a rescisão, receberá apenas a metade restante do respectivo prazo

113. (IBFC – Advogado – MGS/2019) O contrato individual de trabalho poderá ser interrompido ou suspenso. Acerca deste assunto, assinale a alternativa que apresenta corretamente uma hipótese de interrupção do contrato de trabalho:

A) No caso de afastamento por doença, a partir do 16° dia, caso seja mantida a licença a ser paga pelo INSS

B) Empregado eleito para o cargo de diretor, caso não haja subordinação jurídica inerente à relação de emprego

C) A greve, em regra

D) Pelo tempo que se fizer necessário, quando tiver que comparecer a juízo

7.2. Questões discursivas

1. (TRT 2ª REGIÃO-JUIZ — 2012) Nos casos de suspensão do contrato de trabalho por prestação de serviço militar obrigatório e por acidente de trabalho, computam-se os períodos de afastamentos para fins de algumas obrigações econômicas do empregador. Responda, fundamentadamente, quais são elas?

2. (TRT 1ª REGIÃO-JUIZ — 2010) EISTEN OSWALD DE SOUZA, professor de matemática de uma fervorosa e tradicional escola católica, premido por um grupo de alunos, manifestou-se favoravelmente ao aborto e ao casamento de pessoas divorciadas, vindo a ser despedido, por justa causa, com fundamento em conduta incompatível em conduta incompatível com a doutrina religiosa da instituição de ensino.

Em defesa, o ex-empregado admitiu o fato, mas sustentou que além de ter ocorrido após a aula, em horário que não era de trabalho, o que restou comprovado, manifestou a sua opinião com base na liberdade de expressão.

Sendo a liberdade de expressão um direito de natureza constitucional, indaga-se se pode ser exercido sem limitações em relação ao contrato de trabalho e se a conduta do trabalhador foi, consequentemente, lícita ou se, ao contrário, caracteriza descumprimento de obrigação contratual.

3. (TRT. 2ª REGIÃO-JUIZ – 2016) A dispensa massiva sob a ótica do Direito do Trabalho: conceito, deontologia jurídica, disciplina legal, critérios para caracterização, consequências jurídicas e via processual reparatória.

4. (TRT. 2ª REGIÃO-JUIZ – 2016) O direito de defesa confrontado com o poder disciplinar do empregador nas relações não estatutárias e a eficácia horizontal dos direitos fundamentais, e suas consequências jurídicas.

7.3. Gabarito das questões objetivas

Gab.		Fundamentação legal e jurisprudencial	Onde encontro no livro?	Observação eventual
1	A	a) TST. OJ SDI-1 nº 343	a) Parte I, Capítulo V, Item 6.5	
		b) TST. Súmula nº 51, I	b) Item 1.1, alínea "b"	
		c) CLT. Art. 442, parágrafo único	c) Parte I, Capítulo II, Item 2.7, alínea "d"	
		d) TST. Súmula nº 293	d) Parte I, Capítulo VI, Item 5.1, alínea "c"	
2	A	Doutrina	Item 2.3	
3	C	a) CLT. Art. 473, I	a) Item 2.4, alínea "a"	
		b) CLT. Art. 473, II	b) Item 2.4, alínea "a"	
		c) CLT. Art. 473, III	c) Item 2.4, alínea "a"	–
		d) CLT. Art. 473, IV	d) Item 2.4, alínea "a"	
		e) CLT. Art. 473, VIII	e) Item 2.4, alínea "a"	
4	D	TST. OJ SDI-1 nº 361	Item 3.3, alínea "d"	–
5	B	I – TST. Súmula nº 14	I – Item 4.14	
		II – CLT. Art. 482, "c" e "d"	II – Item 3.12, alíneas "c" e "d"	–
		III – CTL. Art. 483, "g"	III – Item 3.15, alínea "c"	
		IV – CLT. Art. 482, "h"	IV – Item 3.12, alínea "h"	
6	D	TST. Súmula nº 44	Item 4.3, alínea "a"	–
7	C	a) TST. Súmula nº 380	a) Item 4.3, alínea "b"	
		b) TST. Súmula nº 369, V	b) Parte I, Capitulo IX, Item 3.2, alínea "a"	
		c) TST. Súmula nº 354	c) Parte I, capítulo VI, item 1.5, alínea "c"	–
		d) TST. Súmula nº 348	d) Item 4.3, alínea "a"	
8	C	a) CLT. Art. 487, § 1º	a) Item 4.3, alínea "g"	
		b) CLT. Art. 488, caput	b) Item 4.3, alínea "f"	
		c) CLT. Art. 491	c) Item 4.3, alínea "e"	–
		d) CLT. Art. 489, caput	d) Item 4.3, alínea "d"	
		e) CLT. Art. 489, § único	e) Item 4.3, alínea "d"	
9	E	CLT. Art. 472, § 1º	Item 2.6, alínea "d"	–

Gab.		Fundamentação legal e jurisprudencial	Onde encontro no livro?	Observação eventual
10	D	Lei nº 7.783. Art. 7º, caput	Item 2.6, alínea "a"	No caso da greve, depende do instrumento que solucionar o conflito
11	E	CLT. Art. 468, § 1º	Item 1.5, alínea "b"	–
12	C	CLT. Art. 476-A, caput	Item 2.6, alínea "e"	–
13	A	Doutrina	Item 1.1, alínea "b"	–
14	C	a) CLT. Art. 468, parágrafo único	a) Item 1.5, alínea "b"	–
		b) CLT. Art. 469, § 1º	b) Item 1.6, alínea "c"	
		c) CLT. Art. 469, § 1º	c) Item 1.6, alínea "c"	
		d) CLT. Art. 469, § 3º	d) Item 1.6, alínea "e"	
15	C	CLT. Art. 486, caput	Item 3.6	–
16	C	Lei nº 8.036/90. Art. 18, § 1º	Item 4.11	–
17	A	CLT. Art. 484. TST. Súmula nº 14	Item 4.14	–
18	C	CLT. Art. 482, "a"	Item 3.12, alínea "a"	–
19	C	Doutrina	Item 3.1, alínea "c"	Trata-se de classificação doutrinária
20	C	a) CLT. Art. 473, VI	a) Item 2.4, alínea "a"	–
		b) Lei nº 8.213/ 91. Art. 60, § 4º	b) Item 2.4, alínea "c"	
20	C	c) CLT. Art. 473, II	c) Item 2.4, alínea "a"	–
		d) CLT. Art. 473, VIII e IX	d) tem 2.4, alínea "a"	
21	E	a) CLT. Art. 483, "g"	a) Item 3.15	–
		b) CLT. Art. 483, § 2º	b) Item 3.7	
		c) CLT. Art. 474	c) Item 2.4, alínea "a"	
		d) CLT. Art. 407, parágrafo único	d) Item 3.18	
		e) CLT. Art. 483, "d"	e) Item 3.15, alínea "c"	
22	A	I – TST. Súmula nº 156	I – Item 4.8, alínea "j"	–
		II – TST. Súmula nº 354	II – Parte I, capítulo VI, item 1.5, alínea "c"	
		III – TST. Súmula nº 305	III – Item 4.3, alínea "d"	
		IV – TST. Súmula nº 373	IV – Item 1.3, alínea "b"	
23	D	I – TST. Súmula nº 230	I – Item 4.3, alínea "f"	–
		II – TST. Súmula nº 73	II – Item 4.3, alínea "e"	
		III – TST. Súmula nº 14	III – Item 4.14	
		IV – CLT. Art. 449	IV – Item 3.5	
24	A	CLT. Art 482, alínea "h"	Item 3.12, alínea "h"	Descumprimento de ordens gerais e abstratas implica indisciplina

Gab.		Fundamentação legal e jurisprudencial	Onde encontro no livro?	Observação eventual
25	E	TST. OJ SDI1 nº 375	Item 2.7 "d"	
26	A	a) TST. Súmula nº 265	a) Item 1.5 "d"	–
		b) CF/88. Art. 7º, VI	b) Item 1.5 "e"	
		c) TST. Súmula nº 29	c) Item 1.5 "a"	
		d) TST. Súmula nº 291	d) Parte I, Capítulo VI, Item 5.1	
		e) TST. Súmula nº 43	e) Item 1.6 "c"	
27	C	a) CLT. Art. 142, caput	a) Item 9.5	–
		b) CLT. Art. 142, § 2º	b) Item 9.5	
		c) CLT. Art. 142, § 3º	c) Item 9.5	
		d) CLT. Art. 142, § 1º	d) Parte I, Capítulo VII, Item 9.5	
		e) CLT. Art. 142, § 4º	e) Item 9.5	
28	A	a) TST. Súmula nº 14	a) Item 3.16	–
		b) TST. Súmula nº 14	b) Item 3.16	
		c) TST. Súmula nº 14	c) Item 3.16	
		d) TST. Súmula nº 14	d) Item 3.16	
		e) TST. Súmula nº 14	e) Item 3.16	
29	D	a) TST. Súmula nº 10	a) Parte I, Capítulo IV, Item 14.2 "d"	–
		b) CLT. Art. 487, § 4º	b) Item 4.3 "c"	
		c) CLT. Art. 790-A, I e II	c) Livro de Processo do Trabalho. Parte I, Capítulo III, Item 6.1 "A"	
29	D	d) TST. Súmula nº 44	d) Item 4.3 "g"	–
30	A	CLT. Art. 469, § 1º	Item 1.6 "c"	–
31	D	a) CLT. Art. 440	a) Item 4.8 "g"	–
		b) CLT. Art. 11, I	b) Item 4.8 "a"	
		c) CLT. Art. 11, II	c) Item 4.8 "a"	
		d) CLT. Art. 11, I e II	d) Item 4.8 "a"	
32	A	CLT. Art. 440	Item 4.8 "g"	–
33	D	a) CLT. Art. 482, alínea "a"	a) Item 3.12 "a"	–
		b) CLT. Art. 482, alínea "b"	b) Item 3.12 "b"	
		c) CLT. Art. 482, alínea "h"	c) Item 3.12 "h"	
		d) CLT. Art. 483, alínea "c"	d) Item 3.15 "f"	
		e) CLT. Art. 482, alínea "l"	e) Item 3.15 "m"	
34	A	a) Doutrina	a) Item 3.11 "d"	–
		b) CLT. Art. 482	a) Item 3.11 "a"	
		c) TST. AIRR 265/2008-091-03-40	c) Item 3.11 "e"	
		d) Doutrina	d) Item 3.11 "c"	
		e) TST. AIRR 265/2008-091-03-40	e) Item 3.11 "e"	

Gab.		Fundamentação legal e jurisprudencial	Onde encontro no livro?	Observação eventual
35	E	a) CLT. Art. 487, § 4º	a) Item 4.3 "c"	–
		b) CLT. Art. 488, caput	b) Item 4.3 "b"	
		c) CLT. Art. 487, § 5º	c) Item 4.3 "h"	
		d) CLT. Art. 487, § 2º	d) Item 4.3 "c"	
		e) CLT. Art. 491	e) Item 4.3 "e"	
36	A	a) CLT. Art. 473, II; Art. 129; Art. 473	a) Itens 2.4 "a" "e"; e 2.5 "f"	–
		b) CLT. Art. 473, II; Art. 129; Art. 473	b) Itens 2.4 "a" "e"; e 2.5 "f"	
		c) CLT. Art. 473, II; Art. 129; Art. 473	c) Itens 2.4 "a" "e"; e 2.5 "f"	
		d) CLT. Art. 473, II; Art. 129; Art. 473	d) Itens 2.4 "a" "e"; e 2.5 "f"	
		e) CLT. Art. 473, II; Art. 129; Art. 473	e) Itens 2.4 "a" "e"; e 2.5 "f"	
37	D	a) CLT. Art. 489, parágrafo único	a) Item 4.3 "d"	–
		b) CLT. Art. 489, parágrafo único	b) Item 4.3 "d"	
		c) CLT. Art. 489, parágrafo único	c) Item 4.3 "d"	
		d) CLT. Art. 489, parágrafo único	d) Item 4.3 "d"	
		e) CLT. Art. 489, parágrafo único	e) Item 4.3 "d"	
38	B	a) CLT. Art. 481	a) Parte I, Capítulo III, Item 3.3 "d"	–
		b) CLT. Art. 487, § 1º	b) Item 4.3 "b"	
		c) CLT. Art. 487, II	c) Item 4.3 "b"	
		d) TST. Súmula nº 441	d) Item 4.3 "b"	
		e) CLT. Art. 487, § 2º	e) Item 4.3 "c "	
39	A	a) CLT. Art. 443, § 2º, alíneas "a", "b" e "c"	a) Parte I, Capítulo III, Itens 3; 3.1; 3.2 e 3.3	–
		b) CLT. Art. 469, § 1º	b) Item 1.5 "c"	
		c) TST. OJ SDI-1 nº 383	c) Parte I, Capítulo V, Item 10.3 "d"	
		d) CLT. Art. 146	d) Item 4.12	
		e) CLT. Art. 483, alínea "g"	e) Item 3.15	
40	B	CLT. Art. 11, § 1º	Item 4.8	–
41	E	a) CLT. Art. 468, parágrafo único	a) Item 1.5 "b"	–
		b) CLT. Art. 469, § 1º	b) Item 1.5 "c"	
		c) TST. OJ SDI-1 nº 113	c) Item 1.5 "e"	
		d) CLT. Art. 469, § 2º	d) Item 1.5 "c"	
		e) CLT. Art. 469, § 1º	e) Item 1.5 "c"	
42	D	TST. Súmula nº 305	Item 4.3 "d"	–
43	A	a) CLT. Art. 475, caput	a) Item 2.5 "b"	–
		b) CLT. Art. 395	b) Item 2.6 "f"	
		c) CLT. Art. 67, caput	c) Item 2.4 "e"	
		d) CLT. Art. 72	d) Item 2.4 "e"	
		e) CLT. Art. 473, VIII	e) Item 2.3 "a"	

Gab.		Fundamentação legal e jurisprudencial	Onde encontro no livro?	Observação eventual
44	E	TST. Súmula nº 32	Item 3.12 "i"	–
45	C	I. CLT. Art. 473, caput	I. Item 2.4	Todas as alternativas estão corretas.
		II. Lei nº 11.340/06. Art. 9º, § 2º, II	II. Item 2.5 "e"	
		III. CLT. Art. 472, caput	III. Item 2.4 "e"	
		IV. TST. Súmula nº 265	IV. Item 1.5 "d"	
46	C	a) CF/88. Art. 5º	a) Item 3.12 "h"	–
		b) CF/88. Art. 5º	b) Item 3.12 "h"	
		c) CF/88. Art. 5º	c) Item 3.12 "h"	
		d) CF/88. Art. 5º	d) Item 3.12 "h"	
		e) CF/88. Art. 5º	e) Item 3.12 "h"	
47	A	TST. Súmula nº 73	Item 4.3, alínea "e"	–
48	E	a) Lei 8.213/91. Art. 60, § 3º; CLT. Art. 473, II e Art. 474	a) Item 2.4, alíneas "c" e "a"; 2.5, alínea "a"	–
		b) Lei 8.213/91. Art. 60, § 3º; CLT. Art. 473, II e Art. 474	b) Item 2.4, alíneas "c" e "a"; 2.5, alínea "a"	
		c) Lei 8.213/91. Art. 60, § 3º; CLT. Art. 473, II e Art. 474	c) Item 2.4, alíneas "c" e "a"; 2.5, alínea "a"	
		d) Lei 8.213/91. Art. 60, § 3º; CLT. Art. 473, II e Art. 474	d) Item 2.4, alíneas "c" e "a"; 2.5, alínea "a"	
		e) Lei 8.213/91. Art. 60, § 3º; CLT. Art. 473, II e Art. 474	e) Item 2.4, alíneas "c" e "a"; 2.5, alínea "a"	
49	E	a) CLT. Art. 468, caput e parágrafo único	a) Item 1, alínea "c"	–
		b)TST. OJ SDI-1 nº 113	b) Item 1.6, alínea "e"	
		c) CLT. Art. 468, caput	c) Item 1	
		d) CLT. Art. 469, § 3º	d) Item 1.6, alínea "e"	
		e) TST. Súmula nº 29	e) Item 1.6, alínea "a"	
50	C	a) CLT. Art. 472, caput	a) Item 2.7, alínea "a"	–
		b) CLT. Art. 472, § 2º	b) Item 2.6, alínea "d"	
		c) Lei nº 11.340. Art. 9º, § 2º, II	c) Item 2.5, alínea "e"	
		d) Lei 8.213/91. Art. 60, § 3º	d) Item 2.4, alínea "c"	
		e) TST. Súmula nº 160	e) Item 2.5, alínea "b"	
51	A	a) CLT. Art. 440	a) Item 4.8, alínea "g"	–
		b) CF. Art. 7º, XXIX	b) Item 4.8, alínea "a"	
		c) STF. Súmula nº 403	c) Item 4.9	
		d) Código Civil. Art. 202; CLT. Art. 625-G	d) Item 4.8, alínea "f"	
		e) TST. SDI-1. OJ nº 83	e) Item 4.8, alínea "b"	

Gab.		Fundamentação legal e jurisprudencial	Onde encontro no livro?	Observação eventual
52	A	a) CLT. Art. 473, V	a) Item 2.4, alínea "a"	–
		b) CLT. Art. 473, IV	b) Item 2.4, alínea "a"	
		c) CLT. Art. 473, IX	c) Item 2.4, alínea "a"	
		d) CLT. Art. 471	d) Item 2.7, alínea "b"	
		e) CLT. Art. 472, caput	e) Item 2.7, alínea "a"	
53	E	a) CLT. Art. 483 "f"	a) Item 3.15, alínea "g"	–
		b) CLT. Art. 469, caput	b) Item 1.6, alínea "b"	
		c) CLT. Art. 469, caput	c) Item 1.6, alínea"b"	
		d) CLT. Art. 469, § 2º	d) Item 1.6, alínea "c"	
		e) CLT. Art. 468, parágrafo único	e) Item 1.5, alínea "b"	
54	B	a) TST. OJ-SDI-1 nº 244	a) Item 1.5, alínea "d"	–
		b) TST. OJ-SDI-1 nº 244	b) Item 1.5, alínea "d"	
		c) TST. OJ-SDI-1 nº 244	c) Item 1.5, alínea "d"	
		d) TST. OJ-SDI-1 nº 244	d) Item 1.5, alínea "d"	
		e) TST. OJ-SDI-1 nº 244	e) Item 1.5, alínea "d"	
55	E	CLT, art. 468, § 2º	Item 1.5, alínea "b"	
56	C	CLT. Art. 484-A	Item 3.1, alínea "b"	
57	A	I– TST. Súmula nº 73 II– TST. Súmula nº163 III – TST. Súmula nº 276 IV– TST. Súmula nº 371 V– CLT. Art. 487,§3º	Item 4.3	
58	C	a) CLT. Art 477, § 4º, II	Item 4.7 "a"	
		b) CLT. Art. 477, §5º	Parte I, Capítulo VI, Item 8.1 "b"	
		c) CLT. Art. 477, §6º	Item 4.4	
		d) CLT. Art. 477, §6º	Item 4.4	
		e) CLT. Art. 477-A	Item 3.19	
59	B	I– CLT. Art.149-A	Parte I, Capítulo VII, Item 9.10	
		II– TST. Sum. Nº 452	Parte I, Capítulo VI, Item 9.7	
		III– CLT. Art. 11 ; TST. Sum. Nº 308	Item 4.8 "a"	
60	C	a) CLT. Art 392-A	Item 2.6, alínea "f"	
		b) CLT. Art 392-A, §5º		
		c) CLT. Art 392-A		
		d) CLT. Art 392-A caput e §4º		
		e) Art 392-A caput e §5º		
61	E	I– CLT. Art. 473, I II– CLT. Art. 473, II III– CLT. Art. 473, V IV – CLT. Art. 473, X	Item 2.4	

Gab.		Fundamentação legal e jurisprudencial	Onde encontro no livro?	Observação eventual
62	C	TST. Súmula nº 14	Item 4.14	
63	E	I– TST. Súmula nº 380	Item 4.3, alínea "b"	
		II– Lei nº 12.506/11. Art 1º, parágrafo único	Item 4.3, alínea "c"	
		III – TST. Súmula nº 230	Item 4.3, alínea "f"	
		IV – TST. Súmula nº 276	Item 4.3, alínea "a"	
64	D	CLT. Art. 395	Item 2.6 "f"	
65	C	a) CLT. Art. 469, caput	Item 1.6, alínea "c"	
		b) CLT. Art. 469,§1º		
		c) CLT. Art. 469,§1º		
		d) CLT. Art. 469,§1º		
		e) TST. Súmula nº 43		
66	D	a) CLT. Art. 482	Item 3.12	
		b) CLT.Art. 482	Item 3.12	
		c) CLT. Art. 483, §2º	Item 3.7	
		d) Doutrina	Item 3.12	
		e) CLT. Art. 484	Item 4.14	
67	D	I– CLT. Art. 473, I	Item 2.4	
		II– CLT. Art. 473, V		
		III– CLT. Art. 473, VIII		
		IV – CLT. Art. 473, II		
68	C	a) CLT. Art. 8º, §1º	Parte I. Capítulo I. Item 4	
		b) TST. Súmula nº 51.	Item 1.1, alínea "b	
		c) TST. Súmula nº 51	Item 1.1, alínea "b	
		d) Doutrina	Parte I. Capítulo I. Item 4.6	
		e) TST. Súmula nº 51	Item 1.1, alínea "b	
69	E	TST. Súmula nº 73	Item 4.3, alínea "e"	
70	E	a) CLT. Art. 11-A	Item 4.8	
		b) CLT. Art. 11, §3º		
		c) TST. Súmula nº 362, inciso I		
		d) CLT. Art. 11-A, §2º		
		e) CLT. Art. 11-A,§1º		
71	A	CLT. Art. 473, II e Art. 543, § 2º	Item 2.4.	
72	E	a) Doutrina	Item 3	
		b) CLT. Art. 483, § 2º	Item 3.7	
		c) CLT. Art. 482, d	Item 3.12	
		d) CLT. Art. 484	Item 4.14	
		e) CLT. Art. 482, m	Item 3.12	

Gab.		Fundamentação legal e jurisprudencial	Onde encontro no livro?	Observação eventual
73	A	CLT. Art. 473 e Art. 822	Item 2.4	
74	A	Doutrina	Item 2	
75	B	CLT. Art. 487, caput	Item 4.3	
76	E	Lei nº 7.783. Art. 7º, caput	Item 2.6, alínea "a"	
77	E	Jurisprudência	Item 3.11, alínea "e"	
78	E	Jurisprudência	Item 4.4	
79	C	CLT. Art. 4º, §1º	Item 2.6, alínea "b".	
80	C	CLT. Art. 483, parágrafo único	Item 3.11	
81	E	CLT. Art. 484-A, I, b.	Item 3.1, alínea "b"	
82	A	a) TST. Súmula nº 276 b) CLT. Art. 487, § 4º c) CLT. Art. 487, § 4º d) CLT. Art. 487 e) CLT. Art. 487, §5º	Item 4.3	
83	C	a) CLT. Art 482, j	Item 3.12 "j"	
		b) CLT. Art 482, g	Item 3.12 "g"	
		c) CLT. Art 482, c	Item 3.12 "c"	
		d) CLT. Art 482, b	Item 3.12 "b"	
		e) CLT. Art 482, e	Item 3.12 "e"	
84	D	CLT. Art. 484-A, I e II	Item 3.1, alínea "b"	
85	E	CLT. Art. 482	Item 3.12	
86	A	CLT. Art. 473	Item 2.4	
87	B	a) CLT. Art 487 b) CLT. Art. 488 c) CLT. Art. 487, §4º d) CLT. Art. 487, §1º e) CLT. Art. 491	Item 4.3	
88	E	CLT. art 484-A, I e §1º; Lei nº 8.036. Art. 18, §1º	Item 3.1 "b"	
89	D	TST. Súmula nº 51, I ; CLT. Art. 620	Item 1.1, alínea "b"	
90	C	I– Lei nº 12.506/11. Art. 1º	Item 4.3 "b"	
		II – TST. Súmula nº 305	Item 4.3 "d"	
		III – CLT. Art. 477, §6º; TST. OJ nº 14, da SDI-1	Item 4.5	
91	A	I – CLT. Art. 484-A II – CLT. Art. 484-A, §§1º e 2º III – CLT. Art. 484-A IV – Jurisprudência	Item 3.1, alínea "b"	
92	E	CLT. Art. 484-A, caput, incisos I e II; Art. 484-A, §1º e §2º	Item 3.1, alínea "b"	

Gab.		Fundamentação legal e jurisprudencial	Onde encontro no livro?	Observação eventual
93	**D**	CLT. Art. 472.	Item 2.5	
94	**B**	a) CLT. Art. 473 b) CLT. Art. 473, I c) CLT. Art. 473, III d) CLT. Art. 473, X e) CLT. Art. 473, I	Item 2.4	
95	**B**	CLT. Art. 11-A	Item 4.8	
96	**C**	CLT. Art. 11	Item 4.8 "a"	
97	**B**	a) CLT. Art. 477, § 6º	Item 4.4	
		b)CLT. Art. 484	Item 4.14	
		c) CLT. Art. 484-A, §1º	Item 3.1 "b"	
		d) CLT. Art. 477, §6º	Item 4.4	
		e) Doutrina	Item 4.14	
98	**E**	a) CLT. Art. 11-A e Súmula nº 327 STF b) CLT. Art. 11-A, §2º c) CLT. Art. 11-A, §1º d) CLT. Art. 11-A, §1º e) CLT. Art. 11-A, §2º	Item 4.8	
99	**A**	A) CLT. Art. 477, § 6º	Item 4.4	
		B) CLT. Art. 477, § 4º	Item 4.7	
		C) CLT. Art. 477-A	Item 3.19	
		D) CLT. Art. 481	Parte I, Capítulo III, Item 3.3 "d"	
		E) CLT. Art. 477, §2º	Item 4	
100	**A**	CLT. Art. 469, §1º	Item 1.6, alínea "c"	
101	**E**	CLT. Art. 11-A	Item 4.8	
102	**E**	ERR 1335-55.2015.5.01.0028	Item 4.12	
103	**C**	TST. SÚMULA 362	Item 4.8 "E"	
104	**B**	TST. Súmula 382	Parte I, Capítulo IV, Item 8.3 "A"	
105	**D**	I – TST. Súmula 268	Item 4.8	
		II – OJ 392	Item 4.8	
		III – OJ 359	Item 4.8	
		IV – TST. Súmula 156	Item 4.8	
106	**C**	TST. OJ SDI-1 361	Item 3.3 "D"	
107	**E**	TST. OJ SDI-1 247		
108	**B**	CLT. Art. 482	Item 3.12	
109	**E**	CLT. Art. 473	Item 2.4	
110	**C**	CLT. Art. 484-A	Item 3.1, alínea "b"	
111	**C**	CLT. Art. 473	Item 2.4	
112	**A**	CLT. Art. 488	Item 4.3, alínea "f"	
113	**D**	CLT. Art. 473, VIII	Item 2.4	

7.4. Gabarito das questões discursivas

Item	Fundamentação legal, jurisprudencial ou doutrinária	Onde encontro no livro
1	O afastamento do empregado por conta de acidente do trabalho que implique incapacidade de trabalho por mais de quinze dias bem como para o serviço militar obrigatório é considerado como suspensão do contrato de trabalho, mas com contagem do tempo de serviço. É de suspensão, pois cessam, ao mesmo tempo, as principais obrigações decorrentes do pacto laboral, quais sejam, a prestação de serviços e o pagamento do salário. Entretanto, em tais casos, excepcionalmente autoriza-se a contagem do tempo de serviço durante esse período de afastamento. Antes da introdução no ordenamento jurídico nacional do sistema do FGTS, o empregado acidentado no trabalho e aquele que estivesse prestando serviço militar tinha o respectivo tempo de afastamento contado para efeito de indenização devida por tempo de serviço, bem como para adquirir a estabilidade decenal. Após a edição da Lei do FGTS, como garantia correlata, foi instituída a obrigação do empregador de continuar efetuando os depósitos fundiários durante o período de afastamento do trabalhador. Enfim, todos os direitos trabalhistas que tenham como fundamento o tempo de serviço para sua concessão, devem levar em consideração esse citado período, inclusive férias.	Item 2.6, "b" e "c"
2	A CLT adotou ambas as teses explicativas sobre a natureza jurídica da relação de emprego, quais sejam, contratualista e institucionalista. No âmbito da despedida por justa causa, o Diploma Trabalhista pátrio se filiou a última teoria citada, de forma que determinadas espécies de faltas nele previstas não tem relação direta com a prestação de serviços do obreiro, como a prática constante de jogos de azar e a embriaguez habitual. Já outros tipos de faltas estabelecidas pelo art. 482 da CLT são relacionados com a atividade laboral, como a desídia, a insubordinação, o abandono de emprego etc. Outros, como a improbidade, a incontinência de conduta e o mau procedimento recebem tratamento divergente tanto da doutrina quanto da jurisprudência. Ou seja, uns defendem que deve haver relação direta ou indireta com o trabalho e outros, acham que essa questão é irrelevante e que, mesmo praticado fora do serviço, podem ser utilizados como motivo de extinção da relação de emprego por justo motivo. Portanto, em nível infraconstitucional o tema em debate não é pacífico e vai depender do processo de interpretação adotado pelo aplicador da norma jurídica. No plano constitucional, não há dúvida de que a liberdade religiosa é um direito fundamental, da mesma forma que o direito de propriedade da empresa. Para solucionar esse conflito é necessário utilizar da ponderação de valores para saber se no caso concreto deve prevalecer o direito do empregado ou do empregador, já que a atitude do empregado pode influenciar no seu nível de atividade econômica. Portanto, nenhum direito, ainda que fundamental, é absoluto, pois ele pode se encontrar em conflito com outro direito fundamental. No caso posto à apreciação, entende-se que deve prevalecer o princípio da liberdade religiosa, mesmo porque o professor tem plena autonomia na condução de sua atividade de ensino em sala de aula. Nesse passo, jamais poderia ser reconhecida a justa causa do professor, mas o contrato de trabalho poderia ser rescindindo sem justa causa, sem que esse procedimento possa ser considerado como discriminatório. Isso porque a discriminação que se veda no ordenamento jurídico pátrio é aquela de natureza subjetiva. Na hipótese da questão, haveria incompatibilidade entre os princípios religiosos da escola e a orientação ideológica do professor, critério objetivo que autoriza a extinção do pacto laboral sem justa causa a partir do conhecimento do fato pelo empregador.	Item 3.8
3	**Conceito:** A despedida coletiva consiste em ato empresarial por meio do qual se extinguem os contratos de trabalho de vários empregados simultaneamente, sem que isso implique extinção da empresa. **Caracterização:** A dispensa coletiva caracteriza pela: a) extinção de um número razoável de contratos de trabalho no âmbito da mesma empresa ou estabelecimento; b) manifestação de vontade empresarial em um único ato ou mesmo atos relacionados entre si; c) continuação da atividade empresarial, apesar do grande número de dispensas imotivadas.	Item 3.19

Item	Fundamentação legal, jurisprudencial ou doutrinária	Onde encontro no livro
3	**Deontologia:** O dever ser, nesse caso específico, deve ser guiado pelos princípios do Direito Coletivo do Trabalho que em situações análogas exigem a participação dos sujeitos coletivos na negociação para alcançar os objetivos pretendidos pela empresa, sob pena de ineficácia. Entretanto, após a vigência da Lei da Reforma Trabalhista, a despedida coletiva passou a ser lícita, ainda que não haja comunicação desse fato à entidade sindical. **Disciplinamento legal:** Apesar dos graves efeitos sociais, a legislação trabalhista pátria era omissa em relação à questão das dispensas coletivas, até a edição da Lei nº 13.467. Em face da referida omissão, era necessário utilizar dos meios integrativos da norma jurídica, mormente aqueles estabelecidos pelo art. 8º do referido Diploma legal. Ao recorrer à analogia, encontrava-se um dispositivo na legislação trabalhista que poderia ser utilizado nos casos de dispensa coletiva, com as devidas adaptações. Tratava-se do art. 139, §§ 2º e 3º da CLT: "Para os fins previstos neste artigo, o empregador comunicará ao órgão local do Ministério do Trabalho, com a antecedência mínima de 15 (quinze) dias, as datas de início e fim das férias, precisando quais os estabelecimentos ou setores abrangidos pela medida. § 3º – Em igual prazo, o empregador enviará cópia da aludida comunicação aos sindicatos representativos da respectiva categoria profissional, e providenciará a afixação de aviso nos locais de trabalho". A semelhança do fato que recebia tratamento legal específico residia na circunstância de que, nas férias coletivas, havia interrupção simultânea de diversos contrato de trabalho, ao passo que a dispensa coletiva implicava a extinção de vários contratos de labor. O legislador, ciente dos efeitos nefastos provocados pela concessão de férias coletivas, estabeleceu um requisito para a sua validade, mais precisamente a comunicação prévia ao órgão competente, para informar sobre os detalhes respectivos, bem como a remessa de cópias desse ato para o sindicado da categoria profissional dos trabalhadores. **Jurisprudência:** A jurisprudência do TST (RODC 309/2009.000.15.01.04) inclinava-se pela declaração de nulidade da dispensa coletiva sem prévia negociação com o sindicato da categoria profissional, por se tratar de um instituto que pertence ao Direito Coletivo do Trabalho. Destaca-se da jurisprudência citada que a dispensa coletiva não decorria do exercício de um direito potestativo do empregador, como ocorre com o a dispensa individual. **Consequência jurídica:** Nesse passo, a dispensa coletiva sem a prévia negociação coletiva seria nula de pleno direito. O exercício do poder potestativo do empregador de resilir o pacto laboral sofria restrições. Para sua eficácia era necessária à comunicação do respectivo motivo à autoridade competente, além da prévia negociação coletiva com o sindicato da categorial profissional que representa os trabalhadores afetados.	Item 3.19
4	**Poder disciplinar:** A despedida por justa causa representa o exercício do poder disciplinar do empregador, que aplica a penalidade máxima ao empregado que pratica uma falta trabalhista. **Direito ao contraditório e a ampla defesa:** O ato empresarial é classificado como punição e, por conta disso, deve amoldar-se aos limites estabelecidos pelo art. 5º, LV, da Constituição Federal de 1988: "aos litigantes, em processo judicial ou administrativo, e aos acusados em geral são assegurados o contraditório e a ampla defesa, com os meios e recursos a ela inerentes". Nessa situação o empregado, que assume a posição de acusado da prática de um ato faltoso, tem direito ao contraditório e à ampla defesa, antes de ser aplicada qualquer penalidade pelo empregador, seja ela a despedida por justa causa ou aquelas consideradas mais brandas, como a advertência e a suspensão. **Teoria da eficácia horizontal dos direitos fundamentais:** Trata-se de interpretação da norma trabalhista pela ótica do Direito Constitucional, tão esquecida por aqueles que se dedicam ao estudo e aplicação do Direito Laboral, circunstância essa que se reflete na doutrina e jurisprudência, também silentes sobre esse aspecto. É importante salientar que o citado dispositivo constitucional aplica-se a toda e qualquer situação na qual alguém se posicione como acusado, pois não se limita às relações de direito público caracterizadas pela presença do Estado no exercício do seu *ius imperii* (teoria da eficácia horizontal imediata dos direitos fundamentais). O STF, em situação análoga, concluiu pela aplicação do princípio constitucional do contraditório e da ampla defesa nas relações jurídicas privadas (RE 158215-RS) **Consequências jurídicas:** antes de exercer o seu poder disciplinar, o empregador deve conferir ao empregado o contraditório e a ampla defesa, sob pena de nulidade da aplicação de qualquer penalidade laboral.	Item 3.11

CAPÍTULO IX

FGTS E ESTABILIDADE

1. FGTS

1.1. Histórico do FGTS

O Fundo de Garantia do Tempo de Serviço – FGTS foi criado pela Lei nº 5.107, de 13 de setembro de 1966, como alternativa ao regime de estabilidade e indenização por tempo de serviço constante dos Capítulos V e VII, do Título IV da Consolidação das Leis do Trabalho.[1]

O sistema celetista previa o direito ao empregado, despedido sem justa causa, de receber do empregador **uma indenização equivalente a uma remuneração por cada ano de trabalho efetivo ou fração igual ou superior a seis meses.**

A partir da vigência da aludida Lei 5.107/66, os empregados com contrato de trabalho em vigor tiveram um ano para manifestar a sua opção ou não pelo novo regime (regra de transição). Para os novos empregados, a opção deveria ser manifestada no ato da contratação.

A opção deveria ser feita por escrito pelo trabalhador, com anotação em sua Carteira de Trabalho e Previdência Social – CTPS, no prazo de 48 horas, bem como no livro de registro de empregados.

1. A regulamentação pelo Poder Executivo se efetivou com a edição do Decreto nº 59.820, de 20 de dezembro de 1966.

Inicialmente, a conta bancária vinculada poderia ser aberta pelo empregador em qualquer instituição financeira, desde que houvesse autorização do Banco Central do Brasil.

Em caso de despedida sem justa causa, o empregador era obrigado a pagar uma multa de 10% sobre o montante dos depósitos fundiários. Se a hipótese fosse de culpa recíproca, o percentual acima mencionado ficava reduzido para 5%.

O empregador poderia desobrigar-se do pagamento da indenização prevista pelo art. 478 da Consolidação das Leis do Trabalho, relativamente ao tempo anterior à opção, desde que depositasse na conta vinculada do empregado, o valor correspondente a todo o tempo de serviço, ou seja, uma remuneração por cada ano trabalhado, na data da opção.

No caso de pedido de demissão, despedida por justa causa, aposentadoria ou qualquer outra causa de extinção do pacto laboral sem a iniciativa ou participação do empregador, o valor depositado na conta vinculada do não optante **revertia em favor do empregador.**

Em 05.10.88, foi promulgada a atual Carta Política que estabeleceu como direito do trabalhador: "relação de emprego protegida contra despedida arbitrária ou sem justa causa, nos termos de lei complementar, que preverá indenização compensatória, dentre outros direitos" (art. 7º, I).

O Ato das Disposições Constitucionais Transitórias – ADCT, art. 10, I, limita a proteção contra a despedida arbitrária **ao pagamento, por parte do empregador, de acréscimo equivalente a 40% sobre os depósitos fundiários.**[2]

Posteriormente, foi editada a Lei nº 7.839/89, que revogou, expressamente, a Lei nº 5.107/66. A inovação maior da regra legal foi transferir as contas existentes e **concentrá-las em uma única instituição financeira**, qual seja, a Caixa Econômica Federal – CEF, a partir de 01.10.1989.

Também foi majorado o percentual da multa pela despedida sem justa causa para 40%, de conformidade com o comando constitucional, e no caso de culpa recíproca, para 20%.

Em caso de atraso no depósito do FGTS, o empregador arcaria com os juros de mora de 1% ao mês e multa de 20% sobre o montante devido.

Por fim, em 11 de maio de 1990 foi sancionada a **Lei nº 8.036, que representou a terceira lei que trata do FGTS, em vigor atualmente, com regulamentação efetivada pelo Decreto nº 99.684/90.**

Em resumo, pode-se dizer que com a edição da Lei nº 5.107/66 iniciou-se o processo de flexibilização das obrigações trabalhistas no País.

O trabalhador optante pelo sistema do **FGTS jamais adquiriria a estabilidade decenal** prevista pela Consolidação das Leis do Trabalho.

O TST editou a Súmula nº 98, que consolidou o entendimento segundo o qual a equivalência entre o FGTS e o sistema de indenização prevista pela CLT era **meramente jurídica:**

2. CF/88. ADCT, art. 10: Até que seja promulgada a lei complementar a que se refere o artigo 7º, I, da Constituição: – fica limitada a proteção nele referida ao aumento, para quatro vezes, da porcentagem prevista no artigo 6º, *caput* e § 1º, da Lei nº 5.107, de 13 de setembro de 1966.

SÚMULA Nº 98. FGTS. INDENIZAÇÃO. EQUIVALÊNCIA. COMPATIBILIDADE. (INCORPORADA A ORIENTAÇÃO JURISPRUDENCIAL Nº 299 DA SDI-1). I – A equivalência entre os regimes do Fundo de Garantia do Tempo de Serviço e da estabilidade prevista na CLT é meramente jurídica e não econômica, sendo indevidos valores a título de reposição de diferenças. II – A estabilidade contratual ou a derivada de regulamento de empresa são compatíveis com o regime do FGTS. Diversamente ocorre com a estabilidade legal (decenal, art. 492 da CLT), que é renunciada com a opção pelo FGTS.

Na prática, o que se observou foi que o empregador **só passou a admitir um novo empregado quando fosse feita a opção pelo sistema do FGTS.** Assim, a denominada "opção" só existia na lei, pois, com raras exceções, as admissões só se efetivavam quando a "opção" era feita pelo novo sistema.

Ao perceber essa situação fática, o legislador constituinte extinguiu a possibilidade de opção pelo sistema previsto na Consolidação das Leis do Trabalho e instituiu o FGTS como **regime único** de proteção contra a despedida arbitrária, com aplicação de uma multa de 40% nas hipóteses de dispensa sem justa causa.

Aos empregados, com mais de 10 anos de serviço na data da promulgação da atual Carta Magna, ficou resguardado o direito adquirido à estabilidade, com a realização dos depósitos fundiários em sua conta vinculada a partir de então.

A mesma Constituição estendeu aos trabalhadores rurais o direito ao FGTS, antes reservado aos empregados urbanos.

Inclusive, a Lei 8.036/90 excepcionalmente admite a transação da indenização relativa ao tempo de serviço anterior à CF/88, conforme previsão contida no art. 14, § 2º: "O tempo de serviço anterior à atual Constituição poderá ser transacionado entre empregador e empregado, respeitado o limite mínimo de 60 (sessenta) por cento da indenização prevista".

1.2. Conceito e características

A. Conceito

O FGTS é um fundo formado por depósitos mensais efetuados pelo empregador em uma conta bancária especial aberta em nome do empregado na Caixa Econômica Federal, de quantia equivalente, em regra, a 8% da remuneração paga ou devida.

Essa conta só pode ser movimentada em determinadas situações previstas na lei ou no regulamento e, por conta disso, denomina-se conta vinculada.

No **contrato de aprendizagem o percentual de depósito é reduzido para 2%,** conforme preceitua o art. 15, § 7º, da Lei nº 8.036/90.

Os depósitos do FGTS **constituem um acréscimo salarial e não um desconto na remuneração do operário**, como acontece com as contribuições previdenciárias.

B. Finalidades

O FGTS tem várias finalidades, a saber:

- propiciar **auxílio financeiro** ao trabalhador durante o período em que permanecer desempregado;

- forma de **inibir o empregador de despedir o empregado** sem que tenha havida a prática ato faltoso, pois, nesse caso, terá que arcar com o pagamento de um acréscimo de 40% sobre o total dos depósitos efetuados na conta vinculada do trabalhador;
- **fomentador de programas sociais de habitação**, saneamento básico e infraestrutura urbana, por meio de programas de financiamento; e
- **meio de garantia para pagamento de crédito consignado** (10% do saldo da conta vinculada e 100% da multa pela despedida sem justa causa, culpa recíproca ou força maior – Lei nº 13.313/16).

C. Ônus da prova

Por ser obrigação patronal, **cabe ao empregador o** ônus **da prova** em eventual demanda trabalhista no sentido de demonstrar o regular recolhimento dos depósitos fundiários, na forma da Súmula nº 461 do TST:

> **SÚMULA Nº 461.** FGTS. DIFERENÇAS. RECOLHIMENTO. ÔNUS DA PROVA – Res. 209/2016, DEJT divulgado em 01, 02 e 03.06.2016. É do empregador o ônus da prova em relação à regularidade dos depósitos do FGTS, pois o pagamento é fato extintivo do direito do autor (art. 373, II, do CPC de 2015).

1.3. Trabalhadores protegidos e situações especiais

Todos os empregados têm direito ao Fundo de Garantia do Tempo de Serviço, sejam eles rurais, temporários, atletas profissionais e domésticos.

Até mesmo o trabalhador avulso, que não é considerado empregado, tem direito aos valores equivalentes ao FGTS.

A. Diretores não empregados

As empresas podem equiparar seus diretores não empregados **aos trabalhadores com direito ao FGTS**, conforme permissão contida no art. 16 da Lei nº 8.036/90:

> **Art. 16.** Para efeito desta Lei, as empresas sujeitas ao regime da legislação trabalhista poderão equiparar seus diretores não empregados aos demais trabalhadores sujeitos ao regime do FGTS. Considera-se diretor aquele que exerça cargo de administração previsto em lei, estatuto ou contrato social, independente da denominação do cargo.

B. Servidor público

O servidor público regido por estatuto próprio não tem direito aos depósitos fundiários, mas adquire estabilidade no cargo depois de decorridos três anos de efetivo serviço.[3]

3. CF/88. Art. 41. São estáveis após três anos de efetivo exercício os servidores nomeados para cargo de provimento efetivo em virtude de concurso público.

Na hipótese de admissão de servidor público em desacordo com o preceito estabelecido pelo art. 37, II, da Constituição Federal (ausência de prévia aprovação em concurso público), o contrato de trabalho é **nulo de pleno direito.**

Apesar disso, o art. 9º da MP nº 2.164-41/2001 inseriu o art. 19-A na Lei nº 8.036/90, que **estendeu o direito ao FGTS ao trabalhador nessa situação específica:**

> **Art. 19-A.** É devido o depósito do FGTS na conta vinculada do trabalhador cujo contrato de trabalho seja declarado nulo nas hipóteses previstas no art. 37, § 2º, da Constituição Federal, quando mantido o direito ao salário.

O empregado público celetista, admitido na administração pública após a prévia aprovação em concurso público, **tem direito aos depósitos fundiários.**

A Súmula nº 390 do TST trata dessa questão:

> **SÚMULA Nº 390.** Estabilidade. Celetista. Administração Direta, Autárquica ou Fundacional. Empregado de Empresa Pública e Sociedade de Economia Mista (Conversão das Orientações Jurisprudenciais nºs 229 e 265 da SDI-1 e da Orientação Jurisprudencial nº 22 da SDI-2). I – O servidor público celetista da administração direta, autárquica ou fundacional é beneficiário da estabilidade prevista no art. 41 da CF/1988. (ex-OJ nº 265 da SDI-1 – Inserida em 27.09.2002 e ex-OJ nº 22 da SDI-2 – Inserida em 20.09.00). II – Ao empregado de empresa pública ou de sociedade de economia mista, ainda que admitido mediante aprovação em concurso público, não é garantida a estabilidade prevista no art. 41 da CF/1988. (ex-OJ nº 229 – Inserida em 20.06.2001).

C. *Empregados rurais*

Da mesma forma como ocorre com o urbano, os trabalhadores rurais têm direito aos depósitos do FGTS. **Tal direito foi estendido a essa espécie de empregado com a promulgação da Carta Magna de 05.10.88.** Antes desse período, quando despedidos sem justa causa, só teriam direito à indenização de antiguidade.

1.4. Natureza jurídica

Há divergências sobre a natureza jurídica do FGTS. A doutrinada ainda não chegou a um consenso sobre o caráter do Fundo de Garantia por Tempo de Serviço.

Existem os que defendem que o FGTS é um tributo, uma contribuição para-fiscal, uma indenização, salário diferido etc.

Ora, pelo simples fato de ser compulsório o depósito na conta vinculada do trabalhador, não transforma a obrigação do empregador em tributo.

Isso porque a legislação laboral impõe uma série de determinações ao empregador, que se incorporam ao contrato de trabalho como cláusulas contratuais, não só em relação ao FGTS, mas no que diz respeito ao pagamento de 13º salário, de adicional de horas extras, adicional de periculosidade etc.

A diferença reside no fato de que tais valores não se tornam disponíveis, imediatamente, para o empregado, pois são depositados em uma conta vinculada.

Não se pode falar em natureza tributária do FGTS, pois **os depósitos só integram o patrimônio do Estado por tempo determinado**. A lei prevê hipóteses que permitem a movimentação da conta vinculada pelo empregado.

Também **não constitui uma indenização, que pressupõe, sempre, a existência de um prejuízo**. Com efeito, o empregado pode sacar o saldo em sua conta vinculada mesmo que seja despedido por justa causa ou peça demissão, observados determinados requisitos. Nessas hipóteses, deverá esperar o transcurso de **três anos** para efetivar o saque por motivo de conta inativa.

Sob a ótica do trabalhador, os depósitos fundiários assemelham-se ao salário, **mais precisamente aos complementos salariais ou sobressalário, de natureza diferida, ou seja,** devido após o implemento de determinada condição estabelecida por lei.

Representa uma parcela salarial devida pelo empregador, mas não disponível imediatamente para o empregado, por isso é classificado como **salário diferido.** Tem relação direta com o salário propriamente dito, pois varia o seu valor de acordo com a remuneração percebida pelo trabalhador.

Entretanto, eventual inobservância da obrigação de efetuar os depósitos fundiários por parte de empregador confere ao Estado a legitimidade para cobrá-las em juízo, diante do seu **caráter de contribuição social**.

Então **conclui-se que o FGTS tem natureza híbrida, ou seja, salarial e contribuição social.**

Inclusive a majoração temporária de 0,5% nos depósitos fundiários mensais e da multa pela despedida imotivada em 10%, efetivada por meio da Lei Complementar nº 110, menciona sua natureza tributária, como deixa claro o art. 1º:

> **Art. 1º** Fica instituída **contribuição social** devida pelos empregadores em caso de despedida de empregado sem justa causa, à alíquota de dez por cento sobre o montante de todos os depósitos devidos, referentes ao Fundo de Garantia do Tempo de Serviço – FGTS, durante a vigência do contrato de trabalho, acrescido das remunerações aplicáveis às contas vinculadas (grifou-se).

Por não ter natureza **exclusivamente** salarial, incluída a multa de 40%, foi inserida no rol taxativo do art. 611-B da CLT, **não podendo ser objeto de negociação coletiva** no sentido de suprimir ou reduzir essa categoria de direito:

> **Art. 611-B.** Constituem objeto ilícito de convenção coletiva ou de acordo coletivo de trabalho, exclusivamente, a supressão ou a redução dos seguintes direitos: III – valor dos depósitos mensais e da indenização rescisória do Fundo de Garantia do Tempo de Serviço (FGTS).

A seguir, o resumo contendo as principais características do FGTS:

Valor	• 8% da remuneração paga ou devida ao empregado	
Correção	• Mesmo índice da poupança, acrescido de juros capitalizados de 3% a.a.	
Depósito	• Até o dia 7 do mês seguinte ao da prestação de serviços	
Natureza	• Híbrida, de salário diferido e tributária	
Composição	**Conselho curador**	• Representantes dos trabalhadores, empregadores e governo
	Órgão gestor	• Ministério do Desenvolvimento Regional
	Agente operador	• Caixa Econômica Federal

1.5. Hipóteses para movimentação da conta vinculada

O percentual de 8% sobre a remuneração do empregado é depositado pelo empregador em uma **conta vinculada** na Caixa Econômica Federal.

A movimentação dessa conta só é possível em determinadas situações estabelecidas pela Lei nº 8.036/90, regulamentada pelo Decreto nº 99.684/90.

Com a edição da Lei nº 13.932/19 foram instituídas **duas sistemáticas** de saque do FGTS: a) saque-rescisão; e b) saque-aniversário.

A sistemática do **saque-rescisão** é **a padrão**, ou seja, quando da admissão do trabalhador ou do início da vigência da Lei 13.932/19, essa modalidade deverá ser observada caso o empregado não manifeste expressamente sua opção pelo sistemática do saque-aniversário.

A primeira opção pela sistemática do saque-aniversário pode ser feita a **qualquer tempo e terá efeitos imediatos**.

Eventuais solicitações posteriores só produzirão efeitos a partir do **primeiro dia do vigésimo quinto** mês subsequente ao requerimento, admitindo-se o seu cancelamento antes de sua efetivação.

Constituem causa para o saque do saldo da conta do FGTS na forma prevista pelo art. 20 da Lei nº 8.036/90:

- despedida sem justa causa (código 01), inclusive a indireta, culpa recíproca e força maior – código 02;
- extinção da empresa ou do estabelecimento – código 03;
- declaração de nulidade do contrato de trabalho – infringência ao art. 37, II, da Constituição Federal – código 03;
- falecimento do empregador individual – código 03;
- término do contrato a prazo, inclusive contrato de experiência e obra certa – código 04;
- aposentadoria – código 05;
- necessidade pessoal, cuja gravidade seja decorrente de desastre natural causado por chuvas ou inundações – código 19;[4]
- falecimento do empregado – código 23;
- idade superior a setenta anos – código 70;
- portador do vírus HIV – código 80;
- portador de neoplasia maligna (câncer) – código 81;
- conta inativa por mais de três anos – código 86 ou 87;
- determinação judicial – código 88;

4. Dispositivo regulamentado pelo Decreto nº 5.113/2004.

- aquisição de moradia – código 91;
- utilização do FGTS para aplicação em Fundos Mútuos de Privatização – FMP-FGTS ou do Clube de Investimento CI-FGTS – código 92;
- integralização de cotas do FI-FGTS, permitida a utilização máxima de 10% do saldo existente e disponível na data em que exercer a opção;
- aquisição de imóvel por meio do Programa de Arrendamento Residencial – PAF, instituído pela Lei nº 11.474/07;
- aquisição, por prescrição, de órtese ou prótese pelo trabalhador com deficiência;
- extinção do contrato por acordo previsto no art. 484-A da CLT;
- pagamento total ou parcial do preço de aquisição de imóveis da União inscritos em regime de ocupação ou aforamento;
- anualmente, no mês de aniversário do trabalhador.

Em algumas hipóteses **o saque é total**, ou seja, não se limita apenas ao tempo efetivo de serviço na empresa, como ocorre na despedida sem justa causa.

Na hipótese de falecimento do trabalhador, o saque do FGTS pode ser feito pelos dependentes incluídos na relação respectiva da previdência social.

Uma vez extinto o contrato de trabalho por mútuo consentimento (distrato), o empregado pode sacar **80% do valor depositado pela empresa**.

O Decreto nº 5.860/06 ainda possibilita a movimentação da conta vinculada do FGTS quando o trabalhador **ou qualquer dos seus dependentes estiver em estágio terminal, em razão de doença grave.** Nesse caso, assim como ocorre com o portador do vírus HIV e da neoplasia maligna (câncer), há necessidade de emissão de:

> Atestado de diagnóstico assinado por médico, devidamente identificado por seu registro profissional, emitido na conformidade das normas dos Conselhos Federal e Regional de Medicina, com identificação de patologia consignada no Código Internacional de Doenças – CID, e descritivo dos sintomas ou do histórico patológico pelo qual se identifique que o trabalhador ou dependente seu é portador de neoplasia maligna, do vírus HIV ou que caracterize estágio terminal de vida em razão de doença grave.[5]

a) Saque-rescisão

A sistemática do saque-rescisão permite movimentar a conta vinculada do FGTS nas hipóteses previstas pelo art. 20 da Lei nº 8.036/90, **salvo aquela motivada pela data de aniversário do trabalhador**.

Trata-se, na verdade, do gênero que reúne os **motivos clássicos** de movimentação da conta do FGTS, destacando-se aquele decorrente da despedida **sem justa causa**, já previstos no citado dispositivo legal, antes da modificação promovida pela Lei nº 13.932/19.

5. Art. 36, VIII, do Decreto nº 99.684/90, que aprovou o regulamento do FGTS.

b) Saque-aniversário

O saque-aniversário, nova sistemática introduzida pela citada Lei nº 13.932/19, permite que o trabalhador faça o saque de **parte do saldo** de sua conta vinculada **todos os anos**, no mês do seu aniversário (salvo no ano de 2020, que tem uma programação própria), independentemente de ter havido extinção do contrato de trabalho.

Além disso, os valores depositados no FGTS podem ser retirados nos demais casos elencados pelo art. 20 da Lei nº 8.036/90, **salvo nas hipóteses em que há extinção do contrato de trabalho**, notadamente, despedida sem justa causa, inclusive indireta, culpa recíproca, força maior, por acordo, fim do contrato por prazo determinado, fim do contrato temporário, extinção da empresa, fechamento do estabelecimento etc.

Nessa sistemática, não se admite o saque **de todo o saldo** da conta vinculada do FGTS. Deverão ser observados os percentuais e as parcelas adicionais previstas no Anexo da Lei nº 8.036/90, alterado pela Lei nº 13.932/19, que variam entre 5% (valores acima de R$20.000,00, com parcela adicional de R$2.900,00) e 50% (valores de até 500 reais, sem parcela adicional).

Por meio de Decreto, respeitada a alíquota mínima de 5%, é **possível alterar**, até o dia 30 de junho de cada ano, os valores das faixas, das alíquotas e das parcelas adicionais para vigência no primeiro dia do ano subsequente.

O trabalhador também poderá oferecer o valor dos seus saques anuais como garantia de empréstimos (**alienação ou cessão fiduciária do direito aos saques**), obtendo como benefícios taxas de juros inferiores àquelas praticadas no mercado financeiro (§ 3º, art. 20-D da Lei nº 8.036/90). Uma vez celebrado o contrato de empréstimo o pagamento das parcelas passa a ser descontado diretamente na conta vinculada do FGTS.

Operando-se a rescisão contratual do trabalhador optante pela sistemática do saque-aniversário, **não poderá** movimentar sua conta vinculada em razão desse fato, **salvo em relação** à **multa de 40%**.

Exemplos de questões sobre o tema

(FCC – Juiz do Trabalho Substituto 24ª região/2015) É INCORRETO afirmar que a conta vinculada do trabalhador no FGTS poderá ser movimentada na seguinte situação:

(A) Quando o trabalhador ou qualquer de seus dependentes estiver em estágio terminal, em razão de doença grave, nos termos do regulamento.

(B) Falecimento do trabalhador, sendo o saldo pago a seus dependentes, para esse fim habilitados perante a Previdência Social, segundo o critério adotado para a concessão de pensões por morte. Na falta de dependentes, farão jus ao recebimento do saldo da conta vinculada os seus sucessores previstos na lei civil, indicados em alvará judicial, expedido e requerimento do interessado, independente de inventário ou arrolamento.

(C) Aposentadoria concedida pela Previdência Social.

(D) Quando o trabalhador tiver idade igual ou superior a sessenta e cinco anos.

(E) Quando o trabalhador ou qualquer de seus dependentes for portador do vírus HIV.

Resposta: D

(Magistratura do Trabalho – TRT 3ª – 2012) Nos termos da lei, é obrigatório o depósito do FGTS, salvo em se tratando de:

(A) afastamento para prestação do serviço militar obrigatório.

(B) licença por acidente do trabalho.

(C) aposentadoria por invalidez

(D) licença maternidade

(E) férias gozadas

Resposta: C

1.6. Multa de 40%

Quando é do empregador a iniciativa de extinguir o contrato de trabalho sem opor qualquer motivo, fenômeno também denominado de despedida sem justa causa (resilição unilateral), **deverá arcar com o pagamento de uma quantia equivalente a 40% do saldo existente na conta vinculada do seu empregado.**

Não está contido nessa base de cálculo o valor creditado nas contas vinculadas a título de distribuição de resultado, acrescido de juros e atualização monetária (Lei nº 8.036/90. Art. 13. § 7º introduzido pela Lei nº 13.446/17).

A Constituição Federal de 1988, em seu art. 7º, I, prevê como direito dos trabalhadores em geral: "relação de emprego protegida contra despedida arbitrária ou sem justa causa, nos termos de lei complementar, que preverá indenização compensatória, dentre outros direitos".

Enquanto não for regulamentado o aludido preceito constitucional, por meio de lei complementar, a referida proteção é equivalente a 40% dos depósitos fundiários, conforme art. 10, I, do ADCT da atual Carta Magna.[6]

Essa multa constitui um sistema que desestimula a dispensa arbitrária ou sem justa causa. Aliás, juntamente com a estabilidade provisória, é a única forma de proteção ao exercício do direito potestativo do empregador de resilir o contrato de trabalho, já que não mais se encontram em vigor as regras da indenização de antiguidade e de estabilidade previstas pela Consolidação das Leis do Trabalho.

Apesar de ser devida ao empregado quando da extinção do pacto laboral, ainda assim **deve ser depositada em sua conta vinculada, para saque posterior juntamente com o saldo disponível.**

O valor da multa é calculado com base no saldo da conta vinculada do trabalhador na data da dispensa, **inclusive sobre os saques ocorridos durante a vigência do contrato de trabalho.**

> **OJ Nº 42.** FGTS. MULTA DE 40%. (nova redação em decorrência da incorporação das Orientações Jurisprudenciais nº 107 e 254 da SDI-1, DJ 20.04.2005) I – É devida a multa do FGTS sobre os saques corrigidos monetariamente ocorridos na vigência do contrato de trabalho. Art. 18, § 1º, da Lei nº 8.036/90 e art. 9º, § 1º, do Decreto nº 99.684/90. (ex-OJ nº 107 da SDI-1 – inserida em 01.10.97) II – O cálculo da multa de 40% do FGTS deverá ser feito com base no saldo da conta vinculada na data do efetivo pagamento das verbas rescisórias, desconsiderada a projeção do aviso prévio indenizado, por ausência de previsão legal. (ex-OJ nº 254 da SDI-1 – inserida em 13.03.02)

6. CF/88. ADCT. Art. 10. Até que seja promulgada a lei complementar a que se refere o artigo 7º, I, da Constituição. I – fica limitada a proteção nele referida ao aumento, para quatro vezes, da porcentagem prevista no art. 6º, *"caput"* e § 1º, da Lei nº 5.107, de 13 de setembro de 1966.

Em relação aos efeitos da concessão da aposentadoria sobre o FGTS e a consequente multa de 40%, o TST manifesta-se por intermédio da OJ nº 361, da SDI:

> **OJ Nº 361.** APOSENTADORIA ESPONTÂNEA. UNICIDADE DO CONTRATO DE TRABALHO. MULTA DE 40% DO FGTS SOBRE TODO O PERÍODO. DJ 20, 21 e 23.05.2008. A aposentadoria espontânea não é causa de extinção do contrato de trabalho se o empregado permanece prestando serviços ao empregador após a jubilação. Assim, por ocasião da sua dispensa imotivada, o empregado tem direito à multa de 40% do FGTS sobre a totalidade dos depósitos efetuados no curso do pacto laboral.

Em relação aos **empregados domésticos**, como já foi dito, o valor da multa de 40% é representado por 3,2 pontos percentuais sobre o salário do trabalhador depositados mensalmente em sua conta vinculada, nos termos do art. 22, da LC nº 150/15:

> **Art. 22.** O empregador doméstico depositará a importância de 3,2% (três inteiros e dois décimos por cento) sobre a remuneração devida, no mês anterior, a cada empregado, destinada ao pagamento da indenização compensatória da perda do emprego, sem justa causa ou por culpa do empregador, não se aplicando ao empregado doméstico o disposto nos §§ 1º a 3º do art. 18 da Lei nº 8.036, de 11 de maio de 1990.

> **ATENÇÃO!** As contas vinculadas dos trabalhadores, nas quais são realizados mensalmente os depósitos do FGTS, são absolutamente impenhoráveis, conforme dispõe o art. 2º, § 2º, da Lei nº 8.036/1990.

1.7. Valor do depósito – base de cálculo – atualização monetária

O percentual de 8% relativo aos depósitos do FGTS deve incidir sobre a remuneração total do empregado, ou seja, **com integração de todas as parcelas de caráter salarial, inclusive o salário *in natura*** (habitação, vestuário, alimentação etc.).[7] Como já dito, **no contrato de aprendizagem a alíquota do FGTS é de 2%** (Lei nº 8.036/90, art. 15, § 7º).

Excluem-se, consequentemente, as verbas indenizatórias da base de cálculo do FGTS, na forma prevista pelos artigos 457 e 458 da Consolidação das Leis do Trabalho.[8]

Assim, não devem ser levadas em consideração, para efeito de cálculo do FGTS, as seguintes parcelas, além de outras listadas pelo art. 28, § 9º, Lei nº 8.212/91(Lei nº 8.036/90, art. 15, § 6º): o abono pecuniário de férias; a ajuda de custo; as diárias para viagem; as férias indenizadas acrescidas de 1/3; a indenização adicional; a indenização de antiguidade; o salário família; os prêmios; os abonos etc.

Por expressa disposição legal, o FGTS deve ser calculado sobre o **13º salário**. É devido, também, nos casos **de suspensão do contrato de trabalho por motivo de acidente de trabalho e prestação de serviço militar**.

---

7. TST. Súmula nº 63. FUNDO DE GARANTIA. (mantida) – Res. 121/2003, DJ 19, 20 e 21.11.2003. A contribuição para o Fundo de Garantia do Tempo de Serviço incide sobre a remuneração mensal devida ao empregado, inclusive horas extras e adicionais eventuais. SDI-1. OJ Nº 232. FGTS. Incidência. Empregado transferido para o exterior. Remuneração. O FGTS incide sobre todas as parcelas de natureza salarial pagas ao empregado em virtude de prestação de serviços no exterior.
8. TST. SDI-1. OJ nº 195. FÉRIAS INDENIZADAS. FGTS. NÃO INCIDÊNCIA. Inserida em 08.11.00 (inserido dispositivo, DJ 20.04.2005). Não incide a contribuição para o FGTS sobre as férias indenizadas.

A incidência sobre o **aviso-prévio indenizado** decorre de interpretação jurisprudencial feita pelo TST, por intermédio da Súmula nº 305:

> **SÚMULA Nº 305.** FUNDO DE GARANTIA DO TEMPO DE SERVIÇO. INCIDÊNCIA SOBRE O AVISO PRÉVIO. (mantida) – Res. 121/2003, DJ 19, 20 e 21.11.2003. O pagamento relativo ao período de aviso prévio, trabalhado ou não, está sujeito a contribuição para o FGTS.

Os depósitos fundiários **recebem atualização monetária, além da capitalização de 3% ao ano**, creditados todo dia 10 de cada mês.[9]

Além disso, o Conselho Curador autorizará a distribuição de parte do resultado positivo auferido pelo FGTS, mediante crédito nas contas vinculadas de titularidade dos trabalhadores

O § 5º do art. 13 da Lei nº 8.036/90, introduzido pela Lei nº 13.446/17, estabeleceu as seguintes condições a serem observadas quando a distribuição do resultado do FGTS:

> I – a distribuição alcançará todas as contas vinculadas que apresentarem saldo positivo em 31 de dezembro do exercício-base do resultado auferido, inclusive as contas vinculadas de que trata o art. 21 desta Lei; e
>
> II – a distribuição será proporcional ao saldo de cada conta vinculada em 31 de dezembro do exercício-base e deverá ocorrer até 31 de agosto do ano seguinte ao exercício de apuração do resultado;

Uma vez judicializada a pretensão do empregado, passa a incidir a regra geral relativa à atualização dos débitos trabalhistas em geral, conforme posicionamento do TST adotado por meio da OJ nº 302 da SDI-1: "Os créditos referentes ao FGTS, decorrentes de condenação judicial, serão corrigidos pelos mesmos índices aplicáveis aos débitos trabalhistas".

A **competência** para apreciar dissídios entre empregados e empregadores é da Justiça do Trabalho, na forma prevista pelo art. 114 da CF/88 e art. 26 da Lei nº 8.036/90, ainda que a Caixa Econômica figure como litisconsorte.

> **Art. 26.** É competente a Justiça do Trabalho para julgar os dissídios entre os trabalhadores e os empregadores decorrentes da aplicação desta lei, mesmo quando a Caixa Econômica Federal e o Ministério do Trabalho e da Previdência Social figurarem como litisconsortes.
>
> Parágrafo único. Nas reclamatórias trabalhistas que objetivam o ressarcimento de parcelas relativas ao FGTS, ou que, direta ou indiretamente, impliquem essa obrigação de fazer, o juiz determinará que a empresa sucumbente proceda ao recolhimento imediato das importâncias devidas a tal título.

Exemplos de questões sobre o tema

(TRT 1 – Juiz do Trabalho Substituto 1ª região/2016) Em relação ao Fundo de Garantia do Tempo de Serviço, com base na Lei no 8.036/90, é correto afirmar:

(A) As pessoas jurídicas de direito privado, sem fins lucrativos, reconhecidas na forma da lei como entidades beneficentes de assistência social, estão dispensadas do recolhimento do FGTS.

(B) É direito dos trabalhadores, a qualquer tempo da vigência do contrato, optar pelo regime do FGTS, retroativamente à 05/10/1978 ou à data da sua admissão, se esta última for mais recente.

9. Lei nº 8.036/90. Art. 13. Os depósitos efetuados nas contas vinculadas serão corrigidos monetariamente com base nos parâmetros fixados para atualização dos saldos dos depósitos de poupança e capitalização juros de (três) por cento ao ano.

(C) Na hipótese de dispensa sem justa causa, a sociedade anônima empregadora pagará, juntamente com as demais parcelas devidas pelo distrato, diretamente ao empregado, importância igual a 40% do montante de todos os depósitos realizados na conta vinculada durante o contrato de trabalho, atualizados monetariamente e acrescidos os respectivos juros.

(D) É hipótese de movimentação pelo trabalhador de sua conta vinculada, no curso do contrato de trabalho, quando algum dependente seu for portador do vírus HIV.

(E) A critério da empresa, seus diretores, apenas os que forem empregados, poderão ser incluídos no regime do FGTS.

Resposta: D

(FCC – Juiz do Trabalho Substituto 1ª região/2015) Em relação à aplicação da Lei nº 8.036/1990, referente ao Fundo de Garantia de Tempo de Serviço (FGTS), é correto afirmar:

(A) É competente a Justiça do Trabalho para julgar os dissídios entre os trabalhadores e os empregadores decorrentes da aplicação desta Lei, mesmo quando a Caixa Econômica Federal, a União e o Ministério do Trabalho e da Previdência Social figurarem como assistentes.

(B) Nas reclamatórias trabalhistas que objetivam o ressarcimento de parcelas relativas ao FGTS, ou que, direta ou indiretamente, impliquem essa obrigação de fazer, o juiz determinará que a empresa sucumbente proceda ao recolhimento imediato das importâncias devidas a tal título.

(C) Nas reclamatórias trabalhistas que objetivam o ressarcimento de parcelas relativas ao FGTS, ou que, direta ou indiretamente impliquem essa obrigação de fazer, o juiz poderá determinar que a empresa sucumbente proceda ao pagamento dos valores devidos a este título diretamente ao empregado.

(D) O empregador que não realizar os depósitos previstos nesta Lei, no prazo fixado, responderá pela incidência da Taxa Referencial – TR sobre a importância correspondente e sobre o valor dos depósitos, acrescido da TR, incidirão, ainda, juros de mora de 1,0% a.m. ou fração e multa, sujeitando-se, também, às obrigações e sanções previstas no Decreto-lei nº 368/1968.

(E) Os depósitos efetuados nas contas vinculadas serão corrigidos monetariamente com base nos parâmetros fixados para atualização dos créditos trabalhistas e capitalizarão juros de três por cento ao ano.

Resposta: B

(TRT 8 – Juiz do Trabalho Substituto 8ª região/2014) Quanto ao Fundo de Garantia do Tempo de Serviço, assinale a alternativa INCORRETA:

(A) A conta vinculada do trabalhador pode ser movimentada, dentre outras hipóteses, nos casos de extinção total da empresa, fechamento de quaisquer de seus estabelecimentos, filiais ou agências, supressão de parte de suas atividades, declaração de nulidade do contrato de trabalho por violação ao art. 37, § 2° da Constituição Federal, ou ainda falecimento do empregador individual sempre que qualquer dessas ocorrências implique rescisão de contrato de trabalho, comprovada por declaração escrita da empresa, suprida, quando for o caso, por decisão judicial transitada em julgado.

(B) A incidência do índice de correção do FGTS fornecido pela Caixa Econômica Federal, previsto na Lei n° 8.03 6/90, somente tem lugar quando efetuados os depósitos na conta vinculada do empregado, assim, tratando-se de parcela deferida em decorrência de condenação judicial, os créditos referentes ao FGTS são considerados verbas trabalhistas, atualizáveis, portanto, segundo os índices aplicáveis aos débitos de mesma natureza.

(C) O TST consolidou o entendimento de que é devido o FGTS sobre horas extraordinárias e adicionais eventuais, enquanto pago, sobre as parcelas de natureza salarial pagas ao empregado transferido para o exterior, bem como sobre o valor correspondente ao aviso prévio trabalhado ou não.

(D) Dentre as possibilidades de movimentação da conta vinculada do Trabalhador no FGTS, está a de suspensão total do trabalho avulso por período igual ou superior a 90 (noventa) dias, comprovada por declaração do sindicato representativo da categoria profissional.

(E) Nos termos da Lei n. 8.036/1990, as empresas sujeitas ao regime da legislação trabalhista poderão equiparar seus diretores aos demais trabalhadores sujeitos ao regime do FGTS. Para os fins da aludida norma, considera-se diretor o empregado que exerça cargo de administração previsto em lei, estatuto ou contrato social, independente da denominação do cargo.

Resposta: E

(TRT 2 – Juiz do Trabalho Substituto 2ª região/ 2013) Quanto ao FGTS, é correto afirmar:

(A) Os depósitos efetuados nas contas vinculadas serão corrigidos monetariamente com base nos parâmetros fixados para atualização dos saldos dos depósitos de poupança e capitalização e juros de 5% (cinco por cento) ao ano.

(B) Todos os empregadores ficam obrigados a depositar, até o 5º dia útil de cada mês, em conta bancária vinculada, a importância correspondente a 8% (oito por cento) da remuneração paga ou devida, no mês anterior, a cada trabalhador.

(C) O empregador que não realizar os depósitos previstos no prazo legal, responderá pela atualização monetária da importância correspondente, com aplicação de juros de mora de 1% (um por cento) ao mês e multa de 20% (vinte por cento).

(D) O conselho curador do FGTS é integrado por 3 (três) representantes da categoria dos trabalhadores, 3 (três) representantes da categoria dos empregadores e 3 (três) representantes do Ministério do Trabalho e Emprego.

(E) A presidência do Conselho Curador do FGTS será exercida pelo representante do Ministério do Trabalho e Emprego.

Resposta: E

(TRT 22 – Juiz do Trabalho Substituto 22ª região/ 2013) Quanto ao Fundo de Garantia do Tempo de Serviço é CORRETO afirmar:

(A) desastre natural, ocorrido no município em que trabalha o empregado, poderá ensejar o saque do FGTS, desde que seja decretado estado de defesa;

(B) a multa de 40% incidirá sobre todos os valores recolhidos à conta do FGTS no curso do contrato que se encerrou, inclusive os valores utilizados pelo trabalhador para a compra da casa própria;

(C) o término do contrato por tempo determinado autoriza o empregado a sacar o FGTS e a se habilitar no seguro-desemprego;

(D) declaração de nulidade da admissão do trabalhador, por ausência de concurso público, fulmina o direito ao saque do FGTS;

(E) na terminação do contrato por culpa recíproca, o empregado não poderá sacar o FGTS.

Resposta: B

1.8. Prescrição

A Carta Política de 1988 fixa o prazo prescricional em **dois anos**, após a extinção do contrato de trabalho, ou em **cinco anos**, durante a vigência do pacto laboral, para que o empregado ajuíze a ação com o objetivo de exigir o cumprimento dos seus direitos trabalhistas.

A Lei nº 8.036/90 continha preceito que **estabelecia o prazo prescricional de 30 (trinta) anos** (art. 23, § 5º): "O processo de fiscalização, de autuação e de imposição de multas reger-se-á pelo disposto no Título VII da CLT, respeitado o privilégio do FGTS à prescrição trintenária".

Entretanto, **o STF declarou a inconstitucionalidade do referido dispositivo legal para igualar o prazo prescricional do FGTS ao das demais verbas trabalhistas,** qual seja, de cinco anos durante a vigência do contrato de trabalho.

Essa importante decisão foi proferida nos autos do Recurso Extraordinário com Agravo de nº 709212. O STF também **modulou os efeitos dessa decisão**. Assim, para os casos cujo termo inicial da prescrição tenha ocorrido após a data do julgamento (13.11.2014), **aplica-se o prazo de cinco anos;** para os casos em que o prazo prescricional já esteja em curso, **aplica-se o que ocorrer primeiro: 30 anos, contados do termo inicial, ou cinco anos, a partir desse julgamento.**

Por conta disso, o TST mudou a redação da referida Súmula nº 362:

> **SÚMULA Nº 362.** FGTS. PRESCRIÇÃO (nova redação) – Res. 198/2015, republicada em razão de erro material – DEJT divulgado em 12, 15 e 16.06.2015. I – Para os casos em que a ciência da lesão ocorreu a partir de 13.11.2014, é quinquenal a prescrição do direito de reclamar contra o não recolhimento de contribuição para o FGTS, observado o prazo de dois anos após o término do contrato; II – Para os casos em que o prazo prescricional já estava em curso em 13.11.2014, aplica-se o prazo prescricional que se consumar primeiro: trinta anos, contados do termo inicial, ou cinco anos, a partir de 13.11.2014 (STF-ARE-709212/DF).

Em síntese, se a demanda foi proposta **a partir de 13.11.2019**, o prazo de prescrição a ser observado é o mesmo das demais verbas trabalhistas, ou seja, cinco anos durante a vigência do contrato de trabalho e de dois anos após a sua extinção.

Por fim, a Lei nº 13.932/19, alterou redação do § 5º, art. 23 da Lei nº 8.036/90, excluindo a referência à prescrição trintenária: "O processo de fiscalização, de autuação e de imposição de multas reger-se-á pelo disposto no Título VII da CLT".

1.9. Lei Complementar nº 110/01

A Lei Complementar nº 110/01,[10] instituiu duas contribuições sociais devidas pelos empregadores, na hipótese de dispensa sem justa causa de seus empregados. A primeira, equivalente a **10% do saldo da conta vinculada**, referente aos depósitos do FGTS efetuados durante todo o pacto laboral, e a segunda, correspondente à alíquota de **0,5% sobre a remuneração mensal** de todo o empregado.

A contribuição social de 0,5% foi instituída em **caráter temporário**, tendo sido devida no período compreendido entre dezembro de 2001 e dezembro de 2006.

Já a Lei nº 13.932/19, em seu art. 12, **extinguiu a contribuição social de 10% de forma expressa, a partir de 01.01.2020**.

Sobre a **prescrição** da pretensão relativa aos expurgos inflacionários do FGTS reconhecidos pela Lei Complementar nº 110, o TST manifesta-se por meio das OJs nº 344 e 370 da SDI-1:

> **OJ Nº 344.** FGTS. MULTA DE 40%. DIFERENÇAS DECORRENTES DOS EXPURGOS INFLACIONÁRIOS. PRESCRIÇÃO. TERMO INICIAL. (mantida) – Res. 175/2011, DEJT divulgado em 27, 30 e 31.05.2011. O termo inicial do prazo prescricional para o empregado pleitear em juízo diferenças da multa do FGTS, decorrentes dos expurgos inflacionários, deu-se com a vigência da Lei Complementar nº 110, em 30.06.01, salvo comprovado trânsito em julgado de decisão proferida em ação proposta anteriormente na Justiça Federal, que reconheça o direito à atualização do saldo da conta vinculada.

> **OJ Nº 370.** FGTS. MULTA DE 40%. DIFERENÇAS DOS EXPURGOS INFLACIONÁRIOS. PRESCRIÇÃO. INTERRUPÇÃO DECORRENTE DE PROTESTOS JUDICIAIS. DEJT 03, 04 e 05.12.2008. O ajuizamento de protesto judicial dentro do biênio posterior à Lei Complementar nº 110, de 29.06.2001, interrompe a prescrição, sendo irrelevante o transcurso de mais de dois anos da propositura de outra medida acautelatória, com o mesmo

10. A LC nº 110/2001 foi regulamentada pelo decreto nº 3.914, de 11 de setembro de 2001. As ADIs 2556 e 2568 consideraram constitucional o dispositivo legal que elevou as duas alíquotas do FGTS.

objetivo, ocorrida antes da vigência da referida lei, pois ainda não iniciado o prazo prescricional, conforme disposto na Orientação Jurisprudencial nº 344 da SBDI-1.

Sobre a multa de 40% sobre o FGTS, o TST apresenta seu posicionamento por meio da OJ nº 341, da SDI-1:

OJ Nº 341. FGTS. MULTA DE 40%. DIFERENÇAS DECORRENTES DOS EXPURGOS INFLACIONÁRIOS. RESPONSABILIDADE PELO PAGAMENTO. DJ 22.06.04
É de responsabilidade do empregador o pagamento da diferença da multa de 40% sobre os depósitos do FGTS, decorrente da atualização monetária em face dos expurgos inflacionários.

Exemplos de questões sobre o tema

(TRT 23 – Juiz do Trabalho Substituto 23ª região/ 2014) O Fundo de Garantia por Tempo de Serviço foi instituído como alternativa ao antigo sistema de estabilidade decenal, que encontrava muita resistência por parte dos empregadores pela oneração das empresas, desestimulando a contratação. Acerca desse instituto jurídico, assinale a alternativa INCORRETA:

(A) O FGTS é descontado do salário do empregado, no patamar de 8% sobre as parcelas salariais, mensalmente, sendo obrigação do empregador o recolhimento até o dia 7 de cada mês;
(B) Mesmo o empregado transferido para o exterior tem direito aos depósitos fundiários incidentes sobre as parcelas de natureza salarial;
(C) Há incidência do FGTS sobre o aviso prévio indenizado, mas não sobre as férias indenizadas;
(D) Dentre as hipóteses e saque do FGTS encontram-se o fato do trabalhador completar 70 anos de idade, a compra de ações disponíveis para esse fim, término normal do contrato a termo e declaração de nulidade do contrato de trabalho por falta de submissão a concurso público;
(E) Há incidência do FGTS sobre o aviso prévio indenizado, entretanto, esse valor não integra a base de cálculo da multa de 40% por falta de previsão legal.

Resposta: A

(Magistratura do Trabalho – TRT 8ª – 2011) Com relação ao Fundo de Garantia do Tempo de Serviço, assinale a alternativa INCORRETA:

(A) O pagamento do aviso prévio, trabalhado ou não, submete-se à incidência do FGTS.
(B) A equivalência entre os regimes do Fundo de Garantia do Tempo de Serviço e o da estabilidade prevista na CLT é tão somente jurídica e não também econômica, de modo a não serem devidos valores a título de diferença entre um e outro regime.
(C) Não há incidência de FGTS sobre férias indenizadas.
(D) Considerando que é trintenária a prescrição das contribuições para o FGTS, a prescrição da pretensão às parcelas remuneratórias devidas não alcança o respectivo recolhimento dessas contribuições.
(E) Mesmo na ocorrência de saques na conta do FGTS durante o contrato de trabalho, é devida a multa sobre os valores sacados, corrigidos monetariamente.

Resposta: D

1.10. Administração, gestão e operação do FGTS

A administração do FGTS é feita pelo **Conselho Curador**, por meio de normas e diretrizes por ele emitidas. Já a gestão da aplicação cabe **ao Ministério de Desenvolvimento Regional** e o papel de Agente Operador à **Caixa Econômica Federal – CEF.**

A. Conselho curador do FGTS

O Conselho Curador do FGTS é formado por representantes de **empregados, empregadores, órgãos e entidades governamentais.**

Os representantes dos trabalhadores e dos empregadores são indicados pelas respectivas centrais sindicais e confederações nacionais e nomeados pelo Poder Executivo, com **mandatos de dois anos**, com permissão de **uma** única **recondução**.

As decisões do Conselho serão tomadas com a presença da maioria simples de seus membros, tendo o Presidente voto de qualidade (Lei nº 8.036/90. Art. 3º, § 5º).

Compete ao referido Conselho, dentre outras atribuições (art. 5º da Lei nº 8.036/90): estabelecer as diretrizes e os programas de alocação de todos os seus recursos, de acordo com os critérios definidos na Lei nº 8.036/90, em consonância com a política nacional de desenvolvimento urbano e as políticas setoriais de habitação popular, saneamento básico e infraestrutura urbana estabelecidas pelo Governo Federal; acompanhar e avaliar a gestão econômica e financeira dos recursos, bem como os ganhos sociais e o desempenho dos programas aprovados; apreciar e aprovar os programas anuais e plurianuais do FGTS; aprovar as demonstrações financeiras do FGTS, com base em parecer de auditoria externa independente, antes de sua publicação e encaminhamento aos órgãos de controle, bem como da distribuição de resultados; adotar as providências cabíveis para a correção de atos e fatos do gestor da aplicação e da CEF que prejudiquem o desempenho e o cumprimento das finalidades no que concerne aos recursos do FGTS; dirimir dúvidas quanto à aplicação das normas regulamentares, relativas ao FGTS, nas matérias de sua competência; aprovar seu regimento interno; fixar as normas e valores de remuneração do Agente Operador e dos Agentes Financeiros; fixar critérios para parcelamento de recolhimentos em atraso; fixar critério e valor de remuneração para o exercício da fiscalização; divulgar, no Diário Oficial da União, todas as decisões proferidas pelo conselho, bem como as contas do FGTS e os respectivos pareceres emitidos; fixar critérios e condições para compensação entre créditos do empregador, decorrentes de depósitos relativos a trabalhadores não optantes, com contratos extintos, e débitos resultantes de competências em atraso, inclusive aqueles que forem objeto de composição de dívida com o FGTS; procedimentos relativos ao Fundo de Investimento do Fundo de Garantia do Tempo de Serviço – FI-FGTS; autorizar a aplicação de recursos do FGTS em outros fundos de investimento, no mercado de capitais e em títulos públicos e privados, com base em proposta elaborada pelo agente operador, devendo o Conselho Curador regulamentar as formas e condições do investimento, vedado o aporte em fundos nos quais o FGTS seja o único cotista; e estipular limites às tarifas cobradas pelo agente operador ou pelos agentes financeiros na intermediação da movimentação dos recursos da conta vinculada do FGTS.

> **ATENÇÃO!** O Conselho Curador do FGTS deve se reunir ordinariamente, a cada bimestre, por convocação de seu Presidente. Esgotado esse período e sem que tenha ocorrido convocação, qualquer de seus membros poderá fazê-la, no prazo de 15 (quinze) dias. Em caso de necessidade, qualquer membro poderá convocar reunião extraordinária, na forma que vier a ser regulamentada pelo Conselho Curador, conforme dispõe o artigo 3º, § 4º, da Lei nº 8.036/90.

B. Gestão da aplicação do FGTS

Compete ao Ministério do Desenvolvimento Regional, na qualidade de **gestor da aplicação** do FGTS e segundo dispõe o art. 6º, da Lei nº 8.036/90:

> Praticar todos os atos necessários à gestão da aplicação do Fundo, de acordo com as diretrizes e programas estabelecidos pelo Conselho Curador; expedir atos normativos relativos à alocação dos recursos para implementação dos programas aprovados pelo Conselho Curador; elaborar orçamentos anuais e planos plurianuais de aplicação dos recursos, discriminando-os por Unidade da Federação, submetendo-os até 31 de julho ao Conselho Curador do Fundo; acompanhar a execução dos programas de habitação popular, saneamento básico e infraestrutura urbana previstos no orçamento do FGTS e implementados pela CEF, no papel de agente operador; submeter à apreciação do Conselho Curador as contas do FGTS; subsidiar o Conselho Curador com estudos técnicos necessários ao aprimoramento operacional dos programas de habitação popular, saneamento básico e infraestrutura urbana; definir as metas a serem alcançadas nos programas de habitação popular, saneamento básico e infraestrutura urbana.

C. Operação do FGTS

Cabe à Caixa Econômica Federal, no exercício das funções de **agente operador** do Fundo de Garantia do Tempo de Serviço (art. 7º, da Lei nº 8.036/90):

> Centralizar os recursos do FGTS, manter e controlar as contas vinculadas, e emitir regularmente os extratos individuais correspondentes às contas vinculadas e participar da rede arrecadadora dos recursos do FGTS; expedir atos normativos referentes aos procedimentos administrativo-operacionais dos bancos depositários, dos agentes financeiros, dos empregadores e dos trabalhadores, integrantes do sistema do FGTS; definir procedimentos operacionais necessários à execução dos programas estabelecidos pelo Conselho Curador, com base nas normas e diretrizes de aplicação elaboradas pelo gestor da aplicação; elaborar as análises jurídica e econômico-financeira dos projetos de habitação popular, infraestrutura urbana e saneamento básico a serem financiados com recursos do FGTS; emitir Certificado de Regularidade do FGTS; elaborar as demonstrações financeiras do FGTS, incluídos o Balanço Patrimonial, a Demonstração do Resultado do Exercício e a Demonstração de Fluxo de Caixa, em conformidade com as Normas Contábeis Brasileiras, e encaminhá-las, até 30 de abril do exercício subsequente, ao gestor de aplicação; implementar atos emanados do gestor da aplicação relativos à alocação e à aplicação dos recursos do FGTS, de acordo com as diretrizes estabelecidas pelo Conselho Curador; garantir aos recursos alocados ao FI-FGTS, em cotas de titularidade do FGTS, a remuneração aplicável às contas vinculadas, realizar todas as aplicações com recursos do FGTS por meio de sistemas informatizados e auditáveis; colocar à disposição do Conselho Curador, em formato digital, as informações gerenciais que estejam sob gestão do agente operador e que sejam necessárias ao desempenho das atribuições daquele colegiado.

D. Estabilidade no emprego

Garante-se, por meio do art. 3º, § 9º, da Lei nº 8.036/90, **a estabilidade no emprego dos trabalhadores, titulares e suplentes, membros do Conselho Curador do FGTS**, a qual se estende **da nomeação até um ano após o término** do mandato de representação. O rompimento do pacto laboral respectivo só pode ocorrer por motivo de falta grave, regularmente comprovada pela via do processo sindical.

1.11. FGTS do doméstico

Além dos 8% devido sobre a remuneração mensal do doméstico, o empregador deve depositar uma quantia equivalente a 3,2% do salário para ser destinada ao pagamento da multa pela despedida sem justa causa ou por culpa do empregador.

Esses 3,2% equivalem a 40% do valor mensal depositado pelo empregador a título de FGTS, ou seja, da multa pela despedida sem justa causa paga pelo empregador não doméstico.

Se o rompimento se efetivar por outros motivos, como demissão ou despedida por justa causa, **será devolvido ao empregador os valores depositados a esse título**. Na hipótese de extinção contratual por culpa recíproca, a multa será devida pela metade.

QUADRO COMPARATIVO NORMATIVO SOBRE O TEMA		
Lei nº 5.859/72	**Lei Complementar nº 150/2015**	**Lei nº 8.036/90**
Art. 3º-A. É facultada a inclusão do empregado doméstico no Fundo de Garantia do Tempo de Serviço – FGTS, de que trata a Lei nº 8.036, de 11 de maio de 1990, mediante requerimento do empregador, na forma do regulamento.	**Art. 21.** É devida a inclusão do empregado doméstico no Fundo de Garantia do Tempo de Serviço (FGTS), na forma do regulamento a ser editado pelo Conselho Curador e pelo agente operador do FGTS, no âmbito de suas competências, conforme disposto nos arts. 5º e 7º da Lei no 8.036, de 11 de maio de 1990, inclusive no que tange aos aspectos técnicos de depósitos, saques, devolução de valores e emissão de extratos, entre outros determinados na forma da lei. **Parágrafo** único. O empregador doméstico somente passará a ter obrigação de promover a inscrição e de efetuar os recolhimentos referentes a seu empregado após a entrada em vigor do regulamento referido no *caput*. **Art. 22.** O empregador doméstico depositará a importância de 3,2% (três inteiros e dois décimos por cento) sobre a remuneração devida, no mês anterior, a cada empregado, destinada ao pagamento da indenização compensatória da perda do emprego, sem justa causa ou por culpa do empregador, não se aplicando ao empregado doméstico o disposto nos §§ 1º a 3º do art. 18 da Lei no 8.036, de 11 de maio de 1990. § **1º** Nas hipóteses de dispensa por justa causa ou a pedido, de término do contrato de trabalho por prazo determinado, de aposentadoria e de falecimento do empregado doméstico, os valores previstos no *caput* serão movimentados pelo empregador. § **2º** Na hipótese de culpa recíproca, metade dos valores previstos no *caput* será movimentada pelo empregado, enquanto a outra metade será movimentada pelo empregador. § **3º** Os valores previstos no *caput* serão depositados na conta vinculada do empregado, em variação distinta daquela em que se encontrarem os valores oriundos dos depósitos de que trata o inciso IV do art. 34 desta Lei, e somente poderão ser movimentados por ocasião da rescisão contratual. § **4º** À importância monetária de que trata o caput, aplicam-se as disposições da Lei no 8.036, de 11 de maio de 1990, e da Lei no 8.844, de 20 de janeiro de 1994, inclusive quanto a sujeição passiva e equiparações, prazo de recolhimento, administração, fiscalização, lançamento, consulta, cobrança, garantias, processo administrativo de determinação e exigência de créditos tributários federais.	**Art. 15.** Para os fins previstos nesta lei, todos os empregadores ficam obrigados a depositar, até o dia 7 (sete) de cada mês, em conta bancária vinculada, a importância correspondente a 8 (oito) por cento da remuneração paga ou devida, no mês anterior, a cada trabalhador, incluídas na remuneração as parcelas de que tratam os arts. 457 e 458 da CLT e a gratificação de Natal a que se refere a Lei nº 4.090, de 13 de julho de 1962, com as modificações da Lei nº 4.749, de 12 de agosto de 1965. **Art. 18.** Ocorrendo rescisão do contrato de trabalho, por parte do empregador, ficará este obrigado a depositar na conta vinculada do trabalhador no FGTS os valores relativos aos depósitos referentes ao mês da rescisão e ao imediatamente anterior, que ainda não houver sido recolhido, sem prejuízo das cominações legais. § **1º** Na hipótese de despedida pelo empregador sem justa causa, depositará este, na conta vinculada do trabalhador no FGTS, importância igual a quarenta por cento do montante de todos os depósitos realizados na conta vinculada durante a vigência do contrato de trabalho, atualizados monetariamente e acrescidos dos respectivos juros. § **2º** Quando ocorrer despedida por culpa recíproca ou força maior, reconhecida pela Justiça do Trabalho, o percentual de que trata o § 1º será de 20 (vinte) por cento. § **3º** Os valores previstos no *caput* serão depositados na conta vinculada do empregado, em variação distinta daquela em que se encontrarem os valores oriundos dos depósitos de que trata o inciso IV do art. 34 desta Lei, e somente poderão ser movimentados por ocasião da rescisão contratual.

Exemplo de questão sobre o tema

(TRT 4 – Juiz do Trabalho Substituto 4ª Região/2016) Assinale a assertiva correta sobre Fundo de Garantia por Tempo de Serviço – FGTS.

(A) É devido o acréscimo de 40% (quarenta por cento) sobre o montante dos depósitos do FGTS efetuados na conta vinculada do trabalhador na rescisão antecipada e sem justa causa do contrato temporário.

(B) O depósito do FGTS é obrigatório nos casos de afastamento do trabalhador para prestação de serviço militar obrigatório e de gozo de auxílio-doença previdenciário.

(C) A nulidade do contrato, por força do art. 37, inc. II e § 2º, da Constituição Federal de 1988, confere ao trabalhador o direito ao pagamento das horas trabalhadas e dos valores referentes aos depósitos do FGTS, incluindo o acréscimo de 40% (quarenta por cento).

(D) À Caixa Econômica Federal, na qualidade de agente operador do FGTS, não cabe expedir atos normativos referentes aos procedimentos administrativo-operacionais dos bancos depositários, dos agentes financeiros, dos empregadores e dos trabalhadores, integrantes do sistema do FGTS.

(E) A conta vinculada do trabalhador no FGTS poderá ser movimentada, dentre outras situações, no caso de extinção normal do contrato a termo, inclusive o dos trabalhadores temporários regidos pela Lei no 6.019/1974, e suspensão total do trabalho avulso por período igual ou superior a 60 (sessenta) dias, comprovada por declaração do sindicato representativo da categoria profissional.

Resposta: A

2. ESTABILIDADE E GARANTIAS PROVISÓRIAS DE EMPREGO

2.1. Introdução

A Declaração da Filadélfia, ato constitutivo da Organização Internacional do Trabalho – OIT, preconiza que a **paz só será alcançada com políticas de justiça social.**

As diversas nações têm se esforçado no sentido de criar novos postos de trabalho, com o objetivo de gerar renda para aquelas pessoas cuja força de trabalho é o único ou principal meio de subsistência própria e de sua família.

Mas a preocupação dos governantes não é só com a promoção da oferta de trabalho.

A manutenção do trabalhador no emprego, também desfruta de idêntica importância, porque a estabilidade econômica daí decorrente constitui instrumento de pacificação social.

Sob outro aspecto, o Direito Laboral caminha no sentido de ampliar o seu âmbito de abrangência para obstar despedidas que se fundem em critérios discriminatórios, seja em razão da atuação do empregado na defesa dos interesses dos seus colegas de trabalho, seja em razão de questões relativas à cor, raça, sexo, religião etc.

É nesse contexto que se insere a proteção jurídica ao trabalhador hipossuficiente, no que diz respeito à garantia e a estabilidade no emprego.

2.2. Antecedentes históricos

À época em que no Brasil as relações laborais eram reguladas pelas normas contidas no Código Civil, inexistia qualquer proteção jurídica contra a dispensa arbitrária do obreiro e, muito menos, estabilidade no emprego.

O Decreto Legislativo nº 4.682/23, conhecido como Lei Eloy Chaves, **foi a primeira norma a tratar do instituto da estabilidade**, mas tinha o seu raio de ação limitado à categoria dos ferroviários. Tratava-se, na verdade, de uma lei de natureza previdenciária, pois criava em cada Estado federado uma Caixa de Aposentadoria e Pensões – CAPs.

Percebe-se, assim, que o direito à estabilidade decenal teve como finalidade principal a capitalização financeira das CAPs, por meio de contribuições perenes dos empregados, dos patrões e do governo. O objetivo principal, portanto, não foi a proteção do empregado contra o exercício do direito potestativo do empregador de resilir o pacto laboral a qualquer tempo.

Progressivamente, o direito à estabilidade foi estendido para outras categorias profissionais, por intermédio da criação dos Institutos de Aposentadoria e Pensão – IAPs (que beneficiou inicialmente os marítimos – IAPM, comerciários – IAPC, bancários – IAPB, estiva e transporte de cargas – IAPTEC, e industriários – IAPI).

Somente com o advento da Consolidação das Leis do Trabalho a estabilidade foi estendida a todos os empregados, desde que completassem 10 anos de efetivo serviço e foi extinta completamente com a promulgação da Constituição Federal de 1988.

2.3. Conceito e denominações

O empregador tem o direito potestativo de, a qualquer momento, por fim ao contrato de trabalho sem apresentar qualquer motivo, ou seja, pode resilir o pacto laboral, desde que avise previamente o empregado com uma antecedência mínima de trinta dias.

Da mesma forma, o empregado pode resilir o contrato de emprego, acompanhada da devida comunicação prévia ao empregador, o que se denomina de demissão.

A estabilidade no emprego seria uma **limitação ao direito potestativo do empregador e, ao mesmo tempo, um direito do trabalhador de permanecer no emprego,** mesmo contra a vontade do empregador (ressalvada a prática de falta grave ou motivo de força maior).

2.4. Fundamentos

O contrato de trabalho é um negócio jurídico formado pela união de vontades do empregado e do empregador. Regido pela legislação trabalhista, essa espécie de pacto não admite a aplicação irrestrita da teoria da autonomia da vontade, por razões que já foram anteriormente estudadas, principalmente pela aplicação do princípio da irrenunciabilidade.

A lei veda a renúncia e a transação de direitos trabalhistas pelo **empregado hipossuficiente**. Isso ocorre quando da formação e execução do contrato de trabalho. **A estabilidade pode ser considerada, nesse aspecto, uma interferência do Poder Estatal na livre iniciativa da atividade econômica**, justamente no que poderia ser o momento final do vínculo empregatício.

Essa ingerência do Estado nas relações particulares não é exclusividade do Direito do Trabalho. Tal ocorre, também, nos contratos de locação, que, quando celebrados por prazo inferior a trinta meses, findo o qual considera-se prorrogado e a retomada do imóvel só se opera em determinados casos que se encontram estabelecidos no art. 47, da Lei nº 8.245/91.[11]

Na verdade, o Direito Civil moderno não admite que os contratantes manifestem, de forma abusiva, a sua vontade. **Deve ser sempre respeitado, dentre outros princípios, a função social do contrato**, que no ordenamento jurídico nacional encontra-se insculpido no art. 421 do Código Civil: "liberdade de contratar será exercida em razão e nos limites da função social do contrato".

2.5. Caracterização

Caracteriza-se a estabilidade, justamente, pela **impossibilidade do empregador exercer o seu direito potestativo de, a qualquer momento, por fim a relação empregatícia**, o que é incompatível com a ideia de concessão de aviso-prévio.[12]

Por se tratar de limitação ao direito de despedida, não há possibilidade de a estabilidade, em regra, ser adquirida nos contratos por tempo determinado.

Com efeito, como dito anteriormente, o rompimento do pacto antes do termo pré-fixado, pela teoria contratualista do vínculo empregatício, constitui descumprimento de obrigação contratual por parte do empregado. Por conta disso, não se pode falar em despedida em contrato a termo e sim em resolução contratual.

Todavia, em 2012, o TST alterou o seu posicionamento **e passou a reconhecer a possibilidade de aquisição da estabilidade gestante e aquela decorrente de acidente do trabalho nos contratos por tempo determinado**, conforme Súmulas nºs 244, III e 378, III.

> **SÚMULA Nº 244.** GESTANTE. ESTABILIDADE PROVISÓRIA (redação do item III alterada na sessão do Tribunal Pleno realizada em 14.09.2012) – Res. 185/2012, DEJT divulgado em 25, 26 e 27.09.2012 III – A empregada gestante tem direito à estabilidade provisória prevista no art. 10, inciso II, alínea b, do ADCT, mesmo na hipótese de admissão mediante contrato por tempo determinado.
>
> **SÚMULA Nº 378.** ESTABILIDADE PROVISÓRIA. ACIDENTE DO TRABALHO. Art. 118 DA LEI Nº 8.213/1991. CONSTITUCIONALIDADE. PRESSUPOSTOS (inserido o item III) Res. 185/2012, DEJT divulgado em 25, 26 e 27.09.2012. III – O empregado submetido a contrato de trabalho por tempo determinado goza da garantia provisória de emprego, decorrente de acidente de trabalho, prevista no art. 118 da Lei no 8.213/1991.

11. Lei nº 8.245, de 18 de outubro de 1991. Art. 47. Quando ajustada verbalmente ou por escrito e com prazo inferior a trinta meses, findo o prazo estabelecido, a locação prorroga-se automaticamente, por prazo indeterminado, somente podendo ser retomado o imóvel: I – nos casos do artigo 9º; II – em decorrência de extinção do contrato de trabalho, se a ocupação do imóvel pelo locatário estiver relacionada com o seu emprego; III – se for pedido para uso próprio, de seu cônjuge ou companheiro, ou para uso residencial de ascendente ou descendente que não disponha, assim como seu cônjuge ou companheiro, de imóvel residencial próprio; IV – se for pedido para demolição e edificação licenciada ou para a realização de obras aprovadas pelo Poder Público, que aumentem a área construída em, no mínimo, vinte por cento ou, se o imóvel for destinado a exploração de hotel ou pensão, em cinquenta por cento; V – se a vigência ininterrupta da locação ultrapassar cinco anos.
12. TST. Súmula nº 348. AVISO PRÉVIO. CONCESSÃO NA FLUÊNCIA DA GARANTIA DE EMPREGO. INVALIDADE. (mantida) – Res. 121/2003, DJ 19, 20 e 21.11.2003. É inválida a concessão do aviso prévio na fluência da garantia de emprego, ante a incompatibilidade dos dois institutos. (Res. 58/1996, DJ 28.06.1996).

Posteriormente o TST **reconheceu a impossibilidade de empregado temporário adquirir a estabilidade**, conforme se observa da decisão proferida nos autos do Incidente de Assunção de Competência – IAC de nº 5639-31.2012.5.12.051, na qual fixou-se a seguinte tese jurídica: "é inaplicável ao regime de trabalho temporário, disciplinado pela Lei n.º 6.019/74, a garantia de estabilidade provisória à empregada gestante, prevista no art. 10, II, b, do Ato das Disposições Constitucionais Transitórias".

De igual forma, em regra, **não se poderia pretender adquirir a estabilidade provisória durante o transcurso do prazo do aviso-prévio**. Isso porque a estabilidade provisória visa obstar a despedida discriminatória.

Se a causa da estabilidade foi implementada durante o período do aviso-prévio, conclui-se que o desejo de romper o vínculo empregatício não tem relação direta com a nova atividade desenvolvida pelo empregado, em razão do seu estado psicofisiológico.

Nesse sentido, dispõe a Súmula nº 371 do Tribunal Superior do Trabalho:

> **SÚMULA Nº 371.** AVISO PRÉVIO INDENIZADO. EFEITOS. SUPERVENIÊNCIA DE AUXÍLIO-DOENÇA NO CURSO DESTE. (conversão das Orientações Jurisprudenciais nº 40 e 135 da SDI-1) – Res. 129/2005 – DJ 20.04.2005. A projeção do contrato de trabalho para o futuro, pela concessão do aviso prévio indenizado, tem efeitos limitados às vantagens econômicas obtidas no período de pré-aviso, ou seja, salários, reflexos e verbas rescisórias. No caso de concessão de auxílio-doença no curso do aviso prévio, todavia, só se concretizam os efeitos da dispensa depois de expirado o benefício previdenciário.

Entretanto, em relação à gestante, a Lei nº 12.812/13, que introduziu o art. 391-A à CLT, **garantiu expressamente o direito à estabilidade no emprego ainda que a concepção tenha ocorrido durante o período do aviso prévio, indenizado ou trabalhado.**

Essa estabilidade **foi estendida para o empregado adotante**, durante o período em que durar guarda provisória, por conta da introdução de um parágrafo único ao referido art. 391-A da CLT, pela Lei nº 13.509/17:

> **Art. 391-A. Parágrafo único.** O disposto no *caput* deste artigo aplica-se ao empregado adotante ao qual tenha sido concedida guarda provisória para fins de adoção.

2.6. Distinções

Há uma nítida distinção entre as figuras da garantia de emprego e da estabilidade no emprego, apesar de inexistir consenso na doutrina e jurisprudência quanto ao significado jurídico dessas expressões.

O Estado, seja ele social ou liberal, preocupa-se, em maior ou menor grau, em proteger o trabalhador contra o desemprego. Assim, a garantia de emprego é representada pelas **técnicas e as políticas legislativas e governamentais que objetivam criar um número cada vez maior de postos de trabalho** com o objetivo de diminuir o nível de rotatividade da mão-de-obra e a precarização do emprego.

Nesse passo, a atual Carta Magna (art. 7º, II) prevê como direito do trabalhador, dentre outros, o benefício do seguro desemprego, nos casos de desemprego involuntário.

A Lei nº 7.998/90, regula o programa do seguro-desemprego, com recursos provenientes do Governo Federal, mais precisamente por meio do FAT – Fundo de Amparo ao Trabalhador.

Já a estabilidade faria parte dessa denominada "política de garantia de emprego", ou seja, seria uma das espécies do gênero garantia de emprego.

Na estabilidade, **a norma protetiva laboral garante ao trabalhador a manutenção da relação empregatícia por um prazo indeterminado ou determinado**. Assim, a estabilidade pode ser classificada como definitiva, também denominada de absoluta, ou provisória, conhecida também como estabilidade relativa.

Entretanto, como dito, o termo garantia de emprego também serve para denominar a hipótese em que **o empregador fica obstado, provisoriamente, de romper o pacto laboral sem justa causa**, mas que, se assim o fizer, fica obrigado a pagar ao empregado uma indenização equivalente ao período respectivo.

Luciano Martinez utiliza as expressões "garantia de emprego básica" e "garantia de emprego especial" para distinguir as duas situações:

> Garantia de emprego básica, também conhecida como garantia de emprego em sentido estrito, é mero entrave imposto ao desligamento. Ela funciona [...] mediante desestímulos à atuação resilitória patronal. A garantia de emprego especial, também conhecida como estabilidade, por seu turno, é um verdadeiro obstáculo imposto ao desligamento. Ela, na verdade, impede o despedimento diante de algumas situações particulares.[13]

O referido autor ainda explica o que considera **garantias do tempo de serviço**, ao considerá-las como um montante pecuniário proporcional ao período de vinculação contratual com o empregador.[14]

Observa-se, assim, que não há consenso na doutrina quanto à utilização das denominações que tratam da garantia de emprego. Contudo, é possível perceber que o ordenamento jurídico ora veda a despedida do empregado sem justa causa (temporária ou definitivamente), ora estabelece desestímulos para o exercício desse direito potestativo do empregador, ora estabelece regras a serem observadas pelo próprio Estado, no sentido de editar regras para minimizar os efeitos da rotatividade da mão de obra.

2.7. Convenção nº 158 da Organização Internacional do Trabalho

A Convenção nº 158 da Organização Internacional do Trabalho, de 22 de junho de 1982, que dispõe sobre o término da relação de trabalho por iniciativa do empregador, foi ratificada pelo Brasil, pelo Decreto Legislativo nº 68/92 e promulgada pelo Decreto de nº 1.855/96.

A referida Convenção nº 158 **proíbe a dispensa arbitrária e elimina o direito potestativo do empregador de resilir o pacto laboral a qualquer momento sem justificar o seu ato**.

Determinadas causas serviriam para justificar a cessação do contrato de trabalho, desde que relacionadas com: a capacidade de trabalho do empregado; comportamento do trabalhador; e necessidades de funcionamento da empresa. Em outras palavras, o empregador

---

13. MARTINEZ, Luciano. **Curso de direito do trabalho**. São Paulo: Saraiva, 2010. p. 533.
14. *Op. cit.* p. 533.

não ficaria impedido de despedir o empregado. Se o fizesse, teria que explicitar o motivo, limitado às causas técnicas, econômicas ou financeiras.

Ainda, segundo o art. 5º da supramencionada Convenção nº 158, não seria considerada justa causa autorizadora da extinção da relação de emprego:

> a) a filiação a um sindicato ou participação em atividades sindicais fora das horas de trabalho ou, com o consentimento do empregador, durante as horas de trabalho;
>
> b) ser candidato a representante dos trabalhadores ou atuar ou ter atuado nessa qualidade;
>
> c) apresentar uma queixa ou participar de um procedimento estabelecido contra um empregador por supostas violações de leis ou regulamentos, ou recorrer perante as autoridades administrativas competentes;
>
> d) a raça, a cor, o sexo, o estado civil, as responsabilidades familiares, a gravidez, a religião, as opiniões políticas, ascendência nacional ou a origem social;
>
> e) a ausência do trabalho durante a licença-maternidade.

O Supremo Tribunal Federal concedeu liminar nos autos da ADI 1.480-3/DF, para **declarar a natureza meramente programática** da Convenção 158 da Organização Internacional do Trabalho.

Atualmente, após a promulgação da Emenda Constitucional nº 45, os tratados e as convenções internacionais que versem sobre direitos humanos, aprovados por 3/5 dos votos dos membros da Câmara dos Deputados e do Senado Federal, em dois turnos, **gozam de status de preceito constitucional**, de acordo com o art. 5º, § 3º, da Carta Maior.[15]

O Decreto 2.100/96 tornou pública a denúncia da Convenção nº 158 da Organização Internacional do Trabalho, que deixou de vigorar no Brasil a partir de 20.11.1997, o que levou o Supremo Tribunal Federal a extinguir a referida ADIN nº 1.480-3/DF, sem a resolução do mérito pela perda do objeto.[16]

Contudo, tramita no STF a ADI nº 1625, de autoria da Confederação Nacional dos Trabalhadores da Agricultura (Contag) que postula a declaração da inconstitucionalidade do referido Decreto nº 2.100/1996, pois não houve a participação do Congresso Nacional para revogação da Convenção nº 158 da OIT no âmbito interno.

2.8. Estabilidade e função de confiança

A estabilidade é no emprego e não em determinada função desenvolvida pelo trabalhador.

Desse modo, **o empregado não tem direito de permanência nas funções consideradas como de confiança para o empregador,** se não for do interesse deste último (art. 499 da CLT).[17]

15. CF/88. Art. 5º. § 3º. Os tratados e convenções internacionais sobre direitos humanos que forem aprovados, em cada Casa do Congresso Nacional, em dois turnos, por três quintos dos votos dos respectivos membros, serão equivalentes às emendas constitucionais.
16. Decreto nº 2.100/96. O PRESIDENTE DA REPÚBLICA, torna público que deixará de vigorar para o Brasil, a partir de 20 de novembro de 1997, a Convenção da OIT nº 158, relativa ao Término da Relação de Trabalho por Iniciativa do Empregador, adotada em Genebra, em 22 de junho de 1982, visto haver sido denunciada por Nota do Governo brasileiro à Organização Internacional do Trabalho, tendo sido a denúncia registrada, por esta última, a 20 de novembro de 1996.
17. CLT. Art. 499. Não haverá estabilidade no exercício dos cargos de diretoria, gerência ou outros de confiança imediata do empregador, ressalvado o cômputo do tempo de serviço para todos os efeitos legais.

Se antes de exercer a função de confiança já ocupava um cargo efetivo, tem garantido o direito de reversão. Caso contrário, se foi admitido somente para ocupar o cargo de confiança, não terá direito à estabilidade.

3. FORMAS DE ESTABILIDADE

A estabilidade no emprego pode ser **definitiva,** também denominada de absoluta, se não existe um termo final prefixado para extingui-la, ou **provisória**, conhecida também como relativa, quando já se sabe, de antemão, o termo inicial e final da referida garantia.

No caso da estabilidade provisória, o empregador fica impedido de despedir o empregado sem justa causa durante um determinado período.

Parece ser um contrassenso afirmar que um empregado é portador de uma estabilidade provisória, pois o substantivo estabilidade transmite a ideia de perenidade, permanência etc., o que contrasta com o adjetivo "provisória".

De qualquer forma, o empregado detentor da estabilidade provisória desfruta de uma relativa segurança no emprego, desde que não cometa uma falta grave autorizadora da resolução do pacto laboral ou por um motivo previsto em lei que permita ao empregador romper o liame por razões técnicas, econômicas ou financeiras.

A doutrina ainda apresenta a seguinte classificação:

- **Estabilidade definitiva**: para as hipóteses em que **não há termo final** para a extinção desse direito do trabalhador. Nesse caso é necessário o **ajuizamento de inquérito para apuração de falta grave para romper o vínculo empregatício** (portador de estabilidade decenal prevista pelo art. 492 da CLT e servidor público celetista);
- **Estabilidade provisória:** para os casos em que a impossibilidade da dispensa sem justa causa for **limitada no tempo. Também é necessário o ajuizamento de inquérito para apuração de falta grave para romper o vínculo empregatício** (dirigente sindical, integrante do CNPS etc.);
- Garantia de emprego, **quando a lei veda a dispensa arbitrária, mas não exige ação judicial específica para o empregador extinguir o contrato de trabalho** (integrante da CIPA, gestante etc.).

Exemplo de questão sobre o tema

(TRT 3 – Juiz do Trabalho Substituto 3ª região/2014) Sobre a garantia de emprego, é correto afirmar que ela constitui, EXCETO:

(A) Aquela proteção jurídica de caráter transitório que garante a manutenção temporária do vínculo empregatício.

(B) Aquela proteção jurídica concedida aos dirigentes sindicais eleitos.

(C) Aquela proteção jurídica concedida por entidade estatal, mesmo que ela se organize de forma privatística.

(D) Aquela proteção jurídica prevista pela legislação previdenciária relativa ao término do afastamento do trabalhador após percepção do auxílio previdenciário.

(E) Aquela proteção jurídica relativa ao servidor público celetista que contava cinco anos de emprego ou mais em 05.10.1988.

Resposta: C

3.1. Estabilidade definitiva

No Brasil, a estabilidade definitiva encontra-se representada pelas hipóteses do servidor público celetista da administração direta e, em vias de extinção, pela estabilidade prevista pela CLT, para os empregados que contavam com mais de 10 anos de serviços à época da promulgação da atual Carta Maior.

A. *Estabilidade da Consolidação das Leis do Trabalho*

Antes da sanção da Lei que instituiu o FGTS (Lei nº 5.107/66), o empregado era duplamente protegido. Primeiro, porque teria direito a uma indenização de antiguidade, equivalente a um mês de remuneração por ano de serviço ou fração igual ou superior a seis meses, se fosse despedido sem justa causa. Segundo, porque ao atingir dez anos de serviço **adquiria estabilidade definitiva no emprego.**

A Consolidação das Leis do Trabalho trata da estabilidade definitiva em seu art. 492 e seguintes:

> **Art. 492.** O empregado que contar mais de dez anos de serviço na mesma empresa não poderá ser despedido senão por motivo de falta grave ou circunstância de força maior, devidamente comprovadas.

Assim, a opção pelo sistema do FGTS implicava incompatibilidade com a estabilidade decenal, mas não afastava eventual garantia de emprego estabelecida por outras fontes normativas laborais:

> **TST. SÚMULA Nº 98.** FGTS. INDENIZAÇÃO. EQUIVALÊNCIA. COMPATIBILIDADE. (INCORPORADA A ORIENTAÇÃO JURISPRUDENCIAL Nº 299 DA SDI-1. Res. 129/2005, DJ 20, 22 e 25.04.2005. II – A estabilidade contratual ou a derivada de regulamento de empresa são compatíveis com o regime do FGTS. Diversamente ocorre com a estabilidade legal (decenal, art. 492 da CLT), que é renunciada com a opção pelo FGTS.

A comprovação da prática de ilícito trabalhista deve ser feita pela via da ação judicial típica, denominada de **inquérito para apuração de falta grave, com prazo decadencial de trinta dias** a partir da data de suspensão do empregado do serviço.

B. *Estabilidade de servidor público celetista*

A Constituição vigente, em seu art. 41, estabelece o direito de aquisição de estabilidade ao servidor público da administração pública direta, autárquica e fundacional, após três anos de efetivo exercício.[18]

Nesse caso, a perda do cargo ou do emprego público só poderá ocorrer em virtude de **decisão judicial transitada em julgado ou por meio de processo administrativo disciplinar no qual seja garantida a ampla defesa.**

> **TST. SÚMULA Nº 390.** ESTABILIDADE. ART. 41 DA CF/1988. CELETISTA. ADMINISTRAÇÃO DIRETA, AUTÁRQUICA OU FUNDACIONAL. APLICABILIDADE.

18. CF/88. Art. 41. São estáveis após três anos de efetivo exercício os servidores nomeados para cargo de provimento efetivo em virtude de concurso público.

EMPREGADO DE EMPRESA PÚBLICA E SOCIEDADE DE ECONOMIA MISTA. INAPLICÁVEL. (conversão das Orientações Jurisprudenciais nº 229 e 265 da SDI-1 e da Orientação Jurisprudencial nº 22 da SDI-2) – Res. 129/2005 – DJ 20.04.2005: I – O servidor público celetista da administração direta, autárquica ou fundacional é beneficiário da estabilidade prevista no art. 41 da CF/1988. (ex-OJ nº 265 da SDI-1 – Inserida em 27.09.2002 e ex-OJ nº 22 da SDI-2 – Inserida em 20.09.00); II – Ao empregado de empresa pública ou de sociedade de economia mista, ainda que admitido mediante aprovação em concurso público, não é garantida a estabilidade prevista no art. 41 da CF/1988. (ex-OJ nº 229 – Inserida em 20.06.2001).

Saliente-se que, no serviço público, além do objetivo geral, o instituto da estabilidade possui outra função, qual seja, a de impedir ou limitar a perseguição política por conta de opções partidárias dos empregados públicos.

Segundo o TST, a referida estabilidade alcança também os **empregados celetistas das fundações instituídas por lei,** ainda que possuam personalidade jurídica de direito privado, desde que sejam subvencionadas pelo poder público:

TST. SDI-1. OJ Nº 364. ESTABILIDADE. ART. 19 DO ADCT. SERVIDOR PÚBLICO DE FUNDAÇÃO REGIDO PELA CLT. DJ 20, 21 e 23.05.2008. Fundação instituída por lei e que recebe dotação ou subvenção do Poder Público para realizar atividades de interesse do Estado, ainda que tenha personalidade jurídica de direito privado, ostenta natureza de fundação pública. Assim, seus servidores regidos pela CLT são beneficiários da estabilidade excepcional prevista no art. 19 do ADCT.

Observe-se, contudo, que a despedida do empregado público, no curso do estágio probatório, **só é possível mediante processo administrativo disciplinar, no qual seja garantido o contraditório e a ampla defesa**, conforme entendimento do STF manifestado em sua Súmula nº 21: "Funcionário em estágio probatório não pode ser exonerado nem demitido sem inquérito ou sem as formalidades legais de apuração de sua capacidade".

Contudo, a EC nº 19/98 **alterou a redação do art. 41 da CF/88** para deixar claro que a estabilidade só se aplica ao servidor **ocupante de cargo público**, o que excluiria os empregados públicos: "Art. 41. São estáveis após três anos de efetivo exercício os servidores nomeados para cargo de provimento efetivo em virtude de concurso público".

O TST já admitiu a aplicabilidade da jurisprudência do STF que é contrário àquele constante da Súmula nº 390:

AÇÃO RESCISÓRIA. SERVIDOR PÚBLICO MUNICIPAL CELETISTA SUBMETIDO A CONCURSO PÚBLICO. DISPENSA COM FUNDAMENTO NO ART. 21, PARÁGRAFO ÚNICO, DA LRF. INEXISTÊNCIA DE PROCEDIMENTO ADMINISTRATIVO EM QUE ASSEGURADO O DEVIDO PROCESSO LEGAL E O DIREITO À AMPLA DEFESA. RETORNO AO TRABALHO. APLICAÇÃO DOS ARTS. 169 E 182 DO CÓDIGO CIVIL. Conforme precedentes do Supremo Tribunal Federal, o servidor público celetista da administração direta, autárquica ou fundacional ou o empregado de empresa pública ou de sociedade de economia mista, ainda que admitidos por meio de aprovação em concurso público, não têm direito à estabilidade do art. 41 da CF, a não ser que a contratação tenha se dado anteriormente à Emenda Constitucional nº 19/1998. Todavia, também de acordo com o entendimento consolidado pela Suprema Corte, viola o art. 5º, LV, da CF a dispensa de servidor municipal nomeado após aprovação em concurso público, ainda que em estágio probatório, com fundamento no art. 21, parágrafo único, da Lei de Responsabilidade Fiscal, quando não assegurado o contraditório e a ampla defesa em procedimento administrativo. Sob esses fundamentos, a SBDI-II, por unanimidade, conheceu do recurso ordinário em ação rescisória e, no mérito, negou-lhe provimento, assentando que, a despeito de não se tratar de servidor público estável, na forma do art. 41 da CF, a dispensa, sem o precedente procedimento administrativo, é nula, razão pela qual se determina o retorno ao trabalho, com pagamento dos salários vencidos e vincendos desde a data da dispensa, nos termos dos arts. 169 e 185 do Código Civil, ficando, no entanto, assegurado ao Município empregador o direito de renovar o despedimento, desde que observe a exigência do prévio procedimento administrativo em que assegurado o devido processo legal e o direito à ampla defesa. Vencidos os Ministros Luiz Philippe Vieira de Mello Filho e Ives Gandra Martins Filho. TST-RO-5904-64.2012.5.07.0000, SBDI-II, rel. Min. Douglas Alencar Rodrigues, 21.3.2017 (TST. Info nº 155).

ATENÇÃO! Segundo o artigo 19 do ADCT da CF/88, os servidores públicos civis da União, dos Estados, do Distrito Federal e dos Municípios, da administração direta, autárquica e das fundações públicas, em exercício na data da promulgação da Carta Magna, há pelo menos cinco anos continuados, e que não tenham sido admitidos na forma regulada no artigo 37 da CF/88 (ou seja, mediante concurso público), são considerados estáveis no serviço público. Essa situação precária, todavia, impede que o regime jurídico desses servidores seja transformado em estatutários.

Como consta do entendimento do TST, revelado pelo item II, da Súmula nº 390, o empregado de empresa pública ou sociedade de economia mista que explore atividade econômica não adquire a estabilidade insculpida no art. 41 da CF/88.

Todavia, como se trata de **ato da administração pública indireta**, há necessidade da respectiva **motivação** para sua validade.

A Resolução nº 143/07 alterou a redação da OJ nº 247, da SDI-1, do TST, **para exigir que o ato de dispensa dos empregados dos Correios seja motivado:**

OJ Nº 247. SERVIDOR PÚBLICO. CELETISTA CONCURSADO. DESPEDIDA IMOTIVADA. EMPRESA PÚBLICA OU SOCIEDADE DE ECONOMIA MISTA. POSSIBILIDADE. Inserida em 20.06.2001. (Alterada – Res. nº 143/2007 – DJ 13.11.2007). I – A despedida de empregados de empresa pública e de sociedade de economia mista, mesmo admitidos por concurso público, independe de ato motivado para sua validade; II – A validade do ato de despedida do empregado da Empresa Brasileira de Correios e Telégrafos (ECT) está condicionada à motivação, por gozar a empresa do mesmo tratamento destinado à Fazenda Pública em relação à imunidade tributária e à execução por precatório, além das prerrogativas de foro, prazos e custas processuais.

O STF confirmou o posicionamento do TST para afastar a possibilidade de aquisição da estabilidade, mas exigindo a motivação do ato de dispensa:

O Tribunal rejeitou questão de ordem do patrono da recorrente que suscitava fosse este feito julgado em conjunto com o RE 655.283, com repercussão geral reconhecida. Em seguida, colhido o voto-vista do Ministro Joaquim Barbosa (Presidente), o Tribunal deu provimento parcial ao recurso extraordinário para reconhecer a inaplicabilidade do art. 41 da Constituição Federal e exigir-se a necessidade de motivação para a prática legítima do ato de rescisão unilateral do contrato de trabalho, vencidos parcialmente os Ministros Eros Grau e Marco Aurélio. O Relator reajustou parcialmente seu voto. Em seguida, o Tribunal rejeitou questão de ordem do advogado da Empresa Brasileira de Correios e Telégrafos – ECT que suscitava fossem modulados os efeitos da decisão.[19]

19. STF. RE 589998. Plenário. Rel. Min. Ricardo Lewandowski. DJ 20.03.2013.

Após essa decisão o TST iniciou um processo de alteração do seu entendimento já consolidado pela OJ nº 247, no sentido de estender a tese da necessidade de motivação do ato administrativo para todas as empresas públicas ou sociedades de economia mista:

> O campo da despedida das empresas públicas e das sociedades de economia mista não é irrestritamente livre, sendo imprescindível que haja motivação justa, sob pena do ato e cerrar arbitrariedade. Ora, se nos moldes preconizados pelo "caput" do artigo 37 da Carta Magna, a Administração Pública Direta e Indireta, de qualquer dos Poderes da União, dos Estados, do Distrito Federal e dos Municípios, sujeita-se aos princípios da legalidade, da impessoalidade, da moralidade, da publicidade e da eficiência, exigindo a investidura em cargo ou emprego público apenas mediante prévia aprovação em concurso público de provas e títulos (inciso II do artigo 37/CF), excetuando-se os cargos em comissão, evidente que tal tratamento deve estar presente também no ato da dispensa, sob pena de se fazer "letra morta" do Texto Constitucional, que visou a moralização das contratações e dispensas no setor. E, ao contrário do entendimento estampado através do acórdão regional, o Constituinte visou assegurar não apenas direitos de estatutários, mas também de empregados celetistas como a reclamante, pelo que competia à reclamada, antes de dispensar a empregada, proceder à devida motivação do ato. Imprescindível, portanto, que haja motivação justa, sob pena do ato encerrar arbitrariedade, que resulta nulo, acarretando, portanto, ao empregado a reintegração no emprego, com os demais direitos daí defluentes. Nesse sentido, o Plenário do Supremo Tribunal Federal julgou no dia 20 de março de 2013 o recurso extraordinário 589.998 e decidiu que é obrigatória a motivação para a prática legítima do ato de rescisão unilateral do contrato de trabalho de empregados de empresas estatais.[20] Recurso de revista de que se conhece e a que se dá provimento.[21]

Todavia, em sede de julgamento de embargos de declaração no RE nº 598998 (10.10.2018), o STF decidiu não estender esse entendimento a todas as empresas públicas e sociedade de economia mista, optando por firmar uma tese minimalista só aplicável à ECT, **mas admitindo essa possibilidade mediante provocação específica de cada uma dessas Entidades**. Ficou claro, também, não ser necessário a instauração de um processo administrativo, mas apenas a motivação do ato.

A tese aprovada foi a seguinte: "A Empresa Brasileira de Correios e Telégrafos (ECT) tem o dever jurídico de motivar, em ato formal, a demissão de seus empregados".

Apesar de não adquirir estabilidade, os empregados de empresas públicas e sociedades de economia mista **só podem ser contratados mediante aprovação prévia em concurso público**, questão essa que já foi analisada no capítulo III, item 6.3 e capítulo IV, item 8.3, desta obra, ao qual se remete o leitor.

3.2. Estabilidade provisória

Com a promulgação da Carta Política de 1988, extinguiu-se a faculdade que o trabalhador tinha de optar entre o regime do FGTS e o sistema de indenização previsto pela Consolidação das Leis do Trabalho.

Com isso, o empregado do setor privado não **pode mais adquirir a estabilidade definitiva no emprego desde então, salvo direito adquirido.**

---

20. TST. RR. 815-29.2012.5.03.0014. 7ª T. Rel. Min. Valdir Florindo. 26.06.2013.
21. TST. RR 815-29.2012.5.03.0014. 7ª T. Rel. Des. Convocado Valdir Florindo. DJET 01.07.2013.

O ordenamento jurídico **vigente prevê** as seguintes hipóteses de estabilidade provisória no emprego (garantia de emprego), dentre outras: do dirigente sindical; do membro da Comissão Interna de Prevenção de Acidentes – CIPA; da empregada gestante; do empregado que sofreu acidente do trabalho ou foi acometido de doença ocupacional; dos membros do Conselho Curador do FGTS; dos representantes do Conselho Nacional de Previdência Social; dos empregados eleitos diretores de sociedades cooperativas; dos membros das comissões de conciliação prévia.

Depende de regulamentação, por lei complementar, o disposto no art. 7º, inciso I, da atual Constituição Federal, que dispõe ser direito do trabalhador a "relação de emprego protegida contra despedida arbitrária ou sem justa causa, nos termos de lei complementar, que preverá indenização compensatória, dentre outros direitos".

O art. 10, I, do Ato das Disposições Constitucionais Transitórias, determina que, enquanto não for regulamentado o referido art. 7º, I, da Carta Política/88, a proteção contra a despedida arbitrária fica limitada ao aumento para quarenta por cento da multa relativa ao FGTS.[22]

A. Dirigente sindical

Haveria dificuldade de o empregado eleito diretor de entidade sindical desenvolver suas funções corporativas sem possuir estabilidade no emprego. Isso porque a atividade sindical, pela sua própria natureza, vai de encontro aos interesses do empregador.

Ao sindicato cabe a defesa, judicial e extrajudicial, dos interesses de todos os integrantes da categoria profissional que representa.[23] O exercício da defesa desses direitos compete, justamente, aos dirigentes sindicais, que gozam da estabilidade no emprego. Observe-se que essa aludida estabilidade serve para proteger não só o próprio dirigente sindical, mas toda a categoria profissional, constituindo uma prerrogativa sindical.

Com base nesses argumentos, o legislador produziu a norma protetiva, no sentido de vedar o rompimento do pacto laboral do dirigente sindical, salvo se houver prática de falta grave, que **deverá ser apurada por meio de uma ação especial denominada de inquérito judicial.**

A estabilidade **inicia-se a partir do registro de candidatura do trabalhador e se estende até um ano após o fim do seu mandato, caso ele seja eleito, mesmo na condição de suplente**, nos termos do preceito contido no art. 543, § 3º, da Consolidação das Leis do Trabalho.

Observe-se que a atual Constituição Federal recepcionou o dispositivo celetista a seguir transcrito, que trata da estabilidade do dirigente sindical**, ao reconhecer que o número de portadores dessa prerrogativa legal não poderá ser superior a sete trabalhadores**:

> **CLT. Art. 522.** A administração do sindicato será exercida por uma diretoria constituída, no máximo, de sete e, no mínimo, de três membros e de um conselho fiscal composto de três membros, eleitos esses órgãos pela assembleia geral.

22. CF/88. ADCT. Art. 10. Até que seja promulgada a lei complementar a que se refere o artigo 7º, I, da Constituição: I – fica limitada a proteção nele referida ao aumento, para quatro vezes, da porcentagem prevista no artigo 6º, *caput* e § 1º, da Lei nº 5.107, de 13 de setembro de 1966.
23. CF/88. Art. 8º. III – ao sindicato cabe a defesa dos direitos e interesses coletivos ou individuais da categoria, inclusive em questões judiciais ou administrativas.

Entretanto, para que se produzam os efeitos decorrentes da estabilidade, **é necessário que o sindicato cientifique a empresa,** tanto do registro da candidatura quanto da eleição e posse do dirigente sindical.

Acerca da matéria relativa à comunicação da candidatura e da quantidade de dirigentes sindicais estáveis, o Tribunal Superior do Trabalho posiciona-se por intermédio da Súmula nº 369:

> **SÚMULA Nº 369.** DIRIGENTE SINDICAL. ESTABILIDADE PROVISÓRIA. (redação do item I alterada na sessão do Tribunal Pleno realizada em 14.09.2012) – Res. 185/2012, DEJT divulgado em 25, 26 e 27.09.2012 I – É assegurada a estabilidade provisória ao empregado dirigente sindical, ainda que a comunicação do registro da candidatura ou da eleição e da posse seja realizada fora do prazo previsto no art. 543, § 5º, da CLT, desde que a ciência ao empregador, por qualquer meio, ocorra na vigência do contrato de trabalho. II – O art. 522 da CLT foi recepcionado pela Constituição Federal de 1988. Fica limitada, assim, a estabilidade a que alude o art. 543, § 3º, da CLT a sete dirigentes sindicais e igual número de suplentes. III – O empregado de categoria diferenciada eleito dirigente sindical só goza de estabilidade se exercer na empresa atividade pertinente à categoria profissional do sindicato para o qual foi eleito dirigente. (ex-OJ nº 145 da SBDI-1 – inserida em 27.11.1998) IV – Havendo extinção da atividade empresarial no âmbito da base territorial do sindicato, não há razão para subsistir a estabilidade. (ex-OJ nº 86 da SBDI-1 – inserida em 28.04.1997) V – O registro da candidatura do empregado a cargo de dirigente sindical durante o período de aviso prévio, ainda que indenizado, não lhe assegura a estabilidade, visto que inaplicável a regra do § 3º do art. 543 da Consolidação das Leis do Trabalho. (ex-OJ nº 35 da SBDI-1 – inserida em 14.03.1994)

Observe-se que a referida Súmula foi alterada para admitir que a comunicação do registro da candidatura possa ser feita **após o prazo previsto** pelo art. 543, § 3º, da CLT, **mas ainda na vigência do contrato de trabalho.**[24]

A estabilidade mencionada não se estende aos membros do conselho fiscal da entidade sindical, conforme entendimento constante da OJ nº 365, da SDI-1, do TST:

OJ Nº 365. ESTABILIDADE PROVISÓRIA. MEMBRO DE CONSELHO FISCAL DE SINDICATO. INEXISTÊNCIA. DJ 20, 21 e 23.05.2008. Membro de conselho fiscal de sindicato não tem direito à estabilidade prevista nos arts. 543, § 3º, da CLT e 8º, VIII, da CF/1988, porquanto não representa ou atua na defesa de direitos da categoria respectiva, tendo sua competência limitada à fiscalização da gestão financeira do sindicato (art. 522, § 2º, da CLT).

Como o **delegado sindical** não tem sua escolha vinculada ao processo eleitoral, **não há que se falar em estabilidade**, conforme OJ nº 369, SDI-1, do TST:

> **OJ Nº 369.** ESTABILIDADE PROVISÓRIA. DELEGADO SINDICAL. INAPLICÁVEL. DEJT divulgado em 03, 04 e 05.12.2008. O delegado sindical não é beneficiário da estabilidade provisória prevista no art. 8º, VIII, da CF/1988, a qual é dirigida, exclusivamente, àqueles que exerçam ou ocupem cargos de direção nos sindicatos, submetidos a processo eletivo.

24. CLT. Art. 543, § 3º: Fica vedada a dispensa do empregado sindicalizado ou associado, a partir do momento do registro de sua candidatura a cargo de direção ou representação de entidade sindical ou de associação profissional, até 1 (um) ano após o final do seu mandato, caso seja eleito, inclusive como suplente, salvo se cometer falta grave devidamente apurada nos termos desta Consolidação.

Exemplos de questões sobre o tema

(TRT 2 – Juiz do Trabalho Substituto 2ª região/2014) Ao empregado, dirigente sindical, é assegurada a estabilidade provisória no emprego. Aponte a alternativa correta:

(A) É assegurada desde que seja eleito por sindicato de categoria diferenciada, independentemente da atividade exercida na empresa.

(B) É garantida ainda que o registro da candidatura do empregado a cargo de dirigente sindical ocorra durante o período de aviso prévio, mesmo quando indenizado, porque este período integra o contrato de trabalho para todos os efeitos legais.

(C) É garantida ainda que a comunicação do registro da candidatura ou da eleição e da posse seja realizada fora do prazo de 24 (vinte e quatro) horas, desde que a ciência ao empregador, por qualquer meio, ocorra na vigência do contrato de trabalho.

(D) Tem vigência a partir do momento do registro de sua candidatura a cargo de direção ou representação de entidade sindical ou de associação profissional, até 1 (um) ano após o final do seu mandato, caso seja eleito inclusive como suplente, independentemente da prática de falta grave.

(E) É assegurada em caso de extinção da atividade empresarial no âmbito da base territorial do sindicato, porque a estabilidade é direito irrenunciável.

Resposta: C

(TRT 3 – Juiz do Trabalho Substituto 3ª região/ 2013) Relativamente à estabilidade do dirigente sindical, com base na jurisprudência dominante, é incorreto afirmar:

(A) O empregado de categoria diferenciada eleito dirigente sindical só goza de estabilidade se exercer na empresa atividade pertinente à categoria profissional do sindicato para o qual foi eleito dirigente.

(B) É assegurada a estabilidade provisória ao empregado dirigente sindical, ainda que a comunicação do registro da candidatura ou da eleição e da posse seja realizada fora do prazo previsto no art. 543, § 5°, da CLT, desde que a ciência ao empregador, por qualquer meio, ocorra na vigência do contrato de trabalho.

(C) O registro da candidatura do empregado a cargo de dirigente sindical durante o período de aviso prévio, ainda que indenizado, assegura-lhe a estabilidade, dado que aplicável a regra do § 3° do art. 543 da Consolidação das Leis do Trabalho.

(D) O art. 522 da CLT foi recepcionado pela Constituição Federal de 1988. Assim, a estabilidade a que alude o art. 543, § 3.°, da CLT, fica limitada a sete dirigentes sindicais e igual número de suplentes.

(E) Havendo extinção da atividade empresarial no âmbito da base territorial do sindicato, não há razão para subsistir a estabilidade.

Resposta: C

(Magistratura do Trabalho – TRT 8ª R – 2011) Analise as proposições abaixo e marque a alternativa CORRETA:

I. Dentre os empregados beneficiários da estabilidade decenária prevista na CLT estavam aqueles que contassem com mais de dez anos de serviço na empresa, ou em empresas integrantes do mesmo grupo econômico, os dirigentes contratados para o desempenho de cargo em confiança, como os cargos de diretoria ou gerência, empregados em consultórios ou escritórios de profissionais liberais.

II. Embora em franco declínio, a antiga estabilidade decenal persiste, no entanto, a estabilidade provisória em que se incluem: a estabilidade do dirigente sindical; da empregada urbana, rural e avulsa, desde a confirmação da gravidez até cinco meses após o parto; a do empregado eleito para o cargo de direção das CIPA; a do empregado acidentado; a dos empregados membros de Comissão de Conciliação Prévia; a dos representantes dos trabalhadores no Conselho Curador do FGTS e a do representante de empregados no Conselho Nacional da Previdência Social.

III. Desde que pertencente à categoria diferenciada, o empregado eleito dirigente sindical goza da estabilidade que lhe é inerente, independentemente da atividade exercida na empresa para a qual trabalha.

IV. Para a aquisição da estabilidade acidentária, o empregado deve ter sido afastado do trabalho por prazo superior a 15 dias, com consequente percepção do auxílio-doença acidentário, salvo na hipótese em que, após o despedimento, vier a ser constatada doença profissional que tenha relação de causalidade com a execução do contrato de emprego.

(A) As alternativas III e IV estão corretas.

(B) As alternativas I e III estão corretas.

(C) As alternativas II e IV estão corretas.

(D) As alternativas I e IV estão corretas.

(E) As alternativas I e II estão corretas.

Resposta: C

(TRT 22 – Juiz do Trabalho Substituto 22ª região/ 2013) Sobre as garantias do dirigente sindical, é CORRETO afirmar o seguinte:

(A) o dirigente sindical poderá ser dispensado por falta grave mediante a apuração realizada por comissão criada exclusivamente para tal fim.

(B) caso o contrato de trabalho seja por prazo determinado, o dirigente sindical eleito não gozará de estabilidade sindical, após o temo final ajustado;

(C) é vedada a dispensa do empregado sindicalizado a partir da data do registro da sua candidatura a cargo de dirigente sindical, mesmo que tal registro ocorra no período do aviso prévio;

(D) o empregado eleito para o cargo de dirigente sindical não poderá ser dispensado sem justa causa, porém poderá ser transferido para lugar diverso, ainda que isso dificulte o desempenho das suas atribuições sindicais.

(E) o dirigente sindical goza de estabilidade, embora não exerça na empresa atividade pertinente à categoria profissional do sindicato para o qual foi eleito.

Resposta: B

B. *Membro da CIPA*

A Comissão Interna de Prevenção de Acidentes – CIPA é um órgão paritário, formado por representantes do empregado e do empregador, constituído dentro de cada estabelecimento das empresas, com o objetivo de prevenir acidentes do trabalho e doenças ocupacionais e de manter o bem-estar psicofisiológico do trabalhador no seu meio ambiente de trabalho.

O número de membros da CIPA **varia de acordo com o grau de risco da atividade desenvolvida pela empresa, bem como pelo número de empregados registrados no estabelecimento**, conforme consta da NR – Norma Regulamentadora nº 5.[25]

O empregado eleito para fazer parte da Comissão Interna de Prevenção de Acidentes – CIPA deve usufruir os benefícios derivados do instituto da estabilidade, sob pena de ficar impossibilitado de defender os interesses dos seus colegas de trabalho no que diz respeito às questões ligadas a medicina, higiene e segurança no trabalho.

A atual Carta Política, em seu art. 10, II, do ADCT, preconiza que:

> **Art. 10.** Até que seja promulgada a lei complementar a que se refere o artigo 7º, I, da Constituição: II – fica vedada a dispensa arbitrária ou sem justa causa: a) do empregado eleito para cargo de direção de comissões internas de prevenção de acidentes, desde o registro de sua candidatura até um ano após o final de seu mandato;

Houve recepção, portanto, das disposições contidas no art. 165 da Consolidação das Leis do Trabalho:

25. Ministério do Trabalho. Portaria nº 3.214, de 1978. NR nº 5.

> **Art. 165.** Os titulares da representação dos empregados nas CIPAs não poderão sofrer despedida arbitrária, entendendo-se como tal a que não se fundar em motivo disciplinar, técnico, econômico ou financeiro.

Pela simples leitura desse dispositivo legal, observa-se que os empregados integrantes da CIPA **podem ter o seu contrato resolvido ou extinto por razões disciplinares, técnicas, econômicas ou financeiras. O que se veda é a despedida arbitrária**, ou seja, aquela para a qual não fora atribuído nenhum motivo relevante (denúncia vazia).

Desse modo, se o empregador adquire novos equipamentos e, em razão, disso extingue determinado setor de sua empresa ou mesmo um estabelecimento inteiro do qual fazia parte o integrante da CIPA, poderá por fim ao pacto laboral com base em um motivo técnico:

> **OJ4T Nº 61 do TRT9.** GARANTIA NO EMPREGO. CIPA. I – Extinção do estabelecimento. Extinto o estabelecimento e cessando a presença de trabalhadores, não se verifica a despedida arbitrária do empregado cipeiro, descabendo cogitar-se de sua reintegração ou indenização substitutiva. II – Termo final. O termo final da garantia de emprego do cipeiro, no caso de extinção da CIPA, é a data de formalização desse ato perante o Ministério do Trabalho e desde que remanesçam trabalhadores no local.

O fato da empresa apresentar prejuízo em sua contabilidade justifica a despedida do integrante da CIPA **por motivos financeiros**, uma vez que neste caso não conta com numerário suficiente para fazer face ao cumprimento de suas obrigações de curto prazo.

Já a **má situação econômica** da empresa é representada pelo fato de não possuir um patrimônio líquido considerável ou ser este insuficiente (bens e direitos), o que autoriza a extinção do contrato de trabalho do “cipeiro” por **motivos econômicos**.

Registre-se, por fim, a estabilidade do “cipeiro” **estende-se aos respectivos suplentes,** conforme disposto na Súmula nº 676 do Supremo Tribunal Federal:

> **SÚMULA Nº 676.** A garantia da estabilidade provisória prevista no art. 10, II, a, do ADCT, também se aplica ao suplente do cargo de direção de comissões internas de prevenção de acidentes (CIPA).

No mesmo sentido, a Súmula nº 339, do Tribunal Superior do Trabalho:

> **SÚMULA Nº 339.** CIPA. SUPLENTE. GARANTIA DE EMPREGO. CF/1988. (incorporadas as Orientações Jurisprudenciais nos 25 e 329 da SDI-1) – Res. 129/2005 – DJ 20.04.2005: I – O suplente da CIPA goza da garantia de emprego prevista no art. 10, II, “a”, do ADCT a partir da promulgação da Constituição Federal de 1988. (ex-Súmula nº 339 – Res. 39/1994, DJ 20.12.1994 e ex-OJ nº 25 – Inserida em 29.03.1996); II – A estabilidade provisória do cipeiro não constitui vantagem pessoal, mas garantia para as atividades dos membros da CIPA, que somente tem razão de ser quando em atividade a empresa. Extinto o estabelecimento, não se verifica a despedida arbitrária, sendo impossível a reintegração e indevida a indenização do período estabilitário. (ex-OJ nº 329 – DJ 09.12.2003).

ATENÇÃO! O mandato do membro da CIPA tem duração de um ano e é permitida uma recondução ou reeleição, conforme artigo 164, § 3º, da CLT. Os integrantes da CIPA indicados pelo empregador, inclusive o presidente, **não adquirem estabilidade no emprego**.

C. Empregada gestante

O Direito do trabalho, seja no plano interno ou externo, sempre se preocupou com a proteção do trabalho da mulher, da criança e do adolescente, editando normas de tratamento diferenciado para esses trabalhadores.

Especial atenção é dedicada à maternidade e aos direitos do nascituro. Por questões biológicas, a empregada deve ser afastada do serviço para concluir a gestação e cuidar do seu filho durante os primeiros meses de vida. E é em decorrência da necessidade desse afastamento que se confere à empregada gestante, inclusive a doméstica, o direito à estabilidade provisória no emprego e ao salário-maternidade.

A Convenção da Organização Internacional do Trabalho de nº 103/52, ratificada pelo Brasil por meio do Decreto nº 58.820/66, trata da proteção à empregada gestante.

A atual Carta Magna conferiu estabilidade provisória no emprego à empregada gestante, **desde a confirmação da gravidez até cinco meses após o parto**, na forma prevista pelo art. 10, I, "b", do ADCT da Constituição Federal de 1988.[26]

A despedida da empregada gestante só é possível se o empregador fundamentar seu ato em critérios disciplinares, econômicos, técnicos ou financeiros.

Todavia, **não se exige o ajuizamento do inquérito para apuração de falta grave** como condição de rompimento do vínculo empregatício.[27]

– *Responsabilidade objetiva*

A jurisprudência e a doutrina dominantes chegaram à conclusão que **não é necessária a ciência da gravidez por parte do empregador nem mesmo pela própria gestante**. Adquire-se o direito à estabilidade gestante **pelo simples fato objetivo da concepção que gera o feto**. Entender de forma diversa seria o mesmo que negar o direito constitucionalmente protegido, uma vez que a demonstração da existência de comunicação ao empregador constitui ônus processual de difícil exoneração.

O posicionamento do Tribunal Superior do Trabalho também é nesse sentido, conforme se observa do teor da sua Súmula nº 244:

> **SÚMULA Nº 244.** GESTANTE. ESTABILIDADE PROVISÓRIA. GESTANTE. ESTABILIDADE PROVISÓRIA (redação do item III alterada na sessão do Tribunal Pleno realizada em 14.09.2012) – Res. 185/2012, DEJT divulgado em 25, 26 e 27.09.2012. I – O desconhecimento do estado gravídico pelo empregador não afasta o direito ao pagamento da indenização decorrente da estabilidade (art. 10, II, "b" do ADCT). (ex-OJ nº 88 da SBDI-1 – DJ 16.04.2004 e republicada DJ 04.05.04) II – A garantia de emprego à gestante só autoriza a reintegração se esta se der durante o período de estabilidade. Do contrário, a garantia restringe-se aos salários e demais direitos correspondentes ao período de estabilidade. (ex-Súmula nº 244 – alterada pela Res. 121/2003, DJ 21.11.2003) III – A empregada gestante

26. CF/88. ADCT. Art. 10. Até que seja promulgada a lei complementar a que se refere o artigo 7º, I, da Constituição: I – fica vedada a dispensa arbitrária ou sem justa causa: b) da empregada gestante, desde a confirmação da gravidez até cinco meses após o parto.
27. Sobre a estabilidade adquirida durante o aviso prévio, consultar o item 9.1 deste capítulo.

> tem direito à estabilidade provisória prevista no art. 10, inciso II, alínea b, do ADCT, mesmo na hipótese de admissão mediante contrato por tempo determinado.

Inclusive, o STF, no julgamento do Recurso Extraordinário-RE nº 629053 (Tema nº 497), com repercussão geral reconhecida, ratificou esse posicionamento do TST sobre a responsabilidade objetiva da empresa:

> DIREITO À MATERNIDADE. PROTEÇÃO CONSTITUCIONAL CONTRA DISPENSA ARBITRÁRIA DA GESTANTE. EXIGÊNCIA UNICAMENTE DA PRESENÇA DO REQUISITO BIOLÓGICO. GRAVIDEZ PREEXISTENTE À DISPENSA ARBITRÁRIA. MELHORIA DAS CONDIÇÕES DE VIDA AOS HIPOSSUFICIENTES, VISANDO À CONCRETIZAÇÃO DA IGUALDADE SOCIAL. DIREITO À INDENIZAÇÃO. RECURSO EXTRAORDINÁRIO DESPROVIDO. 1. O conjunto dos Direitos sociais foi consagrado constitucionalmente como uma das espécies de direitos fundamentais, se caracterizando como verdadeiras liberdades positivas, de observância obrigatória em um Estado Social de Direito, tendo por finalidade a melhoria das condições de vida aos hipossuficientes, visando à concretização da igualdade social, e são consagrados como fundamentos do Estado democrático, pelo art. 1º, IV, da Constituição Federal. 2. A Constituição Federal proclama importantes direitos em seu artigo 6º, entre eles a proteção à maternidade, que é a ratio para inúmeros outros direitos sociais instrumentais, tais como a licença-gestante e, nos termos do inciso I do artigo 7º, o direito à segurança no emprego, que compreende a proteção da relação de emprego contra despedida arbitrária ou sem justa causa da gestante. 3. A proteção constitucional somente exige a presença do requisito biológico: gravidez preexistente à dispensa arbitrária, independentemente de prévio conhecimento ou comprovação. 4. A proteção contra dispensa arbitrária da gestante caracteriza-se como importante direito social instrumental protetivo tanto da mulher, ao assegurar-lhe o gozo de outros preceitos constitucionais – licença maternidade remunerada, princípio da paternidade responsável –; quanto da criança, permitindo a efetiva e integral proteção ao recém-nascido, possibilitando sua convivência integral com a mãe, nos primeiros meses de vida, de maneira harmônica e segura – econômica e psicologicamente, em face da garantia de estabilidade no emprego –, consagrada com absoluta prioridade, no artigo 227 do texto constitucional, como dever inclusive da sociedade (empregador). 5. Recurso Extraordinário a que se nega provimento com a fixação da seguinte tese: A incidência da estabilidade prevista no art. 10, inc. II, do ADCT, somente exige a anterioridade da gravidez à dispensa sem justa causa.

Quanto à possibilidade de realização de **teste de gravidez quando da despedida**, apesar do aparente óbice contido no art. 2º, da Lei nº 9.029/95,[28] a jurisprudência vem entendendo ser possível a prática desse ato.

Isso porque, tal exame feito quando da extinção do contrato de trabalho **não tem caráter discriminatório** – muito pelo contrário, visa garantir o direito de estabilidade da empregada gestante que desconhece o seu estado gestacional.

Observe-se que a proibição contida no mencionado art. 373-A, IV, da CLT, faz referência à proibição de realização de testes de gravidez no exame admissional e periódico, sendo silente em relação ao exame demissional:

> **Art. 373-A.** Ressalvadas as disposições legais destinadas a corrigir as distorções que afetam o acesso da mulher ao mercado de trabalho e certas especificidades estabelecidas nos acordos

28. Lei nº 9.029/95. Art. 2º. Constituem crime as seguintes práticas discriminatórias: I – a exigência de teste, exame, perícia, laudo, atestado, declaração ou qualquer outro procedimento relativo à esterilização ou a estado de gravidez.

> trabalhistas, é vedado: V – exigir atestado ou exame, de qualquer natureza, para comprovação de esterilidade ou gravidez, na admissão ou permanência no emprego;

A realização do exame de gravidez, como o BETA HCG evitaria situações comumente observadas nas lides forenses por meio da qual a obreira ajuíza uma demanda somente após o decurso do período da estabilidade, mas antes de consumar a prescrição bienal.

Em tais situações, entende-se que a hipótese é de abuso de direito, na forma prevista pelo art. 187 do Código Civil: "Também comete ato ilícito o titular de um direito que, ao exercê-lo, excede manifestamente os limites impostos pelo seu fim econômico ou social, pela boa-fé ou pelos bons costumes".

Trata-se de abuso de direito, pois a Constituição Federal confere o prazo de dois anos para ajuizar uma ação trabalhista e a empregada, em alguns casos, usa desse permissivo legal para obter vantagem manifestamente indevida.

De fato, a gestante injustamente despedida ao invés de postular sua reintegração imediata, o que geraria a obrigação de trabalhar decorrente do contrato de trabalho, opta por aguardar o transcurso de todo o período da estabilidade para só então ingressar e pedir indenização.

– *Contrato por tempo determinado e estabilidade gestante*

Em relação à aquisição da estabilidade gestante no contrato de trabalho por prazo determinado, a jurisprudência do TST passou por uma mudança radical em seu posicionamento.

Inicialmente, a matéria era tratada pela OJ nº 196, da SID-1, editada em 08.11.2000, que não reconhecia a estabilidade gestante nos contratos de experiência.

Em 2005, essa OJ foi cancelada diante da incorporação do seu texto à Súmula 244 do TST, com a seguinte redação: "Não há direito da empregada gestante à estabilidade provisória na hipótese de admissão mediante contrato de experiência, visto que a extinção da relação de emprego, em face do término do prazo, não constitui dispensa arbitrária ou sem justa causa".

Em setembro de 2012 o TST adotou entendimento oposto ao anterior e passou a admitir a estabilidade gestante nos contratos por prazo determinado, conforme se observa do item III, da Súmula nº 244: "A empregada gestante tem direito à estabilidade provisória prevista no art. 10, inciso II, alínea "b", do Ato das Disposições Constitucionais Transitórias, mesmo na hipótese de admissão mediante contrato por tempo determinado".

Por fim, o TST **reconheceu a impossibilidade de empregado temporário adquirir a estabilidade**, conforme se observa da decisão proferida nos autos do Incidente de Assunção de Competência – IAC de nº 5639-31.2012.5.12.051, na qual fixou-se a seguinte tese jurídica: "é inaplicável ao regime de trabalho temporário, disciplinado pela Lei n.º 6.019/74, a garantia de estabilidade provisória à empregada gestante, prevista no art. 10, II, b, do Ato das Disposições Constitucionais Transitórias".

– *Irrenunciabilidade*

A estabilidade gestante é um direito irrenunciável, pois, além da mulher, **protege o nascituro**. Portanto, as regras de direito material, nesse aspecto, não podem ser alteradas por convenção ou acordo coletivo de trabalho.

Assim, ainda que a gestante não queira mais trabalhar, terá que aguardar esgotar o período de estabilidade. Como não existe a possibilidade de prestação de serviços forçados e há a proteção constitucional, a ausência da gestante ao serviço não ficará configurada como abandono de emprego enquanto que o empregador não será obrigado a pagar pelas faltas respectivas.

– *Aborto não criminoso e natimorto*

Em caso de aborto não criminoso, provado por meio de atestado médico oficial, **não há que se falar em estabilidade** e a licença gestante fica reduzida para duas semanas, conforme prevê o art. 93, § 5º, do Decreto nº 3.048/99, que regulamentou a Lei nº 8.213/91.[29]

Se o feto **nasce morto** (natimorto), ainda assim a empregada **fará jus ao salário-maternidade durante 120 dias,** conforme dispõe o art. 294, §§ 3º e 5º da Instrução Normativa nº 45/2010 do INSS:

> **Art. 245. § 3º** Para fins de concessão do salário-maternidade, considera-se parto o evento ocorrido a partir da vigésima terceira semana (sexto mês) de gestação, inclusive em caso de natimorto. § 5º Tratando-se de parto antecipado ou não, ainda que ocorra parto de natimorto, este último comprovado mediante certidão de óbito, a segurada terá direito aos cento e vinte dias previstos em lei, sem necessidade de avaliação médico-pericial pelo INSS.

Se há pagamento do salário-maternidade, entende-se que há licença e, consequentemente, **estabilidade** para a gestante na situação acima mencionada.

Nesse sentido a seguinte decisão do TST:

> **GESTANTE. NATIMORTO. ESTABILIDADE PROVISÓRIA. INDENIZAÇÃO SUBSTITUTIVA.** O art. 10, inciso II, alínea "b", do ADCT, ao prever a estabilidade "desde a confirmação da gravidez até cinco meses após o parto", não faz qualquer ressalva ao natimorto. Logo, é forçoso concluir que a garantia provisória ao emprego prevista no referido dispositivo não está condicionada ao nascimento com vida. Indenização substitutiva do período de estabilidade devida desde a data seguinte à dispensa até cinco meses após o parto. Recurso de revista conhecido e provido (TST. RR 1001880-03.2016.5.02.023. 14.06.2019).

– *Morte da mãe durante o período de estabilidade*

Caso a mãe da criança venha a falecer durante o período da estabilidade, inclusive durante o parto, **esse direito é transferido automaticamente para a pessoa que ficar com a guarda respectiva**, seja o pai, avó ou qualquer outra pessoa.

O período da estabilidade vai da **data da morte da mãe até o termo final do prazo restante dos cinco meses**, contados a partir do parto. No texto original do Projeto que foi transformado em lei havia um dispositivo que também estendia o direito à licença-maternidade de 120 dias. Todavia, o art. 392-A da CLT já estabelece esse direito.

Essa determinação foi introduzida no ordenamento jurídico laboral por força da edição da Lei Complementar nº 146/2014, cujo art. 1º conta com a seguinte redação:

---

29. Nesse sentido: TST. 4ª T. RR 12/2002-010-18-00.3. Rel. Ministro Barros Levenhagem. DJU 19.12.2006.

Art. 1º. O direito prescrito na alínea b do inciso II do art. 10 do Ato das Disposições Constitucionais Transitórias, nos casos em que ocorrer o falecimento da genitora, será assegurado a quem detiver a guarda do seu filho.

– *Programa Empresa Cidadã*

Na hipótese do empregador aderir ao programa "empresa cidadã" e conceder mais 60 dias de licença-gestante à sua empregada, haverá reflexo, também, no prazo da estabilidade, desde que a gestação seja de nove meses (9 + 6 = 15 meses).

– *Contrato nulo com a Administração Pública*

Na hipótese de admissão de empregado público sem a prévia aprovação em concurso público (contrato nulo), **não há que se falar em estabilidade da gestante**, pois esta pressupõe um contrato válido.

Nesse sentido a jurisprudência dominante do TST:

> Matéria afetada ao Tribunal Pleno. Gestante. Contrato nulo. Ausência de prévia aprovação em concurso público. Estabilidade provisória. Indevida. Incidência da Súmula nº 363 do TST. Não é possível estender a garantia provisória de emprego à empregada gestante dispensada em razão do reconhecimento da nulidade do contrato firmado com ente público, sem prévia aprovação em concurso público. Incidência dos estritos termos da Súmula nº 363 do TST que, diante da invalidade da contratação, assegura apenas o pagamento das horas trabalhadas e das contribuições ao FGTS, por expressa previsão de lei. Ao caso concreto não se aplica a Convenção nº 103 da OIT, que consagra o direito das empregadas gestantes à licença-maternidade e veda a dispensa nesse período, nem a jurisprudência do Supremo Tribunal Federal no que concerne ao alcance da estabilidade prevista no art. 10, II, "b", do ADCT, pois ambas as situações pressupõem a validade da relação jurídica estabelecida entre as partes, condição não verificada na hipótese. Sob esse entendimento, o Tribunal Pleno, por maioria, conheceu do recurso de embargos, por divergência jurisprudencial, vencidos os Ministros Hugo Carlos Scheuermann, Cláudio Mascarenhas Brandão, Alberto Luiz Bresciani de Fontan Pereira, Maria de Assis Calsing, Márcio Eurico Vitral Amaro e Kátia Magalhães Arruda. No mérito, ainda por maioria, decidiu-se negar provimento ao recurso, vencidos os Ministros Delaíde Miranda Arantes, relatora, Lelio Bentes Corrêa, Mauricio Godinho Delgado e Augusto César Leite de Carvalho. TST-E-ED-RR-175700-88.2007.5.04.0751, Tribunal Pleno, rel. Min. Delaíde Miranda Arantes, red. p/ acórdão Min. Aloysio Corrêa da Veiga, 17.4.2017 (TST. Info nº 156).

D. Empregado acidentado

Justifica-se a concessão da estabilidade ao empregado que sofreu acidente do trabalho ou foi acometido de doença ocupacional para que possibilite recuperar, plenamente, a sua capacidade de trabalho, pois, caso contrário, teria dificuldades de ser absorvido novamente pelo mercado de trabalho.[30]

30. Lei nº 605/49. Art. 6º. § 2º A doença será comprovada mediante atestado de médico da instituição de previdência social a que estiver filiado o empregado, e, na falta deste e sucessivamente, de médico do Serviço Social do Comércio ou da indústria; de médico da empresa ou por ela designado; de médico a serviço de repartição federal, estadual ou municipal, incumbida de assuntos de higiene ou de saúde pública; ou não existindo estes, na localidade em que trabalhar, de médico de sua escolha.

A Lei nº 8.213/91, em seu art. 118,[31] prevê que o empregado acidentado terá estabilidade no emprego durante **doze meses após o fim da percepção do benefício previdenciário:**

> **Art. 118.** O segurado que sofreu acidente do trabalho tem garantida, pelo prazo mínimo de doze meses, a manutenção do seu contrato de trabalho na empresa, após a cessação do auxílio-doença acidentário, independentemente de percepção de auxílio-acidente.

O tema é objeto da Súmula nº 378 do Tribunal Superior do Trabalho:

> **SÚMULA Nº 378.** ESTABILIDADE PROVISÓRIA. ACIDENTE DO TRABALHO. Art. 118 DA LEI Nº 8.213/1991. CONSTITUCIONALIDADE. PRESSUPOSTOS. (inserido o item III). – Res. 185/2012, DEJT divulgado em 25, 26 e 27.09.2012
>
> I – É constitucional o artigo 118 da Lei nº 8.213/1991 que assegura o direito à estabilidade provisória por período de 12 meses após a cessação do auxílio-doença ao empregado acidentado. (ex-OJ nº 105 da SBDI-1 – inserida em 01.10.1997)
>
> II – São pressupostos para a concessão da estabilidade o afastamento superior a 15 dias e a consequente percepção do auxílio-doença acidentário, salvo se constatada, após a despedida, doença profissional que guarde relação de causalidade com a execução do contrato de emprego. (primeira parte – ex-OJ nº 230 da SBDI-1 – inserida em 20.06.2001)
>
> III – O empregado submetido a contrato de trabalho por tempo determinado goza da garantia provisória de emprego, decorrente de acidente de trabalho, prevista no art. 118 da Lei nº 8.213/1991

Como a lei é omissa, entende-se que o empregador só poderá despedir o empregado acidentado na hipótese de constatada prática de ato faltoso classificado como justa causa, o que exclui os motivos técnicos, econômicos e financeiros e **sem a exigência de ajuizamento de inquérito para apuração do ilícito trabalhista.**

E. *Integrante de comissão de representantes da empresa*

Nas empresas com mais de **duzentos** empregados é obrigatória a constituição de uma comissão de representantes dos empregados, que gozam de **proteção contra a despedida arbitrária**, assim entendida aquela fundada em motivo disciplinar, técnico, econômico ou financeiro, na forma prevista pelo art. 510-D, § 3º da CLT:

> **Art. 510-D. § 3º** Desde o registro da candidatura até um ano após o fim do mandato, o membro da comissão de representantes dos empregados não poderá sofrer despedida arbitrária, entendendo-se como tal a que não se fundar em motivo disciplinar, técnico, econômico ou financeiro.

Essa proteção inicia-se com o registro da candidatura e permanece até **um ano após o fim do mandato.**

31. STF. ADI nº 639. DJ 21.10.2005: AÇÃO DIRETA DE INCONSTITUCIONALIDADE. ARTIGO 118 DA LEI 8.213/1991. Norma que assegura ao trabalhador a manutenção de contrato de trabalho por doze meses após a cessão do auxílio-doença, independentemente de percepção de auxílio-acidente. Alegação de ofensa à reserva de lei complementar, prevista no art. 7º, I, da Constituição federal, para a disciplina da proteção da relação de emprego contra despedida arbitrária ou sem justa causa. Norma que se refere às garantias constitucionais do trabalhador em face de acidentes de trabalho e não guarda pertinência com a proteção da relação de emprego nos termos do art. 7º, I, da Constituição. Ação julgada improcedente.

F. *Outras estabilidades provisórias*

Existem, ainda, outras espécies de estabilidade que foram instituídas por leis ordinárias esparsas, como aquelas referentes aos: membros do Conselho Nacional de Previdência Social; membros do Conselho Curador do FGTS; membros das comissões de conciliação prévia; diretores de cooperativas; deficientes físicos; empregados públicos no período que antecede as eleições; e empregados de empresas que aderiram ao Programa Seguro Emprego.

Registre-se, também, que durante o período do movimento grevista os empregados não podem ser despedidos, de acordo com a disposição contida no art. 7º, parágrafo único, da Lei nº 7.783/89, salvo em casos excepcionais também previstos nessa norma:

> **Art. 7º. Parágrafo único.** É vedada a rescisão de contrato de trabalho durante a greve, bem como a contratação de trabalhadores substitutos, exceto na ocorrência das hipóteses previstas nos arts. 9º e 14.

– *Membro do Conselho Nacional de Previdência Social – CNPS*

São estáveis os trabalhadores indicados pelas centrais sindicais e confederações nacionais **para compor o Conselho Nacional de Previdência Social – CNPS,** pelo Presidente da República para um mandato de dois anos, com a possibilidade de uma recondução.

Segundo a Lei nº 8.213/91, art. 3º, § 7º, **a estabilidade para os três titulares e seus suplentes** será da nomeação até um ano após o término do mandato. A ruptura contratual somente pode acontecer por prática de **falta grave, devidamente apurada por meio de inquérito judicial.**[32]

– *Membro do Conselho Curador do FGTS*

De igual forma, gozam da estabilidade analisada no item anterior **os representantes dos trabalhadores indicados pelas centrais sindicais e confederações nacionais para compor o Conselho Curador do FGTS**, também pelo mandato de dois anos, com permissão de uma recondução, de acordo com a Lei nº 8.036/90, art. 3º, § 9º.[33]

Não se exige o ajuizamento de inquérito judicial para o rompimento do vínculo empregatício dos integrantes do conselho curador do FGTS, mas sim de um **processo administrativo conduzido pelo sindicato** da categoria profissional a qual pertence o trabalhador.

– *Diretores de cooperativas*

A instituição de cooperativas de trabalho é estimulada por organismos nacionais e internacionais de trabalho como forma de eliminar a disputa entre o capital e o trabalho.

32. Lei nº 8.213/91. Art. 3º. § 7º. Aos membros do CNPS, enquanto representantes dos trabalhadores em atividade, titulares e suplentes, é assegurada a estabilidade no emprego, da nomeação até um ano após o término do mandato de representação, somente podendo ser demitidos por motivo de falta grave, regularmente comprovada através de processo judicial.
33. Lei nº 8.036/90. Art. 3º. § 9º. Aos membros do Conselho Curador, enquanto representantes dos trabalhadores, efetivos e suplentes, é assegurada a estabilidade no emprego, da nomeação até um ano após o término do mandato de representação, somente podendo ser demitidos por motivo de falta grave, regularmente comprovada através de processo sindical.

Pode acontecer, entretanto, que os empregados de determinada empresa, sem perder essa condição, criem sociedades cooperativas. Se forem eleitos diretores pelos demais associados, gozarão da estabilidade no emprego, conforme preceitua o art. 55 da Lei nº 5.764/71:

> **Art. 55.** Os empregados de empresas que sejam eleitos diretores de sociedades cooperativas pelos mesmos criadas gozarão das garantias asseguradas aos dirigentes sindicais pelo artigo 543 da Consolidação das Leis do Trabalho (Decreto-Lei nº 5.452, de 1º de maio de 1943).

A mencionada estabilidade só é aplicável aos diretores. Exclui-se, por conseguinte, os respectivos suplentes, conforme entendimento do TST exposto na OJ nº 253 da SDI-1:

> **OJ Nº 253.** ESTABILIDADE PROVISÓRIA. COOPERATIVA. LEI Nº 5.764/71. CONSELHO FISCAL. SUPLENTE. NÃO ASSEGURADA. Inserida em 13.03.02. O art. 55 da Lei nº 5.764/71 assegura a garantia de emprego apenas aos empregados eleitos diretores de Cooperativas, não abrangendo os membros suplentes.

– *Membro de comissão de conciliação prévia*

As comissões de conciliação prévia foram criadas com o objetivo de desafogar a Justiça do Trabalho. Permitiu-se, assim, que o patrão e o empregado celebrem acordos extrajudiciais com eficácia liberatória, forma alternativa de solução de conflitos individuais do trabalho.

As aludidas comissões no âmbito da empresa são constituídas por no mínimo dois e no máximo dez componentes. Deve ser observada a **composição paritária**, ou seja, com membros indicados pelos empregados e pelos empregadores, com mandato de um ano, permitindo-se uma recondução.

A legislação laboral confere **estabilidade aos membros da comissão de conciliação prévia indicados pelos empregados, titulares e suplentes**, para possibilitar uma atuação mais isenta possível.

Esse direito encontra-se previsto no art. 652-B, § 1º, da CLT:

> **Art. 652-B. § 1º.** É vedada a dispensa dos representantes dos empregados membros da Comissão de Conciliação Prévia, titulares e suplentes, até um ano após o final do mandato, salvo se cometeram falta grave, nos termos da lei.

Como a lei omissa, **conclui-se pela desnecessidade do ajuizamento do inquérito para apuração de falta grave para validade da dispensa por justa causa**.

– *Estabilidade prevista por instrumentos normativos*

Na aplicação da norma trabalhista ao caso concreto, prevalece aquela que for mais benéfica para o empregado.

Dessa forma, nada impede que, pela via da negociação coletiva, estabeleçam-se novas formas de estabilidade provisória, como por exemplo, aquela relacionada com a aproximação da aposentadoria do empregado:

> **SÚMULA Nº 22 do TRT11.** ESTABILIDADE PRÉ-APOSENTADORIA. PREVISÃO EM NORMA COLETIVA. ATENDIMENTO AOS REQUISITOS. VEDAÇÃO DA DISPENSA IMOTIVADA. Atendidos os requisitos da estabilidade pré-aposentadoria prevista em norma coletiva, não pode o empregado ser dispensado de forma imotivada.

Com o mesmo fundamento, admite-se a instituição de estabilidade, provisória ou definitiva, por meio de regulamento da empresa ou do próprio contrato individual de trabalho.

> **OJ4T Nº 62 do TRT9.** GARANTIA DE EMPREGO. NORMA REGULAMENTAR. ADERÊNCIA CONTRATUAL. Garantia de emprego instituída por norma regulamentar interna adere ao contrato de trabalho, em razão da natureza jurídica semelhante ao dos contratos de adesão. Assim, não se cogita de derrogação por norma coletiva superveniente em contrário. A reintegração é assegurada com base no direito contratual adquirido

O TST reconheceu a legalidade da fixação da estabilidade provisória **com prazo superior ao da vigência do próprio instrumento normativo negociado.**

Nesse caso, o dispositivo constante da norma profissional estaria de acordo com a aplicação do princípio protetivo e, portanto, válido:

> ACORDO COLETIVO DE TRABALHO. PRAZO DE VIGÊNCIA. CINCO ANOS. VALIDADE. GARANTIA DE EMPREGO. NORMA BENÉFICA. SUPREMACIA DO PRINCÍPIO TUITIVO DO DIREITO DO TRABALHO. Não INCIDÊNCIA DA ORIENTAÇÃO JURISPRUDENCIAL Nº 322 DA SBDI-I DO TST. Acordo coletivo de trabalho por meio do qual o sindicato da categoria profissional firma com a empresa garantia de emprego para os seus empregados, com prazo de vigência de cinco anos em troca de vantagens salariais, reveste-se de validade, ante o que dispõe o artigo 7º, XXVI, da Constituição da República, que consagra o direito dos trabalhadores ao reconhecimento das convenções e dos acordos coletivos de trabalho. A norma constitucional nada disciplina acerca de prazo de vigência dos instrumentos coletivos, de forma que não existe nenhuma incompatibilidade vertical do seu regramento com o disposto no § 3º do artigo 614 da CLT, no sentido de não se permitir estipular duração de convenção ou acordo coletivo de trabalho por prazo superior a dois anos. Interpretação literal do preceito consolidado levará à conclusão de ser vedado, em qualquer circunstância, firmar norma convencional com prazo de vigência superior a dois anos. Procedendo-se, todavia, à interpretação da norma pelo método lógico-sistemático, considerada no conjunto da legislação do trabalho (v.g. artigos 9º e 468 da CLT), de natureza protecionista, infere-se do disposto no artigo 614, § 3º, da CLT que a restrição para a avença de instrumento normativo com prazo de duração superior a dois anos é imperativa somente quando resultar em prejuízo ao trabalhador, ante a supremacia do princípio tutelar orientador do Direito do Trabalho sobre preceito legal isoladamente considerado. Não se olvide, ainda, que o juiz aplicará a lei atendendo aos fins sociais a que ela se dirige e às exigências do bem comum (artigo 5º da Lei de Introdução ao Código Civil). Ao aplicador da lei, portanto, cabe lançar mão do método interpretativo lógico-sistemático e teleológico, para encontrar o sentido da norma que realize os fins sociais por ela objetivados. Na hipótese vertente, não incide o disposto na Orientação Jurisprudencial nº 322 da SBDI-1 do TST, na medida em que tal jurisprudência assenta-se em precedentes que enfrentam o exame de hipóteses nas quais os prazos de vigência das normas coletivas foram prorrogados por tempo indeterminado, de forma prejudicial aos obreiros, razão pela qual foram tidas como inválidas em face do preceito contido no artigo 614, § 3º, da CLT e do ordenamento jurídico juslaboral. Recurso de revista conhecido e provido.[34]

– *Empregados de empresas que aderirem ao PSE*

As empresas que aderiram ao Programa Seguro-Emprego, cuja validade foi extinta em 31.12.2018 (art. 11 da Lei nº 13.189/15), poderiam reduzir em até **30% a jornada de trabalho dos seus empregados, com a redução do salário,** desde que devidamente autorizada mediante acordo coletivo de trabalho.

---

34. TST. RR 1.248/2002-043-12-00-0. 1ª T. Rel. Min. Lélio Bentes Corrêa. DJU 30.11.2007.

Em compensação, os trabalhadores que tiveram sua jornada reduzida **não poderiam ser despedidos sem justa causa** na forma prevista pelo art. 6º, I, da referida Lei nº 13.189/15:

Art. 6º A empresa que aderir ao PSE fica proibida de: I – dispensar arbitrariamente ou sem justa causa os empregados que tiverem sua jornada de trabalho temporariamente reduzida enquanto vigorar a adesão ao PSE e, após o seu término, durante o prazo equivalente a um terço do período de adesão.

– *Portador do vírus HIV*

O direito à saúde é dever do Estado, conforme preconiza o art. 196 da atual Carta Magna,[35] que assegura, também, a adoção de políticas econômicas que visem à redução dos agravos provocados pelas doenças.

Pois bem, a AIDS (Síndrome da Imunodeficiência Adquirida – SIDA), transmitida por meio de um vírus, alastrou-se pelo mundo e há algum tempo é considerada como uma epidemia.

O portador da referida enfermidade sofre prejuízos não só quando ela se manifesta e provoca a incapacidade para o trabalho, mas também em face dos efeitos da discriminação generalizada, uma vez que se convencionou relacionar os seus portadores à homossexualidade e ao uso de drogas.

Apesar de não haver estabilidade, **há proteção legal contra a despedida discriminatória do portador do HIV**, seja de forma genérica ou específica.

Genericamente, a despedida discriminatória é vedada pela Lei nº 9.029/95, conforme se observa do teor do seu art. 1º:

> **Art. 1º.** É proibida a adoção de qualquer prática discriminatória e limitativa para efeito de acesso à relação de trabalho, ou de sua manutenção, por motivo de sexo, origem, raça, cor, estado civil, situação familiar, deficiência, reabilitação profissional, idade, entre outros, ressalvadas, nesse caso, as hipóteses de proteção à criança e ao adolescente previstas no inciso XXXIII do art. 7º da Constituição Federal.

Uma vez constatada que a despedida do obreiro efetivou-se única e exclusivamente pelo fato do seu estado de contaminação pelo vírus da AIDS, nascerá o direito subjetivo de postular em juízo, alternativamente:

a) a sua readmissão com ressarcimento integral de todo o período de afastamento, mediante pagamento das remunerações devidas, corrigidas monetariamente, acrescidas dos juros legais; ou

b) o pagamento, em dobro, da remuneração do período de afastamento, corrigida monetariamente e acrescida dos juros legais.

A manutenção no emprego se faz necessária para que o empregado possa conservar a sua condição de segurado perante o INSS e, quando for preciso, afastar-se do serviço para tratamento de saúde nos períodos em que a doença se manifestar.

35. CF/88. Art. 196. A saúde é direito de todos e dever do Estado, garantido mediante políticas sociais e econômicas que visem à redução do risco de doença e de outros agravos e ao acesso universal e igualitário às ações e serviços para sua promoção, proteção e recuperação.

Nessas ocasiões, o empregado perceberá o benefício previdenciário do auxílio-doença ou mesmo aposentadoria por invalidez, conforme Lei nº 7.670/88:

> **Art. 1º.** A Síndrome da Imunodeficiência Adquirida – SIDA/AIDS fica considerada, para os efeitos legais, causa que justifica: I – a concessão de: e) auxílio-doença ou aposentadoria, independentemente do período de carência, para o segurado que, após filiação à Previdência Social, vier a manifestá-la, bem como a pensão por morte aos seus dependentes.

O TST editou a Súmula nº 443 que trata da despedida discriminatória:

> **SÚMULA Nº 443**. DISPENSA DISCRIMINATÓRIA. PRESUNÇÃO. EMPREGADO PORTADOR DE DOENÇA GRAVE. ESTIGMA OU PRECONCEITO. DIREITO À REINTEGRAÇÃO. Res. 185/2012, DEJT divulgado em 25, 26 e 27.09.2012 Presume-se discriminatória a despedida de empregado portador do vírus HIV ou de outra doença grave que suscite estigma ou preconceito. Inválido o ato, o empregado tem direito à reintegração no emprego.

Especificamente, a Lei nº 12.984/14, em seu art. 1º, **tipificou como crime as seguintes condutas discriminatórias contra o portador do HIV e o doente de AIDS,** em razão da sua condição de portador ou de doente no âmbito trabalhista: a) negar emprego ou trabalho; b) exonerar ou demitir de seu cargo ou emprego; c) segregar no ambiente de trabalho.

Sendo assim, para a dispensa do empregado portador do HIV ou doente de AIDS é necessário que o empregador justifique seu ato, com base em argumentos técnicos, financeiros ou disciplinares, sob pena de ser reconhecido como dispensa arbitrária e, consequentemente, classificada como discriminatória.

Exemplos de questões sobre o tema

(TRT 2 – Juiz do Trabalho Substituto 2ª região/2016) Em se tratando de estabilidade e garantias provisórias de emprego, considerando a legislação vigente e a jurisprudência sumulada do Tribunal Superior do Trabalho, analise as seguintes proposições:

I. Os titulares da representação dos empregados na CIPA não poderão sofrer despedida arbitrária, entendendo-se como tal a que não se fundar em motivo disciplinar, técnico, econômico ou financeiro.

II A empregada gestante goza de estabilidade desde a confirmação da gravidez até cinco meses após o parto.

III. O empregado de categoria diferenciada eleito dirigente sindical só goza de estabilidade se exercer na empresa atividade pertinente à categoria profissional do sindicato para o qual foi eleito dirigente.

IV. O segurado que sofreu acidente de trabalho tem garantida, pelo prazo mínimo de doze meses, a manutenção do seu contrato de trabalho na empresa, após a cessação do auxílio-doença acidentário, independentemente de percepção de auxílio-acidente.

V. Exaurido o período de estabilidade, são devidos ao empregado apenas os salários do período compreendido entre a data da despedida e o final do período de estabilidade, não lhe sendo assegurada a reintegração no emprego.

Responda:

A) Somente as proposições I, II e IV estão corretas.

B) Somente as proposições III e IV estão incorretas.

C) Somente as proposições I, III e V estão corretas.

D) Somente as proposições II e V estão incorretas.

E) Todas as proposições estão corretas.

Resposta: E

(TRT 1 – Juiz do Trabalho Substituto 1ª região/2016) Tem garantia provisória de emprego, EXCETO:

(A) o empregado que, não tendo optado pelo regime do FGTS, em 05/10/1988, contasse mais de 10 anos ininterruptos de trabalho para a mesma empresa.

(B) o empregado eleito vice-presidente de CIPA, até um ano após o término do mandato.

(C) o empregado no exercício do cargo de presidente de entidade sindical que firme acordo coletivo com seu empregador.

(D) a empregada, da confirmação da gravidez até 5 meses após o parto.

(E) o empregado que recebeu auxílio-doença acidentário por 45 dias, até 1 ano após a cessação do auxílio.

Resposta: A

(FCC – Juiz do Trabalho Substituto 24ª Região/2015) Com base na jurisprudência consolidada do Colendo Tribunal Superior do Trabalho, examine as assertivas abaixo, relacionadas à estabilidade e garantias provisórias no emprego.

I. É constitucional o art. 118 da Lei nº 8.213/1991 que assegura o direito à estabilidade provisória por período de 12 meses após a cessação do auxílio– doença ao empregado acidentado.

II. São pressupostos para a concessão da estabilidade o afastamento superior a 15 dias e a consequente percepção do auxílio-doença acidentário, salvo se constatada, após a despedida, doença profissional que guarde relação de causalidade com a execução do contrato de emprego.

III. O empregado submetido a contrato de trabalho por tempo determinado não goza da garantia provisória de emprego, decorrente de acidente de trabalho, prevista no art. 118 da Lei nº 8.213/1991.

IV. O dirigente sindical e membros do Conselho Fiscal somente poderá ser dispensado por justa causa mediante a apuração em inquérito judicial, inteligência dos arts. 494 e 543, § 3º, da CLT.

V. A empregada gestante tem direito à estabilidade provisória prevista no art. 10, inciso II, alínea "b", do Ato das Disposições Constitucionais Transitórias, mesmo na hipótese de admissão mediante contrato por tempo determinado.

Está correto o que se afirma APENAS em

(A) I, II e III.

(B) II, III e IV.

(C) III, IV e V.

(D) IV e V.

(E) I, II e V.

Resposta: E

(FCC – Juiz do Trabalho Substituto 6ª Região/2015) Em relação à estabilidade provisória no emprego, é INCORRETO afirmar que

(A) o representante dos trabalhadores no Conselho Previdenciário tem estabilidade da nomeação até um ano após o término do mandato.

(B) os representantes dos trabalhadores, membros de Comissão de Conciliação Prévia, desde que titulares, têm estabilidade desde o registro da candidatura até um ano após o término do mandato.

(C) o representante dos empregados no Conselho Curador do FGTS tem estabilidade da nomeação até um ano após o término do mandato.

(D) o diretor de sociedade cooperativa, desde que titular, tem estabilidade desde o registro da candidatura até um ano após o término do mandato.

(E) a dispensa imotivada no contrato por prazo indeterminado do trabalhador reabilitado ou de deficiente habilitado só poderá ocorrer após a contratação de substituto de condição semelhante.

Resposta: B

(FCC – Juiz do Trabalho Substituto 1ª região/2015) Em relação ao sistema de estabilidade e garantia no emprego, de acordo com o entendimento sumulado do Tribunal Superior do Trabalho, considere:

I. A estabilidade provisória do cipeiro não constitui vantagem pessoal, mas garantia para as atividades dos membros da CIPA, que somente tem razão de ser quando em atividade a empresa. Extinto o estabelecimento, não se verifica a despedida arbitrária, sendo impossível a reintegração e indevida a indenização do período estabilitário.

II. A empregada gestante tem direito à estabilidade provisória prevista no art. 10, inciso II, alínea ' 'b", do Ato das Disposições Constitucionais Transitórias, mesmo na hipótese de admissão mediante contrato por tempo determinado.

III. O desconhecimento do estado gravídico pelo empregador não afasta o direito ao pagamento da indenização decorrente da estabilidade (art. 10, II, "b" do ADCT).

IV. A garantia de emprego à gestante só autoriza a reintegração se esta se der durante o período de estabilidade. Do contrário, a garantia restringe-se aos salários e demais direitos correspondentes ao contrato de trabalho.

Está correto o que se afirma APENAS em

(A) I, II e III.

(B) I e IV.

(C) II, III e IV.

(D) III e IV.

(E) I e II.

Resposta: A

(TRT 23 – Juiz do Trabalho Substituto 23ª Região/2014) O término do contrato de trabalho por parte do empregador consiste num direito potestativo ao qual o empregado não pode se opor, exceto se detentor de alguma estabilidade/garantia de emprego. Acerca desses institutos, analise as proposições abaixo e ao final assinale a alternativa CORRETA:

I) João é empregado da empresa Botafora Ltda, tendo registrado sua candidatura a dirigente sindical em 10/05/2014, comunicando tal fato ao empregador apenas no dia 15/05/2014 e na semana seguinte dispensado, vindo a ser eleito como dirigente sindical. No caso, João não gozava de estabilidade provisória por não ter atendido à determinação legal de comunicar o registro da candidatura dentro do prazo legal;

II. Gabriel é empregado da empresa Digicel Ltda, na qual exerce a função de programador sendo ainda um atuante dirigente sindical, representante do sindicato profissional dos motoristas, já tendo galgado várias importantes conquistas para a categoria. No caso em questão, Gabriel não pode ser dispensado sem justa causa por ser detentor dc estabilidade provisória desde o registro da candidatura até um ano após o final do seu mandato, assim como seu suplente;

III. Maria Gabriela é empregada da empresa Salto Alto Ltda, com a qual firmou contrato de experiência e antes do seu término engravidou. Nesse caso, por se tratar de contrato a termo, não há se falar em estabilidade provisória.

IV. Cândido é pedreiro empregado da Construtora Gama Ltda, com a qual firmou contrato por prazo determinado para obra certa e sofreu acidente de trabalho antes de seu término, ficando afastado por dois meses com percepção de auxílio-doença acidentário e quando do retorno, dispensado. Nesse caso a dispensa é nula, pois mesmo se tratando de contrato por prazo determinado o empregado goza da estabilidade prevista no artigo 118 da Lei 8213/91.

V. Mônica é delegada sindical e por isso não pode ser dispensada por integrar a direção do sindicato e assim deter estabilidade provisória.

Assinale a alternativa CORRETA:

(A) E verdadeira apenas a assertiva IV;

(B) São falsas as assertivas II e IV;

(C) São verdadeiras as assertivas I e V;

(D) São verdadeiras as assertivas IV e V;

(E) Apenas a assertiva IV é falsa.

Resposta: A

(TRT 3 – Juiz do Trabalho Substituto 3ª região/ 2013) Sobre a proteção contra a dispensa arbitrária, com base na jurisprudência dominante, é incorreto afirmar:

(A) O desconhecimento do estado gravídico pelo empregador não afasta o direito ao pagamento da indenização decorrente da estabilidade prevista no art. 10, II, "b" do ADCT.

(B) Exaurido o período de estabilidade, são devidos ao empregado apenas os salários do período compreendido entre a data da despedida e o final do período de estabilidade, não lhe sendo assegurada a reintegração no emprego.

(C) A garantia de emprego à gestante só autoriza a reintegração se esta se der durante o período de estabilidade. Do contrário, a garantia restringe-se aos salários e demais direitos correspondentes ao período de estabilidade.

(D) Não há direito da empregada gestante à estabilidade provisória na hipótese de admissão mediante contrato de experiência, visto que a extinção da relação de emprego, em face do término do prazo, não constitui dispensa arbitrária ou sem justa causa.

(E) Presume-se discriminatória a despedida de empregado portador do vírus HIV ou de outra doença grave que suscite estigma ou preconceito. Inválido o ato, o empregado tem direito à reintegração no emprego.

Resposta: D

(TRT 22 – Juiz do Trabalho Substituto 22ª região/ 2013) Escolha a alternativa CORRETA, quanto à dispensa do empregado:

(A) de acordo com a jurisprudência dominante do TST, presume-se discriminatória a despedida de empregado que tenha prestado depoimento, como testemunha, perante a Justiça do Trabalho, em processo movido contra o seu empregador, e, não afastada a presunção, o empregado tem direito à reintegração no emprego;

(B) o empregado eleito dirigente sindical, titular ou suplente, terá assegurada a estabilidade provisória, ainda que a comunicação do registro da candidatura ou da eleição e da posse seja realizada fora do prazo previsto em lei, desde que a ciência ao empregador, por qualquer meio, ocorra até o término do período de aviso prévio, ainda que indenizado;

(C) o empregado portador do vírus HIV ou de outra doença grave que suscite estigma ou preconceito terá direito à reintegração no emprego, desde que faça prova da despedida discriminatória, que é fato constitutivo do seu direito;

(D) considera-se justa causa, para efeito de rescisão do contrato de trabalho do empregado bancário, a falta contumaz de pagamento de qualquer dívida;

(E) a empregada admitida mediante contrato a prazo tem direito à estabilidade provisória assegurada à gestante, desde a confirmação da gravidez até cinco meses após o parto, circunstância que autoriza a reintegração ao emprego, estando em curso o período de estabilidade e ainda que expirado o prazo de duração do contrato inicialmente ajustado.

Resposta: E

– *Trabalhador deficiente*

A legislação nacional, reflexo de uma política nacional de inclusão social, impõe às empresas com mais de cem empregados, a **obrigação de contratar trabalhadores deficientes**, observados os percentuais previstos pelo art. 93, da Lei nº 8.213/91: a) entre 100 e 200 empregados, 2%; b) entre 201 e 500, 3%; c) entre 501 e 1000, 4%; d) mais de 1.000, 5%.

O descumprimento dessa obrigação implica imposição de multa por cada trabalhador que deixou de ser contratado, na forma prevista pela Portaria do extinto MTE nº 1.199/03.

A dispensa desses empregados só pode ocorrer após a contratação de outro empregado que tenha limitações funcionais (Lei nº 8.213/91, art. 93, § 1º). Assim, o deficiente **não goza do direito à estabilidade** no emprego, mas existe uma limitação ao exercício do direito potestativo do empregador de resilir o pacto laboral de forma arbitrária.

Nesse sentido a Súmula nº 95 do TRT15:

> **SÚMULA Nº 95 do TRT15.** EMPREGADO COM DEFICIÊNCIA. DISPENSA CONDICIONADA À CONTRATAÇÃO DE SUBSTITUTO EM CONDIÇÃO SEMELHANTE.

ART. 93, §1º DA LEI 8.213/1991. A dispensa de empregado com deficiência condiciona-se à contratação de trabalhador em situação semelhante, exceto quando exista na empresa quantitativo de empregados em percentual superior ao mínimo legal.

– *Estabilidade eleitoral*

Para promover a igualdade de oportunidades dentre aqueles que disputam pleitos eleitorais, o art. 73, V, da Lei nº 9.504/97,[36] veda ao agente público promover a dispensa de servidores, inclusive os regidos pelo regime celetista, **nos três meses que antecedem o pleito eleitoral até a posse dos eleitos:**

Além da dispensa, obstam-se as seguintes práticas:

> Art. 73. V – nomear, contratar ou de qualquer forma admitir, demitir sem justa causa, suprimir ou readaptar vantagens ou por outros meios dificultar ou impedir o exercício funcional e, ainda, ex officio, remover, transferir ou exonerar servidor público, na circunscrição do pleito, nos três meses que o antecedem e até a posse dos eleitos, sob pena de nulidade de pleno direito, ressalvados:
>
> a) a nomeação ou exoneração de cargos em comissão e designação ou dispensa de funções de confiança;
>
> b) a nomeação para cargos do Poder Judiciário, do Ministério Público, dos Tribunais ou Conselhos de Contas e dos órgãos da Presidência da República;
>
> c) a nomeação dos aprovados em concursos públicos homologados até o início daquele prazo;
>
> d) a nomeação ou contratação necessária à instalação ou ao funcionamento inadiável de serviços públicos essenciais, com prévia e expressa autorização do Chefe do Poder Executivo;
>
> e) a transferência ou remoção ex officio de militares, policiais civis e de agentes penitenciários.

Não se trata, tecnicamente, de um direito do empregado público à estabilidade ou garantia no emprego, mas sim, como dito em relação ao trabalhador com deficiência, de uma **limitação ao direito do empregador de por fim à relação de emprego durante o período eleitoral**.

O resumo abaixo lista as diversas espécies de estabilidades provisórias:

Espécie	Trabalhador protegido	Tempo	Requisito para extinção do contrato
Dirigente sindical	Empregado eleito para o cargo de administração ou representação sindical, inclusive suplente	Desde o registro de sua candidatura até um ano após o final de seu mandato	Ajuizamento de inquérito para apuração de falta grave
Membros da CIPA	Empregado eleito para cargo de direção de comissões internas de prevenção de acidentes, inclusive suplente	Desde o registro de sua candidatura até um ano após o final de seu mandato	Justificativa, pelo empregador, de motivo disciplinar, técnico, econômico ou financeiro

36. TST. SDI-1. OJ Nº 51. LEGISLAÇÃO ELEITORAL. EMPRESAS PÚBLICAS E SOCIEDADES DE ECONOMIA MISTA (título alterado e inserido dispositivo) – DEJT divulgado em 16, 17 e 18.11.2010. Aos empregados das empresas públicas e das sociedades de economia mista regidos pela CLT aplicam-se as vedações dispostas no art. 15 da Lei nº 7.773, de 08.06.1989.

Espécie	Trabalhador protegido	Tempo	Requisito para extinção do contrato
Gestante	Empregada gestante, inclusive doméstica	Desde a confirmação da gravidez (concepção) até cinco meses após o parto	Justificativa, pelo empregador, de motivo disciplinar, técnico, econômico ou financeiro
Acidentado	Empregado que sofreu acidente do trabalho	Mínimo de um ano, após a cessação do pagamento do benefício previdenciário	Justificativa, pelo empregador, de motivo disciplinar
Membro do CNPS	Trabalhadores indicados pelas entidades sindicais para compor o Conselho Nacional de Previdência Social, inclusive suplente	Da nomeação até um ano após o término do mandato	Ajuizamento de inquérito para apuração de falta grave
Membro do Conselho do FGTS	Trabalhadores indicados pelas centrais sindicais e confederações nacionais para compor o Conselho Curador do FGTS	Da nomeação até um ano após o término do mandato	Processo administrativo sindical
Diretores de cooperativas	Empregados de empresas que sejam eleitos diretores de sociedades cooperativas	Desde o registro de sua candidatura até um ano após o final de seu mandato	Ajuizamento de inquérito para apuração de falta grave
Membros de CCP	Representantes de empregados nas comissões de conciliação prévia, inclusive suplente	Até um ano após o final do mandato	Justificativa, pelo empregador, de motivo disciplinar
Comissão de representantes dos empregados na empresa	Empregado membro da comissão de representantes dos empregados	Da candidatura até um ano após o fim do mandato	Justificativa, pelo empregador, de motivo disciplinar, técnico, econômico ou financeiro

Exemplos de questões sobre o tema

(FCC – Juiz do Trabalho/2017) Observadas as normas aplicáveis e a jurisprudência dominante junto ao Tribunal Superior do Trabalho, caracteriza estabilidade e garantia provisória de emprego:

(A) O empregado que sofre acidente do trabalho no curso do contrato de experiência não goza da garantia provisória de emprego, decorrente de acidente de trabalho, prevista no artigo 118 da Lei no 8.213/1991, em razão da modalidade de contrato a termo firmado.

(B) O empregado de empresa pública ou de sociedade de economia mista, desde que admitido mediante aprovação em concurso público, tem assegurada a estabilidade prevista no artigo 41 da Constituição de República de 1988.

(C) O empregado membro da Comissão Interna de Prevenção de Acidentes – CIPA que foi indicado pelo empregador é detentor de garantia de emprego por até um ano após o final de seu mandato, constituindo-se tal garantia em vantagem pessoal que prevalece mesmo em caso de extinção do estabelecimento.

(D) A empregada dispensada com aviso-prévio indenizado informa ao ex-empregador, no dia seguinte à dispensa, o seu estado gravídico de quatro semanas. Nesse caso, o desconhecimento do estado gravídico pelo empregador no momento da rescisão afasta o direito ao pagamento da indenização decorrente da estabilidade constitucional.

(E) É possível a transferência do dirigente sindical para outro município vizinho da mesma região metropolitana e base territorial do seu sindicato que não dificulte ou torne impossível o desempenho de suas atribuições sindicais, mantida a estabilidade prevista em lei.

Resposta: E

(TRT 3 – Juiz do Trabalho Substituto 3ª região/2014) A partir das súmulas do TST é correto afirmar que são detentores de estabilidade:

(A) Os dirigentes de associações profissionais, legalmente registradas.

(B) A empregada gestante, exceto na hipótese de admissão mediante contrato por tempo determinado.

(C) O empregado dirigente sindical, cuja comunicação do registro da candidatura ou da eleição e da posse foi realizada fora do prazo previsto no art. 543, § 5°, da CLT, mas na vigência do contrato de trabalho.

(D) O empregado de empresa pública ou de sociedade de economia mista admitido mediante aprovação em concurso público, por força do art. 41 da Constituição da República.

(E) Todas as opções estão incorretas.

Resposta: C

(Magistratura do Trabalho – TRT 1ª R – 2010) Assinale a opção correta acerca da estabilidade.

(A) Considere que, no dia 24/1/2010, Lina tenha se acidentado na empresa onde trabalha, tendo cortado o dedo indicador direito quando usava um estilete para abrir um envelope, e que, por isso, tenha ficado afastada do trabalho por três dias, período após o qual retornou ao trabalho e reassumiu suas atividades. Considere, ainda, que Lina tenha sido dispensada sem justa causa em 19/5/2010. Nessa situação hipotética, a dispensa será considerada regular, pois Lina não era detentora de estabilidade.

(B) Considere que Aldair tenha se inscrito em uma chapa para concorrer ao cargo de dirigente sindical, no dia 20/5/2010 às 13 h 30 min, e que, no dia 21/5/2010, o empregador o tenha dispensado ao final do expediente, mais precisamente às 18 h 10 min. Considere, ainda, que a entidade sindical não tenha formalizado comunicado, até o momento da dispensa, acerca da inscrição de Aldair. Nessa situação hipotética, Aldair será estável somente após as eleições, se sua chapa for vencedora.

(C) Empregada designada presidente da comissão interna de prevenção de acidentes da empresa no dia 1º/6/2010, com mandato de um ano, será estável até 1º/6/2012.

(D) Se uma empregada que exerce, em uma panificadora, a função de caixa der à luz uma criança no dia 24/9/2009, ela não poderá ser dispensada de forma arbitrária até 24/1/2010.

(E) Suplente do representante dos empregadores no Conselho Curador do FGTS desde 18/9/2008, com mandato de dois anos, é estável até 18/9/2011.

Resposta: A

4. TEORIA DA NULIDADE DA DESPEDIDA ARBITRÁRIA

A despedida constitui ato privativo do empregador, que só pode ser por ele praticado na hipótese de resilição do pacto laboral.

Quando o empregado pratica algum ato classificado como faltoso e provocador do rompimento do pacto laboral, não se pode falar em resilição, mas sim em resolução do contrato de trabalho.

A despedida sem justa causa representa o exercício de um direito potestativo do empregador, assim como a demissão constitui o exercício do direito potestativo do empregado.

Quando o empregado goza do direito de estabilidade no emprego, a resolução do pacto laboral só pode ser declarada pelo Poder Judiciário, **quando a lei assim o determinar expressamente**. Isso é feito por meio de uma ação própria, denominada de inquérito para apuração de falta grave, com conteúdo eminentemente constitutivo negativo.

Assim, a resolução do contrato de trabalho de empregado estável pelo próprio empregador **representa ato nulo de pleno direito**, nos casos em que a lei exige o ajuizamento do inquérito para apuração de falta grave.

Nesse sentido é a Súmula nº 379 do TST:

> **SÚMULA Nº 379.** DIRIGENTE SINDICAL. DESPEDIDA. FALTA GRAVE. INQUÉRITO JUDICIAL. NECESSIDADE. (conversão da Orientação Jurisprudencial nº 114 da SDI-1) – Res. 129/2005 – DJ 20.04.2005. O dirigente sindical somente poderá ser dispensado por falta grave mediante a apuração em inquérito judicial, inteligência dos arts. 494 e 543, § 3º, da CLT. (ex-OJ nº 114 – Inserida em 20.11.1997).

Se a lei confere o direito à estabilidade, **mas não impõe a necessidade do crivo do Poder Judiciário para a extinção do contrato de trabalho**, o empregador pode, diretamente, resolver esse pacto. Nesse caso, o ato do empregador seria anulável e não nulo, pois a resolução desse pacto laboral pelo próprio patrão seria possível.

Assim, só se faz necessário o ajuizamento da **ação de inquérito para apuração de falta grave quando a lei, de forma expressa, assim o exigir**, ou seja, nas hipóteses de estabilidade: decenal; do dirigente sindical (Súmula nº 379 do TST); dos diretores de sociedades cooperativas; e do Conselho Nacional da Previdência Social.

Inclusive, o art. 165, parágrafo único, da Consolidação das Leis do Trabalho é expresso no sentido de permitir ao empregador defender-se em uma eventual reclamação trabalhista por meio da qual o membro da CIPA postula sua reintegração ao emprego.

5. RENÚNCIA À ESTABILIDADE

Grande parte dos direitos dos trabalhadores é caracterizada pela irrenunciabilidade, em face da aplicação do princípio protetivo que norteia o Direito Laboral.

Mas a irrenunciabilidade dos direitos trabalhistas é relativa, pois o ato respectivo pode ser considerado válido a depender do momento em que a vontade do empregado é externada ou quando se tratar de empregado hipersuficiente.

Consideram-se irrenunciáveis, os direitos trabalhistas, quando da formação e durante a execução do pacto laboral do empregado hipossuficiente. A irrenunciabilidade decorre da presunção de que a vontade manifestada pelo empregado encontra-se viciada, em face do exercício do poder diretivo do empregador.

Entretanto, cessada a causa que poderia viciar a vontade do trabalhador, não há como reconhecer a irrenunciabilidade dos seus direitos que se encontram previstos na norma protetiva laboral.

É dentro desse contexto que deve ser avaliada a possibilidade de renúncia do direito de estabilidade dos empregados hipossuficientes.

Em determinados casos, como do trabalhador acidentado e da gestante, **a lei confere o direito não só à garantia do empregado, mas a um período de afastamento que deve ser considerado como tempo de serviço.**

A empregada gestante afasta-se do serviço para dar à luz e cuidar do recém-nascido e o obreiro acidentado deixa temporariamente de prestar serviços em virtude da sua incapacidade momentânea para o labor.

Cessada a causa que deu origem ao afastamento, deve o empregado retornar imediatamente ao serviço, sob pena de presumir a extinção do pacto laboral por iniciativa do empregado e, consequentemente, a renúncia ao direito de estabilidade.

A possibilidade da renúncia à estabilidade no emprego durante a execução do contrato é interpretada com reservas, **salvo em relação ao trabalhador hipersuficiente**, uma vez que a legislação laboral conferiu maior eficácia à autonomia da vontade a essa espécie de empregado, inclusive para implementar a renúncia ou transação de certos direitos trabalhistas.

A estabilidade do dirigente sindical constitui uma das prerrogativas da entidade sindical, com vistas a defender os interesses de todos os integrantes da categoria profissional e não somente um direito individual do empregado.

O mesmo acontece com a estabilidade do membro da CIPA, cuja prerrogativa destina-se à proteção de todos os empregados do estabelecimento do empregador.

Como também é direito de índole coletiva, a renúncia durante o contrato de trabalho, nesse caso, não seria possível, pois não se trataria de um direito plenamente disponível.

De igual modo, a empregada gestante não poderia renunciar ao direito de estabilidade, pois esse direito não é exclusivo seu, mas pertence, também, ao nascituro, conforme entendimento do TST constante da OJ nº 30 da SDC:[37]

> **OJ Nº30** ESTABILIDADE DA GESTANTE. RENÚNCIA OU TRANSAÇÃO DE DIREITOS CONSTITUCIONAIS. IMPOSSIBILIDADE. (republicada em decorrência de erro material) – DEJT divulgado em 19, 20 e 21.09.2011. Nos termos do art. 10, II, "b", do ADCT, a proteção à maternidade foi erigida à hierarquia constitucional, pois retirou do âmbito do direito potestativo do empregador a possibilidade de despedir arbitrariamente a empregada em estado gravídico. Portanto, a teor do artigo 9º da CLT, torna-se nula de pleno direito a cláusula que estabelece a possibilidade de renúncia ou transação, pela gestante, das garantias referentes à manutenção do emprego e salário.

Exemplo de questão sobre o tema

(FCC – Juiz do Trabalho Substituto 15ª região/2015) Isabel trabalhou como Secretária para a empresa "A" apenas durante contrato de experiência de noventa dias. Dois meses após tal data, Isabel teve conhecimento de que, quando da extinção do contrato de experiência, estava grávida, e imediatamente informou seu ex-empregador e seu sindicato. As partes foram orientadas que, com base no disposto em cláusula da convenção coletiva da categoria, poderiam firmar acordo perante a Comissão de Conciliação Prévia, recebendo Isabel uma indenização compensatória e transigindo sobre o período estabilitário. Com base em entendimento pacificado do TST,

(A) um acordo firmado nestes moldes seria válido de pleno direito, uma vez que prevista tal possibilidade em norma coletiva, estando assistida a gestante pelo seu sindicato de classe e firmada a transação perante Comissão de Conciliação Prévia, não tendo sido noticiada qualquer ressalva quanto à matéria acordada.

37. TST. SDC. OJ Nº30 Estabilidade da Gestante. Renúncia ou Transação de Direitos Constitucionais. Impossibilidade. (republicada em decorrência de erro material) – DEJT divulgado em 19, 20 e 21.09.2011. Nos termos do art. 10, II, "b", do ADCT, a proteção à maternidade foi erigida à hierarquia constitucional, pois retirou do âmbito do direito potestativo do empregador a possibilidade de despedir arbitrariamente a empregada em estado gravídico. Portanto, a teor do artigo 9º da CLT, torna-se nula de pleno direito a cláusula que estabelece a possibilidade de renúncia ou transação, pela gestante, das garantias referentes à manutenção do emprego e salário.

(B) a empresa não tem obrigação de pagar salários e demais direitos decorrentes do período estabilitário, tendo em vista que a própria gestante desconhecia seu estado gravídico na data da rescisão contratual de trabalho, não tendo, portanto, informado seu empregador em tempo hábil.

(C) um acordo firmado nestes moldes não produziria efeitos jurídicos, sendo nula de pleno direito a transação, uma vez que a cláusula normativa que estabelece a possibilidade de renúncia ou transação, pela gestante, das garantias à manutenção do emprego e salário não é considerada legítima em face dos direitos constitucionais à estabilidade provisória no emprego.

(D) a empresa não está obrigada a arcar com os salários e consectários legais do período da estabilidade decorrente da gravidez, uma vez que Isabel estava dentro de seu contrato de experiência, considerado contrato de trabalho a termo, incompatível com o instituto da estabilidade que objetiva a continuidade do vínculo empregatício o que não se coaduna com a essência do contrato a prazo, que encerra-se com o advento do termo final ou da condição resolutiva.

(E) um acordo firmado nestes moldes seria válido de pleno direito, uma vez que prevista tal possibilidade em norma coletiva, estando assistida a gestante pelo seu sindicato de classe e firmada a transação perante Comissão de Conciliação Prévia, desde que o procedimento fosse feito ainda dentro do prazo do período da estabilidade provisória no emprego, senão, haveria a renúncia de tal período por Isabel, por não exercê-lo dentro do prazo legal.

Resposta: C

6. HOMOLOGAÇÃO

O empregado pode renunciar expressamente aos direitos decorrentes da estabilidade, caso pretenda terminar o contrato de trabalho.

Entretanto, essa renúncia, que se revestirá da forma de um pedido de demissão, **deve ser assistida pelo sindicato de sua categoria profissional** ou, na sua ausência, pelo órgão competente da Secretaria Especial da Previdência e Trabalho ou da Justiça do Trabalho, conforme preconiza o art. 500 da Consolidação das Leis do Trabalho.[38]

Esse requisito não é necessário quando se tratar de empregado hipersuficiente, em face de sua autonomia relativa da vontade, prevista no parágrafo único, art. 444 da CLT:

> **Art. 444. Parágrafo único.** A livre estipulação a que se refere o caput deste artigo aplica-se às hipóteses previstas no art. 611-A desta Consolidação, com a mesma eficácia legal e preponderância sobre os instrumentos coletivos, no caso de empregado portador de diploma de nível superior e que perceba salário mensal igual ou superior a duas vezes o limite máximo dos benefícios do Regime Geral de Previdência Social.

Note-se, também, que o requisito da homologação pelo sindicato para validade do pedido de demissão do empregado estável previsto no art. 500 da CLT **não foi excluído pela Lei nº 13.467/17**, ao contrário do que aconteceu em relação aos não estáveis, com revogação do § 1º do art. 477 da CLT.

Admite-se essa forma de renúncia expressa com assistência sindical, uma vez que o operário, apesar de hipossuficiente, pode dispor de sua própria força de trabalho. Caso contrário, seria o mesmo que admitir a existência de trabalhos forçados, que o reduziria à condição análoga à de escravo.

38. CLT. Art. 500. O pedido de demissão do empregado estável só será válido quando feito com a assistência do respectivo Sindicato e, se não o houver, perante autoridade local competente do Ministério do Trabalho ou da Justiça do Trabalho.

7. DESPEDIDA DE EMPREGADO ESTÁVEL

Se for considerado que a despedida é o exercício de um direito potestativo, não é possível, tecnicamente, falar-se em despedida de empregado estável. Isso porque a extinção do contrato de trabalho de um empregado estável só poderia ocorrer em caso de prática de falta grave, o que caracterizaria uma resolução e não uma resilição contratual.

A Consolidação das Leis do Trabalho, em seu art. 482, discrimina os casos em que pode haver extinção contratual sem ônus financeiro para o empregador. **Pela sua repetição ou pela sua natureza, os fatos descritos como justa causa podem ser enquadrados com faltas graves**, conforme preceituado no art. 493 do mesmo Diploma legal acima mencionado.

No caso de empregado estável, a resolução do pacto laboral só se opera com a intervenção do Poder Judiciário, **que resulta em sentença constitutiva negativa** proferida nos autos de um inquérito para apuração de falta grave, nos casos em que a lei exige expressamente a propositura dessa ação específica.

Faculta-se ao empregador suspender o empregado até a decisão final do processo. Nessa hipótese, **o inquérito deverá ser proposto no prazo de trinta dias, sob pena de decadência do seu direito**, de acordo com o disposto no art. 853 Consolidado.[39]

A sentença produzirá efeitos a partir da data da suspensão do empregado, ou seja, se o inquérito for procedente, **a resolução do contrato de emprego retroagirá à data da suspensão**. Caso contrário, o empregador deverá fazer o pagamento dos salários, bem como **cumprir as demais obrigações decorrentes da execução do pacto laboral durante todo o período em que o empregado ficou afastado do serviço.** Nesse caso, a sentença passa a ter conteúdo predominantemente condenatório.

Excepciona-se da aplicação da regra acima citada, o empregado público estável, já que a própria Constituição Federal vigente permite, em seu art. 41, § 1º, que a despedida seja efetivada, desde que seja precedida de inquérito administrativo, no qual seja concedida a ampla defesa para o servidor ou por sentença judicial transitada em julgado.

8. EFEITOS DA DISPENSA ARBITRÁRIA OU SEM JUSTA CAUSA

Os efeitos da dispensa arbitrária ou sem justa causa, quando o empregado é portador da estabilidade definitiva e em algumas hipóteses em que o empregado tem garantia de emprego, são a readmissão, a reintegração e o pagamento das parcelas rescisórias.

O fechamento da empresa ou do estabelecimento e a extinção do contrato por caso fortuito ou força maior constituem limites ao direito de estabilidade e serão analisados adiante juntamente com a denominada dispensa obstativa.

39. STF. Súmula nº 403. É de decadência o prazo de trinta dias para instauração do inquérito judicial, a contar da suspensão, por falta grave, do empregado estável.

8.1. Readmissão

Constitui faculdade do empregador, **o afastamento do empregado estável**, com a finalidade de apurar a prática de falta grave por meio de inquérito judicial, quando a lei expressamente exige a propositura dessa medida para o rompimento do vínculo empregatício.

Na hipótese do Poder Judiciário concluir pela inexistência de falta grave, o empregador será compelido a **readmitir o empregado no serviço, com o pagamento dos salários devidos durante o período de afastamento.**[40] O período respectivo de afastamento é classificado como causa de **interrupção do contrato de trabalho.**

Essa é a conclusão que se chega pela leitura do disposto no art. 495 da Consolidação das Leis do Trabalho:

> **Art. 495.** Reconhecida a inexistência de falta grave praticada pelo empregado, fica o empregador obrigado a readmiti-lo no serviço e a pagar-lhe os salários a que teria direito no período da suspensão.

Mais uma vez o legislador não foi feliz quando da utilização dos termos técnicos. Com efeito, não se pode falar em readmissão quando sequer houve um rompimento contratual.

O que a própria lei autoriza é a suspensão do contrato de trabalho para apuração da falta grave. Quando a sentença não reconhece a prática do ilícito trabalhista, o empregado, normalmente, retoma a prestação de serviços após o trânsito em julgado da decisão.

8.2. Reintegração

A reintegração ocorre quando o empregador despede o empregado estável. Como o ato de rompimento do pacto laboral só pode ser praticado pelo Poder Judiciário, nos casos em que a lei menciona, o pseudo-ato de despedida do empregador será considerado **nulo de pleno direito e o empregado reintegrado no serviço.**

A reintegração segue acompanhada da condenação ao pagamento dos salários devidos durante todo o período em que o empregado permaneceu sem trabalhar, no aguardo da decisão da Justiça do Trabalho (sentença condenatória, ainda que não haja pedido nesse sentido).

Contudo, se já houve pagamento de verbas rescisórias é necessário que o seu valor respectivo seja **devolvido ou pelo menos deduzido** dos direitos trabalhalhistas devidos após o afastamento, diante do caráter retroativo da declaração de nulidade.

8.3. Indenizações rescisórias

Caso não seja reconhecida a prática de falta grave pelo empregado, a consequência lógica e jurídica é a determinação por sentença da sua **reintegração ou readmissão** (art. 495 da CLT), a depender de ter havido despedida ou suspensão do empregado, respectivamente.

40. TST. Súmula nº 138. READMISSÃO. Em caso de readmissão, conta-se a favor do empregado o período de serviço anterior, encerrado com a saída espontânea. Ex-prejulgado nº 9.

Pode ocorrer, entretanto, que não seja aconselhável o retorno do empregado ao local de trabalho, por vários fatores, principalmente pela incompatibilidade que se cria após a instrução de um processo judicial, diante dos ânimos acirrados, principalmente quando o empregador é uma pessoa física.

Nesses casos, **a Lei permite que o juiz converta a obrigação de fazer** (reintegrar o empregado no serviço) em indenização, conforme art. 496 da CLT:

> **Art. 496.** Quando a reintegração do empregado estável for desaconselhável, dado o grau de incompatibilidade resultante do dissídio, especialmente quando for o empregador pessoa física, o tribunal do trabalho poderá converter aquela obrigação em indenização devida nos termos do artigo seguinte.

Para os empregados portadores da estabilidade provisória, essa indenização equivale **aos salários e demais verbas trabalhistas que seriam devidos durante o período restante da estabilidade**, acrescidos dos valores das verbas rescisórias:

> **OJ Nº 39 do TRT4.** INDENIZAÇÃO DO PERÍODO DA GARANTIA DE EMPREGO. SALÁRIOS E DEMAIS VANTAGENS. A indenização correspondente ao período da garantia de emprego, salvo especificação diversa no título executivo, compreende todas as parcelas devidas ao trabalhador como se trabalhando estivesse.

Note-se que a indenização equivalente ao dobro daquela prevista pelo art. 478 da CLT só é devida nos casos de **estabilidade definitiva**, que deverá ser acrescida do valor dos salários até a data da primeira decisão que determinar a conversão, nos termos da Súmula nº 28 do TST:

> **SÚMULA Nº 28.** INDENIZAÇÃO – NOVA REDAÇÃO. Res. 121/2003, DJ 19, 20 e 21.11.2003. No caso de se converter a reintegração em indenização dobrada, o direito aos salários é assegurado até a data da primeira decisão que determinou essa conversão.

Essa autorização representa uma **exceção ao princípio do dispositivo de que o juiz tem que estar adstrito aos limites da lide.** A própria Lei, por meio do art. 496 da Consolidação das Leis do Trabalho, autoriza ao juiz julgar *extra petita* (princípio da ultrapetição).

Não constitui faculdade de o empregado postular a indenização. O pedido deve ser sempre de reintegração ou de anulação da despedida injusta. Ao juiz cabe a faculdade de converter ou não esse pedido em indenização dobrada.

Se quando do ajuizamento da ação já tiver transcorrido o período da **estabilidade provisória, a decisão deverá ser, inevitavelmente, no sentido de deferir a indenização compensatória.**

> **TST. SÚMULA Nº 396.** ESTABILIDADE PROVISÓRIA. PEDIDO DE REINTEGRAÇÃO. CONCESSÃO DO SALÁRIO RELATIVO AO PERÍODO DE ESTABILIDADE JÁ EXAURIDO. INEXISTÊNCIA DE JULGAMENTO "EXTRA PETITA". (conversão das Orientações Jurisprudenciais nº 106 e 116 da SDI-1) – Res. 129/2005 – DJ 20.04.2005:
> I – Exaurido o período de estabilidade, são devidos ao empregado apenas os salários do período compreendido entre a data da despedida e o final do período de estabilidade, não lhe sendo assegurada a reintegração no emprego. (ex-OJ nº 116 – Inserida em 01.10.1997);
> II – Não há nulidade por julgamento "extra petita" da decisão que deferir salário quando o pedido for de reintegração, dados os termos do art. 496 da CLT. (ex-OJ nº 106 – Inserida em 20.11.1997).

8.4. Fechamento da empresa e do estabelecimento

Na hipótese de fechamento da empresa, estabelecimento, filial ou agência, o empregado com estabilidade decenal pelas regras da CLT, tem direito de receber do seu empregador a indenização de antiguidade de forma dobrada e os salários devidos até a data do encerramento definitivo das atividades.[41]

Caso a extinção ocorra por motivo de força maior, a indenização é devida de forma simples.

Essa regra também só se aplica ao empregado portador da estabilidade definitiva, situação de rara constatação prática atualmente.

Para os portadores da estabilidade provisória, a indenização deve ser equivalente aos salários e aos demais direitos devidos até o final do respectivo período, **como férias proporcionais, 13º salário proporcional, FGTS etc.**

8.5. Força maior

A Consolidação das Leis do Trabalho tem preceito que trata da força maior:

> **Art. 501.** Entende-se como força maior todo acontecimento inevitável, em relação à vontade do empregador, e para a realização do qual este não concorreu direta ou indiretamente.

Já o Código Civil, em seu art. 393, parágrafo único, dispõe sobre o caso fortuito ou de força maior: "se no fato necessário, cujos efeitos não era possível evitar ou impedir".

Por conta dessas explicitações legais, não pode ser considerado caso fortuito ou de força maior os acontecimentos previsíveis que se encontram inseridos no âmbito do risco do empreendimento, **como a falência e a desapropriação para fins de reforma agrária.**[42]

Em todo caso, reconhecido o fato de que a extinção do contrato de trabalho do empregado estável efetivou-se por conta de um acontecimento caracterizado como força maior, é assegurada a mesma indenização prevista pelos arts. 477 e 478 da Consolidação das Leis do Trabalho. Se o empregado não for estável, a indenização será devida pela metade.

8.6. Despedida obstativa

O empregado optante pelo sistema de indenização prevista pela Consolidação das Leis do Trabalho adquiria a estabilidade depois de decorridos dez anos de serviço.

Para inibir o empregador no sentido de despedir o empregado antes do mesmo completar o período acima mencionado (dez anos), o legislador instituiu a denominada **despedida obstativa**, obrigando o patrão a arcar, nesse caso específico, com o pagamento da indenização de antiguidade em dobro, na forma prevista pelo art. 499, § 3º, da Consolidação das Leis do Trabalho.

---

41. TST. SÚMULA Nº 173. SALÁRIO. EMPRESA. CESSAÇÃO DE ATIVIDADES (mantida) – Res. 121/2003, DJ 19, 20 E 21.11.2003. Extinto, automaticamente, o vínculo empregatício com a cessação das atividades da empresa, os salários só são devidos até a data da extinção (ex-Prejulgado nº 53).

42. CLT. Art. 501. § 1º. A imprevidência do empregador exclui a razão de força maior.

Note-se que, em qualquer caso, antes de completar dez anos de serviço, o empregado não tem direito de requerer em juízo a nulidade da despedida e a sua consequente reintegração ao emprego.

O Tribunal Superior do Trabalho presumia ser obstativa à aquisição do direito à estabilidade a despedida que ocorresse quando o empregado alcançasse nove anos de serviço, conforme se observa da Súmula já cancelada nº 26: "Presume-se obstativa à estabilidade a despedida, sem justo motivo, do empregado que alcançar nove anos de serviço na empresa".[43]

A presunção acima mencionada era relativa. Dessa forma, cabia ao empregado, quando despedido antes de completar nove anos de serviço, o ônus da prova em relação ao animus do empregador de obstar a aquisição da estabilidade.

8.7. Prescrição da pretensão de reintegração

Questão importante diz respeito ao prazo prescricional para o portador da estabilidade, injustamente despedido, propor ação de reintegração.

No Brasil, não se estabeleceu prazo especial para o ajuizamento dessa ação específica, **o que faz incidir a regra genérica de dois anos**, conforme entendeu o TST por meio da OJ nº 399 da SDI-1:

> **OJ Nº 399.** ESTABILIDADE PROVISÓRIA. AÇÃO TRABALHISTA AJUIZADA APÓS O TÉRMINO DO PERÍODO DE GARANTIA NO EMPREGO. ABUSO DO EXERCÍCIO DO DIREITO DE AÇÃO. NÃO CONFIGURAÇÃO. INDENIZAÇÃO DEVIDA. (DEJT divulgado em 02, 03 e 04.08.2010). O ajuizamento de ação trabalhista após decorrido o período de garantia de emprego não configura abuso do exercício do direito de ação, pois este está submetido apenas ao prazo prescricional inscrito no art. 7º, XXIX, da CF/1988, sendo devida a indenização desde a dispensa até a data do término do período estabilitário.

A adoção irrestrita desse posicionamento, sem observar a situação de cada caso concreto, pode implicar graves injustiças. Com efeito, o trabalhador, de má-fé, pode simplesmente deixar de propor a ação de reintegração imediatamente e aguardar o transcurso do período de estabilidade, para só então postular a indenização. Esse procedimento pode ser classificado como abuso de direito, pois receberia remuneração sem a respectiva prestação de serviços.

9. EXCLUSÃO DO DIREITO À ESTABILIDADE

Em algumas situações, o empregado não adquire a estabilidade no emprego ou, quando adquire, fica limitado a determinado período, como ocorre com o empregado contratado por tempo determinado ou a título de experiência, estabilidade adquirida durante o aviso prévio e extinção da empresa.

Contudo, essas regras não se aplicam quando a estabilidade é adquirida nos casos da gestante e do empregado acidentado, conforme entendimento do TST revelado em suas Súmulas nºs 378 e 244.

43. Essa Súmula foi cancelada pela Resolução Administrativa nº 121, de 21.11.2003, tendo em vista a impossibilidade jurídica de atualmente existir uma despedida obstativa.

9.1. Aviso-prévio concedido

O aviso-prévio concedido pelo empregador delimita o termo final do contrato de trabalho. Assim, não seria possível para o trabalhador adquirir a estabilidade durante o período respectivo, de acordo com o entendimento do TST constante da Súmula nº 371:

> **SÚMULA Nº 371.** AVISO PRÉVIO INDENIZADO. EFEITOS. SUPERVENIÊNCIA DE AUXÍLIO-DOENÇA NO CURSO DESTE. (conversão das O.J. nº 40 e 135 da SDI-1) – Res. 129/2005 – DJ 20.04.2005. A projeção do contrato de trabalho para o futuro, pela concessão do aviso prévio indenizado, tem efeitos limitados às vantagens econômicas obtidas no período de pré-aviso, ou seja, salários, reflexos e verbas rescisórias. No caso de concessão de auxílio-doença no curso do aviso prévio, todavia, só se concretizam os efeitos da dispensa depois de expirado o benefício previdenciário. (ex-OJs nos 40 e 135 – Inseridas respectivamente em 28.11.1995 e 27.11.1998).

Entretanto, a Lei nº 12.812/13 introduziu o art. 391-A da CLT **e garantiu à empregada gestante o direito à estabilidade no emprego ainda que a concepção tenha ocorrido durante o período do aviso prévio**, indenizado ou trabalhado.

> **Art. 391-A.** A confirmação do estado de gravidez advindo no curso do contrato de trabalho, ainda que durante o prazo do aviso prévio trabalhado ou indenizado, garante à empregada gestante a estabilidade provisória prevista na alínea b do inciso II do art. 10 do Ato das Disposições Constitucionais Transitórias.

Essa estabilidade foi estendida para o empregado adotante, durante o período em que durar guarda provisória, por conta da introdução de um parágrafo único ao referido art. 391-A da CLT, pela Lei nº 13.509/17:

> **Art. 391-A. Parágrafo único.** O disposto no *caput* deste artigo aplica-se ao empregado adotante ao qual tenha sido concedida guarda provisória para fins de adoção.

9.2. Contrato por tempo determinado

Pelo mesmo fundamento utilizado para afastar o direito à estabilidade do empregado adquirida durante o período de pré-aviso, os trabalhadores que celebram contrato por tempo determinado também não estariam protegidos por esse instituto com relação ao período posterior ao termo final.

A Lei nº 9.601/98, art. 1º, § 4º, reforça o direito à estabilidade **somente durante o prazo pré-estabelecido pelo contrato por tempo determinado:**

> **Art. 1º. § 4º** São garantidas as estabilidades provisórias da gestante; do dirigente sindical, ainda que suplente; do empregado eleito para cargo de direção comissões internas de prevenção de acidentes; do empregado acidentado, nos termos do art. 118 da Lei nº 8.213, de 24 de julho de 1991, durante a vigência do contrato por prazo determinado, que não poderá ser rescindido antes do prazo estipulado pelas partes.

Obviamente que se as partes celebram um contrato a tempo certo, com cláusula que garanta o direito recíproco de rescisão antes do prazo final e há, efetivamente, o exercício desse direito, o contrato passa a ser interpretado pelas regras atinentes ao pacto laboral por prazo indeterminado, com incidência da normativa que trata da estabilidade.

Observe-se como a doutrina se posicionava antes da alteração da redação da Súmula nº 244 do TST:

Quadro Doutrinário – Estabilidade em contrato de experiência		
Teorias	**Doutrinadores**	**Exemplo**
Contra	Gustavo Filipe Garcia, Alice Monteiro de Barros, Luciano Martinez e Vólia Cassar	É certo que se houver a cessação do contrato de trabalho do empregado, estatuído por prazo determinado, não haverá direito à estabilidade, porque aqui não há despedida injusta, mas término do pacto laboral (Sérgio Pinto Martins).*
A favor só em situações especiais	Maurício Godinho Delgado	[...] a Carta de 1988, afinal, fala em redução dos riscos inerentes ao trabalho, por meio de normas de saúde, higiene e segurança. Em tal quadro, a garantia de emprego de um ano, que protege trabalhadores acidentados ou sob doença profissional, após seu retorno da respectiva licença acidentária (art. 118, Lei nº 8.213/91), incide sim, em favor do empregado, ainda que admitido, na origem, por pacto empregatício a termo (Maurício Godinho Delgado). **
(*) MARTINS, Sérgio Pinto. **Direito do trabalho**. 24. ed. São Paulo: Atlas, 2008. p. 404. (**) Maurício Godinho. **Curso de direito do trabalho**. 10. ed. São Paulo: LTr, 2011. p. 527.		

O TST passou a **admitir a aquisição da estabilidade gestante e acidentária**, ainda que o empregado fosse contratado por prazo determinado, conforme se observa da nova redação das Súmulas 244, III e 378, III:

> **SÚMULA Nº 244.** GESTANTE. ESTABILIDADE PROVISÓRIA (redação do item III alterada na sessão do Tribunal Pleno realizada em 14.09.2012). III – A empregada gestante tem direito à estabilidade provisória prevista no art. 10, inciso II, alínea b, do ADCT, mesmo na hipótese de admissão mediante contrato por tempo determinado.
>
> **SÚMULA Nº 378.** ESTABILIDADE PROVISÓRIA. ACIDENTE DO TRABALHO. Art. 118 DA LEI Nº 8.213/1991. CONSTITUCIONALIDADE. PRESSUPOSTOS (inserido o item III). – Res. 185/2012, DEJT divulgado em 25, 26 e 27.09.2012 III – O empregado submetido a contrato de trabalho por tempo determinado goza da garantia provisória de emprego, decorrente de acidente de trabalho, prevista no art. 118 da Lei nº 8.213/1991.

Exemplos de questões sobre o tema

(TRT 8 – Juiz do Trabalho Substituto 8ª região/2015) A respeito da estabilidade e das garantias provisórias de emprego, analise as proposições abaixo e assinale a alternativa CORRETA:

I O direito à estabilidade do dirigente sindical prescinde da comunicação, pela entidade sindical, do registro de candidatura do empregado ao empregador.

II Ao empregado, dirigente sindical, é assegurada a estabilidade provisória desde que seja eleito por sindicato de categoria diferenciada, independentemente da atividade desenvolvida na empresa.

III São detentores de garantia de emprego os empregados de empresas que sejam eleitos diretores de sociedades cooperativas pelos mesmos criadas.

IV Ajuizada a ação trabalhista após exaurido o período de estabilidade provisória, é facultado ao empregado que foi ilicitamente dispensado optar pelo pagamento dos salários do período compreendido entre a data da despedida e o final do período de estabilidade, ou pela reintegração ao emprego, com a garantia de permanência mínima equivalente ao período da estabilidade.

V A dispensa de trabalhador reabilitado ou de deficiente habilitado ao final de contrato por prazo determinado de mais de 90 (noventa) dias, e a imotivada, no contrato por prazo indeterminado, só poderá ocorrer após a contratação de substituto de condição semelhante.

a) Somente as alternativas I, II e III estão corretas.

b) Somente as alternativas III, IV e V estão corretas.

c) Somente as alternativas II e III estão corretas.

d) Somente as alternativas III e V estão corretas.

e) Somente as alternativas II, III e IV estão corretas.

Resposta: D

(TRT 14 – Juiz do Trabalho Substituto 14ª região/2013) Assinale a opção correta:

(A) Segundo a jurisprudência dominante do Tribunal Superior do Trabalho, ainda que extinta a atividade empresarial no âmbito da base territorial do sindicato, subsiste a estabilidade do dirigente sindical, a teor do art. 8°, VIII, da CF/1988.

(B) Segundo a jurisprudência dominante do Tribunal Superior do Trabalho, o delegado sindical é beneficiário da estabilidade provisória prevista no art. 8°, VIII, da CF/1988, pois ocupa cargo de direção no sindicato.

(C) Segundo a jurisprudência dominante do Tribunal Superior do Trabalho, o art. 55 da Lei n° 5.764/1971 assegura a garantia de emprego apenas aos empregados eleitos diretores de Cooperativas, não abrangendo os membros suplentes.

(D) Segundo a jurisprudência dominante do Tribunal Superior do Trabalho, membro de conselho fiscal de sindicato tem direito à estabilidade prevista nos arts. 543, § 3°, da CLT e 8°, VIII, da CF/1988, porquanto atua na defesa de direitos da categoria respectiva.

(E) É dispensável a apuração da falta grave em inquérito judicial para a dispensa, por justa causa, do dirigente sindical.

Resposta: C

9.3. Extinção da empresa

A vinculação do empregado, por força de lei, se dá com a empresa e não com a pessoa física ou jurídica que a controla. Assim, **a extinção da empresa faz operar, imediatamente, o fim do contrato de trabalho, ainda que o empregado seja portador de qualquer espécie de estabilidade**.

Se há empresa é extinta, não há qualquer argumento lógico para manter o direito à estabilidade, em face do desaparecimento do sujeito passivo da obrigação.

10. CLÁUSULA DE PERMANÊNCIA

A legislação laboral, por meio do instituto da estabilidade, proíbe a dispensa imotivada ou arbitrária dos empregados portadores de estabilidade. **Não há previsão legal no sentido de exigir-se do trabalhador um período mínimo de prestação de serviço, antes do qual lhe seria vedado por fim ao contrato de trabalho.**

Evidentemente que a adoção desse procedimento implicaria ofensa ao princípio da liberdade do trabalho e poderia reduzir o empregado à condição análoga à de escravo.

Contudo, alguns ordenamentos jurídicos admitem a pactuação de uma cláusula pela qual o empregado compromete-se a permanecer no serviço durante determinado período, sob pena de pagamento de uma indenização em caso de resilição antecipada. **Essa cláusula é denominada de pacto de permanência.**

Surge da necessidade e do interesse do empregador em manter a relação do emprego durante um período mínimo, como forma de compensar o investimento por ele efetuado no pagamento de cursos técnicos, profissionais, de graduação e de pós-graduação (especialização, mestrado, doutorado e pós-doutorado), destinados à formação ou especialização profissional do obreiro.

Desse modo, a cláusula de permanência pode ser entendida como:

> o acordo firmado entre os sujeitos da relação laboral mediante o qual o empregador se dispõe a financiar curso de especialização ao trabalhador e este se compromete a permanecer na empresa por um período mínimo, como forma de retribuição ao investimento despendido pelo patrão.[44]

Como a legislação trabalhista nacional é omissa nesse particular, **o aplicador do direito fica autorizado a utilizar os meios de integração do ordenamento jurídico para solucionar um eventual conflito de interesses, na forma prevista pelo art. 8º da CLT.**

A existência da referida cláusula em contratos de trabalho celebrados no Brasil deve ser analisada com reservas, considerada a aplicação do princípio protetivo e a presunção de vício na manifestação de vontade do obreiro.

Assim, em casos concretos, deve-se verificar a verdadeira intenção do empregado de promover o ajuste da cláusula de permanência, seja de forma prévia ou durante a execução do pacto laboral.

O direito comparado pode servir de guia para suprir a lacuna legal. O Código do Trabalho de Portugal e o Estatuto dos Trabalhadores da Espanha contam com dispositivos que disciplinam essa questão.

No Código do Trabalho de Portugal (Lei nº 07/2009), o regramento encontra-se inserto em seu art. 137:

> **Art. 137.** Pacto de permanência: 1 – As partes podem convencionar que o trabalhador se obriga a não denunciar o contrato de trabalho, por um período não superior a três anos, como compensação ao empregador por despesas avultadas feitas com a sua formação profissional. 2 – O trabalhador pode desobrigar – se do cumprimento do acordo previsto no número anterior mediante pagamento do montante correspondente às despesas nele referidas.

Já na Espanha, o Estatuto dos Trabalhadores prevê o instituto do pacto de permanência em seu art. 21.4

> **Art. 21.** Pacto de não concorrência e de permanência na empresa. 4. Quando o trabalhador haja recebido uma especialização profissional a cargo da empresa para colocar em prática projetos determinados ou realizar um trabalho específico, poderá pactuar-se entre ambos a permanência nessa empresa durante certo tempo. O acordo não será de duração superior a dois anos e se formalizará sempre por escrito. Se o trabalhador abandona o trabalho antes do prazo, o empresário terá direito a uma indenização de danos e prejuízos.

Conclui-se, portanto, que os dois ordenamentos jurídicos citados **admitem a licitude do ajuste da cláusula de permanência**, desde que o investimento seja feito, pelo empregador, na formação ou especialização profissional do obreiro, observado o prazo mínimo para o pedido de demissão (três anos em Portugal e dois anos na Espanha) e a sua formalização por escrito (Espanha).

44. DUARTE, Ícaro de Souza. *A cláusula de permanência no contrato de trabalho*. Trabalho em Revista. v. 340, 2010. p. 5702.

O TST já analisou essa questão e admitiu a licitude do pagamento da multa pelo obreiro, em virtude da não observância do pacto de permanência:

> AGRAVO DE INSTRUMENTO. CURSO DE ESPECIALIZAÇÃO. FINANCIAMENTO. OBRIGAÇÃO DE PERMANECER NO EMPREGO. PERÍODO DE UM ANO. PROPORCIONALIDADE. BOA-FÉ OBJETIVA. DESCUMPRIMENTO PELO EMPREGADO. RESTITUIÇÃO DEVIDA. NÃO PROVIMENTO. 1. No caso, a reclamada financiou a participação da reclamante em curso de pós-graduação, sob a condição de que, após a conclusão, a trabalhadora não poderia pedir demissão imotivadamente pelo período de um ano, sob pena de restituição dos valores investidos pela empregadora. 2. Com efeito, o exercício da autonomia da vontade por parte do trabalhador trouxe vantagens proporcionais, senão superiores, à contrapartida a que se obrigou, pois lhe foi permitido alcançar o título de especialista em troca apenas da limitação do poder de denunciar o contrato por curto período, sem prejuízo dos salários e demais vantagens próprias da relação de emprego. 3. Assim, referido ajuste não ofendeu qualquer norma protetiva e deve ser considerado válido e eficaz. 4. Ademais, ofende a boa-fé objetiva a conduta do trabalhador que aceita os termos negociados, usufrui as vantagens que lhe proporcionou, mas recusa-se injustificadamente a cumprir sua obrigação e frustra a justa expectativa da parte contrária. 5. Ilesos os artigos 9º, 444, 462 e 468 da CLT.[45]

Em sentido contrário:

> AGRAVO DE INSTRUMENTO DESPROVIDO. INDENIZAÇÃO. PACTO DE PERMANÊNCIA. AÇÃO MONITÓRIA. A cláusula penal, constante do contrato de trabalho, que prevê a devolução, pelo empregado, da quantia recebida quando da celebração do pacto laboral, se não observado o prazo mínimo de 18 meses no emprego – pacto de permanência –, viola o direito fundamental à liberdade de trabalho, previsto no art. 5º, XIII, da Constituição Federal, bem como o disposto no art. 444 da CLT. A assinatura do contrato de trabalho é a ocasião de maior vulnerabilidade do trabalhador em relação ao empregador, ou tomador de serviços. Vale lembrar o previsto na Súmula nº 199 do Eg. TST, quando trata da pré-contratação de horas extras, prática reputada nula se efetuada na admissão do trabalhador.[46]

No caso concreto, conforme ressaltou a Corte Regional, a mencionada cláusula não trouxe qualquer vantagem para o empregado. Ao contrário, o encargo imposto revelou-se lesivo ao trabalhador e por esse motivo não pode ser considerado válido.

11. QUADRO SINÓPTICO

Capítulo IX – FGTS e estabilidade		
Instituto	**Conteúdo**	**Item**
	FGTS	
Conceito	O FGTS é um fundo formado por depósitos mensais em uma conta vinculada aberta em nome do empregado e tem como objetivo principal propiciar auxílio financeiro ao trabalhador, durante o período em que estiver desempregado.	1.2

45. TST. AIRR 111486/2003-900-04-00.7ª T. Rel. Min. Caputo Bastos. DEJT 27.11.2009.
46. TST. AIRR 5440-40.2006.5.02.0016. 8ª T. Rel. Min. Maria Cristina Irigoyen Peduzzi. DEJT 18.02.2011.

Capítulo IX – FGTS e estabilidade

Instituto		Conteúdo	Item
Situações especiais	**Diretores**	As empresas podem equiparar seus diretores não empregados aos trabalhadores com direito ao FGTS.	1.3
	Servidor público	O servidor público regido por estatuto próprio não tem direito aos depósitos fundiários. Já o empregado público celetista, admitido na administração pública após a prévia aprovação em concurso público, tem direito aos depósitos fundiários, além de adquirir a estabilidade no emprego após três anos de serviço.	
	Rurais	Antes da vigência da atual Carta Maior, os empregados rurais não tinham direito ao FGTS.	
Natureza jurídica		O FGTS possui natureza híbrida, ou seja, salarial e contribuição social, não podendo ser objeto de negociação coletiva no sentido de suprimir ou reduzir essa categoria de direito. (art. 611-B, III da CLT)	1.4
Hipóteses p/ movimentação		a) despedida sem justa causa; b) culpa recíproca e força maior – código 02; c) extinção da empresa ou do estabelecimento – código 03; d) declaração de nulidade do contrato de trabalho – infringência ao art. 37, II da Constituição Federal – código 03; e) falecimento do empregador individual – código 03; f) término do contrato a prazo, inclusive contrato de experiência e obra certa – código 04; g) aposentadoria – código 05; h) necessidade pessoal, cuja gravidade seja decorrente de desastre natural causado por chuvas ou inundações – código 19 i) falecimento do empregado – código 23; j) idade superior a setenta anos – código 70; k) portador do vírus HIV – código 80 l) portador de neoplasia maligna (câncer) – código 81; m) conta inativa por mais de três anos – código 86 ou 87; n) determinação judicial – código 88; o) aquisição de moradia – código 91; p) utilização do FGTS para aplicação em Fundos Mútuos de Privatização – FMP-FGTS ou do Clube de Investimento CI-FGTS – código 92; q) integralização de cotas do FI-FGTS, permitida a utilização máxima de 10% do saldo existente e disponível na data em que exercer a opção; r) aquisição de imóvel através do Programa de Arrendamento Residencial – PAF, instituído pela Lei nº 11.474/07; s) aquisição, por prescrição, de órtese ou prótese pelo trabalhador com deficiência; e t) extinção do contrato por acordo previsto no art. 484-A da CLT. u) pagamento total ou parcial do preço de aquisição de imóveis da União inscritos em regime de ocupação ou aforamento; v) anualmente, no mês de aniversário do trabalhador.	1.5
Sistemáticas de saque		a) saque-rescisão permite movimentar a conta vinculada do FGTS nas hipóteses previstas pelo art. 20 da Lei nº 8.036/90, **salvo aquela motivada pela data de aniversário do trabalhador.** b) permite que o trabalhador faça o saque de **parte do saldo** de sua conta vinculada **todos os anos**, no mês do seu aniversário	
Multa de 40%		Quando é do empregador a iniciativa de extinguir o contrato de trabalho sem opor qualquer motivo (despedida sem justa causa), deve arcar com o pagamento de uma quantia equivalente a 40% do saldo existente na conta vinculada do seu empregado.	1.6

<table>
<tr><th colspan="4">Capítulo IX – FGTS e estabilidade</th></tr>
<tr><th>Instituto</th><th colspan="2">Conteúdo</th><th>Item</th></tr>
<tr><td>Valor do depósito</td><td colspan="2">O percentual de 8% relativo aos depósitos do FGTS deve incidir sobre a remuneração total do empregado, ou seja, com integração de todas as parcelas de caráter salarial inclusive o salário in natura (esse valor é reduzido para 2% no caso de aprendiz).</td><td>1.7</td></tr>
<tr><td>Prescrição</td><td colspan="2">O STF declarou a inconstitucionalidade do dispositivo da Lei nº 8.036/90 que estabelecia o prazo prescricional de 30 anos para cobrar os créditos relativos ao FGTS. Agora, segue-se a regra geral de cinco anos durante o contrato de trabalho e de dois anos após a sua extinção.</td><td>1.8</td></tr>
<tr><th colspan="4">Estabilidade e garantias provisórias</th></tr>
<tr><td>Conceito</td><td colspan="2">A estabilidade consiste na limitação ao direito potestativo do empregador e ao mesmo tempo um direito do trabalhador de permanecer no emprego, mesmo contra a vontade do empregador (ressalvada a prática de falta grave ou motivo de força maior), geralmente por razões biológicas (estabilidade gestante e estabilidade do empregado acidentado) ou no caso do operário desenvolver uma atividade contrária aos interesses do empregador (dirigente sindical, membro de CIPA etc.).</td><td>2.3</td></tr>
<tr><td rowspan="2">Distinções</td><td>Estabilidade</td><td>Na estabilidade, a norma protetiva laboral garante ao trabalhador a manutenção da relação empregatícia por um prazo indeterminado ou determinado. Existe, desse modo, a estabilidade definitiva e a estabilidade provisória.</td><td>2.6</td></tr>
<tr><td>Garantia de emprego</td><td>A garantia de emprego representa as técnicas e as políticas legislativas e governamentais que objetivam criar um número cada vez maior de postos de trabalho. Evita-se, o quanto possível, a rotatividade da mão de obra e a precarização do emprego. Alguns autores utilizam a expressão em comento para designar as hipóteses de estabilidade provisória.</td><td>2.6</td></tr>
<tr><th colspan="4">Formas de estabilidade</th></tr>
<tr><td rowspan="2">Definitiva</td><td>Estabilidade da CLT</td><td>O empregado, que contar mais de dez anos de serviço na mesma empresa, não poderá ser despedido, senão por motivo de falta grave ou circunstância de força maior, devidamente comprovadas (art. 492 da CLT). Essa estabilidade só era alcançada pelos empregados não optantes pelo regime do FGTS.</td><td rowspan="2">3.1</td></tr>
<tr><td>Estabilidade do servidor público celetista</td><td>O servidor público celetista da administração direta, autárquica ou fundacional é beneficiário da estabilidade prevista no art. 41 da CF/1988 (TST – Súmula nº 390, I).</td></tr>
<tr><td rowspan="4">Provisória</td><td>Dirigente sindical</td><td>É vedada a dispensa do empregado sindicalizado ou associado, a partir do momento do registro de sua candidatura, a cargo de direção ou representação de entidade sindical ou de associação profissional, até 1 (um) ano após o final do seu mandato, caso seja eleito, inclusive como suplente, salvo se cometer falta grave devidamente apurada por meio de inquérito judicial.</td><td rowspan="4">3.2</td></tr>
<tr><td>Membro da CIPA</td><td>É vedada a dispensa arbitrária ou sem justa causa do empregado eleito para cargo de direção de comissões internas de prevenção de acidentes, inclusive dos respectivos suplentes, desde o registro de sua candidatura até um ano após o final de seu mandato.</td></tr>
<tr><td>Empregada gestante</td><td>Veda-se a dispensa arbitrária ou sem justa causa da empregada gestante, desde a confirmação da gravidez até cinco meses após o parto, ainda que o contrato tenha sido celebrado por tempo determinado. Inclusive, o desconhecimento do estado gravídico pelo empregador não afasta o direito ao pagamento da indenização decorrente da estabilidade.</td></tr>
<tr><td>Acidentado</td><td>O empregado que sofre acidente do trabalho ou foi acometido de doença ocupacional, tem garantida, pelo prazo mínimo de doze meses, a manutenção do seu contrato de trabalho na empresa, após a cessação do auxílio-doença acidentário.</td></tr>
</table>

Capítulo IX – FGTS e estabilidade			
Instituto		**Conteúdo**	**Item**
Provisória	**Comissão de representação da empresa**	Nas empresas com mais de duzentos empregados é obrigatória a constituição de uma comissão de representantes dos empregados, que gozam de proteção contra a despedida arbitrária. Essa proteção inicia-se com o registro da candidatura e permanece até um ano após o fim do mandato.	3.2
Provisória	**Outras estabilidades**	• Membro do Conselho Nacional da Previdência Social – Membro do Conselho Curador do FGTS; • Diretores de cooperativas; • Membro de comissões de conciliação prévia; • Estabilidade prevista em contratos coletivos de trabalho; • Empregados que aderiram ao PSE; • Portador do vírus HIV; • Deficiente físico; • Lei eleitoral.	3.2
Nulidade da despedida arbitrária		Quando o empregado goza do direito de estabilidade no emprego, a resolução do pacto laboral só pode ser declarada pelo Poder Judiciário, quando a lei assim o determinar expressamente, por meio de uma ação própria, denominada de inquérito para apuração de falta grave. A resolução do contrato de trabalho de empregado estável pelo próprio empregador representa ato nulo de pleno direito, uma vez que deixa de observar a formalidade prevista pela lei.	4
Renúncia à estabilidade		O empregado poderá renunciar expressamente aos direitos decorrentes da estabilidade, caso pretenda por fim a execução do contrato de trabalho, desde que o ato se revista da forma de um pedido de demissão, devidamente assistida pelo sindicato de sua categoria profissional. Esse requisito não é necessário quando se tratar de empregado hipersuficiente, em face de sua autonomia relativa da vontade, prevista no parágrafo único, art. 444 da CLT.	5
Efeitos da dispensa arbitrária	**Readmissão**	Na hipótese do Poder Judiciário entender pela inexistência de falta grave, o empregador será compelido a readmitir o empregado no serviço, com o pagamento dos salários devidos no período da suspensão.	8.1
Efeitos da dispensa arbitrária	**Reintegração**	A reintegração ocorre quando o empregador despede o empregado estável. Como o ato de rompimento do pacto laboral só pode ser praticado pelo Poder Judiciário, ao reconhecer a prática de falta grave, o pseudo ato de despedida do empregador será considerado nulo de pleno direito e o empregado será reintegrado no serviço.	8.2
Efeitos da dispensa arbitrária	**Indenização**	Quando a reintegração do empregado estável for desaconselhável, dado o grau de incompatibilidade resultante da demanda judicial, especialmente quando for o empregador pessoa física, a obrigação de reintegrar ou readmitir poderá ser convertida em indenização.	8.3
Fechamento da empresa ou do estabelecimento		Na hipótese de fechamento da empresa, estabelecimento, filial ou agência, o empregado portador de estabilidade decenal, tem direito de receber do seu empregador a indenização de antiguidade de forma dobrada e os salários são devidos até a data do encerramento definitivo das atividades.	8.4
Força maior		Em caso de extinção do contrato de trabalho de empregado estável por conta de acontecimento classificado como força maior, é assegurada a mesma indenização prevista pelos arts. 477 e 478 da Consolidação das Leis do Trabalho.	8.5
Dispensa obstativa		Presume-se obstativa à estabilidade a despedida, sem justo motivo, do empregado que alcançar nove anos de serviço na empresa (antes da vigência da atual Carta Magna).	8.6

Capítulo IX – FGTS e estabilidade		
Instituto	**Conteúdo**	**Item**
Contrato por prazo determinado	O TST, por meio das Súmulas nºs 244 e 378, posiciona-se no sentido de atribuir a estabilidade provisória para o empregado acidentado e a empregada gestante, ainda que seja a hipótese de contrato por prazo determinado. Contudo, afastou esse direito quando se tratar de contrato temporário.	9

12. INFORMATIVOS DO TST SOBRE A MATÉRIA

Incidente de Assunção de Competência. "Tema nº 0002 – Gestante. Trabalho temporário. Lei nº 6.019/74. Garantia provisória do emprego. Súmula nº 244, III, do TST."

O Tribunal Pleno, por maioria, definiu a seguinte tese jurídica para o Tema de Incidente de Assunção de Competência nº 0002 – GESTANTE. TRABALHO TEMPORÁRIO. LEI Nº 6.019/74. GARANTIA PROVISÓRIA DO EMPREGO. SÚMULA Nº 244, III, DO TST: é inaplicável ao regime de trabalho temporário, disciplinado pela Lei n.º 6.019/74, a garantia de estabilidade provisória à empregada gestante, prevista no art. 10, II, b, do Ato das Disposições Constitucionais Transitórias. Vencidos os Ministros Luiz Philippe Vieira de Mello Filho, relator, Alberto Luiz Bresciani de Fontan Pereira, revisor, Lelio Bentes Corrêa, Mauricio Godinho Delgado, Kátia Magalhães Arruda, Augusto César Leite de Carvalho, José Roberto Freire Pimenta, Cláudio Mascarenhas Brandão e Maria Helena Mallmann. Também por maioria, o Tribunal Pleno rejeitou a questão de ordem suscitada pelo Ministro Cláudio Mascarenhas Brandão quanto à modulação dos efeitos da decisão. Vencidos, nesse ponto, os Ministros Luiz Philippe Vieira de Mello Filho, Alberto Luiz Bresciani de Fontan Pereira, Mauricio Godinho Delgado, Kátia Magalhães Arruda, José Roberto Freire Pimenta, Cláudio Mascarenhas Brandão e Maria Helena Mallmann. TST-IAC-5639-31.2013.5.12.0051, Tribunal Pleno, rel. Min. Luiz Philippe Vieira de Mello Filho, red. p/ acórdão Min. Maria Cristina Irigoyen Peduzzi, 18.11.2019 (TST. Info nº 212).

Mandado de segurança. Acordo homologado em Juízo. Quitação de débito trabalhista. Levantamento de valores depositados na conta vinculada do FGTS de sócio da empresa executada. Impossibilidade. Movimentação não contemplada pelo art. 20 da Lei nº 8.036/1990.

Viola direito líquido e certo de sócia da empresa executada a decisão que, ao homologar acordo, determina a expedição de alvará judicial para a liberação de valores existentes em sua conta vinculada de FGTS para a quitação de verbas trabalhistas. O art. 20 da Lei nº 8.036/1990 dispõe sobre as situações em que a conta vinculada do FGTS pertencente ao trabalhador pode ser movimentada, e em nenhuma delas está prevista a hipótese relatada. Assim, a SBDI-II, por unanimidade, conheceu do recurso ordinário e, no mérito, deu-lhe provimento para conceder a segurança, a fim de determinar o imediato desbloqueio dos valores apreendidos na conta vinculada do FGTS da sócia da empresa executada. TST-RO-5187-88.2016.5.15.0000, SBDI-II, rel. Min. Delaíde Miranda Arantes, 12.2.2019 (TST. Info nº 190).

Mandado de segurança. Representante sindical. Inquérito para apuração de falta grave. Prazo decadencial de 30 dias. Termo inicial. Afastamento do empregado de suas funções sem caráter punitivo e sem redução de proventos.

O afastamento do empregado de suas funções, sem caráter punitivo e sem redução de proventos, tem a mesma natureza preventiva da suspensão a que alude o art. 853 da CLT. Portanto, o prazo decadencial de trinta dias para a instauração do inquérito para apuração de falta grave contra empregado garantido com estabilidade (representante sindical) deve ser contado a partir do afastamento de suas funções, independentemente do pagamento dos salários do período, e não a partir do momento em que houve suspensão sem pagamento de salário. Sob esse fundamento, a SBDI-II, por unanimidade, conheceu do recurso ordinário e, no mérito, negou-lhe provimento para manter o acórdão do Tribunal Regional que concedeu a segurança para determinar a reintegração imediata do empregado nas condições vigentes quando de sua suspensão, visto que o inquérito judicial fora instaurado quando já extrapolados tanto o prazo da CLT, quanto o prazo previsto na norma interna do empregador. Vencidos os Ministros Douglas Alencar Rodrigues, Alexandre

Agra Belmonte, Luiz José Dezena da Silva e Renato de Lacerda Paiva. TST-RO-10811-88.2015.5.03.0000, SBDI-II, rel. Min. Delaíde Miranda Arantes , 12.2.2019 (TST. Info nº 190).

Empregado portador de doença grave. HIV. Empregador ciente da condição do reclamante muitos anos antes da demissão. Processo de reestruturação organizacional. Dispensa arbitrária e discriminatória. Não ocorrência. Inaplicabilidade da Súmula nº 443 do TST.

Afasta-se a presunção de dispensa arbitrária e discriminatória a que se refere a Súmula nº 443 do TST na hipótese em que a demissão de empregado portador do vírus HIV foi motivada por processo de reestruturação organizacional, e ocorreu dezesseis anos após o empregador ter conhecimento da condição do reclamante. No caso, a empresa, após tomar ciência da doença que acometia o empregado, o encaminhou para tratamento médico e psicológico, e, ao longo dos dezesseis anos que antecederam a dispensa, o promoveu várias vezes, a indicar ausência de indícios de ato discriminatório. Ademais, é incontroverso nos autos que a empregadora passou por um processo de reestruturação, que culminou com a extinção da função ocupada pelo trabalhador e a ruptura do contrato de trabalho de treze empregados, e não apenas do reclamante. Sob esses fundamentos, a SBDI-I, por unanimidade, conheceu dos embargos, por divergência jurisprudencial, e, no mérito, por maioria, negou-lhes provimento. Vencidos os Ministros Aloysio Corrêa da Veiga, relator, Walmir Oliveira da Costa e Brito Pereira. TST-E-ED-ARR-185700-05.2008.5.02.0029, SBDI-I, rel. Min. Aloysio Corrêa da Veiga, red. p/ acórdão Min. Alberto Luiz Bresciani de Fontan Pereira, 13.9.2018 (TST. Info nº 184).

Período pré-eleitoral. Estabilidade provisória. Art. 73, V, da Lei nº 9.504/97. Circunscrição do pleito. Abrangência.

A interpretação da expressão "circunscrição do pleito", a que se refere o inciso V do art. 73 da Lei nº 9.504/97, deve ser a mais abrangente possível, a fim de alcançar o objetivo da norma que é impedir a utilização da máquina estatal como meio de pressão política sobre o empregado. Nesse sentido, independentemente de o vínculo de emprego ser com ente da administração pública federal, estadual ou municipal, deve-se reconhecer a estabilidade provisória no período pré-eleitoral ao empregado que trabalha no limite territorial onde realizada a eleição. Sob esse fundamento, a SBDII, por unanimidade, conheceu dos embargos interpostos pelo banco, por divergência jurisprudencial, e, no mérito, negou-lhes provimento, mantendo, portanto, a decisão que reconhecera o direito à estabilidade provisória a empregado da administração pública indireta estadual dispensado sem justa causa durante eleição municipal. TST-Ag-E-ED-ARR-230800-32.2008.5.02.0433 , SBDI-I, rel. Min . Augusto César Leite de Carvalho , 28.9.2017 (TST. Info nº 166).

Ação rescisória. Servidor público municipal celetista submetido a concurso público. Dispensa com fundamento no art. 21, parágrafo único, da LRF. Inexistência de procedimento administrativo em que assegurado o devido processo legal e o direito à ampla defesa. Retorno ao trabalho. Aplicação dos arts. 169 e 182 do Código Civil.

Conforme precedentes do Supremo Tribunal Federal, o servidor público celetista da administração direta, autárquica ou fundacional ou o empregado de empresa pública ou de sociedade de economia mista, ainda que admitidos por meio de aprovação em concurso público, não têm direito à estabilidade do art. 41 da CF, a não ser que a contratação tenha se dado anteriormente à Emenda Constitucional nº 19/1998. Todavia, também de acordo com o entendimento consolidado pela Suprema Corte, viola o art. 5º, LV, da CF a dispensa de servidor municipal nomeado após aprovação em concurso público, ainda que em estágio probatório, com fundamento no art. 21, parágrafo único, da Lei de Responsabilidade Fiscal, quando não assegurado o contraditório e a ampla defesa em procedimento administrativo. Sob esses fundamentos, a SBDI-II, por unanimidade, conheceu do recurso ordinário em ação rescisória e, no mérito, negou-lhe provimento, assentando que, a despeito de não se tratar de servidor público estável, na forma do art. 41 da CF, a dispensa, sem o precedente procedimento administrativo, é nula, razão pela qual se determina o retorno ao trabalho, com pagamento dos salários vencidos e vincendos desde a data da dispensa, nos termos dos arts. 169 e 185 do Código Civil, ficando, no entanto, assegurado ao Município empregador o direito de renovar o despedimento, desde que observe a exigência do prévio procedimento administrativo em que assegurado o devido processo legal e o direito à ampla defesa. Vencidos os Ministros Luiz Philippe Vieira de Mello Filho e Ives Gandra Martins Filho. TST-RO-5904-64.2012.5.07.0000, SBDI-II, rel. Min. Douglas Alencar Rodrigues, 21.3.2017 (TST. Info nº 155).

Matéria afetada ao Tribunal Pleno. Gestante. Contrato nulo. Ausência de prévia aprovação em concurso público. Estabilidade provisória. Indevida. Incidência da Súmula nº 363 do TST.

Não é possível estender a garantia provisória de emprego à empregada gestante dispensada em razão do reconhecimento da nulidade do contrato firmado com ente público, sem prévia aprovação em concurso público. Incidência dos estritos termos da Súmula nº 363 do TST que, diante da invalidade da contratação, assegura apenas o pagamento das horas trabalhadas e das contribuições ao FGTS, por expressa previsão de lei. Ao caso concreto não se aplica a Convenção nº 103 da OIT, que consagra o direito das empregadas gestantes à licença-maternidade e veda a dispensa nesse período, nem a jurisprudência do Supremo Tribunal Federal no que concerne ao alcance da estabilidade prevista no art. 10, II, "b", do ADCT, pois ambas as situações pressupõem a validade da relação jurídica estabelecida entre as partes, condição não verificada na hipótese. Sob esse entendimento, o Tribunal Pleno, por maioria, conheceu do recurso de embargos, por divergência jurisprudencial, vencidos os Ministros Hugo Carlos Scheuermann, Cláudio Mascarenhas Brandão, Alberto Luiz Bresciani de Fontan Pereira, Maria de Assis Calsing, Márcio Eurico Vitral Amaro e Kátia Magalhães Arruda. No mérito, ainda por maioria, decidiu-se negar provimento ao recurso, vencidos os Ministros Delaíde Miranda Arantes, relatora, Lelio Bentes Corrêa, Mauricio Godinho Delgado e Augusto César Leite de Carvalho. TST-E-ED-RR-175700-88.2007.5.04.0751, Tribunal Pleno, rel. Min. Delaíde Miranda Arantes, red. p/ acórdão Min. Aloysio Corrêa da Veiga, 17.4.2017 (TST. Info nº 156).

Mandado de segurança. Antecipação de tutela. Dirigente sindical. Estabilidade provisória. Processo de registro sindical no Ministério do Trabalho e Emprego. Pendência. Reintegração.

A pendência de registro de entidade sindical junto ao Ministério do Trabalho e Emprego não afasta a garantia da estabilidade provisória de dirigente sindical, consoante atual jurisprudência do STF. No caso concreto, não obstante o pedido de registro tenha sido indeferido pelo Ministério do Trabalho, a entidade sindical interpôs recurso administrativo, o qual está pendente de apreciação. Assim, à luz da interpretação conferida pelo Supremo Tribunal Federal ao art. 8º, VIII, da CF, o empregado eleito dirigente sindical somente não goza da estabilidade provisória a partir do momento em que a solicitação de registro seja definitivamente negada pelo órgão ministerial. Sob esse fundamento, a SBDI-II, por unanimidade, negou provimento ao recurso ordinário interposto pelo impetrante, mantendo incólume a decisão que, ao denegar a segurança, ratificou o deferimento do pedido de antecipação de tutela que determinou a reintegração do dirigente sindical. TST-RO-21386-31.2015.5.04.0000, SBDI-II, rel. Min. Douglas Alencar Rodrigues, 7.6.2016 (TST. Info nº 139).

Mandado de segurança. Antecipação de tutela. Reintegração. Dirigente sindical. Registro do sindicato no Ministério do Trabalho e Emprego. Desnecessidade. Orientação Jurisprudencial nº 142 da SBDI-II. Incidência.

A SBDI-II, por maioria, fazendo incidir o disposto em sua Orientação Jurisprudencial nº 142, deu provimento a recurso ordinário para, reformando a decisão recorrida, denegar a segurança que fora inicialmente concedida para tornar sem efeito a antecipação dos efeitos da tutela por meio da qual se ordenou a imediata reintegração do reclamante ao emprego, em razão de sua condição de dirigente sindical. Na hipótese, verificou-se que o deferimento da antecipação de tutela ocorreu nos estritos termos do art. 273 do CPC, pois o reclamante juntou aos autos do processo originário documentos comprobatórios da sua dispensa sem justa causa em data posterior à sua eleição para ocupar o cargo de segundo tesoureiro de sindicato recém-criado. Houve, ainda, registro de que, quando da dispensa do autor, os atos constitutivos do sindicato para o qual fora eleito já se encontravam depositados no cartório pertinente, em conformidade com os arts. 8º, VIII, da CF e 543, § 3º, da CLT. Ressaltou-se, por fim, que não subsiste a fundamentação adotada no acórdão recorrido, no sentido de que o prévio registro do sindicato no Ministério do Trabalho e Emprego é indispensável ao reconhecimento da garantia de emprego, pois se trata de entendimento superado pela atual jurisprudência do TST e do STF. Vencido o Ministro Douglas Alencar Rodrigues. TST-RO-540-39.2013.5.12.0000, SBDI-II, rel. Min. Antonio José de Barros Levenhagen, 10.5.2016 (TST. Info nº 136).

Estabilidade provisória. Membro da CIPA. Término da obra. Equivalência à extinção do estabelecimento. Súmula nº 339, II, do TST.

O encerramento da obra específica para a qual fora instituída a Comissão Interna de Prevenção de Acidentes – CIPA equivale à extinção do próprio estabelecimento, não havendo falar em despedida arbitrária do cipeiro. A garantia provisória no emprego assegurada ao membro da CIPA não se traduz em direito ilimitado, tampouco em vantagem pessoal, uma vez que fundada na necessidade de assegurar ao empregado eleito a autonomia necessária ao livre e adequado exercício das funções inerentes ao seu mandato, relativas à busca pela diminuição de acidentes e por melhores condições de trabalho. Desse modo, inativado o canteiro de obras onde o empregado exercia sua função de cipeiro, cessa a garantia de emprego, sem que haja a possibilidade de reintegração ou de pagamento de indenização pelo período estabilitário, nos termos do item II da Súmula nº 339 do TST. Com esse entendimento, a SBDI-I, por unanimidade, conheceu dos embargos das reclamadas, por divergência jurisprudencial, e, no mérito, por maioria, deu-lhes provimento para excluir da condenação o pagamento da indenização relativa aos salários correspondentes ao período compreendido entre a dispensa do reclamante e o término da estabilidade provisória. Vencido o Ministro José Roberto Pimenta. TST-E-ED-RR-24000-48.2004.5.24.0061, SBDI-I, rel. Min. Lelio Bentes Corrêa, 6.11.2014 (TST. Info nº 94).

Administração Pública. Contratação pelo regime trabalhista. Cargo em comissão de livre nomeação e exoneração. Art. 37, II, da CF. Depósitos do FGTS. Devidos.

É assegurado ao servidor público ocupante de cargo em comissão de livre nomeação e exoneração, contratado sob o regime jurídico trabalhista, o direito aos depósitos do FGTS. O art. 37, II, da CF não autoriza o empregador público a se esquivar da legislação trabalhista a que vinculado no momento da contratação, nem permite concluir que a possibilidade de demissão ad nutum dos ocupantes de cargo em comissão é incompatível com o sistema de proteção social contra a dispensa sem justa causa. De outra sorte, se a Súmula nº 363 do TST assegura o direito ao FGTS mesmo diante de uma contratação nula, não se mostra razoável negar o referido direito a quem ingressa regularmente na Administração Pública. Por tais fundamentos, a SBDI-I, por unanimidade, conheceu dos embargos interpostos pelo reclamante, por divergência jurisprudencial, e, no mérito, deu-lhes provimento para deferir o pagamento do FGTS. TST-E-RR-72000-66.2009.5.15.0025, SBDI-I, Min. Augusto César Leite de Carvalho, 2.10.2014 (TST. Info nº 91).

Ação rescisória. Gestante. Estabilidade provisória. Concessão. Gravidez no curso do aviso prévio.

Art. 10, II, "b", do ADCT. Não violação. Não viola o disposto no art. 10, II, "b", do ADCT a decisão que confere estabilidade provisória à gestante cuja gravidez tenha ocorrido no curso do aviso prévio, pois o dispositivo constitucional mencionado veda a dispensa da empregada gestante desde a confirmação da gestação até cinco meses após o parto, fixando critério objetivo ligado ao fato da gravidez e não ao momento da sua comprovação. Assim sendo, levando em conta que o aviso prévio, pela sua própria natureza, integra o contrato de trabalho, pode-se concluir que a decisão rescindenda apenas realizou interpretação finalística da norma de garantia fundamental social, não incorrendo em qualquer violação. Com esse entendimento, a SBDI-II, por unanimidade, conheceu e julgou improcedente ação rescisória. TST-AR-4303-18.2012.5.00.0000, SBDI-II, rel. Min. Hugo Carlos Scheuermann, 12.8.2014 (TST. Info nº 86).

Estabilidade provisória. Dirigente sindical. Função de confiança. Incompatibilidade. Art. 499 da CLT.

Não é garantida a estabilidade sindical de que trata o art. 8º, VIII, da CF a trabalhador contratado, única e exclusivamente, para o exercício de cargo de confiança. A função de livre nomeação e exoneração, por revestir-se de caráter precário e alicerçar-se no elemento fidúcia, constitui fator impeditivo à aquisição da estabilidade, conforme o disposto no art. 499 da CLT, afigurando-se, portanto, incompatível com a garantia constitucional e com a possibilidade de reintegração ao emprego. Assim sendo, é inviável, ainda, a conversão do período estabilitário em indenização, na medida em que a Súmula nº 396 do TST pressupõe a existência de estabilidade provisória para fins de concessão de indenização correspondente ao valor dos salários relativos ao período. Com esse posicionamento, a SBDI-I decidiu, à unanimidade, conhecer dos embargos interpostos pelo reclamado, por divergência jurisprudencial, e, no mérito, por maioria, negar-lhes provimento para restabelecer a sentença que julgou improcedente o pedido de reintegração e reflexos decorrentes. Vencidos os Ministros Alexandre de Souza Agra Belmonte, Lelio Bentes Corrêa, Augusto César Leite de Carvalho, José Roberto Freire Pimenta e Hugo Carlos Scheuermann, que negavam provimento aos embargos, mantendo, portanto, a decisão da Turma que dera parcial provimento ao recurso de revista para converter o direito à reintegração em indenização, computando-se, para esse efeito, o tempo restante de estabilidade com salário condizente com o cargo efetivo de salário mais elevado na organização da empresa, conforme se apurar em liquidação de sentença. TST-E-ED-RR-112700-89.2008.5.22.0004, SBDI-I, rel. Min. Márcio Eurico Vitral Amaro, 15.5.2014 (TST. Info nº 73).

Lei Eleitoral nº 9.504/97. Estabilidade provisória. Concessão no período de projeção do aviso prévio indenizado. Possibilidade. Inaplicabilidade da Súmula nº 371 do TST.

Da Orientação Jurisprudencial nº 82 da SBDI-I c/c art. 487, § 1º, parte final, da CLT depreende-se que o aviso prévio indenizado integra o contrato de trabalho para todos os efeitos, inclusive no que diz respeito à concessão da estabilidade provisória prevista na Lei Eleitoral nº 9.504/97. Na hipótese, não há falar em incidência da Súmula nº 371 do TST, a qual limita os efeitos do aviso prévio indenizado às vantagens econômicas obtidas no período de pré-aviso, pois os precedentes que deram origem ao verbete apenas analisaram a projeção do aviso prévio sob o ângulo da garantia de emprego do dirigente sindical, do alcance dos benefícios oriundos de negociações coletivas ou da aplicação retroativa de normas coletivas, não se referindo, portanto, à questão da estabilidade do período eleitoral, a qual, inclusive, decorre de norma de ordem pública. Com esse entendimento, a SBDI-I, por unanimidade, conheceu dos embargos do reclamado, por divergência jurisprudencial, e, no mérito, negou-lhes provimento. TST-E-ED-RR-129500-74.2010.5.17.0001, SBDI-I, rel. Min. Luiz Philippe Vieira de Mello Filho, 20.2.2014 (TST. Info nº 73).

FGTS. Alvará judicial. Autorização para o levantamento dos depósitos do FGTS e da multa de 20% estabelecida em convenção coletiva que previu a rescisão contratual por culpa recíproca.

A SBDI-I, em sua composição plena, por unanimidade, conheceu dos embargos da Caixa Econômica Federal – CEF, e, no mérito, por maioria, negou-lhes provimento, confirmando a decisão que autorizou, mediante alvará judicial, o levantamento dos depósitos de FGTS e da multa de 20% oriunda de cláusula de convenção coletiva de trabalho denominada "incentivo à continuidade do contrato de trabalho", por meio da qual as empresas que sucederam outras na prestação do mesmo serviço, em razão de nova licitação, se obrigaram a contratar os empregados da empresa sucedida, e se estabeleceu, de antemão, a existência de culpa recíproca a autorizar o pagamento de apenas 20% sobre os depósitos de FGTS, a título de multa, no momento da rescisão contratual. Na hipótese, a CEF recusou-se a liberar as verbas pretendidas, ao argumento de que, nos termos do art. 18, § 2º, da Lei nº 8.036/90, a culpa recíproca e a consequente redução da multa do FGTS de 40% para 20% somente pode ser reconhecida pela Justiça do Trabalho, não se admitindo a ocorrência de tal modalidade de dispensa com esteio em cláusula de instrumento coletivo. Prevaleceu o entendimento de que, a par da discussão sobre a validade da cláusula da convenção coletiva que reduz a multa do FGTS, os depósitos efetuados durante o período de contratação são incontroversos, não havendo, portanto, motivos que justifiquem a retenção dos valores. Vencidos o Ministro Lelio Bentes Corrêa, que dava provimento ao recurso da CEF para julgar improcedente o pedido de levantamento dos depósitos, e, quanto à fundamentação, os Ministros Augusto César Leite de Carvalho, relator, João Oreste Dalazen, Brito Pereira, Maria Cristina Irigoyen Peduzzi, Lelio Bentes Corrêa, Delaíde Miranda Arantes e Alexandre Agra Belmonte. TST-E-RR-7000-10.2006.5.10.0011, SBDI-I, rel. Min. Augusto César Leite de Carvalho, red. p/ acórdão Min. Luiz Philippe Vieira de Mello Filho, 26.9.2013 (TST. Info nº 60).

Aposentadoria por invalidez decorrente de acidente de trabalho. Suspensão do contrato de trabalho. Recolhimento do FGTS. Indevido. Art. 15, § 5º, da Lei nº 8.036/90. Não incidência.

Tendo em conta que a aposentadoria por invalidez suspende o contrato de trabalho, conforme dicção do art. 475 da CLT, é indevido o recolhimento do FGTS no período em que o empregado estiver no gozo desse benefício previdenciário, ainda que o afastamento tenha decorrido de acidente de trabalho. Com esse entendimento, a SBDI-I, em sua composição plena, por maioria, negou provimento ao recurso de embargos, vencidos os Ministros Renato de Lacerda Paiva, Lelio Bentes Corrêa, José Roberto Freire Pimenta e Delaíde Miranda Arantes. Ressaltou o Ministro relator que o art. 15, § 5º, da Lei nº 8.036/90, ao determinar que a licença por acidente de trabalho será causa de interrupção do contrato de trabalho, com obrigatoriedade de recolhimento do FGTS, estabeleceu situação excepcional que não admite interpretação ampliativa para abarcar a aposentadoria por invalidez decorrente de acidente de trabalho. TST-EEDRR-133900-84.2009.5.03.0057, SBDI-I, rel. Min. Horácio Raymundo de Senna Pires, 24.5.2012 (TST. Info nº 10).

Ação rescisória. Sociedade de economia mista. Demissão imotivada. Impossibilidade. Reintegração do empregado. Submissão aos princípios previstos no art. 37, caput, da CF. Regulamento interno. Necessidade de motivação. Adesão ao contrato de trabalho. Súmula nº 51 do TST.

O STF, nos autos do RE nº 589998, estabeleceu que os empregados de sociedades de economia mista e de empresas públicas admitidos por concurso público somente poderão ser demitidos mediante a motivação do ato de dispensa, porquanto necessária a observação dos princípios constitucionais que regem a administração pública direta e indireta, previstos no art. 37, caput, da CF. Ademais, verificada, no caso, a existência de dispositivo de norma interna do Banestado prevendo a obrigatoriedade da motivação para dispensa de empregados, tal cláusula adere ao contrato de trabalho, impossibilitando a dispensa imotivada a teor do preconizado pela Súmula nº 51 do TST. Com esses fundamentos, e não vislumbrando violação ao art. 173, § 1º, da CF, a SBDI-II, à unanimidade, negou provimento ao recurso ordinário por meio do qual se buscava reformar a decisão do TRT da 9ª Região que, ao julgar improcedente a ação rescisória, manteve o acórdão que determinou a reintegração do empregado do Banestado demitido imotivadamente. TST--RO-219-22.2012.5.09.0000, SBDI-II, rel. Min. Cláudio Mascarenhas Brandão, 15.10.2013 (TST. Info nº 63).

Estabilidade pré-aposentadoria. Dispensa a quatro meses e onze dias de completar o prazo para a aquisição da estabilidade. Abuso de direito. Configuração. Invalidade da conduta do empregador.

É inválida a dispensa do trabalhador a quatro meses e onze dias de completar o prazo estipulado para a aquisição da estabilidade pré-aposentadoria, porquanto configurado o abuso do direito potestativo do empregador que buscou frustrar o adimplemento de condição prevista em norma coletiva, mediante a qual fora garantida a estabilidade no emprego nos vinte quatro meses que antecedem a jubilação. Com esse entendimento, a SBDI-I, por unanimidade, conheceu dos embargos do reclamado, por divergência jurisprudencial, e, no mérito, negou-lhes provimento, mantendo a decisão da Turma que, com base no art. 129 do CC, reconheceu o direito da reclamante à estabilidade provisória e, convertendo-a em indenização, condenou o empregador ao pagamento dos salários com os devidos reajustes e com todas as parcelas que o compunham, décimos terceiros, férias acrescidas do terço constitucional, auxílio-alimentação e depósitos do FGTS, em relação ao período da estabilidade. TST-E-ED-RR-133300-84.2007.5.01.0511, SBDI-I, rel. Min. Dora Maria da Costa, 22.8.2013 (TST. Info nº 56).

Empregada doméstica gestante. Despedida antes da vigência da Lei nº 11.234/06. Estabilidade provisória (art. 10, II, "b", do ADCT). Possibilidade.

Possui direito à estabilidade provisória, de que trata o art. 10, II, "b", do ADCT, a empregada doméstica gestante despedida antes da vigência da Lei nº 11.234/06, a qual reconheceu expressamente tal direito. O fato de a estabilidade genérica do artigo 7º, I, da CF não ter sido assegurada às empregas domésticas não tem o condão de afastar a pretensão relativa à garantia provisória concedida às demais gestantes, pois aquelas se encontram na mesma situação de qualquer outra trabalhadora em estado gravídico. Ademais, conforme salientado pelo Ministro João Oreste Dalazen, o STF vem entendendo, reiteradamente, que o comprometimento do Brasil no plano internacional quanto à proteção à maternidade e ao nascituro, independentemente da natureza do vínculo profissional estabelecido entre a gestante e o destinatário da prestação de serviços, remonta à ratificação da Convenção nº 103 da OIT, ocorrida em 18.06.1965, e concerne não apenas à garantia à licença-maternidade, mas também à estabilidade provisória prevista no art. 10, II, "b", do ADCT. Com esse posicionamento, a SBDI-I, em sua composição plena, decidiu, pelo voto prevalente da Presidência, conhecer dos embargos, por divergência jurisprudencial, e, no mérito, negar-lhes provimento, mantendo o acórdão da Turma, que restabeleceu a sentença que julgou procedente o pedido de estabilidade à empregada doméstica gestante, condenando a reclamada ao pagamento da indenização respectiva. Vencidos os Ministros Renato de Lacerda Paiva, Antônio José de Barros Levenhagen, Ives Gandra Martins Filho, Brito Pereira, Maria Cristina Irigoyen Peduzzi, Aloysio Corrêa da Veiga e Dora Maria da Costa. TST-E-ED-RR-5112200-31.2002.5.02.0900, SBDI-I, rel. Min. Horácio Raymundo de Senna Pires, 13.12.2012 (TST. Info nº 34).

Estabilidade. Art. 19 do ADCT. Contagem do quinquênio aquisitivo. Tempo de serviço prestado a sociedade de economia mista. Impossibilidade.

A estabilidade prevista no art. 19 do ADCT pressupõe a prestação de serviço por cinco anos continuados a entes da Administração pública direta, autárquica e fundacional, não aproveitando o tempo prestado a órgãos de esferas político-administrativas distintas. Com esse entendimento, a SBDI-I, por unanimidade, conheceu dos embargos por violação do art. 19 do ADCT e, no mérito, deu-lhes provimento para restabelecer a sentença em que se julgou improcedente a ação em que o reclamante pleiteava o direito à estabilidade tendo em conta o tempo de serviço prestado à Companhia de Construções Escolares do Estado de São Paulo (Conesp), sociedade de economia mista. Na espécie, o Ministro relator, conferindo novo enquadramento jurídico aos fatos registrados pela Turma, ressaltou que a premissa fática explicitada na decisão embargada, no sentido de que a Conesp teria a Fazenda Nacional como acionista majoritária, e, portanto, capital estatal, por si só não permitiria seu enquadramento na hipótese prevista no art. 19 do ADCT. TST-EEDRR 5644100-72.2002.5.02.0900, SBDI-I, rel. Min. José Roberto Freire Pimenta, 9.8.2012 (TST. Info nº 17).

13. QUESTÕES

13.1. Questões objetivas

01. (COPS – Procurador do Estado – PR/2011) Assinale a alternativa falsa:

(A) o deferimento de salários do período de estabilidade provisória, quando o pedido formulado tenha sido exclusivamente de reintegração, não implica em nulidade da sentença por julgamento "extra petita";

(B) é necessário o ajuizamento do inquérito judicial para apuração de falta grave, no caso de dispensa motivada de dirigente sindical;

(C) não obstante a redação do art. 7°, inc. I, da CRFB, a estabilidade prevista no art. 118, da Lei 8213/191, não é inconstitucional;

(D) ainda que no curso do aviso prévio, o registro de candidatura de empregado a cargo de dirigente sindical assegura a estabilidade;

(E) ajuizamento da ação trabalhista após decorrido o lapso de garantia de emprego da gestante não afasta o direito à indenização correspondente.

02. (TRT 2 – Juiz do Trabalho Substituto 2ª região/ 2012) Sobre o Fundo de Garantia por Tempo de Serviço, nos termos da legislação própria e das súmulas do TST, é correto afirmar que:

(A) A contribuição para o Fundo de Garantia do Tempo de Serviço incide sobre a remuneração mensal devida ao empregado, inclusive horas extras e adicionais eventuais.

(B) O pagamento relativo ao período de aviso prévio, desde que trabalhado pelo empregado, está sujeito à contribuição para o FGTS.

(C) A prescrição da pretensão relativa às parcelas remuneratórias não alcança o respectivo recolhimento da contribuição para o FGTS.

(D) Os empregadores ficam obrigados a depositar, até o dia 7 (sete) de cada mês, na conta vinculada, a importância correspondente a 8 (oito) por cento da remuneração paga ou devida, no mês anterior, sendo que tal depósito fica suspenso nos casos de afastamento para prestação do serviço militar e licença por acidente de trabalho.

(E) A conta vinculada do trabalhador no FGTS poderá ser movimentada quando o trabalhador permanecer dois anos ininterruptos fora do regime do FGTS, podendo o saque, neste caso, ser efetuado a partir do mês de aniversário do titular da conta.

03. (Cespe – Procurador do Estado – PE/ 2009) Acerca da estabilidade decenal, assinale a opção correta.

(A) O empregado que completou dez anos de serviço, na mesma empresa, em setembro de 2009 não pode ser despedido senão por motivo de falta grave ou circunstância de força maior, devidamente comprovadas.

(B) A estabilidade contratual ou a derivada de regulamento de empresa são compatíveis com o regime do FGTS. Diversamente ocorre com a estabilidade decenal de que trata a CLT, que é renunciada com a opção pelo FGTS.

(C) A equivalência entre os regimes do FGTS e da estabilidade prevista na CLT, além de jurídica, apresenta condão econômico, sendo devidos valores a título de reposição de diferenças.

(D) Quando a reintegração do empregado estável é desaconselhável, considerando o grau de incompatibilidade resultante do dissídio, especialmente quando é o empregador pessoa física, o tribunal do trabalho deve converter aquela obrigação em indenização.

(E) O tempo de serviço anterior à CF pode ser transacionado entre empregador e empregado, respeitado o limite mínimo de 80% da indenização prevista.

04. (Porto de Santos – Especialista portuário II/Advogado/2011) Sobre o Fundo de Garantia do Tempo de Serviço, é correto afirmar que

(A) a conta vinculada do trabalhador no FGTS não poderá ser movimentada no caso de despedida sem justa causa.

(B) o FGTS é constituído pelos saldos das contas vinculadas em nome dos trabalhadores, e estas contas são penhoráveis.

(C) os trabalhadores domésticos não poderão ter acesso ao regime do FGTS.

(D) as empresas sujeitas ao regime da legislação trabalhista não poderão equiparar seus diretores não empregados aos demais trabalhadores sujeitos ao regime do FGTS.

(E) o direito de adquirir moradia com recursos do FGTS, pelo trabalhador, só poderá ser exercido para um único imóvel.

05. (Defensória Pública da União 2010 – ADAPTADA) Os reflexos de horas extras sobre os depósitos fundiários que venham a ser postulados por empregado perante a justiça do trabalho são alcançados pela prescrição quinquenal.

06. (FGV/OAB/2010-3) Tício, gerente de operações da empresa Metalúrgica Comercial, foi eleito dirigente sindical do Sindicato dos Metalúrgicos. Seis meses depois, juntamente com Mévio, empregado representante da CIPA (Comissão Interna para Prevenção de Acidentes) da empresa por parte dos empregados, arquitetaram um plano para descobrir determinado segredo industrial do seu empregador e repassá-lo ao concorrente mediante pagamento de numerário considerável. Contudo, o plano foi descoberto antes da venda, e a empresa, agora, pretende dispensar ambos por falta grave. Você foi contratado como consultor jurídico para indicar a forma de fazê-lo. O que deve ser feito?

(A) Ajuizamento de inquérito para apuração de falta grave em face de Tício e Mévio, no prazo decadencial de 30 dias, caso tenha havido suspensão deles para apuração dos fatos.

(B) Simples dispensa por falta grave para ambos os empregados, pois o inquérito para apuração de falta grave serve apenas para a dispensa do empregado estável decenal.

(C) Ajuizamento de inquérito para apuração de falta grave em face de Tício, no prazo decadencial de 30 dias, caso tenha havido suspensão dele para apuração dos fatos; e simples dispensa por justa causa em relação a Mévio, independentemente de inquérito.

(D) Ajuizamento de inquérito para apuração de falta grave em face de Tício, no prazo decadencial de 30 dias, contados do conluio entre os empregados; e simples dispensa por justa causa em relação a Mévio, independentemente de inquérito.

07. (PGE/ES/Procurador/2008) Um empregado sofreu redução salarial ilícita, tendo recebido a metade do valor a que fazia jus, o que fez que o percentual do FGTS incidisse sobre o valor que efetivamente lhe foi pago, ou seja, o salário reduzido. Essa situação perdurou por um ano, tendo sido posteriormente regularizada espontaneamente pelo empregador. Passados mais de dez anos dessa regularização, o empregador dispensou o empregado sem justa causa. Dias depois da dispensa, o empregado ajuizou reclamação trabalhista pleiteando o depósito do FGTS integral daquele período, considerando que este deveria incidir na parte do salário que não foi paga. Considerando essa situação hipotética, julgue o item que se segue, a respeito da prescrição no direito do trabalho.

O empregado não corre o risco de que a prescrição da pretensão deduzida na inicial seja pronunciada, uma vez que pode exigir os depósitos do FGTS incidentes sobre a parte do salário que não lhe foi paga no prazo de trinta anos até o limite de dois anos após a extinção do contrato de trabalho.

08. (ECT – Analista de Correios – Advogado/2011) Se determinada empregada tiver dado à luz seu filho no dia 23/3/2011, terá garantia de emprego até o dia 23/9/2011, podendo seu aviso prévio ser apresentado pelo empregador, portanto, somente a partir do dia 24/9/2011.

09. (Defensoria Pública da União/2010 – ADAPTADA) A estabilidade decenal, a estabilidade contratual e a derivada de regulamento de empresa são incompatíveis com o regime do FGTS.

10. (Procurador do Município de Londrina/PR/2011) No que se refere ao inquérito para apuração de falta grave, marque V para as afirmativas verdadeiras e F para as falsas:

( ) O dirigente sindical somente poderá ser dispensado por falta grave mediante a apuração em inquérito judicial.

( ) É obrigatório para a dispensa de empregados integrantes da CIPA, mesmo sabendo que a lei autoriza o ajuizamento de reclamação para se reintegrar.

( ) O inquérito deve seguir o rito de uma reclamação trabalhista comum. Se julgado improcedente, o empregado tem direito a receber salários e reflexos desde a data em que fora suspenso até o trânsito em julgado da decisão.

A sequência está correta em:

(A) F, V, V
(B) F, F, V
(C) F, F, F
(D) V, V, V
(E) V, F, V

11. (Cespe – Defensor Público – DPU/ 2015 – ADAPTADA) Quanto ao FGTS, julgue o item a seguir.

A exigência, feita pelo empregador a um de seus empregados, para este prestar serviços alheios ao contrato de trabalho configura motivo que possibilita ao empregado a movimentação da respectiva conta vinculada no FGTS para saque do saldo referente ao contrato.

12. (Cespe – Defensor Público – DPU/ 2015 – ADAPTADA) Quanto ao FGTS, julgue o item a seguir.

Segundo recente entendimento do STF, o prazo prescricional para cobrança de valores não depositados no FGTS é de trinta anos, observado o limite de dois anos após a extinção do contrato de trabalho.

13. (FCC – Analista Judiciário – Área Judiciária – TRT 3/2015) Matheus trabalha na filial da empresa X, na cidade de Juiz de Fora. Em 24 de março de 2015 foi eleito membro da CIPA. Entretanto, no dia 28 de maio de 2015, o estabelecimento em que trabalhava foi extinto e ele foi dispensado sem justa causa. Em relação a essa situação,

(A) a dispensa é inválida, pois a estabilidade de membro eleito da CIPA tem por fundamento o interesse coletivo dos trabalhadores que representa.

(B) a dispensa é válida, sendo certo que a estabilidade do cipeiro não constitui vantagem pessoal, mas garantia para as atividades dos membros da CIPA, que somente tem razão de ser quando em atividade a empresa. Extinto o estabelecimento, não se verifica a despedida arbitrária.

(C) a dispensa é inválida, pois a estabilidade do cipeiro constitui vantagem pessoal que independe da atividade da empresa.

(D) havendo membro eleito da CIPA no estabelecimento, o mesmo não pode ser extinto, sob pena de afronta à garantia fundamental de permanência no emprego assegurada ao cipeiro.

(E) a dispensa é válida, mas a empresa terá que pagar ao empregado indenização equivalente ao período faltante para o término da estabilidade, pela metade.

14. (FCC – Analista Judiciário – Oficial de Justiça Avaliador – TRT 3/2015) Joana foi contratada a título de experiência em 13 de agosto de 2014, para exercer a função de recepcionista. Em 18 de novembro de 2014, quando da extinção do contrato de experiência, Joana pleiteou a manutenção no emprego em razão de sua gravidez, mas não entregou ao empregador qualquer atestado que confirmasse a informação. Diante de tal situação, o contrato de trabalho de Joana

(A) está extinto de pleno direito, tendo em vista o vencimento do contrato de experiência.

(B) está extinto de pleno direito, tendo em vista o fato de a gravidez não ter sido comprovada documentalmente para o empregador.

(C) está extinto de pleno direito, tendo em vista que o contrato de experiência não gera direito à estabilidade no emprego em razão de gravidez da empregada.
(D) não pode ser extinto, tendo em vista a estabilidade provisória no emprego decorrente da gravidez, sendo irrelevantes os fatos de não ter sido entregue ao empregador qualquer atestado que confirmasse a gravidez e de o contrato ter sido celebrado na modalidade de experiência.
(E) não pode ser extinto até que a gravidez seja confirmada por meio de atestado específico, gerando o contrato de experiência efeitos até esse momento.

15. (FCC – Técnico Judiciário – Área Administrativa – TRT 4/2015) Frederica celebrou contrato de trabalho por tempo determinado para trabalhar na empresa S. Durante o período do referido contrato, Frederica descobriu que está grávida. Neste caso, de acordo com o entendimento sumulado do TST, Frederica
(A) só terá direito a estabilidade provisória se foi previamente acordado pelas partes no contrato admissional as causas de estabilidade gestacional, independentemente de previsão em norma coletiva.
(B) não terá direito a estabilidade provisória, tendo em vista que a estabilidade decorrente da gravidez só existe para os contratos de trabalho com prazo indeterminado.
(C) terá direito a estabilidade provisória independentemente de seu contrato de trabalho ser por prazo determinado.
(D) só terá direito a estabilidade provisória se foi previamente acordado pelas partes no contrato admissional as causas de estabilidade gestacional, bem como se estiver previsto em norma coletiva.
(E) só terá direito a estabilidade gestacional se estiver previsto em norma coletiva, independentemente de prévio acordo entre as partes.

16. (FCC – Analista Judiciário – Área Administrativa – TRT 4/2015) Com relação ao FGTS, no tocante ao Conselho Curador, considere:
I. Os representantes dos trabalhadores e dos empregadores e seus respectivos suplentes serão indicados pelas respectivas centrais sindicais e confederações e terão mandato de dois anos, vedada a recondução.
II. O Conselho Curador reunir-se-á ordinariamente, a cada bimestre, por convocação de seu Presidente e não havendo convocação nesse período, qualquer de seus membros poderá fazê-la.
III. As decisões do Conselho serão tomadas com a presença de no mínimo 1/3 de seus membros, não possuindo o Presidente direito a voto.
IV. Compete ao Conselho Curador do FGTS fixar critérios para parcelamento de recolhimentos em atraso.
Está correto o que se afirma APENAS em
(A) I, II e III.
(B) I e II.
(C) II, III e IV.
(D) I e IV.
(E) II e IV.

17. (FCC – Técnico Judiciário – Área Administrativa – TRT 4/2015) No tocante ao FGTS, considere:
I. O FGTS será regido por normas e diretrizes estabelecidas por um Conselho Curador, sendo que as suas decisões serão tomadas com a presença, no mínimo, de sete de seus membros, tendo o Presidente voto de qualidade.
II. À Caixa Econômica Federal, na qualidade de agente operador, cabe expedir atos normativos relativos à alocação dos recursos para implementação dos programas aprovados pelo Conselho Curador.
III. A conta vinculada do trabalhador no FGTS poderá ser movimentada na hipótese de despedida indireta e de culpa recíproca.
IV. A conta vinculada do trabalhador no FGTS poderá ser movimentada quando o trabalhador tiver idade igual ou superior a setenta anos.
Está correto o que se afirma APENAS em
(A) II e III.
(B) I e II.

(C) I, III e IV.

(D) III e IV.

(E) I e IV.

18. (FCC – Analista Judiciário – Área Administrativa – TRF 3/2016) Judith Cristina, assistente administrativo na empresa Sem Rumo Representação Comercial, foi dispensada sem justa causa em 14/10/2015, sendo quitadas todas as verbas rescisórias inerentes ao contrato de trabalho.

No dia 30/10/2015, após um mal-estar, Judith Cristina passou por uma consulta médica quando, então, foi constatado que estava grávida, com 6 semanas de gestação.

Após seis meses do nascimento da criança, Judith Cristina procurou a empresa Sem Rumo Representação Comercial e informou que, no momento da rescisão do contrato de trabalho, estava grávida.

Diante dos fatos e de acordo com o entendimento sumulado pelo TST, Judith Cristina

(A) deve ser reintegrada, com o pagamento dos salários e demais verbas relativas ao período posterior à reintegração.

(B) deve ser reintegrada, com pagamento de todos os salários e demais direitos correspondentes ao período de estabilidade.

(C) tem direito apenas aos salários e demais verbas correspondentes ao período de estabilidade, tendo em vista o término do período relativo à garantia de emprego.

(D) não tem direito aos salários e demais verbas correspondentes ao período de estabilidade, uma vez que não comunicou a empresa antes do nascimento da criança.

(E) não tem direito à reintegração e aos salários, em razão do término da garantia de emprego.

19. (QUESTÃO SOBRE A REFORMA TRABALHISTA ELABORADA PELO AUTOR). A Lei da Reforma Trabalhista alterou a redação do art. 500 da CLT no sentido de não mais exigir a homologação sindical para validade do pedido de demissão do empregado estável.

20. (FCC – Analista Judiciário – Oficial de Justiça Avaliador – TRT 15/2018) Considerando as disposições legais e o entendimento pacífico do Tribunal Superior do Trabalho (TST) a respeito das hipóteses de estabilidade provisória no emprego, considere:

I. Mariano, membro do conselho fiscal do Sindicato dos Comerciários de Presidente Prudente e Região, por atuar na defesa de direitos da categoria respectiva, tem estabilidade no emprego desde o registro da candidatura até um ano após o término do mandato.

II. Antonia, eleita como suplente de diretor da Cooperativa criada e gerida pelos empregados das Indústrias Reunidas Laterman Ltda, tem estabilidade no emprego desde o registro da candidatura até um ano após o término do mandato.

III. Embora, em razão do acidente de trabalho sofrido, tenha ficado afastado do trabalho por mais de 15 dias e tenha percebido auxílio-doença acidentário, Zelindo não tem direito à garantia de emprego decorrente de acidente de trabalho, pois foi contratado por prazo determinado.

IV. Bernardo, empregado de categoria diferenciada eleito dirigente sindical, goza de estabilidade provisória, pois exerce na empresa atividade pertinente à categoria profissional do sindicato para o qual foi eleito dirigente.

V. Cleide, empregada doméstica que ficou grávida no curso do contrato de experiência, tem direito a estabilidade provisória do emprego desde o registro da candidatura até 120 dias após o parto, por disposição expressa da Lei Complementar no 150/2015.

Está correto o que consta APENAS de

A) I e IV.

B) II e III.

C) II e V.

D) III.

E) IV.

21. (FCC – Analista Judiciário – Área Administrativa – TRT 2/2018) De acordo com a Lei no 8.036/1990, o Conselho Curador estabelece normas e diretrizes que regem o Fundo de Garantia do Tempo de Serviço (FGTS). Representantes dos trabalhadores e dos empregadores

A) fazem parte da composição deste Conselho Curador, sendo que terão mandato de dois anos, vedada a recondução, inclusive para os suplentes.
B) fazem parte da composição deste Conselho Curador, sendo que terão mandato de dois anos, podendo ser reconduzidos uma única vez, inclusive os suplentes.
C) não fazem parte da composição deste Conselho Curador, tratando-se de um órgão governamental que possui apenas integrantes indicados pela autoridade competente do Poder Executivo.
D) não fazem parte da composição deste Conselho Curador, tratando-se de um órgão governamental que possui apenas integrantes indicados pelas autoridades competentes dos Poderes Executivo e Legislativo.
E) fazem parte da composição deste Conselho Curador, sendo que terão mandato de três anos, vedada a recondução, inclusive para os suplentes.

22. (FCC – Técnico Judiciário – Área Administrativa – TRT 2/2018) Considere hipoteticamente que Camila foi admitida pela Fábrica de Colchões "T" Ltda. para trabalhar na recepção da empresa, tendo sido celebrado contrato de experiência pelo prazo de 60 dias. Após dez dias da celebração do contrato, Camila descobre que está grávida e comunica tal fato ao seu empregador. Nesse caso, de acordo com entendimento Sumulado do Tribunal Superior do Trabalho, Camila

A) terá direito à estabilidade provisória prevista para a gestante, sendo vedada a sua dispensa arbitrária ou sem justa causa desde a confirmação da gravidez até 5 meses após o parto.
B) não terá direito à estabilidade provisória prevista para a gestante uma vez que o contrato foi celebrado por prazo determinado.
C) terá direito à estabilidade provisória prevista para a gestante, sendo vedada a sua dispensa arbitrária ou sem justa causa desde a confirmação da gravidez até os 60 dias previstos para encerramento do contrato.
D) terá direito à estabilidade provisória prevista para a gestante, sendo vedada a sua dispensa arbitrária ou sem justa causa desde a confirmação da gravidez até o dobro do prazo do contrato, ou seja 120 dias.
E) terá direito à estabilidade provisória prevista para a gestante, sendo vedada a sua dispensa arbitrária ou sem justa causa desde a comunicação da gravidez para seu empregador até 4 meses após o parto.

23. (Cespe – Analista – EMAP/2018) Conforme as disposições da Consolidação das Leis do Trabalho (CLT), julgue o seguinte item.

A estabilidade se dá no emprego e visa garantir a liberdade do trabalhador para o exercício de sua função, estendendo-se ao exercício de cargo de diretoria ou de gerência.

( ) Certo
( ) Errado

24. (FUMARC – Psicólogo – Copasa/2018) A respeito da estabilidade provisória do trabalhador em empresas privadas, previstas na Consolidação das Leis Trabalhistas, analise as assertivas abaixo:

I. Cargo como dirigente sindical só poderá ser demitido, se cometer alguma falta grave, e, mesmo assim, a empresa deverá abrir um inquérito para apurar a ocorrência.
II. Os empregados cipeiros que foram eleitos para participar da Comissão Interna de Prevenção de Acidentes gozam de estabilidade provisória em seus empregos, desde o momento do registro de suas candidaturas até um ano após o término do mandato.
III. O empregado segurado que sofreu acidente do trabalho tem garantida, pelo prazo mínimo de seis meses, a manutenção do seu contrato de trabalho na empresa.
IV. Quando o trabalhador está perto de se aposentar, seja por modalidade integral ou proporcional, desde que haja previsão nesse sentido nas normas coletivas da categoria, ele conquista "estabilidade pré-aposentadoria".

Está **CORRETO** apenas o que consta em:

A) I, II e IV.

B) I e II.

C) III e IV.

D) III.

25. (Cespe – Procurador Municipal – Manaus – AM/2018) A respeito do direito de greve, da proteção ao trabalho da mulher, da alteração da relação de trabalho, da aplicação de justa causa e da equiparação salarial, julgue o item que se segue.

Se uma empregada, antes do término do cumprimento de aviso prévio de desligamento sem justa causa, apresentar ao empregador atestado médico probatório de que, na data da dispensa, ela já estava grávida, tal fato não lhe dará o direito à estabilidade prevista no texto constitucional, pois, quando foi dado o aviso prévio, o empregador desconhecia o estado gravídico da empregada.

( ) Certo

( ) Errado

26. (Cespe – Advogado – EBSERH/2018) Julgue o item seguinte, no que tange a trabalho da mulher, segurança e higiene do trabalho, direito de greve e processo trabalhista.

A confirmação de gravidez durante o aviso prévio indenizado impede a garantia de estabilidade provisória à gestante.

( ) Certo

( ) Errado

27. (FCC – Técnico Judiciário – Área Administrativa – TRT 6/2018) Para proteção ao trabalho da mulher, a lei prevê que a empregada grávida tem estabilidade no emprego

A) da concepção até cento e vinte dias após o parto.

B) da confirmação da gravidez até cento e oitenta dias após o parto.

C) da confirmação da gravidez até cinco meses após o parto.

D) da comunicação da gravidez ao empregador até sete meses após o parto.

E) de treze meses, considerada a licença de cento e vinte dias somada com nove meses de gestação.

28. (FCC – Analista Judiciário – Área Judiciária – TRT 6/2018) Considere as afirmações abaixo.

I. Matheus trabalha na filial da empresa X, na cidade de Caruaru. Em 25 de abril de 2017 foi eleito membro da CIPA. Entretanto, no dia 28 de outubro de 2017, o estabelecimento em que trabalhava foi extinto e ele foi dispensado sem justa causa. A dispensa é válida, em razão da extinção do estabelecimento.

II. Uma empregada gestante foi despedida sem justa causa no primeiro mês de gravidez. O empregador desconhecia a gravidez da empregada. A dispensa é válida, em razão do desconhecimento do estado gravídico pelo empregador.

III. Uma empresa constituiu em 15 de setembro de 2017 Comissão de Conciliação Prévia com atribuição de tentar conciliar os conflitos individuais de trabalho havidos em seu âmbito. Um dos representantes que a compõe, eleito pelos empregados, foi dispensado sem justa causa em 23 de janeiro de 2018. A dispensa é válida porque somente são detentores de estabilidade no emprego, até o término do mandato, os integrantes de Comissão de Conciliação Prévia instituída no âmbito do sindicato.

IV. Uma empresa que possui 500 empregados promoveu, em 23 de janeiro de 2018, eleição para a composição e instituição de comissão de representação dos trabalhadores. Um dos três membros que compõem a comissão foi dispensado arbitrariamente dois dias após a eleição e um dia antes de tomar posse. A dispensa é inválida, tendo em vista que os integrantes da comissão têm estabilidade no emprego desde o registro da candidatura até um ano após o término do mandato.

Está correto o que se afirma APENAS em

A) I e III.

B) I e IV.

C) III e IV.

D) II e III.

E) II e IV.

29. (FCC – Analista Legislativo – ALESE/2018) Considere:

I. Helena foi injustamente dispensada, sendo informada que seu aviso prévio seria indenizado, razão pela qual deixou de prestar serviços imediatamente. Ocorre que, passados dois meses, descobriu que estava grávida de aproximadamente dez semanas, ficando configurada que a gravidez se deu no curso do aviso prévio indenizado.

II. Tomás e Jonas integraram a Comissão Interna de Prevenção de Acidentes – CIPA de sua empresa, sendo que Tomás foi eleito pelos empregados e Jonas designado pelo empregador.

III. João trabalha numa empresa, situada em Alagoas, com 250 empregados e registrou sua candidatura à eleição para compor Comissão de Representantes de Empregados, com a finalidade de promover o entendimento direto com seu empregador, dentre os quais, buscar soluções para os conflitos decorrentes da relação de trabalho, de forma rápida e eficaz, visando à efetiva aplicação das normas legais e contratuais.

De acordo com a legislação vigente e o entendimento sumulado do Tribunal Superior do Trabalho, possuem estabilidade provisória no emprego

A) Tomás e Jonas, apenas.
B) Helena, Tomás, Jonas e João.
C) Helena, Tomás e João, apenas.
D) Jonas e João, apenas.
E) Helena e João, apenas.

30. (CS – UFG – Advogado – Saneago – GO/2018) Uma empregada que, no curso do seu contrato de trabalho, confirmar estado de gestação,

A) pode ter seu contrato rescindido, desde que esteja no período de experiência.
B) tem garantida estabilidade provisória por um período de 120 dias, podendo ser prorrogado por até 180 dias.
C) tem garantida estabilidade provisória no emprego a partir da comunicação do estado gravídico ao empregador.
D) tem garantida estabilidade provisória, e não poderá ser dispensada imotivadamente no período de cinco meses após o parto.

31. (FGV – Advogado – Câmara de Salvador – BA/2018) Numa indústria farmacêutica, há a seguinte situação: Maria é empregada no setor de vendas e engravidou; Pedro, que atua no setor de faturamento, foi eleito suplente de dirigente sindical; Rosa, que atua no setor fabril, foi indicada como representante do empregador na CIPA.

Considerando os ditames legais, é correto afirmar que:

A) todos os empregados terão estabilidade, por motivos variados;
B) somente Maria e Pedro terão garantia no emprego;
C) Pedro não terá garantia no emprego por ser suplente, já que a Lei garante estabilidade somente ao titular;
D) nenhum dos empregados citados terá garantia no emprego;
E) todos os membros que integram a CIPA possuem estabilidade durante todo o mandato e até 1 ano após.

32. (Consulpan – Procurador – Câmara de BH – MG/2018) Segundo o doutrinador Sérgio Pinto Martins, o FGTS "é um depósito bancário destinado a formar uma poupança para o trabalhador, que poderá ser sacada nas hipóteses previstas na lei, principalmente quando é dispensado sem justa causa. Outrossim, servem os depósitos como forma de financiamento para aquisição de moradia pelo Sistema Financiamento da Habitação".

(MARTINS, Sérgio Pinto. Direito do Trabalho. 24. ed. São Paulo: Atlas, 2008. p. 435.)

Sobre o FGTS, assinale a alternativa INCORRETA.

A) Cabe à Caixa Econômica Federal o papel de agente operador do Fundo que manterá as contas vinculadas do Fundo.
B) Cabe ao Ministério da Ação Social o papel de agente operador do Fundo que manterá as contas vinculadas do Fundo.

C) A gestão da aplicação do FGTS será efetuada pelo Ministério da Ação Social, cabendo à Caixa Econômica Federal (CEF) o papel de agente operador.

D) O FGTS será regido por normas e diretrizes estabelecidas por um Conselho Curador, composto por representação de trabalhadores, empregadores e órgãos e entidades governamentais, na forma estabelecida pelo Poder Executivo.

33. (Vunesp – Procurador – Fapesp/2018) De acordo com a jurisprudência sumulada do Tribunal Superior do Trabalho, a empregada gestante

A) tem direito à indenização decorrente da estabilidade, desde que o estado gravídico tenha sido comunicado ao empregador.

B) tem direito à garantia da estabilidade provisória mesmo na hipótese de admissão em contrato por prazo determinado.

C) só pode ser despedida após apuração de falta grave em inquérito judicial, nos termos da lei.

D) pode trabalhar em atividade insalubre ou perigosa, desde que autorizada por médico de sua confiança.

E) tem direito à licença-maternidade de 120 dias, mesmo no caso de aborto não criminoso.

34. (Cespe – Procurador Municipal – Campo Grande – MS/2019) No que diz respeito ao intervalo para repouso e alimentação, a grupo econômico e à proteção ao trabalho da mulher, julgue o item subsequente, considerando a jurisprudência do TST.

Se uma adolescente contratada por prazo determinado por intermédio de contrato de aprendizagem engravidar antes do término desse contrato, ela não terá direito à estabilidade de gestante.

( ) Certo

( ) Errado

35. (Cespe – Procurador Municipal – Campo Grande – MS/2019) Com relação à estabilidade e à garantia provisória de emprego, ao direito de greve e a serviços essenciais, julgue o item seguinte, considerando a jurisprudência do TST.

Delegado sindical não é beneficiário da estabilidade provisória, porque a estabilidade apenas é aplicada aos que exercem cargo de direção nos sindicatos e que tenham sido submetidos a processo eletivo.

( ) Certo

( ) Errado

36. (Cespe – Procurador Municipal – Campo Grande – MS/2019) No que se refere a rescisão de contrato de trabalho e a atividades insalubres e perigosas, julgue o item a seguir, considerando a jurisprudência do TST.

A demissão sem justa causa de empregado portador de doença grave presume-se discriminatória e gera o direito à reintegração.

( ) Certo

( ) Errado

37. (Fundep – Advogado – CAU – MG/2019) De acordo com o disposto na Consolidação das Leis do Trabalho em relação à estabilidade do empregado, assinale a alternativa incorreta.

A) O empregado acusado de falta grave poderá ser suspenso de suas funções, ficando a sua despedida condicionada à apuração da procedência da acusação em inquérito.

B) Extinguindo-se a empresa, sem a ocorrência de motivo de força maior, ao empregado estável despedido é garantida a indenização por rescisão do contrato por prazo indeterminado, paga em dobro.

C) Não haverá estabilidade para empregado no exercício dos cargos de diretoria, gerência ou outros de confiança imediata do empregador, assegurada, entretanto, a reversão ao cargo que haja anteriormente ocupado.

D) Ao empregado despedido sem justa causa, que só tenha exercido cargo de confiança e que contar mais de dez anos de serviço na mesma empresa, é garantida a indenização proporcional ao tempo de serviço.

38. (Cespe – Titular de Serviços de Notas e de Registros – TJ – DFT/2019) Conforme a CLT, para efeito de indenização e estabilidade, será computado como tempo de serviço

A) o tempo de permanência do empregado nas instalações da empresa, por sua própria escolha, para descanso.

B) o período em que o empregado estiver afastado do trabalho por motivo de acidente do trabalho.

C) o tempo de permanência do empregado nas instalações da empresa, por sua própria escolha, para realizar higiene pessoal.

D) o período em que o empregado permanecer na empresa, por sua própria escolha, em razão de fato que gere insegurança para sua saída.

E) o tempo de permanência do empregado nas instalações da empresa, por sua própria escolha, para alimentar-se.

39. (Cespe – Analista (Superior) – PGE – PE/2019) Considerando a jurisprudência do TST, julgue o item a seguir, relativo a estabilidade e garantias provisórias do emprego.

Pessoa que exerce cargo em comissão em empresa pública não faz jus à estabilidade provisória, porque a dispensa a qualquer tempo é inerente à natureza de cargo comissionado.

( ) Certo

( ) Errado

40. (Contemax – Procurador – Pref. de Lucena – PB/2019) Considerando a Consolidação das Leis do Trabalho, assinale a alternativa CORRETA:

A) Os acidentes do trabalho serão obrigatoriamente anotados, pelo Juízo competente na carteira profissional do acidentado.

B) Os acidentes do trabalho serão obrigatoriamente anotados pelo Instituto Nacional de Previdência Social na carteira do acidentado.

C) Os acidentes do trabalho serão obrigatoriamente anotados pelo MTE na carteira do acidentado.

D) Os acidentes do trabalho serão obrigatoriamente anotados pelo Sindicato Profissional na carteira do acidentado.

E) Os acidentes do trabalho serão obrigatoriamente anotados por Médico do Trabalho na carteira do acidentado.

13.2. Questões discursivas

1. (TRT 8ª REGIÃO – 2013) A empregada Maria Silva ingressou na empresa Artesanatos Paraense Ltda em 14/05/2012 e pediu demissão em 07/06/2013, objetivando-se dedicar-se aos estudos para enfrentar o concurso do TRT da 8ª Região, cujo edital foi publicado em maio de 2013. Ocorre que, no dia 29/06/2013, depois de um mal-estar súbito, Maria Silva foi levada ao hospital e, após diversos exames, foi constatado que ela estava com 4 semanas de gravidez, fato este que ela desconhecia totalmente até então. Diante dessa situação, procurou um advogado que ajuizou reclamação trabalhista postulando reintegração ao emprego na empresa Artesanato Paraense Ltda. Analise como você decidiria essa questão na condição de juiz (a), inclusive quanto à possibilidade de exigência do teste de gravidez por ocasião do exame demissional.

2. (TRT 14ª REGIÃO – 2014) Decorridos três anos de exercício de cargo do quadro permanente de uma empresa de economia mista, um trabalhador foi surpreendido com a denúncia imotivada do seu vínculo empregatício. Avalie os efeitos do procedimento adotado pelo ex-empregador, fundamentando sua resposta.

3. (TRT 1ª REGIÃO – 2016) Laura, admitida sob a modalidade de contrato de trabalho temporário (de três meses de duração, por motivo de acréscimo extraordinário de serviços) teve o seu contrato extinto normalmente no termo programado, exatamente no último dia (11.04.2014). Quitadas todas as verbas rescisórias devidas e passado cerca de um mês do termino dessa relação, Laura descobriu que estava grávida, em 15.05.2014. Examinando a ultrassonografia e o exame de sangue BETA HCG, pela contagem aproximada do numero de semanas de gestação, constatou-se que, na época do término contratual, já havia concebido o filho. Mas, Laura aguardou o decurso de todo o período da gravidez, teve o seu bebe em 20.11.2014 e após completar 9 (nove) meses, ajuizou reclamação trabalhista em 20.08.2015 contra sua ex-empregadora, postulando a nulidade da dispensa com base em invocada estabilidade provisória e a respectiva indenização substitutiva. No dia da audiência designada, em novembro de 2015, a empresa, que desconhecia a sua condição de gestante no momento da extinção contratual (a própria trabalhadora também ignorava) entendia que não há garantia de emprego em contrato de trabalho por tempo determinado, mesmo assim ofereceu a reintegração à autora, que a recusou, alegando que já estava exaurida a possibilidade de reintegração pelo transcurso do prazo da estabilidade, desejando tão somente o dinheiro da condenação. Diante desse quadro discorra sobre o instituto da estabilidade da gestante no âmbito dos contratos de trabalho por tempo determinado, suas mudanças jurisprudenciais ao longo do tempo, eventuais dificuldades processuais e apresente seu posicionamento final sobre este caso concreto (apontando os dispositivos legais e constitucionais eventualmente envolvidos e a jurisprudência correspondente).

13.3. Gabarito das questões objetivas

Gab		Fundamentação legal e jurisprudencial	Onde encontro no livro?	Observações
1	D	a) TST. Súmula nº 396, II	a) Item 8.3	
		b) CLT. Art. 543, § 3º	b) Item 3.2, alínea "a"	
		c) TST. Súmula nº 378, I	c) Item 3.2, alínea "d"	
		d) TST. Súmula nº 369, V	d) Item 3.2, alínea "a"	
		e) TST. Súmula nº 244, II	e) Item 3.2, alínea "c"	
2	A	a) TST. Súmula nº 63	a) Item 1.9	
		b) TST. Súmula nº 305	b) Item 1.9	
		c) TST. Súmula nº 206	c) Item 1.10	
		d) Decreto nº 99.684. Art. 28, I e II	d) Item 1.9	
		e) Lei nº 8.036/90. Art. 20, VIII	e) Item 1.4	
3	B	a) Lei nº 8.036/90. Art. 14, caput	a) Item 3.1, alínea "a"	
		b) TST. Súmula nº 98, II	b) Item 3.1, alínea "a"	
		c) TST. Súmula nº 98, I	c) Item 1.1	
		d) CLT. Art. 496	d) Item 8.3	
		e) Lei 8036/90. Art. 14, § 2º	e) Item 1.1	
4	E	a) Lei nº 8.036. Art. 20, I	a) Item 1.5	
		b) Lei nº 8.036. Art. 2º, caput e § 2º	b) Item 1.6	
		c) Lei Complementar nº 150/2015. Art. 21, caput	c) Item 1.3, alínea "a"	
		d) Lei nº 8.036. Art. 16	d) Item 1.3, alínea "b"	
		e) Lei nº 8.036. Art. 20, VII; Regulamentação da CEF. Código 91	e) Item 1.5	
5	C	TST. Súmula nº 206	Item 1.10	

Gab		Fundamentação legal e jurisprudencial	Onde encontro no livro?	Observações
6	C	CLT. Arts. 543, § 3º e 165	Itens 3.2 "a" e "b" e 7	
7	E	Súmula nº 206	Item 1.10	
8	E	CF de 1988. Art. 10, II, "b", do ADCT	Item 3.2, alínea "c"	
9	E	TST. Súmula nº 98, II	Item 1	
10	E	I. CLT. Art. 543, § 3º	I. Item 3.2, alínea "a"	
		II. CLT. Art. 165, caput e parágrafo único	II. Item 3.2, alínea "b"	
		III. CLT. Art. 495	III. Item 8.1	
11	C	CLT. Art. 483, alínea "a" c/c Lei 8.036/90. Art. 20, I	Item 1.5	
12	E	STF. Recurso Extraordinário com Agravo de nº 709212	Item 1.10	
13	B	CLT. Art. 165	Item 3.2 "b"	
14	D	a) TST. Súmula nº 244	a) Item 3.2 "c"	
		b) TST. Súmula nº 244	b) Item 3.2 "c"	
		c) TST. Súmula nº 244	c) Item 3.2 "c"	
14	D	d) TST. Súmula nº 244	d) Item 3.2 "c"	
		e) TST. Súmula nº 244	e) Item 3.2 "c"	
15	C	a) TST. Súmula nº 244, III	a) Item 3.2 "c"	
		b) TST. Súmula nº 244, III	b) Item 3.2 "c"	
		c) TST. Súmula nº 244, III	c) Item 3.2 "c"	
		d) TST. Súmula nº 244, III	d) Item 3.2 "c"	
		e) TST. Súmula nº 244, III	e) Item 3.2 "c"	
16	E	I. Lei nº 8.036/90. Art. 3º,§ 3º	I. Item 1.12 "a"	
		II. Lei nº 8.036/90. Art. 3º,§ 4º	II. Item 1.12 "a"	
		III. Lei nº 8.036/90. Art. 3º,§ 5º	III. Item 1.12 "a"	
		IV. Lei nº 8.036/90. Art. 5º, IX	IV. Item 1.12 "a"	
17	D	I. Lei nº 8.036/90. Art. 3º,§ 5º	I. Item 1.12	A segunda parte faz alusão ao Art. 3º, § 5º, no entanto o referido parágrafo já não contém o número sete, e sim a expressão "maioria simples de seus membros". Isto porque, na verdade, a lei mudou em 2001, redação anterior tinha o número 7.
		II. Lei nº 8.036/90. Art. 7º, VII	II. Item 1.12 "c"	
		III. Lei nº 8.036/90. Art. 20, I	III. Item 1.5	
		IV. Lei nº 8.036/90. Art. 20, XV	IV. Item 1.5	

Gab		Fundamentação legal e jurisprudencial	Onde encontro no livro?	Observações
18	C	a) TST. Súmula nº 244, II	a) Item 3.2, alínea "c"	
		b) TST. Súmula nº 244, II	b) Item 3.2, alínea "c"	
		c) TST. Súmula nº 244, II	c) Item 3.2, alínea "c"	
		d) TST. Súmula nº 244, I	d) Item 3.2, alínea "c"	
		e) TST. Súmula nº 244, II	e) Item 3.2, alínea "c"	
19	E	CLT. Art. 500.	Item 6	
20	E	I – TST. OJ nº 365 da SDI-1	Parte II, Capítulo II, Item 15.1	
		II – TST. OJ nº 253 da SDI-1	Item 3.2, alínea "g"	
		III – TST. Súmula nº 378	Item 3.2, alínea "d"	
		IV – TST. Súmula nº 369	Item 3.2, alínea "a"	
		V – LC 150/2015. Art. 25, parágrafo único	Item 3.2, alínea "c"	
21	B	Lei nº 8036/90. Art. 3º, §3º	Item 1.12 "a	
22	A	TST. Súmula nº 244	Item 3.2 "c"	
23	E	CLT.Art. 499	Item 2.8	
24	A	I – TST. Súmula nº 379	Item 4. IX	
		II– ADCT. Art. 10, II, a)	Item 3.2 "b"	
		III– Lei 8.213/91. Art. 118	Item 3.2 "d"	
		IV – Jurisprudencia	Item 3.2 "g"	
25	E	CLT. Art. 391-A; TST	Súmula nº 244. Item 3.2 "c"	
26	E	CLT. Art. 391-A	Item 9.1	
27	C	CF/88. ADCT. Art. 10, I, "b"	Item 3.2, "c"	
28	B	I – TST. Súmula nº 339	Item 3.2 "b"	
		II – TST. Súmula nº 244	Item 3.2 "c"	
		III – CLT. Art. 625-B, §1º	Capítulo I. Item 8.4	
		IV – CLT. Art. 510-D, §3º	Item 3.2 "e"	
29	C	I – TST. Súmula nº 244, I	Item 3.2 "c"	
		II – TST. Súmula Nº 339, I	Item 3.2 "b"	
		III – CLT. Art. 510-D, §3º	Item 3.2 "e"	
30	D	a) TST. Súmula n.º 244, III b) Doutrina c) TST. Súmula n.º 244, I d) ADCT. Art. 10. Parte I	Item 3.2 "c"	

Gab		Fundamentação legal e jurisprudencial	Onde encontro no livro?	Observações
31	B	a) CLT. Art.165	Item 3.2, alínea "b"	
		b) CLT. Art. 543, §3º e Art. 391-A	Item 3.2, alínea "a"	
		c) CLT. Art. 543	Parte II, Capítulo II, Item 15.3	
		d) CLT. Art. 543, §3º e Art. 391-A	Item 3.2, alínea "a"	
		e) CLT. Art.165	Item 3.2, alínea "b"	
32	B	a) Lei 8.036/90. Art. 7º, I	Item 1.12 "c"	
		b) Lei 8.036/90. Art. 7º, I	Item 1.12	
		c) Lei 8.036/90. Art. 6º e Art. 7º, I	Item 1.12 "b"	
		d) Lei 8.036/90. Art. 3º	Item 1.12 "a"	
33	B	a) TST. Súmula nº 224, I b) TST. Súmula nº 224, III c) Jurisprudência d) CLT. Art. 394-A e) CLT. Art. 395	Item 3.2 "c"	
34	E	Jurisprudência	Item 3.2 "C"	
35	C	OJ nº 369, SDI-I, TST	Item 3.2 "A"	
36	C	TST. Súm nº 443	Item 3.2 "G"	
37	C	a) CLT. Art. 494	Item 4	
		b) CLT. Art. 497	Item 8.4	
		c) CLT. Art. 499, §1º	Item 2.8	
		d) CLT. Art. 499, §2º	Item 2.8	
38	A	CLT, art. 4°, § 1º e §2º		
39	C	RR-10488-43.2016.5.03.0002		
40	B	TST. Súmula nº 378	Item 3.2 "D"	

13.4. Gabarito das questões discursivas

Item	Fundamentação legal, jurisprudencial ou doutrinária	Onde encontro no livro
1	Considerando que a gravidez foi descoberta por Maria Silva em 29.06.2013, quando já contava com quatro semanas de gestação, depreende-se que a concepção teria ocorrido em 01.06.2013, ou seja, antes de sua despedida. Nesse caso, a jurisprudência pacificada no TST por meio da Súmula nº 244, I, posiciona-se no sentido de reconhecer o caráter objetivo da estabilidade gestante, ou seja, ela aperfeiçoa-se ainda que o empregador e até mesmo a empregada não tenha conhecimento do estado gravídico. Nesse caso o TST conferiu interpretação extensiva ao preceito constitucional contido no art. 10, I, "b", do ADCT que utiliza a expressão "confirmação	Item 3.2, "C"

Item	Fundamentação legal, jurisprudencial ou doutrinária	Onde encontro no livro
1	da gravidez". Deve-se ressaltar que essa matéria é objeto de Recurso Extraordinário com repercussão geral reconhecida pelo STF, mas sem conclusão de julgamento ainda (RE 629053). Então, como juiz, deferiria o pleito de reintegração. Quanto à possibilidade de realização de teste de gravidez quando da demissão, apesar do aparente óbice contido no art. 2º, da Lei nº 9.029/95 e art. 373-A, IV da CLT, a jurisprudência vem entendendo ser possível a prática desse ato. Isso porque, tal exame feito quando da extinção do contrato de trabalho não tem caráter discriminatório, muito pelo contrário, visa garantir o direito de estabilidade da empregada gestante que desconhece o seu estado gestacional, mesmo que o contrato seja realizado por prazo determinado. Destaque-se, por fim, que a proibição contida no mencionado art. 373-A, IV, da CLT, faz referencia à proibição de realização de testes de gravidez no exame admissional e periódico, sendo silente em relação ao exame demissional.	Item 3.2, "C"
2	A tese que prevalecia na jurisprudência trabalhistas, principalmente no TST, era no sentido de não reconhecer a necessidade de fundamentar o ato de dispensa do empregado das empresas públicas e das sociedades de economia mista, muito menos a sua estabilidade. Excepcionava-se, apenas, a empresa brasileira de correios e telégrafos – EBCT, em razão de sua natureza jurídica *sui generis*, desfrutando de privilégios semelhantes dos Entes da Administração Pública direta, como por exemplo, a execução por meio de precatório (OJ nº 247, da SDI-1). Ainda àquela época, havia corrente doutrinária defendendo a tese de que, por fazer parte da Administração Pública, o ato de dispensa de empregados de todas as empresas públicas e de sociedade de economia mista deveria ser motivados, mas não havia acolhimento por parte do TST. Somente após a decisão do STF, proferida nos autos do RE 589998, em 20.03.2013, foi que o Tribunal Superior do Trabalho incorporou esse posicionamento (RR 815-29.2012.5.03.0014). Portanto, a despedida do empregado público sem a motivação desse ato, implica em nulidade do ato.	Item 3.1, "b"
3	**Estabilidade gestante nos contratos de trabalho por tempo determinado** A Convenção da Organização Internacional do Trabalho de nº 103/52, ratificada pelo Brasil por meio do Decreto nº 58.821/66, trata da proteção à empregada gestante. A atual Carta Magna conferiu estabilidade provisória no emprego à empregada gestante, desde a confirmação da gravidez até cinco meses após o parto, na forma prevista pelo art. 10, I, "b", do ADCT da Constituição Federal de 1988. **Mudanças jurisprudenciais** A jurisprudência e a doutrina dominantes chegaram à conclusão que não é necessária a ciência da gravidez por parte do empregador nem mesmo pela própria gestante. Adquire-se o direito a estabilidade gestante pelo simples fato objetivo da concepção que gera o feto. Nesse sentido, em 1997 foi editada a OJ nº 88 da SDI-1 do TST, com a seguinte redação: "O desconhecimento do estado gravídico pelo empregador, salvo previsão contrária em norma coletiva, não afasta o direito ao pagamento da indenização decorrente da estabilidade. (art. 10, II, "b", ADCT)". Em 2004, a redação da referida OJ foi alterada para retirar a ressalva quando à previsão contrária em norma coletiva, passando a vigorar com o seguinte texto: "O desconhecimento do estado gravídico pelo empregador, não afasta o direito ao pagamento da indenização decorrente da estabilidade. (art. 10, II, "b", ADCT)". No ano seguinte, essa mesma OJ foi cancelada e seu texto foi incorporado à Súmula nº 244 do TST, com a idêntica redação. Apesar desse posicionamento do TST, a matéria relativa a natureza jurídica da responsabilidade do empregador no caso de despedimento de empregada grávida encontra-se sob análise pelo STF, que já classificou a questão como de repercussão geral no recurso extraordinário nº 629053, sob a relatoria do Min. Marco Aurélio: Já em relação à aquisição da estabilidade gestante no contrato de trabalho por prazo determinado, a jurisprudência do TST passou por uma mudança radical em seu posicionamento. Inicialmente, a matéria era tratada pela OJ nº 196 da SID-1, editada em 08.11.2000, que não reconhecia a estabilidade gestante nos contratos de experiência. Em 2005, essa OJ foi cancelada diante da incorporação do seu texto à Súmula nº 244 do TST, com a seguinte redação: "Não há direito da empregada gestante à estabilidade provisória na hipótese de admissão mediante	Item 3.2, "C"

Item	Fundamentação legal, jurisprudencial ou doutrinária	Onde encontro no livro
3	contrato de experiência, visto que a extinção da relação de emprego, em face do término do prazo, não constitui dispensa arbitrária ou sem justa causa". Por fim, em setembro de 2012 o TST adotou entendimento oposto ao anterior e passou a admitir a estabilidade gestante nos contratos por prazo determinado, conforme se observa do item III, da Súmula nº 244: "A empregada gestante tem direito à estabilidade provisória prevista no art. 10, inciso II, alínea "b", do Ato das Disposições Constitucionais Transitórias, mesmo na hipótese de admissão mediante contrato por tempo determinado". **Posicionamento sobre o caso apresentado na questão** Na hipótese que consta da questão, o fato é que, nem a empregada nem o empregador sabiam do estado gravídico quando da extinção do contrato de trabalho por tempo determinado, que se operou com o termo final nele estabelecido. Contudo, a obreira só veio ajuizar a demanda após o decurso do período da estabilidade, mas antes de consumar a prescrição bienal. Entende-se que a hipótese é, portanto, de abuso de direito, na forma prevista pelo art. 187 do Código Civil: "Também comete ato ilícito o titular de um direito que, ao exercê-lo, excede manifestamente os limites impostos pelo seu fim econômico ou social, pela boa-fé ou pelos bons costumes". Trata-se de abuso de direito, pois a Constituição Federal confere o prazo de dois anos para ajuizar uma ação trabalhista e a obreira teria utilizado desse permissivo legal para obter vantagem manifestamente abusiva. De fato, a gestante injustamente despedida ao invés de postular sua reintegração imediata, o que geraria a obrigação de trabalhar decorrente do contrato de trabalho, opta por aguardar o transcurso de todo o período da estabilidade para só então ingressar e pedir indenização. Note-se que em nenhum momento no caso descrito a empregada se propõe a devolver os valores das verbas rescisórias, depósitos de FGTS e as parcelas do seguro-desemprego, o que seria um consectário lógico em caso de nulidade da despedida. Essa circunstância, aliada ao fato de não aceitar ser reintegrada ao serviço, demonstra que a empregada agiu com má-fé no exercício irregular do seu direito de deduzir a sua pretensão em juízo. Por fim, entende-se que o TST deve alterar a redação do mencionado verbete nº 244, para não conferir à indenização a empregada gestante quando abusar do direito de ação.	Item 3.2, "C"

CAPÍTULO X

SEGURANÇA, HIGIENE E MEDICINA DO TRABALHO

1. MEIO AMBIENTE DO TRABALHO

O ser humano está inserido em um local onde nasce, desenvolve-se e morre. Esse meio que cerca os seres vivos e as coisas em geral é denominado de meio ambiente.

A preocupação na manutenção de um meio ambiente saudável é cada vez maior. A sociedade já se conscientizou sobre a necessidade de manter um equilíbrio ecológico para com isso obter uma melhor qualidade de vida.

O meio ambiente global é formado por uma série de ambientes de natureza mais restrita. Dentre esses micros ambientes encontra-se **o meio ambiente do trabalho, ou seja, o local onde o trabalhador, de fato, presta o seu serviço**, geralmente onde a empresa encontra-se estabelecida.

Da mesma forma, é imperativo criar e sustentar um meio ambiente do trabalho hígido, visto que o empregado permanece parte de sua vida nesse local.

Com efeito, como a jornada normal de trabalho é de oito horas diárias, o empregado permaneceria no meio ambiente de trabalho, em média, 1/3 (um terço) de sua vida.

1.1. Proteção legal ao meio ambiente

A legislação de grande parte dos países ocidentais contempla normas de proteção ao meio ambiente.

No Brasil, a Carta Política de 1988 trata do assunto em diversos dispositivos e dedica um capítulo inteiro para instituir princípios, diretrizes e regras (Título VIII – Da Ordem Social. Capítulo VI – Do Meio Ambiente).

Preconiza o art. 225 da atual Carta Maior:

> **Art. 225.** Todos têm direito ao meio ambiente ecologicamente equilibrado, bem de uso comum do povo e essencial à sadia qualidade de vida, impondo-se ao Poder Público e à coletividade o dever de defendê-lo e preservá-lo para as presentes e futuras gerações.

Constitui princípio geral da atividade econômica a proteção ao meio ambiente, de acordo com o disposto no art. 170, VI, da CF/88.[1] **A preservação do meio ambiente ainda é defendida** pelos artigos: 23, VI; 129, III; 174, § 3º; 186, II; 200, VIII, da atual Carta Maior.

A Lei nº 6.938/81 que trata da política Nacional do Meio Ambiente, dispõe em seu art. 2º que:

> **Art. 2º.** A Política Nacional do Meio Ambiente tem por objetivo a preservação, melhoria e recuperação da qualidade ambiental propícia à vida, visando assegurar, no País, condições ao desenvolvimento socioeconômico, aos interesses da segurança nacional e à proteção da dignidade da vida humana, atendidos os seguintes princípios

Pela importância que se reveste o bem jurídico tutelado, a norma estatal define como criminosa algumas práticas lesivas ao meio ambiente, conforme determina a Lei nº 9.605/98.

1.2. Proteção legal ao meio ambiente do trabalho

A previsão constitucional no que diz respeito ao meio ambiente específico do trabalho é encontrada no art. 200, VIII, da Carta Política vigente, quando delega ao sistema único de saúde a atribuição de colaborar com a **proteção do meio ambiente, nele compreendido o do trabalho.**[2]

O ordenamento jurídico nacional é formado por normas imediatas e mediatas de proteção à saúde e à vida do trabalhador.

A Consolidação das Leis do Trabalho cuida do meio ambiente do trabalho em seu Título II – Das Normas Gerais de Tutela do Trabalho, Capítulo V – Da Segurança e Medicina do Trabalho.

O referido Diploma Legal, mais precisamente o citado Título II, Capítulo V, traça diretrizes a serem seguidas pelo órgão fiscalizador do seu cumprimento, pelas empresas e pelos próprios empregados.

Existe, portanto, uma rede de cobranças jurídicas que visam a proteção da vida e da saúde do trabalhador. A lei confere ao órgão da administração pública o dever de fiscalizar o cumprimento de suas diretrizes por parte das empresas.

Essa proteção começa antes mesmo de o estabelecimento empresarial iniciar o seu funcionamento, com a instituição de **regras sobre edificações**, a exemplo daquelas contidas no arts. 170 a 174 da CLT e na NR-8:

1. CF/88. Art. 170. VI: A ordem econômica, fundada na valorização do trabalho humano e na livre iniciativa, tem por fim assegurar a todos existência digna, conforme os ditames da justiça social, observados os seguintes princípios.
2. CF/88. Art. 200. Ao sistema único de saúde compete, além de outras atribuições, nos termos da lei: VIII – colaborar na proteção do meio ambiente, nele compreendido o do trabalho.

Art. 170. As edificações deverão obedecer aos requisitos técnicos que garantam perfeita segurança aos que nelas trabalhem.

Art. 171. Os locais de trabalho deverão ter, no mínimo, 3 (três) metros de pé-direito, assim considerada a altura livre do piso ao teto.

Parágrafo único. Poderá ser reduzido esse mínimo desde que atendidas as condições de iluminação e conforto térmico compatíveis com a natureza do trabalho, sujeitando-se tal redução ao controle do órgão competente em matéria de segurança e medicina do trabalho.

Art. 172. Os pisos dos locais de trabalho não deverão apresentar saliências nem depressões que prejudiquem a circulação de pessoas ou a movimentação de materiais.

Art. 173. As aberturas nos pisos e paredes serão protegidas de forma que impeçam a queda de pessoas ou de objetos.

Art. 174. As paredes, escadas, rampas de acesso, passarelas, pisos, corredores, coberturas e passagens dos locais de trabalho deverão obedecer às condições de segurança e de higiene do trabalho estabelecidas pelo Ministério do Trabalho e manter-se em perfeito estado de conservação e limpeza.

Já o empregador, por sua vez, além de cumprir as normas que lhes são direcionadas, deve exigir e fiscalizar o cumprimento das normas de segurança e medicina do trabalho por parte dos empregados, **sob pena de ser responsabilizado civilmente.**

CLT. Art. 157. Cabe às empresas:

I – cumprir e fazer cumprir as normas de segurança e medicina do trabalho;

II – instruir os empregados, através de ordens de serviço, quanto às precauções a tomar no sentido de evitar acidentes do trabalho ou doenças ocupacionais;

III – adotar as medidas que lhes sejam determinadas pelo órgão regional competente;

IV – facilitar o exercício da fiscalização pela autoridade competente.

Os trabalhadores também são destinatários de determinadas regras que objetivam proteger a sua própria saúde. Inclusive, constitui **falta grave a recusa injustificada do empregado em cumprir as referidas ordens de serviço do empregador e a não utilização dos equipamentos de proteção individual**, na forma prevista pelo art. 158 da CLT:

Art. 158. Cabe aos empregados: I – observar as normas de segurança e medicina do trabalho, inclusive as instruções de que trata o item II do artigo anterior; II – colaborar com a empresa na aplicação dos dispositivos deste Capítulo. Parágrafo único. Constitui ato faltoso do empregado a recusa injustificada: a) à observância das instruções expedidas pelo empregador na forma do item II do artigo anterior; b) ao uso dos equipamentos de proteção individual fornecidos pela empresa.

No exercício do seu poder de polícia, o órgão fiscalizador do cumprimento da legislação laboral faz **inspeção prévia e periódica** nas instalações das empresas e pode embargar a obra ou **interditar o estabelecimento, setor ou máquina** caso ofereçam risco à saúde e à vida dos empregados (art. 161 da CLT):

Art. 161. O Delegado Regional do Trabalho, à vista do laudo técnico do serviço competente que demonstre grave e iminente risco para o trabalhador, poderá interditar estabelecimento, setor de serviço, máquina ou equipamento, ou embargar obra, indicando na decisão, tomada com a brevidade que a ocorrência exigir, as providências que deverão ser adotadas para prevenção de infortúnios de trabalho.

Inclusive, durante a interdição os empregados terão seus respectivos contratos de trabalho **interrompidos** com a consequente percepção do salário.

Destarte, a estrutura física, as máquinas e os equipamentos de todos os estabelecimentos devem observar, dentre outras, as regras relativas à edificação; iluminação; conforto térmico; instalações elétricas; manutenção, armazenagem e manuseio de materiais.

O art. 175 da CLT trata da **iluminação** nos locais de trabalho:

> **Art. 175**. Em todos os locais de trabalho deverá haver iluminação adequada, natural ou artificial, apropriada à natureza da atividade.
>
> **§ 1º** A iluminação deverá ser uniformemente distribuída, geral e difusa, a fim de evitar ofuscamento, reflexos incômodos, sombras e contrastes excessivos.
>
> **§ 2º** O Ministério do Trabalho estabelecerá os níveis mínimos de iluminamento a serem observados.

Já os artigos 176, 177 e 178 disciplinam o **conforto térmico** nos estabelecimentos empresariais:

> **Art. 176**. Os locais de trabalho deverão ter ventilação natural, compatível com o serviço realizado. Parágrafo único – A ventilação artificial será obrigatória sempre que a natural não preencha as condições de conforto térmico.
>
> **Art. 177**. Se as condições de ambiente se tornarem desconfortáveis, em virtude de instalações geradoras de frio ou de calor, será obrigatório o uso de vestimenta adequada para o trabalho em tais condições ou de capelas, anteparos, paredes duplas, isolamento térmico e recursos similares, de forma que os empregados fiquem protegidos contra as radiações térmicas.
>
> **Art. 178**. As condições de conforto térmico dos locais de trabalho devem ser mantidas dentro dos limites fixados pelo Ministério do Trabalho.

Existem, também, as **normas mediatas** de proteção ao bem-estar psicofisiológico do empregado e que não se encontram inseridas no aludido Título II, Capítulo V, da Consolidação das Leis do Trabalho.

Essas normas são representadas pelos dispositivos legais que **estabelecem a obrigatoriedade de intervalos de descanso intrajornada e interjornada, bem como a concessão de repousos semanais remunerados e férias anuais remuneradas**.

Tais regras objetivam repor as energias perdidas pelo obreiro durante o exercício de suas tarefas e, com isso, evitar a fadiga, uma das principais causas dos acidentes de trabalho e boa parte das doenças ocupacionais.

Como a proteção ao meio ambiente de trabalho é um direito dos trabalhadores e um dever dos empregadores, cabe ao Poder Judiciário Trabalhista julgar as ações laborais que tenham como causa de pedir o descumprimento de normas de higiene e segurança do trabalho.

Essa é a orientação do STF, explicitada por meio da Súmula nº 736:

> **SÚMULA Nº 736.** Compete à Justiça do Trabalho julgar as ações que tenham como causa de pedir o descumprimento de normas trabalhistas relativas à segurança, higiene e saúde dos trabalhadores.

É importante destacar o fato de a legislação laboral referente à segurança do trabalho ser de aplicação extensiva aos **estagiários**, apesar de não serem empregados, conforme determinação expressa contida no art. 14 da Lei nº 11.788/06.

Dada a importância dessa categoria de norma, o ordenamento jurídico laboral afasta a possibilidade de supressão ou redução por meio de negociação coletiva, mesmo após a vigência da Lei da Reforma Trabalhista, conforme se observa do art. 611-B, XVII, da CLT:

> **Art. 611-B.** Constituem objeto ilícito de convenção coletiva ou de acordo coletivo de trabalho, exclusivamente, a supressão ou a redução dos seguintes direitos: [...] XVII – normas de saúde, higiene e segurança do trabalho previstas em lei ou em normas regulamentadoras do Ministério do Trabalho.

Entretanto, o parágrafo único desse mesmo dispositivo legal ressalta que as regras sobre duração do trabalho e intervalos **não são consideradas como normas de saúde, higiene e segurança do trabalho.**

1.3. Normas regulamentadoras

Pela sua importância, as Normas Regulamentadoras, mais conhecidas como NRs, merecem um estudo destacado das demais disposições legais.

A Portaria nº 3.214/78 do extinto MTb, aprovou as Normas Regulamentadoras previstas no Capítulo V, Título II da Consolidação das Leis do Trabalho, relativas à Segurança e Medicina do Trabalho.

No total são 35 NRs em vigor que regulamentam atividades específicas, a saber:

NR-1 – Disposições Gerais e Gerenciamento de Riscos Ocupacionais

NR-2 – REVOGADA (Portaria nº 915/19 da Secretaria Especial de Previdência e Trabalho do Ministério da Economia).

NR-3 – Embargo e Interdição

NR-4 – Serviço Especializado em Segurança e Medicina do Trabalho – SESMT

NR-5 – Comissão Interna de Prevenção de Acidentes

NR-6 – Equipamentos de Proteção Individual

NR-7 – Exames Médicos

NR-8 – Edificações

NR-9 – Avaliação e Controle das Exposições Ocupacionais a Agentes Físicos, Químicos e Biológicos

NR-10 – Instalações e serviços de eletricidade

NR-11 – Transporte, movimentação, armazenagem e manuseio de materiais

NR-12 – Máquinas e equipamentos

NR-13 – Vasos sob pressão

NR-14 – Fornos

NR-15 – Atividades e operações insalubres

NR-16 – Atividades e operações perigosas

NR-17 – Ergonomia

NR-18 – Obras de construção, demolição e reparos

NR-19 – Explosivos

NR-20 – Segurança e saúde no trabalho com inflamáveis e combustíveis

NR-21 – Trabalhos a céu aberto

NR-22 – Segurança e saúde ocupacional na mineração

NR-23 – Proteção contra incêndios

NR-24 – Condições sanitárias dos locais de trabalho

NR-25 – Resíduos industriais

NR-26 – Sinalização de segurança

NR-27 – REVOGADA (Portaria GM nº 262, 29/05/2008)

NR-28 – Fiscalização e penalidades

NR-29 – Segurança e Saúde no trabalho portuário

NR-30 – Segurança e Saúde no Trabalho Aquaviário

NR-31 – Segurança e Saúde no Trabalho na Agricultura, Pecuária Silvicultura, Exploração Florestal e Aquicultura

NR-32 – Segurança e Saúde no Trabalho em Estabelecimentos de Saúde

NR-33 – Segurança e Saúde nos Trabalhos em Espaços Confinados.

NR-34 – Condições e Meio Ambiente de Trabalho na Indústria da Construção e Reparação Naval

NR-35 – Trabalho em altura

NR-36 – Segurança e Saúde no Trabalho em Empresas de Abate e Processamento de Carnes e Derivados

NR-37 – Segurança e Saúde em plataformas de petróleo

Do mesmo modo como ocorre com toda legislação laboral, **as Normas Regulamentadoras incorporam-se aos contratos de trabalho, como cláusulas contratuais obrigatórias, constituindo parte do conteúdo mínimo dos referidos pactos laborais**.

Por conta disso, o seu descumprimento equivale ao **inadimplemento contratual** e não a um **ato ilícito** do empregador ou do empregado.

ATENÇÃO! Nenhum estabelecimento poderá iniciar suas atividades sem inspeção prévia e subsequente aprovação das respectivas instalações pela autoridade regional competente em matéria de medicina e segurança do trabalho, conforme dispõe o artigo 160 da CLT. Ademais, o artigo 161 da CLT permite ao Delegado Regional do Trabalho, à vista de laudo técnico, a INTERDIÇÃO de estabelecimento, setor de serviço, máquina, etc., ou o EMBARGO de obra, sempre que quaisquer ofereçam grave e iminente risco para o trabalhador.

2. PERICULOSIDADE E INSALUBRIDADE

As regras de proteção ao meio ambiente do trabalho visam mantê-lo hígido, de forma a não provocar danos de qualquer ordem à saúde e à vida do trabalhador.

Determinadas atividades desenvolvidas pelas empresas podem não atender ao que preconiza as referidas normas de proteção ambiental trabalhista.

Nesse passo, os trabalhadores podem, excepcionalmente, desenvolver suas tarefas dentro de um ambiente perigoso ou insalubre, desde que haja autorização legal nesse particular.

Diz-se que o ambiente de trabalho é perigoso quando expõem a vida do empregado a risco acentuado, diante do contato permanente ou eventual com explosivos, inflamáveis, eletricidade, roubos ou outras espécies de violência física, radiações ionizantes, substâncias radioativas ou com o uso de motocicleta.

Há insalubridade no local de trabalho **quando o empregado fica exposto, por determinado período de tempo, a agentes físicos, químicos e biológicos que podem provocar doenças ocupacionais.**[3]

O conceito legal de insalubridade está insculpido no art. 189 da Consolidação das Leis do Trabalho:

> **Art. 189.** Serão consideradas atividades ou operações insalubres aquelas que, por sua natureza, condições ou métodos de trabalho, exponham os empregados a agentes nocivos à saúde, acima dos limites de tolerância fixados em razão da natureza e da intensidade do agente e do tempo de exposição aos seus efeitos.

2.1. Legalidade estrita

Na sistemática normativa vigente, em regra, **só são consideradas atividades insalubres ou perigosas aquelas que estão discriminadas em rol produzido pelo órgão competente.**

Desse modo, ainda que, de fato, determinada atividade exponha a saúde do empregado a um ou vários agentes insalubres, só será considerada, legalmente, como insalubre, **se constar do quadro de atividades e operações insalubres aprovado pelo órgão da administração pública federal.**

A Súmula nº 448 do Tribunal Superior do Trabalho contém semelhante entendimento:

> **SÚMULA Nº 448** ATIVIDADE INSALUBRE. CARACTERIZAÇÃO. PREVISÃO NA NORMA REGULAMENTADORA Nº 15 DA PORTARIA DO MINISTÉRIO DO TRABALHO Nº 3.214/78. INSTALAÇÕES SANITÁRIAS. (conversão da Orientação Jurisprudencial nº 4 da SBDI-1 com nova redação do item II).
>
> I – Não basta a constatação da insalubridade por meio de laudo pericial para que o empregado tenha direito ao respectivo adicional, sendo necessária a classificação da atividade insalubre na relação oficial elaborada pelo Ministério do Trabalho.
>
> II – A higienização de instalações sanitárias de uso público ou coletivo de grande circulação, e a respectiva coleta de lixo, por não se equiparar à limpeza em residências e escritórios, enseja o pagamento de adicional de insalubridade em grau máximo, incidindo o disposto no Anexo 14 da NR-15 da Portaria do MTE nº 3.214/78 quanto à coleta e industrialização de lixo urbano.

No mesmo sentido é a Súmula nº 460 do Supremo Tribunal Federal:

> **SÚMULA Nº 460.** Para efeito do adicional de insalubridade, a perícia judicial, em reclamação trabalhista, não dispensa o enquadramento da atividade entre as insalubres, que é ato da competência do Ministro do Trabalho e Previdência Social.

3. TST. SDI-1. OJ Nº 171. Adicional de Insalubridade. Óleos Minerais. Sentido do Termo "Manipulação". Para efeito de concessão de adicional de insalubridade não há distinção entre fabricação e manuseio de óleos minerais – Portaria nº 3.214 do Ministério do Trabalho, NR 15, Anexo XIII.

E os precedentes judiciais dos Tribunais Regionais do Trabalho:

> **SÚMULA Nº 08 do TRT4.** ADICIONAL DE INSALUBRIDADE. ILUMINAMENTO. Após a revogação do Anexo nº 4 da NR-15 da Portaria MTb nº 3.214/78, que se operou, de acordo com as disposições do art. 2º, § 2º, da Portaria nº GM/MTPS nº 3.751/90, em 24.02.1991, o iluminamento deficiente deixou de gerar direito ao adicional de insalubridade.
>
> **SÚMULA Nº 61 do TRT2.** ADICIONAL DE INSALUBRIDADE. OPERADOR DE TELEMARKETING. USO DE *HEAD PHONE*. INEXISTÊNCIA DE PREVISÃO NA NR 15 DA PORTARIA Nº 3.214/78 DO MTE. INSALUBRIDADE NÃO CONFIGURADA. O operador de telemarketing que utiliza fone de ouvido (head phone ou head set), não faz jus ao adicional de insalubridade, porquanto a atividade não se equipara à dos trabalhadores em telegrafia, radiotelegrafia, aparelhos do tipo Morse e recepção de sinais em fone.
>
> **SÚMULA Nº 40 do TRT3.** ADICIONAL DE INSALUBRIDADE. MANUSEIO DE CIMENTO. A manipulação de cimento em obras ou o mero contato com esse produto não enseja, por si só, o pagamento do adicional de insalubridade, ainda que constatada mediante laudo pericial. Essa atividade não se insere nas normas técnicas definidas pelo Anexo 13 da NR 15 da Portaria 3.214/78 do Ministério do Trabalho e Emprego.

É possível, também, que o intérprete e o aplicador do direito **utilizem-se da analogia**, para reconhecer como perigosa ou insalubre as atividades semelhantes àquelas que constam da regulamentação expedida pelos órgãos competentes, na forma do entendimento adotado pela OJ nº 347 do TST:

> **OJ Nº 347.** ADICIONAL DE PERICULOSIDADE. SISTEMA ELÉTRICO DE POTÊNCIA. LEI Nº 7.369, DE 20.09.1985, REGULAMENTADA PELO DECRETO Nº 93.412, DE 14.10.1986. EXTENSÃO DO DIREITO AOS CABISTAS, INSTALADORES E REPARADORES DE LINHAS E APARELHOS EM EMPRESA DE TELEFONIA. DJ 25.04.2007. É devido o adicional de periculosidade aos empregados cabistas, instaladores e reparadores de linhas e aparelhos de empresas de telefonia, desde que, no exercício de suas funções, fiquem expostos a condições de risco equivalente ao do trabalho exercido em contato com sistema elétrico de potência.

O **TST flexibilizou** seu entendimento quanto à necessidade de previsão legal para gerar o direito à percepção de tais adicionais.

Verifica-se esse processo com a modificação da redação da OJ nº 173 da SDI-1, que trata do trabalho a céu aberto:

> **OJ Nº 173.** TST. ADICIONAL DE INSALUBRIDADE. ATIVIDADE A CÉU ABERTO. EXPOSIÇÃO AO SOL E AO CALOR. (redação alterada na sessão do Tribunal Pleno realizada em 14.09.2012) – Res. 186/2012, DEJT divulgado em 25, 26 e 27.09.2012. I – Ausente previsão legal, indevido o adicional de insalubridade ao trabalhador em atividade a céu aberto, por sujeição à radiação solar (art. 195 da CLT e Anexo 7 da NR 15 da Portaria Nº 3214/78 do MTE). II – Tem direito ao adicional de insalubridade o trabalhador que exerce atividade exposto ao calor acima dos limites de tolerância, inclusive em ambiente externo com carga solar, nas condições previstas no Anexo 3 da NR 15 da Portaria Nº 3214/78 do MTE.

Trilham o mesmo caminho as Súmulas dos Tribunais Regionais do Trabalho a seguir transcritas:

> **SÚMULA Nº 88 do TRT15.** ADICIONAL DE INSALUBRIDADE. TRABALHADOR RURAL. TRABALHO A CÉU ABERTO. EXPOSIÇÃO A CALOR. Comprovada a exposição do trabalhador rural ao calor excessivo, nas condições previstas no Anexo 3 da NR-15

da Portaria nº 3.214/78 do Ministério do Trabalho, é devido o pagamento do adicional de insalubridade.

SÚMULA Nº 58 do TRT18. TRABALHO A CÉU ABERTO. CALOR. PAUSAS PREVISTAS NO QUADRO 1 DO ANEXO 3 DA NR-15. NÃO CONCESSÃO. DIREITO ÀS HORAS EXTRAS CORRESPONDENTES. A não concessão ou a concessão parcial das pausas previstas no Quadro 1 do Anexo 3 da NR-15, do Ministério do Trabalho e Emprego, não enseja o pagamento do período correspondente como labor extraordinário, porquanto apenas caracteriza esteve o empregado exposto ao agente insalubre calor acima dos limites de tolerância.

SÚMULA Nº 59 do TRT18. ADICIONAL DE INSALUBRIDADE. EXPOSIÇÃO AO CALOR. ATIVIDADE A CÉU ABERTO. OJ-SBDI1-173, II, DO TST. QUADRO 1, ANEXO 3, DA NR 15/MTE. I – RESTRIÇÃO DO DIREITO AO ADICIONAL A DETERMINADA CLASSE DE TRABALHADORES. Na esteira do que preceitua a Orientação Jurisprudencial nº 173 da SBDI-1/TST, tem direito ao adicional de insalubridade o trabalhador que exerce atividade exposto ao calor acima dos limites de tolerância, inclusive em ambiente externo com carga solar, independentemente da atividade laboral desenvolvida, nas condições previstas no Anexo 3 da NR-15 da Portaria nº 3.214/78 do MTE. II – LIMITES DE TOLERÂNCIA. FLEXIBILIZAÇÃO. O Anexo 3 da NR-15 da Portaria nº 3.214/78 do MTE fixa limites objetivos de temperatura e condições de trabalho a exigir o pagamento do adicional de insalubridade pela exposição do empregado ao agente calor, parâmetros esses que não comportam relativização e/ou flexibilização pelo órgão julgador.

SÚMULA Nº 34 do TRT9. ADICIONAL DE INSALUBRIDADE. EXPOSIÇÃO À RADIAÇÃO SOLAR. INTERPRETAÇÃO DA OJ 173 DA SBDI-I DO TST. É indevido o pagamento de adicional de insalubridade pela mera exposição à radiação solar, não se enquadrando a hipótese no disposto na NR 15, Anexo 7. Devido o adicional se a prova pericial indicar que o trabalho a céu aberto ocorria com exposição a calor acima dos limites de tolerância da NR 15, Anexo 3. Interpretação dos incisos I e II da OJ 173 da SBDI-I do TST.

Apesar de aparentemente fazer sentido o posicionamento dos Tribunais trabalhistas, é de difícil constatação prática a insalubridade no exercício da atividade diária do empregado em tais condições, já que totalmente dependente das **variações das condições climáticas, das estações do ano e da região geográfica de cada estabelecimento**, que não estão sob o controle do empregador.

Algumas Súmulas dos Tribunais Regionais equiparam o **recolhimento de lixo** em locais de uso público ou coletivo com o manuseio de lixo urbano, gerando o direito ao adicional de insalubridade:

SÚMULA Nº 04 do TRT21. ADICIONAL DE INSALUBRIDADE. LIMPEZA E HIGIENIZAÇÃO DE QUARTOS E BANHEIROS DE USO PÚBLICO EM MOTEL. EQUIPARAÇÃO A LIXO URBANO. Os empregados que executam os serviços de higienização e limpeza das instalações sanitárias, de uso público ou coletivo de grande circulação, e a respectiva coleta de lixo, em motel, desde que apuradas as condições insalubres mediante prova técnica, fazem jus ao adicional de insalubridade em grau máximo, por equiparação aos trabalhadores que lidam com lixo urbano, incidindo o disposto no anexo 14 da NR-15 da Portaria do MTE nº 3.214/78.

SÚMULA Nº 42 do TRT22. ATIVIDADE INSALUBRE. CARACTERIZAÇÃO. PREVISÃO NA NORMA REGULAMENTADORA Nº 15 DA PORTARIA DO MINISTÉRIO DO TRABALHO Nº 3.214/78. INSTALAÇÕES SANITÁRIAS. LIMPEZA DE RESIDÊNCIAS E ESCRITÓRIOS. I – Não basta a constatação da insalubridade por meio de laudo pericial para que o empregado tenha direito ao respectivo adicional, sendo necessária a classificação da atividade insalubre na relação oficial elaborada pelo Ministério do Trabalho. II – A higienização de instalações sanitárias de uso público ou coletivo de grande circulação, e a respectiva coleta de lixo, enseja o pagamento de adicional de insalubridade em grau máximo, incidindo o disposto no Anexo 14 da NR-15 da Portaria do MTE nº 3.214/78 quanto à coleta e industrialização de lixo urbano. III – A limpeza em residências e escritórios e a respectiva coleta de lixo não podem ser consideradas atividades insalubres, ainda que constatadas por laudo pericial, porque não classificada como lixo urbano (coleta e urbanização), conforme o disposto no Anexo 14 da NR-15 da Portaria do MTE nº 3.214/78.

2.2. Perícia

Além da previsão *in abstrato* na lei, em regra, **exige-se a realização de uma perícia em cada ambiente de trabalho para verificar se, de fato, há insalubridade ou periculosidade**, conforme mandamento contido no art. 195 da CLT:

Art. 195. A caracterização e a classificação da insalubridade e da periculosidade, segundo as normas do Ministério do Trabalho, far-se-ão através de perícia a cargo de Médico do Trabalho ou Engenheiro do Trabalho, registrados no Ministério do Trabalho.

§ 1º. É facultado às empresas e aos sindicatos das categorias profissionais interessadas requererem ao Ministério do Trabalho a realização de perícia em estabelecimento ou setor deste, com o objetivo de caracterizar e classificar ou delimitar as atividades insalubres ou perigosas.

§ 2º. Arguida em juízo insalubridade ou periculosidade, seja por empregado, seja por Sindicato em favor de grupo de associado, o juiz designará perito habilitado na forma deste artigo, e, onde não houver, requisitará perícia ao órgão competente do Ministério do Trabalho.

§ 3º. O disposto nos parágrafos anteriores não prejudica a ação fiscalizadora do Ministério do Trabalho, nem a realização *ex officio* da perícia.

Admite-se, inclusive, a utilização de **prova emprestada** quando for impraticável realizar a perícia na mesma demanda:

SÚMULA Nº 37 do TRT1. ATIVIDADE NOCIVA. LAUDO PERICIAL. PROVA EMPRESTADA. VALIDADE. É admissível a prova pericial emprestada para caracterização de atividade insalubre ou perigosa.

OJ4T Nº 20 do TRT9. ADICIONAL DE PERICULOSIDADE. SETOR DA PRESTAÇÃO DE SERVIÇO DESATIVADO À ÉPOCA DA PERÍCIA. LAUDO ANTERIOR. POSSIBILIDADE DE UTILIZAÇÃO COMO MEIO PROBATÓRIO. INOCORRÊNCIA DE VIOLAÇÃO AO ARTIGO 195 CONSOLIDADO. Segundo reiterado pronunciamento do C. TST "a desativação do local de trabalho justifica a utilização de laudo pericial, desde que se trate da mesma empresa, do mesmo serviço, do mesmo local e do mesmo período de atividade"; "fixados tais parâmetros, não há como invalidar o laudo que, mesmo indiretamente, avaliou as reais condições de trabalho do empregado." Prevalência do princípio do aproveitamento dos atos processuais. Inocorrência de violação ao artigo 195 consolidado.

SÚMULA Nº 23 do TRT11. ADICIONAIS DE INSALUBRIDADE E PERICULOSIDADE. LAUDO PERICIAL. PROVA EMPRESTADA. ADMISSIBILIDADE. É admissível a prova pericial emprestada para a comprovação de atividade insalubre ou perigosa, assegurado o contraditório.

Em algumas situações excepcionais em juízo, **é dispensada** a constatação da insalubridade ou da periculosidade por meio de perícia:

TST. SÚMULA Nº 453. ADICIONAL DE PERICULOSIDADE. PAGAMENTO ESPONTÂNEO. CARACTERIZAÇÃO DE FATO INCONTROVERSO. DESNECESSÁRIA A

PERÍCIA DE QUE TRATA O ART. 195 DA CLT. (conversão da Orientação Jurisprudencial nº 406 da SBDI-1) O pagamento de adicional de periculosidade efetuado por mera liberalidade da empresa, ainda que de forma proporcional ao tempo de exposição ao risco ou em percentual inferior ao máximo legalmente previsto, dispensa a realização da prova técnica exigida pelo art. 195 da CLT, pois torna incontroversa a existência do trabalho em condições perigosas.

Observe-se também que, por sua própria natureza, **dispensa-se a realização de perícia para constatação de periculosidade nos casos de condução de motocicleta e roubos ou outras espécies de violência física nas atividades profissionais de segurança pessoal ou patrimonial**, previstos no § 4º e inciso II, do art. 193 da CLT.

Exemplo de questão sobre o tema

(TRT 3 – Juiz do Trabalho Substituto 3ª região/2014) São consideradas atividades ou operações perigosas expressamente enumeradas no art. 193 da CLT, aquelas que, por sua natureza ou métodos de trabalho, impliquem risco acentuado em virtude de exposição permanente do trabalhador a, EXCETO:

(A) inflamáveis.

(B) radiações ionizantes.

(C) explosivos.

(D) energia elétrica.

(E) roubos ou outras espécies de violência física nas atividades profissionais de segurança pessoal ou patrimonial.

Resposta: B

2.3. Adicional de periculosidade e de insalubridade

Como forma de inibir o trabalho em condições de insalubridade ou de periculosidade, ou seja, condições anormais de trabalho, a legislação trabalhista impõe ao empregador o pagamento de um adicional sobre o salário.

Pela regra consolidada, art. 193, § 2º da CLT, o empregado **não pode receber cumulativamente adicional de periculosidade e insalubridade**.

Nesse sentido o entendimento do TST constante do julgamento do Incidente de Recurso Repetitivo – IRR nº 239-55.2011.5.02.0319, no qual foi fixada a seguinte tese, para o Tema Repetitivo nº 17: "O art. 193, § 2º, da CLT foi recepcionado pela Constituição Federal e veda a cumulação dos adicionais de insalubridade e de periculosidade, ainda que decorrentes de fatos geradores distintos e autônomos".

A. *Adicional de insalubridade*

O adicional de insalubridade, de acordo com o art. 192 da Consolidação das Leis do Trabalho, **varia entre 10%, 20% e 40% do salário mínimo**, a depender se o grau de risco da empresa ou do setor no qual o empregado exerce suas atividades for considerado mínimo, médio ou máximo.[4]

4. CLT. Art. 192. O exercício de trabalho em condições insalubres, acima dos limites de tolerância estabelecidos pelo Ministério do Trabalho, assegura a percepção de adicional respectivamente de 40% (quarenta por cento), 20%

O Supremo Tribunal Federal entendeu que o adicional de **insalubridade não pode ter como base de cálculo o salário mínimo, em virtude de expressa vedação constitucional** e, ao mesmo tempo, vedou a possibilidade da decisão judicial alterar esse parâmetro (Súmula Vinculante nº 4), fato que implicou a alteração da redação da Súmula nº 228 do TST.[5]

Todavia, **enquanto perdurar o vazio legislativo, ou diante da ausência de pactuação por meio de instrumentos normativos negociados, deve prevalecer a base de cálculo histórica, qual seja, o salário-mínimo:**

> [...] no julgamento que deu origem à mencionada Súmula Vinculante nº 4 (RE 565.714/SP, Rel. Min. Cármen Lúcia, Sessão de 30.4.2008 – Informativo nº 510/STF), esta Corte entendeu que o adicional de insalubridade deve continuar sendo calculado com base no salário mínimo, enquanto não superada a inconstitucionalidade por meio de lei ou convenção coletiva. Dessa forma, com base no que ficou decidido no RE 565.714/SP e fixado na Súmula Vinculante nº 4, este Tribunal entendeu que não é possível a substituição do salário mínimo, seja como base de cálculo, seja como indexador, antes da edição de lei ou celebração de convenção coletiva que regule o adicional de insalubridade.[6]

Nesse sentido as Súmulas dos Tribunais Regionais do Trabalho a seguir transcritas:

> **SÚMULA Nº 16 do TRT2.** ADICIONAL DE INSALUBRIDADE. BASE DE CÁLCULO. Diante do entendimento firmado pelo Supremo Tribunal Federal, até que nova base de cálculo seja fixada pelo Legislativo, o adicional de insalubridade deve ser calculado com base no salário mínimo.
>
> **SÚMULA Nº 46 do TRT3.** ADICIONAL DE INSALUBRIDADE. BASE DE CÁLCULO. A base de cálculo do adicional de insalubridade é o salário mínimo, enquanto não sobrevier lei dispondo de forma diversa, salvo critério mais vantajoso para o trabalhador estabelecido em norma coletiva, condição mais benéfica ou em outra norma autônoma aplicável.
>
> **SÚMULA Nº 62 do TRT4.** ADICIONAL DE INSALUBRIDADE. BASE DE CÁLCULO. A base de cálculo do adicional de insalubridade permanece sendo o salário mínimo nacional enquanto não sobrevier lei dispondo de forma diversa, salvo disposição contratual ou normativa prevendo base de cálculo mais benéfica ao trabalhador.
>
> **SÚMULA Nº 28 do TRT8.** ADICIONAL DE INSALUBRIDADE. BASE DE CÁLCULO. A base de cálculo do adicional de insalubridade é o salário mínimo, até que haja definição legal (Resolução TST Nº 185/2012).
>
> **SÚMULA Nº 24 do TRT9.** ADICIONAL DE INSALUBRIDADE. BASE DE CÁLCULO. Após a edição da Súmula Vinculante 4, do STF, até que se edite norma legal ou convencional, a base de cálculo do adicional de insalubridade deve ser o salário mínimo nacional.

(vinte por cento) e 10% (dez por cento) do salário mínimo, segundo se classifiquem nos graus máximo, médio e mínimo.

5. TST. Súmula nº 228. ADICIONAL DE INSALUBRIDADE. BASE DE CÁLCULO. A partir de 9 de maio de 2008, data da publicação da Súmula Vinculante nº 4 do Supremo Tribunal Federal, o adicional de insalubridade será calculado sobre o salário básico, salvo critério mais vantajoso fixado em instrumento coletivo. O Ministro Gilmar Mendes, em sede de liminar, suspendeu a aplicação da referida Súmula do TST, na parte em que permite a utilização do salário básico para calcular o adicional de insalubridade (RCL nº 6266).
6. STF. Rcl 6266-DF. Rel. Min. Gilmar Mendes. DJU 5.8.2008.

B. Adicional de periculosidade

O adicional de periculosidade[7] é **invariável e corresponde a 30% do salário-base** do empregado (art. 193, § 1º, da Consolidação das Leis do Trabalho).[8]

O referido adicional é devido quando o empregado exercer atividades ou operações perigosas, assim entendidas como aquelas que, por sua natureza ou métodos de trabalho, impliquem exposição permanente a:

a) inflamáveis, explosivos ou energia elétrica;

b) roubos ou outras espécies de violência física nas atividades profissionais de segurança pessoal ou patrimonial;

c) atividades de trabalhador em motocicleta.

O valor do adicional de periculosidade, pago ou devido com habitualidade pelo empregador, deve ser levado em consideração para efeito do cálculo das demais verbas devidas por conta da execução e extinção do pacto laboral, inclusive das horas extras:

> **TST. SÚMULA Nº 132.** ADICIONAL DE PERICULOSIDADE. INTEGRAÇÃO. (incorporadas as Orientações Jurisprudenciais nº 174 e 267 da SDI-1) – Res. 129/2005 – DJ 20.04.2005:
>
> I – O adicional de periculosidade, pago em caráter permanente, integra o cálculo de indenização e de horas extras. (ex-prejulgado nº 3). (ex-Súmula nº 132 – RA 102/1982, DJ 11.10.1982/ DJ 15.10.1982 e ex-OJ nº 267 – Inserida em 27.09.2002);[9]
>
> II – Durante as horas de sobreaviso, o empregado não se encontra em condições de risco, razão pela qual é incabível a integração do adicional de periculosidade sobre as mencionadas horas. (ex-OJ nº 174 – Inserida em 08.11.2000).

O entendimento do TST, inserido no inciso II da Súmula nº 364, era no sentido de ser possível flexibilizar o pagamento do adicional de periculosidade por meio de convenção ou acordo coletivo do trabalho.

A mudança de posicionamento decorreu depois de várias decisões em sentido contrário, no âmbito das Turmas daquele Tribunal, que culminou com **o cancelamento**, em 24.05.2011, do inciso II da Súmula nº 364:

> **SÚMULA Nº 364.** ADICIONAL DE PERICULOSIDADE. EXPOSIÇÃO EVENTUAL, PERMANENTE E INTERMITENTE (conversão das Orientações Jurisprudenciais nºs 5, 258 e 280 da SBDI-1) – Res. 129/2005, DJ 20, 22 e 25.04.2005. I – Faz jus ao adicional de periculosidade o empregado exposto permanentemente ou que, de forma intermitente, sujeita-se a condições de risco. Indevido, apenas, quando o contato dá-se de forma eventual,

7. Fórmula para o cálculo do adicional de periculosidade: S x 0,3 (S = salário).

8. CLT. Art. 193, § 1º. O trabalho em condições de periculosidade assegura ao empregado um adicional de 30% (trinta por cento) sobre o salário sem os acréscimos resultantes de gratificações, prêmios ou participações nos lucros da empresa.

9. Como a expressão *hora extra* não engloba o conceito de *adicional de horas extras*, o adicional de horas extras não deve ser calculado com base nessa última parcela, sob pena de se configurar o pagamento de adicional sobre adicional, apesar de este não ser o entendimento do TST, conforme se observa do teor da OJ nº 259 da SDI-1: "de periculosidade deve compor a base de cálculo do adicional noturno, já que também neste horário o trabalhador permanece sob as condições de risco".

assim considerado o fortuito, ou o que, sendo habitual, dá-se por tempo extremamente reduzido. (ex-Ojs da SBDI-1 ns. 05 – inserida em 14.03.1994 – e 280 – DJ 11.08.2003).
II – A fixação do adicional de periculosidade, em percentual inferior ao legal e proporcional ao tempo de exposição ao risco, deve ser respeitada, desde que pactuada em acordos ou convenções coletivos. (item cancelado em 24.05.2011).

Posteriormente, para deixar mais claro o posicionamento do TST, o inciso II foi reinserido no referido verbete **para afastar, expressamente, a possibilidade de flexibilização do pagamento do adicional de periculosidade:**

SÚMULA Nº 364. ADICIONAL DE PERICULOSIDADE. EXPOSIÇÃO EVENTUAL, PERMANENTE E INTERMITENTE (inserido o item II) – Res. 209/2016.

I – Tem direito ao adicional de periculosidade o empregado exposto permanentemente ou que, de forma intermitente, sujeita-se a condições de risco. Indevido, apenas, quando o contato dá-se de forma eventual, assim considerado o fortuito, ou o que, sendo habitual, dá-se por tempo extremamente reduzido. (ex-Ojs da SBDI-1 ns. 05 – inserida em 14.03.1994 – e 280 – DJ 11.08.2003)

II – Não é válida a cláusula de acordo ou convenção coletiva de trabalho fixando o adicional de periculosidade em percentual inferior ao estabelecido em lei e proporcional ao tempo de exposição ao risco, pois tal parcela constitui medida de higiene, saúde e segurança do trabalho, garantida por norma de ordem pública (arts. 7º, XXII e XXIII, da CF e 193, § 1º, da CLT).

Com a edição da Lei nº 13.467/17, foi introduzido o art. 611-B à CLT que veda a redução ou extinção de alguns direitos trabalhistas por meio de negociação coletiva, principalmente aqueles descritos no art. 7º da CF/88, **inclusive o adicional de periculosidade**:

Art. 611-B. Constituem objeto ilícito de convenção coletiva ou de acordo coletivo de trabalho, exclusivamente, a supressão ou a redução dos seguintes direitos: XVIII – adicional de remuneração para as atividades penosas, insalubres ou perigosas.

– *Risco de roubo e outras espécies de violência física*

A Portaria do extinto Ministério do Trabalho e Emprego nº 1.885/13, regulamentou o art. 193 da CLT e listou as atividades e operações que oferecem risco de roubo ou de outras espécies de violência física relativamente aos profissionais de segurança pessoal ou patrimonial.

Assim, são considerados **profissionais de segurança**:

a) empregados das empresas prestadoras de serviço nas atividades de segurança privada ou que integrem serviço orgânico de segurança privada, devidamente registradas e autorizadas pelo Ministério da Justiça, conforme Lei nº 7.102/1983 e suas alterações posteriores.

b) empregados que exercem a atividade de segurança patrimonial ou pessoal em instalações metroviárias, ferroviárias, portuárias, rodoviárias, aeroportuárias e de bens públicos, contratados diretamente pela administração pública direta ou indireta.

As **atividades ou operações perigosas** a que podem estar submetidos os profissionais mencionados, são as seguintes:

Atividades ou operações	Descrição
Vigilância patrimonial	Segurança patrimonial e/ou pessoal na preservação do patrimônio em estabelecimentos públicos ou privados e da incolumidade física de pessoas.
Segurança de eventos	Segurança patrimonial e/ou pessoal em espaços públicos ou privados, de uso comum do povo.
Segurança nos transportes coletivos	Segurança patrimonial e/ou pessoal nos transportes coletivos e em suas respectivas instalações.
Segurança ambiental e florestal	Segurança patrimonial e/ou pessoal em áreas de conservação de fauna, flora natural e de reflorestamento.
Transporte de valores	Segurança na execução do serviço de transporte de valores.
Escolta armada	Segurança no acompanhamento de qualquer tipo de carga ou de valores.
Segurança pessoal	Acompanhamento e proteção da integridade física de pessoa ou de grupos.
Supervisão/fiscalização Operacional	Supervisão e/ou fiscalização direta dos locais de trabalho para acompanhamento e orientação dos vigilantes.
Telemonitoramento/ telecontrole	Execução de controle e/ou monitoramento de locais, através de sistemas eletrônicos de segurança.

Ainda que as atividades sejam consideradas perigosas, não ensejam o pagamento do adicional respectivo quando não incluídas na regulamentação feita pelo Poder Executivo, como é o caso dos vigias.

Nesse sentido a Súmula nº 44 do TRT3:

> **SÚMULA Nº 44 do TRT3.** ADICIONAL DE PERICULOSIDADE. INCISO II DO ART. 193 DA CLT. VIGIA. É indevido o pagamento do adicional de periculosidade previsto no inciso II do art. 193 da CLT (inserido pela Lei n. 12.740/12) ao vigia, cuja atividade, diversamente daquela exercida pelo vigilante (Lei n. 7.102/83), não se enquadra no conceito de "segurança pessoal ou patrimonial" contido no item 2 do Anexo 3 da NR-16, que regulamentou o referido dispositivo.

– *Trabalho com uso de motocicleta*

A Portaria do extinto MTE nº 1.565/14, regulamentou a classificação do trabalho perigoso com o uso de motocicletas, inclusive com a exclusão de algumas atividades, por meio do seu anexo 5:

> 1. As atividades laborais com utilização de motocicleta ou motoneta no deslocamento de trabalhador em vias públicas são consideradas perigosas.
>
> 2. Não são consideradas perigosas, para efeito deste anexo:
>
> a) a utilização de motocicleta ou motoneta exclusivamente no percurso da residência para o local de trabalho ou deste para aquela;
>
> b) as atividades em veículos que não necessitem de emplacamento ou que não exijam carteira nacional de habilitação para conduzi-los;
>
> c) as atividades em motocicleta ou motoneta em locais privados.
>
> d) as atividades com uso de motocicleta ou motoneta de forma eventual, assim considerado o fortuito, ou o que, sendo habitual, dá-se por tempo extremamente reduzido.

Atendendo determinação judicial, o extinto MTE editou a Portaria nº 5, de 07.01.2015 suspendendo os efeitos da referida Portaria nº 1.565/14 em relação aos membros da Associação Brasileira das Indústrias de Refrigerantes e de Bebidas não Alcoólicas e aos confederados da Confederação Nacional das Revendas AMBEV e das Empresas de Logística da Distribuição.

– *Inflamáveis*

Consideram-se perigosas as atividades em contato permanente com inflamáveis, tais como: transporte, da carga e descarga de inflamáveis, do reabastecimento de aviões ou de caminhões-tanques e de postos de serviço, enchimento de latas e tambores, dos serviços de manutenção e operação em que o trabalhador se encontre sempre em contato com inflamáveis, em recintos onde estes são armazenados e manipulados ou em veículos em que são transportados.[10]

Sobre a mesma matéria trata a Súmula nº 39 do TST: "Os empregados que operam em bomba de gasolina têm direito ao adicional de periculosidade."

Todavia, o direito ao adicional de periculosidade **não se estende à tripulação da aeronave enquanto é feito o abastecimento** ou empregados de outras categorias profissionais que acompanham, **dentro do veículo**, o seu abastecimento, segundo o entendimento inserido nas Súmulas nºs 447 do TST, 38 do TRT2 e 27 do TRT23:

> **SÚMULA Nº 447 DO TST.** ADICIONAL DE PERICULOSIDADE. PERMANÊNCIA A BORDO DURANTE O ABASTECIMENTO DA AERONAVE. INDEVIDO. Os tripulantes e demais empregados em serviços auxiliares de transporte aéreo que, no momento do abastecimento da aeronave, permanecem a bordo não têm direito ao adicional de periculosidade a que aludem o art. 193 da CLT e o Anexo 2, item 1, "c", da NR 16 do MTE.
>
> **SÚMULA Nº 38 do TRT2.** ADICIONAL DE PERICULOSIDADE. AERONAUTA. INDEVIDO. Adicional de periculosidade não é devido ao empregado tripulante que permanece a bordo durante o abastecimento da aeronave.
>
> **SÚMULA Nº 27 do TRT23.** ADICIONAL DE PERICULOSIDADE. EMPREGADO QUE ACOMPANHA O ABASTECIMENTO DE VEÍCULO. O Empregado motorista de veículo ou operador de máquinas que apenas acompanha o abastecimento de combustível não tem direito ao adicional de periculosidade.

Em sentido contrário, a Súmula nº 43 do TRT8:

> **SÚMULA Nº 43 do TRT8.** ADICIONAL DE PERICULOSIDADE. AEROVIÁRIO. DIREITO À PERCEPÇÃO. Os aeroviários têm direito à percepção de adicional de periculosidade pelo tempo de permanência na área de risco, que é aquela com raio de 7,5 metros a partir do ponto de abastecimento. Esse adicional é devido no percentual de 30%, desde que o empregado esteja realizando serviços de limpeza interna e externa ou carregamento e descarregamento de bagagens e atividades afins.

10. TST. SDI-1. OJ Nº 385. ADICIONAL DE PERICULOSIDADE. DEVIDO. ARMAZENAMENTO DE LÍQUIDO INFLAMÁVEL NO PRÉDIO. CONSTRUÇÃO VERTICAL. É devido o pagamento do adicional de periculosidade ao empregado que desenvolve suas atividades em edifício (construção vertical), seja em pavimento igual ou distinto daquele onde estão instalados tanques para armazenamento de líquido inflamável, em quantidade acima do limite legal, considerando-se como área de risco toda a área interna da construção vertical.

– *Trabalho em rede de telefonia*

Por analogia, a jurisprudência vem estendendo o direito ao adicional de periculosidade aos trabalhadores que prestam serviços em rede de telefonia, no mesmo nível das redes de energia elétrica:

> **SÚMULA Nº 07 do TRT17.** REDES DE TELEFONIA. ADICIONAL DE PERICULOSIDADE. LEI Nº 7.369/85. O trabalho desenvolvido em redes de telefonia não integrantes do sistema elétrico de potência, mas exposto às suas condições de risco, caracteriza-se como atividade em condições de periculosidade, nos termos do Decreto n. 93.412/86.

– *Radiações ionizantes e substâncias radioativas*

O adicional de periculosidade também é devido quando o empregado exercer atividades de risco em potencial concernentes a **radiações ionizantes ou substâncias radioativas, como estabelecido pela Portaria do extinto MTE nº 518/03.**[11]

O resumo a seguir destaca as atividades perigosas e os agentes insalubres:

Perigoso	Insalubre
Explosivos	Agentes químicos
Inflamáveis	Agentes físicos
Eletricidade	Agentes biológicos
Radiações ionizantes	–
Substâncias radioativas	
Roubos	
Outras espécies de exposição a atos de violência física	
Trabalho com o uso de motocicleta	

Exemplos de questões sobre o tema

(FCC – Juiz do Trabalho Substituto 24ª região/2015) Considerando a jurisprudência consolidada do Colendo Tribunal Superior do Trabalho e as normas da Consolidação das Leis do Trabalho – CLT, relativamente às atividades insalubres, considere:

I. A verificação mediante perícia de prestação de serviços em condições nocivas, considerado agente insalubre diverso do apontado na inicial, prejudica o pedido de adicional de insalubridade.

II. Os tripulantes e demais empregados em serviços auxiliares de transporte aéreo que, no momento do abastecimento da aeronave, permanecem a bordo não têm direito ao adicional de periculosidade a que aludem o art. 193 da CLT e o Anexo 2, item 1, "c", da NR 16 do MTE.

III. Não basta a constatação da insalubridade por meio de laudo pericial para que o empregado tenha direito ao respectivo adicional, sendo necessária a classificação da atividade insalubre na relação oficial elaborada pelo Ministério do Trabalho.

11. TST. OJ Nº 345. ADICIONAL DE PERICULOSIDADE. RADIAÇÃO IONIZANTE OU SUBSTÂNCIA RADIOATIVA. DEVIDO. A exposição do empregado à radiação ionizante ou à substância radioativa enseja a percepção do adicional de periculosidade, pois a regulamentação ministerial (Portarias do Ministério do Trabalho nºs 3.393, de 17.12.1987, e 518, de 07.04.2003), ao reputar perigosa a atividade, reveste-se de plena eficácia, porquanto expedida por força de delegação legislativa contida no art. 200, *caput*, e inciso VI, da CLT. No período de 12.12.2002 a 06.04.2003, enquanto vigeu a Portaria nº 496 do Ministério do Trabalho, o empregado faz jus ao adicional de insalubridade.

IV. A higienização de instalações sanitárias de uso público ou coletivo de grande circulação, e a respectiva coleta de lixo, por não se equiparar à limpeza em residências e escritórios, enseja o pagamento de adicional de insalubridade em grau máximo, incidindo o disposto no Anexo 14 da NR 15 da Portaria do MTE nº 3.214/1978 quanto à coleta e industrialização de lixo urbano.

V. O simples fornecimento do aparelho de proteção pelo empregador não o exime do pagamento do adicional de insalubridade. Cabe-lhe tomar as medidas que conduzam à diminuição ou eliminação da nocividade, entre as quais as relativas ao uso efetivo do equipamento pelo empregado.

Está correto o que se afirma APENAS em

(A) I, II, III e IV.
(B) II, III, IV e V.
(C) III, IV e V.
(D) IV e V.
(E) I e V.

Resposta: B

(FCC – Juiz do Trabalho Substituto 15ª região/2015) Conforme entendimento pacificado do TST em matéria de Segurança e Medicina do Trabalho, é INCORRETO afirmar que

(A) o adicional de insalubridade já remunera os dias de repouso semanal e feriados.
(B) o adicional de periculosidade deve compor a base de cálculo do adicional noturno, já que também neste horário o trabalhador permanece sob as condições de risco.
(C) a realização de perícia é obrigatória para a constatação de insalubridade, sendo permitido ao julgador a utilização de outros meios de prova, quando impossível sua realização, como em caso de fechamento da empresa.
(D) a eliminação da insalubridade mediante fornecimento de aparelhos protetores aprovados pelo órgão competente do Poder Executivo não exclui a percepção do respectivo adicional, dependendo de perícia a apuração de tal fato.
(E) em face de ausência de previsão legal, é indevido o adicional de insalubridade ao trabalhador em atividade a céu aberto por sujeição à radiação solar.

Resposta: D

(FCC – Juiz do Trabalho Substituto 15ª região/2015) Em uma empresa em que se constata apenas exposição a um agente perigoso, trabalham Messias, João e Carlos, sendo que Messias trabalha diretamente com o transporte de material inflamável, de modo permanente, nas dependências da empresa. João faz a rendição de Messias durante o intervalo para alimentação e descanso e, no restante do tempo, exerce a função de chefe de almoxarifado. Carlos também exerce a função de chefe de almoxarifado, entretanto, no seu intervalo para alimentação pega carona com João no transporte de inflamáveis, cujo trajeto dura cerca de cinco minutos.

Diante dessa situação, com base na legislação aplicável e no entendimento pacificado do TST, o direito ao recebimento de adicional de periculosidade é de

(A) Messias, que faz jus ao adicional de periculosidade integral; João, ao proporcional ao tempo de exposição ao inflamável e Carlos não tem direito ao referido adicional.
(B) Messias, apenas, que lida diretamente com produtos inflamáveis em toda a jornada de trabalho.
(C) Messias e João, mas Carlos não possui qualquer direito.
(D) Messias, João e Carlos.
(E) Messias, que faz jus ao referido adicional e tanto João quanto Carlos devem recebê-lo de forma proporcional, tendo em vista seu grau de exposição ao agente perigoso.

Resposta: C

(PROCURADOR DO TRABALHO – MPT – 2013) Considerando-se a jurisprudência do TST em relação à saúde e segurança dos trabalhadores, assinale a alternativa CORRETA:

(A) Não tem direito ao adicional de insalubridade o trabalhador que exerce atividade exposto ao calor acima dos limites de tolerância em ambiente externo com carga solar.

(B) O art. 195 da CLT exige que o adicional de periculosidade seja apurado por laudo pericial elaborado por engenheiro do trabalho.

(C) A inobservância da obrigação de instruir os empregados e expedir ordens de serviço quanto às precauções a tomar em relação aos riscos ergonômicos, pode caracterizar a culpa do empregador e sua responsabilidade subjetiva pela doença ocupacional dela advinda.

(D) A constatação de insalubridade na atividade de limpeza de residências e escritórios, com a respectiva coleta de lixo, apurada por laudo pericial, demanda o pagamento do respectivo adicional, a despeito de não se encontrar dentre aquelas classificadas como lixo urbano pela Portaria do Ministério do Trabalho.

(E) Não respondida.

Resposta: C

(TRT 3 – Juiz do Trabalho Substituto 3ª região/ 2013) Relativamente à insalubridade e à periculosidade, considerando o direito legislado e a jurisprudência dominante, é incorreto afirmar:

(A) A limpeza em residências e escritórios e a respectiva coleta de lixo não podem ser consideradas atividades insalubres, ainda que constatadas por laudo pericial, porque não se encontram dentre as classificadas como lixo urbano na Portaria do Ministério do Trabalho.

(B) Os empregados que operam em bomba de gasolina têm direito ao adicional de periculosidade.

(C) Também são atividades periculosas, nos termos da lei, aquelas que, por sua natureza ou métodos de trabalho, impliquem risco acentuado em virtude de exposição permanente do trabalhador a roubos ou outras espécies de violência física nas atividades profissionais de segurança pessoal ou patrimonial.

(D) Durante as horas de sobreaviso, o empregado não se encontra em condições de risco, razão pela qual é incabível a integração do adicional de periculosidade sobre as mencionadas horas.

(E) A reclassificação ou a descaracterização da insalubridade, por ato da autoridade competente, não repercute na satisfação do respectivo adicional, sob pena de ofensa a direito adquirido ou violação ao princípio da irredutibilidade salarial.

Resposta: E

(TRT 15 – Juiz do Trabalho Substituto 15ª região/ 2013) Ainda no que tange a medidas jurídicas ligadas à proteção da saúde no ambiente de trabalho, é incorreto dizer:

(A) do ponto de vista da legislação, o adicional de periculosidade foi primeiro direcionado exclusivamente às atividades que implicassem contato permanente com inflamáveis ou explosivos em condições de risco acentuado; depois, foi estendido ao empregado que exerce atividade no setor de energia elétrica, em condições de periculosidade; e agora abrange, igualmente, as atividades relacionadas a roubos ou outras espécies de violência física nas atividades profissionais de segurança pessoal ou patrimonial;

(B) é entendimento sumulado do TST que os empregados que operam em bomba de gasolina têm direito ao adicional de periculosidade, caso não fornecido o EPI adequado;

(C) aplica-se ao estagiário a legislação relacionada à saúde e segurança no, trabalho, sendo sua implementação de responsabilidade da parte concedente do estágio;

(D) aplicam-se ao trabalhador rural as normas de medicina e segurança do trabalho;

(E) o repouso semanal remunerado deverá coincidir, pelo menos uma vez no período máximo de três semanas, com o domingo, respeitadas as demais normas de proteção ao trabalho e outras a serem estipuladas, em negociação coletiva.

Resposta: B

2.4. Natureza jurídica

Os adicionais de insalubridade e periculosidade servem para compensar o labor do empregado em condições adversas, ou seja, quando se encontrar exposto a agentes insalubres ou sob risco de vida.

Além disso, tem como objetivo inibir o empregador de exigir o trabalho em condições insalubres ou perigosas ou no sentido de adotar medidas para diminuir ou eliminar os agentes causadores dessa anormalidade no meio ambiente de trabalho.

Em que pese existir essa compensação legal, **os aludidos adicionais têm natureza salarial**, pois são devidos em decorrência do trabalho e não como forma de recompor o patrimônio econômico do empregado pelo exercício do seu trabalho, características das verbas indenizatórias.

Por conta do seu caráter salarial, **os adicionais de periculosidade e de insalubridade incorporam-se à remuneração para todos os efeitos legais, enquanto recebidos.**

Desse modo, o cálculo das demais parcelas devidas em face da execução e extinção do pacto laboral, como aviso prévio indenizado, FGTS, remuneração de férias, 13º salário etc., devem levar em consideração o valor dos referidos adicionais.

O TST manifesta-se sobre o assunto, por meio da Súmula nº 139:

> **SÚMULA Nº 139.** ADICIONAL DE INSALUBRIDADE. (incorporada a Orientação Jurisprudencial nº 102 da SDI-1) – Res. 129/2005 – DJ 20.04.2005. Enquanto percebido, o adicional de insalubridade integra a remuneração para todos os efeitos legais. (ex-OJ nº 102 – Inserida em 01.10.1997).

2.5. Eliminação da insalubridade e da periculosidade

No caso de extinção do fato que enseja o pagamento do adicional de insalubridade ou periculosidade, ou seja, quando se elimina ou neutraliza-se o agente insalubre ou perigoso, automaticamente extingue-se a obrigação respectiva do empregador.

Sobre a eliminação ou neutralização da insalubridade, manifesta-se a CLT por meio do seu art. 191, que trata dos equipamentos de proteção individual e das medidas de caráter coletivo:

> **Art. 191.** A eliminação ou a neutralização da insalubridade ocorrerá:
>
> I – com a adoção de medidas que conservem o ambiente de trabalho dentro dos limites de tolerância;
>
> II – com a utilização de equipamentos de proteção individual ao trabalhador, que diminuam a intensidade do agente agressivo a limites de tolerância.
>
> **Parágrafo único**. Caberá às Delegacias Regionais do Trabalho, comprovada a insalubridade, notificar as empresas, estipulando prazos para sua eliminação ou neutralização, na forma deste artigo.

Assim, não há que se falar em incorporação financeira ao patrimônio do empregado, caso o fato gerador respectivo desapareça.

Esse é o posicionamento do Tribunal Superior do Trabalho ao interpretar o art. 194 da Consolidação das Leis do Trabalho, explicitado pelas Súmulas de 80 e 248:

> **Art. 194.** O direito do empregado ao adicional de insalubridade ou de periculosidade cessará com a eliminação do risco à sua saúde ou integridade física, nos termos desta Seção e das normas expedidas pelo Ministério do Trabalho.
>
> **SÚMULA Nº 80.** INSALUBRIDADE. A eliminação da insalubridade mediante fornecimento de aparelhos protetores aprovados pelo órgão competente do Poder Executivo exclui a percepção do respectivo adicional.

SÚMULA Nº 248. ADICIONAL DE INSALUBRIDADE. DIREITO ADQUIRIDO. A reclassificação ou a descaracterização da insalubridade, por ato da autoridade competente, repercute na satisfação do respectivo adicional, sem ofensa a direito adquirido ou ao princípio da irredutibilidade salarial.

Quanto às responsabilidades do empregado e do empregador, a NR-6 ainda estabelece o seguinte:

6.6.1 Cabe ao empregador quanto ao EPI :

a) adquirir o adequado ao risco de cada atividade;

b) exigir seu uso;

c) fornecer ao trabalhador somente o aprovado pelo órgão nacional competente em matéria de segurança e saúde no trabalho;

d) orientar e treinar o trabalhador sobre o uso adequado, guarda e conservação;

e) substituir imediatamente, quando danificado ou extraviado;

f) responsabilizar-se pela higienização e manutenção periódica; e,

g) comunicar ao MTE qualquer irregularidade observada.

h) registrar o seu fornecimento ao trabalhador, podendo ser adotados livros, fichas ou sistema eletrônico.

6.7 Responsabilidades do trabalhador.

6.7.1 Cabe ao empregado quanto ao EPI:

a) usar, utilizando-o apenas para a finalidade a que se destina;

b) responsabilizar-se pela guarda e conservação;

c) comunicar ao empregador qualquer alteração que o torne impróprio para uso; e,

d) cumprir as determinações do empregador sobre o uso adequado.

3. TRABALHO DO ADOLESCENTE E DA MULHER EM LOCAL INSALUBRE

No plano internacional, a Convenção nº 182/99 da Organização Internacional do Trabalho, promulgada no Brasil por intermédio do Decreto nº 3.597/2000, estabelece diretrizes para assegurar a proibição e eliminação das piores formas de trabalho infantil.

Considera-se como tal, dentre outras, o trabalho que, por sua natureza ou pelas condições em que é realizado, seja suscetível de prejudicar a saúde, a segurança ou a moral dos adolescentes.

A atual Carta Magna, em seu art. 7º, XXIII,[12] veda o trabalho do menor de 16 anos, salvo na condição de aprendiz, a partir dos 14 anos. Desse modo, é considerado trabalhador menor aquele que tem **entre 14 e 18 anos**.

12. CF/88. Art. 7º. XXXIII. Proibição de trabalho noturno, perigoso ou insalubre a menores de dezoito e de qualquer trabalho a menores de dezesseis anos, salvo na condição de aprendiz, a partir de quatorze anos (redação dada ao inciso pela Emenda Constitucional nº 20/98, DOU 16.12.1998).

No mesmo dispositivo constitucional que trata da idade mínima para celebrar contrato de trabalho, encontra-se prevista **a proibição do trabalho insalubre, perigoso e noturno para os menores de 18 anos.**

O Estatuto da Criança e do Adolescente reforça o óbice constitucional em seu art. 67:

> **Art. 67.** Ao adolescente empregado, aprendiz, em regime familiar de trabalho, aluno de escola técnica, assistido em entidade governamental ou não governamental, é vedado trabalho: I – noturno, realizado entre as vinte e duas horas de um dia e as cinco horas do dia seguinte; II – perigoso, insalubre ou penoso; III – realizado em locais prejudiciais à sua formação e ao seu desenvolvimento físico, psíquico, moral e social; IV – realizado em horários e locais que não permitam a frequência à escola.

Na Consolidação das Leis do Trabalho, a proibição encontra-se prevista em seu art. 405:

> **Art. 405.** Ao menor não será permitido o trabalho: I – nos locais e serviços perigosos ou insalubres, constantes de quadro para esse fim aprovado pela Secretaria de Segurança e Saúde no Trabalho; II – em locais ou serviços prejudiciais à sua moralidade.

Todavia, se há prestação de serviços em tais condições pelo empregado adolescente, **ainda assim será devido o adicional de insalubridade ou periculosidade.**

A mulher grávida e a lactante **deve ser afastada do labor em locais insalubres** enquanto durar a gestação ou a lactação, **sem prejuízo** da percepção do adicional respectivo. Observe-se que o STF, nos autos da ADI nº 5.938 declarou inconstitucional a seguinte expressão contida nos incisos II e III, do art. 394-A da CLT: "**quando apresentar atestado de saúde, emitido por médico de confiança da mulher, que recomende o afastamento**".

Dessa forma, com a decisão do STF a empregada gestante, **assim como a lactante**, deve ser afastada do meio ambiente insalubre, independente do seu grau e sem a necessidade de apresentação de atestado médico recomendando esse procedimento, enquanto durar a gestação ou a lactação.

Após a decisão do STF, o referido art. 394-A da CLT passou a ter a seguinte redação:

> **Art. 394-A.** Sem prejuízo de sua remuneração, nesta incluído o valor do adicional de insalubridade, a empregada deverá ser afastada de: I – atividades consideradas insalubres em grau máximo, enquanto durar a gestação; II – atividades consideradas insalubres em grau médio ou mínimo, durante a gestação; III – atividades consideradas insalubres em qualquer grau, durante a lactação.

4. ÓRGÃOS INTERNOS DE PREVENÇÃO DE ACIDENTES DO TRABALHO E DOENÇAS OCUPACIONAIS

A legislação laboral obriga as empresas a criarem **serviços ou órgãos internos de proteção à saúde e à vida do trabalhador**, a depender do número de empregados que possua por cada estabelecimento.

Nesse sentido o art. 162 da CLT:

> **Art. 162.** As empresas, de acordo com normas a serem expedidas pelo Ministério do Trabalho, estarão obrigadas a manter serviços especializados em segurança e em medicina do trabalho.

> **Parágrafo único.** As normas a que se refere este artigo estabelecerão:
>
> a) classificação das empresas segundo o número de empregados e a natureza do risco de suas atividades;
>
> b) o número mínimo de profissionais especializados exigido de cada empresa, segundo o grupo em que se classifique, na forma da alínea anterior;
>
> c) a qualificação exigida para os profissionais em questão e o seu regime de trabalho;
>
> d) as demais características e atribuições dos serviços especializados em segurança e em medicina do trabalho, nas empresas.

São eles a **CIPA** – Comissão Interna de Prevenção de Acidentes e o **SESMT** – Serviço Especializado de Engenharia de Segurança e Medicina do Trabalho. Esses órgãos internos atuam em conjunto, no sentido de manter hígido o meio ambiente de trabalho, de forma a diminuir o risco de acidentes e evitar que o trabalhador adquira doenças ocupacionais.

Para auxiliar e cobrar do empregador o cumprimento das normas de segurança, medicina e higiene do trabalho, a lei exige que as empresas instituam programas com esse objetivo, quais sejam, o **Programa de Gerenciamento de Riscos – PGR** (que a partir 12.03.2021 substituiu o PPRA), **e o Programa de Controle Médico de Saúde Ocupacional (PCMSO), além da obrigação de confeccionar o Perfil Profissiográfico Previdenciário (PPP).**

Além disso, a CLT estabelece algumas medidas preventivas de saúde ocupacional, como aquelas previstas no seus arts. 168 e 198:

> **Art. 168**. Será obrigatório exame médico, por conta do empregador, nas condições estabelecidas neste artigo e nas instruções complementares a serem expedidas pelo Ministério do Trabalho:
>
> I – a admissão;
>
> II – na demissão;
>
> III – periodicamente.
>
> **Art. 198.** É de 60 kg (sessenta quilogramas) o peso máximo que um empregado pode remover individualmente, ressalvadas as disposições especiais relativas ao trabalho do menor e da mulher.[13]
>
> **Parágrafo único.** Não está compreendida na proibição deste artigo a remoção de material feita por impulsão ou tração de vagonetes sobre trilhos, carros de mão ou quaisquer outros aparelhos mecânicos, podendo o Ministério do Trabalho, em tais casos, fixar limites diversos, que evitem sejam exigidos do empregado serviços superiores às suas forças.

4.1. CIPA

A Comissão Interna de Prevenção de Acidentes – CIPA constitui órgão interno da empresa, **formado por representantes dos empregados e do empregador**, encarregado de adotar medidas preventivas de acidentes do trabalho e doenças ocupacionais.

13. Para as mulheres os limites são outros: CLT. Art. 390. Ao empregador é vedado empregar a mulher em serviço que demande o emprego de força muscular superior a 20 (vinte) quilos para o trabalho continuo, ou 25 (vinte e cinco) quilos para o trabalho ocasional.

É obrigatória a constituição da CIPA, de acordo com as instruções expedidas pela NR-5, **cujo dimensionamento será definido de acordo com o número de empregados e o grau de risco de cada estabelecimento.**

Como visto anteriormente, **os membros da CIPA eleitos pelos empregados,**[14] **inclusive os suplentes, gozam de estabilidade ou garantia no emprego, a partir do registro da sua candidatura até um ano após o fim do mandato.**

Portanto, fica obstada a despedida arbitrária do empregado, assim entendida como tal aquela que não se fundar em critérios disciplinares, técnicos, econômicos ou financeiros.

> **ATENÇÃO!** O Presidente da CIPA não possui estabilidade provisória no emprego, uma vez que é indicado pelo empregador. Somente os representantes da CIPA eleitos pelos empregados são detentores da referida estabilidade. Ademais, a NR5, que dispõe sobre a CIPA, afirma que "o membro titular perderá o mandato, sendo substituído por suplente, quando faltar a mais de quatro reuniões ordinárias sem justificativa", assim como prescreve que "será indicado, de comum acordo com os membros da CIPA, um secretário e seu substituto, entre os componentes ou não da comissão, sendo neste caso necessária a concordância do empregador."

4.2. SESMT

O Serviço Especializado em Engenharia de Segurança e em Medicina do Trabalho – SESMT constitui órgão interno da empresa destinado a promover a saúde e proteger a integridade do trabalhador no local de trabalho e, por conta disso, deverá ser registrado no órgão local da Secretaria Especial de Previdência e Trabalho do Ministério da Economia.

O dimensionamento do SESMT encontra-se previsto nos anexos I e II da NR-4, que regula a matéria de forma exaustiva. **A sua composição varia de acordo com o grau de risco da atividade principal da empresa e o número de empregados que prestam serviço no estabelecimento.**

Desse modo, o SESMT poderá contar com médicos do trabalho, engenheiros em segurança do trabalho, enfermeiros do trabalho, técnicos de segurança do trabalho e auxiliares de enfermagem do trabalho, profissionais que, ordinariamente, deverão ser empregados da empresa.

Nem todas as empresas são obrigadas a manter um SESMT – Serviço Especializado em Segurança e Medicina do Trabalho. Segundo os referidos quadros I e II da NR 4, as empresas com grau de risco 1 e com até 500 empregados estão dispensadas de manter um SESMT. A depender do número de empregados e do grau de risco da empresa, não será necessário que o empregador indique um médico para coordenar o programa, apesar de persistir a obrigação de elaboração do PCMSO.

O entrosamento da CIPA e do SESMT é necessário, pois esse Serviço será responsável pela execução das solicitações feitas pela CIPA, bem como pelo estudo de suas observações com o objetivo de propor soluções corretivas e preventivas.

14. Os integrantes da CIPA indicados pelo empregador, inclusive o presidente, não têm garantia de emprego.

A seguir, o quadro que contém os principais órgãos de prevenção de acidentes do trabalho, com as respectivas especificações:

Órgãos	Ato	Especificação	
SESMT – Serviços Especializados em Engenharia de Segurança e em Medicina do Trabalho	**NR-4**	**Composição**	Médico do Trabalho, Engenheiro de Segurança do Trabalho, Enfermeiro do Trabalho, Técnico de Segurança do Trabalho e Auxiliar de Enfermagem do Trabalho. A dimensão do SESMT irá depender da quantidade de empregados no estabelecimento e do seu grau de risco.
		Objetivos	Reduzir e até eliminar os riscos à saúde do trabalhador existentes no meio ambiente de trabalho e a todos os seus componentes.
CIPA – Comissão Interna de Prevenção de Acidentes	**NR-5**	**Composição**	Representantes do empregador e dos empregados. A dimensão da CIPA irá depender da quantidade de empregados no estabelecimento e do seu grau de risco.
		Objetivos	Prevenção de acidentes e doenças decorrentes do trabalho, de modo a tornar compatível permanentemente o trabalho com a preservação da vida e a promoção da saúde do trabalhador.

ATENÇÃO! Sempre que a execução do trabalho exigir que o obreiro preste serviços sentado, a empresa terá obrigação de disponibilizar assentos que assegurem postura correta ao trabalhador, para evitar posições forçadas ou incômodas. De outro lado, se o empregado labora em pé, deverá a empresa disponibilizar assentos a serem utilizados na pausa que o serviço permitir (art. 199 da CLT).

5. EQUIPAMENTOS DE PROTEÇÃO INDIVIDUAL

Para diminuição ou eliminação dos fatores que impliquem risco à vida e saúde do empregado, a norma laboral traça regras de caráter geral aplicáveis ao meio ambiente do trabalho no âmbito da empresa.

Contudo, nem sempre essas medidas conseguem diminuir ou eliminar, com eficiência, os aludidos fatores de risco. Por conta disso, a lei determina que sejam utilizados os denominados **EPIs – Equipamentos de Proteção Individual, para eliminar ou atenuar os efeitos maléficos do meio ambiente do trabalho insalubre ou perigoso.**

Além de fornecer, **cabe ao empregador fiscalizar** o uso correto desses equipamentos:

> **SÚMULA Nº 44 do TRT22.** INSALUBRIDADE. ADICIONAL. FORNECIMENTO DO APARELHO DE PROTEÇÃO. EFEITO. O simples fornecimento do aparelho de proteção pelo empregador não o exime do pagamento do adicional de insalubridade. Cabe-lhe tomar as medidas que conduzam à diminuição ou eliminação da nocividade, entre as quais as relativas ao uso efetivo do equipamento pelo empregado.

Segundo determina o art. 166 da Consolidação das Leis do Trabalho, **o empregador não poderá cobrar por tais EPIs**, que deverão ser fornecidos sempre que as medidas de ordem geral não consigam oferecer completa proteção contra o risco de acidentes e danos à saúde dos empregados.

Para garantir a eficácia de tais dispositivos, seu uso ou venda deve ser precedido de um CA – Certificado de Aprovação, emitido pela autoridade administrativa competente.

Se mesmo com a adoção de medidas gerais e individuais não for obtida a eliminação do agente nocivo ou a sua diminuição até os limites de tolerância, deverá o empregador arcar com o pagamento do adicional respectivo.[15]

Frise-se, por fim, que da mesma forma que o empregador tem a obrigação de fornecer os aludidos EPIs, **os empregados sujeitos às condições de insalubridade têm o dever de usar tais equipamentos e de cumprir todas as regras relativas à segurança e medicina do trabalho** sob pena dessa omissão ser considerada como insubordinação ou indisciplina, sujeitando-se a despedida por justa causa.

Nesse sentido, a NR-6:

> **6.7.1.** Obriga-se o empregado, quanto ao EPI, a: a) usá-lo apenas para a finalidade a que se destina; b) responsabilizar-se por sua guarda e conservação; c) comunicar ao empregador qualquer alteração que o torne impróprio para uso; d) cumprir as determinações do empregador sobre o uso adequado.

Exemplo de questão sobre o tema

(TRT 23 – Juiz do Trabalho Substituto 23ª região/ 2014) Sobre as normas de saúde e medicina do trabalho constantes na CLT, assinale a alternativa INCORRETA:

(A) Constitui ato faltoso do empregado a recusa injustificada ao cumprimento das ordens de serviços repassadas pelo empregador contendo precauções para se evitar acidentes do trabalho ou doenças ocupacionais;

(B) Constitui ato faltoso do empregado a recusa injustificada ao uso dos equipamentos de proteção individual fornecidos pelo empregador;

(C) A CIPA será composta obrigatoriamente por representantes do empregador e dos empregados, sendo os representantes do empregador por ele designados, titulares e suplentes, ao passo que os representantes dos empregados, titulares e suplentes serão eleitos em escrutínio secreto, do qual participem apenas os empregados interessados sindicalizados;

(D) Será obrigatório o exame médico por conta do empregador nas seguintes situações: admissão, demissão e periodicamente, sendo que outros exames complementares poderão ser exigidos pelo médico para apuração da capacidade ou aptidão física e mental do empregado para a função que deva exercer;

(E) O equipamento de proteção só poderá ser posto à venda ou utilizado com a indicação do C.A. (Certificado de Aprovação) do Ministério do Trabalho.

Resposta: C

6. MEDIDAS PREVENTIVAS

O escopo principal das normas relativas ao meio ambiente do trabalho é a prevenção de acidentes do trabalho e de doenças ocupacionais.

15. TST. Súmula nº 289. INSALUBRIDADE. ADICIONAL. FORNECIMENTO DO APARELHO DE PROTEÇÃO. EFEITO. O simples fornecimento do aparelho de proteção pelo empregador não o exime do pagamento do adicional de insalubridade. Cabe-lhe tomar as medidas que conduzam à diminuição ou eliminação da nocividade, entre as quais as relativas ao uso efetivo do equipamento pelo empregado.

No que diz respeito à prevenção de doenças relacionadas com o trabalho, existem as medidas preventivas de medicina do trabalho, representadas, principalmente, pela obrigatoriedade de o empregado submeter-se aos exames médicos no início, durante e no final do contrato de trabalho.

Para o exercício de cada profissão exige-se, **além da qualificação profissional, a capacidade psicofisiológica, sem a qual o empregador deixará de admitir o trabalhador.**

A obrigatoriedade de o empregado submeter-se aos exames médicos periódicos deve ser visto não só como uma obrigação, mas, principalmente, como um direito que o empregador tem de se resguardar contra eventuais alegações do trabalhador no sentido de ter adquirido determinada doença por conta do exercício laboral.

É, também, um direito do trabalhador, pois uma vez considerado **inapto para o exercício de suas atividades, devidamente comprovado pelo exame médico ocupacional, não poderá ser despedido.**

No caso do teletrabalho, como o meio ambiente é escolhido pelo empregado, há uma flexibilização no que diz respeito às regras de prevenção.

Segundo o preceito contido no art. 75-E da CLT o empregador **deverá instruir** os empregados em regime de teletrabalho, de maneira expressa e ostensiva, quanto às precauções a tomar a fim de evitar doenças e acidentes de trabalho. Já o teletrabalhador deverá assinar um termo de responsabilidade **comprometendo-se a seguir as instruções** fornecidas pelo empregador (parágrafo único).

ATENÇÃO! O empregador deverá manter no estabelecimento empresarial o material necessário à prestação de primeiros socorros médicos, de acordo com o risco da atividade, conforme prescreve o artigo 168, § 4º, da CLT.

6.1. Perfil Profissiográfico Previdenciário – PPP

Cada empregado encontra-se sujeito à interação, de natureza individual, com o meio ambiente de trabalho que pode ensejar o aparecimento de doenças ocupacionais.

Com o objetivo de conhecer essas condições de trabalho e a prevenção de possíveis moléstias laborais, a Lei nº 8.213/1991, art. 58, § 4º, exige das empresas a confecção de um documento denominado perfil profissiográfico previdenciário para cada empregado:

> **Art. 58.** § 4º. A empresa deverá elaborar e manter atualizado perfil profissiográfico, abrangendo as atividades desenvolvidas pelo trabalhador e fornecer a este, quando da rescisão do contrato de trabalho, cópia autêntica desse documento.

O procedimento para confecção do perfil profissiográfico previdenciário — PPP, encontra-se regulamentado atualmente pela IN nº 77/2015 do INSS.

A empresa deverá elaborar e manter atualizado o perfil profissiográfico previdenciário — PPP, garantido ao trabalhador o acesso às informações nele contidas, sob pena de sujeição às sanções pecuniárias administrativas (art. 68, § 8º do Decreto nº 3.048/99).

A. Conceito e conteúdo

O PPP é um conjunto de dados que dizem respeito às **características das condições do meio ambiente de trabalho com sua respectiva interação com determinado empregado**, instrumentalizado por meio de um documento formal.

Representa, portanto, uma avaliação pessoal de cada trabalhador, levando-se em consideração as informações de cunho administrativo, ambiental e de observação biológica, objetivando facilitar a pesquisa do seu histórico funcional no que diz respeito aos fatores de risco aos quais esteve exposto durante a sua vida laboral.

Inclusive o trabalhador pode ter acesso às informações prestadas pela empresa sobre o seu perfil profissiográfico previdenciário e **poderá solicitar a retificação de informações** que estejam em desacordo com a realidade do ambiente de trabalho (art. 68, § 11, do Decreto nº 3.048/99).

Segundo o art. 264 da IN nº 77, de 21.01.2015, o perfil profissiográfico previdenciário – PPP deve conter a seguintes informações básicas:

I – Dados Administrativos da Empresa e do Trabalhador;

II – Registros Ambientais;

III – Resultados de Monitoração Biológica; e

IV – Responsáveis pelas Informações.

De posse dessas informações, o empregador deve adotar as medidas de caráter individual ou coletivo para eliminar ou diminuir os fatores de risco ambiental detectados.

O PPP será firmado pelo representante legal da empresa ou por preposto. Sua atualização será feita sempre que houver alterações nas condições de trabalho, às quais esteja submetido o trabalhador, ou, pelo menos, uma vez por ano.

Tem como objetivo imediato demonstrar que o empregado laborou exposto a agentes nocivos à saúde, na forma prevista pelo art. 68, § 2º, do Decreto nº 3.048/1999:

> **Art. 68.** § 2º A avaliação qualitativa de riscos e agentes prejudiciais à saúde será comprovada pela descrição: I – das circunstâncias de exposição ocupacional a determinado agente ou associação de agentes prejudiciais à saúde presentes no ambiente de trabalho durante toda a jornada de trabalho; II – de todas as fontes e possibilidades de liberação dos agentes mencionados no inciso I; e III – dos meios de contato ou exposição dos trabalhadores, as vias de absorção, a intensidade da exposição, a frequência e a duração do contato.

De forma mediata, o PPP tem como finalidade (art. 265 da IN nº 77/2015):

I – comprovar as condições para obtenção do direito aos benefícios e serviços previdenciários;

II – fornecer ao trabalhador meios de prova produzidos pelo empregador perante a Previdência Social, a outros órgãos públicos e aos sindicatos, de forma a garantir todo direito decorrente da relação de trabalho, seja ele individual, ou difuso e coletivo;

III – fornecer à empresa meios de prova produzidos em tempo real, de modo a organizar e a individualizar as informações contidas em seus diversos setores ao longo dos anos, possibilitando que a empresa evite ações judiciais indevidas relativas a seus trabalhadores; e

IV – possibilitar aos administradores públicos e privados acessos a bases de informações fidedignas, como fonte primária de informação estatística, para desenvolvimento de vigilância sanitária e epidemiológica, bem como definição de políticas em saúde coletiva.

B. O PPP e o dever de sigilo profissional

As informações constantes no PPP são de caráter privativo do trabalhador, constituindo crime nos termos da Lei nº 9.029, de 13 de abril de 1995, práticas discriminatórias decorrentes de sua exigibilidade por outrem, bem como de sua divulgação para terceiros, ressalvado quando exigida pelos órgãos públicos competentes.

Portanto, só quem pode ter acesso às informações contidas no PPP é o próprio trabalhador, o médico da empresa, o engenheiro do trabalho e os demais empregados que trabalham diretamente na confecção desse documento.

C. Meio de prova

Além dos objetivos mencionados anteriormente, o PPP também serve como meio de prova perante o INSS e outros órgãos públicos, como a Justiça do Trabalho, no sentido de garantir os direitos individuais derivados da execução do contrato de trabalho, mormente aqueles relacionados com a saúde ocupacional.

Para a empresa, o PPP proporciona a segurança jurídica, em forma de presunção relativa de que o trabalhador não se encontrava sujeito ao efeito de agentes nocivos, prejudiciais à saúde ou à sua integridade física, reforçando sua posição processual favorável em eventuais ações judiciais movidas por empregados.

A empresa deve elaborar e manter atualizado o PPP e fornecê-lo nas seguintes situações (§ 7º, art. 266 da IN nº 77/15):

I – por ocasião da rescisão do contrato de trabalho ou da desfiliação da cooperativa, sindicato ou órgão gestor de mão de obra, com fornecimento de uma das vias para o trabalhador, mediante recibo;

II – sempre que solicitado pelo trabalhador, para fins de requerimento de reconhecimento de períodos laborados em condições especiais;

III – para fins de análise de benefícios e serviços previdenciários e quando solicitado pelo INSS;

IV – para simples conferência por parte do trabalhador, pelo menos uma vez ao ano, quando da avaliação global anual do Programa de Prevenção de Riscos Ambientais – PPRA; e

V – quando solicitado pelas autoridades competentes.

6.2. Programa de prevenção de riscos ambientais – PPRA

Todas as empresas estão obrigadas a elaborar e implementar o Programa de Prevenção de Riscos Ambientais — PPRA, pelo menos até 10.03.2021, **quando entra em vigor a nova redação da Portaria nº 6.735, da Secretaria Especial de Previdência e Trabalho SEPRT.**

A partir de então, o PPRA vai ser substituído pelo **PRG – Programa de Gerenciamento de Riscos, disciplinado pela NR nº 1**, com redação dada pela Portaria nº 6.730, de 09.03.2020.

O Programa de Gerenciamento de Riscos – PRG é bem mais amplo do que o PPRA, pois engloba todos os riscos ocupacionais, enquanto que este último só tinha como objetivo o gerenciamento dos riscos ambientais (físico, químico e biológico), ficando de fora os riscos ergonômicos, mecânicos e de acidentes.

Contudo, a NR-9 continuará em vigor, mas passa a tratar de forma específica da metodologia para a identificação e a avaliação de exposição dos trabalhadores aos riscos ambientais, mais precisamente aos agentes **químicos, físicos e biológicos**, bem como do controle de cada um desses riscos.

Uma vez identificadas as causas geradoras dos riscos ambientais, o profissional responsável deve proceder a uma avaliação que será necessária para se implantar medidas de controle ou até mesmo de eliminação das aludidas causas, de forma a preservar a saúde e a integridade física e mental dos trabalhadores.

Tais objetivos revelam a relevância desse programa e deve ser elaborado em simbiose com o PCMSO, como forma de prevenir, inclusive, a responsabilidade das empresas em casos de acidentes de trabalho, sendo parte integrante de uma política global de saúde para o trabalhador, corporificada pelo legislador através de diversas normas jurídicas.

A. *Fatores de risco e estrutura do PPRA*

Os fatores de risco que podem estar presentes no ambiente de trabalho são classificados em físicos, químicos e biológicos. Pela sua intensidade, característica, tempo de exposição ou concentração, esses agentes produzem danos à saúde do trabalhador.

Nesse ponto assemelham-se aos agentes nocivos que justificam o pagamento do adicional de insalubridade em níveis mínimo, médio e máximo, aos empregados que prestam serviços sob essas condições.

B. *Avaliação de desenvolvimento do PPRA*

Inicialmente, deve ser feita a análise preliminar das atividades de trabalho e dos dados já disponíveis relativos aos agentes físicos, químicos e biológicos, a fim de determinar a necessidade de adoção direta de medidas de prevenção ou de realização de avaliações qualitativas ou, quando aplicáveis, de avaliações quantitativas.

Inclusive essas informações darão suporte à confecção do PRG – Programa de Gerenciamento de Riscos (NR 1) notadamente quanto às medidas de prevenção para os riscos ocupacionais, como deixa claro o item 9.1.1 da NR 9, em sua parte final, bem como no seu item 9.4.3:

> 9.1.1 Esta Norma Regulamentadora – NR estabelece os requisitos para a avaliação das exposições ocupacionais a agentes físicos, químicos e biológicos quando identificados no Programa de Gerenciamento de Riscos – PGR, previsto na NR-1, e subsidiá-lo quanto às medidas de prevenção para os riscos ocupacionais.
>
> 9.4.3 Os resultados das avaliações das exposições ocupacionais aos agentes físicos, químicos e biológicos devem ser incorporados ao inventário de riscos do PGR.

C. *Meio de prova*

O PPRA, que será substituído pelo o PRG em 10 de março de 2021, deve avaliar os riscos e a exposição dos trabalhadores aos agentes nocivos à saúde do trabalhador.

Se o empregado se encontra acometido por doença ocupacional cuja causa mantém íntima relação com o fator de risco que consta do PPRA/PGR, a presunção é de existência de nexo etiológico entre a enfermidade e o meio ambiente de trabalho.

A omissão do empregador, que não atende às recomendações previstas no PPRA/PGR, no sentido de eliminar ou diminuir os efeitos dos agentes de risco, serve para agravar a sua culpa e, consequentemente, aumentar o valor da indenização por danos morais.

6.3. Programa de Controle Médico e de Saúde Ocupacional – PCMSO

O Programa de Controle Médico e de Saúde Ocupacional — PCMSO visa a **proteger e preservar a saúde do empregado em relação aos riscos ocupacionais**, sendo obrigatória a sua confecção, em regra, pelos empregadores que admitam trabalhadores como empregados, inclusive de entes da administração pública que contratem sob o regime da CLT.

Note-se, porém, que o microempresário individual – MEI, as microempresas – ME e as empresas de pequeno porte – EPP estão desobrigadas de elaborar o PCMSO (NR 01. 1.8.6). Todavia, devem realizar e custear os exames médicos ocupacionais admissionais, demissionais e periódicos, a cada dois anos, de seus empregados.

A NR-7 regulamenta o Programa de Controle Médico de Saúde Ocupacional – PCMSO, estabelecendo diretrizes para a sua operacionalização a serem observadas pelos empregados, empregadores, profissionais de saúde e demais envolvidos nesse programa que mantém íntima relação com o PPRA, que foi analisado no item anterior.

Note-se que a redação da NR-7 foi alterada pela Portaria nº 6.734/20 que entra em vigor em 10.03.2021, substituindo o PPRA pelo PGR – Programa de Gerenciamento de Riscos, disciplinado pela NR-1, mas mantendo o relacionamento entre este último e o PCMSO.

Uma das novidades contidas na mencionada portaria são os novos anexos que criam protocolos para o controle médico de diversos agentes nocivos:

Anexo I – Monitoramento da exposição ocupacional a agentes químicos;

Anexo II – Controle médico ocupacional da exposição a níveis de pressão sonora elevados;

Anexo III – Controle radiológico e espirométrico da exposição a agentes químicos;

Anexo IV – Controle médico ocupacional de exposição a condições hiperbáricas;

Anexo V – Controle médico ocupacional da exposição a substâncias químicas cancerígenas e a radiações ionizantes.

A. *Diretrizes*

O PCMSO tem como diretrizes principais, inseridas em um conjunto mais amplo de iniciativas das empresas no âmbito da saúde dos seus empregados (item 7.3.2 da NR 7):

a) rastrear e detectar precocemente os agravos à saúde relacionados ao trabalho;

b) detectar possíveis exposições excessivas a agentes nocivos ocupacionais;

c) definir a aptidão de cada empregado para exercer suas funções ou tarefas determinadas;

d) subsidiar a implantação e o monitoramento da eficácia das medidas de prevenção adotadas na organização;

e) subsidiar análises epidemiológicas e estatísticas sobre os agravos à saúde e sua relação com os riscos ocupacionais;

f) subsidiar decisões sobre o afastamento de empregados de situações de trabalho que possam comprometer sua saúde;

g) subsidiar a emissão de notificações de agravos relacionados ao trabalho, de acordo com a regulamentação pertinente;

h) subsidiar o encaminhamento de empregados à Previdência Social;

i) acompanhar de forma diferenciada o empregado cujo estado de saúde possa ser especialmente afetado pelos riscos ocupacionais;

j) subsidiar a Previdência Social nas ações de reabilitação profissional;

k) subsidiar ações de readaptação profissional;

l) controlar a imunização ativa dos empregados, relacionada a riscos ocupacionais, sempre que houver recomendação do Ministério da Saúde.

Constata-se, desse modo, que **o foco principal do PCMSO** é **o trabalhador**, enquanto no PPRA **a atenção** é **voltada ao meio ambiente de trabalho**. Já o PGR conjuga essas duas dimensões: meio ambiente de trabalho e os trabalhadores nele inseridos.

O referido programa de controle médico deve ser elaborado e coordenado por profissional da medicina integrante do SESMT da empresa, indicado pelo empregador, e, na ausência desse serviço, por um médico do trabalho, empregado ou não da empresa.

B. O profissional médico responsável pelo PCMSO

O profissional responsável pelo PCMSO da empresa **deve ser um médico do trabalho**, salvo se não houver na localidade, hipótese em que se admite a contratação de médico de outra especialidade.

O médico do trabalho que presta serviços para uma empresa nessa qualidade **não está subordinado tecnicamente ao poder diretivo do empregador**, devendo observar, também, as prescrições contidas nas regras emitidas pelo Conselho Federal de Medicina.

A subordinação é meramente jurídica, ou seja, aquela que decorre da celebração do próprio contrato de trabalho.

Os médicos do trabalho que, no exercício de sua profissão prestarem assistência ao trabalhador, têm o dever de: "avaliar as condições de saúde do trabalhador para determinadas funções e/ou ambientes, propondo sua alocação para trabalhos compatíveis com seu atual estado de saúde, orientando-o e, ao empregador ou chefia imediata, se necessário, em relação ao processo de adaptação do trabalho" (art. 4º da Resolução nº 2.183/2018 do CFM).

C. *Etapas de elaboração*

O primeiro passo para a elaboração do PCMSO é identificar os riscos ocupacionais existentes no estabelecimento. Para tanto, o médico coordenador deverá inspecionar o local de trabalho para verificar, dentre outros aspectos, **as características ergonômicas dos mobiliários e a presença de tarefas repetitivas na forma de organização do trabalho.**

Além disso, o médico poderá se utilizar da literatura médica abalizada, dos registros de acidente de trabalho e doenças ocupacionais (epidemiologia), dos mapas de risco, auxiliando-se, também, pelos dados constantes do PPRA/PGR e pelas informações prestadas pela CIPA.

Feita essa constatação, será necessário estabelecer uma série de procedimentos destinados a atingir os objetivos e diretrizes do próprio PCMSO, como, por exemplo, a obrigatoriedade de se realizar exames clínicos e complementares específicos considerando os riscos detectados, tanto para prevenção quanto para verificação precoce de moléstias laborais.

Desse modo, sempre que houver alteração de qualquer natureza no ambiente de trabalho do estabelecimento, que implique aumento ou redução dos riscos ocupacionais, o PCMSO deverá, também, ser modificado.

Note-se, que a regra que determina a confecção anual do PCMSO só terá validade até 10.03.2021, quando entra em vigor a nova redação da NR-7 estabelecida pela Portaria nº 6.734/20 da SEPRT.

D. *Relatório do PCMSO*

Para documentar a execução do planejamento constante do PCMSO exige-se que se elabore **um relatório sobre o desenvolvimento desse programa durante o ano.**

O relatório do PCMSO passará a ser chamado de **relatório analítico**, a partir de março de 2021, em substituição a atual denominação (relatório anual) mas continuará com essa mesma periodicidade.

Ou seja, o PCMSO deixará de ter periodicidade anual (10.03.2021), **mas o seu relatório continuará a ser elaborado a cada ano.**

Esse relatório deverá incluir a seguintes informações mínimas:

a) o número de exames clínicos realizados;

b) o número e tipos de exames complementares realizados;

c) estatística de resultados anormais dos exames complementares, categorizados por tipo do exame e por unidade operacional, setor ou função;

d) incidência e prevalência de doenças relacionadas ao trabalho, categorizadas por unidade operacional, setor ou função;

e) informações sobre o número, tipo de eventos e doenças informadas nas CAT, emitidas pela organização, referentes a seus empregados;

f) análise comparativa em relação ao relatório anterior e discussão sobre as variações nos resultados.

Não é exigido a emissão de relatório analítico para o microempreendedor individual – MEI, bem como para a microempresa – ME e empresa de pequeno porte – EPP que estejam dispensadas de elaborar o PCMSO.

As empresas de **graus de risco 1 e 2 com até 25 (vinte e cinco)** empregados e as de graus de risco **3 e 4 com até 10 (dez) empregados podem elaborar relatório analítico de forma simplificada**, ou seja, contendo apenas o número de exames clínicos e complementares realizados.

O relatório analítico deve ser apresentado e discutido com os responsáveis por segurança e saúde no trabalho da empresa, incluindo a CIPA, quando existente, para que as medidas de prevenção necessárias sejam adotadas na empresa.

E. Meio de prova

A partir do momento em que existe a obrigatoriedade do PCMSO ser elaborado com base nos riscos decorrentes do meio ambiente de trabalho, esse documento, acompanhado do seu relatório anual de execução, torna-se um importante aliado na demonstração do nexo de causalidade entre a alegada enfermidade do obreiro e as tarefas por ele desenvolvidas na empresa.

Essa confiabilidade decorre do fato de o profissional médico estar adstrito às regras éticas emanadas do seu Conselho de classe.

Não há, todavia, necessidade de homologação ou mesmo registro do instrumento respectivo em qualquer órgão governamental, bastando que tenha sido arquivado na empresa e que esteja à disposição das autoridades competentes.

6.4. Programa de Gerenciamento de Riscos – PGR

O Programa de Gerenciamento de Riscos – PGR encontra-se regulado pela NR-1, cuja redação foi alterada pela Portaria nº 6.730/20 da Secretaria Especial de Previdência e Trabalho – SEPRT, que entrará em vigor em março de 2021.

A referida NR foi totalmente reformulada e passou a disciplinar, também, as diretrizes para a **prevenção e o gerenciamento dos riscos ocupacionais da empresa**, tendo sua nomenclatura alterada para "NR 01 – Disposições Gerais e Gerenciamento de Riscos Ocupacionais".

Assim, o PGR irá substituir o Programa de Prevenção de Riscos Ambientais – PPRA a partir da vigência da referida Portaria nº 6.730/20, **mas com um conteúdo mais amplo**, uma vez que tratará de todos os riscos ocupacionais (físico, químico, biológico, mecânicos, de acidentes e ergonômicos) **e não apenas os ambientais** (físico, químico e biológico, objetos do PPRA), sendo aplicável a todos os setores empresariais, indistintamente.

A. Obrigatoriedade do PGR

Em regra, todas as empresas, entidades sem fins lucrativos e órgãos da administração pública que contratem sob o regime da CLT devem implementar o gerenciamento de riscos ocupacionais, que se concretiza por meio de um Programa de Gerenciamento de Riscos – PGR.

Esse PRG pode ser feito por estabelecimento ou, caso seja mais eficiente, por unidade operacional, setor ou mesmo atividade.

Segundo o item 7.2.1 da NR 07, os documentos do PGR devem ser elaborados por pessoa designada pela empresa, respeitando as atribuições profissionais respectivas. Isso significa que tais documentos devem ser elaborados por profissionais habilitados em segurança do trabalho.

O microempreendedor individual – MEI **está dispensado de elaborar o PRG**. Já as microempresa – ME e empresas de pequeno porte – EPP que não forem obrigadas a constituir SESMT e optarem pela utilização de ferramentas de avaliação de risco a serem disponibilizada na internet pela Secretaria Especial de Previdência e Trabalho – SEPRT, poderão estruturar o PGR considerando o relatório produzido por estas ferramentas e o plano de ação.

Também ficam dispensadas da elaboração do PGR as microempresas – ME e as empresas de pequeno porte – EPP, graus de risco 1 e 2, que no levantamento preliminar de perigos não identificarem exposições ocupacionais a agentes físicos, químicos e biológicos, em conformidade com a NR9, e declararem as informações em meio digital.

Enquanto não houver sistema informatizado para o recebimento da declaração de informações digitais, o empregador deverá manter declaração de inexistência de riscos no estabelecimento para fazer jus ao tratamento diferenciado.

Importante destacar também que as empresas contratadas (terceirizadas) devem fornecer ao contratante o Inventário de Riscos Ocupacionais específicos de suas atividades que são realizadas nas dependências da contratante (empresa tomadora de serviços) ou local previamente convencionado em contrato (NR 01. 1.5.8.4).

No mesmo sentido, o PGR da empresa contratante (tomadora dos serviços) poderá incluir as medidas de prevenção para as empresas prestadoras de serviços (terceirizadas) que exerçam suas atividades no interior das dependências ou locais previamente convencionados em contrato ou referenciar os seus programas (NR 01. 1.5.8.2).

B. *Diretrizes do PGR*

Na elaboração do programa de gerenciamento de riscos, o responsável técnico da empresa deve:

a) evitar os riscos ocupacionais que possam ser originados no trabalho;

b) identificar os perigos e possíveis lesões ou agravos à saúde;

c) avaliar os riscos ocupacionais indicando o nível de risco;

d) classificar os riscos ocupacionais para determinar a necessidade de adoção de medidas de prevenção;

e) implementar medidas de prevenção, de acordo com a classificação de risco e em ordem de prioridade; e

f) acompanhar o controle dos riscos ocupacionais.

Além disso, a empresa deve consultar os trabalhadores, inclusive **facultando-se a manifestação da CIPA**, para que seja avaliada a sua capacidade de percepção de riscos ocupacionais.

De igual forma, ao final de todo o processo de consulta, os empregados devem ser informados sobre os riscos consolidados no inventário e as respectivas medidas de prevenção.

C. *Etapas do PGR*

Basicamente, a elaboração PGR se divide em quatro etapas: a) levantamento preliminar de perigos; b) identificação de perigos; c) avaliação de riscos ocupacionais; d) controle dos riscos.

O levantamento preliminar dos perigos deve ser feito:

a) antes do início do funcionamento do estabelecimento ou novas instalações;

b) para as atividades existentes; e

c) nas mudanças e introdução de novos processos ou atividades de trabalho.

Já a identificação de perigos deve incluir:

a) descrição dos perigos e possíveis lesões ou agravos à saúde;

b) identificação das fontes ou circunstâncias; e

c) indicação do grupo de trabalhadores sujeitos aos riscos.

De posse dessas informações, a empresa deve avaliar os riscos, inclusive indicando o seu respectivo nível, que é determinado pela combinação de dois requisitos: **1º) severidade das possíveis lesões ou agravos** à **saúde; e 2º) a probabilidade ou chance de sua ocorrência.**

A gradação da probabilidade de ocorrência das lesões ou agravos à saúde deve levar em conta: a) os requisitos estabelecidos em Normas Regulamentadoras; b) as medidas de prevenção implementadas; c) as exigências da atividade de trabalho; e d) a comparação do perfil de exposição ocupacional com valores de referência estabelecidos na NR-09.

O processo de reavaliação de riscos é contínuo e deve ser revisto periodicamente (em regra, a cada dois anos ou a cada três anos no caso de empresas que possuírem certificação em sistema de gestão de SST), quando da ocorrência das seguintes situações:

a) após implementação das medidas de prevenção, para avaliação de riscos residuais;

b) após inovações e modificações nas tecnologias, ambientes, processos, condições, procedimentos e organização do trabalho que impliquem em novos riscos ou modifiquem os riscos existentes;

c) quando identificadas inadequações, insuficiências ou ineficácias das medidas de prevenção;

d) na ocorrência de acidentes ou doenças relacionadas ao trabalho;

e) quando houver mudança nos requisitos legais aplicáveis.

Por fim, o controle dos riscos se efetiva por meio de: a) medidas de prevenção; b) planos de ação; c) implementação e acompanhamento das medidas de prevenção; d) acompanhamento da saúde ocupacional dos trabalhadores; e e) análise de acidentes e doenças relacionadas ao trabalho.

D. Documentos do PGR

O Programa de Geração de Riscos, envolvendo as etapas mencionadas no item anterior, deve criar dois documentos, pelo menos: a) inventário de riscos; b) plano de ação.

Esses e outros documentos podem ser emitidos e armazenados em meio digital e assinados por meio de um certificado digital.

– Inventário de riscos

O inventário de riscos, que deve ser mantido sempre atualizado, conterá as seguintes informações:

a) caracterização dos processos e ambientes de trabalho;

b) caracterização das atividades;

c) descrição de perigos e de possíveis lesões ou agravos à saúde dos trabalhadores, com a identificação das fontes ou circunstâncias, descrição de riscos gerados pelos perigos, com a indicação dos grupos de trabalhadores sujeitos a esses riscos, e descrição de medidas de prevenção implementadas;

d) dados da análise preliminar ou do monitoramento das exposições a agentes físicos, químicos e biológicos e os resultados da avaliação de ergonomia nos termos da NR-17;

e) avaliação dos riscos, incluindo a classificação para fins de elaboração do plano de ação; e

f) critérios adotados para avaliação dos riscos e tomada de decisão.

O médico responsável pelo PCMSO, caso observe inconsistências no inventário de riscos da organização, deve reavaliá-las em conjunto com os responsáveis pelo PGR (NR 7.5.5).

Além disso, a empresa deve adotar mecanismos para consultar os trabalhadores quanto à percepção de riscos ocupacionais e comunicar-lhes sobre os riscos consolidados no inventário de riscos e as medidas de prevenção do plano de ação do PGR.

– Plano de ação

O plano de ação deve ser elaborado de forma a indicar as medidas de prevenção a serem adotadas para eliminação dos riscos ou pelo menos para a atenuação dos seus efeitos.

Em um segundo momento, após o procedimento de avaliação, é possível aprimorar as medidas que já foram adotadas, caso não tenham atingido os objetivos pretendidos, ou mantê-las, caso sejam avaliadas como satisfatórias, inclusive com definição de cronograma para acompanhamento de resultados.

E. Meio de prova

Como visto, o programa de gerenciamento de riscos tem como objetivo avaliar os riscos provocados pelos diversos agentes nocivos à saúde, a sua respectiva exposição a que os trabalhadores estejam submetidos e a proposição de medidas preventivas ou paliativas.

Caso o empregado esteja acometido por doença cuja causa mantenha relação com o fator de risco constante do PGR, estabelece-se uma presunção de existência de nexo etiológico entre a enfermidade e o meio ambiente de trabalho.

Além disso, a omissão do empregador, quando não atende às recomendações previstas no referido Programa, no sentido de eliminar ou diminuir os efeitos dos agentes nocivos à saúde, implica agravamento da sua culpa e, consequentemente, aumento do valor da indenização por danos morais.

7. DESCUMPRIMENTO DAS NORMAS DE PROTEÇÃO À SAÚDE E SEGURANÇA DO TRABALHO

A legislação que trata da segurança, medicina e higiene do trabalho impõe uma série de obrigações de fazer e não fazer ao empregador.

As normas estatais laborais formam um conteúdo mínimo do contrato de trabalho e aderem a esse instrumento em forma de cláusulas contratuais.

O não cumprimento das obrigações dessa natureza, por parte do empregador, pode gerar a mora ou o inadimplemento contratual.

Não cumprida a obrigação, de forma definitiva, caracteriza-se o inadimplemento contratual e o devedor responde pelos prejuízos que advierem, conforme preceitua o art. 389 do Código Civil.[16]

Acontece que o contrato de trabalho é de trato sucessivo, ou seja, as obrigações derivadas do pacto laboral renovam-se com o passar do tempo. O descumprimento das normas de proteção à vida e saúde do trabalhador, que se incorporam ao contrato de trabalho em forma de cláusulas contratuais, implica estado de mora permanente do empregador.

A mora nada mais é do que o retardo no cumprimento das obrigações constantes do contrato por parte do devedor *(mora debendi)* ou a recusa do credor em receber o pagamento na forma, tempo e lugar ajustados *(mora solvendi)*.

Igualmente como ocorre com o inadimplemento, o devedor responde pelas perdas e danos que provocar por conta da sua mora, na forma prevista pelo art. 395 do Código Civil: "Responde o devedor pelos prejuízos a que sua mora der causa, mais juros, atualização dos valores monetários segundo índices oficiais regularmente estabelecidos, e honorários de advogado".

O inadimplemento e/ou a mora do empregador pode ocasionar sanções administrativas, trabalhistas, cíveis ou penais.

O simples estado de mora do empregador, mesmo que não provoque qualquer prejuízo ao trabalhador, implica o pagamento de uma multa administrativa na forma prevista pelo art. 201 da Consolidação das Leis do Trabalho e Portaria nº 290/97, do extinto MTE

16. Código Civil. Art. 398: Não cumprida a obrigação, responde o devedor por perdas e danos, mais juros e atualização monetária segundo índices oficiais regularmente estabelecidos, e honorários de advogado.

Submeter o empregado ao labor, em condições de insalubridade e periculosidade acima dos limites de tolerância fixados em lei, implica a **obrigação de pagar os adicionais respectivos**. Essa seria a repercussão na seara trabalhista.

Se a mora e/ou inadimplemento do empregador provocar dano à integridade física do empregado ou ao seu patrimônio econômico, deverá arcar com **o pagamento de uma indenização reparatória ou compensatória**, a depender da natureza da lesão.

Nesse sentido é a conclusão a seguir transcrita:

> Analisadas todas as premissas supramencionadas, como a cláusula de incolumidade implícita no contrato de trabalho, a questão do conteúdo mínimo legal do pacto laboral, formado por cláusulas determinadoras da obrigação de segurança, os fatores criados ou potencializados pelo empregador, que aumentam o risco do acidente do trabalho, forçoso concluir que a responsabilidade civil decorrente do acidente do trabalho é de natureza contratual.[17]

Por fim, o descumprimento momentâneo ou permanente das obrigações e normas relativas à segurança, medicina e higiene do trabalho, culposa ou dolosa, pode acarretar danos psicofisiológicos no trabalhador, que são **tipificados pelo Código Penal como crime**, o que sujeita o empregador às penalidades previstas naquele Diploma Legal.

Exemplos de questões sobre o tema

(FCC – Juiz do Trabalho/2017) O empregador deve cumprir e fazer cumprir as disposições legais e regulamentares de saúde e segurança no trabalho. Sobre o tema, é correto afirmar:

(A) No trabalho em altura, assim considerado o executado acima de dois metros do nível inferior, onde haja risco de queda, cabe ao trabalhador interromper suas atividades, exercendo direito de recusa, sempre que constatar evidências de riscos graves e iminentes para sua segurança e saúde ou de terceiros, comunicando o fato imediatamente a seu superior.

(B) Embargo e interdição são medidas de urgência adotadas quando constatada situação de trabalho de risco grave e iminente ao trabalhador, podendo ser total ou parcial, de todo estabelecimento ou de setor, máquina ou equipamento, no caso da interdição; e de obra, no caso de embargo, hipóteses em que os empregados envolvidos terão os contratos suspensos.

(C) Nas atividades com risco à saúde e segurança do trabalhador, o empregador deve fornecer, gratuitamente, equipamentos individuais de segurança, mediante registro físico ou eletrônico, cabendo-lhe ainda fazer as manutenções periódicas ou substituição, quando danificado ou extraviado, sendo do empregado a responsabilidade de higienização.

(D) O Programa de Controle Médico de Saúde Ocupacional – PCMSO deverá ser elaborado e implementado por todas as empresas com mais de dez empregados e, independentemente do número de empregados, para as empresas enquadradas no grau de risco 3 ou 4 de direcionamento do Serviço Especializado em Engenharia de Segurança e em Medicina do Trabalho – SESMT.

(E) De acordo com a jurisprudência sumulada do Tribunal Superior do Trabalho, o pedido de adicional de insalubridade não pode ser acolhido se a perícia, muito embora verifique a prestação de serviços em condições nocivas à saúde, considere agente insalubre diverso do apontado na petição inicial.

Resposta: A

(FCC – Juiz do Trabalho/2017) A constatação de que a execução de atividades profissionais podem gerar riscos à saúde e à integridade física do trabalhador construiu um arcabouço de proteção, elevando a questão relativa à saúde e segurança do trabalho ao patamar de direito fundamental do empregado. Nesse aspecto, à luz da legislação e da jurisprudência consolidada do Tribunal Superior do Trabalho,

17. CAIRO JÚNIOR, José. **O acidente do trabalho e a responsabilidade civil do empregador**. 3. ed. São Paulo: LTr, 2006. p. 93.

(A) o adicional de periculosidade será devido ao trabalhador exposto de forma permanente à violência física na execução de atividades profissionais de segurança pessoal ou patrimonial, mas serão descontados ou compensados do adicional outros da mesma natureza eventualmente já concedidos ao vigilante por meio de acordo coletivo.

(B) o direito do trabalhador ao adicional de insalubridade ou de periculosidade cessará com a eliminação do risco à sua saúde ou integridade física, entretanto, havendo percepção por dez anos ou mais, haverá incorporação do adicional ao salário do empregado para reparar os riscos sofridos.

(C) o adicional de periculosidade, pago em caráter permanente, integra o cálculo de indenização de horas extras e horas de sobreaviso, como forma de reparação integral do risco à vida sofrido pelo trabalhador.

(D) o mero fornecimento gratuito do equipamento de proteção individual – EPI, com a devida indicação do Certificado de Aprovação do órgão ministerial do trabalho, exime o empregador do pagamento do adicional de insalubridade.

(E) a constatação da insalubridade por meio de laudo pericial oficial é suficiente para que o empregado tenha direito ao respectivo adicional em razão da exigência legal da realização da perícia a cargo de médico ou engenheiro do trabalho, ainda que a atividade não se insira na relação oficial exemplificativa elaborada pelo Ministério do Trabalho e Emprego.

Resposta: A

(TRT 8 – Juiz do Trabalho Substituto 8ª região/2015) Sobre Segurança e Medicina do Trabalho, analise as proposições abaixo e assinale a CORRETA:

I Será obrigatório exame médico, por conta do empregador, na admissão, demissão, bem como periodicamente. Outros exames complementares poderão ser exigidos, a critério médico, para apuração da capacidade ou aptidão física e mental do empregado para a função que deva exercer.

II O peso máximo que um empregado pode remover individualmente é de 60kg, para o homem, para as mulheres e menores, o peso máximo é fixado em 25kg para trabalho contínuo ou 30kg para o trabalho ocasional.

III Em todos os locais de trabalho, deverá haver iluminação adequada, natural ou artificial, apropriada à natureza da atividade. Além disso, a iluminação deverá ser uniformemente distribuída, geral e difusa, a fim de evitar ofuscamento, reflexos incômodos, sombras e contrastes excessivos.

IV Cabe aos empregados observar as normas de segurança e medicina do trabalho, sendo que constitui ato faltoso do empregado a recusa injustificada ao uso de equipamentos de proteção individual fornecidos pela empresa, podendo inclusive ensejar a aplicação de justa causa.

V No cumprimento das normas de segurança e saúde no trabalho, a ordem jurídica prevê diversos procedimentos atinentes à fiscalização do trabalho. Um desses procedimentos, a interdição, corresponde à paralisação, total ou parcial, de serviços ou atividades executadas em canteiro de obras, quando os Auditores Fiscais do Trabalho constatam uma situação de risco grave e iminente no ambiente de trabalho.

a) Somente as alternativas I, II e III estão corretas.
b) Somente as alternativas I, III e IV estão corretas.
c) Somente as alternativas I, II e V estão corretas.
d) Somente as alternativas I, II e IV estão corretas.
e) Somente as alternativas II, III e V estão corretas.

Resposta: B

(MPT – Procurador do Trabalho/2013) Considerando-se a jurisprudência do TST em relação à saúde e segurança dos trabalhadores, assinale a alternativa CORRETA:

(A) Não tem direito ao adicional de insalubridade o trabalhador que exerce atividade exposto ao calor acima dos limites de tolerância em ambiente externo com carga solar.

(B) O art. 195 da CLT exige que o adicional de periculosidade seja apurado por laudo pericial elaborado por engenheiro do trabalho.

(C) A inobservância da obrigação de instruir os empregados e expedir ordens de serviço quanto às precauções a tomar em relação aos riscos ergonômicos, pode caracterizar a culpa do empregador e sua responsabilidade subjetiva pela doença ocupacional dela advinda.

(D) A constatação de insalubridade na atividade de limpeza de residências e escritórios, com a respectiva coleta de lixo, apurada por laudo pericial, demanda o pagamento do respectivo adicional, a despeito de não se encontrar dentre aquelas classificadas como lixo urbano pela Portaria do Ministério do Trabalho.

(E) Não respondida.

Resposta: C

8. QUADRO SINÓPTICO

Capítulo X – Segurança, higiene e medicina do trabalho			
Instituto		**Conteúdo**	**Item**
	Meio ambiente	Todos têm direito ao meio ambiente ecologicamente equilibrado, bem de uso comum do povo e essencial à sadia qualidade de vida, impondo-se ao Poder Público e à coletividade o dever de defendê-lo e preservá-lo para as presentes e futuras gerações (CF/88, art. 225).	1.1
	Proteção legal	A Consolidação das Leis do Trabalho cuida do meio ambiente do trabalho em seu Título II – Das Normas Gerais de Tutela do Trabalho, Capítulo V – Da Segurança e Medicina do Trabalho. Dada a importância dessa categoria de norma, o ordenamento jurídico laboral afasta a possibilidade de supressão ou redução por meio de negociação coletiva, mesmo após a vigência da Lei da Reforma Trabalhista, conforme se observa do art. 611-B, XVII, da CLT.	1.2
Meio ambiente do trabalho	**Normas regulamentadoras**	NR-1 – Disposições gerais e Gerenciamento de Riscos Ocupacionais NR-2 – REVOGADA NR-3 – Embargo e Interdição NR-4 – Serviço Especializado em Segurança e Medicina do Trabalho – SESMT NR-5 – Comissão Interna de Prevenção de Acidentes NR-6 – Equipamentos de Proteção Individual NR-7 – Exames Médicos NR-8 – Edificações NR-9 – Avaliação e Controle das Exposições Ocupacionais a Agentes Físicos, Químicos e Biológicos NR-10 – Instalações e serviços de eletricidade NR-11 – Transporte, movimentação, armazenagem e manuseio de materiais NR-13 – Vasos sob pressão NR-14 – Fornos NR-15 – Atividades e operações insalubres NR-16 – Atividades e operações perigosas NR-17 – Ergonomia NR-18 – Obras de construção, demolição e reparos NR-19 – Explosivos NR-20 – Combustíveis líquidos e inflamáveis NR-21 – Trabalhos a céu aberto NR-22 – Norma regulamentadora de segurança e saúde ocupacional na mineração NR-23 – Proteção contra incêndios NR-24 – Condições sanitárias dos locais de trabalho NR-25 – Resíduos industriais NR-26 – Sinalização de segurança NR-27 – REVOGADA	1.3

Capítulo X – Segurança, higiene e medicina do trabalho			
Instituto		**Conteúdo**	**Item**
Meio ambiente do trabalho	**Normas regulamentadoras**	NR-28 – Fiscalização e penalidades NR-29 – Segurança e Saúde no trabalho portuário NR-30 – Norma Regulamentadora de Segurança e Saúde no Trabalho Aquaviário (Acrescentada pela Portaria SIT nº 34, de 04.12.2002, DOU 09.12.2002). NR-31 – Norma Regulamentadora de Segurança e Saúde no Trabalho na Agricultura, Pecuária Silvicultura, Exploração Florestal e Aquicultura (Acrescentada pela Portaria MTE nº 86, de 03.03.2005, DOU 04.03.2005). NR-32 – Norma Regulamentadora de Segurança e Saúde no Trabalho em Estabelecimentos de Saúde (Acrescentada pela Portaria MTE nº 485, de 11.11.2005, DOU 16.11.2005). NR-33 – Norma Regulamentadora de Segurança e Saúde nos Trabalhos em Espaços Confinados. NR-34 – Norma Regulamentadora de Condições e Meio Ambiente de Trabalho na Indústria da Construção e Reparação Naval. NR-35 – Trabalho em altura. NR-36 – Segurança e Saúde no Trabalho em Empresas de Abate e Processamento de Carnes e Derivados. NR-37 – Segurança e saúde em plataformas de petróleo	1.3
Periculosidade e insalubridade	**Periculosidade**	O ambiente de trabalho é perigoso quando expõem a vida e a saúde do empregado a risco acentuado, quando em contato permanente ou eventual com explosivos, inflamáveis, eletricidade, radiações ionizantes, radioativa, risco de roubo e de outras espécies de violência física e condução de motocicleta. O adicional de periculosidade corresponde a 30% incidentes sobre o salário-base, com exclusão dos prêmios, gratificações, participações nos lucros ou qualquer outra parcela considerada como complemento salarial.	2
	Insalubridade	Serão consideradas atividades ou operações insalubres aquelas que, por sua natureza, condições ou métodos de trabalho, exponham os empregados a agentes nocivos à saúde, acima dos limites de tolerância fixados em razão da natureza e da intensidade do agente e do tempo de exposição aos seus efeitos. (art. 189 da CLT); O adicional de insalubridade varia entre 10%, 20% e 40% sobre o salário mínimo, a depender se o grau de risco da empresa for considerado mínimo, médio ou máximo. Segundo a SV nº 4 do STF o salário-mínimo não pode ser base de cálculo desse adicional e nem o juiz pode substituí-la.	
	Requisitos: legalidade estrita	Não basta a constatação da insalubridade por meio de laudo pericial para que o empregado tenha direito ao respectivo adicional. É necessária a classificação da atividade insalubre na relação oficial elaborada pelo Ministério do Trabalho (TST. Súmula nº 448).	2.1
	Natureza jurídica	Os adicionais de insalubridade e periculosidade servem para compensar o labor do empregado em condições adversas, ou seja, quando se encontrar exposto a agentes insalubres ou sob risco de vida. Em que pese existir essa compensação legal, os aludidos adicionais adquirem natureza salarial, pois são devidos em decorrência do trabalho e não como forma de recompor o patrimônio econômico do empregado pelo exercício do seu trabalho. Por isso, incorporam-se à remuneração para todos os efeitos legais.	2.4

Capítulo X – Segurança, higiene e medicina do trabalho			
Instituto	**Conteúdo**		**Item**
Adolescente, Mulher e insalubridade	**CF/88**	Art. 7º, XXXIII: proibição de trabalho noturno, perigoso ou insalubre a menores de dezoito e de qualquer trabalho a menores de dezesseis anos, salvo na condição de aprendiz, a partir de quatorze anos.	3
	ECA	Art. 67. Ao adolescente empregado, aprendiz, em regime familiar de trabalho, aluno de escola técnica, assistido em entidade governamental ou não governamental, é vedado trabalho: II – perigoso, insalubre ou penoso.	
	CLT	Art. 405. Ao menor não será permitido o trabalho: I – nos locais e serviços perigosos ou insalubres, constantes de quadro para esse fim aprovado pela Secretaria de Segurança e Saúde no Trabalho; Art. 394-A. Sem prejuízo de sua remuneração, nesta incluído o valor do adicional de insalubridade, a empregada deverá ser afastada de: I – atividades consideradas insalubres em grau máximo, enquanto durar a gestação; II – atividades consideradas insalubres em grau médio ou mínimo, durante a gestação; III – atividades consideradas insalubres em qualquer grau, durante a lactação.	
Órgãos internos de prevenção de acidentes e doenças ocupacionais	**CIPA**	A Comissão Interna de Prevenção de Acidentes – CIPA constitui órgão interno da empresa, formado por representantes dos empregados e do empregador, encarregado de adotar medidas preventivas de acidentes do trabalho e doenças ocupacionais.	4.1
	SESMT	O Serviço Especializado em Engenharia de Segurança e em Medicina do Trabalho – SESMT constitui órgão interno da empresa destinado a promover a saúde e proteger a integridade do trabalhador no local de trabalho e, por conta disso, deverá ser registrado no órgão local competente.	4.2
	EPI	Os equipamentos de proteção individual são necessários para eliminar ou atenuar os efeitos maléficos do meio ambiente do trabalho insalubre ou perigoso e devem ser fornecidos pelo empregador sem qualquer custo para os empregados. Além de fornecer, cabe ao empregador fiscalizar o uso correto desses equipamentos.	5
	Responsabilidade do empregador	Se a mora e/ou inadimplemento do empregador provocar dano à integridade física do empregado ou ao seu patrimônio econômico, deverá arcar com o pagamento de uma indenização reparatória ou compensatória, a depender da natureza da lesão.	7

9. INFORMATIVOS DO TST SOBRE A MATÉRIA

Incidente de Recursos de Revista Repetitivos. "Tema nº 0017 – Cumulação de adicionais de periculosidade e de insalubridade amparados em fatos geradores distintos e autônomos."

A SBDI-I, em sua composição plena, por maioria, definiu a seguinte tese jurídica para o Tema Repetitivo nº 0017 – CUMULAÇÃO DE ADICIONAIS DE PERICULOSIDADE E DE INSALUBRIDADE AMPARADOS EM FATOS GERADORES DISTINTOS E AUTÔNOMOS: o art. 193, § 2º, da CLT foi recepcionado pela Constituição Federal e veda a cumulação dos adicionais de insalubridade e de periculosidade, ainda que decorrentes de fatos geradores distintos e autônomos. Vencidos os Ministros Luiz Philippe Vieira de Mello Filho, relator, Augusto César Leite de Carvalho, José Roberto Freire Pimenta, Hugo Carlos Scheuermann, Cláudio Mascarenhas Brandão e Lelio Bentes Corrêa. TST-IRR-239-55.2011.5.02.0319, SBDI-I, rel. Min. Luiz Philippe Vieira de Mello Filho, red. p/ acórdão Min. Alberto Luiz Bresciani de Fontan Pereira, 26.9.2019 (TST. Info nº 206).

Incidente de Recursos de Revista Repetitivos. "Tema nº 0010 – Direito ao adicional de periculosidade decorrente da exposição do empregado à radiação ionizante oriunda de equipamento de raio-x móvel."

A SBDI-I, em sua composição plena, por maioria, definiu as seguintes teses jurídicas para o Tema Repetitivo nº 0010 – DIREITO AO ADICIONAL DE PERICULOSIDADE DECORRENTE DA EXPOSIÇÃO DO EMPREGADO À RADIAÇÃO IONIZANTE ORIUNDA DE EQUIPAMENTO DE RAIO-X MÓVEL: I – A Portaria MTE nº 595/2015 e sua nota explicativa não padecem de inconstitucionalidade ou ilegalidade; II – Não é devido o adicional de periculosidade a trabalhador que, sem operar o equipamento móvel de raios X, permaneça, habitual, intermitente ou eventualmente, nas áreas de seu uso; III – Os efeitos da Portaria nº 595/2015 do Ministério do Trabalho alcançam as situações anteriores à data de sua publicação. Vencidos, apenas quanto à fundamentação, no tocante ao item "I" e, totalmente, quanto aos itens "II" e "III", os Ministros Augusto César Leite de Carvalho, relator, José Roberto Freire Pimenta, revisor, Lelio Bentes Corrêa, Luiz Philippe Vieira de Mello Filho, Hugo Carlos Scheuermann e Cláudio Mascarenhas Brandão. TST-IRR-1325-18.2012.5.04.0013, SBDI-I, rel. Min. Augusto César Leite de Carvalho, red. p/ acórdão Min. Maria Cristina Irigoyen Peduzzi, 1º.8.2019 (TST. Info nº 200).

Adicional de periculosidade. Devido. Médica radiologista. Exposição à radiação ionizante. Portaria nº 518/2003 do Ministério do Trabalho. Orientação Jurisprudencial nº 345 da SBDI-I.

O Quadro de Atividades e Operações Perigosas, aprovado pela Comissão Nacional de Energia Nuclear – CNEN, adotado pela Portaria nº 518/2003 do Ministério do Trabalho, considera atividade de risco não apenas aquela que importa a operação direta de equipamentos emissores de radiação, como também a simples exposição, ainda que por tempo reduzido. Nos termos da referida portaria, não há níveis seguros de exposição à radiação, de modo que qualquer contato do trabalhador com raios ionizantes é potencialmente prejudicial à saúde. Assim, ante o risco potencial, médica radiologista contratada para trabalhar no setor de radiologia do hospital tem direito ao adicional de periculosidade a que se refere a Orientação Jurisprudencial nº 345 da SBDI-I, ainda que adentrasse apenas de forma eventual nas salas de irradiação. Sob esse entendimento, a SBDI-I, por unanimidade, conheceu dos embargos, por divergência jurisprudencial, e, no mérito, negou-lhes provimento, mantendo, portanto, a condenação da reclamada ao pagamento de adicional de periculosidade no montante de 30% sobre o salário-base da autora, com reflexos. Vencidos os Ministros Guilherme Augusto Caputo Bastos e Maria Cristina Irigoyen Peduzzi. TST-E-ED-ED-RR-61400-27.2006.5.05.0006, SBDI-I, Rel. Min. José Roberto Freire Pimenta, 13.6.2019 (TST. Info nº 199).

Adicional de insalubridade. Recolhimento de lixo em condomínio residencial. Hipótese não contemplada no Anexo 14 da NR 15 da Portaria nº 3.214/78 do Ministério do Trabalho. Lixo doméstico não equiparado ao lixo urbano. Súmula nº 448, II, do TST. Não incidência.

Não enseja o pagamento do adicional de insalubridade o recolhimento de lixo das unidades de condomínio residencial, por não se tratar de hipótese contemplada no Anexo 14 da NR 15 de Portaria nº 3.214/78 do Ministério do Trabalho. Para fins de deferimento do referido adicional deve-se considerar não o volume de lixo recolhido, mas a sua natureza ou origem. Assim, o lixo oriundo de apartamentos ou casas de condomínio residencial, ainda que em grande quantidade, não se equipara ao lixo urbano produzido em banheiros em que há grande circulação de pessoas, pois não intensifica a exposição do empregado a agentes infecciosos. Inaplicável, portanto, o item II da Súmula nº 448 do TST. Sob esses fundamentos, a SBDI-I, por unanimidade, conheceu dos embargos, por divergência jurisprudencial, e, no mérito, por maioria, deu-lhes provimento para restabelecer a decisão do TRT que excluíra da condenação o pagamento do adicional de insalubridade e reflexos. Vencidos os Ministros Cláudio Mascarenhas Brandão e Alberto Luiz Bresciani de Fontan Pereira. TST-E-RR-635-17.2012.5.15.0131, SBDI-I, rel. Min. José Roberto Freire Pimenta, 23.5.2019 (TST. Info nº 196).

Adicional de periculosidade. Piloto de helicóptero que acompanhava o abastecimento da aeronave. Contato intermitente. Adicional devido.

É devido o adicional de periculosidade ao piloto de helicóptero que acompanhava o abastecimento da aeronave até oito vezes por semana, por quatro minutos, pois configurado o contato intermitente com o agente de risco. Na hipótese, a decisão recorrida registrou que a exposição do autor a inflamáveis não podia ser considerada fortuita ou por tempo extremamente reduzido, pois fazia parte de sua rotina. Assim, ausente a contrariedade à Súmula nº 364 do TST, a SBDI-I, por unanimidade, não conheceu dos embargos do reclamado. TST-E-ED-RR-1763-44.2012.5.02.0031, SBDI-I, rel. Min. Walmir Oliveira da Costa, 23.8.2018 (TST. Info nº 182).

Incidente de Recursos de Revista Repetitivos. "Tema nº 0005 – Adicional de insalubridade. Utilização de fones de ouvido. Operador de telemarketing".

A SBDI-I, por unanimidade, definiu as seguintes teses jurídicas para o Tema Repetitivo nº 0005 – ADICIONAL DE INSALUBRIDADE. UTILIZAÇÃO DE FONES DE OUVIDO. OPERADOR DE TELEMARKETING: I) O reconhecimento da insalubridade, para fins do percebimento do adicional previsto no art. 192 da CLT, não prescinde do enquadramento da atividade ou operação na relação elaborada pelo Ministério do Trabalho ou da constatação de extrapolação de níveis de tolerância fixados para agente nocivo expressamente arrolado no quadro oficial; II) A atividade com utilização constante de fones de ouvido, tal como a de operador de teleatendimento, não gera direito a adicional de insalubridade tão somente por equiparação aos serviços de telegrafia e radiotelegrafia, manipulação em aparelhos do tipo Morse e recepção de sinais em fones, descritos no Anexo 13 da NR-15 da Portaria nº 3.214/78 do Ministério do Trabalho. TST-IRR-356-84.2013.5.04.0007, SBDI-I, rel. Min. Walmir Oliveira da Costa, 25.5.2017 (TST. Info nº 159).

Adicional de periculosidade. Armazenamento de inflamáveis. Trabalho em recinto fechado. Relação direta com o volume do líquido e com o tipo de embalagem em que acondicionado o agente de risco. Anexo 2, item 4, Quadro I, da NR-16 da Portaria nº 3.214/78 do Ministério do Trabalho.

Nos termos do Anexo 2, item 4, Quadro I, da NR-16 da Portaria nº 3.214/78 do Ministério do Trabalho, não gera direito ao adicional de periculosidade o labor prestado em recinto fechado em que há armazenamento de líquido inflamável acondicionado em tambores ou bombonas de aço, alumínio, outros metais ou plástico, com capacidade entre 60 e até 250 litros. Conclui-se, portanto, que a concessão do adicional de periculosidade guarda relação direta com o volume do líquido e com o tipo de embalagem em que acondicionado o agente de risco. Sob esses fundamentos, e tendo em conta que, na espécie, a reclamante, professora de física, executa parte de suas atividades em laboratório em que há pequena quantidade de líquidos inflamáveis armazenados (27 litros), a SBDI-I, por unanimidade, conheceu dos embargos, por divergência jurisprudencial, e, no mérito, por maioria, deu-lhes provimento para restabelecer o acórdão do Regional no tocante à declaração de improcedência do pedido relativo ao pagamento de adicional de periculosidade. Vencidos os Ministros Cláudio Mascarenhas Brandão, José Roberto Freire Pimenta e Alexandre Agra Belmonte. TST-E-RR-970-73.2010.5.04.0014, SBDI-I, rel. Min. João Oreste Dalazen, 16.2.2017 (*No mesmo sentido, TST-E-RR-125200-41.2007.5.02.0050, SBDI-I, rel. Min. Cláudio Mascarenhas Brandão, red. p/ acórdão Min. Aloysio Corrêa da Veiga, 16.2.2017) (TST. Info nº 153).

Adicional de periculosidade. Vigilante. Aplicação do art. 193, II, da CLT. Necessidade de regulamentação. Portaria nº 1885/13 do MTE.

O art. 193, caput, e inciso II, da CLT, com a redação dada pela Lei nº 12.740/12, não tem aplicação imediata, pois não obstante estabeleça que a atividade desenvolvida por profissionais de segurança pessoal ou patrimonial seja perigosa, exige regulamentação aprovada pelo Ministério do Trabalho e Emprego. Assim, conclui-se que o adicional de periculosidade é devido aos vigilantes somente a partir de 3.12.2013, data da publicação da Portaria nº 1885/13 do MTE, que aprovou o Anexo 3 da NR 16, regulamentando o art. 193, II, da CLT. Sob esse fundamento, a SBDI-I, por unanimidade, conheceu dos embargos do reclamante, e, no mérito, negou-lhes provimento. TST-E-RR-164-92.2014.5.04.0662, SBDI-I, rel. Min. Guilherme Augusto Caputo Bastos, 10.11.2016 (TST. Info nº 149).

Adicional de insalubridade. Pagamento indevido. Uso de equipamento de proteção individual (EPI). Neutralização do agente ruído. Súmula nº 80 do TST e art. 191, II, da CLT.

É indevido o pagamento do adicional de insalubridade quando a prova pericial evidenciar que houve neutralização do agente ruído por meio do regular fornecimento e utilização de equipamento de proteção individual (EPI). Inteligência da Súmula nº 80 do TST e do art. 191, II, da CLT. No caso, a decisão recorrida – louvando-se da ratio decidendi emanada do ARE 664335/STF, com repercussão geral reconhecida – estabeleceu que, com relação ao ruído, os danos à saúde do trabalhador vão além da perda auditiva, razão pela qual o uso de EPI não neutraliza totalmente os malefícios causados. Ocorre que o aludido precedente não guarda relação com a hipótese em apreço, pois naquela ocasião a Suprema Corte entendeu que a mera declaração unilateral do empregador, no sentido de que há eficácia do EPI, não descaracteriza o tempo de serviço especial para aposentadoria, ao passo que, in casu, há um laudo pericial atestando a neutralização do agente nocivo em face do fornecimento do equipamento de proteção individual. Ademais, não obstante seja possível ao julgador valer-se de outros meios de prova para formar o seu convencimento (art. 436 do CPC de 1973), não se pode concluir pela existência de insalubridade quando não há nos autos qualquer outro elemento de prova que infirme o laudo pericial que comprovou a neutralização do agente insalubre mediante o uso do EPI. Sob esses fundamentos, a SBDI-I decidiu, por unanimidade, conhecer do recurso de embargos por contrariedade à Súmula nº 80 do TST, e, no mérito, dar-lhe provimento para excluir da condenação o pagamento do adicional de insalubridade, restabelecendo a sentença, no tópico. TST-E-RR-1691900-85.2009.5.09.0008, SBDI-I, rel. Min. Caputo Bastos, 10.11.2016 (TST. Info nº 149).

Adicional de insalubridade e de periculosidade. Fatos geradores distintos. Cumulação. Impossibilidade.

O art. 193, § 2º, da CLT veda a cumulação dos adicionais de periculosidade e insalubridade, podendo, no entanto, o empregado fazer a opção pelo que lhe for mais benéfico. Sob esses fundamentos, a SBDI-I decidiu, por unanimidade, conhecer do recurso de embargos, por divergência jurisprudencial e, no mérito, por maioria, dar-lhe provimento para excluir da condenação a possibilidade de acúmulo dos dois adicionais. Vencidos os Ministros Augusto César Leite de Carvalho, João Oreste Dalazen, José Roberto Freire Pimenta, Hugo Carlos Scheuermann, Alexandre de Souza Agra Belmonte e Cláudio Mascarenhas Brandão, que negavam provimento aos embargos para manter o pagamento cumulado dos adicionais de insalubridade e de periculosidade, sob o fundamento de que a exposição do indivíduo a um determinado tipo de risco não exclui a sua eventual exposição a outro risco diferente, ante a existência de fatos geradores e causa de pedir distintas. TST-E-RR-1072-72.2011.5.02.0384, SBDI-I, rel. Min. Renato de Lacerda Paiva, 13.10.2016 (*Ver Informativo TST nº 134) (TST. Info nº 147).

Adicional de insalubridade. Trabalho em locais destinados a atendimento socioeducativo de menores infratores. Indevido. Orientação Jurisprudencial nº 4, I, da SBDI-I. Rol taxativo da Portaria nº 3.214/78, NR 15, Anexo 14, do MTE.

Não há direito ao adicional de insalubridade nas situações de contato com pacientes ou materiais infectocontagiosos em locais destinados ao atendimento socioeducativo de menores infratores (Fundação Casa), ainda que a perícia aponte a exposição do reclamante aos agentes biológicos mencionados no Anexo 14 da NR 15 da Portaria nº 3.214/78 do Ministério do Trabalho e Emprego – MTE. Nos termos da Orientação Jurisprudencial nº 4, I, da SBDI-I, para a concessão do adicional em questão não basta a constatação da insalubridade por meio de laudo pericial, sendo necessária a classificação da atividade como insalubre na relação oficial do MTE. Na espécie, a atividade não se enquadra no rol taxativo do MTE, razão pela qual não pode ser equiparada àquelas desenvolvidas em ambientes destinados a pacientes em isolamento, hospitais ou outros estabelecimentos relacionados aos cuidados da saúde humana. Sob esses fundamentos, a SBDI-I, por unanimidade, conheceu do recurso de embargos do reclamante, por divergência jurisprudencial, e, no mérito, por maioria, negou-lhe provimento. Vencidos os Ministros João Oreste Dalazen, Augusto César Leite de Carvalho, Alexandre de Souza Agra Belmonte e Hugo Carlos Scheuermann. TST-RR-1600-72.2009.5.15.0010, SBDI-I, rel. Min. Renato de Lacerda Paiva, 13.10.2016 (*Ver Informativos TST nºs 79 e 108) (TST. Info nº 147).

Adicional de insalubridade e de periculosidade. Cumulação. Impossibilidade. Prevalência do art. 193, § 2º, da CLT ante as Convenções nos 148 e 155 da OIT.

É vedada a percepção cumulativa dos adicionais de insalubridade e de periculosidade ante a expressa dicção do art. 193, § 2º, da CLT. Ademais, não obstante as Convenções nºs 148 e 155 da Organização Internacional do Trabalho (OIT) tenham sido incorporadas ao ordenamento jurídico brasileiro, elas não se sobrepõem à norma interna que consagra entendimento diametralmente oposto, aplicando-se tão somente às situações ainda não reguladas por lei. Sob esse fundamento, a SBDI-I, por unanimidade, conheceu do recurso de embargos, por divergência jurisprudencial, e no mérito, por maioria, negou-lhe provimento. Vencidos os Ministros Cláudio Mascarenhas Brandão, relator, Augusto César de Carvalho, Hugo Carlos Scheuermann e Alexandre Agra Belmonte. TST-E-ARR-1081-60.2012.5.03.0064, SBDI-I, rel. Min. Cláudio Mascarenhas Brandão, red. p/ acórdão Min. João Oreste Dalazen, 28.4.2016 (TST. Info nº 134).

Agente comunitário de saúde. Adicional de insalubridade. Indevido. Não enquadramento da atividade no rol previsto no Anexo 14 da NR 15 do MTE. Súmula nº 448, I, do TST.

Conforme preconizado no item I da Súmula nº 448 do TST, para que o empregado tenha direito ao adicional de insalubridade é necessária a classificação da atividade insalubre na relação oficial elaborada pelo Ministério do Trabalho e Emprego – MTE, não sendo suficiente a constatação via laudo pericial. Neste sentido, é indevido o adicional de insalubridade aos agentes comunitários de saúde que efetuam atendimento domiciliar para promoção e orientação da saúde e fazem o acompanhamento de pessoas com doenças infectocontagiosas, uma vez que essas funções não se enquadram no rol taxativo do MTE (Anexo 14 da NR 15). Sob esse fundamento, a SBDI-I, por unanimidade, conheceu dos embargos interpostos pela reclamante, por divergência jurisprudencial, e, no mérito, por maioria, negou-lhes provimento. Vencidos os Ministros Augusto César Leite de Carvalho, relator, João Oreste Dalazen, Walmir Oliveira da Costa, José Roberto Freire Pimenta, Hugo Carlos Scheuermann e Cláudio Mascarenhas Brandão. TST-E-RR-207000-08.2009.5.04.0231, SBDI-I, rel. Min. Augusto César Leite de Carvalho, red. p/ acórdão Min. Aloysio Corrêa da Veiga, 18.2.2016 (TST. Info nº 129).

Adicional de periculosidade. Armazenamento de líquido inflamável em estrutura independente do local da prestação de serviços. Inaplicabilidade da Orientação Jurisprudencial nº 385 da SBDI-I.

A Orientação Jurisprudencial nº 385 da SBDI-I, ao assegurar o direito ao adicional de periculosidade, refere-se ao armazenamento de líquido inflamável no mesmo prédio em que desenvolvidas as atividades laborais. Assim, na hipótese em que o laudo pericial constatou que o armazenamento de óleo diesel ocorria em estrutura completamente independente do local da prestação de serviços, inclusive com área de segurança devidamente protegida, não há direito ao pagamento do referido adicional, ante a ausência de labor em área de risco. Sob esse fundamento, a SBDI-I, por maioria, conheceu dos embargos da reclamada por contrariedade à Súmula nº 126 do TST e à Orientação Jurisprudencial nº 385 da SBDI-I, vencidos os Ministros Alexandre Agra Belmonte, Augusto César Leite de Carvalho, José Roberto Freire Pimenta e Cláudio Mascarenhas Brandão. Ressaltou o Ministro relator que diante das premissas fáticas registradas nos autos, não poderia a Turma ter valorado o laudo pericial a fim de, concluindo de forma diversa do TRT, conceder o adicional de periculosidade. No mérito, por unanimidade, a Subseção deu provimento ao recurso para restabelecer o acórdão do Regional, que declarou a improcedência do pedido. TST-E-ED-AgR-ARR-644-68.2010.5.04.0029, SBDI-I, rel. Min. João Oreste Dalazen, 12.11.2015 (TST. Info nº 123).

Adicional de periculosidade. Transporte de combustível inflamável. Tanque reserva para consumo próprio. Armazenamento superior ao limite mínimo estabelecido na NR-16 da Portaria nº 3.214/1978 do Ministério do Trabalho. Adicional devido.

O armazenamento de combustível em tanque reserva de caminhão, se, somada à capacidade do tanque principal, ultrapassar os limites mínimos estabelecidos na NR 16 da Portaria nº 3.214/1978 do Ministério do Trabalho (200 litros), gera direito ao pagamento de adicional de periculosidade ao empregado condutor do veículo. No caso, entendeu-se que a situação descrita nos autos não se equipara à exceção contida no item 16.6.1 da NR 16, segundo o qual "as quantidades de inflamáveis, contidas nos tanques de consumo próprio dos veículos, não serão consideradas para efeito desta norma", porquanto comprovado que o reclamante, no exercício da função de motorista de caminhão, transportava cerca de 1.250 litros de combustível inflamável, somadas as quantidades presentes no tanque principal e no tanque suplementar. Sob esse fundamento, a SBDI-I, por maioria, vencido o Ministro Antonio José de Barros Levenhagen, conheceu dos embargos interpostos pelo reclamante, por divergência jurisprudencial, e, no mérito, por maioria, deu-lhes provimento para julgar procedente o pedido de pagamento do adicional de periculosidade, com os reflexos postulados nas prestações contratuais vinculadas ao salário, vencidos os Ministros Aloysio Corrêa da Veiga, Renato de Lacerda Paiva, Guilherme Augusto Caputo Bastos e Alexandre de Souza Agra Belmonte. TST-E-RR-981-70.2011.5.23.0004, SBDI-I, rel. Min. João Oreste Dalazen, 6.8.2015 (TST. Info nº 113).

Adicional de insalubridade. Fundação Casa. Atendimento de adolescentes infratores isolados por motivo de saúde. Contato com pessoas portadoras de doenças infectocontagiosas. Anexo nº 14 da NR-15 da Portaria 3.214/78 do MTE. Adicional devido.

É devido o adicional de insalubridade em grau máximo, reconhecido por laudo pericial, a trabalhadores da Fundação Casa que tenham contato com adolescentes infratores isolados por conta de doenças infectocontagiosas, nos termos do Anexo 14 da NR 15 da Portaria 3.214/78 do Ministério do Trabalho e Emprego. Nesse contexto, não há contrariedade à Súmula nº 448, I, do TST. Sob esse fundamento, a SBDI-I, por maioria, não conheceu dos embargos, vencidos os Ministros Alexandre de Souza Agra Belmonte e Ives Gandra Martins Filho. TST-E-RR-41500-67.2007.5.15.0031, SBDI-I, rel. Hugo Carlos Scheuermann, 21.5.2015 (TST. Info nº 108).

Adicional de insalubridade. Devido. Limpeza, higienização e recolhimento de lixo de banheiros de universidade. Item II da Orientação Jurisprudencial nº 4 da SBDI-I. Não enquadramento.

A limpeza e o recolhimento de lixo de banheiros de universidade, frequentado por público numeroso, enquadra-se na hipótese do Anexo 14 da Instrução Normativa 15 do MTE, ensejando, portanto, o pagamento do adicional de insalubridade. Trata-se de situação diversa da prevista no item II da Orientação Jurisprudencial nº 4 da SBDI-I, a qual se restringe à higienização de banheiros em residências ou escritórios, cuja circulação é limitada a um grupo determinado de pessoas. Com esse entendimento, a SBDI-I, por unanimidade, conheceu dos embargos da reclamante, por divergência jurisprudencial, e, no mérito, deu-lhes provimento para restabelecer o acórdão do Regional no tópico. TST-E-RR-102100-02.2007.5.04.0018, SBDI-I, rel. Min. Brito Pereira, 15.8.2013 (TST. Info nº 55).

Limpeza e coleta de lixo em banheiros de hotel e do respectivo centro de eventos. Grande fluxo de pessoas. Adicional de insalubridade. Devido. Inaplicabilidade da Orientação Jurisprudencial nº 13 4, II, da SBDI-I.

O adicional de insalubridade é devido na hipótese em que a prova pericial constatou a existência de contato com agente insalubre pela reclamante, que recolhia o lixo e limpava os banheiros de hotel e do respectivo centro de eventos (que possuía seis banheiros masculinos e seis femininos), locais de intensa circulação de pessoas. No caso, entendeu-se inaplicável a Orientação Jurisprudencial nº 4, II, da SBDI-I, pois trata da limpeza em residências e escritórios, envolvendo, portanto, o manuseio de lixo doméstico e não urbano, a que se refere o Anexo 14 da NR 15 da Portaria nº 3.214/78 do MTE. Com esse entendimento, a SBDI-I, por maioria, vencido o Ministro Ives Gandra Martins Filho, conheceu do recurso de embargos por contrariedade à Orientação Jurisprudencial nº 4, II, da SBDI-I, e, no mérito, deu-lhe provimento para restabelecer a sentença que condenou a reclamada ao pagamento de adicional de insalubridade e reflexos. TST-E-ARR-746-94.2010.5.04.0351, SBDI-I, rel. Min. Renato de Lacerda Paiva, 7.3.2013 (TST. Info nº 39).

Adicional de periculosidade. Motorista. Abastecimento do veículo e acompanhamento do abastecimento realizado por outrem. Exposição a inflamáveis.

Possui direito ao adicional de periculosidade o motorista responsável pelo abastecimento do veículo, por um período de tempo não eventual ou esporádico. O referido adicional será indevido, entretanto, se o motorista somente acompanhar o abastecimento realizado por outrem. "In casu", o reclamante permanecia em área de risco, abastecendo ou acompanhando o abastecimento do veículo, duas a três vezes por semana, por dez a quinze minutos. Concluiu o relator, com base no Quadro 3 do Anexo 2 da NR 16 do MTE, que, na hipótese em que o empregado abastece o automóvel, a exposição ao risco decorre das próprias atividades por ele desenvolvidas, já que está em contato direto com inflamáveis, de forma não eventual ou esporádica. Por outro lado, no caso em que o motorista se atém a acompanhar o abastecimento do veículo, prevalece, também com base no Quadro 3 do Anexo 2 da NR 16 do MT, o mesmo fundamento que levou esta Corte a pacificar entendimento no sentido de ser indevido adicional de periculosidade aos tripulantes que permaneçam no interior da aeronave durante o seu abastecimento. Com esse posicionamento, a SBDI-I, por unanimidade, conheceu dos embargos por divergência jurisprudencial e, no mérito, por maioria, deu-lhes parcial provimento para restringir a condenação ao pagamento do adicional de periculosidade àqueles períodos em que o próprio reclamante abastecia o seu veículo, excluídos os momentos em que ele apenas acompanhava o abastecimento, conforme se apurar em sede de execução. Vencidos, em parte, os Ministros Ives Gandra Martins Filho e Aloysio Corrêa da Veiga, que davam provimento integral aos embargos, e, totalmente, os Ministros José Roberto Freire Pimenta, Augusto César Leite de Carvalho e Delaíde Miranda Arantes, que negavam provimento ao recurso. TST-E-RR-123300-19.2005.5.15.0054, SBDI-I, rel. Min. Renato de Lacerda Paiva, 25.10.2012 (TST. Info nº 27).

Adicional de periculosidade. Motorista. Abastecimento do veículo. Regularidade do contato.

A permanência habitual na presença de inflamáveis, ainda que por poucos minutos, caracteriza exposição intermitente, para efeito de pagamento de adicional de periculosidade. O tempo de exposição é irrelevante, havendo perigo de evento danoso tanto para o empregado que permanece por longo tempo na área de risco quanto para o que permanece por tempo reduzido, dada a imprevisibilidade do sinistro. Com base nesse entendimento, a SBDI-I, por unanimidade, conheceu dos embargos do reclamante, por divergência jurisprudencial, e, no mérito, deu-lhe provimento para condenar a reclamada ao pagamento do adicional de periculosidade e reflexos. Vencidos os Ministros Ives Gandra Martins Filho, Aloysio Corrêa da Veiga e Maria Cristina Irigoyen Peduzzi. Na espécie, consignou-se que o reclamante, no exercício da função de motorista, abastecia, às vezes pessoalmente, o veículo por ele utilizado, demandando um tempo médio de dez minutos. TST-EED-RR-1600-72.2005.5.15.0120, SBDI-I, Min. João Batista Brito Pereira, 20.9.2012 (TST. Info nº 22).

10. QUESTÕES

10.1. Questões objetivas

1. (CESAN – Carreira Universitária – Advogado/2011) De acordo com a CLT, as empresas, consoante a normas expedidas pelo Ministério do Trabalho, serão obrigadas a manter serviços especializados em segurança e em medicina do trabalho, que estabelecerão:

(A) Classificação das empresas segundo o número de empregados e a natureza do risco de suas atividades.

(B) O número mínimo de profissionais especializados exigido de cada empresa, segundo o grupo em que se classifique, conforme a natureza do risco de suas atividades.

(C) A qualificação exigida para os profissionais e o seu regime de trabalho.

(D) As demais características e atribuições dos serviços especializados em segurança e em medicina do trabalho, nas empresas.

(E) Todas as afirmativas anteriores estão corretas.

2. (ECT – Analista de Correios – Advogado/2011) O presidente da Comissão Interna de Prevenção de Acidentes (CIPA) não é detentor de estabilidade.

3. (FCC – Técnico Judiciário – Área Administrativa – TRT 3/2015) A respeito das normas que tratam de segurança e medicina do trabalho, é INCORRETO afirmar que

(A) é obrigação e por conta do empregador, conforme atividades desenvolvidas e instruções do Ministério do Trabalho, a exigência de exames médicos admissional, periódicos e demissional.

(B) os equipamentos de proteção individual, adequados ao risco e em perfeito estado de conservação, serão fornecidos pelo empregador, com o devido desconto em folha do empregado, uma vez que se trata de ferramenta de trabalho.

(C) no tocante às edificações, para que garantam perfeita segurança aos trabalhadores deverão ter, no mínimo, três metros de pé-direito, assim considerada a altura livre do piso ao teto.

(D) o trabalho em condições insalubres, acima dos limites de tolerância do trabalhador, conforme normas do Ministério do Trabalho e Laudo Técnico, assegura a percepção do respectivo adicional de acordo com sua classificação em grau mínimo, médio ou máximo.

(E) o adicional de periculosidade será devido aos trabalhadores expostos na forma da regulamentação em vigor sobre a matéria a agentes inflamáveis, explosivos, energia elétrica e o uso de motocicleta, sendo necessária, nesta última, a sua inclusão nos quadros das atividades do Ministério do Trabalho para percepção do respectivo adicional.

4. (Cespe – Defensor Público – DPU/ 2015 – ADAPTADA) Julgue o próximo item, referente a insalubridade.

Segundo entendimento consolidado pelo TST, não basta a constatação da insalubridade por meio de laudo pericial para que o empregado tenha direito ao respectivo adicional, sendo necessária a classificação da atividade insalubre na relação oficial elaborada pelo MTE.

5. (FCC – Analista Judiciário – Área Administrativa – TRF 3/2016) João Fita é Operador de Máquina na Gráfica Imprima Bem Ltda. Desde a sua contratação, João Fita opera a máquina CPTD4 que, em funcionamento, emite ruídos acima dos limites de tolerância fixados pelo Ministério do Trabalho e Previdência Social e recebe adicional compatível com o grau de insalubridade apurado.

Após a modernização do pátio gráfico, João Fita passou a operar a máquina CPTD5, que não emite qualquer tipo de ruído.

Em virtude disso, a Gráfica Imprima Bem Ltda. parou de pagar o adicional de insalubridade.

Diante dos fatos, a atitude da empresa

(A) está correta, eis que, eliminados os riscos à saúde de João Fita, cessará a obrigação do pagamento do adicional de insalubridade.

(B) não está correta, pois a Constituição Federal garante a irredutibilidade salarial.

(C) está correta, porém João Fita terá direito à indenização correspondente a um mês do adicional de insalubridade suprimido por ano de trabalho nestas condições.

(D) não está correta, pois o adicional de insalubridade integrou o contrato de trabalho de João Fita, não podendo ser suprimido.

(E) não está correta, pois como se trata de alteração do contrato de trabalho, o consentimento João Fita é obrigatório e só terá validade se a condição for mais benéfica ao empregado.

---

6. (Cespe – Técnico Judiciário – Área Administrativa – TRT 8/2016) No que se refere a segurança e medicina do trabalho, atividades perigosas ou insalubres, assinale a opção correta.

A) A função de motociclista não é considerada atividade perigosa, por falta de previsão legal.

B) Matérias relativas à insalubridade e à periculosidade não podem ser objeto de ação trabalhista.

C) Recebida a classificação pelo órgão competente, é vedada a realização de atos que visem eliminar ou neutralizar a insalubridade do ambiente de trabalho.

D) A Associação Nacional de Engenharia de Segurança do Trabalho é o órgão responsável pela notificação de empresas em que seja constatado o exercício de atividades insalubres.

E) A exposição e o manuseio contínuos de artigos inflamáveis pelo empregado podem ser considerados atividades perigosas.

---

7. (FCC – Procurador do Estado – MT/2016) Aristóteles é empregado da empresa Alpha Combustíveis Ltda. que atua no ramo de posto de combustíveis. O referido empregado presta serviços de vigilante no posto, laborando nas dependências do estabelecimento. Realizada perícia no local de trabalho para apuração da existência de periculosidade, o médico do trabalho, designado pelo Juiz do Trabalho da causa, elabora laudo concluindo pela periculosidade no ambiente de trabalho, o qual é acolhido pelo Magistrado. Nesta hipótese,

(A) o empregado faz jus ao adicional de periculosidade, à base de 30% do valor do salário, sem acréscimos de gratificações, prêmios e participação em lucros da empresa.

(B) não é devido adicional de periculosidade uma vez que o empregado é vigilante e, nesta situação, não faz jus ao referido adicional, posto que não atua diretamente em contato com inflamáveis, única hipótese de ter direito ao propalado adicional.

(C) é devido adicional de periculosidade ao empregado e deve a empresa ser condenada ao pagamento de adicional de 30% do salário mínimo nacional vigente à época, sem os acréscimos de gratificações, prêmios e participação em lucros.

(D) é devido adicional de periculosidade ao empregado à base de 30% do valor do salário, acrescidas de gratificações, prêmios e participações em lucros.

(E) o empregado não faz jus ao adicional de periculosidade, uma vez que a perícia é nula pelo fato de ter sido realizada por médico do trabalho, quando o correto seria que a perícia fosse confiada a um engenheiro de segurança do trabalho.

---

8. (QUESTÃO SOBRE A REFORMA TRABALHISTA ELABORADA PELO AUTOR). Constitui objeto ilícito de convenção coletiva ou de acordo coletivo de trabalho a supressão ou a redução do adicional de remuneração para as atividades penosas, insalubres ou perigosas.

---

9. (Cespe – Advogado – EBSERH/2018) Julgue o item seguinte, no que tange a trabalho da mulher, segurança e higiene do trabalho, direito de greve e processo trabalhista.

O peso máximo que um empregado pode remover individualmente mediante o auxílio de aparelhos mecânicos é de 60 kg.

( ) Certo

( ) Errado

10. (Vunesp – Procurador Jurídico – Pref. Baurú – SP/2018) De acordo com expressa disposição legal, incumbe ao órgão de âmbito nacional, competente em matéria de segurança e medicina do trabalho:

A) promover a fiscalização do cumprimento das normas de segurança e medicina do trabalho.

B) cumprir e fazer cumprir as normas de segurança e medicina do trabalho.

C) conhecer, em última instância, dos recursos, voluntários ou de ofício, das decisões proferidas pelos Delegados Regionais do Trabalho, em matéria de segurança e medicina do trabalho.

D) facilitar o exercício da fiscalização pela autoridade competente.

E) impor as penalidades cabíveis por descumprimento das normas relativas a prevenção de acidentes e o uso de equipamentos de proteção individual.

11. (FCC – Procurador do Estado – TO/2018) Conforme regras insculpidas no Título referente às normas gerais de tutela do trabalho contidas na Consolidação das Leis do Trabalho sobre segurança e medicina no trabalho,

A) o adicional de periculosidade será de 10% para atividades que envolvam risco de roubos ou outras espécies de violência física, 20% para atividades com energia elétrica e 40% para serviços com uso de motocicleta, sempre calculados sobre o salário-base do trabalhador.

B) as atividades insalubres são aquelas que, por sua natureza ou métodos de trabalho, impliquem o contato permanente com inflamáveis ou explosivos em condição de risco acentuado.

C) o trabalho em condições insalubres, acima dos limites de tolerância estabelecidos por norma, assegura ao empregado o adicional de 30% sobre o salário contratual.

D) é obrigatória a constituição de CIPA – Comissão Interna de Prevenção de Acidentes, conforme instruções do Ministério do Trabalho nos estabelecimentos nelas especificadas, sendo composta apenas por representantes dos empregados cujo mandato dos membros titulares será de um ano, sem direito a reeleição.

E) o direito do empregado ao adicional de insalubridade ou de periculosidade cessará com a eliminação do risco à sua saúde ou integridade física, nos termos da CLT e das normas expedidas pelo Ministério do Trabalho.

12. (FCC – Advogado – AFAP/2019) Eduardo é empregado da empresa de entregas Zas Trás Ltda., prestando serviços como motociclista, entregando todo tipo de encomendas, até mesmo material inflamável. No caso hipotético narrado e de acordo com a CLT, Eduardo tem direito ao adicional de

A) periculosidade, no percentual de 30% sobre o salário base, por se tratar de trabalhador em motocicleta e insalubridade, no percentual de 40% sobre o salário mínimo, pela exposição a inflamável.

B) periculosidade, no percentual de 30% sobre o salário base, por se tratar de trabalhador em motocicleta.

C) insalubridade, no percentual de 30% sobre o salário base, pela exposição a inflamável.

D) penosidade, no percentual de 40% sobre o salário mínimo, pelo trabalho sujeito às intempéries climáticas e a acidente de trânsito.

E) periculosidade, no percentual de 40% sobre o salário base, por se tratar de trabalhador em motocicleta.

10.2. Questões discursivas

1. (TRT 23ª REGIÃO – 2011) Empregado ajuizou reclamação trabalhista pleiteando a condenação do empregador ao pagamento cumulativo dos adicionais de insalubridade por exposição a dois agentes insalubres físicos – ruído e frio, e pelo trabalho em ambiente perigoso – sistema elétrico de potência. O laudo técnico constatou a existência do trabalho em ambiente perigoso e a exposição do trabalhador aos aludidos agentes insalubres. Submetida a sua apreciação, decida de forma fundamentada.

2. (TRT/8R/Juiz/2012) A instituição dos adicionais de insalubridade e de periculosidade, tanto pela Constituição da República, como pela Consolidação das Leis do Trabalho, completa e/ou se harmoniza com a previsão contida nos artigos 196 da Constituição da República, que erige a saúde como direito de todos, e 225, que prevê o meio ambiente ecologicamente equilibrado como bem de uso comum do povo e essencial à sadia qualidade de vida, onde se inclui o do trabalho (art. 200, VIII da Constituição da República)?

10.3. Gabarito das questões objetivas

Gab		Fundamentação legal e jurisprudencial	Onde encontro no livro?
1	E	a) CLT. Art. 162, "a"	a) Item 4
		b) CLT. Art. 162, "b"	b) Item 4
		c) CLT. Art. 162, "c"	c) Item 4
		d) CLT. Art. 162, "d"	d) Item 4
2	C	CF/88. Art. 10, II, do ADCT	Item 4.1
3	B	a) CLT. Art. 168, I, II e III	a) Item 4.2
		b) CLT. Art. 166	b) Item 5
		c) CLT. Art. 171, *caput*	c) Item 1.2
		d) CLT. Art. 192	d) Item 2.3 "a"
		e) CLT. Art. 193, I, II e § 4º	e) Item 2.3 "b"
4	C	TST. Súmula nº 448, I	Item 2.1
5	A	CLT. Art. 194, *caput*	Item 2.4
6	E	a) CLT. Art. 193, § 4º	a) Item 2.2
		b) CLT. Art. 195, § 2º	b) Item 2.2
		c) CLT. Art. 191, I e II	c) Item 2.5
		d) CLT. Art. 191, parágrafo único	d) Item 1.2
		e) CLT. Art. 193, I	e) Item 2.3, alínea "b"
7	A	a) CLT. Art. 193, § 1º; Portaria Ministério do Trabalho e Emprego nº 1.885/13	a) Item 2.3, alínea "b"
		b) CLT. Art. 193, § 1º; Portaria Ministério do Trabalho e Emprego nº 1.885/13	b) Item 2.3, alínea "b"
		c) CLT. Art. 193, § 1º; Portaria Ministério do Trabalho e Emprego nº 1.885/13	c) Item 2.3, alínea "b"
		d) CLT. Art. 193, § 1º; Portaria Ministério do Trabalho e Emprego nº 1.885/13	d) Item 2.3, alínea "b"
		e) CLT. Art. 193, § 1º; Portaria Ministério do Trabalho e Emprego nº 1.885/13	e) Item 2.3, alínea "b"
8	C	CLT. Art. 611-B, XVIII	Item 2.3, alínea "b".
9	E	Art. 198, parágrafo único	Item 4
10	C	a) CLT. Art. 156 b) CLT. Art. 157, I c) CLT. Art. 155, III d) CLT. Art. 157, IV e) Art. 156, III	Item 1.2
11	E	a) CLT. Art. 192	Item 2.3 "a"
		b) CLT. Art. 189	Item 2
		c) CLT. Art. 193, §1º	Item 2.3 "b"
		d) CLT. Art. 164	Item 4.1
		e) CLT, Art. 194	Item 2.4
12	B	CLT. Art. 193, §4º	Item 2.3

10.4. Gabarito das questões discursivas

Item	Fundamentação legal, jurisprudencial ou doutrinária	Onde encontro no livro
1	Segundo o art. 193, § 2º, da CLT, o empregado que esteja exposto, simultaneamente, a agentes insalubres e a condições perigosas assim definidas por lei, deve optar pelo adicional de insalubridade ou de periculosidade. Entretanto é necessário interpretar a referida norma trabalhista pela ótica do Direito Constitucional, tão esquecida por aqueles que se dedicam ao estudo e aplicação do Direito Laboral. Essa afirmativa é feita porque, apesar da CLT ser expressa no sentido de proibir a cumulação, a Constituição Federal de 1988 não impõe qualquer limitação à percepção em conjunto dos dois adicionais e até mesmo do ainda não regulamentado adicional de penosidade. Além disso, deve prevalecer, no plano do ordenamento jurídico interno, as Convenções 148 e 155 da OIT, ratificadas pelo Brasil, que tratam na matéria. Inclusive já há várias decisões do TST nesse sentido, a exemplo daquela proferida nos autos do processo 1072-72.2011.5.02.0384. A hipótese, portanto, é de não recepção, pelo nova ordem constitucional, do referido art. 193, § 2º, da CLT. Deve-se registrar, contudo, entendimento em sentido contrário manifestado recentemente pela SDI-1 do TST (E-RR-1072-72.2011.5.02.0384).	Item 2.3
2	Entende-se que a instituição dos adicionais de insalubridade e de periculosidade completa e/ou se harmoniza apenas em parte com o mandamento constitucional descrito na pergunta. Há um aspecto positivo, pois a instituição de tais adicionais poderia inibir ou pelo menos desestimular a ação do empregador no sentido de exigir o prestação de serviços em condições prejudicais a saúde ou em ambientes perigosos. Mas a realidade demonstra que, pelo seu valor, tais adicionais não estariam obtendo o resultado pretendido e, por conta disso, não estaria em harmonia com a CF/88. Na verdade, o ideal seria que a legislação impusesse ao empregador a adoção de todas as medidas que tivessem ao seu alcance para eliminar os agentes insalubres e perigosos do meio ambiente de trabalho. Somente nos caso de efetiva impossibilidade é que se autorizaria o funcionamento do empreendimento e o pagamento dos adicionais respectivos. Atualmente, a impressão que se tem é que o empregado, por conta de sua hipossuficiência jurídica e econômica, aceita prestar serviços em condições insalubres e em ambientes perigosos em troca da percepção do adicional de insalubridade e/ou de periculosidade, o que caracterizaria a monetização do risco.	Item 2

CAPÍTULO XI

DIREITOS TRABALHISTAS INESPECÍFICOS – RESPONSABILIDADE CIVIL DO EMPREGADOR

1. GENERALIDADES

O dano, inclusive o de natureza moral, constitui um dos elementos integrantes do instituto da responsabilidade civil, ao lado da ação ou omissão, do nexo de causalidade e da culpa.

O **dano material trabalhista** nada mais é do que a diminuição do patrimônio valorado economicamente do seu respectivo titular por conta da ação ou omissão do empregado ou do empregador. É representado pelo lucro cessante ou pelo dano emergente.

O ordenamento trabalhista nacional não cuidava, de forma específica, do dano moral e sua reparação até a edição da Lei nº 13.467/17, que introduziu o Título II-A à CLT, para disciplinar essa matéria, contendo diversos dispositivos, inclusive o art. 223-A com a seguinte redação: "Aplicam-se à reparação de danos de natureza extrapatrimonial decorrentes da relação de trabalho apenas os dispositivos deste Título".

Apesar do mencionado preceito legal conter a expressão **"apenas"**, nada impede que o juiz faça a integração do ordenamento jurídico laboral em caso de omissão, recorrendo às regras do direito comum, de acordo com o permissivo contido no parágrafo único, art. 8º da CLT.

Nesse sentido é a tese contida no Enunciado nº 18, aprovado na 2ª Jornada de Direito Material e Processual do Trabalho:

> **ENUNCIADO Nº 18. DANO EXTRAPATRIMONIAL:**
>
> EXCLUSIVIDADE DE CRITÉRIOS APLICAÇÃO EXCLUSIVA DOS NOVOS DISPOSITIVOS DO TÍTULO II-A DA CLT À REPARAÇÃO DE DANOS EXTRAPATRIMONIAIS DECORRENTES DAS RELAÇÕES DE TRABALHO: INCONSTITUCIONALIDADE. A ESFERA MORAL DAS PESSOAS HUMANAS É CONTEÚDO DO VALOR DIGNIDADE HUMANA (ART. 1º, III, DA CF) E, COMO TAL, NÃO PODE SOFRER RESTRIÇÃO À REPARAÇÃO AMPLA E INTEGRAL QUANDO VIOLADA, SENDO DEVER DO ESTADO A RESPECTIVA TUTELA NA OCORRÊNCIA DE ILICITUDES CAUSADORAS DE DANOS EXTRAPATRIMONIAIS NAS RELAÇÕES LABORAIS. DEVEM SER APLICADAS TODAS AS NORMAS EXISTENTES NO ORDENAMENTO JURÍDICO QUE POSSAM IMPRIMIR, NO CASO CONCRETO, A MÁXIMA EFETIVIDADE CONSTITUCIONAL AO PRINCÍPIO DA DIGNIDADE DA PESSOA HUMANA (ART. 5º, V E X, DA CF). A INTERPRETAÇÃO LITERAL DO ART. 223-A DA CLT RESULTARIA EM TRATAMENTO DISCRIMINATÓRIO INJUSTO ÀS PESSOAS INSERIDAS NA RELAÇÃO LABORAL, COM INCONSTITUCIONALIDADE POR OFENSA AOS ARTS. 1º, III; 3º, IV; 5º, CAPUT E INCISOS V E X E 7º, CAPUT, TODAS DA CONSTITUIÇÃO FEDERAL.

Até então, o que se podia comentar sobre o dano moral nas relações de trabalho era, justamente, as peculiaridades e casuísticas observadas nesse âmbito específico das relações sociais, **que são decorrentes da inobservância dos direitos trabalhistas inespecíficos (vida, honra, imagem, incolumidade física etc.).**

Em diversas passagens desta obra, relacionaram-se questões tipicamente trabalhistas com a possível verificação do dano moral, como, por exemplo, no que diz respeito à falsa imputação de justa causa (itens 3.12 e 3.13, Capítulo VIII, Parte I) e à prescrição (alínea "h", item 4.8, Capítulo VIII, Parte I).

Essa matéria passou a ser enfocada pelos intérpretes e aplicadores do Direito do trabalho a partir da consolidação do entendimento de que a Justiça do Trabalho seria competente para apreciar e julgar litígio com pedido de indenização por danos morais decorrentes da execução do contrato de trabalho.

Cita-se a decisão histórica do STF que reconheceu a competência da Justiça Laboral, nesse particular:

> Justiça do Trabalho. Competência. Constituição. Art. 114: Ação de empregado contra empregador, visando a observância das condições negociais da promessa de contratar formulada pela empresa em decorrência da relação de trabalho. 1. Compete à Justiça do Trabalho julgar demanda de servidores do Banco do Brasil para compelir a empresa ao cumprimento da promessa de vender-lhes, em dadas condições de preço e modo de pagamento, apartamentos que, assentindo em transferir-se para Brasília, aqui viessem a ocupar, por mais de cinco anos, permanecendo a seu serviço exclusivo e direto. 2. A determinação da competência da Justiça do Trabalho não importa que dependa a solução da lide de questão de direito civil, mas sim, no caso, que a promessa de contratar, cujo alegado conteúdo é o fundamento do pedido, tenha sido feita em razão da relação de emprego, inserindo-se no contrato de trabalho.[1]

1. STF. Conflito de Jurisdição n. 6.959-6-DF. Rel. Min. Sepúlveda Pertence. Suscitante Juiz de Direito da 1ª Vara Cível de Brasília. Suscitado Tribunal Superior do Trabalho. DJ 22.02.91.

Após a promulgação da EC nº 45/2004, essa competência passou a ser explícita, conforme disposto no art. 114, VI, da Carta Maior de 1988: "Compete à Justiça do Trabalho processar e julgar: VI – as ações de indenização por dano moral ou patrimonial, decorrentes da relação de trabalho".

2. NATUREZA DA RESPONSABILIDADE CIVIL DO EMPREGADOR

2.1. Responsabilidade contratual x aquiliana

A responsabilidade do empregador, que por sua ação ou omissão implique dano moral, **é de natureza contratual**. Isso porque as determinações legais **incorporam-se automaticamente ao pacto laboral em forma de cláusulas contratuais.**

O efeito da identificação da natureza jurídica da responsabilidade civil do empregador é de atribuir-lhe o ônus da prova em relação à inexistência do elemento subjetivo, mais precisamente o dolo ou a culpa.

Todavia, **a maior parte dos doutrinadores** entendem que a responsabilidade por dano, na seara trabalhista, **tanto pode ser analisada sob o aspecto contratual quanto o extracontratual.**

2.2. Responsabilidade subjetiva x objetiva

A regra, no Direito brasileiro, é de aplicação da **responsabilidade subjetiva** em relação ao autor do dano. Nesse caso devem estar presentes, em cada caso, a ação ou omissão, o nexo de causalidade, o dano e o dolo ou culpa do ofensor.

Já **responsabilidade objetiva** só é admitida nas hipóteses expressamente previstas em lei ou **quando a atividade do ofensor implicar risco** para os direitos de outrem, na forma preconizada pelo art. 927, parágrafo único, do Código Civil, que acolheu a tese do risco criado:

> **Art. 927. Parágrafo único.** Haverá obrigação de reparar o dano, independentemente de culpa, nos casos especificados em lei, ou quando a atividade normalmente desenvolvida pelo autor do dano implicar, por sua natureza, risco para os direitos de outrem.

A indagação que surge é a seguinte: o citado dispositivo legal, prevendo a responsabilidade objetiva, poderá ser aplicado às relações de trabalho, mesmo em aparente conflito com o disposto no art. 7º, XXVIII, da Constituição Federal de 1988, que só admite a responsabilização direta do empregador quando este agir com dolo ou culpa?

Responde-se afirmativamente diante da seguinte situação hipotética: determinada empresa desenvolve atividade perigosa, mais precisamente fabricação de substâncias explosivas. Havendo detonação acidental de um depósito de explosivos, dentro do estabelecimento da referida empresa, que provoque danos tanto nos empregados quanto nos seus vizinhos, a obrigação de indenizá-los não poderá ser derivada de uma responsabilidade subjetiva, para os primeiros, e objetiva para os últimos, por uma simples questão de lógica e razoabilidade.

Diante dessa constatação, resta definir o fundamento para aplicabilidade da regra contida na norma ordinária e não o regramento constante do dispositivo constitucional, com a consequente inversão da hierarquia do ordenamento jurídico.

Tratando-se de norma mais favorável para o trabalhador, posto que exclui o elemento subjetivo da responsabilidade civil, a regra contida no Código Civil teria preferência na aplicação ao caso concreto, em detrimento da norma constitucional que exige a culpa ou dolo para reconhecer a responsabilidade civil do empregador em caso de acidente do trabalho.

Ora, o Direito do trabalho surgiu com o objetivo de, criando uma desigualdade jurídica inclinada para a proteção do operário, equilibrar a desigualdade existente na relação fática entre empregado e empregador, que pende para este último. Trata-se do princípio da proteção do qual deriva o princípio da norma mais favorável.

Em 12.03.2020, o STF, nos termos do voto do Min. Alexandre de Moraes, acolheu a tese de responsabilidade civil objetiva do empregador nas atividades de risco acentuado, ao fixar a seguinte tese de repercussão geral de nº 932:

> O artigo 927, parágrafo único, do Código Civil é compatível com o artigo 7º, XXVIII, da Constituição Federal, sendo constitucional a responsabilização objetiva do empregador por danos decorrentes de acidentes de trabalho, nos casos especificados em lei, ou quando a atividade normalmente desenvolvida, por sua natureza, apresentar exposição habitual a risco especial, com potencialidade lesiva e implicar ao trabalhador ônus maior do que aos demais membros da coletividade.

A jurisprudência vem se encarregando de identificar quais atividades implicam responsabilidade objetiva em caso de dano sofrido pelo empregado:

> **SÚMULA Nº 29 do TRT13.** ASSALTO. ATIVIDADE BANCÁRIA DO EMPREGADO. RESPONSABILIDADE OBJETIVA DO ESTABELECIMENTO BANCÁRIO. É objetiva a responsabilidade civil da instituição bancária pela reparação dos danos morais e materiais em razão de assalto sofrido por exercente de atividade bancária e em razão dela, nos termos do art. 927, parágrafo único, do Código Civil.

3. CONCEITO E NATUREZA JURÍDICA

O dano moral corresponde ao **resultado de uma ação ou omissão que implique, de forma necessária, ofensa a um bem não avaliável economicamente**.

Quando esse dano se efetiva em decorrência do cumprimento de obrigações derivadas da execução e extinção do contrato de trabalho, seja pelo empregado ou pelo empregador, recebe a denominação de dano moral trabalhista, **classificado como efeito indireto ou conexo do contrato de trabalho** ou como efeito da inobservância de algum **direito trabalhista inespecífico.**

O conceito legal de dano moral encontra-se insculpido no art. 223-B da CLT, introduzido pela Lei nº 13.467/17: "Causa dano de natureza extrapatrimonial a ação ou omissão que ofenda a esfera moral ou existencial da pessoa física ou jurídica, as quais são as titulares exclusivas do direito à reparação".

Os principais bens extrapatrimoniais são: a intimidade, a vida privada, a honra e a imagem, que são tutelados pela atual Carta Maior, em seu art. 5º, X, além da incolumidade física e psíquica da pessoa.

Já o art. 223-C e o art. 223-D da CLT, também introduzidos pela Lei da Reforma Trabalhista, apresentam um **rol meramente exemplificativo** de bens extrapatrimoniais na esfera da pessoa física e da pessoa jurídica, respectivamente:

> **Art. 223-C.** A honra, a imagem, a intimidade, a liberdade de ação, a autoestima, a sexualidade, a saúde, o lazer e a integridade física são os bens juridicamente tutelados inerentes à pessoa física.
>
> **Art. 223-D.** A imagem, a marca, o nome, o segredo empresarial e o sigilo da correspondência são bens juridicamente tutelados inerentes à pessoa jurídica.

No mesmo sentido o Enunciado aprovado na 2ª Jornada de Direito Material e Processual do Trabalho:

> **ENUNCIADO Nº 19. DANOS EXTRAPATRIMONIAIS: LIMITES**
>
> É DE NATUREZA EXEMPLIFICATIVA A ENUMERAÇÃO DOS DIREITOS PERSONALÍSSIMOS DOS TRABALHADORES CONSTANTE DO NOVO ARTIGO 223-C DA CLT, CONSIDERANDO A PLENITUDE DA TUTELA JURÍDICA À DIGNIDADE DA PESSOA HUMANA, COMO ASSEGURADA PELA CONSTITUIÇÃO FEDERAL (ARTIGOS 1º, III; 3º, IV, 5º, CAPUT, E §2º).

Verifica-se, portanto, que os **efeitos indiretos ou conexos do contrato de trabalho** decorrem da necessidade que seus sujeitos têm de observarem os direitos e garantias individuais de cada um, pois antes de assumirem a posição de empregado e empregador, são pessoas detentoras de direitos inatos.

4. AÇÃO OU OMISSÃO OFENSIVA

A ação ou omissão que implique dano ao patrimônio não econômico do empregado pode ser efetivada tanto pelo próprio empregador quanto por seus prepostos, que exerçam ou não cargo de direção, desde que tenham atrelamento direto com a atividade empresarial.

Desse modo, a empresa responde, também, por omissões e atos praticados pelos seus diretores, gerentes, chefes e demais prepostos, na forma prevista pelo art. 932, III, do Código Civil: "São também responsáveis pela reparação civil: III – o empregador ou comitente, por seus empregados, serviçais e prepostos, no exercício do trabalho que lhes competir, ou em razão dele".

A ofensa pode ser causada, também, por um conjunto de atos praticados por diversas pessoas. Nesse caso, **cada um responde proporcionalmente**, como deixa claro o preceito contido no art. 223-E da CLT: "São responsáveis pelo dano extrapatrimonial todos os que tenham colaborado para a ofensa ao bem jurídico tutelado, na proporção da ação ou da omissão".

Inclusive, contrariando o princípio protetivo, foi estabelecida **uma regra menos benéfica** do que aquela existente no Direito Comum, representada pelo parágrafo único do art. 942 do

Código Civil, que estabelece **responsabilidade solidária, e não proporcional**, entre todos aqueles que participaram da ação ou omissão danosa:

> **Art. 942.** Os bens do responsável pela ofensa ou violação do direito de outrem ficam sujeitos à reparação do dano causado; e, se a ofensa tiver mais de um autor, todos responderão solidariamente pela reparação.
>
> **Parágrafo único.** São solidariamente responsáveis com os autores os coautores e as pessoas designadas no art. 932.

O empregado, mesmo na condição de hipossuficiente e subordinado, também pode ser classificado como **agente da conduta ofensiva**. Nesse caso, o empregador passa a ser considerado como ofendido. Em algumas situações, pode até haver conflito entre os direitos imateriais do empregado e do empregador, o que remete a solução do problema pela via da ponderação de interesses.

Assim, o efeito indireto ou conexo do contrato de trabalho **estabelece obrigações dessa natureza tanto para o empregador quanto para o empregado.**

Exemplo de questão sobre o tema

(TRT 15 – Juiz do Trabalho Substituto 15ª região/ 2013) Recentemente, a Justiça do Trabalho condenou uma instituição educacional a pagar uma indenização por dano pessoal a uma professora de ensino religioso, que foi dispensada por ter se divorciado e casado novamente, o que feria, segundo o empregador, as suas diretrizes religiosas. Respeitando os parâmetros da razoabilidade e do devido enquadramento jurídico, seguindo a revisão da doutrina dominante a respeito do tema, qual das alíneas abaixo reflete, respectivamente, os argumentos que poderiam ser utilizados, processualmente, pelo reclamante e pela reclamada, de modo a traduzir de maneira mais adequada e específica o conflito em questão:

(A) abuso de autoridade e falsidade ideológica;

(B) discriminação e falso testemunho;

(C) privacidade e direito potestativo de resilição contratual;

(D) intimidade e direito de imagem;

(E) proteção ao hipossuficiente e livre iniciativa.

Resposta: D

5. ESPÉCIES DE DANO MORAL

5.1. Dano moral puro

O agravo aos bens de natureza ideal pode gerar um dano moral puro, **representado pela dor subjetiva não detectável ou aferível externamente por terceiros.**

Por conta disso, não há como provar, materialmente, o dano moral puro, pois ele não se exterioriza. Consequentemente, essa espécie de dano não pode ser percebida pelos sentidos humanos.

5.2. Dano moral físico e estético

Pode ocorrer, entretanto, que o **dano moral puro** venha acompanhado de outra espécie de dano, como **o dano físico, que inclui o fisiológico, e o dano estético.** Muito comum nos acidentes do trabalho, o dano físico consiste naquele provocado a algum órgão do corpo humano do ofendido (lesão corporal ou perturbação funcional), que pode ser constatado a "olho nu", como a perda de um braço, por exemplo, ou por meio de exames médicos, nas hipóteses de perturbação funcional.

No caso do dano físico e fisiológico, a prova em juízo é feita por meio de perícia médica. Já na hipótese de dano estético, tendo em vista que altera a forma considerada "normal" do ser humano, com a modificação do padrão biológico e social de beleza, dispensa-se essa espécie de prova técnica.

Conclui-se, assim, que **dano moral e estético não são institutos distintos**. O que existe, no caso, é uma relação de gênero e espécie, ou seja, todo dano estético é um dano moral, mas nem todo dano moral é considerado dano estético.

O STJ editou a Súmula nº 387 para deixar claro o seu posicionamento quanto à possibilidade de cumulação de indenização por danos morais e danos estéticos: "É possível a acumulação das indenizações de dano estético e moral".

No mesmo sentido os precedentes judiciais dos Tribunais Regionais do Trabalho:

> **SÚMULA Nº 15 do TRT1.** CUMULAÇÃO DE INDENIZAÇÕES POR DANOS ESTÉTICO E MORAL. O dano moral não se confunde com o dano estético, sendo cumuláveis as indenizações.
>
> **SÚMULA Nº 23 do TRT12.** DANOS MORAL E ESTÉTICO. POSSIBILIDADE DE CUMULAÇÃO. Oriundos do mesmo fato, mas distintos pela sua causa, são cumuláveis os danos moral e estético.

Portanto, uma vez detectada a ocorrência de um dano estético, além do dano moral puro, **a indenização a ser fixada deve levar em consideração esses dois eventos**, por meio de um valor global ou em valores destacados, desde que, no primeiro caso, a sentença deixe claro que a indenização se refere ao dano moral puro e ao dano estético.

Logo quando foi publicada a Lei nº 13.467/17, houve interpretação no sentido de ser excluído o **dano extrapatrimonial em ricochete** no âmbito da relação de trabalho, uma vez que o mencionado preceito contido no art. 223-B, utilizada a expressão: "as quais são as titulares **exclusivas** do direito à reparação".

Todavia essa não é a melhor interpretação da norma jurídica, pois estaria a proteger uma situação menos grave, como lesões corporais por exemplo, em detrimento do fato morte.

Nesse sentido o Enunciado aprovado na 2ª Jornada de Direito Material e Processual do Trabalho:

> **ENUNCIADO Nº 20. DANO EXTRAPATRIMONIAL: LIMITES E OUTROS ASPECTOS**
>
> DANOS EXTRAPATRIMONIAIS. O ARTIGO 223-B DA CLT, INSERIDO PELA LEI 13.467, NÃO EXCLUI A REPARAÇÃO DE DANOS SOFRIDOS POR TERCEIROS (DANOS EM RICOCHETE), BEM COMO A DE DANOS EXTRAPATRIMONIAIS OU MORAIS COLETIVOS, APLICANDO-SE, QUANTO A ESTES, AS DISPOSIÇÕES PREVISTAS NA LEI 7.437/1985 E NO TÍTULO III DO CÓDIGO DE DEFESA DO CONSUMIDOR.

5.3. Dano moral coletivo

A ofensa aos **direitos difusos e coletivos em sentido estrito e** de cunho econômico gera, para o autor da ação, a responsabilização civil e a consequente obrigação de indenizar. Assim, a indenização por danos materiais visa ressarcir, integralmente, o patrimônio econômico da coletividade.

Contudo, quando a ofensa atinge os **direitos e interesses coletivos sem conteúdo econômico**, a indenização também é devida, mas tem como objetivo evitar que condutas semelhantes sejam repetidas. Essa característica revela que a natureza jurídica da indenização por danos morais coletivos **é estritamente pedagógica.**

Não há que se falar no **caráter compensatório da indenização** por danos morais difusos e coletivos em sentido estrito, uma vez que o titular desse direito não é o ser humano, mas sim uma coletividade. Nesse passo, não haveria como fixar uma indenização com o objetivo de estabelecer uma alegria para compensar uma tristeza.

A tese da natureza jurídica pedagógica para pessoas não naturais ou coletividades já é plenamente aceita na doutrina e jurisprudência, conforme se observa da Súmula nº 227 do STJ, que trata dessa temática: "A pessoa jurídica pode sofrer dano moral". A Lei nº 13.467/17 introduziu o já citado art. 223-D à CLT que dispõe, justamente, sobre os bens imateriais juridicamente tutelados da pessoa jurídica.

Destaca-se a circunstância de que o dano moral difuso e coletivo *stricto sensu* **não representa um feixe de ofensas ao patrimônio não econômico dos integrantes de determinada coletividade.** Isso ocorreria quando a ofensa tivesse uma origem comum e irradiasse efeitos na órbita moral de diversas pessoas individualmente consideradas, mas pertencentes a um mesmo grupo. Seria a hipótese de **dano moral individual e homogêneo** e poderia ser objeto tanto de tutela individual quanto coletiva, nesse último caso promovida pelo Ministério Público do Trabalho ou qualquer outro legitimado.

É muito importante diferenciar os dois institutos – dano moral coletivo e dano moral individual homogêneo – **pois o titular do primeiro é a coletividade e do segundo são os próprios indivíduos ofendidos.**

Consequentemente, a indenização por dano moral coletivo teria caráter pedagógico e **seria revertida para uma entidade**, como o Fundo de Amparo ao Trabalhador, por exemplo, **em condenação obtida em ação civil pública.**

Já no caso de dano moral individual e homogêneo, a indenização teria natureza pedagógica/compensatória, e seria revertida para cada integrante do grupo, **ainda que objeto de ação civil coletiva**, na forma prevista pelo art. 91 do Código de Defesa do Consumidor.[2]

Sobre a temática, posiciona-se o TRT5 por intermédio da Súmula nº 63:

> **SÚMULA Nº 63.** FUNCIONAMENTO DE AGÊNCIA BANCÁRIA. GREVE DOS VIGILANTES. DANO MORAL COLETIVO. É vedado por lei o funcionamento de qualquer estabelecimento financeiro onde haja guarda de valores ou movimentação de numerário sem a presença de vigilantes. Gera dano moral coletivo a exigência do labor em condições vedadas por lei.

2. CDC. Art. 91. Os legitimados de que trata o art. 82 poderão propor, em nome próprio e no interesse das vítimas ou seus sucessores, ação civil coletiva de responsabilidade pelos danos individualmente sofridos, de acordo com o disposto nos artigos seguintes.

6. DANO MORAL E MERO DISSABOR, ABORRECIMENTO OU TRANSTORNO

Efetivamente, a relação de emprego constitui campo bastante fértil para a ocorrência do dano moral. Isso ocorre, principalmente, por conta do estado de subordinação do empregado e o exercício do poder diretivo do empregador.

Como consequência dessa constatação, deve-se estabelecer e identificar os limites da atuação patronal, para que não ofenda o princípio da dignidade humana do trabalhador. Isso é possível mediante a vedação de atos humilhantes e vexatórios, mas sem esquecer do exercício regular do *ius variandi* do patrão.

Nem toda atitude empresarial mais enérgica **pode ser classificada como causa de dano moral, a despeito de desagradar e aborrecer o empregado**.

Gestos e palavras de caráter organizacional, fiscalizatório ou disciplinar, que estejam dentro dos limites da razoabilidade, **são considerados como mero dissabor, aborrecimento ou transtorno**. Tais atos, apesar de atingir em grau leve o patrimônio ideal do empregado, **não representam uma ofensa indenizável.**

Eis alguns exemplos fornecidos pela jurisprudência:

> DANO MORAL. INDEVIDO. Mero dissabor, aborrecimento, desconforto emocional e mágoa, extrapolam o conceito de dano moral, não configurando lesão a direito personalíssimo a autorizar a compensação indenizatória.[3]
>
> DANO MORAL. INDENIZAÇÃO. NÃO CABIMENTO. O dano moral não decorre de qualquer dissabor, de qualquer contrariedade ou adversidade. Exige, ao contrário, grave e clara agressão ao patrimônio moral. Hipótese em que a recorrente refere situações que fazem parte da vida de qualquer um. Dificuldades, aborrecimentos, angústias e tropeços, tudo isso é da própria condição humana e de quem vive em sociedade. Recurso do autor a que se nega provimento.[4]

No mesmo sentido, o inadimplemento do empregador, no que diz respeito às verbas tipicamente trabalhistas (13º salário, FGTS etc.), não gera, **por si só, dano moral.** Aceitar tese contrária implicaria **banalizar a aplicação desse importante instituto, visto que, em qualquer situação, o dano material viria acompanhado de dano moral.**

É necessário, pois, fixar limites, sob pena de admitir que toda violação de direitos ou interesses, de natureza contratual ou não, teria cunho de ofensa moral, circunstância que tornaria a indenização respectiva um mero acessório da indenização por danos materiais.

Por isso, o inadimplemento contratual deve vir acompanhado de uma ação ou omissão, que caracterizaria o *plus* ofensivo, necessário para a constatação de uma ofensa moral indenizável. No caso do salário, por exemplo, não basta a mora, é necessário que esse comportamento do empregador seja contumaz.

3. TRT 7ª R. 0063100-4720075070006. 1ª. T. Rel. Juiz Emmanuel Teófilo Furtado. DEJT 28.11.2011.
4. TRT 2ª R. RO 01832-2008-061-02-00-8. 11ª T. Rel. de Azevedo Silva. DOESP 07.07.2010.

A classificação do dano moral em mero dissabor equivale à adoção do **princípio da insignificância ou da bagatela** do Direito penal no Direito do trabalho, o que exige o exame de cada caso para verificação ou não da gravidade da conduta ofensiva.

Registre-se, por fim, que determinadas condutas do empregador podem ser consideradas como **antijurídicas** sem que sejam classificadas como produtoras de dano moral indenizável. A responsabilidade civil, seja contratual ou extracontratual, exige o dano como elemento para sua configuração, o que não ocorre, necessariamente, com as ações antijurídicas, que prescindem do dano ou prejuízo para serem assim consideradas.

Quando, por exemplo, o empregador deixa de registrar a jornada de trabalho dos seus empregados em sistema manual, mecânico ou eletrônico, apesar de possuir mais de 20 trabalhadores no estabelecimento, **pratica ato antijurídico, mas não pode ser condenado a pagar uma indenização aos empregados em razão dessa omissão**. Nesse caso, a sanção é, exclusivamente, de ordem administrativa.

7. INDENIZAÇÃO E PRESCRIÇÃO

7.1. Indenização por danos morais

A. *Natureza da indenização por danos morais*

A indenização por danos materiais tem o objetivo de **recompor** o patrimônio econômico do ofendido. Tem como parâmetro a diferença monetária entre o estado atual e aquele existente antes da ofensa (dano emergente) ou aquilo que deixou de ingressar no patrimônio econômico da vítima, por conta da ação ou omissão do ofensor (lucro cessante).

Já a indenização por danos morais tem dupla finalidade: **pedagógica e compensatória.** No primeiro caso, a condenação do ofensor funciona como punição e tem como objetivo evitar que ações idênticas ou semelhantes não mais se repitam. Já o caráter compensatório da indenização tem o escopo de propiciar conforto e alegria ao ofendido, como forma de contrabalançar a tristeza e o desconforto sofrido em decorrência da ação lesiva.

B. *Cumulação de indenização por danos materiais e morais*

Não há dúvida sobre a possibilidade de se **cumular pedido de indenização por danos morais e por danos materiais** diante da pacificação desse tema na jurisprudência, que foi acolhida pelo legislador ao editar a Lei nº 13.467/17, introduzindo o art. 223-F à CLT:

> **Art. 223-F.** A reparação por danos extrapatrimoniais pode ser pedida cumulativamente com a indenização por danos materiais decorrentes do mesmo ato lesivo.
>
> **§ 1º** Se houver cumulação de pedidos, o juízo, ao proferir a decisão, discriminará os valores das indenizações a título de danos patrimoniais e das reparações por danos de natureza extrapatrimonial.
>
> **§ 2º** A composição das perdas e danos, assim compreendidos os lucros cessantes e os danos emergentes, não interfere na avaliação dos danos extrapatrimoniais.

C. Critérios para fixação da indenização por danos morais

Diante da conhecida dificuldade para se fixar o valor da indenização por danos morais, o juiz deve utilizar do seu prudente arbítrio guiado pelos seguintes critérios adotados pela doutrina: **a razoabilidade, a proporcionalidade, a extensão do dano, o grau da culpa, e a capacidade financeira do ofensor e do ofendido.** Assim, o valor da indenização não pode ser irrisória nem implicar enriquecimento ilícito da vítima.

A Lei da Reforma Trabalhista, além de elencar uma série de critérios para a avaliação do dano (art. 223-G, incisos I ao XII), estabeleceu uma espécie de tarifação (art. 223-G, §§ 1º ao 3º) impondo um teto para a consequente indenização de acordo com a respectiva gravidade, assim considerada como leve, média, grave e gravíssima:

> **Art. 223-G.** Ao apreciar o pedido, o juízo considerará:
>
> I – a natureza do bem jurídico tutelado;
>
> II – a intensidade do sofrimento ou da humilhação;
>
> III – a possibilidade de superação física ou psicológica;
>
> IV – os reflexos pessoais e sociais da ação ou da omissão;
>
> V – a extensão e a duração dos efeitos da ofensa;
>
> VI – as condições em que ocorreu a ofensa ou o prejuízo moral;
>
> VII – o grau de dolo ou culpa;
>
> VIII – a ocorrência de retratação espontânea;
>
> IX – o esforço efetivo para minimizar a ofensa;
>
> X – o perdão, tácito ou expresso;
>
> XI – a situação social e econômica das partes envolvidas;
>
> XII – o grau de publicidade da ofensa.
>
> § 1º Se julgar procedente o pedido, o juízo fixará a indenização a ser paga, a cada um dos ofendidos, em um dos seguintes parâmetros, vedada a acumulação:
>
> I – ofensa de natureza leve, até três vezes o último salário contratual do ofendido;
>
> II – ofensa de natureza média, até cinco vezes o último salário contratual do ofendido;
>
> III – ofensa de natureza grave, até vinte vezes o último salário contratual do ofendido;
>
> IV – ofensa de natureza gravíssima, até cinquenta vezes o último salário contratual do ofendido.
>
> § 2º Se o ofendido for pessoa jurídica, a indenização será fixada com observância dos mesmos parâmetros estabelecidos no § 1º deste artigo, mas em relação ao salário contratual do ofensor.
>
> § 3º Na reincidência entre partes idênticas, o juízo poderá elevar ao dobro o valor da indenização.

Os incisos do art. 223-G da CLT estabelecem critérios que devem ser observados para a fixação da indenização, não podendo ser interpretado como **requisitos para o reconhecimento da ofensa moral.**

Chama a atenção, entretanto, aquele relativo ao perdão tácito ou expresso como critério para a fixação da indenização. Como identificar o perdão tácito, representado pela inércia do ofendido, quando se considera como razoável o comportamento do empregado que não contesta a ação ou omissão do empregador, diante do seu temor de perder o emprego?

Tramita no STF a ADI nº 6069, proposta pelo Conselho Federal da Ordem dos Advogados do Brasil, questionando as alterações promovidas pela Lei 13.467/2017 na CLT.

Há um precedente na Corte Suprema. Trata-se da ADPF nº 130/DF, que teve como objeto a lei de imprensa (Lei nº 5250/67). O STF declarou que a referida Lei é incompatível com a atual ordem constitucional, dentre outros aspectos, por fixar **a tarifação da indenização por danos morais** em seus artigos 51 e 52.

D. *Atualização monetária de indenização*

Como a apreciação valorativa do juiz efetiva-se no momento da condenação, por meio da sentença, **a atualização monetária do valor respectivo deve levar em consideração esse momento e não aquele concernente à data em que o dano efetivamente ocorreu.**

Nesse sentido é o entendimento do STJ, explicitado por meio da Súmula nº 362: “A correção monetária do valor da indenização do dano moral incide desde a data do arbitramento”.

O TST adotou posição intermediária em relação a essa questão, por meio da Súmula nº 439, pois não deu o mesmo tratamento para a questão dos juros e da correção monetária:

> **Súmula nº 439.** DANOS MORAIS. JUROS DE MORA E ATUALIZAÇÃO MONETÁRIA. TERMO INICIAL – Res. 185/2012, DEJT divulgado em 25, 26 e27.09.2012. Nas condenações por dano moral, a atualização monetária é devida a partir da data da decisão de arbitramento ou de alteração do valor. Os juros incidem desde o ajuizamento da ação, nos termos do art. 883 da CLT.

E. *Incidência de imposto de renda*

Diante do seu caráter nitidamente indenizatório e por expressa disposição legal contida no Decreto nº 9.580/18, art. 35, III, “a”, art. 39, XVII, **não incide imposto de renda sobre os valores recebidos a título de indenização por danos morais por acidente do trabalho.**

Esse é o posicionamento dominante na doutrina e na jurisprudência:

> Não incide imposto de renda sobre o valor da indenização pago a terceiro. Essa ausência de incidência não depende da natureza do dano a ser reparado. Qualquer espécie de dano (material, moral puro ou impuro, por ato legal ou ilegal) indenizado, o valor concretizado como ressarcimento está livre da incidência de imposto de renda. A prática do dano em si não é fato gerador do imposto de renda por não ser renda. O pagamento da indenização também não é renda, não sendo, portanto, fato gerador desse imposto. (...) Configurado esse panorama, tenho que aplicar o princípio de que a base de cálculo do imposto de renda (ou de qualquer outro imposto) só pode ser fixada por via de lei oriunda do poder competente. É o comando do art. 127, IV, do CTN. Se a lei não insere a “indenização”, qualquer que seja o seu tipo, como renda tributável, inocorrendo, portanto, fato gerador e base de cálculo, não pode o fisco exigir imposto sobre essa situação fática. (...) Atente-se para a necessidade de, em homenagem ao princípio da legalidade, afastar-se as pretensões do fisco em alargar

o campo da incidência do imposto de renda sobre fatos estranhos à vontade do legislador" ("Regime Tributário das Indenizações", Coordenado por Hugo de Brito Machado, Ed. Dialética, pg. 174/176).[5]

7.2. Prescrição da pretensão relativa ao dano moral

A prescrição da pretensão dos atores sociais que envolva pedido de danos morais é regida pelas regras de Direito Comum, mais precisamente pelo Código Civil, art. 206, § 3º, V, que estabelece o prazo de três anos.

Como a prescrição representa um instituto de Direito Material, **não pode sofrer influência do ramo do Poder Judiciário no qual tenha de ser aplicada**. Assim, independentemente da pretensão ser exercitada perante a Justiça do Trabalho ou Justiça Comum, o prazo a ser observado é o do Código Civil.

Parte da doutrina e da jurisprudência entende que, se a lesão ao patrimônio ideal do trabalhador ou empregador ocorreu em razão da existência da relação de emprego, o crédito daí decorrente passa a ter natureza trabalhista e incide o prazo previsto pelo art. 7º, XXIX, da CF/88.

Esse entendimento, combinado com a aplicação do princípio protetivo, não resiste a uma análise mais aprofundada do instituto da prescrição. Se há dúvidas interpretativas entre a aplicação do prazo prescricional previsto pelo Código Civil ou aquele que consta da Carta Maior, a opção deve ser feita pelo que seja melhor para o obreiro, com a aplicação do princípio do *in dubio pro operario.*

Imagine-se a seguinte situação: o gerente de uma empresa, durante o horário de trabalho e no interior do estabelecimento, imputa a um empregado e a um amigo seu, simultaneamente, a prática de atos criminosos e, logo após, extingue a relação de emprego por justa causa.

Nesse caso, o empregado teria o prazo de dois anos para ingressar com uma reclamação trabalhista para cobrar uma indenização por danos morais, enquanto que o seu amigo disporia do prazo de três anos? Obviamente que não.

Observa-se, desse modo, que, para uma mesma situação, haveria dois prazos distintos e o mais curto aplicável ao trabalhador, circunstância que contraria todas as regras que integram o princípio protetivo.

Conclui-se, assim, que no caso de possibilidade de aplicação de dois prazos de prescrição, deve-se optar por aquele que seja mais favorável ao empregado, diante da incidência da regra da norma mais benéfica. Portanto, no exemplo citado, se, após a ofensa moral, o empregado continua prestando serviços para o empregador, incide o prazo prescricional de **cinco anos** previsto pela Carta Magna vigente.

Importante salientar que **a jurisprudência dominante do TST é no sentido de reconhecer a aplicação do prazo prescricional previsto na Constituição Federal,** se a lesão

5. STJ. Recurso Repetitivo PARADIGMA RESP 1.152.764 – CE (2009/0150409-1). Rel. Min. Luiz Fux. DEJT de 01.07.2010.

tiver ocorrido depois da promulgação da EC nº 45/2004, e o prazo previsto no Código Civil, na hipótese de ter ocorrido antes desse marco:

> RECURSO DE REVISTA. PRESCRIÇÃO. DANO MORAL. ACIDENTE DE TRABALHO. SÚMULA Nº 126 DO TST. Esta e. Corte pacificou entendimento no sentido de que, no caso em que o acidente de trabalho ocorrera antes da fixação da competência da Justiça do Trabalho para apreciar o pedido de danos morais dele decorrente (Emenda Constitucional 45/2004), aplica-se a prescrição civil e, quando após, aplica-se a prescrição trabalhista. O Tribunal Regional, no entanto, não registra a data em que ocorreu o acidente de trabalho, o que atrai o óbice da Súmula nº 126 do TST ao conhecimento do recurso. Recurso de revista não conhecido.[6]

8. CASUÍSTICA E JURISPRUDÊNCIA

Na casuística jurisprudencial, observa-se um maior índice de declaração de ofensa ao patrimônio ideal do empregado nas hipóteses de: atrasos salariais constantes, acidente do trabalho típico e doença ocupacional; revista íntima; procedimentos discriminatórios, principalmente no ato da admissão e despedida do obreiro por questões de raça, credo, cor, opção sexual etc.; trabalho escravo; imputação falsa de pratica de atos de improbidade; humilhações, em face do não cumprimento de metas; assédio moral e sexual; rebaixamento; limitação às necessidades fisiológicas do empregado; filmagens clandestinas; anotações desabonadoras na CPTS do empregado; uso indevido de imagem; inclusão do nome do empregado em listas negras; transporte de valores etc.

8.1. Reconhecimento do dano moral na relação de emprego

A seguir, transcrevem-se diversas decisões nas quais o dano moral no âmbito da relação de emprego restou reconhecido pelos Tribunais trabalhistas:

> **SÚMULA Nº 82 do TRT4.** CARTEIRA DE TRABALHO E PREVIDÊNCIA SOCIAL. RETENÇÃO INJUSTIFICADA PELO EMPREGADOR. DANO MORAL. A retenção injustificada da Carteira de Trabalho e Previdência Social do trabalhador, por período superior ao previsto nos arts. 29 e 53 da CLT, é causa de dano moral in re ipsa.
>
> **SÚMULA Nº 83 do TRT4.** EMPRESA WALMART BRASIL. REUNIÕES MOTIVACIONAIS. DANO MORAL. O empregado da empresa Walmart que é compelido a participar das reuniões motivacionais em que é entoado o cântico Cheers, com coreografia envolvendo dança ou rebolado, sofre abalo moral, tendo direito ao pagamento de indenização.
>
> **SÚMULA Nº 104 do TRT4.** ATRASO REITERADO NO PAGAMENTO DE SALÁRIOS. DANO MORAL. INDENIZAÇÃO DEVIDA. O atraso reiterado no pagamento dos salários gera presunção de dano moral indenizável ao empregado.
>
> **SÚMULA Nº 58 do TRT1.** TRANSPORTE RODOVIÁRIO COLETIVO URBANO. MOTORISTAS E COBRADORES. AUSÊNCIA DE BANHEIROS. DANO MORAL CONFIGURADO. Cumpre ao empregador a responsabilidade de oferecer e manter, em condições de uso, banheiros nos pontos finais dos itinerários para uso de motoristas e cobradores. A não observância constitui dano moral passível de indenização.

6. TST. RR 122100-57.2009.5.01.0011. 3ª T. Rel. Min. Horácio Raymundo de Senna Pires. DEJT. 01.06.2011.

SÚMULA Nº 30 do TRT6. IMPOSIÇÃO DE PRÁTICA DE "CHEERS". DANO MORAL. É devida a indenização por dano moral, na hipótese de ser o empregado compelido a participar de "CHEERS"(grito de guerra).

SÚMULA Nº 33 do TRT9. ATRASO REITERADO OU NÃO PAGAMENTO DE SALÁRIOS OU DE VERBAS RESCISÓRIAS. DANO MORAL. INDENIZAÇÃO. I – O atraso reiterado ou o não pagamento de salários caracteriza, por si, dano moral, por se tratar de dano *in re ipsa*; II – O atraso ou o não pagamento das verbas rescisórias devidas não caracteriza, por si, dano moral, sendo necessária a prova de circunstâncias objetivas ensejadoras do dano.

SÚMULA Nº 08 do TRT11. INDENIZAÇÃO POR DANO MORAL. BANCÁRIO. TRANSPORTE DE VALORES. RISCO À INTEGRIDADE FÍSICA. CABIMENTO. Tem direito à indenização por dano moral o bancário que transporta valores entre postos e agências, tratando-se de atividade passível de risco a sua integridade física.

SÚMULA Nº 47 do TRT12. COBRANÇA ABUSIVA DE CUMPRIMENTO DE METAS. DANOS MORAIS. CABIMENTO. Embora regular a fixação e cobrança de metas, o abuso caracteriza dano moral indenizável.

SÚMULA Nº 49 do TRT12. DANO MORAL. REVISTA ÍNTIMA OU DE PERTENCES. Tanto a revista íntima do trabalhador quanto a de seus pertences, esta quando discriminatória, geram dano moral.

SÚMULA Nº 78 do TRT12. INDENIZAÇÃO POR DANOS MORAIS. RETENÇÃO INDEVIDA DA CTPS DO EMPREGADO. Presume-se haver dano moral indenizável quando a CTPS do empregado, com o registro da terminação do contrato, não lhe é devolvida até o prazo legal para homologação ou pagamento das verbas rescisórias.

SÚMULA Nº 92 do TRT12. TRABALHADOR ANISTIADO PELA LEI N.º 8.878/1994. DEMORA DO ENTE PÚBLICO EM PROMOVER A READMISSÃO. INDENIZAÇÃO POR DANOS MORAIS. INCABÍVEL. A demora do ente público em proceder à readmissão do trabalhador anistiado pela Lei n.º 8.878/1994 não configura ato ilícito indenizável, em razão da necessidade de procedimentos específicos para o cumprimento das obrigações previstas na referida Lei.

SÚMULA Nº 53 do TRT15. TRANSPORTE DE VALORES EM BENEFÍCIO DO EMPREGADOR. INDENIZAÇÃO POR DANO MORAL DEVIDA. A conduta do empregador de exigir do empregado atividade de transporte de valores, com exposição indevida a situação de risco, enseja o pagamento de indenização por dano moral, nos termos do art. 5º, X, da Constituição Federal.

SÚMULA Nº 84 do TRT15. ANOTAÇÃO NA CTPS COM MENÇÃO À AÇÃO JUDICIAL. DANO MORAL. A anotação na CTPS do empregado com menção à ação judicial configura ato abusivo, contrário ao artigo 29, caput e seus §§ 1º a 4º, da CLT e ofensiva à intimidade, honra e imagem do trabalhador, nos termos do artigo 5º, inciso X, da CF. Devida a indenização por dano moral prevista no artigo 927 do Código Civil.

SÚMULA Nº 50 do TRT18. BANHO OBRIGATÓRIO. EXPOSIÇÃO DO TRABALHADOR. DANO MORAL. Há ofensa à dignidade humana e dano moral reparável se o banho é obrigatório e os banheiros não assegurarem o resguardo conveniente do trabalhador, independentemente da existência de portas de acesso que impeçam o devassamento (MTE, NR 24, item 24.1.11).

SÚMULA Nº 07 do TRT19. REVISTA VISUAL EM PERTENCES PESSOAIS DO TRABALHADOR. DANO MORAL. CONFIGURAÇÃO. Submeter o empregado a revistas íntimas em seus pertences pessoais, ainda que meramente visuais, viola direitos da personalidade do trabalhador assegurados constitucionalmente (art. 5º, X, CF/88), o que implica a existência de dano moral e o pagamento da correspondente indenização.

SÚMULA Nº 24 do TRT22. BANCO POSTAL. DEVER DE SEGURANÇA ASSALTO. INDENIZAÇÃO POR DANO MORAL. Banco postal tem o dever de instalar equipamentos de segurança eficientes para proteção de seus empregados e clientes, sob pena de ser responsabilizado por danos materiais e morais que seus empregados venham a sofrer por omissão da empresa em adotar as medidas de segurança necessárias. Assim, configurado o ato ilícito do empregador (o ato culposo por negligência), o dano efetivo ao empregado (o abalo psicológico em razão do risco de morte sofrido); e o nexo de causalidade, é devida a reparação de danos.

SÚMULA Nº 23 do TRT23. INDENIZAÇÃO POR DANO MORAL/EXISTENCIAL DECORRENTES DA JORNADA EXCESSIVA/EXTENUANTE. NÃO CONFIGURAÇÃO POR MERA PRESUNÇÃO. A prestação de horas extras habituais, em jornada constantemente excessiva ou exaustiva, ainda que sem a respectiva contraprestação financeira, por si só, não enseja a presunção absoluta ou relativa da ocorrência de dano moral ou existencial ao empregado passível de reparação, o qual carece de demonstração objetiva no caso concreto.

SÚMULA Nº 21 do TRT23. TRANSPORTE HABITUAL DE VALORES. DANO MORAL. O transporte habitual de valores realizado por empregado em situação de risco acentuado dá ensejo à compensação por dano moral, independentemente do ramo de atividade do empregador e do valor transportado.

SÚMULA Nº 20 do TRT23. INSTALAÇÃO DE CÂMERA EM VESTIÁRIO. DANO MORAL. O monitoramento por câmera em vestiário/banheiro configura abuso do poder diretivo por violar a intimidade do trabalhador.

SÚMULA Nº 17 do TRT23. DANO MORAL. RETENÇÃO E ATRASO SALARIAL. A retenção salarial ou seu atraso por mais de 90 (noventa) dias configura dano moral independentemente de prova.

OJ Nº 21 do TRT3. ANOTAÇÃO OU RETIFICAÇÃO DA CTPS. REFERÊNCIA A AÇÃO JUDICIAL. DANO MORAL. CONFIGURAÇÃO. Configura dano moral passível de indenização a anotação ou retificação da CTPS, efetuada pelo reclamado, fazendo referência a ação judicial.

OJ Nº 22 do TRT3. TRANSPORTE DE VALORES. DANO MORAL. O transporte de valores sem o atendimento das exigências previstas na Lei n. 7.102/83 expõe o empregado a risco e enseja o pagamento de indenização por dano moral, ainda que ele não tenha sido vítima de assalto.

OJ4T Nº 59 do TRT9. DIREITOS FUNDAMENTAIS. DANOS MORAIS I – Atrasos salariais. O simples atraso no pagamento de salário é condição suficiente à caracterização do dano moral. II – A competência ex ratione materiae da Justiça do Trabalho alcança apreciação de pedido de indenização por alegado dano moral decorrente de emissão e inclusão em chamadas "listas negras", ainda que o ato lesivo haja ocorrido após a extinção do contrato de trabalho. III – A inclusão do nome de ex-empregados em denominadas "listas negras" configura ato ilícito que potencializa o prejuízo (o não emprego), a teor do art. 186 do Código Civil, constituindo-se prática discriminatória e quebrando o princípio da boa-fé objetiva, princípio do livre acesso ao judiciário e do livre acesso ao trabalho (art. 1º da Convenção 111, OIT) configurando o dano efetivo (ainda que presumido) e o nexo de causalidade para reconhecimento de indenização por dano moral. IV – A prescrição aplicável ao dano moral é prevista no art. 7º, XXIX, da Constituição Federal de 1988 (bienal caso extinto o contrato de trabalho), sendo o marco inicial da contagem do prazo prescricional – actio nata – a data em que o trabalhador teve ciência da existência da "lista negra", incumbindo-se o empregador do ônus de provar qual seja a data da ciência, tomando-se em consideração que a prescrição alegada é fato extintivo do direito do demandante. V – A lista "PIS-MEL" elaborada pela

EMPLOYER e elencando trabalhadores que prestaram serviços à COAMO, constitui genuíno ato ilícito e abuso de direito com finalidade de formação de "lista negra" (cadastrar trabalhadores que ajuizaram reclamatórias trabalhistas ou se apresentaram como testemunhas em ações). O Ministério Público do Trabalho ao apreender o documento o tornou público em 25.07.2002, porém não é esta a actio nata para cômputo da prescrição, tampouco a data de sua impressão ocorrida em 06.06.2001, ou da data da inclusão do trabalhador na listagem – e sim, a data em que o trabalhador-demandante teve ciência da existência da "lista negra". VI – Danos morais. Certidão de antecedentes criminais. Excetuados os casos em que a lei expressamente exija apresentação de antecedentes criminais, enseja condenação ao pagamento de indenização por danos morais a exigência de tal documento, por afronta ao art.5º, 7º, XXX e 170, VIII, todos da CF e Lei 9029/1995. VII – Direitos fundamentais. Interpretação e aplicação. Os direitos fundamentais devem ser interpretados e aplicados de maneira a preservar a integridade sistêmica da Constituição, a estabilizar as relações sociais e, acima de tudo, a oferecer a devida tutela ao titular do direito fundamental. No Direito do Trabalho, deve prevalecer o princípio da dignidade da pessoa humana. VIII – Direitos fundamentais. Força normativa. Artigo 7º, inciso I, da Constituição da República. Eficácia plena. Força normativa da Constituição. Dimensão objetiva dos direitos fundamentais e dever de proteção. A omissão legislativa impõe a atuação do Poder Judiciário na efetivação da norma constitucional, garantindo aos trabalhadores a efetiva proteção contra a dispensa arbitrária. IX – Dispensa abusiva do empregado. Vedação constitucional. Nulidade. Ainda que o empregado não seja estável, deve ser declarada abusiva e, portanto, nula a sua dispensa quando implique a violação de algum direito fundamental, devendo ser assegurada prioritariamente a reintegração do trabalhador. X – Lesão a direitos fundamentais. Ônus da prova. Quando há alegação de que ato ou prática empresarial disfarça uma conduta lesiva a direitos fundamentais ou a princípios constitucionais, incumbe ao empregador o ônus de provar TRT – OJ (4ª Turma) que agiu sob motivação lícita. XI – "Dumping social". Dano à sociedade. Indenização suplementar. As agressões reincidentes e inescusáveis aos direitos propositalmente, a estrutura do Estado social e do próprio modelo capitalista com a obtenção de vantagem indevida perante a concorrência. A prática, portanto, reflete o conhecido "dumping social", motivando a necessária reação do Judiciário trabalhista para corrigi-la. O dano à sociedade configura ato ilícito, por exercício abusivo do direito, já que extrapola limites econômicos e sociais, nos exatos termos dos arts. 186, 187 e 927 do Código Civil. Encontra-se no art. 404, parágrafo único do Código Civil, o fundamento de ordem positiva para impingir ao agressor contumaz uma indenização suplementar, como, aliás, já previam os artigos 652, "d", e 832, § 1º, da CLT. XII – Revista. Ilicitude. Toda revista íntima promovida pelo empregador ou seus prepostos em seus empregados é ilegal, por ofensa aos direitos fundamentais da dignidade e intimidade do trabalhador. XIII – Responsabilidade civil. Danos morais. Critérios para arbitramento. O valor da condenação por danos morais decorrentes da relação de trabalho será arbitrado pelo juiz de maneira equitativa, a fim de atender ao seu caráter compensatório, pedagógico e preventivo. XIV – responsabilidade do empregador, atos de terceiros. Assaltos à mão armada. Assaltos à mão armada a estabelecimentos não gera indenizações por dano moral, excetuadas as hipóteses de atividade de risco legalmente previstas, motoristas e cobradores de veículos, ou manifesta negligência ou imprevidência do empregador.

TESE JURÍDICA PREVALECENTE Nº 01 do TRT8. INDENIZAÇÃO POR DANO MATERIAL DECORRENTE DE DESPESAS POR CONTRATAÇÃO DE ADVOGADO. ARTS. 186, 187 e 927 DO CÓDIGO CIVIL. Empregador que descumpre a legislação violando direito e levando empregado a contratar advogado para reclamar o que lhe é devido comete ato ilícito, causa dano material e fica obrigado a repará-lo com pagamento de indenização conforme dicção e inteligência dos arts. 186, 187 e 927 do Código Civil.

Inclusive o TST aprovou as seguintes teses sobre o dano moral em decorrência da exigência de certidão de antecedentes criminais, em sede de julgamento de incidente de recurso de revista repetitivo (Tema nº 1):

> Incidente de Recursos de Revista Repetitivos. "Tema nº 0001 – Dano moral. Exigência de Certidão Negativa de Antecedentes Criminais". A SBDI-I, por maioria, definiu as seguintes teses jurídicas para o Tema Repetitivo nº 0001 – DANO MORAL. EXIGÊNCIA DE CERTIDÃO NEGATIVA DE ANTECEDENTES CRIMINAIS: I. Não é legítima e caracteriza lesão moral a exigência de Certidão de Antecedentes Criminais de candidato a emprego quando traduzir tratamento discriminatório ou não se justificar em razão de previsão de lei, da natureza do ofício ou do grau especial de fidúcia exigido; II. A exigência de Certidão de Antecedentes Criminais de candidato a emprego é legítima e não caracteriza lesão moral quando amparada em expressa previsão legal ou justificar-se em razão da natureza do ofício ou do grau especial de fidúcia exigido, a exemplo de empregados domésticos, cuidadores de menores, idosos ou deficientes (em creches, asilos ou instituições afins), motoristas rodoviários de carga, empregados que laboram no setor da agroindústria no manejo de ferramentas de trabalho perfurocortantes, bancários e afins, trabalhadores que atuam com substâncias tóxicas, entorpecentes e armas, trabalhadores que atuam com informações sigilosas; III. A exigência de Certidão de Antecedentes Criminais, quando ausente uma das justificativas de que trata o item II, supra, caracteriza dano moral in re ipsa, passível de indenização, independentemente de o candidato ao emprego ter ou não sido admitido. Vencidos, parcialmente, no item I, os Ministros João Oreste Dalazen, Emmanoel Pereira e Guilherme Augusto Caputo Bastos; e, no item II, os Ministros Augusto César Leite de Carvalho, relator, Aloysio Corrêa da Veiga, Walmir Oliveira da Costa e Cláudio Mascarenhas Brandão. Quanto ao item III, restaram vencidos, parcialmente, os Ministros João Oreste Dalazen, Emmanoel Pereira e Guilherme Augusto Bastos e, totalmente, os Ministros Aloysio Corrêa da Veiga, Renato de Lacerda Paiva e Ives Gandra Martins Filho. TST-IRR-243000-58.2013.5.13.0023, SBDI-1, rel. Min. Augusto César Leite de Carvalho, red. p/ acórdão Min. João Oreste Dalazen, 20.4.2017 (TST. Info nº 157).

8.2. Não configuração do dano moral

Determinados atos praticados pelos empregadores, como proibição do uso de barba, limitação do uso do banheiro etc., não foram reconhecidos como capazes de produzir dano ao patrimônio não econômico do empregado, como se pode conferir das seguintes decisões:

> **SÚMULA Nº 66 do TRT5**. INADIMPLEMENTO DAS VERBAS RESCISÓRIAS. MULTA PREVISTA NO §8º DO ARTIGO 477 DA CONSOLIDAÇÃO DAS LEIS DO TRABALHO. POSSIBILIDADE DE CUMULAÇÃO COM INDENIZAÇÃO POR DANO MORAL. NECESSIDADE DE PROVA DA VULNERAÇÃO AO PATRIMÔNIO IMATERIAL DO TRABALHADOR. Admissível pelo ordenamento jurídico vigente a cumulação do pedido de indenização por dano moral decorrente do inadimplemento das verbas rescisórias com a multa prevista no §8º, artigo 477, CLT, eis que aquela indenização se reveste de caráter compensatório, enquanto a multa apresenta qualidade de pena. Nada obstante, a ausência de pagamento das parcelas rescisórias, por si só, não tem o condão de gerar dano moral, cumprindo ao trabalhador o dever de demonstrar a ocorrência de fatos constitutivos do direito, consubstanciados no efetivo dano ao seu patrimônio imaterial, de modo a restar autorizada a devida indenização reparatória.
>
> **SÚMULA Nº 60 do TRT10.** CONCURSO PÚBLICO. PRETERIÇÃO. DANO MORAL. AUSÊNCIA. A preterição de candidato aprovado em concurso público, por si só, não gera o direito ao recebimento de indenização por dano moral.

SÚMULA Nº 39 do TRT13. REVISTA VISUAL DE PERTENCES. AUSÊNCIA DE CONTATO CORPORAL. DANO MORAL INEXISTENTE. A revista em bolsas e pertences dos empregados, feita de modo impessoal e indiscriminado, e sem contato físico, não enseja reparação por dano moral, porquanto não caracterizado ato ilícito.

SÚMULA Nº 67 do TRT15. DANO MORAL. AUSÊNCIA DO REGISTRO DO CONTRATO DE TRABALHO NA CTPS DO EMPREGADO. A falta de anotação da CTPS, por si só, não configura dano moral ensejador de reparação pecuniária.

SÚMULA Nº 40 do TRT18. EXIGÊNCIA DE CARTA DE FIANÇA PELO EMPREGADOR. CONDIÇÃO PARA CONTRATAÇÃO. CONDUTA ABUSIVA. HONRA E DIGNIDADE NÃO VIOLADAS. DANOS MORAIS INEXISTENTES. A exigência de carta de fiança pelo empregador, como condição para contratação, embora configure conduta abusiva, não se revela suficiente para ferir a dignidade e a honra do empregado, sendo indevida indenização por danos morais.

SÚMULA Nº 49 do TRT18. DANOS MORAIS. MERO ATRASO NO PAGAMENTO DAS VERBAS RESCISÓRIAS INCONTROVERSAS E NA ENTREGA DAS GUIAS CORRESPONDENTES (FGTS E SEGURO-DESEMPREGO). O mero atraso no pagamento das verbas rescisórias incontroversas e na entrega de guias para levantamento do FGTS e requerimento do seguro-desemprego, embora configure ato ilícito, por si só, não implica dano moral.

SÚMULA Nº 55 do TRT18. CTPS. REGISTRO DO CONTRATO DE TRABALHO. APOSIÇÃO DO TERMO 'CANCELADO'. DANO MORAL. NÃO CONFIGURAÇÃO. A rasura da CTPS pela aposição do termo 'cancelado' sobre o registro do contrato de trabalho não gera, por si só, dano moral indenizável.

SÚMULA Nº 42 do TRT1. COBRANÇA DE METAS. DANO MORAL. INEXISTÊNCIA. A cobrança de metas está inserida no poder de comando do empregador, não configurando assédio moral, desde que respeitada a dignidade do trabalhador.

SÚMULA Nº 01 do TRT19. FGTS. NÃO RECOLHIMENTO. DANO MORAL. A simples ausência de recolhimentos ao FGTS não enseja, por si só, reparação por dano moral, devendo a parte autora comprovar a ocorrência de situação de maior prejudicialidade necessária à configuração do dano indenizável.

SÚMULA Nº 14 do TRT23. DANO MORAL. RETENÇÃO DA CTPS. ART. 53 DA CLT. DANO IN RE IPSA. INOCORRÊNCIA. A retenção da CTPS, entendida como a manutenção desse documento pelo empregador por prazo superior a 48 horas não enseja, por si só, direito à reparação por dano moral.

SÚMULA Nº 18 do TRT24. PERDAS E DANOS. CONTRATAÇÃO DE ADVOGADO. O entendimento consubstanciado na Súmula 219 do TST impede o deferimento de indenização por perdas e danos decorrentes da contratação de advogado.

TESE JURÍDICA PREVALECENTE Nº 01 do TRT1. DANO MORAL. INADIMPLEMENTO CONTRATUAL OU ATRASO NO PAGAMENTO DAS VERBAS RESILITÓRIAS. DANO IN RE IPSA E NECESSIDADE DE PROVA DE VIOLAÇÃO AOS DIREITOS DA PERSONALIDADE DO TRABALHADOR. Ainda que o dano moral seja in re ipsa, não é toda a situação de ilegalidade que é capaz de, automaticamente, causar um abalo moral indenizável. A situação de ilegalidade que constitui suporte para a indenização moral é aquela que impõe ao homem médio um abalo moral significativo. O dano moral não decorre, por si só, de mero inadimplemento contratual ou da falta de pagamento das verbas resilitórias pelo empregador, a não ser que se alegue e comprove (CLT, art. 818 c/c do CPC/15, art. 373, inciso I) de forma inequívoca, o nexo de causalidade entre tal inadimplemento e a superveniência de transtornos de ordem pessoal dele advindos.

TESE JURÍDICA PREVALECENTE Nº 03 do TRT1. DANO MORAL. REVISTA VISUAL EM BOLSAS E SACOLAS. NÃO CONFIGURAÇÃO. A revista do conteúdo de bolsas, mochilas e sacolas dos empregados, de modo impessoal e reservado, não caracteriza, por si, ofensa à honra ou à intimidade do empregado, capaz de gerar dano moral passível de indenização.

TESE JURÍDICA PREVALECENTE Nº 02 do TRT4. JORNADAS DE TRABALHO EXCESSIVAS. INDENIZAÇÃO POR DANO EXISTENCIAL. Não configura dano existencial, passível de indenização, por si só, a prática de jornadas de trabalho excessivas.

TESE JURÍDICA PREVALECENTE Nº 04 do TRT18. AUSÊNCIA DE ANOTAÇÃO DA CTPS. INDENIZAÇÃO POR DANO MORAL. INEXISTÊNCIA. A mera ausência de anotação da CTPS não gera indenização por danos morais.

Destaca-se que a Lei nº 13.467/17 inseriu o art. 456-A à CLT para **considerar lícito** o uso de uniforme com logomarcas de outras empresas que não as da empregadora do trabalhador.

Art. 456-A. Cabe ao empregador definir o padrão de vestimenta no meio ambiente laboral, sendo lícita a inclusão no uniforme de logomarcas da própria empresa ou de empresas parceiras e de outros itens de identificação relacionados à atividade desempenhada.

O TRT5 já manifestava seu posicionamento nesse sentido:

SÚMULA Nº 51 do TRT5. DANOS MORAIS. DIREITO DE IMAGEM. USO DE FARDAMENTO, RESTRITO AO AMBIENTE DE TRABALHO, COM LOGOTIPOS DOS PRODUTOS COMERCIALIZADOS NA EMPREGADORA. AUSÊNCIA DE PRÉVIO ASSENTIMENTO E DE COMPENSAÇÃO ECONÔMICA. DAMNUM IN RE IPSA. IMPOSSIBILIDADE. O fato de usar farda na qual consta a propaganda de empresas cujos produtos sejam comercializados no estabelecimento em que labora o empregado não configura por si só dano de ordem moral que redunde em dever reparatório in re ipsa. Necessário se faz a prova contundente dos requisitos previstos no art. 186 do CC.

Essa alteração legislativa deve impactar na jurisprudência de alguns Tribunais Regionais que, em determinados casos, entendia pelo direito a indenização pelo uso indevido da imagem:

SÚMULA Nº 35 do TRT3. USO DE UNIFORME. LOGOTIPOS DE PRODUTOS DE OUTRAS EMPRESAS COMERCIALIZADOS PELA EMPREGADORA. AUSÊNCIA DE PRÉVIO ASSENTIMENTO E DE COMPENSAÇÃO ECONÔMICA. EXISTÊNCIA DE VIOLAÇÃO AO DIREITO DE IMAGEM. A imposição patronal de uso de uniforme com logotipos de produtos de outras empresas comercializados pela empregadora, sem que haja concordância do empregado e compensação econômica, viola o direito de imagem do trabalhador, sendo devida a indenização por dano moral.

As decisões dos Tribunais Trabalhistas utilizavam como fundamento o art. 20 do Código Civil e o entendimento do STJ constante da Súmula nº 403:

Art. 20. Salvo se autorizadas, ou se necessárias à administração da justiça ou à manutenção da ordem pública, a divulgação de escritos, a transmissão da palavra, ou a publicação, a exposição ou a utilização da imagem de uma pessoa poderão ser proibidas, a seu requerimento e sem prejuízo da indenização que couber, se lhe atingirem a honra, a boa fama ou a respeitabilidade, ou se se destinarem a fins comerciais.

SÚMULA Nº 403. Independe de prova do prejuízo a indenização pela publicação não autorizada da imagem de pessoa com fins econômicos ou comerciais.

Sobre essa temática foi aprovado o Enunciado nº 21 na 2ª Jornada de Direito Material e Processual do Trabalho:

ENUNCIADO Nº 21 PADRÕES DE VESTIMENTA E DE LOGOMARCAS IMPOSTAS PELO EMPREGADOR: LIMITE

ART. 456-A DA CLT. PADRÕES IMPOSITIVOS DE VESTIMENTAS E LOGOMARCAS. LIMITES A DIREITOS FUNDAMENTAIS. A PRERROGATIVA DO EMPREGADOR DE DEFINIR PADRÃO DE VESTIMENTA, BEM COMO OUTRAS FORMAS DE IDENTIFICAÇÃO E PROPAGANDA, ENCONTRA LIMITES NOS DIREITOS FUNDAMENTAIS DOS TRABALHADORES. ASSIM, A DEFINIÇÃO DE UNIFORMES, LOGOMARCAS E OUTROS ITENS DE IDENTIFICAÇÃO DEVE PRESERVAR DIREITOS INDIVIDUAIS, TAIS COMO OS RELACIONADOS A PRIVACIDADE, HONRA E PUDOR PESSOAL, E NÃO SE EXCLUI A APLICAÇÃO DO ARTIGO 20 DO CÓDIGO CIVIL.

8.3. Revista pessoal

A revista íntima ou pessoal dos empregados, quando da saída dos estabelecimentos nos quais prestam serviços, é utilizada por algumas empresas para diminuir a quantidade de furtos de mercadorias de sua propriedade.

Essa questão tem sido bastante debatida nos Tribunais trabalhistas, que ainda não chegaram a um consenso sobre a legalidade dessa prática, quando limitada à revista de pertences dos empregados, denominada de **revista pessoal**.

Já a **revista íntima**, não no seu conceito jurídico, mas como representação do procedimento por meio do qual o empregado mostra partes pudendas do seu corpo (geralmente aquelas encobertas por peças íntimas) ou quando é apalpado por seguranças ou similares, é classificada como atividade antijurídica e causadora de danos morais ao trabalhador.

Todavia, mesmo na sua forma mais branda, quando o empregador inspeciona pertences do empregado, como bolsas, mochilas, sacolas etc., o procedimento da revista não viola apenas o direito à **intimidade** (no seu conceito jurídico, resguardado pela CF/88, art. 5º, inciso X e pelo art. 373-A, VI, da CLT), mas também a **honra do trabalhador**.

Inclusive, a Lei nº 13.271/16 estabeleceu multa de R$20.000,00 para as empresas que utilizarem o procedimento denominado de "revista íntima", valor este que pode ser dobrado em caso de reincidência.

Eis o texto da referida norma:

> **Art. 1º** As empresas privadas, os órgãos e entidades da administração pública, direta e indireta, ficam proibidos de adotar qualquer prática de revista íntima de suas funcionárias e de clientes do sexo feminino.
>
> **Art. 2º** Pelo não cumprimento do art. 1º, ficam os infratores sujeitos a:
>
> I – multa de R$ 20.000,00 (vinte mil reais) ao empregador, revertidos aos órgãos de proteção dos direitos da mulher;
>
> II – multa em dobro do valor estipulado no inciso I, em caso de reincidência, independentemente da indenização por danos morais e materiais e sanções de ordem penal.

Contudo, constitui procedimento ilegal a revista com a intenção de encontrar objetos possivelmente furtados. O trabalhador sente-se ultrajado em sua honra quando o empregador desconfia da sua probidade.

A prática da revista íntima **implica desconsideração de elemento fundamental na composição da relação empregatícia, qual seja, a fidúcia**. Não há como admitir que o empregador, diariamente, utilize o referido procedimento em debate, sem desconsiderar a existência da confiança que permeia o contrato laboral.

A relação derivada do aludido contrato só não se rompe pela ausência da fidúcia, nos casos concretos, em função da extrema necessidade econômica do hipossuficiente que tem no salário a sua única ou principal fonte de renda própria e para a sua família.

A jurisprudência, no âmbito da Justiça Comum, é majoritária no sentido de reconhecer como antijurídico o ato de revista feito pelas empresas em seus consumidores.

Tal entendimento deve ser aplicado com muito mais rigor nas relações de emprego, visto que a empresa pode adotar métodos quando da escolha de seus empregados, com o objetivo de rejeitar aqueles candidatos que não merecem confiança, o que não pode ser feito na relação de consumo, que é formada mesmo contra a vontade do empresário.

Apesar do direito de propriedade também ser resguardado pela atual Carta da República, tem natureza jurídica de direito disponível. Assim, a técnica da ponderação pode ser utilizada para solucionar o conflito. Nesse caso, deve prevalecer em primeiro lugar, o princípio da **dignidade da pessoa humana**.

O TST ainda não consolidou a sua jurisprudência. Há decisões que consideram lícito o procedimento da revista em bolsas e sacolas, sob o argumento de que constitui exercício legal do poder diretivo do empregador:

> RECURSO DE REVISTA. INDENIZAÇÃO POR DANO MORAL. REVISTA EM BOLSAS E SACOLAS. A mera revista visual nos pertences do empregado, como bolsas e sacolas, não configura, por si só, ofensa à sua moral/intimidade, constituindo, na realidade, exercício regular do direito do empregador, inerente ao seu poder de direção e fiscalização. Sendo essa a hipótese dos autos, o recurso encontra óbice na Súmula nº 126 do TST e no artigo 896, § 4º, da CLT.[7]

Já outros acórdãos adotam entendimento oposto para reconhecer a ilicitude de qualquer espécie de revista:

> RECURSO DE REVISTA. REVISTA DE BOLSAS. HIPÓTESE EM QUE HAVIA FORNECIMENTO DE ARMÁRIOS NA ENTRADA DA EMPRESA PARA GUARDA DE PERTENCES. POSSIBILIDADE DE OS EMPREGADOS EVITAREM A REVISTA. RAZOABILIDADE. DANO MORAL. NÃO CONFIGURAÇÃO. Não se olvida que o poder empregatício engloba o poder fiscalizatório (ou poder de controle), entendido este como o conjunto de prerrogativas dirigidas a propiciar o acompanhamento contínuo da prestação de trabalho e a própria vigilância efetivada ao longo do espaço empresarial interno. Medidas como o controle de portaria, as revistas, o circuito interno de televisão, o controle de horário e frequência e outras providências correlatas são manifestações do poder de controle. Por outro lado, tal poder empresarial não é dotado de caráter absoluto, na medida em que há em nosso ordenamento jurídico uma série de princípios limitadores da atuação do controle empregatício. Nesse sentido, é inquestionável que a Carta Magna de 1988 rejeitou condutas fiscalizatórias que agridam a liberdade e dignidade básicas da pessoa física do trabalhador, que se chocam, frontalmente, com os princípios constitucionais tendentes a assegurar um

7. TST. RR 400400-83.2009.5.12.0030. 8ª T. Rel. Min. Dora Maria da Costa. DEJT 10.02.2012.

> Estado Democrático de Direito e outras regras impositivas inseridas na Constituição, tais como a da – inviolabilidade do direito à vida, à liberdade, à igualdade, à segurança e à propriedade – (art. 5º, *caput*), a de que – ninguém será submetido (...) a tratamento desumano e degradante – (art. 5º, III) e a regra geral que declara – invioláveis a intimidade, a vida privada, a honra e a imagem da pessoa, assegurado o direito à indenização pelo ano material ou moral decorrente de sua violação – (art. 5º, X). Todas essas regras criam uma fronteira inegável ao exercício das funções fiscalizatórias no contexto empregatício, colocando na franca ilegalidade medidas que venham cercear a liberdade e dignidade do trabalhador. Há, mesmo na lei, proibição de revistas íntimas a trabalhadoras – regra que, evidentemente, no que for equânime, também se estende aos empregados, por força do art. 5º, *caput* e I, CF/88 (Art. 373-A, VII, CLT). Nesse contexto, e sob uma interpretação sistemática e razoável dos preceitos legais e constitucionais aplicáveis à hipótese, este Relator entende que a revista diária em bolsas e sacolas, por se tratar de exposição contínua da empregada a situação constrangedora no ambiente de trabalho, que limita sua liberdade e agride sua imagem, caracterizaria, por si só, a extrapolação daqueles limites impostos ao poder fiscalizatório empresarial, mormente quando o empregador possui outras formas de, no caso concreto, proteger seu patrimônio contra possíveis violações. Contudo, na hipótese, o eg. TRT deixou consignado que a Reclamada fornecia armários na entrada da empresa para os empregados que optassem por não serem revistados, ou seja, havia a possibilidade de os empregados evitarem as revistas. Ressalte-se ter sido também assentado pelo Regional que as revistas se justificavam pelo fato de a Reclamada dispor de informações privilegiadas e de questões afetas à segurança industrial, pelo fato de produzir equipamentos aeronáuticos para a indústria civil e militar. Assim, em face das particularidades do caso concreto, conclui-se que as revistas realizadas não podem ser consideradas abusivas ou arbitrárias.[8]

Sobre o tema, manifesta-se o TRT1 por meio da Súmula nº 16:

> **SÚMULA Nº 16 do TRT1.** REVISTA ÍNTIMA. DANO MORAL. LIMITES DOS PODERES DE DIREÇÃO E FISCALIZAÇÃO. VIOLAÇÃO À HONRA E À INTIMIDADE DO TRABALHADOR. PRINCÍPIO DA DIGNIDADE DA PESSOA HUMANA (art 1º, inc.III, CF). Cabe reparação por dano moral, por ferir o princípio da dignidade da pessoa humana, o ato patronal consubstanciado em revistas íntimas de trabalhadores de qualquer sexo, incluindo a vigilância por meio de câmeras instaladas em banheiros e vestiários.

Por fim, admite-se a realização de revistas nos empregados, excepcionalmente com o objetivo de encontrar armas ou aparelhos que possam provocar danos à integridade física e psíquica de outras pessoas, pois nesse caso prevalece a necessidade de resguardar a segurança coletiva.

8.4. Alegação de justa causa

O contrato de trabalho pode ser extinto por iniciativa do empregado, do empregador ou, em casos excepcionais, pelo decurso do tempo, nos casos em que a lei permite a celebração de contrato por prazo determinado. Cada uma dessas formas de extinção produz efeitos financeiros diversos e a despedida **sem justa causa**, sem dúvida, é a mais vantajosa para o empregado.

A **justa causa** nada mais é do que um motivo que autoriza o empregador finalizar o contrato de trabalho sem qualquer ônus financeiro. Por esse motivo, exigem-se alguns requisitos para a sua aceitação em juízo, como a previsão específica no art. 482 da CLT, a

8. TST. RR-56300-58.2007.5.15.0045. 6ª. T. Rel. Min. Mauricio Godinho Delgado. DEJT 30.09.2011.

gravidade da falta cometida pelo empregado, bem como a certeza da materialidade do fato e de sua autoria, questões que já foram analisadas no item 3.11, capítulo VII desta obra.

Dentre as causas previstas pelo legislador, a mais comum que se observa no dia a dia das demandas judiciais trabalhistas é a acusação de ato de improbidade, ou seja, da prática de algum ato por parte do empregado que revele seu caráter desonesto, notadamente aqueles relacionados com o patrimônio da empresa.

Não é raro observar alegações de furto de mercadorias como justificadores da despedida do trabalhador, sem que a empresa tenha se preparado para fazer a prova de que tal fato tenha ocorrido e de que tenha sido confirmada a autoria desse ato ilícito.

A garantia do contraditório e da ampla defesa deve ser aplicada não só nas relações existentes entre o cidadão e o Estado, mas também em algumas relações privadas, dentre elas à relação de emprego, caracterizada pela subordinação.

Sendo assim, antes de despedir por justa causa o empregador deve informar ao trabalhador que ele está sendo acusado de ter praticado um ato ilícito e conferir-lhe o exercício do direito de defesa. Somente depois dessa formalidade a empresa poderá concluir o processo de rompimento do vínculo trabalhista.

Como se trata de fato criminoso, a imputação infundada de sua autoria, ao empregado, macula a sua honra e dignidade. Portanto, caso não haja a prova da autoria e da materialidade do ilícito em juízo, o trabalhador pode ingressar com outra ação com pedido de condenação do empregador no pagamento de uma indenização por danos morais.

A jurisprudência dominante posiciona-se nesse sentido:

> DESPEDIDA POR JUSTA CAUSA. IMPROBIDADE AFASTADA POR DECISÃO JUDICIAL. DANO MORAL CONFIGURADO. Se não havia prova robusta, o empregador não poderia atribuir ao empregado ato desabonador à sua reputação pessoal e profissional, qual seja, improbidade. Da injusta imputação é lícito inferir que tenham decorrido para o empregado danos como o comprometimento da auto-estima, com sentimentos íntimos de vexame e constrangimento perante a sociedade, mais diretamente perante amigos e até mesmo familiares. No caso, a existência de prejuízos, autorizadora da percepção de indenização, advém de dois pressupostos doutrinariamente assentados, quais sejam: a) o prejuízo moral, em si mesmo, fica evidenciado com o seu próprio motivo, não estando, assim, sujeito a encargo probatório; b) pela teoria do reflexo que distingue o dano moral do patrimonial –, segundo a qual o que se toma por base não é o ato lesivo em si, mas as ressonâncias que se operam na esfera jurídica da pessoa atingida. Neste caso sob análise, as repercussões do dano nos âmbitos familiar e social do autor são facilmente presumíveis. Recurso de revista conhecido e provido.[9]

Os reflexos processuais da alegação de prática de justa causa devem ser analisados com bastante cuidado. Com efeito, em determinadas situações o empregador depara-se com dificuldades involuntárias para se desincumbir do encargo probatório que lhe cabe e sucumbe na sua pretensão deduzida em juízo.

Portanto, na demanda em que o trabalhador pretende a condenação do empregador no pagamento de uma indenização por danos morais, deve ser investigado o motivo utilizado para não reconhecer, por sentença, a justa causa:

9. TST. RR 41900 – 26.2001.5.24.0004. 8ª T. Rel. Min. Dora Maria da Costa. DJ 29.8.2008.

DANO MORAL. JUSTA CAUSA NÃO RECONHECIDA POR INSUFICIÊNCIA DE PROVAS. INDEFERIMENTO. 1. O fato de o empregador ter rompido o vínculo empregatício sob a alegação de cometimento de falta grave, e, perante o poder judiciário não ter logrado comprovar os fatos em que fulcrou sua argumentação, é insuficiente para que se reconheça o direito do trabalhador em ser indenizado por danos morais. 2. Tal indenização será cabível apenas quando restar inequívoco que a empresa utilizou-se desse subterfúgio com a única finalidade de escapar das obrigações rescisórias, ou quando nos autos restar absolutamente comprovada a inexistência da falta grave – Jamais quando o não reconhecimento judicial da justa causa decorreu da mera insuficiência de provas quanto ao fato alegado. 3. Recurso não provido. 4. Decisão unânime.[10]

Exemplo de questão sobre o tema

(TRT 22 – Juiz do Trabalho Substituto 22ª região/ 2013) Empregado de grande empresa que vende produtos a crédito, ingressa com reclamação trabalhista postulando o recebimento de indenização por dano moral, por haver sido dispensado em virtude de estar com restrição de crédito. Assinalar a alternativa CORRETA:

(A) a dispensa se insere no direito potestativo do empregador, de modo que indevida a indenização postulada;

(B) não há base no ordenamento jurídico pátrio para agasalhar semelhante pretensão;

(C) o reclamante deveria ter postulado, ao invés de indenização por dano moral – o que lhe propiciaria, se acolhido o pedido, um enriquecimento sem causa – a garantia no emprego;

(D) devida a indenização pretendida, porquanto inadmissível, em época na qual se visa proteger aqueles que não resistem às pressões que os levem a consumir, e que não são poucas em uma sociedade de consumo, tanto que se fala num "superendividamento do consumidor", sejam dispensados por tal motivo;

(E) inviável o acolhimento da pretensão, pelo dano que, efetivamente, pode representar para uma empresa como a reclamada, quanto ao seu negócio, manter um empregado nessa condição, uma vez que depende, para sua sobrevivência, de que as prestações feitas pelos seus clientes sejam regularmente satisfeitas, e a situação do reclamante poderia fazer surgir questionamentos e inadimplementos.

Resposta: D

8.5. Questões processuais

a) Prova do dano moral puro

A prova de um dano moral puro, na maioria dos casos, decorre de uma presunção *hominis* (*in re ipsa*). Isso porque não há como demonstrar, por intermédio dos sentidos, a dor, a humilhação, o constrangimento etc.

No caso de demandas postulando indenização por dano moral puro, o julgador deve utilizar as regras da experiência, daquilo que normalmente acontece (presunções *hominis*), **para reconhecer a existência do dano**, na forma prevista pelo art. 375 do CPC.

QUADRO COMPARATIVO – USO DAS REGRAS DA EXPERIÊNCIA		
CPC DE 1973	**CPC DE 2015**	**CLT**
Art. 335. Em falta de normas jurídicas particulares, o juiz aplicará as regras de experiência comum subministradas pela observação do que ordinariamente acontece e ainda as regras da experiência técnica, ressalvado, quanto a esta, o exame pericial.	**Art. 375.** O juiz aplicará as regras de experiência comum subministradas pela observação do que ordinariamente acontece e, ainda, as regras de experiência técnica, ressalvado, quanto a estas, o exame pericial.	Sem similar

10. TRT 24ª R. RO 1664/2004-001-24-00-3. Rel. Juiz Amaury Rodrigues Pinto Junior. DJ 13.07.2006.

A jurisprudência dominante posiciona-se nesse sentido:

> RECURSO DE EMBARGOS INTERPOSTO NA VIGÊNCIA DA LEI Nº 11.496/ 2007. INDENIZAÇÃO POR DANO MORAL. COMPROVAÇÃO. Comprovada a existência de dano e de nexo causal com a conduta ilícita praticada pelo Reclamado, o abalo moral, subjetivo e psicológico, prescinde de comprovação fática.[11]

Conclui-se, assim, ser equivocada a decisão interlocutória do juiz no sentido de valer-se de elementos probatórios, principalmente o testemunhal, para aferir o grau de tristeza, infelicidade, perda da autoestima ou incômodo da vítima, como se tais elementos fossem detectáveis por meio dos sentidos.

Essa espécie de prova só serviria para fixar o grau externo do dano (repercussão exterior do dano) ou para identificar a boa reputação da vítima, **circunstâncias necessárias apenas para efeito de fixar o valor da indenização.**

b) Competência material

O constituinte derivado acrescentou um inciso ao art. 114, com o objetivo de não deixar qualquer dúvida sobre a competência da Justiça do Trabalho para apreciar e julgar ações envolvendo indenização por danos morais.

Pela redação anterior do *caput* do referido dispositivo constitucional, já era possível concluir pela competência da Justiça Laboral. Contudo, a maioria das decisões do STJ eram conservadoras e restritivas nessa interpretação. Curvava-se somente quando o Supremo Tribunal Federal se manifestava em sentido contrário.

Além do processo de ampliação da competência, conseguida por alteração legislativa, a Justiça do Trabalho foi agraciada, também, com a competência para julgar ações envolvendo acidente do trabalho.

Entretanto, o referido alargamento de competência efetivou-se em decorrência da interpretação que o Supremo Tribunal Federal fez da nova ordem constitucional (Conflito de Competência 7204-1).

O STF ainda se manifesta sobre o tema por meio da Súmula Vinculante nº 22:

> **Súmula Vinculante nº 22.** Competência. Processo e Julgamento. Indenização por Danos Morais e Patrimoniais Decorrentes de Acidente de Trabalho. A Justiça do Trabalho é competente para processar e julgar as ações de indenização por danos morais e patrimoniais decorrentes de acidente de trabalho propostas por empregado contra empregador, inclusive aquelas que ainda não possuíam sentença de mérito em primeiro grau quando da promulgação da Emenda Constitucional nº 45/04.

Já o TST por intermédio da Súmula nº 392:

> **SÚMULA Nº 392.** DANO MORAL E MATERIAL. RELAÇÃO DE TRABALHO. COMPETÊNCIA DA JUSTIÇA DO TRABALHO (redação alterada em sessão do Tribunal Pleno realizada em 27.10.2015) – Res. 200/2015, DEJT divulgado em 29.10.2015 e 03 e 04.11.2015. Nos termos do art. 114, inc. VI, da Constituição da República, a Justiça do Trabalho é competente para processar e julgar ações de indenização por dano moral e material, decorrentes da relação de trabalho, inclusive as oriundas de acidente de trabalho e doenças a ele equiparadas, ainda que propostas pelos dependentes ou sucessores do trabalhador falecido.

11. TST. RR-26200-18.2004.5.05.0009. 7ª T. Rel. Min. Carlos Alberto Reis de Paula. DEJT 02.12.2011.

Exemplo de questão sobre o tema

(TRT 2 – Juiz do Trabalho Substituto 2ª região/2016) Sobre o dano moral, individual e coletivo, conforme legislação e entendimento sumulado do TST, no âmbito das relações de trabalho, é INCORRETO afirmar que:

A) São invioláveis a intimidade, a vida privada, a honra e a imagem das pessoas, assegurado o direito a indenização pelo dano material ou moral decorrente de sua violação.

B) Nas condenações por dano moral, a atualização monetária é devida a partir da data da decisão de arbitramento ou de alteração do valor. Os juros incidem desde o ajuizamento da ação, nos termos do art. 883 da CLT.

C) A Justiça do Trabalho é competente para processar e julgar ações de indenização por dano moral e material, decorrentes da relação de trabalho, inclusive as oriundas de acidente de trabalho e doenças a ele equiparadas, ainda que propostas pelos dependentes ou sucessores do trabalhador falecido.

D) A prescrição aplicada nas ações por dano moral decorrentes de acidente de trabalho nas lesões ocorridas após a vigência da Emenda Constitucional 45 é de 3 (três) anos a rigor do disposto no artigo 206 do Código Civil de 2002.

E) O Ministério Público do Trabalho, por meio de Ação Civil Pública, tem competência para pleitear a reparação pelo dano moral experimentado pelos trabalhadores, além de buscar a responsabilização pelo ato ilícito perpetrado pela empresa, através de seus gestores.

Resposta: D

9. ASSÉDIO MORAL

Como visto, a responsabilidade civil subjetiva é constituída por quatro elementos: ação (ou omissão), culpa, nexo de causalidade e dano. Por meio da visualização desse instituto, o assédio moral classifica-se como conduta (ação ou omissão), enquanto que o dano moral, como a própria denominação sugere, representa o último elemento, qual seja, o dano.

O assédio moral não pode ser confundido com o dano moral. Na verdade, há uma relação de causa e efeito entre ambos, uma vez que o assédio moral implica dano ao patrimônio moral da vítima nos grupos sociais, como na família, na escola, na igreja, no trabalho etc.

De acordo com a literatura especializada, esse fenômeno foi observado, inicialmente, entre animais e depois entre crianças, que eram inseridas em grupos sociais já consolidados. Constatou-se, nessas situações, que o grupo excluía o novo integrante das suas relações e passava a hostilizá-lo.

No âmbito laboral, a verificação de comportamento semelhante intensificou-se com a globalização e consequente adoção de novas técnicas e métodos de organização do trabalho, sempre voltadas para o crescimento da produtividade e do lucro, necessários em face do aumento da competitividade.

Contudo, quando as ações empresariais dessa espécie não observam os limites éticos e legais relativos ao tratamento digno que deve ser dispensado ao trabalhador como ser humano, abre-se espaço para o aparecimento do assédio moral. O uso de tais procedimentos transforma o meio ambiente do trabalho em terreno fértil para o desenvolvimento do assédio moral, mormente quando se leva em consideração o exercício desregrado do poder disciplinar do empregador.

9.1. Previsão legal

Cumpre ressaltar, inicialmente, que **a figura do assédio moral não foi contemplada expressamente pelo ordenamento jurídico-laboral de forma específica**, apesar de existirem diversos projetos de lei em tramitação no Congresso Nacional.

Extrai-se a delimitação dos contornos do assédio moral por meio de obras que são fruto de pesquisas de ciências não jurídicas, principalmente da psicologia, posteriormente aplicadas ao meio ambiente laboral.

Na administração pública já existem algumas normas regionais que conceituam e vedam a prática do assédio moral, a exemplo da Lei nº 3.921/02, do Estado do Rio de Janeiro:

> **Art. 1º.** Fica vedada, no âmbito dos órgãos, repartições ou entidades da administração centralizada, autarquias, fundações, empresas públicas ou sociedades de economia mista, do Poder Legislativo, Executivo ou Judiciário, inclusive concessionárias ou permissionárias de serviços estaduais de utilidade ou interesse público, o exercício de qualquer ato, atitude ou postura que se possa caracterizar como assédio moral no trabalho, por parte de superior hierárquico, contra funcionário, servidor ou empregado e que implique em violação da dignidade desse ou sujeitando-o a condições de trabalho humilhantes e degradantes.

Apesar da lacuna normativa específica, o ordenamento jurídico pátrio, por intermédio de dispositivos constitucionais e infraconstitucionais, inclusive a CLT, obstam a prática de condutas antijurídicas e garantem às vítimas de danos morais o direito à reparação, incluídos aqueles decorrentes da prática do assédio moral.

A Lei nº 11.514/07, art. 96, § 1º, IV, (Lei das Diretrizes Orçamentárias) veda a concessão ou renovação de quaisquer empréstimos ou financiamentos pelas agências financeiras oficiais de fomento às instituições cujos dirigentes tenham sido condenados por assédio moral ou sexual.

A Portaria SIT/DSST nº 9/07, que aprova o anexo II da NR-17 – Trabalho em Teleatendimento/Telemarketing, veda, expressamente, a prática do assédio moral:

> **5.13.** É vedada a utilização de métodos que causem assédio moral, medo ou constrangimento, tais como: a) estímulo abusivo à competição entre trabalhadores ou grupos/equipes de trabalho; b) exigência de que os trabalhadores usem, de forma permanente ou temporária, adereços, acessórios, fantasias e vestimentas com o objetivo de punição, promoção e propaganda; c) exposição pública das avaliações de desempenho dos operadores.

Em 2019 a Organização Internacional do Trabalho, após quatro anos de debate, aprovou a Convenção nº 190, que trata da **violência e do assédio no trabalho**, mas ainda não foi ratificada pelo Brasil.

Segundo dispõe o art. 1º, 1, "a", da referida convenção, violência e assédio no trabalho corresponde a: "um conjunto de comportamentos e prática inaceitáveis, ou de ameaças de tais comportamentos e práticas, que se manifestem uma só vez ou de maneira repetida, que tenham por objeto, que cause ou sejam suscetíveis de causar um dano físico, psicológico, sexual ou econômico e incluem a violência e o assédio por razão de gênero".

9.2. Conceito, denominações e características

A expressão *assédio moral* foi adotada pelos principais estudiosos desse comportamento, mas também é denominado de **violência moral no trabalho, humilhação no trabalho, terror psicológico no trabalho e hostilização no trabalho.**

Em outros países, recebeu os seguintes apelidos: *acoso moral*, nos países de língua espanhola; *bullying* na Inglaterra; *harassment*, nos Estados Unidos da América; *harcèlement moral*, nos países de língua francesa; *mobbing*, na Itália, Alemanha e países escandinavos; *ijime*, no Japão.

Identifica-se o assédio moral no trabalho como o comportamento por meio do qual o empregador ou seus prepostos escolhe um ou alguns empregados e inicia um processo deliberado de perseguição insistente, composto por atos repetitivos e prolongados, com o objetivo de humilhá-los, constrangê-los, inferiorizá-los e isolá-los dos demais colegas de trabalho, procedimentos que implicam danos à saúde psicofisiológica e à dignidade do empregado.

Assemelha-se a conduta classificada pelo senso comum como perseguição, representada por atitude que aborrece a pessoa e ultrapassa o limite humanamente suportável, de forma que pode até ser considerada **tortura psicológica velada.**

Para Marie France Hirigoyen, o assédio moral é: "Toda e qualquer conduta abusiva manifestando-se sobretudo por comportamentos, palavras, atos, gestos, escritos que possam trazer dano à personalidade, à dignidade ou à integridade física ou psíquica de uma pessoa, por em perigo seu emprego ou degradar o ambiente de trabalho".[12]

Já Rodolfo Pamplona oferece um conceito mais sintético:

> O assédio moral pode ser conceituado como uma conduta abusiva, de natureza psicológica, que atenta contra a dignidade psíquica do indivíduo, de forma reiterada, tendo por efeito a sensação de exclusão do ambiente e do convívio social.[13]

O art. 2º da referida Lei estadual do Rio de Janeiro apresenta o seguinte conceito:

> Considera-se assédio moral no trabalho, para os fins do que trata a presente Lei, a exposição do funcionário, servidor ou empregado a situação humilhante ou constrangedora, ou qualquer ação, ou palavra gesto, praticada de modo repetitivo e prolongado, durante o expediente do órgão ou entidade, e, por agente, delegado, chefe ou supervisor hierárquico ou qualquer representante que, no exercício de suas funções, abusando da autoridade que lhe foi conferida, tenha por objetivo ou efeito atingir a autoestima e a autodeterminação do subordinado, com danos ao ambiente de trabalho, aos serviços prestados ao público e ao próprio usuário, bem como, obstaculizar a evolução da carreira ou a estabilidade funcional do servidor constrangido.

Frise-se, também, que a agressão à dignidade, integridade psíquica ou física do trabalhador não é característica do assédio moral, mas sim consequência dele. Representa, de fato, o próprio dano moral.

Verifica-se, contudo, a prática crescente no âmbito forense no sentido de classificar toda conduta antijurídica como assédio moral, mormente aquela que provoca humilhação, sem observar os contornos principais desse procedimento.

Assim, para que seja considerado como assédio moral, o comportamento da pessoa deve ter as seguintes características principais: **existência de um grupo social, repetição prolongada**

12. HIRIGOYEN, Marie France. ***Mal-estar no trabalho: redefinindo o assédio moral.*** Tradução de Rejane Janowitzer. Rio de Janeiro: Bertrand Brasil, 2002. p. 17.
13. PAMPLONA FILHO, Rodolfo. Noções Conceituais sobre o Assédio Moral na Relação de Emprego. ***Revista LTr***, São Paulo/SP, ano 70. Set-2006. p.1079/1089.

no tempo da conduta e escolha de uma ou algumas vítimas determinadas para efetivar o cerco.

A decisão a seguir transcrita ilustra essa generalização que se faz do assédio moral e a confusão que se faz com outros atos classificados como antijurídicos:

> AGRAVO DE INSTRUMENTO. RECURSO DE REVISTA. ASSÉDIO MORAL. VALOR DA INDENIZAÇÃO. Trata-se de hipótese em que a Corte Regional, valorando fatos e provas, firmou seu convencimento (art. 131 do CPC) no sentido de que restou configurado o assédio moral alegado pelo autor, em face da prática reiterada da reclamada de efetuar excesso de cobranças e de fixar metas difíceis de serem alcançadas.[14]

O assédio moral, na verdade, é composto por um conjunto de pequenas ofensas, muitas vezes dissimuladas, que, isoladamente avaliadas, não chegariam a abalar o patrimônio ideal do trabalhador.

Por conta dessas características principais, a prova em juízo do assédio moral não constitui tarefa fácil para o empregado.

Entende-se, por exemplo, que o procedimento do empregador pelo qual são estabelecidas **metas coletivas de trabalho inatingíveis, não pode ser classificado como assédio moral**. Isso porque essa conduta não se encaixa na delimitação conceitual oferecida pela doutrina, **principalmente pelo fato de ser destinada a todos os empregados do estabelecimento empresarial**, o que desconfigura a característica do isolamento grupal.

Quando as vítimas do terror psicológico são todos os trabalhadores de uma empresa, estabelecimento ou setor, a conduta passa a ser classificada como ***straining*** e não assédio moral, apesar de, na maioria dos casos, implicar dano moral.

Márcia Guedes revela as características dessa prática empresarial denominada de *straining*:

> No trabalho, *straining é uma situação de estresse forçado, na qual a vítima é um grupo de* trabalhadores de um determinado setor ou repartição, que é obrigado a trabalhar sob grave pressão psicológica e ameaça iminente de sofrer castigos humilhantes [...] No *straining*, todo o grupo, indistintamente, é pressionado psicologicamente e apertado para aumentar a taxa de produtividade, atingir metas, bater recordes nas vendas de serviço e de produtos, debaixo de reprovações constrangedoras, como a acusação de "falta de interesse pelo trabalho", "falta de zelo" e "colaboração" para com a empresa, e a ameaça permanente e subjacente, lançada de modo vexatório, de perder o emprego, ou, ainda, sofrer uma punição ainda mais dura e humilhante.[15]

A jurisprudência já se manifesta expressamente sobre esse assunto:

> ASSÉDIO MORAL. *STRAINING*. GESTÃO PELO ESTRESSE. O *straining*, modalidade de assédio moral cuja premissa é a gestão pelo estresse, dá-se quando o empregador, a título de cobrança de metas, extrapola o limite do razoável e da decência, impondo prendas e punições vexatórias, humilhando os empregados etc. Porém, para o reconhecimento judicial da prática de *straining*, a prova há de ser robusta, ante a "linha tênue" entre o abuso alegado e o regular poder empregatício da empresa.[16]

14. TRT 2ª R. AIRR 3874-43.2010.5.10.0000. 1ª T. Rel. Min. Walmir Oliveira da Costa. 01.07.2011.
15. GUEDES, Márcia Novaes. Assédio moral e straining. ***Revista LTr***, São Paulo, ano 74, n. 02, p. 165-173, fev.2010.
16. TRT. 8ª R. RO 0000004-65.2011.5.08.0014. 3ª T. Rel. Des. Odete de Almeida Alves. 09.09.2011.

ASSÉDIO MORAL ORGANIZACIONAL. GESTÃO POR ESTRESSE. STRAINING. PRÁTICA CONSISTENTE NO INCENTIVO AOS EMPREGADOS DE ELEVAREM SUA PRODUTIVIDADE, POR MEIO DE MÉTODOS CONDENÁVEIS, COMO AMEAÇAS DE HUMILHAÇÕES E RIDICULARIZAÇÕES. DEVIDA INDENIZAÇÃO POR DANOS MORAIS COLETIVOS. REDUÇÃO DO QUANTUM FIXADO PELA INSTÂNCIA A QUO. A gestão por estresse, também conhecida como assédio moral organizacional ou straining consiste em uma "técnica gerencial" por meio da qual os empregados são levados ao limite de sua produtividade em razão de ameaças que vão desde a humilhação e ridicularização em público até a demissão, sendo consideravelmente mais grave que o assédio moral interpessoal (tradicional) por se tratar de uma prática institucionalizada pela empresa, no sentido de incrementar seus lucros às custas da dignidade humana dos trabalhadores. Caracterizada tal situação, é devida indenização pelo dano moral coletivo causado, que deve ser suficiente, sobretudo, para punir a conduta (função punitiva) e para desincentivar os infratores (função pedagógica específica) e a sociedade (função pedagógica genérica) a incorrerem em tal prática, mas também para proporcionar, na medida do possível, a reparação dos bens lesados, como preceitua o art. 13 da Lei 7.3 47/85.[17]

Portanto, apesar das duas figuras serem bastante próximas e produzirem os mesmos efeitos no âmbito jurídico (dano moral), é preciso diferenciá-las em respeito à evolução histórica e científica de ambos os institutos, além de ser necessária para efeito probatório.

9.3. Espécies

Existem várias espécies de assédio moral no trabalho: vertical ascendente, vertical descendente e horizontal.

O caso mais frequente é de **assédio vertical descendente**, quando o superior hierárquico é o assediador e o subordinado, o assediado. Nessa situação, o assédio moral é mais preocupante posto que é acrescentado o agravante do agente ser o detentor do poder diretivo e a vítima ter receio de perder o emprego.

O **assédio vertical ascendente** é mais raro e ocorre quando se verifica que o autor da perseguição é o subordinado e a vítima, o superior hierárquico. Pode-se citar, por exemplo, a hipótese em que um novo chefe inexperiente, de pouca idade e inseguro, é admitido ou transferido e passa a ser assediado por um empregado subalterno que tenha largo conhecimento da prática laboral em sua atividade.

Por fim, o **assédio horizontal** é aquele que se verifica entre colegas do mesmo *status* laboral, decorrente, na maioria dos casos, do processo de competição estabelecido pelos dirigentes da empresa.

9.4. Assédio sexual

O assédio moral difere do assédio sexual, uma vez que neste último caso **o agente tem como meta obter favores sexuais da vítima com o uso das prerrogativas do seu cargo dentro da empresa.**

17. TRT. 16ª R. 00772-2008-016-16-00-5. Rel. Des. José Evandro de Souza. 26.04.2011.

Inclusive, tal comportamento já é tipificado como crime, conforme se vê do art. 216-A do Código Penal, acrescentado a esse Diploma legal pela Lei nº 10.224/01:

> **Art. 216-A.** Constranger alguém com o intuito de obter vantagem ou favorecimento sexual, prevalecendo-se o agente da sua condição de superior hierárquico ou ascendência inerentes ao exercício de emprego, cargo ou função. Pena – detenção, de 1 (um) a 2 (dois) anos.

Da leitura do referido dispositivo legal extrai-se que a tipificação penal é classificada como crime próprio, pois só se configura quando há **superioridade hierárquica**, o que afasta a possibilidade do assédio sexual vertical ascendente e horizontal.

Esse ilícito penal é plurissubsistente, pois consiste na prática de um conjunto de atos verbais, escritos ou gestos. Excepcionalmente admite-se a omissão como forma de consumar o crime de assédio sexual. De qualquer forma, não se exige o emprego de violência ou a grave ameaça, pois nesse caso a hipótese seria de estupro.

> **ATENÇÃO!** A tipificação do assédio sexual, no âmbito trabalhista, é mais ampla do que no âmbito penal, uma vez que prevê como conduta criminosa aquela decorrente de chantagem, mas exclui a ação feita por intimidação. Além disso, o Código Penal só tipificou a hipótese de o assédio sexual ser praticado por um superior hierárquico, excluindo da ilicitude o assédio sexual ascendente.

Exemplos de questões sobre o tema

(FCC – Juiz do Trabalho/2017) O empregador, além de constituir e manter o meio ambiente físico do trabalho em condições que atendam as disposições legais e regulamentares de saúde e segurança no trabalho, tem responsabilidade quanto à organização do trabalho. Sobre o tema, é correto afirmar:

(A) Havendo vários beneficiários de pensão civil por morte do trabalhador decorrente de acidente de trabalho, quando um deles deixar de ter direito de recebê-la, o valor correspondente não poderá acrescer a cota dos demais favorecidos, em razão do caráter personalíssimo da parcela.

(B) Constitui assédio sexual a conduta de constranger alguém com o intuito de obter vantagem sexual, prevalecendo-se o agente da sua condição de superior hierárquico ou ascendência inerentes ao exercício de emprego.

(C) No caso de incapacidade laborativa total e permanente para o ofício ou profissão da vítima, o valor da pensão civil corresponderá à importância do trabalho para que se inabilitou e poderá ser reduzido proporcionalmente quando a vítima puder exercer outro trabalho remunerado que lhe garanta subsistência.

(D) No caso de incapacidade laborativa parcial e permanente, a indenização, além das despesas do tratamento e lucros cessantes, incluirá pensão civil correspondente à importância da depreciação que o trabalho sofreu, limitada a expectativa de vida da vítima.

(E) No caso de morte do empregado por acidente de trabalho, o filho menor tem direito a receber pensão, até completar dezoito anos de idade, prorrogando-se até vinte e cinco anos se matriculado em curso superior, conforme reiterada e pacífica jurisprudência das cortes superiores.

Resposta: B

PRIMEIRA TESTEMUNHA CONVIDADA PELA RECLAMADA. JOSÉ DA SILVA, RG 000000000, brasileiro, casado, nascido em 08/10/1970, vendedor, residente na rua das Casas, número 1, N/C. Advertido e compromissado. Depoimento: que trabalha na reclamada desde novembro de 2013; que a chefe do depoente é Kelly; que Kelly é gerente; que Kelly passa as metas e auxilia os vendedores; que o reclamante era vendedor; que às 8 horas há uma reunião com a gerente; que Kelly dá orientações, feedback, passa o roteiro; que durante a reunião há práticas motivacionais, como o grito de guerra e a canção da vitória, cantada por todos ao final da reunião; que depois da reunião estão liberados; que a maior parte da jornada é fazendo vendas externas; que trabalham no horário comercial; que já aconteceu de o depoente trabalhar

após esse horário, mas por opção sua; que o depoente trabalha até mais tarde quase todos os dias, pois recebe por comissão e têm metas a cumprir; que não sabe se o reclamante já trabalhou até mais tarde; que foi o depoente quem indicou o reclamante para trabalhar na empresa; que a reclamada dá chance para novas contratações; que, se um vendedor fica 3 meses consecutivos abaixo da média de vendas, dá lugar para outra pessoa; que a média é o total de vendas dividido pelo número de vendedores; que não há nenhum tipo de preferência ou proteção no desligamento; que o critério é o mérito; que Gonçalo é o supervisor; que ele é o superior hierárquico de Kelly; que Gonçalo participa da reunião uma vez por mês, no último dia útil; que Gonçalo coloca uma lata de energético na mesa do vendedor que está no topo do ranking e todos aplaudem; que na mesa de quem está em último coloca uma tartaruga de pelúcia e todos vaiam; que é uma brincadeira entre os vendedores e a chefia; que o depoente não vê maldade nisso; que o depoente utiliza o veículo da reclamada; que deixa o veículo na empresa ao término da jornada; que há uma pessoa que cuida da manutenção e do abastecimento; que o depoente faz 40 minutos de intervalo, por opção sua, não sabendo informar com relação ao reclamante; que todos os vendedores participam da reunião diária; que todos os vendedores utilizam veículo da empresa; que os vendedores têm acesso às vendas efetivadas pelos demais, após o final do mês, pela intranet, pois a reclamada preza pela transparência e por critérios objetivos; que Kelly faz cobranças, mas nada exagerado; que há vendedores que necessitam de uma cobrança maior, mais incisiva; que Kelly passa orientações durante o dia por telefone; que o reclamante estava bastante desmotivado nos últimos meses; que soube que o reclamante efetuou vendas para familiares para não ficar abaixo da média, mas não houve determinação da reclamada nesse sentido; que o depoente se dava bem com o reclamante, mas nos últimos meses ele estava muito mal-humorado e se isolou dos demais; que o depoente acredita que ele tivesse problemas pessoais, mas não pode afirmar com certeza; que Kelly conversou com o reclamante em sua sala; que Kelly disse que o reclamante foi agressivo; que, depois disso, o reclamante não apareceu mais; que não sabe se o reclamante foi despedido ou pediu demissão; que acredita que ele tenha pedido para sair, pois viu ele trabalhando no shopping poucos dias depois. Nada mais.

(TRT 4 – Juiz do Trabalho Substituto 4ª região/2016) Com base no depoimento transcrito, relativamente ao relacionamento interpessoal no ambiente do trabalho, qual das situações abaixo é identificada?

(A) Assédio moral tradicional vertical ascendente

(B) Assédio moral tradicional horizontal

(C) Assédio moral tradicional vertical descendente

(D) Straining ou assédio moral organizacional

(E) Administração por injúria

Resposta: D

(TRT 15 – Juiz do Trabalho Substituto 15ª região/ 2013) Maria trabalhava em uma empresa há 10 anos. Com o tempo, aprimorando o conhecimento, passou a almejar, como se dá em geral, uma ascensão na carreira. O seu chefe imediato, reconhecendo o seu valor, já havia acenado com uma promoção. No entanto, em virtude de reorganização produtiva da empresa, seu chefe foi transferido e a pessoa que lhe substituiu, João, assediou moralmente Maria.

O assédio moral não é recente mas tem crescido nos últimos anos, sobretudo em tempos de crise econômica.

Pensando a questão com o pressuposto da compreensão jurídica do fenômeno, assinale a alternativa que melhor sugere o que pode ter acontecido para caracterizar o assédio moral de João com relação a Maria:

(A) João chamou Maria de desonesta, quando Maria chegou atrasada ao trabalho, ameaçando-a de suspensão em caso de uma reincidência;

(B) João pediu que Maria prestasse, mais atenção no trabalho quando Maria lhe entregou um documento datilografado com vários erros, advertindo-a por escrito;

(C) João diminuiu, a cada dia, o número de atividades direcionadas a Maria e por vezes apresentava olhar de menosprezo aos serviços que Maria realizava;

(D) João espalhou junto aos demais empregados da empresa que Maria era fofoqueira;

(E) João negou a promoção à Maria, dizendo que esta ainda precisava aprender um pouco mais sobre a atividade de assistente.

Resposta: C

(TRT 22 – Juiz do Trabalho Substituto 22ª região/ 2013) O artigo 3°, IV, da Constituição Federal de 1988, é claro em afirmar que constitui objetivo fundamental da República Federativa do Brasil promover o bem de todos, sem preconceitos de origem, raça, sexo, cor, idade e quaisquer outras formas de discriminação. Tal passagem da nossa Carta Política deixa claro que qualquer modalidade de discriminação é repudiada pelo ordenamento brasileiro. Destaque qual modalidade discriminatória abaixo relacionada carece de previsão legal federal que defina sua conduta como ilícita:

(A) assédio moral;

(B) dispensa de trabalhador não dirigente por filiação sindical;

(C) expor idoso a trabalho excessivo;

(D) exigir atestado de esterilização de trabalhadora;

(E) impedir ascensão funcional por preconceito de descendência

Resposta: A

(TRT 22 – Juiz do Trabalho Substituto 22ª região/ 2013) Empregado ingressa com reclamatória, postulando indenização por assédio moral, afirmando que seu superior hierárquico fazia uso, diariamente, de expressões agressivas, quando lhe dirigia a palavra, colocando-o em situação de sério abalo e constrangimento perante os demais colegas de trabalho. A empresa se defende, asseverando que, em realidade, o superior hierárquico do reclamante era uma pessoa rude no trato, e que, apesar de lhe ter pedido, por diversas vezes, para que empregasse linguajar mais moderado, seus pedidos não foram atendidos, pois essa rudeza era uma característica da sua pessoa, tanto que tratava a todos os seus subordinados do mesmo modo. O pedido deverá, por ocasião do julgamento do feito:

(A) ser repelido, porquanto a reclamada não se omitiu, já que pediu ao superior hierárquico do reclamante para que controlasse seu linguajar.

(B) ser acolhido, porquanto nada justifica que alguém possa dar asas a sua "rudeza" num ambiente de trabalho, em prejuízo de outros empregados, mormente se forem seus subordinados, sem que o empregador faça nada para contê-lo, de modo efetivo, o que, legalmente, era de sua responsabilidade.

(C) ser rejeitado, pois, se o próprio empregador não concordava com o linguajar do superior hierárquico do reclamante, este deveria reagir à altura, e se assim não fez, o empregador não pode ser responsabilizado por isso;

(D) ser rejeitado, já que o superior hierárquico do reclamante usava o mesmo linguajar com todos os seus subordinados;

(E) ser rejeitado, pois apenas o reclamante se insurgiu contra o linguajar do seu superior hierárquico, o que demonstra que não era assim tão agressivo.

Resposta: B

9.5. Danos e outras consequências

Os principais danos provocados nas vítimas do assédio, além da ofensa à dignidade da pessoa do trabalhador, são de ordem psíquica, como relatado pela literatura médica, assim considerados os **distúrbios de comportamento, a depressão, a agressividade acentuada, a desestabilização emocional** etc.

Tais distúrbios provocam, de fato, o surgimento de moléstias de natureza diversa, como hipertensão, doenças gastrointestinais, tremores etc.

Constatadas essas debilidades, em muitos casos o empregado pede demissão por não mais suportar a pressão do agressor, ainda que suporte os prejuízos de ordem material em decorrência dessa forma de extinção do contrato de trabalho.

A prática do assédio moral **pode ser enquadrada como hipótese para rescisão indireta do contrato de trabalho,** prevista pelo art. 483, b, da CLT, quando o empregado "for tratado pelo empregador ou por seus superiores hierárquicos com rigor excessivo".

Se o empregado é o assediador, pode ser despedido por justa causa, pois esse procedimento enquadra-se no tipo previsto pelo art. 482, "j", da CLT (vertical descendente) ou art. 482, "K" (vertical ascendente).

9.6. Casuística e jurisprudência

Enquadram-se como conduta assediante, desde que verificadas as condições do caso concreto: a ameaça constante de dispensa do emprego; o isolamento físico do trabalhador no meio ambiente de trabalho, provocando o isolamento social; a criação e difusão de cognomes (apelidos) humilhantes; a criação e difusão de comentários infundados ou maledicências, também conhecidas popularmente como *fofoca*; a utilização de comunicação indireta com o trabalhador, sempre com o uso de um interlocutor; a indiferença; as brincadeiras sutis e discriminatórias; e a utilização de frases irônicas de menosprezo.

Por outro lado, não pode ser classificada como assédio moral, por exemplo, a prática do empregador que limita a utilização das instalações sanitárias da empresa, apesar de ser possível considerar tal conduta como antijurídica e, consequentemente, sujeita ao dever de indenizar.

A casuística já é explorada pela doutrina e acolhida pelos Tribunais pátrios, conforme se verifica das decisões a seguir transcritas, nas quais se afasta a hipótese de assédio moral:

> DANOS MORAIS. ASSÉDIO MORAL. CARACTERÍSTICAS. NÃO CONFIGURAÇÃO. O assédio moral caracteriza-se pela exposição do trabalhador a situações humilhantes e constrangedoras, de forma repetitiva e prolongada, durante a jornada de trabalho, de modo a desestabilizar a relação do mesmo com o ambiente de trabalho e com a própria empresa, forçando-o a desistir do emprego. Muito embora a prova oral noticie a existência de uma pressão geral do banco para que os funcionários aposentados e aposentáveis aderissem ao PDV, não restou caracterizada qualquer situação específica de humilhação e/ou constrangimento do autor, de modo a configurar o assédio moral reconhecido na origem. Recurso ordinário do reclamado a que se dá provimento para afastar o pagamento de indenização a título de danos morais.[18]

> DANOS MORAIS. ASSÉDIO MORAL. CARACTERÍSTICAS. NÃO CONFIGURAÇÃO. O assédio moral caracteriza-se pela exposição do trabalhador a situações humilhantes e constrangedoras, de forma repetitiva e prolongada, durante a jornada de trabalho, de modo a desestabilizar a relação do mesmo com o ambiente de trabalho e com a própria empresa, forçando-o a desistir do emprego. Muito embora a prova oral noticie a existência de uma pressão geral do banco para que os funcionários aposentados e aposentáveis aderissem ao PDV, não restou caracterizada qualquer situação específica de humilhação e/ou constrangimento do autor, de modo a configurar o assédio moral reconhecido na origem. Recurso ordinário do reclamado a que se dá provimento para afastar o pagamento de indenização a título de danos morais.[19]

> ASSÉDIO MORAL INSTITUCIONAL OU GERENCIAL. CARACTERIZAÇÃO. Assédio moral é a atitude abusiva, de índole psicológica, que ofende repetidamente a dignidade psíquica do indivíduo ou de um grupo. A conduta agressiva com os subordinados na empresa pode caracterizar o assédio moral institucional, em que todos os empregados ou uma determinada coletividade podem ser considerados vítimas. SÍNDROME DE *BURNOUT*. O desgaste emocional sofrido, em razão do assédio moral, levou a autora a propor o acordo verbal para

18. TRT 15ª R. AP 184-2005-066-15-00-0. 6ª C. Relª Juíza Ana Paula Pellegrina Lockmann. DJ 16.03.2007.
19. TRT 15ª R. AP 184-2005-066-15-00-0 (10250/07). 6ª C. Relª Juíza Ana Paula Pellegrina Lockmann. DOE 16.03.2007.

> a extinção do contrato de trabalho. Os sintomas descritos pela reclamante enquadram-se na denominada Síndrome de *Burnout*, termo psicológico que compreende o estado de exaustão prolongado e a diminuição de interesse em relação ao serviço ou ao emprego decorrente de ambiente de trabalho estressante.[20]

10. ACIDENTE DO TRABALHO

10.1. Conceito

Em sua concepção clássica, acidente do trabalho corresponde ao evento súbito, traumático, decorrente de obra do acaso e dentro do ambiente do trabalho.

O conceito legal de acidente do trabalho, conhecido como acidente-tipo, encontra-se insculpido no art. 19 da Lei nº 8.213/91:

> **Art. 19.** Acidente do trabalho é o que ocorre pelo exercício do trabalho a serviço de empresa ou de empregador doméstico ou pelo exercício do trabalho dos segurados referidos no inciso VII do art. 11 desta Lei, provocando lesão corporal ou perturbação funcional que cause a morte ou a perda ou redução, permanente ou temporária, da capacidade para o trabalho.

Na realidade, o acidente laboral típico não passa de um acontecimento determinado, previsível, *in abstracto*, e que, na maioria das vezes, pode ser prevenido. Isso porque suas causas são perfeitamente identificáveis dentro do meio ambiente de trabalho e, desse modo, podem ser neutralizadas ou até mesmo eliminadas.

Com a evolução da teoria da responsabilidade civil que, no caso específico da infortunística laboral, eliminou o elemento subjetivo, houve uma ampliação legal do conceito do acidente do trabalho para acolher também, sob o ponto de vista objetivo, além dos casos em que há culpa exclusiva da vítima, as hipóteses de doenças ocupacionais e de acidente de trajeto, este último também denominado de acidente *in itinere*.

Assim, o acidente do trabalho por equiparação está destacado nos arts. 20 e 21 da mesma regra jurídica citada:

> **Art. 20.** Consideram-se acidente do trabalho, nos termos do artigo anterior, as seguintes entidades mórbidas:
>
> I – doença profissional, assim entendida a produzida ou desencadeada pelo exercício do trabalho peculiar a determinada atividade e constante da respectiva relação elaborada pelo Ministério do Trabalho e da Previdência Social;
>
> II – doença do trabalho, assim entendida a adquirida ou desencadeada em função de condições especiais em que o trabalho é realizado e com ele se relacione diretamente, constante da relação mencionada no inciso I.
>
> **Art. 21.** Equiparam-se também ao acidente do trabalho, para efeitos desta Lei:
>
> I – o acidente ligado ao trabalho que, embora não tenha sido a causa única, haja contribuído diretamente para a morte do segurado, para redução ou perda da sua capacidade para o trabalho, ou produzido lesão que exija atenção médica para a sua recuperação;

20. TRT 17ª R. RO 00267.2007.009.17.00.6 RO. Rel. Juiz Cláudio Armando Couce de Menezes. DJ 04.03.2009.

II – o acidente sofrido pelo segurado no local e no horário do trabalho, em consequência de:

a) ato de agressão, sabotagem ou terrorismo praticado por terceiro ou companheiro de trabalho;

b) ofensa física intencional, inclusive de terceiro, por motivo de disputa relacionada ao trabalho;

c) ato de imprudência, de negligência ou de imperícia de terceiro ou de companheiro de trabalho;

d) ato de pessoa privada do uso da razão;

e) desabamento, inundação, incêndio e outros casos fortuitos ou decorrentes de força maior;

III – a doença proveniente de contaminação acidental do empregado no exercício de sua atividade;

IV – o acidente sofrido pelo segurado ainda que fora do local e horário de trabalho:

a) na execução de ordem ou na realização de serviço sob a autoridade da empresa;

b) na prestação espontânea de qualquer serviço à empresa para lhe evitar prejuízo ou proporcionar proveito;

c) em viagem a serviço da empresa, inclusive para estudo quando financiada por esta dentro de seus planos para melhor capacitação da mão-de-obra, independentemente do meio de locomoção utilizado, inclusive veículo de propriedade do segurado;

d) no percurso da residência para o local de trabalho ou deste para aquela, qualquer que seja o meio de locomoção, inclusive veículo de propriedade do segurado.

10.2. Doença ocupacional

A doença ocupacional (ergopatia), ao contrário do que ocorre com o acidente-tipo, é um acontecimento lento e gradual cujas consequências jurídicas são idênticas às deste último. É gênero do qual são espécies a doença profissional ou tecnopatia e a doença do trabalho, também denominada mesopatia.

Certas doenças ocupacionais têm sua etiologia no trabalho desenvolvido em atividades específicas. **As doenças profissionais** também são denominadas de tecnopatias ou doenças profissionais típicas, peculiares a determinada profissão.

Exemplo clássico de doença profissional é a Perda Auditiva Induzida por Ruído (PAIR), que acomete os telefonistas e os operadores de *telemarketing*. Há outras, da mesma natureza, classificadas como Lesão por Esforço Repetitivo (LER) ou Distúrbios Osteomusculares Relacionados ao Trabalho (DORT).

A **doença do trabalho** não guarda relação direta com uma atividade ou profissão específica. Ela surge ou aflora quando o trabalhador presta seus serviços em condições especiais e desfavoráveis à sua saúde.

A distinção dessas duas espécies de doenças ocupacionais, apesar de não ser de fácil percepção, é de grande importância, principalmente no que diz respeito ao ônus da prova da causalidade.

Tratando-se de doença profissional, o nexo etiológico com o trabalho é presumido, salvo prova em contrário feita pela empresa. Na hipótese de doença do trabalho, em regra, cabe ao trabalhador demonstrar que adquiriu ou desenvolveu a doença por conta do serviço que prestava.

Determinadas doenças são excluídas, expressamente, do rol daquelas que têm como fator causal o meio ambiente laboral. Dessa forma, não se consideram como doenças do trabalho, para efeito de concessão de benefício previdenciário, conforme preceitua o art. 20, § 1º, da Lei n. 8.213/1991:

> a) a doença degenerativa;
>
> b) a inerente a grupo etário;
>
> c) a que não produza incapacidade laborativa;
>
> d) a doença endêmica adquirida por segurado habitante de região em que ela se desenvolva, salvo comprovação de que é resultante de exposição ou contato direto determinado pela natureza do trabalho.

Ainda assim, o empregador pode ser responsabilizado caso o meio ambiente de trabalho tenha de algum modo contribuído para o agravamento das doenças dessas naturezas.

DIFERENÇAS ENTRE DOENÇA DO TRABALHO E DOENÇA PROFISSIONAL	
Doenças Profissionais ou tecnopatias	**Doença do Trabalho**
Peculiares a uma determinada profissão	Não guarda relação direta com uma atividade ou profissão
Nexo etiológico presumido	Cabe ao trabalhador o ônus de provar que adquiriu ou desenvolveu a doença em função do labor

10.3. Responsabilidade civil do empregador

Se, em decorrência da ação ou omissão do empregador, o trabalhador for vítima de acidente do trabalho, poderá pleitear o pagamento de uma determinada quantia para cobrir as perdas e danos (morais e materiais), restabelecendo-se ou compensando-se o equilíbrio que existia anteriormente.

A. *Responsabilidade objetiva e subjetiva*

A responsabilidade civil objetiva, no que se refere aos acidentes do trabalho, foi explicada por várias teorias; dentre elas destacam-se a teoria do risco profissional, a teoria do risco de autoridade e a teoria do risco social.

Pela **teoria do risco profissional**, aquele que tira proveito da atividade industrial, perigosa por natureza, e para tanto cria riscos, responde pelos eventuais danos causados aos operários em razão de acidentes do trabalho, independentemente de culpa.

A **teoria do risco de autoridade** ampliou o raio de ação da teoria do risco profissional para abarcar também os empregados do comércio e da agricultura. Considerava que o empregador era responsável pelos efeitos dos infortúnios laborais pelo simples fato do estado de subordinação jurídica dos seus empregados, ou seja, a responsabilidade era definida pelo exercício do poder de comando e direção do empregador.

Pela **teoria do risco social**, a sociedade, representada pelo Estado, deve assumir a responsabilidade pelos danos causados pelos acidentes do trabalho, resguardado o direito de regresso contra o culpado direto que não adotou as medidas preventivas necessárias.

O Código Civil acolheu expressamente a teoria da responsabilidade civil baseada no risco ao estabelecer, em seu art. 927, parágrafo único, uma regra genérica segundo a qual:

> **Art. 927. Parágrafo único.** Haverá obrigação de reparar o dano, independentemente de culpa, nos casos especificados em lei, ou quando a atividade normalmente desenvolvida pelo autor do dano implicar, por sua natureza, risco para os direitos de outrem.

Desse modo, o empregador responde, objetivamente, pelos danos que causar, quando o desenvolvimento normal de sua atividade implicar, por sua própria natureza, risco para os bens jurídicos do empregado.

Observa-se, assim, que o risco ao qual alude o citado dispositivo legal não é aquele que assume o empregador ao estabelecer a sua atividade empresarial, pois nesse caso se trata de **risco do negócio.**

Entende-se como atividade de risco aquela que tem a probabilidade, em maior ou menor grau, de provocar dano a outrem. Assim, no âmbito da relação de emprego, são consideradas de risco, dentre outras, as atividades insalubres e perigosas, assim definidas, respectivamente, pelos arts. 189 e 193 da Consolidação das Leis do Trabalho.

A jurisprudência dos Tribunais trabalhistas aos poucos vai se consolidando no sentido de definir quais as atividades patronais seriam consideradas de risco acentuado:

> **SÚMULA Nº 25 DO TRT1.** ACIDENTE DO TRABALHO. DANO MORAL. TEORIA DO RISCO. Quando a atividade exercida pelo empregador implicar, por sua própria natureza, risco acentuado para o empregado, a obrigação patronal de indenizar o dano moral decorrente de acidente do trabalho depende, exclusivamente, da comprovação do dano e do nexo de causalidade com o trabalho desenvolvido. Art. 927 do Código Civil.

> **SÚMULA Nº 68 DO TRT3.** INDENIZAÇÃO POR DANOS MORAIS. ASSALTO SOFRIDO POR COBRADOR DE TRANSPORTE COLETIVO. ATIVIDADE DE RISCO. RESPONSABILIDADE CIVIL OBJETIVA. A atividade de cobrador de transporte coletivo é de risco e enseja a responsabilidade objetiva do empregador, sendo devida indenização por danos morais em decorrência de assalto sofrido no desempenho da função, nos termos do parágrafo único do art. 927 do CC/2002.

> **SÚMULA Nº 44 DO TRT18.** ACIDENTE DE TRABALHO. MOTORISTA. TRANSPORTE RODOVIÁRIO. ATIVIDADE DE RISCO. RESPONSABILIDADE OBJETIVA DO EMPREGADOR. O motorista do transporte rodoviário executa atividade de risco acentuado, incidindo a responsabilidade objetiva do empregador, em caso de acidente de trabalho.

> **SÚMULA Nº 35 DO TRT23.** APLICAÇÃO DA RESPONSABILIDADE OBJETIVA EM CASO DE ACIDENTE DE TRABALHO SOFRIDO POR EMPREGADO QUE SE UTILIZA DE MOTOCICLETA EM SUAS FUNÇÕES. Em se tratando de danos decorrentes de acidente de trabalho sofrido por empregado que se utiliza de motocicleta para o desempenho de sua função, aplica-se a responsabilidade civil objetiva do empregador, nos moldes previstos no art. 927, parágrafo único, do Código Civil.

> **OJ4T Nº 45 DO TRT9.** LER. DORT. FRIGORÍFICO DA SADIA. RESPONSABILIDADE OBJETIVA. Doença profissional cujo nexo causal está diretamente ligado à atividade laboral aplicável a responsabilidade objetiva do empregador.

> **TST ACIDENTE DE TRABALHO.** TRABALHADOR RURAL. TROPEIRO. LIDA COM ANIMAIS DE GRANDE PORTE. ATIVIDADE DE RISCO. RESPONSABILIDADE OBJETIVA. INDENIZAÇÃO POR DANOS MORAIS E MATERIAIS. No caso, o quadro fático delineado no acórdão regional revela que o reclamante, tropeiro, levava 22

(vinte e duas) mulas e burros da propriedade dos reclamados para outra fazenda, quando um dos animais disparou e a corda que o segurava se enroscou na perna do autor, derrubando-o e arrastando-o por um longo caminho, infortúnio que lhe causou uma luxação no joelho esquerdo e o incapacitou para o labor. Ora, quem lida com animais está submetido a uma probabilidade muito maior de sofrer danos, cuja causa está na própria imprevisibilidade do comportamento, imposta por fatores sobre os quais, por mais que seja hábil no desempenho de sua função, o homem não tem controle, sendo esse fator de risco gerado pelo empregador. O fundamento não reside no exercício de atividade ilícita, a amparar a regra clássica da responsabilidade subjetiva, mas, sim, na circunstância de propiciar ao agente, pelo exercício habitual de sua atividade, um risco maior para aqueles que a ele estão sujeitos, notadamente em se tratando de empregados que, diuturnamente, lidam de forma próxima com essa realidade (TST. RR 95600-86.2008.5.05.0492. 24.05.2019).

Para os empregadores que não desenvolvam atividades de risco, continua prevalecendo a teoria da responsabilidade civil **fundada na culpa do empregador** de natureza contratual.

B. Concausalidade

A concausalidade (concorrência de duas ou mais causas para um mesmo evento danoso) não afasta a responsabilidade do agente ofensor, mas serve para diminuir o valor da indenização devida ao ofendido. Em se tratando de doenças do trabalho, fatores extralaborais podem contribuir tanto para o surgimento quanto para o agravamento dessas espécies de moléstias.

A concausalidade é reconhecida como nexo de causalidade do acidente de trabalho, conforme art. 21, I, da Lei n. 8.213/1991:

> **Art. 21. I.** O acidente ligado ao trabalho que, embora não tenha sido a causa única, haja contribuído diretamente para a morte do segurado, para redução ou perda da sua capacidade para o trabalho, ou produzido lesão que exija atenção médica para a sua recuperação;

Na verdade, a grande dificuldade reside no fato de, muitas vezes, o meio ambiente do trabalho reproduzir, em escala reduzida, o meio ambiente de uma forma geral, contendo os mesmos agentes nocivos à saúde do trabalhador. Nesses casos, aumenta a dificuldade para se excluir os fatores não laborais da etiologia da doença do trabalho.

> **SÚMULA Nº 44 do TRT12.** DOENÇA OCUPACIONAL. CONCAUSALIDADE. INDENIZAÇÃO DEVIDA. Mesmo que de origem multifatorial, comprovado que o trabalho contribuiu para a eclosão ou agravamento da patologia, o dano é passível de indenização.
>
> **SÚMULA Nº 34 do TRT15.** DOENÇA PROFISSIONAL. CONCAUSA. INDENIZAÇÃO POR DANOS MORAIS E MATERIAIS. O nexo concausal entre o trabalho e a doença, nos termos do art. 21, I, da Lei n. 8.213/91, gera direito à indenização por danos moral e material, desde que constatada a responsabilidade do empregador pela sua ocorrência.

Observe-se, por fim, que a culpa exclusiva da vítima exclui o nexo de causalidade e, consequentemente, a responsabilidade do empregador.

10.4. Acidente de trajeto

O acidente de trajeto, também denominado de acidente *in itinere*, é aquele ocorrido fora do estabelecimento da empresa, mas enquanto o empregado percorre o trajeto residência-trabalho ou vice-versa, durante o intervalo intrajornada, ou, ainda, quando se encontra executando serviços externos.

Trata-se de acidente de trabalho por equiparação, diante da previsão legal expressa contida na alínea "d", do inciso IV, do art. 21 da Lei nº 8.213/91.

> **Art. 21.** Equiparam-se também ao acidente do trabalho, para efeitos desta Lei: IV – o acidente sofrido pelo segurado ainda que fora do local e horário de trabalho: d) no percurso da residência para o local de trabalho ou deste para aquela, qualquer que seja o meio de locomoção, inclusive veículo de propriedade do segurado.

Assim, eventual responsabilidade do empregador só pode ser constatada em determinadas situações em que o transporte fosse por ele fornecido, aliado aos demais requisitos como o dano, o nexo de causalidade e a culpa.

10.5. Indenização

Ao contrário do que ocorre com a indenização acidentária, que é pré-fixada e incompleta, a indenização decorrente da responsabilidade civil do empregador, quando este incorre em culpa ou dolo, é integral, pois proporciona a *restitutio in integrum.*

Destina-se a cobrir todo o dano emergente e o lucro cessante do prejuízo sofrido pelo empregado em virtude da ação ou omissão, dolosa ou culposa, do seu patrão.

Cabe, assim, indenização por danos morais e materiais se o acidente provocou prejuízo para a vítima de ordem econômica ou imaterial.

A. *Indenização por danos materiais*

A indenização pelos danos materiais poderá consistir num montante fixo ou numa renda mensal devida até a sobrevida média da vítima.

A escolha fica a critério do juiz, que deverá optar pela forma que mais garanta a efetivação do comando judicial.

O art. 533 do CPC permite a **constituição de capital** como forma de garantir o pagamento da renda mensal.

Para fixação da indenização por danos materiais, cada caso deverá ser apreciado individualmente de forma que se verifique o montante do prejuízo de ordem econômica sofrido pela vítima.

Saliente-se que, conforme será abordado posteriormente, a indenização de direito comum deve ser compensada pela indenização acidentária.

Assim, se o empregado não for formalmente contratado e, por conseguinte, não considerado, pelo órgão previdenciário, como segurado obrigatório, a indenização integral, seja ela por dano moral ou por dano material, ficará a cargo do empregador.

Se o empregado acidentado passa a perceber benefício previdenciário equivalente à remuneração que percebia quando na ativa, **não há que se falar em indenização complementar** devida pelo empregador, posto que nenhum prejuízo material estaria sofrendo. Por exemplo, se o empregado recebia um salário mínimo por mês e não possuía qualquer outra fonte de renda, a indenização acidentária será equivalente, também, a um salário mínimo. Nesse caso, não há prejuízo material.

Registre-se, todavia, que a jurisprudência dominante nos Tribunais Trabalhistas é em sentido contrário, ao defender a tese de impossibilidade de compensação, conforme se vê da ementa a seguir transcrita bem como do conteúdo da alínea B deste tópico:

> 3. INDENIZAÇÃO POR DANOS MATERIAIS. 3.1. Nos termos dos arts. 7º, XXVIII, da Constituição Federal e 121 da Lei n. 8.213/91, é possível a cumulação de benefício previdenciário com a indenização decorrente de reparação civil. Precedentes. 3.2. De outro lado, não prospera a alegação de que o pagamento concomitante da pensão mensal e da complementação de aposentadoria configura *bis in idem*, uma vez que tais parcelas possuem natureza distinta.[21]

Se a remuneração do empregado superava o valor do teto do benefício, a indenização por danos materiais, devida pelo empregador, deve complementar o valor do benefício previdenciário até o limite do salário percebido pelo obreiro quando na ativa.

Pode ocorrer, de o empregado ser detentor de mais de uma fonte de renda, obtida por conta da sua força de trabalho, reduzida ou eliminada após o infortúnio laboral, por exemplo, o trabalho autônomo e o trabalho subordinado.

Nesse caso, como no anterior, comprovada a existência dessas outras atividades, deverá a indenização por danos materiais reparar o prejuízo representado pelo lucro cessante por meio de pensionamento.

A indenização referente ao dano material deve envolver igualmente **as despesas presentes e futuras do acidentado com hospitais, próteses, honorários** médicos e medicamentos, na forma prevista pelo art. 949 do Código Civil.[22]

> **SÚMULA Nº 41 do TRT18.** INDENIZAÇÃO POR DANOS MATERIAIS. DANOS EMERGENTES. DESPESAS MÉDICAS FUTURAS. PRINCÍPIO DA RESTITUIÇÃO INTEGRAL DO DANO. Evidenciada a necessidade de tratamento médico contínuo decorrente de acidente de trabalho ou doença ocupacional que acomete o empregado e havendo responsabilidade civil do empregador, impõe-se a condenação patronal ao pagamento das despesas médicas futuras.

Em caso de incapacidade total e permanente decorrente de acidente do trabalho é devido ao empregado um pensionamento vitalício, de acordo com a previsão contida no *caput* do art. 950 do Código Civil ou uma indenização em valor único, conforme faculdade conferida pelo parágrafo único do mesmo dispositivo legal citado:[23]

---

21. TST. 7ª T. RR 57900-85.2006.5.23.0091. Rel. Min. Delaide Miranda Arantes. DEJT 11.10.2013.
22. Código Civil. Art. 949. No caso de lesão ou outra ofensa à saúde, o ofensor indenizará o ofendido das despesas do tratamento e dos lucros cessantes até ao fim da convalescença, além de algum outro prejuízo que o ofendido prove haver sofrido.
23. Art. 950. Se da ofensa resultar defeito pelo qual o ofendido não possa exercer o seu ofício ou profissão, ou se lhe diminua a capacidade de trabalho, a indenização, além das despesas do tratamento e lucros cessantes até ao fim da convalescença, incluirá pensão correspondente à importância do trabalho para que se inabilitou, ou da depreciação que ele sofreu. Parágrafo único. O prejudicado, se preferir, poderá exigir que a indenização seja arbitrada e paga de uma só vez.

Nesse sentido, a jurisprudência:

> **SÚMULA Nº 15 do TRT24.** PENSÃO MENSAL. INCAPACIDADE LABORATIVA PERMANENTE. VITALICIEDADE. É vitalícia a indenização por dano material fixada sob a forma de pensão mensal prevista no art. 950 do Código Civil.

> **SÚMULA Nº 52 do TRT18.** ACIDENTE DE TRABALHO. INDENIZAÇÃO POR LUCROS CESSANTES. PENSIONAMENTO. PARCELA ÚNICA OU MENSAL. Conquanto o parágrafo único do art. 950 do Código Civil estabeleça que o prejudicado pode exigir o pagamento da indenização arbitrada de uma só vez, cabe ao juiz analisar os critérios de conveniência e oportunidade do adimplemento em parcela única ou mensal da pensão estipulada.

> **SÚMULA Nº 15 do TRT24.** PENSÃO MENSAL. INCAPACIDADE LABORATIVA PERMANENTE. VITALICIEDADE. É vitalícia a indenização por dano material fixada sob a forma de pensão mensal prevista no art. 950 do Código Civil.

Se do acidente resultar morte do empregado, a indenização será devida aos dependentes do trabalhador, mas não é possível o pagamento em parcela única:

> **SÚMULA Nº 11 do TRT13.** ACIDENTE DE TRABALHO. MORTE DO EMPREGADO. PENSIONAMENTO DE FILHOS MENORES. No acidente de trabalho de que resulte morte do empregado, por culpa ou dolo do empregador, é devido, aos filhos menores do falecido, pensionamento não vitalício compatível com a situação financeira ao tempo do sinistro.

Por força do preceituado no art. 2º do Decreto n. 3.266/99, o IBGE deve publicar, anualmente, a tábua completa de mortalidade, referente ao ano anterior, no primeiro dia útil do mês de dezembro.

> **SÚMULA Nº 16 do TRT22.** ACIDENTE DE TRABALHO COM EVENTO MORTE. CÁLCULO DA INDENIZAÇÃO. O cálculo da indenização por acidente de trabalho fatal observará a expectativa de vida do falecido, segundo dados oficiais, bem como a remuneração mensal na data do óbito ou, no caso de remuneração variável, a média da remuneração mensal nos últimos doze meses do contrato.

Saliente-se que cabe ação revisional de pensionamento de vítima de acidente do trabalho nos casos em que haja alteração nos fundamentos que foram utilizados para fixar a indenização, seja para majorar, seja para diminuir o respectivo valor. Inclusive pode até ocorrer a exoneração de pagamento da indenização quando o trabalhador recupera totalmente a sua capacidade laboral.

B. *Indenização por danos morais*

Os bens imateriais são insuscetíveis de valoração econômica, por isso não se pode falar no *pretio doloris*, ou preço da dor.

> **SÚMULA Nº 35 do TRT15.** ACIDENTE DE TRABALHO. PROVA DO ATO OU DO FATO. PRESUNÇÃO DE OCORRÊNCIA DO DANO MORAL. Provado o acidente de trabalho, desnecessária a demonstração do dano moral, por ser este presumível e aferível a partir do próprio ato ou fato danoso.

Os critérios para fixação da indenização por danos morais decorrentes de acidente de trabalho são os mesmos utilizados em decorrência da responsabilidade civil do empregador pelo dano moral genérico, que já foram analisados no item 7.1.

C. *Cumulação de indenizações*

A responsabilidade civil tinha como pressuposto a culpa. Com a adoção da teoria do risco, a vítima do acidente passou a desfrutar de uma situação processual mais cômoda, posto que se viu desonerada do ônus de demonstrar a existência da culpa do patrão e, mais ainda, eliminou-se o elemento subjetivo do próprio conceito de responsabilidade civil, mesmo sob o protesto de alguns autores que só concebem a expressão "responsabilidade" quando existe culpa.

Em contrapartida, foi fixado, *a priori,* o valor da indenização pelo dano sofrido que, na quase totalidade dos casos, seria inferior àquela denominada indenização do direito comum.

Para corrigir a injustiça que havia nas hipóteses de acidente sem culpa evidente do empregador, construiu-se a teoria do risco, mas, em compensação, a indenização, que não tinha qualquer limite, passou a ser prefixada para evitar os excessos.

Houve, no caso, o que se pode chamar de "transação legal". Por um lado, a indenização não corresponderia ao total do prejuízo sofrido, como acontecia com a aplicação da responsabilidade civil de direito comum, mas em compensação haveria certeza de que a vítima ou seus dependentes iriam perceber aquele valor pré-fixado. O próprio empregador também foi beneficiado, já que poderia ser condenado a pagar uma indenização vultosa.

Verifica-se, assim, que a indenização infortunística é tarifada e incompleta, não cobrindo a totalidade dos danos emergentes e dos lucros cessantes.

Mas a questão polêmica consiste em saber se é possível postular, além da indenização acidentária, a indenização de direito comum, em que haveria a *restitutio in integrum (restituição integral)*, e, em caso afirmativo, se haveria possibilidade de compensação dos valores das indenizações respectivas.

O art. 12 do Decreto n. 24.637, de 10.7.1934, exonerava o empregador de pagar à vítima, pelo mesmo fato, outra indenização de direito comum.

Prevalecia o entendimento derivado do princípio ***electa uma via non datur recursum ad alteram***, ou seja, optando o operário pela indenização prevista nas leis acidentárias, que excluíam a culpa do conceito de responsabilidade civil, estava impedido de propor ação judicial postulando a indenização de direito comum, prevista pelo art. 186 do Código Civil, mesmo porque poderia resultar em *bis in idem.*

A possibilidade de concurso de reparações foi prevista inicialmente pelo art. 31 do Decreto-lei n. 7.036/1944, quando o acidente resultasse de dolo do empregador ou de seus prepostos.

O STF, ao interpretar a aludida norma legal de forma ampliativa, equiparou o dolo à culpa grave do empregador, conforme se vê do teor da Súmula n. 229*:* "A indenização acidentária não exclui a do direito comum, em caso de dolo ou culpa grave do empregador".

Ocorrendo o acidente, poderia o empregado postular simultaneamente a indenização infortunística e a de direito comum, desde que presente o dolo ou a culpa grave do patrão, nos termos do supracitado art. 186 do Código Civil.

O Decreto-lei n. 293/1967, que teve duração efêmera, repetiu a regra da cumulação de indenização, na hipótese de dolo do empregador (art. 11). Todavia, as leis subsequentes, de ns.

5.316, de 14.9.1967, e 6.367, de 19.10.1976, silenciaram-se totalmente a respeito da matéria, mas os tribunais continuaram a aplicar o entendimento sumulado pelo Pretório Excelso.

A Constituição Federal de 1988, em seu art. 7º, XXVIII, assegurou expressamente o direito dos trabalhadores ao "seguro contra acidentes de trabalho, a cargo do empregador, sem excluir a indenização a que este está obrigado, quando incorrer em dolo ou culpa".

O art. 121 da Lei n. 8.213/1991 acabou com o silêncio da legislação ordinária ao estabelecer que: "O pagamento de prestações pela Previdência Social em decorrência dos casos previstos nos incisos I e II do caput do art. 120 desta Lei não exclui a responsabilidade civil da empresa, no caso do inciso I, ou do responsável pela violência doméstica e familiar, no caso do inciso II (redação dada pela Lei nº 13.846/19)".

A norma adaptou-se muito bem à realidade social. Com efeito, a exclusão da responsabilidade civil direta do empregador seria uma forma de incentivo ao não cumprimento das normas de segurança, higiene e medicina do trabalho, tanto por ele quanto pelos seus empregados, aumentando, assim, o número de acidentes com o consequente prejuízo para toda a sociedade. Isso porque a responsabilidade não seria mais da empresa, porém, única e exclusivamente da Previdência Social, que arcaria com o pagamento das indenizações respectivas.

E qual seria o fundamento para determinar a autonomia da responsabilidade civil comum em face da responsabilidade acidentária? Não se pode utilizar o mesmo fundamento que serve para distinguir a responsabilidade penal da responsabilidade civil, tendo em vista que, como visto alhures, na primeira, o direito tutela, diretamente, a sociedade como um todo, enquanto na segunda quem sofre os efeitos da ação ou omissão, de forma imediata, é o próprio ofendido.

Por isso, entende-se que **a única diferença** que existe entre a responsabilidade acidentária e a responsabilidade civil **reside no elemento subjetivo**, ou seja, encontra-se ausente na primeira, posto que baseada no risco, e presente na segunda. Esse fato, todavia, não lhe altera a substância de forma que seja elevada à categoria de gênero. Pelo contrário, ambas são espécies de responsabilidade *lato sensu*.

D. Compensação de indenizações

É preciso não confundir a questão da cumulação de ações, de direito comum e acidentária, com a questão da compensação de indenização. Como foi discutido no item anterior, a jurisprudência, a doutrina e, posteriormente, a legislação pacificaram o entendimento segundo o qual é possível a cumulação da ação acidentária com a ação de indenização de responsabilidade civil. Entretanto, permanece a dúvida ainda quanto à possibilidade de compensação entre a indenização acidentária e a de direito comum.

A questão permanece controvertida. Os que defendem a impossibilidade da compensação se fundamentam no fato de ser a responsabilidade acidentária baseada no risco, enquanto a de direito comum tem a culpa como fundamento.

Alegam ainda que houve uma socialização do risco, dele participando, também, o próprio acidentado, além do empregador e do Estado.

Os argumentos apresentados pela doutrina e jurisprudência no sentido de não ser possível proceder à compensação das indenizações acidentária e de direito comum não resistem a uma análise crítica.

A disposição legal instituiu uma contribuição previdenciária complementar, destinada a cobrir os riscos decorrentes da atividade laboral, que é custeada exclusivamente pelo empregador. Com efeito, a contribuição a cargo da empresa destinada a financiar o regime geral da previdência é de 20% sobre o total das remunerações pagas, devidas ou creditadas aos segurados empregados, conforme determinação contida no art. 22, I, da Lei n. 8.212/1991.

Para financiar os benefícios concedidos em razão de acidente do trabalho, a empresa recolhe uma contribuição previdenciária adicional, denominada SAT/GILRAT, equivalente a 1%, 2% ou 3%, a depender do grau de risco de sua atividade preponderante ser considerado leve, médio ou grave, conforme disposto no art. 22, II, da citada Lei n. 8.212/1991.

O responsável originário é o empregador que, por determinação legal, é obrigado a contratar seguro, transferindo a responsabilidade para um terceiro, no caso, o INSS.

Dessa forma, não há que se falar em socialização do risco, pelo menos no estágio atual do ordenamento jurídico nacional, em face da existência de fonte de custeio específica para cobrir as despesas com as indenizações acidentárias.

Saliente-se, ainda, que o instituto da responsabilidade de direito comum ou responsabilidade acidentária não pode ser fonte de enriquecimento ilícito, sob pena de contrariar o princípio fundamental do direito positivo pátrio. Com efeito, a indenização deve, no máximo, restituir as coisas ao *status quo ante.*

A regra do *punitive damage* para a responsabilidade por danos materiais é aplicada apenas nos países que adotaram o sistema do *common law*. Destina-se não somente a repor as coisas ao estado anterior ao dano, mas também punir o réu de forma exemplar, desestimulando condutas futuras semelhantes.

Admitir a impossibilidade da compensação de indenizações importaria aplicar uma punição ao réu, o que seria defeso pelo princípio do direito europeu continental.

O instituto da responsabilidade civil tem como objetivo principal restabelecer o equilíbrio desfeito pela ação ou omissão danosa. Não admitir a compensação seria criar um desequilíbrio, só que agora prejudicando o ofensor em benefício da vítima.

Não se pode deixar de registrar, entretanto, a existência de corrente doutrinária que prega a fixação da indenização tendo como um dos pressupostos a gravidade da culpa do agente, implicando, assim, a não observância da restituição integral, podendo ser a reparação maior ou menor do que o prejuízo efetivamente produzido.

De fato, a indenização por dano moral tem natureza compensatória, visto que o dano provocado é insuscetível de avaliação econômica.

Se não há como avaliar economicamente o prejuízo, logicamente a indenização, que servirá para compensar a dor, não terá parâmetro pecuniário para se basear, sendo que, nessa hipótese, autoriza-se a utilização, dentre outros, do grau da culpa como critério para fixar a indenização.

Por fim, a própria Lei n. 8.213, de 24.7.1991, em seu art. 120, prevê a possibilidade de a Previdência Social propor ação regressiva contra o empregador, quando este não observar as normas de segurança, medicina e higiene do trabalho.

Ora, se o valor pago pela Previdência Social, a título de indenização tarifada, embora decorrente de dolo ou culpa do empregador, pode ser ressarcido, isso demonstra que ambas possuem o mesmo fundamento e, portanto, podem ser compensadas.

Com efeito, o segurador, quando paga a indenização, sub-roga-se nos direitos e ações que competiam ao segurado contra o autor do dano, na forma prevista pelo art. 786 do Código Civil. Como admitir a impossibilidade de compensação das indenizações em face do reconhecimento legal da sub-rogação? A doutrina e jurisprudência contrárias a esse entendimento simplesmente não enfrentam essa questão, justamente porque os argumentos contrários são frágeis.

Assim, não existe qualquer diferença no fundamento das duas indenizações, mas sim no valor respectivo, sendo que a derivada do acidente do trabalho é incompleta e, desse modo, imperfeita, constituindo esse fato no fundamento para que o ofendido recorra à ação de direito comum para postular a indenização destinada à *restitutio in integram.*

Entretanto, a jurisprudência dos Tribunais Trabalhistas adota entendimento oposto:

> **SÚMULA Nº 13 do TRT13.** ACIDENTE DE TRABALHO. PENSÃO E BENEFÍCIO PREVIDENCIÁRIO. DISTINÇÃO. A pensão e o benefício previdenciário não se confundem, possuindo naturezas jurídicas distintas e estando a cargo de titulares diversos.
>
> **SÚMULA Nº 48 do TRT5.** ACIDENTE DE TRABALHO. DANOS MATERIAIS. PENSÃO MENSAL. COMPENSAÇÃO COM BENEFÍCIO PREVIDENCIÁRIO. IMPOSSIBILIDADE. A percepção de benefício previdenciário pelo empregado não é compensável, nem exclui o seu direito à percepção de pensão mensal decorrente da aplicação do quanto disposto no art.950 do Código Civil, em razão de possuírem naturezas jurídicas diversas.

10.6. Prescrição

O prazo para ajuizamento de ações envolvendo pedidos relacionados com acidente do trabalho é o mesmo das demais ações trabalhistas, mas há peculiaridades que merecem destaques, notadamente em relação à possibilidade de suspensão e o marco inicial do prazo respectivo.

A. *Suspensão do prazo prescricional*

A incapacidade para o trabalho do obreiro **faz suspender a execução do contrato de trabalho**, conforme determina o art. 475 da CLT: "O empregado que for aposentado por invalidez terá suspenso o seu contrato de trabalho durante o prazo fixado pelas leis de Previdência Social para a efetivação do benefício".

Assim, o ato de despedida de empregado incapacitado para o trabalho é nulo de pleno direito. Faculta-se a proposição de uma ação de indenização de danos morais no prazo de cinco anos.

A mencionada suspensão do contrato de trabalho não enseja a paralisação da fruição do prazo prescricional, uma vez que o empregado não fica obstado de exercer seu direito público e subjetivo de provocar o exercício da função jurisdicional do Estado.

Como já foi dito, não se aplica essa conclusão nas hipóteses em que a incapacidade laboral venha acompanhada da perda da capacidade de exercício do direito, o que atrai, nesse caso, a incidência da regra contida no art. 198, I, do Código Civil, combinado com o art. 3º, II, desse mesmo Diploma Legal.

Nesse sentido, a OJ nº 375 da SDI-1 do TST:

> **OJ Nº 375.** AUXÍLIO-DOENÇA. APOSENTADORIA POR INVALIDEZ. SUSPENSÃO DO CONTRATO DE TRABALHO. PRESCRIÇÃO. CONTAGEM (DEJT divulgado em 19, 20 e 22.04.2010). A suspensão do contrato de trabalho, em virtude da percepção do auxílio-doença ou da aposentadoria por invalidez, não impede a fluência da prescrição quinquenal, ressalvada a hipótese de absoluta impossibilidade de acesso ao Judiciário.

B. *Termo inicial do prazo prescricional*

Outro ponto relevante, que merece atenção, diz respeito ao marco inicial de contagem do prazo prescricional.

Entende-se que o termo inicial só se inicia a partir do momento em que a doença ocupacional se manifesta, ou seja, quando o empregado ou ex-empregado passa a ter conhecimento inequívoco da existência da lesão ou disfunção que, por ser de caráter técnico, só se efetivará após a declaração pelo profissional médico. Do contrário, seria extinguir o direito de ação antes mesmo que o direito passasse a ser exigível, o que é um absurdo.

> **SÚMULA Nº 63 do TRT12.** ACIDENTE DE TRABALHO. DOENÇA OCUPACIONAL. PRESCRIÇÃO. CONTAGEM DO PRAZO. TERMO INICIAL. A contagem do prazo prescricional, nas ações que buscam a reparação dos danos decorrentes de acidente de trabalho ou de doença ocupacional a ele equiparada, inicia-se no momento em que o trabalhador tem ciência inequívoca da incapacidade laboral.

O Supremo Tribunal Federal já firmou entendimento sobre a temática na órbita previdenciária, com a edição da Súmula nº 230, quando diz que a prescrição da ação de acidente do trabalho conta-se do exame pericial que comprovar a enfermidade ou verificar a natureza da incapacidade.

Orientação semelhante está contida na Súmula nº 278 do STJ: "O termo inicial do prazo prescricional, na ação de indenização, é a data em que o segurado teve ciência inequívoca da incapacidade laboral".

Saliente-se também que existem períodos de latência, entre a exposição ao agente nocivo e o aparecimento da doença ocupacional, que duram mais de 40 anos.

A ementa do acórdão abaixo ilustra a hipótese em que a constatação da moléstia efetiva-se em momento posterior ao rompimento do contrato de trabalho:

> ESTABILIDADE. DOENÇA PROFISSIONAL. LESÃO DE ESFORÇO REPETITIVO (LER). ART. 118, LEI N. 8.213/91. 1. Constatado que a doença profissional preexistia à despedida sem justa causa, a circunstância de o empregado obter auxílio-doença acidentário após a cessação contratual não lhe retira direito à estabilidade do art. 118 da Lei n. 8.213/91

> e de permanecer no emprego. O essencial é que haja nexo de causalidade entre o aludido benefício previdenciário e a execução do contrato de emprego, mormente em se tratando de LER, notoriamente doença profissional de aquisição progressiva, cuja presença, pois, pode ser constada após a ruptura do contrato. Tal convicção ainda mais se robustece em hipóteses como a que ora se examina, em que, segundo o TRT de origem, o empregado, mesmo após transcorridos mais de cinco anos de sua dispensa (quando da realização da perícia), ainda manifestava os sintomas da referida doença. 2. Violação ao art. 118 da Lei n. 8.213/91 não reconhecida. Recurso de Revista não provido.[24]

O exame médico demissional é obrigatório, conforme se observa da determinação contida no art. 168, II, da CLT.

Todos sabem, todavia, que o referido exame, na maioria das vezes, é realizado sem muita preocupação em detectar eventuais moléstias acometidas ao empregado. De outra sorte, existem patologias que, em determinado estágio de desenvolvimento, não podem ser confirmadas.

É muito importante frisar que o posicionamento do STF e do STJ, já mencionados, sobre o marco inicial do prazo prescricional, dizem respeito à **responsabilidade acidentária**, que está relacionada à capacidade laboral e que gera uma indenização exclusivamente por danos materiais.

A inobservância desse detalhe tem levado o TST e os Tribunais Regionais do Trabalho a adotarem posicionamento equivocado, quando aplicam a mesma regra à responsabilidade decorrente de dano moral, como se vê das decisões a seguir transcritas:

> ACIDENTE DE TRABALHO. AÇÃO DE INDENIZAÇÃO POR DANOS MORAIS. PRESCRIÇÃO. TERMO INICIAL. APOSENTADORIA POR INVALIDEZ. A SBDI-I, por unanimidade, conheceu dos embargos da reclamada, por divergência jurisprudencial, e, no mérito, por maioria, negou-lhes provimento, mantendo a decisão da Turma que afastou a prescrição pronunciada sob o fundamento de que o marco inicial para a contagem do prazo prescricional incidente sobre a ação de indenização por dano moral decorrente de acidente de trabalho é a data da aposentadoria por invalidez permanente, momento em que ocorreu a ciência inequívoca da incapacidade laboral. Vencido o Ministro Ives Gandra Martins Filho.[25]

> DOENÇA OCUPACIONAL. LER/DORT. AÇÃO DE INDENIZAÇÃO POR DANOS MORAIS E MATERIAIS. PRESCRIÇÃO. TERMO INICIAL. DECISÃO JUDICIAL QUE CONCEDEU A APOSENTADORIA POR INVALIDEZ. RECONHECIMENTO DA INCAPACIDADE DEFINITIVA PARA O TRABALHO. SÚMULA N. 278 DO STJ. Nos termos da Súmula n. 278 do STJ, o termo inicial do prazo prescricional da ação de indenização é a data da ciência inequívoca da incapacidade laboral. No caso de lesões decorrentes de LER/DORT, ao contrário do que ocorre nos acidentes de trabalho típicos, o dano não é instantâneo, revelando-se de forma gradual, podendo agravar a saúde do trabalhador ao longo do tempo, culminando com a sua incapacidade permanente para o trabalho. Assim, no momento em que a reclamante recebeu alta médica após gozar de auxílio-doença acidentário no período de fevereiro de 2000 a junho de 2001, a materialização de sua incapacidade definitiva para o trabalho ainda era duvidosa, tornando-se incontestável, para fins de incidência da Súmula n. 278 do STJ, somente por meio da decisão que concedeu a aposentadoria por invalidez, proferida pela Justiça comum em 15.09.2004 e transitada em julgado em 23.03.2006. Desse modo, tendo em conta que reclamação trabalhista foi ajuizada

24. TST. 1ª T. RR 107.1998.006.17.00.6. Rel. Min. João Oreste Dalazen. DJU 2.2.2007.
25. TST. SDI-1. E-ED-RR 779-52.2008.5.10.0007. Rel. Min. Aloysio Correa da Veiga. DEJT 29.08.2013.

> em 24.11.2006, ou seja, antes do transcurso do prazo prescricional bienal, a SBDI-I, por unanimidade, conheceu dos embargos da reclamante por divergência jurisprudencial e, no mérito, deu-lhes provimento para, afastada a prescrição, determinar o retorno dos autos à Vara do Trabalho de origem, a fim de que prossiga no exame do feito, como entender de direito.[26]

As referidas decisões, que refletem o entendimento dominante do TST, afirmam que o início do prazo de prescrição coincide com a data da **aposentadoria por incapacidade permanente** (antiga aposentadoria por invalidez). Diante dessa assertiva, indaga-se: E se o acidente não provocar incapacidade permanente? Nesse caso, o trabalhador não faria jus a uma indenização para compensar o dano moral?

Evidentemente que a resposta é negativa. O marco inicial do prazo de prescrição não pode estar vinculado à concessão do referido benefício previdenciário, pois em algumas situações **a lesão provoca, apenas, a incapacidade temporária**, que enseja a concessão do auxílio-doença acidentário. Esse critério só pode ser utilizado quando a pretensão deduzida em juízo diz respeito à indenização por danos materiais, pois está vinculada à capacidade laboral do obreiro.

Quando se trata de pedido de indenização por danos morais, o termo inicial da contagem do prazo de prescrição deve coincidir com a concessão do auxílio-doença, se foi constatada a incapacidade laboral temporária.

Em outros casos, o dano moral, inclusive o estético, sequer produz a incapacidade temporária para o trabalho. Nesse caso, não haverá a concessão de qualquer benefício previdenciário e o marco inicial do prazo de prescrição coincidirá com o momento em que o trabalhador tiver ciência inequívoca da lesão, por qualquer outro meio idôneo.

Exemplos de questões sobre o tema

(TRT 4 – Juiz do Trabalho Substituto 4ª região/2016) Considere as assertivas abaixo sobre responsabilidade patronal em caso de acidente de trabalho ou de doença ocupacional a ele equiparada.

I. A teoria do risco do negócio fundamenta-se no de ver legal de cumprimento das normas de segurança, higiene e prevenção no ambiente de trabalho pelo empregador e, quando por ele não observado, dá ensejo à responsabilidade objetiva pelos prejuízos causados aos empregados.

II. Nas hipóteses de concausalidade, a doença decorre de múltiplos fatores, inclusive externos ao trabalho, o que atenua a responsabilidade do empregador por eventuais danos causados ao trabalhador. Em se tratando de doença degenerativa, ainda que os sintomas tenham sido agravados pela atividade laboral, não há falar em responsabilidade patronal na reparação dos danos causados ao empregado.

III. O acidente de trânsito sofrido pelo porteiro de um condomínio, no percurso de sua residência ao local de trabalho, quando se deslocava em seu veículo particular, não justifica a responsabilidade patronal pelos danos sofridos pelo trabalhador.

Quais são corretas?

(A) Apenas I

(B) Apenas II

(C) Apenas III

(D) Apenas I e II

(E) I, II e III

Resposta: C

26. TST. SDI-1. E-ED-RR 210200-43.2006.5.18.0003. Rel. Min. Renato de Lacerda Paiva. DEJT 8.8.2013.

(TRT 4 – Juiz do Trabalho Substituto 4ª região/2016) Assinale a assertiva correta sobre acidente de trabalho e doença ocupacional.

(A) No caso de responsabilidade por danos nucleares, mesmo demonstrada a culpa exclusiva da vítima, há dever de indenizar.

(B) Fica caracterizada a culpa exclusiva da vítima, rompendo o nexo causal, quando o trabalhador der causa ao acidente.

(C) A fluência do prazo prescricional, na ação de indenização, inicia na data em que o trabalhador tem ciência da existência da lesão (acidente ou doença ocupacional).

(D) Ainda que o trabalhador recupere parcialmente a capacidade laboral, o valor do pensionamento vitalício não pode ser alterado, em função da coisa julgada.

(E) Ainda que o trabalhador recupere parcialmente a capacidade laboral, o valor do pensionamento vitalício não pode ser alterado, em função do princípio da irredutibilidade salarial.

Resposta: B

11. QUADRO SINÓPTICO

Capítulo XI – Direitos trabalhistas inespecíficos – Responsabilidade civil do empregador			
Instituto	**Conteúdo**		**Item**
Danos morais na relação de emprego			
Responsabilidade do empregador responsabilidade civil do empregador	**Contratual x extracontratual**	A responsabilidade do empregador, que por sua ação ou omissão implique dano moral, é de natureza contratual. Isso porque as determinações legais, inclusive aquelas previstas pelo Direito Civil, mas aplicáveis à relação de trabalho, incorporam-se automaticamente ao pacto laboral em forma de cláusulas contratuais.	2.1
	Objetiva x subjetiva	A responsabilidade objetiva, inclusive a de cunho trabalhista, só é admitida nas hipóteses expressamente previstas em lei ou quando a atividade do ofensor implicar risco para os direitos de outrem, na forma preconizada pelo art. 927, parágrafo único, do Código Civil.	2.2
Conceito	O dano moral corresponde ao resultado de uma ação ou omissão que implique, de forma necessária, ofensa a um bem não avaliável economicamente. Quando esse dano efetiva-se em decorrência do cumprimento de obrigações derivadas da execução e extinção do contrato de trabalho, seja pelo empregado ou pelo empregador, recebe a denominação de dano moral trabalhista.		3
Ação ou omissão	A ação ou omissão que implique dano ao patrimônio não-econômico do empregado pode ser efetivada tanto pelo próprio empregador quanto por seus prepostos, que exerçam ou não cargo de direção, desde que tenham atrelamento direto com a atividade empresarial.		4
Espécies de dano moral	**Puro**	É aquele representado pela dor subjetiva não detectável ou aferível externamente por terceiros. Por conta disso, não há como provar, materialmente, o dano moral puro, de natureza interior.	
	Físico	Consiste naquele provocado a algum órgão do corpo humano do ofendido (lesão corporal ou perturbação funcional). Pode ser constatado a "olho nu", como a perda de um braço, por exemplo, ou por meio de exames médicos, nas hipóteses de perturbação funcional.	5
	Estético	É aquele que altera a forma considerada "normal" do ser humano e modifica o padrão biológico e social de beleza.	
	Coletivo	É muito importante diferenciar os dois institutos – dano moral coletivo e dano moral individual homogêneo – pois o titular do primeiro é a coletividade e do segundo são os próprios indivíduos ofendidos	5

<table>
<tr><th colspan="4">Capítulo XI – Direitos trabalhistas inespecíficos – Responsabilidade civil do empregador</th></tr>
<tr><th>Instituto</th><th colspan="2">Conteúdo</th><th>Item</th></tr>
<tr><td>Dano moral e aborrecimento</td><td colspan="2">Gestos e palavras de caráter organizacional, fiscalizatório ou disciplinar, que estejam dentro dos limites da razoabilidade, são considerados como mero dissabor, aborrecimento ou transtorno, que, apesar de atingir em grau leve o patrimônio ideal do empregado, não representa uma ofensa indenizável.</td><td>6</td></tr>
<tr><td>Indenização</td><td colspan="2">A indenização por danos morais tem dupla finalidade: pedagógica e compensatória. No primeiro caso, a condenação do ofensor representa uma punição e objetiva evitar que ações idênticas ou semelhantes não mais se repitam. Já o caráter compensatório da indenização tem o escopo de propiciar conforto e alegria ao ofendido, como forma de contrabalançar a tristeza e o desconforto sofrido em decorrência da ação lesiva.</td><td>7</td></tr>
<tr><td>Revista pessoal</td><td colspan="2">A revista íntima, não no seu conceito jurídico, mas como representação do procedimento por meio do qual o empregado mostra partes pudendas do seu corpo (geralmente aquelas encobertas por peças íntimas) ou quando é apalpado por seguranças ou similares, é classificada como atividade antijurídica e causadora de danos morais ao trabalhador. Todavia, mesmo na sua forma mais branda, quando o empregador inspeciona pertences do empregado, como bolsas, mochilas, sacolas etc., o procedimento da revista não viola apenas o direito à intimidade (no seu conceito jurídico, resguardado pela CF/88, art. 5º, inciso X e pelo art. 373-A, VI, da CLT), mas também a honra do trabalhador.</td><td>8.3</td></tr>
<tr><th colspan="4">Assédio moral na relação de emprego</th></tr>
<tr><td>Conceito</td><td colspan="2">Comportamento por meio do qual o empregador ou seus prepostos escolhe um ou alguns empregados e inicia um processo deliberado de perseguição insistente, composto por atos repetitivos e prolongados, com o objetivo de humilhá-los, constrangê-los, inferiorizá-los e isolá-los dos demais colegas de trabalho, procedimento que provoca danos à sua saúde psicofisiológica e à sua dignidade.</td><td>9.2</td></tr>
<tr><td>Denominações</td><td colspan="2">Violência moral no trabalho;
Humilhação no trabalho;
Terror psicológico no trabalho;
Hostilização no trabalho.</td><td rowspan="2">9.2</td></tr>
<tr><td>Características</td><td colspan="2">Existência de um grupo social;
Repetição prolongada no tempo da conduta;
Escolha de uma ou algumas vítimas determinadas para efetivar o cerco.</td></tr>
<tr><td rowspan="3">Espécies</td><td>Vertical descendente</td><td>Aquele por meio do qual o superior hierárquico é o assediador e o subordinado, o assediado.</td><td rowspan="3">9.3</td></tr>
<tr><td>Vertical ascendente</td><td>Ocorre quando se verifica que o autor da perseguição é o subordinado e a vítima, o superior hierárquico.</td></tr>
<tr><td>Horizontal</td><td>É aquele que se verifica entre colegas do mesmo status laboral.</td></tr>
<tr><td>Assédio sexual</td><td colspan="2">Constranger alguém com o intuito de obter vantagem ou favorecimento sexual, prevalecendo-se o agente da sua condição de superior hierárquico ou ascendência inerentes ao exercício de emprego, cargo ou função (CP. Art. 216-A).</td><td>9.4</td></tr>
<tr><td>Danos e outras consequências</td><td colspan="2">Ofensa à dignidade do trabalhador;
Distúrbios de comportamento;
Depressão;
Agressividade acentuada;
Desestabilização emocional.</td><td>9.5</td></tr>
<tr><th colspan="4">Acidente do trabalho</th></tr>
<tr><td>Conceito</td><td colspan="2">Acidente do trabalho é o que ocorre pelo exercício do trabalho a serviço de empresa ou de empregador doméstico ou pelo exercício do trabalho dos segurados referidos no inciso VII do art. 11 desta Lei, provocando lesão corporal ou perturbação funcional que cause a morte ou a perda ou redução, permanente ou temporária, da capacidade para o trabalho.</td><td>10.1</td></tr>
</table>

Capítulo XI – Direitos trabalhistas inespecíficos – Responsabilidade civil do empregador		
Instituto	**Conteúdo**	**Item**
Doença ocupacional	A doença ocupacional (ergopatia) é um acontecimento lento e gradual cujas consequências jurídicas são idênticas às deste último. É gênero do qual são espécies a doença profissional ou tecnopatia e a doença do trabalho, também denominada mesopatia.	10.2
Responsabilidade civil do empregador	Se, em decorrência da ação ou omissão do empregador, o trabalhador for vítima de acidente do trabalho, poderá pleitear o pagamento de uma determinada quantia para cobrir as perdas e danos (morais e materiais), restabelecendo-se ou compensando-se o equilíbrio que existia anteriormente.	10.3
Acidente de trajeto	O acidente de trajeto, também denominado de acidente *in itinere*, é aquele ocorrido fora do estabelecimento da empresa, mas enquanto o empregado percorre o trajeto residência-trabalho ou vice-versa, durante o intervalo intrajornada, ou, ainda, quando se encontra executando serviços externos.	10.4
Indenização	A indenização decorrente da responsabilidade civil do empregador, quando este incorre em culpa ou dolo, é integral, pois proporciona a *restitutio in integrum*. Destina-se a cobrir todo o dano emergente e o lucro cessante do prejuízo sofrido pelo empregado em virtude da ação ou omissão, dolosa ou culposa, do seu patrão. Cabe, assim, indenização por danos morais e materiais se o acidente provocou prejuízo para a vítima de ordem econômica ou imaterial.	10.5
Prescrição	A suspensão do contrato de trabalho, em virtude da percepção do auxílio-doença ou da aposentadoria por incapacidade permanente, não impede a fluência da prescrição quinquenal, ressalvada a hipótese de absoluta impossibilidade de acesso ao Judiciário.	10.6 – "a"

12. INFORMATIVOS DO TST SOBRE A MATÉRIA

Embargos. Recurso de Revista. Registros de atestados médicos na CTPS. Violação ao direito de personalidade. Dano moral reconhecido. Indenização devida.

A SBDI-1, por unanimidade, conheceu do recurso de Embargos e, no mérito, por maioria, vencidos os Ministros Breno Medeiros, Alexandre Luiz Ramos, João Batista Brito Pereira e Maria Cristina Irigoyen Peduzzi, deu-lhe provimento para restabelecer a condenação da reclamada ao pagamento de indenização por dano moral decorrente de registros de atestados médicos na CTPS. Na ocasião, asseverou-se que há expressa disposição legal acerca de todas as anotações que devem constar da CTPS (arts. 29 a 34 da CLT), sendo expressamente vedado ao empregador efetuar anotações desabonadoras à conduta do empregado em sua carteira de trabalho, nos termos do §4º do art. 29 da CLT. No mesmo sentido, o art. 8º da Portaria nº 41 de 28 de março de 2007 do Ministério do Trabalho e Emprego dispõe ser "vedado ao empregador efetuar anotações que possam causar dano à imagem do trabalhador, especialmente referentes a sexo ou sexualidade, origem, raça, cor, estado civil, situação familiar, idade, condição de autor em reclamações trabalhistas, saúde e desempenho profissional ou comportamento." Assim, entendeu-se que, além de não haver ordem legal exigindo a anotação na CTPS dos atestados médicos apresentados para justificar licenças e faltas ao emprego, a conduta da reclamada ultrapassou o seu poder diretivo, visto que esse tipo de registro gera um impacto negativo à imagem do empregado nas contratações futuras, diante da possibilidade de o trabalhador ser considerado menos saudável ou assíduo do que os demais candidatos à vaga no emprego, violando seu direito de personalidade. TST-E-RR-8-22.2013.5.20.0007, SBDI-I, rel. Min. Augusto César Leite de Carvalho, 15/10/2020 (TST. Info nº 227).

Dano moral. Configuração. Atividade externa de limpeza urbana. Ausência de sanitários e refeitórios. Não fornecimento de água potável. NR nº 24 do antigo Ministério do Trabalho. Incidência

A Norma Regulamentar nº 24 do antigo Ministério do Trabalho, que garante condições sanitárias e de alimentação minimamente razoáveis, é aplicável aos trabalhadores que realizam atividade externa de limpeza urbana. Ademais, é do empregador o risco do empreendimento (art. 2º, caput, da CLT), razão pela qual cabe a ele arcar com os custos inerentes à atividade empresarial, incluindo aqueles relativos ao dever de manter um meio ambiente de trabalho saudável e higiênico, em atenção à dignidade dos seus empregados. Assim, resta configurado o dano moral quando a empresa reclamada deixa de providenciar aos trabalhadores ativados na coleta de lixo acesso a condições laborais mínimas para o atendimento das necessidades fisiológicas e de higiene pessoal. No caso, restou consignado que, antes da empresa adquirir um ônibus para as refeições, os trabalhadores levavam marmitas as quais eram acondicionadas sobre os pneus do caminhão, esquentadas em lata contendo álcool e consumidas na rua. As necessidades fisiológicas eram feitas em árvores e terrenos baldios, as mãos podiam ser lavadas em um galão com água que ficava no caminhão, mas sem toalhas ou sabonetes, e não havia água potável e fresca em quantidade suficiente para a equipe. Sob esse entendimento, a SBDI-I, por unanimidade, conheceu do recurso de embargos, por divergência jurisprudencial, e, no mérito, por maioria, negou-lhe provimento para manter a condenação da reclamada ao pagamento de indenização por danos morais. Vencidos os Ministros Breno Medeiros, Alexandre Luiz Ramos e Renato de Lacerda Paiva. TST-E-RR-1438-04.2011.5.09.0195, SBDI-I, rel. Min. José Roberto Freire Pimenta, 5.9.2019 (TST. Info nº 204).

Transporte de empregado. Veículo fornecido pelo empregador. Acidente de trânsito fatal. Responsabilidade objetiva da empresa. Contrato de transporte. Arts. 734 e 735 do Código Civil.

Na hipótese em que o empregado faleceu em razão de acidente de trânsito ocorrido durante o transporte em veículo fornecido pela empresa, a responsabilidade da empregadora é objetiva, a teor dos arts. 734 e 735 do Código Civil. O contrato de transporte, na espécie, é acessório ao contrato de trabalho e caracteriza-se, essencialmente, pela existência de cláusula de incolumidade que implica em obrigação de resultado, ou seja, em levar o passageiro em segurança até o seu destino. Assim, a empresa que fornece transporte aos seus empregados equipara-se ao transportador, assumindo, portanto, o ônus e o risco dessa atividade, ainda que o estado de conservação e de manutenção do veículo seja satisfatório ou que não reste comprovada eventual falha na adoção de medidas de segurança. Sob esses fundamentos, a SBDI-I, por maioria, vencido o Ministro Ives Gandra Martins Filho, conheceu dos embargos, por divergência jurisprudencial, e, no mérito, também por maioria, deu-lhes provimento parcial para reconhecer a responsabilidade objetiva da reclamada e da empresa seguradora integrada à lide, na forma da apólice constante dos autos, condenando-as ao pagamento de indenização por danos morais e por danos materiais na forma de pensionamento mensal vitalício. Vencidos, totalmente, o Ministro Ives Gandra Martins Filho e, parcialmente, o Ministro Aloysio Corrêa da Veiga. TST-E-ED-RR-32300-85.2006.5.15.0123, SBDI-I, rel. Min. Cláudio Mascarenhas Brandão, 2.8.2018 (TST. Info nº 181).

Doença ocupacional. Construção Civil. Pedreiro que desenvolveu hérnia de disco. Responsabilidade objetiva. Configuração.

Em razão do peso e das posições de flexão e rotação realizadas pela coluna vertebral, é inegável o risco ergonômico a que exposto o trabalhador que desempenha a atividade de pedreiro e a possibilidade de adquirir doença profissional com comprometimento da coluna, como ocorreu na espécie, em que o reclamante desenvolveu hérnia de disco e se tornou totalmente incapacitado para a atividade. Assim, estabelecido o nexo causal entre a doença e a execução de atividade de risco, é devido o pagamento de indenização por danos morais, independentemente de haver culpa do empregador. Sob esse fundamento, a SBDI-I, por maioria, deu provimento aos embargos do empregado para, reconhecendo a responsabilidade objetiva do reclamado, restabelecer o acórdão do Tribunal Regional, no particular, e determinar o retorno dos autos à Turma a fim de que aprecie o recurso de revista do empregador quanto ao valor arbitrado à indenização por danos morais e materiais, como entender de direito. Vencidos os Ministros João Oreste Dalazen, Ives Gandra Martins Filho, Renato de Lacerda Paiva, Guilherme Augusto Caputo Bastos e Márcio Eurico Vitral Amaro. TST-E-RR-89900-22.2008.5.15.0082, SBDI-I, rel. Min. Alexandre Agra Belmonte, 26.4.2018 (TST. Info nº 177).

Dano moral. Não configuração. Dispensa imotivada. Período da estabilidade pré-aposentadoria. Ausência de evidências concretas de violação a direito de personalidade do empregado.

A dispensa sem justa causa de empregado portador de estabilidade pré-aposentadoria prevista em norma coletiva não é suficiente, por si só, para caracterizar dano moral. A existência de constrangimento depende de evidências concretas de que o empregador se valeu de artifícios ou praticou ato de discriminação que atingiram direitos da personalidade do reclamante, não se admitindo, portanto, a configuração de dano moral in re ipsa. Sob esse entendimento, a SBDI-I, por unanimidade, conheceu dos embargos, por divergência jurisprudencial, e, no mérito, negou-lhes provimento para manter a decisão turmária que confirmara a improcedência do pedido de indenização por dano moral sob a afirmação de que não foi verificado fato objetivo apto a caracterizar abalo aos direitos de personalidade do reclamante. TST-E-RR-10648-60.2014.5.01.0013, SBDI-I, rel. Min. Augusto César Leite de Carvalho, 15.3.2018 (TST. Info nº 174).

Dano moral. Configuração. Intermediação fraudulenta de mão de obra mediante cooperativa.

A contratação de empregado para atuar na atividade fim da empresa, condicionada à filiação a cooperativa fraudulenta, enseja o pagamento de indenização por danos morais, pois constitui prática de ato ilícito que precariza a relação laboral e desvirtua a finalidade social do trabalho, estando em desalinho com os princípios constitucionais da dignidade da pessoa humana e do valor social do trabalho. Sob esse fundamento, a SBDI-I, por unanimidade, conheceu dos embargos, por divergência jurisprudencial, e, no mérito, por maioria, negou-lhes provimento. Vencidos os Ministros Maria Cristina Irigoyen Peduzzi e Ives Gandra Martins Filho. TST-E-RR-216100-08.2008.5.02.0027, SBDI-I, rel. Min. Augusto César Leite de Carvalho, 15.3.2018 (TST. Info nº 174).

Dano moral. Imputação de ato de improbidade. Dispensa por justa causa. Reversão em juízo. Indenização devida. Dano in re ipsa.

No caso de reversão em juízo da dispensa por justa causa, fundada em imputação de ato de improbidade, é devida a indenização por danos morais in re ipsa, ou seja, independentemente da prova de abalo pessoal sofrido pelo empregado ou de eventual divulgação do ocorrido. A gravidade da acusação (apropriação indébita de diferenças de caixa) e o rigor da punição, sem a devida cautela por parte do empregador, autoriza a presunção de lesão à honra subjetiva do reclamante. Sob esses fundamentos, a SBDI-I, por unanimidade, conheceu dos embargos, por divergência jurisprudencial, e, no mérito, deu-lhes provimento para restabelecer o acórdão do Tribunal Regional quanto à condenação ao pagamento de indenização por dano moral, determinando o retorno dos autos à Turma, a fim de que prossiga no julgamento do recurso de revista, quanto ao tema reputado prejudicado, conforme entender de direito. TST-E-RR-1123-90.2013.5.08.0014, SBDI-I, rel. Min. Walmir Oliveira da Costa, 1º,3.2018 (TST. Info nº 172).

Indenização por danos morais. Utilização do polígrafo. Ausência de fiabilidade probatória. Violação da dignidade humana e dos direitos de personalidade do empregado. Configuração.

A utilização do polígrafo nas relações laborais configura ato ilícito, que atinge a dignidade humana e os direitos da personalidade do empregado, notadamente a honra, a vida privada e a intimidade, dando ensejo ao pagamento de indenização por danos morais. Se, no Brasil, nem mesmo na esfera penal o emprego do detector de metais é admitido, não se justifica a sua aplicação pelo empregador, sem que haja o resguardo do devido processo legal ou de qualquer outro direito fundamental do indivíduo. Prevalece, portanto, o art. 5º, LXIII, da CF, que garante aos acusados o direito de permanecerem em silêncio, bem como o art. 14, 3, g, do Pacto Internacional dos Direitos Civis e Políticos de 1966, ratificado pelo Brasil em 6.7.1992, e o art. 8º, 2, g, da Convenção Americana de Direitos Humanos, ratificada pelo Brasil em 6.11.1992, os quais consagram o princípio de que ninguém é obrigado a produzir prova contra si mesmo. Ademais, no caso dos autos, a ausência de respaldo científico e de fiabilidade probatória, somada à existência de outras medidas eficazes e menos invasivas de combate ao terrorismo na aviação (detectores de metais, inspeção de raio X, vistorias, revistas aleatórias, etc), revelam que o polígrafo não se constitui medida indispensável à garantia da segurança do transporte aéreo de passageiros. Sob esses fundamentos, a SBDI-I, por maioria, conheceu dos embargos no tópico, por divergência jurisprudencial, e, no mérito, por unanimidade, negou-lhes provimento. Vencidos, quanto ao conhecimento, os Ministros Cláudio Mascarenhas Brandão, relator, Emmanoel Pereira, Augusto César Leite de Carvalho e José Roberto Freire Pimenta. TST-E-ED-RR–28140-17.2004.5.03.0092, SBDI-I, rel. Min. Cláudio Mascarenhas Brandão, 30.11.2017 (TST. Info nº 170).

Retenção indevida da CTPS. Comprovação do dano. Desnecessidade. Dano moral in re ipsa. Art. 53 c/c art. 13, ambos da CLT.

A retenção ilícita da Carteira de Trabalho e Previdência Social – CTPS, configurada quando o trabalhador não tem devolvida sua carteira de trabalho após quarenta e oito horas (art. 53 da CLT), acarreta dano moral in re ipsa, vale dizer, decorrente do próprio ato de retenção, motivo por que não se exige do empregado a comprovação do sofrimento, constrangimento ou prejuízo sofridos. Assim, presume-se o dano moral por ficar impedido o trabalhador, em novas oportunidades oferecidas pelo mercado, de apresentar sua carteira de trabalho, cuja dicção do art. 13 da CLT dispõe se tratar de documento obrigatório para o exercício de qualquer emprego ou para a verificação da situação de benefícios previdenciários. Sob esses fundamentos, a SBDI-I, por maioria, vencido o Ministro Márcio Eurico Vitral Amaro, relator, conheceu dos embargos da reclamante, por divergência jurisprudencial, e, no mérito, por unanimidade, deu-lhes provimento, para julgar procedente o pedido de indenização por dano moral decorrente da retenção da CTPS por prazo superior ao legal. TST-E-RR-189-15.2012.5.05.0641 , SBDI-I, rel. Min. Márcio Eurico Vitral Amaro, 28.9.2017 (TST. Info nº 166).

Dano moral. Não configuração. Atribuição de conduta desidiosa ao empregado. Reversão da justa causa em juízo. Ausência de ato ilícito a ser atribuído à empresa.

A simples dispensa por justa causa, com atribuição de conduta desidiosa ao empregado, não caracteriza, por si só, ato ilícito ou abuso do poder potestativo do empregador, ainda que haja reversão da aludida justa causa em juízo. A existência de lesão à honra e à imagem do trabalhador deve ser demonstrada. Desse modo, se não provada a má-fé do empregador, ao imputar falta grave ao empregado, nem qualquer publicidade acerca de qual fato determinou a justa causa, não se caracteriza o dano moral apto a ensejar a reparação pleiteada. Sob esses fundamentos, a SBDI-I decidiu, por unanimidade, conhecer do recurso de embargos da reclamante por divergência jurisprudencial e, no mérito, por maioria, negar-lhe provimento. Vencidos os Ministros José Roberto Freire Pimenta, Augusto César Leite de Carvalho, Hugo Carlos Scheuermann, Alexandre Agra Belmonte e Cláudio Mascarenhas Brandão. TST-E-ED-RR-737000-44.2004.5.09.0012, SBDI-I, rel. Min. Aloysio Corrêa da Veiga, 31.8.2017 (TST. Info nº 163).

Acidente de trabalho ocorrido na vigência do Código Civil de 1916. Responsabilidade objetiva prevista no art. 927, parágrafo único, do Código Civil de 2002. Aplicação retroativa da norma. Não configuração.

A aplicação da responsabilidade objetiva prevista no art. 927, parágrafo único, do Código Civil de 2002 a caso ocorrido na vigência do Código Civil de 1916 não revela retroação da norma, pois a teoria objetiva do risco em atividade perigosa decorre de entendimento doutrinário e jurisprudencial adotado antes mesmo do advento do novel diploma civil. Na hipótese, diante de acidente sucedido em 1998, em que o reclamante, embora tenha sido contratado para prestar serviços como jóquei, foi ferido fatalmente durante a doma de cavalo de corrida, o proprietário do animal foi responsabilizado objetivamente pela reparação dos danos decorrentes do exercício de atividade de risco, nos termos do art. 927, parágrafo único, do Código Civil. No caso concreto, vislumbrou-se ainda responsabilidade subjetiva do dono do cavalo, por negligência, visto que submeteu o jóquei à tarefa de domador sem que ele estivesse apto a desempenhá-la. Com esse posicionamento, a SBDI-I, por unanimidade, conheceu dos embargos, por divergência jurisprudencial e, no mérito, por maioria, negou-lhes provimento. Vencidos os Ministros João Oreste Dalazen, Ives Gandra Martins Filho e Guilherme Augusto Caputo Bastos que, reputando impertinente a invocação de jurisprudência em que se reconhece a viabilidade de aplicar-se a responsabilidade civil objetiva antes do Código Civil de 2002, davam provimento aos embargos para julgar improcedente o pedido de indenização por danos moral e material, por entenderem que a própria vítima, na condição de jóquei/treinador, atraiu para si a presunção relativa de responsabilidade por todo e qualquer evento danoso provocado pelo animal, ao exercer atividade autônoma de risco, nos termos do art. 1.527 do Código Civil de 1916. TST-E-ED-RR-9953600-29.2006.5.09.0013, SBDI-I, rel. Min. Augusto César Leite de Carvalho, 17.8.2017 (TST. Info nº 162).

Incidente de Recursos de Revista Repetitivos. "Tema nº 0001 – Dano moral. Exigência de Certidão Negativa de Antecedentes Criminais".

A SBDI-I, por maioria, definiu as seguintes teses jurídicas para o Tema Repetitivo nº 0001 – DANO MORAL. EXIGÊNCIA DE CERTIDÃO NEGATIVA DE ANTECEDENTES CRIMINAIS: I. Não é legítima e caracteriza lesão moral a exigência de Certidão de Antecedentes Criminais de candidato a emprego quando traduzir tratamento discriminatório ou não se justificar em razão de previsão de lei, da natureza do ofício ou do grau especial de fidúcia exigido; II. A exigência de Certidão de Antecedentes Criminais de candidato a emprego é legítima e não caracteriza lesão moral quando amparada em expressa previsão legal ou justificar-se em razão da natureza do ofício ou do grau especial de fidúcia exigido, a exemplo de empregados domésticos, cuidadores de menores, idosos ou deficientes (em creches, asilos ou instituições afins), motoristas rodoviários de carga, empregados que laboram no setor da agroindústria no manejo de ferramentas de trabalho perfurocortantes, bancários e afins, trabalhadores que atuam com substâncias tóxicas, entorpecentes e armas, trabalhadores que atuam com informações sigilosas; III. A exigência de Certidão de Antecedentes Criminais, quando ausente uma das justificativas de que trata o item II, supra, caracteriza dano moral in re ipsa, passível de indenização, independentemente de o candidato ao emprego ter ou não sido admitido. Vencidos, parcialmente, no item I, os Ministros João Oreste Dalazen, Emmanoel Pereira e Guilherme Augusto Caputo Bastos; e, no item II, os Ministros Augusto César Leite de Carvalho, relator, Aloysio Corrêa da Veiga, Walmir Oliveira da Costa e Cláudio Mascarenhas Brandão. Quanto ao item III, restaram vencidos, parcialmente, os Ministros João Oreste Dalazen, Emmanoel Pereira e Guilherme Augusto Bastos e, totalmente, os Ministros Aloysio Corrêa da Veiga, Renato de Lacerda Paiva e Ives Gandra Martins Filho. TST-IRR-243000-58.2013.5.13.0023, SBDI-1, rel. Min. Augusto César Leite de Carvalho, red. p/ acórdão Min. João Oreste Dalazen, 20.4.2017 (TST. Info nº 157).

Atleta profissional de futebol. Atividade de risco. Seguro de acidentes de trabalho. Art. 45 da Lei nº 9.615/1998. Não contratação. Obrigação de indenizar.

Os arts. 45 e 94, da Lei nº 9.615/1998 (Lei Pelé) dispõem acerca da obrigatoriedade de contratação de seguro de acidentes de trabalho (nomenclatura adotada pela Lei nº 9.981/2000) para atletas profissionais de futebol por parte das entidades a que estão vinculados, sem, contudo, determinar a consequência jurídica para o descumprimento da referida obrigação. Assim, comprovados o dano e o nexo de causalidade (lesão física durante uma partida de futebol sem a oportunidade de acionar o seguro porque não contratado), e tratando-se de atividade de risco, nos termos do próprio art. 45 da Lei Pelé, aplicam-se ao caso os arts. 186, 247 e 927 do Código Civil, restando patente a obrigação de indenizar. Sob esses fundamentos, a SBDI-I, por maioria, vencidos os Ministros Aloysio Corrêa da Veiga, Renato de Lacerda Paiva e Augusto César Leite de Carvalho, conheceu dos embargos, por divergência jurisprudencial, e, no mérito, ainda por maioria, negou-lhes provimento, mantendo, portanto, a indenização concedida na sentença. Vencidos o Ministro Alexandre Agra Belmonte. TST-E-ED-RR-168500-29.2006.5.01.0046, SBDI-I, rel. Min. Márcio Eurico Vitral Amaro, 6.4.2017 (TST. Info nº 156).

Acidente de trabalho com óbito. Cortador de cana. Queda de raio. Caso fortuito externo. Ausência de responsabilidade civil objetiva. Indenização por dano moral. Indevida.

A indenização por dano moral somente é devida quando houver dano, culpa e nexo de causalidade entre o dano e a conduta antijurídica, conforme o art. 186 do CC. Assim, não há como atribuir à reclamada conduta culposa ou dolosa em relação à morte de empregado cortador de cana atingido por um raio durante o exercício de sua atividade laboral, visto que o acidente decorreu unicamente de caso fortuito externo. De igual modo, não há falar em responsabilidade objetiva da empregadora, pois a atividade desenvolvida pela vítima não ensejava risco de morte inerente à descarga elétrica. Sob esses fundamentos, a SBDI-I, pelo voto prevalente da presidência, conheceu dos embargos, por divergência jurisprudencial, e, no mérito, deu-lhes provimento para restabelecer a sentença que indeferira o pedido de indenização por danos morais. Vencidos os Ministros Alexandre Agra Belmonte, João Oreste Dalazen, Renato de Lacerda Paiva, Augusto César Leite de Carvalho, José Roberto Freire Pimenta, Hugo Carlos Scheuermann e Cláudio Mascarenhas Brandão. TST-E-ED-RR-195-49.2011.5.19.0000, SBDI-I, rel. Min. Aloysio Corrêa da Veiga, 22.6.2017 (TST. Info nº 161).

Dano moral. Configuração. Doença adquirida em razão das atividades desempenhadas. Moléstia não incapacitante. Indenização devida.

A SBDI-I, por maioria, conheceu dos embargos, por divergência jurisprudencial, e, no mérito, negou-lhes provimento para manter a decisão turmária que condenara a reclamada ao pagamento de indenização por danos morais no valor de R$ 15.000.00. Na hipótese, restou incontroverso que a patologia adquirida pelo empregado (tendinopatia do supraespinhoso/síndrome do impacto) teve origem na atividade desempenhada para a empresa reclamada (desossa na área de dianteiro e traseiro), sendo irrelevante, para a configuração do dano moral, o fato de a doença adquirida não ter causado incapacidade laborativa para as funções exercidas. A responsabilidade civil do empregador por dano moral em casos de doença deve resultar da análise independente entre a legislação civil e a previdenciária. Segundo o art. 186 do Código Civil, aquele que por conduta ativa, omissiva, negligente ou imprudente viole direito e cause dano a outrem, ainda que exclusivamente moral, comete ato ilícito e, por conseguinte, tem o dever de indenizar. Assim, a despeito do art. 20 da Lei nº 8.213/1991 equiparar as moléstias profissionais ao acidente de trabalho apenas quando houver incapacidade laborativa, tal conclusão não afasta a caracterização do dano moral, pois patente a lesão à saúde do empregado advinda do exercício da atividade profissional. Vencidos os Ministros Márcio Eurico Vitral Amaro, relator, Ives Gandra Martins Filho e Aloysio Corrêa da Veiga, os quais conheciam e proviam os embargos ao fundamento de que a ausência de incapacidade laborativa afasta o direito à indenização por dano moral. TST-E-ED-RR-641-74.2012.5.24.0001, SBDI-I, rel. Min. Márcio Eurico Vitral Amaro, red. p/ acórdão Min. José Roberto Freire Pimenta, 23.3.2017 (TST. Info nº 155).

Dano moral. Configuração. Uso de imagem. Ausência de autorização do empregado.

A utilização da imagem sem o consentimento de seu titular, independentemente do fim a que se destina, configura ato ilícito, porquanto viola o patrimônio jurídico personalíssimo do indivíduo. Assim, a utilização da imagem do empregado para fins comerciais, sem prévia autorização, ainda que daí não advenha qualquer constrangimento, constitui ato ilícito, resultando em responsabilidade civil por dano moral, consoante o art. 20 do CC. Sob esses fundamentos, a SBDI-I decidiu, por unanimidade, conhecer dos embargos, por divergência jurisprudencial, e, no mérito, dar-lhes provimento para restabelecer a sentença no tocante à condenação ao pagamento de indenização por dano moral. TST-E-RR-20200-67.2007.5.02.0433, SBDI-I, rel. Min. João Oreste Dalazen, 29.9.2016 (TST. Info nº 145).

Dano moral. Transporte de valores por empregado não habilitado. Exposição do trabalhador a risco excessivo. Indenização devida. Dano *in re ipsa*.

Atribuir a atividade de transporte de valores a empregado que não foi contratado para esta finalidade, e sem o necessário treinamento, exigido pela Lei nº 7.102/83, configura exposição a risco excessivo e, portanto, enseja o pagamento de indenização por dano moral in re ipsa. Na hipótese, a indenização foi requerida por motorista de distribuidora de bebida que realizava habitualmente transporte de valores, sem a devida habilitação técnica. Registrou-se, ademais, que o transporte de valores em veículos da empresa contendo cofre evidencia o risco potencial a que submetido o empregado responsável pela guarda do numerário recebido pelas vendas, sendo inócua a discussão a respeito da quantidade de dinheiro existente no cofre. Sob esse entendimento, a SBDI-I, por unanimidade, conheceu dos embargos, por divergência jurisprudencial, e, no mérito, negou-lhes provimento. TST-E-RR-514-11.2013.5.23.0008, SBDI-I, rel. Min. Walmir Oliveira da Costa, 23.6.2015 (TST. Info nº 139).

Anotação do vínculo de emprego na CTPS. Ausência. Inexistência de prejuízo. Dano moral não caracterizado.

Conforme preceitua o art. 29 da CLT, a anotação do vínculo de emprego na CTPS tem caráter cogente. Todavia, a ausência de registro, por si só, não gera automaticamente dano moral ao empregado, mormente quando não há prova de prejuízo. No caso concreto, não houve prova efetiva de dano algum que pudesse abalar a intimidade, a vida privada, a honra ou a imagem do autor. Ademais, ressaltou-se que a inexistência de anotação de vínculo empregatício na CTPS configura mera irregularidade administrativa que pode ser sanada por determinação judicial ou pela própria secretaria da vara do trabalho (art. 39, § 1º, da CLT). Assim, a SBDI-I, por unanimidade, conheceu do recurso de embargos, por divergência jurisprudencial, e, no mérito, negou-lhe provimento. TST-E-ED-RR-3323-58.2010.5.02.0203, SBDI-I, rel. Min. Cláudio Mascarenhas Brandão, 2.6.2016 (TST. Info nº 138).

Ação civil pública. Art. 93 da Lei nº 8.213/91. Vagas destinadas a trabalhadores reabilitados ou portadores de deficiência. Não preenchimento. Ausência de culpa da empresa. Dano moral coletivo. Não configuração.

O descumprimento da obrigação legal de admitir empregados reabilitados ou portadores de deficiência, conforme cota estipulada no art. 93 da Lei nº 8.213/91, somente enseja o pagamento de multa e de indenização por danos morais coletivos se houver culpa da empresa. Ressalte-se, todavia, que o fato de a empresa haver empreendido esforços a fim de preencher o percentual de vagas estabelecido pela lei, não obstante leve à improcedência do pedido de condenação ao pagamento de multa e de indenização, não a exonera da obrigação de promover a admissão de pessoas portadoras de deficiência ou de reabilitados. Sob esse fundamento, a SBDI-I, por unanimidade, conheceu do recurso de embargos, por divergência jurisprudencial, e, no mérito, por maioria, deu-lhe provimento parcial para absolver a empresa da condenação ao pagamento de multa e de indenização por dano moral coletivo. Vencidos parcialmente os Ministros Cláudio Mascarenhas

Brandão, Augusto César Leite de Carvalho, José Roberto Freire Pimenta e Hugo Carlos Scheuermann. TST-E--ED-RR-658200-89.2009.5.09.0670, SBDI-I, rel. Min. Brito Pereira, 12.5.2016 (TST. Info nº 136).

Doença ocupacional. Indenização. Pensão mensal vitalícia. Pagamento em parcela única. Art. 950 do CC.

A pensão mensal vitalícia correspondente à indenização por danos materiais, relativa à doença ocupacional que resultou na perda da capacidade para o trabalho, poderá ser convertida em parcela única. A importância devida, no entanto, não deve equivaler à somatória dos valores das pensões mensais a que teria direito o trabalhador, de modo a não ocasionar o seu enriquecimento sem causa. Também não pode ser arbitrada em valor que onere indevidamente o devedor, que terá de dispor de quantia pecuniária vultosa de uma só vez. O quantum devido ao empregado, portanto, deverá corresponder àquele que, uma vez aplicado financeiramente, lhe renda por mês valores aproximados ao da pensão mensal devida, de acordo com o disposto no art. 950 do CC. Sob esses fundamentos, a SBDI-I, por unanimidade, conheceu dos embargos, por divergência jurisprudencial e, no mérito, deu-lhes provimento para fixar em R$ 83.000,00, o valor da indenização por dano material, em parcela única. TST-E-ED-RR-2230-18.2011.5.02.0432, SBDI-I, rel. Min. Aloysio Corrêa da Veiga, 28.4.2016 (TST. Info nº 134).

Danos morais. Ausência ou atraso na quitação das verbas rescisórias. Indenização indevida.

A ausência ou o atraso no pagamento das verbas rescisórias não é suficiente para caracterizar a ocorrência de danos morais. No caso, embora reconhecido o atraso, pelo empregador, no adimplemento da obrigação de quitar as verbas rescisórias, não houve registro de qualquer consequência concreta (impossibilidade de saldar compromissos, constituição em mora, perda de crédito, etc) que pudesse comprometer a honra e a imagem do empregado. Sob esses fundamentos, a SBDI-I, por unanimidade, conheceu dos embargos interpostos pelo reclamante, por divergência jurisprudencial, e, no mérito, por maioria, negou-lhes provimento. Vencido o Ministro Alexandre de Souza Agra Belmonte. TST-E-RR-571-13.2012.5.01.0061, SBDI-I, rel. Min. Lelio Bentes Corrêa, 17.3.2016 (TST. Info nº 130).

Danos morais e materiais. Concausa entre as atividades exercidas e a doença desenvolvida. Responsabilidade da empregadora. Indenização devida.

Nos termos do art. 21, I, da Lei nº 8.213/91, para a caracterização de acidente do trabalho (ou de doença profissional a ele equiparada) não se faz necessário que a conduta da empresa seja causa exclusiva do evento, bastando que para ela concorra. Assim, na hipótese em que o TRT reconheceu expressamente que as atividades desenvolvidas pela reclamante atuaram como concausa para o desencadeamento de esquizofrenia paranoide e depressão grave, resulta inafastável o reconhecimento da responsabilidade da empregadora pela indenização por danos morais e materiais (art. 927 do CC). Sob esses fundamentos, a SBDI-I, por unanimidade, conheceu dos embargos por divergência jurisprudencial e, no mérito, por maioria, deu-lhes provimento parcial para: I) restabelecer a sentença no tocante à condenação da reclamada ao ressarcimento das despesas com medicamentos e tratamento da doença, ao fornecimento de plano de saúde e à determinação de constituição de capital visando garantir o pagamento de pensão vitalícia; II) condenar a reclamada ao pagamento de compensação por danos morais no valor de R$ 60.000,00 e ao pagamento de pensão mensal e vitalícia, correspondente a 40% da última remuneração percebida pela autora, a partir do seu afastamento em 6.11.2003, mantendo-se o valor atualizado, de acordo com os reajustes salariais concedidos. Vencidos, totalmente, os Ministros Aloysio Corrêa da Veiga, João Oreste Dalazen, Brito Pereira, Guilherme Augusto Caputo Bastos e Márcio Eurico Vitral Amaro, e, parcialmente, os Ministros Lelio Bentes Corrêa, relator, José Roberto Freire Pimenta e Alexandre de Souza Agra Belmonte, que fixavam o percentual de 80% quanto ao pagamento da pensão mensal. (TST. Info nº 126).

Acidente de trabalho. Indenização por danos morais e materiais. Dono da obra. Responsabilidade solidária. Inaplicabilidade da Orientação Jurisprudencial nº 191 da SBDI-I.

O dono da obra é responsável solidário pelos danos decorrentes de acidente de trabalho ocorrido em suas dependências, nas hipóteses em que concorreu para o infortúnio ao não impedir a prestação de serviços sem a observância das normas de higiene e segurança do trabalho. A diretriz consagrada na Orientação Jurisprudencial nº 191 da SBDI-I não se aplica ao caso, pois dirigida especificamente a obrigações trabalhistas em sentido estrito, não alcançando indenização de natureza civil. Na espécie, consignou-se que o de cujus, empregado da subempreiteira, contratada pela empreiteira para efetuar reparos no telhado da dona da obra, não usava cinto de segurança no momento da queda que o vitimou e nunca havia feito curso de segurança do trabalho, a revelar falha do dono da obra na fiscalização quanto à adoção de medidas de prevenção de acidentes. Sob esse entendimento, com amparo no art. 942 do CC, e atendo-se ao limite do postulado pelos embargantes, no sentido de manter a decisão do TRT, a SBDI-I, por unanimidade, conheceu dos embargos dos reclamantes, por divergência jurisprudencial e, no mérito, por maioria, deu-lhes provimento para restabelecer a decisão do Regional quanto à declaração de responsabilidade subsidiária do dono da obra. Vencido o Ministro Antonio José de Barros Levenhagen. TST-E-RR-240-03.2012.5.04.0011, SBDI-I, rel. Min. João Oreste Dalazen, 19.11.2015 (TST. Info nº 124).

Dano moral. Indenização. Revista pessoal de controle. Apalpamento de partes do corpo do empregado. Toques na cintura.

O controle exercido pelo empregador com o intuito de fiscalizar o seu patrimônio deve observar os ditames do ordenamento jurídico, dentre os quais figura como essencial a estabilidade nas relações laborais e o respeito à intimidade e à dignidade do trabalhador. Caracteriza revista pessoal de controle e, portanto, ofende o direito à intimidade e à dignidade do empregado, a conduta do empregador que, excedendo os limites do poder diretivo e fiscalizador, impõe a realização de vistoria íntima consistente no apalpamento de partes do corpo do empregado – "toques na cintura". Devida, portanto, a indenização por dano moral, ainda que o contato físico se dê sem "excesso ou exagero" – o que não afastaria o reconhecimento da lesão ao patrimônio moral do empregado. Sob esses fundamentos, a SBDI-1, por unanimidade, conheceu dos embargos, por divergência jurisprudencial e, no mérito, por maioria, deu-lhes provimento para restabelecer o acórdão regional quanto à declaração de procedência do pedido de indenização por dano moral, inclusive no tocante ao valor fixado (R$ 3.000,00 – três mil reais), vencidos os Ministros Márcio Eurico Vitral Amaro e Guilherme Augusto Caputo Bastos. TST-E-RR-22800-62.2013.5.13.0007, SBDI-I, rel. Min. João Oreste Dalazen, 29.10.2015 (TST. Info nº 121).

Matéria afetada ao Tribunal Pleno. Indenização por danos morais. Acidente do trabalho. Cobradora de ônibus. Roubo com uso de arma de fogo. Responsabilidade civil objetiva do empregador. Art. 927, parágrafo único, do Código Civil.

Incide a responsabilidade civil objetiva do empregador, levando em consideração o risco da atividade econômica, quando o empregado sofre danos, em razão da execução do contrato de emprego, nos termos do artigo 927, parágrafo único, do Código Civil. No caso, a trabalhadora levou um tiro na mão direita durante assalto ao veículo no qual trabalhava. O acidente ocorreu quando exercia a atividade de cobradora de ônibus, situação ensejadora de risco acentuado, já que circulava pelas ruas do município recolhendo importâncias em dinheiro dos passageiros em proveito do contratante. Além de configurado o exercício de atividade de risco – circunstância apta a ensejar a responsabilidade objetiva do empregador –, resultou caracterizada a culpa por omissão, decorrente da inobservância do dever geral de cautela, que incumbe a todo empregador. Sob esses fundamentos, o Tribunal Pleno, por unanimidade, conheceu dos embargos, por divergência jurisprudencial, e, no mérito, negou-lhes provimento. Ressalva parcial de fundamentação dos Ministros João Oreste Dalazen e Cláudio Mascarenhas Brandão. TST-E-RR-184900-63.2007.5.16.0015, Tribunal Pleno, rel. Lélio Bentes Corrêa, 29.9.2015 (TST. Info nº 119).

Dispensa discriminatória. Portador do vírus HIV. Estigma ou preconceito. Presunção relativa. Súmula nº 443 do TST.

Nos termos da Súmula nº 443 do TST, presume-se discriminatória a despedida de empregado portador do vírus HIV ou de outra doença grave que suscite estigma ou preconceito, cabendo ao empregador comprovar que o motivo da dispensa não possui relação com a enfermidade. Na espécie, não se cogitou de desconhecimento do estado de saúde da reclamante pela reclamada. Além da ciência do estado de saúde da reclamante, não se identificou no acórdão do Tribunal Regional do Trabalho da 2ª Região qualquer motivação de ordem técnica a justificar a dispensa, apenas se podendo detectar momento de fragilidade física e emocional decorrentes da moléstia, conforme relatado por perita. Sob esses fundamentos, a SBDI-1, por unanimidade, conheceu dos embargos, por contrariedade à Súmula nº 443 do TST, e, no mérito, deu-lhes provimento para, reputando discriminatória a dispensa da reclamante ocorrida em 11/10/2008, declarar nulo o ato de dispensa sem justa causa e determinar a sua reintegração ao trabalho, com pagamento dos salários vencidos e vincendos, inclusive PLR's, 13° salários e férias mais 1/3, com as respectivas dobras eventualmente cabíveis, desde a ilícita dispensa até a efetiva reintegração, acrescidos dos reajustes legais, normativos, espontâneos e promocionais. TST-E-ED-RR-1129-60.2010.5.02.0082, SBDI-I, rel. Min. Márcio Eurico Vitral Amaro, 25.6.2015 (TST. Info nº 112).

Revista em pertences de empregados. Esvaziamento de bolsas e sacolas. Impessoalidade. Ausência de contato físico. Empresa do ramo de comercialização de medicamentos (drogaria). Interesse público envolvido. Potencialidade de grave risco decorrente de desvio dos produtos comercializados. Poder de fiscalização do empregador. Dano moral. Não caracterizado.

A imposição patronal de esvaziamento do conteúdo de bolsas, sacolas e demais pertences de empregados, por si só, não acarreta dano moral, desde que efetuada de maneira impessoal e respeitosa e derive de imposição da natureza da atividade empresarial. No caso, empresa do ramo de comercialização de medicamentos (drogaria), impunha a seus empregados, indistintamente, no início e ao final do expediente, a abertura e o esvaziamento de bolsas e sacolas, sem qualquer contato físico por parte de outros trabalhadores. Concluiu-se que o interesse público justifica o rigor no controle, em prol da segurança da coletividade, ante a potencialidade de grave risco decorrente de eventual desvio dos produtos comercializados. Assim, a conduta patronal é legítima e inerente ao poder-dever de fiscalização do empregador, logo não rende ensejo ao pagamento de indenização por dano moral. Sob esse entendimento, a SBDI-I, por unanimidade, conheceu dos embargos, por divergência jurisprudencial, e, no mérito, negou-lhes provimento. Ressalva de entendimento do Ministro Cláudio Mascarenhas Brandão. TST-E-RR-2111-32.2012.5.12.0048, SBDI-I, rel. Min. João Oreste Dalazen, 25.6.2015 (TST. Info nº 112).

Dano moral. Configuração. Retificação de registro na Carteira de Trabalho e Previdência Social. Inclusão da informação de que se trata de cumprimento de decisão judicial.

Configura lesão moral a referência, na Carteira de Trabalho e Previdência Social do empregado, de que algum registro ali constante decorreu de determinação judicial, constituindo anotação desnecessária e desabonadora, nos termos do art. 29, § 4º, da CLT. Tal registro dificulta a obtenção de novo emprego e acarreta ofensa a direito da personalidade do trabalhador. Sob esse fundamento, a SBDI-1, à unanimidade, não conheceu do recurso de embargos da reclamada, com ressalva de entendimento dos Ministros Antonio José de Barros Levenhagen, João Oreste Dalazen, Ives Gandra Martins Filho, Renato de Lacerda Paiva e Guilherme Augusto Caputo Bastos . TST-EEDRR-148100-34.2009.5.03.0110, SBDI-I, rel. Min. Hugo Carlos Scheuermann, 18.6.2015 (TST. Info nº 111).

Dano moral. Empregado bancário. Monitoramento de conta corrente. Procedimento indiscriminado em relação aos outros correntistas. Possibilidade. Cumprimento do artigo 11, inciso II e § 2º, da Lei nº 9.613/98.

Não configura dano moral a quebra do sigilo bancário pelo empregador, quando este mesmo procedimento é adotado indistintamente em relação a todos os correntistas, na estrita observância à determinação legal inserta no artigo 11, inciso II e § 2º da Lei nº 9.613/98. Sob esses fundamentos, a SBDI-I, por unanimidade, não conheceu do recurso de embargos interposto pelo reclamante. TST-E-RR-1447-77.2010.5.05.0561, SBDI--I, rel. Min. Lelio Bentes Corrêa, 28.05.2015 (TST. Info nº 109).

Empregada acometida por doença profissional e aposentada por invalidez. Incapacidade total para o exercício do ofício ou profissão antes exercido. Pensionamento vitalício integral. Inteligência do art. 950 do Código Civil.

O parâmetro para o deferimento da indenização decorrente da incapacidade laboral, nos termos do artigo 950 do Código Civil, tem por base o ofício ou profissão para o qual a obreira se inabilitou, ainda que seja capaz para o exercício de outra profissão. Sendo assim, estando a trabalhadora totalmente inabilitada para o exercício de seu labor, a indenização, na forma de pensionamento mensal, deve corresponder a 100% da última remuneração. Sob esses fundamentos, a SBDI-1, por unanimidade, conheceu dos embargos, por divergência jurisprudencial e, no mérito, por maioria, deu-lhes provimento, a fim de arbitrar o valor da pensão mensal em 100% da última remuneração, vencida a Ministra Dora Maria da Costa. TST--ERR-147300-11.2005.5.12.0008, SBDI-I, rel. Min. Dora Maria da Costa, red. p/ acórdão Min. Lelio Bentes Corrêa, 21.5.2015 (TST. Info nº 108).

Danos morais e materiais. Acidente de trânsito. Coleta de lixo urbano. Retorno do aterro sanitário. Morte do empregado. Responsabilidade objetiva. Atividade de risco. Art. 927, parágrafo único, do CC. Incidência.

É objetiva a responsabilidade do empregador pela morte de ex-empregado, coletor de lixo urbano, durante acidente de trânsito ocorrido quando retornava, no interior do caminhão, de aterro sanitário. No caso concreto, ressaltou-se que a atividade de coleta de lixo, especialmente quando envolve deslocamento em vias públicas, expõe o empregado a maiores riscos, incidindo, portanto, o art. 927, parágrafo único, do CC. Com esse fundamento, a SBDI-I, por unanimidade, conheceu dos embargos interpostos pela reclamada, por divergência jurisprudencial e, no mérito, negou-lhes provimento, mantendo, portanto, a decisão turmária que restabelecera a sentença ao fundamento de que o acidente do trabalho fatal ocorreu em transporte fornecido pela empregadora, ao final do trabalho em aterro sanitário, o que enseja a responsabilidade civil objetiva em decorrência dos riscos assumidos na condição de transportadora, na forma dos arts. 734, 735 e 927, parágrafo único, do CC. TST-E-RR-958-81.2011.5.03.0069, SBDI-I, rel. Min. Márcio Eurico Vitral Amaro, 16.4.2015 (TST. Info nº 104).

Uniformes. Uso obrigatório ou necessário para a concepção da atividade econômica. Despesas com lavagem. Ressarcimento. Devido.

As despesas decorrentes de lavagem de uniformes, quando seu uso é imposto pelo empregador ou necessário para a concepção da atividade econômica, devem ser ressarcidas ao empregado, uma vez que os riscos do empreendimento são suportados pela empresa, cabendo a ela zelar pela higiene do estabelecimento. Inteligência do art. 2º da CLT. No caso, as reclamadas forneciam gratuitamente uniformes e impunham a sua utilização durante o horário de serviço em razão da atividade desenvolvida (indústria de laticínios). Assim, a SBDI-I, por unanimidade, conheceu do recurso de embargos, por divergência jurisprudencial, e, no mérito, por maioria, negou-lhe provimento, mantendo a decisão da Turma que ratificara a condenação ao ressarcimento das despesas efetuadas pelo reclamante com a lavagem de uniformes. Vencidos os Ministros Guilherme Caputo Bastos, relator, Ives Gandra Martins Filho, Márcio Eurico Vitral Amaro e Cláudio Mascarenhas Brandão, que davam provimento aos embargos para julgar improcedente o pedido de ressarcimento das despesas com a lavagem do fardamento, ao fundamento de que a higienização ordinária de uniformes não causa prejuízo indenizável, nem transfere os riscos do empreendimento ao empregado. TST-E-RR-12-47.2012.5.04.0522, SBDI-I, rel. Min. Guilherme Augusto Caputo Bastos, red. p/ acórdão Min. João Oreste Dalazen, 12.3.2015 (TST. Info nº 101).

Dano moral coletivo. Caracterização. Conduta antissindical. Convenção coletiva de trabalho. Financiamento do sindicato profissional com recursos provenientes do empregador.

O financiamento do sindicato profissional com recursos provenientes do empregador (taxa negocial), conforme firmado em cláusula de convenção coletiva de trabalho, configura conduta antissindical que, ao impossibilitar a autonomia da negociação coletiva, fragiliza o sistema sindical e a relação entre empregados e empregadores, ensejando, portanto, a reparação por dano moral coletivo. Na espécie, registrou-se que, embora a cláusula em questão tenha sido suspensa por força de liminar requerida pelo Ministério Público do Trabalho nos autos de ação civil pública, restou caracterizada a conduta ilícita, de modo que a inexistência de efetiva lesão não afasta a necessidade de reparação, sob pena de retirar a proteção jurídica dos direitos coletivos. Com esse entendimento, a SBDI-I, por unanimidade, conheceu dos embargos interpostos pelo MPT, por divergência jurisprudencial e, no mérito, deu-lhes provimento para restabelecer o acórdão do Regional, impondo a condenação no importe de R$ 10.000,00 a título de dano moral coletivo. TST-E-ARR-64800–98.2008.5.15.0071, SBDI-I, rel. Min. Aloysio Corrêa da Veiga, 12.2.2015 (TST. Info nº 100).

Tíquete-alimentação. Valores diferenciados. Previsão em norma coletiva. Validade.

A Constituição Federal, ao mesmo tempo em que proíbe qualquer discriminação no tocante a salários, exercício de funções e critérios de admissão (art. 7º, XXX), também impõe proteção aos acordos e convenções negociados coletivamente (art. 7º, XXVI). Assim, na hipótese em que a norma coletiva prevê o fornecimento de tíquetes-alimentação em valores diferenciados para os empregados da mesma empresa em razão de particularidades nos contratos celebrados entre a tomadora e a prestadora, tais como local de prestação dos serviços e o valor global do respectivo contrato, a norma coletiva em questão deve ser validada, pois regula um direito disponível, não existindo razão para impedir sua flexibilização. Com esse entendimento, a SBDI-I, por unanimidade, conheceu dos embargos da reclamante, por divergência jurisprudencial, e, no mérito, por maioria, negou-lhes provimento. Vencido o Ministro José Roberto Freire Pimenta. TST-E-RR-2150-14.2011.5.03.0113, SBDI-I, rel. Min. Alexandre de Souza Agra Belmonte, 20.11.2014 (TST. Info nº 96).

Dano moral. Atraso reiterado no pagamento de salários. Indenização devida. Dano *in re ipsa*.

O atraso reiterado no pagamento dos salários configura dano moral *in re ipsa*, ou seja, presume-se a lesão ao direito de personalidade do trabalhador, pois gera estado permanente de apreensão no empregado, que se vê impossibilitado de honrar seus compromissos financeiros e de prover suas necessidades básicas. No caso concreto, o reclamante teve seus salários atrasados por cinco ou seis meses, período em que também não recebeu vale-alimentação nem vale-transporte. Ademais, por ocasião de sua dispensa, não recebeu as verbas rescisórias devidas. Assim, por unanimidade, a SBDI-I, conheceu dos embargos interpostos pelo reclamante, por divergência jurisprudencial, e, no mérito, por maioria, deu-lhes provimento para restabelecer o acórdão do Regional, o qual manteve a sentença que condenou os reclamados ao pagamento de indenização por dando morais. Ressalvou a fundamentação o Ministro Aloysio Corrêa da Veiga. Vencidos os Ministros Renato de Lacerda Paiva, Ives Gandra Martins Filho e Guilherme Augusto Caputo Bastos. TST-E-RR-577900-83.2009.5.09.0010, SBDI-I, rel. Min. Márcio Eurico Vitral Amaro, 9.10.2014 (TST. Info nº 91).

Revista íntima. Cláusula que autoriza a inspeção pessoal que não acarrete toque em qualquer parte do corpo do empregado ou retirada de sua vestimenta e proíbe a instalação de câmeras de vídeo nos banheiros e vestiários. Validade.

É válida a cláusula de instrumento normativo que autoriza a revista íntima dos trabalhadores desde que não haja toque em qualquer parte do corpo ou retirada de vestimentas, bem como proíbe a instalação de câmeras de vídeo nos banheiros e também nos vestiários. Na espécie, consignou-se que a fixação de critérios à realização da revista pessoal são providências que não extrapolam o alcance conferido ao poder fiscalizador da empresa, razão pela qual a cláusula não pode ser considerada uma atitude exacerbada e invasiva da intimidade e privacidade dos empregados. Com esses fundamentos, a SDC, por maioria, deu provimento parcial ao recurso ordinário para restabelecer a validade da Cláusula 30ª – Da Revista Íntima. Vencido, no tópico, o Ministro Mauricio Godinho Delgado, relator. TST-RO-17500-03.2011.5.17.0000, SDC, rel. Min. Mauricio Godinho Delgado, 17.2.2014 (TST. Info nº 72).

Perda parcial da capacidade laborativa. Possibilidade de pleno restabelecimento. Pensão vitalícia. Devida. Fim do pagamento condicionado à recuperação integral do trabalhador. Relação de natureza continuativa. Art. 471, I, do CPC. Incidência.

Havendo perda parcial da capacidade produtiva, ainda que haja possibilidade de pleno restabelecimento do empregado mediante a submissão ao tratamento adequado, é devido o pagamento de pensão mensal de caráter vitalício. Todavia, caso sobrevenha fato superveniente – recuperação integral do trabalhador para o ofício para o qual se inabilitou –, a ser retratado nos próprios autos em que houve a condenação, terá fim o pagamento da pensão, nos termos do art. 471, I, do CPC. Ressalte-se que a utilização da expressão "pensão vitalícia" visa afastar dúvidas quanto a eventuais limites ao pagamento (idade de aposentadoria, tabelas de mortalidade do IBGE, etc), mas não exclui a possibilidade de cessação do benefício, uma vez findada a sua causa, pois se trata de relação de natureza continuativa. Com esses fundamentos, a SBDI-I, por maioria, conheceu dos embargos da reclamante, por divergência jurisprudencial, vencidos os Ministros Aloysio Corrêa da Veiga e Alexandre Agra Belmonte. No mérito, ainda por maioria, a Subseção negou provimento ao recurso, vencidos os Ministros Brito Pereira, relator, e Augusto César Leite de Carvalho. TST-E-ED-ED-ED-RR-33640-85.2006.5.02.0039, SBDI-I, rel. Min. Brito Pereira, red. p/ acórdão Min. Luiz Philippe Vieira de Mello Filho, 13.2.2014 (TST. Info nº 72).

Dano Moral. Caracterização. Dispensa por justa causa fundada em ato de improbidade. Desconstituição em juízo. Dano presumível. Indenização devida.

A desconstituição em juízo da justa causa fundada em ato de improbidade imputado ao empregado pelo empregador enseja o pagamento de indenização por danos morais, tendo em vista que o prejuízo moral é presumível, ou seja, a prova do dano decorre da existência do próprio fato lesivo. Com esse entendimento, a SBDI-I, por unanimidade, conheceu dos embargos, por divergência jurisprudencial, e, no mérito, por maioria, deu-lhes provimento para condenar o reclamado ao pagamento de indenização por danos morais, no valor de quinze mil reais. Vencidos os Ministros João Oreste Dalazen, Carlos Alberto Reis de Paula, Brito Pereira, Dora Maria da Costa, os quais entendiam que a atribuição de ato de improbidade, por si só, não configura dano moral, e o Ministro Aloysio Corrêa da Veiga, em relação ao valor da indenização. TST-E--RR-164300-14.2009.5.18.0009, SBDI-1, rel. Min. Renato de Lacerda Paiva, 12.12.2013 (TST. Info nº 70).

Auditor-fiscal do trabalho. Autuação de empresa por falta de registro dos empregados. Terceirização ilícita. Exercício do poder de polícia. Imposição de multa administrativa. Possibilidade. Invasão da competência da Justiça do Trabalho. Não configuração.

A SBDI-I, por unanimidade, conheceu dos embargos da reclamada e, no mérito, negou-lhes provimento, mantendo a decisão do TRT que, ao indeferir o pleito de invalidação de auto de infração, entendera não ter havido invasão da competência da Justiça do Trabalho. Na hipótese o auditor-fiscal do trabalho aplicou multa em razão de ter constatado a existência de mais de cinco mil trabalhadores em situação irregular, uma vez que houve terceirização de atividade-fim, e que os empregados contratados para atividades-meio trabalhavam com pessoalidade e subordinação, de modo a caracterizar mera transferência do ônus da contratação de mão de obra. Prevaleceu o entendimento de que a fiscalização de competência do auditor-fiscal, no exercício do seu poder de polícia, demanda a verificação do descumprimento de obrigações legais, sendo seu dever, sob pena de responsabilidade administrativa, efetuar autuação por falta de registro dos trabalhadores, independente dos motivos que impediram a formalização dos contratos, e sem que isso implique em reconhecimento do vínculo de emprego. Destacou-se, ademais, que entendimento em sentido contrário reduziria o campo de atuação e o propósito da atividade fiscalizatória, que é fazer cumprir as normas de proteção ao trabalho, e que a autuação levada a cabo pelo auditor-fiscal não impede o acesso ao Judiciário para eventual discussão acerca da efetiva existência de relação de emprego. TST-E-ED-RR-32900-51.2005.5.03.0002, SBDI-I, rel. Min. Aloysio Corrêa da Veiga, 17.10.2013 (TST. Info nº 63).

Dano moral. Configuração. Violação do direito de imagem. Veiculação de propagandas comerciais de fornecedores da empresa nos uniformes. Ausência de autorização dos empregados.

A veiculação de propagandas comerciais de fornecedores da empresa nos uniformes, sem que haja concordância do empregado, configura utilização indevida da imagem do trabalhador a ensejar o direito à indenização por dano moral, nos termos dos arts. 20 e 186 do CC e 5º, X, da CF. Ademais, na esteira da jurisprudência do TST e do STF, a imagem é bem extrapatrimonial, cuja utilização não autorizada configura violação a direito personalíssimo, tornando desnecessária a demonstração concreta de prejuízo. Com esses fundamentos, a SBDI-I, por unanimidade, conheceu dos embargos da reclamada, por divergência jurisprudencial, e, no mérito, negou-lhes provimento. Ressalvou entendimento pessoal o Ministro Ives Gandra Martins Filho. TST-E--RR-19-66.2012.5.03.0037, SBDI-I, rel. Min. Renato de Lacerda Paiva, 10.10.2013 (TST. Info nº 62).

Ação rescisória. Dano moral. Indenização em valor idêntico ao fixado para recompor o dano material. Ausência de razoabilidade e proporcionalidade. Afronta o art. 5º, X, da CF. Configuração.

A indenização por danos morais deve proporcionar alívio ao sofrimento suportado pelo empregado e educar o empregador, coibindo a prática futura de semelhante conduta ofensiva a outro empregado. Trata-se de lesão a patrimônio imaterial e sem conteúdo econômico, o que torna difícil a fixação do valor indenizatório. Por outro lado, a compensação não pode gerar enriquecimento sem causa, devendo atentar aos princípios da proporcionalidade e razoabilidade. Assim, ausentes parâmetros legais, o julgador deve se pautar pela situação econômica do ofensor e da vítima, o ambiente cultural de ambos, as circunstâncias do caso concreto, o grau de culpa do autor da ofensa e a extensão do dano, tendo por base a conduta do homem médio. No caso vertente, em que o empregado fora acometido pela Síndrome do Túnel do Carpo e tendinite dos punhos, a fixação de indenização por dano moral em valor idêntico à quantia estipulada para o dano material (R$ 226.475,61), a pretexto da origem comum de ambos e a consequente necessidade de adoção de mesmos critérios, se mostra desproporcional e desarrazoada, principalmente se cotejada com a consequência advinda do infortúnio, qual seja, redução apenas parcial da capacidade laboral do trabalhador. Com esse entendimento, a SBDI-II, por maioria, julgou procedente o pedido de rescisão, no tópico, para, em juízo rescindente, reconhecida a afronta ao art. 5º, X, da CF, desconstituir parcialmente a sentença, reduzindo para R$ 30.000,00 o valor da indenização por danos morais. Vencidos os Ministros Luiz Philippe Vieira de Mello Filho, Emmanoel Pereira e Cláudio Brandão. TST-RO-106300-45.2008.5.05.0000, SBDI-II, rel. Min. Guilherme Augusto Caputo Bastos, 24.9.2013 (TST. Info nº 60).

Acidente de Trabalho. Vigilante. Condução de motocicleta em rodovia estadual. Atividade de risco. Responsabilidade civil objetiva do empregador. Art. 927, parágrafo único, do CC.

Nos termos do art. 927, parágrafo único, do CC, aplica-se a responsabilidade civil objetiva ao empregador no caso em que houve morte do trabalhador que, no exercício de suas atribuições de vigilante, sofreu acidente de trânsito na condução de motocicleta da empresa em rodovia estadual, durante trajeto à residência de cliente para verificação de disparo de alarme. Trata-se de atividade de risco, pois os condutores de motocicleta, notoriamente, estão sujeitos a mais acidentes de trânsito e de piores consequências em comparação aos que utilizam outros tipos de veículos, de modo que o empregador, ainda que não haja provocado diretamente o acidente, figurou como autor mediato do dano sofrido pelo trabalhador falecido. Com esse entendimento, a SBDI-I, por unanimidade, conheceu dos embargos da reclamada, por divergência jurisprudencial, e, no mérito, negou-lhes provimento. TST-E-ED-RR-324985-09.2009.5.12.0026, SBDI-I, rel. Min. João Oreste Dalazen, 6.6.2013 (TST. Info nº 50).

Acidente de trabalho. Trabalhador avulso. Estivador. Responsabilidade civil subjetiva do operador portuário. Configuração. Dever de zelar pelo meio ambiente de trabalho seguro.

A SBDI-I entendeu haver responsabilidade civil subjetiva da operadora portuária pelo acidente de trabalho que causou amputação parcial da falange distal do dedo indicador direito de trabalhador avulso durante a estivagem para embarque de arroz, uma vez que, no caso, a reclamada omitiu-se em observar o dever de zelar pelo meio ambiente de trabalho seguro a que se refere o art. 157, da CLT. Com esse entendimento, a Subseção, por unanimidade, conheceu dos embargos, por divergência jurisprudencial, e, no mérito, negou-lhes provimento. Vencidos os Ministros Brito Pereira, relator, João Oreste Dalazen, Renato de Lacerda Paiva e Dora Maria da Costa, que davam provimento aos embargos para, afastando a responsabilidade objetiva assentada pela decisão turmária, determinar o retorno dos autos à Vara do Trabalho de origem, a fim de que prossiga no exame do pedido, sob o enfoque da eventual caracterização de responsabilidade subjetiva da reclamada. Ressalvaram a fundamentação os Ministros Augusto César Leite de Carvalho, Alexandre Agra Belmonte e Delaíde Miranda Arantes, que negavam provimento ao recurso por entender configurada a responsabilidade civil objetiva, e os Ministros José Roberto Freire Pimenta e Luiz Philippe Vieira de Mello Filho, que, na hipótese, vislumbravam a presença tanto da responsabilidade subjetiva, quanto da objetiva. TST-E-RR-99300-59.2007.5.17.0011, SBDI-I, rel. Min.Brito Pereira, red. p/ acórdão Min. Aloysio Corrêa da Veiga, 9.5.2013 (TST. Info nº 46).

Dano moral. Indenização. Bancário. Assalto a instituição bançária. Responsabilidade objetiva. Atividade de risco. Art. 927, parágrafo único, do CC.

A SBDI-I, em sua composição plena, confirmando decisão da Turma, entendeu devida a indenização por danos morais a empregado bancário que foi vítima de três assaltos na agência em que trabalhava. Na hipótese, restou configurada a responsabilidade objetiva do empregador, na forma do parágrafo único do art. 927 do CC, pois a atividade bancária, por envolver contato com expressivas quantias de dinheiro, está sujeita à ação frequente de assaltantes, sendo considerada, portanto, como atividade de risco a atrair a obrigação de indenizar os danos sofridos pelo trabalhador. Com esse entendimento, a Subseção, por unanimidade, conheceu do recurso de embargos do reclamado, por divergência jurisprudencial, e, no mérito, por maioria, negou-lhes provimento. Vencidos os Ministros Ives Gandra Martins Filho e Maria Cristina Irigoyen Peduzzi, que entendiam indevida a indenização por não enquadrarem como de risco a atividade exercida pelo reclamante. TST-E-RR-94440-11.2007.5.19.0059, SBDI-I, rel. Min. Aloysio Corrêa da Veiga, 18.4.2013 (TST. Info nº 43).

Indenização por danos morais. Devida. Amputação do dedo indicador. Torneiro mecânico. Atividade de risco. Culpa presumida.

A SBDI-I, por maioria, conheceu dos embargos, por divergência jurisprudencial, e, no mérito, ainda por maioria, negou-lhes provimento, mantendo a decisão da 6ª Turma que, reconhecendo a responsabilidade do empregador no caso em que o trabalhador teve seu dedo indicador decepado ao trocar a pastilha do torno mecânico que operava, deferiu o pedido de indenização por dano moral. Na espécie, prevaleceu a tese de que o ofício de torneiro mecânico é atividade de risco, uma vez que implica operação de máquina potencialmente ofensiva, presumindo-se, portanto, a culpa da empresa. Vencidos, quanto ao conhecimento, os Ministros Lelio Bentes Corrêa, Alberto Luiz Bresciani de Fontan Pereira, Augusto César Leite de Carvalho e Delaíde Miranda Arantes, e, no mérito, os Ministros Ives Gandra Martins Filho, relator, Brito Pereira, Renato de Lacerda Paiva e Dora Maria da Costa. TST-E-ED-RR-154785-83.2007.5.15.0016, SBDI-I, rel. Min. Ives Gandra da Silva Martins Filho, red. p/ acórdão Min. Aloysio Corrêa da Veiga, 11.4.2013 (TST. Info nº 40).

Dano moral. Divulgação da lista nominal dos servidores públicos e da correspondente remuneração mensal na internet. Prevalência do princípio da publicidade dos atos administrativos em detrimento do direito à intimidade, à privacidade e à segurança do empregado público.

A divulgação, na internet, da lista dos cargos ocupados e dos valores da remuneração mensal pagos ao servidor público não configura dano moral, pois o princípio da publicidade dos atos administrativos deve prevalecer sobre o direito à intimidade, à privacidade e à segurança do agente público, conforme decidido pelo Tribunal Pleno do STF nos autos do processo nº SS – 3902-AgRsegundo/SP, rel. Min. Ayres Britto. Com esse entendimento, a SBDI-I, por unanimidade, conheceu dos embargos, por divergência jurisprudencial, e, no mérito, negou-lhes provimento, mantendo decisão da Turma que excluiu da condenação o pagamento de indenização por danos morais decorrentes da disponibilização no sítio da Administração dos Portos de Paranaguá e Antonina – APPA, na internet, de relação com nomes, cargos e remunerações de seus empregados. TST-E-RR-336000-02.2008.5.09.0411, SBDI-I, rel. Min. Augusto César Leite de Carvalho, 21.3.2013 (TST. Info nº 40).

Doença ocupacional. Inversão do ônus da prova. Presunção de culpa do empregador. Indenização por danos morais. Devida.

A SBDI-I, por unanimidade, conheceu de embargos, por divergência jurisprudencial e, no mérito, por maioria, negou-lhes provimento, mantendo, ainda que por fundamento diverso, a condenação de empresa do ramo de consultoria em tecnologia da informação ao pagamento de indenização por danos morais à digitadora que fora acometida de doença osteomuscular decorrente de posições forçadas e movimentos repetitivos durante a jornada de trabalho. Na hipótese, a Turma não conheceu do recurso de revista, mantendo decisão do TRT que, tipificando as atribuições da reclamante como atividade de risco, aplicou a teoria da responsabilidade objetiva. Prevaleceu, porém, o entendimento de que, tratando-se de doença ocupacional, há uma inversão do ônus da prova, presumindo-se, portanto, a culpa do empregador pelos danos causados à saúde da trabalhadora. Vencidos os Ministros Ives Gandra Martins Filho, relator, e Brito Pereira, que davam provimento ao recurso para julgar improcedente o pedido de indenização, uma vez que a função de digitadora não pode ser considerada de risco, e não houve demonstração de culpa apta a caracterizar a responsabilidade subjetiva do reclamado; e os Ministros João Oreste Dalazen e Dora Maria da Costa, que davam provimento aos embargos para fixar a premissa da responsabilidade subjetiva e determinar a baixa dos autos ao Tribunal de origem para que nova decisão fosse proferida. Ressalvaram fundamentação o Ministro Augusto César Leite de Carvalho, que negava provimento aos embargos por entender ser hipótese de aplicação da teoria da responsabilidade objetiva, visto que a NR 17 indica os serviços de entrada de dados como atividade de risco, amoldando-se, portanto, ao art. 927, parágrafo único, do Código Civil; e os Ministros Barros Levenhagen, Luiz Philippe Vieira de Mello Filho e Lelio Bentes Corrêa, que entendiam ser incontroversa a culpa da reclamada, pois, adquirida a doença profissional, resta patente a omissão da empresa ao não adotar medidas preventivas. TST-E-RR-80500-83.2007.5.04.0030, SBDI-I, rel. Min. Ives Gandra da Silva Martins Filho, red. p/ o acórdão Min. Renato de Lacerda Paiva, 7.3.2013 (TST. Info nº 39).

Ação civil pública. Condenação a não utilizar-se de trabalhadores em testes de cigarro no "Painel de Avaliação Sensorial". Impossibilidade. Atividade lícita e regulamentada, mas de risco. Indenização. Dano moral coletivo.

A SBDI-I, por maioria, conheceu, por divergência jurisprudencial, dos embargos da Souza Cruz S.A. quanto ao tema relativo à condenação, nos autos de ação civil pública, a obrigação de não fazer, e, no mérito, ainda por maioria, deu-lhes provimento para afastar a obrigação de não utilizar-se de trabalhadores, empregados próprios ou de terceiros, inclusive de cooperativas, em testes de cigarro no denominado "Painel de Avaliação Sensorial". No caso, prevaleceu a tese de que, não obstante os riscos à saúde do trabalhador, o consumo de cigarros é lícito e a atividade de provador de tabaco é regulamentada pelo Ministério do Trabalho e Emprego, não cabendo à Justiça do Trabalho proibir ou impor condições ao exercício profissional que implique a prática de fumar. Vencidos, no conhecimento, os Ministros Augusto César de Carvalho, relator, Lelio Bentes Corrêa, José Roberto Freire Pimenta e Delaíde Miranda Arantes, e, no mérito, totalmente, os Ministros Lelio

Bentes Corrêa, que não conhecia dos embargos, Augusto César de Carvalho, relator, Alberto Luiz Bresciani de Fontan Pereira, José Roberto Freire Pimenta e Delaíde Miranda Arantes, que negavam provimento aos embargos, e, parcialmente, o Ministro Luiz Philippe Vieira de Mello Filho, que dava provimento parcial ao recurso. Não obstante a licitude da participação de trabalhadores no denominado "Painel de Avaliação Sensorial", acima assentada, as indiscutíveis lesões à saúde decorrentes do contato com o tabaco permitem enquadrar a atividade de provador de cigarro como de risco, a atrair a aplicação da responsabilidade civil objetiva prevista no art. 927 do CC. Assim, a imposição de indenização, no caso, tem finalidade pedagógica, na medida em que desestimula a exposição dos empregados a agentes nocivos, uma vez que cabe à empregadora zelar pela saúde e segurança de seus trabalhadores. Com esses fundamentos, a SBDI-I, por unanimidade, conheceu dos embargos do Ministério Público do Trabalho, por divergência jurisprudencial, e, no mérito, pelo voto prevalente da Presidência, deu-lhes provimento para restabelecer a decisão do Regional, que manteve a condenação da Souza Cruz S.A. à indenização pelos danos aos interesses difusos e coletivos dos trabalhadores, no valor de R$1.000.000,00 (um milhão de reais), reversível ao FAT – Fundo de Amparo ao Trabalhador, corrigido monetariamente, mês a mês, pelos mesmos índices utilizados para a atualização dos débitos trabalhistas. Vencidos os Ministros Ives Gandra Martins Filho, Brito Pereira, Maria Cristina Irigoyen Peduzzi, Luiz Philippe Vieira de Mello Filho, Alberto Luiz Bresciani de Fontan Pereira e Dora Maria da Costa. TST-E-ED-RR-120300-89.2003.5.01.0015, SBDI-I, rel. Min. Augusto César Leite de Carvalho, red. p/ acórdão Min. João Oreste Dalazen, 21.2.2013 (TST. Info nº 37).

Dano moral. Não configuração. Empregado de instituição bancária. Quebra de sigilo bancário. Procedimento indistinto adotado para todos os correntistas de instituição financeira. Determinação do Banco Central.

Não configura dano moral a quebra do sigilo bancário do empregado na hipótese em que haja determinação do Banco Central para, em procedimento geral adotado indistintamente em relação a todos os correntistas da instituição financeira, e não só aos empregados, monitorar contas correntes com o objetivo de detectar existência de movimentação extraordinária, emissão de cheques sem fundos e evitar lavagem de dinheiro. Com esse entendimento, a SBDI-I, por unanimidade, conheceu do recurso de embargos por divergência jurisprudencial, e, no mérito, negou-lhe provimento. Na espécie, consignou-se que não há quebra de isonomia, nem mitigação do direito fundamental à privacidade e à intimidade, nem do dever de sigilo, dispostos nos arts. 5º, X, da CF e 1º da Lei Complementar nº 105/2001. Ademais, o caso em tela não se confunde com as hipóteses em que o TST, diante do exame da movimentação financeira do empregado, em procedimento de auditoria interna do banco empregador, sem autorização judicial, tem reconhecido a existência de dano moral. TST-EEDRR-82600-37.2009.5.03.0137, SBDI-I, rel. Min. Augusto César Leite de Carvalho, 7.2.2013 (*No mesmo sentido e julgado na mesma sessão, TST-E-RR-1517-92.2010.5.03.0030) (TST. Info nº 35).

Acidente do trabalho ocorrido na vigência do Código Civil de 1916. Responsabilidade objetiva prevista no art. 927, parágrafo único, do Código Civil de 2002. Aplicação.

A teoria da responsabilidade objetiva, consagrada no art. 927, parágrafo único, do Código Civil de 2002, aplica-se aos casos em que o acidente do trabalho, fato gerador do falecimento do empregado durante o desempenho de atividade de risco em rede elétrica, ocorreu na vigência do Código Civil de 1916. Mesmo antes da nova codificação civilista, o ordenamento jurídico brasileiro já contemplava a responsabilidade objetiva, seja por leis esparsas, a exemplo do Decreto nº 2.881/1912, da Lei nº 8.123/91 e do Código de Defesa do Consumidor (Lei nº 8.078/90), seja por meio da jurisprudência, conforme revela a Súmula nº 341 do STF, segundo a qual "é presumida a culpa do patrão ou comitente pelo ato culposo do empregado ou preposto". Ademais, o próprio art. 2º da CLT sempre autorizou a aplicação da culpa presumida no âmbito do Direito do Trabalho, ao estabelecer que recai sobre o empregador os riscos da atividade econômica. Assim, não se pode dizer que o Código Civil de 2002 trouxe uma absoluta inovação legislativa, a impedir a sua aplicação retroativa, mas apenas condensou entendimento jurisprudencial e doutrinário há muito consagrado sobre a teoria do risco. Com esse entendimento, a SBDI-I, em sua composição plena, conheceu, por maioria, dos embargos, por divergência jurisprudencial, e, no mérito, também por maioria, negou-lhes provimento. Vencidos, no conhecimento, os Ministros Horácio Raymundo de Senna Pires e Aloysio Corrêa da Veiga, e, no mérito, os Ministros Brito Pereira, relator, Antônio José de Barros Levenhagen, Ives Gandra Martins Filho, Maria Cristina Irigoyen Peduzzi e Renato de Lacerda Paiva, os quais entendiam que a aplicação retroativa do parágrafo único do art. 927 do CC é vedada com base nos arts. 6º da LICC e 5º, XXXVI, da CF. TST-E-ED--RR-40400-84.2005.5.15.0116, SBDI-I, rel. Min. Brito Pereira, red. p/ acórdão Min. Augusto César Leite de Carvalho, 13.12.2012 (TST. Info nº 34).

Acidente do trabalho. Responsabilidade civil objetiva. Configuração. Motociclista. Atividade de risco.

A SBDI-I, por unanimidade, conheceu dos embargos, por divergência jurisprudencial, e, no mérito, por maioria, negou-lhes provimento, mantendo a decisão da 8ª Turma, que reconhecera a responsabilidade objetiva da empregadora, intermediadora de mão de obra junto a concessionária de energia elétrica, no caso em que o trabalhador, no desempenho da função de oficial eletricista, foi vítima de acidente do trabalho no trânsito, sofrendo amputação da perna direita, decorrente da colisão entre sua motocicleta e outro automóvel. Na espécie, além de o infortúnio ter ocorrido durante o expediente, restou consignado que o veículo de propriedade da vítima era utilizado para a prestação dos serviços de corte e religação de energia elétrica em unidades consumidoras de baixa tensão, em virtude do contrato de locação firmado com a empregadora, restando demonstrado, portanto, o nexo de causalidade entre o dano sofrido e o trabalho realizado. Ademais, a condução de motocicleta configura-se atividade de risco, na medida em que os condutores desse tipo de veículo estão mais sujeitos a acidentes, com consequências mais nocivas, distanciando-se, portanto, das condições dos demais motoristas. Noutro giro, ainda que o risco, a que se refere parágrafo único do art. 927 do Código Civil, esteja relacionado à natureza da "atividade normalmente desenvolvida pelo autor do dano", a interpretação teleológica do referido dispositivo, aliada à concepção histórica da responsabilidade objetiva, permitiria concluir que o conceito de atividade de risco deve advir do ofício concretamente desempenhado pelo trabalhador, e da exposição acima dos níveis considerados normais a que submetido, ainda que o empreendimento não contenha, por si só, elementos de risco. Finalmente, não há falar em inaplicabilidade do art. 927, parágrafo único, do CC aos casos anteriores à entrada em vigor do Código Civil, pois a teoria do risco em atividade perigosa não foi inaugurada com a nova codificação civilista, mas, ao contrário, é fruto da interpretação sistêmica do arcabouço histórico, legal e doutrinário sobre o tema. Vencidos os Ministros Ives Gandra Martins Filho, relator, e Brito Pereira. TST-E-ED-RR-81100-64.2005.5.04.0551, SBDI-I, rel. Min. Ives Gandra Martins Filho, red. p/ acórdão Min. João Oreste Dalazen. 29.11.2012 (TST. Info nº 32).

Dono da obra. Acidente de trabalho. Indenização por danos morais, materiais e estéticos. Pretensão de natureza civil. Orientação Jurisprudencial nº 191 da SBDI-I. Não incidência. Envolvimento na execução dos serviços. Omissão em relação à segurança do ambiente laboral. Culpa comprovada. Responsabilidade solidária.

A aplicação da Orientação Jurisprudencial nº 191 da SBDI-I tem sua abrangência restrita às obrigações trabalhistas, não alcançando pleitos de indenização por danos morais, estéticos e materiais decorrentes de acidente de trabalho, na medida em que apresentam natureza civil, oriundos de culpa por ato ilícito (arts. 186 e 927, "caput", do Código Civil), não constituindo, portanto, verba trabalhista "stricto sensu". Ainda que assim não fosse, o quadro fático delineado nos autos revelou o envolvimento do dono da obra na execução dos serviços contratados e no desenvolvimento das atividades do reclamante, bem como a culpa pelo acidente que vitimou o trabalhador, ante a comprovada omissão em relação à segurança do ambiente laboral, atraindo, assim, a responsabilidade solidária pelo pagamento das indenizações pleiteadas. Com esse entendimento, a SBDI-I, por maioria, não conheceu dos embargos no tópico. Vencidos os Ministros Ives Gandra Martins Filho, Brito Pereira, Maria Cristina Irigoyen Peduzzi e João Oreste Dalazen. TST-E-RR-9950500-45.2005.5.09.0872, SBDI-I, rel. Min. Augusto César Leite de Carvalho, 22.11.2012 (TST. Info nº 31).

13. QUESTÕES

13.1 Questões objetivas

01. (PGE/PI/Procurador/2008) Após ser demitido sem justa causa da empresa Ave do Sertão, onde trabalhou por dois anos, Francisco moveu reclamação trabalhista contra a empresa, pleiteando indenização por danos morais. Segundo Francisco, seu salário era pago sempre fora do prazo legal, o que acarretou momentos de insegurança e preocupação social e familiar, podendo o constrangimento gerado por essa situação abalar sua honra e sua imagem perante a sociedade. Acerca dessa situação hipotética, assinale a opção correta.

(A) Não é cabível a discussão a respeito de indenizações por danos morais na justiça do trabalho.

(B) Não se pode enquadrar o caso apresentado como gerador do direito à indenização por dano moral, uma vez que não foi demonstrado nem invocado o constrangimento perante terceiros causado por eventual dificuldade financeira provocada pelo atraso no recebimento dos salários.

(C) O atraso no pagamento de salários corresponde à inadimplência por parte da empresa, e tal fato enseja o pagamento de danos morais, já que afeta a imagem e a honra do empregado de forma direta.

(D) É devido o pagamento do dano moral, pois ficou comprovado o nexo causal entre a conduta do empregador e o dano efetivo sofrido pelo empregado.

(E) Como não existe prazo preestabelecido para pagamento de salário, de forma que não houve atraso, mas sim inadimplência de pagamento, não há que se falar em dano moral no caso apresentado.

---

02. (Magistratura do Trabalho. 23ª/2011) Analise as seguintes proposições, assinalando ao final a alternativa CORRETA.

I. Assédio sexual é o ato de constranger alguém com o intuito de obter vantagem ou favorecimento sexual, prevalencendo-se o agente da sua condição de superior hierárquico ou ascendência inerentes ao exercício do emprego, cargo ou profissão.

II. O assédio sexual pode se configurar tanto pelo constrangimento verbal, quanto não verbal.

III. Se o assédio é cometido por empregado contra colega de trabalho, poderá ele ser dispensado por justa causa na modalidade indisciplina.

IV. A responsabilidade por todos os danos causados pela prática do assédio sexual é personalíssima.

(A) As alternativas I, II estão corretas e as alternativas III e IV incorretas;

(B) As alternativas II e III estão corretas e as alternativas I e IV incorretas;

(C) As alternativas I, II e III estão incorretas e a alternativa IV correta;

(D) Todas as alternativas estão incorretas;

(E) As alternativas I e IV estão corretas e as alternativas II e III incorretas.

---

03 (ESAF – 2009 – Receita Federal – Auditor Fiscal da Receita Federal) Os seguintes atos do empregador: medida destinada à exclusão do empregado de sua atividade profissional, atacando, injustificadamente, seu rendimento pessoal; manipulação da reputação pessoal e profissional do empregado, mediante rumores e ridicularização; abuso do poder com atitudes de menosprezo e controle desmedido do desempenho do empregado:

(A) minam a autoestima e a dignidade do trabalhador, destruindo sua capacidade de resistência, levando-o a pedir dispensa do emprego e possibilitam apenas indenização por dano patrimonial.

(B) criam uma situação vexatória de forma continuada, incutindo no empregado sentimento de incapacidade profissional, dando azo tão somente ao pedido de demissão e percepção do salário.

(C) geram constrangimento na relação trabalhista por desrespeitarem o lesado em sua intimidade, honra e nome, mas não responsabilizam civilmente o empregador, visto que não acarretam no empregado nenhuma desestabilização emocional.

(D) constituem assédio moral suscetível de gerar apenas o direito de reclamar, judicialmente, as verbas resultantes de resilição contratual indireta.

(E) configuram assédio moral no trabalho, fazendo pressão para que o obreiro lesado se demita, possibilitando que reclame, em juízo, não só as verbas oriundas de resilição contratual, mas também indenização por dano moral e patrimonial, pois geram responsabilidade civil do empregador, visto que sua conduta trouxe humilhação no ambiente laborativo e interferiu na vida do assediado, comprometendo sua saúde física e mental.

---

04. (PGT – 2009 – PGT – Procurador do Trabalho) Analise os itens abaixo:

I. O crime de assédio sexual foi introduzido no Código Penal, sendo seu conceito aplicável no âmbito das relações de trabalho. O crime consiste em constranger alguém com o intuito de obter vantagem ou favorecimento sexual, prevalecendo-se o agente de sua condição de superior hierárquico ou ascendência inerentes ao exercício de emprego, cargo ou função.

II. Não há previsão explícita de assédio sexual na CLT mas, pode ser enquadrado como ilícito trabalhista, hipótese na qual o empregado poderá postular a rescisão indireta do contrato de trabalho, quando o empregador ou seus prepostos praticam contra ele ou pessoas de sua família, ato lesivo da honra e boa fama.

III. Não há previsão explícita de assédio sexual na CLT mas, pode ser enquadrado na hipótese: pelo empregador, na demissão por justa causa de empregado que pratica o ato, quando ele (o empregado) incorre em incontinência de conduta ou mau procedimento e, ato lesivo da honra ou da boa fama praticado no serviço contra qualquer pessoa.

Marque a alternativa CORRETA:

(A) todos os itens são corretos;

(B) apenas os itens I e II são corretos;

(C) apenas os itens I e III são corretos;

(D) apenas os itens II e III são corretos;

(E) não respondida.

05. (QUESTÃO SOBRE A REFORMA TRABALHISTA ELABORADA PELO AUTOR). A reparação por danos extrapatrimoniais não pode ser pedida cumulativamente com a indenização por danos materiais decorrentes do mesmo ato lesivo.

06. (QUESTÃO SOBRE A REFORMA TRABALHISTA ELABORADA PELO AUTOR). Cabe ao empregador definir o padrão de vestimenta no meio ambiente laboral, sendo lícita a inclusão no uniforme de logomarcas da própria empresa ou de empresas parceiras e de outros itens de identificação relacionados à atividade desempenhada.

07. (Cespe – Procurador Municipal – Manaus – AM/2018) No que se refere a atividades insalubres e perigosas, contrato individual de trabalho e FGTS, julgue o item subsequente.

O fato de um empregado ficar afastado da sua empresa empregadora por auxílio-doença acidentário em razão de doença degenerativa afasta o nexo de causalidade entre a doença e o trabalho e, em consequência, torna indevidos os depósitos do FGTS.

( ) Certo

( ) Errado

08. (UPENET – Advogado – UPE/2019) Nos casos de danos extrapatrimoniais trabalhistas recentemente positivados pela reforma, se julgar procedente o pedido, o juízo fixará a indenização a ser paga a cada um dos ofendidos, em um dos seguintes parâmetros, vedada a acumulação:

A) ofensa de natureza leve, até seis vezes o último salário contratual do ofendido.

B) ofensa de natureza média, até sete vezes o último salário contratual do ofendido.

C) ofensa de natureza grave, até vinte vezes o último salário contratual do ofendido.

D) ofensa de natureza grave, até quinze vezes o último salário contratual do ofendido.

E) ofensa de natureza gravíssima, até trinta vezes o último salário contratual do ofendido.

13.2. Questões discursivas

1. (TRT/RJ 2012) Evaristo Moreira da Silva, eletricitário, empregado da empresa CHOQUE LTDA., uma das maiores empresas de distribuição de energia do país, sofreu acidente de trabalho em 01/01/2012. Ocorreu queda da escada que utilizava quando consertava poste de iluminação da rede elétrica. Os fatos restaram provados nos autos: a queda, a escada encontrar-se mal conservada, sendo determinante também para a queda, a ausência de cinto de segurança. Restou ainda provado nos autos da ação trabalhista que não foi o primeiro acidente causado pelo mesmo motivo, e que a empresa teria firmado Termo de Ajustamento de Conduta com o Ministério Público do Trabalho comprometendo-se a cumprir as normas pertinentes à segurança do trabalho. Evaristo ainda se encontra em tratamento, mas como consequência do acidente fará uso de cadeira de rodas e perdeu a visão de um dos olhos. Entre outros pedidos, Evaristo requereu indenização por danos morais no valor de R$ 1.000.000,00 (um milhão de reais). Considerando o enunciado da questão, aborde os seguintes aspectos: O que é responsabilidade objetiva e subjetiva? O que é teoria do risco criado? A responsabilidade objetiva é compatível com o direito do trabalho? O fato de terceiro e a força maior impedem a condenação do causador do dano em caso de responsabilidade objetiva? É cabível a indenização e, em caso positivo, em qual valor?

2. (TRT 15ª REGIÃO – 2012) O comportamento social vem sofrendo mudanças significativas, inclusive, no mundo do trabalho. Qual relação de tal ocorrência com a intensificação das demandas envolvendo alegação de assédio moral? O que caracteriza o assédio moral e o dano moral? Nestas ações o que deve pode ser objeto do pedido e o que deve ser objeto de prova? Quais os critérios para o arbitramento do valor?

13.3. Gabarito das questões objetivas

Gab.		Fundamentação legal e jurisprudencial	Onde encontro no livro?
1	B	CF/88. Art. 114, VI	Item 1
2	A	I) Lei nº 10.224. Código Penal. Art. 216-A	I) Item 9.4
		II) Doutrina	II) Item 9.4
		III) Lei nº 10.224. Código Penal. Art. 216-A	II) Item 9.4
		IV) Doutrina	II) Item 9.4
3	E	Doutrina; CLT. Art. 483, b	Itens 9.2 e 9.5
4	A	I. Lei nº 10.224. Código Penal. Art. 216-A	II. Item 9.4
		II. CLT. Art. 483, "e"	II. Parte I, Capítulo VIII, Item 3.15, alínea "e"
		III. CLT. Art. 482, "b"	III. Parte I, Capítulo VIII, Item 3.12, alínea "b"
5	E	CLT. Art. 223-F	Item 7.1, alínea "B"
6	C	CLT. Art. 456-A	Item 8.2
7	C	Jurisprudência	Item 10.2
8	C	CLT. Art. 223-G, § 1º	Item 5

13.4. Gabarito das questões discursivas

Item	Fundamentação legal, jurisprudencial ou doutrinária	Onde encontro no livro
1	a) Responsabilidade civil nada mais é do que a obrigação que a pessoa tem de reparar o dano causado a alguém. Pode ser classificada em subjetiva e objetiva. No Brasil a responsabilidade civil subjetiva constitui regra, e exige para a culpa ou dolo para sua configuração, além da ação ou omissão, nexo de causalidade e dano. Já a responsabilidade objetiva não necessita da culpa para a sua configuração, mas só é assim classificada por expressa determinação legal ou quando a atividade do ofensor implicar risco, na forma prevista pelo art. 927 do Código Civil. b) A teoria do risco criado é uma das teorias que tentam explicar a possibilidade de existir responsabilidade sem culpa. Fundamenta-se no fato do ofensor ser o responsável por indenizar o ofendido pelo simples fato de ele ter criado o risco. Diferencia-se da teoria do risco proveito, pois nesse caso há necessidade de demonstrar que quem criou o risco também teve proveito econômico.	Itens 2, 2.1, 5

Item	Fundamentação legal, jurisprudencial ou doutrinária	Onde encontro no livro
1	c) A responsabilidade objetiva é compatível com o direito do trabalho, ainda que o art. 7º, XXVIII da Constituição Federal de 1988 fale expressamente na necessidade de culpa para caracterizar a responsabilidade civil de direito comum do empregador. Isso porque a norma de direito comum, consubstanciada no parágrafo único do art. 927 do Código Civil é mais favorável para o empregado. d) A força maior não constitui argumento hábil a afastar a responsabilidade do empregador na hipótese de ocorrência de acidente do trabalho, justamente pelo fato da responsabilidade civil objetiva estar calcada na teoria do risco criado. Portanto, ainda que o acidente ocorra por conta da força maior, mas dentro do ambiente de trabalho, o empregador é obrigado a indenizar por conta da assunção dos riscos do empreendimento. Já o fato de terceiro deve ser analisado em cada caso concreto, pois haverá situações em que ele retira o nexo de causalidade que identificaria a responsabilidade civil do empregador. Contudo, se o fato de terceiro ocorre no âmbito da atividade empresarial, ele pode ser equiparado à força maior e, consequentemente, nada influir na responsabilidade objetiva do empregador. e) Considerada como perigosa a atividade desenvolvida pela empresa na qual o empregado trabalhava, a responsabilidade será objetiva. Mesmo que não fosse, a narrativa da questão identifica várias circunstâncias que demonstram a existência de culpa da Empresa Choque Ltda, mais precisamente a omissão, como a falta de conservação da escada e a ausência de cinto de segurança. O dano moral restou identificado pelo fato do acidente ter reduzida a possibilidade de locomoção de Evaristo, pois atingiu os membros inferiores, além da perda da visão de um dos olhos (dano moral puro e dano estético). Quanto à fixação da indenização, não havia um sistema tarifado no Brasil. Assim o juiz deveria utilizar de certos parâmetros para sua definição, como a capacidade financeira de empregado e empregador, a intensidade do ânimo de ofender, a gravidade do dano e a repercussão da ofensa. Com a vigência da Lei nº 13.467/17 o legislador estabeleceu limites máximos para o valor da indenização por danos morais.	Itens 2, 2.1, 5
2	a) No âmbito laboral, a verificação do assédio moral intensificou-se com a globalização e consequente adoção de novas técnicas e métodos de organização do trabalho, sempre voltadas para o crescimento da produtividade e do lucro, necessários em face do aumento da competitividade. b) O assédio moral consiste no comportamento por meio do qual o empregador ou seus prepostos escolhe um ou alguns empregados e inicia um processo deliberado de perseguição insistente, composto por atos repetitivos e prolongados, com o objetivo de humilhá-los, constrangê-los, inferiorizá-los e isolá-los dos demais colegas de trabalho, procedimentos que implicam danos à saúde psicofisiológica e à dignidade do empregado. Nessa definição apresentada já está embutido o conceito de assédio moral e de dano moral dele decorrente. Na verdade há uma relação de causa e efeito entre ambos, uma vez que o assédio moral implica dano ao patrimônio moral da vítima nos grupos sociais, como na família, na escola, na igreja, no trabalho etc. c) Objeto do pedido consiste em uma indenização por danos morais como forma de compensar o prejuízo sofrido pelo obreiro. Se em decorrência do assédio o trabalhador não chegou a adquirir algum problema de saúde, geralmente de caráter psíquico ou psicológico, a prova a ser feita será apenas das ações e omissões praticadas pelos prepostos da empresa, pois nesse caso o dano é presumido (dano moral puro). Caso contrário, é possível também fazer a prova das consequências do assédio moral (dano fisiológico), por meio da indicação de um perito médico que irá identificar a existência de alguma moléstia que acomete o obreiro. d) Quanto à fixação da indenização, não havia um sistema tarifado no Brasil. Assim o juiz deveria utilizar de certos parâmetros para sua definição, como a capacidade financeira de empregado e empregador, a intensidade do ânimo de ofender, a gravidade do dano e a repercussão da ofensa. Com a vigência da Lei nº 13.467/17 o legislador estabeleceu limites máximos para o valor da indenização por danos morais.	Itens 9 e 5

CAPÍTULO XII

FISCALIZAÇÃO DO TRABALHO

Sumário • 1. Generalidades – 2. Fiscalização: 2.1. Critério da dupla visita; 2.2. Procedimento especial de ação fiscal – Termo de compromisso e Termo de ajuste de conduta; 2.3. Inspeção no âmbito do empregador doméstico – 3. Autuação – 4. Imposição das multas: 4.1. Valor das multas; 4.2. Recurso administrativo; 4.3. Multa pela ausência de registro de empregados – 5. Inscrição, cobrança e prescrição – 6. Quadro sinóptico – 7. Informativos do TST sobre a matéria – 8. Questões: 8.1. Questões objetivas; 8.2. Gabarito das questões objetivas.

1. GENERALIDADES

Como dito nos capítulos anteriores desta obra, a CLT é um Diploma Legal misto, pois reúne dispositivos de Direito individual do trabalho, Direito coletivo do trabalho, Direito processual do trabalho e Direito administrativo do trabalho.

No que diz respeito ao Direito material do trabalho, grande parte dos dispositivos trabalhistas, principalmente aqueles contidos na CLT, classificam-se como normas mais que perfeitas, pois apresentam, no mínimo, **uma dupla sanção para um mesmo ato antijurídico, sendo uma de natureza laboral (inadimplemento) e outra de natureza administrativa (infração administrativa).**

Por exemplo, se o empregador não concede o intervalo intrajornada aos seus empregados, além de ter que arcar com o pagamento do valor respectivo devido a cada trabalhador, incorre em ilícito administrativo, passível de sanção administrativa, representada pela aplicação de multa, que se reverte em favor do erário público.

O Título VII da CLT disciplina o processo das multas administrativas, envolvendo as questões relativas:

a) à fiscalização, autuação e imposição das multas administrativas (Capítulo I);

b) aos recursos (Capítulo II); do depósito, inscrição; e

c) à cobrança (Capítulo III).

Após a vigência da EC nº 45/2004, a Justiça do Trabalho passou a ser competente para processar e julgar as ações relativas às penalidades administrativas impostas aos empregadores pelos órgãos de fiscalização das relações de trabalho (art. 114, VII, da CF/88).

2. FISCALIZAÇÃO

De acordo com o caráter dúplice das normas laborais (contratuais e administrativas), compete aos órgãos vinculados à Secretaria Especial de Previdência e Trabalho fiscalizar seu cumprimento, por meio de ações **diretas, indiretas ou mistas.**

A fiscalização direta corresponde às visitas feitas pelos auditores fiscais do trabalho aos estabelecimentos empresariais.

Já a **fiscalização indireta** é aquela realizada por intermédio de notificações remetidas ao empregador, para apresentação de documentos perante as Agências Regionais do Trabalho.

Por fim, a **fiscalização mista** envolve a prática dos dois procedimentos mencionados.

A fiscalização pode ser feita de ofício ou mediante provocação de qualquer funcionário público federal, estadual ou municipal, ou representante legal de associação sindical, desde que faça a comunicação sobre a existência de infração à legislação trabalhista.

A expressão "normas laborais" deve ser entendida em sentido amplo, que compreende as fontes formais e materiais, nacionais e internacionais do trabalho (leis, decretos, portarias, instruções, decisões administrativas, convenções da OIT ratificadas pelo Brasil, convenção coletiva de trabalho e acordo coletivo de trabalho).

São sujeitos passivos da inspeção do trabalho todas as empresas, estabelecimentos e locais de trabalho, públicos ou privados, bem como os profissionais liberais, instituições sem fins lucrativos, empregador doméstico e embarcações estrangeiras em águas territoriais brasileiras.

2.1. Livro de inspeção do trabalho

As visitas feitas pelos Auditores-fiscais do trabalho aos estabelecimentos empresariais são registradas em um livro obrigatório denominado de "Inspeção do Trabalho", no qual deve constar:

a) data e hora do início e término da visita;

b) resultado da inspeção, com o registro, se for o caso, de todas as irregularidades verificadas e as exigências feitas, com os respectivos prazos para seu atendimento;

c) elementos de identificação funcional da autoridade fiscalizadora.

As microempresas e empresas de pequeno porte estão dispensadas de possuírem o Livro de inspeção do trabalho, conforme disposição contida no art. 51, IV, da Lei Complementar nº 123/06.

2.2. Autoridades competentes

O sistema federal de inspeção do trabalho é composto pelas seguintes autoridades, segundo determina o art. 2º do Regulamento da Inspeção do Trabalho, aprovado pelo Decreto nº 4.552/02:

a) autoridades de direção nacional, regional ou local;

b) auditores-fiscais do Trabalho; e

c) agentes de higiene e segurança do trabalho, em funções auxiliares de inspeção do trabalho.

Essas autoridades podem ingressar no interior dos centros de trabalho sem prévio aviso e em qualquer horário, pois tem livre acesso aos locais de trabalho e aos documentos trabalhistas por determinação legal expressa, salvo no âmbito do trabalho doméstico.

2.3. Inspeção

São sujeitos passivos da inspeção do trabalho todas as empresas, estabelecimentos e locais de trabalho, públicos ou privados, bem como os profissionais liberais, instituições sem fins lucrativos, empregador doméstico e embarcações estrangeiras em águas territoriais brasileiras.

A. *Critério da dupla visita*

Com o objetivo de atender aos fins pedagógicos da lei, o ordenamento jurídico laboral instituiu o critério da dupla visita, a ser aplicado quando:

a) forem editadas novas leis, regulamentos ou instruções ministeriais, sendo que, com relação exclusivamente a esses atos, deve ser feita apenas a instrução dos responsáveis;

b) da primeira inspeção dos estabelecimentos ou dos locais de trabalho, recentemente inaugurados ou empreendidos;

c) tratar-se de estabelecimento ou local de trabalho com até dez trabalhadores, salvo quando for constatada infração por falta de registro de empregado ou de anotação da CTPS, bem como na ocorrência de reincidência, fraude, resistência ou embaraço à fiscalização;

d) tratar-se de microempresa e empresa de pequeno porte, na forma da lei específica.

A dupla visita deve ser formalizada por meio de notificação, na qual será fixado o prazo para a visita seguinte.

No que diz respeito às microempresas e empresas de pequeno porte, dispõe o art. 55 da Lei Complementar nº 123/2006:

> **Art. 55.** A fiscalização, no que se refere aos aspectos trabalhista, metrológico, sanitário, ambiental, de segurança, de relações de consumo e de uso e ocupação do solo das microempresas e das empresas de pequeno porte, deverá ser prioritariamente orientadora quando a atividade ou situação, por sua natureza, comportar grau de risco compatível com esse procedimento.§ 1º Será observado o critério de dupla visita para lavratura de autos de infração, salvo quando for constatada infração por falta de registro de empregado ou anotação da Carteira de Trabalho e Previdência Social – CTPS, ou, ainda, na ocorrência de reincidência, fraude, resistência ou embaraço à fiscalização.

O § 2º, do art. 47 da CLT, com redação dada pela Lei nº 13.467/17 reforça a exceção ao critério da dupla visita no que diz respeito à obrigação do empregador de registrar seus empregados: "A infração de que trata o caput deste artigo constitui exceção ao critério da dupla visita".

B. *Procedimento especial de ação fiscal*

Para atender aos fins educacionais da legislação laboral, o ordenamento jurídico prevê a possibilidade de o auditor-fiscal do trabalho instaurar um procedimento especial para a ação fiscal, com o objetivo de orientar o empregador sobre o cumprimento das normas de proteção ao trabalho, bem como para prevenir e sanear possíveis infrações à legislação.

A opção pelo procedimento especial e não pela lavratura do auto de infração justifica-se quando a autoridade competente verificar a presença de motivo grave ou relevante que impossibilite ou dificulte o cumprimento da legislação trabalhista, desde que conte com a anuência de sua chefia imediata.

Excetuam-se as hipóteses de grave e iminente risco à saúde ou à integridade física do trabalhador.

A chefia de fiscalização pode determinar a instauração do referido procedimento especial não só nos casos acima apontados, mas também quando verificar que o procedimento considerado irregular constitui praxe de determinado setor econômico.

C. *Inspeção no âmbito do empregador doméstico*

A fiscalização do cumprimento das obrigações trabalhistas será feita de forma diferenciada na relação de emprego doméstico, pois a casa do indivíduo representa asilo inviolável, segundo o art. 5º, XI, da CF/88. Assim, essa fiscalização deve ter natureza prioritariamente orientadora e mediante procedimento indireto (Instrução Normativa da Secretaria de Inspeção do Trabalho nº 110/2014).

Desse modo, para efetuar a inspeção, o Auditor-Fiscal do Trabalho deverá negociar e agendar com o empregador a visita ao local de trabalho.

3. AUTUAÇÃO

Caso encontre irregularidades trabalhistas, a fiscalização deverá proceder à lavratura do auto de infração no próprio local de inspeção e em duas vias. A validade do mencionado auto não fica condicionada à assinatura do infrator ou de testemunhas.

Inclusive o Auditor do Trabalho tem poderes para reconhecer, administrativamente, eventual relação de trabalho como relação de emprego e, consequentemente, autuar a empresa:

> **OJ4T Nº 118 do TRT9.** FISCALIZAÇÃO DO TRABALHO. RECONHECIMENTO DE VÍNCULO EMPREGATÍCIO. DESCONSIDERAÇÃO DA PESSOA JURÍDICA E DOS CONTRATOS CIVIS. Constatando a ocorrência de contrato civis com o objetivo de afastar ou impedir a aplicação da legislação trabalhista, o auditor-fiscal do trabalho desconsidera o pacto nulo e reconhece a relação de emprego. Nesse caso, o auditor-fiscal não declara, com definitividade, a existência da relação, mas sim constata e aponta a irregularidade administrativa, tendo como consequência a autuação e posterior multa à empresa infringente.
>
> **OJ4T Nº 117 do TRT9.** AUDITOR FISCAL DO TRABALHO. RECONHECIMENTO DA RELAÇÃO DE EMPREGO. POSSIBILIDADE. Os auditores do trabalho têm por missão funcional a análise dos fatos apurados em diligências de fiscalização, o que não pode excluir o reconhecimento fático da relação de emprego, garantindo-se ao empregador o acesso às vias judicial e/ou administrativa, para fins de reversão da autuação ou multa imposta.

O auto de infração deverá ser lavrado no prazo de vinte e quatro horas, com cópia para o infrator entregue pessoalmente ou enviada por meio de correspondência registrada e com aviso de recebimento, dentro do prazo máximo de dez dias (art. 629 da CLT).

Já as notificações de débitos e outras decorrentes da ação fiscal poderão ser lavradas no local que oferecer melhores condições, a critério do auditor-fiscal do trabalho.

O infrator poderá apresentar defesa em dez dias, contados a partir do recebimento do auto de infração. Esse prazo pode ser prorrogado quando o autuado residir em localidade diversa daquela onde se achar essa autoridade, a critério da autoridade competente.

Para a lavratura do auto de infração no âmbito da relação de emprego doméstica, deverá ser observado o critério da **dupla visita**, salvo quando for constatada infração por falta de anotação na CTPS ou, ainda, na ocorrência de reincidência, fraude, resistência ou embaraço à fiscalização.

Assim, a Lei nº 10.593/02, passou a vigorar acrescida do seguinte art. 11– A, alteração promovida pela Lei Complementar nº 150/15:

> **Art. 11-A.** A verificação, pelo Auditor-Fiscal do Trabalho, do cumprimento das normas que regem o trabalho do empregado doméstico, no âmbito do domicílio do empregador, dependerá de agendamento e de entendimento prévios entre a fiscalização e o empregador.
>
> § 1º A fiscalização deverá ter natureza prioritariamente orientadora.
>
> § 2º Será observado o critério de dupla visita para lavratura de auto de infração, salvo quando for constatada infração por falta de anotação na Carteira de Trabalho e Previdência Social ou, ainda, na ocorrência de reincidência, fraude, resistência ou embaraço à fiscalização.
>
> § 3º Durante a inspeção do trabalho referida no caput, o Auditor-Fiscal do Trabalho far-se-á acompanhar pelo empregador ou por alguém de sua família por este designado."

De forma análoga deve assim proceder o Auditor-Fiscal do trabalho quando for verificar o meio ambiente de trabalho do teletralhador, quando esse coincidir com a sua residência.

4. IMPOSIÇÃO DAS MULTAS

A imposição de multas, por intermédio de decisões devidamente fundamentadas, incumbe às autoridades regionais competentes em matéria de trabalho, **inclusive em relação ao empregador doméstico** (Lei nº 12.964/14).

4.1. Valor das multas

As multas administrativas **podem ser fixadas em quantias fixas ou variáveis**. São fixos os valores das multas previstas pelos seguintes artigos da CLT: 47, 51, 52, 53, 54, 55, 56, 153, 434, 435, 477, § 8º, e 510.

Já as variáveis encontram-se estabelecidas pelo art. 75, 120, 201, 347, 351, 364, 401, 553 e 598, além daquelas constantes da legislação esparsa.

A Portaria do extinto MTE de nº 290/97 disciplina o processo de imposição de multas previstas na legislação trabalhista.

Segundo determina o art. 2º dessa Portaria, a graduação das multas variáveis deve seguir os seguintes critérios:

a) natureza da infração;

b) intenção do infrator;

c) meios ao alcance do infrator para cumprir a lei;

d) extensão da infração;

e) situação econômico-financeira do infrator.

O valor da multa **fica reduzido** à **metade**, se o infrator renuncia o seu direito ao recurso, desde que o faça no prazo de 10 dias contados a partir do recebimento da notificação de imposição da multa.

O § 2º do art. 634 da CLT, introduzido por meio da Lei nº 13.467/17 determina que os valores das multas administrativas expressos em moeda corrente deverão ser reajustados anualmente pela Taxa Referencial (TR), divulgada pelo Banco Central do Brasil, ou pelo índice que vier a substituí-lo.

4.2. Recurso administrativo

Cabe recurso, no prazo de dez dias contados a partir do recebimento da notificação, de toda decisão administrativa que impor às empresas multas por infrações trabalhistas.

Segundo preceitua o art. 636, § 1º, da CLT, o recurso deve ser interposto perante a autoridade que impôs a multa, acompanhado da prova do depósito como condição de admissibilidade, que deverá encaminhá-lo à Secretaria do Trabalho para processamento e julgamento.

Esse dispositivo, entretanto, **ofende o princípio constitucional da ampla defesa**, o que foi reconhecido expressamente pela Súmula nº 424 do TST.

> SÚMULA Nº 424. RECURSO ADMINISTRATIVO. PRESSUPOSTO DE ADMISSIBILIDADE. DEPÓSITO PRÉVIO DA MULTA ADMINISTRATIVA. NÃO RECEPÇÃO PELA CONSTITUIÇÃO FEDERAL DO § 1º DO ART. 636 DA CL – Res. 160/2009, DJe divulgado em 23, 24 e 25.11.2009. O § 1º do art. 636 da CLT, que estabelece a exigência de prova do depósito prévio do valor da multa cominada em razão de autuação administrativa como pressuposto de admissibilidade de recurso administrativo, não foi recepcionado pela Constituição Federal de 1988, ante a sua incompatibilidade com o inciso LV do art. 5º.

4.3. Multa pela ausência de registro de empregados

A ausência de registro formal do empregado, que tem como consequência o inadimplemento dos encargos sociais por parte do empregador e da não concessão de benefícios previdenciários e sociais por parte do Estado, constitui uma das infrações administrativas **mais graves no** âmbito **trabalhista.**

Para diminuir a informalidade da relação emprego, a Lei nº 13.467/17, conhecida como Lei da Reforma Trabalhista, alterou a redação do art. 47 da CLT para elevar o valor da multa por empregado não registrado, conforme se vê do seguinte quadro:

<table>
<tr><th colspan="2">REFORMA TRABALHISTA – QUADRO COMPARATIVO
MULTA PELA AUSÊNCIA DE REGISTRO DO EMPREGADO</th></tr>
<tr><th>REDAÇÃO ANTERIOR DA CLT</th><th>REDAÇÃO ATUAL DA CLT</th></tr>
<tr><td>Art. 47. A empresa que mantiver empregado não registrado nos termos do art. 41 e seu parágrafo único, incorrerá na multa de valor igual a 1 (um) salário-mínimo regional, por empregado não registrado, acrescido de igual valor em cada reincidência.
Parágrafo único. As demais infrações referentes ao registro de empregados sujeitarão a empresa à multa de valor igual à metade do salário-mínimo regional, dobrada na reincidência</td><td>Art. 47. O empregador que mantiver empregado não registrado nos termos do art. 41 desta Consolidação ficará sujeito a multa no valor de R$ 3.000,00 (três mil reais) por empregado não registrado, acrescido de igual valor em cada reincidência.
§ 1º Especificamente quanto à infração a que se refere o caput deste artigo, o valor final da multa aplicada será de R$ 800,00 (oitocentos reais) por empregado não registrado, quando se tratar de microempresa ou empresa de pequeno porte.
§ 2º A infração de que trata o caput deste artigo constitui exceção ao critério da dupla visita.
Art. 47-A. Na hipótese de não serem informados os dados a que se refere o parágrafo único do art. 41 desta Consolidação, o empregador ficará sujeito à multa de R$ 600,00 (seiscentos reais) por empregado prejudicado.</td></tr>
<tr><th colspan="2">DIFERENÇAS E COMENTÁRIOS</th></tr>
<tr><td colspan="2">Houve um aumento substancial no valor da multa devida por empregado não registrado, passando de um salário mínimo para R$3.000,00, mantendo o valor dobrado para a hipótese de reincidência.
Quanto a ausência de registro das demais informações sobre a relação de emprego, como duração e efetividade do trabalho, férias, acidentes e demais circunstâncias que interessem à proteção do trabalhador (art. 41, parágrafo único da CLT), a multa passou de meio salário mínimo para R$600,00.
A nova normativa estabelece tratamento diferenciado para as micro e pequenas empresas, diminuindo o valor da multa para R$800,00, em cumprimento ao preceito contido no art. 179 da CF/88, e deixa claro a sua exclusão da aplicação do critério da dupla visita.
Como já foi dito, o legislador estabeleceu no art. 634, § 2º da CLT que deve-se utilizar a TR para reajustar os valores das referidas multas:
Art. 634. § 2º Os valores das multas administrativas expressos em moeda corrente serão reajustados anualmente pela Taxa Referencial (TR), divulgada pelo Banco Central do Brasil, ou pelo índice que vier a substituí-lo.</td></tr>
</table>

5. INSCRIÇÃO, COBRANÇA E PRESCRIÇÃO

A inscrição do débito do infrator, na dívida ativa da União está prevista pelo art. 641 da CLT:

> **Art. 641.** Não comparecendo o infrator, ou não depositando a importância da multa ou penalidade, far-se-á a competente inscrição em livro especial, existente nas repartições das quais se tiver originado a multa ou penalidade, ou de onde tenha provindo a reclamação que a determinou, sendo extraída cópia autêntica dessa inscrição e enviada às autoridades competentes para a respectiva cobrança judicial, valendo tal instrumento como título de dívida líquida e certa.

A cobrança da mencionada dívida é feita por meio de processo de execução por título extrajudicial, perante a Justiça do Trabalho (art. 114, VII, da CF/88) e deverá obedecer ao rito previsto pela Lei nº 6.830/80.

É possível, entretanto, efetivar a cobrança extrajudicialmente, com permissivo contido no art. 640 da CLT:

Art. 640. É facultado às Delegacias Regionais do Trabalho, na conformidade de instruções expedidas pelo Ministro de Estado, promover a cobrança amigável das multas antes (do) encaminhamento dos processos à cobrança executiva.

A inércia da União, no sentido de promover a execução fiscal **no prazo de cinco anos** contados a partir da constituição definitiva crédito, implica prescrição da pretensão executiva:

SÚMULA Nº 20 do TRT2. EXECUÇÃO FISCAL. MULTA POR DESCUMPRIMENTO DA LEGISLAÇÃO TRABALHISTA. PRESCRIÇÃO. Por se tratar de sanção de natureza administrativa, resultante de ação punitiva da Administração Pública por infração à legislação trabalhista, é aplicável o prazo prescricional de 5 (cinco) anos conforme art. 1ª-A da Lei 9.873/99, incluído pela Lei 11.941/09, contados a partir da inscrição da dívida.

SÚMULAS Nº 03 do TRT17. MULTAS ADMINISTRATIVAS. PRESCRIÇÃO. As multas aplicadas por infração administrativa pela Superintendência Regional do Trabalho e Emprego são de natureza não-tributária. Diante da lacuna de legislação específica, aplica-se o prazo prescricional quinquenal de que trata o art. 1º da Lei 9.873/99 e Decreto 20.910/1932.

SÚMULA Nº 24 do TRT10. EXECUÇÃO FISCAL. MULTA ADMINISTRATIVA. NATUREZA. PRESCRIÇÃO. I – É de 05 (cinco) anos o prazo da prescrição aplicável aos processos de execução fiscal. II – O pronunciamento da prescrição, de ofício, inclusive a intercorrente, é compatível com os processos de execução fiscal, desde que precedido da diligência tratada no § 4º do artigo 40 da Lei nº 6.830/1980, a qual pode ser suprida em sede revisional.

OJ Nº 20 do TRT3. EXECUÇÃO FISCAL. MULTA ADMINISTRATIVA POR INFRAÇÃO À LEGISLAÇÃO TRABALHISTA. PRESCRIÇÃO. Aplica-se o prazo de prescrição de cinco anos na execução fiscal de multa administrativa decorrente de infração à legislação trabalhista, observando-se que: I – o prazo para o ajuizamento da ação conta-se da constituição definitiva do crédito; II – incide a prescrição intercorrente, arguível de ofício (§ 4º do art. 40 da Lei n. 6.830/80); III – o arquivamento dos autos previsto no art. 20 da Lei n. 10.522/02 não obsta o curso do prazo da prescrição intercorrente.

OJ4T Nº 119 do TRT9. PRESCRIÇÃO. MULTAS ADMINISTRATIVAS IMPOSTAS PELA DRT. Aplica-se às ações para cobrança das multas administrativas impostas pela Delegacia Regional do Trabalho, por analogia, o prazo prescricional quinquenal, previsto no art. 174 do CTN.

6. QUADRO SINÓPTICO

Capítulo XII – Fiscalização do Trabalho			
Instituto	**Conteúdo**		**Item**
Fiscalização	Considerando o caráter dúplice das normas laborais (contratuais e administrativas), compete aos órgãos competentes fiscalizar seu cumprimento.		
Espécies	**Direta**	A fiscalização direta corresponde às visitas feitas pelo auditor-fiscal do trabalho.	2
	Indireta	A fiscalização indireta representa aquela realizada por intermédio de notificações remetidas ao empregador, para apresentação de documentos perante as Delegacias Regionais do Trabalho.	
	Mista	Envolve a fiscalização direta e indireta.	
Inspeção	São sujeitos passivos da inspeção do trabalho todas as empresas, estabelecimentos e locais de trabalho, públicos ou privados, bem como os profissionais liberais, instituições sem fins lucrativos, e embarcações estrangeiras em águas territoriais brasileiras. No caso da relação de emprego doméstica, o Auditor Fiscal do Trabalho necessita da autorização expressa do empregador para efetivar a inspeção no local de trabalho.		2.3

Capítulo XII – Fiscalização do Trabalho		
Instituto	**Conteúdo**	**Item**
Autuação	Caso encontre irregularidades trabalhistas, a fiscalização deverá proceder à **lavratura do auto de infração**, sendo uma via entregue ao infrator, de preferencia em meio eletrônico, pessoalmente, mediante recibo, ou excepcionalmente pela via postal.	3
Multas	A imposição de multas, através de decisões devidamente fundamentadas, incumbe às autoridades regionais competentes em matéria de trabalho, salvo disposição expressa em sentido contrário.	4
Inscrição e cobrança	Na hipótese de o infrator não comparecer ou não depositar a importância da multa ou da penalidade, o processo será encaminhado para o órgão responsável pela inscrição em dívida ativa da União e cobrança executiva.	5

7. INFORMATIVOS DO TST SOBRE A MATÉRIA

Auditor-fiscal do trabalho. Autuação de empresa por falta de registro dos empregados. Terceirização ilícita. Exercício do poder de polícia. Imposição de multa administrativa. Possibilidade. Invasão da competência da Justiça do Trabalho. Não configuração.

A SBDI-I, por unanimidade, conheceu dos embargos da reclamada e, no mérito, negou-lhes provimento, mantendo a decisão do TRT que, ao indeferir o pleito de invalidação de auto de infração, entendera não ter havido invasão da competência da Justiça do Trabalho. Na hipótese o auditor-fiscal do trabalho aplicou multa em razão de ter constatado a existência de mais de cinco mil trabalhadores em situação irregular, uma vez que houve terceirização de atividade-fim, e que os empregados contratados para atividades-meio trabalhavam com pessoalidade e subordinação, de modo a caracterizar mera transferência do ônus da contratação de mão de obra. Prevaleceu o entendimento de que a fiscalização de competência do auditor-fiscal, no exercício do seu poder de polícia, demanda a verificação do descumprimento de obrigações legais, sendo seu dever, sob pena de responsabilidade administrativa, efetuar autuação por falta de registro dos trabalhadores, independente dos motivos que impediram a formalização dos contratos, e sem que isso implique em reconhecimento do vínculo de emprego. Destacou-se, ademais, que entendimento em sentido contrário reduziria o campo de atuação e o propósito da atividade fiscalizatória, que é fazer cumprir as normas de proteção ao trabalho, e que a autuação levada a cabo pelo auditor-fiscal não impede o acesso ao Judiciário para eventual discussão acerca da efetiva existência de relação de emprego. TST-E-ED-RR-32900-51.2005.5.03.0002, SBDI-I, rel. Min. Aloysio Corrêa da Veiga, 17.10.2013 (TST. Info nº 63).

8. QUESTÕES

8.1. Questões objetivas

01. (BDMG – Advogado/2011) Marque a alternativa que NÃO se aplica à fiscalização trabalhista:

(A) Incumbe às autoridades competentes do Ministério do Trabalho, ou àquelas que exerçam funções delegadas, a fiscalização do fel cumprimento das normas de proteção ao trabalho.

(B) Qualquer do povo poderá comunicar à autoridade competente do Ministério do Trabalho as infrações que verificar.

(C) De toda decisão que impuser multa por infração das leis e disposições reguladoras do trabalho, e não havendo forma especial de processo, caberá recurso para a Secretaria do Ministério do Trabalho, que for competente na matéria.

(D) É facultado às Delegacias Regionais do Trabalho, na conformidade de instruções expedidas pelo Ministro de Estado, promover a cobrança amigável das multas antes do encaminhamento dos processos à cobrança executiva.

02. (CESPE – 2008 – TST – Analista Judiciário – Área Judiciária) Salvo quando houver sido instaurado procedimento especial para a ação fiscal com o objetivo de orientação sobre o cumprimento das leis de proteção ao trabalho e para a prevenção e o saneamento de infrações à legislação mediante termo de compromisso, toda verificação em que a autoridade administrativa competente para a fiscalização do trabalho concluir pela existência de violação de preceito legal deve corresponder a lavratura de auto de infração, sob pena de responsabilidade administrativa.

03. (CETESB – Advogado – 2009) A fim de promover a instrução dos responsáveis no cumprimento das leis de proteção do trabalho, a fiscalização deverá observar o critério de dupla visita quando:

(A) ocorrer promulgação ou expedição de novas leis, regulamentos ou instruções ministeriais e quanto à primeira inspeção dos estabelecimentos ou dos locais de trabalho, recentemente inaugurados ou empreendidos.

(B) o local de trabalho for de difícil acesso, de modo que o empregador não receba a publicação das instruções do Ministério do Trabalho e Emprego sem a necessária locomoção à cidade mais próxima e quanto à primeira inspeção dos estabelecimentos ou dos locais de trabalho, recentemente inaugurados ou empreendidos.

(C) o local de trabalho for de difícil acesso, de modo que o empregador não receba a publicação das instruções do Ministério do Trabalho e Emprego sem a necessária locomoção à cidade mais próxima e quanto à primeira inspeção dos estabelecimentos ou dos locais de trabalho, recentemente inaugurados ou empreendidos; salvo quanto à aplicação de normas de segurança e medicina do trabalho.

(D) não se admite a dupla visita, pois o auto de infração deve ser lacrado quando for constatada irregularidade na aplicação das normas.

(E) o local de trabalho for de difícil acesso, de modo que o empregador não receba a publicação das instruções do Ministério do Trabalho e Emprego sem a necessária locomoção à cidade mais próxima e quando ocorrer motivo de força maior que justifique a não observância das normas do trabalho. Nessa hipótese, o Fiscal deverá avaliar cada caso em concreto.

04. (PGE – CE. CESPE. Procurador do Estado. 2008) Com base na Constituição, na CLT e na legislação fazendária, em relação à fiscalização do trabalho, aplicação, discussão e execução de multas administrativas decorrentes e controle judicial dos respectivos atos fiscalizatórios, julgue os itens subsequentes.

I. Incumbe às autoridades competentes do Ministério do Trabalho e Emprego, ou àquelas que exerçam funções delegadas, a fiscalização do fiel cumprimento das normas de proteção ao trabalho.

II. A fim de promover a instrução dos responsáveis no cumprimento das leis de proteção do trabalho, a fiscalização deverá observar o critério da dupla visita, sob pena de nulidade da autuação, quando ocorrer promulgação ou expedição de novas leis, regulamentos ou instruções ministeriais ou quando ocorrer em estabelecimentos ou locais de trabalho recentemente inaugurados ou empreendidos, sendo a primeira visita de caráter, então, instrutório.

III. Se for mantida a multa aplicada pela fiscalização do trabalho, a falta de pagamento acarreta a inscrição na dívida ativa da União.

IV. A execução fiscal decorrente de multa aplicada pela fiscalização do trabalho deve ser promovida pela Procuradoria da Fazenda Nacional perante a justiça do trabalho, à qual cabe processá-la e julgá-la.

V. Cabe à justiça do trabalho executar, de ofício, as multas por inobservância da legislação trabalhista, quando haja sido declarada a falta por sentença que houver proferido. A quantidade de itens certos é igual a

(A) 1

(B) 2

(C) 3

(D) 4

(E) 5

05. (QUESTÃO SOBRE A REFORMA TRABALHISTA ELABORADA PELO AUTOR). os valores das multas administrativas expressos em moeda corrente deverão ser reajustados anualmente pela IPCA.

8.2. Gabarito das questões objetivas

Gab.		Fundamentação legal e jurisprudencial	Onde encontro no livro?	Observação eventual
1	B	a) CLT. Art. 626, *caput*	a) Item 2	–
		b) CLT. Art. 631, *caput*	b) Item 2	
		c) CLT. Art. 635, *caput*	c) Item 4	
		d) CLT. Art. 640	d) Item 5	
2	E	CLT. Art. 628, *caput*	Item 3	–
3	A	a) CLT. Art. 627, "a"	a) Item 2.3, alínea "a"	–
		b) CLT. Art. 627, "b"	b) Item 2.3, alínea "a"	
		c) CLT. Art. 627, "b"	c) Item 2.3, alínea "a"	
		d) CLT. Art. 627, *caput*	d) Item 2.3, alínea "a"	
		e) CLT. Art. 627, "b"	e) Item 2.3, alínea "a"	
4	D	I – CLT. Art. 626, *caput*	I – Item 2	Item V errado
		II – CLT. Art. 627, "a" e "b"	II – Item 2.3, alínea "a"	
		III – CLT. Art. 641	III – Item 5	
		IV – CF/88. Art. 114, VII	IV – Item 5	
		V – CF/88. Art. 114, VII	V – Item 5	
5	E	CLT. Art. 634, § 2º	Item 4.1	

CAPÍTULO XIII

DIREITOS E INTERESSES TRANSINDIVIDUAIS

1. CONSIDERAÇÕES INICIAIS

Antes da revolução industrial somente se pensava na existência de direitos subjetivos individualmente considerados. O direito era, por essência, individual, ou seja, não se concebia a possibilidade de atribuir um direito de natureza coletiva para um determinado grupo de pessoas.

O surgimento e fortalecimento do Direito do trabalho fez nascer, também, a ideia de **um Direito transindividual, destacado do interesse individual e que tivesse como titular um determinado grupo, representado pelo conjunto de empregados ou de empregadores.**

Posteriormente, vieram, na mesma esteira, o Direito do consumidor e o Direito ambiental. Contudo, o aparecimento desses novos ramos do Direito, acompanhados dos arcabouços legislativos respectivos, fez destacar as normas que tinham como destinatários a própria comunidade ou um grupo mais restrito de indivíduos, o que fez consolidar a ideia de direitos metaindividuais ou transindividuais.

Observe-se, contudo, que as referidas normas de abrangência coletiva sempre existiram nos ordenamentos jurídicos. A tarefa dos denominados *"novos direitos"* foi de salientar a sua importância e definir regras para a sua defesa em juízo, já que anteriormente somente admitia-se o ajuizamento de ações individuais.

Apesar do aparecimento dessa nova vertente do Direito, a sua assimilação pela sociedade e pelos doutrinadores foi lenta e gradual. Prova disso é que no plano constitucional interno, a ação coletiva só foi admitida, expressamente, com a promulgação da atual Carta Magna.

Com efeito, na Constituição anterior, de 1967, alterada pela EC nº 1/69, permitia-se, apenas, a defesa dos direitos e interesses individuais, conforme se observa da redação do art. 153, § 4º, da referida EC nº 1/69: "a lei não poderá excluir da apreciação do Poder Judiciário qualquer lesão a direito individual".

2. DIPLOMAS LEGAIS

Verifica-se, com facilidade, que a inovação trazida com a relevância dos direitos transindividuais diz respeito à forma como seriam defendidos em juízo, incluída a questão da legitimidade para propor as ações respectivas.[1]

A Consolidação das Leis do Trabalho e o CPC não possuem regras próprias que disciplinam a defesa, em juízo, dos direitos e interesses metaindividuais, apesar da CLT ter sido o primeiro Diploma legal a fazem menção a uma ação coletiva, denominando-a de ação de cumprimento.

A solução é recorrer à Constituição Federal, Código de Defesa do Consumidor, à Lei da Ação Civil Pública e à Lei Orgânica do Ministério Público da União, que tratam, especificamente, da matéria.

Os Diplomas Legais acima aludidos formam um complexo de normas processuais que são utilizadas em conjunto, independente da natureza da norma de Direito material defendida em juízo. O art. 21 da LACP[2] dispõe sobre a aplicação subsidiária das normas contidas no Título III do CDC (Da Defesa do Consumidor em Juízo), no que se refere à defesa dos interesses difusos, coletivos e individuais.

Já o CDC, em seu art. 90,[3] faz justamente o contrário. Determina que sejam utilizadas, de forma subsidiária, as normas contidas na LACP, além daquelas constantes no Código de Processo Civil.

2.1. Ação civil pública

A Lei nº 7.347/85, disciplina o procedimento da ação civil pública de responsabilidade por danos causados ao meio ambiente, ao consumidor, a bens e direitos de valor artístico, estético, histórico, turístico e paisagístico.

A delimitação acima mencionada e contida na ementa da referida Lei nº 7.347/85 foi ampliada pelo art. 129, III, da atual Constituição Federal.[4] Assim, passou-se a admitir o ajuizamento da ação civil pública para defesa de outros interesses coletivos, a partir da interpretação extensiva dos referidos dispositivos legais, conforme jurisprudência dominante, inclusive do Supremo Tribunal Federal por meio da Súmula nº 643.[5]

---

1. As questões processuais relativas aos direitos transindividuais são estudadas com maior profundidade no capítulo II, parte V, da obra de nossa autoria "Curso de direito processual do trabalho".
2. Lei nº 7.347/85. Art. 21: Aplicam-se à defesa dos direitos e interesses difusos, coletivos e individuais, no que for cabível, os dispositivos do Título III da lei que instituiu o Código de Defesa do Consumidor.
3. Lei nº 8.078/90. Art. 90: Aplicam-se às ações previstas neste Título as normas do Código de Processo Civil e da Lei nº 7.347, de 24 de junho de 1985, inclusive no que respeita ao inquérito civil, naquilo que não contrariar suas disposições.
4. CF/88. Art. 129: São funções institucionais do Ministério Público: III – promover o inquérito civil e a ação civil pública, para a proteção do patrimônio público e social, do meio ambiente e de outros interesses difusos e coletivos.
5. STF. Súmula nº 643: O Ministério Público tem legitimidade para promover ação civil pública cujo fundamento seja a ilegalidade de reajuste de mensalidades escolares.

2.2. Código de Defesa do Consumidor

O Código de Defesa do Consumidor, representado pela Lei nº 8.078/90, é um Diploma Legal misto, pois é formado por regras de direito material e processual.

Nesse passo, além de definir regras para a defesa em juízo dos direitos coletivos *lato sensu*, **foi o primeiro Diploma Legal nacional a apresentar os conceitos de direitos e interesses difusos, coletivos *stricto sensu* e individuais homogêneos**, conforme se vê do disposto em seu art. 81, parágrafo único:

> **Art. 81. Parágrafo único.** A defesa coletiva será exercida quando se tratar de: I – interesses ou direitos difusos, assim entendidos, para efeitos deste Código, os transindividuais, de natureza indivisível, de que sejam titulares pessoas indeterminadas e ligadas por circunstâncias de fato; II – interesses ou direitos coletivos, assim entendidos, para efeitos deste Código, os transindividuais de natureza indivisível de que seja titular grupo, categoria ou classe de pessoas ligadas entre si ou com a parte contrária por uma relação jurídica-base; III – interesses ou direitos individuais homogêneos, assim entendidos os decorrentes de origem comum.

Da leitura do referido dispositivo legal, verifica-se que o titular dos direitos e interesses difusos, de natureza indivisível, **é uma coletividade na qual não há possibilidade de identificarem-se os seus integrantes.**[6]

Já os direitos coletivos *stricto sensu* **o titular é o próprio grupo, categoria ou classe, constituído por indivíduos determinados ou determináveis**, em que pese ambos serem de natureza indivisível.

Por fim, o interesse ou direito individual homogêneo **contempla uma espécie de direito subjetivo individualizado, mas com a característica de possuir um mesmo fato gerador**, circunstância que permite o ajuizamento de uma ação coletiva, além de evitar desfechos diversos que ocorreria nas demandas individuais.

O CDC serve como base para o ajuizamento de qualquer ação coletiva, independente da natureza do interesse ou do direito material defendido, pois contém regras processuais específicas para defesa dos interesses metaindividuais em juízo.

3. DIREITOS E INTERESSES METAINDIVIDUAIS NO DIREITO DO TRABALHO

Na seara trabalhista, constata-se a existência de três categorias de direitos ou interesses. Primeiro, **o direito ou interesse individual,** considerado aquele do qual é titular o trabalhador ou o empregador individualmente considerado.

Segundo, o **direito coletivo normativo**, ou seja, aquele do qual é titular a entidade sindical, que representa a categoria profissional, relativamente à produção de normas gerais e abstratas que serão destinadas a reger as relações individuais trabalhistas dos seus integrantes.

6. A Lei nº 12.016/09, que trata do mandado de segurança, inclusive o coletivo, tem regra semelhante: Art. 21. Parágrafo único: Os direitos protegidos pelo mandado de segurança coletivo podem ser: I – coletivos, assim entendidos, para efeito desta Lei, os transindividuais, de natureza indivisível, de que seja titular grupo ou categoria de pessoas ligadas entre si ou com a parte contrária por uma relação jurídica básica; II – individuais homogêneos, assim entendidos, para efeito desta Lei, os decorrentes de origem comum e da atividade ou situação específica da totalidade ou de parte dos associados ou membros do impetrante.

Por último, o **direito coletivo** ***lato sensu***, que não é um direito individual nem tampouco um direito coletivo normativo, mas sim um direito do qual o titular é o grupo de trabalhadores, que pode ser representado por intermédio da entidade sindical.

Esse direito ou interesse transindividual ou metaindividual pode ser difuso, quando não se identificam os integrantes da coletividade respectiva; ou coletivo *stricto sensu*, quando os membros do grupo são identificados ou pelo menos identificáveis.

Exemplo de questão sobre o tema

(Magistratura do Trabalho – TRT 1ª – 2010) Acerca dos direitos e dos interesses difusos, coletivos e individuais homogêneos na esfera trabalhista, assinale a opção correta.

(A) Os interesses individuais homogêneos são de natureza indivisível, dos quais são titulares pessoas indeterminadas e ligadas por circunstâncias de fato.

(B) Interesses ou direitos individuais homogêneos decorrem de origem comum.

(C) Os interesses ou direitos difusos podem ser individualizados.

(D) O pleito de pagamento de adicional de insalubridade por empregados de determinada empresa constitui interesse ou direito difuso.

(E) Em se tratando de direitos ou interesses coletivos, o objeto é divisível e cindível.

Resposta: B

3.1. A tutela coletiva dos direitos na Justiça do Trabalho[7]

De forma geral, as medidas judiciais coletivas adequadas para assegurar os direitos e interesses coletivos *lato sensu* são: a ação civil pública – ACP, a ação civil coletiva – ACC, e ação de cumprimento.

A ACP, na Justiça do Trabalho, também é regida pela Lei nº 7.347/85, naquilo em que não for incompatível com o processo laboral, bem como pelo Código de Defesa do Consumidor.

A. *Competência*

A regra da competência jurisdicional material para o processamento e julgamento das ações coletivas encontra-se insculpida no art. 114 da Constituição Federal e no art. 83, III, da Lei Complementar nº 75/93.[8]

A competência funcional originária para conhecer e julgar a ação coletiva é do órgão de primeiro grau da Justiça Especializada do Trabalho, qual seja, a Vara do Trabalho, e não o Tribunal Regional do Trabalho.

No que se refere à competência territorial, aplica-se a regra prevista pelo art. 93 do CDC,[9] acolhida parcialmente pela OJ nº 130 da SDI-2 do TST:

7. Sobre a tutela dos interesses metaindividuais na Justiça do Trabalho, consultar o capítulo II, parte V, da obra "Curso de direito processual do trabalho". 9 ed. Salvador: JUSPODIVM. 2016.
8. Lei Complementar nº 75/93. Art. 83: Compete ao Ministério Público do Trabalho o exercício das seguintes atribuições junto aos órgãos da Justiça do Trabalho: III – promover a ação civil pública no âmbito da Justiça do Trabalho, para defesa de interesses coletivos, quando desrespeitados os direitos sociais constitucionalmente garantidos.
9. CDC. Art. 93. Ressalvada a competência da Justiça Federal, é competente para a causa a justiça local: I – no foro do lugar onde ocorreu ou deva ocorrer o dano, quando de âmbito local; II – no foro da Capital do Estado ou no do

OJ Nº 130. AÇÃO CIVIL PÚBLICA. COMPETÊNCIA. LOCAL DO DANO. LEI No 7.347/1985, Art. 2º. CÓDIGO DE DEFESA DO CONSUMIDOR, Art. 93 (redação alterada na sessão do Tribunal Pleno realizada em 14.09.2012)

I – A competência para a Ação Civil Pública fixa-se pela extensão do dano.

II – Em caso de dano de abrangência regional, que atinja cidades sujeitas à jurisdição de mais de uma Vara do Trabalho, a competência será de qualquer das Varas das localidades atingidas, ainda que vinculadas a Tribunais Regionais do Trabalho distintos.

III – Em caso de dano de abrangência suprarregional ou nacional, há competência concorrente para a Ação Civil Pública das Varas do Trabalho das sedes dos Tribunais Regionais do Trabalho.

IV – Estará prevento o juízo a que a primeira ação houver sido distribuída.

B. *Legitimidade*

A legitimidade para o ingresso da ação coletiva no âmbito laboral **é do Ministério Público do Trabalho**.

A Lei da ACP, em seu art. 5º, ainda confere **legitimidade concorrente** às associações que estejam constituídas há mais de um ano e que incluam entre as suas finalidades a "proteção ao meio ambiente, ao consumidor, à ordem econômica, à livre concorrência, ou ao patrimônio artístico, estético, histórico, turístico e paisagístico".

O sindicato detém a legitimidade para propositura de uma ação coletiva, uma vez que também é uma associação de pessoas, conforme dispõe o supramencionado art. 5º, da LACP, combinado com o disposto no art. 8º, III da CF/88, **que não exige o tempo mínimo de constituição**.

Registre-se, também, que raramente o sindicato rotula de "ação civil pública" ou de "ação civil coletiva", a demanda que ajuíza na Justiça do Trabalho, o que não impede o juiz de utilizar o disciplinamento legal das referidas ações especiais, com a incidência do princípio da instrumentalidade, informalidade e fungibilidade.

C. *Sentença e coisa julgada*

O ajuizamento de uma ação civil pública ou de uma ação civil coletiva, na Justiça Laboral, visa obter uma sentença condenatória de perdas e danos ou que contenha uma obrigação de fazer ou não fazer, sob pena de pagamento de multa diária (*astreinte*).

Diferentemente do que ocorre no âmbito da jurisdição civil, no processo do trabalho a indenização por perdas e danos, fundada em direitos coletivos em sentido estrito, e a eventual multa diária não deve ser revertida ao Fundo para Reconstituição dos Bens Lesados, criado pelo Decreto nº 92.302/86.

O magistrado pode determinar que a referida indenização seja destinada ao Fundo de Amparo ao Trabalhador ou entidade sem fins lucrativos que tenha como objeto a proteção dos direitos e interesses dos trabalhadores.

Distrito Federal, para os danos de âmbito nacional ou regional, aplicando-se as regras do Código de Processo Civil aos casos de competência concorrente.

Quando a ação coletiva tiver por fundamentos direitos individuais homogêneos, **a condenação deve ser genérica e fixar a responsabilidade do réu pelos danos causados, em caso de procedência do pedido** (art. 95 do CDC), mas sem determinar o *quantum* devido, o que será feito no processo de liquidação e execução a título individual ou coletivo.

Tem-se observado que as ações coletivas de natureza trabalhista tratam geralmente de:

a) contratação irregular de servidor público celetista;

b) ilegalidade de contratação de mão de obra via cooperativa de serviços;

c) manutenção da higidez do meio ambiente do trabalho;

d) listas negras;

e) lides simuladas;

f) trabalho em condições análogas ao sistema de escravidão; etc.

Tramita no Supremo Tribunal Federal o recurso extraordinário de nº 1.101.937, que questiona a constitucionalidade do artigo 16 da Lei da Ação Civil Pública (Lei 7.347/1985), no sentido de limitar, geograficamente, à coisa julgada coletiva.

Em 20 de abril, o relator do RE, Ministro Alexandre de Moraes, determinou a suspensão de todos os processos em que há discussão sobre a abrangência territorial da decisão em sede de ação civil pública até o julgamento definitivo da constitucionalidade ou não do artigo 16 da LACP.

3.2. Direitos e interesses difusos

A defesa de interesses difusos na Justiça do Trabalho é mais rara, visto que os membros da coletividade, objeto da ACP, no âmbito das relações trabalhistas, geralmente, são determinados ou determináveis.

Tal ação com essa feição particular só seria possível na hipótese de envolver direitos da categoria dos trabalhadores, geralmente desempregados, como no caso da exigência de prévia aprovação em concurso público para admissão no serviço público; práticas discriminatórias para admissão etc.

O titular do direito não é o trabalhador individualmente considerado, mas sim um número indefinido de pessoas. Nesse caso, o cumprimento da obrigação (a prestação) por parte do empregador beneficiaria a todos indistintamente. A relação entre os titulares do direito efetiva-se por uma circunstância fática, ou seja, inexistiria qualquer relação jurídica anterior à produção do dano ou da sua ameaça.

Por exemplo, a admissão no serviço público, pelo regime celetista ou estatutário, só é possível após a prévia aprovação em concurso público, conforme determina o art. 37, II da Constituição Federal de 1988. A partir do momento em que a administração pública contrata empregados, sem a observância do mencionado mandamento constitucional provocará prejuízo não só ao patrimônio econômico dos empregados admitidos de forma irregular, mas também a todos aqueles trabalhadores não identificáveis que foram preteridos, em face da não realização de concurso público.

Nesse caso, em especial, **o interesse a ser defendido por meio de uma Ação Civil Pública é de caráter difuso**, posto que não se pode identificar quais seriam os trabalhadores preteridos com a prática ilegal perpetrada pela administração pública.

Práticas discriminatórias destinadas a promover a admissão de empregados, levadas a efeito pelo empregador, também podem ser combatidas por intermédio da ACP na Justiça do Trabalho, sendo tais direitos de natureza difusa.

O art. 373-A da CLT descreve, de forma exemplificativa, quais seriam as referidas práticas discriminatórias admissionais:

> Art. 373-A. Ressalvadas as disposições legais destinadas a corrigir as distorções que afetam o acesso da mulher ao mercado de trabalho e certas especificidades estabelecidas nos acordos trabalhistas, é vedado: I – publicar ou fazer publicar anúncio de emprego no qual haja referência ao sexo, à idade, à cor ou situação familiar, salvo quando a natureza da atividade a ser exercida, pública e notoriamente, assim o exigir; II – recusar emprego, promoção ou motivar a dispensa do trabalho em razão de sexo, idade, cor, situação familiar ou estado de gravidez, salvo quando a natureza da atividade seja notória e publicamente incompatível; III – considerar o sexo, a idade, a cor ou situação familiar como variável determinante para fins de remuneração, formação profissional e oportunidades de ascensão profissional; IV – exigir atestado ou exame, de qualquer natureza, para comprovação de esterilidade ou gravidez, na admissão ou permanência no emprego; V – impedir o acesso ou adotar critérios subjetivos para deferimento de inscrição ou aprovação em concursos, em empresas privadas, em razão de sexo, idade, cor, situação familiar ou estado de gravidez; VI – proceder o empregador ou preposto a revistas íntimas nas empregadas ou funcionárias.

A inobservância de tais vedações possibilitaria o ajuizamento de uma ACP para defesa de interesses ou direitos difusos, pelo Ministério Público do Trabalho ou por qualquer um dos legitimados concorrentes.

É bom frisar que nesses casos o objeto da ação civil pública giraria em torno dos direitos dos indivíduos não empregados, o que poderia afastar a competência da Justiça Especializada.

Entretanto, como a ACP visa também à defesa de indivíduos empregados haveria a atração da competência da Justiça do Trabalho, mesmo porque os demais trabalhadores beneficiados com a medida judicial seriam empregados em potencial.

3.3. Direitos e interesses coletivos *stricto sensu*

Direitos e interesses coletivos *stricto sensu* dizem respeito aos direitos de uma categoria, classe ou grupo determinado, cujos membros encontram-se ligados por uma relação jurídica-base.

No Direito do trabalho essa espécie de interesse diz respeito a todos os empregados de uma determinada categoria profissional ou de uma determinada empresa, unidos por uma relação de emprego derivada de um contrato de trabalho.

Nesse passo, **os titulares desse direito ou interesse coletivo são identificáveis**, pois se encontram inseridos dentro de um determinado grupo. **Em que pese serem identificáveis, os titulares do direito coletivo, não há possibilidade de individualizar esse mesmo direito, pois ele pertence ao grupo.**

A título de exemplo cita-se a determinação contida no art. 172 da Consolidação das Leis do Trabalho: "Os pisos dos locais de trabalho não deverão apresentar saliências nem depressões que prejudiquem a circulação de pessoas ou a movimentação de materiais".

Ora, se o empregador não observa o mandamento legal acima transcrito lesaria o direito do grupo de trabalhadores que presta serviços na empresa ou estabelecimento respectivo.

Todos os empregados da unidade empresarial têm direito de prestar serviços em locais onde não existam saliências nem depressões. Há possibilidade de identificar os titulares do direito coletivo, mas torna-se impossível destacar e individualizar esse direito porque ele é geral e não pertence, apenas, a um ou alguns empregados.

3.4. Direitos individuais homogêneos

Como visto, há direito individual homogêneo quando um ou vários fatos faz surgir um direito subjetivo de natureza divisível cujo titular são as pessoas individualmente consideradas de um grupo.

Nesse caso, autoriza-se o ajuizamento de uma ação civil coletiva – ACC na seara trabalhista e o Ministério Público do Trabalho figura na lide como **substituto processual,** conforme permissivo contido no art. 91 do CDC[10] **ou qualquer outro colegitimado, inclusive o sindicato.**[11]

Geralmente, as ações civis coletivas são ajuizadas para a defesa de direitos individuais homogêneos de natureza indisponível.

A indisponibilidade da maioria dos direitos decorrentes da execução de um contrato de trabalho é relativa. Assim, na formação e durante a execução do pacto laboral, não se admite que o empregado renuncie aos direitos que formam o seu conteúdo mínimo, assim definido pela norma protetiva laboral. Extinto o contrato de trabalho, esses direitos, geralmente representados pela obrigação de dar, daí decorrentes, tornam-se disponíveis.

Alguns direitos, entretanto, só existem durante o período em que o contrato de trabalho está em vigor. São, geralmente, direitos relativos à segurança e à medicina do trabalho de natureza individual. Extinto o pacto laboral, automaticamente extingue-se a obrigação do empregador.

Os exemplos são vários: não fornecimento de equipamento de proteção individual – EPIs; não concessão do gozo de férias etc., desde que o descumprimento se efetive em relação a todos os empregados da empresa ou de determinado grupo.

A jurisprudência dos Tribunais Regionais do Trabalho também apresenta alguns exemplos:

> **SÚMULA Nº 22 do TRT8.** BANCÁRIOS. 7ª E 8ª HORAS TRABALHADAS. GRUPO ESPECÍFICO DE EMPREGADOS DE UM MESMO EMPREGADOR. DIREITO

---

10. Lei nº 8.078. Art. 91: Os legitimados de que trata o artigo 82 poderão propor, em nome próprio e no interesse das vítimas ou seus sucessores, ação civil coletiva de responsabilidade pelos danos individualmente sofridos, de acordo com o disposto nos artigos seguintes.
11. Se o direito violado for derivado da aplicação de um instrumento normativo negociado ou sentença normativa, a ação passa a ser denominada de ação de cumprimento.

INDIVIDUAL HOMOGÊNEO. CARACTERIZAÇÃO. LEGITIMIDADE ATIVA. IDENTIDADE DE MATÉRIA. Caracteriza-se como direito individual homogêneo o pleito de pagamento da 7ª e 8ª horas trabalhadas como extraordinárias, prestadas por um grupo específico de empregados a um mesmo empregador, observada a identidade de matéria, o que legitima o sindicato representativo da categoria profissional a pleitear o direito em processo coletivo, por meio de Ação Civil Pública ou Ação Coletiva.

SÚMULA Nº 51 do TRT8. AÇÃO COLETIVA. LEGITIMIDADE DAS ENTIDADES SINDICAIS. DEFESA DE DIREITOS INDIVIDUAIS HOMOGÊNEOS. I– Os sindicatos possuem legitimidade para atuar em demandas coletivas na defesa de direitos individuais homogêneos da categoria que representa; II– Insere-se na categoria de direitos individuais homogêneos o pleito para fixação do divisor correto para o cálculo de horas extras do trabalhador bancário, inclusive quanto ao pleito de diferenças de horas extras já pagas com base em divisor diverso do que for fixado na demanda coletiva; III– Na hipótese do inciso II, a execução será feita mediante habilitação dos interessados, na forma prevista nos artigos 95 e 97 do Código de Defesa do Consumidor.

3.5. Dano moral coletivo

A ofensa aos direitos difusos e coletivos em sentido estrito de valor econômico gera, para o autor da ação, a responsabilização civil e a consequente obrigação de indenizar. Assim, a indenização por danos materiais visa ressarcir, integralmente, o patrimônio econômico da coletividade.

Contudo, quando a ofensa atinge os direitos e interesses coletivos *stricto sensu* sem conteúdo econômico, a indenização também é devida, mas tem como objetivo evitar que condutas semelhantes sejam repetidas. Essa característica revela que a natureza jurídica da indenização por danos morais coletivos **é estritamente pedagógica.**

Não há que se falar no **caráter compensatório da indenização** por danos morais coletivos, uma vez que o titular do direito coletivo não é um ser humano, mas sim uma coletividade. Nesse passo, não haveria como fixar uma indenização com o objetivo de estabelecer uma alegria para compensar uma tristeza.

A tese da natureza jurídica pedagógica para pessoas não naturais ou coletividades já é plenamente aceita na doutrina e jurisprudência. Inclusive o STJ possui uma Súmula que trata dessa temática: "Súmula nº 227. A pessoa jurídica pode sofrer dano moral".

Destaca-se a circunstância de que o dano moral difuso ou coletivo em sentido estrito não representa um feixe de ofensas ao patrimônio não econômico dos integrantes de determinada coletividade. Isso ocorreria quando a ofensa tivesse uma origem comum e irradiasse efeitos na órbita moral de diversas pessoas individualmente consideradas, mas pertencentes a um mesmo grupo. Seria a hipótese de dano moral individual e homogêneo e poderia ser objeto tanto de tutela individual quanto coletiva, nesse último caso promovida pelo Ministério Público do Trabalho ou qualquer outro colegitimado.

É muito importante diferenciar os dois institutos – dano moral coletivo e dano moral individual homogêneo – pois o titular do primeiro é a coletividade e do segundo são os próprios indivíduos ofendidos.

Consequentemente, a indenização por dano moral difuso ou coletivo em sentido estrito teria caráter pedagógico e seria revertida para uma entidade, como o Fundo de Amparo ao Trabalhador, por exemplo, em condenação obtida em ação civil pública.

Já no caso de dano moral individual e homogêneo, a indenização teria natureza pedagógica/compensatória, e seria revertida para cada integrante do grupo, ainda que objeto de ação civil coletiva, na forma prevista pelo art. 91 do Código de Defesa do Consumidor.[12]

Exemplos de questões sobre o tema

(TRT 1 – Juiz do Trabalho Substituto 1ª região/2016) Considerando a Lei nº 8.078/90 (Código de Defesa do Consumidor) e sua aplicação subsidiária ao Direito do Trabalho, por força do artigo 8º, da Consolidação das Leis do Trabalho:

I. São direitos difusos aqueles transindividuais, de natureza indivisível, de que sejam titulares pessoas determinadas e ligadas por circunstâncias de fato.

II. São interesses individuais homogêneos aqueles decorrentes de origem comum.

III. São direitos coletivos aqueles de que são titulares grupos, categorias ou classes de pessoas ligadas entre si ou com a parte contrária por relação jurídica base e que, embora sem transcender a esfera individual, são indivisíveis.

IV. São direitos coletivos de natureza plena aqueles que, sendo indivisíveis, decorrem de origem comum.

Está correto o que se afirma APENAS em

(A) I.

(B) II.

(C) I e IV.

(D) II e III.

(E) III e IV.

Resposta: B

(Magistratura do Trabalho – TRT 21ª – 2010) O sindicato dos trabalhadores do setor de distribuição de água e serviços de esgoto verificou que a empresa estatal, que monopoliza as atividades deste setor de serviços, praticou as seguintes condutas apontadas como irregulares:

I. instalou câmeras de filmagem em áreas de acesso a vestiários e no *hall* dos banheiros utilizados por todos os trabalhadores, desatendendo proibição constante em cláusula de norma coletiva;

II. deixou de pagar, injustificadamente, o adicional de insalubridade devido aos empregados que manuseiam cloro líquido em suas tarefas diárias;

III. contratou diretamente, sem concurso público, 30 pessoas para laborar nas áreas administrativa e financeira. Considerando a decisão do ente sindical de ingressar em juízo, em face de tal situação, pode-se afirmar que os interesses jurídicos a serem tutelados caracterizam-se como:

(A) coletivos; individuais homogêneos e difusos;

(B) individuais indisponíveis; coletivos e individuais homogêneos;

(C) difusos; individuais indisponíveis e coletivos;

(D) coletivos; difusos e individuais indisponíveis;

(E) individuais homogêneos; coletivos e difusos.

Resposta: A

12. CDC. Art. 91. Os legitimados de que trata o art. 82 poderão propor, em nome próprio e no interesse das vítimas ou seus sucessores, ação civil coletiva de responsabilidade pelos danos individualmente sofridos, de acordo com o disposto nos artigos seguintes.

4. QUADRO SINÓPTICO

Capítulo VII – Direitos e Interesses Transindividuais			
Instituto	**Conteúdo**		**item**
Diplomas legais	Constituição Federal de 1988; Código de Defesa do Consumidor; Lei da Ação Civil Pública; Lei Orgânica do Ministério Público da União.		2
Espécies de direitos e interesses transindividuais	**Difusos**	São os transindividuais, de natureza indivisível, de que sejam titulares pessoas indeterminadas e ligadas por circunstâncias de fato.	2.2
	Coletivos	São os transindividuais, de natureza indivisível, de que seja titular grupo, categoria ou classe de pessoas ligadas entre si ou com a parte contrária por uma relação jurídica-base.	
	Individuais homogêneos	São os interesses ou direitos que decorrem de origem comum.	
A tutela coletiva dos direitos na Justiça do Trabalho			
Ação Civil Pública	**Regramento**	Lei nº 7.347/85 e CDC.	3.1
	Competência em razão do lugar	Dano de abrangência regional, que atinja cidades sujeitas à jurisdição de mais de uma Vara do Trabalho, a competência será de qualquer das Varas das localidades atingidas, ainda que vinculadas a Tribunais Regionais do Trabalho distintos. Dano de abrangência suprarregional ou nacional, há competência concorrente para a Ação Civil Pública das Varas do Trabalho das sedes dos Tribunais Regionais do Trabalho.	3.1
	Legitimidade	MPT; Sindicato, salvo em relação à defesa dos direitos e interesses difusos.	

5. INFORMATIVOS DO TST SOBRE A MATÉRIA

Ação Civil Pública. Contratação de motociclistas para transporte de mercadorias por meio de cooperativa. Presença dos elementos caracterizadores do vínculo de emprego. Terceirização ilícita. Condenação de não fazer. Proporcionalidade.

A SBDI-I considerou desproporcional a determinação de que empresa se abstenha de contratar serviço de entregas domiciliares, mediante empresa interposta, quando a declaração de ilicitude da terceirização tem por fundamento a constatação de fraude na contratação de empregados por intermédio de cooperativa. Ressaltou-se que, no caso, a ilicitude da terceirização não estava relacionada diretamente com a atividade de transporte de mercadorias, a qual não se confunde com a atividade-fim da empresa, que é a comercialização e manipulação de produtos farmacêuticos, mas com a presença dos elementos caracterizadores do vínculo de emprego. Com esse entendimento, a Subseção, por unanimidade, conheceu do recurso de embargos, por divergência jurisprudencial e, no mérito, deu-lhes provimento parcial para restringir a condenação de não fazer atribuída à ré à determinação de se abster da prática do procedimento fraudatório evidenciado nos autos, sob pena de multa diária no valor duzentos reais, a contar do trânsito em julgado da decisão, a ser convertida em favor do Fundo de Amparo ao Trabalhador. TST-E-ED-RR-152800-16.2001.5.03.0019, SBDI-I, rel. Min. Aloysio Corrêa da Veiga, 12.12.2013 (TST. Info nº 70).

Ação civil pública ajuizada em vara do trabalho da sede do TRT. Dano de abrangência nacional. Limitação da coisa julgada à área de jurisdição do Tribunal Regional. Contrariedade ao item III da Orientação Jurisprudencial nº 130 da SBDI-II. Configuração.

No caso em que o objetivo da ação civil pública é coibir conduta ilícita da empresa que tem atividade em todo o território nacional, e não só nos estabelecimentos localizados na área de jurisdição da 90ª Vara do Trabalho da Capital do Estado de São Paulo, em que ajuizada a ação, contraria o item III da Orientação Jurisprudencial nº 130 da SBDI-II a decisão que define como limite territorial dos efeitos da coisa julgada a área de jurisdição do TRT da 2ª Região. Com esse entendimento, a SBDI-I, por unanimidade, conheceu dos embargos, por divergência jurisprudencial, e, no mérito, deu-lhes provimento para estender a todo o território nacional os efeitos da decisão proferida na ação civil pública. TST-E-ED-RR-129600-12.2006.5.02.0090, SBDI-I, rel. Min. Brito Pereira, 4.4.2013 (TST. Info nº 40).

Ação civil pública. Condenação a não utilizar-se de trabalhadores em testes de cigarro no "Painel de Avaliação Sensorial". Impossibilidade. Atividade lícita e regulamentada, mas de risco. Indenização. Dano moral coletivo.

A SBDI-I, por maioria, conheceu, por divergência jurisprudencial, dos embargos da Souza Cruz S.A. quanto ao tema relativo à condenação, nos autos de ação civil pública, a obrigação de não fazer, e, no mérito, ainda por maioria, deu-lhes provimento para afastar a obrigação de não utilizar-se de trabalhadores, empregados próprios ou de terceiros, inclusive de cooperativas, em testes de cigarro no denominado "Painel de Avaliação Sensorial". No caso, prevaleceu a tese de que, não obstante os riscos à saúde do trabalhador, o consumo de cigarros é lícito e a atividade de provador de tabaco é regulamentada pelo Ministério do Trabalho e Emprego, não cabendo à Justiça do Trabalho proibir ou impor condições ao exercício profissional que implique a prática de fumar. Vencidos, no conhecimento, os Ministros Augusto César de Carvalho, relator, Lelio Bentes Corrêa, José Roberto Freire Pimenta e Delaíde Miranda Arantes, e, no mérito, totalmente, os Ministros Lelio Bentes Corrêa, que não conhecia dos embargos, Augusto César de Carvalho, relator, Alberto Luiz Bresciani de Fontan Pereira, José Roberto Freire Pimenta e Delaíde Miranda Arantes, que negavam provimento aos embargos, e, parcialmente, o Ministro Luiz Philippe Vieira de Mello Filho, que dava provimento parcial ao recurso. Não obstante a licitude da participação de trabalhadores no denominado "Painel de Avaliação Sensorial", acima assentada, as indiscutíveis lesões à saúde decorrentes do contato com o tabaco permitem enquadrar a atividade de provador de cigarro como de risco, a atrair a aplicação da responsabilidade civil objetiva prevista no art. 927 do CC. Assim, a imposição de indenização, no caso, tem finalidade pedagógica, na medida em que desestimula a exposição dos empregados a agentes nocivos, uma vez que cabe à empregadora zelar pela saúde e segurança de seus trabalhadores. Com esses fundamentos, a SBDI-I, por unanimidade, conheceu dos embargos do Ministério Público do Trabalho, por divergência jurisprudencial, e, no mérito, pelo voto prevalente da Presidência, deu-lhes provimento para restabelecer a decisão do Regional, que manteve a condenação da Souza Cruz S.A. à indenização pelos danos aos interesses difusos e coletivos dos trabalhadores, no valor de R$1.000.000,00 (um milhão de reais), reversível ao FAT – Fundo de Amparo ao Trabalhador, corrigido monetariamente, mês a mês, pelos mesmos índices utilizados para a atualização dos débitos trabalhistas. Vencidos os Ministros Ives Gandra Martins Filho, Brito Pereira, Maria Cristina Irigoyen Peduzzi, Luiz Philippe Vieira de Mello Filho, Alberto Luiz Bresciani de Fontan Pereira e Dora Maria da Costa. TST-E-ED-RR-120300-89.2003.5.01.0015, SBDI-I, rel. Min. Augusto César Leite de Carvalho, red. p/ acórdão Min. João Oreste Dalazen, 21.2.2013 (TST. Info nº 37).

Ação civil pública. Comércio varejista. Trabalho aos domingos e feriados. Período anterior a 9 de novembro de 1997. Necessidade de ajuste em norma coletiva.

Mesmo no período anterior a 9 de novembro de 1997, a que se refere o parágrafo único do art. 6º da edição nº 36 da MP nº 1539, convertida na Lei nº 10.101/00, posteriormente alterada pela Lei nº 11.603/07, fazia-se necessário o ajuste em norma coletiva autorizando o trabalho aos domingos e feriados no comércio varejista. Com base nessa premissa, a SBDI-I, por maioria, conheceu dos embargos e, no mérito, deu-lhes provimento para julgar procedente o pedido formulado na ação civil pública, determinando aos réus que se abstenham de exigir de seus empregados labor em domingos e feriados sem o amparo de norma coletiva. Vencidos os Ministros Maria Cristina Irigoyen Peduzzi, relatora, Milton de Moura França, Ives Gandra da Silva Martins Filho e Renato de Lacerda Paiva. TST-E-ED-RR-89600-90.2002.5.08.0009, SBDI-I, rel. Min. Maria Cristina Irigoyen Peduzzi, red. p/ acórdão Min. Brito Pereira, 16.2.2012 (TST. Info nº 1).

6. QUESTÕES

6.1. Questões objetivas

01. (1ª etapa – Tribunal Regional do Trabalho da 16ª Região/2005) Julgue os seguintes itens (adaptada):

I. Cabe a ação civil pública para proteção dos interesses difusos e coletivos, bem assim de direito individual homogêneo revestido de interesse social relevante.

II. A coisa julgada nas ações coletivas tem peculiaridades que a distingue das tradicionais ações individuais. Assim, por exemplo, a sentença proferida em ação civil pública proposta para defesa de interesses difusos, isto é, aqueles transindividuais de natureza indivisível de que seja titular grupo, categoria ou classe de pessoas ligadas entre si ou com a parte contrária por uma relação jurídica base, produz efeitos "erga omnes", exceto se o pedido for julgado improcedente por insuficiência de provas, hipótese em que qualquer legitimado poderá intentar outra ação, com idêntico fundamento, valendo-se de nova prova.

6.2. Questões discursivas

1. (MPT – Procurador do Trabalho/17º Concurso – ADAPTADA) Uma determinada instituição particular de ensino reduz a carga horária de seus professores na transição entre semestres letivos ou no curso de um deles, com consequente e proporcional redução salarial.

Em face da referida situação:

c) É cabível a adoção de alguma medida pelo membro do Ministério Público do Trabalho? Fundamente.

6.3. Gabarito das questões objetivas

Gab.		Fundamentação legal e jurisprudencial	Onde encontro no livro?
1	V	I – CDC. Art. 81	item 2.1
	F	II – CDC. Arts. 103 e 104	item 3.5

6.5. Gabarito das questões discursivas

Item	Fundamentação legal, jurisprudencial ou doutrinária	Onde encontro no livro
1	Nesse caso percebe-se facilmente que se trata de ofensa a direito individual homogêneo, uma vez que o procedimento adotado pela instituição de ensino faz surgir um direito subjetivo de natureza divisível cujo titular são todos os professores individualmente considerados. Em sendo assim, o Ministério Público do Trabalho encontra-se legitimado a ingressar com uma ação civil coletiva, na qualidade de substituto processual (art. 91 do CPC), postulando o cumprimento da respectiva obrigação de não fazer. Essa obrigação da instituição de ensino consiste em abster-se de reduzir a carga horária dos professores durante o período de transição dos semestres e, consequentemente, de pagar a diferença salarial devida a cada professor da empresa no que diz respeito ao período em que foi detectada essa regularidade.	Item 3.4

CAPÍTULO XIV

DIREITO DO TRABALHO DE EMERGÊNCIA

1. A PANDEMIA DO CORONAVÍRUS E SEUS EFEITOS NO DIREITO DO TRABALHO

Foi denominado de **"Direito do Trabalho de Emergência"** o conjunto de princípios e regras jurídicas que vigoraram durante o período de calamidade pública decorrente dos efeitos da pandemia do coronavírus no território pátrio.

Iniciou-se com o envio ao Congresso Nacional do Projeto de Lei nº 23/2020, em 04.02.2020, que teve tramitação em tempo recorde, sendo sancionado pelo Presidente da República em 06.02.2020.

O objetivo inicial do referido projeto, transformado na Lei nº 13.979/20, foi propiciar a repatriação dos cidadãos brasileiros que estavam na cidade de Wuhan na China, então epicentro da Covid-19 no mundo, estabelecendo regras de quarentena, isolamento, dentre outras.

Menos de duas semanas após a vigência da Lei nº 13.979/20, o Congresso Nacional editou o Decreto Legislativo nº 6, de 20.03.2020, que reconheceu o estado de calamidade pública em todo o território nacional, conforme se observa da redação de seu art. 1º:

> **Art. 1º** Fica reconhecida, exclusivamente para os fins do art. 65 da Lei Complementar nº 101, de 4 de maio de 2000, notadamente para as dispensas do atingimento dos resultados fiscais previstos no art. 2º da Lei nº 13.898, de 11 de novembro de 2019, e da limitação de empenho de que trata o art. 9º da Lei Complementar nº 101, de 4 de maio de 2000, a ocorrência do estado de calamidade pública, com efeitos até 31 de dezembro de 2020, nos termos da solicitação do Presidente da República encaminhada por meio da Mensagem nº 93, de 18 de março de 2020.

Entretanto, o fato que impactou diretamente nas relações trabalhistas foram os diversos atos normativos expedidos pelos Poderes Executivos Estadual e Municipal, determinando a suspensão de diversas atividades econômicas.

Sem a entrada de receita, a maioria das empresas do País se viu em dificuldade financeira para pagar os salários e demais verbas trabalhistas de seus empregados.

Diante desse quadro inicial, as empresas só poderiam se valer dos permissivos legais já existentes no ordenamento pátrio, que serão analisados a seguir.

Na tentativa de solucionar ou amenizar esse problema foram editadas duas MP's de nºs 927/20 e 936/20, estabelecendo as principais medidas para possibilitar a manutenção dos contratos de trabalho em vigor, diante da referida diminuição dos níveis de atividade econômica.

A MP nº 927/20 não foi apreciada pelo Congresso Nacional e perdeu sua vigência em 19.07.2020, mas estabeleceu medidas emergenciais iniciais que foram efetivamente utilizadas pelas empresas durante o período em que produziu efeitos, como a antecipação do gozo de férias e a instituição do que foi denominado de "banco de horas negativo".

Já a MP nº 936/20 foi convertida na Lei nº 14.020 em 06 de julho de 2020, considerada a norma jurídica de natureza trabalhista mais importante do período da pandemia coronavírus.

Apesar de se tratarem de normas temporárias, o que é exceção no ordenamento jurídico pátrio, é importante o seu estudo diante dos reflexos que produziram em todo território nacional e, de forma semelhante, em outros países do mundo.

Também não se pode esquecer que tanto a pandemia do coronavírus, quanto a sua respectiva regulamentação legal, deixará um importante legado social e jurídico, merecendo assim, a atenção dos operadores do direito.

1.1. Suspensão do contrato de trabalho para qualificação profissional

Inicialmente, o instrumento que as empresas dispunham para utilizar de forma emergencial para tentar evitar despedidas em massa seria a suspensão do contrato de trabalho para participação dos seus empregados em curso de qualificação, conforme previsão contida no art. 476-A da CLT.

Essa suspensão pode ser feita pelo período de dois a cinco meses e a sua principal característica era a necessidade de autorização expressa em convenção ou acordo coletivo de trabalho e a concordância expressa do empregado.

Além disso, optando pela suspensão, o empregador deve comunicar a suspensão ao sindicato com antecedência mínima de 15 dias.

Durante o período de suspensão o empregador poderá conceder uma ajuda compensatória mensal ao empregado, sem natureza salarial, com valor a ser definido em convenção ou acordo coletivo.

Note-se, que durante o período de suspensão contratual o empregado faz jus aos benefícios voluntariamente concedidos pelo empregador.

Além disso, o empregado tem garantia provisória no emprego durante o período acordado e bem como após o restabelecimento antecipado das atividades normais por período equivalente ao acordado para a redução ou a suspensão;

Caso ocorra a dispensa do empregado no transcurso do período de suspensão contratual ou nos três meses subsequentes ao seu retorno ao trabalho, o empregador pagará ao empregado, além das parcelas indenizatórias previstas na legislação em vigor, multa a ser estabelecida em convenção ou acordo coletivo, sendo de, no mínimo, cem por cento sobre o valor da última remuneração mensal anterior à suspensão do contrato.

Se durante a suspensão do contrato não for ministrado o curso ou programa de qualificação profissional, ou o empregado permanecer trabalhando para o empregador, ficará descaracterizada a suspensão, sujeitando o empregador ao pagamento imediato dos salários e dos encargos sociais referentes ao período, às penalidades cabíveis previstas na legislação em vigor, bem como às sanções previstas em convenção ou acordo coletivo.

1.2. *Factum principis*

A suspensão ou extinção do pacto laboral pode ser atribuída a um fato alheio à vontade dos contratantes.

Inclusive, o Poder Público pode editar um ato imprevisível que importe, indiretamente, na paralisação temporária ou definitiva do vínculo empregatício.

A Consolidação das Leis do Trabalho já possuía dispositivo que tratava dessa questão:

> **Art. 486.** No caso de paralisação temporária ou definitiva do trabalho, motivada por ato de autoridade municipal, estadual ou federal, ou pela promulgação de lei ou resolução que impossibilite a continuação da atividade, prevalecerá o pagamento da indenização, que ficará a cargo do governo responsável.

No caso do *factum principis* (fato do príncipe) o Ente Federado que editar o ato ficaria responsável pelo pagamento da indenização aos empregados, cujos contratos de trabalho foram rompidos, desde que o empregador não tenha concorrido para a sua prática.

Nesse caso, diante da impossibilidade de prosseguimento da execução dos contratos de trabalho, a União, Estado, Município ou Distrito Federal arcaria com o pagamento das indenizações, equivalente a multa de 40% sobre o FGTS e pelo aviso-prévio indenizado.

Para definição da responsabilidade civil é necessária a presença de nexo de causalidade, um de seus elementos essenciais, ou mais precisamente a causa da ação que prova o prejuízo.

A doutrina utiliza de três critérios para determinar esse nexo de causalidade: o da equivalência das condições; o da causalidade adequada; e o da causalidade imediata.

Pelo critério da equivalência das condições, também denominado de condição sine qua non, qualquer um dos motivos desencadeadores do dano seria considerado como causa eficiente, tendo em vista que a ausência de apenas um ou alguns obstaria a sequência fática que resultaria no evento danoso.

Já pelo critério da causalidade adequada, só se considera a causa do dano o fato apto a produzi-lo, eliminando, por conseguinte, o dano causado por circunstâncias extraordinárias.

Finalmente, pelo critério da causalidade imediata, é considerada a causa provocante do dano aquela que mais se aproxima do fato, excluindo-se, assim, as causas indiretas e remotas.

O Código Civil adotou o critério da causalidade imediata, conforme se observa da redação do seu art. 403, ao utilizar a expressão "direto e imediato":

> **Art. 403.** Ainda que a inexecução resulte de dolo do devedor, as perdas e danos só incluem os prejuízos efetivos e os lucros cessantes por efeito dela direto e imediato, sem prejuízo do disposto na lei processual.

A causalidade imediata, todavia, não é aferida pela proximidade temporal com o evento danoso. Isso porque é considerada como a causa eficiente, ou seja, aquela necessária para a produção do acidente.

Em cada situação concreta é necessário identificar a causa eficiente e imediata da paralisação das atividades da empresa. Ou seja, se essa causa foi a pandemia do coronavírus ou os atos expedidos pelo Poder Executivo determinando a suspensão das atividades econômicas.

Em grande parte dos casos, o motivo desses atos administrativos, requisito indispensável para sua validade, foi a pandemia do coronavírus.

Segundo Di Pietro motivo é:

> Pressuposto de fato e de direito que serve de fundamento ao ato administrativo. Pressuposto de direito é o dispositivo legal em que se baseia o ato. Pressuposto de fato, como o próprio nome indica, corresponde ao conjunto de circunstâncias, de acontecimentos, de situações que levam a Administração a praticar o ato (DI PIETRO, Maria Sylvia Zanella. Direito Administrativo. 27ª ed. São Paulo: Atlas, 2014, p. 219).

Assim, houve um fato – a pandemia do coronavírus – que motivou a prática de um ato administrativo.

Destaca-se que não se trata de um ato administrativo vinculado, pois não havia norma jurídica determinando que a administração pública adotasse um único procedimento no combate aos efeitos da pandemia provocado pelo coronavírus.

Na verdade, os atos administrativos que foram editados pelos Municípios e Estados Federados classificam-se como ato administrativo discricionário, por meio do qual a administração pública pode agir com certa liberdade, mas sempre observando o princípio da legalidade/juridicidade.

Essas são as premissas que devem ser levadas em consideração para a avaliação da responsabilidade do Ente Público ou da empresa em cada caso concreto.

2. REGRAS GERAIS SOBRE OS EFEITOS DA PANDEMIA DO CORONAVÍRUS

A Lei nº 13.979/20 acabou por traçar algumas regras gerais sobre os efeitos jurídicos da pandemia do coronavírus, inclusive na seara trabalhista, por meio da delimitação conceitual de isolamento e quarentena, por exemplo.

Por conta disso, ficou conhecida como Lei Geral da Pandemia e foi alterada pela Lei nº 14.019, de 02 de julho de 2020, sancionada com vetos a alguns dispositivos que foram parcialmente rejeitados pelo Congresso Nacional, cuja promulgação feita pelo Presidente do Senado ocorreu em 08 de setembro de 2020.

Em 30.12.2020 a referida Lei teve seu termo final de vigência prorrogado em relação aos arts. 3º, 3º-A, 3º-B, 3º-C, 3º-D, 3º-E,3º-F, 3º-G, 3º-H e 3º-J, por decisão liminar proferida pelo Min. Ricardo Lewandowski, ao conceder a tutela de urgência requerida no âmbito da ADI nº 6.625.

2.1. Isolamento

Em linhas gerais, isolamento consiste no procedimento de segregar pessoas doentes ou contaminadas, para evitar a propagação da moléstia.

O conceito de isolamento é encontrado no art. 2º, inciso I da Lei nº 13.979/20 e no art. 3º da Portaria nº 356 do Ministério da Saúde, que regulamentou a referida norma legal:

> **Art. 3º** A medida de isolamento objetiva a separação de pessoas sintomáticas ou assintomáticas, em investigação clínica e laboratorial, de maneira a evitar a propagação da infecção e transmissão local.
>
> § 1º A medida de isolamento somente poderá ser determinada por prescrição médica ou por recomendação do agente de vigilância epidemiológica, por um prazo máximo de 14 (quatorze) dias, podendo se estender por até igual período, conforme resultado laboratorial que comprove o risco de transmissão.
>
> § 5º A medida de isolamento por recomendação do agente de vigilância epidemiológica ocorrerá no curso da investigação epidemiológica e abrangerá somente os casos de contactantes próximos a pessoas sintomáticas ou portadoras assintomáticas, e deverá ocorrer em domicílio.

2.2. Quarentena

Na quarentena separam-se pessoas que estejam suspeitas de contaminação, também com o objetivo de evitar a disseminação da doença.

A definição legal de quarentena ficou é apresentada pelo art. 2º, inciso II da Lei nº 13.979/20 e também no art. 4º da Portaria nº 356 do Ministério da Saúde:

> **Art. 2º**. II – restrição de atividades ou separação de pessoas suspeitas de contaminação das pessoas que não estejam doentes, ou de bagagens, contêineres, animais, meios de transporte

ou mercadorias suspeitos de contaminação, de maneira a evitar a possível contaminação ou a propagação do coronavírus.

Art. 4º A medida de quarentena tem como objetivo garantir a manutenção dos serviços de saúde em local certo e determinado.

§ 1º A medida de quarentena será determinada mediante ato administrativo formal e devidamente motivado e deverá ser editada por Secretário de Saúde do Estado, do Município, do Distrito Federal ou Ministro de Estado da Saúde ou superiores em cada nível de gestão, publicada no Diário Oficial e amplamente divulgada pelos meios de comunicação.

2.3. *Lockdown*

A legislação de emergência nacional não definiu o conceito de *lockdown*. Todavia, trata-se de uma medida de caráter geral, ordinariamente emanada do Executivo ou, excepcionalmente, pela via judicial, por meio da qual determina-se o confinamento ou restrição de circulação de toda uma população de uma região, ressalvando-se os casos emergenciais e os previamente autorizados pelo próprio ato administrativo.

Nesse caso, o objetivo do *lockdown* é idêntico ao da quarentena e do isolamento, qual seja, evitar ou diminuir a disseminação do vírus, que ocorre principalmente pelo contato próximo entre pessoas contaminadas.

2.4. Faltas ao serviço

A Lei. 13.979/2020 estabelece em seu art. 3º, § 3º que: "Será considerado falta justificada ao serviço público ou à atividade laboral privada o período de ausência decorrente das medidas previstas neste artigo.

Já a Lei nº 13.982/20, que criou o auxílio emergencial, preceitua que:

Art. 5º A empresa poderá deduzir do repasse das contribuições à previdência social, observado o limite máximo do salário de contribuição ao RGPS, o valor devido, nos termos do § 3º do art. 60 da Lei nº 8.213, de 24 de julho de 1991, ao segurado empregado cuja incapacidade temporária para o trabalho seja comprovadamente decorrente de sua contaminação pelo coronavírus (Covid-19).

Por fim, a MP nº 927/20, em seu art. 29 asseverava que: "Os casos de contaminação pelo coronavírus (covid-19) não serão considerados ocupacionais, exceto mediante comprovação do nexo causal".

2.5. Máscaras de proteção individual

A Lei Geral da Pandemia impôs uma nova obrigação trabalhista para as empresas, durante a sua vigência:

Art. 3º-B. Os estabelecimentos em funcionamento durante a pandemia da Covid-19 são obrigados a fornecer gratuitamente a seus funcionários e colaboradores máscaras de proteção individual, ainda que de fabricação artesanal, sem prejuízo de outros equipamentos de proteção individual estabelecidos pelas normas de segurança e saúde do trabalho. (Incluído pela Lei nº 14.019, de 2020) Promulgação partes vetadas (Vide ADPF 715)

§ 1º O descumprimento da obrigação prevista no caput deste artigo acarretará a imposição de multa definida e regulamentada pelos entes federados, observadas na gradação da penalidade: (Incluído pela Lei nº 14.019, de 2020)

> I – a reincidência do infrator; (Incluído pela Lei nº 14.019, de 2020)
>
> II – a ocorrência da infração em ambiente fechado, hipótese que será considerada como circunstância agravante; (Incluído pela Lei nº 14.019, de 2020)
>
> III – a capacidade econômica do infrator.

Como se trata de equipamento de proteção individual, caberia ao empregador fiscalizar a sua utilização pelo empregador e, em caso de recusa, aplicar a penalidade de despedida por justa causa.

2.6. Requisição de bens e serviços

A Lei nº 13.979/20 estabeleceu a possibilidade da Administração Pública se utilizar do instituto da requisição para a utilização de bens e serviços como medida para enfrentamento da pandemia do coronavírus: "requisição de bens e serviços de pessoas naturais e jurídicas, hipótese em que será garantido o pagamento posterior de indenização justa".

Tal dispositivo é similar àquele que consta da Lei do SUS (Lei nº 8.080, art. 15, XIII) que tem a seguinte redação: "XIII – para atendimento de necessidades coletivas, urgentes e transitórias, decorrentes de situações de perigo iminente, de calamidade pública ou de irrupção de epidemias, a autoridade competente da esfera administrativa correspondente poderá requisitar bens e serviços, tanto de pessoas naturais como de jurídicas, sendo-lhes assegurada justa indenização".

Já Portaria nº 356/20 do Ministério da Saúde, em seu art. 7º, dispõe sobre a requisição de bens e serviços:

> **Art. 7º** A medida de requisição de bens e serviços de pessoas naturais e jurídicas para enfrentamento da emergência de saúde pública de importância internacional decorrente do coronavírus Covid-19 será determinada pela autoridade competente da esfera administrativa correspondente, assegurado o direito à justa indenização.

É importante destacar que a requisição de serviços pela autoridade pública não implica em obrigatoriedade de prestar serviços por parte de uma pessoa física, uma vez que sequer como pena é admitida a prestação de serviços forçados.

Trata-se, na verdade, da assunção pelo poder público de determinado serviço – e não do trabalho – que é prestado tanto por uma pessoa física quanto por uma pessoa jurídica.

Uma vez assumida a direção do serviço requisitado, os trabalhadores que estejam nele inseridos continuam livres para trabalhar ou não, se submetendo às penalidades previstas pela legislação laboral em caso de negativa.

3. MEDIDAS LEGAIS COMPLEMENTARES DE COMBATE AOS EFEITOS DA PANDEMIA DO CORONAVÍRUS

Além das Medidas Provisórias nºs 927/20 e 936/20, esta última transformada na Lei nº 14.020/20, outras normas foram editadas com o objetivo de minimizar os efeitos decorrentes da diminuição da atividade econômica no âmbito das relações de emprego, durante o período do estado de calamidade pública provado pela pandemia do coronavírus.

3.1. Auxílio por incapacidade temporária decorrente da Covid-19

A Lei nº 13.982, de 02.04.2020, além de alterar a Lei nº 8.742 (LOAS), estabeleceu medidas excepcionais de proteção social a serem adotadas durante o período de enfrentamento da emergência de saúde pública de importância internacional decorrente do coronavírus (Covid-19).

A referida lei foi responsável pela criação do que ficou conhecido como auxílio emergencial, devido principalmente aos trabalhadores informais, no valor de R$600,00.

Apesar da temática principal da referida lei tratar do disciplinamento do auxílio emergencial, no seu art. 5º foi atribuída à previdência social a responsabilidade pelo pagamento do auxílio por incapacidade temporária decorrente da contaminação por COVID-19, desde o primeiro dia:

> **Art. 5º** A empresa poderá deduzir do repasse das contribuições à previdência social, observado o limite máximo do salário de contribuição ao RGPS, o valor devido, nos termos do § 3º do art. 60 da Lei nº 8.213, de 24 de julho de 1991, ao segurado empregado cuja incapacidade temporária para o trabalho seja comprovadamente decorrente de sua contaminação pelo coronavírus (Covid-19).

A regra em tempo de normalidade é de impor ao empregador a obrigação de remunerar os primeiros quinze dias de afastamento do empregado, nos casos de incapacidade temporária.

Note-se, porém, que a responsabilidade pelo pagamento atribuído à previdência social só se efetiva nos casos de incapacidade laboral.

Isso significa que se o empregado adquirisse a Covid-19, mas não perdesse a capacidade do trabalho, caberia apenas ao empregador adotar as medidas cabíveis para evitar a disseminação da doença, como por exemplo, o isolamento.

3.2. FGTS E PIS

A MP nº 946, de 07 de abril de 2020, tratou da autorização temporária para saques de saldos do FGTS, além de extinguir o Fundo PIS-Pasep, instituído pela Lei Complementar nº 26/75, transferindo seu patrimônio para o Fundo de Garantia do Tempo de Serviço a partir de 31.05.2020.

Todavia, a referida MP perdeu a sua vigência em 04 de agosto de 2020, pois não foi apreciada pelo Congresso Nacional.

A. Extinção do fundo PIS/PASEP

Observe-se que a referida MP 946/20 não determinou a extinção do abono anual do PIS/PASEP, mas sim do Fundo PIS, gerido pela Caixa Econômica Federal, e o PASEP, gerido pelo Banco do Brasil.

Participam desse fundo somente os empregados e servidores públicos que foram inscritos nos respectivos programas do PIS ou do PASEP até 04.10.1988, ou seja, um dia antes da vigência da atual Constituição Federal, quando foi alterada a destinação dos recursos decorrentes da arrecadação do PIS/PASEP, na forma prevista pelo art. 239 da CF/88:

> **Art. 239.** A arrecadação decorrente das contribuições para o Programa de Integração Social, criado pela Lei Complementar nº 7, de 7 de setembro de 1970, e para o Programa de Formação do Patrimônio do Servidor Público, criado pela Lei Complementar nº 8, de 3 de dezembro de 1970, passa, a partir da promulgação desta Constituição, a financiar, nos termos que a lei dispuser, o programa do seguro-desemprego, outras ações da previdência social e o abono de que trata o § 3º deste artigo.

Ou seja, a partir de 05.10.1988 esses recursos passaram a custear o:

a) Seguro-Desemprego;

b) Abono anual do PIS/PASEP; e

c) Financiamento de Programas de Desenvolvimento Econômico pelo BNDES.

Os recursos dos dois primeiros são geridos pelo Conselho Deliberativo do Fundo de Amparo ao Trabalhador – CODEFAT.

Os valores do Fundo PIS/PASEP, uma vez transferidos para a conta do FGTS do trabalhador, poderia ser livremente movimentado a qualquer momento.

B. Liberação emergencial do FGTS

O art. 6º da MP nº 946 regulamentou o inciso XVI, do *caput* do art. 20 da Lei nº 8.036/90, que tem a seguinte redação:

> **Art. 20.** A conta vinculada do trabalhador no FGTS poderá ser movimentada nas seguintes situações:
>
> XVI – necessidade pessoal, cuja urgência e gravidade decorra de desastre natural, conforme disposto em regulamento, observadas as seguintes condições:
>
> a) o trabalhador deverá ser residente em áreas comprovadamente atingidas de Município ou do Distrito Federal em situação de emergência ou em estado de calamidade pública, formalmente reconhecidos pelo Governo Federal;
>
> b) a solicitação de movimentação da conta vinculada será admitida até 90 (noventa) dias após a publicação do ato de reconhecimento, pelo Governo Federal, da situação de emergência ou de estado de calamidade pública; e
>
> c) o valor máximo do saque da conta vinculada será definido na forma do regulamento.

O motivo específico da autorização do saque era o estado de calamidade pública reconhecido pelo Decreto Legislativo nº 6, de 20 de março de 2020, e da emergência de saúde pública de importância internacional decorrente da pandemia de coronavírus (covid-19), de que trata a Lei nº 13.979/20.

O valor do saque era de no máximo R$ 1.045,00 (um salário mínino a época), por cada trabalhador e por cada conta vinculada.

O período de liberação nessa modalidade de FGTS foi de 29.06.2020 até 04 de agosto de 2020, ou seja, o mesmo período de vigência da MP nº 946/20.

Caso o empregado não quisesse sacar o FGTS, teria que se manifestar negativamente até o dia 04.08.2020, inclusive para solicitar o desfazimento do crédito.

3.3. Programa nacional de apoio às microempresas e empresas de pequeno porte

A MP nº 975/20, posteriormente transformada na Lei nº 13.999, de 18.05.2020, instituiu o Programa Nacional de Apoio às Microempresas e Empresas de Pequeno Porte – PRONAMPE, com o objetivo de desenvolver e o fortalecer os pequenos negócios, por meio da concessão de uma linha de crédito para financiar a atividade empresarial, notadamente investimentos e capital de giro, vedada a sua destinação para distribuição de lucros e dividendos entre os sócios.

Ficou definido no § 3º, art. 2º da referida lei que as empresas que se utilizarem dessa linha de crédito assumirão a obrigação **preservar o quantitativo de empregados em número igual ou superior ao verificado na data da publicação da lei** (19.05.2020), no período compreendido entre a data da contratação da linha de crédito e o 60º (sexagésimo) dia após o recebimento da última parcela da linha de crédito.

Em caso de descumprimento dessa obrigação, haverá o vencimento antecipado da dívida pela instituição financeira.

Portanto, o dispositivo legal em comento não cria uma espécie de estabilidade ou de garantia de emprego, pois não há repercussão na seara trabalhista na hipótese de inadimplemento contratual, como ocorre nos casos de observância da cota de empregados deficientes, conforme se observa da redação do § 1º, art. 93 da Lei nº 8.213/91:

> **Art. 93. § 1º** A dispensa de pessoa com deficiência ou de beneficiário reabilitado da Previdência Social ao final de contrato por prazo determinado de mais de 90 (noventa) dias e a dispensa imotivada em contrato por prazo indeterminado somente poderão ocorrer após a contratação de outro trabalhador com deficiência ou beneficiário reabilitado da Previdência Social.

4. PROGRAMA EMERGENCIAL DE MANUTENÇÃO DE EMPREGO E RENDA

O Programa Emergencial de Manutenção de Emprego e Renda – PREMER foi instituído inicialmente pela MP nº 936/20, posteriormente transformada na Lei nº 14.020/20.

O referido programa representou um conjunto de medidas trabalhistas para enfrentamento do estado de calamidade pública reconhecido pelo Decreto Legislativo nº 6/2020, e da emergência de saúde pública de importância internacional decorrente do coronavírus, de que trata a Lei nº 13.979/20, principalmente a suspensão do contrato de trabalho e a redução da jornada de trabalho com consequente redução proporcional do trabalho.

Foi proposta a ADI nº 6.363 questionando a constitucionalidade de diversos dispositivos da MP 936/20, dentre eles aqueles que permitiam a redução salarial e a suspensão do contrato de trabalho para percepção do benefício emergencial.

A referida ADI foi distribuída para o ministro Ricardo Lewandowski, que deferiu em parte medida cautelar para estabelecer que tais medidas somente seriam válidas se os sindicatos de trabalhadores fossem notificados em até 10 dias e se manifestassem sobre sua validade. A não manifestação do sindicato, na forma e nos prazos estabelecidos na legislação trabalhista, representa anuência com o acordo individual.

Posteriormente, o Plenário do STF não referendou a referida medida cautelar, mantendo a eficácia da referida MP.

4.1. Vigência do PREMER

A vigência temporária do PREMER ocorreu no período compreendido entre **01.04.2020 e 31.12.2020**.

Já o prazo máximo da suspensão do contrato de trabalho ou da redução da jornada de trabalho de cada empregado era inicialmente de 60 e 90 dias, respectivamente.

Todavia, esses prazos foram prorrogados durante o ano de 2020, por meio dos Decretos de nºs 10.422 e 10.517/20, expedidos pelo Presidente da República, e chegando ambos a 180 dias.

4.2. Medidas do PREMER

O PREMER compreendeu as seguintes medidas:

a) o pagamento de um benefício emergencial de preservação do emprego e da renda;

b) a redução proporcional de jornada de trabalho e de salários;

c) a suspensão temporária do contrato de trabalho;

d) Garantia provisória no emprego.

4.3. Acordo individual escrito

Conforme o preceito contido no art. 12 da Lei nº 14.020/20 era necessário, pelo menos, o acordo individual escrito entre empregado e empregador para a implementação da redução da jornada de trabalho e do salário dos empregados ou para a suspensão do contrato de trabalho.

Isso significa que em **nenhuma situação essas medidas poderiam ser impostas unilateralmente** pela empresa.

Porém, a sua implementação **por intermédio do acordo individual só se aplicava**:

a) aos empregados que percebessem até dois salários mínimos (R$2.090,00);

b) para a redução da jornada de trabalho e do salário de até 25% (vinte e cinco por cento); e

c) quando a redução da jornada e do salário não resultasse diminuição do valor total recebido mensalmente pelo empregado (incluído neste valor o benefício emergencial, a ajuda compensatória mensal e o salário pago pelo empregador em razão das horas de trabalho).

Para os demais trabalhadores **havia outros requisitos para o acordo individual**, a saber:

a) No caso do empregado que recebesse salário mensal entre R$2.090,00 e R$3.105,00 o empregador deveria ser micro ou pequena empresa, ou seja, tivesse auferido no ano-calendário de 2019 receita bruta inferior a R$ 4.800.000,00;

b) Para o empregado que recebesse salário mensal igual ou superior a R$12.202,12 (duas vezes o limite máximo dos benefícios do RGPS) seria necessário ter diploma de nível superior;

Para todos os **demais empregados** a redução do salário e da jornada só poderia ocorrer mediante autorização contida em **convenção ou acordo coletivo de trabalho.**

Note-se que os atos necessários ao ajuste dos acordos individuais escritos poderiam ser realizados por **quaisquer meios físicos ou eletrônicos** e deveriam observar o seguinte:

a) a proposta de acordo deveria ser encaminhada ao empregado com antecedência mínima de **dois dias** corridos;

b) comunicação, pela empresa, ao respectivo sindicato laboral, da celebração do acordo individual teria que ser feita no prazo de **até dez dias corridos**, contado da data de sua celebração; e

c) comunicação, pela empresa, ao Ministério da Economia da celebração do acordo deveria ser feita em até **dez dias corridos**, contado da data de sua celebração.

4.4. Negociação coletiva

As medidas previstas no PREMER poderiam ser implementadas por meio de acordo coletivo de trabalho ou convenção coletiva de trabalho.

Inclusive, pela negociação coletiva poderiam ser estabelecidos percentuais de redução de jornada de trabalho e de salário **diversos dos padronizados e estabelecidos pela Lei nº 14.020/20**.

Já as cláusulas das convenções coletivas ou dos acordos coletivos de trabalho vencidos ou vincendos, salvo as que disponham sobre reajuste salarial e sua repercussão nas demais cláusulas de natureza econômica, **permaneciam integrando os contratos individuais de trabalho (ultratividade temporária)**, no limite temporal do estado de calamidade pública, somente podendo ser modificadas ou suprimidas mediante negociação coletiva.

4.5. Conflito entre o acordo individual e o instrumento coletivo negociado

Caso fosse celebrada uma convenção coletiva ou um acordo coletivo de trabalho com **cláusulas que conflitassem com as do acordo individual**, deveriam ser observadas as seguintes regras:

a) a aplicação das condições estabelecidas no acordo individual em relação ao período anterior ao da negociação coletiva;

b) a partir da vigência da convenção coletiva ou do acordo coletivo de trabalho, a prevalência das condições estipuladas na negociação coletiva.

4.6. Vigência da suspensão do contrato ou da redução da jornada de trabalho

A proposta de acordo feita pela empresa deveria ser encaminhada ao empregado com antecedência mínima de **dois dias corridos.**

Já o retorno à situação de normalidade da jornada de trabalho ou da prestação efetiva do serviço se daria após **dois dias corridos contados:**

a) da data final que constou no acordo individual, convenção ou acordo coletivo;

b) com o fim do estado de calamidade pública; ou

c) da data em que empresa eventualmente resolvesse antecipar o fim da redução da jornada ou da suspensão do contrato.

4.7. Contribuição previdenciária

Não havia recolhimento da contribuição previdenciária por parte da empresa durante o período de vigência do acordo de suspensão do contrato de trabalho, uma vez que não havia pagamento de salário.

Já no caso de redução de jornada, a empresa deveria recolher as contribuições previdenciárias **tendo como base de cálculo o valor devido ao empregado a título de salário reduzido.**

Contudo, o empregado, inclusive o intermitente, **poderia fazer o recolhimento total** (no caso de suspensão) **ou parcial** (no caso de redução da jornada), na qualidade de segurado facultativo, até o dia 15 do mês da competência.

Deveriam incidir as seguintes alíquotas progressivas e por faixas salariais, na forma prevista pelo art. 20 da Lei nº 14.020/20:

I – 7,5% (sete inteiros e cinco décimos por cento), para valores de até 1 (um) salário mínimo;

II – 9% (nove por cento), para valores acima de 1 (um) salário mínimo até R$ 2.089,60 (dois mil, oitenta e nove reais e sessenta centavos);

III – 12% (doze por cento), para valores de R$ 2.089,61 (dois mil, oitenta e nove reais e sessenta e um centavos) até R$ 3.134,40 (três mil, cento e trinta e quatro reais e quarenta centavos); e

IV – 14% (quatorze por cento), para valores de R$ 3.134,41 (três mil, cento e trinta e quatro reais e quarenta e um centavos) até o limite R$ 6.101,06 (seis mil cento e um reais e seis centavos).

4.8. Entidades não beneficiadas pelo PREMER

As medidas do PREMER **não se aplicavam** a todas as entidades que mantinham empregados.

Foram excluídas as entidades da administração pública em geral, inclusive as empresas públicas, sociedades de economia mista, suas subsidiárias e os organismos internacionais.

4.9. Empregados excluídos do PREMER

Nem todos os empregados poderiam se beneficiar das medidas previstas no PREMER.

Estavam excluídos os seguintes empregados:

a) públicos;

b) ocupantes de cargo público, efetivo ou em comissão;

c) titular de mandato eletivo;

d) em gozo de benefício de prestação continuada do RGPS ou RPPS, exceto pensão por morte ou auxílio-acidente;

e) em gozo do seguro-desemprego, em qualquer de suas modalidades;

f) percebendo bolsa de qualificação profissional.

A. Empregados aposentados

Para os empregados que se encontravam percebendo benefício de aposentadoria, a suspensão do contrato de trabalho a redução da jornada somente seriam implementadas **quando houvesse o pagamento, de uma ajuda compensatória mensal, pelo empregador,** cujo valor mínimo deveria ser equivalente ao do benefício emergencial que receberia caso não fosse aposentado (§ 2º, art. 12 da Lei nº 14.020/20).

Na hipótese do empregador ser uma empresa de grande porte (faturamento anual superior a R$4.800.000,00), o total pago a título de ajuda compensatória mensal deveria ser, **no mínimo, igual** à **soma de 30%** do valor do salário com o valor mínimo previsto acima.

> **Art. 12. § 2º** Para os empregados que se encontrem em gozo do benefício de aposentadoria, a implementação das medidas de redução proporcional de jornada de trabalho e de salário ou suspensão temporária do contrato de trabalho por acordo individual escrito somente será admitida quando, além do enquadramento em alguma das hipóteses de autorização do acordo individual de trabalho previstas no caput ou no § 1º deste artigo, houver o pagamento, pelo empregador, de ajuda compensatória mensal, observado o disposto no art. 9º desta Lei e as seguintes condições:
>
> I – o valor da ajuda compensatória mensal a que se refere este parágrafo deverá ser, no mínimo, equivalente ao do benefício que o empregado receberia se não houvesse a vedação prevista na alínea "a" do inciso II do § 2º do art. 6º desta Lei;
>
> II – na hipótese de empresa que se enquadre no § 5º do art. 8º desta Lei, o total pago a título de ajuda compensatória mensal deverá ser, no mínimo, igual à soma do valor previsto naquele dispositivo com o valor mínimo previsto no inciso I deste parágrafo.

B. Gestante

A empregada gestante, inclusive a doméstica, poderia participar do PREMER, mas havia regras especiais que lhe eram aplicadas.

Ocorrido o parto, ou até mesmo 28 dias antes dele, bem como no caso de adoção ou obtenção de guarda judicial para adoção, **a empregada deveria notificar o empregador** do início de sua licença-maternidade.

Nesse caso, a empresa deveria efetuar a imediata comunicação do fato ao Ministério da Economia, **interrompendo-se o curso da suspensão do contrato de trabalho ou da redução da jornada laboral.**

A partir de então **seria devido o salário-maternidade**, considerando-se como remuneração integral ou último salário-de-contribuição antes da implementação das medidas de suspensão do contrato ou redução salarial.

C. Empregados cumprindo aviso prévio

Empregador e empregado poderiam, de comum acordo, optar pelo cancelamento de aviso prévio em curso para efeito de adotar as medidas previstas no PREMER.

Essa possibilidade foi inserida na Lei nº 14.020/20 **para evitar o rompimento do contrato de trabalho** que já estava prestes a acontecer no momento do início da vigência dessa norma legal:

> **Art. 23.** Empregador e empregado podem, em comum acordo, optar pelo cancelamento de aviso prévio em curso.
>
> Parágrafo único. Em caso de cancelamento do aviso prévio nos termos deste artigo, as partes podem, na forma desta Lei, adotar as medidas do Programa Emergencial de Manutenção do Emprego e da Renda.

D. Implementação parcial do PREMER

As medidas do Premer poderiam ser implementadas parcialmente em relação ao quadro de pessoal da empresa.

Isso significa que tais medidas **não precisavam ser aplicadas indistintamente a todos os empregados da organização.**

Havia disposição legal expressa (*caput* dos arts. 7º e 8º da Lei nº 14.020/20) permitindo a sua utilização por setor ou departamento, parcialmente ou na totalidade dos postos de trabalho.

> **Art. 7º** Durante o estado de calamidade pública a que se refere o art. 1º desta Lei, o empregador poderá acordar a redução proporcional de jornada de trabalho e de salário de seus empregados, de forma setorial, departamental, parcial ou na totalidade dos postos de trabalho, por até 90 (noventa) dias, prorrogáveis por prazo determinado em ato do Poder Executivo, observados os seguintes requisitos:[...]
>
> **Art. 8º** Durante o estado de calamidade pública a que se refere o art. 1º desta Lei, o empregador poderá acordar a suspensão temporária do contrato de trabalho de seus empregados, de forma setorial, departamental, parcial ou na totalidade dos postos de trabalho, pelo prazo máximo de 60 (sessenta) dias, fracionável em 2 (dois) períodos de até 30 (trinta) dias, podendo ser prorrogado por prazo determinado em ato do Poder Executivo.

4.10. Redução da jornada de trabalho e do salário

Para validade do **acordo individual** objetivando a redução da jornada e de salário era necessário observar os seguintes requisitos:

a) prazo máximo inicial de noventa dias, que foi prorrogado posteriormente para até 180 dias, observada a data limite de 31.12.2020;

b) manutenção do valor pago por hora de trabalho;

c) observância dos seguintes percentuais padronizados de redução: 25%, 50% e 70%.

> **Art. 7º** Durante o estado de calamidade pública a que se refere o art. 1º desta Lei, o empregador poderá acordar a redução proporcional de jornada de trabalho e de salário de seus empregados, de forma setorial, departamental, parcial ou na totalidade dos postos de trabalho, por até 90 (noventa) dias, prorrogáveis por prazo determinado em ato do Poder Executivo, observados os seguintes requisitos: Vide Decreto nº 14.022, de 2020
>
> I – preservação do valor do salário-hora de trabalho;
>
> II – pactuação, conforme o disposto nos arts. 11 e 12 desta Lei, por convenção coletiva de trabalho, acordo coletivo de trabalho ou acordo individual escrito entre empregador e empregado; e
>
> III – na hipótese de pactuação por acordo individual escrito, encaminhamento da proposta de acordo ao empregado com antecedência de, no mínimo, 2 (dois) dias corridos, e redução da jornada de trabalho e do salário exclusivamente nos seguintes percentuais:[...]

4.11. Suspensão do contrato de trabalho

A suspensão do contrato de trabalho como medida integrante do PREMER poderia ser acordada entre empregado e empregador.

> **Art. 8º** Durante o estado de calamidade pública a que se refere o art. 1º desta Lei, o empregador poderá acordar a suspensão temporária do contrato de trabalho de seus empregados, de forma setorial, departamental, parcial ou na totalidade dos postos de trabalho, pelo prazo máximo de 60 (sessenta) dias, fracionável em 2 (dois) períodos de até 30 (trinta) dias, podendo ser prorrogado por prazo determinado em ato do Poder Executivo.
>
> § 1º A suspensão temporária do contrato de trabalho será pactuada, conforme o disposto nos arts. 11 e 12 desta Lei, por convenção coletiva de trabalho, acordo coletivo de trabalho ou acordo individual escrito entre empregador e empregado, devendo a proposta de acordo, nesta última hipótese, ser encaminhada ao empregado com antecedência de, no mínimo, 2 (dois) dias corridos.

Inicialmente o prazo máximo estabelecido pela MP nº 936/20 foi de 60 dias. Posteriormente, Decretos do Poder Executivo estenderem o referido prazo que chegou a ser de **180 dias.**

Durante o período do afastamento o empregado tinha direito a:

a) percepção do benefício especial;

b) ajuda compensatória mensal, no casos de empresas de médio e grande porte ou quando for ajustada em acordo individual ou coletivo ou convenção coletiva de trabalho;

c) todos os benefícios concedidos pelo empregador aos seus colegas que continuaram trabalhando;

d) pagamento imediato da remuneração e dos encargos sociais e trabalhistas referentes a todo o período se, durante o período de suspensão, continuar trabalhando, ainda que parcialmente, por meio de teletrabalho.

> **Art. 8º. § 3º** O contrato de trabalho será estabelecido no prazo de 2 (dois) dias corridos, contado da:
>
> I – cessação do estado de calamidade pública;
>
> II – data estabelecida como termo de encerramento do período de suspensão pactuado; ou

III – data de comunicação do empregador que informe ao empregado sua decisão de antecipar o fim do período de suspensão pactuado.

§ 4º Se, durante o período de suspensão temporária do contrato de trabalho, o empregado mantiver as atividades de trabalho, ainda que parcialmente, por meio de teletrabalho, trabalho remoto ou trabalho a distância, ficará descaracterizada a suspensão temporária do contrato de trabalho, e o empregador estará sujeito:

I – ao pagamento imediato da remuneração e dos encargos sociais e trabalhistas referentes a todo o período;

II – às penalidades previstas na legislação em vigor; e

III – às sanções previstas em convenção coletiva ou acordo coletivo de trabalho.

4.12. Cálculo do 13º salário

Como foi visto, durante o período de suspensão do contrato de trabalho para percepção do BEm, não havia pagamento de salário. Logo, quando do cálculo do 13º salário e das férias, esse período de inatividade deveria ser observado.

No 13º salário, entende-se que o cálculo deveria ser feito **com base na média percebida durante os doze meses do ano**. Por exemplo, se o empregado tinha um salário de 1.500,00 e ajustou com o empregador três meses de suspensão do contrato de trabalho, o valor do 13º seria de R$1.125,00 (1.500,00 x 9 = 13.500/ 12 = 1.125,00).

O mesmo procedimento deveria ser aplicado na hipótese de redução da jornada de trabalho com a consequente redução salarial. Imagine-se que o empregado que percebia R$1.500,00 teve redução de 50% de sua jornada de trabalho durante seis meses. Nesse caso, a sua gratificação de natal seria de R$1.125,00 (1.500 x 50% = 750,00 x 6 = 4.500,00 + 1.500,00 x 6 = 13.500).

Com efeito, não se poderia utilizar a regra contida no § 1º, art. 1º, da Lei nº 4.090/62, uma vez que foi destinada para o cálculo da gratificação de natal dos empregados que **percebem remuneração fixa**.

> **Art. 1º. § 1º** – A gratificação corresponderá a 1/12 avos da remuneração devida em dezembro, por mês de serviço, do ano correspondente.

A aplicação dessa regra poderia prejudicar o empregado ou o empregador de forma desproporcional, a depender do caso. Por exemplo, se no mês de dezembro o empregado tivesse seu contrato de trabalho suspenso e nada recebesse a título de salário, também não receberia qualquer valor a título de 13º salário?

Nesse caso a hipótese de incidência é aquela prevista no Decreto nº 57.155/65, que determina a utilização do **valor médio da remuneração para os empregados que recebem salário variável**:

> **Art. 2º** Para os empregados que recebem salário variável, a qualquer título, a gratificação será calculada na base de 1/11 (um onze avos) da soma das importâncias variáveis devidas nos meses trabalhados até novembro de cada ano. A esta gratificação se somará a que corresponder à parte do salário contratual fixo. Parágrafo único. Até o dia 10 de janeiro de cada ano, computada a parcela do mês de dezembro, o cálculo da gratificação será revisto para

> 1/12 (um doze avos) do total devido no ano anterior, processando-se a correção do valor da respectiva gratificação com o pagamento ou compensação das possíveis diferenças.

Apesar dessa constatação, foi emitida a Nota Técnica SEI nº 51520/2020/ME, da Secretaria especial de previdência e trabalho, em sentido contrário:

> A suspensão do contrato de trabalho tem como efeito, em regra, a suspensão das principais obrigações entre as partes. Cessa a prestação do serviço e o dever de remunerá-la e o referido período não conta como tempo de serviço.
>
> Conforme estabelece o §1º do artigo 1º da Lei 4.090 de 1962, o 13º salário corresponde a 1/12 avos da remuneração devida em dezembro, por mês de serviço do ano correspondente. E o §2º, do mesmo dispositivo, expressamente estabelece que a fração igual ou superior a 15 dias de trabalho será havida como mês integral para efeitos do cálculo do 13º salário.
>
> Assim, a suspensão do contrato de trabalho em relação ao 13º, exclui o mês do cômputo dessa parcela salarial, caso não seja atingido o número mínimo de 15 dias de trabalho na forma da Lei 4.090 de 1962.
>
> A redução proporcional de jornada e de salário, por sua vez, não tem impacto no cálculo do 13º salário, que é calculado com base na remuneração integral do mês de dezembro, assim considerada a remuneração sem influência das reduções temporárias de jornada e salário, conforme estabelece o §1º, art. 1º da Lei 4.090 de 1962 c.c. o art. 7º, VIII da Constituição Federal de 1988.

4.13. Cálculo das férias

O cálculo das férias para quem teve o contrato suspenso ou a jornada de trabalho reduzida deveria ser semelhante ao que foi apresentado em relação ao 13º salário.

A questão mais importante a ser observado nesse particular era no sentido de que o período de suspensão do contrato de trabalho **deveria ser contado para efeito de férias**, uma vez que o art. 130 da CLT faz referência expressa ao tempo de **vigência do contrato de trabalho** e não de efetiva prestação de serviços:

> **Art. 130.** Após cada período de 12 (doze) meses de vigência do contrato de trabalho, o empregado terá direito a férias, na seguinte proporção:[...]

Com efeito, durante o período de suspensão o contrato de trabalho estava em vigor, apesar das obrigações contratuais estarem suspensas. Isso significa **que não haveria qualquer alteração no período aquisitivo de férias** em decorrência da suspensão contratual ou da redução da jornada.

Dessa forma, o cálculo da valor das férias deveria feito observando o mesmo procedimento do 13º salário, com alteração do período a ser observado que passaria do ano civil para o período aquisitivo de férias e com o acréscimo de ⅓.

A orientação contida na Nota Técnica SEI nº 51520/2020/ME, da Secretaria especial de previdência e trabalho, também é em sentido contrário:

> Considerando que a suspensão do contrato de trabalho suspende os efeitos patrimoniais dos contratos, à exceção daqueles expressamente previstos em lei, os períodos de suspensão do contrato de trabalho não são computados para fins de período aquisitivo de férias, e o direito de gozo somente ocorrerá quando completado o período aquisitivo, observada a vigência efetiva do contrato de trabalho. A vigência de acordo de redução proporcional da jornada

e de salário não tem impacto sobre o pagamento da remuneração de férias e adicional de férias,porquanto, ainda que pago seja adiantado, essas parcelas devem ser calculadas considerando o mês de gozo, conforme determina o artigo 145 c.c o artigo 142 do Decreto-Lei n. 5.452 de 1º de maio de 1962.

4.14. Garantia provisória do emprego e estabilidade

O empregado tinha direito de **garantia provisória no emprego** durante o período da redução da jornada ou da suspensão do contrato de trabalho bem como por idêntico período após o fim desse procedimento.

Por exemplo, se o empregado tivesse seu contrato de trabalho suspenso por sessenta dias, o prazo da garantia no emprego seria de 120 dias.

> **Art. 10.** Fica reconhecida a garantia provisória no emprego ao empregado que receber o Benefício Emergencial de Preservação do Emprego e da Renda, previsto no art. 5º desta Lei, em decorrência da redução da jornada de trabalho e do salário ou da suspensão temporária do contrato de trabalho de que trata esta Lei, nos seguintes termos:
>
> I – durante o período acordado de redução da jornada de trabalho e do salário ou de suspensão temporária do contrato de trabalho;
>
> II – após o restabelecimento da jornada de trabalho e do salário ou do encerramento da suspensão temporária do contrato de trabalho, por período equivalente ao acordado para a redução ou a suspensão.

A. *Indenização em caso de dispensa sem justa causa*

Caso a dispensa a dispensa sem justa causa ocorresse durante o período de garantia no emprego, o empregador **deveria pagar**, além do valor das parcelas rescisórias, **uma indenização de**:

a) 50% do salário a que o empregado teria direito no período de garantia no emprego, na hipótese de redução de jornada igual ou superior a 25% e inferior a 50%;

b) 75% do salário a que o empregado teria direito no período de garantia no emprego, na hipótese de redução de jornada igual ou superior a 50% e inferior a 70% ; ou

c) 100% do salário a que o empregado teria direito no período de garantia no emprego, nas hipóteses de redução de jornada em percentual superior a 70% ou de suspensão do contrato de trabalho.

> **Art. 10. § 1º** A dispensa sem justa causa que ocorrer durante o período de garantia provisória no emprego previsto no caput deste artigo sujeitará o empregador ao pagamento, além das parcelas rescisórias previstas na legislação em vigor, de indenização no valor de [...].
>
> § 2º O disposto neste artigo não se aplica às hipóteses de pedido de demissão ou dispensa por justa causa do empregado.

B. *Estabilidade gestante*

Caso o ajuste de suspensão do contrato de trabalho ou de redução da jornada de trabalho fosse feito com a empregada gestante, o período de garantia de emprego equivalente ao período acordado **só teria seu início após o fim do período da estabilidade** (cinco meses após o parto).

> **Art. 10. III** – no caso da empregada gestante, por período equivalente ao acordado para a redução da jornada de trabalho e do salário ou para a suspensão temporária do contrato de trabalho, contado a partir do término do período da garantia estabelecida na alínea "b" do inciso II do caput do art. 10 do Ato das Disposições Constitucionais Transitórias.

C. *Estabilidade do deficiente*

Durante o estado de calamidade pública vedava-se a dispensa sem justa causa do empregado pessoa com deficiência.

> **Art. 17.** Durante o estado de calamidade pública de que trata o art. 1º desta Lei: V – a dispensa sem justa causa do empregado pessoa com deficiência será vedada.

4.15. *Factum principis*

O art. 30 da Lei nº 14.020/20 deixou claro que o rompimento do contrato de trabalho durante o período de calamidade pública **não poderia ser classificado como fato do príncipe**.

> ***Art. 29.*** Não se aplica o disposto no art. 486 da CLT, aprovada pelo Decreto-Lei nº 5.452, de 1º de maio de 1943, na hipótese de paralisação ou suspensão de atividades empresariais determinada por ato de autoridade municipal, estadual ou federal para o enfrentamento do estado de calamidade pública reconhecido pelo Decreto Legislativo nº 6, de 20 de março de 2020, e da emergência de saúde pública de importância internacional decorrente do coronavírus, de que trata a Lei nº 13.979, de 6 de fevereiro de 2020.

Observe-se que esse dispositivo legal **não teve aplicação retroativa**, produzindo efeitos a partir da vigência da referida Lei, que ocorreu em 07.07.2020, sendo necessário recorrer ao ordenamento jurídico anterior para definir se a extinção do contrato de trabalho em decorrência dos efeitos da pandemia do coronavírus poderia ser classificado como fato do príncipe.

Bastante questionável a constitucionalidade do preceito contido nesse dispositivo legal em face da responsabilidade objetiva do Estado fixada pelo § 6º, art. 37 da CF/88:

> **Art. 37. § 6º** As pessoas jurídicas de direito público e as de direito privado prestadoras de serviços públicos responderão pelos danos que seus agentes, nessa qualidade, causarem a terceiros, assegurado o direito de regresso contra o responsável nos casos de dolo ou culpa.

5. BENEFÍCIO EMERGENCIAL

O benefício emergencial de preservação do emprego e da renda, **conhecido como BEm**, foi um benefício mensal instituído inicialmente pela MP nº 936/20, depois transformada na Lei nº 14.020/20, pago pelo Governo Federal ao empregado durante a pandemia do coronavírus, nos casos de redução proporcional de jornada de trabalho ou de suspensão temporária do contrato de trabalho:

> **Art. 5º. § 2º** O Benefício Emergencial de Preservação do Emprego e da Renda será de prestação mensal e devido a partir da data do início da redução da jornada de trabalho e do salário ou da suspensão temporária do contrato de trabalho, observadas as seguintes disposições:[...].

Para viabilizar a sua percepção pelo empregado a empresa deveria informar ao Ministério da Economia a redução da jornada de trabalho ou a suspensão do contrato de trabalho **no prazo de dez dias**, contado da data da celebração do acordo.

A primeira parcela do BEm teria que ser paga no prazo de **trinta dias**, contado da data da celebração do acordo, desde que fosse comunicada no prazo de 10 dias às autoridades competentes.

O BEm era devido enquanto durasse a redução da jornada de trabalho ou a suspensão temporária do contrato de trabalho, respeitado o limite temporal do dia 31.12.2020.

Caso não fosse comunicada a suspensão contratual ou a redução da jornada de trabalho do prazo de 10 dias **a própria empresa ficava responsável pelo pagamento integral do salário do empregado,** além da obrigação de recolher os encargos sociais respectivos até que a informação fosse prestada.

Saliente-se que se o empregado possuísse mais de vínculo empregatício de natureza privada **poderia receber cumulativamente um benefício emergencial para cada vínculo.**

Se um dos vínculos fosse de trabalho intermitente, o valor de um dos benefícios ficaria limitado a R$ 600,00.

Em caso de coexistência de mais de um contrato de trabalho intermitente, o limite continuava sendo de R$600,00.

5.1. Valor do BEm na redução da jornada de trabalho

O valor do benefício emergencial **era equivalente ao valor do seguro-desemprego** a que o empregado teria direito caso fosse despedido sem justa causa, aplicando-se o percentual da redução para os acordos individuais escritos de 25%, 50% ou 70%.

Por exemplo, se a redução da jornada fosse de 50% e o empregado percebesse salário de R$1.045,00, o Benefício Emergencial seria de R$522,50.

Caso a convenção ou o acordo coletivo de trabalho estabelecesse percentual diverso do que foi mencionado ocorreria o seguinte:

a) Não haveria percepção do benefício emergencial para os casos de redução de jornada e de salário inferior a 25%;

b) O benefício emergencial seria de 25% sobre o valor do seguro-desemprego que o empregado teria direito para a redução de jornada e de salário igual ou superior a 25% e inferior a 50%;

c) O benefício emergencial seria de 50% sobre o valor do seguro-desemprego que o empregado teria direito, para a redução de jornada e de salário igual ou superior a 50% e inferior a 70%;

d) O benefício emergencial seria de 70%, sobre o valor do seguro-desemprego que o empregado teria direito, para a redução de jornada e de salário superior a setenta por cento.

5.2. Valor do BEm na suspensão do contrato de trabalho

No caso de suspensão do contrato de trabalho o valor do BEm correspondia a 100% do valor do seguro-desemprego a que o empregado teria direito, salvo se a empresa tivesse faturamento bruto igual ou superior a R$4.800.000,00, quando esse percentual passava a ser de 70%.

Nesse caso, todavia, a empresa **era obrigada a pagar uma ajuda compensatória mensal** no valor de 30% do salário mensal do empregado.

5.3. Ajuda compensatória mensal

O empregado poderia receber uma ajuda compensatória mensal paga pelo empregador caso assim fosse **ajustado por escrito ou por meio de convenção ou acordo coletivo de trabalho,** durante os períodos de redução da jornada ou de suspensão do contrato de trabalho.

O valor dessa ajuda deveria ser definido em negociação coletiva ou no acordo individual escrito.

Se a empresa fosse de médio ou grande porte, o pagamento dessa ajuda compensatória mensal seria obrigatório e de no mínimo de 30% do valor do salário.

> **Art. 8º. § 5º** A empresa que tiver auferido, no ano-calendário de 2019, receita bruta superior a R$ 4.800.000,00 (quatro milhões e oitocentos mil reais) somente poderá suspender o contrato de trabalho de seus empregados mediante o pagamento de ajuda compensatória mensal no valor de 30% (trinta por cento) do valor do salário do empregado, durante o período de suspensão temporária do contrato de trabalho pactuado, observado o disposto neste artigo e no art. 9º desta Lei.

A ajuda compensatória mensal **não tinha natureza salarial**. Por esse motivo o seu valor respectivo não era levado em consideração para efeito de recolhimento de FGTS, imposto de renda, contribuição previdenciária e outros tributos incidentes sobre a folha de salários.

Para estimular o pagamento da ajuda compensatória mensal foi estabelecido que essa verba poderia ser considerada **despesa operacional dedutível na determinação do lucro real** e da base de cálculo Contribuição Social sobre o Lucro Líquido das pessoas jurídicas tributadas pelo lucro real.

6. MEDIDA PROVISÓRIA Nº 927/20

Antes da edição da MP nº 936/20, posteriormente convertida na Lei nº 14.020/20, o Chefe do Poder Executivo Federal editou a MP nº 927, no dia 22.03.2020, estabelecendo as primeiras medidas concretas de combate aos efeitos da pandemia do coronavírus no âmbito das relações trabalhistas.

O art. 18 desta última Medida Provisória previa a possibilidade de suspensão do contrato de trabalho para participação do empregado em programa de qualificação profissional, pelo prazo de até quatro meses.

Contudo, como não havia previsão de obrigação de pagamento de salário ou de um benefício emergencial por parte do Governo, recebeu críticas de toda a comunidade jurídica, de forma que, no dia seguinte, o referido artigo 18 foi revogado expressamente pelo art. 2º, da MP nº 928/20: "Fica revogado o art. 18 da Medida Provisória nº 927, de 22 de março de 2020".

A própria MP nº 927/20 perdeu a sua eficácia por não ter sido apreciada pelo Congresso Nacional, no prazo previsto pela Constituição Federal.

Entretanto, durante o prazo de sua vigência a seguintes medidas **foram efetivamente utilizadas pelas empresas** como forma de amenizar os efeitos da pandemia do coronavírus nas relações laborais, com o principal objetivo de evitar a extinção do contrato de trabalho:

a) o *home office* (teletrabalho);

b) a antecipação de férias individuais;

c) a concessão de férias coletivas;

d) o aproveitamento e a antecipação de feriados;

e) o banco de horas;

f) a suspensão de exigências administrativas em segurança e saúde no trabalho; e

g) o adiamento do recolhimento do Fundo de Garantia do Tempo de Serviço – FGTS.

6.1. *Home office* – Teletrabalho

O trabalho remoto foi um das principais formas de prestação de serviços utilizada durante o período da pandemia, uma vez que permitia o distanciamento social e mantinha a produtividade do empregado.

Assim, foi necessário fazer algumas alterações na legislação então vigente para facilitar a transformação do trabalho presencial em remoto e vice-versa.

De acordo com a determinação contida no § 1º, art. 75-C da CLT o ajuste para prestação de serviços na modalidade de teletrabalho depende do acordo de vontades entre empregado e empregador:

> **Art. 75-C. § 1º** Poderá ser realizada a alteração entre regime presencial e de teletrabalho desde que haja mútuo acordo entre as partes, registrado em aditivo contratual.

Durante a vigência da MP nº 927/20 o procedimento mudou, no sentido de se permitir ao empregador, **por ato unilateral**, alterar esse regime de trabalho, sem necessitar da concordância do empregador e dispensando-se o registro prévio da alteração no contrato individual de trabalho (art. 4º).

> **Art. 4º** Durante o estado de calamidade pública a que se refere o art. 1º, o empregador poderá, a seu critério, alterar o regime de trabalho presencial para o teletrabalho, o trabalho remoto ou outro tipo de trabalho a distância e determinar o retorno ao regime de trabalho presencial, independentemente da existência de acordos individuais ou coletivos, dispensado o registro prévio da alteração no contrato individual de trabalho.

Para tanto, bastava notificar o empregado com antecedência mínima de **quarenta e oito horas**, por escrito, inclusive de forma eletrônica.

Entretanto, era necessário firmar previamente um acordo escrito para definir **quem iria arcar com os custos** de aquisição, manutenção ou fornecimento dos equipamentos tecnológicos e da infraestrutura, bem como pelo reembolso de eventuais despesas arcadas pelo empregado.

Caso o empregado não possuísse os equipamentos tecnológicos e a infraestrutura necessária e adequada à prestação do teletrabalho, do trabalho remoto ou do trabalho a distância, o empregador poderia fornecer esses equipamentos em regime de comodato e pagar pelos serviços de infraestrutura, **sem que esse valor seja considerado salário.**

Por fim, o legislador deixou claro que o tempo de uso de aplicativos e programas de comunicação fora da jornada de trabalho normal do empregado **não constituia tempo** à **disposição, regime de prontidão ou de sobreaviso**, exceto se houver previsão em acordo individual ou coletivo.

6.2. Antecipação e suspensão de férias individuais

Uma das medidas que as empresas começaram a adotar logo no início da pandemia do coronavírus e da consequente paralisação das atividades econômicas, foi a **antecipação do gozo de férias**, ou seja, antes do empregado completar o respectivo período aquisitivo.

Contudo, esse procedimento não contava com o respaldo legal e, mesmo sendo mais benéfico para o empregado, poderia ser contestado judicialmente no futuro, provocando insegurança jurídica.

Diante dessa situação, a MP nº 927/20 legalizou esse procedimento, estabelecendo regras e diretrizes para sua validade.

A. *Antecipação do gozo de férias*

Foi permitido ao empregador conceder férias antes do empregado completar o respectivo período aquisitivo, **sem a necessidade de concordância do trabalhador.**

Para validade desse procedimento, bastava que essa decisão fosse comunicada ao trabalhador **com uma antecedência mínima de 48 horas por escrito** (inclusive por meio eletrônico), com a indicação do período a ser gozado que seria no mínimo de **cinco dias corridos**.

> **Art. 6º** Durante o estado de calamidade pública a que se refere o art. 1º, o empregador informará ao empregado sobre a antecipação de suas férias com antecedência de, no mínimo, quarenta e oito horas, por escrito ou por meio eletrônico, com a indicação do período a ser gozado pelo empregado.
>
> § 1º As férias:
>
> I – não poderão ser gozadas em períodos inferiores a cinco dias corridos; e
>
> II – poderão ser concedidas por ato do empregador, ainda que o período aquisitivo a elas relativo não tenha transcorrido.

§ 2º Adicionalmente, empregado e empregador poderão negociar a antecipação de períodos futuros de férias, mediante acordo individual escrito.

§ 3º Os trabalhadores que pertençam ao grupo de risco do coronavírus (covid-19) serão priorizados para o gozo de férias, individuais ou coletivas, nos termos do disposto neste Capítulo e no Capítulo IV.

B. Suspensão do gozo de férias dos profissionais da área de saúde

Durante o período da pandemia, aumentou bastante a procura dos serviços de saúde pública e privada, para tratamento da Covid-19.

Diante desse quadro, a MP nº 927/20 permitiu que o empregador **convocasse** os trabalhadores da área de saúde que estivessem **em gozo de férias ou qualquer outro tipo de licença remunerada**, já que o ordenamento jurídico então vigente não previa essa possibilidade de forma expressa.

Assim ficou definido que o empregador poderia, por ato unilateral, **suspender as férias ou licenças não remuneradas** dos profissionais da área de saúde ou daqueles que desempenhassem funções essenciais, mediante aviso escrito, inclusive por meio eletrônico, preferencialmente com antecedência de 48 horas.

> **Art. 7º** Durante o estado de calamidade pública a que se refere o art. 1º, o empregador poderá suspender as férias ou licenças não remuneradas dos profissionais da área de saúde ou daqueles que desempenhem funções essenciais, mediante comunicação formal da decisão ao trabalhador, por escrito ou por meio eletrônico, preferencialmente com antecedência de quarenta e oito horas.

C. Pagamento das férias

Pela regra geral, o empregador deve efetuar o pagamento da remuneração de **férias até dois dias antes do respectivo gozo**, conforme o conteúdo do art. 145 da CLT, incluindo o terço constitucional: "O pagamento da remuneração das férias e, se for o caso, o abono referido no artigo 143 serão efetuados até 2 (dois) dias antes do início do respectivo período".

Pela regra temporária estabelecida pela MP nº 927/20, esse pagamento poderia ser efetuado até **o quinto dia** útil **do mês subsequente ao início do gozo das férias.**

Já o terço constitucional das férias poderia ser pago **até o dia 20.12.2020**, assim como do abono de férias, desde que o empregador concordasse, nesse útlimo caso, com o pedido de conversão feito pelo empregado.

D. Férias coletivas

Férias coletivas são aquelas cujo período de gozo é concedido para todos os empregados da empresa, de um estabelecimento ou de determinado setor da organização.

O § 3º, art 139, da CLT condiciona a concessão de férias coletivas pela empresa à **comunicação prévia ao Órgão competente e aos sindicatos das categorias profissionais, no prazo de quinze dias.**

> **Art. 139.** Poderão ser concedidas férias coletivas a todos os empregados de uma empresa ou de determinados estabelecimentos ou setores da empresa. § 1º – As férias poderão ser gozadas em 2 (dois) períodos anuais desde que nenhum deles seja inferior a 10 (dez) dias corridos.§ 2º. Para os fins previstos neste artigo, o empregador comunicará ao órgão local do Ministério do Trabalho, com a antecedência mínima de 15 (quinze) dias, as datas de início e fim das férias, precisando quais os estabelecimentos ou setores abrangidos pela medida.

A regra temporária estabelecida pela MP nº 927/20, **dispensou-se essa comunicação**, sendo necessária apenas a **notificação ao conjunto de trabalhadores afetados** com antecedência mínima de 48 horas.

> **Art. 11.** Durante o estado de calamidade pública a que se refere o art. 1º, o empregador poderá, a seu critério, conceder férias coletivas e deverá notificar o conjunto de empregados afetados com antecedência de, no mínimo, quarenta e oito horas, não aplicáveis o limite máximo de períodos anuais e o limite mínimo de dias corridos previstos na Consolidação das Leis do Trabalho, aprovada pelo Decreto-Lei nº 5.452, de 1943.
>
> **Art. 12.** Ficam dispensadas a comunicação prévia ao órgão local do Ministério da Economia e a comunicação aos sindicatos representativos da categoria profissional, de que trata o art. 139 da Consolidação das Leis do Trabalho, aprovada pelo Decreto-Lei nº 5.452, de 1943.

Note-se que o § 1º, do citado art. 139 da CLT, permite que o gozo das férias coletivas seja fracionado em **dois períodos anuais,** desde que nenhum deles seja inferior a **dez dias corridos**, limites que não precisariam ser observados durante o período de pandemia do coronavírus.

6.3. Aproveitamento e a antecipação de feriados

Em regra, o empregado tem o direito de não trabalhar nos dias declarados por lei como feriados. O art. 611-A, XI, da CLT possibilita que, por meio de negociação coletiva, seja feita a troca do repouso do feriado por outro dia qualquer.

Com o advento da pandemia do coronavírus, a MP nº 927/20 permitiu que os dias não laborados por conta da suspensão das atividades econômicas **fossem compensados futuramente.**

> **Art. 13.** Durante o estado de calamidade pública, os empregadores poderão antecipar o gozo de feriados não religiosos federais, estaduais, distritais e municipais e deverão notificar, por escrito ou por meio eletrônico, o conjunto de empregados beneficiados com antecedência de, no mínimo, quarenta e oito horas, mediante indicação expressa dos feriados aproveitados.
>
> § 1º Os feriados a que se refere o caput poderão ser utilizados para compensação do saldo em banco de horas.
>
> § 2º O aproveitamento de feriados religiosos dependerá de concordância do empregado, mediante manifestação em acordo individual escrito.

Em outras palavras, os feriados não religiosos também **poderiam ser antecipados por ato unilateral do empregador**, desde que a comunicação ao empregado fosse feita com antecedência mínima de **48 horas**, indicando expressamente os feriados aproveitados.

Em relação ao aproveitamento dos feriados religiosos seria necessária a concordância expressa e escrita do empregado.

6.4. Banco de horas

O banco de horas é um sistema pelo qual o empregado, de acordo com a quantidade de trabalho, vai creditando ou debitando horas de labor e no final do prazo pré-estabelecido extrai-se o saldo respectivo.

Difere-se do acordo de compensação de jornada, pois no banco de horas **não se sabe previamente como deve ser feita a compensação do labor extraordinário**. Em outras palavras, não há qualquer regra para a compensação da jornada de trabalho, salvo a quantidade máxima de horas extras por dia que é imposta por determinação legal.

Durante o estado de calamidade pública o empregador poderia interromper o contrato de trabalho e as horas não trabalhadas poderiam ser debitadas em um **banco de horas especial** estabelecido por meio de **acordo individual escrito** para compensação futura em até **18 meses**, conforme previsão contida no art. 14, da MP nº 927/20:

> **Art. 14.** Durante o estado de calamidade pública a que se refere o art. 1º, ficam autorizadas a interrupção das atividades pelo empregador e a constituição de regime especial de compensação de jornada, por meio de banco de horas, em favor do empregador ou do empregado, estabelecido por meio de acordo coletivo ou individual formal, para a compensação no prazo de até dezoito meses, contado da data de encerramento do estado de calamidade pública.
>
> § 1º A compensação de tempo para recuperação do período interrompido poderá ser feita mediante prorrogação de jornada em até duas horas, que não poderá exceder dez horas diárias.
>
> § 2º A compensação do saldo de horas poderá ser determinada pelo empregador independentemente de convenção coletiva ou acordo individual ou coletivo.

Como nesse caso o banco de horas já começava com o registro de horas negativas para o empregado, ficou conhecido como **"Banco de horas negativo".**

Para implementar essa compensação futura, ficou mantido o limite diário de **dez horas de trabalho, sendo no máximo de duas horas extras**.

Caso houvesse saldo negativo de horas ao final do prazo de 18 meses, o empregador poderia determinar a sua compensação sem a necessidade de convenção coletiva ou acordo individual ou coletivo de trabalho.

6.5. Suspensão de exigências administrativas em segurança e saúde no trabalho

A. *Exames ocupacionais*

A NR-7 estabelece as regras para realização dos exames médicos ocupacionais, inclusive o admissional, obrigatório quando da contratação do empregado; e o demissional, para verificar a capacidade laboral do empregado quando da extinção do vínculo empregatício.

Essa norma também estabelece os prazos para a realização dos **exames periódicos** de saúde ocupacional, que variam entre seis meses e dois anos, **a depender da atividade desenvolvida pela empresa**.

Durante o período de vigência da MP nº 927/20, as empresas, em regra, **deixaram de ser obrigadas a realizar os exames ocupacionais, salvo o demissional**, no caso deste último, desde que o mais recente tivesse sido feito há mais de 180 dias.

Em caso de risco à saúde do empregado, o médico do trabalho da empresa indicaria a necessidade de sua realização antes do referido prazo.

Os exames que não foram realizados durante o período de calamidade pública **deveriam ser feitos no prazo de 60** dias contados do encerramento da vigência da MP nº 927/20.

> **Art. 15.** Durante o estado de calamidade pública a que se refere o art. 1º, fica suspensa a obrigatoriedade de realização dos exames médicos ocupacionais, clínicos e complementares, exceto dos exames demissionais.
>
> § 1º Os exames a que se refere caput serão realizados no prazo de sessenta dias, contado da data de encerramento do estado de calamidade pública.
>
> § 2º Na hipótese de o médico coordenador de programa de controle médico e saúde ocupacional considerar que a prorrogação representa risco para a saúde do empregado, o médico indicará ao empregador a necessidade de sua realização.
>
> § 3º O exame demissional poderá ser dispensado caso o exame médico ocupacional mais recente tenha sido realizado há menos de cento e oitenta dias.

B. *Treinamentos*

Durante a pandemia do coronavírus ficou **dispensada a realização de treinamentos periódicos e eventuais dos empregados,** previstos em normas regulamentadoras de segurança e saúde no trabalho, que deveriam ser realizados no prazo de 90 dias, contado da data de encerramento do estado de calamidade pública.

Tal determinação estava contida no art. 16 da MP nº 927/20:

> **Art. 16.** Durante o estado de calamidade pública a que se refere o art. 1º, fica suspensa a obrigatoriedade de realização de treinamentos periódicos e eventuais dos atuais empregados, previstos em normas regulamentadoras de segurança e saúde no trabalho.
>
> § 1º Os treinamentos de que trata o caput serão realizados no prazo de noventa dias, contado da data de encerramento do estado de calamidade pública.
>
> § 2º Durante o estado de calamidade pública a que se refere o art. 1º, os treinamentos de que trata o caput poderão ser realizados na modalidade de ensino a distância e caberá ao empregador observar os conteúdos práticos, de modo a garantir que as atividades sejam executadas com segurança.

Contudo, como a referida MP nº 927/20 não foi apreciada pelo Congresso Nacional, o prazo de 90 dias teve seu termo inicial coincidente com a data da perda da sua vigência, que ocorreu em 19.07.2020.

Caso realizasse os treinamentos, a empresa poderia optar pela modalidade de **ensino a distância,** observando os conteúdos práticos, de modo a garantir que as atividades sejam executadas com segurança.

C. *CIPA*

Os mandatos dos representantes da CIPA poderiam ser prorrogados até o encerramento do estado de calamidade pública e os processos eleitorais que estavam em curso poderiam ser suspensos.

> **Art. 17.** As comissões internas de prevenção de acidentes poderão ser mantidas até o encerramento do estado de calamidade pública e os processos eleitorais em curso poderão ser suspensos.

6.6. Diferimento do recolhimento do FGTS

O empregador tem a obrigação de efetuar mensalmente o depósito do FGTS em uma conta bancária especialmente aberta em nome do empregado na Caixa Econômica Federal, de quantia equivalente, em regra, a 8% da remuneração paga ou devida.

Durante a vigência da MP nº 927/20 **suspendeu-se a exigibilidade do recolhimento do FGTS** referente às competências de março, abril e maio de 2020.

> **Art. 19.** Fica suspensa a exigibilidade do recolhimento do FGTS pelos empregadores, referente às competências de março, abril e maio de 2020, com vencimento em abril, maio e junho de 2020, respectivamente.

O recolhimento posterior poderia ser dividido em até **seis parcelas** mensais, **sem a incidência da atualização, da multa e outros encargos** (com vencimento no sétimo dia de cada mês, a partir de julho de 2020):

> **Art. 20.** O recolhimento das competências de março, abril e maio de 2020 poderá ser realizado de forma parcelada, sem a incidência da atualização, da multa e dos encargos previstos no art. 22 da Lei nº 8.036, de 11 de maio de 1990.
>
> § 1º O pagamento das obrigações referentes às competências mencionadas no caput será quitado em até seis parcelas mensais, com vencimento no sétimo dia de cada mês, a partir de julho de 2020, observado o disposto no caput do art. 15 da Lei nº 8.036, de 1990.

6.7. Profissionais de saúde – prorrogação da jornada de trabalho

Durante o período da pandemia do coronavírus, os profissionais de saúde **mereceram tratamento especial por parte da legislação**, pois eram os responsáveis pelo tratamento das pessoas com sintomas da Covid-19.

Essa circunstância também se refletiu na MP nº 927, que estabeleceu uma modalidade de jornada de trabalho diversa dos demais empregados durante a sua vigência.

Dispunha o art. 26 que, por meio de acordo individual escrito, seria possível prorrogar a jornada de trabalho, **ainda que se tratasse de atividades insalubres.**

Além disso, no caso de jornada de "12 x 36" seria possível inserir, mediante escalas de trabalho, **um turno extraordinário entre a 13ª e 24ª do intervalo de 36 horas.**

Essas horas extraordinárias poderão ser pagas ou compensadas mediante banco de horas especial celebrado por escrito e com prazo de 18 meses contados do fim da calamidade pública ou pagamento como hora extra.

> **Art. 26.** Durante o de estado de calamidade pública a que se refere o art. 1º, é permitido aos estabelecimentos de saúde, mediante acordo individual escrito, mesmo para as atividades insalubres e para a jornada de doze horas de trabalho por trinta e seis horas de descanso: (Vide ADI nº 6380)

> I – prorrogar a jornada de trabalho, nos termos do disposto no art. 61 da Consolidação das Leis do Trabalho, aprovada pelo Decreto-Lei nº 5.452, de 1943; e
>
> II – adotar escalas de horas suplementares entre a décima terceira e a vigésima quarta hora do intervalo interjornada, sem que haja penalidade administrativa, garantido o repouso semanal remunerado nos termos do disposto no art. 67 da Consolidação das Leis do Trabalho, aprovada pelo Decreto-Lei nº 5.452, de 1943.

6.8. Ultratividade temporária das normas coletivas

Segundo determina o § 3º, art. 614, da CLT, não é permitido estipular duração de convenção coletiva ou acordo coletivo de trabalho superior a dois anos, sendo vedada a ultratividade.

Entretanto, durante o período da vigência da MP nº 927/20, o seu art. 30 permitiu, excepcionalmente, **a prorrogação da vigência dos instrumentos normativos negociados vencidos ou vincendos, durante o prazo de 180 dias**:

> **Art. 30.** Os acordos e as convenções coletivos vencidos ou vincendos, no prazo de cento e oitenta dias, contado da data de entrada em vigor desta Medida Provisória, poderão ser prorrogados, a critério do empregador, pelo prazo de noventa dias, após o termo final deste prazo.

6.9. Legislado x negociado

O art. 2º da MP nº 927/20 flexibilizava toda a legislação laboral pátria, ao permitir a celebração de um acordo temporário **afastando a incidência das regras trabalhistas**, salvo aquelas inseridas na Constituição Federal de 1988:

> **Art. 2º** Durante o estado de calamidade pública a que se refere o art. 1º, o empregado e o empregador poderão celebrar acordo individual escrito, a fim de garantir a permanência do vínculo empregatício, que terá preponderância sobre os demais instrumentos normativos, legais e negociais, respeitados os limites estabelecidos na Constituição.

Nesse caso, a referida MP **equiparou**, durante o período de sua vigência, **o empregado hipossuficiente ao hipersuficiente**, já que a este último é permitido, em tempos de "normalidade", negociar condições de trabalho inferiores àquelas estabelecidas pela Lei.

6.10. Classificação legal expressa de força maior

Logo no art. 1º da MP nº 927/20 o legislador classificava como força maior o estado de calamidade pública provocado pela pandemia do coronavírus:

> **Art. 1º. Parágrafo único.** O disposto nesta Medida Provisória se aplica durante o estado de calamidade pública reconhecido pelo Decreto Legislativo nº 6, de 2020, e, para fins trabalhistas, constitui hipótese de força maior, nos termos do disposto no art. 501 da Consolidação das Leis do Trabalho, aprovada pelo Decreto-Lei nº 5.452, de 1º de maio de 1943.

A CLT trata desse instituto em alguns dos seus dispositivos, notadamente naqueles que disciplinam a jornada de trabalho, permitindo a sua majoração.

Além disso, o referido Diploma disciplina, de forma específica, em seus arts. 501 a 504, no Capítulo VIII "Da Força Maior", do Título IV "Do Contrato Individual do Trabalho".

Dentre os referidos dispositivos destaca-se o art. 502:

> **Art. 502.** Ocorrendo motivo de força maior que determine a extinção da empresa, ou de um dos estabelecimentos em que trabalhe o empregado, é assegurada a este, quando despedido, uma indenização na forma seguinte: I – sendo estável, nos termos dos arts. 477 e 478; II – não tendo direito à estabilidade, metade da que seria devida em caso de rescisão sem justa causa; III – havendo contrato por prazo determinado, aquela a que se refere o art. 479 desta Lei, reduzida igualmente à metade.

A CLT, em seu art. 503, trata da redução salarial, mas sem mencionar a respectiva redução de jornada. Também não se exige a necessidade de convenção, acordo individual ou coletivo de trabalho, havendo uma recepção parcial pela CF/88:

> **Art. 503.** É lícita, em caso de força maior ou prejuízos devidamente comprovados, a redução geral dos salários dos empregados da empresa, proporcionalmente aos salários de cada um, não podendo, entretanto, ser superior a 25% (vinte e cinco por cento), respeitado, em qualquer caso, o salário mínimo da região. Parágrafo único. Cessados os efeitos decorrentes do motivo de força maior, é garantido o restabelecimento dos salários reduzidos.

7. EFEITOS DA DOENÇA COVID-19 SOBRE O CONTRATO DE TRABALHO

7.1. A Covid-19 como doença do trabalho

A pandemia do novo coronavírus, denominado de SARS-CoV-2 pelo Comitê Internacional de Taxonomia de Vírus, provocou grande polêmica no que diz respeito à classificação da COVID-19 como doença ocupacional ou não.

Inicialmente constou na redação da MP nº 927/20 um dispositivo estabelecendo que os casos de contaminação pelo novo coronavírus (COVID-19) **não seriam considerados ocupacionais, exceto mediante comprovação do nexo causal.**

Todavia, o STF, por maioria (votos favoráveis dos Ministros Alexandre de Moraes, Edson Fachin, Luís Roberto Barroso, Rosa Weber, Cármen Lúcia, Ricardo Lewandowski e Luiz Fux) **suspendeu a eficácia do art. 29 da MP nº 927/20,** que havia estabelecido a presunção de inexistência do nexo de causalidade laboral, antes mesmo do mencionado fim da eficácia de todo o texto da medida provisória: "Art. 29. Os casos de contaminação pelo coronavírus (COVID-19) não serão considerados ocupacionais, exceto mediante comprovação do nexo causal".

Inclusive, o Ministro Alexandre de Moraes destacou no seu voto que a manutenção do referido dispositivo legal acabaria sendo algo "extremamente ofensivo" para inúmeros trabalhadores de atividades essenciais, que estão expostos ao vírus, como os profissionais de saúde.

Diante da cessação prematura da eficácia do dispositivo legal que tratava da matéria e, posteriormente, de toda a MP nº 927/20 seria necessário fixar uma premissa: **a COVID-19** é **ou não** é **considerada doença ocupacional?**

Deve-se ressaltar, inicialmente, que o fato do STF ter declarado a inconstitucionalidade do dispositivo legal já mencionado, que dizia não ser ocupacional a COVID-19, **não significou que aquele Tribunal fixou tese em sentido contrário**, qual seja, de que essa doença é considerada como doença do trabalho ou doença profissional.

O efeito principal dessa declaração de inconstitucionalidade seria de retirar do ordenamento jurídico pátrio o preceito contido no aludido art. 29 da MP nº 927/20, devendo o intérprete e o aplicador do direito responder a indagação que foi feita anteriormente como se esse dispositivo nunca tivesse existido.

Assim, como não há no ordenamento jurídico qualquer regra específica, pode-se utilizar, por analogia, do preceito contido no art. 21 da Lei nº 8.213/91 que trata das doenças endêmicas.

> **Art. 20. § 1º** Não são consideradas como doença do trabalho: d) a doença endêmica adquirida por segurado habitante de região em que ela se desenvolva, salvo comprovação de que é resultante de exposição ou contato direto determinado pela natureza do trabalho.

Com efeito, a lei, em sentido amplo, tenta prever a ocorrência de fatos sociais que são considerados relevantes para o Direito, para definir como os indivíduos deverão se comportar na hipótese de sua concretização.

Seria uma tarefa árdua para o legislador prever todas as hipóteses passíveis de acontecer no plano fático. Para atenuar os efeitos dessa dificuldade ou mesmo impossibilidade, o legislador cria a norma da forma mais abrangente e abstrata possível, e confere ao intérprete e ao aplicador do Direito a tarefa de subsumir o fato concreto à norma abstrata e genérica.

Contudo, em algumas situações sequer existe uma norma genérica para ser aplicada a um caso concreto específico. Nessa hipótese de vazio legislativo específico, pode o aplicador do Direito recorrer a uma regra jurídica que trata, abstratamente, de um fato jurídico semelhante e aplicá-la à situação fática que se encontra desprovida de regramento específico.

Assim, é possível recorrer à analogia, desde que o dispositivo legal emprestado tenha se originado com a mesma razão de ser das regras que compõem sistema jurídico aplicável à hipótese carente de norma específica para sua regulação.

Desse modo, a busca por dispositivos legais que tratam de fatos semelhantes pode ser feita dentro do mesmo ramo do Direito ou pode ser requisitado de um subsistema jurídico diverso, desde que possuam uma mesma causa formadora.

No caso sob análise, a doença endêmica é aquela típica de uma determinada região, ou seja, quando ela acontece com certa frequência, a exemplo da febre amarela nos Estados da região norte do Brasil.

A **epidemia** ocorre quando determinada doença tem o seu número de casos aumentado repentinamente em várias regiões de forma simultânea.

Já a **pandemia** é quando essa mesma ocorrência é observada em escala mundial, como é o caso da Gripe A, em 2009, e atualmente a COVID-19.

Pois bem, observado esse cenário de semelhança entre a endemia e a pandemia, é perfeitamente possível a utilização da analogia para descobrir a resposta dada, pelo ordenamento jurídico, para uma situação por ele não prevista.

Conclui-se que **não são consideradas como do trabalho as doenças pandêmicas,** salvo comprovação de que é resultante da exposição ou contato direto determinado pela natureza do trabalho.

Isso significa que, em regra, a COVID-19 não deve ser classificada como doença do trabalho, **salvo nos casos em que a natureza do trabalho justifique**, a exemplo dos profissionais de saúde que se encontram trabalhando em contato direto com pessoas contaminadas ou suspeitas de contaminação pelo novo coronavírus (Sars-CoV-2).

Como se trata de uma doença contagiosa, a sua transmissão ocorre entre o indivíduo doente e o indivíduo saudável ou, indiretamente, por meio de contato em objetos contaminados, circunstância que retira o caráter laboral, em regra, das doenças dessa espécie.

Com efeito, não há como identificar, com precisão laboratorial, o local em que o trabalhador se contaminou, **uma vez que a transmissão pode ter ocorrido em qualquer lugar, até mesmo em sua residência.**

Contudo, quando há um contato direto do empregado com pessoas contaminadas no meio ambiente laboral decorrente da própria natureza da atividade por ele exercida, **há uma presunção de nexo de causalidade** entre o trabalho e a doença infecto-contagiosa, inclusive a COVID-19.

Trata-se de presunção relativa que pode ser afastada pelo empregador, por meio principalmente de critérios epidemiológicos.

Imagine-se, por exemplo, que uma enfermeira tenha contraído a doença, mas o seu marido já se encontrava sintomático antes dela. Nesse caso, restará comprovada a inexistência do nexo etiológico entre a enfermidade e o meio ambiente laboral.

7.2. Afastamento e retorno ao trabalho do empregado contaminado

A pandemia do novo coronavírus (Sars-CoV-2) produziu efeitos, de forma abrupta, em toda a sociedade global, principalmente no âmbito laboral.

Não havia uma legislação específica tratando desses efeitos, inclusive no que diz respeito a medidas a serem observadas visando à prevenção, controle e mitigação dos riscos de transmissão da COVID-19 no meio ambiente de trabalho, de forma a preservar a segurança e a saúde dos trabalhadores, os empregos e a atividade econômica.

Para suprir essa omissão foi editada a Portaria Conjunta nº 20/20 do Ministério da Saúde e da SEPT – Secretaria Especial de Previdência e Trabalho (DOUR de 19.06.2020) para ser aplicada em todas as empresas, salvo nos serviços de saúde.

Justifica o estudo mais aprofundado dessas medidas uma vez que, progressivamente, **irá aumentar o número de demandas judiciais postulando indenização por danos materiais e morais decorrentes dos efeitos da COVID-19**, já que a vacinação em massa não será imediata e, quando ocorrer, será progressiva.

A. *Medidas gerais*

A primeira ação que a empresa deve tomar no combate a COVID-19 é instituir e divulgar orientações ou protocolos com a indicação das medidas necessárias para prevenção, controle e mitigação dos riscos de transmissão dessa doença.

Essas informações devem ser disponibilizadas no estabelecimento, tanto para os empregados quanto para as autoridades, sindicatos e demais representações de trabalhadores, quando for solicitado.

As orientações ou protocolos devem ter um conteúdo mínimo, a saber:

a) medidas de prevenção a serem adotadas nos locais de trabalho, nas áreas comuns (refeitórios, banheiros, vestiários, áreas de descanso etc.) e também no transporte de trabalhadores, quando fornecido pela empresa;

b) ações para identificação precoce e consequente afastamento dos trabalhadores com sinais e sintomas da doença;

c) procedimentos para que os trabalhadores possam informar, inclusive de forma remota, sinais ou sintomas compatíveis com a COVID-19 ou contato com caso confirmado; e

d) instruções sobre higiene das mãos e etiqueta respiratória.

Como medida de prevenção, a mencionada Portaria nº 20/20 sugere a vacinação contra síndromes gripais que possam ser confundidas com a COVID-19.

Elaborado esses instrumentos formais, a organização deve divulgar as informações neles contidas por diversos meios, como cartazes, vídeos etc., evitando meios que contribuam para a disseminação do coronavírus, a exemplo de panfletos que podem ser manuseados por vários empregados.

As informações deverão ser destinadas principalmente para os empregados e eventuais trabalhadores terceirizados, tendo como conteúdo mínimo:

a) formas de contágio;

b) sinais e sintomas da doença;

c) cuidados necessários a serem adotados no ambiente de trabalho e na comunidade, recomendando a adoção de comportamento seguro para evitar a contaminação pelo novo coronavírus;

d) necessidade de fazer a higienização das mãos com água e sabão ou com álcool em gel com frequência.

Essas instruções podem ser transmitidas durante treinamentos ou por meio de diálogos de segurança – DDS, documento físico ou eletrônico (cartazes, normativos internos, entre outros), evitando-se, também, os meios que possam disseminar a COVID-19.

Quando feitos presencialmente, os treinamentos também deverão observar os protocolos de segurança, como distanciamento mínimo entre os participantes, por exemplo.

Se não for possível realizar esses treinamentos presencialmente, recomenda-se a utilização do método do ensino a distância – EAD.

B. Condutas em relação aos casos suspeitos, confirmados e contatantes

Para uma maior efetividade no combate aos efeitos da pandemia do Sars-CoV-2 (novo coronavírus) no âmbito laboral, a empresa deve **colher as informações sobre as atividades, o**

local de trabalho e as áreas **comuns** frequentadas pelo trabalhador acometido de COVID-19 ou mesmo no caso de suspeita.

Além disso, deve indagar ao empregado se houve contatos extralaborais com pessoas contaminadas ou suspeitas.

Constatando a existência de casos suspeitos ou confirmados da doença, a empresa deve reavaliar a implementação das medidas de prevenção indicadas nos protocolos.

Para uma maior efetividade das medidas preventivas, a empresa deve manter registro atualizado, a disposição das autoridades, com informações sobre:

a) trabalhadores por faixa etária;

b) trabalhadores com condições clínicas de risco para COVID-19;

c) casos suspeitos;

d) casos confirmados;

e) trabalhadores contatantes afastados; e

f) medidas preventivas.

– Condutas em relação aos casos confirmados de COVID-19

Uma vez identificados os casos de empregados confirmados pela doença, a empresa **deve afastá-los imediatamente das atividades laborais** presenciais por quatorze dias.

Além disso, deve **orientá-los no sentido de permanecer em sua residência**, garantindo a manutenção da remuneração durante esse período.

O descumprimento dessa orientação pode ensejar a aplicação de penalidade por parte da empresa, inclusive a de justa causa.

Considera-se caso confirmado o trabalhador com:

a) resultado positivo de exame laboratorial; ou

b) síndrome gripal ou Síndrome Respiratória Aguda Grave – SRAG, para o qual não foi possível a investigação laboratorial específica, e que tenha histórico de contato com caso confirmado laboratorialmente para a COVID-19 nos últimos sete dias antes do aparecimento dos sintomas no trabalhador.

– Condutas em relação aos casos suspeitos

Inicialmente, a empresa **deve estabelecer um protocolo** para identificação de casos suspeitos, que deverá incluir:

a) abertura de canais de comunicação com os trabalhadores para obter informações sobre o contato destes com casos confirmados ou suspeitos e se houve o aparecimento de sinais ou sintomas compatíveis com a COVID-19;

b) realização de enquetes por qualquer meio; e

c) triagem na entrada do estabelecimento em todos os turnos de trabalho.

Considera-se **caso suspeito** o trabalhador que apresente quadro respiratório agudo com um ou mais dos sinais ou sintomas: febre, tosse, dor de garganta, coriza e falta de ar. Outros sintomas também podem eventualmente estar presentes, como por exemplo dores musculares, cansaço ou fadiga, congestão nasal, perda do olfato ou paladar e diarreia.

Uma vez identificados os casos suspeitos, a empresa deve providenciar **o encaminhamento dos respectivos empregados para o ambulatório médico,** quando existente, para avaliação e acompanhamento.

O local de atendimento dos trabalhadores **deve ser apropriado** para essa atividade e devidamente isolado. Além disso, deve ser arejado e sem ar condicionado.

Todo empregado que for atendido no ambulatório **deve ter esse procedimento registrado no seu prontuário**.

Entretanto, é **necessário separar o atendimento** dos empregados sintomáticos dos demais trabalhadores, fornecendo-se máscara cirúrgica a todos eles a partir da chegada no ambulatório.

Após a avaliação a empresa deverá providenciar **o afastamento remunerado dos trabalhadores suspeitos de contaminação** pelo Sars-CoV-2 (novo coronavírus), **por quatorze dias**, orientando-os a permanecer em sua residência.

Posteriormente a Portaria do Ministério da Saúde de nº 2.789, de 14.10.2020, reduziu esse prazo para 10 dias para os casos leves e moderados:

> APÊNDICE VI. [...] Para indivíduos com quadro de Síndrome Gripal (SG) – leve a moderado – com confirmação para por qualquer um dos critérios (clínico, clínico-epidemiológico, clínico-imagem ou clínico-laboratorial), as medidas de isolamento e precaução podem ser suspensas após 10 dias do início dos sintomas, desde que permaneça sem febre sem o uso de medicamentos antitérmicos há pelo menos 24 horas e com remissão dos sintomas respiratórios.

O retorno desses trabalhadores poderá ocorrer desses prazos quando:

a) o exame laboratorial descartar a COVID-19; e

b) estiverem assintomáticos por mais de 72 horas.

– Condutas em relação aos contatantes de caso confirmado

Assim como ocorre com os casos confirmados e com casos suspeitos, **a empresa deve afastar imediatamente os empregados que tenham tido contato** com pessoas suspeitas de contaminação pelo Sars-CoV-2 (novo coronavírus), denominado de contactante.

Uma vez afastado, o trabalhador deve ser orientado **a permanecer em sua residência**, assegurando-lhe a manutenção da remuneração durante o afastamento.

É possível, contudo, que as atividades presenciais sejam **substituídas pelo trabalho remoto**, desde que seja compatível com essa modalidade de prestação de serviços.

Considera-se contactante de caso confirmado o trabalhador assintomático que teve contato com o caso confirmado da COVID-19, **entre dois dias antes e quatorze dias após o início dos sinais ou sintomas** ou da confirmação laboratorial, em uma das situações abaixo:

a) ter contato durante mais de quinze minutos a menos de um metro de distância;

b) permanecer a menos de um metro de distância durante transporte;

c) compartilhar o mesmo ambiente domiciliar; ou

d) ser profissional de saúde ou outra pessoa que cuide diretamente de um caso da COVID-19, ou trabalhador de laboratório que manipule amostras de um caso da COVID-19 sem a proteção recomendada.

O período de afastamento dos contactantes deve ser contado a partir do último dia de contato entre os contactantes e o caso confirmado.

Os contactantes que residem com caso confirmado da COVID-19 devem ser afastados de suas atividades presenciais, devendo ser apresentado documento comprobatório.

– **Condutas em relação aos contatantes de caso suspeito**

Os contactantes de caso suspeito da COVID-19 devem ser informados sobre o caso e orientados a relatar imediatamente à empresa o surgimento de qualquer sinal ou sintoma relacionado à doença.

Nessa situação, não há determinação de afastamento imediato do empregado de suas atividades presenciais.

Considera-se contactante de caso suspeito o trabalhador assintomático que teve contato com caso suspeito da COVID-19, entre dois dias antes e quatorze dias, após o início dos sintomas do caso, em uma das situações abaixo:

a) ter contato durante mais de quinze minutos a menos de um metro de distância;

b) permanecer a menos de um metro de distância durante transporte;

c) compartilhar o mesmo ambiente domiciliar; ou

d) ser profissional de saúde ou outra pessoa que cuide diretamente de um caso da COVID-19, ou trabalhador de laboratório que manipule amostras de um caso da COVID-19 sem a proteção recomendada.

C. *Higiene das mãos e etiqueta respiratória*

Nesse aspecto em particular, as empresas deverão adotar procedimentos relativos à higiene das mãos e etiqueta respiratórias e realizar a devida orientação dos seus trabalhadores.

A orientação dos trabalhadores deve ser no sentido de:

a) higienização correta e frequentemente;

b) não compartilhar toalhas e produtos de uso pessoal;

c) evitar tocar boca, nariz, olhos e rosto com as mãos

d) praticar etiqueta respiratória, incluindo utilizar lenço descartável para higiene nasal, cobrir nariz e boca ao espirrar ou tossir e higienizar as mãos após espirrar ou tossir.

Para execução dessas medidas, devem ser disponibilizados próximos aos locais de trabalho: água, **sabonete líquido, toalha de papel descartável e lixeira, cuja abertura não demande contato manual, ou sanitizante adequado para as mãos, como** álcool **a 70%.**

Além disso, devem ser adotados procedimentos para que os trabalhadores evitem tocar superfícies com alta frequência de contato (botões de elevador, maçanetas, corrimãos etc.), inclusive dispensando a obrigatoriedade de assinatura individual em planilhas, formulários e controles, tais como listas de presença em reunião e diálogos de segurança.

D. Distanciamento social

A empresa deve adotar medidas para **aumentar o distanciamento e diminuir o contato pessoal entre trabalhadores** e entre esses os clientes, sempre observando a distância mínima de um metro.

Se esse distanciamento mínimo não puder ser implementado, deve-se:

a) para as atividades desenvolvidas em postos fixos de trabalho, manter o uso de máscara cirúrgica ou de tecido, observado o item 7 e seus subitens deste Anexo, e adotar divisórias impermeáveis ou fornecer proteção facial do tipo viseira plástica (*face shield*) ou fornecer óculos de proteção;

b) para as demais atividades, manter o uso de máscara cirúrgica ou de tecido.

A orientação deve ser no sentido de se evitar:

a) abraços, beijos, apertos de mão e conversações desnecessárias;

b) reuniões presenciais e, quando indispensáveis, manter o distanciamento.

Nos espaços coletivos, como elevadores, escadas, banheiros e vestiários, devem ser adotadas medidas para a limitação de sua ocupação.

Sendo necessária a formação de filas, **deve ser feita a demarcação e a organização dos respectivos locais** com, no mínimo, um metro de distância entre as pessoas.

Além disso, deve ser priorizado:

a) o agendamento de horários de atendimento para evitar aglomerações e para distribuir o fluxo de pessoas;

b) a adoção de medidas para distribuir a força de trabalho ao longo do dia, evitando concentrações nos ambientes de trabalho; e

c) a promoção do teletrabalho ou trabalho remoto, quando possível.

E. Limpeza e higienização do ambiente de trabalho

Uma das formas de contágio do Sars-CoV-2 (novo coronavírus) é por meio de contato com superfícies, já que esse vírus sobrevive fora do corpo humano por várias horas e se utiliza desses meios físicos para se propagar.

Assim, umas das principais medidas preventivas de contágio é a limpeza, higiene, e desinfecção das superfícies do meio ambiente de trabalho.

A **limpeza**, também denominada de lavagem, é um processo simples de remoção de detritos, como por exemplo poeira e terra, com o uso da água acrescida ou não do uso de produtos de limpeza, como detergente, desinfetante etc.

Já a **higienização**, também denominada de **desinfecção ou sanitização**, é feita após a limpeza com a utilização de produtos químicos, que permite a eliminação de micro-organismos, como ácaros, fungos, vírus e bactérias.

Para o combate eficiente da COVID-19 a empresa deve promover a limpeza e desinfecção dos locais de trabalho e áreas comuns no intervalo entre turnos ou sempre que houver a designação de um trabalhador para ocupar o posto de trabalho de outro.

Deve-se aumentar a frequência dos procedimentos de limpeza e desinfecção de ambientes coletivos, como banheiros e vestiários, além de pontos de grande contato (teclados, corrimãos, maçanetas, terminais de pagamento, botoeiras de elevadores, mesas, cadeiras etc.).

A **ventilação natural** deve ser utilizada como regra nos locais de trabalho. Caso isso não seja possível, é necessário adotar medidas para aumentar o número de trocas de ar dos recintos.

Caso não seja possível eliminar o ambiente climatizado, é necessário **evitar a recirculação de ar** e verificar e intensificar as manutenções preventivas e corretivas.

Os bebedouros do tipo jato inclinado, quando existentes, devem ser adaptados de modo que somente seja possível o consumo de água com o uso de copo descartável.

F. Trabalhadores do grupo de risco

Além dos trabalhadores com 60 anos ou mais, são considerados do grupo de risco aqueles com as seguintes condições clínicas:

a) cardiopatias graves ou descompensadas;

b) pneumopatias graves ou descompensadas;

c) imunodeprimidos;

d) doentes renais crônicos em estágio avançado (graus 3, 4 e 5);

e) diabéticos, e

f) gestantes de alto risco.

Deve-se priorizar a permanência dos trabalhadores pertencentes ao grupo de risco em sua residência em teletrabalho ou, caso esse procedimento não seja possível, direcionar o empregado para o exercício de atividades que reduzam o contato com colegas de trabalho e o público, com preferência para o trabalho em local arejado e higienizado ao fim de cada turno de trabalho.

G. Equipamentos de Proteção Individual – EPI

Equipamento de proteção individual – EPI é um produto que deve ser fornecido gratuitamente pela empresa e utilizado individualmente pelo empregado com o objetivo de protegê-lo de riscos que podem ameaçar a segurança e saúde no trabalho (NR 6. Item 6.1).

O EPI deve ser adequado para cada risco, sempre que as medidas de natureza coletiva não ofereçam proteção completa contra os riscos de acidente do trabalho ou de doenças ocupacionais.

Além de fornecer o EPI adequado ao empregado, a empresa ainda deve:

a) oferecer treinamento adequado;

b) fiscalizar o seu uso efetivo;

c) substitui-lo quando danificado ou perdido;

d) responsabilizar-se pela higienização e manutenção periódica; e

e) registrar o seu fornecimento ao trabalhador por qualquer meio.

Além do uso obrigatório do EPI ao objetivo a que se destina, **cabe ao empregado se responsabilizar pela sua guarda e conservação**, comunicar ao empregador qualquer alteração que o torne impróprio para uso e observar as regras sobre o uso adequado.

Com o advento da pandemia da COVID-19, observando os seus respectivos riscos, devem ser criados ou revisados os procedimentos de uso, higienização, acondicionamento e descarte dos EPI's, notadamente das máscaras, bem como de outros equipamentos de proteção utilizados na empresa com esse fim.

O **treinamento** a ser oferecido aos trabalhadores deve envolver não só o seu **uso correto,** mas a higienização, descarte e substituição das máscaras, higienização das mãos antes e após o seu uso, e, inclusive, limitações de sua proteção contra a COVID-19.

Como se trata de equipamento de proteção individual, **não podem ser compartilhados entre trabalhadores** e, caso permitam a higienização, somente poderão ser reutilizados após esse processo.

Todos os tipos de EPI devem ser:

a) selecionados com base no risco da atividade para o empregado;

b) montados de forma adequada e periodicamente reparados;

c) consistente e adequadamente utilizado quando necessário;

d) inspecionado, mantido e substituído regularmente, conforme necessário;

e) removido, limpo e armazenado ou descartado adequadamente, conforme aplicável, para evitar a contaminação de si mesmo, de outras pessoas ou do meio ambiente.

– Máscaras

As **máscaras cirúrgicas e de tecido não são consideradas EPI** nos termos definidos na Norma Regulamentadora nº 6 e não substituem os EPI para proteção respiratória, quando indicado seu uso.

O empregador encontra-se obrigado a fornecer máscaras cirúrgicas ou de tecido para todos os seus empregados. Já o respectivo uso deve ser exigido e fiscalizado em ambientes compartilhados ou naqueles em que haja contato com outros trabalhadores ou público em geral.

Em relação às máscaras devem ser observadas as seguintes regras:

a) devem ser substituídas, no mínimo, a cada três horas de uso ou quando estiverem sujas ou úmidas;

b) se forem de tecido, devem ser confeccionadas de acordo com as recomendações do Ministério da Saúde e sempre higienizadas após cada jornada de trabalho, ou pelo trabalhador sob orientação da empresa.

Por fim, para proteger seus empregados e até seus clientes, o empregador só deve permitir a entrada em seu estabelecimento de pessoas que estejam usando máscara de proteção.

– Outros

A depender da atividade desenvolvida pelo empregado, é necessário que a empresa forneça outros EPI's específicos para evitar o contágio com a COVID-19, além da máscara.

Os seguintes profissionais devem receber EPI de acordo com os riscos a que estejam expostos:

a) responsáveis pela triagem ou pré-triagem dos trabalhadores;

b) trabalhadores da lavanderia;

c) trabalhadores da limpeza em sanitários e áreas de vivências;

d) integrantes do serviço médico.

H. Refeitórios

Os empregadores devem disponibilizar aos seus trabalhadores **locais para a realização das refeições** (refeitórios) durante os intervalos intrajornada (NR 24. Item 24.5.1).

Dentre as regras gerais para os refeitórios destaca-se aquela contida na alínea "b", do item 24.05.2 e 24.5.3, alínea "i" da NR 24, quando determina que esses ambientes devem "ser arejados e apresentar boas condições de conservação, limpeza e higiene".

Com o advento da pandemia foi necessário estabelecer outros normativos para evitar o contágio com a COVID-16, principalmente o compartilhamento de utensílios como copos, pratos e talheres, sem a devida higienização.

Por exemplo, em tempos de normalidade é facultado ao empregador dividir os trabalhadores do turno em grupos para usarem o refeitório (NR 24. Item 24.5.1.1). **Durante o período de emergência sanitária essa faculdade passa a ser uma regra.**

Também deve ser evitado o sistema conhecido como *self service* (autosserviço) para conter a aglomeração de trabalhadores. Caso isso não seja possível, devem ser adotadas as seguintes medidas:

a) higienização das mãos antes e depois de se servir;

b) higienização ou troca frequentes de utensílios de cozinha de uso compartilhado, como conchas, pegadores e colheres;

c) instalação de protetor salivar sobre as estruturas de autosserviço; e

d) utilização de máscaras e orientações para evitar conversas durante o serviço.

A empresa deve realizar limpeza e desinfecção frequentes das superfícies do mobiliário do refeitório, tais como mesas, cadeiras, bancadas.

Para evitar o contágio também é necessário retirar das mesas os recipientes que normalmente são colocados à disposição dos trabalhadores de uso compartilhado, como aqueles contendo temperos, sal, farinha etc., bem como porta-guardanapos.

Deve ser entregue conjunto de utensílios higienizados (talheres e guardanapos de papel, embalados individualmente).

Por fim, devem ser observadas as seguintes regras sobre o distanciamento:

a) espaçamento mínimo de um metro entre as pessoas na fila e nas mesas, orientando para o cumprimento das recomendações de etiqueta respiratória e que sejam evitadas conversas;

b) quando o distanciamento frontal ou transversal não for observado, deve ser utilizada barreira física sobre as mesas que possuam altura de, no mínimo, um metro e cinquenta centímetros em relação ao solo.

I. Vestiários

Os vestiários não são obrigatórios em todas as empresas mas apenas aquelas em que:

a) a atividade exija a utilização de vestimentas de trabalho ou que seja imposto o uso de uniforme cuja troca deva ser feita no próprio local de trabalho; ou

b) a atividade exija que o estabelecimento disponibilize chuveiro.

Ocorre que, por ser coletivo, o vestiário é considerado como um local de risco de contaminação pelo Sars-CoV-2 (novo coronavírus).

Assim, como medida preventiva, deve-se **evitar a aglomeração de trabalhadores na entrada**, na saída e também durante a utilização do vestiário.

Além disso, a empresa deve adotar procedimento de monitoramento do fluxo de entrada nos vestiários e orientar os trabalhadores para manter a distância de um metro entre si durante a sua utilização.

Na entrada e na saída dos vestiários devem ser disponibilizados uma pia com água e sabonete líquido e toalha descartável ou dispensadores de sanitizante, como álcool a 70%.

Por fim, os trabalhadores devem ser orientados sobre a ordem de desparamentação de vestimentas e equipamentos, de modo que o último equipamento de proteção a ser retirado seja a máscara.

J. Transporte de trabalhadores fornecido pela organização

O interior do veículo de transporte de trabalhadores, quando disponibilizado pela empresa, **também** é **considerado como ambiente de trabalho**, devendo ser observadas todas as regras já mencionadas anteriormente, por ser de uso coletivo.

O fornecimento de transporte pela empresa não decorre de obrigação legal, mas sim de uma faculdade estabelecida pelo art. 8º Lei nº 7.418/85:

> **Art. 8º.** Asseguram-se os benefícios desta Lei ao empregador que proporcionar, por meios próprios ou contratados, em veículos adequados ao transporte coletivo, o deslocamento integral de seus trabalhadores.

De forma específica, a empresa deve implantar procedimentos para comunicação, identificação e afastamento de trabalhadores com sintomas da COVID-19 antes do embarque no transporte para o trabalho, de maneira a impedir a entrada de pessoas sintomáticas, incluindo eventuais terceirizados.

Para isso é necessário que se mantenha o registro, por veículo e por cada viagem, dos trabalhadores que utilizam o transporte.

Seguindo a regra geral, o embarque de trabalhadores **deve ser condicionado ao uso de máscara de proteção**.

Os trabalhadores devem ser orientados no sentido de **evitar aglomeração no embarque e no desembarque**, devendo ser implantadas medidas que garantam distanciamento mínimo de um metro entre trabalhadores.

Já no interior do veículo deve ser observado:

a) a distância segura entre trabalhadores, realizando o espaçamento dos trabalhadores dentro do veículo de transporte;

b) a preferência pela ventilação natural e, quando for necessária a utilização do sistema de ar condicionado, deve-se evitar a recirculação do ar;

c) higienização regular dos assentos e demais superfícies do veículo mais frequentemente tocadas.

Por fim, os motoristas devem higienizar frequentemente as mãos e o seu posto de trabalho, inclusive o volante e superfícies mais frequentemente tocadas.

K. SESMT e Comissão Interna de Prevenção de Acidentes

Como já foi visto, o dimensionamento dos Serviços Especializados em Engenharia de Segurança e em Medicina do Trabalho – SESMT está relacionado com o grau de risco da atividade principal e ao número total de empregados do estabelecimento, na forma como se encontra disciplinado na NR 4.

Assim, nem todas as empresas têm a obrigação de constituir um SESMT e aquelas em que há essa imposição, a composição vai variar de acordo com os dois pilares mencionados, quais sejam, grau de risco e número de empregados.

De igual forma a CIPA – Comissão interna de prevenção de acidentes, tem o seu dimensionamento fixado pelas regras contidas na NR 05.

O SESMT e CIPA, quando existentes, devem participar das ações promovidas pela empresa de prevenção à contaminação pelo Sars-CoV-2 (novo coronavírus).

L. *Medidas para retomada das atividades*

Diversos setores da economia tiveram suas atividades temporariamente suspensas por determinação dos poderes públicos, com o objetivo de conter a propagação do Sars-CoV-2 (novo coronavírus).

Progressivamente os atos expedidos pela administração pública, notadamente municipal, autorizaram o retorno de algumas atividades econômicas.

Pode ocorrer, contudo, que seja necessário paralisar novamente as atividades de um determinado estabelecimento ou mesmo um setor no qual tenha sido constatado um grande número de empregados contaminados pelo novo coronavírus (Sars-CoV-2).

Quando isso ocorrer devem ser adotados os seguintes procedimentos antes do retorno das atividades:

a) assegurar a adoção das medidas de prevenção;

b) higienizar e desinfectar o local de trabalho, as áreas comuns e os veículos utilizados;

c) reforçar a comunicação aos trabalhadores; e

d) implementar triagem dos trabalhadores, garantindo o afastamento dos casos confirmados, casos suspeitos e contatantes de casos confirmados da COVID-19.

Importante salientar que não deve ser exigida testagem laboratorial para a COVID-19 de todos os trabalhadores como condição para retomada das atividades do setor ou do estabelecimento.

Nada impede, contudo, que a empresa faça a testagem dos seus trabalhadores, desde que sejam seguidas as recomendações do Ministério da Saúde em relação à indicação, metodologia e interpretação dos resultados.

7.3. Obrigatoriedade da vacinação contra a Covid-19

Um tema bastante polêmico relacionado com a pandemia do coronavírus diz respeito à **obrigatoriedade ou não da vacinação contra o Covid-19** no âmbito da relação de emprego.

Em relação aos cidadãos em geral, assim dispõe o art. 3º, III, "d" da Lei nº 13.979/20 (Lei geral da pandemia do coronavírus):

> **Art. 3º** Para enfrentamento da emergência de saúde pública de importância internacional de que trata esta Lei, as autoridades poderão adotar, no âmbito de suas competências, entre outras, as seguintes medidas: III – determinação de realização compulsória de: d) vacinação e outras medidas profiláticas.
>
> O STF entendeu pela constitucionalidade das regras que tratam da obrigatoriedade de vacinação pública, nos autos das ADI's nºs 6586 e 6587 e no Recurso Extraordinário com Agravo -ARE nº 1267879.

Ficou decidido nas referidas demandas que o Estado tem a prerrogativa de determinar a todos os cidadãos que se submetam à vacinação, inclusive da Covid-19, **mas sem o uso da força.**

Em caso de recusa, o Estado pode impor aos cidadãos **medidas restritivas previstas em lei** (multa, deixar de receber benefícios sociais, fazer matrícula em escola etc).

Além disso, não só a União, mas também os estados, o Distrito Federal e os municípios têm autonomia para realizar campanhas locais de vacinação.

> Foi fixada a seguinte tese:
>
> I – A vacinação compulsória não significa vacinação forçada, porquanto facultada sempre a recusa do usuário, podendo, contudo, ser implementada por meio de medidas indiretas, as quais compreendem, dentre outras, a restrição ao exercício de certas atividades ou à frequência de determinados lugares, desde que previstas em lei, ou dela decorrentes, e (i) tenham como base evidências científicas e análises estratégicas pertinentes, (ii) venham acompanhadas de ampla informação sobre a eficácia, segurança e contraindicações dos imunizantes, (iii) respeitem a dignidade humana e os direitos fundamentais das pessoas, (iv) atendam aos critérios de razoabilidade e proporcionalidade e (v) sejam as vacinas distribuídas universal e gratuitamente; e
>
> II – tais medidas, com as limitações acima expostas, podem ser implementadas tanto pela União como pelos Estados, Distrito Federal e Municípios, respeitadas as respectivas esferas de competência"

Ora, se a vacinação é obrigatória para todo o cidadão, que deve suportar o ônus decorrente de sua recusa, não resta dúvida alguma que também é para o empregado.

A questão é saber se a recusa da vacina, pelo trabalhador, **pode ser classificada como justa causa** autorizadora do rompimento do vínculo empregatício sem ônus financeiro para o empregador.

O contrato de trabalho, por ser bilateral, origina uma série de obrigações tanto para o empregado quanto para o empregador. Em relação ao primeiro, a obrigação principal consiste em prestar serviços, e, quanto ao segundo, o pagamento de salário.

Além das obrigações mencionadas, o pacto laboral é constituído por outras de natureza acessória, sendo estas últimas definidas por lei, convenções coletivas, acordos coletivos, sentença normativa ou pelo contrato, desde que não contrarie os princípios reguladores do Direito do trabalho, em face do princípio protetivo que lhe é peculiar.

Dentre as cláusulas acessórias, existe uma implícita que **impõe ao empregador o dever de proporcionar segurança, higiene e saúde para os seus empregados**, também denominada obrigação de custódia, dever de segurança ou cláusula de incolumidade.

Ora, nesse caso a recusa da vacina por apenas um empregado **pode prejudicar a saúde de todos os demais trabalhadores da empresa**, uma vez que somente a imunização comunitária garantiria a erradicação da doença, visto que grande parte das vacinas não oferece 100% de eficácia.

Como é **dever do empregador cuidar da saúde dos seus empregados**, pode despedir **por justa causa** aquele que se recusa a adotar uma medida de proteção ao mesmo tempo individual e coletiva, que é a vacina.

Trata-se da **prevalência dos interesses coletivos** sobre os individuais, preceito que rege todo o ordenamento jurídico pátrio, inclusive o Direito do trabalho, conforme se observa da parte final do art. 8º da CLT:

> **Art. 8º.** As autoridades administrativas e a Justiça do Trabalho, na falta de disposições legais ou contratuais, decidirão, conforme o caso, pela jurisprudência, por analogia, por eqüidade e outros princípios e normas gerais de direito, principalmente do direito do trabalho, e, ainda, de acordo com os usos e costumes, o direito comparado, **mas sempre de maneira que nenhum interesse de classe ou particular prevaleça sobre o interesse público** (grifou-se).

Por fim, é possível também se utilizar da **analogia** no sentido de reconhecer a vacina como uma medida de proteção individual e coletiva da saúde dos empregados, sendo-lhe aplicável as disposições contidas no art. 158 da CLT, principalmente o preceito descrito na alínea "b" do parágrafo único:

> **Art. 158.** Cabe aos empregados: I – observar as normas de segurança e medicina do trabalho, inclusive as instruções de que trata o item II do artigo anterior; II – colaborar com a empresa na aplicação dos dispositivos deste Capítulo. Parágrafo único. Constitui ato faltoso do empregado a recusa injustificada: b) ao uso dos equipamentos de proteção individual fornecidos pela empresa.

A recusa da vacina, pelo empregado, é, portanto, um **ato faltoso** que pode ser sancionado com a **despedida por justa causa**, assim como **medidas restritivas** podem ser impostas ao Estado **a qualquer cidadão** que adote esse mesmo procedimento.

Parte II

Direito Coletivo do Trabalho

CAPÍTULO I

INTRODUÇÃO AO DIREITO COLETIVO DO TRABALHO

1. CONCEITO

O Direito individual do trabalho é um ramo da ciência jurídica formado por regras e princípios, sistematicamente ordenados, que visam prevenir a existência de conflitos entre empregados e empregadores.

Além de disciplinar as atividades e relações entre esses atores sociais, esse ramo do direito contém sanções para a hipótese de descumprimento dos seus comandos e tem como objetivo principal alcançar a plena paz social.

As relações individuais de trabalho são normatizadas pelo Direito individual do trabalho. Todavia, ao lado dessas relações individuais, existem outras que se travam entre sujeitos coletivos, que representam grupos organizados de empregados e de empregadores.

O objetivo desses entes coletivos é a defesa dos interesses dos integrantes da categoria que representam. As relações coletivas de trabalho encontram-se regulamentadas pelo Direito coletivo do trabalho, que se ocupa, também, de instituir um regime jurídico para constituição dos referidos sujeitos coletivos.

Contudo, é bom salientar que não faz parte do campo de incidência do Direito coletivo do trabalho as relações havidas entre um grupo de trabalhadores e um ou alguns empregadores individualmente considerados, pois, nesse caso, a relação plural não passa de um feixe de relações particulares, objeto, portanto, do Direito individual do trabalho.

Como foi dito, o Direito coletivo do trabalho, também denominado de Direito Sindical, **institui regras e princípios para regulamentar a atividade das entidades representativas de patrões e empregados, com o objetivo de evitar o surgimento de conflitos grupais, bem como para traçar diretrizes da função criadora de normas profissionais pelos próprios interessados.**

Mas, não é somente isso. As normas diretivas das relações travadas entre os sindicatos e seus representados ou filiados também fazem parte do objeto do Direito coletivo do trabalho.

Para Sérgio Pinto Martins, Direito coletivo do trabalho é "o segmento do Direito do Trabalho encarregado de tratar da organização sindical, da negociação coletiva, dos contratos coletivos, da representação dos trabalhadores e da greve".[1]

Já Amauri Mascaro Nascimento apresenta uma definição objetiva desse ramo do Direito: "Direito sindical é o ramo do direito do trabalho que tem por objeto o estudo das normas e das relações jurídicas que dão forma ao modelo sindical".[2]

O empregador, por sua própria natureza, já constitui um ente coletivo, pois a lei trabalhista personificou a empresa.[3] Por conta disso, o Direito coletivo também regula as relações entre um agrupamento permanente de empregados e uma empresa.

O ordenamento jurídico nacional **só atribui a entidade sindical as prerrogativas de representar e defender os interesses dos trabalhadores.** Tal particularidade, contudo, não se aplica aos empregadores, já que existe a possibilidade da própria empresa conduzir a negociação coletiva (e consequentemente produzir normas profissionais), sem a necessidade de intervenção do sindicato respectivo.

Além dos sindicatos, são sujeitos do Direito coletivo do trabalho no Brasil as **federações** (reunião de sindicatos) e as **confederações** (reunião de federações).

Em 2008, as **centrais sindicais** foram legalmente reconhecidas por intermédio da Lei nº 11.648, que lhes conferiu as seguintes prerrogativas:

a) coordenar a representação de trabalhadores por meio das organizações sindicais a ela filiadas;

b) participar de negociações em fóruns, colegiados de órgãos públicos e demais espaços de diálogo social que possuam composição tripartite, nos quais estejam em discussão assuntos de interesse geral dos trabalhadores.

2. DENOMINAÇÃO

Existem vários vocábulos utilizados pela legislação, doutrina e jurisprudência para denominar o ramo do Direito que cuida das relações e dos entes coletivos no âmbito laboral. As principais são: **Direito sindical, Direito coletivo do trabalho e Direito corporativo.**

1. MARTINS, Sérgio Pinto. ***Direito do trabalho***. 21. ed. São Paulo: Atlas, 2005. p. 698.
2. NASCIMENTO, Amauri Mascaro. ***Curso de direito do trabalho***: história e teoria geral do direito do trabalho: relações individuais e coletivas do trabalho. 19. ed. São Paulo: Saraiva, 2004. p. 995.
3. CLT. Art. 2º. Considera-se empregador a empresa, individual ou coletiva, que, assumindo os riscos da atividade econômica, admite, assalaria e dirige a prestação pessoal de serviços.

Sob o ponto de vista objetivo, o ramo do Direito em estudo é denominado de Direito coletivo de trabalho. Sob o ponto de vista subjetivo, recebe a designação de Direito Sindical.

A denominação *"Direito sindical"* é bastante restrita, **porque se limita a fazer referência à entidade sindical.** Ocorre que em vários países a defesa dos interesses dos atores sociais, empregados e empregadores, pode ser feita por intermédio de outras entidades que não os sindicatos.

Em Portugal, por exemplo, os interesses e direitos dos trabalhadores podem ser defendidos por:

a) comissões de trabalhadores e subcomissões de trabalhadores;

b) conselho de empresa europeu;

c) representantes dos trabalhadores para a segurança e saúde no trabalho;

d) associações sindicais.[4]

As associações sindicais a que se refere a alínea "d" são constituídas pelos sindicatos, federações, uniões e confederações. Isso sem mencionar que o Brasil caminha no sentido de ampliar o leque de entidades coletivas do trabalho, com prerrogativas de representatividade de trabalhadores, o que, por si só, já serviria para afastar a utilização de referida denominação no plano jurídico interno.

A expressão *"Direito coletivo do trabalho"* **é criticada pelo fato de todo o ramo do Direito servir para regular a vida em coletividade**. Sem sociedade ou coletividade não há direito.

Em vista disso, a denominação mencionada não serviria como referência para designar o ramo do Direito que tratasse de questões que envolvessem entidades representativas de empregados e empregadores.

Todavia, a doutrina e legislação de diversos ordenamentos jurídicos já consagraram essa denominação, pois além de abranger as questões propedêuticas comuns a qualquer ramo da ciência jurídica e aquelas relativas aos sujeitos coletivos de trabalho, envolve, também, as formas de solução dos conflitos coletivos; a negociação coletiva, os instrumentos derivados da negociação coletiva e o exercício do direito de greve, dentre outros institutos.

A denominação *"Direito corporativo"* já não é mais utilizada com muita frequência, em face da relação que se faz com o modelo econômico e social corporativo fascista, qual seja, aquele no qual não se distingue entre as funções do sindicato e do Estado.

De qualquer forma, quando se trata de Direito sindical, pode-se resumir o seu campo de abrangência às normas e princípios que regem a criação, funcionamento e extinção das organizações sindicais, com abordagem das questões históricas de sua formação, princípios, organização, administração e estrutura sindical.

4. Código do Trabalho Português. Art. 404 da Lei nº 7/2009.

3. ASPECTOS HISTÓRICOS

A formação do Direito coletivo do trabalho é confundida com a história do próprio Direito do trabalho e com o nascimento das entidades coletivas representativas dos interesses dos trabalhadores, ou seja, das organizações sindicais.

Foi com a união dos operários, por intermédio dos referidos sujeitos coletivos, em torno de interesses comuns oriundos do labor diário, que se concretizou, gradativamente, a proteção legal ao trabalhador hipossuficiente.

Essa proteção efetivou-se por meio da diminuição e, às vezes, eliminação da desigualdade existente no plano da relação de emprego individualmente considerada, que deixou de ser regulada pelo Direito civil.

Somente com a eclosão da revolução industrial é que realmente iniciou-se esse processo de defesa e promoção de melhores condições de trabalho, decorrente da denominada questão social.

Àquela época, algumas espécies de reuniões de trabalhadores assemelhavam-se ao sindicato, como as coalizões, as corporações e as associações.

A **coalizão** representava a união temporária de trabalhadores com vontades convergentes, constituída muitas vezes de forma espontânea e clandestina, com a intenção de alcançar um ou alguns objetivos. Foi uma das primeiras formas de agregação de operários para a defesa dos seus respectivos interesses. Vale salientar, inclusive, que as primeiras leis que proibiam a reunião de trabalhadores faziam referência expressa à coalizão (Lei Chapelier, 1791).

As **corporações** eram constituídas pela união de trabalhadores que executavam um mesmo ofício ou profissão. Em determinado momento histórico, desempenhavam funções públicas e estavam, de certa forma, atreladas ao próprio Estado, de quem recebia, por delegação, a tarefa de executar as mencionadas funções. Isso de fato aconteceu com o corporativismo italiano e em menor escala com o sindicalismo brasileiro da era Vargas.[5]

As referidas corporações de ofício eram formadas pelo **mestre, companheiros e aprendizes**. Na verdade, era uma reunião de trabalhadores que executavam o mesmo ofício, sob o comando de um mestre, que, em última análise, era considerado como uma espécie de empregador, já que comandava todos os demais membros desse tipo de associação.

As semelhanças entre as corporações de ofício e os sindicatos são pequenas, pois as primeiras representavam uma coligação de trabalhadores que executavam serviços de natureza artesanal. Assim, existiam as corporações dos sapateiros, dos alfaiates etc. Para exercer determinado ofício era necessário ingressar nas corporações, pois elas representavam o monopólio produtivo de cada setor.

5. Atualmente a corporação é a forma de organização mais utilizada pelos profissionais liberais como advogados (OAB), médicos (CREMEB), engenheiros e arquitetos (CREA) etc., que cuidam dos interesses e assuntos ligados ao controle do exercício da profissão, ainda por delegação do Poder Público.

As corporações de ofício eram mais parecidas com uma unidade produtiva artesanal do que com uma associação de classe. Todavia, o domínio dos mestres em relação aos aprendizes e companheiros acabou criando um descontentamento generalizado, que culminou com sua proibição pelo próprio Estado.

Somente com o nascimento do sindicato, que passou a promover a defesa de melhores condições de trabalho, foi que tomou corpo o novo ramo do direito, a quem caberia regular a sua constituição e atuação, formado por normas distintas do Direito civil para disciplinar as relações entre patrões e empregados.

Foi necessária a reunião dos proletariados em sindicatos na defesa da diminuição da jornada de trabalho e por aumentos salariais, dentre outras questões sociais. Por meio da coalizão dos trabalhadores e, depois, por meio de uma associação estável, foi possível pressionar os detentores do capital, por meio de movimentos paredistas, o que, pouco a pouco, forçou o Estado a editar normas protetivas de trabalho.

Quanto às associações de empresários, essas já existiam antes do surgimento do sindicato de trabalhadores, pois nasceram juntamente com os parques fabris e tornaram-se importantes com o fortalecimento dessa nova espécie de associação obreira, justamente para serem utilizadas como instrumento de combate às conquistas progressivas obtidas pelos trabalhadores.

3.1. Na Europa

A história do sindicalismo e do próprio Direito coletivo do trabalho passa por três momentos distintos, a saber: o da proibição, o da tolerância e o da permissão legal para funcionamento das organizações sindicais.

A. *Fase da proibição*

Com a eclosão da Revolução Francesa (1789), **as corporações de ofício foram proibidas ou foram ignoradas pelo ordenamento jurídico**, em face do advento do liberalismo. Esse novo sistema colidia com as regras rígidas para admissão de trabalhadores existentes naquelas entidades, mesmo porque sequer tolerava-se a existência de um organismo intermediário entre o indivíduo e o Estado.

De forma indireta, a proibição das corporações de ofício, que na França efetivou-se por meio da **Lei Chapelier**, de 17.07.1791,[6] contribuiu para inibir a formação de associações profissionais ou organizações sindicais, já que seus efeitos se estendiam a todo e qualquer agrupamento de trabalhadores.

Na Inglaterra, na mesma época, os precedentes derivados do *common law*, consideravam as corporações de ofício e as coalizões de trabalhadores contrárias aos princípios de liberdade e ao interesse público, além de ser tipificado como crime de conspiração (*Combinaions Acts* – 1799/1800).

6. O Código Penal Francês da época tipificava como crime qualquer associação de operários.

Como visto no item anterior, o nascimento da associação de trabalhadores assalariados floresceu após o advento da Revolução Industrial, com maior ênfase na Inglaterra, em virtude de existir nesse País maior nível de industrialização.

O grande número de indústrias contribuiu para o rápido aparecimento das coalizões de trabalhadores com interesses em comum, que se encontravam sujeitos às condições subumanas de trabalho e provocavam desequilíbrio entre aquelas pessoas que eram detentoras do capital e aquelas que só possuíam sua força de trabalho como **patrimônio (proletário), fato que ficou conhecido como *questão social*.**

Observe-se que nesse momento histórico os produtos de consumo passaram da confecção artesanal, provenientes das corporações de ofício, para a confecção industrial e em série nas linhas de montagem, circunstância que alterou toda a estrutura fática própria das relações laborais manuais.

Mesmo proibidos, os proletários agruparam-se e iniciaram um movimento de reação contra os empregadores, na tentativa de, pelo menos, diminuir os efeitos das severas condições de trabalho que lhes eram impostas. Era comum constatar jornadas de trabalho que ultrapassavam 14 horas diárias, meio ambiente de trabalho insalubre e perigoso, baixos salários, além da exploração do trabalho infantil e de mulheres.

Inicialmente, essas associações eram de caráter secreto, depois passaram a assumir a forma de clubes e entidades de socorros mútuos, com o intuito de burlar a legislação que proibia a reunião de operários para qualquer fim.

B. *Fase da tolerância*

Por volta do século XIX, **o sindicato passou a ser tolerado, mas a greve ainda continuava proibida** (fase de tolerância). A tolerância do Estado em relação à criação e funcionamento dos sindicatos foi uma vitória do movimento sindical, que não se curvou às normas proibitivas e às sanções que lhes eram aplicadas.

Assim, foram revogadas as leis que não admitiam a união operária[7], fato que representou uma fase de desregulamentação da organização sindical, já que não foram substituídas, imediatamente, por leis reconhecendo o direito de associação profissional.

C. *Fase da permissão legal*

Segue-se a fase do reconhecimento do direito de livre sindicalização, sem intervenção estatal, marcada na Inglaterra pelo *Trade Unions Act*, datado de 1871. Na França, lei semelhante foi aprovada em 1884 (Lei *Waldek-Rousseau*) e nos Estados Unidos da América, por meio do *Clayton Act* (1914).

O direito à livre associação em sindicatos para a defesa dos interesses de empregados e empregadores foi elevado, inclusive, em nível constitucional em vários países da Europa

7. Em 1864 foi revogada a lei francesa, seguida da Bélgica em 1866 e da Alemanha em 1869.

(como na Alemanha – Constituição de *Weimar* – 1919) e da América Latina (Constituição de *Querétaro* – México – 1917).

A Declaração Universal dos Direitos do Homem, de 1948, previa em seu art. XXIII, 4, que: "todo homem tem direito de organizar sindicatos e a neles ingressar para proteção dos seus interesses". No mesmo ano, a OIT aprovou a Convenção nº 87, que defendia a liberdade sindical e foi ratificada por mais de 120 países.

Em um panorama mundial, o reconhecimento do direito de associação em sindicatos assumiu duas vertentes distintas. Uma, sob a intervenção e controle do Estado e outra que admitiu a liberdade de criação, organização e funcionamento das organizações sindicais.

Contudo, pouco a pouco os Estados vêm se abstendo de intervir na criação e funcionamento dos organismos sindicais, em menor ou maior grau, com o objetivo de adequarem-se às disposições contidas na orientação da OIT.

3.2. No Brasil

No Brasil não ocorreram as intensas lutas entre as classes sociais, representativas dos interesses patronais e da classe trabalhadora, como houve na Europa. Isso porque, no século XIX, ainda predominavam as atividades agrícola e pecuária. Havia sim, uma manifestação aqui e outra ali, em cidades que concentravam um pequeno parque industrial, sem qualquer repercussão em nível nacional.

Assim, as primeiras organizações profissionais começaram a surgir no século XIX, sob a denominação **de ligas operárias, sociedades de resistência, sociedade de socorros mútuos etc**. Esse momento representou a primeira fase do sindicalismo brasileiro, na qual **não havia interferência do Estado quanto à formação das organizações operárias e sindicais**. Após, seguiu-se a fase de ingerência estatal e por fim a da liberdade limitada das relações sindicais.

Antes disso, havia as **corporações de ofício nacionais**, criadas sob o incentivo do Padre Antônio Vieira, mas sem as características das corporações europeias, pois eram formadas não só por trabalhadores que exerciam a mesma profissão, mas também aquelas de natureza similar.

A. Fase embrionária

As corporações de ofício, no Brasil, foram abolidas pela Constituição Federal de 1824, conforme se observa da redação do art. 179, XXV: "Ficam abolidas as Corporações de Ofícios, seus Juízes, Escrivães, e Mestres".

De fato, um agrupamento de trabalhadores com a denominação de sindicato só apareceu no início do século XX e **foi legalizado pelo do Decreto nº 979/1903**, que regulou o associativismo laboral na área rural, mas continuaram a existir as associações profissionais sob as denominações acima mencionadas.

Na área urbana, o sindicalismo foi regulamentado por meio do Decreto nº 1.637/1907, **que manteve a liberdade de criação dessas entidades**.

Na vigência da Constituição Federal de 1934, que **adotou o princípio da pluralidade sindical**, foi editado o Decreto legislativo nº 24.694. A mencionada pluralidade sindical não foi efetivada na prática, diante da exigência de que a entidade sindical agregasse, no mínimo, um terço daqueles que exerciam a mesma profissão, o que era muito difícil ocorrer àquela época.

B. Fase da ingerência estatal

Em um momento posterior, na década de trinta, iniciou-se a fase de intervenção estatal. Desse modo, **a estrutura sindical foi imposta por lei (decreto-lei), nos moldes daquela existente na Itália**, assim considerada aquela de **caráter corporativista**.

Esse modelo fascista corporativista **transformava o sindicato em uma *longa manus* do Estado**, a quem eram delegadas funções eminentemente públicas. Nesse passo, a criação, modificação, direção e extinção das entidades sindicais era controlada pelo Estado que tentava anular o movimento sindical, comandado, na maioria das vezes, por trabalhadores imigrantes, por meio da concessão de benefícios trabalhistas mínimos.

Para chefiar essa ação governamental, o Decreto nº 19.443/30, **criou o Ministério do Trabalho, Indústria e Comércio**, cujo primeiro titular foi Lindolfo Collor.

Já pelo Decreto nº 19.770/31, conhecida como lei dos sindicatos, **foi instituído um quadro organizativo de toda a estrutura sindical brasileira.** Foram estabelecidos critérios para concessão das denominadas *cartas sindicais*, ou seja, autorização formal para o funcionamento das entidades sindicais, com observância do princípio da unicidade sindical.

No art. 1º, do aludido Decreto nº 19.770/31, estabeleceu-se uma relação entre as classes operárias e patronais e o exercício de profissões idênticas, similares e conexas, com a instituição de alguns critérios para a sua constituição, como um número mínimo de associados (trinta, de ambos os sexos).

Instituiu-se o regime confederativo, ao permitir a criação de federações estaduais e de uma confederação para representar os trabalhadores – Confederação Brasileira do Trabalho e outra para representar os patrões – Confederação Nacional da Indústria e Comércio.

Possibilitou-se a **criação de conselhos mistos e permanentes de conciliação e de julgamento**, na aplicação das leis que regulavam os meios de dirimir conflitos suscitados entre patrões e empregados (art. 6º); instituiu-se a faculdade de firmar ou sancionar convenções ou contratos de trabalho dos seus associados, com outros sindicatos profissionais e com empresas (art. 7º); proibiu-se a filiação dos sindicatos às organizações sindicais internacionais (art. 12); e estabeleceu-se a inamovibilidade do dirigente sindical (art. 14).

As Juntas de Conciliação e Julgamento foram instituídas e reguladas por meio do Decreto nº 22.132, de 25 de novembro de 1932, para dirimir os conflitos trabalhistas. Possuíam um raio de atuação restrito, pois só conheciam de conflitos de empregados sindicalizados e, ainda assim, que não afetassem a coletividade.

O sindicato interessado deveria fazer o requerimento junto ao Ministério do Trabalho, Indústria e Comércio e, quando instaladas, as citadas Juntas de Conciliação e Julgamento seriam constituídas por dois vogais titulares e dois suplentes, indicados por empregadores e empregados, e um presidente, que poderia ser um integrante da OAB, magistrado ou um servidor público.

Sob a égide da Constituição de 1937 foi editado o Decreto-Lei nº 1.402/39,[8] que regulava a associação em sindicato, fundada nos pilares estabelecidos pelo seu art. 1º:

> **Art. 1º.** É lícita a associação, para fins de estudo, defesa e coordenação dos seus interesses profissionais, de todos os que, como empregadores, empregados ou trabalhadores por conta própria, intelectuais, técnicos ou manuais, exerçam a mesma profissão, ou profissões similares ou conexas.

Como se observa da redação do referido dispositivo legal, **foi mantido o enquadramento de acordo com o exercício de profissões similares ou conexas**. Entretanto, para obter a personalidade sindical, a associação deveria preencher alguns requisitos legais, além de necessitar de autorização, por intermédio da expedição da carta de reconhecimento, depois do registro dos atos constitutivos feito no Departamento Nacional do Trabalho e nas Inspetorias Regionais do Ministério do Trabalho, Indústria e Comércio.

Constituíam prerrogativas dos sindicatos: a) representar, perante as autoridades administrativas e judiciárias, os interesses da profissão e os interesses individuais dos associados, relativos à atividade profissional; b) fundar e manter agências de colocação; c) firmar contratos coletivos de trabalho; d) eleger ou designar os representantes da profissão; e) colaborar com o Estado, com órgãos técnicos e consultivos no estudo e solução dos problemas que se relacionam com a profissão; f) impor contribuições a todos aqueles que participam das profissões ou categorias representadas.

A unicidade sindical foi mantida por meio do preceito contido no art. 6º do referido Decreto-Lei nº 1.402/39, que poderiam ser distritais, municipais, intermunicipais, estaduais, interestaduais e, excepcionalmente, nacionais.

A CLT foi aprovada pelo Decreto-Lei nº 5.452, de 01 de maio de 1943 e reservou um título inteiro (Título V – Da Organização Sindical) para regulamentar a atividade sindical. Como a Consolidação é formada pela reunião de vários textos legais, por intermédio de um processo de sistematização, a CLT reproduziu quase que *ipsi literis* os termos contidos no supramencionado Decreto-Lei nº 1.402/39, no que diz respeito à organização sindical; bem como dos Decretos-Lei nº 2.381/40 e 2.377/40 em relação a enquadramento sindical e a contribuição sindical, respectivamente.

C. *Fase de liberdade limitada*

A terceira fase do sindicalismo nacional (liberdade limitada das relações sindicais) **foi inaugurada com a promulgação da atual Carta Magna** (art. 8º e seguintes). Toda a estrutura e a lógica do sistema sindical foram alteradas no sentido de desvincular as organizações sindicais do controle e intervencionismo do Estado.

---

8. O art. 180 da Carta Política de 1937 conferia poderes para o Presidente da República expedir decretos-leis para tratar de qualquer matéria de competência legislativa da União enquanto o Parlamento nacional não se reunisse.

O princípio da liberdade sindical foi adotado, **mas não de forma plena**, pois se manteve o sindicato único, o enquadramento sindical e o poder normativo da Justiça do Trabalho.

Desse modo, o texto da CLT que faz referência às relações sindicais ainda continua em vigor. Entretanto, vários de seus dispositivos encontram-se destituídos de vigência, uma vez que perderam o embasamento constitucional, mormente aqueles que fazem referência expressa à necessidade de autorização do órgão administrativo competente para a constituição, funcionamento e organização das entidades sindicais (arts. 515 a 521).

Alguns dispositivos necessitaram de manifestação expressa do Supremo Tribunal Federal, no que diz respeito a sua recepção pela nova ordem constitucional, para por fim às incertezas geradas pelas interpretações de juízes e tribunais inferiores. Isso aconteceu, por exemplo, com o art. 522 da CLT: "O art. 522, CLT, que estabelece números de dirigentes sindicais, foi recebido pela CF/88, art. 8º, I (STF. RE 193.345-3 SC. Rel. Min. Carlos Velloso, Ac. 2ª T. 13.04.99)".[9]

3.3. Evolução constitucional nacional

A. *Carta de 1824*

Como já salientado, a Constituição outorgada de 1824 **assegurou a liberdade de trabalho, mas aboliu as corporações de ofício**.[10] Contudo, não fazia qualquer referência aos direitos sociais e laborais, pois tratava basicamente de direitos civis sob inspiração da filosofia liberal da revolução francesa.

B. *Constituição Federal de 1891*

De igual forma, a Carta Maior de 1891, que instituiu o Estado federado, republicano, presidencialista e liberal, não interferiu nas relações sociais existentes entre patrões e empregados. Fez referência, apenas, ao direito do exercício de qualquer profissão (art. 72, § 24); de associação e reunião livre sem armas (art. 72, § 8º), ou seja, o direito de associação geral e não especificamente para discussão e defesa de questões trabalhistas.

Pela Emenda Constitucional aprovada em 1926, o Congresso Nacional passou a ter competência para legislar sobre Direito do Trabalho.

C. *Constituição Federal de 1934*

A Carta Maior de 1934 **foi a primeira a conter normas específicas sobre Direito Coletivo do Trabalho e inovou no sentido de permitir a pluralidade sindical**.

9. CLT. Art. 522: A administração do sindicato será exercida por uma diretoria constituída, no máximo, de sete e, no mínimo, de três membros e de um conselho fiscal composto de três membros, eleitos esses órgãos pela assembleia geral.

10. Constituição Federal de 1824. Art. 179. XXIV. Nenhum gênero de trabalho, de cultura, indústria, ou comércio pode ser proibido, uma vez que não se oponha aos costumes públicos, à segurança, e saúde dos Cidadãos. XXV. Ficam abolidas as Corporações de Ofícios, seus Juízes, Escrivães, e Mestres.

Em seu art. 122, **criou a Justiça do Trabalho** para dirimir "questões entre empregadores e empregados, regidas pela legislação social" e instituiu o modelo paritário em todos os seus níveis.[11]

Segundo Arnaldo Süssekind, a Constituição de 1934:

Procurou conciliar filosofias antagônicas emanadas das cartas magnas de Weimar (social--democrata) e dos Estados Unidos da América (liberal-individualista), além de mesclar a representação política resultante de voto direto com a escolhida pelas associações sindicais (representação corporativa). Foi por isso, vaticinada vida efêmera, o que aconteceu.[12]

D. Constituição Federal de 1937

A Constituição Federal seguinte (1937), inspirada no Estado Novo, imposta por Getúlio Vargas e de caráter corporativista, **estabeleceu a unicidade sindical** e sujeitou a criação e funcionamento do sindicato à autorização do Estado, conforme se observa da redação do seu art. 138:

> **Art. 138.** A associação profissional ou sindical é livre. Somente, porém o sindicato regularmente reconhecido pelo Estado tem direito de representação legal dos que participarem da categoria de produção para que foi constituído, e de defender-lhes o direito perante o Estado e outras associações profissionais, estipular contratos coletivos de trabalho obrigatórios para todos os seus associados, impor-lhes contribuição e exercer em relação a eles funções delegadas de poder público.

Também, **considerava a greve e o *lockout* como recursos antissociais, nocivos ao trabalho e ao capital, bem como incompatíveis com os interesses da produção nacional**. Manteve a estrutura da Justiça do Trabalho[13], mas ainda desvinculada do Poder Judiciário e constitucionalizava o corporativismo em seu art. 140:

> **Art. 140.** A economia da população será organizada em corporações, e estas, como entidades representativas das forças do trabalho nacional, colocadas sob a assistência e a proteção do Estado, são órgãos destes e exercem funções delegadas de Poder Público.

O caráter corporativista da Carta de 1937 manifestava-se, também, pela previsão de instalação do Conselho de Economia Nacional – CEN, órgão formado por representantes de empregados e empregadores, indicados pelas organizações sindicais respectivas e destinado a auxiliar o Congresso Nacional.[14]

E. Constituição Federal de 1946

Com o advento da Constituição Federal de 1946, finalmente **a Justiça do Trabalho foi incluída como órgão do Poder Judiciário**, por meio do preceito contido no art. 94, V: "O Poder Judiciário é exercido pelos seguintes órgãos: V – Juízes e Tribunais do trabalho".

11. A Justiça do Trabalho não chegou a ser instalada durante o período de vigência desta Carta.
12. SÜSSEKIND, Arnaldo. ***Direito Constitucional do Trabalho***. Rio de Janeiro: Renovar, 1999. p. 27.
13. A Justiça do Trabalho foi instalada em 01 de maio de 1941, como órgão administrativo vinculada ao Ministério do Trabalho.
14. Constituição Federal de 1937. Art 57. O Conselho da Economia Nacional compõe-se de representantes dos vários ramos da produção nacional designados, dentre pessoas qualificadas pela sua competência especial, pelas associações profissionais ou sindicatos reconhecidos em lei, garantida a igualdade de representação entre empregadores e empregados.

Foi mantida a estrutura da organização sindical brasileira, **porém o direito de greve foi novamente reconhecido** pelo art. 158, que remeteu ao legislador ordinário a sua regulamentação. A liberdade profissional e sindical foi tratada no art. 159:

> **Art. 159.** É livre a associação profissional ou sindical, sendo reguladas por lei a forma de sua constituição, a sua representação legal nas convenções coletivas de trabalho e o exercício de funções delegadas pelo Poder Público.

F. *Constituição Federal de 1967/69*

A Constituição Federal 67/69 **proibiu a greve apenas no serviço público e nas atividades essenciais**. O art. 159 da mencionada Constituição também dispunha sobre a liberdade de associação, nos mesmos moldes previstos pela Carta anterior. Entre as funções delegadas estava incluída a de arrecadar "na forma da lei, contribuições para o custeio da atividade dos órgãos sindicais e profissionais e para a execução de programas de interesse das categorias por eles representadas".

Por fim, **instituiu o voto obrigatório nas eleições sindicais** no parágrafo 2º do art. 159: "É obrigatório o voto nas eleições sindicais".

G. *Constituição Federal de 1988*

Os constituintes, que aprovaram a Carta de 1988, sucumbiram aos apelos dos sindicalistas, temerosos diante de uma possível pulverização das organizações sindicais. Assim, foi aprovado um texto pelo qual se **reconheceu uma liberdade sindical limitada, pois permaneceu a ideia do sindicato único sustentado pelas contribuições sindicais obrigatórias, o que impede a ratificação da Convenção nº 87 da OIT.**

De forma contraditória, a referida Carta proíbe a intervenção estatal na autorização, organização e funcionamento das entidades sindicais, bem como na liberdade de filiação, permanência e desfiliação dos trabalhadores aos sindicatos.

4. CONTEÚDO

O Direito não é simplesmente um fato social. É uma necessidade para que os indivíduos possam viver em sociedade. Por conta disso, o Direito traça normas a serem observadas pelas pessoas de forma a evitar conflitos e, consequentemente, alcançar a paz social. Ocorre que, com o passar dos tempos, as relações sociais tornaram-se cada vez mais complexas, fato que provocou a especialização do Direito em vários ramos.

Portanto, para cada espécie de relação social a que o Direito atribui importância, nasce um ramo do Direito específico, ou seja, um conjunto de regras e princípios próprios, sistematicamente harmonizados entre si, que em última análise constitui o conteúdo da disciplina jurídica.

As regras e princípios, que cuidam das relações havidas entre o empregado e o empregador individualmente considerados, formam o conteúdo do Direito individual do trabalho.

Já as normas e princípios pertencentes ao Direito sindical ou ao Direito coletivo do trabalho tutelam, em um primeiro momento, as relações havidas entre os sujeitos específicos denominados de sindicatos (sujeitos coletivos trabalhistas) ou, de uma forma mais ampla, as organizações sindicais responsáveis pela defesa e promoção dos interesses dos empregados e dos empregadores.

Desse modo, o Direito coletivo do trabalho é **composto por regras e princípios que regulam as relações coletivas de trabalho, nascidas das atividades desenvolvidas por essas entidades, sejam entre si (relação entre sindicatos obreiros e patronais), em relação aos seus associados ou em face do Estado.**

Além dessas regras básicas, existem outras de natureza derivada que definem, por exemplo: a) as formas de composição dos conflitos coletivos de trabalho; b) o exercício do direito de greve; c) a negociação coletiva e o diálogo social; d) a liberdade sindical; e) a constituição das normas profissionais negociadas etc.

5. FUNÇÃO

Como visto anteriormente, a função primeira do Direito, de forma bem genérica, é a prevenção de conflitos e a conquista da paz social, já que o homem vive em sociedade e, em determinados momentos, o exercício da liberdade de um entra em choque com o mesmo direito de outro indivíduo.

Analisada sob esse prisma, a função do Direito coletivo do trabalho **é evitar o conflito entre os grupos organizados de empregados e empregadores, com o estabelecimento de regras de condutas para essas entidades sindicais conviverem pacificamente.**

Na verdade, além de prevenir conflitos, o Direito coletivo ou Direito sindical institui regras para produção de normas profissionais. Por conta disso, o Direito coletivo do trabalho desempenha outra função que é **regular a criação de normas de conduta e normas definidoras de produção de outras normas**, quais sejam, as normas profissionais.

6. NATUREZA JURÍDICA

Dois pontos devem ser considerados antes de classificar o Direito coletivo como ramo do Direito público ou privado. Primeiramente, como pressuposto, deve-se definir o que significam as expressões Direito público e Direito privado.

Pela **teoria do interesse**, determinado ramo do Direito é classificado como **público quando prevalece o interesse público**, hipótese em que o interesse individual fica relegado a um segundo plano e o Estado figura na relação jurídica investido do *ius imperii*. Seria de **Direito privado** o ramo do Direito destinado a **regular os interesses dos particulares** envolvidos em uma relação jurídica qualquer, inclusive com participação do próprio Estado, desde que despido do mencionado poder de império.

Existe outra teoria que classifica como público ou privado o ramo do Direito que contenha ou não normas de ordem pública ou cogente. Atualmente, essa teoria não se adapta à evolução dos ordenamentos jurídicos. Isso porque o direito privado já conta com um número considerável de normas inderrogáveis pela vontade das partes, sem que com isso haja interferência na essência de determinado ramo do Direito, ao ponto de transformá-lo em Direito público.

O outro ponto a ser considerado é a espécie de regime de governo adotado por cada Estado. Historicamente, nos regimes socialistas e corporativos, o sindicato era considerado parte integrante do Estado, por meio de um processo de delegação de funções eminentemente públicas para essa entidade.

Ora, nesse caso, quando há interferência do Estado na formação, funcionamento e extinção das organizações sindicais, não resta dúvida de que o Direito coletivo do trabalho teria o caráter de Direito público.

Quando o Estado adota um regime democrático de direito, em que se propugna pela adoção do princípio da liberdade sindical, mesmo que seja de forma limitada, como acontece no Brasil, não há como reconhecer a natureza publicista do ramo do Direito em estudo. Em tais situações, o Estado dissocia-se completamente das entidades organizativas de empregados e empregadores e o interesse particular passa a prevalecer.

Amauri Mascaro Nascimento resume muito bem essa divergência:

> Não se duvida de que no corporativismo italiano o direito sindical teria natureza pública. Clara também é a sua classificação privatística num sistema de autonomia privada coletiva, de liberdade sindical e de sindicalismo de negócio, como o dos Estados Unidos. Registre-se, apenas, que a concepção publicista é própria dos regimes autoritários, uma vez que traz para a esfera pública as relações sindicais.[15]

Conclui-se, assim, que o Direito coletivo do trabalho é um ramo do Direito privado.

7. PRINCÍPIOS DO DIREITO COLETIVO DO TRABALHO

Princípios jurídicos dizem respeito à razão de ser de um determinado instituto ou mesmo de um ramo do Direito. Decorre da fonte material que faz nascer a norma jurídica específica, ou seja, dos fatos sociais, políticos, religiosos, econômicos etc.

Dessa forma, o princípio jurídico tem três funções básicas: primeiro, nortear a produção legislativa e iluminar o caminho do legislador; segundo, orientar a interpretação, integração e aplicação do Direito; e terceiro, estabelecer regras de conduta (princípio-regra).

A existência de princípios próprios, em conjunto com outros aspectos, justifica a autonomia de determinado ramo da ciência jurídica.

O Direito coletivo do trabalho possui princípios que norteiam a formação e a interpretação de suas normas. São eles: a) princípio da liberdade sindical; b) princípio da interveniência sindical; c) princípio da autonomia da vontade; d) princípio da intervenção mínima do Estado; e d) princípio da força normativa.

15. NASCIMENTO, Amauri Mascaro. ***Direito Sindical***. São Paulo: Saraiva, 1989. p. 20.

7.1. Liberdade sindical

A liberdade é característica do ser livre. É a faculdade que a pessoa tem de fazer ou de não fazer algo de acordo com o seu livre arbítrio. Essa liberdade comporta várias acepções, como a liberdade de ir e vir, de expressão, religiosa, política, de preferência sexual, de pensamento etc.

Obviamente que a plena liberdade, representada pelo exercício da liberdade sem limites, não é possível quando o indivíduo vive em sociedade. Isso porque o exercício da liberdade de alguém vai encontrar seus limites no exercício da liberdade de outra pessoa. Disso resulta a necessidade de regras para estabelecer os limites dentro dos quais o indivíduo pode exercer essa liberdade sem interferir no direito de outrem.

Foi com a revolução francesa que os ideais de liberdade passaram a ser considerados como dogmas. Isso se concretizou por meio do afastamento do Estado das relações entre os particulares, o que privilegiou a autonomia da vontade privada e retirou qualquer entrave legal para a sua efetivação.

Posteriormente, percebeu-se que em determinadas relações, como ocorre com aquelas que são objeto do Direito individual do trabalho, o Estado não poderia se afastar por completo. Seria necessário preservar um mínimo de direitos obrigatórios sob pena de instalar-se uma grave injustiça social. Nessa fase, o Estado passou de Liberal para Social e impôs alguns limites ao exercício da liberdade individual.

Pois bem, no âmbito do Direito coletivo do trabalho, a liberdade sindical significa a inexistência de óbices legais para que patrões e empregados possam se associar para a defesa dos seus interesses, sem qualquer intervenção do Estado.

O princípio da liberdade sindical comporta três níveis distintos:

a) não pode haver, por parte do Estado, restrições para a criação, funcionamento, desmembramento ou extinção de uma organização sindical (liberdade de constituição);

b) a lei não poderá obstar a filiação, permanência ou desligamento do associado a qualquer sindicato (liberdade de filiação);

c) não se pode criar embaraço, de qualquer espécie, para o seu funcionamento, ou seja, para a sua organização e administração (liberdade de organização).

Os fundamentos do princípio da liberdade sindical plena encontram-se estabelecidos pela Convenção nº 87 da OIT,[16] e complementada pela de nº 98,[17] que serão estudados, juntamente com outros aspectos importantes, no Capítulo III desta obra.

7.2. Interveniência sindical

O Direito coletivo do trabalho dirige a sua atenção às relações coletivas de trabalho, cujos sujeitos são as organizações sindicais. Dessa forma, esse ramo do Direito estabelece normas e princípios com vistas à prevenção de conflitos coletivos.

---

16. Essa Convenção ainda não foi ratificada pelo Brasil.
17. Decreto-legislativo nº 49/1952, promulgado pelo Decreto presidencial nº 33.196/1953.

O princípio da interveniência sindical nasce da importância desses sujeitos no contexto das relações sindicais. Por esse princípio, **os ajustes celebrados entre os grupos de empregados e empregadores** (contrato coletivo, convênio coletivo, acordo coletivo, convenção coletiva etc.), **só serão válidos se forem firmados pelas organizações sindicais, que detém essa prerrogativa.**

Contudo, existe uma limitação à mencionada exigência. Somente há necessidade de intervenção dos sindicatos dos empregadores na negociação coletiva que origina a convenção coletiva de trabalho, uma vez que a lei prevê a figura do acordo coletivo de trabalho, **firmado diretamente pela empresa sem a presença do sindicato patronal.**

Esse permissivo legal encontra sua explicação no fato da própria empresa ser um ente coletivo. Portanto, seria necessária a formação de uma entidade coletiva, por parte dos trabalhadores, para anular a desigualdade fática que existe quando a negociação é feita pelo empregado individualmente considerado.

7.3. Autonomia coletiva

No Direito individual do trabalho, o princípio da autonomia da vontade não tem aplicabilidade plena.

O referido princípio da autonomia da vontade foi um dos pilares do Direito civil na época do liberalismo. Por esse princípio, as pessoas podem, livremente, autolimitar-se, por meio dos contratos ou das declarações unilaterais de vontade.

A visão que se tinha, segundo o liberalismo, era de que o empregado e o empregador estavam em um plano de igualdade e, portanto, livres para ajustarem as cláusulas do contrato de trabalho.

A realidade demonstrou, contudo, que tal igualdade não se estabelecia na prática. O empregado que necessitava do trabalho, único meio de subsistência própria e de sua família, sujeitava-se às condições de trabalho pré-estabelecidas pelo patrão. Nesse passo, a propalada igualdade jamais existia.

Como forma de compensar uma desigualdade fática, a do patrão sob o empregado, criou-se, com o advento do Direito do trabalho, uma desigualdade jurídica. Por conta disso, pelo princípio protetivo, limita-se o princípio da autonomia da vontade do trabalhador hipossuficiente, que obsta a conclusão de ajustes que impliquem redução de direitos mínimos estabelecidos pela norma jurídica estatal.

No plano do Direito coletivo do trabalho, em tese, **inexiste a superioridade hierárquica da empresa ou do sindicato representativo dos empregadores sobre o sindicato dos trabalhadores**.

Dessa forma, os sindicatos da categoria econômica e profissional encontram-se em uma situação de igualdade no plano fático e **podem celebrar ajustes de acordo com o princípio da autonomia da vontade**, que nada mais é do que a capacidade que desfruta a entidade sindical de ser sujeito de direitos e obrigações por meio da manifestação da sua vontade.

Observe-se que o fenômeno da flexibilização, acolhido constitucionalmente, permite que, em alguns casos, as entidades sindicais possam negociar condições de trabalho em padrões inferiores àqueles estabelecidos pela legislação.

Esse permissivo encontra-se insculpido em algumas passagens da atual Constituição Federal, como aquele constante do art. 7º, inciso VI: "irredutibilidade do salário, salvo o disposto em convenção ou acordo coletivo" e XIII: "duração do trabalho normal não superior a oito horas diárias e quarenta e quatro semanais, facultada a compensação de horários e a redução da jornada, mediante acordo ou convenção coletiva de trabalho".

Dada a importância dessa questão, tanto no âmbito do Direito Individual quanto no Direito Coletivo do Trabalho, alguns autores, a exemplo de Maurício Godinho Delgado, elevaram-na à condição de princípio do Direito coletivo do trabalho, denominado de **princípio da adequação setorial negociada**.[18]

Em face da aplicação desse princípio, as normas oriundas da manifestação de vontade das entidades coletivas trabalhistas poderão prevalecer diante das normas estatais do Direito do Trabalho, na forma prevista pelo art. 611-A da CLT:

> **Art. 611-A**. A convenção coletiva e o acordo coletivo de trabalho têm prevalência sobre a lei quando, entre outros, dispuserem sobre:
>
> I – pacto quanto à jornada de trabalho, observados os limites constitucionais;
>
> II – banco de horas anual;
>
> III – intervalo intrajornada, respeitado o limite mínimo de trinta minutos para jornadas superiores a seis horas;
>
> IV – adesão ao Programa Seguro-Emprego (PSE), de que trata a Lei nº 13.189, de 19 de novembro de 2015;
>
> V – plano de cargos, salários e funções compatíveis com a condição pessoal do empregado, bem como identificação dos cargos que se enquadram como funções de confiança;
>
> VI – regulamento empresarial;
>
> VII – representante dos trabalhadores no local de trabalho;
>
> VIII – teletrabalho, regime de sobreaviso, e trabalho intermitente;
>
> IX – remuneração por produtividade, incluídas as gorjetas percebidas pelo empregado, e remuneração por desempenho individual;
>
> X – modalidade de registro de jornada de trabalho;
>
> XI – troca do dia de feriado;
>
> XII – enquadramento do grau de insalubridade;
>
> XIII – prorrogação de jornada em ambientes insalubres, sem licença prévia das autoridades competentes do Ministério do Trabalho;
>
> XIV – prêmios de incentivo em bens ou serviços, eventualmente concedidos em programas de incentivo;
>
> XV – participação nos lucros ou resultados da empresa.

18. A primeira referência feita a este princípio constou de artigo do Ministro Mauricio Godinho Delgado, intitulado "Princípios do Direito do Trabalho", Jornal Trabalhista, Brasília: Centro de Assessoria Trabalhista, ano XI, nº 535, 12.12.1994, p. 1202/1.208.

O Enunciado nº 27, aprovado na 2ª Jornada de Direito Material e Processual do Trabalho, trata da adequação setorial negociada após a vigência da Lei nº 13.467/17:

> **ENUNCIADO Nº 27. ADEQUAÇÃO SETORIAL NEGOCIADA**
>
> I – NEGOCIAÇÃO COLETIVA. LIMITES. ADEQUAÇÃO SETORIAL NEGOCIADA. AS REGRAS AUTÔNOMAS COLETIVAS PODEM PREVALECER SOBRE O PADRÃO GERAL HETERÔNOMO TRABALHISTA, DESDE QUE IMPLEMENTEM PADRÃO SETORIAL DE DIREITOS SUPERIOR AO PADRÃO GERAL HETERÔNOMO, OU QUANDO TRANSACIONAM SETORIALMENTE PARCELAS E DIREITOS TRABALHISTAS DE INDISPONIBILIDADE APENAS RELATIVA, RESPEITADAS AS NORMAS DE INDISPONIBILIDADE ABSOLUTA.
>
> II – A "ADEQUAÇÃO SETORIAL NEGOCIADA" NÃO AUTORIZA A SUPRESSÃO OU REDUÇÃO DE DIREITOS "TOUT COURT", CABENDO ÀS PARTES, NOS TERMOS DO ARTIGO 611-A DA CLT, COM A REDAÇÃO DADA PELA LEI 13.467/2017, JUSTIFICAR A EXCEPCIONALIDADE DA ADEQUAÇÃO E SUA TRANSITORIEDADE, BEM COMO DEFINIR AS CONTRAPARTIDAS, COM RAZOABILIDADE E DE BOA-FÉ, SENDO INCONSTITUCIONAL O DISPOSTO NO PARÁGRAFO 2º DO ART. 611-A DA CLT.

7.4. Intervenção mínima do Estado

Por conta da prevalência do princípio da autonomia coletiva das entidades sindicais, a intervenção do Estado, principalmente do Poder Judiciário, **deve ser mínima**, como preconiza o § 3º, art. 8º da CLT, com redação dada pela Lei nº 13.467/17:

> **Art. 8º. § 3º** No exame de convenção coletiva ou acordo coletivo de trabalho, a Justiça do Trabalho analisará exclusivamente a conformidade dos elementos essenciais do negócio jurídico, respeitado o disposto no art. 104 da Lei nº 10.406, de 10 de janeiro de 2002 (Código Civil), e balizará sua atuação pelo princípio da intervenção mínima na autonomia da vontade coletiva.

A aplicação desse princípio é reforçada pelo § 1º, art. 611-A da CLT: "No exame da convenção coletiva ou do acordo coletivo de trabalho, a Justiça do Trabalho observará o disposto no § 3º do art. 8º desta Consolidação".

Sendo assim, não caberia ao Judiciário, por exemplo, anular uma cláusula de um instrumento normativo negociado por entender que ela é injusta, ilegal ou porque inexista cláusula de contrapartida (§ 2º, art. 611-A da CLT),[19] salvo quando se tratar de direitos que não possam ser suprimidos ou reduzidos por meio de negociação coletiva, cujo rol taxativo encontra-se no art. 611-B da CLT.

> **Art. 611-B**. Constituem objeto ilícito de convenção coletiva ou de acordo coletivo de trabalho, exclusivamente, a supressão ou a redução dos seguintes direitos:
>
> I – normas de identificação profissional, inclusive as anotações na Carteira de Trabalho e Previdência Social;
>
> II – seguro-desemprego, em caso de desemprego involuntário;

19. Há uma exceção a essa regra prevista expressamente no § 3º, art. 611-A da CLT: "Se for pactuada cláusula que reduza o salário ou a jornada, a convenção coletiva ou o acordo coletivo de trabalho deverão prever a proteção dos empregados contra dispensa imotivada durante o prazo de vigência do instrumento coletivo".

III – valor dos depósitos mensais e da indenização rescisória do Fundo de Garantia do Tempo de Serviço (FGTS);

IV – salário mínimo;

V – valor nominal do décimo terceiro salário;

VI – remuneração do trabalho noturno superior à do diurno;

VII – proteção do salário na forma da lei, constituindo crime sua retenção dolosa;

VIII – salário-família;

IX – repouso semanal remunerado;

X – remuneração do serviço extraordinário superior, no mínimo, em 50% (cinquenta por cento) à do normal;

XI – número de dias de férias devidas ao empregado;

XII – gozo de férias anuais remuneradas com, pelo menos, um terço a mais do que o salário normal;

XIII – licença-maternidade com a duração mínima de cento e vinte dias;

XIV – licença-paternidade nos termos fixados em lei;

XV – proteção do mercado de trabalho da mulher, mediante incentivos específicos, nos termos da lei;

XVI – aviso prévio proporcional ao tempo de serviço, sendo no mínimo de trinta dias, nos termos da lei;

XVII – normas de saúde, higiene e segurança do trabalho previstas em lei ou em normas regulamentadoras do Ministério do Trabalho;

XVIII – adicional de remuneração para as atividades penosas, insalubres ou perigosas;

XIX – aposentadoria;

XX – seguro contra acidentes de trabalho, a cargo do empregador;

XXI – ação, quanto aos créditos resultantes das relações de trabalho, com prazo prescricional de cinco anos para os trabalhadores urbanos e rurais, até o limite de dois anos após a extinção do contrato de trabalho;

XXII – proibição de qualquer discriminação no tocante a salário e critérios de admissão do trabalhador com deficiência;

XXIII – proibição de trabalho noturno, perigoso ou insalubre a menores de dezoito anos e de qualquer trabalho a menores de dezesseis anos, salvo na condição de aprendiz, a partir de quatorze anos;

XXIV – medidas de proteção legal de crianças e adolescentes;

XXV – igualdade de direitos entre o trabalhador com vínculo empregatício permanente e o trabalhador avulso;

XXVI – liberdade de associação profissional ou sindical do trabalhador, inclusive o direito de não sofrer, sem sua expressa e prévia anuência, qualquer cobrança ou desconto salarial estabelecidos em convenção coletiva ou acordo coletivo de trabalho;

XXVII – direito de greve, competindo aos trabalhadores decidir sobre a oportunidade de exercê-lo e sobre os interesses que devam por meio dele defender;

XXVIII – definição legal sobre os serviços ou atividades essenciais e disposições legais sobre o atendimento das necessidades inadiáveis da comunidade em caso de greve;

XXIX – tributos e outros créditos de terceiros;

XXX – as disposições previstas nos arts. 373-A, 390, 392, 392-A, 394, 394-A, 395, 396 e 400 desta Consolidação.

Caso decida pela anulação, **o juiz deverá anular também a respectiva cláusula compensatória**, se houver, conforme previsão contida no § 4º, art. 611-A da CLT:

Art. 611-A. § 4º Na hipótese de procedência de ação anulatória de cláusula de convenção coletiva ou de acordo coletivo de trabalho, quando houver a cláusula compensatória, esta deverá ser igualmente anulada, sem repetição do indébito.

Diante disso, é aconselhável constar expressamente na convenção ou no acordo coletivo de trabalho a **cláusula de flexibilização e a correspondente cláusula compensatória**.

7.5. Força normativa

Em um contexto histórico, quando as entidades sindicais fortaleceram-se e deflagraram as grandes greves, os empresários viram-se obrigados a rever suas posições e interesses no sentido de conceder aos empregados algumas melhorias em suas condições de trabalho.

Para conferir efeitos jurídicos a essa concessão empresarial foram celebrados ajustes nos moldes dos contratos vigentes à época. Entretanto, esses pactos profissionais, em seu conteúdo, não se parecia em nada com os contratos de natureza civil. Isso porque continham cláusulas que obrigavam pessoas que não haviam participado do contrato, ou seja, os instrumentos contratuais produziam efeitos ultrapartes.

Após um estudo mais profundo e detalhado, concluiu-se que o conteúdo daquele contrato coletivo assemelhava-se à própria norma estatal, em face do seu caráter de generalidade e abstratividade, mesmo que limitado a determinada profissão ou ramo de atividade econômica.

Como significou uma quebra de paradigmas dentro da teoria geral dos contratos, a força normativa dos convênios coletivos transformou-se em um princípio do Direito coletivo do trabalho.

Assim, por esse princípio, **os ajustes celebrados pelas entidades representativas dos empregados e empregadores adquirem força normativa.**

Isso quer dizer que os pactos coletivos, independente da denominação estabelecida pelo ordenamento jurídico (no Brasil, convenções ou acordos coletivos de trabalho), **adquirem natureza jurídica de norma geral e abstrata, ou seja, criam regras de condutas para os representados.**

Por sua importância, os instrumentos normativos negociados serão estudados à parte (parte II, capítulo V desta obra) inclusive no que diz respeito à possibilidade de prevalência das regras contidas nas convenções e acordos coletivos de trabalho sobre a norma estatal (denominado por Maurício Godinho Delgado de princípio da adequação setorial negociada).

A seguir, o quadro comparativo entre os princípios do Direito individual do trabalho e Direito coletivo do trabalho:

Direito Coletivo	Direito Individual
Liberdade sindical	Proteção
Interveniência sindical	Irrenunciabilidade
Autonomia coletiva	Continuidade
Força normativa	Primazia da realidade
–	Substituição automática das cláusulas nulas

Exemplos de questões sobre o tema

(TRT 23 – Juiz do Trabalho Substituto 23ª região/2014) Acerca dos princípios que informam o Direito Coletivo do Trabalho, marque a alternativa CORRETA:

(A) O Princípio da Adequação Setorial Negociada explicita o poder que possuem os entes sindicais de estabelecer normas coletivas de trabalho que são aplicadas às relações trabalhistas;

(B) A exigência de contribuição confederativa de trabalhador não associado ao sindicato fere o Princípio da Autonomia Coletiva Privada;

(C) Fere o princípio da liberdade sindical a exigência de sindicalização do trabalhador para ter acesso aos benefícios previstos nos acordos ou convenções coletivas;

(D) O princípio da Liberdade Sindical encontra-se regulado pela Convenção 87 da OIT, ratificada pelo Brasil;

(E) O Princípio da Autonomia Coletiva Privada constitui-se na possibilidade dos entes coletivos firmarem normas que irão regular os conflitos trabalhistas, tendo ampla liberdade de flexibilização dos direitos e deveres dos trabalhadores.

Resposta: C

(Magistratura do Trabalho – TRT 8ª – 2011) Sobre os princípios aplicáveis ao Direito Coletivo do Trabalho, analise as proposições abaixo e assinale a alternativa CORRETA:

I. O princípio da liberdade sindical, previsto na Convenção nº 87 da OIT, recentemente ratificada pelo Brasil, baseia-se essencialmente na ideia de que os trabalhadores e empregadores, sem qualquer distinção e, tampouco, autorização prévia, têm o direito de constituir as organizações que entendam convenientes, assim como o de se filiar a essas organizações, com a única condição de observar seus estatutos.

II. O princípio da interveniência sindical obrigatória impõe a presença da entidade sindical operária na relação jurídica de direito coletivo; assim, se os trabalhadores não estiverem assistidos por sua entidade sindical, não se poderá falar na existência de negociação coletiva, mas, no máximo, em negociação plúrima, sem o condão de produzir efeitos *ultra partes* ou de promover alterações contratuais coletivas *in pejus*.

III. Pelo princípio da força normativa, os instrumentos coletivos negociados constituem fonte de caráter normativo, ou seja, têm natureza jurídica de norma geral e abstrata.

IV. Baseado no princípio da prevalência relativa do negociado sobre o legislado, pode-se afirmar que é nula de pleno direito cláusula de contrato coletivo de trabalho que estabeleça a possibilidade de renúncia ou transação, pela gestante, das garantias referentes à manutenção do emprego e do salário.

(A) Os itens I, II, III e IV, estão corretos.

(B) Somente os itens I, II e III estão corretos.

(C) Somente os itens II, III e IV estão corretos.

(D) Somente os itens II e III estão corretos.

(E) Somente os itens III e IV estão corretos.

Resposta: C

8. AUTONOMIA

Como foi dito, para que um ramo do Direito seja considerado autônomo, exige-se o preenchimento de certos requisitos, tal como a existência de regras e princípios singulares. Além disso, a referida autonomia deve ser verificada em diversos aspectos, como a autonomia legal, a jurisdicional, a didática e a científica, que serão estudadas a seguir.

Todavia, é bom ressaltar que existem, basicamente, dois sistemas de Direito coletivo do trabalho, quais sejam, **o autônomo e o heterônomo**. No primeiro caso, o Estado abstém-se de traçar regras relativas às relações sindicais e igualam os sindicatos às demais associações civis. Evidentemente que nessa hipótese, não há que se falar em autonomia do Direito Coletivo do Trabalho.

Já pelo sistema heterônomo, o Estado, em menor ou maior grau, intervém nas relações coletivas de trabalho e traça regras e princípios a serem observados pelos atores sociais.

8.1. Autonomia legal

No Brasil, **ainda não existe um diploma legal autônomo com normas exclusivas do Direito coletivo do trabalho**. A Consolidação das Leis do Trabalho é um diploma legal misto, pois é formada por regras que tratam do Direito individual do trabalho, Direito administrativo do trabalho, Direito processual do trabalho e Direito coletivo do trabalho.

Contudo, essa circunstância individualmente considerada não pode afastar a autonomia do Direito coletivo do trabalho, uma vez que, apesar de ser um Diploma misto, a existência da CLT já tem o condão de separá-lo dos demais ramos do Direito Comum.

Se não fora isso, há várias leis extravagantes que tratam especificamente do Direito Sindical, bem como Convenções da OIT ratificadas pelo Brasil, como as de nºs 98, 131, 141, 144 e 154, relativas às relações sindicais.

8.2. Autonomia jurisdicional

A autonomia jurisdicional do Direito coletivo do trabalho é patente, tendo em vista a existência de um **ramo do Poder Judiciário específico para solucionar os conflitos coletivos do trabalho, que é a Justiça do Trabalho.**

Sua competência encontra-se estabelecida pelo art. 114 da Constituição Federal de 1988, qual seja, processar e julgar conflitos relacionados com greve, conflitos entre sindicatos e os conflitos coletivos de trabalho nos incisos II, III e no parágrafo 2º:

> **Art. 114.** Compete à Justiça do Trabalho processar e julgar: II – as ações que envolvam exercício do direito de greve; III – as ações sobre representação sindical, entre sindicatos, entre sindicatos e trabalhadores, e entre sindicatos e empregadores; § 2º Recusando-se qualquer das partes à negociação coletiva ou à arbitragem, é facultado às mesmas, de comum acordo, ajuizar dissídio coletivo de natureza econômica, podendo a Justiça do Trabalho decidir o conflito, respeitadas as disposições mínimas legais de proteção ao trabalho, bem como as convencionadas anteriormente.

Observe-se que nos grandes Tribunais Regionais e no Tribunal Superior do Trabalho existem composições de juízes, denominadas de **Seção de dissídio coletivo**, formadas com o objetivo exclusivo de solucionar essas espécies de conflitos laborais.

No TST, segundo o seu regimento interno (art. 77), é atribuída competência originária à SDC para:

> a) julgar os dissídios coletivos de natureza econômica e jurídica, de sua competência, ou rever suas próprias sentenças normativas, nos casos previstos em lei;
>
> b) homologar as conciliações firmadas nos dissídios coletivos;
>
> c) julgar as ações anulatórias de acordos e convenções coletivas;
>
> d) julgar as ações rescisórias propostas contra suas sentenças normativas;
>
> e) julgar os agravos internos contra despachos ou decisões não definitivas, proferidos pelo Presidente do Tribunal, ou por qualquer dos Ministros integrantes da Seção Especializada em Dissídios Coletivos;
>
> f) julgar os conflitos de competência entre Tribunais Regionais do Trabalho em processos de dissídio coletivo;
>
> g) processar e julgar as tutelas provisórias antecedentes ou incidentes nos processos de dissídio coletivo; e
>
> h) processar e julgar as ações em matéria de greve, quando o conflito exceder a jurisdição de Tribunal Regional do Trabalho.

8.3. Autonomia científica

Pode-se falar, ainda, em autonomia científica Direito coletivo do trabalho **em face do grande número de obras específicas dedicadas ao estudo e análise das normas e dos princípios reguladores da atividade dos entes coletivos do trabalho,** de forma exclusiva.

Além disso, os manuais de Direito do trabalho dos autores mais renomados do Brasil e de outros países dedicam alguns dos seus capítulos ao estudo dos institutos desse ramo da ciência jurídica trabalhista.

8.4. Autonomia didática

Em alguns cursos de Direito é destinada uma cadeira para o estudo das regras e princípios que tratam das relações coletivas de trabalho, como disciplina obrigatória ou facultativa.

Em outros cursos de graduação em Direito, o Direito coletivo do trabalho é estudado conjuntamente com o Direito individual do trabalho.

8.5. Conclusões

O Direito coletivo do trabalho possui princípios que lhe são peculiares e que já foram estudados, juntamente com os diversos aspectos da autonomia que um ramo do direito pode desfrutar.

De qualquer forma, pode-se afirmar que, **se não há autonomia plena, esse ramo do Direito já caminha a passos largos para conquistá-la e desvincular-se do Direito do trabalho**.

Há, porém, quem negue essa autonomia ou quase-autonomia do Direito coletivo do trabalho, a exemplo de Sérgio Pinto Martins ao afirmar que esse ramo do Direito:[20]

> É apenas uma das divisões do Direito do Trabalho, não possuindo autonomia, pois não tem diferenças específicas em relação aos demais ramos do Direito do Trabalho, estando inserido, como os demais, em sua maioria na CLT.[21]

No mesmo sentido, Amauri Mascaro Nascimento:

> No atual estágio o direito sindical é parte do direito do trabalho, não tendo adquirido uma autonomia científica, embora já o tenha, em alguns países, no plano legal, onde há leis de direito sindical independentes das leis de direito individual do trabalho, não unificadas numa codificação ou numa legislação comum abrangente dos dois setores das relações de trabalho.[22]

Esse posicionamento não resiste a uma análise mais aprofundada sobre o tema, pois rejeita a autonomia do Direito coletivo do trabalho simplesmente por não existir um Diploma Legal exclusivo para regular as relações coletivas. Se esse fosse um fundamento decisivo, nem mesmo o Direito individual do trabalho teria autonomia em alguns países, como na Itália, por exemplo, onde as relações laborais encontram-se regulamentadas pelo Código Civil.

Ora, **não há como interpretar da mesma forma as regras do Direito coletivo e do Direito individual do trabalho.** No primeiro caso, prevalece o princípio da autonomia da vontade dos contratantes, ao passo que no Direito individual do trabalho essa autonomia sofre demasiada restrição.

De outra sorte, também não pode ser considerado um apêndice do Direito civil, tendo em vista a existência de institutos jamais vistos por esse ramo do Direito, como por exemplo, os instrumentos normativos negociados, por meio dos quais se estabelecem regras com força coercitiva válidas não só para os contratantes, mas também para todos aqueles componentes de um determinado ramo econômico ou atividade profissional.

Dessa forma, se os sujeitos tutelados pelo Direito são diversos, o mesmo acontecendo em relação aos princípios e regras aplicáveis, **não resta dúvida de que o Direito coletivo do trabalho adquiriu sua autonomia em relação ao Direito individual do trabalho.**[23]

Exemplo de questão sobre o tema

(TRT 3 – Juiz do Trabalho Substituto 3ª região/2014) Em relação às proposições abaixo, podemos afirmar, EXCETO:

(A) O Direito Coletivo do Trabalho destina-se a disciplinar os interesses coletivos e tem uma função criadora das normas que regem os seus grupos, mas atua na constituição de normas que vão determinar direitos e obrigações para os contratos individuais de trabalho.

(B) A autonomia do direito coletivo, na criação normativa, não significa soberania perante o Estado, nem sobreposição de uma ordem jurídica paralela e à margem da ordem jurídica estatal, mas a conformação de um componente desta.

---

20. Contra a autonomia, também se posiciona Alice Monteiro de Barros.
21. MARTINS, Sérgio Pinto. ***Direito do trabalho***. 21. ed. São Paulo: Atlas, 2005. p. 698.
22. NASCIMENTO, Amauri Mascaro. ***Curso de direito do trabalho***: história e teoria geral do direito do trabalho: relações individuais e coletivas do trabalho. 19. ed. São Paulo: Saraiva, 2004. p. 996.
23. Maurício Godinho Delgado também defende a autonomia do Direito Coletivo do Trabalho.

(C) No Direito do Trabalho existem dois tipos fundamentais de relações jurídicas, assim entendidas as relações sociais disciplinadas pelo direito: as coletivas e as individuais.

(D) A relação do Direito Coletivo do Trabalho com o Direito Internacional Público é irrelevante, tendo em vista a autonomia e a soberania do Estado Brasileiro frente a comunidade internacional.

(E) A questão trabalhista não prescinde de uma infraestrutura de órgãos estatais voltados para o trabalho, regulados pelo Direito Administrativo.

Resposta: D

9. OS CONFLITOS COLETIVOS DE TRABALHO

Os conflitos coletivos de trabalho surgem a partir do momento em que se verifica a presença da pretensão resistida entre os interesses, cujos titulares são grupos de empregados e empregadores. Observe-se que o conflito coletivo nasce depois de fracassadas as tentativas de serem fixadas novas condições de trabalho, em face da resistência de um dos titulares da prerrogativa negocial.

No Direito individual do trabalho, o conflito origina-se pela não observância de uma regra que já se encontra posta pelo ordenamento jurídico, seja ela de origem estatal ou profissional, cujos titulares são as pessoas individualmente consideradas (o empregado e o empregador). Mesmo que haja um feixe de conflitos entre vários desses sujeitos (conflito plural), não se perde a natureza de conflito individual.

9.1. Espécies de conflitos coletivos

O conflito coletivo pode ter sua origem em variados aspectos relacionados com a prestação de serviço dos trabalhadores representados pelos organismos sindicais.

De forma geral, os conflitos coletivos podem ser **de natureza econômica ou jurídica**. No primeiro caso, a disputa realiza-se com o objetivo de se criar novas condições de trabalho mais vantajosas para o trabalhador (ressalvadas algumas hipóteses constitucionalmente previstas que admitem a flexibilização dos direitos trabalhistas). Essa modalidade de dissídio representa o verdadeiro conflito coletivo de trabalho, também conhecido como conflito de regulamentação.

Já na segunda hipótese, o conflito deriva da divergência de interpretação ou de aplicação de uma norma profissional pré-existente, e é considerado conflito coletivo de trabalho por extensão, sendo denominado também de conflitos de interpretação.

Saliente-se, também, que existem os conflitos derivados de direitos e interesses coletivos sem natureza normativa, quais sejam, aqueles de caráter difuso, individual homogêneo e coletivo em sentido estrito.

O quadro, a seguir, destaca as características dos conflitos coletivos de trabalho:

Dissídios coletivos	Ações coletivas
Natureza econômica	Direitos difusos
Natureza jurídica	Direitos coletivos
–	Direitos individuais homogêneos

10. MECANISMOS PARA SOLUÇÃO DOS CONFLITOS COLETIVOS DE TRABALHO

Os mecanismos de solução dos conflitos de interesses, de uma forma geral, são divididos em dois grandes grupos, a saber: a) solução autônoma e b) solução heterônoma. Ambos são aplicáveis no âmbito do Direito coletivo do trabalho, ou seja, para resolver os conflitos coletivos de trabalho.

Quando os próprios interessados chegam a uma conclusão sobre a quem pertence o bem da vida disputado, estar-se-á falando em forma **autônoma** de resolução de conflitos (autocomposição e autotutela) ao passo que quando um terceiro é convocado para solucionar o impasse, a hipótese será de solução **heterônoma** (mediação, arbitragem e jurisdição).

Seja qual for o mecanismo adotado para a solução do conflito coletivo, as negociações e mesmo a escolha do método deverão ser conduzidas não por um empregado ou por um empregador, mas por aquela pessoa que se encontra autorizada a representar a organização sindical respectiva, qual seja, o presidente ou os membros da diretoria.

10.1. Negociação coletiva – Autocomposição

O caminho natural para a solução dos conflitos coletivos é a **negociação**, por meio da qual os próprios interessados, no caso, as organizações sindicais representativas de patrões e empregados,[24] procuram, por meio de um processo de concessões recíprocas, chegar a uma solução que agrade ambas as partes.

Portanto, **a negociação coletiva representa uma forma autônoma de solução do conflito, mais precisamente, uma forma de autocomposição.**

Ao contrário do que acontece no âmbito das relações individuais, há a prevalência do princípio da autonomia da vontade nas relações laborais coletivas, conforme analisado linhas atrás, e uma vez ajustado um pacto coletivo, seja ele um acordo ou uma convenção coletiva de trabalho, produzem os efeitos desejados pelos signatários.

A Carta Maior de 1988, em seu art. 7º, XXVI, elevou o *status* do resultado das negociações promovidas pelos sindicatos, reconhecendo a validade das convenções e acordos coletivos de trabalho (contrato coletivo de trabalho).

No plano internacional, as Convenções nºs 98 (que trata da aplicação dos princípios do direito de sindicalização e de negociação coletiva)[25] e nº 154 da OIT estimulam a utilização, pelos sindicatos, desse método de composição de conflitos.

24. Excepcionalmente, a negociação coletiva pode ser conduzida por uma ou algumas empresas e, obtendo êxito, celebrando um acordo coletivo de trabalho.
25. OIT. Convenção nº 98. Art. 4º. Deverão adotar-se medidas adequadas às condições nacionais quando isso seja necessário para estimular e fomentar entre os empregadores e as organizações de empregadores, por uma parte, e as organizações de trabalhadores, por outra, o pleno desenvolvimento e uso de procedimentos de negociação voluntária, com objetivo de regulamentar, através de contratos coletivos, as condições de emprego.

10.2. Mediação

Malogradas as tentativas de negociação direta, os entes coletivos envolvidos no conflito podem recorrer a um mediador para propor uma solução para a controvérsia (forma heterônoma de solução de conflitos).

O recurso à mediação poderá ser facultativo ou obrigatório. No Brasil não há imposição quanto à utilização da mediação como forma de resolver os conflitos coletivos, sendo, desse modo, de natureza facultativa.

Se a opção for pela mediação será indicada, por comum acordo, uma terceira pessoa desinteressada,[26] que atuará no sentido de eliminar os obstáculos necessários para a concretização da composição e proporá uma solução para o litígio sem obrigatoriedade de aceitação pelas partes.

Por meio da mediação, as partes podem interferir na técnica utilizada pelo mediador e, inclusive, na solução sugerida. Contudo, **uma vez acatada a proposta oferecida pelo mediador, o resultado será formalizado em um contrato coletivo de trabalho** (uma convenção ou um acordo coletivo de trabalho).

A mediação encontra-se disciplinada pela Lei nº 13.140/2015, que conceitua esse instituto no parágrafo único do seu art. 1º: "Considera-se mediação a atividade técnica exercida por terceiro imparcial sem poder decisório, que, escolhido ou aceito pelas partes, as auxilia e estimula a identificar ou desenvolver soluções consensuais para a controvérsia".

Observa-se, que o mediador poderá ser um servidor público ou um particular. Inclusive, o extinto MTE possuía um cadastro de mediadores, na forma estabelecida pelo art. 4º do Decreto nº 1.572/95.[27]

10.3. Arbitragem

A solução do conflito coletivo de trabalho também pode ser buscada por meio da utilização da **arbitragem**, do tipo facultativa ou obrigatória. O ordenamento jurídico pátrio instituiu a arbitragem voluntária como faculdade das entidades sindicais, conforme previsto expressamente pelo art. 114, § 1º e § 2º da Constituição Federal vigente.[28]

---

26. Inclusive, poderá ser um representante do órgão competente do Poder Executivo ou do Ministério Público do Trabalho.

27. Decreto nº 1.572/95. Art. 4º. O Ministério do Trabalho manterá cadastro de profissionais para o exercício da função de mediador, para subsidiar a escolha pelas partes. § 1º. A inscrição no cadastro far-se-á mediante requerimento do interessado, perante a Delegacia Regional do Trabalho, desde que o requerente demonstre: a) comprovada experiência na composição dos conflitos de natureza trabalhista; b) conhecimentos técnicos relativos às questões de natureza trabalhista. § 2º. Preenchidos os requisitos referidos no parágrafo anterior, caberá ao Delegado Regional do Trabalho expedir o competente ato declaratório, que será publicado no Diário Oficial da União. § 3º. O credenciamento terá validade pelo prazo de três anos contados da data de sua publicação, facultado ao Delegado Regional do Trabalho o respectivo cancelamento, mediante despacho fundamentado. § 4º. É vedado o credenciamento de servidores públicos ativos.

28. CF/88. Art. 114. § 1º. Frustrada a negociação coletiva, as partes poderão eleger árbitros. § 2º. Recusando-se qualquer das partes à negociação coletiva ou à arbitragem, é facultado às mesmas, de comum acordo, ajuizar dissídio coletivo de natureza econômica, podendo a Justiça do Trabalho decidir o conflito, respeitadas as disposições mínimas legais de proteção ao trabalho, bem como as convencionadas anteriormente (grifou-se).

Nesses casos, a solução do conflito coletivo será feita pela forma **heterônoma**. Saliente-se que o resultado desse processo alternativo extrajudicial de solução de controvérsia será um **laudo arbitral, denominado pelo novo CPC de sentença arbitral (art. 515, VII).**

Observe-se que não há nenhum óbice legal para a adoção do referido método como forma de solução de divergência entre os sindicatos patronal e dos trabalhadores. Pelo contrário, a própria Carta Magna o estimula.

Exemplos de questões sobre o tema

(TRT 2 – Juiz do Trabalho Substituto 2ª região/2016) Assinale a única alternativa INCORRETA:

A) A mediação como uma técnica de composição dos conflitos é caracterizada pela participação de um terceiro, supra partes, o mediador, cuja função é ouvir as partes e formular propostas.

B) Tendo-se iniciado a ação judicial podem as partes se socorrer da mediação.

C) Segundo a Lei nº 9.307/96 que disciplinou por completo a arbitragem no Brasil, dando novo alento à sua utilização, ela é um processo de solução de conflitos jurídicos pelo qual o terceiro, estranho aos interesses das partes, tenta conciliar e, sucessivamente, decide a controvérsia.

D) A utilização da arbitragem está adstrita a direitos passíveis de serem transacionados, ou seja, direitos de índole patrimonial, sendo possível utilizá-la em matéria de Direito de Família, Direito Penal, Falimentar e Previdenciário.

E) A arbitragem é uma forma de solução de conflitos entre indivíduos.

Resposta: D

(FCC – Juiz do Trabalho Substituto 18ª região/2014) Considerando o posicionamento doutrinário sobre mediação e arbitragem, analise as proposições abaixo.

I. Mediação consiste na conduta pela qual determinado agente, considerado terceiro imparcial em face dos interesses contrapostos e das respectivas partes conflituosas, busca auxiliá-las e, até mesmo, instigá-las à composição, cujo teor será, porém, decidido pelas próprias partes.

II. O ordenamento jurídico prevê algumas hipóteses de mediação obrigatória a que as partes em conflito devem submeter-se, que têm como mediador o Ministério Público do Trabalho.

III. A arbitragem de direito tem por objeto conflito interpretativo de regra ou princípio jurídico ou de cláusula contratual. Escolhe-se, pela via arbitral, o exato sentido da norma ou cláusula aplicáveis às partes em dissensão.

IV. Arbitragem é o tipo procedimental de solução de conflitos mediante o qual a decisão efetiva-se por um terceiro árbitro, estranho à relação entre os sujeitos em controvérsia e, em geral, por eles escolhido.

V. A arbitragem de direito tem por objeto conflito de interesses materiais, de manifesto matiz econômico, envolvendo reivindicações materiais ou circunstanciais disputadas pelas partes.

Está correto o que se afirma APENAS em

(A) I e II.

(B) II e IV.

(C) I e V.

(D) II, III e V.

(E) I, III e IV.

Resposta: E

10.4. Greve – Autodefesa

A greve, no Direito do trabalho, representa uma forma legal e excepcional de autodefesa e também um mecanismo unilateral de solução de conflitos coletivos de trabalho que será estudado com mais profundidade no Capítulo VI desta obra.

O Estado abre mão, momentaneamente, do seu poder/dever de prestar a tutela jurisdicional para permitir que os trabalhadores, representados pelo ente coletivo respectivo, promovam a **autotutela** dos seus direitos, sem que isso configure crime de exercício arbitrário das próprias razões, previsto no art. 345 do Código Penal.[29]

Essa excepcionalidade não é característica somente do Direito do trabalho. No Direito comum permitem-se, por exemplo: o exercício do direito de retenção, nos contratos de depósito principal ou acessório;[30] o desforço imediato[31] etc., fundados na premissa de que o Estado, no exercício de sua função jurisdicional, não teria eficiência e rapidez de oferecer uma solução para a controvérsia.

Já a paralisação das atividades por decisão dos empresários, denominada de *lockout*, **não é acolhida pela maioria dos ordenamentos jurídicos, dentre eles, o do Brasil**.

10.5. Jurisdição

Frustradas as tentativas extrajudiciais de solução do conflito coletivo,[32] o interessado pode ajuizar perante a Justiça do Trabalho uma demanda coletiva própria denominada de **dissídio coletivo de trabalho com vistas a obter uma sentença normativa**, com o objetivo de fixar novas condições de trabalho para os empregados representados pelo sindicato respectivo.

O momento para o interessado acionar a Justiça Especializada Laboral encontra-se previsto no art. 616, § 2º, da CLT:

> **Art. 616. § 2º**. No caso de persistir a recusa à negociação coletiva, pelo desatendimento às convocações feitas pela Secretaria de Relações de Trabalho ou órgãos regionais do Ministério do Trabalho, ou se malograr a negociação entabulada, é facultada aos Sindicatos ou empresas interessadas a instauração de dissídio coletivo. (Redação dada ao parágrafo pelo Decreto-Lei nº 229, de 28.02.1967)

É o que se denomina de **Poder normativo da Justiça do Trabalho**, que foi flexibilizado com a promulgação da EC nº 45/04, ao alterar a redação original do art. 114, § 2º, da Constituição Federal de 1988, **no sentido de exigir que a referida ação seja proposta de comum acordo pelos interessados.**

Sobre o poder normativo, o TST manifesta-se por meio da Súmula nº 190:

> **SÚMULA Nº 190.** PODER NORMATIVO DO TST. CONDIÇÕES DE TRABALHO. INCONSTITUCIONALIDADE. DECISÕES CONTRÁRIAS AO STF. (mantida) – Res. 121/2003, DJ 19, 20 e 21.11.2003 Ao julgar ou homologar ação coletiva ou acordo nela havido, o Tribunal Superior do Trabalho exerce o poder normativo constitucional, não podendo criar ou homologar condições de trabalho que o Supremo Tribunal Federal julgue iterativamente inconstitucionais.

---

29. CP. Exercício arbitrário das próprias razões. Art. 345. Fazer justiça pelas próprias mãos, para satisfazer pretensão, embora legítima, salvo quando a lei o permite: Pena – detenção, de 15 (quinze) dias a 1 (um) mês, ou multa, além da pena correspondente à violência.
30. Código Civil. Art. 644. O depositário poderá reter o depósito até que se lhe pague a retribuição devida, o líquido valor das despesas, ou dos prejuízos a que se refere o artigo anterior, provando imediatamente esses prejuízos ou essas despesas.
31. Código Civil. Art. 1.210. § 1º O possuidor turbado, ou esbulhado, poderá manter-se ou restituir-se por sua própria força, contanto que o faça logo; os atos de defesa, ou de desforço, não podem ir além do indispensável à manutenção, ou restituição da posse.
32. O recurso à arbitragem e a mediação não são obrigatórios, característica própria da negociação coletiva.

A. Espécies

A depender da espécie de conflito, o dissídio coletivo respectivo segue a mesma natureza, ou seja, pode ser um **dissídio de natureza econômica ou de natureza jurídica.**

O típico dissídio coletivo é aquele de natureza econômica, **quando não há consenso entre os interessados sobre as novas condições de trabalho a serem implantadas no âmbito das relações individuais de labor.**

Nesse caso, devido a sua importância e por ser *sui generis,* a lei exige que haja uma autorização expressa dos empregados envolvidos no conflito, por meio de uma assembleia geral especialmente convocada para esse fim.

O dissídio coletivo de **natureza jurídica** assemelha-se a uma ação judicial clássica, uma vez que **por meio dele pretende-se adequar os fatos a uma norma jurídica profissional pré-existente.** Nessa hipótese, os interessados têm dúvidas quanto à aplicação e ao alcance de um acordo coletivo, convenção coletiva ou mesmo de uma sentença normativa.

Como dissídio coletivo jurídico afasta-se da sua natureza especial, não se faz necessária a **autorização da assembleia geral para o seu ajuizamento.**

Por essa linha de raciocínio, nem mesmo o dissídio coletivo poderia ser utilizado para, simplesmente, interpretar de forma abstrata uma norma jurídica. **Deve haver um caso concreto submetido à incidência da regra posta**, na forma do entendimento constante da OJ nº 7 da SDC:

> **OJ Nº 7.** DISSÍDIO COLETIVO. NATUREZA JURÍDICA. INTERPRETAÇÃO DE NORMA DE CARÁTER GENÉRICO. INVIABILIDADE. INSERIDA EM 27.03.1998.
> Não se presta o dissídio coletivo de natureza jurídica à interpretação de normas de caráter genérico, a teor do disposto no art. 313, II, do RITST.

B. Natureza jurídica da sentença normativa

A decisão proferida no processo de dissídio coletivo é denominada de **sentença normativa,** circunstância que revela a sua **natureza jurídica de lei**, em sentido amplo, em face de suas características de abstratividade e de generalidade.

Portanto, a sentença normativa, além de solucionar o conflito coletivo de trabalho, **cria novas condições de labor para os integrantes da categoria profissional**, cujo sindicato representativo ocupou um dos polos da relação processual.

A função primeira do Poder Judiciário é solucionar conflitos com vistas a obter a paz social. O Poder normativo da Justiça do Trabalho é exercido de forma excepcional, pois, em primeiro lugar, caberia ao Poder Legislativo a função criadora de normas.

Para auxiliar os julgadores nessa árdua tarefa de criar regras foram criados os **precedentes normativos, aprovados pela Seção de Dissídios Coletivos do Tribunal Superior do Trabalho.**

Esses precedentes normativos têm como fundamento o **critério histórico**, ou seja, são condições abstratas de trabalho que constantemente são utilizadas nas convenções ou acordos coletivos decorrentes da negociação coletiva ou mesmo em sentenças normativas anteriores.

Atualmente, são 119 precedentes normativos, alguns deles já cancelados, que tratam das mais diversas condições de trabalho, como salários, jornada de trabalho, licenças, garantia de emprego etc.

C. Efeitos da EC nº 45/2004

Como dito, com a promulgação da Emenda Constitucional nº 45 houve uma profunda alteração no texto constitucional no que se refere aos dissídios coletivos.

Pela redação atual do art. 114. § 2º, **o Poder Judiciário Trabalhista só poderá conhecer dos conflitos coletivos normativos mediante a provocação de ambos interessados**:

> **Art. 114. § 2º** Recusando-se qualquer das partes à negociação coletiva ou à arbitragem, é facultado às mesmas, de comum acordo, ajuizar dissídio coletivo de natureza econômica, podendo a Justiça do Trabalho decidir o conflito, respeitadas as disposições mínimas legais de proteção ao trabalho, bem como as convencionadas anteriormente.

Ora, em face dessa exigência **constitucional a jurisdição estatal foi transformada em uma arbitragem pública**, método de solução de conflitos que exige a concordância de todos os envolvidos para que a escolha tenha validade.

Como é uma prerrogativa anômala e excepcional do Poder Judiciário, a exigência de comum acordo entre as partes em conflito **não pode ser interpretada como ofensa ao princípio da inafastabilidade do controle jurisdicional**, previsto no art. 5º, inciso XXXV, da CF/88.

D. Legitimação e competência

A legitimação originária para propositura do dissídio coletivo é das entidades sindicais. Constitui-se, na verdade, em prerrogativa sindical, pois não pode ser exercida por outras associações patronais ou de empregados.

Excepcionalmente, **no caso de greve em atividade essencial, atribui-se legitimidade ao Ministério Público do Trabalho para propor o dissídio coletivo de greve**, de conformidade com o permissivo contido no art. 114, § 3º, da atual Constituição Federal:

> **Art. 114. § 3º**. Em caso de greve em atividade essencial, com possibilidade de lesão do interesse público, o Ministério Público do Trabalho poderá ajuizar dissídio coletivo, competindo à Justiça do Trabalho decidir o conflito.

A competência originária para o julgamento dos dissídios coletivos é do Tribunal Regional do Trabalho, salvo se a base territorial do sindicato ultrapassar aquela que corresponde a de um Estado Federado, hipótese em que a competência originária será do Tribunal Superior do Trabalho.

E. Acordo no dissídio coletivo

A ação coletiva típica, ajuizada pela entidade sindical, poderá ser encerrada pelo pronunciamento do Poder Judiciário, ou seja, **por meio de uma sentença normativa ou por um acordo homologado nos autos desse processo especial.**

Conforme dispõe o art. 514, "c", da CLT, cabe ao sindicato promover a conciliação nos dissídios coletivos de trabalho. Nesse caso, a eficácia subjetiva limita-se às partes que integraram a relação processual respectiva.

Esse é o posicionamento do TST externado pela OJ nº 2, da SDC:

> **OJ Nº 2.** ACORDO HOMOLOGADO. EXTENSÃO A PARTES NÃO SUBSCREVENTES. INVIABILIDADE. INSERIDA EM 27.03.1998. É inviável aplicar condições constantes de acordo homologado nos autos de dissídio coletivo, extensivamente, às partes que não o subscreveram, exceto se observado o procedimento previsto no art. 868 e seguintes, da CLT.

A exceção mencionada na referida Orientação Jurisprudencial diz respeito à hipótese de, no dissídio coletivo, figurar como partes apenas uma fração dos empregados da empresa. Nessa hipótese, se o Tribunal achar justo e conveniente poderá estender a decisão para os demais empregados.

F. *Exclusão dos servidores públicos*

Aos servidores públicos civis foi assegurado o direito de associação em sindicatos. Entretanto, as conquistas obtidas durante o estágio de negociação entre o sindicato dos servidores públicos e a Administração Pública direta, autárquica e fundacional **só podem ser efetivadas por meio de um instrumento formal próprio, qual seja, a lei**. Exclui-se, desse modo, a possibilidade da adoção de convênios coletivos ou de sentença normativa.

Contudo, se a reivindicação dos servidores públicos **não implicar majoração da despesa pública** (reajuste salarial, por exemplo), nada impede que se utilize da via do dissídio coletivo de trabalho para solucionar o impasse, principalmente quando se trata de dissídio coletivo de natureza jurídica.

O TST segue essa linha de raciocínio, por meio da atual redação da OJ nº 5, da SDC:

> **OJ Nº 5.** DISSÍDIO COLETIVO. PESSOA JURÍDICA DE DIREITO PÚBLICO. POSSIBILIDADE JURÍDICA. CLÁUSULA DE NATUREZA SOCIAL (redação alterada na sessão do Tribunal Pleno realizada em 14.09.2012) – Res. 186/2012, DEJT divulgado em 25, 26 e 27.09.2012. Em face de pessoa jurídica de direito público que mantenha empregados, cabe dissídio coletivo exclusivamente para apreciação de cláusulas de natureza social. Inteligência da Convenção nº 151 da Organização Internacional do Trabalho, ratificada pelo Decreto Legislativo nº 206/2010.

G. *Coisa julgada*

De grande interesse é a questão relativa à coisa julgada nas ações envolvendo dissídio coletivo de trabalho. Isso porque as decisões normativas proferidas nessa espécie de processo têm eficácia imediata, mesmo no caso de interposição de recurso para instância superior, em face do seu caráter meramente devolutivo.[33]

A OJ nº 277, da SDI-1, apresenta o posicionamento do TST nesse aspecto:

33. CLT. Art. 899. Os recursos serão interpostos por simples petição e terão efeito meramente devolutivo, salvo as exceções previstas neste Título, permitida a execução provisória até a penhora.

> **OJ Nº 277.** AÇÃO DE CUMPRIMENTO FUNDADA EM DECISÃO NORMATIVA QUE SOFREU POSTERIOR REFORMA, QUANDO JÁ TRANSITADA EM JULGADO A SENTENÇA CONDENATÓRIA. COISA JULGADA. NÃO CONFIGURAÇÃO. DJ 11.08.03. A coisa julgada produzida na ação de cumprimento é atípica, pois dependente de condição resolutiva, ou seja, da não modificação da decisão normativa por eventual recurso. Assim, modificada a sentença normativa pelo TST, com a consequente extinção do processo, sem julgamento do mérito, deve-se extinguir a execução em andamento, uma vez que a norma sobre a qual se apoiava o título exequendo deixou de existir no mundo jurídico.

Observe-se que a sentença normativa, como o próprio nome já diz, tem natureza jurídica de norma, pois fixa novas condições de trabalho. **Na verdade, tem espírito de lei e corpo de sentença**.

Nesse passo, um empregado ou o sindicato pode ingressar em juízo e embasar sua pretensão na decisão normativa como fonte formal de um direito (Súmula nº 246 do TST).[34] Se já houve trânsito em julgado da sentença normativa, não há qualquer dúvida quanto à eficácia plena do seu conteúdo.

Entretanto, se a decisão normativa encontra-se pendente de recurso, o processo promovido pelo empregado ou pelo sindicato em ação de cumprimento está sujeito a uma condição resolutiva, que é a manutenção da sentença normativa pelo órgão *ad quem*.

Se isso não acontecer, com a extinção do processo sem a resolução do mérito ou modificação da sentença originária pelo TST, **desaparece o direito do autor da ação individual, com o afastamento dos efeitos da coisa julgada.**

Abaixo, o quadro que contém os mecanismos de solução de conflitos, analisados sob a ótica do direito individual e coletivo do trabalho:

Espécies	Direito Individual	Direito Coletivo
Autocomposição	Admitida somente para os empregados hipersuficientes	Possível
Autotutela	Não é possível	Possível (greve)
Mediação	Somente por meio da CCP ou no caso de contrato de trabalho com empregado hipersuficiente	Possível
Arbitragem	Admitido expressamente somente para os empregados hipersuficientes	Possível
Jurisdição	Possível	Possível

Exemplo de questão sobre o tema

(TRT 2 – Juiz do Trabalho Substituto 2ª região/2014) Em relação à defesa dos interesses coletivos pela entidade sindical, aponte a alternativa correta:

(A) Pode se dar diretamente, como autotutela, que abrange o dissídio coletivo, a convenção coletiva, o acordo coletivo e a greve.

34. TST. Súmula nº 246. AÇÃO DE CUMPRIMENTO. TRÂNSITO EM JULGADO DA SENTENÇA NORMATIVA. (mantida) – Res. 121/2003, DJ 19, 20 e 21.11.2003. É dispensável o trânsito em julgado da sentença normativa para a propositura da ação de cumprimento.

(B) A negociação coletiva é a primeira ação sindical para a solução do conflito coletivo constituindo-se em requisito obrigatório para a realização de convenções e acordos coletivos, dissídios coletivos, mediação, arbitragem e greve.

(C) Nos termos do art. 173, II, da Constituição Federal, que sujeita a empresa pública ao regime de contratação das empresas privadas, cabe dissídio coletivo para a fixação de cláusulas econômicas.

(D) A exigência de "quorum" de 2/3 (dois terços) em primeira convocação e de 1/3 (um terço) em segunda convocação na assembléia que deflagra a atuação de entidade sindical, estabelecido no artigo 612 da CLT, não foi recepcionada pela Constituição Federal, que consagra o princípio da liberdade sindical.

(E) A mediação para a solução de conflito coletivo é de iniciativa das partes, que devem indicar de comum acordo o mediador, não se admitindo em nenhuma hipótese a indicação de mediador por terceiros.

Resposta: B

11. FONTES DO DIREITO COLETIVO DO TRABALHO

Segundo a Teoria Geral, as fontes do Direito podem ser classificadas em materiais e formais. A fonte material do Direito é aquela representada pelos fatos sociais, políticos, religiosos, econômicos etc., devidamente valorados que provocam e induzem a manifestação do legislador por meio da confecção de atos normativos.

No caso do Direito coletivo do trabalho, avulta-se a importância dessa espécie de fonte, pois a pressão social é exercida por intermédio dos sujeitos tutelados por esse ramo do Direito, quais sejam, as organizações sindicais.

Já a fonte formal corresponde ao **instrumento utilizado para dar validade jurídica à fonte material.** É a forma como a regra de conduta manifesta-se no direito positivo, pela Constituição, leis ordinárias, convenções internacionais etc.

As principais fontes formais do Direito coletivo do trabalho são a Constituição Federal, a CLT,[35] as normas legais esparsas e as Convenções da Organização Internacional do Trabalho ratificadas pelo Brasil.

A incompatibilidade entre os preceitos infraconstitucionais e a nova ordem constitucional operou-se em razão da adoção do princípio da **liberdade sindical**, que afastou a ingerência estatal quando da criação, funcionamento, organização e extinção das entidades sindicais.

Pelo fato da Constituição ter mantido a unicidade sindical e a agregação das entidades sindicais com base nas categorias profissionais e econômicas, considera-se que o **princípio da liberdade sindical foi incorporado ao ordenamento jurídico nacional com limitações.**

Essas limitações geram dúvidas doutrinárias e jurisprudenciais acerca do seu alcance em alguns dispositivos da legislação infraconstitucional, circunstância que provoca incerteza jurídica. Faz-se necessário, por conseguinte, um aclaramento que somente pode ser efetivado por meio da aprovação do projeto de lei que altera a regulação das relações sociais.

Registre-se, por fim, que no caso do Direito coletivo do trabalho **não há que se falar em aplicação da regra mais benéfica ou da condição mais favorável à entidade sindical**

35. Após a promulgação da atual Carta Magna, vários dispositivos da Consolidação das Leis do Trabalho, que formam o arcabouço jurídico do Direito Coletivo do Trabalho, não foram recepcionados, perdendo sua vigência.

representativa dos trabalhadores. Nesse caso, segue-se a regra clássica da hierarquia das normas jurídicas, cujo ápice é ocupado pela Constituição Federal.

11.1. Fonte constitucional

Desde a Constituição Federal de 1934, o Brasil ingressou em um processo de constitucionalização do Direito coletivo do trabalho, ao inserir nas Constituições dispositivos que regulam as relações coletivas de trabalho.

Na atual Carta Magna, os preceitos relativos ao Direito coletivo encontram-se insculpidos nos artigos: **8º (liberdade sindical), 9º (direito de greve), 10 (participação de empregados e empregadores nos colegiados dos órgãos públicos) e 11 (representante dos empregados na empresa).**

A Carta Política de 1988 **não adotou a liberdade sindical de forma plena**, pois proíbe a criação de mais de uma organização sindical na mesma base territorial (unicidade sindical):

Art. 8º. II – é vedada a criação de mais de uma organização sindical, em qualquer grau, representativa de categoria profissional ou econômica, na mesma base territorial, que será definida pelos trabalhadores ou empregadores interessados, não podendo ser inferior à área de um Município.

A solução dos conflitos coletivos de trabalho pela via judicial e extrajudicial encontra previsão constitucional também, conforme se observa das regras contidas nos incisos II e III e § 2º do art. 114 da Constituição Federal de 1988.[36]

Exemplo de questão sobre o tema

(MPT – Procurador do Trabalho/2013) Considerando-se a Constituição da República, assinale a alternativa CORRETA, em relação aos institutos nela expressamente previstos:

(A) Obrigatoriedade de reconhecimento formal da entidade sindical pelo Estado; unicidade sindical; divisão por categorias; contribuição sindical compulsória; base territorial mínima não inferior a um município; reconhecimento dos acordos e convenções coletivas; paralelismo sindical.

(B) Obrigatoriedade de reconhecimento formal da entidade sindical pelo Estado; unicidade sindical; divisão por categorias; contribuição confederativa; reconhecimento dos acordos e convenções coletivas, liberdade de filiação e desfiliação, garantia de emprego ao dirigente sindical.

(C) Obrigatoriedade de reconhecimento formal da entidade sindical pelo Estado; unicidade sindical; divisão por categorias, contribuição sindical compulsória, reconhecimento dos acordos e convenções coletivas, paralelismo sindical, liberdade de filiação e desfiliação.

(D) Obrigatoriedade de reconhecimento formal da entidade sindical pelo Estado; unicidade sindical; representação sindical na empresa, contribuição confederativa; reconhecimento dos acordos e convenções coletivas, liberdade de filiação e desfiliação; garantia de emprego ao dirigente sindical.

(E) não respondida.

Resposta: B

36. CF/88. Art. 114. Compete à Justiça do Trabalho processar e julgar: II – as ações que envolvam exercício do direito de greve; III – as ações sobre representação sindical, entre sindicatos, entre sindicatos e trabalhadores, e entre sindicatos e empregadores; § 2º Recusando-se qualquer das partes à negociação coletiva ou à arbitragem, é facultado às mesmas, de comum acordo, ajuizar dissídio coletivo de natureza econômica, podendo a Justiça do Trabalho decidir o conflito, respeitadas as disposições mínimas legais de proteção ao trabalho, bem como as convencionadas anteriormente.

11.2. Fonte infraconstitucional

A fonte formal infraconstitucional do Direito é constituída de leis (complementares, ordinárias, delegadas, medidas provisórias etc.) e pelos decretos expedidos pelo Poder Executivo, no uso das atribuições que lhe são conferidas pela Carta Magna.

O principal Diploma Legal que regula as relações coletivas de trabalho no Brasil é a Consolidação das Leis do Trabalho, que foi aprovada por um Decreto-lei de nº 5.452/43 e que entrou em vigor seis meses depois de sua publicação, em 10.11.1943.

O Título V, da mencionada Consolidação, trata da estrutura da organização sindical, enquanto que o Título VI cuida dos instrumentos normativos negociados. Ainda foi acrescido, por meio da Lei nº 9.958/2000, o Título VI-A, para regulamentar a atuação das comissões de conciliação prévia.

Além da CLT, algumas leis extravagantes fixam regras e princípios aplicáveis ao ramo do Direito sob análise, como por exemplo: a Lei nº 5.584/70, que traça regras sobre a assistência judiciária a ser prestada pela entidade sindical; a Lei nº 7.783/89 que estabelece regras e limites para o exercício do direito de greve; Lei nº 7.701/88, que dispõe sobre a especialização de turmas dos Tribunais do Trabalho em processos coletivos; Lei nº 4.725/65, que estabelece normas para o processo dos dissídios coletivos etc.

Os decretos do Poder Executivo completam o rol de fontes formais do Direito coletivo do trabalho.

Incluem-se, ainda, no rol das fontes formais, as Instruções Normativas, que são editadas atendendo a necessidade de uniformizar determinado procedimento administrativo.

Por fim, devem ser lembradas as fontes formais infraconstitucionais de caráter subsidiário do Direito coletivo do trabalho, as quais podem ser utilizadas na ausência de normas específicas pertencentes a esse ramo do Direito.

Com efeito, frequentemente utilizam-se das regras do Direito comum para serem aplicadas na regulação das organizações sindicais, principalmente no que diz respeito às normas de constituição e funcionamento das associações (Código Civil: Livro I – das Pessoas, Título II – Das Pessoas Jurídicas, Capítulo II – Das Associações), desde que não ofendam os seus princípios próprios.

11.3. Fonte internacional

A principal fonte internacional do Direito coletivo do trabalho **é representada pelas Convenções e Recomendações aprovadas pela Organização Internacional do Trabalho e ratificadas pelo Brasil**. Outros Diplomas Internacionais, como a Declaração Universal dos Direitos dos Homens, contêm dispositivos de natureza laboral, mas não são especificamente de Direito do Trabalho.

A OIT é um organismo de âmbito internacional criado pelo Tratado de Versalhes (parte XIII) logo após o final da 1ª Guerra Mundial (1919) e atualmente faz parte da Organização das Nações Unidas – ONU.

A referida Organização é composta por representantes de empregados, empregadores e dos Estados-membros e tem como objetivo principal promover a paz universal entre os povos por meio da justiça social.

As Convenções e Recomendações da Organização Internacional do Trabalho não têm eficácia autônoma no âmbito do ordenamento jurídico nacional. Para tanto, dependem de um ato complexo, primeiramente do Poder Legislativo, por meio do decreto-legislativo e, posteriormente, por decreto presidencial. Por esse motivo, alguns doutrinadores não reconhecem a existência das fontes internacionais do Direito.

Em relação às Convenções, preconiza o art. 19.5 da Constituição da OIT que:

> **Art. 19.5.** Cada um dos membros se obriga a submeter o convênio, no término de um ano a partir do encerramento da reunião da Conferência (ou quando por circunstâncias excepcionais não se possa fazer no término de um ano, tão logo seja possível, mas nunca após dezoito meses depois de encerrada a reunião da Conferência), à autoridade ou autoridades a quem compita o assunto, para efeito de que lhe deem forma de lei ou adotem outras medidas.

Quanto às Recomendações, segue-se a mesma regra acima citada. Contudo, o Estado-membro é notificado para que transforme o texto aprovado pela OIT em uma lei ou outro instrumento normativo qualquer. Outra diferença é que não há o procedimento da ratificação que é característico da Convenção.

O Brasil ratificou diversas Convenções da OIT que dispõem sobre o Direito coletivo do trabalho, mormente no que se refere à organização sindical, negociação coletiva etc.

A Convenção nº 98 trata da aplicação dos princípios do direito de sindicalização e de negociação coletiva, adotada em 01.07.1949.[37]

Já a Convenção nº 135 é relativa à proteção e facilidades que devem outorgar-se aos representantes dos trabalhadores na empresa, adotada pela 56ª Sessão de Conferência realizada em Genebra em 23.06.1971.[38]

A Convenção nº 141 estabelece diretrizes a serem adotadas pelos Estados-membros em relação às organizações de trabalhadores rurais e seu funcionamento no desenvolvimento econômico e social, tendo sido adotada em 23 de junho de 1975.[39]

Para promover as consultas tripartites, envolvendo representantes dos empregados, empregadores e do governo sobre a ratificação e efetividade das Convenções e Recomendações emanadas da Organização Internacional do Trabalho, foi aprovada a Convenção nº 144.[40]

A Convenção de nº 151 dispõe sobre a proteção do direito de sindicalização e os procedimentos para determinar as condições de emprego na administração pública, adotada em 27.06.1978, 64ª Sessão de Conferência realizada em Genebra.

A Convenção nº 154 da OIT trata da adoção de medidas adequadas às condições nacionais para o fomento da negociação coletiva, foi adotada em 19.06.1981.[41]

37. Decreto-legislativo nº 49/1952. Promulgado pelo Decreto presidencial nº 33.196/53.
38. Decreto-legislativo nº 86/1989. Promulgado pelo Decreto presidencial nº 131/91.
39. Decreto-legislativo nº 5/1993. Promulgada pelo Decreto presidencial nº 1703/95.
40. Decreto-Legislativo nº 6/89. Promulgada pelo Decreto presidencial nº 2518/98.
41. Decreto-Legislativo nº 22/92. Promulgada pelo Decreto presidencial nº 1256/94.

Outras convenções da OIT tratam direta ou indiretamente de matérias relacionadas com o Direito Coletivo do Trabalho, mas ainda não foram ratificadas pelo Brasil.

A mais importante dessas Convenções é a de nº 87, relativa à liberdade sindical e à proteção do direito de sindicalização, aprovada em 09.07.1948, na cidade de São Francisco – EUA, na 31ª Sessão de Conferência. Pela sua importância, essa Convenção será examinada em vários tópicos desta obra, principalmente fazendo um comparativo com suas disposições e o ordenamento jurídico pátrio.

11.4. Fonte jurisprudencial

Sem adentrar na discussão sobre o fato da jurisprudência ser fonte do Direito ou ferramenta para sua integração ou interpretação, pode-se afirmar que as Súmulas do TST e as Orientações Jurisprudenciais, principalmente da SDC – Seção de Dissídio Coletivo auxilia, e muito, os operadores do Direito coletivo laboral.

Já o Supremo Tribunal Federal posiciona-se, por meio de suas Súmulas, em alguns aspectos relacionados com a regulamentação das relações coletivas de trabalho:

> **SÚMULA Nº 197**. O empregado com representação sindical só pode ser despedido mediante inquérito em que se apure falta grave.
>
> **SÚMULA Nº 629**. A impetração de mandado de segurança coletivo por entidade de classe em favor dos associados independe da autorização destes.
>
> **SÚMULA Nº 630**. A entidade de classe tem legitimação para o mandado de segurança ainda quando a pretensão veiculada interesse apenas a uma parte da respectiva categoria.
>
> **SÚMULA Nº 677**. Até que lei venha a dispor a respeito, incumbe ao Ministério do Trabalho proceder ao registro das entidades sindicais e zelar pela observância do princípio da unicidade.
>
> **SÚMULA Nº 679**. A fixação de vencimentos dos servidores públicos não pode ser objeto de convenção coletiva.

12. O PROBLEMA DAS FONTES NORMATIVAS E DOS PRINCÍPIOS JURÍDICOS

O Direito coletivo do trabalho possui regras que regulam a produção das denominadas normas profissionais, também chamadas de contrato coletivo de trabalho ou convênio coletivo de trabalho.

No Brasil, pela legislação atual, existem duas espécies dessas normas profissionais, a saber: a convenção e o acordo coletivo de trabalho. Como foi dito, logo que surgiram esses instrumentos normativos negociados, a doutrina teve dificuldade para definir a sua natureza jurídica. As normas profissionais não se amoldavam a nenhum instituto jurídico existente à época.

Não era um contrato, pois seu conteúdo era formado por normas de condutas gerais e abstratas, limitadas, é claro, a um determinado grupo de trabalhadores. Não era lei, pois nascia da vontade das partes e tinha seu campo de aplicação limitado no tempo, no espaço e em relação às pessoas. Depois de muita discussão acabaram por entender que os instrumentos normativos tinham **natureza jurídica híbrida, ou seja, de contrato, na sua formação e de lei, no seu conteúdo.**

13. QUADRO SINÓPTICO

Capítulo I – Introdução ao Direito Coletivo do Trabalho			
Instituto	**Conteúdo**		**Item**
Conceito	O Direito coletivo do trabalho é o conjunto de normas e princípios que regulamentam a atividade das entidades representativas de patrões e empregados. Seu objetivo é evitar o surgimento de conflitos grupais, bem como traçar diretrizes da função criadora de normas profissionais pelos próprios interessados.		1
Denominações	Direito coletivo, Direito sindical e Direito corporativo.		2
Conteúdo	O Direito coletivo do trabalho é composto por regras e princípios que regulam as relações coletivas de trabalho, nascidas das atividades desenvolvidas pelas entidades sindicais, sejam entre si (relação entre sindicatos obreiros e patronais), em relação aos seus associados ou em face do Estado. Além dessas regras básicas, existem outras de natureza derivada que definem, por exemplo: a) as formas de composição dos conflitos coletivos de trabalho; b) o exercício do direito de greve; c) a negociação coletiva e o diálogo social; d) a liberdade sindical; e) e a constituição das normas profissionais negociadas etc.		4
Função	Evitar o conflito entre os grupos organizados de empregados e empregadores; Estabelecer regras de condutas para as entidades sindicais conviverem pacificamente; Instituir regras para produção de normas profissionais.		5
Natureza jurídica	Ramo do Direito privado.		6
Princípios do Direito Coletivo do Trabalho			
Liberdade sindical	**Constituição**	Não pode haver, por parte do Estado, restrições para a criação, funcionamento, desmembramento ou extinção de uma organização sindical.	7.1
	Filiação	A lei não poderá obstar a filiação, permanência ou desligamento do associado a qualquer sindicato.	
	Organização	Não se pode criar embaraço, de qualquer espécie, para a organização, funcionamento e administração da entidade sindical.	
Interveniência sindical	Os ajustes celebrados entre os grupos de empregados e empregadores (contrato coletivo, convênio coletivo, acordo coletivo, convenção coletiva etc.), só serão válidos se forem firmados pelas organizações sindicais, que detém essa prerrogativa.		7.2
Autonomia coletiva	Os sindicatos da categoria econômica e profissional situam-se em uma situação de igualdade no plano fático. Assim, podem celebrar ajustes com a observância do princípio da autonomia da vontade, que nada mais é do que a capacidade que desfruta a entidade sindical de ser sujeito de direitos e obrigações, por meio da manifestação da sua vontade.		7.3
Princípio da adequação setorial negociada	Em face da aplicação desse princípio, as normas oriundas da manifestação de vontade das entidades coletivas trabalhistas poderão prevalecer diante das normas estatais do Direito do Trabalho, na forma prevista pelo art. 611-A da CLT, que apresenta um rol exemplificativo.		
Intervenção mínima do Estado	Por conta da prevalência do princípio da autonomia coletiva das entidades sindicais, a intervenção do Estado, principalmente do Poder Judiciário, deve ser mínima, como preconiza o § 3º, art. 8º da CLT, com redação dada pela Lei nº 13.467/17. Salvo quando se tratar de direitos que não possam ser suprimidos ou reduzidos por meio de negociação coletiva, cujo rol taxativo encontra-se no art. 611-B da CLT.		7.4
Força normativa	Os ajustes celebrados pelas entidades representativas dos empregados e empregadores adquirem força normativa. Isso quer dizer que os pactos coletivos, independente da denominação estabelecida pelo ordenamento jurídico, adquirem natureza jurídica de norma geral, abstrata e cria regras de condutas para os próprios interessados.		7.5

<table>
<tr><td>Autonomia</td><td colspan="3">O Direito Coletivo do Trabalho ainda não conquistou sua autonomia plena, mas já caminha a passos largos para conquistá-la e desvincular-se do Direito do Trabalho, uma vez que possui princípios que lhe são peculiares, juntamente com os diversos aspectos da autonomia que um ramo do direito pode desfrutar.</td><td>8</td></tr>
<tr><td colspan="5">Mecanismos para solução dos conflitos coletivos de trabalho</td></tr>
<tr><td>Negociação coletiva</td><td colspan="3">Efetiva-se quando os próprios interessados, no caso as organizações sindicais representativas de patrões e empregados, sentam-se à mesa de negociação e procuram, por meio de um processo de concessões recíprocas, chegar a uma solução que agrade ambas as partes.</td><td>10.1</td></tr>
<tr><td>Mediação</td><td colspan="3">O procedimento da mediação inicia-se com a indicação, por comum acordo, de uma terceira pessoa desinteressada, que poderá ser um representante do órgão competente do Poder Executivo ou do Ministério Público do Trabalho, que atuará no sentido de eliminar os obstáculos necessários para a concretização da composição e proporá uma solução para o litígio sem obrigatoriedade de aceitação pelas partes.</td><td>10.2</td></tr>
<tr><td>Arbitragem</td><td colspan="3">Forma de solução de conflito heterônoma por meio da qual o árbitro é indicado para oferecer um laudo que deverá ser observado obrigatoriamente pelas partes.</td><td>10.3</td></tr>
<tr><td>Greve</td><td colspan="3">A greve, no Direito do Trabalho, representa uma forma legal e excepcional de autodefesa. Consiste em um mecanismo unilateral de solução de conflitos coletivos de trabalho, por meio da paralisação temporária das atividades laborais por deliberação dos próprios trabalhadores.</td><td>10.4</td></tr>
<tr><td rowspan="7">Jurisdição</td><td>Conceito</td><td colspan="2">Forma típica de solução de conflitos. Ocorre quando o Estado, por meio do Poder Judiciário, é acionado por ambos os envolvidos para por fim à desavença.</td><td rowspan="7">10.5</td></tr>
<tr><td rowspan="2">Espécie</td><td>Natureza econômica</td><td>É o dissídio coletivo típico, quando não há consenso entre os interessados sobre as novas condições de trabalho a serem implantadas no âmbito das relações individuais de labor.</td></tr>
<tr><td>Natureza jurídica</td><td>Assemelha-se a uma ação judicial clássica, ou seja, nele pretende-se adequar os fatos a uma norma jurídica profissional pré-existente.</td></tr>
<tr><td>Natureza jurídica da sentença normativa</td><td colspan="2">A decisão proferida no processo de dissídio coletivo é denominada de sentença normativa, circunstância que revela a sua natureza jurídica de lei, em sentido amplo, em face de suas características de abstratividade e de generalidade.
Portanto, a sentença normativa, além de solucionar o conflito coletivo de trabalho, cria novas condições de labor para os integrantes da categoria profissional, cujo sindicato representativo ocupou um dos polos da relação processual.</td></tr>
<tr><td>Efeitos da EC nº 45/04</td><td colspan="2">A partir da vigência da EC nº 45, o Poder Judiciário Trabalhista só poderá conhecer dos conflitos coletivos mediante a provocação de ambos interessados. Com isso, a jurisdição estatal foi transformada em uma espécie de arbitragem pública.</td></tr>
<tr><td rowspan="2">Legitimação e competência</td><td>Legitimação</td><td>A legitimação originária para propositura do dissídio coletivo é das entidades sindicais. Trata-se, na verdade, de prerrogativa sindical, pois não pode ser exercida por outras associações patronais ou de empregados.</td></tr>
<tr><td>Competência</td><td>A competência originária para o julgamento dos dissídios coletivos é do Tribunal Regional do Trabalho, salvo se a base territorial do sindicato ultrapassar aquela que corresponde a de um Estado Federado, hipótese em que a competência originária será do Tribunal Superior do Trabalho.</td></tr>
</table>

Jurisdição	Servidores públicos	Não foi assegurado, aos servidores públicos, o direito ao reconhecimento de acordos e convenções coletivas de trabalho, pelo que também não lhes é facultada a via do dissídio coletivo, por conta da falta de previsão legal (TST. SDC. OJ nº 5). Se a reivindicação dos servidores públicos não implicar majoração da despesa pública (reajuste salarial, por exemplo), nada impede que se utilize da via do dissídio coletivo de trabalho para solucionar o impasse.	10.5
	Coisa julgada	Se a decisão normativa encontra-se pendente de recurso, o processo promovido pelo empregado ou pelo sindicato em ação de cumprimento está sujeito a uma condição resolutiva, que é a manutenção da sentença normativa pelo órgão ad quem. Se isso não acontece, com a extinção do processo sem a resolução do mérito ou modificação da sentença originária pelo TST, desaparece o direito do autor da ação, não havendo falar-se, assim, em coisa julgada.	
Fontes formais		As principais fontes formais do Direito Coletivo do Trabalho são: a Constituição Federal, a CLT e as Convenções da Organização Internacional do Trabalho ratificadas pelo Brasil.	11

14. INFORMATIVOS DO TST SOBRE A MATÉRIA

Acordo em dissídio coletivo. Cláusula que proíbe o trabalho noturno, perigoso e insalubre aos menores de 14 anos. Norma que sugere a autorização de trabalho em desconformidade com o art. 7º, XXXIII, da CF. Impossibilidade de homologação pelo poder Judiciário.

Não é passível de homologação pelo Poder Judiciário, a cláusula de acordo em dissídio coletivo que, de forma transversa, sugere a possibilidade do trabalho noturno, perigoso ou insalubre aos maiores de quatorze anos, tendo em vista o disposto no inciso XXXIII do art. 7º da Constituição da República, que expressamente proíbe o trabalho noturno, perigoso ou insalubre aos menores de dezoito anos, e no art. 3º da Convenção nº 138 da OIT, ratificada pelo Brasil em 28.6.2001, o qual estabelece idade mínima de dezoito anos para a realização de atividade que possa prejudicar a saúde, a segurança e a moral do jovem. Com esse entendimento, a SDC, por unanimidade, deu provimento ao recurso ordinário interposto pelo Ministério Público do Trabalho da 4ª Região para excluir a Cláusula 38 – Trabalho Noturno e Insalubre, que dispunha ser proibido o trabalho noturno, perigoso ou insalubre apenas aos menores de quatorze anos. TST-RO-386700-55.2009.5.04.0000, SDC, rel. Min. Kátia Arruda, 13.5.2013 (TST. Info nº 46).

Associação Municipal de Apoio Comunitário – AMAC. Pessoa jurídica de direito público. Instituição de Plano de Cargos e Salários. Acordo coletivo de trabalho. Nulidade.

Diante da impossibilidade de a pessoa jurídica de direito público, que mantenha empregados vinculados ao regime previsto na CLT, celebrar convenções e acordos coletivos de trabalho que lhe acarretem encargos financeiros diretos, a SDC, por unanimidade, negou provimento aos recursos ordinários, entendendo não merecer reforma o acórdão do Regional que pronunciou, de forma incidental, a natureza jurídica de direito público da Associação Municipal de Apoio Comunitário – AMAC, e julgou procedente a ação anulatória para declarar a nulidade, com efeitos "ex tunc", do acordo coletivo de trabalho celebrado entre a referida associação e o Sindicato dos Trabalhadores, Funcionários e Servidores Municipais da Administração Direta, Indireta, Fundações, Autarquias, Empresas Públicas e Associações Civis da Prefeitura do Município de Juiz de Fora – SINSERPU/JF. Na espécie, restou consignado que a AMAC, por ser mantida por verbas orçamentárias sujeitas ao Tribunal de Contas do Estado e chefiada pelo prefeito municipal, constitui entidade de direito público, não obstante a natureza jurídica de direito privado que se lhe pretendeu imprimir seu estatuto. Assim, o acordo coletivo de trabalho por ela celebrado com o exclusivo objetivo de instituir Plano de Cargos e Salários e regular matérias reservadas exclusivamente à lei municipal, é atípico, e, em consequência, eivado de nulidade absoluta, não havendo que se destacar nem mesmo as eventuais cláusulas de natureza social, na forma da nova redação da Orientação Jurisprudencial nº 5 da SDC. TST-ROAA-146500-85.2007.5.03.0000, SDC, rel. Min. Fernando Eizo Ono, 9.10.2012 (TST. Info nº 25).

AR. Vale-transporte. Negociação coletiva. Pagamento em pecúnia. Possibilidade. Art. 7º, XXVI, da CF. Violação.

Afronta o art. 7º, XXVI, da CF o acórdão do Regional que não reconhece a validade da cláusula convencional estipulando o pagamento do vale-transporte em pecúnia, pois a Lei nº 7.418/85, que instituiu o vale-transporte, com a alteração introduzida pela Lei nº 7.619/87, não veda, em nenhum dos seus dispositivos, a substituição do referido benefício por pagamento em espécie. Ademais, a liberdade de negociação coletiva no âmbito das relações trabalhistas encontra-se assegurada na Constituição da República, ainda que não de forma absoluta, não existindo nenhum óbice legal para que as partes, de comum acordo, negociem a substituição do vale-transporte por antecipação em dinheiro. Com esse entendimento, a SBDI-II, por unanimidade, conheceu do recurso ordinário e, no mérito, deu-lhe provimento parcial para, em juízo rescindente, configurada a afronta ao art. 7º, XXVI, da CF, desconstituir o acórdão regional e, em juízo rescisório, reconhecendo a validade da cláusula convencional estipulando o pagamento em pecúnia do vale-transporte, julgar procedente o pedido de anulação da decisão proferida no Auto de Infração e a consequente exclusão da multa administrativa então aplicada à autora, com os consectários legais daí decorrentes. TST-RO-161-37.2011.5.06.0000, SBDI-II, rel. Min. Guilherme Augusto Caputo Bastos, 9.10.2012 a(TST. Info nº 25).

15. QUESTÕES

15.1. Questões objetivas

01. (TRT 3 – Juiz do Trabalho Substituto 3ª região/2012) Constituem institutos típicos de Direito Coletivo do Trabalho, salvo:

(A) Negociação coletiva;
(B) Dissídio coletivo;
(C) Transação;
(D) Sindicatos;
(E) Greve.

02. (FCC – Juiz do Trabalho Substituto 11ª região/2012) Em se tratando de composição de conflitos coletivos de trabalho, considere:

I. há dois modos de resolvê-los: a autocomposição e a heterocomposição.
II. caracterizam-se como técnicas heterocompositivas a arbitragem e a conciliação.
III. a negociação coletiva é forma autocompositiva dos conflitos coletivos.
IV. são idênticas as soluções para os setores privados e públicos.

Está correto o que se afirma APENAS em

(A) II.
(B) I e II.
(C) I e III.
(D) II e III.
(E) III e IV.

3. (QUESTÃO SOBRE A REFORMA TRABALHISTA ELABORADA PELO AUTOR). O Juízes e Tribunais Trabalhistas atuarão com base no princípio da intervenção mínima na autonomia da vontade coletiva, quando da análise dos instrumentos normativos negociados.

15.2. Questões discursivas

1. (TRT 5ª REGIÃO – 2013 – ADAPTADA) No tocante aos diplomas negociais laborais coletivos e à luz da sistemática do Direito do Trabalho no Brasil, discorra sobre os seguintes aspectos:

Considerando os princípios especiais do Direito Coletivo do Trabalho, explique os dois critérios que autorizam a prevalência das normas jurídicas coletivas sobre as regras de padrão geral heterônomo.

2. (TRT/2R/Juiz/2010) O que fundamenta a autonomia privada coletiva? Quais os seus limites em relação à figura do empregado?

15.3. Gabarito das questões objetivas

Gab.		Fundamentação legal e jurisprudencial	Onde encontro no livro?	Observação eventual
1	C	Doutrina	Item 4	–
2	C	I. Doutrina	I. Item 10	
		II. Doutrina	II. Itens 10.2 e 10.3	Alguns autores consideram a mediação como forma de autocomposição
		III. Doutrina	III. Item 10.1	
		IV. Doutrina	IV. Item 10.5, alínea "g"	
3	C	CLT. Art. 8º, § 3º	Item 7.4	

15.4. Gabarito das questões discursivas

Item	Fundamentação legal, jurisprudencial ou doutrinária	Onde encontro no livro
1	Quando se trata de Direito individual do trabalho, o princípio que autoriza a prevalência das normas jurídicas coletivas sobre as regras de padrão geral heterônomo é o protetivo, por meio do subprincípio denominado de aplicação da regra mais favorável. No âmbito do Direito coletivo do trabalho, a prevalência dos instrumentos normativos negociados derivam da aplicação do princípio da força normativa. Significa que os ajustes celebrados pelas entidades representativas dos empregados e empregadores adquirem força normativa, desde que, em regra, estabeleçam melhores condições de trabalho para os integrantes da categoria profissional representada. Assim, as convenções e os acordos coletivos de trabalho adquirem natureza jurídica de norma geral e abstrata, ou seja, criam regras de condutas para os representados, independentemente de estarem filiados às respectivas entidades. A confecção dos mencionados instrumentos normativos negociados só é possível diante da incidência do princípio da autonomia coletiva. Com efeito, ao contrário do que ocorre no Direito individual do trabalho, no Direito coletivo as Entidades sindicais desfrutam de plena liberdade para fixar contratos coletivos, observando os limites da legalidade, uma vez que inexiste a superioridade hierárquica da empresa ou do sindicato representativo dos empregadores sobre o sindicato dos trabalhadores. Pelo princípio da negociação setorial negociada, o que se estabelece por meio da negociação coletiva, que se transforma em um convenção ou acordo coletivo do trabalho, pode se sobrepor ao que estabelece as normas estatais, inclusive de forma menos benéfica, desde que se tratem de direitos de indisponibilidade relativa.	Itens 7.3 e 7.4
2	O que fundamenta a autonomia privada coletiva dos sindicatos da categoria econômica e profissional é o fato de encontrarem-se em uma situação de igualdade no plano fático e podem celebrar ajustes de acordo com o princípio da autonomia da vontade, que nada mais é do que a capacidade que desfruta a entidade sindical de ser sujeito de direitos e obrigações por meio da manifestação da sua vontade. A autonomia privada coletiva das entidades sindicais apresenta limites. Segundo a jurisprudência dominante do TST, só é possível negociar direitos trabalhistas abaixo do piso estabelecido pela legislação trabalhista estatal quando se tratar de compensação ou redução da jornada de trabalho e a redução salarial, pois somente esses institutos foram mencionados pelo art. 7º da Constituição Federal de 1988 como passíveis de flexibilização mediante a intervenção sindical. Para alguns autores, a negociação coletiva pode ser um pouco mais abrangente e teria que respeitar apenas os direitos de indisponibilidade absoluta, principalmente aqueles que tratam, direta ou indiretamente, de medicina, saúde, higiene e segurança no trabalho.	Item 7.3

CAPÍTULO II

ORGANIZAÇÃO SINDICAL

1. ESTRUTURA SINDICAL

Por estrutura sindical, entende-se a forma como as diversas entidades sindicais constituem-se e organizam-se em determinado ordenamento jurídico.

São diversos os modelos de estrutura sindical. A atual estrutura sindical brasileira é arcaica, pois se encontra em vigor desde a década de trinta do século passado e ainda segue o modelo importado do corporativismo italiano.

As alterações legislativas introduzidas ao longo de todo esse período, mormente as de índole constitucional, que acabou com a ingerência política e administrativa dos sindicatos pelo Estado, não tiveram o condão de afastar a sua natureza antidemocrática.

O sistema sindical nacional é formado por três níveis, para as categorias econômicas, e quatro níveis, para a categoria profissional. A base da estrutura sindical é constituída pelos **sindicatos,** organizações sindicais simples. Em um nível intermediário encontra-se a **federação**, que é formada pela reunião de sindicatos. O terceiro nível é ocupado pela **confederação**, constituída pelo agrupamento de federações. Por fim, a **central sindical** de trabalhadores, constituída por sindicatos de categoria profissional, de acordo com os critérios estabelecidos pelo art. 2º da Lei nº 11.648/04, mas com **prerrogativas sindicais limitadas.**

Os empregadores poderão constituir sindicato, federação e confederação, também de âmbito de atuação nacional, interestadual, estadual, intermunicipal e municipal. Exclui-se, por conseguinte, a central da estrutura sindical patronal.

Da análise dessa estrutura verifica-se facilmente que nesse aspecto não há que se falar em liberdade sindical plena, visto que a estrutura sindical já se encontra estabelecida pela norma de natureza estatal.

2. ASSOCIAÇÃO PROFISSIONAL E PATRONAL

A união de trabalhadores e de empresários pode se revestir de várias formas jurídicas. A associação constitui uma delas.

Apesar de ser uma união de pessoas de caráter duradouro, o seu objetivo não se limita, única e exclusivamente, à defesa dos interesses dos atores sociais no âmbito de uma relação de emprego.

Por conta desse aspecto, esse tipo de agrupamento é utilizado para os mais diversos fins, como acontece com associação de consumidores, de pais e mestres, de bairro etc.

As associações profissionais e de empresários não gozam das chamadas *prerrogativas sindicais*, ou seja, **não possuem personalidade sindical.** Diferem-se das corporações, pois têm como objetivo tratar de interesses e defender seus filiados, judicial e extrajudicialmente, ao passo que nesta última observa-se a prevalência do caráter fiscalizador no exercício do ofício respectivo.

Na sistemática jurídica anterior (antes da promulgação da Carta Política de 1988), os trabalhadores deveriam se reunir, inicialmente, em associações para depois galgar o *status* de sindicato.

Isso acontecia por meio da concessão da denominada "Carta Sindical,"[1] expedida pelo então Ministério do Trabalho à associação profissional mais representativa, desde que cumprindo certos requisitos estabelecidos pela legislação.

O art. 515 da CLT, **que não foi recepcionado pela atual CF,** dispõe:

> **Art. 515.** As associações profissionais deverão satisfazer os seguintes requisitos para serem reconhecidas como sindicatos: a) reunião de um terço, no mínimo, de empresas legalmente constituídas, sob a forma individual ou de sociedade, se se tratar de associação de empregadores; ou de um terço dos que integrem a mesma categoria ou exerçam a mesma profissão liberal, se se tratar de associação de empregados ou de trabalhadores ou agentes autônomos ou de profissão liberal; b) duração de três anos para o mandato da diretoria (red. Decreto-Lei nº 771/69); c) exercício do cargo de Presidente e dos demais cargos de administração e representação por brasileiros (red. Lei nº 6.192/74). Parágrafo único. O Ministro do Trabalho poderá, excepcionalmente, reconhecer como sindicato a associação cujo número de associados seja inferior ao terço a que se refere a alínea a."

Atualmente, o direito de associação civil também está garantido por dispositivo constitucional.[2] No plano da legislação ordinária, a regulação encontra-se inserida nos arts. 53 e seguintes do Código Civil.[3]

1. CLT. Art. 520. Reconhecida como sindicato a associação profissional, ser-lhe-á expedida carta de reconhecimento, assinada pelo Ministro do Trabalho, na qual será especificada a representação econômica ou profissional conferida e mencionada a base territorial outorgada (revogado). Parágrafo único. O reconhecimento investe a associação nas prerrogativas do art. 513 e a obriga aos deveres do art. 514, cujo inadimplemento a sujeitará às sanções desta lei.
2. CF/88. Art. 5º. XVIII. A criação de associações e, na forma da lei, a de cooperativas independem de autorização, sendo vedada a interferência estatal em seu funcionamento.
3. Código Civil. Art. 53. Constituem-se as associações pela união de pessoas que se organizem para fins não econômicos.

Desse modo, tanto trabalhadores quanto empresários podem se agregar em uma associação para a defesa dos seus interesses. Contudo, tais associações não ostentam as prerrogativas sindicais, fato que diminui a sua importância no contexto do Direito coletivo do trabalho.

3. SINDICATO

Os sindicatos ocupam a base da estrutura sindical nacional. **É uma organização sindical de primeiro grau, também conhecida como entidade sindical simples.**

No Brasil, os sindicatos representam uma categoria profissional (sindicato de empregados) ou econômica (sindicato de empregadores), uma vez que permanece em vigor o modelo corporativista que engessa o enquadramento sindical de acordo com as referidas categorias patronais ou operárias.

A associação em sindicato só pode ser efetivada quando existe identidade de atividade ou profissões ou se estas últimas forem similares ou conexas.

3.1. Conceito

Sindicato é uma associação permanente e organizada de trabalhadores com o objetivo de defender, manter e promover seus interesses com vistas à obtenção de melhores condições de vida e trabalho.

No Brasil, sob inspiração corporativista italiana, admitiu-se a possibilidade de constituir sindicatos patronais, circunstância que dificulta estabelecer os objetivos do sindicato, uma vez que patrões e empregados, na grande maioria dos casos, ocupam polos antagônicos nas negociações coletivas. Isso implica afirmar que os sindicatos visam defender os interesses laborais de quem representa, sejam eles empregados ou empregadores.

A Consolidação das Leis do Trabalho não apresenta a definição de sindicato. O art. 511 consolidado limita-se a identificar as suas funções, quais sejam: o estudo, a defesa e a coordenação dos interesses dos membros das categorias econômicas ou profissionais.

A congregação de empresários em associações patronais já supriria a necessidade de existir uma entidade paralela para promover a negociação coletiva e, consequentemente, para firmar convênios coletivos (acordo e convenção coletiva de trabalho).

Contudo, outros países da Europa, como a França, por exemplo, ainda usam a denominação *"sindicato"* para fazer referência, também, ao associativismo empresarial, o que não ocorre na Espanha e na Argentina.

Sob esse prisma e em face do permissivo legal pátrio, o sindicato patronal pode ser definido como a **associação de empregadores instituída para a defesa e promoção dos interesses empresariais trabalhistas, bem como para fazer frente à negociação coletiva com a organização sindical operária, com o objetivo de celebrar um contrato coletivo de trabalho** (acordo e convenção coletiva de trabalho).

Rodrigues Pinto, depois de apresentar uma variedade de definições de sindicato, propõe a sua nos seguintes termos:

> Uma associação constituída, em caráter permanente, por pessoas físicas ou jurídicas para o estudo e defesa de seus interesses afins e prestação assistencial a todo o grupo, além de outras atividades complementares que o favoreçam.[4]

3.2. Características

A entidade sindical é **uma organização permanente de trabalhadores** e difere das demais associações por possuir características próprias. **O sindicato é uma organização permanente, autônoma, sem fins lucrativos e dotada de prerrogativas sindicais.**

O sindicato de empregados difere da coalizão de trabalhadores, pois esta é caracterizada por ser efêmera e desorganizada. A lei de greve, por exemplo, autoriza, excepcionalmente, que se forme uma comissão de negociação quando o sindicato for omisso na defesa dos interesses dos seus representados.[5]

A entidade sindical não pode ser confundida com uma associação profissional ou empresarial, tendo em vista que as entidades sindicais gozam de certos privilégios denominados de prerrogativas sindicais, que serão analisadas mais detidamente no item nº 12 deste Capítulo.

Além disso, o sindicato diferencia-se das associações pelos seus integrantes, ou seja, é constituído por trabalhadores (pelo menos em sua forma clássica de representação obreira).

Também pelo seu *status* ou mais precisamente por suas prerrogativas legais de, dentre outras, **representar judicial ou extrajudicialmente os integrantes de um setor da atividade econômica ou profissional.**

No ordenamento jurídico nacional, os sindicatos patronais não detêm a exclusividade da negociação coletiva, pois a própria empresa é considerada um ente coletivo. Consequentemente, por permissão legal, pode celebrar um acordo coletivo de trabalho diretamente, sem a intervenção do seu sindicato.

Tradicionalmente, os sindicatos só agregariam trabalhadores subordinados. Entretanto, há autorização legal, no ordenamento jurídico pátrio, para que se criem sindicatos, não só de empregados e empregadores, mas também de trabalhadores autônomos, profissionais liberais e até mesmo de aposentados, de acordo com o disposto no art. 511 da CLT:

> **Art. 511.** É lícita a associação para fins de estudo, defesa e coordenação dos seus interesses econômicos ou profissionais de todos os que, como empregadores, empregados, **agentes ou trabalhadores autônomos, ou profissionais liberais,** exerçam, respectivamente, a mesma atividade ou profissão ou atividades ou profissões similares ou conexas (grifou-se).[6]

As organizações sindicais não têm fins lucrativos, pois não consta dos seus objetivos a repartição de lucros e resultados entre os seus associados.

---

4. PINTO, José Augusto Rodrigues. **Direito Sindical e Coletivo do Trabalho**. São Paulo: LTr, 1998. p. 53.
5. Lei nº 7.783/89. Art. 4º, § 2º. Na falta de entidade sindical, a assembleia-geral dos trabalhadores interessados deliberará para os fins previstos no *caput*, constituindo comissão de negociação.
6. Entende-se, todavia, que as prerrogativas exclusivamente sindicais, como a negociação coletiva e a deflagração de greve, só podem ser exercidas pelos sindicatos de empregados ou de empregadores. Os demais sindicatos, como o de trabalhadores autônomos, por exemplo, não passam de meras associações.

Outra característica das organizações sindicais é a **autonomia e liberdade** em face ao Estado. Com o advento da atual Carta Magna, toda e qualquer norma que vincule o sindicato ao Estado perdeu o sustentáculo constitucional.

Preconiza o art. 8º do referido Diploma Constitucional que é livre a associação sindical, observando o seguinte:

> I – a lei não poderá exigir autorização do Estado para a fundação de sindicato, ressalvado o registro no órgão competente, vedadas ao Poder Público a interferência e a intervenção na organização sindical;
>
> II – é vedada a criação de mais de uma organização sindical, em qualquer grau, representativa de categoria profissional ou econômica, na mesma base territorial, que será definida pelos trabalhadores ou empregadores interessados, não podendo ser inferior à área de um Município;
>
> III – ao sindicato cabe a defesa dos direitos e interesses coletivos ou individuais da categoria, inclusive em questões judiciais ou administrativas;
>
> IV – a assembleia geral fixará a contribuição que, em se tratando de categoria profissional, será descontada em folha, para custeio do sistema confederativo da representação sindical respectiva, independentemente da contribuição prevista em lei;
>
> V – ninguém será obrigado a filiar-se ou a manter-se filiado a sindicato;
>
> VI – é obrigatória a participação dos sindicatos nas negociações coletivas de trabalho;
>
> VII – o aposentado filiado tem direito a votar e ser votado nas organizações sindicais;
>
> VIII – é vedada a dispensa do empregado sindicalizado a partir do registro da candidatura a cargo de direção ou representação sindical e, se eleito, ainda que suplente, até um ano após o final do mandato, salvo se cometer falta grave nos termos da lei.

O mencionado artigo constitucional praticamente retirou a vigência dos dispositivos da Consolidação das Leis do Trabalho que tratam da Organização Sindical.

3.3. Denominação

Vários são os termos utilizados para designar uma associação de patrões ou trabalhadores. Todavia, o termo *sindicato* goza de certo privilégio, pois deriva da expressão síndico, utilizado desde o Direito Romano para indicar aquela pessoa que representa uma coletividade, seja em juízo ou fora dele.

Na Inglaterra e nos Estados Unidos essa associação típica de trabalhadores recebeu a denominação de *trade union*, na Alemanha, de *gewerkschaf* e, na Argentina, de grêmio.

No Brasil, os sindicatos são as únicas entidades com prerrogativa de representar os integrantes da categoria profissional ou econômica.

Os trabalhadores, no decorrer da evolução do Direito Laboral, sentiram a necessidade de se unir para lutar por melhores condições de trabalho, em face do poderio econômico dos empregadores. Dessa união, logicamente, surgiu uma entidade coletiva ou sujeito coletivo que, com o passar do tempo, convencionou-se denominar de sindicato, mas que, na verdade, não passa de uma **associação de trabalhadores caracterizada por desenvolver a defesa dos interesses dos seus representados.**

Em alguns países, os obreiros também podem ser representados pelos conselhos de trabalhadores, comissões de fábrica etc., sendo que se reserva, comumente, a denominação sindicato somente para a entidade representativa dos trabalhadores, enquanto que aquela que representa os empresários continua sendo conhecida como associação.

3.4. Natureza jurídica

Quando se fala em natureza jurídica do sindicato, **pretende-se descobrir se essa entidade é uma pessoa jurídica de Direito público ou de Direito privado.** Dessa forma, essa questão está intimamente relacionada com a natureza jurídica do Direito Sindical, estudada no item 6, capítulo I, parte II, ao qual se remete o leitor.

Assim, em um contexto histórico nacional, quando o sindicato era do tipo corporativo, ele se confundia com o próprio Estado, pois havia prevalência de funções públicas delegadas. Além disso, a constituição do sindicato estava condicionada a aprovação do então Ministério do Trabalho, por meio da carta sindical. Nesse caso, a sua natureza jurídica do sindicato era eminentemente de pessoa jurídica de Direito Público.

Contudo, com a promulgação da atual Carta Maior, **as organizações sindicais passaram a gozar de liberdade de criação e funcionamento, ou seja, eliminando-se a interferência estatal** na constituição, organização e funcionamento das referidas entidades.

Nesse contexto, **o sindicato equiparou-se** às **demais espécies de associações, implicando reconhecer ser uma pessoa jurídica de Direito Privado.**

Exemplo de questão sobre o tema

(Magistratura do Trabalho – TRT 23ª – 2010) Sobre a natureza jurídica dos sindicatos, analise as seguintes proposições e com base na legislação, jurisprudência pacificada e doutrina predominante aponte a alternativa correta.

I. É o interesse público que define a natureza jurídica do sindicato, uma vez que apesar de agir no interesse próprio, é destinado a satisfazer interesses públicos estatais, razão pela qual tem natureza jurídica pública.

II. Possui natureza jurídica de entidade de direito público, pois sua atividade está submetida ao controle do Estado.

III. Possui natureza jurídica de entidade de direito público, uma vez que o Estado intervém na constituição e na gestão da pessoa jurídica.

IV. Possui natureza jurídica de direito público, porquanto nascem da vontade pública, ampla e geral dos indivíduos que compõem grupos com interesses iguais, similares ou conexos.

(A) Todas as proposições estão corretas.

(B) Todas as proposições estão incorretas.

(C) As proposições I e II estão corretas e as proposições III e IV incorretas.

(D) As proposições I, II e III estão corretas e a proposição IV incorreta.

(E) As proposições II e III estão corretas e as proposições I e IV incorretas.

Resposta: B

3.5. Sistemas sindicais – modalidades e critérios de estruturação sindical

Por intermédio de uma observação histórica efetivada em um plano internacional, conclui-se que os sindicatos podem ser organizados por base territorial; pela atividade desenvolvida pela empresa; ou pela profissão ou ofício dos trabalhadores.

No primeiro caso, o sindicato é formado com base no município, região, estado, nação etc. Congrega-se todas as espécies de empresas situadas no seu âmbito e adota-se a denominação de

sindicatos territoriais. Além disso, os países que estão organizados em blocos comunitários também têm permitido a criação de **sindicatos internacionais.**

Pelo segundo critério de organização sindical, os trabalhadores agrupam-se de acordo com a atividade desenvolvida pela empresa, ou seja, quando são idênticas ou similares essas atividades, independentemente das suas qualificações profissionais (**sindicato vertical ou sindicato de indústria**).

Derivados desse critério funcional surgiram, igualmente:

a) os **sindicatos profissionais**, no qual o vínculo de união nasce do ofício ou função executada pelos trabalhadores, também denominado de sindicato horizontal ou sindicato de ofício, independentemente do objeto social da empresa;

b) o **sindicato de empresa**, que se limita a agregar operários de um único empregador, tenha este um ou vários estabelecimentos; e

c) o **sindicato por ramo de atividade econômica**, como o sindicato das indústrias, do setor comércio, da agricultura etc.

Vale salientar que o sindicato por atividade, por profissão ou por empresa pode ser organizado também pelo critério da área geográfica.

3.6. Enquadramento sindical no Brasil

Hoje, no Brasil, **não existe plena liberdade para criação de sindicatos**. Os trabalhadores e os empregadores devem observar os critérios legais de enquadramento, que preveem a constituição de sindicatos de acordo com as categorias profissionais e econômicas respectivas.

Assim, o enquadramento sindical nacional é feito baseado, primeiramente, **pelo critério de organização empresarial, considerada a atividade econômica preponderante desenvolvida pelas empresas**, agrupadas pela identidade, semelhança ou conexão. Trata-se, portanto, de **sindicato vertical**.[7]

A exceção fica por conta da **categoria profissional diferenciada ou de profissionais liberais, denominado também de sindicatos horizontais**, pois agrupam empregados que exercem um mesmo ofício, independentemente da atividade desenvolvida pela empresa.

Dessa forma, percebe-se que **a organização sindical dos empregados fica submetida ao enquadramento da entidade patronal** fenômeno denominado de **paralelismo sindical**.

Nesse sentido, a jurisprudência dominante:

> ENQUADRAMENTO SINDICAL. CONVENÇÃO COLETIVA. INAPLICABILIDADE. O enquadramento sindical do empregado, via de regra, é feito considerando-se a atividade preponderantemente desenvolvida pela empresa (arts. 570 a 577 da CLT), com as devidas ressalvas das exceções previstas no § 3º do art. 511 desse diploma legal. Constatado que o sindicato patronal signatário da norma coletiva não representa a categoria a que pertence a reclamada, inviável se torna a aplicação de suas disposições ao contrato de trabalho, nos termos do art. 611 da CLT.[8]

7. STF. Súmula nº 196. Ainda que exerça atividade rural, o empregado de empresa industrial ou comercial é classificado de acordo com a categoria do empregador.
8. TRT 10ª R. RO 96-59.2010.5.10.0002. Relª Desª Maria Regina Machado Guimarães. DEJT. 21.01.2011.

Se a empresa desenvolve várias atividades simultaneamente, **o enquadramento sindical será efetivado com base em sua atividade preponderante**. Caso tenha mais de um estabelecimento e desenvolva atividades diversas em cada um destes, o enquadramento é feito por estabelecimento e não pela atividade preponderante:

> **SÚMULA Nº 21 do TRT13.** ENQUADRAMENTO SINDICAL. EMPRESA COM MATRIZ E FILIAIS. REPRESENTAÇÃO POR SINDICATOS DISTINTOS. POSSIBILIDADE. Quando uma empresa exerce atividade industrial em sua matriz, e, em sua filial, dedica-se ao comércio, o enquadramento sindical vincula-se, respectivamente, à atividade preponderante exercida em cada base territorial. Assim, os empregados da matriz são representados pelo sindicato dos trabalhadores na indústria e os empregados da filial vinculam-se ao sindicato dos trabalhadores no comércio.

A verificação da natureza da atividade pode ser feita por meio de um critério formal com aplicação do princípio da primazia da realidade.

No primeiro caso, não há qualquer dificuldade de ordem prática, pois a atividade da empresa encontra-se consignada em seu estatuto social. A segunda hipótese ocorre quando há discrepância entre o que está formalmente descrito no estatuto social e a real atividade desenvolvida pela empresa, prevalece esta última, desde que seja cabalmente comprovada.

No plano interno, havia um modelo estrutural de enquadramento sindical rígido, imposto pelo Governo Federal, que perdeu sua sustentação constitucional com a promulgação da atual Carta Maior.

Entretanto, ainda hoje, permanecem os inconvenientes do enquadramento sindical, em face da necessidade de atrelamento dos sindicatos dos trabalhadores às atividades desenvolvidas pela empresa, com observância dos critérios de categoria profissional e econômica.

Não há previsão, no ordenamento jurídico pátrio, de criação de sindicatos tomando por base a unidade produtiva da empresa, com um ou vários estabelecimentos, conhecido como sindicato de empresa.

A única referência que se faz no ordenamento jurídico a essa espécie de organização de trabalhadores está contida na Carta Magna, em seu art. 11, pois dispõe no sentido de exigir das empresas com mais de duzentos empregados a eleição de um representante para promover o entendimento com o empregador.

Entretanto, não foi criado qualquer tipo de estabilidade para o representante dos obreiros dentro da empresa, o que contribui para a inaplicabilidade prática da citada regra constitucional.

O resumo, a seguir, ressalta os critérios para formação dos sindicatos, segundo sua espécie:

Regra geral	**Sindicato vertical**	Por categoria econômica.
		Formada pela solidariedade de interesses econômicos dos que empreendem atividades idênticas, similares ou conexas.
Exceção	**Sindicato horizontal**	Por categoria profissional diferenciada.
		Formada pelos empregados que exerçam profissões ou funções diferenciadas por força de estatuto profissional especial ou em consequência de condições de vida singulares.

Exemplos de questões sobre o tema

(TRT 23 – Juiz do Trabalho Substituto 23ª região/2014) Sobre as categorias diferenciadas, assinale a alternativa CORRETA:

(A) A formação de categoria diferenciada se dá tanto para categoria profissional quanto econômica;

(B) João é motorista empregado da rede de farmácias Bom Preço, a qual integra categoria que firmou convenção coletiva prevendo o pagamento de um adicional por km rodado, benefício não constante da convenção coletiva dos motoristas. A empregadora de João não participou da convenção coletiva dos motoristas, que por sua vez, prevê um prêmio por economia de combustível. Nesse caso, segundo a jurisprudência dominante do TST, aplica-se a Teoria da Acumulação, em respeito à condição mais benéfica ao trabalhador, de modo de João tem direito aos benefícios previstos nos dois instrumentos coletivos mencionados;

(C) Felipe é motorista e por ser empregado de um estabelecimento de crédito, se beneficia do regime legal relativo aos bancários;

(D) As categorias diferenciadas são reconhecidas como tais pela lei e não por decisão judicial;

(E) São exemplos de categorias profissionais diferenciadas: advogados, aeronautas, aeroviários, oficiais gráficos, professores, secretários e músicos.

Resposta: D

(TRT 23 – Juiz do Trabalho Substituto 23ª região/2014) Sobre o sistema sindical brasileiro, assinale a alternativa INCORRETA:

(A) O sistema sindical brasileiro é organizado em categorias, que reúne pessoas com interesses profissionais ou econômicos comuns;

(B) O sistema sindical brasileiro vigora sob o regime da unidade sindical;

(C) O regime vigente de sistema sindical no Brasil é o da unicidade sindical;

(D) Categoria profissional diferenciada se forma por empregados que exerçam profissões ou funções diferenciadas por força do estatuto profissional especial ou em consequência de condições de vida diferenciadas;

(E) O enquadramento sindical é feito pela atividade preponderante do empregador.

Resposta: B

(FCC – Juiz do Trabalho Substituto 18ª região/2014) Segundo o entendimento da doutrina dominante, uma das perspectivas que deve ser adotada no estudo dos sistemas sindicais diz respeito aos critérios ou padrões de agregação dos trabalhadores no sindicato. Nesse sentido, esses critérios definem sindicato por

(A) ofício ou profissão; categoria profissional; ramo empresarial de atividades; região.

(B) ofício ou profissão; categoria econômica; região; país.

(C) ofício ou profissão; categoria profissional; empresa; ramo empresarial de atividades.

(D) agremiação; categoria profissional; categoria econômica; base territorial.

(E) agremiação; categoria profissional; orientação política; base territorial.

Resposta: C

(Magistratura do Trabalho – TRT 1ª – 2010) No que se refere a liberdade sindical, categoria profissional diferenciada e dissociação de categorias, assinale a opção correta.

(A) Telefonista de entidade bancária de grande porte beneficia-se do regime legal inerente aos bancários.

(B) Engenheiro empregado de grande construtora e que atue, ainda, como professor de matemática em entidade de ensino superior na cidade de São Paulo, sendo eleito dirigente sindical no Sindicato dos Engenheiros de São Paulo, passa a ser detentor de estabilidade tanto na construtora quanto na entidade de ensino.

(C) São asseguradas as condições previstas em convenção coletiva de trabalho da categoria dos aeronautas a piloto profissional que trabalhe para rede de supermercados, cumprindo ordens diretas e atendendo a diretoria da empresa em viagens pelas várias cidades onde haja filiais da rede.

(D) No Brasil, pode haver dissolução de sindicato voluntária ou forçada pelo Estado. Esta última não será lícita se se tratar de dissolução administrativa.

(E) É vedada a criação de mais de uma organização sindical, em qualquer grau, representativa de categoria profissional ou econômica, na mesma base territorial, a qual será definida pelos trabalhadores ou empregadores interessados, desde que não seja inferior à área de um estado da Federação.

Resposta: D

3.7. Constituição do sindicato – registro

O princípio da liberdade sindical, mitigado pela adoção da unicidade sindical no Brasil, implica, em uma de suas facetas, a **possibilidade de os interessados constituírem uma entidade sindical sem a intervenção do Estado** (liberdade de constituição).

Esse critério atende ao preceito contido no art. 3º, item 2, da Convenção nº 87 da OIT, segundo o qual "as autoridades públicas deverão abster-se de toda intervenção que tenda a limitar este direito ou a impedir seu exercício legal".

A Carta Magna de 1988, em seu art. 8º, I,[9] desvincula o sindicato do Estado, **mas exige o registro dos atos constitutivos no órgão competente, requisito formal que não ofende o princípio da liberdade sindical**. Isso porque se trata de mero reconhecimento e não de autorização para funcionamento, fato que ocorre, por exemplo, com a criação de associações civis.

Na verdade, o registro no órgão competente tem como objetivo verificar o cumprimento da exigência da **unicidade sindical aliado às questões relativas à publicidade da criação da entidade sindical.**

Durante muito tempo houve controvérsia acerca dos limites da expressão *órgão competente* contida no citado dispositivo constitucional.

Para uma parte da doutrina, mais liberal, o órgão competente seria o cartório de registro de pessoas jurídicas, como resultado de interpretação extensiva do dispositivo constitucional da liberdade sindical. Nesse passo, não seria necessário o depósito dos atos constitutivos da entidade sindical em qualquer órgão governamental. A única exigência seria o registro de conformidade com a lei, necessário à aquisição de personalidade jurídica de qualquer pessoa não natural.

Outra corrente entendia que o único órgão capaz de verificar o cumprimento da regra da unicidade sindical, assim considerada aquela referente à impossibilidade de existência de mais de um sindicato na mesma categoria profissional, seria o extinto Ministério do Trabalho, cujas atribuições foram transferidas para a Secretaria Especial de Previdência e Trabalho vinculada ao Ministério da Economia.

O Supremo Tribunal Federal, por meio da **Súmula nº 677**, adotou o último entendimento mencionado: "Até que lei venha a dispor a respeito, incumbe ao Ministério do Trabalho proceder ao registro das entidades sindicais e zelar pela observância do princípio da unicidade".

9. CF/88. Art. 8º. I: a lei não poderá exigir autorização do Estado para a fundação de sindicato, ressalvado o registro no órgão competente, vedadas ao Poder Público a interferência e a intervenção na organização sindical.

Exemplo de questão sobre o tema

(TRT 22 – Juiz do Trabalho Substituto 22ª região/2013) Marque a alternativa CORRETA:

(A) empregador não pode contratar empregado pertencente a categoria profissional diferenciada, devendo todo o seu quadro de pessoal pertencer a uma única categoria profissional;

(B) empregado integrante de categoria profissional diferenciada não tem o direito de haver de seu empregador vantagens previstas em instrumento coletivo no qual a empresa não foi representada por órgão de classe de sua categoria;

(C) é direito dos empregados e empregadores constituírem organizações de sua escolha, devendo apenas obter autorização prévia do Estado, conforme dispõe a Convenção n° 87 da OIT;

(D) a organização sindical brasileira é feita sob o sistema de categorias, motivo pelo qual se permite que vários sindicatos representem a mesma categoria na mesma base territorial;

(E) para que um sindicato adquira personalidade jurídica, basta que efetive o registro no cartório competente da base territorial;

Resposta: B

3.8. Órgãos do sindicato

São órgãos do sindicato **a assembleia geral, a diretoria e o conselho fiscal**. A **assembleia geral** é o órgão máximo dentro da estrutura interna da entidade sindical e é responsável pelas decisões mais importantes, como a deflagração da greve, o ajuizamento de dissídio coletivo, celebração de contratos coletivos (acordo e convenção coletiva de trabalho) etc.

A **diretoria** é formada por, no máximo, **sete e no mínimo três componentes** e um conselho fiscal composto por **três membros, todos eleitos pela assembleia geral**. A presidência do sindicato é exercida por um integrante da diretoria eleito por ela.

Quando a representatividade do sindicato ultrapassar os limites de um município, poderão ser instituídas seções ou delegacias, com o objetivo de melhor defender os interesses dos representados. Tais organismos serão geridos pelos delegados sindicais, mas não possuem estabilidade no emprego.

Existem regras expressas que regulam a eleição dos membros da diretoria e do conselho fiscal, que devem prevalecer quando o Estatuto da entidade sindical for omisso. Nesse passo, a escolha desses representantes deverá acontecer em escrutínio secreto, durante seis horas seguidas pelo menos, na sede do sindicato, delegacias, seções e nos principais locais de trabalho.[10]

3.9. Administração dos sindicatos

A administração das entidades sindicais é feita pela diretoria principalmente pelo seu presidente e **pelo conselho fiscal** que tem como função controlar a gestão dos recursos financeiros. É a diretoria que representa a organização sindical perante terceiros, judicial e extrajudicialmente.

10. Tais regras só devem prevalecer nos casos em que o estatuto da Entidade for omissa em relação a matéria. Caso contrário, deve prevalecer o disciplinamento constante do estatuto, sob pena de ofender o princípio da liberdade de organização e funcionamento das entidades sindicais.

Os delegados sindicais são os representantes das delegacias ou seções sindicais, que são designados pela diretoria dentre os filiados residentes no território da correspondente unidade sindical.

Algumas deliberações do sindicato, por sua relevância, deverão ser tomadas pela assembleia geral, em escrutínio secreto, mais precisamente nas seguintes matérias, na forma prevista pelo art. 524 da CLT:

a) eleição de associado para representação da respectiva categoria, prevista em lei;

b) tomada e aprovação de contas da diretoria;

c) aplicação do patrimônio;

d) julgamento dos atos da diretoria, relativos a penalidades impostas a associados;

e) pronunciamento sobre relações ou dissídios de trabalho.

Nesse caso, as deliberações da assembleia geral só serão consideradas válidas quando for especialmente convocada para esse fim, de acordo com as disposições dos estatutos da entidade sindical.

O *quorum* fixado para validade da assembleia será de metade mais um dos associados quites. Não obtido esse *quorum* em primeira convocação, reunir-se-á a assembleia em segunda convocação, com os presentes, considerando-se aprovadas as deliberações que obtiverem dois terços dos votos, salvo disposição expressa em sentido contrária constante do estatuto social.

O TST, por meio da Resolução Administrativa nº 121/03, **cancelou** a Súmula nº 177 que continha a seguinte redação:

> **SÚMULA Nº 177.** DISSÍDIO COLETIVO. SINDICATO. REPRESENTAÇÃO – CANCELADO. Está em plena vigência o art. 859 da Consolidação das Leis do Trabalho, cuja redação é a seguinte: "A representação dos sindicatos para instauração da instância fica subordinada à aprovação de assembleia, da qual participem os associados interessados na solução do dissídio coletivo, em primeira convocação, por maioria de 2/3 dos mesmos, ou, em segunda convocação, por 2/3 dos presentes". Ex-prejulgado nº 58.

Percebe-se, portanto, que o referido Tribunal mudou seu posicionamento e passou a considerar que as regras contidas na CLT, que dizem respeito às condições para deliberação da organização sindical, pela assembleia, **não foram recepcionadas pela atual ordem constitucional.** Admite-se, assim, a prevalência da liberdade de administração, de forma que as entidades sindicais poderão dispor de forma diversa do que consta na lei, por intermédio dos seus estatutos.

Exemplo de questão sobre o tema

(TRT 2 – Juiz do Trabalho Substituto 2ª região/2014) Em relação ao Direito Coletivo do Trabalho, aponte a alternativa correta:

A) Não podem sindicalizar-se os servidores do Estado e das instituições paraestatais.

B) Para fins de controle organizacional e manutenção da ordem jurídica a lei poderá exigir autorização do Estado para a fundação de sindicato, ressalvado o registro em órgão competente.

C) O registro sindical, embora não previsto na norma constitucional e nem na norma infraconstitucional, deverá ser feito, segundo interpretação doutrinária majoritária, no Ministério do Trabalho, que possui condições para tanto e visa a atender o princípio da unicidade sindical.

D) Os sindicatos poderão ser distritais, municipais, intermunicipais, estaduais e interestaduais.

E) Os associados com mais de (5) cinco meses de inscrição no quadro social e mais de (1) um ano de exercício da atividade ou profissão estão aptos a exercer o direito de voto.

Resposta: C

3.10. Funções

As funções do sindicato de empregados derivam, diretamente, dos seus fins e objetivos que é a defesa, manutenção e promoção de melhores condições de vida e trabalho para os obreiros, seja em face dos empregadores, seja em face do próprio Estado, na forma prevista pelo art. 8º, III, da Constituição Federal de 1988: "ao sindicato cabe a defesa dos direitos e interesses coletivos ou individuais da categoria, inclusive em questões judiciais ou administrativas".

No Brasil, a regulamentação sindical copiou o sistema corporativo vigente à época na Itália. Por conta disso, percebe-se que a intenção do legislador foi delegar algumas funções públicas ao sindicato, com o seu atrelamento diretamente ao Estado.

Somente com a promulgação da atual Constituição foi que o sindicato adquiriu *status* de independência, que é limitada em face da manutenção dos óbices para o reconhecimento da plena liberdade sindical, como por exemplo, o imposto e a unicidade sindical.

As funções sindicais podem, assim, ser divididas em: a) reivindicativa; b) negociais; c) institucionais; d) políticas; e e) assistenciais.

As funções reivindicativas e negociais são exercidas exclusivamente pelas entidades sindicais. As demais, institucionais, políticas e assistenciais, podem ser executadas por outras associações de classe.

A. *Função reivindicativa*

Historicamente, o sindicato operário surgiu com o escopo principal de defender, manter e promover os interesses coletivos dos trabalhadores pertencentes ao seu âmbito de representação, com o objetivo de obter melhores condições de vida e de trabalho.

A defesa e a promoção desses interesses são efetivadas pela via judicial ou extrajudicial. Por conseguinte, o sindicato encontra-se autorizado a ajuizar ações coletivas em nome próprio para defesa **não só de seus filiados, mas de todas aquelas pessoas que representa, ou seja, trabalhadores ou empregadores, na condição de substituto processual**. É a característica principal do sindicalismo reformista, já que não são utilizados meios violentos para atingir seus objetivos.

As condições de trabalho são aquelas relativas ao desenvolvimento do labor pelo operário, transformadas em obrigações a serem cumpridas pelo empregador no momento da constituição do contrato individual de trabalho. Nesse passo, são condições de trabalho: a remuneração, a jornada de trabalho, o meio ambiente de trabalho etc.

As entidades sindicais gozam da prerrogativa de ajuizar dissídios coletivos de natureza econômica ou jurídica, quando fracassada a negociação coletiva, mediação, arbitragem ou qualquer outro método extrajudicial de solução de conflitos coletivos de trabalho.

Nesse caso em especial pretende-se, com a provocação judicial firmada por todos os interessados (sindicato de empregados e de empregadores), fixar novas condições de trabalho por intermédio de uma decisão denominada de *sentença normativa*.

Faculta-se ao sindicato, também, a defesa dos interesses individuais homogêneos dos membros da categoria que representa e os interesses individuais dos seus filiados, por meio do ajuizamento de ações civis coletivas.

B. Função negocial

Cabe ao sindicato, igualmente, **conduzir a negociação coletiva no sentido de evitar e/ ou de solucionar os conflitos coletivos de trabalho** e, na hipótese de instauração de dissídio coletivo, propor a solução por meio da conciliação. A atividade negocial, além de constituir uma função, é antes de tudo uma prerrogativa das entidades sindicais.

Tanto nesse aspecto quanto naquele analisado no item anterior (função reivindicativa), avulta-se a feição do **sindicalismo profissional**, pois a sua atuação é no sentido de defender os interesses dos seus representados, qual seja, daqueles que fazem parte do seu âmbito de representação.

A CLT destaca essa faceta funcional das entidades sindicais em seu art. 514, alínea "c": "São deveres dos sindicatos: c) promover a conciliação nos dissídios de trabalho".

Da função negocial deriva a **prerrogativa que as organizações sindicais têm de celebrar contratos coletivos de trabalho** (acordo e convenção coletiva de trabalho), um dos pilares do próprio Direito Coletivo do Trabalho, representado pela existência de instrumentos normativos negociados.

C. Função institucional

Apesar da abolição da ingerência do Estado na constituição e funcionamento das organizações sindicais, essas **entidades são convocadas para fazer indicação de pessoas para integrar a administração dos órgãos públicos relacionados com a atividade laboral**.

No Brasil, essa participação abrange, dentre outros órgãos, o Conselho Deliberativo do Fundo de Amparo ao Trabalhador, o Conselho Curador do FGTS e o Conselho Nacional da Previdência Social.

A Lei nº 8.036/90, em seu art. 3º, assevera que o Conselho Curador do FGTS será composto por representantes de trabalhadores, empregadores, órgãos e entidades governamentais, e no seu parágrafo 3º, preconiza que:

> **Art. 3º. § 3º.** Os representantes dos trabalhadores e dos empregadores e seus suplentes serão indicados pelas respectivas centrais sindicais e confederações nacionais, serão nomeados pelo Poder Executivo, terão mandato de 2 (dois) anos e poderão ser reconduzidos uma única vez, vedada a permanência de uma mesma pessoa como membro titular, como suplente ou, de forma alternada, como titular e suplente, por período consecutivo superior a 4 (quatro) anos no Conselho.

Já a Lei nº 7.998/90, que regula o programa do seguro-desemprego, o abono salarial e institui o FAT, possui dispositivo semelhante. Os membros do Conselho Deliberativo do Fundo de Amparo ao Trabalho – CODEFAT "serão indicados pelas centrais sindicais e confederações de trabalhadores e os representantes dos empregadores, pelas respectivas confederações" (art. 18, § 3º).

Por fim, a Lei nº 8.213/91, ao criar o Conselho Nacional da Previdência Social – CNPS, também atribuiu às centrais sindicais e as confederações o direito de indicar os representantes dos trabalhadores em atividade, dos aposentados, dos empregadores e seus respectivos suplentes (art. 3º, § 2º).

Nesse particular, sobressai-se o **sindicalismo de classe**, assim considerado aquele que é voltado para a luta e melhoria de condições de vida e trabalho para todos os trabalhadores em geral, sem distinção de qualquer espécie, representado pelo denominado sindicato geral e com um maior poder de pressão em face dos empregadores e do próprio governo.

Além disso, constitui dever dos sindicatos, conforme art. 514, "a", da CLT: "colaborar com os poderes públicos no desenvolvimento da solidariedade social".

D. Função política

No Brasil, não há proibição expressa para as entidades sindicais exercerem funções políticas, uma vez que o art. 521, alínea "a", não foi recepcionado pela nova ordem constitucional.[11] Desse modo, se não está vedado, está permitido.

Nesse passo, as organizações sindicais preocupam-se, também, com as questões políticas, econômicas, sociais etc., desde que, de uma forma direta ou indireta, impliquem repercussões na vida profissional dos trabalhadores.

Entretanto, o maior envolvimento com as funções políticas é observado entre as entidades sindicais complexas e as centrais sindicais.

E. Função assistencial

As funções assistenciais **são aquelas que, originariamente, deveriam ser prestadas pelo Estado representado por órgãos criados com esse objetivo**. Trata-se do exercício de funções que evidenciam o resquício do sindicato corporativo, por meio de delegação de funções eminentemente públicas.

Assim, cabe exclusivamente aos **sindicatos dos trabalhadores:** a) promover a fundação de cooperativas de consumo e de crédito; e b) fundar e manter escolas de alfabetização e pré-vocacionais.

O art. 514 da CLT ainda dispõe que o sindicato, de empregados e empregadores deverá:

11. CLT. Art. 521. São condições para o funcionamento do sindicato: a) proibição de qualquer propaganda de doutrinas incompatíveis com as instituições e os interesses da Nação, bem como de candidaturas a cargos eletivos estranhos ao sindicato.

a) colaborar com os poderes públicos no desenvolvimento da solidariedade social; b) manter serviços de assistência judiciária para os associados; c) promover a conciliação nos dissídios de trabalho. d) sempre que possível, e de acordo com as suas possibilidades, manter no seu quadro de pessoal, em convênio com entidades assistenciais ou por conta própria, um assistente social com as atribuições específicas de promover a cooperação operacional na empresa e a integração profissional na Classe.

Em outro dispositivo celetista, o art. 592, II, vincula a utilização das receitas provenientes da contribuição sindical especificamente a:

a) assistência jurídica; b) assistência médica, dentária, hospitalar e farmacêutica; c) assistência à maternidade; d) agências de colocação; e) cooperativas; f) bibliotecas; g) creches; h) congressos e conferências; i) auxílio-funeral; j) colônias de férias e centros de recreação; l) prevenção de acidentes do trabalho; m) finalidades desportivas e sociais; n) educação e formação profissional; o) bolsas de estudo.

O quadro a seguir destaca os órgãos e funções dos sindicatos:

Administração	• Diretoria (entre 3 e 7 integrantes) • Conselho Fiscal (3 membros)
Funções	• Reivindicativa • Negocial • Institucional • Política • Assistencial

Exemplos de questões sobre o tema

(TRT 3 – Juiz do Trabalho Substituto 3ª região/2013) A Consolidação das Leis do Trabalho não impõe aos Sindicatos o dever de:

(A) Fundar e manter escolas de alfabetização e prevocacionais.

(B) Promover a fundação de cooperativas de trabalho.

(C) Sempre que possível, e de acordo com as suas possibilidades, manter no seu quadro de pessoal, em convênio com entidades assistenciais ou por conta própria, um assistente social com as atribuições específicas de promover a cooperação operacional na empresa e a integração profissional na Classe.

(D) Manter serviços de assistência judiciária para os associados.

(E) Colaborar com os poderes públicos no desenvolvimento da solidariedade social.

Resposta: B

(TRT 3 – Juiz do Trabalho Substituto 3ª região/2013) Nos moldes da CLT, a contribuição sindical, além das despesas vinculadas à sua arrecadação, recolhimento e controle, será aplicada pelos sindicatos dos empregados, na conformidade dos respectivos estatutos, usando aos seguintes objetivos, exceto:

(A) Finalidades desportivas e sociais

(B) Congressos e conferências

(C) Colônias de férias e centros de recreação

(D) Realização de estudos econômicos e financeiros

(E) Auxílio-funeral

Resposta: D

3.11. Representatividade dos sindicatos

Em um ordenamento jurídico no qual a estrutura sindical encontra-se engessada, não há dificuldade para descobrir o raio de abrangência da representatividade das organizações sindicais. Essa questão é de grande importância, pois se deve identificar quem será a organização operária responsável por negociar com a entidade patronal e, consequentemente, obter os benefícios decorrentes das melhores condições de trabalho ajustadas.

Hoje, no Brasil, a representatividade de uma organização sindical é definida por meio da **atividade preponderante da empresa**, por conta da limitação constitucional que impõe um único sindicato, de uma categoria, na mesma base territorial.

Avulta-se a importância dessa questão quando há **plena liberdade sindical**, com a possibilidade de criação de entidades sindicais sem observância de qualquer critério fixado pela lei. Nesse caso, é necessário implantar critérios de aferição de representatividade.

Os ordenamentos jurídicos alienígenas revelam a existência de diversos critérios para definir a maior representatividade, como a quantidade de trabalhadores filiados, a antiguidade da entidade, etc.

Desse modo, elege-se a organização sindical mais representativa que, em certos casos, **poderá ostentar a exclusividade de negociação ou dividir essa tarefa com outras que possuam índices de representatividade elevados.**

Exemplo de questão sobre o tema

(Procurador do Trabalho – MPT – 2013) Leia e assinale a alternativa INCORRETA:

(A) O ordenamento jurídico laboral vigente considera central sindical a entidade de representação de empregados ou empregadores, constituída em âmbito nacional, como ente associativo privado, composto de organizações sindicais e que atenda os requisitos de filiação mínimos legalmente estabelecidos.

(B) É necessária a correspondência entre as atividades exercidas pelos setores profissional e econômico, isto é, o denominado paralelismo sindical, a fim de legitimar os envolvidos no conflito a ser solucionado pela via do dissídio coletivo.

(C) A natureza jurídica do sindicato é de associação privada de caráter coletivo, com função de defesa e incremento dos direitos dos trabalhadores ou empregadores por ele representados, sendo o critério mais significativo de agregação no ordenamento pátrio o de categoria.

(D) A Constituição da República, ao considerar obrigatória a participação dos sindicatos nas negociações coletivas, não se refere ao sindicato de empregadores, mas ao sindicato de empregados.

(E) Não respondida.

Resposta: A

4. FEDERAÇÕES E CONFEDERAÇÕES SINDICAIS

Ao lado dos sindicatos, entidades coletivas simples, existem, também, as denominadas **organizações sindicais complexas**, representadas pelas **federações, confederações**[12] e centrais sindicais.

12. CLT. Art. 533. Constituem associações sindicais de grau superior as federações e confederações organizadas nos termos desta lei.

Essas entidades sindicais, em última análise, **são associações de sindicatos**, pois seus membros não são pessoas individuais ou empresas, mas sim entidades sindicais que, em conjunto, formam a estrutura organizacional sindical hierarquizada.

Essas organizações surgiram com o objetivo de congregar interesses comuns dos sindicatos e, consequentemente, adquirir maior poder de pressão nas negociações coletivas. No plano jurídico interno essa possibilidade foi legalizada pelo Decreto nº 19.770/31, mantido pelo Decreto-Lei nº 1.402/39.

Os critérios para a reunião dos sindicatos em federações e destas em confederações seguem as mesmas regras existentes para a criação das entidades sindicais simples, quais sejam, o aspecto geográfico, a atividade preponderante da empresa, a profissão, e o setor ou ramo de atividade econômica.

A Convenção nº 87 da OIT pugna, também, pela observância do princípio da liberdade sindical quando da criação, filiação e desfiliação às referidas organizações sindicais complexas, conforme se observa da redação do seu art. 5º:

> **Art. 5º.** As organizações de trabalhadores e de empregadores têm o direito de constituir federações e confederações, assim como o de afiliar-se as mesmas e toda organização, federação ou confederação tem o direito de afiliar-se a organizações internacionais de trabalhadores e de empregadores.

No Brasil, essas entidades sindicais complexas são chamadas de **organização sindical de grau superior** e o art. 8º, II, da Constituição Federal de 1988[13] **veda a criação de mais de uma entidade na mesma base territorial**, desde que essas sejam representativas de uma categoria econômica ou profissional. Verifica-se, assim, que pode haver mais de uma federação ou confederação na mesma base territorial, desde que represente ramo de atividade diverso.

A formação da federação é feita, ordinariamente, por Estado Federado, mas podem existir federações interestaduais. Atualmente, **a federação surge da união de, no mínimo, cinco sindicatos**, de acordo com o disposto no art. 534 da CLT:

> **Art. 534.** É facultado aos sindicatos, quando em número não inferior a 5 (cinco), desde que representem a maioria absoluta de um grupo de atividades ou de profissões idênticas, similares ou conexas, organizarem-se em federação.

Já a confederação pode ser formada por, no mínimo, **três federações** e tem como representatividade geográfica todo o território nacional e a sede na capital da República.

A CLT, em seu art. 535, engessava a formação das confederações sindicais sob a seguinte estrutura:

> a) para as entidades dos empregadores: Confederação Nacional da Indústria, Confederação Nacional do Comércio, Confederação Nacional de Transportes Marítimos, Fluviais e Aéreos, Confederação Nacional de Transportes Terrestres, Confederação Nacional de Comunicações e Publicidade, Confederação Nacional das Empresas de Crédito e Confederação Nacional de Educação e Cultura;

13. CF/88. Art. 8º. II: é vedada a criação de mais de uma organização sindical, em qualquer grau, representativa de categoria profissional ou econômica, na mesma base territorial, que será definida pelos trabalhadores ou empregadores interessados, não podendo ser inferior à área de um Município.

b) para as entidades dos empregados: Confederação Nacional dos Trabalhadores na Indústria, Confederação Nacional dos Trabalhadores no Comércio, Confederação Nacional dos Trabalhadores em Transportes Marítimos, Fluviais e Aéreos, Confederação Nacional dos Trabalhadores em Transportes Terrestres, Confederação Nacional dos Trabalhadores em Comunicações e Publicidade, Confederação Nacional dos Trabalhadores nas Empresas de Crédito e Confederação Nacional dos Trabalhadores em Estabelecimentos de Educação e Cultura.

O STF manifestou-se sobre a possibilidade de criação de Confederações diversas daquelas citadas pelo dispositivo da CLT:

> Confederação Nacional de Saúde – Hospitais, Estabelecimentos e Serviços – CNS. Desmembramento da Confederação Nacional do Comércio. Alegada ofensa ao princípio da unicidade. Improcedência da alegação, posto que a novel entidade representa categoria específica, até então congregada por entidade de natureza eclética, hipótese em que estava fadada ao desmembramento, concretizado como manifestação da liberdade sindical consagrada no art. 8º, II, da CF.[14]

O registro das organizações sindicais de grau superior segue as mesmas regras aplicadas aos sindicatos, com a diferença de que se exigem, também, as cópias das atas das assembleias de cada sindicato ou federação que autorizou a filiação.

A negociação coletiva só pode ser conduzida pelas organizações sindicais complexas exceto as centrais sindicais, **na hipótese de omissão dos sindicatos**, conforme determina o art. 617, § 1º, da CLT:

> **Art. 617. § 1º.** Expirado o prazo de 8 (oito) dias sem que o Sindicato tenha se desincumbido do encargo recebido, poderão os interessados dar conhecimento do fato à Federação a que estiver vinculado o Sindicato e, em falta dessa, à correspondente Confederação, para que, no mesmo prazo, assuma a direção dos entendimentos. Esgotado esse prazo, poderão os interessados prosseguir diretamente na negociação coletiva até final.

5. CENTRAIS SINDICAIS

Antes da edição da Lei nº 11.648/08, as centrais sindicais, como CUT, UGT, CTB, NCST, CSB e a Força Sindical, **não faziam parte da estrutura sindical brasileira e, por conta disso, não gozavam das prerrogativas conferidas às entidades sindicais.**

Na verdade, as centrais sindicais **não passavam de meras associações civis**, criadas à margem da legislação sindical e, consequentemente, não estavam sujeitas às regras relativas à unicidade sindical. Agrupavam-se sem a observância dos critérios legais estabelecidos, de categoria profissional e econômica.

As referidas centrais sindicais conquistaram o importante espaço no cenário político com a sua participação na indicação de integrantes para os órgãos de representação paritária como o Fundo de Amparo ao Trabalhador – FAT;[15] o Conselho Curador do Fundo de Garantia

14. STF. RE 241.935-AgR. 2ª T. Rel. Min. Ilmar Galvão. DJ 27.10.2000.
15. Decreto nº 6.827/09. O Conselho Deliberativo do Fundo de Amparo ao Trabalhador – CODEFAT, instituído pelo art. 18 da Lei nº 7.998, de 11 de janeiro de 1990, será composto pelos seguintes membros, titulares e suplentes: VII – seis representantes dos trabalhadores, indicados pelas seguintes entidades: a) Central Única dos Trabalhadores – CUT; b) Força Sindical; c) União Geral dos Trabalhadores – UGT; d) Nova Central Sindical de Trabalhadores

por Tempo de Serviço – FGTS; Conselho Nacional da Previdência Social – CNPS[16] etc. Essa circunstância demonstra que a instituição da plena liberdade sindical, com a extinção da unicidade sindical, não implicaria o enfraquecimento da estrutura sindical nacional.

A mencionada Lei nº 11.648/08, em seu art. 2º, **estabelece critérios objetivos para o reconhecimento da representatividade de cada central sindical**, por meio do preenchimento dos seguintes requisitos:

> I – filiação de, no mínimo, cem sindicatos distribuídos nas cinco regiões do País;
>
> II – filiação em pelo menos três regiões do País de, no mínimo, vinte sindicatos em cada uma;
>
> III – filiação de sindicatos em, no mínimo, cinco setores de atividade econômica;
>
> IV – filiação de sindicatos que representem, no mínimo, sete por cento do total de empregados sindicalizados em âmbito nacional (esse último índice será de 5% do total de empregados sindicalizados em âmbito nacional no período de vinte e quatro meses a contar da publicação da nova lei).

Essa representatividade era aferida pelo extinto Ministério do Trabalho e Emprego, atualmente Secretaria Especial de Previdência e Trabalho do Ministério da Economia, por meio de instruções procedimentais, mediante consulta prévia às centrais sindicais (art. 4º, § 1º da Lei nº 11.648/08), divulgando os resultados anualmente.

A referida norma reconhece formalmente as centrais sindicais com a atribuição das seguintes prerrogativas (art. 1º da Lei nº 11.648/08):

a) **coordenar a representação dos trabalhadores** por meio das organizações sindicais a ela filiadas; e

b) **participar de negociações** em fóruns, colegiados de órgãos públicos e demais espaços de diálogo social que possuam composição tripartite, nos quais estejam em discussão assuntos de interesse geral dos trabalhadores.

O resumo a seguir relaciona as diversas entidades sindicais e apresenta suas principais características:

	Sindicato	Federação	Confederação	Central
Unicidade	Sim	Sim	Sim	Não
Liberdade de criação	Sim	Sim	Sim	Sim
Composição	Reunião de trabalhadores ou empregadores, sem limite mínimo	Reunião de, no mínimo, 5 sindicatos	Reunião de 3 federações, no mínimo	Reunião de sindicatos
Representatividade	Todas integrantes da categoria econômica ou profissional	Representatividade residual	Representatividade residual	Coordenação da representação geral dos trabalhadores, por meio das organizações a ela filiadas

– NCST; e) Central dos Trabalhadores e Trabalhadoras do Brasil – CTB; e f) Central Geral dos Trabalhadores do Brasil – CGTB.

16. Lei nº 8.213/91. Art. 3º. Fica instituído o Conselho Nacional de Previdência Social – CNPS, órgão superior de deliberação colegiada, que terá como membros: II – nove representantes da sociedade civil, sendo: a) três representantes dos aposentados e pensionistas; b) três representantes dos trabalhadores em atividades; § 2º. Os representantes dos trabalhadores em atividade, dos aposentados, dos empregadores e seus respectivos suplentes serão indicados pelas centrais sindicais e confederações nacionais.

ATENÇÃO! As centrais sindicais não se sujeitam ao controle do Tribunal de Contas da União. Isso porque o art. 6º da Lei nº 11.648/2008, que previa tal fiscalização, foi vetado pelo Presidente da República, sob o argumento de que feria o princípio da autonomia sindical, garantido pelo art. 8º, inciso I, da CF/88.

6. ORGANIZAÇÕES SINDICAIS INTERNACIONAIS

Pelo princípio da liberdade sindical, **não pode haver limitação quanto à associação das entidades sindicais às organizações sindicais internacionais**. Assim, perderam a vigência as disposições contidas no Decreto-Lei nº 1.149/71 que estabelecia proibição dessa natureza, com o advento da nova ordem constitucional.

Participam dos organismos da OIT, de forma permanente, três organizações sindicais internacionais. A CSI – Confederação Sindical Internacional (resultado da fusão entre a Confederação Internacional de Organizações Sindicais Livres – CIOSL e; a Confederação Mundial do Trabalho – CMT), a Federação Sindical Mundial – FSM e a Organização da Unidade Sindical Africana – OUSA.

A antiga Confederação Internacional de Organizações Sindicais Livres – CIOSL –, que segue a linha do sindicalismo profissional, foi concebida em 1949 e conta com 236 organizações afiliadas em 154 países e territórios nos cinco continentes. Possuía quatro organizações regionais ORE, para a Europa, a ORAP, para a Ásia e Pacífico, a ORAF, para a África e a ORIT para as Américas.

A Confederação Mundial do Trabalho – CMT agrupava 114 entidades sindicais em 116 países (até outubro de 2001). Tinha sede em Bruxelas na Bélgica e foi criada em 1920 com o nome de CISC. Era a organização internacional mais antiga em atividade e segue a linha do sindicalismo cristão.

Em novembro de 2006, na Áustria, concluíram-se as negociações para a aludida fusão entre a CMT e a CIOSL, formando a CSI – Confederação Sindical Internacional.

Já a Federação Sindical Mundial, com sede em Praga, foi fundada em 03 de outubro de 1945, durante o primeiro congresso da FSM, que contou com a participação de delegações de 55 países e de 20 organismos internacionais e segue a linha social-democrata. Quando da realização do 13º Congresso em Damasco, em 1994, as delegações já representavam 84 países e mais de 300 milhões de trabalhadores em todo o mundo.

Finalmente, a Organização da Unidade Sindical Africana – OUSA, fundada em 1973 para coordenar e dirigir a união sindical no continente Africano, é formada atualmente por organizações sindicais de mais de 50 países.

7. TRABALHADOR FILIADO – DIREITOS E DEVERES

Toda a razão de ser do sindicato operário repousa na existência e defesa dos interesses dos trabalhadores, mesmo porque a entidade sindical não passa de uma reunião organizada de operários.

Dessa forma, há necessidade de fixar normas relativas ao exercício do direito de ser filiado, bem como de ser um representante sindical, sempre pautado no princípio da democracia sindical que norteia o funcionamento dessas organizações coletivas.

Pelo regime atual da CLT e diante da omissão nos estatutos da entidade sindical, para participar da administração do sindicato, seja na condição de votante ou como dirigente, é necessário que o trabalhador seja **maior de 18 anos, filiado há mais de seis meses** e tenha mais de **dois anos de exercício na atividade ou na profissão**. Inclusive tais direitos estendem-se aos **aposentados filiados** (CF/88. Art. 8º, VII).

O art. 530 da CLT veda, expressamente, a possibilidade de um filiado candidatar-se a cargo de direção do sindicato ou mesmo cargos representativos, desde que:

a) suas contas ainda não tenham sido aprovadas, quando em exercício de cargos de administração anteriores;

b) tenham lesado o patrimônio de qualquer entidade sindical;

c) para aqueles que não possuam no mínimo dois anos de exercício efetivo da atividade dentro da base territorial do sindicato ou no desempenho de representação econômica ou profissional;

d) os condenados por crime doloso enquanto persistirem os efeitos da pena;

e) aqueles que não gozam dos direitos políticos;

f) má conduta devidamente comprovada.[17]

Quanto aos empregadores, exige-se o efetivo exercício da atividade econômica no âmbito da representação respectiva. Assim, exclui-se a possibilidade de ser candidato aquele que tiver suas contas rejeitadas no exercício de cargo de administração sindical ou houver lesado patrimônio de entidade sindical.

8. NATUREZA JURÍDICA DO SINDICATO

Como visto no item 3.4 deste Capítulo, a natureza jurídica do sindicato depende do ordenamento jurídico no qual esteja inserido. Antes da promulgação da atual Constituição Federal discutia-se muito se o sindicato seria uma pessoa jurídica de Direito Público ou de Direito Privado.

A intervenção estatal no sindicato era de tal forma que muitos doutrinadores entendiam que essa entidade não passava de uma extensão do próprio Estado.

Não resta dúvida de que o sindicato hoje, no ordenamento jurídico nacional, possui natureza de pessoa jurídica de Direito Privado, tendo em vista que as organizações sindicais entre si e em relação aos seus associados encontram-se em situação de igualdade sem o exercício do *ius imperii*.

17. Mais uma vez, trata-se de normas supletivas que só produzem efeitos se o estatuto da Entidade sindical for omisso, diante da aplicação do princípio da liberdade sindical.

9. REPRESENTANTES DOS TRABALHADORES NA EMPRESA

Ao analisar os ordenamentos jurídicos comparados, verificou-se que a luta dos trabalhadores por melhores condições de trabalho pode ser efetivada em dois níveis distintos. **No plano sindical**, por meio da atuação das diversas organizações sindicais, ou **dentro da própria empresa ou estabelecimento**, por meio dos representantes dos trabalhadores.

A existência de um representante dos empregados no próprio local de trabalho é indispensável para que se instale um diálogo permanente entre os atores sociais com objetivo de evitar a eclosão de conflitos coletivos de trabalho.

A representação sindical não cumpre bem esse papel, uma vez que os dirigentes sindicais não podem estar presentes, constantemente, nas empresas nas quais os trabalhadores representados prestam serviços.[18]

9.1. Previsão legal

A Constituição Federal, em seu art. 11, assegura a eleição do representante dos trabalhadores no local de trabalho, **nas empresas com mais de 200 empregados**: "Nas empresas de mais de duzentos empregados, é assegurada a eleição de um representante destes com a finalidade exclusiva de promover-lhes o entendimento direto com os empregadores".

Antes da vigência da Lei nº 13.467/17, os representantes dos empregados na empresa **não gozavam de qualquer prerrogativa sindical ou mesmo proteção contra a despedida imotivada**, circunstância que impedia fossem alcançados os objetivos desse instituto.

A Lei da Reforma Trabalhista inseriu o Título IV-A à CLT contendo diversos artigos para regulamentar o citado preceito constitucional, mas não apenas de um representante, mas sim de **uma comissão de representantes** (art. 510-A da CLT), cuja composição é definida pela quantidade de empregados da empresa:

> I – nas empresas com mais de duzentos e até três mil empregados, por **três** membros;
>
> II – nas empresas com mais de três mil e até cinco mil empregados, por **cinco** membros;
>
> III – nas empresas com mais de cinco mil empregados, por **sete** membros.

Contam-se todos os empregados diretos da empresa, inclusive aqueles **contratados por tempo parcial, aprendizes, intermitentes, com contrato suspenso** etc., excluindo-se os terceirizados.

Uma vez atingido o número exigido e eleitos os representantes dos empregados na empresa, eventuais oscilações futuras nessa quantidade não interferem no respectivo mandato.

Caso a empresa possua empregados em vários Estados da Federação e no Distrito Federal, assegura-se a eleição de uma comissão de representantes dos empregados por Estado ou no Distrito Federal (art. 510-A, § 2º).

18. Tal não ocorreria se no Brasil fosse permitida a sindicalização por empresa.

9.2. Candidatura à comissão de representantes

Qualquer empregado pode ser candidato à comissão de representantes, exceto aqueles:

a) contratados por prazo determinado;

b) com contrato suspenso;

c) que estejam em período do aviso prévio, trabalhado ou indenizado.

Note-se que esses motivos de exclusão **só se aplicam aos candidatos** e não aos eleitores.

O membro que houver exercido a função de representante dos empregados na comissão não poderá ser candidato nos dois períodos subsequentes (art. 510-D, § 1º, da CLT).

O Enunciado nº 63 aprovado na 2ª Jornada de Direito Material e Processual do Trabalho contém entendimento defendendo a inconstitucionalidade dessa limitação:

> **ENUNCIADO Nº 63. COMISSÃO DE REPRESENTAÇÃO: RECONDUÇÃO**
>
> O §1º DO ARTIGO 510-D, QUE DISPÕE QUE O MEMBRO QUE HOUVER EXERCIDO A FUNÇÃO DE REPRESENTANTE NA COMISSÃO NÃO PODERÁ SER CANDIDATO NOS DOIS PERÍODOS SUBSEQUENTES, VIOLA O ARTIGO 8º, I, DA CONSTITUIÇÃO FEDERAL E AS CONVENÇÕES 98 E 135 DA OIT.

9.3. Processo eleitoral

A condução do processo eleitoral deve ser feita por meio de uma **comissão,** formada por **cinco empregados que não sejam candidatos**, sem qualquer interferência da empresa ou do sindicato da categoria.

O Enunciado nº 67 aprovado na 2ª Jornada de Direito Material e Processual do Trabalho defende a tese no sentido de que essa vedação só é dirigida ao sindicato da categoria econômica:

> **ENUNCIADO Nº 67. COMISSÕES DE REPRESENTAÇÃO E PARTICIPAÇÃO DE SINDICATOS PROFISSIONAIS** A VEDAÇÃO DE INTERFERÊNCIA DO SINDICATO DA CATEGORIA NA ELEIÇÃO DE REPRESENTANTE DOS EMPREGADOS, DE QUE TRATA O § 1º DO ARTIGO 510-C DA CLT, COM A REDAÇÃO DADA PELA LEI 13.467/2017, SOMENTE PODE ESTAR DIRIGIDA AO SINDICATO DA CATEGORIA ECONÔMICA, UMA VEZ QUE AO SINDICATO DA CATEGORIA PROFISSIONAL CABE PARTICIPAR DO PROCESSO NO SENTIDO DE "INCENTIVAR A COOPERAÇÃO, RELATIVA A TODAS AS QUESTÕES PERTINENTES, ENTRE OS REPRESENTANTES ELEITOS, POR UMA PARTE, E OS SINDICATOS INTERESSADOS E SEUS REPRESENTANTES, POR OUTRA PARTE" (ARTIGOS 3º-B E 5º DA CONVENÇÃO 135/OIT).

A eleição será convocada, com antecedência mínima de **trinta dias**, contados do término do mandato anterior, por meio de edital que deverá ser fixado na empresa, com ampla publicidade, para inscrição de candidatura (art. 510-C da CLT). Caso não haja candidatos registrados é necessário convocar nova eleição no prazo de um ano. Se o número de candidatos for insuficiente, a comissão pode ser formada por número inferior ao previsto na lei.

A votação é **secreta e é vedado o voto por procuração**. A comissão tomará posse no primeiro dia útil seguinte à eleição ou ao término do mandato anterior.

Os documentos referentes ao processo eleitoral devem ser emitidos em duas vias, as quais permanecerão sob a guarda dos empregados e da empresa pelo prazo de cinco anos, à disposição para consulta de qualquer trabalhador interessado, do Ministério Público do Trabalho e dos órgãos de fiscalização do Poder Executivo (art. 510-D, § 4º).

9.4. Prerrogativas dos integrantes da comissão de representantes

A duração do mandato dos integrantes da comissão é de **um ano**, vedada sua nova candidatura nos dois pleitos subsequentes (art. 510-D, § 1º, da CLT).

Durante o exercício do mandato do representante o seu contrato de trabalho **não fica suspenso ou interrompido**, mas o empregado não poderá ser **despedido arbitrariamente**, seja por motivo disciplinar, técnico, econômico ou financeiro.

Essa proteção inicia-se **a partir do registro da candidatura e permanece até um ano após o fim do respectivo mandato.**

O Enunciado nº 61, aprovado na 2ª Jornada de Direito Material e Processual do Trabalho, defende tese no sentido de atribuir outras prerrogativas aos integrantes da comissão de representação de empregados na empresa:

> **ENUNCIADO Nº 61. MEMBROS DAS COMISSÕES DE REPRESENTAÇÃO**
>
> I – GARANTIAS. 1 – AO LADO DA GARANTIA CONSTANTE DO ARTIGO 510-D, § 3º, DA CLT, OS MEMBROS DA COMISSÃO DE REPRESENTAÇÃO SÃO PROTEGIDOS CONTRA (A) DESPEDIDA SEM JUSTA CAUSA; (B) TRANSFERÊNCIA PARA OUTRO ESTABELECIMENTO; (C) REMOÇÃO PARA SETOR DA EMPRESA ONDE O CONTATO COM OS DEMAIS EMPREGADOS RESTE INVIABILIZADO; (D) AFASTAMENTO POR RAZÕES PRETENSAMENTE DISCIPLINARES; E (E) CONSTANTE REQUISIÇÃO PARA A REALIZAÇÃO DE TRABALHOS EXTERNOS, DENTRE OUTROS EXPEDIENTES FRANCAMENTE ATENTATÓRIOS À LITERALIDADE DO ART. 1º DA CONVENÇÃO 135 DA OIT.
>
> II – PRERROGATIVAS. PARA O EXERCÍCIO ADEQUADO DE SUAS ATRIBUIÇÕES, OS MEMBROS DA COMISSÃO DE REPRESENTAÇÃO POSSUEM, COM ARRIMO NO ARTIGO 2º DA CONVENÇÃO 135 DA OIT, OS DIREITOS (A) AO TEMPO LIVRE PARA O EXERCÍCIO DAS ATIVIDADES REPRESENTATIVAS; (B) AO INGRESSO EM TODAS AS DEPENDÊNCIAS DOS LOCAIS DE TRABALHO; (C) AO ACESSO DIRETO AOS DIRIGENTES EMPRESARIAIS; (D) À DISPONIBILIZAÇÃO DE QUADRO DE AVISOS COM FÁCIL ACESSO PARA OS TRABALHADORES; (E) À LIVRE DISTRIBUIÇÃO DE PUBLICAÇÕES JUNTO AOS TRABALHADORES; E (F) À LIVRE DISTRIBUIÇÃO DE MENSAGENS POR VIA ELETRÔNICA, POR INTERMÉDIO DOS CANAIS INSTITUCIONAIS DA EMPRESA.

9.5. Atribuições da comissão de representantes

A comissão de representantes **não detém prerrogativas sindicais**, como a deflagração de greve, a celebração de convenção e acordo coletivo de trabalho, a percepção da contribuição sindical, a homologação de termo de quitação anual, a substituição processual dos empregados da empresa e o ajuizamento de dissídio coletivo.

O art. 8º da Portaria nº 349/18 do extinto MTE destaca bem essa limitação:

> **Art. 8º.** A comissão de representantes dos empregados a que se refere o Título IV-A da Consolidação das Leis do Trabalho não substituirá a função do sindicato de defender os direitos e os interesses coletivos ou individuais da categoria, inclusive em questões judiciais ou administrativas, hipótese em que será obrigatória a participação dos sindicatos em negociações coletivas de trabalho, nos termos dos incisos III e VI do caput do art. 8º da Constituição Federal

Nesse sentido também o Enunciado nº 60, aprovado na 2ª Jornada de Direito Material e Processual do Trabalho:

> **ENUNCIADO Nº 60. COMISSÕES DE REPRESENTAÇÃO DE EMPRESAS**
>
> I – REPRESENTAÇÃO DOS TRABALHADORES NO LOCAL DE TRABALHO. CABE ÀS ENTIDADES SINDICAIS A DEFESA DOS INTERESSES INDIVIDUAIS E COLETIVOS DA CATEGORIA REPRESENTADA. DECORRE DESSA PRERROGATIVA CONSTITUCIONAL O LIVRE EXERCÍCIO DA NEGOCIAÇÃO COLETIVA. É POSSÍVEL A PREVISÃO DE PARTICIPAÇÃO SINDICAL NA REPRESENTAÇÃO DOS TRABALHADORES, INDEPENDENTEMENTE DA NOMENCLATURA E CONDIÇÕES ESTABELECIDAS EM LEI ORDINÁRIA.
>
> II – A REPRESENTAÇÃO DOS TRABALHADORES DE UMA CATEGORIA PROFISSIONAL E A NEGOCIAÇÃO COLETIVA SÃO PRERROGATIVAS CONSTITUCIONAIS DOS SINDICATOS (ARTIGO 8º, INCISOS III E VI), SENDO QUE AS CONVENÇÕES 135 E 154 DA OIT, RATIFICADAS PELO BRASIL, SÃO EXPRESSAS AO IMPEDIR QUE A PRESENÇA DE REPRESENTANTES ELEITOS VENHA A SER UTILIZADA PARA O ENFRAQUECIMENTO DA SITUAÇÃO DOS SINDICATOS INTERESSADOS OU DE SEUS REPRESENTANTES (CONVENÇÃO 135) E, AINDA, QUE A EXISTÊNCIA DESTES REPRESENTANTES NÃO SEJA UTILIZADA EM DETRIMENTO DA POSIÇÃO DAS ORGANIZAÇÕES DE TRABALHADORES INTERESSADAS (CONVENÇÃO 154). NESSE SENTIDO DEVE SER INTERPRETADO E APLICADO O DISPOSTO NOS ARTIGOS 510-A A 510-D DA CLT, COM A REDAÇÃO DADA PELA LEI 13.467/2017.

O art. 510-B da CLT define quais as atribuições dessa comissão:

> I – representar os empregados perante a administração da empresa;
>
> II – aprimorar o relacionamento entre a empresa e seus empregados com base nos princípios da boa-fé e do respeito mútuo;
>
> III – promover o diálogo e o entendimento no ambiente de trabalho com o fim de prevenir conflitos;
>
> IV – buscar soluções para os conflitos decorrentes da relação de trabalho, de forma rápida e eficaz, visando à efetiva aplicação das normas legais e contratuais;
>
> V – assegurar tratamento justo e imparcial aos empregados, impedindo qualquer forma de discriminação por motivo de sexo, idade, religião, opinião política ou atuação sindical;
>
> VI – encaminhar reivindicações específicas dos empregados de seu âmbito de representação;
>
> VII – acompanhar o cumprimento das leis trabalhistas, previdenciárias e das convenções coletivas e acordos coletivos de trabalho.

Pelo entendimento constante do Enunciado nº 69 o rol de práticas discriminatórias inserido no inciso V do dispositivo legal citado é meramente exemplificativo:

> **ENUNCIADO Nº 69. COMISSÕES DE REPRESENTAÇÃO: COMBATE A PRÁTICAS DISCRIMINATÓRIAS. ROL EXEMPLIFICATIVO** COMISSÕES DE

REPRESENTAÇÃO DE EMPREGADOS. COMBATE A PRÁTICAS DISCRIMINATÓRIAS. ROL EXEMPLIFICATIVO. AS COMISSÕES DE REPRESENTAÇÃO DE EMPREGADOS SÃO DESTINADAS, ENTRE OUTRAS ATRIBUIÇÕES IGUALMENTE RELEVANTES, A ASSEGURAR TRATAMENTO JUSTO E IMPARCIAL AOS EMPREGADOS, IMPEDINDO QUALQUER FORMA DE DISCRIMINAÇÃO POR MOTIVO DE SEXO, IDADE, RELIGIÃO, OPINIÃO POLÍTICA OU ATUAÇÃO SINDICAL (CLT, ART. 510-B, V), SENDO ESSE UM ROL MERAMENTE EXEMPLIFICATIVO DE MOTIVAÇÕES, HAJA VISTA O VETOR CONSTITUCIONAL DE COMBATE A QUALQUER FORMA DE DISCRIMINAÇÃO (ARTS. 3º, IV E 5º, XLI DA CF).

As decisões da comissão de representantes dos empregados, que atua de forma independente, são sempre colegiadas, devendo ser observada a maioria simples.

10. SINDICALIZAÇÃO NO SERVIÇO PÚBLICO

O direito dos servidores públicos civis de associarem-se em sindicato, no plano jurídico interno, é garantido pelo art. 37, inciso VI, da Constituição Federal de 1988,[19] regulado pela Lei 8.112/90[20] e pelos preceitos contidos na Convenção nº 151 da Organização Internacional do Trabalho.[21]

A Convenção nº 87 da OIT faculta a cada Estado-membro que ratificá-la estabelecer os limites da sindicalização nas forças armadas, conforme se observa da redação do seu art. 9º: "A legislação nacional deverá determinar até que ponto aplicar-se-ão às forças armadas e a polícia as garantias previstas pelo presente convênio".

Há vedação legal para a sindicalização dos militares, de conformidade com o comando contido no art. 142, IV, da Carta Magna: "ao militar são proibidas a sindicalização e a greve".

O direito de greve também foi garantido aos servidores públicos, porém, até a presente data, não foi regulamentado.

Contudo, a maioria dos Ministros do STF deu provimento aos Mandados de Injunção de nos. 712 e 670 e **reconheceram a omissão do Congresso Nacional** ao deixar de regulamentar o aludido dispositivo constitucional que trata do direito de greve dos servidores públicos. **Admitiu-se, ainda, a utilização analógica da Lei de Greve dos empregados do setor privado** (Lei nº 7.783/89), enquanto não for aprovada Lei específica para disciplinar a matéria:

> O Tribunal, por maioria, nos termos do voto do Relator, conheceu do mandado de injunção e propôs a solução para a omissão legislativa com a aplicação da Lei nº 7.783, de 28 de junho de 1989, no que couber, vencidos, parcialmente, os Senhores Ministros Ricardo Lewandowski, Joaquim Barbosa e Marco Aurélio, que limitavam a decisão à categoria representada pelo sindicato e estabeleciam condições específicas para o exercício das paralisações.[22]

19. CF/88. Art. 37. VI. É garantido ao servidor público civil o direito à livre associação sindical.
20. Lei nº 8.112/90. Art. 240. Ao servidor público civil é assegurado, nos termos da Constituição Federal, o direito à livre associação sindical e os seguintes direitos, entre outros, dela decorrentes.
21. Promulgada pelo Decreto nº 7.944, de 06.03.2013.
22. STF. MI nº 720. Rel. Min. Eros Grau. DJ 25.10.2007.

Em relação à questão processual, o STF, nos autos da Reclamação nº 6568 concluiu-se que **compete à Justiça Comum decidir sobre conflitos envolvendo o exercício do direito de greve pelos servidores públicos**.

11. SINDICALISMO RURAL

A atual Carta Maior não faz diferença entre o sindicato do setor urbano e o sindicato do setor rural, na forma prevista pelo art. 8º, parágrafo único: "As disposições deste artigo aplicam-se à organização de sindicatos rurais e de colônias de pescadores, atendidas as condições que a lei estabelecer".

O Decreto-Lei nº 1.166/71 disciplinou o enquadramento sindical do trabalhador rural bem como o recolhimento da respectiva contribuição sindical.

O referido Diploma Legal não traz nada de novo ou de relevante no que diz respeito à organização e funcionamento do sindicato rural, pois centra sua atenção na arrecadação da contribuição sindical devida pelos empregados e empregadores rurais, que deve se adaptar à nova ordem legal que lhe atribuiu caráter facultativo.

No plano internacional, a Convenção nº 141 da OIT, aprovada pelo Decreto legislativo nº 5/93 e promulgada pelo Decreto presidencial de nº 1.703/95, trata das organizações de trabalhadores rurais e sua função no desenvolvimento econômico e social, adotada em Genebra, em 23 de junho de 1975.

12. PRERROGATIVAS DAS ENTIDADES SINDICAIS

As entidades sindicais gozam de certas vantagens que as diferenciam das demais associações profissionais ou econômicas.

Atualmente, estão reservadas às entidades sindicais as prerrogativas de, dentre outras, segundo art. 593 da CLT:

a) representação dos trabalhadores no âmbito de seu raio subjetivo de abrangência;

b) celebração de contratos coletivos (acordos e convenções coletivas de trabalho);

c) colaborar com o Estado, como orgãos técnicos e consultivos, na estudo e solução dos problemas que se relacionam com a respectiva categoria ou profissão liberal.

A manutenção de algumas dessas prerrogativas, contudo, demonstra que o Brasil não adotou, de forma plena, o princípio da autonomia e da liberdade sindical.

A Carta Magna de 1988, em seu art. 10, assegura, ainda, a participação dos empregadores e dos empregados nos órgãos colegiados nos quais se discuta e delibere sobre os interesses profissionais ou econômicos.

12.1. Representação e substituição processual

A atividade da entidade sindical dirige-se, de forma imediata, em benefício dos seus representados, sejam eles filiados ou não.

Sobre a representação, a Consolidação das Leis do Trabalho manifesta-se expressamente pela regra contida no seu art. 513, "a":

> **Art. 513.** São prerrogativas dos sindicatos: a) representar, perante as autoridades administrativas e judiciárias, os interesses gerais da respectiva categoria ou profissão liberal ou os interesses individuais dos associados relativos à atividade ou profissão exercida.

Essa regra também se encontra insculpida no art. 8º, III, da Carga Magna de 1988: "Art. 8º. III – ao sindicato cabe a defesa dos direitos e interesses coletivos ou individuais da categoria, inclusive em questões judiciais ou administrativas".

Durante muito tempo discutiu-se sobre a amplitude do referido dispositivo constitucional. Havia dúvida se a atual Constituição Federal autorizava a substituição processual do sindicato em relação aos integrantes da categoria profissional respectiva ou fazia-se referência apenas a uma representação processual.

A regra geral, inserida na teoria geral do processo, é no sentido de somente ser permitido postular em juízo aquele que se diz titular do direito material.

O Código de Processo Civil dispõe, em seu art. 18, que: "Ninguém poderá pleitear direito alheio em nome próprio, salvo quando autorizado pelo ordenamento jurídico".

Já o art. 8º, II, da Carta Política vigente permite que o sindicato postule em juízo, em nome próprio, na defesa de interesses de terceiros, mais precisamente dos integrantes da categoria profissional, o que dispensaria autorização expressa nesse sentido.

Inicialmente, o Tribunal Superior do Trabalho interpretou de forma restritiva o mencionado regramento constitucional ao editar a Súmula nº 310, por meio da Resolução Administrativa nº 01/1993:

> **SÚMULA Nº 310.** SUBSTITUIÇÃO PROCESSUAL. SINDICATO. I – O art. 8º, inciso III, da Constituição da República não assegura a substituição processual pelo sindicato; II – A substituição processual autorizada ao sindicato pelas Leis nºs 6.708, de 30.10.1979, e 7.238, de 29.10.1984, limitada aos associados, restringe-se às demandas que visem aos reajustes salariais previstos em lei, ajuizadas até 03.07.1989, data em que entrou em vigor a Lei nº 7.788; III – A Lei nº 7.788/1989, em seu art. 8º, assegurou, durante sua vigência, a legitimidade do sindicato como substituto processual da categoria; IV – A substituição processual autorizada pela Lei nº 8.073, de 30.07.1990, ao sindicato alcança todos os integrantes da categoria e é restrita às demandas que visem à satisfação de reajustes salariais específicos resultantes de disposição prevista em lei de política salarial; V – Em qualquer ação proposta pelo sindicato como substituto processual, todos os substituídos serão individualizados na petição inicial e, para o início da execução, devidamente identificados pelo número da Carteira de Trabalho e Previdência Social ou de qualquer documento de identidade; VI – É lícito aos substituídos integrar a lide como assistente litisconsorcial, acordar, transigir e renunciar, independentemente de autorização ou anuência do substituto; VII – Na liquidação da sentença exequenda, promovida pelo substituto, serão individualizados os valores devidos a cada substituído, cujos depósitos para quitação serão levantados através de guias expedidas em seu nome ou de procurador com poderes especiais para esse fim, inclusive nas ações de cumprimento; VIII – Quando o sindicato for o autor da ação na condição de substituto processual, não serão devidos honorários advocatícios.

Entretanto, o Supremo Tribunal Federal,[23] não trilhou o mesmo caminho e, em diversos julgamentos, entendeu que a atual Constituição Federal **autorizava a substituição processual plena do sindicato em relação aos integrantes da categoria profissional**, fato que levou o Tribunal Superior do Trabalho a **cancelar** a referida Súmula.[24]

> CONSTITUCIONAL. SUBSTITUIÇÃO PROCESSUAL. SINDICATO. ART. 8º, III, DA CF/88. PRECEDENTE DO PLENÁRIO. ACÓRDÃO NÃO PUBLICADO. ALTERAÇÃO NA COMPOSIÇÃO DO STF. ORIENTAÇÃO MANTIDA PELA CORTE. I – O Plenário do Supremo Tribunal Federal deu interpretação ao art. 8º, III, da Constituição, e decidiu que os sindicatos têm legitimidade processual para atuar na defesa de todos e quaisquer direitos subjetivos individuais e coletivos dos integrantes da categoria por ele representada. II – A falta de publicação do precedente mencionado não impede o julgamento imediato de causas que versem sobre a mesma controvérsia, em especial quando o entendimento adotado é confirmado por decisões posteriores. III – A nova composição do Tribunal não ensejou a mudança da orientação seguida. IV – Agravo improvido.[25]

Por fim, ressalte-se que a representação sindical se estende, inclusive, aos **associados titulares de créditos trabalhistas que não comparecerem na assembleia geral de credores da empresa em recuperação judicial ou falência**, conforme dispõe o art. 37, § 5º da Lei 11.101/05.

12.2. Comissão de conciliação prévia intersindical

Os conflitos individuais entre empregados e empregadores só poderiam ser solucionados por meio da intervenção do Estado ou, mais precisamente, do Poder Judiciário.

Numa tentativa de diminuir o número de dissídios individuais na Justiça do Trabalho, foi editada a Lei nº 9.958/00, que acrescentou e alterou a redação de dispositivos da CLT, para possibilitar a instalação de comissões de conciliação prévia, além de permitir a execução de título executivo extrajudicial no processo do trabalho.

A referida comissão de conciliação prévia nada mais é do que um órgão paritário encarregado de promover conciliação entre patrão e empregado, além de garantir os efeitos jurídicos pretendidos por ambos quando celebrado o acordo, ou seja, **a quitação.**

As comissões de conciliação prévia podem ser instituídas **no âmbito da empresa** ou ter natureza **intersindical**. Nesse último caso, **os sindicatos detêm a prerrogativa de indicar os integrantes da referida comissão**, que tem como objetivo a solução extrajudicial de conflitos individuais do trabalho.

A comissão de conciliação prévia sindical **tem seu funcionamento regulado por acordo ou convenção coletiva de trabalho**, instrumento que fixa, também, o número de integrantes.

---

23. SINDICATO. SUBSTITUIÇÃO PROCESSUAL. O art. 8º, III, da constituição, combinado com o art. 3º da Lei nº 8.073/90, autoriza a substituição processual ao sindicato para atuar na defesa dos direitos e interesses coletivos ou individuais de seus associados. (STF. RE 211.872. 1ª T. Rel. Min. Octávio Gallotti. DJU 06.02.1998).
24. Por meio da Resolução Administrativa nº 119/2003, publicada no DJU de 01.10.2003.
25. STF. RE-AgR nº 197029-SP. 1ª T. Rel. Min. Ricardo Lewandowski. DJU de 16.02.2007.

12.3. Negociação coletiva

As organizações sindicais têm como objetivo principal a defesa dos interesses daquelas pessoas que representam, sejam eles os trabalhadores ou os empregadores. O eterno antagonismo de interesses entre esses atores sociais é exposto e defendido por intermédio da denominada negociação coletiva.

O art. 8, inciso VI, da Constituição Federal de 1988 **confere aos sindicatos a prerrogativa de participar das negociações coletivas de trabalho**. Na omissão do sindicato, a federação e, sucessivamente, a confederação ficam legitimadas a negociar e, consequentemente, celebrar os referidos convênios coletivos.

Se essas organizações complexas citadas também se recusarem a promover a negociação coletiva, os próprios interessados ficam legitimados por meio de uma coalizão de trabalhadores, na forma prevista pelo art. 617, § 1º, da CLT:[26]

> **Art. 617. § 1º.** Expirado o prazo de 8 (oito) dias sem que o Sindicato tenha se desincumbido do encargo recebido, poderão os interessados dar conhecimento do fato à Federação a que estiver vinculado o Sindicato e, em falta dessa, à correspondente Confederação, para que, no mesmo prazo, assuma a direção dos entendimentos. Esgotado esse prazo, poderão os interessados prosseguir diretamente na negociação coletiva até final.[27]

Quando a negociação é bem-sucedida, dá ensejo a um convênio coletivo de trabalho (acordo ou convenção coletiva de trabalho). Caso contrário, será instalado um conflito coletivo de trabalho que poderá ser solucionado por diversos métodos, inclusive, pela greve.

12.4. Celebração de acordos e convenções coletivas

A convenção coletiva e o acordo coletivo de trabalho são instrumentos normativos profissionais decorrentes de uma negociação coletiva de trabalho. São instrumentos que materializam o sucesso dessas tratativas preliminares, efetivadas entre as organizações sindicais representativas de patrões e empregados.

O raio de vigência da convenção coletiva de trabalho é bem mais amplo do que aquele derivado do acordo coletivo. No primeiro caso, **o convênio coletivo nasce das negociações havidas entre sindicatos de empregados e de empregadores.**

Se a negociação for efetivada individualmente com uma ou algumas empresas, sem a intervenção do sindicato patronal, o instrumento normativo consequente será denominado de **acordo coletivo de trabalho.**

26. É razoável, nesses casos, estender aos líderes da referida coalizão a prerrogativa da estabilidade, sem a qual, o resultado da negociação poderá não atender os interesses da categoria profissional.

27. ACORDO COLETIVO COMISSÃO DE EMPREGADOS – LEGITIMIDADE. Em havendo recusa do sindicato profissional, e até mesmo da federação, em participar da negociação coletiva, que objetiva a formalização de acordo coletivo, legítima é a atuação de comissão de empregados, nos termos do que dispõem os arts. 8º, VI, da Constituição Federal e 617 da CLT. Titulares dos direitos são os empregados, de forma que o sindicato profissional, como seu representante, deve se ajustar à vontade que, livremente, expressam e que atende aos seus interesses, mormente considerando-se as peculiaridades que envolvem a prestação de serviços e a realidade econômico-financeira do empregador. Recurso ordinário conhecido e provido. (TST. SDC. RODC 163/2005-000-03-00. Rel. Min. Milton de Moura França. DJ 13.04.2007).

12.5. Instauração de dissídio coletivo

Frustradas as negociações entre os sindicatos os interessados poderão ajuizar uma ação própria, denominada de **dissídio coletivo**, no âmbito da Justiça do Trabalho, com vistas à solução do conflito por intermédio de uma sentença normativa.

Somente as organizações sindicais detém essa prerrogativa. O TST revogou a Súmula nº 177, que entendia ser necessária a observância de alguns requisitos para a instauração do aludido dissídio coletivo.

> **SÚMULA Nº 177.** DISSÍDIO COLETIVO. SINDICATO. REPRESENTAÇÃO – Cancelado – Res. 121/2003, DJ 21.11.2003. Está em plena vigência o art. 859 da Consolidação das Leis do Trabalho, cuja redação é a seguinte: "A representação dos sindicatos para instauração da instância fica subordinada à aprovação de assembleia, da qual participem os associados interessados na solução do dissídio coletivo, em primeira convocação, por maioria de 2/3 dos mesmos, ou, em segunda convocação, por 2/3 dos presentes". Ex-prejulgado nº 58.

Pela redação em vigor do art. 114, § 2º, da Carta Política atual, **o dissídio coletivo só poderá ser ajuizado com a concordância de ambas as partes**, fato que retira a característica jurisdicional dessa forma de solução de conflitos, conforme se observa da redação do aludido preceito constitucional:

> **Art. 114. § 2º.** Recusando-se qualquer das partes à negociação coletiva ou à arbitragem, é facultado às mesmas, de comum acordo, ajuizar dissídio coletivo de natureza econômica, podendo a Justiça do Trabalho decidir o conflito, respeitadas as disposições mínimas legais de proteção ao trabalho, bem como as convencionadas anteriormente.[28]

12.6. Ação de cumprimento

Como visto, os convênios coletivos de trabalho (acordo e convenção coletiva de trabalho) são os instrumentos decorrentes da ação negociadora das organizações sindicais dos empregados e empregadores. Quando não há consenso entre os atores sociais, pode-se acionar o Poder Judiciário que solucionará o conflito proferindo uma **sentença normativa.**

Observa-se, assim, que tanto a sentença normativa quanto o contrato coletivo de trabalho, criam obrigações para os representados, ou seja, para os empregados e empregadores individualmente considerados, que se incorporam automaticamente aos contratos de trabalho respectivos, desde que mais benéficas para os trabalhadores.

Quando há um descumprimento das obrigações que ficaram consignadas no contrato coletivo de trabalho ou na sentença normativa, **a entidade sindical fica autorizada a ingressar com uma ação típica denominada de ação de cumprimento**, na condição de substituto processual, que nada mais é do que **uma espécie de ação civil coletiva, na defesa de interesses individuais e homogêneos.**

Todavia, **não se exclui a legitimidade de cada empregado ajuizar ações individuais** para resguardar o seu direito, conforme art. 872, parágrafo único, da CLT:

> **Art. 872.** Celebrado o acordo, ou transitada em julgado a decisão, seguir-se-á o seu cumprimento, sob as penas estabelecidas neste Título.

28. Redação dada pela Emenda Constitucional nº 45/04.

> **Parágrafo único.** Quando os empregadores deixarem de satisfazer o pagamento de salários, na conformidade da decisão proferida, poderão os empregados ou seus sindicatos, independentes de outorga de poderes de seus associados, juntando certidão de tal decisão, apresentar reclamação à Junta ou Juízo competente, observado o processo previsto no Capítulo II deste Título, sendo vedado, porém, questionar sobre a matéria de fato e de direito já apreciada na decisão.

A Súmula nº 286 consolidou a posição do TST no sentido de ser admitida a propositura de **ação de cumprimento para observância do quanto estabelecido em acordo ou convenção coletiva de trabalho**, já que havia uma corrente jurisprudencial que só admitia essa espécie de ação para o cumprimento de sentença normativa:

> **SÚMULA Nº 286.** SINDICATO. SUBSTITUIÇÃO PROCESSUAL. CONVENÇÃO E ACORDO COLETIVOS (mantida) – Res. 121/2003, DJ 19, 20 e 21.11.2003. A legitimidade do sindicato para propor ação de cumprimento estende-se também à observância de acordo ou de convenção coletivos.

A OJ nº 277, da SDI-1, apresenta o posicionamento do TST no que se refere à coisa julgada nessa espécie de ação:

> **OJ Nº 277.** AÇÃO DE CUMPRIMENTO FUNDADA EM DECISÃO NORMATIVA QUE SOFREU POSTERIOR REFORMA, QUANDO JÁ TRANSITADA EM JULGADO A SENTENÇA CONDENATÓRIA. COISA JULGADA. Não CONFIGURAÇÃO. DJ 11.08.03. A coisa julgada produzida na ação de cumprimento é atípica, pois dependente de condição resolutiva, ou seja, da não modificação da decisão normativa por eventual recurso. Assim, modificada a sentença normativa pelo TST, com a consequente extinção do processo, sem julgamento do mérito, deve-se extinguir a execução em andamento, uma vez que a norma sobre a qual se apoiava o título exequendo deixou de existir no mundo jurídico.

12.7. Homologação de rescisão contratual

A Lei nº 13.467/17 aboliu a necessidade de homologação da rescisão contratual para validade da rescisão contratual dos empregados com mais de um ano de serviço, ao revogar o § 1º, art. 477 da CLT.

Nada impede, todavia, que esse procedimento seja adotado por acordo ou convenção coletiva de trabalho. Pode ser, inclusive, do interesse da empresa homologar a rescisão no sindicato, uma vez que nesse caso opera-se a quitação em relação à parcela e não só ao valor respectivo, na forma prevista pela Súmula nº 330 do TST.

12.8. Homologação de quitação anual de débitos trabalhistas firmada pelo empregado

A Lei da Reforma Trabalhista (Lei nº 13.467/17) introduziu o art. 507-B à CLT, que de forma indireta confere validade à transação extrajudicial **no âmbito do contrato individual do trabalho,** ainda que obtida **durante a vigência do contrato de trabalho,** desde que homologado pelo sindicato da categoria profissional do empregado:

> **Art. 507-B.** É facultado a empregados e empregadores, na vigência ou não do contrato de emprego, firmar o termo de quitação anual de obrigações trabalhistas, perante o sindicato dos empregados da categoria.

Parágrafo único. O termo discriminará as obrigações de dar e fazer cumpridas mensalmente e dele constará a quitação anual dada pelo empregado, com eficácia liberatória das parcelas nele especificadas.

Ora, surgindo um conflito laboral durante a relação de emprego, é possível extingui-lo por meio de uma declaração firmada pelo empregado conferindo quitação às verbas trabalhistas que expressamente constar no instrumento respectivo.

Entretanto, a quitação só produz efeitos em relação às **obrigações trabalhistas com periodicidade mensal** e que estejam devidamente discriminadas no respectivo termo.

Isso significa que não é possível quitar, por esse meio, **direitos trabalhistas inespecíficos**, como indenização por danos morais, por exemplo, ou **parcelas trabalhistas com outra periodicidade que não a mensal**, como as férias indenizadas.

O Enunciado nº 58, aprovado na 2º Jornada de Direito Material e Processual do Trabalho, trata do termo de quitação anual:

ENUNCIADO Nº 58. TERMO DE QUITAÇÃO ANUAL

I) OS PAGAMENTOS EFETUADOS POR CONTA DE TERMO DE COMPROMISSO ARBITRAL, "QUITAÇÃO ANUAL" DE OBRIGAÇÕES TRABALHISTAS, EXTINÇÃO DO CONTRATO POR "MÚTUO ACORDO" E PLANO DE DEMISSÃO VOLUNTÁRIA OU INCENTIVADA SÓ PODEM PRODUZIR EFICÁCIA LIBERATÓRIA LIMITADA AOS VALORES EFETIVAMENTE ADIMPLIDOS DAS PARCELAS DISCRIMINADAS. EM RESPEITO À GARANTIA CONSTITUCIONAL DE ACESSO À JURISDIÇÃO (ART. 5º, XXXV) E AO ARTIGO 25 DA CONVENÇÃO AMERICANA DE DIREITOS HUMANOS, MANTÉM-SE O PLENO DIREITO DE ACESSO AO JUDICIÁRIO PARA SOLUCIONAR SITUAÇÕES CONFLITUOSAS, INCLUSIVE PARA SATISFAÇÃO DE DIFERENÇAS SOBRE RUBRICAS PARCIALMENTE PAGAS.

II) O TERMO DE QUITAÇÃO DEVERÁ ESTAR NECESSARIAMENTE ACOMPANHADO DE DOCUMENTOS COMPROBATÓRIOS, SOB ASSISTÊNCIA EFETIVA DO SINDICATO.

III) O TERMO DE QUITAÇÃO DEVE, POIS, SER INTERPRETADO RESTRITIVAMENTE, COM EFICÁCIA LIBERATÓRIA DE ALCANCE LIMITADO AOS VALORES DAS PARCELAS EXPRESSAMENTE ESPECIFICADAS NO DOCUMENTO, SEM IMPLICAR RENÚNCIA OU EXTINÇÃO DA OBRIGAÇÃO E NEM IMPEDIR O EXERCÍCIO DO DIREITO FUNDAMENTAL DE AÇÃO. IV) O REFERIDO TERMO SERÁ NULO DE PLENO DIREITO SE DESVIRTUAR, IMPEDIR OU FRAUDAR AS DISPOSIÇÕES DE PROTEÇÃO AO TRABALHO, OS CONTRATOS COLETIVOS E AS DECISÕES DAS AUTORIDADES TRABALHISTAS COMPETENTES.

12.9. Deflagração de greve

A greve é um direito dos trabalhadores e representa, em última análise, forma de solução de conflitos por intermédio da autotutela.

O direito de greve, previsto no art. 9º da Constituição Federal,[29] encontra-se regulamentado pela Lei nº 7.783/89. O art. 4º da referida norma **atribui à entidade sindical**

29. CF/88. Art. 9º: É assegurado o direito de greve, competindo aos trabalhadores decidir sobre a oportunidade de exercê-lo e sobre os interesses que devam por meio dele defender.

simples (sindicato) o exercício da prerrogativa de deflagrar a greve, após a convocação de assembleia-geral para deliberar sobre sua conveniência e sobre a pauta de reivindicações.

Somente se inexistir a entidade sindical simples e sucessivamente as entidades complexas (federação e confederação) é que a lei autoriza os trabalhadores envolvidos no movimento paredista convocarem assembleia-geral para designar uma comissão de negociação.

Em eventual dissídio coletivo, os empregados serão representados pelos sindicatos e, na sua falta, pela referida comissão especial.

Esse instituto, por sua importância, será minuciosamente estudado no capítulo VI, parte II, desta obra.

O esquema a seguir lista as prerrogativas do sindicato:

PRERROGATIVAS DOS SINDICATOS

- Representar os integrantes da categoria
- Ajuizar ações coletivas como substituto processual
- Conduzir a negociação coletiva
- Celebrar contratos coletivos de trabalho
- Ajuizar dissídio coletivo
- Ação de cumprimento
- Homologar declaração de quitação anual de débitos trabalhistas firmada pelo empregado
- Deflagrar greve

Exemplo de questão sobre o tema

(Magistratura do Trabalho/TRT 23ª R – 2010) Sobre as prerrogativas do sindicato, assinale a alternativa correta.

(A) É prerrogativa do sindicato representar sua categoria administrativamente. Esta prerrogativa somente pode ser exercida judicialmente com autorização expressa do associado.

(B) É prerrogativa do sindicato celebrar acordo ou convenção coletiva de trabalho prevendo a redução de qualquer direito assegurado em lei, desde que autorizado pela assembleia geral.

(C) É prerrogativa do sindicato cobrar de todos os integrantes da categoria a contribuição assistencial, equivalente a um dia de salário por ano.

(D) É prerrogativa do sindicato cobrar pelos serviços de homologação de termo de rescisão contratual, desde que definido em assembleia geral e conste de acordo ou convenção coletiva.

(E) É prerrogativa do sindicato representar perante assembleia geral de credores da empresa em recuperação judicial ou falência, os associados titulares de créditos trabalhistas que não comparecerem pessoalmente ou por procurador.

Resposta: E

13. SUSTENTAÇÃO FINANCEIRA

As fontes de custeio das entidades sindicais são as seguintes:

a) contribuição confederativa;

b) contribuição assistencial;

c) contribuição sindical; e

d) contribuição negocial.

A Lei nº 13.467/17 atribuiu **caráter facultativo** à contribuição sindical, também conhecida como imposto sindical.

Já a MP nº 873/2019 deixou claro que tais contribuições só podem ser cobradas dos filiados das entidades sindicais, ao introduzir o art. 579-A à CLT:

> **Art. 579-A.** Podem ser exigidas somente dos filiados ao sindicato: I – a contribuição confederativa de que trata o inciso IV do caput do art. 8º da Constituição; II – a mensalidade sindical; e III – as demais contribuições sindicais, incluídas aquelas instituídas pelo estatuto do sindicato ou por negociação coletiva.

13.1. Contribuição confederativa

A Constituição Federal de 1988 (art. 8, IV)[30] permite ao sindicato fixar uma **contribuição, por decisão da assembleia geral, para o custeio do sistema confederativo** da representação sindical respectiva, independente da contribuição prevista em lei (contribuição sindical).

O Supremo Tribunal Federal entendeu que a denominada *contribuição confederativa* **só poderia ser exigida dos associados dos sindicatos**, conforme se observa do teor da Súmula Vinculante nº 40: "A contribuição confederativa de que trata o art. 8º, IV, da Constituição Federal, só é exigível dos filiados ao sindicato respectivo".

Na verdade, quando se faz constar em um contrato coletivo de trabalho (acordo e convenção coletiva de trabalho) a obrigação de a empresa descontar valores dos seus empregados a título de *contribuição confederativa*, mesmo daqueles que não sejam filiados a entidade sindical, significa **ofensa ao princípio da liberdade sindical**, mais precisamente, da liberdade de filiação, que foi consagrado pelo art. 8º, V, da atual Carta Política.[31]

A Lei da Reforma Trabalhista não promoveu qualquer alteração na contribuição confederativa, diante da sua natureza infraconstitucional.

13.2. Contribuição assistencial

Como foi dito, as entidades sindicais desempenham uma série de funções, além daquelas tipicamente sindicais. São funções reivindicatórias, negociais, institucionais, políticas e assistenciais.

A contribuição assistencial, também conhecida como **taxa de reversão ou quota de responsabilidade**, foi criada, inicialmente, pela Justiça do Trabalho nos julgamentos dos dissídios coletivos e era destinada ao custeio do exercício das aludidas funções assistenciais.

30. CF/88. Art. 8º. IV: a assembleia geral fixará a contribuição que, em se tratando de categoria profissional, será descontada em folha, para custeio do sistema confederativo da representação sindical respectiva, independentemente da contribuição prevista em lei.

31. CF/88. Art. 8º. É livre a associação profissional ou sindical, observado o seguinte: V – ninguém será obrigado a filiar-se ou a manter-se filiado a sindicato.

Posteriormente, a contribuição assistencial passou a constar como cláusula em diversos instrumentos normativos negociados (acordo e convenção coletiva de trabalho).

Assim como ocorre com a contribuição confederativa, a contribuição assistencial **só é devida pelo trabalhador que esteja filiado à entidade sindical** que celebrou o acordo ou convenção coletiva de trabalho.

A decisão a seguir transcrita do STF, proferida antes da vigência da Lei da Reforma Trabalhista, detalha a natureza jurídica de cada fonte de sustentação financeira das entidades sindicais:

> A contribuição assistencial visa a custear as atividades assistenciais dos sindicatos, principalmente no curso de negociações coletivas. A contribuição confederativa destina-se ao financiamento do sistema confederativo de representação sindical patronal ou obreira. Destas, somente a segunda encontra previsão na CF (art. 8º, IV), que confere à assembleia geral a atribuição para criá-la. Este dispositivo constitucional garantiu a sobrevivência da contribuição sindical, prevista na CLT. Questão pacificada nesta Corte, no sentido de que somente a contribuição sindical prevista na CLT, por ter caráter parafiscal, é exigível de toda a categoria independente de filiação.[32]

A Lei nº 13.467/17 **não promoveu qualquer alteração** no disciplinamento dessa contribuição assistencial, salvo a **proibição de se impor a sua cobrança por meio de instrumento normativo negociado**, como se observa do art. 611-B, XXVI, da CLT:

> **Art. 611-B.** Constituem objeto ilícito de convenção coletiva ou de acordo coletivo de trabalho, exclusivamente, a supressão ou a redução dos seguintes direitos: XXVI – liberdade de associação profissional ou sindical do trabalhador, inclusive o direito de não sofrer, sem sua expressa e prévia anuência, qualquer cobrança ou desconto salarial estabelecidos em convenção coletiva ou acordo coletivo de trabalho.

13.3. Contribuição sindical

A contribuição sindical, conhecida como **imposto sindical,** era considerada a mais importante fonte de custeio das organizações sindicais. Representava um dos resquícios do modelo sindical corporativo importado do regime fascista italiano no qual havia a cobrança do denominado *contributo sindicale*.

No Brasil, a maioria das entidades sindicais sobreviviam das receitas advindas da arrecadação do *imposto sindical*.

Entretanto, a Lei nº 13.467/17 transformou o denominado imposto sindical em uma **contribuição facultativa**, principalmente por meio da alteração na redação do art. 578 da CLT, conforme o seguinte quadro comparativo:

32. STF. RE 224.885-AgR. 2ª T. Rel. Min. Ellen Gracie. DJ 6.8.2004.

REFORMA TRABALHISTA – QUADRO COMPARATIVO CONTRIBUIÇÃO SINDICAL – IMPOSTO SINDICAL	
REDAÇÃO ANTERIOR DA CLT	**REDAÇÃO ATUAL DA CLT**
Art. 578. As contribuições devidas aos Sindicatos pelos que participem das categorias econômicas ou profissionais ou das profissões liberais representadas pelas referidas entidades serão, sob a denominação do "imposto sindical", pagas, recolhidas e aplicadas na forma estabelecida neste Capítulo.	**Art. 578.** As contribuições devidas aos sindicatos pelos participantes das categorias econômicas ou profissionais ou das profissões liberais representadas pelas referidas entidades serão, sob a denominação de **contribuição sindical**, pagas, recolhidas e aplicadas na forma estabelecida neste Capítulo, **desde que prévia e expressamente autorizadas.**
DIFERENÇAS E COMENTÁRIOS	
A denominação utilizada pela CLT, imposto sindical, é alterada para contribuição sindical, com destaque para o seu **caráter facultativo** e com autorização **expressa e prévia** do empregado. Antes da alteração legislativa, a contribuição sindical era classificada como tributo de natureza parafiscal, uma vez que tinha como sujeito ativo as entidades sindicais, pessoas jurídicas de direito privado, mas com finalidade social (STF. RE 180.745. 1ª T. Rel. Min. Sepúlveda Pertence. DJ 8.5.1998).	

As diversas Ações Diretas de Inconstitucionalidade que tramitavam no STF, dentre elas as de nos 5794, 5806, 5810, 5811, 5813, 5815, 5850, 5859, 5900, 5912, 5923 todas sob a relatoria do Min. Edson Fachin, **foram julgadas improcedentes**, declarando a constitucionalidade da referida alteração legislativa.

Note-se que o Enunciado nº 38 aprovado na 2ª Jornada de Direito Material e Processual do Trabalho da Anamatra defendia a tese no sentido de ser possível autorizar o desconto das contribuições sindicais mediante assembleia coletiva:

> **ENUNCIADO Nº 38. CONTRIBUIÇÃO SINDICAL**
>
> I – É LÍCITA A AUTORIZAÇÃO COLETIVA PRÉVIA E EXPRESSA PARA O DESCONTO DAS CONTRIBUIÇÕES SINDICAL E ASSISTENCIAL, MEDIANTE ASSEMBLEIA GERAL, NOS TERMOS DO ESTATUTO, SE OBTIDA MEDIANTE CONVOCAÇÃO DE TODA A CATEGORIA REPRESENTADA ESPECIFICAMENTE PARA ESSE FIM, INDEPENDENTEMENTE DE ASSOCIAÇÃO E SINDICALIZAÇÃO.
>
> II – A DECISÃO DA ASSEMBLEIA GERAL SERÁ OBRIGATÓRIA PARA TODA A CATEGORIA, NO CASO DAS CONVENÇÕES COLETIVAS, OU PARA TODOS OS EMPREGADOS DAS EMPRESAS SIGNATÁRIAS DO ACORDO COLETIVO DE TRABALHO. III – O PODER DE CONTROLE DO EMPREGADOR SOBRE O DESCONTO DA CONTRIBUIÇÃO SINDICAL É INCOMPATÍVEL COM O CAPUT DO ART. 8º DA CONSTITUIÇÃO FEDERAL E COM O ART. 1º DA CONVENÇÃO 98 DA OIT, POR VIOLAR OS PRINCÍPIOS DA LIBERDADE E DA AUTONOMIA SINDICAL E DA COIBIÇÃO AOS ATOS ANTISSINDICAIS.

Contudo, essa possibilidade **foi rechaçada por diversas decisões** proferidas pelo STF, a exemplo daquelas proferidas nas Reclamações de nos 35.639, 35.540, 34.889, dentre outras.

> DIREITO CONSTITUCIONAL E DO TRABALHO. MEDIDA CAUTELAR EM RECLAMAÇÃO. CONTRIBUIÇÃO SINDICAL. AUTORIZAÇÃO DO EMPREGADO. 1. Aparentemente, viola a autoridade da decisão do STF na ADI 5.794, red. p/ acórdão Min. Luiz Fux, decisão que afirma que a autorização prévia e expressa de empregado para cobrança de contribuição sindical pode ser substituída por aprovação de assembleia geral de sindicato (STF. Reclamação nº 35.540. Rel. Min. Roberto Barroso. 28.06.2019).

A. Recolhimento

A contribuição sindical é recolhida uma vez por ano e corresponde, em regra, à remuneração equivalente a **um dia de trabalho para os empregados** e, para os empregadores, a **um percentual incidente sobre o capital social.**

A contribuição sindical do próprio empregador, **também de caráter voluntário**, é recolhida no mês de janeiro de cada ano, de conformidade com o preceito contido no art. 587 da CLT:

> **Art. 587.** Os empregadores que optarem pelo recolhimento da contribuição sindical deverão fazê-lo no mês de janeiro de cada ano, ou, para os que venham a se estabelecer após o referido mês, na ocasião em que requererem às repartições o registro ou a licença para o exercício da respectiva atividade.

Cabe ao empregador fazer o **desconto** da contribuição sindical no salário dos seus empregados no mês de março de cada ano, desde que previa e expressamente autorizado por este, na forma prevista pelos arts. 545, 579 e 582 da CLT:

> **Art. 545.** Os empregadores ficam obrigados a descontar da folha de pagamento dos seus empregados, desde que por eles devidamente autorizados, as contribuições devidas ao sindicato, quando por este notificados.
>
> **Art. 579.** O desconto da contribuição sindical está condicionado à autorização prévia e expressa dos que participarem de uma determinada categoria econômica ou profissional, ou de uma profissão liberal, em favor do sindicato representativo da mesma categoria ou profissão ou, inexistindo este, na conformidade do disposto no art. 591 desta Consolidação.
>
> **Art. 582.** Os empregadores são obrigados a descontar da folha de pagamento de seus empregados relativa ao mês de março de cada ano a contribuição sindical dos empregados que autorizaram prévia e expressamente o seu recolhimento aos respectivos sindicatos.

Já o **recolhimento** da contribuição sindical deve ser feito no mês seguinte, ou seja, **em abril de cada ano**, conforme determinação contida no art. 583 da CLT:

> **Art. 583.** O recolhimento da contribuição sindical referente aos empregados e trabalhadores avulsos será efetuado no mês de abril de cada ano, e o relativo aos agentes ou trabalhadores autônomos e profissionais liberais realizar-se-á no mês de fevereiro, observada a exigência de autorização prévia e expressa prevista no art. 579 desta Consolidação.

Caso o empregado não esteja trabalhando no mês de março, o recolhimento deverá ser feito no primeiro mês subsequente **ao retorno do trabalho** (art. 602 da CLT).

Quando o empregado for advogado como tal contratado para o exercício dessa atividade profissional, o pagamento da contribuição anual para a Ordem dos Advogados do Brasil isenta-o do recolhimento da contribuição sindical, na forma prevista pelo art. 47 da Lei nº 8.906/94: "O pagamento da contribuição anual à OAB isenta os inscritos nos seus quadros do pagamento obrigatório da contribuição sindical".

B. Divisão da arrecadação

Em relação à categoria profissional, o valor arrecadado a título de contribuição sindical é distribuído entre a central sindical, a confederação,[33] a federação, o sindicato e a *Conta*

33. Encontra-se pendente de julgamento a ADI nº 4067, requerendo a declaração de inconstitucionalidade da Lei nº 11.648/08, que atribuiu parte dos recursos arrecadados com a contribuição sindical para as centrais sindicais.

Especial Emprego e Salário, sendo que esta última agrega-se aos recursos do Fundo de Amparo ao Trabalhador – FAT.

O art. 589 da CLT estabelece os percentuais devidos para cada entidade sindical decorrente da divisão da arrecadação da contribuição sindical.

O gráfico a seguir ilustra a divisão da arrecadação da contribuição sindical **para os sindicatos de empregadores:**

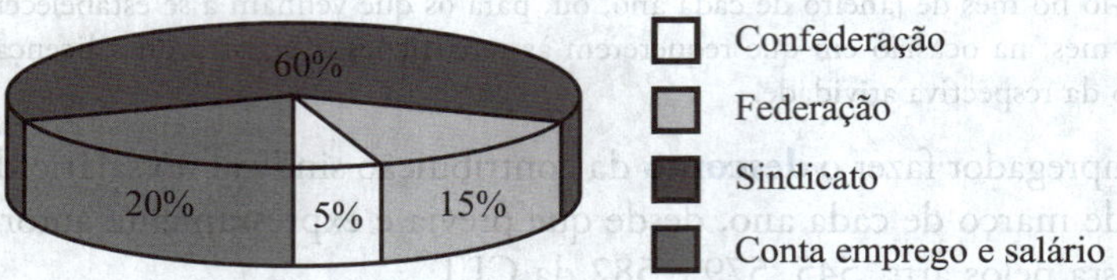

Em relação aos **trabalhadores**, prevalece a seguinte divisão:

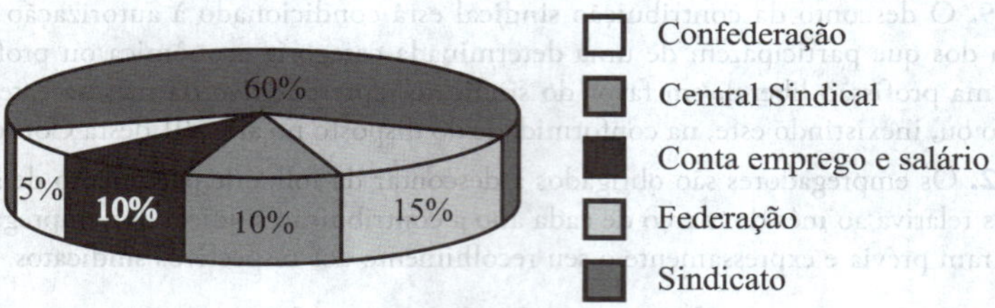

O sindicato de trabalhadores indicará à Secretaria Especial de Previdência e Trabalho a central sindical a que estiver filiado como beneficiária da respectiva contribuição sindical, ainda que facultativa, para fins de destinação da contribuição sindical, que deverá atender aos requisitos de representatividade previstos na legislação (art. 589, §§ 1º e 2º da CLT).

13.4. Contribuição negocial

A contribuição de negociação coletiva seria aquela devida por todos aqueles beneficiados com os efeitos da melhoria das condições de trabalho ajustadas nos convênios coletivos ou mesmo pelas sentenças normativas.

O valor dessa contribuição anual seria definido em assembleia geral convocada pelos destinatários da negociação coletiva, **estejam eles filiados ou não a entidade sindical**. Uma vez aprovado o valor dessa contribuição, que não poderá ultrapassar o teto estabelecido pela lei, terá caráter obrigatório, não podendo sofrer qualquer oposição por parte dos representados.

Contudo, diante do caráter normativo amplo dos instrumentos normativos negociados, que atingem todos os integrantes da categoria profissional e econômica, essa espécie de contribuição só poderia ser admitida no ordenamento jurídico pátrio **mediante previsão legal expressa**.

A PEC nº 369/2005 propõe a alteração do art. 8º, inciso IV, da Constituição Federal de 1988, nos seguintes termos:

> **Art. 8º. IV** – A lei estabelecerá o limite da contribuição em favor das entidades sindicais que será custeada por todos os abrangidos pela negociação coletiva, cabendo a assembleia geral fixar o seu percentual, cujo desconto, em se tratando de entidade sindical dos trabalhadores, será efetivado em folha de pagamento.

Apesar dessa limitação, o MPT editou uma Nota Técnica nº 2/2018 na qual admite a possibilidade da cobrança da contribuição negocial sem a necessidade de previsão legal prévia, desde que "A estipulação de contribuição em acordo ou convenção coletiva de trabalho deverá ser aprovada em assembleia legítima, representativa, democrática e regularmente convocada, assegurada a ampla participação de todos os integrantes da categoria, associados ou não ao sindicato, nos termos definidos pelo estatuto".

14. LIMITAÇÕES AO RECONHECIMENTO DA PLENA LIBERDADE SINDICAL

Como dito anteriormente, o Brasil adotou, com limitações, o princípio da liberdade sindical, entrave que lhe impede de aderir à Convenção nº 87 da OIT.

Uma das limitações ao referido princípio da liberdade sindical diz respeito à adoção da **unicidade sindical**, prevista pelo art. 8º, II, da Constituição Federal:

> **Art. 8º.** É livre a associação profissional ou sindical, observado o seguinte: II – é vedada a criação de mais de uma organização sindical, em qualquer grau, representativa de categoria profissional ou econômica, na mesma base territorial, que será definida pelos trabalhadores ou empregadores interessados, não podendo ser inferior à área de um Município;

Dessa forma, **o grupo de trabalhadores, hoje conhecido como categoria profissional ou econômica, não tem plena liberdade para definir a sua base territorial, já que não poderá ser inferior ao de um município**.

Todavia, fica vedada a possibilidade de coexistência de dois ou mais sindicatos em uma mesma base territorial.

15. GARANTIAS SINDICAIS

Para o exercício da defesa dos interesses de um grupo de trabalhadores, representados por um sindicato, a lei estabelece determinadas garantias aos seus dirigentes, como a estabilidade e inamovibilidade do dirigente sindical, que a seguir serão analisadas.

15.1. Estabilidade do dirigente sindical

O ordenamento jurídico trabalhista vigente não prevê a possibilidade de o empregado de empresa privada adquirir estabilidade definitiva no emprego, salvo o caso do servidor público celetista.

Em determinadas situações fáticas, todavia, o legislador entendeu ser necessário limitar o exercício do direito potestativo do empregador.

Admite-se, assim, o rompimento do vínculo empregatício após o ajuizamento de uma ação própria denominada inquérito para apuração de falta grave, quando a lei exigir essa formalidade.

Dentre essas situações fáticas encontra-se a do **dirigente sindical, que goza da estabilidade provisória no emprego, ou seja, não pode ser despedido, salvo se cometer falta grave.**

Assim preconiza o art. 8º, inciso VIII, da CF/88:

> **Art. 8º. VIII** – é vedada a dispensa do empregado sindicalizado a partir do registro da candidatura a cargo de direção ou representação sindical e, se eleito, ainda que suplente, até um ano após o final do mandato, salvo se cometer falta grave nos termos da lei.

A Consolidação das Leis do Trabalho disciplina a matéria em seu art. 543, § 3º:

> **Art. 543. § 3º**. Fica vedada a dispensa do empregado sindicalizado ou associado, a partir do momento do registro de sua candidatura a cargo de direção ou representação de entidade sindical ou de associação profissional, até 1 (um) ano após o final do seu mandato, caso seja eleito, inclusive como suplente, salvo se cometer falta grave devidamente apurada nos termos desta Consolidação.

A Súmula nº 369 do TST trata, de forma minuciosa, da estabilidade do dirigente sindical, inclusive dos suplentes:

> **SÚMULA Nº 369.** DIRIGENTE SINDICAL. ESTABILIDADE PROVISÓRIA (redação do item I alterada na sessão do Tribunal Pleno realizada em 14.09.2012) – Res. 185/2012, DEJT divulgado em 25, 26 e 27.09.2012 I – É assegurada a estabilidade provisória ao empregado dirigente sindical, ainda que a comunicação do registro da candidatura ou da eleição e da posse seja realizada fora do prazo previsto no art. 543, § 5º, da CLT, desde que a ciência ao empregador, por qualquer meio, ocorra na vigência do contrato de trabalho. II – O art. 522 da CLT foi recepcionado pela Constituição Federal de 1988. Fica limitada, assim, a estabilidade a que alude o art. 543, § 3º, da CLT a sete dirigentes sindicais e igual número de suplentes. III – O empregado de categoria diferenciada eleito dirigente sindical só goza de estabilidade se exercer na empresa atividade pertinente à categoria profissional do sindicato para o qual foi eleito dirigente. (ex-OJ nº 145 da SBDI-1 – inserida em 27.11.1998)

Frise-se, por fim, que a estabilidade mencionada **não se estende aos membros do conselho fiscal da entidade sindical nem aos seus delegados**, conforme entendimento constante das OJs nºs 365 e 369, da SDI-1, do TST:

> **OJ Nº 365.** ESTABILIDADE PROVISÓRIA. MEMBRO DE CONSELHO FISCAL DE SINDICATO. INEXISTÊNCIA. Membro de conselho fiscal de sindicato não tem direito à estabilidade prevista nos arts. 543, § 3º, da CLT e 8º, VIII, da CF/1988, porquanto não representa ou atua na defesa de direitos da categoria respectiva, tendo sua competência limitada à fiscalização da gestão financeira do sindicato (art. 522, § 2º, da CLT).
>
> **OJ Nº 369.** ESTABILIDADE PROVISÓRIA. DELEGADO SINDICAL. INAPLICÁVEL. O delegado sindical não é beneficiário da estabilidade provisória prevista no art. 8º, VIII, da CF/1988, a qual é dirigida, exclusivamente, àqueles que exerçam ou ocupem cargos de direção nos sindicatos, submetidos a processo eletivo.

A. Comunicação

A entidade sindical deve comunicar a empresa, por escrito, acerca **do registro da candidatura do empregado.** Caso o candidato seja eleito, **a comunicação deverá envolver, também, o ato de eleição e a posse, em idêntico prazo.**

O TST manifesta-se sobre essa questão por intermédio da citada Súmula nº 369, em seu inciso I, e deixa claro que o direito à estabilidade é adquirido ainda que a comunicação do registro da candidatura seja feita sem observância ao prazo estabelecido pelo art. 543, § 5º da CLT, **desde que ocorra dentro da vigência do contrato de trabalho.**

B. Quantidade de dirigentes

Como visto, consolidou-se o entendimento segundo o qual a atual Constituição Federal teria recepcionado, em parte, o art. 522 da Consolidação das Leis do Trabalho (Súmula nº 369, II do TST), **que limita em sete o número de dirigentes sindicais**, inclusive das federações e confederações, com direito à estabilidade sindical.[34]

Desse modo, as entidades sindicais ficam livres para estabelecer o número de diretores e de membros do conselho fiscal. Entretanto, só sete diretores e os respectivos suplentes serão portadores da estabilidade sindical.

C. Dirigentes de associação e delegados sindicais

O sindicato é, em última análise, uma forma especial de associação de trabalhadores. Contudo, não pode ser confundido com esta última, já que desfruta das prerrogativas sindicais, dentre as quais se inclui a estabilidade dos seus dirigentes.

Forçoso concluir, portanto, que **os dirigentes das associações profissionais jamais adquirem a estabilidade provisória no emprego**, entendimento que levou o TST a **cancelar** a sua Súmula nº 222:

> **SÚMULA Nº 222.** DIRIGENTES DE ASSOCIAÇÕES PROFISSIONAIS. ESTABILIDADE PROVISÓRIA – **Cancelado** – Res. 84/1998, DJ 20.08.1998. Os dirigentes de associações profissionais, legalmente registradas, gozam de estabilidade provisória no emprego.

Os delegados sindicais recebem o mesmo tratamento conferido aos diretores de associações. Com efeito, permite-se ao sindicato criar delegacias ou seções para melhor defender os interesses dos trabalhadores ou empregadores, nos limites de sua base territorial.

Essas delegacias são dirigidas por trabalhadores escolhidos pela diretoria do sindicato e denominados de delegados sindicais. Contudo, **a estabilidade prevista na Constituição e na própria CLT restringe-se aos membros eleitos da Diretoria, da qual não fazem parte os delegados sindicais.**

---

34. ESTABILIDADE SINDICAL. NÚMERO DE CONTEMPLADOS. LIMITE. FEDERAÇÃO. À falta de patamar específico alcançando a Diretoria dos entes federativos e confederativos, já que o art. 538/CLT, no parágrafo 1º, trata apenas de seu mínimo de membros, aplica-se-lhe o teor do art. 522/CLT, sobretudo ao se considerar que o número máximo de integrantes do Conselho Fiscal é o mesmo em ambos os dispositivos de lei. Se não há justificativas para ampliação deste, tampouco se encontram razões para majoração daquela (Diretoria). O direito à estabilidade provisória não guarda correlação com o "tamanho" do órgão de classe; serve para refrear retaliações a membros expoentes, atributo que, em toda em qualquer organização humana, de que porte seja, não ultrapassa o número das unidades. Assim, são protegidos à dispensa inopinada 20 (vinte) integrantes da entidade sindical de qualquer grau, entre titulares e suplentes, 14 (quatorze) membros da Diretoria e 6 (seis) do Conselho Fiscal. (TRT 3ª Região. Proc. nº 0043-2006-035-03-00-6-RO. Rel. Juíza Deoclécia Amorelli Dias. DJ/MG de 30.08.2006.

15.2. Inquérito para apuração de falta grave

Como mencionado no item anterior, para o rompimento do contrato de trabalho de um dirigente sindical é necessária a intervenção judicial.

Somente a sentença transitada em julgado é capaz de por fim a esse pacto laboral, desde que fique comprovada a prática de falta grave.

Assim, a necessidade do ajuizamento de um inquérito para apuração de falta grave constitui condição *sine qua non* para extinguir o contrato de trabalho da empresa com o dirigente sindical.

O ato do empregador que rompe, unilateralmente, o contrato de trabalho, sem a observar a formalidade supramencionada, **é nulo de pleno direito** e possibilita que o dirigente sindical requeira, em juízo, a sua reintegração ao serviço sob as mesmas condições de trabalho, com o pagamento do salário e demais direitos devidos durante todo o período do afastamento.

Esse é o posicionamento do TST, revelado pela Súmula nº 379:

> **SÚMULA Nº 379.** DIRIGENTE SINDICAL. DESPEDIDA. FALTA GRAVE. INQUÉRITO JUDICIAL. NECESSIDADE. (conversão da Orientação Jurisprudencial nº 114 da SDI-1) – Res. 129/2005 – DJ 20.04.2005. O dirigente sindical somente poderá ser dispensado por falta grave mediante a apuração em inquérito judicial, inteligência dos arts. 494 e 543, § 3º, da CLT. (ex-OJ nº 114 – Inserida em 20.11.1997)

15.3. Inamovibilidade do dirigente sindical

O empregado eleito para exercício das funções de dirigente sindical **não pode ser transferido do seu local de trabalho**, conforme determina o art. 543 da Consolidação das Leis do Trabalho:

> **Art. 543.** O empregado eleito para o cargo de administração sindical ou representação profissional, inclusive junto a órgão de deliberação coletiva, não poderá ser impedido do exercício de suas funções, nem transferido para lugar ou mister que lhe dificulte ou torne impossível o desempenho das suas atribuições sindicais.

Nesse sentido, tanto a transferência como qualquer ato do empregador que resulte em dificuldade ou impedimento do exercício de suas funções será nulo de pleno direito.

Essa garantia é estendida, inclusive, ao dirigente sindical do serviço público, na forma prevista pelo art. 240, "b", da Lei nº 8.112/90:

> **Art. 240.** Ao servidor público civil é assegurado, nos termos da Constituição Federal, o direito à livre associação sindical e os seguintes direitos, entre outros, dela decorrentes: b) de inamovibilidade do dirigente sindical, até um ano após o final do mandato, exceto se a pedido.

Contudo, se o próprio empregado estável solicita a transferência ou aceita voluntariamente, a consequência imediata é **a perda do mandato sindical conforme previsão contida no art. 543, § 1º da CLT**: "O empregado perderá o mandato se a transferência for por ele solicitada ou voluntariamente aceita".

Exemplos de questões sobre o tema

(TRT 1 – Juiz do Trabalho Substituto 1ª região/2016) Em relação à organização sindical, considere:

I. Constituem associações de grau superior as federações, as confederações e as centrais sindicais.

II. Os profissionais liberais somente podem constituir entidades sindicais patronais.

III. A associação sindical é livre, sendo, no entanto, vedada a criação de mais de uma entidade sindical, de qualquer grau, representativa de categoria profissional ou econômica, na mesma base territorial.

IV. Os sindicatos de empregadores têm as prerrogativas de criar agências de colocação.

Com base na CLT e na Constituição Federal, está correto o que se afirma em

(A) I, II, III e IV.

(B) II e III, apenas.

(C) II e IV, apenas.

(D) III, apenas.

(E) I e II, apenas.

Resposta: D

(TRT 3 – Juiz do Trabalho Substituto 3ª região/2014) A empresa Capota Firme, estabelecida na cidade de Contagem e especializada em transportes na área rural, possui cerca de 50 empregados, sendo dois deles dirigentes sindicais eleitos pelos sindicato dos trabalhadores em transportes rurais de Contagem, que ocupam os cargos de Presidente e Secretário Geral.

Ambos foram contratados em Contagem, lotados na garagem da empresa localizada à Av. Dias da Semana, no bairro Eldorado, Contagem-MG. A empresa possui além dessa garagem, outra localizada no município de Jaboticatubas, distrito de Cardeal Mota, com aproximadamente 20 empregados. O empregado e dirigente sindical José Turbilhão foi transferido pela empresa para a garagem de Jaboticatubas, com o que não concordou expressamente. O segundo diretor, Confúcio Antenado, foi dispensado, sem justa causa.

É correto afirmar:

(A) É lícita a atitude empresarial em relação ao seu empregado José Turbilhão em virtude do poder diretivo do empregador, ainda mais quando o trabalho principal da empresa é no setor rural.

(B) Não é lícita a atitude empresarial em relação ao dirigente Confúcio Antenado, uma vez que a despedida de dirigente sindical somente pode ocorrer por justa causa, confirmada através de inquérito judicial para apuração de falta grave.

(C) Por possuir a empresa tão somente 70 empregados, é ela enquadrada como microempresa, não estando a ela afetos a previsão legal pertinente à garantia de emprego.

(D) É lícita a atitude empresarial em relação ao dirigente Confúcio Antenado, como também em relação a José Turbilhão, por expressa previsão legal.

(E) Nenhuma das alternativas é correta.

Resposta: B

16. QUADRO SINÓPTICO

Capítulo II – Organização sindical		
Instituto	**Conteúdo**	**Item**
Estrutura sindical	O sistema sindical nacional é formado por três níveis, para as categorias econômicas, e quatro níveis, para a categoria profissional. A base da estrutura sindical é constituída pelos sindicatos, organizações sindicais simples. Em um nível intermediário encontra-se a federação, que é formada pela reunião de sindicatos. O terceiro nível é ocupado pela confederação, constituída pelo agrupamento de federações. Por fim, a central sindical de trabalhadores, constituída por sindicatos de categoria profissional, observando-se os critérios estabelecidos pelo art. 2º da Lei nº 11.648/08, mas com prerrogativas sindicais limitadas.	1

Capítulo II – Organização sindical			
Associação e sindicato	As associações profissionais e de empresários não desfrutam das chamadas prerrogativas sindicais, ou seja, não possuem personalidade sindical.		2
Sindicato			
Conceito	Sindicato é uma associação permanente e organizada de trabalhadores com o objetivo de defender, manter e promover seus interesses com vistas à obtenção de melhores condições de vida e trabalho.		3.1
Características da entidade sindical	• Reunião de empregados não eventual; • Autonomia; • Sem fins lucrativos; • Detentora de prerrogativas sindicais.		3.2
Denominações	Sindicato, entidade sindical, organização sindical, grêmio, associação profissional.		3.3
Natureza jurídica	Pessoa jurídica de direito privado.		3.4
Enquadramento sindical	O enquadramento sindical nacional é feito baseado, primeiramente, pelo critério de organização empresarial, ou seja, de acordo com a atividade econômica preponderante desenvolvida pelas empresas, agrupadas pela identidade, semelhança ou conexão (sindicato vertical).		3.6
Constituição do sindicato	A Carta Magna de 1988, em seu art. 8º, I, desvincula o sindicato do Estado, mas exige o registro dos atos constitutivos no órgão competente, requisito formal que não ofende o princípio da liberdade sindical. Até que lei venha a dispor a respeito, incumbe ao Ministério do Trabalho, hoje Secretaria Especial de Previdência e Trabalho, proceder ao registro das entidades sindicais e zelar pela observância do princípio da unicidade (STF. Súmula nº 677).		3.7
Órgãos do sindicato	• Assembleia geral; • Diretoria; • Conselho fiscal.		3.8
Administração	A administração das entidades sindicais é efetivada pela diretoria, principalmente pelo seu presidente, e pelo conselho fiscal, que tem como função controlar a gestão dos recursos financeiros. É a diretoria que representa a organização sindical perante terceiros, judicial e extrajudicialmente.		3.9
Funções	**Reivindicativa**	Representa o escopo principal do sindicato, que é defender, manter e promover, judicial ou extrajudicialmente, os interesses coletivos dos trabalhadores pertencentes ao seu âmbito de representação. Tem como objetivo obter melhores condições de vida e de trabalho.	3.10
	Negocial	Cabe ao sindicato conduzir a negociação coletiva no sentido de evitar e/ou de solucionar os conflitos coletivos de trabalho e, na hipótese de instauração de dissídio coletivo, propor a solução por meio da conciliação.	
	Institucional	É função relacionada com a participação das organizações sindicais na administração dos órgãos públicos relacionados com a atividade laboral, com a indicação de alguns de seus integrantes.	
	Política	Não há proibição expressa para as entidades sindicais exercerem funções políticas, o que de fato ocorre com maior intensidade nas entidades sindicais complexas e nas centrais sindicais.	
	Assistencial	As funções assistenciais são aquelas que, originariamente, deveriam ser prestadas pelo Estado, por meio dos órgãos com esse objetivo. Trata-se do exercício de funções que representam o resquício do sindicato corporativo, pela delegação de funções eminentemente públicas.	

Capítulo II – Organização sindical			
Representatividade do sindicato	A representatividade de uma organização sindical é obtida por meio da atividade preponderante da empresa, desde que observada a limitação constitucional da existência de um único sindicato, de uma categoria, na mesma base territorial.		3.11
Federações e confederações			
Federação e confederação	**Federação**	É facultado aos sindicatos organizarem-se em federação, quando em número não inferior a 5 (cinco), desde que representem a maioria absoluta de um grupo de atividades ou de profissões idênticas, similares ou conexas.	4
	Confederação	A confederação pode ser formada por, no mínimo, três federações. Tem como representatividade geográfica todo o território nacional e como sede a capital da República.	
Prerrogativas das confederações e federações	As federações e confederações têm prerrogativa residual, ou seja, somente podem representar patrões e empregados na ausência de entidades sindicais simples (sindicatos).		
Centrais sindicais	As centrais sindicais, como CUT, UGT, NCST e a Força Sindical, no modelo jurídico anterior à Lei nº 11.648/08, eram classificadas como associações civis e não faziam parte da estrutura sindical brasileira. Por conta disso, não gozavam das prerrogativas das entidades sindicais, mormente de representar legalmente os integrantes da categoria profissional. Atualmente, as centrais sindicais gozam da prerrogativa formal de coordenar a representação de trabalhadores por meio das organizações sindicais a ela filiadas.		5
Natureza jurídica do sindicato	Os sindicatos tem natureza de pessoa jurídica de Direito Privado, tendo em vista que as organizações sindicais entre si e em relação aos seus associados encontram-se em situação de igualdade sem o exercício do *ius imperii*.		8
Representantes dos trabalhadores na empresa	**Previsão legal**	A Lei da Reforma Trabalhista inseriu o Título IV-A à CLT contendo diversos artigos para regulamentar o citado preceito constitucional, mas não apenas de um representante, mas sim de uma comissão de representantes (art. 510-A da CLT), cuja composição é definida pela quantidade de empregados da empresa.	9.1
	Candidatura à comissão de representantes	Qualquer empregado pode ser candidato à comissão de representantes, exceto aqueles: • qualquer empregado pode ser candidato à comissão de representantes, exceto aqueles: contratados por prazo determinado; • com contrato suspenso; • que estejam em período do aviso prévio, trabalhado ou indenizado.	9.2
	Processo eleitoral	A condução do processo eleitoral deve ser feita por meio de uma comissão eleitoral formada por cinco empregados que não sejam candidatos, sem qualquer interferência da empresa ou do sindicato da categoria profissional. A eleição será convocada, com antecedência mínima de trinta dias, contados do término do mandato anterior, por meio de edital que deverá ser fixado na empresa. A votação é secreta e é vedado o voto por procuração.	9.3
	Prerrogativas dos integrantes da comissão de representantes	• Mandato de um ano; • Vedada a dispensa arbitrária desde a candidatura até 1 ano após o fim do mandato.	9.4

Capítulo II – Organização sindical			
Representantes dos trabalhadores na empresa	**Atribuições da comissão de representantes**	O art. 510-B da CLT define quais as atribuições dessa comissão: I – representar os empregados perante a administração da empresa; II – aprimorar o relacionamento entre a empresa e seus empregados com base nos princípios da boa-fé e do respeito mútuo; III – promover o diálogo e o entendimento no ambiente de trabalho com o fim de prevenir conflitos; IV – buscar soluções para os conflitos decorrentes da relação de trabalho, de forma rápida e eficaz, visando à efetiva aplicação das normas legais e contratuais; V – assegurar tratamento justo e imparcial aos empregados, impedindo qualquer forma de discriminação por motivo de sexo, idade, religião, opinião política ou atuação sindical; VI – encaminhar reivindicações específicas dos empregados de seu âmbito de representação; VII – acompanhar o cumprimento das leis trabalhistas, previdenciárias e das convenções coletivas e acordos coletivos de trabalho.	9.5
Sindicalização no serviço público	O direito dos servidores públicos civis de associarem-se em sindicato, no plano jurídico interno, é garantido pelo art. 37, inciso VI da Constituição Federal de 1988, regulado pela Lei 8.112/90 e de conformidade com o disposto na Convenção nº 151 da Organização Internacional do Trabalho. Há vedação legal para a sindicalização dos militares. O STF decidiu que é possível a utilização da Lei nº 7.783/89, para disciplinar a greve no serviço público.		10
Sindicalismo rural	A atual Carta Maior não faz diferença entre o sindicato do setor urbano e o sindicato do setor rural.		11
Prerrogativas das entidades sindicais			
Representação e substituição processual	O STF entende que a atual Constituição Federal autoriza a substituição processual plena do sindicato em relação aos integrantes da categoria profissional.		12.1
Comissão de conciliação prévia intersindical	As comissões de conciliação prévia podem ser instituídas no âmbito da empresa ou ter natureza intersindical. Nesse último caso, os sindicatos detêm a prerrogativa de indicar os integrantes da referida comissão, que tem como objetivo a solução extrajudicial de conflitos individuais do trabalho.		12.2
Negociação coletiva	O art. 8º, VI, da Constituição Federal de 1988 confere aos sindicatos a prerrogativa de participar das negociações coletivas de trabalho.		12.3
Acordo e convenção coletiva de trabalho	A convenção coletiva e o acordo coletivo de trabalho são instrumentos normativos profissionais decorrentes de uma negociação coletiva de trabalho, ou seja, são instrumentos que materializam o sucesso das tratativas efetivadas entre as organizações sindicais representativas de patrões e empregados.		12.4
Dissídio coletivo	Frustradas as negociações entre os sindicatos ou entre o sindicato dos empregados e a empresa, ou mesmo o recurso à mediação e não sendo escolhida a arbitragem, as referidas entidades poderão ajuizar uma ação própria, denominada de dissídio coletivo, no âmbito da Justiça do Trabalho, com vistas à solução do conflito por intermédio de uma sentença normativa.		12.5
Ação de cumprimento	Quando há um descumprimento das obrigações que ficaram consignadas no contrato coletivo de trabalho ou na sentença normativa, a entidade sindical fica autorizada a ingressar com uma ação típica denominada de ação de cumprimento, na condição de substituto processual, o que não exclui a legitimidade de cada empregado ajuizar ações individuais para resguardar o seu direito.		12.6

<table>
<tr><th colspan="4">Capítulo II – Organização sindical</th></tr>
<tr><td>Rescisão contratual</td><td colspan="2">A Lei nº 13.467/17 aboliu a necessidade de homologação da rescisão contratual para validade da rescisão contratual dos empregados com mais de um ano de serviço, ao revogar o § 1º, art. 477 da CLT.</td><td>12.7</td></tr>
<tr><td>Homologação de quitação anual de débitos trabalhistas firmada pelo empregado</td><td colspan="2">A Lei da Reforma Trabalhista (Lei nº 13.467/17) introduziu o art. 507-B à CLT, que de forma indireta confere validade à transação extrajudicial no âmbito do contrato individual do trabalho, ainda que obtida durante a vigência do contrato de trabalho, desde que homologado pelo sindicato da categoria profissional do empregado</td><td>12.8</td></tr>
<tr><td>Deflagração de greve</td><td colspan="2">Cabe à entidade sindical o exercício da prerrogativa de deflagrar a greve, após a convocação de assembleia-geral para deliberar sobre sua conveniência e sobre a pauta de reivindicações.</td><td>12.9</td></tr>
<tr><th colspan="4">Sustentação financeira</th></tr>
<tr><td>Contribuição Confederativa</td><td colspan="2">A Constituição Federal de 1988 (art. 8º, IV) permite ao sindicato fixar uma contribuição, por intermédio de assembleia geral, para o custeio do sistema confederativo da representação sindical respectiva, independente da contribuição prevista em lei.</td><td>13.1</td></tr>
<tr><td>Contribuição assistencial</td><td colspan="2">A contribuição assistencial, também conhecida como taxa de reversão ou quota de responsabilidade, foi criada, inicialmente, pela Justiça do Trabalho nos julgamentos dos dissídios coletivos e era destinada ao custeio do exercício das aludidas funções assistenciais. A Lei nº 13.467/17 não promoveu qualquer alteração no disciplinamento dessa contribuição assistencial, salvo a proibição de se impor a sua cobrança por meio de instrumento normativo negociado, como se observa do art. 611-B, XXVI, da CLT.</td><td>13.2</td></tr>
<tr><td>Contribuição sindical</td><td colspan="2">A contribuição sindical, conhecida como imposto sindical, era considerada a mais importante fonte de custeio das organizações sindicais. Entretanto, a Lei nº 13.467/17 transformou o imposto sindical numa contribuição facultativa, principalmente por meio da alteração na redação do art. 578 da CLT, e que somente pode ser descontada com autorização expressa e prévia do empregado (as várias ADI's que tramitaram no STF requerendo a declaração de inconstitucionalidade dessa alteração legal foram julgadas improcedentes).</td><td>13.3</td></tr>
<tr><td>Contribuição negocial</td><td colspan="2">A contribuição de negociação coletiva seria aquela devida por todos aqueles beneficiados com os efeitos da melhoria das condições de trabalho ajustadas nos convênios coletivos ou mesmo pelas sentenças normativas. O ordenamento jurídico nacional veda a cobrança dessa espécie de contribuição aos integrantes da categoria não filiados do sindicato.</td><td>13.4</td></tr>
<tr><th colspan="4">Garantias sindicais</th></tr>
<tr><td rowspan="3">Estabilidade no emprego do dirigente sindical</td><td>Comunicação</td><td>Veda-se a dispensa do empregado sindicalizado a partir do registro da candidatura a cargo de direção ou representação sindical e, se eleito, ainda que suplente, até um ano após o final do mandato, salvo se cometer falta grave nos termos da lei.
A entidade sindical deve comunicar a empresa, por escrito, acerca do registro da candidatura do empregado, ainda que fora do prazo de 24 horas estabelecido pelo art. 543, § 5° da CLT, mas dentro da vigência do contrato de trabalho.</td><td rowspan="3">15.1</td></tr>
<tr><td>Quantidade de dirigentes</td><td>O art. 522 da CLT, que limita a sete o número de dirigentes sindicais, foi recepcionado pela Constituição Federal de 1988. (TST. Súmula nº 369).</td></tr>
<tr><td>Delegados</td><td>Os dirigentes das associações profissionais e os delegados sindicais jamais adquirem a estabilidade provisória no emprego.</td></tr>
<tr><td>Inquérito</td><td colspan="2">Para o rompimento do contrato de trabalho de um dirigente sindical é necessária a intervenção judicial. Somente a sentença transitada em julgado é capaz de por fim a esse pacto laboral, desde que fique comprovada a prática de falta grave.</td><td>15.2</td></tr>
</table>

Capítulo II – Organização sindical		
Inamovibilidade	O empregado eleito para exercício das funções de dirigente sindical não pode ser transferido do seu local de trabalho (art. 543 da CLT).	15.3

17. INFORMATIVOS DO TST SOBRE A MATÉRIA

Contribuição assistencial. Desconto obrigatório. Empregados não filiados ao sindicato. Direito de oposição. Nulidade da cláusula de instrumento coletivo. Art. 545 da CLT. Precedente Normativo nº 119. Orientação Jurisprudencial nº 17 da SDC.

Nos termos da Orientação Jurisprudencial nº 17 da SDC e do Precedente Normativo nº 119, não é válida cláusula de instrumento coletivo que prevê desconto obrigatório de contribuição assistencial de empregado não sindicalizado, ainda que a ele seja garantido o direito de oposição. A previsão de oposição ao desconto não tem o condão de convalidar a cláusula coletiva, pois, a teor do art. 545 da CLT, os descontos salariais em favor do sindicato de classe estão condicionados à expressa autorização do empregado. Sob esses fundamentos, a SBDI-I, por unanimidade, conheceu dos embargos, por divergência jurisprudencial, e, no mérito, por maioria, negou-lhes provimento. Vencidos os Ministros José Roberto Freire Pimenta, Augusto César Leite de Carvalho e Hugo Carlos Scheuermann. TST-E-ED-RR-135400-05.2005.5.05.0015, SBDI-I, rel. Min. Dora Maria da Costa, 13.10.2016 (TST. Info nº 147).

Contribuições assistenciais compulsórias em favor de entidade de serviço social e de formação profissional. Art. 240 da Constituição Federal. Obrigatoriedade.

Consoante o artigo 240 da Constituição Federal, a contribuição assistencial devida pela categoria econômica e destinada às entidades privadas de serviço social e de formação profissional vinculadas ao sistema sindical é compulsória para os empregadores, ainda que a empresa não seja filiada ao sindicato patronal. Sob esse fundamento, a SBDI-II, por unanimidade, conheceu do recurso ordinário e, no mérito, negou-lhe provimento. TST-RO-3384-84.2011.5.10.0000, SBDI-II, rel. Min. Alberto Luiz Bresciani de Fontan Pereira, 18.8.2015 (TST – Info nº 114).

Advogado de banco. Admissão anterior à Lei nº 8.906/94. Equiparação a membro de categoria diferenciada. Jornada de trabalho. Inaplicabilidade do art. 224, caput, da CLT. Não comprovação de dedicação exclusiva. Horas extras devidas a partir da quarta hora diária.

É inaplicável ao advogado empregado de instituição bancária a jornada reduzida de seis horas diárias, prevista no art. 224, caput, da CLT, pois este dispositivo é específico para a categoria dos bancários. O advogado empregado de banco, ainda que seja considerado profissional liberal, equipara-se aos membros de categoria diferenciada, por ter normatização própria, a Lei nº 8.906/94. A citada Lei, no caput de seu art. 20, estabelece que a jornada máxima do advogado empregado seja de quatro horas diárias e vinte horas semanais, salvo no caso de acordo ou convenção coletiva, que preveja horário de trabalho diverso, ou, ainda, de prestação de serviços em caráter de dedicação exclusiva. No caso, restou consignado na decisão do Tribunal Regional do Trabalho da 9ª Região que o reclamante foi contratado antes da Lei nº 8.906/94 e que não houve prova da sujeição ao regime de dedicação exclusiva, razão porque não incide o entendimento consubstanciado na Orientação Jurisprudencial nº 403 da SBDI-I do TST. Sob esse entendimento, a SBDI-I, por unanimidade, conheceu dos embargos, por divergência jurisprudencial, e, no mérito, por maioria, deu-lhes provimento para restabelecer a decisão do Regional, em que se manteve a sentença que deferiu horas extras além da 4ª diária e 20ª semanal, exceto em períodos contemplados por norma coletiva que estenderam a jornada normal, inclusive quanto ao valor da condenação e das custas. Vencidos os Ministros Aloysio Corrêa da Veiga e Alexandre Agra Belmonte. TST-ERR-2690740-31.2000.5.09.0652, SBDI-I, rel. Min. José Roberto Pimenta, 18.6.2015 (TST – Info nº 111).

Representação sindical. Sinthoresp x Sindifast. Princípio da especificidade. Prevalência. Art. 570 da CLT.

O critério definidor do enquadramento sindical é o da especificidade, previsto no art. 570 da CLT, de modo que o critério da agregação tem caráter subsidiário, aplicando-se apenas quando não for possível aos exercentes de quaisquer atividades ou profissões se sindicalizarem eficientemente com base na especificidade. Nesse sentido, em ação de cobrança de contribuição sindical ajuizada pelo Sinthoresp (Sindicato dos Trabalhadores em Hotéis, Apart Hotéis, Motéis, Flats, Pensões, Hospedarias, Pousadas, Restaurantes, Churrascarias, Cantinas, Pizzarias, Bares, Lanchonetes, Sorveterias, Confeitarias, Docerias, Buffets, Fast-foods e Assemelhados de São Paulo e Região) em face da empresa Burger King do Brasil S.A. – BGK, decidiu-se que a legitimidade para representar os empregados da empresa que atua no ramo de refeições rápidas é do Sindifast (Sindicato dos Trabalhadores nas Empresas de Refeições Rápidas (Fast Food) de São Paulo), pois não é possível imaginar que as condições de trabalho em restaurantes à la carte possam ser identificadas com aquelas típicas de estabelecimentos fast food, em que não há sequer o sistema de gorjetas. Com esses fundamentos, a SBDI-I, por unanimidade, rejeitou a preliminar de ilegitimidade recursal arguida em impugnação, conheceu dos embargos interpostos pelo Sindifast, por divergência jurisprudencial, e, no mérito, deu-lhes provimento para julgar improcedente a ação de cobrança ajuizada pelo Sinthoresp e restabelecer a sentença. Ressalvaram entendimento os Ministros Ives Gandra Martins Filho, Luiz Philippe Vieira de Mello Filho e Augusto César Leite de Carvalho. TST-E-ED-RR-880-42.2010.5.02.0072, SBDI-I, rel. Min. Alexandre Agra Belmonte, 26.2.2015 (TST. Info nº 100).

Dissídio coletivo ajuizado pelo Sindicato dos Aeroviários de Guarulhos perante o Sindicato Nacional das Empresas Prestadoras de Serviços Auxiliares de Transporte Aéreo – Sineata. Ilegitimidade passiva ad causam. Superveniência de sindicato profissional específico.

Os aeroviários que trabalham em empresas aéreas, em terra, não devem ser confundidos com os trabalhadores em empresas auxiliares ao transporte aéreo, se houver, na base territorial, sindicato específico aos últimos. No caso vertente, os empregados nos serviços auxiliares passaram a ser representados, no Município de Guarulhos/SP, a partir de 2007, pelo Sindicato dos Trabalhadores em Empresas Prestadoras de Serviços Auxiliares de Transportes Aéreos do Estado de São Paulo – Sinteata, correspondente profissional ao Sindicato Nacional das Empresas Prestadoras de Serviços Auxiliares de Transporte Aéreo – Sineata, fazendo cessar, portanto, a representação do Sindicato dos Aeroviários de Guarulhos, no tocante aos trabalhadores em empresas prestadoras de serviços auxiliares de transportes, até então legitimamente exercida por esse sindicato profissional mais antigo, sem qualquer distinção entre os aeroviários em empresas aéreas ou em empresas prestadoras de serviços auxiliares de transporte aéreo. Assim, configurada a superveniência de sindicato profissional específico, nos termos do art. 570 da CLT, a SDC, por maioria, negou provimento ao recurso ordinário do suscitante, mantendo, ainda que por fundamento diverso, a ilegitimidade passiva ad causam do Sineata para figurar no dissídio coletivo ajuizado pelo Sindicato dos Aeroviários de Guarulhos. Vencidos os Ministros Márcio Eurico Vitral Amaro, Mauricio Godinho Delgado e Maria de Assis Calsing. TST-RO-7724-30.2010.5.02.0000, SDC, rel. Min. Fernando Eizo Ono, 9.9.2013 (TST – Info nº 58).

Dissídio coletivo. Greve. Petrobras S/A. Contrato de prestação de serviços de construção civil. Ilegitimidade do Sindipetro/ES para liderar movimento grevista na qualidade de representante dos empregados da empresa terceirizada. Art. 511, §§ 1º e 2º, da CLT.

Nos termos do art. 511, §§ 1º e 2º, da CLT, a vinculação sindical dos empregados, ainda que terceirizados, deve ser definida pela atividade preponderante da empresa prestadora de serviços, porquanto a categoria profissional a qual pertence o trabalhador deve corresponder à categoria econômica à qual se vincula o empregador. Com esse fundamento, a SDC, por maioria, deu provimento ao recurso ordinário em dissídio coletivo de greve interposto pela PROEN Projetos Engenharia Comércio e Montagens Ltda., para declarar a abusividade da greve deflagrada por seus empregados sob a liderança do Sindicato dos Trabalhadores na Indústria de Exploração, Perfuração, Extração e Produção de Petróleo nos Municípios de São Mateus, Linhares, Conceição da Barra e Jaguaré no Estado do Espírito Santo (Sindipetro/ES), e, em consequência, excluir da decisão normativa recorrida as obrigações impostas à PROEN. Na espécie, reconheceu-se que, à época da greve em questão, a empregadora, por força de contrato de prestação de serviços com a Petrobras S/A, atuava, de forma preponderante, no ramo da construção civil e não na exploração ou extração de petróleo. Nessa perspectiva, afastou-se a legitimidade do Sindipetro/ES por ausência de paralelismo entre a categoria profissional por este representada e a categoria econômica da empresa prestadora de serviços, em observância ao princípio constitucional da unicidade sindical e tendo em vista a existência de sindicato representante dos trabalhadores da construção civil na mesma base territorial, qual seja, o Sindicato dos Trabalhadores na

Indústria da Construção Civil, Terraplenagem, Estradas, Pontes e Construção de Montagem de Linhares, Rio Bananal, Jaguaré, Colatina e São Gabriel da Palha (Sintracon Linhares/ES). Vencidos os Ministros Maurício Godinho Delgado, Katia Magalhães Arruda e Maria de Assis Calsing. TST-RO-42600-28.2009.5.17.0000, SDC, rel. Min. Fernando Eizo Ono, 9.9.2013 (TST – Info nº 58).

Sindicato e organização de cooperativas. Não vinculação a determinada atividade econômica. Legitimidade ad processum. Orientação Jurisprudencial nº 15 da SDC.

Nos termos da Orientação Jurisprudencial nº 15 da SDC, a comprovação da legitimidade ad processum da entidade sindical se faz por seu registro no órgão competente do Ministério do Trabalho e Emprego e, sendo incontroverso que o Sindicato e Organização das Cooperativas do Estado do Rio Grande do Sul – OCERGS atende à referida diretriz, válida é a convenção coletiva firmada por ele com sindicato profissional. Ademais, as cooperativas, em virtude de sua natureza peculiar e, sobretudo, em razão da ausência de fins lucrativos, que as diferem de outros setores econômicos, envolvem interesses comuns que justificam associação específica, não havendo falar em ilegitimidade da OCERGS simplesmente pelo fato de englobar as cooperativas em geral, validamente existentes em sua base territorial, sem representação vinculada a uma atividade econômica específica. Com esses fundamentos, a SDC, por maioria, conheceu e negou provimento a recurso ordinário interposto por sindicato patronal que pedia o reconhecimento da ilegitimidade passiva ad causam da OCERGS, vencidos os Ministros Márcio Eurico Vitral Amaro, Mauricio Godinho Delgado e Kátia Magalhães Arruda. TST-RO-12542-68.2010.5.04.0000, SDC, rel. Min. Maria de Assis Calsing, 10.6.2013 (TST – Info nº 50).

Representatividade sindical. Contec. Legitimidade para celebrar acordo coletivo com o Banco do Brasil S.A.

O fato de o Banco do Brasil S.A. ser uma instituição financeira que possui agências em todo o País e quadro de carreira organizado em âmbito nacional, aliado ao disposto no art. 611, § 2º, da CLT, que autoriza as federações ou confederações a celebrarem convenções coletivas para regerem as relações de trabalho no âmbito de suas representações, confere à Confederação Nacional dos Trabalhadores nas Empresas de Crédito (Contec) legitimidade para celebrar acordo coletivo com o referido banco. Diante desse entendimento, a SBDI-I, por unanimidade, não conheceu dos embargos, mantendo decisão turmária que desproveu o recurso de revista ao fundamento de que não merece reparo a decisão do TRT que julgara aplicável à espécie as normas estabelecidas com a Contec. TST-E-ED-RR-96000-27.2000.5.15.0032, SBDI-I, rel. Min. Brito Pereira, 10.5.2012 (TST. Info nº 8).

18. QUESTÕES

18.1. Questões objetivas

1. (AL/SP/Procurador/2010) Com relação aos direitos sociais previstos na Constituição Federal é correto afirmar:

(A) O aposentado filiado tem direito a votar nas organizações sindicais, possuindo, inclusive, o direito de ser votado.

(B) Nas empresas com mais de cem empregados, é assegurada a eleição de um representante destes com a finalidade exclusiva de promover-lhes o entendimento direto com os empregadores.

(C) A lei não poderá exigir autorização do Estado para a fundação de sindicato, ressalvado o registro no órgão competente, mas é permitido ao Poder Público a interferência e a intervenção na organização sindical.

(D) É vedada a dispensa imotivada do empregado sindicalizado a partir do registro da candidatura a cargo de direção ou representação sindical e, se eleito, exceto se suplente, até seis meses após o final do mandato.

(E) É vedada a criação de mais de uma organização sindical, em qualquer grau, representativa de categoria profissional na mesma base territorial, que não pode ser inferior à área de dois Municípios.

2. (FEPESE – Procurador do Estado – SC/2010) Com relação à organização sindical, a Consolidação das Leis Trabalhistas dispõe:

(A) Os sindicatos possuem natureza de pessoa jurídica de direito público.

(B) Os sindicatos, pelas atividades representativas que exercem, são classificados como entidades sindicais de grau superior.

(C) As federações organizar-se-ão com o mínimo de 3 (três) sindicatos e terão sede na Capital da República.

(D) Categoria profissional diferenciada é aquela cujos interesses econômicos dos que empreendem atividades idênticas, similares ou conexas, constituem o vínculo social básico.

(E) É facultado aos sindicatos, quando em número não inferior a 5 (cinco), desde que representem a maioria absoluta de um grupo de atividades ou profissões idênticas, similares ou conexas, organizarem-se em federação.

3. (BDMG – Advogado/2011) Marque a alternativa FALSA:

O empregado eleito para o cargo de administração sindical ou representação profissional, inclusive junto a órgão de deliberação coletiva, NAO:

(A) Poderá ser impedido do exercício de suas funções.

(B) Poderá ser dispensado a partir do momento do registro de sua candidatura a cargo de direção ou representação em entidade sindical ou de associação profissional, até 1 (um) ano após o final do seu mandato, caso seja eleito, inclusive como suplente, salvo se cometer falta grave devidamente apurada nos termos da CLT.

(C) Poderá ser transferido para lugar ou mister que lhe dificulte ou torne impossível o desempenho das suas atribuições sindicais.

(D) Perderá o mandato se transferido pela empresa com aceitação voluntária ou por solicitação própria.

4. (Procurador Federal/2010) O trabalhador que se candidatar a cargo integrante do conselho fiscal de entidade sindical não poderá ser dispensado a partir do momento do registro de sua candidatura, até um ano após o final do seu mandato, mesmo que seja eleito como suplente. Se cometer falta grave devidamente apurada nos termos da Consolidação das Leis do Trabalho, o trabalhador perde esse direito.

5. (MPT – Procurador do Trabalho. 13º Concurso) São critérios de homogeneidade, ou seja, as dimensões dentro das quais as categorias profissionais ou econômicas são homogêneas e a associação é natural:

I. a identidade;

II. a similaridade;

III. a conexidade;

IV. a complementaridade.

Com base nas alternativas acima, pode-se afirmar que:

(A) a III está errada;

(B) somente a I e a III estão certas;

(C) somente a I e a II estão certas;

(D) a III está certa e a IV está errada;

(E) não respondida.

6. (MPT – Procurador do Trabalho. 13º Concurso) São prerrogativas do dirigente sindical:

I. o direito de exercício da ação sindical;

II. o direito de não ser transferido para local que impeça a ação sindical;

III. o direito de suspender o contrato para o desempenho da ação sindical;

IV. o direito de não ser dispensado desde o registro da candidatura, e se eleito, até um ano após o término do mandato, salvo se cometer falta grave, nos termos da lei.

De acordo com as assertivas acima, pode-se afirmar que:

(A) todas estão certas;

(B) a I e a III estão erradas;

(C) a I e a IV estão erradas;

(D) somente a I está errada;

(E) não respondida.

7. (FCC – Procurador do Estado – SP/2009) No que se refere ao sistema de organização sindical previsto na Constituição Federal, é correto afirmar que:

(A) o sistema é o da unicidade sindical e impossibilita a criação de mais de uma organização sindical na mesma base territorial, não inferior à área de um Estado.

(B) o sistema é o da unicidade sindical e impossibilita a criação de mais de uma organização sindical na mesma base territorial, não inferior à área de um Município.

(C) a unicidade sindical não impossibilita a livre criação de associações sindicais representativas da mesma categoria econômica ou profissional em idêntica base territorial.

(D) o sistema é o da pluralidade sindical.

(E) o sistema é misto, sendo facultada a unicidade ou a pluralidade.

8. (FCC – Procurador do Estado – RO/2011) Sobre as organizações sindicais, é correto afirmar que

(A) a lei poderá exigir autorização do Estado para fundação do sindicato.

(B) para os integrantes da categoria diferenciada, a filiação ao sindicato representativo da categoria é compulsória.

(C) cabe a defesa dos direitos e interesses coletivos ou individuais da categoria, inclusive em questões judiciais ou administrativas.

(D) é garantido ao servidor público civil e militar o direito à livre associação sindical.

(E) é faculdade a participação dos sindicatos nas negociações coletivas de trabalho.

09. (FCC – Procurador do Estado – AM/2010) Em relação aos direitos coletivos dos trabalhadores, pode-se asseverar:

I. Ninguém será obrigado a filiar-se ou a manter-se filiado a sindicato.

II. É facultada a participação dos sindicatos nas negociações coletivas de trabalho.

III. O aposentado filiado tem o direito de votar e ser votado nas organizações sindicais.

IV. É vedada a dispensa do empregado sindicalizado a partir do registro da candidatura a cargo de direção, de representação sindical e do conselho fiscal e, se eleito, ainda que suplente, até um ano após o final do mandato, salvo se cometer falta grave nos termos da lei.

Está correto SOMENTE o que se afirma em

(A) I e III.

(B) I e IV.

(C) II e III.

(D) I, II e IV.

(E) II, III e IV.

10. (TRT 1ª R. JUIZ DO TRABALHO/2008) Com relação às Centrais Sindicais, é correto afirmar:

(A) a central sindical, entidade de representação geral dos trabalhadores, constituída em âmbito nacional, terá como atribuições e prerrogativas coordenar a representação dos trabalhadores por meio das organizações sindicais a ela filiadas, e participar de negociações em fóruns, colegiados de órgãos públicos e demais espaços de diálogo social que possuam composição tripartite, nos quais estejam em discussão assuntos de interesse geral dos trabalhadores.

(B) para os fins de representação nas esferas de governo, considera-se central sindical, para os efeitos do disposto na Lei nº 11.648/2008, a entidade associativa de direito privado, equiparada a entidade de direito público, composta por organizações sindicais de trabalhadores.

(C) Para o exercício de suas atribuições e prerrogativas, a central sindical deverá possuir filiação de, no mínimo, 100 (cem) sindicatos distribuídos nas 5 (cinco) regiões do país; 3 (três) regiões do país com, no mínimo, 40 (quarenta) sindicatos em cada uma; filiação de sindicatos em, no mínimo, 10 (dez) setores de atividade econômica; e filiação de sindicatos que representem, no mínimo, 5% (cinco por cento) do total de empregados sindicalizados em âmbito nacional.

(D) O Ministro de Estado do Trabalho e Emprego, independentemente de consulta às centrais sindicais, poderá baixar instruções para disciplinar os procedimentos necessários à aferição dos requisitos de representatividade, bem como para alterá-los com base na análise dos índices de sindicalização dos sindicatos filiados às centrais sindicais.

(E) O sindicato de trabalhadores poderá contestar, junto ao Ministério do Trabalho e Emprego, a central sindical que tiver sido designada como beneficiária da respectiva contribuição sindical, para fins de destinação dos créditos previstos na Lei nº 11.648/2008.

11. (Fundação Casa – Analista Administrativo/Advogado/2011) É correto afirmar que

(A) a Constituição Federal garante a liberdade sindical e, desse modo, não há obrigatoriedade em observar a unicidade sindical.

(B) é vedada a criação de mais de um sindicato representativo de categoria profissional ou econômica, na mesma base territorial, que será definida pelos trabalhadores ou empregadores interessados, não podendo ser inferior à área de um Estado. Tal regra não se aplica às Federações.

(C) a liberdade sindical não está prevista na Constituição Federal, mas tão somente na Consolidação das Leis do Trabalho, portanto, em nível infraconstitucional.

(D) é vedada a criação de mais de uma organização sindical, em qualquer grau, representativa de categoria profissional ou econômica, na mesma base territorial, que será definida pelos trabalhadores ou empregadores interessados, não podendo ser inferior à área de um Município.

(E) a liberdade sindical não está prevista no ordenamento jurídico brasileiro, embora a matéria já tenha sido tratada nas Constituições anteriores a de 1988.

12. (Fundação Casa – Analista Administrativo/Advogado/2011) Da importância da arrecadação da contribuição sindical dos trabalhadores serão feitos os seguintes créditos:

(A) 5% para a confederação; 10% para a central sindical; 15% para a federação; 60% para o sindicato e 10% para a 'Conta Especial Emprego e Salário'.

(B) 5% para a confederação; 5% para a central sindical; 15% para a federação; 60% para o sindicato e 15% para a 'Conta Especial Emprego e Salário'.

(C) 10% para a confederação; 10% para a central sindical; 10% para a federação; 60% para o sindicato e 10% para a 'Conta Especial Emprego e Salário'.

(D) 5% para a confederação; 10% para a central sindical; 10% para a federação; 60% para o sindicato e 15% para a 'Conta Especial Emprego e Salário'.

(E) 15% para a confederação; 10% para a central sindical; 15% para a federação; 50% para o sindicato e 10% para a 'Conta Especial Emprego e Salário'.

13. (Vunesp – PGM – São Paulo – SP/2015) Sindicato. Disposições da CLT e da Constituição Federal.

Está correta a assertiva:

(A) cabe aos trabalhadores e empregadores interessados, fixar a base territorial da organização sindical, não podendo esta, porém, ser inferior à área de um município ou mesma região metropolitana.

(B) é dever dos sindicatos colaborar com o Estado, como órgãos técnicos e consultivos, no estudo e solução dos problemas que se relacionam com a respectiva categoria ou profissão liberal.

(C) é vedado aos sindicatos fundar e manter agências de colocação.

(D) são deveres dos sindicatos de empregados: promover a fundação de cooperativas de consumo e de crédito e fundar e manter escolas de alfabetização e pré-vocacionais.

(E) é prerrogativa dos sindicatos manter serviços de assistência judiciária para os associados.

14. (FCC – Técnico Judiciário – Área Administrativa – TRT 3/2015) No tocante ao Direito Coletivo do Trabalho, considere:

I. São consideradas relações coletivas de trabalho tanto aquelas que abrangem o sindicato dos empregados (categoria profissional) e o sindicato de empresas (categoria econômica), como também aquelas estabelecidas diretamente entre o sindicato dos empregados e uma ou mais empresas, sem a representação da entidade sindical patronal.

II. No Brasil vigora o princípio da liberdade sindical, onde trabalhadores e empregadores têm o direito de se agruparem e constituírem de forma livre entidades sindicais representativas, sem a interferência do Poder Público, ressalvado a necessidade do registro em órgão competente, para fins de publicidade para os outros sindicatos, para impugnação quando se tratar de mesma categoria ou mesma base territorial.

III. É vedada a dispensa do empregado sindicalizado a partir do registro da candidatura a cargo de direção ou representação sindical e, se eleito, ainda que suplente, até um ano e meio após o final do mandato, salvo se cometer falta grave nos termos da lei.

Está correto o que consta em

(A) I, II e III.

(B) I e III, apenas.

(C) II, apenas.

(D) I e II, apenas.

(E) III, apenas.

15. (AOCP – Técnico Judiciário – Área Administrativa – TRT 1/2018) As associações profissionais ou sindicais são importantes instrumentos de defesa dos direitos dos trabalhadores que fazem parte da competência do Tribunal Regional do Trabalho. Acerca das previsões constitucionais sobre as associações profissionais ou sindicais, assinale a alternativa correta.

A) A criação de mais de uma organização sindical representativa de categoria profissional ou econômica é vedada na mesma base territorial, a qual será definida pelos trabalhadores ou empregadores interessados, não podendo ser inferior à área do Estado.

B) Ao sindicato é vedada a defesa de direitos e interesses individuais.

C) É vedada a dispensa do empregado sindicalizado a partir do registro da candidatura a cargo de direção ou representação sindical e, se eleito, ainda que suplente, até um ano após o final do mandato, salvo se cometer falta grave nos termos da lei.

D) Nas empresas com mais de cinquenta empregados, é assegurada a eleição de um representante destes com a finalidade exclusiva de promover-lhes o entendimento direto com os empregadores.

E) É assegurado o direito de greve, competindo à diretoria do sindicato da categoria decidir sobre a oportunidade de exercê-lo e sobre os interesses que devam por meio dele defender.

16. (FUMARC – Psicólogo – Copasa/2018) Com relação à contribuição sindical, a nova Consolidação das Leis trabalhistas – CLT (2018) prevê que passa a ser

A) obrigatória, ou seja, haverá o desconto de 01(um) dia de salário sem autorização do empregado.

B) obrigatória, ou seja, haverá o desconto de 02 (dois) dias de salário na folha de pagamento do empregado.

C) opcional, ou seja, haverá o desconto de 02 (dois) dias de salário somente se o próprio empregado autorizar.

D) opcional, ou seja, só haverá o desconto de 01 (um) dia de salário se o próprio empregado autorizar expressamente.

17. (Vunesp – Procurador – Fapesp/2018) A eleição de uma comissão de representantes dos empregados

A) é assegurada nas empresas com mais de cem empregados.

B) depende de previsão em convenção ou acordo coletivo de trabalho nas empresas com mais de duzentos empregados.

C) depende de previsão em convenção ou acordo coletivo de trabalho nas empresas com até quinhentos empregados.

D) é assegurada nas empresas com mais de duzentos empregados.

E) depende de fiscalização do sindicato da categoria profissional, conforme disposto em convenção ou acordo coletivo de trabalho.

18. (FCC – Analista Judiciário – Área Administrativa – TRT 6/2018) Nestor foi eleito representante dos empregados na comissão para representá-los junto à sua empresa, que conta com mais de duzentos empregados. Neste caso,

A) o mandato de Nestor implica em suspensão do contrato de trabalho, para que possa desempenhar a contento seus afazeres na comissão.

B) Nestor não poderá sofrer despedida arbitrária, desde o registro da candidatura até um ano após o fim do mandato.

C) o mandato de Nestor implica em interrupção do contrato de trabalho, para que possa desempenhar a contento seus afazeres na comissão.

D) faz parte das atribuições de Nestor, entre outras, representar os empregados perante a administração da empresa, o Ministério Público do Trabalho e perante o INSS.

E) Nestor não poderá ser candidato novamente no período subsequente àquele em que houver exercido a função de representante dos empregados na comissão.

19. (FCC – Analista Judiciário – Oficial de Justiça Avaliador – TRT 6/2018) Nas empresas com mais de duzentos empregados, é assegurada a eleição de uma comissão para representá-los, com a finalidade de promover-lhes o entendimento direto com os empregadores. Referida comissão será composta de um número mínimo e máximo de membros, com mandato, respectivamente, de

A) 7 e 9; 1 ano.

B) 3 e 7; 1 ano.

C) 3 e 5; 2 anos.

D) 5 e 7; 1 ano.

E) 3 e 7; 2 anos.

20. (FCC – Analista Judiciário – Área Administrativa – TRT 6/2018) A Empresa Céu Azul Cobertores Ltda., sem qualquer comunicado prévio, descontou de todos os seus empregados, sindicalizados e não sindicalizados, contribuição confederativa de 1,5% sobre o salário-base nos meses de janeiro e fevereiro, conforme cláusula de Convenção Coletiva da categoria, destinando tais valores ao sindicato que representa os trabalhadores. A empresa agiu

A) corretamente, podendo efetuar tal desconto com base na Convenção Coletiva da categoria, cujas cláusulas foram amplamente debatidas e aprovadas.

B) incorretamente, só podendo efetuar tal desconto dos empregados sindicalizados, devendo restituir tais valores aos não sindicalizados.

C) incorretamente, pois o desconto de todos os empregados é legítimo se tivesse sido celebrado através de Acordo Coletivo de Trabalho, uma vez que teria sido aprovado pela maioria dos empregados da empresa.

D) incorretamente, pois, somente mediante autorização prévia e expressa de todos os empregados, a empresa poderia descontar a contribuição confederativa, devendo restituir tais valores aos trabalhadores.

E) corretamente, equiparando-se a contribuição confederativa à contribuição sindical, esta referente a um dia de salário por ano do empregado, que pode ser descontada de todos, sem qualquer comunicado prévio e destinada ao sindicato que representa os trabalhadores.

21. (Vunesp – Advogado – Pref. de Arujá – SP/2019) A empresa Lux Serviços Ltda. foi intimada pelo Sindicato Profissional ao qual seus empregados estão vinculados, a recolher a contribuição sindical correspondente a 1 (um) dia de serviço de cada empregado. Considerando os dispositivos legais e que não há qualquer disposição expressa em convenção coletiva de trabalho, assinale a alternativa correta.

A) A contribuição sindical não é devida, salvo se o desconto foi expressamente e individualmente autorizados pelos empre-gados da empresa.

B) A contribuição sindical é devida, porque decorre de disposição expressa em lei.

C) A contribuição sindical não é devida, vez que deveria estar inserida em cláusula coletiva de trabalho.

D) A contribuição sindical é devida, desde que haja autorização verbal dos empregados da empresa.

E) A contribuição sindical não é devida, salvo se o desconto foi autorizado coletivamente pelos empregados.

22. (UFPR – Analista – Direito – Itaipú Binacional/2019) Sobre a convenção coletiva de trabalho (CCT) e o acordo coletivo de trabalho (ACT), é correto afirmar:

A) Tem prevalência sobre a lei a CCT ou ACT que disponha sobre banco de horas anual.

B) Tem prevalência sobre a lei a CCT ou ACT que disponha sobre intervalo intrajornada, respeitado o limite mínimo de quinze minutos para jornadas superiores a seis horas.

C) Tem prevalência sobre a lei a CCT ou ACT que disponha sobre a supressão ou a redução do valor nominal do décimo terceiro salário.

D) Constitui objeto ilícito de CCT ou de ACT a prorrogação de jornada em ambientes insalubres, sem licença prévia das autoridades competentes do Ministério do Trabalho.

E) Tem prevalência sobre a lei a CCT ou ACT que disponha sobre a remuneração do trabalho noturno superior à do diurno.

18.2. Questões discursivas

1. (TRT 2ª REGIÃO – 2011 SP) O Sindicato dos Trabalhadores nas Microempresas do Município "A" obteve regularmente sua carta sindical.

Ao tomar conhecimento, o Sindicato dos Trabalhadores no Comércio do Estado B ingressou com ação objetivando a desconstituir a personalidade sindical do Sindicato dos Trabalhadores nas Microempresas do Município A sob o fundamento de que a criação do Sindicato das Microempresas viola o sistema sindical brasileiro e suas pilastras constitucionais e legais.

Levando em conta o posicionamento do C. TST, como deve ser julgada esta ação e com quais fundamentos?

18.3. Gabarito das questões objetivas

Gab		Fundamentação legal e jurisprudencial	Onde encontro no livro?
1	A	a) CF/88. Art. 8º, VII	a) Item 7
		b) CF/88. Art. 11	b) Item 9
		c) CF/88. Art. 8º, I	c) Item 3.7
		d) CF/88. Art. 8º, VIII	d) Item 15.1
		e) CF/88. Art. 8º, II	e) Item 14
2	E	a) Doutrina	a) Item 3.4
		b) CLT. Art. 533	b) Item 4
		c) CLT. Art. 534, *caput*	c) Item 4
		d) CLT. Art. 511, § 3º	d) Item 3.6
		e) CLT. Art. 534, *caput*	e) Item 4
3	D	a) CLT. Art. 543, *caput*	a) Item 15.3
		b) CLT. Art. 543, § 3º	b) Item 15.1
		c) CLT. Art. 543, *caput*	c) Item 15.3
		d) CLT. Art. 543, § 1º	d) Item 15.3
4	E	TST. OJ nº 365 da SDI-1	item 15.1
5	D	CLT. Art. 511. § 4º	item 3.6
6	A	I – CLT. Art. 543, *caput*	I – item 15.3
		II – CLT. Art. 543, *caput*	II – item 15.3
		III – TST. Súmula nº 269	III – Parte I, capítulo VIII, item 2.5 "d"
		IV – CLT. Art. 543, § 3º	IV – item 15.1

7	**B**	CF/88. Art. 8º, II	Item 14
		a) CF/88. Art. 8º, I	a) Item 3.7
		b) CF/88. Art. 8º, V	b) Item 3.2
8	**C**	c) CF/88. Art. 8º, III	c) Item 3.10
		d) CF/88. Art. 142, IV	d) Item 10
		e) CF/88. Art. 8º, VI	e) Item 12.3
9	**A**	I – CF/88. Art. 8º, V	Item 3.2
		II – CF/88. Art. 8º, VI	
		III – CF/88. Art. 8º, VII	
		IV – CF/88. Art. 8º, VIII	
10	**A**	a) Lei nº 11.648. Art. 1º, *caput*, I e II	a) Item 5
		b) Lei nº 11.648. Art. 1º, parágrafo único	b) Item 5
		c) Lei nº 11.648. Art. 2º, I ao IV	c) Item 5
		d) Lei nº 11.648. Art. 4º, § 1º	d) Item 5
		e) CLT. Art. 589. § 1º	e) Item 13.3, alínea "d"
11	**D**	a) CF/88. Art. 8º, II	a) Item 14
		b) CF/88. Art. 8º, II	b) Item 14
		c) CF/88. Art. 8º, caput	c) Item 3.2
		d) CF/88. Art. 8º, II	d) Item 14
		e) CF/88. Art. 8º, caput	e) Item 3.2
12	**A**	CLT. Art. 589, II, alíneas "a" a "e"	Item 13.3, alínea "d"
13	**D**	a) CF/88. Art. 8º, II	a) Parte II, capítulo III, item 5.2
		b) CLT. Art. 513, alínea "d"	b) Item 12
		c) CLT. Art. 513, parágrafo único	c) Item 12
		d) CLT. Art. 514, parágrafo único, alíneas "a" e "b"	d) Item 3.10, alínea"e"
		e) CLT. Art. 514, alínea "b"	e) Item 3.10, alínea "e"
14	**D**	I. CLT. Art. 611, *caput* e § 1º	I. Parte II, Capítulo V, Item 3
		II. CF/88. Art. 8º, I	II. Item 3.7
		III. CF/88. Art. 8º, VIII	III. Item 15.1
15	**C**	a) CF/88. Art. 8º, II	Item 14
		b) CF/88. Art. 8º, III	Item 3.10
		c) CF/88. Art. 8º, VIII	Item 3.2
		d) CF/88. Art. 11	Item 9.1
		e) CF/88. Art. 9	Item 12.9
16	**D**	CLT. Arts. 578 e 579	Item 13.3
17	**D**	a) CLT. Art. 510-A b) CLT. Art. 510-A c) CLT. Art. 510-A d) CLT. Art. 510-A e) CLT. Art. 510-B, §2º	Item 9.1

18	B	a) CLT.Art. 510 D, §2º b) CLT.Art. 510 D, §3º c) CLT.Art. 510 D, §2º d) CLT.Art. 510 B e) CLT.Art. 510 D, §1º	Item 9
19	B	CLT. Art. 510-A, §1º, incisos I, II e III; Art. 510-D	Itens 9.1 e 9.4
20	B	CLT. Art. 578; STF. Súmula Vinculante nº 40	Item 13.3
21	A	CLT. Art. 582	Item 13
22	A	CLT. Arts. 611-A e 611-B	Parte II, Capítulo V, Item 5.2

18.4. Gabarito das questões discursivas

Item	Fundamentação legal, jurisprudencial ou doutrinária	Onde encontro no livro
1	No Brasil, o princípio da liberdade sindical é flexibilizado pela aplicação do também princípio constitucional da unicidade sindical. Assim, veda-se a criação de mais um sindicato da mesma categoria, profissional ou econômica, na mesma base territorial. Apesar desse mandamento, nada impede que se criem sindicatos mais específicos, em relação à categoria profissional ou econômica (art. 571 da CLT), ou com base territorial mais reduzida, desde que observado o mínimo correspondente à área de um município. Entretanto, se há conflito entre dois sindicatos quanto à representação, sendo um de natureza territorial e outro em relação a especificidade, prevalece esse último de acordo com a jurisprudência da SDC do TST (RO 1847.78.2012.5.15.0000). No presente caso, não há esse conflito, pois o sindicato criado seria mais restrito tanto em relação ao território quanto em relação à atividade. O cerne da questão se volta aqui, para outro aspecto, que diz respeito à possibilidade de se criar um sindicato de trabalhadores em microempresas. Como o sindicato é criado de acordo com atividade empresarial, a constituição de sindicado de microempresa afrontaria o preceito contido no art. 570 da CLT. A microempresa pode desenvolver diversas atividades econômicas, o que inviabilizaria a constituição de um sindicato por esse critério. Portanto, a ação deve ser julgada procedente, uma vez que contraria o critério legal da estruturação legal brasileira que não admite a formação de sindicato de acordo com o porte da empresa.	Item 3.6

CAPÍTULO III

LIBERDADE SINDICAL

Sumário • 1. Liberdade sindical; 1.1. Liberdade de constituição; 1.2. Liberdade de organização; 1.3. Liberdade de administração; 1.4. Liberdade de associação, permanência e desfiliação – 2. Convenção nº 87 da OIT – 3. Modelo sindical brasileiro – 4. Conceito de categoria econômica e profissional; 4.1. Categorias conexas e similares; 4.2. Categoria profissional diferenciada; 4.3. Empregados de entidades sindicais; 4.4. Dissociação de categorias; 4.5. Agregação de entidades sindicais – 5. Óbices para o reconhecimento pleno da liberdade sindical; 5.1. Unicidade sindical; 5.2. Base territorial mínima; 5.3. Engessamento das categorias profissionais e econômicas; 5.4. Poder normativo da Justiça do Trabalho – 6. Quadro sinóptico – 7. Informativos do TST sobre a matéria – 8. Questões; 8.1. Questões objetivas; 8.2. Questões discursivas; 8.3. Gabarito das questões objetivas.

1. LIBERDADE SINDICAL

A liberdade sindical consolidou-se após as lutas históricas no sentido de legalizar a constituição, organização e administração do sindicato, uma vez que em um primeiro momento havia uma proibição seguida de uma fase de tolerância dessas entidades.

No plano internacional, desde o Tratado de Versalhes foi proclamada a necessidade de observância ao princípio da liberdade sindical, como forma de garantir melhores condições de trabalho.

O preâmbulo da Constituição da Organização Internacional do Trabalho propugna que melhores condições de trabalho só serão atingidas com a defesa da liberdade sindical, dentre outros aspectos.

Já o art. 23.4 da Declaração Universal dos Direitos do Homem assevera que: "Todo homem tem direito a organizar sindicatos e a neles ingressar para proteção de seus interesses". Tais dispositivos, inseridos em Diplomas Legais internacionais, elevam o grau de importância desse instituto do Direito Coletivo do Trabalho.

No plano interno, a liberdade do indivíduo conta com garantia constitucional. Nessa faculdade está incluída a **liberdade de associação para fins lícitos**, conforme se vê da redação do art. 5º, inciso XVII, da Constituição Federal de 1988[1], contido no Título II – Dos Direitos e Garantias Fundamentais, Capítulo I – Dos Deveres e Direitos Individuais e Coletivos.

No Capítulo II, da CF/88, que trata dos Direitos Sociais, a garantia repete-se por meio do *caput* do art. 8º: "É livre a associação profissional ou sindical", mas sofre algumas limitações que adiante serão analisadas.

1. CF/88. Art. 5º. XVII. É plena a liberdade de associação para fins lícitos, vedada a de caráter paramilitar.

Percebe-se, portanto, que antes de ser uma faculdade derivada do Direito coletivo do trabalho, a liberdade de associação constitui um direito constitucionalmente garantido a todo e qualquer indivíduo.

Essa liberdade geral é representada pela **liberdade de constituição** de uma entidade sindical qualquer (liberdade sindical coletiva, ou seja, do grupo em relação ao Estado); **liberdade de associação, permanência e de desfiliação** (liberdade sindical individual, representada pela liberdade dos indivíduos em face do grupo); e liberdade de **organização e administração** da entidade sindical (autonomia sindical).

Inclusive, **não é possível flexibilizar o direito à liberdade sindical por meio de acordo ou convenção coletiva de trabalho**, diante da vedação contida no art. 611-B da CLT:

> **Art. 611-B.** Constituem objeto ilícito de convenção coletiva ou de acordo coletivo de trabalho, exclusivamente, a supressão ou a redução dos seguintes direitos: XXVI – liberdade de associação profissional ou sindical do trabalhador, inclusive o direito de não sofrer, sem sua expressa e prévia anuência, qualquer cobrança ou desconto salarial estabelecidos em convenção coletiva ou acordo coletivo de trabalho.

1.1. Liberdade de constituição

O ordenamento jurídico que adota de forma plena o princípio da liberdade sindical, não pode estabelecer condições ou restrições para a criação, organização, administração ou extinção de uma entidade sindical, seja ela simples ou complexa.

A liberdade de criação de uma entidade sindical decorre do exercício da autonomia de constituição sindical. Nesse passo, os trabalhadores ou os empresários devem ser livres para escolher o critério a partir do qual será organizado o sindicato, tanto em relação à base territorial quanto em relação à espécie de grupo a ser representado, sem qualquer autorização prévia.

O art. 2º da supracitada Convenção nº 87 da OIT preconiza que:

> **Art. 2º.** Os trabalhadores e os empregadores, sem distinção alguma e sem autorização prévia, têm o direito de constituir as organizações que entendam convenientes, assim como o de afiliar-se a estas organizações, com a única condição de observar os estatutos das mesmas.

Como será visto adiante, no Brasil existem algumas restrições para a criação de sindicatos, como a **base territorial mínima, o atrelamento às categorias profissionais e econômicas, etc.**

A liberdade que hoje existe é, somente, em relação à desnecessidade de autorização estatal para a entidade sindical adquirir personalidade jurídica, de acordo com o disposto no art. 8º, I, da Carta Magna de 1988:

> **Art. 8º. I** – A lei não poderá exigir autorização do Estado para a fundação de sindicato, ressalvado o registro no órgão competente, vedadas ao Poder Público a interferência e a intervenção na organização sindical.[2]

2. Após a aprovação da PEC nº 369/05, o referido dispositivo passa a ter a seguinte redação: O Estado não poderá exigir autorização para fundação de entidade sindical, ressalvado o registro no órgão competente, vedadas ao Poder Público a interferência e a intervenção nas entidades sindicais.

A promulgação da atual Carta Maior implicou perda da vigência de todos os dispositivos contidos na CLT que estabeleciam requisitos para a concessão da carta de reconhecimento da organização sindical, ou mais precisamente, do art. 515 ao art. 521.

Basta, apenas, o depósito dos seus atos constitutivos no órgão competente para que a associação de trabalhadores ou empregadores adquira a personalidade sindical. Segundo o Supremo Tribunal Federal, **o órgão competente é o Ministério do Trabalho, atualmente Secretaria Especial de Previdência e Trabalho, até que seja editada norma que regulamente o referido preceito constitucional.**

Saliente-se que esse requisito formal não ofende ao princípio da liberdade sindical, pois se trata de mero reconhecimento do Poder Público, já estudado no Capítulo II, item 3.7.

A própria Convenção 87 da OIT, em seu art. 8º, "1", afirma que as entidades sindicais, no exercício dos seus direitos, deverão observar os critérios de legalidade comuns às demais pessoas e associações civis, o que no Direito interno está representado pelas regras contidas no art. 53 e seguintes do Código Civil.

Essa liberdade de constituição não se limita às entidades sindicais simples (sindicatos), mas **estendem-se às organizações sindicais complexas,** pois deve haver liberdade também para a criação de federações e confederações, sem qualquer interferência estatal.

Da mesma forma, **não pode haver ingerência estatal para determinar a extinção temporária ou definitiva de uma entidade sindical** (suspensão ou dissolução). Em um ordenamento jurídico que opte pela plena liberdade sindical a dissolução de uma organização sindical só pode ocorrer desde que observados os princípios democráticos, ou seja, por decisão dos seus próprios integrantes ou por manifestação do Poder Judiciário.[3]

No Brasil, **apesar de não haver uma liberdade sindical total**, não mais existe a possibilidade do órgão administrativo competente determinar a cessação das atividades de uma organização sindical, tendo em vista que sua função atual se limita ao registro e arquivamento dos seus atos constitutivos. Nesse passo, a legislação nacional cumpre o disposto no art. 4º da Convenção nº 87 da OIT: "as organizações de trabalhadores e de empregadores não estão sujeitas a dissolução ou suspensão por via administrativa".

1.2. Liberdade de organização

A entidade sindical deve ser livre, também, para se autodeterminar, no sentido de lhe ser facultado **criar ou alterar os seus estatutos e regulamentos, definir sua estrutura e fixar seus objetivos de acordo com a vontade dos seus associados**, sem qualquer entrave estabelecido por norma estatal, conforme orientação contida no art. 3º "1" da Convenção nº 87 da OIT:

> **Art. 3º. 1.** As organizações de trabalhadores e de empregadores têm o direito de redigir seus estatutos e regulamentos administrativos, o de eleger livremente seus representantes, o de organizar sua administração e suas atividades e o de formular seu programa de ação.

3. Nesse caso decide-se sobre um conflito de representação entre dois sindicatos, geralmente quando se disputa uma mesma base territorial.

Nesse aspecto, perderam a vigência todos os dispositivos da Consolidação das Leis do Trabalho que impunham condições para aprovação dos estatutos das entidades sindicais, bem como para a eleição dos seus dirigentes, diante dos **princípios da não intervenção e da não interferência estatal.**

> **OJ Nº 09 do TRT2.** ASSEMBLEIA. QUÓRUM DELIBERATIVO. MATÉRIA INTERNA CORPORIS. Quórum deliberativo para participação em assembleia é matéria "interna corporis" definida no Estatuto da Entidade Sindical. Derrogação do art. 612 da CLT pelo art. 8º, I, da Constituição Federal.

O art. 528 da Consolidação das Leis do Trabalho, por exemplo, previa a possibilidade do então Ministério do Trabalho intervir no sindicato quando houvesse perturbação no seu funcionamento ou motivos de segurança nacional.[4]

1.3. Liberdade de administração

Seguindo a mesma lógica do item anterior, a liberdade sindical **implica ausência de qualquer limitação no que diz respeito à administração, funcionamento interno** (ou democracia interna), **bem como da eleição dos representantes da organização sindical.**

No que se refere à administração do sindicato, os dispositivos da CLT ainda produzem efeitos, uma vez que foram recepcionados pela atual Carta Magna, mormente aqueles que dizem respeito aos órgãos necessários para o funcionamento da entidade sindical, quais sejam, a diretoria e o conselho fiscal.

1.4. Liberdade de associação, permanência e desfiliação

A lei ordinária, os instrumentos normativos negociados e o empregador **não podem impor restrições, diretas ou indiretas, para que o empregado se filie ao sindicato de sua escolha (liberdade positiva)**. Da mesma forma, a adoção plena do princípio da liberdade sindical **impede que sejam criados obstáculos para que o empregado permaneça ou retire-se do sindicato (liberdade negativa)**.

A liberdade de filiação, permanência e desfiliação derivam do princípio geral da liberdade sindical e é um direito do trabalhador ou empregador em face do seu grupo representativo.

Entretanto, pela sua importância, a Constituição Federal prevê expressamente que ninguém será compelido a associar-se ou permanecer associado (art. 5, XX) e, de forma específica, em relação às entidades sindicais no art. 8º, V: "ninguém será obrigado a filiar-se ou a manter-se filiado a sindicato".

Desse modo, qualquer norma estatal, convenções e acordos coletivos de trabalho, regulamento de empresa ou disposição contida no próprio contrato individual do trabalho que proíba a admissão de empregados não sindicalizados, que condicione a permanência ou que provoque a dispensa destes últimos, estará em desacordo com o comando constitucional.

---

4. CLT. Art. 528. Ocorrendo dissídio ou circunstâncias que perturbem o funcionamento de entidade sindical, ou motivos relevantes de segurança nacional, o Ministro do Trabalho poderá nela intervir, por intermédio de Delegado ou de Junta Interventora, com atribuições para administrá-la e executar ou propor as medidas necessárias para normalizar-lhe o funcionamento.

Observe-se a decisão do STF reforçando esse princípio, no julgamento da ADI nº 3464:

> Art. 2º, IV, a, b e c, da Lei 10.779/2003. Filiação à colônia de pescadores para habilitação ao seguro-desemprego (...). Viola os princípios constitucionais da liberdade de associação (art. 5º, XX) e da liberdade sindical (art. 8º, V), ambos em sua dimensão negativa, a norma legal que condiciona, ainda que indiretamente, o recebimento do benefício do seguro-desemprego à filiação do interessado a colônia de pescadores de sua região.[5]

Além disso, qualquer ato do empregador que prejudique o empregado ou estabeleça como condição para percepção de qualquer vantagem o fato de estar ou não filiado a uma organização sindical, não produzirá qualquer efeito jurídico.

No mesmo sentido, **são nulas as cláusulas dos estatutos das organizações sindicais que imponham condições abusivas para o ingresso, permanência ou desfiliação de trabalhadores.**

Saliente-se, também, que constitui crime previsto pelo art. 199 do Código Penal,[6] constranger alguém a participar ou deixar de participar de determinado sindicato ou associação profissional.

A liberdade de filiação encontra-se prevista na legislação ordinária trabalhista no art. 540 da Consolidação das Leis do Trabalho:

> **Art. 540.** A toda empresa ou indivíduo que exerçam, respectivamente, atividade ou profissão, desde que satisfaçam às exigências desta lei, assiste o direito de ser admitido no sindicato da respectiva categoria.

No plano internacional, o Brasil ratificou a Convenção nº 98 da OIT, que estabelece no seu art. 1º:

> **Art. 1º.** Os trabalhadores deverão gozar de adequada proteção contra todo ato de discriminação tendente a menosprezar a liberdade sindical em relação ao seu emprego. 2. Dita proteção deverá exercer-se especialmente contra todo ato que tenha por objeto: a) sujeitar o emprego de um trabalhador a condição de que não filie a um sindicato ou a de deixar de ser membro de um sindicato; b) despedir um trabalhador ou prejudicá-lo em qualquer outra forma por causa de sua filiação sindical ou de sua participação em atividades sindicais fora das horas de trabalho ou com o consentimento do empregador, durante as horas de trabalho.

Essas regras obstam determinadas condutas **antissindicais**, a exemplo das denominadas **cláusulas de seguridade sindical**, como as cláusulas do Direito Americano, ***closed shop* e *union shop*, que impõem a filiação e permanência do trabalhador à organização sindical; ou a** *yellow dogs*, que propõe justamente o contrário, ou seja, o empregado firma o compromisso de não se filiar ao sindicato de sua categoria profissional.

As entidades sindicais de nível inferior dispõem, também, do mesmo modo, de autonomia para se filiarem às federações, confederações ou centrais sindicais, bem como aos organismos sindicais internacionais, idem em relação à permanência ou direito de sair dessas entidades a qualquer tempo.

5. STF. ADI 3.464. Plenário. Rel. Min. Menezes Direito. DJE 6.3.2009.
6. CP. Art. 199: Constranger alguém, mediante violência ou grave ameaça, a participar ou deixar de participar de determinado sindicato ou associação profissional: Pena – detenção, de 1 (um) mês a 1 (um) ano, e multa, além da pena correspondente à violência.

Exemplo de questão sobre o tema

(FCC – Juiz do Trabalho Substituto 18ª região/2014) Entre as condutas antissindicais mais comuns estão as sistemáticas de desestímulo à sindicalização e desgaste à atuação dos sindicatos. Entre as diversas condutas antissindicais apontadas pela doutrina estão os chamados yellow dogs contracts (contratos de cães amarelos), que se caracterizam

(A) pelo compromisso que o trabalhador firma com o empregador de não filiação a seu sindicato, como critério de admissão e manutenção do emprego.

(B) pelo estímulo e controle (mesmo que indireto) pelo empregador da organização e ações do sindicato obreiro.

(C) pela divulgação entre os empregadores dos nomes dos trabalhadores com significativa atuação sindical, de modo a praticamente excluí-los do mercado de trabalho.

(D) pela obrigação de preservação pelo empregado de sua filiação ao sindicato durante o prazo de vigência da respectiva convenção coletiva, sob pena de perda do emprego.

(E) pelo compromisso assumido pelas empresas de somente contratarem trabalhadores filiados ao respectivo sindicato.

Resposta: A

(Procurador do Trabalho – MPT – 2013) Considerando-se a normatização da Organização Internacional do Trabalho, analise as assertivas seguintes:

I. A Convenção 87 da OIT sobre Liberdade Sindical e Proteção ao Direito de Sindicalização dispõe que compete aos Estados-membros adotar as medidas necessárias para a garantia da unidade sindical espontânea pelas organizações de trabalhadores e empregadores num regime de pluralidade sindical.

II. A Convenção 87 da OIT sobre Liberdade Sindical e Proteção ao Direito de Sindicalização dispõe que compete aos Estados-membros adotar as medidas necessárias para a garantia da unicidade sindical pelas organizações de trabalhadores e empregadores.

III. A Convenção 98 da OIT sobre Direito de Sindicalização e de Negociação Coletiva dispõe sobre atos antissindicais, isto é, atos atentatórios às liberdades sindicais individuais e coletivas em matéria de emprego.

IV. A Declaração da OIT sobre os Princípios e Direitos Fundamentais no Trabalho declarou o reconhecimento efetivo do direito de negociação coletiva como um princípio fundamental de observância de todos os Estados-Membros que compõem a Organização Internacional do Trabalho, os quais devem promovê-lo e torná-lo realidade, ainda que não tenham ratificado as Convenções 87 e 98 da OIT, entre outras.

Marque a alternativa CORRETA:

(A) apenas as assertivas I e II estão corretas;

(B) apenas as assertivas I e III estão corretas;

(C) apenas as assertivas II e IV estão corretas;

(D) apenas as assertivas III e IV estão corretas;

(E) não respondida.

Resposta: D

---

2. CONVENÇÃO Nº 87 DA OIT

A primeira Convenção da Organização Internacional do Trabalho que tratou da liberdade sindical foi aprovada em 1921 e recebeu o número 11 (direitos de associação e de coalizão dos trabalhadores agrícolas), mas era bastante limitada, pois assegurava o direito de associação para os trabalhadores da agricultura.

Somente após 27 anos é que foi aprovada a segunda Convenção regulando a mesma matéria, a de nº 87, relativa à liberdade sindical e à proteção do Direito Sindical, adotada em

São Francisco em 17 de junho de 1948 por ocasião da trigésima primeira sessão da Conferência Internacional do Trabalho da OIT.

O Brasil não ratificou a referida Convenção nº 87. E nem poderia, pois muitos dos dispositivos constantes dessa norma internacional conflitam com a ordem constitucional (art. 8º, incisos I e IV), como a unicidade sindical.

Apesar da existência do aludido óbice constitucional, tramita no Congresso Nacional Projeto de Lei de iniciativa do Poder Executivo que objetiva aprovar, em um primeiro momento, a Convenção nº 87.[7]

O art. 2º da Convenção 87 da OIT preconiza que trabalhadores e empregadores terão o direito de constituir, sem prévia autorização, organizações de sua própria escolha observando, apenas, o que os seus estatutos determinarem.

Frise-se, também, que a OIT conta com um Comitê de liberdade sindical, que examina as reclamações formais sobre a aplicabilidade da referida Convenção nº 87, bem como da Convenção nº 98 que trata do direito de sindicalização e da negociação coletiva.

ATENÇÃO! A Convenção nº 87 da OIT permite a criação de mais de um sindicato representativo de determinada categoria profissional ou econômica em uma mesma região geográfica. O princípio da unicidade sindical, assegurado pela atual Carta Magna, impossibilita a ratificação, pelo Brasil, dessa Convenção.

3. MODELO SINDICAL BRASILEIRO

Os sindicatos brasileiros não gozam de plena autonomia coletiva. Isso porque não estão livres para escolher o grupo profissional ou econômico que pretendem representar.

As entidades sindicais nacionais estão adstritas à conceituação e classificação legal de categoria econômica e categoria profissional.

Também não podem ser constituídos mais de um sindicato, na mesma base territorial, representativo do mesmo grupo de empregados ou empregadores.

4. CONCEITO DE CATEGORIA ECONÔMICA E PROFISSIONAL

Para se associarem em sindicato os empregados e os empregadores devem exercer a mesma atividade econômica ou profissão. Excepcionalmente, admite-se que a entidade sindical se forme pelo critério de atividades ou profissões conexas ou similares.

O Brasil, durante a presidência de Getúlio Vargas, adotou o modelo sindical corporativo vigente à época na Itália, onde havia um paralelismo simétrico entre o sindicato de empregados

7. PL nº 16/1984. O projeto já foi aprovado na Comissão de Relações Exteriores do Senado e na Comissão de Constituição e Justiça. Foi encaminhada à Comissão de Assuntos Sociais para apreciação da matéria e em seguida será remetido para o plenário.

(profissional) e o sindicato dos empregadores (econômico), sistema esse que organizou a estrutura sindical em categorias e que perdura até a presente data.

Categoria econômica, segundo preconiza os § 1º art. 511 da Consolidação das Leis do Trabalho, **é o vínculo decorrente da solidariedade de interesses econômicos daqueles que exercem atividades idênticas, similares ou conexas.**

A categoria profissional **é um grupo de pessoas formado a partir do liame existente entre empregados submetidos às mesmas condições de vida, oriundas da profissão do trabalho em comum, em situação de emprego na mesma atividade econômica ou em atividades econômicas similares ou conexas.**

Para Valentin Carrion categoria profissional é:

> O conjunto de trabalhadores que têm, permanentemente, identidade de interesses em razão de sua atividade laborativa. É conceito de contornos imprecisos, diante da multiplicidade de situações que a vida apresenta e da possibilidade de fracionamento dos grupos em subgrupos, e estes em outros que o Direito brasileiro denomina de categoria profissional diferenciada.[8]

Percebe-se que o enquadramento sindical nacional é feito **por meio da atividade preponderante da empresa, e não pela atividade profissional do empregado, salvo na hipótese da categoria profissional diferenciada.**

Nesse passo, conclui-se que a categoria profissional nada mais é do que o **vínculo que existe entre os trabalhadores que executam seu ofício no** âmbito **de uma determinada atividade econômica**, independentemente da natureza do trabalho por ele realizado, salvo quando se trate de um grupo de empregados que exercem um ofício regulamentado (categoria profissional diferenciada).

O art. 581, § 2º, da Consolidação das Leis do Trabalho define atividade preponderante no sentido de "caracterizar a unidade de produto, operação ou objetivo final, para cuja obtenção todas as demais atividades convirjam, exclusivamente, em regime de conexão funcional".

4.1. Categorias conexas e similares

Normalmente, os sindicatos são constituídos pelo critério de identidade de categoria, econômica ou profissional, previamente definidas de forma específica pela Comissão de Enquadramento Sindical, que foi extinta após a promulgação da atual Carta Magna.

A referida Comissão ficava encarregada de elaborar o quadro de atividades e profissões pelo qual se procederia ao enquadramento sindical, bem como revisá-lo de dois em dois anos.

Quando a união por categoria específica não se tornar eficaz para a defesa dos interesses do grupo, **a entidade sindical poderá ser formada pelo critério de categorias conexas ou similares**, de acordo com o preceito contido no parágrafo único do art. 570 da Consolidação das Leis do Trabalho.[9]

---

8. CARRION, Valentin. **Comentários à Consolidação das Leis do Trabalho.** 22. ed. São Paulo: Saraiva, 1997. p. 412.
9. CLT. Art. 570: Parágrafo único. Quando os exercentes de quaisquer atividades ou profissões se constituírem, seja pelo número reduzido, seja pela natureza mesma dessas atividades ou profissões, seja pelas afinidades existentes entre elas, em condições tais que não se possam sindicalizar eficientemente pelo critério de especificidade de

O agrupamento das categorias econômicas com as correspondentes categorias profissionais foi feito, inicialmente, de acordo com as respectivas confederações.

Assim, a Confederação Nacional da Indústria, com a correspondente Confederação Nacional dos Trabalhadores na Indústria é formada por 19 grupos. Tem-se ainda a Confederação Nacional do Comércio, a Confederação Nacional dos Transportes Marítimos, Fluviais e Aéreos; Confederação Nacional dos Transportes Terrestres etc., todas formadas por diversos grupos.

Cada grupo do quadro de atividades é constituído por diversas atividades econômicas e profissionais. Desse modo, as categorias similares ou conexas devem estar compreendidas dentro de cada grupo específico.

A denominação da entidade sindical deverá, o quanto possível, representar a identificação das atividades concentradas.

4.2. Categoria profissional diferenciada

Como foi dito, o sindicato pode ser constituído por atividade, por ofício, por área geográfica ou por empresa. Atualmente, no Brasil, permite-se a criação de sindicatos com a observância dos primeiros critérios mencionados.

A regra geral é da formação da entidade sindical com base na atividade preponderante da empresa e, por exceção, os sindicatos por ofício, também denominado de sindicato de categoria profissional diferenciada.

As citadas categorias profissionais diferenciadas encontram-se descritas no Quadro de Atividades e Profissões da Consolidação das Leis do Trabalho.

Não é qualquer ofício ou função que se enquadra nessa classificação. São somente aquelas profissões que possuem um estatuto ou regulamentação legal própria. **Nesse caso, o enquadramento sindical não se dará pela atividade preponderante da empresa, mas sim pela profissão do empregado.**

O art. 511, § 3º, da Consolidação das Leis do Trabalho conceitua categoria profissional diferenciada:

> **Art. 511. § 3º.** Categoria profissional diferenciada é a que se forma dos empregados que exerçam profissões ou funções diferenciadas por força de estatuto profissional especial ou em consequência de condições de vida singulares.

Dessa forma, se um empregado pertence a uma categoria profissional diferenciada não lhe será aplicada a convenção ou o acordo coletivo de trabalho dos seus colegas que exercem outras funções dentro da empresa, mas sim a norma profissional específica de sua categoria e/ou as normas contidas em seu estatuto.

Sobre esse tema, manifestou-se o TST por meio da OJ nº 36, da SDC:

---

categoria, é-lhes permitido sindicalizar-se pelo critério de categorias similares ou conexas, entendendo-se como tais as que se acham compreendidas nos limites de cada grupo constante do quadro de atividades e profissões.

> **OJ Nº 36.** Empregados de empresa de processamento de dados. Reconhecimento como categoria diferenciada. Impossibilidade. Inserida em 07.12.1998. É por lei e não por decisão judicial, que as categorias diferenciadas são reconhecidas como tais. De outra parte, no que tange aos profissionais da informática, o trabalho que desempenham sofre alterações, de acordo com a atividade econômica exercida pelo empregador.

Exige-se, entretanto, que a empresa para qual trabalha o integrante da categoria profissional diferenciada, **tenha participado, por si ou por seu sindicato, das negociações e formação do acordo ou da convenção coletiva.**

A Súmula nº 374 do TST reforça esse entendimento:

> **SÚMULA Nº 374.** NORMA COLETIVA. CATEGORIA DIFERENCIADA. ABRANGÊNCIA. (conversão da Orientação Jurisprudencial nº 55 da SDI-1) – Res. 129/2005 – DJ 20.04.2005. Empregado integrante de categoria profissional diferenciada não tem o direito de haver de seu empregador vantagens previstas em instrumento coletivo no qual a empresa não foi representada por órgão de classe de sua categoria. (ex-OJ nº 55 – Inserida em 25.11.1996).

Pertencem à categoria profissional diferenciada, dentre outros os: **aeroviários, aeronautas, advogados, enfermeiros, jornalistas, médicos, músicos profissionais, professores, publicitários, vendedores, viajantes ou pracistas,[10] vigilantes,[11] secretárias, etc.[12]**

Exemplo de questão sobre o tema

(TRT 2 – Juiz do Trabalho Substituto 2ª região/2013) Sobre as normas coletivas aplicáveis à categoria diferenciada conforme jurisprudência do Tribunal Superior do Trabalho, é correta a afirmação:

(A) Existindo, ao mesmo tempo, gratificação por tempo de serviço, outorgada pelo empregador e outra da mesma natureza prevista em acordo coletivo, só o empregado integrante de categoria diferenciada tem direito de receber a gratificação que lhe for mais benéfica.

(B) A convenção coletiva aplicável à categoria diferenciada deve ser interpretada de forma estrita, uma vez que se destina à proteção dos direitos dos empregados que a integram e que são obrigatoriamente sindicalizados.

(C) As convenções coletiva de trabalho e os acordos coletivos de trabalho devem privilegiar os integrantes de categoria diferenciada na eleição de representantes em empresas que tenham mais de duzentos empregados.

(D) Por força de estatuto profissional especial ou em consequência de condições de vida singulares, as normas coletivas aplicáveis aos integrantes de categoria diferenciada são de observância obrigatória para os integrantes da categoria preponderante onde todos trabalham.

(E) Empregados integrantes de categoria diferenciada não têm o direito de haver de seu empregador vantagens previstas em instrumento coletivo no qual a empresa não foi representada por órgão de classe de sua categoria.

Resposta: E

4.3. Empregados de entidades sindicais

O sindicato é um agrupamento especial de trabalhadores ou de empregadores, constituído para a defesa dos interesses dos seus representados.

Assim, desempenham uma série de funções tipicamente sindicais ou até mesmo funções políticas, institucionais, assistenciais etc. Para cumprir seus objetivos e desempenhar as suas

10. Atividade regulamentada pela Lei nº 3.207, de 18 de julho de 1957.
11. Atividade regulamentada pela Lei nº 7.102, de 20.06.83.
12. TST. Súmula nº 257. VIGILANTE. (mantida) – Res. 121/2003, DJ 19, 20 e 21.11.2003. O vigilante, contratado diretamente por banco ou por intermédio de empresas especializadas, não é bancário.

funções de forma satisfatória, as organizações sindicais necessitam, também, de trabalhadores, que podem ser subordinados ou não.

O legislador nacional entendeu ser um contrassenso permitir a criação de um sindicato dos trabalhadores que prestam serviços em sindicatos. Contudo, para garantir a possibilidade de agregar-se aos contratos individuais de emprego melhores condições de trabalho, a Lei nº 4.725/65, em seu art. 10 dispôs que **as conquistas obtidas pelo sindicato no qual o empregado presta serviços serão a ele estendidas.**[13]

A Orientação Jurisprudencial nº 37 da SDC, **cancelada** em 18.10.2006, vedava a possibilidade de instaurar-se dissídio coletivo de trabalho com o objetivo de se estabelecer condições de trabalho diversas daquelas aplicáveis aos integrantes da categoria profissional do sindicato respectivo:

> **OJ Nº 37. SDC. (cancelada em 18.10.2006)** Empregados de entidades sindicais. Estabelecimento de condições coletivas de trabalho distintas daquelas às quais sujeitas as categorias representadas pelos empregadores. Impossibilidade jurídica. Art. 10 da Lei nº 4.725/65. Inserida em 07.12.1998. O art. 10 da Lei nº 4.725/65 assegura, para os empregados de entidades sindicais, as mesmas condições coletivas de trabalho fixadas para os integrantes das categorias que seus empregadores representam. Assim, a previsão legal expressa constitui óbice ao ajuizamento de dissídio coletivo com vistas a estabelecer para aqueles profissionais regramento próprio.

4.4. Dissociação de categorias

Antes da Constituição Federal de 1988, o enquadramento sindical era feito por uma comissão de enquadramento sindical, conforme foi comentado anteriormente.

Com o advento da nova ordem constitucional, proibiu-se a interferência do Estado (**princípio da não interferência e da não intervenção**) na organização sindical. Isso fez com que o quadro de atividades aludido pelo art. 577 da Consolidação das Leis do Trabalho passasse a ser considerado como um mero documento consultivo.

A legislação ordinária e constitucional permite que os sindicatos se desmembrem no sentido de reduzir o seu raio de representação, seja em relação à base territorial (desmembramento geográfico), seja em relação às categorias representadas (desmembramento de categoria).

> Sindicato. Desmembramento. Alegação de afronta ao princípio da unicidade sindical. Improcedência. Caso em que determinada categoria profissional – até então filiada a sindicato que representava diversas categorias, em bases territoriais diferentes – forma organização sindical específica, em base territorial de menor abrangência. Ausência de violação ao princípio da unicidade sindical.[14]

Todavia, quando do desmembramento, deverá ser observada a base territorial mínima, que não pode ser inferior ao do município, e a categoria profissional ou econômica.

13. Lei nº 4.725/65. Art. 10. Os ajustamentos de salário fixados em decisões da Justiça do Trabalho, aprovados em julgamento de dissídios coletivos ou em acordos homologados, serão aplicados, automaticamente, nas mesmas condições estabelecidas para os integrantes das categorias profissionais litigantes ou interessadas, aos empregados das próprias entidades suscitantes e suscitadas, observadas as peculiaridades que lhes sejam inerentes, ficando, desde logo, autorizado o reajustamento das respectivas verbas orçamentárias.
14. STF. RE 433.195-AgR. 1ª T. Rel. Min. Ayres Britto. *DJE* 19.9.2008.

Nesse sentido é a decisão a seguir transcrita:

> AÇÃO DECLARATÓRIA. REPRESENTAÇÃO SINDICAL. DESMEMBRAMENTO DE CATEGORIA REPRESENTADA POR SINDICATO COM ABRANGÊNCIA INTERMUNICIPAL. CRIAÇÃO DE ENTE SINDICAL COM BASE TERRITORIAL RESTRITA A UM MUNICÍPIO. POSSIBILIDADE. INTELIGÊNCIA DO ART. 8º, CAPUT E INCISOS I E II DA CONSTITUIÇÃO FEDERAL. PROCEDÊNCIA DO PEDIDO. É possível a criação de sindicato com âmbito territorial mais restrito de outro preexistente, quando respeitada a base territorial mínima de um município, em observância aos princípios da liberdade e da unicidade sindical, previstos no art. 8º, *caput* e incisos I e II, da Constituição Federal. Recurso parcialmente provido.[15]

Dessa forma, se um sindicato representa os interesses de uma categoria profissional determinada, juntamente com outras conexas ou similares, nada impede que esse último grupo se dissocie para formação de uma nova entidade sindical autônoma que represente categorias mais específicas.

Esse permissivo encontra-se insculpido no art. 571 da Consolidação das Leis do Trabalho, confirmado por precedente judicial Regional:

> **Art. 571.** Qualquer das atividades ou profissões concentradas na forma do parágrafo único do artigo anterior poderá dissociar-se do sindicato principal, formando um sindicato específico, desde que o novo sindicato, a juízo da Comissão do Enquadramento Sindical, ofereça possibilidade de vida associativa regular e de ação sindical eficiente.

> **OJ4T Nº 116 do TRT9.** ENTIDADE SINDICAL CONSTITUÍDA POR CATEGORIAS SIMILARES OU CONEXAS. FORMAÇÃO DE NOVA ENTIDADE COM CATEGORIA MAIS ESPECÍFICA. POSSIBILIDADE. NÃO FERIMENTO DA UNICIDADE SINDICAL. INVOCAÇÃO AO PRINCÍPIO DA LIBERDADE SINDICAL. É possível a formação de entidade sindical mais específica, por desmembramento ou dissociação, através de ato volitivo da fração da categoria que pretende ser desmembrada, deliberada em Assembleia Geral amplamente divulgada com antecedência e previamente notificada a entidade sindical originária.

As atividades ou profissões a que aludem o artigo citado dizem respeito às categorias similares e conexas. Obviamente que a parte desse dispositivo que exige a intervenção da Comissão do Enquadramento Sindical encontra-se sem vigência em face do que dispõe a atual Constituição Federal.

Se há conflito entre dois sindicatos quanto à representação, sendo um de natureza territorial e outro em relação à especificidade, prevalece este último de acordo com a jurisprudência da SDC do TST (RO 1847.78.2012.5.15.0000).

No caso de dissociação sindical fundada no critério territorial, o instrumento normativo então vigente continua produzindo efeito até que nova convenção ou acordo coletivo seja ajustado, por conta dos seguintes motivos:

a) Deve ser observado o prazo máximo estabelecido no instrumento normativo negociado, que é de dois anos. Somente após o fim da sua vigência é possível estabelecer novas condições de trabalho por meio da negociação coletiva, desta vez conduzida pela nova entidade sindical recém-criada.

15. TRT 24ª R. RO 21600-62.2009.5.24.4.ª T. Rel. André Luis Moraes de Oliveira. DEJT 02.02.2010.

b) A data-base da categoria profissional deve ser respeitada, pois, ainda que haja o desmembramento fundado no critério territorial, não há qualquer modificação no período do ano já pré-estabelecido para concretizar as negociações coletivas (data-base) e dar ensejo a um novo instrumento normativo negociado.

c) Não seria admitida a hipótese de um vazio normativo em nível negocial, tendo em vista a prevalência do entendimento do TST revelado por meio da Súmula nº 277: "As cláusulas normativas dos acordos coletivos ou convenções coletivas integram os contratos individuais de trabalho e somente poderão ser modificadas ou suprimidas mediante negociação coletiva de trabalho".

Apesar de não perder a vigência, **os dirigentes da nova entidade sindical já gozam das prerrogativas que lhe são asseguradas pela legislação laboral, inclusive a estabilidade no emprego.** A estabilidade dos dirigentes sindicais é necessária para assegurar a futura negociação coletiva, bem como a defesa dos interesses da categoria profissional da nova base territorial.

4.5. Agregação de entidades sindicais

Mesmo no atual modelo sindical brasileiro, **nada impede que as organizações sindicais se agreguem em uma só, com o objetivo de fortalecer a defesa dos interesses dos seus representados.**

Contudo, para que essa fusão encontre guarida no ordenamento jurídico, deverão ser observados os requisitos da unicidade sindical e do atrelamento às categorias econômicas ou profissionais, de acordo com a atividade preponderante da empresa, por categoria conexa ou similar.

Exemplo de questão sobre o tema

(TRT 4 – Juiz do Trabalho Substituto 4ª Região/2016) Considere as assertivas abaixo sobre entidades e liberdades sindicais.

I. O princípio da unicidade sindical que sempre vigeu no Brasil republicano estabelece ser vedada a criação de mais de uma organização sindical, em qualquer grau, representativa de categoria profissional ou econômica, na mesma base territorial, esta não inferior à área de um Município, garantindo a intangibilidade desta base territorial.

II. É possível o desmembramento do sindicato quando nova unidade sindical é formada a partir da cisão da base territorial da entidade sindical originária, assim como é possível a dissociação do sindicato quando um novo ente sindical é formado a partir do desligamento de uma categoria específica do sindicato-mãe, respeitando-se sempre a área de abrangência mínima de um Município.

III. Com suporte no princípio da especificidade, os sindicatos serão constituídos por categorias econômicas ou profissionais específicas, abrangendo categorias similares e conexas.

Quais são corretas?

(A) Apenas I

(B) Apenas II

(C) Apenas III

(D) Apenas I e II

(E) I, II e III

Resposta: B

(MPT – Procurador do Trabalho/2013) Em relação à evolução do sindicalismo, assinale a alternativa CORRETA:

(A) Numa perspectiva histórica, os primeiros sindicatos foram as guildas e as corporações de ofício, que inauguraram na Idade Moderna, respectivamente, a defesa de interesses coletivos e a garantia de vantagens profissionais.

(B) Em virtude do princípio de liberdade sindical e da normatização constitucional, compete aos trabalhadores e empregadores interessados definirem as respectivas categorias profissionais e econômicas, não tendo sido recepcionado o quadro de atividades e profissões previsto no artigo 577 da CLT e seu anexo.

(C) Consoante a Constituição da República é vedada ao poder público a interferência e a intervenção na organização sindical, não se podendo obstar a criação de sindicatos por profissão, categoria, setor econômico, empresa ou atividade econômica.

(D) A arrecadação de fundos financeiros para movimentos grevistas, assim como o exercício do locaute, são proibidos de acordo com a legislação brasileira.

(E) Não respondida.

Resposta: B

5. ÓBICES PARA O RECONHECIMENTO PLENO DA LIBERDADE SINDICAL

Conforme foi salientado, o ordenamento jurídico nacional não adotou, plenamente e em todos os seus aspectos, o princípio da liberdade sindical conforme preconizado pela Convenção nº 87 da OIT.

Constituem óbices ao reconhecimento da plena liberdade sindical no Brasil a unicidade sindical, base territorial mínima, engessamento das categorias profissionais e econômicas e o poder normativo da Justiça do Trabalho, que serão analisados a seguir.

Mesmo com tais óbices, o Brasil contava com 15.961 sindicatos em 2001, segundo dados oficiais do IBGE.

5.1. Unicidade sindical

Por unicidade sindical entende-se **a vedação legal para a criação de mais de uma entidade sindical representativa de um mesmo grupo de trabalhadores ou de empresários.**

A atual Carta Magna adotou a **unicidade sindical** que obsta a criação de mais de um sindicato em uma mesma base territorial, conforme preceitua seu art. 8º, II:

> **Art. 8º. II** – é vedada a criação de mais de uma organização sindical, em qualquer grau, representativa de categoria profissional ou econômica, na mesma base territorial, que será definida pelos trabalhadores ou empregadores interessados, não podendo ser inferior à área de um Município.

Tal determinação vai de encontro ao princípio da liberdade sindical de forma ampla, e **é o principal motivo pelo qual o Brasil não ratificou a Convenção nº 87 da OIT.**

Opõe-se ao regime da unicidade sindical aquele denominado de pluralidade sindical, ou seja, aquele sistema que permite a existência de vários sindicatos representativos da mesma atividade econômica ou profissional e que tenham interesse comum.

Os defensores da unicidade sindical argumentam que a adoção da pluralidade sindical enfraqueceria o movimento associativista laboral, em face da existência de várias organizações sindicais representativas do mesmo grupo de trabalhadores. Essa tese, entretanto, não resiste a uma análise mais aprofundada sobre o tema.

Para Alonso Olea e Casas Baamonde:

> A unidade sindical coativa ou autoritariamente imposta para eliminar o pluralismo, proceda do Estado ou de um sindicato dominante, viola a faculdade de criar sindicatos em concorrência, que é essência da liberdade sindical. Viola também a liberdade sindical, enquanto esta compreende o direito do trabalhador de afiliar-se ao sindicato de sua eleição, que fica negado se coativa ou autoritariamente se faz desaparecer a faculdade de eleição.[16]

O problema aludido pelos defensores da unicidade sindical poderia ser resolvido por meio da **adoção de critérios objetivos para determinar qual seria o sindicato mais representativo de um grupo de trabalhadores**.

Inclusive, esta é a proposta de alteração do citado inciso II da Constituição Federal de 1988, que passará a ter a seguinte redação, após a aprovação da PEC nº 369/2005:

> O Estado atribuirá personalidade sindical às entidades que, na forma da lei, atenderem os requisitos de representatividade, de participação democrática dos representados e de agregação que assegurem a compatibilidade de representação em todos os níveis e âmbitos da negociação coletiva.

Observe-se que o sistema da unicidade sindical não acaba com a pulverização de sindicatos. Exemplo disso é que no Brasil, onde vigora esse sistema, o número de organizações sindicais cresce a cada dia.

Isso acontece por conta do uso do critério da especialização, que permite a criação de um novo sindicato, desde que a sua representação seja mais específica do que aquela já existente. **O que a mencionada Convenção nº 87 da OIT estimula é a unidade sindical decorrente da vontade dos próprios interessados (unidade fática)** e não de uma imposição legal, pois em nenhum momento essa norma internacional determina necessidade de instalar uma pluralidade sindical. Exige-se, apenas, que ela seja legalmente possível.

O ideal seria obter uma unicidade sindical de fato dentro de um ordenamento jurídico que permite pluralidade sindical, como argumenta Arnaldo Süssekind:

> A unidade sindical na representação da categoria profissional e, bem assim, da profissão, ofício ou grupo de empregados de uma empresa, estabelecimento ou setor de atividade, constitui meta defendida por expressivos movimentos sindicais, visando ao fortalecimento das respectivas associações. Mas ela deve resultar da conscientização dos trabalhadores e dos empresários, a qual se irradia na medida em que os sindicatos trabalhem com êxito na promoção dos interesses e na defesa dos direitos dos seus representados.[17]

Na verdade, os dois sistemas não são perfeitos. O debate incessante que ocorre no seio do movimento sindical deve encontrar uma alternativa que contemple a pluralidade sindical com algumas restrições que serão escolhidas pelos próprios interessados, por intermédio do diálogo social.

5.2. Base territorial mínima

Conforme preconiza o art. 8º, inciso II, da Constituição Federal de 1988, a base territorial do sindicato **não pode ser inferior a de um município**. Com isso, vedou-se a criação de sindicatos distritais.

---

16. OLEA, Manuel Alonso; BAAMONDE, Maria Emilia Casas. *Derecho del trabajo*. 22. ed. rev. Madrid: Civitas, 2004. p. 657.
17. SÜSSEKIND, Arnaldo. *Direito Constitucional do Trabalho*. Rio de Janeiro: Renovar, 1999. p. 333.

Essa proibição ofende o princípio da liberdade sindical, pois retira da atribuição do sindicato definir, livremente, a sua base territorial.

5.3. Engessamento das categorias profissionais e econômicas

A atual Carta Maior (art. 8º, II) manteve como critério de constituição dos sindicatos o atrelamento a uma categoria econômica ou profissional, na forma como foi analisado e estabelecido pelo art. 511 da Consolidação das Leis do Trabalho.

Com a adoção da plena liberdade sindical, o grupo de trabalhadores com interesses comuns escolheria o critério de aglutinação. Assim, poderia surgir sindicatos por empresa, por religião, por ideologia política, por bairro etc.

5.4. Poder normativo da Justiça do Trabalho

A negociação coletiva é a forma normal e mais aconselhável para solução dos conflitos coletivos. Frustrada essa negociação, os interessados podem ajuizar uma ação típica denominada de dissídio coletivo, para que a Justiça do Trabalho prolate uma sentença normativa.

Nesse caso, o Poder Judiciário exerce uma função que não lhe é peculiar. **A sentença normativa não aplica o Direito ao caso concreto.** Pelo contrário, estabelece novas condições de trabalho que deverão ser observadas pelos interessados.[18]

Por conta dessa intromissão do Estado na solução dos conflitos coletivos, **o Poder normativo da Justiça do Trabalho é apontado como obstáculo ao reconhecimento da liberdade sindical de forma plena.**

Registre-se, mais uma vez, que o referido Poder normativo perdeu sua força após a promulgação da EC nº 45/04, quando passou a ser exigido o encontro de vontade das partes em conflito, como pressuposto processual de constituição e desenvolvimento válido do processo de dissídio coletivo.

Exemplos de questões sobre o tema

(TRT 1 – Juiz do Trabalho Substituto – 1ª região/2016) Em relação às disposições da Convenção nº 87, da Organização Internacional do Trabalho, é correto afirmar:

(A) Dada sua função de defesa das respectivas nações, às forças armadas não se deve permitir a organização sindical.

(B) Não deve demandar qualquer tipo de autorização prévia a constituição, pelos trabalhadores e pelas entidades patronais, de organizações da sua livre escolha. Se conformar com o estatuto deve ser a única condição para filiação.

18. A sentença normativa não tem o mesmo raio de atuação inerente aos instrumentos normativos negociados, conforme se observa da decisão a seguir transcrita: AVISO PRÉVIO PROPORCIONAL. AMPLIAÇÃO DO PERÍODO MÍNIMO LEGAL. PREVISÃO EM SENTENÇA NORMATIVA. IMPOSSIBILIDADE. NEGOCIAÇÃO COLETIVA AUTÔNOMA. Prevalece na SDC o entendimento de que escapa ao exercício do poder normativo da Justiça do Trabalho, previsto no art. 114, § 2º, da Constituição Federal, regulamentar o princípio da proporcionalidade do aviso prévio, de que trata o art. 7º, XXI, da Carta Magna, sob o fundamento de que, em face do que dispõem os arts. 487 a 491 da CLT, a ampliação do período mínimo de trinta dias, mesmo em função do tempo de serviço, envolve interesse mútuo e dependeria de livre negociação coletiva. Recurso ordinário conhecido e parcialmente provido (TST. RODC 16007/2004-909-09-00.7. SDC. Rel. Walmir Oliveira da Costa. DEJT 09.11.2009).

(C) A legislação nacional deve resguardar a autonomia das organizações de trabalhadores e de entidades patronais, competindo-lhe apenas fixar parâmetros para a eleição de seus dirigentes, que deve necessariamente ser livre e com resultados soberanos.

(D) Para efetividade no resguardo dos interesses coletivos, e como forma de evitar influências de âmbito local, as organizações de trabalhadores devem se agrupar em federações e confederações.

(E) Aos dirigentes das entidades de trabalhadores deve, durante o período de mandato, e na forma da lei local, ser protegida a relação de trabalho contra a dispensa.

Resposta: B

(TRT 2 – Juiz do Trabalho Substituto – 2ª região/2016) Considerando as disposições contidas no artigo 8º da Carta Política de 88 e à luz da Convenção 87 da Organização Internacional do Trabalho, é possível afirmar que:

I. A coexistência de diversos sindicatos na mesma base serve apenas para fragmentar e fragilizar a categoria de empregados.

II O unitarismo sindical não revela a interferência do Estado na atividade sindical.

III. O modelo brasileiro prevê a liberdade sindical desde que haja apenas um sindicato numa mesma base territorial.

IV. A unidade sindical da Convenção 87 da OIT conflita com a unicidade sindical e contribuição sindical compulsória previstas na Constituição Federal.

V. A atual Constituição adotou um modelo sindical híbrido ao proibir a intervenção estatal na criação dos sindicatos, hoje bastante o registro em cartório, para que adquira personalidade jurídica de direito privado.

Responda as alternativas corretas:

A) Somente as proposições I, III, IV e V.
B) Somente as proposições III e IV.
C) Somente as proposições I e III.
D) Somente a proposição II.
E) Somente as proposições II e III.

Resposta: A

---

6. QUADRO SINÓPTICO

Capítulo III – Liberdade sindical			
Instituto		**Conteúdo**	**Item**
Espécies de liberdade sindical	**Liberdade de constituição**	Os trabalhadores ou os empresários devem ser livres para escolher o critério a partir do qual será organizado o sindicato, tanto em relação à base territorial quanto em relação à espécie de grupo a ser representado, sem qualquer autorização prévia. No Brasil, a liberdade que hoje existe é, somente, em relação à desnecessidade de autorização estatal para a entidade sindical adquirir personalidade jurídica. A entidade sindical deve ser livre, também, para se autodeterminar, ou seja, para criar ou alterar os seus estatutos e regulamentos, definir sua estrutura, fixar seus objetivos de acordo com a vontade dos seus associados, sem qualquer entrave estabelecido por norma estatal, na forma da orientação contida no art. 3º, "1", da Convenção nº 87 da OIT.	1
	Liberdade de administração	A liberdade sindical implica ausência de qualquer limitação no que diz respeito à administração, funcionamento interno, bem como da eleição dos representantes da organização sindical.	

<table>
<tr><th colspan="4">Capítulo III – Liberdade sindical</th></tr>
<tr><th>Instituto</th><th colspan="2">Conteúdo</th><th>Item</th></tr>
<tr><td>Espécies de liberdade sindical</td><td>Liberdade de associação, permanência e desfiliação</td><td>A lei ordinária, os instrumentos normativos negociados e o empregador não podem impor restrições para que o empregado filie-se ao sindicato de sua escolha. Da mesma forma, a adoção plena do princípio da liberdade sindical impede que sejam criados obstáculos para que o empregado permaneça ou retire-se do sindicato.</td><td>1</td></tr>
<tr><td>Convenção nº 87 da OIT</td><td colspan="2">Datada de 17 de junho de 1948, relativa à liberdade sindical e à proteção do Direito Sindical, adotada em São Francisco por ocasião da trigésima primeira sessão da Conferência Internacional do Trabalho, da Organização Internacional do Trabalho, mas ainda não foi ratificada pelo Brasil diante de entraves constitucionais.</td><td>2</td></tr>
<tr><th colspan="4">Modelo sindical brasileiro</th></tr>
<tr><td>Situação atual</td><td colspan="2">As entidades sindicais nacionais estão adstritas à conceituação e classificação legal de categoria econômica e categoria profissional. Da mesma forma, não podem ser constituídos mais de um sindicato, na mesma base territorial, representativo do mesmo grupo de empregados ou empregadores.</td><td>3</td></tr>
<tr><td rowspan="4">Categorias</td><td>Econômica</td><td>É o vínculo decorrente da solidariedade de interesses econômicos daqueles que exercem atividades idênticas, similares ou conexas.</td><td rowspan="2">4</td></tr>
<tr><td>Profissional</td><td>É um grupo de pessoas formado a partir do liame existente entre empregados submetidos às mesmas condições de vida, oriundas da profissão do trabalho em comum, em situação de emprego na mesma atividade econômica ou em atividades econômicas similares ou conexas.</td></tr>
<tr><td>Conexas ou similares</td><td>Os sindicatos em regra, são constituídos pelo critério de identidade de categoria, econômica ou profissional, previamente definidas de forma específica pela Comissão de Enquadramento Sindical, que foi extinta após a promulgação da atual Carta Magna. Excepcionalmente, quando a união por categoria específica não se tornar eficaz para a defesa dos interesses do grupo, a entidade sindical poderá ser formada pelo critério de categorias conexas ou similares.</td><td>4.1</td></tr>
<tr><td>Diferenciada</td><td>A regra geral é a formação da entidade sindical com base na atividade preponderante da empresa e, por exceção, os sindicatos por ofício, denominados de sindicato de categoria profissional diferenciada. Somente aquelas profissões que possuem um estatuto ou regulamentação legal própria podem formar um sindicato dessa espécie. Pertencem à categoria profissional diferenciada, dentre outros os: aeroviários, aeronautas, advogados, enfermeiros, jornalistas, médicos, músicos profissionais, professores, publicitários, vendedores, viajantes ou pracistas, vigilantes, secretárias etc.</td><td>4.2</td></tr>
<tr><td>Empregados de entidades sindicais</td><td colspan="2">O art. 10 da Lei nº 4.725/65 assegura, para os empregados de entidades sindicais, as mesmas condições coletivas de trabalho fixadas para os integrantes das categorias que seus empregadores representam. Assim, a previsão legal expressa constitui óbice ao ajuizamento de dissídio coletivo com vistas a estabelecer para aqueles profissionais regramento próprio. (TST. SDC. OJ nº 37). Com o cancelamento dessa OJ pelo TST, conclui-se que o entendimento dessa Corte Trabalhista é no sentido de admitir condições de trabalho diversas para os empregados da entidade sindical.</td><td>4.3</td></tr>
<tr><td>Dissociação de categorias</td><td colspan="2">A legislação ordinária e constitucional permite que os sindicatos desmembrem-se, reduzindo seu raio de representação, seja em relação à base territorial (desmembramento geográfico), seja em relação às categorias representadas (desmembramento categorial). Em qualquer caso, deve ser observada a base territorial mínima equivalente a área de um município.</td><td>4.4</td></tr>
</table>

Capítulo III – Liberdade sindical		
Instituto	**Conteúdo**	**Item**
Agregação de entidades sindicais	A agregação de entidades sindicais é possível desde que se observem os requisitos da unicidade sindical e o atrelamento às categorias econômicas ou profissionais, de acordo com a atividade preponderante da empresa, por categoria conexa ou similar.	4.5
	Óbices para o reconhecimento pleno da liberdade sindical	
Unicidade sindical	Veda-se a criação de mais de uma organização sindical, em qualquer grau, representativa de categoria profissional ou econômica, na mesma base territorial, que será definida pelos trabalhadores ou empregadores interessados, desde que não inferior à área de um Município (art. 8º II da CF/88).	5.1
Base territorial mínima	A base territorial do sindicato não pode ser inferior a de um município. Com isso, vedou-se a criação de sindicatos distritais.	5.2
Engessamento das categorias	A atual Carta Maior manteve como critério de constituição dos sindicatos o atrelamento a uma categoria econômica ou profissional, na forma como estabelecido pelo art. 511 da Consolidação das Leis do Trabalho.	5.3
Poder normativo	O Poder Judiciário Trabalhista exerce uma função que não lhe é peculiar. A sentença normativa não aplica o Direito ao caso concreto. Pelo contrário, estabelece novas condições de trabalho que deverão ser observadas pelos interessados. Por conta dessa intromissão do Estado na solução dos conflitos coletivos, o referido poder anômalo é apontado como obstáculo ao reconhecimento da liberdade sindical de forma plena.	5.4

7. INFORMATIVOS DO TST SOBRE A MATÉRIA

Dissídio coletivo. Greve. Petrobras S/A. Contrato de prestação de serviços de construção civil. Ilegitimidade do Sindipetro/ES para liderar movimento grevista na qualidade de representante dos empregados da empresa terceirizada. Art. 511, §§ 1º e 2º, da CLT.

Nos termos do art. 511, §§ 1º e 2º, da CLT, a vinculação sindical dos empregados, ainda que terceirizados, deve ser definida pela atividade preponderante da empresa prestadora de serviços, porquanto a categoria profissional a qual pertence o trabalhador deve corresponder à categoria econômica a qual se vincula o empregador. Com esse fundamento, a SDC, por maioria, deu provimento ao recurso ordinário em dissídio coletivo de greve interposto pela PROEN Projetos Engenharia Comércio e Montagens Ltda., para declarar a abusividade da greve deflagrada por seus empregados sob a liderança do Sindicato dos Trabalhadores na Indústria de Exploração, Perfuração, Extração e Produção de Petróleo nos Municípios de São Mateus, Linhares, Conceição da Barra e Jaguaré no Estado do Espírito Santo (Sindipetro/ES), e, em consequência, excluir da decisão normativa recorrida as obrigações impostas à PROEN. Na espécie, reconheceu-se que, à época da greve em questão, a empregadora, por força de contrato de prestação de serviços com a Petrobras S/A, atuava, de forma preponderante, no ramo da construção civil e não na exploração ou extração de petróleo. Nessa perspectiva, afastou-se a legitimidade do Sindipetro/ES por ausência de paralelismo entre a categoria profissional por este representada e a categoria econômica da empresa prestadora de serviços, em observância ao princípio constitucional da unicidade sindical e tendo em vista a existência de sindicato representante dos trabalhadores da construção civil na mesma base territorial, qual seja, o Sindicato dos Trabalhadores na Indústria da Construção Civil, Terraplenagem, Estradas, Pontes e Construção de Montagem de Linhares, Rio Bananal, Jaguaré, Colatina e São Gabriel da Palha (Sintracon Linhares/ES). Vencidos os Ministros Maurício Godinho Delgado, Katia Magalhães Arruda e Maria de Assis Calsing. TST-RO-42600-28.2009.5.17.0000, SDC, rel. Min. Fernando Eizo Ono, 9.9.2013 (TST – Info nº 58).

Contribuição patronal. Melhoria dos serviços médico e odontológico prestados pelo sindicato profissional. Afronta ao art. 2º da Convenção nº 98 da OIT. Não configuração.

É válida a cláusula que cria contribuição da categoria patronal visando à melhoria dos serviços médico e odontológico prestados aos trabalhadores pelo sindicato profissional. Na hipótese, não há falar em afronta ao art. 2º da Convenção nº 98 da OIT, ratificada pelo Brasil em 18.11.1952, porquanto o recurso financeiro oriundo das empresas não se destina a manter a organização sindical dos empregados, nem implica sujeição do sindicato ao controle da categoria patronal, em prejuízo à liberdade sindical. Ao contrário, traduz a cooperação do segmento patronal para o avanço das condições de saúde de seus empregados, em consonância com o disposto no art. 7º, caput, da CF. Com esse fundamento, a SDC, por maioria, deu provimento ao recurso ordinário para declarar a validade da "Cláusula Trigésima Terceira – Contribuição Assistencial – Empresas". Vencido, no tópico, o Ministro Fernando Eizo Ono. TST-RO-36500-57.2009.5.17.0000, SDC, rel. Min. Walmir Oliveira da Costa, 11.6.2012 (TST – Info nº 13).

8. QUESTÕES

8.1. Questões objetivas

1. (MPT – Procurador do Trabalho. 13º Concurso) Assinale a alternativa INCORRETA:

(A) deve ser entendido como categoria profissional o agrupamento de trabalhadores que leva em consideração a similitude de condições de vida oriunda da profissão ou do trabalho em situação de emprego na mesma atividade econômica;

(B) deve ser entendido como categoria econômica, dentre outros, o agrupamento dos que empreendem atividades econômicas idênticas;

(C) deve ser entendida como categoria profissional diferenciada aquela que se forma de empregados que exerçam profissão diferenciada em consequência de condições de vida singulares;

(D) empregados que exerçam atividades semelhantes, desde que trabalhem para empregadores com a mesma atividade econômica, podem integrar categoria profissional diferenciada;

(E) não respondida.

2. (TRT 8 – Juiz do Trabalho Substituto 8ª região/2012) Assinale a alternativa CORRETA:

(A) O Brasil ratificou a Convenção n. 87 da Organização Internacional do Trabalho (OIT) por ser compatível com as suas normas constitucionais sobre sindicalização, já que, desde 1930, adota o regime de plena liberdade sindical, com desvinculação jurídica entre Estado e Sindicatos.

(B) A Convenção n. 87 da Organização Internacional do Trabalho (OIT) não foi ratificada pelo Brasil já que as normas sobre sindicalização, contidas na Constituição Federal, são influenciadas pelo modelo corporativista, prevendo, dentre outras técnicas de restrição à liberdade, a unidade sindical, que é incompatível com a liberdade sindical preconizada na Convenção.

(C) No atual modelo constitucional brasileiro, é garantida a plena liberdade de associação profissional ou sindical, vez que independente da autorização do Estado, mas a estrutura em que essa liberdade está inserida implica algumas restrições na organização e na administração sindical, o que, aliado a outros aspectos, impede a ratificação da Convenção n. 87 da Organização Internacional do Trabalho (OIT) pelo Brasil.

(D) As normas constitucionais brasileiras sobre sindicalização e as contidas na Convenção n. 87 da Organização Internacional do Trabalho (OIT) são compatíveis, especificamente no que se refere à liberdade de associação sindical, sem necessidade de autorização do Estado e à liberdade de sindicalização por categoria.

(E) A Convenção n. 87 da Organização Internacional do Trabalho (OIT) está em processo de ratificação pelo Brasil, tendo em vista que as regras internacionais se coadunam com o novo modelo sindical de plena liberdade, instaurado pela Constituição Federal de 1988.

3. (MPT – Procurador do Trabalho. 15º Concurso – 2008) Assinale a alternativa INCORRETA.

(A) o princípio da liberdade sindical, tal como consagrado na Convenção nº 87 da OIT, é aplicado integralmente ao ordenamento jurídico doméstico;

(B) a estrutura sindical brasileira conjuga os princípios da unicidade, da autonomia e liberdade sindicais;

(C) o princípio da unicidade sindical não impede o desmembramento de sindicato, ainda que na mesma base territorial, desde que o novo sindicato constituído não tenha representatividade em área inferior à de um município;

(D) os princípios da autonomia e liberdade sindical, aplicáveis ao ordenamento jurídico doméstico, não autorizam os sindicatos a fixarem número de dirigentes acima do previsto legalmente, contemplados pela estabilidade;

4. (PGE/RO – Procurador do Estado Substituto/2011) Sobre as organizações sindicais, é correto afirmar que

(A) a lei poderá exigir autorização do Estado para fundação do sindicato.

(B) para os integrantes da categoria diferenciada, a filiação ao sindicato representativo da categoria é compulsória.

(C) cabe a defesa dos direitos e interesses coletivos ou individuais da categoria, inclusive em questões judiciais ou administrativas.

(D) é garantido ao servidor público civil e militar o direito à livre associação sindical.

(E) é faculdade a participação dos sindicatos nas negociações coletivas de trabalho.

5. (FCC – Analista Judiciário – Oficial de Justiça Avaliador – TRT 3/2015) A Constituição Federal estabelece em seu artigo 8º, inciso I, que a lei não poderá exigir a autorização do Estado para a fundação de sindicato, ressalvado o registro no órgão competente, vedadas ao Poder Público a interferência e a intervenção na organização sindical. Em assim sendo, considere:

I. O registro sindical é obtido mediante autorização do Ministério do Trabalho e Emprego, oportunidade em que a associação obtém personalidade civil e, consequentemente, sindical.

II. O registro sindical perante o Ministério do Trabalho e Emprego somente se impõe se a entidade sindical resultar de eventual desmembramento da base territorial.

III. A estrutura sindical brasileira adota um modelo horizontal herdado da legislação italiana, à época do governo de Getúlio Vargas, não havendo hierarquia entre os órgãos sindicais.

IV. As Centrais Sindicais, previstas pelo ordenamento jurídico, embora não integrem a estrutura sindical brasileira, têm sua atuação reconhecida.

Está correto o que consta em

(A) I, II, III e IV.

(B) I, II e III, apenas.

(C) II, apenas.

(D) II e III, apenas.

(E) IV, apenas.

6. (CAIPIMES – Grande ABC – Procurador/2015) É livre a associação profissional ou sindical, observado o seguinte:

A) é vedada a criação de mais de uma organização sindical, em qualquer grau, representativa de categoria profissional ou econômica, na mesma base territorial, que será definida pelos trabalhadores ou empregadores interessados, não podendo ser inferior à área de um macrorregião.

B) ao sindicato cabe a defesa dos direitos e interesses coletivos ou individuais da categoria, incluindo as questões judiciais e excluindo às de natureza administrativa.

C) é vedado à lei exigir autorização do Estado para a fundação de sindicato, ressalvado o registro no órgão competente, vedadas ao Poder Público a interferência e a intervenção na organização sindical.

D) é facultativa a participação dos sindicatos nas negociações coletivas de trabalho.

7. (Fundação Casa – Analista Administrativo/Advogado/2011) A Consolidação das Leis do Trabalho trata da Organização Sindical, prevendo a seguinte regra:

(A) a solidariedade de interesses econômicos dos que empreendem atividades idênticas, similares ou conexas, constitui o vínculo social básico que se denomina categoria profissional.

(B) a similitude de condições de vida oriunda da profissão ou trabalho em comum, em situação de emprego na mesma atividade econômica ou em atividades econômicas similares ou conexas, compõe a expressão social elementar compreendida como categoria econômica.

(C) categoria profissional diferenciada é a que se forma dos empregados que exerçam profissões ou funções diferenciadas por força de estatuto profissional especial ou em consequência de condições de vida singulares.

(D) os limites de identidade, similaridade ou conexidade fixam as dimensões dentro das quais a categoria econômica ou profissional é homogênea e a associação é natural, mas o Poder Executivo poderá interferir para vedar a fusão de dois Sindicatos com abrangência municipal.

(E) os limites de identidade, similaridade ou conexidade não são instrumentos para dimensionar a categoria profissional homogênea. A fixação depende do enquadramento ministerial.

8. (Cespe – Procurador Municipal – Campo Grande – MS/2019) A respeito de jornada de trabalho e de convenções coletivas de trabalho, julgue o próximo item, considerando a jurisprudência do Tribunal Superior do Trabalho (TST).

É nula cláusula de convenção coletiva do trabalho que exija do empregado a apresentação de comprovantes de quitação das obrigações sindicais para a homologação da rescisão do contrato de trabalho.

( ) Certo

( ) Errado

9. (Cespe – Procurador Municipal – Campo Grande – MS/2019) A respeito de jornada de trabalho e de convenções coletivas de trabalho, julgue o próximo item, considerando a jurisprudência do Tribunal Superior do Trabalho (TST).

É válida cláusula de convenção coletiva de trabalho que faça previsão expressa de preferência à contratação de empregados sindicalizados.

( ) Certo

( ) Errado

10. (Cespe – Procurador Municipal – Pref. de Boa Vista – RR/2019) À luz da jurisprudência do Tribunal Superior do Trabalho e do STF, julgue o item a seguir, a respeito de FGTS e de relação de trabalho e de emprego.

Caso um contrato de trabalho entabulado pela administração pública seja declarado nulo por ausência de prévia aprovação do contratado em concurso público, o trabalhador não terá direito ao depósito do FGTS, ainda que tenha direito ao salário relativo aos serviços prestados.

( ) Certo

( ) Errado

8.2. Questões discursivas

1. (TRT 4ª REGIÃO – JUIZ – 2016) A representação de uma categoria profissional diferenciada está legitimada num sindicato de âmbito estadual (Rio Grande do Sul). Por interesse e deliberação coletiva profissional, é promovido regular desmembramento dos municípios da região sul do Rio Grande do Sul, com encaminhamento do pedido de registro do novo sindicato profissional junto ao Ministério do Trabalho, ainda em tramitação. Considerando que:

(a) o empregador A possui dois estabelecimentos no Rio Grande do Sul, um na base territorial originária e outro na base territorial desmembrada; e

(b) nestas unidades existem empregados que exercem atividade profissional diferenciada.

Responda, de modo fundamentado, as questões formuladas:

a) O acordo coletivo de trabalho originariamente firmado com o então sindicato profissional de base estadual permanece produzindo efeitos na base desmembrada?

b) Os trabalhadores eleitos dirigentes do novo sindicato já estão assegurados pelas prerrogativas de proteção contra a despedida imotivada?

c) Na hipótese de que essa categoria profissional diferenciada seja a dos advogados, para qual sindicato seria destinada a contribuição sindical profissional?

8.3. Gabarito das questões objetivas

Gab		Fundamentação legal e jurisprudencial	Onde encontro no livro?
1	D	a) CLT. Art. 511, § 2º	a) Item 4
		b) CLT. Art. 511, § 1º	b) Item 4
		c) CLT. Art. 511, § 3º	c) Item 4.2
		d) CLT. Art. 511, § 3º	d) Item 4.2
2	C	a) CF/88. Art. 8º, II	a) Item 5.1
		b) CF/88. Art. 8º, caput	b) Item 1
		c) CF/88. Art. 8º, I e IV	c) Item 2
		d) CF/88. Art. 8º, II	d) Item 3
		e) CF/88. Art. 8º, II; CLT. Arts. 578 e 579	e) Item 5
3	A	a) CF/88. Art. 8º, II; CLT. Arts. 578 e 579	a) Item 5
		b) CF/88, Art. 8º, I, II e V	b) Itens 1 e 5.1
		c) CF/88. Art. 8º, II	c) Item 5.2
		d) TST. Súmula nº 369, II	d) Parte II, Capítulo II, Item 15.1 "b"
4	C	a) CF/88. Art. 8º, I	a) Item 1.1
		b) CF/88. Art. 8º, V	b) Item 1.4
		c) CF/88. Art. 8º, III.	c) Parte II, Capítulo II, Item 3.10
		d) CF/88. Arts. 37, VI, e 142, IV.	d) Parte II, Capítulo II, Item 10
		e) CF/88. Art. 8º, VI	e) Parte II, Capítulo II, Item 12.3
5	E	I. CF/88. Art. 8, I	I. Item 1.1
		II. CF/88. Art. 8, I	II. Item 1.1
		III. CLT. Art. 534	III. Parte II, Capítulo II, Item 1
		IV. Lei nº 11.648/08. Art. 1º	IV. Parte II, Capítulo II, Item 5
6	C	a) CF/88. Art. 8º, II	a) Item 5.2
		b) CF/88. Art. 8º, III	b) Parte II, Capítulo II, Item 3.10
		c) CF/88. Art. 8º, I	c) Item 1.1
		d) CF/88. Art. 8º, VI	d) Parte II, Capítulo II, Item 12.3
7	C	a) CLT. 511, § 1º	a) Item 4
		b) CLT. 511, § 2º	b) Item 4
		c) CLT. 511, § 3º.	c) Item 4.2
		d) CF/88. Art. 8º, I	d) Item 1.1
		e) CLT. 511, § 4º	e) Item 4.1
8	C	Jurisprudência	Item 1
9	E	OJ 20/TST-SDC	Item 1
10	E	TST. Súmula nº 363	Item 8.4

8.4. Gabarito das questões discursivas

<table>
<tr><th>Item</th><th>Fundamentação legal, jurisprudencial ou doutrinária</th><th>Onde encontro no livro?</th></tr>
<tr><td>1</td><td>a) O acordo coletivo de trabalho originariamente firmado com o então sindicato profissional de base estadual permanece produzindo efeitos na base desmembrada?
O acordo coletivo de trabalho continua produzindo efeitos na base desmembrada por três motivos:
1º – Deve ser observado o prazo máximo estabelecido no acordo coletivo de trabalho que é de dois anos no máximo. Somente após o fim da sua vigência é possível estabelecer novas condições de trabalho por meio da negociação coletiva, desta vez conduzida pela nova entidade sindical recém-criada.
2º – A data-base da categoria profissional deve ser respeitada, pois, ainda que haja o desmembramento fundado no critério territorial, não há qualquer modificação no período do ano já pré-estabelecido (data-base) para concretizar as negociações coletivas e dar ensejo a um novo instrumento normativo negociado.
3º – Não seria admitida a hipótese de um vazio normativo em nível negocial, tendo em vista a prevalência do entendimento do TST revelado por meio da Súmula nº 277: “As cláusulas normativas dos acordos coletivos ou convenções coletivas integram os contratos individuais de trabalho e somente poderão ser modificadas ou suprimidas mediante negociação coletiva de trabalho”.
Note-se, entretanto, que o § 3º do art. 614 da CLT, introduzido pela Lei nº 13.467/17, vedou a ultratividade das normas coletivas de forma expressa.
b) Os trabalhadores eleitos dirigentes do novo sindicato já estão assegurados pelas prerrogativas de proteção contra a despedida imotivada?
Apesar de não perder a vigência, os dirigentes da nova entidade sindical já gozam das prerrogativas que lhe são asseguradas pela legislação laboral, inclusive a estabilidade no emprego. A estabilidade dos dirigentes sindicais é necessária para assegurar a futura negociação coletiva, bem como a defesa dos interesses da categoria profissional da nova base territorial. Em resumo, a fonte normativa continua sendo aquela negociada pelo sindicato antes da sua cisão, mas a representação da entidade sindical passa a ser exercida pelos novos dirigentes eleitos.
c) Na hipótese de que essa categoria profissional diferenciada seja a dos advogados, para qual sindicato seria destinada a contribuição sindical profissional?
No caso da categoria profissional dos advogados, ou seja, quando o advogado é empregado, o pagamento da anuidade da OAB isenta-o de recolher a contribuição sindical, conforme previsão contida no art. 47 da Lei nº 8.906/94: “O pagamento da contribuição anual à OAB isenta os inscritos nos seus quadros do pagamento obrigatório da contribuição sindical”.</td><td>Item 4.4 e Parte II, capítulo II, item 13.3 B</td></tr>
</table>

CAPÍTULO IV

NEGOCIAÇÃO COLETIVA

1. NEGOCIAÇÃO COLETIVA

Os conflitos de interesses podem ser solucionados de diversas formas. A lide só surge quando a pretensão de uma parte é resistida pela do seu oponente. Ocorrido esse fato, a solução do conflito pode ser efetivada pela forma autônoma ou heterônoma.

É autônoma a forma de solucionar o conflito quando os próprios interessados se articulam nesse sentido. Caso contrário, se a solução é proposta ou imposta por um terceiro, a hipótese será de solução de conflitos heterônoma.

A negociação coletiva poderá ser feita diretamente entre as entidades sindicais ou por um mediador designado de comum acordo pelos sindicatos. Como a prerrogativa para firmar contratos coletivos (convenções e acordos coletivos) é da entidade sindical simples (e na sua ausência pela federação e, sucessivamente, pela confederação), o processo de negociação, consequentemente, também é conduzido por essa organização.

A OIT, na **declaração sobre os princípios e direitos fundamentais no trabalho** (Declaração de Filadélfia), item 2, "a", reconhece o **efetivo direito fundamental** à negociação coletiva, fato que destaca a importância desse instrumento de solução de conflitos coletivos.

A **Convenção nº 154 da OIT**, art. 2º, preconiza que a negociação coletiva compreende:

> **Art. 2º.** Todas as negociações que tem lugar entre um empregador, um grupo de empregadores ou uma organização ou várias organizações de empregadores, por uma parte, e uma organização ou várias organizações de trabalhadores, por outra, com o fim de: a) fixar as condições de trabalho e emprego; ou b) regular as relações entre empregadores e trabalhadores; ou c) regular as relações entre empregadores ou suas organizações e uma organização ou várias organizações de trabalhadores, ou lograr todos esses objetivos de uma só vez.

Já a **Convenção nº 98** é mais específica e trata da aplicação dos princípios do direito de sindicalização e de negociação coletiva, com fomento a essa espécie de solução de conflitos coletivos do trabalho, conforme se observa da redação do art. 4:

> **Art. 4.** Deverão ser tomadas, se necessário for, medidas apropriadas às condições nacionais, para fomentar e promover o pleno desenvolvimento e utilização dos meios de negociação voluntária entre empregadores ou organizações de empregadores e organizações de trabalhadores com o objetivo de regular, por meio de convenções, os termos e condições de emprego.

É bom salientar, entretanto, que o objeto da negociação coletiva não envolve interesses individuais nem tampouco um conjunto desses individualmente considerados. São interesses de um grupo de trabalhadores ou empregadores, agregados, de acordo com a categoria econômica e profissional respectiva que, por sua natureza, são indivisíveis.

Dessa forma, **as negociações havidas entre as entidades sindicais de patrões e empregados visam o estabelecimento de novas condições de trabalho.**

1.1. Conceito e natureza jurídica

A convenção e o acordo coletivo de trabalho **possuem natureza jurídica mista, ou seja, é contrato na sua formação e norma na sua essência**. Assim como acontece nos contratos de forma geral, antecede a conclusão dos instrumentos profissionais normativos uma fase preliminar denominada de **tratativas, pré-contratual ou negociação coletiva.**

A. *Conceito*

Negociação coletiva nada mais é do que o conjunto de tratativas preliminares, que fazem parte da fase pré-contratual, tendentes à celebração de um instrumento normativo negociado, seja ele um acordo ou uma convenção coletiva de trabalho. Representa, portanto, o primeiro estágio para estabelecer novas condições de trabalho.

Decorre do princípio da autonomia coletiva das entidades sindicais, garantido por meio do art. 7º, XXVI, da Constituição Federal: "reconhecimento das convenções e acordos coletivos de trabalho;"[1]

Compreende as atividades de comunicação e pressão, que são desenvolvidas pelas organizações coletivas que representam empregados e empregadores, com o objetivo de fixar novas condições de trabalho, geralmente mais benéficas para os obreiros, por meio de convênios coletivos de trabalho (acordo e convenção coletiva de trabalho).[2]

B. *Natureza jurídica*

A negociação coletiva equipara-se à fase pré-contratual, na qual estão presentes a oferta, também denominada de policitação, e a sua aceitação ou não pela parte contrária, intermediado pelas idas e vindas de contrapropostas.

1.2. Funções

Em um momento histórico inicial, a negociação coletiva tinha como único item de discussão as questões salariais, mormente o piso salarial e percentuais de majoração remuneratória. Posteriormente, a pauta da negociação coletiva aumentou, de forma progressiva,

1. No Brasil o princípio da autonomia coletiva encontra limites na impossibilidade de criação de mais de uma organização sindical dentro de uma mesma base territorial.
2. Sobre a temática dos limites da negociação coletiva, consultar o item 5.2 do Capítulo V, Parte II, desta obra.

para englobar a discussão sobre as demais condições de trabalho, como jornada, descansos, complementos salariais, meio ambiente de trabalho, estabilidade no emprego etc.

A. Função protetiva

Uma das funções básicas da negociação coletiva **é compensar a desigualdade que o empregado, isoladamente considerado, tem em relação ao empregador**, ou seja, anular ou pelo menos diminuir o seu estado de hipossuficiência e subordinação em uma negociação direta, criando, ao final, uma situação de equilíbrio ou de igualdade.

B. Função compositiva

A negociação coletiva também **tem a função de evitar um conflito coletivo de trabalho** e, consequentemente, a deflagração da greve ou ajuizamento de ação judicial coletiva, atualmente denominada de dissídio coletivo de trabalho, que produziria um instrumento normativo negociado (norma profissional), seja ele um acordo coletivo ou uma convenção coletiva.

C. Função flexibilizadora

Com a promulgação da atual Carta Magna, foi atribuída à negociação coletiva a **função de flexibilizar as normas trabalhistas**, como se pode ver, por exemplo, do art. 7º, XIV: "São direitos dos trabalhadores urbanos e rurais, além de outros que visem à melhoria de sua condição social: XIV – jornada de seis horas para o trabalho realizado em turnos ininterruptos de revezamento, salvo negociação coletiva".

Com edição da Lei nº 13.467/17, foi ampliado o rol de direitos trabalhistas que podem ser objetivo de flexibilização, ou seja, que podem sofrer limitações por meio de negociação coletiva:

> **Art. 611-A.** A convenção coletiva e o acordo coletivo de trabalho têm prevalência sobre a lei quando, entre outros, dispuserem sobre:
>
> I – pacto quanto à jornada de trabalho, observados os limites constitucionais;
>
> II – banco de horas anual;
>
> III – intervalo intrajornada, respeitado o limite mínimo de trinta minutos para jornadas superiores a seis horas;
>
> IV – adesão ao Programa Seguro-Emprego (PSE), de que trata a Lei nº 13.189, de 19 de novembro de 2015;
>
> V – plano de cargos, salários e funções compatíveis com a condição pessoal do empregado, bem como identificação dos cargos que se enquadram como funções de confiança;
>
> VI – regulamento empresarial;
>
> VII – representante dos trabalhadores no local de trabalho;
>
> VIII – teletrabalho, regime de sobreaviso, e trabalho intermitente;
>
> IX – remuneração por produtividade, incluídas as gorjetas percebidas pelo empregado, e remuneração por desempenho individual;
>
> X – modalidade de registro de jornada de trabalho;

XI – troca do dia de feriado;

XII – enquadramento do grau de insalubridade;

XIII – prorrogação de jornada em ambientes insalubres, sem licença prévia das autoridades competentes do Ministério do Trabalho;

XIV – prêmios de incentivo em bens ou serviços, eventualmente concedidos em programas de incentivo;

XV – participação nos lucros ou resultados da empresa.

1.3. Características

O primado da negociação coletiva em um ordenamento jurídico revela a observância estrita ao princípio da autonomia coletiva, característica da plena liberdade sindical e, por conseguinte, da democracia sindical.

Por esse procedimento, os próprios atores sociais solucionam seus impasses por meio de cessões recíprocas de interesses. Em decorrência dessas assertivas, a negociação coletiva caracteriza-se pela sua autonomia, bilateralidade e transacionalidade.

A. *Autonomia*

Por meio da negociação coletiva, os próprios interessados, no caso o grupo de trabalhadores e de empregadores, ajustam novas condições de trabalho que serão incorporadas automaticamente aos contratos de trabalho dos representados.

Tal circunstância revela o **caráter autônomo da negociação coletiva, que afasta a intervenção estatal na produção de normas genéricas e abstratas.**

B. *Bilateralidade*

A lei é imposta pelo Estado. Já a negociação coletiva tem como característica a bilateralidade, assim consideradas as tratativas que dão ensejo ao contrato coletivo de trabalho são efetivadas entre, no mínimo, duas partes, o sindicato patronal e o sindicato operário.

C. *Transacionalidade*

Por fim, a negociação caracteriza-se por ser um procedimento transacional, pois utiliza de concessões recíprocas para chegar a um consenso representado pelo acordo e convenção coletiva de trabalho.

1.4. Classificação

A. *Quanto à existência de regras para a negociação*

Uma breve análise dos sistemas alienígenas de negociação coletiva leva à conclusão de que existem **sistemas formais e informais**, a depender de haver ou não norma estatal que imponha regras para a consecução da referida negociação.

Nesse último sistema, são **os próprios interessados que fixam as regras da negociação, pois existe um vazio legislativo** que é preenchido pelos próprios sujeitos negociadores. Todavia, a maioria dos países optou pelo modelo formal, seja ele em maior ou menor grau.

B. *Quanto à periodicidade da negociação*

As negociações também podem ser classificadas em **periódicas ou permanentes**, conforme a periodicidade com que os interessados reúnem-se com esse objetivo. No último caso referido, são criados organismos paritários, por indicação das entidades sindicais de trabalhadores e empregadores, que se ocupam permanentemente de fixar novas condições de labor para os seus representados sem prazo determinado para sua eficácia. Esse é o modelo adotado pela Inglaterra.

Já nas negociações periódicas, existe um momento pré-estabelecido pelos próprios interessados ou fixado por lei em que os atores sociais promovem a negociação coletiva. O resultado frutífero desse procedimento é um instrumento normativo com prazo fixo de vigência.

Em caso de insucesso, instala-se definitivamente um conflito coletivo de trabalho (modelo adotado pelos países da Europa continental e pelo Brasil por meio da data-base).

1.5. Requisitos de validade

O Brasil adotou o **sistema formal mitigado**, visto que o grau máximo é representado pelo modelo corporativo com a intervenção total do Estado no processo de negociação coletiva, que exige, inclusive, a homologação do contrato coletivo por autoridades administrativas.

Atualmente, **para iniciar o processo de negociação coletiva é necessário realizar uma assembleia geral especialmente convocada com esse objetivo**, que obedece aos procedimentos constantes no estatuto da entidade sindical e, em caso de omissão, o disciplinamento contido na legislação estatal.

Segundo as regras contidas na CLT, na primeira votação devem **comparecer e votar, no mínimo, 2/3 dos filiados em caso de convenção coletiva de trabalho e, dos interessados, se a hipótese for de acordo coletivo.** Já na segunda convocação o ***quorum* é reduzido para 1/3.**[3]

Entende-se que os dispositivos do referido Diploma Legal não foram recepcionados pela Carta Magna vigente, uma vez que impõe limites à liberdade de administração das entidades sindicais. **Deve prevalecer, em cada caso, o disciplinamento contido nos seus estatutos, salvo se esses forem omissos nesse aspecto.**

1.6. Data-base

Outra característica da sistemática negocial no Brasil é o fato de ser **periódica** e não permanente.

3. Se a entidade sindical possui mais de cinco mil filiados o *quorum* é reduzido para 1/8, conforme parágrafo único do art. 612 da CLT.

Para atender a esse modelo de negociação coletiva, foi criado o instituto da **data-base**. Assim, cada categoria profissional possui uma data-base com finalidade de promover a negociação coletiva. **As tratativas preliminares devem iniciar sessenta dias antes do termo final do instrumento normativo em vigor.**[4]

A data-base foi criada na década de sessenta do século passado pelo Governo Federal, para cada categoria profissional e tem como objetivo possibilitar a aplicação de reajustes salariais anuais. No período que intermedeia duas negociações coletivas as entidades sindicais dedicam-se com maior ênfase à observância do quanto acordado nos instrumentos normativos.

Segundo a definição contida no art. 4º, § 1º, da Lei nº 7.238/84, **a data-base representa "a data de início de vigência de acordo ou convenção coletiva, ou sentença normativa".**

1.7. Níveis de negociação

A negociação pode ser efetivada entre sindicatos ou entre sindicato ou sindicatos da categoria profissional e uma ou mais empresas. Na primeira hipótese, surge, da negociação coletiva, uma **convenção coletiva de trabalho** que vai regular as relações de trabalho de todos os integrantes da categoria profissional e econômica.

No segundo caso, a negociação irá originar um **acordo coletivo** de trabalho que servirá como norma abstrata para os trabalhadores de uma ou mais empresas.

A Consolidação das Leis do Trabalho não previa, inicialmente, a figura do acordo coletivo de trabalho, o que ocorreu somente em 1967, com o advento do Decreto-Lei nº 229/67, que acrescentou dois parágrafos ao art. 611 do aludido Diploma Legal.

Se a categoria profissional ou econômica não estiver organizada em sindicato, fica autorizada à participação, sucessiva, da federação e da confederação nas negociações coletivas.

De qualquer modo, **é necessária a autorização da assembleia geral** da entidade coletiva, conforme dispõe o art. 612 da CLT.

Além desses níveis de negociação, a sua abrangência depende do raio de atuação do sindicato, ou seja, de sua representatividade territorial. Assim, se o sindicato é de âmbito nacional, a negociação também vai ser feita nesse nível. Pode haver, também, negociação em nível interestadual, estadual, intermunicipal e municipal.

1.8. Negociação coletiva na administração pública

Inicialmente, o Direito do trabalho foi concebido para limitar o exercício da autonomia da vontade dos particulares nas atividades econômicas, principalmente a industrial.

Pouco a pouco o raio de atuação desse novo ramo da ciência jurídica foi ampliado para abarcar, inicialmente, outros ramos da atividade produtiva, como o comércio, agricultura,

4. CLT. Art. 616. § 3º. Havendo convenção, acordo ou sentença normativa em vigor, o dissídio coletivo deverá ser instaurado dentro dos sessenta dias anteriores ao respectivo termo final, para que o novo instrumento possa ter vigência no dia imediato a esse termo.

serviços etc., bem como aquelas nas quais não haveria a intenção de lucro, como o trabalho doméstico e a prestação de serviços para a administração pública.

Por conta desse detalhe é que **a legislação trata de forma diferenciada essas categorias de trabalhadores**, tanto no que diz respeito ao Direito Individual quanto ao Direito Coletivo de Trabalho.

O direito de sindicalização no setor público sofre algumas limitações no ordenamento jurídico pátrio, mormente no que se refere aos servidores das forças armadas.

Como **há permissão constitucional para que o servidor público civil se associe em sindicato conclui-se, logicamente, que a negociação coletiva também segue a mesma sorte** já que constitui umas das principais prerrogativas sindicais, em que pese tal direito não ter sido estendido expressamente pela atual Constituição Federal (art. 39, § 3º).

As conquistas obtidas com a negociação coletiva dos empregados públicos da administração pública direta, autárquica e fundacional **são concretizadas por meio de projetos enviados ao Congresso Nacional**. Isso porque somente pela via legal é que se pode aumentar as despesas para o erário público.

Se as melhores condições de trabalho obtidas com a negociação coletiva não implicam em despesas, o que na prática é muito raro, **é possível adotar os instrumentos normativos como forma de efetivação da aludida negociação**, vez que inexiste óbice constitucional nesse sentido.

O STF já se posicionou sobre essa matéria, em sede de ADI, quando analisou e vedou o direito dos servidores públicos à celebração de convenções e acordos coletivos de trabalho:

> A celebração de convenções e acordos coletivos de trabalho constitui direito reservado exclusivamente aos trabalhadores da iniciativa privada. A negociação coletiva demanda a existência de partes detentoras de ampla autonomia negocial, o que não se realiza no plano da relação estatutária. 2. A Administração Pública é vinculada pelo princípio da legalidade. A atribuição de vantagens aos servidores somente pode ser concedida a partir de projeto de lei de iniciativa do Chefe do Poder Executivo, consoante dispõe o artigo 61, § 1º, inciso II, alíneas "a" e "c", da Constituição do Brasil, desde que supervenientemente aprovado pelo Poder Legislativo. Precedentes. 3. A fixação de data para o pagamento dos vencimentos dos servidores estaduais e a previsão de correção monetária em caso de atraso não constituem aumento de remuneração ou concessão de vantagem.[5]

Apesar desse entendimento, é necessário observar que o art. 240, "d" da Lei nº 8.112/90, que institui o regime jurídico único dos servidores públicos federais, foi revogado pela Lei nº 9.527/97.

O referido preceito legal **garantia, expressamente, o direito à negociação coletiva aos servidores públicos civis**. Antes disso, o STF, no julgamento da ADI nº 492-1 já havia declarado a sua inconstitucionalidade.[6]

5. STF. ADI nº 559-6-MT. Rel. Ministro Eros Grau. DJ 05.05.2006.
6. STF. ADI nº 492-1. Por MAIORIA de votos, o Tribunal julgou PROCEDENTE a ação, declarando a inconstitucionalidade das alíneas "d" e "e" do art. 240 da Lei 8112, de 11.12.1990, vencido, "in totum", o Ministro Marco Aurélio, que a julgou improcedente e, parcialmente, os Ministros Octavio Gallotti e Sepulveda Pertence, que a julgaram procedente, em menor extensão, ou seja, para declarar a inconstitucionalidade apenas da alínea "d" e das expressões

A Súmula nº 679, do STF, entende **não ser possível a majoração dos vencimentos dos servidores públicos por intermédio de convenção coletiva de trabalho**.[7]

A Convenção nº 151 da OIT,[8] que trata da proteção do direito de sindicalização e dos procedimentos para determinar as condições de emprego na administração pública, dispõe em seus arts. 7º e 8º que:

> **Art. 7º.** Dever-se-á adotar, se necessário, medidas adequadas às condições nacionais para estimular e fomentar o pleno desenvolvimento e utilização de ***procedimentos de negociação*** entre as autoridades públicas competentes e as organizações de empregados públicos acerca das condições de emprego ou de quaisquer outros métodos que permitam aos representantes dos empregados públicos participar na determinação de ditas condições. (grifou-se).
>
> **Art. 8º.** A solução dos conflitos que se apresentem como motivo da determinação das condições de emprego deverá tratar-se de atingir, de maneira apropriada às condições nacionais, por meio da negociação entre as partes ou mediante procedimentos independentes e imparciais, tais como a mediação, a conciliação e a arbitragem, estabelecidos de modo que inspirem a confiança dos interessados.

Note-se que, no Brasil, a regra relativa às negociações coletivas e mesmo dos instrumentos normativos negociados não sofre qualquer limitação quando se tratam de empregados de empresas públicas ou de sociedades de economia mista.

1.9. Princípios da negociação coletiva

A. *Princípio da obrigatoriedade da negociação coletiva*

O ordenamento jurídico não impõe a celebração de acordo ou convenção coletiva de trabalho, mas determina que as partes interessadas promovam a negociação coletiva, conforme se observa da redação do art. 616 da CLT: "Os Sindicatos representativos de categorias econômicas ou profissionais e as empresas, inclusive as que não tenham representação sindical, quando provocados, não podem recusar-se à negociação coletiva".

B. *Princípio da autonomia coletiva*

Ao contrário do que ocorre no Direito individual do trabalho, a negociação coletiva é conduzida observando o princípio da autonomia coletiva.

No âmbito da relação individual de trabalho, considera-se como viciada a vontade do empregado quando implicar em renúncia ou transação de direitos trabalhistas. Tal não ocorre no plano das negociações coletivas, na qual inexiste relação aparente de subordinação entre os sujeitos.

C. *Princípio da cooperação*

Apesar da aparente contradição entre os interesses da categoria econômica e da categoria profissional, os sujeitos envolvidos na negociação coletiva devem adotar procedimentos que

---

"e coletivamente" contidas na alínea "e" do mesmo artigo. Votou o Presidente. Relator Ministro Carlos Veloso. Plenário, 12.11.1992. Acórdão, DJ 12.03.1993.

7. STF. Súmula nº 679. A fixação de vencimentos dos servidores públicos não pode ser objeto de convenção coletiva.
8. Promulgada pelo Decreto nº 7.944, de 06.03.2013.

promovam a cooperação mútua com vistas ao resultado exitoso pretendido, qual seja, a celebração de um instrumento normativo negociado.

D. *Princípio da boa-fé objetiva*

O princípio da boa-fé objetiva norteia tanto o processo de negociação coletiva quanto a execução dos instrumentos normativos negociados, como previsto pela teoria geral dos contratos e, de forma positivada, o art. 422 do Código Civil: "Os contratantes são obrigados a guardar, assim na conclusão do contrato, como em sua execução, os princípios de probidade e boa-fé".

Portanto, durante o procedimento negocial os sujeitos envolvidos devem agir com lealdade e transparência. A inobservância do princípio da boa-fé objetiva, também considerado como conduta antissindical, pode levar à anulação de determinada cláusula ou de todo o instrumento normativo negociado.

> OJ Nº 07 do TRT2. CONDUTA ANTISSINDICAL. DESPEDIMENTO EM MASSA DURANTE A NEGOCIAÇÃO COLETIVA. Constituem condutas antissindicais a dispensa em massa e a ameaça de sua realização, durante o processo de negociação coletiva, por violação ao artigo 1º, da Convenção 98, da OIT. Em sede de dissídio coletivo, mostram-se juridicamente possíveis a punição do empregador e a reintegração dos trabalhadores dispensados, declarando-se a nulidade do ato.

E. *Princípio da preservação dos interesses comuns*

O interesse dos trabalhadores no êxito de um instrumento coletivo negociado é evidente quando se pretende estabelecer melhores condições de trabalho.

Entretanto, não se pode perder de vista que a sobrevivência da empresa é fundamental para a manutenção dos postos de trabalho. Em razão disso, a negociação coletiva deve ser guiada tendo em vista a preservação dos interesses de ambos os sujeitos, em um sistema de perda e ganho, com compensações recíprocas.

F. *Princípio da paz social*

Inegavelmente, a negociação coletiva é um dos principais instrumentos para a obtenção da pacificação social decorrente do conflito entre o capital e o trabalho.

Assim, para que esse objetivo seja atingido, é necessário que durante a negociação sejam observados os princípios constitucionais e princípios gerais do Direito que fundamentam o Estado Democrático de Direito, como a dignidade da pessoa humana e os valores sociais do trabalho, para categoria profissional e a livre-iniciativa, sob o ângulo de visão da categoria econômica (art. 1º, incisos III e IV da CF/88).

1.10. Normativa internacional

Como dito, a declaração sobre os princípios e direitos fundamentais no trabalho (Declaração de Filadélfia), da Organização Internacional do Trabalho, em seu item 2, "a", reconhece o efetivo direito fundamental à negociação coletiva.

A Convenção nº 98 da OIT foi a primeira a tratar especificamente da negociação coletiva. Entrou em vigor em nível internacional em 18.07.1951 e foi ratificada pelo Brasil por meio do Decreto Legislativo nº 49/52 e promulgada pelo Decreto nº 33.196, de 29.06.1953, e não se estende aos servidores públicos.

Assim dispõe o art. 4º da referida Convenção:

> **Art. 4º.** Deverão ser tomadas, se necessário for, medidas apropriadas às condições nacionais, para fomentar e promover o pleno desenvolvimento e utilização dos meios de negociação voluntária entre empregadores ou organizações de empregadores e organizações de trabalhadores com o objetivo de regular, por meio de convenções, os termos e condições de emprego.

A segunda Convenção que disciplinou a temática da negociação coletiva foi a de nº 154. O início da vigência deu-se em 11.08.83, com aprovação pelo Decreto Legislativo nº 22/92 e promulgação pelo Decreto nº 1.256, de 29.9.94, podendo ser aplicada aos servidores públicos, desde que a legislação de cada País seja expressa nesse sentido.

Destaca-se nessa convenção os seguintes dispositivos:

> **Art. 5** — 1. Deverão ser adotadas medidas adequadas às condições nacionais no estímulo à negociação coletiva.
>
> 2. As medidas a que se refere o parágrafo 1 deste artigo devem prover que:
>
> a) a negociação coletiva seja possibilitada a todos os empregadores e a todas as categorias de trabalhadores dos ramos de atividade a que aplique a presente Convenção;
>
> b) a negociação coletiva seja progressivamente estendida a todas as matérias a que se referem os anexos a, b e c do artigo 2 da presente Convenção;
>
> c) seja estimulado o estabelecimento de normas de procedimentos acordadas entre as organizações de empregadores e as organizações de trabalhadores;
>
> d) a negociação coletiva não seja impedida devido à inexistência ou ao caráter impróprio de tais normas;
>
> e) os órgãos e procedimentos de resolução dos conflitos trabalhistas sejam concedidos de tal maneira que possam contribuir para o estímulo à negociação coletiva.
>
> **Art. 6** — As disposições da presente Convenção não obstruirão o funcionamento de sistemas de relações de trabalho, nos quais a negociação coletiva ocorra num quadro de mecanismos ou de instituições de conciliação ou de arbitragem, ou de ambos, nos quais tomem parte voluntariamente as partes na negociação coletiva.
>
> **Art. 7** — As medidas adotadas pelas autoridades públicas para estimular o desenvolvimento da negociação coletiva deverão ser objeto de consultas prévias e, quando possível, de acordos entre as autoridades públicas e as organizações patronais e as de trabalhadores.
>
> **Art. 8** — As medidas previstas com o fito de estimular a negociação coletiva não deverão ser concebidas ou aplicadas de modo a obstruir a liberdade de negociação coletiva.

Ainda disciplinam a negociação coletiva a Recomendação nº 91 e a Recomendação nº 163 da OIT.

Na recomendação nº 163, sobre a promoção da negociação coletiva, há um melhor detalhamento sobre a condução desse processo:

> 7. (1) Medidas condizentes com as condições nacionais devem ser tomadas, se necessário, para que as partes tenham acesso à informação necessária a negociações significativas.

(2) Para esse fim:

a) empregadores públicos e privados, a pedido de organizações de trabalhadores, devem pôr à sua disposição informações sobre a situação econômica e social da unidade negociadora e da empresa em geral, se necessárias para negociações significativas; no caso de vir a ser prejudicial à empresa a revelação de parte dessas informações, sua comunicação pode ser condicionada ao compromisso de que será tratada como confidencial na medida do necessário; a informação a ser posta à disposição pode ser acordada entre as partes da negociação coletiva;

b) as autoridades públicas devem pôr à disposição, se necessário, informações sobre a situação econômica e social do país em geral e sobre o setor de atividade envolvido, na medida em que a revelação dessa informação não for prejudicial ao interesse nacional.

1.11. Limitações da negociação coletiva

Antes da vigência da Lei nº 13.467/17, predominava no TST o entendimento segundo o qual não seria possível a prevalência do acordo ou da convenção coletiva sobre legislação vigente quando o instrumento normativo negociado fosse menos benéfico do que a própria lei, salvo nos casos previstos na Constituição Federal.

Entretanto, o STF já começava a consolidar posicionamento em sentido contrário, notadamente a partir da decisão com repercussão geral declarada no RE nº 590415, com a seguinte ementa:

> DIREITO DO TRABALHO. ACORDO COLETIVO. PLANO DE DISPENSA INCENTIVADA. VALIDADE E EFEITOS. 7. Provimento do recurso extraordinário. Afirmação, em repercussão geral, da seguinte tese: "A transação extrajudicial que importa rescisão do contrato de trabalho, em razão de adesão voluntária do empregado a plano de dispensa incentivada, enseja quitação ampla e irrestrita de todas as parcelas objeto do contrato de emprego, caso essa condição tenha constado expressamente do acordo coletivo que aprovou o plano, bem como dos demais instrumentos celebrados com o empregado".

No mesmo sentido, a decisão monocrática do Min. Teori Zavascki, proferida em 13.09.2016, nos autos do RE nº 895759:

> [...] O acórdão recorrido não se encontra em conformidade com a *ratio* adotada no julgamento do RE 590.415, no qual esta Corte conferiu especial relevância ao princípio da autonomia da vontade no âmbito do direito coletivo do trabalho. Ainda que o acordo coletivo de trabalho tenha afastado direito assegurado aos trabalhadores pela CLT, concedeu-lhe outras vantagens com vistas a compensar essa supressão. Ademais, a validade da votação da Assembleia Geral que deliberou pela celebração do acordo coletivo de trabalho não foi rechaçada nesta demanda, razão pela qual se deve presumir legítima a manifestação de vontade proferida pela entidade sindical. Registre-se que a própria Constituição Federal admite que as normas coletivas de trabalho disponham sobre salário (art. 7º, VI) e jornada de trabalho (art. 7º, XIII e XIV), inclusive reduzindo temporariamente remuneração e fixando jornada diversa da constitucionalmente estabelecida. Não se constata, por outro lado, que o acordo coletivo em questão tenha extrapolado os limites da razoabilidade, uma vez que, embora tenha limitado direito legalmente previsto, concedeu outras vantagens em seu lugar, por meio de manifestação de vontade válida da entidade sindical. 4. Registre-se que o requisito da repercussão geral está atendido em face do que prescreve o art. 543-A, § 3º, do CPC/1973: "Haverá repercussão geral sempre que o recurso impugnar decisão contrária a súmula ou jurisprudência dominante do Tribunal". 5. Diante do exposto, com base no art. 557, § 1º-A, do CPC/1973, dou provimento ao recurso extraordinário para afastar a condenação da recorrente ao pagamento das horas *in itinere* e dos respectivos reflexos salariais.

Com a aprovação da Lei da Reforma Trabalhista foram introduzidos os artigos 611-A e 611-B à CLT, que consolidaram essa possibilidade.

O primeiro, contém uma **relação exemplificativa** de direitos trabalhistas que podem ser negociados por meio de convenção ou acordo coletivo de trabalho, **ainda que sejam menos benéficos se comparados com a legislação estatal**:

> **Art. 611-A**. A convenção coletiva e o acordo coletivo de trabalho têm prevalência sobre a lei quando, entre outros, dispuserem sobre:
>
> I – pacto quanto à jornada de trabalho, observados os limites constitucionais;
>
> II – banco de horas anual;
>
> III – intervalo intrajornada, respeitado o limite mínimo de trinta minutos para jornadas superiores a seis horas;
>
> IV – adesão ao Programa Seguro-Emprego (PSE), de que trata a Lei nº 13.189, de 19 de novembro de 2015;
>
> V – plano de cargos, salários e funções compatíveis com a condição pessoal do empregado, bem como identificação dos cargos que se enquadram como funções de confiança;
>
> VI – regulamento empresarial;
>
> VII – representante dos trabalhadores no local de trabalho;
>
> VIII – teletrabalho, regime de sobreaviso, e trabalho intermitente;
>
> IX – remuneração por produtividade, incluídas as gorjetas percebidas pelo empregado, e remuneração por desempenho individual;
>
> X – modalidade de registro de jornada de trabalho;
>
> XI – troca do dia de feriado;
>
> XII – enquadramento do grau de insalubridade;
>
> XIII – prorrogação de jornada em ambientes insalubres, sem licença prévia das autoridades competentes do Ministério do Trabalho;
>
> XIV – prêmios de incentivo em bens ou serviços, eventualmente concedidos em programas de incentivo;
>
> XV – participação nos lucros ou resultados da empresa.

Em sentido oposto, o art. 611-B da CLT identifica uma **série taxativa** de direitos trabalhistas que não podem ser reduzidos ou suprimidos por meio de negociação coletiva:

> **Art. 611-B.** Constituem objeto ilícito de convenção coletiva ou de acordo coletivo de trabalho, exclusivamente, a supressão ou a redução dos seguintes direitos:
>
> I – normas de identificação profissional, inclusive as anotações na Carteira de Trabalho e Previdência Social;
>
> II – seguro-desemprego, em caso de desemprego involuntário;
>
> III – valor dos depósitos mensais e da indenização rescisória do Fundo de Garantia do Tempo de Serviço (FGTS);
>
> IV – salário mínimo;
>
> V – valor nominal do décimo terceiro salário;

VI – remuneração do trabalho noturno superior à do diurno;

VII – proteção do salário na forma da lei, constituindo crime sua retenção dolosa;

VIII – salário-família;

IX – repouso semanal remunerado;

X – remuneração do serviço extraordinário superior, no mínimo, em 50% (cinquenta por cento) à do normal;

XI – número de dias de férias devidas ao empregado;

XII – gozo de férias anuais remuneradas com, pelo menos, um terço a mais do que o salário normal;

XIII – licença-maternidade com a duração mínima de cento e vinte dias;

XIV – licença-paternidade nos termos fixados em lei;

XV – proteção do mercado de trabalho da mulher, mediante incentivos específicos, nos termos da lei;

XVI – aviso prévio proporcional ao tempo de serviço, sendo no mínimo de trinta dias, nos termos da lei;

XVII – normas de saúde, higiene e segurança do trabalho previstas em lei ou em normas regulamentadoras do Ministério do Trabalho;

XVIII – adicional de remuneração para as atividades penosas, insalubres ou perigosas;

XIX – aposentadoria;

XX – seguro contra acidentes de trabalho, a cargo do empregador;

XXI – ação, quanto aos créditos resultantes das relações de trabalho, com prazo prescricional de cinco anos para os trabalhadores urbanos e rurais, até o limite de dois anos após a extinção do contrato de trabalho;

XXII – proibição de qualquer discriminação no tocante a salário e critérios de admissão do trabalhador com deficiência;

XXIII – proibição de trabalho noturno, perigoso ou insalubre a menores de dezoito anos e de qualquer trabalho a menores de dezesseis anos, salvo na condição de aprendiz, a partir de quatorze anos;

XXIV – medidas de proteção legal de crianças e adolescentes;

XXV – igualdade de direitos entre o trabalhador com vínculo empregatício permanente e o trabalhador avulso;

XXVI – liberdade de associação profissional ou sindical do trabalhador, inclusive o direito de não sofrer, sem sua expressa e prévia anuência, qualquer cobrança ou desconto salarial estabelecidos em convenção coletiva ou acordo coletivo de trabalho;

XXVII – direito de greve, competindo aos trabalhadores decidir sobre a oportunidade de exercê-lo e sobre os interesses que devam por meio dele defender;

XXVIII – definição legal sobre os serviços ou atividades essenciais e disposições legais sobre o atendimento das necessidades inadiáveis da comunidade em caso de greve;

XXIX – tributos e outros créditos de terceiros;

XXX – as disposições previstas nos arts. 373-A, 390, 392, 392-A, 394, 394-A, 395, 396 e 400 desta Consolidação.

> **Parágrafo único.** Regras sobre duração do trabalho e intervalos não são consideradas como normas de saúde, higiene e segurança do trabalho para os fins do disposto neste artigo.

Os Enunciados de nºs 28 e 30, aprovados na 2ª Jornada de Direito Material e Processual do Trabalho, defendem posicionamento no sentido de estabelecer limites para a liberdade da negociação coletiva imposta pela Lei nº 13.467/17:

> **ENUNCIADO Nº 28. NEGOCIADO SOBRE LEGISLADO: LIMITES** NOS TERMOS DO ART. 5º, § 2º, DA CONSTITUIÇÃO FEDERAL, AS CONVENÇÕES E ACORDOS COLETIVOS DE TRABALHO NÃO PODEM SUPRIMIR OU REDUZIR DIREITOS, QUANDO SE SOBREPUSEREM OU CONFLITAREM COM AS CONVENÇÕES INTERNACIONAIS DO TRABALHO E OUTRAS NORMAS DE HIERARQUIA CONSTITUCIONAL OU SUPRALEGAL RELATIVAS À PROTEÇÃO DA DIGNIDADE HUMANA E DOS VALORES SOCIAIS DO TRABALHO E DA LIVRE INICIATIVA.
>
> **ENUNCIADO Nº 30. NEGOCIAÇÃO COLETIVA: LICITUDE E ASPECTOS FORMAIS** DIREITOS TRABALHISTAS GARANTIDOS POR NORMAS DE ORDEM PÚBLICA, RELATIVOS A MEDIDAS DE HIGIENE, SAÚDE E SEGURANÇA DO TRABALHO, SÃO INFENSOS À REDUÇÃO OU SUPRESSÃO MEDIANTE NEGOCIAÇÃO COLETIVA, CONSOANTE A INTERPRETAÇÃO CONJUNTA DOS INCISOS XXII E XXVI DO ART. 7º DA CONSTITUIÇÃO. É, PORTANTO, INCONSTITUCIONAL A PREVISÃO DO ART. 611-A, III E XII, DA CLT (COM A REDAÇÃO DADA PELA LEI Nº 13.467/2017).

2. DIÁLOGO SOCIAL

O diálogo social caracteriza-se pela **manutenção de um debate permanente entre os representantes dos trabalhadores, dos empregadores e do governo, com o objetivo de implantar novas políticas econômicas e sociais de forma a evitar-se o conflito coletivo e alcançar a paz social.**

Essa característica do diálogo social o distingue, com clareza, da negociação coletiva, que se inclina para a produção de normas profissionais dirigidas ao grupo de trabalhadores e empregadores que representam e exige, por conseguinte, organizações sindicais fortes, representativas e legítimas.

O diálogo social democratiza as decisões governamentais, pois essas decorrem de uma discussão prévia havida entre os atores sociais e conduzidas por representação do governo. Além disso, o instituto em comento tem a função, juntamente com a negociação coletiva, de evitar conflitos coletivos de trabalho.

A experiência brasileira com o diálogo social foi incipiente até a implantação do Fórum Nacional do Trabalho (órgão tripartite e paritário), em 29 de julho de 2003. O referido Fórum foi formado por 21 representantes do governo, 21 representantes de empregados, e 21 representantes de empregadores, sob a coordenação do então Ministério do Trabalho e Emprego. Os membros não governamentais foram escolhidos pelos próprios interessados, mais precisamente pelas organizações sindicais com representatividade nacional.

Foram discutidos os pontos principais das mudanças a serem efetivadas na estrutura do ordenamento jurídico trabalhista, por meio de Conferências Estaduais do Trabalho, organizadas pelas Delegacias Regionais do Trabalho de todo o País, com apoio, inclusive, da Organização Internacional do Trabalho – OIT.

Além disso, procedeu-se à consulta aos juristas nacionais de notável saber jurídico, operadores do direito, integrantes de associações de classe ligadas ao Direito do trabalho, Juízes do Trabalho, membros do Ministério Público do Trabalho, Deputados, Senadores e outras autoridades.

O objetivo dos debates também **foi o de democratizar as relações de trabalho e adequar a legislação trabalhista às novas exigências do desenvolvimento nacional**, mormente no que diz respeito à criação de novos postos de trabalho, guiados pelo princípio da autonomia e liberdade sindical, como preconizado pelo Estatuto da OIT e por sua Convenção de nº 87.

Observa-se assim que, contrariando todo um histórico tradicional, o Governo Federal optou em colher sugestões dos próprios interessados, discuti-las e chegar a uma proposta de consenso para alteração de toda a regulamentação das relações sindicais no Brasil, que anteriormente eram impostas por ato unilateral do Estado.

Apesar de tudo isso, as tramitações dos projetos de lei e de emenda constitucional, resultado dos trabalhos do FNT, encontram-se paralisadas no Congresso Nacional desde 2005.

3. REPRESENTATIVIDADE

Como visto, a negociação coletiva necessita do exercício da autonomia coletiva como meio de atingir a plena liberdade sindical. Entretanto, essa liberdade sindical, em maior ou menor grau, deve ser exercida dentro de certos limites, que se encontram estabelecidos pelos critérios de representatividade sindical.

Pelos critérios derivados da legislação vigente não há dificuldade de se definir o sindicato legitimado para negociar com a empresa ou com o sindicato patronal, em face do princípio da unicidade sindical.

Exemplo de questão sobre o tema:

(TRT 2 – Juiz do Trabalho Substituto – 2ª região/2016) Dentre as assertivas, é INCORRETO afirmar que:

A) A exigibilidade do dever de negociar se mostra imprescindível no âmbito do direito coletivo de trabalho cujo princípio se constitui na inescusabilidade negocial.

B) A negociação coletiva envolve um empregador ou um grupo de empregadores ou organização de empregadores e uma ou várias organizações de trabalhadores visando fixar condições de trabalho e disciplinar as relações entre empregadores e trabalhadores.

C) A negociação coletiva é obrigatória, enquanto a Convenção e o Acordo Coletivo são facultativos.

D) A negociação coletiva é feita por categoria, de acordo com a Recomendação nº. 163 da OIT, porém, no direito brasileiro isso não ocorre, uma vez que as negociações restringem-se ao âmbito dos entes sindicais.

E) O ponto comum entre a Convenção e o Acordo são as estipulações de condições de trabalho que serão aplicadas aos contratos individuais dos trabalhadores, tendo efeito normativo, não havendo diferença dos sujeitos envolvidos.

Resposta: E

4. QUADRO SINÓPTICO

<table>
<tr><th colspan="5">Capítulo IV – Negociação Coletiva</th></tr>
<tr><th>Instituto</th><th colspan="3">Conteúdo</th><th>Item</th></tr>
<tr><td>Conceito</td><td colspan="3">A negociação coletiva compreende as atividades de comunicação e pressão, que são desenvolvidas pelas organizações coletivas que representam empregados e empregadores. Tem o objetivo de fixar novas condições de trabalho, geralmente mais benéficas para os obreiros, por meio de convênios coletivos de trabalho (acordo e convenção coletiva de trabalho).</td><td>1.1</td></tr>
<tr><td>Funções</td><td colspan="3">Compensar a desigualdade que o empregado, isoladamente considerado, tem em relação ao empregador, ou seja, anular ou pelo menos diminuir o seu estado de hipossuficiência e subordinação em uma negociação direta.
Evitar um conflito coletivo de trabalho e, consequentemente, a deflagração da greve ou ajuizamento de ação judicial coletiva, atualmente denominada de dissídio coletivo de trabalho. Em caso de êxito, produz um instrumento normativo negociado (norma profissional), seja ele um acordo coletivo ou uma convenção coletiva.
A promulgação da atual Carta Magna, foi atribuída à negociação coletiva a função de flexibilizar as normas trabalhistas, e, com edição da Lei nº 13.467/17, foi ampliado o rol de direitos trabalhistas que podem ser objetivo de flexibilização, ou seja, que podem sofrer limitações por meio de negociação coletiva, conforme se observa da redação do art. 611-A da CLT.</td><td>1.2</td></tr>
<tr><td rowspan="3">Características</td><td>Autonomia</td><td colspan="2">Por meio da negociação coletiva, os próprios interessados, no caso o grupo de trabalhadores e de empregadores, ajustam novas condições de trabalho que são incorporadas automaticamente aos contratos de trabalho dos representados, sem a interferência do Estado.</td><td rowspan="3">1.3</td></tr>
<tr><td>Bilateralidade</td><td colspan="2">A lei é imposta pelo Estado. Já a negociação coletiva tem como característica a bilateralidade, ou seja, as tratativas que dão ensejo ao contrato coletivo de trabalho são efetivadas entre, no mínimo, duas partes, o sindicato patronal e o sindicato operário.</td></tr>
<tr><td>Transacionalidade</td><td colspan="2">Por meio de concessões recíprocas chega-se a um consenso que resulta em um acordo ou uma convenção coletiva de trabalho.</td></tr>
<tr><td rowspan="4">Classificação</td><td rowspan="2">Quanto à existência de regras para negociação</td><td>Sistema formal</td><td>Existem regras que devem ser observadas quando da negociação coletiva.</td><td rowspan="4">1.4</td></tr>
<tr><td>Sistema informal</td><td>São os próprios interessados que fixam as regras da negociação, pois existe um vazio legislativo que é preenchido pelos próprios sujeitos negociadores.</td></tr>
<tr><td rowspan="2">Quanto à periodicidade</td><td>Permanentes</td><td>São criados organismos paritários, por indicação das entidades sindicais de trabalhadores e empregadores, que se ocupam permanentemente de fixar novas condições de labor para os seus representados sem prazo determinado para sua eficácia.</td></tr>
<tr><td>Por data-base</td><td>Existe um momento pré-estabelecido pelos próprios interessados ou fixado por lei, em que os atores sociais promovem a negociação coletiva.</td></tr>
<tr><td>Requisitos de validade</td><td colspan="3">Realização de assembleia geral prévia especialmente convocada com o fim de autorizar a negociação coletiva, de acordo com o que dispuser o estatuto da entidade sindical.</td><td>1.5</td></tr>
</table>

Capítulo IV – Negociação Coletiva		
Data-base	Para atender ao modelo brasileiro de negociação coletiva, foi criado o instituto da data-base. Assim, cada categoria profissional possui uma data-base com finalidade de promover a negociação coletiva. As tratativas preliminares devem ser iniciadas sessenta dias antes do termo final do instrumento normativo em vigor.	1.6
Níveis de negociação	A negociação pode ser efetivada entre sindicatos ou entre sindicato ou sindicatos da categoria profissional e uma ou mais empresas. Se a categoria profissional ou econômica não estiver organizada em sindicato, fica autorizada à participação sucessiva da federação e da confederação nas negociações coletivas. Se o sindicato é de âmbito nacional, a negociação também vai efetivar-se nesse nível, podendo haver, também, negociação em nível interestadual, estadual, intermunicipal e municipal.	1.7
Administração pública	Como há permissão constitucional para que o servidor público civil associe-se em sindicato, conclui-se que a negociação coletiva também segue a mesma sorte, já que constitui umas das principais prerrogativas sindicais. Todavia, o direito à negociação coletiva não foi estendido ao servidor público de forma expressa pela atual Constituição Federal.	1.8
Diálogo social	O diálogo social caracteriza-se pela manutenção de um debate permanente entre os representantes dos trabalhadores, dos empregadores e do Governo, com o objetivo de implantar novas políticas econômicas e sociais, de forma a evitar o conflito coletivo e alcançar a paz social.	2

5. INFORMATIVOS DO TST SOBRE A MATÉRIA

Ação rescisória. Caixa Econômica Federal. Novo plano de cargos e salários (PCS/98) e Estrutura Salarial Unificada (ESU/98). Adesão condicionada à migração para novo plano de previdência privada da Funcef e à desistência das ações propostas. Validade.

A SBDI-II, por unanimidade, deu provimento ao recurso ordinário interposto pela Caixa Econômica Federal – CEF para, em juízo rescindente, considerar a má-aplicação dos arts. 468 da CLT e 5º, XXXVI, da CF, e, em juízo rescisório, desconstituir integralmente a decisão, em sede de ação civil pública, que impedira a CEF de exigir de seus empregados, como condição à adesão ao Plano de Cargos e Salários (PCS/98) e à nova Estrutura Salarial Unificada (ESU/2008), a migração para o novo plano de previdência privada da Funcef, com desvinculação do REG/Replan, e a desistência das ações propostas e renúncia aos direitos sobre os quais elas se fundamentavam ou a direitos colidentes com a ESU/2008. Na espécie, concluiu a Subseção que as condições para a adesão dos empregados à Estrutura Salarial Unificada decorreram de livre negociação estabelecida entre a CEF e a Contec, fruto da autonomia privada coletiva, devendo prevalecer a garantia constitucional de reconhecimento das convenções e acordos coletivos, prevista no art. 7º, XXVI, da CF. Constatou-se, ainda, que o efeito liberatório geral e irrestrito decorrente da adesão à nova estrutura salarial, previsto em acordo coletivo, não implica desrespeito aos princípios da inafastabilidade da jurisdição e da indisponibilidade dos direitos trabalhistas e não viola direito adquirido dos empregados. TST-RO-705-77.2012.5.10.0000, SBDI-II, rel. Min. Antonio José de Barros Levenhagen, 6.12.2016 (TST – Info nº 150).

Acordo direto entre empregados e a empresa. Recepção do art. 617 da CLT pelo art. 8º, VI, da CF. Recusa de participação do sindicato da categoria profissional na negociação coletiva. Necessidade de prova cabal.

O art. 8º, VI, da CF estabelece ser obrigatória a participação dos sindicatos nas negociações coletivas de trabalho. Já o art. 617, caput, da CLT dispõe que os empregados que decidirem celebrar acordo coletivo de trabalho com as respectivas empresas darão ciência de sua resolução, por escrito, ao sindicato representativo da categoria profissional, que terá o prazo de oito dias para assumir a direção dos entendimentos entre os interessados. Caso não sejam tomadas as medidas negociais por parte do sindicato representativo da categoria, o § 1º do art. 617 da CLT autoriza a formalização de acordo diretamente entre as partes interessadas. Nesse sentido, reputa-se válido acordo firmado diretamente entre o empregador e empregados, sem a intermediação do sindicato da categoria profissional, desde que demonstradas a livre manifestação de vontade dos empregados em assembleia e a efetiva recusa da entidade sindical em consultar a coletividade interessada. O art. 617 da CLT, portanto, foi recepcionado pela Constituição Federal, mas em caráter excepcional, pois é imprescindível que o sindicato seja instado a participar da negociação coletiva. Somente a demonstração da inequívoca resistência da cúpula sindical em consultar as bases autoriza os próprios interessados, regularmente convocados, a firmarem diretamente o pacto coletivo com a empresa, na forma da lei. No caso concreto, em negociação direta entre o empregador e comissão de empregados acordou-se a fixação de jornada de trabalho em turnos ininterruptos de revezamento de doze horas. O TRT, todavia, com fundamento no art. 8º, VI, da CF, considerou inválido o referido acordo, deixando, porém, de apreciar os requisitos previstos no art. 617 da CLT. Assim, a SBDI-I, por unanimidade, conheceu dos embargos, no tópico, por divergência jurisprudencial, e, no mérito, por maioria, deu-lhes provimento parcial para, diante da recepção do art. 617 da CLT pela Constituição da República de 1988, determinar o retorno dos autos ao TRT de origem a fim de que aprecie o atendimento ou não dos requisitos exigidos no art. 617 da CLT para a validade do acordo coletivo de trabalho firmado sem assistência sindical, máxime no tocante à comprovação cabal ou não de recusa do sindicato da categoria profissional em participar da negociação coletiva. Vencidos os Ministros Luiz Philippe Vieira de Mello Filho, relator, Augusto César Leite de Carvalho, José Roberto Freire Pimenta e Hugo Carlos Scheuermann. TST-E-ED-RR-1134676-43.2003.5.04.0900, SBDI-I, rel. Luiz Philippe Vieira de Mello Filho, red. p/ acórdão Min. João Oreste Dalazen, 19.5.2016 (TST – Info nº 137).

Banespa. ACT 2000/2001. Aposentadoria por invalidez. Indenização. Requisitos preenchidos após o fim da vigência do acordo. Orientação Jurisprudencial nº 41 da SBDI-I. Aplicação analógica.

A SBDI-I, por unanimidade, conheceu dos embargos da reclamante, por divergência jurisprudencial, e, no mérito, deu-lhes provimento para restabelecer o acórdão do Regional, o qual manteve a sentença que condenou os reclamados, solidariamente, a pagar à autora a indenização prevista no ACT 2000/2001, celebrado entre o Banespa e o sindicato da categoria profissional, mesmo na hipótese em que os requisitos previstos no acordo tenham sido preenchidos somente após o fim da sua vigência. Na espécie, a empregada fora afastada pelo órgão previdenciário por doença do trabalho quando em vigor o ACT 2000/2001 – o qual garantia direito à indenização aos empregados que se aposentassem por invalidez decorrente de acidente do trabalho ou doença ocupacional –, mas aposentou-se somente em 24/10/2002, ou seja, quando não mais vigia o referido acordo. In casu, ressaltou-se que, conforme a jurisprudência do TST, trata-se de hipótese de aplicação analógica da Orientação Jurisprudencial nº 41 da SBDI-I. Ademais, embora a jubilação tenha ocorrido após o término da vigência do ACT 2000/2001, é certo que o afastamento que acarretou a invalidez se deu ao tempo em que o instrumento coletivo estava em vigor, razão pela qual permanece o direito à indenização postulada. TST-E-ED-RR-28700-47.2004.5.02.0201, SBDI-I, rel. Min. Augusto César Leite de Carvalho, 5.9.2013 (TST – Info nº 58).

Negociação coletiva sem a participação do sindicato. Art. 617 da CLT. Recursa em negociar não comprovada. Invalidade do acordo firmado. Art. 8º, VI, da CF.

Não obstante o 617 da CLT tenha sido recepcionado pela Constituição Federal de 1988, sua aplicação está restrita às excepcionais hipóteses em que houver comprovada recusa do sindicato em proceder à negociação, pois, nos termos do art. 8º, VI, da CF, a participação obrigatória do sindicato na negociação coletiva de trabalho é preceito de observância inafastável. Assim, não havendo nos autos a prova de que o sindicato se recusou a negociar, mas, ao revés, registrada a autoproclamação de membros de comissão de quatro empregados, sem a necessária segurança de que se tratava de iniciativa efetiva dos obreiros e sem ao menos convidar o sindicato para participar dos debates, não há como validar a negociação empreendida diretamente com os trabalhadores. Com esses fundamentos, a SDC, por unanimidade, negou provimento ao recurso ordinário da empresa, mantendo a improcedência do pedido de declaração de validade e eficácia de acordo de jornada de trabalho firmado diretamente com a comissão de empregados. Vencido parcialmente o Ministro Ives Gandra Martins Filho, quanto à legitimidade da comissão de empregados. TST-RO-8281 17.2010.5.02.0000, SDC, rel. Min. Márcio Eurico Vitral Amaro, 12.8.2013 (TST. Info nº 54).

DC. Natureza jurídica. Cabimento. Encerramento da unidade industrial. Dispensa em massa. Prévia negociação coletiva. Necessidade.

A SDC, por maioria, entendendo cabível o ajuizamento de dissídio coletivo de natureza jurídica para se discutir a necessidade de negociação coletiva, com vistas à efetivação de despedida em massa, negou provimento ao recurso ordinário no tocante à preliminar de inadequação da via eleita, vencidos os Ministros Antônio José de Barros Levenhagen, Maria Cristina Irigoyen Peduzzi e Maria de Assis Calsing. No mérito, também por maioria, vencidos os Ministros Maria Cristina Irigoyen Peduzzi e Fernando Eizo Ono, a Seção negou provimento ao recurso, mantendo a decisão recorrida que declarou a ineficácia da dispensa coletiva e das suas consequências jurídicas no âmbito das relações trabalhistas dos empregados envolvidos. No caso, reafirmou-se o entendimento de que a exigência de prévia negociação coletiva para a dispensa em massa é requisito essencial à eficácia do ato empresarial, pois as repercussões econômicas e sociais dela advindas extrapolam o vínculo empregatício, alcançando a coletividade dos trabalhadores, bem com a comunidade e a economia locais. Ressaltou-se, ademais, que o fato de a despedida coletiva resultar do fechamento da unidade industrial, por questões de estratégia empresarial e redução dos custos de produção, não distingue a hipótese dos outros casos julgados pela Seção, pois a obrigatoriedade de o empregador previamente negociar com o sindicato da categoria profissional visa ao encontro de soluções que minimizem os impactos sociais e os prejuízos econômicos resultantes da despedida coletiva, os quais se mostram ainda mais graves quando se trata de dispensa da totalidade dos empregados do estabelecimento, e não apenas de mera redução do quadro de pessoal. TST-RO-6-61.2011.5.05.0000, SDC, rel. Min. Walmir Oliveira da Costa, 11.12.2012 (TST – Info nº 34).

6. QUESTÕES

6.1. Questões objetivas

1. (PGM/Vitória/Procurador/2007) O aumento da remuneração do empregado público pode ser estabelecido livremente, independentemente de previsão legal e de dotação orçamentária.

6.2. Questões discursivas

1. (TRT 1ª REGIÃO – JUIZ – 2016). Ao tomar posse na Presidência do Colendo Tribunal Superior do Trabalho, o Ministro Ives Gandra Martins Filho declarou que a negociação coletiva é um dos meios mais eficazes para mitigar o crescimento das ações que congestionam a Justiça do Trabalho. Nesse contexto, responda, de maneira fundamentada, as seguintes questões relacionadas a esse importante instituto de Direito Coletivo do Trabalho no Brasil.

a) Conceitue a negociação coletiva de trabalho, abordando as principais teses que tratam da sua natureza jurídica, bem como os seus princípios informadores.

b) Quais são os desdobramentos da negociação coletiva malsucedida? Explique cada um deles.

c) Esclareça como a OIT – Organização Internacional do Trabalho tem-se manifestado sobre o instituto da negociação coletiva, nos setores público e privado, e comente as principais convenções e recomendações alusivas à matéria.

d) Disserte sobre os limites da negociação coletiva.

6.3. Gabarito das questões objetivas

Gab		Fundamentação legal e jurisprudencial	Onde encontro no livro?
1	E	CF/88. Art. 37, VII	Item 1.8

6.4. Gabarito das questões discursivas

Item	Fundamentação legal, jurisprudencial ou doutrinária	Onde encontro no livro?
1	**Conceito:** Negociação coletiva nada mais é do que o conjunto de tratativas preliminares, que fazem parte da fase pré-contratual, tendentes à celebração de um instrumento normativo negociado, seja ele um acordo ou uma convenção coletiva de trabalho. Representa, portanto, o primeiro estágio para estabelecer novas condições de trabalho, de preferência, mais benéficas para os empregados. **Natureza jurídica:** A negociação coletiva equipara-se à fase pré-contratual, na qual estão presentes a oferta, também denominada de policitação, e a sua aceitação ou não pela parte contrária, intermediadas pelas idas e vindas de contrapropostas. **Princípios formadores da negociação coletiva:** **Princípio da obrigatoriedade da negociação coletiva:** O ordenamento jurídico não impõe a celebração de acordo ou convenção coletiva de trabalho, mas determina que as partes interessadas promovam a negociação coletiva, conforme se observa da redação do art. 616 da CLT: “Os Sindicatos representativos de categorias econômicas ou profissionais e as empresas, inclusive as que não tenham representação sindical, quando provocados, não podem recusar-se à negociação coletiva”. **Princípio da autonomia coletiva:** Ao contrário do que ocorre do direito individual do trabalho, a negociação coletiva é conduzida observando o princípio da autonomia coletiva. No âmbito da relação individual de trabalho, considera-se como viciada a vontade do empregado hipossuficiente quando implicar renúncia ou transação de direitos trabalhistas. Tal não ocorre no plano das negociações coletivas, na qual inexiste relação aparente de subordinação entre os sujeitos. **Princípio da cooperação:** Apesar da aparente contradição entre os interesses da categoria econômica e da categoria profissional, os sujeitos envolvidos na negociação coletiva devem adotar procedimentos que promovam a cooperação mútua com vistas ao resultado exitoso pretendido, qual seja, a celebração de um instrumento normativo negociado. **Princípio da boa-fé objetiva:** O princípio da boa-fé objetiva norteia tanto o processo de negociação coletiva quanto a execução dos instrumentos normativos negociados, como previsto pela teoria geral dos contratos e, de forma positivada, o art. 422 do Código Civil: “Os contratantes são obrigados a guardar, assim na conclusão do contrato, como em sua execução, os princípios de probidade e boa-fé”. Portanto, durante o procedimento negocial os sujeitos envolvidos devem agir com lealdade, transparência. A inobservância do princípio da boa-fé objetiva pode levar à anulação de determinada cláusula ou de todo o instrumento normativo negociado. **Princípio da preservação dos interesses comuns:** O interesse dos trabalhadores no êxito de um instrumento coletivo negociado é evidente quando se pretende estabelecer melhores condições de trabalho. Entretanto, não se pode perder de vista que a sobrevivência da empresa é fundamental para a manutenção de postos de trabalho. Em razão disso, a negociação coletiva deve ser guiada tendo em vista a preservação dos interesses de ambos os sujeitos, em um sistema de perda e ganho, com compensações recíprocas. **Princípio da paz social:** Inegavelmente, a negociação coletiva é um dos principais instrumentos para a obtenção da pacificação social decorrente do conflito entre o capital e o trabalho. Assim, para que esse objetivo seja atingido, é necessário que durante a negociação sejam observados os princípios constitucionais e princípios gerais do Direito que fundamentam o Estado Democrático de Direito, como a dignidade da pessoa humana e os valores sociais do trabalho, para a categoria profissional e a livre-iniciativa, sob o ângulo de visão da categoria econômica (art. 1º, incisos III e IV da CF/88). **B. Desdobramentos da negociação malsucedida.** Quando a negociação coletiva é exitosa, resulta em um acordo ou convenção coletiva do trabalho. Ao contrário, quando não se obtém êxito é necessário recorrer a outras formas de solução de conflitos coletivos de trabalho, como a arbitragem, o dissídio coletivo e a greve. A arbitragem é plenamente aceita no âmbito do direito coletivo do trabalho, diante da autonomia da vontade coletiva no Direito do Trabalho, inclusive de nível constitucional (CF/88. “§ 1º – Frustrada a negociação coletiva, as partes poderão eleger árbitros”).	Itens 1.1, 1.8, 1.9, 1.10

Item	Fundamentação legal, jurisprudencial ou doutrinária	Onde encontro no livro?
1	A legislação infraconstitucional, por meio da Lei nº 7.783/89, disciplina o procedimento e exercício do direito de greve. No seu art. 3º prescreve: "Frustrada a negociação ou verificada a impossibilidade de recurso via arbitral é facultada cessação coletiva do trabalho". Outra possibilidade é a judicialização do conflito coletivo, mas nesse caso exige-se o mútuo consentimento dos atores envolvidos. A CF/88 dispõe sobre essa consequência em seu art. 114, § 2º: "Recusando-se qualquer das partes à negociação coletiva ou à arbitragem, é facultado às mesmas, de comum acordo, ajuizar dissídio coletivo de natureza econômica, podendo a Justiça do Trabalho decidir o conflito, respeitadas as disposições mínimas legais de proteção ao trabalho, bem como as convencionadas anteriormente". Sobre o tema, a CLT manifesta-se por meio do art. 616, § 2º: "No caso de persistir a recusa à negociação coletiva, pelo desatendimento às convocações feitas pelo Departamento Nacional do Trabalho ou órgãos regionais do Ministério de Trabalho e Previdência Social, ou se malograr a negociação entabulada, é facultada aos Sindicatos ou empresas interessadas a instauração de dissídio coletivo". **C. Manifestação da OIT sobre negociação, inclusive no setor público e privado.** A OIT, na declaração sobre os princípios e direitos fundamentais no trabalho (Declaração de Filadélfia), item 2, "a", reconhece o efetivo direito fundamental à negociação coletiva. A Convenção nº 98 da OIT foi a primeira a tratar especificamente da negociação coletiva. Entrou em vigor em nível internacional em 18.07.1951 e foi ratificada pelo Brasil por meio do Decreto Legislativo nº 49/52 e promulgada pelo Decreto nº 33.196, de 29.06.1953, e não se estende aos servidores públicos. Assim dispõe o art. 4º da referida Convenção: "Art. 4º — Deverão ser tomadas, se necessário for, medidas apropriadas às condições nacionais, para fomentar e promover o pleno desenvolvimento e utilização dos meios de negociação voluntária entre empregadores ou organizações de empregadores e organizações de trabalhadores com o objetivo de regular, por meio de convenções, os termos e condições de emprego.". A segunda Convenção que disciplinou a temática da negociação coletiva foi a de nº 154. O início da vigência deu-se em 11.08.83, com aprovação pelo Decreto Legislativo nº 22/92 e promulgação pelo Decreto nº 1.256, de 29.9.94, podendo ser aplicada aos servidores públicos, desde que a legislação de cada País seja expressa nesse sentido. Destaca-se nessa convenção os seguintes dispositivos: "Art. 5º — 1. Deverão ser adotadas medidas adequadas às condições nacionais no estímulo à negociação coletiva. 2. As medidas a que se refere o parágrafo 1 deste artigo devem prover que: a) a negociação coletiva seja possibilitada a todos os empregadores e a todas as categorias de trabalhadores dos ramos de atividade a que aplique a presente Convenção; b) a negociação coletiva seja progressivamente estendida a todas as matérias a que se referem os anexos a, b e c do artigo 2 da presente Convenção; c) seja estimulado o estabelecimento de normas de procedimentos acordadas entre as organizações de empregadores e as organizações de trabalhadores; d) a negociação coletiva não seja impedida devido à inexistência ou ao caráter impróprio de tais normas; e) os órgãos e procedimentos de resolução dos conflitos trabalhistas sejam concedidos de tal maneira que possam contribuir para o estímulo à negociação coletiva. Art. 6º — As disposições da presente Convenção não obstruirão o funcionamento de sistemas de relações de trabalho, nos quais a negociação coletiva ocorra num quadro de mecanismos ou de instituições de conciliação ou de arbitragem, ou de ambos, nos quais tomem parte voluntariamente as partes na negociação coletiva.	Itens 1.1, 1.8, 1.9, 1.10

Item	Fundamentação legal, jurisprudencial ou doutrinária	Onde encontro no livro?
1	Art. 7º — As medidas adotadas pelas autoridades públicas para estimular o desenvolvimento da negociação coletiva deverão ser objeto de consultas prévias e, quando possível, de acordos entre as autoridades públicas e as organizações patronais e as de trabalhadores. Art. 8º — As medidas previstas com o fito de estimular a negociação coletiva não deverão ser concebidas ou aplicadas de modo a obstruir a liberdade de negociação coletiva.". Ainda disciplinam a negociação coletiva as Recomendações 91 e 163. Na recomendação nº 163, sobre a promoção da negociação coletiva, destaca-se os seguintes dispositivos: "7. (1) Medidas condizentes com as condições nacionais devem ser tomadas, se necessário, para que as partes tenham acesso à informação necessária a negociações significativas. (2) Para esse fim: a) empregadores públicos e privados, a pedido de organizações de trabalhadores, devem pôr à sua disposição informações sobre a situação econômica e social da unidade negociadora e da empresa em geral, se necessárias para negociações significativas; no caso de vir a ser prejudicial à empresa a revelação de parte dessas informações, sua comunicação pode ser condicionada ao compromisso de que será tratada como confidencial na medida do necessário; a informação a ser posta à disposição pode ser acordada entre as partes da negociação coletiva; b) as autoridades públicas devem pôr à disposição, se necessário, informações sobre a situação econômica e social do país em geral e sobre o setor de atividade envolvido, na medida em que a revelação dessa informação não for prejudicial ao interesse nacional.". **C. Sobre a negociação coletiva no serviço público** Como há permissão constitucional para que o servidor público civil associe-se em sindicato, conclui-se, logicamente, que a negociação coletiva também segue a mesma sorte, já que constitui umas das principais prerrogativas sindicais, em que pese tal direito não ter sido estendido expressamente pela atual Constituição Federal (art. 39, § 3º). A Convenção nº 151 da OIT, que trata da proteção do direito de sindicalização e dos procedimentos para determinar as condições de emprego na administração pública, dispõe em seus arts. 7º e 8º que: "Art. 7º Dever-se-á adotar, se necessário, medidas adequadas às condições nacionais para estimular e fomentar o pleno desenvolvimento e utilização de procedimentos de negociação entre as autoridades públicas competentes e as organizações de empregados públicos acerca das condições de emprego ou de quaisquer outros métodos que permitam aos representantes dos empregados públicos participar na determinação de ditas condições. Art. 8º A solução dos conflitos que se apresentem como motivo da determinação das condições de emprego deverá tratar-se de atingir, de maneira apropriada às condições nacionais, por meio da negociação entre as partes ou mediante procedimentos independentes e imparciais, tais como a mediação, a conciliação e a arbitragem, estabelecidos de modo que inspirem a confiança dos interessados.". Note-se que, no Brasil, a regra relativa às negociações coletivas e mesmo dos instrumentos normativos negociados não sofre qualquer limitação quando se tratam de empregados de empresas públicas ou de sociedades de economia mista. **D. Limitações da negociação coletiva** **Pelo entendimento do TST, não seria possível a prevalência do acordo ou convenção coletiva sobre legislação vigente, quando o instrumento normativo negociado fosse menos benéfico do que a própria lei.** Isso porque o caráter imperativo da norma estatal restringe o campo de atuação da vontade das partes, salvo quando ela própria dispuser em sentido contrário. Todavia, o STF proferiu decisão com repercussão geral declarada que contraria o entendimento predominante do TST. Trata-se do RE nº 590415. Além disso, houve uma profunda mudança no ordenamento jurídico trabalhista com a vigência da Lei nº 13.467/17, que introduziu dispositivos na CLT, notadamente o art. 611-A, permitindo a prevalência do negociado sobre o legislado.	Itens 1.1, 1.8, 1.9, 1.10

CAPÍTULO V

INSTRUMENTOS NORMATIVOS NEGOCIADOS

1. CONSIDERAÇÕES GERAIS

A existência e eficácia de normas profissionais em um ordenamento jurídico revelam a capacidade dos próprios interessados regulamentarem a consequência de seus atos.

Desse modo, **a produção normativa das entidades sindicais, que é admitida pelo Estado, é prova inconteste da prevalência da teoria do pluralismo sobre o monismo jurídico.**

Sinteticamente podemos dizer que o pluralismo jurídico consiste em uma situação na qual dois ou mais sistemas jurídicos coexistem num mesmo espaço social. O Direito não seria apenas aquele que o Estado produz e aplica. O reconhecimento a essa pluralidade e coexistência de Direito é o que se chama de pluralismo jurídico.[9]

As entidades sindicais tentam solucionar o conflito coletivo de trabalho por meio da negociação. Em caso de consenso, lavra-se um instrumento normativo negociado que poderá ser uma **convenção coletiva de trabalho** ou um **acordo coletivo de trabalho** (contratos coletivos de trabalho).

Malogradas as negociações, as partes podem suscitar o dissídio coletivo perante a Justiça do Trabalho ou podem solucionar o conflito com o uso da mediação ou da arbitragem[10].

---

9. CAIRO JR., José. A Crise do Estado e o Pluralismo Jurídico. Diké – Revista Jurídica do curso de Direito da UESC/ Universidade Estadual de Santa Cruz. Departamento de Ciências Jurídicas. Ilhéus: UESC, 2001 p. 21.
10. CLT. Art. 616. § 3º. Havendo convenção, acordo ou sentença normativa em vigor, o dissídio coletivo deverá ser instaurado dentro dos 60 (sessenta) dias anteriores ao respectivo termo final, para que o novo instrumento possa

Além disso, o sindicato da categoria profissional ainda tem o direito de deflagrar o movimento paredista.

Vale ressaltar que o Código de Defesa do Consumidor valeu-se da experiência obtida no Direito do trabalho e estabeleceu, em seu art. 107,[11] a possibilidade de ajustamento de **convenção coletiva de consumo** para regular as relações dessa natureza.

Aliás, o Direito do consumidor também está calcado no princípio protetivo do hipossuficiente, qual seja, o consumidor, de maneira semelhante ao Direito do individual do trabalho.

A Constituição Federal de 1988 reconhece as convenções e os acordos coletivos de trabalho, em seu art. 7º, inciso XXVI e, por conta disso, **as cláusulas desses instrumentos normativos negociados aderem ao contrato individual de trabalho** de todos os integrantes da categoria profissional representada, desde que mais benéficas para os obreiros.[12]

Em relação aos empregados públicos da administração direta, autárquica e fundacional, a Carta Magna permite a associação em sindicatos (art. 37, VI),[13] mas não reconheceu a convenção e o acordo coletivo (art. 39, § 3º).[14] Dessa forma, qualquer melhoria nas condições de salário dos servidores públicos deverá ser obtida pela via do processo legislativo.

Atualmente, a jurisprudência dominante do TST vem admitindo a possibilidade de celebração de instrumentos normativos negociados no âmbito da administração pública direta, desde que não envolvam aumento de despesa pública.

2. CONCEITO

O instrumento normativo **é o negócio jurídico, celebrado por tempo determinado, fruto da negociação coletiva efetivada entre entidades sindicais de empregados e empregadores** que, por meio de suas cláusulas de natureza normativa, estabelece **novas condições de trabalho** para aquelas pessoas que representam.

Tais condições incorporam-se automaticamente aos contratos individuais de trabalho em vigor, mas por prazo determinado.

ter vigência no dia imediato a esse termo.

11. Lei nº 8.078/90. Art. 107: As entidades civis de consumidores e as associações de fornecedores ou sindicatos de categoria econômica podem regular, por convenção escrita, relações de consumo que tenham por objeto estabelecer condições relativas ao preço, à qualidade, à quantidade, à garantia e características de produtos e serviços, bem como à reclamação e composição do conflito de consumo.
12. TST. SDI-1. OJ Nº 346. ABONO PREVISTO EM NORMA COLETIVA. NATUREZA INDENIZATÓRIA. CONCESSÃO APENAS AOS EMPREGADOS EM ATIVIDADE. EXTENSÃO AOS INATIVOS. IMPOSSIBILIDADE. (mantida) – Res. 121/2003, DJ 19, 20 e 21.11.2003. A decisão que estende aos inativos a concessão de abono de natureza jurídica indenizatória, previsto em norma coletiva apenas para os empregados em atividade, a ser pago de uma única vez, e confere natureza salarial à parcela, afronta o art. 7º, XXVI, da CF/88.
13. CF/88. Art. 37. VI. É garantido ao servidor público civil o direito à livre associação sindical.
14. CF/88. Art. 38, § 3º: Aplica-se aos servidores ocupantes de cargo público o disposto no artigo 7º, IV, VII, VIII, IX, XII, XIII, XV, XVI, XVII, XVIII, XIX, XX, XXII e XXX, podendo a lei estabelecer requisitos diferenciados de admissão quando a natureza do cargo o exigir.

3. DENOMINAÇÃO

No Brasil, os instrumentos normativos derivados da negociação coletiva recebem a denominação de **convenção coletiva de trabalho ou de acordo coletivo de trabalho**, a depender dos sujeitos signatários.

Quando há a participação de ambas as entidades sindicais, representativas dos empregadores e dos empregados, origina-se uma **convenção coletiva de trabalho.** Quando a organização sindical operária negocia diretamente com a empresa, o resultado será um **acordo coletivo de trabalho.**

O conceito legal de convenção e acordo coletivo encontra-se contido no art. 611 da CLT, *caput* e parágrafo primeiro, respectivamente:

> **Art. 611.** Convenção Coletiva de Trabalho é o acordo de caráter normativo, pelo qual dois ou mais Sindicatos representativos de categorias econômicas e profissionais estipulam condições de trabalho aplicáveis, no âmbito das respectivas representações, às relações individuais de trabalho. **§ 1º** É facultado aos Sindicatos representativos de categorias profissionais celebrar Acordos Coletivos com uma ou mais empresas da correspondente categoria econômica, que estipulem condições de trabalho, aplicáveis no âmbito da empresa ou das acordantes respectivas relações de trabalho.

Contudo, em determinadas passagens da própria Consolidação das Leis do Trabalho, encontram-se referências a esses instrumentos normativos coletivos sob a denominação de contrato coletivo de trabalho, como ocorre no art. 235 do referido Diploma Legal:

> **Art. 235.** Nos estabelecimentos cujo funcionamento normal seja noturno, será facultado aos operadores cinematográficos e seus ajudantes, mediante acordo ou ***contrato coletivo de trabalho*** e com acréscimo de 50% (cinquenta por cento) sobre o salário da hora normal, executar o trabalho em sessões diurnas extraordinárias e, cumulativamente, nas noturnas, desde que isso se verifique até três vezes por semana e entre as sessões diurnas e noturnas haja o intervalo de uma hora, no mínimo, de descanso. (grifou-se)

Na doutrina e na legislação nacional, evita-se adotar a denominação contrato coletivo de trabalho, para privilegiar o caráter normativo do referido ajuste, bem como para evitar confusão com os denominados contratos de equipe, formado por um feixe de contratos individuais.

Em legislações alienígenas, colhem-se outras expressões consagradas como **convênios coletivos de trabalho, pacto coletivo, ajuste grupal** etc. A OIT, nos seus diversos Convênios e Recomendações, utiliza a expressão **contrato coletivo de trabalho.**

4. NATUREZA JURÍDICA DOS INSTRUMENTOS NORMATIVOS

Durante muito tempo discutiu-se a natureza jurídica dos instrumentos normativos negociados. Como se tratava de um instituto jurídico novo, que nasceu junto com o próprio Direito do Trabalho, a primeira tentativa foi de atribuir a natureza jurídica de **contrato** aos referidos contratos coletivos de trabalho.

Defendiam os contratualistas que a convenção coletiva de trabalho surgia de um encontro de vontades e, por conta disso, seria um **negócio jurídico**. Os civilistas, à época, não admitiam que um ajuste de vontades pudesse ter efeitos ultrapartes no sentido de atingir toda uma categoria profissional ou econômica.

Em determinado momento histórico, iniciou-se um movimento que pretendia imprimir aos ajustes coletivos a natureza semelhante a da **norma jurídica**.

O ordenamento jurídico pátrio possibilita aos próprios interessados se auto-regulamentarem no sentido de fixar condições de trabalho a serem observadas por todos que façam parte da categoria profissional e econômica, com a característica de **abstratividade, coercibilidade e generalidade** comum à norma jurídica.[1]

Obviamente que o raio de ação do instrumento normativo é inferior ao da lei, pois encontra limitação no tempo, no espaço e em relação aos destinatários.

Na verdade, **o instrumento normativo assemelha-se a um contrato em sua formação, pois nasce de um encontro de vontades. Na sua essência, todavia, a convenção e o acordo coletivo têm natureza jurídica de norma**, pois estabelecem condições de trabalho gerais e abstratas, que devem ser seguidas por todos aqueles representados pelos sindicatos que firmaram o ajuste coletivo. Assim, a natureza jurídica desse instituto seria híbrida, ou seja, um misto de norma e negócio jurídico.

Para Valentin Carrion:

> A distinção fundamental entre o contrato individual de trabalho e a convenção coletiva *lato sensu*, é que, enquanto o primeiro cria a obrigação de trabalhar e a de remunerar, a convenção coletiva prevê direitos e obrigações para os contratos individuais em vigor ou que venham a celebrar-se; como se diz é mais uma lei do que um contrato.[2]

Com efeito, não pode ser descartada, por completo, a teoria que equipara as normas coletivas a um negócio jurídico. Chega-se a essa conclusão ao observar, na doutrina e na jurisprudência, a declaração de nulidade desses instrumentos quando ausentes os elementos constitutivos do negócio jurídico.

Se fossem considerados unicamente como norma jurídica não seria possível declarar a nulidade da convenção ou do acordo coletivo, pois a consequência do defeito de formação da norma é a sua invalidade.

5. REQUISITOS DE VALIDADE

Como negócio jurídico que é, em sua formação, exige-se idênticos requisitos de validade de caráter genérico, como agente capaz, objeto lícito e forma prescrita ou não defesa em lei, que serão analisados a seguir.

---

1. A CLT, em seu art. 611, chama a convenção coletiva de trabalho de acordo normativo, enfatizando seu caráter híbrido de contrato e de lei.
2. CARRION, Valentin. **Comentários à Consolidação das Leis do Trabalho**. 22. ed. São Paulo: Saraiva, 1997. p. 166.

5.1. Capacidade dos sujeitos

Analisados sob o seu aspecto contratual, **os convênios coletivos de trabalho são celebrados por organizações sindicais que detenham as prerrogativas sindicais**, ou seja, são os titulares do direito constitucionalmente protegido pelo art. 8º, III, da Carta Magna de 1988.[3]

Portanto, não é qualquer agrupamento de trabalhadores que se encontra legitimado a negociar e concretizar convênios coletivos de trabalho. Nesse passo, quanto à capacidade dos sujeitos exige-se que seja firmado pelo sindicato dos trabalhadores, com estatuto devidamente depositado perante o órgão competente para verificação do requisito da unicidade sindical.

Assim, somente as entidades sindicais possuem a prerrogativa de celebrar contrato coletivo de trabalho (acordo e convenção coletiva de trabalho), salvo em situações excepcionais como aquela prevista pelo art. 617, § 1º, da Consolidação das Leis do Trabalho:

> Art. 617. Os empregados de uma ou mais empresas que decidirem celebrar Acordo Coletivo de Trabalho com as respectivas empresas darão ciência de sua resolução, por escrito, ao Sindicato representativo da categoria profissional, que terá o prazo de 8 (oito) dias para assumir a direção dos entendimentos entre os interessados, devendo igual procedimento ser observado pelas empresas interessadas com relação ao Sindicato da respectiva categoria econômica. § 1º. Expirado o prazo de 8 (oito) dias sem que o Sindicato tenha se desincumbido do encargo recebido, poderão os interessados dar conhecimento do fato à Federação a que estiver vinculado o Sindicato e, em falta dessa, à correspondente Confederação, para que, no mesmo prazo, assuma a direção dos entendimentos. Esgotado esse prazo, poderão os interessados prosseguir diretamente na negociação coletiva até final.

Observe-se que no Direito individual do trabalho presume-se o vício na manifestação da vontade do empregado sempre que o negócio jurídico celebrado lhe for prejudicial ao estabelecer condições de trabalho inferiores àquelas previstas na lei.

Essa presunção, na maioria dos casos, é *iure et de iure*, pois não admite prova em contrário (art. 468 da Consolidação das Leis do Trabalho). Por exemplo, se o empregado, durante o contrato de trabalho, celebra acordo com o patrão no sentido de reduzir a sua remuneração, tal ajuste não produzirá qualquer efeito jurídico, em face da presunção de vício na manifestação da vontade do empregado, ainda que esta tenha sido sua real pretensão.

Em resumo, não prevalece, no Direito individual do trabalho, o princípio da autonomia da vontade, **salvo quando para instituir condições de trabalho mais benéficas do que aquelas estabelecidas pelas fontes normativas laborais.**

No Direito coletivo do trabalho, ao contrário, **não há que se falar em presunção de vício na manifestação da vontade dos sindicatos.** Impera, nesse ramo do Direito, o princípio da autonomia da vontade das entidades sindicais.

No que se refere à capacidade do sujeito que representa o empregador, a legislação permite que em certos casos a negociação coletiva (e, consequentemente, o instrumento normativo negociado) seja conduzida pela própria empresa, sem a necessidade da presença do sindicato

3. CF/88. Art. 8º III – ao sindicato cabe a defesa dos direitos e interesses coletivos ou individuais da categoria, inclusive em questões judiciais ou administrativas;

patronal. Assim, a negociação coletiva é bem sucedida, dá ensejo a um **acordo coletivo de trabalho.**

Quando a hipótese é de convenção coletiva, a categoria econômica deve estar representada pelo sindicato patronal.

5.2. Objeto lícito

A legislação trabalhista não era clara no que diz respeito ao que poderia ser objeto dos instrumentos normativos negociados.

A Lei nº 13.467/17 regulamentou expressamente essa temática por meio da introdução dos arts 611-A e 611-B à CLT:[4]

O primeiro preceito citado apresenta um rol **exemplificativo** do que pode ser negociado pelo sindicato, inclusive em **patamares inferiores** ao que se encontra definido pela norma estatal:

> **Art. 611-A.** A convenção coletiva e o acordo coletivo de trabalho têm prevalência sobre a lei quando, entre outros, dispuserem sobre:
>
> I – pacto quanto à jornada de trabalho, observados os limites constitucionais;
>
> II – banco de horas anual;
>
> III – intervalo intrajornada, respeitado o limite mínimo de trinta minutos para jornadas superiores a seis horas;
>
> IV – adesão ao Programa Seguro-Emprego (PSE), de que trata a Lei nº 13.189, de 19 de novembro de 2015;
>
> V – plano de cargos, salários e funções compatíveis com a condição pessoal do empregado, bem como identificação dos cargos que se enquadram como funções de confiança;
>
> VI – regulamento empresarial;
>
> VII – representante dos trabalhadores no local de trabalho;
>
> VIII – teletrabalho, regime de sobreaviso, e trabalho intermitente;
>
> IX – remuneração por produtividade, incluídas as gorjetas percebidas pelo empregado, e remuneração por desempenho individual;
>
> X – modalidade de registro de jornada de trabalho;
>
> XI – troca do dia de feriado;
>
> XII – enquadramento do grau de insalubridade;
>
> XIII – prorrogação de jornada em ambientes insalubres, sem licença prévia das autoridades competentes do Ministério do Trabalho;
>
> XIV – prêmios de incentivo em bens ou serviços, eventualmente concedidos em programas de incentivo;
>
> XV – participação nos lucros ou resultados da empresa.

4. A redação dada pela Lei nº 13.467/17 era a seguinte: "Art. 611-A. A convenção coletiva e o acordo coletivo de trabalho têm prevalência sobre a lei quando, entre outros, dispuserem sobre:".

Já o art. 611-B tem natureza taxativa, e descreve quais os direitos trabalhistas não podem ser suprimidos ou reduzidos por meio da negociação coletiva:

> **Art. 611-B.** Constituem objeto ilícito de convenção coletiva ou de acordo coletivo de trabalho, exclusivamente, a supressão ou a redução dos seguintes direitos:
>
> I – normas de identificação profissional, inclusive as anotações na Carteira de Trabalho e Previdência Social;
>
> II – seguro-desemprego, em caso de desemprego involuntário;
>
> III – valor dos depósitos mensais e da indenização rescisória do Fundo de Garantia do Tempo de Serviço (FGTS);
>
> IV – salário mínimo;
>
> V – valor nominal do décimo terceiro salário;
>
> VI – remuneração do trabalho noturno superior à do diurno;
>
> VII – proteção do salário na forma da lei, constituindo crime sua retenção dolosa;
>
> VIII – salário-família;
>
> IX – repouso semanal remunerado;
>
> X – remuneração do serviço extraordinário superior, no mínimo, em 50% (cinquenta por cento) à do normal;
>
> XI – número de dias de férias devidas ao empregado;
>
> XII – gozo de férias anuais remuneradas com, pelo menos, um terço a mais do que o salário normal;
>
> XIII – licença-maternidade com a duração mínima de cento e vinte dias;
>
> XIV – licença-paternidade nos termos fixados em lei;
>
> XV – proteção do mercado de trabalho da mulher, mediante incentivos específicos, nos termos da lei;
>
> XVI – aviso prévio proporcional ao tempo de serviço, sendo no mínimo de trinta dias, nos termos da lei;
>
> XVII – normas de saúde, higiene e segurança do trabalho previstas em lei ou em normas regulamentadoras do Ministério do Trabalho;
>
> XVIII – adicional de remuneração para as atividades penosas, insalubres ou perigosas;
>
> XIX – aposentadoria;
>
> XX – seguro contra acidentes de trabalho, a cargo do empregador;
>
> XXI – ação, quanto aos créditos resultantes das relações de trabalho, com prazo prescricional de cinco anos para os trabalhadores urbanos e rurais, até o limite de dois anos após a extinção do contrato de trabalho;
>
> XXII – proibição de qualquer discriminação no tocante a salário e critérios de admissão do trabalhador com deficiência;
>
> XXIII – proibição de trabalho noturno, perigoso ou insalubre a menores de dezoito anos e de qualquer trabalho a menores de dezesseis anos, salvo na condição de aprendiz, a partir de quatorze anos;
>
> XXIV – medidas de proteção legal de crianças e adolescentes;

XXV – igualdade de direitos entre o trabalhador com vínculo empregatício permanente e o trabalhador avulso;

XXVI – liberdade de associação profissional ou sindical do trabalhador, inclusive o direito de não sofrer, sem sua expressa e prévia anuência, qualquer cobrança ou desconto salarial estabelecidos em convenção coletiva ou acordo coletivo de trabalho;

XXVII – direito de greve, competindo aos trabalhadores decidir sobre a oportunidade de exercê-lo e sobre os interesses que devam por meio dele defender;

XXVIII – definição legal sobre os serviços ou atividades essenciais e disposições legais sobre o atendimento das necessidades inadiáveis da comunidade em caso de greve;

XXIX – tributos e outros créditos de terceiros;

XXX – as disposições previstas nos arts. 373-A, 390, 392, 392-A, 394, 394-A, 395, 396 e 400 desta Consolidação.

5.3. Forma prescrita ou não defesa em lei

A convenção e o acordo coletivo de trabalho são formais por excelência e, por conta disso, **devem ser celebrados por escrito**, sem emendas ou rasuras (art. 613, parágrafo único da Consolidação das Leis do Trabalho).[5]

A Consolidação das Leis do Trabalho estabelece uma série de requisitos formais de validade que serão examinados a seguir.

Ausentes os requisitos de validade dos instrumentos normativos coletivos, a consequência será a sua nulidade.

5.4. Assembleia geral

A convenção ou acordo coletivo só produz efeitos se a negociação que a precedeu **foi autorizada por assembleia geral convocada especialmente para esse fim**, conforme determina o art. 612 da Consolidação das Leis do Trabalho.

A assembleia deve aprovar as reivindicações da categoria e conceder poderes à diretoria para celebrar convenção ou acordo coletivo de trabalho. Apesar de omissa, entende-se que a exigência de autorização da assembleia geral estende-se ao procedimento de negociação.

A lei exige o ***quorum* mínimo de comparecimento e votação de 2/3 dos associados, no caso de convenção coletiva de trabalho, ou interessados, na hipótese de acordo coletivo, na primeira convocação**. O referido *quorum* é reduzido na segunda convocação para 1/3 ou para 1/8, na hipótese do sindicato contar com mais de 5.000 filiados.

A Orientação Jurisprudencial da SDC do TST nº 13,[6] **cancelada** em 09 de outubro de 2003, reconhecia que a atual Constituição Federal de 1988 havia recepcionado o disposto

5. TST. OJ Nº 36 DA SDI-1. INSTRUMENTO NORMATIVO. CÓPIA NÃO AUTENTICADA. DOCUMENTO COMUM ÀS PARTES. VALIDADE. (título alterado e inserido dispositivo, DJ 20.04.2005). O instrumento normativo em cópia não autenticada possui valor probante, desde que não haja impugnação ao seu conteúdo, eis que se trata de documento comum às partes.

6. TST. SDC. OJ Nº 13. LEGITIMAÇÃO DA ENTIDADE SINDICAL. Assembleia Deliberativa. *Quorum* de validade. Art. 612 da Consolidação das Leis do Trabalho. Cancelada. Mesmo após a promulgação da Constituição Federal de

no art. 612 da Consolidação das Leis do Trabalho, que exige a realização de assembleia-geral e o *quorum* mínimo.

Diante do cancelamento da aludida Orientação Jurisprudencial, deduz-se que ainda é necessária a realização de assembleia-geral pelo sindicato. Entretanto, **o *quorum* respectivo pode ser livremente fixado no estatuto da entidade sindical** sem estar vinculado aos limites impostos pelo art. 612 da Consolidação das Leis do Trabalho.

Já a OJ nº 28 da SDC preconiza que:

> **OJ Nº 28.** Edital de convocação da AGT. Publicação. Base territorial. Validade. Inserida em 19.08.1998. O edital de convocação para a AGT deve ser publicado em jornal que circule em cada um dos municípios componentes da base territorial.

Exemplo de questão sobre o tema

(Procurador do Trabalho – MPT – 2013) Sobre as normas coletivas de trabalho, assinale a alternativa CORRETA:

(A) Acerca da natureza jurídica dos acordos e convenções coletivas de trabalho, o ordenamento jurídico brasileiro adotou a teoria híbrida ou mista, segundo a qual a norma coletiva constitui um tertium genus entre o contrato e a lei, pois sua formação decorre de um ajuste de vontades e seu conteúdo equivale a uma norma jurídica aplicável aos sujeitos das relações individuais de trabalho.

(B) Como espécies de normas coletivas, a legislação nacional previu expressamente apenas duas espécies, os acordos coletivos de trabalho e as convenções coletivas de trabalho, não obstante haver no direito comparado outros tipos de normas coletivas.

(C) A legitimação para a celebração de acordo ou convenção coletiva de trabalho é do tipo concorrente--disjuntiva sendo conferida igual e indistintamente aos sindicatos, federações e confederações.

(D) Em se tratando de empregado pertencente à categoria profissional diferenciada aplica-se a norma coletiva do sindicato para o qual há o recolhimento das contribuições sindicais, seja o específico da categoria diferenciada, ou o sindicato profissional pertinente à atividade econômica preponderante do empregador.

(E) Não respondida

Resposta: A

5.5. Conteúdo dos instrumentos normativos

Os contratos coletivos de trabalho (convenções e os acordos coletivos) deverão conter, obrigatoriamente:

a) a designação dos sindicatos convenentes ou sindicatos e empresas que participaram do ajuste; o prazo de vigência, que não poderá ser superior a dois anos (art. 614, § 3º, da Consolidação das Leis do Trabalho);

b) as categorias ou classes de trabalhadores abrangidos pela norma coletiva; as condições de trabalho ajustadas para reger as relações individuais de trabalho;

c) as normas para solução das eventuais divergências surgidas em decorrência da interpretação do próprio instrumento coletivo;

d) regras para a prorrogação e revisão;

1988, subordina-se a validade da assembleia de trabalhadores que legitima a atuação da entidade sindical respectiva em favor de seus interesses à observância do "*quorum*" estabelecido no art. 612 da CLT.

e) direitos e deveres dos empregados e das empresas; e

f) estabelecimento de penalidades em caso de descumprimento das cláusulas convencionais.

Trata-se, entretanto, de conteúdo mínimo fixado pelo art. 613 da Consolidação das Leis do Trabalho. Nada impede, todavia, que as partes ajustem outras cláusulas que forem do seu interesse, desde que não contrarie a ordem pública.

Percebe-se, dessa forma, que os instrumentos normativos são formados basicamente por:

a) **cláusulas obrigacionais**, que regularão as relações entre sindicatos ou entre sindicatos e a empresa, sem afetar as relações individuais de trabalho;

b) **cláusulas normativas**, que instituem as condições de trabalho para os integrantes da categoria profissional e econômica representadas pelos sindicatos convenentes;

c) **cláusulas instrumentais**, destinadas à execução e à solução de eventuais litígios derivados da interpretação desses instrumentos.

A identificação da natureza de cada cláusula contida nos instrumentos coletivos é de crucial importância para se saber quais princípios serão utilizados para interpretação e, por conseguinte, para sua efetivação, já que uma obriga o sindicato e a outra os representados, ou seja, empregados e empregadores.

Durante a execução de planos de estabilização econômica, a lei vedava às entidades sindicais que incluíssem nos instrumentos normativos negociados cláusulas concedendo reajustes salariais que fossem de encontro às diretrizes traçadas pela referida norma estatal.

É o que determina o art. 623 da CLT:

> **Art. 623.** Será nula de pleno direito disposição de Convenção ou Acordo que, direta ou indiretamente, contrarie proibição ou norma disciplinadora da política econômico-financeira do Governo ou concernente à política salarial vigente, não produzindo quaisquer efeitos perante autoridades e repartições públicas, inclusive para fins de revisão de preços e tarifas de mercadorias e serviços.

A. *Cláusulas normativas*

Como dito anteriormente, os convênios normativos nascem de um acordo de vontade (natureza contratual), mas tem essência de norma (natureza normativa). É nesse último aspecto que avulta a importância desse instituto jurídico, que o diferencia das demais espécies de negócio jurídico.

A legislação laboral estabelece um conteúdo mínimo de um contrato individual de trabalho. Os atores coletivos podem negociar novas condições de trabalho.

Em certos casos, o próprio ordenamento jurídico admite que se flexibilize a lei trabalhista, por meio dos instrumentos normativos, no sentido de diminuir os direitos trabalhistas básicos, como ocorre, por exemplo, com a redução salarial prevista pelo art. 7º, VI, da *Lex Legum*[7] ou em relação aos direitos previstos no art. 611-A da CLT.

7. CF/88. Art. 7º. São direitos dos trabalhadores urbanos e rurais, além de outros que visem à melhoria de sua condição social: VI – irredutibilidade do salário, salvo o disposto em convenção ou acordo coletivo.

As cláusulas normativas dos convênios coletivos de trabalho, assim como a lei laboral e demais fontes formais do Direito do Trabalho, **incorporam-se automaticamente aos contratos individuais dos trabalhadores, como se fossem cláusulas implícitas, mas pelo prazo máximo de dois anos.**

Portanto, se o empregador deixa de observar tais cláusulas normativas, será considerado inadimplente e o interessado poderá postular em juízo o seu cumprimento por meio da intervenção estatal do Poder Judiciário.

B. *Cláusulas obrigacionais*

Ao lado das cláusulas normativas, os instrumentos normativos negociados contêm cláusulas de natureza obrigacional, assim consideradas **aquelas disposições que obrigam diretamente os sujeitos que celebraram o negócio jurídico (entidades sindicais) e não os seus representados**.

Essas obrigações serão de fazer, não fazer e dar, e, indiretamente, poderão gerar benefício para os trabalhadores, fato que não afasta a sua natureza obrigacional.

O descumprimento das referidas obrigações gera o direito público subjetivo ao sindicato prejudicado de acionar o Poder Judiciário no sentido de tornar efetivo o ajuste estabelecido pela manifestação da vontade comum, em obediência ao princípio do ***pacta sunt servanda.***

Geralmente os acordos e convenções coletivas contém cláusula prevendo a incidência de multa pelo descumprimento das obrigações neles fixadas.

Sobre o tema manifesta-se o TST por meio da Súmula nº 384:

> SÚMULA Nº 384. MULTA CONVENCIONAL. COBRANÇA (conversão das Orientações Jurisprudenciais nºs 150 e 239 da SBDI-1) – Res. 129/2005, DJ 20, 22 e 25.04.2005. I – O descumprimento de qualquer cláusula constante de instrumentos normativos diversos não submete o empregado a ajuizar várias ações, pleiteando em cada uma o pagamento da multa referente ao descumprimento de obrigações previstas nas cláusulas respectivas. (ex-OJ nº 150 da SBDI-1 – inserida em 27.11.1998) II – É aplicável multa prevista em instrumento normativo (sentença normativa convenção ou acordo coletivo) em caso de descumprimento de obrigação prevista em lei, mesmo que a norma coletiva seja mera repetição de texto legal. (ex-OJ nº 239 da SBDI-1 – inserida em 20.06.2001).

Essa sanção, contudo, não pode ultrapassar o valor da dívida principal, na forma prevista pelo art. 412 do Código Civil: "O valor da cominação imposta na cláusula penal não pode exceder o da obrigação principal".

A jurisprudência inclina-se pela aplicação dessa limitação no âmbito dos instrumentos normativos negociados:

> SÚMULA Nº 33 do TRT5. MULTA ESTABELECIDA EM NORMA COLETIVA. LIMITAÇÃO AO VALOR DA OBRIGAÇÃO PRINCIPAL. A multa estabelecida em norma coletiva é limitada ao valor da obrigação principal, como prevê o art. 412 do C. Civil.

> OJ4T Nº 38 do TRT9. MULTA DIÁRIA PREVISTA EM INSTRUMENTO COLETIVO. APLICAÇÃO DO ARTIGO 412 DO CÓDIGO CIVIL. POSSIBILIDADE. Admite-se a incidência do preceito civil como limitador de multa diária prevista por convenção coletiva de trabalho, sobretudo quando manifestamente exorbitante a cominação ali imposta.

C. *Cláusulas instrumentais*

Para facilitar a execução dos diversos ajustes pactuados nos convênios normativos, os sujeitos da negociação coletiva inserem nos respectivos instrumentos cláusulas com esse objetivo.

Desse modo, são cláusulas instrumentais aquelas atinentes:

a) ao estabelecimento de prazo de vigência;

b) formas de evitarem-se conflitos durante a vigência da norma coletiva (cláusula de paz);

c) métodos de solução de conflitos derivados da própria interpretação das normas coletivas;

d) regras para prorrogação e revisão do pactuado.

5.6. Depósito, registro e arquivamento

Exige-se, também, como requisito de validade do ato normativo sob análise, **o depósito, para fins de registro e arquivo no órgão competente**, conforme determina o art. 614 da Consolidação das Leis do Trabalho,[8] que já pode ser feito pela via eletrônica com a utilização da certificação digital.

A. *Depósito*

O ato de depósito nada mais é do que **a apresentação formal de uma via do instrumento normativo ao órgão da administração pública para o seu conhecimento.**

O depósito dos instrumentos normativos negociados deve ser feito pela *internet* e com a utilização de um sistema informatizado, que por sua vez gera um requerimento a ser protocolado no órgão competente.

Por meio do ato de depósito, a autoridade administrativa insere a norma coletiva em seu rol apropriado, verifica a existência ou não dos requisitos relativos à obediência aos princípios da liberdade e da unicidade sindical e efetua o controle da legalidade.

Frise-se, por fim, que **o depósito do instrumento normativo no órgão competente só é exigido para que produza efeitos com relação a terceiros**, já que as partes têm ciência do seu conteúdo.

B. *Registro*

O registro constitui **ato administrativo de assentamento ou de alteração** do referido instrumento normativo negociado em um sistema informatizado.

8. CLT. Art. 614. Os Sindicatos convenentes ou as empresas acordantes promoverão, conjunta ou separadamente, dentro de 8 (oito) dias da assinatura da Convenção ou Acordo, o depósito de uma via do mesmo, para fins de registro e arquivo, no Departamento Nacional do Salário, em se tratando de instrumento de caráter nacional ou interestadual, ou nos órgãos regionais do Ministério do Trabalho, nos demais casos.

O requerimento de registro será analisado:

a) pela Secretaria de Relação do Trabalho, quando se tratar de convenção coletiva ou acordo coletivo de abrangência nacional ou interestadual; ou

b) pelo Serviço ou Seção de Relações do Trabalho da Unidade Federativa abrangida pelo instrumento coletivo negociado, nos demais casos.

C. Arquivamento

O arquivamento **é o ato que propicia o conhecimento do conteúdo de uma determinada norma profissional por qualquer interessado** e possibilita a sua consulta por qualquer interessado por meio da *internet*.

5.7. Nulidade

Na hipótese de **inobservância** dos requisitos de validade dos instrumentos normativos negociados, a nulidade respectiva poderá ser objeto de **pleito incidental** em reclamação trabalhista individual, proposta pelo interessado, ou por meio de **ação autônoma** de nulidade de cláusula de convenção ou acordo coletivo de trabalho, cuja legitimidade pertence ao Ministério Público do Trabalho, na forma prevista pela Lei Complementar nº 75, em seu art. 83, IV:

Art. 83. Compete ao Ministério Público do Trabalho o exercício das seguintes atribuições junto aos órgãos da Justiça do Trabalho: IV – Propor as ações cabíveis para declaração de nulidade de cláusulas de contrato, acordo coletivo ou convenção coletiva que viole as liberdades individuais ou coletivas ou os direitos individuais indisponíveis dos trabalhadores.

6. CARACTERÍSTICAS

Os instrumentos normativos negociados são dotados de peculiaridades que os assemelham à norma jurídica estatal, como a **abstratividade, a generalidade e a imperatividade.** Constitui, desse modo, fonte formal profissional do Direito do Trabalho.

Não se pode esquecer, também, que os instrumentos normativos coletivos diferenciam-se dos contratos em geral:

a) pelos sujeitos que celebram (organismos sindicais);

b) pelo procedimento que antecede a sua conclusão (a negociação coletiva);

c) pelo seu conteúdo (condições de trabalho);

d) pela forma escrita como condição e validade imposta pela lei.

6.1. Vigência no tempo – provisoriedade ou temporalidade

O contrato coletivo de trabalho (acordo e convenção coletiva de trabalho), pela sua natureza jurídica normativa, produz efeitos durante determinado período de tempo. O início dessa vigência ocorre **três dias** após o depósito do respectivo instrumento no órgão competente, admitindo convenção de cláusulas retroativas.

> **SÚMULA Nº 19 do TRT18.** NORMA COLETIVA. EFEITO RETROATIVO. As condições de trabalho estabelecidas em norma coletiva só têm validade no respectivo período de vigência, sem prejuízo da possibilidade de negociação sobre valores controvertidos atinentes a períodos anteriores.

Toda convenção ou acordo coletivo de trabalho deve determinar o prazo de sua vigência, que não pode ser superior a **dois anos**.

Nesse passo, difere da norma estatal que, em regra, **não tem prazo final de vigência, pois vigora até que outra a revogue expressa ou tacitamente.**

Conforme salientado, o prazo máximo estabelecido pela lei nacional é de ordem pública e **não pode ser elastecido por vontade das organizações sindicais**, conforme entendimento do E. TST constante da OJ nº 322 da SDI-1:

> **OJ Nº 322.** ACORDO COLETIVO DE TRABALHO. CLÁUSULA DE TERMO ADITIVO PRORROGANDO O ACORDO PARA PRAZO INDETERMINADO. INVÁLIDA. DJ 09.12.03. Nos termos do art. 614, § 3º, da CLT, é de 2 anos o prazo máximo de vigência dos acordos e das convenções coletivas. Assim sendo, é inválida, naquilo que ultrapassa o prazo total de 2 anos, a cláusula de termo aditivo que prorroga a vigência do instrumento coletivo originário por prazo indeterminado.

Para evitar que as cláusulas normativas percam sua eficácia após o prazo estabelecido no acordo ou na convenção coletiva de trabalho, as negociações coletivas devem ser iniciadas bem antes desse termo final. Caso a negociação não seja exitosa, deve-se ajuizar o respectivo dissídio coletivo até sessenta dias antes do fim do prazo, conforme permissão contida no art. 616 da CLT, § 3º:

> **Art. 616.** § 3º. Havendo convenção, acordo ou sentença normativa em vigor, o dissídio coletivo deverá ser instaurado dentro dos 60 (sessenta) dias anteriores ao respectivo termo final, para que o novo instrumento possa ter vigência no dia imediato a esse termo.

6.2. Incorporação das cláusulas dos instrumentos normativos negociados ao contrato de emprego (ultratividade ou aderência)

A **provisoriedade ou temporalidade** também é característica dos instrumentos normativos. Decorrido o prazo de vigência, é necessário realizar nova negociação coletiva, com vistas a constituir uma nova norma profissional.

O problema surge quando se debate a questão da possibilidade ou não de incorporação do conteúdo das cláusulas das convenções ou do acordo coletivo de trabalho ao contrato de trabalho, de forma que o instrumento normativo posterior não prevaleça, salvo para os empregados admitidos durante a sua vigência.

Trata-se do fenômeno da ultratividade ou aderência dos contratos coletivos de trabalho (convenções e dos acordos coletivos de trabalho).

Atualmente, **veda-se expressamente a ultratividade das normas coletivas**, de acordo com a nova redação do art. 614, § 3º, da CLT conferida pela Lei nº 13.467/17: “Não será permitido estipular duração de convenção coletiva ou acordo coletivo de trabalho superior a dois anos, sendo vedada a ultratividade".

Sobre a temática, manifesta-se o TST por meio da Súmula nº 277 do Tribunal Superior do Trabalho, que deve ter sua redação alterada após a vigência da citada Lei nº 13.467/17:

> **SÚMULA Nº 277.** CONVENÇÃO COLETIVA DE TRABALHO OU ACORDO COLETIVO DE TRABALHO. EFICÁCIA. ULTRATIVIDADE redação alterada na sessão do Tribunal Pleno realizada em 14.09.2012) – Res. 185/2012, DEJT divulgado em 25, 26 e 27.09.2012. As cláusulas normativas dos acordos coletivos ou convenções coletivas integram os contratos individuais de trabalho e somente poderão ser modificadas ou suprimidas mediante negociação coletiva de trabalho.

Registre-se que o STF, por decisão monocrática do Ministro Gilmar Mendes proferida em 14.10.2016, **determinou a suspensão** de todas as demandas que tramitam na Justiça do Trabalho que tratem da ultratividade das normas coletivas até que o Plenário do referido Tribunal aprecie a matéria nos autos da Medida Cautelar na Arguição de Descumprimento de Preceito Fundamental nº 323.

O Enunciado nº 39, aprovado na 2ª Jornada de Direito Material e Processual do Trabalho, defende a inconstitucionalidade do art. 614, § 3º da CLT:

> **ENUNCIADO Nº 39. ULTRATIVIDADE DAS NORMAS COLETIVAS**
>
> I – A VEDAÇÃO À ULTRATIVIDADE, CONSTANTE DO ARTIGO 614, § 3º, DA CLT, NÃO É COMPATÍVEL COM OS ARTIGOS 7º, XXVI, 8º, VI, 114, § 2º DA CONSTITUIÇÃO FEDERAL, COM AS CONVENÇÕES 98 E 154 DA OIT, COM O ARTIGO 2º, § 1º DO PIDESC (ONU) E COM O PRINCÍPIO DA BOA-FÉ.
>
> II – SE ADMITIDA A CONSTITUCIONALIDADE E A CONVENCIONALIDADE DO ART. 614, § 3º DA CLT, A ULTRATIVIDADE DAS NORMAS COLETIVAS, ENQUANTO MATÉRIA DE CONTEÚDO A PREVER EM INSTRUMENTO COLETIVO DE TRABALHO, É OBJETO LÍCITO, TENDO EM VISTA AS DISPOSIÇÕES DO ART. 7º, XXVI, 8º, VI, DA CONSTITUIÇÃO FEDERAL, BEM COMO DO PRINCÍPIO DA NÃO-REGRESSIVIDADE, INSCULPIDO NO CAPUT DO ART. 7º DA CONSTITUIÇÃO FEDERAL.

Outros Enunciados tratando dos direitos trabalhistas que podem ser negociados foram aprovados na 2ª Jornada de Direito Material e Processual do Trabalho:

> **ENUNCIADO Nº 40. PREVALÊNCIA DO NEGOCIADO SOBRE O LEGISLADO E CLÁUSULA RESTRITIVA DE MODALIDADES DE CONTRATAÇÃO EM INSTRUMENTO COLETIVO (TERCEIRIZAÇÃO, TELETRABALHO E TRABALHO INTERMITENTE).** É VÁLIDA CLÁUSULA DE INSTRUMENTO COLETIVO QUE RESTRINGE TERCEIRIZAÇÃO, TELETRABALHO OU TRABALHO INTERMITENTE.
>
> **ENUNCIADO Nº 41. PREVALÊNCIA DO NEGOCIADO SOBRE O LEGISLADO E REGIME DE SOBREAVISO.** NEGOCIAÇÃO COLETIVA. REGIME DE SOBREAVISO. ESCALA DE PLANTÃO. ART. 611-A, V, DA CLT. A CONVENÇÃO COLETIVA OU O ACORDO COLETIVO DE TRABALHO QUE DISPUSER SOBRE O REGIME DE SOBREAVISO, NOS TERMOS DO ART. 611-A DA CLT, DEVERÁ CONTER CLÁUSULA COM ESCALA DE PLANTÃO.
>
> **ENUNCIADO Nº 42. PREVALÊNCIA DO NEGOCIADO SOBRE O LEGISLADO E 13º SALÁRIO.** NEGOCIAÇÃO COLETIVA. OBJETO ILÍCITO. DÉCIMO

TERCEIRO SALÁRIO. ART. 611-B DA CLT. A VEDAÇÃO DE SUPRIMIR OU REDUZIR O DÉCIMO TERCEIRO SALÁRIO POR MEIO DE INSTRUMENTO COLETIVO, CONFORME DISPÕE O ART. 611-B DA CLT, ESTENDE-SE AOS REFLEXOS E ÀS INTEGRAÇÕES NA REFERIDA VERBA REMUNERATÓRIA.

ENUNCIADO Nº 43. PREVALÊNCIA DO NEGOCIADO SOBRE O LEGISLADO E DEFINIÇÃO DE CARGOS DE CONFIANÇA. NEGOCIAÇÃO COLETIVA. DEFINIÇÃO DOS CARGOS DE CONFIANÇA. PRESUNÇÃO RELATIVA. ART. 611-A, V, DA CLT. A CLÁUSULA DE INSTRUMENTO COLETIVO QUE DEFINE OS CARGOS QUE SE ENQUADRAM COMO DE CONFIANÇA POSSUI PRESUNÇÃO RELATIVA DE VERACIDADE, SENDO NECESSÁRIA A ANÁLISE DA REAL FUNÇÃO EXERCIDA E NÃO MERAMENTE A FUNÇÃO PRESCRITA NO CONTRATO DE TRABALHO, EM RAZÃO DO PRINCÍPIO DA PRIMAZIA DA REALIDADE.

ENUNCIADO Nº 45. INCONSTITUCIONALIDADE NA FIXAÇÃO DE JORNADA SUPERIOR A OITO HORAS EM ATIVIDADES INSALUBRES. A FIXAÇÃO DE JORNADA DE TRABALHO SUPERIOR A OITO HORAS EM ATIVIDADES INSALUBRES, SEM PRÉVIA AUTORIZAÇÃO DAS ENTIDADES RESPONSÁVEIS PELA HIGIENE E SEGURANÇA NO TRABALHO, VIOLA OS TERMOS DO INCISO XXII DO ARTIGO 7 DA CONSTITUIÇÃO FEDERAL DE 1988. ASSIM, SÃO INCONSTITUCIONAIS O PARÁGRAFO ÚNICO DO ARTIGO 60 E O INCISO XIII, DO ARTIGO 611– A, INTRODUZIDOS PELA LEI 13.467/2017.

ENUNCIADO Nº 46. NEGOCIADO SOBRE LEGISLADO E REMUNERAÇÃO POR PRODUTIVIDADE. IMPLANTAÇÃO DE MÉTODOS DE GESTÃO LESIVOS AO MEIO AMBIENTE LABORAL: IMPOSSIBILIDADE. NEGOCIADO SOBRE LEGISLADO. REMUNERAÇÃO POR PRODUTIVIDADE. IMPLANTAÇÃO DE MÉTODOS DE GESTÃO LESIVOS AO MEIO AMBIENTE LABORAL. IMPOSSIBILIDADE. A INSERÇÃO DA "REMUNERAÇÃO POR PRODUTIVIDADE" NO ARTIGO 611-A, IX, DA CLT, NÃO PODE SER COMPREENDIDA DE MODO A PERMITIR A IMPLEMENTAÇÃO DE MÉTODOS DE GESTÃO, DE FORMAS DE ORGANIZAÇÃO DO TRABALHO E DE ESTRUTURAS REMUNERATÓRIAS BASEADAS EM METAS E EM RESULTADOS RECONHECIDAMENTE RELACIONADOS AO APARECIMENTO DE DOENÇAS.

6.3. Abstratividade

Como o conteúdo das convenções e dos acordos coletivos têm caráter normativo, assemelham-se às normas jurídicas, caracterizada pela abstratividade, ou seja, **não regula uma relação concreta entre indivíduos, como acontece com o contrato.**

Na verdade, **os instrumentos normativos negociados estabelecem regramento para uma situação hipotética**, relativamente aos integrantes da categoria profissional ou econômica representada pela entidade sindical, circunstância que revela a sua abstratividade.

Alguns autores consideram que os instrumentos normativos constituem um *tertius genus*, situado entre a norma geral (lei) e a norma individual (o contrato). Assim, também podem ser denominados de contratos normativos.

6.4. Generalidade

Em regra, a lei é genérica, pois é aplicada a todos aqueles que estão sujeitos ao *ius imperii* do Estado. Os convênios coletivos de trabalho, em suas cláusulas normativas, também possuem essa característica, limitados, contudo, em relação ao raio subjetivo de abrangência.

Por conta disso, os instrumentos normativos negociados **contém normas de condutas para os filiados ou para os integrantes da categoria profissional ou econômica** que ajustaram a convenção ou o acordo coletivo de trabalho, a depender do modelo adotado pelo ordenamento jurídico do País.

Dessa forma, o instrumento normativo coletivo poderá ser de eficácia geral ou de eficácia limitada. No primeiro caso, as cláusulas do contrato coletivo de trabalho têm efeitos *ultra-partes* e atinge todos aqueles que se encontram representados pelo sindicato, estejam ou não a ele filiados.[9] Já aquele de eficácia limitada só se aplica aos empregados e empregadores associados à organização sindical que celebrou o pacto grupal.

A legislação brasileira concede **eficácia ultrapartes** às convenções e acordos coletivos de trabalho, conforme se observa da redação do art. 611 da CLT:

> **Art. 611.** Convenção Coletiva de Trabalho é o acordo de caráter normativo, pelo qual dois ou mais sindicatos representativos de categorias econômicas e profissionais estipulam condições de trabalho ***aplicáveis, no âmbito das respectivas representações,*** às relações individuais de trabalho. (grifou-se).

Essa característica é importante e obsta, por exemplo, que os interessados excluam, do âmbito da aplicação do instrumento normativo, determinados trabalhadores ou classe de trabalhadores, pelas conhecidas **cláusulas de exclusão**.

6.5. Vigência espacial limitada

A generalidade das normas coletivas sofre limitação de outra ordem, que diz respeito ao âmbito territorial de sua aplicação. A norma trabalhista estatal tem vigência em todo o território nacional, visto que a competência para legislar sobre essa matéria é exclusiva da União, conforme preceitua o art. 22, I da Carta Magna.[10]

Já os convênios coletivos têm sua vigência no espaço limitada ao âmbito da representação territorial dos sindicatos que concluíram a negociação coletiva. Portanto a sua aplicabilidade pode ser nacional, interestadual, estadual, intermunicipal ou municipal.

Quando a negociação coletiva ficar circunscrita ao âmbito da empresa dará ensejo a um convênio de empresa ou, usando a denominação nacional, acordo coletivo de trabalho.

6.6. Normas profissionais e os empregados públicos

Grande parte dos doutrinadores e das decisões dos Tribunais pátrios inclina-se no sentido de não reconhecer a aplicabilidade, aos empregados públicos da administração direta, autárquica e fundacional, das normas concernentes às convenções e acordos coletivos de trabalho,[11] uma vez que o art. 39, § 3º, excluiu esse direito do rol respectivo.

---

9. Atualmente, esse efeito atinge todos os empregados da categoria profissional e todos os empregadores da categoria econômica representados pela organização sindical respectiva, no caso da convenção coletiva de trabalho e limita-se aos empregados de uma ou várias empresas que firmarem um acordo coletivo de trabalho.

10. CF/88. Art. 22. Compete privativamente à União legislar sobre: I – direito civil, comercial, penal, processual, eleitoral, agrário, marítimo, aeronáutico, espacial e do trabalho.

11. O Direito ao reconhecimento dos acordos e convenções coletivas de trabalho encontra-se inserto no art. 7º, XXVI, da Constituição Federal de 1988.

> **Art. 39. § 3º.** Aplica-se aos servidores ocupantes de cargo público o disposto no artigo 7º, IV, VII, VIII, IX, XII, XIII, XV, XVI, XVII, XVIII, XIX, XX, XXII e XXX, podendo a lei estabelecer requisitos diferenciados de admissão quando a natureza do cargo o exigir.

Nesse sentido, manifesta-se o STF por meio da Súmula nº 679: "Fixação de Vencimentos dos Servidores Públicos – Possibilidade – Objeto de Convenção Coletiva. A fixação de vencimentos dos servidores públicos não pode ser objeto de convenção coletiva".

Observe-se, entretanto, que em nenhum momento a Constituição Federal vigente veda a utilização de acordos e convenções coletivas de trabalho como forma de solucionar os conflitos entre a administração pública direta e seus servidores, principalmente quando tais servidores são empregados públicos, ou seja, encontram-se regidos pela sistemática da CLT.

Como já foi dito, nada impede que se celebre um acordo coletivo de trabalho no serviço público, **desde que nele não se incluam cláusulas que impliquem aumento de despesa para o erário público**, circunstância que não ofenderia o art. 37, VI e VII da Constituição Federal de 1988.

Esse procedimento não iria de encontro ao princípio da legalidade estrita, que rege a administração pública, tendo em vista que nas relações com os servidores públicos, que ostentam o *status* de empregado, o Estado despe-se do seu *ius imperii*.

O entendimento do Tribunal Superior do Trabalho é nesse sentido:

> REGIME 12X36. NORMA COLETIVA. EXIGIBILIDADE. ENTE PÚBLICO. CLÁUSULA SOCIAL. Segundo jurisprudência dessa colenda Corte Superior, a adoção do regime 12x36, desde que mediante norma coletiva, é plenamente válida, uma vez que observa a faculdade de flexibilização de normas trabalhistas mediante instrumentos coletivos, consoante previsão no artigo 7º, XXVI, da Constituição Federal. Precedentes da SBDI – 1. Outrossim, este colendo Tribunal Superior do Trabalho tem entendido que o reconhecimento de convenções e acordos coletivos relativamente a servidores públicos celetistas não é possível apenas nas hipóteses em que as condições de trabalho negociadas importem em acréscimo de despesas para o ente público, hipótese em que apenas através de lei poderia o assunto ser regulado (artigo 169, § 1º, I e II, da Constituição Federal). Desse modo, a autorização do regime de trabalho em jornada 12x36, por não importar qualquer acréscimo de despesas, mas unicamente em flexibilização de jornada, exige previsão normativa autônoma ou heterônoma, sob pena de invalidade, nos termos do artigo 7º, XIII, da Constituição Federal. Tratam-se das chamadas cláusulas sociais, que não geram impacto financeiro ao ente público – RODC 202700-18.2007.5.02.0000. Exegese dos artigos 39, § 3º, 169, § 1º, I e II, e 7º, XIII, da Constituição Federal.[12]

7. HIERARQUIA DOS INSTRUMENTOS NORMATIVOS NEGOCIADOS

As diversas espécies de normas estatais ocupam espaços distintos no ordenamento jurídico, uma vez que elas não se situam em um mesmo plano. O ordenamento jurídico é sistematicamente organizado de forma escalonada, de maneira que a norma de grau inferior não pode se sobrepor à norma de grau superior.

12. TST. RR 39300-08.2006.5.04.0103. Rel. Min. Caputo Bastos. DEJT 09.09.2011.

A produção normativa segue uma lógica, pois aquela de grau superior é quem autoriza a criação daquela de grau inferior e esta, por sua vez, regula a produção de outra e assim sucessivamente.

Hans Kelsen ilustra esse aspecto formal do Direito:

> A ordem jurídica não é um sistema de normas jurídicas ordenadas no mesmo plano, situadas umas ao lado das outras, mas é uma construção escalonada de diferentes camadas ou níveis de normas jurídicas. A sua unidade é produto da conexão de dependência que resulta do fato de a validade de uma norma, que foi produzida de acordo com outra norma, se apoiar sobre esta outra norma, cuja produção, por sua vez, é determinada por outra; e assim por diante, até abicar finalmente na norma fundamental – pressuposta.[13]

Assim, resumidamente, formam a pirâmide representativa do ordenamento jurídico, a Constituição Federal, que ocupa o seu ápice; as leis (complementares, ordinárias e delegadas); os decretos regulamentadores; e os contratos, que ocupa a base da referida pirâmide.

No caso do Direito individual do trabalho, pode-se inserir a convenção e o acordo coletivo de trabalho e, ainda mais abaixo, os regulamentos de empresa.

7.1. Princípio da aplicação da norma estatal mais favorável

O Direito individual do trabalho não seguiu a teoria tradicional do escalonamento jurídico das normas de forma absoluta. **A norma estatal a ser aplicada ao caso concreto será aquela mais favorável ao trabalhador**, em face da sua hipossuficiência e em decorrência da aplicação do princípio protetivo.

Nesses termos, o princípio da aplicação da norma estatal mais favorável constitui variante do princípio protetivo, ao lado das regras do *in dubio pro operario* e da condição mais benéfica.

Excepciona-se da aplicação dessa teoria nos casos de reajustes decorrentes de adoção de política salarial, conforme posicionamento do TST inserido na Súmula nº 375.

> **SÚMULA Nº 375.** REAJUSTES SALARIAIS PREVISTOS EM NORMA COLETIVA. PREVALÊNCIA DA LEGISLAÇÃO DE POLÍTICA SALARIAL. (conversão da Orientação Jurisprudencial nº 69 da SDI-1 e da Orientação Jurisprudencial nº 40 da SDI-2) – Res. 129/2005 – DJ 20.04.2005. Os reajustes salariais previstos em norma coletiva de trabalho não prevalecem frente à legislação superveniente de política salarial. (ex-OJs nº 69 da SDI-1 – Inserida em 14.03.1994 e nº 40 da SDI-2 – Inserida em 20.09. 2000).

Atualmente, não se aplica a regra da norma mais favorável **no** âmbito **dos instrumentos normativos negociados**.

Isso porque a Lei da Reforma Trabalhista (Lei nº 13.467/17), introduziu uma série de mudanças na CLT que vedam esse procedimento, a exemplo da alteração na redação do art. 620, conforme se observa do seguinte quadro comparativo:

13. KELSEN, Hans. ***Teoria Pura do Direito***. 6. ed. São Paulo: Martins Fontes, 1998. p. 247.

REFORMA TRABALHISTA – QUADRO COMPARATIVO PREVALÊNCIA DO ACORDO COLETIVO SOBRE A CONVENÇÃO COLETIVA	
REDAÇÃO ANTERIOR DA CLT	**REDAÇÃO ATUAL DA CLT**
Art. 620. As condições estabelecidas em Convenção quando mais favoráveis, prevalecerão sobre as estipuladas em Acordo.	**Art. 620.** As condições estabelecidas em acordo coletivo de trabalho sempre prevalecerão sobre as estipuladas em convenção coletiva de trabalho.
DIFERENÇAS E COMENTÁRIOS	
Entendeu o legislador que, **por ser mais específico**, o acordo coletivo **sempre deve prevalecer sobre a convenção coletiva**, independentemente de ser mais favorável ao trabalhador. Com essa modificação, **a regra da norma mais benéfica deixa de ser aplicada no âmbito das normas profissionais,** não fazendo mais sentido o uso de critérios para identificar, no comparativo entre acordo e convenção coletiva, qual seria o mais benéfico para o trabalhador. De certa forma o legislador estabeleceu uma presunção legal *jure et de jure* ao considerar que o acordo prevalece sobre a convenção, adotando a teoria do conglobamento e seguindo o posicionamento do TST e de alguns Tribunais Regionais. Para a teoria do conglobamento ou da incindibilidade, as melhores condições de trabalho devem ser analisadas de forma conjunta. Durante as negociações, o sindicato da categoria profissional abre mão de determinado direito ou admite a sua redução para obter uma vantagem maior em outro setor da negociação. Tal circunstância inviabilizaria a análise isolada de cada cláusula constante do instrumento normativo negociado. A teoria do conglobamento deriva do princípio da autonomia da vontade das entidades sindicais, pois lhes possibilita, de forma global, estabelecer novas condições de trabalho para os integrantes da categoria profissional respectiva. Por conta disso, presume-se mais benéfico o acordo coletivo de trabalho quando comparado com a convenção coletiva de trabalho de toda a categoria: **OJ4T Nº 105 do TRT9.** HIERARQUIA ENTRE CONVENÇÃO COLETIVA E ACORDO COLETIVO DE TRABALHO. PREVALÊNCIA DO ESPECÍFICO SOBRE O GERAL. Ajuste entre empresa e sindicato (acordo coletivo de trabalho), celebrado sem vícios, sob tutela sindical e inserido em um contexto de concessões recíprocas, encontra pleno respaldo jurídico nos princípios que regem a autonomia privada coletiva sob tutela sindical (teoria do conglobamento e princípio da adequação setorial negociada), nos textos legais (artigo 7º, inciso XXVI, da CF, e artigos 71, § 3º, e 611 da CLT) e jurisprudencial, prevalecendo inclusive sobre a genérica convenção coletiva de trabalho celebrada entre sindicatos, pois os atores das relações trabalhistas conhecem detalhadamente todo o contexto que envolve a prestação de serviços e a capacidade econômico-financeira do empregador, razão pela qual se presume mais benéfico para os efeitos do art. 620 da CLT, que deve ser interpretado à luz das diretrizes teleológicas dos arts. 7º e 8º da CF. Não se mesclam cláusulas de instrumentos coletivos diferentes, devendo prevalecer o acordo coletivo como norma mais favorável, em sua totalidade (Tribunal Superior do Trabalho, RR-130000-70.2005.5.03.0013, Rel. Min. Maria de Assis Calsing, DJ-e 12.3.2010). Foram abandonadas, portanto, a teoria da acumulação e a teoria do conglobamento orgânico ou por instituto. Para teoria da acumulação devem ser extraídas, de cada instrumento normativo, as disposições mais favoráveis para os trabalhadores e aplicá-las ao caso concreto. Para os defensores da teoria do conglobamento orgânico ou por instituto, a incidência da regra mais favorável efetiva-se por meio da análise de cada matéria ou cada instituto jurídico na sua integridade, no âmbito de um determinado instrumento normativo negociado. Assim, devem prevalecer todas as cláusulas que tratem de salário, jornada de trabalho, férias etc.	

7.2. Prevalência do negociado sobre o legislado – flexibilização

Em meados do século XX, o Direito do trabalho consolidou-se como ramo autônomo da ciência jurídica, depois de uma grande luta dos trabalhadores originada pela questão social.

Essa estabilização do Direito laboral chegou a tal ponto que as modernas constituições abriram espaço para abrigar dispositivos dessa natureza, justamente para dificultar a modificação ou diminuição dos direitos trabalhistas pelo legislador ordinário.

Depois desse momento histórico, percebeu-se que o Direito do trabalho passou a sofrer influência da nova ordem econômica mundial, ou mais precisamente, da globalização.

Esse fenômeno é decorrente da adoção de novas tecnologias e teorias no âmbito da administração empresarial, em consequência da grande facilidade de circulação de pessoas, bens, serviços e capitais.

A globalização acirra a competição entre as empresas, de forma que produz uma busca incessante por mercados consumidores e, principalmente, para instalar seus centros de produção em localidades onde ofereçam matéria prima e mão de obra barata.

Nesse panorama o Direito do trabalho estabelece um conteúdo mínimo ao contrato de labor ou, em outras palavras, impõe um custo mínimo para a mão de obra.

Como os países subdesenvolvidos têm interesse em atrair capitais externos, representado pela instalação de grandes empresas em seu território, a solução encontrada tem sido a possibilidade de flexibilizar a legislação trabalhista.

No Brasil, esse processo de flexibilização legal iniciou-se em 13.09.1966 com a introdução do sistema alternativo do FGTS (da Lei nº 5.107/66), em substituição ao sistema da CLT de estabilidade no emprego. Posteriormente, introduziu-se a Lei nº 6.019/74, que permitiu a contratação de trabalhadores por prazo certo, por intermédio de empresas de prestação de serviços temporários.

Paralelamente à flexibilização legal, tem-se a flexibilização contratual, que confere efeitos jurídicos plenos ou limitados à autonomia da vontade, por intermédio de atos praticados pelos empregados ou pelos sindicatos ou entidades similares, ajustando condições de trabalho menos benéficas se comparadas com aquelas previstas na legislação estatal.

A. A flexibilização na Constituição Federal

A possibilidade de flexibilização dos direitos trabalhistas por meio de negociação coletiva encontra-se insculpida em algumas passagens da atual Constituição Federal, como aquele constante do art. 7º, inciso VI: "irredutibilidade do salário, salvo o disposto em convenção ou acordo coletivo" e XIII: "duração do trabalho normal não superior a oito horas diárias e quarenta e quatro semanais, facultada a compensação de horários e a redução da jornada, mediante acordo ou convenção coletiva de trabalho".

B. Entendimento jurisprudencial

Antes da vigência da Lei nº 13.467/17, o posicionamento do TST era no sentido de **não ser possível a prevalência do acordo ou convenção coletiva sobre legislação vigente** quando o instrumento normativo negociado fosse menos benéfico do que a própria lei, salvo nos casos expressamente previstos pela Constituição Federal.

A jurisprudência dos Tribunais Regionais do Trabalho seguia a orientação do TST:

> **SÚMULA Nº 14 do TRT1.** CONTROLE DE JORNADA. ISENÇÃO DE MARCAÇÃO PREVISTA EM NORMA COLETIVA. INEFICÁCIA DA CLÁUSULA. Tendo o empregador mais de dez empregados, a obrigatoriedade de controle da jornada de trabalho

é imperativo legal (CLT, artigo 74, §§1º e 2º), sendo ineficaz, de pleno direito, a cláusula normativa que dispõe em sentido contrário.

SÚMULA Nº 25 do TRT8. INTERVALO INTRAJORNADA. APLICAÇÃO DA SÚMULA Nº 437, II, DO C. TST (ART. 896, § 6º, DA CLT). É inválida cláusula de acordo ou convenção coletiva de trabalho contemplando a supressão ou redução do intervalo intrajornada (art. 71 da CLT e art. 7º, XXI, da CF/1988).

OJ4T Nº 113 do TRT9. FLEXIBILIZAÇÃO. I – Flexibilização dos direitos sociais. Impossibilidade de desregulamentação dos direitos sociais fundamentais, por se tratar de normas contidas na cláusula de intangibilidade prevista no art. 60, § 4º, inc. IV, da Constituição da República. II – Direito do trabalho. Princípios. Eficácia. A negociação coletiva que reduz garantias dos trabalhadores asseguradas em normas constitucionais e legais ofende princípios do Direito do Trabalho. A quebra da hierarquia das fontes é válida na hipótese de o instrumento inferior ser mais vantajoso para o trabalhador.

TESE JURÍDICA PREVALECENTE Nº 17 do TRT2. HORAS EXTRAS. MINUTOS QUE ANTECEDEM E SUCEDEM A JORNADA DE TRABALHO. É ineficaz a flexibilização do disposto no art. 58, parágrafo 1º da CLT, por norma coletiva, a partir da vigência da Lei nº 10.243/2001, que acrescentou o § 1º do artigo 58 da CLT.

Entretanto, o STF já iniciava um movimento de consolidação de entendimento contrário ao do TST, inicialmente representado pela decisão proferida nos autos do RE nº 590415, com repercussão geral reconhecida:

> DIREITO DO TRABALHO. ACORDO COLETIVO. PLANO DE DISPENSA INCENTIVADA. VALIDADE E EFEITOS. 7. Provimento do recurso extraordinário. Afirmação, em repercussão geral, da seguinte tese: "A transação extrajudicial que importa rescisão do contrato de trabalho, em razão de adesão voluntária do empregado a plano de dispensa incentivada, enseja quitação ampla e irrestrita de todas as parcelas objeto do contrato de emprego, caso essa condição tenha constado expressamente do acordo coletivo que aprovou o plano, bem como dos demais instrumentos celebrados com o empregado".

No mesmo sentido foi a decisão monocrática do Min. Teori Zavascki, proferida em 13.09.2016, nos autos do RE nº 895759:

> [...] O acórdão recorrido não se encontra em conformidade com a *ratio* adotada no julgamento do RE 590.415, no qual esta Corte conferiu especial relevância ao princípio da autonomia da vontade no âmbito do direito coletivo do trabalho. Ainda que o acordo coletivo de trabalho tenha afastado direito assegurado aos trabalhadores pela CLT, concedeu-lhe outras vantagens com vistas a compensar essa supressão. Ademais, a validade da votação da Assembleia Geral que deliberou pela celebração do acordo coletivo de trabalho não foi rechaçada nesta demanda, razão pela qual se deve presumir legítima a manifestação de vontade proferida pela entidade sindical. Registre-se que a própria Constituição Federal admite que as normas coletivas de trabalho disponham sobre salário (art. 7º, VI) e jornada de trabalho (art. 7º, XIII e XIV), inclusive reduzindo temporariamente remuneração e fixando jornada diversa da constitucionalmente estabelecida. Não se constata, por outro lado, que o acordo coletivo em questão tenha extrapolado os limites da razoabilidade, uma vez que, embora tenha limitado direito legalmente previsto, concedeu outras vantagens em seu lugar, por meio de manifestação de vontade válida da entidade sindical. 4. Registre-se que o requisito da repercussão geral está atendido em face do que prescreve o art. 543-A, § 3º, do CPC/1973: "Haverá repercussão geral sempre que o recurso impugnar decisão contrária a súmula ou jurisprudência dominante do Tribunal". 5. Diante do exposto, com base no art. 557, § 1º-A, do CPC/1973, dou provimento ao recurso extraordinário para afastar a condenação da recorrente ao pagamento das horas *in itinere* e dos respectivos reflexos salariais.

C. Posicionamento da Doutrina

Dada a importância dessa questão, alguns autores, a exemplo de Maurício Godinho Delgado, elevaram-na à condição de princípio do Direito coletivo do trabalho, denominado de **princípio da adequação setorial negociada.**[14]

Em face da aplicação desse princípio, as normas oriundas da manifestação de vontade das entidades coletivas trabalhistas poderiam prevalecer diante das normas estatais do Direito do trabalho.

Para isso seria necessário, na opinião do mencionado Autor, que salvaguardassem um padrão de direitos trabalhistas superior ao previsto na legislação heterônoma estatal; ou, no máximo, **possam flexibilizar tão somente aqueles direitos laborais de indisponibilidade relativa**, como ocorre com a compensação ou prorrogação da jornada de trabalho.

Seriam inderrogáveis, ainda que mediante instrumentos coletivos negociados, **os direitos gerados pelas normas de saúde e segurança no meio ambiente de trabalho e o dever de anotação da CTPS dos obreiros.**

D. Negociação de direitos individuais de crédito

É preciso distinguir a situação analisada, qual seja, de fixação de normas gerais e abstratas menos benéficas para o trabalhador, da hipótese de renúncia e transação de direitos individuais já incorporados ao patrimônio do obreiro por meio de acordo ou convenção coletiva.

Nesse último caso a eficácia do instrumento normativo negociado estaria sujeita a autorização expressa do titular do direito.

A tese jurídica prevalecente nº 1 do TRT7 deixa clara essa vedação:

> **TESE JURÍDICA PREVALECENTE Nº 1 do TRT7.** CAIXA ECONÔMICA FEDERAL. ESTRUTURA SALARIAL UNIFICADA DE 2008 (ESU/2008). CLÁUSULAS QUE ESTIPULAM COMO REQUISITOS PARA ADESÃO A TRANSAÇÃO E A QUITAÇÃO DE EVENTUAIS DIREITOS E AÇÕES JUDICIAIS QUE TENHAM POR FUNDAMENTO PLANOS DE CARGOS E SALÁRIOS (PCS'S) ANTERIORES. INVALIDADE. São nulas, mesmo que negociadas coletivamente, as cláusulas que estipulam, como requisito de adesão à ESU/2008, a transação e a quitação de eventuais direitos e ações judiciais que tenham por fundamento PCS's anteriores, uma vez que tais disposições afrontam direitos já incorporados ao patrimônio jurídico dos trabalhadores e/ou implicam restrição, ainda que reflexa, ao amplo e substancial acesso ao Poder Judiciário.

E. Reforma Trabalhista

Com a aprovação da Lei da Reforma Trabalhista foram introduzidos os artigos 611-A e 611-B à CLT.[15]

---

14. A primeira referência feita a este princípio constou de artigo do Ministro Maurício Godinho Delgado, intitulado "Princípios do Direito do Trabalho", Jornal Trabalhista, Brasília: Centro de Assessoria Trabalhista, ano XI, nº 535, 12.12.1994, p. 1202/1.208.
15. A redação dada pela Lei nº 13.467/17 era a seguinte: "Art. 611-A. A convenção coletiva e o acordo coletivo de trabalho têm prevalência sobre a lei quando, entre outros, dispuserem sobre:".

O primeiro, contém uma **relação exemplificativa** de direitos trabalhistas que podem ser negociados por meio de convenção ou acordo coletivo de trabalho, **ainda que sejam menos benéficos se comparados com a legislação estatal**.

> **Art. 611-A**. A convenção coletiva e o acordo coletivo de trabalho têm prevalência sobre a lei quando, entre outros, dispuserem sobre:
>
> I – pacto quanto à jornada de trabalho, observados os limites constitucionais;
>
> II – banco de horas anual;
>
> III – intervalo intrajornada, respeitado o limite mínimo de trinta minutos para jornadas superiores a seis horas;
>
> IV – adesão ao Programa Seguro-Emprego (PSE), de que trata a Lei nº 13.189, de 19 de novembro de 2015;
>
> V – plano de cargos, salários e funções compatíveis com a condição pessoal do empregado, bem como identificação dos cargos que se enquadram como funções de confiança;
>
> VI – regulamento empresarial;
>
> VII – representante dos trabalhadores no local de trabalho;
>
> VIII – teletrabalho, regime de sobreaviso, e trabalho intermitente;
>
> IX – remuneração por produtividade, incluídas as gorjetas percebidas pelo empregado, e remuneração por desempenho individual;
>
> X – modalidade de registro de jornada de trabalho;
>
> XI – troca do dia de feriado;
>
> XII – enquadramento do grau de insalubridade;
>
> XIII – prorrogação de jornada em ambientes insalubres, sem licença prévia das autoridades competentes do Ministério do Trabalho;
>
> XIV – prêmios de incentivo em bens ou serviços, eventualmente concedidos em programas de incentivo;
>
> XV – participação nos lucros ou resultados da empresa.

Em sentido oposto, o art. 611-B da CLT identifica uma **série taxativa** de direitos trabalhistas que não podem ser reduzidos ou suprimidos por meio de negociação coletiva:

> **Art. 611-B.** Constituem objeto ilícito de convenção coletiva ou de acordo coletivo de trabalho, exclusivamente, a supressão ou a redução dos seguintes direitos:
>
> I – normas de identificação profissional, inclusive as anotações na Carteira de Trabalho e Previdência Social;
>
> II – seguro-desemprego, em caso de desemprego involuntário;
>
> III – valor dos depósitos mensais e da indenização rescisória do Fundo de Garantia do Tempo de Serviço (FGTS);
>
> IV – salário mínimo;
>
> V – valor nominal do décimo terceiro salário;
>
> VI – remuneração do trabalho noturno superior à do diurno;
>
> VII – proteção do salário na forma da lei, constituindo crime sua retenção dolosa;

VIII – salário-família;

IX – repouso semanal remunerado;

X – remuneração do serviço extraordinário superior, no mínimo, em 50% (cinquenta por cento) à do normal;

XI – número de dias de férias devidas ao empregado;

XII – gozo de férias anuais remuneradas com, pelo menos, um terço a mais do que o salário normal;

XIII – licença-maternidade com a duração mínima de cento e vinte dias;

XIV – licença-paternidade nos termos fixados em lei;

XV – proteção do mercado de trabalho da mulher, mediante incentivos específicos, nos termos da lei;

XVI – aviso prévio proporcional ao tempo de serviço, sendo no mínimo de trinta dias, nos termos da lei;

XVII – normas de saúde, higiene e segurança do trabalho previstas em lei ou em normas regulamentadoras do Ministério do Trabalho;

XVIII – adicional de remuneração para as atividades penosas, insalubres ou perigosas;

XIX – aposentadoria;

XX – seguro contra acidentes de trabalho, a cargo do empregador;

XXI – ação, quanto aos créditos resultantes das relações de trabalho, com prazo prescricional de cinco anos para os trabalhadores urbanos e rurais, até o limite de dois anos após a extinção do contrato de trabalho;

XXII – proibição de qualquer discriminação no tocante a salário e critérios de admissão do trabalhador com deficiência;

XXIII – proibição de trabalho noturno, perigoso ou insalubre a menores de dezoito anos e de qualquer trabalho a menores de dezesseis anos, salvo na condição de aprendiz, a partir de quatorze anos;

XXIV – medidas de proteção legal de crianças e adolescentes;

XXV – igualdade de direitos entre o trabalhador com vínculo empregatício permanente e o trabalhador avulso;

XXVI – liberdade de associação profissional ou sindical do trabalhador, inclusive o direito de não sofrer, sem sua expressa e prévia anuência, qualquer cobrança ou desconto salarial estabelecidos em convenção coletiva ou acordo coletivo de trabalho;

XXVII – direito de greve, competindo aos trabalhadores decidir sobre a oportunidade de exercê-lo e sobre os interesses que devam por meio dele defender;

XXVIII – definição legal sobre os serviços ou atividades essenciais e disposições legais sobre o atendimento das necessidades inadiáveis da comunidade em caso de greve;

XXIX – tributos e outros créditos de terceiros;

XXX – as disposições previstas nos arts. 373-A, 390, 392, 392-A, 394, 394-A, 395, 396 e 400 desta Consolidação.

Parágrafo único. Regras sobre duração do trabalho e intervalos não são consideradas como normas de saúde, higiene e segurança do trabalho para os fins do disposto neste artigo.

Basicamente, se trata de direitos individuais e coletivos do trabalho que se encontram previstos na Constituição Federal de 1988.

Apesar da clareza do preceito contido no art. 611-A da CLT, foram aprovados diversos Enunciados na 2ª Jornada de Direito Material e Processual do Trabalho limitando os efeitos da negociação coletiva:

> **ENUNCIADO Nº 27. ADEQUAÇÃO SETORIAL NEGOCIADA** I – NEGOCIAÇÃO COLETIVA. LIMITES. ADEQUAÇÃO SETORIAL NEGOCIADA. AS REGRAS AUTÔNOMAS COLETIVAS PODEM PREVALECER SOBRE O PADRÃO GERAL HETERÔNOMO TRABALHISTA, DESDE QUE IMPLEMENTEM PADRÃO SETORIAL DE DIREITOS SUPERIOR AO PADRÃO GERAL HETERÔNOMO, OU QUANDO TRANSACIONAM SETORIALMENTE PARCELAS E DIREITOS TRABALHISTAS DE INDISPONIBILIDADE APENAS RELATIVA, RESPEITADAS AS NORMAS DE INDISPONIBILIDADE ABSOLUTA. II – A "ADEQUAÇÃO SETORIAL NEGOCIADA" NÃO AUTORIZA A SUPRESSÃO OU REDUÇÃO DE DIREITOS "TOUT COURT", CABENDO ÀS PARTES, NOS TERMOS DO ARTIGO 611-A DA CLT, COM A REDAÇÃO DADA PELA LEI 13.467/2017, JUSTIFICAR A EXCEPCIONALIDADE DA ADEQUAÇÃO E SUA TRANSITORIEDADE, BEM COMO DEFINIR AS CONTRAPARTIDAS, COM RAZOABILIDADE E DE BOA-FÉ, SENDO INCONSTITUCIONAL O DISPOSTO NO PARÁGRAFO 2º DO ART. 611-A DA CLT.
>
> **ENUNCIADO Nº 32. NEGOCIADO SOBRE LEGISLADO: GRAUS DE INSALUBRIDADE. INSTITUCIONALIDADES, INCONVENCIONALIDADES, RETROCESSO SOCIAL** AS DISPOSIÇÕES DOS INCISOS XII E XIII DO ART. 611-A DA CLT (POSSIBILIDADE DE ENQUADRAMENTO DE TRABALHADORES EM GRAUS DE INSALUBRIDADE E DE PRORROGAÇÃO DE JORNADA EM AMBIENTES INSALUBRES POR MEIO DE ACORDO OU CONVENÇÃO COLETIVA DE TRABALHO) PERFAZEM RETROCESSO SOCIAL, COM PREJUÍZOS À VIDA DIGNA E À SAÚDE DO TRABALHADOR, SENDO INCOMPATÍVEIS COM OS ARTIGOS 3º, I E IV, 5º, XXIII, 6º, 7º, XXII, 170, III, 196 E 225 DA CONSTITUIÇÃO FEDERAL, COM O ART. 11, A, DA CONVENÇÃO 155 DA OIT, COM O ART. 611-B, XVII, DA CLT, E, NO CAMPO PROCESSUAL/DECISÓRIO, COM OS ARTIGOS 1º, 8º E 489, § 2º, DO CPC.
>
> **ENUNCIADO Nº 33. ENQUADRAMENTO DO GRAU DE INSALUBRIDADE: IMPOSSIBILIDADE DE REDUÇÃO** CONSIDERANDO O PRINCÍPIO DA PRIMAZIA DA REALIDADE, E SENDO A SAÚDE UM DIREITO DE TODOS E DEVER DO ESTADO, E CONSIDERANDO AINDA A ILICITUDE DA SUPRESSÃO OU REDUÇÃO DOS DIREITOS PROVENIENTES DE NORMAS DE SAÚDE, HIGIENE E SEGURANÇA NO TRABALHO, PREVALECERÁ O ACORDADO SOBRE O LEGISLADO SEMPRE QUE SE TRATAR DE PAGAMENTO DE PERCENTUAL SUPERIOR ÀQUELE DETERMINADO NA NR-15, NÃO SENDO POSSÍVEL A REDUÇÃO DO REFERIDO ADICIONAL.
>
> **ENUNCIADO Nº 34. INTERVALO INTRAJORNADA COMO NORMA DE SEGURANÇA E SAÚDE PÚBLICA** I – REGRAS SOBRE O INTERVALO INTRAJORNADA SÃO CONSIDERADAS COMO NORMAS DE SAÚDE, HIGIENE E SEGURANÇA DO TRABALHO E, POR CONSEQUÊNCIA, DE ORDEM PÚBLICA, APESAR DO QUE DISPÕE O ART. 611-B, PARÁGRAFO ÚNICO DA CLT (NA REDAÇÃO DA LEI 13.467/2017). II – O ESTABELECIMENTO DE INTERVALOS INTRAJORNADAS EM PATAMARES INFERIORES A UMA HORA PARA JORNADAS DE TRABALHO SUPERIORES A SEIS HORAS DIÁRIAS É INCOMPATÍVEL COM OS ARTIGOS 6º, 7º, INCISO XXII, E 196 DA CONSTITUIÇÃO.

ENUNCIADO Nº 35. PREVALÊNCIA DO NEGOCIADO SOBRE O LEGISLADO E CONTROLE DE JORNADA DE TRABALHO I – O REGISTRO DE JORNADA DE TRABALHO PERMANECE OBRIGATÓRIO, NOS TERMOS DO ART. 74 DA CONSOLIDAÇÃO DAS LEIS DO TRABALHO. II – A MERA PREVISÃO EM ACORDO OU CONVENÇÃO COLETIVA DE TRABALHO NÃO BASTA PARA A VALIDADE DO SISTEMA DE REGISTRO ELETRÔNICO DE JORNADA DE TRABALHO. NECESSIDADE DE PROVA DA INVIOLABILIDADE E VERACIDADE DOS REGISTROS E POSSIBILIDADE DE EXTRAÇÃO DE DADOS PELA FISCALIZAÇÃO DO TRABALHO.

ENUNCIADO Nº 36. NEGOCIADO SOBRE LEGISLADO E REDUÇÃO SALARIAL NEGOCIAÇÃO COLETIVA. CONTRATO INDIVIDUAL DE TRABALHO. OBJETO ILÍCITO. SALÁRIO MÍNIMO NORMATIVO. ART. 611-B, IV, DA CLT. AS CONVENÇÕES COLETIVAS, OS ACORDOS COLETIVOS DE TRABALHO E OS ACORDOS INDIVIDUAIS DE TRABALHO DEVEM RESPEITAR O SALÁRIO MÍNIMO NORMATIVO EM QUALQUER MODALIDADE DE CONTRATAÇÃO, NOS TERMOS DO ART. 7º, INCISO IV, DA CONSTITUIÇÃO FEDERAL.

ENUNCIADO Nº 37. SAÚDE E DURAÇÃO DO TRABALHO É INCONSTITUCIONAL O PARÁGRAFO ÚNICO DO ART. 611-B DA CLT, POIS AS NORMAS E INSTITUTOS QUE REGULAM A DURAÇÃO DO TRABALHO, BEM COMO SEUS INTERVALOS, SÃO DIRETAMENTE LIGADOS ÀS TUTELAS DA SAÚDE, HIGIENE E SEGURANÇA DO TRABALHO COMO ESTABELECIDAS PELOS ARTS. 7º, XIII, XIV E XXII, 196 E 225 DA CONSTITUIÇÃO FEDERAL, PELOS ARTS. 3º, B E E, E 5º DA CONVENÇÃO 155 DA OIT, PELO ART. 7º, II, B E D, DO PIDESC (ONU), PELO ART. 7º, E, G E H, DO PROTOCOLO DE SAN SALVADOR (OEA), E PELO PRÓPRIO ART. 58 DA CLT, QUE LIMITA A JORNADA A OITO HORAS DIÁRIAS, SENDO, ASSIM, INSUSCETÍVEIS DE FLEXIBILIZAÇÃO POR CONVENÇÃO OU ACORDO COLETIVOS.

ENUNCIADO Nº 48. NEGOCIAÇÃO "IN PEJUS" E INCONVENCIONALIDADE DO ART. 611-A DA CLT NEGOCIAÇÃO "IN PEJUS". INCONVENCIONALIDADE. EFEITOS PARALISANTES. A COMISSÃO DE EXPERTOS EM APLICAÇÃO DE CONVÊNIOS E RECOMENDAÇÕES DA OIT (CEACR), NO CONTEXTO DE SUA OBSERVAÇÃO DE 2017 SOBRE A APLICAÇÃO, PELO BRASIL, DA CONVENÇÃO 98 DA OIT, REITEROU QUE O OBJETIVO GERAL DAS CONVENÇÕES 98, 151 E 154 É A PROMOÇÃO DA NEGOCIAÇÃO COLETIVA PARA ENCONTRAR ACORDO SOBRE TERMOS E CONDIÇÕES DE TRABALHO QUE SEJAM MAIS FAVORÁVEIS QUE OS PREVISTOS NA LEGISLAÇÃO. SEGUNDO A CEACR, UM DISPOSITIVO LEGAL QUE INSTITUI A DERROGABILIDADE GERAL DA LEGISLAÇÃO LABORAL POR MEIO DA NEGOCIAÇÃO COLETIVA É CONTRÁRIO AO OBJETIVO DA PROMOÇÃO DA NEGOCIAÇÃO COLETIVA LIVRE E VOLUNTÁRIA PREVISTA EM TAIS CONVENÇÕES. O ARTIGO 611-A DA CLT "REFORMADA" NÃO É VERTICALMENTE COMPATÍVEL COM A CONVENÇÃO 98 DA OIT E REMANESCE FORMALMENTE INCONVENCIONAL, CIRCUNSTÂNCIA QUE IMPEDE A SUA APLICAÇÃO, EM VIRTUDE DA EFICÁCIA PARALISANTE IRRADIADA PELAS CONVENÇÕES.

8. CONVENÇÃO COLETIVA DE TRABALHO

A convenção coletiva de trabalho **é um instrumento de caráter normativo derivado da negociação coletiva havida entre o sindicato da categoria profissional e o respectivo sindicato da categoria econômica** e tem como objetivo a fixação de novas condições de trabalho.

Apesar do seu conteúdo normativo, a convenção coletiva nasce de um acordo de vontades entre os sujeitos coletivos trabalhistas, o que revela seu caráter contratual, no momento de sua formação.

A Consolidação das Leis do Trabalho define convenção coletiva de trabalho em seu art. 611:

> **Art. 611.** Convenção Coletiva de Trabalho é o acordo de caráter normativo, pelo qual dois ou mais sindicatos representativos de categorias econômicas e profissionais estipulam condições de trabalho aplicáveis, no âmbito das respectivas representações, às relações individuais de trabalho.

A convenção coletiva de trabalho estabelece as condições de trabalho que serão aplicáveis a todos os integrantes da categoria profissional e econômica que firmaram o ajuste coletivo **e não só aos filiados dos respectivos sindicatos.** Por ser aplicável a todas as empresas de um ramo da atividade empresarial, atualmente denominada de categoria econômica, são chamadas, também, de convênios supra-empresariais.

Na falta de sindicatos na base territorial onde se instalou o conflito coletivo, a federação ou a confederação podem assumir o papel do ente coletivo de primeiro grau, conforme dispõe o art. 611, § 2º, da Consolidação das Leis do Trabalho.[16]

9. ACORDO COLETIVO DE TRABALHO

Assim como ocorre com a convenção coletiva de trabalho, **o acordo coletivo constitui instrumento normativo decorrente de uma negociação coletiva efetivada entre o sindicato representativo da categoria profissional (grupo de trabalhadores) e uma ou algumas empresas.**

De igual forma, visa estabelecer condições de trabalho diversas daquelas previstas pela legislação estatal.

Verifica-se, desde já, que o raio de abrangência do acordo coletivo **é mais limitado do que o da convenção coletiva de trabalho** e, por conta disso, em alguns ordenamentos jurídicos alienígenas, são denominados de convênios de empresa.

A Consolidação das Leis do Trabalho define o acordo coletivo de trabalho em seu art. 611, § 1º:

> **Art. 611. § 1º.** É facultado aos sindicatos representativos de categorias profissionais celebrar Acordos Coletivos com uma ou mais empresas da correspondente categoria econômica, que estipulem condições de trabalho, aplicáveis no âmbito da empresa ou das empresas acordantes às respectivas relações de trabalho.

Até 28 de fevereiro de 1967, a legislação nacional só reconhecia a validade das convenções coletivas de trabalho. A possibilidade de ajustar acordos coletivos só foi possível com a adição do parágrafo primeiro ao art. 611 da CLT, por meio do Decreto-Lei nº 229.

16. CLT. Art. 611. § 2º. As Federações e, na falta destas, as Confederações representativas de categorias econômicas ou profissionais poderão celebrar convenções coletivas de trabalho para reger as relações das categorias a elas vinculadas, inorganizadas em sindicatos, no âmbito de suas representações.

Com a vigência da Lei nº 13.467/17, alterou-se a redação do art. 620 da CLT no sentido de sempre reconhecer a **prevalência do acordo coletivo sobre a convenção coletiva de trabalho**: "As condições estabelecidas em acordo coletivo de trabalho sempre prevalecerão sobre as estipuladas em convenção coletiva de trabalho".

10. EFEITOS DAS CLÁUSULAS

Presentes os elementos essenciais do negócio jurídico, o instrumento normativo negociado torna-se válido e eficaz. Qualquer processo de prorrogação, revisão, denúncia ou revogação **exige a prévia aprovação da assembleia geral** especialmente convocada para esse fim.

Exigem-se os mesmos requisitos no que diz respeito ao depósito, registro e arquivamento junto ao órgão competente para os atos negociais posteriores à celebração do convênio coletivo de trabalho.

10.1. Prorrogação

O prazo máximo de vigência que se pode estipular para o instrumento normativo é de **dois anos**. Desse modo, não existe a possibilidade de prorrogar o acordo ou a convenção coletiva de trabalho se o prazo estipulado de vigência for de dois anos.

Tal procedimento só será possível na hipótese em que o convênio coletivo tenha prazo de vigência inferior àquele limite máximo estabelecido pela lei.

O método para prorrogação assemelha-se aquele destinado a criação do instrumento normativo, pois, como visto acima, **exige-se a autorização expressa da assembleia-geral, bem como o depósito, registro e arquivamento do instrumento de prorrogação no órgão competente.**

10.2. Revisão

A revisão do instrumento normativo ocorre quando as partes interessadas pretendem modificar alguma das suas cláusulas que já se encontra em vigor, bem como quando se pretende excluir ou inserir novas cláusulas normativas, obrigacionais ou instrumentais, **antes do seu prazo final de vigência.**

Deve haver, portanto, **autorização da assembleia-geral, com negociação prévia e mútuo consentimento dos sindicatos interessados na alteração.**

10.3. Denúncia

O contrato surge a partir do encontro de vontades. Em determinadas situações, a lei permite que um dos contratantes ponha fim ao pacto celebrado, por meio do instituto da denúncia, que deverá ser notificada ao outro pactuante (resilição unilateral).[17]

17. Código Civil. Art. 473. A resilição unilateral, nos casos em que a lei expressa ou implicitamente o permita, opera mediante denúncia notificada à outra parte.

A denúncia, assim como a ação anulatória, é **o procedimento formal que objetiva a desconstituição dos negócios jurídicos.** No âmbito do instrumento normativo negociado, a denúncia implicaria perda de vigência do seu conteúdo obrigacional e normativo.

A denúncia, aplicada aos instrumentos normativos negociados, poderia ser praticada pelo sindicato da categoria econômica ou profissional, no caso de convenção coletiva de trabalho ou de sindicato da categoria profissional e empresa, na hipótese de acordo coletivo de trabalho.

Contudo, uma vez formalizado o contrato coletivo de trabalho, **não há possibilidade de um dos contratantes, por ato unilateral, ou seja, por meio da denúncia, obstar a produção dos seus efeitos.**

Isso porque a resilição contratual só é permitida nos contratos bilaterais **quando a lei expressamente assim dispuser.** Essa, contudo, não é a hipótese dos contratos coletivos de trabalho, tendo em vista a omissão específica da CLT, nesse particular.[18]

10.4. Revogação

O instituto da revogação pode ser estudado sob dois aspectos: o negocial e o legal. Como o instrumento normativo negociado tem natureza híbrida, misto de lei e de contrato, tem-se que a revogação pode ser efetivada nesses dois planos.

No plano legal, opera-se a revogação quando uma norma posterior assim o dispõe de forma expressa, quando tratar da mesma matéria de forma diversa ou for com ela incompatível, o que caracteriza a revogação tácita.

Acontece, porém, que os instrumentos normativos negociados têm eficácia limitada no tempo. Por conta disso, seus efeitos cessam com o advento do termo final que consta no respectivo instrumento, pois é substituído pela convenção coletiva ou acordo coletivo posterior.

Portanto, **não há falar-se em revogação no plano legal no que diz respeito aos contratos coletivos de trabalho.**

No plano negocial, a revogação é instituto característico dos atos unilaterais de vontade, por exemplo, do testamento, ou dos contratos unilaterais, como a doação e o mandato.

Como o instrumento normativo decorrente de uma negociação coletiva tem como característica a bilateralidade, não há como qualquer das partes revogarem o compromisso que assumiu para a formação do contrato coletivo de trabalho.

Exemplo de questão sobre o tema

(Magistratura do Trabalho – TRT 8ª – 2011) A respeito dos contratos coletivos de trabalho, analise as proposições abaixo e assinale a alternativa CORRETA:

I. A natureza jurídica dos instrumentos normativos negociados se assemelha a um contrato em sua formação, pois nasce de um acordo de vontades, porém, na sua essência, eles têm natureza de norma, visto que beneficiam e obrigam todos os integrantes da categoria envolvida no conflito.

---

18. Fala-se em omissão específica, uma vez que a CLT, em seu art. 615, trata do instituto da denúncia de forma genérica, sem identificar os seus requisitos e efeitos: "Art. 615. O processo de prorrogação, revisão, ***denúncia*** ou revogação total ou parcial de Convenção ou Acordo ficará subordinado, em qualquer caso, à aprovação de Assembleia Geral dos Sindicatos convenentes ou partes acordantes, com observância do disposto no artigo 612" (grifou-se).

II. Segundo Orientação Jurisprudencial do TST, o preceito celetista que prevê que toda convenção ou acordo coletivo de trabalho não poderá ser superior a 2 anos, não foi recepcionado pela Constituição Federal de 1988, face ao princípio da liberdade sindical que autoriza o seu elastecimento por vontade das organizações sindicais.

III. É desnecessária a homologação, por tribunal trabalhista, do acordo extrajudicialmente celebrado, sendo suficiente, para que surta efeitos, sua formalização perante o Ministério do Trabalho.

IV. De acordo com o princípio da condição mais benéfica, as fontes de direito não se modificam, nem se substituem para piorar a situação do trabalhador. Desta feita, conforme corrente majoritária da jurisprudência trabalhista, ainda que não prorrogados os instrumentos coletivos, seus efeitos se estenderão aos contratos individuais firmados após seu termo.

(A) Os itens I, II, III e IV estão corretos.
(B) Somente os itens II, III e IV estão corretos.
(C) Somente os itens I, II e IV estão corretos.
(D) Somente os itens II e IV estão corretos.
(E) Somente os itens I e III estão corretos.

Resposta: E

11. QUADRO SINÓPTICO

Capítulo V – Instrumentos normativos negociados		
Instituto	**Conteúdo**	**Item**
Conceito	O instrumento normativo é o negócio jurídico, celebrado por tempo determinado, fruto da negociação coletiva efetivada entre entidades sindicais de empregados e empregadores. Por meio de suas cláusulas de natureza normativa, estabelecem-se novas condições de trabalho para aqueles empregados que representam. Tais condições incorporam-se automaticamente aos contratos de trabalho em vigor.	2
Denominações	Instrumentos normativos negociados, convenção coletiva de trabalho, acordo coletivo de trabalho, convênio coletivo de trabalho, pacto coletivo de trabalho, ajuste grupal de trabalho e contrato coletivo de trabalho.	3
Natureza jurídica	O instrumento normativo assemelha-se a um contrato em sua formação, pois nasce de um encontro de vontades. Mas, na sua essência, a convenção e o acordo coletivo têm natureza jurídica de norma, pois estabelecem condições de trabalho gerais e abstratas que devem ser seguidas por todos aqueles representados pelos sindicatos que firmaram o ajuste coletivo. Assim, conclui-se que a natureza jurídica desse instituto é híbrida.	4
Requisitos de validade do instrumento normativo negociado		
Capacidade	Exige-se que seja firmado pelo sindicato dos trabalhadores, com estatuto devidamente depositado perante o órgão competente, para verificação do requisito da unicidade sindical.	5.1
Objeto	A legislação trabalhista não era clara no que diz respeito ao que poderia ser objeto dos instrumentos normativos negociados. A Lei nº 13.467/17 regulamentou expressamente essa temática por meio da introdução dos arts 611-A e 611-B à CLT. O primeiro preceito citado apresenta um rol exemplificativo do que pode ser negociado pelo sindicato, inclusive em patamares inferiores ao que se encontra definido pela norma estatal, já o segundo tem natureza taxativa, e descreve quais os direitos trabalhistas não podem ser suprimidos ou reduzidos por meio da negociação coletiva.	5.2
Forma	A convenção e o acordo coletivo de trabalho são formais por excelência e, por conta disso, devem ser celebrados por escrito, sem emendas ou rasuras (art. 613, parágrafo único da Consolidação das Leis do Trabalho).	5.3

<table>
<tr><th colspan="4">Capítulo V – Instrumentos normativos negociados</th></tr>
<tr><th>Instituto</th><th colspan="2">Conteúdo</th><th>Item</th></tr>
<tr><td>Assembleia geral</td><td colspan="2">A convenção ou o acordo coletivo de trabalho só produz efeitos se a negociação que a precedeu foi autorizada por assembleia geral convocada especialmente para esse fim (art. 612 da CLT).</td><td>5.4</td></tr>
<tr><td rowspan="3">Conteúdo das cláusulas</td><td>Normativas</td><td>São as cláusulas do instrumento normativo negociado que instituem as condições de trabalho para os integrantes da categoria profissional e econômica representadas pelos sindicatos convenentes.</td><td rowspan="3">5.5</td></tr>
<tr><td>Obrigacionais</td><td>Representam as cláusulas que obrigam diretamente aqueles sujeitos que celebraram o negócio jurídico e não os seus representados. Essas obrigações são de fazer, não fazer e dar e, indiretamente, podem gerar benefício para os trabalhadores, fato que não afasta a sua natureza obrigacional.</td></tr>
<tr><td>Instrumentais</td><td>São cláusulas inseridas com o objetivo de facilitar a execução dos diversos ajustes pactuados nos convênios normativos, como por exemplo: a) estabelecimento de prazo de vigência; b) formas de evitarem-se conflitos durante a vigência da norma coletiva (cláusula de paz); c) métodos de solução de conflitos derivados da própria interpretação das normas coletivas; d) regras para prorrogação e revisão do pactuado.</td></tr>
<tr><td rowspan="3">Depósito, registro e arquivamento</td><td>Depósito</td><td>Consiste na apresentação formal de uma via do instrumento normativo ao órgão da administração pública para o seu conhecimento.</td><td rowspan="3">5.6</td></tr>
<tr><td>Registro</td><td>Constitui ato administrativo de assentamento ou de alteração do referido instrumento normativo negociado em um livro próprio ou em um sistema informatizado.</td></tr>
<tr><td>Arquivamento</td><td>O arquivamento é o ato que propicia o conhecimento do conteúdo de uma determinada norma profissional por qualquer interessado.</td></tr>
<tr><th colspan="4">Características do instrumento normativo negociado</th></tr>
<tr><td rowspan="2">Vigência no tempo</td><td>Inicial</td><td>Três dias após o depósito do respectivo instrumento no órgão competente.</td><td rowspan="2">6.1</td></tr>
<tr><td>Final</td><td>Toda convenção ou acordo coletivo de trabalho deve determinar o prazo de sua vigência, não podendo ser superior a dois anos (art. 614, § 1º, da CLT).</td></tr>
<tr><td>Ultratividade</td><td colspan="2">Atualmente, veda-se expressamente a ultratividade das normas coletivas, de acordo com a nova redação do art. 614, § 3º, da CLT conferida pela Lei nº 13.467/17: “Não será permitido estipular duração de convenção coletiva ou acordo coletivo de trabalho superior a dois anos, sendo vedada a ultratividade”.</td><td>6.2</td></tr>
<tr><td>Abstratividade</td><td colspan="2">Os instrumentos normativos negociados não regulam uma relação concreta entre indivíduos, como acontece com o contrato de trabalho. Estabelecem regramento para uma situação hipotética, relativamente aos integrantes da categoria profissional ou econômica representada pela entidade sindical.</td><td>6.3</td></tr>
<tr><td>Generalidade</td><td colspan="2">Os convênios coletivos de trabalho, em suas cláusulas normativas, também possuem essa característica, limitados, contudo, em relação ao raio subjetivo de abrangência. Isso significa que suas normas de conduta destinam-se aos integrantes da categoria profissional ou econômica que ajustaram a convenção ou o acordo coletivo de trabalho.</td><td>6.4</td></tr>
<tr><td>Vigência no espaço</td><td colspan="2">Os convênios coletivos têm sua vigência no espaço limitada ao âmbito da representação territorial dos sindicatos que concluíram a negociação coletiva. Assim, a aplicabilidade dos instrumentos normativos negociados pode ser nacional, interestadual, estadual, intermunicipal ou municipal.</td><td>6.5</td></tr>
</table>

<table>
<tr><th colspan="4">Capítulo V – Instrumentos normativos negociados</th></tr>
<tr><th colspan="2">Instituto</th><th>Conteúdo</th><th>Item</th></tr>
<tr><td colspan="2">Servidores públicos</td><td>Nada impede que seja celebrado um acordo coletivo de trabalho no serviço público, desde que nele não se incluam cláusulas que impliquem aumento de despesa para o erário público, circunstância que não ofenderia o art. 37, VI e VII da Constituição Federal de 1988.</td><td>6.6</td></tr>
<tr><th colspan="4">Hierarquia dos instrumentos normativos negociados</th></tr>
<tr><td colspan="2">Definição</td><td>Quando duas normas estatais fazem previsão de uma mesma hipótese fática, terá preferência para aplicação ao caso concreto aquela que ocupe o nível hierárquico superior, salvo se for menos favorável ao empregado.</td><td>7</td></tr>
<tr><td colspan="2">Princípio da aplicação da norma estatal mais favorável</td><td>Atualmente, não se aplica a regra da norma mais favorável no âmbito dos instrumentos normativos negociados. Isso porque a Lei da Reforma Trabalhista (Lei nº 13.467/17), introduziu uma série de mudanças na CLT que vedam esse procedimento, a exemplo da alteração na redação do art. 620.
Entendeu o legislador que, por ser mais específico, o acordo coletivo sempre deve prevalecer sobre a convenção coletiva, independentemente de ser mais favorável ao trabalhador. Com essa modificação, a regra da norma mais benéfica deixa de ser aplicada no âmbito das normas profissionais</td><td>7.1</td></tr>
<tr><td colspan="2">Negociado x legislado</td><td>Antes da vigência da Lei nº 13.467/17, o posicionamento do TST era no sentido de não ser possível a prevalência do acordo ou convenção coletiva sobre legislação vigente quando o instrumento normativo negociado fosse menos benéfico do que a própria lei, salvo nos casos expressamente previstos pela Constituição Federal. Entretanto, o STF já iniciava um movimento de consolidação de entendimento contrário ao do TST, agora consolidado com a aprovação da Lei da Reforma Trabalhista onde foram introduzidos os artigos 611-A e 611-B à CLT, que orientam esse processo.</td><td>7.2</td></tr>
<tr><td rowspan="2">Espécies de convênios coletivos</td><td>Convenção coletiva</td><td>A convenção coletiva de trabalho é um instrumento de caráter normativo derivado da negociação coletiva havida entre o sindicato da categoria profissional e o respectivo sindicato da categoria econômica.</td><td>8</td></tr>
<tr><td>Acordo coletivo</td><td>O acordo coletivo constitui instrumento normativo decorrente de uma negociação coletiva efetivada entre o sindicato representativo da categoria profissional (grupo de trabalhadores) e uma ou algumas empresas.</td><td>9</td></tr>
<tr><td rowspan="3">Efeitos das cláusulas</td><td>Prorrogação</td><td>É possível, por intermédio da negociação coletiva, prorrogar o prazo de vigência do instrumento normativo negociado, desde que, no total, observe-se o prazo máximo de dois anos.</td><td>10.1</td></tr>
<tr><td>Revisão</td><td>A revisão do instrumento normativo ocorre quando as partes interessadas pretendem modificar alguma das suas cláusulas que já se encontra em vigor, bem como quando se pretende excluir ou inserir novas cláusulas normativas, obrigacionais ou instrumentais.</td><td>10.2</td></tr>
<tr><td>Denúncia</td><td>Uma vez formalizado o contrato coletivo de trabalho, não há possibilidade de um dos contratantes, por ato unilateral, ou seja, por meio da denúncia, obstar a produção dos seus efeitos. Isso porque a resilição contratual só é permitida nos contratos bilaterais quando a lei expressamente assim dispuser, não sendo essa a hipótese dos contratos coletivos de trabalho, tendo em vista a omissão específica da CLT, neste particular.</td><td>10.3</td></tr>
</table>

Capítulo V – Instrumentos normativos negociados				
Instituto	**Conteúdo**			**Item**
Efeitos das cláusulas	**Revogação**	**Legal**	No plano legal, opera-se a revogação quando uma norma posterior assim o dispõe de forma expressa, quando tratar da mesma matéria de forma diversa ou for com ela incompatível, o que caracteriza a revogação tácita. Acontece, porém, que os instrumentos normativos negociados têm eficácia limitada no tempo. Cessa os efeitos da convenção ou do acordo coletivo com o advento do respectivo termo final. Portanto, não há que se falar em revogação no plano legal no que diz respeito aos contratos coletivos de trabalho.	10.4
Efeitos das cláusulas	**Revogação**	**Contratual**	No plano negocial, a revogação é instituto característico dos atos unilaterais de vontade, a exemplo do testamento, ou dos contratos unilaterais, como a doação e o mandato. Como o instrumento normativo decorrente de uma negociação coletiva tem como característica a bilateralidade, não há como qualquer das partes revogar o compromisso que assumiu para a formação do contrato coletivo de trabalho.	10.4

12. INFORMATIVOS DO TST SOBRE A MATÉRIA

Multa convencional. Natureza jurídica de cláusula penal. Limitação da multa ao valor da obrigação principal. Art. 412 do Código Civil de 2002. Orientação Jurisprudencial nº 54 da SBDI-I.

A multa convencional por descumprimento de norma coletiva tem a mesma natureza jurídica de cláusula penal, isto é, trata-se de obrigação acessória pela qual as partes acordam indenização no caso de inobservância do ajuste firmado entre elas. Tal entendimento atrai a incidência da diretriz firmada na Orientação Jurisprudencial nº 54 da SBDI-I, a qual preconiza que o valor da multa estipulada, ainda que diária, não poderá ser superior à obrigação principal corrigida, em observância ao art. 412 do Código Civil de 2002, de aplicação subsidiária ao Direito do Trabalho. Sob esse entendimento, a SBDI-I, em composição plena, por unanimidade, conheceu dos embargos, por divergência jurisprudencial, e, no mérito, por maioria, deu-lhes provimento para restabelecer o acórdão do Tribunal Regional na parte em que condenou a empresa ré ao pagamento da multa normativa por descumprimento de cláusulas da convenção coletiva de trabalho a respeito de piso e de reposição salarial, limitando o valor ao montante corrigido da respectiva obrigação principal. Vencidos os Ministros José Roberto Freire Pimenta, Cláudio Mascarenhas Brandão, Luiz Philippe Vieira de Mello Filho e Alberto Luiz Bresciani de Fontan Pereira, que negavam provimento aos embargos para manter a multa prevista na convenção coletiva de trabalho em seu valor total, sob o fundamento de que é indevida a incidência subsidiária do art. 412 do Código Civil de 2002 por ser incompatível com a natureza da multa normativa. TST-E-ARR-12481-66.2014.5.14.0041, SBDI-I, rel. Min. Augusto César Leite de Carvalho, 12.11.2018 (TST. Info nº 187).

Vendedor-propagandista. Aplicação das normas coletivas firmadas no local da prestação dos serviços. Principio da territorialidade. Inaplicabilidade da Súmula nº 374 do TST.

O âmbito de eficácia da norma coletiva é definido de acordo com o local da prestação dos serviços pelo empregado e não da sede da empresa. No caso, verificou-se que o autor foi admitido como vendedor-propagandista no Estado de São Paulo, mas prestou serviços no Estado do Rio Grande do Sul, onde, inclusive, foi homologada a sua rescisão contratual. Assim, com base no princípio da territorialidade, são aplicáveis ao empregado as normas coletivas negociadas pelos sindicatos da categoria profissional e econômica do Estado do Rio Grande do Sul, não incidindo, portanto, o entendimento contido na Súmula nº 374 do TST. Sob esse fundamento, a SBDI-I, por maioria, conheceu do recurso de embargos por divergência jurisprudencial e por má-aplicação da Súmula nº 374 do TST e, no mérito, deu-lhe provimento para restabelecer o acórdão do Regional, no qual se determinou a incidência das normas coletivas firmadas no local da prestação dos serviços. Vencidos os Ministros Márcio Eurico Vitral Amaro, relator, João Oreste Dalazen, Ives Gandra Martins Filho, Brito Pereira, Guilherme Augusto Caputo Bastos e Alexandre Agra Belmonte. Ainda por maioria, a Subseção rejeitou a proposta de afetação da questão jurídica ao rito dos recursos repetitivos, vencidos os Ministros Guilherme Augusto Caputo Bastos, proponente, João Oreste Dalazen, Brito Pereira, Renato de Lacerda Paiva, Walmir Oliveira da Costa e Alexandre Agra Belmonte. TST-E-ED-RR-96900-23.2007.5.04.0015, SBDI-I, rel. Min. Márcio Eurico Vitral Amaro, red. p/ acórdão Min. José Roberto Freire Pimenta, 9.2.2017 (TST. Info nº 152).

Dissídio coletivo. Homologação de instrumento coletivo privado. Inadequação da via eleita.

Na hipótese em que ajuizado dissídio coletivo com o fim de homologar cláusulas objeto de acordo extrajudicial, resultante de negociação coletiva mediada administrativamente pela Vice-Presidência do TRT, decidiu a SDC, à unanimidade, conhecer do recurso ordinário e, no mérito, dar-lhe provimento para extinguir o processo sem resolução do mérito, por ausência de interesse de agir das partes (art. 267, VI do CPC). In casu, registrou-se a inadequação da via eleita, pois o dissídio coletivo não é o meio próprio para obter homologação de instrumento coletivo privado sem prévio processo instaurado. TST-RO-210221-97.2013.5.21.0000, SDC, rel. Min. Maria Cristina Irigoyen Peduzzi, 14.3.2016 (TST. Info nº 130).

Ação anulatória. Atestado Médico. Exigência da inserção da Classificação Internacional de Doenças (CID). Validade da cláusula de convenção coletiva de trabalho. Não violação do direito fundamental à intimidade e à privacidade.

Não viola o direito fundamental à intimidade e à privacidade (art. 5º, X, da CF), cláusula constante de convenção coletiva de trabalho que exija a inserção da Classificação Internacional de Doenças (CID) nos atestados médicos apresentados pelos empregados. Essa exigência, que obriga o trabalhador a divulgar informações acerca de seu estado de saúde para exercer seu direito de justificar a ausência ao trabalho por motivo de doença, traz benefícios para o meio ambiente de trabalho, pois auxilia o empregador a tomar medidas adequadas ao combate de enfermidades recorrentes e a proporcionar melhorias nas condições de trabalho. Sob esse entendimento, a SDC, por unanimidade, conheceu do recurso ordinário e, no mérito, pelo voto prevalente da Presidência, deu-lhe provimento para julgar improcedente o pedido de anulação da cláusula em questão. Vencidos os Ministros Mauricio Godinho Delgado, relator, Kátia Magalhães Arruda e Maria de Assis Calsing. TST-RO-480-32.2014.5.12.0000, SDC, rel. Min. Mauricio Godinho Delgado, red. p/ o acórdão Min. Ives Gandra Martins Filho, 14.12.2015 (*Cf. Informativo TST nº 114 para decisão em sentido contrário). (TST. Info nº 126).

Ação anulatória. Atestado Médico. Exigência da inserção da Classificação Internacional de Doenças – CID. Nulidade de cláusula de convenção coletiva de trabalho.

É nula cláusula constante de convenção coletiva de trabalho que exija a inserção da Classificação Internacional de Doenças (CID) nos atestados médicos apresentados pelos empregados. Tal exigência obriga o trabalhador divulgar informações acerca de seu estado de saúde para exercer seu direito de justificar a ausência ao trabalho por motivo de doença. Essa imposição viola o direito fundamental à intimidade e à privacidade (art. 5º, X, da CF), sobretudo por não existir, no caso, necessidade que decorra da atividade profissional. Sob esses fundamentos, a Seção Especializada em Dissídios Coletivos, por unanimidade, conheceu do recurso ordinário e, no mérito, por maioria, negou-lhe provimento, vencido o Ministro Ives Gandra Martins Filho. TST-RO-268-11.2014.5.12.0000, SDC, rel. Min. Maria Cristina Irigoyen Peduzzi, 17.8.2015 (TST. Info nº 114).

Acordos coletivos e convenções coletivas de trabalho. Ministério do Trabalho e Emprego. Depósito em papel. Recusa. Implementação do "Sistema Mediador". Portaria nº 282 do MTE. Arts. 613, parágrafo único, e 614 da CLT.

A recusa de órgão do Ministério do Trabalho e Emprego (MTE) em receber, a partir de 1º/1/2009, o depósito em papel de acordos coletivos e convenções coletivas de trabalho, em razão da implementação do chamado

"Sistema Mediador" – programa criado pela Portaria nº 282/MTE, cujo objetivo é a elaboração, transmissão, registro e arquivo, via eletrônica, de instrumentos coletivos de trabalho – não viola direito líquido e certo do sindicato impetrante. No caso, registrou-se que a Secretaria das Relações de Trabalho tem autorização para implantar sistema para a recepção dos instrumentos coletivos, nos termos do art. 913 da CLT. Ademais, não há falar em ofensa ao parágrafo único do art. 613 da CLT, pois, atualmente, a forma escrita dos documentos não mais se restringe ao papel. De outra sorte, o "Sistema Mediador" não inviabiliza a vigência da norma coletiva a partir do terceiro dia após o requerimento do registro, conforme determinado no art. 614, § 1º, da CLT, uma vez que a Instrução Normativa nº 6/07, da Secretaria de Relações do Trabalho, ao regulamentar o referido sistema, não altera o início da vigência das normas coletivas, mas apenas estabelece que a norma surtirá seus efeitos no prazo de vigência, desde que efetuadas as retificações necessárias até o término do referido prazo. Com esse entendimento, a SBDI-I, por unanimidade, conheceu dos embargos interpostos pela União e, no mérito, por maioria, deu-lhes provimento para restabelecer o acórdão do Regional, que denegou a segurança. Vencidos os Ministros Aloysio Corrêa da Veiga, relator, Lelio Bentes Corrêa, Luiz Philippe Vieira de Mello Filho, Márcio Eurico Vitral Amaro e José Roberto Freire Pimenta, que negavam provimento ao recurso sob o fundamento de que a obrigatoriedade de utilização do "Sistema Mediador" viola os arts. 7º, XXVI, e 8º, I, da CF e os arts. 611 e 614 da CLT, devendo ser convalidado o ato de depósito do instrumento coletivo efetuado pelo sindicato impetrante perante a autoridade administrativa do SRTE/MTE, para efeitos de registro e arquivo. TST-E-ED-RR-4042000-40.2009.5.09.0006, SBDI-I, rel. Min. Aloysio Corrêa da Veiga, red. p/acórdão Min. João Oreste Dalazen, 4.9.2014 (TST. Info nº 88).

Ação anulatória. Acordos coletivos de trabalho celebrados com sindicatos nacionais. Impossibilidade de aplicação em base territorial onde exista sindicato local representante da categoria profissional. Princípio constitucional da unicidade sindical.

Em observância ao princípio da unicidade sindical, não se aplicam acordos coletivos de trabalho celebrados com sindicatos nacionais à determinada base territorial onde exista sindicato local regularmente constituído e com legítima representatividade da categoria. Na espécie, apesar de existir sindicato de trabalhadores no transporte marítimo com atuação no Estado do Paraná, a empresa, por considerar necessária a uniformização das condições de trabalho nos locais de sua atuação, deixou de celebrar com ele negociação coletiva para firmar acordos coletivos com os sindicatos nacionais de condutores da marinha mercante, de marinheiros e moços e de mestres e contramestres, os quais foram declarados nulos pelo TRT de origem, ao fundamento de que a referida prática violou o art. 8º, II, da CF. Nesse contexto, a SDC, à unanimidade, reputando insuficiente o motivo declarado pela empresa, negou provimento aos recursos ordinários. TST-RO-2742-75.2010.5.09.0000, SDC, rel. Min. Márcio Eurico Vitral Amaro, 15.10.2013 (TST – Info nº 63).

Ação anulatória. Convenção coletiva de trabalho. Cláusula que prevê a dispensa da concessão do aviso prévio no caso de o trabalhador ser contratado pela nova prestadora de serviços. Nulidade

É nula a cláusula de convenção coletiva de trabalho que dispensa as empresas que perderem os contratos de prestação de serviços de conceder e indenizar o aviso prévio, desde que o trabalhador seja imediatamente contratado pela nova prestadora de serviços. Com esse entendimento, a SDC, por maioria, deu provimento ao recurso ordinário do Ministério Público do Trabalho da 17ª Região para declarar a nulidade da cláusula 34ª da convenção coletiva de trabalho firmada entre o Sindicato dos Empregados de Empresas de Segurança e Vigilância do Estado do Espírito Santo, o Sindicato dos Empregados nas Empresas de Transportes de Valores, Escolta Armada, Ronda Motorizada, Monitoramento Eletrônico e Via Satélite, Agentes de Segurança Pessoal e Patrimonial, Segurança e Vigilância em Geral da Região Metropolitana de Vitória no Estado do Espírito Santo (SINDSEG/GV/ES) e o Sindicato das Empresas de Segurança Privada no Estado do Espírito Santo (SINDESP/ES). No caso, considerou a Seção que a referida cláusula contraria o disposto na Súmula nº 276 do TST e no Precedente Normativo nº 24 da SDC. Vencidos os Ministros Fernando Eizo Ono, relator, Márcio Eurico Vitral Amaro e Maria Cristina Irigoyen Peduzzi, que negavam provimento ao recurso, no tópico, ao fundamento de que a renúncia do direito ao aviso prévio possibilitou a preservação de um bem de maior valia para o trabalhador, qual seja a imediata colocação em novo posto de trabalho. TST-RO-100-78.2008.5.17.0000, SDC, rel. Min. Fernando Eizo Ono, 11.12.2012 (TST – Info nº 34)

13. QUESTÕES

13.1. Questões objetivas

1. (TRT 22ª R. 2008) Com relação às Convenções Coletivas de Trabalho e aos Acordos Coletivos de Trabalho, é INCORRETO afirmar:

(A) Não prorrogada a Convenção Coletiva de Trabalho, os seus efeitos não se estenderão aos contratos individuais firmados após seu termo.

(B) As Convenções Coletivas de Trabalho e os Acordos Coletivos de Trabalho são instrumentos formais e solenes, devendo ser necessariamente lançados por escrito e submetidos à divulgação pública.

(C) Não é permitida a estipulação de Convenções Coletivas de Trabalho e Acordos Coletivos de Trabalho com duração superior a dois anos.

(D) Os reajustes salariais previstos em norma coletiva de trabalho não prevalecem frente à legislação superveniente de política salarial.

(E) No acordo coletivo de trabalho é necessária a presença do sindicato no polo empresarial de contratação, obedecendo-se o princípio da legalidade e da isonomia.

2. (Procurador do MP junto ao TSE – SC/2010 – Direito do Trabalho/FEPESE) Assinale a alternativa correta.

(A) Não é permitido estipular vigência de Convenção ou Acordo Coletivo de Trabalho por prazo superior a 1 (um) ano.

(B) Acordo Coletivo de Trabalho é o instrumento de caráter normativo pelo qual dois ou mais sindicatos representativos de categorias econômicas e profissionais estipulam condições de trabalho aplicáveis, no âmbito das respectivas representações, às relações individuais de trabalho.

(C) Convenção Coletiva de Trabalho é o instrumento de caráter normativo firmado entre uma ou mais empresas da correspondente categoria econômica e o sindicato representativo da categoria profissional, para estipular condições de trabalho aplicáveis no âmbito da empresa ou das empresas acordantes às respectivas relações de trabalho.

(D) Nos termos da CLT, os Sindicatos só poderão celebrar Convenção Coletiva de Trabalho por deliberação de Assembleia Geral especialmente convocada para este fim, dependendo a validade da mesma do comparecimento e votação, em primeira convocação, de 1/3 dos associados da entidade.

(E) Havendo convenção, acordo ou sentença normativa em vigor, o dissídio coletivo deverá ser instaurado dentro de 60 (sessenta) dias anteriores ao respectivo termo final dos instrumentos em vigor, para que o novo instrumento possa ter vigência no dia imediato a esse termo.

3. (PGM/Natal/Procurador/2008) Quanto às convenções e aos acordos coletivos de trabalho, assinale a opção correta.

(A) Os acordos coletivos são pactos firmados entre uma ou mais empresas e o sindicato representativo da respectiva categoria profissional.

(B) A convenção coletiva é modalidade de acordo de caráter normativo, firmado pelos sindicatos de empregados entre si.

(C) Os sindicatos não precisam participar das negociações coletivas de trabalho.

(D) O dissídio coletivo de natureza econômica poderá ser ajuizado por qualquer das partes, sem a prévia concordância da outra, quando uma delas se recusar à negociação coletiva ou arbitragem.

4. (MPT – Procurador do Trabalho. 13º Concurso) Assinale, a respeito da convenção coletiva de trabalho, a alternativa INCORRETA:

(A) é o acordo de caráter normativo onde são estipuladas condições de trabalho;

(B) é celebrada por dois ou mais sindicatos representativos de categorias profissionais e econômicas;

(C) são celebradas por escrito, sem emendas nem rasuras;

(D) entram em vigor a partir da entrega para registro e arquivamento no Ministério do Trabalho e Emprego;

(E) não respondida.

5. (MPT – Procurador do Trabalho. 13º Concurso) Assinale, a respeito do acordo coletivo do trabalho, a alternativa INCORRETA:

(A) é o acordo de caráter normativo firmado entre um ou mais sindicatos profissionais e uma ou mais empresas;

(B) as empresas podem ser substituídas na celebração, em não existindo sindicato da categoria econômica, pela federação respectiva;

(C) deve ser depositado no Ministério do Trabalho e Emprego, para fins de registro e arquivamento;

(D) não poderá ter sua duração estipulada por prazo superior a dois anos;

(E) não respondida.

6. (MPT – Procurador do Trabalho. 13º Concurso) A respeito das convenções e acordos coletivos de trabalho, NÃO é cláusula obrigatória:

(A) designação dos sindicatos convenentes ou dos sindicatos e empresas acordantes;

(B) prazo de vigência;

(C) categorias de trabalhadores abrangidas pelos respectivos dispositivos;

(D) reajuste concedido aos empregados;

(E) não respondida.

7. (Instituto de Pesquisas Tecnológicas – Advogado/2011) Nos termos da CLT, não é permitido estipular duração de Convenção ou Acordo Coletivo de Trabalho superior a

(A) 2 anos.

(B) 1 ano.

(C) 3 anos.

(D) 4 anos.

(E) 5 anos.

8. (Instituto de Pesquisas Tecnológicas – Advogado/2011) A Convenção Coletiva de Trabalho decorre da negociação entre

(A) empregados e empregador.

(B) centrais sindicais.

(C) sindicato profissional e empregador.

(D) centrais sindicais e superintendência regional do trabalho.

(E) sindicato profissional e sindicato econômico.

9. (FCC – Analista Judiciário – Área Judiciária – TRT 3/2015) Em relação às normas coletivas,

(A) os efeitos de uma convenção coletiva de trabalho só alcançam os associados dos sindicatos convenentes.

(B) o acordo coletivo de trabalho é ajustado entre um grupo de empregados e uma ou mais empresas, à revelia dos sindicatos representativos das categorias profissional e econômica.

(C) o prazo de duração do acordo coletivo de trabalho é sempre menor do que o da convenção coletiva de trabalho.

(D) as convenções e os acordos coletivos de trabalho somente têm vigência após a homologação de seu conteúdo pelo Ministério do Trabalho.

(E) as convenções e os acordos coletivos de trabalho entrarão em vigor três dias após a data de entrega dos mesmos no Ministério do Trabalho.

10. (MPT – Procurador do Trabalho. 15º Concurso – 2008) Analise as proposições abaixo:

I. é facultado aos sindicatos representativos de categorias profissionais celebrar Convenções Coletivas de Trabalho com uma ou mais empresas da correspondente categoria econômica;

II. as Convenções Coletivas de Trabalho são aplicadas às relações individuais de trabalho no âmbito da representação dos sindicatos convenentes;

III. as normas coletivas são aplicadas apenas aos trabalhadores sindicalizados, membros da categoria profissional representada pelo sindicato obreiro, em respeito à liberdade de filiar ou desfiliar ao sindicato, conforme consagrado pela Constituição da República;

Assinale a alternativa CORRETA:

(A) todas as assertivas são corretas;
(B) apenas as assertivas II e III são corretas;
(C) apenas as assertivas I e III são incorretas;
(D) apenas a assertiva I é incorreta;
(E) não respondida.

11. (Vunesp – Procurador – IPSM/2018) Nos termos da Consolidação das Leis do Trabalho, as condições estabelecidas em acordo coletivo de trabalho

A) prevalecem sobre as estipuladas em convenção coletiva de trabalho, quando mais favoráveis ao trabalhador.
B) sempre prevalecem sobre as estipuladas em convenção coletiva de trabalho.
C) não prevalecem durante a vigência de convenção coletiva de trabalho aplicável aos integrantes da categoria profissional.
D) dependem de homologação judicial para ter eficácia *erga omnes*.
E) não podem ser estipuladas pelo prazo máximo de um ano.

12. (Cetrede – Procurador – Pref. de Aracaú – CE/2019) De acordo com a CLT, analise as afirmativas a seguir e marque (V) para as VERDADEIRAS e (F) para as FALSAS.

( ) A inexistência de expressa indicação de contrapartidas recíprocas em convenção coletiva ou acordo coletivo de trabalho não ensejará sua nulidade por não caracterizar um vício do negócio jurídico.
( ) Se for pactuada cláusula que reduza o salário ou a jornada, a convenção coletiva ou o acordo coletivo de trabalho deverão prever a proteção dos empregados contra dispensa imotivada durante o prazo de vigência do instrumento coletivo.
( ) Na hipótese de procedência de ação anulatória de cláusula de convenção coletiva ou de acordo coletivo de trabalho, quando houver a cláusula compensatória, esta deverá ser igualmente anulada, sem repetição do indébito.
( ) As condições estabelecidas em acordo coletivo de trabalho sempre prevalecerão sobre as estipuladas em convenção coletiva de trabalho.

Marque a opção que apresenta a sequência CORRETA.

A) V – F – F – V.
B) V – F – V – F.
C) V – V – V – V.
D) F – V – F – V.
E) V – F – V – V.

13.2. Questões discursivas

1. (TRT 5ª REGIÃO – 2013 – ADAPTADA) No tocante aos diplomas negociais laborais coletivos e à luz da sistemática do Direito do Trabalho no Brasil, discorra sobre os seguintes aspectos:

4.1. Como se encontra atualmente solucionada a questão da eficácia da norma jurídica coletiva após a expiração formal de validade do respectivo instrumento normativo? Há um quadro de anomia até a vigência do instrumento normativo vindouro? E com o advento deste instrumento novo, como se resolve a questão da incidência normativa adequada?

2. (TRT 16ª REGIÃO – 2011) O Sindicato dos Motoristas e o Sindicato das Empresas de Transportes Urbanos de São João dos Navegantes firmaram Convenção Coletiva para estabelecer uma jornada diária corrida de sete horas e vinte minutos para os motoristas e cobradores. Ocorre que, ao tomar conhecimento da CCT, o Ministério Público do Trabalho não concordou com a jornada e resolveu entrar com ação para invalidar a cláusula convencional. Tem razão a insatisfação do MPT? Qual o argumento que o MPT poderá utilizar em sua ação? Fundamente, considerando a posição dominante no Tribunal Superior do Trabalho.

13.3. Gabarito das questões objetivas

Gab		Fundamentação legal e jurisprudencial	Onde encontro no livro?	Observação eventual
1	E	a) CLT. Art. 614, § 3º	a) itens 6.1 e 6.2	–
		b) CLT. Art. 613, parágrafo único	b) item 5.3	
		c) CLT. Art. 614, § 3º	c) item 6.1	
		d) TST. Súmula nº 375	d) item 7.1	
		e) CLT. Art. 611, § 1º	f) item 3	
2	E	a) CLT. Art. 614, § 3º	a) Item 6.1	–
		b) CLT. Art. 611, § 1º	b) Item 3	
		c) CLT. Art. 611, *caput*	c) Item 3	
		d) CLT. Art. 612, *caput*	d) Item 5.4	
		e) CLT. Art. 616, § 3º	e) Item 6.1	
3	A	a) CLT. Art. 611, § 1º.	a) Item 9	–
		b) CLT. Art. 611, caput	b) Item 8	
		c) CF/88. Art. 8º, VI	c) Parte II, Capítulo II, Item 12.3	
		d) CF/88. Art. 114, § 2º	d) Parte II, Capítulo IV, Item 1.2	
4	D	a) CLT. Art. 611, caput	a) Item 8	–
		b) CLT. Art. 611, caput	b) Item 8	
		c) CLT. Art. 613, parágrafo único	c) Item 5.3	
		d) CLT. Art. 614, § 1º	d) Item 6.1	
5	B	a) CLT. Art. 611, § 1º	a) Item 9	–
		b) CLT. Art. 611, § 2º	b) Itens 8	
		c) CLT. Art. 614, *caput*	c) Item 5.6	
		d) CLT. Art. 614, § 3º	d) item 6.1	
6	D	a) CLT. Art. 613, I	a) Item 5.5	–
		b) CLT. Art. 613, II	b) Item 5.5	
		c) CLT. Art. 613, III	c) Item 5.5	
		d) CLT. Art. 613	d) Item 5.5	
7	A	CLT. Art. 614, § 3º	Item 6.1	–
8	E	CLT. Art. 611, *caput*	Item 8	–
9	E	a) CLT. Art. 611, *caput*	a) Item 8	–
		b) CLT. Art. 611, §1º	a) Item 3	
		c) CLT. Art. 611, §3º	c) Item 6.1	
		d) CLT. Art. 614, § 1º	d) Item 6.1	
		e) CLT. Art. 614, § 1º	e) Item 6.1	

10	C	I – CLT. Art. 611, § 1º	I – Item 9	–
		II – CLT. Art. 611, *caput*	II – Itens 6.4 e 6.5	
		III – CLT. Art. 611	III – Item 6.4	
11	B	a) CLT. Art. 620	Item 7.1	
		b) CLT. Art. 620	Item 7.1	
		c) CLT. Art. 620	Item 7.1	
		d) CLT. Art. 614, §1º e OJ Nº 34 da SDC/TST	Item 6.1	
		e) CLT. Art. 614, § 3º	Itens 6.1 e 6.2	
12	C	I – CLT. Art. 611-A, §2	Item 5.2	
		II – CLT. Art. 611-A, §3	Item 5.2	
		III – CLT. Art. 611-A, §4	Item 5.2	
		IV – CLT. Art. 620	Item 7.1	

13.4. Gabarito das questões discursivas

Item	Fundamentação legal, jurisprudencial ou doutrinária	Onde encontro no livro
1	a) A partir da vigência da EC nº 45/2004, que alterou a redação do § 2º, art. 114, da CF/88, as decisões proferidas em sede de dissídio coletivo devem respeitar as condições de trabalho estabelecidas nos instrumentos normativos negociados anteriores. Isso significa que foi adotado, parcialmente, a tese da prorrogação da eficácia da convenção ou do acordo coletivo mesmo após o seu termo final. b) Com a modificação do mencionado preceito constitucional, o TST interpretou que a alteração das condições de trabalho estabelecidas em uma norma coletiva profissional só poderia ser efetivada por meio de negociação coletiva. Enquanto esse procedimento não acontecesse e não se traduzisse em uma convenção ou um acordo coletivo de trabalho, as condições constantes do instrumento normativo seriam prorrogadas, o que significa inexistir anomia temporária, conforme entendimento constante da Súmula nº 277 do TST. Contudo, o STF, por decisão monocrática do Ministro Gilmar Mendes proferida em 14.10.2016, determinou a suspensão de todas as demandas que tramitam na Justiça do Trabalho que tratem da ultratividade das normas coletivas até que o Plenário do referido Tribunal, aprecie a matéria nos autos da Medida Cautelar na Arguição de Descumprimento de Preceito Fundamental nº 323). Além disso, vedou-se expressamente a ultratividade das normas coletivas, por conta da nova redação do art. 614, § 3º, da CLT conferida pela Lei nº 13.467/17: "Não será permitido estipular duração de convenção coletiva ou acordo coletivo de trabalho superior a dois anos, sendo vedada a ultratividade". c) Antes da vigência da referida Lei da Reforma Trabalhista, o novo instrumento normativo deveria conter uma cláusula instrumental para tratar sobre os direitos de transição, inclusive com a possibilidade de efeitos retroativos, com vigência a partir do dia subsequente ao fim do prazo da convenção ou acordo coletivo anterior.	Item 6.2

Item	Fundamentação legal, jurisprudencial ou doutrinária	Onde encontro no livro
2	A autonomia privada coletiva das entidades sindicais era mais limitada antes da vigência da Lei nº 13.467/17. Segundo a jurisprudência dominante do TST, só era possível negociar direitos trabalhistas abaixo do piso estabelecido pela legislação trabalhista estatal quando se tratasse de compensação ou redução da jornada de trabalho e a redução salarial, pois somente esses institutos eram mencionados pelo art. 7º da Constituição Federal de 1988 como passíveis de flexibilização mediante a intervenção sindical. Alguns autores já defendiam a tese segundo a qual a negociação coletiva poderia ser um pouco mais abrangente, tendo que respeitar apenas os direitos de indisponibilidade absoluta, principalmente aqueles que tratam, direta ou indiretamente, de medicina, saúde, higiene e segurança no trabalho. Como a convenção coletiva de trabalho estabeleceu uma jornada de trabalho de 7:20 sem intervalo, desconsiderou a regra estatal que trata da saúde do trabalhador. Assim, a autonomia privada coletiva ultrapassou os limites de sua atuação, pelo que a cláusula correspondente padece do vício de nulidade a ser declarada incidentalmente em processos judiciais individuais ou por meio de ação civil pública, cuja legitimidade é do Ministério Público do Trabalho de acordo com a jurisprudência pacífica do Tribunal Superior do Trabalho. Nesse caso, na ação civil publica seria postulado, incidentalmente, a nulidade da cláusula da convenção coletiva, com pedido principal de pagamento do valor referente aos intervalos intrajornadas não concedidos, que seria classificado como direito individual homogêneo (RR 800385-67.2005.12.0037).	Item 7.2.

CAPÍTULO VI

GREVE

Sumário • 1. Considerações gerais – 2. A greve no contexto global – 3. A greve no direito brasileiro: 3.1. No plano constitucional – 3.2. No plano infraconstitucional – 4. Conceito – 5. Espécies de greve – 6. Requisitos de legalidade: 6.1. Tentativa de autocomposição – 6.2. Autorização da assembleia-geral – 6.3. Aviso prévio de greve – 7. Direitos dos grevistas – 8. Abuso do direito de greve – 9. Efeitos da greve: 9.1. Sobre o contrato de trabalho – 9.2. Responsabilidade pelos atos praticados – 10. Julgamento de legalidade da greve – 11. Greve em serviços essenciais – 12. Greve no serviço público – 13. *Lockout* – 14. Quadro sinóptico – 15. Informativos do TST sobre a matéria – 16. Questões: 16.1. Questões objetivas – 16.2. Questões discursivas – 16.3. Gabarito das questões objetivas.

1. CONSIDERAÇÕES GERAIS

Em um Estado Democrático de Direito, os conflitos de interesses são solucionados, geralmente, por um terceiro desinteressado.

Existem, assim, as formas autônomas e heterônomas de solução de conflitos. Quando os próprios interessados põem fim a uma desavença, a hipótese será de forma autônoma de composição de conflitos ou **autocomposição**. Caso contrário, se é necessária a intervenção de um terceiro desinteressado para resolver a questão, nos casos de mediação, arbitragem e jurisdição, a forma de solução utilizada será **heterônoma.**

Contudo, nas sociedades primitivas, permitia-se que um dos conflitantes pudesse fazer valer o seu interesse sobre o do seu adversário pelo uso da força, fosse ela física ou moral. Era a **autotutela** ou autodefesa dos interesses privados.

O Direito moderno proíbe o exercício da autotutela. Inclusive, no ordenamento jurídico nacional, essa conduta é tipificada como crime pelo art. 345 do Código Penal:

> **Exercício arbitrário das próprias razões. Art. 345.** Fazer justiça pelas próprias mãos, para satisfazer pretensão, embora legítima, salvo quando a lei o permite: Pena – detenção, de 15 (quinze) dias a 1 (um) mês, ou multa, além da pena correspondente à violência.

Entretanto, excepcionalmente, considerada a natureza de determinadas situações, permite-se a utilização da autotutela pelo interessado.

Exemplo dessa exceção é o direito de retenção, previsto em diversas passagens do Código Civil:

> **Art. 1.216.** O possuidor de boa-fé tem direito à indenização das benfeitorias necessárias e úteis, bem como, quanto às voluptuárias, se não lhe forem pagas, a levantá-las, quando o puder sem detrimento da coisa, e poderá exercer o direito de retenção pelo valor das benfeitorias necessárias e úteis.
>
> **Art. 578.** Salvo disposição em contrário, o locatário goza do direito de retenção, no caso de benfeitorias necessárias, ou no de benfeitorias úteis, se estas houverem sido feitas com expresso consentimento do locador.

> **Art. 644.** O depositário poderá reter o depósito até que se lhe pague a retribuição devida, o líquido valor das despesas, ou dos prejuízos a que se refere o artigo anterior, provando imediatamente esses prejuízos ou essas despesas.
>
> **Art. 1433.** O credor pignoratício tem direito: II – à retenção dela, até que o indenizem das despesas devidamente justificadas, que tiver feito, não sendo ocasionadas por culpa sua.

Também se tolera a autotutela quando se tratar de desforço imediato, previsto no art. 1.210, § 1º, do Código Civil:

> **Art. 1.210. § 1º.** O possuidor turbado, ou esbulhado, poderá manter-se ou restituir-se por sua própria força, contanto que o faça logo; os atos de defesa, ou de desforço, não podem ir além do indispensável à manutenção, ou restituição da posse.

No Direito individual do trabalho há uma hipótese legal de autotutela prevista no § 1º, art. 462 da CLT que permite ao empregador descontar diretamente do salário do empregado valores a título de prejuízos por ele causados, desde que haja previsão contratual ou dolo.

O Direito coletivo do trabalho também **admite, de forma excepcional, a autotutela, representada pelo instituto da greve**, cujas características e demais aspectos fáticos e legais serão abordados a seguir.

2. A GREVE NO CONTEXTO GLOBAL

Por ser um fato social antes mesmo de ser um fato jurídico, a greve significou um dos primeiros instrumentos de pressão, que foi utilizado pela classe operária para estabelecer melhores condições de trabalho.

Por esse motivo, pode-se dizer que a greve constitui um dos elementos que ensejou o surgimento do próprio Direito do trabalho. Por conta disso, em muitos momentos a história desse ramo do Direito confunde-se com a do instituto sob análise.

Em um primeiro momento, **a greve era tipificada como crime** em vários ordenamentos jurídicos da Europa. Em abril de 1791 foi deflagrada uma grande greve em Paris, em defesa de melhores salários e diminuição da jornada de trabalho.

Esse fato provocou a aprovação, em 14 de junho daquele mesmo ano, da denominada Lei *Chapelier*, que apesar de declarar a liberdade do trabalho, obstou o direito dos operários de uma mesma profissão de reunirem-se para a defesa dos seus interesses.

Garantia-se o direito e o interesse individual da liberdade de trabalho, de acordo com o princípio do liberalismo vigente à época, bem como o interesse geral. Aboliu-se, por conseguinte, o direito dos grupos ou, mais precisamente, das organizações sindicais.

O interesse de determinada classe era considerado como interesse intermediário e nefasto ao Estado, uma vez que ofendia a liberdade do homem, por constituir privilégio de poucas pessoas.

A explicação para a adoção dessa postura pelo legislador francês era simples. As reuniões ou coalizões de trabalhadores propugnavam pelo aumento do valor da mão de obra, que encarecia o preço final do produto ou serviço. Utilizava-se o movimento paredista como instrumento de pressão, que influenciava na vontade dos empregadores que, por sua vez, deixava de ser livremente manifesta, o que ofendia o princípio do *laissez-faire*.

Na Inglaterra, a resposta do Estado também foi semelhante. Por intermédio dos *Combinatio Acts* de 1799 e 1800, tipificou-se como crime de conspiração contra a coroa qualquer agrupamento de trabalhadores na luta pela melhoria das condições de trabalho.

Em uma segunda fase, **passou-se a tolerar a greve**, por meio da revogação de leis que proibiam ou que consideravam crime esse movimento.

Por fim, **a greve passou a ser um direito reconhecido pelos textos constitucionais ou pela legislação ordinária**, como aconteceu com a Constituição de *Querétero*, no México, em 1917; *Weimar*, na Alemanha, em 1919 e assim por diante, nas demais constituições da Europa e da América Latina.

3. A GREVE NO DIREITO BRASILEIRO

Apesar de reconhecer a existência do fato social que a greve representava, em um primeiro momento histórico o ordenamento jurídico nacional repeliu essa forma autônoma de solução dos conflitos de interesses coletivos.

Assim, o contexto histórico do instituto da greve será analisado sob a vertente da legislação constitucional e infraconstitucional.

3.1. No plano constitucional

As Constituições de 1824, 1891 e 1934 silenciaram quanto à questão da greve.

O art. 139 da Constituição Federal de 1937 considerava a greve e o *lockout* como recursos antissociais, nocivos ao trabalho e ao capital e incompatíveis com os superiores interesses da produção nacional.

A Carta Política de 1946, em seu art. 158, restabeleceu o direito de greve aos trabalhadores.

Já o Texto Constitucional de 1967 permitia a utilização do direito de greve somente pelos trabalhadores da iniciativa privada, conforme se observa da redação do seu art. 158, XII, mas proibia nos serviços públicos e nas atividades essenciais:

> **Art. 158.** A Constituição assegura aos trabalhadores os seguintes direitos, além de outros que, nos termos da lei, visem à melhoria, de sua condição social: XXI – greve, salvo o disposto no art. 157, § 7º.

A Emenda Constitucional nº 1/69 não alterou a previsão sobre a greve e passou a tratá-la nos artigos 162 e 165, XX.

A Constituição Federal de 1988 garantiu aos trabalhadores em geral o direito de greve, conforme se observa do teor do seu art. 9º: "É assegurado o direito de greve, competindo aos trabalhadores decidir sobre a oportunidade de exercê-lo e sobre os interesses que devam por meio dele defender".

3.2. No plano infraconstitucional

O Código Penal de 1890 foi alterado logo após a sua edição, por meio do Decreto nº 1.162, de 12.12.1890, para considerar crime somente o fato da violência praticada durante o exercício da greve.

A Lei de Segurança Nacional (Lei nº 38/1935) declarava ser a greve um ilícito penal.

A primeira norma que se posicionou sobre o exercício do direito de greve foi o Decreto-Lei nº 9.070/46, ao utilizar a expressão "suspensão ou abandono coletivo do trabalho".

Discriminava, expressamente, em seu art. 3º, quais seriam as atividades profissionais consideradas fundamentais e exigia, como requisito para deflagração da suspensão coletiva do trabalho, a prévia negociação coletiva.

A Lei nº 4.330/64, que revogou expressamente o Decreto-Lei nº 9.070/46, regulamentou o supramencionado dispositivo constitucional, conceituando a greve em seu art. 2º:

> **Art. 2º.** Considerar-se-á exercício legislativo da greve a suspensão coletiva e temporária da prestação de serviços a empregador, por deliberação da assembleia geral de entidade sindical representativa da categoria profissional interessada na melhoria ou manutenção das condições de trabalho vigentes na empresa ou empresas correspondentes à categoria, total ou parcialmente, com a indicação prévia e por escrito das reivindicações formuladas pelos empregados, na forma e de acordo com as disposições previstas nesta lei.

Na vigência dessa lei, encontrava-se expressamente proibido o exercício do direito de greve pelos servidores públicos, bem como nas atividades essenciais (art. 157, § 7º, da CF/67 e art. 4º, do Decreto-Lei nº 4.330/64).

A Lei nº 4.330/64 era muito mais detalhista do que a atual, pois fixava várias condições objetivas para reconhecimento da legalidade do movimento paredista, com prazos exíguos a serem cumpridos pelos interessados, o que dificultava o exercício do respectivo direito constitucionalmente assegurado.

A regulamentação legal do exercício do direito de greve previsto pela Carta Política de 1988, para os empregados das empresas privadas, operou-se com a edição da Lei nº 7.783/89. A greve do serviço público ainda depende de regulamentação legal. Enquanto isso não ocorre, é possível usar a lei de greve do setor privado, conforme decisão do STF proferida nos autos dos Mandados de Injunção de nºs 670 e 712.

4. CONCEITO

A greve é uma forma de autotutela admitida como exceção pelo ordenamento jurídico pátrio e é representada **pela paralisação coletiva, pacífica e temporária da prestação de serviço por parte dos trabalhadores, decidida pela manifestação de vontade da organização sindical, com a consequente interrupção da atividade empresarial, total ou parcialmente**.

Tem como objetivo defender os interesses de determinado grupo de trabalhadores em seus mais diversos aspectos, mas, principalmente, para obter melhores condições de trabalho em face do respectivo empregador.

Verifica-se, portanto, que **não é qualquer suspensão do trabalho que pode ser considerada como greve.** Exige-se que a suspensão seja:

a) coletiva, assim considerada aquela que tenha a aderência de um número razoável de trabalhadores;

b) pacífica, o que exclui os movimentos nos quais se utiliza a violência; e

c) temporária, pois a paralisação definitiva importaria a extinção de todos os contratos de trabalho dos participantes do movimento paredista;

d) com objetivo de defender os interesses dos obreiros na busca por melhores condições de trabalho.

A greve **é um direito constitucionalmente garantido aos trabalhadores, a quem cabe decidir sobre a oportunidade e o modo de exercê-lo por intermédio das entidades sindicais**.

Percebe-se, assim, que a titularidade do direito de greve pertence aos trabalhadores individualmente considerados, cuja característica seja a prestação de serviços subordinados.

Entretanto, **o exercício desse direito é delegado às entidades sindicais**, de conformidade com o que preconiza o art. 4º da Lei nº 7.783/89: "Caberá à entidade sindical correspondente convocar, na forma do seu estatuto, assembleia-geral que definirá as reivindicações da categoria e deliberará sobre a paralisação coletiva da prestação de serviços".

A legitimação dos próprios trabalhadores interessados para a deflagração da greve **só é admitida excepcionalmente** quando não houver organização sindical. Nesse caso, a assembleia geral dos trabalhadores, convocada para esse fim específico, designará uma comissão de negociação.

Não se concebe, tecnicamente, a possibilidade de greve de trabalhadores autônomos, mesmo que a legislação nacional permita a reunião dessa espécie de operários em forma de sindicato.

Isso porque a greve apresenta-se como um instrumento de pressão em face de um empregador determinado, e não como acontece com o trabalhador por conta própria que possui, em regra, vários destinatários para o seu trabalho.

5. ESPÉCIES DE GREVE

O objetivo principal da greve é, como foi dito acima, pressionar o empregador para obter melhores condições de trabalho e, por esse motivo, é denominada de greve laboral.

Assim como ocorre no conflito coletivo, **a greve pode ser de caráter jurídico ou de natureza econômica**, conforme tenha como objetivo estabelecer novas regras para serem aplicadas aos contratos individuais de trabalho ou para forçar uma interpretação e aplicação de uma norma profissional pré-existente.

Contudo, as greves podem ter origem em outros fatos. Dessa forma, esse instituto pode servir como instrumento de pressão para que o governo adote determinada medida. Nesse caso é chamada de **greve política**.

Essas medidas estariam representadas pelo estabelecimento de condições mínimas de trabalho válidas para toda a classe trabalhadora, como a fixação de um salário mínimo, proibição de redução de direitos trabalhistas básicos etc. Essa hipótese é denominada de **greve geral**, pois não é dirigida a uma determinada atividade ou setor produtivo.

Existe, ainda, a **greve de solidariedade**, quando o movimento não é destinado a pressionar a classe patronal para a qual prestam serviços os trabalhadores representados, mas sim com o objetivo de apoiar outro segmento da organização obreira.

Outros critérios ainda podem ser utilizados para classificar a greve:

a) total ou parcial, conforme paralise toda a atividade empresarial, apenas parte dela, todos os empregados ou um determinado grupo de trabalhadores;

b) por prazo determinado ou indeterminado, a depender se existe ou não um prazo fixado para o seu término;

c) na iniciativa privada ou na administração pública;

d) em serviços essenciais ou não essenciais.

A interrupção intencional, por parte de grupos de trabalhadores, por um pequeno lapso de tempo, geralmente por um dia, recebe a denominação de ***paralisação***. Quando o objetivo do sindicato é reduzir a produtividade na prestação de serviços, esse procedimento é chamado de "**operação tartaruga**".

Por fim, frise-se que a chamada ***greve de fome*** não pode ser classificada, tecnicamente, como greve. Nesse caso, o que se pretende com esse procedimento é chamar a atenção das autoridades para determinado fato, representando, desse modo, um simples protesto social sem envolver, muitas vezes, questões relacionadas com direitos laborais.

6. REQUISITOS DE LEGALIDADE

A greve constitui direito dos trabalhadores e é exercido pelas entidades sindicais. Contudo, para o exercício desse direito a lei impõe alguns requisitos, que adiante serão analisados, consistentes em atos preparatórios como:

a) a necessidade de **prévia negociação coletiva**, ou seja, da tentativa de concretizar-se uma autocomposição;

b) **autorização expressa da assembleia sindical** convocada especialmente para esse fim;

c) a **prévia comunicação às empresas** da data do início da paralisação.

6.1. Tentativa de autocomposição

O movimento paredista só pode ser deflagrado depois de fracassadas as tentativas de autocomposição, ou seja, depois de frustrada a negociação coletiva, com mediação ou não, e quando não há opção pela arbitragem.

> **OJ Nº 18 do TRT2.** NEGOCIAÇÃO COLETIVA. São mecanismos de aferição da existência da negociação coletiva prévia: (a) tentativa de marcação de reunião para negociação de pauta de reivindicações; (b) atas ou registros de reuniões realizadas pelas partes (nas dependências dos sindicatos; sede das empresas; no Ministério do Trabalho e Emprego ou em qualquer outro local).

Como se trata de direito trabalhista constitucionalmente garantido, **não pode ser objeto de negociação coletiva**, como deixa claro o art. 611-B, XXVII, da CLT, introduzido pela Lei nº 13.467/17:

> **Art. 611-B.** Constituem objeto ilícito de convenção coletiva ou de acordo coletivo de trabalho, exclusivamente, a supressão ou a redução dos seguintes direitos: XXVII – direito de greve, competindo aos trabalhadores decidir sobre a oportunidade de exercê-lo e sobre os interesses que devam por meio dele defender; XXVIII – definição legal sobre os serviços ou atividades essenciais e disposições legais sobre o atendimento das necessidades inadiáveis da comunidade em caso de greve.

O TST considera **abusiva a greve quando a entidade sindical não se propõe a negociar a pauta de reivindicação**, conforme se observa da Orientação Jurisprudencial nº 11, da SDC:

> **OJ Nº 11.** GREVE. IMPRESCINDIBILIDADE DE TENTATIVA DIRETA E PACÍFICA DA SOLUÇÃO DO CONFLITO. ETAPA NEGOCIAL PRÉVIA. INSERIDA EM 27.03.1998. É abusiva a greve levada a efeito sem que as partes hajam tentado, direta e pacificamente, solucionar o conflito que lhe constitui o objeto.

6.2. Autorização da assembleia-geral

Deverá ser convocada uma assembleia-geral, pela entidade sindical interessada, com objetivo específico de:

a) autorizar o início da paralisação dos serviços;

b) definir uma pauta de reivindicação;

c) decidir sobre o eventual encerramento da paralisação.

Como já foi ressaltado, quando inexiste entidade sindical representativa do grupo, os próprios trabalhadores ficam autorizados a convocar uma assembleia-geral para constituir uma comissão de negociação.

O estatuto de cada organização sindical deverá prever as formalidades para convocação e da mesma forma o *quorum* mínimo para decidir sobre o início e o fim da greve, conforme preceitua o art. 4º, § 1º, da supramencionada Lei nº 7.783/89.

6.3. Aviso prévio de greve

Para que a greve seja considerada legal é necessário que a entidade patronal seja notificada da suspensão das atividades dos seus trabalhadores, com antecedência mínima de **72 (setenta**

e duas horas), para os serviços considerados essenciais e de 48 (quarenta e oito) horas para as demais atividades.

Durante o movimento paredista, **os trabalhadores deverão manter em funcionamento os serviços inadiáveis**, assim considerados aqueles cuja suspensão importem danos irreparáveis, caso contrário, fica o empregador autorizado a contratar serviços de terceiros para evitar os prejuízos.

7. DIREITOS DOS GREVISTAS

O principal direito dos empregados que deflagram e participam da greve consiste na **manutenção dos respectivos contratos de trabalho.**

Desse modo, **o empregador não pode extinguir o contrato de trabalho** daqueles empregados que participaram ou participam do movimento paredista, conforme determina o art. 7º, parágrafo único, da Lei nº 7.783/89 **ou contratar trabalhadores substitutos**: "É vedada a rescisão de contrato de trabalho durante a greve, bem como a contratação de trabalhadores substitutos, exceto na ocorrência das hipóteses previstas nos artigos 9º e 14".

Além disso, fica garantido:

a) a utilização de meios pacíficos para conseguir a adesão do maior número possível de trabalhadores ao movimento;

b) a livre divulgação do movimento;

c) a arrecadação de fundos;

d) vedação ao empregador de constranger o empregado a comparecer no serviço.

Tais medidas complementam o exercício do direito de greve e devem ser utilizadas **com moderação e com observância do princípio da razoabilidade.**

Diante dessas circunstâncias, a depender da intensidade e a forma como são exercidas essas práticas auxiliares, como por exemplo, a utilização do piquete, **podem ser consideradas legais ou ilegais.**

Como ressalvado no art. 7º da Lei de Greve, caso o movimento paredista não mantenha em funcionamento as atividades essenciais ou aquelas que não possam ser paralisadas sob pena de prejuízo irreparável e ainda na hipótese de abuso no exercício do direito de greve, é possível contratar substituto como deixa claro, também, a parte final do preceito contido no § 1º, art. 2º da Lei nº 6.019/74: "É proibida a contratação de trabalho temporário para a substituição de trabalhadores em greve, salvo nos casos previstos em lei".

8. ABUSO DO DIREITO DE GREVE

O direito de greve, como todo direito em geral, não pode ser exercido de forma absoluta. Existem certos limites que devem ser observados sob pena de ficar caracterizado o abuso de direito de greve, fato que constitui fonte de obrigações ao lado do ato ilícito, dos contratos e das declarações unilaterais de vontade.

Desse modo, **constituem abuso do direito de greve:**

a) o descumprimento dos dispositivos constantes da lei de greve;

b) a manutenção do movimento paredista após a declaração judicial de sua ilegalidade;

c) a persistência da greve depois de celebrado acordo ou convenção coletiva de trabalho, salvo se ocorrer fato novo que justifique uma nova paralisação ou para garantir o cumprimento de obrigação contida no instrumento que pôs fim a greve.

Não se considera greve abusiva ainda na vigência de acordo, convenção ou sentença normativa quando (art. 14, parágrafo único):

> I – tenha por objetivo exigir o cumprimento de cláusula ou condição;
>
> II – seja motivada pela superveniência de fato novo ou acontecimento imprevisto que modifique substancialmente a relação de trabalho.

Quando a greve é considerada abusiva pelo Poder Judiciário, o referido movimento não produz qualquer efeito, conforme se observa da redação da OJ nº 10 da SDC:

> **OJ Nº 10.** Greve abusiva não gera efeitos. Inserida em 27.03.1998. É incompatível com a declaração de abusividade de movimento grevista o estabelecimento de quaisquer vantagens ou garantias a seus partícipes, que assumiram os riscos inerentes à utilização do instrumento de pressão máximo.

Os trabalhadores também **não poderão utilizar meios que impeçam o trabalho daqueles que não aderiram ao movimento paredista** (**greve de ocupação**) ou impliquem ameaça ou dano à integridade física das pessoas ou à propriedade.

A greve também é classificada como abusiva quando não está relacionada com a defesa das condições de trabalho, como ocorre, por exemplo, com a greve política:

> PORTUÁRIOS. GREVE. ABUSIVIDADE. PARALISAÇÃO POR MOTIVAÇÃO POLÍTICA. A greve realizada por explícita motivação política, mesmo que por curto período de tempo, é abusiva, visto que o empregador não dispõe de poder de negociação para pacificar o conflito. Sob esse fundamento, a SDC, por unanimidade, decidiu conhecer do recurso ordinário do Sindicato dos Operadores Portuários de São Paulo, e, no mérito, por maioria, deu-lhes parcial provimento para declarar abusivo o movimento de paralisação das atividades dos portuários, que teve como propósito abrir espaço para a negociação do novo marco regulatório implantado pela MP nº 595/2012, a qual passou a dispor acerca da exploração direta e indireta, pela União, dos portos e instalações portuárias e sobre as atividades dos operadores portuários, entre outras providências. Vencidos os Ministros Maurício Godinho Delgado e Kátia Magalhães Arruda. TST-RO-1393-27.2013.5.02.0000, SDC, rel. Min. Maria de Assis Calsing, 24.4.2017 (TST. Info nº 157)

Assim, os denominados "piquetes" devem ter como objetivo, apenas, a informação aos colegas de trabalho dos motivos que ensejaram a deflagração do movimento paredista.

De igual sorte, veda-se a ocupação dos estabelecimentos das empresas, tendo em vista que obstam a prestação de serviços daqueles que não concordam com a paralisação geral do trabalho.

Para coibir essa prática, o empresário que se sentir prejudicado poderá recorrer ao remédio processual denominado de **interdito proibitório**.

A competência para apreciação e julgamento da referida medida judicial é da Justiça do Trabalho, por força da alteração promovida na CF/88 pela EC nº 45/2004 e de acordo com o conteúdo da **Súmula Vinculante nº 23 do STF:** "A Justiça do Trabalho é competente para processar e julgar as ações possessórias ajuizadas em decorrência do exercício do direito de greve pelos trabalhadores da iniciativa privada".

O TST considerava abusiva a greve efetivada com o único objetivo de fazer prevalecer as condutas ajustadas em convenções ou acordos coletivos, de acordo com o entendimento constante da OJ nº 1 da SDC, já **cancelada:** "Acordo coletivo. Descumprimento. Existência de ação própria. Abusividade da greve deflagrada para substituí-la. Inserida em 27.03.1998 – Cancelada – DJ 22.06.2004".

Exemplo de questão sobre o tema

(MPT – Procurador do Trabalho/2013) Em relação ao direito de greve, consoante a jurisprudência predominante do TST e do STF:

I. É cabível dissídio coletivo em face de pessoa jurídica de direito público que mantenha empregados, exclusivamente para a apreciação de cláusulas de natureza social.

II. Compete à Justiça Comum o processamento e julgamento de ação possessória ajuizada em decorrência do direito de greve pelos empregados de empresa concessionária ou permissionária de serviço público.

III. A greve de ocupação pelo comparecimento de empregados ao local da prestação de serviços essenciais visando a evitar que trabalhem aqueles que assim desejam, pode configurar abusividade do exercício do direito de greve, cuja declaração poderá ser requerida pelo Ministério Público do Trabalho.

IV. É abusiva a greve que se realiza em setores que a lei define como sendo essenciais à comunidade, se não é assegurado o atendimento básico das necessidades inadiáveis dos usuários do serviço, na forma prevista na Lei de Greve.

Assinale a alternativa CORRETA:

(A) apenas as assertivas I e III estão corretas;

(B) apenas as assertivas II e IV estão corretas;

(C) apenas a assertiva II está correta;

(D) apenas as assertivas I, III e IV estão corretas;

(E) não respondida.

Resposta: D

9. EFEITOS DA GREVE

A paralisação temporária dos serviços por conta da greve implica uma série de efeitos sobre o contrato de trabalho e em relação àqueles que participaram do movimento, conforme se verá a seguir.

9.1. Sobre o contrato de trabalho

O período de duração de uma greve pode ser classificado como de interrupção ou de suspensão do contrato de trabalho.

As relações obrigacionais derivadas do pacto laboral serão regidas pelo instrumento por meio do qual se pôs fim a greve, ou seja, a sentença arbitral, a sentença normativa, o acordo ou convenção coletiva de trabalho.

Se existir determinação expressa para que não se desconte os dias parados do salário dos trabalhadores durante a greve, **o período respectivo vai ser considerado como de interrupção**.

Caso contrário, quando há cláusula que determine o desconto ou se a sentença arbitral, a sentença normativa, o acordo ou convenção coletiva de trabalho forem omissos, **a hipótese será de suspensão do contrato de trabalho.**

Se há convenção ou determinação de reposição dos dias não laborados na forma, por exemplo, de banco de horas, não será caso de suspensão ou de interrupção, uma vez que haverá **pagamento de salário acompanhado da respectiva prestação de serviços.**

9.2. Responsabilidade pelos atos praticados

Os atos praticados durante a greve podem repercutir em três esferas distintas, quais sejam, a penal, a civil e a trabalhista.

Constatando a prática de delito, cabe ao Ministério Público oferecer a denúncia respectiva.

Constitui crime de atentado à dignidade do trabalho, constranger alguém, mediante violência ou grave ameaça a participar de paralisação de atividade econômica, tipificado pelo art. 197, II, do Código Penal.

Participar de greve com o uso de atos de violência contra pessoa ou coisa, constitui crime previsto pelo art. 200 do Código Penal. Se a paralisação implicar a interrupção de obra pública ou serviço de interesse coletivo, a pena será de detenção de seis meses a dois anos além de multa (art. 201 do CP).

A responsabilidade civil efetiva-se quando a participação na greve provoca prejuízos econômicos ou morais ao empregador ou ao trabalhador. Nesse caso, o autor do dano responsabiliza-se pela prática do ato ilícito respectivo.

Na seara trabalhista, o excesso praticado durante a greve pode ser motivo de aplicação de penalidades por parte do empregador, que varia desde **a advertência verbal até a extinção do contrato de trabalho por justa causa**, desde que seja declarada a abusividade e ilegalidade da greve. Se o ato antijurídico é praticado pelo empregador, faculta-se ao empregado postular a rescisão indireta do seu contrato de trabalho.

10. JULGAMENTO DE LEGALIDADE DA GREVE

Cabe a Justiça do Trabalho decidir pela legalidade ou não do movimento grevista.

A legitimidade da medida judicial pertence aos empregados, aos empregadores e, excepcionalmente, ao Ministério Público do Trabalho, **nos casos de greve em atividades essenciais** (art. 114, § 3º da CF/88 e art. 10 da Lei nº 7.783/89).

Sobre a abusividade do direito de greve, já se sustentava a competência da Justiça do Trabalho antes mesmo da promulgação da EC nº 45/2004, conforme posicionamento do TST exposto na Súmula nº 189:

> **SÚMULA Nº 189.** GREVE. COMPETÊNCIA DA JUSTIÇA DO TRABALHO. ABUSIVIDADE – Nova redação – Res. 121/2003, DJ 21.11.2003. A Justiça do Trabalho é competente para declarar a abusividade, ou não, da greve.

11. GREVE EM SERVIÇOS ESSENCIAIS

O direito de greve nos serviços essenciais sofre algumas limitações, pois deve ser exercido sob as condições impostas pela lei.

Primeiramente, consideram-se serviços ou atividades essenciais aqueles mencionados pelo art. 10, da citada Lei nº 7.783/89, quais sejam:

> I – tratamento e abastecimento de água; produção e distribuição de energia elétrica, gás e combustíveis; II – assistência médica e hospitalar; III – distribuição e comercialização de medicamentos e alimentos; IV – funerários; V – transporte coletivo; VI – captação e tratamento de esgoto e lixo; VII – telecomunicações; VIII – guarda, uso e controle de substâncias radioativas, equipamentos e materiais nucleares; IX – processamento de dados ligados a serviços essenciais; X – controle de tráfego aéreo e navegação aérea; (Redação dada pela Lei nº 13.903, de 2019); XI compensação bancária; XII – atividades médico-periciais relacionadas com o regime geral de previdência social e a assistência social; (Incluído pela Lei nº 13.846, de 2019); XIII – atividades médico-periciais relacionadas com a caracterização do impedimento físico, mental, intelectual ou sensorial da pessoa com deficiência, por meio da integração de equipes multiprofissionais e interdisciplinares, para fins de reconhecimento de direitos previstos em lei, em especial na Lei nº 13.146, de 6 de julho de 2015 (Estatuto da Pessoa com Deficiência); e (Incluído pela Lei nº 13.846, de 2019) XIV – outras prestações médico-periciais da carreira de Perito Médico Federal indispensáveis ao atendimento das necessidades inadiáveis da comunidade. (Incluído pela Lei nº 13.846, de 2019).

A evolução científica e tecnológica pode contribuir para o surgimento de outras atividades empresariais essenciais ou o desaparecimento das que foram relacionadas pelo legislador.

Tal circunstância implica concluir que a relação das atividades contida no mencionado dispositivo da lei de greve **é exemplificativo e não taxativo.**

Na hipótese de a greve ser deflagrada em empresas que desenvolvam atividades dessa natureza, a entidade sindical deverá manter em funcionamento os serviços indispensáveis para a população.

De forma geral, **são consideradas como essenciais aquelas atividades que, uma vez paralisadas, impliquem perigo iminente à sobrevivência, saúde ou segurança para a comunidade.**

Quando a greve ocorrer em serviços essenciais, é conferida legitimação ao Ministério Público do Trabalho para ajuizar **dissídio coletivo de greve**, conforme dispõe o art. 114, § 3º, da Constituição Federal de 1988:

> **Art. 114. § 3º.** Em caso de greve em atividade essencial, com possibilidade de lesão do interesse público, o Ministério Público do Trabalho poderá ajuizar dissídio coletivo, competindo à Justiça do Trabalho decidir o conflito.

A Lei nº 7.783/89 ainda dispõe sobre a greve em serviços ou atividades essenciais em seus arts. 11 e 12:

> **Art. 11.** Nos serviços ou atividades essenciais, os sindicatos, os empregadores e os trabalhadores ficam obrigados, de comum acordo, a garantir, durante a greve, a prestação dos serviços indispensáveis ao atendimento das necessidades inadiáveis da comunidade. Parágrafo único. São necessidades inadiáveis, da comunidade aquelas que, não atendidas, coloquem em perigo iminente a sobrevivência, a saúde ou a segurança da população.
>
> **Art. 12.** No caso de inobservância do disposto no artigo anterior, o Poder Público assegurará a prestação dos serviços indispensáveis.

Se a organização sindical não garante atendimento básico à população, o movimento é considerado como abusivo, posicionamento esse adotado pelo TST por meio da OJ nº 38 da SDC:

> **OJ Nº 38.** Greve. Serviços essenciais. Garantia das necessidades inadiáveis da população usuária. Fator determinante da qualificação jurídica do movimento. Inserida em 07.12.1998.

É abusiva a greve que se realiza em setores nos quais a lei classifica como essenciais à comunidade, se não é assegurado o atendimento básico das necessidades inadiáveis dos usuários do serviço, na forma prevista na Lei nº 7.783/89.

ATENÇÃO! Na greve em serviços ou atividades essenciais, ficam as entidades sindicais ou os trabalhadores, conforme o caso, obrigados a comunicar a decisão aos empregadores e aos usuários dos respectivos serviços, com antecedência mínima de 72 horas. Não há obrigação de comunicação da decisão pelo movimento paredista ao MPT.

Exemplos de questões sobre o tema

(FCC – Juiz do Trabalho Substituto 24ª região/2015) De acordo com a Lei de Greve (Lei no 7.783/89) são considerados serviços ou atividades essenciais:

(A) abastecimento de água e esgoto; distribuição de energia elétrica, equipamentos e materiais espaciais.

(B) distribuição e comercialização de remédios, alimentos e aplicação de vacinas.

(C) assistência médica e odontológica.

(D) guarda, uso e controle de substâncias radioativas, equipamentos e materiais espaciais.

(E) processamento de dados ligados a serviços essenciais.

Resposta: E

(TRT 3 – Juiz do Trabalho Substituto 3ª região/2013) Nos termos da Lei de Greve, são considerados serviços ou atividades essenciais, exceto:

(A) Serviços funerários

(B) Telecomunicações

(C) Ensino fundamental

(D) Compensação bancária

(E) Captação e tratamento de esgoto e lixo

Resposta: C

(TRT 22 – Juiz do Trabalho Substituto 22ª região/2013) Segundo a Lei nº 7.783/89, que dispõe sobre o exercício do direito de greve, define as atividades essenciais, regula o atendimento das necessidades inadiáveis da comunidade, e dá outras providências, pode-se considerar como atividade essencial, EXCETO:

(A) transporte coletivo;

(B) compensação bancária;
(C) distribuição e comercialização de medicamentos e alimentos;
(D) tratamento e abastecimento de água; produção e distribuição de energia elétrica, gás e combustíveis;
(E) serviços gráficos.

Resposta: E

12. GREVE NO SERVIÇO PÚBLICO

A atual Carta Magna garante o direito de greve aos servidores públicos civis, mas remete a sua regulamentação para lei específica, conforme preleciona o art. 37, VII. Todavia, **até a presente data não foi regulamentado o exercício do direito de greve no serviço público.**

No julgamento dos Mandados de Injunção de nºs 712 e 670, os Ministros do STF, por maioria, reconheceram que a lei de greve dos empregados da iniciativa privada **pode ser utilizada pelos servidores públicos**, até que o Congresso Nacional regulamente o dispositivo constitucional específico:

O Tribunal, por maioria, nos termos do voto do Relator, conheceu do mandado de injunção e propôs a solução para a omissão legislativa com a aplicação da Lei nº 7.783/89, no que couber, vencidos, parcialmente, os Senhores Ministros Ricardo Lewandowski, Joaquim Barbosa e Marco Aurélio, que limitavam a decisão à categoria representada pelo sindicato e estabeleciam condições específicas para o exercício das paralisações.

Isso significa dizer que **não há qualquer regra que garanta o pagamento de proventos durante os dias de paralisação**. De outra sorte, a adesão do servidor público à greve e, consequentemente, a falta ao serviço, não pode fundamentar decisão administrativa que conclua pela demissão ou aplicação de qualquer outra penalidade.

Nos autos do RE nº 693456, **com repercussão geral reconhecida** (Tema nº 531), o STF decidiu que a administração pública **deve fazer o corte do ponto dos grevistas**, mas possibilitando a compensação dos dias parados mediante acordo. Além disso, esse desconto não poderá ser feito caso a greve tenha sido motivada por conduta ilícita do próprio Poder Público.

O ordenamento jurídico pátrio, a exemplo do que ocorre em outros países, simplesmente **veda** o exercício do direito de greve para algumas categorias. O art. 142, inciso IV da Constituição Federal de 1988, por exemplo, proíbe a sindicalização e a greve para o **militar.**

O Supremo Tribunal Federal, ao interpretar esse dispositivo, decidiu que essa proibição **se estende ao efetivo das polícias militar e civil e também para os serviços ligados à administração da Justiça (carreiras de Estado, inclusive tributária) e à saúde:**

> Servidores públicos que exercem atividades relacionadas à manutenção da ordem pública e à segurança pública, à administração da Justiça -–– aí os integrados nas chamadas carreiras de Estado, que exercem atividades indelegáveis, inclusive as de exação tributária -–– e à saúde pública. A conservação do bem comum exige que certas categorias de servidores públicos sejam privadas do exercício do direito de greve. Defesa dessa conservação e efetiva proteção de outros direitos igualmente salvaguardados pela Constituição do Brasil (Reclamação nº 6568. 21.05.2009).

Em abril de 2017 o STF reafirmou esse entendimento, mas desta vez conferindo **repercussão geral** quanto a proibição do exercício do direito de greve pelos integrantes das forças policiais, nos autos do Recurso Extraordinário com Agravo nº 654432 (Tema nº 541), sendo aprovada a seguinte tese:

> (1) o exercício do direito de greve, sob qualquer forma ou modalidade, é vedado aos policiais civis e a todos os servidores públicos que atuem diretamente na área de segurança pública. (2) É obrigatória a participação do Poder Público em mediação instaurada pelos órgãos classistas das carreiras de segurança pública, nos termos do artigo 165 do Código de Processo Civil, para vocalização dos interesses da categoria"

13. *LOCKOUT*

Paralelo ao direito de greve dos trabalhadores, existe o fato social denominado de **paralisação empresarial, mais conhecido como *lockout***, com a consequente cessação no pagamento dos salários devidos aos trabalhadores. Tem como objetivo pressionar os empregados a celebrar um convênio coletivo de trabalho que contemple os interesses empresariais.

No Brasil, a lei de greve veda a interrupção dos serviços por parte dos empregadores, prática denominada de *lockout*:

> **Art. 17.** Fica vedada a paralisação das atividades, por iniciativa do empregador, com o objetivo de frustrar negociação ou dificultar o atendimento de reivindicações dos respectivos empregadores ("*lockout*").

Em caso de paralisação temporária dos serviços por iniciativa do empregador, **as obrigações decorrentes do pacto laboral ficarão inalteradas, o que implica pagamento dos salários e demais direitos durante o período respectivo,** conforme disposto no parágrafo único do dispositivo acima transcrito.

Exemplos de questões sobre o tema

(TRT 1 – Juiz do Trabalho Substituto – 1ª região/2016) Em relação aos direitos de associação e de greve, considerada a Constituição da República e a Lei no 7.783/89, é correto afirmar:

(A) O militar possui direito de se associar em sindicatos, mas lhe é vedado o direito de greve.

(B) O empregador pode contratar substitutos para os trabalhadores em greve, para manutenção dos serviços essenciais à retomada das atividades após o fim do movimento.

(C) Em respeito à liberdade sindical, torna-se desnecessária a tentativa de solução pacífica do conflito antes da deflagração de movimento grevista.

(D) Celebrado acordo para por fim a movimento grevista, a ausência de previsão expressa sobre os efeitos do período de paralisação torna devido aos trabalhadores que dela participaram o pagamento de salários do período.

(E) São, dentre outros, considerados serviços ou atividades essenciais: assistência médica e hospitalar, serviços funerários, controle de tráfego aéreo e serviço de telecomunicações.

Resposta: E

(TRT 8 – Juiz do Trabalho Substituto 8ª região/2014) Em relação ao direito de greve do setor privado, previsto na Lei nº 7.783/89, assinale a alternativa INCORRETA:

(A) Cabe à entidade sindical correspondente convocar, na forma do seu estatuto, assembleia geral que definirá as reivindicações da categoria e deliberará sobre a paralisação coletiva da prestação de serviços.

(B) É vedada a rescisão de contrato de trabalho durante a greve, bem como a contratação de trabalhadores substitutos, salvo se mantida a paralisação após a celebração de acordo, convenção ou decisão da Justiça do Trabalho.

(C) Em caso de greve dos serviços dos empregados moto-taxistas de uma empresa privada, a entidade sindical profissional deve comunicar a decisão aos empregadores e aos usuários com antecedência mínima de 72 (setenta e duas) horas da paralisação.

(D) Não constitui abuso do direito de greve, quando na vigência de acordo coletivo de trabalho, ocorre a paralisação visando exigir o cumprimento de cláusulas da norma coletiva.

(E) Compete à Justiça do Trabalho julgar ação promovida pelo empregador em face do sindicato profissional, demandando reparação material por destruição de seu patrimônio, em razão do movimento grevista.

Resposta: C

(TRT 3 – Juiz do Trabalho Substituto 3ª região/2014) A convenção coletiva de trabalho que abrange os empregados da empresa Complexo de Édipo Ltda., empresa do setor de propagandas, estabeleceu um reajuste salarial da ordem de 10% a partir da respectiva data-base. A empresa empregadora não o cumpriu, gerando grande insatisfação entre os trabalhadores, que pararam suas atividades laborais. O sindicato profissional, estando à frente do movimento comunicou a empresa da paralisação, 48 horas antes de sua deflagração, e compareceu à empresa, após a paralisação haver se iniciado, para negociar a solução do conflito. As partes celebraram acordo coletivo que estabeleceu o pagamento das diferenças em atraso e a recomposição salarial, mas os trabalhadores seguiram em greve, exigindo que o aumento salarial passasse de 10% para 15%.

Em relação à questão apresentada e à lei de greve, pode-se afirmar:

(A) A culpa pelo conflito heterônomo estabelecido entre as partes é do empregador que, ao não cumprir o instrumento coletivo de trabalho, além de pagar o reajuste e as diferenças em atraso acordadas, pagará, neste caso, os dias parados decorrentes da greve, nos termos da Lei n. 7783/89.

(B) O conflito em espeque é heterônomo, mas sua natureza é mista, qual seja, econômica e de revisão.

(C) A continuidade da greve, após a assinatura do acordo coletivo constitui abuso no exercício do direito de greve nos termos da Lei n. 7783/89.

(D) A greve realizada pelos trabalhadores em virtude do conflito apesar de justa não é legal, em razão da atividade do setor econômico ser considerada, pela lei, como atividade essencial.

(E) O ajuste realizado pelas partes neste caso concreto, substitui as condições previstas na Convenção Coletiva descumprida, razão pela qual o instrumento que passa a regular as condições de trabalho a partir da greve, é o acordo coletivo firmado.

Resposta: C

(TRT 2 – Juiz do Trabalho Substituto 2ª região/2014) Quanto ao exercício do direito de greve, aponte a alternativa correta:

(A) Em caso de greve prolongada que interrompa totalmente as atividades do empregador, poderá este, para o cumprimento de obrigações inadiáveis com terceiros, contratar diretamente os serviços necessários.

(B) Nos serviços ou atividades essenciais os sindicatos de categoria econômica e os trabalhadores grevistas deverão estabelecer percentual de trabalhadores que permanecerão em atividade para atendimento das necessidades inadiáveis da comunidade.

(C) É legitimado para ajuizar dissídio coletivo de greve o sindicato profissional que a fomentou.

(D) Não constitui abuso do direito de greve a manutenção da paralisação aprovada por assembleia após a celebração de acordo, convenção ou decisão da Justiça do Trabalho.

(E) A participação em greve é hipótese de suspensão do contrato devendo as relações entre empregado e empregador ser regidas no período por acordo, convenção, laudo arbitrai ou decisão judicial.

Resposta: E

(Magistratura do Trabalho – TRT 3ª R – 2012) A respeito da greve, leia as afirmações abaixo e, em seguida, assinale a alternativa correta, de acordo com a posição doutrinária dominante ou a jurisprudência consolidada da Seção de Dissídios Coletivos do Tribunal Superior do Trabalho:

I. A greve é mecanismo de autotutela de interesses, que constitui exceção à tendência restritiva ao exercício direto das próprias razões, e se afirmou nas sociedades democráticas como inquestionável direito dos trabalhadores com o objetivo de exercer pressão sobre os empregadores ou tomadores de serviços.

II. Compete aos trabalhadores decidir sobre a oportunidade de exercer o direito de greve e sobre os interesses que devam por meio dele defender, mas há explícita restrição às greves políticas e de solidariedade, porque o interesse a que se refere a lei deve versar sobre alteração ou criação de novas condições de trabalho.

III. À luz do dispositivo constitucional de que compete aos trabalhadores decidir sobre a oportunidade de exercer o direito de greve e sobre os interesses que devam por meio dele defender, é compatível o estabelecimento de vantagens ou garantias aos partícipes de movimento grevista declarado abusivo.

IV. À luz do dispositivo constitucional de que compete aos trabalhadores decidir sobre a oportunidade de exercer o direito de greve e sobre os interesses que devam por meio dele defender, não é abusiva a greve levada a efeito, em caso de inexistência de tentativa, direta e pacífica, de solução do conflito que lhe constitui o objeto.

V. Não é abusiva a greve que se realiza em setores que a lei define como sendo essenciais à comunidade, se for assegurado o atendimento básico das necessidades inadiáveis dos usuários do serviço, na forma prevista na Lei de Greve.

(A) Somente as afirmativas I e V estão corretas.
(B) Somente as afirmativas II e V estão corretas.
(C) Somente as afirmativas I e II estão corretas.
(D) Somente as afirmativas I, II, IV e V estão corretas.
(E) Todas as afirmativas estão corretas.

Resposta: A

(TRT 14 – Juiz do Trabalho Substituto 14ª região/2013) Sobre o direito de greve, assinale a opção correta:

(A) De acordo com a Lei de Greve, n° 7.783/1983, são considerados serviços essenciais, entre outros: distribuição e comercialização de medicamentos e alimentos, atendimento bancário e controle de tráfego aéreo.

(B) Durante uma negociação coletiva, caso o empregador ou o sindicato da categoria econômica pretenda dificultar o atendimento das reivindicações dos respectivos empregados, a lei lhe faculta a paralisação das atividades da empresa ou empresas envolvidas, isto é, a deflagração de locaute.

(C) Segundo a Lei de Greve, n° 7.783/1983, em caso de greve nos serviços ou atividades essenciais, os sindicatos, os empregadores e os trabalhadores ficam obrigados, de comum acordo, a garantir, durante a greve, a prestação dos serviços indispensáveis ao atendimento das necessidades inadiáveis da comunidade, para o que, nos termos legais, deverão assegurar a manutenção de, no mínimo, 40% dos serviços ou atividades.

(D) A deflagração de greve pelos trabalhadores ou pela categoria profissional correspondente, nos termos legais, gera a interrupção do contrato de trabalho, não obstante os trabalhadores não tenham direito ao pagamento dos salários do período da paralisação.

(E) Se a categoria profissional optar pela paralisação coletiva do trabalho, isto é, greve, a entidade patronal correspondente ou os empregadores diretamente interessados devem ser notificados, com antecedência mínima de 48 horas da paralisação.

Resposta: E

(TRT 15 – Juiz do Trabalho Substituto 15ª região/2013) A greve constituiu o meio de luta dos trabalhadores para a conquista de direitos, partindo do pressuposto de que a união faz a força, até porque, como diria o poeta, “um mais um é sempre mais que dois” (Beto Guedes). Como fruto da concepção democrática, a greve foi reconhecida pelo Direito e, considerando os padrões jurídicos brasileiros atuais, a seu respeito é incorreto dizer:

(A) o STF tem entendimento firmado no sentido de que a simples adesão à greve não constitui falta grave;

(B) as relações obrigacionais, durante o período da greve, serão regidas por acordo, convenção, laudo arbitral ou decisão da Justiça do Trabalho;

(C) é vedada, durante a greve, a rescisão dos contratos de trabalho dos trabalhadores em greve, exceto na hipótese de inexecução de serviços cuja paralisação resulte em prejuízo irreparável pela deterioração irreversível de bens, máquinas e equipamentos;

(D) na Constituição de 1937, a greve foi declarada recurso antissocial nocivo ao trabalho e ao capital e incompatível com os superiores interesses da produção nacional;

(E) na "lei" de segurança nacional, 1967, foi considerado crime contra a segurança nacional, a ordem política e social, a promoção de greve, que implicasse a paralisação de serviços públicos ou atividades essenciais e que tivesse como propósito coagir qualquer dos Poderes da República.

Resposta: C

(TRT 22 – Juiz do Trabalho Substituto 22ª região/2013) Sobre o direito de greve, é INCORRETO afirmar:

(A) lockout é a paralisação provisória, por ordem do empregador, da atividade econômica, de toda a empresa, estabelecimento ou setor específico, com a finalidade de forçar os obreiros a desistirem de suas reivindicações, sendo tal prática permitida pela legislação pátria e regulamentada pela CLT;

(B) considera-se legítimo, no exercício do direito de greve, a suspensão coletiva, temporária e pacífica, total ou parcial, de prestação pessoal de serviços a empregador;

(C) dentre outros direitos, são assegurados aos grevistas a arrecadação de fundos e a livre divulgação do movimento;

(D) é dever dos grevistas assegurar a prestação de serviços indispensáveis às necessidades essenciais da comunidade, cuja paralisação resulte em prejuízos irreparáveis;

(E) as entidades sindicais ou os trabalhadores, conforme o caso, ficam obrigados a comunicar a decisão aos empregadores e aos usuários com antecedência mínima de 72 (setenta e duas) horas da paralisação, no caso de greve em serviços ou atividades essenciais.

Resposta: A

---

14. QUADRO SINÓPTICO

Capítulo VI – Greve		
Instituto	**Conteúdo**	**Item**
Conceito	A greve é uma forma de autotutela admitida como exceção pelo ordenamento jurídico. É representada pela paralisação coletiva, pacífica e temporária da prestação de serviço por parte dos trabalhadores, decidida pela da manifestação de vontade de organização sindical, com a consequente interrupção da atividade empresarial, total ou parcialmente, com objetivo de defender os interesses de determinado grupo de trabalhadores em seus mais diversos aspectos, mas, principalmente, no intuito de conseguir melhores condições de trabalho.	4
Espécies	Greve de caráter jurídico; Greve de caráter econômico; Greve política; Greve geral; Greve de solidariedade; Greve total e parcial; Greve por prazo determinado ou indeterminado; Greve na iniciativa privada ou na administração pública; Greve em serviços essenciais ou não essenciais; Greve de fome.	5

Capítulo VI – Greve			
Requisitos	**Tentativa de conciliação**	O movimento paredista só pode ser deflagrado depois de fracassadas as tentativas de autocomposição, ou seja, depois de frustrada a negociação coletiva, com mediação ou não, e não tenha havido a opção pela arbitragem.	
	Assembleia geral	Deverá ser convocada uma assembleia-geral, pela entidade sindical interessada, com objetivo específico de: a) autorizar o início da paralisação dos serviços; b) definir uma pauta de reivindicação; e c) decidir sobre o eventual encerramento da paralisação.	6
	Aviso-prévio	Para que a greve seja considerada legal, é necessário, também, que a entidade patronal seja notificada da suspensão das atividades dos seus trabalhadores com antecedência mínima de 48 horas e, nos serviços essenciais, 72 horas.	6
Direitos dos grevistas	O principal direito dos empregados que deflagram e participam da greve consiste na manutenção dos respectivos contratos de trabalho. Além disso, fica garantido: a) a utilização de meios pacíficos para conseguir a adesão do maior número possível de trabalhadores ao movimento; b) a livre divulgação do movimento; c) a arrecadação de fundos; e d) vedação ao empregador de constranger o empregado a comparecer no serviço.		7
Abuso do direito de greve	Descumprimento dos dispositivos constantes da lei de greve; Manutenção do movimento paredista após a declaração judicial de sua ilegalidade; Persistência da greve depois de celebrado acordo ou convenção coletiva de trabalho, salvo se ocorrer fato novo que justifique uma nova paralisação ou para garantir o cumprimento de obrigação contida no instrumento que pôs fim a greve.		8
Efeitos da greve	**Sobre o contrato de trabalho**	O período de duração de uma greve pode ser considerado de interrupção ou de suspensão do contrato de trabalho. As relações obrigacionais derivadas do pacto laboral serão regidas pelo instrumento por meio do qual se pôs fim a greve, ou seja, a sentença arbitral, a sentença normativa, o acordo ou a convenção coletiva de trabalho.	9
	Responsabilidade pelos atos praticados	Os atos praticados durante a greve podem repercutir em três esferas distintas, quais sejam, a penal, a civil e a trabalhista.	
Julgamento da greve	Fracassadas as tentativas de acordo e inexistindo a procura de outro meio para solução do conflito coletivo de trabalho, caberá à Justiça do Trabalho decidir pela legalidade ou não do movimento grevista. A legitimidade da medida judicial pertence aos empregados, aos empregadores ou, excepcionalmente, ao Ministério Público do Trabalho.		10
Serviços essenciais	**Atividades**	• tratamento e abastecimento de água; produção e distribuição de energia elétrica, gás e combustíveis; • assistência médica e hospitalar; • distribuição e comercialização de medicamentos e alimentos; • funerários; • transporte coletivo; • captação e tratamento de esgoto e lixo; • telecomunicações; • guarda, uso e controle de substâncias radioativas, equipamentos e materiais nucleares;	11

Capítulo VI – Greve			
Serviços essenciais	**Atividades**	• processamento de dados ligados a serviços essenciais; • controle de tráfego aéreo; • compensação bancária.	11
	Limitações	A entidade sindical deverá manter em funcionamento os serviços indispensáveis para a população.	11
Serviço público	A atual Carta Magna garante o direito de greve aos servidores públicos civis, mas remete a sua regulamentação para lei específica, conforme preleciona o art. 37, VII. No julgamento dos Mandados de Injunção de nos 712 e 670, os Ministros do STF, por maioria, reconheceram que a lei de greve dos empregados da iniciativa privada pode ser utilizada pelos servidores públicos, até que o Congresso Nacional regulamente o dispositivo constitucional específico.		12
Lockout	Representa a paralisação das atividades pelo empresário, com a consequente cessação no pagamento dos salários devidos aos trabalhadores. Tem como objetivo pressionar os empregados a celebrar um convênio coletivo de trabalho que contemple os interesses dos empregadores. A lei de greve veda esse procedimento.		13

15. INFORMATIVOS DO TST SOBRE A MATÉRIA

Greve. Serviços essenciais. Multa por descumprimento de ordem judicial que estabelecia quantitativos mínimos de trabalhadores para operar o metrô de Belo Horizonte/MG. Manutenção.

A SDC, por unanimidade, conheceu de recurso ordinário e, no mérito, por maioria, negou-lhe provimento para manter a multa de R$ 250.000,00 aplicada ao Sindmetro/MG pelo descumprimento da liminar concedida pelo TRT da 3ª Região que estabelecia quantitativos mínimos de trabalhadores para operarem o Metrô de Belo Horizonte/MG durante greve ocorrida em 28.4.2017. No caso, embora o movimento paredista tenha durado apenas um dia, prevaleceu o entendimento de que o valor fixado para a multa era razoável e proporcional ao caso concreto, pois se trata de serviço essencial cuja paralisação total causou manifesto prejuízo à população. Ademais, o sindicato recorrente, além de se esquivar do recebimento da liminar que determinava os percentuais de trens em funcionamento durante a paralisação, descumpriu a ordem judicial sem justificativa plausível, em descompasso com a lealdade e a boa-fé processuais. Vencidos parcialmente os Ministros Lelio Bentes Corrêa, Mauricio Godinho Delgado e Kátia Magalhães Arruda. TST-RO-10488-15.2017.5.03.0000, SDC, rel. Min. Ives Gandra da Silva Martins Filho, 12.8.2019 (TST. Info nº 202).

Ação civil pública. Dano moral coletivo. Greve. Ajuizamento simultâneo de interditos proibitórios. Abuso do direito de ação. Não configuração.

O mero ajuizamento simultâneo de vários interditos proibitórios por diversas instituições financeiras não configura, por si só, dano moral coletivo. No caso, não restou evidenciado exercício abusivo do direito de ação e, consequentemente, conduta antissindical. Conforme registrado pelo acórdão do Tribunal Regional, o objetivo das ações consistiu unicamente em resguardar o livre acesso, no interior das agências bancárias, de clientes e empregados não integrantes do movimento paredista, inserindo-se, portanto, na prerrogativa de livre uso e gozo da posse, de modo que o ajuizamento dos interditos proibitórios pode ser considerado plenamente legítimo. Ademais, não se vislumbra abusividade no ajuizamento de vinte e um interditos se considerada a amplitude da base territorial do sindicato autor da ação civil pública (quase duas mil agências bancárias em Belo Horizonte e região) e o número de instituições financeiras que se utilizaram da ação possessória (seis bancos). Por fim, reforça a ausência de conduta abusiva o fato de o TRT também ter registrado que oito liminares foram concedidas no bojo das ações possessórias ajuizadas. Sob esses fundamentos, a SBDI-I, por maioria, conheceu do recurso de embargos, por divergência jurisprudencial, e, no mérito, também por maioria, deu-lhes provimento para restabelecer o acórdão do Tribunal Regional que julgara improcedente o pedido de indenização por dano moral coletivo. Vencidos, no conhecimento, os Ministros Augusto César Leite de Carvalho, relator, Hugo Carlos Scheuermann e Cláudio Mascarenhas Brandão; e, no mérito, os Ministros Augusto César Leite de Carvalho, relator, José Roberto Freire Pimenta, Hugo Carlos Scheuermann, Cláudio Mascarenhas Brandão e Luiz Philippe Vieira de Mello Filho. TST-E-ED-ED--RR-253840-90.2006.5.03.0140, SBDI-I, rel. Min. Augusto César Leite de Carvalho, red. p/ acórdão Min. Ives Gandra da Silva Martins Filho, 23.5.2019 (TST. Info nº 196).

Dissídio coletivo. Greve. Movimento deflagrado contra a privatização das empresas que compõem o sistema Eletrobras. Motivação estritamente política. Abusividade.

É abusivo o movimento grevista deflagrado pela categoria profissional contra a privatização das empresas que compõem o sistema Eletrobras, pois não se verifica dissídio trabalhista, ou seja, conflito entre empresa e trabalhadores. A política de privatização do setor elétrico não é de autoria da Eletrobras, nem das empresas estatais, mas do poder público, de modo que as reivindicações dos trabalhadores não podem ser negociadas pelas empresas. Assim, vislumbrando a ocorrência de greve com motivação estritamente política, a SDC, por maioria, julgou procedente o pedido de abusividade do movimento, vencidos os Ministros Mauricio Godinho Delgado, relator, e Kátia Magalhães Arruda. TST-DCG-1000418-66.2018.5.00.0000, SDC, rel. Min. Mauricio Godinho Delgado, red. p/ acórdão Min. Ives Gandra da Silva Martins Filho, 11.2.2019 (TST. Info nº 190).

Portuários. Greve. Abusividade. Paralisação por motivação política.

A greve realizada por explícita motivação política, mesmo que por curto período de tempo, é abusiva, visto que o empregador não dispõe de poder de negociação para pacificar o conflito. Sob esse fundamento, a SDC, por unanimidade, decidiu conhecer do recurso ordinário do Sindicato dos Operadores Portuários de São Paulo, e, no mérito, por maioria, deu-lhes parcial provimento para declarar abusivo o movimento de paralisação das atividades dos portuários, que teve como propósito abrir espaço para a negociação do novo marco regulatório implantado pela MP nº 595/2012, a qual passou a dispor acerca da exploração direta e indireta, pela União, dos portos e instalações portuárias e sobre as atividades dos operadores portuários, entre outras providências. Vencidos os Ministros Maurício Godinho Delgado e Kátia Magalhães Arruda. TST--RO-1393-27.2013.5.02.0000, SDC, rel. Min. Maria de Assis Calsing, 24.4.2017 (TST. Info nº 157).

Dissídio coletivo de greve. Não cumprimento imediato da sentença normativa pela empresa. Irregular exercício do direito de greve pela categoria profissional. Culpa recíproca. Descontos dos dias parados. Estabilidade provisória indevida.

A SDC, por maioria, conheceu do recurso ordinário e, no mérito, deu-lhe parcial provimento para declarar a culpa recíproca das partes no tocante à greve deflagrada em 10.7.2014, determinar o desconto dos dias de paralisação e indeferir a estabilidade provisória, nos termos da Orientação Jurisprudencial nº 10 da SDC. Na hipótese, a empresa agiu mal ao decidir pelo não cumprimento imediato da sentença normativa quanto ao reajuste ali fixado, a pretexto da interposição de embargos de declaração. Todavia, a categoria profissional também atuou em desconformidade com o direito, pois deflagrou nova greve, sem as notificações devidas, e mesmo após a existência de sentença normativa a seu favor, passível de ação de cumprimento, portanto. Vencidos os Ministros Mauricio Godinho Delgado e Kátia Magalhães Arruda. TST--RO-1000974-53.2014.5.02.0000, SDC, rel. Min. Maria de Assis Calsing, 13.2.2017 (TST. Info nº 152).

CEF. Greve. Dias não trabalhados. Descontos salariais. Norma regulamentar autorizadora. Termos aditivos ao acordo e à convenção coletiva que vedaram os descontos. Prevalência. Nulidade da norma regulamentar.

Os termos aditivos ao Acordo Coletivo de Trabalho 2008/2009 e à Convenção Coletiva de Trabalho 2008/2009, mediante os quais a Caixa Econômica Federal – CEF se comprometeu a não efetuar descontos salariais em virtude de paralisação das atividades laborais por motivo de greve, inclusive em relação aos dias não compensados após o exaurimento do calendário de reposição, devem prevalecer sobre a norma interna CI SUAPE/SURSE nº 107/2008, editada à época da celebração dos instrumentos coletivos originários, a qual, ao também disciplinar a compensação dos dias parados referentes ao mesmo movimento paredista, expressamente autorizou os descontos em folha de pagamento no caso de saldo de horas remanescentes não compensadas até a data limite acordada. Na espécie, prevaleceu o entendimento de que a CEF, ao invocar a disposição regulamentar para efetuar o desconto dos dias parados, extrapolou seu poder diretivo, ignorando o compromisso posteriormente assumido com a categoria profissional mediante a assinatura dos termos aditivos, o que constitui afronta ao disposto no art. 7º, XXVI, da CF e ao princípio da boa-fé. Com esse entendimento, a SBDI-I, por unanimidade, conheceu dos embargos interpostos pela reclamada, por divergência jurisprudencial, e, no mérito, negou-lhes provimento, mantendo, assim, a declaração de nulidade do dispositivo da norma regulamentar autorizadora dos descontos. TST-E-ED-RR-458– 13.2010.5.12.0000, SBDI-I, rel. Min. João Oreste Dalazen, 16.10.2014 (TST. Info nº 92).

Dissídio coletivo. Greve. Nomeação para reitor da Pontifícia Universidade Católica de São Paulo – PUC. Protesto com motivação política. Abusividade material da paralisação.

Embora a Constituição da República, em seu art. 9º, assegure o direito de greve de forma ampla, os interesses suscetíveis de serem defendidos por meio do movimento paredista dizem respeito a condições próprias de trabalho profissional ou de normas de higiene, saúde e segurança no ambiente de trabalho. No caso em exame, professores e auxiliares administrativos da Pontifícia Universidade Católica de São Paulo – PUC se utilizaram da greve como meio de protesto pela não nomeação, para o cargo de reitor, do candidato que figurou no topo da lista tríplice, embora admitam que a escolha da candidata menos votada observou as normas regulamentares. Portanto, a greve não teve por objeto a criação de normas ou condições contratuais ou ambientais de trabalho, mas se tratou de movimento de protesto, com caráter claramente político, extrapolando o âmbito laboral e denotando a abusividade material da paralisação, tornando-se irrelevante analisar os aspectos formais da greve. Com esse entendimento, a SDC, por unanimidade, conheceu do recurso ordinário, e, no mérito, por maioria, deu-lhe parcial provimento para declarar a abusividade material da greve e determinar a compensação de 100% dos dias não trabalhados em relação aos empregados auxiliares de administração escolar. Vencidos os Ministros Mauricio Godinho Delgado, Maria de Assis Calsing e Kátia Magalhães Arruda, que negavam provimento ao recurso. TST-RO-51534-84.2012.5.02.0000, SDC, rel. Min. Walmir Oliveira da Costa, 9.6.2014 (TST – Info nº 85).

Dissídio coletivo. Greve. Empresa Brasileira de Correios e Telégrafos – ECT. Descumprimento de cláusula de sentença normativa. Não configuração. Abusividade.

É abusiva a greve deflagrada pelos empregados da Empresa Brasileira de Correios e Telégrafos – ECT sob a alegação de que a criação do chamado Postal Saúde teria descumprido a Cláusula 11 de sentença normativa, segundo a qual eventual alteração no plano de assistência médica/hospitalar e odontológica vigente na empresa deverá ser precedida de estudos atuariais por comissão paritária. No caso vertente, registrou-se que a referida cláusula foi originária do processo TST-DC nº 8981-76.2012.5.00.0000, julgado em 27.9.2012, e repetida no processo TST-DC nº 6942-72.2013.5.00.0000, julgado em 8.10.2013, ocasião em que restou assentado que o modo de gestão do plano de saúde é questão afeta ao poder diretivo-organizacional do empregador, não cabendo à Justiça do Trabalho interferir na escolha do modelo de gestão a ser implementado. Assim, se a matéria comporta interpretação diversa daquela adotada pelos trabalhadores, não há falar em descumprimento da cláusula. Ademais, o mérito da controvérsia está sujeito a julgamento pelo foro apropriado, qual seja, a 6ª Vara do Trabalho de Brasília/DF, onde tramita ação de cumprimento ajuizada com o objetivo de suspender a implantação do Postal Saúde. Com esses fundamentos, a SDC, por unanimidade, declarou a abusividade da greve, e, por maioria, determinou o retorno dos grevistas ao trabalho a partir da primeira hora do dia 14.3.2014, conforme a respectiva escala de trabalho, sob pena de multa diária, vencidos os Ministros Ives Gandra Martins Filho, Walmir Oliveira da Costa e Maria de Assis Calsing, que determinavam o retorno ao trabalho à zero hora do dia 13.3.2014. Ainda por maioria, a Seção determinou o desconto de quinze dias de salário de cada empregado grevista, a ser efetuado na folha de pagamento do mês de abril próximo, além da compensação dos demais dias de paralisação, no prazo máximo seis meses, observados os intervalos entre e interjornadas, bem como os repousos semanais remunerados. Vencidos, totalmente, os Ministros Brito Pereira e Fernando Eizo Ono, que determinavam o desconto integral dos dias de paralisação e, em parte, o Ministro Ives Gandra Martins Filho, que determinava o desconto da metade dos dias e a compensação dos demais no prazo de quatro meses. TST-DCG-1853-34.2014.5.00.0000, SDC, rel. Min. Márcio Eurico Vitral Amaro, 12.3.2014 (TST – Info nº 75).

Dissídio coletivo. Greve. Estabilidade no emprego. Impossibilidade de extensão aos trabalhadores temporários.

Na hipótese de greve não abusiva, não é possível conferir garantia de emprego a trabalhadores temporários, porque essa concessão ensejaria a conversão dos contratos por prazo determinado em indeterminado, ultrapassando os limites impostos pela Lei nº 6.019/74. Com esse posicionamento, a SDC, por unanimidade, deu parcial provimento ao recurso ordinário, no tópico, para restringir a estabilidade provisória aos trabalhadores com contrato de trabalho por prazo indeterminado. In casu, no julgamento do dissídio coletivo de greve ajuizado pela empresa Sanmina – SCI do Brasil Ltda. em face do Sindicato dos Trabalhadores nas Indústrias Metalúrgicas, Mecânicas e de Material Elétrico de Campinas e Região, o TRT da 15ª Região concedera a estabilidade aos trabalhadores, temporários ou não, desde a data do julgamento do dissídio coletivo de greve até 90 dias após a publicação do acórdão, limitado o período total a 120 dias. TST-RO-1533-35.2012.5.15.0000, SDC, rel. Min. Mauricio Godinho Delgado, 17.2.2014 (TST – Info nº 72).

Exercício do direito de greve. Deflagração por ausência de pagamento dos salários. Descumprimento dos requisitos formais previstos na Lei nº 7.783/1989. Culpa recíproca.

Declaração de não abusividade da greve. Indeferimento da garantia de emprego. Na hipótese em que a greve foi deflagrada por ausência de pagamento dos salários, mas sem o cumprimento dos requisitos formais previstos no art. 4º e § 1º, da Lei nº 7.783/1989, a SDC, concluindo pela existência de culpa recíproca, decidiu, por unanimidade, conhecer do recurso ordinário e, no mérito, por maioria, dar-lhe provimento parcial para afastar a declaração de abusividade da greve, mas indeferir o pleito da garantia de emprego. Vencidos, parcialmente, os Ministros Maria de Assis Calsing, relatora, e Fernando Eizo Ono. TST-RO-9011-91.2011.5.02.0000, SDC, rel. Min. Maria de Assis Calsing, 10.6.2013 (TST – Info nº 50).

DC. Greve. Trabalhadores portuários avulsos. "Lockout". Não configuração.

As normas que regem o chamado "lockout" (arts. 722 da CLT e 17 da Lei nº 7.789/83) possuem natureza proibitiva e punitiva, não admitindo interpretação extensiva ou aplicação por analogia. Assim, tendo em conta que as referidas disposições de lei têm por destinatário inequívoco o empregador – a quem é vedado fechar de forma arbitrária o estabelecimento ou praticar ato injusto visando à paralisação total ou parcial das atividades, obstando o ingresso dos empregados na unidade produtiva com a finalidade de enfraquecer pleitos coletivos –, não se pode aplicá-las à relação entre o trabalhador portuário avulso e os operadores portuários, porque inexistente a figura do empregador. Ainda que assim não fosse, a interpretação extensiva do disposto nos arts. 722 da CLT e 17 da Lei nº 7.789/83 exigiria, na hipótese, que o ato praticado pelos operadores portuários, qual seja o de deixar de requisitar, a partir de 14.3.2005, Encarregados de Turma de Capatazia, pudesse ser enquadrado como conduta arbitrária e temporária a gerar pressão sobre os trabalhadores avulsos com a finalidade de frustrar negociação coletiva em curso. Todavia, infere-se dos autos que, até a data em que praticado o ato que se busca equiparar ao "lockout", não havia negociação em curso ou conflito entre as partes. Ademais, a intenção dos operadores portuários foi a de substituir definitivamente os trabalhadores avulsos por aqueles com vínculo empregatício (arts. 16 e 26 da Lei nº 8.630/93), não restando preenchido o requisito da temporalidade. E ainda que a referida substituição decorresse de retaliação pelo renovado ajuizamento de ações de cumprimento objetivando o pagamento de passivos trabalhistas, conforme alegado pelo sindicato suscitante, não se vislumbra o intuito de frustrar negociações ou arrefecer reivindicações da categoria. Com esse entendimento, a SDC, por unanimidade, negou provimento ao recurso ordinário, no tópico. TST-RO-2006900-13.2005.5.02.0000, SDC, rel. Min. Fernando Eizo Ono, 13.11.2012(TST – Info nº 30).

DC. Greve. Abusividade. Não configuração. Dispensa coletiva. Exigência de negociação com o sindicato profissional.

Ao contrário da dispensa individual, que se insere no poder potestativo do empregador, a dispensa coletiva tem relevante impacto econômico, social e jurídico sobre os trabalhadores, seus familiares, a comunidade empresarial, a população regional e o mercado econômico interno, configurando-se matéria própria da negociação coletiva mediante a imprescindível participação do sindicado profissional, nos termos do art. 8º, III e VI, da CF. Caberá à negociação ou à sentença normativa proferida nos autos de dissídio coletivo, caso as partes não cheguem a um acordo, fixar as condutas para o enfrentamento da crise econômica empresarial, amortizando o impacto da dispensa massiva sobre o conjunto dos trabalhadores afetados. Com esse entendimento, e não vislumbrando abusividade na greve deflagrada pelos empregados da CAF Brasil Indústria e Comércio S.A. com o objetivo de tentar regulamentar a despedida em massa, a SDC, por unanimidade, conheceu do recurso ordinário, no tópico, e no mérito, negou-lhe provimento. TST-RO-173-02.2011.5.15.0000, SDC, rel. Min. Mauricio Godinho Delgado, 13.8.2012 (TST – Info nº 17).

DC. Exercício do direito de greve. Abusividade. Configuração. Comunicação apenas do "estado de greve". Art. 13 da Lei nº 7.783/89. Inobservância.

Tendo em conta que o art. 13 da Lei nº 7.783/89 exige que os empregadores e a população sejam avisados, com antecedência mínima de 72 horas, da data em que concretamente terá início a greve, a SDC, por maioria, deu provimento ao recurso ordinário para declarar a abusividade do movimento paredista na hipótese em que houve apenas a comunicação da realização de assembleia deliberando pelo chamado "estado de greve" da categoria. Vencidos os Ministros Kátia Magalhães Arruda, relatora, e Mauricio Godinho Delgado, os quais mantinham a decisão do TRT, que não considerou a greve abusiva, por entender que o sindicato observou o prazo previsto no art. 13 da Lei de Greve ao emitir, com bastante antecedência, comunicado às empresas e à sociedade informando que a categoria encontrava-se em "estado de greve", aguardando o transcurso das 72 horas exigidas por lei. TST-ReeNec-92400-15.2009.5.03.0000, SDC, rel. Min. Kátia Magalhães Arruda, red. p/acórdão Min. Fernando Eizo Ono, 9.4.2012 (TST – Info nº 4).

DC. Exigência de aprovação da greve por assembleia (art. 4º da Lei nº 7.783/89). Inobservância. Abusividade do movimento paredista. Não configuração. Requisito suprido pela ampla adesão e participação dos trabalhadores.

A despeito da inexistência de prova da ocorrência de assembleia-geral regular, se os elementos dos autos permitirem a convicção de ter havido aprovação da greve pelos empregados envolvidos, considera-se suprida a formalidade prevista no art. 4º da Lei nº 7.783/89, razão pela qual a inobservância do referido requisito não caracteriza a abusividade do movimento paredista. Com esse entendimento, a SDC, por unanimidade, conheceu do recurso ordinário e, no mérito, por voto prevalente da Presidência, negou-lhe provimento. Vencidos os Ministros Walmir Oliveira da Costa, Fernando Eizo Ono e Márcio Eurico Vitral Amaral, que davam provimento ao apelo para declarar a abusividade da greve. TST-RODC-2017400-02.2009.5.02.0000, SDC, rel. Min. Mauricio Godinho Delgado, 12.3.2012 (TST – Info nº 1).

16. QUESTÕES

16.1. Questões objetivas

1. (FCC – Procurador do Estado – AM/2010) Em relação à greve na iniciativa privada, é correto afirmar:

(A) Considera-se legítimo exercício do direito de greve a interrupção coletiva, temporária e pacífica, total ou parcial, da prestação pessoal de serviços a empregador.

(B) Entre os direitos assegurados aos grevistas encontram-se o emprego de meios pacíficos tendentes a persuadir ou aliciar os trabalhadores a aderirem à greve.

(C) As manifestações e atos de persuasão utilizados pelos grevistas poderão impedir o acesso ao trabalho, mas de nenhum modo poderão causar ameaça ou dano à propriedade ou à pessoa.

(D) Na greve em serviços ou atividades essenciais, ficam as entidades sindicais ou os trabalhadores, conforme o caso, obrigados a comunicar a decisão aos empregadores e aos usuários com antecedência mínima de 48 (quarenta e oito) horas de paralisação.

(E) São assegurados aos grevistas, dentre outros direitos, de acordo com a Lei de Greve, a remuneração pelos dias parados, decorrentes da greve considerada lícita.

2. (Fundação Casa – Analista Administrativo/Advogado/2011) No Brasil, a greve é regulada pela Lei nº 7.783 de 1989, pela qual é possível afirmar que

(A) compete aos trabalhadores decidir sobre a oportunidade de exercer o direito de greve e sobre os interesses que devam por meio dele defender, mas a Assembleia deverá ouvir, pari passu, a proposta patronal, sob pena de nulidade da pauta de reinvindicação aprovada.

(B) frustrada a negociação ou verificada a impossibilidade de recursos via judicial, é facultada a cessação coletiva do trabalho e, nesse caso, é vedada a via arbitral.

(C) cabe à entidade sindical correspondente convocar, na forma do seu estatuto, assembleia geral que definirá as reivindicações da categoria e deliberará sobre a paralisação coletiva da prestação de serviços.

(D) na falta de entidade sindical, a assembleia geral dos trabalhadores interessados deverá ser deliberada e convocada pela central sindical representativa dos trabalhadores.

(E) as manifestações e atos de persuasão utilizados pelos grevistas poderão impedir o acesso ao trabalho.

3. (TRT 8 – Juiz do Trabalho Substituto 8ª região/2012) A respeito de greve, é INCORRETO afirmar que:

(A) É assegurado aos grevistas, dentre outros direitos, o emprego de meios pacíficos tendentes a persuadir ou aliciar os trabalhadores a aderirem à greve.

(B) Nos serviços ou atividades essenciais, caberá exclusivamente aos sindicatos, aos empregadores e aos trabalhadores, em qualquer hipótese, garantir, durante a greve, a prestação dos serviços indispensáveis ao atendimento das necessidades inadiáveis da comunidade.

(C) Deverá o Ministério Público, de ofício, requisitar a abertura do competente inquérito e oferecer denúncia quando houver indício da prática de delito durante a greve.

(D) Compete à entidade sindical convocar assembleia, com o quórum previsto nos estatutos, para decidir sobre a deflagração da greve e, no caso de categoria inorganizada em sindicato, os trabalhadores interessados devem decidir sobre a greve e constituir uma comissão que os representará nas negociações e dissídio coletivo.

(E) É assegurado aos trabalhadores o direito à percepção dos salários durante o período de paralisação das atividades, na hipótese de lockout.

4. (MPT – Procurador do Trabalho. 13º Concurso) A respeito da greve, assinale a alternativa INCORRETA:

(A) na vigência de acordo coletivo de trabalho é possível a greve que tenha por objetivo exigir o cumprimento de cláusula;

(B) o serviço funerário é considerado atividade essencial;

(C) é permitido aos grevistas o aliciamento pacífico dos trabalhadores para a adesão à greve;

(D) nas atividades não consideradas essenciais, o prazo mínimo para a comunicação aos empregadores diretamente interessados é de 72 (setenta e duas) horas;

(E) não respondida.

5. (CESPE. TRT 1ª REGIÃO – 2010 – JUIZ DO TRABALHO) Assinale a opção correta a respeito de greve.

(A) Caso a categoria profissional dos motoristas de transporte coletivo urbano pretenda fazer greve, após várias tentativas frustradas de negociação com o sindicato patronal, o sindicato patronal deverá ser notificado da intenção do sindicato da categoria profissional com antecedência mínima de quarenta e oito horas.

(B) A declaração da abusividade da greve pelo tribunal competente não afasta a possibilidade de concessão aos partícipes, pelo mesmo tribunal, de vantagens ou reivindicações.

(C) Considere que o Sindicato dos Empregados em Supermercados da cidade de Cabo Frio tenha iniciado movimento paredista cuja principal reivindicação seja reajuste salarial de 15% e que o presidente da entidade tenha convencido a assembleia a iniciar o movimento com base no argumento de que conversara informalmente com um diretor do sindicato da categoria econômica e que não sentira receptividade à proposta de reajuste. Nessa situação hipotética, a greve será regular.

(D) As greves devem ser realizadas com os recursos financeiros da entidade sindical, considerando-se a obrigatoriedade de pagamento do imposto sindical, sendo, portanto, abusiva a greve que promova a arrecadação de fundos.

(E) Conforme previsto na legislação, deve ser considerada abusiva a greve em setores que a lei defina como essenciais à comunidade, se não for assegurado o atendimento básico das necessidades inadiáveis dos usuários.

6. (FCC – Analista Judiciário – Oficial de Justiça Avaliador – TRT 4/2015) Nos serviços ou atividades essenciais, deve-se garantir, durante a greve, a prestação dos serviços indispensáveis ao atendimento das necessidades inadiáveis da comunidade. Assim, a Lei de Greve, considera serviços ou atividades essenciais, EXCETO:

(A) serviços dos cartórios notariais.
(B) tratamento e abastecimento de água.
(C) controle de tráfego aéreo.
(D) compensação bancária.
(E) telecomunicações.

7. (Cespe – Procurador Municipal – Campo Grande – MS/2019) Com relação à estabilidade e à garantia provisória de emprego, ao direito de greve e a serviços essenciais, julgue o item seguinte, considerando a jurisprudência do TST.

Situação hipotética: Um empregado estava no período correspondente ao aviso prévio indenizado quando foi eleito presidente do sindicato de sua categoria. Assertiva: Esse empregado adquiriu o direito à estabilidade desde a data de sua eleição.

( ) Certo

( ) Errado

16.2. Questões discursivas

1. (TRT 6ª REGIÃO – 2010) Os trabalhadores da empresa DELTA, insatisfeitos com o descumprimento, pelo empregador, da cláusula nona da convenção coletiva de trabalho, que previa o fornecimento de "uma cesta básica de alimentos até o 15º dia do mês", decidiram, em assembleia regularmente convocada, nos termos do estatuto social, deflagrar greve por tempo indeterminado, sem tentativa alguma de negociação com o empregador. A empresa instaurou dissídio de greve e requereu ao Poder Judiciário a declaração de abusividade do movimento e o retorno imediato dos empregados ao trabalho. A fundamentação da empresa consistiu no desrespeito à Lei de Greve. Os trabalhadores, em resposta, informaram que exerciam o direito constitucional de greve e que não havia afronta à legislação. Na condição de julgador, como o(a) candidato(a) decidiria a pretensão da empresa quanto à abusividade da greve?

16.3. Gabarito das questões objetivas

Gab		Fundamentação legal e jurisprudencial	Onde encontro no livro?	Observação eventual
1	B	a) Lei nº 7.783/89. Art. 2º	a) Item 4	
		b) Lei nº 7.783/89. Art. 6º, I	b) Item 7	
		c) Lei nº 7.783/89. Art. 6º, § 3º	c) Item 8	–
		d) Lei nº 7.783/89. Art. 13	d) Item 6.3	
		e) Lei nº 7.783/89. Art. 7º	e) Item 9.1	
2	C	a) Lei nº 7783/89. Art. 1º	a) Item 4	
		b) Lei nº 7783/89. Art. 3º	b) Item 6.1	–
		c) Lei nº 7783/89. Art. 4º, *caput*	c) Item 6.2	
2	C	d) Lei nº 7783/89. Art. 4º, § 2º	d) Item 6.2	–
		e) Lei nº 7783/89. Art. 6º, § 3º	e) Item 8	–
3	B	a) Lei nº 7.783, art. 6º, *caput* e inciso I	a) Item 7	
		b) Lei nº 7.783. Art. 12	b) Item 11	
		c) Lei nº 7.783. Art. 15, § único	c) Item 9.2	
		d) Lei nº 7.783, art. 4º, *caput* e § 2º	d) Item 6.2	
		e) Lei nº 7.783. Art. 17, parágrafo único	e) Item 13	

Gab		Fundamentação legal e jurisprudencial	Onde encontro no livro?	Observação eventual
4	D	a) Lei nº 7.783. Art. 14, parágrafo único, I	a) Item 8	–
		b) Lei nº 7.783/89. Art. 10, IV	b) Item 11	
		c) Lei nº 7.783/89. Art. 6º, I	c) Item 7	
		d) Lei nº 7.783/89. Art. 13	d) Item 6.3	
5	E	a) Lei nº 7.783. Art. 13	a) item 6.3	–
		b) TST. OJ nº 10. SDC	b) Item 8	
		c) TST. OJ nº 11. SDC	c) Item 6.1	
		d) Lei nº 7.783. Art. 6º, II	d) Item 7	
		e) Lei nº 7.783. Art. 14	e) Item 11	
6	A	a) Lei nº 7.783/89. Art. 10	a) Item 11	–
		b) Lei nº 7.783/89. Art. 10, I	b) Item 11	
		c) Lei nº 7.783/89. Art. 10, X	c) Item 11	
		d) Lei nº 7.783/89. Art. 10, XI	d) Item 11	
		e) Lei nº 7.783/89. Art. 10, VII	e) Item 11	
7	E	Jurisprudência	Item 7	–

16.4. Gabarito das questões discursivas

Item	Fundamentação legal, jurisprudencial ou doutrinária	Onde encontro no livro
1	O direito de greve, como qualquer outro, não é absoluto. Para o seu exercício é necessário observar os requisitos estabelecidos na Constituição Federal e na Lei nº 7.783. No caso exposto para análise verifica-se que a categoria profissional tem legitimidade para decidir quais os interesses pretende defender por meio do movimento paredista, de acordo com a parte final do art. 9º, da CF/88 e a parte final do art. 1º da Lei de Greve. Saliente-se que apesar de estar em plena vigência a convenção coletiva da categoria, a empresa DELTA estava descumprindo a sua cláusula 9ª. Nesse caso específico, a greve pode ser utilizada para forçar o cumprimento da obrigação normativa, de acordo com o preceito contido no art. 14 , parágrafo único, I, da Lei nº 7.783. Houve assembleia para deliberar sobre a deflagração da greve, atendendo ao comando estabelecido pelo art. 4º. Contudo, como o próprio enunciado da questão diz, não houve tentativa de conciliação antes da deflagração da greve, como impõe o art. 3º da Lei nº 7.783. Desse modo, deve o movimento paredista deve ser declarado abusivo, conforme *caput* do art. 14 da Lei nº 7.783.	Itens 6, 6.1. e 8

Parte III

Anexos

OJ'S DA SDI-1

Nº 7. ADVOGADO. ATUAÇÃO FORA DA SEÇÃO DA OAB ONDE O ADVOGADO ESTÁ INSCRITO. AUSÊNCIA DE COMUNICAÇÃO. (LEI Nº 4.215/1963, § 2º, ART. 56). INFRAÇÃO DISCIPLINAR. NÃO IMPORTA NULIDADE. (inserido dispositivo) – DJ 20.04.2005

A despeito da norma então prevista no artigo 56, § 2º, da Lei nº 4.215/63, a falta de comunicação do advogado à OAB para o exercício profissional em seção diversa daquela na qual tem inscrição não importa nulidade dos atos praticados, constituindo apenas infração disciplinar, que cabe àquela instituição analisar.

Nº 12. ANISTIA. EMENDA CONSTITUCIONAL Nº 26/1985. EFEITOS FINANCEIROS DA PROMULGAÇÃO. (nova redação, DJ 20.04.2005)

Os efeitos financeiros decorrentes da anistia concedida pela Emenda Constitucional nº 26/1985 contam-se desde a data da sua promulgação.

Nº 13. APPA. DECRETO-LEI Nº 779, DE 21.08.1969. DEPÓSITO RECURSAL E CUSTAS. NÃO ISENÇÃO (inserido dispositivo) – DEJT divulgado em 16, 17 e 18.11.2010

A Administração dos Portos de Paranaguá e Antonina – APPA, vinculada à Administração Pública indireta, não é isenta do recolhimento do depósito recursal e do pagamento das custas processuais por não ser beneficiária dos privilégios previstos no Decreto-Lei nº 779, de 21.08.1969, ante o fato de explorar atividade econômica com fins lucrativos, o que descaracteriza sua natureza jurídica, igualando-a às empresas privadas.

Nº 14. AVISO PRÉVIO CUMPRIDO EM CASA. VERBAS RESCISÓRIAS. PRAZO PARA PAGAMENTO. (título alterado e inserido dispositivo) – DJ 20.04.2005

Em caso de aviso prévio cumprido em casa, o prazo para pagamento das verbas rescisórias é até o décimo dia da notificação de despedida.

Nº 16. BANCO DO BRASIL. ACP. ADICIONAL DE CARÁTER PESSOAL. INDEVIDO. (inserido dispositivo, DJ 20.04.2005)

A isonomia de vencimentos entre servidores do Banco Central do Brasil e do Banco do Brasil, decorrente de sentença normativa, alcançou apenas os vencimentos e vantagens de caráter permanente. Dado o caráter personalíssimo do Adicional de Caráter Pessoal – ACP e não integrando a remuneração dos funcionários do Banco do Brasil, não foi ele contemplado na decisão normativa para efeitos de equiparação à tabela de vencimentos do Banco Central do Brasil.

Nº 17. BANCO DO BRASIL. AP E ADI. Os adicionais AP, ADI ou AFR, somados ou considerados isoladamente, sendo equivalentes a 1/3 do salário do cargo efetivo (art. 224, § 2º, da CLT), excluem o empregado ocupante de cargo de confiança do Banco do Brasil da jornada de 6 horas.

Nº 18. COMPLEMENTAÇÃO DE APOSENTADORIA. BANCO DO BRASIL. (redação do item I alterada em decorrência do julgamento dos processos TST-IUJ E-ED-RR-301900-52.2005.5.09.0661 e ERR 119900-56.1999.5.04.0751) – Res. 175/2011, DEJT divulgado em 27, 30 e 31.05.2011

I – O valor das horas extras integra a remuneração do empregado para o cálculo da complementação de aposentadoria, desde que sobre ele incida a contribuição à Caixa de Previdência dos Funcionários do Banco do Brasil – PREVI, observado o respectivo regulamento no tocante à integração.

II – Os adicionais AP e ADI não integram o cálculo para a apuração do teto da complementação de aposentadoria; (ex-OJ nº 21 da SDI-1 – inserida em 13.02.1995)

III – No cálculo da complementação de aposentadoria deve-se observar a média trienal; (ex-OJs nºs 19 e 289 ambas da SDI-1 – inseridas respectivamente em 05.06.95 e 11.08.2003)

IV – A complementação de aposentadoria proporcional aos anos de serviço prestados exclusivamente ao Banco do Brasil somente se verifica a partir da Circular Funci nº 436/63; (ex-OJ nº 20 da SDI-1 – inserida em 13.02.1995)

V – O telex DIREC do Banco do Brasil nº 5003/1987 não assegura a complementação de aposentadoria integral, porque não aprovado pelo órgão competente ao qual a instituição se subordina. (ex-OJ nº 136 da SDI-1 – inserida em 27.11.1998)

Nº 26. COMPETÊNCIA DA JUSTIÇA DO TRABALHO. COMPLEMENTAÇÃO DE PENSÃO REQUERIDA POR VIÚVA DE EX-EMPREGADO. Inserida em 01.02.1995 (inserido dispositivo, DJ 20.04.2005)

A Justiça do Trabalho é competente para apreciar pedido de complementação de pensão postulada por viúva de ex-empregado, por se tratar de pedido que deriva do contrato de trabalho.

Nº 28. CORREÇÃO MONETÁRIA SOBRE AS DIFERENÇAS SALARIAIS. UNIVERSIDADES FEDERAIS. DEVIDA. LEI Nº 7.596/1987. (nova redação, DJ 20.04.2005)

Incide correção monetária sobre as diferenças salariais dos servidores das universidades federais, decorrentes da aplicação retroativa dos efeitos financeiros assegurados pela Lei nº 7.596/1987, pois a correção monetária tem como escopo único minimizar a desvalorização da moeda em decorrência da corrosão inflacionária.

Nº 33. DESERÇÃO. CUSTAS. CARIMBO DO BANCO. VALIDADE. Inserida em 25.11.1996

O carimbo do banco recebedor na guia de comprovação do recolhimento das custas supre a ausência de autenticação mecânica.

Nº 36. INSTRUMENTO NORMATIVO. CÓPIA NÃO AUTENTICADA. DOCUMENTO COMUM ÀS PARTES. VALIDADE. (título alterado e inserido dispositivo, DJ 20.04.2005)

O instrumento normativo em cópia não autenticada possui valor probante, desde que não haja impugnação ao seu conteúdo, eis que se trata de documento comum às partes.

Nº 38. EMPREGADO QUE EXERCE ATIVIDADE RURAL. EMPRESA DE REFLORESTAMENTO. PRESCRIÇÃO PRÓPRIA DO RURÍCOLA. (LEI Nº 5.889, DE 08.06.1973, ART. 10, E DECRETO Nº 73.626, DE 12.02.19/74, ART. 2º, § 4º) (inserido dispositivo) – DEJT divulgado em 16, 17 e 18.11.2010

O empregado que trabalha em empresa de reflorestamento, cuja atividade está diretamente ligada ao manuseio da terra e de matéria-prima, é rurícola e não industriário, nos termos do Decreto nº 73.626, de 12.02.1974, art. 2º, § 4º, pouco importando que o fruto de seu trabalho seja destinado à indústria. Assim, aplica-se a prescrição própria dos rurícolas aos direitos desses empregados.

Nº 41. ESTABILIDADE. INSTRUMENTO NORMATIVO. VIGÊNCIA. EFICÁCIA. Inserida em 25.11.96

Preenchidos todos os pressupostos para a aquisição de estabilidade decorrente de acidente ou doença profissional, ainda durante a vigência do instrumento normativo, goza o empregado de estabilidade mesmo após o término da vigência deste.

Nº 42. FGTS. MULTA DE 40%. (nova redação em decorrência da incorporação das Orientações Jurisprudenciais nºs 107 e 254 da SBDI-1, DJ 20.04.2005)

I – É devida a multa do FGTS sobre os saques corrigidos monetariamente ocorridos na vigência do contrato de trabalho. Art. 18, § 1º, da Lei nº 8.036/90 e art. 9º, § 1º, do Decreto nº 99.684/90. (ex-OJ nº 107 da SBDI-1 – inserida em 01.10.97)

II – O cálculo da multa de 40% do FGTS deverá ser feito com base no saldo da conta vinculada na data do efetivo pagamento das verbas rescisórias, desconsiderada a projeção do aviso prévio indenizado, por ausência de previsão legal. (ex-OJ nº 254 da SBDI-1 – inserida em 13.03.02)

Nº 43. CONVERSÃO DE SALÁRIOS DE CRUZEIROS PARA CRUZADOS. DECRETO-LEI Nº 2.284/86. (nova redação, DJ 20.04.2005)

A conversão de salários de cruzeiros para cruzados, nos termos do Decreto-Lei nº 2.284/86, não afronta direito adquirido dos empregados.

Nº 44. GESTANTE. SALÁRIO MATERNIDADE. Inserida em 13.09.94

É devido o salário maternidade, de 120 dias, desde a promulgação da CF/1988, ficando a cargo do empregador o pagamento do período acrescido pela Carta.

Nº 47. HORA EXTRA. ADICIONAL DE INSALUBRIDADE. BASE DE CÁLCULO (redação alterada na sessão do Tribunal Pleno em 26.06.2008) – Res. 148/2008, DJ 04 e 07.07.2008 – Republicada DJ 08, 09 e 10.07.2008

A base de cálculo da hora extra é o resultado da soma do salário contratual mais o adicional de insalubridade.

Nº 51. LEGISLAÇÃO ELEITORAL. EMPRESAS PÚBLICAS E SOCIEDADES DE ECONOMIA MISTA (título alterado e inserido dispositivo) – DEJT divulgado em 16, 17 e 18.11.2010

Aos empregados das empresas públicas e das sociedades de economia mista regidos pela CLT aplicam-se as vedações dispostas no art. 15 da Lei nº 7.773, de 08.06.1989.

Nº 54. MULTA. CLÁUSULA PENAL. VALOR SUPERIOR AO PRINCIPAL. (título alterado, inserido dispositivo e atualizada a legislação, DJ 20.04.2005)

O valor da multa estipulada em cláusula penal, ainda que diária, não poderá ser superior à obrigação principal corrigida, em virtude da aplicação do artigo 412 do Código Civil de 2002 (art. 920 do Código Civil de 1916).

Nº 56. NOSSA CAIXA-NOSSO BANCO (CAIXA ECONÔMICA DO ESTADO DE SÃO PAULO). REGULAMENTO. GRATIFICAÇÃO ESPECIAL E/OU ANUÊNIOS. Inserida em 25.11.96

Direito reconhecido apenas àqueles empregados que tinham 25 anos de efetivo exercício prestados exclusivamente à Caixa.

Nº 57. PCCS. DEVIDO O REAJUSTE DO ADIANTAMENTO. LEI Nº 7.686/88, ART. 1º. Inserida em 14.03.94 (inserido dispositivo, DJ 20.04.2005)

É devido o reajuste da parcela denominada "adiantamento do PCCS", conforme a redação do art. 1º da Lei nº 7.686/88.

Nº 58. PLANO BRESSER. IPC JUN/1987. INEXISTÊNCIA DE DIREITO ADQUIRIDO. Inserida em 10.03.95 (inserido dispositivo, DJ 20.04.2005)

Inexiste direito adquirido ao IPC de junho de 1987 (Plano Bresser), em face da edição do Decreto-Lei nº 2.335/87.

Nº 59. PLANO VERÃO. URP DE FEVEREIRO DE 1989. INEXISTÊNCIA DE DIREITO ADQUIRIDO. Inserida em 13.02.95 (inserido dispositivo, DJ 20.04.2005)

Inexiste direito adquirido à URP de fevereiro de 1989 (Plano Verão), em face da edição da Lei nº 7.730/89.

Nº 60. PORTUÁRIOS. HORA NOTURNA. HORAS EXTRAS. (LEI Nº 4.860/65, ARTS. 4º E 7º, § 5º). (nova redação em decorrência da incorporação da Orientação Jurisprudencial nº 61 da SBDI-1, DJ 20.04.2005)

I – A hora noturna no regime de trabalho no porto, compreendida entre dezenove horas e sete horas do dia seguinte, é de sessenta minutos.

II – Para o cálculo das horas extras prestadas pelos trabalhadores portuários, observar-se-á somente o salário básico percebido, excluídos os adicionais de risco e produtividade. (ex-OJ nº 61 da SBDI-1 – inserida em 14.03.94)

Nº 62. PREQUESTIONAMENTO. PRESSUPOSTO DE ADMISSIBILIDADE EM APELO DE NATUREZA EXTRAORDINÁRIA. NECESSIDADE, AINDA QUE SE TRATE DE INCOMPETÊNCIA ABSOLUTA (republicada em decorrência de erro material) – DEJT divulgado em 23, 24 e 25.11.2010

É necessário o prequestionamento como pressuposto de admissibilidade em recurso de natureza extraordinária, ainda que se trate de incompetência absoluta.

Nº 65. PROFESSOR ADJUNTO. INGRESSO NO CARGO DE PROFESSOR TITULAR. EXIGÊNCIA DE CONCURSO PÚBLICO NÃO AFASTADA PELA CONSTITUIÇÃO FEDERAL DE 1988 (CF/1988, ARTS. 37, II E 206, V). Inserida em 30.05.94 (inserido dispositivo, DJ 20.04.2005)

O acesso de professor adjunto ao cargo de professor titular só pode ser efetivado por meio de concurso público, conforme dispõem os arts. 37, inciso II, e 206, inciso V, da CF/88.

Nº 75. SUBSTABELECIMENTO SEM O RECONHECIMENTO DE FIRMA DO SUBSTABELECENTE. INVÁLIDO (ANTERIOR À LEI Nº 8.952/1994). Inserida em 01.02.95 (inserido dispositivo, DJ 20.04.2005)

Não produz efeitos jurídicos recurso subscrito por advogado com poderes conferidos em substabelecimento em que não consta o reconhecimento de firma do outorgante. Entendimento aplicável antes do advento da Lei nº 8.952/1994.

Nº 76. SUBSTITUIÇÃO DOS AVANÇOS TRIENAIS POR quinquênios. ALTERAÇÃO DO CONTRATO DE TRABALHO. PRESCRIÇÃO TOTAL. CEEE. Inserida em 14.03.94 (inserido dispositivo, DJ 20.04.2005)

A alteração contratual consubstanciada na substituição dos avanços trienais por quinquênios decorre de ato único do empregador, momento em que começa a fluir o prazo fatal de prescrição.

Nº 79. URP DE ABRIL E MAIO DE 1988. DECRETO-LEI Nº 2.425/1988. (alterada em decorrência do julgamento do processo TST-RXOFROAR-573062/1999 pelo Tribunal Pleno – certidão de julgamento publicada no DJ de 14.06.2005)

Existência de direito apenas ao reajuste de 7/30 de 16,19% a ser calculado sobre o salário de março e incidente sobre o salário dos meses de abril e maio, não cumulativamente e corrigidos desde a época própria até a data do efetivo pagamento.

Nº 82. AVISO PRÉVIO. BAIXA NA CTPS. Inserida em 28.04.97

A data de saída a ser anotada na CTPS deve corresponder à do término do prazo do aviso prévio, ainda que indenizado.

Nº 83. AVISO PRÉVIO. INDENIZADO. PRESCRIÇÃO. Inserida em 28.04.97

A prescrição começa a fluir no final da data do término do aviso prévio. Art. 487, § 1º, CLT.

Nº 87. ENTIDADE PÚBLICA. EXPLORAÇÃO DE ATIVIDADE EMINENTEMENTE ECONÔMICA. EXECUÇÃO. ART. 883 DA CLT. (nova redação – DJ 16.04.04)

É direta a execução contra a APPA e MINASCAIXA (§ 1º do art. 173, da CF/1988).

Nº 91. ANISTIA. ART. 8º, § 1º, ADCT. EFEITOS FINANCEIROS. ECT. Inserida em 30.05.1997. ROAR 105608/1994, SDI-Plena.

Em 19.05.1997, a SDI-Plena decidiu, pelo voto prevalente do Exmo. Sr. Presidente, que os efeitos financeiros da readmissão do empregado anistiado serão contados a partir do momento em que este manifestou o desejo de retornar ao trabalho e, na ausência de prova, da data do ajuizamento da ação.

Nº 92. DESMEMBRAMENTO DE MUNICÍPIOS. RESPONSABILIDADE TRABALHISTA. Inserida em 30.05.1997

Em caso de criação de novo município, por desmembramento, cada uma das novas entidades responsabiliza-se pelos direitos trabalhistas do empregado no período em que figurarem como real empregador.

Nº 95. EMBARGOS PARA SDI. DIVERGÊNCIA ORIUNDA DA MESMA TURMA DO TST. INSERVÍVEL. Inserida em 30.05.1997 ERR 125320/1994, SDI-Plena

Em 19.05.1997, a SDI-Plena, por maioria, decidiu que acórdãos oriundos da mesma Turma, embora divergentes, não fundamentam divergência jurisprudencial de que trata a alínea "b", do artigo 894 da Consolidação das Leis do Trabalho para embargos à Seção Especializada em Dissídios Individuais, Subseção I.

Nº 97. HORAS EXTRAS. ADICIONAL NOTURNO. BASE DE CÁLCULO. Inserida em 30.05.1997

O adicional noturno integra a base de cálculo das horas extras prestadas no período noturno.

Nº 100. SALÁRIO. REAJUSTE. ENTES PÚBLICOS. (título alterado e inserido dispositivo, DJ 20.04.2005)

Os reajustes salariais previstos em legislação federal devem ser observados pelos Estados-membros, suas Autarquias e Fundações Públicas nas relações contratuais trabalhistas que mantiverem com seus empregados.

Nº 103. ADICIONAL DE INSALUBRIDADE. REPOUSO SEMANAL E FERIADOS. (nova redação, DJ 20.04.2005)

O adicional de insalubridade já remunera os dias de repouso semanal e feriados.

Nº 110. REPRESENTAÇÃO IRREGULAR. PROCURAÇÃO APENAS NOS AUTOS DE AGRAVO DE INSTRUMENTO (inserido dispositivo) – DEJT divulgado em 16, 17 e 18.11.2010

A existência de instrumento de mandato apenas nos autos de agravo de instrumento, ainda que em apenso, não legitima a atuação de advogado nos processos de que se originou o agravo.

Nº 111. RECURSO DE REVISTA. DIVERGÊNCIA JURISPRUDENCIAL. ARESTO ORIUNDO DO MESMO TRIBUNAL REGIONAL. LEI Nº 9.756/1998. INSERVÍVEL AO CONHECIMENTO. (nova redação, DJ 20.04.2005)

Não é servível ao conhecimento de recurso de revista aresto oriundo de mesmo Tribunal Regional do Trabalho, salvo se o recurso houver sido interposto anteriormente à vigência da Lei nº 9.756/1998.

Nº 113. ADICIONAL DE TRANSFERÊNCIA. CARGO DE CONFIANÇA OU PREVISÃO CONTRATUAL DE TRANSFERÊNCIA. DEVIDO. DESDE QUE A TRANSFERÊNCIA SEJA PROVISÓRIA. Inserida em 20.11.97

O fato de o empregado exercer cargo de confiança ou a existência de previsão de transferência no contrato de trabalho não exclui o direito ao adicional. O pressuposto legal apto a legitimar a percepção do mencionado adicional é a transferência provisória.

Nº 118. PREQUESTIONAMENTO. TESE EXPLÍCITA. INTELIGÊNCIA DA SÚMULA Nº 297. Inserida em 20.11.97

Havendo tese explícita sobre a matéria, na decisão recorrida, desnecessário contenha nela referência expressa do dispositivo legal para ter-se como prequestionado este.

Nº 119. PREQUESTIONAMENTO INEXIGÍVEL. VIOLAÇÃO NASCIDA NA PRÓPRIA DECISÃO RECORRIDA. SÚMULA Nº 297 DO TST. INAPLICÁVEL (inserido dispositivo) – DEJT divulgado em 16, 17 e 18.11.2010

É inexigível o prequestionamento quando a violação indicada houver nascido na própria decisão recorrida. Inaplicável a Súmula nº 297 do TST.

Nº 120. RECURSO. ASSINATURA DA PETIÇÃO OU DAS RAZÕES RECURSAIS. VALIDADE. (nova redação, DJ 20.04.2005)

O recurso sem assinatura será tido por inexistente. Será considerado válido o apelo assinado, ao menos, na petição de apresentação ou nas razões recursais.

Nº 121. SUBSTITUIÇÃO PROCESSUAL. DIFERENÇA DO ADICIONAL DE INSALUBRIDADE. LEGITIMIDADE. (nova redação, DJ 20.04.2005)

O sindicato tem legitimidade para atuar na qualidade de substituto processual para pleitear diferença de adicional de insalubridade.

Nº 123. BANCÁRIOS. AJUDA ALIMENTAÇÃO. Inserida em 20.04.98

A ajuda alimentação prevista em norma coletiva em decorrência de prestação de horas extras tem natureza indenizatória e, por isso, não integra o salário do empregado bancário.

Nº 125. DESVIO DE FUNÇÃO. QUADRO DE CARREIRA. (alterado em 13.03.02)

O simples desvio funcional do empregado não gera direito a novo enquadramento, mas apenas às diferenças salariais respectivas, mesmo que o desvio de função haja iniciado antes da vigência da CF/1988.

Nº 127. HORA NOTURNA REDUZIDA. SUBSISTÊNCIA APÓS A CF/1988. Inserida em 20.04.98

O art. 73, § 1º da CLT, que prevê a redução da hora noturna, não foi revogado pelo inciso IX do art. 7º da CF/1988

Nº 129. PRESCRIÇÃO. COMPLEMENTAÇÃO DA PENSÃO E AUXÍLIO FUNERAL. Inserida em 20.04.98

A prescrição extintiva para pleitear judicialmente o pagamento da complementação de pensão e do auxílio-funeral é de 2 anos, contados a partir do óbito do empregado.

Nº 130. PRESCRIÇÃO. MINISTÉRIO PÚBLICO. ARGUIÇÃO. "CUSTOS LEGIS". ILEGITIMIDADE (atualizada em decorrência do CPC de 2015) – Res. 209/2016, DEJT divulgado em 01, 02 e 03.06.2016

Ao exarar o parecer na remessa de ofício, na qualidade de "custos legis", o Ministério Público não tem legitimidade para arguir a prescrição em favor de entidade de direito público, em matéria de direito patrimonial.

Nº 132. AGRAVO REGIMENTAL. PEÇAS ESSENCIAIS NOS AUTOS PRINCIPAIS. Inserida em 27.11.98

Inexistindo lei que exija a tramitação do agravo regimental em autos apartados, tampouco previsão no Regimento Interno do Regional, não pode o agravante ver-se apenado por não haver colacionado cópia de peças dos autos principais, quando o agravo regimental deveria fazer parte dele.

Nº 133. AJUDA ALIMENTAÇÃO. PAT. LEI Nº 6.321/76. NÃO INTEGRAÇÃO AO SALÁRIO. Inserida em 27.11.98

A ajuda alimentação fornecida por empresa participante do programa de alimentação ao trabalhador, instituído pela Lei nº 6.321/76, não tem caráter salarial. Portanto, não integra o salário para nenhum efeito legal.

Nº 134. AUTENTICAÇÃO. PESSOA JURÍDICA DE DIREITO PÚBLICO. DISPENSADA. MEDIDA PROVISÓRIA Nº 1.360, DE 12.03.96. Inserida em 27.11.98

São válidos os documentos apresentados, por pessoa jurídica de direito público, em fotocópia não autenticada, posteriormente à edição da Medida Provisória nº 1.360/96 e suas reedições.

Nº 138. COMPETÊNCIA RESIDUAL. REGIME JURÍDICO ÚNICO. LIMITAÇÃO DA EXECUÇÃO. (nova redação em decorrência da incorporação da Orientação Jurisprudencial nº 249 da SBDI-1, DJ 20.04.2005)

Compete à Justiça do Trabalho julgar pedidos de direitos e vantagens previstos na legislação trabalhista referente a período anterior à Lei nº 8.112/90, mesmo que a ação tenha sido ajuizada após a edição da referida lei. A superveniência de regime estatutário em substituição ao celetista, mesmo após a sentença, limita a execução ao período celetista. (1ª parte – ex-OJ nº 138 da SBDI-1 – inserida em 27.11.98; 2ª parte – ex-OJ nº 249 – inserida em 13.03.02)

Nº 140. DEPÓSITO RECURSAL E CUSTAS PROCESSUAIS. RECOLHIMENTO INSUFICIENTE. DESERÇÃO. (nova redação em decorrência do CPC de 2015)

– Res. 217/2017 – DEJT divulgado em 20, 24 e 25.04.2017

Em caso de recolhimento insuficiente das custas processuais ou do depósito recursal, somente haverá deserção do recurso se, concedido o prazo de 5 (cinco) dias previsto no § 2º do art. 1.007 do CPC de 2015, o recorrente não complementar e comprovar o valor devido.

Nº 142. EMBARGOS DE DECLARAÇÃO. EFEITO MODIFICATIVO. VISTA À PARTE CONTRÁRIA (inserido dispositivo) – DEJT divulgado em 16, 17 e 18.11.2010

É passível de nulidade decisão que acolhe embargos de declaração com efeito modificativo sem que seja concedida oportunidade de manifestação prévia à parte contrária.

Nº 143. EMBARGOS DE DECLARAÇÃO. EFEITO MODIFICATIVO. VISTA PRÉVIA À PARTE CONTRÁRIA (cancelado o item II em decorrência do CPC de 2015) Res. 214/2016, DEJT divulgado em 30.11.2016 e 01 e 02.12.2016. É passível de nulidade decisão que acolhe embargos de declaração com efeito modificativo sem que seja concedida oportunidade de manifestação prévia à parte contrária.

Nº 147. LEI ESTADUAL, NORMA COLETIVA OU NORMA REGULAMENTAR. CONHECIMENTO INDEVIDO DO RECURSO DE REVISTA POR DIVERGÊNCIA JURISPRUDENCIAL. (nova redação em decorrência da incorporação da Orientação Jurisprudencial nº 309 da SBDI-1, DJ 20.04.2005)

I – É inadmissível o recurso de revista fundado tão-somente em divergência jurisprudencial, se a parte não comprovar que a lei estadual, a norma coletiva ou o regulamento da empresa extrapolam o âmbito do TRT prolator da decisão recorrida. (ex-OJ nº 309 da SBDI-1 – inserida em 11.08.03)

II – É imprescindível a arguição de afronta ao art. 896 da CLT para o conhecimento de embargos interpostos em face de acórdão de Turma que conhece indevidamente de recurso de revista, por divergência jurisprudencial, quanto a tema regulado por lei estadual, norma coletiva ou norma regulamentar de âmbito restrito ao Regional prolator da decisão.

Nº 148. LEI Nº 8.880/1994, ART. 31. CONSTITUCIONALIDADE. (nova redação, DJ 20.04.2005)

É constitucional o art. 31 da Lei nº 8.880/1994, que prevê a indenização por demissão sem justa causa.

Nº 151. PREQUESTIONAMENTO. DECISÃO REGIONAL QUE ADOTA A SENTENÇA. AUSÊNCIA DE PREQUESTIONAMENTO. Inserida em 27.11.98

Decisão regional que simplesmente adota os fundamentos da decisão de primeiro grau não preenche a exigência do prequestionamento, tal como previsto na Súmula nº 297.

Nº 152. REVELIA. PESSOA JURÍDICA DE DIREITO PÚBLICO. APLICÁVEL. (ART. 844 DA CLT). Inserida em 27.11.98 (inserido dispositivo, DJ 20.04.2005)

Pessoa jurídica de direito público sujeita-se à revelia prevista no artigo 844 da CLT.

Nº 158. CUSTAS. COMPROVAÇÃO DE RECOLHIMENTO. DARF ELETRÔNICO. VALIDADE. Inserida em 26.03.99

O denominado “DARF ELETRÔNICO” é válido para comprovar o recolhimento de custas por entidades da administração pública federal, emitido conforme a IN-SRF 162, de 04.11.88.

Nº 159. DATA DE PAGAMENTO. SALÁRIOS. ALTERAÇÃO. Inserida em 26.03.99

Diante da inexistência de previsão expressa em contrato ou em instrumento normativo, a alteração de data de pagamento pelo empregador não viola o art. 468, desde que observado o parágrafo único, do art. 459, ambos da CLT.

Nº 160. DESCONTOS SALARIAIS. AUTORIZAÇÃO NO ATO DA ADMISSÃO. VALIDADE. Inserida em 26.03.99

É inválida a presunção de vício de consentimento resultante do fato de ter o empregado anuído expressamente com descontos salariais na oportunidade da admissão. É de se exigir demonstração concreta do vício de vontade.

Nº 162. MULTA. ART. 477 DA CLT. CONTAGEM DO PRAZO. APLICÁVEL O ART. 132 DO CÓDIGO CIVIL DE 2002. (atualizada a legislação e inserido dispositivo, DJ 20.04.2005)

A contagem do prazo para quitação das verbas decorrentes da rescisão contratual prevista no artigo 477 da CLT exclui necessariamente o dia da notificação da demissão e inclui o dia do vencimento, em obediência ao disposto no artigo 132 do Código Civil de 2002 (artigo 125 do Código Civil de 1916).

Nº 164. OFICIAL DE JUSTIÇA “AD HOC”. INEXISTÊNCIA DE VÍNCULO EMPREGATÍCIO. Inserida em 26.03.99 (inserido dispositivo, DJ 20.04.2005)

Não se caracteriza o vínculo empregatício na nomeação para o exercício das funções de oficial de justiça "ad hoc", ainda que feita de forma reiterada, pois exaure-se a cada cumprimento de mandado.

Nº 165. PERÍCIA. ENGENHEIRO OU MÉDICO. ADICIONAL DE INSALUBRIDADE E PERICULOSIDADE. VÁLIDO. ART. 195 DA CLT. Inserida em 26.03.99

O art. 195 da CLT não faz qualquer distinção entre o médico e o engenheiro para efeito de caracterização e classificação da insalubridade e periculosidade, bastando para a elaboração do laudo seja o profissional devidamente qualificado.

Nº 171. ADICIONAL DE INSALUBRIDADE. ÓLEOS MINERAIS. SENTIDO DO TERMO "MANIPULAÇÃO". Inserida em 08.11.00

Para efeito de concessão de adicional de insalubridade não há distinção entre fabricação e manuseio de óleos minerais – Portaria nº 3214 do Ministério do Trabalho, NR 15, Anexo XIII.

Nº 172. ADICIONAL DE INSALUBRIDADE OU PERICULOSIDADE. CONDENAÇÃO. INSERÇÃO EM FOLHA DE PAGAMENTO. Inserida em 08.11.00

Condenada ao pagamento do adicional de insalubridade ou periculosidade, a empresa deverá inserir, mês a mês e enquanto o trabalho for executado sob essas condições, o valor correspondente em folha de pagamento.

Nº 173. ADICIONAL DE INSALUBRIDADE. ATIVIDADE A CÉU ABERTO. EXPOSIÇÃO AO SOL E AO CALOR. (redação alterada na sessão do Tribunal Pleno realizada em 14.09.2012) – Res. 186/2012, DEJT divulgado em 25, 26 e 27.09.2012

I – Ausente previsão legal, indevido o adicional de insalubridade ao trabalhador em atividade a céu aberto, por sujeição à radiação solar (art. 195 da CLT e Anexo 7 da NR 15 da Portaria Nº 3214/78 do MTE).

II – Tem direito ao adicional de insalubridade o trabalhador que exerce atividade exposto ao calor acima dos limites de tolerância, inclusive em ambiente externo com carga solar, nas condições previstas no Anexo 3 da NR 15 da Portaria Nº 3214/78 do MTE.

Nº 175. COMISSÕES. ALTERAÇÃO OU SUPRESSÃO. PRESCRIÇÃO TOTAL. Inserida em 08.11.2000 (nova redação em decorrência da incorporação da Orientação Jurisprudencial nº 248 da SBDI-1, DJ 22.11.2005)

A supressão das comissões, ou a alteração quanto à forma ou ao percentual, em prejuízo do empregado, é suscetível de operar a prescrição total da ação, nos termos da Súmula nº 294 do TST, em virtude de cuidar-se de parcela não assegurada por preceito de lei.

Nº 178. BANCÁRIO. INTERVALO DE 15 MINUTOS. NÃO COMPUTÁVEL NA JORNADA DE TRABALHO. Inserida em 08.11.00 (inserido dispositivo, DJ 20.04.2005)

Não se computa, na jornada do bancário sujeito a seis horas diárias de trabalho, o intervalo de quinze minutos para lanche ou descanso.

Nº 181. COMISSÕES. CORREÇÃO MONETÁRIA. CÁLCULO. Inserida em 08.11.00

O valor das comissões deve ser corrigido monetariamente para em seguida obter-se a média para efeito de cálculo de férias, 13º salário e verbas rescisórias.

Nº 185. CONTRATO DE TRABALHO COM A ASSOCIAÇÃO DE PAIS E MESTRES – APM. INEXISTÊNCIA DE RESPONSABILIDADE SOLIDÁRIA OU SUBSIDIÁRIA DO ESTADO. Inserida em 08.11.00 (inserido dispositivo, DJ 20.04.2005)

O Estado-Membro não é responsável subsidiária ou solidariamente com a Associação de Pais e Mestres pelos encargos trabalhistas dos empregados contratados por esta última, que deverão ser suportados integral e exclusivamente pelo real empregador.

Nº 188. DECISÃO NORMATIVA QUE DEFERE DIREITOS. FALTA DE INTERESSE DE AGIR PARA AÇÃO INDIVIDUAL. Inserida em 08.11.00

Falta interesse de agir para a ação individual, singular ou plúrima, quando o direito já foi reconhecido através de decisão normativa, cabendo, no caso, ação de cumprimento.

Nº 191. DONO DA OBRA. RESPONSABILIDADE. Diante da inexistência de previsão legal, o contrato de empreitada entre o dono da obra e o empreiteiro não enseja responsabilidade solidária ou subsidiária nas obrigações trabalhistas contraídas pelo empreiteiro, salvo sendo o dono da obra uma empresa construtora ou incorporadora.

Nº 192. EMBARGOS DECLARATÓRIOS. PRAZO EM DOBRO. PESSOA JURÍDICA DE DIREITO PÚBLICO. DECRETO-LEI Nº 779/69. Inserida em 08.11.00

É em dobro o prazo para a interposição de embargos declaratórios por pessoa jurídica de direito público.

Nº 195. FÉRIAS INDENIZADAS. FGTS. NÃO-INCIDÊNCIA. Inserida em 08.11.00 (inserido dispositivo, DJ 20.04.2005)

Não incide a contribuição para o FGTS sobre as férias indenizadas.

Nº 198. HONORÁRIOS PERICIAIS. ATUALIZAÇÃO MONETÁRIA. Inserida em 08.11.00

Diferentemente da correção aplicada aos débitos trabalhistas, que têm caráter alimentar, a atualização monetária dos honorários periciais é fixada pelo art. 1º da Lei nº 6.899/81, aplicável a débitos resultantes de decisões judiciais.

Nº 199. JOGO DO BICHO. CONTRATO DE TRABALHO. NULIDADE. OBJETO ILÍCITO (título alterado e inserido dispositivo) – DEJT divulgado em 16, 17 e 18.11.2010

É nulo o contrato de trabalho celebrado para o desempenho de atividade inerente à prática do jogo do bicho, ante a ilicitude de seu objeto, o que subtrai o requisito de validade para a formação do ato jurídico.

Nº 200. MANDATO TÁCITO. SUBSTABELECIMENTO INVÁLIDO. Inserida em 08.11.00 (inserido dispositivo, DJ 20.04.2005)

É inválido o substabelecimento de advogado investido de mandato tácito.

Nº 206. PROFESSOR. HORAS EXTRAS. ADICIONAL DE 50%. Inserida em 08.11.00

Excedida a jornada máxima (art. 318 da CLT), as horas excedentes devem ser remuneradas com o adicional de, no mínimo, 50% (art. 7º, XVI, CF/1988).

Nº 207. PROGRAMA DE INCENTIVO À DEMISSÃO VOLUNTÁRIA. INDENIZAÇÃO. IMPOSTO DE RENDA. NÃO-INCIDÊNCIA. Inserida em 08.11.00 (inserido dispositivo, DJ 20.04.2005)

A indenização paga em virtude de adesão a programa de incentivo à demissão voluntária não está sujeita à incidência do imposto de renda.

Nº 208. RADIOLOGISTA. GRATIFICAÇÃO DE RAIOS X. REDUÇÃO. LEI Nº 7.923/89. Inserida em 08.11.00

A alteração da gratificação por trabalho com raios X, de quarenta para dez por cento, na forma da Lei nº 7.923/89, não causou prejuízo ao trabalhador porque passou a incidir sobre o salário incorporado com todas as demais vantagens.

Nº 213. TELEX. OPERADORES. ART. 227 DA CLT. INAPLICÁVEL. Inserida em 08.11.00

O operador de telex de empresa, cuja atividade econômica não se identifica com qualquer uma das previstas no art. 227 da CLT, não se beneficia de jornada reduzida.

Nº 216. VALE-TRANSPORTE. SERVIDOR PÚBLICO CELETISTA. LEI Nº 7.418/85. DEVIDO. Inserida em 08.11.00 (inserido dispositivo, DJ 20.04.2005)

Aos servidores públicos celetistas é devido o vale-transporte, instituído pela Lei nº 7.418/85, de 16 de dezembro de 1985.

Nº 217. AGRAVO DE INSTRUMENTO. TRASLADO. LEI Nº 9.756/1998. GUIAS DE CUSTAS E DE DEPÓSITO RECURSAL. Inserida em 02.04.01

Para a formação do agravo de instrumento, não é necessária a juntada de comprovantes de recolhimento de custas e de depósito recursal relativamente ao recurso ordinário, desde que não seja objeto de controvérsia no recurso de revista a validade daqueles recolhimentos.

Nº 219. RECURSO DE REVISTA OU DE EMBARGOS FUNDAMENTADO EM ORIENTAÇÃO JURISPRUDENCIAL DO TST. Inserida em 02.04.01

É válida, para efeito de conhecimento do recurso de revista ou de embargos, a invocação de Orientação Jurisprudencial do Tribunal Superior do Trabalho, desde que, das razões recursais, conste o seu número ou conteúdo.

Nº 224. COMPLEMENTAÇÃO DE APOSENTADORIA. REAJUSTE. LEI Nº 9.069, DE 29.06.1995. (DEJT Divulgado em 16, 17 e 20.09.2010)

I – A partir da vigência da Medida Provisória nº 542, de 30.06.1994, convalidada pela Lei nº 9.069, de 29.06.1995, o critério de reajuste da complementação de aposentadoria passou a ser anual e não semestral, aplicando-se o princípio "rebus sic stantibus" diante da nova ordem econômica.

II – A alteração da periodicidade do reajuste da complementação de aposentadoria – de semestral para anual –, não afeta o direito ao resíduo inflacionário apurado nos meses de abril, maio e junho de 1994, que deverá incidir sobre a correção realizada no mês de julho de 1995.

Nº 225. CONTRATO DE CONCESSÃO DE SERVIÇO PÚBLICO. RESPONSABILIDADE TRABALHISTA. (nova redação, DJ 20.04.2005)

Celebrado contrato de concessão de serviço público em que uma empresa (primeira concessionária) outorga a outra (segunda concessionária), no todo ou em parte, mediante arrendamento, ou qualquer outra forma contratual, a título transitório, bens de sua propriedade:

I – em caso de rescisão do contrato de trabalho após a entrada em vigor da concessão, a segunda concessionária, na condição de sucessora, responde pelos direitos decorrentes do contrato de trabalho, sem prejuízo da responsabilidade subsidiária da primeira concessionária pelos débitos trabalhistas contraídos até a concessão;

II – no tocante ao contrato de trabalho extinto antes da vigência da concessão, a responsabilidade pelos direitos dos trabalhadores será exclusivamente da antecessora.

Nº 226. CRÉDITO TRABALHISTA. CÉDULA DE CRÉDITO RURAL. CÉDULA DE CRÉDITO INDUSTRIAL. PENHORABILIDADE. Inserida em 20.06.01 (título alterado, DJ 20.04.2005)

Diferentemente da cédula de crédito industrial garantida por alienação fiduciária, na cédula rural pignoratícia ou hipotecária o bem permanece sob o domínio do devedor (executado), não constituindo óbice à penhora na esfera trabalhista. (Decreto-Lei nº 167/67, art. 69; CLT, arts. 10 e 30 e Lei nº 6.830/80).

Nº 232. FGTS. INCIDÊNCIA. EMPREGADO TRANSFERIDO PARA O EXTERIOR. REMUNERAÇÃO. Inserida em 20.06.01

O FGTS incide sobre todas as parcelas de natureza salarial pagas ao empregado em virtude de prestação de serviços no exterior.

Nº 233. HORAS EXTRAS. COMPROVAÇÃO DE PARTE DO PERÍODO ALEGADO. (nova redação, DJ 20.04.2005)

A decisão que defere horas extras com base em prova oral ou documental não ficará limitada ao tempo por ela abrangido, desde que o julgador fique convencido de que o procedimento questionado superou aquele período.

Nº 235. HORAS EXTRAS. SALÁRIO POR PRODUÇÃO. (redação alterada na sessão do Tribunal Pleno realizada em 16.04.2012)

O empregado que recebe salário por produção e trabalha em sobrejornada tem direito à percepção apenas do adicional de horas extras, exceto no caso do empregado cortador de cana, a quem é devido o pagamento das horas extras e do adicional respectivo.

Nº 237. MINISTÉRIO PÚBLICO DO TRABALHO. LEGITIMIDADE PARA RECORRER. SOCIEDADE DE ECONOMIA MISTA. EMPRESA PÚBLICA (incorporada a Orientação Jurisprudencial nº 338 da SBDI-I) – Res. 210/2016, DEJT divulgado em 30.06.2016 e 01 e 04.07.2016.

I – O Ministério Público do Trabalho não tem legitimidade para recorrer na defesa de interesse patrimonial privado, ainda que de empresas públicas e sociedades de economia mista.

II – Há legitimidade do Ministério Público do Trabalho para recorrer de decisão que declara a existência de vínculo empregatício com sociedade de economia mista ou empresa pública, após a Constituição Federal de 1988, sem a prévia aprovação em concurso público, pois é matéria de ordem pública.

Nº 238. MULTA. ART. 477 DA CLT. PESSOA JURÍDICA DE DIREITO PÚBLICO. APLICÁVEL. Inserida em 20.06.01 (inserido dispositivo, DJ 20.04.2005)

Submete-se à multa do artigo 477 da CLT a pessoa jurídica de direito público que não observa o prazo para pagamento das verbas rescisórias, pois nivela-se a qualquer particular, em direitos e obrigações, despojando-se do "jus imperii" ao celebrar um contrato de emprego.

Nº 242. PRESCRIÇÃO TOTAL. HORAS EXTRAS. ADICIONAL. INCORPORAÇÃO. Inserida em 20.06.01

Embora haja previsão legal para o direito à hora extra, inexiste previsão para a incorporação ao salário do respectivo adicional, razão pela qual deve incidir a prescrição total.

Nº 243. PRESCRIÇÃO TOTAL. PLANOS ECONÔMICOS. Inserida em 20.06.01

Aplicável a prescrição total sobre o direito de reclamar diferenças salariais resultantes de planos econômicos.

Nº 244. PROFESSOR. REDUÇÃO DA CARGA HORÁRIA. POSSIBILIDADE. Inserida em 20.06.01

A redução da carga horária do professor, em virtude da diminuição do número de alunos, não constitui alteração contratual, uma vez que não implica redução do valor da hora-aula.

Nº 245. REVELIA. ATRASO. AUDIÊNCIA. Inserida em 20.06.01

Inexiste previsão legal tolerando atraso no horário de comparecimento da parte na audiência.

Nº 247. SERVIDOR PÚBLICO. CELETISTA CONCURSADO. DESPEDIDA IMOTIVADA. EMPRESA PÚBLICA OU SOCIEDADE DE ECONOMIA MISTA. POSSIBILIDADE. Inserida em 20.06.2001 (Alterada – Res. nº 143/2007 – DJ 13.11.2007)

I – A despedida de empregados de empresa pública e de sociedade de economia mista, mesmo admitidos por concurso público, independe de ato motivado para sua validade;

II – A validade do ato de despedida do empregado da Empresa Brasileira de Correios e Telégrafos (ECT) está condicionada à motivação, por gozar a empresa do mesmo tratamento destinado à Fazenda Pública em relação à imunidade tributária e à execução por precatório, além das prerrogativas de foro, prazos e custas processuais.

Nº 251. DESCONTOS. FRENTISTA. CHEQUES SEM FUNDOS. Inserida em 13.03.02

É lícito o desconto salarial referente à devolução de cheques sem fundos, quando o frentista não observar as recomendações previstas em instrumento coletivo.

Nº 253. ESTABILIDADE PROVISÓRIA. COOPERATIVA. LEI Nº 5.764/71. CONSELHO FISCAL. SUPLENTE. NÃO ASSEGURADA. Inserida em 13.03.02

O art. 55 da Lei nº 5.764/71 assegura a garantia de emprego apenas aos empregados eleitos diretores de Cooperativas, não abrangendo os membros suplentes.

Nº 255. MANDATO. CONTRATO SOCIAL. DESNECESSÁRIA A JUNTADA. (atualizada em decorrência do CPC de 2015) – Res. 208/2016, DEJT divulgado em 22, 25 e 26.04.2016 O art. 75, inciso VIII, do CPC de 2015 (art. 12, VI, do CPC de 1973) não determina a exibição dos estatutos da empresa em juízo como condição de validade do instrumento de mandato outorgado ao seu procurador, salvo se houver impugnação da parte contrária.

Nº 256. PREQUESTIONAMENTO. CONFIGURAÇÃO. TESE EXPLÍCITA. SÚMULA Nº 297. Inserida em 13.03.02

Para fins do requisito do prequestionamento de que trata a Súmula nº 297, há necessidade de que haja, no acórdão, de maneira clara, elementos que levem à conclusão de que o Regional adotou uma tese contrária à lei ou à súmula.

Nº 257. RECURSO. FUNDAMENTAÇÃO. VIOLAÇÃO LEGAL. VOCÁBULO VIOLAÇÃO. DESNECESSIDADE. Inserida em 13.03.02

A invocação expressa, quer na revista, quer nos embargos, dos preceitos legais ou constitucionais tidos como violados não significa exigir da parte a utilização das expressões "contrariar", "ferir", "violar", etc.

Nº 259. ADICIONAL NOTURNO. BASE DE CÁLCULO. ADICIONAL DE PERICULOSIDADE. INTEGRAÇÃO. Inserida em 27.09.02

O adicional de periculosidade deve compor a base de cálculo do adicional noturno, já que também neste horário o trabalhador permanece sob as condições de risco.

Nº 260. AGRAVO DE INSTRUMENTO. RECURSO DE REVISTA. PROCEDIMENTO SUMARÍSSIMO. LEI Nº 9.957/00. PROCESSOS EM CURSO. Inserida em 27.09.02

I – É inaplicável o rito sumaríssimo aos processos iniciados antes da vigência da Lei nº 9.957/00.

II – No caso de o despacho denegatório de recurso de revista invocar, em processo iniciado antes da Lei nº 9.957/00, o § 6º do art. 896 da CLT (rito sumaríssimo), como óbice ao trânsito do apelo calcado em divergência jurisprudencial ou violação de dispositivo infraconstitucional, o Tribunal superará o obstáculo, apreciando o recurso sob esses fundamentos.

Nº 261. BANCOS. SUCESSÃO TRABALHISTA. Inserida em 27.09.02

As obrigações trabalhistas, inclusive as contraídas à época em que os empregados trabalhavam para o banco sucedido, são de responsabilidade do sucessor, uma vez que a este foram transferidos os ativos, as agências, os direitos e deveres contratuais, caracterizando típica sucessão trabalhista.

Nº 262. COISA JULGADA. PLANOS ECONÔMICOS. LIMITAÇÃO À DATA-BASE NA FASE DE EXECUÇÃO. Inserida em 27.09.02

Não ofende a coisa julgada a limitação à data-base da categoria, na fase executória, da condenação ao pagamento de diferenças salariais decorrentes de planos econômicos, quando a decisão exequenda silenciar sobre a limitação, uma vez que a limitação decorre de norma cogente. Apenas quando a sentença exequenda houver expressamente afastado a limitação à data-base é que poderá ocorrer ofensa à coisa julgada.

Nº 264. DEPÓSITO RECURSAL. PIS/PASEP. AUSÊNCIA DE INDICAÇÃO NA GUIA DE DEPÓSITO RECURSAL. VALIDADE. Inserida em 27.09.02

Não é essencial para a validade da comprovação do depósito recursal a indicação do número do PIS/PASEP na guia respectiva.

Nº 268. INDENIZAÇÃO ADICIONAL. LEIS NºS 6.708/79 E 7.238/84. AVISO PRÉVIO. PROJEÇÃO. ESTABILIDADE PROVISÓRIA. Inserida em 27.09.02

Somente após o término do período estabilitário é que se inicia a contagem do prazo do aviso prévio para efeito das indenizações previstas nos artigos 9º da Lei nº 6.708/79 e 9º da Lei nº 7.238/84.

Nº 269. JUSTIÇA GRATUITA. REQUERIMENTO DE ISENÇÃO DE DESPESAS PROCESSUAIS. MOMENTO OPORTUNO (inserido item II em decorrência do CPC de 2015) I – O benefício da justiça gratuita pode ser requerido em qualquer tempo ou grau de jurisdição, desde que, na fase recursal, seja o requerimento formulado no prazo alusivo ao recurso; II – Indeferido o requerimento de justiça gratuita formulado na fase recursal, cumpre ao relator fixar prazo para que o recorrente efetue o preparo (art. 99, § 7º, do CPC de 2015).

Nº 270. PROGRAMA DE INCENTIVO À DEMISSÃO VOLUNTÁRIA. TRANSAÇÃO EXTRAJUDICIAL. PARCELAS ORIUNDAS DO EXTINTO CONTRATO DE TRABALHO. EFEITOS. Inserida em 27.09.02.

A transação extrajudicial que importa rescisão do contrato de trabalho ante a adesão do empregado a plano de demissão voluntária implica quitação exclusivamente das parcelas e valores constantes do recibo.

Nº 271. RURÍCOLA. PRESCRIÇÃO. CONTRATO DE EMPREGO EXTINTO. EMENDA CONSTITUCIONAL Nº 28/2000. INAPLICABILIDADE. Inserida em 27.09.2002 (alterada, DJ 22.11.2005)

O prazo prescricional da pretensão do rurícola, cujo contrato de emprego já se extinguira ao sobrevir a Emenda Constitucional nº 28, de 26/05/2000, tenha sido ou não ajuizada a ação trabalhista, prossegue regido pela lei vigente ao tempo da extinção do contrato de emprego.

Nº 272. SALÁRIO-MÍNIMO. SERVIDOR. SALÁRIO-BASE INFERIOR. DIFERENÇAS. INDEVIDAS. Inserida em 27.09.02

A verificação do respeito ao direito ao salário-mínimo não se apura pelo confronto isolado do salário-base com o mínimo legal, mas deste com a soma de todas as parcelas de natureza salarial recebidas pelo empregado diretamente do empregador.

Nº 274. TURNO ININTERRUPTO DE REVEZAMENTO. FERROVIÁRIO. HORAS EXTRAS. DEVIDAS. Inserida em 27.09.02

O ferroviário submetido a escalas variadas, com alternância de turnos, faz jus à jornada especial prevista no art. 7º, XIV, da CF/1988.

Nº 275. TURNO ININTERRUPTO DE REVEZAMENTO. HORISTA. HORAS EXTRAS E ADICIONAL. DEVIDOS. Inserida em 27.09.02

Inexistindo instrumento coletivo fixando jornada diversa, o empregado horista submetido a turno ininterrupto de revezamento faz jus ao pagamento das horas extraordinárias laboradas além da 6ª, bem como ao respectivo adicional.

Nº 276. AÇÃO DECLARATÓRIA. COMPLEMENTAÇÃO DE APOSENTADORIA. DJ 11.08.03

É incabível ação declaratória visando a declarar direito à complementação de aposentadoria, se ainda não atendidos os requisitos necessários à aquisição do direito, seja por via regulamentar, ou por acordo coletivo.

Nº 277. AÇÃO DE CUMPRIMENTO FUNDADA EM DECISÃO NORMATIVA QUE SOFREU POSTERIOR REFORMA, QUANDO JÁ TRANSITADA EM JULGADO A SENTENÇA CONDENATÓRIA. COISA JULGADA. NÃO-CONFIGURAÇÃO. DJ 11.08.03

A coisa julgada produzida na ação de cumprimento é atípica, pois dependente de condição resolutiva, ou seja, da não-modificação da decisão normativa por eventual recurso. Assim, modificada a sentença normativa pelo TST, com a consequente extinção do processo, sem julgamento do mérito, deve-se extinguir a execução em andamento, uma vez que a norma sobre a qual se apoiava o título exequendo deixou de existir no mundo jurídico.

Nº 278. ADICIONAL DE INSALUBRIDADE. PERÍCIA. LOCAL DE TRABALHO DESATIVADO. DJ 11.08.03

A realização de perícia é obrigatória para a verificação de insalubridade. Quando não for possível sua realização, como em caso de fechamento da empresa, poderá o julgador utilizar-se de outros meios de prova.

Nº 282. AGRAVO DE INSTRUMENTO. JUÍZO DE ADMISSIBILIDADE "AD QUEM". DJ 11.08.03

No julgamento de Agravo de Instrumento, ao afastar o óbice apontado pelo TRT para o processamento do recurso de revista, pode o juízo "ad quem" prosseguir no exame dos demais pressupostos extrínsecos e intrínsecos do recurso de revista, mesmo que não apreciados pelo TRT.

Nº 283. AGRAVO DE INSTRUMENTO. PEÇAS ESSENCIAIS. TRASLADO REALIZADO PELO AGRAVADO. VALIDADE. DJ 11.08.03

É válido o traslado de peças essenciais efetuado pelo agravado, pois a regular formação do agravo incumbe às partes e não somente ao agravante.

Nº 286. AGRAVO DE INSTRUMENTO. TRASLADO. MANDATO TÁCITO. ATA DE AUDIÊNCIA. CONFIGURAÇÃO (alterada) – Res. 167/2010, DEJT divulgado em 30.04.2010 e 03 e 04.05.2010

I – A juntada da ata de audiência, em que consignada a presença do advogado, desde que não estivesse atuando com mandato expresso, torna dispensável a procuração deste, porque demonstrada a existência de mandato tácito.

II – Configurada a existência de mandato tácito fica suprida a irregularidade detectada no mandato expresso.

Nº 293. EMBARGOS À SDI CONTRA DECISÃO DE TURMA DO TST EM AGRAVO DO ART. 557, § 1º, DO CPC. CABIMENTO. (cancelada em decorrência da sua conversão na letra f da Súmula nº 353 do TST) – Res. 171/2010 – DEJT divulgado em 19, 22 e 23.11.2010

São cabíveis Embargos para a SDI contra decisão de Turma proferida em Agravo interposto de decisão monocrática do relator, baseada no art. 557, § 1º, do CPC.

Nº 296. EQUIPARAÇÃO SALARIAL. ATENDENTE E AUXILIAR DE ENFERMAGEM. IMPOSSIBILIDADE. DJ 11.08.03

Sendo regulamentada a profissão de auxiliar de enfermagem, cujo exercício pressupõe habilitação técnica, realizada pelo Conselho Regional de Enfermagem, impossível a equiparação salarial do simples atendente com o auxiliar de enfermagem.

Nº 297. EQUIPARAÇÃO SALARIAL. SERVIDOR PÚBLICO DA ADMINISTRAÇÃO DIRETA, AUTÁRQUICA E FUNDACIONAL. ART. 37, XIII, DA CF/1988. DJ 11.08.03

O art. 37, inciso XIII, da CF/1988, veda a equiparação de qualquer natureza para o efeito de remuneração do pessoal do serviço público, sendo juridicamente impossível a aplicação da norma infraconstitucional prevista no art. 461 da CLT quando se pleiteia equiparação salarial entre servidores públicos, independentemente de terem sido contratados pela CLT.

Nº 300. EXECUÇÃO TRABALHISTA. CORREÇÃO MONETÁRIA. JUROS. LEI Nº 8.177/91, ART. 39, E LEI Nº 10.192/01, ART. 15. (nova redação, DJ 20.04.2005)

Não viola norma constitucional (art. 5°, II e XXXVI) a determinação de aplicação da TRD, como fator de correção monetária dos débitos trabalhistas, cumulada com juros de mora, previstos no artigo 39 da Lei nº 8.177/91 e convalidado pelo artigo 15 da Lei nº 10.192/01.

Nº 302. FGTS. ÍNDICE DE CORREÇÃO. DÉBITOS TRABALHISTAS. DJ 11.08.03

Os créditos referentes ao FGTS, decorrentes de condenação judicial, serão corrigidos pelos mesmos índices aplicáveis aos débitos trabalhistas.

Nº 308. JORNADA DE TRABALHO. ALTERAÇÃO. RETORNO À JORNADA INICIALMENTE CONTRATADA. SERVIDOR PÚBLICO. DJ 11.08.03

O retorno do servidor público (administração direta, autárquica e fundacional) à jornada inicialmente contratada não se insere nas vedações do art. 468 da CLT, sendo a sua jornada definida em lei e no contrato de trabalho firmado entre as partes.

Nº 310. LITISCONSORTES. PROCURADORES DISTINTOS. PRAZO EM DOBRO. art. 229, caput e §§ 1º e 2º, do CPC de 2015. ART. 191 DO CPC de 1973. INAPLICÁVEL AO PROCESSO DO TRABALHO (atualizada em decorrência do CPC de 2015) – Res. 208/2016, DEJT divulgado em 22, 25 e 26.04.2016.

Inaplicável ao processo do trabalho a norma contida no art. 229, caput e §§ 1º e 2º, do CPC de 2015 (art. 191 do CPC de 1973), em razão de incompatibilidade com a celeridade que lhe é inerente

Nº 316. PORTUÁRIOS. ADICIONAL DE RISCO. LEI Nº 4.860/65. DJ 11.08.03

O adicional de risco dos portuários, previsto no art. 14 da Lei nº 4.860/65, deve ser proporcional ao tempo efetivo no serviço considerado sob risco e apenas concedido àqueles que prestam serviços na área portuária.

Nº 318. AUTARQUIA. FUNDAÇÃO PÚBLICA. LEGITIMIDADE PARA RECORRER. REPRESENTAÇÃO PROCESSUAL. (incluído o item II e alterada em decorrência do CPC de 2015) – Res. 220/2017, DEJT divulgado em 21, 22 e 25.09.2017

I – Os Estados e os Municípios não têm legitimidade para recorrer em nome das autarquias e das fundações públicas.

II – Os procuradores estaduais e municipais podem representar as respectivas autarquias e fundações públicas em juízo somente se designados pela lei da respectiva unidade da federação (art. 75, IV, do CPC de 2015) ou se investidos de instrumento de mandato válido.

Nº 319. REPRESENTAÇÃO REGULAR. ESTAGIÁRIO. HABILITAÇÃO POSTERIOR. DJ 11.08.03

Válidos são os atos praticados por estagiário se, entre o substabelecimento e a interposição do recurso, sobreveio a habilitação, do então estagiário, para atuar como advogado.

Nº 321. VÍNCULO EMPREGATÍCIO COM A ADMINISTRAÇÃO PÚBLICA. PERÍODO ANTERIOR À CF/1988. (nova redação, DJ 20.04.2005)

Salvo os casos de trabalho temporário e de serviço de vigilância, previstos nas Leis nºs 6.019, de 03.01.74, e 7.102, de 20.06.83, é ilegal a contratação de trabalhadores por empresa interposta, formando-se o vínculo empregatício diretamente com o tomador dos serviços, inclusive ente público, em relação ao período anterior à vigência da CF/88.

Nº 322. ACORDO COLETIVO DE TRABALHO. CLÁUSULA DE TERMO ADITIVO PRORROGANDO O ACORDO PARA PRAZO INDETERMINADO. INVÁLIDA. DJ 09.12.2003

Nos termos do art. 614, § 3º, da CLT, é de 2 anos o prazo máximo de vigência dos acordos e das convenções coletivas. Assim sendo, é inválida, naquilo que ultrapassa o prazo total de 2 anos, a cláusula de termo aditivo que prorroga a vigência do instrumento coletivo originário por prazo indeterminado.

Nº 323. ACORDO DE COMPENSAÇÃO DE JORNADA. "SEMANA ESPANHOLA". VALIDADE. DJ 09.12.2003

É válido o sistema de compensação de horário quando a jornada adotada é a denominada "semana espanhola", que alterna a prestação de 48 horas em uma semana e 40 horas em outra, não violando os arts. 59, § 2º, da CLT e 7º, XIII, da CF/1988 o seu ajuste mediante acordo ou convenção coletiva de trabalho.

Nº 324. ADICIONAL DE PERICULOSIDADE. SISTEMA ELÉTRICO DE POTÊNCIA. DECRETO Nº 93.412/86, ART. 2º, § 1º. DJ 09.12.2003

É assegurado o adicional de periculosidade apenas aos empregados que trabalham em sistema elétrico de potência em condições de risco, ou que o façam com equipamentos e instalações elétricas similares, que ofereçam risco equivalente, ainda que em unidade consumidora de energia elétrica.

Nº 325. AUMENTO SALARIAL CONCEDIDO PELA EMPRESA. COMPENSAÇÃO NO ANO SEGUINTE EM ANTECIPAÇÃO SEM A PARTICIPAÇÃO DO SINDICATO PROFISSIONAL. IMPOSSIBILIDADE. DJ 09.12.2003

O aumento real, concedido pela empresa a todos os seus empregados, somente pode ser reduzido mediante a participação efetiva do sindicato profissional no ajuste, nos termos do art. 7º, VI, da CF/1988.

Nº 331. JUSTIÇA GRATUITA. DECLARAÇÃO DE INSUFICIÊNCIA ECONÔMICA. MANDATO. PODERES ESPECÍFICOS DESNECESSÁRIOS (cancelada) – Res. 210/2016, DEJT divulgado em 30.06.2016 e 01 e 04.07.2016.

Desnecessária a outorga de poderes especiais ao patrono da causa para firmar declaração de insuficiência econômica, destinada à concessão dos benefícios da justiça gratuita.

Nº 332. MOTORISTA. HORAS EXTRAS. ATIVIDADE EXTERNA. CONTROLE DE JORNADA POR TACÓGRAFO. RESOLUÇÃO Nº 816/1986 DO CONTRAN. DJ 09.12.2003

O tacógrafo, por si só, sem a existência de outros elementos, não serve para controlar a jornada de trabalho de empregado que exerce atividade externa.

Nº 334. REMESSA "EX OFFICIO". RECURSO DE REVISTA. INEXISTÊNCIA DE RECURSO ORDINÁRIO VOLUNTÁRIO DE ENTE PÚBLICO. INCABÍVEL. DJ 09.12.2003

Incabível recurso de revista de ente público que não interpôs recurso ordinário voluntário da decisão de primeira instância, ressalvada a hipótese de ter sido agravada, na segunda instância, a condenação imposta.

Nº 335. CONTRATO NULO. ADMINISTRAÇÃO PÚBLICA. EFEITOS. CONHECIMENTO DO RECURSO POR

VIOLAÇÃO DO ART. 37, II E § 2º, DA CF/1988. DJ 04.05.2004

A nulidade da contratação sem concurso público, após a CF/1988, bem como a limitação de seus efeitos, somente poderá ser declarada por ofensa ao art. 37, II, se invocado concomitantemente o seu § 2º, todos da CF/1988.

Nº 336. EMBARGOS. RECURSO NÃO CONHECIDO COM BASE EM ORIENTAÇÃO JURISPRUDENCIAL. DESNECESSÁRIO O EXAME DAS VIOLAÇÕES LEGAIS E CONSTITUCIONAIS ALEGADAS NA REVISTA. DJ 04.05.2004

Estando a decisão recorrida em conformidade com orientação jurisprudencial, desnecessário o exame das divergências e das violações legais e constitucionais alegadas, salvo nas hipóteses em que a orientação jurisprudencial não fizer qualquer citação do dispositivo constitucional.

Nº 339. TETO REMUNERATÓRIO. EMPRESA PÚBLICA E SOCIEDADE DE ECONOMIA MISTA. ART. 37, XI, DA CF/1988 (ANTERIOR À EMENDA CONSTITUCIONAL Nº 19/1998). (nova redação, DJ 20.04.2005)

As empresas públicas e as sociedades de economia mista estão submetidas à observância do teto remuneratório previsto no inciso XI do art. 37 da CF/1988, sendo aplicável, inclusive, ao período anterior à alteração introduzida pela Emenda Constitucional nº 19/1998.

Nº 341. FGTS. MULTA DE 40%. DIFERENÇAS DECORRENTES DOS EXPURGOS INFLACIONÁRIOS. RESPONSABILIDADE PELO PAGAMENTO. DJ 22.06.04

É de responsabilidade do empregador o pagamento da diferença da multa de 40% sobre os depósitos do FGTS, decorrente da atualização monetária em face dos expurgos inflacionários.

Nº 343. PENHORA. SUCESSÃO. ART. 100 DA CF/1988. EXECUÇÃO. DJ 22.06.04

É válida a penhora em bens de pessoa jurídica de direito privado, realizada anteriormente à sucessão pela União ou por Estado-membro, não podendo a execução prosseguir mediante precatório. A decisão que a mantém não viola o art. 100 da CF/1988.

Nº 344. FGTS. MULTA DE 40%. DIFERENÇAS DECORRENTES DOS EXPURGOS INFLACIONÁRIOS. PRESCRIÇÃO. TERMO INICIAL. DJ 10.11.2004 (alterada em decorrência do julgamento do processo TST IUJ-RR 1577/2003-019-03-00.8, DJ 22.11.2005)

O termo inicial do prazo prescricional para o empregado pleitear em juízo diferenças da multa do FGTS, decorrentes dos expurgos inflacionários, deu-se com a vigência da Lei Complementar nº 110, em 30.06.01, salvo comprovado trânsito em julgado de decisão proferida em ação proposta anteriormente na Justiça Federal, que reconheça o direito à atualização do saldo da conta vinculada.

Nº 345. ADICIONAL DE PERICULOSIDADE. RADIAÇÃO IONIZANTE OU SUBSTÂNCIA RADIOATIVA. DEVIDO. DJ 22.06.05

A exposição do empregado à radiação ionizante ou à substância radioativa enseja a percepção do adicional de periculosidade, pois a regulamentação ministerial (Portarias do Ministério do Trabalho nºs 3.393, de 17.12.1987, e 518, de 07.04.2003), ao reputar perigosa a atividade, reveste-se de plena eficácia, porquanto expedida por força de delegação legislativa contida no art. 200, caput, e inciso VI, da CLT. No período de 12.12.2002 a 06.04.2003, enquanto vigeu a Portaria nº 496 do Ministério do Trabalho, o empregado faz jus ao adicional de insalubridade.

Nº 346. ABONO PREVISTO EM NORMA COLETIVA. NATUREZA INDENIZATÓRIA. CONCESSÃO APENAS AOS EMPREGADOS EM ATIVIDADE. EXTENSÃO AOS INATIVOS. IMPOSSIBILIDADE. DJ 25.04.2007

A decisão que estende aos inativos a concessão de abono de natureza jurídica indenizatória, previsto em norma coletiva apenas para os empregados em atividade, a ser pago de uma única vez, e confere natureza salarial à parcela, afronta o art. 7º, XXVI, da CF/88.

Nº 347. ADICIONAL DE PERICULOSIDADE. SISTEMA ELÉTRICO DE POTÊNCIA. LEI Nº 7.369, DE 20.09.1985, REGULAMENTADA PELO DECRETO Nº 93.412, DE 14.10.1986. EXTENSÃO DO DIREITO AOS CABISTAS, INSTALADORES E REPARADORES DE LINHAS E APARELHOS EM EMPRESA DE TELEFONIA. DJ 25.04.2007

É devido o adicional de periculosidade aos empregados cabistas, instaladores e reparadores de linhas e aparelhos de empresas de telefonia, desde que, no exercício de suas funções, fiquem expostos a condições de risco equivalente ao do trabalho exercido em contato com sistema elétrico de potência.

Nº 348. HONORÁRIOS ADVOCATÍCIOS. BASE DE CÁLCULO. VALOR LÍQUIDO. LEI Nº 1.060, DE 05.02.1950. DJ 25.04.2007

Os honorários advocatícios, arbitrados nos termos do art. 11, § 1º, da Lei nº 1.060, de 05.02.1950, devem incidir sobre o valor líquido da condenação, apurado na fase de liquidação de sentença, sem a dedução dos descontos fiscais e previdenciários.

Nº 349. MANDATO. JUNTADA DE NOVA PROCURAÇÃO. AUSÊNCIA DE RESSALVA. EFEITOS. DJ 25.04.2007

A juntada de nova procuração aos autos, sem ressalva de poderes conferidos ao antigo patrono, implica revogação tácita do mandato anterior.

Nº 350. MINISTÉRIO PÚBLICO DO TRABALHO. NULIDADE DO CONTRATO DE TRABALHO NÃO SUSCITADA PELO ENTE PÚBLICO NO MOMENTO DA DEFESA. ARGUIÇÃO EM PARECER. POSSIBILIDADE.(alterada em decorrência do julgamento do processo TST IUJ-ERR 526538/1999.2) – Res. 162/2009, DJe divulgado em 23, 24 e 25.11.2009

O Ministério Público do Trabalho pode arguir, em parecer, na primeira vez que tenha de se manifestar no processo, a nulidade do contrato de trabalho em favor de ente público, ainda que a parte não a tenha suscitado, a qual será apreciada, sendo vedada, no entanto, qualquer dilação probatória.

Nº 355. INTERVALO INTERJORNADAS. INOBSERVÂNCIA. HORAS EXTRAS. PERÍODO PAGO COMO SOBREJORNADA. ART. 66 DA CLT. APLICAÇÃO ANALÓGICA DO § 4º DO ART. 71 DA CLT. DJ 14.03.2008

O desrespeito ao intervalo mínimo interjornadas previsto no art. 66 da CLT acarreta, por analogia, os mesmos efeitos previstos no § 4º do art. 71 da CLT e na Súmula nº 110 do TST, devendo-se pagar a integralidade das horas que foram subtraídas do intervalo, acrescidas do respectivo adicional.

Nº 356. PROGRAMA DE INCENTIVO À DEMISSÃO VOLUNTÁRIA (PDV). CRÉDITOS TRABALHISTAS RECONHECIDOS EM JUÍZO. COMPENSAÇÃO. IMPOSSIBILIDADE. DJ 14.03.2008

Os créditos tipicamente trabalhistas reconhecidos em juízo não são suscetíveis de compensação com a indenização paga em decorrência de adesão do trabalhador a Programa de Incentivo à Demissão Voluntária (PDV).

Nº 357. RECURSO. INTERPOSIÇÃO ANTES DA PUBLICAÇÃO DO ACÓRDÃO IMPUGNADO. EXTEMPORANEIDADE. NÃO CONHECIMENTO. DJ 14.03.2008

É extemporâneo recurso interposto antes de publicado o acórdão impugnado.

Nº 358. SALÁRIO MÍNIMO E PISO SALARIAL PROPORCIONAL À JORNADA REDUZIDA. EMPREGADO. SERVIDOR PÚBLICO (redação alterada na sessão do Tribunal Pleno realizada em 16.02.2016) – Res. 202/2016, DEJT divulgado em 19, 22 e 23.02.2016

I – Havendo contratação para cumprimento de jornada reduzida, inferior à previsão constitucional de oito horas diárias ou quarenta e quatro semanais, é lícito o pagamento do piso salarial ou do salário mínimo proporcional ao tempo trabalhado.

II – Na Administração Pública direta, autárquica e fundacional não é válida remuneração de empregado público inferior ao salário mínimo, ainda que cumpra jornada de trabalho reduzida. Precedentes do Supremo Tribunal Federal.

Nº 359. SUBSTITUIÇÃO PROCESSUAL. SINDICATO. LEGITIMIDADE. PRESCRIÇÃO. INTERRUPÇÃO. DJ 14.03.2008

A ação movida por sindicato, na qualidade de substituto processual, interrompe a prescrição, ainda que tenha sido considerado parte ilegítima "ad causam".

Nº 360. TURNO ININTERRUPTO DE REVEZAMENTO. DOIS TURNOS. HORÁRIO DIURNO E NOTURNO. CARACTERIZAÇÃO. DJ 14.03.2008

Faz jus à jornada especial prevista no art. 7º, XIV, da CF/1988 o trabalhador que exerce suas atividades em sistema de alternância de turnos, ainda que em dois turnos de trabalho, que compreendam, no todo ou em parte, o horário diurno e o noturno, pois submetido à alternância de horário prejudicial à saúde, sendo irrelevante que a atividade da empresa se desenvolva de forma ininterrupta.

Nº 361. APOSENTADORIA ESPONTÂNEA. UNICIDADE DO CONTRATO DE TRABALHO. MULTA DE 40% DO FGTS SOBRE TODO O PERÍODO. DJ 20, 21 e 23.05.2008

A aposentadoria espontânea não é causa de extinção do contrato de trabalho se o empregado permanece prestando serviços ao empregador após a jubilação. Assim, por ocasião da sua dispensa imotivada, o empregado tem direito à multa de 40% do FGTS sobre a totalidade dos depósitos efetuados no curso do pacto laboral.

Nº 362. CONTRATO NULO. EFEITOS. FGTS. MEDIDA PROVISÓRIA 2.164-41, DE 24.08.2001, E ART. 19-A DA LEI Nº 8.036, DE 11.05.1990. IRRETROATIVIDADE. DJ 20, 21 e 23.05.2008

Não afronta o princípio da irretroatividade da lei a aplicação do art. 19-A da Lei nº 8.036, de

11.05.1990, aos contratos declarados nulos celebrados antes da vigência da Medida Provisória nº 2.164-41, de 24.08.2001.

Nº 364. ESTABILIDADE. ART. 19 DO ADCT. SERVIDOR PÚBLICO DE FUNDAÇÃO REGIDO PELA CLT. DJ 20, 21 e 23.05.2008

Fundação instituída por lei e que recebe dotação ou subvenção do Poder Público para realizar atividades de interesse do Estado, ainda que tenha personalidade jurídica de direito privado, ostenta natureza de fundação pública. Assim, seus servidores regidos pela CLT são beneficiários da estabilidade excepcional prevista no art. 19 do ADCT.

Nº 365. ESTABILIDADE PROVISÓRIA. MEMBRO DE CONSELHO FISCAL DE SINDICATO. INEXISTÊNCIA. DJ 20, 21 e 23.05.2008

Membro de conselho fiscal de sindicato não tem direito à estabilidade prevista nos arts. 543, § 3º, da CLT e 8º, VIII, da CF/1988, porquanto não representa ou atua na defesa de direitos da categoria respectiva, tendo sua competência limitada à fiscalização da gestão financeira do sindicato (art. 522, § 2º, da CLT).

Nº 366. ESTAGIÁRIO. DESVIRTUAMENTO DO CONTRATO DE ESTÁGIO. RECONHECIMENTO DO VÍNCULO EMPREGATÍCIO COM A ADMINISTRAÇÃO PÚBLICA DIRETA OU INDIRETA. PERÍODO POSTERIOR À CONSTITUIÇÃO FEDERAL DE 1988. IMPOSSIBILIDADE. DJ 20, 21 e 23.05.2008

Ainda que desvirtuada a finalidade do contrato de estágio celebrado na vigência da Constituição Federal de 1988, é inviável o reconhecimento do vínculo empregatício com ente da Administração Pública direta ou indireta, por força do art. 37, II, da CF/1988, bem como o deferimento de indenização pecuniária, exceto em relação às parcelas previstas na Súmula nº 363 do TST, se requeridas.

Nº 367. AVISO PRÉVIO DE 60 DIAS. ELASTECIMENTO POR NORMA COLETIVA. PROJEÇÃO. REFLEXOS NAS PARCELAS TRABALHISTAS. DJe divulgado em 03, 04 e 05.12.2008

O prazo de aviso prévio de 60 dias, concedido por meio de norma coletiva que silencia sobre alcance de seus efeitos jurídicos, computa-se integralmente como tempo de serviço, nos termos do § 1º do art. 487 da CLT, repercutindo nas verbas rescisórias.

Nº 368. DESCONTOS PREVIDENCIÁRIOS. ACORDO HOMOLOGADO EM JUÍZO. INEXISTÊNCIA DE VÍNCULO EMPREGATÍCIO. PARCELAS INDENIZATÓRIAS. AUSÊNCIA DE DISCRIMINAÇÃO. INCIDÊNCIA SOBRE O VALOR TOTAL. DJe divulgado em 03, 04 e 05.12.2008

É devida a incidência das contribuições para a Previdência Social sobre o valor total do acordo homologado em juízo, independentemente do reconhecimento de vínculo de emprego, desde que não haja discriminação das parcelas sujeitas à incidência da contribuição previdenciária, conforme parágrafo único do art. 43 da Lei nº 8.212, de 24.07.1991, e do art. 195, I, "a", da CF/1988.

Nº 369. ESTABILIDADE PROVISÓRIA. DELEGADO SINDICAL. INAPLICÁVEL. DJe divulgado em 03, 04 e 05.12.2008

O delegado sindical não é beneficiário da estabilidade provisória prevista no art. 8º, VIII, da CF/1988, a qual é dirigida, exclusivamente, àqueles que exerçam ou ocupem cargos de direção nos sindicatos, submetidos a processo eletivo.

Nº 370. FGTS. MULTA DE 40%. DIFERENÇAS DOS EXPURGOS INFLACIONÁRIOS. PRESCRIÇÃO. INTERRUPÇÃO DECORRENTE DE PROTESTOS JUDICIAIS. DJe 03, 04 e 05.12.2008

O ajuizamento de protesto judicial dentro do biênio posterior à Lei Complementar nº 110, de 29.06.2001, interrompe a prescrição, sendo irrelevante o transcurso de mais de dois anos da propositura de outra medida acautelatória, com o mesmo objetivo, ocorrida antes da vigência da referida lei, pois ainda não iniciado o prazo prescricional, conforme disposto na Orientação Jurisprudencial nº 344 da SBDI-1.

Nº 371. IRREGULARIDADE DE REPRESENTAÇÃO. SUBSTABELECIMENTO NÃO DATADO. INAPLICABILIDADE DO ART. 654, § 1º, DO CÓDIGO CIVIL (atualizada em decorrência do CPC de 2015) – Res. 208/2016, DEJT divulgado em 22, 25 e 26.04.2016

Não caracteriza a irregularidade de representação a ausência da data da outorga de poderes, pois, no mandato judicial, ao contrário do mandato civil, não é condição de validade do negócio jurídico. Assim, a data a ser considerada é aquela em que o instrumento for juntado aos autos, conforme preceitua o art. 409, IV, do CPC de 2015 (art. 370, IV, do CPC de 1973). Inaplicável o art. 654, § 1º, do Código Civil.

Nº 374. AGRAVO DE INSTRUMENTO. REPRESENTAÇÃO PROCESSUAL. REGULARIDADE. PROCURAÇÃO OU SUBSTABELECIMENTO COM CLÁUSULA LIMITATIVA DE PODERES AO ÂMBITO DO TRIBUNAL

REGIONAL DO TRABALHO (DEJT divulgado em 19, 20 e 22.04.2010)

É regular a representação processual do subscritor do agravo de instrumento ou do recurso de revista que detém mandato com poderes de representação limitados ao âmbito do Tribunal Regional do Trabalho, pois, embora a apreciação desse recurso seja realizada pelo Tribunal Superior do Trabalho, a sua interposição é ato praticado perante o Tribunal Regional do Trabalho, circunstância que legitima a atuação do advogado no feito.

Nº 375. CONTRIBUIÇÃO PREVIDENCIÁRIA. ACORDO HOMOLOGADO EM JUÍZO APÓS O TRÂNSITO EM JULGADO DA SENTENÇA CONDENATÓRIA. INCIDÊNCIA SOBRE O VALOR HOMOLOGADO (DEJT divulgado em 19, 20 e 22.04.2010)

É devida a contribuição previdenciária sobre o valor do acordo celebrado e homologado após o trânsito em julgado de decisão judicial, respeitada a proporcionalidade de valores entre as parcelas de natureza salarial e indenizatória deferidas na decisão condenatória e as parcelas objeto do acordo.

Nº 378. embargos. interposição contra decisão monocrática. não cabimento. (atualizada em decorrência do CPC de 2015) – Res. 208/2016, DEJT divulgado em 22, 25 e 26.04.2016 Não encontra amparo no art. 894 da CLT, quer na redação anterior quer na redação posterior à Lei n.º 11.496, de 22.06.2007, recurso de embargos interposto à decisão monocrática exarada nos moldes do art. 932 do CPC de 2015 (art. 557 do CPC de 1973), pois o comando legal restringe seu cabimento à pretensão de reforma de decisão colegiada proferida por Turma do Tribunal Superior do Trabalho.

Nº 379. EMPREGADO DE COOPERATIVA DE CRÉDITO. BANCÁRIO. EQUIPARAÇÃO. IMPOSSIBILIDADE (DEJT divulgado em 19, 20 e 22.04.2010)

Os empregados de cooperativas de crédito não se equiparam a bancário, para efeito de aplicação do art. 224 da CLT, em razão da inexistência de expressa previsão legal, considerando, ainda, as diferenças estruturais e operacionais entre as instituições financeiras e as cooperativas de crédito. Inteligência das Leis nºs 4.594, de 29.12.1964, e 5.764, de 16.12.1971.

Nº 382. JUROS DE MORA. ART. 1º-F DA LEI Nº 9.494, DE 10.09.1997. INAPLICABILIDADE À FAZENDA PÚBLICA QUANDO CONDENADA SUBSIDIARIAMENTE (DJe divulgado em 19, 20 e 22.04.2010) A Fazenda Pública, quando condenada subsidiariamente pelas obrigações trabalhistas devidas pela empregadora principal, não se beneficia da limitação dos juros, prevista no art. 1º-F da Lei nº 9.494, de 10.09.1997.

Nº 383. TERCEIRIZAÇÃO. EMPREGADOS DA EMPRESA PRESTADORA DE SERVIÇOS E DA TOMADORA. ISONOMIA. ART. 12, "A", DA LEI Nº 6.019, DE 03.01.1974 (DJe divulgado em 19, 20 e 22.04.2010) A contratação irregular de trabalhador, mediante empresa interposta, não gera vínculo de emprego com ente da Administração Pública, não afastando, contudo, pelo princípio da isonomia, o direito dos empregados terceirizados às mesmas verbas trabalhistas legais e normativas asseguradas àqueles contratados pelo tomador dos serviços, desde que presente a igualdade de funções. Aplicação analógica do art. 12, "a", da Lei nº 6.019, de 03.01.1974.

Nº 385. ADICIONAL DE PERICULOSIDADE. DEVIDO. ARMAZENAMENTO DE LÍQUIDO INFLAMÁVEL NO PRÉDIO. CONSTRUÇÃO VERTICAL. (DEJT divulgado em 09, 10 e 11.06.2010)

É devido o pagamento do adicional de periculosidade ao empregado que desenvolve suas atividades em edifício (construção vertical), seja em pavimento igual ou distinto daquele onde estão instalados tanques para armazenamento de líquido inflamável, em quantidade acima do limite legal, considerando-se como área de risco toda a área interna da construção vertical.

Nº 388. JORNADA 12X36. JORNADA MISTA QUE COMPREENDA A TOTALIDADE DO PERÍODO NOTURNO. ADICIONAL NOTURNO. DEVIDO. (DEJT divulgado em 09, 10 e 11.06.2010)

O empregado submetido à jornada de 12 horas de trabalho por 36 de descanso, que compreenda a totalidade do período noturno, tem direito ao adicional noturno, relativo às horas trabalhadas após as 5 horas da manhã.

Nº 389. MULTA PREVISTA NO ART. 1.021, §§ 4º E 5º, DO CPC DE 2015. ART. 557, § 2º, DO CPC DE 1973. RECOLHIMENTO. PRESSUPOSTO RECURSAL. BENEFICIÁRIO DA JUSTIÇA GRATUITA E FAZENDA PÚBLICA. PAGAMENTO AO FINAL. (nova redação em decorrência do CPC de 2015) – Res. 209/2016, DEJT divulgado em 01, 02 e 03.06.2016.

Constitui ônus da parte recorrente, sob pena de deserção, depositar previamente a multa aplicada com fundamento nos §§ 4º e 5º, do art. 1.021, do CPC de 2015 (§ 2º do art. 557 do CPC de 1973), à exceção da Fazenda Pública e do beneficiário de justiça gratuita, que farão o pagamento ao final.

Nº 391. PORTUÁRIOS. SUBMISSÃO PRÉVIA DE DEMANDA A COMISSÃO PARITÁRIA. LEI Nº 8.630, DE 25.02.1993. INEXIGIBILIDADE. (DEJT divulgado em 09, 10 e 11.06.2010)

A submissão prévia de demanda a comissão paritária, constituída nos termos do art. 23 da Lei nº 8.630, de 25.02.1993 (Lei dos Portos), não é pressuposto de constituição e desenvolvimento válido e regular do processo, ante a ausência de previsão em lei.

Nº 392. PRESCRIÇÃO. INTERRUPÇÃO. AJUIZAMENTO DE PROTESTO JUDICIAL. MARCO INICIAL. (republicada em razão de erro material) – Res. 209/2016, DEJT divulgado em 01, 02 e 03.06.2016.

O protesto judicial é medida aplicável no processo do trabalho, por força do art. 769 da CLT e do art. 15 do CPC de 2015. O ajuizamento da ação, por si só, interrompe o prazo prescricional, em razão da inaplicabilidade do § 2º doart. 240 do CPC de 2015 (§ 2º do art. 219 do CPC de 1973), incompatível com o disposto no art. 841 da CLT.

Nº 393. PROFESSOR. JORNADA DE TRABALHO ESPECIAL. ART. 318 DA CLT. SALÁRIO MÍNIMO. PROPORCIONALIDADE. A contraprestação mensal devida ao professor, que trabalha no limite máximo da jornada prevista no art. 318 da CLT, é de um salário mínimo integral, não se cogitando do pagamento proporcional em relação à jornada prevista no art. 7º, XIII, da Constituição Federal.

Nº 394. REPOUSO SEMANAL REMUNERADO – RSR. INTEGRAÇÃO DAS HORAS EXTRAS. NÃO REPERCUSSÃO NO CÁLCULO DAS FÉRIAS, DO DÉCIMO TERCEIRO SALÁRIO, DO AVISO PRÉVIO E DOS DEPÓSITOS DO FGTS (DEJT divulgado em 09, 10 e 11.06.2010). A majoração do valor do repouso semanal remunerado, em razão da integração das horas extras habitualmente prestadas, não repercute no cálculo das férias, da gratificação natalina, do aviso prévio e do FGTS, sob pena de caracterização de "bis in idem".

Nº 395. TURNO ININTERRUPTO DE REVEZAMENTO. HORA NOTURNA REDUZIDA. INCIDÊNCIA (DEJT divulgado em 09, 10 e 11.06.2010). O trabalho em regime de turnos ininterruptos de revezamento não retira o direito à hora noturna reduzida, não havendo incompatibilidade entre as disposições contidas nos arts. 73, § 1º, da CLT e 7º, XIV, da Constituição Federal.

Nº 396. TURNOS ININTERRUPTOS DE REVEZAMENTO. ALTERAÇÃO DA JORNADA DE 8 PARA 6 HORAS DIÁRIAS. EMPREGADO HORISTA. APLICAÇÃO DO DIVISOR 180 (DEJT divulgado em 09, 10 e 11.06.2010). Para o cálculo do salário hora do empregado horista, submetido a turnos ininterruptos de revezamento, considerando a alteração da jornada de 8 para 6 horas diárias, aplica-se o divisor 180, em observância ao disposto no art. 7º, VI, da Constituição Federal, que assegura a irredutibilidade salarial.

Nº 397. COMISSIONISTA MISTO. HORAS EXTRAS. BASE DE CÁLCULO. APLICAÇÃO DA SÚMULA Nº 340 DO TST. (DEJT divulgado em 02, 03 e 04.08.2010)

O empregado que recebe remuneração mista, ou seja, uma parte fixa e outra variável, tem direito a horas extras pelo trabalho em sobrejornada. Em relação à parte fixa, são devidas as horas simples acrescidas do adicional de horas extras. Em relação à parte variável, é devido somente o adicional de horas extras, aplicando-se à hipótese o disposto na Súmula nº 340 do TST.

Nº 398. CONTRIBUIÇÃO PREVIDENCIÁRIA. ACORDO HOMOLOGADO EM JUÍZO SEM RECONHECIMENTO DE VÍNCULO DE EM-PREGO. CONTRIBUINTE INDIVIDUAL. RECOLHIMENTO DA ALÍQUOTA DE 20% A CARGO DO TOMADOR E 11% A CARGO DO PRESTADOR DE SERVIÇOS. (DEJT divulgado em 02, 03 e 04.08.2010)

Nos acordos homologados em juízo em que não haja o reconhecimento de vínculo empregatício, é devido o recolhimento da contribuição previdenciária, mediante a alíquota de 20% a cargo do tomador de serviços e de 11% por parte do prestador de serviços, na qualidade de contribuinte individual, sobre o valor total do acordo, respeitado o teto de contribuição. Inteligência do § 4º do art. 30 e do inciso III do art. 22, todos da Lei nº 8.212, de 24.07.1991.

Nº 399. ESTABILIDADE PROVISÓRIA. AÇÃO TRABALHISTA AJUIZADA APÓS O TÉRMINO DO PERÍODO DE GARANTIA NO EMPREGO. ABUSO DO EXERCÍCIO DO DIREITO DE AÇÃO. NÃO CONFIGURAÇÃO. INDENIZAÇÃO DEVIDA. (DEJT divulgado em 02, 03 e 04.08.2010)

O ajuizamento de ação trabalhista após decorrido o período de garantia de emprego não configura abuso do exercício do direito de ação, pois este está submetido apenas ao prazo prescricional inscrito no art. 7º, XXIX, da CF/1988, sendo devida a indenização desde a dispensa até a data do término do período estabilitário.

Nº 400. IMPOSTO DE RENDA. BASE DE CÁLCULO. JUROS DE MORA. NÃO INTEGRAÇÃO. ART. 404 DO CÓDIGO CIVIL BRASILEIRO. (DEJT divulgado em 02, 03 e 04.08.2010)

Os juros de mora decorrentes do inadimplemento de obrigação de pagamento em dinheiro não integram a base de cálculo do imposto de renda, independentemente da natureza jurídica da obrigação inadimplida, ante o cunho indenizatório conferido pelo art. 404 do Código Civil de 2002 aos juros de mora.

Nº 401. PRESCRIÇÃO. MARCO INICIAL. AÇÃO CONDENATÓRIA. TRÂNSITO EM JULGADO DA AÇÃO DECLARATÓRIA COM MESMA CAUSA DE PEDIR REMOTA AJUIZADA ANTES DA EXTINÇÃO DO CONTRATO DE TRABALHO. (DEJT divulgado em 02, 03 e 04.08.2010)

O marco inicial da contagem do prazo prescricional para o ajuizamento de ação condenatória, quando advém a dispensa do empregado no curso de ação declaratória que possua a mesma causa de pedir remota, é o trânsito em julgado da decisão proferida na ação declaratória e não a data da extinção do contrato de trabalho.

Nº 402. ADICIONAL DE RISCO. PORTUÁRIO. TERMINAL PRIVATIVO. ARTS. 14 E 19 DA LEI Nº 4.860, DE 26.11.1965. INDEVIDO. (DEJT Divulgado em 16, 17 e 20.09.2010)

O adicional de risco previsto no artigo 14 da Lei nº 4.860, de 26.11.1965, aplica-se somente aos portuários que trabalham em portos organizados, não podendo ser conferido aos que operam terminal privativo.

Nº 403. ADVOGADO EMPREGADO. CONTRATAÇÃO ANTERIOR A LEI Nº 8.906, de 04.07.1994. JORNADA DE TRABALHO MANTIDA COM O ADVENTO DA LEI. DEDICAÇÃO EXCLUSIVA. CARACTERIZAÇÃO. (DEJT Divulgado em 16, 17 e 20.09.2010)

O advogado empregado contratado para jornada de 40 horas semanais, antes da edição da Lei nº 8.906, de 04.07.1994, está sujeito ao regime de dedicação exclusiva disposto no art. 20 da referida lei, pelo que não tem direito à jornada de 20 horas semanais ou 4 diárias.

Nº 407. JORNALISTA. EMPRESA NÃO JORNALÍSTICA. JORNADA DE TRABALHO REDUZIDA. ARTS. 302 E 303 DA CLT. (DEJT divulgado em 22, 25 e 26.10.2010)

O jornalista que exerce funções típicas de sua profissão, independentemente do ramo de atividade do empregador, tem direito à jornada reduzida prevista no artigo 303 da CLT.

Nº 408. JUROS DE MORA. EMPRESA EM LIQUIDAÇÃO EXTRAJUDICIAL. SUCESSÃO TRABALHISTA. (DEJT divulgado em 22, 25 e 26.10.2010)

É devida a incidência de juros de mora em relação aos débitos trabalhistas de empresa em liquidação extrajudicial sucedida nos moldes dos arts. 10 e 448 da CLT. O sucessor responde pela obrigação do sucedido, não se beneficiando de qualquer privilégio a este destinado.

Nº 409. MULTA POR LITIGÂNCIA DE MÁ-FÉ. RECOLHIMENTO. PRESSUPOSTO RECURSAL. INEXIGIBILIDADE. (nova redação em decorrência do CPC de 2015) – Res. 209/2016, DEJT divulgado em 01, 02 e 03.06.2016

O recolhimento do valor da multa imposta como sanção por litigância de má-fé (art. 81 do CPC de 2015 – art. 18 do CPC de 1973) não é pressuposto objetivo para interposição dos recursos de natureza trabalhista.

Nº 410. REPOUSO SEMANAL REMUNERADO. CONCESSÃO APÓS O SÉTIMO DIA CONSECUTIVO DE TRABALHO. ART. 7º, XV, DA CF. VIOLAÇÃO. (DEJT divulgado em 22, 25 e 26.10.2010)

Viola o art. 7º, XV, da CF a concessão de repouso semanal remunerado após o sétimo dia consecutivo de trabalho, importando no seu pagamento em dobro.

Nº 411. SUCESSÃO TRABALHISTA. AQUISIÇÃO DE EMPRESA PERTENCENTE A GRUPO ECONÔMICO. RESPONSABILIDADE SOLIDÁRIA DO SUCESSOR POR DÉBITOS TRABALHISTAS DE EMPRESA NÃO ADQUIRIDA. INEXISTÊNCIA. (DEJT divulgado em 22, 25 e 26.10.2010)

O sucessor não responde solidariamente por débitos trabalhistas de empresa não adquirida, integrante do mesmo grupo econômico da empresa sucedida, quando, à época, a empresa devedora direta era solvente ou idônea economicamente, ressalvada a hipótese de má-fé ou fraude na sucessão.

nº 412. AGRAVO INTERNO OU AGRAVO REGIMENTAL. INTERPOSIÇÃO EM FACE DE DECISÃO COLEGIADA. NÃO CABIMENTO. ERRO GROSSEIRO. INAPLICABILIDADE DO PRINCÍPIO DA FUNGIBILIDADE RECURSAL (nova redação em decorrência do CPC de 2015) – Res. 209/2016, DEJT divulgado em 01, 02 e 03.06.2016

É incabível agravo interno (art. 1.021 do CPC de 2015, art. 557, §1º, do CPC de 1973) ou agravo regimental (art. 235 do RITST) contra decisão proferida por Órgão colegiado. Tais recursos destinam-se, exclusivamente, a impugnar decisão monocrática nas hipóteses previstas. Inaplicável, no caso, o princípio da fungibilidade ante a configuração de erro grosseiro.

Nº 413. Auxílio-alimentação. Alteração da natureza jurídica. Norma coletiva ou adesão ao PAT. (Divulgada no DeJT 14/02/2012)

A pactuação em norma coletiva conferindo caráter indenizatório à verba "auxílio-alimentação" ou a adesão posterior do empregador ao PAT – Programa de Alimentação do Trabalhador não altera a natureza salarial da parcela, instituída anteriormente, para aqueles empregados que, habitualmente, já percebiam o benefício, a teor das súmulas nºs 51, I, e 241 do TST.

Nº 415. Horas extras. Reconhecimento em Juízo. Critério de dedução/abatimento dos valores comprovadamente pagos no curso do contrato de trabalho. (Divulgada no DeJT 14/02/2012)

A dedução das horas extras comprovadamente pagas daquelas reconhecidas em juízo não pode ser limitada ao mês de apuração, devendo ser integral e aferida pelo total das horas extraordinárias quitadas durante o período imprescrito do contrato de trabalho.

Nº 417. Prescrição. Rurícola. EC 28/00. Contrato de trabalho em curso. (Divulgada no DeJT 14/02/2012).

Não há prescrição total ou parcial da pretensão do trabalhador rural que reclama direitos relativos a contrato de trabalho que se encontrava em curso à época da promulgação da EC 28/00, desde que ajuizada a demanda no prazo de cinco anos de sua publicação, observada a prescrição bienal.

Nº 418. EQUIPARAÇÃO SALARIAL. PLANO DE CARGOS E SALÁRIOS. APROVAÇÃO POR INSTRUMENTO COLETIVO. AUSÊNCIA DE ALTERNÂNCIA DE CRITÉRIOS DE PROMOÇÃO POR ANTIGUIDADE E MERECIMENTO.

Não constitui óbice à equiparação salarial a existência de plano de cargos e salários que, referendado por norma coletiva, prevê critério de promoção apenas por merecimento ou antiguidade, não atendendo, portanto, o requisito de alternância dos critérios, previsto no art. 461, § 2º, da CLT.

Nº 420. TURNOS ININTERRUPTOS DE REVEZAMENTO. ELASTECIMENTO DA JORNADA DE TRABALHO. NORMA COLETIVA COM EFICÁCIA RETROATIVA. INVALIDADE. (DEJT divulgado em 28 e 29.06.2012 e 02.07.2012). É inválido o instrumento normativo que, regularizando situações pretéritas, estabelece jornada de oito horas para o trabalho em turnos ininterruptos de revezamento.

Nº 421. HONORÁRIOS ADVOCATÍCIOS. AÇÃO DE INDENIZAÇÃO POR DANOS MORAIS E MATERIAIS DECORRENTES DE ACIDENTE DE TRABALHO OU DE DOENÇA PROFISSIONAL. AJUIZAMENTO PERANTE A JUSTIÇA COMUM ANTES DA PROMULGAÇÃO DA EMENDA CONSTITUCIONAL Nº 45/2004. POSTERIOR REMESSA DOS AUTOS À JUSTIÇA DO TRABALHO. ART. 85 DO CPC DE 2015. ART. 20 DO CPC DE 1973. INCIDÊNCIA. (atualizada em decorrência do CPC de 2015) – Res. 208/2016, DEJT divulgado em 22, 25 e 26.04.2016

A condenação em honorários advocatícios nos autos de ação de indenização por danos morais e materiais decorrentes de acidente de trabalho ou de doença profissional, remetida à Justiça do Trabalho após ajuizamento na Justiça comum, antes da vigência da Emenda Constitucional nº 45/2004, decorre da mera sucumbência, nos termos do art. 85 do CPC de 2015 (art. 20 do CPC de 1973), não se sujeitando aos requisitos da Lei nº 5.584/1970.

OJ'S DA SDI-2

Nº 2. AÇÃO RESCISÓRIA. ADICIONAL DE INSALUBRIDADE. BASE DE CÁLCULO. SALÁRIO MÍNIMO. CABÍVEL (mantida a redação na sessão do Tribunal Pleno realizada em 26.06.2008) – Res. 148/2008, DJ 04 e 07.07.2008 – Republicada DJ 08, 09 e 10.07.2008

Viola o art. 192 da CLT decisão que acolhe pedido de adicional de insalubridade com base na remuneração do empregado.

Nº 4 AÇÃO RESCISÓRIA. BANCO DO BRASIL. ADICIONAL DE CARÁTER PESSOAL. ACP. Inserida em 20.09.00

Procede, por ofensa ao art. 5º, inciso XXXVI, da CF/1988, o pedido de rescisão de julgado que acolheu Adicional de Caráter Pessoal em favor de empregado do Banco do Brasil S.A.

Nº 5 AÇÃO RESCISÓRIA. BANCO DO BRASIL. AP E ADI. HORAS EXTRAS. SÚMULA Nº 83 DO TST. APLICÁVEL. Inserida em 20.09.00

Não se acolhe pedido de rescisão de julgado que deferiu a empregado do Banco do Brasil S.A. horas extras após a sexta, não obstante o pagamento dos adicionais AP e ADI, ou AFR quando a decisão rescindenda for anterior à Orientação Jurisprudencial nº 17, da Seção de Dissídios Individuais do TST (07.11.94). Incidência das Súmulas nºs 83 do TST e 343 do STF.

Nº 6 AÇÃO RESCISÓRIA. CIPEIRO SUPLENTE. ESTABILIDADE. ADCT DA CF/88, Art. 10, II, "A". SÚMULA Nº 83 DO TST. Inserida em 20.09.00 (nova redação – DJ 22.08.2005)

Rescinde-se o julgado que nega estabilidade a membro suplente de CIPA, representante de empregado, por ofensa ao art. 10, II, "a", do ADCT da CF/88, ainda que se cuide de decisão anterior à Súmula nº 339 do TST. Incidência da Súmula nº 83 do TST.

Nº 7 AÇÃO RESCISÓRIA. COMPETÊNCIA. CRIAÇÃO DE TRIBUNAL REGIONAL DO TRABALHO. NA OMISSÃO DA LEI, É FIXADA PELO Art. 678, INC. I, "C", ITEM 2, DA CLT. Inserida em 20.09.00 (nova redação, DJ 22.08.2005)

A Lei nº 7.872/89 que criou o Tribunal Regional do Trabalho da 17ª Região não fixou a sua competência para apreciar as ações rescisórias de decisões oriundas da 1ª Região, o que decorreu do art. 678, I, "c", item 2, da CLT.

Nº 8 AÇÃO RESCISÓRIA. COMPLEMENTAÇÃO DE APOSENTADORIA. BANESPA. SÚMULA Nº 83 DO TST. Inserida em 20.09.00 (nova redação – DJ 22.08.2005)

Não se rescinde julgado que acolheu pedido de complementação de aposentadoria integral em favor de empregado do BANESPA, antes da Súmula nº 313 do TST, em virtude da notória controvérsia jurisprudencial então reinante. Incidência da Súmula nº 83 do TST.

Nº 9 AÇÃO RESCISÓRIA. CONAB. AVISO DIREH 2/84. SÚMULA Nº 83 DO TST. APLICÁVEL. Inserida em 20.09.00

Não se rescinde julgado que reconheceu garantia de emprego com base no Aviso DIREH 02/84 da CONAB, antes da Súmula nº 355 do TST, em virtude da notória controvérsia jurisprudencial então reinante. Incidência da Súmula nº 83 do TST.

Nº 10 AÇÃO RESCISÓRIA. CONTRATO NULO. ADMINISTRAÇÃO PÚBLICA. EFEITOS. Art. 37, II E § 2º, DA CF/1988. Inserida em 20.09.00

Somente por ofensa ao art. 37, II e § 2º, da CF/1988, procede o pedido de rescisão de julgado para considerar nula a contratação, sem concurso público, de servidor, após a CF/1988.

Nº 11 AÇÃO RESCISÓRIA. CORREÇÃO MONETÁRIA. LEI Nº 7.596/87. UNIVERSIDADES FEDERAIS. IMPLANTAÇÃO TARDIA DO PLANO DE CLASSIFICAÇÃO DE CARGOS. VIOLAÇÃO DE LEI. SÚMULA Nº 83 DO TST. APLICÁVEL. Inserida em 20.09.00

Não se rescinde julgado que acolhe pedido de correção monetária decorrente da implantação tardia do Plano de Classificação de Cargos de Universidade Federal previsto na Lei nº 7.596/87, à época em que era controvertida tal matéria na jurisprudência. Incidência da Súmula nº 83 do TST.

Nº 12 AÇÃO RESCISÓRIA. DECADÊNCIA. CONSUMAÇÃO ANTES OU DEPOIS DA EDIÇÃO DA MEDIDA PROVISÓRIA Nº 1.577/97. AMPLIAÇÃO DO PRAZO – Res. 208/2016, DEJT divulgado em 22, 25 e 26.04.2016.

I – A vigência da Medida Provisória nº 1.577/97 e de suas reedições implicou o elastecimento do prazo decadencial para o ajuizamento da ação rescisória a favor dos entes de direito público, autarquias e fundações públicas. Se o biênio decadencial do art. 495 do CPC de 1973 findou após a entrada em vigor da referida medida provisória e até sua suspensão pelo STF em sede liminar de ação direta de inconstitucionalidade (ADIn 1753-2), tem-se como aplicável o prazo decadencial elastecido à rescisória. (ex-OJ nº 17 da SDI-2 – inserida em 20.09.00) II – A regra ampliativa do prazo decadencial para a propositura de ação rescisória em favor de pessoa jurídica de direito público não se aplica se, ao tempo em que sobreveio a Medida Provisória nº 1.577/97, já se exaurira o biênio do art. 495 do CPC. Preservação do direito adquirido da parte à decadência já consumada sob a égide da lei velha. (ex-OJ nº 12 da SDI-2 – inserida em 20.09.00)

Nº 18 AÇÃO RESCISÓRIA. DECADÊNCIA. UNIÃO. LEI COMPLEMENTAR Nº 73/93, Art. 67. LEI Nº 8.682/93, Art. 6º. Inserida em 20.09.00

O art. 67 da Lei Complementar nº 73/93 interrompeu todos os prazos, inclusive o de decadência, em favor da União no período compreendido entre 14.02.93 e 14.08.93.

Nº 19 AÇÃO RESCISÓRIA. DESLIGAMENTO INCENTIVADO. IMPOSTO DE RENDA. ABONO PECUNIÁRIO. VIOLAÇÃO DE LEI. SÚMULA Nº 83 DO TST. APLICÁVEL. Inserida em 20.09.00

Havendo notória controvérsia jurisprudencial acerca da incidência de imposto de renda sobre parcela paga pelo empregador ("abono pecuniário") a título de "desligamento incentivado", improcede pedido de rescisão do julgado. Incidência da Súmula nº 83 do TST.

Nº 21 AÇÃO RESCISÓRIA. DUPLO GRAU DE JURISDIÇÃO. TRÂNSITO EM JULGADO. INOBSERVÂNCIA. DECRETO-LEI Nº 779/69, Art. 1º, V. INCABÍVEL. Inserida em 20.09.00 (nova redação – DJ 22.08.2005)

É incabível ação rescisória para a desconstituição de sentença não transitada em julgado porque ainda não submetida ao necessário duplo grau de jurisdição, na forma do Decreto-Lei nº 779/69. Determina-se que se oficie ao Presidente do TRT para que proceda à avocatória do processo principal para o reexame da sentença rescindenda.

Nº 23 AÇÃO RESCISÓRIA. ESTABILIDADE. PERÍODO PRÉ-ELEITORAL. VIOLAÇÃO DE LEI. SÚMULA Nº 83 DO TST. APLICÁVEL. Inserida em 20.09.00

Não procede pedido de rescisão de sentença de mérito que assegura ou nega estabilidade pré-eleitoral, quando a decisão rescindenda for anterior à Orientação Jurisprudencial nº 51, da Seção de Dissídios Individuais do TST (25.11.96). Incidência da Súmula nº 83 do TST.

Nº 24 AÇÃO RESCISÓRIA. ESTABILIDADE PROVISÓRIA. REINTEGRAÇÃO EM PERÍODO POSTERIOR. DIREITO LIMITADO AOS SALÁRIOS E CONSECTÁRIOS DO PERÍODO DA ESTABILIDADE. Inserida em 20.09.00

Rescinde-se o julgado que reconhece estabilidade provisória e determina a reintegração de empregado, quando já exaurido o respectivo período de estabilidade. Em juízo rescisório, restringe-se a condenação quanto aos salários e consectários até o termo final da estabilidade.

Nº 25 AÇÃO RESCISÓRIA. EXPRESSÃO "LEI" DO Art. 485, V, DO CPC. NÃO INCLUSÃO DO ACT, CCT, PORTARIA, REGULAMENTO, SÚMULA E ORIENTAÇÃO JURISPRUDENCIAL DE TRIBUNAL. Inserida em 20.09.00 (nova redação em decorrência da incorporação da Orientação Jurisprudencial nº 118 da SBDI-II – DJ 22.08.2005)

Não procede pedido de rescisão fundado no art. 485, V, do CPC quando se aponta contrariedade à norma de convenção coletiva de trabalho, acordo coletivo de trabalho, portaria do Poder Executivo, regulamento de empresa e súmula ou orientação jurisprudencial de tribunal. (ex-OJ 25 da SDI-2, inserida em 20.09.00 e ex-OJ 118 da SDI-2, DJ 11.08.03)

Nº 26 AÇÃO RESCISÓRIA. GRATIFICAÇÃO DE NÍVEL SUPERIOR. SUFRAMA. Inserida em 20.09.00

A extensão da gratificação instituída pela SUFRAMA aos servidores celetistas exercentes de atividade de nível superior não ofende as disposições contidas nos arts. 37, XIII e 39, § 1º, da CF/1988.

Nº 30 AÇÃO RESCISÓRIA. MULTA. Art. 920 DO CÓDIGO CIVIL DE 1916 (Art. 412 DO CÓDIGO CIVIL DE 2002). Inserida em 20.09.00 (nova redação em decorrência da incorporação da Orientação Jurisprudencial nº 31 da SBDI-II – DJ 22.08.2005)

Não se acolhe, por violação do art. 920 do Código Civil de 1916 (art. 412 do Código Civil de 2002), pedido de rescisão de julgado que: a) em processo de conhecimento, impôs condenação ao pagamento de multa, quando a decisão rescindenda for anterior à Orientação Jurisprudencial nº 54 da Subseção I Especializada em Dissídios Individuais do TST (30.05.94), incidindo o óbice da Súmula nº 83 do TST; (ex-OJ nº 30 da SDI-2 inserida em 20.09.00) b) em execução, rejeita-se limitação da condenação ao pagamento de multa, por inexistência de violação literal. (ex-OJ nº 31 da SDI-2 – inserida em 20.09.00)

Nº 34 AÇÃO RESCISÓRIA. PLANOS ECONÔMICOS – Res. 208/2016, DEJT divulgado em 22, 25 e 26.04.2016.

I – O acolhimento de pedido em ação rescisória de plano econômico, fundada no art. 485, inciso V, do CPC de 1973, pressupõe, necessariamente, expressa invocação na petição inicial de afronta ao art. 5º, inciso XXXVI, da Constituição Federal de 1988. A indicação de ofensa literal a preceito de lei ordinária atrai a incidência da Súmula nº 83 do TST e Súmula nº 343 do STF.

II – Se a decisão rescindenda é posterior à Súmula nº 315 do TST (Res. 07, DJ 22.09.93), inaplicável a Súmula nº 83 do TST.

Nº 35 AÇÃO RESCISÓRIA. PLANOS ECONÔMICOS. COISA JULGADA. LIMITAÇÃO À DATA-BASE NA FASE DE EXECUÇÃO. Inserida em 20.09.00

Não ofende a coisa julgada a limitação à data-base da categoria, na fase executória, da condenação ao pagamento de diferenças salariais decorrentes de planos econômicos, quando a decisão exequenda silenciar sobre a limitação, uma vez que a limitação decorre de norma cogente. Apenas quando a sentença exequenda houver expressamente afastado a limitação à data-base é que poderá ocorrer ofensa à coisa julgada.

Nº 38 AÇÃO RESCISÓRIA. PROFESSOR-ADJUNTO. INGRESSO NO CARGO DE PROFESSOR-TITULAR. EXIGÊNCIA DE CONCURSO PÚBLICO (LEI Nº 7.596/87, DECRETO Nº 94.664/87 E Art. 206, V, CF/1988). Inserida em 20.09.00

A assunção do professor-adjunto ao cargo de professor titular de universidade pública, sem prévia aprovação em concurso público, viola o art. 206, inciso V, da Constituição Federal. Procedência do pedido de rescisão do julgado.

Nº 39 AÇÃO RESCISÓRIA. REAJUSTES BIMESTRAIS E QUADRIMESTRAIS. LEI Nº 8.222/91. SÚMULA Nº 83 DO TST. APLICÁVEL. Inserida em 20.09.00

Havendo controvérsia jurisprudencial à época, não se rescinde decisão que aprecia a possibilidade de cumulação das antecipações bimestrais e reajustes quadrimestrais de salário previstos na Lei nº 8.222/91. Incidência da Súmula nº 83 do TST.

Nº 41 AÇÃO RESCISÓRIA. SENTENÇA "CITRA PETITA". CABIMENTO (atualizada em decorrência do CPC de 2015) – Res. 208/2016, DEJT divulgado em 22, 25 e 26.04.2016.

Revelando-se a sentença "citra petita", o vício processual vulnera os arts. 141 e 492 do CPC de 2015 (arts. 128 e 460 do CPC de 1973), tornando-a passível de desconstituição, ainda que não interpostos embargos de declaração.

Nº 53 MANDADO DE SEGURANÇA. COOPERATIVA EM LIQUIDAÇÃO EXTRAJUDICIAL. LEI Nº 5.764/71, Art. 76. INAPLICÁVEL. NÃO SUSPENDE A EXECUÇÃO. Inserida em 20.09.00

A liquidação extrajudicial de sociedade cooperativa não suspende a execução dos créditos trabalhistas existentes contra ela.

Nº 54 MANDADO DE SEGURANÇA. EMBARGOS DE TERCEIRO. CUMULAÇÃO. PENHORA. INCABÍVEL (atualizada em decorrência do CPC de 2015) – Res. 208/2016, DEJT divulgado em 22, 25 e 26.04.2016.

Ajuizados embargos de terceiro (art. 674 do CPC de 2015 – art. 1.046 do CPC de 1973) para pleitear a desconstituição da penhora, é incabível mandado de segurança com a mesma finalidade.

Nº 56 MANDADO DE SEGURANÇA. EXECUÇÃO. PENDÊNCIA DE RECURSO EXTRAORDINÁRIO. Inserida em 20.09.00.

Não há direito líquido e certo à execução definitiva na pendência de recurso extraordinário, ou de agravo de instrumento visando a destrancá-lo.

Nº 57 MANDADO DE SEGURANÇA. INSS. TEMPO DE SERVIÇO. AVERBAÇÃO E/OU RECONHECIMENTO. Inserida em 20.09.00

Conceder-se-á mandado de segurança para impugnar ato que determina ao INSS o reconhecimento e/ou averbação de tempo de serviço.

Nº 59 MANDADO DE SEGURANÇA. PENHORA. CARTA DE FIANÇA BANCÁRIA. seguro garantia judicial (nova redação em decorrência do CPC de

2015) – Res. 209/2016, DEJT divulgado em 01, 02 e 03.06.2016.

A carta de fiança bancária e o seguro garantia judicial, desde que em valor não inferior ao do débito em execução, acrescido de trinta por cento, equivalem a dinheiro para efeito da gradação dos bens penhoráveis, estabelecida no art. 835 do CPC de 2015 (art. 655 do CPC de 1973).

Nº 63 MANDADO DE SEGURANÇA. REINTEGRAÇÃO. AÇÃO CAUTELAR. Inserida em 20.09.00

Comporta a impetração de mandado de segurança o deferimento de reintegração no emprego em ação cautelar.

Nº 64 MANDADO DE SEGURANÇA. REINTEGRAÇÃO LIMINARMENTE CONCEDIDA. Inserida em 20.09.00

Não fere direito líquido e certo a concessão de tutela antecipada para reintegração de empregado protegido por estabilidade provisória decorrente de lei ou norma coletiva.

Nº 65 MANDADO DE SEGURANÇA. REINTEGRAÇÃO LIMINARMENTE CONCEDIDA. DIRIGENTE SINDICAL. Inserida em 20.09.00

Ressalvada a hipótese do art. 494 da CLT, não fere direito líquido e certo a determinação liminar de reintegração no emprego de dirigente sindical, em face da previsão do inciso X do art. 659 da CLT.

Nº 66 MANDADO DE SEGURANÇA. SENTENÇA HOMOLOGATÓRIA DE ADJUDICAÇÃO. INCABÍVEL. Inserida em 20.09.00

É incabível o mandado de segurança contra sentença homologatória de adjudicação, uma vez que existe meio próprio para impugnar o ato judicial, consistente nos embargos à adjudicação (CPC, art. 746).

Nº 67 MANDADO DE SEGURANÇA. TRANSFERÊNCIA. Art. 659, IX, DA CLT. Inserida em 20.09.00

Não fere direito líquido e certo a concessão de liminar obstativa de transferência de empregado, em face da previsão do inciso IX do art. 659 da CLT.

Nº 68 ANTECIPAÇÃO DE TUTELA. COMPETÊNCIA. Inserida em 20.09.00 (nova redação – DJ 22.08.2005)

Nos Tribunais, compete ao relator decidir sobre o pedido de antecipação de tutela, submetendo sua decisão ao Colegiado respectivo, independentemente de pauta, na sessão imediatamente subsequente.

Nº 69 FUNGIBILIDADE RECURSAL. INDEFERIMENTO LIMINAR DE AÇÃO RESCISÓRIA OU MANDADO DE SEGURANÇA. RECURSO PARA O TST. RECEBIMENTO COMO AGRAVO REGIMENTAL E DEVOLUÇÃO DOS AUTOS AO TRT. Inserida em 20.09.00

Recurso ordinário interposto contra despacho monocrático indeferitório da petição inicial de ação rescisória ou de mandado de segurança pode, pelo princípio de fungibilidade recursal, ser recebido como agravo regimental. Hipótese de não conhecimento do recurso pelo TST e devolução dos autos ao TRT, para que aprecie o apelo como agravo regimental.

Nº 70 AÇÃO RESCISÓRIA. REGÊNCIA PELO CPC DE 1973. MANIFESTO E INESCUSÁVEL EQUÍVOCO NO DIRECIONAMENTO. INÉPCIA DA INICIAL. EXTINÇÃO DO PROCESSO (atualizada em decorrência do CPC de 2015) – Res. 220/2017, DEJT divulgado em 21, 22 e 25.09.2017. Sob a égide do CPC de 1973, o manifesto equívoco da parte em ajuizar ação rescisória no TST para desconstituir julgado proferido pelo TRT, ou vice-versa, implica a extinção do processo sem julgamento do mérito por inépcia da inicial.

Nº 71 AÇÃO RESCISÓRIA. SALÁRIO PROFISSIONAL. FIXAÇÃO. MÚLTIPLO DE SALÁRIO MÍNIMO. Art. 7º, IV, DA CF/88. (Nova redação – DJ 22.11.04)

A estipulação do salário profissional em múltiplos do salário mínimo não afronta o art. 7º, inciso IV, da Constituição Federal de 1988, só incorrendo em vulneração do referido preceito constitucional a fixação de correção automática do salário pelo reajuste do salário mínimo.

Nº 76 AÇÃO RESCISÓRIA. AÇÃO CAUTELAR PROPOSTA SOB A VIGÊNCIA DO CPC DE 1973. SUSPENSÃO DA EXECUÇÃO. JUNTADA DE DOCUMENTO INDISPENSÁVEL. POSSIBILIDADE DE ÊXITO NA RESCISÃO DO JULGADO (atualizada em decorrência do CPC de 2015) – Res. 220/2017, DEJT divulgado em 21, 22 e 25.09.2017. É indispensável a instrução da ação cautelar proposta sob a vigência do CPC de 1973 com as provas documentais necessárias à aferição da plausibilidade de êxito na rescisão do julgado. Assim sendo, devem vir junto com a inicial da cautelar as cópias da petição inicial da ação rescisória principal, da decisão rescindenda, da certidão do trânsito em julgado da decisão rescindenda e informação do andamento atualizado da execução.

Nº 78 AÇÃO RESCISÓRIA. CUMULAÇÃO SUCESSIVA DE PEDIDOS. RESCISÃO DA SENTENÇA E DO

ACÓRDÃO. AÇÃO ÚNICA. ART. 326 DO CPC DE 2015. ART. 289 DO CPC DE 1973 (atualizada em decorrência do CPC de 2015) – Res. 208/2016, DEJT divulgado em 22, 25 e 26.04.2016

É admissível o ajuizamento de uma única ação rescisória contendo mais de um pedido, em ordem sucessiva, de rescisão da sentença e do acórdão. Sendo inviável a tutela jurisdicional de um deles, o julgador está obrigado a apreciar os demais, sob pena de negativa de prestação jurisdicional.

Nº 80 AÇÃO RESCISÓRIA. DECADÊNCIA. "DIES A QUO". RECURSO DESERTO. SÚMULA Nº 100 DO TST. Inserida em 13.03.02

O não-conhecimento do recurso por deserção não antecipa o "dies a quo" do prazo decadencial para o ajuizamento da ação rescisória, atraindo, na contagem do prazo, a aplicação da Súmula nº 100 do TST.

Nº 84 AÇÃO RESCISÓRIA. AUSÊNCIA DA DECISÃO RESCINDENDA E/OU DA CERTIDÃO DE SEU TRÂNSITO EM JULGADO DEVIDAMENTE AUTENTICADAS. CONCESSÃO DE PRAZO PARA COMPLEMENTAÇÃO DA DOCUMENTAÇÃO. (alterada em decorrência do CPC de 2015) – Res. 220/2017, DEJT divulgado em 21, 22 e 25.09.2017 .

São peças essenciais para o julgamento da ação rescisória a decisão rescindenda e/ou a certidão do seu trânsito em julgado, devidamente autenticadas, à exceção de cópias reprográficas apresentadas por pessoa jurídica de direito público, a teor do art. 24 da Lei nº 10.522/2002, ou declaradas autênticas pelo advogado na forma do artigo 830 da CLT com a redação dada pela Lei nº 11.925/2009. Em fase recursal, verificada a ausência de qualquer delas, cumpre ao Relator do recurso ordinário conceder o prazo de 5 (cinco) dias ao recorrente para que seja complementada a documentação exigível, nos termos do art. 932, parágrafo único, do CPC de 2015.

Nº 88 MANDADO DE SEGURANÇA. VALOR DA CAUSA. CUSTAS PROCESSUAIS. CABIMENTO. Inserida em 13.03.02

Incabível a impetração de mandado de segurança contra ato judicial que, de ofício, arbitrou novo valor à causa, acarretando a majoração das custas processuais, uma vez que cabia à parte, após recolher as custas, calculadas com base no valor dado à causa na inicial, interpor recurso ordinário e, posteriormente, agravo de instrumento no caso de o recurso ser considerado deserto.

Nº 89 *"HABEAS CORPUS"*. DEPOSITÁRIO. TERMO DE DEPÓSITO NÃO ASSINADO PELO PACIENTE. NECESSIDADE DE ACEITAÇÃO DO ENCARGO. IMPOSSIBILIDADE DE PRISÃO CIVIL. Inserida em 27.05.02

A investidura no encargo de depositário depende da aceitação do nomeado que deve assinar termo de compromisso no auto de penhora, sem o que, é inadmissível a restrição de seu direito de liberdade.

Nº 91 MANDADO DE SEGURANÇA. AUTENTICAÇÃO DE CÓPIAS PELAS SECRETARIAS DOS TRIBUNAIS REGIONAIS DO TRABALHO. REQUERIMENTO INDEFERIDO. Art. 789, § 9º, DA CLT. Inserida em 27.05.02

Não sendo a parte beneficiária da assistência judiciária gratuita, inexiste direito líquido e certo à autenticação, pelas Secretarias dos Tribunais, de peças extraídas do processo principal, para formação do agravo de instrumento.

Nº 92 MANDADO DE SEGURANÇA. EXISTÊNCIA DE RECURSO PRÓPRIO. Inserida em 27.05.02

Não cabe mandado de segurança contra decisão judicial passível de reforma mediante recurso próprio, ainda que com efeito diferido.

Nº 93 PENHORA SOBRE PARTE DA RENDA DE ESTABELECIMENTO COMERCIAL. POSSIBILIDADE. (alterada em decorrência do CPC de 2015)

Res. 220/2017, DEJT divulgado em 21, 22 e 25.09.2017. Nos termos do art. 866 do CPC de 2015, é admissível a penhora sobre a renda mensal ou faturamento de empresa, limitada a percentual, que não comprometa o desenvolvimento regular de suas atividades, desde que não haja outros bens penhoráveis ou, havendo outros bens, eles sejam de difícil alienação ou insuficientes para satisfazer o crédito executado.

Nº 94 AÇÃO RESCISÓRIA. COLUSÃO. FRAUDE À LEI. RECLAMATÓRIA SIMULADA EXTINTA. Inserida em 27.09.02

A decisão ou acordo judicial subjacente à reclamação trabalhista, cuja tramitação deixa nítida a simulação do litígio para fraudar a lei e prejudicar terceiros, enseja ação rescisória, com lastro em colusão. No juízo rescisório, o processo simulado deve ser extinto.

Nº 97 AÇÃO RESCISÓRIA. VIOLAÇÃO DO Art. 5º, II, LIV E LV, DA CONSTITUIÇÃO FEDERAL. PRINCÍPIOS DA LEGALIDADE, DO DEVIDO PROCESSO LEGAL, DO CONTRADITÓRIO E DA AMPLA DEFESA. Inserida em 27.09.02 e alterada em 25.04.03 – DJ 09.05.03 (nova redação – DJ 22.08.2005)

Os princípios da legalidade, do devido processo legal, do contraditório e da ampla defesa não servem de fundamento para a desconstituição de decisão judicial transitada em julgado, quando se apresentam sob a forma de pedido genérico e desfundamentado, acompanhando dispositivos legais que tratam especificamente da matéria debatida, estes sim, passíveis de fundamentarem a análise do pleito rescisório.

Nº 98 MANDADO DE SEGURANÇA. CABÍVEL PARA ATACAR EXIGÊNCIA DE DEPÓSITO PRÉVIO DE HONORÁRIOS PERICIAIS. Inserida em 27.09.02 (nova redação – DJ 22.08.2005)

É ilegal a exigência de depósito prévio para custeio dos honorários periciais, dada a incompatibilidade com o processo do trabalho, sendo cabível o mandado de segurança visando à realização da perícia, independentemente do depósito.

Nº 99 MANDADO DE SEGURANÇA. ESGOTAMENTO DE TODAS AS VIAS PROCESSUAIS DISPONÍVEIS. TRÂNSITO EM JULGADO FORMAL. DESCABIMENTO. Inserida em 27.09.02

Esgotadas as vias recursais existentes, não cabe mandado de segurança.

Nº 100 RECURSO ORDINÁRIO PARA O TST. DECISÃO DE TRT PROFERIDA EM AGRAVO REGIMENTAL CONTRA LIMINAR EM AÇÃO CAUTELAR OU EM MANDADO DE SEGURANÇA. INCABÍVEL. Inserida em 27.09.02

Não cabe recurso ordinário para o TST de decisão proferida pelo Tribunal Regional do Trabalho em agravo regimental interposto contra despacho que concede ou não liminar em ação cautelar ou em mandado de segurança, uma vez que o processo ainda pende de decisão definitiva do Tribunal "a quo".

Nº 101 AÇÃO RESCISÓRIA. INCISO IV DO ART. 966 DO CPC DE 2015. ART. 485, IV, DO CPC DE 1973. OFENSA A COISA JULGADA. NECESSIDADE DE FIXAÇÃO DE TESE NA DECISÃO RESCINDENDA (atualizada em decorrência do CPC de 2015) – Res. 208/2016, DEJT divulgado em 22, 25 e 26.04.2016.

Para viabilizar a desconstituição do julgado pela causa de rescindibilidade do inciso IV, do art. 966 do CPC de 2015 (inciso IV do art. 485 do CPC de 1973), é necessário que a decisão rescindenda tenha enfrentado as questões ventiladas na ação rescisória, sob pena de inviabilizar o cotejo com o título executivo judicial tido por desrespeitado, de modo a se poder concluir pela ofensa à coisa julgada.

Nº 103 AÇÃO RESCISÓRIA. CONTRADIÇÃO ENTRE FUNDAMENTAÇÃO E PARTE DISPOSITIVA DO JULGADO. CABIMENTO. ERRO DE FATO. DJ 29.04.03

É cabível a rescisória para corrigir contradição entre a parte dispositiva do acórdão rescindendo e a sua fundamentação, por erro de fato na retratação do que foi decidido.

Nº 107 AÇÃO RESCISÓRIA. DECISÃO RESCINDENDA DE MÉRITO. SENTENÇA DECLARATÓRIA DE EXTINÇÃO DE EXECUÇÃO. SATISFAÇÃO DA OBRIGAÇÃO (atualizada em decorrência do CPC de 2015) – Res. 208/2016, DEJT divulgado em 22, 25 e 26.04.2016.

Embora não haja atividade cognitiva, a decisão que declara extinta a execução, nos termos do art. 924, incisos I a IV c/c art. 925 do CPC de 2015 (art. 794 c/c 795 do CPC de 1973), extingue a relação processual e a obrigacional, sendo passível de corte rescisório.

Nº 112 AÇÃO RESCISÓRIA. VIOLAÇÃO DE LEI. DECISÃO RESCINDENDA POR DUPLO FUNDAMENTO. IMPUGNAÇÃO PARCIAL. DJ 29.04.03

Para que a violação da lei dê causa à rescisão de decisão de mérito alicerçada em duplo fundamento, é necessário que o Autor da ação rescisória invoque causas de rescindibilidade que, em tese, possam infirmar a motivação dúplice da decisão rescindenda.

Nº 123 AÇÃO RESCISÓRIA. INTERPRETAÇÃO DO SENTIDO E ALCANCE DO TÍTULO EXECUTIVO. INEXISTÊNCIA DE OFENSA À COISA JULGADA. DJ 11.08.03 (título alterado – DJ 22.08.2005)

O acolhimento da ação rescisória calcada em ofensa à coisa julgada supõe dissonância patente entre as decisões exequenda e rescindenda, o que não se verifica quando se faz necessária a interpretação do título executivo judicial para se concluir pela lesão à coisa julgada.

Nº 124 AÇÃO RESCISÓRIA. ART. 966, INCISO II, DO CPC DE 2015. ART. 485, II, DO CPC DE 1973. ARGUIÇÃO DE INCOMPETÊNCIA ABSOLUTA. PREQUESTIONAMENTO INEXIGÍVEL (atualizada em decorrência do CPC de 2015) – Res. 208/2016, DEJT divulgado em 22, 25 e 26.04.2016.

Na hipótese em que a ação rescisória tem como causa de rescindibilidade o inciso II do art. 966 do CPC de 2015 (inciso II do art. 485 do CPC de 1973), a arguição de incompetência absoluta prescinde de prequestionamento.

Nº 127 MANDADO DE SEGURANÇA. DECADÊNCIA. CONTAGEM. EFETIVO ATO COATOR. DJ 09.12.2003

Na contagem do prazo decadencial para ajuizamento de mandado de segurança, o efetivo ato coator é o primeiro em que se firmou a tese hostilizada e não aquele que a ratificou.

Nº 128 AÇÃO RESCISÓRIA. CONCURSO PÚBLICO ANULADO POSTERIORMENTE. APLICAÇÃO DA SÚMULA Nº 363 DO TST. DJ 09.12.2003

O certame público posteriormente anulado equivale à contratação realizada sem a observância da exigência contida no art. 37, II, da Constituição Federal de 1988. Assim sendo, aplicam-se à hipótese os efeitos previstos na Súmula nº 363 do TST.

Nº 129 AÇÃO ANULATÓRIA. COMPETÊNCIA ORIGINÁRIA. DJ 04.05.2004

Em se tratando de ação anulatória, a competência originária se dá no mesmo juízo em que praticado o ato supostamente eivado de vício.

Nº 130 AÇÃO CIVIL PÚBLICA. COMPETÊNCIA. LOCAL DO DANO. Lei nº 7.347/1985, Art. 2º. CÓDIGO DE DEFESA DO CONSUMIDOR, Art. 93 (redação alterada na sessão do Tribunal Pleno realizada em 14.09.2012) I – A competência para a Ação Civil Pública fixa-se pela extensão do dano. II – Em caso de dano de abrangência regional, que atinja cidades sujeitas à jurisdição de mais de uma Vara do Trabalho, a competência será de qualquer das Varas das localidades atingidas, ainda que vinculadas a Tribunais Regionais do Trabalho distintos. III – Em caso de dano de abrangência suprarregional ou nacional, há competência concorrente para a Ação Civil Pública das Varas do Trabalho das sedes dos Tribunais Regionais do Trabalho. IV – Estará prevento o juízo a que a primeira ação houver sido distribuída.

Nº 131 AÇÃO RESCISÓRIA. AÇÃO CAUTELAR PARA SUSPENDER EXECUÇÃO DA DECISÃO RESCINDENDA. PENDÊNCIA DE TRÂNSITO EM JULGADO DA AÇÃO RESCISÓRIA PRINCIPAL. EFEITOS. DJ 04.05.2004

A ação cautelar não perde o objeto enquanto ainda estiver pendente o trânsito em julgado da ação rescisória principal, devendo o pedido cautelar ser julgado procedente, mantendo-se os efeitos da liminar eventualmente deferida, no caso de procedência do pedido rescisório ou, por outro lado, improcedente, se o pedido da ação rescisória principal tiver sido julgado improcedente.

Nº 132 AÇÃO RESCISÓRIA. ACORDO HOMOLOGADO. ALCANCE. OFENSA À COISA JULGADA. DJ 04.05.2004

Acordo celebrado – homologado judicialmente – em que o empregado dá plena e ampla quitação, sem qualquer ressalva, alcança não só o objeto da inicial, como também todas as demais parcelas referentes ao extinto contrato de trabalho, violando a coisa julgada, a propositura de nova reclamação trabalhista.

Nº 134 OJ nº 134. SDI-2 do TST. AÇÃO RESCISÓRIA. DECISÃO QUE DECLARA PRECLUSA A OPORTUNIDADE DE IMPUGNAÇÃO DA SENTENÇA DE LIQUIDAÇÃO. PRODUÇÃO DE COISA JULGADA FORMAL. IRRESCINDIBILIDADE. (alterada em decorrência do CPC de 2015) – Res. 220/2017, DEJT divulgado em 21, 22 e 25.09.2017

A decisão proferida em embargos à execução ou em agravo de petição que apenas declara preclusa a oportunidade de impugnação da sentença de liquidação não é rescindível, em virtude de produzir tão-somente coisa julgada formal.

Nº 135 AÇÃO RESCISÓRIA. VIOLAÇÃO DO Art. 37, *"CAPUT"*, DA CF/1988. NECESSIDADE DE PREQUESTIONAMENTO. DJ 04.05.2004

A ação rescisória calcada em violação do artigo 37, *"caput"*, da Constituição Federal, por desrespeito ao princípio da legalidade administrativa exige que ao menos o princípio constitucional tenha sido prequestionado na decisão.

Nº 136 AÇÃO RESCISÓRIA. ERRO DE FATO. CARACTERIZAÇÃO (atualizada em decorrência do CPC de 2015) – Res. 208/2016, DEJT divulgado em 22, 25 e 26.04.2016

A caracterização do erro de fato como causa de rescindibilidade de decisão judicial transitada em julgado supõe a afirmação categórica e indiscutida de um fato, na decisão rescindenda, que não corresponde à realidade dos autos. O fato afirmado pelo julgador, que pode ensejar ação rescisória calcada no inciso VIII do art. 966 do CPC de 2015 (inciso IX do art. 485 do CPC de 1973), é apenas aquele que se coloca como premissa fática indiscutida de um silogismo argumentativo, não aquele que se apresenta ao final desse mesmo silogismo, como conclusão decorrente das premissas que especificaram as provas oferecidas, para se concluir pela existência do fato. Esta última hipótese é afastada pelo § 1º do art. 966 do CPC de 2015 (§ 2º do art. 485 do CPC de 1973), ao exigir que não tenha havido controvérsia sobre o fato e pronunciamento judicial esmiuçando as provas.

Nº 137 MANDADO DE SEGURANÇA. DIRIGENTE SINDICAL. Art. 494 DA CLT. APLICÁVEL. DJ 04.05.2004

Constitui direito líquido e certo do empregador a suspensão do empregado, ainda que detentor de estabilidade sindical, até a decisão final do inquérito em que se apure a falta grave a ele imputada, na forma do art. 494, "*caput*" e parágrafo único, da CLT.

Nº 140 MANDADO DE SEGURANÇA CONTRA LIMINAR, CONCEDIDA OU DENEGADA EM OUTRA SEGURANÇA. INCABÍVEL. (Art. 8º DA LEI Nº 1.533/51). DJ 04.05.2004

Não cabe mandado de segurança para impugnar despacho que acolheu ou indeferiu liminar em outro mandado de segurança.

Nº 142 MANDADO DE SEGURANÇA. REINTEGRAÇÃO LIMINARMENTE CONCEDIDA. DJ 04.05.2004

Inexiste direito líquido e certo a ser oposto contra ato de Juiz que, antecipando a tutela jurisdicional, determina a reintegração do empregado até a decisão final do processo, quando demonstrada a razoabilidade do direito subjetivo material, como nos casos de anistiado pela Lei nº 8.878/1994, aposentado, integrante de comissão de fábrica, dirigente sindical, portador de doença profissional, portador de vírus HIV ou detentor de estabilidade provisória prevista em norma coletiva.

Nº 143 "*HABEAS CORPUS*". PENHORA SOBRE COISA FUTURA E INCERTA. PRISÃO. DEPOSITÁRIO INFIEL (redação alterada na sessão do Tribunal Pleno realizada em 17.11.2008) – Res.151/2008, DJe divulgado em 20, 21 e 24.11.2008

Não se caracteriza a condição de depositário infiel quando a penhora recair sobre coisa futura e incerta, circunstância que, por si só, inviabiliza a materialização do depósito no momento da constituição do paciente em depositário, autorizando-se a concessão de "*habeas corpus*" diante da prisão ou ameaça de prisão que sofra.

Nº 144 MANDADO DE SEGURANÇA. PROIBIÇÃO DE PRÁTICA DE ATOS FUTUROS. SENTENÇA GENÉRICA. EVENTO FUTURO. INCABÍVEL. DJ 22.06.04 (nova redação – DJ 22.08.2005)

O mandado de segurança não se presta à obtenção de uma sentença genérica, aplicável a eventos futuros, cuja ocorrência é incerta.

Nº 146 AÇÃO RESCISÓRIA. INÍCIO DO PRAZO PARA APRESENTAÇÃO DA CONTESTAÇÃO. ART. 774 DA CLT (atualizada em decorrência do CPC de 2015) – Res. 208/2016, DEJT divulgado em 22, 25 e 26.04.2016

A contestação apresentada em ação rescisória obedece à regra relativa à contagem de prazo constante do art. 774 da CLT, sendo inaplicável o art. 231 do CPC de 2015 (art. 241 do CPC de 1973).

Nº 148 CUSTAS. MANDADO DE SEGURANÇA. RECURSO ORDINÁRIO. EXIGÊNCIA DO PAGAMENTO. (conversão da Orientação Jurisprudencial nº 29 da SBDI-1) – Res. 129/2005, DJ 20.04.2005

É responsabilidade da parte, para interpor recurso ordinário em mandado de segurança, a comprovação do recolhimento das custas processuais no prazo recursal, sob pena de deserção. (ex-OJ nº 29 – inserida em 20.09.00)

Nº 149 CONFLITO DE COMPETÊNCIA. INCOMPETÊNCIA TERRITORIAL. HIPÓTESE DO Art. 651, § 3º, DA CLT. IMPOSSIBILIDADE DE DECLARAÇÃO DE OFÍCIO DE INCOMPETÊNCIA RELATIVA. (DJe divulgado em 03, 04 e 05.12.2008)

Não cabe declaração de ofício de incompetência territorial no caso do uso, pelo trabalhador, da faculdade prevista no art. 651, § 3º, da CLT. Nessa hipótese, resolve-se o conflito pelo reconhecimento da competência do juízo do local onde a ação foi proposta.

Nº 150 AÇÃO RESCISÓRIA. DECISÃO RESCINDENDA QUE EXTINGUE O PROCESSO SEM RESOLUÇÃO DE MÉRITO POR ACOLHIMENTO DA EXCEÇÃO DE COISA JULGADA. CONTEÚDO MERAMENTE PROCESSUAL. IMPOSSIBILIDADE JURÍDICA DO PEDIDO. (DJe divulgado em 03, 04 e 05.12.2008)

Reputa-se juridicamente impossível o pedido de corte rescisório de decisão que, reconhecendo a configuração de coisa julgada, nos termos do art. 267, V, do CPC, extingue o processo sem resolução de mérito, o que, ante o seu conteúdo meramente processual, a torna insuscetível de produzir a coisa julgada material.

Nº 151 AÇÃO RESCISÓRIA E MANDADO DE SEGURANÇA. IRREGULARIDADE DE REPRESENTAÇÃO PROCESSUAL VERIFICADA NA FASE RECURSAL. PROCURAÇÃO OUTORGADA COM PODERES ESPECÍFICOS PARA AJUIZAMENTO DE RECLAMAÇÃO TRABALHISTA. VÍCIO PROCESSUAL INSANÁVEL. (DJe divulgado em 03, 04 e 05.12.2008)

A procuração outorgada com poderes específicos para ajuizamento de reclamação trabalhista não autoriza a propositura de ação rescisória e mandado de segurança, bem como não se admite sua regularização quando verificado o defeito de representação processual na fase recursal, nos termos da Súmula nº 383, item II, do TST.

Nº 152 AÇÃO RESCISÓRIA E MANDADO DE SEGURANÇA. RECURSO DE REVISTA DE ACÓRDÃO REGIONAL QUE JULGA AÇÃO RESCISÓRIA OU MANDADO DE SEGURANÇA. PRINCÍPIO DA FUNGIBILIDADE. INAPLICABILIDADE. ERRO GROSSEIRO NA INTERPOSIÇÃO DO RECURSO. (DJe divulgado em 03, 04 e 05.12.2008)

A interposição de recurso de revista de decisão definitiva de Tribunal Regional do Trabalho em ação rescisória ou em mandado de segurança, com fundamento em violação legal e divergência jurisprudencial e remissão expressa ao art. 896 da CLT, configura erro grosseiro, insuscetível de autorizar o seu recebimento como recurso ordinário, em face do disposto no art. 895, "b", da CLT.

Nº 153 MANDADO DE SEGURANÇA. EXECUÇÃO. ORDEM DE PENHORA SOBRE VALORES EXISTENTES EM CONTA SALÁRIO. ART. 649, IV, DO CPC DE 1973. ILEGALIDADE. (atualizada em decorrência do CPC de 2015)

Res. 220/2017, DEJT divulgado em 21, 22 e 25.09.2017. Ofende direito líquido e certo decisão que determina o bloqueio de numerário existente em conta salário, para satisfação de crédito trabalhista, ainda que seja limitado a determinado percentual dos valores recebidos ou a valor revertido para fundo de aplicação ou poupança, visto que o art. 649, IV, do CPC de 1973 contém norma imperativa que não admite interpretação ampliativa, sendo a exceção prevista no art. 649, § 2º, do CPC de 1973 espécie e não gênero de crédito de natureza alimentícia, não englobando o crédito trabalhista.

Nº 154 AÇÃO RESCISÓRIA. ACORDO PRÉVIO AO AJUIZAMENTO DA RECLAMAÇÃO. QUITAÇÃO GERAL. LIDE SIMULADA. POSSIBILIDADE DE RESCISÃO DA SENTENÇA HOMOLOGATÓRIA DE ACORDO APENAS SE VERIFICADA A EXISTÊNCIA DE VÍCIO DE CONSENTIMENTO. (DEJT divulgado em 09, 10 e 11.06.2010)

A sentença homologatória de acordo prévio ao ajuizamento de reclamação trabalhista, no qual foi conferida quitação geral do extinto contrato, sujeita-se ao corte rescisório tão somente se verificada a existência de fraude ou vício de consentimento.

Nº 156 "*HABEAS CORPUS*" ORIGINÁRIO NO TST. SUBSTITUTIVO DE RECURSO ORDINÁRIO EM "*HABEAS CORPUS*". CABIMENTO CONTRA DECISÃO DEFINITIVA PROFERIDA POR TRIBUNAL REGIONAL DO TRABALHO. (DEJT divulgado em 09, 10 e 11.06.2010)

É cabível ajuizamento de "*habeas corpus*" originário no Tribunal Superior do Trabalho, em substituição de recurso ordinário em "*habeas corpus*", de decisão definitiva proferida por Tribunal Regional do Trabalho, uma vez que o órgão colegiado passa a ser a autoridade coatora no momento em que examina o mérito do "*habeas corpus*" impetrado no âmbito da Corte local.

Nº 157. AÇÃO RESCISÓRIA. DECISÕES PROFERIDAS EM FASES DISTINTAS DE UMA MESMA AÇÃO. COISA JULGADA. NÃO CONFIGURAÇÃO. (atualizada em decorrência do CPC de 2015) – Res. 208/2016, DEJT divulgado em 22, 25 e 26.04.2016.

A ofensa à coisa julgada de que trata o inciso IV do art. 966 do CPC de 2015 (inciso IV do art. 485 do CPC de 1973) refere-se apenas a relações processuais distintas. A invocação de desrespeito à coisa julgada formada no processo de conhecimento, na correspondente fase de execução, somente é possível com base na violação do art. 5º, XXXVI, da Constituição da República.

Nº 158. AÇÃO RESCISÓRIA. DECLARAÇÃO DE NULIDADE DE DECISÃO HOMOLOGATÓRIA DE ACORDO EM RAZÃO DE COLUSÃO (Art. 485, III, DO CPC). MULTA POR LITIGÂNCIA DE MÁ-FÉ. IMPOSSIBILIDADE.

A declaração de nulidade de decisão homologatória de acordo, em razão da colusão entre as partes (art. 485, III, do CPC), é sanção suficiente em relação ao procedimento adotado, não havendo que ser aplicada a multa por litigância de má-fé.

SÚMULAS DO TST

Nº 6. EQUIPARAÇÃO SALARIAL. ART. 461 DA CLT. (redação do item VI alterada na sessão do Tribunal Pleno realizada em 09.06.2015. Resolução 198/15)

I – Para os fins previstos no § 2º do art. 461 da CLT, só é válido o quadro de pessoal organizado em carreira quando homologado pelo Ministério do Trabalho, excluindo-se, apenas, dessa exigência o quadro de carreira das entidades de direito público da administração direta, autárquica e fundacional aprovado por ato administrativo da autoridade competente. (ex-Súmula no 06 – alterada pela Res. 104/2000, DJ 20.12.2000).

II – Para efeito de equiparação de salários em caso de trabalho igual, conta-se o tempo de serviço na função e não no emprego. (ex-Súmula no 135 – RA 102/1982, DJ 11.10.1982 e DJ 15.10.1982)

III – A equiparação salarial só é possível se o empregado e o paradigma exercerem a mesma função, desempenhando as mesmas tarefas, não importando se os cargos têm, ou não, a mesma denominação. (ex-OJ da SBDI-1 no 328 – DJ 09.12.2003)

IV – É desnecessário que, ao tempo da reclamação sobre equiparação salarial, reclamante e paradigma estejam a serviço do estabelecimento, desde que o pedido se relacione com situação pretérita. (ex--Súmula no 22 – RA 57/1970, DO-GB 27.11.1970)

V – A cessão de empregados não exclui a equiparação salarial, embora exercida a função em órgão governamental estranho à cedente, se esta responde pelos salários do paradigma e do reclamante. (ex-Súmula no 111 – RA 102/1980, DJ 25.09.1980)

VI -Presentes os pressupostos do art. 461 da CLT, é irrelevante a circunstância de que o desnível salarial tenha origem em decisão judicial que beneficiou o paradigma, exceto: a) se decorrente de vantagem pessoal ou de tese jurídica superada pela jurisprudência de Corte Superior; b) na hipótese de equiparação salarial em cadeia, suscitada em defesa, se o empregador produzir prova do alegado fato modificativo, impeditivo ou extintivo do direito à equiparação salarial em relação ao paradigma remoto, considerada irrelevante, para esse efeito, a existência de diferença de tempo de serviço na função superior a dois anos entre o reclamante e todos os demais empregados paradigmas componentes da cadeia equiparatória, à exceção do paradigma imediato alterada pela Res. 198/2015)

VII – Desde que atendidos os requisitos do art. 461 da CLT, é possível a equiparação salarial de trabalho intelectual, que pode ser avaliado por sua perfeição técnica, cuja aferição terá critérios objetivos. (ex-OJ da SBDI-1 no 298 – DJ 11.08.2003)

VIII – É do empregador o ônus da prova do fato impeditivo, modificativo ou extintivo da equiparação salarial. (ex-Súmula no 68 – RA 9/1977, DJ 11.02.1977)

IX – Na ação de equiparação salarial, a prescrição é parcial e só alcança as diferenças salariais vencidas no período de 5 (cinco) anos que precedeu o ajuizamento. (ex-Súmula no 274 – alterada pela Res. 121/2003, DJ 21.11.2003)

X – O conceito de "mesma localidade" de que trata o art. 461 da CLT refere-se, em princípio, ao mesmo município, ou a municípios distintos que, comprovadamente, pertençam à mesma região metropolitana. (ex-OJ da SBDI-1 no 252 – inserida em 13.03.2002)

Nº 7. FÉRIAS (mantida) – Res. 121/2003, DJ 19, 20 e 21.11.2003

A indenização pelo não-deferimento das férias no tempo oportuno será calculada com base na remuneração devida ao empregado na época da reclamação ou, se for o caso, na da extinção do contrato.

Nº 8. JUNTADA DE DOCUMENTO (mantida) – Res. 121/2003, DJ 19, 20 e 21.11.2003

A juntada de documentos na fase recursal só se justifica quando provado o justo impedimento para sua oportuna apresentação ou se referir a fato posterior à sentença.

Nº 9. AUSÊNCIA DO RECLAMANTE (mantida) – Res. 121/2003, DJ 19, 20 e 21.11.2003

A ausência do reclamante, quando adiada a instrução após contestada a ação em audiência, não importa arquivamento do processo.

Nº 10. PROFESSOR. DISPENSA SEM JUSTA CAUSA. TÉRMINO DO ANO LETIVO OU NO CURSO DE FÉRIAS ESCOLARES. AVISO PRÉVIO (redação alterada em sessão do Tribunal Pleno realizada em 14.09.2012)

O direito aos salários assegurados (artigo 322, caput e parágrafo 3º da CLT) não exclui o direito também ao aviso prévio, na hipótese de dispensa sem justa causa ao término do ano letivo ou no curso das férias escolares.

Nº 12. CARTEIRA PROFISSIONAL (mantida) – Res. 121/2003, DJ 19, 20 e 21.11.2003

As anotações apostas pelo empregador na carteira profissional do empregado não geram presunção "juris et de jure", mas apenas "juris tantum".

Nº 13. MORA (mantida) – Res. 121/2003, DJ 19, 20 e 21.11.2003

O só pagamento dos salários atrasados em audiência não ilide a mora capaz de determinar a rescisão do contrato de trabalho.

Nº 14. CULPA RECÍPROCA (nova redação) – Res. 121/2003, DJ 19, 20 e 21.11.2003

Reconhecida a culpa recíproca na rescisão do contrato de trabalho (art. 484 da CLT), o empregado tem direito a 50% (cinquenta por cento) do valor do aviso prévio, do décimo terceiro salário e das férias proporcionais.

CLT), o empregado não fará jus ao aviso prévio, às férias proporcionais e à gratificação natalina do ano respectivo.

Nº 15. ATESTADO MÉDICO (mantida) – Res. 121/2003, DJ 19, 20 e 21.11.2003

A justificação da ausência do empregado motivada por doença, para a percepção do salário-enfermidade e da remuneração do repouso semanal, deve observar a ordem preferencial dos atestados médicos estabelecida em lei.

Nº 16. NOTIFICAÇÃO (nova redação) – Res. 121/2003, DJ 19, 20 e 21.11.2003

Presume-se recebida a notificação 48 (quarenta e oito) horas depois de sua postagem. O seu não-recebimento ou a entrega após o decurso desse prazo constitui ônus de prova do destinatário.

Nº 18. COMPLEMENTAÇÃO DE APOSENTADORIA. BANCO DO BRASIL. (redação do item I alterada)

I – O valor das horas extras integra a remuneração do empregado para o cálculo da complementação de aposentadoria, desde que sobre ele incida a contribuição à Caixa de Previdência dos Funcionários do Banco do Brasil – PREVI, observado o respectivo regulamento no tocante à integração.

II – Os adicionais AP e ADI não integram o cálculo para a apuração do teto da complementação de aposentadoria; (ex-OJ nº 21 da SDI-1 – inserida em 13.02.1995)

III – No cálculo da complementação de aposentadoria deve-se observar a média trienal; (ex-OJs nºs 19 e 289 ambas da SDI-1 – inseridas respectivamente em 05.06.95 e 11.08.2003)

IV – A complementação de aposentadoria proporcional aos anos de serviço prestados exclusivamente ao Banco do Brasil somente se verifica a partir da Circular Funci nº 436/63; (ex-OJ nº 20 da SDI-1 – inserida em 13.02.1995)

V – O telex DIREC do Banco do Brasil nº 5003/1987 não assegura a complementação de aposentadoria integral, porque não aprovado pelo órgão competente ao qual a instituição se subordina. (ex-OJ nº 136 da SDI-1 – inserida em 27.11.1998)

Nº 19. QUADRO DE CARREIRA (mantida) – Res. 121/2003, DJ 19, 20 e 21.11.2003

A Justiça do Trabalho é competente para apreciar reclamação de empregado que tenha por objeto direito fundado em quadro de carreira.

Nº 23. RECURSO (mantida) – Res. 121/2003, DJ 19, 20 e 21.11.2003

Não se conhece de recurso de revista ou de embargos, se a decisão recorrida resolver determinado item do pedido por diversos fundamentos e a jurisprudência transcrita não abranger a todos.

Nº 23. Não se conhece da revista ou dos embargos, quando a decisão recorrida resolver determinado item do pedido por diversos fundamentos, e a jurisprudência transcrita não abranger a todos.

Nº 24. SERVIÇO EXTRAORDINÁRIO (mantida) – Res. 121/2003, DJ 19, 20 e 21.11.2003

Insere-se no cálculo da indenização por antiguidade o salário relativo a serviço extraordinário, desde que habitualmente prestado.

Nº 25. CUSTAS (alterada a Súmula e incorporadas as Orientações Jurisprudenciais nºs 104 e 186 da SBDI-1) – Res. 197/2015 – DEJT divulgado em 14, 15 e 18.05.2015

I – A parte vencedora na primeira instância, se vencida na segunda, está obrigada, independentemente de intimação, a pagar as custas fixadas na sentença originária, das quais ficara isenta a parte então vencida;

II – No caso de inversão do ônus da sucumbência em segundo grau, sem acréscimo ou atualização do valor das custas e se estas já foram devidamente recolhidas, descabe um novo pagamento pela parte vencida, ao recorrer. Deverá ao final, se sucumbente, reembolsar a quantia; (ex-OJ nº 186 da SBDI-I)

III – Não caracteriza deserção a hipótese em que, acrescido o valor da condenação, não houve fixação ou cálculo do valor devido a título de custas e tampouco intimação da parte para o preparo do recurso, devendo ser as custas pagas ao final; (ex-OJ nº 104 da SBDI-I)

IV – O reembolso das custas à parte vencedora faz-se necessário mesmo na hipótese em que a parte vencida for pessoa isenta do seu pagamento, nos termos do art. 790-A, parágrafo único, da CLT.

Nº 27. COMISSIONISTA (mantida) – Res. 121/ 2003, DJ 19, 20 e 21.11.2003

É devida a remuneração do repouso semanal e dos dias feriados ao empregado comissionista, ainda que pracista.

Nº 28. INDENIZAÇÃO (nova redação) – Res. 121/ 2003, DJ 19, 20 e 21.11.2003

No caso de se converter a reintegração em indenização dobrada, o direito aos salários é assegurado até a data da primeira decisão que determinou essa conversão.

Nº 29. TRANSFERÊNCIA (mantida) – Res. 121/ 2003, DJ 19, 20 e 21.11.2003

Empregado transferido, por ato unilateral do empregador, para local mais distante de sua residência, tem direito a suplemento salarial correspondente ao acréscimo da despesa de transporte.

Nº 30. INTIMAÇÃO DA SENTENÇA (mantida) – Res. 121/2003, DJ 19, 20 e 21.11.2003

Quando não juntada a ata ao processo em 48 horas, contadas da audiência de julgamento (art. 851, § 2º, da CLT), o prazo para recurso será contado da data em que a parte receber a intimação da sentença.

Nº 32. ABANDONO DE EMPREGO (nova redação) – Res. 121/2003, DJ 19, 20 e 21.11.2003

Presume-se o abandono de emprego se o trabalhador não retornar ao serviço no prazo de 30 (trinta) dias após a cessação do benefício previdenciário nem justificar o motivo de não o fazer.

Nº 33. MANDADO DE SEGURANÇA. DECISÃO JUDICIAL TRANSITADA EM JULGADO (mantida) – Res. 121/2003, DJ 19, 20 e 21.11.2003

Não cabe mandado de segurança de decisão judicial transitada em julgado.

Nº 36. CUSTAS (mantida) – Res. 121/2003, DJ 19, 20 e 21.11.2003

Nas ações plúrimas, as custas incidem sobre o respectivo valor global.

Nº 39. PERICULOSIDADE (mantida) – Res. 121/ 2003, DJ 19, 20 e 21.11.2003

Os empregados que operam em bomba de gasolina têm direito ao adicional de periculosidade (Lei nº 2.573, de 15.08.1955).

Nº 43. TRANSFERÊNCIA (mantida) – Res. 121/ 2003, DJ 19, 20 e 21.11.2003

Presume-se abusiva a transferência de que trata o § 1º do art. 469 da CLT, sem comprovação da necessidade do serviço.

Nº 44. AVISO PRÉVIO (mantida) – Res. 121/2003, DJ 19, 20 e 21.11.2003

A cessação da atividade da empresa, com o pagamento da indenização, simples ou em dobro, não exclui, por si só, o direito do empregado ao aviso prévio.

Nº 45. SERVIÇO SUPLEMENTAR (mantida) – Res. 121/2003, DJ 19, 20 e 21.11.2003

A remuneração do serviço suplementar, habitualmente prestado, integra o cálculo da gratificação natalina prevista na Lei nº 4.090, de 13.07.1962.

Nº 46. ACIDENTE DE TRABALHO (mantida) – Res. 121/2003, DJ 19, 20 e 21.11.2003

As faltas ou ausências decorrentes de acidente do trabalho não são consideradas para os efeitos de duração de férias e cálculo da gratificação natalina.

Nº 47. INSALUBRIDADE (mantida) – Res. 121/ 2003, DJ 19, 20 e 21.11.2003

O trabalho executado em condições insalubres, em caráter intermitente, não afasta, só por essa circunstância, o direito à percepção do respectivo adicional.

Nº 48. COMPENSAÇÃO (mantida) – Res. 121/ 2003, DJ 19, 20 e 21.11.2003

A compensação só poderá ser arguida com a contestação.

Nº 50. GRATIFICAÇÃO NATALINA (mantida) – Res. 121/2003, DJ 19, 20 e 21.11.2003

A gratificação natalina, instituída pela Lei nº 4.090, de 13.07.1962, é devida pela empresa cessionária ao servidor público cedido enquanto durar a cessão.

Nº 51. NORMA REGULAMENTAR. VANTAGENS E OPÇÃO PELO NOVO REGULAMENTO. ART. 468 DA CLT (incorporada a Orientação Jurisprudencial nº 163 da SBDI-1) – Res. 129/2005, DJ 20, 22 e 25.04.2005

I – As cláusulas regulamentares, que revoguem ou alterem vantagens deferidas anteriormente, só atingirão os trabalhadores admitidos após a revogação ou alteração do regulamento. (ex-Súmula nº 51 – RA 41/1973, DJ 14.06.1973)

II – Havendo a coexistência de dois regulamentos da empresa, a opção do empregado por um deles tem efeito jurídico de renúncia às regras do sistema do outro. (ex-OJ nº 163 da SBDI-1 – inserida em 26.03.1999)

Nº 52. TEMPO DE SERVIÇO (mantida) – Res. 121/2003, DJ 19, 20 e 21.11.2003

O adicional de tempo de serviço (quinquênio) é devido, nas condições estabelecidas no art. 19 da Lei nº 4.345, de 26.06.1964, aos contratados sob o regime da CLT, pela empresa a que se refere a mencionada lei, inclusive para o fim de complementação de aposentadoria.

Nº 53. CUSTAS (mantida) – Res. 121/2003, DJ 19, 20 e 21.11.2003

O prazo para pagamento das custas, no caso de recurso, é contado da intimação do cálculo.

Nº 54. OPTANTE (mantida) – Res. 121/2003, DJ 19, 20 e 21.11.2001

Rescindindo por acordo seu contrato de trabalho, o empregado estável optante tem direito ao mínimo de 60% (sessenta por cento) do total da indenização em dobro, calculada sobre o maior salário percebido no emprego. Se houver recebido menos do que esse total, qualquer que tenha sido a forma de transação, assegura-se-lhe a complementação até aquele limite.

Nº 55. FINANCEIRAS (mantida) – Res. 121/2003, DJ 19, 20 e 21.11.2003

As empresas de crédito, financiamento ou investimento, também denominadas financeiras, equiparam-se aos estabelecimentos bancários para os efeitos do art. 224 da CLT.

Nº 58. PESSOAL DE OBRAS (mantida) – Res. 121/2003, DJ 19, 20 e 21.11.2003

Ao empregado admitido como pessoal de obras, em caráter permanente e não amparado pelo regime estatutário, aplica-se a legislação trabalhista.

Nº 60. ADICIONAL NOTURNO. INTEGRAÇÃO NO SALÁRIO E PRORROGAÇÃO EM HORÁRIO DIURNO (incorporada a Orientação Jurisprudencial nº 6 da SBDI-1) – Res. 129/2005, DJ 20, 22 e 25.04.2005

I – O adicional noturno, pago com habitualidade, integra o salário do empregado para todos os efeitos. (ex-Súmula nº 60 – RA 105/1974, DJ 24.10.1974)

II – Cumprida integralmente a jornada no período noturno e prorrogada esta, devido é também o adicional quanto às horas prorrogadas. Exegese do art. 73, § 5º, da CLT. (ex-OJ nº 6 da SBDI-1 – inserida em 25.11.1996)

Nº 61. FERROVIÁRIO (mantida) – Res. 121/2003, DJ 19, 20 e 21.11.2003

Aos ferroviários que trabalham em estação do interior, assim classificada por autoridade competente, não são devidas horas extras (art. 243 da CLT).

Nº 62. ABANDONO DE EMPREGO (mantida) – Res. 121/2003, DJ 19, 20 e 21.11.2003

O prazo de decadência do direito do empregador de ajuizar inquérito em face do empregado que incorre em abandono de emprego é contado a partir do momento em que o empregado pretendeu seu retorno ao serviço.

Nº 63. FUNDO DE GARANTIA (mantida) – Res. 121/2003, DJ 19, 20 e 21.11.2003

A contribuição para o Fundo de Garantia do Tempo de Serviço incide sobre a remuneração mensal devida ao empregado, inclusive horas extras e adicionais eventuais.

Nº 65. VIGIA (mantida) – Res. 121/2003, DJ 19, 20 e 21.11.2003

O direito à hora reduzida de 52 minutos e 30 segundos aplica-se ao vigia noturno.

Nº 67. GRATIFICAÇÃO. FERROVIÁRIO (mantida) – Res. 121/2003, DJ 19, 20 e 21.11.2003

Chefe de trem, regido pelo estatuto dos ferroviários (Decreto nº 35.530, de 19.09.1959), não tem direito à gratificação prevista no respectivo art. 110.

Nº 69. RESCISÃO DO CONTRATO (nova redação) – Res. 121/2003, DJ 19, 20 e 21.11.2003

A partir da Lei nº 10.272, de 05.09.2001, havendo rescisão do contrato de trabalho e sendo revel e confesso quanto à matéria de fato, deve ser o empregador condenado ao pagamento das verbas rescisórias, não quitadas na primeira audiência, com acréscimo de 50% (cinquenta por cento).

Nº 70. ADICIONAL DE PERICULOSIDADE (mantida) – Res. 121/2003, DJ 19, 20 e 21.11.2003

O adicional de periculosidade não incide sobre os triênios pagos pela Petrobras.

Nº 71. ALÇADA (mantida) – Res. 121/2003, DJ 19, 20 e 21.11.2003

A alçada é fixada pelo valor dado à causa na data de seu ajuizamento, desde que não impugnado, sendo inalterável no curso do processo.

Nº 72. APOSENTADORIA (nova redação) – Res. 121/2003, DJ 19, 20 e 21.11.2003

O prêmio-aposentadoria instituído por norma regulamentar da empresa não está condicionado ao disposto no § 2º do art. 14 da Lei nº 8.036, de 11.05.1990.

Nº 73. DESPEDIDA. JUSTA CAUSA (nova redação) – Res. 121/2003, DJ 19, 20 e 21.11.2003

A ocorrência de justa causa, salvo a de abandono de emprego, no decurso do prazo do aviso prévio dado pelo empregador, retira do empregado qualquer direito às verbas rescisórias de natureza indenizatória.

Nº 74. CONFISSÃO. (atualizada em decorrência do CPC de 2015) – Res. 208/2016, DEJT divulgado em 22, 25 e 26.04.2016 I – Aplica-se a confissão à parte que, expressamente intimada com aquela cominação, não comparecer à audiência em prosseguimento, na qual deveria depor. (ex-Súmula nº 74 – RA 69/1978, DJ 26.09.1978) II – A prova pré-constituída nos autos pode ser levada em conta para confronto com a confissão ficta (arts. 442 e 443, do CPC de 2015 – art. 400, I, do CPC de 1973), não implicando cerceamento de defesa o indeferimento de provas posteriores. (ex-OJ nº 184 da SBDI-1 – inserida em 08.11.2000) III– A vedação à produção de prova posterior pela parte confessa somente a ela se aplica, não afetando o exercício, pelo magistrado, do poder/dever de conduzir o processo.

Nº 77. PUNIÇÃO (mantida) – Res. 121/2003, DJ 19, 20 e 21.11.2003

Nula é a punição de empregado se não precedida de inquérito ou sindicância internos a que se obrigou a empresa por norma regulamentar.

Nº 80. INSALUBRIDADE (mantida) – Res. 121/ 2003, DJ 19, 20 e 21.11.2003

A eliminação da insalubridade mediante fornecimento de aparelhos protetores aprovados pelo órgão competente do Poder Executivo exclui a percepção do respectivo adicional.

Nº 81. FÉRIAS (mantida) – Res. 121/2003, DJ 19, 20 e 21.11.2003

Os dias de férias gozados após o período legal de concessão deverão ser remunerados em dobro.

Nº 82. ASSISTÊNCIA (nova redação) – Res. 121/ 2003, DJ 19, 20 e 21.11.2003

A intervenção assistencial, simples ou adesiva, só é admissível se demonstrado o interesse jurídico e não o meramente econômico.

Nº 83. AÇÃO RESCISÓRIA. MATÉRIA CONTROVERTIDA (incorporada a Orientação Jurisprudencial nº 77 da SBDI-2) – Res. 137/2005, DJ 22, 23 e 24.08.2005

I – Não procede pedido formulado na ação rescisória por violação literal de lei se a decisão rescindenda estiver baseada em texto legal infraconstitucional de interpretação controvertida nos Tribunais. (ex-Súmula nº 83 – alterada pela Res. 121/2003, DJ 21.11.2003)

II – O marco divisor quanto a ser, ou não, controvertida, nos Tribunais, a interpretação dos dispositivos legais citados na ação rescisória é a data da inclusão, na Orientação Jurisprudencial do TST, da matéria discutida. (ex-OJ nº 77 da SBDI-2 – inserida em 13.03.2002)

Nº 84. ADICIONAL REGIONAL (nova redação) – Res. 121/2003, DJ 19, 20 e 21.11.2003

O adicional regional, instituído pela Petrobras, não contraria o art. 7º, XXXII, da CF/1988.

Nº 85. COMPENSAÇÃO DE JORNADA (inserido o item VI) – Res. 209/2016, DEJT divulgado em 01, 02 e 03.06.2016. I. A compensação de jornada de trabalho deve ser ajustada por acordo individual escrito, acordo coletivo ou convenção coletiva.

(ex-Súmula nº 85 – primeira parte – alterada pela Res. 121/2003, DJ 21.11.2003)

II. O acordo individual para compensação de horas é válido, salvo se houver norma coletiva em sentido contrário. (ex-OJ nº 182 da SBDI-1 – inserida em 08.11.2000)

III. O mero não atendimento das exigências legais para a compensação de jornada, inclusive quando encetada mediante acordo tácito, não implica a repetição do pagamento das horas excedentes à jornada normal diária, se não dilatada a jornada máxima semanal, sendo devido apenas o respectivo adicional. (ex-Súmula nº 85 – segunda parte – alterada pela Res. 121/2003, DJ 21.11.2003)

IV. A prestação de horas extras habituais descaracteriza o acordo de compensação de jornada. Nesta hipótese, as horas que ultrapassarem a jornada semanal normal deverão ser pagas como horas extraordinárias e, quanto àquelas destinadas à compensação, deverá ser pago a mais apenas o adicional por trabalho extraordinário. (ex-OJ nº 220 da SBDI-1 – inserida em 20.06.2001)

V. As disposições contidas nesta súmula não se aplicam ao regime compensatório na modalidade "banco de horas", que somente pode ser instituído por negociação coletiva.

VI – Não é válido acordo de compensação de jornada em atividade insalubre, ainda que estipulado em norma coletiva, sem a necessária inspeção prévia e permissão da autoridade competente, na forma do art. 60 da CLT.

Nº 86. DESERÇÃO. MASSA FALIDA. EMPRESA EM LIQUIDAÇÃO EXTRAJUDICIAL (incorporada a Orientação Jurisprudencial nº 31 da SBDI-1) – Res. 129/2005, DJ 20, 22 e 25.04.2005

Não ocorre deserção de recurso da massa falida por falta de pagamento de custas ou de depósito do valor da condenação. Esse privilégio, todavia, não se aplica à empresa em liquidação extrajudicial. (primeira parte – ex-Súmula nº 86 – RA 69/78, DJ 26.09.1978; segunda parte – ex-OJ nº 31 da SBDI-1 – inserida em 14.03.1994)

Nº 87. PREVIDÊNCIA PRIVADA (mantida) – Res. 121/2003, DJ 19, 20 e 21.11.2003

Se o empregado, ou seu beneficiário, já recebeu da instituição previdenciária privada, criada pela empresa, vantagem equivalente, é cabível a dedução de seu valor do benefício a que faz jus por norma regulamentar anterior.

Nº 89. FALTA AO SERVIÇO (mantida) – Res. 121/2003, DJ 19, 20 e 21.11.2003

Se as faltas já são justificadas pela lei, consideram-se como ausências legais e não serão descontadas para o cálculo do período de férias.

Nº 90. HORAS "IN ITINERE". TEMPO DE SERVIÇO (incorporadas as Súmulas nºs 324 e 325 e as Orientações Jurisprudenciais nºs 50 e 236 da SBDI-1) – Res. 129/2005, DJ 20, 22 e 25.04.2005

I – O tempo despendido pelo empregado, em condução fornecida pelo empregador, até o local de trabalho de difícil acesso, ou não servido por transporte público regular, e para o seu retorno é computável na jornada de trabalho. (ex-Súmula nº 90 – RA 80/1978, DJ 10.11.1978)

II – A incompatibilidade entre os horários de início e término da jornada do empregado e os do transporte público regular é circunstância que também gera o direito às horas "in itinere". (ex-OJ nº 50 da SBDI-1 – inserida em 01.02.1995)

III – A mera insuficiência de transporte público não enseja o pagamento de horas "in itinere". (ex-Súmula nº 324 – Res. 16/1993, DJ 21.12.1993)

IV – Se houver transporte público regular em parte do trajeto percorrido em condução da empresa, as horas "in itinere" remuneradas limitam-se ao trecho não alcançado pelo transporte público. (ex-Súmula nº 325 – Res. 17/1993, DJ 21.12.1993)

V – Considerando que as horas "in itinere" são computáveis na jornada de trabalho, o tempo que extrapola a jornada legal é considerado como extraordinário e sobre ele deve incidir o adicional respectivo. (ex-OJ nº 236 da SBDI-1 – inserida em 20.06.2001)

Nº 91. SALÁRIO COMPLESSIVO (mantida) – Res. 121/2003, DJ 19, 20 e 21.11.2003

Nula é a cláusula contratual que fixa determinada importância ou percentagem para atender englobadamente vários direitos legais ou contratuais do trabalhador.

Nº 92. APOSENTADORIA (mantida) – Res. 121/2003, DJ 19, 20 e 21.11.2003

O direito à complementação de aposentadoria, criado pela empresa, com requisitos próprios, não se altera pela instituição de benefício previdenciário por órgão oficial.

Nº 93. BANCÁRIO (mantida) – Res. 121/2003, DJ 19, 20 e 21.11.2003

Integra a remuneração do bancário a vantagem pecuniária por ele auferida na colocação ou na venda de papéis ou valores mobiliários de empresas pertencentes ao mesmo grupo econômico, se exercida essa atividade no horário e no local de trabalho e com o consentimento, tácito ou expresso, do banco empregador.

Nº 96. MARÍTIMO (mantida) – Res. 121/2003, DJ 19, 20 e 21.11.2003

A permanência do tripulante a bordo do navio, no período de repouso, além da jornada, não importa presunção de que esteja à disposição do empregador ou em regime de prorrogação de horário, circunstâncias que devem resultar provadas, dada a natureza do serviço.

Nº 97. APOSENTADORIA. COMPLEMENTAÇÃO (mantida) – Res. 121/2003, DJ 19, 20 e 21.11.2003

Instituída complementação de aposentadoria por ato da empresa, expressamente dependente de regulamentação, as condições desta devem ser observadas como parte integrante da norma.

Nº 98. FGTS. INDENIZAÇÃO. EQUIVALÊNCIA. COMPATIBILIDADE (incorporada a Orientação Jurisprudencial nº 299 da SBDI-1) – Res. 129/2005, DJ 20, 22 e 25.04.2005

I – A equivalência entre os regimes do Fundo de Garantia do Tempo de Serviço e da estabilidade prevista na CLT é meramente jurídica e não econômica, sendo indevidos valores a título de reposição de diferenças. (ex-Súmula nº 98 – RA 57/1980, DJ 06.06.1980)

II – A estabilidade contratual ou a derivada de regulamento de empresa são compatíveis com o regime do FGTS. Diversamente ocorre com a estabilidade legal (decenal, art. 492 da CLT), que é renunciada com a opção pelo FGTS. (ex-OJ nº 299 da SBDI-1 – DJ 11.08.2003)

Nº 99. AÇÃO RESCISÓRIA. DESERÇÃO. PRAZO (incorporada a Orientação Jurisprudencial nº 117 da SBDI-2) – Res. 137/2005, DJ 22, 23 e 24.08.2005

Havendo recurso ordinário em sede de rescisória, o depósito recursal só é exigível quando for julgado procedente o pedido e imposta condenação em pecúnia, devendo este ser efetuado no prazo recursal, no limite e nos termos da legislação vigente, sob pena de deserção. (ex-Súmula nº 99 – alterada pela Res. 110/2002, DJ 15.04.2002 – e ex-OJ nº 117 da SBDI-2 – DJ 11.08.2003)

Nº 100. AÇÃO RESCISÓRIA. DECADÊNCIA (incorporadas as Orientações Jurisprudenciais nºs 13, 16, 79, 102, 104, 122 e 145 da SBDI-2) – Res. 137/2005, DJ 22, 23 e 24.08.2005

I – O prazo de decadência, na ação rescisória, conta-se do dia imediatamente subsequente ao trânsito em julgado da última decisão proferida na causa, seja de mérito ou não. (ex-Súmula nº 100 – alterada pela Res. 109/2001, DJ 20.04.2001)

II – Havendo recurso parcial no processo principal, o trânsito em julgado dá-se em momentos e em tribunais diferentes, contando-se o prazo decadencial para a ação rescisória do trânsito em julgado de cada decisão, salvo se o recurso tratar de preliminar ou prejudicial que possa tornar insubsistente a decisão recorrida, hipótese em que flui a decadência a partir do trânsito em julgado da decisão que julgar o recurso parcial. (ex-Súmula nº 100 – alterada pela Res. 109/2001, DJ 20.04.2001)

III – Salvo se houver dúvida razoável, a interposição de recurso intempestivo ou a interposição de recurso incabível não protrai o termo inicial do prazo decadencial. (ex-Súmula nº 100 – alterada pela Res. 109/2001, DJ 20.04. 2001)

IV – O juízo rescindente não está adstrito à certidão de trânsito em julgado juntada com a ação rescisória, podendo formar sua convicção através de outros elementos dos autos quanto à antecipação ou postergação do "dies a quo" do prazo decadencial. (ex-OJ nº 102 da SBDI-2 – DJ 29.04.03)

V – O acordo homologado judicialmente tem força de decisão irrecorrível, na forma do art. 831 da CLT. Assim sendo, o termo conciliatório transita em julgado na data da sua homologação judicial. (ex-OJ nº 104 da SBDI-2 – DJ 29.04.2003)

VI – Na hipótese de colusão das partes, o prazo decadencial da ação rescisória somente começa a fluir para o Ministério Público, que não interveio no processo principal, a partir do momento em que tem ciência da fraude. (ex-OJ nº 122 da SBDI-2 – DJ 11.08.2003)

VII – Não ofende o princípio do duplo grau de jurisdição a decisão do TST que, após afastar a decadência em sede de recurso ordinário, aprecia desde logo a lide, se a causa versar questão exclusivamente de direito e estiver em condições de imediato julgamento. (ex-OJ nº 79 da SBDI-2 – inserida em 13.03. 2002)

VIII – A exceção de incompetência, ainda que oposta no prazo recursal, sem ter sido aviado o recurso próprio, não tem o condão de afastar a consumação da coisa julgada e, assim, postergar o termo inicial do prazo decadencial para a ação rescisória. (ex-OJ nº 16 da SBDI-2 – inserida em 20.09.2000)

IX – Prorroga-se até o primeiro dia útil, imediatamente subsequente, o prazo decadencial para ajuizamento de ação rescisória quando expira em férias forenses, feriados, finais de semana ou em dia em que não houver expediente forense. Aplicação do art. 775 da CLT. (ex-OJ nº 13 da SBDI-2 – inserida em 20.09.2000)

X – Conta-se o prazo decadencial da ação rescisória, após o decurso do prazo legal previsto para a interposição do recurso extraordinário, apenas quando esgotadas todas as vias recursais ordinárias. (ex-OJ nº 145 da SBDI-2 – DJ 10.11.2004)

Nº 101. DIÁRIAS DE VIAGEM. SALÁRIO (incorporada a Orientação Jurisprudencial nº 292 da SBDI-1) – Res. 129/2005, DJ 20, 22 e 25.04.2005

Integram o salário, pelo seu valor total e para efeitos indenizatórios, as diárias de viagem que excedam a 50% (cinquenta por cento) do salário do empregado, enquanto perdurarem as viagens. (primeira parte – ex-Súmula nº 101 – RA 65/1980, DJ 18.06.1980; segunda parte – ex-OJ nº 292 da SBDI-1 – inserida em 11.08.2003)

Nº 102. BANCÁRIO. CARGO DE CONFIANÇA (incorporadas as Súmulas nºs 166, 204 e 232 e as Orientações Jurisprudenciais nºs 15, 222 e 288 da SBDI-1) – Res. 129/2005, DJ 20, 22 e 25.04.2005

I – A configuração, ou não, do exercício da função de confiança a que se refere o art. 224, § 2º, da CLT, dependente da prova das reais atribuições do empregado, é insuscetível de exame mediante recurso de revista ou de embargos. (ex-Súmula nº 204 – alterada pela Res. 121/2003, DJ 21.11.2003)

II – O bancário que exerce a função a que se refere o § 2º do art. 224 da CLT e recebe gratificação não inferior a um terço de seu salário já tem remuneradas as duas horas extraordinárias excedentes de seis. (ex-Súmula nº 166 – RA 102/1982, DJ 11.10.1982 e DJ 15.10.1982)

III – Ao bancário exercente de cargo de confiança previsto no artigo 224, § 2º, da CLT são devidas as 7ª e 8ª horas, como extras, no período em que se verificar o pagamento a menor da gratificação de 1/3. (ex-OJ nº 288 da SBDI-1 – DJ 11.08.2003)

IV – O bancário sujeito à regra do art. 224, § 2º, da CLT cumpre jornada de trabalho de 8 (oito) horas, sendo extraordinárias as trabalhadas além da oitava. (ex-Súmula nº 232 – RA 14/1985, DJ 19.09.1985)

V – O advogado empregado de banco, pelo simples exercício da advocacia, não exerce cargo de confiança, não se enquadrando, portanto, na hipótese do § 2º do art. 224 da CLT. (ex-OJ nº 222 da SBDI-1 – inserida em 20.06. 2001)

VI – O caixa bancário, ainda que caixa executivo, não exerce cargo de confiança. Se perceber gratificação igual ou superior a um terço do salário do posto efetivo, essa remunera apenas a maior responsabilidade do cargo e não as duas horas extraordinárias além da sexta. (ex-Súmula nº 102 – RA 66/1980, DJ 18.06.1980 e republicada DJ 14.07.1980)

VII – O bancário exercente de função de confiança, que percebe a gratificação não inferior ao terço legal, ainda que norma coletiva contemple percentual superior, não tem direito às sétima e oitava horas como extras, mas tão-somente às diferenças de gratificação de função, se postuladas. (ex-OJ nº 15 da SBDI-1 – inserida em 14.03.1994)

Nº 109. GRATIFICAÇÃO DE FUNÇÃO (mantida) – Res. 121/2003, DJ 19, 20 e 21.11.2003

O bancário não enquadrado no § 2º do art. 224 da CLT, que receba gratificação de função, não pode ter o salário relativo a horas extraordinárias compensado com o valor daquela vantagem.

Nº 110. JORNADA DE TRABALHO. INTERVALO (mantida) – Res. 121/2003, DJ 19, 20 e 21.11.2003

No regime de revezamento, as horas trabalhadas em seguida ao repouso semanal de 24 horas, com prejuízo do intervalo mínimo de 11 horas consecutivas para descanso entre jornadas, devem ser remuneradas como extraordinárias, inclusive com o respectivo adicional.

Nº 112. TRABALHO NOTURNO. PETRÓLEO (mantida) – Res. 121/2003, DJ 19, 20 e 21.11.2003

O trabalho noturno dos empregados nas atividades de exploração, perfuração, produção e refinação do petróleo, industrialização do xisto, indústria petroquímica e transporte de petróleo e seus derivados, por meio de dutos, é regulado pela Lei nº 5.811, de 11.10.1972, não se lhe aplicando a hora reduzida de 52 minutos e 30 segundos prevista no art. 73, § 2º, da CLT.

Nº 113. BANCÁRIO. SÁBADO. DIA ÚTIL (mantida) – Res. 121/2003, DJ 19, 20 e 21.11.2003

O sábado do bancário é dia útil não trabalhado, não dia de repouso remunerado. Não cabe a repercussão do pagamento de horas extras habituais em sua remuneração.

Nº 114. PRESCRIÇÃO INTERCORRENTE (mantida) – Res. 121/2003, DJ 19, 20 e 21.11.2003

É inaplicável na Justiça do Trabalho a prescrição intercorrente.

Nº 115. HORAS EXTRAS. GRATIFICAÇÕES SEMESTRAIS (nova redação) – Res. 121/2003, DJ 19, 20 e 21.11.2003

O valor das horas extras habituais integra a remuneração do trabalhador para o cálculo das gratificações semestrais.

Nº 117. BANCÁRIO. CATEGORIA DIFERENCIADA (mantida) – Res. 121/2003, DJ 19, 20 e 21.11.2003

Não se beneficiam do regime legal relativo aos bancários os empregados de estabelecimento de crédito pertencentes a categorias profissionais diferenciadas.

Nº 118. JORNADA DE TRABALHO. HORAS EXTRAS (mantida) – Res. 121/2003, DJ 19, 20 e 21.11.2003

Os intervalos concedidos pelo empregador na jornada de trabalho, não previstos em lei, representam tempo à disposição da empresa, remunerados como serviço extraordinário, se acrescidos ao final da jornada.

Nº 119. JORNADA DE TRABALHO (mantida) – Res. 121/2003, DJ 19, 20 e 21.11.2003

Os empregados de empresas distribuidoras e corretoras de títulos e valores mobiliários não têm direito à jornada especial dos bancários.

Nº 122. REVELIA. ATESTADO MÉDICO (incorporada a Orientação Jurisprudencial nº 74 da SBDI-1) – Res. 129/2005, DJ 20, 22 e 25.04.2005

A reclamada, ausente à audiência em que deveria apresentar defesa, é revel, ainda que presente seu advogado munido de procuração, podendo ser ilidida a revelia mediante a apresentação de atestado médico, que deverá declarar, expressamente, a impossibilidade de locomoção do empregador ou do seu preposto no dia da audiência. (primeira parte – ex-OJ nº 74 da SBDI-1 – inserida em 25.11.1996; segunda parte – ex-Súmula nº 122 – alterada pela Res. 121/2003, DJ 21.11.2003)

Nº 124. SÚMULA Nº 124. BANCÁRIO. SALÁRIO-HORA. DIVISOR (alteração em razão do julgamento do processo TST-IRR 849-83.2013.5.03.0138) – Res. 219/2017, DEJT divulgado em 28, 29 e 30.06.2017.
I – o divisor aplicável para o cálculo das horas extras do bancário será: a)180, para os empregados submetidos à jornada de seis horas prevista no caput do art. 224 da CLT; b) 220, para os empregados submetidos à jornada de oito horas, nos termos do § 2º do art. 224 da CLT. II – Ressalvam-se da aplicação do item anterior as decisões de mérito sobre o tema, qualquer que seja o seu teor, emanadas de Turma do TST ou da SBDI-I, no período de 27/09/2012 até 21/11/2016, conforme a modulação aprovada no precedente obrigatório firmado no Incidente de Recursos de Revista Repetitivos nº TST-IRR-849-83.2013.5.03.0138, DEJT 19.12.2016.

Nº 125. CONTRATO DE TRABALHO. ART. 479 DA CLT (mantida) – Res. 121/2003, DJ 19, 20 e 21.11.2003

O art. 479 da CLT aplica-se ao trabalhador optante pelo FGTS admitido mediante contrato por prazo determinado, nos termos do art. 30, § 3º, do Decreto nº 59.820, de 20.12.1966.

Nº 126. RECURSO. CABIMENTO (mantida) – Res. 121/2003, DJ 19, 20 e 21.11.2003

Incabível o recurso de revista ou de embargos (arts. 896 e 894, "b", da CLT) para reexame de fatos e provas.

Nº 127. QUADRO DE CARREIRA (mantida) – Res. 121/2003, DJ 19, 20 e 21.11.2003

Quadro de pessoal organizado em carreira, aprovado pelo órgão competente, excluída a hipótese de equiparação salarial, não obsta reclamação fundada em preterição, enquadramento ou reclassificação.

Nº 128. DEPÓSITO RECURSAL (incorporadas as Orientações Jurisprudenciais nºs 139, 189 e 190 da SBDI-1) – Res. 129/2005, DJ 20, 22 e 25.04.2005

I – É ônus da parte recorrente efetuar o depósito legal, integralmente, em relação a cada novo recurso interposto, sob pena de deserção. Atingido o valor da condenação, nenhum depósito mais é exigido para qualquer recurso. (ex-Súmula nº 128 – alterada pela Res. 121/2003, DJ 21.11.03, que incorporou a OJ nº 139 da SBDI-1 – inserida em 27.11.1998)

II – Garantido o juízo, na fase executória, a exigência de depósito para recorrer de qualquer decisão viola os incisos II e LV do art. 5º da CF/1988. Havendo, porém, elevação do valor do débito, exige-se a complementação da garantia do juízo. (ex-OJ nº 189 da SBDI-1 – inserida em 08.11.2000)

III – Havendo condenação solidária de duas ou mais empresas, o depósito recursal efetuado por uma delas aproveita as demais, quando a empresa que efetuou o depósito não pleiteia sua exclusão da lide. (ex-OJ nº 190 da SBDI-1 – inserida em 08.11.2000)

Nº 129. CONTRATO DE TRABALHO. GRUPO ECONÔMICO (mantida) – Res. 121/2003, DJ 19, 20 e 21.11.2003

A prestação de serviços a mais de uma empresa do mesmo grupo econômico, durante a mesma jornada de trabalho, não caracteriza a coexistência de mais de um contrato de trabalho, salvo ajuste em contrário.

Nº 132. ADICIONAL DE PERICULOSIDADE. INTEGRAÇÃO (incorporadas as Orientações Jurisprudenciais nºs 174 e 267 da SBDI-1) – Res. 129/2005, DJ 20, 22 e 25.04.2005

I – O adicional de periculosidade, pago em caráter permanente, integra o cálculo de indenização e de horas extras (ex-Prejulgado nº 3). (ex-Súmula nº 132 – RA 102/1982, DJ 11.10.1982/ DJ 15.10.1982 – e ex-OJ nº 267 da SBDI-1 – inserida em 27.09.2002)

II – Durante as horas de sobreaviso, o empregado não se encontra em condições de risco, razão pela qual é incabível a integração do adicional de periculosidade sobre as mencionadas horas. (ex-OJ nº 174 da SBDI-1 – inserida em 08.11.2000)

Nº 138. READMISSÃO (mantida) – Res. 121/2003, DJ 19, 20 e 21.11.2003

Em caso de readmissão, conta-se a favor do empregado o período de serviço anterior, encerrado com a saída espontânea (ex-Prejulgado nº 9).

Nº 139. ADICIONAL DE INSALUBRIDADE (incorporada a Orientação Jurisprudencial nº 102 da SBDI-1) – Res. 129/2005, DJ 20, 22 e 25.04.2005

Enquanto percebido, o adicional de insalubridade integra a remuneração para todos os efeitos legais. (ex-OJ nº 102 da SBDI-1 – inserida em 01.10.1997)

Nº 140. VIGIA (mantida) – Res. 121/2003, DJ 19, 20 e 21.11.2003

É assegurado ao vigia sujeito ao trabalho noturno o direito ao respectivo adicional (ex-Prejulgado nº 12).

Nº 143. SALÁRIO PROFISSIONAL (mantida) – Res. 121/2003, DJ 19, 20 e 21.11.2003

O salário profissional dos médicos e dentistas guarda proporcionalidade com as horas efetivamente trabalhadas, respeitado o mínimo de 50 (cinquenta) horas (ex-Prejulgado nº 15).

Nº 146. TRABALHO EM DOMINGOS E FERIADOS, NÃO COMPENSADO (incorporada a Orientação Jurisprudencial nº 93 da SBDI-1) – Res. 121/2003, DJ 19, 20 e 21.11.2003

O trabalho prestado em domingos e feriados, não compensado, deve ser pago em dobro, sem prejuízo da remuneração relativa ao repouso semanal.

Nº 148. GRATIFICAÇÃO NATALINA (mantida) – Res. 121/2003, DJ 19, 20 e 21.11.2003

É computável a gratificação de Natal para efeito de cálculo de indenização (ex-Prejulgado nº 20).

Nº 149. TAREFEIRO. FÉRIAS (mantida) – Res. 121/2003, DJ 19, 20 e 21.11.2003

A remuneração das férias do tarefeiro deve ser calculada com base na média da produção do período aquisitivo, aplicando-se-lhe a tarifa da data da concessão (ex-Prejulgado nº 22).

Nº 152. GRATIFICAÇÃO. AJUSTE TÁCITO (mantida) – Res. 121/2003, DJ 19, 20 e 21.11.2003

O fato de constar do recibo de pagamento de gratificação o caráter de liberalidade não basta, por si só, para excluir a existência de ajuste tácito (ex-Prejulgado nº 25).

Nº 153. PRESCRIÇÃO (mantida) – Res. 121/2003, DJ 19, 20 e 21.11.2003

Não se conhece de prescrição não arguida na instância ordinária (ex-Prejulgado nº 27).

Nº 155. AUSÊNCIA AO SERVIÇO (mantida) – Res. 121/2003, DJ 19, 20 e 21.11.2003

As horas em que o empregado falta ao serviço para comparecimento necessário, como parte, à Justiça do Trabalho não serão descontadas de seus salários (ex-Prejulgado nº 30).

Nº 157. GRATIFICAÇÃO (mantida) – Res. 121/ 2003, DJ 19, 20 e 21.11.2003

A gratificação instituída pela Lei nº 4.090, de 13.07.1962, é devida na resilição contratual de iniciativa do empregado (ex-Prejulgado nº 32).

Nº 158. AÇÃO RESCISÓRIA (mantida) – Res. 121/ 2003, DJ 19, 20 e 21.11.2003

Da decisão de Tribunal Regional do Trabalho, em ação rescisória, é cabível recurso ordinário para o Tribunal Superior do Trabalho, em face da organização judiciária trabalhista (ex-Prejulgado nº 35).

Nº 159. SUBSTITUIÇÃO DE CARÁTER NÃO EVENTUAL E VACÂNCIA DO CARGO (incorporada a Orientação

Jurisprudencial nº 112 da SBDI-1) – Res. 129/2005, DJ 20, 22 e 25.04.2005

I – Enquanto perdurar a substituição que não tenha caráter meramente eventual, inclusive nas férias, o empregado substituto fará jus ao salário contratual do substituído. (ex-Súmula nº 159 – alterada pela Res. 121/2003, DJ 21.11.2003)

II – Vago o cargo em definitivo, o empregado que passa a ocupá-lo não tem direito a salário igual ao do antecessor. (ex-OJ nº 112 da SBDI-1 – inserida em 01.10.1997)

Nº 160. APOSENTADORIA POR INVALIDEZ (mantida) – Res. 121/2003, DJ 19, 20 e 21.11.2003

Cancelada a aposentadoria por invalidez, mesmo após cinco anos, o trabalhador terá direito de retornar ao emprego, facultado, porém, ao empregador, indenizá-lo na forma da lei (ex-Prejulgado nº 37).

Nº 161. DEPÓSITO. CONDENAÇÃO A PAGAMENTO EM PECÚNIA (mantida) – Res. 121/2003, DJ 19, 20 e 21.11.2003

Se não há condenação a pagamento em pecúnia, descabe o depósito de que tratam os §§ 1º e 2º do art. 899 da CLT (ex-Prejulgado nº 39).

Nº 163. AVISO PRÉVIO. CONTRATO DE EXPERIÊNCIA (mantida) – Res. 121/2003, DJ 19, 20 e 21.11.2003

Cabe aviso prévio nas rescisões antecipadas dos contratos de experiência, na forma do art. 481 da CLT (ex-Prejulgado nº 42).

Nº 170. SOCIEDADE DE ECONOMIA MISTA. CUSTAS (mantida) – Res. 121/2003, DJ 19, 20 e 21.11.2003

Os privilégios e isenções no foro da Justiça do Trabalho não abrangem as sociedades de economia mista, ainda que gozassem desses benefícios anteriormente ao Decreto-Lei nº 779, de 21.08.1969 (ex-Prejulgado nº 50).

Nº 171. FÉRIAS PROPORCIONAIS. CONTRATO DE TRABALHO. EXTINÇÃO (republicada em razão de erro material no registro da referência legislativa), DJ 05.05.2004

Salvo na hipótese de dispensa do empregado por justa causa, a extinção do contrato de trabalho sujeita o empregador ao pagamento da remuneração das férias proporcionais, ainda que incompleto o período aquisitivo de 12 (doze) meses (art. 147 da CLT) (ex-Prejulgado nº 51).

Nº 172. REPOUSO REMUNERADO. HORAS EXTRAS. CÁLCULO (mantida) – Res. 121/2003, DJ 19, 20 e 21.11.2003

Computam-se no cálculo do repouso remunerado as horas extras habitualmente prestadas. (ex-Prejulgado nº 52).

Nº 173. SALÁRIO. EMPRESA. CESSAÇÃO DE ATIVIDADES (mantida) – Res. 121/2003, DJ 19, 20 e 21.11.2003

Extinto, automaticamente, o vínculo empregatício com a cessação das atividades da empresa, os salários só são devidos até a data da extinção (ex-Prejulgado nº 53).

Nº 178. TELEFONISTA. ART. 227, E PARÁGRAFOS, DA CLT. APLICABILIDADE (mantida) – Res. 121/ 2003, DJ 19, 20 e 21.11.2003

É aplicável à telefonista de mesa de empresa que não explora o serviço de telefonia o disposto no art. 227, e seus parágrafos, da CLT (ex-Prejulgado nº 59).

Nº 182. AVISO PRÉVIO. INDENIZAÇÃO COMPENSATÓRIA. LEI Nº 6.708, DE 30.10.1979 (mantida) – Res. 121/2003, DJ 19, 20 e 21.11.2003

O tempo do aviso prévio, mesmo indenizado, conta-se para efeito da indenização adicional prevista no art. 9º da Lei nº 6.708, de 30.10.1979.

Nº 184. EMBARGOS DECLARATÓRIOS. OMISSÃO EM RECURSO DE REVISTA. PRECLUSÃO (mantida) – Res. 121/2003, DJ 19, 20 e 21.11.2003

Ocorre preclusão se não forem opostos embargos declaratórios para suprir omissão apontada em recurso de revista ou de embargos.

Nº 186. LICENÇA-PRÊMIO. CONVERSÃO EM PECÚNIA. REGULAMENTO DA EMPRESA (nova redação) – Res. 121/2003, DJ 19, 20 e 21.11.2003

A licença-prêmio, na vigência do contrato de trabalho, não pode ser convertida em pecúnia, salvo se expressamente admitida a conversão no regulamento da empresa.

Nº 187. CORREÇÃO MONETÁRIA. INCIDÊNCIA (mantida) – Res. 121/2003, DJ 19, 20 e 21.11.2003

A correção monetária não incide sobre o débito do trabalhador reclamante.

Nº 188. CONTRATO DE TRABALHO. EXPERIÊNCIA. PRORROGAÇÃO (mantida) – Res. 121/2003, DJ 19, 20 e 21.11.2003

O contrato de experiência pode ser prorrogado, respeitado o limite máximo de 90 (noventa) dias.

Nº 189. GREVE. COMPETÊNCIA DA JUSTIÇA DO TRABALHO. ABUSIVIDADE (nova redação) – Res. 121/2003, DJ 19, 20 e 21.11.2003

A Justiça do Trabalho é competente para declarar a abusividade, ou não, da greve.

Nº 190. PODER NORMATIVO DO TST. CONDIÇÕES DE TRABALHO. INCONSTITUCIONALIDADE. DECISÕES CONTRÁRIAS AO STF (mantida) – Res. 121/2003, DJ 19, 20 e 21.11.2003

Ao julgar ou homologar ação coletiva ou acordo nela havido, o Tribunal Superior do Trabalho exerce o poder normativo constitucional, não podendo criar ou homologar condições de trabalho que o Supremo Tribunal Federal julgue iterativamente inconstitucionais.

Nº 191. ADICIONAL DE PERICULOSIDADE. INCIDÊNCIA. BASE DE CÁLCULO (cancelada a parte final da antiga redação e inseridos os itens II e III) Res. 214/2016, DEJT divulgado em 30.11.2016 e 01 e 02.12.2016. I – O adicional de periculosidade incide apenas sobre o salário básico e não sobre este acrescido de outros adicionais. II – O adicional de periculosidade do empregado eletricitário, contratado sob a égide da Lei nº 7.369/1985, deve ser calculado sobre a totalidade das parcelas de natureza salarial. Não é válida norma coletiva mediante a qual se determina a incidência do referido adicional sobre o salário básico. III – A alteração da base de cálculo do adicional de periculosidade do eletricitário promovida pela Lei nº 12.740/2012 atinge somente contrato de trabalho firmado a partir de sua vigência, de modo que, nesse caso, o cálculo será realizado exclusivamente sobre o salário básico, conforme determina o § 1º do art. 193 da CLT.

Nº 192. AÇÃO RESCISÓRIA. COMPETÊNCIA (atualizada em decorrência do CPC de 2015) – Res. 212/2016, DEJT divulgado em 20, 21 e 22.09.2016

I – Se não houver o conhecimento de recurso de revista ou de embargos, a competência para julgar ação que vise a rescindir a decisão de mérito é do Tribunal Regional do Trabalho, ressalvado o disposto no item II. II – Acórdão rescindendo do Tribunal Superior do Trabalho que não conhece de recurso de embargos ou de revista, analisando arguição de violação de dispositivo de lei material ou decidindo em consonância com súmula de direito material ou com iterativa, notória e atual jurisprudência de direito material da Seção de Dissídios Individuais (Súmula nº 333), examina o mérito da causa, cabendo ação rescisória da competência do Tribunal Superior do Trabalho. (ex-Súmula nº 192 – alterada pela Res. 121/2003, DJ 21.11.2003) III – Sob a égide do art. 512 do CPC de 1973, é juridicamente impossível o pedido explícito de desconstituição de sentença quando substituída por acórdão do Tribunal Regional ou superveniente sentença homologatória de acordo que puser fim ao litígio. IV – Na vigência do CPC de 1973, é manifesta a impossibilidade jurídica do pedido de rescisão de julgado proferido em agravo de instrumento que, limitando-se a aferir o eventual desacerto do juízo negativo de admissibilidade do recurso de revista, não substitui o acórdão regional, na forma do art. 512 do CPC. (ex-OJ nº 105 da SBDI-2 – DJ 29.04.2003) V – A decisão proferida pela SBDI, em agravo regimental, calcada na Súmula nº 333, substitui acórdão de Turma do TST, porque emite juízo de mérito, comportando, em tese, o corte rescisório. (ex-OJ nº 133 da SBDI-2 – DJ 04.05.2004).

Nº 197. PRAZO (mantida) – Res. 121/2003, DJ 19, 20 e 21.11.2003

O prazo para recurso da parte que, intimada, não comparecer à audiência em prosseguimento para a prolação da sentença conta-se de sua publicação.

Nº 199. BANCÁRIO. PRÉ-CONTRATAÇÃO DE HORAS EXTRAS (incorporadas as Orientações Jurisprudenciais nºs 48 e 63 da SBDI-1) – Res. 129/2005, DJ 20, 22 e 25.04.2005

I – A contratação do serviço suplementar, quando da admissão do trabalhador bancário, é nula. Os valores assim ajustados apenas remuneram a jornada normal, sendo devidas as horas extras com o adicional de, no mínimo, 50% (cinquenta por cento), as quais não configuram pré-contratação, se pactuadas após a admissão do bancário. (ex-Súmula nº 199 – alterada pela Res. 41/1995, DJ 21.02.1995 – e ex-OJ nº 48 da SBDI-1 – inserida em 25.11.1996)

II – Em se tratando de horas extras pré-contratadas, opera-se a prescrição total se a ação não for ajuizada no prazo de cinco anos, a partir da data em que foram suprimidas. (ex-OJ nº 63 da SBDI-1 – inserida em 14.03.1994)

Nº 200. JUROS DE MORA. INCIDÊNCIA (mantida) – Res. 121/2003, DJ 19, 20 e 21.11.2003

Os juros de mora incidem sobre a importância da condenação já corrigida monetariamente.

Nº 201. RECURSO ORDINÁRIO EM MANDADO DE SEGURANÇA (mantida) – Res. 121/2003, DJ 19, 20 e 21.11.2003

Da decisão de Tribunal Regional do Trabalho em mandado de segurança cabe recurso ordinário, no prazo de 8 (oito) dias, para o Tribunal Superior do Trabalho, e igual dilação para o recorrido e interessados apresentarem razões de contrariedade.

Nº 202. GRATIFICAÇÃO POR TEMPO DE SERVIÇO. COMPENSAÇÃO (mantida) – Res. 121/2003, DJ 19, 20 e 21.11.2003

Existindo, ao mesmo tempo, gratificação por tempo de serviço outorgada pelo empregador e outra da mesma natureza prevista em acordo coletivo, convenção coletiva ou sentença normativa, o empregado tem direito a receber, exclusivamente, a que lhe seja mais benéfica.

Nº 203. GRATIFICAÇÃO POR TEMPO DE SERVIÇO. NATUREZA SALARIAL (mantida) – Res. 121/2003, DJ 19, 20 e 21.11.2003

A gratificação por tempo de serviço integra o salário para todos os efeitos legais.

Nº 206. FGTS. INCIDÊNCIA SOBRE PARCELAS PRESCRITAS (nova redação) – Res. 121/2003, DJ 19, 20 e 21.11.2003

A prescrição da pretensão relativa às parcelas remuneratórias alcança o respectivo recolhimento da contribuição para o FGTS.

Nº 211. JUROS DE MORA E CORREÇÃO MONETÁRIA. INDEPENDÊNCIA DO PEDIDO INICIAL E DO TÍTULO EXECUTIVO JUDICIAL (mantida) – Res. 121/2003, DJ 19, 20 e 21.11.2003

Os juros de mora e a correção monetária incluem-se na liquidação, ainda que omisso o pedido inicial ou a condenação.

Nº 212. DESPEDIMENTO. ÔNUS DA PROVA (mantida) – Res. 121/2003, DJ 19, 20 e 21.11.2003

O ônus de provar o término do contrato de trabalho, quando negados a prestação de serviço e o despedimento, é do empregador, pois o princípio da continuidade da relação de emprego constitui presunção favorável ao empregado.

Nº 214. DECISÃO INTERLOCUTÓRIA. IRRECORRIBILIDADE (nova redação) – Res. 127/2005, DJ 14, 15 e 16.03.2005

Na Justiça do Trabalho, nos termos do art. 893, § 1º, da CLT, as decisões interlocutórias não ensejam recurso imediato, salvo nas hipóteses de decisão:

a) de Tribunal Regional do Trabalho contrária à Súmula ou Orientação Jurisprudencial do Tribunal Superior do Trabalho;

b) suscetível de impugnação mediante recurso para o mesmo Tribunal;

c) que acolhe exceção de incompetência territorial, com a remessa dos autos para Tribunal Regional distinto daquele a que se vincula o juízo excepcionado, consoante o disposto no art. 799, § 2º, da CLT.

Nº 217. DEPÓSITO RECURSAL. CREDENCIAMENTO BANCÁRIO. PROVA DISPENSÁVEL (mantida) – Res. 121/2003, DJ 19, 20 e 21.11.2003.

O credenciamento dos bancos para o fim de recebimento do depósito recursal é fato notório, independendo da prova.

Nº 218. RECURSO DE REVISTA. ACÓRDÃO PROFERIDO EM AGRAVO DE INSTRUMENTO (mantida) – Res. 121/2003, DJ 19, 20 e 21.11.2003

É incabível recurso de revista interposto de acórdão regional prolatado em agravo de instrumento.

Nº 219. HONORÁRIOS ADVOCATÍCIOS. CABIMENTO. (alterada a redação do item I e acrescidos os itens IV a VI na sessão do Tribunal Pleno realizada em 15.3.2016) I – Na Justiça do Trabalho, a condenação ao pagamento de honorários advocatícios não decorre pura e simplesmente da sucumbência, devendo a parte, concomitantemente: a) estar assistida por sindicato da categoria profissional; b) comprovar a percepção de salário inferior ao dobro do salário mínimo ou encontrar-se em situação econômica que não lhe permita demandar sem prejuízo do próprio sustento ou da respectiva família (art.14, § 1º, da Lei nº 5.584/1970). (ex-OJ nº 305 da SBDI-I). II – É cabível a condenação ao pagamento de honorários advocatícios em ação rescisória no processo trabalhista. III – São devidos os honorários advocatícios nas causas em que o ente sindical figure como substituto processual e nas lides que não derivem da relação de emprego. IV – Na ação rescisória e nas lides que não derivem de relação de emprego, a responsabilidade pelo pagamento dos honorários advocatícios da sucumbência submete-se à disciplina do Código de Processo Civil (arts. 85, 86, 87 e 90).

V – Em caso de assistência judiciária sindical ou de substituição processual sindical, excetuados os processos em que a Fazenda Pública for parte, os honorários advocatícios são devidos entre o mínimo de dez e o máximo de vinte por cento sobre o valor da condenação, do proveito econômico obtido ou, não sendo possível mensurá-lo, sobre o valor atualizado da causa (CPC de 2015, art. 85, § 2º).

VI – Nas causas em que a Fazenda Pública for parte, aplicar-se-ão os percentuais específicos de honorários advocatícios contemplados no Código de Processo Civil.

Nº 221. RECURSO DE REVISTA. VIOLAÇÃO DE LEI. INDICAÇÃO DE PRECEITO (cancelado o item II e conferida nova redação na sessão do Tribunal Pleno realizada em 14.09.2012)

I – A admissibilidade do recurso de revista por violação tem como pressuposto a indicação expressa do dispositivo de lei ou da Constituição tido como violado. (ex-OJ nº 94 da SBDI-1 – inserida em 30.05.1997)

Nº 225. REPOUSO SEMANAL. CÁLCULO. GRATIFICAÇÕES POR TEMPO DE SERVIÇO E PRODUTIVIDADE (mantida) – Res. 121/2003, DJ 19, 20 e 21.11.2003

As gratificações por tempo de serviço e produtividade, pagas mensalmente, não repercutem no cálculo do repouso semanal remunerado.

Nº 226. BANCÁRIO. GRATIFICAÇÃO POR TEMPO DE SERVIÇO. INTEGRAÇÃO NO CÁLCULO DAS HORAS EXTRAS (mantida) – Res. 121/2003, DJ 19, 20 e 21.11.2003

A gratificação por tempo de serviço integra o cálculo das horas extras.

Nº 228. ADICIONAL DE INSALUBRIDADE. BASE DE CÁLCULO (redação alterada na sessão do Tribunal Pleno em 26.06.2008) – Res. 148/2008, DJ 04 e 07.07.2008 – Republicada DJ 08, 09 e 10.07.2008. SÚMULA CUJA EFICÁCIA ESTÁ SUSPENSA POR DECISÃO LIMINAR DO SUPREMO TRIBUNAL FEDERAL – Res. 185/2012, DEJT divulgado em 25, 26 e 27.09.2012

A partir de 9 de maio de 2008, data da publicação da Súmula Vinculante nº 4 do Supremo Tribunal Federal, o adicional de insalubridade será calculado sobre o salário básico, salvo critério mais vantajoso fixado em instrumento coletivo.

Nº 230. AVISO PRÉVIO. SUBSTITUIÇÃO PELO PAGAMENTO DAS HORAS REDUZIDAS DA JORNADA DE TRABALHO (mantida) – Res. 121/2003, DJ 19, 20 e 21.11.2003

É ilegal substituir o período que se reduz da jornada de trabalho, no aviso prévio, pelo pagamento das horas correspondentes.

Nº 239. BANCÁRIO. EMPREGADO DE EMPRESA DE PROCESSAMENTO DE DADOS (incorporadas as Orientações Jurisprudenciais nºs 64 e 126 da SBDI-1) – Res. 129/2005, DJ 20, 22 e 25.04.2005

É bancário o empregado de empresa de processamento de dados que presta serviço a banco integrante do mesmo grupo econômico, exceto quando a empresa de processamento de dados presta serviços a banco e a empresas não bancárias do mesmo grupo econômico ou a terceiros. (primeira parte – ex-Súmula nº 239 – Res. 15/1985, DJ 09.12.1985; segunda parte – ex-OJs nºs 64 e 126 da SBDI-1 – inseridas, respectivamente, em 13.09.1994 e 20.04.1998)

Nº 240. BANCÁRIO. GRATIFICAÇÃO DE FUNÇÃO E ADICIONAL POR TEMPO DE SERVIÇO (mantida) – Res. 121/2003, DJ 19, 20 e 21.11.2003

O adicional por tempo de serviço integra o cálculo da gratificação prevista no art. 224, § 2º, da CLT.

Nº 241. SALÁRIO-UTILIDADE. ALIMENTAÇÃO (mantida) – Res. 121/2003, DJ 19, 20 e 21.11.2003

O vale para refeição, fornecido por força do contrato de trabalho, tem caráter salarial, integrando a remuneração do empregado, para todos os efeitos legais.

Nº 242. INDENIZAÇÃO ADICIONAL. VALOR (mantida) – Res. 121/2003, DJ 19, 20 e 21.11.2003

A indenização adicional, prevista no art. 9º da Lei nº 6.708, de 30.10.1979 e no art. 9º da Lei nº 7.238, de 28.10.1984, corresponde ao salário mensal, no valor devido na data da comunicação do despedimento, integrado pelos adicionais legais ou convencionados, ligados à unidade de tempo mês, não sendo computável a gratificação natalina.

Nº 243. OPÇÃO PELO REGIME TRABALHISTA. SUPRESSÃO DAS VANTAGENS ESTATUTÁRIAS (mantida) – Res. 121/2003, DJ 19, 20 e 21.11.2003

Exceto na hipótese de previsão contratual ou legal expressa, a opção do funcionário público pelo regime trabalhista implica a renúncia dos direitos inerentes ao regime estatutário.

Nº 244. GESTANTE. ESTABILIDADE PROVISÓRIA (redação do item III alterada na sessão do Tribunal Pleno realizada em 14.09.2012) – Res. 185/2012, DEJT divulgado em 25, 26 e 27.09.2012

I – O desconhecimento do estado gravídico pelo empregador não afasta o direito ao pagamento da indenização decorrente da estabilidade (art. 10, II, "b" do ADCT). (ex-OJ nº 88 da SBDI-1 – DJ 16.04.2004 e republicada DJ 04.05.04)

II – A garantia de emprego à gestante só autoriza a reintegração se esta se der durante o período de estabilidade. Do contrário, a garantia restringe-se aos salários e demais direitos correspondentes ao período de estabilidade. (ex-Súmula nº 244 – alterada pela Res. 121/2003, DJ 21.11.2003)

III – A empregada gestante tem direito à estabilidade provisória prevista no art. 10, inciso II, alínea b, do ADCT, mesmo na hipótese de admissão mediante contrato por tempo determinado

Nº 245. DEPÓSITO RECURSAL. PRAZO (mantida) – Res. 121/2003, DJ 19, 20 e 21.11.2003

O depósito recursal deve ser feito e comprovado no prazo alusivo ao recurso. A interposição antecipada deste não prejudica a dilação legal.

Nº 246. AÇÃO DE CUMPRIMENTO. TRÂNSITO EM JULGADO DA SENTENÇA NORMATIVA (mantida) – Res. 121/2003, DJ 19, 20 e 21.11.2003

É dispensável o trânsito em julgado da sentença normativa para a propositura da ação de cumprimento.

Nº 247. QUEBRA DE CAIXA. NATUREZA JURÍDICA (mantida) – Res. 121/2003, DJ 19, 20 e 21.11.2003

A parcela paga aos bancários sob a denominação "quebra de caixa" possui natureza salarial, integrando o salário do prestador de serviços, para todos os efeitos legais.

Nº 248. ADICIONAL DE INSALUBRIDADE. DIREITO ADQUIRIDO (mantida) – Res. 121/2003, DJ 19, 20 e 21.11.2003

A reclassificação ou a descaracterização da insalubridade, por ato da autoridade competente, repercute na satisfação do respectivo adicional, sem ofensa a direito adquirido ou ao princípio da irredutibilidade salarial.

Nº 253. GRATIFICAÇÃO SEMESTRAL. REPERCUSSÕES (nova redação) – Res. 121/2003, DJ 19, 20 e 21.11.2003

A gratificação semestral não repercute no cálculo das horas extras, das férias e do aviso prévio, ainda que indenizados. Repercute, contudo, pelo seu duodécimo na indenização por antiguidade e na gratificação natalina.

Nº 254. SALÁRIO-FAMÍLIA. TERMO INICIAL DA OBRIGAÇÃO (mantida) – Res. 121/2003, DJ 19, 20 e 21.11.2003

O termo inicial do direito ao salário-família coincide com a prova da filiação. Se feita em juízo, corresponde à data de ajuizamento do pedido, salvo se comprovado que anteriormente o empregador se recusara a receber a respectiva certidão.

Nº 257. VIGILANTE (mantida) – Res. 121/2003, DJ 19, 20 e 21.11.2003

O vigilante, contratado diretamente por banco ou por intermédio de empresas especializadas, não é bancário.

Nº 258. SALÁRIO-UTILIDADE. PERCENTUAIS (nova redação) – Res. 121/2003, DJ 19, 20 e 21.11.2003

Os percentuais fixados em lei relativos ao salário *"in natura"* apenas se referem às hipóteses em que o empregado percebe salário mínimo, apurando-se, nas demais, o real valor da utilidade.

Nº 259. TERMO DE CONCILIAÇÃO. AÇÃO RESCISÓRIA (mantida) – Res. 121/2003, DJ 19, 20 e 21.11.2003

Só por ação rescisória é impugnável o termo de conciliação previsto no parágrafo único do art. 831 da CLT.

Nº 261. FÉRIAS PROPORCIONAIS. PEDIDO DE DEMISSÃO. CONTRATO VIGENTE HÁ MENOS DE UM ANO (nova redação) – Res. 121/2003, DJ 19, 20 e 21.11.2003

O empregado que se demite antes de complementar 12 (doze) meses de serviço tem direito a férias proporcionais.

Nº 262. PRAZO JUDICIAL. NOTIFICAÇÃO OU INTIMAÇÃO EM SÁBADO. RECESSO FORENSE. (redação do item II alterada na sessão do Tribunal Pleno realizada em 19.05.2014) – Res. 194/2014, DEJT divulgado em 21, 22 e 23.05.2014

I – Intimada ou notificada a parte no sábado, o início do prazo se dará no primeiro dia útil imediato e a contagem, no subsequente. (ex-Súmula nº 262 – Res. 10/1986, DJ 31.10.1986)

II – O recesso forense e as férias coletivas dos Ministros do Tribunal Superior do Trabalho suspendem os prazos recursais. (ex-OJ nº 209 da SBDI-1 – inserida em 08.11.2000)

Nº 263. PETIÇÃO INICIAL. INDEFERIMENTO. INSTRUÇÃO OBRIGATÓRIA DEFICIENTE (nova redação em decorrência do CPC de 2015) – Res. 208/2016, DEJT divulgado em 22, 25 e 26.04.2016.

Salvo nas hipóteses do art. 330 do CPC de 2015 (art. 295 do CPC de 1973), o indeferimento da petição inicial, por encontrar-se desacompanhada de documento indispensável à propositura da ação ou não preencher outro requisito legal, somente é cabível se, após intimada para suprir a irregularidade em 15 (quinze) dias, mediante indicação precisa do que deve ser corrigido ou completado, a parte não o fizer (art. 321 do CPC de 2015).

Nº 264. HORA SUPLEMENTAR. CÁLCULO (mantida) – Res. 121/2003, DJ 19, 20 e 21.11.2003

A remuneração do serviço suplementar é composta do valor da hora normal, integrado por parcelas de natureza salarial e acrescido do adicional previsto em lei, contrato, acordo, convenção coletiva ou sentença normativa.

Nº 265. ADICIONAL NOTURNO. ALTERAÇÃO DE TURNO DE TRABALHO. POSSIBILIDADE DE SUPRESSÃO (mantida) – Res. 121/2003, DJ 19, 20 e 21.11.2003

A transferência para o período diurno de trabalho implica a perda do direito ao adicional noturno.

Nº 266. RECURSO DE REVISTA. ADMISSIBILIDADE. EXECUÇÃO DE SENTENÇA (mantida) – Res. 121/2003, DJ 19, 20 e 21.11.2003

A admissibilidade do recurso de revista interposto de acórdão proferido em agravo de petição, na liquidação de sentença ou em processo incidente na execução, inclusive os embargos de terceiro, depende de demonstração inequívoca de violência direta à Constituição Federal.

Nº 268. PRESCRIÇÃO. INTERRUPÇÃO. AÇÃO TRABALHISTA ARQUIVADA (nova redação) – Res. 121/2003, DJ 19, 20 e 21.11.2003

A ação trabalhista, ainda que arquivada, interrompe a prescrição somente em relação aos pedidos idênticos.

Nº 269. DIRETOR ELEITO. CÔMPUTO DO PERÍODO COMO TEMPO DE SERVIÇO (mantida) – Res. 121/2003, DJ 19, 20 e 21.11.2003

O empregado eleito para ocupar cargo de diretor tem o respectivo contrato de trabalho suspenso, não se computando o tempo de serviço desse período, salvo se permanecer a subordinação jurídica inerente à relação de emprego.

Nº 275. PRESCRIÇÃO. DESVIO DE FUNÇÃO E REENQUADRAMENTO (incorporada a Orientação Jurisprudencial nº 144 da SBDI-1) – Res. 129/2005, DJ 20, 22 e 25.04.2005

I – Na ação que objetive corrigir desvio funcional, a prescrição só alcança as diferenças salariais vencidas no período de 5 (cinco) anos que precedeu o ajuizamento. (ex-Súmula nº 275 – alterada pela Res. 121/2003, DJ 21.11.2003)

II – Em se tratando de pedido de reenquadramento, a prescrição é total, contada da data do enquadramento do empregado. (ex-OJ nº 144 da SBDI-1 – inserida em 27.11.1998)

Nº 276. AVISO PRÉVIO. RENÚNCIA PELO EMPREGADO (mantida) – Res. 121/2003, DJ 19, 20 e 21.11.2003

O direito ao aviso prévio é irrenunciável pelo empregado. O pedido de dispensa de cumprimento não exime o empregador de pagar o respectivo valor, salvo comprovação de haver o prestador dos serviços obtido novo emprego.

Nº 277. CONVENÇÃO COLETIVA DE TRABALHO OU ACORDO COLETIVO DE TRABALHO. EFICÁCIA. ULTRATIVIDADE redação alterada na sessão do Tribunal Pleno realizada em 14.09.2012) – Res. 185/2012, DEJT divulgado em 25, 26 e 27.09.2012

As cláusulas normativas dos acordos coletivos ou convenções coletivas integram os contratos individuais de trabalho e somente poderão ser modificadas ou suprimidas mediante negociação coletiva de trabalho.

Nº 278. EMBARGOS DE DECLARAÇÃO. OMISSÃO NO JULGADO (mantida) – Res. 121/2003, DJ 19, 20 e 21.11.2003

A natureza da omissão suprida pelo julgamento de embargos declaratórios pode ocasionar efeito modificativo no julgado.

Nº 279. RECURSO CONTRA SENTENÇA NORMATIVA. EFEITO SUSPENSIVO. CASSAÇÃO (mantida) – Res. 121/2003, DJ 19, 20 e 21.11.2003

A cassação de efeito suspensivo concedido a recurso interposto de sentença normativa retroage à data do despacho que o deferiu.

Nº 282. ABONO DE FALTAS. SERVIÇO MÉDICO DA EMPRESA (mantida) – Res. 121/2003, DJ 19, 20 e 21.11.2003

Ao serviço médico da empresa ou ao mantido por esta última mediante convênio compete abonar os primeiros 15 (quinze) dias de ausência ao trabalho.

Nº 283. RECURSO ADESIVO. PERTINÊNCIA NO PROCESSO DO TRABALHO. CORRELAÇÃO DE MATÉRIAS (mantida) – Res. 121/2003, DJ 19, 20 e 21.11.2003

O recurso adesivo é compatível com o processo do trabalho e cabe, no prazo de 8 (oito) dias, nas hipóteses de interposição de recurso ordinário, de agravo de petição, de revista e de embargos, sendo desnecessário que a matéria nele veiculada esteja relacionada com a do recurso interposto pela parte contrária.

Nº 286. SINDICATO. SUBSTITUIÇÃO PROCESSUAL. CONVENÇÃO E ACORDO COLETIVOS (mantida) – Res. 121/2003, DJ 19, 20 e 21.11.2003

A legitimidade do sindicato para propor ação de cumprimento estende-se também à observância de acordo ou de convenção coletivos.

Nº 287. JORNADA DE TRABALHO. GERENTE BANCÁRIO (nova redação) – Res. 121/2003, DJ 19, 20 e 21.11.2003

A jornada de trabalho do empregado de banco gerente de agência é regida pelo art. 224, § 2º, da CLT. Quanto ao gerente-geral de agência bancária, presume-se o exercício de encargo de gestão, aplicando-se-lhe o art. 62 da CLT.

Nº 288. COMPLEMENTAÇÃO DOS PROVENTOS DA APOSENTADORIA (nova redação para o item I e acrescidos os itens III e IV em decorrência do julgamento do processo TST-E-ED-RR-235-20.2010.5.20.0006 pelo Tribunal Pleno em 12.04.2016) – Res. 207/2016, DEJT divulgado em 18, 19 e 20.04.2016 I – A complementação dos proventos de aposentadoria, instituída, regulamentada e paga diretamente pelo empregador, sem vínculo com as entidades de previdência privada fechada, é regida pelas normas em vigor na data de admissão do empregado, ressalvadas as alterações que forem mais benéficas (art. 468 da CLT). II – Na hipótese de coexistência de dois regulamentos de planos de previdência complementar, instituídos pelo empregador ou por entidade de previdência privada, a opção do beneficiário por um deles tem efeito jurídico de renúncia às regras do outro. III – Após a entrada em vigor das Leis Complementares nºs 108 e 109, de 29/05/2001, reger-se-á a complementação dos proventos de aposentadoria pelas normas vigentes na data da implementação dos requisitos para obtenção do benefício, ressalvados o direito adquirido do participante que anteriormente implementara os requisitos para o benefício e o direito acumulado do empregado que até então não preenchera tais requisitos.

IV – O entendimento da primeira parte do item III aplica-se aos processos em curso no Tribunal Superior do Trabalho em que, em 12/04/2016, ainda não haja sido proferida decisão de mérito por suas Turmas e Seções.

Nº 289. INSALUBRIDADE. ADICIONAL. FORNECIMENTO DO APARELHO DE PROTEÇÃO. EFEITO (mantida) – Res. 121/2003, DJ 19, 20 e 21.11.2003

O simples fornecimento do aparelho de proteção pelo empregador não o exime do pagamento do adicional de insalubridade. Cabe-lhe tomar as medidas que conduzam à diminuição ou eliminação da nocividade, entre as quais as relativas ao uso efetivo do equipamento pelo empregado.

Nº 291. HORAS EXTRAS. HABITUALIDADE. SUPRESSÃO. INDENIZAÇÃO. (nova redação)

A supressão total ou parcial, pelo empregador, de serviço suplementar prestado com habitualidade, durante pelo menos 1 (um) ano, assegura ao empregado o direito à indenização correspondente ao valor de 1 (um) mês das horas suprimidas, total ou parcialmente, para cada ano ou fração igual ou superior a seis meses de prestação de serviço acima da jornada normal. O cálculo observará a média das horas suplementares nos últimos 12 (doze) meses anteriores à mudança, multiplicada pelo valor da hora extra do dia da supressão.

Nº 293. ADICIONAL DE INSALUBRIDADE. CAUSA DE PEDIR. AGENTE NOCIVO DIVERSO DO APONTADO NA INICIAL (mantida) – Res. 121/2003, DJ 19, 20 e 21.11.2003

A verificação mediante perícia de prestação de serviços em condições nocivas, considerado agente insalubre diverso do apontado na inicial, não prejudica o pedido de adicional de insalubridade.

Nº 294. PRESCRIÇÃO. ALTERAÇÃO CONTRATUAL. TRABALHADOR URBANO (mantida) – Res. 121/2003, DJ 19, 20 e 21.11.2003

Tratando-se de ação que envolva pedido de prestações sucessivas decorrente de alteração do pactuado, a prescrição é total, exceto quando o direito à parcela esteja também assegurado por preceito de lei.

Nº 296. RECURSO. DIVERGÊNCIA JURISPRUDENCIAL. ESPECIFICIDADE (incorporada a Orientação Jurisprudencial nº 37 da SBDI-1) – Res. 129/2005, DJ 20, 22 e 25.04.2005

I – A divergência jurisprudencial ensejadora da admissibilidade, do prosseguimento e do conhecimento do recurso há de ser específica, revelando a existência de teses diversas na interpretação de um mesmo dispositivo legal, embora idênticos os fatos que as ensejaram. (ex-Súmula nº 296 – Res. 6/1989, DJ 19.04.1989)

II – Não ofende o art. 896 da CLT decisão de Turma que, examinando premissas concretas de especificidade da divergência colacionada no apelo revisional, conclui pelo conhecimento ou desconhecimento do recurso. (ex-OJ nº 37 da SBDI-1 – inserida em 01.02.1995)

Nº 297. PREQUESTIONAMENTO. OPORTUNIDADE. CONFIGURAÇÃO (nova redação) – Res. 121/2003, DJ 19, 20 e 21.11.2003

I – Diz-se prequestionada a matéria ou questão quando na decisão impugnada haja sido adotada, explicitamente, tese a respeito.

II – Incumbe à parte interessada, desde que a matéria haja sido invocada no recurso principal, opor embargos declaratórios objetivando o pronunciamento sobre o tema, sob pena de preclusão.

III – Considera-se prequestionada a questão jurídica invocada no recurso principal sobre a qual se omite o Tribunal de pronunciar tese, não obstante opostos embargos de declaração.

Nº 298. AÇÃO RESCISÓRIA. VIOLÊNCIA DE LEI. PREQUESTIONAMENTO (incorporadas as Orientações Jurisprudenciais nºs 36, 72, 75 e 85, parte final, da SBDI-2) – Res. 137/2005, DJ 22, 23 e 24.08.2005

I – A conclusão acerca da ocorrência de violação literal de lei pressupõe pronunciamento explícito, na sentença rescindenda, sobre a matéria veiculada. (ex-Súmula nº 298 – Res. 8/1989, DJ 14.04.1989)

II – O prequestionamento exigido em ação rescisória diz respeito à matéria e ao enfoque específico da tese debatida na ação e não, necessariamente, ao dispositivo legal tido por violado. Basta que o conteúdo da norma, reputada como violada, tenha sido abordado na decisão rescindenda para que se considere preenchido o pressuposto do prequestionamento. (ex-OJ nº 72 da SBDI-2 – inserida em 20.09.2000)

III – Para efeito de ação rescisória, considera-se prequestionada a matéria tratada na sentença quando, examinando remessa de ofício, o Tribunal simplesmente a confirma. (ex-OJ nº 75 da SBDI-2 – inserida em 20.04.2001)

IV – A sentença meramente homologatória, que silencia sobre os motivos de convencimento do juiz, não se mostra rescindível, por ausência de prequestionamento. (ex-OJ nº 85 da SBDI-2 – parte final – inserida em 13.03.2002 e alterada em 26.11.2002)

V – Não é absoluta a exigência de prequestionamento na ação rescisória. Ainda que a ação rescisória tenha por fundamento violação de dispositivo legal, é prescindível o prequestionamento quando o vício nasce no próprio julgamento, como se dá com a sentença "extra, citra e ultra petita". (ex-OJ nº 36 da SBDI-2 – inserida em 20.09.2000)

Nº 299. AÇÃO RESCISÓRIA. DECISÃO RESCINDENDA. TRÂNSITO EM JULGADO. COMPROVAÇÃO. EFEITOS (nova redação do item II em decorrência do CPC de 2015) – Res. 211/2016, DEJT divulgado em 24, 25 e 26.08.2016

I – É indispensável ao processamento da ação rescisória a prova do trânsito em julgado da decisão rescindenda. (ex-Súmula nº 299 – Res. 8/1989, DJ 14, 18 e 19.04.1989)

II – Verificando o relator que a parte interessada não juntou à inicial o documento comprobatório, abrirá prazo de 15 (quinze) dias para que o faça (art. 321 do CPC de 2015), sob pena de indeferimento. (ex-Súmula nº 299 – Res 8/1989, DJ 14, 18 e 19.04.1989)

III – A comprovação do trânsito em julgado da decisão rescindenda é pressuposto processual indispensável ao tempo do ajuizamento da ação rescisória. Eventual trânsito em julgado posterior ao ajuizamento da ação rescisória não reabilita a ação proposta, na medida em que o ordenamento jurídico não contempla a ação rescisória preventiva. (ex-OJ nº 106 da SBDI-2 – DJ 29.04.2003)

IV – O pretenso vício de intimação, posterior à decisão que se pretende rescindir, se efetivamente ocorrido, não permite a formação da coisa julgada material. Assim, a ação rescisória deve ser julgada extinta, sem julgamento do mérito, por carência de ação, por inexistir decisão transitada em julgado a ser rescindida. (ex-OJ nº 96 da SBDI-2 – inserida em 27.09.2002)

Nº 300. COMPETÊNCIA DA JUSTIÇA DO TRABALHO. CADASTRAMENTO NO PIS (mantida) – Res. 121/2003, DJ 19, 20 e 21.11.2003

Compete à Justiça do Trabalho processar e julgar ações ajuizadas por empregados em face de empregadores relativas ao cadastramento no Programa de Integração Social (PIS).

Nº 303. FAZENDA PÚBLICA. REEXAME NECESSÁRIO (nova redação em decorrência do CPC de 2015) – Res. 211/2016, DEJT divulgado em 24, 25 e 26.08.2016 I – Em dissídio individual, está sujeita ao reexame necessário, mesmo na vigência da Constituição Federal de 1988, decisão contrária à Fazenda Pública, salvo quando a condenação não ultrapassar o valor correspondente a: a) 1.000 (mil) salários mínimos para a União e as respectivas autarquias e fundações de direito público; b) 500 (quinhentos) salários mínimos para os Estados, o Distrito Federal, as respectivas autarquias e fundações de direito público e os Municípios que constituam capitais dos Estados; c) 100 (cem) salários mínimos para todos os demais Municípios e respectivas autarquias e fundações de direito público. II – Também não se sujeita ao duplo grau de jurisdição a decisão fundada em: a) súmula ou orientação jurisprudencial do Tribunal Superior do Trabalho; b) acórdão proferido pelo Supremo Tribunal Federal ou pelo Tribunal Superior do Trabalho em julgamento de recursos repetitivos; c) entendimento firmado em incidente de resolução de demandas repetitivas ou de assunção de competência; d) entendimento coincidente com orientação vinculante firmada no âmbito administrativo do próprio ente público, consolidada em manifestação, parecer ou súmula administrativa. III – Em ação rescisória, a decisão proferida pelo Tribunal Regional do Trabalho está sujeita ao duplo grau de jurisdição obrigatório quando desfavorável ao ente público, exceto nas hipóteses dos incisos anteriores. (ex-OJ nº 71 da SBDI-1 – inserida em 03.06.1996) IV – Em mandado de segurança, somente cabe reexame necessário se, na relação processual, figurar pessoa jurídica de direito público como parte prejudicada pela concessão da ordem. Tal situação não ocorre na hipótese de figurar no feito como impetrante e terceiro interessado pessoa de direito privado, ressalvada a hipótese de matéria administrativa. (ex-OJs nºs 72 e 73 da SBDI-1 – inseridas, respectivamente, em 25.11.1996 e 03.06.1996).

Nº 304. CORREÇÃO MONETÁRIA. EMPRESAS EM LIQUIDAÇÃO. ART. 46 DO ADCT/CF (mantida) – Res. 121/2003, DJ 19, 20 e 21.11.2003 e republicada DJ 25.11.2003

Os débitos trabalhistas das entidades submetidas aos regimes de intervenção ou liquidação extrajudicial estão sujeitos a correção monetária desde o respectivo vencimento até seu efetivo pagamento, sem interrupção ou suspensão, não incidindo, entretanto, sobre tais débitos, juros de mora.

Nº 305. FUNDO DE GARANTIA DO TEMPO DE SERVIÇO. INCIDÊNCIA SOBRE O AVISO PRÉVIO (mantida) – Res. 121/2003, DJ 19, 20 e 21.11.2003

O pagamento relativo ao período de aviso prévio, trabalhado ou não, está sujeito a contribuição para o FGTS.

Nº 307. JUROS. IRRETROATIVIDADE DO DECRETO-LEI Nº 2.322, DE 26.02.1987 (mantida) – Res. 121/2003, DJ 19, 20 e 21.11.2003

A fórmula de cálculo de juros prevista no Decreto-Lei nº 2.322, de 26.02.1987 somente é aplicável a partir de 27.02.1987. Quanto ao período anterior, deve-se observar a legislação então vigente.

Nº 308. PRESCRIÇÃO QUINQUENAL (incorporada a Orientação Jurisprudencial nº 204 da SBDI-1) – Res. 129/2005, DJ 20, 22 e 25.04.2005

I – Respeitado o biênio subsequente à cessação contratual, a prescrição da ação trabalhista concerne às pretensões imediatamente anteriores a cinco anos, contados da data do ajuizamento da reclamação e, não, às anteriores ao quinquênio da data da extinção do contrato. (ex-OJ nº 204 da SBDI-1 – inserida em 08.11.2000)

II – A norma constitucional que ampliou o prazo de prescrição da ação trabalhista para 5 (cinco) anos é de aplicação imediata e não atinge pretensões já alcançadas pela prescrição bienal quando da promulgação da CF/1988. (ex-Súmula nº 308 – Res. 6/1992, DJ 05.11.1992)

Nº 309. VIGIA PORTUÁRIO. TERMINAL PRIVATIVO. NÃO OBRIGATORIEDADE DE REQUISIÇÃO (mantida) – Res. 121/2003, DJ 19, 20 e 21.11.2003

Tratando-se de terminais privativos destinados à navegação de cabotagem ou de longo curso, não é obrigatória a requisição de vigia portuário indicado por sindicato.

Nº 311. BENEFÍCIO PREVIDENCIÁRIO A DEPENDENTE DE EX-EMPREGADO. CORREÇÃO MONETÁRIA. LEGISLAÇÃO APLICÁVEL (mantida) – Res. 121/2003, DJ 19, 20 e 21.11.2003

O cálculo da correção monetária incidente sobre débitos relativos a benefícios previdenciários devidos a dependentes de ex-empregado pelo empregador, ou por entidade de previdência privada a ele vinculada, será o previsto na Lei nº 6.899, de 08.04.1981.

Nº 312. CONSTITUCIONALIDADE. ALÍNEA "B" DO ART. 896 DA CLT (mantida) – Res. 121/2003, DJ 19, 20 e 21.11.2003

É constitucional a alínea "b" do art. 896 da CLT, com a redação dada pela Lei nº 7.701, de 21.12.1988.

Nº 313. COMPLEMENTAÇÃO DE APOSENTADORIA. PROPORCIONALIDADE. BANESPA (mantida) – Res. 121/2003, DJ 19, 20 e 21.11.2003

A complementação de aposentadoria, prevista no art. 106, e seus parágrafos, do regulamento de pessoal editado em 1965, só é integral para os empregados que tenham 30 (trinta) ou mais anos de serviços prestados exclusivamente ao banco.

Nº 314. INDENIZAÇÃO ADICIONAL. VERBAS RESCISÓRIAS. SALÁRIO CORRIGIDO (mantida) – Res. 121/2003, DJ 19, 20 e 21.11.2003

Se ocorrer a rescisão contratual no período de 30 (trinta) dias que antecede à data-base, observado a Súmula nº 182 do TST, o pagamento das verbas rescisórias com o salário já corrigido não afasta o direito à indenização adicional prevista nas Leis nºs 6.708, de 30.10.1979 e 7.238, de 28.10.1984.

Nº 315. IPC DE MARÇO/1990. LEI Nº 8.030, DE 12.04.1990 (PLANO COLLOR). INEXISTÊNCIA DE DIREITO ADQUIRIDO (mantida) – Res. 121/2003, DJ 19, 20 e 21.11.2003

A partir da vigência da Medida Provisória nº 154, de 15.03.1990, convertida na Lei nº 8.030, de 12.04.1990, não se aplica o IPC de março de 1990, de 84,32% (oitenta e quatro vírgula trinta e dois por cento), para a correção dos salários, porque o direito ainda não se havia incorporado ao patrimônio jurídico dos trabalhadores, inexistindo ofensa ao inciso XXXVI do art. 5º da CF/1988.

Nº 318. DIÁRIAS. BASE DE CÁLCULO PARA SUA INTEGRAÇÃO NO SALÁRIO (mantida) – Res. 121/2003, DJ 19, 20 e 21.11.2003

Tratando-se de empregado mensalista, a integração das diárias no salário deve ser feita tomando-se por base o salário mensal por ele percebido e não o valor do dia de salário, somente sendo devida a referida integração quando o valor das diárias, no mês, for superior à metade do salário mensal.

Nº 319. REAJUSTES SALARIAIS ("GATILHOS"). APLICAÇÃO AOS SERVIDORES PÚBLICOS CONTRATADOS SOB A ÉGIDE DA LEGISLAÇÃO TRABALHISTA (mantida) – Res. 121/2003, DJ 19, 20 e 21.11.2003

Aplicam-se aos servidores públicos, contratados sob o regime da CLT, os reajustes decorrentes da correção automática dos salários pelo mecanismo denominado "gatilho", de que tratam os Decretos-Leis nºs 2.284, de 10.03.1986 e 2.302, de 21.11.1986.

Nº 320. HORAS "IN ITINERE". OBRIGATORIEDADE DE CÔMPUTO NA JORNADA DE TRABALHO (mantida) – Res. 121/2003, DJ 19, 20 e 21.11.2003

O fato de o empregador cobrar, parcialmente ou não, importância pelo transporte fornecido, para local de difícil acesso ou não servido por transporte regular, não afasta o direito à percepção das horas "in itinere".

Nº 322. DIFERENÇAS SALARIAIS. PLANOS ECONÔMICOS. LIMITE (mantida) – Res. 121/2003, DJ 19, 20 e 21.11.2003

Os reajustes salariais decorrentes dos chamados "gatilhos" e URPs, previstos legalmente como antecipação, são devidos tão-somente até a data-base de cada categoria.

Nº 326. COMPLEMENTAÇÃO DE APOSENTADORIA. PRESCRIÇÃO TOTAL. (nova redação)

A pretensão à complementação de aposentadoria jamais recebida prescreve em 2 (dois) anos contados da cessação do contrato de trabalho.

Nº 327. COMPLEMENTAÇÃO DE APOSENTADORIA. DIFERENÇAS. PRESCRIÇÃO PARCIAL. (nova redação)

A pretensão a diferenças de complementação de aposentadoria sujeita-se à prescrição parcial e quinquenal, salvo se o pretenso direito decorrer de verbas não recebidas no curso da relação de emprego e já alcançadas pela prescrição, à época da propositura da ação.

Nº 328. FÉRIAS. TERÇO CONSTITUCIONAL (mantida) – Res. 121/2003, DJ 19, 20 e 21.11.2003

O pagamento das férias, integrais ou proporcionais, gozadas ou não, na vigência da CF/1988, sujeita-se ao acréscimo do terço previsto no respectivo art. 7º, XVII.

Nº 329. HONORÁRIOS ADVOCATÍCIOS. ART. 133 DA CF/1988 (mantida) – Res. 121/2003, DJ 19, 20 e 21.11.2003

Mesmo após a promulgação da CF/1988, permanece válido o entendimento consubstanciado na Súmula nº 219 do Tribunal Superior do Trabalho.

Nº 330. QUITAÇÃO. VALIDADE (mantida) – Res. 121/2003, DJ 19, 20 e 21.11.2003

A quitação passada pelo empregado, com assistência de entidade sindical de sua categoria, ao empregador, com observância dos requisitos exigidos nos parágrafos do art. 477 da CLT, tem eficácia liberatória em relação às parcelas expressamente consignadas no recibo, salvo se oposta ressalva expressa e especificada ao valor dado à parcela ou parcelas impugnadas.

I – A quitação não abrange parcelas não consignadas no recibo de quitação e, consequentemente, seus reflexos em outras parcelas, ainda que estas constem desse recibo.

II – Quanto a direitos que deveriam ter sido satisfeitos durante a vigência do contrato de trabalho, a quitação é válida em relação ao período expressamente consignado no recibo de quitação.

Nº 331. CONTRATO DE PRESTAÇÃO DE SERVIÇOS. LEGALIDADE. (nova redação do item IV e inseridos os itens V e VI)

I – A contratação de trabalhadores por empresa interposta é ilegal, formando-se o vínculo diretamente com o tomador dos serviços, salvo no caso de trabalho temporário (Lei nº 6.019, de 03.01.1974).

II – A contratação irregular de trabalhador, mediante empresa interposta, não gera vínculo de emprego com os órgãos da Administração Pública direta, indireta ou fundacional (art. 37, II, da CF/1988).

III – Não forma vínculo de emprego com o tomador a contratação de serviços de vigilância (Lei nº 7.102, de 20.06.1983) e de conservação e limpeza, bem como a de serviços especializados ligados à atividade-meio do tomador, desde que inexistente a pessoalidade e a subordinação direta.

IV – O inadimplemento das obrigações trabalhistas, por parte do empregador, implica a responsabilidade subsidiária do tomador dos serviços quanto àquelas obrigações, desde que haja participado da relação processual e conste também do título executivo judicial.

V – Os entes integrantes da Administração Pública direta e indireta respondem subsidiariamente, nas mesmas condições do item IV, caso evidenciada a sua conduta culposa no cumprimento das obrigações da Lei nº 8.666, de 21.06.1993, especialmente na fiscalização do cumprimento das obrigações contratuais e legais da prestadora de serviço como empregadora. A aludida responsabilidade não decorre de mero inadimplemento das obrigações trabalhistas assumidas pela empresa regularmente contratada.

VI – A responsabilidade subsidiária do tomador de serviços abrange todas as verbas decorrentes da condenação referentes ao período da prestação laboral.

Nº 332. COMPLEMENTAÇÃO DE APOSENTADORIA. PETROBRAS. MANUAL DE PESSOAL. NORMA PROGRAMÁTICA (mantida) – Res. 121/2003, DJ 19, 20 e 21.11.2003

As normas relativas à complementação de aposentadoria, inseridas no Manual de Pessoal da Petrobras, têm caráter meramente programático, delas não resultando direito à referida complementação.

Nº 333. RECURSOS DE REVISTA. CONHECIMENTO (alterada) – Res. 155/2009, DJ 26 e 27.02.2009 e 02.03.2009

Não ensejam recurso de revista decisões superadas por iterativa, notória e atual jurisprudência do Tribunal Superior do Trabalho.

Nº 336. CONSTITUCIONALIDADE. § 2º DO ART. 9º DO DECRETO-LEI Nº 1.971, DE 30.11.1982 (mantida) – Res. 121/2003, DJ 19, 20 e 21.11.2003

É constitucional o § 2º do art. 9º do Decreto-Lei nº 1.971, de 30.11.1982, com a redação dada pelo Decreto-Lei nº 2.100, de 28.12.1983.

Nº 337. COMPROVAÇÃO DE DIVERGÊNCIA JURISPRUDENCIAL. RECURSOS DE REVISTA E DE EMBARGOS (incluído o item V) – Res. 220/2017, DEJT divulgado em 21, 22 e 25.09.2017

I – Para comprovação da divergência justificadora do recurso, é necessário que o recorrente: a) Junte certidão ou cópia autenticada do acórdão paradigma ou cite a fonte oficial ou o repositório autorizado em que foi publicado; e b) Transcreva, nas razões recursais, as ementas e/ou trechos dos acórdãos trazidos à configuração do dissídio, demonstrando o conflito de teses que justifique o conhecimento do recurso, ainda que os acórdãos já se encontrem nos autos ou venham a ser juntados com o recurso.

II – A concessão de registro de publicação como repositório autorizado de jurisprudência do TST torna válidas todas as suas edições anteriores.

III – A mera indicação da data de publicação, em fonte oficial, de aresto paradigma é inválida para comprovação de divergência jurisprudencial, nos termos do item I, "a", desta súmula, quando a parte pretende demonstrar o conflito de teses mediante a transcrição de trechos que integram a fundamentação do acórdão divergente, uma vez que só se publicam o dispositivo e a ementa dos acórdãos;

IV – É válida para a comprovação da divergência jurisprudencial justificadora do recurso a indicação de aresto extraído de repositório oficial na internet, desde que o recorrente: a) transcreva o trecho divergente; b) aponte o sítio de onde foi extraído; e c) decline o número do processo, o órgão prolator do acórdão e a data da respectiva publicação no Diário Eletrônico da Justiça do Trabalho.

V – A existência do código de autenticidade na cópia, em formato pdf, do inteiro teor do aresto paradigma, juntada aos autos, torna-a equivalente ao documento original e também supre a ausência de indicação da fonte oficial de publicação.

Nº 338. JORNADA DE TRABALHO. REGISTRO. ÔNUS DA PROVA (incorporadas as Orientações Jurisprudenciais nºs 234 e 306 da SBDI-1) – Res. 129/2005, DJ 20, 22 e 25.04.2005

I – É ônus do empregador que conta com mais de 10 (dez) empregados o registro da jornada de trabalho na forma do art. 74, § 2º, da CLT. A não-apresentação injustificada dos controles de frequência gera presunção relativa de veracidade da jornada de trabalho, a qual pode ser elidida por prova em contrário. (ex-Súmula nº 338 – alterada pela Res. 121/2003, DJ 21.11.2003)

II – A presunção de veracidade da jornada de trabalho, ainda que prevista em instrumento normativo, pode ser elidida por prova em contrário. (ex-OJ nº 234 da SBDI-1 – inserida em 20.06.2001)

III – Os cartões de ponto que demonstram horários de entrada e saída uniformes são inválidos como meio de prova, invertendo-se o ônus da prova, relativo às horas extras, que passa a ser do empregador, prevalecendo a jornada da inicial se dele não se desincumbir. (ex-OJ nº 306 da SBDI-1 – DJ 11.08.2003)

Nº 339. CIPA. SUPLENTE. GARANTIA DE EMPREGO. CF/1988 (incorporadas as Orientações Jurisprudenciais nºs 25 e 329 da SBDI-1) – Res. 129/2005, DJ 20, 22 e 25.04.2005

I – O suplente da CIPA goza da garantia de emprego prevista no art. 10, II, "a", do ADCT a partir da promulgação da Constituição Federal de 1988. (ex-Súmula nº 339 – Res. 39/1994, DJ 22.12.1994 – e ex-OJ nº 25 da SBDI-1 – inserida em 29.03.1996)

II – A estabilidade provisória do cipeiro não constitui vantagem pessoal, mas garantia para as atividades dos membros da CIPA, que somente tem razão de ser quando em atividade a empresa. Extinto o estabelecimento, não se verifica a despedida arbitrária, sendo impossível a reintegração e indevida a indenização do período estabilitário. (ex-OJ nº 329 da SBDI-1 – DJ 09.12.2003)

Nº 340. COMISSIONISTA. HORAS EXTRAS (nova redação) – Res. 121/2003, DJ 19, 20 e 21.11.2003

O empregado, sujeito a controle de horário, remunerado à base de comissões, tem direito ao adicional de, no mínimo, 50% (cinquenta por cento) pelo trabalho em horas extras, calculado sobre o valor-hora das comissões recebidas no mês, considerando-se como divisor o número de horas efetivamente trabalhadas.

Nº 341. HONORÁRIOS DO ASSISTENTE TÉCNICO (mantida) – Res. 121/2003, DJ 19, 20 e 21.11.2003

A indicação do perito assistente é faculdade da parte, a qual deve responder pelos respectivos honorários, ainda que vencedora no objeto da perícia.

Nº 342. DESCONTOS SALARIAIS. ART. 462 DA CLT (mantida) – Res. 121/2003, DJ 19, 20 e 21.11.2003

Descontos salariais efetuados pelo empregador, com a autorização prévia e por escrito do empregado, para ser integrado em planos de assistência odontológica, médico-hospitalar, de seguro, de previdência privada, ou de entidade cooperativa, cultural ou recreativo-associativa de seus trabalhadores, em seu benefício e de seus dependentes, não afrontam o disposto no art. 462 da CLT, salvo se ficar demonstrada a existência de coação ou de outro defeito que vicie o ato jurídico.

Nº 344. SALÁRIO-FAMÍLIA. TRABALHADOR RURAL (mantida) – Res. 121/2003, DJ 19, 20 e 21.11.2003

O salário-família é devido aos trabalhadores rurais somente após a vigência da Lei nº 8.213, de 24.07.1991.

Nº 345. BANDEPE. REGULAMENTO INTERNO DE PESSOAL NÃO CONFERE ESTABILIDADE AOS EMPREGADOS (mantida) – Res. 121/2003, DJ 19, 20 e 21.11.2003

O Regulamento Interno de Pessoal (RIP) do Banco do Estado de Pernambuco – BANDEPE, na parte que trata de seu regime disciplinar, não confere estabilidade aos seus empregados.

Nº 346. DIGITADOR. INTERVALOS INTRAJORNADA. APLICAÇÃO ANALÓGICA DO ART. 72 DA CLT (mantida) – Res. 121/2003, DJ 19, 20 e 21.11.2003

Os digitadores, por aplicação analógica do art. 72 da CLT, equiparam-se aos trabalhadores nos serviços de mecanografia (datilografia, escrituração ou cálculo), razão pela qual têm direito a intervalos de descanso de 10 (dez) minutos a cada 90 (noventa) de trabalho consecutivo.

Nº 347. HORAS EXTRAS HABITUAIS. APURAÇÃO. MÉDIA FÍSICA (mantida) – Res. 121/2003, DJ 19, 20 e 21.11.2003

O cálculo do valor das horas extras habituais, para efeito de reflexos em verbas trabalhistas, observará o número de horas efetivamente prestadas e a ele aplica-se o valor do salário-hora da época do pagamento daquelas verbas.

Nº 348. AVISO PRÉVIO. CONCESSÃO NA FLUÊNCIA DA GARANTIA DE EMPREGO. INVALIDADE (mantida) – Res. 121/2003, DJ 19, 20 e 21.11.2003

É inválida a concessão do aviso prévio na fluência da garantia de emprego, ante a incompatibilidade dos dois institutos.

Nº 350. PRESCRIÇÃO. TERMO INICIAL. AÇÃO DE CUMPRIMENTO. SENTENÇA NORMATIVA (mantida) – Res. 121/2003, DJ 19, 20 e 21.11.2003

O prazo de prescrição com relação à ação de cumprimento de decisão normativa flui apenas da data de seu trânsito em julgado.

Nº 351. PROFESSOR. REPOUSO SEMANAL REMUNERADO. ART. 7º, § 2º, DA LEI Nº 605, DE 05.01.1949 E ART. 320 DA CLT (mantida) – Res. 121/2003, DJ 19, 20 e 21.11.2003

O professor que recebe salário mensal à base de hora-aula tem direito ao acréscimo de 1/6 a título de repouso semanal remunerado, considerando-se para esse fim o mês de quatro semanas e meia.

Nº 352. CUSTAS – PRAZO PARA COMPROVAÇÃO (cancelamento mantido) – Res. 121/2003, DJ 19, 20 e 21.11.2003 – Referência Lei nº 10.537/2002

O prazo para comprovação do pagamento das custas, sempre a cargo da parte, é de 5 (cinco) dias contados do seu recolhimento (CLT art. 789, § 4º, – CPC art. 185).

Nº 353. EMBARGOS. AGRAVO. CABIMENTO (atualizada em decorrência do CPC de 2015) – Res. 208/2016, DEJT divulgado em 22, 25 e 26.04.2016. Não cabem embargos para a Seção de Dissídios Individuais de decisão de Turma proferida em agravo, salvo: a) da decisão que não conhece de agravo de instrumento ou de agravo pela ausência de pressupostos extrínsecos; b) da decisão que nega provimento a agravo contra decisão monocrática do Relator, em que se proclamou a ausência de pressupostos extrínsecos de agravo de instrumento; c) para revisão dos pressupostos extrínsecos de admissibilidade do recurso de revista, cuja ausência haja sido declarada originariamente pela Turma no julgamento do agravo; d) para impugnar o conhecimento de agravo de instrumento; e) para impugnar a imposição de multas previstas nos arts. 1.021, § 4º, do CPC de 2015 ou 1.026, § 2º, do CPC de 2015 (art. 538, parágrafo único, do CPC de 1973, ou art. 557, § 2º, do CPC de 1973). f) contra decisão de Turma proferida em agravo em recurso de revista, nos termos do art. 894, II, da CLT.

Nº 354. GORJETAS. NATUREZA JURÍDICA. REPERCUSSÕES (mantida) – Res. 121/2003, DJ 19, 20 e 21.11.2003

As gorjetas, cobradas pelo empregador na nota de serviço ou oferecidas espontaneamente pelos clientes, integram a remuneração do empregado, não servindo de base de cálculo para as parcelas de aviso-prévio, adicional noturno, horas extras e repouso semanal remunerado.

Nº 355. CONAB. ESTABILIDADE. AVISO DIREH Nº 2 DE 12.12.1984 (mantida) – Res. 121/2003, DJ 19, 20 e 21.11.2003

O aviso DIREH nº 2, de 12.12.1984, que concedia estabilidade aos empregados da CONAB, não tem eficácia, porque não aprovado pelo Ministério ao qual a empresa se subordina.

Nº 356. ALÇADA RECURSAL. VINCULAÇÃO AO SALÁRIO MÍNIMO (mantida) – Res. 121/2003, DJ 19, 20 e 21.11.2003

O art. 2º, § 4º, da Lei nº 5.584, de 26.06.1970, foi recepcionado pela CF/1988, sendo lícita a fixação do valor da alçada com base no salário mínimo.

Nº 357. TESTEMUNHA. AÇÃO CONTRA A MESMA RECLAMADA. SUSPEIÇÃO (mantida) – Res. 121/2003, DJ 19, 20 e 21.11.2003

Não torna suspeita a testemunha o simples fato de estar litigando ou de ter litigado contra o mesmo empregador.

Nº 358. RADIOLOGISTA. SALÁRIO PROFISSIONAL. LEI Nº 7.394, DE 29.10.1985 (mantida) – Res. 121/2003, DJ 19, 20 e 21.11.2003

O salário profissional dos técnicos em radiologia é igual a 2 (dois) salários mínimos e não a 4 (quatro).

Nº 360. TURNOS ININTERRUPTOS DE REVEZAMENTO. INTERVALOS INTRAJORNADA E SEMANAL (mantida) – Res. 121/2003, DJ 19, 20 e 21.11.2003

A interrupção do trabalho destinada a repouso e alimentação, dentro de cada turno, ou o intervalo para repouso semanal, não descaracteriza o turno de revezamento com jornada de 6 (seis) horas previsto no art. 7º, XIV, da CF/1988.

Nº 361. ADICIONAL DE PERICULOSIDADE. ELETRICITÁRIOS. EXPOSIÇÃO INTERMITENTE (mantida) – Res. 121/2003, DJ 19, 20 e 21.11.2003

O trabalho exercido em condições perigosas, embora de forma intermitente, dá direito ao empregado a receber o adicional de periculosidade de forma integral, porque a Lei nº 7.369, de 20.09.1985, não estabeleceu nenhuma proporcionalidade em relação ao seu pagamento.

Nº 362. FGTS. PRESCRIÇÃO (redação alterada na sessão do Tribunal Pleno realizada em 09.06.2015. Resolução n. 198/2015)

I – Para os casos em que a ciência da lesão ocorreu a partir de 13.11.2014, é quinquenal a prescrição do direito de reclamar contra o não-recolhimento de contribuição para o FGTS, observado o prazo de dois anos após o término do contrato;

II – Para os casos em que o prazo prescricional já estava em curso em 13.11.2014, aplica-se o prazo prescricional que se consumar primeiro: trinta anos, contados do termo inicial, ou cinco anos, a partir de 13.11.2014 (STF-ARE-709212/DF).

Nº 363. CONTRATO NULO. EFEITOS (nova redação) – Res. 121/2003, DJ 19, 20 e 21.11.2003

A contratação de servidor público, após a CF/ 1988, sem prévia aprovação em concurso público, encontra óbice no respectivo art. 37, II e § 2º, somente lhe conferindo direito ao pagamento da contraprestação pactuada, em relação ao número de horas trabalhadas, respeitado o valor da hora do salário mínimo, e dos valores referentes aos depósitos do FGTS.

Nº 364. ADICIONAL DE PERICULOSIDADE. EXPOSIÇÃO EVENTUAL, PERMANENTE E INTERMITENTE (inserido o item II) – Res. 209/2016, DEJT divulgado em 01, 02 e 03.06.2016

I – Tem direito ao adicional de periculosidade o empregado exposto permanentemente ou que, de forma intermitente, sujeita-se a condições de risco. Indevido, apenas, quando o contato dá-se de forma eventual, assim considerado o fortuito, ou o que, sendo habitual, dá-se por tempo extremamente reduzido. (ex-Ojs da SBDI-1 nºs 05 – inserida em 14.03.1994 – e 280 – DJ 11.08.2003)

II – Não é válida a cláusula de acordo ou convenção coletiva de trabalho fixando o adicional de periculosidade em percentual inferior ao estabelecido em lei e proporcional ao tempo de exposição ao risco, pois tal parcela constitui medida de higiene, saúde e segurança do trabalho, garantida por norma de ordem pública (arts. 7º, XXII e XXIII, da CF e 193, §1º, da CLT).

Nº 365. ALÇADA. AÇÃO RESCISÓRIA E MANDADO DE SEGURANÇA (conversão das Orientações Jurisprudenciais nºs 8 e 10 da SBDI-1) – Res. 129/2005, DJ 20, 22 e 25.04.2005

Não se aplica a alçada em ação rescisória e em mandado de segurança. (ex-OJs nºs 8 e 10 da SBDI-1 – inseridas em 01.02.1995)

Nº 366. CARTÃO DE PONTO. REGISTRO. HORAS EXTRAS. MINUTOS QUE ANTECEDEM E SUCEDEM A JORNADA DE TRABALHO (nova redação) – Res. 197/2015 – DEJT divulgado em 14, 15 e 18.05.2015.

Não serão descontadas nem computadas como jornada extraordinária as variações de horário do registro de ponto não excedentes de cinco minutos, observado o limite máximo de dez minutos diários. Se ultrapassado esse limite, será considerada como extra a totalidade do tempo que exceder a jornada normal, pois configurado tempo à disposição do empregador, não importando as atividades desenvolvidas pelo empregado ao longo do tempo residual (troca de uniforme, lanche, higiene pessoal, etc).

Nº 367. UTILIDADES *"IN NATURA"*. HABITAÇÃO. ENERGIA ELÉTRICA. VEÍCULO. CIGARRO. NÃO INTEGRAÇÃO AO SALÁRIO (conversão das Orientações Jurisprudenciais nºs 24, 131 e 246 da SBDI-1) – Res. 129/2005, DJ 20, 22 e 25.04.2005

I – A habitação, a energia elétrica e veículo fornecidos pelo empregador ao empregado, quando indispensáveis para a realização do trabalho, não têm natureza salarial, ainda que, no caso de veículo, seja ele utilizado pelo empregado também em atividades particulares. (ex-Ojs da SBDI-1 nºs 131 – inserida em 20.04.1998 e ratificada pelo Tribunal Pleno em 07.12.2000 – e 246 – inserida em 20.06.2001)

II – O cigarro não se considera salário utilidade em face de sua nocividade à saúde. (ex-OJ nº 24 da SBDI-1 – inserida em 29.03.1996)

Nº 368. DESCONTOS PREVIDENCIÁRIOS. IMPOSTO DE RENDA. COMPETÊNCIA. RESPONSABILIDADE PELO RECOLHIMENTO. FORMA DE CÁLCULO. FATO GERADOR (aglutinada a parte final da Orientação Jurisprudencial nº 363 da SBDI-I à redação do item II e incluídos os itens IV, V e VI em sessão do Tribunal Pleno realizada em 26.06.2017) – Res. 219/2017, DEJT divulgado em 28, 29 e 30.06.2017.

I – A Justiça do Trabalho é competente para determinar o recolhimento das contribuições fiscais. A competência da Justiça do Trabalho, quanto à execução das contribuições previdenciárias, limita-se às sentenças condenatórias em pecúnia que proferir e aos valores, objeto de acordo homologado, que integrem o salário de contribuição. (ex-OJ nº 141 da SBDI-1 – inserida em 27.11.1998).

II – É do empregador a responsabilidade pelo recolhimento das contribuições previdenciárias e fiscais, resultantes de crédito do empregado oriundo de condenação judicial. A culpa do empregador pelo inadimplemento das verbas remuneratórias, contudo, não exime a responsabilidade do empregado pelos pagamentos do imposto de renda devido e da contribuição previdenciária que recaia sobre sua quota-parte. (ex-OJ nº 363 da SBDI-1, parte final)

III – Os descontos previdenciários relativos à contribuição do empregado, no caso de ações trabalhistas, devem ser calculados mês a mês, de conformidade com o art. 276, § 4º, do Decreto n º 3.048/1999 que regulamentou a Lei nº 8.212/1991, aplicando-se as alíquotas previstas no art. 198, observado o limite máximo do salário de contribuição (ex-OJs nºs 32 e 228 da SBDI-1 – inseridas, respectivamente, em 14.03.1994 e 20.06.2001).

IV – Considera-se fato gerador das contribuições previdenciárias decorrentes de créditos trabalhistas reconhecidos ou homologados em juízo, para os serviços prestados até 4.3.2009, inclusive, o efetivo pagamento das verbas, configurando-se a mora a partir do dia dois do mês seguinte ao da liquidação (art. 276, "caput", do Decreto nº 3.048/1999). Eficácia não retroativa da alteração legislativa promovida pela Medida Provisória nº 449/2008, posteriormente convertida na Lei nº 11.941/2009, que deu nova redação ao art. 43 da Lei nº 8.212/91.

V – Para o labor realizado a partir de 5.3.2009, considera-se fato gerador das contribuições previdenciárias decorrentes de créditos trabalhistas reconhecidos ou homologados em juízo a data da efetiva prestação dos serviços. Sobre as contribuições previdenciárias não recolhidas a partir da prestação dos serviços incidem juros de mora e, uma vez apurados os créditos previdenciários, aplica-se multa a partir do exaurimento do prazo de citação para pagamento, se descumprida a obrigação, observado o limite legal de 20% (art. 61, § 2º, da Lei nº 9.460/96).

VI – O imposto de renda decorrente de crédito do empregado recebido acumuladamente deve ser calculado sobre o montante dos rendimentos pagos, mediante a utilização de tabela progressiva resultante da multiplicação da quantidade de meses a que se refiram os rendimentos pelos valores constantes da tabela progressiva mensal correspondente ao mês do recebimento ou crédito, nos termos do art. 12-A da Lei nº 7.713, de 22/12/1988, com a redação conferida pela Lei nº 13.149/2015, observado o procedimento previsto nas Instruções Normativas da Receita Federal do Brasil.

Nº 369. DIRIGENTE SINDICAL. ESTABILIDADE PROVISÓRIA (redação do item I alterada na sessão do Tribunal Pleno realizada em 14.09.2012) – Res. 185/2012, DEJT divulgado em 25, 26 e 27.09.2012

I – É assegurada a estabilidade provisória ao empregado dirigente sindical, ainda que a comunicação do registro da candidatura ou da eleição e da posse seja realizada fora do prazo previsto no art. 543, § 5º, da CLT, desde que a ciência ao empregador, por qualquer meio, ocorra na vigência do contrato de trabalho.

II – O art. 522 da CLT foi recepcionado pela Constituição Federal de 1988. Fica limitada, assim, a estabilidade a que alude o art. 543, § 3º, da CLT a sete dirigentes sindicais e igual número de suplentes.

III – O empregado de categoria diferenciada eleito dirigente sindical só goza de estabilidade se exercer na empresa atividade pertinente à categoria profissional do sindicato para o qual foi eleito dirigente. (ex-OJ nº 145 da SBDI-1 – inserida em 27.11.1998)

IV – Havendo extinção da atividade empresarial no âmbito da base territorial do sindicato, não há razão para subsistir a estabilidade. (ex-OJ nº 86 da SBDI-1 – inserida em 28.04.1997)

V – O registro da candidatura do empregado a cargo de dirigente sindical durante o período de aviso prévio, ainda que indenizado, não lhe assegura a estabilidade, visto que inaplicável a regra do § 3º do art. 543 da Consolidação das Leis do Trabalho. (ex-OJ nº 35 da SBDI-1 – inserida em 14.03.1994)

Nº 370. MÉDICO E ENGENHEIRO. JORNADA DE TRABALHO. LEIS NºS 3.999/1961 E 4.950-A/1966 (conversão das Orientações Jurisprudenciais nºs 39 e 53 da SBDI-1) – Res. 129/2005, DJ 20, 22 e 25.04.2005

Tendo em vista que as Leis nº 3.999/1961 e 4.950-A/1966 não estipulam a jornada reduzida, mas apenas estabelecem o salário mínimo da categoria para uma jornada de 4 horas para os médicos e de 6 horas para os engenheiros, não há que se falar em horas extras, salvo as excedentes à oitava, desde que seja respeitado o salário mínimo/horário das categorias. (ex-OJs nºs 39 e 53 da SBDI-1 – inseridas, respectivamente, em 07.11.1994 e 29.04.1994)

Nº 371. AVISO PRÉVIO INDENIZADO. EFEITOS. SUPERVENIÊNCIA DE AUXÍLIO-DOENÇA NO CURSO DESTE (conversão das Orientações Jurisprudenciais nºs 40 e 135 da SBDI-1) – Res. 129/2005, DJ 20, 22 e 25.04.2005

A projeção do contrato de trabalho para o futuro, pela concessão do aviso prévio indenizado, tem efeitos limitados às vantagens econômicas obtidas no período de pré-aviso, ou seja, salários, reflexos e verbas rescisórias. No caso de concessão de auxílio-doença no curso do aviso prévio, todavia, só se concretizam os efeitos da dispensa depois de expirado o benefício previdenciário. (ex-OJs nºs 40 e 135 da SBDI-1 – inseridas, respectivamente, em 28.11.1995 e 27.11.1998)

Nº 372. GRATIFICAÇÃO DE FUNÇÃO. SUPRESSÃO OU REDUÇÃO. LIMITES (conversão das Orientações Jurisprudenciais nos 45 e 303 da SBDI-1) – Res. 129/2005, DJ 20, 22 e 25.04.2005

I – Percebida a gratificação de função por dez ou mais anos pelo empregado, se o empregador, sem justo motivo, revertê-lo a seu cargo efetivo, não poderá retirar-lhe a gratificação tendo em vista o princípio da estabilidade financeira. (ex-OJ nº 45 da SBDI-1 – inserida em 25.11.1996)

II – Mantido o empregado no exercício da função comissionada, não pode o empregador reduzir o valor da gratificação. (ex-OJ nº 303 da SBDI-1 – DJ 11.08.2003)

Nº 373. GRATIFICAÇÃO SEMESTRAL. CONGELAMENTO. PRESCRIÇÃO PARCIAL (conversão da Orientação Jurisprudencial nº 46 da SBDI-1) – Res. 129/2005, DJ 20, 22 e 25.04.2005

Tratando-se de pedido de diferença de gratificação semestral que teve seu valor congelado, a prescrição aplicável é a parcial. (ex-OJ nº 46 da SBDI-1 – inserida em 29.03.1996)

Nº 374. NORMA COLETIVA. CATEGORIA DIFERENCIADA. ABRANGÊNCIA (conversão da Orientação Jurisprudencial nº 55 da SBDI-1) – Res. 129/2005, DJ 20, 22 e 25.04.2005

Empregado integrante de categoria profissional diferenciada não tem o direito de haver de seu empregador vantagens previstas em instrumento coletivo no qual a empresa não foi representada por órgão de classe de sua categoria. (ex-OJ nº 55 da SBDI-1 – inserida em 25.11.1996)

Nº 375. REAJUSTES SALARIAIS PREVISTOS EM NORMA COLETIVA. PREVALÊNCIA DA LEGISLAÇÃO DE POLÍTICA SALARIAL (conversão da Orientação Jurisprudencial nº 69 da SBDI-1 e da Orientação Jurisprudencial nº 40 da SBDI-2) – Res. 129/2005, DJ 20, 22 e 25.04.2005

Os reajustes salariais previstos em norma coletiva de trabalho não prevalecem frente à legislação superveniente de política salarial. (ex-OJs nºs 69 da SBDI-1 – inserida em 14.03.1994 – e 40 da SBDI-2 – inserida em 20.09.2000)

Nº 376. HORAS EXTRAS. LIMITAÇÃO. ART. 59 DA CLT. REFLEXOS (conversão das Orientações Jurisprudenciais nºs 89 e 117 da SBDI-1) – Res. 129/2005, DJ 20, 22 e 25.04.2005

I – A limitação legal da jornada suplementar a duas horas diárias não exime o empregador de pagar todas as horas trabalhadas. (ex-OJ nº 117 da SBDI-1 – inserida em 20.11.1997)

II – O valor das horas extras habitualmente prestadas integra o cálculo dos haveres trabalhistas, independentemente da limitação prevista no "caput" do art. 59 da CLT. (ex-OJ nº 89 da SBDI-1 – inserida em 28.04.1997)

Nº 377. PREPOSTO. EXIGÊNCIA DA CONDIÇÃO DE EMPREGADO (nova redação) – Res. 146/2008, DJ 28.04.2008, 02 e 05.05.2008

Exceto quanto à reclamação de empregado doméstico, ou contra micro ou pequeno empresário, o preposto deve ser necessariamente empregado do reclamado. Inteligência do art. 843, § 1º, da CLT e do art. 54 da Lei Complementar nº 123, de 14 de dezembro de 2006.

Nº 378. ESTABILIDADE PROVISÓRIA. ACIDENTE DO TRABALHO. ART. 118 DA LEI Nº 8.213/1991. CONSTITUCIONALIDADE. PRESSUPOSTOS (inserido o item III). – Res. 185/2012, DEJT divulgado em 25, 26 e 27.09.2012

I – É constitucional o artigo 118 da Lei nº 8.213/1991 que assegura o direito à estabilidade provisória por período de 12 meses após a cessação do auxílio-doença ao empregado acidentado. (ex-OJ nº 105 da SBDI-1 – inserida em 01.10.1997)

II – São pressupostos para a concessão da estabilidade o afastamento superior a 15 dias e a consequente percepção do auxílio-doença acidentário, salvo se constatada, após a despedida, doença profissional que guarde relação de causalidade com a execução do contrato de emprego. (primeira parte – ex-OJ nº 230 da SBDI-1 – inserida em 20.06.2001)

III – O empregado submetido a contrato de trabalho por tempo determinado goza da garantia provisória de emprego, decorrente de acidente de trabalho, prevista no art. 118 da Lei no 8.213/1991

Nº 379. DIRIGENTE SINDICAL. DESPEDIDA. FALTA GRAVE. INQUÉRITO JUDICIAL. NECESSIDADE (conversão da Orientação Jurisprudencial nº 114 da SBDI-1) – Res. 129/2005, DJ 20, 22 e 25.04.2005

O dirigente sindical somente poderá ser dispensado por falta grave mediante a apuração em inquérito judicial, inteligência dos arts. 494 e 543, § 3º, da CLT. (ex-OJ nº 114 da SBDI-1 – inserida em 20.11.1997)

Nº 380. AVISO PRÉVIO. INÍCIO DA CONTAGEM. ART. 132 DO CÓDIGO CIVIL DE 2002 (conversão da Orientação Jurisprudencial nº 122 da SBDI-1) – Res. 129/2005, DJ 20, 22 e 25.04.2005

Aplica-se a regra prevista no "caput" do art. 132 do Código Civil de 2002 à contagem do prazo do aviso prévio, excluindo-se o dia do começo e incluindo o do vencimento. (ex-OJ nº 122 da SBDI-1 – inserida em 20.04.1998)

Nº 381. CORREÇÃO MONETÁRIA. SALÁRIO. ART. 459 DA CLT (conversão da Orientação Jurisprudencial nº 124 da SBDI-1) – Res. 129/2005, DJ 20, 22 e 25.04.2005

O pagamento dos salários até o 5º dia útil do mês subsequente ao vencido não está sujeito à correção monetária. Se essa data limite for ultrapassada, incidirá o índice da correção monetária do mês subsequente ao da prestação dos serviços, a partir do dia 1º. (ex-OJ nº 124 da SBDI-1 – inserida em 20.04.1998)

Nº 382. MUDANÇA DE REGIME CELETISTA PARA ESTATUTÁRIO. EXTINÇÃO DO CONTRATO. PRESCRIÇÃO BIENAL (conversão da Orientação Jurisprudencial nº 128 da SBDI-1) – Res. 129/2005, DJ 20, 22 e 25.04.2005

A transferência do regime jurídico de celetista para estatutário implica extinção do contrato de trabalho, fluindo o prazo da prescrição bienal a partir da mudança de regime. (ex-OJ nº 128 da SBDI-1 – inserida em 20.04.1998)

Nº 383. RECURSO. MANDATO. IRREGULARIDADE DE REPRESENTAÇÃO. CPC DE 2015, ARTS. 104 E 76, § 2º (nova redação em decorrência do CPC de 2015) – Res. 210/2016, DEJT divulgado em 30.06.2016 e 01 e 04.07.2016 I – É inadmissível recurso firmado por advogado sem procuração juntada aos autos até o momento da sua interposição, salvo mandato tácito. Em caráter excepcional (art. 104 do CPC de 2015), admite-se que o advogado, independentemente de intimação, exiba a procuração no prazo de 5 (cinco) dias após a interposição do recurso, prorrogável por igual período mediante despacho do juiz. Caso não a exiba, considera-se ineficaz o ato praticado e não se conhece do recurso. II – Verificada a irregularidade de representação da parte em fase recursal, em procuração ou substabelecimento já constante dos autos, o relator ou o órgão competente para julgamento do recurso designará prazo de 5 (cinco) dias para que seja sanado o vício. Descumprida a determinação, o relator não conhecerá do recurso, se a providência couber ao recorrente, ou determinará o desentranhamento das contrarrazões, se a providência couber ao recorrido (art. 76, § 2º, do CPC de 2015).

Nº 384. MULTA CONVENCIONAL. COBRANÇA (conversão das Orientações Jurisprudenciais nºs 150 e 239 da SBDI-1) – Res. 129/2005, DJ 20, 22 e 25.04.2005

I – O descumprimento de qualquer cláusula constante de instrumentos normativos diversos não submete o empregado a ajuizar várias ações, pleiteando em cada uma o pagamento da multa referente ao descumprimento de obrigações previstas nas cláusulas respectivas. (ex-OJ nº 150 da SBDI-1 – inserida em 27.11.1998)

II – É aplicável multa prevista em instrumento normativo (sentença normativa, convenção ou acordo coletivo) em caso de descumprimento de obrigação prevista em lei, mesmo que a norma coletiva seja mera repetição de texto legal. (ex-OJ nº 239 da SBDI-1 – inserida em 20.06.2001)

Nº 385. FERIADO LOCAL OU FORENSE. AUSÊNCIA DE EXPEDIENTE. PRAZO RECURSAL. PRORROGAÇÃO. COMPROVAÇÃO. NECESSIDADE. (alterada em decorrência do CPC de 2015) – Res. 220/2017, DEJT divulgado em 21, 22 e 25.09.2017

I – Incumbe à parte o ônus de provar, quando da interposição do recurso, a existência de feriado local que autorize a prorrogação do prazo recursal (art. 1.003, § 6º, do CPC de 2015). No caso de o recorrente alegar a existência de feriado local e não o comprovar no momento da interposição do recurso, cumpre ao relator conceder o prazo de 5 (cinco) dias para que seja sanado o vício (art. 932, parágrafo único, do CPC de 2015), sob pena de não conhecimento se da comprovação depender a tempestividade recursal;

II – Na hipótese de feriado forense, incumbirá à autoridade que proferir a decisão de admissibilidade certificar o expediente nos autos;

III – Admite-se a reconsideração da análise da tempestividade do recurso, mediante prova documental superveniente, em agravo de instrumento, agravo interno, agravo regimental, ou embargos de declaração, desde que, em momento anterior, não tenha havido a concessão de prazo para a comprovação da ausência de expediente forense.

Nº 386. POLICIAL MILITAR. RECONHECIMENTO DE VÍNCULO EMPREGATÍCIO COM EMPRESA PRIVADA (conversão da Orientação Jurisprudencial nº 167 da SBDI-1) – Res. 129/2005, DJ 20, 22 e 25.04.2005

Preenchidos os requisitos do art. 3º da CLT, é legítimo o reconhecimento de relação de emprego entre policial militar e empresa privada, independentemente do eventual cabimento de penalidade disciplinar prevista no Estatuto do Policial Militar. (ex-OJ nº 167 da SBDI-1 – inserida em 26.03.1999)

Nº 387. RECURSO. FAC-SÍMILE. LEI Nº 9.800/1999 (atualizada em decorrência do CPC de 2015) – Res. 208/2016, DEJT divulgado em 22, 25 e 26.04.2016.

I – A Lei nº 9.800, de 26.05.1999, é aplicável somente a recursos interpostos após o início de sua vigência. (ex-OJ nº 194 da SBDI-1 – inserida em 08.11.2000) II – A contagem do quinquídio para apresentação dos originais de recurso interposto por intermédio de fac-símile começa a fluir do dia subsequente ao término do prazo recursal, nos termos do art. 2º da Lei nº 9.800, de 26.05.1999, e não do dia seguinte à interposição do recurso, se esta se deu antes do termo final do prazo. (ex-OJ nº 337 da SBDI-1 – primeira parte – DJ 04.05.2004). III – Não se tratando a juntada dos originais de ato que dependa de notificação, pois a parte, ao interpor o recurso, já tem ciência de seu ônus processual, não se aplica a regra do art. 224 do CPC de 2015 (art. 184 do CPC de 1973) quanto ao "dies a quo", podendo coincidir com sábado, domingo ou feriado. (ex-OJ nº 337 da SBDI-1 – "in fine" – DJ 04.05.2004) IV – A autorização para utilização do fac-símile, constante do art. 1º da Lei n.º 9.800, de 26.05.1999, somente alcança as hipóteses em que o documento é dirigido diretamente ao órgão jurisdicional, não se aplicando à transmissão ocorrida entre particulares.

Nº 388. MASSA FALIDA. ARTS. 467 E 477 DA CLT. INAPLICABILIDADE (conversão das Orientações Jurisprudenciais nºs 201 e 314 da SBDI-1) – Res. 129/2005, DJ 20, 22 e 25.04.2005

A Massa Falida não se sujeita à penalidade do art. 467 e nem à multa do § 8º do art. 477, ambos da CLT. (ex-Ojs da SBDI-1 nºs 201 – DJ 11.08.2003 – e 314 – DJ 08.11.2000)

Nº 389. SEGURO-DESEMPREGO. COMPETÊNCIA DA JUSTIÇA DO TRABALHO. DIREITO À INDENIZAÇÃO POR NÃO LIBERAÇÃO DE GUIAS (conversão das Orientações Jurisprudenciais nºs 210 e 211 da SBDI-1) – Res. 129/2005, DJ 20, 22 e 25.04.2005

I – Inscreve-se na competência material da Justiça do Trabalho a lide entre empregado e empregador tendo por objeto indenização pelo não-fornecimento das guias do seguro-desemprego. (ex-OJ nº 210 da SBDI-1 – inserida em 08.11.2000)

II – O não-fornecimento pelo empregador da guia necessária para o recebimento do seguro-desemprego dá origem ao direito à indenização. (ex-OJ nº 211 da SBDI-1 – inserida em 08.11.2000)

Nº 390. ESTABILIDADE. ART. 41 DA CF/1988. CELETISTA. ADMINISTRAÇÃO DIRETA, AUTÁRQUICA OU FUNDACIONAL. APLICABILIDADE. EMPREGADO DE EMPRESA PÚBLICA E SOCIEDADE DE ECONOMIA MISTA. INAPLICÁVEL (conversão das Orientações Jurisprudenciais nºs 229 e 265 da SBDI-1 e da Orientação Jurisprudencial nº 22 da SBDI-2) – Res. 129/2005, DJ 20, 22 e 25.04.2005

I – O servidor público celetista da administração direta, autárquica ou fundacional é beneficiário da estabilidade prevista no art. 41 da CF/1988. (ex-OJs nºs 265 da SBDI-1 – inserida em 27.09.2002 – e 22 da SBDI-2 – inserida em 20.09.00)

II – Ao empregado de empresa pública ou de sociedade de economia mista, ainda que admitido mediante aprovação em concurso público, não é garantida a estabilidade prevista no art. 41 da CF/1988. (ex-OJ nº 229 da SBDI-1 – inserida em 20.06.2001)

Nº 391. PETROLEIROS. LEI Nº 5.811/1972. TURNO ININTERRUPTO DE REVEZAMENTO. HORAS EXTRAS E ALTERAÇÃO DA JORNADA PARA HORÁRIO FIXO (conversão das Orientações Jurisprudenciais nºs

240 e 333 da SBDI-1) – Res. 129/2005, DJ 20, 22 e 25.04.2005

I – A Lei nº 5.811/1972 foi recepcionada pela CF/88 no que se refere à duração da jornada de trabalho em regime de revezamento dos petroleiros. (ex-OJ nº 240 da SBDI-1 – inserida em 20.06.2001)

II – A previsão contida no art. 10 da Lei nº 5.811/1972, possibilitando a mudança do regime de revezamento para horário fixo, constitui alteração lícita, não violando os arts. 468 da CLT e 7º, VI, da CF/1988. (ex-OJ nº 333 da SBDI-1 – DJ 09.12.2003)

Nº 392. DANO MORAL E MATERIAL. RELAÇÃO DE TRABALHO. COMPETÊNCIA DA JUSTIÇA DO TRABALHO (redação alterada em sessão do Tribunal Pleno realizada em 27.10.2015) – Res. 200/2015, DEJT divulgado em 29.10.2015 e 03 e 04.11.2015. Nos termos do art. 114, inc. VI, da Constituição da República, a Justiça do Trabalho é competente para processar e julgar ações de indenização por dano moral e material, decorrentes da relação de trabalho, inclusive as oriundas de acidente de trabalho e doenças a ele equiparadas, ainda que propostas pelos dependentes ou sucessores do trabalhador falecido.

Nº 393. RECURSO ORDINÁRIO. EFEITO DEVOLUTIVO EM PROFUNDIDADE. ART. 1.013, § 1º, DO CPC DE 2015. ART. 515, § 1º, DO CPC DE 1973. (nova redação em decorrência do CPC de 2015) – Res. 208/2016, DEJT divulgado em 22, 25 e 26.04.2016. I – O efeito devolutivo em profundidade do recurso ordinário, que se extrai do § 1º do art. 1.013 do CPC de 2015 (art. 515, §1º, do CPC de 1973), transfere ao Tribunal a apreciação dos fundamentos da inicial ou da defesa, não examinados pela sentença, ainda que não renovados em contrarrazões, desde que relativos ao capítulo impugnado. II – Se o processo estiver em condições, o tribunal, ao julgar o recurso ordinário, deverá decidir desde logo o mérito da causa, nos termos do § 3º do art. 1.013 do CPC de 2015, inclusive quando constatar a omissão da sentença no exame de um dos pedidos.

Nº 394. FATO SUPERVENIENTE. ART. 493 DO CPC DE 2015. ART. 462 DO CPC DE 1973. (atualizada em decorrência do CPC de 2015) – Res. 208/2016, DEJT divulgado em 22, 25 e 26.04.2016. O art. 493 do CPC de 2015 (art. 462 do CPC de 1973), que admite a invocação de fato constitutivo, modificativo ou extintivo do direito, superveniente à propositura da ação, é aplicável de ofício aos processos em curso em qualquer instância trabalhista. Cumpre ao juiz ou tribunal ouvir as partes sobre o fato novo antes de decidir.

Nº 395. MANDATO E SUBSTABELECIMENTO. CONDIÇÕES DE VALIDADE (nova redação dos itens I e II e acrescido o item V em decorrência do CPC de 2015) – Res. 211/2016, DEJT divulgado em 24, 25 e 26.08.2016 I – Válido é o instrumento de mandato com prazo determinado que contém cláusula estabelecendo a prevalência dos poderes para atuar até o final da demanda (§ 4º do art. 105 do CPC de 2015). (ex -OJ nº 312 da SBDI-1 – DJ 11.08.2003) II – Se há previsão, no instrumento de mandato, de prazo para sua juntada, o mandato só tem validade se anexado ao processo o respectivo instrumento no aludido prazo. (ex-OJ nº 313 da SBDI-1 – DJ 11.08.2003) III – São válidos os atos praticados pelo substabelecido, ainda que não haja, no mandato, poderes expressos para substabelecer (art. 667, e parágrafos, do Código Civil de 2002). (ex-OJ nº 108 da SBDI-1 – inserida em 01.10.1997) IV – Configura-se a irregularidade de representação se o substabelecimento é anterior à outorga passada ao substabelecente. (ex-OJ nº 330 da SBDI-1 – DJ 09.12.2003) V – Verificada a irregularidade de representação nas hipóteses dos itens II e IV, deve o juiz suspender o processo e designar prazo razoável para que seja sanado o vício, ainda que em instância recursal (art. 76 do CPC de 2015).

Nº 396. ESTABILIDADE PROVISÓRIA. PEDIDO DE REINTEGRAÇÃO. CONCESSÃO DO SALÁRIO RELATIVO AO PERÍODO DE ESTABILIDADE JÁ EXAURIDO. INEXISTÊNCIA DE JULGAMENTO "EXTRA PETITA" (conversão das Orientações Jurisprudenciais nºs 106 e 116 da SBDI-1) – Res. 129/2005, DJ 20, 22 e 25.04.2005

I – Exaurido o período de estabilidade, são devidos ao empregado apenas os salários do período compreendido entre a data da despedida e o final do período de estabilidade, não lhe sendo assegurada a reintegração no emprego. (ex-OJ nº 116 da SBDI-1 – inserida em 01.10.1997)

II – Não há nulidade por julgamento "extra petita" da decisão que deferir salário quando o pedido for de reintegração, dados os termos do art. 496 da CLT. (ex-OJ nº 106 da SBDI-1 – inserida em 20.11.1997)

Nº 397. AÇÃO RESCISÓRIA. ART. 966, IV, do CPC de 2015 . ART. 485, IV, DO CPC de 1973. AÇÃO DE CUMPRIMENTO. OFENSA À COISA JULGADA EMANADA DE SENTENÇA NORMATIVA MODIFICADA EM GRAU DE RECURSO. INVIABILIDADE. CABIMENTO DE MANDADO DE SEGURANÇA. (atualizada em decorrência do

CPC de 2015) – Res. 208/2016, DEJT divulgado em 22, 25 e 26.04.2016. Não procede ação rescisória calcada em ofensa à coisa julgada perpetrada por decisão proferida em ação de cumprimento, em face de a sentença normativa, na qual se louvava, ter sido modificada em grau de recurso, porque em dissídio coletivo somente se consubstancia coisa julgada formal. Assim, os meios processuais aptos a atacarem a execução da cláusula reformada são a exceção de pré-executividade e o mandado de segurança, no caso de descumprimento do art. 514 do CPC de 2015 (art. 572 do CPC de 1973). (ex-OJ nº 116 da SBDI-2 – DJ 11.08.2003)

Nº 398. AÇÃO RESCISÓRIA. AUSÊNCIA DE DEFESA. INAPLICÁVEIS OS EFEITOS DA REVELIA (alterada em decorrência do CPC de 2015) – Res. 219/2017, DEJT divulgado em 28, 29 e 30.06.2017 Na ação rescisória, o que se ataca é a decisão, ato oficial do Estado, acobertado pelo manto da coisa julgada. Assim, e considerando que a coisa julgada envolve questão de ordem pública, a revelia não produz confissão na ação rescisória. (ex-OJ nº 126 da SBDI-2 – DJ 09.12.2003)

Nº 399. AÇÃO RESCISÓRIA. CABIMENTO. SENTENÇA DE MÉRITO. DECISÃO HOMOLOGATÓRIA DE ADJUDICAÇÃO, DE ARREMATAÇÃO E DE CÁLCULOS (conversão das Orientações Jurisprudenciais nºs 44, 45 e 85, primeira parte, da SBDI-2) – Res. 137/2005, DJ 22, 23 e 24.08.2005

I – É incabível ação rescisória para impugnar decisão homologatória de adjudicação ou arrematação. (ex-OJs nºs 44 e 45 da SBDI-2 – inseridas em 20.09.2000)

II – A decisão homologatória de cálculos apenas comporta rescisão quando enfrentar as questões envolvidas na elaboração da conta de liquidação, quer solvendo a controvérsia das partes quer explicitando, de ofício, os motivos pelos quais acolheu os cálculos oferecidos por uma das partes ou pelo setor de cálculos, e não contestados pela outra.

(ex-OJ nº 85 da SBDI-2 – primeira parte – inserida em 13.03.2002 e alterada em 26.11.2002).

Nº 400. AÇÃO RESCISÓRIA DE AÇÃO RESCISÓRIA. VIOLAÇÃO MANIFESTA DE NORMA JURÍDICA. INDICAÇÃO DA MESMA NORMA JURÍDICA APONTADA NA RESCISÓRIA PRIMITIVA (MESMO DISPOSITIVO DE LEI SOB O CPC DE 1973). (nova redação em decorrência do CPC de 2015) – Res. 208/2016, DEJT divulgado em 22, 25 e 26.04.2016.

Em se tratando de rescisória de rescisória, o vício apontado deve nascer na decisão rescindenda, não se admitindo a rediscussão do acerto do julgamento da rescisória anterior. Assim, não procede rescisória calcada no inciso V do art. 966 do CPC de 2015 (art. 485, V, do CPC de 1973) para discussão, por má aplicação da mesma norma jurídica, tida por violada na rescisória anterior, bem como para arguição de questões inerentes à ação rescisória primitiva. (ex-OJ nº 95 da SBDI-2 – inserida em 27.09.2002 e alterada DJ 16.04.2004)

Nº 401. AÇÃO RESCISÓRIA. DESCONTOS LEGAIS. FASE DE EXECUÇÃO. SENTENÇA EXEQUENDA OMISSA. INEXISTÊNCIA DE OFENSA À COISA JULGADA (conversão da Orientação Jurisprudencial nº 81 da SBDI-2) – Res. 137/2005 – DJ 22, 23 e 24.08.2005

Os descontos previdenciários e fiscais devem ser efetuados pelo juízo executório, ainda que a sentença exequenda tenha sido omissa sobre a questão, dado o caráter de ordem pública ostentado pela norma que os disciplina. A ofensa à coisa julgada somente poderá ser caracterizada na hipótese de o título Exequendo, expressamente, afastar a dedução dos valores a título de imposto de renda e de contribuição previdenciária. (ex-OJ nº 81 da SBDI-2 – inserida em 13.03.2002)

Nº 402. AÇÃO RESCISÓRIA. PROVA NOVA. DISSÍDIO COLETIVO. SENTENÇA NORMATIVA (nova redação em decorrência do CPC de 2015)

Res. 217/2017 – DEJT divulgado em 20, 24 e 25.04.2017 I – Sob a vigência do CPC de 2015 (art. 966, inciso VII), para efeito de ação rescisória, considera-se prova nova a cronologicamente velha, já existente ao tempo do trânsito em julgado da decisão rescindenda, mas ignorada pelo interessado ou de impossível utilização, à época, no processo. II – Não é prova nova apta a viabilizar a desconstituição de julgado: a) sentença normativa proferida ou transitada em julgado posteriormente à sentença rescindenda; b) sentença normativa preexistente à sentença rescindenda, mas não exibida no processo principal, em virtude de negligência da parte, quando podia e deveria louvar-se de documento já existente e não ignorado quando emitida a decisão rescindenda. (ex-OJ nº 20 da SBDI-2 – inserida em 20.09.2000)..

Nº 403. AÇÃO RESCISÓRIA. DOLO DA PARTE VENCEDORA EM DETRIMENTO DA VENCIDA. ART. 485, III, DO CPC (conversão das Orientações Jurisprudenciais nºs 111 e 125 da SBDI-2) – Res. 137/2005, DJ 22, 23 e 24.08.2005

I – Não caracteriza dolo processual, previsto no art. 485, III, do CPC, o simples fato de a parte vencedora haver silenciado a respeito de fatos contrários a ela, porque o procedimento, por si só, não constitui ardil do qual resulte cerceamento de defesa e, em consequência, desvie o juiz de uma sentença não-condizente com a verdade. (ex-OJ nº 125 da SBDI-2 – DJ 09.12.2003)

II – Se a decisão rescindenda é homologatória de acordo, não há parte vencedora ou vencida, razão pela qual não é possível a sua desconstituição calcada no inciso III do art. 485 do CPC (dolo da parte vencedora em detrimento da vencida), pois constitui fundamento de rescindibilidade que supõe solução jurisdicional para a lide. (ex-OJ nº 111 da SBDI-2 – DJ 29.04.2003)

Nº 404. AÇÃO RESCISÓRIA. FUNDAMENTO PARA INVALIDAR CONFISSÃO. CONFISSÃO FICTA. INADEQUAÇÃO DO ENQUADRAMENTO NO ART. 485, VIII, DO CPC DE 1973 – Res. 209/2016, DEJT divulgado em 01, 02 e 03.06.2016. O art. 485, VIII, do CPC de 1973, ao tratar do fundamento para invalidar a confissão como hipótese de rescindibilidade da decisão judicial, referia-se à confissão real, fruto de erro, dolo ou coação, e não à confissão ficta resultante de revelia.

Nº 405. AÇÃO RESCISÓRIA. TUTELA PROVISÓRIA (nova redação em decorrência do CPC de 2015) – Res. 208/2016, DEJT divulgado em 22, 25 e 26.04.2016. Em face do que dispõem a MP 1.984-22/2000 e o art. 969 do CPC de 2015, é cabível o pedido de tutela provisória formulado na petição inicial de ação rescisória ou na fase recursal, visando a suspender a execução da decisão rescindenda.

Nº 406. AÇÃO RESCISÓRIA. LITISCONSÓRCIO. NECESSÁRIO NO PÓLO PASSIVO E FACULTATIVO NO ATIVO. INEXISTENTE QUANTO AOS SUBSTITUÍDOS PELO SINDICATO (conversão das Orientações Jurisprudenciais nºs 82 e 110 da SBDI-2) – Res. 137/2005, DJ 22, 23 e 24.08.2005

I – O litisconsórcio, na ação rescisória, é necessário em relação ao polo passivo da demanda, porque supõe uma comunidade de direitos ou de obrigações que não admite solução díspar para os litisconsortes, em face da indivisibilidade do objeto. Já em relação ao polo ativo, o litisconsórcio é facultativo, uma vez que a aglutinação de autores se faz por conveniência e não pela necessidade decorrente da natureza do litígio, pois não se pode condicionar o exercício do direito individual de um dos litigantes no processo originário à anuência dos demais para retomar a lide. (ex-OJ nº 82 da SBDI-2 – inserida em 13.03.2002)

II – O Sindicato, substituto processual e autor da reclamação trabalhista, em cujos autos fora proferida a decisão rescindenda, possui legitimidade para figurar como réu na ação rescisória, sendo descabida a exigência de citação de todos os empregados substituídos, porquanto inexistente litisconsórcio passivo necessário. (ex-OJ nº 110 da SBDI-2 – DJ 29.04.2003)

Nº 407. AÇÃO RESCISÓRIA. MINISTÉRIO PÚBLICO. LEGITIMIDADE "AD CAUSAM" PREVISTA NO ART. 967, III, "A", "B" E "C" DO CPC DE 2015. ART. 487, III, "A" E "B", DO CPC DE 1973. HIPÓTESES MERAMENTE EXEMPLIFICATIVAS (nova redação em decorrência do CPC de 2015) – Res. 208/2016, DEJT divulgado em 22, 25 e 26.04.2016. A legitimidade "ad causam" do Ministério Público para propor ação rescisória, ainda que não tenha sido parte no processo que deu origem à decisão rescindenda, não está limitada às alíneas "a", "b" e "c" do inciso III do art. 967 do CPC de 2015 (art. 487, III, "a" e "b", do CPC de 1973), uma vez que traduzem hipóteses meramente exemplificativas (ex-OJ nº 83 da SBDI-2 – inserida em 13.03.2002)

Nº 408. AÇÃO RESCISÓRIA. PETIÇÃO INICIAL. CAUSA DE PEDIR. AUSÊNCIA DE CAPITULAÇÃO OU CAPITULAÇÃO ERRÔNEA NO ART. 966 DO CPC DE 2015. ART. 485 DO CPC DE 1973. PRINCÍPIO "IURA NOVIT CURIA" (nova redação em decorrência do CPC de 2015) – Res. 208/2016, DEJT divulgado em 22, 25 e 26.04.2016. Não padece de inépcia a petição inicial de ação rescisória apenas porque omite a subsunção do fundamento de rescindibilidade no art. 966 do CPC de 2015 (art. 485 do CPC de 1973) ou o capitula erroneamente em um de seus incisos. Contanto que não se afaste dos fatos e fundamentos invocados como causa de pedir, ao Tribunal é lícito emprestar-lhes a adequada qualificação jurídica ("iura novit curia"). No entanto, fundando-se a ação rescisória no art. 966, inciso V, do CPC de 2015 (art. 485, inciso V, do CPC de 1973), é indispensável expressa indicação, na petição inicial da ação rescisória, da norma jurídica manifestamente violada (dispositivo legal violado sob o CPC de 1973), por se tratar de causa de pedir da rescisória, não se aplicando, no caso, o princípio "iura novit curia". (ex-Ojs nºs 32 e 33 da SBDI-2 – inseridas em 20.09.2000)

Nº 409. AÇÃO RESCISÓRIA. PRAZO PRESCRICIONAL. TOTAL OU PARCIAL. VIOLAÇÃO DO ART. 7º, XXIX, DA CF/1988. MATÉRIA INFRACONSTITUCIONAL (conversão da Orientação Jurisprudencial nº 119 da SBDI-2) – Res. 137/2005, DJ 22, 23 e 24.08.2005

Não procede ação rescisória calcada em violação do art. 7º, XXIX, da CF/1988 quando a questão envolve discussão sobre a espécie de prazo prescricional aplicável aos créditos trabalhistas, se total ou parcial, porque a matéria tem índole infraconstitucional, construída, na Justiça do Trabalho, no plano jurisprudencial. (ex-OJ nº 119 da SBDI-2 – DJ 11.08.2003)

Nº 410. AÇÃO RESCISÓRIA. REEXAME DE FATOS E PROVAS. INVIABILIDADE (conversão da Orientação Jurisprudencial nº 109 da SBDI-2) – Res. 137/2005 DJ 22, 23 e 24.08.2005

A ação rescisória calcada em violação de lei não admite reexame de fatos e provas do processo que originou a decisão rescindenda. (ex-OJ nº 109 da SBDI-2 – DJ 29.04.2003)

Nº 411. AÇÃO RESCISÓRIA. SENTENÇA DE MÉRITO. DECISÃO DE TRIBUNAL REGIONAL DO TRABALHO EM AGRAVO REGIMENTAL CONFIRMANDO DECISÃO MONOCRÁTICA DO RELATOR QUE, APLICANDO A SÚMULA Nº 83 DO TST, INDEFERIU A PETIÇÃO INICIAL DA AÇÃO RESCISÓRIA. CABIMENTO (conversão da Orientação Jurisprudencial nº 43 da SBDI-2) – Res. 137/2005, DJ 22, 23 e 24.08.2005

Se a decisão recorrida, em agravo regimental, aprecia a matéria na fundamentação, sob o enfoque das Súmulas nºs 83 do TST e 343 do STF, constitui sentença de mérito, ainda que haja resultado no indeferimento da petição inicial e na extinção do processo sem julgamento do mérito. Sujeita-se, assim, à reforma pelo TST, a decisão do Tribunal que, invocando controvérsia na interpretação da lei, indefere a petição inicial de ação rescisória. (ex-OJ nº 43 da SBDI-2 – inserida em 20.09.2000)

Nº 412. AÇÃO RESCISÓRIA. REGÊNCIA PELO CPC DE 1973. SENTENÇA DE MÉRITO. QUESTÃO PROCESSUAL (nova redação em decorrência do CPC de 2015) – Res. 217/2017 – DEJT divulgado em 20, 24 e 25.04.2017

Sob a égide do CPC de 1973, pode uma questão processual ser objeto de rescisão desde que consista em pressuposto de validade de uma sentença de mérito. (ex-OJ nº 46 da SBDI-2 – inserida em20.09.2000)

Nº 413. AÇÃO RESCISÓRIA. SENTENÇA DE MÉRITO. VIOLAÇÃO DO ART. 896, "A", DA CLT (nova redação em decorrência do CPC de 2015) – Res. 209/2016, DEJT divulgado em 01, 02 e 03.06.2016.

É incabível ação rescisória, por violação do art. 896, "a", da CLT, contra decisão transitada em julgado sob a égide do CPC de 1973 que não conhece de recurso de revista, com base em divergência jurisprudencial, pois não se cuidava de sentença de mérito (art. 485 do CPC de 1973). (ex-OJ nº 47 da SBDI-2 – inserida em 20.09.2000)

Nº 414. MANDADO DE SEGURANÇA. TUTELA PROVISÓRIA CONCEDIDA ANTES OU NA SENTENÇA (nova redação em decorrência do CPC de 2015) – Res. 217/2017 – DEJT divulgado em 20, 24 e 25.04.2017

I – A tutela provisória concedida na sentença não comporta impugnação pela via do mandado de segurança, por ser impugnável mediante recurso ordinário. É admissível a obtenção de efeito suspensivo ao recurso ordinário mediante requerimento dirigido ao tribunal, ao relator ou ao presidente ou ao vice-presidente do tribunal recorrido, por aplicação subsidiária ao processo do trabalho do artigo 1.029, § 5º, do CPC de 2015. II – No caso de a tutela provisória haver sido concedida ou indeferida antes da sentença, cabe mandado de segurança, em face da inexistência de recurso próprio. III – A superveniência da sentença, nos autos originários, faz perder o objeto do mandado de segurança que impugnava a concessão ou o indeferimento da tutela provisória.

Nº 415. MANDADO DE SEGURANÇA. PETIÇÃO INICIAL. ART. 321 DO CPC DE 2015. ART. 284 DO CPC de 1973. INAPLICABILIDADE.. (atualizada em decorrência do CPC de 2015) – Res. 208/2016, DEJT divulgado em 22, 25 e 26.04.2016. Exigindo o mandado de segurança prova documental pré-constituída, inaplicável o art. 321 do CPC de 2015 (art. 284 do CPC de 1973) quando verificada, na petição inicial do "mandamus", a ausência de documento indispensável ou de sua autenticação. (ex-OJ nº 52 da SBDI-2 – inserida em 20.09.2000).

Nº 416. MANDADO DE SEGURANÇA. EXECUÇÃO. LEI Nº 8.432/1992. ART. 897, § 1º, DA CLT. CABIMENTO (conversão da Orientação Jurisprudencial nº 55 da SBDI-2) – Res. 137/2005, DJ 22, 23 e 24.08.2005

Devendo o agravo de petição delimitar justificadamente a matéria e os valores objeto de discordância, não fere direito líquido e certo o prosseguimento da execução quanto aos tópicos e valores não especificados no agravo. (ex-OJ nº 55 da SBDI-2 – inserida em 20.09.2000)

Nº 417. MANDADO DE SEGURANÇA. PENHORA EM DINHEIRO (alterado o item I, atualizado o item II e cancelado o item III, modulando-se os efeitos da presente redação de forma a atingir unicamente as penhoras em dinheiro em execução provisória efetivadas a partir de 18.03.2016, data de vigência do CPC de 2015) – Res. 212/2016, DEJT divulgado em 20, 21 e 22.09.2016 I – Não fere direito líquido e certo do impetrante o ato judicial que determina penhora em dinheiro do executado para garantir crédito exequendo, pois é prioritária e obedece à gradação prevista no art. 835 do CPC de 2015 (art. 655 do CPC de 1973). II – Havendo discordância do credor, em execução definitiva, não tem o executado direito líquido e certo a que os valores penhorados em dinheiro fiquem depositados no próprio banco, ainda que atenda aos requisitos do art. 840, I, do CPC de 2015 (art. 666, I, do CPC de 1973). (ex-OJ nº 61 da SBDI-2 – inserida em 20.09.2000).

Nº 418. SÚMULA Nº 418. MANDADO DE SEGURANÇA VISANDO À HOMOLOGAÇÃO DE ACORDO (nova redação em decorrência do CPC de 2015) – Res. 217/2017 – DEJT divulgado em 20, 24 e 25.04.2017. A homologação de acordo constitui faculdade do juiz, inexistindo direito líquido e certo tutelável pela via do mandado de segurança.

Nº 419. COMPETÊNCIA. EMBARGOS DE TERCEIRO. EXECUÇÃO POR CARTA PRECATÓRIA. JUÍZO DEPRECADO. (alterada em decorrência do CPC de 2015) – Res. 212/2016, DEJT divulgado em 20, 21 e 22.09.2016. Na execução por carta precatória, os embargos de terceiro serão oferecidos no juízo deprecado, salvo se indicado pelo juízo deprecante o bem constrito ou se já devolvida a carta (art. 676, parágrafo único, do CPC de 2015).

Nº 420. COMPETÊNCIA FUNCIONAL. CONFLITO NEGATIVO. TRT E VARA DO TRABALHO DE IDÊNTICA REGIÃO. NÃO CONFIGURAÇÃO (conversão da Orientação Jurisprudencial nº 115 da SBDI-2) – Res. 137/2005, DJ 22, 23 e 24.08.2005

Não se configura conflito de competência entre Tribunal Regional do Trabalho e Vara do Trabalho a ele vinculada. (ex-OJ nº 115 da SBDI-2 – DJ 11.08.2003)

Nº 421. EMBARGOS de DECLARAÇÃO. CABIMENTO. DECISÃO MONOCRÁTICA DO RELATOR CALCADA NO art. 932 do cpc de 2015. ART. 557 DO CPC de 1973. (atualizada em decorrência do CPC de 2015) – Res. 208/2016, DEJT divulgado em 22, 25 e 26.04.2016. I – Cabem embargos de declaração da decisão monocrática do relator prevista no art. 932 do CPC de 2015 (art. 557 do CPC de 1973), se a parte pretende tão somente juízo integrativo retificador da decisão e, não, modificação do julgado. II – Se a parte postular a revisão no mérito da decisão monocrática, cumpre ao relator converter os embargos de declaração em agravo, em face dos princípios da fungibilidade e celeridade processual, submetendo-o ao pronunciamento do Colegiado, após a intimação do recorrente para, no prazo de 5 (cinco) dias, complementar as razões recursais, de modo a ajustá-las às exigências do art. 1.021, § 1º, do CPC de 2015.

Nº 422. RECURSO. APELO QUE NÃO ATACA OS FUNDAMENTOS DA DECISÃO RECORRIDA. NÃO CONHECIMENTO. ART. 514, II, do CPC (redação alterada, com inserção dos itens I, II e III) – Res. 199/2015, DEJT divulgado em 24, 25 e 26.06.2015. Com errata publicado no DEJT divulgado em 01.07.2015

I – Não se conhece de recurso para o Tribunal Superior do Trabalho se as razões do recorrente não impugnam os fundamentos da decisão recorrida, nos termos em que proferida.

II – O entendimento referido no item anterior não se aplica em relação à motivação secundária e impertinente, consubstanciada em despacho de admissibilidade de recurso ou em decisão monocrática.

III – Inaplicável a exigência do item I relativamente ao recurso ordinário da competência de Tribunal Regional do Trabalho, exceto em caso de recurso cuja motivação é inteiramente dissociada dos fundamentos da sentença.

Nº 423. TURNO ININTERRUPTO DE REVEZAMENTO. FIXAÇÃO DE JORNADA DE TRABALHO MEDIANTE NEGOCIAÇÃO COLETIVA. VALIDADE. (conversão da Orientação Jurisprudencial nº 169 da SBDI-1) Res. 139/2006 – DJ 10, 11 e 13.10.2006) Estabelecida jornada superior a seis horas e limitada a oito horas por meio de regular negociação coletiva, os empregados submetidos a turnos ininterruptos de revezamento não tem direito ao pagamento da 7ª e 8ª horas como extras.

Nº 424. RECURSO ADMINISTRATIVO. PRESSUPOSTO DE ADMISSIBILIDADE. DEPÓSITO PRÉVIO DA MULTA ADMINISTRATIVA. NÃO RECEPÇÃO PELA CONSTITUIÇÃO FEDERAL DO § 1º DO ART. 636 DA CLT – Res. 160/2009, DJe divulgado em 23, 24 e 25.11.2009. O § 1º do art. 636 da CLT, que estabelece a exigência de prova do depósito prévio do valor da multa cominada em razão de autuação administrativa como pressuposto de admissibilidade de recurso administrativo, não foi recepcionado pela Constituição Federal de 1988, ante a sua incompatibilidade com o inciso LV do art. 5º.

Nº 425. JUS POSTULANDI NA JUSTIÇA DO TRABALHO. ALCANCE – Res. 165/2010, DeJT divulgado em 30.04.2010 e 03 e 04.05.2010

O *jus postulandi* das partes, estabelecido no art. 791 da CLT, limita-se às Varas do Trabalho e aos Tribunais Regionais do Trabalho, não alcançando a ação rescisória, a ação cautelar, o mandado de segurança e os recursos de competência do Tribunal Superior do Trabalho.

Nº 426. DEPÓSITO RECURSAL. UTILIZAÇÃO DA GUIA GFIP. OBRIGATORIEDADE.

Nos dissídios individuais o depósito recursal será efetivado mediante a utilização da Guia de Recolhimento do FGTS e Informações à Previdência Social – GFIP, nos termos dos §§ 4º e 5º do art. 899 da CLT, admitido o depósito judicial, realizado na sede do juízo e à disposição deste, na hipótese de relação de trabalho não submetida ao regime do FGTS.

Nº 427. INTIMAÇÃO. PLURALIDADE DE ADVOGADOS. PUBLICAÇÃO EM NOME DE ADVOGADO DIVERSO DAQUELE EXPRESSAMENTE INDICADO. NULIDADE.

Havendo pedido expresso de que as intimações e publicações sejam realizadas exclusivamente em nome de determinado advogado, a comunicação em nome de outro profissional constituído nos autos é nula, salvo se constatada a inexistência de prejuízo.

Nº 428. SOBREAVISO. APLICAÇÃO ANALÓGICA DO ART. 244, § 2º, DA CLT (redação alterada na sessão do Tribunal Pleno realizada em 14.09.2012) – Res. 185/2012, DEJT divulgado em 25, 26 e 27.09.2012

I – O uso de instrumentos telemáticos ou informatizados fornecidos pela empresa ao empregado, por si só, não caracteriza regime de sobreaviso.

II – Considera-se em sobreaviso o empregado que, à distancia e submetido a controle patronal por instrumentos telemáticos ou informatizados, permanecer em regime de plantão ou equivalente, aguardando a qualquer momento o chamado para o serviço durante o período de descanso.

Nº 429. TEMPO À DISPOSIÇÃO DO EMPREGADOR. ART. 4º DA CLT. PERÍODO DE DESLOCAMENTO ENTRE A PORTARIA E O LOCAL DE TRABALHO.

Considera-se à disposição do empregador, na forma do art. 4º da CLT, o tempo necessário ao deslocamento do trabalhador entre a portaria da empresa e o local de trabalho, desde que supere o limite de 10 (dez) minutos diários.

Nº 430. ADMINISTRAÇÃO PÚBLICA INDIRETA. CONTRATAÇÃO. AUSÊNCIA DE CONCURSO PÚBLICO. NULIDADE. ULTERIOR PRIVATIZAÇÃO. CONVALIDAÇÃO. INSUBSISTÊNCIA DO VÍCIO.

Convalidam-se os efeitos do contrato de trabalho que, considerado nulo por ausência de concurso público, quando celebrado originalmente com ente da Administração Pública Indireta, continua a existir após a sua privatização.

Nº 431. SALÁRIO-HORA. EMPREGADO SUJEITO AO REGIME GERAL DE TRABALHO (ART. 58, CAPUT, DA CLT). 40 HORAS SEMANAIS. CÁLCULO. APLICAÇÃO DO DIVISOR 200 (redação alterada na sessão do Tribunal Pleno realizada em 14.09.2012)

Para os empregados a que alude o art. 58, caput, da CLT, quando sujeitos a 40 horas semanais de trabalho, aplica-se o divisor 200 (duzentos) para o cálculo do valor do salário-hora.

Nº 432. CONTRIBUIÇÃO SINDICAL RURAL. AÇÃO DE COBRANÇA. PENALIDADE POR ATRASO NO RECOLHIMENTO. INAPLICABILIDADE DO ART. 600 DA CLT. INCIDÊNCIA DO ART. 2º DA LEI Nº 8.022/1990.

O recolhimento a destempo da contribuição sindical rural não acarreta a aplicação da multa progressiva prevista no art. 600 da CLT, em decorrência da sua revogação tácita pela Lei nº 8.022, de 12 de abril de 1990.

Nº 433. EMBARGOS. ADMISSIBILIDADE. PROCESSO EM FASE DE EXECUÇÃO. ACÓRDÃO DE TURMA PUBLICADO NA VIGÊNCIA DA LEI Nº 11.496, DE 26.06.2007. DIVERGÊNCIA DE INTERPRETAÇÃO DE DISPOSITIVO CONSTITUCIONAL. – Res. 177/2012, DEJT divulgado em 13, 14 e 15.02.2012

A admissibilidade do recurso de embargos contra acórdão de Turma em Recurso de Revista em fase de execução, publicado na vigência da Lei nº 11.496, de 26.06.2007, condiciona-se à demonstração de divergência jurisprudencial entre Turmas ou destas e a Seção Especializada em Dissídios Individuais do Tribunal Superior do Trabalho em relação à interpretação de dispositivo constitucional.

Nº 435. DECISÃO MONOCRÁTICA. RELATOR. art. 932 DO CPC DE 2015. ART. 557 DO CPC de 1973. APLICAÇÃO SUBSIDIÁRIA AO PROCESSO DO TRABALHO (atualizada em decorrência do CPC de 2015) – Res. 208/2016, DEJT divulgado em 22, 25 e 26.04.2016.

Aplica-se subsidiariamente ao processo do trabalho o art. 932 do CPC de 2015 (art. 557 do CPC de 1973).

Nº 436. REPRESENTAÇÃO PROCESSUAL. PROCURADOR DA UNIÃO, ESTADOS, MUNICÍPIOS E DISTRITO FEDERAL, SUAS AUTARQUIAS E FUNDAÇÕES PÚBLICAS. JUNTADA DE INSTRUMENTO DE MANDATO (conversão da Orientação Jurisprudencial no 52 da SBDI-I e inserção do item II à redação)

I – A União, Estados, Municípios e Distrito Federal, suas autarquias e fundações públicas, quando representadas em juízo, ativa e passivamente, por seus procuradores, estão dispensadas da juntada de instrumento de mandato e de comprovação do ato de nomeação.

II – Para os efeitos do item anterior, é essencial que o signatário ao menos declare-se exercente do cargo de procurador, não bastando a indicação do número de inscrição na Ordem dos Advogados do Brasil.

Nº 437. INTERVALO INTRAJORNADA PARA REPOUSO E ALIMENTAÇÃO. APLICAÇÃO DO ART. 71 DA CLT (conversão das Orientações Jurisprudenciais nºs 307, 342, 354, 380 e 381 da SBDI-1) – Res. 185/2012, DEJT divulgado em 25, 26 e 27.09.2012

I – Após a edição da Lei no 8.923/94, a não concessão ou a concessão parcial do intervalo intrajornada mínimo, para repouso e alimentação, a empregados urbanos e rurais, implica o pagamento total do período correspondente, e não apenas daquele suprimido, com acréscimo de, no mínimo, 50% sobre o valor da remuneração da hora normal de trabalho (art. 71 da CLT), sem prejuízo do cômputo da efetiva jornada de labor para efeito de remuneração.

II – É inválida cláusula de acordo ou convenção coletiva de trabalho contemplando a supressão ou redução do intervalo intrajornada porque este constitui medida de higiene, saúde e segurança do trabalho, garantido por norma de ordem pública (art. 71 da CLT e art. 7º, XXII, da CF/1988), infenso à negociação coletiva.

III – Possui natureza salarial a parcela prevista no art. 71, § 4º, da CLT, com redação introduzida pela Lei no 8.923, de 27 de julho de 1994, quando não concedido ou reduzido pelo empregador o intervalo mínimo intrajornada para repouso e alimentação, repercutindo, assim, no cálculo de outras parcelas salariais.

IV – Ultrapassada habitualmente a jornada de seis horas de trabalho, é devido o gozo do intervalo intrajornada mínimo de uma hora, obrigando o empregador a remunerar o período para descanso e alimentação não usufruído como extra, acrescido do respectivo adicional, na forma prevista no art. 71, caput e § 4º da CLT.

Nº 438. INTERVALO PARA RECUPERAÇÃO TÉRMICA DO EMPREGADO. AMBIENTE ARTIFICIALMENTE FRIO. HORAS EXTRAS. ART. 253 DA CLT. APLICAÇÃO ANALÓGICA.

O empregado submetido a trabalho contínuo em ambiente artificialmente frio, nos termos do parágrafo único do art. 253 da CLT, ainda que não labore em câmara frigorífica, tem direito ao intervalo intrajornada previsto no caput do art. 253 da CLT.

Nº 439. DANOS MORAIS. JUROS DE MORA E ATUALIZAÇÃO MONETÁRIA. TERMO INICIAL – Res. 185/2012, DEJT divulgado em 25, 26 e 27.09.2012.

Nas condenações por dano moral, a atualização monetária é devida a partir da data da decisão de arbitramento ou de alteração do valor. Os juros incidem desde o ajuizamento da ação, nos termos do art. 883 da CLT.

Nº 440. AUXÍLIO-DOENÇA ACIDENTÁRIO. APOSENTADORIA POR INVALIDEZ. SUSPENSÃO DO CONTRATO DE TRABALHO. RECONHECIMENTO DO DIREITO À MANUTENÇÃO DE PLANO DE SAÚDE OU DE ASSISTÊNCIA MÉDICA.

Assegura-se o direito à manutenção de plano de saúde ou de assistência médica oferecido pela empresa ao empregado, não obstante suspenso o contrato de trabalho em virtude de auxílio-doença acidentário ou de aposentadoria por invalidez.

Nº 441. AVISO PRÉVIO. PROPORCIONALIDADE.O direito ao aviso prévio proporcional ao tempo de serviço somente é assegurado nas rescisões de contrato de trabalho ocorridas a partir da publicação da Lei no 12.506, em 13 de outubro de 2011.

Nº 442. PROCEDIMENTO SUMARÍSSIMO. RECURSO DE REVISTA FUNDAMENTADO EM CONTRARIEDADE A ORIENTAÇÃO JURISPRUDENCIAL. INADMISSIBILIDADE. ART. 896, § 6º, DA CLT, ACRESCENTADO PELA LEI No 9.957, DE 12.01.2000 (conversão da Orientação Jurisprudencial no 352 da SBDI-1)

Nas causas sujeitas ao procedimento sumaríssimo, a admissibilidade de recurso de revista está limitada à demonstração de violação direta a dispositivo da Constituição Federal ou contrariedade a Súmula do Tribunal Superior do Trabalho, não se admitindo o recurso por contrariedade a Orientação Jurisprudencial deste Tribunal (Livro II, Título II, Capítulo III, do RITST), ante a ausência de previsão no art. 896, § 6º, da CLT.

Nº 443. DISPENSA DISCRIMINATÓRIA. PRESUNÇÃO. EMPREGADO PORTADOR DE DOENÇA GRAVE. ESTIGMA OU PRECONCEITO. DIREITO À REINTEGRAÇÃO Res. 185/2012, DEJT divulgado em 25, 26 e 27.09.2012. Presume-se discriminatória a despedida de empregado portador do vírus HIV ou de outra doença grave que suscite estigma ou preconceito. Inválido o ato, o empregado tem direito à reintegração no emprego.

Nº 444. JORNADA DE TRABALHO. NORMA COLETIVA. LEI. ESCALA DE 12 POR 36. VALIDADE – Res. 185/2012, DEJT divulgado em 25, 26 e27.09.2012 é válida, em caráter excepcional, a jornada de doze horas de trabalho por trinta e seis de descanso, prevista em lei ou ajustada exclusivamente mediante acordo coletivo de trabalho ou convenção coletiva de trabalho, assegurada a remuneração em dobro dos feriados trabalhados. O empregado não tem direito ao pagamento de adicional referente ao labor prestado na décima primeira e décima segunda horas.

Nº 445. INADIMPLEMENTO DE VERBAS TRABALHISTAS. FRUTOS. POSSE DE MÁ-FÉ. ART. 1.216 DO CÓDIGO CIVIL. INAPLICABILIDADE AO DIREITO DO TRABALHO – Res. 189/2013, DEJT divulgado em 13, 14 e 15.03.2013. A indenização por frutos percebidos pela posse de má-fé, prevista no art. 1.216 do Código Civil, por tratar-se de regra afeta a direitos reais, mostra-se incompatível com o Direito do Trabalho, não sendo devida no caso de inadimplemento de verbas trabalhistas.

Nº 446. MAQUINISTA FERROVIÁRIO. INTERVALO INTRAJORNADA. SUPRESSÃO PARCIAL OU TOTAL. HORAS EXTRAS DEVIDAS. COMPATIBILIDADE ENTRE OS ARTS 71, § 4º, E 238, § 5º, DA CLT. A garantia ao intervalo intrajornada, prevista no art. 71 da CLT, por constituir-se em medida de higiene, saúde e segurança do empregado, é aplicável também ao ferroviário maquinista integrante da categoria "c" (equipagem de trem em geral), não havendo incompatibilidade entre as regras inscritas nos arts. 71, § 4º, e 238, § 5º, da CLT.

Nº 447. ADICIONAL DE PERICULOSIDADE. PERMANÊNCIA A BORDO DURANTE O ABASTECIMENTO DA AERONAVE. INDEVIDO. Os tripulantes e demais empregados em serviços auxiliares de transporte aéreo que, no momento do abastecimento da aeronave, permanecem a bordo não têm direito ao adicional de periculosidade a que aludem o art. 193 da CLT e o Anexo 2, item 1, "c", da NR 16 do MTE.

Nº 448. ATIVIDADE INSALUBRE. CARACTERIZAÇÃO. PREVISÃO NA NORMA REGULAMENTADORA Nº 15 DA PORTARIA DO MINISTÉRIO DO TRABALHO Nº 3.214/78. INSTALAÇÕES SANITÁRIAS. (conversão da Orientação Jurisprudencial nº 4 da SBDI-1 com nova redação do item II) – Res. 194/2014, DEJT divulgado em 21, 22 e 23.05.2014.

I – Não basta a constatação da insalubridade por meio de laudo pericial para que o empregado tenha direito ao respectivo adicional, sendo necessária a classificação da atividade insalubre na relação oficial elaborada pelo Ministério do Trabalho.

II – A higienização de instalações sanitárias de uso público ou coletivo de grande circulação, e a respectiva coleta de lixo, por não se equiparar à limpeza em residências e escritórios, enseja o pagamento de adicional de insalubridade em grau máximo, incidindo o disposto no Anexo 14 da NR-15 da Portaria do MTE nº 3.214/78 quanto à coleta e industrialização de lixo urbano.

Nº 449. MINUTOS QUE ANTECEDEM E SUCEDEM A JORNADA DE TRABALHO. LEI Nº 10.243, DE 19.06.2001. NORMA COLETIVA. FLEXIBILIZAÇÃO. IMPOSSIBILIDADE. (conversão da Orientação Jurisprudencial nº 372 da SBDI-1) – Res. 194/2014, DEJT divulgado em 21, 22 e 23.05.2014

A partir da vigência da Lei nº 10.243, de 19.06.2001, que acrescentou o § 1º ao art. 58 da CLT, não mais prevalece cláusula prevista em convenção ou acordo coletivo que elastece o limite de 5 minutos que antecedem e sucedem a jornada de trabalho para fins de apuração das horas extras.

Nº 450. FÉRIAS. GOZO NA ÉPOCA PRÓPRIA. PAGAMENTO FORA DO PRAZO. DOBRA DEVIDA. ARTS. 137 E 145 DA CLT. (conversão da Orientação Jurisprudencial nº 386 da SBDI-1) – Res. 194/2014, DEJT divulgado em 21, 22 e 23.05.2014

É devido o pagamento em dobro da remuneração de férias, incluído o terço constitucional, com base no art. 137 da CLT, quando, ainda que gozadas na época própria, o empregador tenha descumprido o prazo previsto no art. 145 do mesmo diploma legal.

Nº 451. PARTICIPAÇÃO NOS LUCROS E RESULTADOS. RESCISÃO CONTRATUAL ANTERIOR À DATA DA DISTRIBUIÇÃO DOS LUCROS. PAGAMENTO PROPORCIONAL AOS MESES TRABALHADOS. PRINCÍPIO DA ISONOMIA. (conversão da Orientação Jurisprudencial nº 390 da SBDI-1) – Res. 194/2014, DEJT divulgado em 21, 22 e 23.05.2014

Fere o princípio da isonomia instituir vantagem mediante acordo coletivo ou norma regulamentar que condiciona a percepção da parcela participação nos lucros e resultados ao fato de estar o contrato de trabalho em vigor na data prevista para a distribuição dos lucros. Assim, inclusive na rescisão contratual antecipada, é devido o pagamento da parcela de forma proporcional aos meses trabalhados, pois o ex-empregado concorreu para os resultados positivos da empresa.

Nº 452. DIFERENÇAS SALARIAIS. PLANO DE CARGOS E SALÁRIOS. DESCUMPRIMENTO. CRITÉRIOS DE PROMOÇÃO NÃO OBSERVADOS. PRESCRIÇÃO PARCIAL. (conversão da Orientação Jurisprudencial nº 404 da SBDI-1) – Res. 194/2014, DEJT divulgado em 21, 22 e 23.05.2014

Tratando-se de pedido de pagamento de diferenças salariais decorrentes da inobservância dos critérios de promoção estabelecidos em Plano de Cargos e Salários criado pela empresa, a prescrição aplicável é a parcial, pois a lesão é sucessiva e se renova mês a mês.

Nº 453. ADICIONAL DE PERICULOSIDADE. PAGAMENTO ESPONTÂNEO. CARACTERIZAÇÃO DE FATO INCONTROVERSO. DESNECESSÁRIA A PERÍCIA DE QUE TRATA O ART. 195 DA CLT. (conversão da Orientação Jurisprudencial nº 406 da SBDI-1) – Res. 194/2014, DEJT divulgado em 21, 22 e 23.05.2014

O pagamento de adicional de periculosidade efetuado por mera liberalidade da empresa, ainda que de forma proporcional ao tempo de exposição ao risco ou em percentual inferior ao máximo legalmente previsto, dispensa a realização da prova técnica exigida pelo art. 195 da CLT, pois torna incontroversa a existência do trabalho em condições perigosas.

Nº 454. COMPETÊNCIA DA JUSTIÇA DO TRABALHO. EXECUÇÃO DE OFÍCIO. CONTRIBUIÇÃO SOCIAL REFERENTE AO SEGURO DE ACIDENTE DE TRABALHO (SAT). ARTS. 114, VIII, E 195, I, "A", DA CONSTITUIÇÃO DA REPÚBLICA. (conversão da Orientação Jurisprudencial nº 414 da SBDI-1) – Res. 194/2014, DEJT divulgado em 21, 22 e 23.05.2014

Compete à Justiça do Trabalho a execução, de ofício, da contribuição referente ao Seguro de Acidente de Trabalho (SAT), que tem natureza de contribuição para a seguridade social (arts. 114, VIII, e 195, I, "a", da CF), pois se destina ao financiamento de benefícios relativos à incapacidade do empregado decorrente de infortúnio no trabalho (arts. 11 e 22 da Lei nº 8.212/1991).

Nº 455. EQUIPARAÇÃO SALARIAL. SOCIEDADE DE ECONOMIA MISTA. ART. 37, XIII, DA CF/1988. POSSIBILIDADE. (conversão da Orientação Jurisprudencial nº 353 da SBDI-1 com nova redação) – Res. 194/2014, DEJT divulgado em 21, 22 e 23.05.2014

À sociedade de economia mista não se aplica a vedação à equiparação prevista no art. 37, XIII, da CF/1988, pois, ao admitir empregados sob o regime da CLT, equipara-se a empregador privado, conforme disposto no art. 173, § 1º, II, da CF/1988.

Nº 456. REPRESENTAÇÃO. PESSOA JURÍDICA. PROCURAÇÃO. INVALIDADE. IDENTIFICAÇÃO DO OUTORGANTE E DE SEU REPRESENTANTE. (inseridos os itens II e III em decorrência do CPC de 2015) – Res. 211/2016, DEJT divulgado em 24, 25 e 26.08.2016

I – É inválido o instrumento de mandato firmado em nome de pessoa jurídica que não contenha, pelo menos, o nome do outorgante e do signatário da procuração, pois estes dados constituem elementos que os individualizam. II – Verificada a irregularidade de representação da parte na instância originária, o juiz designará prazo de 5 (cinco) dias para que seja sanado o vício. Descumprida a determinação, extinguirá o processo, sem resolução de mérito, se a providência couber ao reclamante, ou considerará revel o reclamado, se a providência lhe couber (art. 76, § 1º, do CPC de 2015). III – Caso a irregularidade de representação da parte seja constatada em fase recursal, o relator designará prazo de 5 (cinco) dias para que seja sanado o vício. Descumprida a determinação, o relator não conhecerá do recurso, se a providência couber ao recorrente, ou determinará o desentranhamento das contrarrazões, se a providência couber ao recorrido (art. 76, § 2º, do CPC de2015).

Nº 457. HONORÁRIOS PERICIAIS. BENEFICIÁRIO DA JUSTIÇA GRATUITA. RESPONSABILIDADE DA UNIÃO PELO PAGAMENTO. RESOLUÇÃO Nº 66/2010 DO CSJT. OBSERVÂNCIA. (conversão da Orientação Jurisprudencial nº 387 da SBDI-1 com nova redação) – Res. 194/2014, DEJT divulgado em 21, 22 e 23.05.2014.

A União é responsável pelo pagamento dos honorários de perito quando a parte sucumbente no objeto da perícia for beneficiária da assistência judiciária gratuita, observado o procedimento disposto nos arts. 1º, 2º e 5º da Resolução nº 66/2010 do Conselho Superior da Justiça do Trabalho – CSJT.

Nº 458. EMBARGOS. PROCEDIMENTO SUMARÍSSIMO. CONHECIMENTO. RECURSO INTERPOSTO APÓS VIGÊNCIA DA LEI Nº 11.496, DE 22.06.2007, QUE

CONFERIU NOVA REDAÇÃO AO ART. 894, DA CLT. (conversão da Orientação Jurisprudencial nº 405 da SBDI-1 com nova redação) – Res. 194/2014, DEJT divulgado em 21, 22 e 23.05.2014

Em causas sujeitas ao procedimento sumaríssimo, em que pese a limitação imposta no art. 896, § 6º, da CLT à interposição de recurso de revista, admitem-se os embargos interpostos na vigência da Lei nº 11.496, de 22.06.2007, que conferiu nova redação ao art. 894 da CLT, quando demonstrada a divergência jurisprudencial entre Turmas do TST, fundada em interpretações diversas acerca da aplicação de mesmo dispositivo constitucional ou de matéria sumulada.

Nº 459. RECURSO DE REVISTA. NULIDADE POR NEGATIVA DE PRESTAÇÃO JURISDICIONAL (atualizada em decorrência do CPC de 2015) – Res. 219/2017, DEJT divulgado em 28, 29 e 30.06.2017)

O conhecimento do recurso de revista, quanto à preliminar de nulidade, por negativa de prestação jurisdicional, supõe indicação de violação do art. 832 da CLT, do art. 489 do CPC de 2015 (art. 458 do CPC de 1973) ou do art. 93, IX, da CF/1988.

Nº 460. VALE-TRANSPORTE. ÔNUS DA PROVA – Res. 209/2016, DEJT divulgado em 01, 02 e 03.06.2016

É do empregador o ônus de comprovar que o empregado não satisfaz os requisitos indispensáveis para a concessão do vale-transporte ou não pretenda fazer uso do benefício.

Nº 461. multa do art. 477, § 8º, da clt. incidência. reconhecimento JUDICIAL DA RELAÇÃO DE EMPREGO (Republicada em razão de erro material) – DEJT divulgado em 30.06.2016

A circunstância de a relação de emprego ter sido reconhecida apenas em juízo não tem o condão de afastar a incidência da multa prevista no art. 477, §8º, da CLT. A referida multa não será devida apenas quando, comprovadamente, o empregado der causa à mora no pagamento das verbas rescisórias.

Nº 462. Multa do art. 477, § 8º, da CLT. incidência. reconhecimento JUDICIAL DA RELAÇÃO DE EMPREGO – Res. 209/2016, DEJT divulgado em 01, 02 e 03.06.2016. A circunstância de a relação de emprego ter sido reconhecido apenas em juízo não tem o condão de afastar a incidência da multa prevista no art. 477, §8º, da CLT. A referida multa não será devida apenas quando, comprovadamente, o empregado der causa à mora no pagamento das verbas rescisórias.

Nº 463. ASSISTÊNCIA JUDICIÁRIA GRATUITA. COMPROVAÇÃO (conversão da Orientação Jurisprudencial nº 304 da SBDI-1, com alterações decorrentes do CPC de 2015) – Res. 219/2017, DEJT divulgado em 28, 29 e 30.06.2017.

I – A partir de 26.06.2017, para a concessão da assistência judiciária gratuita à pessoa natural, basta a declaração de hipossuficiência econômica firmada pela parte ou por seu advogado, desde que munido de procuração com poderes específicos para esse fim (art. 105 do CPC de 2015); II – No caso de pessoa jurídica, não basta a mera declaração: é necessária a demonstração cabal de impossibilidade de a parte arcar com as despesas do processo.

BIBLIOGRAFIA

ALEXANDRINO, Marcelo, *et al.* Direito do Trabalho. 8. ed. rev. e atual. Niterói: Impetus, 2006. 494 p.

ALVIM, Agostinho. Da Inexecução das Obrigações e Suas Consequências. São Paulo: Saraiva, 1949. 349 p.

AMARANTE, Aparecida. Responsabilidade Civil por Dano à Honra. 4. ed. Belo Horizonte: Del Rey, 1998. 532 p.

ARANHA, Maria Lúcia Arruda; MARTINS, Maria Helena Pires. Filosofando: introdução à filosofia. São Paulo: Moderna, 1992.

ASSOCIAÇÃO BRASILEIRA DE NORMAS TÉCNICAS. NBR 6023: Referências Bibliográficas. Rio de Janeiro, 2000. 22 p.

BARROS, Alice Monteiro. Curso de Direito do Trabalho. 7. ed. São Paulo: LTr, 2011. 1.103 p.

BITTAR, Carlos Alberto. O Direito Civil na Constituição de 1988. São Paulo: Revista dos Tribunais, 1990. 346 p.

BOUCINHAS FILHO, Jorge Cavalcanti. Aviso-Prévio Proporcional ao Tempo de Serviço: Reflexões. Revista Magister de Direito do Trabalho. set./out. de 2011, p. 40/41.

CAIRO JR., José. Direito do trabalho. Salvador: JusPodivm, 2006. v. I. 497. p.

CAIRO JR., José. Direito Coletivo do trabalho. Salvador: JusPodivm, 2006. v. II. 239 p.

________. A Crise do Estado e o Pluralismo Jurídico. Diké – Revista Jurídica do curso de Direito da UESC/Universidade Estadual de Santa Cruz, Departamento de Ciências Jurídicas. Edição Especial. Ilhéus: UESC, 2001. p. 11-29.

________.O acidente do trabalho e a responsabilidade civil do empregador. 3. ed. São Paulo: LTr, 2006. 197 p.

CARRION, Valentin. Comentários à Consolidação das Leis do Trabalho. 24. ed. São Paulo: Saraiva, 1999. 1130 p.

CESARINO JR., Antônio Ferreira. Direito Social. São Paulo: LTr, 1980. 678 p.

CASSAR, Vólia Bomfim. Direito do trabalho. 2 ed. Niterói: Impetus, 2008. 1357 p.

________. Aviso prévio proporcional ao tempo de serviço. Disponível em: <http://www.vbca.com.br/uploads/site_artigos/4842_aviso-previo-proporcional-ao-tempo-de-servico.pdf>. Acessado em: 18.fev. 2012.

CHAVES JÚNIOR, José Eduardo de Rezende; e MENDES, Marcus Menezes Barberino. Subordinação estrutural-reticular: uma perspectiva sobre a segurança jurídica. Disponível em <http://www.TRT3.jus.br/escola/download/revista/rev_76/Marcus_Jose.pdf>. Acesso em 18.02.2012.

CHIARELLI, Carlos Alberto Gomes. Trabalho na Constituição. São Paulo: LTr, v. 1, 1989. 286 p.

COUTO, Gislianne de Souza. A dignidade do trabalho em confronto com a estrita legalidade da administração pública. Revista RDT. 13-01. Brasília: Consulex, 31.01.2007. p. 03-05.

CREMONESI, André; MELO, Orlando de. Contratação Fraudulenta de Trabalhadores por Intermédio de Cooperativas de Trabalho. Revista LTr, n. 2, v. 65, fev/2001. p. 176-179.

CRETELLA JR., José. Direito Romano Moderno. 3. ed. rev. e aum. Rio de Janeiro: Forense, 1986. 306 p.

_______. Comentários à Constituição Brasileira de 1988. 2. ed. Rio de Janeiro: Forense Universitária, v.1, 1990. 581 p.

DELGADO, Maurício Godinho. Curso de direito do trabalho. 10. ed. São Paulo: LTr, 2011. 1403 p.

DIAS, José de Aguiar. Da Responsabilidade Civil. 7. ed. Rio de Janeiro: Forense, 1983. 2 v.

DUARTE, Ícaro de Souza. A cláusula de permanência no contrato de trabalho. Trabalho em Revista. v. 340, 2010. p. 5702.

ESTRADA, Manuel Martín Pino. Os mundos virtuais e o teletrabalho nos tribunais brasileiros. Revista RDT 16-05/11. 31.05.2010.

FELICIANO, Guilherme Guimarães. Justiça do Trabalho – Nada mais, nada menos. In: Coutinho, Grijalbo Fernandes; Fava, Marcos Neves (Coord.). Justiça do Trabalho: competência ampliada. São Paulo: LTr, 2005. p. 116-147.

_______. Responsabilidade Civil em Debate. Rio de Janeiro: Forense, 1983. 295 p.

FERRARI, Irany e MARTINS, Melchíades Rodrigues. Aviso prévio proporcional – Lei nº 12.506, de 11.10.2011 – Sua aplicação. Revista LTr. n. 11, v. 75. Nov/2011. p. 1296/12967.

GAGLIANO, Pablo Stolze; PAMPLONA FILHO, Rodolfo. Novo curso de direito civil. São Paulo: Saraiva, 2005. v. IV. contratos, t. 1: teoria geral, p. 251.

GARCEZ NETO, Martinho. Prática da Responsabilidade Civil. 3. ed. rev. e aum. São Paulo: Saraiva, 1975. 340 p.

GARCIA, Gustavo Filipe Barbosa. Curso de Direito do Trabalho. 5 ed. Forense: Rio de Janeiro, 2011. 1375 p.

_______. Aviso-Prévio Proporcional – Considerações sobre a Lei nº 12.506/2011. Revista Magister de Direito do Trabalho. set./out. de 2011. p. 71.

GOMES, Orlando. Obrigações. 8. ed. Rio de Janeiro: Forense, 1988. 431 p.

GOMES, Orlando; GOTTSCHALK, Élson. Curso de Direito do Trabalho. 9. ed. Rio de Janeiro: Forense, 1984. 2 v.

GONÇALVES, Carlos Roberto. Responsabilidade Civil. 6. ed. São Paulo: Saraiva, 1995. 686 p.

GUEDES, Márcia Novaes. Terror psicológico no trabalho. São Paulo: LTr, 2003.

_______. Assédio moral e straining. Revista LTr, São Paulo, ano 74, n. 02, p. 165-173, fev.2010.

GUSMÃO, Paulo Dourado de. Introdução ao Estudo do Direito. 27. ed. rev. Rio de Janeiro: Forense, 2000. 457 p.

HIRIGOYEN, Marie France. Mal-estar no trabalho: redefinindo o assédio moral. Tradução de Rejane Janowitzer. Rio de Janeiro: Bertrand Brasil, 2002.

JORGE NETO, Francisco Ferreira; CAVALCANTE, Jouberto de Quadros Pessoa. Direito do Trabalho. 4 ed. Lumen Juris: Rio de Janeiro, 2008. II v.

KELSEN, Hans. Teoria Geral do Direito e do Estado. São Paulo: Martins Fontes, 2000. 637 p.

KROTOSCHIN, Ernesto. Tratado práctico de derecho del trabajo. 3. ed. Buenos Aires: Delpalma, 1978. 2v.

LIMA, Alvino. Culpa e Risco. Revisão e atualização: Ovídio Rocha Barros Sandoval. 2. ed 2. tir. São Paulo: Revista dos Tribunais, 1999. 347 p.

LUDWIG, Guilherme Guimarães. Abordagem constitucional do aviso prévio proporcional. Revista Magister de Direito do Trabalho. Set./out. de 2011. p. 97/98.

LYRA, Afrânio. Responsabilidade Civil. Salvador: (s.n), 1997. 240 p.

MALLET, Estêvão. Apontamentos sobre a competência da Justiça do Trabalho após a Emenda Constitucional nº 45. In: Coutinho, Grijalbo Fernandes; Fava, Marcos Neves (Coord.). Justiça do Trabalho: competência ampliada. São Paulo: LTr, 2005. p. 70-91.

MARTINEZ, Luciano. Curso de direito do trabalho. São Paulo: Saraiva, 2010. 712 p.

MARTINEZ, Pedro Romano. Direito do trabalho. 3. ed. Lisboa: Pedro Ferreira, 1998.

MARTINEZ, Wladimir Novaes. Comentários à Lei Básica da Previdência Social. São Paulo: LTr, v. 2, 1992. 2 v.

MARTINS, Sérgio Pinto. Direito do trabalho. 24. ed. São Paulo: Atlas, 2008. 861 p.

_______. Aviso prévio proporcional ao tempo de serviço. Revista LTr. n. 1, v. 1, jan/2012. p. 59.

MAXIMILIANO, Carlos. Hermenêutica e Aplicação do Direito. 18. ed. Rio de Janeiro: Forense, 2000. 336 p.

MEIRELES, Edilton. Grupo econômico trabalhista. São Paulo: LTr, 2002. 431 p.

MENDES, Gilmar Ferreira; FORSTER JR., Nestor José. Manual de redação da Presidência da República 2. ed. rev. e atual. Brasília: Presidência da República, 2002.

MOURA, Marcelo. Consolidação das leis do trabalho. Salvador: Juspodivm, 2011. 1340 p.

NASCIMENTO, Amauri Mascaro. Curso de direito do trabalho: história e teoria geral do direito do trabalho: relações individuais e coletivas do trabalho. 19. ed. São Paulo: Saraiva, 2004. 1.199 p.

_______. Iniciação ao direito do trabalho. 27. ed. São Paulo: Ltr, 2004. p. 677.

_______. A Competência da Justiça do Trabalho para a Relação de Trabalho. In: Coutinho, Grijalbo Fernandes; Fava, Marcos Neves (Coord.). Nova Competência da Justiça do Trabalho. São Paulo: LTr, 2005. p. 24-37.

_______. Direito Sindical. São Paulo: Saraiva, 1989. 474 p.

_______. Curso de direito processual do trabalho. 21 ed. São Paulo: Saraiva, 2002.

OLEA, Manuel Alonso; BAAMONDE, Maria Emilia Casas. Derecho del trabajo. 22. ed. rev. Madrid: Civitas, 2004. 1275 p.

OLIVEIRA, Sebastião Geraldo de. Proteção Jurídica à Saúde do Trabalhador. 2. ed. São Paulo: LTr, 1999. 421 p.

PAMPLONA FILHO, Rodolfo. O Dano Moral na Relação de Emprego. São Paulo: LTr, 1998. 159 p.

_______. Noções conceituais sobre o assédio moral na relação de emprego. Revista LTr, São Paulo, ano 70, set-2006, p. 1079-1089.

PEREIRA, Caio Mário da Silva. Instituições de Direito Civil. Rio de Janeiro: Forense, 1990. 6v.

_______. Responsabilidade Civil. 9. ed. rev. Rio de Janeiro: Forense, 2000. 350 p.

PINTO, José Augusto Rodrigues. Direito Sindical e Coletivo do Trabalho. São Paulo: LTr, 1998. 421 p.

PINTO, Raymundo Antônio Carneiro. Súmulas do TST comentadas. 9. ed. São Paulo: LTr, 2007. 446 p.

REALE, Miguel. Filosofia do Direito. 19. ed. São Paulo: Saraiva, 2000. 749 p.

_______. Lições preliminares de direito. 22 ed. Saraiva: São Paulo, 1995. 381 p.

RODRIGUES, José Rodrigo. Dogmática da liberdade sindical: direito, política e globalização. Rio de Janeiro: Renovar, 2003. 568 p.

RODRIGUES, Silvio. Direito Civil: Responsabilidade Civil. 6. ed. rev. e atual. São Paulo: Saraiva, 1982. 4 v.

SILVA, Jorge Alberto Quadros de Carvalho. Justiça do Trabalho, sim, do Consumo, não! Disponível em: <http://www.apamagis.com.br/doutrina/dout20050218.php>. Acesso em: 20.05.2005.

SILVA, Otávio Pinto. Relação de Trabalho, de Emprego e de Consumo. In: Congresso Nacional dE Procuradores do Trabalho, 10, Brasília, 2005.

SOUZA DUARTE, Ícaro. A cláusula de permanência no contrato de trabalho. Monografia de curso de graduação em direito. Universidade Estadual de Santa Cruz/Ilhéus, 2007. 85 p.

SOUZA, Ronald Amorim. Manual de legislação social. 3. ed. São Paulo: LTr, 1997, p. 351 p.

_______. Greve & Locaute. São Paulo: Ltr, 2007. 245. p.

STOCO, Rui. Responsabilidade Civil e sua Interpretação Jurisprudencial. 3. ed. rev. e ampl. São Paulo: Revista dos Tribunais, 1997. 1.051 p.

SUSSEKIND, Arnaldo, *et al.* Instituições de Direito do Trabalho. Atualizada por: Arnaldo Sussekind e João de Lima Teixeira Filho. 19. ed. São Paulo: LTr, 2000. 2v.

SUSSEKIND, Arnaldo. Direito Constitucional do Trabalho. Rio de Janeiro: Renovar, 1999. 455 p.

VALVERDE, Antonio Martín, *et al.* Derecho del trabajo. 12. ed. Madrid: Tecnos, 2003, 934 p.

ZAINAGHI, Domingos Sávio. A justa causa no direito do trabalho. São Paulo: Malheiros, 1995. 176 p.

EDITORA
JusPODIVM
www.editorajuspodivm.com.br

Pré-impressão, impressão e acabamento
GRÁFICA
SANTUÁRIO

grafica@editorasantuario.com.br
www.graficasantuario.com.br
Aparecida-SP